KB237960

실크로드 사전

실크로드 사전

THE CYCLOPEDIA OF
SILK ROAD

事典

정수일 편저

창비

서문

이 책은 실크로드와 관련된 단어의 언어적 풀이를 하는 사전(辭典)이 아니라, 실크로드와 관련된 여러가지 사항에 대한 기술을 통해 실크로드와 문명교류에 관한 지식을 제공하는 사전(事典)이다. 이 책의 저술 관계에 관해서는 고심 끝에 '엮음(編)'과 '지음(著)'이란 뜻을 함께한 '편저(編著)'로 정하였다. 사전류의 저술 관계에서는 더러 '편저'로 하기도 하지만, '편(엮음)'이 상례다. 본인은 이 책의 집필에서 '술이작(述而作)'을 시종 지향점으로 삼았으며, 따라서 그 지향점에 어느정도 근접했다고 가늠되어 감히 '편저'를 택하였다. '술이작'은 『논어』에 나오는 겸어(謙語) '술이부작(述而不作)'의 반의어(反意語)다. 여기서 '술'은 옛것을 전하는 데 그치는 '전구(傳舊)'이고, '작'은 새것을 만들어내는 '창신(創新)'이다. 합쳐 풀이하면, '술이작'은 선인의 학설이나 이론을 서술해 밝힐(전구) 뿐만 아니라 새롭게 발전시킨다(창신)는 뜻의 복합어다. 마침 '전구'가 '편'에 들어맞고, '창신'이 '저'에 어울리므로 '편저'로 골라잡았다. 표준이나 정설만이 허용되는 사전류에서 한 개인의 '작'이, 그것도 미숙한 '작'이 과연 수용될 수 있을까 하는 우려가 앞서지만, 역설적으로 문명교류학 같은 새로운 학문을 일궈내려면 그것이 필연이 아니겠는가 하는 데서 자신을 얻었다.

130여년 전 문명교류의 통로로서의 실크로드란 개념이 적시(摘示)된 이래, 동·서양 학계에서는 꾸준히 연구를 이어와 나름대로의 성과를 거두었다. 최근에는 문명교류사(학)의 기초 분야로서 사전 편찬을 비롯한 실크로드의 학문적 정립이 시도되고 있다. 그러나 아직은 시도 단계일 뿐, 실크로드의 개념을 비롯한 일련의 근본문제에서 이론(異論)이 분분하고, 구태의연한 통설에서 허우적거리며, 연구도 부진상태다.

이러한 사정을 감안해 편저자는 다음과 같은 몇가지에 목적을 두고 이 사전을 집필하였다.

첫째로, 실크로드의 학문적 정립이다. 실크로드를 단순한 교역로나 오아시스 육로의 단선만으로 인지하거나, 유라시아 구대륙에만 한정하는 등 여러가지 편단(偏斷)을 시정하고, 환지구적 문명교류 통로로 자리매김한다.

둘째로, 실크로드를 통해 전개된 문명교류의 실상을 조명한다. 유물적 및 문헌적 전거를 통해 실크로드와 그 연변(沿邊)에서 전개된 문명교류의 실체를 밝힌다.

셋째로, 한국의 외향적(外向的) 세계성을 확인한다. 지금까지 한국이 실크로드에서 소외되었던 구태를 바로잡고 '세계 속의 한국'이란 위상을 복원한다.

이러한 목적에 이르기 위해 본 사전에는 외국에서 간행된 몇몇 종류의 실크로드와 문명 관련 서적, 편저자가 저술 및 번역한 실크로드와 문명교류 관련 서적, 굴지의 세계적 여행기, 그리고 현장 답사자료 등을 참고해 총 1,900여 개의 표제어를 올렸다. 표제어에 대한 해설에서 실크로드나 문명교류의 기본개념이나 중요 사항과 관련된 경우에는 학문적 초야(草野)란 사정을 감안해 절제된 '사전문형(事典文型)'의 격식을 벗어나, 학습서나 참고서를 방불케 할 정도로 상세한 논술을 하고 있다. 이것은 여느 동류의 사전에서는 찾아볼 수 없는, 본서만이 추구하는 '작(作)'의 발현이라고 하겠다. 이것이 바로 이 책이 지닌 특색의 하나다.

실크로드는 사막이나 풀밭, 바닷물에 묻혀버린 죽은 길이 아니라 살아 숨쉬는 길이며, 인류역사의 어제를 오늘로 이어주는 길이다. 현장성 없이는 이 약동하는 길을 제대로 그려낼 수 없다. 편저자는 실크로드의 오아시스로와 초원로, 해로를 다년간 직접 답사하면서 현장을 확인하고 몰랐던 것을 찾아내며, 잘못 알고 있었던 것을 바로잡으려 하였다. 이 책에 실린 350장의 다양한 사진(대부분 편저자 제공)들의 피사체가 바로 그러한 현장이다. 더불어 여러가지 여행기와 탐험기 속에 나오는 길, 특히 세계 4대 여행기 중 3대 여행기를 역주(譯註)하면서 여행가들이 답파한 길을 하나하나 밝혀내는 데 부심하였다. 이러한 현장성을 반영한 것이 이 책의 다른 특색이라 할 수 있다.

실크로드는 고행과 낭만이 함께한 길이며, 멀면서도 가까이 우리 속에 있는 길이다. 이 길 위에 선현들이 찍어놓은 족적은 세계를 향한 우리 겨레의 쾌거다. 연구의 미흡으로 인하여 몇몇 사례를 제시한 것에 불과하지만, 『왕오천축국전』이나 『지봉유설』 『지구전요』 등 우리의 값진 고전 속에 그려진 실크로드인들의 생생한 모습을 재현하는 데 유념하였다. 아울러 지금까지 실크로드 3대 간선의 동쪽 끝이 중국이라는 진부한 통념을 깨고, 이 길이 당당하게 한반도에까지 이어졌다는, '실크로드 상의 한반도'란 역사적 위상을 사전(事典) 문자로 각인하였다. 이로써 '우리 것만이 아닌 우리 것'(전통)에 대한 자부와 혜안을 갖게 될 것이며, 우리 역사 문화의 열림과 어울림을 터득하게 될 것이다. 이러한 역사적 자아의식의 함양이 이 책이 갖추고자 한 또하나의 특색이다.

이렇게 몇가지를 주저없이 역설하면서도, '사전'이란 거물 앞에서는 심약해지고 위축됨을 면할 길이 없다. 그것은 만들어놓고 보니 너무나 부족한 점이 많기 때문이다. 내세운 목적에 몇 할이나 다다랐는지, 독자 여러분의 기대에 얼마나 부응하겠는지 걱정부터 앞선다. 그저 '초야'니 '시도'니 '개선'이니 하는 말 따위에서 얼마간의 위안을 느낄 뿐이다. 앞으로 틀린 곳은 고치고, 모자란 점은 보태서 이 사전의 완결판이 될 『문명교류 사전』(가칭)으로 범한 욕됨을 씻어내려고 한다.

사전을 만드는 일은 숱한 인력과 재력이 소요되는 벅찬 역사(役事)다. 이 사전의 출간은 여러 방면의 합심협력이 낳은 결실이다. 우선, 오랫동안 파묻혔던 이 사전작업이 다시 햇볕을 보게 된 것은 경상북도가 야심적인 '코리아 실크로드 프로젝트'의 중심과제 중 하나로 '실크로드 사전 간행'을 상정하고 후원을 아끼지 않았기에 가능했다. 이에 이 사업을 선도한 김관용 경상북도 지사님과 본 프로젝트 추진본부 김남일 본부장 및 여러 관계자들의 뜨거운 성원에 심심한 사의를 표한다. 이 벅차고 촉박한 사전작업은 한국문명교류연구소 김정남 이사장님의 간절한 격려와 박성하 변호사와 강윤봉 이사를 비롯한 연구소 내 지원팀 여러 분의 정열적인 지원, 그리고 작업 진행을 총괄한 연구소 엄광용 연구원을 비롯한 여러 연구원들의 대교(對校)와 교정 등 협력이 있음으로 하여 비로소 성공리에 추진되었다. 여러 분들의 독려와 노고에 진심으로 감사하며, 결실의 기쁨을 함께 나누고자 한다. 끝으로, 막대한 양과 짧은 기한에 비추어 통상 기획으로는 도저히 엄두를 낼 수 없는 어려운 출판을 기꺼이 맡아 제때에 상재(上梓)할 수 있도록 배려해준 창비의 강일우 대표님과 염종선 국장님을 비롯하여, 복잡한 편집·교정의 책임을 맡아준 부수영님과 실무진 여러 분의 노고에 위로를 보내며 마음속 깊이 감사의 말씀을 드리는 바이다.

2013년 단풍가절
옥인학당에서
편저자 정수일 씀

일러두기

1. 사전은 본편과 부록으로 구성되어 있다. 본편의 항목은 가나다순으로 수록하였으며, 표제어는 한글·외국어(한문 포함)·연대(인물의 경우 생몰연도) 등으로 표기하였다. 부록의 찾아보기(988면)는 인명·지명·사항 세 부분으로 나누었으며, 특히 표제어는 다른 항목들과 달리 볼드체로 적어 찾아보기 쉽도록 하였다.

2. 참고문헌(984면)에는 번호를 표시하여 본문에서 어떤 문헌을 참고하였는지 확인할 수 있도록 하였다. 본문의 항목 설명문 뒤에 적은 00-000에서 앞 숫자는 참고문헌, 뒤의 숫자는 면수를 가리킨다.

3. 외래어의 표기는 국립국어원의 표기원칙을 기준으로 삼았다. 단 공식 표준안이 없는 언어권(아랍어 등)의 경우는 통용되는 예를 비교하여 현지음에 가까운 표기를 취하였다. 중국의 지명은 현재 지명(省, 縣 등)은 현지음으로 옛 지명은 우리말 한자음으로 표기하였고, 항목에 따라 병용하기도 하였다.

4. 외래 고유명사는 대부분 로마자 혹은 한자를 괄호 안에 병기하였고, 어느 나라 말의 음사인지 밝혀 독자들의 이해를 돕도록 하였다.

5. 연대(年代)는 주로 서양력을 사용하였으며, 간혹 이슬람력을 쓰기도 하였다. 중국이나 일본 연호를 쓰는 경우에도 괄호 안에 서양력을 병기하였다.

ㄱ

가 笳, reed pipe
동방으로 전파된 서역 악기. '호드기'의 일종인
데, '가(葭)' 혹은 '취편(吹鞭)'이라고도 한다. 본
래 관(管)을 양의 뿔로, 머리를 갈대로 만든 흉노
유목민들의 관악기이며 흔히 '호가(胡笳)'라 불
렸다. 전한(前漢) 때 장건(張騫)이 서역에 출사하
였다가 돌아오면서 이 악기가 보급되었다. 호가
에는 대호가(大胡笳)와 소호가(小胡笳) 두 가지
가 있으며, 군악에서 주로 사용되었다. 이릉(李
陵)이 『답소무시(答蘇武詩)』에서 흉노들을 묘사
하면서 '호가가 한 번 울리면 늙은 말이 비명을
지른다'라고 한 것은, 흉노 기마인(騎馬人)들이
이 악기를 사용하고 있었음을 시사한다. 후한(後
漢) 때 호가악을 집대성한 『가취악장(笳吹樂章)』
이 편찬되었다.

가라향 伽羅香, 伽藍香
동전(東傳)된 향료. '가라'는 산스크리트어로
'검다'라는 뜻인데, 중국인들이 검은 침향목(沈
香木)을 즐긴 데서 유래되었다고 한다. 인도 북
부지방에서 동방으로 전해진 가라향은 침향 가
운데서 최상의 것으로 친다. 9세기 아랍의 지리
학자 이븐 쿠르다지바(Ibn Khurdādhibah)는 저
서 『제도로(諸道路) 및 제왕국지(諸王國志)』에서
특히 참파(占城, 현 베트남)산 가라향이 최상의

것이라고 하였다. (9-162)

가마우지 고기잡이 鸕鷀捕魚, 魚鷹捕魚, cormorant
fishing
가마우지가 잡은 물고기를 삼키지 못하도록 목
아랫부분을 묶어놓고 하는 물고기 잡는 법으로,
중국이나 일본, 남미에서 유행했다. 영국이나 프
랑스를 비롯한 중세 유럽에서는 일종의 스포츠
로 즐겼다. 오도릭(Odoric)은 여행기 『동방기행
(東方紀行)』에서 중국 푸조(Fuzo, 현 푸저우福州)
에서 직접 본 이 신기한 어로법을 상세히 소개하
고 있다.

가술리안 문화 迦蘇勃文化, Ghassulian Culture
남팔레스타인의 동석병용(銅石倂用)시대 중기
(中期, 기원전 3800~3350) 문화로, 현 사해(死
海) 요르단강 유역을 중심으로 분포되어 있다.
구리를 제련한 흔적과 다채로운 벽화 유물이 알
려졌다. 고고학 자료에 의하면 이 문화는 이집트
의 아무라트 문화와 밀접한 관계가 있는 것으로
보인다. (15-536)

가자 Ghaza
이집트와 팔레스타인이 만나는 지중해변의 고
대 도시. 지중해와 홍해, 이집트와 시리아 지역

을 연결하는 요충지로, 고대부터 유럽·아시아·아프리카 사이에 이곳의 소유권을 놓고 끊임없는 쟁탈전을 벌여왔다. 실크로드의 오아시스로와 해로가 교차하는 곳으로 향료를 비롯한 많은 물자들이 거래되었고, 상인을 비롯해 종교인·이민자·여행가들의 만남이 빈번하게 이뤄지기도 하였다.

가자에서는 초기 청동기시대 유적이 발견되었는데, 출토된 유물을 통해 기원전 3000년경 가나안(Canaan)과 이집트 간에 진행된 교류상을 엿볼 수 있다. 기원전 15세기에는 이집트의 투트모스 3세(Thutmose III)가 군사원정을 단행해 이 지역을 공략하였다. 이집트의 가자 통치는 350여년간 지속되다가 팔레스타인에 지배권이 넘어갔다. 이후 가자는 거듭 외침을 당해 기원전 1000년경에는 유대왕국, 기원전 730년에는 아시리아(Assyria), 그리고 이어서 페르시아의 아케메네스(Achaemenes)조의 지배를 받았다. 기원전 332년에는 동정(東征)하는 알렉산드로스에게 5개월 만에 함락되었고, 이를 계기로 헬레니즘 문화의 영향을 받게 되었다.

마케도니아 분열 후에는 이집트의 프톨레마이오스조와 지중해 동안에서 이란까지 지배한 셀레우코스조가 번갈아 이곳을 차지한 데 이어 1세기에는 로마의 유대왕 헤롯의 치하에 들어갔다. 그리하여 가자는 그리스·로마·유대·이집트·페르시아·나바트 등 여러 나라 사람들이 혼거하는 국제도시가 되었다. 이후 5세기에 동로마제국에 예속되면서 많은 주민들이 기독교로 개종했으며, 7세기 우마이야조 아랍제국의 판도에 속하면서부터는 아랍화와 이슬람화가 추진되었다. 87년간의 십자군 점령기가 끝난 뒤에는 다시 이집트계 아이유브(Ayyūb)조와 맘루크조에 귀속되었다. 1326년 가자를 찾은 아랍의 대여행가 이븐 바투타(Ibn Batūtah)는 여행기에서 이

집트에서 오면 가자가 바로 첫 샴(현 시리아) 땅이라고 하면서 "시가는 구획이 정연하고 건물들이 많으며 상가도 훌륭하다. 사원도 여러개이고 성벽도 둘러 있다"고 당시의 시가 모습을 생생하게 전하고 있다.

가즈니(Ghaznī) 도시 유적

오아시스로의 유물적 전거로서의 도시 유적. 현재 아프가니스탄 수도 카불의 서남쪽 130km 지점에 있는 고도(古都)로 10~12세기에 번영했던 가즈니 왕조(962~1186)의 수도다. 가즈니 왕조는 제3대 마흐무드왕(998~1030) 치세 때가 전성기인데, 유적으로 가즈니의 내성(內城)에서 북쪽 2km 지점에 마흐무드왕의 묘당이 있다. 내성의 남측 데베살다르와 그 부근에서는 각각 불교 스투파와 술탄 마스오디 3세(1098~1153)의 궁전 유적이 발견되었다. 또한 부스트시(市) 북방 7km 지점에 있는 라슈카리 바갈 궁전(11세기 건조) 유적에서는 많은 벽화가 발견되었다. 그밖에 12세기에 축조된 유명한 다각주(多角柱) 양식의 미나렛(minaret, 첨탑) 2기가 오늘날까지 남아 있다. 연와(煉瓦)로 쌓은 이 미나렛들은 절판식(切板式) 테라코타(terra-cotta, 붉은 점토)로 장식되었다.

가한 可汗, qaghan

투르크 몽골계 종족들의 군주에 대한 칭호. 원래의 'qaghan'에서 'gh' 발음이 탈락되어 '간' 혹은 '한'으로 되었다. 돌궐에서는 '가한'과 '간'을 병용(倂用)했으나, 몽골에서는 엄연히 구별해 사용하였다. 이 말은 402년 유연(柔然)의 수장인 사륜(社崙)이 처음으로 구두벌가한(丘豆伐可汗)이란 호를 쓴 것이라고 알려져왔는데, 1980년 다싱안링(大興安嶺) 동북부에서 발견된 알선동(嘎仙洞) 동굴 비문에 북위를 세운 선비계의 탁발부

(拓拔部)가 그 이전부터 '가한(可寒)'이란 칭호를 써왔다고 기록되어 있어서, 언제 누가 먼저 사용했는지 의문이 제기되고 있다. (3-115)

각배(뿔잔) 角杯, Rhyton(그리스어), Cornucopia(라틴어)

동전 유물. 원래 짐승의 뿔로 만든 각배는 스키타이를 비롯한 유목민족들이 쓰던 술잔이었다. 그것을 그리스인들이 신화로 승화시킴으로써 로마에 전승됨은 물론, 헬레니즘 문화의 특징적인 공예품으로 선호하게 되었다. 그리스 신화에서 뿔은 풍요를 상징하기 때문에 각배는 행복을 가져다주는 '풍요의 잔'으로 숭상하였던 것이다. 이러한 상징성 때문에 헬레니즘 문화의 영향을 받은 사람들은 각배를 받아들여 모양새뿐만 아니라 장식도 다양하고 섬세하게 꾸몄다. 그 대표적인 일례를 헬레니즘의 산실인 니사(Nisa, 현 투르크메니스탄) 유적에서 찾아볼 수 있다. 헬레니즘의 동전(東傳) 선상에서 한반도의 가야나 신라도 이러한 잔을 적극 수용해 여러가지 형태와 크기의 토기로 변용(變容)해 사용하였다. 그러한 변용은 한국 국보 275호인 '기마인물형 토기'(가야, 5세기)에서 뚜렷이 나타나고 있다. 또 『삼국유사(三國遺事)』에는 각배가 이미 신라 탈해왕(脫解王) 때 사용되고 있었음을 전해주는 한 토막 기사가 있다. "하루는 탈해가 동악(東岳)에 올라갔다가 돌아오는 길에 심부름꾼더러 마실 물을 구해 오라고 하였다. 심부름꾼이 물을 길어 오다가 도중에서 먼저 마시고 나서 드리려고 하자 각배(角杯)가 입에 달라붙어 떨어지지 않았다. 탈해가 그를 나무랐더니 심부름꾼은 맹세해 이르기를, 다음에는 가까운 곳이든 먼 곳이든 감히 먼저 마시지 않겠다고 하였다. 그때서야 각배가 입에서 떨어졌다." 비록 전설 같은 이야기이지만 각배가 벌써 신라 초기부터 널리 사용되고

있었음을 시사한다. 탈해왕 신화에서는 각배가 술을 따라 마시는 잔이 아니라 물을 담아 마시는 잔으로 용도가 달라졌다. 이것은 일종의 잔이라는 공유성(共有性)에 바탕을 두고 있는 문화접변(文化接變, acculturation) 현상이다.

간다라(Ghandhara) 미술

간다라 미륵보살상

동서의 융합미술. 기원 전후 페샤와르(Peshawar, 현 파키스탄 북서부)를 중심으로 한 간다라 지방에서 발생한 그리스풍의 불교미술을 일컫는다. 기원전 4세기 알렉산드로스의 동방 정벌을 계기로 이 지방에 전래된 그리스 문화와 토착 불교 문화가 만나서 생긴 일종의 융합미술이자 문화다. 간다라 미술은 헬레니즘 미술의 양식과 수법으로 불교의 주제를 표현한 불상 조각 위주의 미술이다. 불상 조각이 중심이지만 불탑 같은 건축과 회화도 아우르고 있다. 내용 면에서 불상을 제작하고 기법에서 섬세하며 현실성을 추구하는 등의 특징을 지니고 있다. 간다라 미술의 발전 과정은 크게 전·후기로 나눌 수 있는데, 기원전 1세기부터 기원후 4세기 초까지의 전기는 암석을 사용한 석상 미술이 주를 이루고, 4세기 초부터 6세기 초까지의 후기는 석고·점토를 사용한 소상(塑像) 미술이 중심이 된다.

간다라 미술의 신장 전파

위진남북조(魏晉南北朝)시대부터 간다라 미술은

불교의 동전과 함께 오아시스로를 통해 현 신장(新疆) 일대에 처음 전파되었다. 타림 분지 남쪽에 있는 미란(米蘭, Miran) 유적을 비롯한 여러 유적의 벽화에서 그 흔적을 찾아볼 수 있다. 회화는 대부분 녹인 소석회에 색깔을 넣어 그리는 그리스·로마식 수분화(水粉畵)다. 벽화의 주제는 불교 이야기이지만 화법이나 형상이 로마식으로, 신상(神像)이나 인물상의 용모는 모두 셈족이나 아리아인의 상이다. 목판화 중에는 날개 돋친 천사화가 있는데, 이는 기독교적 회화의 영향으로 보인다. 고차(庫車, 쿠처) 부근의 키질 천불동(千佛洞)은 간다라 미술의 영향이 역력히 보이며, 화가동(畵家洞)에 있는 한 화가의 자화상에는 미트라다타(Mitradatha)라는 그리스식 이름이 명기되어 있는데, 이런 이름이나 복장으로 미루어 보아 5~6세기의 비잔틴인으로 판단된다. 또한 호탄의 단단윌리크(Dandān Uiliq) 유적 벽화에는 연꽃 위에 떠 있는 여인 나체화가 그려져 있는데, 이것은 그리스 신화의 비너스상을 방불케 한다.

간다라 불교 유적

인도 사상 최초의 통일국가인 마우리아(Maurya) 왕조(기원전 4세기 후반~2세기 전반)가 제3대 아소카왕(재위 기원전 268~232) 시대에 이르러 전성기를 맞으면서 불교가 간다라 지방으로 처음 전파되었다. 아소카왕 사후 영토는 축소되었지만 간다라 지방의 불교는 계속 성행하였다. 한편 기원전 250년경 그리스계의 디오도투스가 박트리아(大夏) 왕국을 건립해 힌두쿠시 산맥 이남과 펀자브 지방으로 세를 확장함으로써 간다라의 불교미술과 헬레니즘 미술이 융합해 이른바 '간다라 미술'이란 새로운 미술이 싹트기 시작하였다. 기원전 78년에 건국된 쿠샨(貴霜) 왕조는 페샤와르(간다라)를 수도로 하고 전성기인

제3대왕 카니슈카 치세시(2세기)에는 그 판도가 동·서 투르키스탄과 아프가니스탄, 북인도의 대부분 지역까지 확장되었으며, 불교를 적극적으로 보호하고 권장하였다. 급기야 간다라 미술은 정형화(定型化)하기에 이르렀다. 간다라 미술의 유품은 페샤와르시 근교와 펀자브의 탁실라, 그리고 아프가니스탄의 핫다 등지에서 다수 발견되고 있다.

갈고 羯鼓

동전 악기. 장고와 같은 직동형(直胴型) 타악기로서 중국 남북조시대에 서역에서 중원 지대에 유입되었다. 채 두개로 좌우에서 치는 북인데, 구자악(龜妓樂)·소륵악(疏勒樂)·고창악(高昌樂)·천축악(天竺樂)에 사용된 악기다. 둔황 막고굴 가운데 북주(北周)시대의 248굴과 431굴에 각각 그림이 있으며, 당대에는 더욱 많아져 341굴 하나에만 10개의 그림이 있다. (13-315)

감람 橄欖, Canarium album

동전 식물. 쌍떡잎식물 이판화군 감람과에 속하는 감람나무(키 5~20m)의 열매로 길이 3~4cm의 타원형이며 푸른색이다. 해독제 등 약재로 쓰이며, 씨를 짜서 기름을 얻는다. 원산지는 로마와 페르시아며, 현 분포지는 중국 남부와 인도차이나 등지다. 서양에서는 '중국 올리브'라고 부르는데, 오늘날의 중국 감람은 페르시아에서 전해진 것이다. 물푸레나무과에 속하는 올리브나무(Olea europaea, 원산지는 터키)와는 다르다.

감영(甘英)의 대진(大秦) 사행 97~99년

중국과 로마 간에 이루어진 최초의 인적 교류. 중국 후한(後漢) 화제(和帝) 때에 서역도호(西域都護) 반초(班超)는 대진(大秦, 로마)과의 통교를 탐색하고 한의 위세를 서방에 과시하기 위해 동한

(東漢) 영원(永元) 9년(97)에 감영(甘英)을 대진에 파견한다. 당시 대진은 극서(極西)의 문명대국으로, 그 나라와 교역을 하면 '10배의 이익'을 얻을 수 있다고 알려졌다. 그런데 당시 두 지역간의 육로 교역은 중간에 군림하고 있는 안식(安息, 파르티아, 현 이란)에 의해 차단되었다. 반초는 그런 상황을 파악하고, 타개책을 강구하기 위해 감영을 파견한 것이다. 감영의 노정은 다음과 같다.

서역도호부 소재지인 구자(龜玆, 현 고차庫車)의 타건성(它乾城, 현 고차의 서남부) 출발(97) → (오아시스로 북도 따라 서행) 소륵(疏勒, 현 카스喀什, 오아시스로 남도) → 사차(莎車) → 파미르 고원 → 대월지(大月氏, 현 아프가니스탄 북부) → 안식 동계(東界)의 메르브(Merv, 목록木鹿, 현 투르크메니스탄의 말리) → (서행) 헤카톰필로스(Hekatompylos, 화독和櫝, 현 이란 다무칸) → 엑바타나(Ecbatana, 아밀阿密, 현 이란 하마단) → 크테시폰(Ctesiphon, 사빈斯賓, 현 이라크 바그다드 동남부) 도착.

이후 감영은 조지(條支, 현 시리아)의 대해(大海, 현 지중해)에 이르러 도해하려고 하였다. 안식 서계(西界)의 뱃사람들은 감영의 대진 사행을 저지하려는 의도에서 바다가 넓어서 왕래하는 데 순풍일 때도 3개월이 걸리고, 역풍을 맞는 경우에는 2년 이상 걸리기도 해 항해자는 3년분 식량을 휴대해야 하며, 또한 바다에서 향수에 젖어 숱한 사람들이 죽어갔다고 말하였다. 결국 감영은 상심하여 발길을 되돌리게 된다. 감영이 도달한 지점은 시리아의 서쪽 경계, 즉 지중해의 동쪽 해안이다. 귀로는 조지 → (동행) 오익산리(烏弋山離, 현 아프가니스탄 서남부) → 계빈(罽賓, 현 카슈미르) → 파미르 고원 → (오아시스로 남도) 피산(皮山, 현 신장 피산 남부) → 구자로 귀국(99)하였다. 이러한 감영의 왕복 사행은 2년 넘게 걸렸다. 감영은 중국 사상 최초로 지중

해 동안까지 진출해 오아시스로의 서단(西段)에 관한 기록을 남겼으며, 서방에 대한 한인들의 이해를 증진시켰다.

감옥기법 嵌玉技法

동전된 공예기법. 금테두리 안에 여러가지 색깔의 옥(玉)을 박아넣는 공예기법으로, 이른바 다채장식양식(多彩裝飾樣式)으로 알려졌다. 감옥기법은 이집트에서 고안하여 성행한 후 그리스, 로마를 거쳐 메소포타미아와 페르시아 등지에서 유행하다가 동쪽으로 전파되어 한국에까지 전해졌다. 금줄이나 작은 알을 늘여 붙여 물형(物形)을 만드는 누금(鏤金)기법과 함께 신라와 백제에서 성행하였다. 이 두 나라에서 발굴된 장신구 등의 유물에서 발견되는 두 기법은 고구려에서는 볼 수 없는 신라와 백제의 독특한 장식기법으로 특색을 이루었다.

감자 馬鈴薯

라틴아메리카에서 동서양으로 전파된 농작물. 나스과에 속하는 쌍떡잎 근채류(根菜類) 식물로 라틴아메리카의 페루와 칠레를 포함한 중앙 안데스 지역이 원산지이며 온대지방에서 자란다. 원래는 야생종이었으나, 페루와 볼리비아 국경에 있는 티티카카(Titicaca) 호반에서 재배되기 시작하였다. 가장 원시적인 것은 2배체(倍體) 재배종인데, 나중에 4배체가 출현하면서 수확량이 크게 늘어났다. 3배체나 5배체 같은 한내성(寒耐性)이 강한 감자는 4,000m 고지에서도 재배가 가능하다. 감자를 비롯한 고지성(高地性) 채근류 작물은 유목민들의 생활 안정에 크게 기여했으며, 잉카시대에는 냉동건조법이 도입되어 감자의 전분을 오래 보존할 수 있었다. 감자는 쉽게 부패해 고고학적 유물을 발견하기는 어렵지만 고대 안데스 문명에서 인간의 중요한 식량이었

음은 분명하다. (4-257)

감진 鑑眞, 688?~769년

일본 율종(律宗)의 개조(開祖)가 된 중국 승려. 중국 당대(唐代)에 10대의 어린 나이에 양저우(揚州) 대운사(大雲寺)에서 출가하고, 40대에 일가견을 이룬 고승이 되었다. 일본 견당(遣唐) 유학승 영예(榮叡)와 보조(普照)의 초청으로 다섯 차례 도해 시도 끝에 실명한 채 가까스로 753년 일본 규슈(九州)의 추처옥포(秋妻玉浦, 현 坊律町 秋目)에 도착하였다. 759년 나라(奈良)에 당초제사(唐招提寺)를 건립하고, 일본 율종(律宗)의 개조가 되었다. 성무상황(聖武上皇)과 광명황태후(光明皇太后)를 불교로 개종시켰다. (9-54)

감합무역 勘合貿易

도항증명서(渡航證明書)인 감합(勘合)을 지닌 선박들로 이뤄지는 무역. 일본 무로마치(室町)시대 때는 일본과 명나라 사이에 명나라 조정이 발급하는 감합을 소지한 선박에게만 무역이 허용되었다. 1404~1547년에 총 17회 84척의 감합선이 이러한 무역에 종사하였다. 명나라는 조선이나 류큐(琉球), 안남(安南), 섬라(暹羅, 현 타이) 등 주변국에도 감합을 발급하였다.

감합제도 勘合制度

중국 명(明)조의 쇄국정책을 반영한 일종의 외래자 단속제도. 명조는 건국 이후 내우외환이 겹친 정세 속에서 초기 성조(成祖) 영락(永樂) 연간(1402~1424)을 제외하고는 일관되게 해금(海禁)과 쇄국정책을 실시하였다. 이러한 정책을 실현하기 위해 외국 조공사(朝貢使)의 위작(僞作)을 막는다는 구실로 조공국에 조공사의 신분 확인증을 발급하고 입조시 신분을 엄격히 대조·확인하는 초법적(超法的) 조치를 취하였다.

강국악 康國樂

일명 '강국기(康國伎)'라고도 하는 이 악무는 당(唐) 십부악(十部樂)에 들어 있는 중앙아시아 사마르칸트 지방의 악무로, 정고(正鼓)·적(笛) 등 5가지 악기가 사용되며, 무희 2명이 등장한다. (13-304)

강남화파 江南畵派

중국 명(明)대에 서양 화법을 수용한 화파. 명대 말엽에 이르러 중국을 방문한 서방 선교사들에 의해 서양화가 본격적으로 알려지자, 그 화법에 매료된 일군의 화가들이 이른바 '강남화파'를 꾸려 화단에 등단하였다. 명 말에 조경(曹鯨)을 비롯한 화가들은 전통적인 서양화의 음영투시법(陰影投視法)과 가장자리를 엷게 칠하는 홍염(烘染)기법을 받아들였다. 이러한 화풍의 연장선상에서 청나라 초에는 초병정(焦秉貞)을 필두로 한 또 하나의 '신화파(新畵派)'가 등장했는데, 중국과 서양의 화법을 창의적으로 배합해 범동서양적인 주제나 소재로 그림을 그렸다. 대표적 작품으로 초병정의 경직도(耕織圖, 46폭)가 있다.

강승회 康僧會, ?~280년

동행(東行) 서역 불승. 중앙아시아의 강국(康國) 출신으로 인도에 상주하다가 부친을 따라 교지(交趾, 지금의 베트남 북부 통킹)로 이주해 거기서 출가하였다. 강승회는 247년에 오(吳)나라 수도 건업(建業, 현 난징南京)에 도착해 국왕 손권(孫權)의 귀의(歸依)를 받고 강남 최초의 불사인 건초사(建初寺)를 세워 강남 불교의 비조(鼻祖)가 되었다. 『육도집경(六度集經)』 등 불경을 한역(漢譯)하고, 280년 오나라가 멸망한 해에 병사하였다. (8-11)

갠지스강 恒水, 殑伽河, 恒伽河, Ganges R.

중부 히말라야 산맥에서 발원해 벵골만으로 흘러들어가는 길이 2,460km의 큰 강이다. 산스크리트어나 힌두어로는 '강가'(Gangā)라고 한다. 남쪽으로 흐르다가 힌두스탄 평원을 거쳐 하류에서 브라마푸트라강과 합류해 대삼각주를 형성하고 벵골만으로 유입된다. 갠지스강 유역은 쌀·사탕수수 등 곡물이 생산되는 인도 북부의 곡창지대이고, 인도 역사의 주요한 무대이자 힌두 문화의 중심지다. 힌두교도들은 '성스러운 강'으로 숭앙하면서 죄를 씻는 의미에서 갠지스강에서 목욕재계를 한다. 매해 1백만 이상의 순례 인파들이 찾는 바라나시를 비롯해 강변에는 여러 힌두교 성지가 있다.

갤리선(船) galley

교류의 교통사적 전거로서의 선박. 중세 유럽에서 사용하던 군용선으로 마스트 1개와 삼각범(三角帆)으로 운항하는데, 적재량은 50~200톤이다. 일반 운송용으로는 비용이 많이 들기 때문에 향료 같은 가벼우면서도 고가인 물품을 수송하는 데 주로 사용되었다. 근대까지도 지중해를 주름잡았으나, 강력한 군용선인 북방선이 지중해

중세 유럽인들이 군용선으로 사용한 갤리선

에 투입되면서부터 갤리선은 열세에 몰렸다. 프랑스 지중해 함대는 18세기까지도 이 갤리선을 주력선으로 삼았다. 갤리선을 개량한 것이 바로 갤리온(galleon)이다. (9-112)

거란 契丹, Qïtan, Qïtay(투르크어), Qidan(중국어)

원래 중국 동북의 서남부를 흐르는 랴오허(遼河)강 상류의 시라무렌강 유역에서 유목생활을 하던 몽골계의 한 부족으로 4세기 중엽부터 역사무대에 등장한다. 5세기 후반에는 고구려의 압박을 피해 요서(遼西) 지방으로 남하해 정착한다. 당대에는 송막도독부(松漠都督府)가 이곳에 설치되면서 당의 치하에 들어간다. 907년 당이 망하자 거란 8부를 통합한 야율씨(耶律氏)의 아보기(阿保機)가 916년 스스로 '천가한(天可汗)'이라 칭하고 상경(上京)해 임황부(臨潢府)를 수도로 한 세습제의 거란국을 선포한다. 국호는 태조 아보기 때 '거란'으로 시작했으나, 아들 태종 때 '요(遼)'로 개명하였다. 전성기(400만 인구에 160만 대군)인 6대 성종 때는 '대거란'으로 바꾸었다가 8대 도종 때는 다시 '요'로 복원한다. 거란은 '이한제한(以漢制漢)'의 전략을 쓰면서도 중국의 문물제도를 수용해 활용하고, 유목사회와 농경사회의 이중구조를 효율적으로 조화시켰으며, 변방무역도 활발하게 추진하였다. 문화면에서는 표의문자인 '대자(大字)'와 표음문자인 '소자(小字)'를 창제하는 등 기발한 이념과 정책을 독창적으로 추구해 한때 중국 북방 일원을 장악하였다. 서구에서는 사실을 제대로 파악하지 못해 거란의 음사(音寫)인 '키타이'(Kitai), 또는 '캐세이'(Cathay)로 중국을 지칭하게 되었다. (3-159)

거석기념물 巨石紀念物, megalithic monument

선사시대에 무언가를 기리거나 상징하기 위해

큰 돌(거석, megaliths)로 지어 만든 구조물. 지구의 동서남북 여러 곳에 분포되어 있으며, 종류에 따라 지역적 특성을 보인다. 태양 신앙이나 자연숭배, 분묘와 관련이 있는 것으로 알려져 있다. 분포 지역은 매우 넓어서 유럽의 서부와 북부, 지중해 연안, 한국을 비롯한 아시아, 태평양상의 곳곳에서 발견된다. 유럽의 경우 기원전 3000년 후반부터 기원전 1400년경까지의 것들이 서지중해의 여러 섬, 이베리아 반도, 프랑스, 영국, 북유럽에 걸쳐 분포되어 있다.

거석기념물의 문화계통 거석기념물의 문화계통에 관해서는 이론(異論)이 분분할 뿐, 아직 정설은 없다. 19세기 말 영국의 '맨체스터 학파'는 이른바 '양석문화분포설'(陽石文化分布說, theory of the migration of heliolithic culture, E. Smith설)을 제시하면서 거석기념물의 문화를 태양과 거석을 숭상하는 남방의 '양석복합문화계통(陽石複合文化系統)'이라고 주장하였다. 그러나 그간 거석기념물이 남방뿐 아니라, 유라시아 북부지대에서까지 발견되면서 이 설은 설득력을 잃었다. 거석기념물의 분포 지역을 살펴보면 이 문화계통은 사실상 여러 문명권을 아우르는 범세계적인 문명권임을 알 수 있다. 하지만 자생(自生)에 의한 것인지, 아니면 교류에 의한 것인지는 여전히 논란거리다.

거석기념물의 용도와 의의 유물의 시대적 배경과 기능 등을 감안해 그 용도와 의의를 종합하면 첫째로 고대인들의 분묘나 묘의 표지 같은 묘장법(墓葬法)의 일종이고, 둘째는 태양숭배나 악마로부터의 보호 등 원시적 종교의식의 대상이며, 셋째는 위력이나 권위의 상징이라고 할 수 있다.

거석기념물의 종류와 분포 거석기념물은 지역에 따라 제작편년이나 형태, 그리고 그 의의를 조금씩 달리하지만, 크게 6가지 형태로 유형화할 수 있다. ① 멘히르(menhir): 자연석이나 가공한 긴 기둥 모양의 돌을 지상에 수직으로 세운 거석으로, 일명 '독석(獨石, monolith)', 혹은 '수석(竪石)'이라고도 한다. 높이는 보통 2~3m 내지는 6~7m나 되며, 무덤의 표지로 세워졌다는 것이 통설이다. 멘히르는 프랑스(6천여 개)를 비롯해 동캅카스, 인도의 데칸 고원과 아삼 지방·티베트 고원·말레이 반도·라오스·인도네시아 도서에 분포되어 있다. ② 트릴리톤(trilithon): 두 개의 돌기둥 위에 한 개의 평석(平石)을 가로 얹은 형태의 거석유물로, 원시적 신앙이나 권위의 상징인 듯하다. ③ 돌멘(dolmen, 지석묘): 여러 개의 돌을 세운 위에 평석을 뚜껑돌로 얹은 형태로서, 탁자 모양처럼 생긴 것이 많다. 돌멘은 좁은 의미에서 거석기념물을 뜻할 만큼 거석기념물 중에서 가장 많고 또 분포지도 넓은데, 일종의 분묘라는 것이 학계의 중론이다. 한국은 세계에서 돌멘을 가장 많이(4만여 개) 보유한 나라다. ④ 코리도툼(corridor-tomb): 돌멘 앞에 거석으로 출입하는 이도(羨道)를 구축하고 봉토(封土)를 쌓은 분묘로, 일명 이도분(羨道墳)이라고도 한다. ⑤ 알리뉴망(alignement): 기둥 모양의 돌을 여러 줄 배열한 거석으로, 일명 '열석(列石)'이라고도 한다. 알리뉴망으로 유명한 프랑스의 카르나크(Carnac)를 비롯해 유럽 각 지역과 시베리아의 미누신스크, 몽골과 일본 등지에서 보이는데, 무덤과 함께 있는 경우가 많다. ⑥ 크롬렉(cromlech): 여러 개의 돌을 원형으로 둘러서게 한 거석구조물로서, 일명 '환석(環石, stone circle)'이라고도 한다. 보통 한 줄로 배열하나 2중, 3중으로 배열한 것도 있다. 솔즈베리(Salisbury) 유적의 크롬렉(cromlech)으로 유명한 영국을 비롯해 프랑스, 시나이 반도, 아랍, 이란 고원 북서부, 남인도, 티베트 고원, 중부 시베리아, 몽골, 북부 일본 등지에 분포되어 있는데, 대개가 태양숭배와 관련된 종교적 구조물이다.

거석문화 巨石文化, megalithic culture

선사시대의 거석기념물을 수반하는 여러 문화를 통칭한다. 거석기념물은 나름의 용도와 기능을 갖고 있기 때문에 석기류와 금속기류를 비롯한 여러가지 유품을 수반해 복합적인 거석문화를 이룬다. 거석문화는 대체로 신석기시대에 나타나 청동기시대를 거쳐 철기시대 초기까지 이어진 다시대(多時代) 문화다. 드물게는 최근에 동남아시아의 일부 도서지방에서도 잔존해, 이른바 '살아 있는 거석문화'로 불린다. 원래 거석기념물에서 비롯된 거석문화는 유럽의 대서양 연안지대에서 발견된 거석분묘(巨石墳墓)와 관련된 문화를 일컬었으나, 지금은 유럽뿐만 아니라 기타 지역에서 발견되는 거석유물과 관련된 문화를 통칭한다. 다만 고대의 성곽이나 신전·궁전·비석과 같은 고차원의 석조유물은 비록 거석유물이기는 하나 거석문화재에 포함시키지 않는다.

거연한간 居延漢簡

오아시스로의 한대 문서 유적. 중국 서북과학고사단(西北科學考査團)의 베리만(F. Bergman)은 1930~1931년에 간쑤성(甘肅省) 장예(張掖)에서 북류하는 에친강 하류의 거연 지방에서 약 1만점의 한대 목간군(木簡群)을 발견하였다. 전한 무제 말년에서 후한 초까지 약 1세기 기간에 제작된 이 목간의 대부분은 공문서이지만, 사문서나 역법, 법령, 의학서 등도 끼어 있다. 문서는 한대의 봉수(烽燧) 제도와 만리장성의 수비법, 병사들의 생활상 등을 전한다. 1972~1975년 간쑤성 박물관 거연고고대가 이 지방에서 또다시 1만 9,637매의 목간을 새로 발견하였다. (6-267)

게르만족의 대이동 Germanische Völkerwanderung

교류의 민족사적 배경으로서의 민족이동. 원래 게르만족은 스칸디나비아 반도 남부와 유틀란트 반도, 발트해 서안 지역에 산재해 있었다. 이들은 기원전 2~1세기에 동게르만과 서게르만, 북게르만 집단으로 나뉘어 유럽 여러 곳으로 이동하였다. 그중 동게르만에 속한 고트족이 375년에 아시아에서 침입한 훈족의 압박을 받아 로마제국의 영토로 밀고 들어갔다. 그즈음 서게르만 부족들도 이동을 시작하였다, 그 결과 6세기 말까지 동고트·서고트·프랑크 등 여러 왕국이 출현하였다. 왕국 대부분은 이단인 아리우스파를 신봉하다가 가톨릭으로 개종한 프랑크 왕국에 의해 통합되었다. (17-19)

겔더말슨(Geldermalsen)호 해저 유적

네덜란드 동인도회사에 소속된 상선 겔더말슨호가 1752년 중국 난징(南京)을 떠나 남중국해를 항해하다가 불의의 조난을 당해 침몰되었다. 이 침몰선은 수장(水藏) 233년 만인 1985년 5월 싱가포르의 침몰선 발굴 전문회사인 사르베지 회사의 마이케르 하차 선장에 의해 우연히 발견되었다. 발견자는 1986년 4월 28일부터 5일간 암스테르담 힐튼 호텔에서 발굴유품을 경매에 붙였는데, 유품 중에는 도자기류와 144인분 식기세트, 125개의 금괴가 포함되었다. 유품들을 통해 상당히 큰 상선이라는 것과, 18세기 중국과 네덜란드 간에 진행된 교역의 일단을 짐작할 수 있다.

견마무역 絹馬貿易

기원전부터 중국의 한조(漢朝)와 흉노 사이에 진행된 무역을 가리키는데, 무역품의 주종이 한조의 견직물과 흉노의 말이어서 '견마무역'이라고 불렸다.

견사(遣使)를 통한 인적 교류

사절(使節)이란 한 나라를 대표해 국가간의 관계 문제 처리를 위해 외국에 파견되는 사람을 말한다. 국가관계는 본질적으로 국가간의 교류관계이므로, 이러한 국가간의 문제를 처리할 사명을 띠고 파견되는 사절은 그 자신이 곧 교류인이며, 그의 사행(使行)은 바로 교류행위다. 동·서 교류사의 견지에서 보면, 견사는 크게 동방 제국에 대한 서방의 견사인 동향견사(東向遣使)와 서방 제국에 대한 동방의 견사인 서향견사(西向遣使)로 대별된다.

견성술 牽星術

해상실크로드의 천문도항술(天文導航術). 견성술(牽星術)이란 천상에 있는 별자리나 그 자리와 해면 간의 각도에 의해 항해 중인 선박의 위치와 항해 방향을 결정하는 방법으로, 일명 천문항해술(天文航海術)이라고도 한다. 중국은 일찍이 진한(秦漢)시대에 이미 항해자들이 북두칠성을 보고 항해 방향을 식별했으며, 북송(北宋)시대에 이르러서는 지남침(指南針)이 발견되자 별자리와 고도의 관측을 도항의 보조수단으로 이용하였다. 명(明)대 초 정화(鄭和) 선단이 '하서양(下西洋)'하면서 그린 「정화항해도(鄭和航海圖)」에 첨부된 「과양견성도(過洋牽星圖)」는 견성술에 의한 항해도로서 현대의 경위도 측정법과 비교해도 큰 차이가 없을 만큼 정확하게 선박의 항해 위치를 기록하고 있다.

견왕녀(絹王女)의 호탄 출가 2세기

정략결혼을 통한 인적 교류. 당대(唐代)의 도축구법(渡竺求法) 고승 현장(玄奘, 602~664)의 『대당서역기(大唐西域記)』(권12) 「구살단나국(瞿薩旦那國)」조의 기술에 의하면, 이 나라 군주가 잠상(蠶桑)을 구하기 위해 동국(東國, 중국)의 왕녀

호탄의 단단윌리크 유적에서 발견된 「견왕녀도」

와 전략적 혼인을 맺었다고 한다. 그 결과 그녀가 외국 유출이 금지된 잠상 씨를 모자의 솜 속에 몰래 감춰가지고 와서, 마침내 뽕나무 재배와 누에고치 기르기에 성공해 비단을 얻게 되었다. 중국 양잠술이 최초로 서역에 전해진 기원 2세기 때 일이다. 20세기 초 이곳을 탐험하던 영국의 스타인(Sir Aurel Stein, 1882~1943)은 호탄 동북방 약 120km 지점에 있는 단단윌리크 유적의 절터에서 이러한 전설을 그린 '견왕녀도(絹王女圖)' 목간판을 발견하였다. 이렇게 한 왕녀의 출가를 계기로 양잠술이 서역에 전해지는 중요한 교류사적 이변이 발생하였다.

겸익 謙益

서역을 다녀온 백제 불승. 생몰 연월 미상. 백제 성왕4년(529)에 한국 최초로 도축구법을 하고 돌아와 백제 율종(律宗)의 비조가 되었다. 인도 중부의 상가나(尙伽那) 대율사(大律寺)에서 산스크리트어를 배우고 율부(律部)를 연찬한 후 인도승 배달다삼장(倍達多三藏)과 함께 귀국하였다. 두 승려는 백제왕의 환대를 받고 흥륜사(興輪寺)에 머물며 귀국할 때 가져온 율문을 국내의 고승 28명과 함께 율부 72권으로 번역하였다. 이때 번역한 율을 『범본아담장오부율문(梵本阿曇藏五部律文)』 또는 『비담신율(毘曇新律)』이라고 한다. 겸익의 율학으로 인해 백제 불교는 계율 중심의 불교가 되었으며, 후일 일본 율종에도 영향을 미쳤다.

경덕진 景德鎭

중국 제1의 요업 도시. 중국 장시성(江西省) 파양호(鄱陽湖) 동부에 위치한 경덕진은 한대부터 도자기 가마가 있었으나 송대에 이르러 경덕(景德) 연간에 궁전에서 사용하는 자기를 구워내어 경덕진요(景德鎭窯)가 일약 명성을 얻게 되었으며, 중국의 유명 자기로 동서양에 수출되었다. 부근에 도토(陶土)가 많아 한대부터 도자기를 굽기 시작하여 남조(南朝)의 진(陳) 때부터 도자기를 본격적으로 생산하였고, 송대에 생긴 경덕진요는 공품(貢品)으로 유명하였다. 명대의 선덕(宣德) 연간에 어요(御窯)가 건조되면서 도자기 생산이 더욱 활성화되었다.

경덕진 요에서 구워낸 경덕진 자기

경략 經略

실크로드를 통한 교류의 정치사적 배경. 경략(經略)이란 타지(국가나 지역)를 공략해 지배를 강요하는 행위다. 일반적으로 경략은 공략(攻略)에 의한 지배행위이기 때문에 경략에서의 기본은 정치적 공략이며, 따라서 경략은 정치사적 배경으로서 문명교류에 상당한 영향을 미친다. 경략은 경략자와 피경략자 간의 역량 관계나 경략의 목적, 그리고 시대상황에 따라 여러가지 형태를 취한다. 기본 형태는 속령화(屬領化) 경략과 식민지화(植民地化) 경략 두 가지다. 속령화 경략은 주로 영토를 타지까지 확장하거나 기미(羈縻)정책으로 타지를 예속·견제하는 등 예속화하는 경략으로 대체로 고대와 중세에 취한 형태다. 이에 비해 식민지화 경략은 주로 피경략지에 자국민을 식민(植民)해 그들로 하여금 모든 실질적 권익을 장악케 함으로써, 그들을 통해 피경략지에 대한 지배를 실현하는 경략으로 근대에 와서 흔히 취하는 형태다.

이러한 경략은 같은 문명권 내에서 발생할 수도 있고, 또 다른 문명권 사이에서 발생할 수도 있다. 동질의 문명권 내의 경략은 그 문명의 심화나 발달에 유리한 내향적(內向的) 입지를 조성해 문명의 교류 주체로서의 지위와 역량을 한층 강화할 수 있다. 그러나 문명의 교류에 직접적인 요인으로 작동하지는 못한다. 이와는 대조적으로 이질의 문명권간의 경략은 문명간의 교류를 가능케 하는 외향적 입지를 조성하기 때문에 문명교류를 촉진하는 직접적 요인으로 기능할 수 있다. 이 경우 문명사적 견지에서 보면 타문명권에 대한 특정 문명권의 지배행위이므로 경략의 형태와 정도에 따라 융합이나 융화, 동화 등 서로 다른 접변현상이 따를 수 있다. 경제적 및 문화적 공략이 선봉장이 된 경략에서는 일반적으로 융합이나 융화 같은 순기능적 영향이 나타나며, 식민지화 경략일 경우에는 대체로 동화 같은 역기능적 영향이 크다. 따라서 문명교류의 정치사적 배경으로서의 경략, 특히 이질문명간의 경략이 이뤄지는 경우 문명교류에 미치는 영향 관계에 관해 면밀하게 분석·평가해야 한다.

경략을 통한 인적 교류

교류관계 수립을 위한 인적 교류에는 견사(遣使)를 통한 인적 교류 말고도 경략을 통한 인적 교류가 있다. 경략을 통한 인적 교류란 군사적 정복이나 정치적 지배와 같은 경략활동을 통해 교류에 영향을 미친 인물들의 왕래를 말한다. 역사에는 이질문명권을 넘나들면서 경략활동을 전개함으로써 문명교류에 영향을 미친 인물이 많다. 이러한 인물들은 대부분 일세를 풍미한 군사가나 정치가들로 교류사뿐만 아니라 역사 전반에 큰 영향을 미친 영웅호걸들이다. 이들 중에는 기원전 6세기에 중앙아시아와 서아시아를 아우른 아케메네스조 페르시아의 다리우스 1세와 기원전 4세기에 동정을 단행해 헬레니즘 세계를 창도한 알렉산드로스, 중세 전반에 동·서정으로 이슬람세계를 건설한 이슬람 칼리파들과 정복 지휘자들, 중세 후반에 서정(西征)을 주도해 원(元)제국과 4대 칸국을 세운 칭기즈칸과 여러 칸들, 서정과 동정을 통해 중앙아시아에 티무르제국을 일으켜 세운 티무르 등 희대의 정복자나 권력자들이 있다. 그런가 하면 중국 한(漢)대의 서역 경략을 달성한 반초(班超)나 서정으로 중세 문명교류에 기여한 당장(唐將) 고선지(高仙芝), 그리고 근세 초 동방 경략을 주도한 서구의 식민지 총독이나 정복자 등 국부적이고 한정적인 경략활동으로나마 문명교류에 영향을 미친 인물들도 수두룩하다. 물론 이들이 문명교류에 미친 긍정적이고 건설적인 영향도 없지 않지만, 반면에 부정적이고 파괴적인 영향도 상당히 컸으며, 때로는 그것이 절대적이었음을 간과해서는 안된다. 그러나 그러한 영향 여하에 관계없이, 그들 자신은 의식적이든 무의식적이든 교류에 간여함으로써 교류인으로서 역할을 수행하였으며, 따라서 그들의 활동은 바로 교류행위라고 봐야 할 것이다.

경주(慶州) 고분군 유적

오아시스로 동단(東端) 유적. 신라 50여 대 1000년간의 왕도 경주는 최전성기에 가구(街衢, 거리) 1,300방(坊)에 민호(民戶) 18만 호가 생활한 큰 도성이었다. 여기에는 고분군을 중심으로

사방 약 20km에 걸쳐 무열왕릉(武烈王陵)·황룡사(黃龍寺)·불국사(佛國寺)·석굴암(石窟庵)·안압지(雁鴨池)·석빙고(石氷庫)·김유신묘(金庾信墓)·오릉(五陵)·괘릉(掛陵)·계림(鷄林)·포석정(鮑石亭) 등 이루 헤아릴 수 없이 많은 유적들이 밀집해 있다. 경주 국립공원 내에 분포되어 있는 사적은 국보 11점, 보물 14점, 기타 유적 90점이나 된다. 공원 밖에 있는 그외 사적까지 합하면 국보 14점, 보물 22점, 기타 사적 127점 등 도합 163점에 달한다. 이러한 유적들에서는 금관 6기를 비롯해 귀중한 유물들이 수없이 출토되어 찬란했던 신라 문화를 여실히 증언하고 있다.

경주–서울로

경주에서 출발한 한반도 내의 실크로드 오아시스로는 영천에서 죽령로(竹嶺路)와 계립령로(鷄立嶺路)의 두 개 간선으로 갈라진다. 죽령과 계립령은 한반도 남단을 가로지르는 소백산맥의 고갯길이다. 죽령로는 영천에서 안동으로 연결된 후 영주를 거쳐 죽령을 넘어간다. 이후 이 길은 단양―제천―원주를 거쳐 춘천 방향으로 북상한다. 계립령로는 경주―영천에서 서쪽에 위치한 대구 방향으로 서진한 후 대구에서 선산―상주―문경―계립령으로 연결된다. 계립령을 넘은 후에는 충주―이천―광주―서울로 연결되며, 서울에서는 양주를 거쳐 임진강 방향으로 진출한 후 한반도 북부로 연장된다.

계립령은 신라에 의해 156년에 개척된 것으로 『삼국사기(三國史記)』에 기록되어 있다. 이 기록은 교통로에 대한 국가적 인식이 반영된 최초의 기록이다. 신라는 서기 2세기경부터는 계립령로를 통해 북방과 교류를 진행하였음을 알 수 있다. 계립령에는 11세기 말경에 조성된 '충주 미륵리사지(彌勒里寺址)'가 남아 있어 고려시대까지 계립령이 주요 교통로로 이용되었음을 알 수

있다. 계립령이 공식 기록에 나오는 최초의 교역의 길이라 한다면, 죽령은 고구려군의 남진과 관련이 있다. 고구려 광개토대왕은 399년 가야와 왜(倭) 연합군의 침입을 받은 신라를 구원하기 위해 5만의 고구려 군대를 파견하였다. 이 시기에 신라는 육로를 통해 경주까지 연결된 실크로드를 통해서 서역의 많은 문물을 받아들일 수 있었다. 551년경이 되면 신라는 고구려가 지배하였던 죽령 북쪽의 한강 상류 유역으로 진출하게 된다. 죽령로는 소백산맥을 넘은 신라 세력이 한강 하류 지역으로 진출하는 주요 교통로로 이용되었을 뿐만 아니라, 원산 방면의 동해안 쪽으로 진출하는 간선으로도 사용되었다.

『경행기(經行記)』 杜環 저, 8세기 후반

교류의 문헌적 전거로서의 여행문학서. 중국 시안(西安) 출신의 두환(杜環)은 당장(唐將) 고선지(高仙芝)가 이끈 제5차 서역 원정군의 일원으로 751년의 탈라스전에 참전하였다. 이 전쟁은 당 원정군 대 석국(石國, 현 우즈베키스탄의 수도 타슈켄트 일원)과 이슬람 연합국 간에 탈라스(현 카자흐스탄의 잠불)에서 벌어진 전쟁이었다. 이 전쟁에서 두환은 이슬람군에게 생포되어, 석국에 억류되었다가 강국(康國, 현 사마르칸트)과 아무다리야강 좌안의 아매국(亞梅國)과 말록국(末祿國, 현 투르크메니스탄의 말리)을 경유해 대식국(大食國, 아랍)의 아구라(亞俱羅, 쿠파)에 압송되었다. 대식에 체재하는 동안 두환은 점국(苫國, 현 시리아), 불름국(拂林國, 동로마), 달마린국(達磨鄰國, 현 북아프리카의 모로코) 등 서아시아 및 북아프리카 지역을 두루 역방하였다. 그는 아프리카를 방문한 최초의 중국인이 되었다. 그는 중앙아시아와 서아시아 및 북아프리카에서 10여 년을 보낸 뒤 762년에 상선을 타고 간신히 귀국하였다. 귀국 후 두환은 『경행기』란 견문록을 저술했는데, 원전은 소실되어 전해지지 않는다. 다행히 그의 일족인 두우(杜佑)가 찬술한 『통전(通典)』에 1,700여 자의 단편적인 내용이 전재되어 있어, 『경행기』의 내용을 개략적으로 짐작할 수 있다. 『경행기』는 두환이 직접 주유한 나라와 지역의 경계, 풍토·물산·의식주·습속·신앙·예법 등 여러 방면의 실황을 기술하고 있다. 특히 대식국에 관한 기록을 남긴 것은 중국인으로 처음이며, 아랍 현지 방문록으로서 사료적 가치가 높다.

계 罽

동전된 모직 의료. 한국의 사적 『삼국사기(三國史記)』 「잡지(雜志)」 '색복(色服)'조에 보면, 신라 흥덕왕(興德王) 9년(834)에 왕명을 내려 목수건이나 버선목과 같이 적게 소요되는 부분까지 계의(罽衣) 사용을 금지한 기사가 나온다. 기원전 199년 중국 한고조(漢高祖) 유방(劉邦)도 상인들의 계의 착용을 금지시킨 바 있다. 그것은 아마 진귀한 모직 의료로서 공급량이 한정적일 수밖에 없기 때문이었을 것이다. 계는 고급 모직 옷감으로 크게는 방(毱)과 채계(彩罽)의 두 종류가 있다. 방은 비낀 문양이고, 채계는 엇갈린 문양이다. 그밖에 문양이나 색깔에 따라 반계(斑罽)·봉계(縫罽)·자청계(紫靑罽)·표두계(豹頭罽)·녹자계(鹿子罽)·화문계(花紋罽) 등으로 나누기도 한다. 계의 주산지는 중앙아시아나 안식(安息, 현 이란)을 비롯한 서역 제국이지만, 대진(大秦, 로마)에서도 오색계(五色罽) 등 계가 생산된다고 한다.

계림로단검 鷄林路短劍

한국의 경주 미추왕릉지구계림로(味鄒王陵地區鷄林路) 14호분에서 1973년 6월 중국, 일본에서는 그 유례를 찾아볼 수 없는 환원단검(環圓短

경주 계림로에서 출토된 장식보검 일명 '계림로단검'

劍)이 발굴되었다. 전장 36cm의 이 검은 홍마노(紅瑪瑙)와 누금(鏤金)으로 장식되었는데, 철제의 검신(劍身)은 부식되어 없어지고 표면을 쌌던 금판과 금판에 감제(嵌製)했던 옥만 남아 있다. 이 검과 외형이 유사한 것으로 카자흐스탄 보로보에(Borovoye)에서 출토된 검, 이란에서 나온 은제 단검, 우크라이나 그로드시(Grodsy)의 랑고바르드(Langobard)족 묘지에서 발견된 금제 단검 등이 있다. 이 단검들은 외형상 약간의 차이는 있으나, 반원형의 파두(把頭), 잘록한 손잡이, 검신 등에서 공통점이 있다. 그리고 파키스탄의 키질(Kizil) 지방이나 아프가니스탄의 카불 근처 푼드키스탄 지방의 벽화에서도 유사한 검이 발견되었다. 이들은 모두 장식의장(裝飾意匠)에서 필리그리(filigree) 수법에 의한 금립(金粒) 장식을 도입하고 같은 단위 문양을 반복하며, 옥을 감제(嵌製)하는 등 다채장식양식(多彩裝飾樣式, polychrome style)을 도입하고 있다. 그러한 의미에서 일명 '장식보검(裝飾寶劍)'이라고도 한다. 한국 계림로 단검의 원류에 관해서는 전래설(傳來說)과 창작설(創作說)이 맞서고 있으며, 제작자와 제작 연대에 관해서도 아직 정설을 찾지 못한 상태이다.

계업 繼業, 10세기

서행(西行) 불승. 중국 송대의 요주(耀州) 출신으로 개봉(開封) 천수원(天壽院) 승려였던 삼장(三藏) 고승 계업은 건덕(乾德) 2년(964)에 사문(沙門) 행근(行勤)이 조직한 승단에 참가하였다. 157명이란 대규모의 승단 일원으로 계주(階州, 현 간쑤성甘肅省 우두武都)를 떠난 계업은 개보(開寶) 9년(976) 12년 만에 계주로 귀환하였다. 그의 도축(渡竺) 노정과 행적은 다음과 같다. 964년 계주 출발 → 영무(靈武, 현 닝샤寧夏 서북부) → 서량(西涼, 현 간쑤성 우웨이武威) → 감주(甘州, 장예張掖) → 숙주(肅州, 주취안酒泉) → 과주(瓜州, 안시安西 동남) → 사주(沙州, 둔황敦煌) → 이오(伊吾, 현 신장 하미合密) → 고창(高昌) → 언기(焉耆) → 우기(于闐) → 소륵(疏勒) → 대석(大石, 현 신장 타스쿠얼간塔什庫爾干의 타지크塔吉克 자치현 일대) → 설령(雪嶺) → 포로주국(布路州國, Bolora, 『대당서역기』 중의 발로라鉢露羅) → 파미르 고원 → 설산(雪山) → 가습미라(伽濕彌羅, Kashmir) → 대산(大山) → 건타라국(建陀羅國, Gandhara) → 서류파국(庶流波國, 혹은 굴로다屈露多, Sultanpur 일대) → 좌란타라국(左爛陀羅國, Jalamdhara, 사란달라闍爛達羅) → (서행) 4개국 → 대곡녀성(大曲女城, Kanyakubja, 갈약국사羯若鞠闍) → 파라나국(波羅奈國, Varanasi), 석가의 초전법륜처(初轉法輪處) 참배 → 녹야원(鹿野苑) → 마갈제국(摩羯提國, Magadha), 보리보좌(菩提寶座), 석주(石柱), 불고행처(佛苦行處), 삼가섭촌(三迦葉村), 목우여지(牧牛女池), 금강좌(金剛座), 가야성(伽耶城), 가야산(伽耶山), 정각산(正覺山) 등 불적 참배 → 골마성(骨磨城) → (동북행) 왕사성(王舍城), 역륜왕탑(歷輪王塔), 나란타사(那爛陀寺), 조령두산(鳥嶺頭山), 가습미라한사(伽濕彌羅漢寺), 겁제희산(劫提希山), 합사(鴿寺, 한사漢寺), 지나서사(支那西寺 한사, 이상 3한사는 나란타사 부근 100리 내에 있음) → 화씨성(花氏城, 파타리波吒釐, Pataliputra) → (도하 북행) 비야리성(毗耶離城, Vaisali, 폐사리 吠舍釐) → 구시나성(拘尸那城, Kusinagara, 구시나게라拘尸那揭羅) → (북행, 큰 산 넘어) 니파라국(尼波羅國, 현 네팔) → 마유리(磨逾理, 혹은 마성廐城, 카슈미르Kashmir의 카라콜룬산 입구의 남면 일대) → 976년 계주로 귀환.

귀국 후 계업은 가지고 온 범패(梵唄)와 사리를 태종(太宗)에게 헌상하고 나서 아미산(峨眉山)에 들어가 우심사(牛心寺)를 짓고 은거 수행하다가 84세의 고령으로 입적하였다. 그는 소장한『열반경(涅槃經)』42권의 매권 후미에 자신의 서행 도축에 관한 내용을 기록하였다. 뒷날 중국 남송(南宋)의 시인 범성대(范成大)가 우심사를 찾아갔을 때 그 기록을 발견해『서역행정(西域行程)』이란 이름으로 자신이 편찬한『오선록(吳船錄)』에 수록하였다.

계절풍 季節風, monsoon

계절에 따라 방향이 바뀌는 바람으로, 지구상 특정 지역에서 대륙과 해양의 온도 차이로 인해 일어난다. 대체로 여름에는 해양에서 대륙으로, 겨울에는 대륙에서 해양으로 풍향이 바뀐다. 인간이 항해에 도입한 최초의 기술은 풍향에 따르는 풍력(風力)의 이용이다. 그런데 풍향은 계절에 따라 항상 변하기 때문에, 계절풍의 변화를 파악하고 이용하는 것은 범선(帆船) 항해시대의 가장 기본적인 항해 기술이었다. 인간이 풍향과 계절의 관계를 알아내고, 일종의 기술로 항해에 도입한 것은 조선술이 일정하게 발달하고 항해 경험도 어느 정도 축적된 기원 전후의 일이다.

중국의 경우 한대에 이미 봄바람은 동풍(東風), 여름바람은 온풍(溫風), 가을바람은 양풍(洋風), 겨울바람은 맹풍(猛風)으로, 또 풍향에 따라 바람을 상풍(象風)·명서풍(明庶風)·청명풍(淸明風) 등 8풍(風)으로 분류하는 등 바람과 풍향 및

계절에 관한 지식을 터득하고 있었다. 서양의 경우 최초로 인도양의 계절풍을 이용한 사람은 기원전 1세기 프톨레마이오스조 말기의 히팔루스(Hippalus)다. 그는 아랍 상인들로부터 여름철에 인도양에서 부는 서남계절풍에 관한 비밀을 알아낸 후, 이것을 이용해 아라비아해 북단으로부터 마트라(Matrah) 해안을 지나 인더스강 하구까지 직행하는 데 성공하였다. 이 해로는 이 구간의 최초 심해로(深海路, 혹은 직항로直航路)로 종전의 연해로(沿海路, 혹은 우회로迂廻路)보다 항해 시간이 크게 단축되었다. 이것은 항해사에서의 일대 혁명이었다. 훗날 서양인들은 첫 이용자의 이름을 따서 이 계절풍을 '히팔루스풍'이라고 명명하였다. 당시 그리스 선박은 일반적으로 7월에 이집트에서 출항해 서남계절풍이 가장 강하게 부는 8월에 인도양을 횡단, 약 40일 만에 남인도의 무지리스(Mouziris)항에 도착하였다. 거기서 약 3개월간 정박했다가 12월이나 이듬해 1월에 다시 북동계절풍을 타고 회항하곤 하였다.

계절풍의 풍향은 물론, 계절에 따른 풍력의 변화를 파악하는 것은 항해에서 아주 중요한 일이다. 인도양이나 중국 남해상에서의 계절풍은 다 같이 여름철과 가을철(5~9월)에는 서남풍이, 겨울철과 봄철(10~4월)에는 북동풍이 불지만, 강약의 차이가 있다. 인도양에서는 여름철의 서남풍이 겨울철의 북동풍보다 강하나 중국 남해에서는 이와 정반대다. 그리고 계절풍의 전환기에는 종종 기상이변이 일어난다. 예컨대 중국 남해상에서 서남풍이 북동풍으로 바뀔 때는 자주 태풍이 일어난다. 당(唐)대에 이르러서는 지리학의 발달과 더불어 풍향이나 풍력에 관한 연구도 심화되었다. 당나라 사람들은 풍력을 강도에 따라 다음과 같이 8등급으로 세분화하였다. ① 동엽(動葉, 잎 움직임) ② 명조(鳴條, 가지 울림) ③ 요지(搖枝, 가지 흔들림) ④ 타엽(墮葉, 잎 떨어

짐) ⑤ 절소지(折小枝, 작은 가지 꺾임) ⑥ 절대지(折大枝, 큰 가지 꺾임) ⑦ 절목비사석(折木飛沙石, 나무 꺾이고 모래·돌 날림) ⑧ 발대수급근(拔大樹及根, 큰 나무가 뿌리째 뽑힘). 이러한 풍력 분급법(分級法)은 근세 영국의 풍력 등급화보다 약 1,000년이나 앞선 것이다.

고대동방기독교

1054년 콘스탄티노플의 성소피아 성당에서 발생한 상호 파문 조치로 인해 기독교가 동방기독교와 서방기독교로 양분되기 이전의 기독교를 지칭한다. 근원적으로 보면, 기독교는 동방기독교이지 결코 서방기독교가 아니다. 그 근거로 ① 교조 예수의 탄생지와 활동지, 그리고 그에 의한 기독교의 발상지가 바로 동방, 즉 팔레스타인이고, ② 기독교인들의 최초 교단이 조직된 곳이 소아시아 지방의 안티오크(Antioch)이며, ③ 기독교가 종교로서 첫 공인을 얻은 곳도 다름아닌 동방의 나라 메소포타미아의 에데사(Edessa)라는 것을 들 수 있다. 또한 약 천년 동안 기독교는 주로 동방을 거점으로 해 동서로 교세를 확장하고 교리를 정비하는 등 종교활동을 전개해왔다.

고대동방기독교의 동전 고대동방기독교의 동방으로의 교세 확장, 즉 동전(東傳)은 기독교가 동·서로 공식 결별되기 이전 시기(1~10세기)에 서아시아로부터 선택적으로 페르시아·중앙아시아·인도·중국 등 아시아 지역으로 전해진 것을 말한다. 대표적인 예로 경교(景敎)란 이름의 네스토리우스파가 7~9세기 아시아의 한문명권(漢文明圈)에 전파된 사실을 들 수 있다.

고대동방기독교의 본거지, 에데사 초기에 신자들이 집중되어 있는 몇 개의 고대동방기독교의 중심지가 있었는데, 헬레니즘의 영향을 받은 그리스어권의 예루살렘·안티오크·콘스탄티노플·알렉산드리아와 시리아어권의 문화적 배경을 가진

현 터키 우르파에 있는 아브라함 사원

에데사 등이 바로 그 중심지였다. 이들 중 유독 에데사(고도, 현 터키의 우르파Urfa)만은 로마 제국의 통제 밖에 있어서 포교활동이 자유로웠다. 그리하여 첫 동방교회가 여기서 탄생하게 되었던 것이다. 이로써 에데사는 고대동방기독교의 본거지이자 그 동전의 시발점이었으며, 기독교가 최초로 공식 허가된 지역(공허지公許地)이었다. 이처럼 에데사에 기독교가 전도된 사실에 관해서는 성 도마(Thomas) 전도설과 예수의 문도(門徒) 다대오(Thaddaeus, 유다) 전도설의 두 가지 설이 있다. 이 두 가지 전도설에는 전설적인 요소도 가미되어 세세한 부분까지 다 믿기는 어려우나, 예수의 사도라든가 제자들이 당시로서는 전도에 유리한 에데사 지방에 들어가 처음으로 기독교를 일으켜 세웠다는 사실에는 의심의 여지가 없다.

고대동방기독교의 인도 전파 인도의 기독교 전파 역사는 초대 교회의 전도 시기, 네스토리우스파의 전도 시기, 16세기 초 이후 서방 가톨릭교회의 선교 시기, 18세기 초부터 시작된 프로테스탄트파의 선교 시기의 4단계로 구분된다. 이 4단계 가운데 첫째와 둘째 단계는 인도에 고대동방기독교가 전파된 시기이고, 셋째와 넷째 단계는 인도에 중세와 근세 서방기독교가 전파된 시기다. 고대동방기독교의 전파와 관련된 첫째 단계인

초대 교회의 전도에는 1세기 사도 도마의 전도와 2~3세기 알렉산드리아 교회의 전도 및 3~4세기 페르시아 이민선교(移民宣敎)의 세 가지 전도 내용이 포함된다.

인도에 전파된 기독교는 사도 도마의 전도에서 시작되었는데, 그에 관해서는 서북부 지역에서의 전도와 서해안 지대에서의 전도, 그리고 서남부 크랑가노르(Cranganore) 지방에서의 전도 등 세 가지 전설이 전해오고 있다. 이 세 가지 전설은 성령(聖靈)의 영험(靈驗)을 보여주는 영혼 이야기라든가, 기독교의 자비나 보편성을 강조하는 내용으로 일관되어 있다. 더러 중복되는 내용도 있으며, 일부는 역사적 사실과 부합하지 않는 점도 있어서 도마의 인도 전도설 자체를 부정하거나 의심하는 학자도 있다. 그러나 여러가지 문헌기록과 유물, 그리고 당시의 국제적 환경으로 미루어볼 때, 도마의 인도 전도는 사실에 가깝다고 할 수 있다. 도마의 최초 전도지로 알려진 마라발 교회의 일과(日課)기도서에는 성 도마의 제식문(祭式文)이 그대로 실려 있으며, 마일라푸르의 성 도마 교회 부근 고분에서 1521년 백골(白骨)과 철제 화살촉, 점토제 병이 발굴된 데 이어 또 1543년에는 인도왕이 도마 교회당 건립을 위해 대지를 희사했다는 내용이 적힌 동제 창이 출토되었다. 1849년에는 프랑스의 레이노(M. Raynaud)에 의해 도마의 전도 전설 속에 나오는 곤다포러스왕의 초상이 새겨진 주화(鑄貨)가 발견되어, 그 실재성을 시사해주고 있다. 아울러 1세기 70년대에 씌어진 『에리트라해(海) 안내기』(*The Periplus of Erythraean Sea*)의 기술에 의하면, 당시 로마와 인도 간에는 계절풍을 이용한 항해와 문물교류가 진행되고 있었다. 이러한 상황은 도마 일행이 해로를 따라 인도 서해안 일대에 도착해 전도하였을 개연성을 짙게 시사하고 있다.

인도 남부에 있는 마일라프르의 성 도마 교회

도마의 전도에 이어 알렉산드리아 교회의 전도가 시도되었으며, 페르시아로부터 기독교인들의 도피나 이민단(移民團) 파견도 수차례 있었다. 그 결과 4세기 중엽부터 인도에서 기독교의 교세는 급속히 확대되어 전국적으로 수개소의 대승정구(大僧正區)를 포함한 36개소의 승정관구(僧正管區)가 설치되었다. 이러한 초기 단계를 거친 고대동방기독교의 전도는 네스토리우스파에게 그 바통이 넘겨졌다. 그 도화선은 774년과 822년 두 차례에 걸친 페르시아로부터의 네스토리우스파의 집단이주다. 그들은 인도에서 무려 72종에 달하는 각종 특권과 혜택을 향유하면서 상층계급으로 행세하였다. 이런 속에서 그들은 안일한 생각에 빠져 전도열이 서서히 식어갔으며, 브라만을 비롯한 토착세력과 밀착함으로써 본래의 기독교정신을 잃게 되었다. 결국 인도에서의 기독교는 점차 활력을 잃고 사양길로 접어들었다.

고대동방기독교의 중국 전파 일반적으로 종교의 전파는 초전(初傳, 사전私傳)과 공전(公傳, 공허公許)의 두 단계에 걸쳐 이루어진다. 초전 단계의 전파에 관해서는 전설이나 단편적인 기록 말고는 신빙성 있는 사료가 결여되어 있기 때문에 그 실상을 단정하기는 어렵다. 고대동방기독교의 초전 단계 전파와 관련해 가장 많이 거론되는 전설이 바로 도마의 중국 전도설이다. 이 전설에 따르면, 1세기 초반 에데사와 인도 서해안 일대에서 전도활동을 벌이던 사도 도마가 인도로부터 해로를 통해 중국의 칸발리크(Khanbaliq, 원나라 수도, 현 베이징)에 이르러 전도하고 교회를 세운 후 다시 인도로 돌아갔다고 한다. 그러나 '칸발리크'란 명칭은 13세기 원나라 수도가 되면서 현 베이징에 붙여진 이름으로, 도마의 활동 시기와는 너무나 많은 시간 차이가 있다는 점 한 가지만으로도 허구성이 드러난다. 또한 일부에서는 간다라 미술이나 대승불교처럼 부분적으로 기독교의 영향을 받은 불교의 중국 유입을 초기 기독교의 전파라고 견강부회적으로 해석하기도 한다. 그러나 이것은 단지 문화적인 영향관계일 뿐, 그 자체가 곧 종교적인 전파관계는 아니다.

이와 더불어 몇가지 문헌기록은 초기 기독교의 중국 전파 가능성을 비교적 신빙성 있게 시사해주고 있다. 3세기 말 로마 작가 아루노비우스(Arunobius)의 저서 『이방민족지(異邦民族誌)』(*Adversus Gentes*)에는 예수의 복음이 인도·중국·페르시아·아랍 등 태양이 뜨고 지는 모든 곳에 전해졌다고 기술하고 있다. 그런가 하면 중국 측 사료인 『뤄양가람기(洛陽伽藍記)』 권4(547)에는 불교가 흥행하고 있는 뤄양에 많은 백국(百國, 외국)으로부터 들어온 '사문(沙門)', 즉 승려가 3천여 명에 달하는데, 그중에는 멀리 서역, 심지어 대진국(大秦國, 로마)에서 온 승려도 있다고 기술하고 있다. 5세기 초부터 인근 중앙아시아 일부 지역에 중국 전도를 담당한 기독교 대교구 등이 설치되었다는 사실을 감안할 때, 이들 승려들 가운데는 고대동방기독교의 전도사들이 끼어 있었을 가능성이 높다. 초전 단계를 지나 635년 당 태종이 기독교 일파인 경교(景敎, 네스토리우스파)를 공식적으로 인정함으로써 고

대동방기독교의 중국 전파에 일대 전기를 열었다. 경교의 중국 전파에 관해서는 대진경교유행중국비(大秦景敎流行中國碑, 781년 건립, 약칭 '경교비')를 비롯한 관련 유물이 발굴되었을 뿐만 아니라, 관련 경전과 문헌기록도 남아 있어서 그 실상을 비교적 명확하게 파악할 수 있다. '경교비'의 비문에 따르면, 경교는 당태종(唐太宗) 정관(貞觀) 9년(635)에 공허(公許)되어 대진(로마)에서 들어온 이래 덕종(德宗)에 이르기까지 약 150년간 전국에 사원 12개소와 신도 수만명(일설에는 4~6만 명)을 확보할 정도로 세를 누렸다고 한다. 그러나 토착화되지 못하고 타종교와 지나치게 융화하고 타협하며, 정교(政敎) 밀착을 추구한 것 등의 원인으로 중국 본토에서 거의 멸적(滅跡)되다시피 하였다.

고대동방기독교의 중앙아시아 전파 중앙아시아에 고대동방기독교가 전파된 역사는 크게 초기 동방교회의 전도 시기와 네스토리우스파에 의한 전도 시기의 두 단계로 나눌 수 있다. 에데사를 비롯한 초기 동방교회에 속한 서아시아 지역 교인들은 오아시스로를 통해 중앙아시아와 활발한 교역을 하면서 유목민들 속에서 기독교를 전파하였다. 사산조 페르시아의 왕 코바드(Kobad)는 두 번에 걸쳐 중앙아시아에 도피를 했는데, 이때 수행한 기독교 승정(僧正)과 교인들도 이러한 기독교 전파에 동참하였다. 당시 메르브(현 투르크메니스탄의 말리)는 대사교(大司敎)의 소재지로서 기독교 동방 포교의 본산이었다. 250년경에 나온 『사도의 교의』(*The Doctrine of the Apostles*)에는 중앙아시아 일원의 기독교 전파상을 구체적으로 기술하고 있다. 이러한 초기 전도 단계를 경과한 기독교는 이단으로 몰려 추방되었고, 그후 페르시아에서 독립교단으로 출범한(498) 네스토리우스파가 중앙아시아에 유입되면서 비로소 고대동방기독교도 받아들이게

되었다. 7세기 사마르칸트(Samarkand)에 대주교(大主教)가 주재하는 교구가 신설된 데 이어, 9세기 말에는 10여 개의 대교구가 증설됨으로써 중앙아시아 전반에 대한 포교망이 정비되었다.

한편, 6세기 중엽에 네스토리우스파 교주 마르 아바 1세(Mar Abha I)는 옥수스강(Oxus) 유역과 고대 박트리아(Bactria, 대하大夏) 지방에 전도사를 파견해 그곳에 거주하고 있는 에프탈족과 돌궐족들을 교화함으로써 이를 계기로 7세기경 옥수스강 유역에서 전도가 활발히 이루어졌다. 네스토리우스파 전도사들은 대부분 헬레니즘 문화의 영향을 받아 비교적 높은 수준의 문화와 기술을 소유하고 있어서, 중앙아시아 유목민들의 문화 개발과 계몽에 일조하였다. 그들은 현지인들과 협력해 에프탈 문자와 돌궐 문자를 창제하였다. 고대동방기독교는 중앙아시아의 박트리아와 소그디아나를 거쳐 톈산 산맥 북쪽과 타림 분지로 세를 확장했으며, 거기서 다시 중국으로 전파되었다. 그것을 증명하듯 고창(高昌)에서는 시리아어·소그디아나어·위구르어 등으로 기록된 복음서와 교회당 유적뿐만 아니라 기독교 관련 벽화도 여러 점 발견되었다.

고대동방기독교의 페르시아 전파 사산조 페르시아(226~651)는 지정학적으로 고대동방기독교가 동방으로 전해지는 데 필수 경유지로, 기독교 전파에 크게 기여하였다. 그러나 그 과정은 로마와의 국가적 관계나 국내 사정에 따라 수용과 박해, 관용과 제한의 순환을 거듭하는 등 매우 복잡다단하였다. 기독교의 페르시아 전파는 초기 아르벨라(Arbela) 교회의 활동시기(1세기 말~5세기 중엽)와 네스토리우스파의 활동 시기(5세기 중엽~7세기 중엽) 두 단계로 나눌 수 있다. 이 두 단계에서 각각 주역을 담당한 아르벨라 교회와 네스토리우스파는 모두 고대동방기독교의 한 뿌리에서 파생한 교파들이지만, 성장 배경이나 활동 내용은 상이하다. 전자는 에데사의 시리아어권 문화를 배경으로, 후자는 안티오크의 그리스어권 문화를 배경으로 각각 성장하였다. 그러나 훗날 안티오크의 네스토리우스파 추종자들이 박해를 피해 페르시아에 피신해 정착하면서부터 그들이 교세 면에서 우세하자 두 파는 화합하게 되었다. 496년에 네스토리우스파 교회의 총회가 열려 독립을 선언하고 498년부터는 완전히 독립된 교회로 활동을 개시하였다.

고대동방기독교가 네스토리우스파의 페르시아 진출을 자극했을 뿐만 아니라 페르시아에서의 교세를 확대해 독립적인 교회활동을 할 수 있었던 요인은 다음과 같은 4가지다. ① '적의 적은 벗이다'라는 이치처럼 네스토리우스파가 적국인 로마에게 이단시되는 데 따른 페르시아와의 공생감(共生感)이다. 그리하여 잔인하게 기독교를 박해하던 페르시아의 바흐람 5세(Bahram V)는 422년 박해를 중단하고 네스토리우스파의 활동을 허용하였다. ② 이미 들어와서 활동하던 시리아계 교회(아르벨라 일파)가 박해에서 벗어나기 위해 주동적으로 네스토리우스파에 접근해 합작함으로써 교세가 확대될 수 있었다. ③ 일찍이 헬레니즘 문화에 훈육되어 얻은 여러가지 선진적인 문화 및 기술적 재능으로 네스토리우스파가 페르시아의 국가 발전에 기여한 점이다. ④ 동로마 황제 제노(Zeno)의 네스토리우스파에 대한 국외 추방이다. 네스토리우스파의 정체성에 관한 에페수스 회의(449)와 칼케돈 회의(451) 이후에도 논쟁이 계속되자 제노 황제는 궁여지책으로 482년에 타협적인 '협조신조(協調信條)'(The Henotikon)를 발표해 논쟁을 잠재우려고 했지만 네스토리우스파는 크게 반발하였다. 그리하여 제노는 489년 네스토리우스파를 국외로 강제 추방하는 칙령을 발표하고 에데사의 신학교와 수도원을 폐쇄하였다. 이러한 제노의 추방과 탄압으로 인해 네스토리우스파는 인근 페르시아로 피신하였다. 그러나 네스토리우스파에 대한 페르시아의 무관심한 태도와 이슬람의 페르시아 공략(651)은 그들로 하여금 새로운 활로를 찾아 인도·중앙아시아·중국 등 동방 여러 지역으로 발길을 옮기지 않을 수 없게 하였다.

고대동방기독교의 한반도 전래 한반도에 고대동방기독교가 전래되었는지, 전래되었다면 언제인지에 관해서는 아직 정설은 없지만, 통일신라시대를 전후해 전입되었을 개연성을 시사하는 증거로 몇 가지 유물과 기록이 남아 있다. 유물로는 1965년 경주 불국사 경내에서 출토된 좌우상 하의 길이가 대칭적인 석십자가(石十字架, Stone Cross, 24.5×24×9cm)와 역시 경주에서 발굴된 부착용 장식품으로 보이는 2점의 철제십자문장식(鐵製十字文裝飾, Cross-based Desingn, 5.8×5.6cm; 2.4×3.2cm), 그리고 아기 예수를 품에 안은 성모 마리아의 소상(塑像, Statue of Virgin Mary, 7.2×3.8×2.8cm) 등이 있다. 현재 숭실대학교 부설 '한국기독교박물관'에 소장되어 있는 이 3점의 유물은 모두 7~8세기 통일신라시대의 유물로 추정된다. 이 시대를 이은 발해의 솔빈부(率賓府) 아브리코스(Abrikos) 절터에서 십자가가 출토되었고, 한때 발해의 수도였던 동경(東京) 용원부(龍原府, 현 훈춘琿春)에서는 십자가를 목에 걸고 있는 삼존불상(三尊佛像)이 발견되었다. 그런가 하면 1926년 압록강을 사이에 두고 한반도와 인접한 중국 만주 지방의 안산(鞍山) 부근에서 요대(遼代) 성종(成宗) 때(11세기 초)의 것으로 추정되는 와제(瓦製) 십자가 7점이 출토되었으며, 동방박사의 아기 예수 경배도를 연상케 하는 암각화도 발견되었다. 문헌기록에 의하면, 이곳에는 상당수의 경교신자들이 살고 있었다. 이때가 고려 초에 해당하는 시기이므로, 이 지역에서 그 전에 이미 경교가 유행하고 있었

음을 시사한다.

그밖에 일부 학자들은 불교 관련 유물에 기독교적 요소가 있다고 주장한다. 고대동방기독교 연구가인 골든(E. A. Goldon) 여사는 경주 석굴암(石窟庵) 전실 내벽에 부각된 십이면관음상(十二面觀音像)과 십나한상(十羅漢像), 범천상(梵天像), 제석천상(帝釋天像) 등에 보이는 옷 무늬나 신발은 네스토리아니즘의 영향을 받은 것이라고 주장하였다. 기독교 사가이자 고고학자인 김양선(金良善)은 통일신라시대에 축조된 능묘의 호석(護石)에 부조된 십이지상(十二支像)이나 능묘의 수호적 기능을 수행하는 무인석상(武人石像)의 의장(意匠)은 거의 경교적 모습이라고 판단하였다.

유물과 더불어 몇 건의 관련기록도 있다. 『삼국유사(三國遺事)』(권5「혜통강룡慧通降龍」)에

◀ 경주에서 출토된 마리아 소상
▶ 경주 불국사 경내에서 출토된 석십자가
▼ 발해 동경 훈춘에서 출토된 협시보살상

는 신라 신문왕(神文王, 재위 681~691) 때의 고승 혜통(慧通)에 대한 찬문(讚文)에 "마귀와 외도(外道)를 모두 서울에서 멀리했다"라는 구절이 있다. 여기서 '외도'란 불교 이외의 다른 종교를 뜻하는 것으로 당시 새롭게 접하게 된 기독교일 가능성이 있다. 혜통은 당에서 경교를 부흥시킨 한 사람인 고종(高宗)과 각별한 인연을 맺고 있었으므로, 그를 통해 경교를 접할 수 있었으리라 짐작된다.『삼국유사』(권1,「신라시조 혁거세왕新羅始祖 赫居世王」) 중에 나오는 계룡(鷄龍)이 왼쪽 갈비를 통해 어린 계집애를 낳았다는 전설과『구약성서』에 나오는 아담이 갈비뼈로 이브를 만들었다는『창세기』(2:21~24) 기록의 상사성을 기독교의 영향 내지 전입의 결과로 보는 견해도 있다. 그러나 문화현상의 상사성은 곧 상관성이 아니므로 일방적으로 단정하기에는 다소 무리가 있다. 그밖에『삼국유사』에 나오는 성모(聖母)나 성자(聖子)(권5,「감통제感通第」, '선도성모수희불사仙桃聖母隨喜佛事') 같은 용어들이 기독교적인 표현이라는 것을 들어 기독교의 전래를 주장하는 논자도 있다. 그러나 신라 당대에 이러한 어휘들은 기독교와 무관하게 '성스러운 어머니' '성스러운 아들'이란 보통명사로 쓰였을 수도 있다는 점에 유의해야 할 것이다. 현존하는 한국의 문헌 가운데서 처음으로 '경교'라는 표현이 나타나는 것은 조선조 헌종(憲宗, 재위 1835~1849) 때 소운거사(嘯雲居士) 이규경(李圭景)이 저술한 책『오주연문(五洲衍文)』이다. 저자는 '경교유행중국비(景教流行中國碑)'라는 비석이 땅속에서 발견되었다고 전하고 있다.

고량(수수) 高粱, sorghum

서전 곡물. 학명은 'Sorghum nervosum'으로, 외떡잎식물 벼목 화본과에 속하는 한해살이 식물(곡물)이다. 원산지는 중국 대륙인데, 로마시대에 페르시아를 거쳐 로마에 전해졌다. 로마인들은 고량을 'Sorghum'이라고 불렀는데, 이것은 '붉은 곡식'이란 뜻의 이란어 'Sorkh-crzen'에서 유래한 것이다.

고려악 高麗樂

일명 '고려기(高麗伎)'라고도 한다. 수당악(隋唐樂)에서도 중요하게 여겼던 '고려악'은 탄쟁(彈箏)·와공후(臥箜篌)·도피(桃皮) 등 다른 지역 악보다도 더 많은 20가지의 악기로 연주된다. (13-304)

고상영(高商英)의 호이안 표류기

중세 해상실크로드의 문헌적 전거로서의 표류기. 1687년 제주도 아전과 백성 24명이 배로 추자도(楸子島) 부근에서 표류하다가 안남국(安南國, 현 베트남) 회안(會安, 호이안Hoi An)군 명덕부(明德府)에 표착하였다. 베트남 중부 지역에 자리한 호이안은 중세(17~18세기) 당시 이 나라 최대의 국제무역항이었다. 일행은 부근의 무인도에 약 1년반 동안 유폐되어 생활하다가 안남 측의 협조하에 마련된 중국 배편으로 1688년 8월 7일 호이안을 떠나 중국 닝보(寧波)를 거쳐 12월 16일 제주도 대정현(大靜縣)에 돌아왔다. 일행 중 살아남은 고상영이 역관(譯官) 이제담

고상영 일행이 표착한 호이안의 내원교(來遠橋, 일명 일본교, 1592년 축조)

(李齊聃)에게 표류 전말을 구술해 기록으로 남겼다. 그 기록을 정동유(鄭東愈, 1744~1808)가 자신의 문집 『주영편(晝永編)』(1805)에 수록해 지금까지 전해지고 있다. 표류기에는 호이안과 그 주변 지역에 관한 귀중한 기록이 담겨 있다. 땅이 기름지고, 누에는 1년에 5번이나 치며, 벼는 3모작을 한다는 등 이곳의 풍요로움을 소개할 뿐만 아니라 집채만 한 코끼리를 비롯하여 물소·원숭이·공작새·파초(바나나)·빈랑(檳榔)·야자 등 신기한 동식물과 풍물을 생동감 있게 기술하고 있다.

이에 앞서 호이안에 처음으로 간 한국인은 조완벽(趙完璧)으로 알려지고 있다. 그는 진주(晉州)의 사인(士人) 출신으로 정유재란(丁酉再亂, 1597) 때 약관의 나이에 왜군에 사로잡혀 일본 교토로 끌려갔다. 문자를 아는데다 성실하기도 하여 국제무역에 종사하는 어떤 일본인에게 고용되어, 1604년부터 매해 3번 이상 교역차 3만 7천리나 떨어진 안남에 행차하였다. 교역 때문이었다면 틀림없이 그는 당시 최대 국제무역항이던 이 호이안을 왕래하였을 것이다. 지금도 호이안에는 길이 약 10m쯤 되는 호형(弧形)의 일본교라고 하는 '내원교(來遠橋)'(1592년 축조)가 그대로 남아 있다. 다리 바깥쪽은 일본인 거리, 안쪽은 화교와 베트남인들의 거리였다고 한다.

고선지(高仙芝)의 서역 원정과 동서교류

고구려 유민(遺民)의 후손인 고선지(?~755)는 유년시절을 안서도호부(安西都護府) 소재지 구자(龜玆, 쿠처庫車)에서 보냈다. 그러다가 약관에 음보(蔭補)로 유격장군(遊擊將軍)이 된 그는 740년경에 안서부절도사(安西副節度使)로 임명되어 당군(唐軍)을 이끌고 달해부(達奚部) 원정을 시작으로 소발률(小勃律) 원정(747, 안서절도사), 갈사국(揭師國) 정토(750), 석국(石國) 원정

(750), 탈라스(Talas) 전쟁(751년 7월) 등 모두 5차례에 걸쳐 파미르 고원을 주름잡는 서역 원정을 단행해 동서교류사에 불후의 업적을 남겼다. 그의 서역 원정의 주목적은 서역에 대한 당의 경략권(經略權)을 계속 확보하는 것이었다. 1~4차 원정에서 승승장구한 고선지는 제5차 원정, 즉 탈라스 전쟁에서 패전의 고배를 마셨다. 5일간의 단기 전격전에서 7만 당군의 패배로 끝난 이 전쟁은 중세 국제관계나 동서교류에 예기치 않은 큰 영향을 미쳤다. 당과 석국과 이슬람제국 간의 탈라스 전쟁은 3국의 이해관계가 상충되어 발생한 국제전(國際戰)이었다. 대부분의 당군은 사살되고 일부(아랍 사서에는 2만)는 포로가 되어 중앙아시아와 서아시아 이슬람제국으로 끌려갔다. 이 패전으로 인해 고선지는 안서절도사직에서 해임되어 밀운군공(密雲郡公)으로 좌천되었다. 그러다가 755년에 안녹산(安祿山)의 난을 진압하기 위한 정토군부원수(征討軍副元帥)에 기용되었으나, 음모가 변령성(邊令誠)의 모함으로 진중에서 참형을 당하였다. 5차에 걸친 고선지의 서역 원정을 계기로 이슬람 세력의 중앙아시아 진출이 본격화되었고, 파미르 고원을 경계로 이슬람제국과 당제국이 상치(相峙)하는 새로운 국면이 조성되는 등 중세 동서관계사에 일대 변화가 일어났다. 이러한 변화의 일환으로 이슬람문화와 한문화 간의 첫 만남을 통해 상호이해와 교류가 증진되었다. 특히 예상외의 결과이기는 하지만, 탈라스 전쟁으로 인해 중국의 제지술이 아랍-이슬람세계를 거쳐 12세기 중엽부터 유럽에 전수됨으로써('종이의 교류'항 참고) 중세 이슬람세계와 유럽의 문화발전에 획기적인 계기가 마련되었다.

고슈인센 御朱印船

일본의 동남아시아 운행 선박. 고슈인센이란 일

본 에도(江胡)시대의 지독한 쇄국정책의 일환으로 16세기 말에서 17세기 초에 걸쳐 도요토미 히데요시(豊臣秀吉)나 도쿠가와 이에야스(德川家康)의 허가증인 '고슈인(御朱印)'을 얻어 동남아시아 지역과 무역을 하던 일본 선박을 말한다.

『고승전(高僧傳)』 일명 『양고승전(梁高僧傳)』, 釋慧皎 저, 522년

교류의 문헌적 전거로서의 개설 소개서(인물전). 저자 석혜교(釋慧皎, 496~554)는 중국의 회계(會稽) 상우(上虞) 출신의 학승으로, 522년(523?)에 이 책을 찬술하였다. 후한 명제(明帝) 영평(永平) 10년(67)부터 양무제(梁武帝) 천감(天監) 18년(519)까지 453년에 걸쳐 손오(孫吳)·양진(兩晉)·유송(劉宋)·후진(後秦)·북위(北魏) 등 10대 왕조에서 활동한 무려 531명이나 되는 고승들의 전기가 상세하게 실려 있다. 전기마다 역경(譯經)·의해(義解)·신이(神異)·습선(習禪)·명률(明律)·망신(亡身)·송경(誦經)·흥복(興福)·경사(經師)·창도(唱導) 등 10문(門)으로 나누어 서술하고 문장마다 평가를 첨부하였다. 특히 여러 문 가운데서 역경을 중시해 첫 문에 앉히고, 역경승들의 행적을 다방면으로 다루고 있다. 그런데 남조의 승려에 치중한 나머지 북조의 승려를 소홀하게 다뤘다는 비판을 받고 있다.

고신라유리군 古新羅琉璃群

동전된 유리. 한국 신라시대의 유물로 추정되는 여러가지 유리공예품은 사용 연대와 제조기법 및 형태상의 특징에 따라 고신라유리군(古新羅琉璃群)과 통일신라유리군(統一新羅琉璃群)으로 나뉜다. 둘 다 서역 제국에서 생산된 유리와의 상관성을 공유한다. 고신라유리군에 속하는 유리공예품은 주로 경주를 중심으로 한 고분의 부장품으로 출토된 것들이다. 1975년까지 고

신라시대에 속하는 금관총(金冠塚), 금령총(金鈴塚), 서봉총(瑞鳳塚), 천마총(天馬塚, 황남동皇南洞 155호 고분), 황남동 98호 북분(北墳), 황남동 98호 남분(南墳) 등 5~6세기 고분에서 총 18점의 각종 유리기구가 발굴되었다. 금관총에서 파장문족부배(波裝文足付杯)와 철대문족부배(凸帶文足付杯) 각 1점이, 금령총(金鈴塚)에서 감색반점문완(紺色斑點文碗) 2점, 서봉총에서 유리유망목문배(琉璃紐網目文杯) 1점과 감색철대문완(紺色凸帶文碗) 2점, 천마총에서 감색취형구갑문배(紺色吹型龜甲文杯)와 담녹색대부배(淡綠色坩付杯) 각 1점, 황남동 98호 북분에서 남청색배(藍靑色杯) 2점과 원형(圓形) 커트 문환(文環) 1점 및 갈색목리문대부배(褐色木理文坩付杯) 1점, 황남동 98호 남분에서 담녹색광구배(淡綠色廣口杯) 1점과 담녹색원통형배(淡綠色圓筒形杯) 1점과 유리유망목문배 1점, 감색완(紺色盌) 1점, 봉수형(鳳首形) 물병 1점이 각각 출토되었다. 이 고신라유리군에 속한 유리는 대체로 후기 로만글라스(비잔틴 유리)계에 속하는 것으로서, 4~5세기경에 지중해 연안 지방에서 제작된 후 흑해(黑海)를 북상해 남러시아에서 스텝로를 따라 북중국을 거쳐 신라에 전입된 것으로 추정된다. 스텝로 연변에서 발견되는 유사품은 이러한 고신라 유리기구의 원류와 그 전래 과정을 증명해주고 있

경주에서 출토된 각종 유리그릇

다. 유사품은 대부분 전형적인 로만글라스계 유리다.

『고(古) 에다』 *The Elder Edda*, 13세기 중엽

교류의 문헌적 전거로서의 여행문학서(시가詩歌). 일명 『시편(詩篇) 에다』(*The Poetic Edda*)라고도 하는 이 책은 5세기 전반에 중유럽을 풍미했던 훈제국의 건국자 아틸라(Attila, 406?~453)를 주인공으로 묘사한 시집이다. 동방의 한 구석에서 흥기한 흉노의 후예로 일시 서방세계를 혼비백산 상태로 몰아넣었던 전설적 영웅 아틸라의 활동은, 근세에 이르기까지 유럽세계의 각종 작품의 주제로 인구에 회자되었다. 13세기 중엽에 편집된 스칸디나비아와 아이슬란드의 고대 시집에 등장하는 사나운 장수 아틀리(Atli)는 바로 이 아틸라이며, 17~18세기의 영국과 독일, 프랑스 등 유럽 여러 나라들에서 발표된 각종 장르의 문학작품에는 아틸라가 여러가지 형상으로 각색되어 나온다. 1667년에 프랑스 연극계의 거장 코르네유(P. Corneille, 1606~1684)는 아틸라의 최후를 드라마틱하게 묘사한 비극을 창작해 일세의 주목을 받았다. 영국에서는 1838년에 허버트(W. Herbert)가 아틸라의 일생을 그린 자전적 장편서사시 『아틸라, 기독교의 승리』(*Attila, or the Triumph of Christianity*)를 발표하였다. 이러한 일련의 작품에서 중세 동서간에 있었던 문학교류의 한 단면을 엿볼 수 있다.

고월자 古越瓷

서전 중국 자기. 중국 저장성(浙江省) 항저우만(杭州灣) 남안의 월주(越州)를 중심으로 한 지역에서는 일찍부터 자기(瓷器, 사기그릇)의 일종인 청자와 흑유자(黑釉瓷)가 제작되었다. 특히 청자로 각종 단지·등잔·벼루·용(俑, 인형) 등을 만들었다. 이 월주를 중심으로 3세기부터 생산된 자기를 고월자(古越瓷)라고 부른다. 후한 때부터 저장성 상우(上虞)와 자계(慈溪), 영가(永嘉) 등지에서 연속적인 스탬프 무늬와 아름다운 투명유약을 바른 단지와 병, 벼루, 오련호(五連壺) 같은 자기를 만들기 시작했는데, 이것은 고월자의 맹아기에 해당된다. 수(隋)대(589~618)에서 북송(北宋)대에 이르는 시기에 동남아시아나 중근동 지역에 다량 수출된 올리브색이나 청록색 청자는 그 대부분이 이 월주 자기다. 만당(晚唐)과 오대(五代) 때에는 월주요(越州窯)에서 '비색청자(秘色靑磁)'라는 양질의 청자를 만들어냈다. 5대 10국의 하나인 오월(吳越)에서는 월주요를 관요(官窯)로 지정해 국가가 관리·운영하였다.

고추(red pepper)의 전파

동전 조미료. 고추는 가지과에 속하는 식물로 열대지방에서는 다년생이나 온대지방에서는 일년생이다. 원산지는 라틴아메리카이고 남미의 페루에서는 2000여년 전부터 재배하기 시작하였다. 1493년 콜럼버스 일행이 후추의 일종으로 알고 스페인에 반입한 이래 유럽 각지에 퍼지게 되었으며, 마침내 포르투갈인들에 의해 16세기 이후 인도와 동남아시아에 전해졌다. 한반도에서는 16세기 말엽에 중부지방에서 고추가 재배되고 있었다는 기록이 보이는데, 그 전입 루트에 관해서는 ① 포르투갈이나 네덜란드의 무역선에 의해 한반도 남해안 지역에 유입되었다는 설 ② 일본 도요토미 히데요시(豊臣秀吉)의 조선 침략을 계기로 전해졌다는 설 ③ 중국 명나라 말엽의 한·중 교류를 통해 들어왔다는 세 가지 설이 있다. 중국에 고추가 들어온 시기가 1620~1644년(17세기) 사이라는 사실을 감안할 때 세번째 설은 신빙성이 없다.

곤륜선 崑崙船

교류의 유물적 전거로서의 선박. 중국 당대에 동남아시아 여러 나라의 대형 선박을 일괄해서 '곤륜선'이라고 불렀다. 특히 당대의 남방 무역 중심지인 광저우(廣州)에 이러한 선박들이 많이 드나들었고, 이를 통해 중국인들은 여러가지 동남아시아산 특산물을 얻을 수 있었다. (13-728)

『곤여도설(坤輿圖說)』 상·하권, Ferdinand Verbiest 저, 1674년

교류의 문헌적 전거로서의 학문연구서(지도). 중국을 방문한 벨기에 선교사로 강희(康熙) 연간(1662~1722)에 흠천감(欽天監) 감정(監正)을 역임한(1669~1688) 페르비스트(Ferdinand Verbiest, 남회인南懷仁, 1623~1688)는 1674년에 상·하 두 권으로 된 『곤여도설』을 찬술해 같은 해에 자신이 제작한 세계지도 『곤여전도(坤輿全圖)』를 구체적으로 해설하였다. 상권은 자연지리 일반을 해설하고, 하권은 주(洲) 별로 5대주 개황을 소개하면서 권미에 4해(海)까지 언급했으며, 세계 7대 기적(七奇)도 그림을 곁들여 소개하였다. 그의 주도하에 천체의(天體儀)와 적도경위의(赤道經緯儀) 등 6종의 대형 동의(銅儀)도 제작하였다.

『곤여만국전도(坤輿萬國全圖)』 *Great Universal Geographic Map*, Matteo Ricci 저, 1584년

교류의 문헌적 전거로서의 학문연구서(지도). 『곤여만국전도』는 이탈리아의 천주교 선교회 선교사이며 예수회 산하 중국 선교회 초대회장인 마테오 리치(Matteo Ricci, 이마두利瑪竇, 1552~1610)의 작품이다. 그는 1582년에 마카오에 당도한 후 천주교 중국 전파의 기초를 닦고, 서구의 서적과 근대적 과학기술을 도입하는 데 선도적 역할을 하였다. 그의 많은 저서와 역서 가운데서 중국에 가장 큰 영향을 미친 것은 단연 이 지도(일명 『여지전도輿地全圖』, 혹은 『산해여지전도山海輿地全圖』)다. 중국에 소개된 첫 근대적 세계지도로서, 이를 통해 서구에서 이미 정설로 된 지원설(地圓說)이나 5대주설(五大洲說), 경위도 개념, 그리고 유럽에서의 지리상 '발견' 등이 처음으로 소개되어 중국 지리학의 근대화에 큰 기여를 하였다.

이 지도는 1608년까지 자오칭(肇慶)·난창(南昌)·쑤저우(蘇州)·난징(南京)·베이징(北京)·구이저우(貴州) 등지에서 12차례나 간행되어 중국에 널리 보급되었을 뿐만 아니라, 인근 한국이나 일본에도 전해졌다. 마테오 리치가 중국에 체재한 후 1608년까지 제작 간행한 12종의 세계지도 중 하나로, 근대에 제작된 여러 유사 세계지도와 비교해볼 때 비교적 완성도가 높은 지도라고 할 수 있다. 이 지도는 중화주의적 입장에서 중국을 중심으로 해 제작한 것이 특징이다. 그가 세계지도를 제작할 때 참고로 한 지도의 남본(藍本)은 당대의 저명한 벨기에 지리학자 오르텔리우스(Abraham Ortelius)의 『지도집(地圖集)』(*Theatrum Orbis Terrarum*)이다. 아이러니하게도 남본에는 중국이 지구의 동쪽에 치우쳐 있으나 리치의 지도에는 중앙부에 자리하고 있으며, 남본에 비해 중국의 경계와 지세, 산맥, 강과 하천 등 인문지리에 관한 설명이 더 상세하고 정확하다. 이 지도는 구라파주·아프리카주·아시아주·아메리카주·남극주의 5대주와 대서양·대동양(태평양)·소서양(인도양)·빙해(氷海)의 4대양을 명백히 표시하고, 남·북극과 적도 등을 명시하고 있다. 지명은 모두 한자로 표기했는데, 그 중 일부는 지금까지도 쓰이고 있다.

골탈국 骨咄國, Khuttal

타지키스탄 남서부의 현 카틀론주(州) 쿨룝 일

대에 자리한 중세 왕국. 이 지역은 아무다리야 강 북안의 와크슈강과 판지강 사이의 옥토로 옛적부터 농경이 발달했으며, 소금·금·은 등의 물산이 풍부하였다. 또 좋은 목초지가 있어 목축이 널리 행해졌으며, 특히 '쿠탈리'(Kuttali) 혹은 '투카리'(Tukhari)라는 명마(名馬)의 산지로 유명하다. 인구가 조밀한 교통의 요로에 위치해 있어 현지를 방문한 사람들의 다양한 기록들이 남아 있다. 8세기 전반 이 땅을 방문한 혜초는 여행기 『왕오천축국전』에서 이곳은 페르가나와 이웃하고 있는데, 백성의 반이 호(胡)족이고 반은 돌궐족으로 토카리스탄어와 돌궐어·토착어를 뒤섞어 쓴다고 소개하고 있다. 또한 대식(大食, 아랍)의 치하에 놓여 있지만, 이 나라는 왕에서 일반 백성에 이르기까지 소승불교를 믿는다고 하였다. 아랍 기록과 중국 기록에 나오는 골탈왕의 이름을 비교해보면, 8세기 이전에는 아랍계가, 그 이후로는 투르크계 왕조가 지배하였음을 알 수 있다.

『공자와 그의 교리』 *De Confucio ejusque doctrina tractatus*, N. Longobardi 저, 1623년

교류의 문헌적 전거로서의 학문연구서. 시칠리아섬의 귀족 가문에서 출생한 저자 롱고바르디(N. Longobardi, 용화민龍華民, 1559~1654)는 이탈리아의 예수회 선교사이자 예수회 산하 중국선교회 제2대 회장을 역임하였다. 그는 1597년에 중국에 들어와 1611년까지 쑤저우(蘇州)에서 선교활동을 하다가 귀국하였다. 저자는 이 책을 통해 중국 경전에 나오는 난해한 기본개념들을 알기 쉽게 해석하였다. 이 책은 서구인이 중국 유가학(儒家學)을 체계적으로 연구한 첫 저서로서, 1701년에 『중국 종교의 몇가지 관점을 논함』이란 제목으로 프랑스어로 번역되어 유럽 종교계와 학계에 적지 않은 반향을 불러일으켰다.

공작미 孔雀尾

진조(珍鳥)인 공작(孔雀, Pavo muticus)의 꽁지 장식품이다. 공작의 주원산지는 인도이지만, 말레이시아·미얀마·자바·중국 남부 등지에서도 서식하고 있다. 공작미는 색조가 어울린 아름다움 때문에 여러가지 상징적인 장식으로 애용되어왔다. 신라시대에는 대(帶, 띠)에 꽂았으나 고려와 조선시대에 와서는 무관들이 융복(戎服, 철릭이나 주립朱笠으로 된 옛날의 군복)을 입을 때 호수(虎鬚, 흰 빛깔의 새털)로 주립(朱笠)을 장식하였다. 또한 별감(別監)이나 안롱(鞍籠)·겸내취(兼內吹)·거덜 등도 능행(陵行)할 때 초립(草笠)에 꽂았는데, 이것을 방우(傍羽)·수우(秀羽), 혹은 공작미라고 하였다. 특히 조선시대에는 공작의 꽁지깃과 남빛의 새털을 한데 섞어서 전립(戰笠)을 장식했는데, 이것을 영우(靈羽)·전우(轉羽)·적우(翟羽), 혹은 공작미라고 했으며, 동·서·남·북·중의 방색(方色)에 따라 청·황·적·흑·백의 5색 새털을 쓰기도 하였다. 장식용 공작미는 고가의 장식품이기 때문에 수입이나 사용을 제한하는 경우가 있었다. 예컨대 『삼국사기』 「잡지(雜志)」에 따르면, 홍덕왕 때에 법령을 내려 진골녀(眞骨女)의 목수건을 털로 짜거나 계(罽)로 수놓을 때 공작미의 사용을 금하였고, 육두품녀(六頭品女)와 오두품녀(五頭品女)의 대(帶)도 공작미로 끈을 만드는 것을 금하였다.

공후 箜篌

동전 서역 악기. 공후는 세계적인 수금(竪琴)체계에 속하는 악기로 그 발원지는 서아시아의 메소포타미아 지역으로 보인다. 이집트에서는 기원전 1~2천년의 벽화에서 공후 형태의 악기가 목격된다. 그것이 아마 인도에까지 유입되어 인도 라지푸타나(Rajputana) 시대의 대표적인 현악기가 되었는데, 산스크리트어로 '비나'(Viṇā)

라고 하였다. 인도 부다가야의 석각에는 4세기 중엽부터 5세기 초의 것으로 보이는 공후 연주 장면이 보인다. 중국 한(漢)대에는 공후(箜篌)라고 하다가 후에 감후(坎侯)·공후(空侯)로 음사하였다. 공후의 형체는 슬(瑟)과 비슷하나 조금 작으며 연주법은 비파(琵琶)와 같다.

공후는 중국 한무제(漢武帝)가 남월(南越)을 정복할 때 수용해 악무에 처음으로 도입했다고 한다. 그런 점에서 공후는 원래 중국 고유 악기가 아니라, 서역으로부터 들어온 외래 악기다. 공후는 유입되자마자 큰 인기를 얻어 후한에서는 '공후인(空侯引)'이라는 전용 가곡까지 만들어져 유행하였다. 북위(北魏)시대의 운강(윈강) 석각(雲崗石刻)에는 악사가 공후를 껴안고 있는 그림과 둔황 천불동(千佛洞) 249호 북위 동굴의 북벽에도 공후 연주 장면이 나온다. 북조 때 공후와 비파는 현악기 중에서 주악기였으며, 주·수(周·隋)대에는 그 변형인 봉수공후(鳳首箜篌)가 출현하였다.

공후류의 악기는 서량(西涼)에서 안국(安國)에 이르는 지역의 주요 현악기였다. 진양(陳暘)의 『악서(樂書)』에 보면, 후위(後魏) 고양공(高陽公)의 옹미인(雍美人) 서월화(徐月華)가 와공후(臥箜篌)를 잘 탔음을 알 수 있는데, 고양공(안동 安同)이 요동(遼東)의 호인(胡人)으로서 정동대장군기청이주칙사(征東大將軍冀靑二州勅使)를 지냈다는 사실과 이 책에서 이 악기를 호공후(胡箜篌)라고 칭한 점 등을 고려할 때 와공후가 서역 악기임에는 틀림이 없다. 이 악기가 당(唐)의 십부기(十部伎) 중 고려기(高麗伎) 외에 연악기(燕樂伎)·청악기(淸樂伎)·서량기(西涼伎)에서도 사용되었다는 것은 중국에서도 널리 쓰였음을 말한다. 수공후(竪箜篌)는 와공후와 마찬가지로 수(隋)의 구부기(九部伎)의 고려기에 쓰인 현악기 중 하나다. 『악서』에 따르면 23개 현으로 된 이

악기는 가슴에 끼고 양 손가락으로 뜯어서 소리를 내는 호악(胡樂)으로 격공후(擊箜篌) 또는 호공후(胡箜篌)라고도 하였다. 송대에 이르러 공후는 위구르족이 애용하는 민족악기로 되었으며, 돌궐족도 이를 즐겼다. 원대에도 연악(宴樂)의 주악기인 공후는 진(軫, 줄감개)이 모두 24개가 달린 목제 현악기로 현대 이란의 수금(竪琴, tchenk tching)과 유사하다. 명대에는 20개 현을 가진 악기로 '대악(大樂)'에 사용하였다. 기타 당악기와 함께 신라에 전해진 이 서역계 악기가 725년에 건립된 상원사(上院寺) 범종(梵鐘)의 종신(鐘身)에 나타난 것은 이 악기가 신라 중대에 수용되었음을 미루어 짐작케 한다. (13-313)

관구사 管句司

중국 원(元)대의 회회(回回, 무슬림) 악사 전문 관리기구. 원대에는 아랍과 페르시아 등 서역 이슬람 나라들에서 공후(箜篌)나 불화사(不火思)·호금(胡琴)·흥륭생(興隆笙) 등 회회(回回) 악기가 많이 들어와 보급되었다. 당시 원조 귀족들이 이러한 회회악 연주를 즐겼으며, 연회 등 행사에 회회 악기들이 등장하였다. 그리하여 궁중에는 전문 회회 악대까지 있었으며, 1312년에는 관구사(管句司)란 기구를 설치해 회회 악사들을 전문적으로 관리하였다. 1316년에는 관구사를 상화서(常和署)로 개명해 서령(署令)·교사(敎師) 같은 전문 관리들을 배치해 운영하였다. 타타르악(몽골악)과 항리(仇里)·마흑모당당(馬黑某當當)·청천당당(淸泉當當) 등 회회곡이 뒤섞여 연주되기도 하였다.

괘릉 무인석상 掛陵武人石像

교류의 유물적 전거로서의 동행(東行) 인물 조형물. 신라의 1천년 수도 경주의 고분군에서 조금 떨어진 경주시 외동면(外東面) 괘릉리(掛陵

경주 괘릉의 서역인 무인석상

里)에 신라 38대 원성왕(元聖王, 재위 785~798)의 능묘로 알려진 괘릉이 자리하고 있다. 이 능에는 외호석물(外護石物)로 한쌍의 이색적인 무인석상이 서 있다. 신장이 약 257cm나 되는 장대한 체구의 이 석상은 외형이나 복식으로 보아 전형적인 깊은 눈에 높은 코, 즉 심목고비형(深目高鼻形)의 서역인(아리안계나 터키계 인종) 상이다. 경주 부근의 안강(安康)에 위치한 흥덕왕(興德王, 신라 제42대왕, 재위 826~835) 능도 이와 유사한 무인석상 한쌍이 지키고 있다. 이러한 무인석상은 분명 서역인을 모본(模本)으로 하여 조각한 것이다. 8~9세기에 아랍-무슬림들을 포함해 서역인들이 신라에 왕래한 사실을 감안하면 이러한 모본이 가능하였을 것으로 보인다. 이 서역인의 정체에 관해 소그드인이라는 일설도 있다. 이 무인석상이야말로 신라와 서역 간에 있었던 인적 교류에 대한 증언임에 틀림없다.

교류 交流

고고학적 발굴 결과에 의하면, 지금으로부터 약

3만 5천년에서 1만 2천년 전 사이에 지속된 후기 구석기시대에 들어와서 인류가 몇 군데를 기점으로 장거리 이동을 하기 시작한 것으로 추측되고 있다. 남태평양 상에 있는 오스트레일리아나 뉴기니에서 자바의 와자크(Wadjak)인이나 보르네오의 사라와크주(州) 니아 동굴인과 비슷한 인골이 발굴되었는데, 그들은 호모 사피엔스 사피엔스(Homo sapiens sapiens)에 속하는 고대인류다. 이들은 지금으로부터 약 3만년 전에 살 길을 찾아 험난한 해양을 건너 이주한 것으로 보인다. 또한 수만년 전에 북방 초원지대에서 살던 몽골인종이 기후의 변동 등으로 인해 베링 육교(陸橋)를 건너 아메리카에 정착해 인디언의 조상이 되었다는 것도 최근 연구에 의해 밝혀졌다. 이 원시인들의 이주에 의해 후기 구석기문화가 타지에 전파되었던 것이다. 따라서 이때부터 인류의 문명은 이동하면서 서로 교류되기 시작하였다고 할 수 있다. 요컨대 후기 구석기시대는 인류문명 교류의 시원으로 간주할 수 있을 것이다. 이 시기 말엽에 유라시아 대륙간의 교류상을 비교적 확실하게 입증해주는 유물이 동서 여러 곳에서 발굴되었는데, 그것이 바로 비너스(Venus)상이다.

교류의 역사적 배경 문명교류는 일정한 역사성을 띠고 특정 시대의 역사적 환경 속에서 진행된다. 문명간의 교류가 역사성을 띠게 되는 것은 문명자체가 역사적 산물이고, 교류의 내용·형식·방법 등 그 실체가 역사적 제약성을 받지 않을 수 없으며, 교류의 영향이나 결과는 오랜 역사시대를 거쳐 검증되고 확인되기 때문이다. 교류의 역사적 배경은 기타 일반 사상(事象)의 역사적 배경과는 달리 내용의 다양성과 가변성, 그리고 역동성 등 일련의 특성을 지니고 있다. 교류와 그 역사적 배경은 변증법적 관계에 놓여 있다. 역사적 배경에 의해 간혹 교류가 차단되거나 소강상태를 보이는 경우가 있기는 하지만, 총체적으로 볼 때 역사적 배경은 교류에 대하여 긍정적이며 능동적인 역할을 하며, 때로는 교류의 성패를 좌우하기도 한다. 새로운 역사적 배경의 형성이 교류를 가일층 활성화할 수 있고, 역으로 적극적인 활동을 통해서 교류에 좀더 유리한 역사적 배경을 조성할 수도 있다. 교류의 역사적 배경이 지니는 제반 특성은 내용의 다양화를 초래한다. 다양한 내용을 배경의 조성 경위에 따라 크게 작위적(作爲的) 배경과 비작위적(非作爲的) 배경으로 대별할 수 있다. 작위적 배경이란 군사적 정복이나 민족이동과 같은 인간의 의식적이고 돌발적이며 단절적인 행위에 의해 조성된 교류의 역사적 배경을 말한다. 이에 반해 비작위적 배경이란 기술의 발달과 같은 인간의 과학적이고 순리적이며 승계적인 행위에 의해 조성된 교류의 역사적 배경을 말한다.

교류의 역사적 전거 교류의 역사적 전거에는 크게 역사적 문헌기록과 고고학적 발굴 유물이 포함된다. 역사적 문헌기록과 고고학적 발굴 유물을 통해 교류의 과정과 실태 및 그 결과가 명백히 밝혀질 수 있다. 교류는 이질문명간에 일어나는 일종의 사회현상이기 때문에 그에 관한 정확한 기록이나 유물의 조성 및 보존, 그리고 그 해석과 이해가 그리 쉽지 않다. 게다가 교류현상에 관한 이해는 다른 역사현상보다도 폭넓고 다양한 기록과 유물의 병합적(倂合的)인 전거를 요구한다. 기록만 있고 유물이 없거나, 유물만 있고 기록이 없으면서 교류상을 정확히 헤아린다는 것은 거의 불가능하다. 따라서 교류사 연구에서는 문헌기록과 발굴 유물의 상호보완적인 전거 제시를 필수 전제로 한다. 소정의 문헌이나 유물이 교류상을 입증하는 역사적 전거가 되려면 반드시 교류상이 정확하게 반영되어야 한다. 즉 동시대에 기록된 문헌이거나 만들어진 유물이어

야 하는 공시성(共時性)이 보장되어야 하며, 원본·원형과의 일치성이 확인되어야만 한다.

교류의 실상을 입증하는 전거의 내용은 문헌적 전거와 유물적 전거의 두 가지로 대별된다. 이러한 2대 전거의 형태(존재방식)나 내용은 대단히 복잡하고 다양하다. 문헌적 전거에는 우선 형태적 측면에서 원서든 사본이든 역서(譯書)든 간에 서지학적으로 원본과 역본, 간본(刊本)과 사본(寫本), 완본(完本)과 약본(略本), 서적(書籍)과 서간(書簡) 등 다양한 문헌들이 있다. 그리고 내용적 측면에서는 서술식 개설소개서와 논술식 학문연구서 및 산문식 여행문학서가 있다. 유물적 전거는 형태상 매장(埋葬) 유물과 지상(地上) 유물로 대별하지만, 구체적으로는 또 여러 가지로 세분화할 수 있다. 매장 유물은 지하 매장 유물과 수중(水中) 매장, 즉 수장(水葬) 유물로 나눌 수 있다. 그리고 유물의 존재방식에 따라 여러 이질문명의 교류물이 혼재하는 일괄 유물과 한 이질문명의 교류물만이 독존(獨存)하는 단일 유물이 있다. 그런가 하면 수용 정도에 따라 교류물이 원형 그대로 유입·보존된 원형(原型) 유물과 수용과정에서 변형된 접변(接變) 유물로 나누어볼 수 있다. 유물의 용도에 따라서는 수용력을 이미 상실하고 무용지물로만 남아 있는 무용 유물과 여러가지 생활수단 유물이나 생산수단 유물에서 볼 수 있듯이 아직까지 유용한 전승(傳承) 유물의 두 가지 형태가 있다.

한편 유물적 전거를 내용 면에서 보면 크게 물질문명의 교류를 입증하는 물질문명 유물과 정신문명의 교류를 입증하는 정신문명 유물로 대별할 수 있다. 물질문명 유물에는 각종 일용품과 생활도구 및 약재 등의 생활수단 유물, 생산도구나 동·식물 및 농작물 등을 포함한 생산수단 유물, 화폐와 상품이 위주인 교역수단 유물, 무기나 전차 등 전쟁수단 유물의 4가지가 있다. 정신

문명 유물로는 성상(聖像)과 사원 등 종교 유물, 조각·회화·문양·악기·오락물 등을 망라하는 예술 유물, 천문의기를 비롯한 각종 기기 등 과학기술 유물의 3가지를 들 수 있다.

교류의 정치사적 배경 교류의 정치사적 배경은 주로 군사적 정복과 정치적 경략에 의해 조성되기 때문에 인위적으로 급조되는 경우가 많다. 교류에 대한 영향관계에서 본 정치사적 배경은 가장 역동적이지만 다분히 역기능적인 교류를 초래하는 특징을 지니고 있다. 교류의 정치사적 배경은 시공간을 초월하며 동서양 각지에서 다발적으로 일어나는 수많은 정치 군사적 사변들이 그 내용을 이루고 있다.

교류의 경제사적 배경 교류를 실현 가능케 하는 경제적 환경과 여건은 유무상통(有無相通) 원칙에 근거한 호환물의 존재와 그에 따르는 교역의 필요성을 전제로 한다. 교류의 경제사적 배경의 특징은 일반적으로 교류에 대해 항시적으로 순기능적 역할을 수행한다는 것이다. 교류사를 살펴보면, 정치사적 배경이나 민족사적 배경은 한시적이고 간헐적인 데 반해, 경제사적 배경은 항시적이고 연속적임을 발견하게 된다. 경제사적 배경은 이러한 항시성과 연속성으로 말미암아 그 영역이 부단히 확대될 뿐만 아니라 교류 전반에 대한 영향력도 강화된다. 그리고 교류는 원초적으로 유무상통 원칙에 의한 행위이기 때문에 자율적이고 순기능적일 수밖에 없다. 다음으로 그 특징은 경제주체가 부단히 변화한다는 것이다. 문명 수준이나 정세의 변화에 따라 개인이나 집단, 국가나 교역권 등 경제주체가 다양화될 뿐만 아니라 끊임없이 변경된다. 총체적으로 보면 이러한 변경은 단절이 아닌 연속적인 변경으로서, 이에 의해 경제사적 배경은 간단없이 기능하게 된다.

교류의 교통사적 배경 교류는 문물의 공간적 및 물리적 이동을 위한 교통수단이 필수적일 뿐만 아니라 교통수단에 따라 교류의 내용이나 규모·양·속도가 영향을 받게 된다. 따라서 교류상을 구명할 때는 여타의 역사적 배경과 함께 교통사적 배경도 반드시 고찰해야 한다. 교류의 교통사적 배경은 교류 전반에 대해 항시 순기능적 역할을 수행하고, 교류를 실현 가능케 하는 총체적 역사배경의 매개체적 기능을 담당하며, 과학기술의 발달이나 경제성장과 직결된다. 교통수단과 교류는 정비례적인 역학관계에 있으며, 교류의 정치사적 배경이나 경제사적 배경, 민족사적 배경은 그 어느 것도 교통사적 배경의 뒷받침 없이는 배경으로서 기능할 수 없다. 교류를 실현 가능케 하는 교통수단은 크게 육로와 해로의 교통수단으로 나눌 수 있다. 육로의 교통수단에는 오아시스로의 전통적 교통수단인 낙타와 초원로의 말 및 차량이 있고, 해로의 교통수단으로는 선박이 유일하다. 이러한 교통수단은 기술개발에 따라 부단히 개량되어왔으며, 개량된 만큼 교류를 촉진시켰다.

교류의 민족사적 배경 교류의 민족사적 배경으로서의 민족이동은 주로 상이한 문명을 가진 민족간의 이동, 즉 이질문명권간의 이동이다. 동일한 문명권 내에서의 민족이동은 비록 개별적 문명 구성요소간의 보완적 교류에는 영향을 미칠 수 있으나 문명간의 교류라고 할 수는 없다. 교류의 배경으로서의 민족이동에는 민족구성원 전체(혹은 대부분)가 이동하는 거족적 민족이동과 교거(僑居)와 같이 민족구성원의 일부만이 이동하는 부분적 이동 두 가지가 있다. 이들은 교류에 대한 영향관계의 진폭이 다르지만, 둘 다 각기 다른 정도에서 교류에 영향을 주는 것만은 사실이다. 교류의 민족사적 배경으로서의 거족적 문명수용은 민족이동과는 달리 민족구성원 전체(혹은 대부분)가 이질문명을 일괄 수용하는 것인데, 이러한 현상은 가끔 종교문화에 대한 거족적인 수용 등에서 나타난다. 물론 수용하려는 것이 이질문명이기 때문에 전파나 유입 과정은 점진적이고 또 우여곡절을 겪을 수도 있지만, 수용만큼은 결과적으로 거족적인 것이어서 가히 교류의 역동적인 배경이라 할 수 있다. 교류의 차원에서 볼 때 거족적인 문명수용은 다분히 일방적인 흡수로서 일종의 동화현상이다. 따라서 문명사회에서 이러한 현상은 보편적일 수는 없고 제한적인 현상일 수밖에 없다. 문명교류에 대한 영향관계 면에서 본 민족사적 배경은 거족적 민족이동에서 나타나는 한시적(限時的)인 작용과 부분적 이동에서 나타나는 항시적(恒時的)인 작용이 선택적으로 배합된 배경이고, 여러 가지 문화적 접변(接變, acculturation)현상을 야기하며, 독특한 혼혈문화(混血文化, mixed-blood culture)를 창출하는 배경이다.

교류관계 수립을 위한 인적 교류 실크로드를 통한 이질문명간의 교류를 실현하기 위해서는 필수적으로 인적 교류가 요구된다. 이러한 교류에는 견사(遣使)를 통한 인적 교류와 경략(經略)을 통한 인적 교류, 그리고 정략적 혼인을 통한 인적 교류 등이 포함된다. 교류관계 수립을 위한 인적 교류는 여타의 인적 교류(예컨대 교역을 위한 인적 교류)와는 달리 다분히 관제적(官制的) 교류라는 특성을 지닌다. 교류관계 수립을 위한 인적 교류에 간여하는 교류인들은 사절이든, 경략자든, 정략적 혼인 당사자든 모두 그 행위는 다분히 권력자들의 의지에 따라 좌우된다. 따라서 권력이 무상한 만큼 그 과정에는 많은 변화와 우여곡절이 따른다. 바로 이러한 특성 때문에 관계수립을 위한 인적 교류는 현명하게 행하면 전반적인 교류에서 견인차 역할을 할 수 있다. 교류사에는 사절들의 활동에 의해 국가간의 관계뿐만 아니라 교류의 길이 트인 사례가 많다. 또

한 경략자의 선정(善政)으로 인해 교류가 활성화된 경우도 적지 않으며, 그와 반대되는 경우도 있다.

교역을 통한 인적 교류

물질문명의 교류를 추진하는 가장 중요한 형태는 교역이며, 교역의 주역은 상인들이다. 교역에는 크게 권력자(위정자나 정부)가 주도하는 관교역(官交易)과 민간인이 경영하는 사교역(私交易) 두 가지가 있다. 사교역에는 여럿이 합자 경영하는 집단교역과 개별적으로 행하는 개인교역이 포함된다. 관교역과 사교역은 담당주체나 교역 내용에 따라 구별하지만 겸행(兼行)하는 경우도 있다. 조공(朝貢) 같은 의례행사도 겉보기에는 그 수행자가 비(非)상인인 관인(官人)이고 내용은 예물 형식이지만, 실제로는 왕왕 대가성이 고려된 일종의 교역이며, 어떠한 형태로든 상인이 개입한다. 상인이 조공사나 사절일 경우는 더 말할 나위가 없다. 동서고금의 교류사에는 수많은 유명·무명의 상인들이 등장해 물질문명의 교류에 괄목할 만한 족적을 남긴 예가 많다. 대표적인 상인집단으로 로마 상인·상호(商胡, 서역 상인)·소그드 상인·아랍 상인·베네치아 상인 등을 들 수 있다. 이들은 명실상부한 교류인으로서 황량한 사막과 험준한 산악, 일망무제한 바다를 넘나들면서 서로에게 유용한 문물을 전해줌으로써 문명교류에 크게 이바지하였다.

교초 交鈔

중국의 금(金)조와 원(元)조 때 발행해 사용한 지폐(紙幣). 금나라는 송대에 사용하던 교자(交子)를 이어받아 12세기에 교초고(交鈔庫)와 성고(省庫)에서 교초를 발행하였다. 금나라 말기에는 지폐의 가격 유지를 위해 여러가지 신교초를 발행해 교초의 전용을 강요했으나, 민간에서는

오히려 신용이 확실한 은화를 계속 사용하였다. 원나라는 태종 때 교초를 발행하기 시작하였다. 특히 원세조는 즉위하자마자 중통원보초(中統元寶鈔) 10종을 발행하였으며 그 초본을 위한 금·은 축적에 주력하였다. 그는 연경평준고(燕京平準庫)와 평준행용고(平準行用庫, 후에 행용고行用庫로 개명)를 설치해 태환(兌換, 화폐교환)의 사무를 관장하게 하였다. 그 결과 지폐가 주화폐로 자리를 잡고 널리 유통되어 남송을 지배하게 되었을 때는 발행액이 4배나 늘어났다. 하지만 군사비 등 경비 증대로 인해 발행이 남발되고 태환이 정지됨으로써 지폐 가치는 폭락하였다. 1287년 지원통행보초(至元通行寶鈔)를 발행해 일시적으로 성공하였으나, 세입 부족을 충당하려고 다시 지폐를 많이 찍어내어 물가가 뛰어올랐다. 1350년 중통교초(中統交鈔)를 발행했으나 심한 물가 폭등으로 결국 파국을 맞고 말았다.

구궁수(九宮數)의 서전

서전 학문. 일찍이 영(零)을 활용하고 대수학(代數學)을 발명한 아랍 수학자들은 중국 한(漢)대에 발명된 '삼행종횡도(三行縱橫圖)'를 비롯한 중국 수학의 구궁수(九宮數)를 수용해 수학을 진일보 발전시켰다. 중국 구궁종횡수도(九宮縱橫數圖)에 보면 가로나 세로, 대각선의 세 수를 합하면 모두 15가 된다. 아랍(알제리) 수학자 부니(al-Buni, ?~1225)는 저서 『지혜의 빛』과 『기술(奇術)』에서 중국 구궁수를 활용해 여러가지 종횡도(縱橫圖, magic squares)를 작성하였다. 이것이 발전해 아랍 수학의 이른바 '격자산법(格子算法)'이 출현하였다.

4	9	2
3	5	7
8	1	6

중국 구궁종횡수도

구나발마 求那跋摩, Gunavarman, 367~431년

동행 불승. 일찍이 불교가 성행하던 계빈(罽賓, 현 카슈미르)에서 출생한 구나발마는 30세가 되었을 때 계빈 왕이 후사 없이 타계하자, 사람들은 종실인 그에게 계위할 것을 간곡히 권유하였다. 그러나 그는 끝까지 사양하고 어디엔가 은적(隱跡)해 있다가 얼마 후 홀연히 사자국(獅子國, 현 스리랑카)에서 배를 타고 사파국(闍婆國, 현 수마트라나 자바)에 이르렀다. 송 원가(元嘉) 원년(424)에 해로로 광저우(廣州)를 거쳐 원가 8년(432)에 수도 건강(建康, 현 난징南京)에 도착하였다. 그후 기원사(祇洹寺) 등지에서 역경(譯經)에 전념해 다수의 역서를 남겼다.

구나발타라 求那跋陀羅, Gunabhadra, 394~468년

동행 불승. 중천축(中天竺, 중인도) 출신의 불승으로 사자국(獅子國, 현 스리랑카)에서 배를 타고 해로로 송 원가(元嘉) 12년(435) 광저우(廣州)에 도착하였다. 송 문제(文帝)는 그를 수도 건강(建康, 현 난징南京)으로 청하였다. 기원사(祇洹寺)에 머물면서 역경(譯經)과 함께 설법을 했는데, 수강생들이 7백여 명이나 되었다고 한다. 훗날 형주(荊州)에 10년간 체류하면서 100여 권의 불경을 번역하였다. 75세에 건강에서 입적하였다.

구담 瞿曇, Gautama

동행 천문학자. 일찍이 인도 천문학은 중국에 전입되어 중국의 천문학 발달에 크게 기여하였다. 7세기 초까지 한역된 인도 천문학 서적은 『파라문천문(婆羅門天文)』을 비롯해 7종 60권에 달하였다. 당대 전반만 해도 중국에 들어온 인도 천문학자들이 중국의 천문 관측을 주도하였다. 장안(長安)에 상주하면서 명성이 높았던 대표적인 인도 천문학자들로는 구담과 가섭(迦葉,

Kasyapa), 구마라(俱摩羅, Kumara)의 3대 가문이 있었다. 특히 그중 구담 일가는 구담과 그 후손이 4대를 이어 무려 110년간이나 사천감(司天監, 천문대의 총감)을 맡으면서 『경위력(經緯曆)』(총 9권, 2대인 구담과 구담라瞿曇羅 지음) 등 유명한 천문학 저서들을 찬술해 당대 천문학의 이론 발전을 크게 촉진하였다.

구라나타 拘羅那陀, Kulanātha, 拘那羅陀, Gunaratha, 波羅末陀, Paramārtha, 親依, 眞諦, 499~569년

동행 불승. 서천축(西天쯋, 서인도) 출신인 구라나타는 구마라습(鳩摩羅什)·현장(玄奘)과 함께 중국 3대 역경가(譯經家)의 한 사람으로 꼽힌다. 법명은 진체(眞諦, Paramārtha)다. 그는 양무제(梁武帝) 대동(大同) 12년(546)에 해로로 중국에 들어왔다. 그러나 정세가 불안해 자리를 잡지 못하고 남방 여러 곳을 두루 전전하다가 광저우(廣州)에 정착하였다. 구라나타는 547~569년에『섭대승론(攝大乘論)』『유식론(唯識論)』『구사론(俱舍論)』등 64부 278권의 경전을 한역하였다. 그의 역경을 통해 무착(無着), 세친파(世親派)의 대승론이 중국에 알려졌다. 그때부터 비로소 대승섭론종(大乘攝論宗, 후일의 법상종法相宗)과 소승구사종(小乘俱舍宗)이 개창되었다.

구마라습 鳩摩羅什, Kumārajīva, 344~413년

동행 불승. 불경의 한역 선도승(先導僧)으로서 현장(玄奘)·구라나타(拘羅那陀)와 함께 중국 3대 역경가의 한 사람으로 꼽힌다. 그는 구자(龜玆, 현 신장위구르자치구의 쿠처庫車)에서 천축 출신 아버지와 구자 공주(왕의 누이)인 어머니 사이에서 출생하였다. 7세의 어린 나이에 어머니를 따라 출가해 계빈(罽賓, 현 카슈미르) 등지에서 불학, 주로 대승학(大乘學)을 공부하다가 20

세 때 왕궁에서 수계(受戒)를 받고 불사(佛事)에 정진하였다. 그러던 중 384년에 전진(前秦) 왕 부견(符堅)이 여광(呂光)을 파견해 구자를 공격하자 이듬해에 41세의 구마라습은 여광을 따라 양주(凉州, 현 간쑤성甘肅省 닝샤寧夏 일대)에 왔다. 401년에 후진(後秦)이 양주를 점령하자 구마라습은 다시 장안(長安)에 와서 70세로 입적할 때까지 줄곧 역경과 설법에 전념하였다. 그는 국사(國師)로서 지고의 예우를 받으면서 불법 진작과 역경사업으로 불후의 업적을 쌓았다. 구마라습은 처음으로 반야경(般若經)에 근거한 대승중관학(大乘中觀學)을 중국에 전수해 문하에 무려 5천여 명의 제자를 두었다. 그는 역경사업을 위해 대규모 전문 역경소를 꾸리고 집단적 역경 기풍을 세웠다. 장안 생활 10년간에 경전 35부 294권을 번역했는데,『대품경(大品經)』역경 때는 5백명,『법문경(法門經)』역경 때는 2천 명,『유마힐경(維摩詰經)』역경 때는 1만 2천 명이나 되는 승려와 번역가들이 역경사업에 공동 참여하였다. 구마라습은 번역 기교 면에서 전래의 난삽한 축자직역풍(逐字直譯風)을 지양하고, 정확하면서도 평이한 독창적인 의역법(意譯法)을 추

신장 키질 석굴의 구마라습 동상

구하였다. 그에게는 '습문사성(什門四聖)'이라는 도생(道生) 등 4명의 유명한 제자가 있어 평생 그들의 보필을 받았다.

구수 毬毲, 氍毹

동전 서역 모직물. 서역에서 생산되어 한반도까지 전해진 모직물은 그 품종이 다종다양한데, 크게는 모직욕(毛織褥, 깔개)과 모직포(毛織布, 천)로 대별된다. 구수와 탑등(毾㲪)은 전자에 속한다. 구수라는 모직물은 한적(漢籍)에서는 찾아볼 수 없으나, '구(毬)'자의 음이 '거구절(渠鳩切)' 또는 '거우절(渠尤切)'로 되어 있고, 한적에 나오는 구수(氍毹)에서 '구(氍)'자의 음인 '거구절(巨俱切)'과 동일음이며, 또한 '수(毲)'자는 한적의 '수(毹)'자와 동일자이므로『삼국사기』에 나오는 '구수(毬毲)'는 곧 한적에 보이는 '구수(氍毹)'와 동의동음자(同義同音字)라고 볼 수 있다(李龍範,「『三國史記』에 보이는 이슬람 商人의 貿易品」).『성류(聲類)』에는 구수가 곧 모석(毛席, 털깔개)이라고 나온다. 또한『통속문(通俗文)』『광운(廣韻)』『정자통(正字通)』 같은 서적에도 다 같이 직모욕(織毛褥, 털로 짠 깔개)이라고 한 점으로 미루어 구수는 모직 카펫(지담地毯)이나 모직 깔개의 일종이라는 것을 알 수 있다. 또한『위략(魏略)』에는 대진국(大秦國, 로마)에서는 야견사(野繭絲)로 구수를 짜는데, 색깔에는 적·백·흑·녹·황색 등 10종 색이 있다고 기술하고 있다.『남사(南史)』「이맥전(夷貊傳)」에 보면 구수가 포도(蒲挑), 대마(大麻)와 함께 조공품 속에 들어 있다. 그런데 구수(氍毹, 구유氍毹)는 아랍인들이 방바닥이나 잠자리에 까는 깔개의 총칭인 아랍어 '가시야'(ghāshiyah)의 음사(音寫)로 추정된다. 구수와 탑등은 모두 양모를 주성분으로 하여 잡모(雜毛)를 섞어 짠 혼직(混織)의 모직물로서 무늬가 있으며, 침상이나 좌석에 까는 좌구(坐具)로 사용되어왔다.

구수에 비해 더 섬세한 고질의 것이 탑등인데, 주산지는 흉노와 오손(烏孫), 월지(月氏) 등 여러 종족이 잡거한 서역 일원이다. 후한(後漢)의 두독(杜篤)은『변론(邊論)』에서 '선제(宣帝) 때 흉노에 탑등·계욕(罽褥)·장만(帳幔)·전구(氈裘) 등이 산더미처럼 쌓여 있다'고 기록하고 있다. 사실 후한 때 월지에서 만들어진 탑등은 진귀품으로 귀히 여겨 명성이 높았다. 이러한 좌구는 인도나 로마에서도 생산되었다.

이와 같이 구수나 탑등은 일종의 모직 좌구로, 산지는 로마에까지 이르는 서역 여러 곳인데 다양한 문양과 색깔로 만들어졌다. 그러한 좌구가 동전해 중국이나 신라 등에 알려지게 되었다.『삼국사기』「잡지(雜志)」에는 구수와 탑등의 사용을 왕의 하명으로 제한하는 기사가 보인다. 그에 따르면 육두품(六頭品)·오두품(五頭品)·사두품(四頭品) 및 백성에 이르기까지 구수와 탑등의 사용을 금지하도록 규정하고 있다.『삼국사기』 기사 외에『두양잡편(杜陽雜編)』에도 신라가 '오채구유(五彩氍毹)'를 당에 헌납한다는 기술이 보인다. 이러한 점으로 미루어 신라에서 구수가 상당히 널리 사용되었을 뿐만 아니라, 조공 품목에까지 끼일 정도로 직조 기술 또한 높았음을 알 수 있다.

구자악 龜玆樂

동전 서역 음악. 중국 한(漢)대부터 수·당(隋·唐) 시대에 이르기까지 현 중국 신장위구르자치구 구자(龜玆, 현 쿠처庫車) 일원에서 유행한 음악을 말한다. 중국 수·당대에 유행된 이른바 '호악(胡樂)', 즉 서역악 중에서 주류를 이룬 것은 구자악이었다. 일반적으로 구자악은 중국에 유입된 시기의 선후에 따라 서국(西國) 구자악, 제조(齊朝) 구자악, 여토(與土) 구자악의 3부로 나

蘇只婆7調		婆陀力	鷄識	沙識	沙候伽濫	沙臘	般贍	俟利箑
中國樂7聲		宮	南呂(商)	角	變徵	徵	羽	變宮
印度音名	漢名	貝六	神仙曲	持地調	中令	等五	明意	近聞
	梵名	Shadja	Rishabha	Gāndhāra	Madhyama	Pānchama	Dhaivate	Nishāda
	符號	Sa	Ri	Ga	Ma	Pa	Dha	Ni
西洋音符		C	D	E	F	G	A	B

넌다. 수대의 구부악(九部樂)이나 당대의 십부악(十部樂)을 막론하고 구자악은 모든 악부 중에서 시종 수위를 유지할 정도로 뛰어난 음악이었다. 북주(北周) 무제(武帝) 이후에 장안에 유입되어 그 독특하고 신선한 음률로 인해 급속하게 전파되었으며, 수 개황(開皇)시대에 이르러서는 장안의 골목마다 구자악 음악소리가 그칠 날이 없을 정도로 대단한 인기를 끌었다. 그런데 구자 악기나 구자악 음률은 구자의 고유한 것이라기보다는 인도나 페르시아·아랍(이집트) 음악의 영향을 받아 형성된 것으로, 중국악을 비롯한 동양악과 서양악 간의 가교 역할을 하였다고 말할 수 있다.

구자악의 한 조(組)는 악사 20명과 악기 15종으로 구성되는데, 사용 악기는 수공후(竪箜篌)·비파(琵琶)·오현(五絃)·생(笙)·적(笛)·소(簫)·필률(篳篥)·갈고(羯鼓, 흉노 갈족羯族의 양추타악기兩搥打樂器)·요고(腰鼓)·답랍고(答臘鼓, 지탄타악기指彈打樂器)·모원고(毛員鼓)·도담고(都曇鼓, 단추타악기單搥打樂器)·계루고(雞婁鼓, 일명 원고圓鼓, 수박타악기手拍打樂器)·동발(銅鈸, 銅拔)·패(貝) 등이다. 구자 악기는 특히 천축(인도) 악기의 영향을 많이 받았는데, 비파나 필률 등 7종 악기는 천축 악기들과 똑같다. 그리고 수공후는 천축 악기인 봉수(鳳首)공후를 개조한 것이다. 알려진 구자악 곡으로는 선선마니해곡(善善摩尼解曲)·파가아무곡(婆伽兒舞曲)·소천곡(小天曲)·소록염곡(疏勒鹽曲) 등이 있다. 인도 북종(北宗) 음악에 뿌리를 둔 구자악 음률은 북주 때

중국 북방 일대에 유입되어 중국악 음률의 정립에 결정적 영향을 미쳤다. 『자치통감(資治通鑑)』(권177)에 의하면 북주 무제(武帝)의 돌궐후(突厥后)를 수행해 장안에 온 구자 악사 소지파(蘇只婆)가 연주하는 악곡의 매균(每均, 단旦 혹은 조調)에는 7성(聲)이 내포되어 있는데, 수(隋) 개황(開皇) 9년(589)에 정역(鄭譯)이 이 소지파 7조와 중국 고유의 7음 84조를 결합해서 중국악 음률을 정립하였다고 한다. 이때부터 중국의 아악(雅樂)이나 속악(俗樂)은 모두 이른바 7단(旦, 조調) 음률을 사용하기 시작하였다. 소지파 7조(調)와 중국 고유의 7성(聲, 음音) 및 관련 음역(音譯)과 음부(音符)를 도표로 정리하면 위와 같다.

구자(龜玆) 주변 불교 유적

구자(현 중국 신장위구르자치구 쿠처庫車) 주변에는 키질(Kizil)을 비롯해 스바시·심심·키리샤·아치크일크·키질카르가·두르두르아클·쿰토타 등 여러 불교 관련 석굴과 사원이 분포되어 있는데, 이 유적들에는 초기 불교의 중국 전래와 불교미술을 전해주는 화려한 벽화와 소상이 다량 소장되어 있다. 독일의 탐험가 르코크(A. von Le Coq)는 이 유적들에서 많은 벽화를 몰래 뜯어내 본국에 보냈다.

『구지입문(求知入門)』 *Minhājud Talab*, 常志美 저, 1660년

교류의 문헌적 전거로서의 학문연구서. 중국 명(明)나라 말기 산둥(山東) 출신의 저명한 이슬람

학자인 상지미(1610~1670)의 저서다. 그는 중국 무슬림들이 이슬람 경전이나 교리를 제대로 공부하기 위해서는 페르시아어를 반드시 알아야 한다는 점을 감안해 이 페르시아어 문법서를 편찬하였다. 이 책은 페르시아어로 쓴 독립적인 페르시아어 문법전서로는 세계에서 가장 오래된 책일 뿐만 아니라, 중국인이 쓴 최초의 외국어 문법서로서 학문적 가치가 매우 높다.

『구집력(九執曆)』 *Navagraha*, 718년

동전 인도 역법(曆法). 당대의 유명한 내화(來華) 인도 천문학자인 구담(瞿曇, '구담'항 참고)의 손자 구담실달(瞿曇悉達)은 718년 역법 찬술에 관한 현종(玄宗)의 칙령을 받고 인도의 역법서 『구집력』(*Navagraha*)을 한역해 그가 편찬한 『대당개원점경(大唐開元占經)』(120권)에 수록하였다. 구집(九執)이란 구요(九曜)라고도 한다. 월·화·수·목·금·토·일의 일곱 요일 외에 일월교차처(日月交叉處)의 은요(隱曜, 숨어 있는 요일)를 용수(龍首, 라후羅候, Rahu)와 용미(龍尾, 계도計都, Ketu)로 나누어 모두 구요(九曜)로 보는 역법으로서, 이에 근거해 인간의 길흉을 점쳤다. 이 『구집력』에 이어 실달은 721~727년에 다시 『대연력(大衍曆)』을 편찬하였다. 몇년 후 그의 아들인 구담선(瞿曇譔)의 증보(增補)를 거쳐 733년부터 이 대연력이 공식적으로 시행되었다. 그러나 민간에서는 여전히 『구집력』이 유행했으며, 이 역법이 고려에까지 전해졌다.

그랑콩구르에도(島) 해저 유적

수중고고학적 발굴에 의해 프랑스 근해에서는 해저 도시와 침몰선, 항만 유적 등 100여 개소의 해저 유적이 확인되었다. 프랑스는 일찍부터 국가적으로 수중문화재 보호책을 세우고 수중탐사기술을 적극 개발하는 등 수중고고학 연구에

서 선도적 역할을 함으로써 수중탐사라는 새로운 분야에서 괄목할 만한 성과를 거두었다. 그랑콩구르에(Grand Congloue)섬의 해저 유적 탐사가 그 일례다. 1952년 해양탐험가 자크 이브 쿠스토(Jacques-Yves Cousteau)가 마르세유항 밖에 있는 그랑콩구리에섬의 수심 40m 해저에서 침몰선 한 척을 탐지하였다. 그는 침몰선에 적재된 토기가 칸바니아 토기와 동류의 것이라는 점에 착안해, 이 선박을 기원전 2세기경에 침몰한 것으로 추정하였다. 고고학자들은 모선을 타고 6천 와트의 수중 조명등을 켜놓고 텔레비전 카메라로 해저 조사 실황을 확인하면서 잠수부들의 활동을 일일이 지휘하였다. 발굴조사 사업은 이러한 선진기술 수단을 이용해 5년간이나 지속되었다. 그 결과 침몰선의 길이는 30m, 폭은 10m, 적재량은 350톤이며, 7천 개의 토기 항아리를 적재하였다는 세세한 실태를 파악할 수 있었다. 한편 쿠스토는 발굴과정에서 수중고고학에 이용되는 기자재의 성능과 용법 등에 관한 과학적인 기록을 남김으로써 수중고고학의 발전에도 상당한 기여를 하였다. (9-126)

그리스의 비잔틴 속령화 경략

4세기 로마제국의 동서분열로 탄생한 비잔틴제국(Byzantine Empire, 395~1453)은 비록 '동로마'라는 허울을 쓰기는 했지만, 로마제국의 동천(東遷)이나 계승이 아니라 소아시아(비잔틴)에 대한 그리스인들의 속령화(屬領化) 경략의 산물로 볼 수 있다. 비잔틴제국은 헬레니즘적인 그리스 문명과 새로운 동방적인 문명요소들이 융합된 신흥제국이다. 그러한 융합성은 황제교황주의(皇帝教皇主義, caesaropapism)에 입각한 종교합일(宗教合一)의 동방전제주의적인 정치융합과, 상업이나 공업에 국가적 통제를 가하면서도 동서방의 교역을 권장하는 사회경제적 융합, 그

리고 헬레니즘적인 그리스 문명과 동방적인 문명요소들을 아우르는 복합문화를 창출한 문화적 융합에서 여실히 나타나고 있다. 이러한 융합은 비잔틴에 대한 그리스의 속령화 경략이 있음으로써 가능하였다. 그리하여 비잔틴제국은 로마제국의 전통적인 그리스도교(Christianity) 대신에 그리스정교(Greek Orthodox)를 국가의 기본이념으로 택했으며, 공용어는 로마제국의 통용어인 라틴어를 버리고 그리스어를 취하였다.

그리스의 인도 속령화 경략

그리스의 동진(東進). 인도 사상 최초의 통일국가인 마우리아 왕조(Maurya, 기원전 321~187)가 쇠망하자 인도 서북부는 알렉산드로스 제국의 후계(後繼)인 셀레우코스(Seleucos) 동방 제국의 속주(屬州)가 되었다. 또 이 제국을 이어 출현한 박트리아(Bactria, 대하大夏)에 거주하던 그리스인들은 기원전 2세기에 페샤와르(Peshawar)를 비롯한 인도 서북부의 펀자브 전역을 공략하고, 사갈라(Sagala, 현 시알코트)를 수도로 한 그리스 왕국을 건립하였다. 불교 사료에 의하면, 불교학자 나가세나(Nāgasena)가 이 이방(異邦) 경략국의 왕 메난드로스(Menandros, 혹은 Milinda)를 불교로 개종시켰는데, 두 사람 사이에는 여러가지 대화가 오갔다고 한다. 불교계에서는 이 대화 내용을 불경만큼이나 중시하여, 이를 경전으로 간주하고 있다. 메난드로스왕이 입적했을 때, 그의 유골은 불교의식에 따라 전국 각지에 뿌려졌다고 한다. 그리스 출신의 메난드로스왕이 불교로 개종한 사실(추종자들도 있었을 것임) 자체가 이질문명의 수용을 통한 문명교류의 일단인 것이다.

일찍이 알렉산드로스의 동정군은 인도의 서북지방에 진입해 여러 소국들을 병합하고 19개월 동안 이곳을 경략한 후 철수하였다. 마우리아조의 창건자인 찬드라굽타(Chandragupta, 재위 기원전 321~293년경)는 알렉산드로스 원정군의 회군으로 생긴 공백을 틈타 손쉽게 이 지방을 장악할 수 있었다. 이러한 역사적인 맥락에서 약 2세기 후에 사갈라 왕국의 그리스인들은 다시 이 지방을 경략하기에 이른다. 그들이 남긴 문명교류사적 흔적은 여러 곳에서 출토된 동전(銅錢) 형식의 주화(鑄貨)에 의해 증명되고 있다. 주화에는 제우스·아폴론·헤라클레스 등 그리스신화에 등장하는 인물들의 얼굴이 새겨져 있다. 그리스인들의 인도 서북부 경략 시기에 왕권과 교역의 상징이자 필수 도구이기도 했던 이 주화는 후일 피경략자인 인도인들에 의해 전승되었다.

그리스인의 동방 이동

교류의 민족사적 배경으로서의 민족이동. 기원전 4세기 알렉산드로스의 동정(東征)과 이를 계기로 막이 오른 헬레니즘 시대에 그리스인들은 페르시아와 중앙아시아 및 인도 등 동방세계로 대거 이동하였다. 이러한 그리스인들의 동방 이동은 사상 초유의 동서간 융합문화, 즉 헬레니즘적 융합문화의 창출에 결정적 역할을 하였다. 헬레니즘 세계의 지배자들은 대체로 마케도니아 태생이거나 그리스 문명에 훈육된 사람들이다. 그들은 마케도니아인이나 그리스인, 그리고 그리스화한 베르베르인 출신의 용병대에 의존해 통치를 유지하고, 그리스식 도시건설을 비롯한 그리스 문화의 도입을 추구하면서 그리스인이나 마케도니아인의 식민적 이민을 적극 권장하는 정책을 실시하였다. 이러한 정책은 기원전 4세기를 전후해 경제적 쇠퇴와 정치적 혼란에 시달리던 그리스인이나 마케도니아인들의 큰 호응을 얻었다. 그들은 각계각층을 망라하여 피폐해진 폴리스를 떠나 새 희망을 안고 용병이나 이민으로, 때로는 상인이나 관리로서 새로이 정복되고 개척되는 동방세계로 자진해 대거 이주하였다. 사실상 그들의 주도하에 곳곳에 그리스식 도시가 건설되고 그리스 문명이 오리엔트 지역에 유입되어, 헬레니즘적 융합문화가 탄생되고 유지되었다. 이것은 민족사적 배경으로서의 그리스인들의 동방 이동이 동서 문명교류에 미친 직접적인 영향의 결과다.

금강지 金剛智, 법명 跋日羅菩提, Vajradodhi, 669~741년

동행 불승. 남천축의 마뢰야국(摩賴耶國) 출신인 금강지는 10세에 출가해 나란다사(寺)에서 10여 년간의 수행을 마치고 사자국(獅子國, 현 스리랑카)과 실리불서국(室利佛逝國, 현 인도네시아 수마트라)을 경유해 당 개원(開元) 7년(719)에 광저우(廣州)에 도착하였다. 이어서 바로 장안에 초빙되어 자은사(慈恩寺)와 천복사(薦福寺)에서 밀교(密敎)의 단장(壇場)을 세우는 등 밀교 전도에 전념하였다. 723년부터는 장안의 자성사(資聖寺)와 천복사에서 밀교 경전 25부 31권을 한역하였다. 중국 밀교 창시자인 그는 741년 뤄양(洛陽)에서 병으로 입적하였다. 신라 승려 혜초는 719년 광저우에서 금강지를 만나 사사하고, 그의 권유에 따라 도축(渡竺)하였다. 그리고 당나라에 돌아온 후 혜초는 733년 1월 1일부터 천복사에서 8년간 금강지와 함께 밀교 경전을 연구하였다. (13-737)

금속공예의 동전

금속공예의 동서교류는 누금(鏤金)과 감옥(嵌玉)기법의 동방 전파에서 뚜렷이 나타난다. 누금은 가는 금줄과 작은 금알을 늘여 붙여서 물형을 만드는 정교한 금속세공기법(filigree)으로 금속조각에 많이 이용된다. 감옥은 금테두리 안에 여러가지 색깔의 옥을 박는 공예기법으로 이른바

다채장식양식(多彩裝飾樣式, polychrome style)으로 알려졌다. 간혹 이 두 가지 기법이 합친 누금감옥기법이 사용되기도 한다. 이 두 가지 공예기법은 이집트에서 발생한 후 그리스와 로마를 거쳐 페르시아와 중앙아시아에서 유행되다가 중국과 한반도에 전파되었다. 한반도의 경우, 이 두 가지 기법이 고구려에서는 드물지만, 신라와 백제에서는 하나의 장신구 장식기법 특성으로 자리매김하였다.

금장한국(金帳汗國)

일명 서점국(西漸國)이라고 하는 킵차크칸국(Kipchak, 1243~1480)의 다른 이름이다. 이 이름은 '황금으로 장막을 만들었다'는, 즉 '금장(金帳)'이란 말에서 유래하였다.('킵차크 칸국' 항 참고)

금패 金牌

교류의 교통사적 전거물. 몽골제국시대에 사용된 일종의 역참 이용 허가증이다. 역참제도('역참제도'항 참고)의 안전한 이용과 이용자의 편리를 위해 사절이나 상인 등 과객(過客)들에게 신분에 따라 최상급의 금패와 차등급의 은패(銀牌)·해청패(海靑牌) 등 상이한 등급의 역참 이용 허가증을 발급하였다. 역참에서는 이러한 패의 소지자에게 숙식과 배행(陪行, 동행) 등 편의를 제공하였다.

금환 金丸

동전 서역 놀이. 금환(金丸)은 『삼국사기』(권32)「악지樂志 1」'악(樂)'조에 실린 신라 문호 최치원(崔致遠)의 '향악잡영오수(鄕樂雜詠五首)' 중 한 가지로 소개된 서역의 놀이다. 몸을 돌리고 팔을 휘두르면서 몇 개의 금칠을 한 공을 공중에 던졌다가 받는 일종의 곡예(曲藝)로 마냥 신

기하고 즐거운 놀이다. 이 놀이는 한국뿐만 아니라 중국이나 일본에서도 유행하였다. 중국 산둥성(山東省) 어대현(魚臺縣)에서 발견한 화상석(畫像石, 일본 도후쿠대학東北大學 공학부 소장)과 탄궁(彈弓) 그림(일본 쇼소인正倉院 소장)에서 모습이 보이고, 백락천(白樂天)이 쓴 『신악부(新樂府)』의 입부기(立部伎)에서는 도칠환(跳七丸, 일곱 개 공을 공중에 던지기)의 형상으로 나타난다. 한국의 경우, 우륵(于勒)이 지은 가야금 곡조 가운데 묘사된 보기(寶伎), 그리고 백제의 농주(弄珠, 구슬놀이)가 바로 같은 종류의 놀이다. 고구려에서도 4세기 초에 이와 유사한 놀이가 연행(演行)되었다. 조선조 때 성현(成俔)은 『관나시(觀儺詩)』란 시편에서 이 놀이를 '농환(弄丸)', 일종의 공놀이라고 불러서 지금까지도 그 이름을 그대로 답습하고 있다.

급각체 急脚遞

교류의 교통사적 전거로서의 역참(驛站). 군사정보를 신속하게 전달하기 위해 송대에 설치한 역참제도다. 이 제도에 따라 말을 갈아타고 하루에 400리를 달리는데, 긴급한 경우에는 '금자패(金字牌)'라고 해서 하루에 500리까지 달린다. '금자패'란 긴급할 때에는 최상급 역참 이용증인 금패를 휴대하는 데서 유래한 말이다. 후일 원나라나 명나라에서도 이 제도를 계승하였다. (13-17)

급체포 急遞鋪

교류의 교통사적 전거로서의 역참(驛站). 송(宋)대의 급각체(急脚遞)를 본받아 몽골제국시대에 발전시킨 이 급체포는 주로 조정과 지방기관(군읍郡邑) 간에 주고받는 긴급문서를 전달하는 특수 역참이다. 10리나 15리, 20리마다에 한 급체포를 설치하고, 10포(鋪)에 우장(郵長) 1명과 포졸(鋪卒) 5명을 배치해 항시 대기시킨다. 문서 전달자는 낮에는 허리띠에 매단 방울을 울리고, 밤에는 횃불을 들고 전달자임을 알리면서 질주한다. 대체로 1주야에 400리(1시간 당 약 17리)를 주파한다. 이란의 동쪽 호라산(Khorasan)에서 서쪽의 타브리즈(Tabriz)까지 일반 역체('역체제도'항 참고)로는 6일 이상 걸리지만, 급체포로는 3, 4일밖에 걸리지 않는다.

기 綺, 26~216년

중국에서 서역으로 전파된 비단의 일종. 기(綺)는 단색의 실로 문양을 새긴 가는 비단을 말하는데, 중국 한대의 기 유물이 니야와 로프노르(중국 신장), 노인울라(몽골), 팔미라(시리아) 등 유적에서 출토되었다. (7-35~37)

『기독교국에서의 불교』 *Buddhism in Christendom*, Arthur Lillie 저, 1887년

서전 불교. 이 책은 기원후 5세기경에 실론(현 스리랑카) 왕족 출신인 불승 마하나마(Mahanama)가 팔리어로 편찬한 연대기적 실론 고대사 『마하완사』(*The Mahawansa*)에 언급한 불교의 서전 관련 기사를 인용하고 있다. 즉 실론섬의 콜롬보 동쪽 게라니강 유역에 위치한 루완웰리(Ruwanweli)란 곳에서 불탑을 세울 때 요나(Yona)국의 수도 라사다(Lasadda) 부근에 3만 명의 불승들이 왕림하였다고 한다. 라사다의 위치에 관해서는 아프가니스탄의 카불(Kābul)에서 25마일 떨어진 고도 알렉산드리아 앗 코카숨(Alexandria ad Caucasum, 아시아의 알렉산드리아)이라는 설(라이트풋Lightfoot의 설)과 이집트의 알렉산드리아라는 설(쾨펜Köppen과 헬겐펠트Helgenfeld의 설)이 있다. 내빈 승려가 3만 명이라는 것은 과장된 듯하다. 그리고 콜롬보로 오는 교통상황을 감안하면 카불을 통하는 육로보다는 이집트를 경유하는 해로가 더 편리하므로 후자의 설일 가능성이 더 크며, 이를 통해 당시 불교가 서양에 전파되었다는 사실을 알 수 있다.

『기독교풍토기(基督敎風土記)』 *The Christian Topography*, Cosmas 저, 550년경

교류의 문헌적 전거로서의 개설소개서. 『기독교풍토기』는 이집트 알렉산드리아 출신의 기독교 수도사이자 상인이었던 코스마스(Cosmas)가 청년시절 인도양 해상교역이 한창 번창하기 시작하던 시기에 인도와 실론(현 스리랑카) 등지에서 교역에 종사하면서 인근 여러 곳을 주유한 일들을 기록한 현장 견문록이다. 이 책은 6세기경 동서간의 해상교역 상황뿐만 아니라, 이 지역에 기독교가 처음으로 전해진 사실을 생동감 있게 전해준다. 또한 저자는 실론이 동서 해상항로의 기착지이자 해상교역의 중심지·집산지·중계지로서 동서교역에서 핵심적 역할을 하였다고 강조하고 있다. 당시 인도·페르시아·에티오피아 등지에서 많은 선박들이 이곳으로 내항하였고, 또 이곳으로부터 많은 선박들이 각지로 출항하였다고 한다. 제니스타(중국) 같은 먼 나라로부터도 비단·침향(沈香)·정향(丁香)·백단(白檀) 등 여러가지 상품들이 일단 이곳에 운집했다가 다시 후추의 산지인 마레(말라바르Malabar) 등 인도의 몇몇 교역지로 운반되어 문물교환이 이루어지곤 하였다. 이러한 상품들은 인도뿐만 아니라 사향·해리향(海狸香)·감송향(甘松香)의 산지인 신드·페르시아·아투리(홍해 서안의 즈라)까지도 운반되었다. 이처럼 실론은 중계교역과 더불어 자체의 물산을 동·서방 여러 곳에 수출하기도 하였다. 이와 같이 이 책은 당시 실론을 중심으로 진행된 교역에 관한 기록의 일부로 6세기를 전후한 시기의 동서간의 해상교역상을 입증하는 데 가치 있는 문헌적 전거로 인정받고 있다.

기마민족정복설 騎馬民族征服說

교류의 민족사적 배경으로서의 민족이동과 유목문명의 남전(南傳). 1950~1960년대 일본 도쿄대학 사학과 교수인 에가미 나미오(江上波夫)는 『일본 민족의 기원』(1958, 오카 마사오岡正雄 등과 공저), 『일본에 있어서의 민족 형성과 국가 기원』(1965), 『기마민족국가』(1967) 등 일련의 논저에서 이른바 '기마민족정복설'과 그 이론을 바탕으로 한 일본 내의 기마민족국가설을 주장하였다. 이러한 이색적인 그의 주장은 일본학계는 물론 동양학계에서도 갑론을박의 격렬한 논쟁을 불러일으켰다. 오늘에 와서는 대체로 부정되고 있지만, 이러한 주장을 하던 사람들 중에는 아직까지 신봉하는 부류가 있다. 이것은 고대 한·일 관계뿐만 아니라 고대 북방기마민족과 그 문명의 한반도 유입과도 관련된 문제이기 때문에 한국 학계도 결코 외면할 수 없는 중요한 사안이다.

기마민족정복설이란 북방 대륙의 기마민족이 한반도에서 기타큐슈(北九州)로 진출했다가 기원 3세기 말이나 4세기 초에 다시 일본 기나이(畿內)의 야마토(大和)를 정복해 일본 최초의 통일왕조(3세기 말~7세기 중엽)인 야마토 정권을 건립하였고, 그 세력이 점차 강성해지자 5세기의 왜오왕(倭五王, 찬讚·진珍·제齊·흥興·무武)시대에 이르러서는 이 통일정권이 한반도에 세력을 뻗쳐 소위 '왜한연합왕국(倭韓連合王國)'을 건립했다는 내용의 일설이다. 이 설의 근본적인 이론 근거는 일본 고분문화가 성격을 완전히 달리하는 전·후 2기로 나뉜다는 것이다. 즉 3세기 말부터 4세기 후반에 해당하는 전기(前期) 고분에서는 주로 보기적(寶器的)·상징적·주술적(呪術的)·평화적·동남아시아적인 거울·검·구슬·석천(石釧, 돌팔찌)·차륜석(車輪石) 등 유물이 출토되나, 4세기 후반부터 7세기 후반에 이르는 후기(後期) 고분에서는 이와는 성격이 판이한 왕후귀족적·전투적·북방아시아적·대륙 기마민족적인 석제 모조품, 식기·마구·무기·명기류(明器類) 등 유물과 부장품이 출토된다는 것이다. 후기의 이러한 문화는 스키타이와 흉노를 비롯한 북방아시아 유목기마민족 문화와 한(漢)문화가 북중국이나 중국 동북지방에서 만나 융화되어 일체화(一體化)된 문화로서, 이른바 중국화된 기마민족문화라고 칭할 수 있다는 것이다. 이러한 중국화된 기마민족문화가 3~5세기에 남쪽으로 이동한 선비(鮮卑)와 흉노에 의해 화북(華北)에서 성행하다가 고구려와 부여(夫餘)에 의해 한반도에 유입된 후 바다를 건너 일본에 전파되었다. 따라서 일본 고분문화의 전·후기는 근본적으로 이질적일 수밖에 없게 되었는데, 그 변화는 급격하고 체계적이었다. 이는 일본인들이 기마민족문화를 받아들여서 전래의 농경문화를 기마문화로 변질시킨 것이 아니라, 대륙으로부터 한반도를 지나 직접 일본에 침입해 정복·지배한 어떤 유력한 기마민족에 의해 그 과정이 추진되었다는 것이다. 이렇게 일본에 유입·보급된 문화는 부분적이거나 영향관계에 국한된 문화가 아니라, 대륙 북방계 문화의 복합체로서 일본의 전통문화를 전체적으로 압도했다는 것이다. 이러한 신생 문화체(文化體)는 한반도에서 바다를 건너 기타큐슈에 상륙한 후 기나이 야마토 정권을 창출하게 되었다. 강력한 야마토 정권은 다시 서진(西進)해 한반도까지 병합해 이른바 '왜한연합왕국'을 세웠다는 것이다.

이러한 기마민족정복설이 등장하자 일본 학계의 찬반 입장이 팽팽히 맞섰다. 일본 학계의 반박은 상당한 설득력을 가지고 있다. 먼저 에가미 나미오는 고분문화의 전·후기는 성격이 본질적으로 서로 다른 두 문화로 그 변화 추이가 급변적이고 돌발적이라고 주장하지만, 원론적으로 볼 때 문화의 단절이나 돌변이란 있을 수 없고 필히 연속성이 보장되는 것이다. 더욱이 한 세기도 못되는 짧은 시간대에 문화가 본질적인 변화를 보인다는 것은 상상할 수 없는 일이다. 그다음, 고고학적 측면에서도 신빙성과 논거가 희박하다. 후기 고분에 대한 발굴작업이 진척됨에 따라 이런 고분에서도 전기 유물과 같은 돌팔찌·차륜석·거울·검·구슬·석제 모조품 등이 출토됨으로써 후기에 와서도 신기(神器)에 대한 신앙을 비롯해 주술적이고 평화적인 문화요소는 결코 단절된 것이 아니라 계속되고 있었음을 알 수 있다. 또한 후기 고분의 분구(墳丘)가 크고 무기 등 부장품이 많이 나온 것은 어떤 강력한 기마민족의 출현에 기인한 것이 아니라, 통일국가를 이룸으로써 정치·경제적으로 더욱 충실해지고 국제교류도 활발히 진행된 결과로 봐야 한다. 끝으로, 마개(馬鎧, 말의 갑옷) 등 기마 전투품은 정복자 기마민족의 것만이 아니라, 당시 중국 강남(江南) 지역에 자리한 오국(吳國) 등 나라들과의 교역을 통해 수입했을 수도 있다. 따라서 기마민족 유품들의 출토 사실만으로 기마민족의 현지 출현이라고 단정하는 것은 무리일 수밖에 없다. 이상은 문화 발전의 연속성 원리나 전·후기 고분 유물의 일체성 및 그 원류의 합법성에 준해 기마민족정복설의 부당성과 허구성에 가한 비판이다.

그러나 이 설의 또 하나의 주요 구성부분인 한반도 진출에 관해서는 일본 학계가 응분의 시비를 가리지 못하고 있는 듯하다. 에가미 나미오는 4세기 초 강력한 기마민족국가를 건립한 대화 정권이 거대한 전방후원분(前方後圓墳)이 조영된 고분 후기에 한반도로 진출해 이른바 '왜한연합왕국'을 건립했다고 주장한다. 그러나 여러

가지 역사적 사실을 고려할 때, 4세기 초에 통일적 야마토 정권의 수립이나 그 뒤를 이은 한반도 진출은 불가능한 것으로 판단된다. 그 근거는 다음 세 가지에 있다. ① 5세기는 통일적인 야마토 정권이 아직 출현하지 않았다. 쇼소인(正倉院)과 이소노카미 신궁(石上神宮)에 비장(秘藏)된 칠지도(七支刀)나 선산고분대도(船山古墳大刀) 등이 보여주는 바와 같이, 고분시대 중기(中期, 5세기)까지도 일본 내에는 통일국가가 없었고, 백제·신라·가야 계통의 여러 집단(도래인渡來人)들이 일본에 진출해 각지에 후국(侯國, 분국分國)을 건립해 일본을 다스리고 있었다. 6세기에 이르러서야 기타큐슈의 세력이 기나이를 정복해 통일국가인 야마토 정권을 세웠던 것이다. ② 기타큐슈에서 일어난 반정(盤井)의 반란이 보여주다시피, 기타큐슈에는 야마토에 필적하는 세력이 존재하고 있어서 5세기까지 야마토 정권은 통일적인 세력으로 장성하지 못하였으므로 한반도 진출은 불가능하였다. ③ 후진(後進) 일본이 선진(先進) 한반도에 진출해 통치했다는 것은 어불성설(語不成說)이다. 야마토 정권은 자생적으로 성장한 것이 아니라, 선진적인 한반도 삼국문화를 받아들이는 과정에서 성장하였다. 그리고 일본에서 발견되는 선진문화 지역은 한반도와 가까운 기타큐슈 지방이었고, 거기에서부터 기나이와 동부 일본으로 퍼져나갔다. 그런데 이 기타큐슈의 문화는 한반도로부터 수입된 문화로서 두 지역의 문화 성격이 매우 유사하다.

『기마술과 병기』 *Kitābu'l Furūsiya wa'l Munāsibul Harbiya*, Hasan al-Rammāh al-Ahdab 저, 1285~1295년

서전 병기서(兵器書). 저자 하산 알 람마흐 알 아흐답이 1285~1295년 기간에 아랍어로 저술한 이 책은 거란화(契丹花)라고 하는 중국 화약의 성분과 거란화창(契丹火槍, 거란화전契丹火箭)이라고 하는 중국 화기(火器)의 제조법에 관해 구체적으로 소개하고 있다. 이 병술서는 몽골제국의 서정(西征)과 서아시아에 대한 경략을 계기로 중국의 화약과 화기가 아랍과 이슬람세계에 전해졌을 뿐만 아니라 중국의 화기를 본뜬 화기를 제조했을 개연성을 시사해주고 있다. 14세기 초에 나온 다른 한 아랍어 병서는 육전과 해전에서 사용되는 각기 다른 거란화전(契丹火箭, 화전은 로켓)에 관해 기술하고 있다.

기미정책 羈縻政策

교류의 정치사적 배경으로서의 속령화 경략정책. 기미정책이란 굴레를 씌워 말을 다루듯 책봉(冊封)이나 숙위(宿衛), 조공(朝貢) 같은 수단으로 속국을 견제하고 복속시키는 종주국의 일종의 속령화(屬領化) 경략정책이다. 당대(唐代) 중국의 서역에 대한 기미정책이 대표적인 한 예다.

『기하원본(幾何原本)』

유클리드의 명저 『기하원리』의 한역본(漢譯本). 명말 청초에 주로 재화 선교사들을 통해 서구의 근대적 수학이 소개되면서 중국에서 비로소 학문으로서의 수학이 체계화되고, 전통 수학과의 결합 현상도 나타났다. 중국에서 활발한 선교활동을 벌이던 마테오 리치(Matteo Ricci, 이마두利瑪竇, 1552~1610)는 1605년 5월 10일자 로마에 보낸 한 보고서에서 '수학만이 중국인의 마음을 사로잡을 수 있다'며 수학 전파의 필요성을 역설하였다. 리치는 중국 방문(1582) 전 5년간(1572~1577) 로마신학원에서 수학을 공부하였다. 그는 중국에 온 후 맨 먼저 서광계(徐光啓)와 함께 1603년부터 1607년 5월까지 유클리드의 『기하원리』를 한역하였다. 서광계는 명말 중국 천주교의 3대 주석(柱石, 기둥)의 한 사람으로서 리치와 함께 이 책 말고도 『측량법의(測量法義)』 『측량이동(測量異同)』 『구고의(勾股義)』 등 과학서적을 공역하였다. 『기하원리』의 한역 대본은 15권으로 된 독일 수학자 클라비우스(C. Clavius)의 주석본(*Euclidis Elementorum* Libri, xv)인데, 그 가운데서 6권만 한역하였다. 이 역서는 비록 완역본은 아니지만 중국 수학자들로 하여금 기하학의 기본원리를 체계적으로 습득케 함으로써 중국 수학 발전에 크게 기여하였다. 그 결과 청초에는 방중통(方中通)의 『기하약(幾何約)』(1661), 매문정(梅文鼎)의 『기하통해(幾何通解)』(1692) 등 중국 수학자들의 기하학 전문 논저가 여러 편 발표되었으며, 이를 계기로 중국 근대 수학의 토대가 마련되었다.

기후적기 氣候適期

태고로부터 자연환경의 변화는 인류의 진화에 결정적 영향을 미쳐왔다. 약 1만년 전의 충적세(沖積世) 기간에 일어난 기후변동이 인간생활에 미친 영향은 고고학적 유물에 의해 비교적 명확하게 인지되고 있다. 특히 지금으로부터 7천~5천년 전에 맞은 이른바 '기후적기(氣候適期)'에는 전지구적 규모에서 온난다습한 기후가 광범위하게 형성되어, 고위도 지방이나 사막에서 인간의 생활과 활동이 전례 없이 증대되고 초기 농경에 적잖은 변화가 일어났다. 이 시기에는 오늘날의 사하라 사막 같은 건조지대에서도 농경이 행해졌다.

그러나 기후적기가 지나간 이후에는 기온의 한랭화와 건조화가 진행되어 농작물의 선종(選種)에서 현격한 차이를 보였다. 예컨대 북부 유럽에서는 기후적기가 끝난 후 맥류(麥類)의 선택에서 한랭 때문에 밀(소맥小麥)의 재배가 불가능해졌다. 그러자 그때까지 밀의 잡초로나 여겨왔던 라이(rye) 보리(호맥胡麥, 오늘의 검은 빵 원료) 등 내한성(耐寒性) 곡물로 대체되었다. 서아시아의 경우 관개농경 지대에서조차 기후적기 후에는 작물의 변화가 생겼다. 기후가 점차 건조해지자 수분의 증발이 가속화됨으로써 결국 염분의 증가로 인해 밀을 경작할 수 없게 되었다. 대신 염분에 강한 대맥(大麥, 보리)을 택하였다. 이같은 농작물의 변화는 인간의 식생활에 큰 변화를 가져왔을 뿐만 아니라, 인간의 이동이나 물질문명의 교류에도 상당한 영향을 끼쳤다.

김일제 金日磾

김일제는 신라 김씨의 '뿌리'와는 무관하다. 중국에 알려진 김씨(金氏)에는 전설 속 황제의 아들인 소호김천씨(少昊金天氏)를 시조로 하고 팽성(彭城, 현 쉬저우徐州)을 본향으로 하는 김씨와, 이와는 전혀 무관한 흉노의 휴도(休屠) 왕자 김일제(金日磾)를 시조로 하고 경조(京兆, 현 시안西安)를 본향으로 하는 김씨의 2대 계보가 있다. 이 두 족보는 전혀 다르다. 그럼에도 불구하고 최근 시안 인근에서 발견된, 소호와 김일제를 하나의 혈통으로 혼동한 이른바 '대당고김씨부인묘명(大唐故金氏夫人墓銘)'과 소호에 관한 언급이 없는 '문무대왕릉비(文武大王陵碑)'를 근거로 삼아 서로가 별족인 화하족(華夏族)의 소호를 시조로, 흉노족의 김일제를 중시조로 엮어 신라 김씨의 뿌리로 보는 견해가 있는데, 이는 재고되어야 할 것이다.

ㄴ

나 羅

명주실로 짠 피륙의 일종. 가볍고 부드러우며 조금 성긴 구멍이 있는 것이 특징인데, 생라(生羅)와 숙라(熟羅) 두 가지가 있다. 섬세한 능문(菱文)이 새겨진 중국 한대의 나(羅)가 한반도의 낙랑(樂浪)과 몽골의 노인울라(Noin-Ula) 유적에서 출토되기도 하였다. (7-38)

나가사키항 長崎港

일본 나가사키현 남부에 있는 항구도시. 시대의 변화에 따라 나가사키항의 역할은 각기 달랐다. ① 남만(南蠻)무역시대: 1571년의 개항에서 1633년 최초의 쇄국령(鎖國領)이 발동될 때까지의 시기다. 전국시대에는 규슈(九州) 각지에 온 포르투갈이나 스페인 선박들이 주로 나가사키항에 기착하였다. 에도(江戶)시대에 이르러서는, 명·청뿐만 아니라 동남아시아 선박도 포함해 당선(唐船)이라고 하였는데, 이 배들의 입항이 급증하였다. 나가사키항은 당시 해외무역에 종사하는 상인들에게는 주인장(朱印狀)을 발급해 그 활동을 장려하고 원조하였는데, 주인장을 부여받은 상선인 주인선(朱印船)의 주요 출발항이기도 하였다. ② 쇄국무역시대: 1633년 이후 대외무역 독점시대다. 이 시대에는 일본인의 출입국이 금지되고, 당선의 무역이 나가사키항에 국한

되었으며, 포르투갈과의 외교가 단절되었다. 또한 네덜란드 상관(商館)이 히라도(平戶)에서 나가사키의 데지마(出島)로 이전한 이후에는 비록 당선과 네덜란드 선박에 제한된 것이긴 하나, 나가사키항은 무역이 허용되는 유일한 개항장(開港場)이 되었다. 그러나 이 시대에도 쓰시마섬(對馬島)과 조선 간의 무역 등 일부 지역간의 무역은 계속되었다. ③ 자유무역시대: 1859년 나가사키항·가나가와항(神奈川港)·하코다테항(箱館港)이 개항된 이후의 자유무역시대에는 나가사키의 무역 관장 기관(會所)이 계속 당선 무역을 관장하였지만, 나가사키항의 독점은 사라지고 그 지위는 상대적으로 낮아졌다.

『나가사키(長崎) 네덜란드 상관(商館)』 山脇悌二郎 저, 1980년

동서교역 개설서. 나가사키에 대한 네덜란드 동인도회사의 교역을 주로 기술한 책으로, 일본의 수출품과 네덜란드 선박을 통한 일본 수입품, 그리고 당시 이러한 교역이 진행된 사회적 배경 등도 언급하고 있다. (9-184~185)

나련제려야사 那連提黎耶舍, Narendrayasas, 517~589년

동행 불승. 북천축(北天竺) 출신으로, 중국 북제

(北齊) 대보(大保) 7년(556)에 수도 업도(鄴都)의 천평사(天平寺)에 주석(駐錫)하면서 역경(譯經)에 주력하였다. 그후 수(隋)나라 개황(開皇) 2년(582)에 수문제(隋文帝)의 명을 받고 수도 장안의 대흥선사(大興善寺)에서 역경을 계속하고, 다시 광제사(廣濟寺)로 옮겨 외국승들의 좌장격인 외국승주(外國僧主)가 되어 불사(佛事)에 전념하였다. 중국에 체류하면서 불전 15부 80여 권을 한역했는데, 주로 대승방등부(大乘方等部)와 열반부(涅槃部)의 경전들이다.

나마즈가 테페 Namazga Tepe
투르크메니스탄의 수도 아슈하바트에서 동남쪽으로 약 130km 떨어진 곳에 있는 100헥타르 면적의 채도(彩陶) 출토지다.

나스카 문화 Nazca culture
페루 남부 해안지대의 고대 문화. 나스카강(江) 유역에서 기원전 200년부터 기원후 600년 사이에 개화한 고전기(古典期) 문화로, 카와치 유적이 중심이다. 나스카 문화인들은 농경을 위주로 하면서 수렵과 어업에도 종사했으며, 사회적 계급분화가 뚜렷했으나 노예제도는 없었다. 대표적인 문화양상으로는 채문토기(彩文土器)와 지상화(地上畵)를 들 수 있다. 고도의 제작기술과 섬세한 솜씨로 상징적 모티브를 활용해 제작한 채문토기는 쌍주구호(雙注口壺) 접시와 주발, 상형호(象形壺) 등 다양한 종류가 있는데, 표면에 고추·옥수수·감자·사슴·쥐·개구리·물고기 등 생활과 관련된 다양한 동식물의 무늬가 10여 종의 안료로 그려져 있다. 그밖에 다채로운 직물과 가죽신, 깃털 장식품도 함께 발견되었다. 각종 기하학 무늬와 거대한 동물들이 그려진 지상화('나스카 지상화'항 참고)는 당시 어떻게 그렇게 크고 다양한 문양과 색채를 구사할 수 있었으

며 그려진 목적은 무엇이었는지 그 수수께끼가 아직까지도 풀리지 않고 있다. 그밖에 흙과 풀, 자갈을 섞어 빚은 아도베(adobe, 영어 '어도비') 벽돌로 지은 신전과 피라미드, 공공건물들도 유적으로 발굴되었으며, 후기(550~650)에 개발된 나스카강을 이용한 지하수로의 흔적도 남아 있다. (4-155)

나스카 지상화 Líneas de Nazca
땅 위에 그려진 지구상에서 가장 큰 그림으로, 세계 7대 불가사의의 하나. 페루 남부 해안에서 약 50km의 내륙 지점에 자리한 해발 500m의 건조한 평원지대에 그려진 이 지상화가 차지하는 면적은 (서울 면적 605km² 절반이 넘는) 무려 360km²에 달한다. 2년간의 강우량이 고작 1.27cm에 불과한, 지구상에서 가장 건조한 곳으로 알려진 나스카 평원의 자갈땅을 깊이 10~20cm, 너비 20~30cm 정도로 파서 그린 이 지상화군은 길이 30~285m의 각기 다른 그림 30여 점으로 구성되어 있다. 700여 리(里)에 이르는 직선과 삼각형·사다리꼴·지그재그형·나선형 등의 기하학적 도형을 사용하여 범고래·원숭이·거미·개·인간 등의 다양한 모티브를 그려 넣었으며, 가장 큰 동물무늬는 축구장 3배의 크기이고 가장 긴 직선의 길이는 10km에 이른다. 1939년에 미국의 역사학자 코소크(P. Kosok)에

페루 나스카 지상화

나스카 지상화 중 벌새 그림

의해 발견되었으며, 많은 학자들 특히 독일 태생의 고고학자이자 수학자인 마리아 라이헤(M. Reiche)는 평생을 나스카 지상화의 연구와 보존에 바쳐 이것이 기원전 190년에서 기원후 600년 사이에 그려졌음을 밝혀냈다. 1994년에는 유네스코 세계문화유산으로 등재되었다. '우주인의 메시지'라든가, '신에게 바치는 제물' '인디오 부족의 문장(紋章)' '천문 달력'이라는 등 여러 가지 해석이 나오지만 정설은 아직 없다. 라이헤도 처음에는 천체 운행과의 관계설을 내놓았으나 후에 부정하였다. (4-155~156)

나오 nao

5세기 이베리아 반도에서 유행하던 범선으로 보통 캐럭(carrack, 카라크)이라고 하는데, '나오'는 주로 스페인에서 선박을 가리켜 사용하던 범칭이다. 주돛대는 보통 3개 정도이지만 더 많은 경우도 있으며, 선미는 높고 배 안은 깊고 넓다. 15세기에서 16세기까지 쓰였는데, 1500년대 초에는 배에 대포를 장착해서 포문을 통해 포탄을 발사하기도 하였다고 한다. 17~18세기 문헌에는 갤리온선(船) 같은 선박들도 '나오'라고 명명하는 경우가 흔하였다. (9-116)

나일강 Nile River

인류문명을 탄생시킨 강의 하나로 아프리카의 빅토리아호에서 발원해 북동쪽으로 이집트를 지나 지중해로 흘러들며 길이는 약 6,671km로 세계에서 가장 길다. 해마다 6월에서 10월까지 이르는 사이에 강이 범람해 홍수가 지는데, 이로써 양안에 기름진 충적토가 흘러와 쌓여 농경에 적합한 토양이 조성되었다. 그리고 한편으로는 범람을 극복하기 위한 치수와 그에 따르는 천문학 및 수학의 발달, 그리고 중앙집권적 권력의 출현을 가능케 하였다. 그 결과 강안(江岸)에서 세계 4대 문명의 하나인 고대 이집트 문명이 탄생하였다.

나자프 Najaf

이라크 중부에 위치한 이슬람 시아파의 성지. 바그다드 남쪽 약 160km 지점에 있으며 고대 도시 바빌론에서는 약 30km 떨어져 있다. 이슬람의 제4대 정통 칼리파이자 시아파의 비조인 이맘 알리의 묘가 있어, 시아파 무슬림들에게는 메카와 메디나에 버금가는 성지다. 금과 크리스털 등으로 매우 화려하게 장식한 나자프의 이맘 알리 사원은 시아파 무슬림들의 순례가 끊이지 않는 성소다. 1327년경 아랍의 대여행가 이븐 바투타가 이 도시에 들러 이맘 알리의 성묘에 참배할 당시에도 순례자들의 발길은 끊이지 않았다. 그는 여행기에서 묘당의 문과 문지방은 모두 은으로 만들어지고 비단 같은 주단들이 깔려 있으며, 관을 받치는 목판 평대는 금박을 입혀 은못을 박았는데, 그 위에 아담과 노아, 그리고 이맘 알리의 관이 놓여 있다고 전하고 있다. 또한 그는 이 도시 사람들의 훌륭한 인품을 높이 칭찬하면서도, 지나치게 이맘 알리의 기적을 맹신하는 것에 대해서는 우려를 표시하였다. 사원 인근에 있는 세계 최대의 공동묘지 '와디 알 살람'(Wādī al-Salām)에는 몇몇 선지자들의 무덤과 이맘 알리를 추종하는 독실한 신자들의 무덤이 있다.

나침반 羅針盤, 羅針儀, 針盤, compass

서전된 항해 천문의기(天文儀器). 자침(磁針)이 남북을 가리키는 특성을 이용해 제작한 지리적 방향지시계기다. 나침반에는 자석의 지극성(指極性)을 이용해 방위를 결정하는 자기나침반과 자석의 고속회전운동을 이용하는 회전나침반(gyro-compass) 두 종류가 있다. 자석의 지극성을 최초로 발견하고 그것을 선박의 항해에 이용한 사람은 중국인으로, 그 시점은 확실치 않으나 전국시대 말엽에 자석과 그 지극성이 차츰 알려지기 시작하였다. 기원전 7세기 전반에 저술된 『관자(管子)』에 처음으로 '자석'에 관한 언급이 있고, 후반에 여불위(呂不韋)가 지은 『여씨춘추(呂氏春秋)』「계추기정통편(季秋紀精通篇)」에는 '자석소철(慈石召鐵)'이라 하여 어린애가 자모(慈母)를 따르듯, 쇳조각을 끌어당기는 돌을 '자석(慈石)'이라 한다는 내용이 나온다.

자석의 이용에 관한 언급은 기원전 1세기 말의 『논형(論衡)』「시응편(是應篇)」에 '남쪽을 가리키는 국자'란 뜻의 '사남지작(司南之杓)'이란 기구가 소개된 것이 처음이다. 이것은 자석의 지남성(指南性, 남쪽을 가리키는 성질)에 관한 최초의 발견이다. 이 '사남지작'이 육조(六朝)시대에 자침(磁針), 즉 지남침으로 바뀐다. 자석의 지남성이 발견됨에 따라 송대의 지남차(指南車)와 지남어(指南魚)처럼 방향을 판별하는 데 사용되는 자석이 나타나기 시작하였다. 북송의 과학자 심괄(沈括, 1031~1095)은 저서 『몽계필담(夢溪筆談)』(권24)「잡지(雜誌)」조에서 지남침의 사용방법을 기록하고 있다. 즉 지남침을 심지(등초燈草)에 꿰어 물 위에 띄우는 수부법(水浮法), 지남침을 손톱 위에 올려놓는 지갑선정법(指甲旋定法), 지남침을 주발의 가장자리에 놓는 완순선정법(碗脣旋定法), 실오리로 지남침 중간을 매어 무풍지대에 매달아놓는 누선법(縷旋法) 등 4가

지 방법이다. 심괄은 이 책에서 지남침이 보이는 편각(偏角) 현상을 처음으로 소개하는데, 유럽에서 이러한 편각에 관해 알게 된 것은 그로부터 약 400년 후인 15세기에 들어서서다. 중국인들은 지남침을 발견했을 뿐만 아니라, 11세기 말엽에는 세계 최초로 선박의 항해에 도입하기도 하였다. 고려에 출사한 서긍(徐兢)은 선화(宣和) 5년(1123)에 저술한 『선화봉사고려도경(宣和奉使高麗圖經)』(권34)에서 흐린 날에는 '지남부침(指南浮針)'으로 남북을 헤아린다고 기술하고 있다. 이러한 수부법에 쓰이는 자침을 수침반(水鍼盤, 혹은 수침水針), 오늘날처럼 자침을 핀으로 고정한 것을 한침반(旱鍼盤, 혹은 한침旱針)이라고 하며, 두 가지를 통틀어 '침반(針盤)' 혹은 '나반(羅盤)'이라고 한다. 중국의 나반은 8간(干), 12지(支), 4괘(卦)의 24방위로 구성되어 있어 32방위인 아랍이나 유럽의 그것과는 다르다. 그리고 매 방위는 다시 정침(正針)과 봉침(縫針)의 두 부분으로 나뉘기 때문에 실제로는 48방위인 셈이다. 따라서 매 방위의 방위각은 7도 30분이 된다.

나침반의 교류

중국의 나침반이 서방으로 전해지면서 우선적으로 그것을 항해 천문의기로 수용한 사람들은 당시 남중국해를 주름잡던 아랍 항해가들이었다. 남송 때는 많은 아랍 선박들이 광저우(廣州)를 비롯한 중국 동남해안 일대에 왕래했으며, 그곳에는 또한 많은 아랍-무슬림들이 이른바 번객(蕃客, 외래 거주민)으로 상주하고 있었다. 그들에 의해 중국의 지남침이나 나침반이 아랍 항해가들에게 소개되고, 또 그들을 통해 아랍 및 이슬람세계에 전해졌다. 1280년대에 이르면 아랍세계에서는 나침반이 '뱃사람들의 벗'으로까지 불릴 정도로 필수품이 되었다. 13세기 초 아랍의 저명한 지리학자 아불 피다(Abūl Fidà)는

자신의 지리학 저서에서 중국의 나침반을 구체적으로 소개하고 있다. 이처럼 아랍인들은 중국보다 80년 내지 한 세기 후에 지남침과 나침반을 알고 수용해 이용했던 것이다. 1281년 바일락 키브자키(Bailak Kibdjaki)는 『상인보감(商人寶鑑)』(*Merchant's Treasure*)에서 이집트의 알렉산드리아에서 인도양으로 항해하는 뱃사람들이 수부자침(水浮磁針)을 능숙하게 다루며, 수미(首尾)가 남북을 가리키는 자침지남어(磁針指南魚)도 사용하고 있다고 밝혔다. 라틴어 문헌기록상으로는 아랍에 전해진 시기와 거의 같은 시기인 12세기 말엽에 중국의 나침반이 아랍인들을 통해 유럽에 전해진 것으로 되어 있다. 유럽의 최초 전수국인 이탈리아는 중국식 나침반을 한침반(旱鍼盤, 혹은 한침旱針)으로 개량해 14세기 초부터 사용하기 시작하였다. 한침반은 핀의 뾰족한 끝으로 자침의 한가운데를 받쳐서 자침이 수평으로 회전하도록 한 일종의 나침반인데, 수부법(水浮法)에 쓰이는 중국의 수침반(水鍼盤, 혹은 水針)보다 사용하기 편리하다. 중국의 나침반이 유럽에 전해진 후, 그것을 개량한 한침반이 다시 아시아로 역류(逆流)하였다. 15세기 말이나 16세기 초에 포르투갈과 네덜란드의 동방무역선에 의해 일본에 전해진 한침반이 다시 중국으로 유입된 것이다.

나투프 문화 Natuf culture

서아시아 팔레스타인에서 개화한 중석기문화(中石器文化). 1928년 영국의 고고학자 개로드(Dorothy A. E. Garrod)가 오늘날의 예리코 지역인 나투프 와디(계곡)에 면한 슈크바(Shukbah) 동굴에서 첫 유물을 발견한 이래 이와 비슷한 유적들이 인근에서 속속 나왔는데, 카르멜산 기슭의 무그하라(Mughara) 동굴이 그중 가장 완벽한 유적이라 할 수 있다. 유적에서는 각종 세석기와 골각기(骨角器), 돌절구, 돌칼이 부착된 낫, 조개 장신구, 석족(石鏃), 가축 뼈 등 초기 농경을 시사하는 유물이 다수 발견되었다. 나투프 문화는 세계 유수의 초기 농경문화로 평가되고 있다.

나파타-메로에 문화 Napata-Meroe culture, 기원전 9세기~기원후 4세기

아프리카에서 가장 오래된 문화. 나일강 상류의 현 수단 지역에서는 기원전 9세기부터 기원후 4세기 사이에 아프리카 흑인들로서는 가장 오래된 쿠시 제국이 번영하였다. 한때 이집트를 공략할 정도로 강성했던 제정일치(祭政一致)의 이 대제국은 곳곳에 도시와 궁전·신전·피라미드를 건설하였다. 이 제국은 전기의 나파타 시대와 후기의 메로에 시대로 나뉜다. 나파타는 나일강의 네번째 여울목 우안(右岸)에 자리하는데, 그곳에는 집단거주지와 대신전, 대규모 묘지 유적이 남아 있다. 또한 그 맞은편 기슭에는 종교 중심지로서 고대 이집트 최대의 아멘 신전이 세워졌다. 기원전 6세기에 수도가 상류의 메로에로 옮겨져 제2 번영기를 맞았는데, 왕궁과 아멘 신전을 에워싸고 넓은 시가가 형성되었다. 왕묘는 서·남·북 세 방향에 흩어져 있는데, 북묘에는 많은 피라미드가 조영되었다.

수단의 나파타-메로에 도시 유적

나흐샤브 Nakhshab

현 우즈베키스탄 카슈카다리야주(州)의 주도 카르시(Karshi). 타슈켄트 남서부 약 520km 지점에 있는 도시로, 원래 이름은 소그드어로 '까리쉬'(Qārishī)였으나, 투르크계인 우즈베크 무슬림들은 '나사프'(Nasaf), 동아시아계인 몽골리안 우즈베크인들은 '하르쉬'(Kharshi)라고 각각 달리 부른다. 1334년경 아랍의 대여행가 이븐 바투타가 이곳을 지나갈 당시에는 자그마한 읍에 불과했지만, 얼마 뒤인 1364년에 티무르는 이곳에 요새화된 궁전을 지었다. 나흐샤브는 발흐와 부하라를 잇는 오아시스로 상의 중요한 요충지다.

낙타 駱駝

실크로드 오아시스로의 중요 운송수단. 낙타는 유목사회의 기반을 이루는 5축(畜)(양·산양·소·말·낙타) 중 가장 뒤늦게 가축화된 동물이다. 낙타에는 쌍봉낙타(Camelus bactrianus)와 단봉낙타(Camelus dromedarius) 2종이 있다. 대체로 쌍봉낙타는 중앙아시아 이동 지역에, 단봉낙타는 서아시아와 북아프리카 지역에 분포되어 있는데, 서아시아 지역에는 간혹 두 종의 잡종도 있다. 낙타는 사람이 직접 타거나 수레의 견인에 이용될 뿐만 아니라, '사막의 배'란 이름에 걸맞게 하역에도 많이 쓰인다. 더위나 추위에 강하며 갈증도 잘 견디는 낙타는 한마리가 100kg의 하물을 싣고 사막을 유유히 주파할 정도여서 오아시스로 교역에 크게 이바지하고 있다. (3-522)

난학 蘭學

동전 서구 학문. 일본 에도(江戸)시대 중기 이후 네덜란드어를 통해 일본에 전수된 서구의 근대 학문을 가리키는 말로, '난학'의 '난(蘭)'자는 네덜란드를 지칭하는 '화란(和蘭)'에서 파생하였다. 이에 앞서 포르투갈이나 스페인에 의해 남만국(南蠻國), 즉 동남아시아를 거쳐 전래된 학문은 '남만학' 혹은 '만학(蠻學)'이라고 하였다. 실증적이며 비판적인 정신을 함양하는 난학은 나가사키(長崎) 일원에서 흥기해 히라가 겐나이(平賀源内)나 시바 코오칸(司馬江漢) 같은 우수한 난학자들을 배출하였다. 막부(幕府)시대에는 난학을 실학(實學)으로 장려하면서 이에 반대하는 자들을 탄압하기까지 하였다. 막부 말엽에는 서세동점의 물결 속에서 영어·독일어·프랑스어에 의한 학문연구가 불가피해지면서, 그러한 학문연구 일반을 '양학(洋學)'이라고 통칭하고 난학은 거기 흡수되었다. (9-42)

남만무역 南蠻貿易

16~17세기에 일본과 남만인들 간에 이루어진 무역. '남만인'은 동남아시아를 통해 일본에 들어온 포르투갈인이나 스페인인을 지칭한다. 따라서 남만무역은 곧 일본과 이들 포르투갈 및 스페인 간의 무역을 지칭하며, 1540년대부터 약 1세기 동안 지속되었다. 포르투갈인들은 1543년 일본의 다네가시마(種子島)에 표착한 이래 인도의 고아 → 말라카 → 마카오 → 일본으로 이어지는 정기항로를 운영하면서, 일본에서 은·유황·부채 등을 가져가고, 중국이나 인도차이나산 생사·견직물·금·사향·무기 등을 일본에 가져왔다. 이런 일본과 포르투갈 간의 무역은 1636년 통항이 금지될 때까지 이어졌다. 한편 스페인인들은 1591년 도요토미 히데요시(豊臣秀吉)가 필리핀에 입공(入貢)을 촉구한 것을 계기로 히라도(平戸)와 사쓰마(薩摩) 등지에 왕래하면서, 중국의 생사나 유럽의 모직물 등을 일본에 가져오고, 일본으로부터는 은이나 밀가루, 공예품 등을 반출하였다. 이러한 교역은 1623년 통항이 금지될 때까지 계속되었다. (9-40)

남만선 南蠻船

중국과 일본의 남만선 개념은 다르다. 중국은 남방에서 오는 선박을 일괄해서 '남만선'이라고 칭하지만 일본에서는 포르투갈이나 스페인 등 유럽에서 오는 선박에만 이 명칭을 사용했다.

남만인 南蠻人

예전에 중화중심주의에 젖은 중국은 주변 동서남북의 이른바 미개민족에 대해 '동이서융남만북적(東夷西戎南蠻北狄)'이라는 비칭(卑稱)을 사용했는데, 이후 '남만'은 남방의 '미개민족'을 일컫게 되었다. 이에 비해 일본은 1540년대 이후 동남아시아를 통해 내항한 포르투갈인과 스페인인들을 '남만인'이라 칭하면서 그들의 선박을 '남만선', 그들이 믿는 가톨릭교회를 '남만사(南蠻寺)'라고 불렀다.

『남방초목상(南方草木狀)』 嵇含 저, 3세기 말

교류의 문헌적 전거로서의 학술서(식물). 중국 진(晉)나라 혜제(惠帝) 때(290~306) 대신을 역임한 저자 혜함(嵇含)이 찬술한 남방 식물의 전래에 관한 내용이 담긴 책이다. 원본은 소실되어 전해지지 않으나, 여러 사료에 부분적으로 인용되고 있어 그 내용을 대충 짐작할 수 있게 한다. 저자는 "사람들에게 광둥(廣東)과 광시(廣西) 및 월남(越南) 북부 일대로부터 중원(中原) 왕조에 진공(進貢)한 진기한 식물과 그 제품을 소개"하기 위하여 이 책을 썼다고 밝히고 있다. 예를 들어 대진(大秦, 로마)의 지갑화(指甲花, 봉선화鳳仙花)는 호인(胡人, 서역인)들이 남중국해 주변 지역에 이식한 꽃이며, 야실명화(耶悉茗花, 재스민jasmine, 범어梵語로 mallikā)도 호인들이 서국(西國)에서 남해 지방으로 이식한 화종(花種)이라고 하는 등 동서간의 식물 교류 사례들을 제시하였다.

남아시아 South Asia

아시아대륙의 남부 지역을 통틀어 이르는 말. 인도아대륙이라고도 하며 오늘날의 인도·파키스탄·방글라데시·네팔·부탄·스리랑카·몰디브·시킴(Sikkim) 등의 나라와 지역이 포함된다. 위치상으로는 북위 8~37도, 동경 61~79도 사이에 자리하며, 북부는 히말라야 산맥, 서북은 힌두쿠시 산맥과 술라이만 산맥, 동은 벵골만, 서는 아라비아해, 남은 인도양과 접하고 있다. 유라시아대륙과 인도양, 서태평양을 연결하는 교통요로에 위치해 예부터 '동서방 십자로 상의 요지'라고 일컬어져왔다. 이 지역의 중추는 인도로, 인더스 문명을 비롯한 여러 고대문명이 개화하였다.

남해 南海

'남해'라는 명칭은 일찍이 중국 선진(先秦) 시대의 사적에 처음 나타나는데, 그때는 막연하게 중국대륙 밖의 모든 해역을 지칭하였으나, 서한(西漢) 이후에는 동해(東海)의 방위가 따로 정해지자 대체로 오늘날의 남해 일원에 대한 범칭으로 압축되었다. 그러나 이후의 중국 사적에 등장하는 남해는 오늘날의 남해나 동남아시아 일대의 해역, 혹은 자바나 호주 일원을 아우르는 해역 등 다양한 개념으로 사용되어왔다. (13-721)

『남해기귀내법전(南海寄歸內法傳)』 전4권, 義淨 저, 683~689년

교류의 문헌적 전거로서의 여행문학서(구법순례기). 당(唐)대 고승 의정(義淨, 635~713)이 쓴 구법순례기다. 당대의 시류를 따라 부처의 진리를 구하러 해로로 도축(渡竺, 671년 11월~695년 여름, '의정'항 참고)했다가 다시 해로로 귀국하는 길에 불서국(佛逝國, 현 인도네시아 수마트라 팔렘방Palembang 일대) 현지에서 이 책을 저술하였다. 의정의 대표작의 하나인 이 책에는 인도와 동남아시아의 불교·역사·지리·풍습·의학 등이 생생하게 기술되어 있다. 특히 도축 당시 인도에서 유행하던 불교학의 기풍과 율종(律宗)의 일상의식(日常儀式)을 소상히 소개하고, 불교학에 관한 자신의 기본인식도 밝히고 있다.

남해로 南海路, The Southern Sea Road

제2차 세계대전 후 실크로드의 개념이 확대되면서 동서교역과 교류가 활발하게 진행된 남방해로는 '남해로(南海路)'라고 불리고, 실크로드의 3대 간선의 하나로 편입되었다. 그 서단(西端)은 로마, 동단(東端)은 중국의 동남해안으로 설정되고 지중해·홍해·아라비아해·인도양·서태평양(중국 남해) 등의 해역이 포괄되었으며, 동서의 길이는 약 1만 5,000km(약 3만 7,500리)에 달한다. 그렇지만 이 '남해로'는 유라시아와 아프리카, 즉 구대륙의 동서를 관통하는 바닷길에 불과하다. 사실상 15세기부터는 이 남해로가 동서로 각각 태평양과 대서양으로 연장되어 '신대륙', 즉 아메리카대륙에까지 이어져, 이제 이 바닷길은 구대륙의 울타리를 벗어나 신·구대륙의 여러 해역을 망라하는 명실상부한 환지구적(環地球的) 통로의 위상을 가지게 되었다. 따라서 실크로드 3대 간선의 하나인 이 남방 바닷길의 공식 명칭은 범지구적인 해로에 걸맞은 '해상실크로드'(Maritime Silk Road) 혹은 약칭 '해로'(Sea Road)로 바뀌어야 할 것이다.

남해무역 南海貿易

기원전 2~3세기부터 17세기까지 진행된 중국과 동남아시아 및 남아시아 간의 해상무역. 남해무역의 시발은 기원전 진시황이 남해군(南海郡)을 설치해 남해와의 해상교역을 시작한 때부터다. 남해무역을 통해 중국은 5세기경까지는 금·은·견직물 등을 수출하고, 보석이나 공예품을 수입

하였다. 7세기 당(唐) 초에는 중국인들은 남해상의 무역활동을 스리랑카 이동에서 점차 페르시아만까지 확대하였다. 8세기 아랍인들이 남해에 진출하면서 스리랑카는 남해 항로의 주요 기착지로서 동서무역의 중심지가 되었으며, 아랍상인들은 중국의 광저우항까지 진출하였다. 10세기 송대에 접어들어서는 항저우(杭州)·취안저우(泉州)·명주(明州)·양저우(揚州) 등 국제무역항이 개항하면서 남해로를 통한 도자기 무역이 활발하게 이루어졌다. 원대의 남해무역은 아프리카 동안까지 확대되었다. 15~16세기 새로운 항해시대의 개막과 더불어 서세동점이 시작되면서 향료를 비롯한 각종 산물의 교역 등 남해무역은 전례 없는 성황을 이루었다. 16~17세기에 이르러서는 은을 비롯한 '신대륙'의 특산물이 구대륙에 유입되면서 남해무역은 더욱 활기를 띠게 되었다. (9-39~40)

남해선 南海船

당대에 동남아시아 나라들의 선박을 통틀어 '남해선'이라 일컬었다. 당대의 사서 『국사보(國史補)』에 의하면, 이러한 선박들은 매해 안남(安南, 현 베트남의 하노이 부근)과 광저우(廣州)에 이르렀다고 한다. '곤륜선(崑崙船)'과 같은 의미로 쓰였다. (13-728)

남해(南海) 유리로(琉璃路)

교류의 교통사적 배경으로서의 해로. 고대 이집트의 유리가 동양으로 전파된 것은 육로(스텝로와 오아시스로)를 통해서만이 아니라, 남해로를 따라서도 이루어졌음이 여러 유적과 유물을 통해 입증된다. 7세기 말에 저술된 『예문유취(藝文類聚)』(권84)에는 유리 산지로 황지(黃支, 남인도)·사조(斯調)·대진(大秦, 로마)·일남(日南, 혹은 부남扶南) 등 여러 곳을 지목하고 있다. 기원

전후 이집트는 로마의 속지였기 때문에 로마 유리(로만글라스 Roman glass)란 곧 주산지인 이집트의 유리를 가리킨다고 할 수 있다. 1980년 중국 장쑤성(江蘇省) 감천(甘泉) 2호 후한묘(묘주는 기원후 67년에 사망한 광릉왕廣陵王 유형劉荊으로 추정됨)에서 줄무늬가 섞인 투명한 유리항아리 조각 3편과 1970년 난징(南京) 상산(象山)의 동진(東晋) 토호 왕씨(王氏) 7호묘에서 직통형 백색 유리잔(두께 0.5~0.7cm) 2개가 발굴되었는데, 모두 이집트산 유리로 판명되었다. 황지·사조·일남은 모두 유리 제조국이 아니라 이집트 유리의 수입국이거나 동쪽으로 전래되는 과정에서 경유한 나라였다. 이러한 나라들에서 출토된 이집트 유리제품의 발굴지들을 연결하면 이른바 '남해 유리로'의 윤곽이 드러난다. 즉 주산지인 이집트의 알렉산드리아에서 아라비아 해를 따라 남(南)아랍의 카나(Qana, 현 비르 알리 서남 3.5km 지점)에 이른 후 인도양에 접어들어 남인도 동안의 아리카만타(현 번디치리 남쪽 3km 지점)를 거쳐 말레이 반도의 유프(유불柔弗)강에서 북상해 캄보디아의 용천(龍川) 지방을 지나 중국의 동남해안 지대까지 이어지는 바닷길이다.

『**남해지(南海志)**』 陳大震·呂桂孫 공저, 1304년

원제국의 건국자들은 경제적으로 유목국가의 숙명이라 할 중상주의(重商主義)를 추구해 상업에 대한 욕구가 컸으며, 문화적으로는 개방주의를 표방해 교류와 수용에 적극적이었는데, 『남해지』는 건국자들의 이러한 이념을 반영해 저술되었다. 본래 원대(元代) 광주로(廣州路)의 지서(志書)로서 20권이었으나 소실되고, 현재 남은 것은 권6에서 권10까지 5권뿐이다. 다행히 『영락대전(永樂大典)』(권 11905~11907)의 「광주부지(廣州府志)」에 일부 내용이 실려 있어 개략적인 내용

을 알 수 있다. 잔본의 내용으로 추정하면 이 책은 크게 두 가지 내용, 즉 원대 광주 사회의 생활 전반과 광주를 기점으로 한 남해의 교통과 제번국(諸蕃國, 외국)의 사정으로 구성되어 있다. 교류사와 관련된 후자에 관한 기술에는 여러가지 중요한 사료들이 소개되었다. 또한 열거된 번국 수만 143개국이나 되며, 동남아시아의 지명도 거의 1백개에 달한다. 주목을 끄는 것은 동양과 서양에 대한 구체적 개념을 제시한 점이다.

동양과 서양은 광주(廣州)~칼리만탄(Kalimantan)도(島) 서안~순다(Sunda) 해협을 경계선으로 하여 가르는데, 동양을 다시 세분하여 칼리만탄도(현 보르네오) 북부부터 필리핀 군도에 이르는 해역을 '소동양(小東洋)', 서쪽으로 순다 해협부터 자바와 칼리만탄도 동남부를 지나 술라웨시(Sulawesi)도와 티모르(Timor)·말루쿠(Maluku) 제도까지의 해역을 '대동양(大東洋)'이라 하였다. 서양은 자바 서쪽으로부터 수마트라와 말라카 해협에 이르는 해역을 '소서양(小西洋)', 말라카 해협 이서의 인도양을 '대서양(大西洋)'이라 하였다. 또 '대서양' 연안의 나라들로 기시(記施, Kish)·활리부사(闊里扶思, Hormuz)·백달(白達, Baghdad)·필시(弼施, Basrah)·길자니(吉慈尼, Ghazni), 아라비아 반도의 물발(勿拔, Merbart)·옹만(瓮蠻, Oman)·아단(啞靼, Aden)·묵가(默茄, Mecca), 아프리카의 물사리(勿斯離, Misr, 이집트)·마가리(麻加里, Mogredaksa), 유럽의 다필사(茶弼沙, Diabulsa) 등을 열거하고 있다. 내용의 포괄성이나 정확성이 돋보이는 이 책은 송대(宋代)의 『영외대답(嶺外代答)』과 『제번지(諸蕃志)』를 이은 남해 통교와 해외 여러 나라에 관한 중요한 책이라고 할 수 있다.

네그리토 Negrito

동남아시아에서 가장 오래된 원주민. '작은 흑인'이란 뜻의 이 인종은 아프리카의 피그미족과 같은 왜소한 인종에 속한다. 평균 신장이 남성은 150cm, 여성은 140cm 미만이다. 동남아시아 네그리토는 대체로 필리핀 네그리토와 말레이 반도 네그리토, 안다만 제도 네그리토 3대 부류로 나뉜다.

네덜란드 동인도회사 Vereenigde Oostindische Compagnie(VOC), 1602~1799년

1602년 네덜란드가 동방무역회사들 사이의 과도한 경쟁을 막기 위해 세운 회사. 세계 최초의 주식회사격인 네덜란드 동인도회사는 동인도에 대한 네덜란드의 식민지 경영과 무역 독점을 목적으로 설립되었다. 당시 네덜란드 정부는 동인도회사에 특허장을 발급했는데, 이 특허는 동인도뿐만 아니라 아프리카 남단 희망봉 동편에서 라틴아메리카 남단 마젤란 해협 서편에 이르는 전 해역에 걸쳐 각종 조약 체결은 물론 자위적인 전쟁 수행, 요새의 구축, 화폐의 주조 등 제반 권리를 포함하였다. 이것은 독립국가의 국가권력에 비견되는 대단한 권한으로, 동인도회사는 바타비아(현 자카르타)를 근거지로 자바와 말루쿠 제도 등 향료의 주요 산지들을 지배하였다. 또한 일본의 은과 구리, 중국의 비단과 도자기, 인도의 면, 인도네시아의 향료에 대한 무역권을 독점함으로써 막대한 이윤을 챙겼다. (9-28)

네덜란드의 동방무역과 식민지화 경략

포르투갈에 이어 동방 식민지화 경략에 나선 나라는 후발 주자 네덜란드였다. 네덜란드는 1581년에 연방제공화국을 세워 국력을 더욱 강화한 데다가, 진취적인 신교도(新敎徒) 상인들이 해외 진출에 적극적이었다. 16세기 말엽부터는 네덜란드 상인들이 개별적으로 인도에 침투해 무역활동을 벌이기 시작했으며, 1595년에는 하우트만(Cornelis de Houtman)이 4척의 상선을 이끌고 1년 만에 자바에 도착해 향료 등 특산물을 다량 매입해 큰 이득을 얻었다. 이에 고무된 네덜란드는 1595~1601년 65척의 선박을 수마트라와 향료군도(香料群島, 현 말루쿠 제도, 즉 향료군도 Spicy Islands) 등 동남아 지역에 파견해 공격적인 무역활동을 전개했으며, 이를 기반으로 1602년에는 영국 동인도회사보다 총자본금 규모가 10배(54만 파운드)나 되는 동인도회사를 설립하였다. 회사는 아프리카 남단의 희망봉 이동(以東) 지역의 무역을 21년간 독점할 권리를 얻었으며, 설립 후 3년 동안 38척의 선박을 인도양에 파견해 동방무역에 대한 의욕을 과시하였다. 네덜란드인들은 인도의 마드라스(현 첸나이) 북부의 풀리카트(Pulicat)를 시작으로 구자라트와 벵골, 코로만델(Coromandel) 해안에 상관(商館)을 설치해 후추를 비롯한 인도의 물산을 교역하면서 나아가 그곳들을 동남아시아 지역 진출의 교두보로 삼았다. 강력한 해군력에 힘입어 1605년에 향료군도의 암보이나(Amboina)를 장악한 데 이어 1614년에는 수마트라 및 아체 왕국과 연합해 동방 해상교역의 요지 말라카를 공격하고 인도 서해안의 고아를 봉쇄했으며, 또한 포르투갈을 제압하기 위해 포르투갈의 인도양 활동거점인 콜롬보(1655)와 인도의 코친(1659)을 연이어 점령하였다. 그 결과 17세기 중엽에 이르러 네덜란드는 포르투갈을 대체하는 명실상부한 동방무역의 패권자로 부상하였다.

네덜란드는 시야를 확대해 중국 경략에 나섰다. 명나라 사람들은 모발이 붉다고 하여 네덜란드인들을 '홍모번(紅毛番)' 혹은 '홍모이(紅毛夷)'라고 불렀다. 일찍이 네덜란드는 1597년에 자바의 바타비아(현 자카르타)에 상관을 설치하고 이를 거점으로 중국 및 일본과 교역을 시도하였다. 1601년에 반 네크(J. van Neck)가 인솔하는 상선이 중국 남해에 나타나 광저우(廣州)에서 통상을 꾀하려고 했으나, 1개월 체류만 허용되고 통상 요구는 거절당하였다. 이듬해 동인도회사를 설립한 네덜란드는 대중(對中) 진출을 방해하는 포르투갈에 일격을 가하기 위해 1603년 호경오(濠鏡澳, 현 마카오)를 향해 진격했으나 실패했고, 1604년 7월에는 바르비크(Wybrand van Warwick)가 이끄는 무장상선이 명조의 주둔군 철수를 틈타 펑호도(澎湖島)에 상륙, 푸젠(福建) 세감(稅監)에게 '십만금(十萬金)'의 뇌물을 주어 대륙과의 통상을 모의했으나 명조의 불허로 3개월 만에 섬에서 철수하였다. 이어 1605년에는 마텔리프(Cornelis Matelief de Jonge)가 7척의 함선을 이끌고, 동인도 주재 네덜란드 총독 오라녜(Willem van Oranje)가 중국 황제에게 보내는 친서를 휴대하고 와서 통상을 강요했으나 역시 거절당하였다. 급기야 무력침공이라는 강수로 전환한 네덜란드는 1622년 레에르츤(Cornelis Reyerszoon)이 15척의 전함을 이끌고 마카오로 진격했으나 마카오의 포르투갈인들에 의해 격퇴되었고, 다시 키벤로엔트(Kibenloent)의 인솔하에 북상해 펑호도를 재점령하고 성보를 구축하는 등 상주를 시도하였다. 그러면서 샤먼(厦門) 등 연해 일대에 자주 출몰해 노략질을 일삼다가 이듬해 7월 명군의 해상 진출에 견디지 못하고 펑호도에서 또다시 철수하였다. 이들은 1624년 대만 남부의 섬 곤신(鯤身)을 점령하고 성을 구축해 요새화하였다. 이에 불만을 품은 명조가 1659년에 정성공(鄭成功) 휘하의 2만 병력을 파견해 쌍방간에 무력충돌이 지속되다가 1662년 2월 15개 항의 정전조약을 체결하였다. 조약에 따라 네덜란드는 강점 38년 만에 타이완에서 물러나고 말았다. 1656년 네덜란드는

다시 고예르(Peter de Goyer)와 케그세르(Jacob de Kegzer)를 베이징에 사절로 파견하였고, 청조는 8년에 한번 조공을 허용하였다. 1683년 청조가 해금을 풀고 1685년에는 공식적으로 해외무역을 개방한다고 선포하자, 이를 계기로 네덜란드의 대(對)중국 교역 및 교류는 활기를 띠게 되었다.

『네덜란드의 아시아 해운(海運)』 전3권, *Dutch-Asiatic Shipping in the 17th and 18th Centuries*, 1979년

중세 네덜란드의 항해지. 약 200년간(1595~1794) 네덜란드의 암스테르담 외항을 출항해 아프리카 남단 희망봉을 에돌아 인도네시아의 바타비아나 일본의 나가사키(長崎) 등 동양의 여러 항구들과 왕래하던 항해 선박에 관한 기록서다. 선박명과 출항 및 귀항 연월일, 승무원 수, 항해상에서 일어난 일들을 구체적으로 기술하고 있다. 침몰 선박과 폐선박, 도주한 선원, 선상에서 탄생한 아기, 선박이나 선단의 지휘자 등에 이르기까지 세세한 내용이 간결하게 기록되어 있다. (9-181~182)

『네덜란드 풍설서(風說書)』

동전된 서양 지식. 일본 막부(幕府)는 네덜란드인들로부터 해외 정보를 얻기 위해 네덜란드 선박이 나가사키항에 입항할 때마다 막부 당국에 이른바 '네덜란드 풍설서'라는 보고서를 제출하도록 하였다. 1602년 동인도회사를 발족한 네덜란드는 인도네시아의 바타비아를 거점으로 해 각지에 회사의 지사 격인 상관(商館)을 설치하였다. 일본은 처음에는 히라도(平戶)에 상관을 설치했다가 1641년에 나가사키로 이전하였다. 그 후부터 네덜란드는 라이벌 관계의 포르투갈이나 스페인 관련 정보 이외에 해외 정보 전반에 관한 보고를 담은 이 풍설서를 막부에 제출하기 시작

하였다. 내용은 주로 유럽이나 인도, 중국에 관한 것이었지만, 형식적이고 간략한 경우가 대부분이었다. 아편전쟁을 계기로 구미 열강에 위협을 느낀 막부는, 좀더 상세한 정보를 담는 '별단풍설서(別段風說書)'의 제출을 강요하였다. 그러나 이후 개항과 더불어 막부가 직접 해외정보를 수집하기 시작하면서 200여년간 이어오던 풍설서 제출 관행은 1859년에 끝났다. (5-224)

네르친스크(Nerchinsk) 조약

교류의 경제사적 배경으로서의 자유무역조약. 청(淸) 초에 중국과 러시아 간에는 분쟁으로 인해 일시 중단되었던 사절 방문이나 상인들의 왕래가 재개되었다. 러시아의 야심만만한 '동진정책(東進政策)'으로 인해 헤이룽강(黑龍江, 아무르강)을 사이에 두고 양국간에 군사적 대치 상태가 지속되면서 국경분쟁이 자주 일어났다. 러시아군이 아무르강 방면으로 진출해오자 청군이 저지에 나서 러시아가 구축한 전진기지인 아르바진성(城)을 포위 공격하였다. 이 사태를 해결하기 위해 1689년 7월 24일 양국간에 네르친스크 조약이 체결되었다. 조약의 내용은 아르군과 케르비치 두 강과 외(外)싱안링(興安嶺) 산맥을 잇는 국경선 확정, 월경자(越境者) 처리, 양국간의 자유로운 국경무역 등이다. 이 조약은 청나라가 유럽과 맺은 최초의 평등조약이다. (17-69)

네미(Nemi)호 침몰선 유적

15세기 코론나(O. Colonna) 추기경이 남긴 기록에 의해 1세기경에 로마 동남부 25km 지점에 있는 네미호(湖)에 전장 77m의 로마 선박 2척이 침몰했다는 전설이 처음으로 세상에 알려졌다. 이때부터 일련의 침몰선 조사 작업이 시작되었다. 1446년 건축가 L. B. 알베르티는 침몰선의 소재를 알아내고 해안으로 예인하려고 했으나 실

패하고 조상(彫像) 몇점만을 건졌다. 1535년 잠수부 마로키는 간단한 목제 헬멧을 쓰고 잠수해 간신히 한 척을 조사했는데, 갑판에 쌓여 있는 연와(煉瓦)들과 몇개의 정석(碇石, 닻돌)을 발견하고 배의 길이가 약 70m임을 알아냈다. 1827년에는 기사(技師) 안네시오 프시니코가 8인승 잠수상자를 만들어 잠수한 후 침몰선 위의 수면에 평저선(平底船)을 띄워 로프를 걸어 끌어올리려다 실패했다. 그 과정에서 선박을 장식한 대리석 파편과 금속성 기둥·못·모자이크 등 유물을 수집하고, 『티브리우스 제선(帝船)에 관한 고고학적 및 수력학적(水力學的) 연구』라는 조사보고서를 1839년에 발표하였다. 1895년 로마의 고미술상 에리세스 볼키는 잠수부를 고용해 선내의 청동제 사자상, 이리 두부(頭部), 다수의 모자이크 조각들을 뜯어내려고 했으나 정부의 중지 명령으로 중단되었다. 그무렵 에미리오 구르리아 교수가 조사 및 보존을 위해 호수의 물을 배수한 후 인양하자고 제안했으나 끝내 받아들여지지 않았다. 1928년 무솔리니 정권하에서 구르리아 교수 제안의 실효성이 인정되어 4년 동안 호수의 배수작업이 이뤄졌다. 호수 수위를 3m까지 낮추자 각각 234×66피트, 239×78피트 크기의 거대한 침몰선 2척의 모습이 드러났다. 조사 결과 침몰선은 항해용이 아니라, 정박된 상태에서 모종의 특수한 용도로 쓰인 것으로 추정되었다. 선박의 장식은 상당히 화려하고 갑판에는 모자이크 대리석 박판이 깔려 있으며 상부에는 청동이나 대리석 입주(立柱, 기둥)가 있고, 욕실이나 창문이 달린 선실도 있었다. 일부 학자들은 이를 칼리굴라(가이우스 카이사르) 황제(재위 37~41)의 전용 누선(樓船, 다락이 있는 배)으로 추정하였다. 이탈리아인들이 '부상궁정(浮上宮庭)'이라고 자랑하던 이 선박은 제2차 세계대전 중 나치스 친위대 SS의 한 소령의 명령으로 무참

히 파괴되었다. (10-130)

네스토리우스파 Nestorianism, 景敎

동전 서양종교. 기독교계에서 오랫동안 이단시(異端視) 되고('이단'항 참고) 무시되어온 네스토리우스파(일명 네스토리아니즘Nestorianism, 네스토리우스 교회Nestorian Church, 경교景敎)란 반대파들이 비하하여 가리키는 것이고, 자신들은 갈데아교회 혹은 시리아기독교라고 불렀다. 시리아의 서변인 게르마니키아에서 출생한 네스토리우스(Nestorius)는 당시 동방기독교 중심지의 하나인 소아시아의 안티오크에서 신학교육을 받았으며, 안티오크 교외에 있는 유프레피우스 수도원의 수도승으로 있다가 428년에 콘스탄티노플의 교부(敎父)로 승격하였다. 그는 안티오크 신학파의 개척자이자 역사가인 디오도로스(Diodoros, 394년경 사망)와 그의 수제자이자 자신의 은사인 몹수에스티아(Mopsuestia)의 대주교 테오도르(Theodore)의 영향을 받아 예수의 신인양성론(神人兩性論)과 마리아의 신성부정론(神性否定論)으로 집약되는 자신의 독특한 신학적 견해를 정립하였다. 이것이 문제가 되어 그는 반대파들로부터 파문(破門)되고 이른바 네스토리우스파라는 이단으로 몰렸다. 그런데 실제로는 네스토리우스파의 개조(開祖)나 사상적 원류는 네스토리우스가 아니라 그의 스승인 테오도르나 안티오크파의 선구자들 및 그들의 사상이다. 다만 기독교 교리와 교권을 둘러싼 파벌간 대립 속에서 네스토리우스는 스스로 총대를 메고 전면에 나섰을 뿐이다.

네스토리우스의 신학사상을 둘러싼 논쟁과 갈등은 그 기원으로 보나 지지 세력의 분포로 보나 처음부터 지역에 따른 교파간의 대립 양상을 반영한 것이다. 즉 네스토리우스로 대표되는 안티오크파와 키릴로스(Kyrillos)로 대표되는 알렉산드리아파는 교리문제뿐만 아니라 교권의 장악을 놓고 대립했으며, 나아가 개인적인 감정 충돌로까지 치달았다. 양자의 견해가 팽팽히 맞서던 428년 4월 1일 공위(空位)가 된 콘스탄티노플의 교부직(敎父職)에 수도승인 네스토리우스가 임명되었다. 교권 쟁탈전에서 패한 키릴로스는 조정의 관리를 매수하고 신자들을 선동해 반네스토리우스운동을 벌였고 로마교회 교황 첼레스티노 1세(Celestinus I)를 회유해 430년 8월 로마교구 회의에서 네스토리우스를 배척하는 결의를 채택하도록 하였다. 그러나 동로마 황제 테오도시우스 2세(Theodosius II, 재위 408~450)는 네스토리우스의 신학적 견해를 신뢰했으며, 자신이 임명한 콘스탄티노플의 교부를 배척하는 것은 제국의 안녕과 질서를 파괴하는 행위라고 해 키릴로스 일파를 소요죄로 처벌하려고 하였다. 황제는 문제의 해결을 위해 431년 성신강림절(聖神降臨節)을 기해 소아시아의 에페수스(Ephesus)에서 제3회 공의회를 소집하기로 하고 영내 모든 주교에게 회의 참석 칙령을 내렸다. 그러나 안티오크 대주교 요한을 비롯한 안티오크파의 주교들은 에페수스에서 30일 여정 거리의 먼 곳에서 와야 해서 지체될 수밖에 없었다. 다수파(50명 내외)인 알렉산드리아파는 소수파(10명 내외)인 안티오크파를 제압하고 6월 22일 일방적으로 회의를 개최해 결석재판(缺席裁判)으로 네스토리우스를 이단으로 정죄, 파문시켰다. 아이러니한 것은 예수의 신성이나 인성의 문제는 에페수스 공의회에서 처음 논제로 등장한 것이 아니라 이미 325년 소집된 니케아 공의회(Council of Nicaea)에서 이른바 '아리우스(Arius) 논쟁'으로 제기된 바 있다는 점이다.

사실상 네스토리아니즘이 주장하는 예수 그리스도가 이 세상에서 가졌던 육체는 진짜 육체가 아니고 육체처럼 보였다고 주장하는 가

현설(假現說, Dosetism)이나, 예수는 순수하게 신이 아니라 보통 사람이라는 순인설(純人說, Ebionitism), 세례를 받을 때 하느님으로부터 인류 구속(救贖)의 사명과 능력을 부여받아 하느님의 양자가 되었다는 양자설(養子說, Adoptionism) 등에는 기독교의 근본 교리를 위배한 이단자로 단죄할 만한 근거가 전혀 없다. 회기보다 4일 늦은 6월 26일 도착한 안티오크 대주교 요한과 그 일행 40명은 별도의 회의를 열어 키릴로스와 에페수스 대주교 멤몬(Bishop Memmon)을 파문 조처하였다. 상황을 보고받은 황제는 다른 대리자를 파견했는데, 그는 의외로 키릴로스파를 지지해 네스토리우스의 파문 결의를 인준하였다. 사태가 더욱 험악해지자 황제는 일단 네스토리우스와 키릴로스를 모두 소요죄로 파문해 에페수스에 감금하라고 지시하였다. 키릴로스는 얼마 후 석방되어 복직되었으나, 네스토리우스는 안티오크 근교의 수도원으로 이감되었다가 요르단의 페트라(Petra)로, 그리고 다시 이집트로 유배되었다. 그후 그의 신인 양성설이 승인되고 키릴로스의 단성론(單性論, monophysitism)이 부결된 칼케돈(Chalcedon) 종교회의가 열린 451년 이른 봄 유배지 이집트에서 한생을 마감하였다.

하지만 네스토리우스의 죽음으로 네스토리우스파의 주장이나 활동이 함께 종언을 고한 것은 아니었으며, 오히려 후세의 정당한 평가에 힘입어 기독교 불모지 동방을 향한 전도의 날개를 펼치게 되었다. 16세기 최초의 네스토리아니즘 연구가인 종교개혁자 루터(Martin Luther)는 네스토리아니즘과 기독교 전통 교리 사이에는 거의 차이가 없으며, 네스토리우스가 이집트 유배지에서 쓴 자서전 『헤라클레이데스의 거리』(*The Bazaar of Heracleides*, 1889년에 시리아의 한 승려가 발견)의 내용에도 이단성이라 할 만한 것은 전혀 없다고 단언하였다.

네아르코스(Nearchos)의 해로 탐험

초기 해로. 기원전 327년에 인도 서북부까지 동정(東征)했다가 철회를 결정한 알렉산드로스는 부장(副將) 네아르코스에게 인더스강 하류에서 페르시아만을 지나 이라크의 바빌론까지 해로로 회군(回軍)하도록 명하였다. 명에 따라 회군한 네아르코스는 페르시아만과 인더스강 하구를 잇는 해로를 직접 확인하였다. 스킬락스('스킬락스의 해로 탐험'항 참고)와 네아르코스의 파견은 주로 해로의 탐험을 목적으로 한 것으로서 기원전 시기 해로 서단(西段, 홍해~인더스강)의 개척과 이용 가능성을 확인했다는 데 큰 의미가 있다. (6-305)

네푸드 사막 al-Nefūd Desert

아라비아 반도 동북부의 대사막. 동서 길이 290km, 남북 길이 250km이며 면적은 약 7만km^{2}에 달한다.

노보시비르스크 Novosibirsk

'새로운 시베리아'란 뜻이 말해주듯, 노보시비르스크는 100년 남짓한 건설 역사를 가진 신흥 도시다. 시베리아 초원로의 대동맥인 시베리아 횡단철도 건설의 첫 삽을 뜨던 1893년, 오비강에 놓을 철교의 부지를 찾다가 마침 강폭이 좁고 바닥이 자갈인 이곳이 선택되었다. 러시아의 중앙부에 위치한다는 지정학적 특성과 함께 유리한 자연환경 때문에 애초부터 극동 시베리아 지역과 우랄 산맥 너머의 수도권을 연결하는 물류의 중심지로 떠올라 급속하게 성장하였다. 2차 대전 이후에는 여기에 과학도시가 조성되어 러시아 실용과학의 메카로 자리를 굳혀왔다. 지금은 러시아 제3의 도시로, 러시아의 정중앙, 시베리아에서 가장 큰 도시, 가장 큰 도서관, 가장 큰 기차역, 가장 큰 비행장, 가장 큰 댐 등 몇 가지 러시아 기록을 보유하고 있는 '기록도시'다.

시베리아 횡단철도가 부설된 이래 노보시비르스크는 러시아 철도운송의 심장부 역할을 하고 있다. 현재 러시아 철도공사 산하에 17개 지사가 있는데, 이곳에 본부를 두고 12만 명의 직원을 거느리고 있는 서시베리아 철도공사가 화물 수송량에서 단연 1위를 차지하고 있다. 그것은 시베리아횡단철도(TSR)·만주횡단철도(TMR)·몽골횡단철도(TMGR), 그리고 중앙아시아의 알마티와 비슈케크, 타슈켄트행 열차가 운행되는 투르크-시베리아철도가 다 이곳을 지나가기 때문이다. 이러한 상황을 반영하듯 이곳에는 야외 철도박물관이 특별히 마련되어 있다. 러시아 3대 철도박물관 중 규모가 가장 큰 이 3천여 평의 박물관에는 신(新)실크로드의 상징인 근·현대의 철도들을 달리던 67대의 각종 열차가 전시되어 있다. 100여년의 철도 역사를 한눈에 알아볼 수 있도록 차종별·시기별·용도별로 잘 정리해놓았다.

도시를 관통하고 있는 길이 3,680km의 오비강은 시베리아의 서부와 동부를 가르며 흐른다. 이 강은 알타이 산맥에서 발원해 서부 시베리아 저지를 지나 북극해로 유입된다. 이곳 오비강 철교는 바로 오비강의 서부와 동부 두 지역을 잇는 중요한 교통로 역할을 하고 있다. 이 다리는 1893년에 부설된 것으로 알려졌다. 그런데 고종의 전권공사로 러시아 황제 니콜라이 2세의 대관식에 참석한 민영환(閔泳煥)이 갓 출범한 시베리아 횡단철도를 따라 귀국한 노정을『해천추범(海天秋帆)』에 구체적으로 기록하고 있는데, 이글에서 이 다리의 개통 날짜를 수정하고 있어 주목된다. 그는 1896년 9월 1일 오비강가에 이르렀을 때 마침 철교를 놓는 중이라서 기차에서 내려 배를 타고 강을 건넜다고 기술하고 있다. 그렇다면 오비강 철교의 부설 일시는 1893년이 아니라 1896년 이후의 어느 시점일 것이다. 생생한 현장기록이라서 신빙성이 있다.

노새 khechir (위구르어)

노새는 암말과 수컷 당나귀 사이에서 출생한 잡

오비강의 구철교

종 동물로 말과 당나귀의 중간 정도의 몸집이다. 온순하고 인내심이 강하며 다리 힘이 세고 말보다 수명이 더 길다. 타고 다닐 수 있을 뿐만 아니라, 짐을 싣고 산길을 가는 데 적격이다. 역할 면에서 노새는 말과 당나귀의 보완적 기능을 한다. 예컨대 중국 신장(新疆)의 경우 북부 초원지대에는 당나귀가 없고, 남부 오아시스 지대에는 말이 적지만, 톈산 산맥 북록의 반농반목 지대에는 노새가 있어 말과 당나귀의 보완 역할을 한다. (3-523)

노예무역 奴隷貿易, slave trade

근세 유럽 식민주의자들이 이윤 추구를 위해 아프리카의 흑인을 노예로 사들여 아메리카 대륙의 농장주나 무역상에게 팔아넘긴 반인륜적 무역이다. 이른바 중세의 대항해시대의 개막과 '신대륙'의 발견으로 인해 아메리카 대륙에서는 사탕수수와 담배 등의 대농장 재배가 성행하고, 은광을 비롯한 광산 개발 붐이 일자 현지의 인디언만으로는 급증하는 노동력 수요를 채울 수 없었다. 처음에는 포르투갈과 스페인이 아프리카 서부 해안의 흑인들을 노예로 포획해 아메리카 대륙으로 끌고갔다. 뒤이어 네덜란드와 영국 등도 아프리카로부터 흑인 노예를 대(對)아메리카 무역에 투입해 큰 이윤을 챙겼다. 특히 영국은 이러한 고이윤 무역을 활성화하기 위해 영국—아프리카—서인도제도를 연결하는 이른바 삼각무역(三角貿易) 체제를 구축하였다. 예컨대 노예를 사들이는 데 필요한 총·화약·술 등을 싣고 아프리카에 가서 노예와 맞바꾼 다음, 노예들을 서인도제도에 팔아 그 대가로 그곳의 특산물을 싣고 귀국하는 것이다. 노예무역이 성행한 300년 동안 약 1,500만 명의 아프리카 흑인 노예들이 아메리카로 강제 이송되었다. 그들은 그곳에서 인간 이하의 천대를 받으며 오로지 서구 식민주의자들을 위해 비참한 노예노동을 강요당하였다. 이후 유럽에서 자본주의와 민주주의가 싹트고 발전하면서 노예무역 반대운동이 일기 시작하였다. 1807년에 영국은 노예무역을 금지하였으며, 노예제도 역시 서인도제도에서는 1838년에, 미국에서는 1863년에 링컨 대통령의 노예해방선언으로 폐지되었다.

노예왕조 奴隷王朝, Slave dynasty, 1206~1290년

외래족의 경략에 의해 건립된 인도 최초의 이슬람 왕조. 아프가니스탄의 산악국인 구르(Ghur)왕국의 투르크족 출신 술탄 무함마드(Muhammad)는 인도에 이슬람왕국을 세울 목적으로 인도에 내침, 두 차례나 델리 북부 타라인(Tarain)에서 인도 연합국과 접전을 벌여 1191년에는 패전했으나, 1192년에는 결정적 승리를 거두었다. 델리 부근까지 접근한 무함마드는 이듬해(1193)에 부하 장군 쿠트붓 딘 아이바크(Qutbu'd Dīn Aibak)로 하여금 델리를 공격케 하고 자신은 귀국하였다. 1206년 무함마드가 시해되자 아이바크는 델리를 수도로 한 왕국을 건립하였다. 아이바크뿐만 아니라 그 후계자들이나 고위 관헌들 대부분이 투르크족 노예(mamlūk) 출신들이기 때문에, 인도사에서는 이 왕조를 '노예왕조'(1206~1290)라고 부른다. 아이바크는 자신의 통치기반을 굳히기 위해 정략적 결혼을 장려했으며, 왕위계승권 경쟁자였던 타줏 딘 일디즈(Taju'd Dīn Yildiz)의 딸을 왕비로 맞았다. 이 왕조는 공주 라지야(Raziyya)의 계위(繼位)에 이어 왕실 수비대 출신의 '40인 노예' 지배시대를 거쳐 폭군 발반(Balban)의 정권 찬탈 등 난세 속에서 발반이 사망하면서 멸망하였다. 노예왕조의 존재를 계기로 이슬람 문명의 인도 침투가 공식화되었다.

노인울라(Noin Ula) 고분군 유적

초원로 상의 고분군 유적. 몽골어로 '왕후(王侯)의 산'이란 뜻의 노인울라는 몽골 수도 울란바토르 북방 약 100km의 산간 계곡에 위치하고 있다. 1912년 여름 몽골 금공업협회 기사 바로드가 광맥 탐사에 나섰다가 우연히 이곳에서 도굴당한 고분 1기를 발견하였다. 바로드는 그 속에서 호박으로 장식한 옥과 청동기 제품 등을 다수 수습해 이르쿠츠크박물관에 보냈다. 1924년 울란바토르에 체류 중이던 코즐로프(K. Kozlov, 1863~1935)를 단장으로 한 소련의 몽골·티베트탐험대는 노인울라 고분의 발견 소식을 듣고 곧바로 예비탐사차 부대장 콘도라초프를 현지에 파견해, 약 1개월간의 예비탐사 끝에 그해 3월 24일 이 고분군 유적을 발견하는 성과를 올렸다. 3개의 계곡 경사면에 산재한 총 212기의 고분 중 남러시아나 남시베리아에서 주로 볼 수 있는 대형 쿠르간(고총분高塚墳) 12기를 선정해 발굴작업에 착수했고, 이어 1927년과 1945년에 소련과 몽골 학자들에 의해 발굴작업이 속행(續行)되었다. 비록 외형은 쿠르간이지만, 내부는 전형적인 목실분(木室墳)이다. 이러한 고분은 중국의 전국시대부터 한대에 이르기까지 유행하였으며, 한반도의 낙랑(樂浪) 유적에서도 발견된 분형이다.

출토된 유물로 미루어 노인울라 고분군의 피장자(被葬者)는 흉노의 왕후 귀족들로 추정되며, 조성 시기는 기원전 1세기부터 기원후 1세기까지의 흉노 중흥기에 해당한다. 토기·목기·철기·청동기 등 각종 용기와 옥기·장식용 옥제품·금은세공품·거울 등의 장신구, 긴 소매의 상의와 모자·배식(背飾)·모전(毛氈)·묘실벽 장식용 직물·자수품 등 각종 직물과 의상, 재갈·마면(馬面)·안장 등 마구, 기타 목제 및 청동제 공이류·발화기(發火器)·철촉(鐵鏃) 등 다종다양한 부장품들이 출토되었는데, 이는 당시 동서교류상을 잘 반영하는 것이다. 중국(한대)의 유물이 압도적으로 많으며, 묘실벽 장식용 직물이나 관깔개 및 자수품 등에는 그리스와 페르시아를 비롯한 서아시아 고유의 나무 문양이나 동물 투쟁 문양(예컨대 야크와 뿔난 사자 간의 투쟁 문양), 기하학 문양, 그리고 호피(虎皮) 문양을 비롯한 동물 문양이 확연히 나타난다. 또 한국의 전통 복식과 동형(同型)인 카프탄형(kaftan, 전개형前開型) 복식 유물도 출토되어 그 상관성 여부가 주목된다. 노인울라 고분군 유적은 유목 흉노문화와 농경 중국(한대)문화가 혼합된 이른바 '호한문화(胡漢文化)'의 대표적인 유적일 뿐만 아니라, 호한문화와 서역문화 간의 교류상을 뚜렷이 보여주는 유적이기도 하다.

노크 문화 Nok culture

서부 아프리카의 철기문화. 기원전 500년에서 기원후 200년 사이에 아프리카의 나이지리아 고원에서 출현한 고대 철기문화다. 특징적인 유물로는 흙으로 빚은 동물 소상(塑像)을 들 수 있으며, 이외에 돌도끼를 비롯한 석기류와 철기도 출토되었다. 일명 노크 소상(塑像)문화라고도 불린다. (15-629)

몽골 호한문화의 대표적 유적 노인울라 고분군

노회 蘆薈, aloe

동전 향료 및 약재. 백합과(百合科, Liliaceae)에 속하는 다년생 초목의 잎에서 흘러내리는 액즙을 건조시켜 괴상(塊狀, 덩어리 모양)으로 만들어 쓰는 향료나 약재로, 열을 내리고 통변(通便)·구충(驅蟲) 등에 효과가 있다. 원산지는 아프리카의 소말리아인데, 소코트라(Socotra)섬에서 나는 노회가 품질이 가장 좋다. 전한(前漢) 때 장건(張騫)의 서역 사행 후 페르시아인들에 의해 중국에 전해졌다.

농가타 農伽陀, Nongata

동행 불승. 오장나(烏仗那, 우디야나, 우기于闐) 출신의 불승으로, 불승 비마라진체(毘摩羅眞諦)를 따라 중국에 왔다. 신라의 유학승 안함(安含, 혹은 安弘)이 귀국할 때 함께 신라에 들어와 황룡사(黃龍寺)에 주석하면서 『전단향화성광묘여경(旃檀香火星光妙女經)』을 번역하였다. (8-35)

누금기법 鏤金技法, filigree

동전 공예기법. 가는 금줄이나 작은 금알을 늘여 붙여서 물형을 만드는 정교한 세공기법으로, 이집트에서 발생한 후 중앙아시아를 거쳐 신라에까지 전파되었다. 경주 미추왕릉 지구 계림로 1호분에서 출토된 길이 36cm의 황금장식보검(黃金裝飾寶劍, 일명 계림로단검鷄林路短劍, 5~6세기, 보물 635호)은 그 대표적 일례다.

누란(樓蘭) 도시 유적

오아시스로 상의 유적. 누란(Lou-lan, 크로라이나Kroraina)은 중국 진한(秦漢)시대 타클라마칸사막의 동쪽 끝, 로프노르호(湖)(Lop Nor, '방황하는 호수'로 불렸던 내륙호) 서안(西岸)의 오아시스에 자리한 서역 일국이었다. 진(秦)대에는 월지(月氏)의 치하에 있었으며, 한(漢)대에는 오아시스로 남·북도의 분기점으로 중요한 역할을 하였다. 누란인들은 오아시스로 왕래자들의 향도 역을 담당하고, 그들에게 식량·음료수·낙타 등 편의를 제공했으며, 이러한 역할 때문에 한과 흉노의 공략 대상이 되어 수난을 겪기도 하였다. 한·흉 쟁탈전의 틈바구니에서 살아남기 위한 방편으로 한과 흉노에 각각 왕자를 인질로 보내는 등 화해를 도모하려 했으나, 별 효과를 거두지 못하고 기원전 77년 한조에 복속되었다. 한은 누란을 선선(鄯善)으로 개명하고 로프노르호 남안의 우니(扜泥, 미란米蘭)로 천도해, 원래 누란이 있던 곳은 군사기지로만 남게 되었다. 전한은 누란 지역에서 둔전(屯田)을 실시했는데, 그 제도는 위진(魏晋)시대에도 계속되었다.

후에 누란에는 서역장사부(西域長史府)가 설치되어 서역경략의 전초기지로 활용되기도 하였으나, 400년경 동진(東晋) 고승 법현(法顯)이 도축(渡竺) 중 이곳에 들렀을 때는, 이미 '죽음의 땅'으로 황폐화되어 역사무대에서 사라진 뒤였다. 스웨덴의 탐험가이며 지리학자인 헤딘(Sven Anders Hedin)은 1900년에 이곳을 탐방해 옛 고지(故地)와 3세기 후반의 것으로 추정되는 다량의 한문과 카로슈티(Kharosthī)어 목간(木簡) 등 귀중한 유물을 발견하였다. 카로슈티어는 고대 페르시아의 아람어에서 파생한 언어로서 기원전 3세기부터 기원후 4~5세기경까지 인도 서북부의 파키스탄·아프가니스탄·우즈베키스탄·타지크스탄·투르크메니스탄, 신장위구르자치주의 호탄과 선선 등지에서 널리 사용되었다. 헤딘의 발견이 알려지자 미국의 헌팅턴과 영국의 스타인, 일본의 다치바나 즈이초(橘瑞超)가 이곳을 연이어 탐방하였다. 1909년에 이곳을 찾은 다치바나는 함화(咸和) 3년(328)에 서량(西凉)의 서역장사(西域長史) 이백(李柏)이 언기(焉耆)를 비롯한 여러 나라 왕들에게 보낸 서한 초안, 이른바

'이백문서(文書)'를 발견하였다.

중국에서도 1930년대에 고고학자 황원비(黃文弼)가 두 차례에 걸쳐 로프노르호 지역을 탐사(누란 지역에는 이르지 못함)한 데 이어 1979년과 1980년에 신장위구르자치구 고고학자들이 누란 유적의 본격적인 발굴작업을 진행해 그 위치가 동경 89도 55분 22초, 북위 40도 29분 25초이며, 면적은 약 10만여m²에 달한다는 것을 고증하였다. 누란 유적과 그 부근의 고분에서는 견직물·마직물·모직품·석기·도기·철기·목기·청동기·유리기 파편, 그리고 각종 전폐(錢幣), 한문과 카로슈티어 목간·문서 등 많은 유물들이 출토되었다. 한문 문서 중에는 『전국책(戰國策)』과 『삼국지(三國志)』의 잔권(殘卷), 그리고 각종 공문서와 개인 서한이 들어 있다. 로프노르호 지역의 철판강(鐵板江) 1호분에서는 유체(遺體) 한 구가 발굴되었는데, 일부 학자들은 고대 아리안 인종의 체질적 특징을 지닌 것으로 보고 있다. 이 고분에서는 또한 후한대의 여러가지 견직품·자수품과 더불어 전래된 유리기 파편, 헤르메스 주상(柱像, 기둥 위에 흉상이 붙은 상)이 새겨진 보석, 쿠샨(Kushan, 귀상貴霜) 왕조의 동전 한 닢이 발견되었다.

누선 樓船, 층배 houseboat

다락(층)이 있는 범선(帆船)으로, 형태가 매우 다양하다. 중국의 경우, 누선은 춘추전국시대부터 건조하기 시작하였다. 누선은 일반적으로 규모가 커서 민용선(民用船)으로 쓰이기도 하지만, 주로 군용선(軍用船)으로 활용하는 경우가 많았다. 중국 한대에는 낭추(艎艬, 2층)·비려(飛廬, 3층)·작실(爵室, 4층) 등 여러가지 형태의 누선이 있었다. 삼국시대 동남해 연안에 위치한 오(吳)나라는 약 5,000척의 각종 선박을 보유했는데, 그중 가장 큰 누선은 2,000명까지 승선할 수 있

었다. 수(隋)대 영안(永安, 현 쓰촨四川 평제奉節)에서 건조한 대형 전함(戰艦)인 오아(五牙)는 5층 누선으로서 높이가 무려 100여 척에 달하며, 군사 800명까지를 수용할 수 있었다.

누선법 縷旋法

중국 송(宋)대에 등장한 일종의 지남침 사용법으로서, 실오라기로 지남침 중간을 매어 무풍지대에 매달아놓고 방향을 판별하는 방법이다.

니네베(Nineveh) 도시 유적

오아시스로 상의 유적. 니네베는 현 이라크 북부 모술(Mosul)시의 티그리스강 대안에 있는 고대 아시리아 왕국의 임시 수도(기원전 8~7세기)였다. 아슈르바니팔(Ashurbanipal, 기원전 668~626)왕 시대가 전성기로, 이때 쿤지크 궁전을 짓고 벽과 회랑을 여러가지 내용을 담은 부조로 장식했는데, 그 가운데는 아시리아 미술의 최고 걸작이라고 일컫는 '사자 사냥'상(像)을 비롯해 '아슈르바니팔왕의 향연' '아라 부인의 공격' '우라이강의 승전(勝戰)' 등 유명한 부조가 있다. 기원전 612년에 메디아와 신바빌로니아 연합군에게 점령되면서 많은 유물이 파괴되었다. 오늘날 남아 있는 니네베 유적에는 널리 알려진 쿤지크 궁전 유적과 함께 네브유니즈 유적도 포함되는데, 이 두 유적의 너비는 남북이 4.2km, 동서가 2.1km이며, 이중 성곽에 15개 성문이 달린 구조다. 아슈르바니팔 궁전 안에는 세계에서 가장 오래된 도서관이 있는데, 여기에는 신명표(神名表)·찬가(讚歌)·제식서(祭式書)·기도서(祈禱書)·점복서(占卜書)·점성서(占星書) 등 종교문서와 의학·약학·천문·수학 등 학술 관련 문서, 연대기·공덕기(功德記)·관직명(官職名) 등 역사 관련 문서, 신화·전설·이야기·서사시·우화·격언 등 문학서, 행정공문서·상속·결혼·양자(養

子) 등에 관한 법률서, 매매계약서·문법서·어휘집 등 어학 관련 문서 등 사회 전반에 관한 다종다양한 내용이 담긴 2만 5,000여 점의 점토판(粘土板) 문서가 소장되어 있어 '아시리아학'의 보고로 평가된다. 19세기부터 시작된 발굴은 아슈르바니팔 궁전과 몇개의 신전에 대해서는 어느 정도 진척이 있으나, 유적 전체의 발굴은 부진한 상태다. (1-226~229)

니사(Nisa) 도시 유적

현 투르크메니스탄 수도 아슈하바트의 서쪽 18km 지점에 자리했던 파르티아(Parthia, 안식 安息, 기원전 240~기원후 226년) 왕국의 수도로, 유적이 다수 남아 있다. 구지(舊址)는 구니사(14헥타르)와 신니사(18헥타르)로 구분되는데, 구니사는 파르티아의 멸망(226)과 함께 사라졌으나 신니사는 12세기까지 존속하였다. 초기 헬레니즘 문화의 산실이었던 니사 유적에서는 그리스풍의 유리기구·아테나상(像)·에로스상(像)·상아제 각배(角杯, 뿔잔) 등 헬레니즘 문화를 상징하는 유물들이 다수 발굴되었다.

투르크메니스탄에 있는 헬레니즘의 산실 니사 유적

니샤푸르(Nishāpūr) 도시 유적

오아시스로 상의 유적. 고대 페르시아어로 '샤푸르의 도시'란 의미의 니샤푸르(혹은 니샤부르Nishābūr)는 현 이란 호라산주의 서부, 투스

이란 니샤푸르에서 출토된 봉수유리병

(Tūs)시 서남부의 교통 요로에 자리한 오아시스로 상의 고도다. 동북부의 비날루드 산기슭까지 오아시스가 펼쳐지고 기후도 온화해 예부터 호라산주 중에서는 가장 풍요로웠던 고장이다. 이 고도는 사산조 페르시아의 샤푸르 1세(재위 241~272)가 건설한 것으로 알려지며, 야즈데게르드 2세(재위 438~457)가 에프탈(Ephtalite)족의 내침을 막기 위해 여기에 주둔하면서부터 세상에 알려졌고 호라산 총독부의 치소(治所)였다. 651년에 사산(Sasan)조가 이슬람군에게 멸망하자 니샤푸르는 바스라 총독의 관할하에 들어가게 되었으며, 이때부터 이슬람화가 시작되었다. 신라 고승 혜초(慧超)는 8세기 전반(726년경) 이슬람화가 한창 진행되고 있을 무렵 이곳을 다녀와서 귀중한 현지 견문을 『왕오천축국전(往五天竺國傳)』에 남겼다. 이 여행기에 기록된 지리적 방위나 이곳 사회에 관한 정확한 기술 등을 고려할 때, 혜초가 실제로 니샤푸르까지 다녀왔다고 판단할 수 있다. 즉 니샤푸르는 혜초 서역 기행의 서단(西端)인 것이다.

이슬람군에게 멸망한 후 니샤푸르에서는 그들의 지배에 반대하는 봉기가 일어났으며, 이를 계기로 압둘라 빈 타히르가 이란 민족 부흥의 본거지가 된 이곳을 수도로 하여 타히르조(820~872)를 세웠다. 그 뒤를 이어서 니샤푸르는 사파르조(867~903)를 거쳐 사만조(874~999) 치세에 들어 전성기를 맞았으며, 이러한 번영은 1037년 셀주크조(1037~1157)란 새로운 주인을 맞으면서도 지속되었다. 당시 아랍의 지리학자 야쿠트는 안달루스의 코르도바와 비견되는 국제적 대도시 니샤푸르를 가리켜 '동방의 관문'이라고 평하였다. 이곳이 동·서방 대상(隊商)들의 집결처이고 물산의 교역장이었기 때문이다. 그러나 1142년 호라즘의 침공과 1145년의 지진, 1153년의 구즈 투르크족의 침탈, 1208년 다시 일어난 지진, 1221년 몽골 서정군의 파괴 등 일련의 재난을 겪으면서 니샤푸르는 피폐할 대로 피폐해진데다가 1280년에 다시 지진이 일어나자 거의 황폐화되었다. 니샤푸르의 특산품은 유명한 '니샤푸르 도기'이며, 발굴된 도시 유적으로는 6km²의 시가를 에워싼 성벽 잔해와 수많은 마드라사(이슬람 신학교)와 마스지드(이슬람 사원), 그리고 대형 도서관 등이 있다. 그밖에 이곳에서 다량 발굴된 중국 도자기 유물은 멀리 떨어진 중국과의 활발했던 교역상을 보여준다.

니시비스 Nisibis

이라크 북부 도시 모술에서 서북쪽으로 약 200km 지점에 있는 시리아 북동 국경 부근에 자리한 고대 도시(현 누사이빈)로, 아시리아 시대부터 메소포타미아와 아나톨리아를 이어주는 중계지 역할을 해왔다.

니야(Niya) 취락 유적

오아시스로 상의 유적. 현 신장위구르자치구의 타림 분지 남변을 흐르는 니야강을 따라 펼쳐진 오아시스 일대를 지칭한다. 니야 유적은 이 오아시스에 산재한 취락(聚落) 유적(기원전 1세기~기원후 4세기)으로서, 현 신장위구르자치구 민평(民豐, Niya Bazar) 북방 약 120km 지점에 위치한다. 기원전 60년경 전한(前漢) 때 이곳에는 480호에 3,360명의 인구를 가진 소국 정절국(精絶國)이 있었다. 이 나라는 오아시스로 남도의 중계지로서 동은 차말국(且末國), 서는 융로국

(戎盧國)과 접경하였다. 후한(後漢) 초에 이르러 타림 분지 전체가 사차국(莎車國)의 지배하에 들어가자 정절국도 그 속국이 되었다가, 후에는 장기간 동쪽 선선국(鄯善國)의 지배를 받았다. 644년경 도축(渡竺) 길에 이곳을 지나던 당 고승 현장(玄奘)은 여행기 『대당서역기(大唐西域記)』에서 니양(尼攘, 니야)성은 주위가 3~4리로서 큰 소택지의 한가운데 있으며, 여행자들은 반드시 이곳을 경유하게 된다고 기술하였다. 한대부터 진(晉)대까지의 니야 유적은 동서가 7km, 남북이 22km로 상당히 큰 규모였다. 오랫동안 사막 속에 묻혀 있던 니야 유적은 영국 탐험가 스타인에 의해 세상에 다시 알려졌다. 그는 1901년 이후 세 차례나 이곳을 탐방해 많은 유물을 발굴했는데, 석기·목기·토기·농기구·상원(桑園, 뽕나무밭)과 함께 아테나상·에로스상·헤라클레스상 같은 그리스 신상을 그려넣은 봉니(封泥, 진흙으로 봉한 서한)와 문서 등이 출토되었다. 출토 유물 중에서 가장 값진 것은 카로슈티(Kharosthī) 문자로 씌어진 784점의 이른바 '카로슈티 문서'(Kharosthī Inscription)이다. 이 문서는 목간(木簡)·가죽·종이·비단천 등에 쓴 것인데, 내용은 왕의 명령이나 통보, 각종 계약서, 개인 서신, 명부류 등이며 작성 연대는 3~4세기로 추정된다. 이 문서에 의해 당시 오아시스로 남도 연변 여러 나라들의 실체가 밝혀지게 되었다. 니

신장 타림 분지 남변의 니야 취락 유적

야 유적에서 출토된 각종 유물은 간다라 미술을 통한 그리스·로마 문명의 동전상을 생생하게 보여준다.

니즈니노브고로드 Nizhni Novgorod

교류의 유물적 전거로서의 교역 도시. 러시아 모스크바의 동편에 자리한 니즈니노브고로드(현 고리키시)는 일찍이 몽골제국이 유럽으로 진출하는 관문이자 중계지로서 동아시아와 북유럽 나라들의 물산 집산지이고 교역장이었다. 이곳을 통해 중국의 지패(紙牌, 카드)와 지패 인쇄술이 14세기 후반까지 유럽에 전해졌다. 중국의 지패는 남당(南唐) 때 제작되어 유럽에까지 수출되었는데, 원명은 금엽자격(金葉子格, 일명 선패 扇牌)이다. 15세기 초에 이르러서 베네치아와 남부 독일 일대에서는 카드의 목판인쇄가 중요한 산업으로 부상하기도 했다. 심지어 카드가 다량 제작되어 카드놀이가 사회생활을 좀먹을 정도로 성행하자 독일(1377)·스페인(1377)·이탈리아(1423) 같은 나라에서는 카드놀이 금지령까지 내려졌다.

니케아 공의회(公議會) Councils of Nicaea, 325년

기독교 최초의 종교회의. 로마제국의 콘스탄티누스 대제가 삼위일체에 관한 논쟁을 마감하고 교회의 내분을 수습하기 위해 소아시아의 니케아에서 소집한 회의다. 초기 기독교의 주역인 동방교회 주교들을 비롯해 300여 명이 참석했으며, 회의 결과 성부(聖父)와 성자(聖子)가 '동질(同質)'이라는 정통파의 교리가 승인되고, 예수의 신성을 인정하지 않는 아리우스파가 이단(異端)으로 정죄·판결되었다. 이밖에 교회 운영에 관한 준칙 12조가 채택되었는데, 회의는 무려 두 달이나 걸렸다. (17-80)

니코바르 제도 Nicobar Islands

안다만(Andaman)해에 있는 인도 열도. 인도네시아 수마트라 섬 아체에서 북쪽으로 약 150km 지점인 타이 서부 안다만해에 위치해 있으며, 북쪽의 안다만 제도와 이웃하고 있다. 마르코 폴로와 오도릭, 이븐 바투타 등은 모두 이곳을 '나인도(裸人島)'로 묘사하였다. 이 섬의 이름은 타밀어로 '벌거벗은 자들의 땅'이라는 뜻이다. 마르코 폴로는 이곳에 고가의 나무들이 매우 많고 비단천을 장대에 걸어 부를 과시한다고 묘사하였다. 오도릭은 이 섬의 남자들이 개의 얼굴을 하고 있으며 식인풍습이 있다고 했지만, 마르코 폴로는 니코바르 제도가 아닌, 섬보다 북쪽에 자리한 안가만(안다만의 오사誤寫)섬 주민들이 마스티프(Mastiff) 개와 닮았으며, 식인풍습이 있고, 향료들이 풍부하다고 하였다. 안다만 제도와 니코바르 제도는 여러 개의 크고 작은 섬으로 구성되어 있지만, 그곳을 직접 가보지 못한 마르코 폴로는 바다 가운데에 있는 두 개의 큰 섬이 각각 안다만과 니코바르라고 생각한 듯하다. 직접 이 섬을 방문한 오도릭 역시 섬의 크기를 둘레가 약 3,218km나 된다고 보았는데, 이 섬의 실제 둘레는 100여km에 불과하다.

니하반드(Nihâvand)전(戰) 642년

니하반드는 이란 서북쪽에 자리한 하마단 남방 180km 지점에 있는 도시로서, 642년에 이곳에서 신흥 이슬람군과 사산조 페르시아군 간에 대회전(大會戰)이 있었다. 이 회전에서 페르시아군이 완패함으로써 사산조 페르시아는 망국의 운명을 맞았다.

님루드(Nimrud) 도시 유적

님루드는 이라크 북부 모술시(市) 남방 30km 지점에 있었던 아시리아 왕국(기원전 18~17세기)

아시리아 왕국의 유물인 '인면유익사자상'

의 수도였다. 나시르팔 2세(Nasirpal Ⅱ)가 건설한 것으로 알려지며, 옛 이름은 '칼후'(Kalhu)이다. 견고한 성벽 내에서 소진(燒盡)된 궁전과 신전들의 터가 발굴되었는데, 성문에는 인두유익목우(人頭有翼牧牛)상이 부조되어 있다. 님루드는 기원전 612년에 메디아와 신바빌론 연합군에게 점령당해 유적이 많이 파괴되었다.

닝보 寧波

중국 동남해안의 무역항. 닝보는 중국 저장성 북부 용강(甬江)과 여요강(餘姚江)의 합류 지점 가까이에 있는 항구다. 당대에는 은주(鄞州) 혹은 명주(明州), 송대에는 경원부(慶元府), 명·청대에는 영파부(寧波府)로 불렸다. 서구인들 중에는 포르투갈인들이 1522년에 가장 먼저 이곳에 와서 통상을 시작했으며, 영국은 아편전쟁을 계기로 이곳을 점령하였다. 그러다가 1842년 난징(南京) 조약에 의해 국제항이 되었다. 1978년 8월 닝보의 동문구(東門口)에서 1300년경(송말 원초)의 것으로 추정되는 조선소 터와 침몰선 일부가 발견되었다.

명주(明州, 현 닝보)의 '고려사관유지(高麗使館遺址)'

ㄷ

다뉴브 문화 Danubian culture

고대 유럽의 신석기문화. 기원전 5000년경에 다뉴브강 이북과 이서 지역에서 출현한 신석기문화다. 다뉴브강 유역은 퇴적 현상으로 비옥한 황토가 쌓여 농경에 적합하였기 때문에 윤작(輪作)으로 밀을 중심으로 한 농경이 발달했고, 목축도 성행해 소와 양을 길렀다. 도기(陶器)는 평행선 나선형 무늬와 물결형 무늬로 장식한 것이 특징이며, 가장 흔하게 사용한 석기는 마제편부(磨製扁斧)다. 다뉴브 문화인들은 장방형의 대형 건물에 모여 살았다. (15-333)

다리우스 1세의 경략활동 기원전 5세기

역사상 경략활동을 통해 문명교류에 영향을 미친 첫 인물. 아케메네스(Achaemenes)조 페르시아(기원전 569~331)의 제3대 왕 다리우스 1세(Darius I, 기원전 550~486, 일명 '다리우스 대왕')는 기마병을 비롯한 강력한 왕군을 이끌고 동·서정을 단행해 왕조의 판도를 동으로는 서북 인도로부터 서로는 아나톨리아와 이집트, 그리고 북으로는 시르다리야(Syr Darya)강에 이르는 중앙아시아 및 서아시아 전역으로 확대하고 중앙집권체제를 수립해 사상 초유의 세계적 통일 대제국을 건설하였다. 그는 그리스 원정 중 마라톤에서 패한 후 재정벌을 계획하다가 병사

하였다. 다리우스 1세는 광대한 정복지를 연결하는 교통망을 구축하였다. 특히 오아시스로의 최초 서단(西段)이라고 할 수 있는 수도 수사에서 아나톨리아의 사르디스까지 이어지는 장장 2,475km(10일간의 노정)의 '왕의 길'을 정비하고, 기원전 510년경에는 스킬락스(Scylax)를 파견해 인더스강 하구로부터 홍해 수에즈 부근까지 이르는 해로를 탐험하게 해 해상실크로드의 개척에 기여하였다. 또한 이집트와 메소포타미아 및 인도로부터 앞선 문명을 수용하고 융합하여 고대 페르시아문명을 꽃피웠다. 건축·미술·공예·기마술·종교 등 여러 방면에 걸친 페르시아 고유의 문명은 동아시아와 유럽에까지 상당한 영향을 미쳤다. 다리우스 1세의 경략과 치세로 말미암아 파미르 고원 이서 지역에서 각기 다른 문명들의 교류가 가능하게 되었다. 따라서 다

루스탐 분묘군 중 마애묘에 새겨진 다리우스 1세 부조상

리우스 1세는 명실공히 고대 동·서문명의 만남과 교류에서 선도적 역할을 한 최초의 문명교류인이다.

다마스쿠스(Damascus) 도시 유적

오아시스로 상의 유적. 시리아의 수도 다마스쿠스는 카순산(山) 동남 기슭에 펼쳐진 쿠타 오아시스의 한복판에 자리한 세계 최고(最古) 도시 중 하나다. 서쪽으로 지중해 연안의 베이루트(레바논의 수도)까지는 146km, 북쪽의 알레포(Aleppo, 아랍어로는 할랍)까지는 360km, 요르단의 수도 암만까지는 221km 떨어져 있다. 지정학적으로 동서남북을 잇는 교통 요로에 위치해 예부터 동서교류에 중추적 역할을 해온 반면에, 역설적으로 외세의 침략이 잦아 다양한 문화와 접촉하였다. 기원전 7세기와 6세기에는 바빌로니아와 아케메네스조 페르시아의 지배를 받았고, 기원전 4세기에는 알렉산드로스 동정군(東征軍)에게 정복(기원전 333년)되어 헬레니즘의 세례를 받았으며, 기원전 1세기에 이르러서는

바울이 박해를 피해 바구니를 타고 피신하는 장면(성화, 성바울 기념교회)

로마인들의 수중에 들어갔다. 1천년 가까이 외세의 핍박을 받은 이 도시는 635년 아랍-이슬람군에게 정복되어 첫 이슬람 왕조인 우마이야조 아랍제국의 수도가 되면서 이슬람화되어갔다.

그러나 압바스조 이슬람제국 시대에 바그다드로 수도가 옮겨지자 이슬람세계에서의 지위가 상대적으로 약화되면서 9세기 이후 약 300년 동안의 무정부시대를 겪는다. 970년에는 이집트에서 흥기한 파티마조의 속지로 변하고, 1097년 제1차 십자군의 공격을 받은 데 이어 1260년과 1300년 두 차례에 걸쳐 몽골 서정군(西征軍)의 침입을 당해 심하게 파괴되었다. 더욱이 1400년에 침입한 티무르군은 방화와 약탈을 자행한 후 많은 공장(工匠)들을 차출해 사마르칸트로 압송하기도 하였다. 연속되는 혼란과 재앙 속에서 1516년 오스만군은 맘루크군을 격파하고 다마스쿠스에 입성해 162년간(1517~1679) 통치했는데, 오스만제국의 치하에서는 동서교류의 요충지로서의 기능을 회복하면서 이슬람 문화를 꽃피워나갔다. 이 도시에는 화려하고 웅장한 마스지드(사원)와 수끄(sūq, 재래시장)를 비롯한 전통적인 이슬람 문화유적이 다수 남아 있을 뿐만 아니라, 기독교와 관련된 몇가지 전설도 전해온다. 아담이 에덴동산에서 쫓겨나 피신한 곳이 카순산에 있는 한 동굴이라는 것, 천사 가브리엘의 암거지(岩居地)와 모세의 묘가 있다는 것, 예수 그리스도의 방문지가 있다는 등 초기 기독교와 관련된 여러가지 전설이 전해오고 있다. 이곳이 유대교나 기독교의 발생 터전이었던 가나안이나 이스라엘과 인접해 있으며, 기원 전후로 로마제국의 지배하에 있었다는 역사적 사실을 감안할 때, 사실무근인 것으로만 치부할 수도 없을 것이다. 시가의 중심에는 로마시대에 포장한 폭 25m, 동서 길이 1,500m의 거리 유적과, 같은 시대에 지어진 7개의 성문을 가진 성채 유적이 바

르다강 우안에 남아 있다.

다싱안링 大興安嶺

오늘날의 다싱안링은 이름부터가 복잡한 변화 과정을 겪어왔다. 원래는 중국 동북·서북방에 자리한 구릉성(丘陵性) 산계 전체를 '싱안링'이라고 불러왔으나, 청나라 때 러시아와 국경을 긋는 '네르친스크조약'(1689)을 체결한 후부터 러시아 경내에 있는 싱안링은 '외(外)싱안링', 중국 경내의 싱안링은 '내(內)싱안링'이라고 부르기 시작하였다. 그리고 이 '내싱안링'이 다시 '대·소싱안링'으로 나뉘었다. '소싱안링'은 북단에서 헤이룽강(黑龍江)과 쑹화강(松花江)의 분수계를 이루며 동북 방향으로 뻗어나간 산맥을 말하며, 그 이남 전체는 '다싱안링'에 속한다. 보통 '싱안링'이라고 하면 이 '다싱안링'을 지칭한다.

'녹색 보고(寶庫)'라고 하는 다싱안링의 남북 길이는 1,200km이고 동서 너비는 200~300km로, 동북에서 서남 방향으로 길게 뻗어 있다. 약 8만 5천km²의 면적 가운데 74%는 울창한 수림 지대인데, 그 속에 진귀한 400여 종의 동물과 천여 종의 식물이 자라고 있다. 큰 산맥치고는 의외로 높지 않고 정상도 평퍼짐한 초원이다. 평균 고도가 1,250m이며, 가장 높은 산이라 해도 2천m를 넘지 않는다. 그래서 고구려 기마군단은 별로 어렵지 않게 이 산맥을 넘나들었을 것이다. 연간 평균 기온은 영하 2.8도이며, 중국에서는 가장 추운 곳으로서 영하 52.3도까지 내려간 적도 있다. 흥미로운 것은 오르도스(Ordos)족이 사는 북단의 자그마한 '북극촌'은 불야성으로 유명한데, 하지(夏至)를 전후해서는 하루에 무려 20시간이나 해를 볼 수 있는 백야가 계속된다.

다싱안링은 몽골이나 시베리아 초원에서 출발해 한반도로 이어지는 초원실크로드의 중간 경유지다. 한민족의 북방기원설과 관련해 바이칼호 주변에 살던 구석기인 일파가 해빙기에 남하해 다싱안링을 넘어 만주와 한반도 지역으로 이동했다는 일설이 있다. 그런가 하면 역사적 고증이 필요한 이설(異說)이기는 하지만, 중국 청나라 건륭 황제의 명에 따라 1783년에 편찬된 『만주원류고(滿洲源流考)』에는 신라의 선조인 박씨 일족이 몽골 초원에서 다싱안링을 거쳐 계림(桂林, 현 지린吉林)에 정도했다가 한반도로 남하했다는 주장이 있다. 아무튼 다싱안링과 한

다싱안링 정상의 초원

반도 사이에는 어떤 운명적 연계가 있어 보인다.

다우선(船) Dhow

고대 인도양에서 항해하던 선박으로, 3각 돛을 단 목조선 일반에 대한 범칭. 일찍이 5천년 전부터 다우선은 인도양에서 부는 계절풍을 타고 메소포타미아의 우르(Ur)와 인도의 모헨조다로(Mohenjo-Daro) 사이를 항해하면서 교역에 사용되었다.

다울라타바드 Daulatabad

14세기 인도의 성곽도시. 아우랑가바드에서 약 16km 북서쪽으로 떨어져 있다. 다울라타바드는 '불멸의 국가'란 뜻이며, '신들의 언덕'이라는 뜻도 가지고 있다. 다울라타바드는 1327년부터 투글루크(Tughluq) 왕조 때의 수도 델리의 전 인구를 2년에 걸쳐 강제로 이주·정착시켜 조성한 도시다. 아랍 여행가 이븐 바투타에 따르면, 당시 술탄은 델리 시민들이 그를 비방하는 전단을 만들어 밤마다 몰래 알현전에 뿌린 데 대한 불만으로 델리를 완전히 파괴하고 이곳으로 천도를 결심했다고 한다. 이븐 바투타는 그러한 결정이 술탄의 가장 큰 잘못이라고 평가하였다. 그는 당시 이곳에서 델리까지 40일의 여정이라고 썼으며, 이 도시는 술탄과 그의 군사들에 의해 요새화되었는데, 다울라타바드(Daulatabad)·카타카(al-Katakah)·두와이키르(al-Duwaiqir)의 3개 구역으로 나뉘었다고 하였다. 이 지역 여성들의 코와 눈썹이 매우 아름답다고도 기록하였다.

다원발생론 多元發生論

일종의 문화(문명) 발생론. 다원발생론이란 인류의 문화는 한 곳이 아닌 여러 곳에서 발생한다는 것으로, 여러 문화가 서로 다른 지역에서 독립적으로 형성되어 발전해온 것으로 파악한다.

즉 옛날 너무 거리가 멀어 물리적으로 문명교류가 이루어질 수 없는 지역에서도 각기 비슷한 종류의 생활문화가 창출될 수 있는데, 이것은 인간 누구에게나 주어지는 삶의 필요성에 의해 발생하는 것으로 '문명의 보편성'이라고도 한다. 이와 상치되는 이론이 '일원발생론(一元發生論)'이다. (15-333)

다원역사관 多元歷史觀

중국의 후스(胡適)가 주창한 역사인식론. 경제·종교·사상·정치·도덕·문화·교육 등 제반 사회구성요소는 평행·병렬적(竝列的)인 것으로, 사회·역사 발전을 촉진하는 데 각각 독립적으로 결정적인 작용을 한다는 것이다. 이른바 주요한 것과 덜 주요한 것, 본질과 비본질의 구별은 없다고 보며, 물질자료나 생산방식이 사회발전의 결정적 요소라는 주장을 부정한다. (15-333)

다치바나 즈이초 橘瑞超, 1890~1968년

실크로드 탐험가. 일본 서본원사파(西本願寺派) 소속의 승려이자 실크로드 탐험가인 다치바나 즈이초는 제2차와 제3차 오타니 고즈이(大谷光瑞) 탐험대에 참가해 중요한 몇가지 유적을 발굴하였다. 1908년 18세의 젊은 나이에 제2차 탐험대에 참가해 중국 신장(新疆)의 투루판 일원을 조사했고, 1909년 2월에는 단신으로 신장 타림 분지 동부의 로프노르호(湖) 서북방에 자리한 크로라이나(Kroraina), 즉 선선국(鄯善國)의 왕도 누란(樓蘭)에서 귀중한 이백문서(李柏文書)를 발견하는 개가를 올렸다. 또한 1910년에는 미란(米蘭)에서 유익동자상(有翼童子像) 등과 같은 벽화 다수를 수집하고 2년 만에 귀국하였다. 1912년 2월에는 스타인과 펠리오에 이어 둔황을 찾은 오타니 탐험대의 제3차 고고학 조사단원으로 참여해 동료 탐험대원 요시카와 고이치로(吉

川小一郎)와 함께 500여 권의 필사본을 헐값에 수집해 돌아왔다. (6-290)

다채장식양식 多彩裝飾樣式, polychrome style

동전 장식기법. 황금이나 은 세공(細工)의 틀 안에 여러가지 색채의 보석·준(準)보석·색유리·산호모조품 등을 박아서 다채롭고 호화스러운 장식 효과를 내는 기법이다. 일찍이 이집트에서 시작되어 그리스와 로마 등 지중해 연안 여러 나라와 메소포타미아, 페르시아에서 유행했고, 흑해 연안의 사르마트(Sarmat)인들도 즐겨 사용하였다. 이 장식기법은 중앙아시아를 거쳐 한반도에까지 전파되었다. 대부분은 장신구·무기·마구(馬具)로서 감제의장(嵌製意匠), 즉 클루아조네(cloisonné) 기법으로 정교하게 장식되어 있다. 클루아조네 기법이란 기면에 화장 회반죽을 얇게 칠한 후 그 일부를 깎아내고, 거기에다 여러 색의 안료를 채워넣는 기법이다. 다채장식양식에 사용되는 보석으로는 선홍색의 자류석(柘榴石)이 가장 많으며, 자류석 밑에 미리 금박을 깔아서 선홍색이 한층 더 아름답게 빛나도록 하는 기법도 사용되었다. 다채장식의 기물(器物)이 성행한 때는 기원후 5세기에 일시 유럽을 풍미하고 해체된 훈족(Huns)의 아틸라(Attila)제국 시대(434~453)를 전후한 시기다. 이와 같은 장식양식은 비잔틴제국과 사산조 페르시아제국 시대를 거쳐 아랍-이슬람제국에 전승되었다. 오늘날도 아라비아 반도 여러 나라에서는 여전히 유행하고 있다.

다 크루스 Gaspar da Cruz, ?~1570년

동행 선교사. 포르투갈의 천주교 선교사인 가스파르 다 크루스는 1548년 부주교(副主敎) 바머더스를 단장으로 하는 도미니크회 선교단(총 12명)의 일원으로 리스본을 떠나 인도 고아에 도착하였다. 인도 서해안 일대에 이어 말레이 반도 말라카와 캄보디아에서 선교활동을 벌였으며, 1556년 겨울 중국 광저우(廣州)에 도착해 몇 주간 머문 후 동남해 연안 일대를 몇달간 역방(歷訪)하였다. 광저우를 떠나 해로로 페르시아만의 호르무즈에 들러 얼마간 체류하다가 1569년에 귀향한 후 이듬해 2월 5일에 흑사병으로 사망하였다. 사망 후 15일 만에 그가 저술한 『중국지(中國志)』가 고향에서 포르투갈어로 출간되었다. (이 책에 관해서는 '중국지'항 참고). 중국에 몇달밖에 머물지 않았지만 이 책에는 중국에 관한 방대한 양의 지식이 담겨 있다.

단단윌리크(Dandān Uiliq) 불교 유적

오아시스로 상의 유적. 신장위구르자치구의 니야(尼雅) 서쪽 150km, 호탄(현 허톈和田) 서북쪽 120km 지점에 있는 불교사원 유적이다. 영국의 탐험가 스타인(A. Stein)은 단단윌리크에서 현장(玄奘)의 『대당서역기(大唐西域記)』에 나오는 동국(東國, 중국) 공주가 출가하면서 잠종(蠶種)을 모자 속에 숨겨서 호탄으로 반출했다는 내용의 판화(版畫), 즉 '견왕녀도(絹王女圖)'를 발견하였다. 이 판화는 중국 양잠술의 서역 전파를 입증하는 한 증거다.('견왕녀의 호탄 출가'항 참고)

단선진화론 單線進化論

19세기 말 서구에서 대두한 고전진화론(古典進化論). 모건·타일러·랑케 등 초기 진화론자들이 주창한 문화진화론으로, 그 내용을 종합하면 인류의 모든 문화는 일정한 규칙과 발전방식에 따라 저급단계에서 고급단계로 직선적인 진화를 거친다는 것이다. 이러한 문화 발전방식의 단일성(單一性)은 인류의 심리적 일치성에 기인하며, 여러 문화간의 차별성은 문화진화의 완급의 차이일 뿐이라고 여긴다. 직선진화를 주장하기 때문에 일명 '직선진화주의'라고도 하며, 모든 문화는 비록 서로가 격리되어 있어도 평행적인 진화 과정을 겪는다고 주장하기 때문에 또한 '평행진화주의'라고도 한다. 단선진화론자들은 이러한 관점으로 모권(母權)이나 부권(夫權), 혼인, 친속(親屬)제도, 정치구조, 신화적 의식, 종교제도 등을 해석하였다.

단향 檀香, 학명 Santalum album

동전 서역 향료. 태우면 향내를 내는 향나무에 대한 범칭이다. 일명 '단향목(檀香木)'이라고도 하며, 불서(佛書)에서는 '전단(旃檀)' 혹은 '진단(眞檀)'이라고 한다. 단향은 크게 백단(白檀)·황단(黃檀)·자단(紫檀) 3종류로 나뉘며, 약 8종의 수종(樹種)이 있다. 조여괄(趙汝适)의 『제번지(諸蕃志)』 「단향조」에 따르면, 단향은 사파(闍婆, 자바)의 타강(打綱, 현 사마랑Samarang)과 저물(底勿, 현 티모르Timor), 그리고 삼불제(三佛齊, 현 수마트라)에서 산출되며, 그 형태는 중국의 여지(荔支, 또는 荔枝, 박과에 속하는 1년생 만초 蔓草)와 유사하다. 가지를 잘라 음지에서 말리면 향기가 나는데, 황색의 것을 황단, 자색의 것을 자단, 가볍고 연한 것을 사단(沙檀)이라고 한다. 이시진(李時珍)의 『본초강목(本草綱目)』(권34)에도 단향은 중국의 광둥(廣東)·윈난(雲南) 일대와 점성(占城, 현 베트남)·진랍(眞臘, 현 캄보디아)·과왜(瓜哇, 현 자바)·섬라(暹羅, 현 타이)·삼불제·회회(回回, 아랍) 등의 지방에서 산출된다고 기록되어 있다. 단향의 일종인 자단이 신라에 유입된 사실을 사적에서 찾아볼 수 있다. 『삼국사기』 「잡지(雜志)」 '거기(車騎)'조에는 진골(眞骨)은 거재(車材, 수레의 재료)에 자단을 쓸 수 없다는 기사를 비롯해 진골에서 육두품(六頭品)·육두품녀(女)·오두품·오두품녀·사두품·사두품녀·백성·백성녀에 이르는 계층

은 자단을 안교(鞍橋, 다리 모양의 말안장)에 쓰지 못하도록 하는 금령(禁令) 기사가 있으며, 같은 책 '옥사(屋舍)'조에는 육두품에게 침상을 자단으로 꾸밀 수 없도록 금지하는 내용의 기사도 있다.

달마 達磨, 菩提達磨, Bodhidharma, ?~528년?

동행 불승. 남천축(南天竺, 남인도)의 향지국(香至國) 왕자로, 해로로 중국의 광저우(廣州)에 온 후 북위(北魏) 때 뤄양(洛陽)으로 가 선불교(禪佛敎)를 펼치려 했으나 여의치 않자 숭산(嵩山) 소림사(少林寺)에 들어가 동굴에서 9년 동안 면벽좌선(面壁坐禪)하고 나서 참선(參禪)을 중시하는 선종(禪宗)을 창시하였다. 오늘날 한국을 비롯한 여러 나라에서 성행하고 있는 참선은 이 선종에서 연원하였다.

달마급다 達摩笈多, Dharmagupta, ?~619년

동행 불승, 남천축(南天竺, 남인도) 출신의 달마급다는 중국의 수(隋) 개황(開皇) 10년(590)에 장안(長安)에 온 후 617년까지 경전 7부 32권을 한역했는데, 그 역본은 『천보적경(天寶積經)』에 수록되어 있다. 개황 연간에 역경사업을 주관한 언종(彦琮)은 달마급다가 서역 제국을 역방하고 남긴 견문에 근거해 『대수서국전(大隋西國傳)』(10편)을 찬술하였다. 이 책은 서역 제국의 방물(方物)·기후·거처·국정·학교·예의·음식·복식·보물 등을 간략하게 소개하고 있다. (8-36)

담무참 曇無讖, Dharmaraksa, 385~433년

동행 불승. 중천축(中天竺, 중인도) 출신의 승려인 담무참은 계빈(罽賓, 현 카슈미르)을 거쳐 고장(姑藏)에 이르자 북량(北凉) 왕 저거몽손(沮渠蒙遜, 재위 401~433)이 그에게 역경(譯經)을 요청하였다. 그는 역경과 더불어 불법에 관한 강해

(講解)도 해 수많은 승려들이 그의 문하에 운집했으며, 그로 인해 북량은 한때 불교의 명소가 되었다. (8-19)

담배 학명 Nicotiana tabacum L.

세계적인 기호품 및 무역품. 가지과(科)에 속하는 담배의 원산지에 관해서는 유럽설, 아프리카설, 중국설 등 여러 설이 있는데, 지금은 러시아와 미국 및 일본에서의 전문연구 결과 야생종의 교잡에 의해 안데스 산맥의 동쪽 기슭, 해발 1,500m의 볼리비아로부터 아르헨티나 최북단에 이르는 지역이 담배의 기원이라는 남아메리카설이 중론으로 통한다. 담배에는 야생종 외에 루스티카 타바코(Rustica tabaco)라는 재배종이 있는데, 그 원산지는 안데스 산맥의 서쪽, 해발 3,000m의 볼리비아와 페루 지역이다. 재배종은 조생(早生)으로서 향기나 맛은 야생종만 못하지만 니코틴 함량이 높아 러시아나 인도, 중국의 일부 지역에서 계속 재배한다. 담배는 야생종이나 재배종 모두 그 원산지는 남아메리카인 셈이다.

담배의 종류는 야생종 64종, 재배종 2종, '꽃담배'라고 하는 관상용 원예종(園藝種) 1종, 도합 67종이나 된다. 담배는 지금으로부터 3,000~4,000년 전에 원산지인 남아메리카에서 종교의례나 질병 치료, 그리고 각성제, 피로회복제로 이용되기 시작하였다. 이용방법은 불에 태워 향을 내고 연기를 쐰다든가, 냄새를 맡는다든가, 코로 흡입한다든가, 씹는다든가, 옥수수잎에 말아 흡입한다든가, 즙을 짜 마신다든가, 가루를 파이프에 담아 흡입하는 등의 여러가지 기발한 방법이 고안되었다. 담배가 공납품으로 진귀하게 여겨지면서 왕이나 신관·귀족·전사·상인 외의 일반인들에게는 흡입이 불허되기도 하였다. 일반적으로 담배는 기호용·의례용·의약용·피로와 공복(空腹) 억제용·교역용·화폐용(화폐대용)·관상용·화학물질 채취용·연구용 등 다양한 용도에 쓰이고 있다.

담배는 15세기 말 '신대륙' 발견을 계기로 약 2세기 동안 원산지 '신대륙'(남아메리카)에서 구대륙(유라시아와 아프리카)으로 전파되었다. 16세기 초엽에는 스페인인들이 유럽에 들여왔고, 포르투갈과 프랑스, 영국 또한 나름의 통로를 통해 담배를 들여왔다. 특히 16세기 후반 스페인의 한 의학자가 담배의 의약적 효능을 발표하자 담배는 '만능약'으로 인식되어 신속하게 보급되었다. 포르투갈은 1500년경 브라질을 식민화하면서 브라질의 권연(卷煙)을 수용했으며, 프랑스에서는 1559년 프랑스 주재 포르투갈 대사 장 니코(Jean Nicot)가 프랑스 왕실의 프랑수아 2세와 그의 어머니 카트린에게 담배를 헌상하였다. 당시 카트린 황태후가 담배를 두통약으로 사용해 효험을 본 것을 계기로 알려지게 되었는데, 담배의 주성분인 니코틴은 바로 포르투갈 대사 장 니코의 이름에서 유래하였다고 한다. 프랑스에서는 16세기 후반에 파이프 흡연이 유행하다가 17세기 전반 루이 13세 때부터는 상류사회에서 흡연이 인기를 끌었다. 영국은 호킨스 제독이 1565년 플로리다 연안의 프랑스 식민지를 습격하고 돌아올 때 재배종 담배를 가져온 것이 흡연의 효시다. 그후 1584년 엘리자베스 여왕의 명을 받은 원정대가 북아메리카 남동부의 버지니아 지방을 공략하고 돌아올 때 파이프 흡연법을 유입하였다. 네덜란드는 1590년 영국으로부터 수입했고, 이탈리아는 1561년 담배 종자가 로마 교황에게 헌상되어 바티칸 정원에 심어 기르면서 알려지게 되었으며, 러시아는 17세기 초 영국인·터키인·독일인들에 의해 담배를 접할 수 있었다. 다른 중부유럽이나 북유럽 나라들에는 17세기 전반에 일어난 30년전쟁을 계기로 담배가 전해졌다. 1580년경 영국을 통해 터키에 전파된 담배는 이어서 페르시아에 전달되었으며, 이 과정에 물담배가 선을 보였다. 아프리카의 서해안 일대와 북동부, 그리고 아랍 일원에는 16세기 후반에 포르투갈인들이 담배를 전했고, 아프리카 남부는 네덜란드인들에 의해 유입되었으며, 1660년에 이르면 아프리카의 동해안이나 마다가스카르에서는 이미 담배가 재배되기까지 하였다. 동양의 경우, 스페인인들이 태평양을 경유해 1575년경 필리핀에 흡연을 보급했으며, 이어서 뉴기니와 오스트레일리아로 전파되었다. 인도에는 영국인들이 흡연을 전파했으며, 자바는 1601년에 포르투갈인들과 네덜란드인들에 의해 흡연을 받아들였다. 스리랑카에서는 1610년에 이미 담배가 재배되고 있었다. 일본은 포르투갈인들과 스페인인들에 의해 1590년 전후 규슈(九州)에 흡연이 전해졌고, 중국의 경우는 자생설(주로 중국 학자들의 주장)이 있기는 하지만, 명대의 만력(萬曆) 연간(1573~1620)에 외국 담배가 유입되었다는 것이 거의 정설이다. (4-283)

담징 曇徵

도일(渡日) 고구려 고승. 담징은 고구려 영양왕(嬰陽王) 21년(610) 백제를 거쳐 일본에 건너갔다. 오경(五經)에도 능통한 담징은 불법과 유교를 강론했고, 나라(奈良) 호류사(法隆寺) 금당(金堂)에 유명한 그림 '사불정토도(四佛淨土圖)'를 그려 기증했으며, 종이·먹·맷돌을 일본에 전하기도 하였다.

당가 唐家

중국의 별칭. 중국 당(唐)조는 당시 세계적 대국으로, 해외에 진출한 당인들을 통해 외국에 널리 알려졌다. 당시 외국인들은 당이 곧 중국인 줄로 알고, 당으로 중국의 호칭을 대신하는 일이 많았다. 송·원대에 이르러서도 외국인들은 여전히

중국을 가리켜 당가(唐家) 혹은 당가자(唐家子, Tamghaj, Tomghaj, Toughaj)라고 불렀다. 명대 이후 오늘날까지도 외국에 있는 화교들은 자신들을 '당인(唐人)', 자신들이 모여 사는 곳을 '당인가(唐人街)'라고 말한다.

당과자 唐菓子

일본의 견당사(遣唐使)에 의해 일본에 유입된 당나라 과자. 조리법이나 모양이 당나라 과자와 유사하긴 하지만, 똑같지는 않다. 당나라의 과자가 일본에 건너와 조리방법이나 모양이 약간씩 변형되었다. 매지(梅枝, 바이지)·도지(桃枝, 도우시)·단희(團喜, 단기)·계심(桂心, 게이신)·색병(索餅, 히키나와)·대두병(大豆餅, 다이즈모치)·오마병(吳麻餅, 고마모치)·전병(煎餅, 이리모치) 등 그 종류도 매우 다양해졌다. 원래 일본의 식생활에서는 곡물을 가루로 내어 먹는 경우가 거의 없었는데, 견당사에 의해 당과자가 수입되면서 일본에도 분식문화(粉食文化)가 발달하기 시작하였다. (5-180)

당대 4대 국제무역항

아랍의 지리학자 이븐 쿠르다지바(Ibn Khurdādhibah, 830~912)는 저서 『제도로(諸道路) 및 제왕국지(諸王國誌)』(*Kitābu'l Masālik wa'l Mamālik*)에서 당(唐)대 중국의 4대 국제무역항을 남에서 북의 순으로 루낀(Luqin, 베트남 교주 交州)·칸푸(Khanfu, 광저우廣州)·칸주(Khanju, 명주明州)·깐투(Qantu, 양저우揚州)라고 지적하면서, 이들 항구간의 항해 일정과 항구들의 출하품을 구체적으로 기술하고 있다.

당삼채 唐三彩

서전된 중국 당나라의 채색 도기(陶器). 백색의 도태(陶胎) 위에 황색·적색·녹색·남색·자색 등

다양한 색깔의 유약이 입혀진 중국 당나라의 채색도기

다양한 색깔의 유약을 입힌 도기인데, 대체로 황색·녹색·백색의 삼색 위주이기 때문에 '당삼채'라고 일컫는다. 연(鉛)을 매용제(媒熔劑)로 해 800도 정도의 저온에서 구워지는 연유도기(鉛釉陶器)이다. 기형(器形)은 크게 병·단지·술잔·사발·물병·벼루 등 생활용품과 소녀·문무관·마부·악사 등 용(俑, 인형), 그리고 말·낙타·소·사자·개·토끼·닭·원앙새 등 짐승의 3대 부류다. 당삼채의 주요 용도는 귀인들의 묘장명기(墓葬明器)로, 8세기 초까지 장안(長安)이나 뤄양(洛陽) 등 북방 도시 주변에서 많이 만들어졌다. '안사(安史)의 난'을 계기로 당나라 중기 때는 일시 부진을 보이다가 당나라 후기 때 다시 활발해졌다. 허난성(河南省) 궁현(鞏縣)에서 대표적인 당삼채 요지(窯址)가 발견되었다. 당대 이후 중국 도자기의 명품으로 해외에 수출되어 크게 명성을 얻었다.

당(唐)의 대서방 교역

당조(唐朝)는 건국이념으로 농업·축산업·수산업 같은 생업의 근본을 중시하고 장사나 소비재의 생산 유통 같은 '말단업(末端業)'을 억제하는 이른바 '중본억말(重本抑末)'책을 추구하였다. 그러나 후대(後代)에는 상업을 홀시하거나 제한해온 기존의 전통 정책을 지양하고 상업과 교역을 적극 장려함으로써 국내 상업이나 대외교역이 전례 없이 흥성하였다. 대외교역의 경우, 당시의 국내외 정세를 감안해 육로와 해로 교역에서 상이한 정책을 추구하였다. 당시 서북방에는 강대한 돌궐(突厥)과 토번(吐蕃)이 접경해 몇차례 전쟁을 일으키는 등 항시적 위협 요소였기에 서북방 교역에 대해서는 엄격한 감시와 제재를 가하지 않을 수 없었다. '당률(唐律)'에는 무단 월경자(無斷越境者)는 2년형, 외방인과 사(私)교역으로 말 1필을 얻은 자는 2년반형, 15필을 얻은 자는 유배형, 그리고 개인 무기거래상은 교수형에 처한다고 엄격히 규정하였다. 뿐만 아니라 '관시령(關市令)'에 따르면 비단과 면포·진주·금·은·철 같은 귀중품은 서북 변방 관문을 통과할 수 없었다. 이에 반해 남해교역은 특별한 제재 없이 적극 개방하고 장려하였다. 남해상에는 직접적인 적대 세력이 존재하지 않는데다 여러 가지 진귀품이 생산되어 교역상 고수익이 보장된다. 또한 도자기 같은 파손되기 쉬운 화물은 해로로밖에 반출할 수 없는 등 여러 이유 때문이었다. 따라서 당조는 내국인들의 해외교역을 권장하고 박고(舶賈, 해상 상인)들을 각방으로 우대하고 보호하였다. 문종(文宗) 대화(大和) 8년(834)에는 외래 교역자들의 자유 왕래를 허용하고 과중한 징세를 피하라는 칙령까지 반포하였다. 그 결과 당대에는 동남아시아 제국과는 물론 남해의 제해권을 장악하고 있는 아랍인들과의 해상교역도 유례없이 번영하였다.

한편 동남해안 일대에 원활한 해상교역을 보장하기 위한 교역 항구도시들이 속속 출현하고 멀리 서아시아와 동아프리카까지 원양해로가 개통되었다. 당대에 가장 번성한 국제무역항은 '천하제일'의 양저우(揚州)였다. 양저우는 염철전운사(鹽鐵轉運使)의 소재지였을 뿐만 아니라, 대외적으로는 일본과 한국, 그리고 남해 제국과 해로로 연결되는 당대 최대의 국제무역항으로, 무역 업무를 전문적으로 관장하는 판관(判官)만

수십명에 달하였다. 또 다른 국제무역항은 교주(交州, 현 베트남 북·중부)인데, 원래 한대부터 인도양으로 진출하는 선박들의 출항지이자 외래 선박들의 종착지로서 수·당대에도 번성했으며, 서우(犀牛)·코끼리·대모(玳瑁) 등 진귀한 동남아산 물산의 집산지였다. 그 다음 명주(明州, 현 닝보寧波)는 주로 한국과 일본과의 교역이나 왕래에 이용된 국제항구도시지만, 아랍 선박들도 왕래하였다. 특히 비단과 월요(越窯)가 여기서 외국에 다량 수출되었다. 또한 항구도시 취안저우(泉州)는 당 현종(玄宗) 개원(開元) 6년(718)에 주(州) 치소(治所)를 푸저우(福州)에서 이곳으로 옮기면서부터 국제무역항으로 급부상하였다. 당대 말엽부터 송·원·명대에 이르기까지 취안저우는 아랍 상인들의 주요한 내왕 무역항이었다. 천보(天寶) 연간에 인구는 2만 3,806호나 되었으며, 헌종(憲宗) 원화(元和) 6년(811)에는 중주(中州)에서 상주(上州)로 승격하였다. 끝으로 한대부터 남해교역의 주요한 거점이었던 광저우(廣州)는 매일 10여 척의 선박이 드나들 정도로 당대에도 여전히 중요한 국제무역항 구실을 하였다. 당시 매년 입항하는 외래 선박이 많기로는 광저우가 세계에서 으뜸이었다. 시박사(市舶司 또는 시박무市舶務)를 설치(늦어도 714년)해 무역 업무를 전담하도록 하였다. 당 말 황소(黃巢)의 봉기 때 외국인 12~20만 명이 죽었다고 전할 만큼 광저우에는 아랍인과 페르시아인을 비롯한 외국인들이 많이 거주하였다.

한편 이러한 항구들을 거점으로 전개된 해외무역은 이를 뒷받침할 해로의 확보를 통해서만 비로소 실현 가능하였다. 『신당서(新唐書)』「지리지(地理志)」에 수록된 가탐(賈耽, 730~805)의 이른바 '광주통해이도(廣州通海夷道)'에는 광저우로부터 페르시아만의 서안, 그리고 멀리 아프리카 동안까지의 해로 노정이 구체적으로 기술

되어 있다. 그 노정은 광저우 → 수마트라 → 실론(현 스리랑카) → 페르시아만의 오랄국(烏剌國, Obollah) → 아프리카 동안의 삼란국(三蘭國, 다룻 살람, Daru'd Salām)까지 이어지는 왕복 해로다. 이 노정의 항해 소요시간은 총 133일이고, 경유지(국가나 지역)는 무려 33곳이나 되며, 모두 심해(深海) 항로다.('해로'항 참고) 9~10세기에 접어들면서 파도에 강한 용골선(龍骨船)의 건조 등 조선술이 발달하고, 나침반이 채용됨에 따라 항해가 한결 안전하고 신속해졌다. 아울러 중국의 도자기와 수마트라·자바·말루쿠의 각종 향료가 다량으로 아랍을 경유해 유럽에 수출되었다. 그리하여 이때의 남해로를 일명 '도자기의 길' 또는 '향료의 길'이라고 불렀다. 10세기 이후에 접어들면서 실크로드 전체에서 해로가 차지하는 비중은 크게 높아졌다.

당(唐)의 서역 속령화 경략

중국은 당대에 이르러 강대한 국력을 바탕으로 한대 이후 약 500년 동안 중단되었던 대(對)서역 속령화 경략을 재개하였다. 한의 서역 경략이 숱한 우여곡절을 겪으면서 흉노와의 쟁탈전으로 일관했다면, 당의 서역 경략은 기민한 전략전술로 돌궐(突厥)과 각축하면서 진행되었다. 수(隋) 말 당(唐) 초까지 서역 제국은 그 대부분이 서돌궐에 신속(臣屬)되어 있었는데, 당 정원(貞元) 12년(638)에 서돌궐이 내분에 의해 동·서로 분열되어 국력이 약화되자, 당은 이 기회를 이용해 서역에 대한 속령화 경략을 본격화하였다. 당의 서역 경략은 태종(太宗) 연간(재위 627~649)에 현 신장위구르자치구 동부와 중부 일대를 개척함으로써 서역 경략의 기초를 닦아놓은 제1기와 고종(高宗) 연간(재위 649~683)과 현종(玄宗) 연간(재위 713~756)에 서역 속령화 경략 범위를 페르시아까지 확대한 제2기 전성기로 나뉜다.

이러한 경략은 서역 제국에 대한 당의 군사적 공략과 더불어 기미정책(羈縻政策)을 통해 정치적으로 제압하는 데 성공하였다. 기미정책이란 굴레를 씌워 말을 다루듯 책봉(冊封)·숙위(宿衛)·조공(朝貢) 등 전략전술적 수단을 통해 소국을 견제하고 복속시키는 종주국의 경략정책을 말한다. 640년에 당은 서역에 정주(庭州)·안서(安西) 두 도호부(都護府)를 신설한 데 이어 얼마 뒤 정주에는 금산(金山) 도호부와 북정(北庭) 도호부를 증설해 톈산(天山) 산맥 북록과 알타이 산맥 일원을 통제할 수 있었다. 그리고 원래 서주(西州)에 자리했던 안서도호부를 648년에 구자(龜玆)로 옮겨 예하에 구자·소륵(疏勒)·우기(于闐)·언기(焉耆) 4진(鎭)을 두었다. 658년 당조는 서돌궐의 하로(賀魯)를 멸하고 일시 서주로 갔던 안서도호부의 치소를 구자로 다시 옮겨옴과 동시에 중앙아시아 아무다리야강 유역까지의 파미르 고원 이서 지방에는 이른바 기미주(羈縻州)를 여러 개 신설하였다. 그리하여 7세기 60년대 초까지 당은 중앙아시아의 시르다리야와 아무다리야 두 강 유역 일대까지를 경략함으로써 파미르 고원 이서에 군림하고 있던 서투르키스탄(서돌궐)의 영지 내에 22개의 도호부를 유지하였다. 이는 중국 역사상 서쪽 가장 멀리까지 영토가 확대된 경우다.

그러나 당의 이러한 서역 속령화 경략은 서진(西進)을 노리는 토번(吐蕃, 티베트)과 파죽지세로 동진한 신흥 이슬람 세력의 협공에 직면해 와해 위기에 처하게 되었다. 이러한 서역의 도전은 740년부터 750년에 걸쳐 이뤄진 고선지(高仙芝)의 5차 서정(740년 달해부達奚部 원정, 747년 소발률小勃律 원정, 750년 걸사국㨋師國 정토, 750년 석국石國 원정, 751년 탈라스 전쟁)으로 인해 일시 제압되고, 서역 제호(諸胡, 달해부 원정 때의 72개국)는 다시 당에 복속되었다. 그러나 751

년 7월 고선지가 제5차 서정인 탈라스(Talās) 전쟁에서 패배해 파미르 고원 이서의 속령지들을 거의 잃게 되었다. 이에 당은 서역 경략에 치명상을 입었다. 사실상 고선지의 탈라스 원정 패전을 계기로 파미르 고원 이서(서투르키스탄)에 대해 당은 경략권을 잃었다. 한편 여러 차례에 걸친 서정으로 인해 파미르 고원 이동 지역(동투르키스탄)의 항당(抗唐)세력이 제거됨으로써 이 지역에 대한 당의 경략권이 확보되었다. 이때부터 오늘날까지 이 지역은 줄곧 중국의 판도 내에 편입되었다. 요컨대 당대 이후 동투르키스탄은 중국 영토의 한 구성부분으로서 내치(內治) 지역일 뿐, 더이상 경략 지역은 아니었다.

동방의 통일 대제국으로서 진취적인 개방정책을 추구한 당의 서역 속령화 경략은 중국과 서역 간의 문명교류를 비롯한 전반적인 동서교류에 적잖은 영향을 미쳤다. 우선, 오아시스로의 기능이 강화되고 그 노정이 최종적으로 확정된 것을 들 수 있다. 당의 서역 경략은 주로 서투르키스탄까지 이르는 오아시스로를 통해 이루어졌다. 당의 서역 경략을 계기로 서아시아의 신흥세력인 아랍-이슬람제국과의 접촉이 이루어져 이 길의 기능은 전례없이 강화되었다. 종래에는 교역이나 왕래가 구간별로 간접적이며 단절적으로 이루어졌으나, 이제는 전 노선에 걸쳐 직접적이며 연관성 있게 추진되었다. 그 결과 오아시스로의 서단(西端)을 타림 분지나 파미르 고원 일대로 국한하고 그밖의 노선은 한낱 연장선이나 보조선쯤으로 간주하던 종래의 오아시스로에 대한 관점은 발전적으로 극복되었다. 이에 따라 여러 갈래의 길이 크게 남·북 양도로 통합·정착되었다. 오아시스로의 북도(北道)는 중국의 뤄양(洛陽)이나 장안(長安)에서 시작해 안서(安西, 둔황 이동)에서 남도(南道)와 갈라져 이오(伊吾, 현 하미哈密)·고창(高

昌)·언기·구자(현 쿠처庫車)를 지나 소륵(카슈가르, 현 카스喀什)에서 파미르 고원을 넘어 중앙아시아 우즈베키스탄의 타슈켄트(Tashkent)·사마르칸트(Samarkand)·부하라(Bukhara), 투르크메니스탄의 메르브(Merv), 이란의 니샤푸르(Nishāpūr)·라가에(현 테헤란), 아르메니아의 예레반(Yerevan), 터키의 콘스탄티노플(현 이스탄불)을 지나 로마에 이르는 길이다. 이에 비해 남도는 역시 뤄양이나 장안에서 출발해 안서에서 북도와 갈라진 후 둔황·누란(樓蘭)·우기(于闐)를 지나 피산(皮山)에서 남진해 인더스강 상류를 따라가다가 서행해 아프가니스탄의 카불, 파키스탄 북부의 칸다하르(Khandahār, 간다라), 이란 남부의 케르만(kermān), 이라크의 바그다드, 시리아의 팔미라(Palmyra), 레바논의 베이루트(이곳에서 해로로 콘스탄티노플이나 로마에 이르기도 함)에 도착한 후 지중해 동남해안을 따라 이집트의 지중해 해안도시 알렉산드리아까지 이어지는 길이다. 이 남·북 양도는 오아시스로의 간선이며, 그밖에 여러 지선들이 종횡무진으로 이 간선과 잇닿아 있다. 이러한 간선과 지선을 포함한 오아시스로는 당의 서역 경략을 계기로 그 기능이 한층 더 강화됨과 동시에 노선이 최종적으로 확정되었다.

두번째 영향은 중국과 서역 간의 문물교류에 새로운 차원의 장이 열렸다는 점이다. 서역 경략을 계기로 당의 비단·도자기·철기·금은세공품 등이 서역에 다량 수출되고, 연단술(煉丹術)·제지술(製紙術)·맥학(脈學) 등 과학기술이 서역에 처음으로 전해졌으며, 이때 회화(繪畵)도 소개되었다. 특히 고선지의 탈라스 원정을 계기로 중국의 제지술이 이슬람세계에 도입되었으며(8~9세기), 이는 다시 12세기경에 유럽에 전수되었다. 한편 서역으로부터도 각종 문물이 중국에 대거 유입되었다. 당시 중앙아시아의 상권을 장악하고 있던 소무구성(昭武九姓)의 소그드(속특粟特) 상인들에 의해 모직물·향료·주옥(珠玉)·보석(슬슬瑟瑟 등)·양마(良馬)·약재 등 서역 특산물이 교역되었다. 당 경략 당시 서역을 통해 서역 불교가 큰 폭으로 전입된 것은 물론이거니와, 새로이 이슬람교·경교(景敎, 네스토리우스파, 고대 동방기독교)·마니교·조로아스터교·유대교 등 여러 서방 종교가 동양에 전파되었다. 뿐만 아니라 서역과의 교역이나 인적 왕래를 통해 다양한 서역 예술이 유입되었는데, 그 흔적은 오늘날까지도 남아 있다. 그중 두드러진 것은 가무와 미술이다. 일반적으로 호악(胡樂)이라 불리는 서역 음악은 한대에 전래되기 시작하여 위진남북조 시대에 지속적으로 영향력을 확대하다가 수·당대에 와서는 중국 악부(樂府)에서 하나의 중요한 체계로 자리를 잡으면서 중국 악부의 변화·발전에 큰 영향을 미쳤다. 당대의 악부에는 서역악 주도의 십악부(十樂府), 즉 연악(燕樂)·청악(淸樂)·서량악(西凉樂)·천축악(天竺樂)·고려악(高麗樂)·구자악(龜玆樂)·안국악(安國樂)·소륵악(疏勒樂)·강국악(康國樂)·고창악(高昌樂)이 배치됨으로써 중국 전통음악인 종성(鐘聲) 위주의 아악(雅樂, 궁중의식에서 연주되는 전통음악)은 구자악 위주의 호악에 밀려나고 말았다. 서역 무용인 호무(胡舞)도 장안이나 뤄양에 풍미하고 있었고, 불화(佛畵)나 불소(佛塑)에서도 인도의 굽타식을 비롯한 서역풍 조형법이 성행하였다. 둔황 막고굴(莫高窟, 천불동千佛洞)의 현존 476개 동굴 중 213개가 당대에 축조된 것인데, 대부분 벽화는 서역풍의 불화다. 그밖에 인도의 천문학이나 의학 등과 같이 서역에서 걸러진 후 전래된 문물도 적지 않다.

끝으로, 당의 서역 속령화 경략이 중국과 서역 간의 문물교류에 미친 영향은 빈번한 인적 왕래에서도 나타난다. 당대, 특히 당의 서역 경략 시기에 많은 서역인들이 당에 왕래하거나 이주해 여러 직종에 종사하면서 두 지역간의 문물 전달자·전파자로서의 역할을 수행하였다. 그들을 출신이나 직업에 따라 다섯 부류로 분류할 수 있다. 첫째 부류는 주로 왕자를 비롯한 귀족 자제들로서 사신(使臣)이나 숙위질자(宿衛質子, 볼모로 잡혀가 있는 벼슬아치의 자식)들이다. 8세기 후반에 토번이 허시(河西) 지역을 점령하자 서역으로 가는 통로가 막혀 귀국하지 못하고 당에 잔류하게 된 서역의 사신은 무려 4,000명이나 되었다. 그들 대부분은 군에 징집되었는데, 왕자의 경우는 병마사(兵馬使)나 압아(押牙) 같은 고위 군함(軍銜, 군직)을 받았다. 위정자들이 속민(屬民)을 이끌고 집단이주하는 경우도 있었다. 예컨대 강국(康國)의 대수령(大首領) 강염전(康艷典)은 정관(貞觀) 연간(627~649)에 '호인(胡人)'들을 이끌고 선선(鄯善)으로 옮겨 오아시스로의 남도 요지에 석성진(石城鎭) 등 4개 진을 건설하고 강국인들의 집단이주 지구를 형성하였다. 둘째 부류는 당에 들어가 군직(軍職)에 종사한 사람들이다. 당조에는 무신에 기용된 서역인들이 적지 않았는데, 그중에서 강국과 안국 출신이 가장 많았다. 안녹산(安祿山)은 원래가 강국인이었으나 안씨(安氏) 성(姓) 집안에서 부양을 받았기 때문에 '안(安)'으로 성을 바꿨다. 부장(副將) 강원보(康元寶)도 강국인이고, 장령(將領) 안흥귀(安興貴)와 이포옥(李抱玉) 등도 강국 출신이다. 셋째 부류는 가장 많은 수를 차지하는 호상(胡商)들이다. 그들 중에는 일반적으로 소그드인이라고 부르는 강국인과 안국인들이 다수를 차지하였다. 강국의 호상 출신인 강겸(康謙)은 천보(天寶) 연간(742~756)에는 안남도호(安南都護)를 지내다가 숙종(肅宗) 때에 와서는 홍로경(鴻臚卿)으로 승진해 외국사절들에 대한 접대 업무를 총괄하였다. 당 후기에 재상이 된 필

성(畢誠)은 흔히들 '상도(商都)'라고 하는 필국(畢國) 출신이다. 호상들은 상품교역에만 종사한 것이 아니라, 회흘전(回紇錢)·파사전(波斯錢) 같은 화폐를 매개로 한 금융업에도 종사하였다. 넷째 부류는 불교·조로아스터교·마니교 등 종교계의 승려나 전도사들이다. 7세기에 이르러 불교가 중앙아시아 지역에서 쇠퇴해가자 불승들은 유망한 전도의 땅을 찾아 당으로 발걸음을 옮겼다. 당대 화엄종(華嚴宗)의 제3대조인 현수대사석법장(賢首大師釋法藏, 643~712)은 강국인이고, 석승가(釋僧伽, 628~710)는 하국(何國)인이며, 석신회(釋神會, 720~794)는 석국(石國)인이다. 7세기 중앙아시아에서 불교가 점차 쇠퇴일로를 걷는 틈을 타서 성행한 조로아스터교와 마니교는 중앙아시아를 거점으로 하여 당에 전입되었다. 특히 조로아스터교는 소그드인들이 신봉하는 주요 종교로, 그들의 왕래에 따라 신속히 당에 전파되었다. 중앙아시아에서 조로아스터교가 기세를 올리자 이에 밀린 네스토리우스파와 마니교는 당으로의 전파에서 그 활로를 찾으려고 하였다. 한편 현장을 비롯한 많은 당나라 승려들이 서역에 왕래하거나 서역을 통해 도축구법(渡竺求法)하였다. 이들에 의해 서역 불교가 소개되었을 뿐만 아니라 그들이 남긴 여러가지 귀중한 여행기들을 통해 서역에 관한 지식이 전달되기도 하였다. 다섯째 부류는 화가·악사·무희(舞姬) 등 예술인들이다. 당의 서역 경략 시기를 전후해 많은 서역 예술인들이 내당해 갖가지 서역 예술을 소개·전파하였다. 내당한 화가로는 강국과 하국, 악사로는 미(米)·조(曹)·안·강국, 무희로는 강·안국 출신들이 다수를 차지하였다. 당에 유입되어 유행한 호등무(胡騰舞)와 자지무(柘枝舞)는 석국에서, 호선무(胡旋舞)는 강국에서 각각 전래된 것이다. 심지어 현종(玄宗) 때는 강·미·사(史)·구밀(俱密) 등 나라에서 무희를

예물로 삼아 헌상한 적도 있다. 당과 서역 간의 이러한 상호 유민(流民) 교류를 입증이라도 하듯, 당대 사적에는 '번호(蕃胡)'나 '주번(住蕃)' 같은 조어가 새로이 등장하는데, 이는 상호 이주와 인적 왕래 사실을 반영한 것으로서 중국 역사상 초유의 일이다. '번호'란 돌궐·회흘·토번·소무구성·페르시아·아랍·인도·고구려·신라·일본·곤륜노(崑崙奴) 등에서 당에 이주해 거주하는 외국인들을 일괄 지칭한다. 수도 장안에 설치한 홍로사(鴻臚寺)는 이들 번객(蕃客)들에 관한 사무를 전담하였고, 광저우에는 호상들의 집단 거주구역인 '번방(蕃坊)'이 있었다. 이에 반해 '주번'이란, 당인들이 외국에 이주해 거주하는 것을 말한다. 당시 주번 당인들로는 상인·장인(匠人)·범죄도피자·전쟁포로, 그리고 기타 평민들이 있었다.

당밀조례 糖蜜條例, Molasses Act, 1733년

영국의 식민지 무역 규제를 위한 법령. 18세기 영국령 식민지보다 프랑스령 식민지가 더 많은 당밀과 설탕을 아메리카 대륙에 수출해 이익을 올리게 되자, 영국령 서인도제도의 당밀 농장주들은 불만을 나타내면서 종주국 영국에 압력을 가하였다. 이에 1733년 영국 의회는 외국산 럼주(酒)·당밀·설탕에 높은 관세를 부과하는 당밀조례를 반포하였다. 이 조치는 북아메리카 식민지를 경영하는 무역업자들의 반발을 불러일으켜, 소기의 효과를 얻지 못하였다.

당번회맹비 唐蕃會盟碑, 823년 건립

중국 티베트 라싸의 조캉 사원 앞에 세워진 당과 토번(吐蕃, 현 티베트) 간의 회맹비. '안사(安史)의 난' 이후 당과 토번은 오래도록 전쟁을 거듭해왔다. 그러다가 위구르와 남조(南詔)가 당에 복속되면서 고립상태에 놓인 토번은 어쩔 수 없이 당과 회맹(會盟, 821~822)을 맺지 않을 수 없었다. 칭수이현(淸水縣)을 경계로 해 허시(河西)와 룽시(隴西)에 대한 토번의 지배권을 인정하는 내용의 평화조약을 당과 체결하였다. 823년에 세워진 이 회맹비에는 당시 회맹 참여자들의 명단이 새겨져 있다. (6-296)

당초문 唐草紋

서역에서 동방으로 전해진 문양으로, 여러가지 덩굴풀이 얼키설키 뻗어나간 모양의 무늬이다. 당초문은 성수(聖樹)·연화(蓮花)·인동문(忍冬文, 팔메트)·보상화(寶相華) 등 불교미술의 장식 무늬와 함께 육조시대에 중국에 전해졌으며, 중국을 거쳐 한국과 일본에 전파되었다. 당초문의 연원은 고대 이집트에서 찾는 것이 일반적이다.

고구려(ㄱ 고분)와 신라(ㄴ, ㄷ 와당)의 당초문

『대당서역구법고승전(大唐西域求法高僧傳)』 전2권, 義淨 撰

교류의 문헌적 전거로서의 인물전기. 중국 당나라 때의 학승인 의정(義淨, 635~713)이 7세기 도축(渡竺)한 구법승 61명의 전기를 찬술한 책이다. 의정은 구법차 천축(天竺, 인도)에 갔다가 해로로 돌아오는 길에 인도네시아 수마트라섬의 남동부에 자리한 팔렘방에 머물면서 이 책을 찬술했는데, 691년에 귀국한 대진(大津)에게 부탁해 측천무후(則天武后)에게 바쳤다. 신라 승려 7명과 고구려 승려 1명의 전기도 포함되어 있으며, 중세 실크로드 오아시스로와 해로를 연구하는 데 중요한 문헌적 전거가 된다.

『대당서역기(大唐西域記)』 전12권, 玄奘 撰

교류의 문헌적 전거로서의 여행문학서. 당대 고승 현장(玄奘, 600~664)이 행한 18년간(627~645년 1월, '현장'항 참고)의 도축구법(渡竺求法) 행적을 기술한 여행기이자 순례기로, 현장이 구술하고 제자 변기(辯機)가 필록(筆錄)해 편찬한 것이다. 현장이 직접 답사한 110개 나라와 전문(傳聞)한 28개 나라, 도합 138개 나라의 역사·지리·물산·농업·상업·풍속·문학예술·언어·문자·화폐·국왕·종교·전설 등 제반 사정에 관해 정확하게 기술하고 있다. 고대와 중세의 중앙아시아와 서아시아의 역사문화나 동서교류사를 연구하는 데 대단히 중요한 문헌으로 공인되며, 중세 인도와 서역의 지리서란 평가도 받는다. 특히 5천축 80개국 중 75개국을 탐방하면서 사실적인 기록을 남긴 이 책은 문헌기록이 미흡한 인도 고대사 연구에서 1차적 사료로 중시되고 있다. 또 현장의 육로 왕래 노정에 관한 기록은 중세 초 오아시스로의 실태를 전해준다는 점에서 중요한 문헌적 가치가 있다. 동서양 학계에서 모두 진가가 인정되어 1850년대부터 프랑스어·영어·일어·한국어 등 여러 외국어로 번역·출간되었다.

대도 大都, Ta-tu, Khanbaliq

원나라의 수도(현 베이징). 춘추시대에는 연(燕)의 영역으로서 수도 계(薊)가 부근에 자리했으며, 진(秦)대와 전한(前漢)대에는 이곳에 계현(薊縣)이 설치되었다. 후한대부터 유주(幽州)라고 불렀으며, 10세기 초에는 요(遼)의 판도에 들어가 난징(南京)이라고 명칭이 바뀌어 부도(副都)로서 기능을 하였다. 12세기는 금(金)의 지배하에 놓이자 이름을 중도대흥부(中道大興府)로 바꿔 역시 부도로 삼았는데, 1153년 금나라 제4대 황제인 해릉왕(海陵王)이 상도(上都) 회령부(會寧府)에서 중도(中道)로 천도해 금나라의 정치적 중심지가 되었다. 1215년에는 중도가 몽골군에게 함락되고, 1267년 쿠빌라이는 수도를 개평부(開平府)에서 이곳으로 옮겨와 대도(大都)라고 개명하였다. 이를 계기로 대도는 세계적 몽골제국의 심장부로 부상하면서 오아시스로의 '동단(東端)'이 서서히 시안(西安)에서 이곳으로 동진하게 되었다. (1-174)

대동양 大東洋 → '동(東)과 서(西)'항 참고

대렴 大廉

신라의 견당사(遣唐使) 대렴은 828년 조공사로 당으로 가 인덕전(麟德殿)에서 당 문종(文宗)을 알현하고, 귀국할 때 차 종자를 가져와 지리산에 심었다. 이것이 한반도에서 차 재배의 시원이라고 한다.

대륙봉쇄령 大陸封鎖令, Blocus Continental

프랑스 나폴레옹 1세가 영국을 경제적으로 봉쇄하기 위해 반포한 칙령. 나폴레옹 1세는 유럽 대륙을 평정한 후 1806년 10월 베를린에 입성해 이 칙령을 반포하였다. 그 내용은 영국과의 통상 금지, 점령 지역 내 영국인 재산 몰수, 영국이나 영국 식민지 상인의 유럽대륙 입항 금지 등이다. 영국은 '신대륙' 무역과 유럽대륙과의 밀무역으로 이 칙령에 대항하였다. (17-91)

대면 大面

서역에서 동방으로 전해진 놀이. 대면은 한국의 사적 『삼국사기(三國史記)』(권32, 「악지(樂志)」 1, '악(樂)'조)에 실린 신라 문호 최치원(崔致遠)

의 『향악잡영오수(鄕樂雜詠五首)』에 소개된 잡기(雜伎, 놀이)다. 대면은 당나라 오기(五伎)의 일종인 대면극(大面劇)과 유사한데, 북제(北齊)에 전래된 일종의 가무극(歌舞劇)이다. 황금빛 탈을 쓴 사람이 구슬채찍을 들고 귀신을 부리면서 빠른 걸음이지만 조용한 모습으로 봄철의 붉은 봉(鳳)새처럼 운치있게 춤을 춘다. 『악부잡록(樂府雜錄)』 「고가부(鼓架部)」의 기술에 의하면 대면이 역신(疫神)을 구축(驅逐)하는 구나무(驅儺舞)이기는 하나 희극(戱劇)의 소재로 쓰이기도 한다. 일본의 가면무 란료오(蘭陵王)가 대면에 비교된다고 한다.

대명률 大明律, 30권, 1367년 제정

1367년에 제정한 중국 명나라의 법전. 전래의 6율(律)이던 당률(唐律)을 7율로 증보하고, 형벌을 좀더 엄격히 규정했으며, 보상금 제도를 도입하였다. 대명률은 명대뿐만 아니라 청대의 기본 법전이기도 했으며, 한국·일본·베트남의 법제에 영향을 미쳤다.

『대명중국사정기(大明中國事情記)』 Martin de Rada 저, 1575년경

교류의 문헌적 전거로서의 개설서. 스페인 천주교 예수회 마닐라 교구 주교인 데 라다(Martin de Rada)는 1575년 7월 필리핀 주재 스페인 총독에 의해 선교 및 무역활동의 어려움을 타개하기 위해 중국 푸젠(福建)에 파견되었다. 그해 10월 사명을 수행하고 필리핀에 돌아온 데 라다는 자신의 견문과 휴대하고 온 중국 서적을 참고로 해 이 책을 저술하였다. ('데 라다의 푸젠 사행'항 참고) 이 책은 크게 두 부분으로 엮어졌는데, 제1부는 중국 여행 기록이고, 제2부는 중국 사정에 관한 기록이다. 12절로 나눠진 제2부는 중국의 면적·위치·인구·행정구역·도시·군사·무기·납

세·부세 등과, 고대사의 연혁, 백성의 풍요·풍습·복식·식품·향연·건축·농경·광산·사법·행정법·신·우상·제사·명절·승려·수사·은사(隱士) 등 세세한 부분까지 언급하고 있다. 일부 부정확한 내용도 있지만, 불과 3개월 만에 방대한 내용을 담아낸 그의 통찰력과 집념이 돋보이는 이 책은 당대 유럽인들이 중국에 관한 지식을 얻는 데 주요한 자료원이 되었다. 10년 후인 1585년에 유럽 최초의 중국 연구서로 출간된 멘도사(Mendoza)의 『중화대제국사(中華大帝國史)』에는 데 라다의 기술 내용이 여러 곳에서 인용되고 있다.

대모 玳瑁, 瑇瑁

해상실크로드 상의 교역품. 원래 바다거북과에 속하는 거북의 일종이지만 등 껍데기(귀갑龜甲)도 대모 또는 대모갑(玳瑁甲)이라고 한다. 대모는 값진 기호품 또는 장식품으로서 해상실크로드 상에서 교역되었다.

대범선무역 大帆船貿易

해상실크로드를 통한 무역. 대범선무역이란 16세기 이후 태평양을 통해 신·구대륙 간에 대형 범선으로써 이뤄진 무역을 말한다. 대항해시대의 도래와 더불어 범지구적 문명교류 통로가 개척된 16세기 이후, 중국을 비롯한 동방과 멕시코와 페루를 비롯한 '신세계(아메리카 대륙)' 사이에 대형 범선에 의한 해상무역이 태평양을 횡단해 진행되었다. 16세기 멕시코와 페루 등 중남미 지역과 더불어 동방에 진출해 필리핀 군도까지 강점(1571)함으로써 유럽 최초의 광대한 식민제국을 건설한 스페인은 필리핀의 마닐라항을 중간기착지와 중계무역지로 삼아 중국과 무역을 진행했는데, 그 운송수단이 대형 범선이었다. 스페인 상인들은 주로 페루산 백은(白銀, 16세기 말 전 세계 산출량의 60% 이상)을 배에 신

고 필리핀에 기착해 그곳에 반입된 중국산 견직물이나 도자기와 교역한다든가, 혹은 중국 동남 해안의 장저우(漳州)·취안저우(泉州)·광저우(廣州) 등지에 가서 직접 교역을 하기도 하였다.

대사 大使, ambassador

교류의 인적 전거. 외국에 상주하는 일국의 최고 외교대표를 대사라고 한다. 4,000년 전 이집트 고왕국은 인근 아시아 여러 나라에 사신(使臣)을 파견했는데, 이것이 인류 최초의 대사 격이다. 그리스시대에도 사절을 외국에 파견했는데, 이 사절들은 출사 전에 국가의 전문기관으로부터 일종의 훈령을 받곤 하였다. 훈령은 밀랍으로 봉한 두 조각 널판에 쓰는데, 이것을 '외교'(diplomacy)라고 칭하였다. 오늘날 쓰이는 '외교'의 어원인 셈이다. 14세기에 유럽에서 자본주의 맹아가 싹틀 무렵 외국과의 적절한 관계 설정의 중요성이 커지면서 베네치아공화국에서 최초로 주외사절을 상주대표로 격상시켰다. 이후 국가간 교섭이 복잡해짐에 따라 대사의 사명과 역할도 더욱 확대되었다.

대사막 大沙漠, The Great Desert, 일명 카비르(Kavīr) 사막

오아시스로 중단(中段)의 사막. 이란 서북부의 엘부르즈(Elburz) 산록으로부터 동남부의 마크란 산지까지 펼쳐진 사막으로서 길이는 약 1,300km이고, 폭은 곳에 따라 다른데 가장 넓은 곳은 300km, 가장 좁은 곳은 160km에 달한다. 대체로 땅에 염분이 많이 함유되어 있는 북반부를 '카비르 사막'이라고 하고, 남반부는 별도로 '루트 사막'이라 부른다. 원래 이란의 내륙 저지대는 대부분 아프가니스탄이나 중앙아시아까지 아우르는 거대한 호수의 밑바닥이어서 이곳에는 주위의 산지에서 흘러들어오는 와디(wadi)의

물이 모인 염분이 많은 습지와 반쯤 건조된 염사원(鹽砂原)이 널리 분포되어 있다.

대사막의 북부를 특히 '카비르 사막'이라고 부르는 것은, 이 지역이 '대카비르'를 포함해 그보다 규모가 작은 여러 개의 '카비르'로 구성되어 있기 때문이다. '카비르'(kavīr)는 페르시아어인데, 토질이 차질고 끈적끈적하면서 염분을 많이 함유하고 있는 진흙땅을 지칭한다. 카비르 사막은 현대 페르시아어로 '다슈테 카비르'(Dasht-e Kavīr)라고도 한다. 그리고 대카비르는 별도로 '카비레 보조르그'(Kavīr-e Bozorg)라고도 부르는데, 이때의 '보조르그'(bozorg)는 '크다'는 뜻이다. 이 대카비르의 주위에는 작은 카비르들이 산재해 있다. 즉 테헤란으로부터 니샤푸르로 가는 이란 국영철도의 남측에는 마슐레·산그파르슈·카빌레·셈난·담간·마지난 등의 카비르가 있고, 카비르 사막의 서부에는 아르데스탄 카비르가, 동부에는 베제스턴 카비르가 펼쳐져 있다. 특히 산그파르슈 카비르(Sangfarsh Kavīr)에는 셈난(Semnān)과 케르만(Kermān)을 직접 이어주는 루트가 있는데, 진흙으로 된 개펄에 빠지지 않고도 통행이 가능하다. 페르시아어로 '산그'는 '돌'이고 '파르슈'는 '융단(絨緞)'이란 뜻으로, '산그파르슈 카비르'는 '돌을 융단처럼 깐 길이 카비르 위로 지나간다'는 뜻이다.

카비르에는 페르시아어로 '대하(大河)'란 의미의 샤트(shatt), 즉 카비르의 표면에서 1~10cm 아래로 진흙천이 흐른다. 이 진흙천은 비록 폭이 좁으나 더러 꽤 깊은 곳도 있어 위험하다. 카비르를 횡단하는 사람이나 동물은 자칫 이 샤트에 빠질 수도 있으므로 특히 조심하지 않으면 안되며, 대체로 체구가 큰 동물이 남긴 발자국을 따라가는 지혜가 필요하다. 샤트는 카비르 사막의 동북부에 많이 있고, 반면에 서남부는 지표에 돌출된 바위들이 많아 사막을 횡단하기에 불편하

다. 하지만 광물이 많이 매장되어 있다는 점에서 경제적 가치가 그만큼 큰 곳이기도 하다.

한편 루트 사막은 대사막의 남부 북위 29~32도, 동경 58~59도 지역에 있는데, 현대 페르시아어로는 '다슈테 루트'(Dasht-e Lūt), 혹은 '베야바네 루트'(Beyāban-e Lūt)라고 한다. 이때의 '베야반'(beyāban)은 '사막'이나 '황야'란 뜻으로 거친 사막을 일컫는다. 높은 산들로 에워싸인 와지(窪地)가 큰 타원형을 이루고 있는 루트 사막은, 내륙 이란에서는 고도가 가장 낮은 지대로 표고가 300m 채 안 되는 곳도 있다. 루트 사막의 남변에는 사구치산·바스만산·타프탄산 등 여러 산들이 이어져 있다. 루트 사막의 서부에는 나마쿠라고 하는 남북으로 가늘고 길게 뻗은 염택(鹽澤) 지대가 있고, 그 동쪽에는 침식이 심한 샤흐르 루트(Shahr-e Lūt)가 있다. '샤흐'(shahr)는 페르시아어로 '도시'란 뜻이다. 풍화가 심해 멀리서 보면 마치 도시의 폐허처럼 보이기 때문에 붙여진 이름이다.

샤흐르 루트 동쪽에는 드넓은 사구(砂丘) 지대가 펼쳐진다. 중세 무슬림 지리학자들은 이 대사막을 아랍어로 '알 마파자'(al-Mafāzah)라고 불렀다. 이븐 하우칼(Ibn Hauqal)과 무깟다시(Muqaddasī)는 10세기에 대사막을 횡단한 기록을 남겼다. 예로부터 대사막을 횡단하는 데는 다음과 같은 7가지 길이 있었다. ① 이스파한이나 나인 → 반 ② 사간드 → 타바스 ③ 쿠흐비난 → 코리 ④ 빌레 → 코리 ⑤ 라바르 → 나반드(오아시스) ⑥ 하비스 → 쿠쿠르촌(村, 사막의 종점) → 스프 ⑦ 나르마시르 → 사니지(오아시스) → 자란즈.

마르코 폴로는 여행기 『동방견문록』에서 코비난(Cobinan)이란 도시를 방문해 그곳에서 아연화(亞鉛華, tutty, 의약이나 화장품 제조용 산화아연 가루)를 만드는 것을 봤다고 하였다. 1866년에 『동방견문록』을 영역한 헨리 율(H. Yule)은 코비난을 위의 세번째 길의 시발점인 쿠흐비난(Kūhbinān)에 비정(比定)하였다(H. Yule, *The Book of Ser Marco Polo*, Vol. Ⅰ, 129면). 마르코 폴로가 본 아연화에 관해서는 13세기의 아랍 지리학자 야쿠트 이브라힘 이븐 야쿠트(Ibrahim Ibn Yāqūt)도 아랍어로는 '투티야'(tūtiyā, 영어는 tutty)라며 언급하는데, '쿠흐비난'을 '쿠기얀'(Kūgiyān, 혹은 Kūkiyān)으로 음사(音寫)하고 있다. 코비난을 출발한 마르코 폴로는 8일간 나무 한그루 보기 힘든 건조하기 이를 데 없는 황막한 사막을 횡단해 '티노까인'이란 곳에 이르렀다. 티노까인은 'Tūn'과 'Qā'in'이란 두 지명이 'o'에 의해 결합된 합성어로, 서아시아에서는 종종 이러한 두 지명의 합성어를 발견하게 된다. 'Tūn'은 현재의 'Ferdous'이고, 'Qā'in'은 'Qā'en'으로서 두 곳 모두 호라산주에 있다. 마르코 폴로가 코비난에서 티노까인까지 횡단한 사막의 길은 위의 길들 가운데, ②나 ③이나 ④ 중 어느 하나일 텐데 ②일 가능성이 가장 높다. 이 길에 관해서는 무깟다시도 언급한 바 있으며, 거리는 약 290km다. (1-172~74)

대산 大蒜, 마늘
동전 서역 식물. 서진(西晉) 장화(張華)의 『박물지(博物志)』 권3에는 대산(大蒜, 마늘)은 전한(前漢) 장건(張騫)이 서역에 사행했을 때 가져온 것이라고 나온다. 남송(南宋)의 나원(羅愿)도 저서 『이아익(爾雅翼)』 권5에서 장건이 대산을 서역에서 가져왔다고 기록하며, 산(蒜)에는 대소(大小)가 있다고 하였다. 즉 대산은 호(葫), 소산(小蒜)은 산(蒜)이라고 하며, 다시 '호'는 '호산(胡蒜)'이라고도 한다고 기술하고 있다.

대상 隊商, 카라반, caravan

오아시스로 상의 교역 조직. 대상이란 사막지방에서 주로 낙타를 이용해 교역을 일삼는 상인들의 무리를 말한다. 사막 가운데 있는 오아시스를 연결해 진행되는 제반 교류는 대부분 이 무리에 의해 이루어지므로 대상은 오아시스로를 통한 교류의 주역이라고 말할 수 있다. 용수(用水)가 보장된 오아시스의 주민, 즉 오아시스민(民)은 주로 농경민(農耕民)이지만, 그밖에 교역 전문 상인들도 있었다. 사막에 에워싸인 고립지인 오아시스는 일반 농경지와는 달리 면적이 좁고 농작물을 비롯한 물산이 제한적일 수밖에 없기 때문에 인근 오아시스, 때로는 원거리에 있는 오아시스와의 문물교환이 필수적이다. 여기에 교역을 생업으로 하는 일부 오아시스민이 가세함으로써 교역을 비롯한 교류가 오아시스간에 성행하게 되었다.

오아시스간의 교역은 식수를 찾을 수 없는 지역을 지나거나 열풍 같은 사막의 자연환경과 일상적으로 맞서야 하고, 종종 산적이나 유목민들의 상습적인 약탈을 겪기 때문에, 이러한 난제들을 해결하기 위해 생긴 결과라고 할 수 있다. 이러한 열악하고 위험스러운 환경은 개별적으로 대응하기는 어렵고 오로지 집단적인 공동대응으로 극복할 수 있었다. 그 결과 상인들이 무리를 지어 물자를 다량으로 교역하는 이른바 대상(隊商)이 출현하게 되었다. 대상들은 운송수단으로 주로 '사막의 배'라고 하는 낙타를 이용하는데, 그밖에 당나귀나 말·야크 같은 가축을 동원할 때도 있다. 대상은 지역에 따라 편성 규모가 일정치 않다. 내몽골을 비롯한 중국 서북지방의 대 중앙아시아 대상 규모를 일례로 보면 낙타 20두를 최소 단위로 하는데, 1연(練)이라고 부르며 이는 모리꾼 한 사람이 책임지는 몫이다. 2연은 1파(把, 40두)라고 하며, 5파(200두)를 1정방

오아시스로를 걸어가는 낙타 대상

(頂房)이라고 한다. 일반적으로 200~300두로 이루어진 한 대상이 무리를 지어 이동하는데, 그중 4분의 3은 교역품을 운반하고, 나머지 4분의 1에는 식량·물·일용품·사료 등을 싣는다. 대상은 편대별로 일렬종대를 지어 행진하는 것이 상례다. 대상이 도중에 머무르는 숙관(宿館)을 '카라반 사라이'(caravan sarai)라고 하는데, 숙영지가 오아시스인 경우는 대체로 이러한 숙관에 머문다. 하물(荷物)을 실은 왕로(往路)에서는 대상장(隊商長)·요리장·중환자를 제외하고는 모두 낙타를 따라 걸어가지만, 하물을 처리한 뒤 귀로(歸路)에서는 낙타를 타고 다닌다. 통상 대상은 햇볕을 피해 정오를 지나서 숙영지를 떠난다. 해질 무렵까지 약 7~8시간을 행진해 하루 30~40km를 답파한다. 비록 외래문명의 영향을 받아 오아시스에도 문화적 접변(接變)이 일어나고, 이에 따라 오아시스간의 교류도 내용 면에서는 변화가 불가피하지만, 사막이라는 불변의 자연환경 때문에 대상이라는 교류(교역) 수단에는 큰 변화가 없다. 바로 오아시스로의 교통사적 배경이 갖는 한계성이다.

대승불교 大乘佛敎

인도에서 동방에 전해진 불교의 한 종파. 대승불교는 석가 입적 후 500년이 지난 기원전 1세기경, 20여개의 부파가 난립하던 부파불교(部派佛敎) 말기의 기존 불교를 소승(小乘, Hinayana)

이라고 비판하면서 등장한 새로운 불교사상 운동이었다. '대승'이란 말은 산스크리트어로 '큰(maha) 수레(yana)'란 의미로서, 대승불교는 개인의 깨달음만이 아니라 일체중생을 모두 제도(濟度)해 정토(淨土)의 피안(彼岸)에 함께 다다르는 것을 목표로 한다. 대승불교의 기본 경전은 『반야경(般若經)』 『법화경(法華經)』 『화엄경(華嚴經)』 등이며, 창시자는 용수(龍樹)다. 무착(無着)과 세친(世親) 등에 의해 계승되어 인도 굽타왕조 때 전성기를 이루었으나, 7세기 중엽부터 밀교(密敎)가 성행하고, 12세기 말부터는 이슬람교와 힌두교에 밀려 쇠퇴하기 시작하였다. 중앙아시아를 거쳐 중국에서 회생한 후 한국을 비롯한 동북아시아에서 '북방불교'란 이름으로 오늘날까지 성행하고 있다. (17-93)

대식 大食

아랍을 가리키는 중국식 지칭. 페르시아인들이 인근 아랍을 '타지'(Tazi)라고 불렀는데, 그것이 중국에 전해지면서 '대식'으로 음사(音寫)되었다.

대원 大宛, Ferghāna

오아시스로 상의 요지. 지리적으로 톈산 산맥의 서단과 시르다리야강 상류의 파미르 고원 북단에 에워싸인 페르가나 분지, 혹은 이 분지에서 생몰(生沒)한 왕국을 지칭한다. 지금은 우즈베키스탄의 판도에 들어가 있다. 주변 산맥에서 흘러내리는 많은 하천 때문에 기원전 수백년 전부터 목축업과 더불어 농경문화가 발달하였다. 또한 오아시스로 중단(中段) 요로에 위치해서 동서남북으로 교류도 활발하였다. 원주민은 페르시아계 인종으로서, 아케메네스조 페르시아의 키루스(Cyrus) 왕은 시르다리야강 부근까지 진출했는데, 그 지역에 일곱 개의 국경도시를 세운 다음 그중 가장 큰 도시에 자신의 이름을 따서 지

은 '키루폴리스'라는 성을 튼튼하게 구축했다. 그후 알렉산드로스는 이 성을 공략하고 나서 지금의 호젠트(Khodzhent) 부근에 알렉산드리아 시를 건설하였다. 알렉산드로스 제국이 붕괴된 후에는 분지 내 토착세력들이 나라를 세웠는데, 중국의 『사기(史記)』나 『한서(漢書)』에는 그 나라가 '대원국(大宛國)'으로 명시되어 있다. 기원전 2세기 장건(張騫)의 '서역착공(西域鑿空)'이 계기가 되어 대원에 관한 정보가 처음으로 중국에 알려지게 되었으며, 기원전 104~101년에 한무제는 대원의 명물 한혈마(汗血馬, '한혈마'항 참고)를 구하기 위해 대원 원정에 나서기도 하였다. 당시 대원은 70여 개의 성(오아시스마다 1개의 성을 구축)으로 구성되어 있었으며, 주변의 접경국 오손(烏孫)이나 강거(康居)는 유목국가인 데 반해 대원은 페르시아 문화권에 속한 농경국가였다. 대원국 멸망 후 페르가나 분지는 여러 세력으로 분할되었다가, 서천하는 돌궐계 유목세력의 지배와 동진하는 이슬람 세력의 통치를 받으면서 투르크-이슬람화되었다. 10세기 이후에는 카라한조와 서요(西遼, 카라 키타이)에 영속(領屬)되었다가, 몽골 차가타이 칸국과 티무르제국의 지배를 받았다. 17세기 초에 출현하여 영내 여러 도시들을 규합해 한때 전역을 통일한 뒤 러시아 및 중국과의 중계무역으로 번영을 누리던 코칸트 칸국은 19세기 초부터 부하라 칸국의 치하에 들어갔다가 1876년에 남하하는 러시아에게 점령되었다. 러시아는 여기에 페르가나 주(州)를 설치하고, 중앙아시아 진출의 동부 교두보로 삼았다. (1-269~70)

대월 大越

베트남의 고대 국명. 베트남이 10세기에 1,000여년의 중국 지배에서 벗어나 독립을 쟁취했을 때 첫 국명은 대구월(大瞿越)이었다. 그후 오늘

에 이르기까지 국내의 왕조 교체와 중국과의 관계 변화에 따라 국명이 대월(大越, 3번)·안남(安南)·대우(大虞)·월남(越南, 베트남, 2번)·대남(大南) 등으로 자주 바뀌었다. '대월'과 '대남'에서 한 글자씩 따서 만든 것이 '월남'이다.

대월지 大月氏

교류의 민족사적 배경으로서의 서천(西遷)한 고대 투르크계 민족. 대월지는 기원전 3세기 말엽에 중국 신장(新疆) 동북 일원에 살던 월지(月氏)족이 흉노에게 쫓겨 서천해 중앙아시아 아무다리야강 연안에 세운 나라다. 대월지국은 건국 후 박트리아(대하大夏)와 힌두쿠시 산맥 남쪽에 산재한 토착 제후들인 5흡후(翕侯)를 지배하였다. 그후 1세기경 5흡후 중 하나인 쿠샨(貴霜)이 강성해지면서, 인도 북부지방에 대월지를 계승해 쿠샨왕국을 세웠다.

대정복시대 大征服時代

이슬람사에서 정통 칼리파 시대의 제2대 칼리파 오마르(Omar)와 제3대 칼리파 오스만(Othman) 시대에 단행된 대(大) 동·서방 군사적 정복활동 시대(634~656), 즉 이슬람군 동·서정의 제1파고 시대를 말한다. ('이슬람군의 동·서정'항 참고)

대진경교유행중국비 大秦景教流行中國碑, 781년 건립

고대 기독교 동전의 유물적 전거. 대진경교유행중국비(약칭 '경교비')는 경교(景敎) 이름하의 고대 동방기독교에 내재한 기본 교리와 중국 당대(唐代)의 전파상을 가장 사실적이고도 구체적으로 기술한 유물이다. 이 비석은 1623년(일설은 1625년이나 1628년) 장안 서남쪽 150리쯤의 거리에 있는 주질현(盩厔縣, 현 주지현周至縣) 오군성(五群城) 대진사(大秦寺) 경내(일설은

장안의 의령방義寧坊 대진사)에서 집을 짓기 위해 땅을 파던 인부에 의해 발견되었다. 건립 연대는 덕종(德宗) 건중(建中) 2년(781)이며, 건조지는 출토지와 마찬가지로 오군성 대진사 경내와 의녕방 대진사라는 두 설이 있다. 경교승이며 동삭방절도부사(同朔方節度副使)인 이사(伊斯, Mar Yesbuzid)의 제안에 의해 총주교인 교부(敎父, Papas) 경정(景淨, 아당亞當, Adam)이 비문을 짓고, 조의랑(朝議郎)인 여수암(呂秀巖)이 글씨를 썼다. 높이 9척, 너비 3척 반, 두께 1척 가량 되는 보통 크기의 이 비석은 상부와 비신(碑身), 좌대(座臺) 세 부분으로 구성되어 있다. 의장(意匠)에는 불교나 도교적인 요소가 뚜렷하다. 상부는 반룡(蟠龍)이 큰 여의주(如意珠)를 받쳐들고 있고, 그 바로 아래에 십자가가 연꽃과 부운(浮雲) 속에 돋을새김으로 조각되어 있다. 십자가 아래에는 3자 3행의 '대진경교유행중국비(大秦

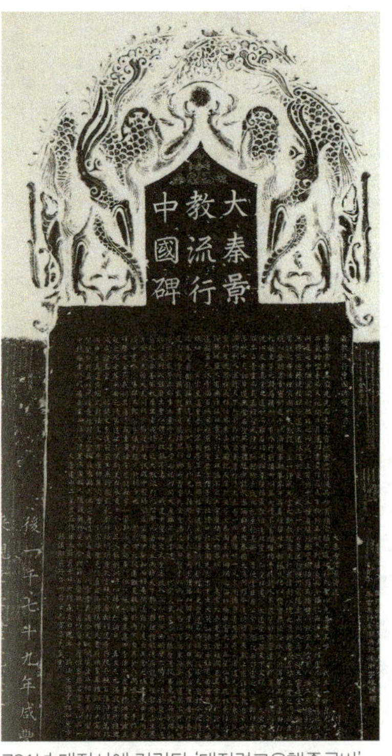

781년 대진사에 건립된 '대진경교유행중국비'

景教流行中國碑)'란 표제문(標題文)이 새겨져 있다. 비의 정면 비신에는 해서체(楷書體)로 쓰인 총 1,800여 자의 '송병서(頌幷序)'가 있고, 전면 하단과 좌·우면에는 시리아어로 경교사들의 명함과 직분이 밝혀져 있다. 비문의 골간인 '송병서'에는 주로 경교의 신앙적 교리와 신조 및 의례 등이 간략하게 개괄되어 있으며, 나머지는 경교 전파에 관한 왕치위본주의적(王治爲本主義的)인 기술로 채워져 있다.

비가 지닌 중요성과 가치 때문에 처음부터 비의 진위(眞僞)문제가 제기되었다. 뿐만 아니라 이 비를 밀반출하려는 사건도 발생했으며, 외지에서 모조비(模造碑) 건립 현상도 나타났다. 특히 주목되는 것은 그리스도의 기적이나 십자가의 죽음과 부활 같은 것이 명문화되지 않았다는 것이며, 불교와 도교적인 의례나 표현들을 차용한 점 등을 들어 오늘날까지도 경교를 이단시하고 사이비화하는 편단(偏斷)을 낳기도 하였다. 그러나 비문에 갈무리된 주의 영원성이나 삼위일체에 근거한 유일신론, 주의 창조성 등에 대한 신관(神觀)은 기독교 고유의 신관과 기본적으로 일치한다. 또한 성자나 성령에 관한 성관(聖觀)도 기독교의 근본 교리를 벗어나지 않으며, 구원관에서도 기독교적 정통성이 나타나고 있다. 문제시되어온 그리스도의 신인양성론이나 마리아의 신성론도 비문에서는 위배되는 내용을 발견할 수가 없다. 그리고 예수의 기적이나 십자가의 죽음, 승천 부활이나 원죄 등에 관해서는, 비록 직접적인 표현은 없어도 앞의 신관이나 성관, 구원관의 이곳저곳에 투영되어 있다는 것을 감안할 때 경교를 이단시하고 사이비화하는 경향은 재고할 여지가 있다고 여겨진다.

대진국 大秦國

고대 로마제국의 중국식 명칭. 『후한서(後漢書)』

「대진국전(大秦國傳)」에 의하면, 중국 후한 시대에 로마제국을 '대진국'이라고 칭하였다.

『대측(大測)』 전2권, J. T. Schreck 저, 1631년

서구의 근대적 삼각학(三角學)을 소개한 학문적 전서(專書). 중국에 거주하는 서구 선교사들에 의해 서구의 근대적 삼각학이 중국에 전해졌는데, 독일 선교사 요하네스 테렌츠 슈렉(J. T. Schreck, 등옥함鄧玉函, 1576~1630)의 『대측』과 이탈리아 선교사 자코모 로(Giacomo Rho, 나아각羅雅谷, 1598~1638)의 『측량전의(測量全義)』(10권, 1631)는 서구의 근대적 삼각학을 중국에 소개한 대표적 전서다. 『대측』은 프톨레마이오스의 『수학대전(數學大全)』(Syntaxis Mathematica)을 주로 참고하여 편찬한 개설서다. 『측량전의』는 삼각형을 심도있게 다룬 전서인데, 특히 평면삼각형과 구면삼각형은 상당히 구체적으로 설명되고 있다. 제5권에서는 아르키메데스(Archimedes, 기원전 287~212)의 『수론(數論)』(Syracusani Monumenta Omnia Mathematica) 중의 「환편(圜篇)」 권1과 「원구원주편(圓球圓柱篇)」 권2를 소개하고 있다. 이로써 아르키메데스의 3대 정률(定律)이 처음으로 중국에 알려지게 되었다. 폴란드 선교사 스모골렌스키(J. N. Smogolenski, 목니각穆尼閣, 1611~1656)의 전수 내용을 설봉조(薛鳳祚, 1599~1680)가 모아 엮은 『역학회통(曆學會通)』(총56권, 1664)에는 『삼각산법(三角算法)』 1권이 포함되어 있다.

대칭문양 對稱紋樣

동전된 서역 문양. 대칭문양은 페르시아(이란) 사산 왕조 때 유행한 특징적인 문양이다. 동물을 비롯한 대상물을 대칭을 이루도록 배치하는 이 기법은 서역과 중국을 거쳐 한국과 일본에까지 전파되었다. 한국 경주(慶州)에서 출토된 화

페르시아 미술의 고유 문양인 대칭 문양으로 새겨진
'입수쌍조석조유물'

수대금문금구(花樹對禽文金具)와 입수쌍조문석
조유물(立樹雙鳥文石造遺物), 일본의 화수대록문
금(花樹對鹿文錦, 쇼소인正倉院 소장)은 그 대표
적 사례라 할 수 있다. 경주 황룡사탑지(黃龍寺
塔址) 사리공(舍利孔)에서 화수대금문양(花樹對
禽紋樣)이 새겨진 원형 은반이 발견되었는데, 이
는 이 페르시아계 문양이 불교 공예품 문양으로
도 도입되었다는 것을 시사해준다. 페르시아계
문양은 대체로 평면은 원형이며, 중앙에 나무가
수직으로 서 있고, 나무 좌우에 동물을 대칭으로
배치하며, 구슬 모양의 연주문대(聯珠紋帶)를 두
르고 있다.

대하 大夏 → '발흐 도시 유적'항 참고

대항해시대 大航海時代

지금까지 통념으로는 중세의 대항해시대를 서
구의 신흥세력들에 의한 이른바 '지리상의 발
견'이나 '신항로의 개척' 시대로 정의하는데, 이
것은 서구문명 중심주의에서 비롯된 발상이다.
왜냐하면 이 시대는 서구가 아닌 동양에 의해 발
단되었으며, 이른바 '지리상의 발견'이나 '신항
로의 개척'은 다름아닌 해상실크로드의 환지구
적(環地球的) 확대이며 그 전개 시기이기 때문이
다. 이렇게 동서양을 아우르는 범지구적 항해시
대는 15세기 초에서 17세기 중엽까지로 잡을 수

있다. 이 시대를 대항해시대로 규정지을 수 있
는 굵직한 항해사(航海事)로는 정화(鄭和)의 7차
에 걸친 '하서양(下西洋)'을 비롯해, 엔히크를 필
두로 한 포르투갈인들의 아프리카 서해안 항해,
다 가마의 인도양 해로 개척, 콜럼버스의 대서양
횡단, 마젤란과 엘카노의 세계일주, 아메리고 베
스푸치의 남미 대륙 항해, 포르투갈과 스페인의
라틴아메리카 식민화를 위한 해상 활동, 네덜란
드와 영국의 해양 패권 경쟁 등을 들 수 있다. 이
시대에는 대범선무역(大帆船貿易)에 의해 동서
간에 도자기와 향료, 농산물과 광물 등 문물교류
가 활발하게 진행되었다.

대황 大黃

서전 약초. 요과(蓼科, 마디풀과)에 속하는 약용
식물로서, 원산지는 중국 서북지방의 고산협곡
지대다. 티베트와 쑤저우(肅州, 간쑤甘肅 주취안
酒泉)산이 가장 좋다. 지사제(止瀉劑)와 보약, 그
리고 간장이나 위장병 등 질병치료제로도 쓰인
다. 기원초부터 대황은 중국 예하에 있는 중앙
아시아와 인도 서북부의 귀상(貴霜)이나 대월지
(大月氏)에 의해 실크로드 오아시스로를 따라 서
역으로 유입되었다. 기원후 서아시아 일원에서
흥기한 사산조 페르시아는 대황 무역을 독점하
였다. 10~11세기 아랍과 페르시아의 약전(藥典)
에는 대황의 용도가 자세히 언급되어 있다. 15세
기에 이르러서는 티무르 제국의 사마르칸트 상
인들이 대황 무역을 독점하고 이슬람세계와 북
아프리카 및 유럽에 대한 대황 공급자 역할을 담
당하였다. 15세기 초 대상들을 통해 사마르칸트
에 반입되는 중국 대황은 매해 약 500톤에 달했
다고 한다. (13-225)

데 고에스 Bento de Goes, 鄂本篤, 1563~1607년
동행 포르투갈 여행가. 포르투갈 출신의 보조 수

도사이자 여행가인 데 고에스(악본독鄂本篤)는 젊어서 학업을 그만두고 해병에 입대해 복무하다가 22세 때에 인도 남부의 말라바르(Malabar) 지방에 파병되었다. 1584년 2월에 인도 서해안의 고아에서 수련사(修練士, 보조 수도사)로서 예수회에 가입했으나, 얼마 후 탈퇴하였다가 1588년에 재입회하였다. 그후 사제 승격을 고사하고 보조 수도사로 있다가 1594년 말 다른 2명의 선교사와 함께 무굴제국의 왕 아크바르(Akbar)의 초청을 받고 이듬해 5월 5일 제국의 행정 중심지인 라호르(Lahore)로 갔다. 그때 메카에 성지순례를 다녀오던 한 중국 무슬림 상인으로부터 무굴제국 북쪽 멀지 않은 곳에 1,500개의 도시를 거느리고 기독교를 신봉하는 강대한 '키타이'(Khitai, 혹은 Cathay)라는 나라가 있다는 이야기를 들었다. 그래서 아크바르나 예수회 관계자들은 지구의 동방에 '중국'(China)말고도 '키타이'라는 나라가 따로 있는 것으로 믿게 되었다.

'키타이'와 중국이 같은 나라인지를 현지에서 확인하기 위해 사비에르(Francisco Xavier, 방제각方濟各)는 데 고에스를 중국에 직접 파견하기로 결정하였다. 가톨릭계 수도회인 예수회 소속의 스페인 선교사로 일본에 최초로 그리스도교를 전한 바 있는 사비에르가 데 고에스를 파견할 때 아크바르도 이에 찬조해 중국으로 가는 길에 들르게 되는 각 제국의 왕들에게 서한을 보내 일행에 대한 협조를 당부하고 다량의 여비도 지원하였다. 데 고에스의 수행원은 그리스인 2명(부사제와 상인)과 이슬람교에서 기독교로 개종한 인도인 시종 4명이었다. 데 고에스는 '압둘라 이사'로 개명하는 등 아르메니아 상인으로 변장하였다. 일행은 1602년 중국을 향해 무굴제국의 수도 아그라(Agra, 현 델리 남부)를 출발하였다. 그들이 중국 쑤저우(肅州)까지 답파한 노정은

다음과 같다. 1602년 10월 29일 아그라 출발 → 라호르 → 페샤와르(Peshawar) → 카불(Kābul) → 파미르 고원 → 살고르 → 시에시알리스(Ciecialith) 설산(雪山) → 탄게타르(Tanghetar) → 카슈가르 → 야르칸드 → 아크수(Aksu) → 고차(庫車, 현 쿠처) → 카라샤르(언기焉耆) → 투루판 → 고창(高昌) → 하미(Hami) → 가욕관(嘉峪關) → 간저우(甘州) →1605년 말 쑤저우 종착.

쑤저우에 도착한 일행은 중국 사신의 인편에 베이징에 와 있던 예수회 선교사 마테오 리치에게 서한을 보냈으나, 리치의 한명(漢名)과 거주지가 불분명해 전달되지 못하였다. 그후 다시 한 무슬림 상인 편에 보낸 서한이 1606년 11월 리치에게 전달되었다. 서한을 받은 리치는 곧바로 중국인 기독교 수사 종명례(鍾鳴禮)를 쑤저우에 급파하였다. 종명례는 1606년 12월 12일 베이징을 떠나 숱한 우여곡절 끝에 이듬해 3월 31일 쑤저우에 당도하였다. 그러나 그해 2월부터 데 고에스는 중병에 걸려 피골이 상접한 상태였다. 그는 리치 등 3명의 신부가 보내온 편지를 받고 나서 열하루 만인 4월 10일 영면하였다. 후일 동료 선교사 이사크는 베이징에 와서 데 고에스의 여행에 관해 리치에게 자초지종을 구술하였다. 리치는 이사크의 구술과 데 고에스가 남긴 일기에 근거해 데 고에스의 행적을 정리한 다음 로마와 마카오의 예수회에 보고했고, 자신이 저술한 『기독교원정중국사(基督敎遠程中國史)』(일명 『이마두중국찰기(利瑪竇中國札記)』) 제5권의 제11장 '거란(契丹, 키타이)과 중국·한 예수회 형제의 비범한 원유(遠遊)'와 제12장 '거란과 중국은 동일국가로 증명됨', 제13장 '중국에서의 데 고에스의 서거' 등의 장에 수록하였다. 데 고에스는 자신의 험난한 탐험을 통해 '키타이'와 중국이 같은 나라임을 실증함으로써 동행(東行)의 사명을 목숨으로 수행했고, 이를 계기로 유럽인

들은 중국에 관해 한층 더 정확한 지식을 얻을 수 있었다.

데 라다(Martin de Rada)의 푸젠(福建) 사행(使行)

근세 서방의 첫 중국 사행(使行). 16세기 대항해시대의 개막에 주도적 역할을 해온 스페인은 1571년에 강점한 필리핀을 동방 진출의 전초기지로 삼고 호시탐탐 중국과의 접촉 기회를 노리고 있었다. 1575년 3월 푸젠 파총(把總) 왕망고(王望高)가 함선을 이끌고 광둥(廣東)의 해적 임풍(林風)을 추적해 필리핀의 루손섬에 상륙하였다. 당시 필리핀 주재 스페인 총독인 데 라베자레스가 왕망고를 후대하면서 해적 임풍의 죄를 물어 엄단할 것을 약속하자 왕망고는 스페인 사절의 푸젠 방문에 동의하였다. 넉달 후 총독은 마닐라 교구 주교인 데 라다(Martin de Rada)를 수석, 마린(Jeronimo Marin)을 차석으로 하고 장교 2명을 수행원으로 한 사절단을 푸젠에 파견하였다. 사절단의 사명은 포교활동의 수락과 개항, 정보수집 등이었다. 사절단은 푸젠의 샤먼(廈門)에 상륙한 후 퉁안(同安)과 취안저우(泉州)를 지나 수부(首府)인 푸저우(福州)에 이르렀다. 푸젠 순무(巡撫) 유요회(劉堯誨)는 만력(萬曆) 황제에게 사절단의 중국 방문 사실을 알린 뒤 황제의 하사품을 전달하였다. 그해 10월 사절단은 100여 권의 중국 서적을 휴대하고 중국 배편으로 필리핀에 돌아갔다. 데 라다는 출사에서 돌아온 후 『대명중국사정기(大明中國事情記)』라는 견문록을 저술하였다.(『대명중국사정기』항 참고) 데 라다의 중국 사행은 비록 지방 관부로 출사한 것에 불과하지만, 중국 황제의 인가하에 이루어진 것이어서 근세 서방의 첫 대중(對中) 견사(遣使)라고 볼 수 있다.

데 세메도 Alvaro de Semedo, 曾德昭, 1586~1658년

포르투갈의 동행 선교사. 포르투갈 예수회 선교사인 데 세메도는 1613년에 인도 고아를 출발해 난징(南京)에 도착하였다. 3년 뒤에 일어난 '난징법란(南京法亂)' 때 체포·투옥되었다가 마카오로 추방되었다. 1620년 다시 항저우(杭州)에 가서 포교활동을 하면서 장시(江西)와 장난(江南) 일대를 순방하고, 1625년에는 산시(陝西) 지방을 돌아보다가 시안(西安)에서 우연하게 '대진경교유행중국비(大秦景敎流行中國碑)'를 목격하였다. 1629년부터 장시의 난창(南昌)에 정주하던 데 세메도는 중국 부교성(副敎省) 회계의 자격으로 선교사의 증파를 요청하기 위해 교황청에 파견되었다. 그는 마카오를 출발해 리스본과 마드리드에 들렀다가 로마에 도착해 임무를 수행한 후, 1645년 광저우(廣州)에 돌아와 사망할 때까지 선교활동에 전념하였다. 데 세메도의 가장 큰 업적의 하나는 『중화제국(中華帝國)』(1638 혹은 1640년)을 저술해 유럽에 중국의 실상을 알린 것이다.

데 우르시스 Sabbathino de Ursis, 熊三拔, 1575~1620년

이탈리아의 동행 선교사. 이탈리아의 예수회 선교사인 데 우르시스는 1603년 마카오에 도착했는데, 1606년에 난창(南昌)에 갔다가 이듬해에 상경해 마테오 리치로부터 중국어를 배우고 선교회 내의 종무(宗務)를 담당하였다. 1611년에 서광계(徐光啓)의 추천으로 역법(曆法) 수정작업에 참가하였다가 중도 퇴출된 후에는 수리법(水利法) 연구에 몰두해 취수와 저수용 여러가지 수리(水利) 기기를 제작하였다. '상제(上帝)' 및 '천(天)의 천주(天主)' 대역(對譯) 문제를 놓고 벌어진 논쟁('롱고바르디'항 참고)에서 데 우르시스는 롱고바르디의 입장을 지지해 1614년에 『상제설(上帝說)』을 저술하였다. 1616년 '난 징법란(南京法亂)' 때에는 마카오로 축출(1617) 되어 그곳에서 사망하였다. 데 우르시스의 대표 적 저서는 1612년에 출간된 『태서수법(泰西水 法)』(6권)으로, 저수와 취수 방법, 수차와 댐, 온 천치료와 약로방법(藥露方法, 증류에 의한 제약 방법) 등이 기술되어 있다. 이 책에는 용미도(龍 尾圖, 용골차龍骨車 그림) 5점, 왕형도(王衡圖) 4 점, 항승도(恒升圖) 4점, 댐도 3점, 기타 제약증류 기도(製藥蒸溜器圖) 등 수리에 관한 해설도가 여 러 점 첨부되어 있다. 명의상 데 우르시스의 저 술로 되어 있는 이 책은 실제로는 그가 구술한 것을 서광계가 필록(筆錄)하고 이지조(李之藻) 가 교정한 것으로서 3인 공동작이라고 할 수 있 다. 그밖에 그의 저서로는 측량의기의 용법과 측 량방법을 소개한 『간평의설(簡平儀說)』(1611)과 일영(日影)에 의한 시간 및 계절의 측정을 설명 한 『표도설(表度說)』(1614), 그리고 증류에 의한 서약(西藥) 제조법을 소개한 『약로설(藥露說)』 (1618) 등이 있다.

데 클라비호(R. G. de Clavijo)의 티무르제국 사 행 1403~1406년

스페인의 동행 사신. 스페인 출신으로 1403~ 1406년 티무르제국에 사신으로 파견되었던 인 물. 1369년에 티무르가 사마르칸트를 수도로 해 건립한 티무르제국(Timurids, 1370~1507)은 중 앙아시아와 서아시아의 광활한 지역을 아우른 중세 대제국이었다. 1402년 앙카라 회전(會戰) 에서 티무르군은 강적 오스만제국군을 대패시 키고 오스만제국 술탄까지 생포하는 등 위세를 떨쳤다. 이러한 위세가 유럽에 전해지자 유럽 의 각 나라들은 악몽 같은 지난날 몽골군의 서정 (西征)을 되새기면서, 서둘러 견사를 파견하는 등 티무르제국과의 관계 수립에 나섰다. 티무르

제국에 대한 유럽의 견사는 유럽 기독교국가 중 최강자인 이베리아 반도의 카스티야(Castilla)국 의 왕 엔리케 3세가 시종(侍從) 데 클라비호(Ruy González de Clavijo, ?~1412)를 단장으로 하는 사절단을 파견하면서 시작되었다. 앞서 엔리케 3세는 1402년 3월 말 티무르에 관한 정확한 정 보를 얻기 위해 2명의 사신을 소아시아에 파견 하였다. 사신들은 앙카라 교외에서 티무르를 알 현하고 티무르의 답례사(答禮使)와 함께 귀국하 였다. 이에 고무된 엔리케 3세는 더 큰 규모의 사 절단을 소아시아에 보냈지만, 티무르가 이미 귀 국길에 올랐기에 뒤따랐으나 끝내 만나지 못하 였다. 그러나 수도 사마르칸트까지 오라는 티무 르의 명을 받고 사절단은 곧 동행(東行)의 장도 에 올랐다. 사절단은 데 클라비호를 단장으로 하 고 수도사와 군인 2명을 부단장으로, 그리고 상 당수의 수행원들로 구성되었다. 사절단은 1403 년 5월 23일 스페인 남부의 카디스항을 출발해 다음과 같은 노정으로 1404년 9월 8일 티무르제 국의 수도 사마르칸트에 도착하였다.

카디스항 출발 → 로도스섬 → 콘스탄티노플 → 트라브존(흑해) → 알진즈(유프라테스강 상 류) → 엘즈름 → 스루마리(아라랏 산록) → 호 이(아르메니아와 페르시아의 접경 도시) → 타 브리즈 → 술타니야 → 테헤란 → 레이(라이) → 히루즈크 → 다무칸 → 니샤푸르 → 페리오르 → 오하한 → 마슈하드 → 브에로(투스) → 안토구 이 → 발흐 → 아무다리야의 테르메즈 → 사마르 칸트의 관문인 철문 → 기슈(일명 샤하루) → 메 세르 → 사마르칸트.

사절단이 1404년 11월 21일 귀로에 올라 1406 년 3월 22일 복명(復命)할 때까지의 노정은 갈 때의 노정과 대체로 일치하나 약간의 차이점도 있다. 귀로의 노정은 다음과 같다. 사마르칸트 출발 → 부하라 → 합산 → 자자룸 → 다무칸 →

셈난 → 레이 → 카즈빈 → 술타니야 → 타브리즈 → 아라슈게르트 → 아니온 → 그루지아 → 부세르 → 이스비르 → 알라키에르 → 흑해 연안 → 트라브존 → 콘스탄티노플 → 제노바항 → 산루카르에 상륙 → 세비리아의 알가라 데 에나 페스에서 엔리케 3세를 알현해 복명(1406년 3월 22일 월요일).

데 클라비호는 전체 사행 노정을 일정별로 기록했다가 귀국 후 스페인어로 사행기를 찬술하였다. 원 사본의 서명은 『티무르 시대 카디스로부터 사마르칸트까지의 여행기』(*Timur Devrinde Kadis'ten Semerkand'a Seyahat*)로서, 1582년 마드리드에서 인쇄본으로 처음 간행되었다. 1859년 영국의 마컴 경(Sir C. Markham)이 최초로 영역한 데 뒤이어 1881년에는 스레즈네프스키가 러시아어로 번역·출간하였고, 1928년에는 영국의 리 스트레인즈(Le Strange)가 비교적 완정(完整)된 영역본을 내놓았으며, 그밖에 터키어와 이란어, 중국어(楊兆鈞 譯 『克拉維約東使記』, 1944), 일본어(山田信夫 譯 『チムール帝國紀行』, 1967) 등 여러 언어의 역본도 출간되었다. 저자는 여행로 연변 각지의 지리·교통·정치·군사·경제·문화·풍속·생활 등 각 방면의 견문을 흥미진진하게 서술하고 있는데, 특히 중앙아시아와 사마르칸트에 관한 생생한 기술은 이 두 곳의 중세시대 연구에 불가결의 귀중한 사료로 평가되고 있다.

데 클라비호의 출사(出使)는 티무르의 위세에 위축된 스페인 엔리케 3세의 저자세 외교로서, 그 목적은 티무르의 환심을 얻어 자국의 안전을 도모하려는 것이었다. 데 클라비호가 사마르칸트에서 티무르를 알현할 때 중국 명나라 성조(成祖) 영락제(永樂帝)의 사절도 자리를 함께하였다. 알현 후 궁중의 신하들이 중국 사절을 상석에 앉히려 하자 티무르는 데 클라비호를 상석에 앉히라고 명하면서, 친한 벗이며 자식 같기도 한 스페인 왕의 사절을 상석에, 도둑 같은 악당(명나라 황제를 지칭)의 사절을 하석에 앉히는 것은 당연지사라고 그 이유를 역설하였다. 물론 이러한 신속(臣屬) 같은 관계는 티무르의 사망으로 더이상 지속되지는 않았지만, 이를 계기로 티무르 제국과 스페인을 비롯한 서방 각국 간의 왕래와 교류는 상당히 활발하게 전개되었다. 특히 데 클라비호는 출사(出使)의 신분이었지만, 자신이 답파한 오아시스로의 서단(西段, 사마르칸트~지중해 연안)과 주변 상황을 상세하고도 정확하게 기술함으로써 중세 실크로드와 중앙아시아 및 서아시아 연구에 귀중한 사료와 전거를 제공하였다.

데 판토하 Diego de Pantoja, 龐迪我, 1571~1618년

스페인의 동행 선교사. 스페인의 예수회 선교사 판토하는 1589년 예수회에 가입한 후 1596년 롱고바르디(N. Longobardi)와 함께 장도에 올라 이듬해 마카오에 도착하였다. 1600년 난징(南京)에 와서 마테오 리치를 도와 선교활동을 하다가 그와 함께 상경하였다. 판토하는 근면한데다 특히 학문을 좋아해 금세 중국어를 습득함으로써 리치의 유력한 조수가 되었다. 그는 또한 다재다능하고 역법(曆法)에 정통할 뿐만 아니라, 조각에도 일가견이 있고, 서금(西琴, 풍금風琴)도 제법 탈 줄 알았다. 1601년부터는 자주 궁중에 들어가 악공(樂工)들에게 악리(樂理)를 강의하면서 많은 궁내 관인이나 시종들과 친교를 맺었다. 역학(曆學)과 산학(算學)에 능한 중국 체재 선교사들 중에서도 단연 출중했던 판토하는 1611년 몇몇 선교사들과 함께 역법 수정작업에 참가하기도 하였다.

판토하는 지리학에도 해박해 명나라 신종(神宗)에게 4대주(大洲) 지도를 제작해 헌상하였다. 이 지도는 각 주가 한 폭으로 되어 있는데, 폭마

다 4주(周)를 두어 각국의 역사·지리·정치·문화 등을 첨기(添記)하였다. 그의 여러 저작 중 수작으로 『칠극대전(七克大全)』(7권)을 꼽을 수 있다. 이 책에서 그는 인생을 위로는 7덕(德), 아래로는 7죄(罪)로 나누면서, 7덕으로 7죄를 극복하는 것이 7극(克)이라고 하였다. 구체적으로는 겸손이 오만을 조복(調伏)하고, 인(仁)이 질투를 평정하고, 시은(施恩)으로 빈곤을 해소하고, 인내로 분노를 가라앉히고, 담담함으로 탐욕을 막고, 정조(貞操)로 음란을 예방하고, 근면으로 태만을 다스린다는 내용이다. 그는 이 7극을 유가(儒家)의 수신극기(修身克己)와 결합하여 풀이하기도 해 큰 인기를 얻었다. 후세 사람들은 이 책을 『칠극진훈(七克眞訓)』이란 제목으로 출간하기도 하였다. 종교 관련 저서로는 『방자유전(龐子遺詮)』 『변게(辯揭)』 『실의속편(實義續編)』 『수난시말(受難始末)』 『야소고난도문(耶蘇苦難禱文)』 등을 남겼다. 1616년 '난징법란' 때 신종(神宗)이 그를 광둥(廣東)에 보내 환국시키라고 명했으나, 그는 환국하지 않고 마카오에 체류하다가 병사하였다.

데시데리 Ippolito Desideri, 1684~1733년

동행 예수회 선교사. 18세기 초 티베트에서 이탈리아 프란체스코파가 진행하는 포교활동이 난조를 보이자, 예수회는 실태조사를 위해 데시데리를 파견하였다. 27세의 청년 데시데리는 1712년 9월 27일 로마를 출발해 포르투갈 리스본을 경유, 아프리카 남단 희망봉을 에돌아 이듬해 9월 21일 만 1년 만에 인도 서해안 고아에 상륙하였다. 이어 델리와 카슈미르를 거쳐 1716년 3월 18일 티베트 라싸에 도착하였다. 그는 티베트의 남동부 일대에서의 선교사업 상황 조사 등을 하면서 5년간 티베트에 체류하다가 교황 클레멘토의 소환명령을 받고 델리에서 얼마간 활동을 하다가 1728년 1월 23일 로마에 귀환하였다. 귀국 후 데시데리는 예수회가 우선적으로 티베트에서 선교활동을 해야 한다고 주장했으나, 교황 클레멘토는 그와 반대로 프란체스코회에게 전권을 부여함으로써 데시데리가 공들인 티베트 선교활동은 수포로 돌아가고 말았다. 그가 쓴 『티베트 보고서』(*An Account of Tibet*, London, 1932)는 식물·동물에서부터 물산이나 주민들의 습관, 그리고 가족구성과 사회조직, 라마교와 티베트어 등 티베트의 전모를 담아내어, 유럽인들에게 최초로 티베트에 관한 정확한 지식을 전달하였다. (1-402)

데지마 出島

일본-네덜란드 무역기지. 일본은 에도(江戶)시대인 1634~1636년 약 2년간 나가사키(長崎) 시내를 관류하는 중도천(中島川) 하류에 부채꼴 모양의 인공섬인 데지마(出島, 3,969평 남짓한 작은 섬)를 개발하였다. 그리고 이 섬에 기독교의 확산을 막기 위해 포르투갈인들을 격리·거주시켰다. 1639년에 포르투갈인들의 내항을 금지하는 등 쇄국정책이 실시되자 1641년 이곳에 네덜란드 동인도회사 소속 일본 상관(商館)을 이전하였다. 1857년 일본과 네덜란드 사이에 이른바 추가(追加)조약이 체결되어 쇄국적인 무역제도가 폐지될 때까지 200여년간 데지마는 일본-네덜란드 무역기지로 활용됨과 아울러 이곳은 일본이 서구를 이해하고 서구 문물을 받아들이는 창구 역할도 하였다.

델프트(Delft) 도기(陶器)

서전된 교류의 유물적 전거. 델프트는 네덜란드의 도자기 생산 중심지로, 16세기 말부터 중국의 염부(染付, '염부'항 참고) 풍(風)의 도기를 대량으로 생산해 유럽 각지에 수출하였다. 코발트 연유(鉛釉)를 입힌 델프트 도기의 기형(器形)이나 문양은 중국의 염부 병을 닮았으나, 기면(器面)에 화초·인물·풍경 따위를 많이 그려넣는 것이 특징이다.(10-90)

『도리방국지(道里邦國志)』

이븐 쿠르다지바가 아랍어로 저술한 『제도로 및 제왕국지』를 중국어로 번역한 책이다.(『제도로 및 제왕국지』항 참고)

도리아인(人) Dorians

그리스어의 서방방언군(西方方言群)에 속하는 도리스 방언을 사용한 인종. 기원전 1200년경에 철기문명을 가지고 달마처아와 알바니아 지방으로부터 그리스로 들어왔다. 미케네 문명을 파괴하고 펠레폰네소스 반도를 중심으로 한 인근 섬들에 스파르타 등 여러 도시국가를 건설하고, 소아시아와 이탈리아 등지에 식민지를 개척하였다. 타지역에서 침입한 외방인인 도리아인들은 주두(柱頭)를 비롯한 건축양식과 조각·도자기 등에서 독자적인 '도리아 양식'을 도입해 그리스 문화 발전에 족적을 남겼다. (17-100)

도리침 圖理琛, Tulishen, 1667~1740년

초원실크로드를 통한 인적 교류. 만주 출신인 도리침은 청나라에서 공부시랑(工部侍郎)까지 역임한 고관으로, 강희(康熙) 51년(1712) 5월에 볼가강 하류에 있는 러시아 투얼후터부(土爾扈特部)에 사신으로 갔다가 3년 만인 54년(1715) 3월에 귀국하였다. 사행 목적에 관해서는 투얼후터부의 충성에 대한 사례(謝禮), 러시아의 실정 탐사 등 몇가지 설이 있다. 도리침은 베이징을 떠나 몽골을 거쳐 시베리아를 횡단하였다. 그는 『이역록(異域錄)』란 기행문을 저술했는데, 한문본과 만주어본 두 종류가 있다. 이 책은 당시 시베리아 각지의 상황을 전해주는 귀중한 사적으로 평가된다. (1-406)

도마(Thomas)의 전도활동

예수의 12사도의 한 사람인 도마(토마스)는 인도 남부 지역에 가서 초기기독교(혹은 초대교회)의 전도에 생을 바친 것으로 전해진다. 그러나 여러가지 전설 같은 이야기가 뒤섞여서 사실 여부에 의문이 제기되어왔다. 여러 문헌기록과 발굴된 유물을 비롯해 당시의 국제적 배경을 감안할 때, 좀더 분명히 밝혀져야 할 점도 있지만 인도에 전도를 한 것은 사실일 가능성이 높다. 3세기의 주교 도로테우스(Dorotheus)는 "사도 도마가 팔라비인·메디아인·페르시아인·루만인·박트리아인·마기인들에게 복음을 전한 후 인도의 카라미나(Caramina)에서 순교하였다"고 했고, 5세기 말의 성 히에로니무스(Hieronymus)는 "하느님 아들의 보호 아래 도마는 인도에 머물렀다"라고 언급한 바 있으며, 13세기 시리아 교회사가(敎會史家) 바르 헤브라에우스(Bar Hebraeus)는 "주의 승천 2년 후 사도 도마가 동방, 즉 인도와 그밖의 지역으로 복음을 전하기 위해 찾아갔다"고 기술하였다. 18세기 『동방문헌(東方文獻)』의 편집자인 앗세마누스(Joseph Simonius Assemanus)도 "도마는 인도 최초의 전도자로서 야곱파의 시리아 교회가 옛날부터 그를 추모해왔다"고 언급하였다. 도마의 최초 전도지로 전해지는 남인도 서해안 마라발(Marahbal) 교회의 일과(日課) 기도서에는 "성 도마를 통해 우상숭배가 잘못이라는 것이 인도 사람들에게 알려졌고… 성 도마로 인해 하늘 왕국이 저절로 날개를 펴서 중국까지 가게 되었다"라는 성 도마의 제식문(祭式文)이 남아 있는가 하면, 그들의 찬송가에는 "인도 사람, 중국 사람… 모든 사람들이 도마를 추모해 그 이름을 높이어…"라는 구절이 오늘날까지 전해오고 있다.

이와 같은 문헌기록이나 전언과 함께 도마가 인도에서 전도한 사실을 실증해주는 몇가지 유물도 있다. 현 인도 남부 첸나이주 마말라푸람의 성 도마 교회 부근 고분에서 1521년 백골(白骨)과 철제 화살촉, 점토로 된 병이 발굴된 데 이어, 1543년에 인도의 한 왕이 도마 교회당 건립을 위해 대지를 희사했다는 내용이 적힌 동제 창이 출토되었다. 1547년에 성 도마 교회 부근의 성 도마산에서 중앙에 십자가가 조각되고 그 위에 비둘기 모양이 그려져 있는 석비(石碑)가 발견되었는데, 좌우에는 팔라비(Pahlavi)어로 "메시아와 높으신 신과 성령을 믿는 사람은 십자가에 달리신 구주의 은혜로 죄의 용서를 받을 것이다"라는 글귀가 씌어 있다. 이 팔라비어는 3~9세기에 이란과 인도 남부 지역에서 사용된 페르시아 고어다. 5~6세기 이단으로 몰려 이란에 첫 전도기지와 교단을 꾸린 네스토리우스파 신봉자들이 인도 남부에 이주하면서, 이 석비를 세우고 자신들이 사용하던 언어인 팔라비어로 비문을 썼을 개연성이 높다. 도마의 이름을 딴 이러한 교회당과 산에서 기독교 신앙과 전도를 상징하는 유물이 출토되었다는 것은 그곳이 도마의 전도활동과 관계가 있다는 것을 시사한다.

도상화(圖像化) 문양

중국 한(漢)대에는 서역산 포도나 짐승들을 도상화(圖像化)한 문양이 등장한다. 신장위구르자치구 호탄(현 허톈和田)의 니야 유적을 비롯한 여러 유적과 묘관(墓棺)에서 출토된 후한(後漢)의 기(綺)나 계(罽) 같은 견직물 또는 모직물에는 풍요와 다산(多産)을 상징하는 포도 문양이 수놓아져 있다. 그리고 한대의 동경(銅鏡)에는 대체로 포도문(葡萄文)이나 사자·코끼리·공작 등 서역산 짐승 문양을 그려넣고 있다. 개중에는

비마(飛馬) 같은 환상적인 동물을 형상화한 무늬도 있다. 이러한 도상화한 포도문이나 짐승문(사자·공작·비마 등)은 그리스·로마, 사산조 페르시아의 회화에서 그 원형을 찾아볼 수 있다.

『도설(陶說)』 전6권, 朱琰 저, 1774년

중국 도자사(陶瓷史). 1774년에 『도설』을 지은 저자 주염은 '설고(說古)'란 제목의 제2권에서 『주서(周書)』에 신농(神農)이 기와를 만들었다는 기록이 있다고 썼다. 그는 이러한 기록이 중국 도자(陶瓷)의 시원을 찾는 근거가 된다고 주장하면서, 경덕진요(景德鎭窯)·용천요(龍泉窯)·자주요(磁州窯) 등을 중심으로 각 시대의 도자 생산 상황을 자세히 설명하고 있다.

도시문명론 都市文明論

도시문명이 문화발전에서 차지하는 중요성을 강조하는 이론이다. 이 이론에 의하면 도시의 출현은 사회에 정치권력중심·경제중심·문화중심을 마련해주고, 전문 인재들을 집결해 전문적인 정신문명과 물질문명을 창출함으로써 과학기술의 발전을 촉진하며, 문화의 축적성(蓄積性)을 높여준다고 한다. 도시를 '인류문화의 표현'으로 보는 관점이며, 도시 없이는 문명의 급속한 발전은 기대할 수 없다는 것이 핵심이다. 이 이론은 비교적 유럽에서 성행했다. (16-549)

도시 유적 都市遺跡

고고학에서의 도시 유적이란 고밀도 인구가 정주(定住)해 살았던 흔적이 있는 집단 취락 유적을 말한다. 따라서 도시 유적은 지배자나 정부기구 같은 정치적 시설을 비롯해 상업구와 공업구, 종교시설, 방어시설 등의 요소가 두루 갖춰져 있다. (3-295)

『**도이지략(島夷志略)**』 → '왕대연'항 참고

도자기 陶瓷器, 陶磁器, ceramics

중세 해상실크로드를 통한 주종 교역품. 도자기(ceramics)는 가소성(可塑性)이 강한 점토를 소재로 해 여러가지 기형(器形)을 만들어 고온에서 소성(燒成)한 그릇을 말하는데, 넓은 의미의 도자기에는 토기(土器, 질그릇, clayware), 도기(陶器, 오지그릇, pottery), 자기(瓷器, 사기그릇, porcelain)의 3대 부류가 있다. 토기는 유약(釉藥, 잿물)을 올리지 않고 소성한 그릇이고, 도기는 1차 소성한 토기에 유약을 올려 다시 약 800도의 저온에서 소성한 그릇이며, 자기는 점토에 석영(石英)·장석(長石)·도석(陶石) 등을 배합해 약 1,300도의 고온에서 소성한 그릇으로서 투명하고 흡수성이 없는 것이 특징이다.

도자기 중 가장 일찍 출현한 것이 토기다. 지금까지의 토기 유물 중에서는 서아시아 자모르 유적에서 출토된 기원전 5천년경의 각문(刻文) 토기가 가장 오래된 토기로 알려졌다. 토기는 각지에서 다발적으로 발생한데다 쉽게 깨지기 때문에 즐문(櫛文, 빗살무늬)토기 같은 특수 토기를 제외하고는 일반적으로 교류에는 인입되지 못한다. 이에 비해 도기나 자기는 고대에도 일부 지역에서 약간씩 만들어지기는 했지만, 주로 중세에 와서 다량으로 제작되면서 주요한 교역품의 하나로 각광을 받았다. 세계에서 최초로 다양한 도기를 만든 곳은 이집트다. 기원전 3천년경 초에 아름다운 청색 알칼리 도기가 만들어졌는데, 기본 소재는 규석(硅石) 가루였다. 비슷한 시기에 메소포타미아에서도 동류의 도기가 선을 보였다. 이 두 곳 도기의 선후관계나 상호 영향관계에 관해서는 아직 알려진 것이 없다. 이집트의 중왕국(中王國)시대(기원전 2160~1580)에는 전래의 청색 도기 외에 망간을 소재로 한 흑자색(黑紫色) 도기가 출현했으며, 신왕국(新王國)시대의 18~19조 때에는 도자기 제작기술이 진일보해 채색타일(아마르나 궁전 출토)이나 상감(象嵌)타일(람세스 2세의 칸디르 궁전 출토) 같은 여러가지 이색(異色) 도기가 만들어졌다. 한편 메소포타미아에서도 기원전 1700년경에 이르면 종전의 알칼리 도기와는 달리 금속산화물에 의한 채색연유(彩色鉛釉, 녹색이나 황색) 도기가 사용되었는데, 그 제작방법이 다르 우마르(시리아 왕국의 구도舊都)에서 출토된 점토판 문서에 구체적으로 기록되어 있다. 기원전 12세기 이후의 이집트와 메소포타미아의 건축 유물에서 나타난 각종 연와(煉瓦)는 다양한 유약에 의한 도기의 발달상을 보여주고 있다. 기원전 1000년에 들어오면 이 두 곳에서는 청·황·녹·다색(茶色) 등 여러가지 채색유약을 사용하고 복잡한 문양을 새겨넣은 연와들이 나타난다. 그 대표적인 유물로는 기원전 9세기의 님로드 유적, 기원전 8세기의 고르사파트 유적, 기원전 7세기의 바빌론 왕국과 성벽, 기원전 6세기 아케메네스조의 수사 궁전 등이 있다. 기원전 2세기에 이르면 동지중해 연안 일대에서는 전래의 것과는 달리 도토(陶土)를 소재로 하고, 기형이 비교적 자유로우며 녹색(구리)·황갈색(철)·자색(망간) 등 여러가지 색깔로 문양이 선명한 연유 도기가 출현한다. 이로써 중근동 지방에서는 도기 제작에서 소재를 달리하는 이집트계의 알칼리유(釉)도기와 메소포타미아계의 연유(鉛釉)도기의 2대 계통이 형성되었다.

동방의 경우, 중국은 기원전 1500년경 은(殷)대 중기(정주기鄭州期)부터 유약으로 회유(灰釉, 잿빛 유약)를 올린 도기를 제작하기 시작했는데, 기형에는 준(尊, 술잔)·호(壺, 단지)·두(豆, 굽이 높은 제기)형 등 몇가지 형태가 있었다. 회유는 1,100도 이상의 고온에서만 용해가 가능한 데, 이는 중국에서는 알칼리유(일명 소다·유리유)나 연유와 같은 저온 유약이 아니라 처음부터 고온 유약을 개발해 사용했음을 뜻한다. 따라서 이집트나 메소포타미아의 도기 제작과는 처음부터 맥을 달리하였다. 이것은 또 중국인들이 일찍부터 고온에 견디는 가마와 화력이 센 연료를 독창적으로 개발했기 때문에 가능한 것이기도 하였다. 은대 후기(안양기安陽期)에도 회유도기가 계속 제작되었는데, 정저우(鄭州)와 더불어 안양(安陽)을 중심으로 한 중원 일대에서도 유물이 다수 출토되었다. 최근 중국 학자들의 연구에 의하면, 성분분석 결과로 보나 또 이러한 도기가 저장(浙江)이나 장쑤(江蘇) 등 강남(江南)의 여러 곳에서 다량 출토되는 점을 감안할 때 은대의 회유도기는 중원에서 제작된 것이 아니라 강남으로부터의 교역품이라는 설이 설득력을 얻고 있다. 춘추전국시대에 이르러 도기 제작에서 특이한 것은 방동(仿銅)도기나 방칠(仿漆)도기처럼 동기나 칠기를 모방한 회도를 고안해 낸 것이다. 한대에 이르러서는 도기 제작에서 새로운 변화가 일어났을 뿐만 아니라, 이와 더불어 자기가 새로이 등장하였다. 이때부터 도기와 자기의 합성어인 '도자기(陶瓷器, 陶磁器)'란 용어가 쓰이기 시작하였다. 기원후 2세기에 들어서면서 전통적인 회유도기 제작과 병행해, 이와는 성격을 달리하는 새로운 도기가 등장하였다. 즉 구리나 철을 정색료(呈色料)로 쓰는 연유도(鉛釉陶, 일명 녹유도綠釉陶 혹은 갈유도褐釉陶)가 제작되기 시작하였다. 저장성(浙江省)의 상우(上虞)·자계(慈溪)·영가(永嘉) 등지에서 자기요지(瓷器窯址, 가마터)가 발굴되었는데, 그곳에서 연속적인 스탬프 무늬에 아름다운 투명유약을 올린 단지·병·오련호(五連壺)·벼루 같은 자기유물이 출토되었다. 이것은 동지중해 연안에서 고대 메소포타미아의 연유도를 계승한 이른

바 로마계 도기와 유사하다. 이것은 기원을 전후한 시기에 진행된 로마와 한(漢) 간의 교류와 무관하지 않은 것으로 판단된다. 위진남북조(魏晉南北朝)시대에 와서는 남북 분열 상황을 반영하듯, 도자기 제조에서 화북(華北)과 화남(華南)으로 크게 갈라져서 서로가 독자적인 발전의 길을 걸었다. 화북에서는 녹유도나 갈유도와 같은 연유도가 성행했지만 화남보다 뒤늦게 6세기 후반에야 제작되기 시작하였다. 자기 제작의 시기나 양, 그리고 질의 면에서 화북에 비해 화남이 앞섰다. 그 대표적인 것이 저장성 항저우만(杭州灣) 남안의 월주(越州)를 중심으로 한 월주요(越州窯)다. 수(隋)대부터 북송에 이르는 시기에 동남아시아와 중근동 일원에 다량 수출한 올리브색이나 청록색 청자는 대부분 월주요(越州窯)산 청자다. 당(唐)대에는 화남에서 청자가 성행한 반면에 화북에서는 도기인 백유도(白釉陶)나 흑유도(黑釉陶), 특히 당삼채(唐三彩)가 주로 제작되었으며 백자도 출현하기 시작하였다. 만당(晩唐)과 오대(五大) 때는 월주요에서 이른바 '비색청자(秘色靑瓷)'라는 양질의 청자를 만들어냈고, 오대십국의 하나인 오월(吳越)에서는 월주요를 지정해 국가가 관리했으며, 호남(湖南) 장사(長沙)의 동관요(銅官窯)에서는 '유하채도(釉下彩陶)'라는 도기도 제조되었다. 송대는 중국 도자기 제조의 전성기로서 각종 질 좋은 도자기가 선을 보였다. 경덕진요(景德鎭窯)를 비롯한 여러 곳에서 제작한 백자·청백자·천목(天目)·황유철회(黃釉鐵繪) 자기 등이 대표적이다. 송대에는 관부의 대외무역 권장 정책에 힘입어 이러한 도자기는 주로 해로를 통해 동남아시아와 서아시아를 비롯한 세계 각처에 대대적으로 수출되었다. 이러한 수출 도자기를 일괄해 '무역도자기(貿易陶瓷器)'라고 하였다. 원대에 이르러서는 전래의 청자나 백자 말고도 백자청화(白磁靑花, 일

명 염부染付, '염부'항 참고)나 백자오채(白磁五彩, 일명 적회赤繪, '적회'항 참고) 같은 새로운 형식의 자기가 가미되었다. 명대에도 원대를 이어 여러가지 도자기가 만들어지기는 했으나, 15세기 이후에는 오랫동안 중국 도자기의 주류를 이루어오던 청자가 점차 퇴색하고, 청화(青花, 염부)가 그것을 대신했으며, 오채(五彩, 赤繪)는 계속 발전을 거듭하면서 더욱 화려해졌다. 명대 후기에는 금색 안료를 사용한 '금란수(金襴手)'란 기법도 도입하였다. 청(清)대에도 이러한 추이는 계속되어 중국의 도자기는 점차 호화풍을 띠게 되었다. 백자의 표면에 여러가지 색채로 정교하게 화조화(花鳥畫, 일명 두채豆彩)를 그려넣기 시작한 것도 바로 이때부터다. 명·청대에 유명한 경덕진요(景德鎭窯)가 정부의 관리하에 들어가 관요로 되는 바람에 제품의 종류와 생산량이 엄격히 규제되었다. 그러나 이를 계기로 오히려 염부·적회·두채 등 신흥 기법의 자기가 더욱 완성도를 높여갔다. 또한 경덕진요 부근에 많은 민요(民窯)가 생겨나 자기 생산은 계속 활기를 띠었으며, 그 결과 명·청대에도 경덕진 자기는 여전히 세계적 명성을 누리면서 세계 각지에 수출되었다.

도자기 교류

중세 해상실크로드를 통한 도자기 교류. 도자기는 일찍이 고대 오리엔트 문명기에 이미 출현해 이집트계의 알칼리 유도(釉陶)와 메소포타미아계의 연유도(鉛釉陶)로 2대 계통을 형성하였지만 소재와 가공기술의 개발이 미흡해 중국 도자기처럼 계속 발전하지 못하였다. 비록 로마시대에 와서 메소포타미아계의 연유도를 계승하여 이른바 '로마계 연유도, 즉 로만글라스를 제작하고, 이슬람시대에 와서 다시 그것을 '이슬람도기'로 전승하였으나, 간신히 명맥이나 이어갔

물고기 문양 페르시아 도자기(테헤란 유리도자기 박물관)

을 뿐 큰 전진을 보지 못하였다. 서아시아 일원에서 병존해온 이 두 계통 간의 교류나 상호 영향관계에 관해서는 구체적으로 규명된 바는 없으나, 이집트와 메소포타미아에서 각각 상대방의 도자기 유물이 발견된 점으로 보아 상호 교류는 있었다고 추정된다.

한편, 동양의 경우 도자기의 제작기술이나 제품의 질과 양, 특히 대외수출 면에서 중국이 독보적인 존재였다. 은(殷)대의 고온 회도(灰陶)를 시발로 해 3,000년간 부단한 갱신을 거듭하면서 독자적으로 발달해온 중국 도자기는 명실상부한 세계적 명품으로서 8세기 중엽부터 주로 해로를 통해 세계 도자기 교역을 석권하였다. 그러나 그것은 독선적이고 폐쇄적인 과정이 아니라, 교류를 통해 스스로 더욱 풍부하고 충실하게 만들어가는 과정이었다. 기원후 2세기경에 중국인들이 느닷없이 전통적인 회도와는 다르게 서방 로마의 연유도(鉛釉陶)와 유사한 녹유도(綠釉陶 혹은 갈유도褐釉陶)를 만들어낸 것은 당시 열리기 시작한 로마와 한(漢)의 교류에서 비롯되었을 것이다. 그리고 후일 당삼채나 원대의 청화백자(青花白磁)와 오채(五彩)도 서역의 도자기 제작기법에서 영향을 받은 흔적이 역력하다. 이것은 중세 도자기 교류의 한 예다. 도자기 유물은 유리 유물과 더불어 당대 역사상을 가장 명백하고 신빙성 높게 증언해주는 전거 유물이다. 비록 쉽게 깨져서 온전한 보존이 어렵다는 단점은 있지만, 별로 변형이나 부식 없이 원형이 유지될 뿐만 아니라, 소재와 기형(器形)·기법에서 지역적 특색이 뚜렷하기 때문에 유물 식별이 용이

하고 정확한 판명이 가능하다. 바로 이러한 특징 때문에 도자기 유물은 고고학이나 역사학, 미술사에서 중요시되고 있는 것이다.

세계 어느 나라 박물관이든 도자기 유물이 전시되어 있지 않은 곳은 없다. 지금까지 세계 도처에서 발굴·수집된 도자기 유물 가운데 중국 도자기 유물이 절대적으로 많고 상태도 선명하므로 그 분포상을 통해 중국 도자기 교류의 실상을 파악할 수 있다. 중국 도자기 유물은 동은 일본에서부터 서는 아프리카 동남해안에 이르기까지 광범위하게 분포되어 있다. 필리핀의 루손섬에서는 묘장품(墓葬品)으로 9세기의 월주요(越州窯) 청자를 비롯해 16~17세기까지 성행했던 백자·청백자·염부(染付)·적회(赤繪) 등 각종 유물이 출토되었으며, 술루(Sulu)와 세부(Cebu), 민다나오(Mindanao) 등 기타 도서들에서도 유사한 유물들이 발견되었다. 그 이남인 브루나이와 인도네시아 각지에서도 중국 도자기 유물이 다수 출토되었다. 말라카 해협을 지나 인도에서는 동남부의 고도(古都) 마드라스(현 첸나이) 남방에 위치한 아리가메토에서 북송의 용천요(龍川窯) 청자가 출토된 것을 비롯해 여러 곳에서 중국산 도자기 유물이 발견되었다. 스리랑카에서는 데데이가마와 야프후바 등지에서 10~13세기의 중국 도자기 유물이 나왔다. 더 서행하면 페르시아만의 호르무즈와 시라프 등지에서도 당·송대의 청자와 원대의 염부 조각이 출토되었고, 이란 내륙부에서는 아프가니스탄과 인접한 니샤푸르에서 중국 도자기 유물이 다량 발굴되었다. 아라비아 반도 남안과 이라크·시리아·레바논을 비롯한 서아시아 및 지중해 동안의 여러 곳에서도 예외 없이 각종 중국 도자기 유물이 출토되었다. 중국 도자기는 아프리카 동안의 소말리아·케냐·탄자니아에서는 물론, 심지어 아프리카 동남단의 섬 마다가스카르에서

도 송·원대의 도자기가 묘 속에서 부장품으로 나왔다.

이와 같이 동남아시아로부터 서아시아 및 아프리카 동안에 이르기까지의 광활한 지역 곳곳에 중국 도자기 유물이 널려 있지만, 그중에서도 유물이 집중적으로 가장 많이 출토된 곳은 이집트의 푸스타트(Fustāt) 유적이다. 푸스타트는 현 카이로 남방에 인접한 고도였는데 12세기 말에 쇠퇴하자 그 터전에서 카이로가 흥기하였다. 푸스타트의 구지(舊址)와 신흥 카이로에서 파낸 폐토(廢土)에는 무수한 도자기 파편들이 묻혀 있었다. 1912년부터 발굴작업을 개시한 이래 무려 60만 점의 각종 도자기 파편이 발견되었다. 그중 중국 도자기 유품이 1만 2,000점이나 되는데, 형태가 다양할 뿐만 아니라 질도 단연 우수하다. 8세기부터 17세기까지의 1천년을 아우르는 기간에 제작된 이 중국 도자기 유물 중에는 당대의 것으로 당삼채(唐三彩), 형주(邢州) 백자, 월주요 청자, 황갈유자(黃褐釉瓷) 등이 있는데, 월주요 청자가 가장 많다. 송대의 것으로는 유명한 용천요(龍泉窯) 청자와 경덕진(景德鎮) 백자 외에 푸젠(福建)과 광둥(廣東)산 청자와 백자가 더러 들어 있다. 원대의 것으로는 청자와 백자 말고도 염부가 적지 않으며, 명대의 적회도 있다. 중국 역대의 주요 도자기가 망라되어 있어서 중국 도자기 역사 연구에도 귀중한 자료원이 된다. 출토품 중에는 당삼채를 모방해 9~11세기에 제작된 것을 비롯해 중국 도자기의 모조품도 적지 않다. 1만 5,000km나 되는 긴 해로를 통한 중세의 도자기 동서교류상을 여실히 들여다볼 수 있다.

도자기 교류는 당초 중국 도자기의 대외수출에 의해 주도되었지만, 그 과정에서 모조나 변형 등 도자문화 내에서의 수용과 문화적 접변(接變, acculturation) 현상이 발전적으로 일어나고 있었다. 이집트 푸스타트 유적에서 출토된 중국 도

자기 유물 중에는 당삼채 모조품이 적잖게 포함되어 있으며, 백유도(白釉陶) 같은 이슬람 도자기는 소재나 기법에서 중국 도자기의 영향을 받아 제작된 것이 분명해 보인다. 당대의 대표적인 도자기라고 할 수 있는 당삼채는 사실상 교류에 의한 문화적 접변의 융합물이라고 할 수 있으며, 바로 그러한 융합성 때문에 사람들의 인기를 끌 수 있었을 것이다. 당삼채는 기형이나 내용, 기법에서 한마디로 '이국정취'가 물씬 풍기는 진품이다. 삼채편호(三彩扁壺, 납작한 오지)는 기형에서 이란형을 본뜬 것이고, 인물 삼채에는 호인(胡人, 서역인) 형상이 유난히 많다. 마부나 낙타몰이꾼용(俑, 인형) 등 호인삼채(胡人三彩)에 등장하는 인물들은 대부분이 심목고비(深目高鼻)한 서역인들의 외모이며, 그들의 복식 또한 전형적인 호복(胡服)·호모(胡帽)·호화(胡靴)다. 유명한 '낙타를 탄 악사용(樂士俑)'이 바로 그 전형적인 작품이다. 동서문명의 상징적 융합물인 당삼채와 같은 교류적 차원에서 원대의 중국 도자기와 이슬람 도자기를 비교연구 해보면, 문명의 순류(順流, 전파)와 역류(逆流, 역전파)라는 흥미로운 현상을 발견하게 된다. 7세기 중엽에 서아시아에서 신흥세력으로 등장한 이슬람 세계는 발달한 동방문명의 수용에 주저하지 않았다. 11~12세기 무렵에는 중국 도자기의 영향을 받아 사마라와 니샤푸르를 중심으로 한 지역에서 백유도와 이른바 '페르시아 삼채(三彩)'가 제작되었다. 이어 12~13세기에는 카스피해 남안의 코르칸·사리·아모르와 테헤란 남부의 레이·카샨 등지에서 페르시아의 전통 공예기법을 계승한 백유도와 다채도기(多彩陶器), 라스타 채도(彩陶), 아름다운 부인을 그린 미나이 도기, 라가피 채화(彩畵), 선각문도기(線刻文陶器) 등 다채로운 도기가 출현하였다. 13세기에 원제국은 건국과 더불어 발달한 이슬람 문명을 적극 수용

함으로써 이채로운 이슬람 도자기의 소재(유약이나 안료 등)나 기법·기형의 도입에도 적극적이었다. 그 결과 탄생한 것이 바로 원대 특유의 청화백자(靑花白瓷, 염부)나 오채백자(五彩白瓷, 적회)다. 요컨대 페르시아를 비롯한 이슬람세계는 중국으로부터 도자기를 다량 수입했을 뿐만 아니라, 나아가 이것을 모조하거나 아니면 고유의 소재나 전통기법에 의거해 더욱 다채로운 도자기를 창출함으로써 도자기 문화를 일층 격상시킨 것이다. 그렇게 더욱 활성화된 도자기문화는 다시 원대에 중국으로 역류하여 중국 도자기 문화를 확대·발전시키는 데 크게 기여하였다.

한편, 유럽은 15세기부터 동방경략(東方經略)을 단행하는 과정에서 당시로서는 세계적인 진품으로 인기를 누린 중국 도자기에 큰 관심을 가지고 다량 수입은 물론 점차 자체의 제작소를 세워 한편으로는 중국 도자기를 모방하면서도 다른 한편으로는 서양적 요소들을 가미한 융합적인 도자기를 생산하기에 이르렀다. 유럽에 전해진 중국 도자기의 현존 유물 중 가장 오래된 것은 독일 카이젤박물관에 소장된 명나라의 청자완(靑瓷碗)으로, 기면에 카젤버그(Cazelbog) 백작(15세기 전반)의 휘장 도안이 새겨져 있다. 영국 옥스퍼드 대학에도 16세기 초 워햄(William Warham) 주교가 기증한 명나라 홍치연호(弘治年號)가 새겨진 이른바 '워햄 컵'(Warham Cup) 청자완 한 점이 소장되어 있다. 당시 보통 자기 한 점의 값어치는 7명의 노예와 맞먹었으니, 자기는 고가의 귀중품이었다. 17세기에 접어들면서 포르투갈에 이어 네덜란드와 영국이 속속 동방무역에 진출함으로써 '무역도자기(貿易陶瓷器, 일명 양기洋器)'의 수출은 급증하였다. 1602년부터 1682년까지 80년 동안 네덜란드 동인도회사가 수입한 각종 중국산 도자기는 무려 1,600만 점이 넘으며, 17세기 중엽부터는 유럽의 대동

방 수입품 중에서 도자기가 대종을 차지하였다. 수입자들은 종종 중국 현지의 제작소에서 도자기 그릇에 본인이나 가문의 휘장을 새겨넣기도 하였다. 1722년에 영국이 수입한 40만 점의 자기 대다수는 이러한 휘장이 새겨진 식기류나 다구(茶具)였다.

중국 도자기에 대한 수요가 계속 늘어나는 상황에서 도자기 제조법을 알아낸 서구인들은 16세기 말엽부터 자국 내에 중국 도자기를 모방한 제작소를 세워 도자기를 자체적으로 생산하기 시작하였다. 최초의 제작소는 이탈리아 베네치아에 세워졌는데, 여기서는 연질(軟質)의 채색 자기를 만들어냈다. 이어 네덜란드·프랑스·독일 등 여러 나라에서 같은 종류의 제작소가 출현하였다. 프랑스는 중국 경덕진 일대에서 활약하는 자국 신부 당트르콜(François-Xavier d'Entrecolles)의 도움을 받아 자기 제작에 성공하였다. 이 신부가 1717년에 보내온 경덕진의 고령토(高嶺土) 표본에 근거해 1765년부터 자토(瓷土)의 조사 및 개발에 착수했고, 1768년에 이르러 자토의 지층을 발견함으로써 경질(硬質) 자기 제작소를 건립하고 자기를 본격적으로 제조하기 시작하였다. 영국에서도 1750년에 연질자기를 만들어낸 데 이어 1768년에 경질자기를 제작하는 데 성공하였다. 유럽인들은 자국 내에 제작소를 세워 중국 도자기의 모방 도자기를 자체 제작했지만 중국 현지에 대리점을 설치해 주문 구매하기도 하였다. 영국(1715)·프랑스(1728)·네덜란드(1729)·덴마크(1731)·스웨덴(1732)은 각각 중국 광저우(廣州)에 대리점을 개설해 경덕진 자기를 비롯한 중국 도자기를 주문·구입하는 한편, 필요한 기형이나 양식의 모본(模本, 모델)을 보내 제작을 의뢰하기도 하였다. 따라서 유럽에 수출하는 이른바 '무역도자기'는 소성법이나 기형·문양 등에서 유럽 공예

기법의 영향을 받지 않을 수 없었다. 소성법에서 중국 전통 도자기와는 달리 활석(滑石)을 이용하며, 기형에서는 식기류나 다구(茶具)·커피기구 등 서구인들의 기호에 맞는 물품이 제작되고, 문양에서는 서구의 신화나 종교 풍습 및 갑주(甲胄) 문양과 인물상 따위가 등장하였다. 이것은 도자기 교역을 통해 일궈낸 동서문명의 융합상을 여실히 보여주는 대표적 사례라 할 수 있다.

도자기의 길 Ceramics Road

중세 해상실크로드의 별칭. 동서교류사에서는 8세기 중엽에 이르러 두 가지 중요한 변화가 일어났다. 하나는 중국 도자기가 대거 수출되기 시작함에 따라 도자기가 동서교류품의 대종(大宗)으로 부상한 것이고, 다른 하나는 오아시스로(육로)에 비해 해상실크로드(해로)가 더욱 활발해진 것이다. 중세에 접어들면서 오아시스로 연변에서 일어난 일련의 정세 변화로 인해 육로를 통한 교류에 난관이 조성된 반면에, 신흥 아랍-이슬람세력의 해상 진출을 계기로 해로가 미증유의 활기를 띠게 되었다. 이즈음에 이루어진 조선술과 항해술의 진일보한 발달은 해로의 역할을 한층 증대시켰다. 이러한 두 가지 변화의 상호 역학 작용에 의해 해상실크로드의 별칭으로서의 '도자기의 길'이 명명되기에 이르렀다.

도자기가 교역품의 대종으로 급부상함으로써 그 운반을 위한 해로의 기능과 이용도는 전례 없이 높아졌다. 도자기의 경우 해운(海運)이 육운(陸運)에 비해 안전할 뿐만 아니라, 더 많은 양을 운반할 수 있었기 때문이며, 나아가 해로의 역할 증대로 도자기의 교류 규모는 더욱 확대되었다. '도자기의 길'이야말로 중세 동서교류의 주요한 통로였다. 항로 자체는 당(唐)대의 해로와 크게 다를 바 없었다. 그리고 도자기 무역의 주로(主路)이기는 했지만 '도자기의 길'이 유일한 해로

는 아니었다. 육로를 통해서도 제한적이기는 하지만 도자기가 대상들에 의해 서역으로 반출되었던 것이다.

도파르 Dhofar, 祖法兒

해양실크로드 상의 요지. 오만의 남부 고원지대에 있는 도파르는 서쪽으로는 예멘, 남쪽으로는 인도양, 북쪽으로는 루브아 칼리(아라비아 반도 남부의 무인 사막지대)와 접해 있다. 이 도시에서 생산되는 진귀한 향료인 유향은 고대부터 지중해와 중동 지역에서 거래되는 대표적인 무역 상품이었다. 13세기 후반 배편으로 귀국길에 오른 마르코 폴로는 여행기 『동방견문록』에서, 비록 이곳에 들르지는 않았지만 이 도시의 아름다움과 활발한 무역상, 특히 유향과 인도로 수출되는 말들에 관해 언급하고 있다. 그로부터 반세기 후 동방 여행에 나선 아랍의 대여행가 이븐 바투타는 인도로 갈 때와 아프리카로 귀향할 때 두번이나 이곳을 경유하였다. 그는 여행기에서 이곳과 관련된 흥미있는 사실들을 전한다. 즉 해로로 이곳에서 캘리컷까지의 항정(28일간)과 육로로 아덴(30일)과 하드라마우트(16일), 오만(약 20일)까지의 거리를 일일이 밝히고 있으며, 이곳 화폐는 동전(銅錢)이 아닌 석화(錫貨)라는 것, 현지인들의 인품이 너그러운 점, 상피병(象皮病)과 고환 습진이 만연한 상황 등을 기술하고 있다. 특히 바투타는 이곳 주민들이 여러 면에서 자신의 출신지인 마그립(현 모로코) 사람들과 성명·복장·풍습·식사 등이 유사한 점에 주목하였다.

도편추방법 陶片追放法, Ostrakismos

고대 그리스의 위험인물 추방법. 국가에 해를 끼칠 수 있는 위험인물의 이름을 오스트라콘이라고 하는 도자기 조각에 적어 비밀투표를 해서 6,000표 이상이 집계되면 그 사람을 추방하였다. 기원전 487~기원전 485년에 처음 실시되었으나 점차 정치적 경쟁자를 추방하는 등의 정치싸움의 도구로 변질되어 얼마 안 가 폐지되었다.

도항술 導航術

해상실크로드의 운항기술. 도항술이란 해상에서의 안전한 운행이 이루어지도록 배를 인도·안내하는 기술을 말한다. 도항술은 등대와 여러가지 표식물에 의해 개척되어왔다. 일찍이 8세기에 이집트의 알렉산드리아항에는 처음으로 도항등대(導航燈臺)가 등장해 야간 항해를 안내하였다. 뒤이어 페르시아만의 몇군데 항구에 등대가 설치되었으며, 오늘날에 이르기까지 등대는 항해의 필수물이다. 등대와 더불어 지형지물에 따르는 각종 표식물도 선박의 안전 운항에 도입되었다. 중국에서는 명나라 때부터 이른바 '도항표망(導航標望)', 즉 바라보면서 항행할 수 있는 표식물로 쓰이도록 강안이나 해안가에 점등(點燈)을 하든가, 아니면 천조각을 높이 매달아 놓는다든가 하였다. 특히 산이나 평야처럼 자연 표식물이 없는 곳에 이러한 '표망'을 많이 설치하였다. 그밖에 '입표지천(入標指淺)', 즉 여울이나 얕은 물목에 배를 정박시켜 놓든가, 깃발을 꽂아 위험을 알리면서 안전 항해를 유도하기도 하였다.

독목주 獨木舟, 마상이, 馬尙船, canoe

선박의 조형(祖型). 독목주(獨木舟, 마상이)란 동서양을 막론하고 통나무를 파서 만든 작은 배를

중국 고대의 통나무배

말하는데, 이것은 인류 최초의 배라 할 수 있다. 한적(漢籍) 『산해경(山海經)』이나 고문자(古文字)를 고증하여 해석하는 석문(釋文) 등 고전 기록에 의하면, 중국 최초의 배는 세계 다른 지역과 마찬가지로 통나무배, 즉 독목주였다. 하(夏)대(기원전 21~16세기)에 있었던 용감한 배몰이꾼에 관해 기록한 『좌전(左傳)』이나 『죽서기년(竹書紀年)』의 제왕(帝王)의 항해 기사 등에 의하면, 하대(夏代) 사람들은 이미 해상에 진출해 활동하고 있었는데, 그들이 이용한 배는 다름아닌 독목주였다. 인도의 경우, 기원전 3천년경의 모헨조다로(Mohenjo Daro) 유적에서 독목주라고 추정되는 배가 새겨진 장방형 인장(印章)이 출토되었다. 배의 형태는 수미(首尾)가 돌출되고 돛은 없으며, 고물에서 사람이 키를 잡는다.

독일의 투루판 탐험대

독일은 1902년부터 1914년 사이에 4차례에 걸쳐 투루판을 비롯한 중앙아시아에 탐험대를 파견해 여러 유적들을 파괴하고 귀중한 유물들을 숱하게 편취(騙取)하였다. 첫 탐험대는 베를린 민속학박물관의 인도부장이자 불교미술 연구가인 알베르트 그륀베델(A. Grünwedel)을 단장으로, 미술사가인 후트를 부대장으로, 그리고 박물관 직원인 바르투스를 대원으로 구성되었다. 무기 거상(巨商)인 크루프의 막대한 재정지원을 받고 있던 그들은, 5년 전에 러시아 탐험가 클레멘츠(D. Klements)가 투루판에는 적어도 130개의 불교 석굴사원이 몰려 있다고 쓴 보고서에서 암시를 얻고 이곳을 첫 탐험대상으로 삼았다. 예비조사에 불과했던 첫 탐험에서 46상자나 되는 유물을 챙겨 오자 독일 황제의 꿈은 한층 더 부풀었고, 장기적인 탐험을 주관할 전문위원회가 꾸려졌으며, 2차 탐험부터는 르코크(Le Coq)의 지휘하에 진행되었다. ('르코크'항 참고)

돌궐 突厥, 투르크

돌궐의 어원이나 돌궐족의 시원에 관해서는 여러 설이 분분하다. 돌궐 제국을 건설한 사람들 스스로는 '투르크'라고 불렀지만, 한적(漢籍)에는 '돌궐'로 나온다. '돌궐'이 '투르크'의 음사(音寫)라고 할 때는 투르크어의 어의를 따라 '강력(強力)' '성대(盛大)' '기력(氣力)' 등으로 해석된다. 이것이 지금까지 학계의 통설이다. 그렇지만 음사가 아니라고 할 때는 해석이 달라진다. 『주서(周書)』나 『수서(隋書)』 등 중국 정사에 의하면, 금산(金山), 즉 알타이산의 모양이 마치 원추형 두무(兜鍪)와 같이 생겼다고 한다. 여기서 '두무'는 '투구'이며, 그 음이 '돌궐'로 와전되었다는 것이다. 그런가 하면 고대 부족끼리의 '연맹(聯盟)'을 뜻하는 칙륵(勅勒)이나 철륵(鐵勒)의 음사라는 일설도 있다. 돌궐족의 시원에 관해서는 대체로 흉노와 관련하여 그의 별종이라든가, 아니면 그 북쪽에 있던 색국(索國)이나 정령(丁零)·선비(鮮卑)·철륵의 후예라는 주장이 우세하지만, 투르키스탄(현 중국 신장新疆)에서 발원했다는 등의 이설들이 여전히 존재한다. 다만 그 체질에 관해서는 유골로 보아 대부분 몽골인이나 한국인처럼 단두형(短頭形)으로서 검은 머리에 큰 눈과 보통 키보다 약간 큰 체구를 가지고 있었음을 알 수 있다.

돌궐족의 시조에 관해서도 몽골족 같은 북방 유목민족들이 공유하는 난생설화(卵生說話)가 전해오고 있다. 돌궐은 6세기 중엽부터 약 200년간(545~745) 몽골 고원과 알타이 지역에서 유목민으로 살았다. 552년에 알타이 지방에 살던 철륵(鐵勒)의 일족인 아사나씨(阿史那氏)의 족장 토문(土門, '만인의 장長'이란 뜻)이 유연(柔然)을 제압하고 독립해 이리가한(伊利可汗, 일릭 카간 Ilig Qaghan, '일릭'은 '나라를 건설한 사람' '카간'은 '군주'란 뜻)이라 칭하면서 돌궐국의 기반을 다져나갔다. 그의 동생 이스테미(Istemi)는 서방으로 진출해 서투르키스탄의 에프탈을 공략해, 돌궐의 세력 범위는 동으로는 만주, 서로는 중앙아시아, 북으로는 예니세이강 상류까지 확장되었다. 그후 583년에 동서로 분열되어 동돌궐은 몽골 고원을, 서돌궐은 투르키스탄(중앙아시아)을 각각 지배하였다. 그러나 얼마 가지 못하고 동돌궐은 630년부터 약 50년간 당의 지배를 받다가 744년에 철륵의 일파인 위구르에게 멸망하였다. 서돌궐은 일시 위세를 떨치다가 결국 당에게 복속되었다.

돌궐 비문 突厥碑文

초원실크로드를 통한 교류의 유물적 전거. 돌궐 비문이란 돌궐 문자로 기록한 돌궐 시대의 비문을 말한다. 좁은 의미의 돌궐 비문은 돌궐 제1제국시대와 제2제국시대에 남긴 비문을 말하며, 넓은 의미의 돌궐 비문은 기타 지역에서 발견된 동시대의 비문이다. 좁은 의미의 돌궐 비문에는 주요한 것으로 제1제국시대의 부구트(Bugut) 비문과 제2제국시대의 퀼테긴(Kül-Tegin) 비문(723), 빌게(Bilge) 카간 비문(735), 톤유쿡(Tonyuquq) 비문(716) 등이 있고, 넓은 의미의 돌궐 비문에는 예니세이 비문(예니세이강 상류에 있으며, 50여 편片의 문자로 되어 있다)과 구성회골 카간(九姓回鶻可汗) 비문 등이 있다. 종전

몽골 제2돌궐국의 톤유쿡비(725년 건립)

에는 주로 중국 측의 문헌기록에 의해 각색되어 많은 편단과 오류가 있었지만 이 돌궐 비문들의 발견에 의해 돌궐사가 여실히 밝혀지고 있다. 19세기 말 러시아 지리학협회가 파견한 라돌프 탐험대가 『몽골고대유적지도』(1892)를 만들어낸 이래 일련의 연구들에 의해 비문들이 속속 해독됨으로써 실태가 점차 확연하게 드러나고 있다.

『돌궐어사전(突厥語辭典)』 M. al-Kashghar 저, 1072~1074년

교류의 문헌적 전거로서의 학문 전서(專書). 11세기 20년대에 카라한(Karakhan, 960~1232)조의 카슈가르(현 중국 신장위구르자치구 카스喀什)에서 출생한 마흐무드 알 카슈가리(Mahamūd al-Kashgharī, 1020~1070)는 젊어서 돌궐문화의 훈육(訓育) 속에서 한문화와 아랍-이슬람 문화의 영향을 많이 받았으며, 7하(河)지역과 이리하(伊犁河), 시르다리야강 일원을 두루 역방하였다. 카라한 궁전에서 정변이 일어나자 당시 압바스 이슬람제국의 수도 바그다드로 도피해 그곳에서 1072~1074년 이 사전을 편찬해 압바스조 칼리파 아부 알 무끄타디르(Abu'l Muqtadir)에게 헌상하였다. 그는 장기간의 연구와 탐색 끝에 영원한 기념품과 무진장한 재부를 후세에게 남기기 위해 이 사전을 저술했다고 밝히고 있다. 이 사전은 약 7,500개의 어휘(단어와 문구)를 주제어로 올리고, 그 해석을 통해 11세기의 돌궐족과 중앙아시아 사회 전반을 조명한 일종의 간명한 백과전서다.

아랍어로 어휘를 해석한 이 사전은 친족과 인척, 관직과 작호(爵號), 천문과 역법, 지리와 지명, 동식물, 농업과 목축업, 금속과 광물, 음식과 의복, 질병과 의약, 체육과 군사, 역사와 신화, 민족과 종교, 유희와 오락 등 실로 다양한 내용을 담고 있다. 사전에는 242수의 돌궐어 4행시(詩)

와 200여 개의 격언 속담이 해석에 인용되고 있다. 사전에 첨부된 한 폭의 원형 중앙아시아 지도는 현존 지도 중 가장 오래된 중앙아시아 지도다. 이 사전은 중세의 돌궐족과 중앙아시아 역사문화를 연구하는 데 있어서 자타가 인정하는 중요한 전서이며, 돌궐족의 진귀한 문화유산이라는 평가를 받고 있다. 원서는 소실되어 전하지 않으나, 제1차 세계대전 기간에 터키에서 초본이 발견되어 1915~1917년에 이스탄불에서 3권으로 간행되었다. 1938~1957년에는 터키어로 번역되어 5권으로 앙카라에서 출간되었다. 후에 우즈베크어로도 번역되어 3권으로 타슈켄트에서 간행되었으며, 중국에서도 1981~1984년에 위구르어로 번역되어 역시 3권으로 출판하였다.

동(東)과 서(西)

역사와 지리학, 정치학 일반에서 사용하는 동(東)과 서(西)라는 개념은 역사·문화적 및 정치·지리적 복합개념으로서, 개념의 복합성만큼이나 이해에서도 복잡한 변화과정을 거쳐왔다. 오늘날에는 동은 동양(東洋, the Orient)이나 동방(東方, the East), 서는 서양(西洋, the Occident)이나 서방(西方, the West, 서구 혹은 유럽)에 대한 범칭으로서 동·서양인들이 모두 그 범주를 인정해 사용하지만 역사적으로 보면, 동양인과 서양인은 서로 다른 필요에서 출발해 서로 다른 기준으로 그 개념을 제시하고 사용하였다. 그 과정을 살펴보면 중세적 개념과 근세적 개념으로 대별할 수 있다. 중세적(혹은 고전적) 개념이란 중세에 중국인(주로 송·원·명대)들과 중국에 들어온 유럽 선교사들에 의해 제시된 개념이다. 중국인들은 남해(南海)를 비롯한 인도양에 대한 지식이 깊어짐에 따라 송대(宋代, 960~1279) 말에 처음으로 항해침로(航海針路)를 기선(基線)으로 해 바다를 지리적으로 구분하기 시작하였다. 당

시는 중국 광저우(廣州)로부터 인도네시아 수마트라(Sumatra, 삼불제三佛齊) 이동의 바다를 동남해(東南海)로, 그 이서의 바다를 서남해(西南海)로 지칭하면서 그 영내에 있는 나라들을 이러한 지리적 범주 내에 소속시켰다. 원대(元代, 1271~1368)에 이르면 이러한 지리적 분할이 더욱 세분화되어 처음으로 '동양'과 '서양'이란 용어가 등장했는데, 여기서 '동양'과 '서양'은 '동쪽 바다'(the Eastern Ocean)와 '서쪽 바다'(the Western Ocean)란 뜻으로서 오늘날 통용되는 '동양'(the East)과 '서양'(the West)의 개념과는 판이하게 다르다.

원대의 여행기나 풍물기에 동양과 서양이란 용어가 처음으로 나온다. 예컨대 『천남행기(天南行記)』와 『진랍풍토기(眞臘風土記)』에 '서양국황모피자(西洋國黃毛皮子)' '서양포(西洋布, '서양포'항 참고)'라는 어구가 나오는가 하면, 『남해지(南海志)』에는 '단마령국관소서양(單馬令國管小西洋)' '삼불제국관소서양(三佛齊國管小西洋)' '동양불니국관소동양(東洋佛泥國管小東洋)' '단중포라국관대동양(單重布囉國管大東洋)' '사파국관대동양(闍婆國管大東洋)' 등 대(大)·소(小) 동양과 서양에 관한 내용이 기술되어 있다. 관련 서적들의 기술 내용을 종합해보면, 원대의 동·서양은 광저우—칼리만탄(Kalimantan, 가리만단加里曼丹, 현 보르네오)섬 서안—순다(Sunda, 손타巽他) 해협을 계선(界線)으로 해 동서로 획분하였다. 즉 칼리만탄섬과 자바(Java, 과왜瓜哇)섬 이동의 지역과 수역을 동양, 그 이서의 인도양까지를 포함한 지역과 수역을 서양으로 명명했고, 다시 동·서양을 대·소로 나누어 칼리만탄섬 북부부터 필리핀 군도까지를 소동양(小東洋), 칼리만탄섬 남부부터 말루쿠(Maluku, 마노고馬魯古) 제도까지를 대동양(大東洋), 그리고 서양도 말라카(Malacca, 마육갑馬六甲) 해협을 경계

로 해 그 이동의 말레이 반도와 수마트라 일원을 소서양(小西洋), 그 이서의 인도양을 대서양(大西洋)이라고 불렀다.

명대(明代, 1368~1661) 초에 이르러 동양이 낳은 위대한 항해가 정화(鄭和)의 7차에 걸친 '하서양'(下西洋, 1405~1433)을 계기로 동·서양에 관한 개념에 일련의 변화가 일어났다. 가장 중요한 변화는 서양의 포괄 범위가 크게 확대된 것이다. 명태조(明太祖) 본기(本紀) 홍무(洪武) 3년(1370)조에 보면 점성(占城, 참파Champa)·자바와 함께 서양 나라들이 조공했다는 기록이 있는데, 명사(明史)로는 이것이 서양에 관한 첫 기록이다. 여기서의 서양은 인도양 일대를 가리키는 듯하나 명확하지는 않다. 정화의 7차에 걸친 항해를 전하는 「정화열전(鄭和列傳)」에는 그의 사행(使行)을 '사서양(使西洋)' '하서양(下西洋)' '통사서양(通使西洋)' '복사서양(復使西洋)' '환자서양(還自西洋)' 등 여러가지로 표현하고 있다. 그러나 모두 서양과의 왕래를 명시하고, 그 대상 지역을 동남아시아로부터 인도와 실론(석란錫蘭, 현 스리랑카), 아라비아해 연안까지로 확대하고 있다. 정화의 제7차 출사 때 서기관을 담당했던 공진(鞏珍)이 쓴 『서양번국지(西洋番國志)』(1434)에는 서양 대상지를 무려 120개 국가와 지역으로 잡고 있다. 그후 1520년에 찬술된 황성증(黃省曾)의 『서양조공전록(西洋朝貢典錄)』에는 점성·자바·수마트라·실론·아단(阿丹, Aden, 아라비아 반도 서남단)·천방(天方, 사우디아라비아의 메카) 등 23개국을 서양에 포함시킨다. 명대 중기에 오면 광저우—보르네오(Borneo, 문래文萊, 발니淳泥)가 동·서양의 분수령이 되면서 명초까지의 대동양이 서양에 편입됨으로써 동양의 범위는 점차 동쪽으로 이동해 본래의 소동양과 그 이동이 새롭게 동양으로 개편되었다. 이와 같이 명대 중기 이후 동양과 서양의 범위가

점차 각각 동쪽과 서쪽으로 전개됨에 따라 그 중간 지역과 수역에 대한 지칭으로 '남양(南洋)'이란 이름이 출현하였다. 이 명칭은 세종(世宗) 가정(嘉靖) 연간(1522~1566)의 『해운도설(海運圖說)』에서 처음 나온다. 이 책에는 외국 선박들이 남양을 지나 류큐(琉球)나 대식(大食) 제국을 왕래하는데, 동양에는 산이 있어 의지할 곳과 정박할 항구가 있으나 남양과 서양은 일망무제(一望無際)해 바람만 만나면 걷잡을 수 없다는 기록이 나온다. 여기서 남양은 오늘날의 동남아시아 일대에 해당하는데, 지금도 중국에서는 그대로 연용(沿用)되고 있다. 한편 명대 중기 이후에 중국에 들어온 유럽 선교사들은 서방에 관한 자신들의 지견(知見)과 중국인들의 대양 중심의 전통 구분법을 절충해 나름대로의 동·서양 개념을 내놓았다. 그들은 한자로 세계지도를 설명했는데 북부 태평양 이서를 대동양(大東洋), 이동을 소동양(小東洋)이라 하고, 인도양 이서를 소서양(小西洋), 유럽 이서를 대서양(大西洋)이라 명명하면서 자신들을 '대서양인'이라고 자칭하였다.

이상의 중세적(고전적) 개념에 비해 오늘날에 와서 제시된 동양 및 서양 개념은 사뭇 다르다. 동양과 서양에 대한 근세적 개념은 18세기 이후 유럽 중심주의를 지향한 서구인들에 의해 제시된 새로운 개념이다. 일찍부터 유럽인들에게는 어렴풋하게나마 '동'이나 '동쪽 지방'이라는 지리적 및 역사적 개념이 있어왔다. 이것이 오늘날의 '아시아'란 개념으로 표출되었는데, 그 기원은 아시리아어로 '일출(日出)'을 뜻하는 단어 'assu'로 소급한다. 역사 기록에 의하면, 기원전 1235년경 흑해 지방에서 바빌로니아에 이르는 일대를 지배하던 히타이트(Hittite)왕이 에게해(Aegean Sea) 동쪽에 있는 '아쑤바'(Assuva)라는 부족 또는 그 연합체의 영토를 정복한 바 있다. 이 '아쑤바'는 '일출'을 뜻하는 'assu'에서 연

유한 것이다. 후일 그리스인들도 에게해 동쪽에 있는 '무한대의 대륙'을 막연하게나마 '동쪽 지역'이란 뜻의 '아쓰바'(Aseva)로 지칭하였다. 근대에 와서는 서양인들이 식민화 대상으로서의 동방을 지칭하기 위해 고대 그리스인들이 '동쪽 지방'이란 뜻으로 사용하던 'Aseva' 또는 'Asva'를 'Asia'로 재탄생시키고 동양인을 비롯한 세계인들이 이를 답습함으로써 '아시아'(Asia)란 관용어로 굳어져버렸다.

아시아라는 지역적 개념과는 별도로, 근세에 와서 유럽인들은 주로 정치문화적인 차원에서 '동'(東, the East)이라는 용어를 제시하고 동양인들이 이를 수용함으로써 '동'(東, the East, 동양 혹은 동방)과 '서'(西, the West, 서양 혹은 서방)라는 개념이 정립되기에 이르렀다. 그들은 유럽을 기점으로 동과 서를 구분했는데, 대체로 터키 이동에 위치한 아시아 지역을 일괄해 '동'으로 통칭하였다. 즉 우랄산맥—흑해—지중해—홍해를 연결하는 남북선(南北線)을 기준으로 그 이동은 '동'이고, 그 이서는 '서'로 대별하며, 또한 유럽, 특히 영국을 기점으로 원근(遠近)에 따라 동을 다시 '근동'(近東, the Near East), '중동'(中東, the Middle East), '원(극)동'(遠(極)東, the Far East)으로 세분화하고 있다. 이와 같이 유럽인들은 중국인들처럼 어떤 자연·환경적 요인(바다나 산맥 등)을 기준으로 동서를 구분한 것이 아니라, 전적으로 자기중심적인 발상에서 출발해 정치·외교적 고려에 따라 인위적으로 동서를 나눈 뒤 온갖 측면에서 동·서간의 대립관계를 설정 내지 조장해왔다.

『동문산지(同文算指)』 전10권, 李之藻 저, 1614년

동서 학문의 융합에 관한 문헌적 전거. 중국 전통수학과 서구 근대수학의 결합을 시도한 첫 수학 전서(專書)로, 저자 이지조(李之藻, 1565~1630)

는 중국에 온 서양 선교사들로부터 서구의 과학기술을 전수받고, 그들과 함께 근대적 과학기술의 보급에 진력한 중국의 과학자이며 저술가다. 이 책은 그가 마테오 리치(Matteo Ricci) 등 선교사들로부터 수강한 내용과 독일 수학자 클라비우스(C. Clavius)의 『실용산술개론(實用算術概論)』(Epitome Arithmeticae Practicae, 1585)을 참고해 1614년에 편찬·출간하였다. 전편(前編, 2권)·통편(通編, 8권)·별편(別編)으로 구성된 이 책은 서구의 필산법(筆算法)을 처음으로 소개하고, 중국의 전통수학과 서구의 근대수학의 결합을 시도하였다. 전편에서는 주로 정수(整數)와 분수(分數)의 가감승제 산법과 기법(記法)을 소개하고, 통편에서는 비례·비례분배·영부족(盈不足)·급수(級數)·다원일차방정식(多元一次方程式)·개방법(開方法), 그리고 평방근과 일반근 계산법 등을 개괄하고 있다. 이 책에 소개된 필산법은 현행 산법과 매우 근사하다. 17세기 당시에 사용된 계산 수단으로는 주산(珠算)·필산(筆算)·주산(籌算)·척산(尺算)의 4가지가 있었는데, 주산(珠算)을 제외한 3종은 모두가 서구로부터 유입된 것이다.

『동물의 본성』 Tabāli alHayawān, Sharaf al-Zamán Táhir Marvazi 저

교류의 문헌적 전거로서의 개설소개서. 마르바지(1046~1120)는 중앙아시아의 고도 메르브(Merv, Marv) 출신으로서 호라즘 왕국의 어의(御醫)였다. 박식가인 그는 아랍어로『동물의 본성』이란 명저를 저술했는데, 원본은 소실되어 전해지지 않으나 후세의 아랍-이슬람 학자들이 단편적으로 그 내용을 인용하곤 하였다. 1937년 아르베리(A. J. Arberry)가 인도 정부도서관에서 거의 원본에 가까운 필사본을 발견했는데, 이 필사본에 근거해 1942년에 영국 왕립아시아학회가 미노르스키(Minorsky)의 제8·9·12·13·15장 (전서의 약 9분의 1 분량)의 영문 역주본(*Sharaf al-Zamān Ṭáhir Marvazi on China, the Turks and India, Arabic text with an English translation and commentary by V. Minorsky*, London, 1942)을 발간하였다. 이 역주본에는 전술한 5개장의 아랍어 필사본 영인도 첨부되었다.

이 역주본은 2편(編)으로 구성되어 있는데, 제1편은 종합적인 논술이고, 제2편은 코끼리에서 벼룩에 이르기까지 각종 동물에 관한 서술이다. 저자도 지적하듯 원래 이 책의 근간은 서명에서 제시되듯이 동물을 다루는 제2편이다. 그러나 교류사 학계를 비롯한 인문학계에서는 중세의 세계상을 다각적으로 기술한 제1편을 더 큰 흥미를 갖고 연구해왔다. 제1편은 총 4부 21장으로 엮어졌다. 제1부는 통론으로서 제1·2장은 결락되고, 제3장은 불완전하며, 나머지 장들은 제왕들의 관습, 학자, 은둔, 수피즘 전도사, 윤리학 등을 논급하고 있다. 제2부는 지리에 관한 9개의 장으로 구성되어 있는데, 제7장은 페르시아인, 제8장은 중국인, 제9장은 돌궐인, 제10장은 비잔틴인, 제11장은 아랍인, 제12장은 인도인, 제13장은 아비시니아인, 제14장은 에과트인, 제15장은 변방의 여러 나라와 도서들에 관한 기술이다. 6개 장으로 구성된 제3부는 '특수 인류학'이라는 제하에 기인(奇人), 남녀, 엄인(閹人, 고자鼓子), 생애, 습속, 인체기관의 기능 등을 다루고 있다.

저자 마르바지가 주로 당대의 전문(傳聞)이나 선학자(先學者)들의 저술에 근거해 쓴 책이기 때문에 내용상의 오류가 없을 수는 없다. 하지만 새로운 지식도 적지 않게 첨가되어 있다. 예컨대 중국 관련 기술에서 광저우(廣州)의 시박(市舶) 무역 상황이라든가, 10세기 말 11세기 초 돌궐이 서방으로 이동한 내용에 대한 기록 등은 여타 서적에서는 도외시된 사실들이다.

동물의 해상운수(海上運輸)

해상실크로드를 통한 교역품. 기원전 4세기 알렉산드로스의 인도 원정대가 인도군의 코끼리 부대에게 저지당했다는 유명한 이야기에서도 알 수 있듯이, 고대 인도는 전통적으로 코끼리를 중요한 전력(戰力)으로 동원하곤 하였다. 그러나 중세에 들어와 북방으로부터 기동력이 강한 유목기마민족들의 거듭되는 내침을 받게 되자, 이에 대응할 전마(戰馬)가 절실해 홍해 주변의 여러 나라들로부터 바다를 통해 말을 수입하기 시작하였다. 15세기 초 중국 정화(鄭和)의 '하서양(下西洋)' 때 기린이나 타조가 배에 실려와 헌상되었고, 일본도 에도(江戶)시대에 코끼리와 낙타가 배로 운반되어 왔으며, 스페인은 대서양을 건너온 기마부대의 전력으로 라틴아메리카를 손쉽게 공략할 수 있었다.

동발 銅鈸

동전 서역 악기. 동발은 중국 당(唐) 십부기(十部伎) 중 서량기(西凉伎)·구자기(龜玆伎)·안국기(安國伎)·천축기(天竺伎)에 쓰인 서역의 타악기로서 고려기(高麗伎)에는 보이지 않는다. 감은사(感恩寺, 682년 창건) 청동제 사리기(舍利器)에서 첫 모습이 발견되므로 신라에서의 수용 시기는 중대(中代)로 볼 수 있다.

『동방견문록(東方見聞錄)』 Marco Polo 저, 1298년

문명교류의 문헌적 전거로서의 여행문학서(여행기). 이탈리아 베네치아의 상인 가문 출신인 마르코 폴로(Marco Polo, 1254~1324)는, 동방 교역을 목적으로 나섰다가 우연히 원(元) 세조 쿠빌라이 칸의 교황청 파견 특사가 되어 복명(復命)차 원으로 돌아가는 부친과 숙부를 따라 1271년 여름, 17세의 나이에 고향 베네치아를 떠난다. 근 4년간의 고행 끝에 1275년 5월 원 제국의 상도(上都)에 도착하였다. 마르코는 원조(元朝) 칸의 배려하에 16년간 중국에 체류하다가 1291년 칸의 특명을 받고 중국을 떠난 후 역시 4년간의 천신만고 끝에 고향을 떠난 지 24년만인 1295년에 마침내 귀향하였다. 마르코의 여행은 중국 체재 16년과 육·해로의 왕복 여정 8년을 합쳐 총 24년간의 기나긴 세월이었다. 귀향한 다음해인 1296년에 발발한 베네치아와 제노바의 해전에서 마르코는 제노바군에게 체포되었다. 그가 감방에서 동방여행에 관해 구술한 것을 요수(僚囚, 함께 갇힌 동료)인 이야기 작가 루스티치아노(Rusticiano)가 필록(筆錄)하였다가 1298년에 책으로 엮어 간행한 것이 『동방견문록』이다.

『동방견문록』은 서문과 본문의 2대 부분으로 구성되어 있는데, 서문은 폴로 일행 3명이 두 차례에 걸쳐 동방으로 여행한 과정을 개괄적으로 서술한다. 본문은 크게 4가지 내용을 포함하고 있는데, 첫부분은 폴로 일행이 소아르메니아에서 원제국의 상도에 이르는 도중의 견문을, 둘째 부분은 몽골의 칸과 궁정·도성·치적 등과 마르코의 중국 각지 여행담을, 셋째 부분은 일본과 남해 제국, 인도와 인도양 제도, 그리고 폴로 일행의 귀로 여정을, 마지막 넷째 부분은 몽골 여러 부족들간의 전쟁과 아시아 대륙 북부 지역의 개황을 각각 다루고 있다. 이 여행기는 200여 나라·지역·도시 등에 관해 언급하고 있는데, 중요한 곳에 관해서는 그곳의 기후·물산·상업·문화·종교·풍속·정치사건 등을 일일이 상술하고 있다.

이 책은 본래 중세 프랑스어·이탈리아어 혼성어로 씌었으며, 적지 않은 방언도 섞여 있었다. 원본은 소실되었으나 널리 전해진 필사본은 약 140종에 이른다. 그중 스페인 토론토 교회도서관에 소장된 젤라다(Zelada) 라틴어 필사본이 가장 오래된 필사본이고, 파리 국립도서관 소장의 필사본(1116)은 원문에 가장 가까운 필사본이며, 1477년 뉘른베르크에서 출간된 독일어 역본은 최초의 간본(刊本)이다. 1970년대 말까지 출판된 각종 언어의 간본은 무려 120여 종에 달하는데, 이러한 간본의 서명은 일정하지 않고 다양하다. 『세계의 기술』(*Description of the World*), 『베네치아인 마르코 폴로 각하의 동방 각국 기사(奇事)에 관한 서(書)』 『베네치아 시민 마르코 폴로의 생활』 『기서(奇書)』 『백만(百萬)』 등 여러가지 서명이 있으나, 보통 『마르코 폴로 여행기』라고 통칭한다. 일본어와 한국어로는 『동방견문록(東方見聞錄)』이란 제목으로 번역·출판되었다. '세계 제1의 기서(奇書)'라고 불리는 이 책은 중세 유럽인들이 아시아와 중국을 이해하는 기본 안내서와 지침서 역할을 하였다. ('마르코 폴로' 항 참고)

『동방기행(東方紀行)』 Odoric 저, 1330년

실크로드(육·해로)의 문헌적 전거로서의 동행 여행기. 이탈리아 출신의 프란체스코회 탁발 수사 오도릭이 12년간(1318~1330) 서아시아·동남아시아·중국(6년간 체류)·중앙아시아·이란 등 아시아 지역 총 59곳(체류지와 경유지 44곳, 관련지 15곳)을 주유한 여행 기록이다. 저자 오도릭이 임종을 앞두고 혼미한 상태에서 구술한 것이어서, 다른 세계적 여행기에 비하면 분량이 적고 기술이 소략하며 내용에서 혼동과 착오가 발견된다. 그렇지만 여행기의 시대성과 사실성, 그리고 내용의 다방면성과 광범위성으로 인해 세계 4대 여행기의 하나로 꼽힌다. 각 지역의 인문지리와 역사문화상을 총괄하면서 24가지의 풍습과 5가지 폐습을 사실적으로 묘사하고, 총 81종(식품 34종, 동물 28종, 농산물 17종, 식물 2종)의 물산을 소개하며, 14곳의 유적, 흥미 넘치는 진지한 기담과 기적 등 각각 8가지를 전하고 있다. 내용에서 특별히 주목되는 것은 종교 관련 기사다. '영혼의 구제'를 목적으로 떠난 여행인 탓에 특히 종교에 관한 내용이 많다. 비중 있는 내용만 열아홉 군데나 된다. 기독교의 전파와 그 과정에서 일어난 종교적 갈등, 그리고 기독교적 입장에서 우상숭배로 여겨지는 현지 종교(이슬람교·조로아스터교·네스토리우스파·불교 등)의 기이한 상황을 주로 다루는데, 폐습까지도 있는 그대로 기술하며 견문(見聞)과 전문(傳聞)을 엄격히 구분하는 등 사실성이 돋보이며 낯선 동방에 관한 이해를 돕기 위해 곳곳에서 서양의 것과 비교 대조하는 방식을 취하였다. 이 여행기는 14세기 당시의 동·서양의 역사상을 여실히 비춰주는 시대의 거울이며 여행문학의 수작으로서 세계 4대 여행기의 하나라는 데 그 문명사적 의미가 있다.

동방무역 東方貿易, Levanthandel

중세 이탈리아 도시국가들이 지중해를 무대로 진행한 유럽과 아시아 간의 중계무역. 일명 레반트(Levant) 무역이라고 하는데, '레반트'는 이탈리아어로 '해가 뜨는 곳', 즉 동방을 뜻하므로 '레반트 무역'은 동방과의 무역을 말한다. 사실 유럽과 아시아 간의 중계무역은 일찍부터 행해져왔다. 고대 지중해 연안의 페니키아인이나 아랍인들이 이미 이러한 무역을 시작했으며, 로마는 기원을 전후한 시기에 멀리 중국을 비롯한 동방 나라들과 이른바 '동방원거리무역'을 진행하였다. 로마제국이 멸망하고 유럽에 중세의 암흑기가 도래하면서 이러한 동방무역은 일시 자취를 감췄다. 그러다가 중세 이탈리아 도시국가들이 주도하는 새로운 동방무역이 재생하였다. 특히 베네치아는 십자군전쟁을 계기로 제노바나 피사 등 경쟁 상대들을 제압하고 동방무역

을 거의 독점하였다. 베네치아는 1년에 두 번씩 무역선단을 지중해의 핵심 무역거점인 이집트의 알렉산드리아에 보내 무역하면서 거액의 이익을 챙겼다. 그러나 오스만제국의 동방무역 개입, 영국을 비롯한 신흥 유럽 국가들의 동방무역 투입, 포르투갈 항해자 바스코 다 가마(Vasco da Gama, 1469~1524)에 의한 인도항로 개척 등 제반 요인으로 인해 동방무역은 사양길에 접어들었다.

『동방안내기(東方案內記)』 Linschoten 저

교류의 문헌학적 전거로서의 개설소개서. 네덜란드의 동방 여행가인 린스호텐(Jan Huyghen van Linschoten)은 유년시기부터 해외여행의 꿈을 키웠다. 21세 때인 1583년 4월 리스본을 출발해 인도를 비롯한 동남아시아 일대를 9년간 편력하다가 1592년 1월 리스본에 돌아와, 여행 과정의 견문과 전문에 근거해『동방안내기(東方案內記)』『포르투갈의 항해지(航海誌)』『아프리카와 아메리카 지지(地誌)』 등을 저술하였다.『동방안내기』에서는 페르시아만의 호르무즈, 인도의 고아, 실론(현 스리랑카), 말라카, 중국 등 동방 여러 나라와 그 지역·도시들을 소개하며, 향료나 보석 등 동방 특산물에 관해서는 놀라울 정도로 풍부한 자료를 인용해 설명한다. 그의『동방안내기』는 네덜란드가 당시 동방 경략의 전성기를 구가하던 포르투갈을 추월하는 데 중요한 안내 역할을 하였다. (7-182)

『동방원예(東方園藝)』→ '윌리엄 챔버스'항 참고

『동방제국기(東方諸國記)』 Suma Oriental, Tomé Pires 저, 1466~1524년

해상실크로드의 문헌적 전거로서의 개설소개서. 16세기 초엽 인도에서 말라카와 자바에 이

르기까지 세력을 확장하면서 중국을 호시탐탐 노리던 포르투갈이 중국에 특파한 사절 포르투갈인 토메 피레스(Tomé Pires)가 16세기에 쓴 『동방제국기』(Suma Oriental)는 동양 여러 나라에 관한 지리서다. 리스본에서 출생한 피레스는 1511년 4월 20일 고향을 떠나 1517년 광저우(廣州) 외항인 아오먼(澳門, 마카오)을 거쳐 베이징에 갔다가 1521년 5월 다시 광저우로 돌아왔다. 그에게 맡겨진 임무나 그 수행 여부에 관해서는 전해진 바가 없다. 양국간의 교섭이 원만치 않아 투옥되기도 하다가 1524년에 사망한 것으로 알려진다. (9-82)

동방학 東方學

근세 유럽에서 대두한 중근동(中近東)과 근동(북아프리카)에 관한 학문적 연구. 지정학적으로 가깝고 역사적으로도 유럽과 밀접한 관계로 얽혀온 중근동과 근동은 근세에 들어 유럽의 근대화와 산업화를 위한 전략적 동반관계가 설정되면서 유럽의 부흥과 더불어 이 지역에 관한 학문적 연구의 필요성이 제기되었다. 연구의 핵심은 아랍의 역사문화와 이슬람에 대한 이해이다. 이러한 학문적 연구의 흐름에 맞춰 19세기 초부터 프랑스를 비롯한 서구에서는 동방에 대한 취미나 동경을 반영한 낭만주의적 화풍(畫風)이 일기 시작하면서 '오리엔트풍'의 회화나 소설이 나왔으며, 이른바 '오리엔트풍 장식품'도 유행하였다. (15-229)

동불랍 冬不拉, 東不拉

카자흐족의 목제 쌍현(雙絃) 악기. 카자흐 지역에서는 '돔브라', 신장위구르 지역에서는 '동부라'라고 한다. 몸체는 배 모양으로 조금 불룩하며, 평저(平底)와 철저(凸底)의 2종이 있다. 음량은 비교적 약한 편이나, 가무 반주나 합주에 사용된다. (13-317)

『동사기(東使記)』 R. G. de Clavijo 저, 1582년

교류의 문헌적 전거로서의 사행기(使行記). 스페인의 카스티야(Castilla) 국왕 엔리케 3세의 특사로 티무르제국에 파견된(1403~1406) 클라비호의 사행기로, 원명은 『티무르 시대 카디스로부터 사마르칸트까지의 여행기』(Timur Devrinde Kadistan Semer-Kandis Seyahat)다. 저자는 전 사행노정을 일정별로 기록했다가 귀국후 얼마 되지 않아 스페인어로 이 책을 저술해 1582년 마드리드에서 처음 간행되었다. 사행로 연변 각지의 지리·교통·정치·군사·경제·문화·풍속·민생 등 다방면의 견문을 흥미진진하게 서술하고 있으며, 특히 중앙아시아 일대와 티무르제국의 수도 사마르칸트에 관한 상세한 기술은 이 두 곳의 중세 연구에 귀중한 사료로 평가된다. 이 책은 1859년에 러시아어 역본이 출간되었고, 그밖에 영어·터키어·페르시아어·중국어·일본어로도 번역·출판되었다.

동산문화 東山文化

베트남의 동산촌(東山村)에서 발견된 청동기시대와 초기 철기시대 문화. 1924년 베트남 청화성(淸化省) 동산현(東山縣) 동산촌에서 공구와 병기 및 장식품 등의 청동제품이 출토되었는데, 전형적인 유물은 동고(銅鼓)다. 동고와 더불어 줄무늬가 새겨진 도기와 마광(磨光) 석기도 출토되었다. 또한 기원전 3세기에서 기원후 1세기 사이에 중국 한대에 제작된 동경(銅鏡)이 발견되었는데, 이는 당시 베트남과 중국 간의 교류를 입증해주는 유물이라 할 수 있다. (15-229)

동서 문명교류

문명교류의 특성을 포괄적으로 구현하고 있는

동서 문명교류란 유라시아를 비롯한 지구의 광활한 지역에서 발생한 여러 이질문명이 시·공간적인 한계를 넘어서 서로 교류하고 영향을 주고받으면서 상호의존적이고 보완적으로 발전·풍부해져간 범지구적인 문명교류를 말한다. 고대에는 오리엔트 문명을 중심으로 동쪽에는 중국·인도·페르시아에서, 서쪽에는 그리스와 로마, 그리고 라틴아메리카 등지에서 고전문명이 개화해 가시적인 동서 문명교류가 시작되었다. 그후 이 범지구적인 문명교류는 단순히 방향적(方向的)·공간적 개념에서의 동양(동방)과 서양(서방) 간의 단선적이고 일방적인 교류가 아니라, 지구의 남·북방까지를 포괄한 전 인류문명의 복선적(複線的)이고 망상적(網狀的)이며 다방면적인 상호교류로 그 폭이 부단히 확대되었다.

동서 상이의 연원

동서의 상이성(相異性)에는 여러가지 연원(淵源)이 있다. 가장 원초적인 연원은 서로 다른 자연환경이다. 적어도 1만년 전 충적세(沖積世)가 시작된 후 고온다습한 동양 기후와 저온·건조한 서양 기후에 의해 인류의 기본 생계원(生計源)은 논벼 위주의 동양 농경과 맥류 위주와 목축업 겸영(兼營)의 서양 농경으로 이분화되었다. 그로부터 농경취락을 비롯한 사회경제적 구조에서 일련의 상차(相差)가 파생하였다. 이분화된 사회경제적 구조는 생산도구와 생활용기의 제작기법이나 기형(器形)에서 서로 다른 특색을 보였다. 전기 구석기시대 후반(100만~10만년 전)부터 주먹도끼를 비롯한 석기의 제작기법에서 서로간의 차이가 나타난 후, 중기 구석기시대(10만~4만년 전)에 오면 서양에서는 뾰족끝석기나 긁개의 경우처럼 용도에 따라 생산도구가 분화되고 정형화된 소형박편석기(小型剝片石器)가 출현했으나, 동양에서는 역석(礫石)과 같은 무정형적

(無定型的)인 대형석기와 소형박편석기가 공존하는 상이한 석기문화계통이 형성되었다. 후기 구석기시대(4만~1만년 전)에 이르면 이러한 석기문화계통은 더욱더 세분화되어 동서간의 지역적 차이는 더 선명해진다. 서구에서는 전대(前代)의 석기문화를 가일층 발전시켜 기능분화에 따르는 돌칼(석인石刃)류의 다양하고 균일성(均一性) 있는 석기를 양산하고 동굴조각이나 회화 등 미술 유물을 남긴 데 반해, 동양에서는 전래의 박편석기와 돌칼석기가 병존하지만 양이 적고 정형화된 2차 가공품도 많지 않다. 구석기시대를 마무리하고 신석기시대로 넘어가는 과도기인 중석기(中石器)시대(1만년 전 무렵)를 살펴보면, 동서에서 모두 세석기(細石器)가 제작되었다. 다만 서구에서는 다양한 기하학적 기형을 가진 세석기가 주로 수렵에 쓰인 반면 동양에서는 특별한 가공을 하지 않은 돌칼이 농기구나 어로도구로 사용되었다. 중석기시대와 더불어 홍적세(洪積世)가 끝나고 충적세가 시작되면서(1만 5,000년~1만년 전) 일어난 지질학적 대변동으로 구래의 동서간 차이가 더욱더 심화되었다.

약 8,000년 전에 출현한 농경으로 인해 도시의 성립과 함께 문명시대가 도래하였다. 따라서 농경문화와 도시문화에 근거한 동서간의 차이는 이제 단순히 석기문화 수준을 넘어 사회경제적 여러 측면에서 다양한 양상으로 나타나기 시작하였다. 농경문화의 경우 주곡물로 서양은 맥류를, 동양은 벼를 재배하게 되었다. 그리고 곡물의 가열방법과 조리방법의 차이는 소분식(燒粉食, 가루를 굽는 방식)과 자립식(煮粒式, 낟알을 끓이는 방식)이라는 각기 다른 식문화(食文化)를 낳았다. 한편 농경사회의 구조적 특성의 차이도 가시화되었다. 변화무쌍한 자연환경 속에서 상호보완적인 교역이 불가피한 서구의 농경취락은 유동적이고 불균형적인 성격을 지니게 된

반면에, 자기완결적인 자급자족이 가능한 동양의 농경취락은 정착성과 균일성이 강하였다. 농경 발달이 동인(動因)이 되어 출현한 도시의 경우, 서양의 도시는 당초 교역의 필요성에 의해 '시(市)'의 기능으로 출범했으며, 일단 출범한 후에는 치소(治所)로서 '도(都)'의 기능이 수반되는 성립과정을 겪으면서 장기간 존속하였다. 그러나 동양의 도시는 이와 정반대의 배경에서 주로 '도성(都城)'적 성격을 띠고 성립되었기 때문에 '시'의 기능은 뒤에 나타나거나 미미한 정도인데다 지속성이 결여되어 출몰(出沒)을 거듭하는 특색을 보였다. 또한 상이한 자연환경으로 인해 동서가 독자적인 문명전통을 이어오는 과정에서 발생한 인간의 심리적 활동, 즉 정관(靜觀)은 동서에 각기 다른 가치관을 낳았다. 관조적(觀照的)인 것이 대륙문명인 동양문명의 가치라면, 사유적(思惟的)인 것이 곧 해양문명인 서양문명의 가치로 굳어졌다. 따라서 융화를 근본으로 한 동양문명은 절대적이고 주체적이지만, 분리를 기간(基幹)으로 한 서양문명은 상대적이고 객관적이라는 차이를 지니고, 음양(陰陽)의 대조적 가치관이 동과 서에 병립하기에 이르렀다. 이러한 동서 상이의 연원은 동서를 우열(優劣)이 아닌 상이(相異)의 관점에서 상보·상조적 관계로 보도록 한다.

『동서양고(東西洋考)』 전12권, 張燮 저, 1616년

교류의 문헌적 전거로서의 개설소개서. 『민서(閩書)』(권18) 「영구지(英舊志)」에 의하면, 저자 장섭(張燮, 자는 소화紹和, 1574~1640)은 중국 푸젠(福建) 장저우부(漳州府) 룽치현(龍溪縣, 현 룽하이현龍海縣)의 한 지방관료 가문 출신으로, 1594년 과거에 합격했지만 부패한 명조(明朝)의 패정(悖政)에 불만을 품고 벼슬을 거절한 후 전국의 명산대천을 방랑하면서 당대의 명류

(名流)들과 교제하며 문장력을 과시하였다. 장섭은 장저우부와 해징현(海澄縣) 관헌들의 요청에 따라 『동서양고』를 찬술하였다. 명 말에 이르러 해금(海禁)이 풀리고 해외무역이 활기를 띠기 시작하자, 푸젠 남부 연해에 위치한 장저우부의 관헌들은 이 기회를 이용해 전래의 해외교역을 회복·확대하려고 하였다. 해외정보가 필요했던 그들은 장섭에게 해외교역과 해외 제국에 관한 소개서를 찬술하게 하였다. 이 책은 '서양열국고(西洋列國考)' 4권 15개국, '동양열국고(東洋列國考)' 1권 7개국, 기타 '향세고(餉稅考)'와 '세당고(稅璫考)' '주사고(舟師考)' 각 1권, '예문고(藝文考)' 2권, '일사고(逸事考)' 1권으로 구성되었다. 열국고 편을 보면 무엇보다 서방 국가(4권 15개국)에 관한 소개가 두드러진다. 저자는 본서의 집필 원칙으로 '중금약고 광채구실(重今略古 廣採求實)', 즉 '지금 것을 중시하고 옛것은 약술하며, 폭넓게 사실을 추구한다'를 내세우고, 그 원칙에 맞추어 당대의 많은 자료들을 새롭게 수집해 활용하였다. 예컨대 16세기 말엽에 시작된 서방 식민주의자들의 동남아시아 경략과 화교들의 동남아시아 진출이 여러 측면에서 사실적으로 다뤄진다. 그밖에 장저우(漳州) 지역의 해외무역 상황과 당시의 원양항해기술, 특히 동서양 침로(針路)에 관해서 상세히 기술하고 있다. 『동서양고』는 중세 말엽의 동서양 무역과 동·서방 제국의 사정을 연구하는 데 중요한 문헌의 하나로 공인되고 있다

동서의 가치관

동서의 차이를 낳는 또 하나의 연원으로 가치관이 있다. 가치관이란 자연과 사회에 대한 인간의 주관적 요구를 만족시키는 가치를 중심으로 한 관점과 시각으로, 여기에는 자연관·우주관·철학관·인생관·도덕관 등 다양한 내용이 포함된

다. 가치관은 본질적으로 인간의 심적 활동에 의해 규제되며, 주로 종교·예술·문학 등 문화영역에서 표현된다. 인간의 심적 활동은 원천적으로는 자연환경에 대한 이해와 대응에서 비롯하며, 그 전개과정은 이러한 이해 및 대응과 더불어 전승(傳承)과 교육에 의해 추진된다. 따라서 상이한 자연환경은 각기 다른 심적 활동을 유발하고, 이러한 심적 활동은 상이한 가치관을 낳는다. 결국 상이한 가치관은 문화의 차이에서 나타난다고 할 수 있기에 동서의 상이한 가치관은 동서 문화의 차이를 낳은 연원이 되는 것이다.

동서는 선사시대부터 고온다습과 한냉건조, 대륙과 대양이라는 상이한 자연환경에 대응해 석기 기형(器形)에서의 정형(定型)과 무정형(無定型), 세석기(細石器)와 조석기(粗石器), 목축과 농경, 맥류와 벼, 시(市)와 도(都)라는 거의 서로 상치하는 생활문화와 사회경제활동을 전개해왔다. 이러한 과정은 크게 육체적 활동과 심적 활동 두 과정이라 할 수 있다. 이 두 과정은 서로 보완적인 관계를 유지하는데, 육체적 활동은 인간의 실천능력을 키우고, 심적 활동은 인간의 가치관을 정립해준다.

인간의 심적 활동은 동양적 개념으로는 정관(靜觀)이라고 할 수 있는데, 정관에는 지관(止觀)·관조(觀照)·사유(思惟) 3가지 유형이 있다. 정관(영어와 프랑스어로 contemplation, 독일어로 Beschauung)이란 실천적 태도를 지양하고 내외의 대상을 조용히 심적(영적靈的)으로 관찰하는 활동을 말한다. 지관(범어로 śamatha, vipaśyana, 불교에서는 정혜定慧, 적조寂照, 명정明靜이라고 함)이란 온갖 망념(妄念)을 버리고 맑은 지혜(명지明智)로 사물을 관찰하는 것인데, 종교적 명상이나 활동이 이에 해당한다. 그리고 관조(영어로 enjoyment, 프랑스어로 jouissance, 독일어로 Genuss, Betrachtung)란 대상을 직감(直感)에 의해 구상적(具象的)으로 관찰하는 것인데, 예술적(미적美的) 감상(鑑賞)이 이에 속한다. 사유(영어로 thinking, 프랑스어로 pensée, 독일어로 Denken)란 경험을 통해 얻어진 감각과 표상(表象)을 마음속에서 식별·결합해 판단을 내리는 이성의 작용으로, 학문이 그 전형적인 표현이라고 할 수 있다.

일반적으로 동양문명은 지관과 관조를 바탕으로 이루어진 문명이고, 서양문명은 사유를 바탕으로 이루어진 문명이라고 할 수 있다. 예로부터 지관이 인도인들의 세계관이라면, 중국인들의 세계관은 관조다. 따라서 인도문명은 종교성이 강하고, 중국문명은 예술성이 뛰어난 문명으로 자리매김된 것이다. 반면에 서양은 주로 사유를 중심으로 세계를 이해해왔기 때문에 서양문명은 다분히 학문적인 경향을 띤다. 이렇게 동양문명이 지관적이고 관조적인 데 반해 서양문명은 사유적일 수밖에 없게 된 근원적인 원인은 바로 상이한 자연환경이다. 동양의 자연은 천부적으로 인간에게 혜택을 주고 용이한 생업과 생활 조건을 마련해줌으로써 동양인은 자연과의 갈등이나 대립보다는 자연에 순종하고 자연을 찬미하게 되며, 그 결과 정적인 지관이나 관조를 자연관이나 철학관 또는 인생관으로 채택하게 마련이다. 그러나 혹독하고 변화무쌍한 자연을 극복하기 위해 자연과 투쟁하고 대립하지 않을 수 없었던 서양인에게는 온정적인 가치관보다는 의지적인 사유가 필요불가결한 것이었다.

지관적이고 관조적인 동양문명과 사유적인 서양문명의 특색은 각각 두 문명으로 하여금 절대성과 상대성의 성격을 지니게 하였다. 상대적인 동양문명은 주관과 객관, 내용과 형식, 물질과 정신, 자연과 인간을 대립이나 분리가 아닌 융화로 본다. 반면에 절대적인 서양문명은 서로를 융화가 아닌 대립과 분열로 간주한다.

서양문명은 지중해라는 해양을 중심으로 해 생성되고, 해양을 통해 계속 발달해왔다. 반면에 동양문명은 아시아 대륙에서 생성되고 발달해 왔다. 서양철학에서는 물이 우주의 중심원소로 간주되나, 동양철학에서는 흙이 중심요소로 취급된다. 서양신화에서는 바다가 먼저 창조된 후에 육지가 파생되나, 동양신화에서는 대륙이 먼저 나타나고 해양은 그후에 분리된다. 『회남자(淮南子)』「천문편(天文篇)」의 중국 천지창조 신화에 보면 우주 다음에 생긴 것이 하늘과 땅이고, 따라서 인간에게 가장 가까운 물체는 땅이다. 천지만물의 움직임을 기술한 『주역(周易)』에도 세계의 중심은 흙이라고 풀이한다. 중국인들은 우주의 구성요소를 토(土)·금(金)·목(木)·수(水)·화(火) 다섯가지 요소로 보는데, 그중 제일 중요한 것은 역시 토, 즉 흙이다. 그러나 서양의 『구약성서(舊約聖書)』 창세기에 나오는 그리스 신화 속의 천지창조 과정을 보면 천공(天空)은 물에서 갈라져 생겼고, 천지창조의 신은 모두 물 표면을 춤추고 다닌다. 메소포타미아인들은 하늘과 땅을 물 위에 떠 있는 것으로 생각했고, 그렇게 최초의 점토판 세계지도를 그렸다. 그리스인 첫 철학자 탈레스(Thales)는 물을 우주를 구성하는 기본물질로 간주하고, 다른 구성물질인 흙·공기·불은 물에서 파생하였다고 믿었다. 서양문명을 해양문명, 동양문명을 대륙문명이라고 말하는 것은 이런 의미에서다. 서양은 항해기술을 발달시켜 열린 세계로 끊임없이 진출했지만, 동양은 세계의 지붕 히말라야 산맥과 항해가 어려운 태평양이나 인도양에 막혀 닫힌 세계 속에서 농경만 고수해왔다. 이러한 열린 세계와 닫힌 세계라는 상반된 자연환경 속에서 동서는 매우 대조적인 문명을 이룰 수밖에 없었다.

문명은 본질적으로 인간과 자연, 인간과 인간의 상호작용에 의해 발생하고 발달해왔다. 서양문명에서 인간과 자연의 관계는 인간의 우위와 지배를 인정하는 주아적(主我的)인 관계다. 이러한 관계는 근본적으로 자연에 대한 인간의 분리 개념에서 출발한다. 항해자들은 자연의 수혜(受惠)에 매달리는 농경민과는 달리 자연에 대한 존경심이나 복종심을 버리고 오히려 자연을 개척·지배하려고 하며 자신의 정신능력을 신뢰한다. 이러한 사상은 모두 인간과 자연의 분리, 정신과 육체의 분리에서 비롯한 것이다. 서양문명의 중추를 이루는 그리스·로마 전통이나 유대교·기독교는 모두 인간과 자연, 정신과 육체의 분리에서 출발한다. 서양 종교에서는 자연을 창조한 신의 형상을 한 인간은 자연보다 우월하며, 따라서 인간의 자연으로부터의 분리는 당연시된다. 소크라테스·플라톤·아리스토텔레스의 철학은 자연으로부터의 인간의 격리나 육체로부터의 정신의 소외를 전제로 한다. 근대 철학자 데카르트의 '나는 생각한다. 고로 나는 존재한다'라는 명제는 육체에 대한 정신의 우위와 분리를 뜻한다. 칸트의 '순수이성(純粹理性)'이나 헤겔의 '절대이성(絶對理性)'도 이러한 철학사상에서 비롯한 것이다. 이와 같은 분리로부터 신·자연·인간·정신·육체 같은 격리된 개체들이 얻어지는데, 이들 상호간의 연관성은 간과되었다. 서양문명이 갖는 절대적·배타적·논리적·대립적·투쟁적·정복적인 특징은 바로 이러한 분리와 개체 중시의 기본개념에서 연유한다.

해양에 나가 자유분방하게 움직이는 서양인과는 달리 대륙에 머물러 농경만 해온 동양인에게는 당연히 자연이 중요시되었고, 새로운 도전에서의 승리 같은 것을 별로 맛보지 못하기 때문에 인간의 정신능력에 대한 찬미도 없으며, 따라서 육체로부터의 정신의 분리나 인간과 자연 사이의 격리 현상은 결코 있을 수 없다. 동양에서 인간과 자연의 관계는 '도(道)'의 개념으로 파악하고, 인간과 인간의 관계는 두 사람을 뜻하는 '인(仁)'의 개념으로 설명되며, 정신과 육체의 관계는 이기론(理氣論)의 개념으로 정리된다. 이러한 관계들에 공통되는 기본개념은 조화(調和)다. 인간과 자연의 관계를 설명해준다는 의미에서 동양의 '도'와 서양의 '신(神)'은 같은 역할을 한다고 말할 수 있지만, '도'가 인간과 자연을 조화시키는 데 반해 '신'은 분리시킨다는 데에 엄연한 차이가 있다. 동양문명에 뿌리깊이 잠재해 있는 조화의 개념은 음양론(陰陽論)에서 가장 뚜렷하게 나타난다. 동양에서는 양지(陽地)와 음지(陰地), 남과 여, 해와 달, 여름과 겨울, 능동과 수동, 창조와 수용 등 모순되는 두 개의 요소들 사이의 관계를 음양론으로 개관하면서 조화적 또는 상보적(相補的) 관계로 이해한다. 그러나 서양에서는 이러한 것들을 분리와 대립의 관계로 풀이한다.

인간과 인간 사이의 관계에 대한 동서양의 시각도 대조적이다. 기본적으로 동양에서는 인간관계를 조화의 개념으로 파악하지만 서양에서는 역시 분리의 개념으로 처리한다. 따라서 동양에서는 조화로운 인간관계가 중요시되지만, 서양에서는 개인의 창의력이 장려된다. 몰아적(沒我的)인 동양문명이 갖는 상대적·포괄적·관계적·직관적인 특징은 바로 이러한 조화와 관계를 중시하는 기본개념에서 연유한다.

또한 지관적(止觀的)이고 관조적인 동양문명과 사유적인 서양문명의 특색으로 인해 두 문명은 주체성과 객체성의 성격을 띠게 된다. 주체적인 동양문명은 외계의 자극이나 제약에 특별히 구애받지 않고 지관과 관조를 중심으로 창조된 문명으로서 언제나 구심적인 문명이다. 이에 반해 객체적인 서양문명은 변화무쌍한 외계의 자극과 제약을 의식하고 대응하기 위해 사유를 중심으로 창조된 문명으로서 원심적인 문명일 수밖에 없다. 심적 활동으로서의 정관(靜觀)은 모두 같지만 동양문명은 구심적이고 내향적인 주체를 지향해 인간과 정신에 관한 문제를 다루는 데 비해 서양문명은 원심적이고 외향적인 객체를 추구해 자연과 물질에 관한 문제를 중시한다. 그리하여 동양의 예술은 표현적인 데 비해 서양의 예술은 모사적(模寫的)이고, 동양의 학문이 실천적이라면 서양의 학문은 탐구적이다. 동양의 주체적 문명은 실재(實在)라든가 세계에 약동하는 생명을 안에서부터 파악하고 그 성격을 체현하려고 노력하지만, 서양의 객체적 문명은 그것을 밖에서 파악하고 그 성격을 찾아내고자 한다.

동양문명은 주체적이고 구심적인 성격 때문에 명상적·소극적·수동적·정체적 문명으로 비쳐진다. 이와는 대조적으로 서양문명은 객체적이고 원심적인 성격을 지니기 때문에 능동적·적극적·진보적인 문명으로 평가된다. 계율과 고행에 의한 자아의 내적 순화를 목적으로 하는 인도의 종교적 문화나 예속(禮俗)을 중시하는 중국의 정치적 및 도덕적 문화는 둘 다 왕도낙토(王道樂土)를 이상으로 한 정신문화다. 그러나 종교적 문화마저 현실참여적 성격을 지니는 서양문화는 공리(功利)를 추구하는 물질문화이고 기계문화다.

동양문명의 주체성과 서양문명의 객체성은 학문의 발달과 성격에 역동적으로 작용한다. 주체적인 동양학문은 주로 인간과 정신에 관한 문제를 연구대상으로 하기 때문에 그 범위는 상대적으로 좁고 한정적이다. 반면에 객체적인 서양학문은 연구대상이 인간과 정신을 포함한 자연과 물질세계이기 때문에 그 범위가 넓고 비한정적이다. 또 동양학문은 실천을 중시하나, 서양학문은 주관적 요구를 벗어나 자연을 대상으로 설정해 객관적 실재성을 연구하는 데 주력함으로써 과학, 특히 자연과학이 발달하였다. 한편 동양학문은 주로 직관에 의해 사물의 실상을 직접적으로 파악하나, 서양학문은 사유를 통한 인식에 의해 분석적으로, 체계적으로 알아내려 한다. 여기서 직관(영어와 프랑스어 intuition, 독일어 Anschauung)이란 분석·추리·판단 등 사유작용을 거치지 않고 대상을 직접적으로 파악하는 것이며, 인식(認識, 영어 knowledge, 프랑스어 connaissance, 독일어 Erkenntnis)이란 사유작용을 거쳐 대상을 파악하는 것을 말한다. 그밖에 동양학문은 주체성을 강조하기 때문에 다분히 종교적 및 예술적 요소들이 혼입(混入)되나, 서양학문은 객관성을 기조로 하기 때문에 가능한 한 이러한 요소들을 배제한다. 고대 인도철학은 경전(經典)의 해석에서 연유하였고, 불교는 종교이지만 그 바탕에는 인도철학이 깔려 있다. 또한 중국철학은 '천(天)'과 여타의 종교적 개념을 도입해 정치·사회·도덕의 이론으로 발달하였다. 그러나 고대 그리스 철학은 종교와 무관하게 발전하였고, 비록 중세에 서양철학이 한때 기독교와 혼융(渾融)되기는 했으나 결국 근세에 이르러서 철학과 종교 양자는 분리되었으며, 기타 학문분야도 종교와는 양립(兩立)하고 있다.

이상에서 고찰한 바와 같이 동서문명은 가치관 측면에서 신기할 정도로 대조적인 관계를 이루고 있다. 이것은 동서가 서로의 고유한 자연환경과 문명전통에 최대한 적응한 필연적 결과다. 따라서 서로 장단점을 가지고 있는 동서문명을 두고 우열을 논할 수는 없다. 예컨대 동서의 가치관을 결정하는 기본개념의 하나인 융화와 분리의 개념을 놓고 우열을 따질 수 없는 것이다. 전술한 동서문명의 여러가지 특성에 따라 동양문명을 '음(陰)의 문화'로, 서양문명을 '양(陽)의 문명'으로 정의할 수 있을 것이다. 음과 양은 우주에 존재하는 두 개의 근본적인 힘 내지는 작용으로서, 상호 대비되는 모든 현상은 이 음양의 작용과 관련된다. 따라서 음과 양은 상보적인 관계일 뿐 결코 우열이나 주종(主從) 관계일 수 없다.

동서의 농경문화

인류는 문명시대에 진입하면서 비로소 특유의 사회조직과 경제구조 속에서 활동하게 되었다. 물론 이러한 사회경제적 활동을 시작한 시기는 동서가 꼭 같지는 않지만 대동소이하며, 그 전개과정도 사회발전의 합법칙성이란 테두리 안에서는 별로 큰 차이가 없었다. 그러나 자연환경적 연원과 고고학적 연원 및 당대(신석기시대, 청동기시대, 초기 문명시대)의 여러가지 상이한 요인들로 인해 동서간에는 사회경제적 측면에서도 일정한 상이성(相異性)이 나타났고, 이는 오늘날 동서양이 차이를 보이는 역사적 연원이 되었다. 이와 같은 사회경제적 요인은 농경문화에서 찾아볼 수 있다.

농경문화가 언제 어디서 어떻게 시작되었는가는 아직까지도 논란이 분분하다. 무엇보다 중요한 것은 농경문화를 발생시킨 요인과 시원에 관한 문제이다. 농경의 발생요인에 관한 주요 이론으로는 자연환경에 의해 발생했다는 '환경결정론(環境決定論)'과 인류가 어떤 단계의 문화수준에 이르면 생활의 수요를 충족시키기 위해 자연히 농경을 주업으로 삼게 된다는 '문화주인론(文化主因論)', 그리고 증가하는 인구의 생계문제를 해결하기 위해 인구포화 상태에 직면한 1만년 전에 농경이 시작되었다는 '인구압이론(人口壓理論)' 등이 있다. 농경의 시원에 관해서는 주로 한 곳에서 시작되어 다른 곳으로 전파되어 새로운 농경이 이뤄졌다는 일원론(一元論)과 여러 곳에서 다발적으로 이뤄졌다는 다원설(多元說, 자생설自生說) 두 가지가 있다.

명백한 것은 약 1만년 전부터 5,000년 전 사

이에 지구의 여러 곳에서 농경이 시작되었다는 사실이다. 다만 그것이 한 곳에서 이뤄진 후 여러 곳으로 전파된 결과(일원론)인지, 아니면 여러 곳에서 비록 시기는 다르지만 각각 자생한 것(다원설, 자생설)인지는 여전히 연구과제로 남아 있다. 이러한 점들을 차치하고 동서간의 농경문화를 대비해보면 확연한 차이점이 발견된다. 동서간 농경문화의 차이점은 무엇보다 재배하는 주요 곡물이 다른 점이다. 유럽을 비롯한 서방의 주식 곡물은 맥류(麥類, 밀·보리·연맥燕麥·호맥胡麥 등)다. 맥류의 원산지에 관해 그동안 고고학과 식물학·유전학 등 여러 분야의 과학자들이 협동으로 연구한 결과, 메소포타미아를 중심으로 한 서아시아 지역이 맥류가 처음으로 재배된 곳이라는 비교적 신빙성 있는 결론에 도달하였다.

1947년 미국 시카고 대학의 브라이드우드(R. J. Braidwood) 교수를 비롯한 조사팀은 북부 메소포타미아의 자모르(Jamor)에서 초기의 농경 취락과 곡물 재배 및 사육 가축의 유물을 발견하였다. 폭 90m, 길이 140m의 이 유적은 15층으로 되어 있는데, 1~5층은 전기(前期)이고 6~15층은 후기(後期)에 속한다. 전기 유적에서 탄화(炭化)된 밀·보리의 낟알과 양·소·돼지의 뼈가 발굴되고, 세석기(細石器, 가는 칼과 낫)도 나왔다. 토기는 아직 없고 진흙벽으로 된 집이 주거

세계 최초 농경문화의 하나인 나투프문화 유적(팔레스타인 예리코)

였다. 후기 유적의 특징은 토기의 제작인데, 다수의 무문조제토기(無文粗製土器)와 약간의 채문토기(彩文土器), 그리고 진흙으로 빚은 모신상(母神像)도 출토되었다. 이 유적의 편년(編年)은 기원전 7000년경으로 추측되는데, 최초의 농경 유적이며, 유물로 출토된 밀·보리 등 맥류가 초기의 재배작물이었음이 입증되었다. 그후 각국 조사단은 이라크와 이란의 접경지대인 자그로스(Zagros) 산맥 기슭과 시리아·레바논·팔레스타인의 여러 구릉지대에서 유사한 초기 농경유적을 발견함으로써 서아시아가 농경문화의 발생지라는 것과 맥류가 주요 작물이었음을 밝혀냈다.

한편 1928년 영국의 개로드(D. A. Garrod)에 의해 발굴이 시작된 팔레스타인 예리코(Jericho) 부근의 나투프 문화(Natufian Culture, 나투프 계곡Wadi el-Natuf의 슈크바Shukbah 동굴에서 처음 발견됨) 유적에서도 초기의 농경이나 가축 사육을 시사하는 유물이 발굴되어 학계의 관심을 모았다. 다분히 중석기(中石器) 문화에 속하는 것으로 보이는 이 문화유적은 3기로 나눌 수 있는데, 전기 유물로 각종 세석기와 더불어 뼈 작살에 돌칼을 끼운 낫이 나와 농경이 있었음을 시사해준다. 중기는 세형각기(細形刻器)가 특징이며, 후기 유물 중에는 가축의 사육을 말해주는 석족(石鏃, 돌화살촉)이 나왔다. 중기 나투프 문화유적에서 출토된 석겸(石鎌, 돌낫)에 관해 발굴자 개로드를 위시한 학자들은 농구(農具)로 추정하면서 초기의 농경을 시사해주는 것이라고 주장한다. 그러나 다른 학자들은 여전히 수렵이나 식량채집 시대이기 때문에 농구가 아니라 야생식물을 베는 데 쓰는 도구일 것이라고 추정하기도 한다.

1만년 전의 나투프 문화(중석기시대)와 8,500여년 전의 자모르 문화(신석기시대) 간의 연관

성 문제가 제기되어오다가 1970년대 유프라테스강 중류에서 댐을 건설하던 중 무라비트 유적이 발견됨으로써 이 문제에 대한 일차적 해답이 주어지고, 그 이행과정(1,000여년)이 밝혀졌다. 무라비트 유적은 4단의 문화층으로 이루어져 있는데, 맨 아래(1층)는 나투프 문화층이고, 2층은 후기 구석기문화에서 신석기문화로 넘어가는 시기의 문화층이며, 3층은 바로 농경과 관련된 문화층이다. 이 3층은 초기 농경을 입증해 주는 여러가지 유물을 포함하고 있는데, 이른바 PPNA(Pre-Pottery Neolithic A, 선토기신석기문화 A)와 PPNB(Pre-Pottery Neolithic B, 선토기신석기문화 B) 두 가지 문화요소로 혼성되어 있다. 둘 다 초기 농경문화적 요소를 공유하지만, PPNA는 다분히 초기 신석기문화 양상을 띠고 있는 데 비해, PPNB는 발전된 신석기문화 양상을 보이고 있다. 마지막 4층은 PPNB 일색으로서 화살촉·낫·맷돌·마제도끼 등 전형적인 신석기 유물이 출토되었다.

PPNB는 유프라테스강 중류에서 지중해 동안, 아나톨리아 고원까지 넓은 지역을 망라한 초기 농경문화다. 이 문화층에서는 염소(산양)와 양 따위의 동물 유골이 발굴되어 동물의 가축화가 이루어졌음을 짐작케 한다. 강가의 습윤지대와 초원지대의 접점에 위치한 무라비트 유적지는 농경과 함께 초원에서 수렵 및 동물 사육이 이루어졌음을 증명하는 다양한 문화유물을 지니고 있다. 그래서 일부 학자들은 유목의 기원을 PPNB에서 찾기도 한다. 그밖에 석기 제작에서도 양질의 석재에다가 기형이나 기법의 통일성이 보이는데, 이것은 아마 초기 농경민과 유목민들 간에 발생한 교역의 결과가 아닌가 짐작된다.

출토된 유물에서 알 수 있듯이 서아시아의 초기 농경은 초원을 원산지로 하는 맥류의 재배와 염소나 양 같은 초원동물의 사육을 주요 내용으로 하고 있다. 이것은 이 지역의 자연환경과 풍토에서 오는 필연적인 결과다. 원래 맥류는 가을에 파종해 이듬해 초여름에 수확하는 전형적인 겨울철 작물로, 겨울에 비가 오는 지중해성 기후에 안성맞춤이다. 늦가을이나 초겨울에 내리는 보슬비 속에서 씨를 뿌리면 겨우내 필요한 수분을 흡수해 자라다가 다음해 건조기가 시작되는 늦봄이나 첫여름에 수확하는 최적의 작물이 바로 맥류다. 우기와 건조기가 엇바뀌는 이 지역에서는 동물들도 살아남기 위해서는 먹이를 찾아 이동해야 했다. 그 결과 유목생활도 일찍이 발달하여 다양한 인간집단과 생활양식이 출현하게 되었다. 크게는 맥류 재배를 위주로 하는 농경 집단과 가축 사육을 주업으로 하는 유목집단으로 나누어지는데, 이 두 집단은 서로 생산물이 달라서 교역이 이뤄질 수밖에 없었다.

지금으로부터 약 8,000년 전에는 이 두 집단에서 모두 토기가 제작되기 시작하였고, 유프라테스강과 티그리스강 유역을 중심으로 한 광활한 평원지대에서는 농업이 보편화되었다. 그 지역 사람들은 겨울에 내리는 약간의 빗물만으로는 늘어나는 농경 수요를 충족시킬 수 없게 되자 관개시설을 이용한 농업에 착안하였다. 관개농업은 농경의 질적 전환을 가져왔을 뿐만 아니라, 안정된 농경을 기반으로 한 정주(定住)사회를 탄생시켰다. 이러한 사회적 변화들로 인해 토기가 다량 제작·사용되고, PPNB는 서서히 사라지게 되었다. 이상에서 고찰한 바와 같이 서아시아에서는 초원과 지중해성 기후라는 특정 환경 때문에 맥류를 주종으로 한 농경과 염소와 양 등 초원동물을 위주로 한 가축 사육과 유목이 신석기시대의 도래와 더불어 출현하였다. 이렇게 출현한 농경과 목축업이 여러 시대에 걸쳐 서로 다른 경로를 통해 유럽과 중앙아시아·북아프리카에 전파되어 서아시아와 함께 동류(同類)의 농경문화권을 형성하였다.

이러한 서방의 농경문화에 비해 동방의 농경문화는 처음부터 다른 양상을 보였다. 우선 서방의 주요 작물이 맥류라면 동방은 벼다. 고온다습한 동양의 기후에는 논벼 재배가 가장 적합하다. 겨울작물인 맥류와는 달리 논벼는 봄에 파종했다가 가을에 수확하는 여름작물이다. 생물학적 종(種, species)으로서의 벼에는 아시아 재배 벼(Oryza sativa)와 아프리카 재배 벼(Oryza glaberrima) 두 가지가 있는데, 아시아 재배 벼는 'Oryza perennis'라는 야생도(野生稻, 들벼)에서, 아프리카 재배 벼는 'Oryza breviligulata'라는 야생도에서 각각 유래하였다. 물론 아프리카에서도 기원전 1500년경 니제르강 델타 주변에서 논벼 재배를 시작한 후 오늘에 이르기까지 서부 아프리카를 비롯한 일부 지역에서 계속 하고 있지만 역사의 유구성이나 규모에서 아시아, 특히 동아시아와 동남아시아가 논벼의 주산지임은 주지의 사실이다. 따라서 일반적으로 벼의 원형(原型)이나 기원(원산지)이라고 할 때는 곧 아시아 재배 벼를 염두에 두는 것이다. 아시아 재배 벼에는 인디카(Indica, 인도형 메벼)와 자포니카(Japonica, 일본형 찰벼) 2종이 있다.

벼의 원산지에 관해 오래전부터 학계에서는 구구한 이론(異論)이 있었다. 1950년대까지만 해도 원산지를 대체로 고온다습한 인도 아삼주(州)의 제이포르(Jeypore) 지방으로 추정했으나, 1970년대 이후 중국 남방 여러 곳에서 재배 유적이 속속 발견됨에 따라 중국 윈난(雲南) 일대를 원산지로 보는 견해가 대두하였다. 170만년 전의 원모인(元謀人) 유골이 발굴된 윈난 위안모현(縣) 대돈자(大墩子)의 신석기시대(기원전 7000~8000년) 유적에서 탄화한 갱도(粳稻, 찰기 있는 메벼)와 저장굴이 발견되었다. 그후 잡교친화율(雜交親和率)과 유전자 및 생물화학적 검증 결과 각국의 재배 벼와 윈난의 원시 벼 사이에 친연(親緣)관계가 있다는 것이 고증되었다. 그에 따라 중국 학계에서는 재배 벼의 원산지를 중국의 윈난이라고 주장했는데, 일부에서는 편년(編年)을 가려내기 어렵다는 이유로 아삼-윈난설을 제기하기도 한다. 1973~1974년 중국 고고학자들은 저장성(浙江省) 위야오(餘姚) 하모도(河姆渡)유적 제4층(기원전 5000~4000년)에서 벼 낟알과 벼 껍질, 뿌리와 잎사귀가 뒤엉킨 퇴적층(두께 20~50cm)을 발굴했으며, 1980년대에는 양쯔강(揚子江) 유역의 팽두산(彭頭山) 유적에서도 배 재배 흔적을 확인하였다. 또 이 유적들에서는 돼지나 물소 같은 가축의 뼈가 출토되기도 하였다. 아시아 재배 벼는 일단 중국이나 인도에서 경작이 시작된 후 여러 루트를 통해 동아시아와 동남아시아로 전파되었다는 것이 지금까지의 통설이다. 이러한 사실은 서방과는 달리 동방의 농경문화(신석기시대)가 동방 특유의 자연환경에 적합한 벼 재배로부터 시작되었다는 것을 말해준다. (아시아 재배 벼의 시원에 관해서는 '소로리카'항 참고)

아시아나 아프리카의 재배 벼 기원에 관해서는 아프리카의 야생도에서 기원했다는 단원설(單元說)과 각각 서로 다른 야생도에서 기원했다는 이원설(二元說) 두 가지가 있다. 벼는 경작방법에 따라 육도(陸稻, 밭벼)와 수도(手稻, 논벼)로 크게 구별하기도 하는데, 육도는 수도에 비해 낟알이 크고 내한성(耐寒性)이 강하다.

농경문화의 동서간 차이는 농경사회의 구조적 특성에서도 찾아볼 수 있다. 우선 농경사회의 입지조건이 다르다. 서아시아의 농경취락은 대부분 초원과 강·하천 연안의 접지(接地)에 위치하면서 관개의 발달이나 다양한 주위환경의 변화에 따라 입지가 이동하는 유동성이 있다. 그러나 중국을 비롯한 동방의 농경취락은 많은 습윤지로 에워싸인 평원의 중앙부에 비교적 오래 자리하는 정착성이 특징이다. 이러한 정착성과 더불어 비교적 안정되고 격변이 적은 기후대의 존재는 영내에서의 생업이나 생활의 균일성을 낳는다. 이렇게 정착성과 균일성이 보장된 농경지역에서는 벼를 비롯한 곡물 재배뿐만 아니라, 수로(水路)를 이용한 어로(漁撈)나 돼지와 물소 같은 가축 사육이 이루어져 취락단위 내에서의 자기완결적 자급자족이 가능하다. 이것이 서방과 비교되는 동방의 농경취락 사회의 특색이다.

서아시아의 사정은 이와는 다르다. 좁은 지역 내에서도 산을 경계로 기후의 차가 심하고, 초원과 사막, 강과 하천 유역 등 다양한 자연환경이 공존하여 농경과 목축이 병행하고 PPNB의 취락이 그 이후 시대에는 더이상 존속할 수 없을 정도로 농경의 입지는 부단히 이동한다. 다양하고 변화하는 환경에 대응해 취락의 역할이 변하고, 취락간의 불균형도 나타나며, 교역은 생존을 위한 필수적인 것으로 강요된다. 한마디로 다양한 생업과 생활조건의 공존과 유동성 및 불균형성이 동방과 비교되는 서방 농경취락사회의 특색이라 할 수 있다.

동서의 도시문화

동서간의 상이한 차이를 낳게 한 사회경제적 연원으로는 농경문화와 함께 전통적인 도시문화의 상이성(相異性)도 크게 작용하였다. 이러한 상이성은 우선 도시 성립의 배경에서 나타난다. 도시는 출현의 역사적 배경이나 수행하는 기능이 다양하고, 또 시대에 따라 가변적이기 때문에 한마디로 정의하기는 어려우나 공통적인 것은 많은 사람들이 모여 사는 곳이라는 점이다. 용어만 해도 서양에는 라틴어 키비타스(civitas)에서 유래한 'city'(영어)나, 'cité'(프랑스어)가 통용되나, 외적 방위를 위한 요새지(要塞地)로서

의 'ford' 'furd' 'bury' 'pur'와 담으로 둘러싸인 취락으로서의 'town', 단순히 장소를 나타내는 'Stadt'(독일어) 등이 있으며, 동양어에도 도시(都市)·도성(都城)·도회지(都會地)·진(鎭)·성시(城市) 등 여러가지가 있다.

현대적 의미에서 도시를 정의하면, 사회적·경제적·정치적인 활동 중심지로 많은 사람들이 집단적으로 모여 살며 가옥이 밀집하고 교통로가 집중된 곳을 말하는데, 한마디로 '많은 사람들이 모여 사는 곳'이라고 정의할 수 있다. 이 많은 도시인들은 식량을 자급자족하는 것이 아니라 주위의 농경민에게 의존한다. 따라서 식량의 생산성이 향상되어 안정된 공급이 보장될 때만 농경에 기생(寄生)하는 도시가 출현할 수 있다. 이러한 식량 가운데서도 저장이 가능하고 운반이 편리한 곡물만이 가장 안전한 식량원이 된다. 그리하여 곡물의 생산성 향상과 공급 보장은 도시 성립의 전제이고 일차적 필요조건이며, 기타 보충조건도 마련되어야 한다. 일단 이와 같은 일차적 필요조건이 충족되어야 도시가 출현할 수 있는데, 이러한 가능성을 현실성으로 바꾸는 데는 두가지 중요한 배경이 작용한다. 즉 동양어에서 '도(都)'로 표현되는 정치적 배경과 '시(市)'로 표현되는 교역적(交易的) 배경이다. 동서고금을 막론하고 도시는 대체로 이 두 가지 배경에서 탄생해 그에 걸맞은 정치적 및 경제적 기능과 성격을 지니게 되지만, 역사적 상황에 따라 경중(輕重)과 주차(主次)의 차이는 있게 마련이다.

서아시아나 동아시아는 다같이 기원전 6000~5000년경에 농경이 보편화되면서 정주적(定住的)인 농경취락이 출현하고, 농경이 점차 확산됨에 따라 취락의 규모도 커지는 유사한 과정을 겪었다. 그러나 취락의 성격과 기능은 서로 다르며, 이를 바탕으로 한 도시의 성립 배경이나 성격 및 기능도 당연히 상이할 수밖에 없다. 서양

은 교역이 주요인으로 작용해 '시'로서의 배경과 성격 및 기능을, 동양은 정치가 주요인으로 작용해 '도'로서의 배경과 성격 및 기능을 각각 규제하는 상이한 차이를 보인다. 서아시아에서는 개개의 취락이 영위하는 생활방식이나 생업 수단이 고정불변한 것이 아니라 거의 주기적(계절적)으로 변하며, 완벽한 자급자족이 불가능하다. 따라서 취락간에는 자연스럽게 생산활동에서의 역할 분담이 생기며, 그 결과 교역이 불가피하게 된다. 서로 다른 생업을 가진 취락간에 교역을 하는 장소가 바로 '시(시장 혹은 도시)'이며, 교역의 필요나 절박함에 따라 도시의 성립과 규모 및 확대 여부가 결정된다. PPNB 시기 팔레스타인의 예리코에는 성벽으로 에워싸인 상당한 규모의 취락이 이미 출현했는데, 교역을 위한 도시의 맹아로 볼 수 있다. 도시를 중심으로 하나의 교역권이 형성되어 취락들간의 유대가 생기고, 이러한 유대가 강화되면 도시국가가 탄생하게 된다. 일정한 영역을 지배하는 도시국가의 관리기구는 영역의 핵심인 도시에 자리하게 마련이다. 이렇게 서아시아에서는 교역에 의한 '시'로서의 기능이 선행되어 많은 사람들이 모여살고, 신앙과 공예제작의 중심지로 변한 후에 행정관리 기관이 설치되어 치소(治所), 즉 '도(都)'로서의 기능이 수반되면서 명실상부한 도시가 성립된다. 이것이 서아시아 도시 성립의 도식이라고 할 수 있다.

그러나 동아시아의 도시 성립은 다른 양상으로 나타난다. 중국의 경우를 보면 일정한 범위 내의 취락들은 생업이나 생활조건의 측면에서 대부분 자기완결적인 자급자족이 가능하다. 그리하여 취락들간의 교역에 의한 '시'의 필요성은 별로 제기되지 않으며, 교역은 서아시아에서처럼 도시 성립의 일차적 필요 전제가 아니다. 다만 취락이 확대됨에 따라 영역 쟁탈전이 발

생해 강한 취락의 권력자가 약한 취락을 지배하게 되면서, 편리한 지역을 선택해 통치기구를 설치하고 통치자가 군림한 곳이 바로 '도'다. 기원전 1800년경 고대 상(商)나라의 도시를 '도성(都城)'이라고 명명한 것은, 왕과 그 일족이 거주하면서 통치권을 행사하는 정치 중심지인 왕성(王城)이란 뜻에서 유래하였다. 이러한 왕성(혹은 도성)은 예외없이 성벽으로 둘러싸여 안쪽에는 통치자와 관리기구가 자리하고, 바깥쪽에는 일반 서민들이 거주하였다. 교역에 의한 '시'의 기능은 후에 부수적으로 첨가되었으며, 결코 고유한 것은 아니었다. 이러한 상황이 장기간 지속되어오다가 마침내 도시가 '시'와 '도'의 기능을 겸비하게 된 것은 지역간에 장거리 교역이 성행한 중세 이후의 일이다. 이와 같이 동아시아의 도시는 원래 서아시아의 자유분방한 도시와는 달리 왕권의 전유물로서 도시민과는 무관한 성격과 기능을 가지고 출범하였다. 서아시아와 중국의 농경문화를 받아들인 다른 지역에서도 유사한 도시 성립 과정을 답습하였다. 서아시아의 농경문화가 보급된 북아프리카나 유럽, 중앙아시아와 남아시아 지역에서는 도시가 대체로 교역에서 출발해 '시'와 '도'의 기능이 겸비되는 과정을 거쳐 성립되었다. 동아시아에서 일본이나 한국의 경우도 중국과 유사하게 도시가 '도성'에서 출발하였음을 여러가지 사료를 통해 알 수 있다.

도시의 성립과 전개에서 동서간의 상이한 차이는 계승성과 존재방식에서도 나타난다. 기원전 3000년경에 출현해 약 4,000년 존속한 남부 메소포타미아의 세계 최고(最古)의 도시 우루크(Uruk, 『구약성서』 속의 에레크Erech)를 비롯한 서아시아의 도시들은 농경취락의 기반 위에서 그것을 계승해 출현했으며, 양하(兩河) 지대에서 지중해 동안과 나일강 중·하류에 이르는 광활

한 지역에 군데군데 도시군(都市群)이나 복수(複數) 도시를 형성해 장기간 존속하였다. 우르크는 남부 메소포타미아에 위치한 세계에서 가장 오래된 도시로서 기원전 3000년경에 출현해 약 4천년간 존재하였다. 1849년부터 발굴되기 시작한 유적에서는 금속청동기·점토판·회화문자(繪畵文字)·원통인장(圓筒印章) 등과 함께 석회석신전(石灰石神殿)·원주신전(圓柱神殿)·백색신전(白色神殿) 같은 여러 신전 유적이 출토되어 초기 도시문명의 실상을 가늠하게 해준다. 중국의 경우는 시기적으로도 1,000여년 이상 뒤늦은 기원전 1600년경의 이리두문화기(二里頭文化期)의 도성이 처음 발견되었고, 도시들의 출현 또한 전대의 농경취락을 계승해 이루어진 것이 아니라 대체로 독자적으로 급작스런 출몰(出沒)을 거듭하는 양상으로 진행되었는데, 이것이 서아시아 도시와 다른 점이다. 이것은 도시의 건설이나 위상이 주로 정치적 요인과 지배자의 의향에 따라 좌우된 사정과 관련이 있다. 중국 허난성(河南省) 옌스현(偃師縣) 이리두 유적은 기원전 1600년경으로 추정되는 중국 최초의 청동기 유적으로서 하대(夏代) 후기나 상대(商代) 전기에 초기 문명 단계의 도시가 형성되었을 개연성을 시사해준다.

끝으로 도시의 구도(構圖)나 도시와 국가의 관계에서도 동서 도시간의 상이점이 나타난다. 서아시아의 도시들은 교역의 거점과 지역의 핵심으로서의 기능을 수행하기 위해 출현한 것이었기 때문에 도시의 중앙에 사람이 많이 모이게 되고 지역을 대표하는 신전이 그곳에 세워지게 마련이다. 또한 신정일치(神政一致)의 통치구조 하에서 지배계층과 관리기구는 신전을 둘러싼 도시 중심부에 위치하게 된다. 이러한 구조를 가진 도시는 자연히 그 중앙부에 정치경제적 중추(中樞)가 집중되고, 그 주위에 도시민의 거주지가 배치된다. 따라서 도시의 평면구도는 원형을 이루게 된다. 그러나 중국의 고대 도시는 정치적 지배를 유지하기 위한 거점으로 출발했기 때문에 주위에 이와 무관한 사람들을 많이 배치할 필요가 없다. 따라서 도시의 평면구도는 대체로 방형(方形)을 취하게 된다. 한편 서아시아에서는 도시의 기반 위에서 국가가 출현하고, 도시는 국가와 병립하면서 일정한 독자성을 유지한다. 이에 반해 동아시아에서는 도시가 국가의 관리를 위해 성립되었기 때문에 국가에 대한 도시의 독립성이란 있을 수 없고, 다만 국가의 부속물로서의 존재가치가 인정될 뿐이다. 이상에서 고찰한 바와 같이 서방 도시는 '시'적 성격이나 기능은 강하지만 '도'적 성격과 기능은 상대적으로 약하며, 동방 도시는 정반대이다. 그 결과 도시와 국가 및 도시민의 위상이나 상호관계도 상이한 양상을 띨 수밖에 없다. 도시문화를 에워싼 이러한 상이한 차이는 동서 사회의 불균일적 변화·발전에 중요한 역사적 연원이 되었다.

동서의 식문화(食文化)

동서간의 상이한 곡물 재배('동서의 농경문화' 항 참고)는 상이한 식문화를 낳았으며, 각기 다른 식문화는 또한 각기 다른 용기(容器, 식기食器)의 제작에 영향을 미쳤다. 곡물은 어떠한 형태로든 열을 가해야 인간이 소화할 수 있는 식품(식량)으로 될 수 있다. 열을 가하는 데는 여러 가지 방법이 있으나, 크게는 굽는 것(燒燒)과 삶는 것(煮煮)으로 나눌 수 있다. 굽는 것은 직접적으로 불을 가하는 것을 말하는데, 돌이나 솥을 달궈놓고 거기에 곡물을 넣는 것이 보통의 방법이며, 삶는 것은 물을 매개로 한 가열 방법으로서 끓이고 데치고 찌는 것이 여기에 속한다. 상이한 가열방법에는 상이한 용기가 필요하다. 대체로 굽는 데는 간단한 용기가 필요하나, 삶으려

분식문화에 쓰이는 맷돌(투르크메니스탄)

면 비교적 다양한 용기 없이는 불가능하다. 이러한 숙명적 차이는 각기 다른 자연환경에서 기인하는 것인바, 물이 부족한 초원이나 사막지대에서는 삶는 것이 어려워 굽지 않을 도리가 없는 것이다. 곡물의 가공·조리에서 또 하나의 중요한 문제는 낟알을 그대로 먹는가, 아니면 빻아서 가루를 내어 먹는가 하는 문제다. 낟알 그대로 먹든(입식粒食), 빻아서 먹든(분식粉食) 탈곡(脫穀)하고 정미(精米)하며 제분(製粉)하는 기술과 도구는 필수적이며, 이러한 기술과 도구를 연마하고 제작하는 과정은 정주생활(定住生活)을 전제로 한다. 정주생활은 정주농경으로 이어지며, 궁극적으로는 농경의 발달을 촉진한다.

곡물의 가열방법과 조리방법에서 동서간에는 시종 엄연한 차이를 보여왔다. 서아시아에서는 선토기신석기시대(PPNA와 PPNB)에 맥류를 비롯한 농경이 발생한 후 주로 구워서 빻거나, 빻아서 구워먹는 소분식(燒粉式) 음식문화가 발달하였다. 여기서 제분은 필수과정이다. 따라서 용기나 도구의 제작으로 볼 때, 서아시아의 신석기문화는 제분기문화(製粉器文化)라고 해도 과언이 아니다. 다양한 제분기 유물의 출토는 이를 증명해준다. 지중해 동안에서는 처음에는 공이(저杵)와 절구(구臼)가 상하운동 하는 방식으로 제분하였으나 효율성이 낮아 전후운동식(前後運動式) 제분법으로 전환하였다. PPNB 초기에는 한쪽 변(邊)을 열어놓은 채 한 손으로 동작하는 이른바 개변식(開邊式) 맷돌(open quern)이 나타났다. 여기서 한걸음 더 나아간 것이 약 8,000년

전에 출현한 안장식(鞍裝式) 맷돌(saddle quern)인데, 두 손으로 전신의 힘을 기울여 움직이게 되어 있다. 이러한 안장식 맷돌은 맥류를 위주로 한 서아시아식 농경이 보편화된 여러 곳, 즉 유럽의 대서양 연안에서부터 동은 인더스강 유역, 남은 사하라 사막 북변까지를 망라한 광활한 지역에서 다수 발견된다. 서양과는 달리 중국 남부에서 출발해 동아시아와 동남아시아로 확산된 벼 위주의 농경문화에서는 제분기가 별로 쓰이지 않았다. 물론 쌀을 빻기 위한 제분기가 없었던 것은 아니지만 대량 소비용은 아니었다. 초기 신석기시대부터 곡물(벼)을 삶아서 조리하는 식문화에 적합한 용기로서 출현한 것은 바로 토기(土器)다. 요컨대 서아시아의 맥류 농경에서 연유한 소분식 식문화의 산물로서 제분기가 탄생했다면, 이에 대비해 동아시아에서는 벼 농경에서 비롯된 자립식(煮粒式) 식문화의 산물로서 토기가 출현하게 되었다.

식문화에 따른 용기의 변화 사례는 중국에서 쉽게 확인된다. 중국에서는 기후의 변화에 따라 적절한 시기에 벼농사가 북으로 확산되면서 토기가 화북(華北) 일원으로 보급되었으며, 이와 동시에 제분기가 화이허(淮河)나 황허(黃河) 유역에서 자취를 감추었다. 이것은 토기를 사용해 쌀을 익혀서 먹는 문화, 즉 자립식(煮粒式) 식문화가 화북으로 확산되었음을 의미한다. 서방에서는 농경생활이 정착된 후 토기가 생활용기로 보편화되었기 때문에 이른바 선토기신석기문화란 특수형태의 문화가 성립되었다. 그러나 동방에서는 농경생활의 정착과 더불어 토기를 주류로 하는 신석기문화가 전개되었다. 물론 동아시아 북부의 일부 초원지대에서 일찍부터 맥류나 조·기장 같은 밭곡식이 재배됨에 따라 소분식 식문화를 일구기도 했으며, 중국 화이허나 황허 유역을 비롯해 동북지방, 헤이룽강(黑龍江) 유

역, 연해주(沿海州), 한반도 등지에서 제분기(공이·절구·맷돌)가 제작·사용되기도 하였다.

『동서인도와 기타 지방으로의 여행역사』 *The History of Travelling in the West and East Indies and Other Countries*, Richarde Willes 저, 1577년

인도를 비롯한 동방 여러 지방에 관한 개설서. 중세 말엽에 유럽에서는 오스만제국의 흥기에 따른 터키 연구의 붐과 더불어 16세기부터 포르투갈을 필두로 한 신흥 서방 국가들이 동방 진출에 경쟁적으로 뛰어들면서 동방 연구의 또 다른 붐이 일어났다. 그 과정에서 인도와 중국을 비롯한 동방 여러 나라의 실상을 소개하거나, 동방적 소재를 내용으로 한 작품들이 다양한 장르로 출간되었다. 영국의 경우 엘리자베스 여왕 시대(재위 1558~1603)에 이러한 흐름들이 모여 동방 연구와 동방 문학의 전성기를 맞았다. 이 시기에 나온 대표적인 동방 관련 서적으로는 리처드 윌레스의『동서 인도와 기타 지방으로의 여행 역사』외에 파크(R. Parke)의『위력한 중화제국의 역사와 당면 정세』(*The History of the great and mighty Kingdom of China and the Situation thereof* 1588, 스페인어 원본의 영역본), 고대 인도의『비드파이 우화집』(*The Fables of Bidpai*)의 이탈리아어 역본, 토머스 노스(Thomas North)가 영역한『도니의 교훈서』(*The Moral Philosophy of Doni*, 1570), 그리고 기독교 선교사들의 동방 포교활동을 소개한『루뱅 컬렉션』(*Louvain Collection*, 1569) 등 다양한 내용의 역서와 작품들이 있다.

동아시아의 채도문화(彩陶文化)

서아시아에서의 선사시대 유적 발굴과 그에 따른 고대문명 발생에 관한 연구는 동아시아에서의 고고학적 발굴과 연구를 크게 자극하였다. 19세기 말 20세기 초부터는 많은 서구 학자들이 중국을 비롯한 동아시아 일대에 직접 와서 유적 발굴에 착수해 괄목할 만한 성과를 거두었다. 특히 스웨덴의 지질학자 안데르손(J. Gunnar Andersson, 1874~1960)은 중국의 허난성(河南省)과 간쑤성(甘肅省) 일원에서 서아시아에서 출토된 채문토기와 유사한 토기를 수반한 초기 농경유적을 발굴했는데, 이를 계기로 그는 채도문화(彩陶文化)를 포함한 중국 선사시대 문화의 기원과 교류에 관한 연구의 새로운 장을 열었다. 광물지리조사 고문(1914~1925)으로 중국에 온 안데르손은 그의 전문분야인 지질조사 외에 선사시대 유적에도 관심이 많았다. 1920년 가을 허난성 뤄양(洛陽) 서쪽의 신안현(新安縣)과 멘츠현(澠池縣) 지방에 제3기 척추동물의 화석 채집을 위해 조수를 파견했는데, 그가 12월 멘츠현 양사오촌(仰韶村)에서 구입한 수백 점의 돌도끼와 기타 선사시대의 석기류를 가지고 돌아왔다. 당시 이러한 석기는 랴오둥(遼東)에서부터 동부 몽골에 이르는 일대에서 출토되었다고 알려졌으나, 중원(中原)에서 발굴된 선례는 없었다. 호기심을 느낀 안데르손은 다음해 4월 조수와 함께 석기 출토지인 멘츠현 북쪽 6마일 지점에 있는 양사오촌에 직접 가서 단구(段丘)의 벼랑에서 유물 포함층을 발견했다. 그런데 거기에서 뜻밖에도 연마한 표면에 채색 문양이 새겨진 토기가 발굴되었다. 그때까지만 해도 채문토기에 관해 전혀 아는 바가 없었던 그는, 선사시대의 석기에 이러한 얇고 단단하고 아름다운 토기가 반출(伴出)된다는 것에 의아심을 품고 베이징으로 돌아왔다. 안데르손은 미국의 펌펠리(Pumpelly) 조사단이 서투르키스탄의 아나우(Anau)에서 유적조사를 진행하고 작성한『아나우 선사유적 조사보고서』를 구해 일독하고서야 양사오에서 출토된 토기가 아나우 출토 채문토기와 매우 비슷하다는 것을 알게 되었다. 의문을 풀 실마리를 찾은 그는 다시 양사오에 가서 본격적인 유물 발굴에 착수하였다. 그 결과 마제돌도끼·석족(石鏃, 돌화살)·방추차(紡錘車, 물레)·토제완륜(土製腕輪, 흙바퀴)·승석문(繩蓆文) 토기와 함께 여러가지 채문토기를 수집·발굴하였다. 이 토기에는 황갈색의 연마한 표면에 적갈색과 흑갈색의 격자문(格子文)과 파상평행선문(波狀平行線文)이 새겨져 있었다.

안데르손은 제한된 지식으로 양사오 출토 채문토기가 아나우 출토 채문토기와 계통을 같이한다고 속단하고, 양사오 채도는 서아시아 채도의 영향을 받아 발생한 것이라는 이른바 '양사오 채도 서래설(西來說)'을 주장하였다. 그의 주장에 따르면, 신석기시대에 문화적으로나 인종적으로 강한 몽골 인종의 한 군(群)이 투르키스탄으로부터 중앙아시아를 거쳐 황허(黃河) 하곡(河谷) 일대인 중원에 채도를 전파했다는 것이다. 그의 이러한 서래설의 근거는 첫째로 예전에 없던 토기라는 것이다. 즉 이때까지 이러한 채색토기가 중국에서 발견된 선례가 없으며, 전통적인 중국 미술기법의 특징인 '번잡성'이 없는 초유(初有)의 얇고 아름다운 토기라는 것이다. 둘째 근거로는 출토지가 둘 다 초기 농경문화대에 속한다는 것이다. 즉 채도 출토지인 중국의 화북(華北)과 서아시아 지대는 모두 건조 또는 반건조 지대로서 맥류 재배 위주인 초기 농경문화대라는 공통성

채도 대야

이 인정된다는 것이다. 따라서 서아시아의 초기 농경문화인 채도문화가 인간이 이동하면서 동점(東漸)했다는 추단이 가능하다는 것이었다. 안데르손이 주장하는 중국 채도의 서아시아 기원설은 곧 중국문화 서아시아설로 풀이되고, 이것은 또한 재래의 중국문화 서방기원설과 맥을 같이하는 것으로, 이러한 설을 주장해온 서구 학자들 사이에 큰 반향을 불러일으켰다. 이때까지 그들이 주장해온 중국문화의 서래설은 전설이나 불확실한 사료를 근거로 하는 막연한 것이어서 별로 설득력이 없었다. 이런 가운데 이제 실물로 '입증'된 안데르손의 설로 인해 마침내 그들의 주장과 학설이 확실한 '물증'을 토대로 한 신빙성 있는 것임을 인정받게 되었다고 자부했고, 이러한 확신과 자위(自慰)에서 오는 흥분은 그들을 일시 의기충천하게 만들기에 충분하였다.

일찍이 서구 학자들은 각양각색의 이른바 중국문화 서방기원설을 거론해왔다. 대표적인 몇 가지 예를 들어보면, 1758년 프랑스의 동방학자 드 기네(Joseph de Guignes)가 한자(漢字)는 이집트의 상형문자(象形文字)가 원류이며 이집트인들에 의해 창제되었다는 '한자서래설(漢字西來說)'을 내놓았고, 프랑스 태생의 영국 동양학자 드 라쿠페리(Albert Terrien de Lacoupérie 1845~1894)는 이른바 중국문화 바빌로니아 기원설(일명 바크족 이주설移住說)을 주장하였다. 그는 저서 『중국문명 서방기원설』(*Western Origin of the Early Chinese Civilization*, 1892)에서 중국 고대사에 나오는 전설(예컨대 황제 전설)은 유프라테스강과 티그리스강 양하(兩河) 유역(바빌로니아)의 고대사에 나오는 전설의 재판(예컨대, 황제黃帝는 'Nakhunte'에서, 신농神農은 'Sargon'에서 유래)이라고 하면서, 한족(漢族)은 기원전 2300년경 서아시아에서 신장(新疆)과 간쑤(甘肅) 일대로 이주한 바빌로니아의 바크

(Bark, 파극巴克)족이라고 주장하였다. 이 설은 일명 '바크족 이동설'이라고도 한다. 그밖에 독일의 리히트호펜(Ferdinand von Richthofen)은 '중국문화 동투르키스탄 기원설', 영국의 포어(C. J. Pore)는 '중국인 수메르 기원설'을 각각 주장하기도 하였다. 이러한 여러 설의 주장자들은 대체로 문명기원일원설이나 문명이동설의 신봉자로서, 명확하고 과학적인 전거는 제시하지 못한 채 전설이나 신화 내지 주관적인 억측에 의한 가설 따위를 이른바 '학설'로 내세우면서 서양문명에 비한 동양문명의 '후진성'을 입증하려고 시도하였다. 바로 이러한 때에 안데르손이 내놓은 '중국채도 서아시아 기원설'이야말로 그들에게는 가뭄에 단비가 아닐 수 없었다. 안데르손의 가설은 서방은 물론 중국을 포함한 동양학계에서도 일대 파문을 일으켰다.

그러나 이러한 파문과 충격은 일순간에 그쳤다. 안데르손설은 나오자마자 국내외 학자들의 반론에 부딪쳐 수정을 가하지 않을 수 없었다. 우선 스웨덴의 언어학자이며 중국 은(殷)·주(周)의 청동기를 연구해온 칼그렌(Bernhard Karlgren, 1889~1978)이 중국에 채도가 유입되기 전에 일정한 기형을 갖춘 중국 고유의 독자적 토기인 역(鬲, 솥, 삼족토기三足土器, 회도灰陶)이 만들어져 상용되었으며, 따라서 중국 토기문화의 전승성이 인정된다고 주장해 채도의 유입설에 대한 의문을 제기하였다. 또 안데르손은 1925년에 저술한 『감숙고고기(甘肅考古記)』에서 서아시아 농경의 대표적 작물인 밀(소맥小麥)과 수수(고량高粱)가 탄화한 낟알이 양사오의 채도 유적에서 출토된 점을 중국채도 서아시아기원설의 한 가지 근거로 삼았다. 그러나 후일 과학적 검사 결과 양사오에서 반출된 유물은 밀이나 수수가 아니라 조(속粟)와 기장(서黍)이라는 것이 밝혀지면서 안데르손의 이른바 유물 증거

는 번복되고 말았다. 그밖에 안데르손설의 치명적 약점의 하나는 서아시아나 중앙아시아(서방)와 양사오(동방) 사이의 중간 지점에서 채도가 거의 발굴되지 않았다는 사실이다. 즉 중간 연결고리(환절環節)가 없어 전파의 연속성이 문제시된 것이다. 이러한 약점을 보완하기 위해 안데르손은 1923~1924년에 서역과 허난(河南) 사이의 경유지인 간쑤(甘肅) 각지의 발굴조사에 나섰다. 그는 역(鬲 혹은 역형토기鬲形土器)이 채도에 앞선 토기라는 점을 고려해 간쑤 일대의 선사시대 문화편년을 제가기(齊家期, 기원전 2500~2200), 앙소기(仰韶期, 기원전 2200~1700), 마창기(馬廠期, 기원전 1700~1300), 신점기(辛店期, 기원전 1300~1000), 사와기(寺窪期, 기원전 1000~700), 사정기(沙井期, 기원전 700~500) 6기로 설정하였다. 이러한 편년법은 후일 중국 학자들에 의해 많이 수정되었지만, 당시로서는 초유의 발상으로서 중국 선사시대 문화의 편년 작성의 효시가 되었다.

동양 東洋 → '동(東)과 서(西)'항 참고

『동양기담(東洋奇譚)』 *The Wonders of the East*, 저자 미상, 10세기

교류의 문헌적 전거로서의 여행문학서. 이 책은 기원전 4세기 알렉산드로스의 동정(東征) 무대였던 중앙아시아와 인도 서북부에 관한 소개서다. 중세 유럽에서는 알렉산드로스에 관해 전기를 비롯한 다양한 장르의 작품들이 많이 출간되었다. 이러한 작품들에는 그의 활동무대였던 중앙아시아나 인도(서북부)에 관한 기술이 늘 포함되었다. 그 대표적인 작품이 바로 10세기경에 라틴어 원본에서 영역된 이 『동방기담(東方奇譚)』인데, 라틴어 원서명은 『동양토산기담(東洋土産奇譚)』(*De Rebus in Orient Mirabilibus*)이다.

같은 시기 비슷한 류의 책으로는 『아리스토텔레스의 서한(書翰)』(*The Letter from Aristotle*)이 있다. 두 책 모두 알렉산드로스의 업적을 찬양하는 데 초점을 맞추면서도, 그 활동무대로서의 중앙아시아와 인도(서북부)에 관해 대체로 흥미 본위로 기술하고 있으며, 가끔 황당한 내용도 들어 있다.

동완 董琬, 5세기

서행(西行) 교류인(사절). 중국 북위(北魏)의 태무제(太武帝)는 서역 경략을 위해 태연(太延) 3년(437)에 사신을 서역에 파견했으나, 유연(柔然)에서 체포되어 실패하자 이어서 산기상시(散騎常侍) 동완을 초무사(招撫使)로 파견한다. 동완은 선선(鄯善)을 출발해 타림 분지 여러 나라를 순유하고 나서 오손(烏孫)과 파락나(破洛那, 페르가나, 大宛)에 도착하였다. 동행한 고명(高明)은 자설국(者舌國, 타슈켄트)에까지 이르렀다. 이들의 서역 사행을 계기로 중국과 서역 간의 교통이 활성화되었다.

동위구르 칸국 744~840년

실크로드 오아시스로 상의 나라. 고대 투르크족의 일족인 위구르인들이 몽골을 중심으로 744년에 세운 유목국가로서 약 100년간 존속하였다. 당에 신속해 있던 이 나라는 755년에 일어난 '안사(安史)의 난'에 관여했으며, 서방으로 진출해서는 둔황을 비롯해 서역 방면에서 토번(吐蕃)과 대립하였다. 견마(絹馬) 무역에 종사하고, 소그드인들의 유입을 통해 마니교를 수용했으며, 몽골 오르콘(Orkhon)강 유역에 대도시를 건설하였다. 840년 서북쪽에서 침입한 키르기스의 공격으로 멸망하였다. (3-440)

『동유기(東遊記)』 G. de Rubruquis 저, 1256년

교류의 문헌적 전거로서의 사행(使行) 기행문. 이 책은 프랑스 루이 9세의 특사로 몽골에 파견(1253~1255)된 프랑스 출신의 프란체스코회 선교사인 뤼브리키(G. de Rubruquis, 1215~1270)가 남긴 사행 기행문이다.('뤼브뤼키의 몽골 사행'항 참고) 이 책은 서언과 결어 외에 총 38개 제목으로 구성되어 있는데, 사절단이 지나간 곳의 자연환경과 주민 생활, 몽골인들의 의식주·풍습·사법심판·종교신앙·궁전행사, 그리고 수도 카라코룸(Karakorum, 합나화림哈喇和林)의 면모 등을 생생하게 기술하고 있다. 언어학에도 조예가 깊었던 저자는 알타이어계 투르크 방언들을 비교하고, 한자·티베트어·퉁구스어 등에 관해서도 비교언어학적 견해를 피력하였다. 특히 카라코룸의 궁전, 사라센인(아랍 무슬림)들의 시장, 중국 공장(工匠)들의 거주구역, 서아시아의 항아리, 그리고 독일·프랑스 등의 정복지 포로들로 수공업이나 농업의 노동력을 충당한다는 사실, 파리 출신의 금 세공사를 만난 일 등을 생동감 있는 기사로 전하고 있다. 필사본으로 남아 있던 것을 영국에서 1600년에 해클루트(Hakluyt)가 사본의 일부를, 이어 1625년에 퍼차스(Perchas)가 사본의 전부를 영역해 이 사행기로 출간하였다. 1925년에 간행된 『중국의 프란체스코회 선교사들』 제1권에 영역본 전문이 실려 있다.

『동인도항해기(東印度航海記)』 Willem Ysbrantsz Bontekoe 저, 1646년, 1929년 런던 출간

해상실크로드를 통한 교류의 문헌적 전거(항해기). 포르투갈과 네덜란드를 비롯한 신흥 유럽 국가들에서 속속 설립된 '동인도회사'는 동방 식민지 경략의 총본산이었다. 이 책의 저자 본테코(W. Y. Bontekoe)는 네덜란드 '동인도회사'에 소속된 선박의 선장으로서, 선단을 이끌고 1618년 네덜란드의 중부 항구 텍셀(Texel)을 출항해 아프리카 남단의 희망봉을 에돌아 인도양에 진입한 후 연해에 면한 여러 나라와 지역을 역방하고 나서 중국 동남해안까지 당도하였다. 7년간의 항해 끝에 그는 1625년 11월 네덜란드의 젤란트(Zeelandt)에 귀항하였다. 이 여정을 일기체로 쓴 것이 바로 『동인도항해기』다. 이 책은 1646년 네덜란드의 호른(Hoorn)에서 처음 출간된 후 몇년 지나지 않아 네덜란드 각 도시에서 10여 종의 간본이 나왔다. 17~18세기에 여러 차례 재간되고 여러 나라 말로 번역·출간되었다. 이 책은 17세기의 해상교통에 관한 산 증언으로 평가되며, 동방 경략을 둘러싸고 벌어진 서방국가들간의 갈등에 관한 내용도 담겨 있다. 책 내용의 3분의 1은 중국 관련 기사로, 특히 본테코는 1622년 5월부터 1624년 2월까지 기간에 네덜란드인들이 중국 연해 일대에서 자행한 해적 행위와 인도네시아 국민들의 반(反)네덜란드 항전에 관해서도 사실적으로 기술하고 있다. 그밖에 네덜란드인들의 해상생활과 선단의 항해상황에 관한 정보도 들어 있다.

동인도회사 東印度會社, East India Company

유럽 신흥 국가들이 자행한 동방 경략의 총본산이자 독점무역회사. '동인도(東印度)'란 중세 말에서 근세 초에 이르기까지 사용된 유럽인들의 동방세계에 대한 범칭(泛稱)으로, 인도양이나 서태평양 상의 모든 지역을 포괄한다. 영국과 네덜란드를 비롯한 서구 신흥 국가들은 '동인도' 지역에 대한 경제적 독점권과 정치적 지배권을 확보하기 위해 동인도회사를 속속 설립하였다. 각국 동인도회사의 존속 시기는, 영국이 1600~1858년, 네덜란드가 1602~1799년, 프랑스가 1604~1769년, 덴마크가 1729~1801년, 스

웨덴이 1731~1813년이다. 각국 동인도회사들은 동인도의 특산물인 각종 향료와 커피·설탕·면포 등의 무역독점권을 장악하기 위해 치열한 각축을 벌였다. 그중 영국 동인도회사의 활동이 가장 두드러졌다. 1600년에 설립된 영국 동인도회사는 1757년 플라시 전투에서 먼저 인도에 진출한 프랑스를 제압하고 인도 무역을 독점하면서 인도를 정치적으로 식민지화하기 시작하였다. 영국 동인도회사는 당초 면직물을 중심으로 인도 무역을 석권하다가 1765년 벵골 지방의 조세징수권을 무굴제국으로부터 강제로 할양받아 이 지방을 지배하게 되었다. 이후 인도 병사들로부터 시작되어 전국적으로 확산된 '세포이 항쟁'(Sepoy Mutiny, 1857~1859)을 무력으로 진압한 영국은, 이를 계기로 동인도회사를 해체하고 인도정청(政廳)을 설치해 인도에 대한 식민지 직접통치를 실시하였다.

동진정책 東進政策

서세(西勢)의 동점. 16~17세기 기간에 신흥 유럽 국가들이 주로 해상무역이란 구실 아래 동남아시아와 극동 지역에 대한 식민지화 경략을 경쟁적으로 추진하고 있을 때, 제정러시아는 아시아 북부의 광활한 시베리아 지역에서 이른바 '동진정책(東進政策)'이란 이름 하에 동방 식민지화 경략에 나섰다. 15세기 말에 모스크바 대공국(大公國)을 중심으로 한 통일 러시아 제국이 형성됨에 따라, 러시아는 대외팽창의 주안점을 시베리아 일원에 대한 '동진'에 두고 1552년 카잔(Kazan) 칸국에 대한 강점(强占)을 시작으로 동방 여러 소국을 속속 공략하였다. 1587년에는 토볼스크(Tobolsk)시를 건설해 동방 진출의 거점으로 삼았는데, 당시 러시아 동방 진출의 주 대상은 중국이었다. ('러시아의 동방식민지화경략'항 참고)

동행(東行) 기독교인

역사상 기독교가 중국에 전입될 수 있었던 계기는 세 번 있었다. 첫번째는 당대(唐代)에 기독교의 일파인 네스토리우스파(경교景教, 고대동방기독교)가 페르시아를 거쳐 장안(長安) 등지에 유입되어 사원까지 건립한 때다. 두번째는 원대(元代)에 기존 네스토리우스파에 주로 천주교의 프란체스코파가 새로 유입되면서 일시적으로 기독교가 흥기 기미를 보이기 시작한 때다. 원대에는 이 두 파를 포함해 기독교 전반을 '야리가온(也里可溫)'이라고 범칭하였다. 세번째는 명말 청초에 천주교의 예수회(Societas Jesu)를 위시한 선교사들에 의해 기독교가 본격적으로 유입되기 시작한 때다. 이때마다 주도적으로 활동한 사람은 선교사들을 비롯한 동향(東向) 종교인들이었다.

당대에 경교(景教)를 중국에 처음 전한 사람은 대진국(大秦國, 로마) 주교 아라본(阿羅本, Alopen)이다. 그가 태종(太宗) 정관(貞觀) 9년(635)에 장안에 도착하자 태종은 재상 방현령(房玄齡)으로 하여금 의장대를 이끌고 서교(西郊)에 나가 출영하도록 하는 환대를 베풀었다. 아라본은 태종의 장서루(藏書樓)에서 성경을 번역하고 내궁(內宮)에서 그 내용을 강해(講解)하기까지 했으며, 3년 후인 638년에 태종으로부터 교리 전수에 대한 공식적인 허가를 받고, 조정의 출자로 장안의 의령방(義寧坊)에 대진사(大秦寺)를 지었다. 태종 때 이 대진사에는 경교 승려 20여 명이 있었으며, 초기에는 '파사경교(波斯景教)'라고 칭하였다. 고종(高宗) 때에는 교세가 장안 외의 여러 곳으로 확산되었으며, 고종은 아라본을 '진국대법주(鎭國大法主)'로 봉하였다. '대진경교유행중국비(大秦景教流行中國碑)'에는 아라본 외에 경교 전파에 기여한 승려 70여 명의 이름이 새겨져 있다.

원대에는 왕고부(汪古部)를 비롯한 북방 초원지대의 일부 유목민들 사이에 유행한 섭사탈리(聶斯脫里, 네스토리아파, 경교) 외에 서방으로부터 주로 천주교 프란체스코파 선교사들이 들어와 포교를 시도하였다. 당시 몽골과 서구 기독교 국가들은 이슬람 세력에 공동 대처하기 위해 기독교를 매개로 한 동과 서의 상호 접근과 제휴를 기대했던 것이다. 기독교는 일시적으로 교세를 확장하는 듯했으나 원의 멸망과 더불어 세력이 거의 멸적(滅跡)되다시피 하였다. 아무튼 이때에도 동행 종교인들에 의해 기독교의 동방 전파가 시도되었는데, 그 대표적인 인물로는 이탈리아 출신의 천주교 프란체스코회 사제인 코르비노(Corvino, 1247~1328)가 있다. ('코르비노' 항 참고)

원조의 멸망과 더불어 기독교는 중국에서 거의 종적을 감추었고, 이러한 형세는 명대 중엽까지 이어졌다. 그러나 명대 말엽(16세기 말)에는 서구 기독교 선교사들이 대거 들어오면서 기독교 전입의 세번째 계기를 맞게 되었다. 이 시기 기독교 선교사들이 대거 동행(東行)하게 된 데는 몇가지 주·객관적 요인이 있었다. 우선 기독교 자체의 주관적 요인으로서 구교(舊敎)의 실세 만회를 위한 적극적인 동행 포교다. 16세기 초 서구에서는 루터(Martin Luther, 1483~1546)와 칼뱅(Jean Calvin, 1509~1564)을 위시한 종교개혁자들이 전래의 구교(천주교와 동방정교회東方正敎會)에 반기를 들고 신파(新派, 신교新敎)를 제창하였다. 이에 로마 교황의 지지 하에 스페인의 성 로욜라(Ignatius de Loyola, 1491~1556)는 1540년 9월 27일 '예수회'(Societas Jesu)를 창설해 신파의 개혁 도전에 대응하는 한편, 구교인 가톨릭(천주교)의 교세를 확산하기 위해 해외선교에 적극 나섰는데, 그 주된 지향점은 동방이었다.

객관적 요인은 서세동점(西勢東漸)과 서학(西

學)에 대한 중국의 수용이다. 15세기의 대항해 시대와 지리적 발견 시대를 거쳐 16세기에 들어서 진행된 서세동점은 기독교의 동전(東傳)에 유리한 국면을 열어놓았다. 서세동점의 흐름 속에서 서구인들이 점령한 인도의 고아나 말레이반도의 말라카, 중국의 마카오 등지는 그들의 동방 식민지 경략과 동방 포교의 거점이었다. 한편 해금(海禁)을 비롯한 중세적 쇄국정책과 구래의 전통으로 인해 근세의 개화의 흐름에서 동떨어져 있던 중국인들로서는 서구의 근세적 과학기술(서학)을 수용하기 위해 그 전파자이기도 한 선교사들의 도래를 환영할 수밖에 없었다. 이러한 주·객관적 요인으로 인해 명말부터 천주교를 위시한 서구 기독교 선교사들이 대거 중국에 입국했으며, 그들은 이질문명권인 중국 땅에 발을 붙일 수가 있었다. 명 만력(萬曆) 9년(1581)부터 청 강희(康熙) 51년(1712)까지의 131년 동안 중국을 방문한 천주교 예수회 소속 선교사는 259명이고, 기타 교파의 선교사는 150명이나 되었다. 그들 중 한명(漢名)을 가진 유명 선교사만 80여 명에 이르렀다.

동행(東行) 불교인

동행 불교인들은 끊이지 않고 불교의 동방 전파에 나섰다. 기원전 6세기에 인도에서 발생한 불교는 기원 전후 시기에 서역을 거쳐 동방에 전파되기 시작하여 중세 전반기까지 이어졌다. 이 과정에서 수많은 인도와 서역의 불승들이 중국을 비롯한 동방 각국에 왕래하면서 설법과 역경(譯經) 등 포교사업에 진력하였다.

『위서(魏書)』「석로지(釋老志)」 등 중국의 불교 전래와 관련된 문헌기록에 의하면 후한 명제(明帝, 재위 57~75)가 꿈을 꾸고 나서 그 뜻에 따라 채음(蔡愔)·진경(秦景) 등 18명을 구법차 서역에 파견하자, 대월지(大月氏)에서 중

천축(中天竺)의 사문(沙門, 불승佛僧) 섭마등(攝摩騰, Kasyapa Matanga)과 축법란(竺法蘭, Dharmaratna)을 만나 68년에 함께 뤄양(洛陽)에 귀조(歸朝)해 백마사(白馬寺)를 세웠다고 한다. 섭마등은 『사십이장경(四十二章經)』을, 축법란은 『십지단결(十地斷結)』『불본생(佛本生)』『법해장(法海藏)』『불본행(佛本行)』『사십이장(四十二章)』 등 불경 5부를 한역하였다. 이것은 중국 최초의 불전 역경이다. 불교의 중국 전래에 관해서는 기타 다른 여러 설이 있는데, 후한 때 중국에 들어와 역경에 종사한 인도승으로 179년에 『도행경(道行經)』을 가지고 뤄양에 온 축불삭(竺佛朔, 역경 2부)을 비롯해, 유기난(維祇難)·축율염(竺律炎)·축대력(竺大力)·담과(曇果)·담가가라(曇柯迦羅) 등도 주목할 만하다.

중국에서 초기 불교 전래는 이와 같은 인도 불승들의 방문뿐만 아니라, 초기 불교가 성행한 안식(安息)·강국(康國) 등 서역 나라의 불승들이 중국에 들어옴으로써 이루어지기도 했다. 그 중 한조와 가장 가까이에 있는 대월지(大月氏)로부터는 일찍이 고승들이 중국에 입국하여 초기 불교의 정착에 선도적 역할을 하였다. 『위략(魏略)』「서융전(西戎傳)」에 의하면 전한(前漢) 애제(哀帝) 원수(元壽) 원년(기원전 2년)에 박사제자(博士弟子) 경로(景盧, 일명 진경헌秦景憲)가 대월지 왕이 파견한 사신 이존(伊存)으로부터 『부도경(浮屠經)』을 구수(口授)받았다고 한다. 이것이 사실이라면 이존은 최초의 동행 불승이고, 이때부터가 중국 불교 전래의 시작이라 할 수 있다. 후한 말엽, 특히 환제(桓帝, 재위 146~167)와 영제(靈帝, 재위 167~189)시대에 대월지 고승들이 많이 중국에 들어왔다. 환제 말기에 중국에 입국한 지루가참(支婁迦讖, Lokaksema, 일명 지참支讖)은 10여년에 걸쳐 불경 23부 67권을 한역하였다. 그의 뒤를 따라 지요(支曜)·지량(支

亮) 등의 승려들도 중국에 주재하면서 역경에 참여하였다. 대월지에 이어 안식에서 온 대표적인 불승으로는 유명한 안세고(安世高, 일명 안청安淸)와 안현(安玄)이 있다. 원래 안세고는 안식 국왕의 세자로서 계위까지 했으나, 왕위를 숙부에게 양위하고 불법 전도에 투신하였다. 148년에 뤄양에 와서 20여년간 대·소승 제경(諸經) 95부(현존 54부)를 한역하였다. 그는 중국어에 능통해 각지를 순방하면서 설법도 하였다. 그의 역법은 명료하고도 정확해 역경작업의 모범을 보여주었다. 안현은 영제 말년에 상역(商易)을 위해 뤄양에 왔다가 기도위(騎都尉)의 관직을 받고 중국어를 배운 후 최초의 출가승 엄불(부)조(嚴佛〔浮〕調)와 함께 경전 2부를 한역하였다.

안세고와 안현보다 조금 늦은 영제와 헌제(獻帝) 때에 중국에 입국한 불승으로는 강거(康巨)와 강맹상(康孟詳) 등이 있다. 강거는 187년에 경전 1부를, 강맹상은 194~199년에 경전 6부를 각각 한역하였다. 강거(康居) 출신의 불승들은 불교뿐만 아니라 중국의 유교 경전에도 조예가 깊었다. 한 강거 출신의 불승은 쑤저우(蘇州) 호구사(虎丘寺)에서 『예기(禮記)』 『주역(周易)』 『춘추(春秋)』 등 유교 경전에 관해 강해도 하였다고 한다. 이와 같이 초기 불교 전래기인 한대와 삼국시대에 동행해 중국에 들어온 불승들만 해도 84명(인도 47, 안식 5, 대월지 7, 강거 5, 구자龜玆 3, 토화라吐火羅 1, 서역 10, 부남扶南 3, 기타 3명)이나 된다.

위진남북조시대에도 동행 불승들의 발길은 끊임없이 이어졌는데, 유명한 불승만 64명으로 추산된다. 한대부터 위진남북조시대까지 약 600년에 걸쳐 행해진 불승들의 동행 상황을 살펴보면, 초기에는 대월지와 안식·강거 등 서역(중앙아시아) 승려들이 많고, 인도 불승들은 상대적으로 적었다. 그러다가 5세기경에 중앙아시아의

불교가 쇠퇴하기 시작하자 중앙아시아 불승들의 중국 입국은 줄어든 반면, 인도 불승들의 중국 입국이 증가하였다. 이러한 변화 추이는 중국 불교의 발전에 영향을 끼쳐 동행 불승들의 주요 활동의 하나였던 역경 사업에 그대로 반영되었다. 600여년간의 불전 한역 과정은 크게 3단계로 나눠볼 수 있다. 제1단계는 한대부터 삼국시대까지의 '외래승 역경 주도기'로서 안세고·지참이 대표적 역경승(譯經僧)이다. 제2단계는 위진남북조시대의 '중·외승 공동역경기'로서 대표적 역경승은 인도에서 중국에 들어온 구마라습(鳩摩羅什)과 진체(眞諦), 화승(華僧) 법현(法顯)이다. 제3단계는 수·당대의 '화승 역경주도기'로서 현장(玄奘)과 의정(義淨)이 그 주역이었다.

위진남북조시대를 이어 수·당대에도 인도와 서역 불승들의 동행은 계속되었으나, 전대에 비해 서역승의 중국 입국은 줄어들고 인도승의 중국 입국은 상대적으로 늘어나, 당대에는 외래 역경승 34(35?)명 중 인도승이 20여 명이나 되었으며, 도축구법(渡竺求法)하는 중국 승려들이 급증하였다. 이와 같이 한대에서 당대 말엽에 이르기까지 약 1천년 동안 불승들의 동행은 불교의 동방 전파에 따르는 필연적인 과정이었다. 중세에 접어들면서 인도와 서역에서 불교가 쇠퇴하고, 반면에 중국을 비롯한 동방 여러 나라들에서 불교가 흥성함에 따라 불승들의 동행은 점차 감소되거나 거의 단절되었다.

동화 同化, assimilation

동화란 일방적 흡수에 의한 문명의 역기능적 접변(acculturation)이나 수용을 말한다. 동화는 일방의 타방에 대한 강요에 의해 일어나는 것이 일반적이지만, 간혹 불가피하게 일어나는 경우도 있다. 어떤 경우를 막론하고 피동화문명의 제반 요소가 깡그리 소멸되는 완전한 동화란 있을 수

없다.

두라 에우로포스(Dura Europos) 도시 유적

교류의 유물적 전거로서의 오아시스로 상의 전형적인 대상(隊商) 도시 유적. 두라 에우로포스는 북부 시리아의 안티오키아와 셀레우키아의 중간 지점으로, 유프라테스 강안에 위치한 옛 도시다. '두라'(Dura)는 아시리아어로 '성(城)'이란 뜻이고, '에우로포스'(Europos)는 셀레우코스(Seleucos) 1세 니카토르(Nicator)의 출생지인 마케도니아의 한 도시 이름이다. 기원전 4세기에 셀레우코스 1세가 이 도시를 건설했는데, 전형적인 대상(隊商)도시로 발전하였다. 기원전 2세기 말에 파르티아(안식安息)의 지배하에 들어가자 파르티아·로마·팔미라 3국이 이곳을 점유하기 위한 각축전을 벌여, 한때 팔미라 치하에 들어가기도 하고 로마군의 군사기지가 되기도 하였는데, 결국 256년에 사산조 페르시아에게 점령되었다. 유프라테스강으로부터 팔미라로 이어지는 상단(商團)들의 통행로가 시작되는 기점이어서 이 유적은 그리스·파르티아·팔미라·로마·사산조 등 여러 문화의 혼합 유적이란 특성을 지닌다. 4세기 이래 방치되어오다가 1912년 영국 군인에 의해 우연히 발견되었고, 1920년부터 발굴이 시작되어 1928~1937년 미국과 프랑스 발굴단의 10회에 걸친 발굴 작업 끝에 대상도시로서의 면모가 드러났다. 유적의 총면적은 약 73만m²에 달하였다. 도시는 불규칙한 반원형(半圓形) 주벽(周壁)으로 둘러싸였는데, 서북쪽에서 동남쪽으로 12갈래의 길이 뻗어 있고, 그것과 직각으로 9갈래의 좌우로가 있어 격자형(格子形) 도로망을 이루고 있다. 주택은 평균 70.4×35.2m의 부지를 차지하고 있어 꽤 넓은 편이다. 유프라테스강에 직접 닿는 주도로는 폭이 12.56m이며, 도로의 서쪽 끝에 있는 문이 바로 팔미라로의 통행 관문인 팔미라문이다. 이 문에 들어서면 유적이 펼쳐지는데, 바알신을 비롯한 여러 신들의 신전과 궁전, 로마군의 주둔지, 유대교와 기독교의 교회터 등 여러 유적이 한눈에 들어온다. 시 중심에는 아고라(중앙광장)와 극장, 목욕탕 등의 유적이 자리하고 있다. 신전과 교회에서는 귀중한 벽화가 발견되었다. (2-296~297)

두샨베 Dushanbe

중앙아시아 타지키스탄공화국의 수도. 히사르 산맥의 남쪽 기슭, 바르조프 강안에 위치한 신흥 도시로, 원래 산간마을이었는데, 소련 시대에 여기에 새로 도시를 건설하였다. 2차대전 직후까지 이름은 스탈리나바드였다가 현재의 이름으로 개명하였다. 중앙아시아의 여타 도시들과 마찬가지로 타지크·우즈베크·타타르·러시아·우크라이나 등 다양한 민족이 거주하는데, 타지크인이 주류다. 타지크인은 이란계 인종으로서 언어를 비롯한 문화가 페르시아와 연관이 깊다. 지진 다발 지역으로 내진(耐震)을 위해 댐도 철근 콘크리트가 아닌 흙을 쌓아 축조한다. 두샨베에서 남쪽으로 약 100km 지점에 있는 아즈나 테페 유적에서 7세기경의 불교 사원과 길이 11m에 달하는 열반상 등 다수의 불상이 발견되었다.

두차난타 實叉難陀

우기(于闐, 호탄Khotan)의 동행(東行) 불승. 중국 당 무후(武后) 때 『화엄경(華嚴經)』의 원본을 구하기 위해 우기에서 파견된 사절을 따라 뤄양(洛陽)에 온 두차난타는 그후 695년부터 의정(義淨) 등과 함께 대편공사(大遍空寺)에서 역경사업에 착수하였다. 4년간 『대방광불화엄경(大方廣佛華嚴經)』 80권(『신화엄(新華嚴)』 혹은 『당경(唐經)』이라 부름. 695~699년 번역)을 공동 번역하였으며, 이어서 기타 불경 19부 107권도 한역하였다.

두행만 杜行滿

서행 사절. 중국 수대의 사예종사(司隸從事)로서 수양제의 명을 받고 605년에 시어사(侍御史) 위절(韋節)과 함께 서역 사행(使行)에 나서 인도의 계빈(罽賓)과 왕사성(王舍城), 중앙아시아의 읍달(挹怛)·사국(史國)·안국(安國)·강국(康國) 등 여러 나라와 지역을 역방하였다. 두행만은 귀국할 때 계빈으로부터는 마노제(瑪瑙製) 배(杯)를, 읍달(현 토하리스탄 Tokharistan)에서는 불전(佛典)을, 사국으로부터는 무희(舞姬)들을 데려왔으며 그밖에 사자 가죽이나 화서(火鼠) 털도 가져왔다. 그리고 안국으로부터는 오색염(五色鹽)을 들여왔다. (8-105)

두환 杜環, 생몰연도 미상

서행한 교류인. 두환은 751년 고선지(高仙芝)가 이끈 당나라 군대의 탈라스 전쟁에 종군했다가 이슬람군에게 생포되어 아랍세계에서 11년을 보내다가 762년에 귀국하였다. 그후 아랍세계의 기행문인 『경행기(經行記)』를 저술하였다. 책은 소실되어 전해지지 않으나, 그의 친족인 두우(杜佑)의 『통전(通典)』(권193)에 10여 조항이 인용되어 있어 두환의 행적을 대략 추적할 수 있다. 두환은 당 원정군을 따라 구자(龜玆, 현 신장 쿠처庫車)를 출발해 서북방에서 발달령(勃達嶺, 현 신장 별질리산別迭里山)을 넘은 다음 북행 천리 길을 걸어 열해(熱海, 현 이식쿨호)를 지나고 쇄엽성(碎葉城, 현 키르기스스탄의 타크막 남부의 악비심 고성)을 거쳐 탈라스 강가에 이른다. 탈라스 전쟁에서 포로가 된 두환은 중앙아시아를 거쳐 당시 압바스조 이슬람제국의 수도인 아구라(亞俱羅, 아크라), 즉 쿠파(아크라는 쿠파의 고명. 두환이 이곳에 도착할 당시 압바스조의 수도

였음)에 도착해 10여년 세월을 보낸다. 그곳에서 이슬람교 예배에 동참했다는 기록으로 미루어보면 두환은 이슬람교에 귀의한 것으로 추측된다. 또 그는 그곳에서 역시 포로로 끌려온 장안이나 산시(山西) 출신의 몇몇 당인(唐人) 화가들을 만났다. 그밖에 이란 서부의 점국(苫國, 현 시리아)이나 킵차크 초원의 가살돌궐(可薩突厥), 그리고 마린국(摩隣國, 현 북아프리카의 모로코)에 관해서, 대식법(大食法)과 대진법(大秦法, 로마법)에 관해서도 언급하고 있다. 두환은 우여곡절 끝에 상선을 타고 남해를 거쳐 광저우(廣州)로 돌아왔다. 그는 8세기 중엽에 아시아 중심부를 육로와 해로로 일주한 기록을 남긴 셈이다. (1-409~410)

둔황문헌 敦煌文獻

막고굴(莫高窟)을 비롯한 둔황 일원의 석굴유적('둔황석굴 유적'항 참고)에서 발견된 각종 고대문자로 쓰인 문헌자료에 대한 범칭이다. 간혹 '둔황사본(敦煌寫本)'이나 '둔황문서(敦煌文書)'가 으레 『둔황문헌』의 동의어처럼 쓰이고 있는데, 이것은 개념상의 혼동으로서 바로잡아야 할 것이다. 대부분의 문헌은 사본이지만, 일부는 인쇄본(예컨대 『금강경(金剛經)』)도 있기 때문에 일괄해 『둔황사본』이라고 하는 것은 부당하며, '문서'는 다분히 서적이나 사료기록과는 구별되는 '서류'라는 뜻으로 사용되므로 둔황 석굴유적에서 나온 다량의 전적(典籍) 같은 것은 포괄할 수가 없어 이 역시 지양해야 할 것이다. 따라서 사본이나 문서 전반을 갈무리해 학술연구에서 전거나 참고가 될 만한 자료를 뜻하는 '문헌', 즉 '둔황문헌'이 적절한 표현이라고 생각된다. 한문·산스크리트어·위구르어·소그드어·구자어·호탄어·티베트어·몽골어, 심지어 히브리어(기도서) 등 실로 다양한 언어로 쓰였고 매우 다

양한 내용을 아우른 이 고문헌이 도대체 얼마나 되는지는 아직 파악이 되지 않은 상황이다. 대영박물관에 1만 1천 점, 베이징도서관에 1만 2,000점, 파리 국립도서관에 1만여 점, 페테르부르크 과학아카데미 동양연구소에 1만 1,000점이 소장되어 있으며, 기타 둔황연구원, 란저우의 간쑤성(甘肅省)박물관, 간쑤성도서관·베이징대학도서관·상하이박물관·톈진(天津)예술박물관·뤼순(旅順)박물관·타이페이(臺北)중앙도서관 등에도 수십 점에서 수백 점에 이르는 문헌이 소장되어 있다. 그밖에 일본·독일·미국 등 외국 박물관이나 도서관에도 얼마간의 소장품이 있으며, 이들을 모두 합치면 4만 4천여 점을 웃돈다. 아직 발견되지 않았거나 비장(秘藏)된 것까지 합치면 분량은 훨씬 늘어날 것이다.

'둔황문헌'의 작성연대(3, 4%만이 연대가 표기되어 있다)는 4세기 후반부터 11세기 전반으로 추정되는데, 그중 80~90%는 9세기 이후에 작성된 것이다. '둔황문헌'의 내용은 다종다양하지만, 불교문헌이 압도적이어서 거의 90%를 차지한다. 한문과 티베트 문자로 쓰인 불교문헌에서도 불경 사본이 가장 많다. 같은 경전이 숱하게 중복되는 경우도 있는데, 예컨대 『금강반야바라밀경(金剛般若波羅密經)』 사본은 1천여 점에 달한다. 불전 다음으로 많은 것은 도교(道敎)문헌이다. 『도덕경(道德經)』과 『남화진경(南華眞經)』을 비롯한 도교 문헌이 다수 있으며, 『논어(論語)』와 『효경(孝經)』 등 유교문헌도 1% 이상이다. 사적(史籍)으로는 『사기(史記)』와 『한서(漢書)』 『문선(文選)』 『감당집(甘棠集)』 『왕오천축국전』 등 다수 필사본 잔간(殘簡)이 끼어 있다. '둔황문서'에서 각별히 주목을 끄는 것은 문서다. 고문서 전통이 거의 없는 중국으로서는 진귀하고 소중하게 여기지 않을 수 없는 문헌이다. 사원의 승려명부·재산등록부·수지(收支)장부·계

첩(戒牒, 징계장) 등 사원 관련 문서가 1,000여 점이나 되어 당시 불교사원의 일상을 엿볼 수 있다. 일반 주민과 관련된 문서로는 호적·역무(役務)대장·물자징수장부, 매매와 대여, 고용 등에 관한 계약서, 그리고 가산 분할이나 양자와 이혼, 노예해방과 같은 일상에 관한 증서(證書) 등이 있다.

둔황석굴 유적

교류의 유물적 전거로서의 오아시스로 유적. 중국 간쑤성(甘肅省)의 둔황(敦煌)에 위치한 막고굴(莫高窟, 일명 천불동千佛洞)과 인근의 안서 유림굴(安西楡林窟) 등 둔황 부근의 석굴유적을 총칭 '둔황석굴(敦煌石窟) 유적'이라고 한다. 둔황은 전한(前漢) 무제(武帝) 때 장건(張騫)의 '서역착공(西域鑿空)', 즉 서역사행(西域使行)을 계기로 개척된 이래 남북조·수·당·송·원대에 이르기까지 서역통로의 관문으로서 이곳을 통해 동서 문물이 교류되었다. 둔황에서 동남쪽 약 20km 떨어진 지점에 신비한 전설로 가득한 명사산(鳴沙山, 일명 신사산神沙山)이 있는데, 이 산 동쪽 끝 깎아지른 절벽에 벌집같이 다닥다닥 붙어 있는 약 1.6km에 걸친 석굴이 바로 막고굴이다. 막고굴은 전진(前秦) 건원(建元) 2년(366, 타설은 364 혹은 353)에 승려 낙준(樂僔)이 처음으로 굴설(掘設)한 후 원대에 이르기까지 1천여 년 동안 각 조대에 걸쳐 건조되었다. 현존 석굴은 550여 개이며, 그중 소상(塑像)과 벽화가 있는 석굴은 474개다. 가장 큰 것은 북위(北魏)시대에 건조한 428호굴이며, 이 석굴 안에는 2천 수백 개의 소상과 연 면적 5만m²의 벽화가 소장되어 있다.

1899년에 헝가리 지질학자 로치(L. de Loczy)가 처음으로 둔황 막고굴을 탐방하고 간단한 보고서를 발표하였다. 1905년 10월에는 러시아 지

질학자 오브루체프(Vladimir Obruchev)가 현지에 와서 중국어·몽골어·티베트어·산스크리트어·터키어, 그리고 중앙아시아 여러 나라의 언어로 쓰인 두루마리 고서 두 보따리를 가져갔다. 이어 로치의 보고서에 접한 영국 탐험가 스타인(A. Stein)이 1907년 3월 신장(新疆)으로부터 이곳에 도착하였다. 그는 이 석굴의 주지인 왕원록(王圓籙) 도사를 꾀어 7일간에 걸쳐 주로 17호 석굴 내의 사경류(寫經類) 20상자(사본 3천 권, 기타 6천 권)와 회화류 5상자(회화 500장, 공예품 160점), 도합 25상자를 마제은(馬蹄銀, 말굽 모양의 은괴) 40판과 바꾸어 인도를 경유, 런던에 보냈다(현재 대영박물관에 소장). 스타인은 석굴에 관해 얼마간의 조사를 하고 막고굴 부근의 지형을 측량했으며, 주요 석굴에 16굴(Ch. XVI)까지 일련번호(편호編號)를 달았다. 이 무렵 신장 우루무치에 체류 중이던 베트남 하노이 원동박고학원(遠東博古學院)의 프랑스 교수인 펠리오(P. Pelliot)는 스타인의 막고굴 탐험소식을 듣고 이듬해인 1908년 2월 부랴부랴 현지에 도착하였다. 한문에 해박한 그는 5월 말까지 머물면서 왕도사를 매수해 사경류 1,500여 권 24상자, 회화와 직물류 5상자, 합계 29상자를 헐값으로 사들여 프랑스로 보내고(현재 파리 국민도서관과 기메박물관 소장) 석굴에 171굴(171C)까지 일련번호를 붙였다. 펠리오는 둔황을 떠나 시안(西安)과 정저우(鄭州)·베이징을 거쳐 하노이에 돌아갔다가 다시 1909년 5월 21일 하노이를 출발해 베이징에 도착, 둔황에서 가져온 일부 고서를 중국 학자들에게 공개함으로써 '둔황문헌' 발견 사실이 중국과 세계에 처음으로 알려지게 되었다. 그해 12월 10일 펠리오는 파리 소르본 대학에서 프랑스-아시아협회와 지리학회가 공동으로 주최한 환영회에서 이 고문헌 발견에 관해 보고를 하였다. 뒤늦게나마 둔황 고서의 진가를 가늠하게 된 중국 청(淸) 정부는 1910년 둔황에 남

막고굴의 상징인 북대불전(높이 35m의 9층 누각)

아 있는 고서 5,000~6,000권을 베이징 정부학부(政府學府)로 옮겨 왔다. 일본의 경우, 1912년 2월에 오타니(大谷光瑞) 탐험대의 요시카와(吉川小一郎)와 다치바나(橘瑞超)가 둔황에 와서 왕도사가 숨겨둔 잔서(殘書) 중 500권의 사본을 가져갔다. 1914년에는 영국의 스타인이 다시 와서 왕도사로부터 사경류 570여 권 5상자와 자수·직포·회화류 등을 싼값으로 또 편취(騙取)해 갔다. 그 사이 1909~1910년과 1914~1915년 두 차례나 러시아 고고학자 올덴부르크(Oldenburg)가 벽화 10장을 뜯어갔고, 1924년에는 미국 예일대학 조사대로 파견된 워너(L. Warner) 일행도 벽화 20여 장과 불상 몇구를 가져갔다.

이와 같이 11세기 서하(西夏)의 침입으로 말미암아 비장(秘藏)되었던 막고굴의 귀중한 문화재는 무모한 편취자들에 의해 동서 산지사방으로 뿔뿔이 흩어졌다. 이 보물들은 대체로 남북조시대부터 송대에 이르는 시기의 유교·불교·도교 관련 문헌과 판화·탁본·자수품·염직포 등 다양한 문물이다. 이러한 문물을 포함해 둔황석굴이 간직하고 있는 건축·소상·벽화·문서 등 다양한 내용 중에서 어느 것 하나도 동서교류와 무관한 것은 없다. 건축으로서의 석굴은 중국 한대의 애묘(崖墓, 낭떠러지에 지은 묘)와 인도 및 중앙아시아의 불교적 양식이 결합된 산물이다. 초기 석굴 형식의 하나인 선굴(禪窟, 승방僧房)은 인도의 승원굴(僧院窟)의 모조(模造)로서 서역에서 유행하다가 구자(龜玆)와 고창(高昌)을 거쳐 둔황에 전해졌다. 전당굴(殿堂窟)은 주로 한진(漢晉)시대 이래의 궁전건축 양식을 본뜬 것이었으나, 원공감(圓栱龕) 같은 것은 중앙아시아 양식을 수용한 것이다. 대불굴(大佛窟)도 서역에서 기원한 것이 북위 말기에 유입되기 시작해 당대(唐代) 둔황에서 선을 보였다. 건축뿐만 아니라, 소상이나 벽화 같은 조형예술에서도 동

서교류상이 역력히 나타난다. 풍만하고 건장한 체구에 미소를 짓는 275호굴의 미륵보살 소상은 서역인의 형상이고, 머리 위에 삼주관(三珠冠)을 쓰고 가슴 앞에 영락(瓔珞, 구슬을 꿰어 만든 목에 두르는 장식품)을 드리우며, 다리를 꼬고 앉는 등 세부양식은 모두가 인도나 중앙아시아·페르시아풍이다. 벽화의 내용을 보면, 초기의 것은 서역의 영향을 받아 불본생도(佛本生圖)가 많으나, 당대 이후의 것은 설법을 중심으로 한 정토도(淨土圖) 위주다. 비천(飛天) 형상을 비롯한 회화기법에서도 서역과 간다라 미술의 영향을 받은 흔적이 뚜렷하다. 둔황석굴 유적은 명실상부한 중세 동서 문명교류에 대한 유물적 전거의 보고(寶庫)다.

둔황석굴 유적이 이러한 보고로 평가받게 되는 주요 요인은 도사 왕원록에 의해 1900년 5월 26일 제17호굴 장경동(藏經洞, 가로 2.8m, 세로 2.7m, 높이 3m)에서 이른바 '둔황문서'가 다량 발견되었기 때문이다. 장경동의 발견 경위와 소장 유물에 관해서는 1906년에 나무로 음각한 『증수천불동삼층루공덕비기(增修千佛洞三層樓功德碑記)』(높이 240cm, 너비 89cm, 제16호굴에 보존)와 왕도사가 직접 작성한 『최모경관초책(催募經款草冊)』, 일명 『왕도사천소(王道士荐疏)』(둔황연구소 소장)에 구체적으로 기록되어 있다. 『최모경관초책』에는 펠리오와 스타인이 불경 1만 권을 '청'해간 사실도 언급되어 있다. 불경을 비롯한 많은 경전 사본들이 소장되어왔다고 하여 '장경동'이란 이름이 붙은 제17호굴에 소장된 '둔황문서' 가운데는 한문·산스크리트어·위구르어·소그드어·구자어·호탄어·티베트어·몽골어 등 다양한 언어로 쓰인 문서 3만여 점이 포함되어 있다. 『연화경(蓮花經)』·『열반경(涅槃經)』·『다심경(多心經)』 등 불교 관련 내용이 중심이지만, 『왕오천축국전(往五天竺國傳)』이

나 『인도제당법(印度製糖法)』 같은 문명교류 관련 서적이나 마니교와 경교(景敎)의 경전도 있으며, 심지어 경영기록이나 호적·토지문서 등 공사(公私) 문서도 있다. 이러한 문서들은 지난 100여년 동안 명맥을 이어온 '둔황학'의 원천이고 밑거름이다.

드라비다인 Dravidian

찬란한 인더스 문명의 창조자. 드라비다인(人)이란 지중해계 인종에 속하는 인도아 대륙의 원주민으로서 인도·유럽계 언어와는 다른 드라비다어를 사용하는 민족을 말한다. 드라비다인들은 인더스강 유역에서 찬란한 인더스 문명을 창조하고 영위하다가 기원전 1500년경에 서북부에서 침입한 아리안인들에게 밀려 남방으로 이동한 후 남인도와 스리랑카 일원에서 북부 아리안 문명과는 다른 드라비다 문명을 꽃피워 인도 문명의 한 근간을 일구었다. 체질인류학적으로 드라비다인은 머리색과 눈동자가 검고 머리가 장두형(長頭型)인 지중해 인종에 속하고, 농경생활을 해왔으며, 여신과 소를 숭상하였다. 그리고 대표적 해양문화(양석문화陽石文化)의 하나인 거석(巨石)문화를 꽃피웠다. 지금은 4대 주요 방언을 아우르는 드라비다어를 사용하는 드라비다인들은 현재 인도 남부와 스리랑카 북부를 비롯해 말레이시아와 싱가포르·피지 등 인도양과 태평양 상의 여러 곳에서 수천만 명이 산재해 살

기도하는 드라비다 여인들(남인도 탄자부르 사원)

고 있다.

드레이크 Sir Francis Drake, 1545?~1596년

세계일주 항해자. 영국 엘리자베스 1세 시대에 이름을 날린 해적(海賊)으로, 1570~1577년에 서인도 지역에서 해적활동을 시작하였다. 장기간 해적활동을 하면서 쌓은 항해 경험을 바탕으로 1577~1580년에 영국인으로는 처음으로 세계 주항(周航)을 단행하였다. 이어 1585년에는 서인도의 스페인 식민지를 무력으로 공략하는 데 앞장섰고, 1588년에 종군해 스페인의 무적함대를 격파하는 주역이 되었다. 그 공로를 인정받아 해적 출신으로서는 파격적으로 경(卿, Sir)의 작위를 받았다. 그뿐만 아니라 제독(提督)으로까지 승격되어 일국의 해외정책을 좌지우지한 것은 역사의 아이러니가 아닐 수 없다. 미국 샌프란시스코 교외에는 그의 이름을 딴 '드레이크만(灣)'이 있다. (9-66)

드 마이야 Joseph Marie Anne de Moyriac de Mailla, 馮秉正, 1669~1748년

프랑스의 동행 선교사. 프랑스의 귀족가문 출신인 드 마이야(풍병정馮秉正, 1669~1748)는 1686년 예수회에 가입하여 1703년에 마카오에 가서 중국어를 배우고 나서 1705년부터 장시(江西) 구강(九江)에서 선교활동을 시작하였다. 2년 뒤에는 상경해 허난(河南)·장난(江南)·저장(浙江)·푸젠(福建)·타이완(臺灣) 등지의 지도 측회(測繪) 작업에 참가하였으며, 궁궐 안의 내정(內廷)에 봉직하면서 50세 나이에 만주어를 배워 중국어와 만주어에 통달하였다. 그는 중국의 역사와 문화에 조예가 깊어 청나라 황제의 신임을 얻었다. 드 마이야는 『성세추요(盛世芻堯)』『성년광익(盛年廣益)』『붕래집설(朋來集說)』 등 주로 기독교 관련 중국어 저서를 남겼는

데, 통속적인 백화문(白話文)으로 평이하게 교리를 풀이한 『성세추요』(1733)는 훗날 일어난 '백화운동(白話運動)'에 영향을 미친 선구적 저술로 평가된다. 특히 드 마이야는 『통감강목(通鑑綱目)』을 프랑스어로 번역하여 동서 문명교류에 큰 기여를 하였다. 『중국통사(中國通史)』(*Histoire Général de là Chine*, 13권)라는 제하의 이 역본은 1777~1785년에 파리에서 속간되어 유럽 역사학계에 큰 반향을 일으켰다. 그밖에 프랑스어로 『대만고대사(臺灣古代史)』와 『서신집(書信集)』을 저술하기도 하였다. 그가 베이징에서 병사하자 건륭제(乾隆帝)는 후하게 장례를 치르게 하였다.

드보르자크 Antonín Dvořák, 1841~1904년

교류를 통한 융합적 음악의 작곡가. 체코 프라하 근교 출신의 낭만주의 작곡가로, 영국과 미국 등지를 방문해 새로운 음악세계를 접하였다. 1892년에 미국을 방문하고 이듬해에 미국에서 받은 인상을 소재로 교향곡 9번 「신세계」를 작곡하였다. 그는 슬라브풍의 음악뿐만 아니라, 미국 체류 중에 체험한 흑인과 인디언 민족음악을 창의적으로 수용해 독특한 융합적 음악세계를 열었다.

들라크루아 Feridinand Victor Eugène Delacroix, 1798~1863년

교류를 통해 융합적 화풍을 세운 화가. 19세기 프랑스의 낭만주의 화가로서 북아프리카의 모로코를 여행한 후 화풍의 변화를 일으켰다. 종전까지 견지해오던 자신의 낭만주의적 화풍에 동방 고유의 민족화풍을 접목시켜 「알제의 여인들」(1834) 같은 융합적 작품을 남겼다.

디더우위 地豆于

중국 사서에 의하면 5세기 당시 디더우위는 이른바 16개 북적(北狄, 북방 오랑캐)의 일국으로, 그 지역은 오늘날의 네이멍구자치구 시린궈러맹(錫林郭勒盟) 둥우주무친기(東烏珠穆沁旗)에 비정된다. '디더우위'의 어원에 관해서는 '디더우(地豆)'는 몽골어 '달단(韃靼, 몽골)'의, '위(于)'는 '간(干)'의 와전으로 '달단의 왕', 즉 '몽골의 왕'이란 뜻이라고 해석하는 일설이 있으나 불확실하다. 디더우위와 관련해 한민족사에서 관심을 끄는 것은 두 가지 사항이다. 하나는 고구려의 서경(西境)과 관련한 장수왕의 디더우위 분할통치설이고, 다른 하나는 초원실크로드의 경유 문제다. 중국의 『위서(魏書)』「거란전(契丹傳)」에는 북위(北魏) 효문제(孝文帝) 태화(太和) 3년, 즉 장수왕 67년인 479년에 고구려가 몰래 유연(柔然)과 디더우위를 분할통치하려고 모의했다는 기록이 있다. 그 동기로는 유연의 고토 회복과 고구려의 북방 진출, 그리고 배후에서 북위에 내부(內附)하는 물길(勿吉)의 통로 차단 등을 들고 있으며, 『수서(隋書)』 등 몇가지 문헌기록에 근거해 그런 모의가 실행에 옮겨졌다는 일부 견해가 있다. 학계에서는 이에 대한 사실 여부에 관해 이론이 분분하나, 초원실크로드가 이곳을 경유했을 가능성은 여러모로 추단할 수 있다.

둥우주무친기의 중심 도시인 우리야스타이(烏里耶斯太)에서 서쪽으로 68km 가면 주언가다

몽골 동부 초원로의 관문인 디더우위(地豆于)로 가는 초원로

부(珠恩嘎達布)가 나타나는데, 이곳은 예나 지금이나 내·외몽골을 가르는 관문 역할을 하는 곳이다. 이 관문은 서쪽으로 바로 외몽골(몽골인민공화국)의 드넓은 동부 초원을 횡단하는 초원로와 연결된다. 그 옛날 고구려 사절이 외몽골 초원에 세워졌던 돌궐에 파견되었을 때 반드시 이 초원로를 밟았을 것이며, 고구려 기마군단도 서쪽에 있는 유연과의 모의를 위해 이 길을 달렸을 것이다. 그래서 이 길은 한반도로 이어진 초원실크로드의 한 요로였다고 할 수 있다. 우리야스타이에서 서남 방향으로 35km쯤 가면 어지냐오얼(額吉淖爾) 염호(鹽湖)가 나타나는데, 이것이 광개토대왕 비문에 나오는 '염수(鹽水)'일 개연성이 있지만, 그 연구는 아직껏 오리무중이다.

디아기타 문화 Diaguita culture

칠레 중부의 아타카마 사막(Desierto de Atacama) 남부에 위치한 반건조 산지와 하천 유역에서 발달한 중·후기 토기문화로, 남안데스 지역에서는 예술성이 가장 높은 토기문화로 평가된다. 토기의 기면에는 백색이나 흑색의 세밀한 기하학적 무늬가 새겨져 있으며, 종종 인간이나 동물을 모티브로 하는 토기가 제작되었다. 웅크리고 앉아 있는 새를 모티브로 한 손잡이 달린 특징적인 토기도 발견되고 있다. (4-208)

디아스 Bartholomeu Diaz, 1450년경~1500년

포르투갈의 해양 탐험가. 디아스는 유럽의 대항해시대를 연 포르투갈의 엔히크(Henrique) 탐험대에 소속된 범선 3척을 이끌고 1488년 아프리카 최남단에 도착하였다. 그는 심한 폭풍우 끝에 발견했다고 하여 이곳을 '폭풍의 곳'(Cape of Storms)이라고 명명하였다. 그의 보고를 들은 국왕이 앞으로 자주 오갈 곳의 이름으로 흉하다며 '희망봉'(Cape of Good Hope)이란 듣기 좋은 이름으로 바꾸라고 명하였고, 이후 오늘날까지 쓰이고 있다.

디오니시우스 Dionysius

기원전 3세기 그리스의 인도 연구가. 기원 초 로마 의학자 플리니우스(Plinius, ?~기원후 79)의 저서 『박물지(博物誌)』의 기술에 의하면, 기원전 3세기경에 인도 연구의 권위자인 디오니시우스가 이집트 왕 프톨레마이오스(Ptolemaios, 기원전 309~247)의 명에 따라 연구차 인도에 파견되었다. 그의 연구결과에 관해서는 전해지지 않으나, 그의 저서 『지지(地誌)』(3권)는 인도에 관해 허황한 기담 따위를 담지 않은 사실성 높은 기록이다. 이에 대해서는 기원 전후 그리스의 대지리학자 스트라본(Strabōn)도 그의 책에서 지적하고 있다.

디오도투스 1세 Diodotus I, 기원전 250~245년

디오도투스 1세는 기원전 3세기 셀레우코스조(朝)의 박트리아(大夏) 태수였다가 독립해 박트리아 왕국을 건립하였다. 이 왕국은 헬레니즘 문화에 영향을 받아 그리스어와 그리스 화폐 등을 사용하였다.

딜리베르진 테페 Diliverjin tepe

오아시스로 중단(中段) 상의 유적. 아프가니스탄 발흐의 서북방 약 50km의 사막 한가운데에 위치한 기원전 3세기부터 기원후 5세기 초까지의 오아시스 도시 유적이다. 유적에서는 다량의 토기·벽화·화폐가 출토되었으며, 쿠샨 왕조 때의 문자가 새겨진 도기 파편도 발견되었다. 유적 중심부에서는 383×394m에 달하는 방형(方形) 성벽과 150×150m의 정방형 내성(內城) 터가 발견되기도 하였다. (6-295)

ㄹ

라가시 Lagash

수메르 시대의 고대 도시 유적. 메소포타미아 남부, 우르(Ur) 북방 70km 지점에 있는 자그마한 도시국가로, 수메르 시대의 문화를 전하는 다량의 점토판(粘土板)이 출토되었다.

라그만 Laghman, 覽波

오아시스로 상의 무역도시. 오늘날의 아프가니스탄 동부 카불강 중류로 비정(比定)된다. 예로부터 팔미라(Palmyra)와 인도를 이어주는 중요한 도시로 이에 관한 아람(Aram)어 문서가 카불 박물관에 보관되어 있다. 알렉산드로스의 동방원정 당시에는 '람파카'로 알려져 있었으며, 현장(玄奘)은 이곳을 '남파(濫波)', 혜초(慧超)는 '남파(覽波)'라고 기록하였다. 혜초는 8세기 초 이곳이 간다라국의 관할 아래 있었기 때문에 의상과 언어가 간다라와 비슷하고, 대승불교를 믿는 사찰과 승려들이 있다고 하였으며, 당시 이곳에는 왕은 없고 대수령(大首領)만 있다고 하였다. 혜초보다 앞선 시기에 사흘간 이곳에 묵은 바 있는 현장은 왕의 후사가 없게 되자 왕위 쟁탈전이 일어났으며, 그가 이 나라를 방문하기 직전에 계빈국(罽賓國, Kapisi)에게 복속된 사실을 전하고 있다. 그의 기록에 의하면 예로부터 이 나라에는 많은 인구가 살고 있으며 땅이 비옥하고 과일과 채소가 풍부해 자급자족하고 남는 농산물을 다른 나라에 수출하였다.

라들로프 Vasily Vasilievich Radlov, 1837~1918년

투르크학의 기반을 닦은 동양학자 겸 언어학자. 바실리 라들로프의 연구범위는 크게 서시베리아~알타이 지역을 중심으로 한 투르크 여러 민족의 언어학 및 민속학 연구와 고대와 중세의 투르크 여러 언어의 문헌연구 두 영역이다. 전자의 연구성과는 4권 8부로 된 『남시베리아와 중가리아 초원의 투르크 제민족의 민간문학집』(1866~1872)에 집성되어 있고, 후자의 연구성과는 돌궐 비문 해독이나 고대 위구르어 불교경전 및 문서의 연구 등에서 나타나는데, 대표작으로는 위구르족의 중세시를 번역한 『쿠다트쿠 빌리크』(*Kudatku Bilik*)와 공편저(共編著) 『금광명최승왕경(金光明最勝王經)』(1913~1917)이 있다. 그러나 그의 가장 중요한 저술은 4권으로 된 『투르크 방언사전』(1893~1911)이다. 이 사전은 현대적 언어 및 문헌적 언어를 망라한 최고의 투르크어 사전으로서, 아직까지 이에 필적할 만한 사전은 나오지 않았다. 라들로프의 학문적 성과는 전 세계의 투르크학 연구 및 발전에 지대한 기여를 하였다. (3-523)

라마교 Lamaism

티베트에서 동방으로 전파된 불교의 일파. '라마'는 산스크리트어로 '구루(guru)', 즉 스승을 일컫는 단어다. 원래는 승려 중에서 전생을 기억할 정도의 뛰어난 수행력을 가진 대덕고승(大德高僧)에 대한 존칭으로, 일반 승려들에게는 해당되지 않는 지칭이다. 따라서 엄밀하게 말하면 '라마승'은 있어도, '라마교'는 없다. 그럼에도 불구하고 이 잘못된 용어가 언제부턴가 티베트에 전래된 불교를 가리키는 것으로 관행으로 굳어져 오늘에 이르고 있다. 티베트에 불교가 들어온 것은 7세기 토번(吐蕃)시대의 송첸캄포(松贊干布) 왕(?~649) 때 당나라와 네팔 출신의 두 왕비가 각각 중국과 인도 불교를 들여오면서부터다. 이후 불교가 본(Bon)교라고 하는 전통종교와 결합해 토착화되었다. 8세기 중엽에 인도에서 승려 파드마삼바바(Padmasambhava, 연화생蓮華生)가 밀교(密敎)를 전하면서부터 티베트 불교는 점차 밀교화되어갔다. 11세기 전반 인도에서 온 아티샤(Atiśa, 982~1054)에 의해 개혁된 밀교는 장전불교(藏傳佛敎, 티베트에서 전래된 불교라는 뜻)라는 이름 하에 몽골 원나라의 국교가 되었다. 이러한 라마교는 총카파(Tsong kha pa)에 의해 다시 한번 개혁되었다. 개혁된 총카파의 종파를 겔루크파(dGe-lugs-pa)라고 하는데, 노란 모자를 쓰고 다녔기 때문에 보통 황모파(黃帽派)라고 한다. 총카파의 2대 수장(首長)을 제자부터 달라이라마('달라이'는 몽골어로 '큰 바다' '라마'는 '대사大師'란 뜻)라고 불렸다. (17-127)

『라마야나』 Rāmāyaṇa

고전 산스크리트 문학을 대표하는 고대 인도의 대서사시. 산스크리트어로 씌어진 7편 2만 4,000송(頌)의 이 대서사시는 코살라국(Kosala)의 왕자 라마의 무용담을 다루고 있는데, 내용은 신화·설화·철학·법전·정치·경제 등 다양하다. 저자는 기원전 3세기의 시인 발미키(Vālmīki)로 알려졌으나, 실제로는 기원전 3세기에서 기원후 4세기까지 긴 세월 동안 여러 사람들에 의해 완성된 것이라는 것이 중론이다. 12세기 이후 인도의 여러 언어로 번역되어 소개됨으로써 인도 문학

티베트 라마교 본산인 포탈라궁 외경

에 큰 영향을 미쳤을 뿐만 아니라, 힌두문명권에 속하는 동남아시아 여러 나라에도 전해져 종종 문학과 예술의 소재로 쓰였다. 이 대서사시에는 당시의 항해와 해상교역을 시사하는 내용도 포함되어 있다.

라벤타 문화 La Venta culture

멕시코 고대 라벤타 문화 유적에서 출토된 '유아석상'

올메카(Olmeca) 문화에 속하는 멕시코 고대 문화. 멕시코만에 면한 타바스코주(州) 토날강 부근의 소택지로 에워싸인 섬 라벤타는 면적이 4.9km²밖에 안 되는 자그마한 섬인데, 섬의 절반(남북 길이 2.5km)을 유적이 차지하고 있다. 약 33m 높이의 흙 피라미드를 비롯해 광장 주위에는 몇개의 정연한 흙더미 유적이 남아 있다. 이러한 성토식(盛土式) 피라미드는 후일 멕시코 신전의 기본양식으로 계승되었다. 이곳에서는 4기의 거석인두(巨石人頭)와 작은 비취상이 발견되었다. 라 벤타 문화는 기원전 1200~기원후 600년에 번영한 올메카 문화에 속하는데, 올메카 문화는 옥수수 재배를 기본으로 한 최초의 메소아메리카(Mesoamerica)문화다.

라빤 바사우마(Rabban Bar Sauma)의 서아시아 및 서유럽 사행

사행(使行)을 통한 인적 교류. 라빤 바사우마(?~1294)는 중국 원대(元代)에 사절의 신분으로 서아시아와 서구를 동분서주한 인물로 기독교의 네스토리우스파(고대동방기독교, 경교景敎) 사제였다. '라빤'은 시리아어의 'rabb'(나리, 어른)에서 유래한 경어(敬語)이고 'sauma'는 '재계(齋戒)'란 뜻이다. 그는 일명 '바르 사우마'(Bar Sauma)라고도 하는데, 그것은 '재계 때 출생하다'라는 뜻이다. 바사우마는 위구르계의 옹구트(왕고汪古) 부족 출신으로 원나라 수도 대도(大都, 현 베이징)에서 출생해 20세 즈음에 대도 부근의 산중에 은거해 수행에 전념하였다. 후일 동승주(東勝州, 현 네이멍구자치구 탁현托縣) 지방에서 네스토리우스교 수도사 마르쿠스(Marcus, 1245~1317)가 찾아와 함께 금욕과 단식으로 수행을 쌓았다. 두 사람은 예루살렘 순례를 결심하고 1275년에 대도(일설은 옹구트 왕가의 거성居城인 정주淨州)를 출발하였다. (쿠빌라이의 명에 따라 출사하였다는 설도 있다.) 동승과 당올(唐兀, 현 영하寧夏 은천銀川)을 지나 오아시스로의 남도인 둔황의 옥문관이나 양관으로부터 선선을 거쳐 쿤룬 산맥 북쪽에 이르는 길을 택해 간단(幹端, 현 신장위구르자치구 허톈和田)에 도착했으나, 전란과 기근에 휩싸인 이곳에 더이상 머물지 못하고 북상해 가실합이(可失哈耳, 카슈가르, 현 카스喀什)를 지나 탑랄사(塔剌思, 현 카자흐스탄의 간브르)에 이르렀다. 여기서 오고타이 칸국의 카이두(Khaidu, 해도海都) 칸을 알현하고 여행보증서를 발급받아 호라산(현 이란 동부)을 지나 아제르바이잔의 수부(首府)이며 일(II) 칸국의 문화중심지인 마라가(Maragha)에 도착해 당시 이곳을 방문 중이던 네스토리우스파의 총대주교 마르 덴하(Mar Denha)를 알현하였다. 총대주교의 요청에 따라 바그다드에 이르러 일 칸국의 아바카 칸(Abaqa Khan)에게서 친서를 받아가지고 예루살렘으로 출발하였다.

총대주교 마르 덴하는 바사우마 일행을 소견(召見)하는 자리에서 마르쿠스를 대도와 옹구트부(府)의 주교로 임명하고 그의 이름을 마르 야발라하(Mar Yahballaha)로 개명(改名)하였으며,

바사우마는 순시총감(巡視摠監)에 임명하였다. 두 사람은 귀국하기 위해 바그다드를 출발했으나 도중 일 칸국과 카이두 간의 전란이 중앙아시아를 휩쓸고 있어 더이상 동진하지 못하고 바그다드로 되돌아갔다. 바사우마는 성 미하일 수도원에 안거했고, 이듬해(1281)에 마르 덴하가 사망하자 마르쿠스가 법왕으로 추대되어 마르 야발라하 3세(Mar Yahballaha III)가 되었다. 이즈음에 일 칸국의 아르군 칸(재위 1284~1291)은 즉위 후 이집트의 맘루크조에 대항하기 위해 서구의 기독교 국가들과 군사동맹을 체결하려는 친서를 교황 호노리우스 4세에게 보냈다. 마르 야발라하 3세 역시 팔레스타인과 시리아 지방을 맘루크조로부터 탈환하기 위해서는 교황과 서구의 협력이 필요했으므로 바사우마를 특사로 서구에 파견하였다.

아르군 칸은 비잔틴 황제와 프랑크 왕에게 보내는 친서를, 마르 야발라하 3세는 교황에게 보내는 친서를 각각 바사우마에게 위탁하였다. 바사우마 일행은 1287년에 바그다드를 떠나 콘스탄티노플에 도착해 비잔틴 황제의 환대를 받고 배편으로 나폴리에 당도하였다. 이후 육로로 로마에 이르렀을 때 공교롭게도 교황 호노리우스 4세(Honorius IV)가 서거하였다. 그곳에서 추기경(樞機卿)을 만나 상호 협력에 대한 의향을 개진했으나 별다른 성과를 거두지 못하자, 제노바를 거쳐 프랑크왕국의 수도 파리에 가서 국왕 필리프 4세를 진현(進見)하고 아르군 칸(Arghun Khan)의 친서를 전달하였다. 필리프 4세는 예루살렘을 탈환하기 위해 몽골군과 연합해 맘루크조와 싸우는 데는 찬성했지만, 일 칸국과 군사동맹을 맺는 것까지는 동의하지 않았다. 바사우마 일행은 파리에 한달간 체류하면서 시내 곳곳을 참관한 후 프랑스 서남부의 가스코뉴로 가서 때마침 그곳에 머물고 있던 영국왕 에드워드 2세

를 알현하고 아르군 칸의 구두 메시지를 전하였다. 영국 왕 역시 몽골군과의 연합전선에만 찬성하였다.

1287년 겨울을 제노바에서 보낸 바사우마는 이듬해 봄 새 교황에 니콜라우스 4세(재위 1288~1292)가 즉위했다는 소식을 듣고 로마로 찾아가 그를 진현하였다. 교황은 아르군 칸과 마르 야발라하 3세에게 보내는 답신에서, 예루살렘 공략계획에 찬성한다는 의사 표명과 함께 아르군 칸에게 곧바로 세례를 받을 것을 권고하였지만 일 칸국과 기독교 국가들 간의 군사동맹 문제에 관해서는 아무런 확답도 주지 않았다. 교황은 마르 야발라하 3세를 동방 기독교의 총주교로, 바사우마를 순찰총감(巡察摠監)으로 임명하였다. 작별에 앞서 교황 앞에서 미사를 집전한 바사우마에게 교황은 예수의 옷 조각과 성모 마리아의 머리 수건 조각, 로마 성인들의 유물 등을 하사하였다.

바사우마 일행이 사행 임무를 마치고 바그다드에 돌아오자 아르군 칸은 만족해하면서 1289년 수도 타브리즈 궁전에 네스토리우스파 교회를 짓고 바사우마를 사제로 임명하였다. 이후 바사우마는 일 칸국의 문화중심지인 마라가로 가서 네스토리우스파 교회당을 지어 포교사업을 하였다. 1293년 바그다드에 돌아와 마르 야발라하 3세의 교무(敎務)를 돕다가 이듬해에 카르발라에서 타계하였다.

라빤 바사우마의 종교 및 외교 활동은 동서교류사에 의미있는 영향을 끼쳤는데, 무엇보다 서구 기독교 국가들의 동방에 대한 관심을 불러일으켰다. 교황청과 서구 나라들은 몬테 코르비노(Monte Corvino, 1247~1328)가 이끄는 사절단 등을 동방에 연속 파견함으로써 동서간의 교류와 이해를 증진시키고자 했다. 특히 교황청과 서구 기독교 국가들은 기독교의 일파인 네스토리

우스파의 동방 전파에 큰 관심을 갖게 되었다. 비록 귀향하지 못하고 이역에서 고혼(孤魂)이 되었지만, 바사우마는 시종 자신의 본분을 잊지 않았다. 가스코뉴에서 영국 왕을 알현할 때, 그는 ‘우리는 국왕과 대주교, 그리고 몽골 제왕의 명을 받고 동해(東海)에서 온 사절입니다’라고 자신을 당당하게 소개하였다. 전하는 바에 의하면, 어느 한 동시대인이 페르시아어로 마르 야발라하 3세와 라빤 바사우마의 전기를 저술했다고 한다. 원문은 소실되어 전하지 않으나 다행히 시리아어 번역본이 남아 있어 19세기 말엽부터 프랑스어와 영어·일본어·중국어 등 여러 언어로 다시 번역되었다. (6-310)

라싸 拉薩, Lha-sa

티베트의 정치·경제·문화·종교의 중심지로, 현 시짱자치구(西藏自治區)의 수도. 티베트어로 ‘신의 땅’이라는 뜻이기도 한 라싸는 티베트 고원 남부의 키추강 연안에 위치하는데, 해발 고도가 3,630m에 이른다. 기후는 온화한 편으로 평균온도가 1월은 영하 0.7도이고, 7월은 16.3도이며, 연평균 강우량은 1,627mm나 된다. 라싸는 7세기 토번(吐蕃) 시대부터 도시로서의 면모를 갖추기 시작했으며, 라마교의 본산으로서 달라이라마(Dalai Lama)가 상주하는 포탈라궁이 이곳에 자리하고 있다.

티베트 라싸시의 거리 정경

라슈카르가(Lashkargāh) 도시 유적

교류의 유물적 전거로서의 오아시스로 상의 유적. 가즈니조(Ghazni, 962~1186)의 동도(冬都)로서, 아프가니스탄 서남부, 칸다하르 서방 190km 지점에 위치한다. 라슈카리 바자르(Lashkari Bazar)로도 불리는 이 유적은 남쪽의 보스트까지 약 6km의 구간에 걸쳐 있는데, 1949년부터 이탈리아 조사단에 의해 발굴되기 시작하였다. 왕궁·마스지드·병영·시장 등의 유적에서 토기와 동기(銅器), 프레스코 벽화 등의 유물이 다량 출토되었다. (6-329)

라스코 동굴 Grotte de Lascaux

프랑스의 구석기시대 동굴. 1940년 프랑스 몽티냐크(Montignac) 마을 근처에서 마을 소년들이 발견한 이 동굴에는 800여 점의 벽화가 그려져 있다. 주제의 대부분은 갈색·황색·흑색 등 다양한 채색으로 그린 들소·야생마·사슴·염소 같은 동물들이다. 그림 가운데는 주술사로 짐작되는 인물도 보인다.

라 시에나가 문화 La Ciénaga culture

아르헨티나의 토기전기문화(土器前期文化). 라틴아메리카의 아르헨티나 북서부에 자리한 카타마르카주(州)와 라리오하주에서는 일찍이 회색과 흑색 토기 생산활동이 이루어졌다. 제1기에는 줄무늬와 돌출무늬를 비롯한 기하학 무늬가 그려진 토기가 많이 생산되었으나, 제2기에 들어서면서부터는 고양이과에 속하는 동물들이 그림의 소재로 등장하였는데, 이러한 생활토기뿐만 아니라 매장용 항아리도 제작하였다. 석기로는 인간이나 동물을 본뜬 절구나 탈이 출토되었으며, 수렵용 투석구(投石具)와 금속제 방울이나 도끼도 발견되었다. (4-209)

라 아구아다 문화 La Aguada culture

아르헨티나의 토기후기문화(土器後期文化). 라틴아메리카의 아르헨티나 북서부의 카다마르카주(州)를 중심으로 번영한 토기후기문화로, 중앙 안데스 지역의 티와나쿠(Tiwanaku) 문화의 영향을 강하게 받아 회색과 흑색 토기 위주의 전기문화와는 달리 오렌지색 바탕에 검거나 붉은 채색을 칠한 토기가 제작되었다. 고양이과에 속하는 동물이나 뱀, 인간을 모티브로 한 추상적 표현 등도 토기에 등장하였다. 또한 청동이나 동·금을 사용한 금속세공도 전기문화보다 더욱 발달하였다. (4-209)

라에티 수몰도시(水沒都市)

수몰된 고대 교역도시. 1908년에 러시아 고고학자들이 카스피해 북동부 지역에서 고대에 번영했다가 수몰된 도시 유적을 발견하였다. 중앙아시아의 전통적 점토로 제작된 주거지와 도기, 그리고 유리장식품과 주물(鑄物) 등 유물이 발굴되었다. 중앙아시아와 교역을 하던 이탈리아 상인이 14세기의 지도에 표기한 '라에티'일 가능성이 있다. (10-134)

라와크(Rawak) 불교 유적

교류의 유물적 전거로서의 오아시스로 상의 유적. 현 신장위구르자치구 화전(和田, 호탄)의 동북방 30km 지점에 있는 대형 불탑 유적이다. 불탑의 평면은 탁실라(Taxila) 불탑과 비슷하게 탑의 4면에 계단을 설치하였다. 벽에는 많은 불상과 보살상이 조각되어 있는데, 이는 불탑 숭배에서 불상 숭배로의 전환을 시사하는 것으로, 불탑 및 불상 연구에서 중요한 의미를 가진다. 화전 부근에는 그밖에 바라와스트 불교 유적도 있다.

라이프니츠(G. W. Leibniz)의 고전사변철학과 중국

독일 고전사변철학(古典思辨哲學)의 창시자인 라이프니츠(G. W. Leibniz, 1646~1716)는 21세 때부터 중국철학에 관한 연구를 시작해 파리에서 출판된 공자의 전기와 유교 경전들을 탐독하였다. 중국에 체류했던 선교사들의 저서와 보고서 등을 참고하여 1697년 『중국근황(中國近況)』(Novissima Sinica)을 저술·출간했고, 중국에 체류했던 프랑스 선교사 부베(Joachim Bouvet, 백진白晉, 1656~1730, 1687년에 닝보寧波 도착)와 6년간 통신하면서 이진제산술(二進制算術)과 역괘(易卦) 문제를 연구하였다. 또한 1699년에는 부베의 라틴어 저서 『강희제전(康熙帝傳)』(Historie de L'Empereur de la Chine)을 프랑스어로 번역하는 등 당대의 일가를 이룬 저명한 철학자로서 평생 중국에 관한 연구에 전념하였다.

송윤리학(宋倫理學, 일명 송학宋學)에 심취해 자연신관과 자연법칙론을 신봉하면서 서구 교회의 계시신학(啓示神學)을 비판한 라이프니츠는 중국문명의 적극적 수용이 서구문명 발달에 매우 유용할 수 있음을 주장한 첫 서구 철학자다. 『중국근황』의 서문에서 그는 서구인들의 무지와 오만에 대해 다음과 같이 개탄하였다. 즉 "이때까지 우리들 중 그 누구도 이 세상에 우리의 윤리보다 더 완벽한 윤리를 갖고 있으며, 우리의 처세지도(處世之道)보다 더 진보한 처세지도를 가진 민족이 존재한다는 사실을 믿지 않았다. 그러나 이제 동방의 중국은 우리에게 각성하게끔 하고 있다 (…) 지금 우리의 도덕은 우리가 사는 지역의 자구(自救)가 불가능할 정도로 타락하였다. 나는 우리가 선교사를 중국에 파견해 하느님이 계시한 신학을 전수하는 것과 마찬가지로 중국에서 사람을 보내와 우리에게 자연신학의 목적과 실천을 가르쳐주어야 한다고 주장하는 바이다." 그는 또 서구문명과 중국문명을 비교해 이르기를 "유럽문화의 장점은 수학적이고 사변적인 과학이라는 데 있으며, 군사적 측면에서 중국은 유럽보다 못하다. 그러나 실천철학 측면에서는 유럽인들이 중국인에 많이 못 미친다"고 역설하기도 했다. 그는 중국의 '실천철학'을 도입하기 위해 베를린·빈·페테르부르크 과학원 설립을 주도하고, 베를린과 페테르부르크 과학원 내에 중국학 연구를 필수 과정으로 설치하도록 하였다.

라이프니츠의 국가관은 인애(仁愛)와 정의(正意), 의력(毅力)과 박식(博識)을 소유한 개명군주의 치하에 통일국가를 건설하는 것이었는데, 그 표본으로 중국의 강희제(康熙帝)를 삼았다. 1703년에 발표한『논이진제계산(論二進制計算)』은 송유(宋儒)의『복희육십사괘차서도(伏羲六十四卦次序圖)』『복희육십사괘방위도(伏羲六十四卦方位圖)』와 완전히 일치하며, 또 1714년에 저술한『단자론(單子論)』에는 노자와 공자의 '도(道)' 개념이 반영되어 있다. 독일 고전사변철학의 창시자 라이프니츠의 2대 사상적 연원은 플라톤과 중국철학이다. 독일 철학자 루도비치(Carl Günther Ludovici)는 저서『라이프니츠철학 발전사』(*Ausführlicher Entwurff einer Vollständigen Historie der Leibnitzischen Philosophie*, 1737)의 서문에서 이 점을 분명히 지적하고 있다.

라인강 Rhein River

중부유럽의 수상교통 요로. 알프스에서 발원해 유럽대륙을 가로질러 북해로 들어가는 중부유럽의 최대 강으로, 본류의 길이는 약 1,326km이며, 유역 면적은 22만 4천km²에 달한다. 라인강은 여러 갈래의 지류로 여러 나라를 흘러가지만, 독일을 관통하는 부분이 가장 길어서 독일의 상징으로, 독일 역사의 주요 무대가 되어왔다. 역사적으로 중부유럽의 수상교통 요로의 기능을 담당해왔으며, 간간이 국제하천 인정 및 이용 문제를 놓고 강안(江岸) 국가들 간의 분쟁도 있었다.

라지푸트족(族) Rājpūt

인도 서북부 라자스탄주(州)를 중심으로 여러 영주(領主) 국가를 세웠던 라지푸트족은 원래 아리아족으로서, 5세기 중엽에 중앙아시아에서 이곳으로 침입해왔고 이후 인도화되었다. 라지푸트족은 8~12세기에 전성기를 누렸으나, 통일된 세력을 형성하지 못하고 연이어 인도의 이슬람 왕조와 영국의 식민지 지배를 받았다. 역대 라지푸트의 위정자들은 문예보호정책을 추구해 많은 건축물과 공예품을 남겼으며, '라지푸트 회화'라고 불리는 독특한 미술양식이 발달하기도 했다.

라타키아 Latakia

시리아 제5의 도시이자 최대의 항구. 시리아의 수도 다마스쿠스에서 북서쪽으로 약 385km 떨어져 있는 라타키아는 동쪽으로 지중해와 면하고 있어, 고대 페니키아 시대부터 '바다로 나가는 창문' 역할을 하였다. 아랍어로는 라디키야(Al-Ladhiqiyah)라고 하며, 비잔틴·십자군시대에는 라오디케아(Laodicea)라고 하였는데, 라타키아라는 이름은 알렉산드로스의 동방원정 후 제국의 동편을 할당받은 셀레우코스 1세가 그의 어머니의 이름에서 따왔다고 전한다. 이곳은 지중해 세력과 내륙 세력 간의 교역 및 전쟁이 끊이지 않았다. 14세기에 이곳을 방문한 이븐 바투타는 이 엄청나게 큰 도시에 거대한 모스크들과 함께 이집트와 레반트 지역에서 가장 큰 파루스 수도원이 있어 수많은 수도사와 기독교인들이 모인다고 기록했다. 또한 많은 로마(비잔틴) 인들이 거주하며 특히 여성들은 최고의 금박실이 섞인 면 천을 만드는 라타키아 방적술에 능하다고 하였다. 바투타는 이슬람 국가에 거주하는 딤미(Dhimmi)들의 복식 특징도 밝혔다. '딤미'는 아랍어로 '피보호민'이라는 뜻인데, 이슬람 국가 내에서 인두세를 내고 거주하는 기독교·유대교들을 말한다. 이곳 사람들은 방탕한 행동에 대해서 관대하며, 파루스 수도원에서는 무슬림들을 환대했다고 한다. 이러한 기록들은 당시 이 도시의 생기 넘치는 개방성과 함께, 무슬림들과 기독교들의 공존과 호혜가 이루어졌음을 시사한다.

라 텐 문화 La Téne culture

고대 유럽의 철기문화. 기원전 5세기에서 기원 초기까지 서부 및 중부 유럽에서 발달한 초기 철기시대 제2기에 속한 문화로서, 스위스의 라 텐 지역에서 발견되었다. 1907~1917년에 발굴 작업이 진행되었으며, 그 결과 이 문화는 4기로 나뉠 수 있음이 밝혀졌다. 철이 이미 병기나 도구의 제작에 보편적으로 사용되었으며, 금속공예와 나선문 및 곡선 추상문(抽象文)이 새겨진 장식예술도 상당히 발전하였다. (15-467)

라 톨리타 문화 La Tolita culture

라틴아메리카의 고대 문화. 과테말라 해안에서 번영한 지방발전기(地方發展期, 기원전 300~기원후 700)에 속한 문화로서, 야금술이 발달해 금제나 합금제 탈·반지·방울·바늘 등 장신구가 제작되었다. 산디아고강 하류의 라 톨리타 섬에서 1km²의 면적 내에 흙으로 지은 40개소의 유구(遺構)가 발견되었는데, 공공건물의 터로 짐작된다. 발굴된 인장(印章)에 나타나는 추상적 문양은 멕시코의 것과 유사한데, 이것은 두 지역 간의 교류를 시사한다. (4-112)

라틴 자모(字母)

실크로드를 통한 문자 교류. 일찍이 언어로서의 라틴어는 로마제국의 확장에 따라 유럽 서남부 각지에 보급되었으며, 역설적으로 이 제국의 붕괴에 따라 분화 내지 소멸되었다. 그러나 라틴어 문자(알파벳)는 여전히 세계 각지에서 널리 쓰이고 있다. 원래 라틴 자모는 24개의 그리스어 자모에서 파생하였는데, 처음에는 20개였다가 후에 6개를 보충해 모두 26개 자모가 되었다. 라틴어는 인도·유럽어계의 로마어족에 속하기 때문에 라틴 자모를 일명 '로마 자모'라고도 한다. 라틴 자모는 형체가 간명하고, 필획이 균일하고 보기 좋으며, 읽기와 쓰기가 편리하다. 근 200종에 달하는 세계 주요 언어의 문자 중에서 가장 많이 통용되는 것이 바로 라틴 문자다.

라틴제국 Latin Empire, 1204~1261년

중세의 유럽 국가. 원래 이집트를 공략할 목적으로 출정한 제4차 십자군이 경제적 이익을 노린 베네치아 상인들의 음모로 진격 방향을 바꿔 1204년 비잔틴제국의 수도 콘스탄티노플을 점령하고 여기에 새로운 라틴제국을 세웠다. 플랑드르 백작 보두앵 1세(Baudouin I)가 황제로 등극해 봉건통치를 실시하다가 얼마 후 비잔틴제국 황제 미카엘 8세의 공격을 받고 멸망한다.

란가쿠 → '난학(蘭學)' 항 참고

란다(Diego de Landa)의 분서(焚書)

마야 문명의 파괴와 관련된 사건. 1549년 스페인의 프란체스코회 수도사 디에고 데 란다(Diego de Landa)는 사교(司敎)로 멕시코 유카탄 반도에 파견되었다. 그는 극단적인 종교적 편견에 사로잡혀 마야 문명이 갈무리한 신앙과 토착종교를 극도로 적대시하면서, '미신과 악마의 망언서(妄言書)’를 척결한다는 구실 하에 마야의 종교와 회화 관련 서적을 3권만 남기고 모두 소각해버렸는데, 이것이 악명 높은 ‘란다의 분서’ 사건이다. 이 분서로 인해 마야 문명에 관한 기록이 거의 소실되어 마야 문명 연구는 숱한 애로와 난관에 봉착하였다. 그로부터 327년이 지난 1876년에 이르러서야 비로소 마야 문자에 관한 해독연구가 시작되었다. 로스니(Leon de Rosny)는 동서남북의 방위를 나타내는 기호 하나를, 제일러(E. Seler) 박사는 ‘밤(夜)’이라는 기호 하나를 알아내는 데 수년이 걸렸으며, 페르스테만(E. Förstemann)도 ‘처음(初)’과 ‘마지막(終)’이라는 두 글자를 판독하는 데에 수년을 소비하였다. 몇 글자를 판독하는 데 무려 20여년이란 긴 세월이 걸린 것이다. 분서를 비롯한 반달리즘(vandalism, 문명파괴)이 불러오는 피해가 얼마나 큰가를 보여주는 단적인 실례라 할 수 있다.

『랑야대취편(琅琊代醉編)』 張鼎思 저

해상교류의 문헌적 전거. 이 책 권23 「지남차(指南車)」 조에는 침반(鍼盤), 즉 나침반의 기능과 용도에 관한 설명이 있다.

랑주뱅 Paul Langevin, 1872~1946년

수중음파측정기의 발명자. 프랑스의 물리학자로서 1909년 콜레주드프랑스(프랑스 학원) 교수를 역임한 바 있는 랑주뱅은, 선박의 밑바닥에서 발사한 음이 해저나 해저에 있는 물체에 부딪친 뒤 반사(反射)해 돌아오는 소요 시간을 측정하여 수심을 탐지하는 이른바 ‘랑주뱅식 음향측심기(音響測深機)’를 1923년에 완성하였다. 이것은 해저 조사에서의 일대 혁명이었다. 수중음파측정 분야에서 후발주자인 영국은 이러한 기기를 아스딕(ASDIC, 잠수함 탐지 연구위원회의 연구기관 약칭)으로, 미국은 소나(SONA, 음향

에 의한 항법과 거리 측정법의 약칭)로 각각 명명하였다.

래티모어 Owen Lattimore, 1900~1989년

미국의 저명한 동양학자. 워싱턴에서 태어난 래티모어는 어학교사인 부친을 따라 중국에 가 유년기를 보냈고, 스위스와 영국에서 중등교육을 받았다. 1919년 다시 중국에 돌아와 영어 신문사와 영국 상사에 근무하다가 내륙 아시아의 대상(隊商) 교역에 관심을 갖고 1926년 3월 아내 엘리노어(Eleanor)와 함께 베이징을 떠나 네이멍구 후허하오터(呼和浩特, 귀화성歸化城)로 갔다. 래티모어는 그해 8월 고비 사막을 거쳐 이듬해 1월 신장(新疆) 우루무치에 이르렀고, 한편 엘리노어는 세미팔라틴스크에서 남하해 중소(中蘇) 접경 지역에서 남편을 만나 부부가 함께 쿠르자·카슈가르·카라코룸 패스를 지나 1927년 7월 카슈미르 라다크 지방의 레(Leh)에 도착하였다. 이 구간의 여행담을 래티모어는 1928년 런던에서 출간한 『투르키스탄으로의 사막길』(*The Desert Road to Turkestan*)에, 엘리노어는 1934년 뉴욕에서 출간한 『투르키스탄 재회(再會)』에 각각 담았다. 미국으로 돌아간 래티모어는 하버드 대학 인류학과에서 8개월간 연수한 다음, 1929년 아메리카 지리학회의 지원을 받아 연구차 만주를 거쳐 네이멍구와 신장으로 향하였다. 1930년 베이징에 돌아와 하버드 옌칭 연구소의 장학금으로 베이징에서 3년간 연구하면서 네이멍구를 재차 방문하였는데, 그동안의 연구 성과를 모아 1934년에 『만주의 몽골인들』(*The Mongols of Manchuria*)을 저술하였다. 1933년 미국에 돌아가 ‘태평양문제조사회’가 발간하는 기관지 『퍼시픽 어페어스』(*Pacfic Affairs*)의 편집을 맡아 일하다가 그만두고 1937년 당시 중국 공산당의 혁명근거지였던 연안(延安)을 방문하

였고, 1941~1942년에는 루스벨트 대통령의 요청으로 장제스(蔣介石)의 정치고문을 맡기도 하였다. 1944년에는 월리스(Wallace) 부통령을 수행해 몽골인민공화국을 방문하였고, 세계 제2차 대전 후인 1952년에는 매카시 반공법에 걸려 부당한 탄핵을 당하기도 하였다. 미국을 떠나 영국에 망명한 그는 리스본 대학 연구소에서 근무(1958~1959)하다가 1963년에 리즈 대학으로 이적해 중국학부장과 국제몽골학회 초대 회장을 역임하였다. 1972년에는 중국 정부의 초청으로 중국 대륙과 내몽골 및 신장 우루무치 지방을 방문하였다. 만년을 영국에서 보내다가 그곳에서 사망(1989)하였다. 주요 저서로『중국의 내륙아시아』(*Inner Asian Frontiers of China*)(1940)와『아시아의 해결』(*Solution in Asia*)(1945)이 있다. 후자의 저술에서 저자는 신장 지역에 초점을 맞춘 연구에 근거하여 유목사회는 직선적이 아니라 나선(螺旋)적인 과정을 거쳐 발전한다는 주목할 만한 이론을 제시하였다. 래티모어의 연구 접근 방법은 현장과 현지에서 얻은 지식과 정보, 경험을 바탕으로 하여 현대적인 관점에서 연구를 진행한다는 특징이 있다.

러스터(Luster) 기법

도기의 제작기법. 도기 표면에 얇은 금속막을 씌워 빛의 각도에 따라 무지개색을 내는 기법이다. 금물이나 백금물을 창연(蒼鉛, 비스무트 bismuth) 러스터(유약의 일종)와 섞어서 기면의 유약 위에 무늬나 그림을 그린 후 가마에 넣어 구워내면 도기의 표면에 금속성 광택 효과가 나타난다. 이런 기법은 9세기 메소포타미아에서 시작되어, 이후 시리아와 페르시아에서도 유행하였다. (10-87)

러시아의 동방 식민지화 경략

16~17세기 기간에 신흥 서구나라들이 주로 해상무역의 구실 하에 동남아시아와 극동지역에 대한 식민지화 경략을 추진할 때, 제정러시아는 아시아 북방의 광대한 시베리아 지역에서 거의 단독으로 이른바 '동진정책(東進政策)'을 제창하면서 동방 경략을 추구하고 있었다. 15세기 말엽에 모스크바 대공국(大公國)을 중심으로 한 통일 러시아제국이 형성됨에 따라 러시아는 대외 팽창에 눈을 돌리기 시작했으며, 그 주안점이 바로 시베리아 일원에 대한 '동진'이었다. 러시아는 1552년 카잔(Kazan) 칸국의 강점(强占)을 시작으로 1556년에는 아스트라한(Astrakhan) 칸국을, 1582년에는 코사크의 모험가 예르마크 티모페예비치(Yermak Timofeyevich, ?~1584)를 내세워 시비르(Sibir) 칸국을 연이어 평정하였다. 예르마크는 이 지방을 러시아 황제 이반 4세에게 공물로 헌상하였다. 1587년에 러시아는 토볼스크(Tobolsk)시를 건설해 동방 진출의 거점으로 삼았다.

코사크군은 동진을 계속해 1639년에는 오호츠크해에까지 이르렀다. 1613년에 출현한 로마노프조의 표트르(Pyotr) 대제(大帝, 재위 1682~1725)는 시베리아 경략의 강한 의지를 품고 오호츠크해로부터 남하를 시도했으나 헤이룽강(黑龍江) 부근에서 중국 청군(淸軍)의 제지를 받고 양측이 대치 상태에 들어갔다. 러시아 동진정책의 주요 대상은 중국이었다. 17세기 초엽부터는 상품경제가 발달함에 따라 풍부한 물산을 가진 중국과의 통상 필요성을 느낀 러시아인들은 중국과의 교역로 탐색에 나섰다. 때마침 영국을 비롯한 서방국가들이 러시아를 통해 중국으로 가는 길을 모색하던 터라, 러시아의 대중국 진출의 기세는 한층 고무되었다.

당시 인접국과의 문제 처리에 전권을 부여받

왔던 러시아의 시베리아 장관들은 중국에 관한 정보를 적극 수집하면서 중국과의 관계 수립을 시도하였다. 1616년 토볼스크의 장관 쿠라킨(И. С. Куракин)은 투메니츠 등을 몽골 서부 지역에 파견해 그곳 부족장들에게 러시아 황제의 치하에 들어갈 것을 종용하는 한편, 그곳의 중국인들을 통해 중국에 관한 정보를 수집하였다. 그들이 얻은 생생한 정보는 러시아인들의 흥미를 자아냈으며, 러시아 정부는 시베리아 장관들에게 중국과의 접촉을 적극 모색하도록 지시하였다. 1618년 쿠라킨은 러시아 정부의 지령에 따라 코사크인 페트린(Иьан Петлин)을 단장으로 하는 외교사절단을 중국에 파견하였다.

사절단은 1618년 5월에 토볼스크를 출발해 몽골에서 조사활동을 벌인 후, 이듬해 9월 장가구(張家口)와 선화(宣化) 등지를 걸쳐 베이징에 도착하였다. 그들이 공물(貢物)과 국서(國書)를 휴대하지 않아 명조 만력(萬曆) 황제의 접견을 받지는 못하였지만 명 정부는 사절단을 예를 갖추어 환대했을 뿐만 아니라, 황제는 러시아 황제에게 친서를 보내 양국간의 평등적인 왕래를 건의하고 러시아인들의 중국 내 교역을 허용한다는 의사를 표명하였다. 그해 10월에 사절단이 황제의 친서를 휴대하고 귀국했는데, 중국어로 된 친서를 번역하지 못해 방치해두다가 50여년 후인 1675년 청 강희(康熙) 14년에 미레스쿠(Н. Т. Милеску)가 중국에 출사(出使)하면서 이 친서를 가지고 가던 중 토볼스크에서 중국어를 아는 한 퇴역장교에 의해 비로소 번역되었다. 그는 이 번역문을 도로 모스크바에 전했다고 한다.

페트린 사절단이 다녀간 후 중국의 명·청 왕조 교체로 약 30년간 양국간에는 사절 교환 등 공식적인 관계는 물론, 상인들의 왕래도 일시 중단되었는데, 1655년에 이르러 러시아 사절의 베이징 방문을 계기로 양국 상인들의 왕래가 재개

되었다. 그러나 헤이룽강을 사이에 두고 양국간에 군사적 대치상태가 지속되면서 국경분쟁이 일어나고 러시아의 전진기지인 알바진(Albazin)에서는 양국군 간에 공방전까지 발생하였다. 이러한 사태를 해결하기 위해 1689년 7월 24일 양국간에 네르친스크(Nerchinsk) 조약이 체결되었으며, 이 조약에 따라 외(外)싱안링(興安嶺)이 양국간의 국경선으로 확정되었다. 그후 양국 상인들은 몽골의 구론 등지에서 자유무역을 진행했다. 이러한 국경무역을 조절하고 러시아와 몽골 및 중국 간의 국경을 확정하기 위해 1727년에 캬흐타(Kyakhta) 조약이 체결되었다. 이 조약에 따라 새로이 아르군(Argun)강이 국경선으로 확정되고 국경무역은 캬흐타(Kyakhta)와 다른 한 곳에서만 할 수 있도록 제한되었다. 비록 이렇게 여러가지 제한조치들이 따랐지만, 양국간의 무역은 계속 늘어나서 18세기 전성기에는 양국간의 교역액이 최대 8만 루블까지 달하였다. 러시아는 주로 모직물과 모피 등을, 중국은 주로 차와 견직물 등을 수출하였다.

네르친스크 조약에 의해 남진(南進)을 저지당한 러시아는 다시 동진을 계속해 캄차카 반도와 베링 해협, 알래스카 등지의 탐험에 착수하였다. 이러한 탐험 결과에 기초해 러시아는 1799년에 이른바 '러시아-아메리카회사'를 설립해 북태평양 지역에 대한 개발권을 행사하였다. 러시아로서는 캄차카 반도의 모피를 비롯해 개척지의 특산물을 본국으로 운반하는 데는 헤이룽강 수로와 광저우(廣州) 등 중국 동남해역의 수로를 이용하는 것이 절실하였다. 하지만 중국 청조는 러시아의 광저우 교역을 금지하는 등 영해 이용을 불허하였다. 이러한 상황에서 헤이룽강 수로를 원활하게 이용하고자 러시아는 아편전쟁 이후의 혼란기를 틈타서 중국으로부터 아무르주(州)와 연해주(沿海州)를 탈취하는 데 성공하였다.

러시아 동양학 Russkoe Vostokovedenie

러시아 동양학의 발전은 러시아가 중앙 유라시아로 세력을 확장하는 것과 궤를 같이해왔다. 이 학문의 터전은 일찍이 표트르 1세에 의해 마련되었다. 그는 중앙 유라시아 각지에 대한 현장 조사연구를 지시했고, 동양의 여러 언어를 습득하도록 권장하였다. 그가 세운 '비밀보물전시관'은 후일 '아시아 박물관'으로 개명되어 동양학 연구의 중요한 거점이 되었다. 그의 유지에 따라 1725년에 설립된 과학아카데미는 각지에 많은 조사단을 파견해 지리·민족·언어에 관한 정보를 수집하였다. 동양의 여러 언어에 대한 교육은 예카테리나 2세가 1769년 카잔 중학교에 동양어 과정을 설치하도록 명한 것이 효시다. 이 전통을 계승한 카잔 대학은 19세기에 러시아 동양학 연구의 중심이 되었다. 아르메니아인들의 귀족학교에서 출발한 모스크바 라자레프 동양어학원도 많은 어학 전문가를 양성하였다. 19세기 후반에 들어와서 러시아가 중앙아시아에 대한 정복과 병합을 추진함에 따라 동양학의 발전은 가속화되었으며, 고고학 발굴 작업도 시작되었다. 동양학 연구의 중심은 카잔대학에서 수도의 상트페테르부르크 대학 동양어학부로 옮겨갔으며, 이 학부에서 동양학의 거목 바르톨트(W. Barthold) 같은 학자가 배출되었다. 동양학 연구성과는 국립러시아고고학협회나 국립러시아지리학협회가 발간하는 학술지를 통해 발표되어 국외에서도 호평을 받았다. 더불어 중앙아시아에서도 투르키스탄 고고학애호자협회(1895~1917)를 비롯한 학술연구단체들이 속속 조직되어 연구활동이 활성화되고, 오스트로모프와 세메노프 같은 우수한 동양학자들이 배출되었다. 러시아혁명 후에는 소비에트 동양학이 연구 대상을 아시아와 아프리카로 확대하고 현대적 연구에 중점을 두었으나, 역사학과 문헌학을 핵심으로 한 바르톨트의 동양학 전통은 줄곧 이어지고 있다. (3-534)

러시아의 동진(東進)과 시베리아 초원로

시베리아 초원로의 개척은 러시아의 동진 정책으로 이루어진 결과물이다. 15세기 말엽에 모스크바 대공국(大公國)을 중심으로 한 통일 러시아 제국이 형성됨에 따라, 러시아는 대외팽창에 눈을 돌리기 시작하였다. 그 주안점은 아직 미개발지역인 시베리아 일원에 대한 '동진'이다. 그리하여 16세기 초·중반에 시베리아 진출로 상에 있는 카잔(Kazan) 등 몇 개 칸국을 강점한 데 이어 1582년에는 카자흐의 모험가 예르마크(Yermak)를 대장으로 하는 탐험대를 동방에 파견하였다. 무력을 동반한 탐험대는 오비(Ob')강을 넘어 이르티시(Irtysh)강 유역에 자리한 시비르(Sibir) 칸국을 공략하고, 이 땅을 황제에게 기증하였다. 그후부터 우랄 산맥 동쪽의 광활한 초원지대를 일괄해 '시베리아'라고 부르기 시작했으며, 시베리아 초원로의 서막이 열렸다. 1587년에 러시아는 시비르 부근에 토볼스크(Tobolsk) 시를 건설하고, 계속 동진해 1638년에는 태평양 연안까지 도달하였다. 러시아는 이에 머물지 않고 계속 남하해 러시아와 중국 청나라 간의 국경지대인 헤이룽강(黑龍江) 일대까지 세를 확장하였다.

우랄 산맥 동쪽으로부터 남러시아의 광활한 초원지대를 지나 부분적으로 북방 침엽수림대를 관통해 헤이룽강 일대까지 이어진 이 길이 바로 '시베리아 초원로'다. 이 길의 서단(西段)은 전통적 초원로의 일부이나, 동단(東段)은 새로 개척된 초원로다. 러시아는 이 초원로를 통해 시베리아, 특히 동시베리아에서 많이 생산되는 모피를 대거 수입해갔다. 그리하여 이 초원로를 일명 '모피의 길'이라고 명명할 수도 있는데, 이 길은 근대까지 상당히 활발하게 활용되었다.

지난 100여 년 동안 이 시베리아 초원로의 대동맥 역할을 한 것은 시베리아횡단철도(TSR)다. 무려 25년간(1891~1916) 약 10억 루블을 들여 건설한 이 철도의 길이는 지구 둘레의 3분의 1에 해당하는 9,288km(블라디보스토크~모스크바)로서 세계에서 가장 긴 철도다. 시속 80~90km의 열차로 이 거리를 주파하는 데만 꼬박 6박 7일(156시간)이 걸리며, 달리는 동안 경도차에 따르는 지방시(地方時)는 일곱 번이나 바뀐다. 이 철도는 90여 개의 크고 작은 도시를 지나가며 16개의 강을 건너간다. 말이 아닌 기차로 초원로를 달리는 것은 '신(新)실크로드'의 개념에 속한다. 숱한 우여곡절과 시행착오 끝에 개통된 이 시베리아횡단 철도는 '잠자는 미녀'를 잠에서 깨어나게 했을 뿐만 아니라, 유라시아의 소통과 교류에 엄청난 영향을 미쳤다. 철도의 요지마다에 나름대로의 거점이 마련되어 초원로의 원활한 운행을 담보해왔다. 역사·문화적으로 시베리아와 친연관계를 갖고 있는 한반도는 이러한 거점들을 통해 시베리아 초원로와 직·간접적인 관계를 유지해왔다. 그리하여 시베리아 초원로는 한반도와 유럽을 이어주는 문명교류의 가교 역할을 해왔던 것이다.

런던 국립해사박물관(國立海事博物館)

영국의 박물관. 포르투갈이나 스페인보다 뒤늦게 해외 식민지 경략에 나선 영국은 1588년 스페인의 무적함대(無敵艦隊, 아르마다Armada)를 격파한 이후에야 대서양·태평양·인도양에 진출해 해상권을 노리기 시작했으며, 빅토리아 왕조 때에 비로소 세계적 해상왕국으로 부상하였다. 런던 템스 강안 그리니치에 자리한 '런던 해사박물관'은 영국의 해군과 해운 역사에 관한 자료들이 전시되어 있다.

레 Leh

인도 북부 카슈미르의 라다크 지역 고도(古都). 오아시스로 남도 상의 사차(莎車, 야르칸드)에서 카라코룸 패스를 경유해 티베트로 들어가는 교통 요로에 자리하고 있다. 카슈미르의 주도(州都) 스리나가르(Srinagar) 동쪽 약 400km의 티베트 접경지대에 위치하고 있기 때문에 예로부터 이슬람교를 신봉하는 카슈미르의 다른 지역과는 달리 주민의 대부분은 라마교를 신봉하며, 문화적으로는 티베트 문화권에 속한다.

레기스탄 광장 Registan Maydoni

중앙아시아 도시들의 중심 광장. '레기스탄'은 페르시아어로 '모래땅'이라는 뜻이다. 원래는 중앙아시아 도시들에서 시 중심부에 있는 광장을 지칭했는데, 지금은 사마르칸트와 부하라에만 그 이름이 남아 있다. 사마르칸트의 레기스탄 광장은 티무르가 이 도시를 건설한 이래 상업 활동의 중심지였으나, 15세기 전반 우르그 베그가 이곳에 마스지드(이슬람교 사원)와 마드라사(이슬람교 신학교), 공중목욕탕, 숙박시설 등을 건설함으로써 바자르(bazar, 재래시장)적 성격을 벗어나 이슬람교의 신성한 장소로 변모하였다. 광장은 동서북 3방면이 화려한 모자이크로 장식된 사원이나 마드라사들로 에워싸여 있다. 부하라의 레기스탄 광장은 아르크 성채의 바로 서편에 있는데, 13세기까지는 행정기관과 고

우즈베키스탄 사마르칸트시에 있는 레기스탄 광장

관들의 저택이 있었으며, 그 이후에는 상업공간으로 이용되었다. 19세기에는 이곳에 마스지드나 마드라사, 병원 등 많은 건물이 있었다고 전한다.

레알 알토(Real Alto) 유적

에콰도르의 고대문화 유적. 에콰도르 남부해안의 과야스(Guayas)주(州) 산타 엘레나(Santa Elena) 반도 남부 해안에서 내륙으로 2km 들어간 베르데 강안에 위치한 유적으로서 발디비아(Valdivia) 문화에 속한다. 기원전 3500년경에 시작된 이 문화는 6~7기(기원전 2800~2600년경)가 전성기인데, 당시의 대표적인 유적으로는 주거지로 둘러싸인 장방형 광장 유구(遺構, 300× 400m)를 들 수 있으며, 주거지 건물 등 2동은 제사용 구조물로 보인다. 출토된 유물로는 발디비아식 토기('발디비아 문화'항 참고)가 특징적이며, 이외에도 옥수수와 식용 간나(난초) 등 재배식물 등이 출토되기도 하였다. 토기 표면에 면섬유가 부착되어 있는 점으로 미루어 당시 이미 직물기술이 존재했음을 추측할 수 있다. (4-110)

레판토 해전(海戰) Battle of Lepanto, 1571년

유럽 신성동맹과 오스만제국 간에 그리스 서해안의 코린트만(灣) 레판토 앞바다에서 지중해의 제해권을 놓고 벌인 해전. 동지중해를 장악하고 있던 오스만제국 해군이 키프로스섬을 점령하고 서진할 기미를 보이자, 교황 피우스 5세와 스페인의 펠리페 2세, 베네치아, 제노바가 신성동맹을 맺어 이를 저지하려고 하였다. 돈 후안 데 아우스트리아가 이끄는 208척의 신성동맹 함대와 알리 파샤가 지휘하는 230척 오스만 함대 간에 대해전이 벌어졌는데, 결과는 오스만군의 패배로 끝났다.

로도스 Rhodos

헬레니즘시대의 지중해 무역 중심지. 에게해(海) 남동쪽 해상 로도스섬의 북동쪽 끝에 있는 도시로, 기원전 407년 로도스 도시국가의 수도로 건설되어 지중해 무역의 중심지로서 번영하였다. 로도스섬은 일찍부터 그리스의 식민지로 있었으나, 헬레니즘시대에는 지중해 무역의 중요한 거점 역할을 하였다. 기원전 2세기부터는 소아시아의 페르가몬과 함께 동서교역과 학예(學藝)의 중심지로 부상하였다. (6-331)

로디(Lodi) 왕조 1450~1526년

인도의 네번째 이슬람 왕조. 티무르는 델리에 내습해 2주 동안 체류하고 돌아갔지만, 그의 불의의 내습으로 인도의 세번째 이슬람 왕조인 투글루크(Tughluq)조(1320~1414)는 졸지에 멸망하였다. 즉각적인 후계자의 승계가 불가능하게 되자 정국은 일시 혼란 상태에 빠졌는데, 이 혼란 상태를 수습하고 출현한 것이 아프가니스탄계 로디족 출신의 발룰 칸(Bahlul Khān)이 세운 로디(Lodi) 왕조(1450~1526)이다. 제2대 왕 시칸다르(Sikandar) 때 아그라(Agra)에 새로운 수도를 건설하고 부흥을 시도하였으나 1526년 무굴제국의 시조인 투르크계의 바부르(Babūr)가 내침해오자 역부족으로 일격에 망하고 만다.

로마 Roma

역사상 로마는 도시로서의 로마와 국가로서의 로마, 두 가지 지칭으로 쓰여왔다. 흔히 로마를 실크로드 오아시스로나 해로의 서단(西端)으로 간주하는 이유는 기원을 전후한 시기에 주로 이 두 길을 통해 중국 비단(실크)이 서쪽으로는 가장 먼 로마까지 전해졌기 때문이다. 로마는 기원전 이탈리아를 통일한 후 지중해에 진출해 헬레니즘 세계를 차례로 정복하고 강력한 제정(帝政)

을 수립하였다. 그리고 기원전 29년부터 약 200년간 이른바 '로마의 평화'(Pax Romana)를 누리면서 해상실크로드를 통한 이른바 동방 원거리교역에 큰 관심을 돌렸다. 지중해를 '내륙호'라 하고 '모든 길은 로마로 통한다'고 할 정도로 번영기에 접어들면서 생활이 안정되고 여유가 생기자, 로마 귀족들 사이에는 동방산 희귀사치품에 대한 수요가 급증하였다. 그 수요를 충족시키는 유일한 방도는 동방 원거리교역을 진행하는 것이었으며, 담당자는 '로마 상인'들이었다.

로마와 한반도 특히 신라 사이에는 일찍부터 실크로드를 통한 문물교류가 진행되고 있었음이 출토 유물에서 여실히 입증되고 있다. 일본의 저명한 미술사학자 요시미즈 츠네오(由水常雄)는 저서 『로마문화 왕국, 신라』(2002)에서 신라에 전래된 여러가지 로마 문화 요소들을 일일이 열거하면서 신라와 로마 간의 교류를 확인하고 있다. 후기 로만글라스계에 속하는 각종 유리기구와 누금(鏤金) 및 감옥(嵌玉) 기법에 의한 다채장식양식(多彩裝飾樣式, Polychrom) 등 로마 문화 유물들이 고분을 비롯한 신라의 여러 유적에서 발견되고 있다. 특히 중국이나 일본에서는 거의 발견되지 않는 로만글라스 유품들이 신라 땅에서는 다량 발굴되고 있는 점으로 미루어 로마와 신라 간에 '유리의 길'이란 하나의 문명교류 통로를 설정할 수 있을 것이다. 로마는 오아시스로의 서단이다. 유라시아 대륙(구대륙) 범위 내에서 고대 로마와 동방 간의 교류는 부분적으로 북방 초원로나 남방 해로를 통해 이루어지기도 하였지만, 주로 오아시스 육로를 통해 진행된 것으로 판단된다. 적어도 비단 교역인 경우는 그러하다. 따라서 로마에서 동쪽으로 향한 길을 찾아내는 것은 오아시스로 서단을 설정하는 데 있어서 관건적인 문제라고 할 수 있다. 다분히 초기의 길은 순례의 길이었을 것이다. 다행히 로마시 남교(南郊)에서 찾아낸 순례의 돌길은 바로 로마

오아시스로의 서단(西端)인 로마로 이어지는 돌 포장길

로 이어지는 오아시스로의 서단이란 예감이 드는바, 앞으로 심층적인 연구가 요망된다.

로마네스크 양식 Romanesque style

교류를 통해 형성된 복합적 미술양식. 로마네스크 양식이란 10세기에서 12세기 사이에 유럽에서 유행한 건축·조각·미술양식을 말한다. '로마네스크'란 용어는 19세기 초 고고학자인 샤를 드 제르빌(Charles de Gerville)이 중세 유럽의 건축양식을 설명하기 위해 만들어낸 말로, 둥근 아치가 주 모티브인 로마 건축양식에서 파생하였다. 영국에서는 노르만 양식이라고 부른다. 로마네스크 양식은 십자군이나 성지순례를 통한 교류 과정에서 바실리카 양식을 비롯해 비잔틴·이슬람·켈트·게르만 등 여러 지방의 양식에서 영향을 받아 형성되었으며, 수도회를 통해 다시 여러 곳으로 전파되었다. 10세기부터 남유럽에 등장한 로마네스크 양식에는 비잔틴과 이슬람 양식의 영향이 강하며, 북유럽에서는 11~12세기부터 남유럽과는 사뭇 다른 중후하고 조각을 곁들인 양식이 선보였다. 로마네스크 양식의 특징은 두꺼운 벽, 둥근 아치, 단단한 창간벽, 커다란 탑 등이다. 뒤이어 나타난 고딕 양식과 비교하면 그 특징이 더욱 두드러지는데, 경쾌하고 밝은 고딕 양식에 비하면 육중하고 어두운 편이라 할 수 있다. 10세기 초에 세워진 클뤼니 수도원 건축에서 보다시피, 이 양식은 수도원 건축에서 두드러지게 확인된다.

로마 문화

그리스 문화의 영향하에 로마에서 발생한 고전 문화. 기원전 3세기, 특히 로마 제정시대에 문학·예술·과학·건축·철학·역사 등 여러 분야에서 전대의 그리스 문화의 영향을 받아 찬란한 고전문화를 꽃피웠다. 로마 문화는 정치체제와 법학 및 웅변술에서 두각을 나타냈는데, 3세기부터는 쇠퇴기에 접어들었고, 이후 점차 기독교문화에 잠식되었다. 유럽이 중세 암흑기에 접어들자 유럽에서 로마문화의 영향력은 정체 상태에 빠진 반면에, 신흥 이슬람에게는 절대적인 영향을 미쳤다. 로마 문화는 이슬람교를 포함한 이슬람 문화의 중요한 원천이 되었다.

로마 상인과 물질문명 교류

동서간의 물질문명 교류에 인입(引入)된 최초의 상인은 로마 상인들이다. 로마는 기원전 3세기 중엽 이탈리아를 통일한 후 지중해에 진출해 헬레니즘 세계를 차례로 정복하고 강력한 제정(帝政)을 수립해 기원전 29년부터 약 200년간 이른바 '로마의 평화'(Pax Romana)를 누리면서 남해로를 통한 동방 원거리교역에 큰 관심을 두었다. 1세기를 전후한 로마의 전성기에는 그 판도가 서쪽은 오늘의 영국과 스페인에서 동은 유프라테스강까지, 북쪽은 라인강과 드네프르강에서 남은 북아프리카에 이르기까지, 지중해를 중심으로 한 광활한 지역을 아우르고 있었다. 지중해를 '내륙호'라 부르고 '모든 길은 로마로' 통하는 번영기에 접어들면서 생활이 안정되고 여유가 생기자 동방산 희귀 사치품에 대한 수요가 급증하였다. 그 수요를 충족시키는 유일한 방도는 동방 원거리교역이었으며, 그 담당자는 이른바 '로마 상인'들이었다. 로마 상인에는 로마제국 치하의 그리스나 이집트·시리아·유대·아랍(아라비아 반도) 상인들이 포함된다.

로마 상인들의 동방 원거리교역의 대상은 주로 인도와 중국의 특산물이었다. 우선 그들은 1세기 중엽부터 인도양의 계절풍을 이용해 인도 서해안의 바리가자(Barygaza)항(港)이나 인더스강 하류로 직항해 교역을 진행하였다. 서기 70년경에 동방 해상교역에 종사한 이집트 상인 그레

옥애오 유적에서 출토된 로마산 염주와 구슬 목걸이

코가 쓴 것으로 전해오는 『에리트라해 안내기』 (*The Periplus of the Erythraean Sea*)에는 당시 홍해와 페르시아만, 인도양을 무대로 한 로마 상인들의 교역활동에 관한 상세한 기술이 담겨 있다. 이에 따르면, 로마 상인들은 인더스강 하류에 있는 바르바리콘항에 꽃무늬직물·황옥(黃玉)·유리그릇·은기(銀器)·주화(鑄貨)·포도주 등을 싣고 가서는 인도와 그 주변의 특산물인 안식향(安息香)과 유향(乳香)을 비롯한 각종 향료·레아노석(石)·약품·염료, 그리고 중국산 모피나 면직물·생사 같은 물품들과 교역하였다. 인도 서해안의 바리가자항에 싣고 가는 것은 포도주·구리·석(錫)·산호·의상·향유(香油)원료·미정제(未精製)유리석·계관석(鷄冠石)·로마금화·은화·향유, 그리고 왕을 위해 음악을 연주하는 소년과 후궁들이었다. 그리고 가져오는 물품은 향료·상아·마노(瑪瑙)·호(縞, 흰깁)·목면·비단천·생사·후추 같은 것이었으며, 역시 인도 서해안의 무지리스(Muziris)항에서 실어오는 것은 후추와 육계(肉桂)였다. 당시 인도는 로마 상인들의 동방 교역을 위한 아시아 물산의 집산지였다. 인도 각지의 68곳(그중 57곳은 남부)에서 1~4세기 사이에 유통된 로마 화폐가 다수 발견된 사실은 로마 상인들의 대(對)인도 교역이 얼마나 활발했는가를 실증해준다.

로마 상인들의 대중국 교역은 직접교역과 간접교역의 두 가지 형태로 진행되었다. 직접교역은 일남(日南, 현 베트남)과 선국(撣國, 현 미얀마) 루트를 통한 교역이고, 간접교역은 인도의 루트를 통한 중계교역이다. 현 베트남 남부의 옥애오(Oc-Éo) 유적에서 로마제 염주(念珠)와 로마 황제의 금박휘장이 중국 한대의 동경(銅鏡)과 함께 출토된 사실('옥애오 유적'항 참고)은 로마 상인들이 일남에서 한인(漢人)들과 직접 교역하였음을 시사해준다. 그리고 후한시대에는 로마 상인들이 현 미얀마의 이라와디(Irawadi)강 하구에 도착한 후 강을 따라 상류에 있는 선국까지 가서 동북부에 있는 중국의 영창군(永昌郡) 상인들과 직접 교역을 하기도 하였다. 이러한 직접교역과는 달리 대부분의 교역은 인도 서해안의 항구들에서 계주식(繼走式)으로 간접적으로 진행되었다. 즉 중국 상인들이 오아시스 육로를 통해 비단을 비롯한 중국 특산물을 타슈쿠르간(Tashkurgan)이나 발흐(Balkh)를 거쳐 일단 인도 서북부의 상업도시 달차시라까지 운반하면, 거기서부터 인더스강을 따라 하구에 있는 바르바리콘이나 아니면 타르(Thar) 사막 이동의 육로로 바리가자까지 운반되었다. 그 두 곳에서 로마 상인들은 특산물들을 넘겨받아 로마로 운반해가곤 하였다.

이러한 교역형태를 통해 로마 상인들이 중국으로부터 가져간 물품은 대종인 견직물을 제외하고도 피혁·철·육계·대황(大黃) 등이며, 그들이 중국에 가져온 물품은 유리제품·모직물·아마포, 홍해산 진주, 지중해와 홍해산 산호, 발틱해산 호박(琥珀)·상아·서각(犀角)·대모(玳瑁), 각종 보석, 석면(石綿)·향유(香油)·약품 등이었다. 로마 상인들이 중국에 가져온 물품 중에는 로마제국 영내 산품이 아닌 것은 물론 항해 도중 교역용으로 구입한 물품도 들어 있었다.

로마 상인들이 동방 원거리교역에 종사한 것은 로마 제품의 수출보다는 주로 수익성 높은 동방 특산물의 수입에 목적이 있었다. 그 결과 수입이 수출을 크게 초과하고, 이에 따라 다량의 로마 화폐가 동방 각지로 유출되었다. 1세기 70년대에는 매해 인도와 세레스(중국), 아라비아 반도로부터의 수입 총액은 무려 1억 세스테르티우스(sesteritius, 2,500만 데나리우스)나 되었다. 기원전 31년부터 기원후 192년까지 223년간 로마가 동방교역에 쏟은 금액은 1930년대의 영국 파운드로 환산하면 무려 1억 파운드에 달한다. 이러한 입초(入超)와 다량의 화폐 및 금은의 동방 유출은 로마제국의 쇠퇴를 가져온 한 요인이 되었다.

동방교역에 종사한 로마 상인들 중 중국에 왕래한 몇몇 개별 상인들의 행적이 동·서양 사적에 기록되어 있다. 그리스 지리학자 프톨레마이오스(Ptolemaeos, 90~168)는 그리스 시대 이후의 지리학 성과를 집대성한 저서 『지리학 입문』(Geographike Hyphegesis)에서 그리스 지리학자 마리누스(Marinus)의 기사를 인용해 마케도니아 출신의 알렉산드리아 상인 마에스 티티아누스가 그의 대리인들을 세레스에 파견했다고 기술하고 있다. 이 대리인들은 세레스가 안니바(Anniba)·아스미리안·헤모두스(Hemodus)·오토로코라하스(Ottorocorrahs) 등 여러 산맥들에 에워싸여 있으며, 두 강이 관류(貫流)하고 있다고 하였다. 그들은 또한 세레스의 주요 도시 15개를 거명하고 있는데, 마지막 도시가 세라 메트로폴리스(Sera Metropolis, 장안長安)다. 그들이 여러 산맥들로 에워싸여 있다고 말한 세레스는 톈산(天山)·쿤룬(崑崙)·난산(南山) 등 여러 산맥들로 둘러싸인 타림 분지를 뜻하는 듯하다. 따라서 일부 학자들은 그들이 타림 분지에 이르러서 세레스에 관해 전문(傳聞)한 것으로 판단하고 있다.

비교적 확실한 기록으로는 중국 삼국시대에 대진(大秦, 로마) 상인 진론(秦論, 로마명 미상)이 중국에 들어온 사실이 『남사(南史)』(권 28) 「이맥전(夷貊傳)」과 『양사(梁史)』(권 54) 「제이전(諸夷傳)」에 보인다. 삼국시대 오(吳)국의 황무(黃武) 5년(226)에 오막(吳邈)이 교지(交趾, 현 베트남 하노이 서북부) 태수로 부임한 후 그곳에 진론이 내도하였다. 태수는 즉각 그를 무창(武昌)으로 호송하였다. 오제(吳帝) 손권(孫權)이 진론을 예우하면서 대진의 풍습과 관습 등에 관해 묻자, 그는 기꺼이 수문수답(隨問隨答)하였다. 그가 가무잡잡하고 키 작은 산월(山越, 현 광둥廣東과 푸젠福建 일대)인에 대해 호기심을 표하자, 손권은 회계인(會稽人) 유함(劉咸)을 시켜 그에게 산월 남녀 10명을 사여(賜與)하라고 명하였다. 유함이 귀국 도중에 병사하는 바람에 진론은 이 '선물'을 받지 못하였다. 진론은 중국에 온 첫 로마 상인으로 알려지고 있다.

로마 세력의 동점

로마의 대한(對漢) 교역은 일시에 직선적으로 이루어진 것이 아니다. 로마는 양자간의 교역(특히 비단 교역)을 중간에서 차단하던 파르티아(Parthia, 안식安息)를 제압·배제하고 인도와의 교역을 성사시킨 뒤, 그 연장선상에서 비로소 한과의 교역을 점진적·단계적으로 추진해갔다. 이 과정이 곧 로마 세력의 동점(東漸) 과정이었으며, 이른바 로마의 동방 원거리무역의 실현 과정이었다. 따라서 한과의 원거리교역을 실현하는 전(前)단계로서 파르티아를 배제하고 인도와 교역을 진행하는 과정을 먼저 고찰해야 할 것이다.

기원을 전후한 300~400년간 서방세계의 주요 국제문제는 양대 신흥세력인 파르티아와 로마 간의 서아시아 쟁탈전이었다. 기원전 2세기에 전성기를 맞은 파르티아의 미트리다테스 2세(Mithridates Ⅱ, 재위 기원전 123~88)는 스스로 '대왕(大王)'이라 칭하면서 아르메니아에 출정해 로마와 대결전을 벌였다. 그후 프라아테스 3세(Phraates Ⅲ, 재위 기원전 70~57)와 오로데스 2세(Orodes Ⅱ, 재위 기원전 57~37)도 여러차례 로마와 아르메니아 쟁탈전을 치렀다.

파르티아의 거듭되는 도전에 앙심을 품은 로마의 시리아 총독 크라수스는 기병 4,000명이 포함된 4만 2,000명의 대군을 이끌고 유프라테스 강을 건너 파르티아 영내로 진격하였다. 당시 양군의 장비는 매우 대조적이었다. 로마 군대는 갑주(甲冑)를 입고 창과 검을 사용하는 중장보병(重裝步兵)이고, 파르티아군은 제철(蹄鐵, 편자)을 새로 단 말을 타고 하루 100km씩 주파하는 기병으로 구성되었다. 말을 타고 등 위에서 활을 쏘며 질주하는 이른바 '파르티아 사격법'을 터득·활용함으로써 기동력이 전례 없이 강화된 파르티아 군대에게 보병 중심의 로마군은 필적할 수가 없었다. 로마군은 전사자 2만과 포로 1만이라는 치명적 타격을 입고 총독 크라수스와 아들마저 전사하는 고배를 마셨다. 파르티아는 프라아테스 4세(재위 기원전 38~기원후 2) 때 아르메니아를 재차 공격했으나, 강성일로에 있던 로마군에게 격파되었다. 양국간 세력이 백중해 화의(和議)가 도모되었고, 기원후 1세기 중엽까지 양국간에는 평화적 공존관계가 유지되었다. 이 기간에 동서 교통의 요지에 있으면서 막강한 세력을 행사한 파르티아는 지중해 동안의 비단무역(중계무역)을 독점하고 막대한 이윤을 취하였다.

한편 로마는 지중해 동안의 여러 나라를 차례로 점령하면서 국력을 키워나갔다. 기원전 63년 예루살렘을 공략해 팔레스타인을 점령한 데 이어 기원전 31년에는 알렉산드리아를 장악해 이

집트를 속주로 만들었다. 로마의 이집트 장악은 국력 성장에서 하나의 전기를 마련하였다. 2년 뒤인 기원전 29년, 아우구스투스 황제는 원로원(元老院)과 민회(民會)의 결의에 따라 스페인·갈리아·시리아·이집트에 대한 10년간의 군사명령권을 부여받음으로써 로마 제정시대의 개막을 알렸다. 그는 수도 로마의 건설에 착수해 이른바 '기와(연와煉瓦)로 된 로마를 대리석으로 된 로마로 만들었다'는 신화를 창조하였다.

로마와 파르티아 간의 화의는 세력이 서로 대치한 상태에서 불가피하게 잠정적으로 이루어진 현상이었다. 1세기 후반에 접어들면서 시종 앙숙관계에 있던 양국의 쟁탈전이 재개되었다. 로마는 승승장구하였고 파르티아는 이미 쇠퇴의 형국에 직면해 있었다. 로마는 우선 파르티아의 치하에 있는 고도 팔미라(Palmyra)를 점령하고 국경선을 유프라테스 강안까지 밀고 나갔다. 기선을 잡은 로마는 114년 아르메니아를 점령한데 이어 다음해에는 메소포타미아 일원에 진출하고, 계속해서 티그리스강을 넘어 파르티아 수도 크테시폰(Ctesiphon)에 육박하였다. 연이어 패퇴하던 파르티아는 왕위 계승권을 둘러싸고 형제지간에 내홍(內訌)까지 발생해 영토가 양분되는 말기 증상까지 나타나 마침내 226년에 신흥 사산조에 의해 멸망하고 말았다.

전쟁의 와중에서도 비단무역은 중단 없이 이어졌다. 20세기 초 팔미라 고지(故址)에서 2세기경에 제작된 것으로 추정되는 한나라 비단(한금漢錦)이 수십 점 발견된 것으로도 알 수 있다. 파르티아의 쇠망은 대서방 비단무역의 주역을 파르티아에서 로마로 바꾸었다. 요컨대 파르티아의 멸망으로 말미암아 로마의 원거리무역에서 장애요인이 제거된 셈이다.

『로마사 개요』 *Epitome of Roman History*, L. A. Florus 저

로마시대의 역사서. 로마의 역사가 플로루스(Florus)가 기원 1세기 말에 찬술한 역사서로, 30년경에 어떤 세레스인(Seres, 중국인)이 인도 사신과 함께 로마 궁전을 방문해 코끼리와 보석·진주 등을 헌상하였다. 이들이 로마로 오는 데 4년이라는 긴 시간이 걸렸으며, 피부색으로 보아 '별천지'에서 온 사람들이라는 기술이 나온다.

로마에 대한 한의 이해

한(漢)에 관한 로마의 이해에 비해 로마에 관한 한의 이해는 비교적 구체적이고 사실에도 가깝다. 이것은 기원전 2세기 장건(張騫)의 서역원정을 계기로 서역 국가들과의 문물교류와 인적 왕래가 이루어지면서 로마와의 직·간접적 접촉이 있었고, 또 그것이 고스란히 여러 사적에 기록되었기 때문이다. 우선 로마에 관한 한인들의 지칭을 살펴보면 대체로 '이헌(犁軒)'이나 '대진(大秦)'이라는 낱말을 사용하였다. 이 지칭은 남북조(南北朝)에 이르러서도 계속 통용되다가 당(唐) 시기에는 '불림(拂菻)'으로 개칭되었다. 여헌이 먼저 쓰인 것으로 보이나 양자가 병용되는 경우도 많으며, 후세에 이르러 주로 대진을 사용하였다. 『사기(史記)』와 『한서(漢書)』에 여헌(犁軒, 혹은 黎軒)이, 『후한서(後漢書)』에 대진이 각각 처음 등장한 이후 여러 사적에서 혼용되고 있다.

사적들에 나타나는 여헌의 한자는 조금씩 다르며, 따라서 발음도 차이가 있다. 『사기』 「대원전(大宛傳)」과 『위서(魏書)』 「서역전(西域傳)」, 『북사(北史)』 「서역전」에는 여헌(黎軒), 『한서』 「장건전(張騫傳)」에는 이헌(犂軒), 『한서』 「서역전」과 『위서』 「서역전」, 『진서(晋書)』 「서역전」에는 이헌(犁軒, 이간犁靬)으로 표기되어 있으며, 『후한서』와 『진서』의 「서역전」에는 이건(犁鞬)

이라고도 씌어 있다. 이상 여러 명칭의 발음법을 대별하면, '이헌(犁軒, 犂軒, Lixuan)'과 '이간(犁靬, Likan)' '이건(犁鞬, Lijian)' 세 가지로 나눌 수 있다.

이헌이 어디를 지칭하는가 하는 비정(比定) 문제는 의견이 분분하다. 일본 학자들은 홍해(紅海) 북안의 고대 나바테아(Nabatea) 왕국(기원전 169~기원후 105)의 수도 페트라(Petra, Pedora)의 별칭인 '레켐'(Rekem)이나 페르시아의 '라게'(Ragae)의 음역이라고 하고, 또 다른 학자들은 이집트의 알렉산드리아(Alexandria)라고도 주장한다. 중앙아시아 무르가프(Murgab)강(목이가포하木爾加布河) 이서의 트락시아네(Traxiane)라는 견해도 있다. 일반적으로 널리 알려진 지명을 국명으로 대용하던 당시의 관행으로 보아 이헌은 어느 유명한 도시 이름임이 분명하다. 그런데 한대에서 남북조에 이르는 시기에 알렉산드리아는 물론, 나바테아도 인근 팔미라(Palmyra)에 멸망된 후 곧이어 로마의 속지가 되었음을 감안하면 이헌은 로마의 지칭일 개연성이 매우 높다.

전·후한 시대 서역 일원의 이름난 도시들은 대체로 기원전 4세기 후반 알렉산드로스가 동정(東征)한 후 헬레니즘 시대를 맞아 중앙아시아와 서아시아 및 북아프리카 일대에 건설된 도시들인데, 중요한 도시마다 그의 이름을 따서 '알렉산드리아'라는 명칭을 붙였다. 고증에 의하면 당시 '알렉산드리아'라는 이름의 시(市)는 무려 70여 개나 되었다. 한의 사적에 나오는 이헌(犁軒)이나 이간(犁靬)·이건(犁鞬) 등은 이집트의 알렉산드리아의 음사라고 짐작되나, 시대에 따라서 동명(同名)의 다른 도시를 지칭한 것일 수도 있다. 『한서』 「서역전」에 오아시스 육로 남도상에 있는 오익산리국(烏弋山離國)이 서쪽으로 이간(犁軒) 및 조지(條支, 현 시리아)와 접하고 있다는 대목을 보면 전한대(前漢代)의 이간은 이집트의 알렉산드리아가 아니라 페르시아만 북안의 아르미시아(Armysia) 지방에 있던 알렉산드리아를 가리키는 듯하다. 이집트의 알렉산드리아는 로마제국의 아우구스투스 황제(기원전 30~기원후 14) 이후 제국의 중요한 대외교역 기지로 부상해 동방 원거리무역을 주도하는 등 한과 거래를 시작하였다. 한편 이 시기에 오면 중앙아시아 일원에 건설되었던 수많은 '알렉산드리아'란 명칭의 도시는 헬레니즘의 퇴색과 함께 쇠락하면서 사책(史冊)에서도 이름을 감춘다. 따라서 후한대 이후의 이헌이나 이건은 이집트의 알렉산드리아의 음역이라 할 수 있으며, 나아가서 로마제국에 대한 범칭이기도 하였다. 『후한서』에는 일명 이건(犁鞬)이라고 하는 대진(로마)은 지중해의 서쪽(해서海西)에 위치하여 '해서국(海西國)'이라고 한다는 대목이 나온다.

이헌이나 이건을 중앙아시아의 트락시아네나 서아시아의 레켐에 비정하는 것은 당시 이 도시들의 지명도가 높지 않았을 뿐만 아니라, 음사적(音寫的) 증빙도 빈약하다는 점을 감안할 때 무리인 듯하다. 대진은 후한시대에 나타난 로마의 지칭이다. 대진이란 명칭은 『삼국지(三國志)』 집해(集解)의 「위략(魏略)」(239~265년, 혹은 280~289년 편찬)에 처음으로 등장하는데, 특기할 내용은 없다. 남북조시대에 편찬된 『후한서』에 비로소 대진 관련 기사가 보인다. 대진이라는 명칭의 유래에 관해서는 크게 두 가지 견해가 있다. 첫째는 유사성설(類似性說)이다. 로마인들이 중국(진秦)인과 여러가지로 비슷한 점이 있어서 중국에 견주어 서방에 있는 진(秦)이라는 뜻으로 명명했다는 것이다. 이것은 당시의 통설로서 사적(史籍)에 나오는 두 가지 기술에 근거한다. 즉 『후한서』에는 '그(대진) 국민은 모두가 장대평정(長大平正)하기가 중국인과 비슷해 대

진이라 일컬었다'라고 하고, 『위서』에도 '그(대진) 사람들은 장대단정(長大端正)하고 의복거기(衣服車旗)가 중국인과 유사했는데, 그 때문에 외역(外域)에서 대진이라 일컬었다'라고 기술하고 있다. 그러나 이 기술들을 상고(詳考)하면 납득할 수 없는 부분이 있다. 중국인과 로마인이 도덕적으로나 외모가 '평정'하고 '단정'할 수는 있어도 체구가 둘 다 '장대'한 것은 아니며, 더구나 '의복거기'가 유사하다는 것은 전혀 설득력이 없다. 게다가 '큰' '위대한'이란 뜻의 '대(大)' 자의 뜻풀이에 관한 언급은 전혀 없다. '대진'의 유래에 관한 두번째 설은 '극서설(極西說)'이다. 자의(字意) 풀이에 준한 이 설에 의하면, '대'자는 의미상 '태(泰)' 자와 상통하는데, '태' 자는 '극(極)'이란 뜻을 가져서 '서해(西海)'를 '태해(泰海)'라고도 한다. '태' 자는 '서방(西方)', 혹은 '서방국(西方國)'이란 뜻으로 풀이되므로 '대진'은 곧 중국의 서방이나 지구의 극서에 있는 나라라는 뜻이다.

로마에 관한 한인들의 지식은 상당한 정도로 구체적이고 사실적이며, 여러 사적에서 그 내용을 확인할 수 있다. 인문지리를 비롯하여 정치제도, 생활풍습, 물산 및 교역에 이르기까지 한인들은 로마에 관한 다방면의 지식을 습득하고 있었다. 한인들의 지식에 따르면, 대진은 안식(安息, 파르티아 제국, 기원전 247~기원후 226년)과 조지(條支, 현 시리아)의 서쪽, 즉 '대해'(大海, 현 지중해)의 서쪽에 위치하는데, 그곳으로 가는 데는 몇 갈래 길이 있었다. 안식의 경계를 따라가 안티오크(Antioch)에서 배를 타고 지중해를 건너는데, 순풍이면 2개월이 걸리고, 만약 역풍을 만나면 3년이나 걸린다고 한다. 육로로는 안티오크에서 북행해 다시 지중해 북안(해북海北)에서 서행하면 콘스탄티노플(Constantinople, 해서海西)에 이르는데, 여기서 다시 남행해 오지

산성(烏遲散城)을 거쳐 바다를 따라 서행하면 마침내 로마에 이른다. 장안(長安)에서 로마까지의 거리는 약 4만리(1만 6,000km, 오늘날 이 구간의 오아시스로 거리는 약 1만 2,000km)로 추산되었다. 한인들의 로마에 관한 지식에 의하면 대진의 수도는 안도성(安都城)이며, 두 바다 사이에 폭 6,000리의 국토를 가진 나라로서 경내에는 서남향으로 흐르는 강이 하나 있다. 국민은 장대평정(長大平正)하고 중국인과 닮았으며 무늬 있는 호복(胡服)에 머리를 깎고 치병(輜軿, 사면에 포장을 두른 부인용 수레)을 타고 다닌다. 변방에는 10리에 1정(亭), 30리에 1치(置)를 두는 우정제(郵亭制)를 실시하며 궁전은 수정으로 기둥과 기물을 만들었다. 도적은 없으나 맹호사자(猛虎獅子)의 피해가 커서 100여 명씩 무리를 지어 병기를 휴대하고 다녀야 한다. 입에서 불을 뿜고 자박자해(自縛自解)하며 20개의 공을 다루는 묘기도 연출한다.

여러 사적에는 대진의 권력구조와 통치형태에 관한 기술도 있다. 국왕은 소왕(小王)을 수십 명씩 거느리고 있으며 5개 궁(宮)을 번갈아 다니면서 정사에 관해 청취한다. 왕은 예하 36명의 장(將)과 정사를 의논하며 출행(出行) 시에는 배낭을 지닌 종인(從人)을 수행하여 백성들의 언사를 기록해서 배낭 속에 넣어 간수하게 한다. 군주는 현자(賢者)여야 하는데, 상주(常主, 영원한 주재자)는 아닌바 나라의 재이풍우(災異風雨) 등 자연재해가 발생하면 군주를 바꾼다. 왕의 도성은 5성(동·서·남·북·중성)으로 나뉘는데, 각 성의 너비는 5리, 주위는 60리이며, 왕은 중성(中城)에 거(居)한다. 각 성에 8신(臣)을 두어 4성을 관장하는데, 만일 모의할 국사가 있거나 4성에서 미해결 건이 있으면 4성의 신이 왕이 있는 곳에 모여 의논하며, 왕은 경청한 후 단안(斷案)을 내려 시행한다. 왕은 3년에 한 번씩 출유(出遊)하는데, 이때 억울한 일이 상소되면 해당 신에게 작게는 질책하고 크게는 삭탈관직을 하여 현인으로 하여금 대행하게 한다.

대진에서 생산되는 물산도 상세히 기록하고 있다. 송백(松柏)·괴재(槐梓)·죽(竹)·위(葦)·양류(楊柳)·오동(梧桐) 등의 수목이 자라고, 땅은 5곡과 상(桑)·마(麻)의 경작에 적합하며, 말과 낙타 등 가축도 사육한다. 특히 금은보화가 많이 나는데, 그중에는 금·은·야광벽(夜光璧)·명월주(明月珠)·호박(琥珀)·해계서(駭雞犀)·산호(珊瑚)·유리(琉璃)·낭간(琅玕)·주단(朱丹)·청벽(靑碧)·금루수(金縷繡)·잡색능(雜色綾)·화완포(火浣布)·세포(細布)·소합(蘇合) 등 외국에서 진귀하게 여기는 여러가지 물산이 생산된다.

『후한서』를 비롯한 사적에는 주변 국가들이나 멀리 떨어진 한과의 교역 관계도 언급된다. 통화(通貨)는 금은전인데, 10은전이 1금전에 맞먹는다. 안식(安息)이나 천축(天竺, 인도)과의 교역은 바다에서 행해지는데, 10배의 이득을 얻는다. 사람들은 정직하고 시가(市價)는 일정하게 정해져 있다. 초행하는 이웃 나라 사신이 국경에 도착하면 역마(驛馬)를 타고 왕도에 이르러서는 금전을 공급받는다. 대진의 왕은 한과의 통사(通使)를 바라고 있으나, 안식이 한의 증채(繒綵, 오색비단)를 대진과 교역함으로써 통교를 차단해, 한의 비단이 로마에 직접 도달할 수 없게 가로막는다. 환제(桓帝, 재위 146~167) 연희(延熹) 9년(166)에 대진왕 안돈(安敦, Marcus Antoninus)은 처음으로 사신을 파견해 일남(日南) 요외(徼外)에서 상아·서각(犀角)·대모(玳瑁)를 한왕에게 헌상하였다. 뿐만 아니라 대진은 동남방으로 교지(交趾, 현 베트남)와 통교하면서 물길로 익주(益州) 영창군(永昌郡)까지 '이물(異物)'들을 가져왔다.

로마의 동방 원거리무역

헬레니즘시대에 전개된 서방의 대동방교역을 확대·연장한 것이 바로 로마의 동방 원거리무역이다. 로마는 이탈리아 반도를 통일한 후 지중해에 진출해 헬레니즘 세계를 차례로 정복하고 강력한 제정을 수립하였다.

기원전 64년에 로마는 헬레니즘 세계의 셀레우코스를 멸한 데 이어 다음해에는 예루살렘을 공략해 팔레스타인을 복속시켰다. 기원전 31년에는 헬레니즘 세계의 마지막 보루인 프톨레마이오스 왕국을 정복해 이집트를 로마제국의 속주(屬州)로 만들었다. 이 시기 로마는 동방 국가들과의 원거리무역을 통해 세리카(Serica, 중국)의 생사(生絲)와 견직물, 인도양 연안의 대모(玳瑁)와 진주·보석·향료(후추), 아프리카의 상아와 대모, 아랍의 유향 등 동방의 특산물을 다량 수입하였다.

기원후 1세기 중엽에 로마의 항해사 히팔루스(Hippalus)가 아랍인들로부터 인도양 계절풍의 비밀을 알아낸 후 아테네에서 홍해를 지나 인도양으로 향하는 직항로를 개척함으로써 로마의 대동방 원거리무역은 획기적인 전기를 맞이하였다. 인도양에서는 6월 말부터 9월까지 동남 계절풍(히팔루스풍)이 부는데, 홍해 입구에서 이 계절풍을 이용해 인도 서해안의 바리가자항이나 인더스강 하류에 직행할 수 있다. 이 계절풍을 이용해 로마 상인들은 더이상 적대관계에 있는 파르티아(Parthia, 안식安息)의 영내를 통과하지 않고 해로로 인도양을 횡단, 인도의 서해안 일대에 도착해 교역을 진행할 수 있었다. 서기 70년경에 동방 해상무역에 종사한 이집트 상인 그레코의 저술이라고 알려진 『에리트라해 안내기』는 당시 홍해와 페르시아만, 인도양을 중심으로 진행된 동방 해상무역의 항로와 항구·운송·화물 등에 관해 상세히 기술하고 있다. 이 안내기에는 실론섬(Ceylon, 다프로파네, 현 스리랑카)에서 현 미얀마의 페루(Suvarna Bhumi, 황금국黃金國)와 말레이 반도를 지나 데이나(진니秦尼), 즉 중국까지 이어지는 항로도 제시되어 있다. 한편 1775년 이래 지금까지 인도 대륙의 68개소에서 1~4세기 사이에 통용되던 로마 화폐가 다수 발견되었다. 그중 57개소가 남부 인도에 집중되어 있는데, 이것은 당시 로마와 인도 간에 있었던 활발한 교역상을 입증해준다.

오늘의 베트남 남부 라치기아(Rach Gia, 적석迪石)의 북변 옥애오(Oc-Éo)의 구(舊)항구 유적에서 염주(念珠) 수천 매를 비롯한 다량의 로마 제품, 그리고 로마 황제 안토니우스(Marcus Antonius)와 피우스(Antoninus Pius)의 이름과 서기 152년에 해당하는 로마 기년(紀年)이 새겨진 금박휘장(金箔徽章)이 각각 1매씩 출토되었고, 또 같은 곳에서 후한시대의 동경(銅鏡)인 기봉경(夔鳳鏡) 파편도 발견되었다. 이것은 로마 화물이 인도차이나 반도 남단까지 운반되어 와서 이곳에서 중국 화물과 교역되었음을 시사한다.

로마와 한의 첫 공식 교섭도 일남(日南, 현 베트남)을 통해 이루어졌다. 『후한서(後漢書)』의 기록에 의하면 환제(桓帝) 연희(延熹) 9년(166)에 대진(大秦) 황제 안돈(安敦)의 사절이 일남의 요외(徼外, 국경 밖)로부터 와서 상아·서각(犀角)·대모를 헌상하였다. 여기서의 '안돈'은 161~180년 재위한 로마 황제 안토니우스가 틀림없다. 그는 162년에 페르시아 원정을 단행해 165년에 소아시아를 평정한 후 이듬해 중국에 사신을 파견한 바 있다. 이 황제의 사절은 공식적인 외교사절이 아니라 당시 동방무역에 종사하던 로마 상인일 개연성이 높다. 로마와 한 간의 교역이나 접촉이 해로를 통해 일남을 매개지로 하여 시도된 것도 있지만, 대부분의 교역은 인도 서해안의 항구들에서 계주식(繼走式)으로 이루어졌다. 『에리트라해 안내기』에서 보듯, 견직물을 비롯한 중국 화물이 오아시스육로를 통해 인도 서해안까지 운반되면, 그곳에서 로마 상인들이 넘겨받아 로마로 운반하곤 하였다. 그래서 당시 리히트호펜은 이 길을 '실크로드'라고 명명하였던 것이다. 이밖에 후한시대에는 로마 상인들이 현 미얀마의 이라와디강 하구에 도착한 후 강을 따라 미얀마 북부에 위치한 선국(撣國)까지 와서 그 동북부에 있는 후한 영창군(永昌郡) 상인들과 교역하기도 하였다.

로마의 평화 Pax Romana

'로마의 평화'란 기원전 29년에 로마제정이 수립된 후 약 200년간 지속된 로마의 평화와 번영의 시대를 말한다. 기원전 29년에 헬레니즘 세계의 마지막 보루인 프톨레마이오스 왕국에 대한 정복전을 주도한 아우구스투스(Augustus)는 로마의 원로원(元老院)과 평민회(平民會)로부터 스페인·시리아·이집트에 대한 10년간의 군사명령권을 부여받음으로써 사실상 이때부터 로마제정 시대가 시작되었다. 아우구스투스는 제정(帝政)을 확립해 국정을 안정시키고 대외무역을 활발히 전개하였다. 이를 계기로 로마에는 그후 약 200년간 이른바 '로마의 평화'(Pax Romana)가 지속되었다.

로제타석(石) Rosetta

고대 이집트의 석조 유물. 1799년 이집트에 원정한 프랑스 나폴레옹 예하 공병단의 병사가 나일강 하류의 로제타강 하구에서 이 석조 유물을 발견하였다. 돌은 검은색 현무암으로, 높이는 121.86cm, 너비는 75cm, 두께가 27.94cm나 된다. 상부와 오른쪽 일부가 손실된 이 돌 유물은 기원전 4세기경에 제작된 것으로 추측되는데, 그 진품은 영국 대영박물관에 유폐(幽閉)되어

고대 이집트 문자 해독의 열쇠가 되는 석조 유물(기원전 4세기)

있으며, 카이로 국립박물관에 유일한 모조품이 전시되어 있다. 돌 표면에는 상형문자와 데모틱어(Demotic, 고대 이집트어), 그리스어의 3종 언어로 된 비문에 프톨레마이오스 5세에 대한 멤피스 승려들의 송사(頌辭)가 새겨져 있다. 나폴레옹은 비문을 7부 복사해 언어학자들에게 상형문자의 해독을 명했는데, 7종 언어에 능통한 샹폴리옹(J. F. Champollion)만이 해독하는 데 성공하였다. 그의 비문 해독은 후일 고대 이집트 문자를 해독하는 열쇠가 되었다.

로코코 양식 rococo style

18세기 유럽에서 유행한 미술 양식. 로코코 양식이란 조개껍데기나 조약돌을 세공해 가구나 건축물, 공예품을 장식하는 양식을 말한다. 로코코란 말은 프랑스어 '로카유'(rocaille)에서 유래하였는데, 조개껍데기나 조약돌 따위로 만든 장식물이란 뜻이다. 로코코 양식은 루이 14세의 절대왕정과 그를 반영한 바로크 양식에 대한 반발로서, 새로운 시대적 흐름으로 나타난 계몽주의운동과 더불어 18세기 초 프랑스에서 시작되어 독

일과 오스트리아 등지로 신속히 퍼져나갔다. 이 양식은 조개껍데기나 조약돌 같은 자연물을 장식소재로 활용하고, 비대칭적인 곡선을 많이 쓰며, 분홍이나 연녹색·장미색 등 선명한 색조를 사용하여 정교하고 우아한 효과를 내는 것이 특징이다. 따라서 선대의 바로크 양식이 장중한 남성미를 드러냈다면, 로코코 양식은 섬세한 장식적인 여성미를 보여준다고 한다. 섬세하고 우아한 동방적 장식미를 지닌 중국의 비단이나 자기·칠기에서 영감을 얻었다는 설도 있다.

로프노르 羅布泊(뤄부포), 羅布淖彌, 鹽澤, 蒲昌海, Lop-nor(투르크어), Lob-nôr(몽골어)

중국 신장(新疆) 타림 분지 동단의 내륙호. 한위(漢魏)시대에는 염택(鹽澤)이나 포창호(蒲昌湖)로 불렀으나, 뇌란해(牢蘭海)·유택(泑澤)·보일해(輔日海)라는 다른 이름들도 전해온다. 유입하는 하천의 상황에 따라 호면의 너비가 달라지고 이동하기 때문에 19세기 말부터 '방황하는 호'(혹은 '춤추는 호')라는 별명이 붙었으며, 지리학계에서는 이를 둘러싸고 유명한 '로프노르 논쟁'이 벌어졌다. 원래 선사시대에는 이 호수가 타림 분지의 태반을 차지했는데, 지질변동으로 인해 동부의 낮은 곳으로 밀리면서 크기가 줄어들었다. 기원전 2세기 후반에 한인들이 처음 이 호수를 발견했을 때는 수면의 면적이 지금의 몇 배나 되었고, 바닥에는 소금이 깔려 있었으며, 형태는 부등변(不等邊) 3각형 모양이었다. 현재 호안(湖岸)에 기원전 2세기부터 존재했던 누란(樓蘭)이나 미란(米蘭) 도시유적의 황폐화된 모습으로 보아, 3~4세기경에 이미 호면의 변화가 있었던 것으로 짐작된다. 그후로 호안의 서남쪽이 번영하기 시작하였다. 7세기경에 중앙아시아에서 이주해온 소그드인들은 이곳에 정착해 교역에 종사하면서 이 호수를 '나와빠'(Na'wa âpa,

새로운 물)라 불렀는데, 현장(玄奘)이 『대당서역기(大唐西域記)』에서 말한 '납박파(納縛波)'가 여기서 유래한 것으로 보인다. 로프노르의 남방 산악지대에서 침입한 티베트의 토번(吐蕃)은 이곳에 중앙아시아 경략을 위한 군사기지를 구축하고 '노브'(Nob, Nop)라고 하는 3개의 도시를 건설하였다. 이때부터 호수의 이름이 '로프노르'로 정착되었다. 이 호수는 근세에 와서 타림강 물길의 변동(1921)으로 또 한번의 '방황'을 겪었다. 지금도 물은 계속 줄어들고 건조화가 진행되고 있다. 헤딘이나 스타인·오타니 등 탐험대에 의해 호수의 실체가 어느 정도 밝혀졌다. 그리스 문헌에 의하면 기원전 7~5세기에는 이 호수의 서남지역에 이세도네스(Issedones)란 인종이 살고 있었으며, 이후 서북 일대에는 인도·아리안계와 티베트계 인종이 혼거하였다. 기원후 3~4세기를 전후해서는 카로슈티 문자를 사용하는 서북 인도계 인종이 살았다.

롤린슨 Sir Henry C. Rawlinson, 1810~1895년

아시리아학의 기반을 다진 학자. 영국 군인 출신인 롤린슨은 이란의 비시툰(Bisitun) 비문을 초록(抄錄)해 해독했을 뿐만 아니라, 1857년에는 바빌로니아의 설형문자 해독에도 성공함으로써 아시리아학의 기초를 닦았다.

롱고바르디 Niccolo Longobardi, 龍華民, 1559~1654년

이탈리아의 동행(東行) 선교사. 예수회 소속 중국선교회 제2대 회장을 역임한 롱고바르디는 지중해 시칠리아의 귀족 가문에서 태어나 1582년에 예수회에 입회하였다. 예수회 선교사의 신분으로 1597년에 중국에 입국해 1611년까지 쑤저우(蘇州)에서 선교활동을 했는데, 그 기간에 중국어로 『천주성교일과(天主聖敎日課)』(1권)와

『성약슬행실(聖若瑟行實)』(1권)을 저술하였다. 예수회의 중국선교회 수임회장인 마테오 리치가 타계하면서 그를 후임자로 지명하여서 1611년 상경(上京)해 회장직을 맡았다. 1616~1618년의 법란(法亂, 난징 예부시랑禮部侍郎의 서방 선교사 비난 사건)으로 인해 일시 피신했다 1622년에 다시 상경해서 회장직을 그만두고 베이징에서 선교활동에만 전념하였다. 롱고바르디는 마테오 리치가 중국의 한적(漢籍) 경전에 나오는 '상제(上帝)'와 '천(天)'을 기독교의 '천주'(天主, Deus)와 비교하면서 대등시한 데 대해 이의를 제기했는데, 이 문제는 큰 논쟁거리로 떠올랐다. 논쟁의 일환으로 그는 1623년에 라틴어로 『공자와 그의 교리』(*De Confucio ejusque doctrina tractatus*)를 저술하여 중국 경전에 나오는 기본 개념들을 나름대로 해석하였다. 이 책은 중국 유가학(儒家學)을 체계적으로 연구한 서구인의 첫 저서로서, 1701년에 『중국 종교의 몇가지 관점을 논함』이란 제목으로 프랑스어로 번역·출간되어 유럽 종교계와 학계에 큰 반향을 불러일으켰다. 이 책의 출간을 계기로 '상제' 및 '천'과 '천주' 간의 관계 문제에 관한 논쟁은 갑론을박의 양상을 띠며 더욱 치열하게 전개되었다. 1627년 12월부터 1628년 1월까지 21명의 예수회 재화 선교사들이 가정(嘉定)에 모여 이 문제를 집중 논의했는데, 롱고바르디 일파는 '상제'와 '천'은 '천주'와는 대응할 수 없는 개념이기 때문에 대역(對譯)할 수 없다는 강경 주장을 폈다. 이에 반해 다른 일파는 대역할 수 있다고 맞서 결국 최종적인 결론은 내리지 못하였다. 이 문제와 관련하여 유가의 전통적인 제사 문제가 제기되었는데, 다수 참가자들은 제사는 종교 신앙과 무관하기 때문에 무방하다는 입장을 표명하였다. 롱고바르디는 과학기술 면에서도 일정한 지식을 가졌으나 별로 고명(高明)하지는 못하였다.

역법(曆法) 편찬 작업에도 참여했으나 중도에 그쳤다. 대표적 저서로는 중국어로 쓴 문답체 형식의 『지진해(地震解)』가 있다. 이 책은 지진 발생의 원인과 지진의 등급, 지형에 따른 지진 등 9절로 구성되어 있는데, 과학성이 결여되어 어설픈 점이 적지 않다. 기타 저서로는 『급구사의(急救事宜)』 『영혼도체설(靈魂道體說)』 『염주묵상규정(念珠黙想規程)』 『사설(死說)』 등이 있다. 1654년 청조 순치제(順治帝) 치세시 95세를 일기로 베이징에서 타계하였다. 선교사를 후대한 순치제는 고인의 초상화를 그리고 장례를 융숭히 치르도록 예우를 베풀었다.

롱쥐모 André de Longjumeau, 생몰년 미상

프랑스의 동행 선교사. 프랑스의 도미니크회 신부로 루이 9세의 명을 받고 1249년에 키프로스를 떠나 중앙아시아의 탈라스를 경유, 당시 몽골의 수도인 카라코룸에 도착하였다. 몽골 황제는 만나지 못한 채, 황후만 만난 뒤 1251년 4월에 알레포를 거쳐 카이사레아(Caesarea)로 귀환하였다. 남긴 기록이 없어서 그의 동행에 관한 구체적 내용은 알 수 없다. 그러나 4년 후에 루이 9세가 그의 뒤를 이어 몽골에 다시 파견한 프란체스코회 신부 뤼브뤼키의 사명('뤼브뤼키의 몽골 사행'항 참고)과 같은 사명(몽골의 반(反)이슬람 십자군원정 동참과 기독교 선교)을 가지고 파견된 것으로 짐작된다. (6-332)

루소-인디언 Luso-Indians

혼혈 및 융합 인종. 1505년 인도 서해안의 고아(Goa)에 총독부를 설치한 포르투갈은 각 방면에 걸쳐 식민지화 경략을 추구하였다. 제2대 총독 알부케르크(Afonso de Albuquerque, 재임 1509~1515)는 원주민과의 혼인이나 가톨릭문화의 주입에 의한 식민지화 정책을 적극 펼쳤는데, 그 결과 '루소-인디언'(Luso-Indians), 혹은 '고아인'(Goans)이라는 새로운 인종이 출현하였다. '루소-인디언'이란 근본 혈통은 인도인이나 혼혈인이면서 종교는 가톨릭이고 사고는 서구적인 사람을 범칭한다.

루지에리 Michele Pompilio Ruggieri, 羅明堅, 1543~1610년

이탈리아의 동행 선교사. 루지에리는 예수회 선교사로서는 처음으로 중국 내지에 들어와, 중국어로 된 최초의 기독교서 『천주성교실록(天主聖教實錄)』을 저술하였다. 그는 청년시절 나폴리 대학에서 법학 박사학위를 취득한 후 선교의 꿈을 안고 1572년 예수회에 가입한 뒤 이듬해에 로마학원에서 신학을 공부하였다. 1578년 3월 발리냐니(Alexander Valignani, 범례안范禮安)·파시오(Franciscus Passio, 파범제巴范濟)·리치(Matteo Ricci, 이마두利瑪竇) 등 14명의 예수회 선교사들과 함께 '성 루이 호'를 타고 인도 고아에 이르러 얼마간 머물다가 1579년 5월 마카오에 도착하였다. 루지에리는 예수회 원동순찰관(遠東巡察官) 발리냐니의 훈령에 따라 중국어를 배우는 한편, 마카오에 성 마틴 신학원을 세우고 현지 청년들에게 기독교 교리를 가르쳤다. 그는 1580~1583년 세차례나 광저우(廣州)에 왕래했으며, 파시오와 함께 삭발하고 가사를 입은 채 '서승(西僧)' 행세를 하면서 자오칭(肇慶) 천녕사(天寧寺)에 수개월간 체재하기도 하였다. 1583년 9월에는 리치와 함께 자오칭에 다시 가서 관부의 허락 하에 중당(中堂) 액면에 '서래정토(西來淨土)'라고 써붙인 선화사(仙花寺)를 짓고 포교활동에 정식으로 착수하였다. 선화사는 중국에 세운 첫 예수회 교회당이다. 외모가 준수하고 박식하며 친화력이 뛰어난 루지에리는 몇 달도 안 되어 많은 관리나 유지들과 친교를 맺었

다. 선화사에는 사람들의 발길이 끊이지 않았으며, 찾아오는 사람들에게 자신의 저서 『천주성교실록』과 『조전천주십계(祖傳天主十誡)』 등 기독교 관련 서적을 선물하였다. 그는 1584~1587년 기간에 소흥(紹興)과 계림(桂林) 등지를 방문하기도 하였다. 루지에리는 교황청의 소환에 따라 1588년 마카오를 거쳐 로마에 와 그곳에서 병사하였다.

루카모호(號) 침몰선(沈沒船)

1765년 캐나다 동부 브레톤 해협에서 침몰한 프랑스 선박. 1971년 해저에서 인양된 이 선박에서 발견된 금화 1매가 뉴욕 경매시장에서 1,000달러에 팔렸다. 그후 네덜란드의 한 제도공(製圖工)에 의해 침몰 현장에서 금화 500매와 은화 4,000매를 건져올렸다. 이 배는 프랑스 루이 15세 때 프랑스령인 퀘벡에 사는 이주민들에게 보내는 금·은화를 싣고 가다가 침몰하였다.

루트(Lüt) 사막 → '대사막'항 참고

룬데도(島) 해협 유적

교류의 유물적 전거로서의 해로상 유적. 1973년 여름 여가를 즐기던 2명의 스웨덴 사람과 한 명의 노르웨이 잠수부는 노르웨이 서해안에 있는 룬데(Runde)도(島) 해협 해저에서 우연히 침몰선을 발견하고, 배 안에서 2억원(日貨) 상당의 금·은화를 수확하였다. 금·은화가 종종 어망에 걸린 적이 있어 이곳은 '룬데의 보고(寶庫)'라는 소문이 있었다. 사실 이 배는 18세기 초 바타비아 총독과 현지 사원들의 급료와 향료 구입비 30만 구르덴(일화 7억여원)을 싣고 출항한 후 해적의 내습을 피해 북해로 우회하다가 룬데도 해협에서 침몰한 네덜란드 동인도회사 소속 아케렌담(Akerendam)호(號)였다. 그후로 금·은화가

어망에 걸리기도 하고 일부 수집되기도 했지만, 아직 모두 회수하지는 못한 상태다.

룽먼 석굴 龍門石窟

중국 4대 석굴의 하나로서 북위(北魏)~초당(初唐)시대의 불교 석굴군. 중국 북위 제7대 황제인 효문제(孝文帝)는 한화(漢化) 정책을 추진하기 위해 494년 뤄양(洛陽)에 천도한 후 구도(舊都)의 윈강(雲崗) 석굴에 맞먹는 룽먼 석굴을 조성하였다. 룽먼 석굴은 허난성 뤄양시에서 남쪽으로 14km 떨어진 이수이(伊水) 양안에 자리하고 있다. 이 일대는 강 양안에 펼쳐진 절벽의 지형이 마치 문궐(門闕, 궁성의 문)과 같다고 해 '이궐(伊闕)'이라고 부른다. 대소 2천여 기를 헤아리는 굴은 서산(西山, 강 우안)과 동산(東山, 강 좌안)으로 나눠 배치되었는데, 서산에 더 집중되어 있다. 석굴의 조영은 천도 다음해부터 시작해 북송(北宋)시대까지 간헐적으로 계속되었다. 가장 오래된 서산의 고양동(古陽洞) 안에는 개인의 발원(發願)으로 조성된 불감(佛龕)이 많이 있는데, 불감에는 조상기(造像記)가 새겨져 있다. 이 석굴의 북위 조상(造像)양식은 한족의 전통 조상양식과 많이 닮았다. 북위 멸망 후 굴 조영은 일시 중단되었다. 그러다가 당대 초에 이르러 조영이 재개되어 불감이 계속 만들어졌다. 서산의 중앙에 있는 당대 초 675년에 지어진 여사나

룽먼 석굴의 연화동 712굴(북위시대)

대불(盧舍那大佛)은 당시 황제를 대신해 권력을 휘두르던 황후 측천무(則天武)가 출자해 조영한 것이라고 한다. 같은 시대에 지은 경선사동(敬善寺洞)이나 혜간동(惠簡洞)은 당대 초기 불교미술의 정수를 보여주고 있다. (2-201)

『뤄양가람기(洛陽伽藍記)』 양현지(楊衒之) 저, 547년

양현지는 6세기 격동기에 북위(北魏)·동위(東魏)·북제(北齊) 등 몇 왕조를 두루 전전하며 처신했던 인물로, 북위 영안(永安) 연간(528~529)에 봉조청(奉朝請)이란 관직을, 동위 무정(武定) 5년(547)에는 위무군부사마(魏撫軍府司馬)란 관직을 맡은 것으로 알려지고 있다. 그는 여러 세력들의 공방 속에 무참히 파괴된 고도(古都) 뤄양(洛陽)의 참상을 목격하고, 이를 기록으로 남기겠다는 생각에서 이 책을 썼다고 한다. 책 속에는 당시의 정치·불교·인물·풍속·지리 등과 아울러 중국을 방문한 서역인 등에 관한 내용들이 상세히 기술되어 있다. 이 책이 특히 가치를 인정받고 있는 것은 당시로서는 드물게 북위가 뤄양에 천도한 이래의 불교 부흥상을 구체적으로 서술하고 있기 때문이다. 그밖에 송운(宋雲)·혜생(惠生) 등 서행(西行) 구법승들의 행적에 관한 내용도 담겨 있다.

뤄양(洛陽) 도시 유적

중국 허난성(河南省) 서부의 낙하(洛河) 유역에 위치한 뤄양은 은(殷)·주(周)와 춘추(春秋)시대부터 진한(秦漢)·북위(北魏)시대를 걸쳐 수당(隋唐)시대에 이르기까지 1천여년간 줄곧 9대조의 도읍으로서 성세를 누려온 중국 7대 고도의 하나로, 세계에서도 몇 안 되는 고도로 꼽힌다. 수당시대에는 동서에 2도(都)를 설치해 장안(長安, 현 시안西安)을 서경(西京) 혹은 서도(西都)라 하고, 뤄양을 동경(東京) 혹은 동도(東都)라고 하였

다. 화북평원과 웨이수이(渭水) 분지를 잇는 교통의 요지로서 낙읍이라 불리다가 전한 때 '뤄양(洛陽)'으로 명명되었다. 『뤄양가람기(洛陽伽藍記)』에 의하면 493년 북위 효문제(孝文帝) 때 이곳으로 천도해 북위시대를 맞이했는데, 당시 도시 규모는 동서 20리, 남북 15리에 10만 9천호의 인구가 거주하고 불사(佛寺) 1,367개소가 있었다. 뤄양은 장안과 더불어 오아시스로의 동단(東段)에 위치하여 동서교류를 위한 중요한 역할을 해왔다. 대표적인 유적으로는 남쪽 12km 지점에 위치한 룽먼(龍門) 석굴(石窟)이 있다. 둔황의 막고굴(莫高窟), 다퉁(大同)의 윈강(雲崗) 석굴과 더불어 중국 3대 석굴의 하나인 이 석굴은 북위가 다퉁에서 뤄양으로 천도할 때부터 굴을 조성하기 시작해 당대에 이르기까지 무려 300여년간 공사가 계속되었다. 남북으로 흐르는 낙하를 사이에 두고 그 양안의 용문산과 향산(香山)의 바위에 동굴 1,352개를 판 뒤 불감(佛龕) 750기, 불상 9만 7,300구, 각종 비석과 제자(題字) 3,600개, 불탑 40여좌를 조성하였다. 이 석굴은 불교미술의 동쪽으로의 전파와 관련해 중요한 의미를 지니며, 2000년 11월 유네스코 세계문화유산으로 등재되었다. (6-328)

류큐 琉球

일본 오키나와(沖繩)의 옛이름. 중국 대륙에서는 예부터 타이완(臺灣)을 류큐(琉球)라고 불러오다가, 명나라 태조(太祖) 때 와서는 오늘날처럼 오키나와를 류큐라고 부르기 시작하였다. 타이완을 '소류큐', 오키나와를 '대류큐'라고도 하였는데, 이것은 당시 타이완보다 오키나와가 해상교역에서 우위를 차지하고 있었다는 사실을 반영한다. 교역의 요로에 자리한 오키나와는 일본문화와 중국문화의 교차 지점에 있기 때문에 일찍이 문화적 융합이 이루어진 곳이다.

『류큐신도기(琉球神道記)』 袋中 저, 1603년

1603년 류큐에 간 일본승 정토종(淨土宗) 명월파(名越派)의 대중(袋中)이 이곳 고유신인 사신(蛇神) 킨마몬과 이곳의 창세기(創世記) 신화에

룽먼 석굴의 대불상

관해 쓴 전 5권의 책이다.

뤼브뤼키의 몽골 사행 1253~1255년

제7차 십자군원정이 참패로 끝나고 원정의 총지휘자인 루이 9세는 포로가 되었다가 속금(贖金)으로 겨우 풀려났다. 이즈음에 몽골에서는 1251년 몽케가 칸위에 등극하고, 다음해에 제3차 서방 원정을 시작해 중앙아시아와 압바스조 이슬람제국을 행해 진격하였다. 재기를 꿈꾼 루이 9세는 프랑스 출신의 프란체스코회 선교사 뤼브뤼키(Guillanume de Rubruquis, 혹은 Rubruck, 1215~1270)를 몽골에 파견하였다. 뤼브뤼키의 출사(出使) 사명에 관해서는 본인도 밝힌 바 없어서 명확하지 않으나 당시의 국제정세와 그의 몽골에서의 행적, 그리고 귀환 후의 행적 등으로 미루어 유럽에 대한 몽골군의 서정 계획 중지를 요청하고, 유럽의 이슬람세계와의 대결에서 몽골 측으로부터의 협조를 구하며, 몽골 내 기독교 활동을 탐지하는 것 등이었을 것으로 짐작된다. 뤼브뤼키를 단장으로 하고 수도사·성직자·통역 각 1명, 그리고 소년 노예 5명으로 구성된 사절단은 지중해 동안의 아크레를 출발해 콘스탄티노플에 도착한 후 1253년 5월 7일 다시 그곳을 떠나 흑해(黑海)를 도해(渡海), 크리미아 반도에 상륙하였다. 다시 2개월간의 고행 끝에 사르타크(Sartaq, 바투의 아들)의 본영에 도착해, 기독교 신자임을 확인시켜 의심을 해소시키고 이어 바투 본영에 찾아가 그를 진현하였다. 바투의 권고에 따라 성직자와 소년 노예들은 그곳에 남겨두고 9월 15일 3명만이 다시 여정에 올라, 볼가강을 건너 우랄 산맥을 넘고 아랄해 북방을 지나 탈라스강을 건넜다. 그후의 노정은 카르피니의 노정('카르피니의 몽골 사행'항 참고)과 일치한다. 그해 12월 27일 몽케 칸의 동영지(冬營地)에 도착하여 칸을 알현하고 루이 9세의 친서를

전달하였다.

이듬해(1254년) 3월 29일 뤼브뤼키 일행은 막사를 이동하는 몽케 일행을 따라 수도 카라코룸에 입성해 약 2개월간 체류하면서 성내와 기타 여러 도성들을 순람(巡覽)하였다. 같은 해 5월 31일 몽케의 답신을 휴대하고 귀로에 오르는데, 떠나기에 앞서 그는 귀향하지 않고 남아서 포교를 하겠다는 의사를 표시한 바 있었다고 한다. 서향(西向) 귀로는 동향 노선과 같다. 9월 16일 바투의 본영에 도착해 성직자와 소년 노예들 일행과 재회하고 약 1개월간 체류한 후 그루지야와 캅카스, 시리아를 거쳐 1255년 6월 16일 키프로스에 도착하였다. 같은 달 29일 안티오키아로 향했으나 루이 9세 휘하의 십자군은 이미 철수한 뒤였고, 그뒤 가까스로 프랑스에 가 루이 9세에게 복명(復命)하였다. 뤼브뤼키는 귀환 이듬해인 1256년 라틴어로 쓴 여행기 『동유기(東遊記)』를 출간하였다. 필사본으로 남아 있던 여행기를 1600년에 영국에서 해클루트(Hakluyt) 지리학회가 사본의 일부를, 이어 1625년에 퍼차스(Perchas)가 사본의 전부를 영역해 출간하였다. 1929년에 간행된 『중국의 프란체스코회 선교사들』 제1권에 영역본 전문이 실렸는데, 여행기는 서언과 결어 외에 총 38장으로 구성되어 있다. 여행기에는 경유지의 자연환경과 주민생활, '타타르인(몽골인)'들의 의식주·풍속·사법심판·종교·궁전행사, 수도 카라코룸의 면모 등이 생생하게 기술되어 있다. 언어학에도 조예가 깊은 뤼브뤼키는 알타이어계 투르크어 방언들을 비교하고, 한자·티베트어·탕구트어 등에 관해서도 비교언어학적인 견해를 피력하였다. 특히 카라코룸에 수개월 체류하면서 직접 목격한 바를 상세히 기술하였다. 칸의 궁정, 사라센인(아랍인·무슬림)들의 시장, 키타이(중국) 공장(工匠)들의 거주 구역의 면모 외에 서아시아와 헝가

리·그리스·독일·프랑스 등 정복지의 포로들로 수공업이나 농업에 필요한 노동력을 충당한다는 사실, 그리고 파리 출신의 금 세공사(細工師)를 만난 일까지 소상히 소개하고 있다.

뤼브뤼키의 출사는 당시 몽골과 유럽 간의 관계 수립이나 상호이해 증진에 괄목할 만한 기여를 하였다. 그의 복명과 여행기를 통해 몽골에 대한 유럽인들의 인식에 일대 변화가 일어났다. 우선 몽골에 유포된 기독교에 관해 정확한 인식을 갖게 되었다. 뤼브뤼키가 전하길, 몽골인들 사이에 경교(景敎, 네스토리아파)를 비롯하여 기독교가 어느정도 유포되고 있었으나, 칸은 크리스천이 아니고 킵차크 칸국의 칸 바투의 아들 사르타크는 소문과는 달리 기독교 신자 같지 않으며, 따라서 기독교에 대한 특별한 보호를 기대할 수는 없다고 하였다. 그가 몽케의 본영에 당도했을 때 막사의 한 건물에서 1개월 전에 그곳에 도착한 아르메니아 수도사가 걸어놓은 십자가를 발견했다는 언급도 하고 있다. 또한 뤼브뤼키는 몽골의 서방 정벌의 향배(向背)를 정확하게 가늠하였다. 그는 몽골에게 유럽 정벌 의도는 더 이상 없고, 향후 서정의 화살은 서아시아 이슬람세계로 향할 것이라고 예단했는데, 이것은 실제로 적중하였다. 뿐만 아니라 그의 출사를 계기로 유럽인들은 몽골에 관해 좀더 정확한 지식을 습득하게 되었다. 그는 카라코룸을 방문한 첫 유럽인으로서 최초로 몽골의 수도와 수뇌부에 관한 지식을 유려한 필치로 생동감 있게 유럽에 전한 것이다. 그밖에 그의 왕래 행로를 통해 13세기의 북방 초원로의 노정을 구체적으로 확인할 수 있다.

르코크 Albert von Le Coq, 1860~1930년

독일의 동양학자. 독일 황제와 무기 거상 크루프의 지원 하에 투루판을 비롯한 중앙아시아 일원을 4차례(1902~1914) 탐험한 '독일·투루판 탐험대'('독일의 투루판 탐험대'항 참고)의 수임 대장은 그륀베델이었다. 그러나 그의 건강이 악화하고 동행하던 미술가이자 부대장인 후트가 갑자기 사망하자, 탐험을 위해 조직된 전문위원회는 르코크를 2차 탐험대장에 임명하였다. 베를린의 부유한 포도주 판매상의 아들로 태어난 르코크는 20대까지는 가업을 위해 영국과 미국을 전전하다가 귀국해서는 가업을 포기하고 아랍어·페르시아어·산스크리트어 등의 동양 언어를 배운다. 그리고 42세에 처음으로 민속박물관에 무보수 견습생으로 채용된다. 이후 르코크는 제2차 탐험대(1904년 11월~1905년 12월) 대장으로 투루판에 파견된다. 그의 책『중국령 투르키스탄의 파괴된 재보(財寶)』에는 이때의 모험 행각이 자세히 기록되어 있다. 시베리아를 가로질러 중국 국경에 도착한 그는 신변이 안전하지 못하다는 러시아 영사의 말을 듣고는 금화 1만 2,000루블을 넣은 자루에 앉아서 라이플 권총을 한 손에 든 채 우루무치까지 온다. 두 달 후인 11월 18일, 카라호자(고창高昌)에 도착해 그곳에 약 4개월간 머물면서 베제클리크 석굴을 비롯한 여러 유적들을 돌아다니며 유물 편취에 몰두한다. 베제클리크 석굴 바로 아래 강가와 멀리 토욕구(吐峪溝) 석굴로 들어가는 어귀에는 그가 머물렀던 집터가 있다. 10년간 하미에서 카슈가르

르코크가 묵었던 투루판 토욕구의 집터

에 이르는 신장 전역을 샅샅이 누비고 다닌 결과 르코크를 위시한 2차 탐험대는 모두 103상자의 유물을 챙겼다. 그후 건강을 회복한 그륀베델이 합류해 진행된 3차 탐험(1905년 12월~1907년 4월)에서는 128상자의 유물을 또 가져갔다. 1913년 르코크는 또 한차례의 중앙아시아 탐험(제4차, 1913년 1월~1914년 2월)에 나선다. 후일 그는 베제클리크 석굴에서 노획한 '기적의 전리품'에 관한 '성공담'을 별 가책 없이 덤덤히 회상한다. "오랜 시간 힘들여 작업한 끝에 벽화를 모두 떼어내는 데 성공하였다. 20개월 걸려 그것들은 무사히 베를린에 도착하였다. 그 벽화들은 박물관의 방 하나를 가득 채웠다." 르코크는 스케치와 측량을 통해 박물관에서 유물을 재구성하자는 일부의 주장이나 권고를 무시하고 무조건 실물을 뜯어가기를 고집한, 극단적인 문명파괴자이다. 그의 연구는 주로 불교와 마니교 회화, 마니교 문헌, 고대 투르크어 문헌 등 다양한 방면에 걸쳐 진행되었으며, 앞의 책 외에도 『고창(高昌)』『중앙아시아의 고대 후기 불교』등의 저서를 남겼다. 회화를 비롯해 르코크가 수집한 유물의 약 절반은 2차 세계대전 때 독일 공습에 파괴되었다. 그는 1930년 4월 민속박물관 동양부장으로 재직하던 중 사망하였다.

리그니츠 전투

몽골군의 제2차 서정(西征, 1235~1244) 때의 전투. 1241년 4월 9일 폴란드의 서남부 리그니츠(Liegnitz)에서 서정군과 폴란드·독일 연합군 사이에 벌어진 유명한 전투다. 차가타이(칭기즈칸의 차자)의 장자 바이다르(Baidar)와 오고타이(칭기즈칸의 3자, 대칸, 원태종元太宗)의 손자 카이두(Qaidu)가 이끄는 북로군(北路軍)이 폴란드의 실레시아(Silesia)에 이르자, 이곳 대공(大公)인 헨리 2세는 폴란드와 독일의 연합군을 조직

해 대항에 나섰으나 역부족이었다. 북로군은 이 전투에서 연합군을 대파하고 헨리 2세를 생포해 효수한 머리를 만인이 보는 가운데에 높이 내걸었다.

『리그베다』 *Rig-Veda*

인도 브라만교의 4대 경전 중의 하나. 전체 10권에 총 1,028수의 찬가로 이루어진 이 책은 여러 자연신, 특히 전쟁의 신 인드라(Indra)에 대한 찬가를 집대성하고 있다. 인도·유럽어계의 가장 오래된 원전으로서 언어학·문학·종교학 연구에 귀중한 자료원이 되고 있다.

리디아 Lydia

고대 오아시스로의 서단(西段) '왕의 길'의 종착지. 소아시아 서북부의 교통 요지에 위치한 고대 왕국인 리디아의 수도 사르디스(Sardis)는 오아시스로의 최초 서단인 '왕의 길'의 종착지다. 소아시아 연안의 그리스 식민도시들과 활발한 교역을 진행했으며, 전성기인 크로이소스왕 시대(기원전 660~546)에는 영토가 소아시아 연안까지 확장되었다. 페르시아와 셀레우코스 왕조의 속주가 되었다가 로마에게 멸망하였다. 이 왕국은 그리스 문화와 동방문화를 다 같이 받아들여 융합적인 문화를 건설하였다. (17-156)

리마 문화 Lima culture

라틴아메리카 페루의 중앙 해안을 중심으로 기원후 200~700년경에 번영한 지방발전기의 문화. 이른바 '리마 양식'이라고 하는 적지백채(赤地白彩, 붉은 바탕에 흰색 무늬)와 적지흑채(赤地黑彩, 붉은 바탕에 검은색 무늬) 토기가 출토되었고, 아도베(adobe) 점토로 축조된 거대한 피라미드도 발견되었다. 예컨대 마랑가(Maranga) 유적에서는 높이 15m에 저변이 각각 270×100m

의 대형 피라미드가 발견되었다. (4-150)

리살라 Risāla (페르시아어)

중앙아시아의 투르크·이슬람 전통사회에서 주로 수공업에 종사하는 직인(職人)들의 직업별 기도(祈禱) 안내서. 아랍어의 '편지'나 '서적'이라는 뜻에서 유래된 리살라의 내용은 직업 출현에 관한 전설, 천부적인 직업이 갖는 의미, 직업상 의무와 금기, '수호성인(守護聖人)'의 명단, 작업 중에 부르는 성구(聖句) 등이다. 투르키스탄의 도시사회 연구와 수공업자의 사회사 및 정신사 연구의 자료로 활용되고 있다. (3-525)

리스본

해상 실크로드의 요항(要港)이자 '대항해시대'의 개막지. 리스본은 현 포르투갈의 수도다. 대서양으로 흘러가는 테주강 하구에서 12km 떨어진 우안(右岸)에 자리한 7개의 언덕 위에 세워진 아름다운 도시로서 연중 기온도 온화한 편이

다. 일찍이 그리스와 페니키아의 식민지로 알려진 뒤, 기원전 3세기에는 로마, 기원후 5세기에는 서고트족의 영역에 속해 있다가 8세기부터는 약 400년간 이슬람의 치하에 있었다. 1147년 알폰소 1세가 십자군의 원조 하에 리스본을 공략한 이래, 점차 이슬람 세력권에서 벗어나 기독교 세력권으로 편입되어갔다. 1415년 포르투갈은 리스본을 거점으로 북아프리카 모로코의 세우타(삽타)를 공격해 대항해시대의 개막을 선포하였고, 바스코 다 가마도 이곳을 출항해 인도양 길을 개척하였다. 향료를 비롯한 동양 특산물이 이곳에 실려와서 이탈리아와 네덜란드 상인들에 의해 각각 지중해와 북해 방면으로 재수출됨으로써, 리스본은 세계적인 교역항구로 변모하였다. 특히 마누엘 1세 때(재위 1495~1521)는 국제항으로서의 면모를 완전히 갖추었다. 오늘날 시내에는 이 시기를 생생히 증언하는 각종 유물들이 해양박물관을 비롯한 박물관들에 전시되어 있으며, 제로니모스 수도원 등 기

알칸타라 전망대에서 부감한 리스본시 전경

독교 교회들도 여럿 있다. '항해 왕' 엔히크(A. Henrique) 탄생 500주년을 기념하여 테주 강가에 세운 높이 52m의 '발견의 기념탑'(Padrão dos Descobrimentos)은 리스본의 해양 개척을 상징하는 명물이다.

리프데호(號) Liefde

일본에 표착한 네덜란드 선박. 1598년 네덜란드 로테르담 마젤란해협회사에 소속된 5척의 선단이 동방무역을 위해 마스강 하구를 출발, 남미의 마젤란 해협을 향해 대서양을 남하하였다. 선단이 1599년 마젤란 해협을 지나 태평양에 들어서서 페루 연해에 이르렀을 때는 이미 심한 폭풍우에 제독을 잃고 많은 병사자들이 생겼으며, 결국 선단은 뿔뿔이 흩어지고 말았다. 한 척은 전진을 포기하고 귀국했으며, 다른 한 척은 현 인도네시아령 말루쿠 군도 부근을 지나다가 포르투갈인들에 붙잡혀 전원이 피살되었다. 나머지 2척 중 하와이 방면으로 항해하던 호브호는 소식이 두절되었다. 마지막 한 척인 리프데호는 부제독이 산타마리아섬에서 피살되자, 선장 야콥(Jacob)이 대신 남은 이들을 이끌고 하와이를 거쳐 1600년 일본 분구노(豊後)의 우스키(臼杵)만 북안 사시우(佐志生, 현 우스키시) 해안에 표착하였다. 생존자는 24~25명이었는데, 도착 다음 날 3명은 사망했으며 제 발로 걸을 수 있는 사람은 겨우 6명뿐이었다. 무기와 적재 화물을 압수당한 채 회항하다가 우라가(後浦賀)에 이르러서 다시 폭풍우를 만나 승선이 더이상 불가능하다고 판단되어 배를 아예 해체하고 말았다. 고물을 장식했던 105cm 높이의 에라스뮈스(D. Erasmus)의 목상이 시모츠케(下野)국의 류코인(龍江院, 현 사노시佐野市)에 보내졌는데, 류코인에서는 이 상을 중국 전설 속에 나오는 배를 고안했다고 하는 황제의 신화 카데키(貨狄, 일명

화적관음貨狄觀音 또는 화적존자貨狄尊者)의 상으로 믿어 제사를 지냈다고 한다. 지금은 중요문화재로 보존되고 있다. 로테르담에서 출생한 에라스뮈스(1466~1536)는 르네상스 시기 네덜란드의 대표적인 인문주의 학자로서 프로테스탄트 운동을 주도하였다. 도쿠가와 이에야스(德川家康)는 이 난파 선원들을 후대하였다. 이에야스는 선원들 가운데 두 사람을 외교고문으로 기용해 조선기술과 서구에 관한 지식을 습득하고, 그 답례로 그들에게 영지를 내리고 거주를 허용하였다.(5-206~207)

리히트호펜 F. von Richthofen, 1833~1905년

'실크로드'라는 명칭을 만들어낸 독일의 저명한 지질학자. 일찍이 알프스 산맥의 지질조사를 마치고, 1860년 프러시아 왕명으로 동남아시아에 파견되어 스리랑카·필리핀·말레이시아·인도네시아·타이·미얀마·일본 등 여러 나라들에 대한 지질조사를 진행하였다. 또한 미국 캘리포니아의 화산과 금광 분포 상황을 조사하였다. 그는 1868~1872년에 중국 상하이(上海)의 서방상인회의 지원하에 몇차례 중국을 여행하면서 지질·광산·황토·해안선 등을 조사하고, 아시아의 지질 및 지형적 특성에 관한 분석을 마친 후 '황토풍성(黃土風成)', 즉 황토가 바람을 일으킨다는 가설을 내놓고, 조사결과를 담은 저서 『중국』(China) 전 5권(1877~1912 출간)을 저술하였다. 이 책 제1권의 후반부에서 그는 동서교류사를 개괄하면서, 중국에서 중앙아시아를 경유해 시르다리야(Syr Dar'ya)강과 아무다리야(Amu Dar'ya)강 사이에 있는 트란스옥시아나(Transoxiana) 지역과 서북 인도로 수출된 주요 물품이 중국의 비단이었던 사실을 감안해 이 교역로를 독일어로 '자이덴슈트라센'(Seidenstrassen, 비단길, Silk Road)이라고 명명하

였다. 리히트호펜은 베를린 대학 총장과 국제지리학회장을 역임했으며,『현대 지리학의 임무와 방법』(1833),『조사 및 고찰의 지도방법』(1866),『19세기 지리학의 동력과 방향』(1903) 등 학술서를 남겼다.

린쩌쉬 林則徐, 1785~1850년

해상 실크로드를 통한 영국의 대중국 아편무역을 단속한 명관(名官). 푸젠성(福建省) 출신으로 1837년 후광(湖廣) 총독에 부임한 린쩌쉬는 도광제(道光帝)에게 아편무역을 엄금할 것을 제의했으며, 2년 후에 흠차대신(欽差大臣)으로 임명되어서는 광둥(廣東) 지역의 아편무역을 직접 단속하였다. 그는 영국 상인들이 거래하는 아편 2만 상자를 몰수해 불태우고 상인들을 모두 국외로 추방하였는데, 이것이 영국과의 아편전쟁의 도화선이 되었다. 전세가 불리하여 강화로 기울어지자 조정으로부터 전쟁 도발의 책임자로 몰려 관직을 박탈당하고 신장(新疆) 지역으로 유배되었다.

아편전쟁을 이끈 린쩌쉬의 동상(유배지 우루무치에 건립)

□

마가다국 摩揭陁, Magadha

인도 고대 16개 왕국 중의 하나. 그 영토는 오늘날의 인도 동북부 파트나(Patna)와 비하르(Bihār) 주 가야(Gayā) 일원에 해당한다. 주민은 히말라야 산맥 기슭의 여러 부족과 도망쳐 온 노예 등 비(非)아리안계 종족이 상당수를 차지하였다. 이 때문에 브라만들은 그들을 '반(半)아리안' '반(半)야만인'이라고 비하하기도 하였다. 기원전 6세기 무렵부터 강성하기 시작한 마가다 왕국(摩揭它·摩揭陀·摩伽陀·摩訶佗·摩伽陁·摩竭·摩竭提·墨竭提)은 '왕 중 사자'라고 하는 건국자 빔비사라(Bimbisāra, 기원전 544~493)를 비롯해 모두 8명의 군주를 배출하였다. 초대 왕인 빔비사라가 통치할 때 영내에 8만 개의 마을이 있었고, 도읍은 왕사성(王舍城, 일명 上茅宮城, Rajagriha)이었다. 이 구도(舊都)가 불타버리자 신왕사성에 신도(新都)를 건설했는데, 규모가 웅장해 성문이 14개(일설은 32개), 망루가 64개나 되었다. 이어 선왕 빔비사라를 시해하고 왕위에 오른 세자 아쟈타사트루(Ajataśatru, 阿闍世王)는 동정서벌(東征西伐)하여 동인도 36개 왕국의 맹주가 되었고, 그 영토는 너비만 500리그(약 2,500km²)나 되었다. 그러나 이후 쇠퇴해 기원전 4세기 전반에 난다(Nanda, 難陀) 왕조에게 멸망하였다.

마굉 馬宏

중국 서한(西漢)의 서역행 사절. 부광록대부(副光祿大夫) 왕충(王忠)과 함께 서역 제국(諸國)에 사절로 파견되었는데, 도중에 흉노군과 싸우다가 왕충은 전사하고 마굉은 생포되었다. 이때 마굉은 끝내 항복을 거부했는데, 때마침 한과의 화친을 원하는 흉노의 호연제(壺衍鞮) 선우(單于)가 석방을 허락하여 기원전 80년에 19년간 흉노에게 유폐되어 있던 소무(蘇武)와 함께 귀국하였다. (8-82)

마구(馬具)의 동전

서역 말의 유입('말'항 참고)에는 개갑마구(鎧甲馬具)가 수반되기 마련이었다. 서역의 갑기(甲騎, 갑옷을 입고 말을 탄 군사) 마구 중 최초로 동아시아에 전래된 것이 페르시아의 철갑(鐵甲) 마구다. 페르시아는 일찍이 기원전 480년 제루스제(帝) 때에 이미 철판을 엮은 고기비늘식 철갑인 이른바 '어린갑(魚鱗甲)'으로 군대를 무장시켰는데, 이것이 사슬식 철갑인 쇄갑(鎖甲, 일명 환쇄개環鎖鎧)으로 발전해 후한 때 중앙아시아를 거쳐 중국에 전래되었다.

기원후 382년에 전진(前秦)의 여광(呂光)이 7만 5천 명의 대군을 이끌고 서역을 정토할 때, 구자(龜玆)에서 "서역군의 갑옷은 화살이 뚫지 못한다"며 이 신식 장비에 대한 놀라움을 표현한 바 있다. 6~7세기 서역(현 신장新疆 지방)군들 사이에 유행한 갑옷은 페르시아식 개합개갑(開合鎧甲)이다. 이 갑옷은 좌우에 높은 목깃이 달려 있으며, 가슴 중앙을 여닫고, 무릎까지 내려오게 입는다. 이러한 형태의 갑옷은 중앙아시아의 강거국(康居國) 잡시긍특성(卡施肯特城) 유적 출토품과 쿠처(고차庫車)의 서북부 극자객랍한(克孜喀拉罕) 석굴 제11호와 제32호의 용도(甬道) 벽화, 배성(拜城)의 극자미(克孜彌) 석굴 유물 중에서 여러 점이 발견되었다. 신장 일대에서는 이러한 사산 왕조식 갑옷이 근세에까지 유행하였다.

기사의 갑옷과 함께 마개(馬鎧)를 비롯한 마구 장비도 들어왔다. 후한(後漢) 말년 원소(袁紹)가 이끈 기병들이 처음 사용한 것으로 알려진 마개는 당시 300구밖에 되지 않은 것으로 보아, 그때까지는 아직 널리 보급되지 않은 듯하다. 오호십육국(五胡十六國)과 남북조시대에 와서는 많이 사용되었는데, 이러한 상황을 증명해주는 대표적인 유물인 갑기마구도상(甲騎馬具圖象)으로는 윈난성(雲南省) 소통후해자(昭通後海子)에 있

마구의 발명지 페르시아의 청동 말 자갈(테헤란 박물관)

는 동진(東晋) 영화(永和) 13년(357)의 동수묘(冬壽墓) 벽화, 맥적산(麥積山) 석굴 127호의 북위(北魏) 벽화, 둔황(敦煌) 막고굴(莫高窟) 285호굴의 서위(西魏) 대통(大統) 때 벽화와 296호굴의 북주(北周) 때 벽화 등을 들 수 있다. 갑기장비 유물은 동진 말 시안(西安) 초창파(草廠坡) 1호묘, 북위 태화(太和) 8년(484)의 다통(大同) 사마금룡묘(司馬金龍墓), 허베이성(河北省) 경현(景縣)의 봉씨(封氏) 묘군(墓群), 산시성(陝西省) 함양(咸陽) 저장만(底張灣)의 북주 묘 등에서 발굴되었다. 마구장비를 조각한 벽돌도 허난성(河南省) 등현(鄧縣)과 장쑤성(江蘇省) 단양(丹陽)의 진묘(陳墓)에서 출토되었다. 이와 같이 서역과의 교류를 계기로 한대에 이미 우수한 서역마가 수입되어 쓰이고, 오호십육국과 남북조시대에 이르러서는 사산조식 철갑을 비롯한 서역 개갑마구가 대량 유입되었다.

마그레브 Maghreb

'마그레브'는 아랍어로 '해 지는 곳'이라는 뜻으로, 이집트 이서(以西)에서 대서양에 이르는 북아프리카의 리비아·튀니지·모리타니·알제리·모로코 등을 가리키는 총칭이다. 이에 대하여 이집트 동쪽의 이슬람세계는 '마슈리끄'(al-Mashriq)라고 하는데 '해 뜨는 곳'이라는 뜻이다. 이슬람의 '동방세계'가 아랍인과 페르시아인이 중심이 되어 이루어진 데 비해, '서방세계'는 아랍화한 베르베르인을 중심으로 이루어진 세계라고 할 수 있는데, 이 두 세계는 문화적으로도 많은 차이가 있다. 7세기 말부터 이슬람 왕국의 흥망과 이합집산이 되풀이되어, 19~20세기에는 북아프리카 일대의 트리폴리타니아가 이탈리아령이 되었고, 그 서쪽은 프랑스령으로 분할·통치되었다.

마나문노 麻那文奴, 麻奈文奴

백제의 와박사(瓦博士)로 588년에 일본으로 건너갔다. '와박사'는 기와 제작과 관련한 장인의 관직이다. 당시 백제의 위덕왕은 혜총(惠總) 스님 등 10명 가까운 백제 승려들과 사찰 건축가 태량미태(太良未太)를 비롯하여 문가고자(文賈古子), 와박사 마나문노(麻奈文奴) 등 수많은 기술진을 아스카의 왕실로 파견해주었다고 『일본서기』의 기록에 남아 있다.

『마나스』 *Manas*(키르기스어)

키르기스어로 전해오는 중앙아시아의 대표적 영웅서사시. 키르기스스탄에서 오래전부터 구전되어오는 마나스와 그의 아들 세메테이, 손자 세이테크 3대에 걸친 영웅담을 담은 서사시로서, 키르기스 민족의 단결이 주제이며, 적을 상대로 하여 승리를 거두는 내용으로 되어 있다. 『마나스』는 키르기스인들의 역사·지역경제·사회생활·전통·관습·신앙·행동·지혜, 그리고 물질문화에 관해 풍부하고 가치있는 정보를 담고 있다. 총 50만 행이 넘는 방대한 양으로 『일리아드』와 『오딧세이』를 합친 것보다 스무 배나 긴 이 서사시는 '키르기스 정신의 정점'이자 '키르기스 문화의 백과사전'이라고도 불린다. 1행이 7~8음절로 짜여 있으며, 예전에는 악기의 반주를 곁들여 읊었으나 지금은 무반주로 읊는 것이 상례다. 제작시기에 관해 9세기부터 18세기에 이르기까지 여러가지 설이 있다. 키르기스스탄에서 이 서사시는 전통적 민족문화의 대표작으로 평가되며, 그 주인공들은 민족적 영웅으로 추앙받고 있다. 1995년 키르기스스탄은 '영웅서사시 마나스 1,000년제'를 거국적으로 거행하였다. (3-483)

마노 瑪瑙, agate

귀석류(貴石類, 경도 7도 이하)에 속하는 보석. 마노는 석영(石英)과 단백석(蛋白石) 등의 집합체로 투명한 귀석이며 보통 구슬로 사용된다. 마노 중에서도 홍백색 얼룩이 나타나는 얼룩마노(오닉스onyx)가 가장 귀한 것으로 알려져 있다. 고대 인도 데칸 고원이 마노의 유명한 산지이며, 중국의 금릉(金陵, 현 난징南京)과 우화대(雨花臺), 상남(湘南, 현 후난성湖南省 동정호 일대)의 도원현(桃源縣), 일본의 후지산(富士山)과 홋카이도(北海道), 이시카와(石川) 등 기타 여러 곳에서도 산출되었다. 신라 고분을 비롯해 여러 나라의 고분에서도 빠짐없이 유품이 출토되는 것으로 보아 산지가 비교적 많았을 뿐만 아니라 교류도 활발하였음을 알 수 있다. 고대 대진국(大秦國, 로마제국)의 대(對) 중국(한대) 수출품 중에서 주요한 항목을 차지하기도 하였다.

마누 법전 Code of Manu

고대 인도의 법전. '마누'는 산스크리트어로 인류의 시조를 뜻한다. 그 뜻이 시사하듯, 마누 법전은 우주의 시초부터 시작해 편찬 당시에 이르기까지 사회 전반에 걸쳐 행해진 종교·도덕·관습 등 각 방면을 다루고 있다. 산스크리트어로 된 이 법전은 총 12장 2,684개 조로 구성되어 있는데, 기원전 2세기부터 기원후 2세기까지 약 400년간에 걸쳐 완성되었다. 이후 동남아시아로 인도문화가 전파되면서, 동남아 여러 국가의 법전 형성에 상당한 영향을 주었다. (17-165)

마니교 Manichaeism

3세기경에 마니가 창시한 페르시아계 이원론적(二元論的) 종교. 중국 사료에는 '명교(明敎)' '명존교(明尊敎)' '말니교(末尼敎)' '모니교(牟尼敎)' 등의 이름으로 나온다. 창시자 마니(Mani)

는 216년 현 이라크의 바빌론에서 태어났다. 마니는 24세 때에 이른바 정령(精靈)의 계시를 받아 전도를 시작했는데, 사산조 페르시아의 샤푸르 1세 재위 때(240~272) 그의 비호하에 전성기를 맞았으며, 그의 동생 페루즈를 개종시키면서 이름을 날렸다. 마니는 『샤푸라간』(Shāpuragān)을 비롯한 8권의 교리서를 저술하고 외국 전도에도 적극 나섰다. 마니교는 조로아스터교·기독교·불교, 그리고 바빌로니아의 원시 신앙 등을 두루 받아들인 혼합 종교로, 이러한 바탕에서 세계를 광명과 암흑, 선과 악으로 나누고 대립시키면서 광명과 선이 암흑과 악을 제압한다는 철저한 이원론을 제창하였다. 그러한 논리는 근본 교리인 2종(宗) 3제(際)론과 주요 계율인 3봉(封) 10계(誡)에 집약되어 있다.

272년 샤푸르 1세가 죽자 마니교에 대한 박해가 시작되었고, 마니는 계위자인 와흐르만 1세에게 박해를 중단할 것을 상소했으나 오히려 정죄(定罪)되어 투옥되었다. 그는 살가죽을 벗기는 형벌을 받고 277년 2월 14일 옥사했으며 교리서도 모두 소각되었다. 교도들은 사방으로 뿔뿔이 흩어졌고 이를 계기로 15세기까지 마니교는 유라시아 여러 곳에 전파되었다. 서쪽으로는 시리아와 이집트, 북아프리카까지 퍼졌으며, 4세기 이후에는 스페인과 남프랑스, 이탈리아로 전해졌다. 동쪽으로는 서투르키스탄과 중국 신장 방면으로 확산되어 7세기 말에는 당에까지 이르렀다. 특히 신장에서 막북(漠北)의 회흘(回紇)에 들어간 마니교는 회흘 가한에 의해 국교로 정해지기까지 했다. 한편 당에 전입된 마니교는 현종 때 사교(邪敎)로 몰려 위기에 처했으나, '안사의 난' 때 회흘이 두 차례나 원군을 보내 난 진압을 도와주었기에 대종(代宗)은 768년 회흘의 청을 받아들여 마니교 대운광명사(大雲光明寺)를 지을 수 있게 하였다. 이로써 마니교는 장안

신장 고창 출토 마니교 세밀화(중국 당대)

과 뤄양, 타이위안(太原), 그리고 양쯔강 유역에 널리 퍼지게 되었다. 그러나 회흘의 망국(840)과 회창법란(會昌法亂, 845)을 계기로 마니교는 사양길에 접어들었다. 원대와 명대로 이어지면서 다른 종교들과의 혼합으로 명맥을 유지하려 했으나, 청대에 이르러서는 독립성을 완전히 상실하고 말았다. 신장과 둔황 일대에서는 팔라비(Pahlavi, 중기 페르시아어)와 소그드어, 투르크어, 위구르어, 마니교 문자(아람어 방언의 일종) 등 다양한 언어로 기록된 경전들이 다수 발견되었다. 이와 같이 마니교는 유라시아와 아프리카의 여러 곳에 전파되어 동서문명의 교류에 적지 않은 이바지를 하였다.

마니아크 Maniakh

서돌궐에서 비잔틴에 파견된 소그드 출신의 상인. 서돌궐 가한 이스테미(Istemi, 室點密)는 비잔틴과의 협상을 모색하기 위해 567년 말 소그드인 비단 상인 마니아크(Maniakh)를 단장으로 하는 사절단을 콘스탄티노플에 파견했다. 이것은 역사상 중앙아시아에서 비잔틴, 즉 동로마제국으로 파견된 최초의 공식 사절단이었다. 이때 마니아크는 중국의 비단을 페르시아를 거치지 않고 직접 동로마로 수출할 것을 제안하였으며, 568년 비잔틴의 사절 제마르코스(Zemarchos)와

함께 소그드로 귀국하였다.

마두금 馬頭琴

몽골의 악기. 흔히 몽골의 악기는 전통악기와 외래악기로 나눌 수 있는데, 고유의 전통악기는 호가(胡笳, 피리의 일종)와 호각(胡角, 뿔피리의 일종)이 있으나 지금은 사라지고 없다. 외래악기는 현재까지 전해지는데, 찰현악기(擦絃樂器)인 모린호르(morin khuur, 마두금), 발현악기(撥絃樂器)인 야탁(yatag)과 샨드즈, 타현악기(打絃樂器)인 요오천 등이 그 예다. 이 중에서 가장 유명한 것이 마두금으로, 아랍의 현악기 라바브(rabāb)를 본떠 만든 것이다. 나무로 만든 사다리꼴 몸통 양면에 나무판이나 염소가죽을 덧붙여 만든 것이다. 몸통 윗부분에 긴 자루가 꽂혀 있고, 그 끝에 말머리가 조각되어 있다. 이런 구조 때문에 마두금이라고 부른다. 말머리 바로 아래에는 쐐기 두 개가 양쪽으로 튀어나와 있다. 줄이나 활은 모두 말총으로 만들며, 은은하고 부드러운 소리가 나기 때문에 '초원의 첼로'라고도 한다.

몽골의 전통악기 '마두금'

마드라사 madrasah

이슬람세계의 전통적 교육기관. 10세기 이란 동북부에서 시작되어 급속히 이슬람세계 각지로 퍼져나갔다. 마드라사는 대체로 개인이 헌납하는 와끄프(Waqf), 즉 이슬람 종교기금에 의해 운영된다. 입학 연령이나 수학 연한은 제한이 없으며 한 과목을 이수한 후 다른 과목을 이수하는 것이 당시 마드라사의 교육제도였다. 학생들은 아랍어부터 시작하여 논리학·신학·철학 등을 차례로 배우며, 최종 목표는 이슬람 법학을 공부하는 것이다. 따라서 마드라사는 이슬람 법학자를 양성하는 교육기관이라 할 수 있다. 구성원은 교수(무달리스)를 비롯해 와끄프를 관리하는 재정관리인, 예배를 인도하는 이맘, 예배시간을 알리는 무앗진, 그리고 잡부 등으로 이루어진다.

마달레니앙 문화 Magdalenien culture

1만 7천~1만 1천년 전 유럽의 후기 구석기시대 문화. 마달레니앙인들은 400~600명씩 강가에 집단 거주하면서 반정주(半定住) 생활을 하였으며, 동굴조각과 채색벽화를 남겼다. (15-46)

마디아 해협 침몰선 유적

1907년 북아프리카 튀니지 동부 마디아(Madia, 고대 페니키아의 아리프타시) 해협의 수심 40m 해저에서 한 잠수부가 대포 모양의 유물을 발견하였다. 이후 잠수탐사가 진행되어 많은 암포라(amphora) 항아리와 청동제 유물 파편이 발견되어 당시 프랑스령 튀니지의 해군 사령관 장 베므 해군 대장에게 보고되었다. 베므가 잠수부들을 동원해 다시 해저탐사를 진행한 결과, 대포로 보인 유물은 이오니아식 대리석 원주(圓柱)로 밝혀졌다. (10-133)

마라난타 摩羅難陀, Mālananda

'난타벽제(難陀闢濟)', 즉 백제 불교를 개척했다고 하는 난타에 관해 『삼국사기』 권24 「백제본기」 제2 '침류왕(枕流王)'조에는 "〔침류왕 원년,

384) 9월에 호승(胡僧, 서역승) 마라난타가 진(晋, 東晋)으로부터 백제에 이르자 왕은 그를 맞이해 궁중에 두고 우대하니 이것이 백제에 있어서 불법의 시초이며, 이듬해 2월에는 한산(漢山, 南漢山, 백제의 도성)에 불사를 세워 승 10인을 입주시켰다"는 기록이 있다. 이를 근거로 마라난타를 백제 불교의 개창자로 보기도 한다. 하지만 이는 공전(公傳)이나 공허(公許), 즉 공식적인 전파나 허용일 뿐, 진정한 의미에서 불교 전래의 시작은 아니다.

한반도의 중남부에 위치한 백제는 지리적으로 중국 양쯔강 유역의 남조(南朝)와 가까워 해로를 통한 교류가 활발하게 이뤄졌다. 동진에 온 호승 난타는 이러한 교류의 물결을 타고 백제에 이르렀을 것이다. 관련기록에 그의 신분에 관한 명시가 없는 점으로 보아 외국 승려의 비공식적인 방문에 불과한 듯하다. 당시 궁중 출입이 엄한데다 언어습관이 완전히 다르고 외모 형색이 특이한 외국 사문(沙門)을 왕이 친히 교외에 나가 맞이해 궁중에 머물게 한 것은 백제인들이 이미 불교를 알고 있었다는 증거다. 즉 일반 백성들뿐만 아니라 왕 자신도 불교를 숭상하여 예우를 갖춘 것이라고 판단해도 별 무리가 없을 것이다. 일단 왕에 의해 받아들여진 불교가 급속히 전파된 데 대해 『해동고승전(海東高僧傳)』(권1, '摩羅難陀' 조)은 "위로는 왕신(王臣)으로부터 아래로는 백성에 이르기까지 불교에 귀의해 불사(佛事)를 크게 떨치니 불교는 마치 파발마를 달려 왕명을 전하는 것과 같이 파급되었다"고 묘사하고 있다. 조금 과장된 표현이기는 하지만, 그만큼 불교가 신속하게 전파되었다는 것을 알 수 있다. 실제로 이에 앞선 전래의 예가 없었다면 이러한 급속한 전파는 불가능했을 것이다.

마라모코 해저도시 Malamocco

이탈리아 포강(江) 부근 베네치아만 해저도시. 지중해 해안은 융기(隆起)보다 침하(沈下)가 심하며, 알려진 몇 해저도시는 대체로 지진이나 화산활동에 의해 침하한 것이다. 마라모코는 현재 수몰 위기에 처해 있는 베네치아의 전신이라는 뜻에서 '구(舊)베네치아'라고도 불린다. (9-120)

마라칸다 Marakanda → '사마르칸트'항 참고

마라타 동맹 Maratha Confederacy

서인도 마라타족의 반외세 연맹. 인도 서부의 고츠 산악지대를 중심으로 산재한 마라타족이 1720년에 결성한 정치군사동맹이다. 마라타족은 마라타어를 사용하며 힌두교를 신봉한다. 그들은 강인한 저항정신으로 장기간 무굴제국과 대치해 독자성을 유지해왔으며, 무굴제국 붕괴 후 등장한 영국 식민주의자들과 3차례(1775~1818)에 걸친 이른바 '마라타 전쟁'을 전개했으나 결국 역부족으로 패망하고 말았다.

마라톤 전투 Battle of Marathon, 기원전 490년

제2차 페르시아 전쟁(기원전 490) 때 그리스군이 페르시아군을 격파한 전투. 그리스 아티카 북동 해안의 마라톤 평야에서 밀티아데스(Miltiades)가 이끄는 그리스 1만 명의 중무장 보병과 다리우스왕이 지휘하는 아케메네스조 페르시아군 간에 벌어진 전투다. 그리스군의 대승으로 끝난 이 전투에서 페르시아군은 6,400명을 잃은 데 반해, 그리스군의 전사자는 192명에 그쳤다. 이 전투에서 그리스 청년 페이디피데스가 마라톤 평야에서 아테네까지 약 42km를 한달음에 달려 승전보를 전하고 쓰러져 숨을 거두었다. 이를 기념해서 마라톤 경주가 열리게 되었다.

마라톤 청년상

1925년 에게해의 마라톤 앞바다 해저에서 높이 130cm의 '마라톤 청년상(靑年像)'(일설에는 헤르메스상이라고 함)이 어망에 걸려 발견되었다. 이것은 그리스에서 이탈리아로 항진하다가 침몰한 선박에 적재된 것으로 기원전 4세기경 그리스 조각가 프락시텔레스의 작품으로 추정되며, 실제 사람 크기보다는 조금 작다. 현재 아테네 국립박물관에 전시되어 있다. (10-132)

마루 馬婁

고구려의 조공사(朝貢使). 424년 고구려 장수왕이 마루를 장사(長史)의 신분으로 유송(劉宋)에 파견, 조공하자 유송은 답례사(答禮使)를 파견하였다. (8-93)

마르코니 Guglielmo Marconi, 1874~1937년

통신 교류에 기여한 이탈리아 발명가. 이탈리아 볼로냐 출신으로 1895년에 독일의 물리학자 헤르츠(H. Hertz)가 확인한 전자파를 응용하여 무선전신을 발명하고, 1897년에는 런던에 마르코니 무선전신사를 설립해 도버 해협에서 영국과 프랑스 사이의 무선통신에 성공하였다. 뒤이어 1901년에는 영국과 캐나다 간 대서양 횡단 무선통신에도 성공함으로써 선박의 대양 항해에 유용하게 쓰였다. 이러한 공로로 마르코니는 1909년에 노벨 물리학상을 수상하였다.

마르코 폴로 Marco Polo, 1254~1324년

중세 이탈리아의 동방 여행가. 이탈리아 베네치아의 상인 가문 출신인 마르코 폴로는 부친 니콜로 폴로와 숙부 마테오 폴로('폴로'는 '까마귀'라는 타르마치어에서 유래)를 따라 1271년 여름 17세 때 고향 베네치아를 떠났다. 그들은 약 4년간의 동행(東行) 끝에 1275년 5월 원(元)제국

말레이시아 말라카 해양박물관이 소장하고 있는 마르코 폴로 초상

의 상도(上都)에 도착해 칸의 배려 속에 16년간 중국에 체류하다가 1291년 귀향하였다. 마르코 폴로의 여행은 그가 중국에 머무른 16년, 육·해로를 통한 왕복 여정 8년을 합쳐 총 24년의 긴 여정이었다.

마르코 폴로의 여행 노정과 행적은 다음과 같다.

1271년 봄 베네치아 출발 → 아크레(Acre, 현 이스라엘 서북 해안, 하이파 북쪽) → 라이아스(Laias, 소아시아 반도 동남 해안) → 로마(교황 그레고리우스 10세 알현)→라이아스 → 세바스타(Sevasta, 현 터키의 시바스Sivas) → 일 칸국 수도 타브리즈(Tabriz) → 페르시아만 오르무스(Ormus, 현 호르무즈Hormuz) → 케르만(Kerman, 현 이란의 케르만샤Kermansha) → 호라산(Khorasan) 지방의 네이샤부르(Neyshabur) → 발흐(Balkh, 현 아프가니스탄 북부) → 발라샨(Balashan, 현 아프가니스탄 동북부의 와칸Wakhan) → 파미르 고원 → 카슈가르(Kashgar, 현 신장위구르 카스喀什) → 야르칸(Yarcan, 현 신장 사차莎車) → 호탄(Khotan, 현 신장 허톈和田) → 펨(Pem, 현 신장 위톈于田, 호탄 동쪽 100마일) → 차르찬(Charchan, 현 신장 키에모且末 일대) → 로프(Lop, 현 신장 뤄창若羌 일대) → 탕구트(Tangut) 지역(옛 서하西夏 지역, 현 닝샤寧夏와 간쑤성甘肅城 일부 지역 포함) → 사주(沙州, 현 간쑤성 둔황敦煌 서부) → 숙주(肅州, Suchu, 현 간쑤성 주취안酒泉) → 간저우(甘州, Canpchu, 현 간쑤성 장예張掖) → 량저우(凉州, Erginul, 현 간쑤성 우웨이武威) → 닝샤(寧夏, Egrigaia, 옛 서하의 수도, 현 인촨銀川) → 천

덕(天德, Tenduc, 현 네이멍구 후얼호트 동쪽 바이타구白塔, 옹구트족의 중심) → 선덕주(宣德州, Sindachu, 현 허베이河北 선화宣化 일대) → 찰한뇌이(察罕腦爾, Chagannor, 현 허베이 구위안沽源 북부) → 상도(上都, Chandu, 개평부開平府, 현 네이멍구 둬룬多倫 서북부) 도착.

상도에서 쿠빌라이를 알현한 후 마르코 폴로 일행은 대도(大都, 현 베이징)로 이주하였다. 마르코 폴로의 자술에 의하면 그는 총명하고 신중한 사람으로서 페르시아어를 알고, 중국어와 몽골어, 그리고 말타기와 활쏘기에도 능숙하였다. 쿠빌라이의 총애를 받아 여러 차례 원조(元朝)의 특사로 각지에 파견되었다. 또한 그는 칸의 명을 받고 3년간 양저우(揚州)를 다스렸다고 하는데, 구체적인 증빙자료는 발견되지 않는다. 이에 관해 프랑스의 동양학자 펠리오는 염세(鹽稅) 관련 역원(役員)으로 양저우에서 3년간 근무했을 개연성이 있다고 해석하였다. 마르코 폴로는 20세부터 36세까지 청년기와 장년기의 초기를 중국에서 보냈는데, 이 기간에 그는 칸의 명에 따라 중국 서남행과 동남행을 단행하였다.

우선 마르코 폴로의 서남행(약 반년간) 노정을 보면 다음과 같다.

캄발루크(Cambaluc, 대도大都, Taidu) → 영정하(永定河) 도하 → 탁주(涿州, Tonju, 현 허베이 줘셴涿縣) → 태원부(太原府, Taiuanfu) → 평양부(平陽府, Pianfu, 현 산시山西, 린펀臨分) → 태진(太津, Thaigin, 혹은 산시 서남부의 허진河津) → 황허 도하 → 개창부(開昌府, Cachanfu, 현 산시陝西 퉁저우同州) → 경조부(京兆府, Kenjanfu, 현 시안西安) → 관중(關中, Cuncun) 지구 → 아극팔리만자(阿克八里蠻子, Acbaluc Manji, 한중부漢中府) → 성도부(成都府, Sindufu) → 토번(吐蕃, 티베트Tibet) → 건도(建都, Caindu, 현 쓰촨四川, 시창西昌 일대) → 금사강(金沙江) 도하 →

합랄장성(哈剌章省, Carajan, 현 윈난성 雲南省)의 압적(押赤, Yachi, 현 윈난 쿤밍昆明) → 합랄장성(哈剌章城, 현 윈난 다리大理) → 찰이단단(札爾丹丹, Zardandan, 현 금치부金齒府의 융창永昌) → 면국(緬國, Mien, 현 미얀마)의 면국성(緬國城, 현 미얀마의 파간Pagan) → 아니(阿泥, Aniu, 현 윈난 위안장강元江 동남부) → 독랄만(禿剌蠻, Toloman, 현 윈난 자오퉁昭通부터 쓰촨 쥔롄筠連까지 일대) → 성도(成都) → 탁주(涿州) 도착.

다음으로, 마르코 폴로의 동남행 노정을 살펴보면 다음과 같다.

탁주 → 해진부(海津府, Cachanfu, 현 톈진天津 일대) → 창저우(滄州, Changlu, 현 허베이) → 경주(景州, Changli, 현 허베이 징현景縣 일대) → 태정부(泰定府, Tandinfu, 현 지난濟南) → 청주마두(淸州碼頭, Sinjumata, 현 린칭臨淸) → 임성(任城, Linjin, 현 산둥山東 지닝濟寧) → 비주(邳州, Pinju, 현 장쑤江蘇 비현邳縣 남부) → 초주(楚州, Chinju, 현 장쑤 화이안淮安) 경계 → Caramoran강(현 황허) 남안의 회안주(淮安州, Coiganju) → 보응(寶應, Paukin) → 고우(高郵, Cauin) → 태주(泰州, Tinju) → 양저우(揚州, Yanju) → 진주(眞州, Sinju, 현 장쑤 이정儀征) → 과주(瓜州, Caiju) → 진강부(鎭江府, Chinghianfu) → 상주(常州, Canju) → 쑤저우(蘇州, Suju) → 오강주(吳江州, Vuju) → 오정(烏程, Vughin, 현 저장浙江 우싱吳興) → 항저우성(杭州城) → 동려(桐廬, Tanpiuju, 현 저장) → 무주(婺州 Vuju, 현 저장 진화金華) → 구주(衢州, Ghiuju, 현 저장 취셴衢縣) → 상산(常山, Chan Shan) → 신주(信州, Cuju, 현 장시江西 상라오上饒) → 푸젠(福建, Choncha) 지구의 건녕부(建寧府, Kenlinfu) → 후관(侯官, Unken, 일설은 우계尤溪) → 푸저우(福州, Fuju) → 자동성(刺桐城, Zaituen, 현 취안저우泉州) → 정저우(汀州, Tiunju, 일설은 창저우漳州나 더화德化).

마르코 폴로는 이상의 두 차례에 걸친 여행에서 수십개의 도성을 직접 답사해 그가 직접 견문한 것을 여행기에 기술하고 있다. 그 내용은 대부분이 사실에 의거하였지만 일부는 전해들은 것을 기록해 잘못 혹은 과장된 것도 있다. 타향에서 20여년이라는 긴 세월을 보낸 마르코 폴로와 그의 부친, 숙부는 고향을 그리워하여 몇번 원조(元朝)에 귀국을 요청하였다. 그러나 번번이 거절당하다가 당시 원조와 친속(親屬) 관계에 있는 일 칸국의 칸 아르군(Arghun)의 비(妃) 볼가나(Bolgana)의 사망으로 귀국의 기회를 얻게 된다. 아르군은 중신(重臣) 올라타이(Oulatai)·아푸스카(Apousca)·코자(Coja) 등 3명의 특사를 원조에 파견해 청혼했는데, 쿠빌라이는 이 청혼을 흔쾌히 승낙하고 코카친(Kokachin) 공주를 출가시키기로 하였다. 오아시스 육로로 서행하던 3명의 특사와 공주는 타타르족 간의 내란이 발생해 길이 차단되자 8개월 만에 되돌아왔다. 이들은 해로를 이용하기로 하고, 해로의 사정에 밝은 폴로 일행을 동행하게 해줄 것을 칸에게 제의하였다. 칸은 귀향을 갈망하는 폴로 일행에게 해로를 통해 공주를 호송하여 귀국하게 했다. 폴로 일행은 1291년 1월경에 취안저우(泉州)를 출항해 귀로에 올랐다. 폴로 일행의 귀로 노정은 다음과 같다.

취안저우 출발 → 해남도(海南島, Keinan) → 참파(Champa, 즉 점파占婆, 현 베트남 중부) → 이도(二島), 콘두르(Condur, 현 베트남 동남 해안의 Condore도)와 손두르(Sondur, Condur도 서면의 형제도兄弟島Two Brothers) → 로칵(Locac, 현 타이 남부의 로푸리Lophury 일대) → 펜탄(Pentan, 현 싱가포르 해협 남면의 한 섬이거나 인도네시아의 빈탄Bintan도) → 소(小)자바(Little Java, 현 수마트라) → 네쿠베란(Necuveran, 현 인도의 니코바르Nicobar도)와 안가만(Angaman, 현 인도의 안다만Andaman제도) → 세일란(Seilan, 현 스리랑카) → 인도 동남부의 마아바르(Maabar, 현 마나르Mannar만 연안 일대) → 카일(Cail, 현 인도 동남단의 푸니 카얄Punnei Kayal) → 코일룸(Coilum, 현 인도 서남 해안의 퀼론Quilon) → 멜리바르(Melibar, 현 인도 말라바르Malabar 해안의 중심 지역인 망갈로르Mangalore 일대) → 고주라트(Gozurat, 현 인도 서북 해안의 Gugerat 일대)의 타나(Tana, 현 봄베이Bomby 북쪽)·캄바에트(Cambaet, 현 캄베이Cambay만 일대)·세메나트(Semenat, 현 솜나트Somnath) → 케스마코란(Kesmacoran, 현 파키스탄의 카라치Karachi로부터 이란의 마크란Makran 해안 일대까지) → 오르무스(Ormus, 현 페르시아만 입구의 호르무즈Hormuz) → 케르마(Kerma) → 야스디(Yasdi, 현 야즈드Yazd) → 이스파한(Isfaan, 현 이스파한Isfahan) → 카스빈(Casvin, 현 카즈빈Kazvin) → 일 칸국 수도 타우리스(Tauris, 현 타브리즈Tabriz) → 그루지안(Georgian 지역, 현 그루지아Georgia) → 파이푸르트(Paipurth, 현 터키의 바이부르트Bayburt) → 흑해 동남 해안의 트레비존드(Trebizond, 현 트라브존Trabzon) → 콘스탄티노플 → (해로, 1295) 베네치아 귀향.

마르코 폴로가 귀향한 다음해인 1296년에 베네치아와 제노바 사이에 이른바 '코르출라 해전'이 발발하였다. 이 전투에 참전한 마르코 폴로는 베네치아군이 패전하면서 포로가 되었다. 그가 감옥에서 동방 여행담을 구술한 것을 같이 수감되었던 이야기 작가 루스티치아노(Rusticiano)가 대필하였는데, 그것이 1298년에 책으로 엮여 나왔다. 그러자 일시에 마르코 폴로의 명성이 높아졌으며, 그해 여름 그는 석방되었다.

이 여행기의 원고는 본래 중세 프랑스·이탈리아어 혼성어, 즉 프랑코-이탈리아어(Franco-

Italian)로 씌어졌으며, 적잖은 방언도 곳곳에 등장하였다. 후에 필사를 거듭하는 과정에서 라틴어와 이탈리아어의 여러 방언, 그리고 기타 유럽 언어들로 번역되었다. 원본은 소실되어 전해지지 않지만, 유행된 필사본은 약 140종에 달한다. 그중 스페인 톨레도 교회 도서관에 소장된 젤라다(Zelada) 라틴어 필사본이 가장 오래된 것이고, 파리 국립도서관 소장의 B. N. fr. 1116 필사본이 원문에 가장 가까우며, 1477년 뉘른베르크에서 출간된 독일어 역본은 최초의 간본(刊本)이다. 1970년대 말까지 출판된 각종 언어의 간본은 120여종이나 되며, 이러한 간본의 서명(書名)도 일정하지 않고 다양하다. 『세계의 기술』(*Description of the World*), 『베네치아인 마르코 폴로 각하의 동방 각국 기사(奇事)에 관한 서(書)』 『베네치아 시민(市民) 마르코 폴로의 생활』『기서(奇書)』『백만(百萬)』 등 여러가지 서명이 있으나, 보통 『마르코 폴로의 여행기』라고 한다. 중국어로는 『마가파라행기(馬可波羅行記)』로, 일본어와 한국어로는 『동방견문록(東方見聞錄)』이란 제목으로 번역·출간되었다.

이 여행기의 내용은 서문과 본문의 두 부문으로 대별되는데, 본문은 4가지 내용으로 구성되어 있다. 서문에는 마르코 폴로 일행 3명의 2차에 걸친 동방 여행 과정, 본문의 제1부는 마르코 폴로 일행이 소아르메니아로부터 원조의 상도(上都)까지 오는 과정, 제2부는 몽골 대한(大汗, 대칸)과 도성(都城)·궁전·치적을 비롯해 마르코 폴로가 겪은 중국 각지 여행담, 제3부는 일본과 남해 여러 나라, 인도와 인도양 제도, 폴로 일행의 귀로 여정, 제4부는 몽골 여러 부족간의 전쟁과 아시아 북부 지역의 개황을 각각 기술하고 있다. 이 책은 대략 200여 개국과 지역·도시에 관해 언급하고 있는데, 주요한 지방에 관해서는 그곳의 기후·물산·상업·문화·종교·풍속·정치 사건 등을 상술하고 있다.

마르코 폴로의 여행기는 유럽에서 즉각적으로 큰 반향을 불러일으켰다. 일부에서는 여행기의 사실성을 의심하기도 했으며, 심지어는 '이단사설(異端邪說)'이라고 하면서 그 '허위성'을 자백하라는 압력까지 가하였다. 하지만 시간이 지나면서 진실성이 입증되었으며, 중세 유럽인들이 아시아와 중국을 이해하는 주요한 전거와 안내서로 인정하기에 이르렀다. 1375년에 제작된 '카탈란(Catalan) 대지도'를 비롯한 중세 유럽의 세계지도, 특히 아시아 지도는 모두가 이 여행기를 참고하거나 근거로 하여 제작되었다. 뿐만 아니라 이 여행기는 15세기 이후 전개된 콜럼버스(C. Columbus, 1451~1506)와 다 가마(V. da Gama, 1469~1524) 등 유럽의 항해자들의 탐험 활동을 고무하는 데 큰 자극을 주기도 하였다.

마르코 폴로 일가와 물질문명 교류 폴로 일가는 대대로 이탈리아의 베네치아에서 상업에 종사해온 상인들이었다. 조부와 부친 니콜로는 물론이거니와 백부 안토레오와 숙부 마테오도 모두가 전업(專業) 상인들이었다. 백부 안토레오는 콘스탄티노플로 이주해 장사를 하다가 신흥 몽골인들과의 동방교역을 위해 흑해를 건너 크리미아 반도 남안의 솔다이아에 상관(商館)을 개설하였다. 형 안토레오의 부름을 받고 1255년경 콘스탄티노플에 온 니콜로와 마테오는 보석을 비롯한 여러가지 교역품을 챙겨 1260년에 볼가강 중류에 위치한 킵차크 칸국(일명 금장한국金帳汗國)의 수도 사라이에 이르러 칸 베르케(제4대 베르케 칸)의 환대를 받았다. 그들이 가지고 간 보석을 모두 칸에게 헌상하자, 칸은 대단히 만족해하면서 오히려 그 값의 2배 가량의 물건을 하사하였다.

그들이 이곳에 1년여 동안 체류하는 사이에 베르케 칸과 일 칸국 훌라구 칸 사이에 전쟁이 발발해 돈강으로부터 캅카스에 이르는 일대가 전화에 휩싸여 솔다이아에서 베네치아로 가는 귀로가 막혀버렸다. 그리하여 폴로 형제는 그곳을 떠나 킵차크 칸국의 동쪽 끝 우카카를 경유, 17일간 대사막을 돌파한 후 차가타이 칸국 치하의 부하라(Bukhara)에 당도하였다. 여기서 진로를 정하지 못하고 머물러 있다가 우연히 일 칸국 훌라구 칸이 몽골제국 대칸 쿠빌라이에게 보내는 사신을 만나게 되었는데, 사신은 대칸이 미지의 라틴인을 만나보고 싶어 하니 빈객(賓客)으로 대우를 받게 될 것이라며 자기와 동행하면 안전도 보장할 수 있다고 하였다. 폴로 형제는 사신을 따라 부하라를 출발해 오트라르와 이리·하미·간쑤 지방을 경유해 1년 만에 도론노르 부근에 있는 상도 개평부(開平府)에 도착하였다.

쿠빌라이는 폴로 형제를 즉시 접견하고 빈객으로 예우하였다. 그는 기독교국가를 통치하는 황제들의 정치 형태에서부터 품행에 이르기까지, 그리고 교황이나 교회를 비롯하여 라틴인들의 풍속 등을 상세히 캐물었다. 몽골어와 터키어에 능통한 이들이 물으면 묻는 대로 거침없이 대답하자, 대칸은 중신 코가탈(Cogatal)과 함께 두 형제를 교황 클레멘트 4세(Clement IV)에게 사절로 파견해 친서를 보내기로 하였다. 대칸은 터키어로 쓴 이 서한에서 기독교 교리에 밝고 우상숭배자들을 설득할 수 있으며 수사학·논리학·문법학·수학·기하학·천문학·음악 등 7예(七藝)에 통달한 현인 100여 명을 보내달라고 교황에게 요청하였다. 그리고 사절들에게는 예루살렘의 예수의 무덤으로 추정되는 곳에 켜져 있는 램프에서 약간의 성유(聖油)를 가져오도록 명하였다.

사절 일행 3명은 1266년 상도를 떠났는데 얼마 못 가서 중신 코가탈은 병이 나 중도 탈락하였다. 폴로 형제는 3년간의 여정 끝에 1269년 초, 소아시아 동남쪽 항구도시 라이아스에 도착하였다. 그리고 그해 4월에 목적지인 아크르(Acre, 현 팔레스타인의 한 항구)에 이르렀는데, 여기서 교황 클레멘트 4세가 이미 선종(善終)했다는 소식을 접하였다. 그들은 당시 교황의 특사로 이집트 왕국 전역을 관장하고 있던 테오발도 비스콘티(후일의 교황 그레고리우스 10세)를 만나 파견된 사명 등을 설명하였다. 폴로 형제는 새 교황이 선정될 때까지 기다리라는 비스콘티의 요청에, 고향에 다녀오고자 아크르를 떠나 네그로폰트(Negropont)에 이른 후 배편으로 베네치아에 귀향하였다.

폴로 형제는 베네치아에 2년간 체류하면서 새 교황의 선출을 기다렸으나 아무런 소식이 없자 다시 몽골로 돌아가기로 결심하였다. 마르코 폴로를 포함한 일행 3인은 베네치아를 떠나 아크르에 이르러 전술한 교황 특사 테오발도를 만나 그로부터 교황의 유고(有故)로 사명을 수행할 수 없게 되었다는 쿠빌라이에게 보내는 증명서한을 받았다. 그리고 예루살렘에 가서 성유를 구하여 아크르에 돌아왔다. 대칸이 성유를 구해 오라고 명한 것은 기독교도(네스토리우스파)인 그의 모후(母后)인 장성태후(莊聖太后, 소르카그타니)가 원했기 때문이라고 한다. 일행이 아크르를 출발해 라이아스에 이르렀을 때, 마침 특사 테오발도가 새 교황으로 선출(1271년 9월 1일)되었다. 일행은 새 교황이 특파한 사신을 만나 로마에 가서 테오발도를 알현하였다. 교황은 대칸에게 보내는 친서와 함께 대칸이 요청한 100명의 현인 대신 2명의 유능한 사제를 동행하게 하였다. 일행 5명은 1275년 5월에 성도에 도착하였다.

상인 출신으로서 동방교역을 목적으로 하여 떠난 폴로 형제는 대칸의 신임을 바탕으로 로마 교황에게 특사로 파견되는 등 사명을 수행하고는 1291년 중국을 떠나 해로로 1295년 고향 베네치아로 귀향하였다. 이러한 폴로 형제의 활동은 상인 신분으로 외교사절의 사명을 수행한 전형적인 경우다.

마르쿠스 아우렐리우스 안토니누스 Marcus Aurelius Antoninus

로마제국 전성기의 마지막 황제(재위 161~180)로서 『후한서(後漢書)』에는 한에 사신을 파견한 대진국(大秦國, 로마제국)의 '안돈왕(安敦王)'으로 나온다. 이 책의 기록에 의하면, 사신은 166년 환제(桓帝, 재위 146~167) 때 해로로 일남(日南, 현 베트남) 요외(徼外)를 걸쳐 육로로 뤄양(洛陽)에 도착하였다. 사신은 한나라 황제에게 상아·서각(犀角)·대모(玳瑁) 등을 헌상했는데, 이 사신이 로마제국의 공식 사신인지 아니면 상인지는 불분명하다. 그러나 이것은 로마와 한 간에 해상실크로드를 통한 교류와 교역이 기원 초부터 이미 진행되고 있었음을 실증하고 있다.

마르타반 호(壺, 항아리)

남중국이나 베트남에서 생산되는 어깨에 귀가 4개나 6개 달린 항아리의 총칭. 이 이름은 말레이반도 서쪽에 자리하고 있는 미얀마의 마르타반 만(灣)에서 유래한 것으로 보인다. 인도양을 항해하는 선박들은 여기에서 좋은 식수를 공급받았으며, 이곳을 통해 이런 도자기가 교역되곤 하였다. 큰 것은 물 항아리로, 작은 것은 곡물이나 차, 사탕, 소금 절임 등 식품을 담는 그릇으로 사용되었다. 터키에서는 지금도 중국 청자를 '마르타바' 또는 '마르타바니'라고 부른다.

마르티니 Martino Martini, 衛匡國, 1614~1661년

이탈리아의 동행(東行) 선교사. 예수회 선교사인 마르티니는 1632년 10월 예수회에 가입한 후 로마에서 수학과 지리학을 공부하고, 1640년 3월에 동행(東行) 길에 올라 1643년에 중국에 들어갔다. 항저우(杭州)에 잠시 머물다가 난징(南京)에 올라갔다. 당시는 명·청조의 교체기라 도처에 전란이 일어나고 있어서 정처없이 떠돌아다녀야 했다. 그런 상황에서도 마르티니는 방문하는 도시마다 경위도(經緯度)를 측정하였다. 그뒤 선교사들 사이에 예의(禮儀) 문제를 둘러싸고 치열한 논쟁이 발생하자, 마르티니는 베이징 선교단장 롱고바르디(N. Longobardi) 등의 요청으로 베이징에서 논쟁에 개입하였다가 쫓겨나게 된다.

1650년 마르티니는 예수회 중국선교회의 위임을 받아 '중국 예의논쟁'의 대소인(代訴人) 자격으로 실태를 보고하고, 그 시비를 가리기 위해 로마 교황청에 파견되었다. 그는 푸젠(福建)에서 출발하여 필리핀으로 가서 네덜란드선(船)을 타고 아일랜드를 거쳐 1653년 암스테르담에 이르렀고, 이어 1654년에 함부르크를 거쳐 그해 말 로마에 이르렀다. 암스테르담에 체류하면서 라틴어로 쓴 『타타르 전기(戰記)』(1654)와 『중국신지도집(中國新地圖集)』(1655)을 출간하였다. 이 책들은 출간되자마자 여러 유럽어로 번역되었다. 『타타르 전기』는 명·청조 교체기의 여러가지 난세상(亂世狀)과 1651~1654년에 일어난 중대한 정치 사건들을 다루고 있다. 『중국신지도집』에는 모두 17폭의 지도가 수록되었는데, 그중 한 폭은 중국 전도이고, 15폭은 각 성(省)의 분도(分圖), 나머지 한 폭은 일본 지도다. 매 지도의 네 귀퉁이에는 정밀한 경위도가 들어 있고, 지도마다 산맥, 호수, 대소 도시들이 명기되어 있다. 중국 전도 뒤에는 중국에 관한 총론이 첨부되어 있다. 이 지도첩에서 마르티니는 처음으로 '진(秦)'이 'China'(라틴어 Sina)의 어원이라는 설을 제시하였다. 이 지도첩은 유럽인들이 중국 지리를 연구하는 데 첫번째 안내서 역할을 하였다.

1654년에 중국 예의 문제 논쟁의 대소인 자격으로 로마에 도착한 마르티니는 교황청 통신부(通信部)에 다음과 같은 4가지 사항을 건의하였다. ① 중국의 실정에 근거해 조상 제사와 민간 미신을 혼동하지 말 것 ② 조상숭배는 우상숭배가 아님을 인정할 것 ③ 공자를 존대하는 예절은 식자층(識字層)의 습속(習俗)으로 되었으며, 그것은 민간에서는 어른을 존경하는 하나의 의식임을 인정할 것 ④ 조상 제사와 공자 존대는 순수 중국 제도에 속하는 문제임을 인정할 것. 그리고 마르티니는 자신이 통신부에서 한 발언과 통신부 추기경에게 제출한 보고서 내용을 각각 라틴어로 써서,『마르티니 행실(行實)』과『중국 예수회 선교사 기략(紀略)』이라는 제목으로 같은 해 로마에서 출간하였다. 5개월간의 격렬한 변론 끝에 교황청은 마르티니의 건의와 주장을 받아들이고, 마침내 1656년 3월 23일 교황 알렉산더 7세는 중국 기독교 신자들이 조상 제사와 공자 존대 의식에 참여하는 것을 공식적으로 인정하였다.

마르티니는 이 선언이 발표되기 전에 로마를 떠났다. 그는 1657년에 페르비스트(F. Verbiest)를 포함한 17명의 선교사를 대동하고 리스본을 출발해 동행(東行) 길에 올랐다. 도중에 해적과 폭풍을 만나는 등 천신만고 끝에 일행 중 12명은 객사하고 5명만 간신히 살아남아 중국으로 돌아왔다. 1659년 6월, 마르티니는 항저우에서 저장(浙江) 순무(巡撫) 동국기(佟國器)의 지지하에 포교활동을 크게 벌여, 당시 중국에서 가장 화려한 교회를 지었다. 2년 뒤 47세에 병사하였다.

마르티니는 그밖에 여러 권의 책을 썼는데, 라틴어로 쓴 명저『중국상고사(上古史)』제1부가 있다. 1658년 뮌헨에서 출간된 이 책은 인류 기원부터 예수시대까지의 중국 상고사를 서술하고 있다. 이 책에서 그는 주희(朱熹)의『통감강목(通鑑綱目)』을 원본으로 하되 자신이 이해한 바와 견해에 따라 내용을 전개하고 있다. 그 중에는 주왕(紂王)을 ‘중국의 네로’에 비유하는 등 중국과 유럽의 역사인물을 비교 분석하는 내용도 있다. 라틴어로 쓴 또 다른 저술로『중국어문법』이 있는데, 출간되지 않은 채 원고로 남아 있다. 중국어 저서『구우편(述友篇)』은 고대 서구 현인들의 교우담 묶음집으로 마르티니가 구술하고 중국인 신자 축석(祝石)이 받아 적은 것이다. 마테오 리치(Matteo Ricci)의『교우론(交友論)』속편 격인 이 책은 1647년에 완성되었지만 마르티니의 사후 1661년에 항저우에서 출간되었다. 그밖에 중국어 저서로『천주리증(天主理證)』(1권)과『영성리증(靈性理證)』(1권)이 있는데, 신학전서인 이 두 책을 합본해『진주영성리증(眞主靈性理證)』이라는 제목으로 출간되기도 했다.

마리(Mari) 도시 유적

고대 오리엔트 유적. 시리아 동남부에 자리한 마리(현 텔하리리)는 기원전 18세기경에 흥망한 마리 왕조의 고도(古都)이다. 메소포타미아의 설형(楔形)문자에는 ‘마리’라는 이름이 등장하지만, 오랫동안 그 실체는 미궁에 빠져 있었다. 그러던 중 1932년 한 베두인(사막 유목민)이 사망한 가족을 매장하려고 이곳 언덕을 팠는데, 우연히 기묘한 조각상을 발견하였고, 이를 계기로 이듬해부터 프랑스 고고학팀이 발굴을 시작하였다. 여기서 기원전 18세기경에 마리 왕국을 재건한 짐리-림(Zimri-lim)왕의 어마어마한 궁전 유적이 드러났다. 200×120m 크기의 주벽에 에워싸인 이 궁전은 오리엔트 최대의 궁전으로 여겨진다. 동쪽에 정문이 나 있고, 가운데에 2개의 중정(中庭)이 있다. 그중 49×33m의 큰 중정에는 정사를 보는 정청(政廳)이 있으며, 그 남쪽에 옥좌가 놓여 있다. 작은 중정은 예배당이다. 그밖에 외교사절의 숙소와 왕궁문고·알현청·예배소·집무실·병기고·저장고·욕실 등이 따로 마련되어 있다. 이 궁전에서는 무려 2만 점에 달하는 설형문자로 된 문서와 더불어 독특한 의상을 착용한 왕과 왕비, 가수와 수신(水神)의 조각상, 채색벽화 등 많은 유물이 출토되었다. 이 유품들은 현재 시리아의 다마스쿠스와 알레포 박물관에 소장되어 있다.

마리뇰리 Giovanni de' Marignolli

동행 선교사. 이탈리아의 피렌체에서 출생한 마리뇰리는 프란체스코회 선교사로 1338년 로마 교황의 명을 받고 중국 원조(元朝)에 파견되었다. 아비뇽을 출발해 사라이와 알말리크를 거쳐 원조의 수도 대도(大都, 현 베이징)에 도착하였다. 중국에서 몇년간 체류하다가 취안저우(泉州)를 출발하여 해로를 통해 1352년 아비뇽으로 귀향하였다.

마복산 馬福山

발해의 도일(渡日) 사신. 848년 12월 대판관(大判官)의 신분으로 대사(大使) 왕문구(王文矩)와 함께 일본으로 건너가 이듬해 5월에 정오위하(正五位下)작을 받았다. (8-214)

마사람달간 摩思覽達干

이슬람제국의 동행(東行) 사절. 우마이야조 이슬람제국의 사절로 동행한 7인과 함께 733년 당나라에 입조(入朝)하여 과의(果毅)작과 함께 비단 20필을 하사받았다. (8-57)

마세와야 바레카 고분 유적

1967년 북캅카스 쿠반강 상류의 한 지류인 바레카 강안의 마세와야 바레카 고분(古墳)에서 143건의 견직품이 출토되었으며, 그 동편에 있는 하사우트 고분에서도 65건의 견직품 잔편(殘片)이 발견되었다. 이러한 견직 유물의 직조 연대는 8~9세기로 추정되며, 직조지는 중앙아시아 소무구성(昭武九姓)이 60%이고, 중국과 비잔틴이 각각 20%를 차지한다. 출토 유물 중 동서교류와 관련해 주목되는 것은 연주문괴수(聯珠紋怪獸) 문양의 금포(錦袍, 색채와 무늬가 있는 비단 도포)와 중국 견화(絹畫) 및 한문(漢文) 문서다. 이색적이면서도 상징적인 이 금포는 4종의 각기 다른 견직문화의 융합물로서, 천은 페르시아산 금포(錦布, 비단천)이고, 안감단은 난초화(蘭草花) 문양의 소무구성산 비단이며, 옷깃의 앞 둘레는 작은 직각형 비잔틴산 비단조각으로 수놓았다. 그밖에 허리띠나 식대(飾帶)는 검은 바탕에 연한 꽃무늬가 있는 중국산 우사(羽紗, 면과 모 등의 혼직포)로 만들어졌다. 금포의 연주문은 전형적인 페르시아 문양이다. 중국 견화에는 산간기사도(山間騎士道)가 그려져 있다. 한문 문서는 초체묵서(草體墨書)의 잔권(殘卷)인데, 이는 지금까지 서방에서 발견된 한문 문서 중 가장 이른 시기의 것, 그리고 가장 멀리 서전(西傳)된 한문 문서다. 마세와야 바레카 고분은 북캅카스의 아란 문화에 속한 분묘다. 초기 한적(漢籍)에서 아란은 '엄채(奄蔡)'로 칭하나, 후에는 '아란(阿蘭)' '아사(阿思)' '아속(阿速)' 등으로 음사되기도 한다. 8~9세기 중앙아시아 일원에서 동서 교역을 독점하다시피 한 소그드 상인들은 사마르칸트나 부하라로부터 서행해 카스피해 북부와 북캅카스에 이르는 초원로를 따라 교역활동을 활발히 전개하였다. 따라서 그들에 의해 중국이나 중앙아시아의 소무구성산 견직물이 마세와야 바레카 고분이 자리한 북캅카스 일대까지 운반된 것으로 짐작된다.

마사게타이 Massagetae(그리스어)

중앙아시아의 반농반목(半農半牧) 집단. 기원전 7~4세기 사이에 카스피해 동북 해안에서 아랄해와 시르다리야강 하류 지역에 살던 유목민 집단으로서, 시르다리야강 하류 지역에 관련 유적이 남아 있다. 이들은 이란계 언어를 사용하였는데, 스키타이나 사카와 같은 계통이거나 그 일부라는 설이 있다. 헤로도토스(Herodotos)에 따르면, 스키타이는 이들의 공격에 못 견디어 볼가강을 건너 서천(西遷)하였다고 한다. 기원전 530년에는 이 집단의 여왕이 아라크스(Araks)강 북안에서 아케메네스조 키루스 2세의 원정군을 격파하고 키루스 2세를 살해했다고도 전한다. 말을 희생물로 삼는 의례와 공처제(共妻制), 고령자에 대한 식인 폐습 등의 풍속이 있었던 것으로 알려지고 있다. (3-478)

마슈하드 Mashhad

이슬람 시아파의 성지. 이란 수도 테헤란에서 동쪽으로 720km 떨어진 비옥한 농경지대이자 교역의 중심지인 마슈하드는 제8대 이맘인 레자(Rezā, 본명은 알리)의 묘당이 있는 이슬람 시아파의 최고 성지다. 사우디아라비아의 메디나에서 태어난 레자는 35세 때 부친에게서 이맘 직위를 물려받은 뒤, 816년에는 압바스조 칼리파 마어문으로부터 계위자로 임명되었다. 하지만 마

이란의 시아파 성지 마슈하드시에 있는 이맘 레자 묘당

어문과 수도 바그다드로 귀환하는 도중 레자가 급사하게 되고, 그의 사망은 순교로 인정되어 지금의 마슈하드에 묻혔다. 이 성지는 레자의 묘당뿐만 아니라 여러 개의 마스지드(사원)와 박물관을 포함한 하나의 복합적 성지의 성격을 띠고 있다. 현 이란 호라산주의 주도(州都).

마슈하드 종교 유적

오아시스로 상의 유적. 이란에서 아나톨리아(현 터키)에 이르는 서북단(西北段) 오아시스로 연변에도 동서교류를 실증해주는 유적들이 다수 산재해 있다. 이 서북단로의 시발지가 바로 '순교의 곳'이란 뜻의 마슈하드다. 마슈하드는 현 이란 호라산주의 주도(州都)로서 성자인 이맘 레자의 묘당이 있는 이슬람교 시아파의 성지이기도 하다. 매해 수많은 시아파 교도들이 오아시스로를 따라 순례차 모여드는 이곳은 옛날부터 교통 요로로 물산의 집산지이기도 하다.

마스오디 Alī al-Mas'ūdī, ?~956년

아랍의 사학자 겸 지리학자. 마스오디는 이슬람 제국의 수도 바그다드에서 출생해 젊은 시절부터 지리학과 여행에 각별한 흥미를 가지고 대부분의 청·장년기를 여행으로 보냈다. 바그다드를 떠나 페르시아만을 지나 인도 각지를 주유(周遊)한 다음 중국 남해안에 도착해 여러가지 풍물을 목격하였다. 귀로에 인도양을 횡단해 동아프리카의 잔지바르와 마다가스카르까지 남하하고 다시 북상해 아라비아 반도의 남부에 위치한 오만을 거쳐 수년 만에 바그다드로 귀향하였다. 그러나 얼마 지나지 않아 다시 여정에 올라 카스피해 남안과 소아시아 지방을 두루 돌아보고 샴(현 시리아)·팔레스타인을 거쳐 이집트에 이르렀으며, 그곳에서 여생을 보내다가 965년(이슬람력 345년)에 세상을 떠났다.

마스오디는 평생 동안 수많은 지역을 돌아다니면서 수집한 사료와 선현들의 저서를 참조해 30권에 달하는 세계역사 전서인 『황금초원(黃金草原)과 보석광(寶石鑛)』(*Murūj al-dhahab wa maʿādin al-jawāhir*, 10세기 중엽)을 저술하였다. 이 노작은 역사와 지리, 인간생활과 과학, 견문과 신화 등 다양한 소재로 엮어졌다. 특히 각종 소재의 연구방법론에 있어서도 사실주의를 강조하고 근거 없는 억측이나 절취(截取)를 배제하여 최대한 사실에 근접하도록 노력하였다. 마스오디는 그밖에도 『아랍 및 이민족사(異民族史)』(*ad-Tārikhu fi Akhbāriʾl Umami minaʾl Arab waʾl Ajem*), 『시대견문(時代見聞)』(*Akhbāruʾd Zamān*), 『종교근원설(宗敎根源說)』(*al-Maqālāt fi Usūliʾd Diyānāt*) 등 많은 저서를 남겼다.

마스오디는 『황금초원과 보석광』에서 아랍인들의 신라 왕래에 관해 다음과 같이 서술하였다. 즉 "바다를 따라 중국 다음에는 신라국과 그에 속한 도서를 제외하고는 알려졌거나 기술된 왕국이란 없다. 그곳(신라국)에 간 이라크 사람이나 다른 나라 사람들은 공기가 맑고 물이 좋고 땅이 기름지며 자원 또한 풍부하고 보석이 일품이기 때문에 극히 소수의 사람을 제외하고는 그곳을 떠나지 않았다." 이와 같이 마스오디는 멀리 타국 사람들이 신라를 왕래하거나 정착한 사실을 거론하면서, 그 왕래자들이 이라크인과 기타 외국인들임을 지목하고 있다.

마스지드 masjid (아랍어)

이슬람교의 예배 장소(사원). '마스지드'는 아랍어로 '엎드리는 곳'이란 뜻으로, 무슬림들이 허리를 굽히고 엎드려 예배를 드리는 데서 연유한 말이다. 이슬람교에서는 마스지드에서 예배드리는 것을 권장하지만 반드시 그래야 하는 것은 아니다. 깨끗한 곳이면 어디든, 안방·일터·야외,

심지어 비행기 안도 무방하다. 마스지드 내부는 되도록 소박하고 단정하게 꾸민다. 벽화 같은 장식은 거의 없으나 경전만은 상비하고 있다. 이슬람의 3대 마스지드는 무슬림들의 순례지인 메카의 금사(禁寺)와 무함마드의 시신이 안치되어 있는 메디나의 성사(聖寺), 그리고 무함마드가 야행승천(夜行昇天)했다는 예루살렘의 원사(遠寺)이다.

내부의 주요 구조물로는 미흐라브(Mihrab)·민바르(Minbar)·미어자나(Miʾdhanah)가 있다. 미흐라브는 마스지드의 예배실에서 성지 메카를 향해 있는 벽면으로 사각형, 원형으로 움푹 패여 있으며 예배 때에 이맘이 그 앞에 서서 예배를 인도한다. 민바르는 미흐라브의 오른쪽에 설치된 설교단으로서 보통 목재로 만드는데, 6개의 계단과 난간, 그리고 돔이나 피라미드 모양의 덮개 등 세 부분으로 구성되어 있다. '예배를 알리는 곳'이란 뜻의 미어자나는 형태가 뾰족해 첨탑(尖塔)이라고도 한다. 구조는 탑기(塔基)·탑신(塔身)·탑정(塔頂) 세 부분으로 이루어진다. 흔히 탑신은 가늘게 뻗어 올라가고, 탑정은 보통 뾰족하지만 왕관식 원형으로 된 것도 있으며, 탑신은 지역에 따라 원주형이나 나선형도 있다. 미어자나의 수는 메카의 금사를 제외하고는 1~4개로 제한한다.

마아바르 Maʾabar, 馬八亞, 馬八兒, 馬八

동남 인도의 코로만델(Coromandel) 해안에 위치한 해안도시 마하발리푸람(Mahābalipuram)의 옛 이름. 이 도시는 타밀나두주(州)의 주도인 첸나이(Chennai) 남방 60km 지점에 있다. '마아바르'는 아랍어로 '도강처(渡江處)'나 '도해처(渡海處)'란 뜻을 가지고 있다. 1290년대에 이곳을 방문한 마르코 폴로는 그의 여행기 『동방견문록』에서 마아바르는 당시 흔히 '대인도'(마아

바르에서부터 케스마코란까지, 소인도는 참바에서 무티필리까지)로 불렸다고 기록하고 있다. 이곳이 인도에서 가장 좋은 곳이고 세상에서 가장 부유한 지방이라는 뜻이다. 이곳의 특산물은 진주조개다. 해마다 4월에서 5월 중순까지 진주조개 조합의 상인들은 노동자를 고용하여 물속의 진주를 캔다. 이렇게 채취되는 조개는 전세계로 수출되고 이 과정에서 막대한 관세를 거둔 왕은 거대한 재화를 모았다. 이 재화로 왕은 매년 2,000마리가 넘는 말을 수입하지만 관리를 잘 못해서 연말에는 100마리도 살아남지 못하였다고 한다. 1320년대에 마아바르에 도착한 오도릭은 이곳을 '모바르'(Mobar)라고 불렀는데 이는 마아바르의 음이 와전된 것이다. 그의 여행기 『동방기행』에 따르면 이 나라는 대단히 넓고, 많은 도시와 마을이 있었다고 한다. 이 왕국에는 인도의 모든 주들이 숭배하는 거대한 금제 불상(佛像)을 모시는 순금 묘당이 있어 멀리서부터 순례자들이 찾아온다. 순례자들 중의 일부는 오체투지로 순례를 행하며 향로를 들고 오면서 궤배(跪拜)하는 전 구간에 향을 피운다. 묘당의 인근에는 인공 못이 있어 순례자들이 이곳에 금은보석을 던지는데, 이 보석들은 묘당 공사 때에 쓰인다고 한다.

1340년대에 이곳을 방문한 아랍의 대 여행가 이븐 바투타는 마아바르의 해안과 팟탄·무트라에 수개월간 체류하였다. 그의 여행기에 따르면 그는 당시 마아바르의 술탄이었던 기야숫 딘 앗 다마가니와 친구 사이였다. 실론 섬에서 마아바르에 상륙한 그는 내륙에서 전쟁 중인 술탄이 보낸 군대의 안내를 받아 내륙으로 들어간다. '하얌'(khayām)이라는 천막에서 술탄에게 그는 지바툴 마할 제도(지금의 몰디브 제도)에 파병을 건의하기도 하였다. 해안도시 팟탄에서 이븐 바투타는 며칠간을 머물렀다. 이 도시에는 포도가

흔하고 좋은 석류가 나오며 사자와 영양을 키운다고 한다.

『한서漢書』「지리지」에 의하면, 전한 무제 때(재위 기원전 141~87) 한나라 상선이 인도 동남 해안의 황지국(黃支國, 현 칸치푸람 Kanchipuram)까지 다녀왔다는 기록이 보이는데, 마아바르는 바로 당시 황지국의 도해처였을 것으로 보인다. 특기할 것은 일찍이 이 왕국과 고려 간에 왕래가 있었다는 사실이다. 고려 25대 충렬왕(忠烈王) 때 이 마팔아국(馬八兒國, 마아바르) 왕자 패합리(孛哈里)가 침향(沈香)과 면포(綿布, 일명 서양포西洋布) 등의 공물을 보내왔다. 이에 앞서 충렬왕은 대신 채인규(蔡仁揆)의 딸을 원나라 승상(丞相) 상가(桑哥)에게 공녀(貢女)로 시집을 보냈는데, 상가가 피살되자 원의 신속국인 이 마팔아국 왕자에게 재가시켰다. 이러한 정략적 혼인 관계로 인해 패합리가 처가인 고려에 공물을 보내온 것이다. ('마팔국 왕자의 진공'항 참조)

마야 Maya

유카탄 반도를 중심으로 한 중앙아메리카 지역. 비교적 건조한 북부 저지대와 대부분이 열대우림으로 뒤덮인 남부 저지대, 그리고 기복이 심한 고지대로 구분된다. 고지대와 저지대에서는 각기 다른 언어가 사용되었다.

마야 문명 Mayan Civilization

멕시코 남부와 과테말라·온두라스·엘살바도르 일부를 아우르는 문명권. 유카탄 반도를 중심으로 한 중앙아메리카에서 마야인(인디언)들에 의해 창조된 마야 문명은 장려한 궁전과 독특한 조각미술 및 상형문자를 가진 농경 기반의 고대 중앙아메리카의 선진문명을 일컫는다. 마야의 인문환경은 대단히 복잡다단하다. 건조한 사막과 한랭한 고지, 고온다습의 저지 산림과 깊은 계곡

등 지세가 복잡하고 험하다. 이러한 지세와 자연환경은 마야 문명의 생성에 상당한 영향을 미쳤는데, 세 가지로 정리해볼 수 있다. ① 각지에 다양한 독자적 지방문화를 탄생시킴으로써 서로 유무상통하며 보완하는 하나의 복합적 문명을 이루었다. ② 화산·지진·홍수·한발 등 가혹한 자연환경은 주민들의 응전 능력을 키워 그 극복 과정에서 찬란한 고대문명을 개화시킬 수 있었다. ③ 다양하고 가혹하며 변화무상한 자연환경은 그 불가사의에 대한 특유의 우주관·세계관·종교관을 탄생시켰다.

여러가지 공통적 요소를 공유한 마야 문명권은 지세와 문화의 차이에 따라 중부와 남부, 북부지역의 3대 지역으로 구분된다. 멕시코의 여러 주와 과테말라 북부를 포함한 중부지역은 마야 문명의 요람으로, 남부는 구릉지대이고 중앙부는 열대밀림지대다. 열대식물이 무성하고 극락조와 사슴 등이 서식하며, 하천이나 소택·호수가 많고 자연변화가 심하다. 이곳에서는 상형문자와 역법(曆法)을 새긴 석비(石碑), 피라미드형 신전, 대도시 흔적이 발견되고, 언어·문화적 통일성과 더불어 강한 폐쇄성이 엿보인다. 멕시코 동남부와 과테말라 남부, 온두라스 서부, 엘살바도르 북부를 포함한 남부지역은 '고지(高地) 마야'라 부를 정도의 고원지대로, 화산이 많고 기후는 비교적 서늘하며 비옥한 계곡과 대도시의 흔적이 남아 있다. 이곳은 마야 문명의 조형(祖型)인 올메카(Olmeca) 문화의 영향을 많이 받은 것으로 추측되는데, 최근 태평양 연안에서 여러 관련 유적이 발견되고 있다. 유카탄 반도 북부를 망라한 북부지역은 평탄한 지세의 해안지대인데 강우량은 적고 건조하다. 석회암 지각이 함몰되어 늪이나 못·샘 같은 천연적인 저수지가 형성되어 그 주변에 도시가 자리하였다. 대표적인 것이 인신공희(人身供犧) 못으로 알려진 세노테(Cenote) 못이다.

마야 문명의 후기 고전기에 건설된 치첸이트사의 펠로타 구기장(메소아메리카 최대 구기장, 길이 166m, 너비 69m)

지금까지 발굴된 것에 의하면 주민들의 거주지는 해발 60~180m의 열대 정글 속에 집중되어 있으며, 전성기인 고전기(古典期, 기원후 3~10세기)에 마야 문명권 내의 인구는 약 200만에 달했는데, 형질인류학적으로는 황색인종인 몽골로이드에 속한다. 흔히 인디오 마야인으로 표현되는 이들의 체형은 작은 키에 통통한 몸집, 약간 검은 피부, 검고 곧은 머리카락, 두개변형(頭蓋變形)에 의한 납작한 머리, 유아반점(幼兒斑點, 몽골반점) 등 한국인을 포함한 동북아인들의 체형과 유사하다. 단 사팔뜨기가 미안(美眼, 특히 여성의 미안)으로 여겨지는 점이 특이하다.

고대 마야 문명의 창조자들은 고유의 마야어를 사용하였다. 현재는 약 200만 명이 마야어를 쓰고 있는데, 그 가운데서 약 100만이 과테말라에 거주하고 있다. 언어학자들은 마야어의 기원을 고(古)과테말라·유카탄 어족, 고(古)치아파스 어족(과테말라 남부), 와스테카 어족(중부 저지대)의 3대 어족에서 찾고 있다. 전통문화에 집착해 보수성이 강한 마야족은 외래 언어의 수용에 배타적이었다. 그러나 고전기에 접어들어 외부와의 접촉이 시작되자 언어의 혼성(混成)으로 인해 지역에 따라 각종 방언이 많이 생겨남으로써 급기야는 15~20개의 방언을 파생시켰다. 그러나 크게는 저지어(低地語)와 고지어(高地語) 두 종류로 대별된다. 마야 문명과의 교류에 의해 특유의 마야어가 세계 통용어로 둔갑한 실례는 한두 가지가 아니다. 예컨대 토마토(tomato)는 마야 인디오의 나와틀어 '토마틀'(tomatl)에서, 초콜릿(chocolate)은 남부 멕시코 인디오들이 카카오 콩에서 짜내는 음료 '쇼칼라틀'(xocalatl)에서, 담배(cigar, cigarette)는 '빨다'라는 뜻의 마야어 '시가'(xigar)에서 각각 유래하였으며, 키스(kiss)는 '부드럽게 빤다'는 뜻의 마야어 '쏘스'(tzootz)와 관련이 있다고 한다. 이것은 마야 문명(언어)의 세계사적 기여라고 할 수 있다.

마야의 기원이나 창조에 관해서는 몇가지 신화가 있는데, 그 가운데서 두 가지만 소개하도록 한다. 하나는 우라칸 신화다. 그 옛날 우라칸 신 등 천신(天神)들이 황색과 백색 옥수수 가루를 섞은 반죽으로 4명의 남자를 만들었다. 그런데 그들의 모습이나 생각이 신과 같아서 천신들이 못마땅하게 여겼다. 그래서 그들의 눈에 숨을 불어넣어 일부만 보이게 하여 신보다 무능하게 만들었다. 그 남자들을 잠들게 하고서 4명의 여자들을 만들어 보내 드디어 4쌍의 부부가 생겨났고, 마침내 그들이 마야인을 비롯한 인류의 조상이 되었다. 다른 하나는 앞 신화에 이어지는 태양 신화다. 일단 인간이 생겨나기는 했지만, 태양이 없는 암흑 속에서 살게 되어 투란쥐바(Turan-zuiva)라는 7개의 동굴로 옮겼으나 여전히 암흑이었다. 그래서 인간들이 광명을 찾아 산과 바다를 넘는 긴 여행 끝에 바닷가에 이르자 바다가 홀연히 두 쪽으로 갈라지면서 길이 트여 아카비츠(Hacavitz)산 기슭까지 이어졌다. 인간들이 경건하게 기도를 올리자 태양이 모습을 드러내서, 그곳 키체(Quiche) 마을에 정착하게 되었다. 신이 복을 받으려면 인신공희(人身供犧)를 해야 한다고 명해서 이웃 마을과의 전쟁에서 생포한 포로를 공희로 바쳤다. 키체 마을 세력이 점차 강해지자 그 4명의 남자는 어디론가 사라지고, 그 자리에 두루마리 묶음 하나가 나타났다. 사람들은 그것을 '금기의 보물'이라고 하면서 전승해왔다. 이 두 가지 신화는 지고(至高)의 신에 의한 인간의 창조와 태양신에 대한 경배, 그리고 인신공희의 연유를 전해주며, 북방으로부터 따뜻한 남방으로의 마야인 이동을 시사한다.

숱한 신비를 간직한데다가 서구 식민주의자들의 의도적인 은폐와 왜곡으로 인해 마야 문명은 오래도록 베일에 가려져 있었다. 그러나 16

세기경부터 다방면의 연구가 이루어져 단계별로 하나둘씩 신비가 벗겨지기 시작하였다. 제1단계는 16~17세기의 견문기(見聞記)와 정보기록 수집단계다. 1515년 3월 1일 스페인의 코르도바 함선이 유카탄 반도 해안에 처음으로 도착해 선상에 마야인들을 초대하는 등 유인책을 펼치고는 곧바로 다음날 강제 상륙을 시도하였다. 양측간에 충돌이 일어나 스페인 측은 57명이 사살되고 몇명만이 살아남았다. 생존자들은 간신히 인근의 석조건물·신전·황금신상·보석류·도시경관 등에 대해 기록하여 돌아갔는데, 스페인 국왕은 이에 큰 관심을 표명하였다. 이어 1549년에 스페인은 가톨릭 신부 란다(Fray Diego de Landa)를 주교(主敎)로 파견하였다. 그는 마야 문명에 대해 이중적 태도를 취하였다. 마야의 토착종교를 적대시한 란다는 그림문서 등 관련 서적들을 '미신과 악마의 망언서(妄言書)'라고 지탄하면서 3권의 책만 남겨놓고는 몽땅 불살라버렸다. 이것이 중국 진시황(秦始皇)의 '분서갱유(焚書坑儒)'를 방불케 하는 유명한 '란다의 분서(焚書) 사건'이다. 반면에 그는 마야인들의 성격이나 생활태도에 관해서 찬양하면서 그들의 역사나 신화, 전승이나 언어 등에 관한 기록을 저서 『유카탄풍물지(風物誌)』에 남겼다. 그의 몰상식한 분서는 지탄받고 있지만, 이 풍물지만은 소중한 문헌으로 평가되고 있다. 이 단계에서 서구 정복자들은 키체의 기원신화를 비롯한 토착민들의 신화를 다수 수집하였다. 란다의 분서 행위는 선진 마야 문명을 연구하고 이해하며 복원하는 데 큰 어려움을 주었다. 남겨놓은 3권의 책과 불타고 남은 유물마저 기호문자인 마야 문자로 씌어졌기 때문에 우선 이 문자에 대한 해독 연구가 필요하였다. 연구는 분서 이후 300여년이 지나 1876년부터 시작되었다. (문자 해독에 관해서는 '란다의 분서'항 참고)

마야 문명 연구의 제2단계는 18~19세기의 탐험단계로서, 이때부터 고고학적 연구가 시작된다. 스페인은 1787년 안토니 델 리오 대위를, 1805~1807년에는 카제르모 튜페 대령을 각각 파견해 유카탄 반도의 팔렌케 유적에 대한 발굴조사를 진행하였다. 그 결과 1822년 런던과 1844년 파리에서 각각 처음으로 고고학적 발굴 보고서가 출간되어 마야 문명에 관한 고고학적 연구의 기초가 마련되었다. 이어 개별적인 탐험가들의 발길도 이어졌다. 특히 19세기 말 25세의 젊은 나이에 멕시코 주재 미국 영사(領事)로 부임한 에드워드 톰슨(Edward Thomson)은 마야 문명에 심취해 본연의 영사 업무는 포기하고 마야 문명 연구에 몰두하였다. 세노아를 포함한 치첸이트사(Cichén Itza)의 주요 유적지를 74불의 헐값에 구입하고 세노테 샘에서 인골을 인양하기도 하였다.

마야 문명 연구의 제3단계는 20세기에 들어와서 전문 연구자들과 연구기관에 의한 과학적 연구가 진행된 단계다. 하버드 대학의 피포트 박물관과 워싱턴의 카네기 연구소, 펜실베이니아 대학 박물관, 시카고 자연사박물관, 멕시코 인류학역사학연구소, 소련 극동연구소 등이 마야 문명 연구에 각별한 열의를 보여 일정한 연구 성과를 거두었다. 연구는 마야 문명 특유의 문자와 역법(曆法), 회화(繪畫)의 해독에 역점을 두었다. 특히 문자의 해독에 고심을 거듭했지만, 50년 가까이 경과된 1950년대에 이르러서도 고작 숫자나 일시(日時), 달수와 햇수 등을 가까스로 해독하는 수준에 불과하였다. 2차 세계대전 후에도 연구는 지속되어 대체로 그간의 연구결과가 정리되는 한편, 새로운 첨단장비를 도입해 연구의 과학성을 한층 강화하였다. 1970년대 미국 항공우주국은 금성(金星) 탐사용 레이더시스템을 이용해 과테말라 열대우림에서 고대 배수용(排水用)

운하를 발견한 바 있다.

이상의 연구를 통해 마야 문명에 관한 개략적인 역사인식이 도출되기는 하였지만, 아직은 많은 수수께끼가 남아 있다. 이러한 역사인식에서 첫째로 중요한 것은 역사의 편년(編年) 문제(시대구분 문제)다. 이는 이른바 라틴아메리카의 '고유한 역사패턴'이란 문제와 엉켜 더욱 복잡하다. 지금까지의 편년 문제에 관한 연구결과를 주로 역사·고고학적 시각에 입각해 정리하면 고대(후기 구석기시대)부터 중세까지의 마야 역사시대를 대체로 고석기(古石期)와 선고전기(先古典期), 고전기(古典期), 후고전기(後古典期)의 4개 단계로 구분할 수 있다. 그러나 이러한 편년법은 적잖은 문제점들을 안고 있어 지속적인 연구가 요망된다.

마야 문명은 선고전기 중기(기원전 1,000~기원전 400)에 발원해 선고전기 후기(기원전 400~기원후 250)와 고전기(250~900)를 거쳐 후고전기(900~16세기)까지 약 2,500~1,900년간 존재한, 남아메리카에서는 가장 유구하고 발달한 문명이다. 마야인들은 정연한 문자체계와 역법, 영의 개념을 도입한 산술, 태양과 달, 금성을 육안으로 정밀 관찰한 천문학을 발전시켰으며, 신석기시대의 예리한 석기로 도시와 거대한 신전·피라미드·석비를 세웠으며, 관개농경과 화전농경, 다랑이 논 농경 등 집약농경도 알고 있었다. 오늘날까지도 일찍이 마야 문명이 발달했던 광범위한 지역에서 800만 이상의 마야인 후예들이 약 30종의 마야어를 고수하면서 마야 문명의 전통을 이어가고 있다.

마야 아치

마야 문명 지역의 신전이나 피라미드·석실묘 등 구조물에 도입된 역(逆) V자형 아치를 말한다.

마오리인(人) Maori

교류의 역사적 배경으로서의 민족이동. 현재 뉴질랜드의 원주민인 마오리인은 14세기경에 해양 종족의 거주지인 동부 폴리네시아에서 뉴질랜드로 이주해왔다.

마우리아 왕조 Maurya Dynasty, 기원전 321~184년 혹은 기원전 317~180년

고대인도 최초의 통일 제국. 인도 고대 왕조의 하나인 마가다 왕국('마가다 왕국'항 참고) 출신인 찬드라굽타가 마가다 왕국을 멸하고 세운 인도 최초의 통일 제국으로, 원래 판도는 갠지스강을 중심으로 한 벵골 지방에서 아라비아해에 이르는 지역이었다. 찬드라굽타의 손자이자 제3대 왕인 아소카 시대에 이르러 전성기를 맞았다. 아소카는 불교에 귀의하여 불교를 국가의 통치이념으로 삼았을 뿐만 아니라 처음으로 전도단을 스리랑카와 서역 등지에 파견해 불교를 전파하기도 하였다.

마워라알나흐르 Mā Warā' al-Nahr(아랍어)

'강의 뒤편(저쪽)'이라는 의미의 아랍 복합어. 7~8세기 아랍·이슬람군이 중앙아시아로 원정을 단행하면서 생겨난 말이다. 처음에는 아무다리야강의 동편 지역을 지칭하다가 차츰 아무다리야강과 시르다리야강 사이의 지역, 이를테면 '양강(兩江) 지역'에 대한 범칭으로 사용하게 되었다. 이 지역은 소그디아나 지역에 해당된다.

마유주 馬乳酒, qumiz

말젖을 발효시켜 만든 신맛 나는 유백색 음료. 투르크계 유목민들이 즐겨 마시는 음료인데 알콜이 약간 섞여 있다. 헤로도토스는 스키타이인들이 말젖을 나무통에 넣고 저어 마유주를 만든다고 기록하고 있다. 마유주(꾸미즈)에는 여러 종류가 있는데, 여름철에 잘 발효되어 색깔이 짙은 것을 사르 꾸미즈, 용기의 바닥에 남아 색깔이 짙게 된 것을 토사프 꾸미즈, 이틀 동안 발효시킨 것을 투네메르 꾸미즈, 꿀이나 설탕을 넣어 단맛이 나는 것을 바르 꾸미즈라고 한다. 마유주는 단백질·지방질·당분·비타민 같은 각종 영양소가 풍부해 예로부터 보양재로 사용했다. 현대의학에서도 이른바 '꾸미즈 요법'을 도입해 빈혈증이나 결핵 환자, 허약증 등의 치료에 유용하고 있다.

마(魔)의 삼각지대 Devil's Triangle

멕시코만의 삼각지대. 미지의 자연요인에 의해 수많은 선박과 비행기가 조난당해 '돌아오지 않는 지점'으로 악명이 높은 멕시코만의 삼각지대를 일컫는 말이다. 몇몇 조난 선박의 마지막 통신에 의하면, 그곳에서는 '하얀 물결'이 용솟음치고 해안에서 3~4km밖에 안 되는 해상에서 방향감각을 잃는 등 불가사의한 일이 자주 일어난다. 일찍이 추락된 미 공군기 5대는 파편은커녕 기름 한방울 남겨놓지 않고 사라졌다고도 한다. '버뮤다(Bermuda) 삼각지대'라 부르기도 한다.

마이센 자기(磁器) Meissener Porzellan

커피 포트(뵈트거 작, 1712년)

1709년 독일의 마이센에서 연금술사 뵈트거가 처음으로 자기를 만드는 데 성공하였다. 당시 유럽에서는 자기를 금은과 맞먹는 가치가 있다고 여길 정도로 진귀하고 중요하게 여겼다. 독일의 프리드리히 대왕이 기병 600명과 중국 염부(染付) 127점을 맞바꿨다는 이야기는 유명하다. 초기 뵈트거가 구워낸 자기는 백색이 아니라 투박한 갈색이었으나, 점차 경덕진 풍의 염부나 색회(色繪)를 만들어냈다. 그러다가 중국 내의 정세 혼란으로 인해 중국 자기의 유럽 수출이 주춤해지자, 마이센 가마에서는 중국 자기 대신 일본의 색회자기를 모조하게 되었고, 그것이 독일이나 영국 등 유럽 전역에 퍼져나갔다.

마자르인(人) Magyars

교류의 배경으로서의 민족이동. 마자르인은 헝가리의 주류 민족으로 우랄어족에 속하는 마자르어를 사용한다. 그들은 원래 우랄 산맥 서남쪽 볼가강 중류 유역에 살았는데, 5세기경에 동방에서 쳐들어온 흉노족에 밀려 이곳저곳 전전하다가 9세기 말 지금의 헝가리에 정착하게 되었다. 인종적으로는 투르크·타타르·슬라브·게르만 등 여러 종족의 혼혈이지만, 체질인류학적으로는 동양적인 특색을 간직하고 있다. 따라서 그들이 남긴 유물에는 동서양 문명의 융합적인 흔적이 나타난다.

마자르 이 샤리프 Mazār-i Sharīf(페르시아어)

오아시스로 상의 요지. 페르시아어로 '마자르'는 '묘당' '샤리프'는 '신성한'이란 뜻이다. '신성한 묘당'이란 의미의 '마자르 이 샤리프'는 아프가니스탄 북부의 발흐주(州)의 주도(州都)로 유구한 역사를 간직한 도시다. '신성한 묘당'이라 부르는 것은 이곳에 이슬람의 제4대 정통 칼리파인 알리의 묘소가 있기 때문이다. 알리의 묘는 이라크의 나자프에 있는 것으로 알려져왔는데, 셀주크조 산자르왕 치세 때(재위 1119~1157) 발흐 동쪽 약 20km 지점에 있는 이곳 조그만 촌락에서 알리의 묘가 발견되었다. 그 후 400여년 동안 방치되어 폐허가 되다시피 한

묘를 티무르조 시대에 재발견해 재건하였다. 이후 순례의 성지로 변하여, 아프가니스탄과 중앙아시아를 연결하는 교통요지로 동서교역의 중심도시가 되었다. 19세기 후반에 이르러서는 아프가니스탄 북부의 행정 중심지로 발전하였다. (3-474)

마정안 馬丁安

백제가 일본에 파견한 오경박사(五經博士). 언제 일본으로 건너갔는지는 알 수 없으나, 554년(성왕 32) 2월 나솔(奈率) 물부오(物部鳥)가 일본에 사신으로 갈 때 오경박사로 일본에 파견된 왕유귀(王柳貴)와 교체되었다고 한다. (8-166)

『마제스트 사천의 제작법(Magest, 司天儀製作法)』 15부

원대(元代) 아랍-이슬람 천문학자들의 중국 내에서의 활동을 통해 소개된 이 책은, 원대 북사천대(北司天臺)가 소장한 아랍어 천문학 전서다. 원대의 『비서감지(秘書監志)』 권9 「회회서적(回回書籍)」 조에는, 1273년 10월 북사천대에 소장된 페르시아어와 아랍어 서적 총 23종을 열거하고 있다. 그중에는 천문·역법·점성(占星)·산학서(算學書) 관련 서적 14종이 포함되어 있는데, 그 가운데서 이 책과 『적척제가력(積尺諸家曆)』 48부는 천문학 전서다. 이 책은 그리스 천문학자 프톨레마이오스의 명저 『행성체계(行星體系)』, 혹은 『천문전집(天文全集)』(Almagest)의 아랍어 초역본(抄譯本)으로 아랍어 역본 명은 『마제스트 적요(摘要)』(Khulāsatu'l Majist)다. 『적척제가력』은 페르시아 천문표(al-Zijah)인데, 1272년에 완성된 유명한 『일칸천문표』(al-zijah al-ilkhāni)로 추정된다. 서명에서 '제가력(諸家曆)'이라고 한 것은 그리스·아랍·페르시아·중국의 천문학 연구성과를 두루 망라하였기 때문이다.

마젤란 Ferdinand Magellan, 1480~1521년

마젤란 초상

해상 실크로드의 개척자. 1517년 스페인으로 이주한 포르투갈 항해가 마젤란은 남미의 남단을 에돌아 인도로 가는 항로가 있을 것으로 추정하고 스페인 국왕 카를로스 1세의 승인을 얻어 1519년 9월 20일 265명의 선원과 함께 5척의 범선에 올라 세비야(Sevilla)항을 출발하였다. 대서양을 횡단해 브라질 연안을 따라 남행하여 1520년 겨울을 남미의 남단에서 보내고 이듬해 봄 이곳과 푸에고 섬 사이의 험난한 해협(후일 마젤란 해협이라 명명)을 통과하자, 바다가 평온하고 드넓어 그 바다를 '태평양'(太平洋, Pacific Ocean)이라고 이름지었다. 그는 현 인도네시아 동부 태평양 상에 있는 몰루카 제도를 목표로 삼고 서행하다가 3개월 만에 괌에 도착하였다. 이때 배는 3척으로 줄었다. 계속 서행해 1521년 3월에 우연히 필리핀 세부(Cebu)에 당도하였다. 그러나 토착민과의 싸움에서 수행원 40명을 잃고 자신도 전사하였다. 이후 배 한 척은 항진을 포기하고 되돌아가고 나머지 두 척은 엘카노(Sebastián de Elcano)의 지휘하에 몰루카 제도의 티도레(Tidore)에 도착하였다. 여기서 한 척은 향료를 싣고 태평양으로 동항(東航)하다가 포르투갈인들에게 피랍되었다. 엘카노가 이끄는 다른 한 척(빅토리아호)은 서항해 인도양을 횡단, 아프리카 남단의 희망봉을 거쳐 1522년에 마침내 출항했던 세비야항으로 귀항하였다. 마젤란은 비록 중도에서 전사했지만, 그가 발족한 선단은 대서양 → 태평양 → 인도양 → 대서양으로 이어지는 사상 초유의 환지구적 항해를 실현하였다. 그 과정을 보면 이 항해는 마젤란 혼

마젤란 선단의 기함 빅토리아호

자의 공이 아니라 마젤란·엘카노의 세계 항해로 봐야 할 것이다. 마젤란·엘카노 선단의 세계 주유를 통해 지구가 둥글다는 것과 아메리카와 아시아 및 유럽은 서로가 연결되지 않은 별개의 대륙이라는 것이 확인되었다.

마차문 馬次文, 또는 馬進文

도일(渡日) 백제 사신. 도일 일시는 알 수 없으나 549년 6월 백제 사신 구귀(久貴)와 함께 귀국을 요청했다는 기록이 남아 있다. 당시 그의 관직은 고덕(固德)이었다. (8-165)

마추픽추 유적 Machu Picchu

남미 잉카문명의 도시 유적. 현 페루의 쿠스코주 우루밤바(Urubamba)의 해발 2,350m의 고지에 위치한 마추픽추는 세계적으로 불가사의한 도시의 하나로 꼽는다. '잃어버린 도시' 혹은 '공중 도시'라고 불리는 이 도시는, '늙은 봉우리'라는 뜻의 '마추픽추'와 젊은 봉우리라는 뜻의 '와이나픽추'(Huayna Picchu) 두 산의 능선에 자리를 잡고 있다. 그 정확한 조성 연대는 아직 확인되지 않고 있지만, 스페인 침략자들에 의해 폐허가 된 이래 1911년 미국 탐험가 하이럼 빙엄(Hiram Bingham)에 의해 발견될 때까지 400여 년간 베일에 가려져 있었다. 잉카인들이 고산 도

시를 세운 목적에 관해서는 여러가지 설이 있다. 우선 스페인 침입으로 인한 잉카 귀족의 피난처, 스페인 침략에 대한 잉카인들 최후의 저항지, 왕의 별궁, 신성한 신전, 상류층 자제들의 교육기관, 야만인들의 습격에 대비하기 위한 보루 등, 설이 분분하다. 또한 잉카의 4대 제국과 연결되는 8개의 길이 새로이 발견된 점으로 미루어 이 도시는 거주지이거나 정치 및 종교의 중심지 기능을 수행한 것으로 추정되고 있다. 면적이 5km²에 달하는 이 도시는 우루밤바강으로 둘러싸여 있으며, 중앙에 뚫은 수로를 중심으로 남북에 성격이 서로 다른 200여 채의 구조물들이 배치되어 있다. 남쪽에는 약 10m 높이의 석축이 받치고 있는 100여 개의 다랑이밭이 있다. 북쪽은 대형 광장과 거주지, 그리고 '태양의 신전' '달의 신전', 왕의 무덤이 있는 콘도르 신전 같은 종교시설들이 밀집해 있다. 돌로 쌓은 원형 성벽의 '태양의 신전'은 천문대답게 태양의 각도를 재는 4개의 돌출부가 있고 동쪽으로 두 개의 창문이 나 있다. '태양 신전' 앞, 유적의 최정상에는 해시계로 알려진 '인티와타나'(Intihuatana)라고 하는 높이 1.8m, 너비 36cm의 돌기둥이 있다. '인티와타나'는 케추아어(語)로 '태양을 끌어당기는 자리'라는 뜻으로, 이 기둥은 '태양을 묶는 기둥'인 셈이다. 태양을 숭배하는 잉카인들은 해마다 동지가 되면 이 돌기둥 바로 위에 떠

페루에 있는 잉카 문명의 대표적인 유적인 마추픽추

있는 태양을 붙잡아 매려고 돌기둥에 끈을 매는 의식을 치렀다고 한다. 마추픽추는 1983년에 유네스코의 세계문화·자연 복합유산으로 등재되었다.

마카오

유럽의 중국 진출 기지. 중국 광둥성 주강(珠江) 하구 서쪽 연안에 위치한 마카오는 1553년 포르투갈인들이 중국 관리들에게 뇌물을 주고 거주권을 얻은 이래 포르투갈이 아시아로 진출하는 거점이 되었다. 1841년 영국이 중국으로부터 홍콩을 얻기 전까지 유럽인들이 중국에 진출하는 유일한 창구였다. 중국에서는 아오먼(澳門) 혹은 하오징아오(濠鏡澳)라고 부르는데, 항해의 여신을 모신 아마묘(阿媽廟)가 있다고 해 아마오(阿媽澳) 또는 마오(媽澳)라고도 한다. 여기서 ‘마카오’라는 이름이 나왔다. 1887년 청과 포르투갈 간에 체결한 조약에 의해 마카오는 포르투갈의 식민지가 되었다가, 1986년 베이징에서 체결된 반환 협정에 의해 1999년 12월 20일 중국이 마카오에 대한 주권을 회복하였다.

마카오의 안토니오 성당 내에 있는 김대건 신부상

마케도니아 Macedonia

발칸 반도의 중부에 위치했던 고대 도시. 원주민은 일리리아의 트라키아인이다. 그들은 청동기시대부터 독자적인 문명을 키워왔는데, 기원전 1100년경 북방에서 내려온 도리아인들에게 장악되었다가 페르시아와 스파르타에게 번갈아 예속되었다. 기원전 4세기 중엽 필리포스 2세 때 국력이 커져서 그리스를 지배하게 되었고, 그의 아들 알렉산드로스는 유명한 동방 원정에서 성공해 헬레니즘 시대를 열었다. 그후 로마와 비잔틴의 속주로 있다가 슬라브족의 침입을 받아 불가리아와 세르비아로 나뉘었으며, 14세기에 접어들어서는 오스만제국의 지배하에 들어갔다. 1912년의 발칸 전쟁을 계기로 오스만제국으로부터 해방되었으나, 다시 불가리아와 세르비아, 그리스의 3국으로 분열되어 오늘에 이르기까지 다민족 다문화의 분쟁지역으로 남아 있다.

마크란 Makran, 木克郞

신드 지역과 발루치스탄 남안(南岸)의 반(半) 사막지대. 현재의 이란과 파키스탄의 최남단 지역으로 오만만(灣)과 아라비아해를 따라 동서로 길게 뻗어 있다. ‘마크란’이란 이름은 아케메네스조 페르시아제국 시절 이 일대와 호르무즈 건너의 아라비아 해안을 모두 포함한 총독 관구(管區)인 마카(Maka)에서 유래하였다.

13세기의 대여행가 마르코 폴로는 『동방견문록』에서 서로 인접한 두 지역인 케즈(Kez)와 마크란을 합쳐 케스마코란(Kesmacoran) 왕국이라고 기록하고 있다. 그는 이 왕국의 주민들이 대부분 무슬림이며 주로 교역과 수공업으로 살아간다고 하였다. 15세기 중국 지도에는 케즈와 마크란이 각각 ‘객실(客實)’과 ‘목극랑(木克郞)’이라고 병기(倂記)되어 있다.

마테오 리치 Matteo Ricci, 이마두利瑪竇, 1552~1610년

마테오 리치 초상

이탈리아의 동행 선교사. 1552년 10월 6일 이탈리아 중부 마체라타(Macerata)의 귀족 가문에서 태어난 리치는 어려서부터 예수회 소속 학교에서 공부하다가 1568년 로마에 상경해 법률을 전공하고, 1571년 예수회에 입회하였다. 그후 로마의 신학원에서 철학과 신학을 공부하면서 과학자 클라비우스(Clavius)에게서 수학과 역법(曆法)을 배웠다. 1577년에 예수회 인도 선교단에 참가하여 리스본에서 포르투갈어를 배웠다. 이듬해 5월 발리그나리(A. Valignari, 范禮安)·루지에리(M. Ruggieri, 羅明堅) 등과 함께 리스본을 출발해 9월에 인도 서해안의 고아에 도착, 그곳에서 선교활동을 하다가 1580년에 신부(神父)가 되었다.

마테오 리치는 1582년에 예수회 원동순찰관(遠東巡察官) 발리그나리의 명을 받아 루지에리와 함께 마카오에 가서 중국어를 배웠다. 그리고 다음해(1583)에는 삭발을 하고 가사(袈裟)를 입은 모습으로 광둥성(廣東省) 자오칭(肇慶)으로 들어가 예수회의 첫 교회인 선화사(仙花寺)를 건립하고 본격적인 선교활동을 시작하였다. 그들은 자명종(自鳴鐘)·삼릉경(三稜鏡)·지구의 등 동·서양 '기기(機器)'들을 가지고 와서 선물로 돌리고, 주로 상층 관료들과 친교를 맺으면서 활동을 펼쳐나갔다. 리치는 자오칭에서 1584년에 『세계지도』를 간행하고, 1589년에는 쑤저우(蘇州)로 옮겨 유복(儒服)으로 갈아입고 '서유(西儒)'로 자처하면서 '사서장구(四書章句)'를 수강하고 1594년까지 그것을 라틴어로 역주하였다. 이것이 서양에서 발행된 최초의 『사서(四書)』 역본이다. 그는 1595년 5, 6월에 난징(南京)을 돌아본 후 난창(南昌)에 안착하였다.

1597년에 리치는 예수회 중국선교회 책임자로 임명되었다. 이를 계기로 그는 베이징 진입을 시도한 끝에 1598년 방물(方物)을 진상하며 역법 수정에 협조한다는 약속을 하고 베이징에 들어갈 수 있었다. 그러나 베이징의 영주가 끝내 그의 베이징 체류를 허락하지 않아 이듬해 7월에 난징으로 돌아갔다. 그러다가 1601년 재차 상경하여 신종(神宗)에게 천주상(天主像) 1폭과 천주모상(天主母像) 2폭, 천주경(天主經) 1책, 진주로 상감한 십자가 1구, 자명종 2개, 『만국도지(萬國圖志)』 1책, 서금(西琴) 1틀 등 예물을 헌상하고서 비로소 베이징 선무문(宣武門) 내에 영주할 수 있게 되었다. 이때부터 1610년 5월 11일 사망할 때까지 약 10년 동안 베이징에서 활동하였다.

마테오 리치는 중국에 27년간 체류하면서 동서문명 교류에 큰 족적을 남겼다. 그는 자오칭의 선화사와 베이징의 남당(南堂)을 비롯하여 여러 곳에 교회당을 건립하였으며, 많은 사람들을 천주교로 개종시켰다. 그가 사망할 당시 천주교 신자는 약 2,500명으로 늘어났다. 신자 중에는 서광계(徐光啓)와 이지조(李之藻) 등 저명한 지식인 외에 구태소(瞿太素)·풍응경(馮應京)·이천경(李天經) 등 이른바 '10대(十代) 신자'들이 있다.

리치가 선교 사업에 성공한 비결은 그의 독특한 선교사상과 선교 방법에 있었다. 저서 『천주실의(天主實義)』(1595)에서 나타나듯, 그는 '배불차유반리학(排佛借儒反理學)', 즉 불교를 배척하고 유교를 차용하며 성리학을 반대하는 사상을 표방하였다. 다시 말하면 중국의 전통적인 유교사상과 천주교의 교리를 결합하고 조화시켜 포교의 사상적 바탕으로 삼은 것이다. 또한 선교 방법에서는 그 자신이 중국어를 배우고 중국 인들의 관습을 익히고 존중하면서 천주교의 '화화(華化)', 즉 중국화를 도모하였다. 그는 자신의 인품과 학식, 그리고 서방의 선진 과학기술을 매개로 상층 인사나 유지들과 광범위하게 교제하고 친교하면서 그들의 환심과 지지 속에서 선교에 임하였다. 그의 저서『교우론(交友論)』에 이러한 선교 방법이 상세하게 서술되어 있다.

또한 리치는 서방의 근대적인 과학기술, 즉 서학(西學)을 폭넓게 동방에 전파하였다. 그는 중국의 지식인 서광계·이지조·양정균(楊廷筠)을 명말 천주교의 '3대 주석(柱石)'으로 교화하였을 뿐만 아니라, 그들을 근세적 과학기술의 선도자로 이끌고 그들과 협력하여 서학을 전파시켰다. 또한 그는 서광계와 함께『기하원본(幾何原本)』『측량법의(測量法義)』『측량이동(測量異同)』『구고의(句股儀)』를 공동 번역하였다. 그리고 이지조와 함께『동문산지(同文算指)』『혼개통헌도설(渾蓋通憲圖說)』『환용교의(圜容較義)』를 공동으로 번역하였다. 그리고 자신은『건곤체의(乾坤體義)』『서학기적(西學奇迹)』『서국기법(西國記法)』『서금팔곡(西琴八曲)』등 다방면의 과학기술 관련 서적을 저술하였다.

이러한 리치의 저술 활동 가운데서 무엇보다 영향력이 크고 중요한 것은『산해여지전도(山海與地全圖)』, 일명『여지전도』『곤여만국전도』(坤與萬國全圖)를 제작·간행한 일이다. 이 지도는 1584년부터 1608년까지 자오칭(肇慶)·난창(南昌)·쑤저우(蘇州)·난징(南京)·베이징·귀저우(貴州) 등지에서 12판이나 재간되었다. 이 세계 지도는 중국인들의 시야를 넓혀주어 세계의 면모를 파악하고 새로운 지리 지식을 습득할 수 있게 해주었다. 그밖에 리치는『기독교원정중국사(基督敎遠征中國史)』(한역『이마두중국찰기(利瑪寶中國札記)』, 1583년, 영역 *China in the Sixteenth*

Century: The Journals of Matteo Ricci, 1583~1610)를 저술하여 중국의 지리·물산·예술·과학·정치·풍습·예절·종교 등 각 방면의 사정을 유럽에 소개하였다. 그는 유럽에서 근세 중국학 개척자의 한 사람으로 평가받는다.

마팔국(馬八國) 왕자의 진공(進貢)

해상실크로드를 통한 고려와 인도 간 교류.『고려사절요(高麗史節要)』'충렬왕(忠烈王, 25대) 24년(1298, 충선왕忠宣王 즉위년) 6월' 조의 기록에 의하면, 지금의 인도 동남부의 코로만델(Coromandel) 해안에 위치했던 작은 나라 마팔국(馬八國, 馬八兒 마아바르Ma'abar)의 왕자 패합리(孛哈里)가 사신을 보내 왕에게 은사모(銀絲帽)와 금수수박(金繡手箔). 침향(沈香) 5근 13냥. 토포(土布, 일명 면포棉布, 즉 서양포西洋布) 2필을 진헌하였다. 이에 앞서 도첨의중찬(都僉議中贊) 채인규(蔡仁揆)의 딸을 원나라 승상(丞相) 상가(桑哥)에게 공녀(貢女)로 시집보냈는데, 상가가 피살되자 원나라의 신속국(臣屬國)인 이 마팔국의 왕자에게 재가시켰다. 진공 당시 왕자 패합리는 부왕과의 불화로 인해 원(元) 치하의 중국 취안저우(泉州)에 와 살았다.

『마하바라타』 *Mahabharata*

『라마야나』와 함께 산스크리트어로 된 고대 인도의 2대 서사시 중 하나. 총 18부에 10만여 수가 전한다. 바라타족(族)의 전쟁을 구가(謳歌)한 서사시지만 여기에는 숱한 신화와 전설이 섞여 있다. 비야사(Vyāsa)가 편찬했다고 전해지지만, 사실은 오랫동안 구전되어오던 것을 4세기경에 종합해 구성한 것이다.

마할라 mahala (우즈베크어)

중앙아시아의 도시나 농촌에 있는 전통적인 지

역사회. 그 명칭은 아랍어나 페르시아어의 '장소' 또는 '지역'이란 뜻의 '마할라'(mahala)에서 유래되었다. 마할라는 지역의 공동사회로 사원과 학교, 빵 굽는 가마 등을 공유한다. 애경사(哀慶事)에 상부상조하며, 공동작업도 하는 일종의 자치조직이기도 하다. 마할라에서 선출된 장은 공동체 내에서 일어나는 분쟁을 조정하고, 공동작업을 감시하며, 고아나 과부들의 후견 역할을 한다. 구소련 시대에는 이슬람의 종교적 유물로 간주되어 비판을 받았지만, 소련 해체 후 부활되는 경향을 보이고 있다. 우즈베키스탄에서는 마할라를 행정 말단 기구로 삼고, 치안·복지·위생 등을 전담하는 운영위원회를 제도화하고 있다. (3-484)

마할라툴 카비라 al-Mahalatu'l Kabīrah

이집트 북부의 농공업지대. 마할라툴 쿠브라(al-Mahalatu'l Kubrah)라고도 한다. 나일강 하류 삼각주의 중부에 위치해 있다. 이곳은 다끌라(Daqla)·아불 하이삼(Abu'l Haitham)·마누프(Manūf)·샤르끼윤(Sharqiyūn) 등 여러 읍이 모여 이루어진 집성도시다. 아랍의 대여행가 이븐 바투타가 1326년 알렉산드리아시에서 딤야트(Dimyāt, 현재의 다미에타)시로 향할 때 이곳을 들렀고, 1348년경 귀로에서도 이곳을 지나갔다. 그는 이곳이 교통의 요지로 인구가 많으며 좋은 물품들의 집결지라고 기록하였다.

마흐무드 카슈가리 Mahmūd al-Kashgharī

위구르족의 언어학자. 신장 카슈가르 서남부에 위치한 바르슈간(Barsgan)의 한 귀족 가문에서 태어난 카슈가리는 일찍부터 아랍어와 페르시아어 학습에 전념하면서 중앙아시아 여러 곳을 두루 돌아다녔다. 특히 투르크 민족이 집거해 있는 곳이라면 어디든 찾아가 각 부족의 언어를 수집하고 기록하였다. 그러던 중 1058년에 카슈가르에서 궁전 쿠데타가 일어나자 지금의 이라크 바그다드로 피난하였다. 거기서 3년 간(1072~1074)에 걸쳐 유명한『투르크어대사전(돌궐어사전)』(Divan Lugat at-Türk)을 찬술해 압바스조 칼리파 무끄타디르(Abu'l-Muqtadir)에게 헌상하였다. 이 사전에는 표제어로 총 7,500여 개의 단어가 올라 있는데, 단어마다 그 어원을 밝히고 발음의 차이와 단어의 구성 규칙뿐만 아니라 예증까지 들고 있다. 어휘뿐만 아니라 많은 시가(詩歌)와 민요도 들어 있다. 그리고 투르크족만이 아니라 볼가강 유역으로부터 동남 유럽에 이르는 지역에 널려 있는 여러 민족들의 역사·지리·신화·민속까지 수집해 기록하고 있다. 따라서 이 사전은 투르크어의 어문학적 연구에 중요한 가치를 지니고 있음은 물론이거니와, 중세 투르크어를 쓰는 민족들의 역사와 문화를 연구하는 데 있어 대단히 중요한 의미를 지닌다. 단순한 어휘사전을 넘어 완벽한 백과사전이라 할 수 있다. 그는『투르크어문법진서(珍書)』(Kitabii Jevahir in-Nahv fi-Lugat at-Türk) 등 많은 저술을 하였으나, 현존하는 것은 대사전 하나뿐이다.

막남 漠南

막북(漠北)과 대칭되는 개념으로서 몽골 고원 대사막 이남 지역을 가리키는 명칭. 한대(漢代)부터 사용되던 이 명칭은 청대(淸代)에 이르러서는 오늘날의 내몽골, 즉 중국 영내의 몽골 자치주만을 일컫는다. 광의의 막남 지방은 초원 실크로드가 지나가는 곳으로서, 초원 유목민족 내지는 농경민족 간에 쟁탈전이 끊이지 않은 곳이었다. (13-103)

막북 漠北, 幕北

몽골 고원 대사막 이북 지역을 가리키는 명칭.

한대부터 사용되던 이 명칭은 청대에 이르러 오늘날의 외몽골, 즉 몽골인민공화국만을 가리키는 개념으로 축소되었다. (13-103)

만지 蠻子, Manzi

중국의 남방 민족에 대한 비칭(卑稱). 어의는 '야만인'이라는 뜻이다. 중국의 동이(東夷)·서융(西戎)·북적(北狄)·남만(南蠻)이라는 화이사상(華夷思想)에 악용되면서, 이른바 선진문화의 발원지로 자처한 중원(中原)에 대비하여 후진 야만문화 지역이라고 여기는 남방에 대한 비칭으로 사용되어왔다. 때로는 소수민족, 특히 남방 소수민족에 대해 '남만지(南蠻子)'란 비칭으로 쓰이기도 하였다. 서양에서는 남중국(중국 남부)이라는 호칭을 사용하였다.

1320년대에 만지의 한 성(省)을 방문한 프란체스코회 수사 오도릭과 일행들은 만지를 중국이 아닌 '상인도(上印度)'라고 불렀다. 그는 이곳에 대해, 믿을 수 없을 만큼 인구가 많고, 쌀을 비롯하여 빵과 와인, 각종 육류와 물고기 등이 풍부하다고 기록하였다. 한편 마르코 폴로는 몽골 대칸 쿠빌라이가 남송(南宋)을 '만지'라고 지칭하면서, 승상(丞相) 바얀(Baian Cingsan)을 보내 '넓은 지방'인 만지(남송)를 정복하였다고 기술하였다. 그리고 당시 왕이 해마다 버려진 아이 2만 명을 데려다 키운 일, 상점들이 밤중에 문을 열어놓아도 도둑 맞는 일이 없으며 재화가 넘쳐나는 태평성세를 이루었다는 등의 이야기를 소개하였다.

만지 萬智

백제의 도일 사신. 662년 6월 진조사(進調使)의 신분으로 일본에 파견되었는데, 당시 관직은 달솔(達率)이었다. (8-178)

만테뇨 문화 Manteño

에콰도르의 북쪽 해안에 자리한 만테뇨에서 번성한 통합기(統合期, 700~1532)의 문화. 여성 토우(土偶)에 비해 남성의 토우가 많은 것이 특징인데, 대부분 흑색을 띠고 있다. 만테뇨인들은 '도끼 화폐'라고 불리는 도끼 모양의 청동제 화폐를 사용했으며, 주변 문화와 적극적인 교류 및 교역을 하였다. (4-115)

말 馬, horse

교류의 주요 교통수단. 말은 척주동물문(脊柱動物門) 포유강(哺乳綱) 유제목(有蹄目)에 속하는 동물이다. 원산지는 미국으로, 그 선조는 미국 중부와 북부의 제3기 지질층에서 발견된 다섯 개의 발가락을 가진 키 53.4cm 정도의 '페나코두스'(Phenacodus)로 알려져 있다. 오랜 세월 동안 진화되어 하나의 발가락을 갖춘, 오늘날 모습의 말로 진화한 것은 제4기 지질층시대다. 그러나 아직은 야생이었고, 가축으로 사육되기 시작한 것은 신석기시대에 이르러서였다. 이 시대에는 사역(使役)으로 쓰이지 않고, 다만 식용으로만 이용되었다. 그러다가 기원전 약 1000년경 청동제 고삐와 등자(鐙子) 등 말을 다룰 수 있는 마구가 발명되면서부터 사역이나 기마에 이용되었다. 말의 품종은 40여 가지로 다양한 편이다. ① 동양종과 서양종, ② 털빛, ③ 두형(頭形), ④ 귀종(貴種)과 용종(庸種), ⑤ 뛰는 말(질주마疾走馬)과 걷는 말(상주마常走馬), ⑥ 용도 등 여러 기준으로 구분하기도 한다. 용도는 다시 승마용과 가벼운 짐을 나르는 사역용, 무거운 짐을 나르는 사역용으로 나뉜다.

말의 동전 말은 서역개통을 계기로 중국을 비롯한 동아시아에 유입된 서역 문물 중에서 사회경제적으로나 군사적으로 중요한 의미를 지니는 문물이다. 중국에도 고대로부터 말은 있었다. 허난성(河南省) 뤄양(洛陽) 진춘(金村)에서 전국시대의 동마상(銅馬像)이 출토되었는데, 체구가 건장하고 도약력도 좋아 보인다. 이것은 당시 이미 말이 사육되고 있었음을 말해준다. 그러나 서역마(西域馬)와 같은 양마(良馬)는 아니었다. 그러다가 한대에 이르러 비로소 우수한 서역 말에 대해 알게 되자 주저 없이 대량 수입해 주로 전마(戰馬)로 쓰는 한편, 재래마의 개종에도 이용하였다. 전한 무제(武帝) 때 오손(烏孫)으로 파견된 장건(張騫)이 귀국할 때 오손 왕이 답례로 사신과 함께 천마(天馬)라고 하는 오손마(烏孫馬) 수십 필을 한조(漢朝)에 보냈고, 기원전 105년 한조의 공주를 맞이하면서 또 천 필의 천마를 빙례(聘禮)로 진상하였다. 오손의 천마(일명 서극마西極馬)와 함께 대원(大宛)의 한혈마(汗血馬)도 수입되었는데, 『후한서』에는 이 한혈마의 수입과 특성에 관해 '대원마(大宛馬) 한 필을 보냈는데 앞 어깨의 작은 구멍에서 피가 흘러나온다. 무제(武帝)가 「천마점적한(天馬霑赤汗)」을 노래하는 것을 늘 들어왔는데 지금 직접 보니 과연 그렇구나'라고 기록되어 있다. '한혈마'(학명 'Parafilaric muitipapilosa')는 기생충이 말의 뒷목과 어깨 사이의 피하조직에 서식하는데, 그 부위가 부어올라 달릴 때면 혈관이 늘어나 창구(瘡口)가 생겨 피가 흘러나온다고 하여 붙여진 이름이라고 한다. 대원의 말들은 모두가 한혈마인데 아랍 말보다는 못하지만 지구력이 강한 것이 특징이다. 『신당서(新唐書)』 「서역전」에 의하면 한혈마는 토카라(토화라吐火羅)에서도 길렀으며, 그밖에 중국 동북부와 몽골·러시아·헝가리·프랑스 등지에서도 널리 가축으로 사육되었다. 대원의 한혈마가 수입됨에 따라 그와 구별해 오손의 천마는 '서극마'로 개명하였다.

서역마의 다량 수입은 한대의 양마업(養馬業)과 마정(馬政)을 크게 발전시켰다. 경제(景帝) 유계(劉啓, 기원전 156~141) 때는 서북 변방의 여러 군에 마원(馬苑) 36개소를 설치하고 말 30만 필을 사육하였고, 무제(武帝) 때에는 중앙정부가 직접 관장하는 군마만도 무려 40만 필에 달하였다. 도시나 산간벽촌 할 것 없이 말이 가축으로 사육되어 농민은 말을 경작과 운반에 이용했으며, 말을 타고 다니지 않는 사람이 없었다. 후한대에 와서는 월지마(月氏馬)도 수입되었다. 반고(班固)가 반초(班超)에게 보낸 서신 속에 백소(白素, 천) 300필을 보내니 월지마와 교역해 달라는 내용이 있고, 『사기(史記)』에도 '천하에는 많은 것이 셋이 있는데, 중국에는 사람이 많고, 대진(大秦, 로마)에는 보물이 많으며, 월지에는 말이 많다'고 한 점으로 보아 당시 많은 월지마가 교역되고 있었음을 짐작할 수 있다.

말의 용도 유라시아 북방의 초원 지대에서 활동한 기마유목민족들은 말을 교통수단을 비롯한 여러가지 용도로 이용하였다. 말은 농경 작업이나 차량을 끄는 데 쓰이기도 하고, 승마(乘馬)나 전마(戰馬)에 이용되기도 하였다. 고고학적 발굴에 의하면 기원전 2000년경부터 말이 차량을 끄는 축력으로 이용되었으며, 기원전 1500년경에 이르러서는 승마용으로 애용되기 시작하였다. 그러다가 기원전 1000년을 전후해 전마로 각광을 받아, 여러가지 기마전술(騎馬戰術)이 개발되고 마구(馬具)가 창안되었다. 스키타이와 흉노를 비롯한 기마유목민들의 이동 과정을 살펴보면, 말이 승용으로뿐만 아니라 축력이나 전투용으로도 이용되었음을 알 수 있다. 특히 말이 승용으로 활용되면서부터 인간의 이동이나 문물의 교류에서는 시·공간적으로 획기적인 변화가 일어났다. 승마(乘馬)는 시간적으로 인간의 이동과 문물의 교류를 크게 가속화하였으며, 공간적으로도 원거리로의 이동과 교류를 가능케 하였다. 물론 사막의 낙타에 비하면 적재량이 적은 것은

사실이지만 전반적인 교통수단으로서는 비할
바 없는 우월성을 과시하였다. 일례로 중국 한
(漢)대에 서역개통을 계기로 중국에 유입된 오
손(烏孫)의 천마(天馬, 일명 서극마西極馬)나 대
원(大宛)의 한혈마(汗血馬), 월지마(月氏馬) 등은
사회·경제적으로나 군사적으로 중요한 역할을
수행하였다.

말도사부 末都師父

백제의 도일 사신. 백제 멸망 후 668년 4월 당이
설치한 웅진도독부(熊津都督府)에서 진조사(進
調使)의 신분으로 일본에 파견된 사신이다. 당시
이 도독부의 도독은 백제의 마지막 왕인 의자왕
(義慈王)의 아들 부여융(扶餘隆)이었다. 말도사
부는 같은 달 귀국하였다. (8-182)

말라바르 Malabar, 無離拔

인도 서남 해안 지방의 이름. 오늘날의 케랄라
(Kerala)주의 일원으로, 1290년대 이곳을 방문한
뒤 쓴 마르코 폴로의 『동방견문록』에는 멜리바
르(Melibar)로 나와 있다. 마르코 폴로는 이곳은
거대 왕국으로 왕과 주민이 같은 언어를 사용하
고 누구에게도 조공을 바치지 않으며, 해안에는
해적이 창궐하지만 주민들이 용감히 방비한다
고 소개하였다. 또한 이 지역에서는 후추와 생강
등 각종 진귀품이 많이 생산되며, 구리·피류·향
료 등의 무역이 활발하여 멀리 만지(남중국)나
아덴·알렉산드리아와도 교역을 진행한다고 하
였다. 한편 1320년대에 이곳을 방문한 오도릭은
『동방기행』에서 이곳을 미니바르(Minibar) 제국
으로 소개하면서 다음과 같은 기록을 남겼다. 즉
"미니바르는 세계에서 유일한 후추의 생산지이
며, 후추 숲을 둘러보는 데 18일이 걸린다. 숲속
에 '플란드리나'와 '신길린'이라는 두 도시가 있
는데, 플란드리나시 주민 중에서 유대인들과 기

독교인들은 자주 다투고, 언제나 기독교인이 유
대인들을 압도한다. 후추는 담쟁이덩굴과 같아
서 큰 나무 곁에 심으면 포도송이 같은 열매를
맺는다. 열매를 수확하면 신선한 후추는 당과류
를 만들며, 나머지는 햇볕에 말린 후 항아리에
저장한다."

오도릭보다 조금 뒤에 이 일대를 순방한 아랍
의 대여행가 이븐 바투타는 그의 여행기에서 이
곳을 '물라이바르'(Mulaibar)라고 부르며, 후추
의 산지임을 강조하고 있다. 그외에도 생강·야
자·필발·빈랑·토란 같은 토산물이 많이 생산되
는데, 그래도 가장 유명한 것은 역시 후추라고
하였다.

『말라유 왕통기(王統記)』

17세기 초 말레이의 한 귀족이 편찬한 무슬림들
의 해상교역에 관한 책. '말라유'는 7세기경 인
도네시아 수마트라섬 동안(東岸)에 있던 나라로,
'무율라'라고도 하였다. 중국 문헌에서는 '말라
유(末羅瑜)' 또는 '마라유(摩羅瑜)' 등으로 기록
되어 있으며, 11세기 후반에는 담비국(詹卑國)으
로서 송(宋)나라에 조공하였다. 수마트라의 힌
두 문화는 나중에 이슬람 문화권에 흡수되었다.

말라카 Malacca

해상 실크로드의 요로에 있는 항구도시. 한적
(漢籍)에는 만랄가(滿刺加)·만랄(滿刺)·마육갑

말라카 선착장

(麻六甲)·마랄갑(麻刺甲)·마육갑(馬六甲)·문노고(文魯古) 등 여러가지 이름으로 나온다. 말레이 반도 서해안의 말라카 해협에 면해 있는 항구도시로서, 현 말레이시아 연방 말라카주의 주도(州都)다. 14세기 후반 마자파힛(Majapahit) 왕국의 판도에 들어가면서 세상에 알려진 이래, 15세기 초 중국 명나라의 정화(鄭和) 선단이 이곳을 다녀와 조공관계를 맺었고, 포르투갈이 1511년에 점령한 데 이어 서구 열강들의 각축전 끝에 1641년에는 네덜란드가, 1824년에는 영국이 점령해 해로를 통한 동방 진출의 거점으로 삼아왔다.

말라카 왕국 Malacca Dynasty

말레이 반도 서남단의 말라카 해협에 위치한 말라카를 수도로 하여 15세기에 번영을 누린 이슬람 국가. 동서양 교역의 요로에 자리한 말라카 왕국은 교역으로 부를 축적해 강성해지면서 말라카 해협 건너의 인도네시아령 수마트라에도 여러개의 교역 거점을 확보하고 있었다. 1511년 포르투갈에게 점령되었다.

말라카 해협

해상 실크로드 상의 중요한 통로. 말레이 반도와 인도네시아 수마트라섬 사이의 길이 800km, 폭 50~300km에 달하는 해협으로, 인도양과 서태평양을 잇는 고리이며 동서양 해상 항로의 병

말라카 해협을 통과하는 선박

목이 되는 지점이다. 그만큼 해상 실크로드를 통한 교역과 교류에 중요한 해협이다. 옛날에는 거의 무풍지대인 이곳을 범선으로 지나려면 무려 40~50일이나 걸렸다. 해협의 양안에 암초가 많아 배가 조심스럽게 느릿느릿 항해할 수밖에 없어서 해적들이 활동하기 좋았다. 그래서 예로부터 이 해협에서 가장 큰 문제는 해적의 노략질을 피하는 일이었다. 지금도 이 해협에서의 해적 출몰은 커다란 국제문제가 되고 있다.

말레이 반도

동남아시아의 타일랜드와 말레이시아를 아우르고 있는 반도. 지형은 코끼리의 코 모양으로 남북에 걸쳐 길게 뻗어 있다. 반도의 서남단에 있는 말라카 해협은 동서의 해상을 잇는 병목 지점이지만, 예로부터 해적이 창궐하는 해로이기 때문에 그 길을 피하기 위해 말레이 반도를 동서로 횡단하는 육로가 적어도 10개 이상 개통되었다. 이 길들의 연변에서 중국 자기를 포함해 적잖은 동서양 유물이 발견되었다. 반도의 남부에는 베놉산과 타한산같이 고도 2,000m 이상의 산들이 있어 좋은 피서처를 제공해주고 있다.

말루쿠 제도 Maluku Islands

인도네시아의 동부 술라웨시(Sulawesi) 섬과 뉴기니아 사이에 있는 유명한 향료 군도. 총 면적 87,310km²의 군도에는 암본(Ambon)·반다(Banda)·세람(Ceram)·부루(Buru)·오비(Obi)·술라(Sula) 등 여러 섬이 속해 있다. 중국 원대의 『도이지략(島夷志略)』에는 '문노고(文老古)'로, 『명사(明史)』에는 '미락거(美洛居)'로 음사되어 있다. 예로부터 이곳은 정향(丁香)과 육두구(肉荳蔲) 같은 향료가 많이 생산되는 곳으로서 대항해시대 이후 서구 열강들의 각축장이 되었다. 1511년 말라카를 무력으로 점령한 포르투

갈은 계속 동진해 1522년에는 말루쿠 제도의 북방 인근의 테르나테(Ternate) 술탄으로부터 향료 독점권과 성채 축조권을 획득하여 점차 세력을 굳혀갔다. 한편 1599년 처음으로 말루쿠에 도착한 네덜란드인들은 향료무역권을 얻은데 성공했다. 이어 1605년에는 네덜란드 동인도회사(VOC)가 암본에 축조된 포르투갈 요새를 점령하였고, 1621년에는 반다마저 강점하였다. 2년 뒤에는 VOC상관 습격을 모의하고 있다는 구실을 붙여 영국상관에 근무하는 영국인 10명과 일본인 9명, 포르투갈인 1명을 처형하였다. 이것이 이른바 '암본(암보이나) 사건'이다. 이 사건 이후 영국은 말루쿠 향료무역에서 손을 떼고 인도무역에만 전념하였으며, 반면에 네덜란드는 향료무역뿐만 아니라, 정치적 지배권까지 확보하였다.

『망원경(望遠鏡)』 *Telescope*, Girolamo Sirturi 원저, Adam Schall 역, 16세기

서양의 망원경 원리와 제조법을 소개한 중국어 역서(譯書). 명(明) 말 청(淸) 초에 중국에 들어온 선교사들에 의해 서양의 천문의기(天文儀器)가 반입되었다. 또한 그 제작법이 소개되었으며, 그들에 의해 서양 천문의기가 모조되기도 하였다. 1583년에 마테오 리치(Matteo Ricci, 이마두利瑪竇, 1552~1610)는 중국에 입국하면서 간제지도(間制地圖)·혼의(渾儀)·천지구고(天地球考)·시귀(時晷) 등 천문관측의기와 망원경(望遠鏡, 처음에는 '천리경千里鏡'이라고 했음)을 가지고 왔다. 아담 샬(Adam Schall, 탕약망湯若望, 1591~1666)의 경우, 1622년에 신식 천문망원경을 유럽에서 가지고 왔으며, 그로부터 4년 후에는 시르투리(Girolamo Sirturi)가 지은 『망원경』(1626)을 한역(漢譯)하였다. 1634년에는 아담 샬의 감독하에 제작된 첫 망원경 '규용(窺筩)'

이 관상대(觀象臺)에 설치되기도 했다. 아담 샬은 그후 1644년에 혼천성구(渾天星球)·지평일귀(地平日晷)·원규경(遠窺鏡) 등의 천문의기도 제작해 진상하였다. 강희(康熙) 연간(1662~1722)에는 천문을 관측하는 관청인 흠천감(欽天監)의 감정(監正) 페르비스트(F. Verbiest, 벨기에 선교사, 남회인南懷仁, 1623~1688)의 주도하에 천체의(天體儀)·적도경위의(赤道經緯儀) 등 6종의 대형 동의(銅儀)를 제작하였다. 1752년에는 독일 선교사 쾌글러(I. Koegler, 대진현戴進賢, 1686~1746)가 생전에 설계한 기형무신의(璣衡撫辰儀)가 10년 만에 제작·설치되었다.

말향 抹香

교류 물품 중의 하나인 향료의 일종. '말(抹)'자는 '가루'란 뜻으로 말향은 여러가지 향료를 한데 모아 가루를 내어 만든 향료를 말한다. 향료의 발산율을 높이기 위해 살짝 볶는 것을 '소향(燒香)', 옷에 스며들게 하는 것을 '훈향(薰香)', 몸에 바르는 것을 '도향(塗香)', 몸에 지니고 다니는 것을 '패향(佩香)', 음식물의 향기를 돋우는 것을 '음향(飮香)'이라고 한다.

매카트니(G. L. Macartney)의 중국 사행 1792~1794년

영국은 18세기 초반에 이르러 동남아시아 및 중국과의 무역에서 많은 제재를 받고 있었다. 이러한 상황에서 영국 정부는 동인도회사의 건의를 받아들여 해결책을 찾기 위해 중국에 사절을 파견하기로 하였다. 1787년에 영국 왕 조지 3세(Geoge Ⅲ)는 카스카트(Charles Cathcart)를 청조에 사절로 파견하였으나 도중에 병사하자, 다시 매카트니(George Lord Macartney)를 단장으로 하는 사절단을 파견하였다. 이 사절단은 군사·측량·제도(製圖)·항해 등 각 방면의 전문가를 포함해 100여 명으로 구성되었다. 사절단의 목적은 청 조정과의 직접적인 교섭을 통해 종전에 서양 각국이 계략이나 무력의 방법으로 획득할 수 없었던 상업적 이익과 외교 권리를 정식 절차를 밟아 취득하는 것과 중국과 관련된 정보를 수집하는 것이었다. 사절단은 1792년 9월 조지 3세가 청 건륭제(乾隆帝)에게 보내는 친서와 천문의기·악기·시계·모전(毛氈)·차량·무기·선박모형 등 1만 3천 파운드어치의 예물을 휴대하고 영국을 떠나 이듬해 7월 톈진(天津)에 상륙, 베이징에 도착하였다. 그러나 당시 건륭제가 러허(熱河)의 피서 산장에서 83세 수연(壽宴) 준비를 하고 있었기 때문에 그곳으로 가서 축수연에 참석한 후 베이징에 돌아왔다.

베이징에 돌아온 매카트니는 청조에 다음과 같은 일련의 요구를 제기하였다. ① 영국의 주화(住華) 사절 파견을 허락할 것 ② 영국 상선이 주산(珠山, 또는 丹山)·닝보(寧波)·톈진(天津) 등지에 상륙하여 교역하는 것을 허락할 것 ③ 영국 상인들이 베이징에 점포를 개설하여 교역활동을 하는 것을 허락할 것 ④ 주산 부근에 방어시설 없는 작은 섬을 하나 지정하여 영국 상인들이 거류하고 화물을 저장할 수 있도록 할 것 ⑤ 광저우(廣州) 부근에 한 지역을 지정하여 영국 상인들이 거주할 수 있도록 하거나 아니면 마카오 거주 영국인들의 자유 출입을 허용할 것 ⑥ 영국 상인들이 광저우에서 마카오로 왕래할 때 내하(內河)로 화물을 운반할 수 있도록 하고 그들에게 면세나 감세 혜택을 줄 것 ⑦ 영국 상인들의 화물 세율을 확정하고 액외 징수를 금할 것.

건륭제는 영국 왕에게 보내는 2건의 칙서에서 사절단이 제기한 이상의 요구들을 전면적으로 거절하며, 영국 상인들에게 중국에 와서 교역을 하되 반드시 중국의 법규를 준수해야 하며 그렇지 않을 경우 즉각 바다로 쫓겨날 것이라고 경고

하였다. 이러한 내용의 칙서를 휴대한 사절단 일행은 1794년 1월 배편으로 광저우를 떠나 그해 9월 런던에 도착하였다. 매카트니 사절단은 비록 사행의 목적을 이루지는 못했지만, 현지 관찰과 청나라 관리들과의 접촉을 통해 실로 다양하고 많은 중국 관련 정보를 수집하여 차후의 대중(對中) 교섭을 위한 유용한 자료를 마련하게 되었다. 사절단 성원들은 귀국 후 각 방면에 걸친 많은 견문록을 남겼는데, 매카트니는 중국이 여러 방면에서 서방 국가들에 비해 낙후하며 청조는 외형은 강한 것같이 보이나 실은 부패가 심하고 쇠약한 나라이므로 일격에 공략할 수 있을 것이라고 평가하였다.

맥적산 석굴 麥積山石窟

오아시스로 상의 불교 유적. 중국 간쑤성(甘肅省) 톈수이시(天水市)의 동남쪽 진령산맥(秦嶺山脈)의 서단에 위치한 맥적산에 있는 석굴이다. 맥적산은 그 모양새가 마치 수확한 밀을 쌓아놓은 것 같다고 한 데서 붙여진 이름이다. 맥적산 석굴은 동과 서 두 지역에 분포되어 있는데, 모두 194굴로 주로 5호16국 시대에 조영된 것이다. 가장 이른 것은 후진(後秦, 384~417)시대로 거슬러올라가지만 북위(北魏) 중기라는 주장도 있다. 북위의 불교미술은 낙양 천도(494)를 전후해 그 기풍이 바뀐다. 맥적산 석굴의 미술풍은 천도 이전의 양주(凉州)풍에서 이후의 중원(中原)풍으로 바뀌는 전환기적 기풍을 대변하고 있다. 불상의 조형감각에서 볼 수 있듯이 북위의 웅혼하고 강력한 기풍에서 서위(西魏)의 유려하고 우아한 기풍으로 바뀌는 양상이 역력하다. (2-205)

메가스테네스(Megasthenes)의 인도 사행 기원전 4세기

사상 최초로 이루어진 정부간의 공식 사행(使行). 기원전 303년에 셀레우코스조(Seleucos, 기원전 312~64)의 셀레우코스 1세(Seleucos I, 재위 기원전 312~280)가 메가스테네스를 동린국(東隣國)인 인도 마우리아조(Maurya, 인도의 최초 통일국가, 기원전 321~184년경)에 공식 사절로 파견하였다. 견사 목적은 밝혀진 바 없으나 선린관계의 도모로 추측된다. 메가스테네스는 11년간(기원전 303~292) 마우리아조 수도 파탈리푸트라에 체류했으며, 그때 보고 느낀 것을 기록해 출사보고서 『인도지(誌)』(*Ta Indica*)를 저술하였다. 인도는 '괴물의 생성국(生成國)'이라든가, 인도에는 '무정형(無定型) 인간이 산다' '양다리가 굽은 인간들이 우글거린다' 등의 황당무계한 내용도 있지만, 고대 인도에 관한 현지 견문록으로서 중요한 의미를 지닌다. 로마의 지리학자 스트라본과 박물학자 폴리니우스는 이 책의 내용을 신빙성 있는 사료로 인정해 자신들의 저서에 인용하기까지 하였다. 기원전 3세기 후반의 그리스 역사학자(아시리아 역사 연구가) 아비데누스(Abydenus)도 이 책을 애독했다고 한다. 메가스테네스의 견사는 사상 최초의 명실상부한 정부간의 사절 외교이며, 그의 견문록은 서방인들에게 고대 인도에 관한 생생한 지식을 제공하였다는 데서 문명교류사적 의미가 상당히 크다.

메노티스 도시 해저 유적 → '헤라클레이온 도시 해저 유적'항 참고

메디나 Medina

이슬람 제2의 성지. 해발 640m의 고원지대에 자리한 메디나는 현 사우디아라비아 히자즈 지방의 대표적인 오아시스 지대다. 비가 오면 물이 흐르지만 건기에는 말라버리는 와디(계곡)로 형성된 이곳에는 곳곳에 우물이 있어 거주는 물론 농경도 가능하다. 대추야자를 비롯해 귤·레몬·바나나·복숭아·포도 등의 과일과 함께 맥류나 채소도 재배한다. 원주민인 아우스와 하즈라지는 남아랍계에 속하는 부족으로 기원전 예멘의 말리브 댐이 붕괴되면서 이곳으로 이주해왔다. 622년 9월 이슬람교의 창시자 무함마드는 메카에서의 박해를 피해 북방 약 400km 지점에 있는 이곳 메디나로 옮겨왔다. 이슬람사에서는 이것을 성천(聖遷, 히즈라 Hijrah)이라고 한다. 무함마드는 이곳에서 고질적인 부족간 유혈복수전을 종식시키고 교세를 확장하면서 첫 신정국가(神政國家) 체제인 이슬람 '움마'(al-Ummah)를 건설하였다. 그는 이러한 이슬람 공동체를 건설하기 위해 '메디나 헌장'을 반포하고, 이를 실현하기 위해 유대인들을 포함해 모든 메디나 주민들과 서약을 맺었다. 그리고 624년부터 627년에 세 차례의 큰 전투를 거쳐 메카의 반대세력을 제압하고 630년 1월 메카에 무혈입성(無血入城)하였다. 이슬람사에서는 이 해를 '정복의 해'라 부른다. 이를 계기로 메디나는 '움마'의 수부(首府)일 뿐만 아니라, 이슬람세계의 심장부로 부상하였다. 무함마드는 632년 6월 8일 부인 아이샤의 집에서 운명하여 이곳에 묻혔다. 사원을 지어 무함마드를 기림으로써 메디나는 이슬람세계 제2의 성소(제1은 메카)가 되었다. 메디나의 풍속습관과 전통을 기본으로 하여 출범한 말리크 법학파(이슬람 4대 법학파의 하나)는 이슬람의 교리와 신학 성립에 상당한 영향을 미쳤다.

메디나는 이집트 파티마조의 내습을 막기 위해 975년에 도시 중심부에 성벽을 쌓았으며, 1162년에는 주변 유목민들의 습격에 대비해 더욱 넓은 외벽을 축조하였다. 이어 16세기 중엽에는 오스만제국의 술레이만 대제가 높이 11~12m에 달하는 석벽을 새로 쌓았는데, 19세기 후반에 이르러서는 25m로 더 높게 개축하였다. 1804년에는 사우디아라비아에서 흥기한 와하비파 추종자들이 이곳을 10년간 점령하고 무슬림들의 순례를 금지하였다. 그러나 1813년 이집트에 의해 와하비파가 쫓겨나 원상을 회복하였다. 이곳을 다시 지배하게 된 오스만제국은 1908년에 시리아 다마스쿠스에서 메디나에 이르는 철도를 부설하였다. 제1차 세계대전 중인 1916년에 메카의 총독인 후사인 이븐 알리가 오스만의 지배에 반기를 들고 일어나 메디나를 포함한 히자즈 지방의 지배자가 되었다. 메디나의 오스만 수비대는 대전 직후까지 버티다가 1918년 철군하였다. 1924년 후사인 세력이 와하비파 계승세력인 이븐 사우디 세력에게 패함으로써 오늘날까지도 이븐 사우디 세력이 이끄는 왕국의 치하에 있다.

메디아 Media, 米底

이란 북서부에 자리했던 고대국가. 기원전 11세기에 역사무대에 출현하여 기원전 8세기경에 왕국을 건립했으며, 기원전 6세기에 아케메네스조 페르시아의 키루스 2세에 의해 멸망했다. 수도는 금은보화가 가득한 엑바타나(Ecbatana, 현 하마단Hamadan)였다. '메디아'란 이름은 그리스인들이 이 지역을 '메디아' 또는 '메데아'라고 지칭한데서 유래하였다.『구약성경』「다니엘서」에는 '메데'로 나온다. 종족은 페르시아인과 더불어 아리아인의 후예들이다. 전성기 때는 영토가 흑해 남부 연안에서 오늘의 이란과 아프가니스탄에 이르기까지의 광활한 지역을 아우르는 대제국으로서 이란의 첫 국가 연맹체였다.

메르브(Merv) 도시 유적

교류의 유물적 전거로서의 오아시스로 상의 유적. 메르브의 구지(舊址)는 현 투르크메니스탄

메르브에 있는 에르크 카라(성채)의 주름벽

의 바이람 알리시(市) 부근의 무르갑 강안에 자리하였다. 19세기 말부터 시작된 일련의 발굴로 구지의 면모가 드러나고 있는데, 그중 가장 오래된 구역은 기원전 1000년기 중엽에 흥성했던 에르크 카라 성터(12헥타르)다. 파르티아와 사산조 페르시아 시대(기원전 3세기~기원후 3세기)에는 그 규모가 확대되어 에르크 카라는 내성(內城) 역할을 했으며 전체 면적은 $60km^2$나 되었다. 이름도 구야르 카라로 바뀌었다. 3세기 이후에는 사산조 페르시아와 이슬람의 치하에 있다가 12세기 전반에 셀주크조의 수도가 되면서 전성기를 맞았으나, 1222년 몽골 서정군에게 함락되면서 심하게 파괴되었다. 14세기 이후 어느 정도 복구되는 듯하던 옛 모습은 퇴색한 채 16세기 초~18세기 중엽에 다시 페르시아의 지배하에 들어갔다. 이러한 수난 끝에 19세기에 이르러서는 도시가 완전히 황폐화되고, 그 중심지는 구지의 동편 30km 지점에 있는 마루이시(市)로 옮겨갔다. 메르브는 중앙아시아에서 가장 오래된 도시의 하나로서 오아시스로의 교차로에 위치하고 있었기 때문에 동서교역이 발달하였다. 주민의 대부분은 조로아스터교를 신봉하였으나 불교도들도 혼거하고 있었다. 기원전 2세기에 구야르 카라 동남쪽 한 구석에는 탑 형식의 스투파와 승원(僧院)이 있었다. 스투파는 햇볕에 말린 기와로 축조한 정방형(13×13m)의 적색 탑으로, 그 앞에는 대형 채색 점토불상이 있었다. 그밖에 교외의 가우르 카라 유적에서도 불상 파편이 발견되었다. 이렇게 메르브는 동서문명의 융합지이면서 불교 전파의 서단(西端)이기도 하였다. 메르브는 안식(安息, 페르시아)이 동방과 통하는 관문으로 『후한서(後漢書)』「서역전」에는 이곳을 '소안식(小安息)'이라고 하였다.

메르카토르 Mercator, 1512~1594년

네덜란드의 지리학자. 네덜란드의 소도시 루페르몬데에서 출생한 메르카토르는 루뱅 대학에서 지리학을 전공하였다. 그는 복심장형세계도(複心臟形世界圖, 1539)와 더불어 지구의(地球儀)·천구의(天球儀, 1541)를 만들었다. 또한 1569년에는 이른바 '메르카토르의 투영법'으로 전통적인 프톨레마이오스의 지도제작법에서 탈피한 18폭의 대형 세계지도(132×198cm)를 제작하였다. 그후 다시 유럽의 지도를 첨가해 107폭의 『지도첩』(*Atlas Sive Cosmographicae*)을 만들었는데, 이 지도첩은 그가 사망한 지 1년 후 출간되었다. 이 책명으로 인해 '아틀라스'는 지도첩을 지칭하는 보통명사가 되었다.

메사 베르데(Mesa Verde)의 단애구조물(斷崖構造物) 유적 1150년경

미국 콜로라도주(州) 서남부에 자리한 메사 베르데에는 단애 석굴을 이용해 궁전이나 다층 주택, 모임 장소 등으로 쓰인 유적이 남아 있다. 여기에는 1150년경에 지어진 약 200개의 방과 23개의 키바가 있다. '키바'(kiva)란 남자들의 의식장(儀式場)이나 집합 장소로 쓰이는 원형 지하식 건물을 말한다,

메소아메리카(Mesoamerica) 문명권

고고학이나 민족학에서는 오늘날의 멕시코·과테말라·온두라스·엘살바도르·니카라과·코스타리카 등 중앙아메리카 일원을 메소아메리카(Mesoamerica, 속칭 중미中美)라고 한다. 이 지대에서 생성된 고대와 중세의 문명을 메소아메리카문명이라고 하는데, 여기에는 크게 멕시코 이북의 중세 문명인 아즈텍(Aztec) 문명과 그 이남의 고대 선진문명인 마야 문명이 포함된다. 이 두 문명간에는 비록 시대적 상차(相差)에서 비

멕시코시티의 대신전 지하통로

롯된 문명요소적 차이점이 있기는 하지만 하나의 문명권(메소아메리카 문명권)을 이룰 만큼의 공통점도 가지고 있다. 그 공통적인 문명 구성요소들로는 절두계단식(截頭階段式) 피라미드, 복합체적인 대제사(大祭祀) 중심지인 신전, 상형문자(象形文字), 원형극장과 시장, 두루마리식 회화문서(繪畵文書), 숫자계산법, 인신공희(人身供犧), 365일의 태양력(太陽曆)과 260일의 제식력(祭式曆) 등을 들 수 있다.

메소포타미아 문명 Mesopotamian Civilization

메소포타미아 문명이란, 서아시아의 유프라테스강과 티그리스강, 즉 양강(兩江) 사이의 지역을 중심으로 발달한 고대문명을 말한다. 메소포타미아는 그리스인들이 이 두 강 사이의 지역을 지칭한 말에서 유래하여 '양강지역(兩江地域)'

메소포타미아 우르의 지구라트

이라고도 한다. 메소포타미아는 지형적으로 구릉이 많은 북부와 충적평야가 펼쳐진 남부로 대별되며 기후와 풍토가 서로 다르다. 북부는 아시리아 남부로 바빌로니아라고 부르며, 남부는 다시 북부의 아카드(Akkad)와 남부의 수메르(Sumer)로 나뉜다. 메소포타미아는 세계 유수의 고대문명 지역의 하나로 일찍이 신석기시대에 촌락이 형성되기 시작해 기원전 4000년경에 이르면 수메르 지역에 도시국가가 나타나 이미 문명의 싹이 텄다. 수메르인들은 설형문자와 태양력, 60진법 등을 사용했다. 그 뒤를 이은 아카드인들은 기원전 2500년경에 중앙집권적 제국을 세웠다. 이어 '함무라비 법전'으로 유명한 제1바빌론 왕조와 아시리아 대제국이 출현해 문명을 꽃피웠다. 그러다가 기원전 538년에 칼데아의 신바빌로니아가 페르시아에게 멸망함으로써 메소포타미아 문명은 사양길에 접어들었고 페르시아 문명이 이 지역을 석권하였다. (17-188)

메소포타미아의 교역활동

수메르 왕조(기원전 2050~1950)를 비롯한 고대 메소포타미아에서는 이집트와는 달리 정부와 법률, 그리고 군사의 보호를 받으면서 상인과 대상(隊商)들이 자유롭게 활동할 수 있어 교역이 빠르게 발달하였다. 통일된 바빌로니아 왕국을 창건한 함무라비(Hammurabi, 기원전 1728~1686)가 제정한 법전(함무라비 법전)은 상업과 각종 직업, 대차(貸借)관계 등 경제활동에 관한 조항을 절반이나 할애하고 있는데, 이는 당시 교역을 비롯한 경제생활에 대한 관심이 높았음을 여실히 보여주고 있다. 심지어 도시의 상인에게는 군역(軍役)과 부역(賦役)이 면제되었으며, 도시의 행정도 부유한 상인이 담당하도록 하였다. 그 결과 주변 여러 지역과의 교역이 활발히 진행되었으며, 선진적인 메소포타미아 문명은 이 교역을 통해 널리 전파되었다.

메시나 해협 침몰선

해상실크로드의 유물적 전거로서의 침몰선. 메시나 해협은 이탈리아의 칼라브리아 반도와 시칠리아섬 사이의 폭 3~15km의 해협으로 고대 해상교통의 요로였다. 한 어부가 1969년 이 해협에서 고대 그리스 예술품을 적재한 침몰선을 발견하였다. 그런데 발견하자마자 도굴을 당하였다. 유물 중에는 2구의 남자 청동상(기원전 5세기 제작)과 청동상 파편, 암포라(amphora), 명문(銘文)이 새겨진 도금석(鍍金錫) 등이 들어 있었다. 칼라브리아 국립박물관은 때마침 키프로스 부근에서 조사작업을 벌이고 있던 미국 펜실베이니아 대학 박물관 조사단에게 해저조사를 의뢰하여 조사에 착수했으나 식기류나 연, 낚싯줄 감개 틀, 닻에 쓰는 청동 금구(金釦), 석괴(錫塊), 은괴(銀塊) 같은 것을 몇점 건졌을 뿐 별 성과를 거두지 못하였다.

메이플라워 서약 Mayflower Compact, 1620년

해상 이민들의 청교도적 사회계약. 영국의 박해를 피해 네덜란드로 피신한 후 식민지 개척을 위해 메이플라워호를 타고 아메리카 대륙으로 건너간 102명의 청교도들(필그림 파더즈Pilgrim Fathers)이 1620년 11월 11일 매사추세츠주(州) 플리머스(Plymouth)에 상륙하기 직전 선상(船上)에서 맺은 서약이다. 원본은 분실되었지만 현존하는 필사본에 의하면 그 내용은 자주적인 식민정부를 수립하고, 다수결의 원칙에 의해 행정을 운영하며, 공정하고 평등한 법률을 제정하고 준수하겠다는 등의 서약이다. 이는 영국 국왕에 대한 충성에 기반하고 있다. (17-189)

메카 Mecca, 麥加

이슬람교의 발원지. 이슬람교의 시조 무함마드의 탄생지이자 이슬람교의 발원지이며 무슬림들의 순례 성지다. 거기에 이슬람교 제1의 신성한 사원 금사(禁寺)가 있어서 명실상부한 이슬람세계의 첫번째 성지다. 시 중심부에는 카바 석전(石殿)을 비롯한 금사가 있고, 주변에는 성지 순례 의식과 관련된 여러 행사지와 무함마드의 족적이 남아 있는 유적지들이 있다. 메카(아랍어로는 막카Makkah)란 아랍어로 '흡입'이란 뜻인데, 이것은 목마른 사람들이 금사 내에 있는 '잠잠'(Zamzam)이란 샘물을 들이마신다는 데서 유래하였다고 한다. 아라비아 반도의 서쪽에 홍해를 따라 남북으로 뻗은 산맥의 협곡에 자리한 이 도시는 일년 내내 건조하고 고온이다. 연평균 강우량은 157.2mm(1966~1970)에 불과하며, 여름 기온은 최저가 섭씨 32도, 최고가 40도, 겨울에는 최저 온도가 15도다. 해마다 50~200만명의 성지순례자들이 운집한다.

이슬람 제1의 신성한 사원인 금사(禁寺) 전경

메콩강 Mekong River

인도차이나 반도의 수상교통의 중심지. 티베트의 탕그라(唐古拉) 산지에서 발원해 인도차이나 반도를 지나 남중국해로 흘러들어가는 동남아시아 최대의 강이다. 길이는 4,200km이며, 유역 면적은 약 75만km²다. 약 680만 헥타르에 달하는 메콩강 델타 지역은 세계적인 쌀 생산지다. 델타에 이르러 물줄기가 아홉 갈래로 갈라지기 때문에 베트남에서는 메콩강을 구룡강(九龍江)이라고도 부른다.

멕시코 전쟁 Mexican War, 1846~1848년

미국의 영토 야심으로 발발된 미국과 멕시코 간의 전쟁. 미국은 목화 재배 확대를 원하는 남부 대농장주들의 욕구에 따라 1846년에 발생한 양국간의 국경 무장충돌을 확전(擴戰)시켜 무력으로 뉴멕시코와 캘리포니아를 점령한 데 이어 멕시코시티까지 함락하고, 1848년 과달루페 이달고 조약을 체결하였다. 이로써 미국은 아메리카 대륙 중남부 진출의 발판을 마련하게 되었다.

멕시코만 침몰선

해상실크로드의 유물적 전거로서의 침몰선. 1949년 미국 플로리다주(州)의 케이프 카나배럴 부근 해안에서 은화가 발견되었는데, 조사 결과 1715년 7월 허리케인에 의해 침몰된 스페인 갤리언 선단(10척)의 것으로 밝혀졌다. 그후 1961년과 1965년에도 같은 곳에서 금괴·금화·다완(茶碗) 등 귀중한 유물이 속속 발견되었다. 다완은 중국 청나라 강희제(康熙帝) 시대의 것이다. 이를 통해 당시 대서양을 통해 중국과 아메리카 간의 교역이 이뤄졌음을 알 수 있다.

멘도사 Juan González de Mendoza, 1545~1618년

아우구스티노 수도원 출신 성직자. 스페인에서 출생한 멘도사는 스페인과 멕시코에서 주교(主教)를 지냈다. 1581년 멕시코에 간 그는 중국에 파견될 사절로 내정되었지만, 시간과 경비 문제로 인한 주변의 심한 반대로 계획이 무산되어 이듬해에 스페인으로 돌아왔다. 당시 예수회의 선교 열망과, 향료 등 교역품에 대한 호기심 등으로 극동 지역에 대한 스페인 상인들의 관심은 특히 대단하였다. 멘도사는 중국을 직접 답사한 몇몇 선교사들의 현지 보고서를 종합 정리하여 『중국대왕국지(中國大王國誌)』를 저술하였다.

멜라네시아(Melanesia)의 거석문화(巨石文化)

해상실크로드의 대표적 양석(陽石)문화 유적. 태평양 멜라네시아 섬들에는 거석기념물이나 암각화, 동굴벽화가 많이 남아 있다. 거석기념물 가운데는 독석(獨石, 멘히르 menhir)과 열석(列石, 알리뉴망alignements), 그리고 제사장 같은 거석유물이 여러 섬에 널려 있다. 고도(孤島)나 큰 섬이지만, 유물의 대부분은 사람의 발길이 닿기 어려운 산간지대에 보존되어 있다. 주목할 만한 것은 피지 제도의 암각채색 인물상의 얼굴이 그곳에서 멀리 떨어진 이스터섬의 마케마케신(神)의 얼굴과 매우 유사하다는 것이다. 이를 통해 이 섬들 간에 교류가 있었음을 추측할 수 있다.

태평양 멜라네시아섬의 암각화

명관 明觀

중국에 간 신라 유학승. 중국 진(陳)나라 문제(文帝)가 565년 유사(劉思)를 신라에 사신으로 파견하였는데 유학승 명관이 함께 귀국하였다. 그들은 경론(經論) 2,700권을 가지고 신라에 왔다. (6-100)

명도전 明刀錢

중국 전국시대에 연(燕)나라 지역과 만주 일대

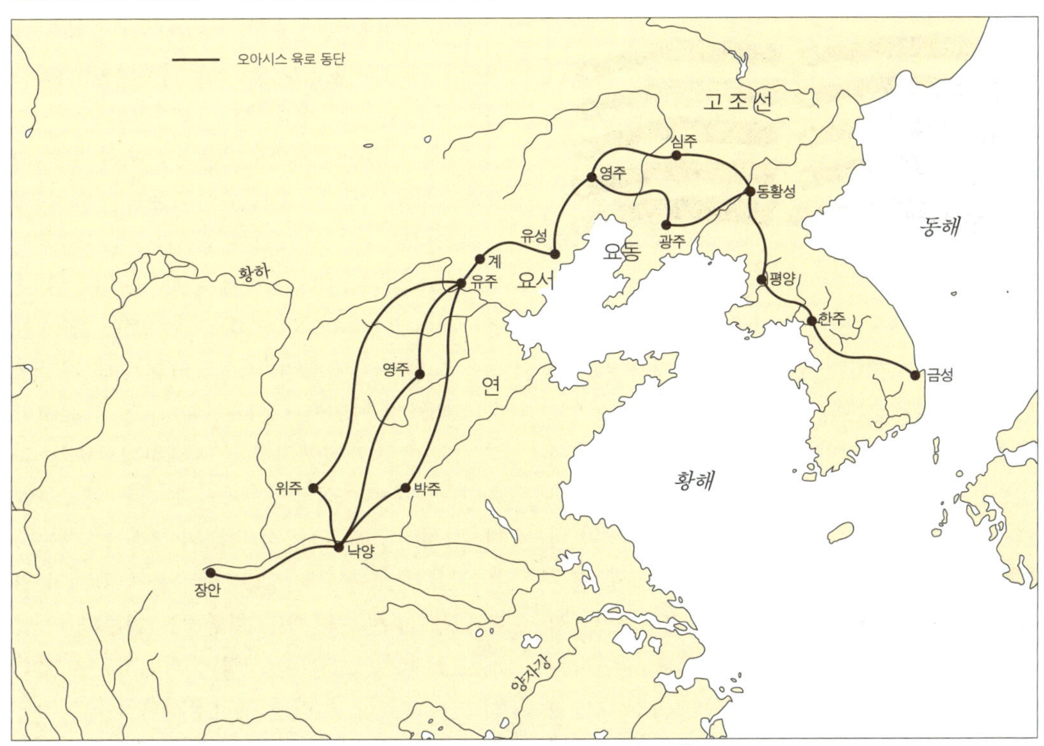

명도전 출토지를 연결해 본 오아시스로의 한반도 연장로

에서 통용되던 동전. 중국 허베이성(河北省)과 고조선 영역이었던 랴오닝성(遼寧省)과 한반도 북부 지대에서 다량 출토되었다. 원래 연나라 화폐는 도전(刀錢)·포전(布錢)·원전(圓錢) 3종이 있었는데, 그중 도전 즉 명도전이 주요 통화였다. 명도전은 일종의 칼 모양을 한 동전으로 표면에 전서체(篆書體)로 '명(明)'자를 새겨서 주조지를 나타낸다. 하지만 그곳이 어디인지에 대해서는 의견이 분분하여, 일부에서는 조(趙)나라의 명읍(明邑)을 뜻하는 것으로 보고 조나라의 돈이라고 주장한다. 그러나 근간의 연구에 의해 '명'자는 평명현(平明縣, 현 허베이성)의 약자로 명도전은 평명현에 자리했던 연나라의 화폐라는 것이 중론이다. 명도전은 연나라와 고조선의 옛터 여러 곳에서 출토되었다. 주요 출토지로는 중국의 경우 연나라 수도 계(薊, 현 베이징 부근), 허베이성의 하남(河南)과 이현(易縣) 일대, 라오닝성의 남평(南平), 랴오둥(遼東) 반도의 영성자(榮城子)와 반룡산(盤龍山) 및 남단의 몇 곳(총 10여 곳)이며, 한반도에서는 1917년부터 20여 곳에서 출토되었다. 출토량은 각기 다른데, 많은 곳에서는 4천여 매나 된다.

명도전로 明刀錢路 한반도와 중국을 이어주는 실크로드 오아시스로의 동단(東端) 구간. 명도전은 교역과 지불 수단으로 쓰인 통화로, 그 출토지는 교역장소일 가능성이 높다. 교역을 진행하기 위해서는 교역장소가 어떤 통로와 연결되게 마련이다. 따라서 이러한 교역장소를 서로 이어보면 당시의 교통로를 짐작할 수 있다. 명도전 출토지를 연결하면 다음과 같은 길을 설정할 수 있다. 연나라 수도 계에서 출발해 동북행으로 승덕(承德)에 이르러 계속 동진, 랴오둥 반도의 연해 일

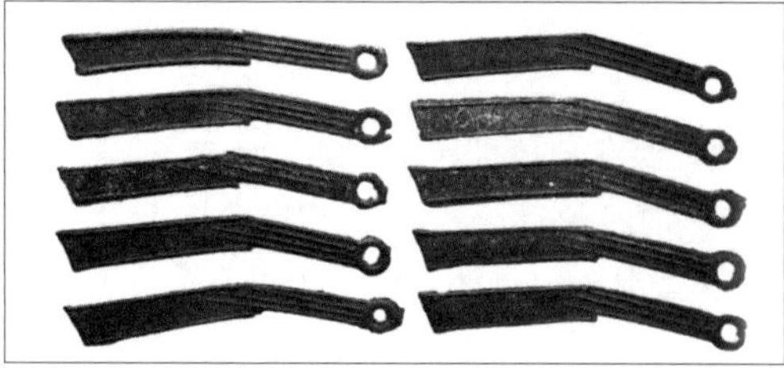

중국 연나라 화폐인 명도전

대를 따라 압록강(일명 만번한滿潘汗) 중류의 통구(通溝, 현 지안集安)에 다다른 후 압록강을 건너 곧 한반도 영내의 동황성(東黃城, 현 강계江界)에 도착한다. 여기서 남하해 청천강 중류의 영변(寧邊)과 대동강 상류의 영원(寧遠)을 지나 평양성에 이른다. 이 노선을 약술하면, 계(연나라 수도)―승덕―요동(랴오둥) 반도―통구―동황성(현 강계)―영변―영원―평양으로 이어지는 길이다. 이 고대(고조선시대와 전국시대) 한·중 양국을 연결한 육로를 그 연결수단인 명도전의 이름을 따서 '명도전로'라고 명명할 수 있을 것이다.

명조의 대서방무역

명(明)조는 건국 이후 대내외 정세로 인해 무역 등 대외활동을 전개하는 데 여러가지 한계에 부딪쳤다. 북방에는 중원에서 축출된 몽골이 여전히 위협적인 존재로 남아 있었고, 중앙아시아 일원에서 출현한 강력한 티무르제국(1370~1507)은 명조의 서역 진출을 저지하였고, 서아시아에서는 오스만제국(1299~1922)이 동서간의 교류를 가로막고 있었다. 이러한 사정은 명조가 실크로드 육로(오아시스로)를 통해 서방과 교류하는 데 큰 방해가 되었다. 뿐만 아니라 동남 해안 일대에서 창궐한 해적 및 왜구(倭寇)들의 끊임없는 노략질과 소요는 명조의 남해 진출도 크게 위축시켰다. 게다가 16세기 말엽부터는 포르투갈을 비롯한 서방 국가들이 앞다투어 중국 동남 해

안 일대에 침입해 통상 압력을 가하고 무력 도발까지도 서슴지 않았다. 이렇게 내우외환이 겹친 가운데 명조는 초기의 성조(成祖) 영락(永樂) 연간(1402~1424)을 제외하고는 일관되게 해금(海禁)과 폐쇄적인 쇄국정책을 시행하지 않을 수 없었다. 전통적인 관방교역인 조공(朝貢) 무역마저도 3~5년마다 '1조1공(一朝一貢)'토록 하며 조공품이나 조공사 인원도 대폭 축소하는 등 제한하게 되었다. 그리고 대외무역의 창구인 취안저우(泉州)·명주(明州)·광저우(廣州) 등지에 시박사(市舶司)를 개설했지만 곧 폐쇄하고, 백성들의 출항(出港)이나 외국인들과의 교역을 엄금하였다. 심지어 외국 조공사의 위작(僞作)을 막는다는 이유로 조공국에 신분확인증을 발급해서 입조(入朝)시 신분을 대조·확인하는 이른바 '감합제도(勘合制度)'까지 실시하여 외래자들을 엄격히 단속하였다. 이러한 해금정책과 쇄국정책은 청초까지 지속되어 해외무역 등 중국의 대외활동을 매우 위축시켰다.

이러한 전반적인 해금과 위축 속에서도 명초에 있었던 정화(鄭和)의 7차 '하서양(下西洋)'(1405~1433) 단행은 한때나마 명조의 대외활동을 크게 진작시켰다. ('정화의 하서양'항 참고) 삼보(三保, 三寶) 태감(太監) 정화(1371~1435)는 명초 성조 영락 3년(1405)부터 선종(宣宗) 선덕(宣德) 8년(1433)까지 28년간 7차에 걸쳐 대선단을 이끌고 '하서양'을 단행하였다. 성조의 하명을 받고 행한 정화의 '하서양'의 동기에 관해서는 여러가지 설이 있다. 종합해보면 정치적으로는 국권을 회복한 한인(漢人)의 '천조상국'(天朝上國, 천하 으뜸 조정이란 뜻)을 만방에 과시하고, 경제적으로는 관방교역을 통해 남해지역의 보화(寶貨)를 취득하려는 데 목적이 있었다고 할 수 있다.

비록 해금과 쇄국의 족쇄에 묶여 명대의 전반

적인 해외무역은 부진을 면치 못하고 위축되었지만, 완전 중단된 것은 아니고 관 위주의 대외무역은 계속되었다. 명대 전반(前半)의 대외무역(주로 관제무역)은 대체로 쌍방무역으로 그 품목은 전대와 크게 다르지 않았다. 그러나 후반에 이르러 서구 식민세력들이 주로 해로를 통해 침투하면서부터는 그 양상이 크게 달라졌다. 그들은 중국으로부터 다량의 도자기·견직물·칠기·차·교예품·사향·수은·주사(朱砂)·장뇌(樟腦)·설탕·황동·복령(茯苓) 등을 수입해갔다. 중국이 수입한 것은 모직물이나 진귀품 몇 가지에 불과하고, 그밖에 그들의 중계무역을 통해 서남아시아와 동남아시아산 후추·단향(檀香)·상아 등 특산물을 들여왔다.

모가디슈 Mogadishu

아프리카 동안의 항구도시(현 소말리아의 수도). 인도양 해안의 베나디르 지역에 위치한 이 도시는 수세기 동안 이 지역의 중요한 항구 역할을 해왔다. 이미 1세기 때에 모가디슈에서 인도양을 따라 동방 각지로 무역이 성행하였다. 서기 900년경에는 아라비아 반도 출신 무슬림 무역업자들이 모가디슈로 몰려들어, 이 도시는 무역의 중심지가 되었다. 주로 대두(大頭) 낙타와, 흑단·용연향·상아 등 진귀한 특산품이 수출되었다. 1340년경에 모가디슈를 경유한 아랍의 대여행가 이븐 바투타는 여행기에 모가디슈에 관해 다음과 같은 이야기를 남겼다. "이곳에는 낙타가 많아 매일 200마리씩 도살되며 양(羊) 또한 많다. 특유의 '모가디슈 천'이 생산되어 이집트 등지로 반출된다. 이곳에서는 술탄을 쉐이크라고 부른다. 쉐이크는 베르베르족 출신으로 아랍어와 모가디슈어를 할 줄 안다."

모감덕 慕感德

도일 발해 사신. 810년대에 일본에 파견된 발해의 사신이다. 일본으로 건너갈 때 조난을 당해 표류해서 귀국할 때 배 한 척을 하사받았다. (8-209)

모라이 Moray

잉카 문명의 테라스(다랑이밭) 유적. 잉카제국의 수도였던 페루의 쿠스코(Cuzco)에서 서북쪽 38km 지점, 해발 3,423~3,479m의 석회암 고원에 위치한 이 유적은 대소 4개의 원심형(圓心形) 계단식 테라스로 구성되어 있다. 테라스는 일명 '다랑이밭'이라고 할 수 있는데, 농지가 모자라는 산악 지형에 테라스 형식으로 개간을 하여 경작지를 만든 것을 말한다. 대형 테라스의 밑바닥 원심의 지름은 40~45m나 되고, 테라스의 한 계단 너비는 4~10m이며, 대형 테라스의 높이는 69m에 이른다. 그 용도에 관해서는 관개수로가 각 테라스에 잇닿아 있는 점으로 미루어 실험용 경작지라는 견해와 모종의 의례장(儀禮場)이었을 것이라는 견해가 있다. (4-188)

페루 모라이 다랑이밭

모르가 Morga

스페인 식민지 행정관. 모르가는 대리총독으로 1595년 멕시코를 경유해 필리핀에 부임하였다. 당시 필리핀은 국내외 여러가지 문제로 정세가 복잡했으며, 상인이 된 전역 군인들과 현역 고위 장교들의 비리가 심했다. 모르가는 총독을 도와 정세를 수습하고 비리에 연루된 군인들을 가차없이 처벌하여 식민지 행정규율을 엄하게 세웠다. 그는 직무를 마치고 1603년 필리핀을 떠나 멕시코에 체류하면서 『필리핀 제도지(諸島誌)』(Sucesos de las Filipinas)를 집필·간행하였다. 만년에는 페루 키토에서 사법행정원 의장을 지냈다. (10-174)

모리슨 Robert Morrison, 馬禮遜, 1782~1834년

영국 기독교 신파(新派)의 첫 중국 선교사. 모리슨은 1803년 런던 헥스톤 신학원에 입학한 후 런던 선교회에 입회하여 기독교 신파(혹은 신교新敎)의 선교사가 되었다. 신학원을 졸업한 후 목사가 된 그는 선교하러 중국으로 떠나려고 하였는데, 당시 영국 동인도회사는 선교사들이 배를 이용해 인도나 중국으로 가는 것을 금지하였다. 모리슨은 미국으로 건너가서 미국 정부와 미국 기독교계의 도움을 받아 미국 화물선을 타고 1807년 9월 중국 광저우(廣州)에 도착하였다. 한편 중국 청(淸)조는 강희(康熙)·옹정(雍正) 연간(1662~1735)에 금교(禁敎)정책을 실시한 데 이어, 건륭(乾隆) 22년(1757)부터는 유일하게 광저우만 대외통상을 허용하는 등 엄격한 폐쇄정책을 썼다. 이러한 분위기 속에서 모리슨은 처음에 선교사의 신분을 속이고 미국 상관(商館)에 은거한 채 광저우와 마카오를 오가며 정세를 관망하였다. 이후 런던 선교회의 후원으로 동인도회사의 통역으로 채용되어 영국 상인의 신분으로 공개적인 활동을 하게 되었다. 모리슨이 중국에서 착수한 첫 사업은 『성경』 번역과 『화영자전(華英字典)』의 편찬이었다. 일찍이 천주교 선교사들이 명말 청초에 대거 중국에 들어와 『성경』의 한역을 시도했지만, 부분적인 초역만 하였을 뿐 18

세기 초까지 완역본을 내지 못하였다. 모리슨은 1808년부터 『성경』 번역을 시작하여 1813년에 『신약전서(新約全書)』를 완역해 비밀리에 광저우에서 2천 부를 펴냈다. 1814년부터 런던 선교회 소속 선교사 밀른(William Milne)과 공동으로 『구약전서(舊約全書)』를 번역하고 1819년에 『성경』 전체를 완역하여 『신천성서(神天聖書)』라는 제목으로 1823년 말라카에서 출판하였다.

모리슨은 1808년에 『화영자전』 편찬작업도 시작하였다. 제1권은 1817년 『자전(字典)』이라는 제목으로 출간되었다. 그리고 제2권의 경우 1819년 『오거운부(五車韻府)』라는 제목으로 제1부가, 1820년에 제2부가 나왔다. 또한 제3권은 1822년 『영화자전(英華字典)』이라는 제목으로 선을 보였다. 이것들을 종합한 완본 『화영자전』은 총 6본(합 4,595페이지)으로 1823년에 완간되었다. 모리슨은 그밖에 영어로 『한어어법(漢語語法)』과 『광동토어자회(廣東土語字匯)』, 중국어로 『신도론속구세종설진본(神道論贖救世總說眞本)』 등을 저술하였다. 그는 또한 광저우에서 선교사들을 독려하여 정기간행물을 출간토록 하였다. 최초의 중국어 정기간행물인 『동서양고매월통기전(東西洋考每月統記傳)』과 영어 정기간행물인 『중국총보(中國叢報)』는 모두 모리슨이 주도하여 발간된 것이다. 1824년 모리슨은 휴가차 귀국하면서 수집한 1만여 권의 한문도서를 런던 대학 도서관에 모두 기증하였다. 영국 체류기간 동안에는 '동방문사(東方文社)'를 조직하여 동방 선교를 원하는 청년 남녀를 모집해 훈련을 주도하기도 하였다. 그는 중국에 다시 돌아와서도 여전히 명의상 동인도회사에 재직하면서 선교활동에 전력을 다하였다. 모리슨의 선교활동은 주로 마카오와 남양군도(南洋群島)의 화교(華僑)들을 대상으로 하면서 그들을 통해 내지로 비밀리에 포교하는 식으로 이뤄졌다. 중국의 첫 기독교 신파 신자인 채고(蔡高)는 마카오에서 모리슨에게 세례를 받았으며, 첫 중국인 목사 양발(梁發)도 마카오에서 그에게서 성직을 수여받았다. 양발이 찬술하고 모리슨이 감수한 『권세양언(勸世良言)』은 후일 홍수전(洪秀全)이 태평천국(太平天國) 봉기를 일으키는 데 큰 영향을 미치기도 했다.

모리슨은 동료 선교사 밀른으로 하여금 말라카에 인쇄소를 짓고 '영화서원(英華書院)'을 차려 『성경』을 비롯한 종교서적을 인쇄·출간토록 하였다. 그는 이러한 인쇄물의 배포를 통해 중국인 선교사들을 양성하고자 했던 것이다. 1830년에 모리슨의 제안으로 미국이 처음으로 2명의 신교 선교사를 광저우에 파견하여, 영·미 공동으로 중국 교구를 개척하고자 하였다. 이러한 모리슨의 선교활동은 영국 동인도회사에서의 상무(商務)활동과 함께 이루어졌다. 그는 회사의 통역요원으로 회사를 대표해 여러 차례 청정부와 교섭을 진행하였다. 1816년에 영국 정부가 중국에 사신을 파견하였을 때 모리슨은 사신의 비서 겸 통역관에 임명되었다. 1834년에 동인도회사의 대중국무역 독점권이 취소된 후 영국 정부는 광저우에 상무감독관을 파견하였는데, 모리슨은 초대 감독관의 비서 겸 통역관으로 공식 임명되어 활동하였다. 상무활동이나 정치활동에서 철저하게 영국의 식민주의 권익을 대변하고 옹호하였던 그는 처음으로 영사재판권을 주장하기도 했다. 중국에서 활동하면서 얻은 이러한 여러가지 성과로 유명인사가 된 그는 런던 선교회의 위원으로 선임되고, 영국 왕립학회의 정식 회원이 되었다. 모리슨은 52세에 과로로 발병해 마카오에서 사망하였다.

모사라베

아랍-이슬람화된 스페인 안달루스인을 통칭하는 말. 이슬람제국의 속령화 경략으로 인해 스페인에 안달루스 시대(711~1492, 총 781년간)가 출현하였다. 이 시대에는 이슬람 교법(al-Sharīah)에 따라 무슬림과 기독교도, 유대교도들은 별 마찰 없이 장기간 평화를 유지했으며, 많은 주민들과 기독교도들이 이슬람교로 개종하고 아랍어를 배워 사용하였다. 오늘날까지 그 흔적이 남아 있듯이 스페인에서는 이 시대에 아랍·이슬람화가 널리 추진되었다.

모술 al-Mawsil, Mosul, 毛夕里

이라크 북동부의 교통 요지. 바그다드 북서편 약 450km 지점의 티그리스강 양안(兩岸)에 자리한 모술은 강 서안에서 출발했지만, 점차 도시 규모가 확장되면서 고(古)아시리아 왕국의 도시 니네베(Nineveh, 현재의 니나와)가 자리한 동안을 포함하게 되었다. 아랍어로 '마우실(모술)'은 '연결지'라는 뜻으로 티그리스강과 유프라테스강을 연결하는 곳이라서 그렇게 불렸다. 13세기 모술을 방문한 마르코 폴로는 『동방견문록』에 이곳의 종교와 물산에 관해 풍부한 기록을 남겼는데, 그 내용을 개괄하면 다음과 같다. 즉 '모술 왕국'은 아라라트(Ararat)산(山)을 경계로 하여 대(大)아르메니아와 접경한 국가다. 이 왕국에는 아랍 무슬림들과 이단 기독교도들인 야곱파 교도(Jacobites)와 네스토리우스파 교도(Nestorians)들이 주류를 이루고 있었다. 이들은 모두 '자톨릭'(Jatolic)이라 부르는 총대주교(Patriarch) 산하에 독자적인 성직체계를 갖추고 인도·중국 등 사방으로 성직자를 파견하였다. 마르코 폴로의 기록에 따르면, 지금 대다수가 무슬림인 쿠르드(Kurd)족은 당시까지는 경교와 야곱파 종족이었고 일부만이 무슬림이었다고 한다.

모스크바 Moskva, Moscow

북방 초원 실크로드 상의 고도. 모스크바의 어원에 관해서는 '습지' '석장(石匠)들의 성채' '소 건너는 목' '밀림' 등 언어에 따라 여러가지 설이 있다. '축축한 강' '젖소의 강'이란 뜻의 모스크바강에서 유래되었다는 주장도 있다. 아무튼 초원이나 목축과 관련된 지명임은 분명한 것 같다. 모스크바란 이름이 처음으로 세상에 알려진 것은 1147년에 나온 『이라피예프 연대기』란 책에서다. 이 연대기에는 수즈달공국의 공후(公侯)인 유리 돌고루키(Yury V. Dolgoruky)가 한촌(閑村)이던 이곳에 주춧돌을 놓고 나무로 된 방벽을 쌓기 시작해 1156년에 완성했다고 기록되어 있다. 그래서 일반적으로 모스크바의 창건자는 유리 돌고루키이고, 창건 연대는 1147년으로 알고 있다. 그 '나무 방벽'이 바로 크렘린의 전신이다. 유리에 이어 공후가 된 다밀이 이곳에 상주하면서 저택을 지어 도시의 면모를 갖춰보려고 했으나, 1237년 몽골 서정군의 침입으로 모두 수포로 돌아갔다.

그러다가 '돈주머니'란 별명의 칼리타(이반 1세)가 당시 러시아 땅 절반 가까이를 석권하고 있던 몽골제국 예하의 킵차크 칸국의 환심을 사서 인근 러시아공국들의 토지를 하나씩 수중에 넣는 한편 키예프를 떠나 블라디미르에 옮겨가 있던 정교회의 총대주교를 모스크바로 영입하였다. 이로써 모스크바는 러시아 정교회의 본산이 되었고, 신정체제(神政體制)를 표방한 모스크바공국의 세력 확장에 결정적 계기가 되었다. 이반 칼리타를 이은 드미트리(Dmitry Ivanovich)는 1380년 쿨리코보(Kulicovo) 전투에서 킵차크 칸 군대를 격파해 몽골 불패의 신화를 깨뜨리고 일약 러시아의 희망으로 떠올랐다. 15세기에 들어서면서 킵차크 칸국이 쇠잔해가는 틈을 타서 1480년 이반 3세는 드디어 그 예속에서 벗어

모스크바의 바실리 성당

나 독립을 선포하였다. 이때부터 모스크바 공국 시대가 열리고 인구 30~40만을 가진 모스크바는 러시아의 심장으로 급부상하였다. 이반 3세는 내성인 크렘린과 성당들을 비롯한 많은 건물들을 서구식 하얀 석조 건물로 개축하였다.

비잔틴 마지막 황제의 조카와 결혼한 이반 3세는 대공(大公) 대신 비잔틴 황제 칭호인 '군주'나 '차르'로 자칭하였다. 그와 동시에 모스크바 대공의 문장(紋章)이던 말을 탄 성 게오르게 상(像)에 비잔틴 황실 문장인 쌍두 독수리를 결합해 새로운 문장을 만들었다. 이렇게 하여 모스크바 대공은 비잔틴 황제의 계승자로, 모스크바는 '제3의 로마'로 변신하였다. 17세 초 모스크바 공국은 로마노프 왕조의 제정 러시아(1613~1917)로 탈바꿈하였다. 이때 수도가 오늘의 상트페테르부르크로 옮겨지지만(1711), 러시아의 중심축으로서의 모스크바의 위상은 변함없었다. 소비에트시대에 모스크바는 다시 러시아의 수도가 되었으며 면적 1천km^2에 인구 1000만을 헤아리는 세계 굴지의 도시로 성장하였다. 이렇게 모스크바는 시대에 따라 변모를 거듭하였다.

모시몽 慕施蒙

도일 발해 사신. 752년 9월 모시몽이 일행 75명을 이끌고 에치고노쿠니(越後國) 사도노시마(佐

渡島)에 도착해 이듬해 5월 일왕을 진현해 신물(信物)을 바치자, 왕은 향응과 녹(祿)을 제공하고 보국대장군(輔國大將軍)을 서훈(敍勳)하였다. (8-195)

모자모례 牟自毛禮

일본에 표착(漂着)한 신라인. 693년 2월 신라의 사절 억덕(億德)과 함께 귀국하였다. (8-189)

모절 毛切

도일 고구려 사신. 682년 6월 공물사(貢物使)로서 앙가(昂加)와 함께 신라의 송사(送使) 배편으로 일본에 갔다가 같은 해 8월에 축자(筑紫)에서 향응을 제공받았다. (8-187)

모창록 慕昌祿, ?~773년

도일 발해 부사(副使). 771년 6월 사신으로 대사(大使) 일만복(壹萬福)과 함께 도일하였다. 이듬해 정월 왕을 알현하고 정사위하(正四位下)를 하사받았다. 모국으로 돌아가지 못하고, 773년 2월에 일본에서 객사해 종삼위(從三位)에 추서되었다. (8-203)

모체 문화 Moche, 기원 전후~기원후 700년

페루 북부 해안의 모체 계곡에서 번영한 지방 발전기의 문화로, 모체강 하류 남북 600km의 넓은 지역에 걸쳐 태양의 신전이나 달의 신전을 비롯한 유적이 분포되어 있다. 페루의 고고학자 오이레(R. L. Hoyle)는 유적에서 출토된 등형(鐙形) 토기의 형태로 이 문화를 1~5기로 나누기도 한다. (4-128~129)

모카 Mocha

해상실크로드 상의 무역항. 홍해 입구, 아라비아 반도의 남단에 위치한 '모카 커피'로 이름이 널리 알려진 국제 교역항이다. 17세기 네덜란드 동인도회사가 여기에 상관을 설치해 한때 홍해의 해상권을 장악하였다.

모피의 길

원래 모직물(毛織物)은 유목민족들의 특산물로서 중국 한(漢)대에 서아시아와 중앙아시아산 각종 모직물이 대량으로 중국에 유입되었다. 그 유입 경로는 서아시아로부터 중앙아시아 북부와 볼가강 유역을 따라 동진(東進)해 시베리아와 우랄, 그리고 톈산 산맥 이북을 거쳐 중국에 이르는 길로 대체로 실크로드 초원로와 일치한다. 학계에서는 모피무역이 성행한 이 길을 '모피의 길'이라고 명명하기도 한다. 모피와 모직물은 이 '모피의 길' 주변 여러 나라에서 생산 교역되었을 뿐만 아니라, 멀리 대진(大秦, 로마)이나 인도까지 수출되어 그곳에서 가공된 다음 다시 해로를 통해 중국을 비롯한 동방 여러 나라에 반입되기도 하였다.

모헨조다로(Mohenjo-Daro) 고도 유적

인더스문명의 중심 유적. '죽음의 언덕'이란 뜻을 지닌 모헨조다로는 인더스강 하류 서쪽에 위치한 기원전 3000~2500년대의 도시 유적이다. 1922년 쿠샨조 시대의 불탑을 발굴하다가 그 하층에서 발견되기 시작한 이 유적은 그후 바너지(R. D. Banerjee)와 마샬(J. Marshall) 등의 발굴과 연구에 의해 그 면모가 드러나기 시작하였다. 유적은 대략 1.6km의 사방에 흩어져 있지만, 그 외연(外緣)이 하천에 의해 깎여나간 점을 감안하면 원래 면적은 이보다 훨씬 넓었을 것으로 추측된다. 남아 있는 주요 유적으로는 약 $10m^2$ 넓이의 정연한 대로, 도로 연변에 연와로 지은 주택과 하수구, 집집마다의 목욕탕과 우물, 길이 12.2m의 장방형 대욕장(大浴場), 채문(彩紋)토기, 청동 장신구, 각종 이상(泥像), 석조 인물상, 각종 상형문자 도장 등이 있다. 모헨조다로 유적은 장대한 규모에다 견고하게 만들어졌으며, 계획적으로 설계되었다. 이 고도 유적은 펀자브주의 하라파 유적과 더불어 고대 인더스문명의 대표적 유적으로 꼽힌다.

목란피주 木蘭皮舟

중국에서 아랍의 선박을 부르던 명칭. '목란피'는 아랍어 'Maghreb'의 음사로서 '마그레브', 즉 현 북아프리카의 모로코를 지칭한다. 따라서 목란피주는 모로코를 위시한 서(西)아랍인들이 사용하는 선박을 말한다. 수천명이 승선할 수 있는 대형 범선으로 알려지고 있다.

목면 木棉

동전된 직물. 목면은 면(솜)의 일종으로서, 고대 한적(漢籍)에는 '길패(吉貝)' '백첩(白疊)' '첩화(疊花)' 등으로 기록되어 있다. 이러한 명칭들은 각각 산스크리트어에서 유래되었는데, '길패'는 면 재배를 지칭하는 'karpasi'에서, '백첩'은 야생 면을 가르키는 'bhardrdji'에서 유래하였다. 원래 면의 재배나 면섬유로 천을 짜는 것은 인도에서 시작된 것으로 전해진다. 인도 모헨조다로 유적에서는 기원전 2500~기원전 1500년대에 속하는 면포가 발견되었다. 중국『양서(梁書)』에 의하면, 남북조시대에 고창(高昌) 지방에서 이미 면화를 심어 면직업이 일어나고 있었으며, 원대에 신장에서 면화 재배법이나 기술이 내지에 전해졌다고 한다. 원대의 사농사(司農司)가 펴낸『농상집요(農桑輯要)』권2「논저마목면(論紵麻木棉)」조에는 근래에 섬우(陝右) 지방에서 목면을 심고 있는데, 원산지와 다름없이 무성하게 자라고 있다고 전한다.

목사락 穆沙諾

동행(東行) 사절. 725년 7월에 당나라에 온 파사(波斯, 페르시아) 사절로 전해지고 있는데, 당시 파사가 구체적으로 어디인지는 명확치 않다. (8-54)

목숙 苜蓿, 牧宿, 木粟

동전(東傳)된 사료용 식물. 목숙(苜蓿, 거여목, 개자리)은 원래 고대 그리스인들에게 남러시아의 캅카스 산맥 동남 일대에서 재배한 말의 사료라고 알려져 있었는데, 아랍에 전래된 후에는 아랍 준마의 주요 사료로 사용되었다. 목숙은 그리스어 'Medikai'의 음사이며, 학명은 'Medicago sativa'이다. 그러나 옛 대원(大宛, 현 우즈베키스탄의 페르가나)어의 'buksuk'의 음사란 일설도 있다. 목숙은 콩과에 속하는 월년초(越年草)로서 한국 속어에서는 거여목(계유목)이라고 일컬었다. 지금은 성하(盛夏)부터 가을에 걸쳐 누른빛 나비형의 꽃(접형화관蝶形花冠)이 피는 잡초인데, 키는 30~60cm밖에 안 된다. 이시진(李時珍)의『본초강목(本草綱目)』(권27「苜蓿」조)에 의하면, 목숙은 햇볕에 쬐면 광채가 나며 잎이 바람에 흔들려 쉬쉬 소리를 내므로 일명 처풍(悽風, 회풍懷風) 혹은 광풍(光風)이라고도 부른다. 그밖에 금화채(金花菜)·초두(草頭)·반기두(盤歧頭)·연지초(連枝草)라는 속칭도 갖고 있다. 목숙의 부드러운 잎은 담백한 미각과 풍부한 단백질을 포함하고 있어, 중국이나 일본에서는 소채뿐만 아니라 약재로도 쓰였다.『본초강목』에 따르면 목숙을 복용하면 오장(五臟)에 이롭고 비만한 사람을 여위게 하며, 비장·위장·소장의 열독(熱毒)을 제거하는 등의 약효까지 얻을 수 있다고 한다.

　식용이나 약용보다는 세계 제일의 우량마인 아랍마의 주요 사료로 알려지면서 그 명성이 더욱 널리 퍼졌다. 이 때문에 중국인들도 적극 받아들였으며, 나중에는 신라와 일본에까지 전파되어 재배되었다. 목숙의 중국 전래와 그 재배 상황에 관해서는 『태평어람(太平御覽)』(권996)에서 서진(西晉) 장화(張華)의 『박물지(博物志)』와 양(梁) 임방(任昉)의 『술이기(述異記)』를 인용하여 설명하고 있다. 전한(前漢)의 한무제(漢武帝) 때 장건(張騫)의 서역사행(使行)을 계기로 포도 등 기타 식물과 함께 목숙이 중국에 전래되어, 무제의 이궁(離宮) 부근뿐만 아니라 섬롱(陝隴) 일대를 비롯한 곳곳에서 널리 재배되었다고 한다. 이렇게 곳곳에서 활발하게 재배가 된 것은 그것이 양질의 말 사료이기 때문이었다. 청(淸) 말 황이인(黃以仁)도 저서 『목숙고(苜蓿考)』에서 『박물지』와 『술이기』의 내용에 근거해 그 원류와 한대 유입 상황을 언급했는데, 역시 장건의 서역사행을 계기로 한에 전입되었음을 긍정하였다. 기원전 104~102년 기간 한무제가 이광리(李廣利)에게 약 20만 명의 병력을 동원해 대원국(大宛國)에 대한 원정을 단행하도록 한 것은 목숙을 사료로 기르는 아랍마의 획득에 그 목적이 있었다. 한대 이후 남북조와 당·송시대에 이르기까지 서역마의 지속적인 수입과 더불어 목숙의 재배는 계속 늘어났다.

한대 이후 중국의 사회경제 발전과 군사력 증강에 막대한 영향을 미친 서역마의 수입과 그에 따른 목숙의 대량 재배는, 국력 신장과 목축업 발전을 시도하던 인근 신라인들의 의욕을 자극하지 않을 수 없었다. 한국의 사적 『삼국사기(三國史記)』 「잡지」의 '직관(職官)'조에는 신라의 백천(白川)·한지(漢紙)·문천(蚊川)·본피(本彼) 등지에 목숙전(苜蓿典)을 설치한 것에 관해 그 관직까지 구체적으로 기술하고 있다.

이와 같이 목숙은 신라시대에 전담 기구와 전담 관료(대사大舍) 및 기록책임자(사史)까지 두고 여러 곳에서 재배된 일종의 유입 특용작물이었다. 목숙은 한국을 통해 일본에 전수되었는데, 일본에서는 '우마고야시(うまごやし)', 즉 '마비(馬肥, 말을 살찌게 하는 것)'라고 이름지어, 오늘날까지도 약재로 쓰고 있다.

목판선 木板船

선박의 조형(祖型). 나무판을 짜서 만든 배로서 독목주(獨木舟)에 이어 출현한 초기의 배 형태다. 중국 상대(商代, 기원전 16~11세기) 때의 갑골문(甲骨文, 기원전 1300~1100) 중에 배를 뜻하는 '주(舟)' 자에 그림 등 여러가지 형태가 추가되어 있는 점으로 미루어 당시에는 이미 통나무를 파서 만든 독목주가 아니라 나무판을 짜서 만든 배, 즉 목판선이 발달된 것으로 짐작된다. 목판선은 독목주에 비해 안정성과 항침성(抗沈性)이 월등하기 때문에 조선술에서는 획기적인 진전이라고 말할 수 있다. 인도의 경우 기원전 2세기의 한 암각화에 큰 목판선이 하나 등장하는데, 선체는 줄로 묶어 조립했고 고물은 물고기 모양이며 거기에 한 사람이 앉아 노를 젓고 있다.

목화 木花

동전(東傳)된 서역 식물. 목화의 원산지는 인도인데 페르시아와 이집트를 거쳐 유럽으로, 다시 거기서 서역(중앙아시아)을 거쳐 동아시아 각국에 전파되었다. 목화가 중국에 들어오기 전에 중국에는 그와 비슷한 목면(木棉, bombax tree, 학명은 Bombax malabaricum)이란 것이 있었다. 중국인들은 목면의 종자모(種子毛)로 천을 짜서 사용했는데, 그러한 천을 '동(桐, 種) 화포(華布)'라고 했으며 그 주산지는 쓰촨(四川) 일대로 전해지고 있다. 기원전 4세기경에 서역으로부터 목화의 일종인 초면(草棉, gossypium plant, 학명은 Gossypium herbaceum, 인도·터키·페르시아·동유럽 등지에 분포)의 종자모(種子毛, 면섬유)로 짠 이른바 백첩포(白疊布)가 공물의 형식으로 중국에 전해졌다. 『양서(梁書)』(권54)에는 서역 고창국(高昌國)의 물산으로 백첩자(白疊子)를 들고 있으며, 『태평어람(太平御覽)』(권820)에도 석륵건평(石勒建平) 2년(331)에 대원(大宛)이 중국에 산호(珊瑚)·유리(琉璃)·탑등(氍氈)·백첩(白疊)을 헌상했다는 기사가 있다. 동서양학자들의 공통된 견해에 따르면 백첩이란 중세 페르시아어의 면화를 뜻하는 'Pambak dip pamkak'의 한자 음사로서, '백첩'은 면화를, '백첩자'는 면직물을 말한다. 따라서 목화(면화)는 4세기경에 서역에서 중국에 전파되었다고 추정할 수 있다. 『양서』를 비롯한 일부 사적에는 목화를 길패(吉貝, 혹은 고패古貝)로 별칭하고 있다. 『양서』의 기술을 보면 "길패란 나무 이름으로서 꽃이 피면 아취(鵝毳, 거위털)와 같고, 실을 뽑아서 천을 짜면 결백하기가 저포(紵布, 모시)와 다를 바 없으며, 여러 가지 색깔로 염색해 반포(班布, 색천)을 짠다"고 하였다. 길패라는 명칭의 유래는 알 수 없으나 윗글의 설명으로 보아 길패가 목화를 지칭하는 것은 확실하다. 한편 목화가 중국에 전해진 지 1천여년 후인 고려 공민왕(恭愍王) 12년(1363)에 문익점(文益漸)이 원(元)나라의 남방(중국)에서 목화씨를 얻어 필관(筆管) 속에 넣어 가지고 돌아와 장인 정천익(鄭天益)에게 재배케 하였다. 이를 한국에서는 목화 번식의 효시라 한다.

몬순 monsoon

몬순은 계절풍(季節風)이란 뜻으로 원래 아랍어 단어 'mausim'(계절)에서 유래되었다. 몬순이란 약 반년을 주기로 겨울에는 대륙에서 해양으로, 여름에는 이와 반대로 해양에서 대륙으로 부는 바람을 말한다. 세계에서 전형적으로, 그리고 대규모로 몬순이 나타나는 곳은 인도부터 인도차이나와 중국·일본열도에 이르는 지역으로 이 지역을 '몬순아시아'(Moosoon Asia)라고 한다. 이 지역은 여름에 비가 많이 오고 기온이 높아 논벼가 대표적인 작물이 되었으며 삼림도 울창하다. 세계 인구의 약 절반이 이 지역에 살고 있다.

몰약 沒藥, Commiphora myrrha

동전 향료 및 약재. 아랍어로는 'murr', 페르시아어로는 'mor'라고 한다. 몰약은 방향성(芳香性) 몰약나무의 수액으로, 원산지는 『에리트라해(海) 안내기』가 전하는 바와 같이 아라비아 반도의 서남부와 아프리카의 소말리아 북부 지대다. 몰약은 불에 잘 타는 분향재(焚香材)로서 유향(乳香)과 더불어 기원전 2500~2400년의 이집트 제5, 제6 왕조시대에 이미 분향제로 사용하였다. 신약 「요한복음」 19장 39절과 40절에는 예수의 시신에 몰약과 알로에를 섞어 발랐다는 기록이 있다. 우리나라에도 1037년에 대식(大食, 아랍) 상인들이 상역차 고려에 가지고 온 교역품 중에 몰약이 들어 있다. 그밖에 몰약은 외상 치료 등 약재로도 쓰인다.

몸바사 Mombasa

해상 실크로드 상의 동아프리카 해양 무역도시. 몸바사는 동아프리카의 인도양 해안에 면한 케냐의 해양 무역도시로, 바다 가운데 자그마한 외딴 섬에 자리하고 있다. 바다 가운데 섬이므로, 내륙과는 다리나 페리보트(ferryboat, 단거리 수로를 왕복하는 배)로 왕래한다. 섬의 동측에 구항(舊港)이 있고, 서측에 근대적인 무역항 킬린디니(Kilindini)가 있다. 몸바사는 오만에 있는 같은 이름의 지명에서 따왔다고 한다. 일찍이 11세기에 아랍-무슬림들의 영향권에 들어갔으며, 아랍 여행가 이븐 바투타의 여행기(1331)에도 언급되어 있다. 인도로의 해로 개척에 나섰던 다가마도 이곳을 들렀는데, 그것이 계기가 되어 포르투갈과 아랍 간에는 이곳을 차지하기 위한 쟁탈전이 벌어졌다. 결국 포르투갈이 약 100년 동안(1592~1698) 몸바사를 점령하였다. 이때부터 이곳은 포트 지저스(Fort Jesus) 성(城)으로 불리게 되었다. 18세기에 이르러서는 오만의 지배하에 들어갔다가, 1887년 케냐가 영국의 식민지가 되면서 몸바사는 케냐 해안주(州)의 주도가 되었다. 이곳에서는 16세기부터 수입된 중국 도자기 유물이 발견되었는데, 그중에는 19세기에 중국 푸젠성이나 광둥성에서 제작된 청화백자 사발이나 다완(茶碗) 등이 있었다. 이로써 16세기부터 중국과 멀리 동아프리카 간에 교류가 이뤄졌음을 알 수 있다.

『**몽계필담(夢溪筆談)**』 沈括 저, 1056년

중국 송대의 과학자이며 정치가인 심괄(沈括, 1031~1095)은 이 책 권14「잡기(雜記)」에서 지남침의 사용법을 구체적으로 설명하고 있다. 그는 지남침을 심지(燈草)에 꿰어 물 위에 띄우는 수부법(水浮法), 지남침을 손톱 위에 올려놓는 지갑선정법(指甲旋定法), 지남침을 주발의 가장자리에 놓는 완진선정법(盌唇旋定法), 실오리로 지남침의 중간을 매어 무풍지에서 매달아놓는 누선법(縷旋法)의 4가지 방법을 소개하고 있다. 그러면서 자침(磁針)은 남향을 가리키지만 늘 약간 동쪽으로 기울어지기 때문에 완전한 정남(正南)을 가리키지는 않는다는 지남침의 편각(偏角) 현상을 사상 처음으로 밝혔다. 유럽에서 이러한 편각을 알게 된 것은 그로부터 400년 후인 15세기의 일이다. 심괄은 천문대를 주관하는 태사령(太史令)에 봉직하였으며, 왕안석(王安石)의 개혁 신법(新法)을 지지하였다.

몽골군의 서정

칭기즈칸과 그 자손들은 몽골 대제국을 건설하는 과정에서 미증유의 무력적 팽창을 단행하였는데, 그 요체는 '남침서정(南侵西征)'이었다. 즉 남하하여 서하(西夏)와 금(金) 및 송(宋)을 침략하고 동남아시아까지 공략하며, 서행(西行)하여 중앙아시아와 서남아시아 및 유럽까지를 정복하는 군사적 활동이었다. 이 두 가지 활동 중에서 동서문명 교류에 지대한 영향을 미친 것은 서정이었다. 몽골은 3차례의 서정을 통해 아시아와 유럽을 아우르는 4대 칸국을, 남침을 통하여 중국 전역을 석권한 원조(元朝, 1271~1368)를 세움으로써 드디어 13세기 후반에 세계적인 몽골 대제국을 건립하였다. 몽골은 약 40년간(1219~1260) 3차에 걸쳐 대규모의 서정을 단행하였다. 서정을 단행하게 된 직접적인 동인은 1219년 오트라르(Otrār)에서 몽골 통상사절단이 피살된 이른바 '오트라르 사건'이다. 하지만 그것은 명분에 불과하고 실제로는 다음 네 가지 원정 목적이 있었다. 즉 정치적으로는 세계대동주의(世界大同主義)를 내세운 정복욕, 경제적으로는 유목국가로서의 숙명인 중상주의(重商主義, mercantilism), 문화적으로는 개방주의(開放主義), 군사적으로는 기마병 위주의 강력한 군사력이 몽골의 서정을 이끌었다고 볼 수 있다. 몽골군의 제1차 서정(1219~1225)은 칭기즈칸이 직접 지휘한 중앙아시아로의 서정으로 일명 '칭기즈칸 서정'이라고 한다. 1218년 서요(西遼, 카라키타이)를 공략한 몽골은 당시 중앙아시아 강국 카와리즘(호라즘)에 3명의 사절과 함께 450명의 무슬림 대상(隊商, caravan)을 파견하여 관계 수립과 통상을 시도하였다. 그러나 카와리즘 측의 오트라르 지사는 그들을 첩보원으로 의심하여 전격 학살하고 상품을 몰수하였다. 이것이 이른바 '오트라르 사건'이다. 겨우 한 명의 낙타몰

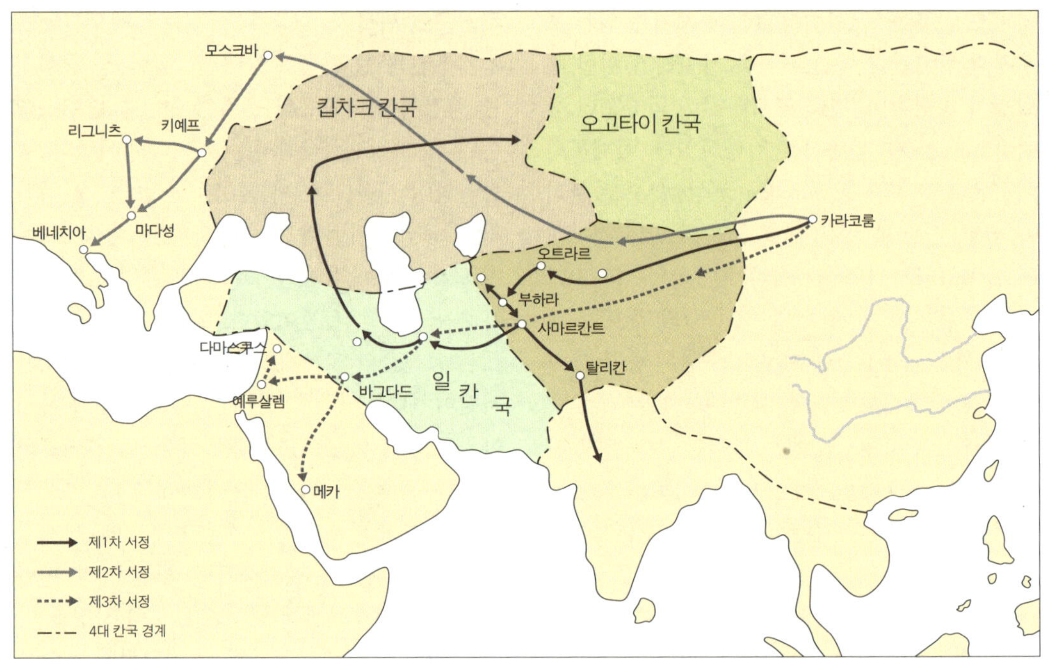

몽골군의 서정 루트

이꾼(혹은 2명의 사절)이 구사일생으로 살아나 사건의 전말을 몽골에 보고하였다. 이때 칭기즈 칸이 3명의 사절을 카와리즘 술탄 무함마드에게 급파하여 항의하였으나, 술탄은 오히려 그중 한 명을 살해하고 나머지 2명은 모욕적으로 수염을 깎아 추방하였다. 이에 대노한 칭기즈칸은 즉시 쿠릴타이(khuriltai, 부족 수장들의 집회)를 소집 하여 서정을 결정하였다.

1219년 봄 칭기즈칸은 사남 툴루이와 함께 주 력군을 이끌고 부하라(Bukhara)와 사마르칸트 (Samarkand)를 공략하고, 차남 차가타이와 삼 남 오고타이는 오트라르를 점령하여 그 지사를 처단하였다. 장남 주치는 시르강 하류로 서진하 였다. 칭기즈칸이 카와리즘의 수도 사마르칸트 를 공략하였을 때 술탄 무함마드가 부재중이었 기 때문에 대장 제베와 수부타이(속불태速不台) 에게 술탄의 추적을 명하였다. 1220년 말 술탄 은 카스피해의 아비스쿰(Abiskum)으로 도망하

였다가 거기서 병사하였다. 그의 아들 잘랄룻 딘 (Jalāu'd Din)은 가즈니(Ghazni)에서 모병하여 몽골에 대한 항전을 계속하였다. 몽골 주력군은 잘랄룻 딘의 항전을 제압할 목적으로 1221년 말 가즈니에 도착, 탈리칸(Talikan, 현 아프카니스 탄의 북동부)을 거쳐 인더스강까지 추격하였으 나 잘랄룻 딘이 강을 건너 인도 땅으로 도주하는 바람에 놓치고 말았다. 그후 칭기즈칸은 여름에 는 힌두쿠시 산중에 있는 고원에서, 겨울에는 사 마르칸트에서 번갈아가며 인도로부터 남러시아 에 이르는 광활한 지대에서 진행되는 서정을 총 지휘하였다. 잘랄룻 딘은 각지를 전전하면서 반 몽 게릴라전을 전개하다가 1231년 소아시아에 서 한 쿠르드인에게 암살되었다. 이로써 카와리 즘은 완전히 멸망하였다. 칭기즈칸은 1222년 사 마르칸트를 떠나 1225년 2월에 귀향하였다. 그 러나 칭기즈칸이 이끄는 주력군이 회군한 후에 도 대장 제베와 수부타이가 지휘하는 일부 잔여

부대는 잘랄룻 딘을 추적하며 계속 서진하여, 카스피해와 흑해 북안에 있는 킵차크(Kipchak) 여러 부족을 공격하여 항복케 하고 북상하였다.

몽골군의 제2차 서정(1235~1244)은 바투의 통솔하에 진행된 대유럽 서정으로 일명 '바투서정'이라고 한다. 1227년 칭기즈칸이 사망한 후 1229년 삼남 오고타이(재위 1229~1241, 태종太宗)가 제2대 칸으로 등극하였다. 그는 선친의 유업을 이어 서정을 계속하기 위해 1235년 장형(長兄) 주치의 차남인 바투(1208~1255)를 통수(統帥)로 하고 수부타이를 선봉장으로 한 50만 대군을 서정에 투입하였다. 장자들을 출정시키면 '인마(人馬)가 늘어나고 위세가 높아진다'라는 둘째 형 차가타이의 제언에 따라 오고타이의 장자 구육과 툴루이의 장자 몽케 등 칭기즈칸의 네 아들이 낳은 장자들과 기타 제후들 및 부마(駙馬)들의 장자까지 모두 이 서정에 동참하였다. 그런 까닭에 제2차 서정을 '장자서정(長子西征)'이라고도 한다. 제2차 서정의 최종 목표는 우선 러시아를 공략한 다음 동유럽 제국을 평정하고, 유럽의 심장부로 진격하는 것이었다. 몽골 서정군의 각 부대는 각기 주둔하고 있는 영지에서 출진하여 1236년 볼가강 좌안에 있는 불가레스(Bulgares)에 집결하여 출전 준비를 마치고 이듬해 봄부터 본격적인 대러시아 원정을 개시하였다. 몽케 부대는 카스피해 연안을 따라 킵차크인들을 추적한 끝에 그들의 수령 바크만(Bachman)을 생포하여 살해하였다. 한편 소부데이 부대는 그해 겨울 러시아 국경을 넘어 일거에 랴잔(Ryazan, 모스크바 동남)·모스크바(Moskva)·블라디미르(Vladimir, 모스크바 동북)를 공략하였다. 겨울 한달 동안에 점령한 도시만 114개나 되었다. 1238년 봄 서정군은 블라디미르의 대공(大公, Grand Duke) 유리(Yury)를 척살하고, 계속 북상하여 노브고로드(Novgorod)를

공략할 계획이었으나 도로가 흙탕길이어서 포기한 채 서남행하여 7주간의 격전 끝에 코젤스크(Kozelsk)를 장악하였다. 1239년에는 흑해 북안의 크리미아(Crimea)를 점령하고, 1240년에는 오랜 포위 끝에 키예프(Kiev)를 함락시켰다. 바투의 지휘하에 러시아 공격에 성공한 서정군은 3로(路)로 나뉘어 동유럽 제국을 향해 서진하였다. 차가타이의 장자 바이타르와 오고타이의 손자 카이두가 이끄는 북로군(北路軍)은 폴란드와 독일을 목표로 진격의 길에 올랐다. 1240년 겨울 북로군은 첫 표적인 폴란드의 크라쿠프(Kraków)로 향하여 이듬해 봄 폴란드군과의 시들로브(Szydlow) 전투에서 승전 곧바로 크라쿠프에 입성하였다. 북로군은 승세를 타고 서진하여 실레지아(Silesia)에 이르러 실레지아의 대공(大公) 헨리 2세 (Henry Ⅱ)와 그를 지원한 독일의 연합군을 1241년 리그니츠(Liegnitz, 폴란드의 서남부) 전투에서 대파하고 헨리 2세를 생포하여 효수(梟首)하였다. 북로군은 이어 모라비아(Moravia, 체코)를 경유해 바투의 주력군과 합류하였다. 한편 바투가 이끄는 중로군(中路軍)은 1241년 봄 헝가리(마자르Magyar) 변경을 돌파하여 두나(Duna, 다뉴브)강을 건너 마다성(馬茶城, 현 부다페스트Budapest)에 입성하였다. 이와 때를 같이하여 오고타이의 아들 고단이 이끄는 남로군(南路軍)은 루마니아를 공략하였다. 헝가리에서 바투의 주력군과 합류한 3로군은 유럽의 중심부를 향해 서정을 계속하였다. 바투의 명을 받은 고단은 헝가리의 패왕(敗王) 벨라 4세를 아드리아 해안에 있는 유고슬라비아(Spalatro)까지 추격하였다. 한편 바투의 주력군은 다누(Danu, 돈)강을 넘어 계속 서진하였는데, 그 선봉 부대는 오스트리아를 지나 이탈리아의 베네치아까지 진출하였다. 그러나 제2차 서정은 오고타이 칸의 사망 소식을 들은 바투의 회군으

로 종결되었다. 회군하는 길에 오른 그는 러시아의 남부를 지나면서 볼가강 하류 일원에 사라이(Sarai)를 수도로 한 킵차크 칸국을 세웠다.

몽골군의 제3차 서정(1253~1260)은 훌라구의 지휘하에 진행된 대서아시아 서정으로서 일명 '훌라구 서정'이라고 한다. 1241년 오고타이 칸이 사망한 후 그의 장자 구육이 계위(재위 1246~1248)하였으나 퇴위하고, 칭기즈칸의 사남 툴루이의 장자인 몽케(헌종憲宗)가 칸에 등위하였다. 그는 1253년에 동생 훌라구(1219~1265)를 서정군 통수로 임명, 1257년까지 카스피해 남부에 있는 물라히다(Mulahida)를 비롯한 이란 지역을 평정한 후 서행하여 메소포타미아 지방에 진출하였다. 이듬해 봄, 서정군은 압바스조 이슬람제국의 수도 바그다드를 무력으로 함락시키고, 제국의 마지막 칼리파를 비롯한 숱한 관헌과 시인, 그리고 수도의 시설물에 대한 무자비한 살인과 방화 및 약탈을 자행하였다. 서정군은 계속하여 메카와 예루살렘을 공격하고 1259년에는 다마스쿠스를 점령하였다. 원래 훌라구는 더 서진하여 이집트(Misr)까지 공략할 계획이었으나, 몽케가 중국 송(宋)나라를 침공하다가 전사하였다는 소식에 다마스쿠스 일대의 수비 병력 일부만을 남겨놓고 휘하의 주력군을 이끌고 회군하였다. 그는 귀국 도중 이란 고원에서 잠시 체류하는 동안에 이란을 중심으로 일 칸(Il Khān)국을 건립하였다.

칭기즈칸과 그 자손들이 40여년간에 걸쳐 3차례 단행한 서정은 동서문명의 교류에 다음과 같은 두 가지 측면에서 큰 영향을 미쳤다. 첫째, 동서문명의 교류를 촉진시키는 권력구조가 창출되었다. 문명은 속성상 자율적으로 교류되기도 하지만, 권력의 행사나 위정자의 의지에 의한 타율적인 충동이 교류에 크게 기능할 수도 있다. 이러한 행사와 의지가 순기능적이고 건설적일

때 교류는 가속화될 수 있다. 뿐만 아니라 통일적인 제국의 권력구조하에서 이들 문명간의 교류를 저해하고 차단하던 여러 요인들이 제거됨으로써, 비로소 문명간의 교류를 획기적으로 촉진시킬 수가 있다. 서정의 결과로 출현한 오고타이 칸국(알타이 산맥 일대), 차가타이 칸국(중국 신장성과 아무르강 이동 지역), 킵차크 칸국(동유럽 지역), 일 칸국(페르시아와 소아시아 지역) 등 4대 칸국은 몽골 대제국의 중요한 구성부분으로서 유라시아의 동서남북에 자리하여 동서문명의 융합과 교류에 적극 기여하였다. 둘째, 몽골군의 서정으로 인해 출현한 4대 칸국과 몽골, 그리고 중국까지 포함하여 동서간의 교통이 전례없이 발달하였다. 그 요인은 우선 유라시아의 광대한 지역에 통일적인 대제국이 건설됨으로써 동서교통에 대한 인위적인 장애가 제거되었기 때문인데, 실크로드 전체가 몽골인들의 관장 하에 놓이게 됨으로써 동서교통이 통일적으로 원활하게 소통될 수가 있었다. 특히 제국의 중앙정부는 4대 칸국과의 연계를 보장하기 위하여 역체(驛遞)제도를 비롯한 교통제도와 수단을 대거 개발·이용하여 정연한 교통체계를 구축하였다. 동서교통의 전성기가 도래하게 된 또 다른 요인은 적극적인 대외경략과 대외교류 정책 추구이다. 몽골제국은 서방의 4대 칸국에 대한 경략은 물론이거니와, 동방의 한국이나 일본, 남방의 동남아시아 제국에 대한 진출에도 전력을 다함으로써 이에 필요한 교통도 적극 개발하게 되었다.

몽골제국 시대의 동서 교통의 발달은 우선 육로에서 나타나고 있다. 당시 서방으로 통하는 육로는 주요하게 두 갈래였다. 하나는 킵차크로인데 이 길은 카라코룸이나 대도에서 출발하여 사주(沙州, 둔황敦煌)에 이른 후 서북향으로 하미와(哈密)와 별실팔리(別失八里, 현 중국 신장 우

루무치 동편의 기태奇台 일대)를 지나 계속 서행하여 오트라르(Otrār)와 우르겐치(Urgench)를 경유, 킵차크 칸국의 수도 사라이(Sarai)에 닿는다. 여기에서 다시 크리미아(Crimea) 반도를 거쳐 러시아나 유럽 각지로 이어진다. 이 길의 동단(東段) 구간(오트라르까지)은 대체로 오아시스 육로의 북도(北道)와 일치하고, 서단(西段)구간은 초원로에 해당된다. 이 길은 제2차 몽골 서정군이나 몽골에 왕래한 유럽 사절이나 여행가들이 주로 이용한 길이다. 육로의 다른 한 갈래 길은 페르시아로인데, 이 길도 역시 카라코룸이나 대도에서 출발하여 사주에 이른 후 서북향으로 톈산 남도(天山南道)를 따라 파미르 고원을 넘은 다음 호라산(Khorasān)과 타브리즈(Tabriz)를 거쳐 바그다드나 아야스(Ayas, 현 터키의 앙카라Ankara 서쪽)에 도착한다. 여기에서 다시 이탈리아의 베네치아(Venezia) 등 유럽 각지로 이어진다. 이 길은 대체로 오아시스 육로에 해당되며, 아시아 구간은 제1, 3차 몽골 서정군이 이용한 길이기도 하다. 몽골제국 시대에는 육로와 더불어 해로도 상당히 활발하게 이용되었다. 동남아시아로의 진출과 일 칸국과의 연계, 그리고 대외무역의 전개에서 해로의 이용은 필수적이었다. 원조인(元朝人)들은 전대의 조선술과 항해술을 진일보시켜 해로에 관한 새로운 지식과 기술을 습득하였다. 그들은 자신들의 축적된 항해술과 지리 지식에 기초하여 사상 처음으로 '동양'과 '서양'의 개념을 제시하였으며, 항해와 해상무역 및 해외사(海外事)에 관한 귀중한 저술도 상당수 남겨놓았다. 대표적인 것이 왕대연(汪大淵)의 『도이지략(島夷志略)』이다. 저자는 이 책에 두 차례에 걸쳐 페르시아만과 홍해, 동아프리카 연안까지 항해하여 직접 목격하고 체험한 99개 국가와 지역의 제반 사정을 소상히 기술하고 있다.

몽골제국의 동서교통의 발달은 정연하고도 신속한 교통제도와 수단에 의거하였기 때문에 가능하였다. 이러한 교통제도와 수단의 대표적인 것이 발달된 역체제도(驛遞制度)다. 역체제도란 도처에 설치한 역참(驛站, 몽골어로 자무치, 참적站赤)들을 서로 연결하여 교통과 통신수단으로 이용하는 제도를 말한다. 역참에는 수참(水站)과 육참(陸站)의 두 가지 종류가 있는데, 수참은 선박으로 전달하는 역참이고, 육참은 축력이나 인력으로 전달하는 역참이다. 육참은 주로 축력을 이용하였는데, 가축의 종류에 따라 마참(馬站)·우참(牛站)·여참(驢站)·나참(騾站)·양참(羊站)·구참(狗站) 등으로 구분하였다. 인력으로 전달하는 역참에는 보참(步站)과 교참(轎站)이 있었다. 중국 경내에만도 역참 수는 1,400여개소에 달하였다. 이러한 일반적인 역참 외에 송대의 급각체(急脚遞)를 본받아 발전시킨 이른바 급체포(急遞鋪)도 있다. 급체포는 주로 조정과 지방기관(군읍郡邑) 간에 주고받는 긴급문서를 전달하는 특수 역참을 말한다. 10리나 15리, 20리마다에 한 급체포를 설치하고 10포(鋪)에 우장(郵長) 1명과 포졸 5명을 배치하였다. 문서 전달자는 낮에는 허리띠에 매단 방울을 울리고, 밤에는 횃불을 들고 전달자라는 것을 알리면서 질주한다. 1주야에 400리를 주파하기로 되어 있다. 호라산에서 타브리즈까지 일반 역체로는 6일 이상 걸리지만, 급체포로는 3~4일도 채 안 걸린다. 이러한 역체제도의 안전한 이용과 이용자의 편리를 위해 사절이나 상인 등 신분에 따라 금패(金牌)·은패(銀牌)·해청패(海靑牌) 등 다양한 역참 허가증이 발급되었다. 또한 통화(通貨)를 위해서는 교초(交鈔)라는 지폐나 차가타이 화폐가 통용되었다.

끝으로 몽골군의 서정이 동서문명의 교류에 미친 영향은 동서간의 문물교류를 추진한 것이다. 우선 중국 문물의 직접적인 서전(西傳)이다.

전대인 당·송 시대에 제지법·인쇄술·나침·화약 등 중국의 선진 문물이 유럽에 소개되기는 하였지만, 모두가 아랍인들의 중간 매개를 거쳐 이루어졌다. 그러나 몽골 제국 하에서는 이러한 중간 매개가 필요 없이 교역품이 직접적으로 정확하게 전달될 수 있었다. 서구인들은 서정한 몽골군으로부터 다량의 화약을 획득함으로써 병기와 전술의 개선에 결정적인 계기를 마련하였다. 유럽의 왕조들은 이러한 화약병기로 이때까지 난공불락으로 여겨온 봉건 귀족들의 성보(城堡)를 격파하여 통일 민족국가를 출범시킬 수 있었다. 제지법과 인쇄술의 직접적인 수용은 서구 문명의 진보에 크게 기여하였다. 나침의 사용은 항해술을 획기적으로 발전시킴으로써 미래의 지리적 발견과 대항해시대의 도래에 예비할 수 있었다. 이와 더불어 서구 문물의 동방 전래도 서정이 가져온 또 하나의 긍정적 결과라고 할 수 있다. 원대 이전에는 주로 인도나 페르시아인들에 의해 서역문화가 동방으로 전해졌다. 그러나 몽골군의 서정 이후에는 아랍-이슬람문명과 서구문명이 거침없이 동방에 대거 유입되었다. 천문학과 의약·건축 등 다양한 방면에 아랍-이슬람문명과 서구문명이 영향을 미쳤으며 기독교와 이슬람교 등 종교들도 더불어 유입되었다.

『몽골비사(蒙古秘史)』 일명 『원조비사(元朝秘史)』, 저자 미상, 13세기

현존 최고(最古)의 몽골어 역사서. 내용은 몽골족과 칭기즈칸의 22대 선조로부터 3남 오고타이(태종)에 이르기까지의 전승계보와 칭기즈칸의 일생, 그리고 오고타이의 치세를 기록한 것으로서 몽골제국의 성립 및 초기의 역사에 관한 중요한 사료다. 내용 대부분은 칭기즈칸에 관한 기술이다. 몽골어로 쓰여진 원전은 소실되고, 지금 남아 있는 것은 1380년대 명초에 한자로 음역해

12권(정집 10권, 속집 2권)으로 분권한 것이다. 각 단어 오른쪽에 중국어로 어의를 풀이하고 각 절(총 282절)마다 그 끝에 중국어 번역문을 첨부하였다. 몽골족의 서사시적 수법을 많이 도입해 그들의 언어로 기록한 문헌이므로 중세 몽골어의 연구 자료로서 매우 중요하다. 기본적으로 편년체 형식을 따르나 구어체 산문과 운문이 섞여 있는 문학작품이기도 하다. 원전의 저자는 미상이며, 편찬 연대에는 1228년 설과 1252년 설, 그리고 1228년에 저작된 것을 보완해 완성한 것이라는 설도 있다.

『몽골사』 Giovanni de Plano Carpini 저, 1247년

교류의 문헌적 전거로서의 개설소개서. 이탈리아의 천주교 프란체스코회 지도자의 한 사람인 카르피니(1182?~1252)는 1245년 4월에 교황 인노켄티우스 4세의 특사로 몽골에 파견되었다가 1247년 리옹에 귀향하였다.('카르피니'항 참고) 그는 복명(復命)하면서 몽골 구유 칸의 답신과 함께 라틴어로 된 출사(出使) 보고서를 제출하였는데, 이를 『몽골사』 혹은 『소사(小史)』라고 한다. 서문과 본문 9장으로 된 이 책은 카르피니 자신의 동유(東遊) 견문록 외에 주로 몽골의 국토와 민족·종교·풍습·정체(政體)·전쟁·전법(戰法)·정복국·궁전 등 전반적인 사정을 비교적 상세하고 정확하게 기술하고 있다. 이 책은 서구인이 몽골에 관해 처음으로 쓴 개괄적 소개서로 몽골의 서정(西征)에 넋을 잃은 유럽인들에게는 정보 가치가 매우 큰 책이었다. 비교적 길고 짧은 2종의 필사본이 유행하였다. 여러가지 유럽어로 번역·출간되었으며, 널리 공인된 간본은 1929년에 출간된 『중국의 프란체스코회 사제들』 제1권에 수록된 것으로 1838년에 초간된 것이다.

몽골제국 Mongol Empire

13세기 초 칭기즈칸에 의해 건국된 몽골 민족 치하의 제국. 1206년에 칭기즈칸이 투르크·몽골계의 유목민족 연합체인 '예케 몽골 울루스'(Yeke Mongol Ulus), 즉 대몽골국을 세운 이래 영내 부족들을 통합하고 각종 제도를 정비하면서 40년간(1219~1260) 3차례의 서역 원정을 단행해 명실상부한 세계적인 대제국을 건설하였다. 몽골제국은 건국으로부터 제5대 쿠빌라이 칸이 1271년 국호를 원(元)으로 개명하고 베이징을 대도(大都)로 정할 때까지 65년간 존재하였다. 반세기가 조금 넘는 이 기간에 몽골제국이 세계사에 미친 영향은 전대미문의 파천황적인 규모였다. 몽골군의 서정에 의한 실크로드(오아시스로와 초원로)의 개척과 확대 및 이용, 그리고 이 길을 통한 동서문명 교류도 미증유의 규모였다. 이 모든 것은 몽골제국의 건국이념의 소산이다. 칭기즈칸을 비롯한 몽골제국의 건국자들은 정치적으로는 세계대동주의(世界大同主義), 경제적으로는 중상주의(重商主義), 문화적으로는 개방주의(開放主義)를 표방하며, 군사적으로는 기마병 위주의 강력한 군사로 무장하는 것을 건국이념으로 삼았다.

『몽더빌 여행기』 *The Maundeville's Travels*

저자 몽더빌(Maundeville)의 자술에 따르면, 그는 1322년에 영국을 떠나 해외 여행길에 올랐는데 터키·아르메니아·페르시아·시리아·아라비아반도·이집트·리비아·에티오피아·인도 등을 두루 주유하면서 직접 견문한 것을 기록하였다. 그러나 여행기 내용을 검토해보면 극히 일부분만이 사실에 부합되고 대부분은 환상적인 억측이나 타인의 기사를 표절한 것으로 보인다. 이렇게 사실성은 결여되어 있지만 문학적인 윤색을 가했기 때문에 독자들의 상당한 호감을 얻었다.

저자는 당초 프랑스어로 1371년에 초간한 후 이어 라틴어와 영어로도 발간하였다. 이 여행기에는 동방 여러 나라의 기담이 상당히 많다. 인도는 대인도와 소인도, 그리고 북방 지방의 3대 부분으로 나뉘어 있으며 해저에는 자석암(磁石岩)이 많아 선박들은 철붙이를 쓸 수 없다는 이야기, 자바의 왕궁은 세계에서 가장 화려한 궁전인데 길마저도 금은 조각으로 포장했다는 이야기, 인도 남부의 돈둔(Dondun)섬에는 부자와 부부가 서로 잡아먹는 식인종이 살고 있다는 기문, 중국(Cathay) 황제의 연회석 식탁에 놓인 장식용 금제 공작새가 '기묘한 마술'에 의해 소리를 내고 춤을 추며, 중국인들은 자신들은 눈이 둘 있으나 기독교 신자들은 하나밖에 없다면서 자만한다는 이야기 등등이 그렇다.

이러한 여러가지 여행기 중에서 유럽인들의 특별한 관심을 끈 것은 일시 그들을 크게 흥분시켰던 이른바 프레스터 존(Prester John, 사제왕 요한) 제국에 관한 기사다. 기사에 따르면 프레스터 존 제국은 동방의 유일한 기독교국가로서 황제 프레스터 존의 치하에 영토가 12곳이나 된다. 프레스터 존이란 인물의 실체에 관해서는 확실하게 밝혀진 바는 없지만 서양 역사가들 중에는 그를 서요(西遼), 즉 흑거란(黑契丹, Kara Khitai)의 야율대석(耶律大石)으로 보는 견해가 많다. 중국 북방에서 916년에 건국한 요(遼, 거란)가 송(宋)과 금(金)의 협공을 받아 위험에 처하자 종실(宗室)의 야율대석은 대중을 이끌고 서행(西行)하여 1132년에 엽밀립(葉密立, 야밀)에서 건국을 선포했으며, 계속 서진(西進)하여 중앙아시아 일원에 약 80년간(1132~1211) 존속된 강력한 서요제국을 건설하였다. 그와 국민은 경교(景敎, 네스토리아파)를 신봉하고 서방 기독교 국가들과 제휴하여 이슬람 세력의 압력에 대항하려고 하였다. 추측컨대 이를 위하여 그와 서방

기독교국가들 간에는 어떤 교섭이 이루어졌을 것이고, 그 과정에서 그의 존재가 전설처럼 유럽에 전해졌을 것이다.

몽테 알반(Monte Albán) 도시 유적

유네스코 세계문화유산. 멕시코 남부 오악사카(Oaxaca) 분지에 자리한 선고전기(先古典期)·고전기의 최대 도시 유적으로서 농경 정주 세력이 기원전 500년경에 메소아메리카에서 가장 오래된 이 도시를 건설한 것으로 보인다. 3개의 작은 분지가 합쳐서 생긴 그 중앙에 위치하고 있는 교통의 요충지다. 중앙광장은 분지의 밑바닥에서 400m나 되는 산꼭대기를 깎아서 만들었다. 중앙광장 안팎에 20여 기의 신전 피라미드와 8개의 구기장(球技場)이 포진되어 있다. 추정컨대, 기원후 200~500년 기간에 인구 2만 5,000명이 전체 산 면적 22km^2 가운데서 약 7km^{2}의 공간에 거주하고 있었다. 도시는 정치·군사·종교의 중심지로 번영하였으며, 도시의 북부와 서부에는 약 3km^{2}에 달하는 높이 4m의 방어벽이 설치되어 있다. '춤추는 사람들'이라고 하는 320명 이상의 조각 석판(石板)은 기원전 500~기원후 200년 기간에 새겨진 것이다. 이는 중앙광장에 세워진 기념비로, 전쟁포로들이 인신공희(人身供犧)가 되었음을 전해주고 있다. 화살촉 모양의 한 건축물의 벽에도 다른 지방의 이름과 함께 인신공희를 한 포로들의 도상이 새겨진 40여 점의 '정복 석판'이 감입(嵌入)되어 있다. 그리고 석비에는 사포테카(Zapoteca) 문자와 더불어 테오티우아칸인들과의 교류를 시사하는 내용이 새겨져 있다. 그밖에 연한 오렌지색 토기와 향로, 녹색 흑요석 석기, 무덤 벽화 등의 유물이 남아 있다. 기원후 700~1000년에 이르러 인구는 4,000명으로 줄어들었지만, 중앙광장은 16세기까지 보수를 거듭하면서 유지되었다. (4-42)

몽테 코르비노 Monte Corvino, 1247~1328년

동행 선교사. 몽테 코르비노는 이탈리아 할리(Haly) 출신의 프란체스코회 사제로 로마 교황청이 원나라 수도 대도(大都)에 파견한 수임 대주교였다. 그는 일찍이 아르메니아와 일 칸국에서 포교활동을 하다가 1285년 여러 차례 일 칸국의 사신으로 로마 교황청에 파견되기도 하였다. 교황청은 그를 통해 기독교에 대한 칸들의 태도에 관해 깊이 알 수 있었다. 1289년 7월 교황 니콜라우스 4세는 로마에 재직 중이던 몽테 코르비노에게 일 칸국의 칸 아르군과 원세조 쿠빌라이 등에게 보내는 친서를 휴대하게 하고 선교차 파견하였다. 몽테 코르비노는 일 칸국의 수도 타브리즈에 이르러 아르군 칸을 알현하고 교황의 친서를 전한 후, 그 길로 1291년 인도에 도착하였다. 그는 마드라스 서남쪽에 있는 마일라푸르(Mailapur)의 성 토마스 성당에 13개월간 체류하였다.

이어 1294년 7월에 원조의 수도 대도에 도착하였다. 그러나 그때는 쿠빌라이가 이미 사망한 뒤였다. 그는 원 성종(成宗)에게 교황의 친서를 전하였다. 그리고 1305년 1월 8일에 일 칸국 사절을 통해 크림 반도의 카사리아 신부에게 서한을 보냈다. 이 서한에서 그는 원조 칸에게 교황의 친서를 전한 사실을 알리고 칸을 개종시키려 하였지만 여의치 않았고, 다만 칸이 기독교도들에게 관용을 베풀도록 하는 데 기여했다고 전하였다. 그때까지 약 12년 동안 몽테 코르비노와 교황이나 프란체스코회 사이에는 연락이 두절되었다. 그간 그는 네스토리우스파의 여러가지 모함을 물리치고 원 성종의 신임과 허락을 얻어 1299년에 대도에 첫 교회당을 지었다. 그로부터 세례를 받은 자가 3만여 명이나 되었으나, 네스토리우스파의 이간질로 인해 그중 신도는 6,000여 명밖에 안 남았다.

이어 1306년 2월에는 다시 교황 앞으로 서한을 띄웠다. 이 서한에서 몽테 코르비노는 칸의 예우를 받고 있으며, 궁중에 일정한 직위를 가지고 있어 정기적으로 궁중에 드나들 수 있다고 알렸다. 사실 그에게는 교황의 특사 자격으로 궁중에서 칸과 독대할 수 있는 특별석까지 마련되어 있었다고 한다. 1307년 초 그의 서한을 받아본 교황 클레멘스 5세(Clemens V, 재위 1306~1314)는 그의 성과에 만족해하며 그해 봄 대도에 대교구를 설치하고 몽테 코르비노에게 거란(契丹, 화북)과 만자(蠻子, 화남) 각처의 주교들을 총괄하도록 하였다. 그리고 그해 7월에 프란체스코회 주교 7명을 파견해 그를 돕게 하였다. 이들 주교 7명 중 3명은 도중 인도에서 객사하고 1명은 돌아갔으며, 게라르두스(Gerardus)·카스텔로(Peregrinus de Castello)·페루자(Andreas de Perugia) 3명만이 1308년 간신히 대도에 당도하였다. 몽테 코르비노는 원나라 칸을 개종하는 데는 성공하지 못했지만, 포교사업에서는 괄목할 만한 성과를 거두었다. 그는 대도에 2개소의 교회를 짓고 6,000명의 신도를 확보했으며, 40명의 아동들에게 라틴어와 교리를 가르쳤다. 그 자신은 몽골어를 배워서 신약성서와 성가를 몽골어로 번역하였다. 그리고 네스토리우스파 신봉자였던 옹구트의 수령을 기독교로 개종시켰다. 몽테 코르비노는 원조(元朝)에 호감을 가지고 있었으며, 원나라 사람들에게서 존경도 받았다. 그가 사망했을 때 많은 사람들이 장례식에 참석했는데, 그 가운데는 이교도들도 끼어 있었다고 한다. 그가 대도에서 펼친 포교활동의 여파는 사후 원조가 망할 때까지 약 40년 동안 지속되었다.

무굴리스탄 mughūlistan (페르시아어)

톈산 산맥 이서에서 세미레체(Semirech'e) 일대까지의 지역. 몽골제국 시대에 중앙아시아를 점유하고 있던 차가타이 칸국이 1340년 파미르 고원을 경계로 동서로 분열되면서 그 동부 지역을 '무굴리스탄'이라고 칭하였다.

무굴 왕조(Mughul, 1526~1857년)

17대 331년간 인도를 통치한 최장기·최강대 이슬람 왕조. 무굴제국의 시조 바부르(Babur)는 차가타이 칸의 지배자였던 티무르의 후예이고 모계 쪽으로는 칭기즈칸의 후손이다. 아프가니스탄의 카불 일원에서 지배권을 확립한 그는 서양에서 수입한 대포 등 신식 무기로 무장한 정예 보병(1만 2,000명)과 기병을 이끌고 4차례의 공격 끝에 델리 부근의 파니파트(Panipat) 전투에서 대승하였다. 이어 델리를 공략한 후 1526년에 로디 왕조의 수도 아그라(Agra)에 입성하였다. 이것이 무굴 왕조의 기원이다. 바부르를 계위한 왕자 후마윤(Humayun)은 즉위 10년 만에 아프가니스탄 출신 장군 세르 칸(Sher Khān)에게 폐출당하여 신드 사막으로 추방되었다. '위대한 인물'이라는 뜻의 이름을 지닌 그의 아들 아크바르(Akbar, 1556~1605)는 13세에 제3대왕으로 등극하여 강력한 군사력으로 판도를 계속 확장하였다. 그는 북인도 전역을 석권하고 구자라트, 벵골, 오리사, 카슈미르, 신드 등 광활한 지역을 병합하여 인도 이슬람 왕조 사상 최대의 제국을 건설하였다. 또한 그는 소수의 지배자인 무슬림과 다수의 피지배자인 힌두 사이의 갈등을 해소하고 국민화합을 도모하기 위하여 일련의 민족유화정책을 실행하였다. 북인도의 가장 유력한 힌두세력인 라지푸트족(Rājpūt)과의 혼인을 권장하였고, 그 자신이 라지푸트 공주와 결혼하고, 왕자도 이족인 힌두 여자를 취하도록 하였다. 뿐만 아니라 엄청난 세수(稅收)의 감소를 감내하면서 비(非)무슬림에게만 부과되었던 성지순례세와 인두세(人頭稅, jizya)를 폐지하였다. 그는 힌두와의 화해를 기반으로 하여 국민국가를 유지하고, 나아가 인도의 통일을 성취하려는 유언을 남겼다. 이러한 아크바르의 제반 정책으로 인하여 무슬림과 힌두 간의 민족적 화해가 이루어졌을 뿐만 아니라, 외래의 이슬람문명과 토착의 힌두문명 간의 융합도 촉진되었다.

제6대왕 아우랑제브(Aurangzeb, 1658~1707) 시대에 이르러서 제국은 전성기를 맞이하였다. 전성기 제국의 판도는 과거 아소카(Asoka, 기원전 269~232) 대왕 때의 마우리아(Maurya) 제국의 웅대한 판도와 비견될 만큼 넓어졌는데 동쪽으로는 치타공(Chittagong), 서쪽으로는 카불, 북쪽으로는 카슈미르, 남쪽은 카베리(Kaveri)에 이르는 인도 대부분 지역을 차지하였다. 이러한 전성기를 주도한 아우랑제브의 통치 이념은 철저한 이슬람 중심주의였다. 그는 이슬람법만을 유일한 국법으로 인정하고 준수를 강요하였다. 그는 선대(先代) 아크바르의 민족적 화해나 종교적 관용정책을 이슬람에 대한 부정(否定)으로 여겨 힌두의 종교행사를 불법화하고 이교도의 사원이나 학교를 폐쇄하였으며, 힌두교도에 대한 인두세를 부활시켰다. 뿐만 아니라 힌두 관리들을 무슬림으로 교체하고 힌두 상인에게는 무슬림 상인보다 두 배의 세금을 부과하는 등 각종 종교적 차별 시책을 강행하였다. 그의 배타적인 이슬람 중심주의는 여러 종족들과 힌두교들의 불만과 반란을 야기하였다. 특히 이때까지 제국을 지지해오던 라지푸트족이 이반하면서 민족적 화해와 종교적 관용에 바탕을 두었던 제국의 기반이 크게 흔들리게 되었다. 아우랑제브 사망 후 13년 동안에 왕위계승을 둘러싼 7차례의 유혈참극이 벌어지는 등 제국에 혼란이 발생함은 물론 이슬람문명과 힌두문명 간의 관계가 조화·융합에서 대립·반목으로 바뀌었다. 무굴제국은 남인도의 데칸 고원에서 흥기한 강적 마라타족

(Mahratta)과의 장기간에 걸친 소모전과 페르시아(1738) 및 아프가니스탄(1747)의 외침으로 인해 국력이 쇠퇴하여 국운이 경각에 몰리다가 결국 영국을 비롯한 근대 서방 식민세력이 쇄도하면서 무너지고 말았다.

무굴제국의 정치와 교역 무굴제국의 통치를 문명사적 입장에서 보면, 이질적인 이슬람문명과 힌두문명 간에 다양한 순응적인 접변을 가져오게 하였다. 이러한 접변은 제반 분야에서 두 문명 간의 융합이나 융화, 내지는 동화로서도 나타나고 있다. 우선 정치제도의 융합에서 찾을 수 있다. 무굴제국은 정교합일(政敎合一)의 이슬람제국으로 아크바르왕 시대에 기틀이 잡힌 제국의 통치형태는 이슬람의 킬라파(al-khilāfah, 계위) 제도를 기본으로 한 중앙집권적 전제군주제였다. 왕은 행정부의 수반과 군총사령관을 겸한 최고의 권력자일 뿐만 아니라 알라의 대리인으로서 최고의 종교적 명분도 가지고 있었다. 또한 무굴 시대는 힌두의 진통적인 상술과 무슬림들의 능란한 상술이 결합되어 대내외 교역활동이 전례 없이 활발하게 전개되었다. 수도인 아그라와 펀자브 지방의 라호르는 당대의 런던이나 파리보다도 더 크고 더 번화하였다. 아크바르왕 시대부터 유라시아 제국과의 무역이 대단히 번성하였다. 주요한 무역 루트는 아그라에서 아라비아 해안의 수라트에 이르는 길인데, 이 길을 통해 유럽이나 서아시아와의 교역을 진행하였으며, 특히 보석과 면직물, 향료 등이 메카를 비롯한 아랍 지역에 다량 수출되었다.

무굴문화와 종교의 교류 무굴문화는 실크로드를 통해 이루어진 대표적인 복합문화로서, 이슬람문화를 비롯한 외래문화와 토착 힌두문화가 융합된 문화라고 할 수 있다. 여기서 외래문화란 총체적으로는 이슬람교에 바탕을 둔 이슬람문화가 중심이지만, 터키문화, 아랍문화, 페르시아

문화 등 다양한 문화가 혼재하고 있다. 그밖에도 그리스·로마문화나 비잔틴문화도 직·간접적으로 영향을 미침으로써 외래문화의 한 구성요소를 이루고 있다. 문화적 속성상 종교는 그 어느 분야보다도 두드러진 양상을 보이는데, 특히 종교적 융화는 특기할 만한 일이다. 무굴제국의 건국이념이나 통치기조는 이슬람이며, 권력자는 소수의 무슬림들이다. 이에 반해 주민들의 전통 종교는 힌두교이며 다수의 힌두교도들은 권력에서 소외되었다. 이러한 부조리현상은 필연적으로 이슬람교와 힌두교, 무슬림들과 힌두교도들 간의 갈등을 야기하며 나아가 사회불안을 조성하였다. 이와 같은 갈등과 불안을 해소하고 두 종교 간의 화해를 도모하기 위해 출현한 것이 이른바 시크교(Sikhism)다. 시크교는 나나크(Guru Nanak, 1469~1539)에 의해 공식 창시되었으나, 그는 15세기 초에 활약한 종교개혁자 카비르(Kabir)의 영향을 많이 받았다. 카비르는 이슬람교와 힌두교의 동질성을 역설함과 동시에 두 종교에 공통된 형식적인 종교의식을 부정하였다. 나나크는 카비르의 이러한 주장을 발전시켜 두 종교의 장점을 살리고 결점을 제거한 시크교를 창시하여 그 첫 스승(Guru)이 되었다. 그는 일신교(一神教)를 주창하면서 이슬람교의 유일신 '알라(Allāh)'를 사트카르타르(Satkartar, 진정한 창조자)로 대체하고, 힌두교의 계급제도인 카스트제를 배척하였다. 무굴제국 시대는 이러한 종교적인 융합과 더불어 문화적인 융합도 두드러졌다. 외래문화 중 무굴문화에 가장 많은 영향을 미친 것은 페르시아문화다. 무굴제국에서의 무슬림은 페르시아에서 유행된 수피파(Sufism)의 신비주의 영향을 받아 아크바르왕 같은 사람은 절충적인 경신교(敬神教, Dinu'llāh)를 선포하기에 이르렀다. 종교뿐만 아니라, 무굴 제국의 궁중문화도 페르시아문화의 영향을 크게 받았다.

궁내의 장식이나 의상, 의례범절 등은 대부분 페르시아의 것을 본받았으며, 궁중문학도 대체로 페르시아어로 씌어졌다.

무굴의 융합예술 무굴제국 시대의 문화적 융합을 극명하게 보여주는 것은 건축미술이다. 아크바르왕은 페르시아에서 건축가들을 초빙하여 많은 성채·묘탑·사원·별장·탑·연못 들을 건설하였다. 대표적인 건물이 델리의 후마윤(Humayun, 제2대) 왕묘와 수도 아그라의 서쪽 교외에 지은 궁전도시(1569~1584년간 수도) 파테푸르 시크리(Fatehpur Sikri)다. 제5대 샤 자한(Shāh Jahān) 시대는 인도와 페르시아 건축양식과 미술이 가장 잘 조화된 건축미술의 전성기다. 그 대표적인 것이 유명한 아그라의 타지마할(Taj Mahal)릉과 모티 마스지드(Moti Masjid, 진주 사원), 그리고 델리의 레드포트(Red Fort, Lal Qila)다. 모티 마스지드는 인도와 페르시아 건축양식이 어우러진 대표적인 구조물이다.

한편 이 시대에는 이슬람이나 로마·비잔틴 건축양식이 인도에 전래되었을 뿐만 아니라 역으로 인도의 건축양식이 그곳에 영향을 주기도 하였다. 가느다란 원주(圓柱)와 도리를 받치는 선반, 다양한 무늬양식, 벽면의 돌출양식 등 인도의 전통 건축양식이 이슬람세계에 전해지기도

무굴제국의 궁중회화 양식인 세밀화

하였다. 건축양식과 더불어 회화미술에서도 문화적 융합의 흔적을 찾아볼 수 있다. 일찍이 중국과 몽골, 박트리아 등 제국의 미술이 13세기 몽골군의 서정(西征)에 의해 페르시아에 전해졌다가 다시 티무르의 정복활동과 그 후손들에 의해 인도에 도입되었다. 아크바르왕의 궁전에서는 100여 명의 인도와 페르시아 화가들이 활동하였으며, 모자이크식으로 여러 화가들이 전문 분야별로 한 그림씩 완성하였다. 대체로 제3대 왕 아크바르왕 시대까지는 페르시아 미술의 영향을 많이 받았으나 제5대 샤 자한 시대부터는 명암법(明暗法) 등 유럽 미술의 영향을 받기 시작하였다.

한편 무굴 회화란 세밀화(細密畵)로 대표되는 인도 무굴제국의 궁중회화 양식을 말한다. 무굴제국의 제2대왕 후마윤이 페르시아에 유배를 갔다 돌아올 때 페르시아의 세밀화 화가들을 데리고 와 궁중에서 인도의 전통 회화와 융합된 세밀화 위주의 독특한 궁중회화를 발전시켰다. 귀족 초상화, 수렵도, 각종 꽃과 새 그림 등 유물이 남아 있다. 이 그림들은 투시적 원근법과 음영(陰影)을 이용해 대상을 사실적이면서도 낭만적으로 묘사하는 것이 특징이다. 이러한 무굴 회화는 제6대왕 아우랑제브의 회화 단속으로 인해 사양길에 접어들었다.

『무구정광대다라니경(無垢淨光大陀羅尼經)』

세계 최초 목판으로 인쇄된 불전. 1966년 한국의 경주 불국사(佛國寺) 석가탑(釋迦塔) 탑두부(塔頭部)에서 폭 6.65cm, 길이 6.3m의 종이에 목판으로 인쇄된 이 불전이 발견되었는데, 인쇄 연대는 706년이다. 불국사는 신라 법흥왕(法興王) 15년(528)에 창건되었다가 경덕왕(景德王) 10년(751)에 중수하였는데, 이때 석가탑이 증축되었다. 이 다라니경문 중에 측천문자(則天文字)가

있는 점으로 보아 8세기 전반에 인쇄된 것으로 판명된다. 이것은 중국의 가장 오래된 인쇄물 유품보다 100여년 앞선 것으로서, 현존 유물로만 비교해보면 세계 최초의 조판(목판) 인쇄물이다.('인쇄술'항 참고)

그러나 중국 학계에서는 이에 대해 이의를 제기하고 있다. 1996년 중국자연과학사연구소 반길성(潘吉星)은 "다라니경의 글자 중 8자가 당나라에서 사용했던 무주제자(武周制字)이고 인쇄지는 중국산 닥종이로 만들어졌다"고 하면서, 결국 다라니경은 702년에 중국이 만든 것을 신라가 수입한 것이라고 주장하였다. 이에 대해 한국 학계는 다음과 같은 3가지 이유를 들어 반박하고 있다. ① 무주제자는 중국에서만 사용된 것이 아니라, 통일신라와 고려 때에도 나타난다. ② 과학적으로 분석한 결과 다라니경의 닥종이는 화엄사(華嚴寺) 석탑에서 발견된 백지묵서경(白紙墨書經, 8세기 중엽)과 같은 신라 닥종이다. ③ 서체에서 다라니경에 나오는 '정광(淨光)'자가 경주 구황동 3층 석탑 사리함(706)의 글씨와 똑같은 체의 신라 글씨체다. 그밖에 다라니경의 파자(破字) 하나가 '조(照)'자임을 확인하고, 이 글자는 당시 여황제였던 측천무후(則天武后, 무조武照)의 이름자여서 중국에서는 쓸 수 없는 글자라는 것이다.

무그산(山) Mug

소그드 문서 발견지. 우즈베키스탄의 사마르칸트 동쪽 130km, 타지키스탄의 펜지켄트(Pendzhikent) 동쪽 60km 거리에 있는 소그드 왕국 시대의 산상 요새로 여기서 많은 소그드어 문서가 발견되었다. 문서의 대부분 내용은 8세기 초 펜지켄트 영주 디와슈치에 관한 것이다.

『무극천주정교진전실록(無極天主正敎眞傳實錄)』
1593년, 마닐라

중국 최초의 서방 생물학에 관한 한역서(漢譯書). 명말 청초에 재화 서방 선교사들이 근대 서방 생물학을 중국에 소개하였는데, 그때 최초로 소개한 한적(漢籍)이 1593년 민희랍(民希蠟, 현 마닐라)에서 출간된 이 책이다. 이 책은 스페인어의 『자연법의 수정과 개진』(*Rectificacion y Mejora de Principios Naturales*)의 한역본(漢譯本)이다. 총 9장으로 구성된 이 책의 5~7장은 생물 지식, 8~9장은 의약에 관해 기술하고 있다. 이탈리아 선교사 불리오(Ludovico Buglio, 이류사 利類思, 1606~1682)가 알드로반디(Aldrovandi, 1522~1607)의 박물학 백과전서 중에서 사자와 매 조항만을 한역한 데 이어, 1678년에 포르투갈 사신이 동남해안 연해 지방과의 통상을 요구하면서 아프리카산 사자를 예물로 청조에 헌상하자 이를 계기로 『사자설(獅子說)』을 지어 베이징에서 출간하였다.

무루 無漏

천축으로 건너가 구법(求法)한 신라의 신승(神僧). 무루는 김씨 성의 신라왕 차자(次子, 『송고승전(宋高僧傳)』에는 삼남)로서 세자의 지위도 마다한 채 구법을 위해 해로로 당나라에 들어간 후 불팔탑(佛八塔)을 순례하려고 인도로 향했다. 그는 육로로 사막을 지나 호탄 이서에서 파미르 고원을 넘어 북천축(북인도)의 대가람(大伽藍)에 이르렀다. 거기서 무루는 천둥과 거사(巨蛇), 그리고 형화노인(形化老人) 등의 모진 시련을 이겨내고 교화(敎化)와 예불(禮佛)을 성공적으로 마친 후 하란산(賀蘭山)을 거쳐 당에 돌아온 뒤 이 산에 은거하였다. 때마침 '안사의 난'이 일어나 현종은 촉(蜀)으로 피신하고, 숙종(肅宗)이 영무(靈武)에서 난국 수습을 위해 군사를 훈련시키고 있었다. 숙종은 여러번 몽중(夢中)에 염불하는 금색인(金色人, 부처)을 보았는데, 그가 바로 승려 '무루'라는 것을 확신하고 그를 내사(內寺)에 안치해 공양토록 하였다. 원래 무루는 하란산 은둔을 원했으나 받아들여지지 않아 내사에서 입적하였고, 왕명에 따라 생전에 은거한 하란산 기슭에 안장되었다. 그곳에 해서(廨署, 관청)를 설치하여 하원(下院)이라고 불렀다.

『무비지(武備志)』의 해도(海圖)

15세기의 인도양 항해도. 15세기 전반에 행한 정화(鄭和)의 '7차 하서양'에 관한 여러 기록물들이 있어 정화의 거대한 항해를 여러모로 밝혀준다. 그런 기록물들 중 하나가 바로 명대에 모원의(茅元儀)가 쓴 『무비지』인데, 이 책 권240에 저자 미상의 '정화항해도(鄭和航海圖)'가 실려 있다. 보통 이 항해도를 『무비지』의 해도'라고 한다.

무사와라 에 수프라(Musawwarat es Sufra) 도시 유적 기원전 3세기~기원후 1세기

아프리카 수단의 도시 유적. 수단의 부타나 사막에 자리한 이 도시 유적은 낮은 구릉으로 에워싸여 있는데, 중앙 신전 주위에 사자(獅子)신전을 비롯해 소형 신전과 궁전, 귀족과 신관(神官)들의 주택을 비롯하여 마구간·교역소·저수시설 등이 배치되어 있다. 높은 테라스 위에 중앙 신

수단의 무사와라 에 수프라 도시 유적(기원전 1~기원후 1세기)

전과 원주회랑(圓柱回廊), 수십개의 원주, 높이 5~6m의 석벽 터가 남아 있다. 건축이나 부조는 기본상 이집트식으로 만들어졌다. 사자신전의 부조는 비록 규모는 작지만 세련미가 있어 보인다. 1957년부터 동독 훔볼트 대학 조사팀이 발굴을 시작한 이래 적지 않은 성과가 있지만, 아직 조사하지 못한 유적이 200여 개나 된다.

무상 無相, 681~762년

당나라 선종(禪宗) 발전에 큰 기여를 한 신라 고승. 『송고승전(宋高僧傳)』에서는 신라 국왕의 셋째 아들이라고 하였으나, 부왕의 이름은 전하지 않고 있다. 728년에 당나라로 들어간 무상은 당 현종(玄宗)의 배려로 선정사(禪定寺)에 주석하면서 선종을 따랐다. 현종을 따라 촉(蜀, 현 쓰촨四川)에 가서는 지선(智詵)을 사사하고 내전(內殿)에서 현종을 알현하였다. 그리고 정중사(淨衆寺)에 안주하면서 촉의 교화에 진력하였다. 입적 후에 세운 동해대사탑(東海大師塔)이 말해주듯 무상은 중국 선종의 발전에 크게 공헌하였다. (8-129)

무스티에(Moustier) 석기문화

중기(中期) 구석기문화를 대표하는 석기문화. 무스티에의 주요 석기는 박편석기인 뾰족끝석기(pointe, 첨두기尖頭器)와 긁개(side-scraper, 단삭기端削器)다. 이러한 박편석기는 르발루아(Levallois) 기법과 원반형 석핵 기법('박편석기 가공법'항 참고)에 의해 가공·제작한다. 이러한 석기가 전기(前期) 구석기시대의 간단하고 만능적인 석기를 대체하는데, 용도에 따라 분화(分化)된 석기로 석기 제조사에서 일대 전기(轉機)가 되었다. 뾰족끝석기는 뾰족한 끝으로 찌르는 데 쓰는 석기이며, 긁개는 깎고 자르는 데 쓰는 석기다. 시·공간적으로 다양한 변화가 있지

만, 무스티에 석기문화의 일관된 공통성과 특색은 위 두 가지 석기를 시종 공유(共有)하였다는 점이다. 무스티에 석기문화의 석기는 제작기법이나 형태가 모두 초원에서 살면서 초식동물을 포획하는 주인공들의 거주환경과 생활조건 및 생업활동에 적합하도록 되어 있다. 지역에 따라 약간의 변이(變異)가 있는 무스티에 석기문화는 서유럽 무스티에 석기문화, 동유럽 무스티에 석기문화, 서아시아 무스티에 석기문화, 시베리아 무스티에 석기문화, 북아프리카 무스티에 석기문화의 다섯 가지 지역 그룹으로 나누기도 한다.

무슬림들의 인도 속령화 경략

아프간·터키계 무슬림들의 인도에 대한 속령화 경략은 650년간(1206~1857, 노예왕조 설립~무굴제국 멸망) 지속되었다. 이슬람 동정군(東征軍)은 일찍이 8세기 초에 신드(al-Sind) 지방을 공략하고, 10세기에는 펀자브 지방까지 진출하였다. 아프가니스탄의 가즈니(Ghazni)조 술탄 마흐무드(Mahmūd)는 11세기 초 10차례나 인도 서북부의 페샤와르(Peshawar)와 물탄(Multān), 타메스와르(Thameswar) 등지를 침공하였다. 이 시기에 이슬람군은 힌두교의 성지 마투라(Mathura)를 수주일간 점령해 힌두사원을 파괴하고 신상(神像)을 유린하는 비행까지 저질렀다. 12세기 후반에 이르러 아프가니스탄의 산악국가인 구르(Ghur)의 투르크족 출신 술탄 무함마드(Muhammad)는 인접국 가즈니를 정복(1173~1174)한 데 이어, 인도에 이슬람 왕국을 건립할 목적으로 우선 펀자브 지역을 점령하고 인더스강 유역을 확보한 후 갠지스강 평야를 공략하려고 하였다. 그리하여 1191년 델리 북부 타라인(Tarain)으로 진격하였으나, 프리트비라즈(Prithviraj) 휘하의 인도 연합군과 접전한 끝에 패전의 고배를 마셨다. 그러나 이듬해 다시 같은

곳에서 벌어진 제2차 타라인 전투에서는 무함마드가 결정적인 승리를 거두었다. 이를 계기로 델리를 중심으로 한 인도의 서북방에서는 300여 년간(1206~1526) 노예 왕조, 킬지 왕조, 투글루크 왕조, 로디 왕조의 4대 이슬람왕조가 연속 출몰하였다. 이 4대 왕조는 분명히 외래의 속령화 경략 왕조이고 위정자 모두가 무슬림이라는 공통점을 가지고 있으나, 지배층은 아프가니스탄계와 터키계로 대별되는 상이점도 가지고 있었다. 이러한 공통점과 상이점으로 인해 비록 인도에 대한 경략은 이루어졌지만, 경략과정에서 정책의 일관성이 결여되었기 때문에 내부 갈등이 커서 4대 왕조의 각 통치기간도 짧았다. 그 결과 힌두 문명에 대한 이슬람 문명의 영향이나 두 문명간의 교류는 미미할 수밖에 없었다. 그러나 전반(前半)의 이러한 난맥상을 극복하고 확고한 경략을 실현함으로써 두 문명간의 교류와 융화에 뚜렷한 족적을 남긴 것은 후반(後半) 300여년간의 무굴제국시대다. 그래서 무굴제국은 인도 이슬람 왕조의 '영광'이라고 평가되기도 한다.

『무알라카트』 al-Mu'allaqat, 영역본, Sir W. Jones역, 1783년

교류의 문헌적 전거로서의 여행문학서. 이 책은 6~7세기의 대표적인 아랍 고전시집으로서 유목 아랍인들(베두인)의 사막생활을 묘사하고 있다. 18세기는 유럽인들이 동방을 '진지하고 인성적'으로 연구하던 시기로 그 연구의 선도자는 존스가 이끄는 '아시아연구회'(The Asiatic Society)였다. 이 연구회는 아랍·페르시아·인도 등 동방 나라들의 고전문학을 연구하고 작품들을 번역하였다. 존스는 이 책 말고도 1789년에 기원전 인도의 대시인 칼리다사(Kālidāsa)의 수작 『사쿤탈라』(Sakuntala)를 영역하여 서구 학계를 놀라게 하였다.

무역도자 貿易陶瓷

중국 송대는 도자기 제조의 전성기로서 질 좋은 도자기들이 많이 생산되어 주로 해로를 통해 세계 각처에 대대적으로 수출되었다. 그 대표적 도자기는 북송 때 용천요(龍泉窯)의 용천청자와 경덕진요(景德鎭窯)의 영청(影靑, 청백자)과 남송 때 푸젠성 덕화요(德化窯)의 청백자와 건요(建窯)의 천목(天目, 흑유자黑釉瓷), 천주요(泉州窯)의 황유철회(黃釉鐵繪), 광둥성 조주요(潮州窯)의 백자와 청백자, 장시성(江西省) 경덕진요의 백자와 청백자, 길주요(吉州窯)의 천목과 백유철회(白釉鐵繪) 및 녹회(綠繪) 등이다. 이러한 유명 도자기가 동남아시아와 서아시아를 비롯한 세계 각지에 다량 수출되었으며, 이 수출 도자기를 '무역도자기' 혹은 '수출도자기'라고 한다.

무역풍 貿易風, trade wind

열대나 아열대 지방에서 기후 관계로 인해 동쪽 방향으로 부는 바람. 이 바람은 북반부에서는 북동쪽에서, 남반부에서는 남동쪽에서 불어온다.

무염 無染, ?~888년

신라의 입당 유학승. 13세의 어린 나이에 출가해 법성선사(法性禪師)에게 가르침을 받았다. 선사의 유학 권유로 도량(道亮)과 함께 견당선(遣唐船)에 올랐으나, 조난을 당해 구사일생으로 검산도(劍山島)에 표착하였다. 목종(穆宗) 장경(長慶) 연간(821~824)에 다시 견당선으로 지부산(之罘山, 현 산둥성 푸산현福山縣)을 거쳐 장안에 도착, 종남산(終南山) 불광사(佛光寺)에서 여만선사(如滿禪師)의 문하에 있다가, 포주(蒲州, 산시성)에 가서 보철(寶澈)스님에게서 선을 배웠다. 그리고 나서는 분수(汾水)를 건너 명승(名僧) 고적을 두루 주유하였다. 당에 머문 지 30년이 되어가던 때 무종(武宗)의 폐불난(廢佛難)을 맞아 신라에 돌아왔다. 귀국 후에는 국사로서 성주사(聖住寺, 충청남도 보령군 미산眉山)에 주석하다가 입적하였다. (8-148)

무이스카(Muisca) 양식

중남미 콜롬비아의 황금제품 양식의 일종. 지금의 수도 보고타 부근의 고원 지대에는 원래 치브차(Chibcha)계 언어를 사용하는 원주민들이 살고 있었다. 스페인 정복시 인구는 100만을 넘었으며, 금제품은 전문가 집단에 의해 만들어졌다. 황금제품의 상부는 폭이 넓고 하부는 좁은 것이 일반적인 특징인데 땅에 박아넣기 위해서였을 것이다. 이러한 황금제품은 제사나 의례에서 중요한 역할을 담당하였을 것으로 추측된다. (4-109)

무적함대 無敵艦隊, Spanish Armada

1588년 스페인 펠리페 2세가 영국을 제압하기 위해 편성한 대함대. 전성기를 맞은 스페인의 펠리페 2세는 영국이 스페인 지배에 맞서 봉기를 일으킨 네덜란드를 후원할 뿐만 아니라 무장상선들을 파견해 스페인 선박을 약탈하자 이에 대응해 영국 엘리자베스 여왕을 암살하려는 음모를 꾸민다. 그러나 이 음모가 실패로 끝나자 펠리페 2세는 1588년 메디나 시도니아를 사령관으로 해 전함 127척, 해군 8,000명, 육군 1만 9,000명, 대포 3,000문으로 구성된 대함대를 출동시켜 영국 원정에 나선다. 이에 영국은 전함 80척, 군사 8,000명으로 맞섰다. 스페인 함대는 수적 우위에도 불구하고 큰 타격을 입고 후퇴하게 되었으며, 폭풍우까지 만나 겨우 50척만이 귀국하였다. 무적함대의 완패로 스페인은 대서양 제해권을 잃고, 대신 영국이 해상 패권을 장악하게 되었다. (17-208)

무정선 無釘船

중세 아라비아해와 인도양 항해를 제패했던 아랍-무슬림들이 사용하던 선박. 무정선은 말 그대로 못을 박지 않고 야자수 섬유 따위로 판을 여럿 묶어서 만든다. 14세기 아라비아해와 인도양을 항해한 아랍 대여행가 이븐 바투타는 그의 여행기에서 인도의 해저에는 암석이 많기 때문에 철못을 박으면 배는 산산조각 나기가 일쑤이므로 배는 야자섬유로 묶어서 만든다고 소개한 바 있다.

무함마드 Muhammad, 570?~632년

유일신 알라가 보낸 사람, 이슬람교의 전달자. 흔히 무함마드를 가리켜 이슬람교의 '창시자' 또는 '교조'라고 칭하는데 이는 이슬람적인 사고방식이 아니다. 이슬람적 사고에 의하면, 만민을 위한 보편종교인 이슬람교는 절대신 알라가 우주를 창조한 그 시각부터 이미 있어왔는데, 그동안 제대로 받아들여지지 않다가 선지자(先知者)인 무함마드에 이르러 비로소 완전무결하게 인간에게 계시된 것이다. 따라서 이슬람의 창조자는 원초적으로 알라일 뿐 다른 누구도 될 수 없다는 것이다. 요컨대 무함마드는 알라에게서 계시를 받은 이슬람의 전달자이자 인도자일 따름이다. 이슬람은 무함마드가 '창시'하거나 '출현'시킨 것이 아니라 다만 그를 통해 '알려진' 것일 뿐이라는 게 정확한 이슬람적 이해이고 표현이다. 간혹 이슬람의 '창조'니 '출현'이니 하는 말이 쓰이는데, 이것은 다른 종교들의 창조나 출현에 대비한 관용어(慣用語)일 뿐이다. 무함마드는 고도 메카의 명망 있는 꾸라이시(Quraysh) 부족의 하심 가문 출신이다. 570년경에 유복자로 태어난 그는 어려서 어머니마저 여의고 고아로 자랐다. 낙타몰이꾼으로 대상에 끼여 북쪽 시리아 지방을 자주 왕래하면서 기독교를 비롯한 새로운 세계를 접하고 미래의 꿈을 키웠다. 25세에 15세 연상인 부유한 과부 카디자와 결혼한 후 생활이 안정되자 메카 부근의 히라 동굴에 들어가 명상과 사색에 잠겼다. 15년이란 긴 세월이 흘러 마침내 나이 40세 때 천사 가브리엘(Gabriel)을 통해 "읽어라! 창조주이신 너의 주님의 이름으로, 그분께서는 한 방울의 정액으로 인간을 창조하셨다"라는 알라의 첫 계시를 받는다. 그는 이것으로 각성해 '라술라'(알라가 보낸 사람, 성사聖使)로 자처하면서 유일신 알라의 종교인 이슬람교 포교에 나섰다.

메카에서의 초기 포교는 온갖 탄압과 비방 속에서 우여곡절을 겪는다. 이에 무함마드는 활로를 찾기 위해 70명의 신자와 함께 620년 9월 24일(음력 7월 16일) 메카에서 북쪽으로 400km 떨어진 메디나로 활동무대를 옮겼다. 이 역사적인 이동을 이슬람사에서는 히즈라(성천聖遷)라고 한다. 17년 후에 제2대 칼리파 오마르가 이날을 이슬람력의 기원으로 선포하였다. 메디나에서 무함마드는 부족간의 고질적인 유혈복수전을 종식시키고 교세를 확장하면서 첫 신정국가(神政國家) 체제인 '움마'(al-Ummah)를 건설하였다. 그는 알라를 최종 주권자로 하고, 자신을 알라의 대리자로 해 혈연이나 지연이 아닌 종교신앙(이슬람교)을 바탕으로 한 새로운 인간집단, 즉 '움마'를 건설한다는 요지를 담은 '메디나 헌장(憲章)'을 반포하였다. 그리고 그것을 실행하기 위해 유대인들을 포함한 모든 메디나 주민들과 서약을 맺었다. 이것은 부족적 단합정신을 아랍족 전체의 단합된 힘으로 승화시킴으로써 역사적 요청에 화답하는 새로운 아랍 민족국가 건설에 있어서 바람직한 길이었다. 그러나 이 길도 순탄치 않았다. 가시밭길이었다. 외래자로서 메디나에 뿌리내리기도 어려웠지만, 기득권 세력인 메카 부족과의 충돌도 피할 수 없었다. 624년

부터 627년 사이에 세 차례의 큰 전투를 거쳐 메카세력을 제압하고 드디어 630년 1월 메카에 무혈입성(無血入城)하였다. 이 해를 이슬람사에서는 '정복의 해'라고 한다. 이듬해에 메카의 여러 부족들은 메디나에 사절단을 보내 이슬람으로 개종할 것을 서약하였다. 그 다음해인 632년 무함마드는 노구를 이끌고 메카 순례에 나서 아라파트산에서 마지막 고별 연설을 하면서 이슬람의 승리(출현)를 세상에 공식 선포하였다. 무함마드는 그해 6월에 영면하였다.

무함마드는 분명 희대의 위인임에는 틀림이 없다. 그러나 같은 반열의 위인들에 비해 '얼굴'이 여러 개라는 특색을 지닌다. 그만큼 많은 공적을 세웠다는 뜻이기도 하다. 그 공적은 첫째로, 아랍민족사에 파천황적(破天荒的) 변혁을 일으킨 것이다. 이슬람교에 기초한 정교합일의 사회공동체인 '움마' 건설은 아라비아 반도에서 수천년 간 지속되어온 몽매시대를 마감하고 문명시대를 열었다. 그에 의한 아라비아 반도의 이슬람화와 '움마' 건설은 혈연적 부족단합을 가치공유적인 민족단합으로 승화시킴으로써 후일 통일 아랍민족이 출현할 수 있는 기틀이 마련되었다. 다음으로 그의 공적은 인류문명사 전개에 있어서 불멸의 업적을 쌓은 것이다. 그가 세계 3대 종교의 하나인 이슬람교를 지구상에 실현시켰다는 그 자체가 인류문명사에 특기할 만한 기여라고 할 수 있다. 이슬람교를 바탕으로 하여 창출된 이슬람문명은 중세문명 발달의 견인차 역할을 하였다. 이슬람문명을 공통분모로 한 이슬람세계는 세계사 전개와 동서문명 교류에서 중요한 일익을 담당하였다. 끝으로 그 공적은 이른바 '무함마드식' 위인의 전범(典範)을 창출한 것이다. 무함마드는 범세계적 종교를 실현한 인물이지만 부처나 예수와는 다른 모습을 보여주었다. 거의 모든 예언자나 성인들은 생전에 자

신에게 부과된 사명이 실현되는 것을 보지 못한 채 세상을 떠났다. 그들이 내놓은 주장이나 이념은 그들이 죽은 후에야 계승자들에 의해 종교로 거듭났고, 그때서야 그들의 삶이 조명을 받았다. 그러나 이에 반해 무함마드는 자신이 예언한 사명을 생전에 수행한 유일한 예언자다. 거의 모든 예언자나 성인이 여러 형태로 신격화되었지만, 무함마드는 시종 보통 인간의 인성(人性)만으로 빛을 발하였다. 그는 명실상부한 '다양한 얼굴의 소유자'다. 종교의 실현자일 뿐만 아니라, 탁월한 정치지도자이면서 유능한 군사지휘관, 명민한 전략가이기도 하였다. 이것이 바로 '무함마드식' 위인의 본보기다. 이렇게 무함마드는 남다른 공적과 위훈을 세웠다. 바로 이 때문에 동서고금의 세계적 위인을 엄선하는 방문(榜文)에서 무함마드는 탈락한 적이 없다.

무행 無行, 7세기 중엽

서행 불승. 중국 당나라 때 형주(荊州) 강릉(江陵) 출신의 무행은 승 지홍(智弘)과 함께 광저우(廣州)를 떠나 남해로를 통해 한달 만에 실리불서(室利佛逝, 현 수마트라 팔렘방Palembang 일대)에 도착해 왕의 후대를 받았다. 왕의 배(王船)를 타고 서항 15일 만에 말라유(末羅瑜, 현 수마트라의 잠비Jambi 지방)를 지나고, 다시 15일 만에 갈다국(羯荼國, 현 말레이 반도 서안의 케다Kedah주)에 도착하였다. 여기로부터 30일간 서쪽으로 항해하여 인도 동남해안의 나가발단나(那伽鉢亶那, Nagapattana, 현 인도 동남해안의 네가파탐Negapatam)에 이른 후, 해로로 사자주(獅子州, 사자국獅子國, 현 스리랑카)에 가서 불아(佛牙, 불사리의 일종)를 친견하였다. 그러고 나서 동북행으로 항해하여 동천축국의 가리계라국(訶利鷄羅國, 현 하리켈라Harikela, 혹은 동인도의 오리사Orisa주 연안)에 당도한 후, 거기서

다시 나란다에 가서 불경을 연찬하였다. 그후 당시 그곳에 체류 중이던 의정(義淨)의 전송을 받으며 북행해 오아시스로를 통하여 귀국하였다. 의정의 『대당서역구법고승전(大唐西域求法高僧傳)』에 무행의 행적에 관한 상세한 기술이 있다.

무화과 無花果

동전된 과실. 일명 아장(阿馹)이라고 하는데, 원산지는 비잔틴과 이란의 고원지대다. 무화과는 겉으로는 꽃이 보이지 않아 붙여진 이름이지만, 사실은 열매 속에 꽃이 숨어 있다. 서역을 통해 중국 신장 남부 일원에 전해졌으며, 이시진(李時珍)의 『본초강목(本草綱目)』에는 '영일과(映日果)' '우현발(優縣鉢)' '아장(阿馹)'이란 이름으로 나온다. (13-226)

문명 文明, civilization

문명이란 인간의 육체적 및 정신적 노동을 통해 창출된 결과물의 총체로서 물질문명과 정신문명으로 대별된다. 문명의 생명은 공통적인 문명요소에 대한 공유성(共有性)이다.

문명의 속성 문명은 자생과 모방에 의해 탄생하고 발달하며 풍부해진다. 문명의 자생성은 문명의 내재적이고 구심적인 속성으로 문명의 보편성과 개별성을 규제하고, 모방성은 문명의 외연적(外延的)이고 원심적(遠心的)인 속성으로서 문명의 전파성(傳播性)과 수용성(受容性)을 낳는다. 따라서 자생성과 모방성은 문명의 2대 속성인 동시에 그 발생과 발달의 2대 요소이기도 하며, 서로 상부상조 관계에 있다. 그 어느 하나가 결여되거나 미흡하면 문명의 침체나 기형을 초래하게 된다. 문명의 모방은 창조적인 모방이든 기계적(답습적) 모방이든 문명간의 교류를 통한 전파와 수용 과정에서 현실화된다. 따라서 교류는 모방에 의한 문명의 발달을 촉진하는 데 필수

불가결한 매체다.

문명과 문화 문명이란 인간이 육체적 및 정신적 노동을 통하여 창출한 결과물의 총체로서 물질문명과 정신문명으로 대별된다. 이에 비해 문화는 문명을 구성하는 개별적 요소이자 양상이다. 문명과 문화는 위계적(位階的) 관계가 아니라 총체와 개체, 복합성과 단일성, 내재와 외표(外表), 제품과 재료의 포괄적 관계다. 비유컨대 문명을 총체로서의 피륙이라고 하면 문화는 개체로서의 재료인 줄, 즉 씨줄과 날줄에 해당된다. 실크로드학에서 논급되는 교류는 본질적으로 문명간의 교류다. 물론 이 문명간의 교류에는 문명의 구성요소이며 그 양상인 문화간의 교류도 당연히 포함된다. 경우에 따라서 이러한 문화교류는 이질문명간이나 동질문명 내의 세분문화나 미(未)세분문화 간의 교류로 나타날 수도 있다. 이러한 교류현상은 상이한 경제권이나 문화권, 지세권(地勢圈)의 교류에서 잘 나타나고 있다. 대표적인 것이 경제권에서는 농경문화나 유목문화의 교류, 문화권에서 과학기술과 종교의 상호교류, 지세권에서는 해양문화와 대륙문화의 교류라 할 수 있다.

문명교류의 당위성 자생과 모방이라는 문명의 근본 속성으로서 발생되는 보편성과 개별성, 전파성과 수용성 등 문명의 4대 특성에서 문명교류의 당위성을 찾을 수 있다. 문명의 보편성(공통성)이란 같은 환경이나 여건에서는 물론, 때로는 다른 환경이나 여건 속에서도 시간과 공간을 초월해 내용과 형태에서 유사한 문명이 창조된다는 것을 뜻한다. 인류는 항시 보편성을 바탕으로 한 문명의 공유(共有)를 염원하는데, 이러한 보편성의 형성은 문명교류가 그 첩경이 될 수 있다. 문명의 개별성(고유성)이란 개개 문명이 자기 특유의 개성을 가지고 타문명과 구별된다는 것을 말한다. 이러한 개별성은 문명간의 이질성

을 조건지어주기 때문에 문명교류의 결정적 전제가 된다. 문명의 전파성이란 일단 창조된 문명은 물리적 거리나 장애에도 불구하고 의식적이든 무의식적이든 주위에 차츰 보급·확산된다는 것을 의미한다.

문명의 전파 문명교류를 당위적인 것이 되게 하는 4대 특성 중에서 보편성과 개별성은 문명교류의 객관적 필요성을 전제로 하고 있으나, 전파성과 수용성은 그것을 현실화하는 실천적 요인이 되고 있다. 그러므로 문명교류란 사실상 문명의 전파와 수용 과정이다. 전파에는 한 문명요소가 다른 문명에 바로 전파되는 직접전파와 제3자를 통해 우회적으로 전파되는 간접전파가 있다. 직접전파는 좀더 신속하고 원형적인 문명요소의 전파가 가능하다. 간접전파는 제3자에 의한 연파(延播)와 점파(點播)의 두 가지 경우가 있다. 연파는 전파가 간단없이 연속적으로 이어지는 반면, 점파는 연속성 없이 군데군데에 점재(點在)되는 전파를 말한다. 연파가 문명의 자연적이고 광폭적인 확산이라면 점파는 우연적이고 소폭적인 확산이다. 문명전파의 직·간접성과 더불어 그 파폭(播幅)을 가늠하는 이 연파와 점파 문제는 전파문명의 수용과 그 결과로 일어나는 접변(接變)현상을 고찰하는 데서 중요한 의의를 갖는다.

문명의 수용 문명의 모방성은 타문명에 대한 수용을 필요로 하는 속성에서 비롯된다. 모방(수용)은 자생적인 창조보다 쉽고 소모가 적으며 한층 나은 것을 창출할 수 있다는 것이다. 전파에 의해 이동된 문명이 다른 문명 속에 합류 내지 정착되는 수용과정은 어디까지나 선택적인 과정(selective process)이다. 전파된 문명이라고 해서 모든 것이 다 받아들여지는 것이 아니고 피전파문명에 적용되거나 합류될 수 있는 것만이 선택적으로 수용되어 정착하게 되는 것이다. 이

렇게 선택된 전파문명만이 살아남을 수 있으며 따라서 그것만이 문명교류의 가치와 의미를 지니게 되는 것이다. 그런데 전파문명에 대한 수용은 정상적인 전파과정을 통하여 피전파문명에 자연스럽게 적용, 합류되는 순기능적(順機能的) 수용과 그렇지 않고 비정상적인 전파과정을 통하여 피전파문명에 강요되는 역기능적(逆機能的) 수용이 있다. 이러한 상반되는 수용의 성격은 수용에 의해 일어나는 문화(문명) 접변에 절대적인 영향을 미친다.

문명의 접변 전파문명의 수용은 피전파문명과의 불가피적인 접촉과정이지만, 이 접촉과정에서 피전파문명 속에서는 이른바 접변(接變, acculturation)이라고 하는 문화(문명)적 변동이 일어나게 된다. 일반적으로 순기능적 수용에 의한 접변은 선진문명의 창조라든가 피전파문명의 전통문화가 더욱 발전하는 등 창조적이고 긍정직인 좋은 결과를 낳게 된다. 흔히 이러한 결과로 나타나는 것이 두 문명의 접변으로 인해 서로 다른 문명요소가 건설적으로 혼합되어 일어나는 융합(融合, fusion) 현상이다. 이에 반해 역기능적 수용에 의한 접변은 피전파문명의 해체나 퇴화 등 파괴적이고 부정적인 나쁜 결과를 초래한다. 흔히 이러한 결과로 나타나는 것이 두 문명의 접변으로 인해 피차(彼此)가 아닌 제3의 문명이 형성되는 융화(融化, deliquescence)와 일방적인 흡수인 동화(同化, assimilation) 현상이다. 문명의 전파와 수용 과정에서 일어나는 이상의 여러 현상들을 구체적으로 헤아림으로써 실크로드학이 추구하는 문명교류의 실태와 성격 및 그 결과와 의의를 제대로 구명할 수 있다.

문명권 文明圈

일반적으로 문명교류는 이질적인 문명권간의 교류를 의미한다. 문명권이란, 문명의 전승이나 전파를 통해 이루어진 공통의 문명 구성요소들을 공유한 여러 국가나 민족, 지역을 망라해 형성된 문명의 역사적 및 지역적 범주를 말한다. 공통적인 문명 구성요소를 공유한다고 하여 모든 문명이 곧 하나의 문명권을 이루는 것은 아니다. 한 문명권이 형성되려면 다음과 같은 3가지 요인(요건)이 구비되어야 한다. ① 문명의 구성요소에서 독특성(상이성)이 있어야 한다. 즉 다른 지역 문명과 구별되는 일련의 문명 구성요소들을 공유해야 한다. ② 문명의 시대성과 지역성이 보장되어야 한다. 즉 시대적으로 장기간 존속해야 하고, 지역적(공간적)으로 한정된 국가나 민족의 범위를 벗어나서 비교적 넓은 지역에 유포되어야 한다. ③ 문명의 생명력이 유지되어야 한다. 즉 장기간에 걸쳐 지역사회 전반에 영향력을 지속적으로 행사해야 한다. 이러한 요인에 따라 문명권의 형성 여부를 가늠할 수 있지만, 문명권을 어떻게 구분할 것인가는 간단치 않다. 공통적인 문명 구성요소나 문명의 역시성 및 지역성 그리고 행사한 생명력 등 제반 요인을 감안해 이때까지 인류가 창조한 문명권을 구분하는데, 그 구분법에는 대체로 2분법과 3분법, 5분법 3가지가 있다. 2분법은 크게 동양 문명권과 서양 문명권으로 나누는 것이고, 3분법은 전세계가 거의 일체화되는 약 1세기 전까지의 세계문명을 유럽 문명권과 중근동 문명권, 한자 문명권의 3대 문명권으로 분류하는 것이다. 이에 비해 5분법은 토인비가 제시한 21개의 성장문명 중 이미 사라진 14개의 사문명(死文明, 이집트·미노아·수메르·마야·잉카·헬레네 문명 등)을 제외한 나머지 7개의 생존 문명을 5개의 문명권으로 나눈 것이다. 즉 서유럽 문명권, 러시아 정교 문명권, 힌두 문명권, 이슬람 문명권, 동아시아 문명권을 말한다.

문명순환론 文明循環論

영국의 문명사가 아놀드 토인비(A. J. Toynbee)는 주저 『역사의 연구』(*A Study of History*, 12권, 1934~1961)에서 세계사를 비교문명론적으로 고찰하는 독특한 문명사관을 제시하였는데 그 핵심은 문명순환론이다. 토인비는 문명은 도전(challenge)에 대해 성공적으로 응전(response)해야 탄생과 성장이 가능하다는 원리를 천명하면서 이 원리에 따라 문명은 탄생·성장·붕괴·해체의 4단계 사이클(cycle, 주기)을 겪는다는 이른바 문명순환론을 주장하였다. 토인비는 이러한 이론에 준하여 인류가 창조한 문명을 유형화하였다. 그의 연구에 의하면 인류역사에 알려진 문명은 모두 30개인데, 그중 정상적인 순환과정, 즉 탄생·성장·붕괴·해체의 4단계를 거친 이른바 성장문명은 21개이다. 그리고 자연재해나 전쟁 같은 불의의 요인으로 인해 이 과정을 제대로 다 거치지 않고 일부만 거친 정체(停滯)문명은 5개이며, 탄생 요인을 잉태했다가 태어나지 못한 유산(流産)문명은 4개로 보았다. 그런데 이 성장문명 21개 중에서도 이미 사라진 사(死)문명이 14개이며, 아직 살아 있는 생존문명이 7개(인도·이슬람·극동·비잔틴·동남유럽·그리스정교·서구 문명)라고 분석하였다. 이러한 초유의 문명유형화는 대체적으로 사실에 부합되는 것으로 문명사 연구에 이용되고 있다. 이것은 토인비의 중요한 문명사적 업적이라고 할 수 있다.

문명의 탄생 요건에 관하여 종래의 통념은 자연환경적으로 인간 생활에 유리한 곳에서 탄생이 가능하다는 것이었다. 그러나 토인비는 이와 반대로 오히려 자연환경이 불리한 것이 문명 탄생의 필요조건이라고 보았다. 왜냐하면 불리한 환경은 일종의 도전이므로, 이러한 도전에 응전해 극복할 때만이 문명은 탄생하게 되기 때문이다. 그래서 그는 고대 4대 문명을 탄생시킨 4대강 유역은 모두가 범람의 위험이 크고, 기후가 건조하거나 고온인 악조건 지역이어서, 인간이 고도의 지혜를 발휘해 그러한 도전을 성공적으로 극복하는 과정에서 고대 4대 문명이 비로소 탄생하게 되었다고 설명한다. 성공적인 응전을 가능케 하는 요인은 인간의 창의력이라고 하면서, 창의력이 있는 인간만이 도전을 이겨내고 문명을 탄생시킬 수 있다고 하였다. 토인비는 탄생한 문명의 성장도 도전에 대한 응전이 성공해야 가능하며, 그러한 성장은 단순한 영토의 확장이나 경제적 및 기술적 발전만은 아니고 더 중요한 것은 정신적 승화(etherealization)라고 보았다. 이러한 승화과정은 자기결단(self-determination)과 자기천명(self-articulation)의 과정이며, 그 과정에는 일시적 후퇴(withdrawl)와 복귀(return)가 수반되는데, 복귀에 의해서만 정신적 승화가 실현된다. 이러한 복귀에서 일부의 창조적 소수가 큰 역할을 담당하며, 이때 대중은 이 창조적 소수의 견해와 태도를 흉내(mimésis), 즉 모방하거나 추종한다. 그러다가 이러한 창조적 소수가 지도력이 결핍해 대중으로부터의 매력을 상실한 나머지 대중에게 맹목적인 복종과 충성심을 강요하는 방법으로 지배권을 유지하려 하면, 이때부터 문명은 붕괴기에 접어들게 된다. 이 점에서 대중의 맹목적 복종을 건전한 문명의 상징으로 본 슈펭글러(O. Spengler)와는 관점을 달리하고 있다. 이와 같이 창조적 소수(지도자)에 대한 자발적 대중의 '흉내'가 기계적 모방이나 강제적 훈련으로 변화했을 때 문명의 붕괴가 일어난다. 그런데 이것 역시 지도자가 도전에 대한 응전에서 실패했기 때문인데, 이때 대중은 지도자에 대해 무관심하거나 적대적 태도를 취하게 된다. 이런 대중을 토인비는 '내적 프롤레타리아트'(inner proletariat)라고 하였다. 일단 그렇게 되면 정치적 분열이 심화되고 사회적 통일이 파괴되어 결코 문명은 붕괴되고야 만다.

문명의 붕괴는 결국 문명의 최종 단계인 해체로 마무리되는데, 때로는 강력한 재기(rally)가 시도되어 붕괴가 그만 중지되어 해체가 아닌 장기적인 화석기(化石期)가 도래하는 경우가 있다. 토인비는 이집트와 동양문명이 바로 이런 경우라고 여겼다. 이 단계에서는 내적 프롤레타리아트와 함께 외부로부터의 적대적 행위인 외적 프롤레타리아트(external proletariat)의 도전도 받게 되어 사회는 수평적 분열과 수직적 분열을 동시에 겪으면서 해체가 촉진된다. 또한 이 단계에서는 창조성은 자포자기나 자기억제로, '흉내'는 보이콧이나 순교로 변해 결국 영혼의 분열도 일어나게 된다. 그 결과 복고주의나 미래주의, 유토피아적 초현실주의 등 각종 도피주의가 만연하며, 그 와중에 이른바 '구세주'가 출현한다. 뿐만 아니라 이 단계에서는 적대국가나 적대사상 간에 전쟁이 발발하게 마련인데, 그 전쟁에 기진맥진한 대중은 세계국가나 평화를 갈구하게 된다. 이 문명의 해체기나 화석기가 지나서 새로운 문명이 탄생하기까지는 상당히 긴 '밤'을 보내게 되는데, 토인비는 이 기간을 '공위시대'(空位時代, interregnum)라고 부른다. 이 시대에는 민족이동과 대중운동이 끊임없이 되풀이되며 영웅호걸들이 등장한다. 그래서 일명 '영웅시대'(heroic age)라고도 한다. 그는 또한 이 시대를 약 400년 동안 지속되는 '고난의 시기'(a time of troubles)라고도 표현한다. 이 공위시대의 혼란 속에서 새로운 문명의 여명은 밝아온다.

토인비는 1차 세계대전의 발발을 계기로 현대사와 유럽문명의 장래에 대한 위기의식을 절감하면서 투키디데스(Thukydides, 기원전 5세기의 그리스 역사가, 명저 『펠로폰네소스 전쟁사』의 저자)에 관한 연구를 하다가 고대 그리스사와 현대사 사이에 유사성, 즉 철학적 동시대성이 있다는 것을 발견하였다. 그가 느끼는 역사적 위기의식이 투키디데스가 펠로폰네소스 전쟁에서 느낀 역사적 위기의식과 너무나도 유사하다고 느낀 것이다. 그리하여 그는 세계사의 비교문명론적인 접근을 시작해 마침내 도전과 응전의 원리에 의한 문명순환론을 창안하게 되었다. 그는 문명의 동시대성과 유형화 및 순환론을 밝혀냄으로써 문명사 연구의 새로운 방법론을 도출하였으며, 문명필멸이라는 비관주의를 지양하고 순환에 의한 문명의 재생이란 낙관주의적 역사관을 제시하였다. 반면 그가 거대한 세계역사의 흐름을 도전과 응전에 의한 순환이라는 단순하고 교조적인 논리로 설명하는 것은 일종의 사변적 역사철학에 불과하다는 비판도 있다. 또한 그가 창조적 소수(지도자나 영웅)의 역할을 과대평가하고 있으며, '신의 법칙'에 의한 인간의 응전이나 인간으로 육화한 신에 의해 해체기 문명을 구제한다는 수상은 관념론적 사관으로 비판받고 있다.

문명이동론 文明移動論

종래 문명의 기원에 관해서는 두 가지 설이 있었다. 일설은 문명이 한 곳에서 발생한 후 다른 지역으로 이동하였다는 문명단원설(文明單元說, 일명 文明一元說, theory of simple origin of civilization)이고, 다른 하나는 여러 문명이 제각기 발생(공시 혹은 선후 다발)한 후 나름대로 발달되어왔다는 문명복원설(文明複元說, 일명 文明多元說, theory of plural origin of civilization)이다. 문명단원설은 기본적으로 문명의 일방적인 이동에 이론적 근거를 두고 있다. 19세기 말부터 20세기 초까지 영국에서 대두된 이른바 '맨체스터학파'(Manchester School)가 대표적인 문명단원이동론자들이다. 그 학파에 속하는 스미스

(E. Smith)는 저서『고대 이집트인』(*The Ancient Egyptians*)에서, 페리(W. J. Perry)는 저서『문명의 성장』(*The Growth of Civilization*)에서 각각 문명단원론에 입각한 문화연속설(文化連續說 theory of culture sequence, 일명 文化接觸說, theory of culture contact)을 주장하였다. 그들의 주장에 의하면, 문명의 유일한 발상지는 이집트로서, 거기로부터 문명이 세계 각지로 계속해서 이동·확산되었다는 것이다. 이 이론의 핵심은 문명의 이동이기 때문에 보통 문명이동론(설)이라고 한다.

문명단원이동론에 따르면, 문명은 3대 간선을 따라 세계 각지로 이동·확산되었다는 것이다. 그 3대 간선은 다음과 같다. ① 문명이동 남선(南線): 이 선은 이집트—시리아—홍해—남아라비아 반도—인도—인도네시아—중남미로 이어지는 길이다. 이 남선 지대의 대표적 문화는 태양과 석물(石物)을 숭배하는 양석복합문화(陽石複合文化, Heliolithic Culture)이다. ② 문명이동 중간선(中間線): 이 선은 이집트—메소포타미아—이란 북부—중앙아시아 사막지대—알타이 산맥—고비 사막—중국으로 연결되는 길이다. 이 중간선을 둘러싼 지대의 특징적 문화는 채도(彩陶)문화다. ③ 문명이동 북선(北線): 이 선은 이집트—중앙아시아(러시아 남부)—시베리아—북미로 뻗은 길이다. 이 북선의 고유문화는 즐문토기(櫛文土器)문화이다.

이 이론에 따르면 3대 간선을 따라 펼쳐진 지구상의 모든 문명의 발원지는 오로지 이집트뿐이며, 문명은 서에서 동으로 이동한 것이 된다. 이 3대 간선은 문명교류의 통로인 실크로드의 3대 간선, 즉 해로(Sea Road)·오아시스로(Oasis Road)·초원로(Steppe Road)와 그 노정이 대체로 일치한다. 이 문명이동설은 일찍이 '한자 서래설'이나 '중국문명 바빌로니아 기원설'(일명 바크족 이주설), '채도 서래설' 등에 이용되어 그

'이론적 전거'인 양 오도되었다. 그러나 20세기 초, 특히 제2차 세계대전 이후 문명의 복원설(復元說)이 밝혀지고 나서 문명의 개별성(고유성)이 강조됨에 따라 이 이론은 입지를 잃어가고 있다. 물론 문명은 끊임없이 이동하지만, 그것은 결코 일방적인 하향(下向)이동이 아니라 상호이동, 즉 교류인 것이다. 때로는 후진문명에 대한 선진문명의 이동이 일방적 이동으로 비추어지기도 하지만, 그것은 어디까지나 상대적이고 일시적인 기복(起伏) 현상일 따름이다. 시간이 흐르면 후진문명이 오히려 선진문명을 추월해 역이동(逆移動)이 일어날 수도 있음을 많은 역사적 사실이 실증해주고 있다.

문명진화론 文明進化論

문화진화론자들이 주장하는 문명의 진화(evolution of civilization)란 장기간에 걸쳐 문명이 단계적으로 하나의 유형에서 다른 유형으로 변해가는 과정을 말한다. 이는 문명이 시간의 연속선상에서 단계적으로 변화(변동)가 거듭된다고 보는 시각이다. 즉 변화는 단기적인 진화이고, 진화는 장기적인 변화라고 할 수 있다. 문명진화론에 따르면 문명의 변화는 마치 생물진화의 돌연변이(突然變異, mutation)처럼 그 문명체계 내에서 일어나는 새로운 문명요소의 발견이나 발명에 의해서, 또는 유전자의 이동처럼 서로 다른 문명간의 접촉으로 인해 생겨나는 문명의 전파에 의해서도 일어난다. 그밖에 유전자의 제거처럼 어떤 문명요소가 제거되거나 유전자의 유실(流失)처럼 어떤 문명요소가 소멸되어 문명의 변화가 발생할 수도 있다. 요컨대 문명은 생물의 진화(특히 유전자 진화)와 흡사한 원리로 변화를 거듭한다는 것이다. 일찍이 인류학자들은 이 점에 착안해 문명의 변화를 진화론적으로 고찰함으로써 이른바 문명진화론을 정립하였

다. 이 이론 가운데서 전파에 의한 문명의 진화는 문명교류와 직결되는 현상이다.

흔히들 문명진화론은 다윈(C. Darwin)이 제창한 생물진화론의 영향을 받아 그 후에 정립된 것으로 인지하는데, 사실은 문명진화론이 생물진화론보다 앞서 제시되었다. 다윈은 1859년에 저술한 『종의 기원』에서 처음으로 생물진화론을 언급했지만, 그에 앞서 사회과학자 맬서스(T. Malthus)는 1798년에 저술한 『인구론』에서 이미 적자생존(適者生存)의 원리를 논하였고, 철학자 스펜서(H. Spencer)도 1852년에 발표한 논문 「발전가설(發展假說)」에서 문명진화론을 피력하였다. 스펜서에 이어 인류학의 선구자인 모건(H. Morgan)과 타일러(E. B. Tylor)도 나름의 문명진화론을 개진하였다. 그들이 제창한 문명진화론의 주요 내용을 개괄하면, 문명은 세계의 모든 사회에서 기본적으로 동일한 양식으로 연속적인 발전단계를 거쳐 진화한다는 것이다. 이러한 진화단계는 야만시대(Savagery, 구석기시대)에서 미개시대(Barbarism, 신석기시대)를 거쳐 문명시대(Civilization, 철기시대)에 이르는 3단계라는 것이다. 이렇게 초기 진화론자들은 모든 문명은 동일한 선을 따라 단계적으로 진화한다고 간주하였다. 이러한 진화를 일컬어 단선진화(單線進化, unilinear evolution)라고 하며, 그 이론을 단선진화론이라고 한다.

단선진화론자들은 각 사회의 문화적 다양성을 무시하고 구체적인 현상에 무관심하며 선교사들이나 상인들로부터 전해 들어, 신빙성이 결여된 자료들을 가지고 가만히 앉아서 인류문명의 진화과정을 자의로 재구성하는 사람들이라고 하여 '안락의자 인류학자'(armchair anthropologist)라고 불리기도 하였다. 따라서 20세기 초반부터 그들의 이러한 비과학적인 이론은 전반적으로 거부되었다. 그 대신 제2차 세계대전 전후에 활약한 인류학자 스튜어드(J. Steward)에 의한 이른바 다선진화론(多線進化論, theory of multilinear evolution)이 대두하였다. 이 이론의 핵심은, 모든 문명은 동일한 선을 따라 진화하는 것이 아니라 여러 선을 따라 각기 다른 양상으로 진화한다는 것이다. 단선진화든 다선진화든 문명의 진화를 교조적으로 생물 진화와 동일시하거나 대치할 수는 없다. 양자간에는 근본적인 차이가 있기 때문이다. 즉 생물은 유기체이나 문명은 유기체가 아니라 초유기체(무기체)인 까닭에 생식에 의해서 유전되는 것이 아니라 학습과 모방에 의해서 문명의 계승이 이루어지기 때문이다.

문명충돌론 文明衝突論

두 차례의 세계대전을 겪으면서 전래의 상투적 대립구조 속에서는 더이상 인류의 공생공영을 추구할 수 없다는 자성이 일면서 새로운 생존 패러다임을 모색하기에 이른다. 그 결과 갈등과 대결만을 양산해온 국가나 민족, 정치나 경제, 이데올로기 등의 굴레에서 벗어나, 그 모든 것을 아우르고 조화시킬 수 있는 공분모적 복합체인 문명과 그 상호관계에서 소기의 대안과 해법을 강구하기 시작하였다. 이것이 바로 현대적 문명담론이다. 20세기 후반 냉전시대의 마감으로 평화와 안전을 기대하던 인류가 민족분쟁이나 종교분쟁, 국지전쟁 같은 예기치 못했던 새로운 유형의 국제적 분란에 휩쓸리자 그 대응논리나 분석의 틀로 이러저러한 문명담론이나 패러다임이 등장하였다. 동방에 대한 서방의 지배주의적 사고방식을 갈파한 에드워드 사이드(Edward W. Said)의 '오리엔탈리즘'을 비롯하여, 동서방 서로를 타자화(他者化)한 새무얼 헌팅턴(Samuel P. Huntington)의 '문명충돌론', 이를 정면으로 비판하여 나온 하랄트 뮐러(Harald Müller)의 '문명공존론', 그리고 '문명교류론'은 그 대표적인 담론들이다. 동서방의 타자화 담론은 서로의 관계담론이라기보다는 인식론적 차원에서 균형잡힌 서양의 '동양 만들기'와 동양의 '서양 만들기'를 지향하는 담론이며, '문명공존론'은 문명의 충돌에 반한 다원적 문명의 공존을 설파하는 담론이라는 데서는 분명 진일보한 담론이다. 그러나 단순한 인식론과 공존을 뛰어넘은 실천적 조화의 문명관계까지는 제시하지 못하고 있다.

이와 같이 타자론이나 공존론은 문명의 관계담론치고는 미숙이나 한계를 면치 못하고 있을 뿐만 아니라, 그 학문적 정립도 제대로 이루어지지 않고 있는 형편이다. 이에 비해 헌팅턴의 '문명충돌론'은 현대적 문명담론 중에서 그야말로 '태풍의 눈'이 되어 '5대양 6대주' 사람들이 읽고 나서 '감동을 받고, 호기심을 느끼고, 분개하고, 위기감을 느끼고, 당혹스러워하였다'고 할 정도로 크게 화제가 되었다. 그리고 그 여진은 학계의 문명담론을 강타하고 있다. 지금까지 슈펭글러(O. Spengler, 1880~1936)나 토인비와 같이 문명으로 세계역사를 설명하는 역사가나 문화인류학자, 철학자는 있었지만, 헌팅턴처럼 정치학자가 문명으로 국제정치를 재량(裁量)한 전례는 거의 없었다. 이것은 지난 수세기 동안 오로지 국가만을 단위로 하여 국제정치를 분석하고 이해해오던 국제학계에 큰 충격이 아닐 수 없었으며, 따라서 헌팅턴의 문명 패러다임이 새로운 시도임에는 틀림이 없다.

헌팅턴은 1993년 여름『포린 어페어즈』(*Foreign Affairs*)지에 「문명의 충돌」이란 논문을 발표했는데, 즉각 세계적인 큰 반향과 더불어 논쟁을 불러일으켰다. 그는 연이어 몇편의 관련 논문을 발표했으며, 그것을『문명의 충돌과 세계질서의 재편』(*The Clash of Civilizations and the Remaking of World Order*)이란 저서로 한데 묶어 1996년에 출간하였다. 헌팅턴의 이른바 '문명충돌론'이 바로 이 저서에 집약되어 있다. 그는 이렇게 말한다. "새로운 세계에서는 문화적 동질성이 한 나라의 우방과 적국을 규정하는 본질적 요인이다. 냉전구조에 편입되는 것은 피할 수 있었지만 국가가 문화정체성 없이 존재할 수는 없게 되었다. '너는 어느 편인가?'라는 물음은 '너는 누구인가?'라는 훨씬 근원적인 물음으로 바뀌었다. 모든 나라는 이 물음에 답하지 않으면 안된다. 그 답변, 곧 한 나라의 문화적 정체성이 세계정치에서 그 나라가 차지하는 위치, 그 나라의 친구와 적수를 규정한다", "문화가 중요성을 갖는 세계에서 소대는 종족, 중대는 민족, 군 전체는 문명에 해당한다." 이 두 문장에서 그가 주장하는 '문명충돌론'이란 과연 무엇인가가 확연하게 드러난다. 그 기본 내용은 오늘의 탈냉전시대에는 지금까지 부상하지 않고 있던 정치나 경제 외적 가치인 역사나 조상·언어·종교 같은 문명적 요소('문화적 동질성' '문화 정체성')와 그 충돌이 세계를 움직여가는 핵심 변수가 된다는 것이다.

헌팅턴은 이 책의 서문에서 자신의 저서가 '사회과학서'가 아님을 밝히면서, 국제정세의 추이를 통찰하기 위해 그가 제시한 '문명충돌'이란 패러다임이 그 어떤 패러다임보다도 '더 의미있고 유용한 렌즈를 제공할 것'이라고 자부한다. 그러나 그는 그 '유용성'을 20세기 말과 21세기 초의 세계정세를 이해하는 데 한정하고 있다. 그 역시 그의 이론은 보편타당한 것이 아니라 한시적인 것임을 자인하고 있다. 그의 이론은 새로운 국제정세 속에서 문명을 중시하고 문명담론을 정면화하였다는 점에서는 일정한 의미를 부여할 수 있다. 그러나 이 '문명충돌론'은 몇가지 근본 오류를 내포하고 있다. 헌팅턴의 '문명충돌론'을 그가 착안한 정치학이 아니라 문명 본연의 시각에서 통찰하면 적어도 다음의

3가지 측면에서 이론적 및 실천적 오류를 발견하게 된다.

그 오류는 첫째로, 복합적인 문명개념을 단순한 가치체계로 축소했다는 데 있다. 그는 문명의 개념을 가치체계, 그것도 주로 종교가 결정적 역할을 한다는 종교 가치체계로 축소하고 단순화하였다. 그리하여 그는 종교를 일차적 기준으로 하여 1993년에 발표한 첫 글에서 세계문명을 ① 기독교 ② 정교 ③ 이슬람교 ④ 유교 ⑤ 불교 ⑥ 힌두 ⑦ 아프리카(비이슬람권) ⑧ 일본 등 8대 문명으로 구분하였다. 그러나 그러한 문명 유형화에 대한 신랄한 비판이 일자, 3년 후에 펴낸 책에서는 ① 중화 ② 일본 ③ 힌두 ④ 이슬람 ⑤ 정교 ⑥ 서구 ⑦ 라틴아메리카 ⑧ 아프리카 등 8대 문명으로 수정하였다. 그는 종래의 '유교문명'을 '중화(Sinic)문명'으로 개칭하면서 여기에 해외 화교공동체와 베트남·한국을 포함시켰다. 그리고 '기독교문명'은 '서구문명'과 '라틴아메리카 문명'으로 이분하였다. 그런가 하면 불교는 탄생지 인도에서 소멸하고 중국과 일본 등지에서 이미 토착문화에 통합되어 '거대 문명의 바탕'이 되지 못하였기 때문에 문명에서 아예 제외시켰다. 불과 3년 동안 헌팅턴의 문명관은 이렇게 오락가락한다. 여기서 문명 유형화는 분명히 문명권 분류다. 그는 '기독교'를 '서구'와 '라틴아메리카'로 나누고, 불교를 제외시킴으로써 종교의 개입을 희석하고자 한 것 같지만, 종교를 '문명을 규정하는 핵심적 특성'으로, '문명이 의지하는 토대'로 인지하면서 여전히 문명유형화에서 종교를 절대적 기준가치로 삼고 있다.

문명이나 문명권의 이러한 유형화야말로 문명사에서는 전무후무한 '독창'이다. 원래 문명권이란 공통된 문명요소들을 공유한 문명의 역사문화적 및 지역적 범주를 말하는 것으로, 그러한 문명권은 문명 구성요소의 특수성과 시대성 및

지역성이 보장되고 생명력이 유지되어야 비로소 형성 가능한 것이다. 정신문명과 물질문명의 여러 분야를 두루 아우르는 포괄적 문명을 어떤 개별 분야에 한정시키거나 그 구성요소들을 단순화하는 것은 문명의 본연에 어긋난다. 사실 문명의 구성요소로 본다면, 순수한 종교보다는 종교를 바탕으로 한 복합적 종교문화를 염두에 두어야 하지, 헌팅턴처럼 이질성과 갈등의 소지가 많은 종교만을 거론하는 것은 문명을 충돌의 화신으로 오해하지 않을 수 없게 만들 우려가 크다.

그리고 종래 중국의 천하 중심과 모화사상을 대변함으로써 이미 역사의 퇴물이 된 소위 '중화(中華)' 개념을 문명에 끌어들이는 것은 실로 어불성설이다. 더욱이 일본을 하나의 문명권으로 설정한 것은 기상천외한 발상이 아닐 수 없다. 헌팅턴은 그 원인에 관해서는 한마디로 일본문화의 '특수성'을 들고 있다. 그는 기원후 100년에서 400년 사이에 중국문명의 영향을 받아 출현한 일본문명을 '독자적' 문명이라고 단정하면서, "가장 중요한 고립국 일본은 일본문명의 유일한 국가이자 핵심국이다. 일본의 특이한 문화를 공유하는 국가는 전혀 없으며, 일본에서 외국으로 이주한 사람들은 그 나라에서 극히 소수에 머물러 있거나 아니면 그 나라의 문화에 동화되었다"라고 해석한다. 그런데 이러한 주장은 70~80년대 국세가 급상승하면서 일본 지식계가 부르짖던 '탈아입구(脫亞入歐)'의 추세와 맥을 같이한다는 점에 유의할 필요가 있다. 헌팅턴의 문명 단순화나 축소화는 문명에 대한 그의 편단(偏斷)에서 비롯된 것이다. 그는 "문명은 언어·역사·종교·관습·제도 같은 공통된 객관적 요소와 사람들의 주관적 귀속감 모두에 의해 정의된다"고 하면서, "어떤 문명이나 문화에서든 가장 핵심이 되는 요소는 언어와 종교"라고 언어와 종교를 극구 강조한다. 그리하여 그는 주로

종교나 언어, 역사나 관습, 제도(그는 '객관적 요소'라고 했지만), 그리고 귀속감 같은 주관적 요소들을 문명으로 정의하였다. 이것은 문명을 인간집단의 생활양식의 총체나 노동을 통해 얻은 결과물의 총체로 보는 '총체론적 전망'(totalist view)과는 상치되는 '관념론적 전망'(mentalist view)으로, 헌팅턴은 문명을 독일식 전통적 문화개념으로 이해하고 있다. 그래서 문명개념을 주로 종교체계 같은 관념론적 가치체계로 단순화하고 있다. 그런가 하면 그는 또 '문명과 문화는 모두 사람들의 총체적 생활방식을 가리키고 있다' '문명은 가장 광범위한 문화적 실체다'라고 표현함으로써, 문명에 대한 이해에서 총체론적 전망을 따르는 인상을 주기도 한다. 그리고 문명과 문화를 총체와 개체 관계로 구분짓는 것 같기도 하지만, 대부분의 경우는 혼동하고 있다. 한마디로 문명에 대한 헌팅턴의 이해는 천방지축 오리무중이라 해도 과언이 아니다.

'문명충돌론'이 내포한 두번째 오류는 문명간의 차이를 문명 본연의 '충돌'인 양 착각하고 문명간의 상생(相生)관계를 상극(相剋)관계로 오도한다는 데 있다. 헌팅턴은 현대세계에서 문화집단들 사이의 갈등이 커짐에 따라 그러한 갈등이 세계정치에서 '점점 중요한 뜻을 갖는다'고 하면서, 그러한 갈등과 충돌의 원인은 종교들 간의 관계를 포함한 모든 '문화적 사안들은 전부(全部) 아니면 전무(全無), 다시 말하여 제로섬 선택의 문제'이기 때문으로 설명한다. 즉 이질문명간의 관계는 절충이나 조화가 안되고, '이것이 아니면 저것'이라는 수화불상용적(水火不相容的) 상극관계이므로 충돌이 일어날 수밖에 없다는 것이다. 그러한 충돌의 또다른 원인을 헌팅턴은 이른바 '분쟁의 보편성'에서 찾고 있다. '증오는 자연스러운 인간의 감정'이며, '사람들이 스스로를 정의하고 행동 욕구를 느끼기 위해서는 적이 필요하다'는 것이 그의 '분쟁의 보편성' 논리다. 그래서 정치에서 적용되는 '우리'와 '그들'이라는 대립구조가 문명에서도 그대로 적용된 결과 '냉전의 종식은 분쟁을 종식시킨 것이 아니라, 문화에 뿌리를 둔 새로운 정체성, 상이한 문화에서 유래한 집단들 사이의 새로운 갈등 양상을 낳았다'고 그는 진단한다.

이러한 맥락에서 헌팅턴은 국제적 무역이나 교류는 국제적 유대나 협조를 결과하는 것이 아니라, 오히려 분열과 분쟁을 야기할 소지가 있다고 판단한다. 그는 1980년대 국제무역량이 세계 총생산액의 15%밖에 안되었는데도 1990년대의 냉전 종식이 있었는데, 1913년에 그 비율이 무려 33%였지만 이듬해에 세계대전이 발발했다는 사실을 예로 들면서, '무역과 교류가 평화나 유대감을 조성하는 데 실패한다는 것은 사회과학에서 밝혀진 사실과 맥을 같이한다'고 학문적 근거까지 들먹이고 있다. 그가 말한 '사회과학에서 밝혀진 사실'이란 사회심리학에서의 변별이론(distinctiveness theory)과 사회학에서의 세계화이론을 염두에 두고 있다. 특정한 상황 하에서 사람들은 타인과 자신을 구별함으로써 스스로를 정의한다고 하는 변별이론을 문명교류에 적용해서 '통신·무역·여행의 증가로 문명과 문명의 접촉이 비약적으로 늘어나면서 사람들은 차츰 자신들의 문명적 정체성에 더 큰 중요성을 부여한다'고 지적한 것은 정당하나, 그 중요성으로 인해 타문명과의 갈등이 가중된다는 것은 '헌팅턴식 충돌론'일 따름이다. 그는 20세기 후반 이슬람과 서구의 갈등이 증폭된 배경의 하나로 두 문명간의 접촉과 교섭이 잦아지면서 자신의 정체성과 차이를 인식하게 된 것을 지목하고 있다. 헌팅턴의 문명상극 논리를 종합해보면, 문명간의 차이는 근본적이고, 문명간의 '상호작용'(즉 교류)은 상호 차이를 강화하며, 문화적 차이는 정치나 경제, 이념적 차이보다 변화하기 어렵기 때문에 한마디로 문명간의 차이로 인해 서로의 충돌이 불가피하다는 것이다. 이것은 문명의 근본 속성인 자생성과 그에서 파생되는 보편성과 개별성(차이성), 그리고 문명교류에 대한 무지의 소치이거나 왜곡인 것이다. 문명은 인류 공동의 창조물이고 향유물이며 소유물로 상부상조에 의해 공존한다. 따라서 문명의 절대적 독점이나 우월은 있을 수 없으며 문명간의 교류는 필연이다. 절대적 독점이나 우월이 없는 문명간의 교류는 다름에서 오는 일시적 갈등이나 모순을 평화적이고 순기능적으로 극복하면서 점진적으로 실현된다. 문제는 생태적으로 없는 충돌을 인위적으로 있게 하거나 있다고 보는 데 있다.

끝으로 문명충돌론이 드러내는 세번째 오류는 지구촌의 분란을 숙명화한다는 것이다. 냉전시대 이후 새 세기를 맞는 인류의 공동 염원은 평화와 안전이다. 그런데 헌팅턴은 문명간의 단층선에서 문명충돌이 불가피하게 일어난다고 주장함으로써 지구촌의 분란에 불가피성을 부여하고, 인류의 항구적 평화 염원에 찬물을 끼얹고 있다. 헌팅턴의 '문명충돌론'을 심층 분석해 보면, 그의 '충돌론'에는 허구적 이중 잣대가 적용되고 있음을 발견하게 된다. 세력이 약하여 서구에 대한 의존도가 높은 라틴아메리카나 아프리카 문명과는 갈등의 소지가 적기 때문에 원만한 관계를 유지할 수 있으며, 러시아나 일본·인도 문명은 이미 서구에 대한 도전에서 실패했기 때문에 우려할 만한 갈등 없이 협력할 수 있다는 것이다. 이에 반해 도전의식이 강한 이슬람 문명과 중화문명의 성장, 그리고 그들간의 제휴는 서구와 미래세계에 대한 가장 큰 위협 요인으로 심각한 충돌이 불가피하다는 것이다. 이를테면 문명간의 갈등이나 충돌 여부는 문명의 본연에 기인된다기보다는 서구와의 정치적 역학관계에 의해 좌우된다는 논리다. 그의 이러한 문명 '논리'는 자가당착적인 순전히 정치적 안보논리에 불과하다.

헌팅턴은 서구 문명에 대한 이슬람 문명과 중화문명의 도전을 이렇게 기술하고 있다. "서구는 도전의식이 강한 이슬람 문명, 중국 문명에 대해서는 늘 긴장감을 느끼며 이들과의 관계는 대체로 적대적이다. 이슬람과 중국은 판이한 문화적 전통을 가지고 있지만 둘 다 서구에 대한 크나큰 우월의식을 가지고 있다. 이 두 문명의 실력과 자긍심은 서구와의 관계에서 나날이 늘어나고 있으며, 가치관과 이익을 둘러싼 서구와의 충돌 역시 다각화되며 심화되고 있다." 이른바 이슬람의 비관용(intolerance)과 중화의 자기주장(assertiveness)에 바탕을 둔 도전은 결코 충돌로 이어질 수밖에 없을진대, 여타 6개 문명권은 합종연횡해 집단적으로 대응해야 한다는 것이 '문명충돌론'이 추구하는 궁극적 목표라고 말할 수 있다.

그는 저서의 많은 부분을 할애해 이슬람 문명에 관해 언급하고 있는데, 한마디로 이슬람 문명을 매우 호전적인 문명으로 묘사하고 있다. 그는 '검을 앞세운 종교', 타종교와의 화합 불가능성, 강한 자존심, 갈등을 조정할 만한 핵심세력의 부재, 인구 격증 등으로 이슬람의 '폭력성' 원인을 설명하고 있다. 뿐만 아니라, 20세기 후반 이슬람과 서구의 갈등이 증폭된 배경으로는 무슬림 인구의 증가와 대규모 실업자의 발생, 무슬림의 자기 문명에 대한 자긍심 회복, 경제적 및 군사적 우위를 고수하면서 이슬람세계의 분쟁에 간여하려는 서구의 시도, 공적 공산주의의 소멸로 인해 서로가 최대의 위협이란 인식, 두 문명의 접촉과 교섭의 증가로 인한 서로의 정체성과 차이 확인 등등을 꼽고 있다. 20세기 후반 이슬람과 서구 간의 갈등이 더욱 심각해지는 배경에 관한 분석에서 무슬림들의 자긍심 회복이나 서구의 간섭 시도 등은 가능한 지적이긴 하나 이슬람을 근본적으로 폭력의 종교로 보는 것은 명백한 왜곡이다.

문명 탄생의 도전과 응전 이론 → '문명순환론' 항 참고

문물 文物

'문물'이란 개념은 고정불변한 것이 아니라 부단히 변천 과정을 겪어오고 있다. 원래 문물이란 그리스-로마의 문화유산을 지칭해 오다가 역대 각지의 장식예술을 일괄하기도 하였다. 그러다가 문물이 납세 문제와 관련되면서 1930년 미국이 1830년 이전에 만들어진 예술품에 대해 면세 조처하는 조례를 발표하자, 이 해(1830)를 문물의 하한선으로 규정하는 국제적 관례가 나타났다. 즉 1830년 이전에 만들어진 예술품만을 문물로 규정한 것이다. 그렇지만 미국이 1966년에 면세수입품신고서를 제출한 날짜로부터 100년 전에 만들어진 물품은 문물이란 새로운 관세조례를 공표하자, 이에 따라 지금은 대체로 100년 전에 만들어진 역사적 가치와 예술적 가치가 있는 물품을 문물로 정의하는 추세다. (15-213)

문성공주(文成公主)의 토번 출가

642년 당태종(唐太宗)에 의해 당 종실녀(宗室女) 문성공주(文成公主, ?~680)가 토번(吐蕃, 티베트) 왕 송첸캄포(松贊干布)에게 출가한 것은 일종의 정략적 혼인을 통한 인적 교류다. 중국의 위진남북조와 수당 시대에 이러한 인적 교류가 끊이지 않았다. 대표적인 실례로 문성공주의 토번 출가 외에 434년 북위(北魏) 세조(世祖, 태무제太武帝)에 의하여 서해(西海)공주가 오제(吳提)에게 출가하였으며, 수양제(隋煬帝) 때 화용(華容)공주

가 고창(高昌) 국왕 국백아(麴佰雅)에 출가한 것, 711년 당 예종(睿宗) 때 금산(金山)공주가 동돌궐의 가한(可汗) 묵철(黙啜)에게 출가한 것 등 역사적 전례가 있다. 송첸캄포는 문성공주를 위해 소소사(小昭寺)란 불사를 짓고, 공주는 출가 때 잠종(蠶種)과 술·종이·먹 등을 제조하는 공장(工匠)을 데리고 가 토번의 개화와 두 지역 간의 교류, 그리고 당(唐)~번(蕃) 길의 개척에 일조하였다.

『문수사리보살급제선소설길흉시일선악숙요경(文殊師利菩薩及諸仙所說吉凶時日善惡宿曜經)』 759년

당(唐)대 인도 점성술(占星術)의 한역서(漢譯書). 당대에는 인도로부터 역법(曆法)과 함께 점성술도 중앙아시아의 소그디아나를 거쳐 중국에 소개되었다. 인도 점성술에 관한 한역서로는 이 책 말고도 거공(璩公)이 한역한 서천축(西天竺)의 『도리경(都利經)』과 『율사경(聿斯經)』 등이 있다. 인도 점성술에 관한 연구전서로는 중국 당나라 때의 밀교 승려이자 천문학자인 일행(一行)이 찬술한 『범천화요구요(梵天火曜九曜)』와 『칠요성신별행법(七曜星辰別行法)』 등이 있다. 그밖에 토화라(吐火羅) 등 서역 제국에서 가져온 점성술 관련 서적도 다수 있다.

문학의 교류

문학은 이야기·소설·시가·희곡·여행기·평론·수필 등 미적 가치를 지닌 정신적 표현물로 동서간 상호 소개와 수용에 의해 교류가 이루어지는 정신문명의 한 분야다. 문학은 고도의 정신문명의 발현으로서 동·서방은 문학의 교류를 통해 서로의 가치관·인생관·우주관·사상·이데올로기 등 정신세계를 가장 잘 이해할 수 있을 뿐만 아니라 자신들의 정신세계도 풍요롭게 할 수 있다. 이러한 소개와 수용을 통한 문학교류의 내

용은 주로 문학작품의 번역이나 소재의 취급, 그리고 작품을 통한 인문(人文) 소개 등을 포함하고 있다. 문학작품의 번역은 문학교류에서 그 전제이며 가장 기초적이고 광범위하게 채용되는 내용이자 형태다. 정신세계의 표현·전달수단인 언어를 달리하는 문명권간의 문학교류는 필수적으로 작품 번역에 의존할 수밖에 없다. 번역의 역량이나 기교에 따라 일정한 한계성과 차이는 있지만 독자들은 번역된 작품을 통해 원작이 반영하는 현실에 근접할 수 있다. 따라서 번역은 문학교류를 가능케 하는 필수불가결한 수단이다. 번역은 원어에 대한 정확한 대역(對譯)뿐만 아니라, 원문의 내재적 함의까지도 명확하게 전달해야 한다는 점에서 단순한 언어 대 언어의 자리바꿈이 아니라 일종의 창작 작업이라고 할 수 있다. 이러한 창작적 입장에 설 때만이 번역은 문학교류에 제대로 기여할 수 있다.

번역과 더불어 문학적 소재의 취급은 문학교류의 중요한 내용의 하나다. 문학적 소재의 취급이란 내용이나 형식면에서 상대방의 문학적 소재를 활용하는 소재의 호환(互換)을 말한다. 이와 같은 활동은 자신의 문학영역에 새로운 소재를 첨가함으로써 그 문학을 더욱 다양화하고 풍부하게 하는 긍정적 결과를 가져오게 된다. 고대와 중세에서 서방이 동방의 다양한 문학장르와 내용을 섭취하여 근대문학을 개화시킨 것은 그 전형적인 예라 할 수 있다. 문학적 소재가 극히 다양하기 때문에 소재의 취급을 통한 문학교류의 영역도 대단히 광범위하여, 그만큼 문학교류에 주는 영향도 크다. 문학교류에서 또 하나의 중요한 내용은 문학적 형식을 통한 인문(人文) 소개다. 여기에는 주로 여행기나 탐방기 같은 것을 통해 상대방의 역사나 지리, 문화나 생활전통 등 인문 상황을 상호 소개하고 전달하며 이해하는 문학적 교류가 포함된다. 대표적인 예로는 마

르코 폴로의 동방여행기(『동방견문록』)와 이븐 바투타의 동서방여행기(『이븐 바투타 여행기』)를 들 수 있다.

이와 같은 문학교류는 교류의 내용이나 형태 및 역사성에서 다른 종류의 교류와는 구별되는 몇가지 특징을 지니고 있다. 우선 간접교류라는 점을 들 수 있다. 문학교류는 통상 중간매체를 통하여 간접적으로 실현된다. 문학작품의 번역은 언어매체를 통해서만 비로소 가능하고, 문학적 소재의 취급도 문학가의 주관적 선택을 거쳐 간접적으로 이루어지는 것이다. 여행문학을 통한 인문 소개는 당사자의 직접적인 토로가 아니라 제3자(여행자)의 주관적인 판단에 의한 자기 지견(知見)의 전달이다. 뿐만 아니라 문학작품은 시·공간적으로 여러가지 매체나 단계를 거쳐 부단히 가공·윤색되면서 상대방에게 전해진다. 바로 이러한 사실들 때문에 문학교류는 다분히 간접적으로 진행될 수밖에 없으며, 따라서 문학교류는 일정한 한계와 굴절을 피할 수 없다.

다음 특징은 교류의 다양성과 광범위성이다. 문학교류는 내용과 형식이 아주 다양하고 역동적이다. 번역과 같은 원형에 가까운 형태가 있는가 하면, 소재의 취급에 따른 변형적인 형태도 있다. 소재의 취급에서는 가공하고 윤색하면, 그렇게 하는 것만큼의 변형이 일어나게 되는 것이다. 내용이나 형식 면에서 보면 정신문명이란 큰 틀에서는 통일성을 이루고 있지만, 그러한 정신문명을 창출하는 데서 문학이 발휘해야 할 기능은 구체적이어야 하고, 미적 감흥을 자아내야 하기 때문에 내용과 형식이 다양하고 역동적이지 않을 수 없다. 끝으로 문학교류의 특징인 고대와 중세라는 한시적인 역사성에서 볼 때는 대부분 동방에서 서방으로 흘러간 단향적(單向的)인 교류라는 것이다. 고대에서 중세를 걸쳐 근세 초기까지만 해도 동서간의 문학교류는 거의 '동세

서점(東勢西漸) 현상'으로 나타났다. 문학교류가 시작된 기원전 6세기경부터 기원후 18세기까지의 역사시대(고대·중세·근세 초)에 진행된 문학교류를 두루 살펴보면 이야기문학이든 시가(詩歌)이든, 여행문학이든 동방문학이 일방적으로 서방에 유입되어 서방문학에 자양분을 공급하는 과정이 있었을 뿐, 그 반대현상은 거의 없었다. 동방의 선진성과 서방의 후진성에서 오는 자연적인 순류(順流)와 더불어 동방의 보수적인 자폐증(自閉症)을 이유로 들 수 있다.이러한 선진 문학을 주도한 동방 주체는 시대에 따라 다른데, 고대에는 대체로 인도가 주체로서의 역할을 하였다면 중세는 초기와 중기에는 아랍, 중세 후기와 근세 초에는 중국이 각각 그 주역을 대체하였다.

문헌적 전거

문헌적 전거의 요체는 문자기록이다. 문자기록이 이른바 '문서(文書)'로 발굴될 때는 유물로 취급되기도 하지만, 이것은 그 문자기록의 존재방식에 의해 '발굴유물'로 간주될 뿐 내용 면에서는 어디까지나 사료로서 문헌적 전거의 범주에 속하게 되는 것이다.

문헌적 전거의 내용은 개설소개서와 학문연구서, 여행문학서로 크게 3대 부류로 나눌 수 있다. 이러한 분류법은 서적을 중심으로 설정한 것으로 기록물도 당연히 그 속에 포함된다. 그런데 이러한 구분법은 연구 편의를 위해 임의로 설정한 구분법일 뿐 부류간의 구분이 애매한 경우도 있다. 특히 개설소개서와 학문연구서의 구분은 연구자의 시각에 따라 다를 수 있다. 단 실크로드를 통한 교류의 전 과정을 살펴보면 근세 초까지도 동서간에 서로 이해하는 데 무지와 오해가 크게 작용하였다고 해도 과언이 아니다. 그래서 상대방을 정확하게 이해하는 것을 급선무로 여겨 상대방을 이해하기 위한 개설적인 소개서를 내는 것을 서둘렀다. 일단 이러한 개설소개서를 통해 초보적인 이해와 지견을 갖게 된 연후에 특정 분야의 연구서나 과학기술의 전파를 위한 학문전서(學問專書)가 출현하게 되었다. 이렇게 단계적인 의미에서 개설소개서와 학문연구서 간의 경계선을 그어볼 수 있다.

이러한 문헌적 전거는 몇가지 특성을 지니고 있는데, 유물적 전거와 대비할 때 더욱 뚜렷하게 나타난다. 문헌적 전거의 특성은 우선 명확성에 있다. 문헌적 전거로서의 기록물이나 서적은 인간의 지적 능력에 의한 문자기록이기 때문에 내용을 세세히, 그리고 충분하게 설명할 수 있다. 이러한 서술적인 설명을 통해 전거의 내용을 명확하게 이해하게 된다. 이에 반해 유물적 전거는 내용 이해 면에서 명확성이 부족하다. 물론 문헌적 전거에도 모호성 내지는 곡해가 없을 수 없지만, 이는 단지 저자나 이용자의 지적 능력의 한계에서 비롯된 결과이지 문헌적 전거 고유의 명확성에 대한 반증은 아니다.

다음 특성은 변형성이다. 기록물이나 서적은 저자의 자의적 문자기록인 만큼 저자 나름의 생각에 따라 임의로 가공, 윤색하고 첨삭할 수 있으며 위조의 위험성도 있다. 이러한 변형은 복사나 재간(再刊), 역출(譯出) 등 재현(再現)이 거듭되는 과정에서 더욱 심화될 가능성이 크다. 이것은 유물의 상대적 부동성(不動性)이나 불변성과는 대조되는 특성이다. 문헌적 전거의 이러한 변형성 때문에 문헌의 원문이나 원본과의 일치성을 확인하는 것이 절대적으로 필요하다.

마지막 특성은 보전성(保全性)이다. 문헌적 전거는 복사와 재간 등을 통해 수시로 재생·재현이 가능하여 영원히 보전(형태가 아니라 내용을)할 수 있다. 이것이야말로 문헌적 전거의 큰 장점이다. 점차적인 변형과 파손 내지는 인멸이 불가피한 유물적 전거와 비교할 때, 이러한 장점과 특성은 더욱 두드러지게 나타난다. 따라서 매장되거나 소외된 문헌적 전거를 최대한 발굴·재현하여, 그 보전성을 확보하는 것이 교류사 복원에서 크게 요구되는 일이다. 문헌적 전거에 관한 연구는 문헌교류 사학자의 고유 연구분야이지만, 정치·경제·문화·사회 등 다방면의 내용을 포함하고 있기 때문에 학제간의 협조 연구가 불가피하다. 특히 유물적 전거를 다루는 고고학과의 협조 연구가 필수다.

문화

문화인류학에서는 문명과 별개의 개념으로 문화의 개념과 속성 및 특성을 정리하고 있다.

문화개념 한(漢) 문명권에서 쓰는 '문화'란 용어는 독일어 'Kultur'나 영어와 프랑스어의 'culture'의 역어(譯語)다. 본래 'Kultur'나 'culture'는 라틴어 동사 'colo'(경작하다, 가동하다, 완성하다)에서 연유하였는데, '경작' '재배' '배양' '교양' '수양' 등 다양한 뜻을 가지고 있다. 따라서 '문화'란 단어를 어원적으로 풀이하면, 인간의 기술과 노동(경작과 가공)에 의해 토지의 자연상태를 변화시켜 더욱 좋은 열매(농작물)를 얻음으로써 인간생활을 풍족하게 한다는 어의(語義)가 담겨져 있다. 인간생활과 밀착되어 상용(常用)되는 단어지만 '문화'가 과연 무엇인가에 관하여 오래전부터 많은 연구자들이 해명을 시도했지만 아직까지도 이렇다 할 해답을 찾지 못하고 있다. 문화 문제는 문화인류학의 핵심분야로서 일찍부터 문화인류학자들이 문화의 개념 정립에 부심해왔으나 뚜렷한 결론에 이르지 못했다. 40여년 전 미국의 두 인류학자 크로버(Alfred Kroeber, 1876~1960)와 클럭혼(Clyde Kluckhohn, 1905~1960)은 공저 『문화: 개념과 정의에 대한 비판적 검토』(*Culture: A Critical Review of Concepts and Definitions*, 1952)에서 문화에 대해 내린 무려 175가지의 상이한 정의를 정리·검토해 새로운 최종 정의를 내리려고 시도하였다. 그러나 그러한 노력은 결국 수포로 돌아가고 그저 또 하나의 정의 아닌 정의를 첨가하였을 따름이다.

비록 아직까지 공인된 최종 정의를 찾아내지는 못했지만, 이때까지 내려진 수많은 정의를 크게 두 가지로 유형화할 수 있다. 즉 이른바 총체론적 관점(totalist view)과 관념론적 관점(mentalist view)이라는 두 가지 시각에서 기존 정의들을 개괄할 수 있다. 총체론적 관점에서 본 문화는 특정한 인간집단이 향유하는 생활양식의 총체(totality)를 말하는 것이다. 이것은 일반적으로 이해하는 문화의 개념으로서 일찍이 영국의 인류학자 타일러(Edward Burnett Tylor, 1832~1917)가 저서 『원시문화(原始文化)』(*Primitive Culture*, 1871)에서 문화는 '지식·신앙·예술·법률·도덕·관습, 그리고 사회의 한 구성원으로서의 인간에 의해 얻어진 다른 모든 능력이나 관습들을 포함하는 복합총체'라는 정의를 내린 바 있다. 타일러는 이 정의에서 문화란 인간 고유의 것으로 인간이 환경에 적응하는 과정에서 축적한 지식으로서의 도구·기술·사회조직·언어·관습·신앙·도덕 등 생활양식의 복합체로 규정하고 있다. 이러한 관점에서 문화는 관찰할 수 있는 가시적 생활영역을 총망라하고 있다.

총체론적 관점과는 달리 관념론적 관점은 문화를 주로 주관적인 측면에서 고찰하고 있다. 미국 인류학자 굿이너프(Ward Goodenough)의 주장에 의하면, 문화란 사람의 행위나 구체적인 사물 그 자체(patterns of behavior)가 아니라 사회 성원들의 생활양식이나 행위를 규제(patterns for behavior)하는 관념체 또는 개념체라는 것이다. 여러가지 품사나 언어자료를 이용한 실제적인 언어행위가 총체론적 관점에서의 문화라고 하면, 그 언어행위를 지배하고 규제하는 문법은 관념론적 관점에서의 문화라고 말할 수 있다. 따라서 총체론적 관점에서 보면 관념론적 관점은 그 한 부분에 불과하다. 문화에 대한 이러한 상이한 개념은 어디까지나 상대적이다. 사회문화현상을 상호작용 속에서 총체적으로 조망하고 연구할 필요가 있을 경우에는 총체론적 관점에서 출발한 문화개념을 택해야 할 것이고, 인간의 사고나 행위를 대상으로 하여 그 원인이나 원리를 구명하려고 할 때에는 관념론적 문화개념에 입각해야 할 것이다.

문화의 속성 문화는 다음과 같은 속성으로 인하여 생성되고 발전된다. ① 문화는 공유(共有, shared)된다. 한 사회의 구성원들 사이에는 행동이나 사고방식에서 상이점이 있는 반면에 반드시 공통점(공통적인 경향)도 있다. 이러한 공통점이 있어야 비로소 공동체로서의 사회가 형성되고, 그 사회를 유지하는 문화가 만들어지기 때문이다. 따라서 문화는 사회구성원들에 의해서 공유되지 않을 수 없다. ② 문화는 학습(learned)된다. 인간의 본능에서 오는 공유성(예: 수면, 식사, 피부색, 외모 등)만으로는 문화가 이루어질 수 없다. 사람은 특정한 문화를 지니고 태어나는 것이 아니라 다만 문화를 학습(따라 배우기)할 능력만을 가지고 태어난다. 인간이 이러한 천부적 능력으로 어떠한 문화를 어떻게 학습할 것인가는 성장과정에서 그가 처한 문화적 환경에 의해 결정된다. 따라서 문화의 학습은 어디까지나 비유전적인 수단에 의해 이루어진다. 구체적인 방식은 사회화(socialization) 과정에서 결정된다. ③ 문화는 축적(accumulated)된다. 인간행위의 대부분은 사회화과정에서 학습된 것이지만 학습이 인간만의 고유한 속성은 아니다. 정도의 차이는 있어도 인간 외의 동물(예컨대 원숭이)들에게도 학습행위가 나타나고 있다. 그러나 문화 습득을 위한 인간의 학습행위와 생존 유지를 위한 동물의 학습행위는 본질적으로 다르다. 동물은 기껏해야 현장 목격에 의한 수동적인 따라하기에 불과하지만 인간은 상징적인 언어나 전달수단(문자 등)에 의해 대대로 축적된 문화를 전승한다. ④ 문화는 하나의 유기적인 전체(whole)를 이룬다. 생활양식의 총체로서의 문화는 수많은 요소들로 구성되어 있다. 이러한 구성요소들은 무작위로 또는 각기 고립적으로 상호 무관하게 난립되는 것이 아니라, 마치 수많은 부속품으로 구성된 자동차 엔진처럼 서로 불가분의 긴밀한 관계를 유지하면서 의존적으로 하나의 전체나 체계(system)로 존재한다. 그리하여 한 부분의 변화는 그것만으로 끝나는 것이 아니라 다른 부분들의 변화를 수반한다. ⑤ 문화는 항상 변화(variableness)한다. 시간적으로 보면 문화는 정체적(停滯的)인 것이 아니라 점진적인 변화와 변모를 거듭한다. 문화인류학자들은 문화의 구성부분들을 음악의 연주곡목에 비유해 '문화의 레퍼토리'(cultural repertory)라고 부른다. 사회의 구성원들은 이 레퍼토리에 의거해 행동하고 사고하며 생활하지만 이 레퍼토리는 시간의 흐름에 따라 부단히 교체되고 변화한다. 마찬가지로 문화도 끊임없이 변하는바, 문화의 변화를 촉발하는 데는 두 가지 요인이 있다. 하나는 내부적 요인인데 여기에는 발견(discovery)과 발명(invention)이 있다. 문화의 변화를 유발하는 다른 하나의 요인은 외부적 요인인데 주로 문화의 상호 전파(접촉)다.

문화의 진화 문화의 속성에서 살펴보다시피('문화의 속성' 항 참고) 문화는 부단히 변화한다. 이러한 변화는 그 문화체계 안에서의 새로운 문화요소의 발명이나 발견에 의해서, 또는 서로 다른 문화간의 접촉으로 생겨나는 전파(diffusion)에 의해서도 일어난다. 물론 그밖에도 유전자의 제거처럼 어떤 문화요소가 제거되거나 유전자 유실처럼 어떤 문화요소가 소멸되어 문화의 변화가 발생할 수도 있다. 일찍이 인류학자들은 이 점에 착안하여 문화변화를 진화론적으로 고찰하는 이른바 문화진화론을 창출했다. 이 이론 중에서 전파에 의한 문화의 진화는 문화교류 문제와 직결되는 현상으로서 교류사에서 일고(一考)를 요하고 있다. 문화적 진화(cultural evolution)란 오랜 기간 동안 하나의 유형에서 다른 유형으로 문화가 단계적 변화를 거치는 것을 뜻한다.

19세기의 초기 문화진화론의 내용을 살펴보면 문화는 세계 모든 사회에서 기본적으로 동일한 양식으로 연속적인 발전단계를 따라 진화한다고 한다. 이러한 진화단계는 야만시대(savagery era, 구석기시대)에서 미개시대(barbarism era, 신석기시대)를 거쳐 문명시대(civilization era)에 이르는 단계라는 것이다. 이렇게 초기 진화론자들은 모든 문화는 똑같은 선을 따라 단계적으로 진화한다고 주장하였다. 이러한 진화를 일컬어 단선진화(單線進化, unilinear evolution)라고 한다.

단선진화론자들은 각 사회의 문화적 다양성을 무시하고 구체적인 현상에 무관심하며, 선교사들이나 상인들로부터 전해들은, 신빙성이 결여된 자료에 의거하여 연구했다는 비판을 받았다. 그리하여 20세기 초반부터 그들의 이론은 전반적으로 거부당하였고, 그 대신 제2차 세계대전 후 인류학자 스튜어드(Julian Steward)에 의해 주창된 이른바 다선진화(多線進化, multilinear evolution)론이 대두하였다. 이 이론의 핵심은 모든 문화는 동일한 선을 따라 진화하는 것이 아니라 여러 선을 따라 진화한다는 것이다. 다선진화론자들은 문화는 단선적이 아니라 평행적인 변동과정으로 진화하며 문화 변동에는 일정한 규칙성이 작용한다고 주장한다.

문화의 특성 문화를 타문화와의 교류나 비교의 차원에서 고찰하면 문화의 속성에 연유되는 다음과 같은 특성을 발견하게 된다. ① 문화의 보편성(universality)이다. 문화의 보편성이란 같은 환경이나 여건하에서는 물론, 때로는 다른 환경이나 여건 속에서도 시간과 공간을 초월하여 내용과 형식에서 유사한 문화가 창조된다는 것이다. 바로 이러한 보편성 때문에 문화들간에는 어떤 공통성이 생겨날 수 있다. 그런데 문화들간에는 상호교류를 통해서도 문화적 공통성이 형성될 수 있다. 따라서 두 문화간의 어떤 공통성이나 유사성을 발견하였을 때 그 형성과정에 관해 유심히 살펴보아야 한다. 즉 이 두 문화간의 공통성은 두 지역에서 독자적으로 생성한 문화의 보편성에 의한 것인지, 아니면 서로간에 행해진 교류의 결과인지에 대해 구체적으로 검토·고증해야 한다. ② 문화의 개별성(individuality)이다. 문화의 개별성(고유성 혹은 독자성)이란 개개 문화가 자기의 고유한 개성을 가지고 타문화와 구별된다는 것을 말한다. 이와 같은 문화의 개별성으로 인하여 비록 문화교류가 발생한다고 해도 문화의 완전한 융화나 동화는 쉽사리 일어나지 않으며, 이른바 문화의 수용 현상이 나타난다. 문화는 보편성을 갖고 있지만 대체로 민족을 단위로 하여 개별적으로 형성·발전한다. 미시적으로 고찰할 때 같은 환경이나 여건 내지는 같은 기원을 가진 문화라고 하더라도 시간이나 공간을 달리하면 일률적으로 똑같은 문화를 창출할 수는 없다. 이러한 개별성 때문에 어떠한 문화가 다른 곳에 전파되었을 때 그 문화는 원형 그대로 전파되는 것이 아니라 피전파지의 문화적 요소가 가미된 문화접변(文化接變, acculturation) 현상이 일어난다. 그리하여 문화 교류의 결과나 성격을 논할 때 문화의 개별성과 함께 그에 기인한 문화접변 현상에 대하여 각별히 유의해야 한다. ③ 문화의 전파성(diffusion)이다. 문화의 전파성이란 한 사회의 문화요소들이 다른 사회로 전해져서 그 사회의 문화과정에 통합되어 정착하는 현상을 의미한다. 여기에서의 문화과정(culture process)이란 한 사회의 문화체계를 구성하고 있는 부분들, 또한 문화요소들이 시간을 통하여 끊임없이 상호작용을 계속해 나가는 과정을 말하는데, 일명 '문화의 냇물'(stream of culture)이라고도 표현한다. 이러한 문화의 전파는 다른 문화에 대한 피전파문화의 수용성 여하에 따라 그 속도와 규모가 규제된다. 언제 어디서나 일단 창조된 문화는 물리적 거리나 집단간 갈등의 장애에도 불구하고 의식적이든 무의식적이든 조만간 그 주변에 전해지기 마련이다. 이러한 현상을 문화전파의 편재성(遍在性)이라고 한다. 역사상 수시로 발생한 각종 종교나 기술문명이 가까운 주위는 물론 멀리까지도 신속하게 보급된 사례들은 문화전파의 편재성을 여실히 입증해주고 있다.

문화접변 文化接變, acculturation

문화접변(文化接變, 혹은 문화변용文化變容, acculturation)이란 상이한 문화집단간에 주로 직접적인 접촉관계로 인하여 어느 한쪽이나 상대 모두의 문화에 변동이 일어나는 것을 말한다. 모든 문화접변은 문화전파의 결과이며 전파를 수반함으로써 문화교류를 촉진시킨다. 문화접변은 자발적 혹은 강제적일 수 있다. 무력정복이나 식민지화 경략 등으로 강제적인 문화접변을 강행할 경우 전파문화와 피전파문화(자생문화) 간에는 심한 갈등이 발생한다. 자발적인 경우는 더 말할 나위가 없지만, 강제적인 경우에도 문화접변은 일종의 선택적인 과정(selective process)이다. 즉 이질문화를 받는 측에서는 전파되어온 문화요소들을 모두 무턱대고 받아들이는 것이 아니며, 또 전파된 것이 다른 사회에서 모두 그대로 살아남는 것도 아니다. 다만 받아들이는 쪽의 사회나 생활 여건에 알맞은 것만이 살아남으며 접변의 요인으로 작용한다.

문화접변은 문자 그대로 상이한 문화간의 접촉에 의해 일어나는 변화이기 때문에 관련 문화, 특히 피전파문화에 커다란 영향을 미치게 된다. 문화접변으로 인해 산생되는 결과는 크게 적극적 결과와 소극적 결과 두 가지로 나눌 수 있다. 적극적(긍정적·창조적·건설적) 결과란 문화접변으로 인해 새로운 유형의 문화가 창조될 뿐만 아니라 전통(자생)문화를 발전시키고 풍요롭게 하는 결과를 말한다. 이에 반해 소극적(부정적·파괴적) 결과란 피전파문화로 하여금 자율성이나 독자성을 상실케 함으로써 문화의 융합(融合, fusion)이나 동화(同化, assimilation)를 초래하는 것을 뜻한다. 문화의 융합이란 두개의 문화가 거의 전면적으로 접촉하는 과정에서 이것도 아니고 저것도 아닌 제3의 문화체계를 새로이 창출해내는 현상이다. 그 대표적인 일례로 중남미에서 전래한 스페인 문화와 토착 인디언 문화가 융합되어 새로운 이른바 '멕시코 문화'를 창조한 사실을 들 수 있다. 이에 비해 문화의 동화란 한 문화가 다른 문화의 방향으로 접근하는 현상인데, 대체로 일방적인 흡수 형태를 띤다. 식민지에 대한 종주국의 문화침략정책의 전형적인 예다. 비록 일방적인 흡수일지라도 문화의 개별성(독자성) 때문에 완전한 형태의 동화란 좀처럼 찾아보기 힘들다.

물질문명 교류를 위한 인적 교류

객관적 실재로서의 물질의 교류를 위해 진행되는 인적 왕래를 말한다. 이러한 교류에 간여하는 교류인은 교역적 형태와 비교역적 형태로 물질문명의 교류를 촉진시킨다. 교역적 형태에 의한 교류는 상품매매를 비롯한 대가성(代價性) 교역으로서 호환성(互換性)을 띤 교류이다. 이러한 교역의 주역은 교역에 직접 참여하거나 투자하는 상인들이다. 육로의 대상(隊商)이나 해로의 상선(商船)은 모두가 이러한 교역인(상인)에 의해 조직·운영된다. 이에 비해 비교역적 형태에 의한 교류는 교류인에 의한 문물의 비대가성 전파로서 대체로 일방성(一方性)을 띤다. 이러한 교류에 간여하는 교류인은 상인처럼 특정 집단이 아닌 각계각층의 다양한 인물들이다.

교역적 형태와 비교역적 형태를 망라해 진행되는 물질문명 교류를 위한 인적 교류는 여타의 인적 교류와 구별되는 다음과 같은 두 가지 특징을 지닌다. 우선 교류인의 보편성과 다양성이다. 교류사를 훑어보면 구체적인 문물을 직접 교류시킨 교류인들은 각계각층의 수많은 인물들이다. 그들 중에는 포도 등 서역 식물을 중국에 전한 한대의 장건(張騫) 같은 사절이 있는가 하면, 잠종(蠶種)을 서역에 전한 당대의 공주가 있으며, 서양의 시계나 대포를 중국에 전한 명·청대의 서방 선교사들도 있다. 그리고 유명인이 있는가 하면 무명인들도 헤아릴 수 없이 많다. 이렇게 신분이나 자격이 천차만별일 뿐만 아니라 교류에 대한 기여도에서도 큰 차이가 있다. 그러나 무명의 대상(隊商)으로부터 시작해 희세의 정복자에 이르기까지 교류인으로서 교류에 대해 크든 작든, 의식적이든 무의식적이든 일조를 했다는 점에서는 모두 보편성을 갖는다.

다음 특징은 능동적인 교류라는 것이다. 물질문명의 교류는 시종 인간의 복지나 물질적 이해관계와 직결된다. 이러한 복지 실현이나 이해관계에서 출발한 교류인들은 갖은 고난을 무릅쓰고 교류에 능동적으로 투신한다. 고대 로마인들의 동방 원거리교역이나 근세 초 서구인들의 동방 경략무역, 그리고 열사(熱沙)를 누비는 대상교역(隊商交易)에서 보여준 교류인들의 적극성

이나 희생성이 본보기다. 물질문명 교류를 위한 이러한 능동성이나 적극성은 비단 경제적 타산에 밝은 상인들뿐만 아니라, 국가관이나 사명감이 투철한 정치인들이나 신앙심이 두터운 종교인들 속에서도 발휘되는 하나의 특성이다. 바로 이러한 교류인들의 능동성으로 인해 문물교류가 활발히 진행될 수 있다는 것이다.

이질문명간의 교류는 본질적으로 물질문명의 교류다. 문명의 교류는 물질의 교류에서 시작되었고, 물질의 교류가 문명교류에서 시종 주도적 역할을 하였기 때문이다. 정신문명의 교류는 물질문명의 교류가 뒷받침될 때 성과가 있다. 이러한 물질문명의 교류를 위한 인적 교류야말로 교류 전반을 실현하게 하는 결정적 요인이다. 그러므로 물질문명의 교류를 위한 인적 교류를 활성화할 때만이 전반적인 교류를 추진할 수 있다.

『물품 특성 상론(物品特性詳論)』 *Kitābu'l Khawāsi'l Kabir*, Jābir ibn Hayyān 저, 93년경

교류의 문헌적 전거로서의 학문연구서. 아랍 연단술(鍊鍛術)의 창시자인 자비르(Jābir Ibn Hayyān)가 저술한 이 책에는 몇장을 할애해 중국의 각종 안료·염료·도료·먹의 제조 및 배합법, 안장 제작과 철 제강법 등 여러가지 공예기법을 소개하고 있다.

미누신스크(Minusinsk) 유적

초원 실크로드의 유물적 전거. 미누신스크는 남시베리아의 예니세이강 상류에 자리한 미누신스크시(市)와 그 주변의 드넓은 분지를 아울러 지칭한다. 예로부터 이곳은 농경과 금속문화가 발달해 중층적(中層的) 문화가 형성되어 시베리아에서 가장 먼저 고고학 조사와 발굴이 진행되었다. 확인된 여러 문화의 편년(編年)이나 내용은 남시베리아와 중앙아시아 북부 및 몽골 고원

의 고대문화를 연구하는 데 하나의 잣대가 되고 있다. 동석기(銅石器)시대의 아파나시에보(Afanasevo) 문화에 이어 청동기시대의 오쿠네보(Okunevo) 문화와 안드로노보(Andronovo) 문화, 카라수크(Karasuk) 문화, 철기시대의 타가르(Tagar) 문화(기원전 7세기)가 모두 이곳에서 번영하였다. 카라수크 청동기문화는 한국의 청동기문화와 깊은 관련성이 있다. 기원전 2세기부터 기원후 5세기 사이의 타슈튀크 문화를 한적(漢籍)에서는 '견곤(堅昆)'이라고 불렀다. 투르크 시대에는 키르기스의 조상이라고 알려진 할알사(黠戛斯)가 이 분지에서 강성해지더니 840년에는 동위구르 칸국을 멸하였다. 이 시대에 돌궐의 루닉 문자로 새겨진 많은 투르크어 예니세이 비문(돌궐·위구르 비문)이 오늘날까지도 남아 있다. (3-490)

미라 mirra

고대 이집트인들은 인간이란 영혼과 육체의 결합물이기 때문에 사후에도 영생하려면 반드시 육체를 생생하게 보존해야 한다고 믿었다. 따라서 방부제와 향료로 인간의 육체를 영원히 보존하는 이른바 '미라'라고 하는 시체 처리법이 생겨났다. 기원전 26세기 고왕국시대부터 나타난 미라의 제조과정에는 방부의 물리적 처리와 더불어 각종 의식이 무려 70일이 걸리기도 하였다. 미라는 이집트뿐만 아니라, 중국의 신장(新疆)이나 라틴아메리카의 건조한 지대에서 간간이 발굴되고 있다.

미라스 mīrāth(아랍어), miras(타타르어), meros(우즈베크어)

미라스란 1970년대경부터 중앙아시아와 볼가·우랄 지방의 작가나 역사연구가들 속에서 전래(전통)의 역사나 문화에 대한 재평가를 주장하는 사조를 말한다. '미라스'는 '유산(遺産)'이란 아랍어(음사) 'mīrāth'에서 유래되었다.

미란(Mirān, 扦泥城) 도시 유적

타림 분지의 남변에 자리한 고도(古都)로 전한(前漢)대부터 기원후 4세기경까지 선선국(鄯善國)의 수도. 기원전 60년경의 조사에 의하면, 선선국은 타림 분지 남변 제국 중에서는 1,570호에 인구 1만 4,100명과 2,912명의 병사를 보유한 비교적 큰 나라였다. 그러나 토질의 염기 때문에 농경지가 제한되어 식량을 주변에서 구해야 하는, 목축을 위주로 한 유목민족 국가였다. 전한 말 선선은 한때 사차국(莎車國, 야르칸드)의 지배하에 있다가 후한 초에는 흉노에게 강점되었다. 기원 1세기 후반 반초(班超)에 의한 한의 서역 경영 때는 다시 독립해 차말(且末, 체르첸)·소원(小宛)·정절(精絶) 등 주변 소국들을 병탐해 세를 확장하였다. 340년 도축(渡竺) 중 이곳을 지난 동진(東晋) 승 법현(法顯)의 기술에 의하면, 선선국 왕은 불교를 신봉하고 불승이 4,000여 명이나 있으며, 모두가 소승(小乘)을 따랐다고 한다. 그렇지만 당시는 로프노르호(湖) 지방의 건조화가 심해 수도는 이미 미란에서 서쪽 이순성(伊循城, 차르클리크)으로 옮긴 상태였다. 5세기에 이르러 선선이 칭하이성(靑海省)에서 흥기한 토욕혼(吐谷渾)에게 멸망하자 미란은 역사무대에서 자취를 감추었다. 그후 7세기 후반에 이르

타림 분지 남쪽 고대 도시 미란에서 출토된 유익천사상 유적(기원전 1~4세기)

러 티베트의 토번(吐蕃)은 미란을 타림 분지를 향한 서진의 군사 전초기지로 삼았다. 당시 미란에 주둔한 토번군이 작성한 티베트어 문서에 의하면, 미란을 소(小)노브(Nob-Chung)라고 불렀다. 당대의 지지(地誌)에는 '소선선(小鄯善)'이라고도 하였다. 9세기 후반에 토번이 쇠퇴해 이곳에서 철수하자 일시 부흥하던 미란은 다시 사양길에 들어섰다. 13세기 후반 마르코 폴로가 이곳을 지날 때는 성지(城址)가 완전히 모래 속에 파묻혀 있었다.

미란의 도시 유적이 세상에 알려지게 된 것은 영국 탐험가 스타인의 발굴 결과다. 제2차 중앙아시아 탐험에 나선 스타인은 1906년 12월 현지를 탐방하고 이순성에 들어와 필요한 준비를 갖춘 후 이듬해 1월에 다시 찾아가서 토번 지배 시대의 한 요새에서 다량의 티베트어 문서를 발견하였다. 그밖에 그는 이 시대에 앞선 몇개소의 사원도 찾아내어 발굴한 결과 브라흐미 문자로 된 많은 산스크리트어 문서와 벽화 등 유물을 수집하였다. 수집품 중 가장 유명한 것은 제3, 제5사지(寺址)의 그리스·로마풍의 프레스코 벽화다. 제3사지의 석가본행전(釋迦本行傳) 벽화는 그 구도가 인도 간다라 사원의 그것과 똑같다. 또 이 사지에서 발견된 유익천사상(有翼天使像, 날개 달린 천사상)은 출토 유물 중 가장 유명한데, 같은 모습의 상이 메소포타미아 유지에서 발견된 바 있으며, 기독교 천사상(天使像)의 원형으로 간주된다. 제5사지에서도 그리스·로마형 천사상을 연상케 하는 또 다른 천사상 그림이 발견되었다. 그밖에 스타인은 제2사지에서 불두(佛頭) 소상도 1구 발견하였다. 스타인은 이 벽화들을 뜯어가지고 돌아갔는데, 그 유품들은 현재 인도 뉴델리 국립박물관에 수장되어 있다. 미란 유적은 동서 약 7km, 남북 약 5km의 지역에 펼쳐져 있는데, 내용물은 성보(城堡)와 거주지,

그리고 불탑·봉수대·가마터·관개시설·장지(葬地) 등 다양하다. 신장박물관 고고대는 1959년과 1973년, 1978년 세 차례에 걸쳐 이 유적에 대한 전반적인 조사와 발굴을 진행한 결과 적지 않은 유물을 발견했다. 그 유물들은 현재 신장박물관에 소장되어 있다.

미스텍(Mixtec) 문명

멕시코 오악사카주(州) 북서부의 산간지대에서 태평양 연안을 따라 펼쳐진 지역에서 번영한 후고전기(後古典期, 기원후 900~1522)의 문명이다. 이 문명의 창조자는 오늘날 멕시코에 약 47만 명이 남아 있는 미스텍인들이다. 남아 있는 유물은 정교한 금·은·동 세공품을 비롯하여 조개·터키석·흑옥(黑玉)·호마노(縞瑪瑙)·비취제 장식품, 다채색의 토기와 직물 등이다. (4-45)

미시시피 문화 Mississippian culture

북미 동부의 미시시피강 유역을 중심으로 빌달한 북미 최대의 마운드 문화(기원후 800~1650). 마운드는 무덤 위에 주거 및 묘지 등을 건설하기 위해 쌓아올린 인공 언덕을 가리키는 말인데, 미국 인디언들의 독특한 문화양식이다. 남북은 플로리다주에서 일리노이주까지, 동서는 오하이오주에서 오클라호마주까지의 지역에 펼쳐진 족장제(族長制) 사회의 마운드 문화 유적이 널리 분포되어 있다. 유물로는 족장이나 지배층의 거주지, 매장 마운드, 송장(送葬) 의례, 광장, 옥수수·콩류·호박 등 식료품, 정주 취락, 태토(胎土)와 조개를 섞어 바른 벽, 화살·초가집·흙침대·가옥 등이 있다. 이 문명은 유럽인들의 침입과 더불어 신종 질병의 유행으로 인해 쇠퇴하였다. (4-70)

미시아 Mysia

헬레스폰트 해협에 위치한 소아시아 서북부의

한 주(州)로서 고대 페르가몬 왕국의 본거지로, 후일 로마의 속령이 되었다.

미케네 문명 Mycenean Culture

고대 그리스의 해양문명. 미케네 문명은 기원전 2000년경 북부 산지에서 남하한 아카이아인들이 펠로폰네소스 반도에 구축한 고대 해양문명이다. 그들은 기원전 1600년경부터 크레타 문명을 받아들이면서 활발한 해상활동을 전개해오다가 기원전 1500년경부터는 지중해 동부의 해상권과 교역권을 모두 장악하였다. 그러나 기원전 1200년경부터 그리스 본토에 도리아인들이 남하하기 시작하면서 기원전 1100년경에 이르러서는 미케네를 비롯한 여러 도시들이 연이어 파괴되고 마침내 미케네 문명은 종말을 고하였다. 미케네인들은 성벽을 공고히 쌓고, 크레타를 정복하는 등 싸움을 좋아하는 성격이 강하며, 그리스 고유의 장중한 성격을 이어나갔다. 건축양식과 내부장식에서는 크레타 문명의 영향을 많이 받았다.

미케네인들의 교역활동

에게 문명(Aegean civilization)의 창조에 큰 기여를 한 미케네인들은 기원전 15~12세기 사이에 에게해를 지배하고 히타이트(Hittite)와 페니키아·이집트 등 나라들과 교역을 진행하였다. 고대 이집트나 메소포타미아, 그리고 페니키아인들이나 미케네인들이 진행한 교역은 교류사의 여명기에 있었던 교역활동으로 근거리와 소교역권 내에 국한된 원시적 교역이었다.

미크로네시아(Micronesia)의 거석문화 유적
13~15세기

대표적 해양문화인 거석문화. 태평양 상의 미크로네시아 여러 섬에는 많은 석조 구조물과 석주,

태평양의 포나페섬 난 마돌의 석벽

석조 인면상 등 거석문화 유물이 남아 있다. 최대의 석조 구조물은 포나페(Ponape)섬의 난 마돌(톨, Nan Madol)에 있는 대형 석벽이다. 총 면적이 40만m²에 달하는 92개의 인공섬(해면에서 1~2m 높이에 축조)에 흑갈색 현무암으로 방형 또는 장방형으로 지은 석조 위벽(圍壁)이다.

미트라다테스 1세 Mitradates I, 재위 기원전 171~기원전 38년

파르티아의 정복왕. 미트라다테스 1세는 파르티아 왕국(안식安息)의 제6대 왕으로서 재임시 동쪽에 있는 박트리아(대하大夏)와 서쪽에 있는 셀레우코스를 차례로 정복하고, 메소포타미아까지 진출했으며, 기원전 141년에는 셀레우키아를 점령해 파르티아의 전성기를 맞았다.

미티마 mitima

미티마란 남미 잉카 제국에서 도입한 이민정책이나 또는 그 정책에 의해 이주된 집단을 가리키는 말이다. '미티마에스'(mitimaes) 또는 '미토마쿠나'(mitomacuna)라고도 한다. 16세기 연대기 작가 시에사 데 레옹은 미티마에는 3가지 종류가 있다고 하였다. 첫째는 새로운 정복지에서 일정한 수의 집단을 환경이 비슷한 곳으로 이주시키는 것, 둘째는 반란이 자주 일어나는 곳에 주둔군 형태로 이주시키는 것, 셋째는 새로운 지배지로 농업생산이 가능한 곳에 개발 전문 집단

을 이주시키는 것. 이러한 정책은 다양한 안데스의 생태환경과 자원 분포를 고려한 정책이다. (4-314)

『밀린다왕 질문기(質問記)』 *Milindapanha*, Milinda 저, 기원전 2세기 후반

교류의 문헌적 전거로서의 경서(經書).『대장경미란타왕문경(大藏經彌蘭陀王問經)』에 의하면 밀린다(Milinda, Menander, 그리스명은 Menandros)는 기원전 2세기 후반에 인도 서북부에 출현한 그리스 식민지 왕국의 왕으로 열렬한 불교 신자였다. 500명의 그리스인을 대동하고 왕도 사게라성(奢揭羅城) 교외의 한 암자에 주석하고 있는 당대 최고 대덕인 나선화상(那先和尙), 역명(譯名)은 용군화상(龍軍和尙)을 찾아가 불교 교의에 관해 여러가지 질문을 제기하자 화상이 응답하였다. 내용은 전생담(前生譚), 법(法)과 상(相), 대품(大品), 출가생활, 추론(推論), 은유문답(隱喩問答) 등이었다. 그런데 그중 105종에 달하는 은유문답은 불교 도덕의 실천성을 생생하게 설명하는 내용으로 불타의 생전 설교를 방불케 하였다. 후일 이 문답 내용이 경문으로 인정되어 발리(Bali)어로 기록된 것이 바로 이 책이다. 한역명은『나선비구경(那先比丘經)』으로 모두 7권 25장에 262종의 문답이 포함되어 있다. 영역으로는 트렌크너(Trenckner)가 초역한『밀린다왕문기(王問記)』(*The Questions of King Milinda*)라는 제목의 역서가 있다. 역서가 출간된 후 이 책은 '세계문학의 왕좌' '인도사상과 그리스사상을 연결하는 고리'라고 높이 평가되었다.

밀타승 密陀僧, mindasang(페르시아어)

동전 약재. 은(銀)·연(鉛) 등을 정련할 때 화로 아래 침적된 부산물(일산화연, plumbum)로, 부기를 가라앉히고 담(痰)을 삭이며 소아경련(小兒痙攣)을 진정시키는 효과가 있다. 또한 기생충을 구제하며 치질·습진 등을 치료하는 약재로 쓰인다. 페르시아어로 된『약물학(藥物學)』에는 'murdasanj' 또는 'murtak'란 이름의 약명으로 나오는데, '밀타승'은 바로 페르시아 약명의 음사(音寫)다. 페르시아, 즉 서역으로부터 이 약이 동방으로 전해졌다는 것을 그 이름의 유래에서 알 수 있다. 이시진(李時珍)의『본초강목(本草綱目)』(8권)에도 언급되어 있다.

ㅂ

바그다드(Baghdād) 도시 유적

오아시스로상의 도시 유적. 바그다드는 압바스조 이슬람제국의 제2대 칼리파 만수르(al-Mansur)가 762년에 연 10만여 명의 인부를 동원하여 총 공사비 1,800만 디나르(일설은 1억 디르함)를 들여 건설하기 시작한 압바스조의 수도였다. 도시 전체 구조는 직경 2km의 원형으로 내측은 동심원으로 4중 성벽(주성 2, 외성 2)을 쌓았다. 주성(主城)은 양건연와(陽乾煉瓦)로 쌓았는데 기부(基部) 두께만도 52.2m나 되며 높이는 34.14m다. 성벽에는 모두 112개의 높은 탑이 세워져 있고, 기부의 두께가 9m인 외성(外城) 밖에는 폭 20.27m의 해자(垓字)를 팠으며, 해자로부터 주성까지의 거리는 56.9m나 된다. 주성의 한가운데에 내성이 있는데, 내성 내에는 원형 광장이 있다. 광장의 중심부에 칼리파의 궁전이 자리하고 있으며, 높은 녹색 돔형으로 된 궁전 정문을 황금문(바붓 자합)이라고 하고, 황금문과 나란히 대사원(자이라 마스지드)이 있다. 이 내성 내의 광장에는 궁전 외에 정부 관청(디완)과 왕자들의 궁전, 친위대장 관사, 경찰총감 관사가 있다. 내성에는 같은 거리에 여러 방향으로 4개의 성문이 있는데, 동쪽 문은 호라산문, 동남쪽 문은 바스라문, 서남쪽 문은 무차문, 서북쪽 문은 시리아문이라고 각각 명명하였다.

외부에서 칼리파 궁전까지 가려면 해자를 지나 외성문 2개, 주성문 2개, 내성문 1개, 도합 5개문을 통과해야 한다. 이 도시를 건설할 때의 공식 명칭은 '평화의 도시'란 뜻의 '마디나툿 살람'(Madinatu'd Salām)이었다. 그러나 원래 몇개의 수도원이 위치했던 '바그다드'는 '신의 선물'이란 뜻을 가지고 있었고, 따라서 자연스럽게 '바그다드'로 불리게 되어 오늘에까지 이르고 있다. 서민들은 성외에 거주하였는데, 성 남쪽의 칼프 구역은 과실시장, 서점, 직물포, 식품점, 화폐 교환소, 육류점 등이 밀집해 있었다. 또 그곳에는 전문 중국 상품 시장도 따로 있었다고 한다. 성 북방의 하르비야 구역은 메르브·발흐·부하라·호라즘 등 중앙아시아 상인들의 교역장이었다.

그러나 바그다드는 809년에 새로 등극한 칼리파 아민과 이복형제인 마어문과의 권력 다툼으로 일시 전화에 휩싸였으며, 836년에는 칼리파 아민 사후, 중앙아시아 출신의 투르크계 용병 세력에 의지해 등극한 무스타심은 바그다드 시민들의 반감을 우려해 수도를 바그다드 북방 110km 지점에 있는 사마라로 천도하였다. 그러다가 892년 칼리파 무타미드 시대에 와서 다시 수도가 바그다드로 원상복구되었다. 그 뒤를 이은 칼리파들은 하산궁·타지궁·술리야궁 등 일련의 화려한 궁전과 마스지드 등을 신축하고 선정을 베풀어 10세기에 이르러 바그다드는 전성기를 맞았다. 10세기 후반에는 인구가 150만을 헤아리고 목욕장이 1,500개소, 의사 천여 명을 보유한 대문명도시로 성장하였다. 9세기 말에 티그리스강을 사이에 두고 동서로 나뉘었는데, 이 두 바그다드시를 오가는 도선(渡船)만 3만 척이나 되었다. 2~3백년간 태평성세를 누리던 바그다드에 1258년 몽골 서정군의 침입은 치명적인 재난을 몰고 왔다. 몽골군은 1주일 남짓한 점령 기간 동안 성 내외를 포함해 약 80만(일설에는 200만) 명을 학살하고 닥치는 대로 약탈·방화하여, 번화한 국제도시가 졸지에 폐허로 변하고 압바스조 이슬람제국(750~1258)은 끝내 종언을 고하고 말았다. 설상가상으로 1392년과 1401년 또다시 두 차례에 걸쳐 티무르군에 의해 침탈과 학살을 당하였다. 그러다가 1534년 오스만제국의 치하에 들어가자 가까스로 옛 모습을 조금씩 되찾기 시작하여 제1차 세계대전 후에는 이라크공화국의 수도로 재건되어 오늘에 이르고 있다.

바다흐샨 Badakhshān

파미르 고원 이서의 아무다리야강 상류 양쪽에 펼쳐진 높고 험준한 지대. 현재는 타지키스탄의 바다흐샨주(州)와 아프가니스탄의 바다흐샨주 두 주로 나누어져 있다. 고산지대라 외부의 침입이 쉽지 않고, 예로부터 반(半)독립적인 제후(諸侯)들이 난립했다. 그러나 19세기 말엽부터 제정 러시아와 아프가니스탄이 무력침공을 감행해 오자 이 지역에 관심을 가지고 있던 러시아와 영국이 1895년에 아무다리야강을 국경선으로 삼는다는 협정을 맺어 강 양쪽 지역이 정치적으로 분리되었으며 이런 상황은 오늘날까지도 지속되고 있다. 홍옥을 비롯한 광물자원이 풍부하고, 언어는 서이란어계에 속하는 타지크어를 사용하며, 주민은 이스마일파 이슬람을 신봉한다. (3-429)

바라나시 彼羅捺斯, Vārāṇasī(산스크리트어)

힌두교의 성지. 지금의 베나레스(Benares)시(市)로서 인도 북방 알라하바드(Allahabad)강 하류 130km, 갠지스강 좌안에 위치해 있다. 이 도시는 바라나(Vārāṇā)강과 아시(Asi)강 사이에 자리하고 있기 때문에 두 강 이름을 합쳐 도시 이름이 생겨났다. 이곳은 고대 인도 16대 강국의 하나인 카시(Kāśī)의 수도로서 카시(카시나가라 Kāśinagara)성(城)이라고도 한다. 그래서 사적(史籍)에는 바라나시와 카시가 혼용되기도 하고, 심지어 합성어 '카시바라나시'(Kāśī-Bārāṇāsī)가 사용되기도 한다. 8세기 초 바라나시를 방문한 혜초는 그의 여행기 『왕오천축국전』에 다음과 같은 기록을 남겼다. "이 나라는 황폐화하여 왕도 없다. 구륜(九輪)을 비롯하여 다섯 제자 비구의 소상(塑像)이 안치된 탑을 보았다. 사자상(獅子像)이 있는 석주(石柱)가 있는데, 크기가 다섯 아름이나 되는데 특히 무늬가 섬세하다. 탑을 만들 때 석주도 함께 만들었다. 절 이름은 달마작갈라(達磨斫葛羅)다. 외도(시바교의 일파인 파수파타 Pāśupata파)들은 옷을 입지 않고 몸에 재를 바르며 대천(大天, 시바)을 섬긴다."

바레인 Baḥrain

걸프만의 해로 상에 있는 요지. 현재의 바레인왕국은 섬나라이지만 역사적으로 바레인은 아라비아반도 동쪽 해변 일부를 포함한 지역이다. 바레인에는 기원전 4000년경부터 페르시아·인더스 지방과 해양을 통해 교역한 흔적이 유물로 남아 있다. 서사시 『길가메시』에 나오는 진주(眞珠)의 섬으로 알려진 이 지역의 딜문(Dilmun) 문화는 기원전 2000년대 이전의 수메르 설형문자에 기록되었을 정도로 유구하다. 특히 이곳에서는 진주조개잡이가 매우 성행하여 1331년경 바레인에 도착한 이븐 바투타는 4~5월에 진주를 거래하기 위해 몰려든 상인들의 모습을 자세히 묘사하였다. 그는 또한 바레인 섬이 아름다운 대도시로 물과 수목이 풍부하다고 칭송했지만, 날씨가 무덥고 간혹 집을 뒤덮을 정도로 모래가 사방에 널려 있다고 하였다. 그에 따르면 원래 바레인과 오만 사이에 육로가 있었으나, 당시 모래바람으로 길이 사라져 해로를 통해서만 접근이 가능했다고 전한다.

바로크 양식 baroque style

르네상스 이후 유럽 가톨릭국가에서 유행한 예술양식. 바로크란 말은 '변칙적'이고 '이상한 것'이란 뜻을 내포하고 있어서 바로크 양식은 르네상스의 후퇴라는 비난을 받아오다가 후기에 와서야 비로소 독자적인 새로운 양식이라는 평가를 받았다. 르네상스 양식이 자연주의적이고 고전주의적이라면, 바로크 양식은 격정적이고 화려하다. 이탈리아에서 시작된 바로크 양식은 궁정이나 귀족들의 저택을 장식하는 데 이용되었으며, 가톨릭국가의 종교미술에서는 반종교개혁의 수단으로까지 활용되었다. 바로크 양식은 그림뿐만 아니라, 건축·조각·가구·음악·문학 등 광범위한 분야에 영향을 미쳤다.

바루카차 Bharukacha

인도의 서남 해안에 위치한 고대 항구도시. 바루카차에서는 기원전 8세기경부터 바빌론과 해상교역을 진행했는데, 그 주역은 드라비다인(Dravidian)들이었다.

바르바로이 Barbaroe

고대 그리스인들의 이방인에 대한 비하적인 호칭. '바르바로이'란 말은 '알아들을 수 없는 말을 중얼거리는 사람', 혹은 '미개인'이란 뜻을 지니고 있다. 이러한 호칭은 그리스어계뿐만 아니라, 아랍어계('바바리야')에서도 쓰이고 있다. 로마시대에는 게르만인을 '바르바로이'라고 불렀으며, 그리스인은 로마인을 되레 '바르바로이'라고 불러 서로를 비하하는 경향이 있었다.

바르쿨 巴里坤, 巴爾庫爾, 蒲類國, Bar-kul

오아시스로 톈산 북도(天山北道)의 요지. '바르'는 '있다' '쿨'은 '호수'라는 뜻으로 '바르쿨'은 '호수가 있는' 곳이란 의미다. 현 중국 신장위구르자치구의 동북쪽에 위치하며, 가까이에 바르쿨노르('노르' 역시 '호수'란 뜻), 즉 바르쿨 호수가 있다. 한대(漢代)의 포류해(蒲類海)가 곧 이 바르쿨노르이며, 당시 오아시스로에 자리한 서역 36국 중 하나인 포류국이 바로 이 호수 부근에 있었다. 중국이나 몽골의 대상들이 오가는 톈산 남·북로가 연결되는 하미와 바르쿨 사이에서 이 오아시스는 매우 중요한 지점으로, 바로 여기를 북도가 지나갔다. 역대 중국 왕조와 유목 왕조들은 이 지역을 점령하기 위해 끊임없이 노력하였다. 포류해는 흉노가 서역을 지배할 때 중요한 전초기지였으며, 서한이 흉노를 공격할 때는 그 공격 목표의 하나이기도 하였다. 포류국의 땅은 물과 풀이 무성한 평원이어서 유목민의 일부는 농업에 종사하였다. (1-259)

바르톨트 Vasilii Vladimirovich Bartol'd, 1869~1930년

러시아의 동양학 연구자이자 중앙아시아사(史)의 창시자. 아버지는 독일계 러시아인으로서 주식 중매업자였으며, 바르톨트는 현 러시아 상트페테르부르크에서 태어났다. 소년 시절에 가정교사에게 고대 언어와 유럽의 여러 언어들을 배우고, 페테르부르크 대학에서 아랍·페르시아·투르크·타타르어 등 언어학을 공부하였다. 학창 시절에는 특히 중근동의 중세사에 관심을 가지고 언어 습득에 열중하였으며 당대 저명한 교수와 학자들에게 수학하였다. 대학생 시절인 1889년에 아랍어 사료를 활용해 네스토리우스파(경교景敎)의 전파를 고찰한 발군의 처녀작 논문 『중앙아시아의 기독교』를 발표해 호평을 받았다. 1891년 대학을 졸업하자마자 자비로 유럽의 여러 대학에서 공부하고자 출국하여, 그곳에서 주로 아랍·이슬람학 교수들의 강의를 수강하였다. 그는 귀국 후인 1893년에 마지스테르(magister, 석사) 학위를 취득하였고 1896년부터는 모교에서 비상근 강사의 자격으로 '칭기즈칸 제국의 형성'이란 제목으로 강의를 하기 시작하였다.

1898년부터 1900년 사이에는 다량의 제1차 사료를 발굴해 이슬람화가 시작된 때부터 13세기까지의 중앙아시아 역사를 개괄한 불후의 명저 『몽골 침입 시대의 투르키스탄』을 집필, 발표하였다. 이 저작으로 바르톨트는 1900년에 박사 학위를 받았고, 1901년에는 조교수, 1906년에는 정교수로 임명되었다. 그리고 1910년에는 과학 아카데미 통신회원, 1916년에는 44세의 젊은 나이에 정회원이 되었다. 『몽골 침입 시대의 투르키스탄』은 오늘날까지도 중앙아시아사 연구의 고전으로 평가받고 있다.

한편 바르톨트는 1905~1912년에 러시아 고고학회 동양부의 비서와 더불어 지리학회의 주요 성원으로도 활동하였다. 그는 1893~1894년과 1904년, 1916년에 중앙아시아 각지를 답사했다. 그리고 1895년부터 1923년 사이에는 유럽을 11차례나 방문해 그곳의 여러 대학에서 강연을 하였다. 1926년에는 터키에, 1929년에는 독일에 초대되기도 하였다. 간행된 그의 저작과 논문은 약 400편이나 된다. 1930년 8월 19일 향년 61세로 고향 부근인 사나토리움에서 사망하였다. 그의 저작들은 오늘날까지도 중앙아시아사 연구의 필독 문헌이다. 『바르톨트 저작집』(9권)이 1963~1977년 기간에 소련에서 간행되었다.

바미안(Bāmiyān) 불교 유적

교류의 유물적 전거로서의 오아시스로 상의 유적. 바미안은 아프가니스탄의 수도 카불의 서북쪽 230km의 지점에 위치한 힌두쿠시 산중에 있는 고대 도시다. 기원후 1세기부터 사적에 등장하는데, 7세기 이슬람 동정군에게 정복될 때까지 줄곧 불교의 중심지 역할을 하였다. 10세기부터 13세기 사이에 가즈니조와 구르조, 호라즘 샤조(朝)의 지배를 연속 받아오다가 13세기에 몽골군에게 침공을 당했다. 그후 18세기 후반 이후에 아프가니스탄의 속령이 되었다. 7세기 전반 도축(渡竺) 중에 이곳을 지난 당나라 승 현장(玄奘)은 여행기 『대당서역기(大唐西域記)』에서 "바미안에는 가람 수십개소와 승도 수천 명이 있으며, 소승의 설출세부(說出世部)를 따른다"고 하였다. 또한 "왕성의 동북부 산정에 있는 높이 140~150척이나 되는 입불석상(立佛石像)이 금색으로 장식되어 찬란한 빛을 발하고 있다"고 기술하였다.

바미안은 2기의 대석불을 모신 석굴사원으로 말미암아 이름이 널리 알려지게 되었다. 이곳의 주요 불교 유적은 불상을 안치한 석굴군(石窟群, 총 850여 동굴)과 마애(磨崖)에 조각한 2대 석불상(높이 35m의 동대불과 53m의 서대불), 그리고 석굴벽화의 3대 유적으로 구성되어 있다. 벽화 중에는 연주문(連珠文) 복식을 한 군상과 4필의 유익(有翼)백마상이 있으며, 프레스코 화법에 회백색·진흑색·황색·적색·감청색 안료를 사용해 청렴성을 살린 회화기법은 사산·이란계 화법

바미안 불교 유적군 전경 ― 서대불과 동대불

의 영향을 받은 것이다. 35m 높이의 대석불 마애벽화는 이러한 사산·이란계 화법의 영향을 받은 것이고, 53m 높이의 대석불 마애벽화는 간다라 미술과 쿠샨조의 마투라(Mathura) 미술이나 굽타 미술이 융합된 중인도적 미술화법에 의해 이루어졌다는 것이 학계의 중론이다. 바미안의 석굴사원은 헬레니즘 문화의 영향을 받은 간다라 미술과 이란계 미술이 전통적인 인도 미술과 융합된 불교 유적이라고 할 수 있다.

바부르 Zahīr-ud-Dīn Muhammad Bābur, 1483~1530년

인도 무굴제국의 창건자. '호랑이'란 뜻의 바부르는 부계 쪽으로는 차가타이 칸국의 지배자였던 티무르의 후예이고, 모계 편으로는 칭기즈 칸의 후손이다. 이러한 사족(土族)의 후광 속에 아프가니스탄의 카불 일원에서 지배권을 확립한 바부르는 서양에서 수입해 온 대포 등 신식 무기로 무장한 정예 보병 1만 2,000명과 기병을 이끌고 4차례의 공격 끝에 델리 부근의 파니파트(Panipat) 전투에서 대승하였다. 이어 델리를 공격한 후 1526년에 로디 왕조의 수도 아그라(Agra)에 입성해 왕으로 등극(재위 1526~1530)하고 인도 이슬람 왕조 사상 최대의 제국인 무굴 제국을 세웠다.

바빌론(Babylon) 도시 유적

현재 이라크 수도 바그다드 남방 80km의 메소포타미아 중남부에 위치한 고대 바빌로니아 왕조의 수도다. 이곳은 기원전 3000년경에 이미 출현하였으며, 기원전 19세기에 셈어족계의 아무르인들이 주신(主神) 마르두크신을 이곳에 모시면서 사람들이 찾아들기 시작하였다. 바빌론의 옛 명칭은 수메르어로는 '카딘기드라', 아카드어로는 '바브 이리', 파르티아어로는 '바브 이라니'이며 『구약성서』에는 '바브 에르', 즉 '신의 문'으로 기록되어 있다. 유적은 주로 유프라테스강 좌안에 분포되어 있는데, 그 면적은 남북 5km, 동서 3.5km 정도로서 메소포타미아나 고대 유적 중에서는 규모가 가장 크다.

바빌로니아 왕국(Babylonia, 기원전 1831~1530)의 전성기는 제1왕조 제6대왕 함무라비(기원전 1792~1750) 시대다. 함무라비는 '함무라비 법전'을 반포하여 국가 기강을 바로 세우고 중앙집권적 통치기구를 정비하였으며, 상업도 발전시켜 강력한 국가를 이루었다. 그러나 기원전 1600년경 남하하는 히타이트의 공격을 받아 바빌로니아 제1왕조는 멸망하였다. 그후 자그로스 산중에서 바빌론 평원지대로 이주해온 카슈(Kassu)인들이 정권을 장악(카슈 왕조 시대)하여 북메소포타미아에서 흥기한 아시리아 왕조와 병존해오다가 기원전 7세기에 남메소포타미아의 칼데아(Chaldea, 기원전 625~538, 일명 신바빌로니아)조의 치하에 들어갔다. 칼데아는 메소포타미아 최후의 셈족계 국가로 제2대왕 네부카드네자르 제갈 2세(기원전 604~562) 시대가 전성기로 수도 바빌론은 세계적 상업도시로 부상하였다.

바빌론은 내외(內外) 2성으로 에워싸여 있는데, 내성은 두께가 6.5m나 되는 견고한 성벽이다. 유프라테스강 좌측에 본시(本市)가 있고, 우측에 있는 시와는 120m의 대석교(大石橋)로 연결되었다. 이 시대의 대표적인 건축물은 공중정원과 바벨탑이다. 공중정원은 대궁전의 일부인데, 산악지대 출신인 왕비의 향수를 달래기 위해 계단식 궁정 옥상에 정원풍의 테라스(terrace, 계단 모양의 뜰)를 조성한 것이다. 세계 7대 불가사의의 하나인 이 공중정원은 특수한 분수장치를 이용해 물을 끌어올려 정원을 가꾼 것으로 알려져 있다. 공중정원 유적에서 남방 약 1천m 지점에 있는 대신전 위에 여러가지 전설을 간직하고 있는 '에테멘앙키', 즉 바벨탑의 유적이 있다. 고고학자들의 연구에 의하면 이 탑은 2단의 방형기단 위에 세운 7층의 방형탑(方形塔)으로 나선형 계단이 설치된 높이 약 90m의 고탑으로 추정된다. 그밖에 공중정원 곁에 사랑과 전쟁의 신 '이슈타르'의 이름을 딴 '이슈타르문'이 있는데, 거기에는 채유연와(彩釉煉瓦)로 성수(聖獸)를 부조(浮彫)한 벽화가 선명하게 남아 있다. 기원전 538년에 바빌론은 비록 아케메네스조 페르시아의 지배를 받게 되었으나, 아케메네스인들은 유구한 바빌론의 문화에서 많은 것을 흡수하였다. 아케메네스조의 각종 비문은 거의 고대 페르시아어나 아람어와 함께 바빌로니아의 아카드어로 쓰여 있으며, 페르시아 문자도 바빌로니아 서체를 차용한 것이다. 알렉산드로스 대왕의 동정 및 셀레우코스 1세(기원전 358년경~280) 등의 통치 이후 여러 곳에 셀레우키아를 비롯해 그리

바빌론의 공중정원

스풍의 도시들이 건설되었다.

바사호(號) 함선

교류의 유물적 전거로서의 해로 유적. 스웨덴 왕 구스타브 아돌프 2세가 30년전쟁에 대비하여 스웨덴과 네덜란드의 직인들을 동원하여 1627년부터 건조한 군함이다. 이 함선은 3개의 돛대(주돛대 높이 180피트)에 전장 230피트, 고물 높이 60피트의 대선박일 뿐만 아니라, 700여종의 조각으로 장식한 화려한 선박이기도 하였다. 하지만 1628년 8월 10일 처녀 항해에 들어서자마자 침몰을 당하는 불운으로, 50명이 사망하고 5,000만 도르의 재화가 수장되었다. 1961년 샐비지(salvage, 해난구조) 작업으로 선체가 건져올려져 지금은 스톡홀름의 바사 박물관에 보존되어 있다. 이 선박 유물은 17세기 조선술 연구에 유익한 자료를 제공해준다.

바스라(Basrah) 도시 유적

교류의 유물적 전거로서의 오아시스로 상의 유적. 바스라는 이라크 유프라테스강 하구에 위치한 고대 도시로서 구지(舊址)는 현재의 서남방 18km 지점에 있는 주바이르촌(村) 부근이다. 원래는 이슬람시대 초기 아랍인들이 정복사업을 위한 군사기지(misr)로 이슬람력 14년(635~636, 이슬람력 16년이나 17년이란 설도 있음)에 건설하였다. 유프라테스강 하류에 위치한 바스라는 페르시아만과 통하고, 또 동방 20여km에 있는 샤트알아랍강과도 운하로 연결되어 인근 유목민들과의 교역이 활발하게 진행되었기 때문에 군사기지에서 점차 상업 교역도시로 변모하였다. 이러한 과정에서 아랍인·이란인·유대인들이 대거 모여들어 인구가 늘어났다. 건설 초기 수백명에 불과하던 인구가 656년 이슬람 내전('낙타전쟁'이라 부름) 때는 5,000명으

로, 8세기 초에는 무려 20만 명으로 급증하였다. 이러한 발전 추세와 더불어 종교·사상·학문 면에서도 출중한 인재들이 다수 배출되어 당시 북방의 쿠파와 쌍벽을 이루는 이슬람세계의 2대 문화 중심지의 하나로 떠올랐다. 바스라는 아랍어 문법학과 아랍 신학파의 하나인 무타질라파(派)의 발생지이며, 신비주의(수피즘) 대가 바스리(Hasan al-Basri)와 시인 아부 누와스(Abū Nuwās)를 비롯해 많은 학자들과 문인들을 배출하였다.

바스라는 페르시아만에 임한 항구도시로 인도와 동남아시아·아프리카·중국 상선들의 출입이 끊이지 않았다. 인도와 동남아시아 및 중국으로부터는 각종 향료와 비단이, 아프리카로부터는 상아·황금·노예 등이 수입되어 명실상부한 국제적 교역도시로서 번영을 누렸다. 전성기인 8세기경에는 "이라크는 세계의 눈이고, 바스라는 이라크의 눈이며, 미르바트는 바스라의 눈"이라는 말이 생길 정도로 바스라의 번영상과 중요성이 인구에 회자되었다. 미르바트는 바스라 시내에 있는 대형 시장인데, 문자 그대로 세계 각국 화물의 집산지였다.

그러나 9세기에 접어들면서 빈발한 내란과 외침(外侵), 그리고 종파간의 갈등으로 인해 점차 쇠잔하기 시작했으며, 건물들도 적지 않게 파손되었다. 더욱이 1258년에는 몽골의 서정군에 의해 무참하게 파괴되어 현존 유물로는 알리 마스지드와 하산 바스리, 주바이르 등 몇몇 명인들의 묘당만이 남아 있다. 14세기 전반에 이곳을 방문한 여행가 이븐 바투타는 도시(구지)가 이미 볼품없이 황폐화되었다고 개탄하였다. 1534년에 오스만제국의 지배하에 들어갈 때까지만 해도 제국의 한 변방도시로서 거의 도외시되다가 17세기 전반에 포르투갈·영국·네덜란드 등 유럽 국가들의 상선이 페르시아만으로 몰려들면

서 이곳에 상관(商館)을 설치한 것을 계기로 점차 현대 항구도시로 변모하였다. 바스라의 대추야자는 세계적 명품으로 수출의 주종을 이루어 왔다.

바스쿠 다 가마 *Vasco da Gama, 1469~1524년*

포르투갈의 항해가이자 '인도 항로'의 개척자. 항해가이자 장교인 다 가마는 국왕의 하명을 받아 1497년 대포로 무장한 120톤급의 범선 4척(승선인원 160명)을 이끌고 리스본을 떠나 아프리카 서해안으로 남하하였다. 그는 적도의 무풍지대를 피해 육지에서 멀리 떨어진 심해를 항해했으며, 아프리카 남단인 희망봉을 우회한 다음 동해안을 따라 북상해 1498년 4월에 케냐의 말린디(Malindi)에 도착하였다. 그곳으로부터 아랍 항해가 이븐 마지드(Ibn Majid)의 안내에 따라 그해 5월 20일, 출항 10개월 만에 인도 서해안의 캘리컷(Calicut)에 종착하였다. 이것이 이른바 다 가마에 의한 '인도 항로'의 개척이다. 그는 60배의 이익을 남긴 후추와 육계(肉桂) 등 향료를 싣고 이듬해에 리스본으로 귀향하였다. 그가 총 4만 2,000km의 이 새로운 항로

다 가마의 캘리컷 상륙 기념비 (1498)

에서 보낸 시간은 2년이 넘으며(그중 해상에서만 약 300일), 항해 중 3분의 1 이상의 선원을 잃었다. 그 후 다 가마는 두 차례(1502~1503, 1524)나 인도를 다시 찾았다. 이 항로의 개척은 서방의 동방식민지화 경략의 서막이고 서세동점(西勢東漸)의 효시(嚆矢)다.

바실리카 Basilica

로마시대의 건축양식. 바실리카는 왕궁을 뜻하는 그리스어 '바실리케'에서 유래된 말이다. 건축물의 기본구조는 장방형 외벽으로 둘러싸여 있으며, 외벽 안쪽에 열주식(列柱式) 회랑(回廊)이 있고, 중앙에 정방형 뜰이 설치되어 있다.

바알베크 Baalbeck

동부 레바논의 베카 분지에 자리한 로마시대의 신전 유적. 이곳에는 유피테르 신전, 바쿠스 신전, 베누스 신전 등 로마시대에 건조된 대형 신전들과 기타 구조물 유적들이 남아 있다. 일명 '헬리오폴리스'라고 불리는데, '태양의 도시'라는 뜻이다.

레바논 바알베크의 로마 유피테르 신전

바얀올기 Bayan-ölgii

몽골의 서북단, 알타이 산맥 기슭에 자리한 고원도시. 원래는 행정구역상으로 호브드와 함께 하나의 아이막(aimag, 部)이었으나, 1940년에 2개의 아이막으로 나뉘었다. 지금은 산하에 12개 솜(som, 郡)을 거느리고 있는데, 인구는 약 9만 명(2007)이다. 그중 절반 이상이 군 소재지인 바얀 올기에 모여살고 있다. 건물은 호브드강 연안에 흩어져 있고 사방은 바위산으로 에워싸여 있다. 주민의 90%는 돌궐제국의 직계 후예라고 자부하는 카자흐족이며 공용어는 카자흐어

와 몽골어다. 바얀올기부터 시작하여 알타이의 깊은 협곡을 뚫고 러시아와 카자흐스탄 등 중앙아시아 지역으로 이어지는 길, 이를테면 동서교류의 통로 역할을 해온 알타이 초원로가 있었다. 여기가 바로 기원전 8세기경부터 펼쳐진 스키타이 동방무역로의 동단(東段)이다. 이 길을 통해 스키타이 문화가 몽골과 중국 서북지방으로 전파되었고, 기원후 7~8세기에 카자흐인들에 의해 이 길의 연변(沿邊) 각지에 돌궐문화가 서전(西傳)되었으며, 13세기 서정(西征)에 나선 칭기즈칸의 기마군단도 이 길 위에 발자국을 남겼다. 도시에서 15km 떨어진 근교의 퀴공호라 지역은 암각화로 유명한 곳이다. 알타이 산맥을 따라 25km의 거리에 약 50만 점의 암각화가 널려 있다고 한다.

바워 문서 Bower manuscripts

서역 고문서 연구의 출발점이 된 문서. 19세기말 영국인 케리의 탐험을 돕던 상인 델구라이슈가 피살된 사건이 일어났다. 살인범 조사를 위해 쿠처(庫車)에 온 인도 정무청(政務廳)의 영국 군인 바워(Hamilton Bower) 대위는 1890년 3월 쿠처에서 패엽(貝葉, 다라수多羅樹 나뭇잎)에 브라흐미(Brāhmi) 문자로 된 고문서 사본을 구입하였다. 캘리컷에 돌아온 바워는 산스크리트 학자인 혼리 박사에게 이 문서 연구를 위촉하였다. 연구결과 이 문서는 공작조(孔雀朝, 마우리아 왕조)시대의 왕의 경영을 다룬 글이며, 그밖에 약제법(藥劑法)과 주술법(呪術法)을 포함해 모두 7종의 문서라는 것이 밝혀졌다. 인도 정부는 각지 영사관에게 이러한 고문서 수집을 의뢰하고 수집된 고문서들은 '매카트니'(Macartney) '고드프리'(Godfrey) '탤벗 컬렉션'(Talbot Collection) 등 수집 영사의 이름을 따서 명명하였다. 또한 카슈가르 주재 러시아 총영사 페트로프스키도

이러한 고문서들을 열정적으로 수집하였다. 이러한 활동들은 서역 탐험 열기를 높여 급기야 함부르크에서 개최된 제13차 국제동양학회에서는 중앙아시아 탐험 국제연맹이 결성되었다. 상트 페테르부르크에 본부를 둔 이 기구는 이후 각국에 지부를 두고 회보도 발간하였다. (2-365)

바위그림

동굴의 벽이나 산 절벽에 그린 그림을 말하는데, 여기에는 바위를 쪼아 새기는 암각화(岩刻畵)와 바위에 채색으로 그림을 그리는 암채화(岩彩畵) 두 종류가 있다.

바이살리 毗耶離城, Vaiśālī (산스크리트어)

오아시스로 상의 고도. 바이살리는 혜초·법현·현장 등 도축구법의 길을 떠난 여러 고승들의 순례지다. 바이살리는 부처가 설법을 한 곳이고, 열반 후 이곳에서 '칠백인 집회(제2차 결집)'가 거행되기도 했다. 또한 이곳은 자이나교의 성지이기도 한데 창시자는 마하비라(Vardhamāna Mahāvīrā)다. 그의 추종자를 '자인'(Jain)이라 일컬었는데, 바로 여기서 '자이나교'(Jainism)라는 명칭이 나왔다고 한다. 바이살리는 고대 인도 리차비(Licchavi, 梨車毗)족의 수부(首府)로 간다크(Gandak)강 좌안에 자리하고 있다. 서사시『라마연나(羅摩衍那)』와『비습노왕세서(毘濕奴往世書)』에 이 성에 관한 기술이 있다. 전설에 의하면 이 성은 천녀(天女) 알람부사(Alambusa, 阿藍浦霞)의 아들 비살라(Viśālā)가 건설하였고 그의 이름을 따서 명명한 것이라고 한다. 기원전 몇 세기 동안 이 비살라성은『라마연나』에서 '상도(上都)'라고 칭할 정도로 번창한 대도시였다.

바이칼호 Baikal

초원실크로드 상의 다양한 인종과 문명을 잉태하고 융합시킨 천혜의 호수. '시베리아의 진주' '시베리아의 파란 눈'이라고 일컫는 바이칼은 부랴트어로 '큰(바이) 물(칼)'이란 뜻이다. '큰 불'이란 뜻으로 화산과 연관시켜 '부랴트'나 '부여'란 말이 이 '바이'에서 파생되었다는 주장도

바이칼호의 여름 풍경

있다. '큰 물'답게 호수의 길이는 630km, 폭은 20~80km, 둘레는 무려 2,000km나 되며, 면적은 한반도의 3분의 1과 맞먹는다. 세계에서 가장 깊은 호수로 제일 깊은 곳은 수심이 1,630m나 되며, 세계 담수량의 20%를 차지하는 담수호로 수량은 미국 5대호의 물을 합친 것보다 더 많다. 신기한 것은 336개의 하천이 흘러들어와 호수를 이루지만 빠져나가는 강은 오로지 안가라강 하나뿐이라는 사실이다. 어떻게 수량이 조절되는지는 아직껏 풀리지 않는 수수께끼다. 바이칼에는 2,500여 종의 동식물이 서식하는데, 그 가운데 약 4분의 1은 이곳에만 있는 특이종이다. 북극에서 비밀 수로를 통해 왔다는 민물 물개, 체질의 절반 이상이 지방이기 때문에 햇볕에 나오기만 하면 금방 버터처럼 녹아버리는 골로미양카 등 특이한 동식물들이 많다. 바이칼은 수면 40m의 깊이에 있는 지름 40cm의 쟁반을 육안으로 식별할 수 있을 만큼 세계에서 가장 맑고 깨끗한 호수인데, 보코플라프라는 새우 모양의 작은 갑각류(甲殼類)가 싹쓸이 청소를 하기 때문이다. 이로 인해 '그 물에 손을 적시기만 해도 5년, 발을 담그면 10년이나 젊어진다'는 속설이 전해온다. 태고로부터 숱한 신비와 경이를 간직해온 바이칼은 단순히 커다란 자연적 물웅덩이가 아니라 인종을 잉태한 천혜의 태반이며, 다양한 문명을 융합시킨 허브이며, 숱한 민족의 수구지심(首丘之心)을 불러일으키는 본향(本鄕)이기도 하다. 이러한 바탕이 있었기에 바이칼과 한민족을 포함한 많은 민족들은 구석기시대 말엽에 일어난 지질학적 변천 시기부터 시작해 생태학적으로, 체질인류학적으로, 그리고 문화 면에서 끈끈한 유대관계를 맺고 있다.

바이킹 Viking

중세에 활동한 항해술과 교역에 능한 노르만족.

바이킹이란 말은 스칸디나비아와 덴마크에 많이 있는 '비크', 즉 '좁은 강'이란 이름에서 유래하였다. 항해술과 교역에 능한 노르만족은 8~11세기에 바다와 강을 이용해 유럽 각지를 누비면서 현지 문명과 융합함으로써 중세 유럽의 교통과 교역 발전에 크게 기여하였다.

바이킹 박물관 Borg Viking Huseum

노르웨이 오슬로에 있는 이 박물관에는 8세기부터 300년간 유럽에서 북미로 가는 북해의 해로를 따라 항해한 3척의 바이킹 무장선단의 선박이 전시되어 있다. 전시된 첫번째 배는 1867년 오슬로만 동쪽 해안 근처에서 발견된 선수 선미가 없는 길이 20m의 투네라는 배인데, 9세기경에 만들어진 것으로 추정된다. 두번째 배는 1880년 오슬로 부근의 언덕 모양으로 생긴 옛 무덤에서 발견되었는데, 9세기 바이킹들은 바다와 접한 곳에 산을 쌓아 그 속에 배를 묻고 말이나 개를 순장하는 경우가 있었다. 전체 배 길이는 21.58m, 폭이 5.4m이며, 배의 한가운데 있는 묘에서 남성 인골이 발견되었다. 그밖에 피혁제품, 낚시바늘, 청동제 마구 등이 출토되었다. 이는 추풍(追風) 전용인 4각 돛으로 32명의 조타수가 탑승해 1일 150마일(1항해마일=1,852m)을 항진할 수 있는 원양 항해용 선박이다. 세번째 배는 1903년 오슬로 하구에서 좀 올라간 곳에 있는 둘레 150m의 해저 분구에서 발견되었다. 이 3척의 선박을 통해 바이킹들이 달성한 조선술과 항해술 및 해양문화를 알 수 있다. 더욱이 중요한 사실은 이들 선박이 콜럼버스보다 몇 세기 앞서 북부 대서양을 횡단해 '신대륙'을 알아냈다는 사실이다. 이것은 아메리카 대륙으로 이어지는 환지구적 해로가 이미 개통되고 있었다는 확실한 증거다. (10-203)

바타비아 Batavia

현 인도네시아 수도 자카르타. 원래 포르투갈이 몰루쿠 향료군도에서 향료를 매입하는 기지로 출발했으나, 네덜란드와 영국이 가세하면서 바타비아를 장악하기 위한 쟁탈전이 벌어졌다. 이 전쟁에서 네덜란드가 최종 승리해 1619년부터 이곳을 장악하였다. 네덜란드 동인도회사(VOC)는 바타비아에 상관을 설치하고, 이곳을 동양무역의 거점으로 이용하였다.

바타비아호 침몰선

해상실크로드의 유물적 전거로서의 침몰선 유물. 1972년 서(西)오스트레일리아 해양박물관의 한 고고학자가 서해안의 푸토안 아포로스섬 부근 해저에서 1629년에 침몰된 네덜란드 동인도회사 소속 바타비아(Batavia)호를 발견하였다. 적재된 유물로는 청동제 함포, 총기류, 1575년에 주조된 화폐, 각종 항아리 등이 있다. 특히 주목되는 것은 137개의 석재(石材)인데, 복원해 보니 바타비아의 네덜란드 동인도회사에 성문을 만들려고 네덜란드에 특별 주문 제작한 것으로 밝혀졌다.

바투의 서정(西征)

몽골군의 유럽 원정인 제2차 서정(1235~1244)이 바투(拔都, 칭기즈칸 장남인 주치朮赤의 차남, 1208~1255)의 통솔하에 진행되었기 때문에 일명 '바투의 서정'이라고 한다.('몽골군의 서정' 항 참고)

바하마 군도 해저 유적 The Bahama Island under Water Ruins

교류의 유물적 전거로서의 해로 유적(해저). 보통 선원에서 출발하여 독학으로 해저 탐사법을 익히면서 선장이 된 미국의 윌리엄 힛브스는 서

인도 군도를 항해하던 중에 17세기경에 보물을 적재한 스페인 선박들이 다수 침몰되었다는 소문을 들었다. 그는 해저 탐사의 후원자를 얻기 위해 영국에 가서 국왕 찰스 2세를 알현하고 해군의 프리기트함 로즈 오프 알덴지호를 탐사 작업에 투입해도 좋다는 허락을 얻어냈다. 1683년 쿠바의 북방 바하마(Bahama) 군도에서 탐사작업을 진행하였지만 침몰선을 발견하지 못하자 작업선은 영국으로 회항하였다. 그후 힛브스는 새로운 후원자를 통해 200톤급 선박 2척을 빌려 바하마 군도로 다시 향하였다. 다행히 산호에 희미하게 비친 검은 침몰선을 발견하였고, 몇주간의 어려운 작업 끝에 금·은제 봉 27톤, 시가로 3만 파운드의 유물을 왕실에 헌상하였다. 그 공으로 힛브스는 나이트(기사騎士) 작위를 받았다. 그는 1만 6,000파운드의 지분만 가지고 미국에 귀향해 1692년 매사추세츠주(州)의 지사로 임명되었으나 운이 따르지 않아 지사직을 그만두고 영국 런던에 돌아가서 1695년 44세의 나이로 사망하였다. (9-131)

바흐 Johann Sebastian Bach, 1685~1759년

바로크 음악을 완성한 독일의 작곡가이자 오르간 연주자. 바흐는 장기간 교회음악에 전념하면서 북독일과 남독일, 이탈리아와 프랑스 음악을 융합하여 독특한 바로크 음악을 완성함으로써 교류를 통한 음악예술의 창조적 융합에서 전범을 보여주었다.

바흐람 5세 Bahrām V

바흐람 5세(재위 420~438)는 동으로는 에프탈과, 서로는 로마와의 싸움에서 용맹을 떨쳐 국위를 크게 향상시킨 사산조 페르시아의 제15대 왕이다.

박근수 朴勤修

도일(渡日) 신라 사신. 675년 3월 신라 진조사(進調使)의 자격으로 김미지(金美智)와 함께 일본에 파견되었는데, 관직은 급찬(級湌)이었다. (8-185)

박랄파 朴刺破

677년 5월에 수행원 3명, 승려 3명과 함께 표류하다가 혈녹도(血鹿嶋, 오도열도五島列島)에 도착하였다. 관직은 아찬(阿湌)이었다. 같은 해 8월 귀국하는 신라 사신 김청평(金淸平)을 따라 송환되었다. (8-186)

『박물지(博物誌)』 Historia naturalis, 37권, S. Plinius (23~79년) 저

세계 최초의 백과사전. 고대 로마의 정치가이자 박물학자인 저자 플리니우스는 100명의 학자들을 동원해 지리·천문·인간·동물·식물·광물·보석 등 약 2만 개의 항목을 선택해 설명하고 있다. 티투스 황제(재위 79~81)에게 바쳐진 백과전서로서 고대문명 연구의 귀중한 자료원(資料源)이다.

박억덕 朴億德

도일 신라 사신. 692년 11월 공조사(貢調使)의 자격으로 김심살(金深薩)과 함께 일본에 파견되어 난파(難波)에서 향응과 녹을 받고, 이듬해 2월에 표착한 신라인들을 데리고 귀국하였다. 관직은 급찬(級湌)이었다. (8-189)

박주 舶主

당대 중국 남방에서 페르시아인(아랍인 포함)들을 부르던 말. 외국 선박 중에서 페르시아 선박이 가장 많고, 또한 인도양을 항해하는 중국 선박에 유능한 페르시아인들을 선장으로 기용한 데서 유래하였다.

박트라 Bactra

고대 박트리아(대하大夏) 왕국의 수도로, 현재 아프가니스탄 북부에 자리한 발흐(Balkh)다.

박트리아 Bactria, 大夏, 기원전 246~138년

오아시스로 상의 교통 요로에 세워진 헬레니즘 시대의 왕국. 기원전 4세기 동방 원정에 나선 알렉산드로스는 중앙아시아 일원을 지배하고 있던 페르시아 세력을 평정하고 알렉산드로스 대제국을 세웠다. 그가 사망한 후 그의 부하 장군인 셀레우코스 1세가 세운 시리아 왕국이 쇠퇴하자 왕국의 태수 중 한 명인 디오토투스가 기원전 246년에 박트라(현 아프가니스탄 북부의 발흐)를 수도로 한 박트리아 왕국을 세웠다. 전성기 때의 영역은 동쪽으로는 타림 분지, 서쪽으로는 페르시아, 북쪽으로는 소그디아나, 남쪽으로는 인도에 이르는 대제국이었다. 박트리아 지배 계급 모두가 그리스계 출신이고, 그리스어가 공용어였으며, 그리스 화폐가 통용되는 등 전형적인 헬레니즘 국가였다. 기원전 2세기 전반의 제3대 왕 때부터 간다라 지방에 진출해 그리스 문화를 전파함으로써 헬레니즘 문화와 인도 불교 문화가 융합된 독특한 간다라 미술이 탄생하였다. 그후 국내에서 정권 쟁탈을 위한 내홍(內訌)이 있고 서쪽에서 파르티아가 침입해 국력이 쇠해 북쪽에서 남하한 대월지(大月氏)에게 정복되었다. (17-235)

박판 拍板

동전 서역 악기. 박판(拍板, 약칭 박拍)은 손바닥처럼 길고 넓은 판(板) 10여 매를 포개어 가죽으로 꿰어서 손뼉을 대신해 한꺼번에 치는 타악기다. 진양(陳暘)의 『악서(樂書)』에 의하면 이 악기는 호악(胡樂)의 일종으로서 대박판(大拍板, 9매짜리)과 소박판(小拍板, 6매짜리) 두 종류가 있으며, 호악 연주에서 악절(樂節)을 표시하려고 손뼉을 대신해 사용한다고 기록되어 있다. 당나라 사람들은 악구(樂句)에도 간혹 썼으며, 송나라의 경우 기녀들을 중심으로 가무를 관장하는 교방(敎坊)에서 즐겨 사용하였다. 헌강왕(憲康王) 9년(883)에 건립된 봉암사(鳳巖寺) 지증대사 적조탑(智證大師寂照塔)에 당비파(唐琵琶)·횡적(橫笛)·생(笙) 등 당나라 악기와 함께 박판이 새겨져 있는 점을 감안하면 신라의 수용 연대는 신라 하대(下代)로 잡을 수 있을 것이다.

박편석기(剝片石器) 가공법

중기(中期) 구석기시대에 박편석기를 가공하는 데는 르발루아(Levallois) 기법과 원반형석핵기법(圓盤形石核技法) 두 가지가 있었다. 르발루아 기법이란 깨어질 박편(剝片)의 모양을 예측해 석핵(石核)을 조절하여 타격함으로써 2차의 박편 가공을 면하도록 하는 기법이며, 완반형석핵기법은 석재의 타격면을 미리 정해놓고 적당한 각도에서 연속적으로 타격을 가해 일정한 모양의 박편석기를 만드는 기법이다.

반달족(族) Vandals

민족이동을 거듭한 게르만의 혼성 민족. 반달족은 1세기경에 오데르강 상류 지역에서 탄생한 이래 3세기 후반부터 5세기 초엽까지 100여년간 다뉴브강 중하류와 이베리아 반도를 두루 전전하다가 416년 아프리카로 건너갔다. 그뒤 로마 총독을 살해하고 439년 현 튀니지의 카르타고를 수도로 한 반달왕국을 세웠다. 반달족들은 지중해 일원에서 약탈을 일삼으면서 로마 문명을 무자비하게 파괴하였던바, 인류가 창조한 문명을 무모하게 파괴하는 행동에 대한 규정어로 '반달리즘'이란 말이 나왔다. 내분이 생겨 약화된 틈을 타서 로마 황제는 원정군을 보내 534년에 반달왕국을 멸망시켰다.

반랄약 般剌若, Prajna, 智慧

북천축(北天竺, 북인도)의 동행 불승. 그는 중국이 대국이고 문명국이라는 소문을 듣고 불법을 펼칠 일념으로 배편으로 동항(東航)해 중국 광저우(廣州) 가까이에 이르렀다. 그러나 태풍을 만나 더이상 항진하지 못하고 사자국(獅子國, 현 스리랑카) 동쪽으로 밀려갔다. 다시 물자와 식량을 준비하고 배를 수리하여 남해 제국을 편력한 다음, 드디어 당 덕종(德宗) 건중(建中) 때(780~783) 광저우에 당도하였다. 786년 초 장안(長安)에 정착하여 역경 사업에 종사하다가 뤄양(洛陽)에서 입적하였다.

반상(盤上)놀이

동전된 놀이문화. 기원전 4000~3000년경에 메소포타미아나 이집트에서는 이미 평평한 돌이나 나무판자 위에 와문(渦紋)이나 격자문(格子門)을 그려놓고 말과 주사위를 사용해 게임을 하는 이른바 반상놀이가 있었다는 것이 유물로 증명되었다. 이러한 유물은 그밖에 인도·인도네시아·중국·일본 등지에서도 발견된다. 그것은 실크로드의 초원로와 해로의 두 길을 통해 전파되었을 것이다.

반용 班勇

중국 한대의 서역 경략자 반초(班超)의 아들. 반초가 30년간의 서역 경략을 성공적으로 마치고 귀조(歸朝)한 후 서역은 다시 혼란에 빠져 한조(漢朝)에 등을 돌리기 시작하였다. 새로운 도호(都護)들의 대응력 부족을 절감한 한조는 안제(安帝) 영초(永初) 원년(107)에 할 수 없이 서역도호(西域都護)와 둔전(屯田)의 관리 및 군사 모두를 소환하고 도호부를 폐지하였다. 그러나 서역을 잃으면 하서(河西)를 보존할 수 없음을 깨달은 안제는 연광(延光) 2년(123)에 반초의 아들 반용을 서역장사(西域長史)로 임명하고 서역에 파견하였다. 아버지를 따라 서역에서 성장해 그곳 사정에 밝은 반용은 반초의 서역 경략 의지를 이어받아 127년까지 언기(焉耆)·구자(龜玆)·소륵(疏勒)·우기(于闐)·사차(莎車) 등 17개국을 차례로 정복해 다시 모두 한조에 복속시키는 공훈을 세웠다.

반초(班超)의 서역 경략과 동서교류 73~102년

험준한 자연 장벽인 파미르 고원으로 인해 단절된 동서통로(오아시스 육로)를 개통하여 직접적인 동서교통을 실현한 것은 중국 후한(後漢)대 반초(班超, 32~102)의 서역 경략에 의해서다. 최초의 서역 경략은 전한(前漢) 때 장건(張騫)의 서역착공(西域鑿空, 기원전 138~126)을 기점으로 약 70~80년간 유지되었다. 그러니 이러한 경략은 서역의 일부에만 한하고 공고하지도 못하였으며, 더욱이 동서교통과는 직결되지 못하였다. 이로 인해 전한 말 후한 초의 혼란기를 틈타서 서역 나라들은 앞을 다투어 한조를 배반하고 흉노에 복속하였다. 그 결과 광무제(光武帝, 25~56)에서 안제(安帝, 106~125)에 이르는 약 100년 동안에 후한과 서역 간의 관계는 삼절삼통(三絶三通), 즉 세 번 단절되었다가 세 번 재개되는 우여곡절을 겪게 되었다. 이러한 불안한 관계를 타개하기 위하여 명제(明帝)는 서역 경략에 큰 뜻을 품고 있는 반초에게 중책을 맡겼다.

반초는 가사마(假司馬)의 자격으로 73년 선선(鄯善) 정벌을 시작으로 3차례의 서정(西征) 끝에 소륵(疏勒, 카슈가르)에 근거지를 마련하고 인근 제국을 평정함으로써 50여년 만에 서역통로가 재개되고 서역도호부가 부활하였다. 일선 총사령관격인 군사마(軍司馬)가 된 반초는 이어 고묵(姑墨)·우기(于闐)·사차(莎車) 등 여러 나라를 공략하여 화제(和帝) 영원(永元) 원년(89)에는 오아시스 육로의 남도(南道) 여러 나라를 제압하여 한에 복속시켰다. 또한 1개월여의 대사막을 행군하는 악조건 속에서도 북도의 대국 구자(龜玆)를 측면 지원하는 7만의 대월지(大月氏)군을 격파하고 91년에 구자와 그 속국들의 항복을 받아내어 오아시스 북도의 나라들도 한에 복속시켰다. 이리하여 한조는 건초(建初) 원년(76)에 개설하였다가 반년도 채 되지 못해 폐쇄한 구자의 서역도호부를 15년 만에 다시 회복하여 반초를 도호로 임명하였다. 반초는 선선 등 8개국으로부터 모집한 7만대군을 이끌고 계속 항거해온 언기(焉耆)와 위성국들을 각각 격파함으로써 서역 정벌 말미를 승리로 장식하였다. 이로써 서역 50여 개국이 모두 한에 복속하였으며, 서역통로는 드디어 동서교류의 대동맥으로서의 기능을 수행하게 되었다. 반초는 경략 후에도 근 10년간 여전히 서역에 남아서 많은 업적을 쌓았는데, 대표적인 것이 영원(永元) 9년(97)에 한의 위력을 서방에 과시하고 서방과의 관계를 모색하기 위해 감영(甘英)을 대진(大秦, 로마)에 사신으로 파견한 것이다.

이와 같은 반초의 서역 경략이 동서교류에 미친 영향은 지대하였다. 그의 경략활동에 의해 서역이 개통됨으로써 동서교류의 가교가 놓이게 되었으며, 서역에 관한 지식이 중국을 비롯한 동방에 전해지게 되었다. 또한 서역 개통을 계기로 육로를 통한 동서간의 물물교류가 본격적으로 시작되었으며, 오아시스 육로의 남·북로가 개척·이용되었다. 이와 같이 반초는 당대의 난제인 서역 경략에서 위훈을 떨치고 동서교류사에 큰 업적을 남겼지만, 무장(武將) 출신이어서 자세한 전기는 남아 있지 않고 다만 『후한서(後漢書)』 권47 「열전」 제37, '반초전(班超傳)'에 그에 관한 몇

가지 기사가 실려 있을 뿐이다.

발디비아 문화 Valdivia culture

남미에서 가장 오래된 토기문화. 에콰도르 남부의 과야스 해안지대를 중심으로 남미에서 가장 오래된 토기문화가 발달하였다. 제작연대가 보통 기원전 3500~1500년이지만, 기원전 4000년대에 속한 것도 있다. 주거와 제사를 목적으로 지어진 것으로 보이는 대형 공공건물 등을 포함하여 유구(遺構) 몇 점이 발견되었다. 어로(漁撈)와 농경을 동시에 행하였던 복합사회로 수렵활동도 이루어졌으며, 최근에는 옥수수를 재배한 증거도 나오고 있다. 밑이 둥근 사발이나 외반발(外反鉢) 등의 토기가 발견되는데, 토기의 겉면에는 기하학무늬가 그려졌다. 아주 세련된 토기 형태로, 외부 기원설이 제기되고 있다. 한 연구자는 기형이라든가 장식이 일본, 특히 기타규슈(北九州)의 승문토기(繩文土器)에 기원을 두고 있다는 이른바 '승문인표류설(繩文人漂流說)'을 주장하기도 한다. 주목되는 것은 초기의 석우(石偶)와 후기의 토우(土偶)인데, 그중 키 10cm 정도의 머리칼이 수북한 임신부상이 특히 주목된다. 이런 여성상은 구석기시대 말엽에 초원로를 통해 동서로 널리 전파된 비너스상(여성 나체상)을 연상시킨다. (4-110)

발라사군 Balāsāghūn(페르시아어)

오아시스로 상의 고도(古都). 9~13세기에 카를루크(Qarluq)와 카라한조(朝) 및 카라키타이조(서요西遼, 1132년 건국)의 중심도시(혹은 도읍)로서 키르기스의 동북부 추강(江) 유역에 자리하고 있었다. 9세기의 한적(漢籍)에는 배라장군성(裴羅將軍城)으로 나온다. 원래 이곳은 소그드의 식민도시(7~9세기)였는데 943년경 투르크인들이 내침하였다. 이로 인해 이곳 주민들은 소

그드어와 투르크어를 사용했다.

발리카노프 Chokan Chingisovich Valikhanov, 1835~1865년

키르기스 출신의 동양학자 겸 탐험가. 카자흐스탄의 서북부 콕초크 지방의 술탄 가정에서 태어난 발리카노프는 유년시절 카자흐의 사설학교에서 페르시아어·아랍어·차가타이어 등을 배우고, 6년간(12~18세) 옴스크의 육군유년학교에서 수학한 후 카자흐와 톈산 산맥 일대 탐험에 두 차례(1853년과 1856년) 참가하였다. 또한 러시아 정부의 사절로 현 중국 신장의 이리(伊犁)에 파견되어 청나라와의 통상관계를 조정하는 일에도 관여하였다. 1857년에는 다시 러시아 정부의 사절로 키르기스에 파견되었는데, 그는 이 여정에서 돌아온 후 키르기스의 유명한 서사시 『마나스』(Manas)를 러시아어로 번역하기 시작하였다. 발리카노프는 그동안 여러 곳을 편력한 내용을 엮은 여행기로 『잇시크 쿠르헤로의 여행일기』(1856)와 『중화제국(中華帝國)과 크루지아』(1856)를 출간한 데 이어, 카슈가르에서 돌아와서는 『카슈가르 여행과 아라타우 관구(管區) 귀환』『알티샤푸르, 즉 카슈가르에 관한 기술(記述)』을 남겼다. 또한 상트페테르부르크에 체류하며 대학 강의를 맡고, 중앙아시아의 지도 제작과 수정 작업도 맡았다. 그러나 건강이 좋지 않아 상트페테르부르크를 떠나 키르기스로 돌아왔다. 그즈음 러시아는 중앙아시아에 대한 정복을 단행해 타슈켄트와 코칸트 칸국 등을 차례로 공략하였다. 당초 러시아의 선진문화로 초원사회를 개혁하려던 발리카노프의 뜻은 수포로 돌아갔다. 실의에 빠진 그는 향년 30세의 젊은 나이에 요절한다. 그가 정열적으로 진행한 여러 방면의 연구와 여행기는 중앙아시아 연구의 귀중한 자료가 되고 있다. 1961년부터 1972년 사이

에 카자흐스탄의 알마티에서는 5권으로 된 발리카노프의 선집이 출간되었다. (1-473~74)

발보아 Vasco Núñez de Balboa, 1475~1517년

유럽인 최초의 태평양 발견자. 스페인의 탐험가이자 식민지 통치자로서 1512년에 파나마의 다리엔 총독에 부임하였다. 발보아는 1513년 파나마 지협(地峽)을 횡단해 유럽인으로서는 처음으로 산미구엘만(灣)에서 태평양을 봤다고 전한다. 하지만 당시 눈앞에 펼쳐진 이 넓은 바다가 태평양이라는 사실은 알지 못했다. 몇년 후인 1519~1522년에 마젤란이 세계일주를 하면서 풍파가 심한 남미 마젤란 해협을 벗어나 서항하자 만난 바다가 매우 평온해서 그 바다 이름을 '태평양'이라고 붙인 것이다. (9-64)

발일라보리 跋日羅菩提, Vajrabodhi, 일명 金剛智, 699~741년

남천축(南天竺, 남인도)의 동행 불승. 사자국(獅子國, 현 스리랑카)에 가서 능가(稜伽, Lanka)산에 등정한 후 해로로 동항(東航)해 불서(佛逝, 현 수마트라 일대)와 나인국(裸人國, 현 니코바르 제도) 등 20개국을 역방하였다. 이 과정에서 발일라보리는 지나(脂那, 중국)에 불법이 흥성하고 있다는 소문을 듣고 개원(開元) 7년(719)에 배편으로 광저우(廣州)에 도착하였다. 왕명에 따라 장안(長安)의 자은사(慈恩寺)와 천복사(薦福寺)에 주석하면서 여러 권의 경전을 번역했으며, 중국 밀종(密宗)의 창시자가 되었다. 대지(大智)·대혜(大慧) 두 선사와 불공(不空)이 그를 사사(師事)하였다.

발하슈호(湖) Balkhash

초원실크로드 상의 큰 호수. 중국 사서(史書)에는 파륵합십박(巴勒哈什泊)·득억해(得嶷海)·이파해(夷播海) 등의 이름으로 나온다. 카자흐스탄 남동부의 해발 340m의 고지에 자리한 발하슈호는 길이 605km, 폭 약 74km에 너비가 1만 5,000~1만 9,000km²의 큰 호수다. 남쪽에서 일리강과 레프사강 등이, 북쪽에서 아야구즈강이 흘러들어오지만, 흘러나가는 강은 없는 신비의 호수다. 좁은 수로를 가운데 두고 동서로 나뉘는데, 서쪽은 담수(淡水)이고 동쪽은 염수(鹽水, 1리터당 염기가 5,000mg)다. 수심은 평균 6m인데, 가장 깊은 곳은 26.5m에 이르며, 서부가 비교적 얕다. 호의 남쪽은 평평한 모래땅으로 연안에 갈대가 자라고 있으며, 북안은 지세가 높고 바위가 많다. 11월에 얼었다가 4월에 녹으며, 평균 수온은 12월에 0도, 7월에는 28도에 달한다. 어류는 별로 많지 않아 잉어나 아랄해산 철갑상어가 서식하고 있다. 예부터 이 호수는 초원로 상의 수원으로서 관개뿐만 아니라 인간과 동물의 음료수원이 되었다. 따라서 주변에 여러가지 유구(遺溝)들과 교류 흔적이 남아 있다. 오늘날은 호수 자체에도 항로가 개척되어 호안(湖岸)에 몇개의 항구가 있으며, 북서 호안의 발하슈시(市)에는 대규모의 동 제련소가 있다. (1-260)

발해 渤海

한국 역사상 가장 넓은 영역을 통치하였던 국가인 발해는, 그 영역이 동북 3성과 연해주 남부, 한반도 북부 일대를 포괄하고 있었다. 고구려를 계승한 국가로서, 정치적·군사적 거점 지역에 5경(京)을 설치해 국가 통치의 효율성을 높였다. 5경의 위치에 관해서는 여러 설이 있으나 중경(中京)은 허룽(和龍), 상경(上京)은 닝안(寧安), 동경(東京)은 훈춘(琿春), 서경(西京)은 린장(臨江), 남경(南京)은 함경남도 북청(北靑)으로 보고 있다.

해동성국(海東盛國) 발해가 주변세계와 통하

발해의 옛 성터 노보고르데예프카에서 출토된 소그드 은화(좌: 앞면, 우: 뒷면)

는 주요 국제 간선로는 영주도(營州道)·조공도(朝貢道)·거란도(契丹道)·신라도(新羅道)·일본도(日本道) 등 5도가 있었다. 영주도는 상경에서 영주까지 연결된 도로로 당나라의 장안까지 이어지는 주요 도로다. 조공도는 압록강과 바닷길을 통해 중국 산둥의 등주(登州)까지 나아가는 길이다. 거란도는 상경에서 현 지린(吉林) 일대에 위치했던 부여부(夫餘部)를 통해 거란의 수도와 연결된 후 북방 초원로와 통하는 국제 도로다. 신라도는 동경과 남경을 거쳐 신라와 교류하는 길이며, 일본도는 동경을 통해 바다로 진출하여 일본으로 건너가는 길이다.

발해는 이 사통팔달한 교통망을 통해 주변세계와 호흡을 함께하고 있었다. 발해의 고지(故址)에서는 발해와 주변국가들은 물론, 멀리 중앙아시아와도 교류했음을 입증하는 유물이 여러 점 발견되었다. 극동 러시아의 옛 발해 터였던 노보고르데예프카성(城) 밖 취락지에서 발견된 8세기의 소그드 은화는 당시 발해가 북방과의 모피 교역로였던 거란로를 통해 중앙아시아의 사마르칸트 지역과 교역하고 있었음을 말해준다. 발해의 동경이던 훈춘(용원부龍原府)에서는 십자가를 목에 걸고 있는 삼존불상(三尊佛像)이 발견되었는데, 이는 발해 불교와 고대 동방기독교인 네스토리우스파(경교景敎)의 기묘한 융합 양상을 시사해준다.

발흐(Balkh) 도시 유적

교류의 유물적 전거로서의 오아시스로 유적. 아프가니스탄 북부, 마자리 이 샤리프시 서북쪽 19km 지점에 있는 박트리아(대하大夏) 왕국의 옛 도시로서, 옛 이름은 다양하다. 『리그베다』에는 '발히카', 『아베스타』에는 '바후데이', 고대 페르시아어로는 '바흐토리슈', 이슬람 문헌에는 '움몰 빌라드'(모든 도시의 어머니란 뜻), 『대당서역기』에는 '박갈(縛喝)' 등 여러가지로 불렸다. 예부터 발흐는 오아시스로의 동서남북 교차 지점에 자리하고 있어 동서교류의 중계 역할을 하였다. 인도와 소그디아나, 파미르와 서아시아를 종횡으로 연결하는 문자 그대로 문명의 십자로였다. 발흐를 중심으로 한 박트리아는 중세까지만 해도 관개망이 발달해 아리아나(아프가니스탄의 고칭)에서는 가장 비옥한 지방의 하나였다. 중세 번영기에는 상업·종교·학문의 중심지로서 문명 전파에 중요한 역할을 하였다. 7세기 전반 도축(度竺) 중 이곳을 지난 당나라 승 현장(玄奘)은 여행기 『대당서역기』에서 이곳을 박갈국(縛喝國), 혹은 소왕사성(小王舍城)이라고 칭하면서 주위가 20여 리의 대도시이며 가람이 백여 개소, 승 3,000여 명이나 되는 불교의 성행지라고 기술하고 있다. 기원전에 발흐는 아시리아에 점령돼 그 치하에 있다가 알렉산드로스 대왕의 동정 후에는 그레코 박트리아왕의 거성(居城)으로 헬레니즘 문화의 중심지, 간다라 미술의 발원지가 되었다. 7세기 이슬람 동정군이 점령하기 전까지는 불교·조로아스터교·마니교·네스토리아파 기독교(경교景敎) 등 다양한 종교가 공존하고 있었다. 중세와 근세 초에는 여러 칸조(朝)의 지배를 계속 받아오다가 1850년부터 아프가니스탄의 영역에 편입되었다. 발흐는 일찍이 13세기 몽골 서정군의 침공과 14세기 티무르군의 공략으로 인해 구지(舊地)는 거의 다 파괴되었다. 현재 남아 있는 유명한 건축물로는 아부나시르 바르시 사원이 있다. 이 사원은 동시대의 사마르칸트나 부하라의 사원과 비견되는 화려한 건물이다. 그밖에 사이드 수프한 마드라사가 있다.

밤(Bām) 도시 유적

교류의 유물적 전거로서의 오아시스로 상의 유적. 오아시스로가 이란으로부터 이라크와 시리아를 거쳐 지중해 동안(東岸)에 이르는 서남단(西南段) 연변에도 동서교류를 입증해주는 많은 유적이 분포되어 있다. 아프가니스탄의 서변 도시 자란즈(Zaranj)를 지나 이란 역내에 들어서면 루트 사막의 동남변에 오아시스로 서남단의 첫 유적으로 황폐화된 밤 고도 유적이 있다.

터키 동부 밤시의 톱날식 성벽

방베리 Ármin Vámbéry(헝가리어), Arminius Vambery, 1832~1913년

헝가리의 동양학자(중앙아시아학). 페르시아어와 투르크어를 독학으로 익혔을 정도로 언어에 능통하여 독일어·타타르어 사전을 편찬했다. 그런 이력 덕분에 1861년에는 헝가리 아카데미 통신회원이 되었다. 그는 한때 이슬람의 탁발승으로 위장하여 이란 국내를 방랑하기도 했는데, 1863년 3월에는 동투르키스탄에서 성지순례단에 합류해 테헤란을 출발, 8개월 동안 히바·부하라·사마르칸트·헤라트 등지를 돌았다. 오랜 순방을 끝내고 귀국한 그는 각지에서 보고 느낀 것들을 토대로 하여 고행(苦行) 기록을 담은 『중앙

아시아 여행기』(1864)와 『중앙아시아 스케치』(1868)를 펴냈다. 1889년에는 자서전격인 『페르시아 방랑기』도 출간하였다. 부다페스트 대학에서 동양의 여러 언어를 가르쳤으며, 러시아의 중앙아시아 진출에 대응하는 영국의 적극적인 활동을 촉구하기도 하였다. (3-71~72)

배구 裴矩, 557~627년

중국 수나라의 서역 경략자. 605~610년에 4차례나 하서(河西) 지역에 파견되어 서역과 수나라의 관방무역을 촉진하는 한편, 서역에서의 경쟁자인 토욕혼(吐谷渾)을 정벌했으며, 610년 수양제(隋煬帝)의 친정(親征)을 계기로 이오(伊吾, 하미)에 대한 경략을 공모하기도 하였다. 수양제가 시해되고(618) 수나라를 이어 당나라가 건국되자 그는 귀순하여 당태종에게 민부상서(民部尙書)로 등용되었다. 서역과의 교역을 다룬 『서역도기(西域圖記)』 3권을 저술하였다. 수·당의 서역 경략과 서역 교역에 일정한 기여를 했다는 평가를 받고 있다.

배성 拜城

중국 신장 오아시스로의 중도(中道) 상의 요지. 현 신장위구르자치구 배성현(拜城縣)으로서 타림 분지 북부의 남천산(南天山)과 각륵탑격(却勒塔格) 사이의 지역이다. 한(漢)대에는 고묵국(姑墨國) 땅이었다가 구자(龜玆)에 병합되었다. 당(唐)대에는 원래 구자도독부 예하의 고묵주(州)였으나 당대 말에는 서주(西州) 회골(回鶻)에 속하였다. 명대에 이르러서는 파성(擺城)이라 불렀으며, 청나라 건릉(乾陵) 연간에는 배석궁태(拜城軍台)를 설치했다가 광서(光緒) 10년(1884)에 현(縣)을 두었다. (13-101)

백과전서파(百科全書派)와 중국

근세 프랑스의 사상 및 정치혁명을 주도한 백과전서파는 중국의 인문사회학에 큰 관심을 가지고 연구하였으며, 그 합리성과 보편성을 인정하고 수용하는 데 인색하지 않았다. 볼테르(Voltaire), 몽테스키외(Montesqieu), 돌바크(d'Holbach) 등 백과전서파의 주역들은 중국에 파견된 선교사들의 저서와 보고서, 그리고 유럽에서 출간된 중국 관련 서적들을 섭렵하면서 중국의 역사·사상·정치제도·형법·사회풍속 등 다양한 분야를 깊이 연구하였다. 이중 볼테르의 연구와 대중국관(對中國觀)이 전형적이다.

볼테르(1694~1778)는 중국 역사와 도덕경에 대하여 깊이 공부한 프랑스 선교사 푸케(Jean François Fouquet, 부성택傅聖澤, 1665~1741, 1699년 중국 입국)와 교분을 유지하고 중국문명에 관해 연구하면서 폐쇄적인 기독교 신학 때문에 망가진 유럽사회를 비판하였다. 그는 저서 『철학사전』의 '영광(榮光)' 항목에서 중국은 "세계에서 가장 아름답고, 가장 유구하며, 가장 넓고, 인구도 가장 많은, 그리고 치세(治世)도 가장 잘된 국가"라고 격찬하였다. 볼테르는 공자의 유학은 일종의 자연신론(自然神論)으로서 유럽에서 성행하는 미신적인 '신계시종교(神啓示宗敎)'와는 완전히 다른 '이성종교(理性宗敎)'라고 하였다. 또한 그 자신을 숭고한 이성을 가지고 자연과 도덕에 부합하는 이성종교의 신봉자라고 하였다. 볼테르가 말하는 자연신론은 천부적인 자연도덕과 상관성이 있는 개념으로서 천부(天賦)와 이성, 문명의 발달과 이성의 통일을 뜻한다.

백과전서파들은 중국의 도덕정치를 찬양하면서 신권(神權) 통치하의 유럽 군주정치를 부정하였다. 돌바크는 『덕치 혹은 도덕을 기초로 한 정부』라는 책을 저술하였다. 그 속에서 그는 덕치(德治, éthocratie)라는 용어를 쓰면서 중국의 덕치주의를 찬양하였다. 그는 "중국은 세계에서 유일하게 정치와 윤리도덕을 결합시킨 나라다. 이 제국의 유구한 역사는 모든 위정자들로 하여금 나라가 번영하려면 반드시 도덕에 의거해야 한다는 것을 명료하게 인식케 하였다"라면서 "유럽 정부는 중국을 귀감으로 삼아야 한다"고 주장하였다. 이와 같이 중국 유가의 자연관과 도덕관, 정치관은 백과전서파의 지지와 공감을 얻었을 뿐만 아니라, 그들의 사상 형성에 직접적인 영향을 주었다.

백단 白檀, Santalum album

향나무의 일종. 산스크리트어로 찬다나(chandana)라고 하는 백단의 원산지에 관해서는 인도의 마이소르주(州)라는 설과 말레이시아나 자바 동부의 여러 섬이란 두 가지 설이 있다. 중국과 일본에서는 전단(栴檀, 단향목)이라고 하는데, 독사(毒蛇)의 독을 제거하는 등 해독 작용을 하며, 다른 나무에 기생(寄生)하는 기생식물이다.

백은(白銀)의 길

태평양을 통한 해상실크로드. 16세기 말부터 라틴아메리카 페루에서 생산되는 백은(당시 세계 백은 생산량의 60%)이 필리핀 마닐라를 기착지(寄着地)로 한 태평양 해상실크로드를 통해 아시아와 유럽에 수입되었다. 이 길을 '백은의 길'이라고 한다. 이 길은 곧 태평양의 비단길이다.

백장한 白帳汗

키르기스 초원을 중심으로 한 광활한 남러시아 일대에 킵차크 칸국(Qipchaq, 1243~1502)을 세운 바투는 아랄해 동북부 지방을 형 오르다에게 할애하여 백장한(칸)국을, 그 이북 지방을 동생 셰이반에게 할애하여 청장한(靑帳汗)국을 각각 세웠다. 그러나 청장한(칸)국은 동생 셰이반의 지도력이 약해 실제로는 여전히 바투의 치하에 있었다.

백제 선광 百濟 善光, ?~693년

백제 의자왕(義慈王)의 아들로 '선광(禪廣)'이라고도 하는데, 643년 4월에 형 풍장(豊璋)과 함께 일본 궁궐에 들어가 일본 왕을 알현하였다. 백제가 멸망한 뒤에도 일본에 남아 691년 정월 봉호(封戸) 100호를 하사받았다. 당시 작위는 정광사(正廣肆)다. (8-176)

번박 蕃舶

당(唐)·송(宋)대 중국을 왕래한 외국 상선. 당·송대에 대외교역이 활발하게 전개되면서 많은 외국 선박들이 중국에 내항하였다. 당 대종(代宗) 대력(大曆) 4년(769) 광저우에 교역하러 온 선박은 4,000여 척에 달했는데, 그중에는 파라문박(婆羅門舶)·파사박(波斯舶)·곤륜박(崑崙舶) 등 여러 나라의 선박이 포함되어 있었다. 큰 선박의 경우 길이가 20장(약 61m)이나 되며 600~700명이 승선할 수 있다. 일부 선박들은 중국 배와 달리 해수의 부식을 막기 위해 건조하는 데 철못을 사용하지 않았다.

번방 蕃坊

중국 당·송(唐·宋)대의 외방인 거주지. 당·송대 중국과 서방 제국(諸國) 간의 교류가 전례 없이 활발하게 전개되자, 그에 편승해 페르시아인과 아랍인을 비롯한 외방인들이 중국 동남 해안 일대에 대거 이주해 정착하였다. 이렇게 중국에 입국한 이방인들의 거주지를 번방이라고 불렀다. 번방은 주로 외국 상선인 번박(蕃舶)을 통해 중국에 들어온 번객(蕃客, 외방인)들이 집중 거주하는 구역이다. 이러한 번방은 주로 광저우(廣州)나 취안저우(泉州) 등 동남 해안 일대의 항구 도시와 홍주(洪州, 현 난창南昌)나 양저우(揚州) 같은 해안 항구에서 장안이나 뤄양(洛陽)으로 통하는 교통로에 위치한 도시들에 설치되었다. 이러한 번방에는 아랍·무슬림들과 페르시아인들을 비롯한 외국인들이 다수 거주하였다. 번방이란 명칭이 언제부터 쓰였는지는 알 수 없지만, 당 현종(玄宗) 개원(開元) 원년(836)에 광저우에 '번객대수령(蕃客大首領)'이 있었다는 문헌기록으로 보아 당시 번객을 관리하는 직책이 있었음을 알 수 있다. 그러나 번방이 하나의 정형화된 행정관리체제로 출범한 것은 문종(文宗) 개성(開成) 원년(836) 노균(盧鈞)이 영남절도사(嶺南節度使)로 부임한 초기부터로 추정된다. 그는 부임하자 입법을 공표해 화만(華蠻, 중국인과 외국인)의 혼거(混居)와 통혼을 불허하고, 번객(蕃客, 외방인)의 전택(田宅) 소유를 금지하였는데, 이를 계기로 번객들만이 거주하는 특정 구역, 즉 번방이 생겨났다고 짐작된다. 광저우의 번방은 성서(城西)의 현 광탑가(光塔街) 일대에, 취안저우의 번방은 성남의 빈진강(瀕晉江) 안에 위치하고 있었다.

번방의 행정은 일반적으로 번객들의 자치원칙에 준해 운영되었으며, 중국 당국으로부터 임명된 번장(蕃長)이 총괄하였다. 번방의 주요 기능은 상역(商易) 업무와 일상 형사업무 및 종교활동을 처리·관리하는 것이다. 번장은 번방 내의 선박을 관리하고, 번방에 부과된 관세를 정부에 납부하며, 금운품(禁運品)을 단속하며, 종교활동을 관장해야 한다. 번객들의 형사소송은 본국의 법규에 준해 처리한다. 무슬림들의 번방인 경우에는 중국 황제가 무슬림 중에서 법관(Gādī) 한 명을 임명하여 번장 역할을 하도록 하였다.

이렇게 당 중엽에 공식적인 행정조직으로서

발족된 번방은 송·원대에 이르러 전성기를 맞았다. 송조의 대외무역 장려 정책에 힘입어 대식상인을 비롯한 번객들이 대거 번방에 이주함으로써, 번방의 규모가 전례 없이 커지고 그 역할이 증대되었다. 북송(北宋, 960~1127) 말엽에 이미 '5대 번객(五代蕃客)' '토생번객(土生蕃客)'이 생겨날 정도로 번객들은 이미 삶의 뿌리를 내리고 점차 중국화되었다.

『번한합시중주(蕃漢合時中珠)』 骨勒茂才, 1190년

서하어(西夏語)와 중국어 대역 학습서. 1909년 이바노프(A. I. Ivanov)가 카라호토(흑성黑城)에서 발견하였다. 내용은 천(天)·지(地)·인(人)의 3부로 나누어 상용 어휘나 문구를 대역한 것으로, 각 부는 상·중·하로 세분되어 있다. 6종의 원본이 러시아 동방학연구소에 소장되어 있다.

번호(蕃胡)의 중국화

'번호(蕃胡)'는 서역인들을 이르는 말인데, 그들이 중국 당(唐)대에 중국 땅에 정착하여 중국화(中國化), 혹은 당화(唐化)한 것을 이른바 '화화(華化)'라고 말한다. 구체적으로는 그들이 한인들의 성씨(姓氏)와 복식 및 예의를 채용하고, 한의 전통문화를 습득하며, 한인들과 통혼(通婚)하고, 한식 묘비를 세우며, 문무고관으로 기용되는 등 풍습이나 문화에 있어서 완전히 중국인화된 경우도 많았다.

범가요자(范家窯子) 유적

교류의 유물적 전거로서의 초원로상의 유적. 1958년 네이멍구자치구 화림격이현(和林格爾縣) 범가요자 고분에서 청동제 단검과 칼·창·동물 모양의 장식판과 토기 등 유물이 발견되었다. 창이 전국시대의 제품이 분명하므로, 이 유적은 전국시대의 것이라고 할 수 있다. 특히 유물 중 청동제 단검은 카자흐스탄의 다카르 문화(기원전 7~3세기)에서 보이는 스키타이계 아키나케스 단검과 동형의 것이다. 지금까지 이러한 단검은 전국시대 말부터 한대에 이르는 기간에 흉노가 활약한 랴오닝성(遼寧省) 북표현(北票縣), 허베이성(河北省) 난평현(灤平縣)과 회래현(懷來縣), 선화현(宣化縣) 등 만리장성 부근 지역에서 여러 점 출토되었다. 이러한 유물에서 문양으로 등장하는 동물은 양·산양·말·사슴·이리 등이며, 동물들의 투쟁을 형상화한 유물도 있다. 요컨대, 이 일대의 청동기문화에서는 초원로를 통해 이루어진 스키타이-다카르 문화와의 친연성(親緣性)을 엿볼 수 있다.

범선 帆船, 돛배, sailing ship

고대 해상실크로드의 운항 수단. 범선이란 돛을 달아 풍력(風力)으로 항진하는 배를 말한다. 중국의 경우 『시경(詩經)』 '상송(商頌)' 편에 의하면, 상대(商代)에 이르러 범선이 출현했는데 추진(推進)과 조정(調整) 계통이 장착되어서 군사와 교역에 이용하기 시작하였다. 그 결과 상나라는 세력을 해외에까지 뻗을 수 있었다. 상대의 범선을 한걸음 더 발전시킨 주(周)대에는 해상 활동이 더욱 활발하게 전개되어, '주목(舟牧)'이란 선박관리관을 선임하고 사상 초유의 선박검사제도까지 도입하였다. 인도의 경우, 기원후 굽타(Gupta)시대(기원후 350~647)에 축조된 아잔타(Ajanta) 석굴의 벽화에 비교적 발달된 범선 모양의 배가 그려져 있다. 이물(배의 앞부분)과 고물(뒷부분)이 다 같이 높고, 선체 앞부분에 장방형 돛 3개와 3각형 돛 1개가 있으며, 뒷부분 좌우에 노가 한 개씩 달려 있다. 그리고 이물에 닻구멍이 있고 고물에 널판이 각각 한 장씩 튀어나와 있으며, 돛대에는 도르래가 부착되어 있다.

범일 梵日, 819~889년

당나라로 간 신라 유학승. 문종(文宗) 태화(太和) 연간(827~835)에 당나라에 유학하고 846년에 귀국해서는 강원도 강릉 오대산에 머물렀다. 일찍이 항저우(杭州) 염관(鹽官)의 해창원(海昌院)에 있었다고 하여 '염관(鹽官)'으로도 불린다. 현 저장성 해녕현(海寧縣)의 승려 제안(齊安)에게 사사하고 선(禪)을 깊이 연구하였다. 범일은 입적 후 통효대사(通曉大師)로 시봉되었다. (8-151)

범패 梵唄

동전 불교음악. 범패란 불교 사원에서 불경을 송독하거나 찬양하는 음조(音調)를 말한다. 불경을 쉽게 읽고 쉽게 기억하기 위한 범패는 인도의 불교의식에서 발원한 후 실크로드를 통해 불교문명권에 전파되었다.

법문사 法門寺

중국 산시(陝西)성 시안(西安) 서쪽 50km 지점에 있는 유구한 고찰. 후한(後漢) 때 건립되었다고 하는데, 당시 이름은 아육왕(阿育王, 아소카왕)사라고 하였다. 당대(唐代)에는 부처의 진신사리(眞身舍利)가 봉안되어 있는 것으로 특히 유명해서 역대 황제들의 사리공양이 행해졌다.

한대에 건립된 법문사 정문과 13층탑

1981년 큰 비로 반파된 절 내의 13층탑의 기단 부분을 발굴·조사하는 과정에서 당대에 속하는 지하궁전을 발견하였다. 궁전은 모두 6개 실로 구성되었는데, 면적은 약 32m²다. 8중 상자에 들어 있는 사리 외에 금은기·유리그릇·청자기·궁전다기·견직물 등 도합 900여 점의 유물이 출토되었다. 이러한 유물들은 당대 말 873~874년에 사리를 공양할 때 의종(懿宗)과 희종(僖宗)이 절에 봉납한 것들이다. 지금 이 유물들은 법문사에 소장되어 있다.

법안 法安

당이 신라에 파견한 승려 사신. 669년 당 고종의 명에 따라 자석(磁石)을 구하기 위해 신라에 파견되었다. 같은 해 신라는 급찬(級湌) 기진산(祇珍山)을 당에 파견해 자석 두 상자를 헌상하였다. (8-118~119)

법현 法顯, 342경~423년

중국 동진(東晋)의 서행 불승. 중국의 첫 도축승(渡竺僧). 법현은 산서평양(山西平陽, 현 린펀臨汾) 출신으로서 3세에 출가하여 사미(沙彌)가 된 후 20세에 비구의 대계(大戒)를 수계하였다. 당시는 불교가 흥하여 신도나 불승들이 많이 늘어났지만, 신앙생활에 필요한 율장(律藏, Vinaya-pitaka)이 결여되어 제대로 수행을 못하고 있는 형편이었다. 이를 절감한 법현은 율장을 구하고자 험하고 긴 도축(渡竺) 길에 올랐다. 동진 융안(隆安) 3년(후진 홍시後秦弘始 원년, 399) 3월 중순, 이순(耳順)에 가까운 나이에 혜경(慧景), 도정(道整)·혜달(慧達)·혜의(慧意)와 함께 장안(長安)을 출발하였다. 399년에 장안을 떠나 14년 만인 413년 귀국할 때까지 법현의 행로와 행적은 다음과 같다.

　장안 출발 → 건귀국(乾歸國, 서태西泰, 현 란

저우蘭州 일대) → 누단국(耨檀國, 남량南凉, 현 시닝西寧 일대) → 장예(張掖, 감주甘州) → 둔황(敦煌) → 선선국(鄯善國, 현 신장 뤄창若羌 일대) → 언이(焉夷, 한대의 언기焉耆) → 타클라마칸 사막 → 우기(于闐) → 자합국(子合國, 현 신장 예청현 일대) → 어휘국(於麾國, 섭이강강葉爾羌江 중·상류 일대) → 갈차국(竭叉國, 현 신장 타스쿠얼간塔什庫爾干, 한대의 소륵疎勒) → 파미르 고원 → 타라국(陀羅國, 현 파키스탄 북단의 다렐Darel) → 숙가다(宿呵多, 현 파키스탄 북부의 스와트Swat) → 건타위국(揵陀衛國, 간다라Gandhāra) → 축찰시라(竺刹尸羅, 탁사실라 Taksasila, 현 파키스탄의 라왈핀디Rawalpindi 서북부) → 불루사(弗樓沙, 푸루사푸라Purusapura, 현 파키스탄의 페샤와르Peshawar 서북부) → 나갈국(那竭國, 나가라하라Nagarahala, 현 아프가니스탄 동북부의 잘랄라바드Jalalabad) → 소설산(小雪山, 아프가니스탄 동북부의 Safedkoh) → 나이국(羅夷國, 현 파키스탄 북부의 Parachinar 일대) → 발나국(跋那國, 현 파키스탄 북부의 반누Bannu) → 비도국(毗茶國, 현 파키스탄 동북부의 비다Bhida) → 요포나강(遙捕那江, 인도의 줌나Jamnar강)의 마두라(摩頭羅, 무트라Muttra, 현 인도 북부의 마투라Mathura) → 승가시국(僧伽施國, 현 인도 북부 파투카바드Farrukhabad의 산기사Sankisa촌) → 계요이(罽饒夷, 현 인도 북방주의 카나우지Kanauj) → 사기대(沙祇大, 현 인도 북방주의 아요디아Ayodhya 일대) → 구살라국(拘薩羅國, 코살라Kosala)의 사위성(舍衛城, 슈라바스티Sravasti) → 가유라위성(迦維羅衛城, 가비려迦毗黎, 성 동쪽 50리에 석가 탄생지 룸비니Lumbini, 현 인도 북방주 동북구 Gorakhapur 북쪽의 니글리와Nigliva촌, 일설은 네팔 남부의 Rummiedei) → 남막국(藍莫國, Rama) → 구이나갈성(拘夷那竭城, 성 북쪽에 석가 열반처) → 비사리(毗舍離, Vaisali, 현 인도 동북부 Muzzaffarpur 지방의 바자르Basarh) → 오하(五河, 간다크Gandak, 라프티Rapti, 가가라Gogra, 갠지스Ganges, 손Son강 합류처) → 마갈제국(麻竭提國, 마가다Magadha, 현 인도 비하르Bihar주 남부, 석가의 오도성불처)의 수도 파련불읍(巴連弗邑, 파탈리푸트라Pataliputra) → 가시국(伽尸國)의 파라내성(波羅㮈城, 현 갠지스강 좌안의 바라나시Varanasi) 부근의 녹야원정사(鹿野苑精舍) → 구섬미(拘睒彌, Kausambi, 현 알라하바드 Allahabad 서남의 코샴Kosam촌) → 파련불읍(巴連弗邑) → 첨파대국(贍波大國, Campa, 현 비하르 Bihar 주 동부의 바갈푸르Bhagalpur 일대) → 다마리 제국(多摩梨帝國, Tamralipti) → 사자국(獅子國, 현 스리랑카)의 왕성(王城, 현 아누라다푸라Anuradhapura의 아바야기리Abhayagiri) → 섬(니코바르Nicobar제도) → 야파제(耶婆提) → 중국 동진 청주(青州) 장광군계(長廣郡界) 노산(牢山, 현 산둥山東 라오산嶗山현 동부) 남안 → 팽성(彭城, 현 장쑤江蘇 쉬저우徐州) → 진(晉)나라 수도 건강(建康, 현 난징南京) 도착.

귀국 후 법현은 건강에서 불타발타라(佛馱跋陀羅) 선사와 함께 역경에 착수하여 불교계률 5대부의 하나인 『마가승기율(摩訶僧祇律)』(일명 『대중률大衆律』) 40권을 비롯하여 『승기율비구계본(僧祇律比丘戒本)』『승기니계본(僧祇尼戒本)』『대반니원경(大般泥洹經)』『잡장경(雜藏經)』 등 불전을 번역하였다. 법현은 건강에 4~5년간 체재하다가 만년에 형주(荊州)에 천거한 후 423년경 80여세의 고령으로 귀적(歸寂)하였다.

법현은 귀국 3년 뒤인 416년에 자신의 도축구법순례기인 『불국기(佛國記)』를 저술하였다. 이 책은 일명 『법현전(法顯傳)』, 혹은 『역유천축기전(歷遊天竺記傳)』『불유천축기(佛游天竺記)』『법현행기(法顯行記)』라고도 불린다. 약 1만 자의 세련된 언어로 엮어낸 이 순례기는 중국과 중앙아시아·남아시아·동남아시아 지역 30여 개국의 자연환경·지리·교통·문화·물산·종교·풍습·명승유적·중국과의 관계 등 각 방면의 실상을 기술하여, 5세기의 아시아 역사와 동서교류사를 연구하는 데 매우 중요한 자료로 평가된다. 인도의 저명한 역사학자 알리는 "만일 법현과 현장(玄奘)·마환(馬歡)의 저서가 없었더라면 인도사를 엮어낸다는 것은 전혀 불가능한 일이었을 것이다"라며 이 순례기가 갖는 중요성을 지적하였다. 19세기 30년대부터 영어와 프랑스어를 비롯한 여러 외국어로 번역·출간되었다.

『법현전(法顯傳)』 → 『불국기(佛國記)』 항 참고

베그(벡) beg, bek(투르크어)

투르크계 언어에서 수장(首長, 우두머리)이나 봉치사에 대한 경칭. 지역에 따라 '베그' '베이' '비'라고 한다. 고대 돌궐 비문에도 나타나는데, 일반적으로 귀족 신분의 사람에 대한 경칭으로 썼다. 이슬람화 이후 중앙아시아에서는 근대에 이르기까지 칸이나 아미르 이하의 지방 관료에 이 칭호를 쓰고 있다.

베그람(Begram) 도시 유적

오아시스로상의 유적. 아프가니스탄 수도 카불 북방 50km 지점의 차리칸(Charikan) 부근에 있는 쿠샨조(기원전 40년경~기원후 240년경)의 도읍지였던 베그람은 동서 교통의 십자로였다. 이곳은 판즈시르(Panjshir)강과 고르반드(Gorband)강이 합류하는 분지로 땅이 기름지다. 베그람 유적은 구릉지대에 자리하고 있는데, 프랑스 고고학자들에 의해 유리 기구를 비롯해 많은 그레코로만풍의 유물이 출토되었으며, 쇼트라크 사원을 비롯해 여러 사원지도 발견되었다.

628년에 도축 중 이곳을 찾은 당승 현장은 여행기에서 "가필시국(迦畢試國, 베그람 일원)은 주위가 천리이고, 북쪽은 설산(雪山)을 등지고 있으며 또한 도성의 둘레는 10여리나 된다고 하면서, 그곳은 곡맥(穀麥)의 적지이고 과수가 많다. 선마(善馬)와 울금향(鬱金香)이 산출되며, 이민족들의 기화(奇貨)가 많이 모여드는 고장"이라고 기술하고 있다. 당시 베그람의 풍요와 교류상을 말해준다.

베네치아(베니스) Venezia

해상실크로드 상의 국제무역 요항(要港). 아드리아해의 '여왕'이라 불리는 베네치아는 이탈리아 반도의 동쪽 아드리아해에 자리한 국제무역항이자 문화도시이며, 117개의 작은 도시가 모여 이루어진 모자이크 도시다. 400개의 다리가 주요 교통로인 물 위의 도시로서 3개의 제방으로 아드리아해와 격리되어 있다. 근래에 바다의 수위가 높아지면서 수몰될 위험성이 제기되고 있다. 이 도시는 중세, 특히 십자군전쟁 이후 유럽과 동방을 잇는 해상의 요로로 경제는 물론 문화적으로도 크게 번성하였다. 다른 이탈리아 도시들과는 달리 베네치아는 건축양식이나 생활 모습에서 동방적인 분위기가 물씬 풍기는 도시다. 예로부터 산마르코 광장은 교역의 중심지이며, 산마르코 성당은 모자이크 벽화로 유명하다. 이렇게 번영하던 베네치아는 15세기 대항해 시대가 도래하면서 해상교역의 중심이 포르투갈의 리스본으로 옮겨지자 점차 쇠하였다. (10-60~61)

베다 Veda

고대 인도의 신화를 집대성한 힌두교의 성전. '베다'란 지식, 특히 종교적 제의(祭儀)에 관한 지식을 말한다. 베다에는 제식을 지내는 장소로 신을 불러들이는 내용의 가장 오래된 『리그베다』와 제식에서 부르는 노래인 『사마베다』, 제식의 진행에 관한 『아주르베다』, 주술과 우파니샤드 철학을 담은 『아타르바베다』 등 4종이 있다. 베다의 성립 연대는 불확실한데, 대체로 기원전 20세기로부터 기원전 5세기 사이로 보고 있다.

베두인 Bedouin

아라비아 반도를 중심으로 서아시아와 북아프리카 일원에 사는 아랍계 유목민을 지칭한다. 아랍어에서 '베드윤'은 '유목생활' '베드윗윤'은 '유목생활을 하는 사람(유목민)'이란 뜻이다. '베두인'은 이 '베드윗윤'의 음사(音寫)이다. 그들은 사막에서 방목하면서 대상(隊商)이나 교역에 종사하기도 하며, 때로는 약탈을 생계수단으로 택하기도 한다. 베두인은 생활환경 때문에 대체로 여러 가족들로 이루어진 부족 단위로 생활한다.

베들레헴 Bethlehem

예루살렘 남쪽 약 8km 지점의 고원(해발 775m)에 위치해 있다. 다윗과 예수의 탄생지로, 예수 탄생 교회가 있어 해마다 많은 기독교 순례자들이 모여든다. '베이트 라흠'(Beit Laḥm)은 아랍어로는 '고기의 집', 히브리어로 '빵의 집'이라는 뜻이다.

팔레스타인 베들레헴의 '예수 탄생교회' 외관

베라크루스(Veracruz) 해저 유적

교류의 유물적 전거로서의 해로 유적(해저). 1976년 멕시코만과 마주한 베라크루스 해협 부근의 강 하구에서 한 어부가 금목걸이·금제 막대기·보석류 등 50여 점을 발견·수습하였다. 멕시코 고고학자들의 견해에 의하면, 이 유물은 고대 아스테카 제국의 전설에 나오는 한 왕이 소유하고 있던 재화의 일부일 것이라고 한다. 그러나 유물을 조사한 베라크루스 대학 인류역사학 연구소장 메드린은 이 재보(財寶)가 위 전설에 나오는 것인지 확인할 수 없으나, 대략 700년 전 1300년경에 만든 제품일 것이라고 추정하였다. 이 유물을 최초로 발견한 어부는 금제품의 일부를 귀금속상에게 밀매해 문화재보호법 위반죄로 투옥되었다 한다.

베스트팔렌 조약 Peace of Westfalen, 1648년

유럽 최초의 국제조약. 독일 30년전쟁을 종결시킨 조약으로, 이 조약의 결과 프랑스·스웨덴·브란덴부르크가 영토를 확장했으며, 스위스와 네덜란드는 독립국이 되었고, 독일의 제후들은 영토에 대한 주권과 외교권·조약체결권을 인정받았다. 종교적으로는 1555년의 아우크스부르크 종교화의가 승인되어 칼뱅파도 루터파와 같이 인정을 얻었고, 가톨릭 제후와 프로테스탄트 제후가 동등하게 인정되었다. (17-252)

『베오울프』 Beowulf, 7~8세기

7~8세기에 창작된 영국 최고(最古)의 영웅서사시. 뉴플라톤파의 철학자들과 시인들의 사상적 경향이 다분히 반영되어 있다. 이 시의 전편(前篇)은 주인공 베오울프가 한 노왕(老王)의 궁전을 수중악룡(水中惡龍)의 재난으로부터 구출하는 영웅상을 묘사하고, 후편(後篇)은 양민들의 고통을 덜어주기 위해 노구를 이끌고 화룡(火

龍)과 단신으로 분투하다가 그 독기에 죽음을 맞는 것으로 끝맺는다. 이와 같이 시 전편(全篇)에는 중세 초기 유럽에 상당한 영향을 미친 뉴플라톤파 철학자 보이티우스(Boethius, 475~524)의 숙명사상, 숭배관념, 금욕주의적인 고행, 명상주의 등 사상적 경향이 짙게 투영되어 있다. 이러한 일련의 사상적 경향은 그 근원이 고대 인도 사상으로 거슬러올라간다는 것이 학자들의 중론이다. 요컨대 『베오울프』의 주제적 모티브는 동양 사상의 영향을 받은 것이다.

베이루트 Beirūt

해로 상의 요지. 지중해에 면한 해안도시로 레바논의 수도다. 기원전 3000년 이전부터 마을이 조성되었으며, 페니키아가 남쪽에 인접한 시돈(Sidon)과 티레(Tyre)를 건설하면서 도시 규모가 확장되었다. 이후 번영과 외침이 끊이지 않던 베이루트에 대해 1326년 이곳에 도착한 아랍의 대여행가 이븐 바투타는 "작지만 시가는 아름답고 대사원이 제법 화려하다. 이곳에서 나는 과실이 이집트로 실려 간다"고 기록하고 있다. 북쪽으로 약 42km 떨어진 비블로스항 역시 고대 페니키아의 주요 항으로 지중해 교역의 중심지였다. 영어에서 종이를 뜻하는 페이퍼(paper)는 베이루트에서 수출되는 파피루스(papyrus)에서, 바이블(bible, 성경)은 베이루트의 북쪽 도시인 비블로스(Byblos)에서 유래하였다고 한다.

베이징 원인 北京原人, Sinanthropus pekinensis

원시 인류의 화석. 중국 베이징 서남쪽 65km 지점에 있는 저우커우뎬(周口店)의 석회암 지대에서 1927년 두개골과 이빨이 발견되었다. 인류적 특징이 있는 점을 감안해 발굴자 블랙(D. Black)은 '베이징 원인(북경원인北京原人)'이라고 명명하였다. 이어 2년 후에는 완전한 두개골이 발견되었는데, 제2 빙하기 전반의 것으로 추정되었다. 발견된 약 40점의 화석 중 5점의 두개골 화석은 비교적 보존 상태가 양호해서 원인(原人) 추적에 결정적 단서를 제공해주었다. 유적에서는 타제석기와 불을 사용한 흔적이 발견되었고, 식인 풍습이 있었다는 주장도 있다. 계통성으로 인도네시아 자바 원인과 동종(同種) 동속(同屬)으로, 원인류(猿人類)에서 진화한 원인류(原人類)에 편입시키는 것이 타당하다.

베제클리크(Bezeklik) 석굴 유적

오아시스로 상의 종교 유적. 위구르어로 '장식된 집'이란 뜻의 베제클리크 석굴은 중국 신장 투루판 지역의 최대 석굴로 투루판 동쪽 약 50km 지점, 화염산(火焰山) 계곡을 흐르는 목두구강(木頭溝江) 강안 절벽에 초승달 모양으로 자리하고 있다. 지금까지 발굴된 석굴은 모두 83개인데, 그 가운데서 벽화가 일부라도 남아 있는 것은 40개뿐이다. 그밖의 것은 독일을 비롯한 여러 나라 탐험가들이 떼어 갔거나 인위적으로 파괴되었다. 이 석굴을 만든 시기는 6세기 국씨(麴氏)의 고창국(高昌國) 시대부터 당대를 거쳐 13세기 원나라 때까지인데, 전성기는 10세기를 전후한 회골(回鶻, 위구르) 시대다. 원래 이 석굴은 파라미어·서하어(西夏語)·위구르어 등 다양한 언어로 쓰인 숱한 불경 사본과 여러 시기에 걸

신장 투루판의 베제클리크 석굴 전경

쳐 그려진 천불도(千佛圖)가 소장되어 있는 불교 문화의 보고다. 특히 왕가의 전속 사원이 된 회골 칸국 시대에 그려진 각종 공양상(供養像)·경변도(經變圖)·보살도 등의 벽화가 극치를 이룬다. 그 가운데서 석가가 전생에 과거불(過去佛)을 공양하면서 예언을 받는다는 내용의 서원도(誓願圖)가 가장 유명하다. 이 석굴에는 또한 마니교 관련 귀중한 유물도 있다. 원래 막북(漠北, 고비 사막 이북)에 살면서 마니교를 신봉하던 위구르인들이 9세기 중엽에 고창 지대로 이주하면서 투루판 지역에 마니교가 전파되었다. 그래서 석굴에는 위구르어로 쓰인 마니교 경전이 보전되어 있고, 삼신광명수(三身光明樹) 같은 마니교 성수(聖樹)가 그려져 있으며 마니 동상도 발견되었다. 그밖에 금동불상과 불탑지, 황동대야 및 각종 자기그릇, 어린이가 노는 그림, 밭에서 소 먹이는 그림, 악기 연주도, 용의 비상도, 비천도 등 다양한 유물이 발견되어 당시 사람들의 생활상과 교류상을 밝히는 데 귀중한 사료를 제공해주고 있다.

베하임 지구의(地球儀) Behaim's Globe

현존하는 것 중 가장 오래된 지구의. 마르틴 베하임(M. Behaim)이 투영법(投影法)을 이용해 1492년에 제작하였다.

베히스툰(Behistûn) 암각비 유적

아케메네스조 페르시아의 다리우스 1세의 공적 암각비. 이란의 서쪽 케르만샤 북방 36km, 하마단 남쪽 130km 지점에 있는 높은 산 중턱 암벽에 새겨진 이 공적비의 내용은 다음과 같다. 즉 아후라마즈다신(神)에게 항복한 아트리나(Atrina)와 스쿤카(Skunka) 등 9명의 왕이 다리우스 1세 대왕 앞에 줄지어 서 있는 그림이 있고, 이 군상 아래에는 고대 페르시아어·아람어·아카드어 3가

아케메네스조 다리우스왕의 공적을 새긴 베히스툰 암각비

지 언어로 대왕의 가계와 통치시대의 판도, 왕위를 요구하며 반란을 일으킨 가우마타(Gaumāta)를 진압한 공적을 찬양하는 내용이 새겨져 있다. 폭 18m의 암벽에 새겨진 비문은 모두 설형문자(楔形文字)로 되어 있으며, 총 414열이다. 이 암각비는 1835년 페르시아의 군사고문으로 있던 롤린슨(Rawlinson)이 우연히 발견해 산꼭대기에서 로프를 타고 내려가 비문을 필사하였다. 10여 년간 연구 끝에 1846년 아카드 비문 해독에 성공하였다. 이것은 세계 최초의 설형문자 해독으로 고대 설형문자 연구의 단초가 되었다. 이 비문의 발견 및 해독으로 인해 세계 최초의 통일 제국 아케메네스조 페르시아의 면모가 드러나고 이 제국의 교류상도 알려지게 되었다.

벼 稻

실크로드를 통해 확산된 대표적인 농작물. 6,000~7,000년 전부터 벼의 껍질을 벗겨낸 알맹이인 쌀은 밀과 더불어 인간의 2대 주식 곡물로 자리를 굳히면서, 지금까지 5대주 110여 개 나라로 퍼져나갔다. 벼에는 오리자 글라베르리마(Oryza glaberrima, 서아프리카 벼)와 오리자 사티바(Oryza sativa, 아시아 벼)라는 두 종류가 있는데, 전자는 서아프리카(니제르강 유역)에서 발생한 것으로 보지만, 후자의 기원에 관해서는 여러가지 설이 있다. 그중 인도의 동북부 아

삼(Assam) 지대와 중국 남부 윈난(雲南)를 아우르는 이른바 '아삼·윈난지대설'이 가장 유력시되고 있다. 아시아 벼는 다시 인도를 비롯한 동남아시아와 중국 양쯔강 이남에서 재배하는 인디카(Indica, 인도형 메벼)와 양쯔강 이북과 한국·일본 등 동북아시아 일대에서 재배하는 자포니카(Japonica, 일본형 찰벼)로 대별된다. 그밖에 주로 동남아시아에서 재배하는 자바니카(Javanica, 자바형)가 있다. 형태상으로 보면 인디카는 좀 길쭉하다고 해서 장립형(長粒形)이라 하고, 반대로 자포니카는 단립형(短粒形)이라고 한다. 벼의 기원에 관해 많은 논란이 계속되고 있는 가운데 1998년과 2001년 한국의 충청북도 청원군 옥산면 소로리의 한 구석기 유적에서 지금으로부터 약 1만 7,000~1만 3,000년 전(미국 GX방사선연구소는 1만 4,820~1만 3,010년 전으로 측정)의 토탄층(土炭層)에서 모두 59톨의 볍씨가 발견되었다. 구석기시대에는 아직 벼농사가 없었다는 통념 등을 이유로 이론(異論)이 있지만, 편저자(鄭守一)는 일단 이 볍씨를 '소로리카'(Sororica)로 명명하고자 한다. '소로리카'는 지금까지 지구상에서 발견된 볍씨 가운데서 가장 오래된 것으로 벼의 기원에 관한 새로운 조명을 요청하고 있는바, 한반도 벼의 중국 전래설에 대한 수정도 고려해야 할 것이다.

벽옥 碧玉, jasper

실크로드 교역품인 옥의 일종. 이집트를 비롯한 세계 각지에서 발견되는 장식품 구슬로서 암록색(暗綠色)의 불투명한 규질암(硅質岩)이다. 여러 나라 고분에서 많이 출토되는 관옥(管玉)이나 구옥(勾玉)·환옥(丸玉) 등은 이 벽옥으로 만든 작품이다.

벽유리 璧琉璃, 吠琉璃

해상실크로드를 통한 교역품. 벽유리는 산스크리트어 '바이두리야'(vaidūrya)의 음사로 보석인 청금석(lapis lazuli)이나 벽새(碧璽, 녹보석綠寶石, beryl)다. 서한 때 황문역(黃門譯)이 해로로 남해 여러 나라에 가서 구입하여 귀국한 바 있다. 이 보석은 남해 여러 나라에서 나오든가 아니면 중앙아시아 여러 나라들이 해로를 통해 판매하였다.

병령사(炳靈寺) 석굴

오아시스로 상의 융합적 초기 불교 석굴 유적. 현 간쑤성 영정현(永靖縣) 서남 35km의 황허 북안 산중에 위치한 이 석굴은 길이 350m에 높이 30여m의 암벽에 위치하는데 상사(上寺)·하사(下寺)·불야태(佛爺台)·동구(洞溝)의 4부분으로 구성되어 있다. 거기에 석굴 183개, 석조상 694기, 이소상(泥塑像) 82기, 석조이소상불탑 5기, 벽화 900m²가 안치되이 있다. 중국의 다른 초기의 석굴들과는 달리 병령사 석굴에는 묵서명(墨書銘)이 뚜렷이 남아 있어 개굴 연대를 알 수 있다. 가장 이른 시기에 속하는 천연동굴인 169굴의 북벽감 측면에 서진(西秦) 건홍(建弘) 원년(420)이란 명문이 있는 점으로 보아, 이 석굴은 대체로 5호16국시대(5세기)의 서진대에 개굴되어 원대까지 조성된 것으로 판단되지만, 168굴처럼 명대에 만들어진 것도 있다. 이 석굴의 조

난저우 병령사 석굴(길이 350m)

형양식은 서역의 소상(塑像) 양식을 많이 본받았지만 여기에 중국 석굴 양식이 가미되었다는 특색을 가지고 있다. 이 석굴의 소재지가 황허의 수운(水運) 요로에 자리하고 있어서 하서주랑(河西走廊)을 통해 들어온 문물들이 이곳을 거쳐 운반된 결과 석굴미술에서 이러한 융합이 이루어지게 된 것이다.

병마용 兵馬俑

중국 시안(西安) 진시황의 무덤 부장품. 갱 속에 파묻은 약 1만 구의 도제(陶製) 병마(兵馬)를 지칭한다. 진시황릉의 동쪽 약 1.5km의 지점에 있는 이 무덤은 1974년 우물을 파던 농부에 의해 우연히 발견되었는데, 지금까지 발굴된 것은 모두 3개 갱이다. 그 가운데서 가장 큰 제1호 갱은 동서 길이가 230m, 남북 너비가 62m나 된다. 병마용은 보(步, 보병)·노(弩, 방아쇠를 사용하는 활)·차(車, 전차)·기(騎, 기병) 4종의 등신대(等身大)다.

시안의 진시황 병마용 제1호 갱(길이 230m)

보가즈쾨이(Bogazköy) 도시 유적

교류의 유물적 전거로서의 오아시스로 상의 유적. 보가즈쾨이는 현 터키 수도 앙카라 동남방 180km 지점에 위치한 고대 히타이트 왕국의 수도다. 옛 이름은 하투샤쉬(Hattushash, Hattušaš)로서 기원전 16세기에 히타이트 왕국의 핫투시라슈 왕이 건설하였다. 면적 약 120헥타르(남북 2.5km, 둘레 6km)의 유적에서 발굴된 유물로는 거대한 성벽과 회랑(回廊)이 달린 건물, 신전과 사자문(獅子門) 등이 있다. 이곳 왕실의 문서고에서는 약 2만 매의 점토판(粘土板)이 발견되었다. 도시의 서북방에 야즈리키야 성소(聖所)가 있다. 구약성서 중에 '헤테인'이란 이름이 나오고, 이집트에서 발견된 아마르나 문서에도 히타이트의 존재를 시사하는 내용이 있지만 그 실체에 관해서는 오리무중(五里霧中)이었다. 그러다가 이곳에서 1906년에 시작된 독일 발굴팀의 발굴 중 설형문자가 새겨진 한 점의 점토판 문서를 발견하였다. 그것은 이집트 신왕국시대의 람세스 2세가 히타이트 왕에게 보내는 서한이었다. 내용은 가데슈 전쟁과 관련해 평화조약을 체결하자는 것이다. 그런데 그 내용은 이집트의 카르나크 신전에 적혀 있는 내용과 신기하게도 일치한다. 이로써 히타이트 제국의 존재가 비로소 증명된 것이다. 그후 발견된 숱한 점토판 문서의 해독 결과 히타이트인은 인도·유럽어족에 속하는 한 인종임이 밝혀졌다.

보로부두르 사원 Candi Borobudur

인도네시아 자바섬 중부에 있는 세계 최대의 불교 건축물. 세계문화유산의 하나인 보로부두르는 산스크리트어로 '산 위의 절'이란 뜻이다. 이 보로부두르 사원은 중부 자바의 고도 족자카르타(Jogjakarta)에서 북서쪽으로 42km의 지점에 위치하고 있다. 건물은 기단 위에 정방형으로 5층을, 그 위에 또 원형으로 3층을 짓고 꼭대기에는 큰 종 모양의 탑을 얹은 총 9층짜리 건물로 높이는 31.5m에 달한다. 3층 위에는 탑과 더불어 구멍이 뚫린 72개의 스투파가 있는데, 스투파 속에는 등신불상이 정좌하고 있다. 쌓아올린 돌덩어리가 100만 개나 되며, 회랑을 따라 시계바늘 방향으로 부조를 보면서 6층까지 오르는 길의 길이는 5km나 된다. 위에서 조감하면 마치 만다라 모양으로 비치며, 호수에 떠 있는 연꽃을 상징한다. 돌아다니다 보면, 예배 드리는 사원이라기보다는 깨달음을 얻는 교육의 장이란 느낌이 든다. 회랑을 따라 올라가는 행위 자체가 해탈에 이르는 길이라는 상징적 의미를 가지고 있다. 회랑 벽면에는 석가의 생애와 가르침이 부조로 형상화되어 있다.

이 사원은 8세기 중엽 중부 자바에서 번성한 사이렌드라 왕조(Sailendra dynasty) 때 지은 건물로 추정된다. 캄보디아의 앙코르와트보다 300년이나 앞서 지은 건물로 완공하는 데 50년이 걸렸다고 한다. 9세기 중엽 산자야 힌두교 왕조가 들어서면서 방치되었으며, 1006년 인근 므라피 화산 폭발로 생긴 화산재 속에 묻히고 말았다. 1814년에 영국인이 발견했으며, 네덜란드가 1907~1911년에 복구 작업을 하였다. 그후 1973년부터 10년간 아시아 유적으로는 처음으로 대규모의 복구사업이 유네스코의 주도로 진행되었다. 사원은 도굴 등으로 인해 심하게 파괴되었다. 속설에는 스투파 속에 손을 넣어 부처 발등에 손이 닿으면 소원이 성취된다고 한다.

보리유지 菩提流志, 覺愛, 法希, 達磨流支, Bodhiruci, 572~727년

남천축(南天竺, 남인도)의 동행 불승. 남천축 브라만 출신의 불승으로서 본명은 달마유지이나 측천무후(則天武后)가 보리유지란 이름을 하사하였다. 당나라 고종(高宗)이 그의 명성을 전해 듣고 683년에 장안으로 청해 거기 머물렀다. 고종이 죽은 뒤 뤄양에 가서 『보우경(寶雨經)』 등 불경 19부 20권을 번역·출간하였다. 또한 의정(義淨)을 도와 『화엄경』을 새로이 역경하기도 하였다. 중종(中宗)이 복위되자 다시 장안의 서숭복사(西崇福寺)에 주석하면서 『대보적경(大寶積

세계 최대의 불교 건축물이라고 하는 자바 보로부두르 사원 전경

經)』 등을 번역·출간하였다. 그는 일생 동안 총 53부 111권의 경전을 번역하였다. 724년에 뤄양에 옮겨 장수사(長壽寺)에 머물다가 727년 11월 향년 156세에 입적하였다. 입적 후 개원일체편지삼장(開元一切遍知三藏)이란 시호(諡號)가 내려졌다. (8-48)

보리수 菩提樹

동전된 인도의 약재이며 불교의 숭배 대상물이 된 나무. 상록 교목으로서 잎은 끝이 뾰족한 심장 모양이다. 원래 이름은 아설타(阿說他, 산스크리트어로 아스바타aśvattha)로 열매는 필발라(畢鉢羅, 산스크리트어로 pippala)라고 한다. 그래서 일명 '필발라수'라고도 한다. 그런데 부타가 이 나무 아래서 깨달음을 성취했다고 해서 '보리수'라고 부르고 불교에서는 숭배의 대상이 되었다. 이 말은 산스크리트어 '보디 브리쿠사'(bodhi vrksa, 깨달음의 나무란 뜻)에서 유래한 것이다. 예로부터 인도에서는 이 나무가 '숲의 왕'으로 숭앙의 대상이었을 뿐만 아니라 약재로도 사용되었다. 수·당대에 보리수는 인도산 약재로 중국에 유입되었다. 인도뿐만 아니라 유럽에도 있는데, 고대 유럽에서도 신성시되어 게르만 민족들은 여신 프리그(Frigg)에게 이 나무를 헌상하였다 한다. 중세에는 이 나무 아래서 재판을 하고 축제를 벌이거나 결혼식을 거행하기도

인도 부다가야 대탑의 보리수

하였다.

보석 寶石, jewel

일반적으로 보석(jewel)이란 광택과 색깔이 아름답고 질이 견고하여 영구적으로 보존할 수 있으며, 또한 산출이 희귀하고 장식용 가치가 있는 광물 및 그 가공품을 통칭한다. 따라서 보석이 갖추어야 할 조건은 ① 광택과 색깔이 아름다워야 하며, ② 경도가 높고 열에 강하여 산이나 알칼리 등 약품에 안정되어 변색·변질되지 않으며, ③ 산출이 희귀하여 값어치가 있어야 한다.

보석의 종류는 다양하여 100여 종에 달한다. 이러한 보석은 경도와 광택, 색깔에 따라 크게 보석(寶石)과 귀석(貴石, 반보석半寶石)으로 나뉜다. 경도가 7도 이상으로서 광택과 색채가 아름다운 것을 보석이라고 하는데, 여기에는 금강석(金剛石, 찬석鑽石, diamond)·강옥(鋼玉, ruby, sapphire)·녹주석(綠柱石, emerald, aquamarine)·황옥석(黃玉石, topaz)·단백석(蛋白石, opal)·금녹석(金綠石, chrysoberyl)·묘안석(猫眼石, cat's eye)·첨정석(尖晶石, spinel)·지르콘(zircon)·감람석(橄欖石, peridot) 등이 포함된다. 귀석(貴石)은 경도가 7도 이하로서 광택과 색채가 덜 아름다운 보석인데, 여기에는 비취(翡翠, kingfisher)·연옥(軟玉)·터키석(turquoise)·공작석(孔雀石, malachite)·장석(長石, feldspar)·수정(水晶, crystal)·마노(瑪瑙, agate, 옥수玉髓)·청금석(青金石, lapis lazuli)·사문석(蛇紋石, serpentine)·호박(琥珀, amber)·산호(珊瑚, coral)·진주(眞珠, pearl) 등이 속한다.

보석은 그 이채로움으로 인해 예부터 벽사진경(辟邪進慶)의 호신부(護身符)처럼 여러가지 상징적 의미로 사람들의 사랑을 받아왔다. 고대 인도에서는 강옥(鋼玉, 루비)을 몸에 지니면 건강·지혜·부·행복이 깃들고, 중세 유럽에서는 독

을 해독(解毒)하고 벼락을 피할 수 있다고 믿었다. 어떤 민족들은 부정한 여인이 보석을 지니면 부서진다고 여겼고, 또 보석이 전염병·부상·난상·악몽, 그리고 재산이나 명예·우정의 상실과 재판에서의 패소 등을 예방할 수 있다고 믿었다. 그런가 하면 푸른 에메랄드는 눈의 피로를 가시게 하고, 다이아몬드는 여자로 하여금 정조를 지키게 한다고 생각했다. 또한 사파이어는 정신과 육체를 건강하게 하며 암흑의 정령을 퇴치하고 빛과 지혜의 정령으로 하여금 도와주게 한다고 믿어 기독교 성직자들은 흔히 이러한 보석을 가락지에 장식하였다. 오늘까지도 유럽인들은 일년 열두 달 상징적인 보석을 '월석(月石)'으로 배당하여 기원의 뜻을 표하고 있다. 즉 일월석(一月石) 가닛(석류석石榴石)은 성실과 불변의 마음, 이월석(二月石) 애미시스트(amethyst, 자수정紫水晶)는 성실과 높은 덕 및 이상, 삼월석(三月石) 산호는 용기, 사월석 다이아몬드는 결백과 청정, 오월석 에메랄드(벽옥碧玉)는 사랑의 성취, 유월석 진주는 건강과 장수, 칠월석 루비는 만족, 팔월석 홍마노(紅瑪瑙)는 부부간의 행복과 우정, 구월석 사파이어(청옥靑玉), 시월석 오팔(단백석蛋白石)은 희망, 십일월석 토파즈(황옥黃玉)는 충성과 성실, 십이월석 터키석은 번영과 성공 및 행운을 각각 상징한다고 한다.

보석류의 교류 보석이 갖고 있는 진귀함과 상징성으로 인하여 인류는 태고로부터 보석을 애용하고 귀중하게 여겨왔다. 기원전 3000년경 이집트 제1왕조의 왕비 투에르의 묘에서 팔찌로 사용된 청금석, 터키석, 자수정 등의 구슬이 출토되었으며, 동시대의 수메르 우르 왕조의 시프 아트 여왕의 황금제 수식(黃金製首飾)에는 청금석과 홍옥수(紅玉髓, carnelian)가 박혀 있었다. 이집트 신왕조의 유명한 투탕카멘왕(재위 기원전 1358~1349)의 장신구(카이로박물관에는 그

의 장신구만 전시한 전실專室이 있다)에는 청금석과 홍옥수가 다수 사용되었으며, 메소포타미아 각지의 유적에서 출토된 장신구나 조각들 중에서도 청금석과 마노, 터키석이 발견되었다. 북방 유라시아에 널려 있는 스키타이계의 황금제 장식품에도 여러가지 터키석이나 귀석(貴石)이 상감(象嵌)되어 있다. 특히 남러시아에서 출토된 스키타이 유물에는 각종 귀석 장식품이 많이 포함되어 있는데, 그중에서 노보체르카스크 출토 왕관이 유명하다. 왕관의 상부에는 나무와 사슴·새가 황금으로 장식되어 있고, 중앙부에는 루비와 몇가지 보석들이 끼어 있다. 아시아에서는 기원전 2000년경으로 추정되는 인도(현 파키스탄)의 모헨조다로 유적에서 터키석·마노·에메랄드 등의 유품이 출토되고, 기원전 1500년경의 중국 은(殷)대의 청동기에 터키석 상감이 발견되었다. 화베이(華北) 각지와 누란(樓蘭), 투루판 등지에서 마노·수정·옥·에메랄드의 구슬 종류가 다량 출토되었다.

보석은 원석(原石)만으로는 장식품이 될 수 없다. 반드시 갈고 닦는 가공작업을 거쳐야만 아름다운 보석이 되므로 보석의 제조는 귀금속 공예의 발달을 가져오게 마련이다. 대표적인 기법들로는 가는 금줄(세선細線)이나 작은 알(미립微粒)을 늘여 붙여서 물형을 만드는 누금세공(鏤金細工, filigree)과 금으로 된 테두리 안에 여러가지 색깔의 옥을 박는 감옥기법(嵌玉技法)이 있는데, 원래 이집트에서 시작되어 로마·그리스·메소포타미아·중앙아시아·중국·한국·일본에까지 전파되었다. 고대에 흔히 채용된 보석은 청금석이나 터키석·호박·마노 같은 귀석인데, 이러한 귀석은 주로 서역(西域) 일원에서 채취하여 동서로 보급되었다. 『한서(漢書)』「서역전(西域傳)」에는 선선(鄯善)·우기(于闐)·사차국(莎車國)에서 옥이나 청옥(靑玉)이 나오고, 계빈국(罽賓

國)과 오익산리(烏弋山離)에서는 금·은·동·석과 함께 주기(珠璣)·산호·호백(虎魄, 즉 호박琥珀)·벽유리(璧流離)가 산출된다고 기술되어 있다. 『후한서(後漢書)』「서역전」에 따르면 대진(大秦, 로마)에서는 야광벽(夜光璧)·명월주(明月珠)·산호·유리(琉璃)·청벽(靑甓) 등 보석이 채취되고 있었다. 『위략(魏略)』「서융전(西戎傳)」 '대진국조(大秦國條)'는 좀더 구체적으로 대진 산출의 보석을 전하고 있다. 즉 이 나라의 산에서는 청·적·황·백·흑·녹·홍·감색 등 9가지 색깔의 차옥(次玉, 옥에 버금가는 돌이라는 뜻)이 나오며, 보석으로는 마노·남금(南金)·부채옥(符采玉)·명월주(明月珠)·야광주(夜光珠)·전백주(典白珠)·호박·산호와 함께 적·백·흑·녹색의 10여 가지 유리·구림(球琳)·낭간(琅玕)·수정(水晶)·민피(玟皮)·벽(碧)·오색옥(五色玉) 등이 있다는 것이다. 이러한 보석은 장신구로만 쓰이는 것이 아니라 병 같은 용기로도 유용되어왔음을 북량(北涼)의 단구룡(段龜龍)이 펴낸 『양주기(涼州記)』에서 찾아볼 수 있다. 이 책의 기술에 의하면 함녕(咸寧) 2년(400)에 양저우 일대를 지배하던 전량(前涼)의 왕 장준(張駿, 재위 324~345)의 묘를 파헤쳐 보니 그 속에는 진주렴(眞珠簾, 발), 박운모병풍(箔雲母屏風), 유리합(琉璃盒), 3되(升)들이 백옥준(白玉樽, 술단지), 적옥소(赤玉簫, 퉁소), 자옥적(紫玉笛), 산호편(珊瑚鞭), 마노종(瑪瑙鐘) 등 보석 용기가 매장되어 있다고 나온다. 이것은 고왕(故王)이 생전에 값진 보석 용기들을 사용하고 있었음을 말해준다. 1970년 시안(西安) 남교(南郊)의 하가촌(河家村)에서 발견된 빈왕(邠王) 이수례(李守禮)의 부장물 중에도 귀중한 양수마노각배(羊首瑪瑙角杯) 한 점이 들어 있었다. 수양제(隋煬帝, 재위 605~617)가 서역 제국에 파견한 사신 위절(韋節)이 계빈국(罽賓國)에서 마노배(杯, 잔)를 가지고 돌아왔다는 기사에 비추어보

면 이러한 보석 용기는 완성품을 서역에서 그대로 수입하였을 것이라 짐작된다.

보선 寶船

중국 명(明)대의 대형 범선. 명대의 대항해가 정화(鄭和)의 7차 '하서양(下西洋)'시 출항한 최대의 범선이 바로 보선(寶船, 일명 대박大船)인데, 매번 20~30척의 보선이 참가하였다. 보선의 길이는 44장 4척(약 138m), 너비는 18장(약 56m), 적재량은 약 1,500톤으로 승선 인원은 최고 1,000명에 달하였다. 보선은 9주의 돛대에 12장의 대형 돛을 단 범선이다. 이러한 보선을 난징(南京)을 비롯한 여러 지방의 보선소(寶船所)에서 특별 건조하였다. 태조 홍무(太祖洪武) 연간에 지은 난징 보선소는 부지 면적만도 13만m²에 달했으며, 10여 개의 전문 작업장을 가지고 있었다. 유적에서 확인된 바와 같이, 이곳에는 길이 200~240m, 너비 27~35m의 선거(船渠, 독)가 여러 개 있었다. 이러한 선거는 최대한 길이 160m, 너비 66m의 대박까지 건조할 수 있는 규모다. 이 유적에서는 그밖에도 길이 11.07m의 대형 키가 출토되었다. 명대의 보선은 전대의 어떠한 선박보다도 규모가 크고 설비나 기술이 완벽하여 조선사(造

복원된 정화 선단의 보선(난징 박물관)

船史)상 최대의 범선이라고 할 수 있다.

보스턴 차 사건 Boston Tea Party, 1773년

차 독점권에 항의하는 보스턴 시민들의 동인도 회사 습격사건. 1773년 영국 수상 노스가 미주 상인들의 차 밀무역을 금지시키고 동인도회사에 차 독점권을 부여하는 관세법을 반포하자 보스턴의 반영(反英國) 단체인 '자유의 아들' 성원들이 그해 12월 회사 선박 2척을 기습해 차를 바다에 던졌다. 이에 영국 정부는 군대를 주둔시키고 손해배상을 요구했으나 시민들과 메사추세츠 하원은 이를 거부하였다. 이것이 미국 독립전쟁의 도화선이 되었다.

보스포루스 왕국 Kingdom of the Bosporus

기원전 5세기 크리미아 반도에 있던 그리스계 식민왕국. 보스포루스 왕국은 흑해를 중심으로 그리스와 스키타이 간의 중계무역에 종사하였다.

보임 Michael Pierre Boym, 卜彌格, 1612~1659년

폴란드의 동향(東向) 선교사. 보임은 1629년 예수회에 가입한 후 1643년에 리스본을 떠나 1647년 중국의 해남도(海南島)를 거쳐 마카오에 도착하였다. 그후 광서(廣西) 남명(南明) 영력(永曆) 조정에 파견되어 포교활동을 시작하였다. 당시 영력 조정에는 태후에서 대신·궁녀에 이르기까지 천주교 신자들이 많고 교세도 상당하였다. 영력 조정은 유럽 기독교국가들의 원조를 구하기 위하여 보임을 특사로 로마 교황청에 파견하였다. 그는 태후 헬레나(Helena, 세례명)가 교황에게 보내는 친서를 휴대하고 1650년 11월 자오칭(肇慶)을 떠나 1651년 1월 1일 마카오에서 심(沈)씨 성을 가진 중국인과 함께 서항(西航) 길에 올랐다. 1653년에 로마에 도착하였지만, 그로부터 2년 후인 1655년에야 교황 알렉산더 7세를 알현하였다. 그는 1656년 3월 30일 쿠플레(Couplet) 등 선교사 8명을 대동하고 리스본을 떠나 1658년 섬라(暹羅, 현 타이)에 당도하였다. 그러나 당시 중국 정국에 큰 변화가 일어나 영력 조정은 위기에 처해 있었고, 그는 결국 광서(廣西)와 안남(安南) 경계 지방에서 전전하다가 병사하였다.

보임의 저서로는 『1625년 시안부출토경교비(西安府出土景敎碑)』 『중화제국전도(中華帝國全圖)』 『중국식물(中國植物)』 『중의진요(中醫津要)』 등이 있다. 그는 1656년 빈에서 출간된 『중국식물』에서 주로 20여 종의 중국 식물에 관해 상술하고 희귀 동물 몇 점에 관한 소개도 곁들이면서 그림 23장을 첨부하였다. 중국 의학에서의 진맥과 설태(舌苔) 진단법, 그리고 중국의 약재 289종을 소개한 『중의진요』는 저자 보임이 원고를 유럽에 보낼 때 네덜란드 동인도회사가 중간에서 몰수하여 이 회사 주임 의사에게 넘겼다. 이 의사는 그 원고를 편취·표절하여 자신이 쓴 것처럼 *Specimen medicinae sinicae*라는 제목으로 1682년 간행하였다. 그뒤 1686년에 보임의 동료 선교사였던 쿠플레(Ph. Couplet)가 원 저자인 보임의 이름으로, 그리고 원고명대로 *Clavis Medica ad Chinarum Doctrinam de Pulsibus*, 즉 '중의진요'라는 제목으로 재간하였다. 이 책은 유럽에서의 중국 의학 연구에 선도적 역할을 하였다.

본 차이나 bone china

도토(陶土)에 소를 비롯한 동물의 뼛가루를 섞어서 구워낸 연질(軟質)의 도기. 영국에서는 카올리나이트(高嶺土)를 구할 수 있는 곳이 없었기 때문에 대용품으로 소뼈를 사용한 것이 그 시초라고 한다. '본 차이나'라고 알려진 것을 최초로 발명한 사람은 토머스 프라이(Thomas Frye)로, 1748년 런던 동쪽의 보우(Bow)에 있는 보우

도자기 공장에서였다. 그의 공장은 가축시장과 도살장에서 매운 가까운 곳에 위치해 있었는데, 질 좋은 도자기를 만들기 위해 45%의 골회(소뼈 가루)를 사용하여 품질 면에서 유럽이나 중국에서 수입한 자기와 경쟁할 수 있을 만큼 성공을 거두었다. 이렇게 본 차이나를 보우 요(窯)에서 구워내기 시작한 이후 영국이 도기의 주요 제조국이 되었다.

『본초강목(本草綱目)』 李時珍 저, 1596년

중국 명나라의 본초학자(本草學者) 이시진(李時珍, 1516~1593)이 엮은 약학서. 『본초강목(本草綱目)』은 52권 37책으로, 총 1,892종의 약재가 망라되어 있다. 전편을 부(部)로 나누고 정명(正名)을 '강(綱)', 별명을 '목(目)'이라 하였다. 그 다음에 조목별로 약재의 산지와 형상(形狀) 등을 밝히고 이어 냄새와 맛, 치료방법, 약 처방 등을 기술하고 있다. 이시진은 30년 동안 800여 종의 고서를 참고하고, 직접 명의들을 찾아가 약초 상식 및 처방에 관해 들으며, 또 심산과 황야를 누비면서 약초를 관찰하고 수집하여 마침내 이 명저를 저술하였다.

볼테르 Voltaire, 1694~1778년

프랑스의 대표적인 계몽사상가. 계몽사상과 과학적 사고를 통해 절대왕정과 교회를 비판했으며, 희곡·시·소설·역사 등 다방면에서 출중한 활동을 벌였다. 대표적인 저서로 『관용론(寬容論)』(1763), 『풍속시론(風俗試論)』(1756), 『캉디드』(철학소설, 1759), 『철학사전』(1764) 등이 있다. 특히 볼테르는 중국문명에 관해 큰 관심을 가졌고, 이를 높이 평가하면서 직접 소개하기도 하여 근세 동서간의 문명교류사에 선구자적 족적을 남겼다. 그는 원대의 희곡 『조씨고아(趙氏孤兒)』를 『중국 고아』(*L'Orphelin de la Chine*)라는

제목의 극본으로 개작했는데, 1755년 8월 22일 파리에서 공연되었다. 볼테르는 극본에 '공자의 교도(敎道)에 근거해 개작된 5막극'이란 부제를 붙이고, 이 극이야말로 '이성과 지혜가 종국적으로 우매와 야만을 제압하는 것을 명증(明證)'하는 극이라고 서문에서 평하였다. 또한 볼테르는 중국 역사와 도덕경에 조예가 깊은 프랑스 선교사 푸케(Jean François Fouquet)와 교분을 유지하고 중국문명에 관해 함께 연구하면서 폐쇄적인 기독교 신학으로 인해 왜곡된 유럽사회를 신랄하게 비판하였다.

볼테르는 저서 『철학사전』의 「영광(榮光)」 항목에서 중국을 "세계에서 가장 아름답고, 가장 유구하며, 가장 넓고, 인구도 가장 많은, 그리고 치세(治世)도 가장 잘된 국가"라고 극찬하였다. 그는 특히 중국의 유구한 연대기를 근거로 성서의 하느님 창세설을 논박하였다. 구약성서에 나오는 창세 연대는 기원전 3761년이지만, 중국이 하나의 민족으로 집거(集居)하고 번영을 누린 지는 50세기 이상이라는 것이다. 중국인들이 중국의 드넓은 땅에서 완벽하고 명철한 제도를 가지고 국가를 다스리고 있을 때, 유럽인들은 소군(小群)으로 떼지어 '산림 속을 방랑하는 야인(野人)'에 불과하였다. 인류의 문명이나 과학기술의 발달사는 모두 중국에서 시작되었으며, 중국은 장기간 앞서갔다. 중국의 역사기록에는 약간의 허구나 기담괴설(奇談怪說)도 거의 없다. 중국인들은 이집트인들이나 그리스인들처럼 자신들을 신의 계시를 받은 하느님의 대변인이라고 절대로 말하지 않는다. 중국인들의 역사는 처음부터 이성에 맞게 기록되어 있다. 전세계 민족 중에서, 중국인의 사적(史籍)만이 일식(日蝕)과 구성(球星)의 화합을 지속적으로 기록하고 있다. 프랑스의 천문학자들이 그들의 계산을 검증하고 깜짝 놀랐는데 모든 기록이 거의 정확해 믿을 수

있다는 것이다.

봉합선 縫合船, 線縫船

못을 쓰지 않고 끈으로만 나무판을 묶어 만든 배.('자세'항 참고) 선봉선(線縫船)에 관한 한적(漢籍)의 최초 기록은 4세기 계함(稽含)의 『남방초목상(南方草木狀)』에 보인다. 이 책에는 일종의 야자나무 상록 관목인 "광랑(桄榔)나무는 병려(栟櫚, 종려나무)처럼 단단한데, 그 껍질로 밧줄을 꼬아 물속에 넣으면 부드러워진다. 호인(胡人, 서역인)들은 그것으로 나무를 묶어 배를 만든다"고 적고 있다. 끈으로는 야자나무 섬유나 인도산 밤나무 껍질을 사용한다. 인도산 밤나무 껍질은 소금기 있는 바닷물에도 썩지 않고 오래 견딘다고 한다.

부남 扶南, Funan, 1~7세기 중엽

고대 해상실크로드 상의 동단(東段) 요지. 크메르인들이 메콩강 하류에 세운 해양국으로, 수도 비야다푸라(Vyādapura, 현 바프놈Ba Phnom)의 외항인 옥애오 유적에서 발굴된 각종 유물('옥애오'항 참고)과 중국 오(吳)나라의 사신 강태(康泰)와 주응(朱應) 등의 방문기록에서 이 나라의 역사와 문화에 관한 얼마간의 지식을 얻을 수 있다. 부남이란 말은 '산(山)'이란 뜻의 크메르어 '프놈'(phnôm)의 음사로 추측된다. 건국 시조는 여왕(女王) 유엽(柳葉)이며, 3세기 초에는 타이와 말레이 반도까지 세력을 확장하였다. 인도계 출신 왕들의 통치하에서 인도문화의 영향을 많이 받았다. 옥애오 유물에서 알 수 있듯이 부남은 말레이 반도와 인도·중국, 그리고 멀리 로마와도 활발한 교역을 하였다. 종교는 힌두교와 불교를 병행하였다. 7세기 초 북방의 진랍국(眞臘國, 현 캄보디아)의 압박을 이기지 못해 남쪽의 나라바라나가라(Naravaranagara, 나불나성

那弗那城)로 천도했으며, 네번의 왕조 교체를 거쳐 7세기 중엽에 멸망하였다.

『부남이물지(扶南異物誌)』 1권, 朱應 저

부남과 그곳에서 전해들은 여러 나라의 사정을 기록한 책. 일명 『부남이남기(扶南以南記)』라고도 하는데, 저자 주응(朱應)이 교주(交州) 자사(刺史) 여대(呂岱)의 명에 따라 선화종사(宣化從事)의 신분으로 강태(康泰)와 함께 229년 부남에 파견되어 그곳에서 전해들은 여러 나라들의 사정을 기록한 책이다. 원래 『수서(隋書)』와 『구당서(舊唐書)』의 「경적지(經籍志)」, 『신당서(新唐書)』의 「예문지(藝文志)」에 채록되어 있었으나, 후에 소실되어 지금은 단편만이 남아 있다.

부르크하르트 Jakob Burckhardt, 1818~1897년

스위스의 문화사가. 스위스의 바젤 대학과 독일 베를린 대학에서 역사학을 전공한 부르크하르트는 랑케 역사학의 영향을 많이 받았다. 바젤 대학에서 역사학과 미술사학 교수로 평생 재직하면서 고전문화 연구에 탁월한 업적을 남겼다. 르네상스란 용어를 학술적으로 정립하고 그 문화를 체계적으로 밝힌 『이탈리아 르네상스의 문화』는 그의 대표작이며, 그밖에 『그리스 문화사』와 『세계사적 고찰』 등의 저서가 있다.

부리간틴선(船)

2개의 돛대를 가진 배로서, 앞 돛대로는 횡범(橫帆, 가로 돛)을 펼치고, 뒷 돛대로는 종범(縱帆, 세로 돛)을 펼치며 항해한다. (9-113)

부안 傅安, ?~1429년

중국 명나라의 서행 사신. 1395년 유유(劉惟)·요신(姚臣)과 함께 군사 1,500명을 이끌고 중앙아시아 티무르조에 파견되었다. 일행은 하미·투루

판·이리발리크·서투르키스탄을 거쳐 사마르칸트에 도착하였다. 때마침 티무르가 중국 원정을 기획하고 있던 터라서 전원이 억류되고 만다. 티무르 사후에 석방되어 1407년에 환국하였다. 그 이후에도 티무르조와 동(東)차가타이 칸국에 사신으로 파견되기도 하였다. 그가 남긴 기록은 미상이다. (6-314)

부여 융 扶餘隆

백제왕 부여 장(扶餘璋, 무왕武王)의 태자. 637년에 견당사로 파견되었는데, 후일 항당(抗唐) 주류성(周留城) 전투에서 당군에 생포되어 장안으로 호송되었다. 665년 당 고종으로부터 웅진도독(熊津都督)에 서임되어 귀국했을 때, 그는 신라왕과 회맹(會盟, 함께 맹세)해 구토를 다스리려 했으나 여의치 않자 장안으로 되돌아갔다. 의봉(儀鳳) 연간(676~679)에 대방군왕(帶方郡王)에 봉해졌으나 장안에서 세상을 떠났다.(8-109~110)

부용수청화백자 芙蓉手靑華白磁

해상실크로드의 유물적 전거로서의 자기. 16세기 후반부터 17세기 중반 사이에 주로 중국 경덕진(景德鎭)에서 양산되어 일본이나 유럽에 다량 수출된 백자로 부용(芙蓉, 연꽃)이 주요 무늬여서 이런 이름이 붙여졌다.

부하라(Bukhara) 도시 유적

교류의 유물적 전거로서의 오아시스로 상의 유적. 부하라는 중앙아시아 제라프샨(Zeravshan) 강 하류에 위치한 우즈베크공화국의 고도(古都)다. 지하 15m의 문화층을 가진 부하라 유적에는 2,000년 전부터 취락이 형성되고, 기원초부터 인간이 활동한 흔적이 남아 있다. 오늘의 부하라를 6세기에는 소그드어로 '누마자카트'라고 불

고도 부하라의 전경 부감도

렀으며, 당서(唐書)에는 '포활(布豁)', 원사(元史)에는 '부화랄(不花剌)', 명사(明史)에는 '부화아(不花兒)', 서역 견문록에는 '포합랍(布哈拉)'으로 음사하여 기록하고 있다. 부하라는 산스크리트어의 'vikhara'(승원僧院)에서 유래하였다고 한다. 6세기 중엽에 투르크조의 지배자 시리 키슈와르가 바이켄에서 부하라로 천도한 후, 7세기에 부하라의 영주 비돈(Bidon)이 내성을 구축하고 궁전·감옥·관방창고·관사(官司)·신전 등을 내성 내에 집결시켰다. 7세기 전반에 도축(渡竺) 중 이곳을 방문한 당승 현장(玄奘)은 여행기 『대당서역기』에서 포갈국(捕喝國, 부하라)의 주위는 1만 6,7백 리로서 동서가 넓고 남북은 좁으며 물산이나 풍속은 삽말건국(颯秣建國, 사마르칸트)과 같다고 기술하고 있다.

7세기 후반부터 이슬람 동정군의 침공을 받아 전래 유물이 적지 않게 파괴되었으며 이후 점차 이슬람화되어갔다. 그러나 9세기에 들어와서 이스마엘 사마니가 사만조를 건국하자 부하라는 그 예하에 들어갔다가 999년 투르크족의 카라한조에 함락되었다. 다시 1220년에는 칭기즈칸에게 공략을 당해 시가의 대부분은 파괴되었으나, 이슬람 관련 건물만은 몽골인들의 보호를 받았다. 평소 이슬람에 관심이 있던 몽케 칸과 쿠빌라이 모친의 후원하에 이슬람 교육을 위한 마드

라사가 건립되고 이슬람 신학자들이 양성·배출되었다. 1520년에는 신흥 우즈베크족 국가인 샤이바니 왕국의 수도가 되면서 시·음악·문학 등이 한층 활기를 띠어 16~17세기에는 중앙아시아에서 정치·경제·문화의 중추적 역할을 담당하였다.

현존하는 대표적 건축물로는 892~943년에 건조된 사만조의 시조 이스마일 사마니의 묘당, 13세기 카라한조 시대에 축조된 높이 46m의 갈리안 미나렛(사원 첨탑), 9~10세기에 배화교(拜火敎, 조로아스터교)의 신전을 개축한 것으로 보이는 마고키 아타리 사원, 티무르의 손자 우르크베크의 이름을 띤 울루그베그 마드라사(1417, 중앙아시아에서 가장 오래된 마드라사, 1586년 개축), 동서 각지의 견직물 같은 물산이나 화폐교환 등 전문 점포별로 꾸려진 옥내 시장(현재 3개소), 반지하식 목욕탕(2개소) 등의 유물이 남아 있다. 이처럼 부하라는 역사의 고비마다 성쇠를 거듭하면서, 중앙아시아의 이슬람 문명의 전파 거점 중 하나로 동서간의 정신문명뿐만 아니라 물질문명 교류에도 크게 기여하였다.

부하라 아미르국(國) Buxoro Amirligi(우즈베크어), 1756~1920년

부하라를 수도로 한 중앙아시아 남부 오아시스 지역(마워라알나흐르)에 건립된 이슬람 국가. 일명 만기트조(朝)라고 하는 이 나라는 만기트 부족의 무함마드 라힘 베가 1756년 칸에 취임하면서 건립되었다. 역대 왕이 칸 대신 '아미르'란 군주명을 택했기 때문에 '부하라 아미르국'이라는 국명으로 알려졌다. 18세기 후반부터 러시아와의 통상이 발달하고 일련의 개혁이 추진되면서 국력이 전례 없이 강성해졌다. 대외적으로는 접근해오는 러시아와 영국을 견제하면서 상비군(常備軍)을 신설(1842)해 주변의 코칸드 칸국

을 일시 점령하기도 하였다. 호시탐탐 기회를 노리던 러시아는 마침내 1868년 이 나라를 보호국으로 편입하였다. 철도 부설, 공장과 은행의 설립, 러시아 정치대표부의 설치(1886) 등 일련의 변화는 러시아에 대한 종속성을 심화시킴으로써 전통사회와의 갈등이 생겼다. 그로 인해 20세기 초에 낡은 폐습을 개혁하자는 이른바 '자디 다운동'(혁신운동)이 일어났다. 이어서 1920년 러시아의 군사적 개입으로 부하라 아미르국은 결국 역사에서 사라졌다.

부하리 al-Bukhārī, 810~870년

이슬람 순니파(派)의 하디스(성훈聖訓) 학자. 부하라에서 태어난 부하리는 10세 때부터 이슬람의 교조 무함마드의 언행록인 하디스를 암기하기 시작하였고, 16세 때 어머니와 형제들과 함께 메카 순례를 다녀온 후에는 하디스의 수집에 나섰다. 이란의 호라산으로부터 이집트에 이르기까지 이슬람세계 방방곡곡을 누비면서 1,000여 명의 사람들로부터 60만 점에 달하는 하디스를 수집하였다. 그중 7,000점을 진훈(眞訓, 무함마드의 언행에 관한 참 성훈)으로 판단하고 그가 편집하여 만든 가장 권위 있는 책『진훈집』에 수록하였다. 만년은 사마르칸트 근교의 한 마을에서 지내다 사망하였다.

『북사기(北使記)』 劉祁 저, 13세기 전반

교류의 문헌적 전거로서의 여행문학서. 중국 금말(金末) 오고손중단(烏古孫仲端, 본명 복길卜吉)이 사신으로 중앙아시아에서 서정(西征) 중이던 칭기즈칸을 만나고 돌아와서 기록한 사행기(使行記)다. 『금사(金史)』에 의하면 중단(仲端)은 1220년 7월 예부(禮部)의 시랑(侍郎) 신분으로 몽골과의 강화(講和)를 위해 서정 중에 있는 칭기즈칸에게 출사(出使)한 후 그해 12월에 변

경(汴京)으로 돌아왔다. 칭기즈칸과의 회견 장소는 중앙아시아의 철문관(鐵門關)이었으며, 칭기즈칸은 사신 중단의 강화 요청을 받아들이지 않았다. 1222년 가을에 중단은 재차 중앙아시아에 있는 칭기즈칸을 찾아갔다. 그러나 칭기즈칸은 동관(潼關) 이서(以西)의 여러 지역을 할양하라는 요구를 내놓아 강화는 무산되었으며, 결국 중단의 사명은 실패하였다. 중단의 2차에 걸친 사행과정을 기록한 이 사행기를 유기(劉祁)가 자신의 저서 『귀잠지(歸潛志)』 제13권에 수록하여서, 일반적으로 유기가 이 책의 저자(기록 및 편집자)로 알려지고 있다. 당대의 다른 서유기(西遊記)에 비해 노정이나 견문이 비교적 간략하게 나와 있지만, 서요(西遼)의 복식이나 세가(世家), 회골(回鶻, 위구르, 회회回回)에 관한 여러가지 기록 등은 사료적 가치가 높다.

분처상 分處像 → '고대동방기독교의 한반도 전래'항 참고

분향료 焚香料, incense
한층 짙은 향냄새를 피우기 위해 향료에 열을 가해 사르는 방법을 취하는데, 이것이 바로 분향료다. 분향료에 쓰는 향료로는 유향(乳香)·몰약(沒藥)·소합향(蘇合香)·안식향(安息香)·침향(沈香)·백단(白檀) 등이 있다. 분향료는 고대 오리엔트로부터 그리스·로마·인도·중국·아랍·라틴아메리카 등 세계의 곳곳에서 사용해왔다.

불가르 Bulghār(페르시아어), Bulgar(영어)
볼가강 연안에 건설된 유목 국가. 일시 유럽을 풍미했던 훈제국이 무너진 5세기 말엽에 카스피해와 흑해 북안에 나타난 투르크계 위주의 유목민 집단을 유럽사에서는 '불가르' 혹은 '오구르'(Ogur)라고 한다. '불가르'란 말은 '교란시키다'란 뜻의 투르크어 동사 '부르가'에서 유래된 것이며, 불가르는 '교란자'란 의미다. 이 '교란'은 비잔틴제국의 질서를 교란시킨다는 뜻으로 해석하기도 한다. 이들을 기반으로 7세기 전반에는 북캅카스를 중심으로 대불가르를 건설하였다. 10세기 초에는 이슬람을 수용해 러시아와 중앙아시아 및 서아시아 이슬람세계를 연결하는 무역 거점 역할을 수행했으며, 볼가강 연안을 따라 여러 개의 도시가 건설되기도 하였다. 1334년 라마단(금식월) 기간에 아랍 대여행가 이븐 바투타는 불가르를 방문해 3일간 체류하였다. 그는 계절에 따라 밤과 낮의 길이가 변하는 현상을 보고 싶어 이곳을 방문했다고 기록하고 있다. 그가 방문했을 때는 마침 낮이 짧아지는 계절이었다.

불공 不空, 不空金剛, 智藏, Amoghavajra, 705~774년
동행 불승. 사자국(獅子國, 현 스리랑카) 출신으로 14세 때 금강지(金剛智)에게 사사하였고, 720년 스승을 따라 해로로 뤄양에 와 역경(譯經)사업을 도왔다. 스승이 입적하자 사자국으로 돌아갔다가 산스크리트어로 된 경론, 진언(眞言)이 담긴 밀교 경전을 가지고 746년에 다시 중국에 와 중국 밀교를 완성하였다. 당시 하서절도사 가서한(哥舒翰)의 초청을 받고 우웨이(武威)에 갔다가 '안사의 난' 때는 장안 대흥선사(大興善寺)에 주석하면서 호국심에서 호마단(護摩壇)을 중수하였다. 숙종(肅宗)과 대종(代宗)이 귀의하는 즈음 시홍려경(試鴻臚卿)과 대광지삼장(大廣智三藏) 호를 하사받았다. 평생 불경 77부 120여 권을 번역·출간하였으며, 홍법대사(弘法大師)인 사혜과(師惠果)가 그의 제자다. (8-53)

불교미술
불상 제작을 비롯하여 불교와 관련된 미술의 총체. 아소카 시대부터 불교미술이 싹트기 시작해

기원전 1세기에 마투라와 간다라에서 불상이 제작되면서 확연한 면모를 갖추었고, 쿠샨조 시대에 번영을 이루었으며, 굽타 시대에 완성되었다. 이 과정에서 불교미술은 실크로드를 통해 동서남북 각지에 전파되었다.

불교신화

불교신화는 불교문화의 중요한 한 구성분야다. 불교신화는 형식에서는 역사인물로서의 석가모니에 관한 신화, 천계(天界)의 여러 부처와 보살에 관한 신화 두 가지로 대별할 수 있으며, 내용면에서는 3가지로 나눌 수 있다. 즉 첫째는 생사윤회(生死輪廻) 같은 우주론 신화, 둘째는 상징성을 빌어 내용 이해를 심화시키는 교의(教義) 관련 신화, 셋째는 정통성을 입증하기 위한 신화다. 신화의 발전에 따라 부처의 숫자도 늘어난다. 기존의 7존(尊)에서 24존으로 증가했으며, 후에 미래를 상징하는 미륵불(彌勒佛)이 또 추가되었다. 서방을 지향하는 아미타불(阿彌陀佛)은 인도 서북부에서 유행하던 페르시아의 대신(大神) 아후라마즈다에서 유래되었다고도 한다. 불교신화에 관한 대표적 원전으로는 산스크리트어의 『대사(大事)』와 『보요경(普曜經)』, 발리(Bali)어의 『인연론(因緣論)』과 『불타종성(佛陀種姓)』 등이 있다. (15-418)

불교의 전파

기원전 6세기에 오늘날의 인도 동북부 일원에서 발생한 불교는 그 내재적 고유성으로 인해 시·공간적으로 각기 다른 양상을 보이면서 인도 밖의 광범위한 지역으로 전파·확산되었다. 문명사적 의미에서의 불교란, 불(佛, 불상佛像)·법(法, 경전經典)·승(僧, 승려僧侶)의 3보(寶)와, 이 3보를 안치하는 가람(伽藍)과 승원(僧院), 또는 그 안에서 거행되는 각종 종교의식과 연찬하는 학문, 그리고 가람·승원·불구(佛具) 등을 건조하고 장식하는 각양각색의 회화·조각·복식·음악·무용 등 건축 및 공예술을 총망라하는 불교적인 종합(복합)문화체를 말한다. 따라서 불교의 전파를 거론할 때는 이 불교적인 종합문화체의 여러 구성요소들을 폭넓게 다루어야 한다. 불교 전파의 시점은 기원전 3세기 인도 마우리아(Maurya) 왕조의 제3대 왕 아소카(Asoka, 아육왕阿育王, 재위 기원전 269~232 혹은 기원전 273~232)의 불교 포교단 파견이다. 불법(佛法, Dharma)에 의한 호불덕치주의(護佛德治主義)를 표방한 아소카왕은 스리랑카·미얀마·시리아·이집트·마케도니아·그리스·북아프리카 등 유라시아와 아프리카의 3대륙에 불교 포교단을 공식 파견해 불교를 지방(북인도) 종교의 지위에서 세계 종교로 그 위상을 격상시켰다. 특히 남단에 위치한 타미르 지역을 제외한 전 인도대륙을 통일한 아소카왕은 근접한 실론(Ceylon, 현 스리랑카)에 두 차례나 왕자 마헨드라(Mahendra)와 여동생 상하미트라(Sanghamitra)를 파견해 포교하는 데 성공하였다. 그리하여 실론은 최초의 불교 전파지로, 그리고 그곳에 전래된 부파(部派)불교(소승불교, Hinayāna)를 기반으로 한 남방불교권의 중심지가 되었다.

기원전 3세기 실론에 대한 포교를 기점으로 전개된 불교의 전파는 기원후 9세기에 이르러 서아시아를 제외한 대부분의 아시아 지역을 망라하게 되어 명실상부한 범아시아적 종교로 부상하였다. 이 1천여년에 걸친 불교의 전파과정은 포교 내용과 지역성, 그리고 포교의 상승성(上昇性)을 고려해 크게 4기로 나눠 고찰할 수 있다. 제1기는 전파의 초기 단계로서, 기원전 3세기 아소카왕이 3대륙에 포교단을 파견해 전파를 시작한 단계다. 제2기는 기원전 1세기 무렵부터 불교가 서역 지방을 거쳐 동북아시아 일대로

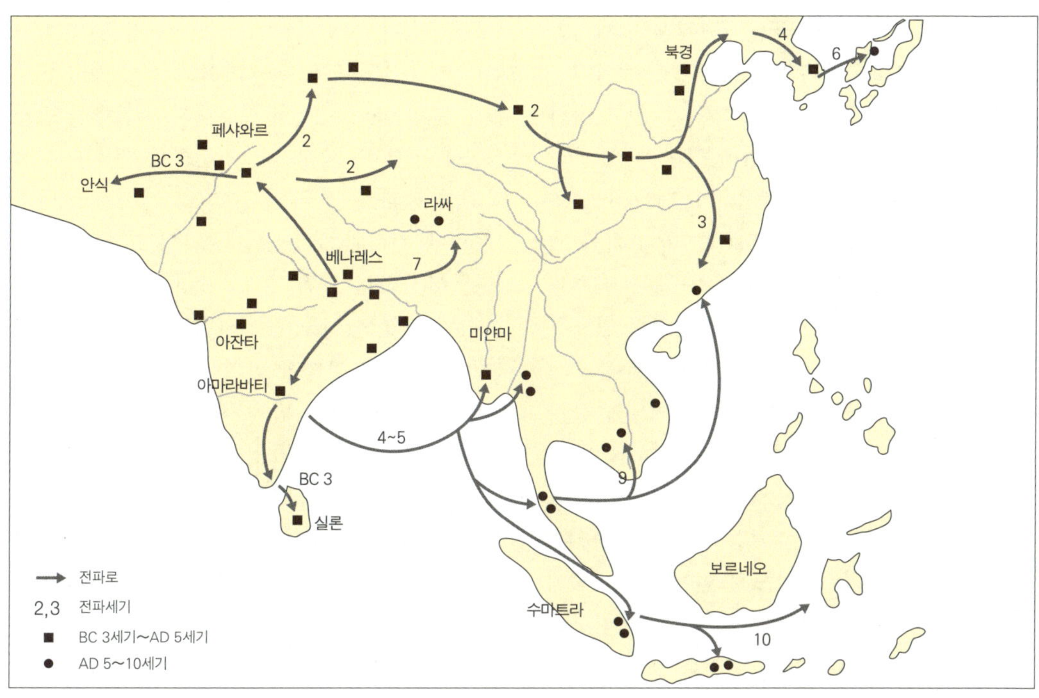

불교 전파 지도

확산된 시기다. 제3기는 기원후 7~8세기경 불교의 동남아시아 전파기이며, 제4기는 9세기 이후 티베트와 네팔 등 히말라야 오지로의 전파기다.

불교가 범아시아적인 종교로 급속하게 전파된 것은 우연이 아니다. 그것은 불교 자체의 종교적 교리와 수용자들이 처한 역사적 환경에서 비롯된 주·객관적 요인에 의한 필연적 귀결이었다. 주관적 요인으로는 불교가 갈무리하고 있는 보편타당한 교리다. 극심한 계급·신분적 차별을 강요하는 브라만교의 질곡과 구각(舊殼)을 깨고 나타난 불교는 만민평등사상을 제시하면서 하층민을 포함한 모든 중생이 중도(中道)를 따르면 누구나 구원을 받으며 열반(涅槃)에 이를 수 있다고 주장한다. 뿐만 아니라 해탈(解脫)을 위한 팔정도(八正道)와 자비·사랑·탐욕·절제 등 일상의 생활덕목도 아울러 제시하고 있다. 이러한 교리사상은 만민, 특히 서민들의 마음을 잡기에 충분하였다.

주관적 요인과 더불어 불교의 전파를 수용하게 된 객관적 요인은 당시에 나타난 종교적 공백이었다. 이러한 공백은 특히 유교문명권에서 극명하게 나타났다. 중국을 비롯한 유교문명권 내의 나라들에서는 현실정치나 윤리도덕의 치법(治法)에만 치중하는 유교나 유학이 안고 있는 한계를 분명히 느끼고 있었다. 유교만으로는 복잡다단한 현실의 삼라만상을 제대로 설명하고 다스릴 수 없음은 물론, 미래(내세)에 대한 비전도 제시할 수가 없었다. 이를테면, 종교·사상적 공백이 생겨 그것을 채워줄 새로운 종교와 사상의 출현은 역사발전에 있어서 필연적일 수밖에 없었다. 1세기 이후의 아시아 지역은 대체로 이러한 절박한 시대적 요청에 직면하고 있었다. 바로 이러한 때에 업보(業報)와 윤회(輪廻) 사상을 바탕으로 한 불교가 인간과 사회의 제반 문제에 대한 나름대로의 해석과 궁극적 해결책을 제시함으로써 시대적 요청에 부응하게 되었던 것이다.

그밖에 불교에 대한 외압(外壓)과 흡수 내지는 변질로부터 자구책을 찾아야 하는 주·객관적 요인도 불교의 전파에 영향을 주었다. 4세기 초에 세워진 굽타 왕조(320~520)는 복고적인 브라만 보호정책을 추구함으로써 불교에 타격을 가하였다. 이를 계기로 힌두교는 불교를 압도하기 시작했으며, 급기야 불교는 힌두교에 흡수되어갔다. 이른바 불교의 힌두화이다. 이와 더불어 7세기경에 흥기한 밀교(密敎)도 결국 불교의 변질을 자초했으며, 또한 이즈음에 발생한 이슬람의 동점은 불교에 커다란 외압으로 작용하였다. 이러한 흡수와 변질, 외압으로 인해 불교는 9세기경부터 발상지인 인도에서 점차 사양 일로를 걷기 시작하여 13세기 초에는 인도 땅에서 거의 자취를 감추게 되었다. 그렇지만 인도 내에서의 불교의 쇠퇴와 몰락이 결코 보편종교로서의 불교의 쇠퇴나 종말을 의미하지는 않았다. 오히려 이러한 상황은 역동적으로 그 생존을 위해 새로운 지역으로 전파되거나 이미 전파된 지역에서 교학 연구나 교세 확장을 촉진하는 요인으로 작동하였다.

장기간에 걸쳐 광범위한 지역에서 진행된 불교의 전파는 기독교나 이슬람교 같은 보편종교의 전파와 비교해 그 과정이나 결과에서 일련의 특징을 보였다. 첫째로, 당초부터 분파권적(分派圈的)으로 전파가 진행되었다는 것이다. 불교 전파의 단초를 연 기원전 3세기의 동남아시아 전파는 시종 상좌부(上座部)불교(Theravāda, 혹은 소승불교)이고, 이에 반해 기원 1세기를 전후해 서역과 동아시아 일대에 전파되기 시작한 불교는 대승불교(Mahāyāna)였다. 이러한 전파 초기 단계에서의 분파권적 전파로 인해 오늘날까지도 불교권은 크게 남방불교권과 북방불교권

으로 나뉜다. 다음 특징은 강한 변용성(變容性)이다. 발원지인 인도에서도 융화성(融化性)을 보였을 뿐만 아니라, 전파과정에서도 상당한 변용성을 나타냈다. 불교는 인도문화를 대동하고 전파되어 전파지, 특히 후진 지역 전파지의 사회·문화에 커다란 영향을 미치면서 그 사회의 변용을 야기하는 한편, 불교 자체도 전파지의 사회·문화에 영합하고 순응하면서 스스로 변화하는 변용성과 융통성을 발휘하였다. 이는 외래종교인 불교가 쉽게 이방에 정착하고 생명력을 유지하게 되는 하나의 요인이었다. 불교는 신속하게 민간신앙에까지 파고들어가는 과정에서 종합적인 불교문화를 창출해 거의 토착화된 양상을 보여준 것이다. 마지막 특징은 전도방식이 평화적이란 점이다. 불살생(不殺生)을 하나의 종교적 계율과 덕목으로 삼는 불교로서는 원래 살상이나 전쟁에 의한 전파는 금물이었다. 불교 전파사에는 전파나 수호를 위한 '성전(聖戰)' 같은 무력행위는 찾아볼 수 없다. 전파는 대부분 전법승(傳法僧)들의 전경(傳經)이나 역경(譯經), 건사(建寺) 등 설법적인 방법으로 진행되었다. 이러한 평화적인 전도방식으로 인해 불교는 쉽사리 위정자들의 보호를 받을 수 있었다.

『불국기(佛國記)』 法顯 저, 416년

중국 동진(東晉) 고승 법현(法顯, 342~423년경)의 도축구법 순례기(399년 3월~413년 7월까지 14년간 구법순례, '법현'항 참고)인 이 책은 일명 '법현전(法顯傳)' '법현행기(法顯行記)' '역유천축기전(歷遊天竺記傳)' '불유천축기(佛游天竺記)'라고도 한다. 저자는 중국과 중앙아시아·남아시아·동남아시아 지역 30여 개국의 자연환경·지리·교통·문화·물산·종교·풍습·명승유적, 그리고 중국과의 관계 등을 약 1만 자로 기술하고 있다. 이 순례기는 5세기의 아시아 역사와

동서교류사를 연구하는 데 한 권의 진서(珍書)로 평가되어, 1830년대부터 영어와 프랑스어를 비롯한 여러 외국어로 번역되었다.

불도징 佛圖澄, 232~348년

구자(龜玆)의 동행 불승. 서진(西晉) 회제(懷帝) 영가(永嘉) 4년(310)에 뤄양(洛陽)에 와서 후조(後趙, 319~351)왕 석륵(石勒, 재위 319~333)과 석호(石虎, 재위 334~349)를 설득하여 불사 893개소를 세우고 불법을 크게 일으켰다. 국내는 물론, 멀리 강거(康居)나 천축(天竺)에까지 명성을 떨쳐 많은 승려들이 그를 찾아와 수학하였다. 수많은 제자들 중 수제자는 당대의 명승 도안(道安, 314~385)이다.

불랑기 佛狼機

명(明)대 중국인들이 사용한 포르투갈의 국명. '불랑기'는 중세 아랍인들이 아랍어로 유럽인을 '이프란즈'(al-Ifranj)라고 칭한 데서 유래한 말인데, 아랍인들의 '이프란즈'란 말은 중세 초 유럽을 석권한 '프랑크인'(Franks)이란 말의 와전음(訛傳音)이다. 포르투갈인들이 중국에 들여온 서양 화포(火砲)를 이르는 말이라는 설도 있다.

불름 拂菻 혹은 불림 拂壇, 拂懍, 拂臨, 蒲林, 拂林, 普嵐, 伏虜尼

불름 혹은 불림은 동로마제국(비잔틴제국)을 지칭한다는 것이 중론이다. 여러가지 한역명은 모두 로마(Roma)에 대해 와전된 음사(音寫)다. 『구당서(舊唐書)』에는 '불림국은 대진(大秦)의 이름이다'라고 나오는데 로마제국이 콘스탄티노플에 천도하기 이전 한적에는 대진으로 나오지 불림으로 나오지는 않는다. 그밖에 한적에는 대불림(大佛臨)과 소불림(小佛臨)이란 말이 나오는데, 전자는 대체로 동로마제국을, 후자는 시리아를 지칭한다.

『불사조(不死鳥)』 *Phoenix*, Cynewulf 저, 8세기

동방적 상징물인 불사조를 소재로 한 영국 고시(古詩). 중세 유럽에서 유행한 금수(禽獸)를 주인공으로 하는 교훈적인 우화문학(寓話文學)은 아랍의 우화문학에 뿌리를 두고 있다. 그런데 유럽의 우화는 전래의 설화 형식에만 국한되지 않고 새로이 시 형식까지도 취하고 있다. 대표적인 우화 작품이 『불사조』 『표범』(*The Panther*), 『고래』(*The Whale*) 등 영국의 시작(詩作)들이다. 한편 내용 면에서도 일반적인 교훈이나 해학의 성격을 떠나 기독교적인 윤리도덕이나 교훈에 초점을 맞추고 있다. 이처럼 중세 유럽의 우화문학은 아랍 우화의 영향을 다분히 받았으나, 형식이나 내용 면에서 단순한 모방이나 이식(移植)을 넘어 창조적으로 변형·발전시켰다. 8세기의 영국 시인 키니울프(Cynewulf)가 지은 것으로 전해오나 같은 내용의 라틴어 시를 '교묘하게 번안'한 것이라는 설도 있다. 원작이나 번안한 작품 모두 내용은 영생불멸의 생명력을 가진 동방적 상징물 불사조를 묘사하고 있다. 이 새는 500년간 살다가 스스로 불속에 뛰어들어 재가 되고 그런 후 다시 그 속에서 환생하는 식으로 세세생생(世世生生) 순환하는 생사를 무한히 반복·계속한다는 것이다. 이러한 불사조의 소생을 두고 어떤 연구가들은 예수의 부활을 뜻한다고 하여 시 『불사조』는 순수 기독교적 작품이라는 아전인수 격의 해석을 하기도 한다. 그러나 영조(靈鳥)인 불사조는 고대 이집트나 인도·중국의 전설에 등장하는 상징물로 기독교와는 전혀 무관한 것이다. 자소(自燒)도 일종의 자아정화(自我淨化)로서 고대 시리아나 페르시아의 전통사상이다. 또한 이 작품에서는 자신의 독선적인 인생관을 추구한 나머지 세속을 떠나 금욕적인 삶을 지향하는 경향도 보이고 있다. 또한 시편에 시리아나 아랍·인도 등 동방 여러 나라들의 지명이 나올 뿐만 아니라, 동방의 '난쟁이민족'(pygmaean nations)에 관해서도 언급하고 있다. 이는 『불사조』가 동방적인 상징물을 소재로 한 작품으로서 동서 문화 교류의 산물임을 입증하는 것이다.

불상(佛像)의 동전

불상 회화의 동방 전래. 동서간의 회화 교류는 기원을 전후한 시기에 인도의 불상(佛像)이 중국(한대)에 유입된 데서 그 초기상을 찾아볼 수 있다. 한 명제(明帝, 재위 기원후 58~75)는 채음(蔡愔) 등 18명을 구법차 천축(天竺, 인도)에 파견하였는데, 그들이 돌아올 때 백첩(白疊)에 그린 불상을 가지고 돌아왔다. 이는 불상 회화의 최초 중국 유입이다.

불타발타라 佛馱跋陀羅, Buddhabhadra, 359~429년

천축(天竺, 인도)의 동행 불승. 중국의 도축(渡竺) 구법승 지엄(智嚴)의 요청에 따라 육로로 교지(交趾)에 왔다가 다시 해로로 청주(靑州) 동래군(東萊郡)에 이르러 상륙하였다. 408년에 장안에 도착해 머물다가 415년에 건강(建康)에 가서 법현(法顯) 등과 함께 『마가승기율(摩訶僧祇律)』 등 불전(佛典) 13부 125권을 번역·출간하였다.

불타야사 佛陀耶舍, Buddhayasas

계빈(罽賓, 현 카슈미르)의 동행 불승. 천축(天竺)의 동행 불승 구마라습(鳩摩羅什, 344~413)의 소개로 후진(後秦)에 와서 그를 도와 역경(譯經)에 종사하였다. 410년에 출간한 『사분율(四分律)』 44권을 비롯해 불전 다수를 한역하였다.

불탑(佛塔)의 형식

불탑의 원형은 인도에서 발생한 정방형(正方形)과 반원형(半圓形)의 스투파(Stūpa)다. 하지만 여러 곳에 전해진 후에는 현지 건축양식이나 건축술의 영향을 받아 여러가지 형태로 나타났다. 예컨대 중국의 경우 불교의 유입과 더불어 불탑이 전해진 후에는 중국식 조형예술과 건축양식이 가미되어서 누각식(樓閣式)·밀첨식(密檐式)·스투파식 등 불탑의 3가지 형태를 취하였다. 그 중 누각식 탑이 가장 널리 유행한 형식이다. 후한(後漢) 때 지은 뤄양(洛陽)의 백마사(白馬寺)탑은 최초의 누각식 목탑이다. 그리고 항안(恒安, 현 대동大同) 영녕사(永寧寺) 7층탑(467)과 뤄양 영녕사(永寧寺) 9층탑(516, 탑고 90장)은 대표적인 초기의 누각식 탑이다. 당대(唐代)에 이르기까지는 시안(西安) 대자은사(大慈恩寺)의 대안탑(大雁塔)에서 보다시피 누각식 탑은 주로 정방형 전탑(塼塔)이었으나, 10세기부터는 8각형 누각탑으로 변형되면서 이와 동시에 시안 추복사(西安追福寺) 소안탑(小雁塔)과 같이 밀첨식 전탑도 선을 보이기 시작하였다. 이와 같이 누각식 탑과 더불어 밀첨식 탑도 건조(建造)되었는데, 현존 최고(最古)의 밀첨식 탑은 524년에 지은 뤄양 숭옥사(嵩嶽寺) 15층 전탑이다. 이 탑의 외관은 포물선형으로서 12면체이며, 중국식 스투파로 평가되고 있다. 순수 스투파식 불탑도 몇군데 있는데, 그중 하나가 현존 최고의 스투파식 탑인 산시(山西) 오대산(五台山) 불광사(佛光寺)의 묘탑(墓塔)이다. 중인도 고승 선무외(善無畏)가 장안(長安) 보리원(菩提院)에 세운 동탑(銅塔)은 전형적인 인도식 스투파다.

이러한 불탑의 초기 설계나 건조는 중국에 들어온 인도승이나 중국의 도축(渡竺) 불승들이 주도하였다. 북위(北魏) 태무(太武) 말년(451)에 북인도에 간 승려 도영(道榮)은 간다라식 불탑에 관한 자료를 가져왔고, 522년에 환국한 승 혜생(惠生)은 북인도에 있는 4개 탑의 모형을 모사해 가져왔다. 이들이 가져온 도안은 불탑 건조의 남본(藍本)이 되었다.

VOC의 기록(記錄)

헤이그의 네덜란드 국립중앙고문서관에 소장된 네덜란드 동인도회사(VOC, Vereenigde Oostindische Compagnie)의 기록. 17~18세기 네덜란드의 극동 도자기 무역에 관한 내용으로 당시 동서 도자기 교류를 이해하는 데 귀중한 사료다. VOC의 본부가 있었던 인도네시아 자카르타의 국립문서관에도 네덜란드 국립중앙고문서관보다 더 많은 VOC에 관한 문서가 보관되어 있다.

『브라나 이야기』

동방 해상교역에 관한 타밀어 서사시. 저자나 출간 연대가 미상인 이 서사시는 고대 동방 해상교역에 관한 상인들이나 성인들의 이야기를 전하고 있다. 성인 리시 아가스티아가 빈디아 산맥을 깎아 남방으로 통하는 길을 열면서 동방의 해상교역이 시작되었으며, 뒷날 그가 항해의 수호성자가 되어 숭앙을 받았다는 등의 이야기가 나온다.

브라만교 婆羅門教, Brahmanism

고대 인도에서 발생한 아리안 브라만 계급의 혼합종교. 기원전 1500년경에 인더스강 유역에서 동천해 갠지스강 유역에 정착한 아리안족 가운데서 제사를 집전하는 특권층인 브라만이 현지 정착과 통치권을 확보하기 위해 정신적 통제 수단으로 만들어낸 것이 바로 브라만교다. 의식(儀式) 위주의 브라만교는 특정한 창시자나 교리가 없으며, 애니미즘에서부터 다신교와 일신교·범신교 등 온갖 종교와 신앙을 혼합한 인도 특유의 종교다. 굳이 경전으로 꼽는다면, 『리그베다』와 『사마베다』 『야주르베다』 『아타르바베다』의 4대 베다를 들 수 있으며, 베다를 해석하거나 제

사의례를 규정하는 이른바 계시경전으로는 『브라만』과 『아라니아카』, 그리고 철학서인 『우파니샤드』 등이 있다. 그밖에 음성·제식·문법·어원·운율·천문을 다루는 6종의 보조 학문이 있으며, 『마하바라타』와 『라마야나』의 2대 성전문학과 『마누법전』 같은 것도 브라만교의 정신적 및 법적 교본의 역할을 한다. 오늘날까지 인도사회에 끈질기게 남아 있는 4대 계급신분제도의 뿌리는 바로 이 브라만교에서 비롯되었다. 8~9세기에 이르러 시대의 발전에 크게 뒤떨어진 브라만교는 여타 민간종교를 흡수하고 『다르마샤스트라』와 『푸라나』 등 여러가지 성전을 근거로 힌두교로 발전하는 데서 그 출구를 찾았다. 비록 힌두교란 외피를 썼지만, 인도사회에 대한 유·무형의 영향력은 아직도 상당하다.

브레톤(Bretomme) 해협 유적

교류의 유물적 전거로서의 해로 유적. 1724년 프랑스의 브레스트항(港)을 출발한 캐나다 주둔 프랑스군 공급선 시몬호가 대서양 횡단을 거의 마칠 무렵 브레톤 해협에서 갑자기 허리케인의 기습을 받아 침몰하였다. 1967년 네덜란드계의 제도사(製圖士) 알레크 스톰과 잠수부 토리오가 이 침몰선에서 금화 1,000매와 은화 1만 2,000매를 건져냈으나 침몰선의 실체는 밝혀내지 못하였다.

블라디보스토크 Vladivostok

러시아어로 '동방 정복'이란 뜻을 지닌 블라디보스토크는 이름부터가 러시아의 '동진(東進)'을 반영한 근대 도시다. 러시아인들이 1856년에 '발견'한 이 도시는 애초부터 러시아의 태평양 진출을 위한 교역 항구를 겸한 군항으로 개항되었으며, 시베리아 횡단철도의 시발점이 되었다. 러시아의 '동진' 이전에는 중국 청나라 길림부

시베리아횡단철도 노선도(블라디보스토크~모스크바)

도통(吉林副都統)에 속해 있었다. 그러다가 러시아와 영토분쟁이 일어나자 중국은 1860년 불평등한 '베이징조약'을 맺고, 이곳을 포함한 우수리(Ussuri)강 이동 지역의 약 40만km²의 넓은 땅을 러시아에 내주고 말았다. 이를 계기로 러시아는 본격적인 이주를 시작하면서 자그마한 어촌이던 이곳을 일약 시로 승격시켰으며, 점차 연해주 지방의 행정 중심 도시로 키워나갔다.

이즈음부터 극동 시베리아에 대한 한인들의 이주사가 시작되었다. 1863년 인접한 함경북도의 13호 농가가 노브고로드(Novgorod)만으로 이주한 것이 그 효시다. 반세기가 좀 지나서는 그 수가 20만 명을 넘어섰으며, 연해주 지역에 한인사회가 형성되어갔다. 이주 한인들은 남다른 근면성과 강인성으로 온갖 환난을 이겨내면서 불모의 땅을 개척해나갔다. 역사를 거슬러 올라가면, 블라디보스토크를 중심으로 한 극동 시베리아는 한때 한(韓)민족의 정통국가인 해동성국(海東盛國) 발해가 지배하는 영역이었다. 주변의 니콜라예프카(Nikolaevka)나 고르바트카(Gorbatka) 등 발해 성터에서 출토된 8~10세기의 숱한 유물들이 이것을 실증하고 있다. 이곳에서 북쪽으로 280km 떨어진 노보고르데예프카(Novogordeyevka) 성터에서는 온돌을 비롯한 여러가지 발해 유물과 더불어 8세기경에 주조한 중앙아시아 소그디아나의 은화가 발견되었다. 이 은화의 보관자인 러시아의 샤프쿠노프(E. V. Shavkunov) 박사의 증언에 의하면, 중앙아시아의 사마르칸트(소그디아나)에서 8세기경에 주조한 이 은화는 교역수단으로 쓰인 것이 분명하다고 하면서, 당시 발해의 특산물이었던 초피(貂皮, 담비 가죽)를 중앙아시아 상인들이 은화를 주고 구입해갔을 것이라고 주장한다. 이러한 추단과 더불어 중간지점 격인 치타(Chita)에서 등자(鐙子) 같은 고구려 유물과 동·서문물이 동시에 발견된 점 등을 감안해, 샤프쿠노프 박사는 사마르칸트—치타—발해 상경(上京)—연해주로 이어지는 이른바 '제2 동아시아 교역로', 즉

시베리아횡단철도(9,288km)의 종착역과 이정탑

'초피로(담비로)'의 가설을 제시하였다. 이 길은 발해 국제 5도의 하나인 거란도(契丹道)와 일치하고 있다.

블라우가(家)의 세계지도

17세기 네덜란드의 최대 지도출판사가 펴낸 세계지도. 암스테르담의 블라우(Blaeu) 가문이 운영하는 최대 지도출판사의 초대 사장 빌렘 얀스존 블라우(Willem Janszoon Blaeu)는 새로운 인쇄법을 발명해 대규모 인쇄공장을 차리고 1634년에 『신지도첩(新地圖帖)』(지도 161폭)을 출간하였다. 빌렘에 이어 1662년에 인쇄소를 승계한 요한네스는 동생 코르넬리스의 도움을 얻어 12권의 『대지도첩』을 간행하였는데, 당시로서는 최대 규모의 지도첩이었다. 일본 도쿄박물관에 소장되어 있는 블라우가의 세계지도는 일본 나가사키(長崎)의 한 네덜란드인이 에도막부(江戶幕府)에 기증한 것이다. 1672년 인쇄공장에 큰 화재가 난 뒤 블라우가의 지도 제작은 더이상 이어지지 않았다. (9-102~103)

비너스상 Statue of Venus

문명교류사적 전거로서의 고고학 유물. '동서간에 언제부터 교류가 시작되었는가?' 하는 문제는 일찍부터 학계의 큰 관심사였다. 고고학적 발굴 결과에 따르면 지금으로부터 약 3만년 전에 자바인이 험난한 해양을 건너 오스트레일리아나 뉴기니에 이주한 것으로 밝혀졌고, 수만 년 전에 몽골 인종이 베링 육교를 건너 아메리카에 정착하여 인디언의 조상이 되었다고 추정된다. 이는 인류가 늦어도 후기 구석기시대(3만 5,000~1만 2,000년 전)에 와서는 장거리 이동을 하였다는 것을 의미한다. 따라서 이때부터 인류의 문화는 서로 교류하기 시작하였다고 말할 수 있다. 그러나 아직은 연구 부족으로 이 시기의 교류상, 특히 대륙간이나 지역간의 교류상은 알려지지 않고 있다. 그나마 동서의 교류를 실증할 수 있는 유물이 남아 있는데, 바로 이 시대에 제작된 것으로 추정되는 비너스상(Venus, 베누스, 여인 나체상)이다. 유라시아의 동서 각지에서 출토된 여러가지 형태의 비너스상은 모티브(motive)나 의의(용도) 및 제작기법에서의 공통성과 유사성, 그리고 지역에 따른 유형화(類型化)의 적의성(適宜性) 등을 감안할 때 전파와 교류에 따른 '상관성(相關性)'이 있는 것으로 추정된다. 아울러 제작시기가 후기 구석기시대인, 동서간의 교류를 실증해주는 가장 오래된 유물로서 그 출현과 전파는 명실상부하게 동서교류의 효시라고 할 수 있다.

하지만 더욱 세밀한 연구가 이루어져야 할 필요가 있는데, 우선 유물의 실체가 좀더 명확하게 밝혀져야 할 것이다. 지금까지는 주로 고고학 및 미술사적 연구에 치중하여 편년(編年)이나 제작기법, 소재 등이 고증되어왔으나, 역사사회학적 측면에서 유물이 갖는 의의(의미, 용도)나 상징성은 연구자에 따라 각기 다른 주장을 하고 있다. 이 문제는 비너스상을 고립적이 아닌 다른 유물들(예컨대 동시대의 동굴벽화나 암벽화, 혹은 출토품)과의 연관 속에서 기존 연구를 심화할 때만 해명할 수 있을 것이다.

비너스상의 기원과 교류의 문제도 새롭게 밝

혀져야 한다. 유라시아의 동서에 널리 흩어져 있는 비너스상들의 몇가지 공통성이나 상사성(相似性), 그리고 유형화에 준해 일단 동유럽 기원설을 유력한 것으로 여기지만, 인류사회의 권력구조가 모권(母權)에서 진화·발달하였다는 사실을 고려할 때, 여인을 숭상하는 의미에서 만들어진 작품이라면 시공간을 초월해 자생할 수도 있었다는 점을 부인하기는 어려울 것이다. 비너스상의 교류문제에 있어서는 이른바 '상관성'의 한 면만으로 교류의 실재를 단정하는 것은 논리의 비약 혹은 왜곡된 주장일 수도 있다. 물론 서쪽은 프랑스의 브라상푸이(Brassempouy)에서 동쪽은 바이칼호 부근의 브레티까지의 북유라시아 동서 횡단지대에 비너스상이 19군데에나 널려 있어 그 교류상을 짐작하는 데 크게 무리가 따르지 않는다고 말할 수 있다. 그러나 각각 먼 거리나 이질적인 문화양상 등을 감안할 때 이를 정설이라고 단정짓기는 이르다.

끝으로 비너스상에 관한 연구는 선사시대 인류의 이동이나 그에 따른 문물의 교류상을 추적하는 촉매제가 되어야 할 것이다. 얼마 전까지만 해도 동서교류는 신석기시대의 토기 교류쯤으로 소급되었지만, 비너스상의 출토로 인해 후기 구석기시대까지 거슬러 올라가게 되었다. 적어도 현생인류(現生人類, Homo sapiens sapiens)의 출현(약 4만년 전)부터는 인류의 장거리 이동이 엿보이는 만큼 교류에 대한 연구도 적극 이뤄져야 할 것이다.

비너스상의 출토 원래 비너스(Venus)는 사랑과 미, 풍요를 상징하는 로마 신화 중의 여신(女神) 이름이다. 이 여신은 로마시대부터 르네상스시대를 거치면서 특정의 민족신화의 틀을 벗어나 여성의 원형(原型)으로서 서양문학과 미술에 두루 등장하였다. 그런데 19세기 말엽부터 서유럽과 동유럽, 시베리아의 여러 곳에서 후기 구석

기시대에 속하는 다양한 형태의 여인 나체상 유물이 발굴됨에 따라 학자들은 이 여인상을 여성의 원형으로 간주하여 그 이름을 신화로 전승되어온 '비너스'로 명명하였다. 1882년 프랑스의 브라상푸이(Brassempouy)에서 처음으로 유물이 출토된 후 최근까지 7개 지역 19곳에서 각기 다른 형태의 비너스상이 다수 발견되었다. 지역별로 분포상황을 보면 프랑스 5곳(브라상푸이·레스뷰그·시루유·듀르자크·구리마르탱=망돈), 이탈리아 3곳(사비냐노·기웃자·트라시메노), 남부 독일 1곳(마우에룬), 오스트리아 1곳(빌렌도르프), 옛 유고연방 지역 2곳(토루니에스토니야·오스톨라바베도루고비야), 우크라이나 5곳(메진·예리세비치·아브디예보·코스텐키·가가리노), 동시베리아 2곳(브레티·말타)이 있다. 즉 서유럽 10곳, 동유럽 7곳, 시베리아 2곳으로 유럽에 절대적으로 많다. 이들의 제작연대는 지금으로부터 약 2만 5,000~2만 년 전(후기 구석기시대)으로 추성되며, 이는 유럽의 솔뤼트레(Solutré)기(期)나 마달레니앙(Magdalenien)기, 오리냐크(Aurignac)기의 문화기에 해당된다. 이 3대 문화는 지금으로부터 7,8만~1만년 전에 크로마뇽인(Cro-Magnon, 4만년 전) 등 현생인류들이 주로 박편(剝片) 계통의 칼날 석기를 사용하면서 유럽 일원에서 창조한 문화들이다. 비너스상은 대부분이 왜소한 조각품으로서 크기는 서로 다르다. 가장 작은 것은 높이가 3.5cm(이탈리아 트라시메노Trasimeno 출토)이고, 가장 큰 것도 22cm(이탈리아 사비냐노Savignano 출토)에 불과하다.

비너스상의 조각기법은 후기 구석기시대의 조형화(造形化) 성향을 그대로 보여주는 환조기법을 쓰고 있다. 환조(丸彫)란 미술에서 물체의 형상을 전부 두드러지게 새기는 조각법의 일종으로서 비너스상은 선사시대의 이러한 기법의

대표적 일례다. 대체로 후기 구석기시대의 예술은 동물을 형상화하는 애니미즘(animism)이 주제로 채택됨으로써 인물을 독립적으로 부각시키는 것이 흔하지 않으나, 비너스상의 경우 이와는 달리 여러가지 형상을 구비한 인물(여인)이 독자적으로 조각되었다. 따라서 비너스상은 자체의 독특함은 물론 구석기시대의 예술이나 사회상, 특히 여인상을 연구하는 데 진귀한 유물로 평가되고 있다.

비너스상의 기원 비너스상이 지금으로부터 약 2만 5,000년 내지 2만년 전에 처음으로 만들어졌다는 데는 별 이의(異意)가 없다. 일본의 선사고고학자 후지모토 츠요시(藤本強)는 비너스상의 최초 제작연대를 후기 구석기시대 전반으로 추측하면서, 이 시대의 전반과 후반에 만들어진 비너스상은 기법의 차이는 있으나 이른바 구흉출고(鳩胸出尻, 비둘기 가슴에 돌출한 엉덩이)로 여성의 성적 특징을 강조하여 표현한 것은 공통적이라고 지적하였다. 그러나 '어디에서 처음으로 만들어졌는가?' 하는 기원지의 문제에 대해서는 아직 불투명한 점이 많고 학자들 사이에 의견이 분분하다. 지금까지의 논의 내용을 종합하면 동시베리아를 포함한 우크라이나 이동 지방에서 기원했다는 동방기원설(東方起源說, Burkitt설)과 동일한 사회발전단계에 이르러 각지에서 자생했다는 자생설(自生說, Lebin설), 그리고 동유럽에서 기원했다는 동유럽 기원설(일명 서방기원설, Okradnikob설)의 3가지 설이 있다. 동방기원설과 자생설은 별로 신빙성이 없어 재론되고 있지 않으나, 동유럽 기원설은 비교적 설득력 있는 근거에 의해 유력시되고 있다. 동유럽 기원설을 뒷받침하는 근거는 비너스상의 형태 분류로 볼 때 분포지대의 중간에 위치한 중유럽(옛 유고슬로비아 연방, 우크라이나)에서 동서 형태를 절충한 이른바 중간혼재형(中間混在型, 기본형)이 우세하다는 점이다.

우선 비너스상의 형태를 살펴보면 다음과 같다. (유형별 설명은 '비너스상의 유형' 참고) 정면형은 프랑스부터 동시베리아에 이르기까지 전지역에 걸쳐 중비형(B)이 골고루 편재하는 데 비해 서유럽에서는 수척형(C)이, 동시베리아에서는 비대형(A)이 각각 열세이다. 그러나 동유럽의 경우 A·B·C의 비율에서 큰 차이가 없다. 한편 측면형을 보면 서유럽에서는 돌출형(F)이 많고 배면수직형(H)이 없는 반면 동시베리아에서는 융기형(G)과 배면수직형이 흔하고 돌출형은 없는 정반대 현상이 나타난다. 그러나 동유럽은 대체로 그 중간 현상이기는 하나 융기형이 조금 많으며, 이 점에서는 동시베리아에 가깝다고 할 수 있다. 이러한 사실은 여러가지 형태가 대차(大差) 없이 혼재하고 있는 동유럽을 중심으로 동서에 비너스상이 대칭적으로 파급되었음을 강하게 시사해준다. 따라서 비너스상의 원조나 기원지가 다름아닌 동유럽이었을 개연성을 추측케 하며, 중유럽 비너스상을 형태상으로 중간혼재형, 혹은 기본형(중비형+융기형)이라고 이름지을 수 있을 것이다.

다음으로 특이형의 지역 분포 상황을 보면 동시베리아에서는 능형(菱形, K)·좌형(坐形, L)·변용형(M)이, 서유럽에서는 완직형·변용형이 없다. 이것은 전파나 교류 과정에서 문화의 개방성에 따른 지방적 특색이 반영된 결과라고 여겨진다. 한편 안면조형(O)이나 두발조형(P)·복식착용형(Q)·완곡형(腕曲型 R)·부항형(俯項型 N, 동시베리아에는 없음) 비너스상은 형태에 따라 비중은 다르지만 동유럽을 중심으로 동서에 두루 분포되어 있으며 (O·P·Q·R은 동시베리아에 더 많음), 중심(동유럽)에서 멀어질수록 지방적 특색이 더 현저하게 나타난다. 이것은 역시 비너스상이 동유럽을 기점으로 하여 동서로 뻗어나갔음을 말해준다.

비너스상의 소재 지금까지 발견된 비너스상의 소재는 그 형태만큼이나 다양하다. 매머드의 이빨로 제작한 것(브라상푸이·레스뷰그·메진·코스텐키·가가리노·아브디예보·예라세비치·브레티·말타 등에서 발굴)이 가장 많으며 그외는 주로 돌이나 흙으로 만들었다. 석재는 흑요석(黑曜石)·활석(滑石)·방해석(方解石)·사문석(蛇紋石)·사암(砂岩)·동석(凍石)·석회암(石灰岩)·대자석(代赭石) 등이 있고, 흙으로는 자토(赭土)로 붉게 칠한 것(마우에룬)과 점토(粘土) 같은 연소물로 된 것이 있다. 이러한 소재들은 후기 구석기시대나 중석기시대의 조각돌과 회화에서 흔히 찾아볼 수 있는 것들이다.

비너스상의 유형 비너스상은 대체로 환조기법(丸彫技法)을 사용하여 만들어졌기 때문에 일견하여 여성상임을 식별할 수 있음은 물론, 육안으로도 그 형태와 특징을 가려내어 유형화(類型化)할 수 있다. 이러한 유형화는 비너스상의 조각 기법이나 그 상징적 의미를 구현하는 데 필요할 뿐만 아니라, 비너스상의 이동이나 전파과정을 추적하고 그에 기초하여 문화적 교류관계를 판단하는 데서도 중요한 의의를 갖는다.

위의 17개 지역, 19곳에서 출토된 주요 비너스상의 형태를 세심히 살펴보면 지역에 따라 다르거나, 혹은 같은 지역 내에서도 서로 다른 모양을 갖추고 있음을 발견하게 된다. 일본의 에가미나미오(江上波夫)는 비너스상을 시각에 따라 크게 정면형(正面型)과 측면형(側面型)으로 대별하고 모양이나 차림새가 유별난 것은 따로 특이형(特異型)으로 묶었다. 이러한 형들을 또한 몸집이나 모양새, 차림새에 따라 여러가지 유형으로 세분화하였다. 우선 정면형(正面型)에는 빌렌도르프상처럼 몸집이 큰 비대형(肥大型, A)과 기웃자상과 같이 몸집이 약간 큰 중비형(中肥型, B),

그리고 아브디예보상처럼 여윈 수척형(C)의 3가지 형태가 있다. 다음으로 측면형(側面型)에는 사비냐노상이나 구리마르탱상과 같이 복부나 둔부가 앞이나 뒤로, 또는 앞뒤로 불쑥 튀어나온 돌출형(F)과 브라상푸이상처럼 흉부나 복부, 둔부가 약간 두드러진 융기형(G), 그리고 브레티상처럼 등이 곧은 배면수직형(背面垂直型, H)의 3가지 형태가 있다. 정면형 3종과 측면형 3종의 지역별 분포상황을 살펴보면, 지역에 따른 정면형과 측면형의 형태상 상관성이나 출현 빈도를 가늠할 수 있다. 프랑스를 보면 정면형은 B(중비형)와 A(비대형)가 유행하고, 측면형은 F(돌출형)가 많으며, G(융기형)는 적고 H(배면수직형)는 없다. 따라서 형태상의 도식은 B·A+F로 설정된다. 이탈리아나 남부 독일의 경우도 비슷한데, 이것을 서유럽형이라고 귀납할 수 있다. 동유럽

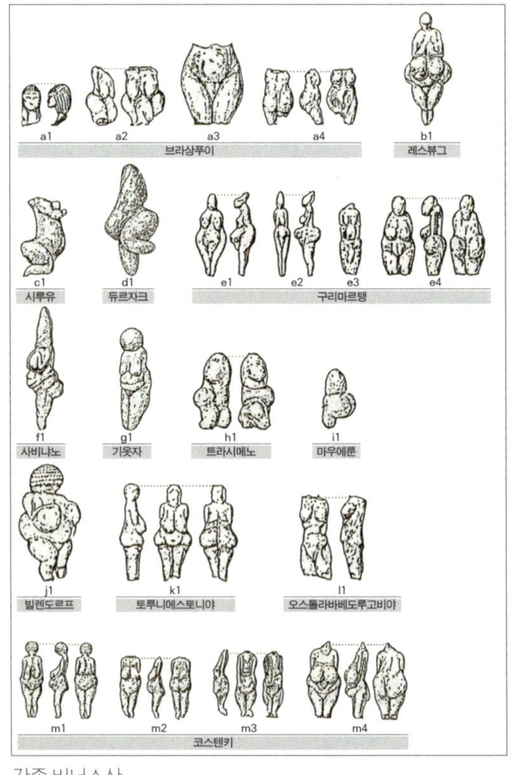

각종 비너스상

의 경우 오스트리아와 슬로베니아 등지에서는 정면형의 A와 B·C나 측면형의 F와 G·H가 대동소이하고, 우크라이나에서는 정면형은 위의 두 지역과 같으나 측면형은 G(융기형)가 많고 F(돌출형)와 H(배면수직형)는 적은 편이다. 따라서 동유럽 비너스상의 형태상 도식은 A·B·C+G로 도출된다. 이것을 동유럽형이라고 칭할 수 있다. 동시베리아에서는 정면형의 B와 C가 압도적으로 많고 측면형의 G도 많으며 H도 적지 않으나 F는 발견되지 않는다. 이로써 동시베리아 비너스상의 형태상 도식은 B·C+G·H로 설정하고, 이것을 동시베리아형이라고 말할 수 있다.

이와 같이 각지에서 출토된 비너스상을 시각에 따라 정면형과 측면형으로 대별하여 고찰할 수 있지만, 그밖에 몸집이나 자세, 외식(外飾) 형태로 특이형(特異型)으로 유형화할 수 있다. 특이형에는 다음 9종이 있다.

① 정면으로 보아 마름모 모양의 능형(菱型, K, 예: b1의 레스뷰그형), ② 무릎을 꿇고 앉은 좌형(坐型, L, 예: c1의 시루유형), ③ 형상화한 변용형(變容型, M, 예: 말타형), ④ 고개를 숙인 부항형(俯項型, N, 예: m1의 코스텐키형), ⑤ 얼굴을 그린 안면조형(顔面造型, O, 예: a1의 브라상푸이형), ⑥ 머리칼을 그린 두발조형(頭髮造型, P, 예: 말타형), ⑦ 옷을 입은 복식착용형(Q, 예: 브레티형), ⑧ 팔을 굽힌 완곡형(R, 예: j1의 빌렌도르프형), ⑨ 팔을 아래로 드리운 완직형(脘直型, S, 예: m1의 코스텐키형). 지역별 주요 비너스상의 특이형(特異型)을 살펴보면, 능형(K)과 좌형(L)은 프랑스나 이탈리아 등 서유럽 특유의 것이고, 이에 비해 안면조형(O)이나 두발조형(P) 및 복식착용형(Q)은 동유럽에서 동시베리아로 가면서 점차 증가하는 추세를 보이고 있다. 또한 동유럽의 우크라이나와 동시베리아에서는 완직형(S)이 많음을 발견하게 된다. 이러한 분포상황을

바이칼 서쪽 앙카라 강안에서 출토된 비너스상

도식화하면 서유럽은 K+L이고, 우크라이나와 동시베리아는 O+P+Q+S식으로 나타난다.

비너스상의 동전 이때까지 비너스상은 주로 서유럽과 동유럽 및 바이칼호 부근의 동시베리아 일대에서만 발견되어 논의의 대상이 되었다. 그런데 2차 세계대전 후 중국의 동북지방과 일본 북부지방에서도 유사품이 출토되어 비너스상에 관한 연구는 물론 이에 따른 동서교류사의 연구에서도 시야가 그만큼 넓어지고 있다. 1979년 5월 중국 북방의 대표적 신석기문화인 홍산문화(紅山文化, 기원전 35,000) 지역의 중심부에 위치한 랴오닝(遼寧) 서부 객좌현(喀左縣, 현 객나심좌익몽고족 자치현喀喇沁左翼蒙古族自治縣) 동산취(東山嘴)에서 대형 석조제단(石造祭壇) 유적이 발견되었는데, 출토된 유물 중에는 중국에서 처음 발견된 도질(陶質) 여인나체소상(女人裸體塑像) 2점이 끼어 있었다. 소상 2점 모두 머리부분이 떨어져나가서 완전한 형태는 알 수 없으나 잔해의 높이는 각각 5cm와 5.8cm, 복부와 둔부가 돌출된 임신부(姙娠婦)형의 환조조형물(丸彫造形物)로서 제작연대는 지금으로부터 약 5,000년 전으로 추정된다. 이어 1983년 동산취 서쪽 50km 떨어진 건평현(建平縣)과 능원현(凌源縣) 경계 지점인 뉴허량(牛河梁)에서 역시 홍산문화에 속하는 한 기의 여신묘유적(女神廟遺跡)과 적석총군(積石塚群), 그리고 석조성채유적(石造城

砦遺跡) 조각들과 함께 여신묘주질(女神廟主室)의 서측에서 거의 사람 키 크기의 채소여신상(彩塑女神像)이 발굴되었다. 머리부분이 거의 완전하게 보존되어 있는 이 여신상은 정교한 원조기법(圓雕技法)으로 제작되었는데, 특히 안구(眼球, 눈망울)에 맑고 짙은 푸른빛 구슬(원옥주圓玉珠)이 박혀 있는 것이 특이하다.

홍산문화 유적에서 출토된 이상 3점의 여인상과 유라시아 비녀스상의 상관성 여부를 두고 학자들 사이에 여러가지 논의가 제기되고 있다. 학자들은 형태 면에서 복부와 둔부가 돌출된 여인나체상이란 점과 풍요나 생산을 상징하는 숭배대상물이라는 점에서는 비녀스상과 공통성이 있음을 대체로 인정한다. 그러나 중국의 장광달(張廣達) 같은 학자는 이 홍산여인상과 유라시아의 비녀스상은 무관하다고 주장하는데, 다음 두 가지를 근거로 한다. 첫째는 유라시아와 홍산문화 지역 사이에는 중간환절(中間環節, 연결고리)이 발견되지 않는다는 점이다. 두 지역의 중간지대에서 유물의 유사품이 발견된 적이 없으므로 연관성을 입증할 수 없다는 것이다. 둘째는 유물의 제작시기가 너무 다르다는 점이다. 즉 유라시아의 비녀스상은 늦어도 후기 구석기시대인 만여년 전에 만들어진 것이지만 홍산여인상은 상한을 아무리 높이 잡아도 5,000년 전의 것으로, 둘 사이의 편년이 5,000년 이상 차이가 있다는 것이다. 따라서 홍산여인상과 유라시아 비녀스상 간의 조형(造形)이나 의미에서의 공통성(상사성)은 문화 고유의 속성인 보편성(공통성)에 불과할 뿐 결코 상호 전파나 교류로 인한 상관성은 아니라는 주장이다. 그러면서 장광달은 두 지역에서 출토된 여인상의 상관성을 운운하는 것은 혹시 종래의 서구학자들이 주장해온 이른바 '중국문화 서래설(西來說)'의 연장이 아닌가 하는 우려를 나타냈다. 그러나 그는 두 지역 여인

상의 무관함을 역설하면서도 상사성을 부정하지는 않았는데, 그는 이러한 상관성이 있게 된 원인을 미국 인류학자 모건(L. H. Morgan)의 이른바 '공통심리설'에서 찾고 있다. 모건은 저서 『고대사회』에서 "인류는 같은 뿌리(동원同源)에서 출현하여 동일한 발전단계에 이르러서는 유사한 수요가 생겨나고, 또 유사한 사회환경에서는 동일한 심리작용을 한다"라는 이른바 '공통심리설'을 주장하였다.

이와 같은 장광달의 주장을 검토해보면 재고의 여지가 있다. 우선 '중간환절'이 없다는 문제인데, 그 이유(예컨대 자료의 미획득 등)는 분명하지 않지만 장광달은 근거 제시에서 유럽에서 발견된 비녀스상만 언급하고 동시베리아 바이칼호 부근(아시아 지역)에서 출토된 브레티상이나 말타상에 대해서는 전혀 언급하지 않고 있다. 물론 지리적으로 볼 때 바이칼호와 홍산문화 지역 사이에는 광활한 몽골 초원이 가로놓여 있으며, 이 중간지대에서 유사품이 발견된 적은 없다. 그러나 순수한 지리적 개념으로 유물의 상관성을 부인하는 것은 설득력이 약하다. 왜냐하면 비녀스상의 경우 우크라이나의 코스텐키상 출토지와 바이칼호 부근의 브레티상 출토지 사이의 거리는 브레티상 출토지와 홍산여인상 출토지 사이의 거리보다 더 멀지만, 코스텐키상과 브레티상 간의 상관성이 인정되고 있기 때문이다. 더욱이 홍산문화 지역과 동시베리아 사이에는 고대부터 여러 문화교류가 있어온 점을 고려할 때, 이 두 지역에서 모두 유사품(여인상)이 발견되었다면 그 상관성에 유의하지 않을 수 없는 것이다. 여인상이 나온 동산취 유적에서 솔개 모양의 녹송석(綠松石) 조각품이 반출되었는데, 이것이 현지산이 아니고 전래품이라는 사실은 이를 반증해준다. 그리고 편년(編年)의 차이인데, 이는 원거리로 동점(東漸)하는 과정에서 비롯된

차이라고 이해할 수 있다. 앞으로 '중간환절', 즉 중간지대에서의 유사품이 발견되면 편년의 순차(順次) 문제는 좀더 과학적으로 해명될 것이다. 홍산여인상의 조각기법이나 형상성이 유라시아의 비너스상에 비해 훨씬 세련되고 정교하다는 사실로 비추어 전자는 후자의 발전된 동단(東端)이 아닐까 추측한다. 비너스상의 동전을 말해주는 또 하나의 증거는 일본에서의 여신상 발견이다. 북부 일본 열도에 남아 있는 아이누족 유적에서 채색토기와 함께 여신상이 출토되었는데, 유방이 유난히 크고 복부가 원형으로 돌출된 형태다. 이는 풍요나 생산을 상징하는 신앙 대상물로서 시베리아의 비너스상과 동일한 계통의 유물임을 알 수 있다. 제작시기는 신석기시대로 추정되며, 이 시기에 시베리아에서 일본 북부지대로 이주한 아이누족에 의해 만들어졌거나 전해진 것으로 추측된다.

비너스상의 의미 비너스상이 어디에 어떻게 쓰이기 위해서 만들어졌는가 하는 의의(意義 혹은 용도用途) 문제에 관해서는 학자들마다 견해가 다르다. 첫째는 사실적 작품이라는 견해다. 초기 서유럽에서 발견되었을 때 학자들은 그것이 구석기시대의 인종적 특징을 그대로 나타낸 사실적 작품으로 당시의 여성에 대한 육체적 미의식에서 오는 이상적 여성상이라고 판단하였다. 둘째는 호신용 부적이란 상징적 의미다. 서유럽에서 특히 풍만한 체구형의 비너스상이 많이 출토되자 일부 학자들은 풍요를 상징하거나 풍요를 기원하는 인간 심리의 반영으로, 인간이나 풍물의 생산·번식과 관련된 어떤 주술적(呪術的) 혹은 제의적(祭儀的)인 우상, 즉 일종의 벽사진경(辟邪進慶)의 호신부(護身符) 따위일 것이라고 해석한다. 셋째는 가족이나 종족의 수호신이란 견해다. 우크라이나와 동시베리아에서 노지(爐址, 화로터)가 딸린 거주지에서 비너스상이 출토되자 일부 학자들은 이러한 유물이 거주민(가족이나 종족)에 대한 수호적 의의를 갖고 있다고 주장한다. 예컨대 동시베리아의 브레티에서는 4개의 수혈식(竪穴式) 집터가 발견되었는데, 집터마다 중앙에는 어김없이 화로자리가 있고, 그 가까이에서 매머드 이빨로 만든 비너스상(모두 5장)이 출토되었다. 넷째는 무녀상(巫女像)이라는 주장도 있다. 샤머니즘의 원시종교와 관련하여 사제(司祭)로서의 무녀상으로 이해하는 일부 학자들의 견해다. 이와 같이 비너스상이 갖는 의의(용도)에 관해서, 학자들은 여러가지 서로 다른 견해와 주장을 펴고 있다. 크게 사실적 의의와 상징적 의의 두 가지로 나누어볼 수 있으나 상징적 의의에 더 큰 비중을 두는 것이 현재의 연구 동향이다. 분명한 것은 사회 진화 과정에서 부권(父權)에 비해 여권(女權)이 앞선 것이 사실이라는 점을 감안할 때 비너스상이 여성(女性, 모성母性)에 대한 추앙과 숭상을 뜻한다는 것은 의심의 여지가 없다고 하겠다.

비단 silk

실크로드의 대표적인 교류품. 피륙은 크게 베(마포麻布)·무명(목면포木棉布)·비단(緋緞, 견직물絹織物) 세 가지로 나뉜다. 베는 식물섬유인 베실로, 무명은 솜실로, 비단은 명주실로 짠다. 일반적으로 비단은 누에고치를 길러서(양잠養蠶) 실을 뽑은(소사繅紗) 다음 그 실로 피륙을 짜는(직견織絹) 공정을 거쳐 생산된다. 이 생산공정이나 작업을 통칭 견직업(絹織業), 그 생산물을 견직물(絹織物)이라고 한다. 비단의 원산지가 중국이라는 데는 이의가 없지만 그 시원이나 전파에 관해서는 아직 해명되지 않은 문제가 적지 않으며 논쟁 또한 분분하다. 과거에 주로 문헌학적 기록에 의거하여 여러가지 해명이 있었지만 사실 여부를 확신할 수는 없었다. 그러나 금세기에 들어와 유라시아의 광활한 지역에서 비단 유물이 다량 발굴됨에 따라 비단의 역사와 실체가 하나씩 밝혀지고 있다. 비단은 누에고치를 걸러서 뽑은 실로 짠 피륙이기 때문에, 시원은 누에고치를 치기 시작한 때로 거슬러올라가야 할 것이다.

중국인들은 양잠의 시작을 삼황오제(三皇五帝)의 문화전승설과 결부시키고 있는데, 우선 『잠상췌편(蠶桑萃編)』의 기술에 따르면 삼황제(三皇帝) 중 수렵기술을 창안한 복희씨(伏羲氏)가 뽕나무 누에고치에서 켜낸 실로 가늘고 성긴 세백(細帛)을 짰으며, 농경생활을 가르친 신농씨(神農氏)는 명주실이나 베실로 천을 짜는 법을 가르쳤을 뿐만 아니라, 남자는 밭을 갈고 여자는 천을 짜도록 사회분업까지도 이루어지게 하였다고 한다. 삼황시대에 이어 오제시대에 와서는 일정한 생산공정을 거치는 견직업이 이미 출현한 것으로 전해지고 있다. 준남왕(准南王)『잠경(蠶經)』에는 황제(皇帝)의 원비(元妃) 서릉씨(西陵氏)가 양잠을 권장하고 직접 잠업을 개창하였다고 기술되어 있다. 이를 근거로 중국인들은 서릉씨를 잠업의 시조로 인정하여 대대로 제잠(祭蠶) 의식까지 치르고 있다.

이와 같이 전설로만 내려오던 삼황오제의 양잠견직 전승설은 근래에 와서 선사시대(신석기시대)의 견직 유물이 다수 발굴됨으로써 그 실체가 점차 밝혀지고 있다. 1921년 허난성(河南省) 멘츠현(澠池縣) 양사오촌(仰韶村)에서 발굴된 신석기시대 후기의 문화(양사오 문화) 유물 중에는 석방륜(石紡輪, 돌 물레바퀴)과 뼈침이 포함되어 있는데, 이것은 당시에 이미 방적과 바느질이 알려지고 있었음을 말해준다. 허난성 준현(浚縣)의 대뢰점(大賚店) 유적에서도 같은 유물이 출토됨으로써 방적과 바느질은 이미 널리 유행된 수공업이었음이 입증된다. 1928년 산둥

성(山東省) 장구현(章丘縣) 용산진(龍山鎭) 성자애(城子崖)에서 발견된 문화(룽산문화龍山文化) 유물 중에는 뼈침과 함께 골사(骨梭, 뼈북, 즉 뼈로 된 베틀의 북)가 나왔는데, 그 형태는 한쪽이나 양쪽 끝에 구멍이 있는 편평형(扁平型)과 가운데에 구멍이 있고 한쪽 끝이 뾰족한 공통형(空筒型)으로 대별된다. 이러한 뼈북은 실을 켜거나 천을 짜는 데 사용된 것임이 분명하다.

그러나 이러한 유물들이 식물섬유를 원료로 한 방적과 관련된 유물인지, 아니면 양잠에 기초한 견직과 관련된 유물인지는 확인되지 않고 있다. 그러다가 1926년 산시성(山西省) 하현(夏縣) 성북(城北)쪽 14km 지점에 있는 서음촌(西陰村)의 신석기 유적에서 인공적으로 쪼개서 실을 뽑아낸 듯한 반쪽 잠각(蠶殼, 고치껍질)과 돌이나 도자기로 만든 방추(紡錘, 물레)가 발견되었다. 이와 관련하여 학자들 사이에 '발견된 고치가 누에고치인지 아닌지', 또 '그것이 언제 만들어졌는지'를 두고 논쟁이 벌어졌다.

이상의 출토 유물들은 비록 명시적이지는 않지만 방적이나 양잠에 관한 고대 문헌기록이나 삼황오제 전승 내용의 사실성을 강하게 시사해준다. 선사시대를 지나 은주(殷周)시대의 역사시대에 접어들면 양잠이나 견직물의 실상이 확연한 유물이나 기록에 의해 명백히 입증되고 있다. 대표적인 유물로 공예품으로서의 옥잠(玉蠶, 구슬 누에고치)과 잠문(蠶文, 누에고치 문양)을 들 수 있다. 1953년 안양(安陽) 대사공촌(大司空村)에서 발견된 은묘(殷墓)의 부장품 중에는 비교적 완전한 형태의 칠절백색옥잠(七節白色玉蠶, 길이 3.15cm)이 있고, 1966년 산둥성 소부둔(蘇埠屯)의 은묘에서도 정교한 옥잠이 출토되었다. 옥잠과 함께 은대(殷代, 기원전 1500~1100) 청동기에는 주로 족부와 구부, 복부가 명확하고 둥근 머리에 튀어나온 눈망울을 가지고 꿈틀거

리며 기어가는 생동하는 형상의 잠문도 선명하게 나타나고 있다. 이러한 잠문은 북방에서는 물론, 남방의 흑도(黑陶)에서도 찾아볼 수 있다. 일례로 1959년 장쑤성(江蘇省) 오강매언(吳江梅堰) 유적에서 출토된 흑도(양저문화良渚文化)에 역력히 나타난 잠문을 들 수 있다. 옥잠이나 잠문 외에도 여러가지 청동기 표면에 부착된 견직물의 흔적이 그대로 남아 있는 것도 여러 점 발견되었다. 1950년 안양(安陽) 은허(殷墟)에서 출토된 3개의 동과(銅戈)와 1955년 정저우(鄭州)에서 출토된 상대(商代)의 동분(銅盆)에 남아 있는 견직물의 흔적은 그 대표적 실례라 할 수 있다. 스웨덴의 견직물학자 실완(Vivi Sylwan)은 스톡홀름의 말뫼박물관(Malmö Museum)에 소장된 은대의 청동치(靑銅巵, 둥근 모양의 청동기 술잔)와 극동고물박물관(極東古物博物館, The Museum of Far Eastern Antiquities)에 소장된 은대의 청동월(靑銅鉞, 큰 도끼 모양의 청동무기)에도 견직물 흔적이 있다고 밝히면서 그 기술 수준이 이미 능직(綾織, 무늬가 있는 얇은 비단, 고급 비단의 일종)을 제작하는 수준에 이르렀다고 지적한 바 있다.

은대에 잠업이나 견직물이 성행하였다는 사실은 은허 출토 갑골문의 기록에 의해서도 충분히 실증되고 있다. 갑골문 중에는 상(桑)·잠(蠶)·사(絲)·백(帛)·건(巾) 등의 문자가 있는가 하면 실을 끊는다는 절(絶)자, 실을 묶는다는 속(屬)자, 실로 낚시질 한다는 민(緡)자 등 방적과 관련된 여러 문물자가 있다. 상형문자인 갑골문자는 수천 자에 불과한 것으로서 주로 당시 사회의 보편적인 사물이나 현상만을 표현한 제한된 문자라는 것을 감안할 때, 잠업이나 방적 및 직견과 관련된 문자를 다수 채용하였다는 것은 그만큼 잠업이나 견직물이 보편적이었음을 말해 준다. 주(周)대에 이르러서는 견직업이 더욱 발달하여 생산규모가 확대되고, 이에 따라 관리·운영체제도 정립되었다. 『주례(周禮)』의 기술에 따르면 방적을 '부공(婦公)'이라 하여 왕공(王公)·사대부(士大夫)·백공(百工)·상려(商旅)·농부(農夫) 등과 함께 국가적인 6대 직종(국지육직國之六職)으로 규정하고 전문적인 관리기구와 제도를 마련해 방적 생산을 국가적으로 통제하였다. 또한 『상서·우공(尙書·禹貢)』에는 전국 9주 중 6주(곤주袞州·청주靑州·서주徐州·양주揚州·형주荊州·예주隸州)에 관리기구가 분포되었다고 하여, 당시 견직업이 널리 유행하였음을 알 수 있다. 주대의 잠사 분포 6주 중 형(荊)·양(揚) 두 주를 제외하고는 4주 모두가 북방에 위치한다. 주대까지만 해도 견직업의 중심이 북방이었음을 알 수 있다. 6주 중에서도 곤주가 가장 번성하였고, 부국강병책을 추구한 춘추전국시대에도 곤주를 중심한 제(齊)·노(魯)에서 견직업이 가장 번성하였다. 한대(漢代)에는 견직업이 진일보하여 산둥과 허난 일대를 중심으로 한 중원(中原) 지역에서 양잠과 방적이 성행하였다. 산둥 제군(薺郡)의 임치(臨淄)와 허난 진류군(陳留郡)의 양읍(養邑)에는 한 왕실 전속의 직물공장인 '삼복관(三服官)'이 설치되었고, 장안성(長安城) 내에는 동·서 직실(織室)이 있어 천자나 왕실의 어복(御服)을 전문으로 제작·공급하였다.

한대에는 거좌기(居坐機, 평견平絹을 짜는 직기)와 제화기(提花機, 문견汶見) 같은 직견기(織絹機)가 발명되고 염색기술도 발전하여 견직물(세칭 '한견漢絹')은 실로 다양하였다. 사적에 의하면 한대에 유행한 견직물은 금(錦)·수(繡)·능(綾)·곡(穀)·미윤(靡潤)·선(鮮)·락(絡)·연(練)·소(素)·백(帛)·주(紬)·사(絲)·서(絮)·호(縞)·증(繒)·나(羅)·견(絹) 등 무려 28종으로서 춘추전국시대의 금(錦)·호(縞)·소(素)·백(帛)·기(綺)·곡(穀)·나(羅)·사(絲)·환(紈)·수(繡)·아

(阿)의 11종에 비하면 대단한 발전이었다.

견직업 발전사상 특기할 것은 전한시대까지는 북방이 견직업을 독점하였으나, 후한시대부터는 서서히 남방으로 전해지기 시작하였다는 사실이다. 위진남북조시대에 이르러서는 중원지대에 전란이 발발하자 북방인들이 남쪽으로 이동하여 남방 각지에 견직업이 널리 퍼지기 시작하였고, 마침내 수·당시대에 전성기를 맞이하게 되었다. 그 결과 견직업은 국민생활과 직결되는 전국적인 업종으로 자리잡게 되고 그 역할과 용도도 전례 없이 커졌다.

비단에 관한 서방인들의 지식 피류 중에서 최상품인 비단은 고가의 화려한 의상 제작 소재일 뿐만 아니라, 국가나 개인간의 교제용 증여품이나 통화(通貨)를 대신하는 지불수단으로 역할과 용도가 확대되었다. 따라서 국내에서 애용됨은 물론, 멀리 서방세계에까지 희귀한 진품으로 알려져서 일찍부터 선망 교역품으로 각광을 받게 되었다. 비단을 통해 처음으로 중국을 알게 된 서방인들은 수세기가 지나서야 비로소 원산지 중국으로부터 양잠(養蠶)을 비롯한 비단의 비밀을 알아내는 데 성공하였다. 기원을 전후한 시기의 저명한 그리스 지리학자이며 역사가인 스트라본(Strabōn, 기원전 64~기원후 21)은 기원전 327년 동정(東征)에 나선 알렉산드로스의 부장(副將)인 네아르코스가 인더스강을 건너 펀자브 지방으로 진격할 때 처음으로 목면(木棉)과 세리카(Serica)라는 가벼운 견직물을 목격했다는 사실을 전하면서 이러한 견직물은 모종의 나무 껍질에서 얻는다고 하였다. '세리카'란 이름은 이전부터(기원전 5세기) 전해오는 '세르'(Ser, Serige의 준말)나 '세라'(Sera), '세레스'(Seres)에 어원을 두고 있는 것으로 추정된다. 기원전 400년경에 페르시아군에게 포로가 되어 아케메네스조 왕실의 어의(御醫)로 근무한 그리스 역사

가 크테시아스(Ctesias)의 전언에 의하면 왕실에서 가끔 세레스인에 관한 이야기가 오갔는데, 그들의 신장은 13코비트(약 6.5m)이며 북인도인들과 마찬가지로 수명이 200년 이상에 달한다고 하였다. 스트라본도 『지리서』(*Geography*)에서 세레스인들에 관해 언급하면서 200여세의 장수를 누린다고 하였다. 전래되는 세레스인 명칭의 어원에 관해서는 여러가지 설이 있는데, 비단이란 중국어 단어 '사(紗)'나 '사주(紗綢)'에서 유래되었다는 설이 가장 유력시된다.

2세기까지만 해도 로마인들은 세레스란 말의 유래를 생사나 견직물과 관련시켜 그 생산자를 '세레스인', 생산국을 '세레스'라고 불렀다. 그러나 세레스로 지칭된 생사나 견직물의 실체에 관한 그들의 지식은 500년 전의 네아르코스의 오해 범위를 크게 벗어나지 못하였다. 로마의 시종(詩宗)으로까지 추앙받는 시인 베르길리우스(Maro Vergilius, 영어로는 Virgil, 기원전 70~19)는 시 『농경부(農耕賦)』(*Georgica*) 2장 5절에서 세레스인들은 삼림 속의 나무 잎사귀에서 양모와 같은 비단의 섬유를 빚어낸다고 읊었고, 스트라본도 저서 『지리서』에서 비단을 아마(亞麻, byssus)의 표피를 벗겨 만든다고 하였으며, 1세기 로마의 지리학자인 플리니우스(Gaius Plinius, 23~79)도 역시 세레스인은 동방에 사는 부족인데, 나무에서 모사(毛紗, 털실)를 뽑는다는 등의 착각을 누누이 반복하였다.

그러나 비단에 관한 정확한 지식을 가진 학자가 없지는 않았다. 2세기 후반의 그리스 박물학자 파우사니아스(Pausanias)는 세레스인들은 '일정한 목적을 가지고 사육한 벌레에서 실을 뽑는다'고 하였다. 파우사니아스는 2세기 후반에 활약한 그리스 박물학자로서 160~180년경에 『그리스 안내기』(*Hellados Periegesis*)를 저술했는데, 이 책에 자신이 직접 견문한 그리스 각지의

고미술품과 전설들을 채록하였다. 파우사니아스가 어떤 경로를 통해 비단에 관한 지식을 습득하게 되었는지는 알려지지 않지만 양잠이나 견직물에 관한 오해와 무지가 만연된 당시로서는 탁견(卓見)이 아닐 수 없었다. 그러나 전파매체나 인쇄술이 발달하지 못한 당시에는 그의 이러한 탁견도 널리 알릴 방법이 없었다. 따라서 6세기 중엽 양잠기술이 유럽에 전파될 때까지 서방인들 사이에서는 여전히 세레스와 비단에 관한 오해가 지속되었다.

이와 같이 세레스의 실체가 오랫동안 서방에 정확하게 전해지지 않은 것은 비단길의 서단(西段)을 장악하고 있던 파르티아(Parthia, 페르시아, 안식安息)가 막대한 이윤 추구를 목적으로 비단무역을 독점하면서 비단 직조의 비밀을 서방에 알려주지 않고 고수해왔기 때문이다. 이에 대해 『후한서(後漢書)』 「서역전」은 다음과 같이 기술하고 있다. 즉 "이 나라(대진大秦, 로마) 왕은 사신을 한에 보내려고 하였으나 안식(安息)이 한의 증채(繒綵, 빛깔이 화려한 비단)를 가지고 그와 교역하려고 함으로써 차단되어 스스로는 얻을 수가 없었다." 뿐만 아니라 한과 대진의 직접적인 사신 왕래도 안식의 고의적 방해로 말미암아 성사될 수가 없었다. 이러한 사실을 전해주는 일례로 감영(甘英)의 대진 견사의 실패 사건을 들 수 있다.

비단의 서전 루트 선사시대 중국에서 발생한 양잠법은 서로 다른 방법과 루트를 통한 잠종(蠶種)의 전파와 더불어 기원전 2~3세기경에 실크로드 오아시스로 남도(南道) 주변 여러 나라에 전해지고, 3세기 말에는 서북 인도와 카슈미르에, 4~5세기경에는 페르시아와 시리아에, 끝으로 6세기 중엽에는 비잔틴에 각각 전파되었다. 이 양잠법의 전파 루트는 곧 비단의 서전(西傳) 루트이기도 하다. 19세기 말 이래 스웨덴의 헤딘(Sven Anders Hedin, 1865~1952)과 영국의 스타인(A. Stein)을 비롯한 서구 탐험가들과 중국 고고학자들의 노력에 의하여 서역 일대에서 한(漢)대에서 당(唐)대에 이르는 시기에 생산된 견직물 유물이 대량 출토됨으로써 비단의 서전상과 그 루트가 점차 밝혀지고 있다.

우선 동·서방 여러 지역에서 고대 비단 유물이 출토된 주요 유적과 출토 상황을 살펴보면 다음과 같다.

① 에치나강 유역 유적: 현 중국 내몽고자치구(內蒙古自治區) 서부에 있는 에치나(Echina, 액제납額濟納)강 유역을 1930~1931년에 베리만(F. Bergman)을 위시한 서북과학조사단이 발굴 작업을 진행한 결과 한대 유적 43개소 중 17개소에서 다량의 견직물을 발견하였다. 현재 유품은 스톡홀름 국립인류학박물관에 소장되어 있다.

② 누란 유적: 누란(樓蘭) 왕국의 도성 크로라이나와 그 주변에 있는 유적지로 1900년 헤딘이 도성지를 발견하고, 다음해 3월에 여기서 다수의 한문 고문서와 5점의 평견(平絹)을 수습하였다. 그후 1924년 스타인은 이 도성지 동북방 3마일 지점에 있는 한묘(漢墓)에서 12점의 비단 조각을 발견하였다. 1934년 헤딘과 베르만은 또다시 구므타리아강 유역에서 다수의 견직물 조각을 발견하였고, 이때 동행한 황원비(黃文弼)도 11점의 비단조각을 발견하였다.

③ 니야 유적: 1959년 신장(新疆) 위구르(유오이維吾爾) 자치구 박물관 고고조사대는 니야(Niya) 유적 북방 사막 가운데서 후한(後漢) 시대의 부부 합장묘를 발굴했는데, 여기에서 '만세여의(萬世如意)' 금포(錦袍)와 '연년익수대의자손(延年益壽大宜子孫)' 금화(錦靴), 수대(手袋, 손가방) 등 여러 점의 견직물 유품을 발견하였다.

④ 노인울라 유적: 1923년 소련 코즐로프 고고조사대는 울란바토르 북쪽 약 110km 지점의 노

인울라(Noin-Ula)에 있는 212기 고분 중 12기를 발굴하였는데, 여기에서 운악금문금(雲岳禽紋錦)·수화운문금(獸華雲紋錦)·산악쌍수목문금(山岳雙樹木紋錦) 등 여러 점의 유물이 나왔다.

⑤ 오글라크티 유적: 남러시아 미누신스크 북방 약 60km의 북예니세이강 우안에 있는 오글라크티(Oglakty) 유적에서 1930년 소련 고고학자 아톨리아노브에 의해 9기의 한묘(漢墓)가 발굴되었는데, 여기서 유문문금(流雲紋錦)·연년익수금(延年益壽錦) 등이 발견되었다. 한 가지 주목되는 것은 이 유적에서 발굴된 연년익수금과 누란이나 니야 유적에서 출토된 연년익수금이 재질이나 문양 면에서 매우 유사하다는 점이다. 이러한 제품들은 같은 곳에서 생산되어 각지 제왕이나 유력자들에게 증여된 것으로 생각된다.

⑥ 케르치 유적: 멀리 흑해(黑海) 북안의 크리미아(Crimea) 반도에 있는 케르치(Kerch)에서 1842년 코레이샤에 의헤 능형(菱形) 무늬의 비단천이 발굴되었다. 이것은 지금까지 발견된 비단 유물 중에서 가장 먼 곳에서 나온 것이다.

⑦ 켄콜 유적: 중앙아시아 키르기스공화국 탈라스 강안의 톨로촌에 위치한 켄콜(Kenkol) 고분 9호분에서 1938년 페른슈타임이 남녀 비단옷을 발견하였다.

⑧ 팔미라 유적: 시리아의 팔미라(Palmyra) 유적에서 1925~1945년에 프랑스 고고탐험대가 장크리크탑(塔) 등에서 50점에 달하는 중국산 견직물 유품을 발견하였다.

⑨ 가욕관 유적: 1927년 간쑤성(甘肅省) 가욕관(嘉峪關) 서쪽에 있는 후한묘(後漢墓)에서 기의(綺衣)·기(綺, 무늬 있는 비단) 조각과 함께 잠상(蠶桑)과 견백(絹帛) 등을 그린 벽돌(화상전畵像磚)이 발견되었다.

⑩ 우웨이현 마저자 유적: 간쑤성(甘肅省) 우웨이현(武威縣) 남쪽 15km 지점에 있는 마저자(磨咀子) 한묘군(漢墓群)에서 1957~1959년 기간에 진행된 3차례의 발굴에서 근 10점의 금(錦), 나(羅, 얇고 성기게 짠 명주)가 출토되었다.

그밖에 북시베리아의 잘라이 노르(Jalai-Nor), 알타이 이북의 파지리크(Pazyryk)·둔황(敦煌), 신장성의 투루판(Turfan)·쿠처·배성(拜城), 중앙아시아의 사마르칸트, 아프가니스탄의 박트라(발흐), 메소포타미아의 하트라(Hatra)와 두라 에우로포스(Dura Europos), 장안(長安)·낙랑(樂浪) 등 여러 곳에서도 적지 않게 견직 유물이 발굴되었다.

이렇게 한금(漢錦)이나 당금(唐錦) 유물은 장안을 중심으로 동은 한반도의 낙랑으로부터 서는 시리아의 팔미라까지, 북은 잘라이 노르로부터 남은 장사(長沙)에 이르기까지 유라시아의 광활한 지역에서 두루 출토됨으로써 고대 중국 비단의 종횡무진한 전파상을 확인할 수 있다. 이 발굴 유적들을 연결하면 곧 비단의 서전(西傳) 루트가 짜여질 수 있을 것이다. 이 루트는 실크로드(비단길)의 주로(主路, 육로와 초원로)와 대체로 일치한다. 즉 실크로드의 북로인 초원길(스텝로)을 따르는 비단의 서전 루트는 장안—양고(陽高)—노인울라·오글라크티—파지리크—케르치로 이어지는 길이고, 실크로드의 중추(中樞)인 오아시스로를 따르는 비단의 서전 루트는 장안—둔황에서 남·북 루트로 갈라지는데, 북방 루트는 고창(高昌, 투루판)—쿠처(고차庫車)—배성—켄콜—사마르칸트—메르브—두라에우로푸스까지의 길이고, 남방 루트는 누란—니야—박트라—메르브—두라에우로푸스까지의 길이며, 두라에우로푸스에서 북행으로 하트라와 로마로, 남행으로는 팔미라로 이어진다.

『비드파이 이야기』 *The Fables of Bidpai*

고대 인도의 설화문학 작품인 『판차탄트라』(*Pancatantra*)의 영역본(英譯本). 중세 유럽문학은 설화식(fablian) 장르를 채택하는 데 아랍문학의 영향을 받았다. 중세 영국과 프랑스를 비롯한 유럽 나라에서 유행한 설화문학의 뿌리를 추적해보면 『판차탄트라』('판차탄트라'항 참고)에 이르는데, 유럽에 『비드파이 이야기』나 『필파이 이야기』(*The Fables of Pilpay*), 혹은 『칼릴라와 딤나 이야기』라는 역명(譯名)으로 전함으로써 유럽 설화문학의 정립에 기여한 사람은 아랍인들이다. 산스크리트어로 씌어진 『판차탄트라』 원본이 기원후 550년경에 페르시아어로 번역된 것을 아랍인들이 다시 아랍어로 번역하였다. 이 아랍어 역본을 대본으로 해 위와 같은 여러가지 제목으로 유럽 여러 언어로 번역, 출간된 것이다. 『비드파이 이야기』에서 영향을 받아 라틴어로 씌어진 『칠현(七賢) 이야기』(*Historia Septem Sapientum*)에는 '아라비안나이트식' 설화가 많이 가미되었다.

비라코차 Viracocha

남미 중앙안데스 지대의 창세신화에 등장하는 창조신. 16세기의 연대기 작가 시에사 데 레온은 이 창조신에 관해 다음과 같이 전한다. 오랜 암흑의 세계를 지나서 티티카카호(湖)의 한 섬에서 해가 뜨자 남쪽에서 갑자기 곰사등이 백인이 나타나서 산과 평지 및 샘을 만들었는데, 그는 만물의 창조자이며 태양의 아버지인 '티시비라코차'라 한다. 그는 인간과 동물에게 생명을 주고 여러가지 기적을 행하면서 사람들에게 생활방식과 자비심을 말하고 북쪽으로 사라졌다. (4-304)

비루니 Abū al-Rayhān Muhammad ibn Ahmad al-Bīrūnī(페르시아어), 973~1050년?

중세 이슬람세계의 대표적인 학자. 호라즘의 이란계 가정에서 태어난 비루니는 25세가 될 때까지 고향에서 학업에 매진하다가 중앙아시아와 이란 각지를 편력하였다. 사마니조(朝)의 만수르 2세와 호라즘 샤의 마어문을 위해 봉직하다가 호라즘이 가즈니조의 마후무드에게 정복당하자 1017년에 생포되어 아프가니스탄의 가즈니에 압송되었다. 거기서 여러 차례 마흐무드의 인도 서북부 원정에 동행하였다. 이를 통해 얻은 지식을 바탕으로 인도학의 고전이라는 『인도서(書)』를 저술하였다. 비루니는 수학·천문학·자연과학·지리학·역사학·언어학 등 여러 학문에 박식해 '우스타즈'(Ustādh, 아랍어로 '선생' '스승'이란 뜻)란 경칭을 가졌다. 다작의 학자로서 직접 쓴 책과 그의 이름을 빌려 다른 사람이 쓴 책까지 합하면, 저서가 총 180권이나 된다. 그는 『지난 세기(世紀)의 유적(遺蹟)』에서 멀리 동시베리아의 바이칼호 부근에 산재한 여러 종족과 북유럽의 스칸디나비아 반도에 거주하는 와랑족(Warangians)의 생활상, 그리고 북유럽 일대의 제철 공정뿐만 아니라, '눈 바다'로 표현한 북빙양의 설경과 동토상까지 상세하게 서술하고 있다. 『마스오디의 법(法)』에서 비루니는 지구가 자체의 축(地軸)을 중심으로 회전한다는 견해를 제시하였다. 이로써 종래의 지정설(地靜說)을 뒤집고 지동설(地動說)이 대두하게 되었다. 그러나 비루니 자신도 천체의 출몰은 지구의 회전 결과라고 인정함으로써 결국 지구중심설에서 탈피하지는 못하였다. 그는 선대 역사학의 태두인 마스오디의 학문적 업적을 계승 발전시켜 백과전서적인 『마스오디의 법』(1029)을 저술해 술탄에게 진상하였다. 이 책은 당대 지리학의 법칙서로 가치가 인정되었다.

비루스 卑路斯, Pēroz, ?~674년?

동행 페르시아 왕자. 651년 사산조 페르시아가 이슬람 동정군에 의해 망하고 부왕 이사후(伊嗣侯, 야지데게르드 3세)가 전사하자 아들 비루스는 토화라(吐火羅, 현 아프가니스탄)로 도피하였다. 662년 토화라에 있던 그를 당이 페르시아 왕으로 책립(冊立)하자, 674년에 당에 입조(入朝)하여 우무위장군(右武威將軍) 칭호를 수여받았다. 결국 별 다른 행적 없이 사망하자 그의 아들 니열사(泥涅師)가 왕위를 계승하였다. (8-46)

비림 碑林

중국 최대의 비석박물관. 시안 문묘(文廟, 공자묘 孔子廟)에 있는 '석조문고(石造文庫)'라고 하는 비림은 문자 그대로 비석으로 숲을 이룬 박물관이다. 여기에는 한(漢)대부터 청(淸)대에 이르기까지 역대 명필들의 글을 새긴 석비 1,095기가 소장되어 있다. 특히 당(唐)·송(宋)대 이후의 석비와 법첩(法帖)이 가장 많다.

비온비노 해저 유적

교류의 유물적 전거로서의 해로 유적(해저). 1832년 이탈리아 서부 해안의 비온비노와 엘바도 사이의 해저에서 트롤선(trawl, 저인망선) 한 척을 건져낸 바 있다. 기원전 5세기 그리스에서 건조된 높이 110cm의 이 침몰선에서 대리석 아폴로상을 발견하였다.

비비하눔 마스지드 Bibixonim jome masjidi(우즈베크어)

우즈베키스탄의 사마르칸트에 자리한 대사원. 1390년 인도 원정에서 돌아온 티무르는 이슬람 세계에서 가장 웅장하고 화려한 마스지드(사원)를 짓겠다고 결심한다. 그는 제국 각지에서 차출한 200명의 공장(工匠)과 500명의 노동자뿐

사마르칸트의 웅장하고 화려한 비비하눔 마스지드

만 아니라 대리석 운반을 위해 인도에서 95마리의 코끼리까지 끌어왔다. 매일 아침 작업현장에 나가 작업을 독려하고, 음식물을 제공하며 주화(鑄貨)로 포상하였다. 마침내 높이 35m에 달하는 쪽빛 돔을 비롯해 50m 높이의 미어자나(miádhanah, 예배 시간을 알리는 첨탑), 가로 167m, 세로 109m의 대리석 안뜰, 천장을 받치는 400개의 대리석 기둥을 가진 대형 마스지드를 지었다. 그러나 지진(1897)과 사람들의 무관심 및 파괴 행위로 인해 화려한 건물은 만신창이가 되었다. 철문을 뜯어 동전을 주조하고, 마구간이나 면화 상점으로 이용하였으니 당연한 일이었다. '비비하눔'은 티무르의 9명 비 중 한 애비(愛妃)의 이름이다.

비슈발리크 別失八里, Bishbalïq(투르크어)

오아시스로 상의 유물적 전거인 고성(古城). 동부 톈산 산맥의 북쪽 기슭에 있는 고성으로 둘레가 4.5km나 되며, 북정고성(北庭古城)이라고도 한다. 지금은 창길(昌吉) 회족(回族)자치주의 짐사르(吉木薩爾) 현(縣)에 속한다. 투르크어로 '5성(城)'이란 뜻의 이 고성은 한대에는 차사후국(車師後國)에 속해 있다가 당대에는 북정(北庭) 도호부의 소재지가 되었다. 몽골제국 시대에 별실팔리(別失八里)로 불렸다. 성의 형태는 방형이

라는 상례를 깨고 내성을 포함해 비정형적(非定型的)인 형태를 취하였다. 성터의 서쪽 800m 지점에 불교사원 유적이 남아 있으며, 불감(佛龕)과 지하실에서 위구르시대의 불교 장식벽화와 위구르어의 명문(銘文)이 발견되기도 하였다.

비옥한 초승달 지대 Fertile Crescent

최초의 농경문화 발상지. 서는 지중해 동안의 팔레스타인에서 북부 메소포타미아, 동은 이란 고원에 이르는 초승달 모양의 지대다. 두 강(유프라테스강과 티그리스강)을 따라 비옥한 충적평야가 펼쳐져 일찍부터 농경과 목축업이 발달했으며, 여러 고대문명이 출현하였다. 기원전 6500~기원전 5000년의 카림샤히르·자르모 문화기에는 초기 농경과 목축업의 흔적이 보이며, 뒤이은 하수나 문화기에는 토기가 널리 쓰이고 방적도 시작되었다. 이어지는 하라프 문화기에는 사회가 진일보해 관개농업이 선을 보이고 벽돌건물이 나타나며 배가 등장해 교역이 시작되었다. 청동기시대에 접어든 우바이드 문화기에는 신전과 계급이 등장하며 도시문명의 틀이 잡혀갔다.

비자야나가르 왕조(王朝) Vijayanagar Dynasty, 1336~1649년

해상 실크로드 상의 남인도 통상국. 남인도의 통가바드라 강변에 자리한 비자야나가르(드라비다어로 '승리의 도움'이란 뜻)를 수도로 해 건설된 힌두 왕국이다. 보석과 향료로 유명한 이 나라는 4조대(朝代)에 걸쳐 페르시아와 중국, 아프리카와 포르투갈 등 여러 나라와 활발한 교역을 진행하였다. 그러다가 북방의 강력한 이슬람왕조에 의해 멸망되었다.

비잔티움 Byzantium → '이스탄불'항 참고

비잔틴 문화

그리스 정교(正敎)를 바탕으로 하여 헬레니즘적인 그리스 문명과 동방적 문명요소들이 융합된 하나의 복합문화다. 비잔틴 문화의 가장 큰 공적은 그리스 고전문명을 보존·재생하여 서방의 로마·게르만세계와 동방의 사산조 페르시아나 이슬람세계, 그리고 멀리는 극동세계에까지(643~742년 중국 당조에 7차 견사) 전파한 것이다. 비잔틴 문화의 이러한 융합적 특색은 모자이크 벽화를 비롯한 미술에서 가장 뚜렷이 나타나고 있다. 한편, 비잔틴 문화는 발칸 반도와 러시아를 비롯한 동유럽에 선진문화와 그리스도교를 전달함으로써 독자적인 슬라브 문명이 형성될 수 있는 기반을 마련하였다.

비잔틴 의술(醫術)의 동전(東傳)

비잔틴 의술은 인도의 간다라에 들어와서 인도 의술과 융합된 후 다시 중국에 전파되었다. 한편, 7세기 중엽부터 중국에 유입된 네스토리우스파 기독교(경교景敎)를 따라 비잔틴 의술이 소개되기도 하였다. 일례로 경교 전도사 숭인(崇人)은 유능한 의사로서 당 현종(玄宗)의 맏형 이헌치(李憲治)의 난치병을 치유해 명성을 떨친 바 있다. 667년에 비잔틴제국의 사절이 고종(高宗)에게 테리아카(theriaca, 저야가底也伽)라는 이른바 만능 복합해독제를 헌상하였다. 이 약제는 동물의 교상(咬傷)으로 인한 중독을 치료하는 데 특효약으로 원래 그리스시대에 제조되었는데, 비잔틴인들이 그 제조법을 이어받은 후 중국을 비롯한 극동지역에 전파하였다. 특히 눈병과 이질 치료에 뛰어난 비잔틴 의술은 중국에서 큰 인기를 끌었다. 당 고종의 시의(侍醫) 진명학(秦鳴鶴)은 비잔틴인으로서 683년에 백회(百會)와 뇌호(腦戶)의 두 혈(穴)을 찔러 피를 뽑아내는 의술로 고종의 실명증(失明症)을 치유해 세상을 놀라게 하였다. 이는 '뇌를 열고 벌레를 제거함으로써 실명을 치료할 수 있다'는 이른바 천두술(穿頭術, trepanation)이다. 이는 당시 비잔틴의 높은 의술이 동전해 중국에서 활용되었음을 입증해준다.

비전 飛錢, 便錢, 便換

중국 당·송시대의 어음제도. 비전이란 상품경제가 발달한 당 중기부터 실시한 일종의 어음제도로, 무게가 많이 나가는 동전을 대신해 간편하게 소지할 수 있는 돈(지폐)을 말한다. 현금(동전)을 비전으로 바꾸려면 각전(刻錢)이라는 수수료를 내고 어음 첩(帖)을 교부받는다. 지불인은 수취인이 지참하는 첩과 어음 발행인이 보낸 첩을 대조한 후 현금을 내준다. 비전을 당나라 때는 정부의 재정기관인 삼사(三司) 등에서, 송나라 때는 편전무(便錢務)에서 발행하였다. 송나라의 교자(交子)나 회자(會了) 등의 지폐는 이러한 어음에서 발달하였다. (17-286)

비취모 翡翠毛

동전된 조류(鳥類) 장식품. 한국의 사적『삼국사기(三國史記)』「잡지(雜志)」에는 비취모(翡翠毛)의 사용을 제한하는 기사가 보인다. 진골녀(眞骨女)의 목수건을 털로 짜거나 계(罽)로 수를 놓을 때 비취모의 사용을 금하였고, 육두품녀(六頭品女)와 오두품녀(五頭品女)의 대(帶, 띠)에 비취모로 끈을 만드는 것을 금하였다. 비취모는 진조(珍鳥)인 비취조(翡翠鳥, kingfisher)의 털이다. 비취조는 일명 적립(赤鴗)이라고도 하는데, 수컷은 적색이어서 비(翡)라 하고, 암컷은 청색이어서 취(翠)라고 하여 비취라는 복합명을 갖게 되었다. 비취조의 주산지와 생태, 포획방법, 용도 등에 관해서는『제번지(諸蕃志)』권하「취모조(翠毛條)」와『영외대답(嶺外代答)』권9「비취

조」,『본초습유(本草拾遺)』「어구조(魚狗條)」 등의 서책이 전한다. 그 내용을 종합해보면, 비취조의 주산지는 진랍국(眞臘國, 현 캄보디아)으로 심산택간(深山澤間)에서 물 위에 둥지를 틀고 자웅 한쌍씩 서식한다. 털은 취색(翠色, 창색蒼色, 남색과 파란색의 중간 빛)으로 진귀하므로 꼬아서(연직撚織) 사치품을 만드는데, 관청에서 포획 금지령을 내렸으나 귀인들의 수요가 많아 번상(蕃商)들이 불법 교역을 계속하였다.『진랍풍토기(眞臘風土記)』는 수림 속에 있는 못가에서 물고기를 잡아먹으러 날아온 비취조를 작은 덫으로 하루에 기껏해야 3~5마리, 때로는 한 마리도 못 잡는다고 포획의 어려움을 서술하고 있다. 이와 같이 어렵게 잡은 진조(珍鳥)인 비취조의 털은 중국이나 신라에서 귀하게 쓰였는데, 워낙 귀해서 사용이 제한될 수밖에 없었다.

비테 로호(號) 침몰선

1614년 네덜란드 동인도회사 소속의 비테 로호 무역선이 중국 명나라 말엽의 염부(染付) 자기를 가득 실은 채 대서양의 세인트헬레나 섬에서 휴식을 취하고 있는데, 2척의 포르투갈선이 나타나 양측간에 해전이 벌어졌다. 전투 끝에 비테 로호가 침몰하였는데, 350여 년이 지난 1972년 해저탐사를 하던 벨기에의 수중 고고학팀에게 발견되었다. 인양한 결과 염부는 산산조각이 나고, 청동제 대포에서는 많은 기포(氣泡)가 드러났는데, 조잡하게 주조한 대포에서 새어나온 화기가 화약고에 붙어 배가 폭발한 것으로 추측되었다. 발견된 여러가지 염부 용기는 명 말 염부 자기의 편년을 밝히는 데 단서가 되었다. (10-134)

비파 琵琶, 批把, 鞞婆

동전 서역 악기. 한(漢)대부터 모든 군대의 악부

일본 쇼소인 소장의 5현비파

(樂府)에서 주도적 역할을 한 악기로, 최초의 이름은 비파(琵琶)다. 비파는 본래 말 위에서 다루는 호(胡, 서역) 악기였다. 손으로 미는 것(推手)을 '비(批)'라 하고, 손으로 끄는 것(引手)을 '파(把)'라고 하는데, 이 악기의 연주법이 바로 손으로 밀고 끌고 하는 것이기 때문에 '비파'라는 이름이 지어졌다고 할 수 있다. 그 후 비파(批把)·비파(鞞婆) 등으로 각기 다르게 불리다가 진(晉)대 이후에 비파(琵琶)로 고정되었다. 비파와 비슷한 현악기가 인도·페르시아·그리스에도 있었는데, 명칭들의 상사성으로 미루어보아 상호 연유관계를 추측할 수 있다. 즉 산스크리트어로는 '브하르부'(bharbhu), 페르시아어로는 '바르보트'(barbot), 고대 그리스어(기원 전후)로는 '바르비톤'(barbyton)이라고 하였다.

비파에는 여러가지 형태가 있는데, 당대(唐代) 이전에는 전통적인 진한자(秦漢子, 진한秦漢 때 사용, 후에 '원함院咸'으로 개칭)와 서역에서 들어온 사현(四絃)과 오현(五絃) 비파가 있었다. 미란(米蘭)의 목판화(木板畵)에 보이는 사현비파(일명 구자비파龜玆琵琶)는 페르시아에서 구자를 거쳐 중국에 유입되었으며, 형체가 좀 작은 오현비파는 인도에서 수입된 것이다. 북조 때의 사·오현 비파는 북방에서 성행하다가 양(梁) 간문제(簡文帝) 때 사현비파가 처음 남방에 전해졌다. 비파는 한반도에까지 전해졌다. 신라시대에 상용된 악기 중 삼현(三絃), 즉 현금(玄琴)·가야금(伽倻琴)·향비파(鄕琵琶)가 있다. 그중 향비파는 고구려의 오현(五絃, 일명 오현비파五絃琵琶, 직경비파直頸琵琶)을 수용하여 개명(改名)한 현악기다. 오현은 수나라 때 구부기(九部伎)·안국기(安國伎)·소륵기(疏勒伎)·서량기(西凉伎)·구자기(龜玆伎)·천축기(天竺伎)에 사용된 대표적인 서역 악기로서, 중국 남북조시대에 중국 북방 지역을 거쳐서 고구려에 전해진 것으로 문헌학적 사료와 고고학적 자료에 기록이 남아 있다.

빙하기(氷河期)와 인간의 생존

지질학적으로 고찰하면 홍적세에 기후의 대변동이 일어났는데, 빙하의 이동과 직접 관련이 있었다. 홍적세 중엽에 빙하가 몰려와 지구의 반 이상이 빙설(氷雪)로 뒤덮여 전반적으로 지구의 기온은 하강하였다. 이때를 '빙하기'라고 한다. 약 250만년 동안의 홍적세에 이러한 빙하시대가 4차례 있었다. 빙하기와 빙하기 사이에는 빙하가 물러나고 다시 기온이 올라가는 시기가 도래하는데, 이때를 간빙기(間氷期)라고 한다. 빙하기와 간빙기의 반복은 인간의 생활과 활동에 커다란 영향을 주었다. 빙하기에는 북극이나 남극 및 고산지대에 눈이나 얼음이 응집함으로써 지상의 수분이 줄어 해면이 100m 이상 내려앉아 육지의 면적이 훨씬 넓어진다. 또한 고위도(高緯度) 지방이나 고산지대에서는 빙하가 발달하여 설선(雪線)이 내려와 거주할 수 없는 곳이 속출하고 동식물의 분포상태에 변화가 일어난다. 자연에 대한 자위 능력이 미약하며 미개한 생활수단에 의존하던 당시 인간들은 종래의 생활터전을 버리고 타지역으로 이주하지 않을 수 없게 된다.

이러한 지질학적 변동에 따른 기후의 변화는 인간의 생활에 확연히 다른 흔적을 남긴다. 전기와 중기 홍적세(300만~10만 년 전)에 해당되는 전기(前期) 구석기시대에는 동양·서양을 불문하고 고위도 지방에 인간 거주의 흔적을 찾아볼 수 없고, 대체로 북위 40도까지의 중위도 지방에 거주한 것으로 보인다. 이 시대에는 모두 3번의 빙하기와 2번의 간빙기(전기와 중기 홍적세 기간에 5회의 빙하기와 4회의 간빙기가 있었다는 일설도 있음)가 나타나 기온이 지금보다도 따뜻했다. 그러나 이 간빙기에도 고위도 지방에서는 인간의 거주 흔적이 발견되지 않는다. 후기 홍적세에는 최후의 간빙기와 최후의 빙하기가 나타났는데, 유럽에서는 전자를 '엠 간빙기', 후자를 '비름빙하기'라고 부른다. 최후 간빙기와 최후 빙하기의 전반은 중기 구석기시대에, 최후 빙하기의 후반은 후기 구석기시대에 해당된다. 이 시대에는 인간의 생활수단이나 기술이 전대에 비하여 진일보하여 고위도 지방을 포함해 지구의 곳곳에서 인간의 생활 흔적을 찾아볼 수 있다. 온화한 간빙기에 고위도 지방에 처음으로 진출한 중기 구석기인들은 빙하기가 도래하여 추워지자 그곳을 떠난 것으로 보인다. 한편 적도를 중심으로 한 저위도 지방에서는 빙하기가 되어 일정하게 기온이 낮아져도 인간의 생활에 큰 영향을 미치지 않았다. 기후변화는 강우량에 상당한 영향을 미쳤다. 우량이 많은 우기(雨期)와 더 건조한 건조기가 반복되어 나타났는데, 흔히 이러한 현상을 빙하기와 간빙기에 대응하여 설명한다. 즉 빙하기에는 우량이 많고 간빙기에는 더 건조해졌다는 것이다. 하지만 그동안 일련의 연구 결과에 따르면 반드시 이렇게 대응하는 것이 아니라 지역에 따라 복잡한 대응관계가 나타났다. 이 문제는 앞으로 좀더 깊은 연구가 필요할 것이다.

ㅅ

사갈라(Sagala, Sialkot) 왕국

인도 서북부의 고대 왕국. 일찍이 알렉산드로스의 동정군(東征軍)은 인도의 서북지방에 진입하여 작은 국가들을 병합하고 19개월이라는 짧은 기간 동안 이곳을 경략한 후 철수하였다. 철수 후 이 지방은 알렉산드리아제국의 후계국(後繼國)인 셀레우코스(Seleucos) 동방제국의 속주가 되었는데, 그후 이 제국이 분열되면서 출현한 박트리아(Bactria, 대하大夏)에 거주하던 그리스인들은 기원전 2세기에 페샤와르(Peshawar)를 비롯한 인도 서북부의 펀자브 전역을 공략하고 사갈라를 수도로 하는 사갈라 왕국을 건립하였다. 그리스 출신의 왕 메난드로스(Menandros, 일명 밀란다Milinda)는 불교로 개종하였으며, 그는 불교학자 나가세나(Nagasena)와 불교의 교리에 대해 진지하고도 깊은 대화를 나누었다. 그리스 출신의 메난드로스왕이 나가세나를 만난 이후 불교로 개종한 것은, 그 자체만으로도 이질문명의 수용을 통한 문명교류의 일단이라 할 수 있다. 사갈라 왕국의 그리스인들이 남긴 문화교류사적 흔적은 여러 곳에서 출토된, 왕권과 교역의 상징이며 필수 생활도구인 동전(銅錢) 형식의 주화(鑄貨)에서 여실히 나타난다. 그들은 제우스·아폴론·헤라클레스 등의 얼굴을 새긴 주화를 만들어 사용하였다. 한편 흉노의 서천(西遷)에 밀린 월지(月氏, Yuechi)가 아프가니스탄에 정착한 사카족(Saka, 스키타이족Scythians)을 압박하였다. 그러자 사카족은 아프가니스탄에서 인도 서북부 쪽으로 이동하였고, 그들과의 충돌로 인하여 사갈라 왕국은 멸망하게 된다.

사나굴다 闍那崛多, Jñānagupta, 523~600년

간다라의 동행 불승. 549년에 지현(智賢) 등 10명의 승려들과 함께 고향을 떠나 호탄·토욕혼(吐谷渾)을 거쳐 552년에 중국 서위(西魏)의 선주(鄯州)에 도착하였는데, 일행 중 6명은 객사하고 4명만 살아남았다. 북주(北周) 무제(재위 559~560) 때에 장안(長安)에 도착(559)하여 초당사(草堂寺)에 머물면서 역경사업을 주도하여 수(隋) 개황(開皇) 연간에 불전 37부 176권을 번역하였다. (8-34)

사남지작 司南之杓

자석의 지극성(指極性)을 이용하여 만든 최초의 방향지시 기구. 기원전 1세기 말에 저술된 『논형(論衡)』 「시응편(是應篇)」에는 자석의 지극성을 이용하여 만든 기구인 '사남지작(司南之杓)', 즉 '남쪽을 가리키는 국자'에 관해 기술하면서 '땅에 던지면 손잡이가 남쪽을 가리킨다'라는 대목이 나온다. 이 사남지작은 자철광(磁鐵鑛)을 국

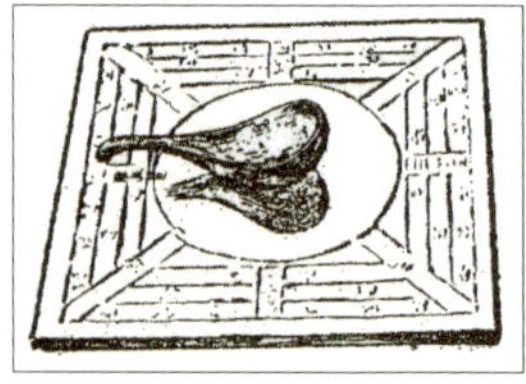

사남지작

자 모양으로 잘라서 만든 것인데, 긴 손잡이 쪽이 자석 역할을 하여 남쪽을 가리킨다. 이는 자석의 지남성(指南性)에 대한 최초의 발견이라 할 수 있다. (7-303)

사도몽 史都蒙

도일(渡日) 발해 사신. 776년 12월 대사의 신분으로 덴지(光仁) 천황(天皇)의 즉위를 축하하고 발해 왕비의 상(喪)을 알리기 위해 일본에 파견되었다. 해안에 상륙하기 직전에 조난당해 일행 187명(혹은 166명) 중 46명만 살아남았고, 에치젠카가(越前加賀)군(郡)에 머물다가 이듬해 4월 상경(上京)하여 정삼위(正三位)에 서품되고 녹(祿)도 하사받았다. 같은 해 5월 황금·수은·춘유(椿油)·민랑선(檳榔扇) 등을 받아 귀국하였다. (8-203)

사라센 Saracen

아랍·무슬림에 대한 비칭(卑稱). 그리스어 '사라세노이'(Saracenoi), 라틴어의 '사라세니'(Saraceni)에서 유래한 사라센은 '사막의 아들'이라는 뜻이다. 로마제국 시대에 노예로 끌려가 고용된 서아시아 지역 사람들을 일컫는 비칭으로 사용되기 시작하여 십자군전쟁 이후 아랍·무슬림이나 이슬람제국, 이슬람 문화에 대한 범칭으로 인구에 회자되었다. '사라센 제국'이니 '사라센 문화'니 '사라센 철학' 등의 낱말들이 지금까지도 여과 없이 쓰이고 있다.

사라이 Sarai

초원실크로드 상의 요지. 페르시아어로 '궁전'이라는 뜻의 사라이는 볼가강 지류인 아흐투바(Akhtuba)강 하류에 자리했던 킵차크 칸국의 수도로서, 한때 상당한 번영을 누렸던 곳이다. 이 도시는 신·구 두 개의 도시로 구성되어 있는데, 구도시는 일명 '사라이 바라카'('축복받은 궁전'이란 뜻)라고도 하며, 1242년경 칭기즈칸의 장남 주치의 차남인 바투에 의해 건설되어, '바투 사라이'라는 별명으로도 불린다. 1334년에 아랍의 대여행가 이븐 바투타가 이곳에 들렀는데 도시가 대단히 크고, 주민의 구성이 다양하며, 10km에 달하는 넓은 도로망이 형성되어 있으며, 시장과 마드라사(사원), 공방(工房)과 주택지구가 정연하게 갖춰져 있다고 여행기에 기록하고 있다. 신도시는 14세기 전반 우즈베크 칸이 아흐투바강에서 약 130km 거슬러올라간 지점에 건설하였는데, 그가 서거하기 직전 또는 사후에 수도가 구도시에서 신도시로 옮겨갔다. 신도시는 구도시보다 규모가 크고 상공업도 더 번성하였다.

킵차크 초원에서 상당히 번성했던 사라이는 복합도시로서의 일련의 특징들을 지니고 있었다. 첫째, 수도로서의 행정도시 기능을 수행하였다. 칸의 궁전은 시 중심부에 있었고 칸의 일족이나 궁전 관리와 고관대작들은 궁전 주변에 거주하였으며, 시 동남부에 행정기관들이 집중되어 있었다. 둘째, 교통과 교류의 요충지였다. 시의 서쪽에는 키예프로 통하는 길이 있고, 카스피해 북안에서 동행하여 아랄해를 지나 아무다리야강을 따라 남하하면 우르겐치에 도착한다. 여기서 더 남하하면 부하라와 사마르칸트에 닿고, 카스피해의 서안을 따라 남하하면 캅카스에 이른다. 사라이는 이러한 교통요지에 있기 때문에 동유럽과 이슬람세계, 중앙아시아와 중국을 연결하는 카라반 무역의 중계도시 역할을 할 수 있었으며, 이 도시의 남부 지역에서 출토된 무역 상품 유물들은 이를 입증해준다. 셋째, 수공업이 발달한 도시였다. 이 도시에서는 각종 도자기·병기·마구류·장식품·황금기물 등 수공업 제품들이 다량 출토되었는데, 이 수공업품들은 킵차크 초원에 사는 유목민들이 생산한 가축이나 모피·피혁들과 교역되었다. 사라이는 1395년 티무르 원정군의 공격을 받아 파괴되기 시작했고, 1472년 제정러시아의 약탈과 1480년 크리미아 타타르, 러시아 연합군의 진공으로 인해 더 심하게 파괴되었다. 결국 1554년 러시아의 아스트라한 칸국에 정복되어 완전히 폐허가 되고 말았다.

사르디스 Sardis

'왕의 길'의 서단(西端). 아나톨리아(Anatolia, 현 터키)에 자리한 리디아(Lydia) 왕국 시대에 번영한 도시로서, 아케메네스조 페르시아 시대에 개척한 '왕의 길'의 서쪽 끝이다. ('왕의 길'항 참고)

사르마타이 Sarmatai(그리스어)

남러시아 지역을 지배한 이란계 유목민족. 기원전 4세기 초 볼가강 중류에서 흥기해 기원후 4세기경까지 스키타이를 압박하는 등 남러시아 지역을 지배하였다. 또한 독특한 '동물의장(動物意匠)'으로 대표되는 북방 유목문화의 족적을 남겼다.

사르비스탄 Sarvistan

사산조 페르시아의 궁전 터. 이란의 고도 시라즈에서 동남쪽으로 98km 지점에 자리한 사르비스탄에서 다시 남쪽으로 10km쯤 가면 사산조 페르시아의 바흐람 5세(재위 420~438) 때에 지은 궁전 터가 나온다. 궁전은 40×45m의 정방형에 가까운 형태로 구조가 독특하며, 사산조 시대의 궁전 유물이 다수 출토되었다.

사르트 sārt, sart(우즈베크어, 러시아어)

러시아 '10월혁명' 전 중앙아시아 남부 지역의 무슬림 정주민에 대한 지칭. '카라반(대상隊商)의 장(長)'이란 뜻의 산스크리트어 'sārthavāha'에서 유래하였는데, 고대 투르크어 'sart'로 간략화되었다. 11세기 투르크어 문헌에 의하면, 당초 사르트는 '상인'을 의미했는데, 투르크인들이 상대하는 상인은 대부분 이란계의 상인이어서 자연스럽게 이 말은 이란계의 언어를 사용하는 무슬림 정주민을 지칭하는 것으로 뜻이 와전되었다고도 한다.

사마라 Samarra, 9세기

이라크 압바스조 이슬람제국 시대의 수도. 이라크의 수도 바그다드 북방 110여km의 티그리스강 좌안에 위치한 사마라는 50여년간(836~889) 압바스조의 수도였다. 제7대 칼리파 알마으문(Al-Mámun, 재위 813~833) 때부터 중앙아시아 등지의 투르크인들을 데려와 친위부대를 꾸렸는데, 그들의 소요에 신변 위협을 느낀 제8대 칼리파 무타심(재위 833~842)은 수도를 이곳으로 옮겼다. 잦은 소요로 정쟁이 불안하여 짧은 천도 기간에 무려 칼리파가 8번이나 바뀌었지만 이러한 혼란 속에서도 이곳에는 무타심의 궁정을 비롯하여 많은 사원과 마드라사가 건설되었다. 제10대 칼리파 무타와킬(재위 847~861) 때는 줌아 마스지드(금요일 사원, 대사원)와 그 가까이에 높이 53m나 되는 유명한 나선형 미어잔(예배 시간을 알리는 첨탑)을 세웠다. 아직도 남아 있는 이 탑은 황토색 벽돌로 쌓은 원통형 탑으로, 외벽에 계단이 붙어 있어 걸어서 정상까지 오를 수 있다. 이 탑은 바빌론의 지구라트에서 힌트를 얻어 지었다고 한다. 따라서 구약성서 속 바벨탑의 모습이 이 탑과 비슷했을 것이라는 추측도 나온다.

사마르칸트(Samarkand) 도시 유적

오아시스로 상의 중심 도시로 제라프샨(Zaravshan) 강안에 위치한 사마르칸트는 과거 소그드인들의 활동 중심지였고 현재는 중앙아시아 우즈베크공화국에 속해 있다. 무그(Mug)산 유적에서 최근에 발견된 소그드어 고문서에 의하면 사마르칸트의 고명(古名)은 'Smarakanda'라 전해지는데, 기원전 329년 알렉산드로스 동정군이 이곳을 점령하면서 그리스인들에 의해 어두의 'S'자가 탈락되어 'Marakanda'로 불리게 되었다고 한다. 'samar'는 산스크리트어의 'samarya'(고 페르시아어의 hamar)에서 유래된 것으로, '사람들이 만나는 곳'이라는 뜻이다. 그것이 다시 상인들이 모여드는 곳, 길의 교차점에서 사람들이 밀집한 곳이라는 뜻으로 진화하였고, 'kand'는 '도시' '취락'을 의미한다. 한적(漢籍)에는 '심사간(尋思干)'으로 음사되고 있다. 사마르칸트 고지는 현 사마르칸트시 북측의 황량한 대지(臺地)인 아프라시압(Afrasiab)에 위치하고 있다. 알렉산드로스 동정군에 의해 피폐해진 사마르칸트는 셀레우코스(Seleucos)제국의 치하에 있다가 기원전 2세기에 현지 유목민들의 봉기로 인해 제국이 분열되자 기원후 1세기 초 아프가니스탄을 중심으로 흥기한 쿠샨(Kushan, 귀상貴霜, 기원전 1세기 후반~기원후 240)의 지배하에 들어갔다. 쿠샨조가 붕괴하자 사마르칸트는 하나의 공국(公國) 형식으로 에프탈(Ephthalites, 5세기 중엽~6세기 중엽)과 돌궐에 복속되었으나, 상역(商易)을 비롯한 경제와 문화는 부단히 발전하였다. 7세기 이후 사마르칸트의 소그드인들은 동서교역의 주역으로 등장하였는데, 동으로는 텐산 산맥의 북록과 동투르키스탄, 중국 내지까지 진출하였으며, 서로는 흑해 북안까지 교역활동을 확대해갔다. 7세기 후반 이슬람 동정군에 의해 함락된 사마르칸트는 점차 이슬람화되지만 실크로드 육로의 교차로라는 지리 조건의 강점을 살려 계속 번영해간다. 8세기 중반의 탈라스 진투를 계기로 중

지하에 티무르의 진짜 관이 있는 티무르 영묘

국의 제지 기술을 수용하여 첫 제지공장이 이곳에 출현하였고, 이후 이슬람세계 각지로 전파되었다. 1220년 몽골 서정군의 침략으로 파괴되지만, 티무르제국의 흥기와 더불어 다시 부활하여 제국의 수도로서 최대 전성기를 맞이하였다. 현존하는 웅대하고 화려한 도시 구조물들은 대체로 이 시기에 건축되었는데, 1371~1372년 웅장한 규모로 내성(內城)이 축조되었고 각 시장들과 연결되는 6개의 큰 도로들이 정비되었다. 또한 대규모 수로시설, 광장, 과수원 등이 조성되었으며, 울루그베그 천문대도 이때 건설되었다.

사마르칸트의 주요 건축 유적으로는 12세기의 샤히진다(Shāh-i Zinda, '살아 있는 왕'이라는 의미) 묘역과 비비하눔(Bibi-Khanym) 대사원을 들 수 있다. 무슬림들의 순례지로 유명한 샤히진다 묘역은 도시 남쪽에 위치하는데, 13세기 몽골군의 침공으로 크게 파손되었다. 이 묘역 내의 묘당 건물은 아랍 특유의 기하학적 무늬와 사푸사파(Safsafa, 아랍식 채색 모자이크)로 화려하게 장식되어 있는 것이 특징이다. 한편 티무르의 감독하에 건축된 비비하눔 대사원은 중앙아시아 최대 규모의 사원으로, 주현관의 아치 너비만도 19m나 되고 돔의 최고 높이는 50m에 달하는 대형 건축물이다. 이 사원은 인도·아제르바이잔·호라산·이란·시리아 등 여러 정복지로부터 유능한 공장(工匠)들과 특수한 자재들을 징집·유치하여 조성되었다. 이는 14세기 당시로서는 중앙아시아와 서아시아의 최고의 기술 수준이 투영되었다고 할 수 있다. 그밖에도 티무르의 손자 무함마드 술탄(1405년 이란에서 전사)을 기리기 위해 세운 구르 아미르 묘(墓), 티무르의 애비(愛妃)인 이슈라트 하나 묘(墓), 레기스탄(Registan) 광장의 울루그베그 등의 3대 마드라사를 비롯하여 많은 이슬람 관련 건물 유적들이 남아 있는데, 이슬람 문명의 동점과 수용상을

보여준다는 점에서 특별한 의미를 갖는다.

이러한 이슬람 유적들과는 별도로 아프라시압 궁전 벽화의 사행도(使行圖)는 동서교류사와 실크로드학적 측면에서 중요성을 갖는 유적이다. 1965년 아프라시압의 제23호 발굴 지점 1호실에서 7세기 후반의 사마르칸트 왕 바르후만(Varxuman, 『신당서』「서역전」 중의 불호만拂呼縵)의 궁전에서 각국의 사절단이 입조하는 채색 벽화가 발견되었다. 사절단의 한쪽에는 조우관(鳥羽冠)을 쓰고 황색 상의에 고(袴, 바지)를 입었으며 환두대도(環頭大刀)를 착용한 채 공수(拱手)를 한 2명의 인물상이 있다. 그 용모와 복장으로 보아 이들이 한국(고구려)에서 파견된 사절이라는 데 국내외 학자들의 견해가 일치한다. 이는 한반도와 서역 간에 견사(遣使) 및 교류관계가 있었음을 입증해준다.

사마르칸트지(紙)

서방에 전파된 종이. 중국 종이가 아랍·이슬람세계에 전파되고, 그것을 발판으로 유럽에 알려지게 된 계기는 751년 7월 당나라의 고구려 명장 고선지(高仙芝)가 이끈 제5차 서역원정, 즉 석국(石國, 현 타슈켄트) 원정이었다. 이 원정은 탈라스 전쟁으로 마무리되었는데, 이 전쟁에서 패해 포로가 된 2만 명의 당군(唐軍) 가운데는 제지 기술자도 포함되어 있었다. 이 기술자들에 의해 서역에서는 처음으로 당시 강국(康

뽕나무 섬유를 다듬질하는 '사마르칸트지(紙)' 전승자

國)의 수도인 사마르칸트에 제지소가 생겨났으며, 이른바 '사마르칸트지(紙)'란 이름의 종이가 만들어졌다. 사마르칸트지의 제작과 전파에 관해서는 아랍의 사학자 아부 오스만 알 자히즈(Abū Othmān al-Jāhiz)와 페르시아 출신의 사학자이자 시인 아부 만수르 이스마일 알 사알리비(Abū Mansūr Ismāil al-Thaʻlibi, 961~1037), 아랍의 철학자인 자카리야 이븐 무함마드 알 카즈위니(Zakarīyā Ibn Muhammad al-Qazwīnī, 1203~1283), 독일의 아랍학 연구가 요세프 폰 카라바세크(J. von Karabacek) 등의 학자들과 연구자들에 의해 구체적인 내용이 밝혀졌다.

그들이 주장한 내용을 종합해보면, 중세 이슬람 문명 중심지의 하나였던 사마르칸트는 수원(水源)이 넉넉하고 수리관개가 발달한 오아시스 도시로서 종이의 원료인 아마나 대마의 재배에 적당한 곳이다. 이곳에 진출한 아랍인들은 탈라스 전쟁에서 생포한 중국인 제지 기술자들을 활용하여 처음으로 제지공장을 세워 질 좋은 종이를 만들어내기 시작하였고, 얼마 안 가 제지업의 중심지가 되었으며 종이가 주요 교역품이 되었다. 당시 외지인들은 이곳에서 생산되는 종이를 산지(産地)의 명을 따서 '사마르칸트지'라고 부르며 선호하였다. 사마르칸트지의 수출과 더불어 제지술이 점차 이슬람세계 각지에 전파되었으며, 급기야 이슬람세계와 밀접한 관계에 있던 유럽에까지 전수되었다. 이와 같이 사마르칸트지의 생산은 제지술 서전(西傳)의 출발신호로 동서 문명교류사에 크게 이바지하였다.

사막 沙漠

사막은 지구의 남북 중위도(中緯度)인 30~40도 부근 지역에 주로 분포하며, 날씨는 일교차와 연교차가 심하다. 중국 서북부 사막의 경우 여름철 낮 최고기온은 섭씨 50도이나 겨울철 야간 최저기온은 영하 40도까지 내려간다. 사막은 염기성이 강하고 고열건조하기 때문에 식물이나 동물이 서식하기 어렵다. 강수량이 매우 적은 지역이지만 1년치 강수의 대부분이 1~2일에 쏟아져 홍수 피해를 입는 경우가 비교적 많다. (3-214~215)

사막화 沙漠化

사막화란 기후변동이나 인간의 활동으로 인해 풍토(風土)가 사막처럼 건조해지는 것을 말한다. 인간의 활동에 의한 사막화는 주로 과도한 방목과 과도한 채벌, 과도한 개간 등 인위적인 활동이 주요인이다. 유엔의 사막화 대처조약 등 국제적인 반(反)사막화 노력이 있기는 하지만 지금 아시아에서는 방목초지의 7할, 강우 의존 지대의 6할, 관개농지의 2할이 사막화되어가고 있다.

사만간 Samanghan

불교 전파의 최북방 유적. 아프가니스탄의 브리홈리 북쪽 약 82km의 지점에 있는 사만간 교외의 불교 유적(서남으로 2km)에서 4~5세기 쿠샨조에 속하는 불탑과 사원 터가 1959~1960년 일본 교토(京都) 대학 교수 미즈노 세이치(水野清一)에 의해 발굴되었다. 불탑은 산상에 있는 큰 암석을 파서 그 속에 세웠는데, 둘레의 돌이 자연스럽게 외벽을 이루고 있다. 탑 아래 가까운 곳에 5개의 동굴이 있는데, 두번째 동굴에는 승방(僧房)의 흔적이 남아 있다.

사만조(朝) Saman dynasty, Sāmāniyān, 874~999년

중앙아시아 우즈베키스탄의 부하라를 수도로 하여 이란의 사산조 후예들이 세운 이슬람 왕조. 7세기에 멸망한 사산조의 귀족 사만(Saman)의 증손자인 사만 쿠다(Saman Khuda, 나스르 1세)가 전대(前代)인 타히르(Tahir) 왕조가 약화된 기회를 타 부하라를 포함하는 트란스옥시아나 (시르다리야와 아무다리야 두 강 사이의 지대) 에서 독립하여 사만조를 세웠다. 그의 동생 이스마일(Ismā̈l)은 승승장구하는 압바스조 칼리파의 위세를 등에 업고 이란 동북방에 자리한 사파르 왕조를 공략하여 호라산 지역을 사만조에 편입시켰다. 나스르 2세 때 전성기를 맞아 이란을 점령하고 동방으로도 영토를 확장하여 이슬람 동방세계의 강자로 부상하였는데, 왕위 계승문제 등 내분으로 인해 국력이 약화되자 동쪽에서 침입해 온 투르크계의 카라한 왕조에게 무너지고 만다.

사비복부 四比福夫

백제 멸망 후 일본에 망명한 백제 관료. 성을 쌓는 데 조예가 깊었던 사비복부는 675년 8월 억례복류(憶禮福留)와 함께 츠쿠시(쓰紫)에 파견되어 대야(大野)와 연(椽) 두 개의 성을 쌓아주었다. 당시 그의 관직은 달솔(達率)이었다. (8-179)

사비에르 Francisco de Xavier, 方濟各, 1506~1552년

동행 스페인 선교사. 최초로 중국을 방문한 예수회 선교사. 젊어서 파리대학에 유학하면서 선교에 뜻을 두고 이그나티우스 데 로욜라(Ignatius de Loyola)와 함께 1540년 예수회를 창립하였다.('예수회'항 참고) 동방 선교에 나선 사비에르는 1541년 4월 7일 리스본을 떠나 이듬해 5월 6일 인도 고아에 도착하였다. 이어 스리랑카와 말라카, 싱가포르 등지를 방문하면서 포르투갈 상인들과 중국인들에게서 중국에 관한 정보를 수집하였다. 1549년 가고시마를 거쳐 일본에 상륙한 뒤 그는 히라도·야마구치·사카이 등지에서 포교활동을 하다 상경했으나 천황이나 쇼군의 접견은 받지 못하고, 지방의 몇몇 다이묘의 보호만을 받았다. 2년간의 일본 체류 기간에 그

는 중국인들과 교류하는 과정에서 중국에 관한 오해가 깊어졌다. 그는 일본인들은 중국으로부터 불교와 유교를 받아들였기 때문에 중국인만 개종시키면 일본인은 자연히 중국에서 받아들인 '사설(邪說)' 따위는 포기할 것이라고 확신하고 먼저 중국에서 포교할 것을 결심하였다. 그는 인도 고아에 돌아간 후 1552년 4월 14일 수사(修士) 페레이라(Alvares Pereira)와 시종 2명과 함께 '성십자호(聖十字號)'에 승선, 고아를 떠나 8월에 중국 광저우(廣州)에서 30마일 떨어진 상천도(上川島)에 도착하였다.

명(明) 나라의 해금(海禁) 정책 때문에 대륙에 상륙할 수 없어 상천도에 체류하던 그는 내로라하는 중국 상인들과 연락을 하면서 재상륙을 시도하였다. 한 중국 상인에게 에스파냐 은화 200을 주고 광저우 진입을 약속받았으나 변심한 상인이 나타나지 않아 결국 상륙에 실패하였다. 그는 인도에 되돌아가서 방법을 강구할 것인가를 놓고 고심하던 중 12월 20일 밤, 외딴 섬의 한 천막 속에서 객사하였다. 그의 시체는 상천도에 매장되었다가 이듬해에 말라카로, 1554년에 다시 고아로 이장되었다. 그는 사후 가톨릭 성자(聖者)로 시성(諡聖)되고, 상천도는 천주교의 성지로 되었다. 명·청대에는 그곳에 기념비와 기념 성당이 있었다.

사산조(朝) Sasan dynasty, Sāsāniyan, 226~651년

실크로드(육로와 해로) 상의 요충지. 흔히 '사산조 페르시아'라고 하는 이 왕조는 오늘의 이란을 중심으로 한 지역에 건립된 나라다. 창건자 아르다시르 1세는 자신이 전전대(前前代)의 아케메네스조의 후예인 '사산'의 손자임을 강조하여 국명을 '사산'으로 지었다. 그는 전대인 파르티아조(안식국安息國)를 멸하고 이라크의 크테시폰(아랍어로는 마다인al-Madāin)을 수도로 새

로운 왕조를 세웠으며, 조로아스터교를 국교로 삼고 페르시아의 전통성을 강조하였다. 계위한 아들 샤푸르 2세(재위 242~273) 때는 국토가 북은 옥수스(Oxus)강, 동은 아프가니스탄, 서는 아르메니아와 메소포타미아까지를 아우르는 광대한 지역이었다. 그의 치세 때에 동방의 쿠샨 왕조를 멸하고, 서방의 로마와 치른 격전(260년의 카를라 전쟁)에서는 로마 황제를 생포하는 위력도 발휘하였다. 그러나 5세기에 접어들면서 동쪽의 유목민족 에프탈의 내침이 빈번한 데다 국내에서는 이른바 마즈다크교(敎) 운동이 일어나서 정세는 불안하고 국력은 약화되어갔다. 7세기 초 호스로 2세 때 잠시 부흥하였으나, 그의 사후에 왕권 쟁탈전이 벌어지는 등 혼란 속에 이슬람 동정군과의 몇차례 대결에서 계속 패하고 651년에 야즈데게르드 3세가 피살됨으로써 왕조는 결국 망하고 말았다.

사산조식 조각의 동전

이란 니샤푸르 출토 연주문(聯珠紋) 도자기(10~11세기)

간다라식 조각과 더불어 사산조 시대의 조각(사산조식 조각)도 중앙아시아나 인도를 거쳐 중국에 전해졌다. 사산조식 조각의 특징은 사산조식 회화와 마찬가지로 연주문(連珠文)이나 유익수(有翼獸) 상이 새겨져 있는 것이다. 중국 신장성(新疆省) 쿠처 부근의 키질 천불동(千佛洞) 기린굴(麒麟窟) 불상의 좌신(坐身)과 둔황(敦煌) 천불동 420호굴 서벽(西壁)의 보살상에 새겨진 연주문은 그 대표적 실례다. 중국 육조시대의 능묘 석각품 중에는 유익수 석상이 적지 않은데, 난징(南京)과 단양(丹陽) 부근에만 이러한 유익수 석조물이 있는 능묘가 35기나 된다. 이러한 유익수 석조예술은 고대 아시리아에서 발원하여 페르시아인들에 의해 계승·발전되었는데, 기원후 사산조 페르시아 시대에 성행한 이 조각예술은 인도에 전파되었다가 중국에 전해졌다. 이러한 조각들은 대부분 육조시대의 유물로, 유독 그 양이 많은 점으로 미루어 도안이나 유품이 주로 해로를 통해 인도에서 중국에 전해진 것으로 보인다.

사서(四書) 완역본 Franciscus Noël 역, 1711년

유럽 최초의 사서(四書) 완역본. 벨기에 선교사 노엘(Franciscus Noël, 1651~1729)이 1711년 프라하 대학에서 출간하였다. 그는 이 역본과 함께 『중국철학(中國哲學)』(Sinica)을 저술하여 중국 유가경전과 중국 고대 철학사상을 체계적으로 소개하였다.

사이크스 Sir Percy Molseworth Sykes, 1867~1945년

영국의 외교관이자 탐험가. 주이란 영사(1894~1899), 주호라산 총영사(1905~1913), 주중국·투르키스탄 총영사(1915~?)를 역임하고 퇴임(1920)한 사이크스 경은 저서『페르시아 1만 마일』『이란사(史)』『아프가니스탄사(史)』를 남겼다.

사이클론 cyclone

남태평양 해역에서 발생하는 태풍. 열대성 저기압 가운데서 중심 최대 풍속이 초속 17m 이상의 폭풍우를 동반하는 것을 태풍이라고 하는데, 지구상에서 연간 평균 80개가 발생한다. 태풍은 발생 해역에 따라 부르는 이름이 다르다. 인도양·아라비아해·벵골만·호주 부근 남태평양 해역에서 발생하는 태풍을 '사이클론'이라고 부른다. ('태풍'항 참고)

사일렌드라 왕조 Sailendra dynasty

8세기 중엽에 인도네시아 자바섬에 세워진 해양 불교 왕조. 산스크리트어로 '산(山)의 왕'이란 뜻의 사일렌드라 왕조는 8세기 후반에 보로부두르 불교 대사원을 건설할 정도로 불심이 돈독하고 부강한 나라로서, 850년경 당시 수마트라의 팔렘방을 중심으로 한 해양 왕국 스리비자야(Sri Vijaya)와 합병함으로써 남중국해를 지배하는 명실상부한 해양 강국으로 부상하였다. 16세기 이후 이슬람세력의 동진과 더불어 네덜란드를 비롯한 서구세력이 밀려들자 국력이 쇠잔해져 식민화되었다.

『사자(死者)의 서(書)』 Book of the Dead

고대 이집트에서 신왕국시대 이후 사자의 부활과 영생을 얻는 데 도움을 주기 위해 쓰였던 주술성이 강한 일종의 장례문서(葬禮文書)다. 파피루스 두루마리로 된 이 문서는 미라와 함께 묻었는데, 내용은 지하세계의 안내서로서 신에 대한 서약이나 죽은 자에 대한 심판 등을 다루고 있다. 사자의 심장이 깃털보다 무거우면 죄인으로 취급되어 벌을 주는 아툼 신에게 심장을 먹히고, 깃털보다 가벼우면 선인(善人)으로 인정되어 재판관 오시리스의 왕국에 들어가 영원한 삶을 향유하게 된다. 내세의 구원을 생전의 도덕과 결부시키는 것은 기독교와 이슬람교의 내세관이나 불교의 업보관(業報觀)을 연상케 한다. 문서는 지역에 따라 성각문자(聖刻文字)인 히에로글리프와 신관문자(神官文字)인 히에라틱 문자, 민중문자(民衆文字)인 데모틱 문자의 3가지 텍스트로 기록되었다. 이 유명한 문서는 독일의 이집트 학자 카를 렙시우스(Karl Richard Lepsius, 1810~1884)가 여러 문서들을 수집 정리해 1824년에 출간하였다.

이집트 제6왕조의 『사자의 서』

사주선 史遒仙, 史通仙

도일 발해 사신. 776년 12월 대록사(大錄事)의 자격으로 대사(大使) 사도몽(史都蒙)과 함께 일본에 건너갔다. 이듬해 4월에 정오위하(正五位下) 작위를 받았다. (8-203)

사카(塞, 塞族, Saka, Sacae)의 고분 유적

초원로 유적. 소련의 베른슈탐(A. N. Bernshtam)에 의해 톈산 산맥과 파미르 고원 일대에서 기원전 5~4세기의 사카족 고분들이 발굴되었는데, 이곳에서 스키타이를 비롯한 북방 유목민족들의 문화와 상관성이 있는 유물들이 출토되었다. 톈산 지역의 아람쉬크(Aramshik) 고분에서는 청동제 칼과 수식(首飾)옥이, 파미르 지역의 아크베이트(Akbeit)와 탐디(Tamdy) 고분군에서는 아키나케스형 철제 단검과 마구, 삼각촉(三角鏃)이 각각 발굴되었다. 이 철제 단검의 자루는 청동으로 만들었고 병두(柄頭)에는 동물의장(動物意匠)이 있다. 그밖에 세미레체·페르가나 지방의 고분에서도 스키타이와 사르마트(Sarmat, 일명 사우로마타이Sauromatai, 그리스어)의 영향을 받은 삼각동복(三脚

알타이 지방 이시크 고분에서 출토된 황금인간 (기원전 5~4세기)

銅鍑, 세 발 달린 구리솥 가마)이 발견되었다.

사탕 砂糖

조미료 교역품. 사탕은 주로 사탕수수의 액을 정제해 만든 단맛이 나는 조미료다. 사탕수수의 원산지인 인도(원산지가 뉴기니라는 일설도 있음)에서 처음 만들어졌다는 것이 중론인데, 정확한 연대는 미상이지만 대체로 기원전 4세기에 인도에서 사탕이 만들어지기 시작한 것으로 짐작된다. 기원전 4세기 말엽 알렉산드로스가 이끄는 동방 원정대의 한 장교가 인더스강을 따라 내려가다가 '벌의 도움 없이 꿀을 만들어내는 풀'을 발견했다고 그의 회고록에 쓰고 있다. 당시는 물론 그 이후에도 상당 기간 인간들은 감미료(甘味料)라고 하면 꿀밖에 알지 못했다. 이 장교가 발견한 그 '풀'은 십중팔구 사탕수수였을 것이다. 중세 이전까지 로마를 비롯한 유럽인들은 인도에서 약재로만 사탕을 수입하였다. 중세에 들어와 사탕은 인도에서 아랍 지역에 전파되었으며, 700년경에는 북아프리카의 무어인들에 의해 스페인에 전해졌다. 그뒤 약 200년간 스페인은 유럽에서 유일한 사탕 공급국 역할을 하였다. 900~1100년 시기에는 국제 무역항으로 급부상한 베네치아가 유럽 사탕 무역의 중심지가 되었다. 15세기 말경 콜럼버스의 '신대륙' 발견을 계기로 서인도제도와 남미 여러 곳에 사탕수수가 재배되기 시작했으며, 16세기 초에는 산토도밍고에 라틴아메리카에서는 처음으로 사탕공장이 세워졌다. 라틴아메리카는 이후로 최대 사탕 생산지로 부상하였다. 유럽은 19세기 초에 중부에 자리한 프로이센의 슐레지엔 지방에 세계에서 처음으로 사탕무를 원료로 하는 사탕공장이 세워졌으며, 이즈음 미국에서도 사탕수수를 원료로 하는 사탕 공장이 나타났고 사탕무 상업도 개발되었다. 한국의 경우, 삼국시대나 통일신라시대에 사탕이 이미 있었던 것으로 추측되지만 관련 기록이 없어서 단언할 수는 없다. 고려 때의 문헌기록에 의하면 사탕은 후추와 더불어 송나라에서 약재로 유입되었다고 한다. 사탕은 약재나 조미료뿐만 아니라 탈수제(脫水劑)나 식품 보존제로도 사용되었다.

사탕조례 砂糖條例, Sugar Act, 1764년

영국 의회는 7년전쟁(1756~1763)이 끝난 이듬해에 전쟁에서 탕진된 비용을 보상하기 위해 예하의 아메리카 식민지 국가들에서 거둬들이는 사탕 수입에 세금을 부과하는 이른바 '사탕조례'를 공표하였다. 이러한 조치에 대해 아메리카 식민지 국가들은 크게 반발하였다. 결국 이 조례와 더불어 영국이 아메리카 식민지 국가들을 대상으로 채택한 인지조례(印紙條例, Stamp Act)와 차조례(茶條例, Tea Act) 등의 압박 조례들은 미국 독립전쟁의 불씨가 되었다.

사택소명 沙宅紹明, 沙吒昭明, ?~673년

도일(渡日) 백제인. 백제의 좌평(佐平)인 사택소명은 671년 정월 법관대보(法官大輔)로서 대금하(大錦下) 작위를 받았다. 673년 윤6월 사망했을 때는 외소자위(外小紫位)와 본국(백제)의 대좌평(大佐平) 작위를 받았다. 문장이 뛰어나 후지와라 가마타리(藤原鎌足)의 비문을 찬(撰)하였고, 덴지(天智)의 황태자와 오토모 황자(大友皇子)의 학사(學士)이기도 하였다. (8-179~180)

사파비 왕조 Safavid dynasty, 1502~1763년

이란의 시아파 왕조. 이스마일 1세(재위 1502~1524)가 이란 민족주의를 지향하여 이란의 서북방에 자리한 고도 타브리즈를 수도로 세운 이슬람 시아파의 왕조다. 건국 이래 오스만 터키와 무굴제국, 우즈베크 등 이슬람 정통파인 순니파에 속하는 이웃 나라들과 끊임없는 갈등을 빚어왔다. 전성기인 제5대 압바스 1세(재위 1587~1629) 때에는 이스파한으로 천도하고, 영국의 도움을 받아 군사제도를 정비하고 신식무기를 수입해 오스만 터키의 내침을 물리치기도 하였다. 그의 사후 오스만 터키의 재침을 받아 국력이 약화된 틈을 타 동쪽에서 침입한 아프간족에게 멸망하였다.

사포텍(Zapotec) 문명

멕시코 남부 고지에 자리한 오악사카(Oaxaca) 분지의 몽테 알반(Monte Albán)을 중심으로 기원전 500~기원후 700년 사이에 번영한 문명. 사포텍 문자로 기록된 석비에는 왕의 즉위나 전쟁에 관한 왕조사와 '260일력(日曆)' '365일력' 등이 새겨져 있다. 비문에 의하면 '260일력'과 사포텍 문자는 기원전 700~기원전 500년에 존재하였다. 기원전 500년경부터 나타나기 시작한 몽테 알반은 기원전 300~기원전 100년에 이르러 메소아메리카 최초로 건설되어 오악사카 분지 일대를 정치적으로 통일하였다. 이후 기원전 100~기원후 200년에는 고대 사포텍 국가가 건립되어 200~700년에 전성기를 맞았다. 이 문명 특유의 규격화된 신전과 일자형 경기장, 대형 궁전과 왕묘, 토우(土偶), 군사기지 등 유물들이 발굴되었다. 1521년 스페인이 이곳에 침입할 때에는 적어도 35만 명의 사포텍어를 사용하는 원주민이 살고 있었다. 오늘날 사포텍인들은 그 수가 48만 명으로, 멕시코에서는 3번째로 많은 원주민 집단이다. (4-41~42. '몽테 알반 도시 유적' 항 참고)

사하마(Sajama) 선(線)

남미 잉카 문명의 관념체계의 일종. 잉카제국 수도 쿠스코(현 페루의 고도)의 황금신전(黃金神殿, Qurikancha)에서 방사선 모양으로 펼쳐진 사하마라고 하는 41가닥 선을 따라 쿠스코가 구획·분리되었다는 기록이 발견되었다. 이 사마하 선상에 '와카(케추아어語)'라고 하는 성소(聖所)가 쿠스코 시내와 주변에 328개나 위치한 것으로 알려지고 있다. 그러나 사하마와 역법(曆法)의 관계, 성소의 수(328개)가 1년의 날짜 수와 거의 일치한다는 점, 사하마 선이 직선이 아니라 지그재그를 그리는 곡선이라는 점 등은 풀어야 할 수수께끼들이다.

사합로 沙哈魯, Shahruh Bahadur, 1377~1447년

합열국(哈烈國, 현 이란) 왕. 14세기 중앙아시아 티무르제국의 왕 티무르의 아들로서 제국과는 별도로 1405년 합열국의 왕으로 등극하였다. 등극 후, 명나라 원정에 나섰다가 객사한 선친과는 달리 1413년의 견사단을 비롯해 몇차례에 걸쳐 사신을 명나라에 보내 양국간의 관계를 개선하려고 하였다. 명나라도 합열국에 사신을 보내 두 나라 사이에 사신 파견이 끊이지 않았다. (13-702)

사향 麝香, musk

실크로드를 통한 진귀한 교역품. 사향노루의 사향선(腺)을 건조시켜 얻는 분비물로서 대표적인 동물성 향료다. 수노루 한 마리에서 겨우 59g밖에 채취할 수 없는 사향은 희귀성과 특별한 향기, 그리고 강심제와 해독제 등 약재로서의 용도 때문에 예로부터 고가의 교역품으로 귀하게 여겨왔다. 사향노루는 중국의 윈난(雲南)과 티베트, 히말라야의 산악지대와 남시베리아 일대에 서식하는데, 티베트산 사향이 상등품으로 인기가 가장 높다. 일찍이 5~6세기부터 페르시아인과 아랍인들이 실크로드를 통해 사향을 구입해갔으며, 7세기부터는 페르시아와 소그드, 토번(吐蕃)

의 많은 상인들이 사향 교역에 종사하였다.

이 무역로는 '사향의 길'이라고 할 수 있는 토번 서남쪽 카슈미르로 통하는 길과 오아시스로 남도의 두 길이었다. 동로마인이나 아랍인, 그리고 라틴아메리카인들 모두 사향을 'musk'라고 부르는데, 이 말은 사향을 뜻하는 페르시아어 'moushk'에서 파생한 것으로, 사향 교역이 페르시아인들의 중개에 의해 이루어졌음을 시사한다. 중세 아랍 문헌에는 아랍인들이 신라에서 사향을 수입했다는 기록이 보인다.

삭베 sacbe

마야 문명의 선·후(先後)고전기에 만들어진 포장 둑길. 유카테코어·마야어로 '흰 길'이라는 뜻의 삭베는 마야 저지대에서 큰 돌이나 흙을 쌓고 자갈이나 소석회 점토액을 발라 포장한 둑길이다. 마야 저지대의 많은 도시들에서는 도시 중심부에서 귀족의 저택이나 밭으로 가는 길을 이런 삭베식으로 만들었다. 마야 문명의 대표적 유적지인 치첸이트사에는 메소아메리카 지역에서 가장 많은 69개의 삭베가 있는데, 선고전기 후기와 후고전기 말기에 이르는 시기에 많이 축조되었다. 가장 규모가 큰 것은 유카탄 반도의 코바와 야슈나 두 도시를 잇는 길이 100km, 높이 0.5~2.5m, 평균 폭 4.5m의 둑길이다. 삭베는 걷거나 물자를 운반하며 의식을 진행하고 행정영역을 표시하는 등에 이용되었다. (4-250)

산디아 문화 Sandia culture

아메리카 신석기시대 문화. 미국 뉴멕시코주(州)의 산디아 동굴은 2층의 문화층으로 이루어져 있는데, 밑바닥에는 돌로 에워싼 부뚜막이 있다. 부뚜막 곁에는 타다 남은 뼈다귀와 부싯돌 조각, 앞뒤 면을 정교하게 압축 가공한 잎사귀 모양의 뾰족석기 등이 널려 있다. 편년은 1만년

전후로 추정된다. (15-639~640)

산 로렌소 San Lorenzo Tenochtitlán

멕시코 올멕(Olmec) 문명의 중심지. 기원전 1500년경부터 산 로렌소에는 인간이 살기 시작하였고, 기원전 1200~기원전 900년은 올멕 문명의 전기(前期)에 해당되는 시기다. 산 로렌소 저지의 구릉 위에 전개된 유적의 면적은 약 7km²로 추정되는데, 그중 길이 약 1km, 높이 7m나 되는 마야 문명의 삭베와 같은 흙 둑길이 남아 있다. 직선거리로 60km나 떨어진 산에서 가져온 현무암으로 만들어진 높이 3m의 거석인(巨石人) 두상(頭像)과 2기의 옥좌(玉座)를 비롯해 60기 이상의 돌 조각 유물이 남아 있다. '붉은 궁전'이라 일컫는 지배층의 주택에는 현무암으로 만든 대형 석주(石柱)가 사용되었고, 인근 고지에서 나는 흑요석(黑曜石)과 비취(翡翠) 등도 반입되었다. (4-48~49)

멕시코 산 로렌소 출토 거석인두(巨石人頭, 몽골로이드와 니그로의 융합형)

산수화(山水畵)의 서전

중국 청(淸)초에 이르러 동서간의 예술 및 문학의 교류가 확대됨에 따라 중국의 전통적 산수화풍이 서구에 전해져 공감을 얻으면서 그것을 수용하는 화가들이 나타나 서구 화단에 새로

운 화풍이 일어났다. 프랑스의 걸출한 화가 와토(Jean Antoine Watteau, 1684~1721)의 산수화는 연한 색소에 은은한 풍광이 감돌아 중국의 산수화 육법(六法) 그대로라는 평을 받았는데, '고도범음(孤島帆陰)'은 이러한 화풍을 잘 보여주는 그의 대표작이다. 그밖에 중국 산수화풍의 영향을 받은 프랑스 화가들로는 베랭(Berain)·질로(Gillot)·피유망(Pillement) 등이 있고, 영국의 카즌스(John Robert Cazens, 1752~1799)도 중국의 산수화풍을 그대로 수용한 산수화의 대가였다. 이 산수화가들은 중국의 전통적 수묵(水墨) 화법도 수용하여 창작에 활용하였는데, 마티스(Matisse)를 비롯한 19세기 프랑스 인상파 화가들의 작품에도 수묵화법 등 중국 화풍에 영향을 받은 흔적이 역력하게 나타난다.

『**산술의 열쇠**』 *Miftāhál Hisab*, al-Kashī 저, 1427년

교류의 문헌적 전거로서의 학문(수학) 연구서. 중세 아랍의 천문학자이자 수학자인 알 카시(al-Kashī, ?~1436)가 저술한 이 책에는 중국 수학과의 영향 관계가 엿보인다. 이 저서에는 중국에서 오래전에 이미 밝혀진 영부족술(盈不足術, 만수滿數와 결수缺數의 계산법)을 '거란산법'(契丹算法, al-Khattaayn)이라고 소개하고 있다. 중국 북방에서 흥기했던 거란시대에 '영부족술'이 아랍에 전해져서 그러한 명칭으로 불리게 된 것으로 짐작된다. 그리고 알 카시의 평방근(平方根)이나 입방근(立方根)의 산출법도 중국의 수학자 가헌(賈憲)이나 진구소(秦九韶)의 그것과 신기하게도 같다. 이것은 서로간의 교류에서 비롯된 결과라고 생각된다.

산스크리트어 Sanskrit, 梵語

인도·유럽 어족의 인도·이란 어파에 속하는 인도의 고대어. '순수한 언어' '완성된 언어'라는 뜻을 지닌 굴절어인 산스크리트어는 기원전 4세기경에 문법학자 파니니가 펴낸 문법책『아시타디야이이』에 의해 기본적 정리가 이루어졌다. 산스크리트어는 회화 언어가 아니라 문장 언어로서『마하바라타』를 비롯한 서사시와 불교나 자이나교의 경전 등 많은 전적(典籍)들이 산스크리트어로 씌어졌으며, 불교의 전파와 더불어 여러 곳으로 전파되기도 하였다.

산 아구스틴(San Agustín) **도시 유적** 기원전 100~기원후 800년경

콜롬비아의 복합 도시유적. 콜롬비아 남부의 마그달레나강 상류의 해발 1,600~2,000m의 고지에 자리한 이 유적은 약 500km²의 면적에 널려 있는 40여개의 유적들로 구성된 복합 도시유적이다. 이곳은 안데스 산맥의 중앙지대로, 기후가 온화하고 수자원이 풍부해 옥수수를 이모작할 정도로 비옥한 농경지대다. 일찍부터 문화가 발달하였다. 유적 가운데 특별히 주목을 끄는 것은 코리더툼(corridor-tomb, 회랑식 묘지)이다. 코리더툼이란 돌멘(dolmen, 지석묘支石墓) 앞에 거석으로 출입하는 통로, 즉 연도를 구축하고 봉토(封土, 흙쌓기)한 분묘를 말한다. 간혹 몇개의 돌멘이 연속되어 긴 석실을 이루는 것도 있는데, 이 산 아구스틴 유적의 코리더툼이 바로 그러한 구조다. 거석과 흙으로 만든 이 코리더툼은 돌멘과 함께 선사시대의 묘장 문화를 연구하는 데 귀중한 사료로 평가받고 있다. 이 유적은 1995년에 유네스코의 세계문화유산으로 등재되었다.

산예 狻猊

동전(東傳)된 서역 놀이. 한국의 사적『삼국사기(三國史記)』제32권「악제(樂制)」'악조(樂條)'에 실린 신라 문호 최치원(崔致遠)의『향악잡영오수(鄕樂雜詠五首)』에 소개된 서역에서 전해진 잡기(雜伎, 놀이) 중의 하나다. 산예는 한국에서 지금까지 전승되는 사자무(獅子舞)로서, 최치원은 "멀리 서방 사막을 지나오느라 털옷은 다 해지고 온몸엔 티끌만 뒤집어쓴 사자가 인덕(仁德)이 배어 있는 머리와 꼬리를 흔들면서 영특한 기개와 재주를 보여주고 있다"고 적고 있다. '산예'라는 말은 '사자'라는 뜻인데, 이 춤은 서역의 구자(龜玆)에서 전래된 것으로 알려진다. 산예의 유래와 무법(舞法)에 관한 『신당서(新唐書)』 권21 「지(支)」 제11 '예악지(禮樂支)'의 기술에 따르면 구자기(龜玆伎) 중에 사자(師子, 獅子)놀이가 있는데, 무인(舞人) 4명과 높이가 장여(丈餘)나 되고 방위에 따른 색깔로 장식된 오방사자(五方獅子)가 출연한다. 신라에 전래된 사자무는 오늘까지도 북청사자놀이·봉산탈춤·통영오광대 등을 통해 전해지고 있다.

산치(Sānchī) 대탑(大塔) 기원전 3세기

세계 최초의 불탑. 부처가 입적한 후 당시 풍습대로 화장하였는데, 뜻밖에도 사리(舍利)가 나와 탑 형식의 무덤을 만들어 봉안키로 하였다. 그 첫 탑이 바로 기원전 3세기 마우리아조 제3대 왕 아소카가 세운 산치 대탑이다. 현재 인도 마디아 프라데시주(州)(옛 보팔Bhopal 왕국)에 위치한 산치 탑은 모두 3기(基)인데, 그중 가장 큰 제1탑은 기단 지름이 37m, 높이는 16.5m로, 보통

인도 최초의 불탑인 산치 대탑(기원전 3세기)

'산치 대탑'이라고 부른다. 탑이 세워진 후 개축과 증축을 거듭해 현재 탑은 세워질 때보다 규모가 더 커진 것은 물론, 장식도 화려해지고 내용도 풍부해졌다. 불교미술의 백미로 평가되는 이 대탑의 구조는 인도인들의 우주관과 미의식, 그리고 불교의 이념을 완벽하게 구현하고 있다. 그 모습을 살펴보면 문과 난순(欄楯, 울타리)은 속세와 내세를 구분하는 성역의 표시로 들어가기 전에 심성을 가다듬어야 한다고 한다. 문에 들어서면 탑을 에워싼 울타리가 나타난다. 높이 10m의 동서남북 4개의 문에는 화려한 조각이 새겨져 있으나 울타리에는 장식이 없다. 전체 탑을 받드는 기단(基壇)은 권위의 상징으로서 귀중한 것을 높이 모셔 경의를 표해야 한다는 의미를 지니고 있다. 기단에 받쳐진 반구형(半球形) 돔은 '안다'(anda) 혹은 '가르바'(garbha)라고 하는데, 산스크리트어로 안다는 '알', 가르바는 '자궁'이라는 뜻으로, 생명의 근본이자 존재의 가장 근원적인 형태를 상징한다. 『리그베다』에도 이 세계의 근원이 되는 '황금빛 자궁'의 표현이 여러 곳에 등장하고 있다. 불교에서는 이러한 형태의 돔을 복발(覆鉢), 즉 동양의 사발인 발우(鉢盂, 바리때)가 엎어진 모양이라고 한다.

기단의 아래와 위에는 원형으로 된 순회의 길, 요도(繞道)가 있다. 참관자들은 태양의 움직임을 따라 동 → 남 → 서 → 북 순으로 순회하는데, 이것을 '우요'(右繞, pradaksina)라고 한다. 이는 태양이 하늘을 따라 오른쪽으로 돌기 때문에 사람의 몸도 오른쪽으로 향해야 한다는 고대의 태양숭배 신앙에서 비롯된 유풍(遺風)이다. 불교에서의 탑돌이도 바로 이 우요를 말한다. 돔의 중앙에 박혀 있는 기둥은 세계의 중심에서 하늘과 땅을 연결하는 우주목(宇宙木)이며 세계의 축(軸)을 상징한다. 아소카의 석주(石柱) 또한 그 함의(含意)가 이와 같다. 기둥 위에 올린 상개(爽

蓋)는 햇볕을 가리는 일상(日爽, 양상陽爽)으로 고귀함을 상징한다. 문들에는 불전도(佛傳圖)나 본생도(本生圖)가 화려하게 부조(浮彫)나 환조(丸彫)로 장식되어 있다. 예컨대 북문 벽에는「베산타라 본생도」가 새겨져 있다.

산타마리아(Santa María) 문화

아르헨티나 서북부의 후기토기(後期土器) 문화. 관개와 유목이 행해지던 문화로서 다양한 무늬의 토기와 금속제품도 출토되었는데, 아플리케(appliqué, 헝겊을 덧대어 무늬를 만드는 수예기법)로 사람의 얼굴과 손을 표현하고, 얼굴과 몸에는 붉거나 검은 색깔의 안료를 바르며, 토기 표면에는 계단문(階段紋)·뇌문(雷紋)·삼각문(三角紋)·물결문 등 다양한 무늬를 그려넣었다. 유아 매장용 독이 나왔다는 것이 특이하며, 우아한 금속제품과 쌍두(雙頭) 뱀의 표상으로 의례용 종이나 원반도 만들어냈다. (4-210)

산타마리아호(號)

콜럼버스가 태평양 횡단에 이용한 배. 스페인의 산탄데르에서 건조된 150톤급 카라크선(carrack 船)으로, 선주는 후안 데 라 코사다. 콜럼버스는 선주에게서 이 배를 빌려 타고 출항하였다. 3대의 돛대(주 돛대의 높이는 90피트)에, 돛은 4각형 돛을 비롯해 모두 다섯 장이다.

산 페드로 문화 San Pedro

칠레 북부 내륙부에서 번영했던 토기 전기에서 중기까지의 문화. 산 페드로는 해발 2,400m의 오아시스 지대인데, 농경과 목축의 적지(適地)다. 토기는 1기부터 흑색을 띤 것이 특징이며, 손잡이가 달린 항아리나 발(鉢)이 제작되었다. 입술 장식이나 파이프, 환각제를 맡을 때 쓰는 목판 등이 발견되었다. 토기 중기의 2기에 이르면

금속제품이나 목판의 양이 증가한다. (4-207)

『산해여지전도(山海輿地全圖)』 Matteo Ricci 작, 1583년

중국어로 된 첫 세계지도. 중국을 방문한 선교사 마테오 리치(Matteo Ricci, 이마두利瑪竇, 1552~1610)는 1583년 광둥(廣東)의 자오칭(肇慶)에 도착한 후 영서안찰사부사(嶺西按察司副使) 왕반(王泮)의 요구에 따라 자신의 숙소에 걸어놓은 세계지도를 한역(漢譯)하여 왕반본(王泮本)을 간행하였다. 마테오 리치는 지도상의 지명을 모두 중국어로 번역하고 거리도 화리(華里)로 표기하였다. 다음해인 1584년 11월 30일에 그는 번역된 세계지도 한 폭을 로마의 예수회 총감(總監)에게 보냈다. 이 한역된 첫 세계지도를『산해여지전도』라고 한다. 그후 이 지도는 왕반과 다른 여러 사람에 의해 거듭 재간되었다. 1595~1598년에 응천 순무(應天巡撫) 조가회(趙可懷)에 의해 쑤저우(蘇州) 고소역(姑蘇繹)에 석각(石刻)되고, 1600년에는 난징(南京) 이부주사(吏部主事) 오중명(吳中明)이 마테오 리치에게 증정(增訂)토록 하여 난징에서 간행(오중명본吳中明本)하였으며, 1601년에는 풍응경(馮應京)이 무창(武昌)에서『여지전도(輿地全圖)』라는 이름으로 재간(풍응경본馮應京本)하였다. 이어 1602년에는 이지조(李之藻)가 베이징에서『곤여만국전도(坤輿萬國全圖)』라는 이름으로 재간(이지조본李之藻本)하였는데, 이 지도가 가장 많이 쓰였다. 1603년에는 이응시(李應試)가 베이징에서 이지조본을 증보하여『양의현람도(兩儀玄覽圖)』(이응시본李應試本)를, 1604년에는 곽자장(郭子章)이 구이저우(貴州)에서 '오중명본'을 축약하여『산해여지전도(山海輿地全圖)』(곽자장본郭子章本)를 각각 출간하였다. 이렇게 마테오 리치의 한역 세계지도는 모두 6종의 간본(刊本)이 있다.

그중 '이지조본'이 중외(中外) 여러 도서관에 가장 많이 소장되어 있는데, 그에 준하여 1936년에 '우공학회(禹貢學會)'가 영인본으로 출간한 전도(全圖)는 모두 18폭이다.

산호 珊瑚, coral

장식용 교역품. 열대성 바다에서 나는 산호는 아름다운 빛깔에 모양이 기기묘묘하여 유럽에서는 신석기시대부터 가공해서 장신구로 사용해 왔다. 지중해가 원산지로 알려진 산호는 로마시대에는 진경벽사(進慶辟邪)의 주술로 여겨져 어린이들의 목에 걸어주는 풍습이 있었다. 지중해의 산호는 일찍부터 실크로드를 타고 동방 각지에 유입되었다. 일본에서는 이렇게 들어온 산호를 '호도산호(胡渡珊瑚)'라고 부른다. 이시진(李時珍)은 『본초강목(本草綱目)』에서 산호에 지혈 효능이 있다고 기술하여, 약으로도 쓸 수 있다고 전한다.

산호세(San Jose)호 침몰선

교류의 유물적 전거로서의 해로 유적(해저). 미국 플로리다 반도 부근의 해저에는 에스파냐 침몰선이 적지 않다. 그중 1733년에 침몰된 산호세호의 유물을 찾기 위해서 잠수부 톰 구르는 5년의 노력 끝에 1974년 1월 동료들과 함께 10만 달러 상당의 금은재화를 찾아냈는데, 발견 장소가 주(州) 관할의 3해리 이내 영해라는 이유로 주 당국은 25%의 소유권을 주장하였다. 분개한 구르는 동행 취재를 위한 텔레비전 카메라맨과 함께 보트를 타고 심해에 나가 "나는 어떠한 법률도 위반한 것이 없는데 주 당국은 나의 몫까지 빼앗으려고 하니 차라리 바다에 되돌려줄 수밖에 없다"고 하면서 건져낸 금은보화를 삽으로 퍼서 바닷속에 도로 던졌다. 주 당국은 잠수부를 고용해 찾아내려고 하였으나 바다가 거칠어지

는 바람에 끝내 찾아내지 못했다고 한다.

살라딘 Salāh al-Dīn, Saladin, 1138~1193년

십자군전쟁 국면을 반전시킨 영웅. 이라크의 티그리스 지방의 쿠르드족 가문에서 태어난 살라딘(본명은 살라흐 앗딘 유수프 이븐 아유브)은 14세의 어린 나이에 입대해 승승장구하다 마침내 이집트 파티마조(朝)의 재상(1169)에 오른 후 정국의 혼란을 틈타 왕조를 전복하고 북아프리카에서 메소포타미아에 이르는 광대한 지역을 아우르는 아유브 왕조를 세웠다. 국교를 이슬람 시아파에서 정통파인 순니파로 바꾸고 분열 위기에 처한 이슬람세계를 재통일하는 위업을 달성하였다. 그는 일국의 최고 통치자인 술탄(재위 1169~1193)이자 용(勇)·지(智)·덕(德)을 겸비한 무장으로 제3차 십자군(1189~1192)의 총사령인 영국의 사자왕 리처드 1세가 이끄는 십자군과 대결하였다. 하틴 전투에서 십자군 2만을 유인해 물이 없는 지역에 고립시켜 일격에 전멸시켰으며, 아르수프 전투에서는 처음에 패하고도 전열을 재빠르게 재정비해 결국 승전고를 울렸다. 유리한 전황임에도 불구하고 패전한 적장에게 손을 내밀어 평화협정을 주도하였을 뿐만 아니라 무모한 리처드가 야파 전투를 벌여 반격해오다가 낙마하자 살라딘은 '고귀한 사람은 그렇게 땅에서 싸우면 안 된다'고 하면서 자신의 말 두 필을 보냈다. 또 리처드가 열병에 걸리자 위로편지와 함께 약과 얼음을 구해 전달하였다. 이른바 '성지 탈환'을 명분으로 삼은 십자군은 제1차 원정에서 40일간 예루살렘을 포위한 끝에 단 2일간 점령하면서 무슬림들을 가차없이 살해하고 가옥을 파괴하였다. 무슬림들과 함께 싸운 유대인들은 십자군이 입성하자 장로의 지시를 받아 예배당에 집단적으로 모여 예배를 드렸다. 이때 십자군은 그들을 포위하고 불을 질러

살라딘 초상

몽땅 타죽게 하였다. 지난 2000년, 꼭 900년 만에 로마 교황은 이때의 비행을 사죄하는 칙령을 발표한 바 있다.

이에 반해 살라딘은 빼앗긴 지 88년 만에 예루살렘을 도로 찾아 일체 살육과 파괴를 금지하고 포로들은 몸값만 받고 풀어주었으며, 유대인들에게는 교회를 돌려주었다. 살라딘은 리처드와 평화협정을 맺고 3개월 후에 생을 마감하였다. 술탄이자 개선장군이었지만 그의 금고에는 약간의 은 부스러기밖에 없어 가족과 지우들이 돈을 거둬 장례비를 마련했다고 한다. 그는 평소 '재물 보기를 모래같이 보는 사람도 있다'며 부와 영화를 경멸하고 근면과 소박함을 신념으로 삼았다. 십자군 지휘관들조차 그를 가리켜 '고귀한 적'이라고 일컬으면서 존경했다고 한다. 단테는 『신곡(神曲)』에서 그를 소크라테스와 플라톤 등 희세의 위인들과 함께 '최소한의 벌을 받는 고결한 이교도'라고 찬양한다.

살라르 Salar, 撒拉

오아시스로 상의 민족이동. 현재 중국 칭하이성(靑海省)과 간쑤성(甘肅省) 일원에 산재해 있는 살라르족(2000년 통계로 약 10만 명)의 유래에

관해서는 중앙아시아 우즈베키스탄의 사마르칸트 지역에서 칭하이성 쉰화현(循化縣)으로 동천(東遷)했다는 설과, 11세기경 오구즈(Oğuz) 또는 투르크멘의 일족인 살라르가 셀주크조의 오구즈족 분산 정책에 의해 13~14세기에 동천했다는 두 가지 설이 있다. 쉰화현 현지(縣志) 『순화지(循化志)』에 의하면 명대 홍무(洪武) 연간(1370년대)에 살라르 수령이 명조에 복속했다는 기록이 있다. 살라르족은 이슬람교의 순니파이고 주생업은 농업이나 부분적으로 목축과 수렵에 종사한다. 언어는 투르크계의 살라르어를 쓰며 독자적인 문자는 없다. (3-218)

살중업 薩仲業, 薛仲業

도일(渡日) 신라 사신. 설총의 아들이자, 신라 고승 원효(元曉)의 손자로, 779년 10월 대사 김란손(金蘭蓀)을 따라 대판관(大判官)의 자격으로 일본에 갔다. 이듬해 정월 종오품하(從五品下)에 서임(敍任)된 후 2월에 귀국하였다. 일본에 머무는 동안 일본의 상재(上宰)를 회견했으며, 진인(眞人)이라고 하는 어떤 귀족은 원효의 손자를 만난 기쁨을 시로 읊어 중업에게 기증하였다. (8-205)

삼각무역 triangular trade

삼국간의 무역 형태. 삼각무역이란 일반적으로 세 나라나 지역 사이에 이루어지는 무역을 일컫지만, 특수하게는 노예무역을 말한다. 영국에서 무기나 화약을 싣고 아프리카에 가서 노예를 산 뒤, 북미대륙이나 서인도제도에 팔아넘긴 다음 그 돈으로 그곳 물품을 사서 영국으로 돌아오는 무역이다. 무역 이윤에 대한 고도의 타산에서 비롯된 무역 형태다.

3대 원정(遠征)

인류역사상 발생한 세 차례의 범세계적인 군사적 정복활동. 알렉산드로스의 동정(東征, 기원전 334~323)과 이슬람군의 동·서정(東西征, 634~751), 몽골군의 서정(西征, 1219~1260)의 3대 원정은 동서문명의 교류에 큰 영향을 미쳤다.('알렉산드로스의 동정' '이슬람군의 동·서정' '몽골군의 서정'항 참고) 인류역사에는 그밖에도 당군(唐軍)의 서역원정이나, 티무르의 중앙아시아 및 서아시아 진출 등 국지적인 군사정복 활동이 수없이 발생하였으며, 그러한 정복활동도 제한적이기는 하나 문명교류에 나름대로 영향을 미쳤다.

삼불제 三佛齊 → '스리비자야'항 참고

삼비정책 3B政策, 3B Policy

독일의 제국주의적 경략 정책. 독일은 1880년대부터 제1차 세계대전이 발발할 때까지 자신의 정치·경제적 이권을 위해 베를린과 비잔티움 및 바그다드(3B)를 연결하는 철도를 부설하려는 정책을 시도하였다. 그러나 이 정책은 영국의 '3C정책'이나 러시아의 '남하(南下)정책', 그리고 프랑스의 지역 이익과 충돌하여 결국 수행하지 못하고 오히려 제1차 세계대전의 불씨만 키웠다.

삼십년전쟁(30年戰爭) Thirty Years' War, 1618~1648년

독일을 중심으로 가톨릭과 신교 간에 벌어진 30년간의 종교전쟁. 순수한 종교전쟁이 아니라 정치적 이해관계가 뒤섞여 복잡한 양상을 보였으며, 장기간 지속되었다. 전쟁에 지친 양측은 1648년 베스트팔렌 조약을 체결해 전쟁을 종식시켰다. 이를 통해 독일 내의 가톨릭과 루터파·칼뱅파는 서로가 동등한 지위를 얻게 되었다.

삼씨정책 3C政策, 3C Policy

영국의 제국주의적 경략화 정책. '3C정책'이란 남아프리카의 케이프타운과 이집트의 카이로 및 인도의 캘커타를 연결하는 정책으로, 19세기 말부터 20세기 초에 이르기까지 세계의 식민지화 경략에 앞장섰던 영국이 새롭게 구상한 제국주의적 시도였다. 결국 같은 시기에 제국주의적 야욕에서 비롯된 영국의 3C정책과 독일의 3B정책 간의 불가피한 충돌이 제1차 세계대전으로 이어졌다.

삼절삼통 三絶三通

『후한서(後漢書)』「서역전(西域傳)」에는 '자건무지어연광 서역삼절삼통(自建武至於延光 西域三絶三通)'이란 기술이 있다. 즉 광무제(光武帝, 기원후 25~56) 때부터 안제(安帝, 106~125) 때에 이르는 동안 후한과 서역의 관계는 '세 번 단절되었다가 세 번 재개'되었다는 것이다. 구체적 경위는 다음과 같다. ① 신망(新莽) 천봉(天鳳) 3년(기원후 16)부터 명제(明帝) 영평(永平) 16년(73) 사이의 단절이다. 왕망은 정권을 찬탈한 후 모험적인 대외정책의 일환으로 사이군장(四夷軍長)의 왕호(王號)를 취소함으로써 서역 나라들의 반발을 샀으며, 천봉 3년에 언기(焉耆)를 정토(征討)하려고 했으나 패전하자 서역과의 관계를 단절하였다. ② 명제 영평 16년부터 장제(章帝) 건초(建初) 2년(77) 사이의 개통이다. 후한 초 흉노는 남북으로 양분되어 남흉노는 한에 내부(內附)하였지만 북흉노는 수시로 침입해왔다. 이에 영평 16년(73)에 명제는 두고(竇固)와 경병(耿秉) 두 장군으로 하여금 북흉노 정벌을 단행케 하여 그들의 근거지인 이오(伊吾)를 공략하였다. 한은 이곳에 의화도위(宜禾都尉)를 신설하고 둔전(屯田)을 실시하면서 다음해에 도호부(都護府)를 회복하였다. 이어 두고는 반초를 서역 각국에 파견하여 통교를 도모하였다. ③ 장제 건초 2년부터 화제(和帝) 영원(永元) 3년(91) 사이의 절교다. 반초가 주로 남도(南道) 나라들에서 활동하고 있을 때 한군의 철수로 북도 나라들은 다시 흉노의 수중에 들어갔다. 흉노의 위세에 밀려 장제는 서역도호와 이오둔전(伊吾屯田)을 파함으로써 다시 절교하게 되었다. ④ 화제 영원 3년부터 안제(安帝) 영초(永初) 원년(107) 사이의 개통이다. 영원 원년부터 3년까지(89~91) 화제는 두헌(竇憲) 휘하의 대군을 파견해 북흉노를 정벌하면서 연연산(燕然山)까지 진출하였다. 북흉노는 한군에 쫓겨 유럽으로 서천(西遷)하지 않을 수 없었다. 그후 반초는 서역도호로 구자에 장기간 머물면서 서역의 평정을 실현하였다. ⑤ 안제 영초 원년부터 연광(延光) 2년(123) 사이의 단절이다. 반초의 후임으로 도호가 된 임상차(任尙次)가 지나친 화친책만 강구하던 나머지 결국 서역 나라들의 공격으로 수세에 처하게 되자 안제는 영초 원년에 도호를 폐하였는데, 이로써 서역과의 절교가 재현되었다. ⑥ 안제 연광 이후의 개통이다. 연광 2년에 한조는 서역의 파국을 수습하기 위해 반초의 아들 반용(班勇)을 서역 장사(西域長史)로 임명하여 유중(柳中)에 주둔시켰다. 반용은 차사(車師) 등의 여러 나라들을 장악함으로써 후한 말까지 얼마 동안 통교를 유지하였다. 이와 같이 후한 전반에 걸쳐 서역과의 관계는 '삼절삼통'하는 심한 우여곡절을 겪으면서 가까스로 상호 통교를 유지하였다.

상 床

동전 가구. 상(床, 침대)은 중국 후한(後漢) 때에 페르시아로부터 유입되어 육조(六朝)와 수·당 시대에 널리 보급되었다.

상덕 常德 → '서사기'항 참고

상아 象牙

해상실크로드 상의 교역품. 예로부터 귀중한 장식품이자 교역품으로서 전세계인이 귀하게 여겨왔다. 중국에서는 기원전 11세기의 청동기 문양에 상아가 보이며, 상아 세공품이 은대의 유적 은허(殷墟)에서 출토되기도 했다. 역대의 남해 교역품에는 상아가 빠지지 않았으며, 유럽이나 인도·중국 등의 나라들에서는 오늘날까지도 상아 세공품이 큰 인기를 모으고 있다.

『상인보감(商人寶鑑)』 *Merchants' Treasure*, Bailak al-Qibjaqi 저, 1281년

해상실크로드 상의 통상서적. 저자 킵자키는 1281년에 저술한 이 책에서 인도양에서 진행되는 무역 상황뿐 아니라 항해술에 관해서도 소개하고 있다. 지향기기(指向機器)로 사용되는 자침에 관한 기술에서, 그는 이집트의 알렉산드리아에서 인도양으로 항해하는 선원들은 수부자침(水浮磁針)을 능숙하게 다루며, 수미(首尾)가 남북을 가리키는 자침지남어(磁針指南魚)도 사용한다고 하였다.

상트페테르부르크 Sankt-Peterburg(러시아어)

중앙유라시아의 요지. '상트'(sankt)는 영어로는 '세인트'(saint) 즉 '성스러운'이란 뜻이며, '페테르'(peter)는 영어의 '피터 대제(大帝)'나 러시아어의 '표트르 대제'와 관련이 있다. '피터'나 '표트르'는 예수의 제자인 '베드로'의 음사인데, '베드로'는 '돌'이나 '반석'이란 뜻이다. '부르크'(burg)는 독일어나 네덜란드어에서 '도시'라는 의미로, 결국 '상트페테르부르크'는 '성스러운 돌의 도시'란 뜻이 된다. '돌의 도시'의 유래에 관해 전해오는 이야기가 있다. 발트해 연안의

운하의 도시 상트페테르부르크

이 도시는 틀이 잡힌 후 300여 회나 범람이 연발해 석축을 쌓지 않을 수 없게 되었는데, 그 때문에 많은 돌이 필요하였다. 그래서 도시로 들어오는 사람에게 통과세의 명목으로 자신의 머리보다 큰 돌덩이를 두 개씩 가지고 들어오도록 하였다는 것이다. 상트페테르부르크는 모스크바에서 북서쪽으로 850km 떨어진 북위 60도에 위치한 러시아 제2의 도시다. 이 도시는 라도가 호수에서 발원하는 길이 740km의 네바강이 시내 중심을 관통하여 핀란드만으로 유입하면서 형성된 자연의 섬 델타와 운하에 의해 생긴 인공섬 위에 건설되었다. 건설 초기에 41개에서 101개로 늘어난 섬들과, 3대 운하를 비롯하여 모세혈관 구실을 하는 숱한 작은 운하들, 그리고 그 위를 가로지르는 365개의 다리(교외에 놓인 것까지 포함하면 625개)로 도시의 얼개가 짜여 있다. 이 지역은 원래 늪지대였기 때문에 건조한 여름철을 제외하면 안개가 잦고 습도가 높다.

자그마한 어촌에 불과했던 이곳이 일약 화려한 유럽식 근대 도시로 변모하게 된 것은 표트르 대제의 당찬 정치적 야욕 때문이다. 18세기 초 스웨덴과의 북방전쟁 당시 페트로파블로프스크 요새(Petropavlovskaya Fortress)를 건설한 대제는 유럽을 향한 전초기지의 필요성을 절감하였다. 그는 네바강 하류와 발트해가 만나는 늪지 위에 인공도시를 세우기로 결심하고 네덜란드

암스테르담을 모델로 삼은 도시 건설에 착수하였다. 급기야 1712년에는 제국의 수도를 모스크바에서 이곳으로 옮겼는데, 이를 계기로 상트페테르부르크는 유럽식 근대화 도시로 급성장하지만, 이와 동시에 절대왕정의 본산이 되어 근대화의 악폐를 잉태하였다. 이런 과정에서 모진 풍파를 겪으면서 이름도 몇차례 바뀌고 여러 병칭(竝稱)도 생겼다. 1918년 소비에트 정부가 수도를 모스크바로 옮기면서 이곳의 이름은 '페트로그라드'로 바뀌고, 1924년 레닌이 사망한 후에는 그의 이름을 따서 '레닌그라드'라 불렀으며, 러시아연방 시대가 도래하면서 다시 원명이 복원되었다. 그 과정에 얻은 별칭만 해도 '유럽을 향한 창' '북쪽의 베네치아' '운하의 도시' '물의 도시' '백야(白夜)의 도시' '혁명의 도시' 등 다양하다.

상형문자 象形文字, Hieroglyph

사물을 본떠 그 사물이나 그것과 관련된 관념을 나타내는 문자. 상형문자는 그림문자(회화문자 繪畵文字)에서 발달한 문자로서, 여기에는 이미 해독된 이집트의 신성문자(神聖文字)와 중국의 한자, 메소포타미아의 수메르 문자뿐만 아니라 크레타와 히타이트·인더스·아즈텍 등지에서 사용했던 미해독 상형문자들도 포함된다. 메소포타미아의 설형(楔形, 쐐기)문자도 원초적으로는 상형문자에서 비롯되었다. 상형문자의 창제 편년은 수메르 문자가 기원전 3100년, 신성문자가 기원전 3000년, 한자가 기원

이집트 람세스 4세 묘실 벽에 새겨진 상형문자

전 1300년(갑골문자)으로 거슬러올라간다. 원래 상형문자는 표의(表意)문자지만 발달과정에서 표음(表音)문자(이집트의 신성문자에는 70~100개)와 결정사(決定詞)가 첨가되어 단음·복음·3음으로 구성된 음표(音表)문자로 되었다. 상형문자는 장식적인 성격이 강하고 쓰는 소재(돌·나무·파피루스 등)에 따라 형태가 달라지기 때문에 상하좌우 어느 쪽으로도 쓰기가 가능하다. 이 난해한 상형문자는 1820년 프랑스의 샹폴리옹에 의해 해독되었다.

상호(商胡)와 물질문명 교류

중세 동서교역을 주도하며 물질문명 교류에 기여한 서역의 상인들을 이른바 '상호(商胡)'라고 한다. 상호는 중국 당대(唐代)를 전후한 중세의 서역 상인들에 대한 범칭으로, 일명 '생호(生胡)'라고도 한다. 상호에는 페르시아·소그디아나·대식(大食, 아랍)·회흘(回紇, 위구르)·유대 상인들이 포함되는데, 중국의 장안(長安)·뤄양(洛陽)·양저우(揚州)·취안저우(泉州)·익주(益州)·월주(越州)·홍주(洪州)·광저우(廣州)·송주(宋州)·태원(太原)·풍상(風翔) 등 주요 도시에서 대규모 상역(商易) 활동을 벌였다. 문헌기록에 따르면 당 숙종(肅宗) 상원(上元) 원년(760)에 당나라 장수 전신공(田神功)이 양저우에 진입했을 때 상호 수천명이 피살되었고, 당 덕종(惠宗) 정원(貞元) 3년(787)에는 장안에 상주하면서 정부의 녹미(祿米)를 타 먹는 상호가 4천 명이나 되었다고 한다. 또한 당말 황소(黃巢)의 난 때 광저우에서 피살된 상호가 무려 12만 명이 넘었다고 하니, 이러한 사실들로 미루어 당시 중국에 얼마나 많은 상호들이 활동하고 있었는가를 능히 짐작할 수 있다. 상호들은 북방의 육로나 남방의 해로를 통해 중국을 왕래하거나, 또는 중국에 상주하면서 상역에 종사하였다. 그들은 옥석이나 주보(珠寶)·향약(香藥)·석밀(石蜜)·모직물·진기한 동물 등 서역 특산물을 가지고 와서 팔기도 하고, 견직물이나 약재, 공예품 같은 중국의 특산물과 물물교환을 하기도 하였다. 그런가 하면 그들 특유의 상술로 중국 현지에서 중국 산물을 매매하기도 하였다. 그들은 방대한 상역 이윤을 취하여 치부·축재하였다. 여러 문헌기록과 민담에는 이 상호들의 활동에 관한 내용이 생생하게 담겨 전해지는데, 특히 페르시아와 소그드인들의 활동이 뛰어났다.

소그드인들은 상업 수완이 천부적이라는 평가를 받는데, 그들에게 부의 축적은 곧 선행(善行)으로 인식된다. 당시 강국(康國, 사마르칸트, 주민은 소그드인)에서는 아이가 태어나면 입안에 석밀(石蜜, 사탕)을 넣어주고 손바닥에 아교를 바르는 풍습이 있었다. 언제나 석밀처럼 달콤한 말이 술술 나오고, 돈을 쥐면 아교처럼 딱 붙어서 빠져나가지 않기를 소원하는 마음에서 비롯된 것이라 한다. 중국 당대에는 파미르 고원이서 출신으로 중국에 체재하는 사람들의 성씨를 일괄하여 강(康)·조(曹)·석(石)·미(未)·하(何)·화심(火尋)·무지(武地)·사(史)·안(安)의 소무구성호인(昭武九姓胡人)이라고 불렀는데, 이들 9성(姓)은 대부분이 소그드인들이었다. 당대 초기부터 소그드인들은 서북·중원(中原)·동북·쓰촨(四川) 등 광범위한 지역에 정주하면서 상역에 종사하였다. 오아시스 육로의 관문인 둔황(敦煌)의 동편에는 안성(安城)이라는 소그드인들의 집성촌(集姓村)이 있었는데, 8세기에는 9성(姓)의 약 300호 1,400여 명이 거주하였다. 그들 대부분은 사마르칸트와 부하라·타슈켄트·카그탄·토카리스탄·케쉬 등 중앙아시아 지방 출신으로서, 주로 장사를 업으로 하였다. 또한 하서(河西) 지방의 양주(洋州)에도 많은 소그드 상인들이 활동하고 있었다. 북위(北魏)가 439년에 북량국(北涼國)을 공략하여 양저우를 점령하였을 때 많은 소그드 상인들이 체포된 후 소그드 왕이 그들을 속환(贖還)한 일도 있었다.

소그드 상인들은 상역활동뿐 아니라, 비교역적인 외교활동도 겸한 것이 기록에 나타난다. 5세기 말 기마 유목민족 국가인 돌궐(突厥, 투르크)은 북위 조정에 상호(商胡), 즉 소그드 상인을 사절로 파견하였는데, 서위(西魏)가 돌궐의 초대 카간(可汗) 토우만에게 파견한 사절은 주취안(酒泉)에 거주하던 호인(胡人) 안락반타(安諾槃陀)였다. 안씨 성을 가진 이 사람은 분명히 소그디아나의 부하라(안국安國) 출신이었을 것이다. 소그드인들은 종종 당시 위세를 누리던 회흘(回紇)인으로 위장하여 활동하기도 하였다. 회흘은 안녹산(安祿山)의 난 때 원군을 보내 당나라에 일조한 것이 계기가 되어 당조와의 견마(絹馬) 교역을 독점하고, 당으로부터 상당한 특혜를 받고 있었다. 『신낭서(新唐書)』「회흘전(回紇傳)」에 따르면 대력(大曆) 8년(773) 11월에 회흘인 140명이 귀국할 때 선물을 실은 수레만 1,000여 대가 되었다고 한다. 회흘은 당조를 도운 공을 앞세우면서 건원(乾元) 연간(758~759) 이후 자주 사절을 보내 말과 비단을 교환해가곤 하였다. 소그드 상인들과 페르시아 상인들은 막강한 재력을 이용하여 장사뿐 아니라 자본을 투자하여 금융업에도 손을 뻗쳤다. 그들이 금융활동에 투자한 자본을 '회흘전(回紇錢)'이나 '파사전(波斯錢)'이라고 하였으며, 이러한 '전(錢)'을 경영하는 일종의 금융기구를 '거방(柜坊)'이라고 하였다. 당초 거방은 '편환(便換)', 혹은 '비전(飛錢)'이라 부르는 보관증을 발급하고 수수료를 받으면서 돈이나 물건을 보관하는 보관소 역할을 하였다. 그러나 점차 물물교환도 하고 환전이나 대출 기능까지 수행하는 금융기관의 형태를 갖추게 되었다. 소그드 상인을 비롯한 서역 상호들의

활발한 교역활동에 의하여 당대 동서간의 물질문명 교류는 상당한 활기를 띠게 되었다. 서역과 중국의 특산물이 호환되고 상술이 상호 전수되었으며, 교역에 편승하여 인적 왕래나 정부간의 통교도 활발해졌다. 또한 '호풍(胡風)'의 만연 등 문화교류에서도 큰 변화를 가져왔다.

색목인 色目人

중국 원(元)대 서역인(西域人)에 대한 일괄 지칭. '각색각목(各色各目)'의 사람이란 뜻으로서, 서역인에 대한 통칭이다. 색목인에는 서역 내의 24종 민족이 포함되었는데, 원조(元朝) 하에서 그들은 몽골인 버금가는, 그리고 한인(漢人)보다 더 높은 사회적 지위와 대우를 누렸다. 색목인 중에서 중앙아시아와 서아시아에서 온 무슬림들은 '회회(回回)' 또는 '회회인(回回人)'이라고 칭하였다. 회회인들은 자신들의 발달된 문화를 전파하면서 사회 각 분야에서 중추적 역할을 하였다. 색목인 중에는 유럽인들도 포함되었다. 1229년에 오고타이가 화림(和林, 카라코룸, 현 울란바토르 부근)에 수도를 건설할 때 기술자나 공장(工匠)들로 위구르인이나 회회인은 물론, 동구의 헝가리인과 러시아인 외에 멀리 서구의 영국인과 프랑스인까지 다수를 유치하였다. 그후 쿠빌라이도 대도(大都, 현 베이징)에 정도(定都)하면서 서역 국가들(아시아와 유럽 국가들)로부터 건축사·천문학사·의사·작가·시위병(侍衛兵)·악사·화가·무희 등 각종 직업인들을 대량으로 초청하였다. 뿐만 아니라 서방의 여행가들과 전도사들, 사신들도 끊임없이 오갔다.

색회 色繪

색회란 800도 전후에서 녹는 저온의 유약(釉藥)에 착색용 금속(예컨대 청색을 내려면 산화코발트)을 첨가한 것을 말한다.

생 笙, 笙簧

아악(雅樂)에 쓰이는 관현악기. 중국에서는 아주 일찍부터 사용된 악기로 은허(殷墟)의 갑골문에 그 형태가 보인다. 둔황 막고굴 벽화를 비롯해 벽화에 많이 그려져 있는 것으로 미루어 대중적인 악기로 쓰였을 것으로 추측된다. 리듬의 장단과 관의 구부러진 모양, 관의 숫자 등에 따라 여러가지 형태가 있다.

생강 生薑, 학명 Zingiber officinale

향료·식용·약으로 쓰이는 교역품. 원산지는 동인도의 힌두스탄 지역으로 알려져 있다. 중국은 자국의 남방이 생강의 원산지라고 주장하는데, 2,500년 전부터 쓰촨성(四川省) 일원에서 생강을 재배해왔다고 한다. 생강의 원산지가 인도나 말레이시아 등 고온다습한 동남아시아 지역이라는 설도 있다. 한국은 고려시대 이전부터 재배되었다. 중세의 페르시아와 아랍의 약전(藥典)에는 중국산 생강을 중요한 약용식물의 하나로 취급하고 있으며, 중세부터 중국산 생강이 페르시아·아랍·비잔틴·라틴아메리카 등 광범위한 지역으로 팔려나갔다. 19세기 중엽까지도 중국산 생강은 오아시스로를 통해 아시아 각국으로 수출되었다. (13-225)

생명수 生命樹 → '세계수'항 참고

생명의 탄생

지구는 그 생성 연대를 대략 45억년 전으로 추산하고, 오늘날까지의 생성 과정을 지각의 구조에 따라 시생대(始生代)·원생대(原生代)·고생대(古生代)·중생대(中生代)·신생대(新生代)의 5기로 구분한다. 인류의 생존을 포함해 오늘의 지구와 가장 흡사한 신생대는 다시 제3기와 제4기로 양분하고, 또 제3기는 효신생(曉新生)·시신생(始新生)·점신생(漸新生)·중신생(中新生)·선신생(鮮新生)으로, 제4기는 홍적세(洪積世)·충적세(沖積世)로 세분한다. 지구상에서 최초로 생명이 태어난 시기는 지금으로부터 약 6억~2억년 전인 고생대이며, 장소는 바다다. 처음에는 단세포의 생물이 생겨난 후 점차 복잡한 생물체로 발전해오다가 해파리·삼엽충(三葉蟲)·이매패(二枚貝)·성게 등이 나타났고, 이로부터 바다의 대생물군으로 진화하였다. 이러한 변화와 함께 지상에 양치류가 생겨나 번성하다가 줄어들자 소나무·은행나무 등 겉씨식물(나자식물裸子植物)이 나타나고, 파충류·조류가 살기 시작하였으니, 이때가 지금으로부터 2억~7,000만년 전인 중생대다. 그후 신생대 제3기(7,000만~250만년 전)에 오면 파충류 대신 포유류(哺乳類)가 활약하게 되고, 제4기 홍적세(혹은 갱신세更新世, 250만~1만년 전) 초기(250만~200만년 전)에 이르러서는 드디어 인류의 조상인 원인(猿人)이 나타난다. 그런데 최근(1970년 이후) 고고학과 인류학이 진일보 발달함에 따라 인류의 조상인 원인의 출현 연대가 250~200만년 전인 신생대 제4기 홍적세 초기가 아니라, 그보다 앞선 400만~300만년 전인 신생대 제3기 선신세(鮮新世, Pliocene)라는 주장이 대두되고 있다.

샤 Shāh

페르시아어로 '군주' '제왕'이라는 뜻으로, 일찍부터 사용되어왔으나 특히 사파비 왕조 이후 왕이나 군주에 대한 존칭으로 굳어졌다.

샤 루크 Sultān Shāh Rukh(페르시아어), 1377~1447년

티무르제국의 제3대 군주(재위 1409~1447). 티무르의 4자로서 티무르 사후 각지의 반란을 진압하고 헤라트를 수도로 한 중앙집권적 정치체제를 수립하였다. 대외적으로는 중국 명나라와

의 관계를 개선하여 여러차례 사절을 교환하였고, 대내적으로는 이슬람법 샤리아를 준수하며 상업과 농업을 발전시켰다. 그의 40년간 치세는 제국의 가장 안정된 시대로, 문화부흥기였다.

『샤 루크 중국견사기(中國遣使記)』 Qayāsūd Dīn 저, 15세기 전반

교류의 문헌적 전거로서의 여행문학서(使行記). 티무르제국의 제3대 왕 샤 루크(Shah Rukh, 재위 1409년~1447)가 중국에 파견한 사절단의 일원인 저자 기야스 알 딘(Ghiyath al-Din)이 사행 과정(1419년 11월~1422년 8월)을 일기 형식으로 기록한 사행기다. 저자는 사행 과정에서 들렀던 나라들의 국토와 특색, 건물의 종류, 도시의 각종 규정, 국왕들의 권위, 정부와 행정의 각종 제도, 기이한 사건 등에 관해 매우 풍부한 내용을 기술하고 있다. 이 책은 중세 후반 중앙아시아의 역사와 문화, 동서 관계사, 오아시스 육로 연구에 귀중한 사료를 제공한다. 당시 샤 루흐의 궁전사가인 하피즈 압루(Hafiz Abru)는 이 책의 내용과 문장을 다듬어서 자신의 저서 『역사정수(歷史精髓)』(Zabdatüd Tawārikh)에 수록하였다. 페르시아어로 된 원본은 이미 프랑스어·영어·중국어 등 여러 나라 언어로 번역되었다.

샤 압바스 Shāh Abbaās

사파비 왕조의 전성기를 이끈 성군(재위 1587~1629)으로서 군사제도를 개혁하고 유럽 여러 나라와 친선관계를 유지하면서 신식무기를 수입하여 우즈베키스탄과 오스만 터키에 효과적으로 대응하였다. ('사파비 왕조'항 참고)

『샤나마』 王書, Shāh-Nāma(페르시아어), Shohnoma(타지크어), Firdausī 저, 1010년

페르시아의 역사를 노래한 대서사시. 이란의 민

이란의 민족시인 피르다우시의 동상

족시인 피르다우시(Firdausī, 935~1020)가 지은 장편 서사시로, '샤나마'는 '왕서(王書)'라는 뜻이다. 내용은 신화시대부터 사산조가 멸망할 때(7세기 중엽)까지의 각 왕조의 역사에 관한 시적(詩的) 기술이며, 신화·전설·역사를 집대성한 것이다. 30여년 동안 지은 이 서사시는 약 6만 행의 대구(對句)로 구성되어 있다. 가즈니조 술탄 마흐무드에게 책이 헌상되었으나 아무런 보상도 받지 못해 저자의 불만을 낳기도 하였다. 작품 중의 영웅 루스탐은 투르크계 여러 민족들의 영웅 서사시에 나오는 주인공들과 유사하여, 그들은 『샤나마』를 자신들의 작품인 양 수용하고 있다. 타지키스탄에서는 타지크 문학의 걸출한 고전으로 읽히고 있다.

샤모호(號) 침몰선

캐나다 주둔 프랑스군의 보급선인 샤모호가 1724년 프랑스의 브레스트(Brest)항을 출항하여 대서양 횡단을 마칠 무렵에 돌연 허리케인을 만나 캐나다의 동안 프레톤 곶에서 좌초하였다. 1967년 네덜란드계의 제도공(製圖工) 알렉스·스톰 등이 이 침몰선에서 프랑스 루이 15세(재위 1715~1774) 당시의 금화 1,000매와 은화 1,200

매를 건져냈다. (10-135)

『샤쿤탈라』 *The Shakuntala*, kālidāsa 저, Sir William Jones 영역

인도 고전의 영역본. 18세기는 유럽인들이 동방을 '진지하고 이성적으로' 연구한 시기다. 이 시기 동방 연구의 선도자는 영국에서 창립된 '아시아 학회'(The Asiatic Society)이며, 학회를 이끈 사람은 윌리엄 존스 경(Sir William Jones, 1746~1794)이다. 존스와 회원들은 아랍·페르시아·인도 등 동방 나라들의 고전문학을 연구하고 영역(英譯)하였다. 존스는 1783년에 6~7세기의 아랍 고전시집인 『무알라카트』(al-Mu'allaqāt)에 이어 1789년에는 기원전 인도의 대시인 칼리다사(Kālidāsa)의 역작인 본서를 영역하여 서구 학계를 놀라게 하였다. 그는 그밖에 인도나 페르시아의 법률서적도 번역·소개하였다. 존스가 쌓은 미증유의 연구업적은 유럽 학계를 크게 자극하였다.

샤푸르(Shapūr) 도시 유적

교류의 유물적 전거로서의 오아시스로 상의 유적. 샤푸르(일명 바자푸르)는 시라즈 서방, 카세룬 북방 20km 지점에 있는 고도로서, 여기에는 사산조 시대의 배화단(拜火壇)·궁전·마애비(磨崖碑) 등 유적이 있다.

샤흐레 수흐테 Shahr-e Sukhteh

루비의 원산지와 교역지. 아프가니스탄 북동부의 헬만드(Helmand)강 하류에 자리한 시스탄 지역의 루비 유적지로서 1966년 이탈리아 발굴팀이 이곳에서 루비 원석(原石)과 가공 도구를 발견하였다. 바다흐샨산(産) 루비의 가공 공장이 있던 곳이며, 이곳에서 루비의 중계무역이 진행되었다.

샤흐리삽스 Shahr-i-sabz(우즈베크어), Shahrisabz

티무르의 탄생지. 페르시아어로 '녹색 도시'란 뜻의 샤흐리삽스는 우즈베키스탄의 사마르칸트에서 남쪽으로 제라프샨 산맥을 넘어 73km의 지점에 있다. 티무르는 이곳에서 1336년에 태어났다. 이곳에는 '악 사라이', 즉 '백색 궁전'을 비롯해 성채와 티무르 일가 친족의 무덤 등 각종 유물이 남아 있다. 악 사라이는 티무르가 1370년 제국을 세운 뒤 건설에 착수해 24년 만에 완공한 화려한 궁전이다. 당시 이곳을 방문한 스페인의 사절 클라비호는 화려하기 이를 데 없는 이 궁전을 보고 놀랐다고 여행기에 썼다. 16세기 부하라 칸국의 압둘라 칸 2세에 의해 파괴되어 지금은 아치가 떨어져나간 앙상한 정문만이 남아 있다. 중앙아시아 최대의 문이라고 알려진 이 문의 현존 높이는 38m이지만, 아치까지 합치면 50m는 되었을 것이라고 한다. 두 문 기둥 사이의 거리는 24m나 되며 기둥의 앞면과 측면은 아름다운 청색 타일로 장식하였다. 궁전에서 남쪽으로 약 300m 떨어진 곳에 재래시장이 있고, 거기서 남쪽으로 그만큼 떨어진 거리에 티무르의 아버지와 장남·차남·증손의 묘당들이 있다. 이곳은 중국 사적에 나오는 소무구성(昭武九姓) 중 하나인 사국(史國) 지역에 속한다.

티무르의 탄생지 샤흐리삽스의 성채

샤히진다 Shāh-i Zinda

중세 중앙아시아 건축술의 전시장. 우즈베키스

탄의 사마르칸트 북부 교외, 아프라시압 유적의 북측에 위치한 11~15세기의 묘당 위주의 건물군이다. 이 시기 티무르 제국을 비롯한 여러 왕조가 만들어낸 20여 기의 건물이 밀집해 있는데, 묘당 말고도 사원과 마드라사 등 다양한 용도와 형태의 건물들이 선을 보이고 있다.

샹파뉴 Champagne

중세 유럽의 주요 교역지. 현 프랑스 동북부의 샹파뉴-아르덴주(州)로서, 이탈리아와 플랑드르를 연결하는 남북교통로와 독일과 스페인을 잇는 동서교통로의 교차점이자 유럽 교역의 중심지다. 12~14세기에는 이곳에서 1년에 6번 정기시장이 열려 유럽 각국의 특산물들이 거래되었다. 샹파뉴는 중세 유럽의 교류와 교역에 큰 기여를 하였는데, 14세기 이후에는 해상실크로드의 발달과 빈발하는 전쟁 등으로 인해 점차 쇠퇴하기 시작하였다.

서고트족(族) Visigoths

로마 멸망의 도화선이 된 민족 대이동. 서고트족은 게르만족의 일파인 고트족 가운데 본향인 스칸디나비아 반도를 떠나 다뉴브강 북안에 이주해 살던 한 분파다. 370년경 훈족이 동쪽에서 침입하자 376년 로마의 영토인 모이시아로 몰려들어 로마의 남진을 촉발했는데, 이것이 로마의 멸망사에서 유명한 서고트족의 민족 대이동이다. 고트족의 대이동은 넓은 의미에서 교류의 민족사적 배경의 한 사례가 된다. 이후 서고트족은 동분서주하면서 비잔틴·로마·이탈리아·스페인 등 여러 나라들에 대한 침범을 지속적으로 감행하다가 8세기 초 이슬람 세력에게 멸망되었다.

서구 건축술의 중국 전파

명말 청초에 서방 선교사들의 중국 내 선교활동과 함께 서구식 건축술이 중국에 유입되었다. 서구식 건축술은 교회당 건립에서 시작하여 민간주택 건조까지 파급되었으며, 급기야는 서구식으로 궁전을 꾸미는 데까지 이르렀다. 최초의 서구식 건축물은 16세기 중엽 마카오에 건립된 6개소의 교회당 건물로, 그중 망덕당(望德堂)은 1576년에 마카오가 주 교구로 승격됨에 따라 주교당(主敎堂)이 되었다. 교회당 건물은 모두 서구 현지 교회당의 구조와 형태를 따라 건축되었다. 베이징 선무문(宣武門) 내에 있는 교회당은 1650년 독일 선교사 아담 샬(Johann Adam Schall von Bell. 탕약망湯若望, 1591~1666, 1619년 마카오 도착)이 중국의 전통적 방식으로 지었으나, 후에 포르투갈 선교사 페레이라(Thomas Pereira, 서일승徐日升, 1656~1708, 1672년 중국 입국)와 이탈리아 선교사 그리말디(Filippo Grimaldi, 민명아閔明我, 1639~1712, 1669년 마카오 도착)가 서구식으로 개축하였다. 즉 원형구도로 개조하여 실내에는 각종 천문의기(天文儀器)와 지도, 자명종, 가구들을 진열하였고 정원에는 분수대까지 설치하였다. 베이징의 남당(南堂, 길이 80척, 너비 45척)은 1721년에 포르투갈 국왕의 찬조를 받아 수사(修士)이며 건축사인 마기(Fr. F. Maggi)가 서구의 바로크 양식으로 개축하였는데, 그 당 옆에는 2개의 탑을 세웠다. 중국 최고의 규모를 자랑하는 항저우(杭州)의 천주당은 이탈리아 선교사인 마르티니(Martino Martini, 위광국衛匡國, 1614~1661, 1643년 항저우 도착)

중국 청대 궁성 내의 서구식 건축물인 장춘원

가 세운 교회당으로, 외형은 서구식이지만 내부는 중국식으로 꾸며 서구와 중국의 건축기술을 결합한 것이 특징이다.

교회당 건물과 함께 선교사들을 비롯한 서구인들이 거주하는 서구식 주택도 점차 확산되었다. 마카오인들은 일찍부터 서구식 주택을 본받아 정원과 지하창고가 딸린 여러가지 형태(정방형·원형·다각형 등)의 다층 주택을 짓고 살았다. 이러한 서구 주택 양식은 광저우, 양저우(揚州), 안칭(安慶) 등 대도시 지역을 중심으로 확산되었는데, 특히 광둥(廣東) 일대에 급속히 파급되어 18세기 중엽 대대적인 주택 개조의 붐으로까지 이어졌다. 장춘원(長春園)은 청(淸)초에 서구식으로 개축된 가장 큰 규모의 건축물이다. 원래는 원명원(圓明園) 동편에 있는 분원의 하나였는데, 1747년부터 서구식으로 개조되었다. 설계는 이탈리아 선교사 카스틸리오네(Giuseppe Castiglione, 낭세녕郎世寧, 1688~1766)가 맡았고, 프랑스 선교사 아티레(Jean-Denis Attiret, 왕치성王致誠, 1702~1768)와 브누아(Michel Benoist, 장우인蔣友仁, 1715~1774)가 협조하였다. 현장 공사는 프랑스 선교사 테볼트(Gilles Thébault, 양자신楊自新, 1703~1766), 드 방타봉(M. de Ventavon) 등과 그밖의 궁전기사들의 지휘 감독하에 진행되었다.

총체적으로 볼 때 장춘원의 건축양식은 바로크식의 이탈리아 및 프랑스 건축양식들이 혼합된 것으로, 문이나 창문, 회랑과 같은 전반적인 구조는 보로미니(Borromini)식 이탈리아 건축양식을 적용하였고, 장식 문양이나 벽난로, 벽기둥 같은 것은 루이 14세 시대의 프랑스 건축양식을 계승하였다. 원내의 개별 건물들은 모두 서구식으로 건축·개축되었으나, 간혹 중국의 건축양식도 약간은 가미되었으며, 구체적인 시공은 중국인 공장(工匠)들에 의해 진행되었다. 부속

분원인 장춘원이 서구식으로 화려하게 개축되자 원명원은 면모를 일신하게 되었는데, 아티레는 1743년 유럽의 지우(知友) 다쏘(M. d'Assaut)에게 보낸 서한에서 "원명원이야말로 '원중원(園中園)'(jardin des jardins)"이라 할 정도로 극찬하였다. 그러나 원명원은 1860년 9월 영불 연합군의 침략으로 폐허가 되는데, 화가 심원(沈源)과 당대(唐岱)가 1744년에 공동으로 그린 '원명원사십경도(圓明園四十景圖)'와 중국 화공들이 1786년에 동판에 새긴 전경도 20폭이 남아 있어서 당시의 모습을 추정할 수 있다.

서극마 西極馬

『사기(史記)』「대원열전(大宛列傳)」에 의하면 기원전 2세기 장건(張騫)이 서역에 갔다가 돌아올 때 얻어가지고 온 오손(烏孫, 현 이리하伊犁河에서 톈산까지의 일대)의 말을 '서극마'라고 불렀다고 한다. 그리고 대원(현 우즈베키스탄의 페르가나 분지)에서 가져온 말은 '천마(天馬)'라 부른다고 하였다.

서돌궐 西突厥

6~7세기 오아시스로 상의 대제국. 552년에 이리(伊利) 칸이 돌궐 왕국을 세운 뒤 아들인 이스테미는 중앙아시아의 에프탈과 소그드를 정벌하고 톈산 산맥 속에 있는 오르도스 계곡을 본거지로 삼아 서돌궐 왕국을 건립하여, 스스로 서면(西面) 가한이라고 자칭하였다. 전성기에는 판도가 서로는 사산조 페르시아, 동으로는 몽골에 이르는 막강한 대제국이었으며, 실크로드 오아시스로의 실권을 장악하였다. 비잔틴에 사절을 파견하는 등 활발한 대외활동도 전개하였는데, 630년경 내부에서 카를루크의 반란이 일어나 통섭호(統葉護) 칸이 살해되었다. 이러한 혼란기를 틈타 당나라는 이리강까지 밀려난 서돌궐을 손

쉽게 공략할 수 있었다.

서량악 西凉樂

중국 수대의 구부악(九部樂)이나 당대의 십부악(十部樂) 중의 하나. 전진(前秦)의 왕 부견(符堅) 말엽에 여광(呂光) 등이 간쑤(甘肅)의 량저우(凉州)를 중심으로 음악활동을 전개하면서 구자악(龜玆樂)을 개조·변형하여 이른바 진한기(秦漢伎)를 창안해낸 데서부터 비롯한 춤곡이다. 북위(北緯) 태세(太歲) 연간에 하서(河西)가 평정된 후 서량악으로 개명되었다가 위(魏)·주(周) 때에 다시 국기(國伎)라고 부르기도 했지만 세칭 서량악으로 전해져왔다. 악곡으로는 영세악해곡(永世樂解曲)·만세풍무곡(萬世豊舞曲)·우기불곡(于闐佛曲), 악기로는 종(鐘)·형(馨)·탄쟁(彈箏)·추쟁(搊箏)·와공후(臥箜篌)·비파(琵琶)·오현(五絃)·생(笙)·소(簫)·대필률(大筆篥)·소필률(小筆篥)·횡적(橫笛)·요고(腰鼓)·제고(齊鼓)·단고(担鼓)·동발(銅鈸)·패(貝) 등이 있으며, 1개 조는 27명의 악사로 구성되어 있어 서량악은 여타 악(樂)에 비해 규모가 크다.

서방의 동방식민지화 경략 영향

정치사적 배경으로서의 서방의 동방 식민지화 경략은 근세 동서 문명교류에 커다란 영향을 미쳤다. 그 영향은 우선 동서 문명교류의 새 전기를 마련하였다는 데서 찾을 수 있다. 서방의 동방식민지화 경략을 계기로 동서 문명교류사는 중세에서 근세로 진입하는 획기적인 전환을 이루었다. 교류 내용 면에서는 상호수급(相互需給)에 의한 중세적 교류가 이윤추구와 자본축적을 목적으로 한, 다분히 일방적이고 단향적(單向的)인 근세적 교류로 대체되었다. 교류 형태 면에서는 영토 확장 위주의 속령화 경략을 통한 중세적 교류에서 식민지화 경략을 통한 근세적 교

류로 모습을 바꾸었다. 따라서 교류 성격 면에서는 경략(종주국)문명에 피경략(식민지)문명이 일방적으로 동화(同化)되는 현상이 두드러지게 나타나는 것이 특징이다. 이러한 문명교류사의 획기적인 전환은 그 통로인 실크로드의 이용에 새로운 변화를 야기하였다. 서방의 동방 식민지화 경략은 인도 항로의 발견을 시발로 한 대항해시대의 도래와 더불어 시작되었다. 그리하여 실크로드 전체에서 해로 이용이 절대적인 비중을 차지하였으며, 오아시스로나 초원로는 상대적으로 그 이용도가 낮아질 수밖에 없었다. 사실상, 이 경략시대를 기점으로 하여 동서 문명교류의 통로로서의 실크로드는 3대 간선 중에서 해로가 가장 중요한 기능을 수행하기 시작하였다. 다음으로 그 영향은 동서 문물교류를 전례 없이 촉진시킨 점에서 나타났다. 이 시기의 교류는 주로 경략지에 대한 무역과 수탈의 형식으로 진행되었기 때문에 편도적(片道的)인 성격이 강하다. 총체적인 문물교류의 불냥 면에서는 전례 없는 대규모의 교류였다. 서방국가들은 동방경략을 통해 각종 향료·직물·도자기·공예품·의약품 등 동방의 특산물을 다량 수입해간 반면에 동방에는 약간의 모직품이나 진기품(珍奇品)과 함께 주로 종교(기독교)나 신흥 과학기술, 무기 따위를 얼마간 제공하였다. 이 식민지화 경략을 통해 동서간의 이해가 증진되기도 했다. 서방의 동방 식민지화 경략을 계기로 상인들뿐 아니라 공식 사절과 여행가의 동서 왕래가 잦아져서, 동서간에 있었던 종래의 여러가지 오해를 불식하고 상호간에 정확한 이해를 도모할 수 있었던 것이다. 이 경략시기를 기해 동·서방에서는 서로를 알리는 역사지리서나 여행기·예술작품·번역서 등이 적지 않게 출간되었다. 특히 이주나 정착, 교역이나 행정관리 운영 등 각종 사회참여 활동을 통하여 상대방의 문명을 접하고 체험할 수 있었다.

서방의 아메리카대륙 식민지화 경략

15세기 말부터 16세기 초엽까지 콜럼버스(Christopher Columbus, 1446~1506)와 아메리고 베스푸치(Amerigo Vespucci, 1451~1512), 발보아(V. N. de Balboa), 마젤란(Ferdinand Magellan, 1480~1531) 등 서방 항해가들에 의해 이른바 '신대륙(新大陸)'이라고 하는 아메리카 대륙이 '발견'되었다. 초기 이 대륙에 대한 경략권은 항해가들을 후원한 스페인이 장악하게 되었는데, 이른바 콘키스타도르(conquistador, 직업적인 정복자)를 내세워 적은 병력으로 짧은 기간에 중·남미의 광대한 지역을 강점하고 유럽 최초의 식민제국을 건립하였다. 원래 아메리카 대륙에는 아시아로부터 베링 해협을 건너온 몽골계 인종의 후예들이 살고 있었는데, 이들은 기원전 천년기에 멕시코와 안데스 산맥의 중앙 고지를 중심으로 오리엔트와 유사한 도시문명을 형성하였으며, 기원 후 6세기경에는 중앙아메리카 일원에 장려한 궁전과 독특한 조각미술, 상형문자를 특징으로 한 마야(Maya) 문명을 탄생시켰다. 마야 문명은 웅대한 피라미드형 신전과 달력, 귀금속 장신구 등을 만들어낸 아즈텍(Aztec) 문명에 의해 계승되었다. 13세기에 이르러서는 페루를 비롯한 남미 북부의 광대한 지역에 통일제국을 건립한 잉카(Inca) 문명이 번영하였다. 이 토착문명들은 관개농업이 발달하여 옥수수와 감자가 재배되었고, 금·은 세공기술이 화려하게 꽃을 피웠으며, 태양신의 숭배 등 종교도 번성하여 다른 대륙과 마찬가지로 정상적으로 자기발전의 궤도를 밟아 나가고 있었다.

이처럼 독자적이고 주체적인 문명이 엄연히 존재하는 이 지역에 대하여 에스파냐를 비롯한 유럽인들이 새로운 '발견' 운운하는 것은 어불성설(語不成說)이다. 그들은 이러한 '발견론'을 내세우는 동시에 잔인무도한 식민지화 경략을 자행하였다. 16세기 초에 히스파니올라(Hispaniola, 현 아이티Haiti)와 쿠바(Cuba)를 비롯한 서인도제도의 대부분의 섬들은 에스파냐인들의 강점·이주로 인해 문자 그대로의 식민지화가 진행되었다. 특히 발보아의 탐험을 계기로 신대륙의 귀금속에 대한 에스파냐인들의 호기심은 한층 부풀어올랐다. 그리하여 마젤란이 대항해에 나선 해(1519)에 에스파냐 하급 귀족 출신의 코르테스(Hernán Cortés, 1485~1547)는 600여 명의 병력을 거느리고 멕시코를 정복한 데 이어 중미 전역을 공략하였고 마야 문명과 그 뒤를 이은 아즈텍 문명을 무참하게 유린하였다.

한편 피사로(Francisco Pizarro, 1475~1541)는 코르테스보다 더 적은 병력으로 당시 권력 상쟁을 벌이던 잉카제국의 계승자들을 간계로 속여 제국을 손쉽게 손아귀에 넣었다. 콘키스타도르 사이에 내분이 일어나 피사로는 협력자였던 알마그로(Almagro)를 살해하였고, 그 자신도 알마그로의 부하에게 피살되었다. 이러한 내분 속에서도 에스파냐의 식민주의자들은 연이어 발생하는 원주민들의 저항을 잔인하게 진압하였고, 결국은 아즈텍 문명과 잉카 문명을 말살하고 중·남미의 광대한 지역에 대한 식민지화 경략을 실현하였다.

에스파냐는 이러한 식민지화 경략을 보장하기 위해 국내에는 왕실회의를 설치하고, 현지에는 국왕이 임명하는 총독과 지방장관을 파견하여 행정을 주관하게 하였으며, 도시와 지방에는 자치기구를 설치하여 운영하였다. 또한 국왕의 신임이 두터운 인물들을 현지 법관으로 배속하여 총독이나 지방장관에 대한 감시의 역할을 부여하였다. 원주민에 대한 교화(敎化)사업을 담당한 프란체스코회의 수도사와 선교사들의 권한도 막강하였으며, 그들 역시 식민지화 경략에서 중요한 일익을 담당하였다.

에스파냐 정부는 정복자나 그 후손들, 그리고 입식자(入植者, 식민지 개척을 위한 이민자)들에게 일정한 영지(領地)를 할양하고 영지 내의 원주민으로부터 공납을 징수할 수 있는 권리, 즉 엥코미엔다(encomienda)를 부여하는 한편, 임의로 원주민에게 강제노동을 요구할 수 있게 하였다. 식민지 사회의 초기에는 법관을 비롯한 행정 관료들과 선교사들, 그리고 정복에 참여한 군인들과 그의 자손들이 지배계층을 구성하였는데, 세월이 흐르면서 본토인과 원주민 사이의 혼인이 성행하여 그 혼혈아인 메스티소(mestizo)가 점차 사회의 주요 구성부분을 이루게 되었다. 메스티소의 수효는 원주민과 에스파냐 본토의 이주민들을 능가할 만큼 증가하였는데, 오늘날에 와서는 라틴아메리카 주민의 다수를 차지하고 있다. 정복자들은 주로 목축업을 경영하였는데, 원주민과 메스티소를 포함한 많은 고용자들을 사유(私有)하고 있었다. 한편 열대 연해지대인 카리브해와 멕시코만 일대에서는 사탕수수와 담배를 재배하는 대규모 농장(plantation)들이 발달하였는데, 이 농장들은 포르투갈 상인들을 통해 사들인 아프리카 흑인 노예들의 노동을 바탕으로 운영되었다. 경략자들은 목축업과 플랜테이션 농업 외에 금·은 등의 귀금속 약탈에도 혈안이 되었다. 초기에는 원주민들에게서 귀금속을 탈취하였는데, 점차 채굴에 눈을 돌리기 시작하여 16세기 중엽에는 포토시(Potosi)와 같은 풍부한 광맥들이 발견되었다. 이렇게 약탈되거나 채굴된 귀금속의 대부분은 에스파냐로 운송되었다.

에스파냐의 아메리카대륙 식민지화 경략은 동서간 문명교류에 미증유의 영향을 미쳤는데, 우선 실크로드를 환지구적 통로로 확대·연장하였다는 점을 들 수 있다. 서방의 아메리카 대륙 식민지화 경략 이전 시기의 실크로드는 구대륙(유라시아와 아프리카)의 동서만을 연결하는 국지적인 교류 통로로 이용되었다. 그러나 에스파냐의 '신대륙' 경략을 계기로 중남미와 아시아를 대범선무역으로 연결하는 이른바 '태평양 비단길', 혹은 '백은(白銀)의 길'이 트이게 됨으로써 실크로드 3대 간선의 하나인 해로는 구대륙에서 '신대륙'으로 확대·연장되었다. 따라서 실크로드는 종전의 구대륙 범위를 벗어나 신대륙까지를 망라하는 환지구적 통로로 변모하게 되었으며, 서구의 식민지화 경략이 심화될수록 실크로드의 범지구성(汎地球性)은 더욱 명확해져 갔다. 이는 구대륙과 신대륙 간의 문물교류를 실현하고 촉진시켰다. 에스파냐의 신대륙 식민지화 경략과 이에 수반된 신·구대륙 간의 무역은 필연적으로 두 대륙간 문물의 호환(互換)으로 이어졌다. 신대륙 특산의 감자·고구마·옥수수·낙화생·담배·해바라기·코코아·사탕 등 농산물과 금·은 같은 귀금속은 아시아와 유럽 각지에 신속하게 전파되어 구대륙의 경제생활과 민생에 새로운 변화를 가져오게 하였다. 특히 귀금속의 다량 유입과 신대륙에 대한 새로운 시장 개척은 유럽에서 상업혁명(commercial revolution)을 일어나게 하는 중요한 기폭제가 되었으며, 급기야는 근세 유럽 경제의 부흥에 상당한 기여를 하였다. 또한 신대륙의 '발견'을 통해서 유럽의 경제와 번영의 중심지가 지중해에서 대서양 연안으로 이전하게 되었는데, 아담 스미스(Adam Smith)는 저서 『국부론(國富論)』(*The Wealth of Nations*)에서 이른바 신대륙의 '발견'은 '인류역사상 가장 거대하고 가장 중요한 사건'이라고 평가하였다.

한편 에스파냐 식민주의자들은 경략에 필요한 모든 수단과 방법을 총동원하였는데, 이러한 과정에서 구대륙의 여러가지 문물이 신대륙에 이식되었다. 그들은 말·소·양 같은 가축을 들여와 대규모의 목장을 운영하였고 식민지 지배를 유지하기 위해 무기를 비롯한 각종 통치 장비를 끌어들였으며, 식민교화를 목적으로 서구의 종교(기독교)를 주입시키고 유럽식 교육기관을 개설하였다. 이러한 일련의 식민지화 경략 정책이 실시된 결과 중남미의 전통적인 토착문명은 무참히 말살되었고 멕시코 문화와 같은 전형적인 융화문화가 창출되었다.

서복 동도설 徐福東渡說

해로를 통한 고대 한·중·일 간의 인적 교류.『사기(史記)』의 「진시황본기(秦始皇本紀)」와 「회남형산열전(淮南衡山列傳)」,『삼국지(三國志)』「오주전(吳主傳)」,『염철론(鹽鐵論)』「산부족(散不足)」조,『후한서(後漢書)』「동이열전(東夷列傳)」 등, 서복(徐福, 일명 서불徐市)의 동도(東渡) 및 도한(渡韓)에 관한 4종 원전 중의 8종 기사 내용을 종합해보면 다음과 같다. 기원전 219년 동해(東海) 상의 '삼신산 전설(三神山傳說)'을 믿은 진시황의 명을 받고 제(齊)나라 출신의 방사(方士) 서복은 불로장생의 선약(仙藥)을 구하기 위해 동남동녀(童男童女) 수천 명(일설에는 3,000명)과 함께, 오곡(五穀)과 연노(連弩)를 싣고 백공(百工)을 데리고 바다로 나갔다. 당초 서복 일행이 선약을 구하기 위해 택한 행선지는 가기에 멀지 않은(거인불원去人不遠) 발해 한가운데 있는 봉래산(蓬萊山)과 방장산(方丈山), 영주산(瀛洲山)의 삼신산이었다. 그러나 선약을 구할 수 없게 된 서복 일행은 죽음이 두려워서 감히 돌아가지 못하고 떠돌다가 정착한 곳이 회계(會稽) 바다 밖에 있는 단주(澶洲)이거나 '평탄한 들과 넓은 못(평원광택平原廣澤)'이 있는 그 어느 곳이다. 그밖에 이 문헌들에는 진시황의 혹독한 정치 때문에 많은 진인(秦人)들이 화를 피해 외류(外流)했다는 사실도 전하고 있다.

제주도 서귀포 정방폭포 바위 절벽에 새겨진 '서불과차(徐市過此)' 마애각문

서복 일행의 한반도 도래와 관련해서는 이상의 문헌 말고도 한반도 내에 남아 있는 몇가지 유적과 유물, 그리고 전설이 전해오고 있다. 우선 유적과 유물로는 제주도 서귀포 정방폭포(正房瀑布)의 마애각(磨崖刻), 제주도 금당포(金塘浦)의 조천석(朝天石) 마애각, 경상남도 남해군(南海郡) 금산(錦山)의 암각(岩刻)과 남해도 서리곶의 마애각, 경상남도 거제도 갈곶의 마애각, 경상남도 통영군(統營郡) 소매물도의 마애각 등 5점의 마애각과 1점의 암각, 총 6점이 있다. 서복의 도한(渡韓)에 관한 전설은 주로 제주도를 비롯한 한반도 남해안 일대에서 유행하고 있는데, 그 내용은 지명 유래나 선약 구득(求得) 신화 등을 주제로 전개된다. 전설 중에는 구전(口傳)이 있는가 하면 문자화된 작품으로 전해지는 것도 있다. 뿐만 아니라 현재적 의미도 함께 지닌 서복 전설은 오늘날까지도 갖가지 재현(再現) 행사를 통해 면면히 전승되고 있다. 이러한 전승은 역설적으로 서복 도한설의 사실성이나 역사성을 더 짙게 시사해준다.

한편 일본도 나름대로 서복의 도일설(渡日說)을 기정사실처럼 주장하고 있다. 봉래(蓬萊)가 곧 일본이라는 '봉래 일본설'과 10세기 중엽 중국 후주(後周)의 승석(僧釋) 의초(義楚)가 지은 『의초육첩(義楚六帖)』에 인용된 유학승 홍순(弘順)의 '서복 후지산(富士山) 체재설'(직조기술을 전파하여 '직물의 신'으로 숭앙됨) 등 학술적 주장이나 문헌기록 외에 전국 20여 곳에 남아 있는 비문 위주의 유물과 전설이 근거로 제시되고 있다. 북의 아오모리현(靑森縣)에서 남의 가고시마현(鹿兒島縣)에 이르기까지 전해지고 있는 비문 유물로는 와카야마현(和歌山縣) 신구시(新宮市)의 서복의 묘와 사가현(佐賀縣) 금립신사(金立神社, 벼농사를 전파하여 '의약의 신'으로 숭앙됨)가 있다. 그리고 전설로는 키슈(紀州) 구마노(熊野)에서 전승되고 있는 서복의 오곡 농경과 제지 및 포경술(捕鯨術) 전파 전설, 탄고한토우(丹後半島)의 경도부 이근정 신정기(京都府伊根町新井崎)에서 유행하는 서복의 포경술 전파 전설과, 그곳에서 나는 쑥을 서복이 구해갔다는 영초(靈草)에 비정하고 있는 설 등을 들 수 있다. (5-80~81)

『서사기(西使記)』 劉郁 편저, 1263년

교류의 문헌적 전거로서의 여행문학서. 몽골 몽케 칸의 사신 상덕(常德)이 서정(西征)에 나선 홀라구를 예방하는 내용을 담은 사행기(使行記)다. 상덕의 구술을 유욱(劉郁, 생몰 미상)이 집필·편집하여 출간한 것으로 추정된다. 상덕은 1259년 1월 화림(和林, 카라코룸)을 떠나 서행하여 이란에서 서정 중인 홀라구(칭기즈칸의 4남 툴루이의 차남)를 친견하고 14개월 만에 귀조하였다. 이 책은 상덕이 사행 중 사마르칸트·바그다드·시라즈·인도 등 여러 나라의 풍토·민생·풍습·정치·물산 등에 관해 보고 들은 바를 소개하고 있다. 저술의 전반부는 일정에 따라 여정을 기록하고 있으나, 후반부는 나라별로 사정을 기술하는 서술체계가 일치하지 않는다. 이 사행기는 왕운(王惲)의 『추간선생대전문집·옥당가화(秋澗先生大全文集·玉堂嘉話)』와 도종의(陶宗儀)의 『설부(說部)』에 수록되었으며, 1888년에 출간된 브레트 시나이더(E. Bretschneider)의 『동아시아 자료에서 본 중세 연구』(*Medieval Researches from Eastern Asiatic Sources*, Vol. I, London, 1967)에 이 책의 영문 역주본이 수록되어 있다.

서석기 曙石器

인류문명의 서광(曙光)이 비치던 시대의 석기. 구석기 이전 시대의 이 석기를 1870년대 유럽의 일부 고고학자들은 지질시대의 제3기(紀)와 제4기 초기 지층에서 분출된 석편(石片)이나 석핵(石核)으로 간주하였다. 그러나 실험 결과 소위 '서석기'는 인위적인 가공품이 아니라 자연적으로 분쇄된 미가공 돌덩어리라는 것이 밝혀졌다. (15-726)

서선행 徐善行

도일 신라 사신. 885년 4월 신라 사신의 판관(判官)으로 배 한 척에 녹사(錄事) 고흥선(高興善) 등 47명과 신라 집사성(執事省)의 첩(牒)을 휴대하고 승선하여 비후(肥後) 천초군(天草郡)에 도착하였다. 일본에 온 목적을 의심받아 일본의 대재부(大宰府)로부터 귀국 조치되었다. (8-220)

서아시아

아시아주(洲)의 서부 지역으로 오아시스로의 서단(西段). 지정학적으로 아시아·유럽·아프리카 세 대륙과 접해 있으며, 지중해·흑해·홍해·아라비아해·카스피해와 면해 있어 '5해(海)의 땅'이라고도 한다. 고대문명 발상지의 하나로서 이곳에서 바빌론 왕국, 페르시아 왕국, 마케도니아 왕국, 아랍제국, 오스만제국 등 세계적인 왕국과 제국들이 번영하였다.

서아시아의 채도문화

유럽인들은 17세기부터 서아시아 일대의 고대

이란 채도(기원전 6000~5000
년, 테헤란 국립역사박물관 소장)

유적지에 대한 학문적 관심을 가져오다가, 식민지 확장 경쟁이 펼쳐진 19세기부터는 다양한 명목의 학술조사단들이 파견되어 본격적인 발굴조사가 이루어졌다. 그 결과 오리엔트 고대문명의 비밀이 하나하나 벗겨지기 시작하였는데 채도문화의 실체도 이러한 과정에서 드러나게 되었다. 채도 유물은 초기의 농경문화와 고대 도시의 유적을 추적하는 과정에서 발견되었다. 프랑스의 모르강(J. de Morgan, 1857~1924)이 지휘하는 조사단은 수사(Susa)에 있는 아케메네스조 페르시아 궁전 유적의 최하층에서 선사시대 유물과 함께 화려한 채색도기를 발굴하였고, 영국의 울리(C. L. Woolley, 1880~1960)도 메소포타미아의 고대 도시인 텔 알-우바이드(Tell al-Ubaid)의 최하층에서 각종 채문토기와 석기류를 발견하였다. 특히 1904년 미국의 펌펠리(R. Pumpelly) 탐험대 소속의 슈미트(H. Schmidt) 일행은 투르크메니스탄의 아나우(Anau) 유적을 조사하는 과정에서 채문토기를 수반한 문화층(文化層)과 초기 농경 취락지를 확인하고, 이 시대에 이미 맥류(麥類)를 비롯한 농경과 목축(양·소 등의 방목)이 발생하였음을 판명하였다. 이를 계기로 서아시아 지역에 대한 고고학 연구는 바빌로니아나 아시리아와 같은 고대 문명세계의 일부분을 해명하는 수준을 넘어서 구석기와 신석기의 선사시대에까지 그 관심의 폭이 확대되었다.

근간에 와서 채도의 교류 문제와 관련하여 주목을 끌고 있는 유적은 이란의 세키사바드 유적이다. 1960년경부터 이란의 카즈빈시(市)와 하마단시(市) 중간에 위치한 세키사바드에서 여러 가지 채문토기와 흑색연마토기(黑色硏磨土器)가 출토되었는데, 기형(器形)으로는 입이 넓고 목이 바른 술병(호壺), 구연부(口緣部)에 둥근 손잡이가 달린 잔(배杯), 작은 밑바닥의 바리(발鉢), 접시(명皿) 등이 있다. 이 토기들은 성형법(成形法)으로 녹로법(轆轤法)이 아닌 수날법(手捏法)을 사용하여 겉면이 매끄럽지 못하고 울퉁불퉁하며, 소성(燒成) 온도도 비교적 낮다. 문양은 크게 흰 화장토(化粧土)를 바른 위에 굵은 선으로 여러가지 기하학 무늬를 그린 것과 가는 여러 갈래의 선(복합선複合線)으로 무늬를 꾸민 두 가지가 있다. 이 토기의 기형이나 문양에는 이란의 지방적 특색을 살려 편화(便化)되거나(예: 동물 형상 문양) 이형적(異形的)인 것(예: 삼족호三足壺)이 있는데, 아나우나 중국의 채도(특히 간쑤甘肅, 칭하이靑海의 채도)와 유사한 점이 많아서 지역 간의 교류상을 추측하게 한다.

『서양조공전록(西洋朝貢典錄)』 黃省曾 저, 1520년

교류의 문헌적 전거로서의 개설소개서. 저자 황성증(黃省曾, 字는 면지勉之)은 중국 강소 오현(江蘇吳縣, 현 장쑤 쑤저우시蘇州市) 출신으로, 문학에 조예가 깊은 사람이었다. 본서 외에 『오악산인집(五岳山人集)』 『여지기(輿地記)』 『노자옥략(老子玉略)』 등의 저서가 있다. 본서는 정화(鄭和)의 '하서양(下西洋)'과 관련된 『영애승람(瀛涯勝覽)』과 『성차승람(星嵯勝覽)』 등 서적에서 정화가 직접 경과(經過)한 서양의 주요 23개국과 지역을 선정하여 소개하는데, 특히 대부분의 나라와 지역의 '침위(針位)', 즉 침로(針路)를 구체적으로 명시하고 있다. 또 각 나라와 지역의 특산물과 공물(貢物)을 상세하게 밝히고 있다. 본서에 의해 전술한 정화의 '하서양' 관련 서적 중에 나타난 일부 오류가 시정되기도 하였다. 이 책은 특히 중세 서양의 경제상황과 교역관계를 연구하는 데 가치 있는 사료원이 된다.

서양포 西洋布

일명 '번포(蕃布)'라고도 하는 인도산 직물. 인도 방면에서 생산되는 천으로서, 중국 송·원 시대에 인도양을 '서양(西洋)'이라 칭한 데서 유래한 것으로 추측된다. 고려 충렬왕(忠烈王) 때 인도 동해안에 위치한 마팔아(馬八兒)에서 보내온 예물 중 '토포(土布)'라는 것이 있는데, '서양포'이거나 그 일종일 것으로 추측된다.

서양 화법(畫法)의 동전

중국의 명말 청초에 서방 선교사들의 중국 입국과 함께 서양 회화 작품들이 처음으로 직접 중국에 반입되었다. 그들이 반입한 작품은 주로 천주(天主, 예수)나 성모마리아의 초상화를 비롯한 종교화였다. 이탈리아 선교사 마테오 리치(Matteo Ricci, 이마두利瑪竇)는 1600년에 그가 가지고 온 천주상 1폭과 성모상 2폭을 신종(神宗)에게, 그리고 독일 선교사 아담 샬(Adam Schall von Bell, 탕약망湯若望)은 1640년에 천주상 1폭을 사종(思宗)에게 각각 헌상하였다. 선교사들 중에는 재간 있는 화가들도 있었다. 명말의 로샤(Joannes da Rocha, 나여망羅如望)와 청초의 페르비스트(Ferdinand Verbiest, 남회인南懷仁), 카스틸리오네(Joseph Castiglione, 낭세녕朗世寧) 등이 대표적 인물이다.

이 선교사들은 직접 창작활동을 하면서 서양 화법을 소개하는 저작활동도 겸하였다. 그들은 주로 예배당 내에 비치한 천주상이나 성모상, 성경 이야기에 관한 그림 등의 종교화를 그리면서 서양화법을 보급하였다. 아울러 그들은 서양화법으로 중국 주제의 작품을 창작하기도 하였다.

1756년(건륭乾隆 30)에 카스틸리오네와 살루스티(J. D. Salusti) 등 4명의 선교사들은 합작하여 이른바 '건륭전공도(乾隆戰功圖)', 즉 중가리아 부(部)와 회부(回部) 평정 전투를 16폭의 그림으로 그렸다. 카스틸리오네는 이에 앞서 1723년에 베이징에서 '취서도(聚瑞圖)'를 처음으로 그렸는데, 이 작품은 비단 위에 중국 화구(畫具)를 써서 중국 주제를 서양화법으로 그려낸 걸작이었다. 여기서의 서양화법이란 음영입체(陰影立體) 기법으로 수채화(水彩畫)를 그리는 화법으로서, 평면기법으로 수묵화(水墨畫)를 그리는 중국화법과는 분명히 다르다.

서역 西域, The Western Regions

여러가지 복합적인 의미를 지니고 있는 '서역(西域)'은 역사적·지리적·문화적 범주를 한정지어주는 하나의 고유 명칭인데, 중국을 비롯한 한(漢) 문명권에서는 근세에 이르기까지 줄곧 사용되어왔다. 유럽인들이 유럽의 동쪽 전역을 아시아 혹은 동양(Orient)이라고 통칭하듯이 중국인들 역시 중국의 서쪽 전역을 서역(西域)이라 불렀는데, 서역이란 단어의 어원에 관해서는 『한서(漢書)』 「서역전」의 주에 다음과 같이 기술되어 있다.

"『사기(史記)』 「대원전(大宛傳)」에는 흉노 기병들이 수시로 서국(西國)을 기습하였다고 하였다. 고어(古語)에는 국(國)과 역(域)이 동음자(同音字)이며, 『광아(廣雅)』 주석에도 역과 국은 같은 자라고 하였다. 뒤에 오는 「오환전(烏桓傳)」에 동역(東域), 「서남이전(西南夷傳)」에 남역(南域)이란 말이 각각 나온다. 따라서 이 성곽국(城郭國, 대원大宛)은 중국의 서쪽에 접하고 있어 서역(西域)이라고 한다." 이 주석에 의하면 고어에서 '국'과 '역'은 동음동의자로서 '역'은 곧 '국(나라)'을 뜻한다. 예컨대, 「오환전」의 '동역'이나 「서남이전」의 '남역'은 모두가 방위 지향적으로 '동국(東國)'이나, '남국(南國)'을 지칭한다. 따라서 성곽국인 대원을 중국의 서쪽에 위치한 나라라고 하여 '서역'이라 지칭하게 되었다는 것인데, 이렇게 보면 서역이란 말은 중국의 서쪽에 있는 나라라는 뜻에서 비롯된 것임을 알 수 있다. '서역'은 장건의 서역 사행 이후에 생겨난 명칭인데, 사마천(司馬遷)의 『사기』 「대원전」의 관련 기록을 보면, 장건의 사행으로 인해 비로소 한이 '서북국(西北國)', 혹은 '외국(外國)'과 처음으로 통교를 하게 되었다고 기술되어 있다. 여기서의 '서북국'이나 '외국'은 바로 차후의 서역 제국(諸國)을 가리키는 용어로 볼 수 있으며, 장건의 서역 사행 당시나 직후까지만 해도 아직 '서역'이란 명칭은 나타나지 않았음을 알 수 있다.

서역이란 명칭이 정식으로 사용되기 시작한 것은 한이 숙적 흉노를 완전히 제압하기 위하여 서역도호부(西域都護府)를 양관(陽關) 서쪽 오루성(烏壘城)에 설치하고, 정길(鄭吉)을 서역도호로 임명한 선제(宣帝) 신작(神爵) 2년(기원전 60)이었다. 한 무제의 공략으로 인해 흉노는 톈산 북도(天山北道)의 한 귀퉁이로 몰리게 되었는데, 이 기회를 타서 선제는 이 지역을 통괄할 기구로 서역도호부를 설치하고 서역 경략을 시도하였다. 서역도호부의 임무는 타림 분지의 오아시스 나라들은 물론, 역외에 있는 오손·강거 등 여러 나라들의 동향을 감시·관리하는 것이었다. 서역장사(西域長史)를 설치·운영함으로써 전한대의 서역 경영을 계승한 후한대에 이르러 그 지역적 윤곽이 확정되었다. 반고(班固, 32~92)의 저서 『한서(漢書)』 「서역전」에는 서역의 강역에 대한 내용이 기술되어 있는데 약술하면 다음과 같다. 서역은 전한 무제 때에 한과 교류하였는데, 본래는 36개국이었으나 그후에 갈라져서 50여 개국이 되었다. 이 나라들은 대체로 흉노의 서부와 오손(이리하伊犁河 이남에 정주)의 남부 일대에 산재해 있는데, 남과 북에는 큰 산들이 있고 중앙부에는 하천이 있으며, 동서로 6,000리, 남북으로 1,000여 리의 광활한 지역을 차지하고 있었다. 그 경계를 보면 동쪽은 한의 옥문관(玉門關)과 양관(陽關, 둔황군敦煌郡 용륵현龍勒縣), 서쪽은 파미르(Pamir) 고원(총령蔥嶺), 남쪽은 출금성(出金城)과 한남산(漢南山, 간쑤甘肅 란저우부蘭州府 서부)과 접하고 있었다. 이 서역 나라들은 사회경제적 구조에 따라 크게 거국(居國)과 행국(行國)으로 대별되는데, 거국은 주로 농경을 하는 정주민으로 구성되어 있고 성곽 건축이 있기 때문에 성곽국(城郭國)이라고도 불린다. 누란(樓蘭)·대원·고사(姑師)·대하·안식·조지(條枝) 등이 거국에 해당한다. 이에 비해 행국의 주민은 유목민이 대부분이며 오손·강거·엄채(奄蔡)·대월지(大月氏) 등의 나라들이 이에 속한다. 중국 한대에 있어서 서역은 대체로 오늘날의 중국 신장성(新疆省) 타림 분지(동투르키스탄)에 해당하지만, 안식·대월지·강거·대원과 같이 중앙아시아의 서투르키스탄 일부에 해당하는 지역도 있었다.

한대 이후 중국의 대외교섭과 교류가 점차 확대됨에 따라 서역이 포괄하는 지역적 구획도 더 넓어지게 되었다. 그 결과 서역이란 명칭에 대한 협의(狹義)와 광의(廣義)의 이원적 이해 태도가 생겼다. 일반적으로 협의로서의 서역은 한대에 존재했던 경계를 말하고, 광의로서의 서역은 그 이후 확장된 경계를 뜻한다. 현장(玄奘)의 『대당서역기(大唐西域記)』나 의정(義淨)의 『대당서역구법고승전(大唐西域求法高僧傳)』의 저서 제목이나 그 내용이 보여주는 바와 같이 당대에 서역은 인도뿐만 아니라, 파사(波斯, 페르시아)나 대식(大食, 아랍)을 포함하는 개념으로 확대되었다.

송·원대를 지나 명대에 이르러서는 서역의 범위가 더욱더 확대되어 동·서 투르키스탄은 물론, 티베트에서 네팔·아프가니스탄·이란, 그리고 멀리 지중해 동안의 아랍 등 중앙아시아 및 그 이남, 이서의 광활한 아시아 지역을 망라하게 되었다. 『명사(明史)』의 서역 관련 내용은 무려 4권의 분량을 차지할 만큼 방대한데, 지역 내 여러 나라들에 대한 소개는 물론 제왕(帝王)의 업적이나 도시의 일반적 사항까지 상세히 기록되어 있다. 근래에 와서는 종래의 서역 제국들이 복잡한 이합집산 과정을 거쳐 대체로 몇개의 근대적인 민족국가로 통합되었기 때문에 서역이라는 지역적 개념은 점차 사라지고, 다만 역사적 개념과 용어로서만 학계에서 거론되고 있다.

서역 개통 西域開通

서역 개통의 주역 장건

전한(前漢)은 장건(張騫)의 서역착공(西域鑿空)을 계기로 숙적 흉노를 막북(漠北, 외몽골)으로 몰아내고 서역 일원에 대한 경영권을 일시 확보하였다. 그러나 흉노는 여전히 서역 제국에 대한 영향력을 행사하면서 끊임없이 한을 위협하였다. 따라서 아직은 견고하지 못한 이 서역 통로를 흉노의 침범으로부터 보존하고 힘겹게 획득한 서역 경영권을 유지하는 것이야말로 양한(兩漢, 전한 말과 후한 초)에게는 사활이 걸린 절박한 과제였다. 이 문제의 해결을 위해 전한 무제(武帝)는 원수(元狩) 2년(기원전 121)에 우웨이(武威)·주취안(酒泉) 두 군을 설치했다가 원정(元鼎) 6년 (기원전 111년) 이 두 군을 세분해서 장예(張掖)·둔황(敦煌)

의 두 군을 증설함으로써 이른바 하서(河西) 4군의 서역 회랑(回廊, 또는 주랑走廊)이 형성되었다. 이때부터 둔황 서쪽에 위치한 옥문관(玉門關)과 양관(陽關)은 서역으로 통하는 문호의 역할을 하게 되었다. 이러한 조치에 이어 흉노의 재침을 막기 위해 둔황군으로부터 서쪽으로 새로운 장성(長城)을 쌓아 진(秦)나라 때 축조된 장성과 잇고, 둔황에서 시작하는 장성의 연도에는 봉화대(烽火臺)·정장(亭鄣, 한대의 말단 행정 조직)·역참(驛站)을 설치해 교통안전과 여행의 편리를 도모하였다. 이와 함께 한은 병력을 출동하여 친흉노국들을 차례로 제압하는 데 진력하였는데, 원봉(元封) 3년(기원전 108)에는 조파노(趙破奴)와 왕회(王恢)를 파견해 고사(姑師)와 누란(樓蘭)을 각각 격파하였으며, 태초(太初) 원년(기원전 104)과 3년에는 이사장군(貳師將軍) 이광리(李廣利)로 하여금 대원(大宛) 정벌을 목적으로 원도(宛都, 현 카산Kassan) 외성까지 육박케 하여 윤대(輪臺)·거리(渠犁) 등지에 주병둔전(駐兵屯田)하면서 사자교위령호(使者校尉領護)를 신설하였는데, 이것은 전한이 서역에 설치한 최초의 행정기구였다. 무제 이후에도 전한과 흉노 사이에는 분쟁과 공방전이 계속되다가 선제(宣帝) 신작(神爵) 2년(기원전 60)에 이르러 흉노에서 내란이 일어나 일축왕(日逐王)이 한에 투항하자, 이 기회를 타서 한은 오루성(烏壘城)에 서역도호부를 설치하고 초대 도호로 정길(鄭吉)을 임명하였다.

전한의 서역 경영은 장건의 착공으로부터 하서회랑의 설치와 고사·누란·대원에 대한 정벌을 걸쳐 도호부를 처음 설치하는 데 이르기까지 전후 약 70~80년간 유지되었는데, 역임한 도호는 총 18명이나 되었다. 무제 때 한의 경영권에 속한 서역국은 36개국이었으나, 전한 말에는 55개국으로 분화되었다. 그러나 전한 말 후한 초의 혼란기를 틈타서 이 서역 나라들은 앞을 다투어 한조를 배반하고 흉노에 다시 복속하였다. 따라서 후한은 건국 초기부터 회생한 흉노와 맞서서 서역에서의 기득권을 회복·유지해야 할 난제에 부딪혔는데, 건무(建武) 때부터 연광(延光) 때에 이르기까지 서역과 '삼절삼통(三絶三通)'했다는 사실은 이같은 어려움을 보여주는 것이다. 이러한 혼잡과 전환 속에서도 서역통로는 기반을 다져가면서 동서교류의 가교적 역할을 지속적으로 수행해나갔다. 장건이 개척한 이 서역통로가 후한대에 와서 명실상부한 동서교류를 활성화할 수 있었던 것은 반초 부자에 의한 서역 개통과 경영의 효력 때문이었다. 반초(班超, 32~102)는 당대의 난제인 서역 경영에서 큰 공훈을 세웠지만, 무장(武將) 출신이어서 자세한 전기는 남아 있지 않고, 단지 『후한서(後漢書)』「반초전」에 그에 관한 몇 줄의 기사가 있을 뿐이다. 이 기사에 따르면 반초의 자(字)는 중승(仲升)으로서 건무(建武) 8년(32) 평릉(平陵, 현 산시성陝西省 셴양咸陽 동북부)의 한 명문가에서 태어났다. 아버지는 『사기후전(史記後傳)』의 저자인 반표(班彪, 3~54)이고, 형은 후한의 대명유가(大名儒家)이자 『한서(漢書)』의 찬자(撰者)인 반고(班固, 32~92)이며, 여동생은 『여성(女誠)』의 저자 반소(班昭, 49~120)이다. 반초는 어려서부터 큰 뜻을 품었으며 대범하면서도 가사(家事)에 근면하였을 뿐만 아니라, 언변에도 능하고 많은 서적을 섭렵하였다. 영평(永平) 5년(62)에 형의 권유에 따라 교서랑(校書郞)이 된 후 어머니와 함께 뤄양(洛陽)으로 이사하여 관부의 필경(筆耕, 문서를 베끼는 일)에 종사하였다. 그러나 그는 이 무료한 직업으로 허송세월하는 것을 개탄하면서 이역(異域, 서역)에서 공을 세워 책봉된 부개자(傅介子)와 장건처럼 대장부의 지략을 펼칠 일념을 불태웠다. 그러다가 나이 40세에 의연히 투필 종군(投筆從軍)하여 서역 개통과 경영의 대역정에 나섰다.

반초가 활동하던 때는 후한 광무제(光武帝)와 명제(明帝)의 치세기로 내정(內政)은 안정되어 번영일로를 걷고 있었으나, 대외적으로는 서역 경영이 일시 파기되어 흉노의 침범 위협에 직면한 시기였다. 전술한 바와 같이 한조는 영평(永平) 16년(73) 2월에 북흉노가 서역 제국을 협박하여 하서(河西)에 대한 침공을 시작한 것을 계기로, 두고(竇固)와 경병(耿秉) 두 장군을 파견해 북흉노의 근거지인 이오(伊吾)를 공략하였다. 전승한 두고는 서역과의 통교 회복을 위해 평소 서역 경영의 큰 뜻을 품고 있던 반초를 그곳에 파견하였다. 당시 서역에는 타림 분지를 에워싸고 30여개의 소국들이 산재해 있었는데 톈산 산맥의 남쪽 기슭에 있는 오아시스 육로 북도(北道) 상의 나라들로는 차사전국(車師前國)·차사후국(車師後國)·언기(焉耆)·구자(龜玆)·고묵(姑墨)·온숙(溫宿)·소록(疏勒) 등이 있었다. 그리고 쿤룬(崑崙) 산맥의 북쪽 기슭에는 우기(于闐)·사차(莎車) 등 남도(南道)의 제국들이 자리잡고 있었다. 이 남·북도 나라들로 가는 길목에 있으면서 한과 가장 가까운 거리에 있는 나라는 선선(鄯善)이었다. 반초는 두고의 명을 받고 가사마(假司馬)의 신분으로 36명의 부하를 거느리고 야음을 틈타 흉노 사신의 영막(營幕)을 불사르고 사신을 살해한 후 선선왕 광(廣)으로 하여금 한에 복속하게 하는 데 성공하였다. 반초는 한달 남짓한 기간의 체류를 마치고 귀향하여 군사마(軍司馬)로 승진하였다. 같은 해 반초는 다시 36명의 부하를 인솔하고 제2차 서정(西征)에 나서 선선을 경유해 남도의 우기(于闐, 현 신장新疆 허텐和田)에 이르러 그곳의 국왕으로 하여금 흉노 사절을 살해한 다음 한조에 복종케 하였다.

다음해 반초는 뤄양에서 1만 300리 떨어진 소

륵에 파견되어 친흉노의 구자 출신 왕 두제(兜題)를 폐출하고 고왕(故王)의 조카 충(忠)을 등위시켰다. 이로 인해 반초는 소륵인들의 신망을 얻게 되었다. 소륵은 지리상으로 서역의 요충지에 위치하고 2만 1천의 호구와 3만여의 병력을 옹유(擁有)하고 있는 서역제국 중 강국의 하나로, 서역 경영의 발단으로 삼는 데는 그 이상의 적지가 없었다. 반초는 이곳에 영주할 것을 결심하고 고국의 처자를 불러와 안주시켰다. 이것이 반초의 제3차 서정이다. 이 서정을 계기로 선선·우기·소륵 외에 차사전국·차사후국도 한에 복속됨으로써 50여년 만에 서역 통로가 다시 열리고 서역도호부도 부활하였다. 이때 진목(陳睦)이 도호로, 경태(耿泰)가 무교위(戊校尉)로 임명되어 차사후국의 금포성(金蒲城)에 주재하였으며, 관총(關寵)은 기교위(己校尉)가 되어 차사후국의 유중성(柳中城)에 상주하였다.

후한 명제(明帝) 시대에 이르러 남·북 양도에서의 서역경영이 바야흐로 활기를 띨 때, 영평(永平) 18년(75) 3월 흉노가 언기·구자와 함께 2만대군으로 차사후국을 급거 포위함으로써 양군간에는 일대 격전이 벌어졌다. 한군이 고전을 면치 못하고 있을 때 명제가 승하(昇遐)하는 국상을 당하게 되자, 결국 옥문관은 폐쇄되고 원병(援兵) 요청조차 기대하기 어려운 상황에 직면하게 되었다. 파죽지세로 몰려오는 흉노군의 진공 앞에서 한군은 속수무책이었고, 도호 진목과 무교위 경태는 전사하였다. 기교위 관총은 포위속에서 분전하다가, 다음해 3월 장제(章帝)가 보낸 7,000명의 원군에 의해 구사일생으로 살아나 생존자 26명과 함께 간신히 구출되었다.

일선 총사령관격인 반초는 소륵왕 충과 함께 내습한 구자·고묵군과 싸우다가 장제의 호소에 따라 처자와 20여 명의 수행원을 대동하고 귀로에 올랐다. 서역경영에 역부족을 느낀 장제는 건

초(建初) 2년(77)에 반초의 소환과 동시에 도호를 파하고 이오의 둔전병을 철수함으로써, 서역 문호는 다시 흉노에게 장악될 위험에 처하였다. 특히 한군이 철거한 후 있을 수 있는 흉노의 보복에 겁을 먹은 남도 나라들은 반초의 귀로를 극구 만류하였다. 소륵 도호는 그의 면전에서 할복자살을 하였고, 우기왕은 그의 마족(馬足)을 붙잡고 울면서 '한을 부모처럼 여기고 의지했는데 어이 떠나신단 말이옵니까?' 하고 애걸하기까지 했다고 한다. 이러한 남도 나라들의 간청과, 더불어 소륵이 중요한 전략적 요지임을 감안한 반초는 이곳에 영주할 것을 결의하고 말고삐를 되돌렸다. 한의 서역 경영이라는 원대한 구상을 가슴깊이 간직하고 있는 그는 소륵에 남아 내정에는 일절 간섭하지 않고 다만 국왕 충의 군사고문으로서 병마의 실권만을 수중에 넣고 시기를 기다렸다.

건초 3년(78) 고묵이 소륵의 적국인 구자를 내습할 기미를 보이자 반초는 소륵·강거·우기 등에서 징집한 만여 명의 병사를 거느리고 한 달 남짓한 원정 끝에 고묵을 급습하여 평정하였다. 원정에서 개선한 반초는 한조에 상소문을 보내 구자를 공략할 필요성을 강조하면서, 이적(夷狄, 서역 제족諸族)의 병력을 이용해 구자를 제압하려고 하니 원병이 필요하다는 제안을 하였다. 장제는 그의 제안을 받아들여 서간(徐幹)을 가사마(假司馬)에 임명하고 원병 1,000명을 반초에게 보냈다. 반초는 우선 이 원군의 힘으로 그의 부재를 이용해 일어난 소륵 내 반란을 진압하고 1,000여 명의 반란자를 엄단하였다. 이어 반초는 한조에 상서(上書)하여 오손에 대한 선무책(宣撫策)을 건의하였다. 조정에서는 그의 건의를 받아들여 이읍(李邑)을 오손에 파견했으나, 이읍은 사행 도중 구자에서 차단당해 귀국하고 말았다. 이읍은 자기의 명예를 회복하기 위한 방편으로

반초가 이역에서 처자와 호화롭게 생활하며 조국에 무관심하다는 여론을 퍼뜨려 그를 모함하려 하였다. 이를 알게 된 반초는 곧바로 처자를 고국으로 돌려보내고 홀로 남았다. 그의 이러한 충정을 헤아린 조정에서는 다시 사신을 오손에 보내 통교를 회복하였다. 원화(元和) 원년(84)에 반초는 화공(和恭) 등을 이끌고 사차(莎車)를 정토하였다. 그는 이 작전 과정에서 화공을 왕위에 오르게 하였으나, 다년간 그와 고락을 같이한 소륵왕 충이 사차의 회유에 넘어가 반초를 배반하는 비극이 발생하였다. 반초는 충을 강거로 축출했지만, 2년 후 충이 다시 강거군을 인솔하고 내습하자 그를 체포해 가차 없이 참수(斬首)하였다. 후일 반초는 충의 이러한 배신행위를 회상하여 "만이(蠻夷, 서역인)란 짐승 같은 마음을 품고 있어 받들기 어렵고 무너지기 쉽다"라고 하여 만이의 변심을 개탄하였다. 장화(章和) 원년(87)에 반초는 소륵과 우기를 비롯한 남도 나라들의 연합병력 2만 5,000명을 거느리고 사차를 공격하여 마침내 그들의 세력을 제압하는 데 성공하였다.

화제(和帝) 영원(永元) 원년(89)에 이르러서는 거의 모든 남도 제국이 한에 복속되었다. 이때 반초는 이미 58세의 고령으로 서역 생활을 한 지 17년이나 되었다. 이제 그에게 남은 과제는 북도의 강국 구자와 언기를 공략하는 일이었는데, 이 두 나라를 공략하는 것은 쉽지 않은 일이었다. 한 달 이상 사막을 행군해야 하며, 또 이들의 배후에 흉노가 있기 때문이었다. 영원 2년 5월 구자를 측면 지원하는 대월지군 7만과의 교전에서 일시적인 위기를 맞이하지만 적군의 식량부족을 빌미로 이들을 대파하였다. 때마침 한조에서는 장군 두헌(竇憲)을 파견해 흉노를 막북(漠北)으로 몰아냈는데, 한군은 동·서 양전에서 승전고를 울리며 서역 전역에서 위력을 과시하게

되었다. 한의 위세에 위압을 느낀 구자는 영원 3년(91) 10월 휘하의 소국인 고묵·온숙(溫宿)과 함께 반초에게 투항하였다. 이제 대부분의 서역 나라들은 한의 경영권 내에 다시 들어오게 되었고, 남·북 양도의 유통도 재개되었다. 이를 계기로 한조에서는 서역도호를 15년 만(91년)에 다시 복구하여 반초를 도호로, 그의 지우이자 부하인 서간을 장사(長史)로 임명하였다. 영원 6년(94) 가을 반초는 구자·선선 등 8개국으로부터 모집한 7만 대군을 이끌고 복속을 거부하며 항거를 지속해온 언기·위수(危須)·이리(伊犁)의 3국을 각개 격파하였다. 서역 정벌의 말미에 이룬 이 승리로 서역 50여 개국 모두가 한에 내속되었으며, 서역통로는 드디어 동서교류의 대동맥으로서의 온전한 기능을 수행하기 시작하였다.

영원 7년(95) 화제는 반초를 정원후(定遠侯)에 봉하였고 조서(詔書)를 통해 그의 서역 통교의 업적을 칭송하였다. 칠순에 접어든 반초는 영원 14년(102) 귀국을 숙원하는 장문의 상소문을 올린 후 같은 해 7월 구자를 떠나 8월 말에 뤄양에 도착하였고, 당년 24세의 젊은 황제를 배알(拜謁)하였다. 명제(明帝) 때 서역에 파견되어 장제(章帝)와 화제에 이르는 3대에 걸쳐 오로지 한조의 서역경영이라는 대명(大命)에 충실해온 초대 서역경영자 반초는 귀경 20일 후(9월)에 급환으로 영면하였다.

반초가 세상을 떠난 후 서역은 또다시 혼란에 빠지게 되었는데, 한의 안제(安帝)는 영초(永初) 원년(107) 7월 서역도호와 둔전의 관리, 병사들을 모두 소환하여 도호부를 폐지하였고, 이로써 서역 통로는 다시 막혔다. 그러나 서역을 상실하면 하서(河西)를 보전할 수 없다는 것을 깨달은 안제는 연광(延光) 2년(123) 반초의 아들 반용(班勇)을 서역장사로 임명하고 장병 500명과 함께 유중(柳中)에 주둔하게 하였다. 부친을 따

라 서역에서 성장하여 그곳의 제반 사정에 밝았던 그는 곧바로 차사(車師)를 평정하고, 언기·소륵·우기·사차 등 17개 부족을 일거에 복속시켰다. 그러나 정벌전쟁 과정에서 둔황 태수 장랑(張郎)과 불화가 생겼고, 이로 인해 일방적으로 문책을 당한 반용은 결국 투옥되었다. 이후 서역의 정세는 걷잡을 수 없는 형국으로 빠져들어 한의 서역경영은 다시 한 번 시련에 부딪혔다. 기원전 138년 장건(張騫)이 처음으로 대월지(大月氏)에 파견된 때부터 기원후 102년 반초가 귀조할 때까지 약 240년간을 서역개통기라고 말할 수 있다. 서역개통이 인류역사 발전에 미친 영향과 공헌 및 의의는 지대한 것이다. 이로 말미암아 사상 처음으로 동서교류의 가교(架橋)가 오아시스로를 따라 놓이게 되었으며, 동서 문물의 교류에 있어서 획기적인 전기가 마련되었다.

『**서역도기**(西域圖記)』 裴矩 저, 7세기 초

교류의 문헌적 전거로서의 개설소개서. 배구(裴矩, 자는 홍대弘大)는 중국의 현 산시(山西) 문희(聞喜) 출신으로서 수(隋)대에 관직이 황문시랑(黃門侍郎)에까지 이르렀으며, 수양제(隋煬帝, 재위 604~618) 치세에는 대(對)서역정책의 입안자이며 집행자 역할을 하였다. 수양제는 즉위 후 시어사(侍御史) 위절(韋節)을 서역 제국에 파견하는 등 강력한 서역경략 의지를 보였다. 위절의 견사를 계기로 서역 제국의 상인들이 장예(張掖)까지 내도하기 시작하자 양제는 배구를 장예 현지에 보내 서역과의 교역 및 통교를 관장하게 하였다. 배구는 현지에서 많은 서역 상인들과 접촉하면서 서역에 관한 정보를 수집하여 『서역도기』를 찬술하였다.

이 책에는 서역 44개국의 지리·기후·물산·풍속·노정 등이 상술되어 있으며, 지도와 화상(畵像)도 첨부되어 있다. 원전은 소실되어 전해지지 않으며, 『수서(隋書)』 「배구전(裴矩傳)」에 근거해 내용이 복원되었다. 이 책은 서역 제국의 사정을 전해줄 뿐만 아니라, 서역으로 통하는 오아시스로의 구도(舊道)를 명시하고 있다. 그의 기술에 의하면 북도(北道)의 노정은 이오(伊吾, 하미) → 포류해 철륵부(蒲類海 鐵勒部) → 돌궐가한정(突厥可汗庭) → 도하(渡河) → 불름국(拂菻國, 현 시리아) → 서해(西海, 지중해)이고, 중도(中道)는 고창(高昌) → 언기(焉耆) → 구자(龜玆) → 소륵(疏勒) → 파미르 고원 → 발한(鏺汗) → 소대사나국(蘇對沙那國) → 강국(康國) → 대·소안국(大小安國) → 목국(穆國) → 파사(波斯, 페르시아) → 서해이며, 남도(南道)는 선선(鄯善) → 우기(于闐) → 주구파(朱俱波) → 갈반타(渴槃陀) → 파미르 고원 → 호밀(護密) → 토화라(吐火羅) → 읍달(挹怛) → 범연(帆延) → 조국(曹國) → 북파라문(北波羅門) → 서해다. 이렇게 오아시스 육로의 3도를 명시하면서 배구는 이오·고창·선선은 서역으로 가는 문호이고, 둔황(敦煌)은 그 인후(목구멍)라고 지적하였다.

그후 수조(隋朝)의 서역경략은 주로 배구의 구상과 노력에 의해 추진되었다. 양제시대에는 서역 30여 개국이 수조에 조공하였으며, 많은 서역 상호(商胡)들이 장안이나 뤄양까지 몰려와서 교역활동을 벌였다. 그리하여 경사(京師)에 '사방관(四方館)'을 설치하여 상호들과의 교역업무를 주관하도록 하였다.

서역도호부 西域都護府

중국 한대의 서역 통치기구. 중국 서한(西漢) 시기인 기원전 59년 오루성(烏壘城, 현 신장 윤태동야운구輪台東野云溝 부근)에 설치한 한의 서역 통치기구로서 옥문관(玉門關)과 양관(陽關) 이서와 톈산 산맥의 남북 지역, 즉 오손(烏孫)·대원(大宛)·파미르 등 서역 제국을 관할하였다. 이후 서역으로의 통행이 막히게 되자, 기원후 16년에 폐쇄되었다. 동한(東漢) 때에는 다시 복원되었다가 재차 폐쇄되기를 두번이나 반복하였다. 구자(龜玆)의 타건성(它乾城, 현 신장 서남 대망고목구성大望庫木舊城)으로 치소를 옮기기도 하였다. 당대 초기에는 서역 통치기구로서 '서역도호부'라는 명칭이 그대로 유지되었는데, 640년에 치소를 투루판으로 옮기면서 이름 역시 '안서도호부(安西都護府)'로 바꾸었다. 도호부의 설치는 무역로 확보에 일정한 기여를 하였다. (13-94)

『서역동문지(西域同文志)』 24권, 1782년

신장·칭하이·티베트의 고유명사 사전. 신장·칭하이·티베트의 지명·산천·호수·인명에 관한 사전으로서 전 24권에 총 3,111개의 고유명사가 망라되어 있다. 지명은 그 언어적 의미를, 인명은 개인의 계보와 부모형제 관계 및 현행 작위와 직위 등을 한어(중국어)로 해설하고 있다. 중국 청나라 건륭(乾隆)황제가 준(準)과 회(回) 2부(部)를 정복함으로써 신장의 영유권을 소유할 수 있게 된 것을 기념하기 위해 칙령에 따라 편찬한 것으로 만주 문자를 기본으로, 한자·몽골 문자·티베트 문자, 그리고 칼미크어(오이라트어)의 토드 문자와 차가타이어의 아랍 문자 등이 병기되어 있다.

『서역번국지(西域番國志)』와 『서역행정기(西域行程記)』 陳誠, 1416년경

교류의 문헌적 전거로서의 여행문학서. 이 두 책은 명조의 성조(成祖) 영락(永樂) 기간에 세차례(1413~1422)나 서역의 티무르제국에 사절로 파견되었던 진성(陳誠, 1365~1458)이 제1차 출사(1413~1415)에서 돌아온 후 수행한 이섬(李暹)과 함께 찬술한 사행기다. 『서역행정기』는 일기 형식으로 사행 노정과 연도(沿道)의 동물·지형·기후 등을 상술하고, 『서역번국지』는 편력한 17개국을 나라별로 지형·주민·역사·풍속·경제·문화 등의 내용을 소개하고 있다. 그중 종착지인 헤라트에 관한 기술이 약 절반을 차지한다. 이 두 사행기는 중세 오아시스로와 중앙아시아 제국, 특히 티무르제국의 사정을 파악하고 동서관계를 연구하는 데 귀중한 자료를 제공해준다.

서역삼십육국 西域三十六國

중국 서한(西漢) 때 서역 나라들과 유목 부족들에 대한 범칭. 이들 나라와 부족은 주로 타림분지 주변과 톈산 산맥 계곡지대에 터를 잡고 있었다. '36'이란 숫자는 실제 수효라기보다는 성수(聖數) 6을 제곱(6×6)한, 다수(多數)를 의미하는 숫자라고 보는 견해도 있다. 타림 분지 남쪽에는 남도 제국(南道諸國), 즉 요강(姚羌)·누란(樓蘭, 선선鄯善)·차말(且末)·정절(精絕, 현 민평현民豊縣)·우미(扜彌, 현 책륵현策勒縣)·우기(于闐, 현 허톈和田)·피산(皮山)·사차(莎車) 등의 도시국가들이 있었다. 또한 북쪽에는 북도 제국(北道諸國), 즉 차사(車師, 현 투루판吐魯番 지역)·위리(尉犁)·언기(焉耆)·구자(龜玆, 현 고차현庫車縣)·오루(烏壘, 현 윤태현輪台縣)·고묵(姑墨, 현 아크수시阿克蘇市)·소륵(疏勒, 현 카스시喀什市) 등의 도시국가들이 존재했다. 그밖에 톈산의 북쪽 기슭에는 동·서포류(蒲類)와 동·서차미(且彌) 등의 도시국가가, 쿤룬산 북록에는 서야(西夜)·자합(子合) 등의 나라가, 파미르 고원 북부에는 휴순(休循)·연독(捐毒) 등의 도시국가가 있었다. 이 36국들은 다수가 농업에 종사하고 소수가 유목을 생업으로 하는 반농반목(半農半牧)의 생활을 하였다. 기원전 177~기원전 176년에 이 나라들은 흉노에 복속되었다가 기원전 60년에 한의 서역도호부에 편입되었다. 서한 말에는 50

여 개국으로 나뉘었다가 동한 때에 다시 10여 개국으로 병합되는 등 이 도시국가들은 이해관계에 따라 수시로 이합집산이 이뤄졌다. 삼국시대에는 선선·우기·언기·구자·소륵·차사 등 도시국가들만 남았다. (13-125)

서역(西域)에 전해진 도교(道敎)

오아시스로를 통해 서전한 종교. 하서(河西)를 비롯한 중국 내지에서 한인들이 서천(西遷)함에 따라 중국 전통의 도교가 서역에 전해졌다. 그 대표적인 일례가 투루판 일원에 이주한 한인들이 세운 나라 고창국(高昌國)의 아스타나 고분군에서 출토된 도교의 윤리도덕과 관련된 유물이다. 즉 사방 4m쯤 되는 216호분의 묘실 정면에는 도교(유교도 크게 다르지 않음)의 윤리적 가르침을 풀이한 6첩 병풍이 그려져 있는데, 그중 4첩은 성인도(成人圖)로서 왼쪽부터 앞가슴이나 등에는 '옥인(玉人)' '금인(金人)' '석인(石人)' '목인(木人)'이라는 글자가 새겨져 있다. 이것은 공자묘의 4성인을 말하는 것으로서 흰옷을 입은 옥인은 청렴결백을, 입을 삼중으로 막은 금인은 언행신중을, 석인은 결심부동을, 목인은 무위정직(無僞正直)을 각각 의미한다. 모두 도교적 윤리도덕을 해학적으로 묘사하고 있다.

도교의 윤리적 가르침을 그린 6첩 병풍이 발견된 투루판 아스타나 고분군 216동 입구와 안내문

서역인의 중국 이동

서역인들의 중국 내지(內地) 이주에 관한 최초의 기록은 『위서(魏書)』 「저거씨전(沮渠氏傳)」에 나온다. 이 기록에 의하면 북위(北魏)가 중국 본토와 서역 회랑(回廊)에 해당하는 북량(北凉, 하서河西)을 정토할 때, 중앙아시아의 사마르칸트 지방에서 이곳까지 온 적지 않은 소그드인들을 포로로 삼은 바 있다. 이 소그드인들은 대부분 상업에 종사하였는데, 그들 중 일부는 북량의 수도 양주에 상주하였을 듯하다. 한편 북위의 태무제(太武帝)는 북량에 정착한 서역인들의 다수를 수도 뤄양(洛陽)으로 이주시켜 서역과의 통상 영역을 뤄양까지 연장하였는데, 상인들의 이주와 함께 서역 불승들의 유입이 이루어져 불교가 흥기할 수 있는 기반이 조성되었다. 이주민의 증가에 따라 뤄양에는 인종별 거주구획으로서 귀정리(歸正里, 남인南人)·귀덕리(歸德里, 북이北夷)·모화리(慕化里, 동이東夷)·모의리(慕義里, 서이西夷) 등이 설치되었는데, 모의리는 주로 승려와 상인들을 중심으로 한 서역인들의 특정 거주구획이었다. 이와 같이 북위시대에 서역인들의 중국 이주는 북위의 대(對)서역 교역과 불교의 부흥에 일조를 하였다.

당·송시대에 이르면 서역인들의 중국 이동이 더욱더 활발해지는데, 당시 이동은 육로와 해로를 통해 이루어졌다. 육로는 중앙아시아인이나 페르시아인들이 주로 이용하였고, 서아시아 지역의 페르시아인이나 아랍인들은 해로를 통해 중국에 왕래하였다.

당대에 중앙아시아에서 중국으로 유입된 사람들 중에는 사신이나 숙위(宿衛) 등의 신분으로 당나라에 들어온 귀족 자제들과 상인들, 불교와 천교(祆敎, 조로아스터교, 배화교拜火敎)·마니교(摩尼敎)·경교(景敎, 네스토리우스파 기독교) 등의 승려들, 화가와 악사·무희 같은 연예인 등 각양각색의 직종들이 포함되었다. 8세기 후반 토번(吐蕃, 티베트)이 하서 일원을 점령하여 귀로가 막히자 장안에 정주한 서역 사신만 근 4,000명이나 되었는데, 후일 그들의 대부분은 좌우신책군(左右神策軍)에 징집되어 군무를 수행하였다. 중앙아시아에서 이주한 서역인들 중에서는 강국(康國, 사마르칸트)인이 가장 많았는데, 대부분이 무신(武臣)으로 봉직하였다. 상호(商胡)는 강국인과 안국인(安國人)이 다수였다. 그들 중에는 강겸(康謙) 같은 강국 출신의 부호도 있었다. 불교나 천교·마니교·경교의 동방 전파도 이들 중앙아시아인들의 중국 이동과 밀접한 관련성을 갖는다. 화엄종(華嚴宗)의 제3조(祖)인 법장(法藏, 643~712, 강국인)을 비롯해 당시 중국 불교계에서 활약한 승가(僧伽)나 신회(神會) 등의 승려는 모두 중앙아시아 출신이었으며, 소그드인들은 천교나 마니교의 중국 전파에 중요한 일익을 담당하였다. 그밖에 오아시스로 남도의 요지인 선선(鄯善) 지방에는 석성진(石城鎭)·포도성(葡桃城)·살비성(薩毗城) 같은 강국인들의 집단 이민지까지 생겨났다.

당대 육로를 통해 중국에 들어온 서역인들은 수도 장안에 집중적으로 거주하였는데, 이들 중 다수는 돌궐인들이었고, 소무9성(昭武九姓)국인들이 그 뒤를 이었다. 631년에 동돌궐이 평정된 후 장안에 이주한 돌궐인들은 만호 가까이 되었다고 한다. 소무9성 중에서는 강국과 안국인들의 수가 가장 많았으며, 나라마다 각기 다른 기예와 신앙을 가지고 있었다. 무장(武將)과 거상(巨商)을 많이 배출한 강국과 안국 출신들은 신앙의 측면에서 차이가 있었는데, 강국인은 대부분 마니교를, 안국인은 천교를 신봉하였다. 조국(曹國)인은 악기와 회화에 능하였고, 석국(石國)인은 춤을 좋아하며 대부분이 마니교도였다. 그런가 하면 미국(米國)인은 음악을 좋아하였고,

미·하(何)·사(史)국인들은 대부분 천교를 신봉하였다. 돌궐인과 소무9성국인들을 제외하고 서역에서 장안으로 이주한 사람들로는 페르시아인과 인도인을 들 수 있다. 페르시아인들은 대부분 상업에 종사하여 장안의 보석과 향약(香藥)시장을 거의 독점하였다. 상인들과 더불어 사산조 페르시아(226~651)의 마지막 왕인 야즈데게르즈의 아들 페로즈(Peroz Ⅱ)는 아들 나르시에(Narsieh) 및 그 일가족과 함께 장안에 망명(674)하여 만년을 보내다가 그곳에서 사망하였다. 이들에 의해 페르시아 문화가 장안에 유입되었으며, 나아가 그곳을 매개로 한반도나 일본 등 극동지역에까지 전파되었다. 장안에는 인도인들도 상주하고 있었는데, 대부분은 불승들이었고 상인은 극소수였다. 불승들은 당나라에 들어와 불교 전도나 역경(譯經)에 종사하면서 인도 고유의 의학이나 천문학 지식도 전달하여 중·인 양국간의 문화교류에 일조를 하였다.

장안에 상주한 서역인들은 단지 상업이나 예능 분야에서 두각을 나타냈을 뿐만 아니라, 재상(宰相)이나 장군에 등용되는 등 권력구조에서도 일익을 담당하였다. 755년에 당 현종(玄宗)은 서역인 후예인 안녹산(安祿山)의 건의를 받아들여 번장(蕃將) 32명으로 한장(漢將)을 대체하였으며, 당 말엽인 대중(大中)부터 함통(咸通) 사이의 기간(847~873)에는 백행간(白行簡)·화승(華昇)·조확(曹確)·나소권(羅劭捲) 등 4명의 번상(蕃相)들이 재상으로 등용된 바 있다. 이렇게 서역인들이 대거 왕래하고 상주함으로써 장안은 여러 인종이 모여 사는 명실상부한 국제도시로 변모하였다. 약 100만의 인구 중 서역인을 비롯한 외국인이 2%(약 2만 명) 정도를 차지하였으며, 여기에 돌궐인까지 합산하면 5%(약 5만 명) 내외를 점하였다. 780년경 완전히 '화화(華化)'되어 당식(唐式) 복장을 하고 당인과 혼거하

는 외국 상인은 2,000명 이상이 되었으며, 787년 '호객(胡客)', 즉 교민 중 전택(田宅) 소유자만 4,000명에 달하였다. 여러 민족의 혼거를 반영하듯 장안을 일컫는 외국어 명칭도 각기 달랐는데, 인도인들은 '마하지나'(Mahacina)로, 아랍인들은 '쿰단'(Khumdān)으로, 비잔틴인들은 '쿱단'(Khoubdan)으로 각각 지칭하였다.

서역인들의 당나라 유입은 확연한 민족사적 배경으로서 동서교류에 커다란 영향을 미쳤다. 그 영향은 우선 내당 번호(蕃胡)들의 화화(華化)를 통하여 새로운 혼혈문화가 대두하였다는 것에서 찾아볼 수 있다. '번호들의 화화'란 당나라에 들어온 서역인들의 중국화를 말하는데, 구체적으로는 그들이 한인들의 성씨(姓氏)와 복식 및 예의를 받아들이고 한의 전통문화를 답습한 것을 가리킨다. 그들은 한인들과 통혼을 하였으며, 한식 묘비를 세우고 문무고관으로 기용되기도 했다. 성씨를 보면 소륵(疏勒)인은 배(裴)씨, 구자(龜玆)인은 백(白)씨, 강국(康國)인은 강(康)씨, 안국(安國)인은 안(安)씨, 조국(曹國)인은 조(曹)씨, 석국(石國)인은 석(石)씨, 미국(米國)인은 미(米)씨, 하국(何國)인은 하(何)씨 등으로 중국식 성씨를 사용하였다. 당대 화화한 이족으로는 선비(鮮卑)·흉노(匈奴)·고려(高麗, 고구려)·돌궐(突厥)·안국(安國)·강국(康國)인 등 28개 민족이 있었다. 이러한 '혼혈문화인' 중에는 출세한 문무 고관대작이나 명류(名流)들이 수두룩하였다. 전술한 재상이나 장령(將領) 외에 대표적인 명류로는 당대의 대시인 이백(李白, 중앙아시아 호객胡客의 후예)과 백거이(白居易, 구자인의 후예) 등을 들 수 있다.

다음으로 그 영향은 각종 서역문화의 전파에서도 나타나는데, 이로 인해 당대에는 이른바 '서역풍(西域風)', 혹은 '호풍(胡風)'이 가무·회화·건축·복식·음식·오락 등 사회생활 전반에 풍미하였다. 특히 수도 장안은 실생활에서 서역풍이 극치를 이루었다. 서역의 호악(胡樂)과 호무(胡舞)는 당대의 가무 분야를 휩쓸다시피 하였다. 구자악(龜玆樂)을 주악(主樂)으로 한 당대 10부기(部伎) 중 7부기가 서역기이며, 유명한 악사들은 대부분이 강·안·조·미 등 서역 제국 출신이었다. 무용에서도 비잔틴의 불름무(拂菻舞), 석국(石國)의 자지무(柘枝舞)와 호등무(胡騰舞), 강국의 호선무(胡旋舞) 등이 유행하였다. 회화에서는 중앙아시아식 요철(凹凸) 화법이 도입되어 당대 화법에 일대 변화를 일으켰다. 건축, 특히 궁전이나 호화주택의 건축에서는 양식뿐 아니라 자재마저 서역산을 사용하였다. 현종(玄宗) 때에 비잔틴의 건축양식을 본받아 옥상에 물을 끌어올려 낙하시키는 이른바 양전(涼殿)을 지은 것을 비롯하여, 서역산 침향(沈香)이나 단향(檀香)을 자재로 한 호화주택이 도처에 세워졌다. 페르시아식 호모(胡帽)와 호복(胡服), 인도식 숄도 애용되었다. 호병(胡餠)이나 필라우(Pilau, 인도에서 쌀로 만드는 밥 요리의 일종)를 비롯한 호식(胡食)이 식탁에 오르고, 포도주 양주법이 소개되었으며, 페르시아 특산의 과실주 삼륵장(三勒漿)도 즐겨 마시게 되었다. 페르시아에서 전래한 마상격구(馬上擊毬)인 파라구(波羅毬, 일명 격국擊鞠)는 왕으로부터 서민에 이르기까지 귀천을 막론하고 즐기는 오락으로서 인기가 대단하였으며, 장기의 일종인 대식(大食, 아랍)의 쌍육(雙陸)도 유행하였다. 이상은 오아시스로를 통한 서역인들의 대당 왕래와 이동에 관한 대략이다.

당·송시대 서역인들의 동방 이동은 육로뿐만 아니라 해로를 통해서도 이루어졌다. 주역은 페르시아인과 아랍인들이며, 주 이동지와 정착지는 중국 동남해안 일대였다. 당·송대에는 그들의 거주지를 번방(蕃坊)이라고 불렀다. 번방은 주로 외국 상선인 번박(蕃舶)을 통해 중국에 입국한 번객(蕃客, 외래인)들이 집중 거주하는 구역인데, 주로 광저우(廣州)나 취안저우(泉州) 등 동남해안 일대의 항구도시와 홍주(洪州, 현 난창南昌)나 양저우(揚州) 등 해안 항구로부터 장안이나 뤄양으로 통하는 교통 운로(運路)에 위치한 도시들에 설치되었다. 번방에는 아랍·무슬림들과 페르시아인들을 비롯한 외국인들이 다수 거주하였다. 당 숙종(肅宗) 상원(上元) 원년(760)에 양저우에서 변란이 발생하였을 때 대식과 페르시아 상호(商胡) 수천 명이 살해되었고, 또 당 희종(僖宗) 건부(乾符) 5년(878)에 황소(黃巢) 봉기군이 광저우를 공략할 때 무슬림·유대교도·기독교도·천교도(祆敎徒) 12만 명이 목숨을 잃었다는 기록이 있다. 이 숫자는 비록 과장된 측면이 없지 않으나, 당시 그곳 번방에 거주하는 번객들이 상당히 많았음을 시사한다.

당 중엽에 공식 행정조직으로 발족한 번방('번방'항 참고)은 송·원대에 이르러 전성기를 맞이하였다. 송조의 대외무역 장려정책에 힘입어 대식 상인을 비롯한 번객들이 대거 번방에 이주함으로써, 번방의 규모가 전례없이 확대되고 그 역할이 크게 증대되었다. 북송(北宋, 960~1127) 말엽에 이미 '5대 번객' '토생(土生) 번객'이 생겨날 정도로 번객들은 이미 삶의 뿌리를 내리고 점차 '화화(華化)', 즉 중국화되어갔다. 그 과정에서 사재를 털어 광저우나 취안저우의 성을 중수할 만큼의 부를 쌓은 거부들과 명문대족들도 탄생하였다. 서역인의 후예로서 송말 광저우의 제거시박사(提擧市舶司)를 30년간 역임한 포수갱(蒲壽更)과 그 일가가 대표적이다. 포수갱은 대박(大舶) 80척을 소유하고 송말 원초에 남해무역에 종사하면서 남해상에서 발호(跋扈)하였다.

이와 같이 당대에는 육·해 양로를, 송대에는 주로 해로를 통해서 서역인들이 동방으로 이동하여 중국에 왕래 내지 상주하면서 동서교류의 매개 역할을 하였다. 이어서 원(元)대(1271~1368)에는 서역인들이 전례없는 규모로 육·해 양로를 통해 동방으로 이동하였다. 특히 몽골군의 서정(西征)과 서역 일원에서의 4대 칸국 건설 시기에 수많은 서역인들이 동방으로 이동하거나 원제(元帝)의 치하에 들어가게 되었다. 원대에는 서역인들을 일괄하여 '색목인(色目人)', 즉 '각색각목인(各色各目人)'이라고 통칭하였다. 뿐만 아니라 마르코 폴로(1254~1324)를 비롯한 여행가들과 전도사들, 그리고 사신들도 끊임없이 오갔다. 이 서역인들은 장기간 원조에 정착하면서 벼슬을 얻고 상업과 기능직에 종사하는 등 생계를 도모하면서 점차 화화(華化)하여갔다. 전반적으로 볼 때 남해로를 통한 서방인들의 왕래도 부단히 이어졌지만, 정비된 육로를 통한 이동이 전례없이 활발하였다. 이러한 서역인들의 동방 이동은 원대 동서교류를 크게 활성화시키는 요인으로 작용하였다. 원대를 이은 명대(明代)와 청(淸) 초에는 서세동점에 편승하여 동방무역에 종사하는 서구 상인들이 선봉장이 되어, 고아(Goa)나 마카오 등의 무역 거점에 집중적으로 이주하였다. 상인들의 뒤를 이어 동방 이동에 나선 사람들은 기독교 선교사들이었다. 그들은 중국을 비롯한 동방 각국에 장기간 체류하면서 기독교 전도와 함께 서구의 근대 과학기술을 동방에 전함으로써 근대 동서교류의 선구자적 역할을 담당하였다.

『서역제선소설약방(西域諸仙所說藥方)』 23권, 摩訶胡沙門 撰, 6~7세기

서역 의약에 관한 한역서(漢譯書). 서역 약술(藥術)의 동전은 의약 서적의 번역작업을 수반하였다. 기원 초의 저명한 약물학자이자 성의(聖醫)

라고 불린 사라가(闍羅迦, Charaka)·묘문(妙聞, Sushruta)·벌파달(伐婆達, Vagbhata)을 비롯한 인도의 고승 명의들은 행의(行醫)와 함께 많은 인도의 의학서적을 번역·소개하였다. 사적 속에 전해오는 6~7세기의 의학서적 역본(譯本)으로는 이 저서 외에도 『용수보살약방(龍樹菩薩藥方)』 4권, 『파라문약방(婆羅門藥方)』, 『건타리(乾陀梨)』(Gandhara), 『치귀방(治鬼方)』 10권 등 총 15종 91권이 있다.

서역착공 西域鑿空

장건(張騫)의 사행(使行)에 의한 서역 개통. 착공이란 아무도 가지 않은 땅을 뚫는다는 뜻으로 '서역착공'은 한무제가 장건을 파견해 파미르 고원 이서의 서역과 개통한 역사적 사실을 말한다.

중국 전국시대에 흥기한 흉노는 한(漢)대 초에 이르러 동복도위(僮僕都尉)를 설치하고, 대부분의 서역 나라들을 치하에 두었다. 기원전 209년 모돈선우(冒頓單于)가 등위한 후 흉노의 국력은 급속히 강화되어 동쪽 인접국 동호(東胡)와 서쪽 인접국 월지(月氏)를 각각 격파하고, 남으로 황허(黃河) 연안까지 진출하여 한을 크게 위협하였다. 기원전 177~176년에 모돈선우는 우현왕(右賢王)을 파견해 월지의 숙적 오손(烏孫)과 제휴하여 월지를 톈산(天山) 이북 지역으로 축출하였다. 몇해 후(기원전 173~160) 흉노와 오손의 연합공격을 재차 받은 월지는 이리하(伊犁河) 남안에 있는 대원(大宛)·대하(大夏) 일대까지 밀려가 그곳에서 대월지국(大月氏國)을 재건하였다. 그러나 일부는 서천(西遷)하지 못하고 쿤룬산 이북에 잔류하게 되었는데, 이들을 소월지(小月氏)라고 불렀다. 월지의 피격 결과 오손은 월지의 고지(故地)를 점령하고 이리하 유역과 이식쿨호(이색극호伊塞克湖) 일대에 건국의 기틀을 닦은 다음, 이식쿨호 동남부의 적곡성(赤谷城)에 정도(定都)하였다. 그러나 독립국은 아니었고 흉노의 속국에 불과하였다. 그 결과 기원전 176년 이후 오손 등 톈산 북로의 26개국은 모두가 흉노의 통제하에 놓이게 되었다.

서북방에서 강세일로를 걷고 있는 흉노의 존재는 한에게 일대 위협이 되지 않을 수 없었다. 한은 초기 60년간 국력 회복을 위해 흉노에 화친과 타협정책을 썼다. 매해 흉노 선우에게 비단·솜 등을 보내고 통혼(通婚)도 마다하지 않았다. 그러나 기마와 궁술에 능한 백만의 정예병을 확보하고 있던 흉노는 한의 화친정책에도 불구하고 수시로 한의 변방을 침범하였고, 치하의 서역 제국에도 막대한 공물과 납세를 강요하는 등 횡포를 자행하였다. 한무제는 이러한 상황을 타개하기 위해 네 차례나 장건을 서역에 파견하였다.('장건의 서역사행'항 참조) 제4차 서역사행 이후, 비록 결친(結親)에는 응하지 않았지만 한과의 관계 유지가 필요하다고 판단한 오손왕 곤막은 장안(長安)에 사신을 파견하였다. 한조의 웅세(雄勢)에 놀라움을 금치 못한 오손의 사신이 귀국 후 그 사실을 보고하자, 곤막은 그때서야 친한(親漢)의 결단을 내리기에 이르렀다. 장건이 대하 등 여러 나라에 파견한 부사들도 해당 국가들의 사신을 대동하여 귀국하였는데, 이로써 마침내 한과 서역 제국 간의 공식적인 왕래가 시작되었으니, 이것이 바로 장건의 서역착공이다. 기원전 110년 오손왕은 한의 강도왕(江都王) 유건(劉建)의 딸을 취함으로써 한과 오손의 관계는 결친 관계에까지 이르렀다. 이때부터 한의 사신들은 안심하고 서역 제국을 왕래할 수 있게 되었으며, 한과 서역 간의 통상로도 소통이 이루어졌다. 장건은 4차에 걸친 서역사행 끝에 비로소 사상 초유의 서역착공을 완수하였다. 장건은 24년간(기원전 138~115) 천신만고 끝에 달성한 큰 업적이 높이 평가되어 오손에서 귀국한 직후

구경(九卿)의 일원이 되었다.

『서역행정(西域行程)』 繼業, 10세기 후반

교류의 문헌적 전거로서의 여행문학서(순례기). 중국 송(宋)대에 수도 개봉(開封, 가이펑) 천수원(天壽院)의 고승 계업(繼業, 생몰 미상)은 사문 행근(沙門行勤)이 조직한 승단(僧團)에 참가하여 구법 도축하였다. 157명이라는 최대 규모의 승단 일원으로 964년에 계주(階州, 현 간쑤甘肅 우두武都)를 떠나 오아시스로 북도를 따라 천축에 이르러 불법을 깊이 연구한 후 12년 만인 976년 계주에 돌아왔다. 그는 귀국 후 아미산(娥眉山)에 들어가 우심사(牛心寺)를 짓고 은거 수행하면서 자신이 소장한 『열반경(涅槃經)』 42권의 매권 후미에 자신의 서행도축에 관한 기록을 해놓았다. 후일 남송의 정치가이자 시인인 범성대(范成大)가 우심사를 찾았을 때 그 기록을 발견하여 『서역행정』이란 이름으로 자신이 저술한 『오선록(吳船錄)』(상·하권, 1177)에 수록하였다. 이 저서를 통해 송대의 오아시스로 사정과 함께 서행도축이 점차 쇠퇴해가는 모습을 알 수 있다.

서요덕 胥要德, ?~738년

도일 발해 대사. 738년 5월 대사 서요덕이 부사(副使) 기새몽(己薩蒙), 그리고 일본 견당판관(遣唐判官) 헤구리노 히로나리(平群廣成)과 함께 일본으로 항해하다가 배가 침몰하여 대사를 비롯해 40명이 익사하였다. 관직은 충무장군(忠武將軍) 약홀주(若忽州) 도독(都督)으로 740년 정월 종이위(從二位)를 추서받았다.

서울

한강 유역은 민족문화의 서장을 여는 신석기시대에 대동강 유역과 더불어 빗살무늬토기를 가장 먼저 받아들인 곳이다. 중서부 지역의 빗살무늬토기는 새로운 주민의 이주에 의해 시작된 것으로 알려져 있다. 빗살무늬토기의 발원지는 아직까지 정확히 밝혀지지 않았으나, 그 분포지는 시베리아를 중심으로 한 북위 55도 이북 지역에 하나의 문화대를 형성하고 있다. 빗살무늬토기가 출토되는 서단(西端)은 북유럽의 핀란드다. 이 토기는 중부 시베리아를 거쳐 몽골 초원과 랴오허(遼河)강 유역에서도 출토되며, 빗살무늬토기가 출토되는 동단(東端)은 한반도가 된다. 한강 유역에서 출토되는 빗살무늬토기 중 대표적인 것은 암사동 출토 빗살무늬토기다.

신석기시대 빗살무늬토기와 더불어 한강 하류 지역인 강화도에서 확인되는 청동기시대 고인돌은 한강 유역이 문명교류의 중요 거점 지역이었음을 보여준다. 한반도의 젖줄인 한강을 끼고 있는 서울은 기원전 18년부터 475년까지는 백제의 수도였다. 한강 하류 지역에 자리 잡은 서울은 2,000년 전부터 일국의 수도 역할을 하였던 지정학적으로 매우 중요한 곳이다. 백제는 건국 초기 대동강 유역에 자리잡은 낙랑과 때때로 대립하기도 하고, 교류관계를 유지하기도 하였다. 낙랑이 고구려에 의해 축출된 후 4세기 후반부터는, 남하하는 고구려와 한강 유역의 백제가 치열한 경쟁관계에 놓이게 되었다. 백제는 북방계인 부여족이 남하하여 건국한 나라였으나, 4세기 후반부터 고구려와 대립관계가 지속되자 해로를 통한 남방과의 교류에 치중하였다. 4세기 이후 신라에서 동시기의 백제보다 월등히 많은 서역 문물이 확인되는 이유는, 고구려와 백제가 서로 대립하고 있었던 정치적 역학관계가 하나의 원인으로 작용하였기 때문이라 할 수 있다. 475년 한강 유역을 점령한 고구려는 6세기 중반까지 교통로를 따라 한강 북부에 고구려 보루를 축조하였다. 6세기 중반 신라 진흥왕이 한강 유역을 장악한 이후, 이 지역은 최종적으로 신라에 의해 지배를 받게 되었다.

『서유견문(西遊見聞)』 俞吉濬 저, 1895년

교류의 문헌적 전거로서의 세계 여행기. 한국 최초의 일본 유학생(1881년 도일)이자 미국 유학생(1883년 도미)이기도 한 개화운동가 유길준(1856~1914)은 1885년 미국에서 돌아오는 길에 유럽 각국을 순방하면서 보고 느낀 점들을 기록하였다. 그는 귀국한 후 투옥 등 우여곡절 끝에 국한문(國漢文) 혼용체로 된 이 여행기를 엮어 10년 만에 출간하였다. 총 20편으로 된 이 여행기 내용은 크게 여행기록과 서양문물에 대한 소개, 그리고 개화사상의 전개 등 세 부분으로 구성되어 있다. 내용의 대부분은 세계지리와 서양문물의 소개지만, 그 행간에 개화사상이 관류하고 있어 개화사상의 '교본(敎本)'이란 평가를 받고 있다. 유길준은 서양의 것을 너무 긍정하는 편향이 없지 않지만, 개화를 하는 데서 외국문화를 자국의 실정에 맞게 수용하고 소화해 자국의 우수한 문화를 계승·발전시켜나가야 하며 정치제도는 자유롭게 선택해야 한다고 주장하였다. 그는 국가평등주의를 특별히 강조하면서 '나라 위에 나라가 없고 나라 아래 나라가 없기' 때문에 약소국의 군주라도 강대국의 군주와 동등한 예우를 주고받아야 하며, 강대국에서 파견한 사신이 약소국의 국왕과 대등한 행동을 하는 것은 잘못된 행위라고 비판하였다.

『서유록(西遊錄)』 耶律楚材, 1228년

교류의 문헌적 전거로서의 여행문학서(여행기). 거란(契丹) 황족 후예이며 13세기의 저명한 정치가인 야율초재(耶律楚材, 1190~1244)가 1218~1226년 기간에 칭기즈칸의 서정군을 따라 중앙아시아까지 서유(西遊)한 여행기다. 저자가 여행에서 돌아와 1227년 겨울 연경(燕京)에 상경하자 사람들이 이역에 관해 많은 것을 물어와 일일이 대답하기가 귀찮아 1228년에 기록으로 남겼다고 한다. 상·하 2부로 구성되었는데 상부는 명실상부한 여행기록이고, 하부는 주로 종교에 관한 논급이다. 그의 서유는 연경에서 시작하여 오아시스로 북도를 경유, 중앙아시아의 사마르칸트 일원까지 이어졌다. 이 책은 이 여정에서 보고 들은 여러가지 내용을 전하고 있다. 특히 저자는 사마르칸트에 가장 오랫동안 체류하였기 때문에 이 고도(古都)의 경관·물산·의식주·풍토 등을 생생하게 묘사하고 있다. 이 여행기는 저자 자신이 직접 간행하였는데, 원전은 소실되어 전해지지 않고, 이 책의 상부만 동시대의 성여재(盛如梓)의 저서『서재노학총담(西齋老學叢談)』에 수록되어 전해져 내려왔다. 19세기 말부터 중국 외 여러 나라 학자들이 이 책에 관한 연구를 진행해왔는데, 1926년 일본 궁내성(宮內省) 도서관에서 1236년 일본 승려 성일국사(聖一國師)가 중국에서 가져온 초본이 발견되었으며, 1927년에 이 초본이 일본과 중국에서 각각 간행되었다. 1962년에 라케빌츠(Igor de Rachewiltz)가 미국의『몽골연구』지에 영문 역주본을 발표하였다.

『서유이목자(西儒耳目資)』 3권, N. Trigault 저, 17세기 초

교통의 문헌적 전거로서의 학문연구서(언어학). 저자 트리고(N. Trigault, 김니각金尼閣, 1577~1628)는 벨기에의 천주교 예수회 선교사로서 1607년 마카오에 도착한 후 로마 교황청에 특사로 파견되는 등 포교활동을 하면서 시안(西安)과 항저우(杭州) 등지에 인쇄공장을 차리고 종교 및 과학기술 관련 서적을 다량 출간하였다. 트리고 자신도『추력년섬례법(推曆季瞻禮法)』『황의(況義)』등의 저서 외에 당시로서는 신이

(新異)한 이 책을 저술하였다. 라틴어로 한자를 음사(철자)한 최초의 중국어 관련 언어학 서적이다. 이 저서는 중국어 음운학(音韻學) 발전과 서양인들의 중국어 학습에 크게 기여하였다.

서인도제도 西印度諸島, West Indies

남·북아메리카 대륙 사이에 있는 크고 작은 많은 섬들로 이루어진 호상열도(弧狀列島). 1492년 콜럼버스는 제1차 대서양 횡단 항해를 할 때 무조건 서항(西航)하기만 하면 인도에 다다를 것이라 믿고 산살바도르에 상륙하였다. 그는 이곳이 인도의 일부인 줄로 착각하고 '서인도'란 이름을 붙였다. 총면적은 960km²이며, 모두 1만 2,000개 섬 가운데 유인도(有人島)는 고작 180여 개뿐이다. 종족 구성은 혼혈인이 85%나 되며 기타 백인과 아시아인이 15%다. 콜럼버스 이래로 16세기 중반까지 스페인이 서인도제도를 장악했으나, 그후부터는 영국·네덜란드·프랑스 3국이 이곳을 차지하기 위한 각축을 벌였다. 영국은 1672년에 왕립 아프리카 회사를 통해 영국—아프리카—서인도제도를 연결하는 이른바 '삼각무역'을 진행하면서 식민정책을 통하여 많은 이익을 취했다.

서적 호환 書籍互換

중세 말과 근세 초에 동서간에 진행된 학문교류 과정을 살펴보면, 대체로 물질문명과 직결되는 근대적인 자연과학은 서방이 동방에 전파하고, 정신문명과 관련되는 전통적인 인문사회과학은 서방이 동방으로부터 수용하였다. 이러한 동서간의 교류상은 선교사들을 위시한 서구인들이 중국에서 행한 학문 보급과 연수 및 저술활동, 그리고 17~18세기 유럽에서의 중국학 연구 활성화 등 제반 사실에서 여실히 나타나지만, 동서간의 서적 교류에서도 그대로 반영되고 있다. 벨기에 선교사 트리고(Nicolas Trigault, 김니각金尼閣, 1610년 마카오 도착)가 가져온 7,000권의 서방 서적은 거의 자연과학 서적이었다. 이에 반해 벨기에 선교사 쿠플레(Philippe Couplet, 백응리柏應理, 1622~1693, 1659년 중국 입국)가 1682년에 로마에 가져간 중국을 방문한 선교사들의 저서 400여 권과, 프랑스 선교사 부베(Joachim Bouvet, 백진白晉, 1656~1730, 1687 중국 입국)가 1694년 귀국하면서 루이 14세에게 증정한 중국서적 300권은 거의 대부분이 중국 관련 인문 서적이었다. 광저우(廣州)에서 중국 경학(經學)을 연찬한 프랑스 선교사 드 프레마르(Henry-Marie de Prémare, 마약슬馬若瑟, 1666~1736, 1698년 중국 입국)가 프랑스 황실문고에 보낸 수천 권의 서적도 마찬가지다. 이와 같은 동서간의 서적 호환은 학문연구의 밑거름이 되고 학문교류의 견인차 역할을 하였다.

서정경오원력 西征庚午元曆, 13세기

원(元)대에 이슬람 역법을 참고하여 만든 역법(채택하지 않음). 원대에 중국과 아랍-이슬람세계 간에는 천문학 방면에서 교류가 활발히 진행되었다. 칭기즈칸은 제1차 서정(西征, 1219~1255)을 단행하여 중앙아시아의 호라즘 왕국을 공략하면서 천문학을 비롯한 선진 이슬람 학문에 상당한 관심을 보였다. 칭기즈칸의 부름에 따라 서정군에 종군한 야율초재(耶律楚材)는 1220년 5월부터 1221년 10월까지 호라즘의 수도 사마르칸트에 머물면서 그곳 천문대의 의기(儀器)를 사용하여 천문 관측을 하고 이슬람 역법의 지구경도 개념을 받아들여 '서정경오원력(西征庚午元曆)'을 제작해 칭기즈칸에게 헌상하였다. 그러나 채용(採用)되지는 않았다. 이어 야율초재는 페르시아 등 이슬람 나라들의 역법을 참고하여 이른바 『마답파(麻答巴)』라는 이슬람 역서를 제작하였다. '마(麻)'는 이슬람교의 선지자 '무함마드'의 어두음자(語頭音字)이고 '답파(答巴)'는 아랍어로 '역서'란 뜻으로, 명대에는 '토판(土板)' 혹은 '토반(土盘)'이라고도 했다. 몽골제국 초기에는 전대(前代)의 대명력(大明曆)과 함께 이 마답파역이 유행하였다.

서하 西夏, 1038~1227년

오아시스로 상의 교역국. 오늘날의 중국 서북부 간쑤(甘肅)와 쑤이위안(綏遠, 오르도스) 일대에서 티베트계 탕구트 일족인 탁발씨(拓跋氏)가 세운 나라다. 7~8세기에 칭하이와 쓰촨의 변경 지역 농목지에서 쑤이위안의 하주(夏州) 지역으로 이주해온 탁발씨 집단은 9세기 초에 당으로부터 이(李)씨 성을 하사받는다. 이어 990년 거란으로부터 왕호(王號)를 얻은 이계천(李繼遷)은 북류(北流) 황허 연안의 영주(靈州)를 함락하고, 그후 13세기까지 하서(河西) 지방을 석권하였다. 그는 송나라로부터 자립해 말 무역과 소금 밀무역 등으로 부를 축적하였고, 그의 아들 이덕명(李德明) 때는 흥주(興州, 현 인촨銀川)에 도읍을 정하고 송나라와의 견마무역(絹馬貿易)을 재개하였다. 그의 아들 이원호(李元昊)는 1028년부터 허시 지방에 출정해 과주(瓜州)와 둔황(敦煌)을 점령하고 흥주를 흥경부(興慶府)로 격상, 1038년 대하(大夏) 황제라고 자칭하면서 서하의 전성기를 맞았는데, 송은 대하 대신 '서하'라고 불렀다.

서하 불탑

서하는 1044년 송과 화약을 맺고 신하로 자처하는 등 송·요(遼)·금(金) 사이에서 줄타기 외교를 벌이면서 무역으로 이득을 챙겼다. 이 나라는 금의 수도 베이징까지 대상(隊商)을 보내는 등 오아시스로를 통한 무역권을 크게 확대하였다. 서하는 자체의 국호와 연호, 관제와 병제, 문자를 가진 독특한 서하문화로 일세를 풍미한 교역 대국이었다. 1227년 칭기즈칸의 정토군에게 멸망하였다.

서하문자 西夏文字 한자를 기본으로 하고 여기에

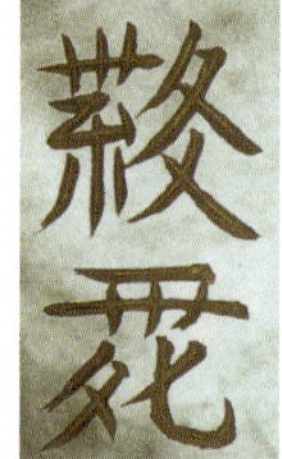

서하문자

거란문자의 요소를 첨가해 만든 비교적 복잡한 표의문자(表意文字)로, 서하의 건국자 이원호(李元昊, 재위 1032~1048)가 창제한 것으로 알려진다. 서하문자의 해독은 최근에 이르러서야 가능하였다.

서하어 문서 西夏語文書 20세기에 서하의 고지(故址)인 카라호토(현 중국 네이멍구지치구의 액제납기額濟納旗)·둔황·인촨(銀川, 서하의 수도 흥경부興慶府의 옛터) 등지에서 많은 서하어 문서가 발견되었다. 불전이 가장 많은 양을 차지하는데, 한적(漢籍)의 번역본과 운서(韻書)·어휘집·계약서·법전 같은 문서들로 한어나 티베트어에서 번역한 서하어 불전은 모두 2,000여 권에 달한다. 공사(公私)의 문서들로는 계약서, 재판기록, 고용처의 보고서, 집금전표(集金傳票), 휴가원 등이 있다. 또한『논어(論語)』『효경(孝經)』같은 한어 경전을 번역한 것도 있다. 그밖에 서하어로 쓰인 많은 비문(碑文)과 대부분 '수령'이란 두 글자로 번역할 수 있는 인장(印章), 황제의 성지(聖旨)나 군(軍)과 궁전의 명령을 전달하기 위해 사용된 서하어로 새겨진 동패(銅牌), 서하의 연호가 새겨진 철전이나 동전 화폐 같은 것이 숱하게 남아 있다.

『서학동점기(西學東漸記)』 容閎 저, 1909년

서학(西學) 수용을 논한 저서. 미국 유학생인 저자 용굉(容閎)이 회고록 형식으로 서학(서구의 선진적인 과학기술과 학문)의 수용문제를 논한 에세이다. 영어 원제는『중국과 미국에서의 나의 생활』(*My Life in China and America*, 뉴욕)이며, 이 책은 중국어 번역본(역자는 서풍석徐風石과 운철초惲鐵樵)이다. 저자는 유학을 마치고 고국에 돌아와 태평천국(太平天國) 측에 일련의 정치적 제안을 하고, 증국번(曾國藩)과 이홍장(李鴻章)을 도와 관영 군기(軍機) 공장인 강남제조국(江南製造局)을 운영하였다. 그리고 교육구국(敎育救國) 계획을 실행에 옮기면서 학생들의 서양유학을 조직하며, 유신변법(維新變法)운동에 가담하였다. 청 조정에 의해 지명수배가 되자 미국으로 피난하였다. 이러한 과정을 기술하면서 저자는 중국이 "완전히 새로운 정책을 실행하지 않는 한 절대로 원래의 영예를 회복할 수 없다"고 강조하면서 "서방 문명의 학술을 빌어 동방의 문화를 개량"함으로써 "늙은 제국으로 하여금 젊은 신중국으로 일변(一變)하게 해야 한다"고 주장하였다. (15-300)

『서학범(西學凡)』 Giulio Aleni 저, 1623년

인문지리를 체계적으로 소개한 최초의 한문 전문서. 중국에 온 선교사들은 인문지리학에 관한 중국어 저술을 통해 유럽을 비롯한 세계의 인문지리 개황을 소개하였다. 인문지리학 방면의 저술로 출중한 사람은 이탈리아 선교사 알레니(Giulio Aleni, 애유략艾儒略, 1582~1649)로서 그는 1623년에『서학범(西學凡)』을 저술하여 서방 학문의 대강(大綱)을 소개하였다. 그에 따르면 서방의 대학들의 교과목은 문과(文科, Rethorica)·이과(理科, Philosophia)·의과(Medicina)·법과(Leges)·교과(敎科, Canones)·도과(道科, 신학Cheologia)의 6종이었다. 같은 해에 그가 주도하여 편찬한『직방외기(職方外紀)』 5권은 5대주(洲) 각국의 풍토와 민속·기후·명승 들을 두루 서술하고 있다. 권수(卷首)에는 만국여도(萬國興圖)와 남북반구도(南北半球圖)가, 각권에는 주별 분도(分圖)가 첨부되어 있는데, 이 책은 5대주의 인문지리를 체계적으로 소개한 최초의 한문 전문서다. 알레니는 그밖에 1637년『서방문답(西方問答)』2권을 지어 조목별로 서방의 풍토와 지리를 소개하였다.

서해공주 西海公主

정략적 혼인에 의한 인적 교류. 서해공주는 북위(北魏) 태무제(太武帝)의 화번공주(和蕃公主)로서, 434년 유연(柔然)의 오제(吳提)에게 출가하였다. 한편 오제는 여동생을 태무제에게 출가시키면서 배다른 형인 독록괴(禿鹿傀)를 파견하여 말 2,000두를 헌상하였다. (8-94)

석간 碩干

도일 고구려 사신. 673년 8월 조공사로 감자(邯子)와 함께 도일했는데, 당시 관직은 대형(大兄)이었다. (8-183)

석국 石國 → '타슈켄트'항 참고

석굴암 石窟庵, 石佛寺(본명)

불교문화 교류의 백미(白眉). 한국 경상북도 경주시 토함산(吐含山)에 자리한 석굴암은 8세기 중엽 당시 신라의 재상(宰相)이던 김대성(金大城)이 전생의 부모를 위해 장장 23년(751~774)에 걸쳐 지은 것으로 알려진다. 불교의 석굴은 기원전 2세기경부터 고온다습한 인도에서 사당(祠堂) 격인 차이티아(chaitya)굴과 승방 격인 비하라(vihara) 굴의 두 형식으로 출발하였는데, 이 석굴은 오아시스로를 따라 중앙아시아를 거쳐 4세기경에 중국에 들어온 후 다시 7~8세기 초 신라에 전해졌다. 이렇듯 불교 석굴은 근 1,000년 동안 전파와 수용을 통한 모방에 의해 동서의 넓은 지역에 전개된 보편적 문명현상이다. 그러나 그 전개과정과 양상에서는 큰 차이를 보였다. 인도나 중앙아시아 및 중국의 경우는 지질이 비교적 무른 석회석이나 대리석이 대부분이어서 굴을 뚫고 그 속에 내용물을 직접 조각하여 석굴을 조영(造營)하였다. 그러나 단단한 화강석이 대부분인 신라에서는 그럴 수가 없었다. 신라인들은 창의성을 발휘해 산을 파 굴을 만들고 조각된 내용물들을 그 속에서 조립한 후 흙을 덮는 미증유의 시공법을 도입하였다. 이렇게 석굴암은 인도나 중앙아시아 및 중국 일대의 자연석굴과는 다른, 세계에서 유일무이한 인공석굴이자 과학적 구조로 된 짜임새 있는 건축물로 문명교류에 있어서 창의적인 모방의 대표적인 유산이라 할 만하다.

창의적인 모방에서 중요한 것은 원형의 재

경주 석굴암 본존불

현이다. 석굴암에 모셔진 본존불(本尊佛, 높이 3.4m, 대좌臺座까지는 5m)은 부처의 가장 숭고한 영상이라고 하는 정각상(正覺像)을 거의 완벽하게 재현하고 있다. 원래 정각상은 인도 부다가야(Buddha Gaya)의 대각사(大覺寺)에 모셔져 있었지만 지금은 소실되고 없다. 구법도축(求法渡竺)한 중국 승려 현장(玄奘)이 남긴 『대당서역기(大唐西域記)』의 기록에 의하면 정각상의 앉은키는 1장 1척 5촌(3.36m)이고, 두 어깨와 두 무릎의 폭은 각각 6척 2촌(1.88m)과 8척 8촌(2.69m)이며, 항마촉지인(降魔觸地印), 즉 '악마를 항복시키고 땅을 손가락으로 만지는' 수인(手印, 손자세)을 하고 동쪽을 향해 앉아 있었다고 한다. 석굴암의 본존불이 바로 이러한 크기와 모습을 하고 있다. 완벽한 정각상의 재현이다. 이것은 석굴암 자체가 불법의 소산이기 때문이다. 원래 석굴암은 암자가 아니라 석불사(石佛寺)라는 독립된 절이었으나, 임진왜란 이후 불국사에 소속되었다가 1910년경 일본인들이 석불사 대신 '석굴암'으로 이름을 바꿨다. 석굴암은 구조에서도 동서문명의 공유성과 더불어 신라 건축술의 독창성을 여실히 보여준다. '하늘은 둥글고 땅은 네모나다'라는 전통적인 동양의 천지관(天地觀)인 천원지방(天圓地方) 사상을 반영해 지상세계인 전실은 네모나게, 하늘세계인 주실(主室)은 둥근 모양의 돔 천장으로 꾸몄다. 특히 천장은 고도의 수학과 기하학 지식을 동원해 네모난 판석(板石)들 사이에 비녀 모양의 긴 돌 30개를 박고 그 위에 잡석들을 쌓아 눌러줌으로써 힘의 균형을 보장하는 특이한 공법으로 완성하였다. 건물구조에서 돔은 일찍이 중근동 지역에서 발생해 로마시대에 이르러 크게 유행했으며, 그것이 중앙아시아를 거쳐 동방에까지 알려졌다. 신라인들은 전래된 돔의 형태는 받아들이면서도 그 축조법에 있어서는 독창적인 기법으로 슬기를 발휘하였다.

　석굴암의 내용물은 한마디로 불교미술의 정수인 불상들의 총집합체다. 그러나 그 조형 과정은 어디까지나 불교적 주제와 신라인들의 종교관, 간다라 미술과 신라인들의 미의식을 잘 융합시킨 창조적 과정이다. 불상이란 부처상만을 뜻하기도 하지만, 넓은 의미에서는 보살상이나 천왕상(天王像)·나한상(羅漢像), 심지어 불교세계를 지키는 사천왕상(四天王像)이나 금강역사상(金剛力士像)·팔부중상(八部衆像) 등도 포함한다. 석굴암은 이러한 넓은 의미에서의 불상을 하나의 군상(群像)으로 갈무리하고 있다. 내부에는 본존불을 비롯해 모두 40상이 조각되었으나, 감실(龕室)의 보살 2상이 도난당해 지금은 38상이 남아 있다. 불상 개개의 세련된 조각기법과 상 크기의 알맞은 비례 배분, 부드러운 조형성, 감도는 숭고한 종교정신 등으로 인해 불상 전체는 하나의 조화롭고 완벽한 불교세계를 이루고 있다. 여기에 수학과 기하학의 정밀한 설계구조까지 돋보여 석굴암은 명실상부한, ‘동양에서는 견줄 것이 없는 최고의 걸작품’이라고 할 수 있다. 석굴암은 5세기 중엽에 조성된 중국의 윈강(雲崗)석굴과 7세기 초 고구려 승려 담징(曇徵)이 일본에 건너가 호류사(法隆寺)에 남긴 불화(佛畵)와 함께 ‘동양 3대 문화재’의 하나로 꼽힌다. 석굴암은 국보 제24호로서 1996년에 유네스코의 세계문화유산으로 등재되었다.

석류 石榴

동전 서역 식물. 전한(前漢) 때 서역사행을 한 장건(張騫)에 의해 한대에 전입되었다. 서진(西晉) 육기(陸機)의 『운서(雲書)』에는 “장건이 한의 사신으로 18년간 있으면서 도림안석류(塗林安石榴)를 구했다”고 하였고, 당(唐) 이항(李亢)의 『독이지(獨異志)』(10권)에도 “한나라 장건이 대

석류의 고향인 이란 사자산 기슭의 석류 조형물

월지(大月氏)에 사신으로 파견되어 1억 3만리를 다녀오면서 포도와 도림(塗林, 석류)을 구해와 중국에 심었다”고 기술하였다. 이 두 글에 나오는 도림의 비정(比定)에 관해서는 두 가지 설이 있다. 일설은 중앙아시아의 한 고대 지명이라는 설이다. 그 주장자인 라쿠페리(Lacoupérie)의 견해에 의하면 ‘도림’은 ‘Tauriua’의 역음으로서, 원래 유크라티데스(Eucratides) 시대에 박트리아(Bactria, 대하大夏)가 파르티아(Parthia, 안식安息)를 공략하여 빼앗은 속지의 한 주명(州名)이다. 다른 일설은 석류설(石榴說)인데, 즉 도림(塗林)은 산스크리트어 단어 ‘darim’(석류)의 음사라는 것이다. 후위(後魏)의 가사협(賈思勰)도 저서 『제민요술(齊民要術)』 권4에서 안석류(安石榴, 즉 안식安息의 유榴)라는 표현을 쓰고 있다. 이시진(李時珍)의 『본초강목(本草綱目)』 권30에도 장건이 서역에 사신으로 갔다 올 때 도림, 즉 안석국의 유종(榴種)을 구해가지고 돌아왔다는 기술이 있는 점으로 보아 ‘안석류’란 안석국, 즉 안식국의 유(榴, 석류)라는 뜻으로 풀이된다. 본래 석류는 안식(현 페르시아)이 원산지인데, 그것이 이웃나라인 대하(大夏, Bactria)에 전해진 것을 장건이 대하에서 가지고 온 것이다. 왜냐하면 장건은 대하까지 사행하였지 안식까지는 가지 않았기 때문이다. 서진(西晉)의 장화(張華)가 지은 『박물지(博物志)』 권6에도 “장건은 대하에 출사해서 석류를 구해왔다”고 기술되어 있다.

석률 席律

백제에 파견된 수(隋)의 사신. 611년 2월 백제 사신 국지모(國智牟)가 수나라에 파견되어 고구려 원정 시기를 조율할 때 상서기부랑(尙書起部郎) 석률이 수양제(隋煬帝)의 명을 받고 모의(謀議)차 백제에 파견되었다. (8-106)

석마제니 昔痲帝禰

백제의 와박사. '와박사(瓦博士)'는 '기와박사'를 뜻하며, 석마제니는 588년에 수신(首信)과 함께 '와박사'의 자격으로 일본에 갔다.

석인 石人

초원 실크로드 상의 석조 유물. 중앙유라시아의 투르크계 민족들 사이에는 석인을 조각해 세우는 풍습이 오래전부터 계승되어왔다. 스키타이(기원전 7세기~기원전 3세기)는 북캅카스에서 흑해 북안과 서안에 이르는 넓은 지역에서 쿠르간(kurgan, 고총高塚) 꼭대기에 석인을 세워 그곳에 왕이나 족장이 묻혀 있음을 알렸다. 그런가 하면 사르마트인들은 카스피해 북동지역에서 적석총(積石塚) 같은 석제 제사유구(祭祀遺構)의 동쪽이나 남쪽에 복수의 석인을 세웠다. 투르크인들의 석인은 몽골 고원에서 톈산(天山) 북쪽과 카자흐스탄에 이르는 지역에 분포되어 있다. 투르크인들의 석인 형태는 크게 오른손으로 가슴 앞에서 용기(容器)를 들거나 두 손으로 가슴 앞에서 용기를 드는 두 가지 형태가 있다. 석인을 세우는 이유에 관해서는 피장자(被葬者)의 장지를 표시한다든가 생전에 죽인 적을 상징한다는 등 여러가지 설이 있다. 생전에 죽인 적을 상징한다는 의미에서 죽인 숫자만큼의 석인을 세우는 경우도 있다.

석인시대 石刃時代

후기 구석기시대(4만~1만년 전)에는 오늘날 인류의 직접적 조상인 현생인류(現生人類, Homo sapiens sapiens)가 출현하여 많은 사회적 변화를 일으켰다. 이즈음에 변화된 사회생활의 수요를 만족시키기 위하여 석인(石刃, 돌칼)류가 많이 만들어져 쓰였는데, 고고학적으로 흔히 이 시대를 '석인시대(石刃時代)'라고 한다. 사실 이 시대에 유럽을 비롯한 서·북 아시아 일원에서 돌칼류의 석기가 많이 제작·사용되었다고 하여 유럽의 고고학자들이 이 시대를 이른바 '석인시대'라고 이름지었지만, 아프리카나 동남아시아 등지에서는 이러한 석기가 거의 제작되지 않았다는 사실을 감안하면, 그 명명(命名)이 이 시대의 범칭으로서는 적합하지 않다. 후기 구석기시대는 중기 구석기시대보다 지역적 특성이 더욱더 두드러지게 나타나서 동서간의 문화적 상차(相差)가 더욱 심화되는 양상을 보인다. 석기 제조 면에서 이 시대에는 동시에 각기 다른 다섯 계통의 석기문화가 전개되었다. 즉 ① 유럽으로부터 서아시아·북아시아에 이르는 지역에서 석인(石刃)을 많이 사용한 계통(유럽 계통), ② 르발루아(Levallois) 기법에 의해 석핵(石核)으로부터 박편(薄片)을 만들어 쓰는 북아프리카 계통, ③ 박편을 위주로 한 동·남아프리카 계통, ④ 박편과 함께 석인을 사용하는 동아시아 계통, ⑤ 석인은 없이 석핵(石核) 석기와 박편만을 쓰는 동남아시아 계통 등이다. 요컨대 중기 구석기시대의 3대 석기계통이 후기 구석기시대에 이르러서는 5대 석기계통으로 세분화되어 서에는 3개 계통이, 동에는 2개 계통이 분립하였다. ①과 ② 계통은 서구의 무스디어 전통이, ④와 ⑤ 계통은 동양의 중기 구석기문화가 양분된 것이라고 말할 수 있다.

석인정 釋仁貞

도일 발해 사신. 814년 9월 녹사(錄事)의 신분으로 대사 왕효염(王孝廉)과 함께 일본에 가 이듬해인 815년 정월에 종오위하(從五位下)에 올랐다. 같은 해 가을 영객사(領客使) 판상금웅(坂上今雄)으로부터 시(詩)를 기증받았으며, 그 시가 『문화수려집(文華秀麗集)』에 수록되어 있다. 같은 해 가을 병사하였다. (8-208)

석조각(石彫刻)의 교류

조각에서의 동서교류는 석조각(石彫刻)에서 많이 그리고 명확하게 나타난다. 석조각이 금속조각에 비해 새김질이 쉬울 뿐만 아니라 소재(돌)가 흔하고 싸며, 또 나무조각과는 달리 부식성이 적어 오래 보존할 수 있기 때문이다. 석조각의 동서교류는 기원 전후부터 나타나고 있다. 중국 한(漢)대의 석조각품에는 북방 스키타이 동물문양이 보이는데, 페르시아를 비롯한 서역산 동물과 상상동물들이 주제로 등장하기도 하였다. 능묘 앞의 석수(石獸)로 서역의 특산물들인 사자나 코끼리·낙타 등의 동물이 취급되는데, 그중에서도 석사(石獅, 돌사자)가 많다. 사자의 원산지는 서아시아의 시리아·안식(安息, 페르시아)·북인도 등지로, 87년에 대월지(大月氏)와 안식은 중국 한(漢)조에 사자를 선물한 바 있다. 중국 사천신도왕치자이궐(四川新都王稚子二闕)에 있는 석사와 석상(石像, 돌코끼리), 산동효당산석실(山東孝堂山石室)의 석낙타와 석상은 그 대표적인 실례다. 또 산동양성산(山東兩城山)을 비롯해 한대의 여러 유

몽골 초원의 석인

적에서 유익수(有翼獸, 날개 돋친 짐승) 석상이 발견되는데, 이것은 전형적인 페르시아의 조형예술이다. 그런가 하면 서주고왕(徐州賈旺)의 동한묘(東漢墓)에는 장격록(長覡鹿)도 보인다. 이 모든 사실은 한대에 먼 아프리카와도 석조각을 비롯한 조형예술 교류가 있었음을 시사해준다. 이를 담당한 교류인은 당시 중앙아시아와 오아시스로 남북도에서 활동하던 페르시아계의 사카(색塞)인들이었다.

한대의 석조각에는 우화등선인(羽化登仙人)상이나 나체상도 가끔 발견된다. 우화등선인상을 형상한 대표적인 석조각 유물로는 147년에 건조한 산동가상(山東嘉祥)의 무씨사(武氏祠)가 있다. 석상의 4면에는 유익우인(有翼羽人)상이 여러 점 새겨져 있다. 이러한 형상은 고대 아시리아나 페르시아의 조형미술에서 유래한 것이다. 그리고 강소패현서산(江蘇沛縣栖山)을 비롯한 여러 곳의 후한 초기 묘에서는 인수사신(人首蛇身)·마수인신(馬首人身)·조수인신(鳥首人身) 등 수인상(獸人像)이 다수 발견되는데, 이러한 형상은 고대 메소포타미아나 그리스 미술에서 그 원형을 찾아볼 수 있다. 그밖에 후한 말기에 속하는 신장(新疆)·호탄·화기(和闐)의 마리크아와타 유적과 하남제원사간구(河南濟源泗澗溝) 묘에서는 각각 이소(泥塑, 진흙조소) 나체상과 도토(陶土) 나체상이 출토되었다. 주지하다시피, 이러한 나체상은 그리스나 로마신화에서 비롯된 것이다.

석주칙문 石柱勅問

인도사상 최초의 통일국가인 마우리아조(Maurya, 기원전 321~184)의 제3대왕 아소카(Asoka, 아육왕阿育王, 재위 기원전 268~232) 시대에는 반포하는 칙령(勅令)들을 석주(石柱, 돌기둥)에 새겨 여러 곳에 세웠다. 이렇게 석주에 새긴 칙령문을 '석주칙문'이라고 한다. 석주칙문에는 왕

이 많은 불교 전도 승려들을 그리스의 여러 곳에 파견하였다고 기록하면서, 불자로 안티오코스(Antiochos)·안티고누스(Antigonus)·마가스(Magas)·프톨레미(Ptolemy)·에피루스의 알렉산드로스 2세(Alexander Ⅱ of Epirus) 등 그리스인들을 거명하고 있다. 이러한 기록으로 보아 아소카 시대를 기점으로 하여 불교가 멀리 그리스까지 서전되어 일부 그리스인들이 불교에 귀의하였음을 알 수 있다.

선거 船渠, dock

중국의 삼국시대에 동남해 연안에 위치한 오(吳)국은 손권(孫權)의 집권을 계기로 대규모 선박 건조와 항해 사업을 펼쳤다. 주목할 만한 사실은 사상 최초로 소호(巢湖)에 강을 막아 선거(船渠)를 축조한 것이다. 손권은 건안(建安, 현 푸젠福建 건구建甌)에 조선소를 세우고 전문적으로 선박을 관리하는 전선교위(典船校尉)라는 관직까지 신설하였다.

선미타 船尾舵, 고물키

배를 조종하는 기구. 전진 방향을 비롯해 배의 활동을 원활하게 조종할 수 있는 기구로서 배의 후미에 설치되어 있다. 한(漢)대에 처음으로 선미타를 도입한 것은 한대 조선술의 하나의 특출한 진보라고 할 만하다. 창사(長沙) 203호 한묘(漢墓)에서 출토된 목선 모형 유물에는 선미타가 오롯이 설치되어 있다. 뒤늦은 6~7세기의 인도 선박 모형 유물에서는 선미노(船尾櫓, 고물노)는 보이나 선미타는 아직 없다. 서구에서는 12세기 말(1180) 벨기에의 한 석각(石刻)에 노를 하나 달아서 방향을 조절하는 그림이 새겨져 있다.

선비 鮮卑

초원로 동단(東段)의 유목민. 동호(東胡)의 후예로서 몽골 고원 동남부와 다싱안링 남부 일대에서 활동한 유목민 집단이다. 1세기 말부터 장성을 넘어 중국 내지에 자주 침입해 약탈을 일삼아 오다가 2세기 후반 지력과 체력이 출중한 단석괴(檀石槐)가 군장(君長)으로 추대되면서 세력이 커지고 가끔 흉노의 영역도 침범하였다. 단석괴는 흉노처럼 영역을 중앙과 동부 및 서부의 3부분으로 나눠 분할통치를 실시하였다. 그무렵 중국은 정세가 어지러워 많은 중국인들이 장성을 넘어 선비의 영역으로 이주하였다. 인구가 증가하여 농업과 목축업·수렵만으로는 식량이 부족해 어업을 적극 장려하였다. 단석괴의 사후 선비는 급속하게 약화되었다. 소부족 출신 가비능(軻比能)이 지도자로 부상했지만 단석괴 시대의 세력에는 미치지 못하였다. 2세기 말~3세기 초에는 혼란을 겪는 중국 내지에서 사람들이 선비 영역으로 유입되면서 무기제작법과 한자를 선비인들에게 전수하였다. 선비는 일시 강세일로를 걸었지만 가비능이 중국 측에 의해 모살(謀殺)되자 선비는 다시 분열되었다. 중국은 일시 서진(西晉)에 의해 통일되었지만 8왕이 난립하는 국면이 벌어지자 제각기 북방 유목민들을 용병으로 끌어들였다. 이 틈에 들어온 선비족의 일파인 탁발부(拓跋部)가 북위(北魏)를 세워 중국 북반부를 통일하였다. (3-293)

선사시대 구분법

지금까지는 생산도구(구체적으로는 도구의 재료)의 발달 정도에 따라 선사시대를 나누는 구분법이 통용되었다. 즉 선사시대의 인류역사를 도구의 재료에 따라 석기시대·청동기시대·철기시대로 대별하고, 다시 석기시대를 구석기·중석기·신석기시대로, 또 구석기시대를 전기·중기·후기 3기로 세분화한다. 이것은 19세기 이래 선사고고학의 일반적 명제로 공인되어왔다. 물론 이러한 시대구분법은 유럽의 선사고고학 자료에 준해 설정된 것으로서 간혹 기타 지역에는 그대로 적용되지 않는 문제점을 내포하고 있지만, 아직은 이보다 더 합리적이고 과학적인 시대구분법이 고안되지 못하고 있다. 이러한 기로상황에서 작금 도구의 재료가 아닌 사회조직의 내용이나 형태를 기준으로 하여 시대구분을 시도하는 연구가 일부 학자들 사이에 진행되고 있다. 그러나 아직 보편타당한 이론으로 정립되기에는 전거(典據)나 논리성이 빈약하다. 사회조직의 변천과정에 근거해 고대사회의 전개과정을 단계화(시대구분)한 대표적인 이론으로 엘만 서비스(Elman Service) 이론을 들 수 있다. 그는 저서『원시사회조직』 (*Primitive Social Organization*, Random House 1971)에서 이 과정을 무리(band, 구석기와 중석기시대)와 부족(部族, tribe, 신석기시대), 추방(酋邦, chiefdom, 신석기 후기), 국가(國家, state, 청동기시대)의 4단계로 나누고 있다.

선사시대 해상활동

비교적 확실한 유물에 근거하여 고증할 수 있는 인류의 최초 해상활동은 중국에서 신석기시대 중기부터 시작된 것으로 추정된다. 이 시기에 속하는 대륙의 채도문화(彩陶文化)나 흑도문화(黑陶文化) 유물이 바다 건너 타이완(臺湾)과 저우산군도(舟山群島)를 비롯한 연해 도서에서 발견되고, 특히 그 시대의 선박 유물이 출토된 사실이 이를 입증해준다. 1978년에 연해지대인 저장성(浙江省)의 하모도(河姆渡) 유적에서 길이 51cm, 너비 15cm, 두께 1.2cm의 잘린 나무 노(櫓)가 출토되었는데, 이 노는 지금으로부터 7,000년 전에 석기로 다듬질한 노로 판명되었다. 랴오둥(遼東)반도 연안에 면한 다롄(大連)과 안둥(安東) 일대에서도 기원전 6000~4000년경에 속하는 배 모양의 도기가 여러 점 출토되었다.

선선 鄯善

오아시스로 남도 상의 고대 국가. 3~5세기에 중국 신장 타림 분지 동남부의 뤄부포호(湖) 북안에서 크로라이나를 수도로 하여 번영했던 나라로, 전신은 누란(樓蘭)이다. 즉 기원전 77년에 이유는 불분명하나 누란이 선선(鄯善)으로 개명되었다. 전한(前漢)은 옥전개자(屋傳介子)를 보내 누란 왕을 시해하고 한에 망명한 위도기(偉屠耆)를 즉위시켜 돌려보냈다. 이곳에서 발견된 카로슈티 문서에 따르면 누란은 서쪽으로 니야 유적이 있는 정절(精絕)까지 세력을 확대했으며, 독특한 카로슈티 문자를 가진 선진국이었다. 기원초까지 이곳에서 번영한 누란 왕국을 제1 누란 왕조라고 한다면, 제2조대는 선선이란 이름으로 3세기부터 시작되었다. 선선은 정연한 관료기구를 갖추고 간다라 언어와 카로슈티 문자를 사용하였으며, 훌륭한 역전(驛傳) 제도를 운영하였다. 종교는 불교를 신봉하는데, 큰 도시마다 대불탑이 세워지고 간다라 미술이 개화하였다. 또 오아시스 남도의 요로에 자리해 불교의 동전과 동서문명교류에 큰 기여를 하였다. (6-189)

선양 瀋陽

2,700여년의 유구한 역사를 지닌 선양은 지리적으로 교통의 요로에 자리하고 있어 숱한 이민족들이 각축을 벌이면서 어울려왔던 치열한 역사의 현장이다. 선양은 한민족(韓民族)의 역사 전개와 밀접한 관계가 있다. 역사 이래로 주변의 이민족들은 늘 한민족과 이웃하면서 공생(共生)의 애환을 같이하여 왔다. 고대로 거슬러올라가면 선양과 고조선은 같은 신석기문화권에 속하고, 선양의 훈허강(혼하渾河, 비류수沸流水)에는 주몽(朱蒙)의 고구려 건국 설화가 깃들여 있으며, 4세기 한때 선양은 고구려의 속령이기도 하였다. 고구려가 중국이나 북방 유목국가들과 통

교할 때, 그 길은 수도 환도(丸都)에서 남·북 두 갈래의 길이 있었는데, 북도는 바로 이곳 심주(瀋州, 오늘의 선양)를 지나갔다. 광개토대왕이나 장수왕이 대군을 이끌고 다싱안링(大興安嶺) 원정에 나섰을 때도 분명히 이곳에서 출정하였을 것이다.

선양은 한반도로 이어지는 실크로드 초원로의 동구(洞口) 역할을 해왔다. 여기서 몽골 초원으로 연결되는 길은 대체로 두 갈래다. 한 길은 선양에서 북향으로 지린(吉林)과 눙안(農安)을 거쳐 우란하오터(烏蘭浩特)에서 다싱안링 초원을 지나가는 노선이다. 그리고 다른 한 길은 선양에서 출발해 서북향으로 차오양(朝陽)과 츠펑(赤峰)을 포함한 훙산(紅山)문화 일원을 지나 네이멍구(內蒙古) 초원으로 이어지거나, 아니면 북상해 역시 우란하오터를 거쳐 다싱안링 초원으로 진입하는 길이다. 오늘날 선양은 동북아시아 최대 물류 집산지의 하나이자, 철도교통망의 중심지다. 시베리아횡단철도(TSR)·한반도종단철도(TKR)·중국횡단철도(TCR)·만주횡단철도(TMR)의 4대 철도를 하나로 묶는 이른바 '철의 실크로드'로서 문명의 교차로 역할을 하고 있다.

선우 單于

흉노의 최고 권력자에 대한 칭호. 선우의 원음에 관해서는 여러가지 설이 있다. 『사기(史記)』에 의하면 조(趙)나라의 효성왕(孝成王, 재위 기원전 265~245) 시대에 선우란 말이 처음 등장한다고 한다. 그러나 개인 칭호로 쓰인 것은 기원전 209년에 아들 모돈(冒頓)에게 살해된 두만선우(頭曼單于) 때부터다. 『한서(漢書)』「흉노전(匈奴傳)」에 의하면 선우의 정식 명칭은 '탱리고도선우(撐犁孤塗單于)'다. 흉노어로 '탱리'는 '하늘' '고도'는 '아들' '선우'는 '광대한 모습'이란 뜻이다. '탱리'가 투르크어나 몽골어에서 하늘,

즉 신을 의미하는 '텡구리'에서 유래한 것은 틀림 없는 것 같다. '고도'는 투르크어의 '행운'이나 샤머니즘에서 영혼을 뜻하는 '꾸트'(qut)에서 연유하였다는 설도 있다.

『선화봉사고려도경(宣和奉使高麗圖經)』

중국 북송 선화(宣和) 5년(1123, 고려 인왕仁王 원년)에 고려 출사(高麗出使)를 수행한 서긍(徐兢)의 견문록. 일행은 변경(汴京, 현 카이펑開封)에서 출발해 고려 도성 개경(開京, 현 개성開城)에 이르기까지의 항로를 해도(海道) 1부터 6까지로 분단(分段)하여 일지 형식으로 상세히 기술하고 있다. 1123년 3월 14일 변경을 떠나 6월 13일 개경에 도착했으므로 총 여정은 약 90일간이며, 5월 16일 명주(明州, 현 닝보寧波)에서 출발하여 6월 12일 예성항(禮成港)에 도착했으니 순수 항해 일정만은 26일간이었다. 귀국 노정은 출정 항로와 대체로 일치하였으나 소요 시간은 44일간(7월 13일~8월 27일)이었다. 서긍은 이 저서에서 밤에는 별을 보고 항해하고, 흐린 날이면 지남부침(指南浮針)으로 남북을 헤아려 뱃길을 찾았다고 기술하고 있다. 이를 통하여 당시는 주로 천문기상에 의지해 항진하다가도 날씨가 흐려지면 방향을 판별하기 위해 지남침을 사용하였다는 사실을 알 수 있는데, 그 사용법은 지남침을 등초(燈草, 심지)에 꿰어 물 위에 띄우는 수부법(水浮法)이었다.

선무외 善無畏, 淨獅子, Subhakarasimha, 637~735년

동행 밀교(密敎) 불승. 동천축(東天竺)의 오다(烏茶, 우드라)국 왕자였으나 출가해 법화삼매(法華三昧)를 터득하고 나서는 상선을 타고 여러 나라를 순유하였다. 그러다가 나란다(나란타那蘭陀)의 한 절에 들어가 유가삼밀(瑜伽三密)의 법을 배우고는 동방 전도 의지를 굳혔다. 716년 육

로로 장안에 도착해 황제로부터 칙령을 받고 서명사(西明寺)에 주석하였다. 이듬해 보리원(菩提院)에서 『허공장구문지법(虛空藏求聞持法)』 1권을 번역·출간하였다. 뤄양 복선사(福先寺)에서는 『대비로사나성불신변가지경(大毘盧遮那成佛神變加持經)』(대일경大日經) 등을 번역하였다. 선무외는 역경과 설법을 통해 밀교를 전도한 중국 밀교의 개창자 중 한 사람이었다. 후일 그는 귀국하려고 했지만 끝내 뜻을 이루지 못한 채 향년 99세인 735년에 입적하였다. 용문서산(龍門西山)의 광화사(廣化寺)에 안장되었다. (8-52)

설탕 雪糖 → '사탕'항 참고

설형문자 楔形文字, 쐐기문자, cuneiform script
고대 서아시아인들이 사용한 문자. 기원전 3000년경부터 기원 전후까지 약 3,000년간 메소포타미아를 비롯한 서아시아 여러 민족들이 사용했던 문자에 대한 범칭이다. 수메르인들이 처음으로 만들어낸 문자는 쐐기형 문자가 아니라 동그라미나 짧은 선으로 표현하는 그림문자였다. 이 그림문자를 사용하는 과정에서 그 미흡함을 보충하기 위해 단단한 갈대 줄기나 철필로 점토판에 쐐기형의 글자를 새기기 시작했는데, 그 모양이 쐐기와 같다고 해서 설형문자란 이름을 붙였

기원전 9세기 수메르·바빌론 설형문자

다. 사실 문자 창제와 사용의 전과정을 보면 그림문자가 절대적으로 오래 사용되었고 설형문자 사용은 불과 300~400년(기원전 4세기 말부터 기원후 1세기)밖에 안된다. 우루크 도시유적을 비롯한 고대 유적에서 나오는 문자는 모두가 그림문자이며, 설형문자는 위에 지적한 그 짧은 시기에 정식 서사(敍事) 문자로 나타난다. 기원후 75년에 발견된 점토판 설형문자가 마지막 설형문자 유물로 기록되어 있다. 설형문자는 셈족 계통의 아카드인이나 아무르인·아시리아인들 뿐만 아니라 인도·유럽 어족 계통의 히타이트인이나 아람인·페르시아인들도 받아들여 사용하였다.

『**섬의 여왕**』 *Island Princess*, Fletcher 저, 1621년
인도를 소재로 한 작품. 17세기 전반에는 특히 인도를 비롯한 동방을 소재로 한 작품들이 많이 창작되었다. 영국 작품으로는 이 저서 외에 드라이든(Dryden)의 『오렝제브』(*Aureng-Zebe*, 일명 *The Great Megul*, 1675, 비극), 채프먼(Chapman)의 『명예복수』(*The Revenge for Honour*, 1633), 풀크 그레빌(Fulke Greville)의 『알라함』(*Alaham*, 1633), 서클링(Suckling)의 『아글로라』(*Aglaura*, 1637), 데넘(Denham)의 『소피』(*The Sophy*, 1642) 등이 있다. 그리고 프랑스 작품으로는 여류작가 마들렌 드 스퀴데리(Madeleine de Scudéry)의 『이브라힘』(*Ibrahim, ou l'illustre Bassa*, 1641, 동생 제오르제Geroges가 극본으로 각색한 것이 영역됨)과 『아르타멘』(1649~1653, 10부작 장편소설), 『알마히데』(*Almahide*, 1660, 소설) 등이 있다.

섭마등 攝摩騰, 迦葉摩騰, 迦攝摩騰, 쓰摩騰
초기 동행 천축 불승. 후한 명제(明帝)의 꿈에 섭마등이 천축의 역경승(譯經僧)으로 나타나자 명제는 채음(蔡愔)과 진경(秦景)을 천축에 보내 그

를 모셔오도록 하였다. 67년 축법란(竺法蘭)과 함께 후한의 수도 낙양에 도착하자 명제는 그를 위해 낙양의 서쪽에 정사(精舍) 하나를 지었는데, 그것이 오늘의 백마사(白馬寺)라는 설이 있다. 섭마등이 번역한 『사십이장경(四十二章經)』은 중국 최초의 불교경전 한역서다. (8-9)

성가(聖歌)의 동전(東傳)

중국 원(元)대 때 대도(大都, 베이징)의 대주교인 코르비노(Giovanni da Monte Corvino, 1247~1328)는 포교 목적으로 기독교 성가를 적극 보급하였다. 교회 내에 2개조의 아동 성가대를 조직하여 예배 때마다 성가를 따라 부르도록 하였는데, 성종(成宗)은 즐겨 경청하곤 하였다. 명(明) 말에 이르러 선교사들의 포교활동이 지방으로 확산됨에 따라 성가를 비롯한 종교(기독교) 음악과 서양식 관현악기들이 점차 지방에도 알려지게 되었다. 이러한 한역 성가를 수록한 『진정서상(進呈書像)』이라는 책이 1640년 9월 8일 사종(思宗)에게 진상되었다.

성좌도항법 星座導航法

북극성(北極星)을 비롯한 별들의 자리(성좌星座)에 준해 항해 방향이나 위치를 정하는 일종의 천문(天文)도항법. 나침반이 도입되기 전에 항해 방향이나 위치를 정하는 일은 주로 성좌를 비롯한 천문학 지식에 의존하였으며, 따라서 천문학 지식은 일종의 항해기술이기도 하였다. 중국에서는 기원전 2세기 한(漢)대부터 이 성좌도항법이 도입되었다. 마왕퇴(馬王堆)의 3호 한묘(漢墓)에서 출토된 백서(帛書) 중에는 『오성점(五星占)』이라는 천문학 서적이 있는데, 진시황(秦始皇) 원년(기원전 246)부터 한문제(漢文帝) 3년(기원전 177)까지 77년간의 목성(木星)·토성(土星)·금성(金星)의 위치가 명기되어 있다. 책 속

에 제시되는 금성의 회합주기(會合週期) 584.4일은 현대에 측정한 583.92일보다 0.48일이 더 많고, 토성의 회합주기 377일은 현대의 것보다 1.09일 적다. 당시 천문 측정의 정확성을 알 수 있다. 지금은 대부분이 소실되었지만, 전한(前漢)시대에 항해에 필요한 천문관측 서적만 해도 136권이나 되었다고 한다. 장쑤(江蘇) 이정(儀征) 석비촌(石碑村)에서 후한(後漢) 때 천문도항에 사용된 규표(圭表)가 발견되기도 하였다.

셜리(Sherley) 형제

동행 영국인. 영국 출신의 셜리 형제는 1598년 일행 26명과 함께 사파비조의 샤 압바스 왕을 방문하였다. 그 자리에서 셜리 형제가 제기한 낡은 군사제도의 개혁이 받아들여져 사파비조의 근대화에 일조하였다.

『세계강역지(世界疆域志)』(『세계경계(世界境界)』) Hudūd al-Ālam, 저자 미상, 10세기 후반

교류의 문헌적 전거로서의 개설소개서. 페르시아어로 된 이 지리총서는 982년경에 저술된 것으로 보인다. 이 저서의 내용을 분석해보면, 저자는 프톨레마이오스(Klaudios Ptolemaeos) 등 그리스 학자들과 이븐 쿠르다지바(Ibn Khurdādhibah)와 알 이스타크리(al-Istakhri), 알 마스오디(al Mas'ūdi) 등 아랍-이슬람 학자들의 영향을 받은 것이 분명하다. 저자는 문헌학자로서 현지 여행이나 탐방을 거의 하지 않고 주로 선행 아랍-무슬림 학자들의 저서들에서 필요한 자료를 취사선택하여 지리총서로 집대성하였다.

1892년 부하라에서 발견된 필사본은 1930년에 페르시아 원문으로 간행되었다. 그후 1937년 영국 런던에서 영문 역주본으로 출간되었으며, 색인과 12폭의 지도가 첨부되었다. 이 역주본은 1970년에 증보판으로 런던에서 재간되었는

데, 그것이 곧 『세계강역지』(*Hudūd al-Ālam, the Regions of the World*, translated & explained by B. Minorsky, 2nd Edition, London 1970)이다. 이 영문 역주본에 따르면 이 책은 총 61장으로 구성되었는데, 제1장은 서론이고 제2장은 총론이다. 제3장부터 제7장까지는 자연지리, 즉 해양·도서·산맥·하천·사막 등에 관해 저술하고, 제8장부터 제60장까지는 중국(제9장 24절)·토번(吐蕃)·회골(回鶻)·돌궐(突厥)·호라산·인도·페르시아·아랍·비잔틴 등 각국의 지리를 기술하고 있다.

『세계도지(世界圖志)』 Matteo Ricci 저, 1595년

중국어로 된 첫 세계지도책. 중국을 방문한 선교사 마테오 리치(Matteo Ricci, 이마두利瑪竇, 1552~1610)는 1595년에 중국 난창(南昌)에서 건안왕(建安王)에게 이 지도책을 헌사하였다. 이 지도책에는 5대주의 분도(分圖)가 들어 있으며, 중국어 해석까지 곁들여져 있다. 1601년에 그는 베이징에 상경하여 신종(神宗)에게 『만국도지(萬國圖志)』를 헌정하였는데, 이것은 『세계도지』와 동류의 지도책이다. 이 지도책에는 유럽에서 출간된 53폭의 지도가 실려 있다. 마테오 리치는 비록 지구의 구형설(球形說, 혹은 지원설地圓說)에 입각하여 세계지도를 제작하였지만, 초기의 선교사들처럼 지구중심설을 신봉하고 있었다. 그는 프톨레마이오스의 경도(經度) 계산법에 따라 지구의 반경을 6,682km로 계산하였는데, 이것은 실제의 6,378km보다 큰 수치다. 마테오 리치가 세계지도에 표기한 지명의 한역명(漢譯名) 가운데 오늘까지도 계속 사용되고 있는 것이 상당수 있다. 예컨대 아세아(亞細亞, 아시아)·구라파(歐羅巴, 유럽)·라마(羅馬, 로마)·가나대(加拿大, 캐나다)·대서양(大西洋, 대서양)·지중해(地中海, 지중해)·북극(北極, 북극) 등이다.

마테오 리치는 세계지도뿐만 아니라, 중국의 전통적 제도법(망격제도법網格製圖法)을 참고하면서 서방의 선진적 제도법(투영법投影法)에 준해 독립적인 중국지도도 제작하였다. 그는 1582년 마카오에 도착하자마자 라틴어로『중화기관(中華奇觀)』(*Admiranda Regni Sinensis*)이라는 책을 썼는데, 그 속에 중국지도를 그려 첨부하였다. 세계지도에서도 중국 부분만은 특별히 상세하게 표기하거나 설명을 추가하였다. 세계지도 상의 중국 부분이나 그가 그린 독립적인 중국지도에서는 중국의 역대 지도나 지도 제작법을 참조한 흔적이 역력히 나타나는데, 이것은 하나의 문화적 융합현상이라고 말할 수 있다. 마테오 리치 이후에도 중국을 방문한 여러 선교사들이 세계지도를 계속 제작하여 출간하였다. 이탈리아 선교사 알레니(Giulio Aleni, 애유략艾儒略, 1583~1649)의 『만국전도(萬國全圖)』, 같은 이탈리아 선교사 삼비아시(Francesco Sambiasi, 필방제畢方濟, 1582~1649)의 『곤여전도(坤輿全圖)』(1674년 출간), 그리고 또한 프랑스 선교사 브누아(Miche Benoist, 장우인蔣友仁, 1715~1774)가 편찬한 동명의 『곤여전도(坤輿全圖)』 등이 대표적이다. 브누아의 『곤여전도』는 1767년에 인간(印刊)하여 강희제(康熙帝)에게 헌정하였는데, 양반구도(兩半球圖)로서 높이 6척에 너비가 14척이나 되는 대형 세계지도다.

세계수 世界樹, 宇宙樹, 生命樹

세계의 중심 개념. 아시아와 오스트리아 및 북아메리카 등 여러 곳에서는 세계의 중심 개념으로서의 세계수에 관한 전설이나 신화가 전승되어 오고 있다. 그 내용은 크게 하늘과 땅을 연결하는 수직 중심 개념과 지평선 상에서의 생명의 기원이라는 수평 중심 개념 두 가지로 대별된다. 성경의 말을 빌면, 전자는 지식수(知識樹)이고 후자는 생명수(生命樹)다. (15-235)

『세계의 거울』 *The Mirror of the World*, 1481년 영역

동방적 소재가 담긴 도덕적 교훈서. 중세 말엽 (15~16세기)에 이르면 강력한 오스만제국의 대두와 서구 신흥세력의 동점(東漸)이라는 새로운 국제정세하에서 오스만을 비롯한 동방제국에 관한 서구인들의 관심이 한층 높아졌다. 영국을 비롯한 서구 나라들의 문학에서는 이러한 시대적 상황을 반영하여 다종다양한 동방 관련 작품들이 번역되었고, 동방을 소재로 한 작품들이 창작되었다. 작품 번역에서 대표적인 것이 영국의 캑스턴(W. Caxton)이 주도한 영역(英譯) 활동이다. 그는 1481년에 고대 인도의 설화집인 『판차탄트라』(*Pancatantra*)의 소재가 담긴 도덕 교훈서인 『세계의 거울』(*The Mirror of the World*, 대본은 라틴어 원본의 프랑스어 역본)을 비롯해 동방 전설이 간간이 삽입된 『기독교 명승전(名僧傳)』(*The Golden Legend*, 1483), 『이솝이야기』(*Aesop's Fables*, 1484), 이집트 알렉산드리아 학파의 도덕관이 부분적으로 반영된 교훈서 『왕서(王書)』(*The Royal Book*, 1487, 원본은 *La somme des Vices et desverus*), 동방적 소재가 삽입되어 널리 애독된 『예법서(禮法書)』(*The Book of Good Manners*, 1487, 원본은 프랑스 Jacques Legrand의 *Le livre des bonnes meurs*) 등 다양한 서적들을 영역하여 출간하였다. 그밖에 이 시기에 번역·출간되거나 창작된 작품으로는 뉴 플라톤파의 숙명관이 반영된 『왕의 서(書)』(*The King's Quair*, 스코틀랜드 제임스 1세 저, 1423년경), 『이솝이야기』와 이집트 목가문학의 영향이 역력한 『로버트 헨리슨』(*Robert Henryson*, 1425~1500년경) 등이 있다. 이러한 작품들을 살펴보면 동방적인 소재나 사상을 취급하거나 차용(借用)할 때 종전과 같은 생경함이 적고 조화로워 그 수용에 있어서 성숙도를 보여주고 있다.

『세계의 염부(世界の染付)』 일본어, 전6권, 三杉隆敏 저, 1981~1987년

청화백자의 백과사전격인 이 책은 중국을 비롯한 안남(安南, 현 베트남)·조선·일본·페르시아·유럽 등 세계 각지에서 생산되거나 교류된 청화백자 유물들을 집대성한 역작이다. 염부(染付)는 염색해서 빛깔이나 무늬를 나타내는 자기다. 백토로 형태를 만든 토기에 코발트로 밑그림을 그리고 그 위에 유약을 발라 자기를 구워낸다. 중국에서는 청화(靑花)·유이청(釉裏靑)이라 부르며 송·원대에 시작되고 명대 초기에 완성되었다. 이는 중근동에까지 수출되었으며, 조선이나 일본의 염부에도 영향을 주었다. 조선시대의 염부(染付)는 중국에 비하면 청색이 아주 묽고 온화하고 부드러운 기가 있다. 일본의 경우 이마리(伊萬里)가 에도(江戶)시대의 아리타(有田) 도기 적출항(積出港)으로 이름이 나 있었다. 이 책의 자료편에는 세계 각지에서 조사한 염부의 파편들이 수록되어 있다. 유물마다 전체와 부분, 내부를 3차원적으로 분석했으며, 유물 사진의 90%는 저자가 직접 촬영한 것이다.

세군(細君)의 오손(烏孫) 출가(出嫁) 기원전 110~105년

전한(前漢) 때 세군(細君)의 오손(烏孫) 출가는 일종의 정략적 혼인을 통한 인적 교류다. 전한 무제(武帝) 때 장건(張騫)이 오손에 사행하였다가 귀국할 때 오손 사신을 대동하였다. 사신이 돌아가서 오손 왕에게 한의 위세를 보고하자 왕은 곧 한에 사신을 파견하여 한을 형으로 섬기고자 하니 형제 관계로 공주를 취하게 해달라고 청혼하였다. 한무제는 원봉(元封) 연간(기원전 110~105)에 강도(江都) 왕건(王建)의 딸 세군(細君)을 멀리 텐산 산맥의 서북쪽 이리하 유역에 있는 오손 왕 곤막(昆莫)에게 출가시켰다. 무제는 세군과 함께 많은 예물과 관리·환관·시녀 수백명을 보냈다. 오손 왕은 세군을 우부인(右夫人)으로 삼았다. 이 소식을 들은 흉노 또한 샘을 내어 오손 왕에게 왕녀를 보내니 왕은 그녀를 좌부인(左夫人)으로 삼았다. 세군은 먹는 것은 고기뿐, 마시는 것은 유락(乳酪)뿐인 낯선 땅에 가서 고달프기 한이 없으니 황곡(黃鵠, 고니)이라도 잡아타고 고향에 가고 싶다는 애절한 사향시(思鄕詩) 한 수를 썼다. 이것을 전해들은 무제는 한두 해 건너 사신을 보내 의상 등을 전해주면서 세군을 위로하였다. 곤막 왕이 늙어서 죽게 되자 그들의 관습대로 세군을 손자뻘 되는 이와 재혼시키려 하였다. 세군은 억울하여 이 사실을 무제에게 상고하였으나 천자는 답신에서 '그 나라의 풍습에 따르며, 오손 왕과 함께 흉노를 멸하는 일에 전력하라'며 정략적 목적이 드러난 하명을 하였다.

세노테 cenote

종교의식을 행한 중요한 장소. 중미 멕시코의 유카탄 반도와 과테말라의 페텐 등 마야 문명 지역에는 석회암 암반이 함몰되어 지하수가 드러난 천연샘이 있는데, 이것을 세노테라고 한다. 세노테는 유카테코-마야어의 초노트(tz'onot)에서 유래한 스페인어다. 깊이 5~40m에 달하는 이 샘은 건조기 때면 마야 저지 북부나 강이나 호수가 없는 정글에서는 유일한 수원이 되었는데,

멕시코 치첸이트사의 인신공양 우물, 세노테

세노테 주변에는 도시나 촌락이 형성되어 있다. 멕시코 킨타나로주(州)의 자그마한 도시 툴룸(Tulum)에 있는 작은 세노테 주위에는 무려 35채의 건물이 들어서 있다. 세노테는 수원(水源)으로서뿐만 아니라 종교의식에서도 중요한 역할을 한다. 유카탄 반도의 한 동굴 안의 세노테에서는 공물로 바친 토기와 마노(瑪瑙) 등이 발견되었다. 이것은 우신(雨神)이나 옥수수 신을 위해 행한 종교의식에서 바쳐진 공물이다. 유카탄 반도의 유명한 치첸이트사(Chichén Itza) 세노테에서는 기원후 700년경부터 인신공희(人身供犧)가 시작되어 16세기까지 유행하였다. 이곳에서는 우신에게 공희된 남녀 성인과 아동들의 인골뿐만 아니라 토기·향로·비취제품·금·동·금동합금제 장식품·터키석제 장식품·흑요석제 석기·조개제 장식품·목제 조상(彫像)·천조각·기타 세공품(細工品) 등 숱한 공물(供物)이 나왔다. (8-277)

세레스 Seres

고대 중국인 명칭. 기원전 1세기경부터 그리스·로마인들은 애매모호하게 중국인들을 '세레스'(Seres)라고 불렀으며, 나라 이름으로서의 중국은 '세리카'(Serica)라고 하였다. 그 어원에 관해서는 논란이 많으나, 대체로 당시 중국(漢)의 특산물이던 비단을 의미하는 '세르'(ser)나 '세리쿰'(sericum)에서 유래한 것으로 본다. 영국의 유명한 동양학자인 헨리 율(Henry Yule)은 문명교류사의 첫 고전이라고 할 수 있는 그의 역작『중국으로 가는 길』에서 플리니(Pliny) 등 고전 학자들의 기록을 종합하여 세레스(나라와 사람)에 관해 다음과 같이 기술하고 있다. "세레스인들이 사는 곳은 광활하고 인구가 조밀한 나라이며, 동계(東界)는 대양에 면하고 사람이 살 수 있는 세계의 끝이며, 서계(西界)는 이마우스(Imaus)

와 박트리아(Bactria) 변경 근처까지 뻗어 있다. 사람들은 매우 유화(柔和)하고 검약한 기질을 가진 개화인이며, 이웃과의 충돌은 삼가지만 친밀한 교제에는 좀 소심한 편이다. 그러나 생사(生絲)를 주산품으로 한 견직물이나 모피, 그리고 양질의 철 등 자신들의 생산품을 처분하는 데는 결코 인색하지 않다.”

세로 세친(Cerro Sechín) 암각 제사장(祭祀場) 유적

이 유적은 페루의 중앙 해안 북부를 흐르는 카스마(Casma)강과 지류인 세친강이 합류하는 곳, 해안에서 13km 떨어진 해발 100m의 산기슭에 자리하고 있다. 유적은 화강암으로 축조된 제사장으로서 그 편년은 형성기(形成期)로 추정된다. 1937년에 폭 52m, 높이 3m의 기단 위에 세워진 신전이 발견되었다. 이 신전의 기단 정면과 양측면에는 선각(線刻)으로 여러가지 인물과 도형이 새겨진 석판(石板)이 붙어 있다. 신전은 아도비(말린 연와)로 쌓은 원추형 건물로서 사방이 34m에 달한다.

세묘노프 톈산스키 Pyotr Petrovich Semyonov-Tyan-Shanskii, 1827~1914년

러시아의 지리학자이자 중앙아시아 탐험가. 군인 집안에서 태어난 세묘노프는 1841년 근위사관학교에 입학해 4년 후 졸업하였지만, 당시 상황에서 전도가 양양한 군인의 길을 포기하고 1845년 페테르부르크 대학 물리학과에 입학했다. 재학 중 페테르부르크에서 모스크바까지 도보여행을 할 정도로 일찍부터 여행과 탐험의 꿈을 키웠으며, 4년 과정을 3년 만에 졸업하였다. 1849년 러시아 지리학협회(1845년 창립) 회원이 되어 그해 여름 식물 채집차 러시아 국내 탐사를 하였는데, 1851년에 제출된 석사 논문 「돈

강(江) 유역의 식물」은 그 결과물이다. 이후 독일 베를린 대학에 유학하던 중 톈산 산맥 탐사 준비를 시작했는데, 이를 위해 먼저 경험삼아 알프스와 이탈리아의 베수비어스(Vesuvius) 화산을 등정하기도 하였다.

1856년에 러시아 지리학협회의 자연지리부 비서로 선출됨과 동시에 협회로부터 1,000루블의 자금을 지원받아 중앙아시아의 톈산 산맥 탐험에 나섰다. 그의 탐험 노정은 다음과 같다. 옴스크 출발(1856) → 세미바라친스크 → 야구즈코발 → 예르네이(현 카자흐스탄의 알마티) → 자일리스키 알라타우 산맥 → 이식쿨호(湖) → (호 서단) 추강(江) 상류 → 예르네이(주변에서 몇차례 소규모의 조사여행) → (1857) 산타시(이식쿨 동단) → 테르스케이 알라타우 산맥 → 사루이자즈강 원류(한틴구리산 북면에서 큰 빙하 발견) → 이식쿨호 남안 → 자우카 고개(테르스케이 알라타우 산맥) → 나린강(시르다리야 상류) 원류 조사 → 이식쿨호 → (예르네이로의 귀로) 쿤게이 알라타우 산맥과 자일리스키 알라타우 산맥 횡단 → 예르네이 귀착.

톈산 탐험에서 세묘노프는 다음과 같은 결론을 얻어냈다. ① 통설인 톈산 화성설(天山火成說)을 부정하였다. ② 표고(標高)에 따른 자일리스키 알라타우 산맥의 경관대(景觀帶)를 스텝대, 농업식물대, 침엽수대, 하(下)알프스대, 상(上)알프스대, 설대(雪帶, 3,300m 이상)의 6개 대로 세분하였다. 그의 관찰에 의하면 톈산의 만년설은 같은 위도의 유럽이나 캅카스 산들보다 높은 고도에 형성되는데, 이것은 이 지방의 공기가 건조하기 때문이다. ③ 톈산에 광대한 산악빙하가 존재한다는 것을 확인하였다. 지금까지는 주위에 타클라마칸·고비·세미레체·시란 등 사막에 에워싸인 톈산은 열풍 때문에 빙하가 없는 것으로 알려졌었다. ④ 학자로서는 처음으로 톈산 산

맥 일대를 탐험하고 그 자연현상을 학문적으로 기록하였다. 이로써 톈산 같은 대산계(大山系)에 대한 탐험과 연구의 새시대가 열렸으며, 중앙아시아 산계에 관한 연구의 기초가 마련되었다.

그밖에 세묘노프는 여러 방면에서 혁혁한 업적을 남겼다. 1860년에 그는 자연지리부회 회장으로, 1873년에는 러시아 지리학협회 부총재(총재는 황족)로 선출되었으며, 『러시아지리통계사전』과 『아름다운 러시아』 『러시아지리학협회 오십년사』 등 일련의 정기 학술지의 감수를 담당하였다. 그는 미술에도 조예가 깊어 그가 수집한 미술 컬렉션이 에르미타주박물관에 기증(1910)되기도 하였다. 세묘노프는 생전에 총 73가지 국내외 학회의 회원 신분을 가졌으며, 후진들을 양성하였는데, 후에 이름난 이들이 많다. 식물 27종, 곤충 54종, 조류 8종이 그의 이름을 따서 명명되기도 하였다. 만년에는 그의 톈산 탐험 공적을 기려 그에게 '톈산스키'라는 이름이 덧붙여지기도 하였다. (1-381~382)

세미레체 Semirech'e(러시아어), 七河地域

초원 실크로드 상의 요충지. 현 카자흐스탄 남동부와 키르기스스탄의 북부에 해당하는 지역으로 옛날부터 여러 유목민족들이 흥망성쇠를 거듭하던 곳이다. 카자흐어와 키르기스어의 '제티수'(Jetísu, Jeti-Suu)가 러시아어로 와전된 세미레체는 '7개의 강'이란 뜻이다. 이는 발하슈호에 유입되는 7개의 강을 말하는데, 구체적으로 어떤 강들인지에 관해서는 여러가지 설이 있다. 이곳은 토질과 기후가 유목에 적합하여 역사적으로 사카·오손(烏孫)·서돌궐·카를루크·카라한조·카라키타이 등 일련의 유목민족 정권들이 발판을 굳힌 중심지나 거점 역할을 하였다. 또한 농경과 도시 경영에도 유리한 요충지였기에, 소그드인들이 유입되기도 하였으며 중국의 영향

하에서는 한때 불교문화도 성행하였다. 유목민과 정주민이 만나는 곳이라는 이점 때문에 일찍이 수이아브(Suy-ab, 쇄엽碎葉)나 바라사군·알마루크·카야루크 등 여러 도시가 형성되어 번영하다가 13세기 몽골군의 침략과 그 이후 기후의 변화 등으로 인해 쇠퇴하였다. 그후 차가타이 우루스와 모굴리스탄 칸국의 시대를 거쳐 16세기에 들어서는 카자흐인과 키르기스인이 칼마크인을 상대로 한 쟁탈전이 오랫동안 지속되었는데, 18세기 중엽에 이르러 칼마크가 축출되었다. 이후 러시아에 합병되면서 세미레체주(州)가 신설(1867)되어 투르키스탄 총독부 관할 하에 들어갔다. (3-285)

세밀화 細密畵, miniature(프랑스어)

이슬람 회화의 대표적 화법. 한자문명권에서 세밀화라고 하는 미니아튀르(miniature)의 어원은 라틴어 'miniare'인데, 그 뜻은 '붉게 칠하다'이다. 원래는 유럽에서 문자를 장식하는 붉은색 문양을 말했는데, 이것이 변용되어 중세 유럽에서는 종교서적의 삽화나 장식에 이용되는 하나의 화법으로 간주되었다. 이 기법은 하나의 대표적인 화법으로 이슬람 회화에 도입되어 큰 발전을 이루었다. 이슬람 회화가 내용에서는 인물이나 정물(靜物)의 표현을 삼가지만 기법에서는 색채의 구성과 선의 효과를 기본으로 하는 특징을 지니고 있기 때문이다. 동방에서 세밀화의 단초는 사산조 페르시아 시대에 간행된 마니교 경전의 삽화에서 찾아볼 수 있다. 이것은 이슬람 시대로 이어져 바그다드에서는 12세기, 이란에서는 13세기, 인도에서는 16세기에 세밀화가 유행하기 시작하였다. 1258년 몽골의 침입으로 압바스조 이슬람제국이 멸망할 때까지 이슬람세계에서 창작된 세밀화는 '바그다드파' 세밀화라고 한다. 이 파의 세밀화는 도상(圖像) 자체는 사실적

이란 이스파한의 '40주 궁전' 벽에 그려진 세밀화

이지만 표현의 섬세함이나 장식성은 떨어진다. 이어 몽골의 침입 결과로 이란에 일 칸국이 세워진 후로는 원대의 중국 화풍의 영향을 받은 이른바 '몽골파'의 세밀화가 등장한다. 입체감을 살리고 부감(俯瞰) 구도를 채용해 산수나 수목으로 원근을 조절하는 기법 등이 바로 그러한 영향의 결과다. 이같은 화법은 중앙아시아의 티무르 제국이나 인도의 무굴제국, 터키의 오스만제국 시대의 회화에도 도입되어 이슬람 회화의 꽃을 피웠다.

세베르초프 Nikolai Alekseevich Severtsov, 1827~1885년

러시아의 중앙아시아 탐험가. 러시아 보로네시(市)의 지주 가문에서 태어난 세베르초프는 16세 때 모스크바 대학에 입학해 동물학을 공부하였다. 1850년 대학을 졸업하고 5년 만에 석사 학위를 얻었다. 그는 당대의 유명한 탐험가 카렐린(G. S. Karelin)에게서 중앙아시아의 다양한 자연환경에 대한 이야기를 듣고, 이 지역에 대한 매력을 느껴 평생을 중앙아시아 연구에 바치겠다는 결심을 했다고 회고하였다. 1857년부터 1879년 사이에 10번이나 중앙아시아 탐험을 단행한 그는 동물학 관련 18편, 지리학 관련 14편, 그리고 출간되지 않은 12편의 탐사보고서와 연구논문을 남겼다. (1-380)

세석기 細石器

중석기(中石器)시대의 대표적 석기는 세석기(細石器)다. 폭 1cm 내외, 두께 2~3mm 정도의 가벼운 석기인데 단독으로 쓰이는 경우도 있지만, 대개는 여러 개를 한 묶음으로 하여 작살 같은 막대기나 자루에 끼워넣어 사용한다. 사용 도중 석기가 파손되더라도 쉽게 새것으로 바꿔 끼울 수 있다는 점에서 파손되면 버리는 종전의 석기보다 개량된 형태라 할 수 있다. 세석기는 자연환경의 급격한 변화가 일어난 구석기시대 후기에 이동의 편리성을 고려하여 출현하였는데, 소형화(小形化)와 경량화(輕量化)를 특징으로 한다. 세석기가 어디에 어떻게 사용되었는가 하는 기능의 문제는 지역마다 조금씩 다를 수 있지만, 과학적으로 분석해보면 다음과 같은 기능을 갖고 있음을 알 수 있다. 첫째는 수렵을 위한 화살촉(석촉石鏃)의 기능, 둘째는 식물을 베기 위한 낫(겸鎌)과 같은 연장 기능, 셋째는 작살에 끼우는 칼(刀) 같은 어로도구 기능, 넷째는 자르거나 깎는 데 쓰는 공구 기능이다. 작살의 용도를 제외하면 세석기의 기능은 석인(石刃, 돌칼)과 유사하다.

세석기는 용도와 기형에서 동서간에 차이가 있는데, 우선 기능의 차이를 들 수 있다. 유럽을 비롯한 서아시아와 북아시아에서 제작된 세석기는 대개 복합기형(複合器形)으로 주로 수렵하는 데 사용되었지만, 동아시아나 동남아시아의 경우는 농구(農具)나 수렵 및 어로용 도구로 사용되었다. 다음은 기형(器形)의 차이로, 유럽에서 제작된 세석기는 삼각형·제형(梯形, 사다리꼴)·반원형·능형(菱形, 마름모꼴)·장방형 등의 기하학형 기형이 주류를 이루는데, 지중해 연안과 북아프리카나 서아시아(이라크·이란·아프가니스탄) 지역은 물론 중앙아시아와 남아시아, 그리고 사하라 이남의 아프리카 등지에서도 이러한 기형이 채택된 것이 유적에서 확인된다. 그러나 동아시아의 세석기는 유럽의 세석기에서 나타나는 이러한 가공이나 정형화가 별로 보이지 않는다. 세석인(細石刃, 가는 돌칼)을 그대로 쓸 뿐, 가공이나 정형화를 하지 않은 것이 대부분이다. 기하학형 세석기와 가공 또는 정형화되지 않은 세석기 사이에 기능상의 우열이나 제작기법의 선후를 논할 수는 없다. 왜냐하면 이러한 기형은 각각의 석기문화 전통과 생활환경에서 비롯된 차이와 수요에 의해서 이루어졌기 때문이다.

세석기의 분포와 교류 세석기문화는 주로 아프리카·아라비아·이란고원·남러시아·투르키스탄·몽골고원 등 건조한 초원지대에서 수렵과 목축을 주생업으로 하는 원시인들에게서 발생하여 신석기시대에 하나의 문화권을 이루었는데, 인도·티베트·아메리카의 고원지대 유목민들 사이에서도 유행되었다. 현 중국 네이멍구자치구의 북동부에 차리한 후룬베이얼(Hulunbuir , 呼倫貝爾) 유적은 동아시아의 대표적인 세석기 유적이다. 1933년 소련 고고학자 톨마쵸프(V. Ya. Tolmachev)에 의해 처음으로 발굴된 후 중국과 일본의 학자들에 의해 유적 내용과 편년이 제시되었다. 일본의 사토오 타츠오(左藤達夫)는 후룬베이얼 세석기를 3기로 나누어 발달과정을 고찰하면서 주변 세석기와의 상관성을 연구하였다. 그의 견해에 따르면 제1기에는 석핵(石核) 석기류가 주로 출토되었는데, 형태는 현재 네이멍구자치구의 동남부에 위치한 츠펑(赤峯) 유적과 신장 칠각정자(新疆 七角井子) 유적에서 나온 세석기와 유사하다. 제2기에는 양면을 가공(박리剝離)한 삼각형이나 버드나무잎형(유엽형柳葉形) 돌날의 화살촉(석인촉石刃鏃)이 성행하였는데, 이러한 형태는 중앙아시아 호라즘(Khorazm) 지방의 켈테미나르(Kelteminar) 전기

세석기문화에서도 발견된다. 이 화살촉의 기부(基部) 모양은 편평형(扁平形)이나 사형(斜形)·호형(弧形) 등 다양하다. 제3기에는 세석기가 점차 쇠퇴하고 토기가 반출된다. 이 시기에는 선행 시기에 성행한 돌날화살촉이 사라지고 그대신 삼각형의 타제돌화살(석촉石鏃)이 출현하며, 돌그릇(석명石皿)을 비롯한 각종 마제석기도 선을 보인다. 이와 같이 몽골지방의 세석기는 지역 내 여타 세석기와는 물론, 멀리 중앙아시아의 세석기와도 유사점을 공유하고 있다.

인도 대륙에는 곳곳에 세석기 유적이 있는데, 대체로 갠지스강 유역의 초타 나그푸르(Chota Nagpur) 고원을 비롯한 동북부 지방에서는 반달형 돌칼 등 비기하학형 세석기가 유행하고 기타 지방에서는 삼각형 돌칼 등 비기하학형 세석기가 주종을 이룬다. 인도 등 동북부의 비기하학형 세석기의 유사품은 티베트 고원에서도 발견되어 두 지역간의 교류를 시사해준다. 그밖에 중앙아시아 호라즘 지방의 켈테미나르 문화는 세석기문화의 대표적 일례다. 아무강 하구에서 발생한 이 문화는 기원전 3000년대 전반의 것으로 추정된다. 이 유적에서는 기하학형 세석기를 비롯하여 돌날화살촉(석인촉石刃鏃), 돌숟가락(석시石匙), 세석기에 상감(象嵌)한 골제 식칼 등 많은 석기류와 구멍난 조개류(貝類), 석제 장식품(수식垂飾), 붉은색 토기, 사행선(斜行線) 문양의 빗살무늬 토기 등이 출토되었다. 100~120명씩 집단 거주하는 가옥 유적에서는 수렵용 도구로 보이는 세석기와 담수어(淡水魚)의 뼈, 멧돼지나 사슴·물새(수조水鳥)의 뼈 등도 함께 출토되었는데, 이것으로 보아 세석기를 사용하면서 어업과 수렵생활을 한 사람들이 정착해 살고 있었음을 짐작할 수 있다. 기하학형 세석기가 사라진 켈테미나르 문화 후기에 오면 양이나 소를 사육하는 유목문화가 등장한다. 전술한 몽골 세석기

문화도 제3기에 들어서면 유목민적 양상이 뚜렷해지는데, 이러한 점으로 미루어 켈테미나르 문화 후기와 몽골 세석기문화 제3기가 유사한 형태임을 확인할 수 있다. 따라서 일반적으로 세석기문화의 전기는 수렵적 성격이, 후기는 목축업적 성격이 강하다는 결론을 내릴 수 있다.

세인트 헬레나 Saint Helena

해상실크로드의 보급항. 대서양 중남부의 해상에 있는 작은 섬으로서 대항해시대인 1502년에 포르투갈인들이 발견했으나 1652년에 영국 동인도회사에게 넘어갔다. 이 섬은 화산도로 온천이 있으며, 선박들의 경유지로 대항해시대에는 중간 보급항 역할을 하였다. 이 섬과 관련한 다음과 같은 여러가지 일화가 전해온다. 첫째 1614년 이 섬에서 네덜란드 동인도회사 소속 비제로호(號)가 포르투갈 배와 일전을 벌이다가 침몰하였다. 그러나 다행히 배에 적재된 중국산 부용수염부(芙蓉手染付)는 인양되었다. 둘째, 1815년 나폴레옹이 이 섬에 유배되어 왔다. 마침 1816년 한반도 서해안 탐사를 마치고 2년 후에 귀국길에 오른 영국 선장 바실 홀(Basil Hall)은 이 섬에 유배 중이던 나폴레옹(홀의 부친과 파리 군사학교 동창)을 방문한다. 바실 홀은 그가 본 조선에 대하여 "역사는 유구한 나라인데 한번도 남을 침략해본 적이 없는 평화스러운 나라"라고 소개한다. 듣고 있던 나폴레옹은 "이 세상에 남의 나라를 쳐들어가보지 않은 민족도 있단 말인가? 내가 다시 천하를 통일한 다음에는 꼭 그 조선이라는 나라를 찾아가 보리라" 하고 화답한다. 나폴레옹은 이 섬에서 유배 중 사망했으니, 조선에 가보고 싶은 것이 그의 마지막 희망이었을지도 모른다.

세케(ceque)선(線)

남미 잉카 문명에서의 일종 관념체계. 잉카제국 수도 쿠스코(현 페루의 고도)의 황금신전(黃金神殿, Qurikancha)에서 방사선 모양으로 펼쳐진 '세케'라고 하는 41(42 ?)가닥의 선을 따라 쿠스코가 획분되었다는 기록이 발견되었다. 쿠스코 시내와 주변에 있는 328개의 성소(聖所, 와카)도 세케선 상에 위치한 것으로 알려지고 있다. 그러나 세케와 역법(曆法)의 관계나, 성소의 수(328개)가 1년의 날짜 수와 거의 일치한다는 점, 세케선은 직선이 아니라 지그재그의 곡선이라는 점 등 풀어야 할 의문점이 많다.

셀레우코스 1세 Seleucos I, 재위 기원전 312~기원전 280년

알렉산드로스의 부장(副將)으로 있다가 알렉산드로스가 사망하자 시리아를 중심으로 셀레우키아(Seleukia)를 수도로 한 아시아 지역에 셀레우코스 왕국을 세웠다. 마케도니아 원정 중 암살되었다.

셀레우코스조(朝) → '시리아 왕국'항 참고

셀레우키아(Seleukeia) 도시 유적

교류의 유물적 전거로서의 오아시스로 상의 유적. 셀레우키아는 티그리스강 중류 우안에 자리한 셀레우코스조의 그리스풍 수도였다. 이 도시는 셀레우코스 1세가 기원전 312년에 건설한 도시로서, 이곳에서 헬레니즘 문화 유물이 출토되었다.

셀주크조(朝) Seljuk dynasty, 1038~1194년

중앙아시아의 유목민인 오구즈 투르크계(系)의 셀주크가(家)가 세운 왕조. 10세기 말에 족장 셀주크가 이끄는 일가가 중앙아시아에서 아랄해

셀주크시대의 대표적 사원인 울루 자미아의 특이한 석제 민바르
(설교대, 터키 디야르 바크르)

북동 연안으로 이주해 이슬람 순니파에 귀의하
였다. 그의 손자 토그롤 베크(Toghrol Beik)는 가
즈니 왕조를 몰아내고 이란을 병합(1040)한 뒤
이라크에 진출해 시아파인 부와이흐 왕조를 몰
아내고 술탄이란 칭호를 받았다. 제2대와 3대 때
전성기를 맞아 파미르 고원에서 이집트에 이르
는 서아시아 전역을 정복하고 비잔틴제국을 압
박함으로써 십자군 원정이 발발하는 계기를 제
공하였다. 전성기를 지나서 나라가 케르만 셀주
크와 아나톨 셀주크, 시리아 셀주크 등으로 분열
되면서 국력이 약화되었다.

셈족(族) Semites

세계 3대 어족의 하나인 셈어(語)를 사용하는 여
러 민족에 대한 범칭. 셈족의 본향은 아라비아
반도인데, 이곳에서 북쪽의 민족들은 메소포타
미아 지역으로, 서남쪽의 민족들은 아프리카 에
티오피아로 이주하였다. 북쪽으로 이동한 아카
드인들은 기원전 3000년경에 메소포타미아 문
명을 일으켰으며, 기원전 2600년경에는 사르곤
이 최초의 셈족 왕국인 아카드 왕조를 세웠다.
셈어에는 아카드어·아람어·가나안어·아무르
어·아랍어·에티오피아어 등이 포함된다. 셈족

은 고대 오리엔트 문화를 창조하고, 교역활동도
활발하게 전개했으며, 기독교와 이슬람교를 창
시하는 등 인류문명 발전에 크게 기여하였다.

셰베르간(Sheberghan) 분묘 유적

아프가니스탄의 분묘 유적. 1978년 소련과 아
프가니스탄 합동조사단은 아프가니스탄 북
부 발흐 서쪽 150km 거리에 있는 시바르간
(Shibarghan)시(市) 북방 약 5km 지점의 목화밭
에서 7기의 분묘를 발굴하였는데, 여기서 2만 수
천 점에 달하는 금제장신구가 출토되었다. 출토
유물은 순금제장신구와 터키석을 상감한 금제
장신구 및 벨트·팔찌·왕관·가슴장식·펜던트·
장식판·사발·거울·로만글라스·단검·칼집 등
인데, 이들 모두 제작 기술과 예술성이 매우 뛰
어나다. 이 황금제품의 종류나 기술은 알타이 지
방에서 서역까지, 그리고 몽골고원 각지에서 출
토된 스키타이계 문화와 깊은 관련이 있어 보인
다. 중국 신장 투루판에 있는 교하고성(交河故
城) 부근의 구서묘(溝西墓)에서 차사족(車師族)
의 황금장식품이 출토되었는데, 그 중 목걸이와
펜던트(pendant)의 기법은 이 셰베르간 출토품
과 유사한 것이 많다. (2-268~269)

소 簫

동전된 서역 악기. 아악(雅樂)에 쓰이는 취(吹)
악기로서 하나의 관으로 된 동소(洞簫)와 여러
개의 관으로 된 배소(排簫)가 있다. 소는 수(隋)
의 구부기(九部伎) 중에 안국기(安國伎)·소륵기
(疏勒伎)·구자기(龜玆伎) 등 중앙아시아 제국의
음악에서 사용(『수서(隋書)』 「음악지音樂志」)된
서역계 취악기다. 안악(安岳) 제 3호분(357년 건
립, 동진東晉 영화永和 13)과 장천(長川) 제1호분
의 벽화에 나타난 사실로 미루어 4세기경에 고
구려에 전해졌으며, 횡적(橫笛)과 함께 비암사

(碑巖寺) 계유명아미타불삼존석상(癸酉銘阿彌陀佛三尊石像)에서 모습을 찾을 수 있어 신라의 수용 시기를 중대(中代)로 유추해볼 수 있다.

소그드인 Sogd 人

중앙아시아의 이란계 민족. 사마르칸트를 중심으로 한 제라프샨강 유역의 소그디아나(Soghdiana, 옛이름 'Seghuda'의 그리스어 발음)에 거주하면서, 일찍부터 동서교역에 종사하여 상술에 능한 사람들로 알려져왔다. 『후한서(後漢書)』「서역전(西域傳)」에는 그들을 '상호(商胡)'라고 지칭하면서 내한(來漢) 사실을 전하고 있다. 다른 한적(漢籍)에 의하면, 그들은 소무(昭武, Shāushu)를 왕성(王姓)으로 한 여러 왕을 섬겨왔기 때문에 6성(姓) 혹은 9성 소무라고 하였다. 비옥한 오아시스 지대의 교통요로에서 활동한 소그드인들은 역사적으로 주변 국가들의 치하에서 각기 다른 문화를 체험하면서 동서교역에 종사하였다.

고대에는 아케메네스조 페르시아의 한 속주(屬州)로 있다가 알렉산드로스 동정군에게 정복되었다. 헬레니즘시대에는 동남방에 있는 박트리아(Bactria, 대하大夏, 기원전 255년경~기원전 139년)의 영역에 편입되었으며, 이어 대월지(大月氏)와 쿠샨(Kushan, 귀상貴霜, 기원후 40~240)과 사산조 페르시아(Sāsān, 226~651)의 지배를 차례로 받았다. 5세기에는 유목민인 에프탈에게 강점되었다가 6세기에는 돌궐(突厥)에게 복속되었다. 8세기부터는 이슬람 문화의 세례를 받아 이슬람화되면서 연이어 사만조(875~999)와 카라한조(840~1212)의 지배를 받았다. 그후 칭기즈칸의 서정(西征)으로 인해 거의 황폐화되었으나, 1370년에 티무르가 사마르칸트를 수도로 제국을 건립하면서 다시 번영하기 시작하였다.

소그드인들의 동방교역 소그드인들은 기구한 역사 속에서도 실크로드 육로의 요지에서 교역활동을 지속하여 동서 문명교류에 상당한 기여를 하였다. 특히 그들은 중국과의 교역을 활발하게 벌였다. 5호 16국의 분란시기에도 중국 변방뿐만 아니라 내지에까지 진출하여 교역을 계속하였는데, 이를 반영하듯 439년 북위(北魏)가 북량(北涼)을 멸할 때 교역차 북량에 왕래하거나 상주한 소그드인들이 다수 포로가 된 바 있다. 소그드인들의 동방교역에서 특징적인 것은 중앙아시아로부터 중국 경내에 이르기까지 여러 곳에 식민거점을 건설하여 교역에 활용한 점이다. 『사주이주지지(沙州伊州地志)』(885) 잔권(殘卷) 등의 서적에 의하면, 수·당대에 그들은 이오(伊吾)나 로프노르 부근의 석성진(石城鎭)·둔성(屯城, 소선선小鄯善)·신성(新城)·포도성(蒲萄城)·살비성(薩毗城)·둔황(敦煌)·주취안(酒泉, 숙주肅州)·장예(張掖, 감주甘州)·고장(姑藏, 양저우洋州) 등 중국 내지의 여러 곳에 교역이나 교통을 위한 활동 거점으로서의 식민도시들을 확보하고 있었다. 중국 경내뿐만 아니라, 몽골고원이나 돌궐·위구르 등 외지에도 동류의 식민거점을 보유하고 있었다. 이러한 적극적인 교역활동으로 인하여 소그디아나는 10세기의 아랍 지리학자 무깟다쉬(al-Muqaddash)가 묘사한 것처럼, '신이 창조한 세계 가운데서 가장 아름다운 곳'으로서 일세의 번영을 누렸다. 그들은 페르시아를 비롯한 서아시아 일원에서 유리기구·모직품·보석세공품·향로·약재·악기 등을 수입하여 대상(隊商)을 꾸려 파미르 고원을 넘어 당의 수도 장안(長安, Khumdān)으로 들여왔다. 또한 역으로 견직물을 비롯한 당의 특산품을 서역에 전하기도 하였다. 그들의 이러한 중계교역을 통하여 여러 가지 동서 문물이 교류되었다.

소그드인의 언어 중세 이란어의 일종인 소그드어는 고대부터 12세기까지 중앙아시아 소그디아나 지방(시르다리야와 아무다리야 사이의 지역)에서 소그드인들이 사용하던 언어다. 상술에 능한 소그드 상인들이 동서교역을 활발하게 벌이던 8~9세기에는 내륙 아시아의 국제무역어로 널리 사용되었다. 특히 소그드인들이 중국 신장 일원에 이주해 중용되면서 위구르 사회에서 소그드어가 쓰이게 되었다. 구성회골가한비(九姓回鶻可汗碑, 하라 발가슨비)는 투르크 문자와 함께 소그드 문자와 한자로 쓰여 있어 소그드어의 실체를 파악하는 데 일조하였다. 그러나 후일 투르크인과 몽골인들의 계속된 침입으로 인해 소그드어는 순식간에 죽은 언어가 되고 말았다. 전통 소그드어는 소그드인들이 피난한 야그노브 지방에 남아 있을 뿐인데, 오늘날 그 잔존 언어를 신(新)소그드어라고 한다. 소그드어는 그 형태조차 명확하지 않으나, 다행히 19세기 말 이래로 간쑤(甘肅)·동투르키스탄·소그디아나 지방에서 소그드 문서와 경전·비문·화폐 등이 발견되면서 그 실태가 밝혀지고 있다.

소그디아나 Sogdiana

오아시스로 상의 중계무역 요지. 지리적으로 중앙아시아의 시르다리야와 아무다리야 두 강 사이의 지역, 또는 사마르칸트를 중심으로 한 제라프샨강 유역을 지칭한다. 이슬람화 이전 시대에는 흔히 '트란시옥시아나'(Transoxiana)라고 불렸으며, 이후에는 아랍어식으로 '마워라알나흐르'(강 뒤에 있는 곳, 하외지역河外地域)라고 하였다. '소그디아나'는 그리스어식으로 '소그드인들이 사는 지역'이라는 뜻으로 짐작되는데, 이 말은 기원전 6세기 아케메네스조 페르시아 시대에 세운 베히스툰 비문에 처음 등장한다. 비문에는 예하의 주(州) 이름으로 '수그다'(Sug(u)da)가 언급되고 있으며, 이 말은 조로아스터교의 경전인 『아베스타』에도 나온다. 당서(唐書)를 비롯한 한적(漢籍)에 나오는 '속특국(粟特國)'은 어느 한 나라를 지칭하는 것이 아니라 이란계의 일족인 소그드인들이 주축이 된 소무구성(昭武九姓, '소무구성'항 참고)을 가리키는 하나의 범칭이다. 7~10세기 소그디아나는 오아시스로를 통한 동서무역의 중계지였으며, 소그드어는 당시 국제무역 언어였다.

소기파 蘇祗婆

중국 신장(新疆)의 구자(龜玆, 현 쿠처庫車) 출신의 오현비파(五絃琵琶) 명수. 568년 돌궐 목한가한(木汗可汗)의 딸이 북주(北周) 무제(武帝)의 후궁으로 출가할 때 수행원으로 중국에 왔다. 그는 구자를 중심으로 한 중앙아시아 음악을 중국에 전파하였다. (8-35)

소동양 小東洋 → '동서 개념'항 참고

소량 蘇凉, Sūrēn

동행 이란인. 7세기 중엽 사산조 페르시아가 아랍-이슬람군에게 패망하자 왕족들은 중국(唐)으로 피난을 떠났고, 소량은 이때 왕족을 수행하여 당으로 들어왔다. 당에서는 황제를 호위하는 근위군단의 하나인 좌신책군(左神策軍)의 산병마사(散兵馬使, 기마대장騎馬隊長)를 역임하였다. 1955년 겨울 시안(西安)에서 파흘라비어(Pahlavi, 중세 페르시아어)와 한문이 함께 쓰인 묘지명(출처 『시안출토한번합벽묘지(西安出土漢蕃合壁墓誌)』)이 발견되었는데, 여기에는 소량의 가까운 집안의 딸이자 그의 부인으로 추정되는 마씨(馬氏)가 874년 26세의 나이로 사망한 것을 암시하는 내용이 있다. (8-72)

소로리카 Sororica

가장 오래된 볍씨. 1998년과 2001년 두 차례에

충북 청원군 옥산면 소로리의 구석기 유적에서 출토된 볍씨

걸쳐 한국 충청북도 청원군 옥산면 소로리 구석기 유적에서 지금으로부터 약 1만 7,000~1만 3,000년 전의 토탄층(土炭層)에서 모두 59톨의 볍씨가 발견되었다. 편년으로 보아 이 볍씨는 기존에 발견된 모든 볍씨(인디카indica, 자포니카japonica, 자바니카javanica)에 비해 가장 오래된 것으로 추정된다. 따라서 일단 기존 볍씨와는 구별되는 볍씨종 '소로리카'(Sororica)로 명명하고자 한다. ('벼'항 참고)

소록 疏勒 → '카슈가르'항 참고

소록악 疏勒樂

중국 한(漢)대부터 수·당(隋唐)대에 이르기까지 소록(疏勒, 현 중국 신장성新疆省 서부 카슈가르) 지방에서 유행한 음악. 소록악의 악곡으로 진해오는 것은 항리사양악무곡(亢利死讓樂舞曲)·원복해곡(遠服解曲)·감곡(監曲)이 있다. 악기로는 수공후(竪箜篌)·비파(琵琶)·오현(五絃)·적(笛)·소(簫)·필률(篳篥)·답랍고(答臘鼓)·요고(腰鼓)·갈고(羯鼓, 흉노 갈족羯族의 양추타악기兩搥打樂器)·계루고(鷄婁鼓, 일명 원고圓鼓, 타악기) 등 10종이 있으며, 한 조(組)는 12명의 악사로 구성된다. 수대의 구부악(九部樂)이나 당대의 십부악(十部樂) 중 하나다.

소릉 昭陵

중국 당태종의 능묘. 중국 시안(西安) 북쪽 약 60km의 지점에 있는 구준산(九峻山) 위에 13년간 축조한 당태종(唐太宗, 재위 626~649)의 능묘인 소릉(昭陵)이 있는데, 능의 북부 제단에는 당시 당나라에 조공한 외국의 군주 14명의 석상(石像)이 있다. 이 석상을 통해 당시 당나라의 대외관계와 외국의 복식 등을 알 수 있다.

소목 蘇木, 蘇枋木, 赤木, 紅紫, 학명 Caesalpinia sappan

염료 교역품. 열대지방에서 나는 식물로 보통 키는 5~9m 정도이며, 한방에서는 행혈(行血)·지혈·진통·소종(消腫) 등의 치료 약재로 쓰인다. 적황색 목재 부분은 홍색 염료, 뿌리는 황색 염료의 좋은 재료다. 따라서 약재용으로든 염료용으로든 예로부터 동서 교역품 항목에 자주 오르내렸다.

소무 蘇武

중국 전한(前漢) 때의 명신(名臣). 기원전 100년 중국 전한의 무제(武帝)는 흉노의 사신을 호송하기 위해 소무를 파견하였다. 그런데 흉노 선우(單于)는 그를 억류하고 항복을 강요했지만 소무는 단식으로 맞서 절개를 지켰다. 19년 만에 풀려나 귀국하자 천자는 그에게 관내후(關內侯)를 서작(敍爵)하고 명신의 반열에 올렸다.

소무구성(호) 昭武九姓(胡)

오아시스로 상에서 서천(西遷)한 민족. 중국 수·당시대에 중앙아시아의 시르다리야와 아무다리야 두 강 유역에 산재한 9개 성씨의 민족을 가리킨다. 『신당서(新唐書)』「서역전(西域傳)」에 의하면 이 9성은 강(康)·안(安)·조(曹)·석(石)·미(米)·하(何)·화심(火尋)·무지(戊地)·사(史)의 성씨를 말한다. 그중 강씨가 주류를 이루며, 이들은 월지인(月氏人)이다. 역사서에 따르면, 그들의 왕이 온(溫)씨였으며, 기련산(祁連山) 북쪽 소무성(昭武城, 현 간쑤성 린쩌현臨澤縣 영내)에서 살다가 돌궐의 내침으로 서쪽으로 이동하였는데, 서천 후 여러 갈래로 갈라졌으나 모두 '소무'를 성씨로 삼아 '소무구성'이라 부르게 된 것이

라 한다. 그들의 주업은 농업이지만 목축도 병행했으며, 남자가 20세만 되면 '이익이 나는 곳이라면 가지 않는 곳이 없을' 정도로 장사에 능한 민족으로 알려져 있다. 이들은 실크로드 상에서 상업활동을 하며 동서간 경제와 문화의 교류에 크게 이바지하였다. (13-370)

소비라 Sovira

인도의 서남 해안부에 위치한 고대 항구도시. 기원전 8세기경부터 바빌론과의 해상교역의 중심지 역할을 한 도시로, 그 주역은 드라비다인(Dravidian)이었다.

소상(塑像)의 동전(東傳)

기원후 2세기부터 5세기까지 인도 서북부에서 흥기한 간다라 미술의 동전과 더불어 이소(泥塑, 진흙 조소)를 위주로 한 간다라식 조각이 오아시스로의 남·북도 연변에 널리 전파되었다. 간다라식 이소상에는 불상을 비롯한 인물상이 많다. 인물소상의 특징은 콧마루가 높고 입술이 얇으며 어깨가 넓고, 의상은 짧고 좁아 발등이 노출되고 평행 주름무늬가 나 있다. 이러한 특징으로 인하여 간다라식 소상은 단번에 알아볼 수 있다. 5세기 중엽 후진(後秦, 384~417)과 서진(西秦, 385~431) 때에 북위(北魏)의 조각에서 간다라식 소상풍이 여실히 나타나고 있다. 간다라식 소상은 6세기경부터 하서주랑(河西走廊)을 거쳐 중원(中原) 지대로 동전하였으나, 7~8세기에 서전하는 당(唐)풍의 조형예술에 대부분 흡수되어 더이상 동전하지 못하였다.

소아시아 Asia Minor

아시아 대륙의 서쪽 끝인 지중해와 흑해 사이에 돌출된 반도 지역. 일명 아나톨리아(Anatolia)라고도 한다. '소아시아'에서 '소(小)' 자(字)가 언제 붙여진 것인지는 확실치 않으나, 유럽인들에게 아시아 전반에 관한 지식이 결핍되었을 때 이곳은 유럽과 아시아를 연결하는 접점이었다. 많은 나라들이 이곳에서 흥망성쇠를 거듭하는 것을 본 유럽인들이 잠정적으로 붙인 수식어라고 여겨진다.

소자 素子

백제의 도일 대사(大使). 630년 3월 조공사 겸 대사로서 소사(小使) 무덕(武德) 및 고구려 사신과 함께 일본에 갔다가 그해 9월 귀국하였다. 당시 그의 관직은 은솔(恩率)이다. (8-174)

소정방 蘇定方

당나라 정토(征討) 무장. 657년에 서돌궐을 정토해 적장 아사나가로(阿史那賀魯)를 생포하고 좌효위대장군(左驍衛大將軍)이 되었다. 660년에 백제를 정토한 데 이어 고구려 원정에도 가담하였다. 사후 좌효위대장군 유주도독(幽州都督)에 추서되었다.

소주 燒酒, 露酒, 火酒, 汗酒, 白酒, 氣酒

동전 서역의 술. 곡물이나 과실을 발효시켜 증류한 고농도 증류주로서 기원전 3000년경에 메소포타미아의 수메르에서 처음 만들어진 이래, 오늘날까지도 중동 아랍 지역에서 '아라끄'란 이름으로 우윳빛 소주가 전승되고 있다. 재료는 주로 대추야자다. 아랍어로 '증류'(araq)란 뜻에 어원을 두고 있는 이 소주는 몽골어로 '아라키', 만주어로 '알키', 중국어로 '아랄길주(阿剌吉酒)', 힌두어로 '알락'이라

고려의 소줏고리

고 한다. 몽골 서정군(西征軍)이 1258년 압바스조 이슬람제국을 공략할 때 아랍인들로부터 그 양조법을 배웠으며, 그후 일본 원정을 위해 한반도의 개성과 안동·제주도 등지에 주둔하면서 이 술을 빚기 시작하였다. 몽골 원정군이 가죽 술통에 넣고 다니면서 마시는 아라끄를 공급하기 위해 고려인들이 만들어낸 것이 바로 고려 소주이며, 그것이 오늘날까지 전승되어오면서 한국 3대 토주(土酒)의 하나가 되었다. 중국에서는 소주의 기원에 관해 증류기 유물의 발견과 벽화 및 관련 기록 등에 근거해 자생설을 주장하는데, 상대설(商代說)·동한설(東漢說)·당대설(唐代說)·송대설(宋代說)·금대설(金代說)·서하설(西夏說) 등 6가지 설이 있다. (13-353)

소치칼코(Xochicalco) 도시 유적

마야 문명의 도시 유적. 멕시코 중앙부 모렐로스주(州) 주도(州都) 쿠에르나바카의 남서쪽 약 15km 지점에 있다. 언덕 위에 위치하고 있는데, 고전기 말기(기원후 700~900)부터 후고전 초기(10~11세기경)까지 번영을 누렸다. 처음에는 종교 중심의 도시였으나 후고전기에 들어서서는 군사적 성격이 강한 요새 역할을 맡았다. 이 유적의 건축이나 돌의 조각, 토기 제작에는 마야 지역과의 관계를 나타내는 흔적이 많다. 5개의 언덕 위에 지어진 면적 $4km^2$의 중급 요새 도시에는 인구 1만~1만 5천 명 정도가 거주하였다. 도시는 높이 3~5m의 방어벽으로 겹겹이 에워싸여 있다. 예술양식은 멕시코 중앙고지의 전통양식에 오악사카(Oaxaca) 분지와 멕시코만 저지대, 마야 저지대 등지의 문화요소가 융합되어 있다. 중심부에 있는 유명한 '깃털이 난 뱀 신전'에는 깃털이 난 뱀 도상(圖像)과 마야식 인물상, 상형문자 등이 새겨져 있다. 3개의 구기장(球技場)이 있으며, 왕의 도상과 이름·이력 등이 새겨

진 돌비석도 있다. 900년경에 내란이나 전쟁으로 인해 몰락하였다. (4-29)

소코트라도(島)

인도양 상의 물산 집산지. 아라비아 반도 서남단 아덴만(灣) 입구의 동편에 있는 작은 섬으로, 고대 인도인들이 해상교역을 시작할 때부터 '행복의 섬'이라고 부르면서 향료를 비롯한 여러가지 물산을 교역하던 곳이다. 중세에는 해적들의 소굴로서 고가 물품들이 거래되었으며, 1886년 이후에는 영국의 보호령이 되었다. 인도양의 해상교역을 연구할 때 간과할 수 없는 요지(要地)다.

소합향 蘇合香

무역 향료. 소합향은 관목의 수지(樹脂)에서 채취하는 향료로 반유동성 액체로 황백색 또는 황갈색을 띠고 반투명하며 맛은 맵다. 끈끈하고 질기며 불에 태우면 강한 향기를 발산하여, 분향료(焚香料)로 시용된다. 뿐만 아니라 소합향은 정신을 맑게 하고 혈액순환을 촉진하며 중풍이나 관상동맥 등 질병 치료에도 효험이 있는 약재다. 원산지에 관해서는 여러가지 이설이 있다. 기원 초에 저술된 『박물지(博物志)』에는 시리아에서 가장 좋은 소합향이 나온다고 하고, 『에리트라해 안내기』에는 아라비아 반도의 서남부에 있는 카네에서 채취한다고 기술하고 있다. 그런가 하면 중국 『후한서(後漢書)』와 『태평어람(太平御覽)』에는 대진국(大秦國), 즉 로마제국에서 산출된다고 나온다.

『속고승전(續高僧傳)』, 일명 『당고승전(唐高僧傳)』 道宣 저, 645년

교류의 문헌적 전거로서의 개설소개서(인물전). 석혜교(釋慧皎)의 『고승전(高僧傳)』(522) 속편으로, 양조(梁朝) 이후의 704명 고승들의 행적을

기술하고 있다. 그들은 정전(正傳) 485명과 부견(附見) 219명으로 구분되고 있는데, 남·북방 승려들을 골고루 다루고 있어 『고승전』의 편파성과 지역적 한계성을 극복했다는 평을 받고 있다.

속독 束毒

동전된 서역의 가면무. 『삼국사기(三國史記)』 권32 「악지(樂支)」 '악조(樂條)'에 신라의 문호 최치원(崔致遠)의 『향악잡영오수(鄕樂雜詠五首)』 중 한 가지로 소개된 서역 전래의 잡기(雜伎, 놀이)다. 속독은 엉킨 머리에 남색 얼굴을 한 이색적인 무인(舞人)들이 떼를 지어 뜰 앞에서 북소리에 맞추어 이리저리 뛰어다니면서 난(鸞)새(봉황의 일종)춤을 추는 일종의 가면무로서 강국(康國) 일대의 소그디아나에서 전래한 것이다. 이 춤은 일본의 4인 내지 6인 군무인 가면무 주독(走禿, 쇼오도쿠, 숙덕宿德)과 유사하다.

속특 粟特 → '소그디아나'항 참고

솔로몬 Solomon, ~기원전 912년?

교역과 교류로 번영을 이룬 전제군주. 예루살렘에서 태어나 다윗을 이어 이스라엘 왕국의 왕위에 오른 솔로몬은 부족제를 폐지하고 중앙행정제를 실시하였다. 그리고 대외적으로는 주변 나라들과의 통상 및 문화교류를 장려해 조선소와 제동소(製銅所), 그리고 '계약의 궤'를 안치한 신전을 짓는 등 '솔로몬의 영화'를 이루어냈다. 그는 구약성서에 나오는 「아가(雅歌)」와 「잠언(箴言)」의 저자로도 알려져 있다. 백성들에게 과중한 부담을 지웠고, 부족간의 갈등 등으로 인해 그의 사후 왕국은 이스라엘과 유대로 양분되었다.

송 宋, 960~1279년

문치주의(文治主義)를 표방한 송조는 농업과 상업, 공업과 문화의 발달에 진력하여 미증유의 번영을 이룸으로써 중세 동서 문명교류와 실크로드의 전개에 나름의 기여를 하였다. 국내 교통망을 정비하고, 조선술과 항해술을 진일보시켜 해상실크로드를 통한 국제무역을 활성화시켰다. 문화 면에서는 유학, 특히 주자학(朱子學)을 정립하고 『논어』『맹자』『대학』『중용』의 4서를 편찬해 중국의 전통사상을 집대성하였다. 특기할 것은 중국 도자사(陶瓷史)의 황금기가 송대라는 사실이다. 북송의 정요(定窯) 백자를 시작으로 남송의 용천요(龍泉窯) 청자에 이르기까지 질 좋은 중국 자기가 해로를 타고 세계 각지에 수출됨으로써 비로소 중세의 '도자기의 길'이 열렸다. ('송대의 서방교역'항 참고)

『송고승전(宋高僧傳)』 贊寧 저, 988년

교류의 문헌적 전거로서의 개설소개서(인물전). 도선(道宣)의 『속고승전(續高僧傳)』(645)의 속편으로, 서위(西魏)부터 북송(北宋) 단공(端拱) 원년(988)까지의 기간에 활동한 664명 고승들의 행적을 기술하고 있다. 정전(正傳)은 533명, 부견(附見)은 131명으로, 『속고승전』에서 누락된 부분을 보완하였다. 『속고승전』과 『송고승전』의 서술체계는 석혜교(釋慧皎)의 『고승전』처럼 10문으로 나눈 것은 같으나, 명칭과 내용은 조금 다르다. 『송고승전』의 10문은 역경(譯經)·의해(義解)·습선(習禪)·명률(明律)·호법(護法)·감통(感通)·유신(遺身)·독송(讀誦)·흥복(興福)·잡과성덕편(雜科聖德篇)이다.

송대의 서방교역

송대(북송 960~1127, 남송 1127~1279)는 비록 국력이나 판도 면에서는 당대(唐代)에 미치지 못하고 천도(遷都) 등 여러가지 국난을 겪었지만, 해상무역을 통한 대서방 교역은 당대보다 훨

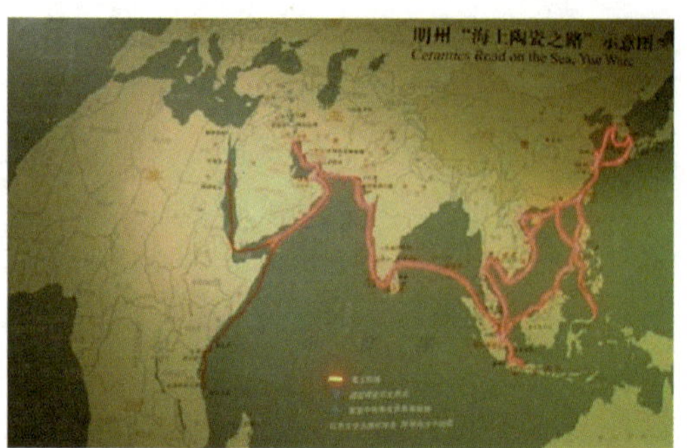

송대 명주(明州, 현 닝보)의 '해상도자기의 길' 지도

씬 더 활발하였다. 원래 후한(後漢) 이래 중국의 경제 중심은 북방의 중원(中原) 지역(황허 유역)에서 점차 양쯔강을 중심으로 한 남방으로 옮겨 오다가 송대, 특히 남송시대에 와서는 이러한 중심 이동이 멈춰 상대적으로 남방이 더욱더 번영하기 시작하였다. 한편, 송대 초기에는 동북과 서북지방이 각각 요(遼)와 서하(西夏)에 의해 점거되었고, 후일 북방지역마저 금(金)에게 할양됨으로써 육로를 통한 대(對) 서역 통교나 교역은 큰 장애에 부딪히게 되었다. 이러한 상황은 경제 중심의 남방 이전과 해로를 통한 대외활동을 자극하는 또 하나의 요인이 되었다. 경제 중심의 남방 이전과 대외무역의 활성화로 인해 남송시대에는 경제 전반에 걸쳐 상당한 발전을 이루었다. 특히 수공업 상품경제가 대대적으로 발달했는데, 다양화와 분업화를 통해 상품의 질이 크게 개선되었으며, 대외무역을 위한 상품의 원천도 풍부해졌다. 인구 면에서도 남방이 북방을 초월하기 시작해 10만 호 이상의 도시가 40여 개로 늘어났다. 임안(臨安, 현 항저우杭州)과 같은 도시는 인구가 120여만 명에 달하였다. 경제 발전과 더불어 조선술과 항해술도 크게 발달해 원거리 해상교역도 실현 가능하게 되었다. 특히 나침반의 도입은 항해의 안전과 신속성에 획기적인 전기가 되었다.

이러한 대내외적 환경에 편승해 송조는 시박사(市舶司)를 통한 해외무역을 적극 권장하였다. 971년 반미(潘美)가 광저우를 공략하고 남한(南漢)을 멸하자 조정은 곧 그를 광저우 시박사로 임명해 종래의 시박사 업무를 재개하였고, 이듬해에는 명주(明州)와 항저우(杭州)에도 시박사를 신설하였다. 이어 취안저우(泉州, 1087)·밀주(密州, 현 산둥 주청諸城, 1088)·수주(秀州, 현 저장 자싱嘉興, 1113)·원저우(溫州, 1132)·장인(江陰, 1145)·감포(澉浦, 항저우 북안, 1246)에도 시박사를 신설함으로써 총 9개소(당대에는 1개소)의 시박사가 가동되었다. 시박사를 통한 수입은 송대의 중요한 재정수입원의 하나로 매해 증가했는데, 영종(英宗) 치평(治平) 기간(1064~1067)에 시박사에서 올린 수입은 매해 63만관(貫, 1관은 엽전 천개를 꿴 꾸러미)정도였지만, 남송 고종(高宗) 치세 때(1127~1162)에는 무려 200만 관으로 급증하였다. 송대의 주요 수출품은 비단과 도자기였는데, 요업(窯業)의 발달(중국 도요陶窯 유적 170개 현 중 송대 도요지가 130개 현으로 75%를 차지함)로 인해 도자기가 점차 수출의 주종을 이루게 되었다. 도자기는 해로를 통해서 유럽 여러 나라에 다량 수출되었는데, 이러한 교역로를 일명 '도자기의 길'이라고 칭하였다. 금은이나 민전(緡錢, 꿰미에 꿴 돈)·연석(鉛錫) 등의 경우 초기에는 수출이 허용되었으나, 후기에는 금지되었다. 수입품의 대부분은 '향약(香藥)'이라 불리는 향신료인데, 향료가 의약으로 쓰인다고 해 '향약'이라 불렀다. 수입되는 20여 종의 향약은 주산지가 아랍, 인도, 말레이 반도 등지였지만 이를 판매하는 무역상은 주로 대식인(大食人, 아랍인)들이었다. 북송대 향약의 연간 수입량은 약 40만 관으로서 전국 세입(稅入)의 2% 정도였으나, 남송대에 와서는 5~10%로 급증하였다. 이렇게 향료가 대송무역의 주종을 이루었기 때문에, 당시 그 통로인 해로를 일명 '향료로(香

料路)'라고 칭하기도 하였다.

『송사(宋史)』(권186) 「식화지(食貨志)」 托克托 저

송대 무역 관련 기록. 남송 영종(寧宗) 가정(嘉定) 12년(1219)의 기록인데, 기록 가운데 중국의 대외무역에 관한 유명한 말, 즉 '중국의 특산물인 견직물이나 자기·칠기로 지불할 것이지, 금이나 은을 사용해서는 안된다'는 내용이 들어 있다. 이것은 그만큼 당시 중국의 견직물이나 자기·칠기와 같은 특산품이 귀중하고 큰 인기를 끌었음을 의미한다.

송선 宋船

중국 송(宋)대의 선박. 송대는 조선술에서 전례 없는 전성기를 맞이하였다. 북송(北宋) 진종(眞宗, 998~1022) 때 전국의 관영 조선소에서만 매해 2,900여 척의 조운선(漕運船)을 건조하였으며, 신종(神宗) 때 건조한 '신주(神舟)'는 길이 약 40장에 너비 7장 5척으로 적재량은 1,100~1,700톤이나 되었다. 송선은 규모가 크고 형태가 다양하며 견고하였다. 이러한 송선의 조선술이 갖는 특징은 다음과 같다. ① 첨저형(籤底型, V형)이다. 이러한 형태의 선박은 부딪치는 항력(抗力)을 줄이고 항속을 높이며 파도를 헤쳐 가르기 쉽다. ② 중판(重板) 구조다. 선피(船皮)는 목판을 2중 3중으로 덧붙여 만들고 접합 부분의 틈은 동유석회(桐油石灰)로 땜질하여 선체가 견고할 뿐만 아니라, 침수도 막을 수 있다. ③ 수밀격벽(水密隔壁) 장치의 보편적인 채용이다. 취안저우만(泉州灣)에서 출토된 송선을 보면 수밀격벽에 의해 만들어진 수밀격 구획이 보통 10개 이상이다. ④ 상하 이동의 정부타(正副舵, 키)가 장착되었다. 이러한 키를 장착함으로써 수심이 얕을 때는 키를 올려 키의 파손을 피하고 키로 인한 항력을 줄이며, 수심이 깊을 때는 키를 내려 고물에서

일어나는 난류(亂流)나 소용돌이의 영향을 줄일 수 있다. 그밖에 상하 이동의 평형타(平衡舵)도 장착해 배의 항진을 조정하였다. 유럽에서는 18세기에 이르러서야 이러한 평형타를 이용하였다. ⑤ 여러개의 돛대와 돛을 사용하였다. 송선의 경우 보통 3~4개의 돛대를 사용하였는데, 주 돛대의 높이는 10장(약 30m)이나 되며 돛대를 자유로이 눕혔다 세웠다 하였다. 돛은 풍향에 따라 각기 다른 것을 사용하는데, 정풍(正風)일 때는 포범(布颿)을, 편풍(偏風)일 때는 이봉(利蓬)을, 무풍(無風)일 때는 야호범(野狐颿)을 각각 달았다. 그밖에 배 양쪽에 피수판(披水板)을 설치해 역풍(逆風)에도 항진할 수 있게 하였다. 유럽의 선박은 13세기가 되도록 높이가 약 20m의 돛대 하나만을 달고 다니다가 15세기에 와서 2~3개로 늘렸으며, 16세기에야 비로소 중국으로부터 피수판 설치 방법을 배워갔다. 마르코 폴로의 기술에 따르면 아랍의 선박도 당시는 높이 약 25m의 돛대 하나뿐이었으며, 돛대는 입도(立倒) 장치가 없이 고정해놓았기 때문에, 일단 폭풍을 만나기만 하면 돛대를 끊어버릴 수밖에 없었다고 한다. ⑥ 흘수(吃水)의 조절이다. 송선은 흘수선(吃水線)의 표시로 선체 양쪽에 큰 대나무 전대(纏帶)를 달아 매놓고 흘수 상태를 헤아렸다. 중세 아랍 선박들은 왕왕 흘수 조절이 미흡하다 보니 적재량이 과중해 침몰사고를 일으키곤 하

복원한 송선(닝보 박물관 소장)

였다. ⑦ 전대(前代)의 전승이지만, 선박 건조에서 선거(船渠, 독)와 활강법(滑降法)을 보편적으로 도입하였다.

송운(宋雲)과 혜생(惠生)

중국 북위(北魏)의 서행 불승들. 송운은 북위(北魏, 386~534)시대의 왕복자통(王伏子統, 혹은 주의자통主衣子統)이라는 벼슬을 한 관인(官人)이고, 혜생은 역시 같은 시대의 숭립사(崇立寺)의 비구였다. 그들의 생졸년(生卒年)은 알려진 바 없다. 두 사람의 행적은 양현지(楊衒之)의 『뤄양가람기(洛陽伽藍記)』(547) 권5에 수록된 「송운행기(宋雲行記)」와 「혜생행기(惠生行記)」에 의해 밝혀졌다. 북위 호태후(胡太后)는 불전을 구하기 위해 이 두 사람을 서역에 파견하였다. 이들의 서행노정은 다음과 같다.

신구(神龜) 원년(518) 11월 뤄양(洛陽) 출발 → (서행 40일간) 북위의 서계인 적령(赤嶺) → (서행 2~3일간) 유사(流沙, 사막)를 지나 토욕혼(吐谷渾, 현 칭하이青海 일원) → (서행 3,500리) 선선(鄯善) → (서행 1,640리) 좌말성(左末城, 한대의 차말且末) → (서행) 우기(于闐) → (서행, 519년 7월 29일) 주구파(朱俱波, 현 신장 엽성葉城 남부) → (8월) 한반타(漢盤陀, 현 신장 탑십고이간塔什庫爾干) → 파미르 고원 → 발화국(鉢和國, 현 아프가니스탄 동북단의 와칸 일대) → (10월) 엽달국(嚈噠國, 에프탈) → (11월 초) 파사국(波斯國, 혹은 파지波知, 와칸 서남부의 제백 Zebak, 일설은 페르시아의 동계東界) → (11월 중순) 사미국(賖彌國, 현 파키스탄 북계의 치트랄Chitral 일대) → (12월 초) 우디야나(오장국烏場國, 현 파키스탄 북단의 스와트Swat강 유역) → (520년 4월 중순) 건타라국(乾陀羅國, 현 파키스탄 페샤와르) 국왕을 진현하고 조서 봉정 → (귀로) 오장국. 혜생은 이곳에서 2년간 체류 후

대승경전 170부를 휴대하고 522년 귀국했고, 송운은 이에 앞서 521년 2월에 귀국하였다.

송첸감포 松贊干布, Songtsän Gampo, ?~649년

송첸감포 초상

토번(吐蕃) 왕조의 건립자. 부친이 독살을 당하자 13세 때인 629년에 찬보(贊普, 군주)로 등극해 티베트 고원을 통일하고 정식으로 토번 왕조를 세웠다. 전국을 6대 행정구로 개편해 노예왕조를 세우고 당으로부터 선진기술을 받아들여 농업과 목축업을 발전시켰다. 뿐만 아니라 세제를 개혁하고 도량형을 통일하며 무역을 촉진하는 등 각종 개혁을 단행해 경제를 발전시키는 데 주력하였다. 16명의 귀족을 인도에 보내 문자를 습득해 티베트 문자를 창제하고, 불교를 널리 보급하였다. 수도를 라싸로 옮겼으며, 라마교의 본산인 포탈라 궁정을 지었다. 641년 당나라의 종실(宗室) 문성공주(文成公主)와의 정략결혼은 티베트의 면모를 일신시켰다. 공주는 출가하면서 곡물(穀物) 3,800류(類)와 가축 5,500종, 그리고 공장(工匠) 5,500명을 함께 데리고 왔다고 한다. 문성공주와의 결혼을 계기로 당과의 관계가 획기적으로 개선되었다. 634년부터 846년까지의 212년 동안 두 나라간에는 사신 파견이 200여회나 있었으니, 매해 한번 꼴인 셈이다. 송첸감포시대에 라싸를 중심으로 남으로는 네팔과 인도로, 북으로는 당나라로 통하는 실크로드 오아시스로의 갓길이 생겨났다. 이 길을 통해 많은 중국인과 티베트인·네팔인·인도인들이 오갔으며, 그들을 통해 온갖 문물이 교류되었다.

쇄국 鎖國, national isolation, seclusion

자국의 이익만을 위해 타국과 통상관계를 맺지 않으려는 주장이나 행동. 일국의 생존과 발전은 타국과의 공시적(共時的) 관계 속에서 서로가 영향을 주고받으면서 이루어지기 때문에 일시적·전술적 쇄국은 있을 수 있어도 항구적이고 전략적인 존재방식으로서의 쇄국은 있을 수가 없다. 이는 역사를 통해 여실히 증명된다. 다만 일본(에도시대)의 쇄국과 한국(조선)의 쇄국처럼 그 발생 요인이라든가 전개 양상 및 결과는 개개 국가의 실정에 따라 다르다. 때문에 쇄국에 대한 선입견이나 교조주의적 접근은 지양해야 한다.

일본의 쇄국 일본은 에도(江戸)시대 264년(1603~1867) 중 무려 241년간이나 도쿠가와막부(德川幕府)가 지독한 쇄국정책을 단행하였다. 1635년에는 외국 선박의 입항이나 무역을 나가사키(長崎)와 히라도(平戸)에만 한정시키고 일본인의 해외도항과 귀국을 금지하는 법령을 반포했다. 이어 1639년에는 이른바 '쇄국령'을 내려 유럽인들의 일본 도항을 전반적으로 금지하고 네덜란드와 중국인들만 나가사키에서 무역활동을 하는 것을 허용하였다. 뿐만 아니라 기독교 교회를 폐쇄하고 기독교인들을 추방하며 전도를 불허하였다. 그 결과 유럽의 선진문물을 받아들이는 데 있어서 조선보다 한발 늦었다. 일례로 조선은 1402년에 세계지도인 「혼일강리역대국도지도(混一疆理歷代國都之圖)」를 제작했으나, 일본은 그보다 390년 뒤인 1792년에야 중국에 온 유럽 선교사 마테오 리치가 만든 타원형식 도법의 「곤여만국전도」를 본떠서 「곤여지도(坤輿地圖)」라는 것을 모작(模作)하였다. 서학(西學)을 접하는 데서는 일본이 조선보다 약 60년 앞섰지만(1543년 포르투갈 상선의 도일), 학문적 정립에 따르는 수용은 조선이 더 앞섰다.

조선의 쇄국 흔히 조선시대를 멍들게 한 병폐의 하나로 대원군이 주창한 10년간(1863~1873)의 쇄국정책을 꼽으면서, 이로 인해 조선의 근대화가 이루어지지 못하고 망국을 자초했다는 이른바 '쇄국논리'를 편다. 이는 대원군의 쇄국정책에 대한 오해와 식민사관의 잔재, 그리고 자학적(自虐的) 역사관의 소치다. 조선은 이웃인 중국과 전통적인 사대교린(事大交隣) 정책을 유지하면서 끊임없이 서로 사신을 파견하고 각종 교역을 진행했으며, 여진(女眞)과도 변방에 교역장을 설치하고 교역을 활발하게 진행했을 뿐만 아니라 여진인들을 왕궁 시위(侍衛)로까지 기용하였다. 그토록 모진 배타적 쇄국정책을 강행하는 일본에 대해서도 개방과 교류의 정책을 꾸준히 추진했다. 세종 연간에는 매해 200여 척의 일본 선박이 내항하고 약 5,500명의 일본인들이 왕래했으며, 16세기 중반까지 부산·울산·진해의 3포(浦)를 일본에 개항하였다. 또한 임진왜란 후 207년간 총 13회에 걸쳐 통신사를 일본에 파견했으며, 1609년에는 을유조약을 체결해 무역을 법적으로 보장하였다. 그리고 멀리 동남아시아와도 약재·염료·향료 등을 수입하는 등 교류와 왕래를 이어갔다. 이러한 비(非)쇄국적인 개방은 학문세계에도 그대로 반영되었다. 이수광(李睟光)의 『지봉유설(芝峯類說)』(1614)과 최한기(崔漢綺)의 『지구전요(地球典要)』(1857), 유길준(俞吉濬)의 『서유견문(西遊見聞)』(1895) 등 당대의 대표적 저술에서는 중화주의의 좁은 울타리를 벗어나 넓은 세계로 눈을 돌리는, 닫힘이 아닌 열림의 세계관이 고스란히 투영되어 있다.

'쇄국'의 장본인인 양 치부되어온 대원군에 대해서도 재조명이 절실히 필요하다. 그는 의정부(議政府)와 3군부의 기능을 회복하고, 세도(勢道)정치의 온상인 비변사(備邊司)를 폐지함으로써 세도정치를 청산하려고 하였다. 문무 차별 없이 능력 위주로 인사를 등용하고 붕당(朋黨) 근거지인 서원(書院)을 철폐(47개만 남김)하는 등 인사개혁을 단행하였다. 대원군은 또한 환곡(還穀)제도를 폐지하고 사창(私倉)제도를 개혁하였으며, 마을 자치를 실시하는 등 사회경제 개혁도 추진하였다. 그는 금 5만 냥을 갹출해 화포와 수뢰포(水雷砲)를 제작해 국방을 강화하려 하였다. 이와 같이 대원군은 보수적인 쇄국주의자가 아니라 진취적인 개혁주의자였다. 자율적이고 내재적인 힘에 의해 바야흐로 근대화라는 정상궤도를 따라 전진하고 있던 조선이 서구열강과 일본의 무분별한 내침적(來侵的) 도발로 인해 그 궤도가 가로막히자 대원군은 임기응변의 방편으로 '척양척왜(斥洋斥倭)'와 같은 쇄국정책을 채택하지 않을 수 없었다. 조선조 전 기간의 열림을 감안하면, 쇄국은 일시적 몸부림에 불과하였다. 이 일시적 몸부림만 보고 조선의 500여 년에 걸친 긴 열림을 외면하는 것은 나무만 보고 숲을 보지 못하는 단견(短見)이고 편견(偏見)이라 하지 않을 수 없다.

쇄납 嗩吶, 胡笛, 날라리

서역에서 들어온 목관악기. 이 악기는 중국의 경우, 신장 키질석굴 중 진대(晋代, 265~420)에 속하는 제38굴 벽화에 그려져 있는 점으로 미루어 일찍이 신장 지역에는 유입되었으나, 내륙 쪽에서는 명대의 문헌에 처음으로 등장한다. 명나라 왕기(王圻)의 『삼재도회(三才圖會)』에 의하면, 나팔과 비슷하게 7개의 구멍이 난 이 목관악기는 언제부터인지는 모르지만 군악은 물론 민간에서도 널리 쓰였다. 민간에서는 경사(慶事)나 가무·희곡(戲曲) 반주 등에 많이 쓰였다고 한다. 크기라든가 음색은 지역마다 다르다. 한국의 경우는 조선 초 『세조실록(世祖實錄)』에 이와 관련된 기사가 나타나는 점으로 보아 고려시대에 이미 사용되고 있었음을 짐작할 수 있다.

쇼소인 正倉院

일본의 진귀한 유물 창고. '쇼소(正倉)'란 율령제(律令制)하에서 중앙 관아(官衙)나 지방 군(郡)·역(驛)·사찰 같은 곳에 설치된 공적인 창고를 말한다. 756년 5월 2일 쇼무천황(聖武天皇)이 사망한 뒤, 49제 기일인 6월 21일 고묘태후(光明太后)가 천황의 유품 600여 점을 도다이지(東大寺) 본존(本尊) 노사나불(盧舍那佛)에 헌상하였다. 또한 사향·계심(桂心)·인삼 등 약재 60종 21상자도 함께 헌납하였다. 이어 그해 7월 2일에도 3번에 걸친 헌납이 있었다. 덴표쇼호(天平寶字) 2년 6월 1일에는 중국의 유명한 서예가 왕희지(王羲之)와 왕헌지(王獻之) 부자의 서첩 한질도 헌상되었다. 같은 해 10월 1일에는 고묘태후 망부(亡夫)의 서병풍(書屛風) 한 점도 헌납되었다.

노사나불에 헌납된 보물은 대불전 뒤쪽에 있는 도다이지 쇼소인의 보물창고에 수납되었다. 이 보물창고는 노송나무(회檜)로 동쪽을 향해 남북으로 길게 지은 건물이다. 지름 60cm의 기둥 40주가 받치고 있는 이 고상식(高床式) 창고는 북창(北倉)·중창(中倉)·남창(南倉)의 3창(倉)으로 나뉘어 있다. 최초의 보물을 수납한 곳은 북창인데, 쇼와(昭和) 38년 철근 콘크리트로 새 보물창고를 짓기 전까지 1,200년 동안이나 보물을 간직해온 곳이었다. 한편 도다이지 겐사쿠인(羂索院)에 있는 쌍창(雙倉)이 노후하여 고묘태후가 헌납한 지 약 200년이 지난 950년에 그곳에 보관된 도다이지의 집기(什器) 보물은 남창으로 옮겨졌다. 이 집기 보물은 쇼토쿠(稱德) 천황이 도다이지 행차나 대불(大佛) 개안회(開眼會) 등 행사 때 사용했던 기물이었다. 이 기물의 양은 고묘태후의 헌납품보다 더 많으며, 모두 나라(奈良)시대에 만들어진 것이다. 여기에는 백유리완(白瑠璃碗)과 페르시아풍의 백유리병(白瑠璃瓶) 등이 들어 있다. 북창은 수납된 보물이 조정의 관리하에 있어서 출장(出藏, 외부 반출)을 하려면 천황의 칙허(勅許)를 받아야 하는 ‘칙봉(勅封)의 창고’였다. 이에 비해 남창은 사원의 감독기관인 승망(僧網)의 관리하에 있는 ‘망봉창(網封倉)’이었다. 그밖에 남창으로 옮겨진 보물에는 에도(江戸)시대에 개봉한 기록물로 알려진 출처 불명의 600여 권의 ‘쇼소인 문서(正倉院文書)’가 있다.

쇼소인에 소장된 유물의 대부분은 대륙에서 해로를 통해 유입된 교역품이다. 중국 당나라 문화의 정수를 보여주는 유물들과 더불어 중앙아시아와 중국을 거쳐 들어온 페르시아 문화의 흔적도 역력하다. 공예품의 재료는 상아·서각(犀角)·무소뿔 등 동남아시아산이 많으며, 사치품 등을 통해 당시 원거리무역의 다채로움을 엿볼 수 있다. (2-332~333)

수르흐 코탈(Surkh Kotāl) 신전 유적

교류의 유물적 전거로서의 오아시스로 상의 유적. ‘붉은 언덕’이란 뜻을 가진 수르흐 코탈은 아프가니스탄에 있는 쿠샨시대(기원전 40년경~기원후 240년경)의 신전 유적으로, 1952~1964년 프랑스 조사팀에 의해 발굴되었다. 유적에서 발견된 14매(그중 7매에 카니슈카 왕명이 새겨져 있음)의 쿠샨조 화폐를 근거로 신전의 본전(本殿)은 카니슈카 왕대에 건조된 것으로 추정되고 있다. 신전으로 올라가는 계단 기부에서 발견된 비문에는 동(東)이란계 언어인 박트리아어가 새겨져 있으며, 문자는 그리스 문자를 차용하였다. 신전은 기원후 2세기 말이나 3세기 초에 외부로부터 침탈을 당해 파괴되었는데, 불의 제단이 있는 점으로 미루어 배화교(拜火敎, 조로아스터교)의 신전으로 추정된다. 신전은 35×27m의 장방형으로, 양건연와(陽乾煉瓦)로 축조된 방벽으로 에워싸여 있다. 본전의 벽면은 소석회와

돌 및 점토를 반죽해 벽에 발라 굳히는 장식기법을 사용하였다. 이러한 장식기법은 아케메네스조나 박트리아시대 건축물의 주요한 장식에서 영향을 받은 것으로 추측된다. 장식문장(紋章)으로는 에로스를 닮은 인물이 쥐고 있는 식물의 화환(花環) 문양, 주두(柱頭)의 아칸서스 잎 모양, 벽의 평면을 여러 개의 벽주(壁柱)로 나누는 문양들이 특이하다. 이러한 것들은 그리스적·이란적 요소를 가미한 지방색이 강한 작품으로 쿠샨 미술 연구의 중요한 자료가 된다. 신전의 좌측에는 후일 본전을 축소한 소신전이 건조되어 대·소 두 개의 신전이 유물로 남아 있다. 유적은 박트리아 문화의 영향을 받은 융합문화의 흔적이 역력하다.

수마트라 Sumatra, 三佛齊

해상실크로드 상의 요충지. 인도네시아의 대(大)순다 열도 서단에 위치한 세계 제6위의 큰 섬(면적 43만 4천 km²)이다. 수마트라는 일찍부터 인도문화의 영향을 받아오다가 7세기 후반부터는 팔렘방을 중심으로 일어선 불교국가 스리비자야(Srivijaya) 왕국의 지배를 받았다. 동·서 해로의 병목인 말라카 해협을 장악한 수마트라는 주변 국가들은 물론, 멀리 중국과도 통상을 하였다. 그리하여 중국 송대에는 ‘삼불제’란 이름으로 여러 사적에 소개되었다. 삼불제는 11세기까지 전성기를 구가하다가 점차 쇠퇴해 14세기 후반에 이르러서는 자바의 마자파힛(Majapahit) 왕조에게 멸망하였다. 16세기 서세동점의 선봉에 선 포르투갈이 제일 먼저 이 섬에 진출한 데 이어, 열강들의 각축 속에 네덜란드가 1872년 수마트라 조약으로 이 섬을 식민지화하였다.

수메르 Sumer

오리엔트 최고(最古)의 문명 발상지. 현 이라크의 티그리스, 유프라테스 두 강 하류 지역에 해당하는 메소포타미아의 동남쪽 수메르에서 지금으로부터 7천년 전에 사상 최초로 농경이 발생했다. 5천년 전에는 도시문명이 싹텄으며, 이때 초기 왕조시대에 들어서면서 우루크·우르·키쉬·라가쉬·니푸르 등의 유력한 도시국가들이 패권을 다투었다. 이어서 4천년 전에는 강력한 관료적 통일국가인 우르 왕조가 등장해 수메르 문명을 성숙시켰다. 수메르 문명이 남긴 유산은 무문토기·설형문자·원통형 인장·모직류·12진법·태음력·수메르 법전 등으로, 초기 인류문명의 보고(寶庫)라고 할 수 있다. 신화 장르의 모태라고 하는 『길가메시 서사시』도 바로 이 문명의 소산이다.

수문소 虞文素

당이 신라에 보낸 사신. 621년 신라 진평왕(眞平王)이 당에 사신을 보내 조공한 데 대한 회사(回謝)로 고종(高宗)은 명을 내려 통직산기시랑(通直散騎侍郎)인 수문소를 신라에 보내 새서(璽書)와 화병풍(畵屛風)뿐만 아니라 금채(錦綵) 300단(段)을 증정하였다. (8-107)

수밀격벽술 水密隔壁術

중국 당대의 선진적 조선술. 1960년대 말, 중국 여고(如皐)에서 출토된 당대의 목선(木船, 길이 17.23m, 너비 2.58m, 적재량 20톤, 내하선內河船) 유물에서 보다시피, 당대에 처음으로 충돌이나 좌초 등에 의해 선박의 외부가 파괴되어 침수할 경우에 일부에만 그치게 하려고 선박의 내부를 여러 부분으로 갈라 막는 수밀격벽술을 도입해 선박의 안전성을 획기적으로 향상시켰다. 이 선진적인 조선술을 유럽은 17세기에 와서야 받

아들였다.

수부법 水浮法

중국 송대에 이용한 일종의 지남침 사용법. 항해를 할 때 지남침을 등초(燈草, 심지)에 꿰어 물 위에 띄워놓고 방향을 판별하는 방법이다.

수부타이 Subutai, 速不台, ~1248년

몽골제국의 공신. 바투가 이끈 제2차 유럽 원정(1235~1244)에서 러시아와 헝가리를 공략하는 데 큰 전공을 세웠다. 사후 하남왕(河南王)으로 추서되었다.

수사(Sūsa) 도시 유적

교류의 유물적 전거가 되는 오아시스로 상의 유적. 수사는 이란 서부 자그로스 산맥 서남 기슭의 수시아나 지역에 자리한 아케메네스조 페르시아제국의 고도로, 아케메네스조 건국자 키루스와 제3대 다리우스(Darius, 재위 기원전 521~486) 왕이 한때 이곳을 수도로 삼았다. '수사'는 그리스어 이름이고, 시리아어나 아르메니아어로는 '쇼슈'라고 하고 현대 페르시아어로는 '슈슈'라고 칭한다. 페르세폴리스가 비교적 전통적인 건축양식을 계승하였다면, 수사는 그와는 달리 메소포타미아의 건축양식을 많이 수용하였다. 다리우스는 오리엔트(메소포타미아)로부터는 건설자재와 인부를, 간다라에서는 건설

아케메네스조 페르시아의 수도 수사의 궁정터

자재를, 소그디아나로부터는 유리와 홍옥수(紅玉髓)를, 에티오피아로부터는 상아를 각각 반입하여 건물을 축조하였기 때문에 매우 이색적이고 융합적인 건축 면모를 갖출 수 있었다. 다리우스는 예하의 광대한 영지를 효과적으로 관장하기 위해 전 판도 내에 사통팔달의 교통망을 구축하였다. 그중 가장 유명한 것이 이른바 '왕의 길'인데, 크게 두 갈래로 나눌 수 있다. 하나는 수사로부터 이란 북부의 오아시스로에서 서북인도를 향한 동남도(東南道)와 중앙아시아로 연결되는 동북도(東北道)의 '왕의 길'이고, 다른 하나는 수사에서 아나톨리아의 사르디스까지 연결된 약 2,475km(중간에 11개 숙박소)의 서북방 '왕의 길'이다. 사실상 이 두 '왕의 길'은 실크로드 오아시스로에 있어서 최초의 서단(西段) 루트로 볼 수 있다.

수사는 아시리아의 침공에 의해 파괴되었는데, 동서 통로인 '왕의 길'의 시발점에 위치하고 있기에 동서교류를 입증해줄 수 있는 유물들이 다수 출토되었다. 19세기 윌리엄스 대령과 로프터스에 의해 유적이 확인된 후, 주로 프랑스 조사단에 의해 발굴되었다. 프랑스 정부의 지원하에 1884년 듀라호이와 1897년 드 모르강(J. de Morgan, 1857~1924)은 이곳 유적에서 신석기시대에서 중세에 이르는 각 시대에 해당하는 귀중한 유물들을 다수 발굴하였다. 드 모르강에 의하여 이란 고원의 채문토기는 수사를 중심으로 한 서남부 일대에 집중 분포돼 있다는 사실이 밝혀졌는데, 이 이란 채문토기와 중국 채도의 상관성 여부에 관해서는 학계에서 이론(異論)이 분분하다. 수사의 채문토기 유적에서는 흑요석(黑曜石)과 주구호(注口壺) 같은 유물도 반출(伴出)되었다. 수사 문화는 다층구조인데, 제1층의 문화는 메소포타미아 문화와 밀접한 관계가 있고, 제2층에서는 인더스 문명 특유의 인장(印章)이 발견되었으며, 모헨조다로에서 출토된 석제용기를 모조한 용기도 출토되었다. 유물의 문양에서는 연주문(聯珠紋)이나 대칭문(對稱紋)·유익괴수문(有翼怪獸紋) 같은 이란 고유의 문양을 찾아볼 수 있다. 수사 유적에서 발굴된 기원전 3000년경으로 추정되는 원통 인장(印章)을 보면, 산 위에 서 있는 나무의 좌우에 면양과 소를 대칭시켜 놓았으며, 흑백 그라비어(gravure, 사진오목판)에는 유익괴수와 유익웅우(有翼雄牛)의 부조 연와벽(浮彫煉瓦壁)이 보인다. 이것은 고대에 수사를 매개로 해 진행된 동서 교류상의 일단을 보여줌과 동시에 수사의 문화 수용적 진취성을 드러내준다.

수세 水勢

항해를 할 때 조수의 세기나 해수의 심도를 이르는 말. 중국의 경우, 잔존 기록에 의하면 삼국시대부터 이미 조수에 관한 연구가 상당히 축적된 것으로 보인다. 오(吳)국의 엄준(嚴峻)은 『조수론(潮水論)』(소실됨)에서 조수의 변화에 관해 논급하였다. 당 대종(代宗) 연간(762~779)에 두숙몽(竇叔蒙)이 저술한 『해도지(海濤志)』는 조수 현상에 관한 전문연구서로, 조수의 성인(成因)과 만·간조 순환의 규칙 등을 상세히 밝히고 있다. 이 책에서는 1회 조수 소요시간을 12시간 25분 4.02초로, 그리고 2회 조수의 순환지연 시간을 50분 28.04초로 계산하였다. 이 수치는 현대와 거의 차이가 없을 정도로 정확하다. 그는 조수의 고저계산표(高低計算表)까지 작성하였는데, 이것은 영국의 『런던교(橋) 만조시간표』(1213)보다 450년 앞선 것이다. 수심 측량은 항해의 안전이나 선박의 위치 선정에 필수불가결의 기술이다. 중국의 송(宋)대에는 긴 줄 끝에 분동(分銅)을 매달아 드리워서 수심을 측정하였다. 분동 밑바닥에 묻은 흙이나 모래를 보고 수심이나 해저

상황 및 항해 위치를 판단하였다. 명(明)대에는 긴 줄 끝에 주로 연추(鉛錘)를 매달고 연추 밑바닥에는 쇠기름을 발라 해저가 흙인지 모래인지, 또는 암석인지를 판명하였으며, 수심 단위로 탁(托)을 사용하였는데 1탁은 양팔을 벌린 길이다.

수시력 授時曆, 1281년

이슬람 역법과 중국 전통역법이 융합된 원(元)대의 공식 역법. 원대에 공식적으로 시행된 수시력은 이슬람력과 중국 전통력의 합작품이라고 말할 수 있다. 이 작품의 성공에는 1263년 불름(拂菻), 즉 시리아에서 초청해 온 천문학자 이사(Iisā, 1226~1308)의 기여도가 적지 않다. 그는 그리스와 아랍 및 페르시아의 천문학 성과를 중국에 소개하였고, 중국 천문학자들이 일 칸국 말라크 천문대 건설 사업에 동참하는 데 안내자 역할을 하였다. 그는 또 원조(元朝)로 하여금 새로운 역법을 채택하도록 하였다. 그가 말라크 천문대를 고찰하고 돌아온 이듬해인 1274년에 회회사천대(回回司天臺)와 한이(漢兒)사천대가 합작·협력해 역법 수정작업에 착수하였다. 1281년에는 드디어 곽수경(郭守敬)과 왕순(王恂)의 책임 하에 편수(編修)된 수시력이 정식으로 공표·시행되었다. 수시력은 1년을 365.2425일로 정하는 대단히 정밀하고 정확한 역법이다. 후일 곽수경이 지은 『오성세행고(五星細行考)』50권은 회회력의 특징인 오성위도계산법(五星緯度計算法)을 참고하였으며, 그가 1276년 이후에 설계·제작한 13종의 천문의기도 말라크 천문대의 의기들을 모본(模本)으로 하여 제작한 것이다.

수시아나 Susiana

아케메네스조 페르시아의 수도 수사를 중심으로 한 현 후제스탄 지역을 지칭한다.

수신 首信, 首眞

도일 백제 사신. 588년 관직이 은솔(恩率)인 수신이 개문(蓋文)과 함께 진조사(進調使)로 도일하여 불사리(佛舍利)를 헌상하였다. 그는 승려를 비롯하여 사찰 건축에 필요한 공장들도 함께 데리고 갔다. 사찰을 건축하는 목공인 사공(寺工), 불탑 기술자인 노반박사(鑪盤博士), 기와의 장인인 와박사(瓦博士), 불화를 잘 그리는 화공(畫工) 등은 일본에 다양한 문화를 전파하는 데 공헌하였다. (8-170)

『수역주자록(殊域周咨錄)』 嚴從簡 저, 1574년

교류의 문헌적 전거로서의 개설소개서. 저자 엄종간(嚴從簡)은 중국 저장(浙江) 자싱부(嘉興府) 출신으로 가정(嘉靖) 연간(1522~1566)에 행인사(行人司)의 행인관(行人官)으로 봉직하였다. 행인사는 해외 견사(遣使) 업무를 주관하는 관서로서, 엄종간은 행인사 내에 보관되어 있는 외국 관련 자료에 근거해 『수역주자록』을 찬술하였다. 따라서 이 저서는 내용이 풍부할 뿐만 아니라 정확도도 매우 높다. 1574년에 찬술되어 10년 후인 1583년에 정식 간행되었으며, 현재 남아 있는 본은 1930년 고궁박물원(故宮博物院)이 재간한 간본이다. 24권으로 된 이 책은 전통적인 중화사상(中華思想)에 입각해 세계 나라들을 나름대로 동이(東夷)·남만(南蠻)·서융(西戎)·북적(北狄)의 4대 부류로 나누고, 총 38개 조항을 설정해 책을 저술하였다. 중국 주변 여러 소수민족들과 중앙아시아·서아시아·동남아시아·남아시아의 여러 나라들 및 그 지역의 지리·정치·풍속·물산은 물론, 명(明)조와의 관계와 이와 관련한 시문(詩文)도 상세히 기술하고, 필요한 대목에서는 저자의 의견까지 개진하고 있다. 예컨대, 가정 연간에 불랑기인(佛狼機人, 포르투갈인)들이 광둥(廣東) 연해에 불법 침입한 사건을 계기로 명조는 외국 선박의 출입을 금지하고 이미 허가된 조공무역(朝貢貿易)마저 취소하는 강경조치를 취하였다. 이에 대해 조정 내에서 의론이 분분하였다. 엄종간은 중국을 침범하지 않는 자와의 통상은 '유익무해(有益無害)'하나, 일본이나 불랑기인과 같이 상호교역을 무시하고 일방적인 침략행위를 자행하는 자와의 통상은 '유해무익(有害無益)'하니 절대로 그들과 통교해서는 안 된다고 주장하였다. 그밖에 이 책에는 새로 유입된 불랑기총(佛狼機銃)의 제조법과 성능 등이 구체적으로 소개되어 있다. 이와 같이 엄종간의『수역주자록』은 명대의 대외관계와 당시의 세계 각지의 사정을 연구하는 데 중요한 문헌사료다.

수에즈 운하 Suez Canal

해상실크로드의 연결 운하. 지중해와 홍해, 인도양을 연결하는 수에즈 운하는 유라시아의 해상실크로드를 연결하고 거리를 단축하는 데 있어 매우 중요한 의미를 갖는다. 항로의 단축을 위해 수에즈 지협(地峽)을 운하로 항해하려는 시도는 오래 전부터 있었다. 기원전 1380년경 나일강과 홍해를 잇는 운하가 개굴(開掘)된 후 운하는 천재와 전쟁 등으로 인해 매몰되었지만, 로마시대에 항해가 재개되었다. 그러나 아직은 수에즈 지협을 항해하는 운하는 아니어서 불편이 많았다. 대항해시대에 접어든 16세기에 지중해 연안에서 베네치아 상인들은 수에즈 지협에 운하를 파 포르투갈이나 스페인의 해상 패권에 대응하려고 했으며, 17~18세기에는 프랑스의 루이 14세와 독일 황제 라이프니츠는 수에즈 운하를 만들어 네덜란드나 영국의 아시아 무역을 제지하려고 하였다. 그러나 아직은 토목기술의 부족으로 성사될 수가 없었다. 이집트에 진출한 나폴레옹도 영국의 인도 무역에 타격을 안기기 위해 운하 개설을 위한 조사를 했으나 지중해와 홍해의 수심차가 10m나 되었기 때문에 개설 계획을 포기하고 말았다. 이런 상황에서 1846년 프랑스의 시몬주의자(공상적 사회주의자)들의 주도로 프랑스와 영국·오스트리아의 지식인들이 참여한 이른바 '수에즈운하연구협회'가 결성되고 국제적 기업에 의한 운하 개설 계획이 세워졌다. 영국은

지중해와 홍해, 인도양을 연결하는 수에즈 운하 모형

자국 이익에 배치된다는 구실하에 이 계획을 반대하였다.

1854년 이집트의 아미르(통치자, 수장)가 된 무함마드 사이드 파샤(Sa'id Pasha)는 프랑스인 페르디낭 마리 드 레셉스에게 운하개설 특허권과 수에즈 지협 조차권(租借權)을 양도했으며, 1856년 이집트의 종주국인 오스만 투르크도 이를 승인하였다. 레셉스는 2억 프랑(800만 파운드)의 자본금으로 1858년에 '만국수에즈해양운하회사'(Compagnie Universelle du Canal Maritime de Suez)를 이집트 법인으로 설립하였다. 자본금 중 20만 7천주는 프랑스가, 17만 7천주는 이집트 아미르가 소유하게 되었다. 공사는 1859년 4월에 시작해 10년 만인 1869년 11월 17일에 마쳤다. 이 총 길이 162.5km 운하의 개통으로 런던과 싱가포르 간의 항로는 케이프타운 경유의 2만 4,500km에서 1만 5,025km로 줄어들고, 런던과 봄베이 간은 2만 1,400km에서 1만 1,472km로 단축되었다. 1964년의 확장공사를 거쳐 수심은 원래의 7.9m에서 14.5m로, 수면의 폭은 60~100m에서 160~200m로 확장되었다. 통과 소요시간은 15시간으로 단축되었다. 영국은 1875년에 이집트의 주를 매입하고 1914년에는 이집트를 보호국으로 만들었다. 따라서 수에즈 운하의 실질적 소유권은 프랑스와 영국이 차지하게 되었다. 그러나 1956년 7월 이집트 대통령 나세르가 운하의 국유화를 선포함으로써 운하의 소유권은 이집트로 넘어갔다.

수원 綏遠 → '오르도스 청동기문화 유적'항 참고

수(隋)의 서역 경영(西域經營)

중국 수나라는 비록 3대 38년간(581~618)이라는 짧은 치세를 누렸지만, 중국 역사상 처음으로 남북을 합친 통일제국을 세우고 그 여세를 몰아 내치(內治)는 물론, 대외관계에서도 적극적인 확장정책을 취하였는데, 병농일치(兵農一致)와 부위제(府衛制)의 실시로 강해진 경제력과 군사력이 이를 뒷받침하였다. 특히 수나라는 서역 경영에 적극성을 보였다. 2대 수양제(隋煬帝)는 609년 간쑤(甘肅) 지방의 당항(黨項, 탕구트)과 칭하이(青海) 지방의 토욕혼(吐谷渾)을 공략한 데 이어, 투루판의 대국 고창국(高昌國)을 복속시켰다. 이후 선선(鄯善)·차말(且末)·서해(西海, 청해서복사성青海西伏俟城)·하원(河源, 고적수성古赤水城) 등 서역 지역에 4진(鎮)을 두어 서역 경영의 거점으로 삼았다. 또한 배구(裴矩)를 하서(河西) 지방에 보내 서역 상인들을 초무(招撫, 불러서 따르게 함)한 결과 많은 대상들이 장안과 뤄양에 몰려들었다. 인도에는 위절(韋節)을 보내 역시 초무 행각을 벌였다. 멀리 페르시아에도 사신을 파견했으며, 그곳의 사신이 오기도 하였다.

수은 水銀, mercury

교역품. 원산지가 페르시아나 대식(大食, 아랍)으로 알려진 수은은 무거운 액체 금속으로서 의약·안료·도금·연금술 등에 귀하게 쓰여 일찍부터 각광받는 교역품이었다. 기원전 1500년의 이집트 분묘에서 발견되었으며, 서역 제국과 중국, 한반도와 중국 간에 자주 거래되었다.

수이아브 碎葉城, 素葉城, Suyāb

초원로 상의 요지. '시(스이)강의 물'이란 뜻의 수이아브는 서부 톈산 산맥의 북쪽 기슭, 이식쿨호 서북부 추(Chu)강 연안에 위치한 오아시스 도시로서 현 키르기스스탄의 토크마크에 비정된다. 예로부터 중가리아와 이리강 계곡, 그리고 시르다리야와 아무다리야 유역에 점재(點在)한 오아시스들을 연결하는 초원로 상에 자리한 수이아브는 유목지대와 오아시스 지대가 만

나는 접점으로서 교역과 왕래의 중추적 역할을 해왔다. 6세기 돌궐이 이곳에 대한 영향력을 행사하면서 서방 진출의 전초기지로 삼았으며, 서돌궐은 아예 여기에 왕정(王庭)을 설치한 데 이어 679년에는 무력으로 이곳을 공략해 수이아브를 구축하고 서역 경영기관으로서 안서사진(安西四鎭)의 하나를 설치하였다. 당에 이어 이곳을 장악한 돌기시(突騎施)는, 이곳을 거점으로 삼아 동진하는 이슬람 세력에 대응하였다. 8세기 중엽 돌기시가 흑황(黑黃) 두 성(姓) 간의 내홍으로 인해 망하자, 10세기에는 갈라록(葛邏祿, 카를룩)이 등장하였다. 이때부터 지역 중심은 점차 수이아브에서 카라한조의 수도 발라사군으로 옮겨졌다.

수정 水晶, crystal

귀석류(貴石類, 경도 7도 이하)에 속하는 보석. 규산이 결정되어 형성된 석영류(石英類, quartz)로서 경도가 7도인 아주 단단하고 투명한 보석이다. 원산지는 미상이나 희귀한 보석으로, 주로 수식용(首飾用) 구슬로 사용되었다. 기원전 3000년 이집트 제1왕조의 왕비가 팔찌(완식腕飾)로 자수정(紫水晶, amethyst)을 구입했다는 사례로 보아 일찍부터 수정이 진귀하게 여겨져왔음을 추정할 수 있다.

수중고고학 水中考古學

지반의 침하나 수위(水位)의 상승으로 인해 바다나 호수, 소택이나 강 등의 물밑에 매몰된 유적이나 침몰선을 대상으로 하는 고고학을 말한다. 바다의 경우는 해중(海中)고고학, 해저(海底)고고학이라고도 한다. 해저고고학이란 말은 1952년 파리에서 출간된 필립 디오레의 『해저의 고고학적 산책』에 처음으로 등장한다. 1960년대에는 수중고고학 연구가 심화되고 세분화되면서 침몰선고고학·지중해고고학·해양고고학·심해고고학·해사(海事)고고학·해운고고학 등 연구분야가 세분화되었다. 수중고고학의 장점은 침몰선의 경우 교역품이나 생활용구 등이 일괄적으로 대량 매몰되기 때문에 조선기술·항해술·교역 루트·일상생활상에 이르기까지 해양문화의 모든 것을 파악할 수 있다는 것이다.

수지매 首智買

도일 임나(任那) 사신. 610년 7월 훼부(喙部) 소속의 대사(大舍)직에 있던 임나 사신 수지매가 조공사(朝貢使)의 신분으로 신라 사신 북질지(北叱智)와 함께 도일하였다. (8-173)

수침반 水鍼盤

중국 송대에 수부법(水浮法, 지남침을 심지에 꿰어 물 위에 띄우는 방법)에 쓰이는 나침반을 수침반, 혹은 수침(水針)이라고 하였다.

수코타이 왕조 Sukhothai dynasty, 1257~1350년

타이족이 세운 최초의 왕조. 중국의 윈난(雲南)에서 남하한 타이족이 13세기 현 태국 중부 도시인 수코타이를 수도로 왕조(중국명 섬라)를 세웠다. 1238년 포쿤파무엉(Pho Khun Pha Muang)과 포쿤방끌랑하오(Pho Khun Bang Klang Hao)가 크메르 왕국으로부터 독립을 선포하고, 포쿤방끌랑하오를 왕으로 하는 수코타이 왕조를 세웠다. 포쿤방끌랑하오는 왕위에 오르고 나서 자신의 이름을 '포쿤시인드라딧'(Pho Khun Si Indrathit)으로 개명했다. 건국 초기 태국 전역에는 란나·파야오·치앙셴 등 소규모 왕국들이 난립해 수코타이 왕국은 발전하기 쉽지 않았다. 그러다가 제3대 왕 람캄행(재위 1277~1317) 때 개방정책을 추구해 인도·크메르의 문물을 수용하고, 중국 원나라와 통교하여 많은 발전을 이루었다. 이때 원나라의 도공을 데려다가 독특한 스완카로크 도자기를 만들어냈다. 람캄행 재위 시 영토는 오늘날의 말레이와 캄보디아에 이르렀고, 타이 문자도 창제되었다. (17-345)

수파라카 Supparaka

인도 서남해안에 자리한 고대 항구도시. 기원전 8세기경부터 바빌론과 해상교역을 진행한 도시로 유명한데, 그 주역은 드라비다(Dravida)인이었다.

수피즘 Sufism, al-Tasauuf, 이슬람 신비주의

이슬람의 신학 겸 종교사회운동. 이슬람 신비주의는 이슬람의 독특한 신학인 동시에 종교사회운동이기도 하다. 아랍어로 이슬람 신비주의를 '타삿우프'라고 한다. 이 말은 '양털'을 뜻하는 아랍어의 '수프'(sūf)에서 유래하였는데, 수피즘을 따르는 초심자들이 거칠게 짠 양털 옷을 입고 금욕생활을 한 데서 비롯되었다. 수피즘은 한마디로 인간이 신비의 체험을 통해 '신과의 합일(合一)'에 도달할 수 있다는 사상이다. 지나치게 경외심(敬畏心)만을 강조하는 전통 신관(神觀)에서 벗어나 신(알라)과 좀더 가까이하면서 궁극적으로는 신과 함께하는 영원으로 가려는 욕망을 반영하여 8세기경부터 나타났다. 수피들, 즉 수피즘 신봉자들은 신비의 체험을 하면서 길고도 험난한 길(타리카tarīqah)을 걸어가는 자신을 순례자라고 자부한다. 그 길은 하나하나의 상승단계(마깜 maqām)로 이어져 끝내는 '자기소멸(파나으fanāu)', 즉 '신과의 합일'의 최종 단계에 이른다. 상승단계에 관한 견해는 학자마다 다르지만 대체로 회개와 참회, 단념과 포기, 금욕과 절제, 청빈, 인내, 신에게 모든 것을 맡기는 신탁(神託), 신비적 직관인 영지(靈智), 오직 신만을 애모(愛慕)하는 사랑, 만족, 자기소멸 등의 단계

로 보고 있다. 단계마다 신의 은총에서 오는 신비로운 영적 심리상태(할 hāl)를 체험하게 된다. 수피즘에서 '신과의 합일'에 의한 '자기소멸'은 결코 '무(無)'로 끝나는 종말이 아니라 동시에 '영존(永存, baqāu)'인 것이다. 이렇게 독특한 신관을 가지고 출현한 수피즘은 12세기에 이르러 가잘리(al-Ghazzāli, 1058?~1111)가 정통 순니파 신학에 접목하고, 이븐 아라비(Ibn al-Arabī, 1165~1240)가 이론적으로 체계화하면서 곳곳에 종단이 결성되어 활발한 종교사회운동으로 확산되었다. 그후 루미(al-Rūmī)가 수피즘을 더욱 발전시켰으며, 오늘날까지도 이슬람의 신학과 사회운동에 일정한 영향을 미치고 있다.

수하미인도 樹下美人圖

동방에 전해진 풍요와 다산(多産)을 상징하는 미술 유물. 인도·중국·일본 등 동양 여러 나라의 고대 벽화나 회화에서 볼 수 있는 그림이다. 그림의 모티브는 나무를 신성시하는 성수(聖樹) 신앙에서 비롯한 것인데, 발상지는 인도로 보인다. 기원전 2세기 이후에 지어진 산치 불탑이나 마투라 불탑 등의 장식 가운데, 가끔 나무 아래 서 있는 풍만한 나체 여신상이 발견된다. 예로부터 인도에서 나무는 '재생의 힘' '신비의 생명력'을 가졌다고 믿어 신앙의 대상이 되었는데, 이러한 나무가 여신의 생식력(生殖力)이나 생명력과 결부되어 풍요와 다산의 상징적 표현으로 된 것이다.

수혈묘 竪穴墓

초원로 상의 묘제(墓制). 러시아 남부 적동(赤銅)시대 문화(기원전 3000~2000)에 속하는 굴지장(屈肢葬, 사지를 꺾어 매장) 묘제로서 드네프르강과 볼가강 하류 사이 지역에 분포되어 있다. 묘의 봉분(封墳)은 높이가 1m 전후로 별로 높지

않으며, 지하로 묘혈(墓穴)을 파고 그 밑바닥과 시체 위에 붉은 안료를 뿌린다. 묘의 천정은 목판으로 덮고, 그 위에 흙을 쌓는다. 묘에는 부싯돌로 만든 칼·화살촉·골기(骨器), 끝이 뾰족한 계란형도기(卵形尖底器), 적동기물(赤銅器物) 등이 부장되어 있다. (15-553)

숙달 叔達

당태종이 고구려에 파견한 도사(道士). 643년 3월 고구려 보장왕은 연개소문(淵蓋蘇文)의 주장에 따라 당에 사신을 보내 도교(道敎)를 구득(求得)하도록 하였다. 당태종의 명에 따라 숙달은 7명의 다른 도사들과 함께 『노자도덕경(老子道德經)』등을 가지고 고구려에 와 불사에 주석하면서 도경(道經)을 전수하였다. (8-112)

순경 順璟

당나라에 파견된 신라의 유학승. 당고종 건봉(乾封) 연간(666~667)에 승려 순경은 견당사(遣唐使)를 따라 당에 유학하여 현장(玄奘)에게서 법상종(法相宗)을 배웠는데, 그 실력이 매우 뛰어나다는 평가를 받았다. 후에 신라에 법상종을 전하였다. (8-118)

순니파(al-Sunnih)와 시아파(al-Shī'a)

이슬람교의 2대 교파. 이슬람교에는 역사적으로 형성된 순니파(90%)와 시아파(8~9%)라는 2대 교파가 있다. '순니'는 아랍어 '순나'(sunnah)에서 파생한 말인데, '순나'의 원래 어의는 '교훈, 행위' 등이었으나, 이것이 이슬람교에 전의(轉意)되어서는 '(이슬람교)교법, 교의, 성훈(聖訓, 하디스, 무함마드의 언행)'이란 뜻을 가지게 되었으며, 파벌로 표현될 때 '순니파'는 '정통파'로 해석된다. 이에 비해 '시아'(shī'a)의 원래 어의는 '분파, 종파'이나 전의되어서는 '순니파'

(정통파)에 반하는 교파, 즉 '시아파'로 표현된다. 따라서 이 두 교파를 정확하게 이해하는 방법은 두 파의 출현과 주장 등을 비교 분석하는 것이다. 두 파의 분립은 다른 보편 종교들의 교파 분립과는 달리 근본 교리나 교법이 서로 달라서가 아니라, 교권이 '누구에 의해 이어져야 하는가'라는 문제에서 비롯되었다. 두 파의 차이점을 한마디로 요약하면, 순니파는 칼리파 제도(계승제)를, 시아파는 이맘 제도를 고수하는 것이다. 순니파는 무함마드를 계승한 4대 정통 칼리파(계위자)들의 관행을 충실히 따르고, 그들을 이은 우마이야조나 압바스조를 거쳐 오스만 투르크가 폐기할 때(1924)까지 계승된 칼리파 제도를 정통으로 삼고, 이슬람세계의 현실적 역사발전도 그대로 인정해야 한다고 주장한다. 이에 반해 시아파는 4대 칼리파는 잘못된 계승으로서 응당 무함마드에서 그의 사촌이자 사위인 알리에게로 직접 계승되어야 했다고 주장한다. 왜냐하면 후계자는 선거에 의해 선출되는 것이 아니며, 알리가 이미 유일신 알라로부터 선택된 '신성한 빛'을 받은 후계자이기 때문이다. 그리하여 시아파는 선출이나 세습에 의한 계승을 부인하면서 알리의 후손들로 이어지는 이맘제를 창안하였다. 이들의 주장에 따르면 칼리파는 잘못이 있을 경우 폐위까지 가능하지만 이맘(아랍어로 '인도자'란 뜻)은 무오류의 초인간적 존재로서 현세적 문제나 샤리아(al-Sharī'a, 이슬람교법) 상의 문제에서 절대적 해석권과 판결권을 갖는다. 시아파는 알리의 후손들 중 누구를 이맘으로 추대하는가에 따라 여러 분파로 갈라졌다. 그 가운데서 가장 큰 분파는 현재 이란에 정착된 '12 이맘파'다. 이들은 어느 날 홀연히 '은폐'된, 알리의 직계인 제12대 이맘 마흐디(al-Mahdī, '기다리는' '은폐된'이라는 뜻)가 앞으로 어느 날 재림한다고 믿고 그것을 신조로 삼고 있다.

순도 順道

고구려로 동행(東行)한 서역 승려. 『삼국사기(三國史記)』에 의하면 고구려 소수림왕(小獸林王) 2년(372)에 전진(前秦, 일설은 동진東晉) 왕 부견(符堅)이 사신과 승려 순도를 고구려에 파견해 불상과 경문(經文)을 보냈고, 이에 고구려왕은 사신을 보내 회사(廻謝)하고 방물(方物)을 바쳤으며 태학(太學)까지 세워 자제를 교육하였다. 2년 뒤에는 또 승려 아도(阿道)가 고구려에 옴으로써 다음 해(375) 봄 2월 처음으로 초문사(肖門寺, 일설은 성문사省門寺)를 창건해 승려 순도가 이 절에서 불도를 닦았으며, 또 이불란사(伊弗蘭寺)를 세워 아도가 주석하면서 불교 전파에 힘썼다. 이것이 이른바 '순도조려(順道肇麗)', 즉 순도가 고구려 불교를 창시했다는 설화의 내용이다.

『순풍상송(順風相送)』 『지남정법(持南正法)』 저자 미상

교류의 문헌적 전거로서의 개설소개서. 이 두 책의 저자는 미상이고, 저작연대는 『순풍상송』은 16세기 후반이고 『지남정법』은 18세기 초엽으로 짐작된다. 두 책은 원래 영국 옥스퍼드 대학 보들리(Bodleian) 도서관에 소장되어 있던 것을 중국 사학자 향달(向達)이 필사하여 교주(校注)를 첨가하고, 또 합본하여 『양종해도침경(兩種海道針經)』이란 제목으로 1961년 중화서국(中華書局)에서 출간하였다. 두 책의 내용을 종합하면 대체로 세 부분으로 나눌 수 있다. 첫째는 일월출몰(日月出沒)이나 풍운(風雲) 변화, 조수의 소창(消漲, 밀물과 썰물 관계), 우레·번개·별 등에 대한 기상관측 방법과 나침반의 방위 결정 등에 관한 내용이다. 둘째는 산형수세(山形水勢)나 암초 같은 자연 지세와 항행 연도(沿道) 각지의 상황 등에 관한 것이다. 그리고 셋째는 각지의 왕복항로와 항행 방향, 정박 가능성 등에 관한 기록이다. 둘째와 셋째 부분의 내용이 가장 많다. 책에 언급된 나라와 지역은 중국의 동남해 연안 일대와 일본 서부·류큐(琉球)·필리핀·솔로몬군도·칼리만탄·월남·캄보디아·타이·말레이반도·자바·수마트라·스리랑카·인도·이란·아랍·홍해 입구의 아덴만 등으로 상당히 광범위하다. 이와 같이 두 책은 16~18세기의 해상교통에 관한 기술을 담고 있어, 당시의 항해사와 동서교류의 모습을 연구하는 데 중요한 사료적 가치가 있다.

술 酒

동서고금의 보편적 특수 음료. '특수 음료'에서의 '특수'는 보통 음료와는 달리 마취제(1% 이상의 알코올 성분 함유)라는 일반적 속성 말고도 술만의 몇가지 독특한 효능이 있다는 뜻이다. 흔히 술은 하느님이 인간에게 내린 가장 귀중한 선물이라고 한다. 무엇보다 인간을 신이나 조상에 근접시키는 촉매제(觸媒劑)이기 때문이다. 술에 취할수록 신에 가까워지며, 제기(祭器)의 태반은 주기(酒器)다. 다음으로 술이 인간에게 낙천과 쾌락을 가져다준다는 점이다. 소침과 우울을 가셔내는 청소제인 셈이다. 이에 더해 술만큼 인간을 진솔하게 드러내는 투시경은 없다는 것이다. 여기서 '취중진담(醉中眞談)'이라는 말이 나왔다. 이와 관련해서는 그밖의 이야기가 더 있다. 바로 이런 특수성 때문에 인간은 일찍부터 술을 빚어 자기만족에만 이용한 것이 아니라 타인의 만족까지도 함께하는 주고받음, 이를테면 교류를 실천해왔다. 지중해의 침몰선에서 나오는 수많은 암포라(와인의 저장 및 수송 용기)와 동남아시아 해안에서 건져내는 마르다반 술병, 칭기즈칸 원정군이 이라크에서 제조방법을 배워온 소주(燒酒)를 고려 땅에 보급한 것 등은 그 대표적인 예라 할 수 있다. 중세 이후 포도주나 증류주의 전세계적 확산은 더 웅변적이다.

술의 기원에 관해서는 동서양이 일치하는 전설을 가지고 있다. 원숭이 같은 짐승이 자연 발효된 과실주를 발견하고 즐겼다는 유의 전설로, 한낱 전설이 아니라 사실이었을 듯하다. 인류발달사를 보면, 수렵시대에는 과실주, 유목시대에는 젖술, 농경시대에는 곡주가 나왔던 것이다. 이집트나 중국에서는 각각 지금부터 약 5천년 전에 술을 빚기 시작하였다. 중국의 『여씨춘추(呂氏春秋)』에 보면 5천년 전 하우(夏禹)시대에 '의적조주(儀狄造酒)'라는 기록이 나온다. 이집트에서도 그 시대에 술을 빚는 그림을 찾아볼 수 있으며, 또 기원전 1500년 제5왕조 묘 속에는 맥주(麥酒) 제조에 관한 기록이 들어 있다. 6세기 중국의 『제민요술(齊民要術)』에는 이미 누룩으로 화주(火酒) 등을 빚는 방법이 상세히 소개되어 있다. 한국의 경우, 『고삼국사기(古三國史記)』에는 주몽(朱蒙)의 고구려 건국 이야기 중에 술에 관한 것이 나온다. 그리고 일본의 『고사기(古事記)』에는 오진(應神)천황 때(270~310) 백제 인번(仁番)이 새로운 방법(아마 누룩으로 빚는 방법)으로 희한한 술을 만들어 세상을 놀라게 했으며, 따라서 그는 주신(酒神)으로 추앙되었다는 기록이 보인다.

술라이만 알 타지르 Sulaiman al-Tājir → '중국과 인도 소식'항 참고

술레이만 1세 Suleiman I, 1494~1566년

오스만제국의 제10대 황제. 1520년에 즉위해 46년간 나라를 통치하면서 제국의 전성기를 이루어낸 왕이자, 탁월한 군사전략가였다. 평생 12번이나 원정을 단행했으며, 그로 인해 10년간이나 야전생활을 하였다. 육전(陸戰)에서는 모하치 평원에서 헝가리 대군을 유인해 크게 승리한 일과 1529년 12만 정예군과 300문 대포로 오스트리아의 빈을 포위하여, '오스만 투르크는 오늘날 지구상의 공포다'라는 말을 만들어낼 정도로 유럽을 전율케 한 전쟁 일화는 유명하다. 또 해전에서는 1538년 122척의 함대로 알바니아 해안 프레베자에서 기독교국 연합 함대의 200척 전함을 격침시킨 일화를 세계 해전사에 기록으로 남기고 있다. 이로 인해 역사가들은 그를 두고 '멋진 황제, 술레이만'(Suleiman, the Magnificent)이라고 한다. 술레이만은 탁월한 싸움꾼일 뿐만 아니라 지혜로운 행정가이고 법제가이기도 하였다. 정연한 행정체제를 세워 1400km²의 광활한 영역에 수많은 민족과 종교가 혼재하는 오스만 제국을 효과적으로 통치해나갔으며, 낡은 법을 고쳐 시대상황에 걸맞은 세속법 '카눈'을 제정해 '카누니', 즉 입법자(Lawgiver)란 별명을 얻기도 하였다. 그런가 하면 이스탄불의 술레이만 마스지드와 예루살렘의 아크사 마스지드 같은 기념비적 건물과 이스탄불 토프카프 궁전을 빛내는 2만여 점의 도자기 컬렉션도 술레이만 시대가 남긴 불후의 유물들이다. 그는 유라시아의 십자로, 실크로드 육·해로의 교차점에 자리한 지정학적 이점을 살려 동서무역을 조절 내지 관장하면서 자국의 이익을 챙기는 한편, 서구의 반(反)오스만 연합전선을 무너뜨렸다. 그러나 황후 록셀란의 무분별한 간섭으로 인해 일어난 '피의 술탄 후계 분쟁'을 막지 못함으로써 제국의 전성기는 종말을 맞았다. 한편 순니파인 그는 시아파인 이웃나라 사다비 왕조 페르시아와는 시종 공방전을 벌이다가 일시적인 방편으로 평화협정을 맺기도 했다. 결국 주변 나라들을 거의 정복했지만 페르시아만은 무너뜨리지 못했다.

술탄 Sultān

이슬람 국가의 통치자에 대한 칭호. 아랍어에서

'술탄'은 '군주' '권력' '세력' 등 다양한 뜻을 지니며, 인물에 대한 칭호의 경우 '통치자'나 '권력자'로 쓰이는 것이 일반적이다. 원래 이슬람이 생기고부터 압바스조 이슬람제국 시대까지는 대체로 칼리파(al-Khalīfah, 계위자)가 성속(聖俗), 즉 종교와 세속의 최고 권력자였다. 그 이후 현실적으로 정교(政敎) 분리의 경향이 나타나면서, 세속적인 정치의 최고 지도자나 통치자를 칼리파 대신 '술탄'으로 부르기 시작하였다.

술파게라승가 戌婆揭羅僧訶, Subhakara-Simha, 일명 '善無畏'

중천축(中天竺, 중인도)의 동행 불승. 중국의 당 개원(開元) 4년(716)에 장안(長安)에 도착한 후 『대일경(大日經)』을 저술하였다. 그를 금강지(金剛智)·불공(不空)과 함께 '개원삼대사(開元三大士)'라고 불렀다.

숫자 數字

서양에 전파된 동양 학문. 초기의 무슬림 학자들은 페르시아 지역의 준디 샤프르 의학원을 통해 의학만이 아니라 천문학의 기초학문이기도 한 수학도 전수받았는데, 숫자를 비롯해 인도 수학을 많이 수용하였다. 9세기 지리학자이자 대수학(代數學)의 아버지로 불리는 조로아스터교 신자 하와리즈미(al-Khawārijzmī)를 비롯한 무슬림 수학자들은 인도의 숫자 서법(書法)을 아랍어 서법에 맞게 변형하였을 뿐만 아니라, 인도에서 받아들인 영(零, 점으로 표시)이라는 전혀 새로운 숫자 개념을 도입해 수학에서 일대 혁명을 일으켰다. 하와리즈미의 「집합과 분할의 서」란 논문이 12세기 「인도 숫자에 대한 하와리즈미의 서」란 제목을 달고 라틴어로 번역됨으로써 유럽인들은 처음으로 영을 포함한 숫자를 알게 되었다. 숫자의 발달에 얽힌 이러한 사연을 알지

산스크리트 숫자(위)와 아랍 숫자(아래)

못했던 유럽인들은, 숫자를 아랍인들에게서 전수받아 알게 되었기 때문에 '아라비아 숫자'라고 불렀다. 16세기에 이르러 유럽에서 사용되어 온 로마숫자는 아라비아숫자로 대체되었다. 영어의 'cipher'(영, 암호)나 이탈리아어의 'zero'(영)는 아랍어 'ṣafira'(공空), 'ṣifr'(무無, 혹은 영零)에서 유래한 것이며, 이는 원래 산스크리트어 'shoonya'(śūnya)를 차용한 것이다. 영어의 'algorism'(아랍식 기산법起算法, 아라비아 숫자)은 수학자 '하와리즈미'의 이름과 관련이 있다.

피타고라스를 비롯한 고대 그리스의 수학자들은 수를 단순한 양의 개념으로 본 데 비해 하와리즈미를 비롯한 무슬림 수학자들은 수를 상호관계적인 개념으로 인식함으로써 9세기 중엽에 대수학이라는 새 학문을 탄생시켰다. 하와리즈미는 3차 방정식의 풀이법까지 해명하였다. 당초 무슬림 수학자들은 대수학에서의 문제풀이 절차가 마치 외과의사가 부러진 뼈를 다시 원상회복시키는 수술과정과 비슷하다고 하여, 외과 전문용어인 '자브르'(al-jabr, 접골, 깁스)를 빌려 대수학을 '자브르'라고 했는데, 그것이 영어 'algebra'(대수학)의 어원이 되었다.

『숭정역서(崇禎曆書)』, 일명 『서양신법역서(西洋新法曆書)』 137권 11부, 1631~1634년

중국 명(明)말 서양역법에 준해 제작된 신역법(新曆法). 명말 청초에 마테오 리치(Matteo Ricci, 이마두利瑪竇, 1552~1610)와 아담 샬(Adam Schall, 탕약망湯若望, 1591~1666), 자코모 로(Giacomo Rho, 나아각羅雅各, 1592~1638) 등 서양 선교사들이 근대적 서방권 문학을 중국에 전

파하였는데, 이것을 수용한 서광계(徐光啓)·이천경(李天慶)·이지조(李之藻) 같은 중국 지식인들은 선교사들과 협력해 역법(曆法) 개혁운동을 전개하였다. 명대에 통용된 대통력(大統曆)으로 명말 신종만력(神宗萬曆) 38년(1610)까지 발생한 10여 차례의 일식을 관측하였는데, 매번 오차가 무려 30분 내지 한 시간씩이나 났다. 이에 위의 역법개혁자들은 1611년에 신종에게 서양역법에 준한 역법개혁을 제의했으나 거절당하였다. 그러나 그들의 꾸준한 개혁 노력은 사종(思宗) 대에 와서 결실을 보았다. 숭정(崇禎) 2년(1629) 7월 사종은 서광계에게 개혁총관을 위임하고 9월 역국(曆局)을 개국하였다. 역법개혁에 관심 있는 여러 선교사들과 중국학자들이 이 역국에서 역서(曆書) 편찬에 착수하였다. 1631년 1월부터 1634년 11월까지 모두 5차례에 걸쳐 각종 역서 총 137권(11부)을 편찬하여 사종에게 올렸다. 이 역서를 통칭 『숭정역서』 혹은 『서양신법역서』라고 하는데, 사실상 이것은 서양역법에 준해 제작된 신역법이었으나 1644년 명의 붕괴로 인해 이 신역법은 시행되지 못하였다. 청(淸) 초인 1645년에 청 정부는 임시로 『시헌력(時憲曆)』을 채택하였다가 1678년에 이르러 공식적으로 『강희영년역법(康熙永年曆法)』 32권을 반포하였다. 이 역법은 일명 『어정사여칠정만년서(御定四余七政萬年書)』, 약칭 『영년력(永年曆)』이라고도 하는데, 이 역시 서양역법에 준한 것이다.

슈렉 Joannes Terrenz Schreck, 鄧玉函, 1576~1630년
독일의 동행 선교사. 중국 이름은 등옥함(鄧玉函)이고 자(字)는 함박(涵璞)이라 한다. 원래 이름은 장 테렌츠(Jean Terrenz)인데, 요하네스 테렌츠 또는 요하네스 테렌츠 슈렉(Joannes Terrenz Schreck)이라 하기도 하였다. 예수회 선교사인 슈렉은 중국 방문 선교사들 중에서 가장 다재다능한 사람으로 영어·프랑스어·포르투갈어·그리스어·히브리어·라틴어 등 외국어에 능통하였고, 철학·의학·수학·천문학·기계공학 등 다방면의 인문 및 과학 지식까지 두루 갖추고 있었다. 1611년 예수회에 입회했으며, 벨기에 선교사 트리고(N. Trigault)와 함께 1619년 7월 22일 마카오에 도착하였다. 학구적인 슈렉은 중국에 오는 도중에도 각종 동물과 식물의 표본을 채집하고 천문을 관찰하였다. 마카오에서는 의술을 행하였는데, 1621년 8월에 중국 방문 서방인으로서는 최초로 신체 해부를 하였다. 같은 해에 광저우(廣州)와 항저우(杭州)를 거쳐 가정(嘉定)에 와서 한 신부로부터 중국어를 배운 후, 생물학서인 『태서인신설개(泰西人身說概)』 2권을 한역하였다. 1627년에는 그가 구술하고 왕징(王徵)이 필록한 『원서기기도설록최(遠西奇器圖說錄最)』 3권을 출간하였다. 이 책은 서방 물리학과 기계학을 소개한 첫 과학서이면서, 트리고가 유럽에서 가져온 7천 권의 서적 중에서 맨 먼저 한역한 책이다. 슈렉은 1629년 9월에 서광계(徐光啓)의 추천으로 역법 수정작업에 참가하기 위해 상경하여, 이탈리아 선교사 롱고바르디(N. Longobardi)와 함께 작업을 계획하고 관련 서적의 번역에 착수하였다. 그는 『측천약설(測天約說)』 2권, 『대측(大測)』 2권, 『정구승도표(正球升度表)』 등 천문 관련 서적을 번역하고, 칠정상한대의(七政象限大儀) 2기와 측량경한대의(測量經限大儀) 1기를 제작하기도 하였다. 이렇게 그는 역법 수정작업을 추진한 주역 중 한 사람이 되었다. 1630년 5월 11일 병사하였다.

슈바르츠 Berthold Schwartz, ?~1384년
독일 프란체스코회 수도사인데, 일반적으로 유럽인들은 '화약의 발명가'라고 부른다. 그러나 그는 화약의 발명가가 아니라 유럽에서 최초로

화약을 활용해 대포를 만든 사람이다. 그는 화약에 관한 아랍어 서적의 라틴어 역서에서 얻은 지식을 활용해 수차례의 실험 끝에 14세기 중엽에 흑색 화약을 만드는 데 성공하고, 1380년에는 이탈리아 베네치아에 가서 유럽에서는 처음으로 금속제 관형화기(管形火器)인 대포를 시험·제작하였다.

슐라긴트바이트(Schlagintweit) 형제

독일의 동양 탐험 및 연구를 주도한 4형제. 4형제는 첫째 헤르만(Hermann S., 1826~1882), 둘째 아돌프(Adolf S., 1829~1857), 셋째 로베르트(Robert S., ?~1885), 넷째 에밀(Emil S., 1835~1904)이다. 이들 형제는 당대 독일 지리학의 석학 훔볼트의 문하에서 지리학을 공부하였다. 막내를 제외한 3형제는 영국 동인도회사의 요청을 받고 1854년 10월 인도 봄베이에 도착하였다. 그후 1857년까지 3년간 3형제는 개별적으로 분담하여 인도 전역과 파키스탄(라왈핀디)·실론(현 스리랑카)·카슈미르(스리나가르)·티베트·네팔(카트만두)·카라코룸 산맥·쿤룬 산맥·카슈가르·야르칸드 등 오아시스로 남도의 여러 곳에 대한 지리학적 조사를 진행하였다. 조사를 마친 헤르만은 1857년 4월에 귀국하였으나, 아돌프는 귀국하지 못하고 피살되었다. 1857년 4월 말 이스탄불에서 야르칸드 상인을 만나 함께 야르칸드를 향해 길을 떠난 아돌프는 동행한 상인에게 타고 가던 말을 도둑맞는 등 어려움 끝에 간신히 야르칸드에 도착하였다. 그러나 당시 이 지역이 청나라와 갈등을 빚고 있어 정세가 불안해 아돌프는 청군에게 패전한 코칸트군을 따라 카슈미르에 돌아왔다. 그는 코칸트에 가기 위해 그곳을 점거하고 있던 왈리 칸에게 회견을 요청했으나, 도리어 체포되어 그해 8월에 사살되었다. 아돌프에 관한 소식이 끊기자 영

국·독일·러시아는 수색대를 급파해 수색을 벌인 끝에 아돌프의 최후를 밝혀냈다. 이들 형제가 3년 동안 진행한 조사 결과는 *Results of a Scientific Mission to India and High Asia*(5vols, Leipzig & London, 1861~1866)라는 보고서로 출간되었다. (1-375~377)

스리나가르(Srinagar) 도시 유적

교류의 유물적 전거로서의 오아시스로 상의 유적. 오아시스로 남도의 피산(皮山)에서 인도 방면으로 가는 이른바 피산―계빈오익산리도(罽賓烏弋山離道) 연변에도 동서교류를 실증해주는 유적들이 산재해 있는데, 그 첫번째 주요 도시 유적이 바로 스리나가르다. '길상(吉祥)의 도읍'이란 뜻의 스리나가르는 카슈미르 동남부의 고도(古都)다. 해발 1,600m의 고원 평야에 자리한 이 도시는 높은 산들로 에워싸여 있으며, 젤룸강이 시내를 감돌고 동북방 근교에는 달(Dal) 호수가 있어 파미르 고원을 넘어 인도 방면으로 이어지는 길의 첫 길목이 되었다. 또한 티베트와 페샤와르를 동서로 이어주는 통로 역할도 하였다. 원래 이 도시는 기원전 3세기 인도의 아소카왕 때에 건설되기 시작했는데, 그 구지(舊地)는 현재 위치의 동남쪽 약 5km 지점으로 추정된다.

6세기 후반에 이르러 힌두계 왕조의 프라바라세나 2세가 현지에 도성을 축성하였다. 당시는 이 도시를 '프라바라보라'라고 칭하였고 『신당서(新唐書)』에는 '발라물라포라(撥邏勿邏布邏)'라고 음사(音寫)되어 있다. 14세기에 이슬람 왕조가 들어서자 다른 곳으로 천도하였다. 그후 무굴제국 지배하에서 카슈미르가 속주가 되면서 스리나가르는 그 수부(首府)가 되었다. 무굴의 제왕과 귀족들은 이곳에 이궁(離宮)과 별장을 지어놓고 '무굴의 낙원'이라고 불렀다. 그후 아프칸족·시모족·라지푸트족 등의 지배를 거쳐

영국의 보호령이 될 때까지 줄곧 수부로 남았다. 현존 유적으로는 불사지(佛寺址, 절터)와 이슬람 왕조·무굴제국·아프가니스탄 등의 지배를 받을 때의 각종 성채와 궁전 등이 남아 있다. 특히 불교·힌두교·시크교·이슬람교 등 다양한 종교가 남겨놓은 유적들을 통해 종교문화의 보급과 그 교류 양상을 짐작해볼 수 있다.

스리랑카 Sri Lanka

동남아시아 해상실크로드 상의 요충지. '인도양의 진주' 스리랑카는 인도아대륙 남동쪽 북위 6~10도 사이의 적도 부근에 자리한 면적 65,610km²의 섬나라다. 열대 계절풍 기후에 속해 연평균 기온이 28도나 된다. 나라의 중앙부에서 남부로 감에 따라 높이 1,000~2,500m의 산괴(山塊)가 형성되어 있으며, 산 중턱은 대체로 차밭이고 해안부는 평야로서 농경이 발달하였으며 부존자원도 풍부하다. 이 나라에서 가장 오래된 사서(史書)『마하완사』에 의하면 기원전 6세기경 인도 벵골의 왕자 비자야(Vijaya, 북인도의 아리안족)가 이곳에 와서 선주민을 정복하고 신할리(Sinhalese) 왕조를 세웠다. 기원전 247년에는 인도 마우리아(공작孔雀) 왕조의 제3대 왕 아소카(아육阿育)가 아들과 여동생을 보내 불교를 전하였다. 왕의 환영 속에 신할리인들은 거족적으로 바라문교(婆羅門敎, 힌두교)를 버리고 불교로 개종하였다. 이후 불교가 성하여 독자적인 남방 상좌부(上座部) 불교(소승小乘)가 출현해 동남아시아 불교의 모태가 되었다. 기원후 2세기경에는 남인도의 타밀인들이 쳐들어와 주로 북부지역에 정주하였는데, 오늘날 문제가 되고 있는 타밀 관련 사안들은 여기서 생겨난 것이다. 그후 5~16세기에 신할리 왕국과 타밀 왕국 사이에는 전쟁과 분쟁이 끊이지 않았다. 동방 진출의 길목에 있는 스리랑카에 대한 서구 열강들의 침입은 16세기에 시작되어 무려 443년간이나 지속되었다. 포르투갈이 153년간(1505~1658), 네덜란드가 138년간(1658~1796), 영국이 152년간(1796~1948)을 잇달아 식민통치하였다.

조선시대의 실학자 이수광(李睟光)은『지봉유설(芝峯類說)』(1614)「제국부(諸國部)」'외국(外國)'조에서 스리랑카를 '석란산(錫蘭山)'이라고 부르면서, 다음과 같은 기술을 남겼다. "석란산은 큰 바다 속에 있다. 임금은 불교를 숭상하며 코끼리와 소를 소중히 여긴다. 우유를 마시지만 그 고기는 먹지 않는다. 소를 죽인 자는 죄벌이 사형에 해당한다. 나라는 부유하고 땅은 넓으며 인구가 조밀하기로는 조와(爪哇)에 버금간다. 서민은 상체는 벗고 하체에는 수건을 두른다. 구슬을 캐는 늪이 있어서 여러 나라 상인들이 앞을 다투어 와서 사간다. 적인도(赤印度)라는 섬이 있는데 사람들은 모두 굴속에서 살며 남녀 모두 나체여서 야수와 같다. 그들은 낟알을 먹지 않고 물고기와 조개, 파초 열매, 파라밀(波羅蜜)을 먹는다. 알아보니 파라밀은 남해 가운데서 생산되는데 모양이 동과(東瓜, 冬瓜)와 같다." 역시 조선조 말엽의 실학자 최한기(崔漢綺)도 백과전서인『지구전요(地球典要)』(1857) 권3「오인도(五印度)」'석란(錫蘭)'조에서 이 나라의 위치·지세·기후·경관·물산 등 인문지리와 함께 포르투갈·네덜란드·영국의 침입 사실에 관해서도 정

문화 3각지대 사원유적의 하나인 담불라 석굴 외경

스리랑카 중부 담불라의 대형 황금좌불상

확히 기술하고 있다.

스리랑카 문화삼각지대 스리랑카 중앙부에서 2000년간 신할리 왕조의 3대 수도였던 아누라다푸라와 폴론나루, 캔디 3대 도시를 연결하는 삼각형 내측(內側) 지역에는 유수의 대유적군이 있는데, 이 지대를 스리랑카의 '문화삼각지대'(cultural triangle)라고 부른다. 이 3대 수도는 역대의 불교 왕조가 인도의 침입으로 인해 북에서 남으로 천도하면서 차례로 생겨났다. 그리하여 이 삼각지대에는 스리랑카 불교 유적의 정수가 군집되어 있다. 이 지대가 오늘날까지 남다른 의미를 지니는 것은 여기에 조각과 회화를 비롯한 문화사적 가치가 높은 유적·유물이 많이 남아 있을 뿐만 아니라, 이것들이 현재까지도 살아 있는 유적·유물로서 숭배(기도)의 대상이 되고 있기 때문이다.

스리비자야 Srivijaya

동남아시아 해상실크로드 상의 요지. 인도네시아의 수마트라섬 동부에서 7~8세기 팔렘방(Palembang)을 수도로 번영했던 해양대국이다. 중국 당대에는 '실리불서(室利佛逝)'로, 송대에는 '삼불제(三佛齊)'로 불렸던 이곳은 아랍·인도·중국 등 해로 연안국들과 중계무역을 하였는데, 해상교통의 기착지로서 큰 역할을 하였다. 불교도 상당히 성행하였다. 중국의 고승 의정(義淨)은 도

축구법하면서 이곳에 오래 체류한 바 있다.

스바시 고성(故城)

중국 신장 투루판의 불교 고성 유적. 투루판의 구자(龜玆, 쿠처, 현 고차庫車)에서 쿠처강을 따라 북쪽으로 가면 강을 사이에 두고 동서로 불교 고성 유적이 나타나는데, 바로 스바시 고성이다. 인도로 구법 행각을 하다가 이곳을 경유한 중국 당대 고승 현장(玄奘)은 『대당서역기(大唐西域記)』 권1에서 "황성(荒城, 황폐화된 구자를 말함)에서 40여 리 거리에 있는 입산처(入山處)에 한 줄기 강(쿠처 강)을 사이에 두고 두 개의 가람(伽藍)이 동서로 마주하고 있는데, 이름은 똑같이 소호리(昭怙釐)다. 불상의 장식은 상상을 초월할 정도다"라고 이 고성 유적을 소개하고 있다. 실제로 서쪽에는 대형 가람터가 있는데 높이가 10m, 둘레가 320m나 된다. 가람터 안에는 아직도 녹색 유약(釉藥)을 입힌 벽돌들이 발견되며, 가람터 근처에는 여러 개의 불탑이 있던 흔적이 보인다. 여기서 강 건너를 바라보면 족히 1.5km나 되는 강안에 여러 개의 유적이 보이는데, 그 한가운데에 3기의 불탑이 우뚝 솟아 있다. (2-191~192)

신장 쿠처강 서안의 스바시 고성 유적

스에츠구 헤이조 末次平藏, ~1630년

일본 주인선(朱印船) 무역가. '주인선'이란 일본 에도(江戶)시대에 실행된 쇄국정책의 일환으로서 '어주인(御朱印)'이란 허가증을 얻어 동남아시아 지역과 교역을 하던 선박을 지칭한다. 스에츠구는 주인선의 무역업자 겸 나가사키(長崎)의 대관(大官)으로서 어주인을 얻어 루손(현 필리핀)·샴(현 타이)·타이완·교지(交趾, 현 베트남) 등에 주인선을 보내곤 하였다. 1628년 그의 주인선 선장이 타이완의 젤란디아(Zeelandia)성(城)을 습격해 네덜란드 총독을 인질로 잡아 귀국하자 스에츠구는 네덜란드인들의 일본 무역을 금지할 것을 건의하여 관철시켰다. 그러나 그의 사후 네덜란드의 일본 무역은 재개되었다.

스쿠너선(船)

2대의 돛대에 종범(縱帆, 세로의 돛)을 가진 배. 돛대가 3개인 것도 있으며, 최다 7개까지 있다. 18세기 아메리카 북동부 해안지대에서 그 구도가 완성되었다. 종범만 있기 때문에 돛 조정이 쉬우며, 바람을 맞받아 나가는 성능도 좋다. 풍향이 복잡하고 변화가 많은 연안이나 섬 사이를 항해하는 데 편리하다.

스키타이 Scythai

스키타이란 이름이 최초로 기록에 나타나는 것은 아시리아의 에사르하돈(Esarhaddon)왕(재위 기원전 681~669)의 연대기에서다. 아시리아인들은 그들을 '아슈쿠자이'(Ashkuzai)라고 불렀다. 기원전 7세기 후반부터 흑해 북안에 여러 개의 취락을 형성하고 스키타이와 교역을 시작한 그리스인들은 그들을 '스키타이'(Skythai) 혹은 '스키테스'(Skythes)라고 불렀다. 그러나 스키타이들은 자신을 '스콜로텐'(Skoloten), 혹은 '슈크'(Shk)라고 일괄 지칭하였다. 아시리아인들의

'아슈쿠자이'나 그리스인들의 '스키타이'란 이름은 이 '스콜로텐'이나 '슈크'의 음사로 추측된다. 고유문자를 갖지 않은 스키타이에 관한 연구는 아시리아인과 그리스인들이 남긴 문헌기록이나 스키타이의 거주 유적과 분묘에 대한 조사를 통해서만 가능하다. 문헌 중에서 가장 중요한 것은 스키타이와 동시대를 살았던 헤로도토스(Herodotos, 기원전 484?~425?)가 쓴 『역사(歷史)』(Historiai)와 그리스의 지리학자 스트라본(Strabōn, 기원전 64~기원후 21년경)이 남긴 17권의 『지리서(地理書)』(Geographica)를 들 수 있다.

스키타이는 기원전 8세기부터 기원전 3세기 사이에 남러시아 초원지대를 본거지로 하여 활동한 이란계의 유목민이다. 그들은 기원전 7세기 전반에 강대한 유목민인 킴메르를 그들의 본거지인 북캅카스로부터 축출하고, 기원전 625년경에는 메소포타미아에 침입해 이집트까지 위협하였다. 그후 수차례에 걸쳐 서남아시아에 대한 침투를 시도하였으나 여의치 않았다. 강력한 기마 기동력을 보유한 스키타이는 흑해 연안의 그리스 식민지 도시들과 교역을 하는 한편, 우랄 산맥을 넘어 멀리 알타이 지방까지 진출하는 동방 원거리 교역에도 종사하였다.

스키타이의 동방교역 스키타이는 역사가 헤로도토스의 명저 『역사』(제4권 13장과 16~36장) 속에 기술되어 그 실체가 처음으로 드러났다. 헤로도토스는 말모라도 출신의 이리스데아스가 동행(東行)하여 잇세트네스인들이 살고 있는 곳까지 왕복한 사실을 전하면서, 스키타이인들의 동방 교역로를 소개하고 있다. 기록은 다음과 같다. "이리스데아스는 흑해 동북방에 있는 아조프해에서 출발하여 돈강을 건넌 후 볼가강을 따라 북상하다가 우랄 산맥을 넘어서 줄곧 동진한 끝에 드디어 잇세트네스인들이 살고 있는 말타아 산맥 지대에 이르렀다. 여기까지 오는 데는 7

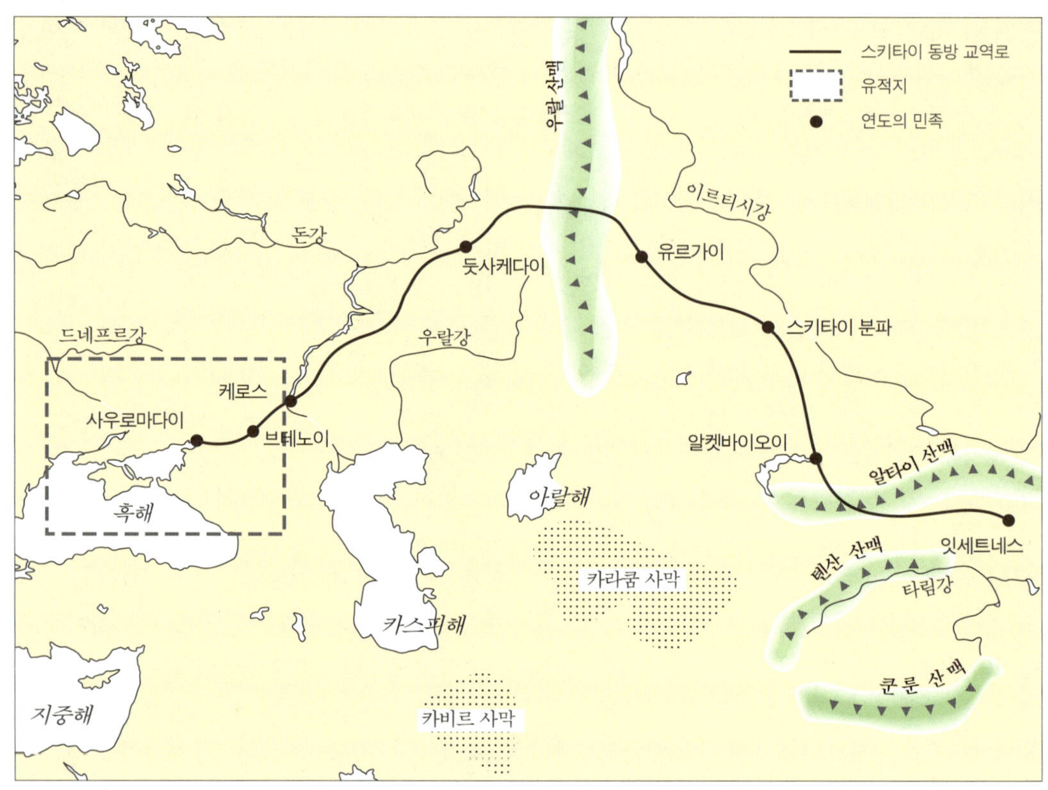

스키타이의 동방교역로 지도(사우로마다이~잇세트네스)

명의 통역원이 필요할 정도로 연도(沿道)에는 각기 다른 여러 민족이 살고 있다. 돈강 유역에는 사우로마다이인이, 돈강으로부터 볼가강 중류까지의 지역에는 브테노이인과 케로스인이, 그 동북 편에는 인구가 많은 둣사케다이인에 이어 유르가이인과 스키타이 분파, 알켓바이오이인이 각각 살고 있었다. 그리고 그 동쪽에 잇세트네스인들의 거주지가 있다." 스키타이가 동방 원거리 교역을 통해 구체적으로 어떤 물품을 교역했는지는 헤로도토스의 기록에도 언급이 없으나, 당시 스키타이가 그리스의 식민지를 통해 그리스인들과 주고받은 물품들을 살피면 스키타이의 동방 교역품 내역을 추측할 수 있다. 스키타이는 그리스에 말·기장·콩류·아마·모피·황금 등을 수출하고 금은 장식품과 상아 세공

품·청동기 등을 수입했는데, 동방에서 가져간 물품은 동방 특산의 모피·견직물·세공품일 듯하다. 스키타이의 동방교역은 동물 문양 등 특유의 스키타이 문화와 그에 수반된 그리스문화가 동전(東傳)되는 계기가 되었다.

스키타이의 문화 유적 남러시아 일원을 중심으로 수세기 동안 활동한 스키타이가 창조한 문화는 그 변화과정을 전기·중기·후기 3기로 나누어 고찰할 수 있는데, 시기마다 스키타이에 의한 동서교류상이 각기 다른 형태로 나타난다.

① 전기: 쿠반·아조프 시대(기원전 6~5세기). 이 시대의 유적(분묘)은 주로 쿠반강에서 아조프해 연안에 이르는 지대에 산재해 있는데, 분묘는 목재를 이용한 목곽묘(木槨墓)이며 말을 부장(副葬)한 경우가 많다. 마이코프(Maikop)시 근

교의 켈레르메스(Kelermes) 고분에는 24필의 말을, 같은 시 부근의 울스키즈(Ul's kij) 고분에는 무려 360필의 말을 부장하였다. 이들 고분에서 출토된 유물 중에는 아키나케스형 단검과 삼각촉(三角鏃) 같은 스키타이계 무기류가 있으며, 유물의 내용이나 문양에서는 아시리아나 페르시아를 비롯한 고대 오리엔트의 영향이 역력하다. 이 시대는 스키타이의 전성기다.

② 중기: 드네프르 시대(기원전 4~3세기). 이 시대에 스키타이는 사르마트(Sarmat)인들에게 쫓겨 드네프르강 유역으로 이동하여 그리스 식민도시들과의 교류를 확대함으로써 헬레니즘 문화의 영향을 강하게 받았다. 그리하여 스키타이 문화에는 일련의 문화적 접변(接變)이 일어났다. 이러한 변화는 고분 유적에서 뚜렷이 찾아볼 수 있다. 아조프해 남안의 케르치(Kerch) 시 근교의 체르톰리크(Chertomlyk) 고분과 솔로하(Solokha) 고분은 이 시기의 대표적 유적이다. 쿨오바 고분은 돌을 깎아 만든 석실분(石室墳)이고, 체르톰리크 고분은 지하에 3개의 목곽을 가진 목곽분(木槨墳)으로 말 11필이 부장되어 있다. 솔로하 고분은 지하를 뚫어 수광(竪壙)과 묘실을 만든 분묘다. 이 시기에는 목재를 구하기 어렵기 때문에 목곽분은 적으며, 말의 부장량은 줄어들었다. 이에 반해 그리스 식민도시들과의 교역이 활발해지면서 호화로운 그리스 제품에 대한 스키타이인들의 기호나 이용은 급증하였

스키타이의 동복(銅鍑, 동솥, 기원전 4세기)

다. 이것은 필연적으로 문화적 접변을 가져왔다.

③ 후기(後期): 크림 시대(기원전 2~1세기). 이 시기에 스키타이는 사르마트인들에게 쫓겨 크림 반도로 이동해 정주하였다. 그들의 수도는 신페로폴(Sinferopol)시 동남쪽에 위치한 네오폴리스였다. 이 고도 유적에서는 양건연와(陽乾煉瓦)와 목재 주택, 지하창고 등 유물과 유적이 발견되었다. 지하창고에는 그리스나 흑해 연안의 그리스 식민도시에서 수입한 도기가 다량 비축되고, 그리스어 명문(銘文)이 새겨진 조각품도 소장되어 있었다. 이러한 유적에서는 기마유목민족으로서의 스키타이식 맹위(猛威) 같은 것은 더이상 찾아볼 수 없다. 그들은 이미 그리스 문화에 흡수·동화되었으며, 결국 스키타이 문화는 종언을 고하고 말았다.

스키타이의 사회와 문화 스키타이는 강력한 세력으로 수세기 동안 동분서주하였지만 한번도 통일된 국가를 건립하지 못하고, 그저 여러 유목부족들의 공동체로서 존재하였다. 헤로도토스의 기록에 의하면 스키타이 사회는 총체적으로 왕족(王族) 스키타이(돈강 하류에서 쿠반강 유역), 혼혈 스키타이(그레코 스키타이, 드네프르강 하류), 농경 스키타이(드네프르강 중류), 유목(목축) 스키타이(드네프르강 동쪽)의 4대 집단(부족군)으로 구성되었는데, 그중 왕족 스키타이는 지배집단으로서 각지에 태수(太守)를 파견하고 부족장을 통솔하였다. 왕족 스키타이와 유목 스키타이는 기마에 능해 주변 그리스 식민지들과 활발한 교역을 진행하였는데, 그리스에서 포도주·올리브유·금속제품·장신구·갑옷·투구 등을 수입하였고, 꿀·가죽·물고기·밀·우랄산 황금 등을 수출하였다. 스키타이들은 그리스인들과의 우호 공존을 통해 그들의 문화를 수용하였으며, 정복전쟁에서 획득한 포로들을 노예로 공급하였다. 그리스에서 이들 노예는 하인·도공

(陶工)·궁사(弓師) 등으로 고용되었으며, 한때는 도시경찰에 임용되기까지 하였다.

말 위의 궁술가(弓術家)로 묘사되는 스키타이들은 도시도 성채도 없이 가재(家財)를 실은 수레를 집으로 삼아 이동하면서 살았는데, 그들의 기동력이나 전투력은 당대의 그 누구도 따를 수가 없었으며, 사회 전체가 군사적 색채를 농후하게 띠고 있었다. 헤로도토스는 스키타이들의 가장 중요한 특이성은 그들을 공격한 어떠한 적도 그들로부터 도망갈 수 없고, 그들이 피하고자 하면 어느 누구도 그들을 잡을 수 없다는 점이라고 자탄 어린 지적을 한 바 있다. 각 부족별로 기마전사단(戰士團)이 조직되었으며, 병력은 건장한 남성의 징병으로 충당하나 필요에 따라 지원병도 포함시켰다. 부족장은 언제나 진두에서 죽음을 불사하고 전투를 지휘하며 퇴각을 불허했다.

헤로도토스의 기록에 의하면 스키타이들의 무사정신과 승전욕, 그리고 형제관계는 특별하였다. 무사가 첫번째 적을 죽이면 적의 피를 마시는 의식을 거행하며, 살해된 적의 머리가죽을 벗겨서는 무두질해 손수건이나 옷으로 쓰기도 하고 말고삐에 매달아 과시하기도 한다. 적의 두개골은 가죽이나 금으로 덧씌워서 사발로 사용하고 벗겨낸 오른팔 가죽은 화살통 덮개로 쓰기도 한다. 형제관계는 서로의 신성한 의무로 간주해 엄숙한 서약을 통해 의형제를 맺고, 상호 충절을 확인한다. 그리스 작가들의 서술에 의하면 이러한 서약의식으로 손가락을 베어 피 몇 방울을 포도주가 가득한 술잔에 떨어뜨린 후 검과 창, 전투용 도끼, 화살촉 등을 술잔 속에 담근다. 그리고 나서 엄숙한 기원문을 낭독하고 술잔을 들이킨다. 스키타이들의 무사정신이나 스키타이 사회의 군사적 성격은 마구(馬具)와 기마전술용 무기가 발달한 데서도 찾아볼 수 있는데, 유물 중에는 안장·가죽 등자(鐙子)·청동제 갑옷·

짧은 활·방패, 특히 양인(兩刃) 단검인 아키나케스(Akinakes)형 단검 등이 다수 포함되어 있다.

스키타이들의 종교의식은 토테미즘, 샤머니즘적이다. 그들은 자연현상을 의인화(擬人化)한 신들과 동물들을 숭배하였다. 그러나 신을 위한 신전이나 조상(彫像)을 세우지는 않았다. 그들에게 전쟁신(神)은 각별한 의의가 있는바, 전쟁신을 위해서는 공물과 희생을 바칠 특별한 제단을 세웠다. 해마다 마른 장작을 산더미처럼 쌓아올리고 그 꼭대기에 아레스(Ares, 전쟁신)의 상징인 오래된 철검을 꽂아놓곤 하였다. 종교적 의례로는 헌주(獻奏), 제물(祭物), 말이나 다른 동물의 희생, 포로 희생(포로 백명 중 한 명) 등이 있었다. 장의(葬儀)는 비교적 복잡한데, 순장(殉葬)도 성행하였다. 족장이 죽으면 시신의 내장을 제거하고 그 속에 생강·유향, 파슬리나 아니스의 열매를 채운 후 봉합하고 몸통에는 밀랍을 바른다. 시신은 사륜마차에 태워져 모든 마을을 거쳐 장지에 도착한 후 '토광고총묘(土壙高塚墓)'에 안장되는데, 생전의 호위병, 하인, 술 따르던 자, 후궁 중 한 명, 일부 말은 순장된다. 1주기가 되면 50명의 남자 시종과 50필의 말이 다시 순장된다. 그밖에 생전에 쓰던 장신구나 일상용품도 함께 매장된다.

스키타이들은 인류에게 풍부한 문화유산을 남겼다. 스키타이 문화의 특징은 미술공예의 발달이다. 학자들은 조형기법이나 소재·문양·용기(容器) 내용, 그리고 외래문화의 영향관계에 따라 미술공예사를 세분해 5기(期)로 나누기도 하고, 전·후 두 기로 대별하기도 한다. 5기 분법(分法)은 기원전 8~7세기를 제1기, 6세기를 제2기, 5세기를 제3기, 4세기를 제4기, 3세기 이후를 제5기로 나누는 분법이다.

전·후 두 기의 2분법에서 전기(前期)는 기원전 8~5세기로 5기 분법의 제 1·2·3기에 해당하는데, 이 시기에는 주로 아시리아와 페르시아 문화의 영향을 많이 받았으며 주요 유물들은 쿠반강 유역에서 발굴되었다. 후기는 기원전 4세기 이후로서 5기 분법의 제 4·5기에 대응하는데, 주로 그리스와 헬레니즘 문화의 영향을 받았으며 드네프르강 유역에 유물이 집중되어 있다.

스키타이 미술공예의 특색은 동물의장(意匠)의 발달과 귀금속(주로 금)의 사용이다. 동물의장은 스키타이에서 비롯한 것은 아니고 그 이전부터 전승되어왔으나 스키타이들은 나름대로 그 내용을 풍부하게 하고 독특한 예술기법을 도입하였다. 일반적으로 동물의장의 기원에 관해서는 북시베리아 삼림지대 기원설과 오리엔트 기원설 두 가지가 있다. 전자의 경우 산양이라든가 사나운 들새(맹금猛禽)와 날짐승(맹수猛獸) 등 사실적인 야생동물이 주제로 많이 등장한다. 이때 '동물투쟁(鬪爭)'이 주요한 모티브로 활용되고 있다. 스키타이의 동물의장이 출현하기 이전에도 북방 유라시아 유목민들 사이에서는 동물의장이 이미 발생하여 미술공예의 한 장르를 이루고 있었다. 당시 동물의장은 북시베리아 삼림지대에서 발생한 동물의장 전통을 계승한 것으로서, 이 전통은 윤곽 부각에 중점을 두면서 평면감을 살리고, 사실적인 그림에서 점차 양식화·상징화함으로써 동물의 특징적 자세를 강조해, 적은 공간에 많은 주제(테마)를 넣는 등 일련의 특색을 지녔다. 스키타이들은 이러한 북시

스키타이 금제화살통(기원전 4세기)

베리아의 전통을 이어받으면서 다른 한편으로는 오리엔트의 '동물투쟁' 기법을 받아들여 독특한 동물의장을 창출하고 발전시켰다.

스키타이 동물의장은 주로 도구나 장식품, 무기의 동물양식과 상징적인 동물투쟁 양식에서 나타난다. 스키타이 미술가들은 짐승들의 몸을 일정한 형태의 틀 안에 넣기 위해 기발한 형태로 동물의 몸통을 변형하거나 압축함으로써 짐승이 가지는 힘과 탄력을 생생하게 묘사하였다.

또한 그들은 동물의 투쟁 장면을 모티브로 하여 동물의 몸을 좁은 공간에 압축하고 그 표현을 도식화 내지 간편화함으로써 동물의 힘을 과장·강조하고, 그 동물의 힘으로 자기 자신을 보호하려는 이상을 추구하였다. 즉 유목민이 본능적으로 가지는 동물에 대한 관심과 관찰을 기반으로 하여 그들 자신의 추상적 예술감각을 발휘한 것이다. 또한 거기에 그리스 미술의 사실성과 오리엔트 미술의 환상적 기념물성(紀念物性)을 가미함으로써 신선하고 독특한 양식으로 발전시켰다. 스키타이 동물장식의 또 하나의 특색은 짐승 몸통의 주요한 마디나 근육 부분에 콤마형, 또는 반달형 틀을 만들고 거기에 보석을 끼워넣는 감입(嵌入) 기법을 쓴 것이다. 본래 이 기법은 아시리아에서 시작된 것으로, 스키타이들이 받아들인 후 시베리아를 거쳐 중국 오르도스(쑤이위안綏遠), 그리고 한반도에까지 파급되었다.

스키타이 미술공예는 이러한 동물의장과 함께 귀금속을 다량 사용한 것이 또 하나의 특색이다. 예로부터 금은 재질로서 영구불멸할 뿐만 아니라, 그 광채는 암흑과 불안을 몰아내는 광명과 상통한다고 하여, 권력과 재력의 상징이자 목적으로 삼아왔다. 특히 가재(家財)를 수레에 싣고 이동하는 유목민들에게 금은 가장 편리하고 안전한 재화였다. 따라서 스키타이들, 특히 상층(上層)들은 의기(儀器)와 제기(祭器)를 비롯한 모

든 장신구들은 물론 방패·칼자루·칼집·활집 등 무기나 용기 및 도구도 금으로 장식하였다. 그들이 사용한 많은 금은 과연 어디에서 구해왔는지가 하나의 수수께끼로 남아 있다. 남부 캅카스 지방에서 사금(砂金)이 나오기는 했지만, 그것으로 엄청난 양의 수요를 충당할 수는 없었을 것이다. 아마 동방무역을 통해 성금(盛金) 지방인 알타이 일대에서 수입해왔을 것으로 추측된다.

스키타이에 의한 동서교류 스키타이는 페르시아 문화를 비롯한 고대 오리엔트 문화와 그리스 고전문화를 흡수·융화해 고유의 유목기마민족 문화를 창출한 다음, 그것을 동방에 전함으로써 고대 동서교류의 한 장을 열었다. 헤로도토스의 저서 『역사』 속에 있는 관련 기술과 헤로도토스에 대한 연구자들의 연구결과를 종합해보면, 스키타이들의 동방교역과 그 루트를 추정할 수 있다. 그들은 자신들이 생산하거나 페르시아와 그리스에서 수입한 공예품이나 장신구들을 동방에 수출하고, 알타이 지방에서 채취되는 황금이나 중국·몽골 일대에서 생산되는 직물류를 서방으로 운반하는 일종의 중계무역활동을 활발히 벌였다. 그들의 동방교역 루트를 보면 흑해(아조프해) → 돈강 → (동북향) 볼가강 중류 → (동북향) 우랄 산맥 → (동남향) 이르티시강 → (동남향) 알타이 산맥 남쪽까지로 이어지는 길이다.

다음으로, 스키타이 미술공예의 동방 전래와 그들에 의한 동서 문화교류의 일단은 고분유적에서 명확히 찾아볼 수 있다. 대표적인 고분은 기원전 4세기의 파지리크(Pazyryk) 고분군인데, 남러시아 알타이 지방 동부(러시아공화국 알타이 자치주) 울라간(Ulagan)시 북동 16km 지점에 위치한 이 고분군은 대분(大墳) 5기(1~5호분)와 소분(小墳) 20기, 모두 25기로 구성되어 있다. 대부분은 1929년과 1947~1949년에 소련 고고학자 루덴코(S. I. Rudenko)에 의해 발굴 조사되었

파지리크 6호분 쿠르간에서 출토된 거울(秦式 山字文鏡)

다. 이 고분군이 그토록 유명해진 것은 이곳에서 동서 문화교류를 증명해주는 많은 유물이 발견되었기 때문이다. 분묘의 구조는 곽실(槨室)이 있고, 그 가운데 길이 5m, 너비 1m 가량의 목관(木棺)이 안치되어 있다. 곽실의 나머지 공간에 피장자(被葬者)의 생전 용품이 부장되고, 그 외측에는 마구(馬具)를 갖춘 말의 유해가 있다. 사자(死者)는 좋은 옷을 입고 있으며, 음식물도 곁에 두고 있다. 말들의 유해는 머리에 타격을 받고 죽었는데, 대부분 동결되어 미라가 되었고 화려하게 장식한 안장이나 고삐만 남아 있다. 그밖에 모전(毛氈, 털방석)이나 무기·차바퀴 등도 반출되고 있다. 말의 장구는 거의 완벽하게 갖추어져 있는데, 특히 안장에는 여러가지 독특한 동물문양이 새겨져 있어 스키타이 동물의장의 영향임을 알 수 있다. 제5호분에서는 말과 함께 높이 1.5m의 목제(木製) 사륜차도 출토되었다.

이 고분군에서는 동서 문화교류를 입증하는 직물류도 다수 발견되었다. 제5호분에서 출토된 아플리케(털실수예기법) 털방석에는 꽃가지를 옆에 놓고 옥좌에 앉아 있는 여신과 그 옆에 서 있는 기사(騎士)의 문양이 수놓아져 있다. 허리띠를 매고 입금(立襟, 세운 옷깃)의 반코트에 좁은 바지를 입고 어깨에 덧옷을 걸친 차림새나 얼굴은 분명히 유럽풍의 기사 모습이다. 같은 고분에서 출토된 안장깔개로 보이는 직물은 길이 1cm다. 위사(緯絲, 씨실)가 100줄 이상이니 아주 정교한 직물임에 틀림이 없다. 제단으로 보이는 곳에 향로가 있으며, 그 양쪽에 기도하는 여인을 각각 두 명씩 배치하고 있다. 발굴자인 루덴

코는 구도와 의상, 기도하는 자세, 제단 설치 등으로 보아 서아시아의 직물과 관련된다는 점에 의심의 여지가 없다면서, 제작연대를 기원전 5세기 이전으로 추정하였다. 파지리크 고분에서는 이러한 서아시아와 유럽 스키타이 공예품이나 직물과 함께 중국풍의 유물도 출토되어 동서 교류의 실상을 뚜렷이 보여주고 있다. 안장 깔개 대용의 비단에 자수한 문양을 보면, 우선 비단 자체가 중국에서 가져온 것이 분명하며, 초목(草木) 위에 앉아 있는 수컷 불사조(不死鳥)의 문양도 중국의 것임에 의심의 여지가 없다.

그밖에 제6호 쿠르간(kurgan)에서 출토된 진식경(秦式鏡)은 중국 전국시대의 산자문경(山字文鏡)으로서, 기원전 5세기 말부터 기원전 4세기 사이에 제작된 것으로 추측된다. '산(山)' 자(字) 4개가 새겨져 있는 이 산자문경의 유형품(類型品)으로는 장사앙천호경(長沙仰天湖鏡)과 알타이 산경(山鏡), 일본 교토대학 소장경(所藏鏡) 등이 있다. 그밖에 제5호분에서 발견된 직경 15cm의 은제고경(銀製古鏡)도 좀 독특하기는 하지만 진식경으로 여겨진다.

이러한 유물의 발굴자인 루덴코는 당시 산지(山地) 알타이 주민과 중국 간에 교역이 진행되어 중국으로부터 견직물이나 거울 같은 것을 수입했으며, 산지 알타이인과 중국 귀족 간에는 혼인관계도 있었을 것이라는 주장도 하였다. 파지리크 고분군의 출토 유물은 이미 기원전 4세기경에 이 지방에 스키타이나 서아시아 문화가 상당한 정도로 전파되었으며, 아울러 동아시아와도 교류가 진행되고 있었음을 입증해준다.

고대 중국의 청동유품에서도 수렵문(狩獵文)을 비롯한 동물의장이 나타난다. 20세기 20~30년대에 러시아의 로스톱체프(M. Rostovtzeff, 1870~1952)와 스웨덴의 안데르손(J. G. Andersson, 1874~1960), 미국의 라우퍼(B. Laufer) 등 학자들 사이에 이 수렵문 문제에 관하여 논란이 일어난 바 있다. 라우퍼를 비롯한 수렵문 외래설(外來說) 주장자들이 한때 우세하였으나, 2차 대전 후 관련 유물이 속속 발굴되면서 외래설은 부정되고 자생(自生)의 개연성이 부상하고 있다. 대체로 은(殷)·주(周)시대의 청동기에서부터 동물상이 나타나기 시작하고 춘추전국시대에 이르면 동물투쟁문, 특히 수렵문이 다수 나타난다. 동물의 상(像, 의장)을 보면 은·주시대의 것은 공상적이고 비사실적이며 정적(靜的)인 반면에 한대의 것은 사실적이고 역동적이다. 그리고 수렵문의 경우에도 전국시대는 기마(騎馬)와 마차(馬車) 및 도보(徒步)수렵 등 형태가 다양하나, 한대에 오면 기마 수렵이 위주로 되고 주인공도 호복(胡服) 차림이다. 이러한 과정은 곧 중국 고유의 동물의장이 발생·발전하는 과정이며, 동시에 스키타이를 비롯한 서방의 동물의장(그리스나 페르시아의 동물문)의 영향도 받았음을 시사한다.

끝으로 스키타이에 의한 유목문화의 동방 전파를 입증해주는 유물로 아키나케스(Akinakes) 단검(短劍)이 있다. 이 단검은 메소포타미아와 아케메네스조 페르시아, 그리고 스키타이(주로 남러시아)들이 사용한 양인(兩刃, 쌍날)의 짧은 칼로서, 기마에 편리하게 길이가 50cm를 넘지 않는다. 이 단검의 구조를 보면 양인으로서 인부(刃部, 날)의 단면은 능형(菱形, 마름모꼴)이 많고, 병부(柄部, 자루)는 평평하며, 병두(柄頭, 자루)는 정자형(丁字形)이나 촉각형(觸角形, 안테나식) 아니면 환형(環形, 둥근 모양)을 취하고, 칼집은 나무나 청동으로 만든다. 헤로도토스의 기록이나 아케메네스조 페르시아의 조각품을 보면 알 수 있듯이, 페르시아인들은 이 검을 허리 오른쪽에 차고 다녔다. 스키타이의 아키나케스의 검신(劍身)은 대체로 철제이며, 동러시아의 아나니노(Ananino) 문화기와 시베리아의 미누신스크(Minusinsk) 문화기의 것은 청동제와 철제 두 가지가 있고, 몽골과 중국의 것은 청동제가 대부분이다. 동전의 가능성을 추측케 하는 대목이다. 아키나케스 단검은 기원전 6~3세기 기간에 시베리아와 몽골(수원綏遠), 중국의 화북(華北) 지방에 파급되었다. 일찍이 흉노의 병기 중에 경로도(徑路刀)라는 것이 있었는데, 그 명명 유래로 보아 서방으로부터 전래된 이 아키나케스 단검일 가능성이 높다. 즉 'King Luk'(徑路)은 'Akinakes'의 약어(略語)인 'Kinak'의 전사음(轉寫音)으로 추측된다.

아키나케스 단검은 오리엔트(메소포타미아와 페르시아)와 스키타이에서 사용된 단검인데, 그 명칭은 그리스어다. 이 단검을 그리스어로 명명한 것은 헤로도토스가 처음으로, 스키타이들이 패용한 이 단검과 아케메네스조 페르시아의 수도였던 페르세폴리스의 한 궁전 기단(基壇)에 조각된 단검(궁전유적에서 출토)을 각각 '아케나케스'라고 칭하였다. 이렇게 각기 다른 문화적 배경을 가진 두 지역에서 유사형(類似型)의 단검이 출토되어, 그 상관성과 기원에 관해 관심이 모아졌는데, 아직까지는 오리엔트(특히 페르시아) 쪽의 유물이 많지 않아 상호 비교 속에서 기원이나 상관성을 단정할 수는 없다. 다만 두 지역 단검들 간의 차이점으로 미루어보아 서로 영향관계는 있으나 기원은 달리할 수도 있으리라고 생각된다. 즉 스키타이 단검은 검신과 병부가 통짜(일체一體)로 되어 있으나 오리엔트의 것은 서로 다른 부분을 연결한 구조이며, 또 전자는 병부의 중앙부가 패여 있거나 공간이지만 후자는 그렇지 않다. 오리엔트 아키나케스의 기원이나 출현 연대는 아직 미상이다. 그러나 스키타이 아키나케스의 경우 볼가강 유역의 목곽분에서 출토된 것이 가장 오래된 것으로서, 그 기원

을 볼가강의 목곽분 문화에서 찾을 수 있다.

스키타이의 흥망 스키타이의 분묘와 거주 유적에 대한 고고학적 발굴과 연구는 200여년의 역사를 가지고 있다. 1763년 우크라이나의 옐리자베트그라드(Yelizavetgrad, 현 Kirovograd)에서 스키타이 문화 전기(前期, 기원전 8~6세기)에 속하는 대형 고총(高塚, 금은제 유물 부장)이 발견된 이래 오늘날에 이르기까지 여러 차례의 획기적 발굴이 진행되었다. 지금까지 대표적인 발굴 업적으로는 1830년 케르치(Kerch) 부근 쿨오바(Kul-Oba) 고분(기원전 4세기, 그리스제 장신구 발견), 1863년 우크라이나 체르톰리크(Chertomlyk) 고분(높이 20m, 은제 암포라 발견), 1864~1868년 볼리샤야 블리즈니차(Bol'shaya Bliznitsa) 고분(납골소 설치 입증), 19세기 말엽~20세기 초반 북캅카스, 특히 쿠반강 유역 울스키(Ulsky) 크사르 마을 부근의 목조분(木造墳, 지표 밑 15m, 36필의 말 순장), 1903년과 1904년의 켈레르메스(Kelermes) 고분(오리엔트 양식의 유품, 동물문양의 철제 단검인 아키나케스 발견), 1912년과 1913년 드네프르강 좌안의 솔로하(Solokha) 고분(기원전 5세기 말~4세기 초, 황금빗 출토), 1929~1949년 알타이 지구 파지리크(Pazyryk) 목곽분, 1954년 멜리토폴(Melitopol) 고분(기원전 4세기, 활과 화살통 발견), 1960~1970년대 300여 기 고분(1969~1970년 알타이 동쪽 이시크 고분), 1971년 톨스타야 모길라(Tolstaya Mogila) 고분 등의 발굴을 들 수 있다. 이러한 스키타이 유물들은 서쪽의 다뉴브강에서부터 동쪽의 몽골에 이르기까지 광활한 지역에 걸쳐 분포하는데 상사성(相似性)이 큰 것이 특징이다. 마구류(馬具類)와 장식물, 청동제 화살과 철제 단검 등의 무기류, 각종 금은제 장식품들이 주로 출토되고 있는데, 이는 스키타이의 사회문화생활을 반영한 것으로서 매우 귀중

한 자료다.

스키타이의 기원에 관해서는 이설이 많은데, 헤로도토스의 『역사』에는 스키타이의 조상에 관한 두 가지 이야기를 전하고 있다. 그 하나는 그들의 시조는 타르기타오스(Targitaos)로서, 그의 아버지는 태양신 제우스이고, 어머니는 보리스테네스강(현 드네프르강)을 낀 땅이라고 한다. 이 전설은 헤로도토스가 기원전 450년경 흑해 북안의 그리스 식민지인 올비아(Olbia)를 방문했을 때 채록한 것이다. 다른 하나는 그리스인들의 전설인데, 헤라클레스가 드네프르강 연안 스텝지대에 있는 울창한 산림지인 힐라에아(Hylaea)에 거주하던 사녀(蛇女, 상반신은 사람이고 하반신은 뱀)와 동거하여 낳은 셋째아들 스키테스(Scythes)가 바로 스키타이의 시조라는 것이다. 두 이야기 모두 전설로서, 전해지는 내용을 채록한 것이어서 사실관계를 파악하기 어렵지만, 한 가지 공통적인 점은 스키타이 시조의 기원이나 정착이 드네프르강과 관련이 있다는 점이다.

스키타이의 인종 계통에 관해서도 여러 설들이 존재하지만, 대체로 이란인의 한 계통이라는 데 의견이 모아지고 있다. 전해오는 신명(神名)이나 인명·지명 등을 보면 스키타이어는 인도-유럽어족의 인도-이란어군 중 사카(Saka)어, 사르마트어와 함께 동이란 아어군(亞語群)에 속한다. 스키타이인들은 흑해 북안 일원에 장기간 거주하면서 원주민과 혼혈되었기 때문에 순수한 모습은 추적하기가 어렵다. 그들은 인종적으로는 이란계에 속하는 유럽형이지만 여러 인종들과 혼혈된 흔적을 찾을 수 있는데, 예컨대 알타이 지방의 스키타이는 분명히 유럽-몽골형으로 변하였다.

스키타이들이 남긴 은제호(銀製壺, 은으로 만든 병) 표면의 인물조각이나 토용(土俑, 일명 토우土偶)을 통해 그들의 형질적 외모를 가늠할 수 있는데, 대체로 완강한 체구에 협골(頰骨, 볼뼈)이 높고 턱수염이 짙음을 알 수 있다. 신장은 계층에 따라 다른데 상위층은 비교적 큰 편(176~180cm)이며 평민은 중간 크기(164cm)이다. 기원전 4세기의 쿨오바 고분에서 출토된 엘렉트럼(금과 은의 자연합금)제 항아리의 타출문인물도(打出文人物圖, 그리스 작품)는 그리스인의 눈에 비친 스키타이 전사의 외모와 의상을 묘사하고 있는데, 긴 머리에 수염 많은 심목고비(深目高鼻) 형상의 백인종이다. 끝이 뾰족한 모자를 쓰고 옷은 통바지에 버선 모양의 가죽 단화를 신었고, 짧은 상의에 허리띠를 졸라맨 옷 모습은 고구려인의 옷 모습과 흡사하여, 그것이 북방 유라시아 유목기마민족들의 공통된 복장 전통임을 시사한다.

스키타이의 민족 기원에 관해서도 아직 정설은 없지만, 지금까지 가장 유력한 설은 남러시아로부터의 이동설이다. 이것은 헤로도토스에 의해 처음 제기된 설인데, 그는 막연하게 유라시아의 동쪽 어디에선가(투르키스탄이나 우즈베키스탄) 중앙아시아 종족인 마사게트(Massaget)인들에게 쫓겨 흑해 북안으로 이주했다고 보았다. 이 이동설을 고증하기 위해 여러 유적을 추적한 결과 기원전 2000년대 후반에 볼가강 하류(카자흐스탄 지방)에 안드로노보 청동기문화를 계승해 출현한 크발린스크(Khvalynskaya) 문화가 스키타이의 이동과 관련된 문화임을 확인하였다. 이 문화는 목곽분문화(木槨墳文化, Srubnaya Kul'tura)를 특징으로 하는데, 이 문화의 소유자인 스키타이들이 기원전 12~11세기경에 흑해 북안을 침공해 원주민(킴메르족, Cimmerians)을 추방하거나 동화시키고, 거기에 목곽분문화를 이식하면서 기원전 8세기경부터 유목생활을 시작하였다. 그리하여 스키타이는 유목민화된 목곽분 문화인이라고 말할 수 있다. 그런데 문제는 왜, 또 어떻게 그들이 유목민화 되었는가인데, 아직 제대로 밝혀지지 않고 있다.

스키타이가 하나의 강력한 세력집단으로 역사무대에 출현한 것은 기원전 7세기 전반의 일이다. 그들에 의해 흑해 북안의 원주지에서 쫓겨난 킴메르인들은 남하해 아시리아 사라곤 2세 때(기원전 721~705)부터 그 예하의 우라르투(Urartu) 왕국(현 터키령 쿠르디스탄)등의 소아시아 나라들을 위협하였는데, 스키타이는 기원전 680년대 아시리아와 혼인동맹(婚姻同盟)을 맺은 후 소아시아에 대한 본격적인 침공을 단행(기원전 650~620)해 킴메르인들을 소탕하였다. 뿐만 아니라 기원전 623~622년에는 바빌로니아와 메디아가 아시리아의 수도 니네베(Nineveh)를 공격하자 아시리아를 도와 침략을 물리쳤다.

승승장구하는 스키타이는 일부가 서쪽으로 진출해 다뉴브(Danube, 일명 도나우Donau)강 하류(현 그리스와 불가리아 지방)에 있는 요지 도브루자(Dobruja)를 점거하고는 그곳을 거점으로 하여 트라키아(Trakiya)와 마케도니아(Macedonia)를 위협하였다. 한편 다른 집단은 서북 방향으로 카르파티아 산맥(현 루마니아와 헝가리 동북부)을 넘어 슬로바키아와 폴란드 남부까지 진출하였다. 이리하여 스키타이는 중·남유럽과 남러시아, 소아시아의 광활한 지역을 지배하고 기원전 6~5세기경에는 강력한 부족연맹을 형성하였다. 그러나 이와 같은 흥성에도 불구하고 스키타이는 한번도 통일적인 국가를 건립하지 못한 채 부족간의 특수한 유목민적 동맹체제에 의해 권력을 유지하였다.

당시 북방 최대의 세력이었던 스키타이가 오리엔트 지역에서 1세기에 걸쳐 종횡무진으로 행한 무력적인 공포정치는, 페르시아와 마케도니아를 비롯한 주변 여러 나라에 커다란 위협이었

다. 심지어 이집트의 파라오까지도 스키타이의 위압에 눌려 많은 공물을 바쳤다고 한다. 헤로도토스는 스키타이들이 피지배자들로부터 가혹하게 조세를 수취하였고, 종종 혹독한 약탈까지 자행하는 '방종과 무지로 인해 문자 그대로 주위의 모든 것이 초토화'되었다고 기술한 바 있다. 이러한 횡포와 약탈은 주변 국가들과의 마찰을 야기해 마침내 쇠퇴의 요인으로 작용하였다.

기원전 512년 아케메네스조 페르시아의 다리우스왕이 단행한 원정에 의해 스키타이는 캅카스 산맥 이남과 다뉴브강 하류 지역에서 축출되었다. 이후 기원전 4세기 초 동쪽에서는 볼가강 중류에서 흥기한 유목민 사르마트(Sarmat)족이 서진해 스키타이 요새인 쿠반(Kuban)강 유역을 점령하였고, 서쪽에서는 카르파티아 산맥을 넘어온 켈트족이 공격해옴으로써 동·서 협공에 직면한 스키타이는 드네프르강 일대로 밀려나고 말았다. 이어 기원전 3세기 중엽에 사르마트인들이 다시 돈강을 넘어 진공해오자 스키타이는 드네프르강 유역을 포기하고 크림 반도로 도피했다. 거기에서 네아폴리스(Neapolis, 현 심페로폴Simferopol)를 수도로 하는 소국을 건설하고 정착하여 농경생활로 잔명을 유지하다가 기원전 1세기에 결국 멸망하고 말았다. 그후 스키타이란 이름은 영영 역사무대에서 사라졌다.

스킬락스(Scylax)의 인도 서해 탐험

사상 최초의 동향견사(東向遣使). 고대 페르시아 아케메네스조의 카리안다(Caryanda) 출신의 장군으로, 기원전 510년경에 다리우스 1세(Darius I, 재위 기원전 521~486)로부터 인더스강 하구에서 홍해에 이르는 바닷길을 탐험하라는 명을 받고 바로 서진하여 29개월 만에 아르시노에(Arsinoe, 현 수에즈 부근)에 도착함으로써 탐험을 성공적으로 마쳤다. 탐험 결과 고대 이집트

제 26왕조의 네코왕이 건설했으나 한때 폐용되었던 나일강과 홍해 간의 운하를 다시 개축하게 되었다. 이 사실은 헤로도토스의 『역사』에 기록되어 있다.

스타인 Sir Mark Aurel Stein, 1862~1943년

스타인 초상

영국의 고고학자이자 탐험가. 현 헝가리 부다페스트에서 출생한 스타인은 빈과 라이프치히 등을 전전하면서 고고학과 측량학 및 언어학을 전공해 산스크리트어와 페르시아어, 돌궐어를 습득하였다. 1883년 박사학위를 취득한 후에는 영국 옥스퍼드 대학과 대영박물관에서 연구를 심화하였다. 1888년에는 인도에 가서 라호르 동방대학 학장과 이어 캘리컷 이슬람 사원 부속대학의 학장을 역임하고, 그후 인도 서부 지역을 답사하였다. 1904년 인도 고적답사국(Archeological Survey of India)에 취직하면서 정부에 중앙아시아 탐험계획을 제출하였다. 이 계획에 근거해 그는 1905~1916년 세차례에 걸쳐 중앙아시아 탐험을 단행하였다.

제1차 중앙아시아 탐험 정부로부터 탐험계획에 대한 승인이 나자 스타인은 1905년 5월 카슈미르의 주도 스리나가르에서 파미르 고원을 향해 길을 떠났다. 이 길은 고대에 야르칸드와 인도를 연결하는 교역로로서 법현(法顯)이나 현장(玄奘)이 인도로 갈 때 택한 길이다. 일행은 키르키트와 훈자를 거쳐 파미르 산중에 있는 타슈쿠르간에 도착하였다. 여기서 스타인은 부근에 있는 표고 7,433m의 무즈타그 아타봉 등정에 도전했으나 6,100m까지 올라갔다가 그만 포기하고 하

산하였다. 그 길로 타림 분지 최서단에 있는 카슈가르에 당도하였다. 여기서 오아시스로의 남도를 타고 동쪽으로 향해 10월에 호탄에 이르렀다. 인근의 쿤룬산 속에 들어가 지리학적 조사를 마친 후 호탄에 돌아와 12월에 발길을 동북 방향으로 돌려 96km 지점에 있는 단단윌리크(옛 한미국扞彌國)에 도착하였다. 여기서 그는 사원터를 발굴하다가 그 유명한 '견왕녀도(絹王女圖)'('견왕녀의 호탄 출가'항 참고)와 함께 현장이 전한 '용녀전설(龍女傳說)'을 시사하는 판화도 발견하였다. 그밖에 브라후미 문자로 기록된 차금증서(借金證書) 같은 호탄어 문서도 발견하였다. 반출(伴出)된 한문 문서의 기록에 의해 이 문서는 토번(吐蕃)이 타림 분지를 공략하기 직전인 781~790년에 작성된 것으로 판명되었다. 1901년 1월 초 스타인은 단단윌리크를 떠나 호탄에 다시 돌아와 있다가 동행(東行)하여 케리야에 도착하였다. 여기서 우연히 니야 유적에 관한 정보를 얻어듣고는 곧바로 현장으로 떠났다. 그곳에서 다량의 카로슈티 문자로 기록된 목간(木簡) 문서를 발견했는데, 그가 전후 세 차례나 이곳에 와서 발견한 이러한 문서는 총 782점에 달하였다. 이 문서들에 의해 니야 유적은 3세기 후반에 폐기되었으며, 이 유적은 고대 정절국(精絶國) 영내에 있었고, 정절국은 선선국(鄯善國)의 지배하에 있었다는 등의 사실이 밝혀졌다. 또한 그는 이곳에서 그리스풍의 인장(印章)도 발견하였다. 여기서 계속 동진하여 현장이 '도화라(覩貨邏)의 고지(故地)'라고 한 엔데르 폐허에 이르렀는데, 이 자그마한 사원터에서 719년이란 연호가 적혀 있는 한문 문서와 티베트어 문서를 발견하였다. 제1차 탐험을 마친 스타인은 같은 해 5월 카슈가르를 거쳐 러시아령 페르가나에 가서 철도로 런던에 귀향하였다. 그의 이 제1차 중앙아시아 탐험에 관한 보고서 *Ancient Kkotan,*

Detailed Report of Archaeological Explorations in Chinese Turkestan(2 vols)는 1907년 옥스퍼드에서 출간되었다.

제2차 중앙아시아 탐험 스타인은 1906년 4월 다시 카슈미르를 향해 출발한 후 와칸 계곡을 거쳐 7월 호탄에 도착하였다. 구체적 노정은 다음과 같다. 즉 카슈미르 → (북행) 와칸 계곡 → 치트라르 → 야신의 다르고트 고개 → 옥수스강 상류의 왁지르 고개 → 타슈쿠르간 → (6월 8일) 카슈가르 (6월 23일 출발) → 호탄으로 이어지는 길이다. 여기서 제1차 탐험 때와 마찬가지로 쿤룬산 속에 들어가 유룽카슈강 원류에 있는 대빙하에 대한 지리학적 조사를 마친 후 9월에 호탄을 거쳐 10월 15일 니야 유적에 이르렀다. 이 유적에 대한 발굴조사를 다시 한 후 엔델 유적을 경유해 12월 찰크리크에 도착하였다. 여기서 사막에 들어가 앞서 헤딘이 발견한 고대 누란(樓蘭) 유적을 중순부터 발굴하기 시작해 많은 한문 문서와 카로슈티 문서를 수집함으로써 누란 유적의 전모를 좀더 뚜렷이 밝혀냈다. 또한 문서에 의해 이 유적이 3세기부터 4세기 사이에 폐기되었다는 사실도 알아냈다. 일행은 다시 찰크리크를 거쳐 1907년 1월 말 선선국의 첫 왕성이었던 미란(米蘭) 유적에 도착하였다. 여기서 스타인은 3세기 이후 타림 분지에 진출한 토번이 남겨놓은 다량의 티베트어 문서를 발견하였다. 그밖에 3세기의 것으로 추정되는 카로슈티 문서도 나왔다. 무엇보다 큰 수확은 작은 사원의 벽에 남아 있는 프레스코 그림의 발견이었다. 그 가운데서도 제3 사원터에서 발견된 그리스 신화에 나오는 인물을 연상케 하는 유익천사상(有翼天使像)이 주목을 끈다. 미란에서의 발굴을 마친 일행은 2월 하순 이곳을 떠나 3월에 둔황(敦煌)에 도착하였다. 하순에는 소륵하(疏勒河) 분지 조사에 착수해 한대의 망루(望樓)와 많은 문서를 발견했으며, 서역으로 가는 중국 최서단의 관문인 옥문관(玉門關)의 위치도 확인하였다. 여기서 스타인은 어느 동굴 사원에서 방대한 고문서가 발견되었다는 소문을 듣고 5월 21일 둔황에 돌아가 발견자인 왕도사(王道士)를 만났다. 그는 왕도사를 꾀어 너비3m에 높이 3m쯤 되는 작은 방에 두루마리가 꽉 차 있는 동굴을 열게 하였다. 그 두루마리는 바로 이른바 '둔황 문서'였다. 스타인은 일부를 헐값에 구입해 런던으로 보냈다. 그런 후 간쑤성을 두루 돌아 10월 하미를 거쳐 투루판과 톈산 남로를 지나 야르칸드에 이르렀다. 여기서 다시 쿤룬산 조사를 한 후 파미르를 넘어 인도의 레(Leh)에 들렀다가 1908년 11월 카슈미르의 수도 스리나가르에 종착하였다. 이 탐험에 관한 기록인 *Serindia*(5 vols)가 1921년 옥스퍼드에서 출간되었다. 스타인은 두 번의 탐험에서 쌓은 공적이 인정되어 1910년에 CIE(인도 최하위 작위)를 수여받았고, 2년 후에는 KCIE(인도의 최상위 작위)가 수여되면서 '경'(Sir)의 칭호가 주어졌다.

제3차 중앙아시아 탐험 스타인은 1913년 6월 카슈가르에서 출발해 타림 분지 남변의 유적들을 재조사하고 1914년 1월 미란을 거쳐 둔황에 도착하였다. 이어 5월에는 란저우(蘭州)를 거쳐 카라호트의 거연(居延) 유적 조사를 마치고는, 그해 여름을 난산(南山) 산맥(치롄 산맥) 조사에 보내고 9월에 마오무(毛目)를 떠나 톈산 북도를 따라 바르콜을 거쳐 구첸에 이르렀다. 거기서 스타인은 짐사의 폐허를 조사하고는 그곳이 바로 당대(唐代)의 북정(北庭) 도호부 고지(故址)임을 확인하였다. 이어 우루무치에서 남하해 11월 초 투루판에 도착, 카라호자 유적 조사를 마쳤다. 그런 다음 베제클리크 동굴 유적에 가서는 조사를 빙자해 벽화를 마구 뜯어갔다. 1915년 1월 고창(高昌) 시대의 아스타나 고분군에 가서도 많은 부장품을 발견했는데, 그 가운데 시체를 감싼 견직물은 고창이 동서교류지로서 지닌 특징을 잘 나타내고 있다. 카슈가르에 도착한 스타인은 그때까지 수집한 유물들을 스리나가르에 보내고 다시 파미르를 넘어 옥수스강 상류를 지나 10월 하순 사마르칸트에 도착하였다. 여기서 서행해 이란의 시스탄에 가서 조사를 진행한 후 1916년 카슈미르에 다시 돌아와 제3차 중앙아시아 탐험을 마무리하였다. 이 탐험에 관한 보고서는 *Innermost Asia*(4 vols)라는 제목으로 1928년 옥스퍼드에서 간행되었다. 이에 앞서 1925년 보스턴에서 그가 중앙아시아 탐험에 관해 발표한 개략적인 보고를 묶어 1933년에 출간한 책이 *On Ancient Central-Asian Tracks*이다.

서남아시아 탐험 1930년 스타인은 제4차 탐험을 계획하고 미국과 일본을 경유해 중국에 와서 하미(哈密)까지 갔다. 그러나 정세가 변해 중국 학계가 그의 탐험을 반대하고 정부도 불허하였다. 이에 스타인은 단념하고 서남아시아로 향하였다. 1932~1933년에는 알렉산드로스의 동정 루트를 따라 인도의 펀자브와 이란 지역을 조사했으며, 1938~1939년에는 로마의 장성(長城) 유적을 조사하면서 시리아·요르단·이라크를 여행하였다. 1941년에는 투르키스탄으로부터 스와트강 상류 지역을 조사하였으며, 1943년 10월 82세의 노구를 끌고 아프가니스탄에서 고고학 조사를 진행하려다가 갑자기 풍증(風症)으로 카불에서 사망하였다. 유언에 따라 그의 묘는 카불에 조영하였다. 그의 평생 수집품은 대부분이 런던 대영박물관과 인도 뉴델리 국립박물관에 소장되었다. (1-377~380)

스티븐슨 George Stephenson, 1781~1848년
영국의 증기기관차 발명가로 '철도의 아버지'라 불린다. 14세부터 탄광 일을 한 스티븐슨은 철도 기사를 거쳐 1823년 뉴캐슬에 세계 최초로 기관차 공장을 설립하고 이듬해에는 스톡턴(Stockton)-달링턴(Darlington) 구간에 세계 최초로 여객용 철도를 부설하였다. 그 이듬해에는 또한 자신이 제작한 로코모션 1호의 시운전에 성공함으로써 철도수송시대를 열었다. 이후 스페인·벨기에 여러 곳에서 잇따라 철도가 부설되었다.

스패니시 메인호 침몰선

교류의 유물적 전거로서의 해로 유적(침몰선). 1971년 8월 미국 플로리다 반도 동남부에 있는 바하마 군도의 해수욕장으로부터 16km 떨어진 해저에서 한 잠수부가 약 900매의 금·은·동화를 건져냈다. 이것은 1628년 스페인 범선 스패니시 메인호가 네덜란드의 유명한 해적 피트 하인(Piet Hein)의 습격을 받고 침몰한 선박에 적재되어 있던 유물이다. 17세기에 활동한 해적들은 보통 탈취한 재보를 일시 해저 깊숙이 숨겨두었다가 후에 꺼내갔다고 한다.

『스페인 비극』 *The Spanish Tragedy*, Thomas Kyd 저, 1599년

투르크인을 형상한 희곡. 중세 말엽(15~16세기)에 이르러 동서 문학교류에 나타난 새로운 경향은 오스만제국의 흥기와 더불어 투르크인들을 소재로 한 시나 설화·희곡·평론 등의 작품들이 급증한 것이다. 1453년에 동로마제국(비잔틴)을 공략한 투르크인들은 16세기에 이르러서는 서아시아 전역과 유럽 동남부를 석권하고 이슬람세계의 종주국으로 부상하였다. 이러한 새로운 국면은 몽골의 서정(西征)에서 당한 충격이 채 가시지 않은 유럽인들에게는 새로운 일대 위협이 아닐 수 없었다. 그리하여 18세기까지 약 200년간 유럽에서는 투르크 연구 붐이 일어났으며, 유럽 문단에 투르크인들의 '잔인성'과 그

서진(西進) 방어를 부각시키는 내용의 작품들과 연구서들이 속출하였다.

영국 문학에 등장한 투르크인은 대체로 흉포하고 복수하기를 즐기며, 배은망덕하고 음란방탕한 부정적인 인간형으로 그려졌다. 그 대표적인 작품이 바로 토마스 키드의 희곡『스페인 비극』(*The Spanish Tragedy*)인데, 한 투르크 노인이 친자식의 복수를 하는 비정한 내용을 담고 있다. 그밖에 문호 말로(Christopher Marlowe)의 수작『탬벌레인 대왕』(*Tamburlaine the Great*) 역시 투르크인의 복수심을 부각시킨 작품이며, 셰익스피어의『오셀로』(*The Tragedy of Othello, the Moor of Venice*, 1604년)에 등장하는 무어인(8세기경에 이베리아 반도를 정복한 이슬람교도를 막연히 부르던 말) 오셀로 장군이나 영국의 시인 데넘(John Denham)의『소피』(*Sophy*, 1642년)에 등장한 인물들도 예외 없이 잔인하거나, 복수심이 강하거나, 아니면 음탕하고 비이성적인 인간으로 묘사되었다.

스페인의 중국 식민지화 경략

포르투갈이 인도의 고아를 거점으로 하여 동진, 말라카를 거쳐 중국에 진출한 데 반해, 스페인은 서진해 대서양을 건너 멕시코를 비롯한 중남미 지역을 점령한 뒤 다시 서진하여 태평양을 횡단, 필리핀을 거점으로 하여 중국에 진출하였다. 요컨대 스페인—멕시코—필리핀—중국을 잇는 '태평양 비단길'을 통해 이른바 '대범선무역(大帆船貿易)'으로 중국과의 무역을 시도하였던 것이다. 스페인은 1571년에 명조의 조공국(朝貢國)인 여송(呂宋, 현 필리핀)을 점령한 뒤 수도 마닐라를 거점으로 하여 타이완(臺灣)과 푸젠성(福建省)·광둥성(廣東省) 연해에 상인들을 보내 중국과의 무역거래를 시작하였다. 필리핀 주재 스페인 총독 자무디오(Don Juan de Zamudio)는 두

차례(1575, 1576)에 걸쳐 사절단을 푸젠에 파견하여 항구 개방을 제의하였으나 무시당하였다. 1598년에는 다시 총독이 친히 선단을 이끌고 광둥에 와서 통상을 요구하였으나 관동 관부(官府)에 의해 축출되었다. 당시 중국인들은 그들을 포르투갈인과 혼동하여 역시 '불랑기(佛狼機)'라고 칭하였다.

1579년에 스페인 국왕은 칙령을 발표해 멕시코·페루·과테말라 등 스페인 속국들의 대범선무역을 허용하였다. 한편 중국 본토의 상인들과 필리핀의 화교 상인들은 중국과 필리핀 간의 무역을 독점할 뿐만 아니라, 마닐라를 중·남미와의 무역 중계지로 삼고 활발한 무역활동을 전개하였는데, 스페인은 필리핀에서 식민지 통치 기반을 공고히 하고 무역권을 장악하기 위해 필리핀 화교를 배척하고 탄압하기 시작하였다. 이에 저항하여 1593년 필리핀 화교들은 반화오(潘和五)의 영도하에 반 스페인 투쟁을 전개하여 필리핀 주재 스페인 총독을 살해하였다. 누차에 걸친 화교들의 이러한 투쟁은 무참히 진압되었다. 1603년에 스페인 식민주의자들은 모반을 구실로 2만 5,000명이나 되는 화교들을 살육하였다. 중국과 필리핀 간의 무역이 날로 확대됨에 따라 스페인은 중국 연해에 무역 거점을 마련하기 위해 1626년에 무력으로 타이완의 계롱항(鷄籠港, 현 지룽基隆)을 강점하고 산살바도르(San Salvador)라고 개명하였으며, 이어 담수항(淡水港)도 점령하였다. 그러다가 1641년에 네덜란드인들이 무력으로 대만을 강점함으로써 스페인의 15년에 걸친 부분적인 대만 지역 식민지화 경략은 종지부를 찍고 말았다. 청(淸) 초인 1646년에 스페인은 사신을 베이징에 파견했으나 여전히 해금(海禁)에 묶여 별 성과 없이 되돌아갔다.

스피나(Spina) 해저 도시 유적

교류의 유물적 전거로서의 해로 유적(해저도시). 스피나는 이탈리아 포(Po)강 부근 베네치아만의 해저도시다. 항공 관찰을 통해 해안가의 얕은 해저에서 생육하는 식물의 색깔 농도에 따라 해저도시 유적을 확인·식별하였다. 이탈리아 고고학자 네레오 알피에리는 1956년에 현지 조사를 진행한 결과, 스피나는 포강의 델타에 유입되는 물과 진흙에 의해 매몰되었다는 사실을 밝혀냈다.

슬슬 瑟瑟

동전 보석. 이 보석의 실체에 관해서는 논의가 분분하다. 슬슬의 자의(字意)는 주옥(珠玉)·풍성(風聲, 바람소리)·벽색(碧色, 짙게 푸른 색깔) 등 여러가지가 있으나, 여기서 슬슬은 보석으로서의 주옥(珠玉)을 뜻한다. 명(明)의 음운 자서(字書) 『정자통(正字通)』에 보면 슬슬은 주류(珠類)에 속한다고 하고, 역시 명대의 『통아(通雅)』에는 슬슬에 3종이 있는데 "주(珠)와 같은 보석으로서 진짜는 투명하고 푸른색이다"라고 종류와 색깔 등을 밝혔다. 또한 『본초강목(本草綱目)』에는 "푸른 것을 당인(唐人)들은 슬슬이라 하고, 붉은 것을 송인(宋人)들은 말갈(靺鞨)이라고 하였는데 모두가 보석이다"라고 서술되어 있다. 『자치통감(資治通鑑)』 권216 현종(玄宗) 천보구재(天寶九載) 십이월 을해(乙亥)조에 기재된 고선지(高仙芝)의 '석국슬슬약취기사(石國瑟瑟掠取記事)'의 주(註)에도 '슬슬은 푸른 빛깔의 주(珠)다'라고 하였다. 라우퍼(B. Laufer)는 '보석으로서의 슬슬은 이란어(se-se)의 표음(表音)으로서 에메랄드(emerald, 취옥翠玉)를 지칭한다'고 밝혔다. 당대에 슬슬이 전리품의 목록에 오르고 멀리 사람을 보내 구득하기까지 한 점으로 보아, 그것이 희귀한 진품임에는 의심의 여지가 없다.

슬슬에 관한 중국 측 첫 기록은 두 당서(唐書)의 「고선지전(高仙芝傳)」에서 찾아볼 수 있다. 『구당서(舊唐書)』 「고선지전」에는 그가 석국(石國)을 평정하고 슬슬 10여 석을 노획하였다고 하였다. 같은 책(권109) 「이사업전(李嗣業傳)」에도 고선지가 석국을 공략할 때 장정들을 포로로 하고 금은보화와 슬슬·낙타·말 등을 취득하였다고 적고 있다. 고선지가 석국의 슬슬을 약취한 것에 관해 『신당서(新唐書)』 권135 「고선지전」에도 『구당서』와 같은 내용을 언급하고 있다.

두 당서의 고선지전이 보여주다시피 슬슬의 산지는 석국(石國, 타슈켄트)임이 틀림없다. 『신당서』(권221) 「석국전」에도 '석국 동남쪽에 큰 산이 있는데, 거기에서 슬슬이 나온다'고 하는 기록이 있어 이 점을 뒷받침하고 있다. 슬슬에 대한 당인들의 집착은 끊임없이 이어져왔다. 『신당서』(권221) 「우기전(于闐傳)」에 의하면 당 덕종(德宗, 재위 780~804)은 고대로부터 옥의 명산지로 알려진 우기(호탄, Khotan)에 내급사(內給事) 주여옥(朱如玉)을 보내 옥과 슬슬 100근을 구해오도록 하였다. 송대 홍호(洪皓)가 쓴 『송막기문(松漠紀聞)』에도 중세 동서교역의 총아인 회홀상호(回鶻商胡)가 서아시아에서 중국에 가져온 상품 중 슬슬이 끼어 있음을 전하고 있다. 이상의 여러 기사들을 종합해보면 슬슬은 일종의 귀중한 보석으로서 그 주산지는 당시 이슬람화된 석국이며, 중국인들이 애용한 사치품(보석)으로서 중국에 전해졌음이 분명하다. 그리고 『삼국사기(三國史記)』 「잡지(雜志)」에 의하면 신라 홍덕왕(興德王) 9년(834)에 칙령을 내려 진골녀(眞骨女)의 얼레빗(소梳)과 관(冠)에, 그리고 육두품녀(六頭品女)의 빗에 슬슬을 쓰지 못하도록 하였다. 이는 당시 슬슬이 이미 신라에 전래되어 귀족들의 사치품으로 애용되고 있었음을 말해준다.

승문문화 繩文文化 → '조몬문화'항 참고

승실 僧實

신라의 도당승(渡唐僧). 638년 문하생 10여 명과 함께 스승인 김자장(金慈藏)을 따라 장안에 갔다. 그후에도 자장과 행동을 같이했다고 하나 확실하지 않다. 『삼국유사(三國遺事)』에 따르면 636년에 칙령(勅令)을 받고 당나라에 입국하여 오대산(五臺山)을 거쳐 장안에 갔다고 한다. (8-110)

승전 勝詮

신라의 도당(渡唐) 유학승. 현수(賢首)를 스승으로 삼아 불법의 깊은 뜻을 연구하다가 측천무후(則天武后) 때(재위 684~705)에 귀국하였다. 귀국시 『탐현기(探玄記)』『기신논소(起信論疏)』『법계무차별론소(法界無差別論疏)』『십이문론소(十二門論疏)』『화엄범어(華嚴梵語)』 등 불서들을 구해가지고 왔다. (8-121)

시가체 日喀則, gZhi-kartse, Shigatse, Xigazê

판첸 라마(Panchen Lama)의 본거지. '고향의 재'라는 뜻의 시가체는 티베트 남부의 잔포강과 난체강이 합류하는 곳에 위치한 해발 3,700m의 티베트 제2의 도시다. 라싸에서 서쪽으로 약 240km 떨어진 이곳은 옛날에는 삼도프재(志成嶺)라고 불렀다. 역사적으로 이곳은 교통의 요지

판첸 라마의 본거지인 티베트 제2도시 시가체

로서 후장(後藏, 서티베트)의 중심지이며 티베트의 제일 곡창지대다. 18세기 청 정부가 티베트의 내분에 간여해 지배권을 행사하면서, 판첸 라마 2세에게 서티베트 통치권을 부여하였다. 시가체에는 달라이 정청(政廳)에서 파견하는 후장총지사(後藏總知事)가 주재하고 후장 사령관 예하에 1,000명의 수비병을 두어 치안을 유지하도록 하였다.

시노 카로슈티 전(錢) Sino-Kharosthi

고대 화폐의 일종. 화폐에 말이 그려져 있고, 그 둘레에 카로슈티 문자가, 그 안에는 한자로 '동전중이십사주(銅錢重二十四銖)'라고 쓰여 있다. 타림 분지의 호탄 주변에서 출토된 기원전 2세기의 고전(古錢)으로서 호탄에서 만들어져 호탄과 중국 사이에 유통된 화폐다. 지불과 유통 수단인 화폐가 발견되었다는 것은 기원 초 오아시스로 남도에서 중국과 연도 여러 나라 간에 교역이 진행되었음을 말해준다.

시노페 Sinōpe

흑해 연안의 고대 교역항구. 기원전 8세기 그리스의 식민지가 되기 이전부터 메소포타미아 등 주변 지역과의 대상(隊商) 교역 중계지로서 알려졌다. 기원전 2세기에는 폰투스 왕국의 수도로 번영을 누렸으며, 로마의 식민지시대를 거쳐 비잔틴제국 시대에 이르기까지도 줄곧 흑해 연안의 중심 상업도시로서 명맥을 이어갔다. 7세기 이슬람 정복 시기에는 이슬람화를 거부하고 헬레니즘의 전통을 고수하였다. 오스만제국의 치하에서는 부침(浮沈)을 거듭하면서도 교역 통로로서의 역할을 계속 유지해왔다. 그러다가 17세기 이후 남하하는 러시아와 그를 저지하려는 오스만 투르크 간의 각축 속에서 1853년 러시아 함대의 포격으로 도시가 크게 파괴되는 등 상당

한 피해를 입었다.

시누 양식(樣式) Sinú style

황금 세공법. 시누 양식이란 콜롬비아 북부 시누 강 유역에서 발생한 일종의 황금 세공법으로, 타출(打出) 기법이나 섬세한 줄무늬 세공법을 말한다. 카리브 저지에 있는 이 강 유역은 습지로서 산림이 우거져 있고 야생동물도 많이 서식한다. 기원전 800~기원후 1000년에 이 지역에 살던 시누인들은 50만 헥타르에 달하는 곳에 인공수로를 파고 뿌리채소를 경작하거나 물고기를 잡아 생계를 유지하였다. 주로 저지대에 살았으므로, 그들은 흙을 쌓아 그 위에 집을 짓고, 묘를 만들기도 하였다. 스페인에게 정복당한 이후의 기록에 의하면, 영역이 세 군데로 나뉘어 3명의 수장(首長)들이 각각의 지역을 지배하였다. 그리고 일정한 계급분화가 일어났기 때문에 묘역에서 출토된 황금제품의 경우 상위계급에 속하는 피장자에게 바쳐진 것으로 추측된다. (4-106~107)

시돈 Sidon

지중해의 해양도시. 레바논의 수도 베이루트에서 남쪽으로 약 40km 지점에 있는 지중해 동안의 해양도시다. 기원전 11세기부터 페니키아인들이 지중해로 진출하는 주요 항구로서 알려지기 시작하였다. 아케메네스조 페르시아 시대 이

지중해 해양도시 시돈의 대형 사라이(대상 숙소)

후에는 시종 중요한 군항으로 기능하였다. 특기할 것은 근해에서 채취하는 조개에서 자색(紫色) 염료가 추출된다는 사실이다. 옛날부터 자색 염료는 그 희귀성과 아름다움으로 인해 중요시되었던 교역품이다.

시들로브(Szydlow) 전투

몽골의 제2차 서정(1235~1244) 때 폴란드의 시들로브(Szydlow)에서 서정군과 폴란드군 사이에 벌어진 전투다. 이 전투에서 차가타이(칭기즈칸의 차자)의 장자 바이다르(Baidar)와 오고타이(Ogotai, 칭기즈칸의 3자, 대칸, 원태종元太宗, 재위 1229~1241)의 손자 카이두가 이끄는 북로군(北路軍)은 폴란드군을 격파하고 곧바로 크라쿠프(Krakow)에 입성하였다. ('몽골군의 서정'항 참고)

시라즈(Shīrāz) 도시 유적

교류의 유물적 전거로서의 오아시스로 상의 유적. 시라즈는 이란 서부 자그로스 산맥 이남의 가장 큰 도시로서 파르스주(州)의 주도다. 남부 자그로스 산계의 중심부에 위치하고 토질이 비옥하여 일찍부터 농경이 발달하였다. 이들 농경민들과 주변의 카슈가이족이나 함세(khamseh)족(이란인과 아랍인의 혼혈족) 등 유목인과의 교역도 활발하였다. 뿐만 아니라 시라즈는 지리적으로도 남으로 페르시아만과 북으로는 내륙 각지로 통하는 교통요지에 위치해, 옛날부터 행정·군사·교역의 거점 역할을 해왔다. 문화적으로는 동북방 60km 지점에 있는 페르세폴리스와 가까워서 아케메네스조 시대 이래 전통문화의 영향을 받아왔다. 시라즈의 정확한 건설연대는 미상이나, 이슬람의 정통 칼리파 시대의 제2대 칼리파 오마르(재위 634~644)가 이곳을 정복한 후 건설하였다가 우마이야 아랍제국의 제5대 칼

시라즈의 성지가 된 이란 시성 하피즈 묘당

리파 압둘 말리크 치세 때 이라크 총독의 사촌 무함마드 본 까심 무함마드가 재건하였다. 10세기 부와이조(Buwayh, 932~1062)의 아두드 앗 다울라(Ādūd al-Dawlah, 재위 979~982) 치세 때에 궁전과 병원·도서관 등을 짓고 시가를 정비하였다. 그는 또한 시라즈 남방 2.5km 지점에 이궁(離宮)과 병영도 지었다. 이어 1044~1048년 기간에는 처음으로 둘레가 19km에 12개의 성문이 달린 성벽이 축조되었으며, 14세기 중엽 일칸국 시대에는 성벽을 개축하고 도성을 17개 구역으로 나누었으며, 성문을 9개로 축소하였다.

시라즈의 명물로는 루드카네예(Rudkhaneye) 수로가 있는데, 봄이면 다파크산에서 녹은 눈의 물이 이 수로를 통해 근교의 마하를루(Maharloo) 호수에 유입된다. 시내에는 자미아 아티크 마스지드(9세기 전반)와 사이드 본 잔지 대사원(12세기 후반), 손꼬르(Sonqor) 사원(13세기)의 유명 사원 3곳이 있다. 시라즈는 10세기 이래 10회 가까이 지진(특히 1813년과 1823년의 대지진)의 피해를 입었다. 몽골군과 티무르군의 서정(西征)에 파괴되기는 하였으나 다행히 큰 손상을 입지는 않았다. 그후 시라즈는 아프간인들의 잔드조(1750~1794) 때 수도가 되면서 다시 발달하였다. 성벽이나 해자(垓子)·도로가 정비되고 궁전·시장·마스지드 등도 새로 건설되었다. 시라즈는 일관되게 국제도시의 성격을 유지하였다. 애초부터 유대인들이 특정 구역에 거주하였고, 이슬람 정복 후에는 아랍인들이 대거 몰려들었으며, 16세기 이후에는 아르메니아인들도 이주하였다. 전통적으로 시라즈는 정원 가꾸기에 특기를 보였으며, 직물과 식품가공업이 발달하였다. 특히 유리 제조는 시라즈의 전통공예로서 그 제품과 기법이 동서 각지에 전파되었다.

시라프 Shirāf

페르시아만 북안의 무역항. 압바스조 이슬람제국 시대에 아랍-무슬림들이 인도양 무역을 석권하면서 전성기를 맞았던 국제무역항으로, 인도나 중국에서 오는 상선들이 페르시아만의 북안에 자리한 바스라에 이르려면 반드시 거쳐야 하는 항구이다. 1960년대 영국 옥스퍼드 대학 조사팀에 의해 시라프 부근의 해안에서 중국 용천요(龍泉窯) 청자 파편들이 다량 발견되었다.

시르다리야강 Sirdaryo(우즈베크어), Syr Darya, 錫爾河, 藥殺水, 眞珠河, 葉河

중앙아시아 2대 강 중 하나. 고대 그리스인들은 시르다리야를 '약사르트'라고 불렀는데, 이 말에서 오늘날 민간에서 이 강을 '하샤루트'라고 하는 말이 유래하였다. 이 강을 투르크인들은 '진주의 강'이란 뜻의 '젠추 우그즈'라고 부른

타슈켄트 남부를 흐르는 시르다리야강

다. 강의 유역 면적은 총 463,120km²로, 키르기스스탄·우즈베키스탄·타지키스탄·카자흐스탄 4개국을 지나 아랄해에 흘러들어간다. 톈산 산맥 서쪽에서 발원하며, 도중에 여러 지류들과 합류한다. 시르다리야와 아무다리야 사이의 트란스옥시아나(Transoxiana)는 고대 중앙아시아 문명의 요람이며, 두 강은 중앙아시아의 젖줄이다. (1-156)

시리아 사막 Syrian Desert

서아시아의 사막. 이라크의 유프라테스강 서안에서 지중해 동안까지 북위 30도 이북 지역에 펼쳐진 사막을 시리아 사막이라고 한다. 이 사막은 지형상 삼각형 모양을 이루며, 그 정점은 소아시아(터키) 동부 변경이다. 사막에는 높이 수백 미터에 달하는 구릉지대와 계곡이 있는가 하면 비옥한 오아시스도 있다. 고대에는 메소포타미아와 지중해, 아나톨리아와 아라비아 반도나 홍해를 잇는 사막로가 개통되어 대상(隊商)이 오가면서 교역이 활발하게 이루어졌다. 사막 서부의 오아시스에 자리한 팔미라 왕국의 묘역에서 여러 점의 중국 한금(漢錦, 한나라 비단) 유물이 발견되었는데, 이것은 시리아 사막을 통한 중국과 지중해 동안 지역 간의 교류상을 입증해줄 뿐만 아니라, 실크로드 오아시스로가 지중해 동안까지 연장되었다는 데 대해 확실한 증거를 제시해 주는 것이다.

시리아 왕국 Syria Dynasty

기원전 4세기 알렉산드로스 동방 원정의 결과로 탄생한 셀레우코스조(朝) 시리아 왕국으로서 수도는 안티오키아였다. 기원전 로마의 속주가 되었다.

『시리즈 부인 이야기』 *Dame Siriz*, 13세기 중엽

교류의 문헌적 전거로서의 여행문학서. 작품의 줄거리를 살펴보면, 한 젊은이가 타인의 처를 너무도 연모한 나머지 그의 영혼이 개의 뱃속에 잠복하여 여인을 보기만 하면 개는 눈을 붉히면서 눈물을 흘렸다고 한다. 이에 간사한 지혜를 가진 시리즈 부인이 그 사연을 알게 되자 여인을 유인하여 젊은이와 부정(不貞)한 관계를 맺게 하였다는 내용이다. 여기에서 보다시피, 시리즈 부인(여성)의 간지(奸智)는 『7현 이야기』에 나오는 왕비(여성)의 간지와 여악성관(女惡性觀)의 점에서 일맥상통하고(‘7현 이야기’항 참고), 젊은이의 영혼이 개의 뱃속에 잠복했다는 내용은 다분히 동양적(물론 북유럽에도 있기는 하지만)인 영혼전생설(靈魂轉生說)의 표현으로서 동방사상의 영향을 받은 듯하다.

시바 여왕

유대교 관련 전설 속 여왕. 『구약성서』「열왕기상(列王記上)」에 보면 시바의 여왕이 유대의 솔로몬왕을 찾아가는 일화가 나온다. 이 두 사람 사이에서 태어난 메넬리크는 유대인들을 이끌고 아프리카에 에티오피아라는 나라를 건설한다. 시바는 기원전 1000년경 아라비아 반도 남부, 오늘의 예멘의 시바족을 지배한 전설 속의 여왕이다. 시바(시에바 혹은 사바)족은 아라비아 반도 남부지방에 살면서 홍해 연안을 따라 시리아까지 오가면서 육상교역을 하였다.

시바리스(Sybaris) 해저도시 유적

교류의 유물적 전거로서의 해로 유적(해저도시). 1962년 이탈리아의 아드리아해와 이오니아해 경계에 있는 오트란토만에서 고고학자들이 해저도시를 발견하였다. 학자들은 이 해저도시가 그리스인들이 건설한 도시 시바리스일 가능성이 크다고 보았는데, 조사는 아직 미진하다.

시바이, 시보, 석백(錫伯) Sibe, Xibe

교류의 역사적 배경으로서의 민족이동. 시바이족의 본향은 중국 동북 헤이룽장성(黑龍江省) 넌장(嫩江) 유역으로서 퉁구스어계 말을 하는 민족이다. 1692년에 몽골족 하라친부(部)의 지배에서 벗어나 청(淸)정부의 직접적 지배하에 들어가면서 여러 곳으로 뿔뿔이 흩어지기 시작하였다. 1699년부터 1701년 사이에 차하르부(部)의 시바이족들은 성경(盛京, 현 선양시瀋陽市)로, 지린(吉林)의 시바이인들은 베이징으로 이주하였다. 그리고 중가르 반란이 평정된 후 청 정부는 성경의 일부 시바이인들을 강제로 신장 이리(伊犁) 지역으로 이주시켜 변방군(郡)으로 편입시켰다. 이들이 바로 1954년 이리강 남안에 설립된 차부차이시바이(察布査爾錫伯) 자치현(自治縣)의 기본 구성원이다. 인구가 1만 9천 명에 달하는 그들은 8개 부락에 모여 살고 있는데, 아직까지도 만청시대 군사조직인 팔기(八旗)의 기층 단위였던 '닐'의 이름을 따서 부락을 부른다. 그들은 여전히 시바이 방언을 비롯한 민족적 전통을 보존하고 있다. 2000년 통계에 의하면 시바이족의 인구는 약 18만 9천 명으로, 그중 13만 3천 명은 동북 랴오닝성에, 3만 5천 명은 신장위구르 자치구에 살고 있다. (3-233)

시박 市舶

당대(唐代) 중국 연해 각 항에 도착한 외국 상선들을 이르는 말. 이들 외국 상선들을 일괄하여 시박(市舶), 혹은 호시박(互市舶)이라 불렀다. 시박에는 남해박(南海舶)·곤륜박(昆崙舶)·파라문박(婆羅門舶)·사자국박(獅子國舶)·파사박(波斯舶) 등이 있었다.

시박제거사 市舶提擧司

1402년에 등극한 명(明)대 성조(成祖)가 건국 초기 쇄국적인 해금(海禁) 정책으로 인해 위축된 해외교역을 진작시키기 위해 푸젠(福建)·저장(浙江)·광둥(廣東) 등 연해지역에 설치한 해외교역 전담기관이다.

시베리아

1581년 러시아는 예르마크(Timofeyevich Yermak, ?~1584)를 대장으로 하는 탐험대를 동방에 파견하였다. 무력을 동반한 탐험대는 오비강을 넘어 이르티시강 유역에 자리한 시비르(Sibir) 칸국을 공략하고, 이 땅을 이반 4세 황제에게 기증하였다. 그후 우랄 산맥 이동의 광활한 초원지대를 일괄하여 '시베리아'라고 지칭하였다.

시베리아 청동기

기원전 3000년 무렵부터 기원전 2000년 무렵 초까지 수렵 및 채집생활을 해오던 남시베리아 초원지대 주민들은 첨저(뾰족밑) 토기를 제작하고 말·양·소를 사육하는 아파나시에보(Afanas'evo) 문화를 창출하였다. 이 문화에서는 자그마한 손칼을 만들 정도의 야금기술이 있었을 뿐 청동기는 보이지 않는다. 기원전 2000년 초에 들어서면서 남시베리아 일대에서는 농업과 목축업이 발달하고, 청동야금술이 출현해 칼·단검·도끼·낫 등의 이기(利器)와 얇은 판의 청동 장신구들을 제작하기 시작했는데, 이것이 이른바 안드로노보(Andronovo) 문화다. 이 문화시대에는 열점문(列點文)이나 평행각선문(平行刻線文) 같은 기하학 문양을 가진 다양한 토기가 제작되었다. 점토로 정방형 집을 지었는데, 건평이 넓고 가운데는 난방용 화로가 설치되었다. 분묘는 소형 성토분(盛土墳)으로서 유해는 굴장(屈葬)하였다. 쿠스타나이(Kustanai) 지방의 알렉세예프스코에

평지 알타이에서 출토된 청동제 도끼와 창(에루니노 문화, 기원전 1500년)

(Alekseevskoe) 부근에는 거주지와 제단, 분묘 유적이 많이 남아 있다. 안드로노보 문화의 포괄 범위는 서쪽으로는 우랄강으로부터 아랄해 동안을 지나 동쪽으로 미누신스크(Minusinsk, 동서 시베리아의 중간 지점)를 거쳐 알타이 지방까지의 북위 55도와 45도 사이의 광활한 지대다. 이 문화에 의해 중앙 유라시아는 보편적으로 청동기시대에 진입하게 되었다.

기원전 1200년경에 안드로노보 문화는 쇠퇴하고 카자노브(Kazanov) 초원에서 이 문화를 모태로 새로운 카라수크(Karasuk) 문화가 태동하였다. 이 문화는 하카스공화국 카라수크강 유역에서 하카스조(朝)의 카라수크식 분묘가 발견되면서 그 지명을 따서 명명된 것이다. '카라수크'는 '동방(東方)'이란 뜻으로, 한적(漢籍)에는 '정령(丁靈)'으로 기록되어 있다. 선행한 안드로노보 문화에서는 분묘가 10~15기씩 모여 있는 성토분(盛土墳)이었다면, 카라수크 문화에서는 100여 기 이상의 고총분(高塚墳)이 한 곳에 집중되어 있는 것이 특징이다. 카라수크 문화유적에서도 단검·칼·창(과戈)·팔찌·목걸이·고리장식 등 여러가지 유물이 다수 발굴되었다. 제조기법을 보면 안드로노보 문화에서는 단조(鍛造)와 주조(鑄造) 기법이 병용되었으나, 카라수크 문화에서는 단조기법 위주다. 이것은 청동 야금술이 진일보하였음을 의미한다. 유물에서 특이한 것은 석조물(石造物)이다. 인간의 얼굴이나 소나 사슴 뿔, 뱀을 조각한 비석 모양의 입석(立石, 세움돌), 여신상, 석파(石婆)상이 대표적 유물이다.

카라수크 문화는 카라수크를 중심으로 한 예니세이강 중류(미누신스크 지방)와 알타이 지방에서 성행한 문화로서 서쪽은 우랄 지방, 동쪽은 바이칼 지방과 몽골 지방까지 영향을 미쳤다. 특히 알타이 지방을 넘어 몽골의 서부와 중부에 파급된 후 중국 청동기와의 교류가 이루어지고, 그 여파는 한반도에까지 미쳤다. 그리하여 카라수크 청동기 중에는 성형기법이나 문양에서 중국 은대 청동기와의 상사점이 발견된다.

시베리아 타타르 seber tatarï(타타르어), sibirskii tatarin(러)

러시아의 소수민족. 우랄 산맥 이동에서 예니세이강 유역까지 서시베리아 중·남부 여러 주(州)에 산재해 있는 투르크계 여러 집단을 시베리아 타타르라고 총칭한다. 그들은 1582년 러시아에게 정복당한 시비드 칸국 지배층의 후예들로, 주로 농업과 목축업을 비롯하여 수공업·상업·운수업에 종사하며 순니파 이슬람교를 신봉한다. 한편, 그들은 18세기 이후 볼가·우랄 지방에서 시베리아 여러 도시로 대거 유입되면서 '통일 타타르'라는 민족의식을 키우고 자치기구를 창설하기도 하였다.

시아파 Shi' → '순니파와 시아파'항 참고

시안 西安 → '장안의 도시 유적'항 참고

시안 마씨묘지 西安馬氏墓地

교류의 유물적 전거로서의 오아시스로 상의 유적. 1955년 시안(西安, 장안)에서 천교(祆敎, 배화교拜火敎, 조로아스터교Zoroastrianism)도 소량(蘇諒)의 처 마씨(馬氏)의 묘지가 발견되었다. 한문과 중고(中古) 페르시아어인 파라발어(婆

羅鉢語, 파흘라비어Pahlavi)로 쓰여 있는 묘지의 명문(銘文)에 의하면 그녀는 849년에 출생하여 874년에 사망하였다. 남편 소량은 중국에 망명한 사산조 페르시아의 한 귀족 가문의 후예로서 장안에 정주한 인물이다. 이들의 장안 거류와 양국 언어로 쓰여진 이 묘지는 당대(唐代) 양지역 사이 있었던 교류 관계의 일단을 보여주고 있다.

『시칠리아 무슬림 역사』 *Storia dei Musulmani di Sicilia*, Michele Amari 저, 19세기

지중해의 시칠리아섬에 정착한 무슬림들에 관한 역사서. 중세에 아랍-이슬람 문학은 시칠리아와 에스파냐(안달루시아)를 교두보로 하여 점차 유럽에 전해졌으며, 내용과 형식 면에서 유럽 문학에 일정한 영향을 미쳤다. 예컨대 그 영향은 시형(詩形)의 변화에서 나타났다. 중세의 아랍 시는 전형적인 율어체(律語體)의 압운시(押韻詩)인데, 이러한 시형이 이탈리아를 비롯한 유럽 시단에 영향을 주었다. 이탈리아의 역사가 아마리(Michele Amari, 1806~1889)는 『시칠리아 무슬림 역사』에서 이슬람문명의 감화력과 유럽문화에 대한 영향력을 인정하면서 단테(1265~1321)가 시용(始用)한 '칸초네'(canzone)라는 압운시형(押韻詩形)은 바로 아랍의 시형에서 배운 것이었을 것이라고 추론하였다. 코펠(Koeppel)도 19세기의 영국 시인 테니슨(Tennyson)의 시편 『록슬리 홀』(*Locksley Hall*) 중에는 아랍 압운시형을 본뜬 시형이 있다고 주장하였다.

시칸(람바예케) 문화 Sicán, Lambayeque

페루의 금속문화. 페루의 람바예케 지방을 중심으로 번영했던 문화로서 전기(700~900)·중기(900~1100)·후기(1100~1375년경)의 3기로 나뉜다. 전성기인 중기에 바탕 그란데(Batang Grande) 지역에 거대한 피라미드형 신전이 많이 건설되었다. 손잡이가 달린 단경호(短頸壺) 등 흑색토기도 제작되었다. 최근에 발굴된 금속제품 공방(工房)이나 상류층 묘에서는 금·은 합금 제품뿐만 아니라 비소(砒素) 청동기도 발견되며, 그밖에 숱한 장식품이나 의례용품도 출토되었다. 특기할 것은 시칸의 금속용기가 멀리 에콰도르나 콜롬비아까지 전해졌으며, 반대로 그곳으로부터 에메랄드 같은 귀중품이 유입되기도 했다는 사실이다. (4-133~134)

시크교 Sikhism

이슬람교와 힌두교의 융합 종교. 인도 시크교는 나나크(Guru Nanak, 1469~1538)에 의해 공식 창시되었는데, 그는 15세기 초에 활약한 종교개혁자 카비르(Kabir, 1440~1518)의 영향을 많이 받았다. 카비르는 이슬람교와 힌두교의 동질성을 역설함과 동시에 두 종교에 공통된 형식적인 종교의식을 부정하였다. 그는 두 종교에는 여러 가지 면에서 공통점이 있다고 주장하면서, 특히 두 종교는 동일한 신을 믿고 예배하는 같은 아버지의 아들(같은 피)이라고 역설하였다. 나나크는 카비르의 이러한 주장을 발전시켜 두 종교의 '장점'을 취하고 '결점'을 거부한 시크교를 창시해 그 첫 스승(구루Guru)이 되었다.

나나크는 펀자브 지방의 힌두 가계에서 태어나 19세에 결혼하여 두 아들을 낳고서는 돈벌이를 위해 가족을 떠나 독신생활을 하였다. 30세쯤 되었을 때, 숲속에서 명상하던 중 신의 계시를 받았다고 한다. 그러고는 이슬람교와 힌두교 두 종교의 통합 전도사로 자처하면서 제자(펀자브어로 '시크')들과 함께 전국을 여행하면서 설교에 나섰다. 고향에 돌아와서 시크 공동체를 조직하고 본격적인 전도활동에 나섰다. 그의 주장은 대체로 다음 다섯 가지로 요약된다. ① 이슬람교의 유일신 사상과 신은 다양한 모습으로 작용한다는 힌두교의 사상을 통합하여, 이른바 '사트 카르타르'(Satkartar, 진정한 창조자)가 이슬람의 유일신 알라를 대체한다. ② '진정한 창조자'에 의해 윤회에서 벗어날 때까지 반복해서 태어나고 죽으면서 업을 축적한다는 윤회와 업 사상을 믿는다. ③ 두 종교의 형식적이고 경직된 의례와 의식주의(儀式主義)를 거부하면서 외형적 의식을 불신하고 소박하고 단순한 형태의 종교를 장려한다. ④ 힌두교의 계급차별제도인 카스트 제도를 배격한다. ⑤ 평화주의를 추구한다.

그러나 현실적인 실천과정에서는 많은 변화를 겪었다. 종교적 지도자로서의 구루는 모두 10명이 배출되었다. 제4대까지는 나나크의 가르침을 따라 평화주의를 표방해 탄압을 받으면서도 별로 저항을 하지 않았다. 그러나 제5대인 아르잔(Arjan, 1563~1606) 때에 와서 총 3,384수의 찬송가를 모은 경전 『그란트 사히브』(*Granth Sāhib*, 스승의 책)를 편찬하고 사회참여에 관심을 돌리면서 차츰 전투적 성격을 드러내기 시작하였다. 이에 무슬림 술탄은 시크교에 대해 탄압을 가하고 아르잔을 구금한다. 아르잔이 옥사하자 그의 아들인 제6대 하르 고빈드(Har Govind, 1606~1645)는 선친의 유언대로 무장을 하고 공격적 태도를 취한다. 제9대 테그 바하돌이 무굴 왕조에 잡혀서 처형된 후 구루가 된 제10대 고빈드 싱(Guru Govind Singh, 1675~1708, 피살)은 자기방어를 위해 무장조직을 꾸리고 구루가 아닌 경전 『그란트 사히브』를 숭배 대상으로 정함으로써 구루 전통은 더 이상 유지되지 못하고 단절되고 만다. 시크교는 'K'로 시작되는 다섯 가지 특징으로 교도를 구분하였다. 즉 ① 목면 속옷(Kachera), ② 금속 팔찌(Kara), ③ 단검(Kirpan), ④ 머리칼과 수염을 깎지 않는 것(Kesh), ⑤ 나무빗(Kanga) 등이 그것이다. 군단 성원들은 술과 담배 등 자극제는 금지하고 육식

을 하며 영국 식민통치에 항거해 투쟁하였다. 시크교는 현재 국내외에 600만 명의 교도가 있으며, 펀자브의 독립을 요구하여 인도 중앙정부와 마찰을 빚는 등 많은 우여곡절과 갈등을 겪고 있다. 뿐만 아니라 고행 걸식과 단발(短髮), 전투성 등 일련의 문제를 놓고 내분과 파벌싸움을 벌이고 있다. 종교생활 면을 보면 출생시가 아니라 성년기에 세례식을 통해 입교하고, 예배 대상은 구루가 아니라 경전이며, 누구나 사제(司祭) 없이 집단예배를 인도할 수 있다. 카스트나 성 차별 없이 모두 함께 예배를 근행(勤行)한다. 성지는 암리차르의 골든 템플(황금사원) 내의 성좌(聖座, takht)이며, 일생에 꼭 한번은 이곳을 순례한다.

식륜(埴輪, 하니와)선(船)

일본식 선박. 일본 미야자키현(宮崎縣) 사이토시(西都市)의 사이토바루(西都原) 고분군에서 하니와 후네(埴輪船)라는 독특한 배가 발굴되었다. 그 구조는 앞뒤 구별이 없고 양측 뱃전에는 여닫이를 연상케 하는 6개의 돌기(突起)가 나 있다. 내측에는 판자를 깔았는데, 판자 표면은 진흙으로 땜질하였다.

식물의 동전

폴란드의 저명한 동양학자 에밀(Emil Bretschneider)의 저서 『중국식물학』과 각종 중국 사적에 의하면 서역으로부터 중국에 전래된 식물로는 포도(葡萄)·석류(石榴)·홍람(紅藍, 잇꽃, safflower)·호두(胡荳)·호과(胡瓜)·목숙(苜蓿)·호유(胡荽, 고수풀, coriander)·호도(胡桃)·호마(胡麻)·호총(胡蔥)·목화(木花)·호산(胡蒜)·원유(芫荽)·주배등(酒杯藤) 등이 있다. 이러한 동전 식물들은 대부분 전한(前漢) 때 서역사행(西域使行)을 단행한 장건(張騫)에 의해 반입된 것이

라고 문헌들은 전한다. 이러한 식물들은 대체로 그 종자를 휴대하고 와서 재배한 것으로 추측된다. 그런데 이렇게 많은 종류의 식물이나 그 종자를 장건이 직접 가져온 것인지에 대해서는 의문점이 많다. 그가 실제로 서역 제국에 체류한 기간은 그리 길지 않았는데, 어떻게 그렇게 많은 식물을 포착할 수 있었으며, 또 그가 돌아올 때 흉노에 체포되어 1년 남짓 감금된 데다 계절적으로도 종자나 실물을 얻는 것이 가능했겠는가 등 여러 의문이 제기된다. 추측컨대, 장건이 직접 휴대하기도 했지만, 일부는 그의 서역사행이 발단이 되어 그의 뒤를 이은 다른 사신들이나 왕래자들에 의해 전입되었을 개연성도 배제할 수 없다.

『신견록(身見錄)』 樊守義 저, 18세기 전반

교류의 문헌적 전거로서의 여행문학서. 중국 산시(山西) 평양(平陽) 출신의 저자 번수의(樊守義, 1682~1753)는 천주교 신자로서 1707년 로마 교황청에 출사하는 이탈리아 선교사 프로바나(J. A. Provana)를 수행하여 유럽행 길에 올랐다. 번수의는 마카오를 떠나 남양군도와 남미주의 브라질을 경유, 포르투갈에 이른 후 왕에게 예물을 바쳤다. 이어 1709년 로마에 도착하여 교황을 알현하고 이탈리아에 9년간 체류하였다. 그곳에서 예수회에 가입한 후 포르투갈을 거쳐 1720년에 광저우(廣州)에 돌아왔다. 귀국 후 그는 유럽 여행 과정에서 견문한 것을 엮어 『신견록(身見錄)』을 저술하였다. 약 5,000자(字)에 달하는 이 저서는 여행 노정과 각지의 도시·건축·종교·문화·풍토·지리·물산 등을 기술하고 있는데, 바타비아(Batavia, 현 자카르타) 같은 일부 도시에 관해서는 상당히 구체적으로 서술하고 있다. 이 책은 중국인이 쓴 첫 유럽여행기로서 사료적 가치가 높지만 정식으로 간행되지는 않았다. 중국학자 방호(方豪)가 로마 국립도서관에 소장된 초본을 발견하여 전문을 1974년에 출간된 그의 저서 『중서교통사(中西交通史)』에 수록하였다.

신라도자 新羅道者

도일 신라승. 신상에 관해서는 미상이며, 도일한 시기는 일본에서 편찬한 한시집 『경국집(經國集)』이 간행된 827년 전(前)일 것으로 보고 있다. 도일 후 신라도자는 남산(南山)에 머물고 있던 구우카이(空海)를 방문하였고, 구우카이는 이때의 일을 시로 읊었다. 홍법대사(弘法大師) 구우카이(774~835)는 일본 진언종(眞言宗)의 개조(開祖)로서, 일본 밀교를 대성시킨 대덕고승일 뿐만 아니라 일본 서도(書道)의 시조이기도 하다. 이런 인물을 찾아가 대화하고, 그 인물이 만남을 시로 읊었다면 찾아간 신라의 도자(승)도 대덕고승이었을 것으로 추측된다. (8-211)

신석기문화

약 4만년 전에 출현한 현생 인류는 후기 구석기시대를 거쳐 지금부터 약 1만여년 전에 이르러 신석기시대에 진입하였다. 구석기시대와 신석기시대 사이에 과도적 단계로 이른바 중석기(中石器)시대(mesolithic period)를 설정해 석기시대를 고고학적으로 3분하기도 한다. 그러나 중석기의 구분 기준이 타제(打製)와 마제(磨製) 사이의 중간가공이란 애매모호한 기법이고, 게다가 일부 특정된 지역에서만 나타나, 세계적 편재성(遍在性)의 결여 등의 이유를 들어 무시하는 경향도 있다. 신석기시대와 구석기시대의 구분은 명확하다. 그러나 무엇을 기준으로 삼을지는 이론이 있다. 전통적인 구분법에서는 석기의 가공법이 타제면 구석기이고 마제면 신석기로 단순 구분하였다. 그러나 근대에 와서 많은 고고학적 유물이 발굴되고 문화인류학적 연구가 심화된 결과, 역사란 인간사이기 때문에 반드시 인간생활과 직결되는 문화적 현상이 잣대가 되어야 한다는 문제의식에서 출발해 인간생활에서 가장 중요한 식량 획득 방법에 따라 시대를 구분해야 한다는 주장이 상당히 설득력 있게 대두되었다. 그들의 주장에 의하면 식량 채집단계는 구석기시대이고, 식량 생산단계는 신석기시대라는 것이다. 이러한 두 가지 견해는 서로 다른 시간의 차원에서 일방적으로 시대를 구분한 것으로, 평면적이라 할 수 있다. 따라서 구석기시대는 타제석기를 사용한 식량 채집 시대이고, 신석기시대는 마제석기를 사용한 식량 생산 시대라고 하는 것이 합리적일 것이다. 이와 같은 개념 정립에 근거해 신석기문화의 주요 특징을 보면 ① 마제석기의 사용 ② 생산된 식량의 보존을 위한 토기(pottery)의 출현 ③ 신석기혁명(neolithic revolution)이라 일컫는 식량의 생산 ④ 쟁기나 축력(畜力)에 의한 농경의 출현 ⑤ 생활과 생산에 필요한 목축의 발생 ⑥ 농경과 목축에 의한 정착생활 등이다. 이러한 특징을 지닌 신석기시대의 문화적 유물로는 구석기시대에 비해 가공기법이 한층 발달한 각종 석기류와 골기류, 그리고 여러가지 성형(成形)과 문양을 가진 토기류가 있다. 그밖에 지금까지도 그 모습이 확연한 여러가지 거석(巨石) 기념물도 있다.

신석기문화권 신석기문화의 발생·발달은 지역적 생태환경에 따라 서로 다른 양상을 보인다. 신석기문화는 1만여년 전에 발생해 8천년 전에 수명을 다한 곳이 있는가 하면, 오늘날까지도 여전히 그 문화기를 벗어나지 못한 곳도 있다. 비록 이렇게 각기 다른 양상을 보이지만, 유라시아나 아프리카의 신석기문화를 살펴보면 문화적 공통 구성요소에 의해 지역적 거리를 초월해 동서를 관통하는 몇개의 문화권을 발견하게 되는데, 이것이 이른바 신석기문화권이다. 여기에는 거석(巨石) 문화권, 즐문(櫛文)토기 문화권, 채도(彩陶) 문화권, 세석기(細石器) 문화권 등 4개 문화권이 있다.

우선 거석 문화권은 세계의 광범위한 지역들을 아우르는 문화권으로서 그 특색은 거석(巨石) 구조물이다. 그다음은 즐문토기 문화권인데, 이 문화권은 발트해로부터 시베리아 및 북미에 이르는 추운 삼림지대에서 사냥과 고기잡이를 생업으로 하는 인간들이 창조한 문화권이다. 그 특색은 빗살 모양의 선(線) 무늬가 있는 이른바 즐문토기(빗살무늬 토기, Pit-Comb Ware)와 골기다. 셋째의 채도문화권은 동유럽이나 서남아시아·동북아시아 등 기후가 따듯하고 계절풍으로 우량이 풍부한 습윤지대에서 주로 농업에 종사하는 인간들에 의해 이루어진 문화권이다. 농사를 짓는 데 필요한 마제석기와 색깔무늬가 있는 채도(彩陶, 혹은 채문토기彩文土器)가 발견되는 것이 이 문화권의 특색이다. 넷째로 세석기 문화권은 몽골 고원·투르키스탄·남러시아·이란 고원·아라비아·북아프리카 등의 건조한 초원지대에서 발생하였는데, 소·말·돼지·염소를 기르는 유목생활이 발달하였다. 이 지대는 농사를 짓기에 적당하지 않기 때문에 농경용 석기는 거의 없고, 토기도 운반에 불편하여 발달하지 않았다. 이 문화권의 특색은 생계를 유지하기 위하여 수렵한 짐승의 껍질을 벗기고 뼈를 자르며 살을 베는 데 편리한 세석기를 제작했다는 것이다.

이러한 개개의 문화권들은 위에서 언급하였듯이 거석·즐문토기·채도·세석기 같은 공통적인 문화 구성요소를 가지고 있으며, 지역적으로 광범위하고 상당히 긴 기간 존속하였다. 이러한 공통요소는 문화의 보편성에 의한 자생(自生)일 수도 있고, 전파에 의한 공유(共有)일 수도 있다. 원래 문화권이란 각기 다른 문화 간의 접촉과 교류를 통해 특유의 문화적 공통요소가 발생·축적되는 과정에서 형성되는 것이다. 아직은 연구가 부족하여 신석기 문화권 개개의 형성과정을 구체적으로 밝힐 수 없지만 문화적 공통구성요소(거석·즐문토기·채도·세석기)가 그렇게 넓은 지역에서 공시적(共時的)으로 존재한 데는 문화 간의 상호교류가 주요한 요인이 되었음을 추단할 수 있다.

신안 해저유적 新安海底遺跡

교류의 유물적 전거로서의 해로 유적(해저). 1975년 한국 목포(木浦) 신안(新安) 앞바다에서 한 어민이 우연히 6개의 청자(靑磁)를 발견하였다. 이것이 계기가 되어 한국문화재위원회에서 수중고고학 조사를 진행한 결과 14세기(중국 원대)의 용천요(龍泉窯) 청자와 경덕진(景德鎭) 백자(白磁)를 비롯한 자기류 2만점이 발견되었다. 목제 선박이지만 선체나 하적 유물들의 보존상태가 비교적 양호하여 1990년 목포 해양박물관을 건립해 목선을 원상복구하고 유물들을 전시하고 있다. 적재 도자기는 주로 일본 분포(文保) 2년(1318)에 제작한 것이며, 선체의 목판에 1323년이란 연대와 동복사(東福寺)란 글자가 명기된 점 등을 감안해 이 배는 원래 동복사의 재건 자금을 마련하기 위해 중국 닝보(寧波)에서 출발해 일본으로 항해하던 도중 침몰한 상선으로 추정된다.

신안 침몰선에서 인양된 각종 도자기들

신의공주 信儀公主

중국 수(隋)나라의 화번공주(和蕃公主). 수나라에 항복해 온 서돌궐의 처라가한(處羅可汗)이 613년 고구려 원정에 종군하여 전공을 세웠다. 이에 수 양제(煬帝)는 명을 내려 이듬해 정월 그와 종실의 딸인 신의공주를 결혼시켰다. (8-106)

『신제제기도설(新製諸器圖說)』 1권, 王徵 저

중국 최초의 근대 공학자의 저서. 서구의 근대 기계공학을 전수받은 중국인들 중에 재간 있는 공학자들이 배출되었다. 대표적인 공학자로는 왕징(王徵, 1544~?)과 황리장(黃履庄, 1656~?)을 들 수 있다. 왕징은 자신이 저술한 중국의 최초 근대 공학서인 이 저서에서 그가 발명한 사이펀(Siphon, 액체를 빨아올리는 관)과 윤호(輪壺)·연노(連弩) 등 9종의 기기들을 도해와 함께 설명하고 있다. 이후 그는 수십종의 기기를 더 발명하였는데, 그중에는 7천여근의 무게를 들어 올릴 수 있는 기중기와 천보노(千步弩)·생화기(生火機) 등의 무기도 있었다. 왕징의 뒤를 이은 공학자는 황리장이었다. 그는 28세의 젊은 나이에 이미 27종의 기기를 발명하거나 모조하였는데, 그중에는 현미경과 천리경(千里鏡)·취화경(取火鏡)·자동부채·폭포수(瀑布水) 등 실용적인 기기들과 일용품들이 들어 있었다. 황리장은 그밖에 목구수문(木狗守門, 나무로 만든 문지기 개로 문이 열리면 짖어댐)·일선천(一線泉, 5~6척 높이의 분수)·험냉열기(驗冷熱器, 체온 및 기온 측정기) 등도 제작하였다.

신행 神行, 703~779년

신라의 입당(入唐) 유학승. 신라 출신으로 급간(級干) 김상근(金常勤)의 아들이다. 출가하여 운정율사(運精律師)와 법랑선사(法朗禪師)에게서 불법을 익혔고, 해로를 통해 당나라에 건너갔다.

당시 당나라는 안사(安史)의 난으로 혼란스러웠는데, 이러한 상황에서도 북종선(北宗禪)의 대조선사(大照禪師) 보적(普寂)의 제자 지공(志空)의 문하에 들어가 3년 뒤 인가(印可)를 받았다. 많은 경서를 필사하고 성지를 순례한 후 고국에 돌아와 교화에 정진하였다. 779년 11월 21일 남악(南岳)의 주사(住寺, 주석한 절)에서 입적하였다. (8-136)

실지불 가한(可汗) Silzibul Khaghan, ?~575년

6세기의 서돌궐 가한. 돌궐 비문에 이스테미 칸, 당사(唐史)에 실점밀(室點密)로 나오는 그는 텐산 산맥 속의 율두즈 계곡을 왕정(王庭)으로 삼고 서역 제국을 제압하였다.

실크로드 Silk Road

실크로드란 인류문명의 교류가 진행된 통로를 말한다. 실크로드란 말은 130여년 전인 근세에 와서 출현했는데, 이 명칭을 처음 쓴 사람은 독일의 지리학자 리히트호펜(Richthofen, 1833~1905)이다. 그는 1869~1872년에 중국 각지를 답사하고, 1877년부터 1912년까지 『중국』(China)이란 책 5권을 찬술하였다. 그는 이 책 제1권의 후반부에 동서교류사를 개괄하면서, 중국으로부터 중앙아시아를 경유해 시르다리야(Syr Darya, 시르강)와 아무다리야(Amu Darya, 아무강) 두 강 사이에 있는 트란스옥시아나(Transoxiana) 지역과 서북인도로 수출되는 주요 물품이 비단(silk)이라는 사실을 감안하여 이 교역로를 독일어로 '자이덴슈트라센'(Seiden strassen: Seiden=비단, strassen=길, 영어로 Silk Road)이라고 명명하였다. 그후 스웨덴의 허턴(S. Hutton, 1863~1952)과 영국의 스타인(A. Stein, 1862~1943) 등에 의해 중앙아시아 각지뿐 아니라 지중해 동안에 위치한 시리아에서

도 중국의 견직 유물이 다량 발굴되었다. 이를 근거로 독일의 동양학자 알베르트 헤르만(Albert Herrmann)은 1910년에 이 실크로드를 시리아까지로 연장하였다. 이 실크로드는 주로 중앙아시아 일원에 점재(點在)한 여러 오아시스(oasis)를 연결하여 이루어진 길이므로 일명 '오아시스로'라고도 하였다. 제2차 세계대전 후 동양학자들은 오아시스로를 통한 동서교류 연구를 심화하여, 중국에서부터 중앙아시아와 서아시아를 지나 터키의 이스탄불과 로마까지 연결하여 장장 1만 2천km(직선거리 9,000km)에 달하는 이 길을 동서간의 문화통로와 교역로로 규정하였다. 뿐만 아니라 실크로드의 범위를 유라시아 대륙의 북방 초원지대를 지나는 초원로(草原路, Steppe Road, 스텝로)와, 지중해로부터 홍해(紅海)·아라비아 해·인도양을 지나 중국 남해에 이르는 남해로(南海路, Southern Sea Road)까지 포함시켰다. 그런데 이 실크로드의 3대 통로(간선) 중 남해로의 명명 유래는 역사적 사실과 어긋나는 점이 있는바 수정되어야 한다. 원래 '남해로'란 이름은 이 루트가 남방에 위치해 있고, 또 그 길이 중국의 남해에까지 이르는 바닷길이라는 이유에서 그렇게 명명되었다. 그러나 15세기 이후 이른바 '남해로'라 불리는 이 해로가 중국의 남해를 넘어서 태평양 건너 미주(美洲)에까지 연장되었다는 사실을 고려하면, 종래의 '남해로'란 명칭은 적절치 못함을 알 수 있다. 따라서 이렇게 환지구적으로 연결된 이 바닷길은 범칭적(汎稱的)인 의미에서 '해로(海路)'로 개칭하는 것이 마땅할 것이다. 이러한 측면에서 볼 때, 실크로드 3개 간선의 정확한 명칭은 '초원로'와 '오아시스로' '해로'가 된다.

실크로드란 원래 중국 비단의 유럽 수출로에서 연유된 조어(造語)였으나, 그 개념이 확대된 결과 원래의 뜻과는 다르게 하나의 상징적인 아

칭(雅稱)으로 변하였다. 사실상 초원로나 해로는 물론이거니와, 오아시스로도 그 길을 따라 비단이 교류품의 주종으로 오고간 것은 역사상 짧은 기간이었을 뿐, 여러가지 교역품이나 문물이 오랫동안 교류되었다. 역사가 말해주듯이 실크로드는 비단의 일방적인 대서방 수출로 인해 이름이 지어졌고, 또 비단이 로마제국(특히 말엽)에서 큰 인기를 모은 진귀품으로서, 그 진가를 기리기 위해서 그 명칭이 고수되어왔다는 점을 감안할 때, 이 명칭은 분명히 유럽 중심주의 문명사관에서 비롯된 것이며 진정한 문명교류 차원에서 유래한 것이 아님을 알 수 있다. 그럼에도 불구하고 실크로드란 이름이 시종 존속되어온 것은 바로 그 상징성 때문이다.

실크로드는 문명교류의 통로인 것만큼이나 노선과 교류 여하에 따르는 유한(有限)된 하나의 역사적 개념으로서, 분명히 그 시말(始末)이 있다. 그 시말은 광의적(廣義的) 시말과 협의적(狹義的) 시말로 갈라볼 수 있다. 광의적 시말은 실크로드가 선사시대에 개통되어 지금도 계속 기능하고 있다는 좀더 넓은 의미에서의 시말이다. 즉 지금으로부터 약 1만년 전에 홍적세(洪積世)가 시작되면서 일어난 인류의 대이동에 의해 유라시아 대륙에 몇 갈래의 길이 생겼는데, 이것이 실크로드의 시작이다. 지금도 비록 교통수단이나 노선은 달라졌어도 여전히 이 길은 문명의 교통로로서 기능하고 있다. 기원전 7000년경에 메소포타미아 지방에서 발생한 농경과 목축업 및 토기와 방적기술 등 원시문명이 이 길을 따라 각지에 전파되었으며, 서아시아와 동아시아에서 각각 기원전 6000년경과 4000년경에 발생한 채도(彩陶)도 이 길을 따라 동서로 광범위하게 전파되었다.

선사시대에 동서교류를 시사하는 최초의 유물로는 지금으로부터 만여년 전의 것으로 추정되는 비너스상이 있다. 지금까지 서로는 유럽의 피레네 산맥 북방으로부터 동으로는 바이칼호 부근에 이르는 광활한 지역의 20여 곳에서 수백점의 유물이 출토되었다. 이 시기의 문명이동은 일방적이고 단향적(單向的)인 이동으로 상호교류 같은 것은 극히 미미한 상태였으며, 그나마도 그러한 교류상을 확증할 만한 근거는 매우 불충분하다. 이러한 상태는 역사시대의 전반기에도 지속되었다. 광의적 시말에 비해 협의적 시말은 실크로드가 역사시대의 후반기에 개통되어 18세기경까지 기능하였다는 좀더 좁은 의미에서의 시말이다. 즉 기원전 8~7세기에 이르러서는 오아시스로나 초원로, 해로를 통한 교류의 흔적이 유물뿐만 아니라 문헌기록에 의해서도 입증되고 있으므로 이 시기를 실크로드의 본격적인 시작으로 간주할 수 있는 것이다. 이때부터 가동한 실크로드는 18세기에 이르게 되면 그중 초원로와 오아시스로는 거의 폐로(廢路)가 되어버렸다. 근대적인 교통수단이 발명·이용되고 근대적인 민족국가들의 출현으로 인해 자유이동이 제약됨으로써 이 두 통로의 이용이 사실상 불필요하거나 불가능하였기 때문이다.

이렇게 2,500여년간 맥을 이어온 실크로드의 변화과정을 추적해보면, 크게 개척기·번영기·쇠퇴기의 3시기로 구분할 수 있다. 개척기는 기원전 8~7세기에 스키타이가 초원로를 개척한 때부터 시작해 기원을 전후한 시기에 있었던 장건(張騫)의 서역착공(西域鑿空)과 로마인들의 동방초행(東方初行)까지의 시기를 말한다. 번영기는 기원후 중국 비단이 다량 서양으로 전파된 때부터 중국 당(唐)대와 아랍-이슬람제국의 활발한 동서교류와 몽골제국의 서정(西征)을 거쳐 17세기 신·구대륙간의 교역이 진행되기까지의 시기에 해당된다. 그런데 번영기의 실크로드 전개상을 통관하면 시대상황에 따라 3개 간선 모두 활발하게 가동되는 전면 번영기와 그중 어느 한 길만이 번영하는 부분 번영기가 엇갈려 있음을 발견하게 된다. 쇠퇴기는 18세기에 이르러 초원로와 오아시스로의 이용이 점차 퇴조·마비된 시기다.

실크로드의 개념 확대 실크로드 자체는 인류의 문명사와 더불어 장기간 기능해온 객관적 실재였지만, 인간의 지적 한계성 때문에 당초부터 그 실재가 온전히 인식되어온 것은 아니다. 그 실재에 대한 인지(認知)는 지금으로부터 불과 130여 년 전부터의 일이다. 그간 학계의 탐구에 의해 실크로드의 공간적인 포괄 범위와 그 기능에 대한 인식이 점진적으로 그 폭을 확대해왔다. 실크로드를 통해 전개된 교류의 실상이 점차적으로 밝혀짐에 따라 실크로드의 개념에 그만큼의 확대가 초래되지 않을 수 없었다. 역으로 이러한 개념 확대는 교류에 대한 시야를 또한 그만큼 넓혀주었다. 실크로드의 개념 확대는 실크로드란 통로의 단선적인 연장뿐만 아니라, 복선적(複線的)내지는 망상적(網狀的)인 확대까지를 말한다. 실크로드의 개념은 다음과 같은 몇단계를 거쳐 확대되어왔다. 첫째는 중국~인도로의 단계다. 이 단계는 1877년에 리히트호펜이 최초로 중국에서부터 중앙아시아를 경유해 트란스옥시아나와 서북 인도로 이어지는 길을 실크로드라고 명명함으로써 실크로드란 개념이 형성되기 시작한 단계다. 둘째 단계는 중국~시리아로의 단계다. 1910년 헤르만이 첫 단계 기간에 탐험가들과 고고학자들이 중앙아시아와 서북 인도뿐 아니라 지중해 동안 시리아의 팔미라(Palmyra)에서 중국 비단(한금漢錦) 유물을 다량 발견한 사실을 감안해 이 비단 교역의 길을 시리아까지 연장하여 '실크로드'라고 재천명하였다. 이 두 단계에서 실크로드는 주로 사막에 점재한 오아시스를 연결하여 이루어진 길이므로 일명 '오아시스로'(Oasis Road)라고도 한다. 실크로드의 개념 확대 차원에서 보면 둘째 단계는 첫단계에 비해 오아시스로의 단선적인 연장이라고 말할 수 있다. 실크로드 개념 확대의 셋째 단계는 3대 간선로(幹線路) 단계다. 제2차 세계대전 후 학계에서는 전(前) 단계의 연구성과를 토대로 하여 오아시스로의 동·서단(東·西端)을 각각 중국 이동(以東)의 한국 및 일본, 그리고 로마까지 연장했을 뿐만 아니라 실크로드의 포괄범위를 크게 확대하였다. 즉, 그 범위를 유라시아 대륙의 북방 초원지대를 지나는 초원로(草原路)와 지중해에서 중국 남해에 이르는 남해로까지 포함하여 동서를 관통하는 이른바 '3대간선(三大幹線)'으로 개념을 확대하였다. 아직 연구가 미흡하지만, 여기에 유라시아의 남북을 관통하는 마역로(馬易路)·라마로·불타로·메소포타미아로·호박로(琥珀路)의 5개 지선(支線)까지 합치면, 실크로드는 문자 그대로 망상적(網狀的)인 교통로가 된다.

실크로드의 개념 확대 차원에서 보면 앞 두 단계의 단선적인 연장 개념에서 벗어나 복선적(複線的)이며 망상적인 개념으로 크게 확대된 것이다. 그러나 이렇게 실크로드의 개념이 크게 확대되어왔지만 아직은 아시아와 유럽 및 아프리카를 아우르는 이른바 구대륙(舊大陸)에 한정된 실크로드가 지금까지의 통념이다. 마지막 넷째 단계는 환지구로(環地球路) 단계다. 앞의 세 단계를 거쳐 실크로드의 개념은 부단히 확대되어왔지만, 그것은 아직 구대륙의 범위를 벗어나지 못하였다. 환언하면 문명교류의 통로인 실크로드가 지구의 한 부분인 이른바 신대륙(新大陸)—적절치 못한 표현이나 관용에 따라 그대로 사용—에까지는 연결되지 못함으로써 신대륙은 인류문명의 교류권에서 소외되어왔다. 그렇지만 15세기부터는 해로에 의한 문명교류의 통로가 구대륙에서 신대륙에까지 이어져 실크로드는 명실상부한 환지구적 통로로 자리매김이 되었다. 이렇게 문명교류의 통로가 신대륙에까지 이어졌다고 보는 근거는 우선 신대륙으로의 해로 개척이다. 1492년 콜럼버스(C. Columbus, 1451~1506)가 카리브해에 도착한 데 이어, 마젤란(F. Magellan, 1480~1521) 일행이 1519~1522년 에스파냐 → 남미의 남단 → 필리핀 → 인도양 → 아프리카의 남단 → 에스파냐로 이어지는 세계일주 항해를 단행함으로써 해로를 통해 신대륙에 이르는 바닷길이 트이게 되었다. 다음 근거는 신·구대륙간의 교역이다. 16세기부터 스페인인과 포르투갈인들이 필리핀의 마닐라를 중간 기착지로 하여 중국의 비단을 중남미에 수출하고 중남미의 백은(白銀)을 아시아와 유럽에 반입하는 등 신·구대륙간에는 교역이 진행되기 시작하였다. 이러한 교역을 통해 고구마·감자·옥수수·낙화생·담배·해바라기 등 신대륙 특유의 농작물이 아시아와 유럽의 각지에 유입·전파되었다. 이상과 같은 사실을 감안할 때 비록 해로의 단선적인 연장이기는 하지만 분명히 문명교류의 통로는 구대륙에서 신대륙으로 이어졌던 것이다. 따라서 실크로드의 개념은 종래의 구대륙 한계를 벗어나 전지구를 망라하는 환지구적인 통로로 확대되었다. 이상은 기존 실재로서의 실크로드에 대한 인간의 인식변화 과정이다.

실크로드의 역할 실크로드는 3대 간선과 5대 지선을 비롯한 교통망의 총체로서, 이 교통망을 통해 인류문명은 동서남북으로 종횡무진 교류되어 왔다. 문명교류를 포함한 인류역사의 전개과정에서 실크로드가 담당 수행한 역할은 실로 막중하였다. 그 역할은 첫째로 명실상부한 문명교류의 가교 역할을 수행한 것이다. 문명이란 교류를 통한 상보상조(相輔相助) 가운데 발달할 수 있으며, 또 그 생명력을 발휘하게 된다. 예로부터 많은 문명들이 동서남북간에 서로 교류가 되어, 그

것이 한 문명의 발생요인이 되거나 발달 촉진제가 되기도 하였다는 것은 많은 역사적 사실에서 확인할 수 있다. 청동기의 동방 전파는 아시아 민족의 문명 전환을 촉진하였으며, 제지법의 서방 전파는 유럽의 개화를 이끌었다. 그런데 이러한 당위적인 문명교류가 현실화되려면 반드시 가교로서의 일정한 공간적 매체와 물리적 수단이 있어야 한다. 이러한 매체와 수단이 바로 실크로드다. 둘째로 그 역할은 세계사 전개의 중추적 역할을 수행한 것이다. 실크로드는 환지구적인 대동맥으로서, 이 길을 따라 중요한 세계사적 사변들이 전개되고, 수많은 민족들과 국가들의 흥망성쇠가 거듭되면서 인류역사는 전진해왔다. 고대 오리엔트 문명의 창조자들에서 그리스·로마제국, 페르시아제국에서 이슬람제국, 선진(先秦)시대의 중국부터 몽골제국, 석가시대의 인도에서 티무르제국의 출현에 이르기까지, 그리고 북방 유목민족들의 흥망에서부터 중앙아시아제국들의 출몰(出沒)에 이르기까지, 이리한 모든 역사적 사변은 모두 실크로드를 따라 전개되고, 또 이 길에 의해 서로 연계되고 관련됨으로써 비로소 모든 변화와 발달이 가능하였던 것이다. 다리우스·알렉산드로스·한무제·당태종·이슬람 칼리파들·칭기즈칸·티무르 등 수많은 세계적 영웅호걸들이 이 길을 통해 다니며 역사의 지휘봉을 휘둘렀던 것이다. 이 길이 없었던들 세계사의 전개는 인류가 일찍이 경험한 그것과는 사뭇 다른 양상으로 나타났을 것이다. 셋째로 그 역할은 세계 주요 문명의 산파역을 감당한 것이다. 원래 문명의 탄생은 교통의 발달과 불가분의 관계에 있다. 교통의 불편은 문명의 후진을 초래하며, 교통의 발달 없이 문명의 창달이나 전파는 상상할 수 없는 것이다. 이러한 문명론의 원리가 바로 실크로드에서 그대로 실증되었다. 고대 오리엔트 문명을 비롯한 황허 문명·인더스

문명·그리스로마 문명·스키타이 문명·불교문명·페르시아 문명·이슬람 문명 등 동서고금의 중요한 문명은 모두가 이 실크로드를 둘러싼 지역에서 발아한 다음, 이 길을 타고 개화·결실하였다. 그 가장 뚜렷한 일례가 바로 불교와 이슬람교가 이 길을 따라 동서남북으로 전파되어 세계적인 종교가 된 사실이다.

실크로드의 3대 간선과 5대 지선 지금까지 실크로드로 통칭해온 초원로와 오아시스로, 해로는 동서로 전개된 동서 문명교류의 주요 통로로서 실크로드의 3대 간선(幹線)이다. 그런데 이 3대 간선은 문명교류 통로의 전체는 아니고 그 간선일 따름이다. 사실 문명교류상을 총체적으로 추적해보면 지리적으로 유라시아와 아프리카 및 아메리카를 동서로 이어주는 길은 이 3대 간선을 제외하고도 수많은 샛길이 있을 뿐만 아니라, 유라시아의 남북을 관통하는 교류통로도 여러 개가 병존하여왔다. 지금까지 학계에서는 실크로드라는 범칭하에 문명교류의 통로라고 하면 주로 동서로 횡단하는 3대 간선로만을 염두에 두었을 뿐, 남북을 잇는 여러 길은 도외시하였다.

최근에 와서 이 남북교통이 문명교류에 미친 영향이 밝혀짐에 따라 남북로에 대한 관심이 모아지고 있다. 문명교류의 동서통로를 간선이라고 하면, 이 남북통로는 지선(支線)이라고 지칭할 수 있을 것이다. 이제는 인류 문명교류의 통로를 동서횡단의 3대 간선에만 국한한 종래의 시각에서 탈피해 남북간의 여러 지선을 포함해 동서남북으로 사통팔달(四通八達)한 하나의 거대한 교통망으로 인식해야 할 것이다. 남북연결로는 간선인 3대로에 비해 상대적으로 지선이라 불리고 있지만, 문명교류나 교역에서 중요한 일익을 담당하였으며, 그 노선이 또한 복잡다기하다.

고대에서 중세기에 이르기까지 유라시아 대륙의 남북교통로는 대체로 5대 지선이 있었다. 동서 3대 간선은 주로 동위위도(同位緯度) 상에 나타나는 지형적인 특징을 반영하여 초원로(스텝로), 오아시스로, 해로라고 명명하였다. 그러나 남북 지선에 한해서는 지형적인 공통성을 찾아볼 수 없으므로 주로 교류나 교역의 내역상 특징을 살려 각 지선의 이름을 짓기로 한다. 실크로드의 남북 5대 지선은 다음과 같다.

실크로드의 3대 간선과 5대 지선

　① 마역로(馬易路): 남북로의 동단로(東端路)로서 초원로의 동쪽 끝인 막북(漠北)의 오르콘(Orkhon)강 유역에서 카라코룸을 지나 장안(長安, 현 시안西安)이나 유주(幽州, 현 베이징)와 연결되며, 여기에서 계속 화남(華南) 일대로 뻗어 항저우(杭州)나 광저우(廣州)에 닿아 해로와 접한다. 고대에 이 길은 북방 유목민족과 한(漢)민족 간의 동아시아 쟁탈전을 위한 전쟁로(戰爭路)였으며, 이 길을 따라 양대 민족간에 군사적 및 사회경제적으로 큰 역할을 한 말(마馬)이 교역되고, 북방 기마유목문화와 남방 농경문화가 교류되었다. 또한 이 길을 따라 북방 기마유목민족 문화가 동북아시아 일원에 유입되었다.

　② 라마로: 이 길의 북단(北端)은 중가리아 분지로서 고창(高昌) 서북의 투루판(토로번吐魯蕃)과 타림 분지 동편에 있는 찰클릭(Charklik, 뤄창若羌)를 지나 티베트의 라싸를 거쳐 히말라야 산록을 따라 북인도의 시킴(석금錫金)에 이른 후 계속 남하해 인도 갠지스강 어구까지 이어진다. 이 길은 기원후 5세기부터 주로 토욕혼(吐谷渾)에 의해 이용되다가, 7~8세기에 와서는 토번(吐蕃, 티베트)이 중국 경내의 라마로 주변을 장악하게 되자 토번의 서역 원정로 역할을 하였다. 당과 토번 간에 화친관계가 유지되는 동안에는 당의 사신이나 구법승(求法僧)들이 첩경인 이 길을 따라 인도에 왕래하였다. 후세에 와서 중가리아 일원에서 통일국가로 출현한 타타르가 가끔 이 길을 따라 티베트와 중국 서북방에 대한 공략을 감행하기도 하였다. 특기할 것은 티베트에서 발생한 라마교가 바로 이 길을 따라 북상해 몽골에 널리 전파된 사실이다.

　③ 불타로(佛陀路): 이 길은 중앙아시아의 카자흐스탄(Kazakhstan)에서 출발해 타슈켄트(Tashkent)와 사마르칸트(Samarkand)를 거쳐 동서남북의 십자로상에 위치한 아프가니스탄

북부의 발흐(Balkh, 현 Mazāresheif)와 페샤와르(Peshawar, 간다라Gandhara)를 지난 후 인더스강 유역을 따라 중인도 서해안의 바루가자(Barugaza, 현 수라트Surat)까지 줄곧 남하하는 길이다. 예로부터 이 길은 동서남북 교통로의 중심 교차점에 자리하여 동서문명의 교류와 교역에서 중요한 역할을 하였다. 기원전 2000년경 아리아인들을 비롯해 후세의 알렉산드로스나 티무르(Timūr) 등 외래인들의 인도 침입은 모두 이 길을 통해 자행되었다. 특히 불교는 이 길을 따라 북상한 다음 중앙아시아를 거쳐 동북아시아에 전파되었으며, 법현(法顯)과 현장(玄奘) 같은 구법승들이 이 길로 천축(天竺, 인도)에 가서 수도·성불하였다.

　④ 메소포타미아로: 흑해와 카스피해 중간 지대에 있는 코카서스(Caucasus, 일명 캅카스Kavkaz)의 북부를 기점으로 하여 트빌리시(Tbilisi)와 타브리즈(Tabriz)를 경유해 티그리스강과 유프라테스강 유역을 따라 바그다드와 그 이남에 펼쳐진 메소포타미아를 관통한 후 페르시아만의 바스라(al-Basrah)까지 이르는 길이다. 일찍이 고대 메소포타미아 문명이 개화한 지대를 지나는 이 길은 수메르 문화·바빌론 문화·페르시아 문화·이슬람 문화 등 고대문화를 전파하는 데 크게 기여하였다.

　⑤ 호박로(琥珀路): 이 길은 북유럽의 발트해에서 시작해 러시아의 모스크바와 키예프를 거쳐 유럽과 아시아 대륙의 접지(接地)인 터키의 콘스탄티노플(현 이스탄불)과 에페수스(Ephesus)를 지나 지중해 연안을 따라 이집트의 알렉산드리아까지 남하하는 길이다. 이 길에는 유럽의 라인강에서부터 헝가리아의 부다페스트를 지나 콘스탄티노플로 이어지는 지선과 발트해에서 부다페스트와 로마를 지나 알렉산드리아까지 연결되는 지선이 포함된다. 이 길은 일찍

이 페니키아 시대부터 유럽산 호박(琥珀, amber)의 교역로였다.

이상과 같이 동서남북으로 거미줄처럼 뻗어간 교통망을 통해 동서문명은 종횡무진으로 교류되어왔다. 이 여러 갈래의 간선과 지선으로 이루어진 교통망을 통틀어 실크로드라는 하나의 상징적인 아칭(雅稱)으로 부를 수 있을 것이다.

실크로드 우호협력 기념비 The Monument for Friendship and Exchange on the Silk Road

경상북도(코리아 실크로드 프로젝트 추진본부)는 '실크로드 거점국가 교류협력 상징사업'의 일환으로 2013년 중국 시안, 우즈베키스탄 사마르칸트, 이란 이스파한, 터키 이스탄불, 대한민국 경상북도 경주 등 5개국 5개소에 '실크로드 우호협력 기념비'를 설치하는 사업을 추진하였다. 가장 먼저 2013년 4월 5일 중국 시안의 대당서시 한국관에 '실크로드 기념비'를 안치하고 7월 17일에 제막하였는데, 이 비석에는 한글과 중국어로 된 비문이 새겨져 있다. 이어서 8월 2일에는 우즈베키스탄 사마르칸트 아프라시압 박물관 앞에 실크로드 기념비를 세웠는데, 이 비석에는 한글·우즈벡어·영어 3개국 언어로 된 비문이 새겨져 있다. 8월 20일 이란 이스파한 시청 옆 광장에 세운 실크로드 기념비는 삼면 기둥으로 되어 있으며, 각 면에 한글·페르시아어·영어로 된 비문이 새겨져 있다. 9월 1일 '이스탄불-경주 세계문화엑스포 2013' 개최와 대한민국 경상북도 경주의 실크로드 동단 기점 공인을 기념하여 터키 이스탄불 갈라타 타워 광장 앞에 세

실크로드 우호협력 기념비(터키 갈라타 타워 앞)

운 실크로드 비석은 삼각기둥 모형에 한글·터키어·영어로 된 비문이 새겨져 있다. 11월 4일에는 대한민국 문화 융성을 경상북도가 선도하고자 하는 원대한 뜻을 담은 '코리아 실크로드 길 위에 길을 열다'라는 문화융성비를 경상북도 경주(경주엑스포공원)에 건립하였다.

실크로드학 The Silkroadology

실크로드라는 환지구적 통로를 통해 진행된 문명간의 교류상을 인문·사회과학적 방법으로 연구하는 학문. 실크로드학의 핵심은 실크로드를 통한 문명의 교류상을 밝혀내는 것이다. 문명의 교류는 실크로드학의 전편에 깔려 있는 밑그림이며 전장을 관류하는 물줄기다. 따라서 실크로드학은 일종의 문명교류학이라고 말할 수 있다. 실크로드학에서 논급되는 교류는 본질적으로 이질문명간의 교류다.

실크로드학의 연구대상 실크로드학은 문명교류에 관한 이론을 비롯하여 환지구적 문명교류의 통로인 실크로드의 전개과정과 이 통로를 통한 문명교류를 실현 가능케 한 역사적 배경, 그리고 이 통로를 통한 물질문명과 정신문명의 구체적인 교류상, 끝으로 그 교류상을 입증해주는 제반 역사적 전거를 연구대상으로 삼고 있다. 실크로드학의 요체는 문명교류인 만큼 문명교류에 관한 이론적 해명은 실크로드학 정립의 이론적 근거이며 필수적 전제다. 이러한 이론적 해명에는 문명교류의 개념, 문명의 속성에서 비롯되는 교류의 당위성, 교류의 직접적 요인인 문명의 전파성과 수용성 및 그 구체적인 전개양상 등이 포함된다. 실크로드의 전개과정에 대한 연구에서는 실크로드의 명명과 그 개념의 확대, 문명교류 통로로서의 실크로드(3대 간선과 5대 지선)의 구체적인 전개과정 등이 조명된다. 실크로드를 통한 교류를 현실화하는 기능적 요인은 실크로드

와 교류를 둘러싼 역사적 배경이다. 이러한 역사적 배경이 되는 것은 민족의 이동이나 영토 확장을 비롯한 국가적 대외활동, 교역의 전개, 과학기술의 발달, 인적 왕래, 자연·지리적 환경의 변화 등 제반 현상이다. 이러한 연구에 기초하여 각론적인 연구대상이 규정되는데, 그것을 함축하면 실크로드를 통한 물질문명과 정신문명의 교류 및 인적 교류에 관한 연구다. 끝으로 실크로드학은 이러한 교류상을 입증할 수 있는 역사적 전거를 그 연구대상으로 삼는다. 역사적 전거란 과거가 남긴 흔적으로서 여기에는 유물과 같은 가시적(可視的, 혹은 유형적有形的)인 흔적(visible traces)과 문헌기록과 같은 비가시적(非可視的)인 흔적(invisible traces), 두 가지가 있다. 실크로드학에서의 역사적 전거는 각기 다른 전거의 비교·대조가 필수적이고, 전거의 분산성과 유동성에 대해 각별히 유의할 필요가 있고, 가시적 전거와 비가시적 전거의 상호배합이 불가피하다는 점 등의 일련의 특성을 지니고 있다.

실크로드학의 연구방법 실크로드학은 인간의 문명을 교류 측면에서 연구하는 학문으로서, 인문학과 사회과학의 전반적인 측면을 두루 망라하고 있다. 그리하여 그 연구대상이 복잡다기하며, 따라서 그러한 연구대상에 순응적으로 적용되는 연구방법도 다양할 수밖에 없다. 실크로드학에 효용되는 연구방법은 첫째로 총체론적 연구방법이다. 총체론적 연구방법이란 학문적으로 다양한 영역과 내용을 망라하는 제반 교류상을 상호 연관시켜 종합적으로 연구하는 방법을 말한다. 이러한 방법을 적용하는 데서 중요한 것은 우선 여러 학문간의 장벽을 헐어버리고 상호 연관 속에서 교류의 흐름을 총체적으로 파악하는 것이며, 다음으로는 모든 연구의 초점을 교류의 조명에 맞추는 것이다. 둘째 비교론적 연구방법이다. 이는 교류의 실상을 확인하기 위하여

원(原)문명과 전파문명, 전파문명과 피전파문명을 비교 연구하는 방법을 말한다. 이 방법을 적용하는 데 중요한 점은 우선 문명이란 때로는 다른 환경이나 여건 속에서도 내용과 형태가 유사하게 창조될 수 있다는 문명의 보편성과, 매개문명은 자기 특유의 개성을 가지고 타문명과 구별된다는 문명의 개별성에 유의하면서 문명을 비교하는 것이다. 다음으로 중요한 것은 원문명과 전파문명, 전파문명과 피전파문명 간의 동일성(同一性)·상사성·상이성을 면밀히 비교·검토하고 그 원인을 구명하는 것이다. 끝으로 전파문명과 피전파 문명을 비교하고 교류의 성격과 영향관계를 판단함에 있어서 상대론적 입장을 견지하는 것이 중요하다. 문명에 대한 상대론적 입장이란, 문명의 산생(産生)과 그 성격, 전파와 피전파(수용) 등 제반 현상을 구체적 환경과 역사적 맥락에서 이해하고 평가하는 입장이다. 여기에서 유의할 점은 배타적인 자기중심주의(국수주의)와 허무적인 타중심주의(사대주의)를 다 같이 배격하고 철저하게 실사구시적인 상대주의적 입장을 견지하는 것이다. 셋째, 실증적 연구방법이다. 현장조사(field work)에 의한 실증적 연구방법이란, 문명교류의 현장에 대한 직접적 관찰을 통해 교류의 사실 여부를 고증·확인하는 방법을 말한다. 현장조사에 의한 실증적 연구방법은 일반적으로 인문학이나 사회학에서 다 같이 적용되는 방법이지만 실크로드학에서는 더욱 절실한 방법으로 요청된다. 그것은 실크로드학의 연구대상이 공간적으로 광활한 지역에 산재하거나 점재(點在)해 있으며, 시간적으로 변화무상하기 때문에 현장 확인이 필수적이며, 또한 오로지 실문실물(實文實物)의 비교·대조에 의한 실증적 연구방법에 의해서만 교류가 입증된다는 사정과 관련된다. 뿐만 아니라 교류에 관한 기록이 매우 적고 늘 이물(異物)의 이동인 만

큼, 기록이 부정확하거나 애매한 점이 많다는 사정은 현장에로의 접근을 불가피하게 한다. 여기서 중요한 것은 계획적 조사와 종합적 조사, 그리고 연대적(連帶的) 조사를 실시하는 것이다. 문명의 전파는 보통 연속적으로 이어지기 때문에 단절적인 토막 조사로는 그 실상을 제대로 파악할 수 없다. 넷째, 통시적 접근방법(diachronic approach)이다. 통시적 접근방법이란 시간적인 연속선상에서 문명교류의 진행과정을 고찰하는 방법을 말한다. 전파와 수용, 그리고 접변이라는 문명교류의 전과정은 부단한 시간의 연속 가운데서 일어나는 문명 이동과정이다. 따라서 으레 통시적인 접근방법이 채용되게 마련이다. 통시적 접근방법을 적용하는 데서 중요한 것은 우선 교류를 통한 문명요소들의 이동과정을 시·공간적으로 면밀히 추적하며, 문명의 전파와 수용, 접변과 영향 등 이동과 변화의 과정을 통일적으로 고찰하고 그 과정의 완정성(完整性) 여부를 구명하는 것이다. 이상의 4가지 연구방법은 연구대상이나 내용에 따라 각기 다르게 적용할 수 있다. 즉 복합적으로 적용할 수도 있고 개별적으로 적용할 수도 있다.

실크로드학의 의의 실크로드학은 전반적인 문명의 발달이나 인류역사의 전개뿐만 아니라, 개별적인 문명요소의 이동이나 민족사의 전개를 이해하는 데 있어서 커다란 학문적 의의를 가지고 있다. 실크로드학은 첫째 동서교류사 연구의 중핵(中核)으로서 의의가 있다. 동서교류사란 선사시대에 원시인들의 이동과 더불어 원시문명이 전파되기 시작한 때로부터 오늘에 이르기까지의 장기간(1만 5천~2만년)에 걸친 동서교류의 역사적 과정을 말한다. 그 가운데서 실크로드학이 추구하는 역사적 과정은 불과 2500년(기원전 8~7세기부터 기원후 18세기까지)밖에 안 되며, 실크로드학은 이 기간에 발생한 교류를 다룬

다. 그러나 실크로드학은 '실크로드'라는 통로를 통해 진행된 문명교류의 제반 양상을 학문적으로 정립함으로써 최초로 문명교류의 이론적 기틀을 마련하고 그 실상을 정형화(定型化)하며, 그 과정을 체계화한다. 뿐만 아니라 교류과정을 통한 문명의 발달과 반전(反轉)이나 상호자극 등 문명교류의 역사적 경험과 교훈을 전달함으로써 인류로 하여금 문명 창달의 지혜를 터득케 한다. 그리하여 실크로드학은 명실공히 총체적인 동서교류 과정을 학문적으로 집약·응축한 동서교류사 연구의 중핵이라고 말할 수 있다. 실크로드학이 제시하는 학문적 지침과 대강(大綱)에 준해 상고(上古)의 교류사를 추적해보고, 현대의 교류상을 조명해보며, 미래의 교류상을 예단할 수 있다. 두번째 의의는 문명교류의 이론을 제공하는 데 있다. 문명의 전파나 수용 및 접변에 관한 이론은 문화인류학 같은 인접 학문에서도 다루기는 하지만 그것은 어디까지나 문명(문화)의 종적 변동과정으로서의 고찰일 뿐, 문명의 교류과정으로서의 고찰은 아니다. 물론 실크로드학도 문명의 변동에서 착안하지만, 그것은 교류를 통한 변동에 국한된다. 실크로드학이 제공하는 문명교류 이론에는 문명의 속성과 기능, 문명의 전파와 수용 및 접변, 문명의 교류통로, 문명교류의 역사적 배경, 문명교류의 내용, 문명교류의 연구방법 등 문명교류의 이론적 정립에 필수적인 내용들이 포함된다. 이러한 이론적 정립이 선행되어야 복잡다단한 교류상을 체계적으로 정확하게 파악할 수 있다. 실크로드학이 갖는 세번째 의의는 민족사의 조명에 일익을 담당한다는 데 있다. 역사상 실크로드의 연변에는 수많은 민족과 국가들이 출몰하였으며, 다양한 문명이 성쇠를 거듭하였다. 이러한 출몰과 성쇠는 실크로드의 전개와 깊은 관계를 맺고 있다. 정도의 차이는 있어도 실크로드를 통한 교류의 영향을 받

지 않은 민족이란 거의 없다. 따라서 모든 민족사에는 교류의 흔적이 남아 있으며, 그것을 해명하는 것은 민족사의 한 과제이기도 하다. 그것이 민족사의 전개와 중차대한 관련이 있을 경우에는 더욱 그러하다. 그런데 이러한 과제는 실크로드학에 의한 교류상이 밝혀져야 비로소 해결할 수 있다. 뿐만 아니라 일반적으로 민족사의 한 구성부분인 대외관계사는 실크로드학이 추구하는 교류와 밀접한 관계를 가지고 있으며, 교류에 대한 이해 없이는 관계사를 제대로 파악할 수 없다. 따라서 실크로드학은 민족사의 표명이나 전개에서 필수불가결한 일익을 담당한다고 말할 수 있다.

실크로드학의 특성 실크로드학의 연구대상이나 연구방법에서 보듯이 실크로드학은 여타 학문과 구별되는 몇가지 학문적 특성을 지니고 있다. 그 특성은 첫째로 포괄성이다. 포괄성이란 다방면적인 내용을 함께 포함하고 있음을 말한다. 실크로드학 고유의 포괄성은 학문 계보에서 인문학과 사회학의 여러 영역을 두루 포함하고 있고, 연구대상에서는 물질문명과 정신문명의 교류만이 아니라 인적 왕래까지도 다루고 있으며, 연구방법에서도 여러가지 방법을 복합적으로 적용한다는 점 등에서 나타난다. 둘째 특성은 상대성이다. 상대성이란 모든 교류상이 상대적인 비교·대조를 통해 밝혀짐을 말한다. 실크로드학은 본질적으로 문명간의 교류를 다루는 교류학이기 때문에 교류의 실상은 오로지 문명간의 비교·대조를 통해서만 확인할 수 있다. 문명의 전파는 원문명과의 비교 속에서 헤아릴 수 있고, 문명의 피전파는 전파문명과의 비교에 의해 가려낼 수 있다. 그렇기 때문에 실크로드학에서는 문명요소들의 교류를 고찰할 때 원문명과 전파문명 및 피전파문명 간의 상호관계에 대한 비교연구가 불가피하다. 바로 이러한 상대성 때문에

실크로드학에서는 문명 전반에 관한 광범위한 연구가 요구되며, 비교론적 연구방법이 필수적이다. 실크로드학 고유의 세번째 특성은 실용성이다. 실용성이란 인간생활에 대한 교류문물의 실용적인 가치를 말한다. 실크로드학에서 다루는 교류문물은 모두 인간의 물질 및 정신생활과 직접적 관계가 있는 것으로서 공히 실용성을 띠고 있다. 실용성 여부에 따라 문물교류의 성쇠가 좌우되므로 실크로드학에서는 교류문물의 실용성에 유의하지 않을 수 없다. 이상과 같은 실크로드학의 3대 특성은 비단 여타 학문과의 차별성을 규제할 뿐만 아니라, 실크로드학의 연구내용이나 연구방법을 조건짓는 중요한 요인으로도 작용한다. 그러므로 이러한 특성을 제대로 살릴 때만이 실크로드학은 자체의 학문적 선명성과 생명력을 유지할 수 있다.

실크로드학의 학문계보 실크로드학은 인간이 창조한 문명의 교류라는 매체를 통해 한 인간사회에 전파·수용되는 과정을 연구하는 학문으로서, 거기에는 인간의 물질생활과 관련된 각국 문물과 인간의 정신활동과 관련된 문학·예술·철학·종교·학문, 그리고 사회구조나 현상과 관련된 제도·법률·대외관계·군사 등 다종다양한 내용의 교류가 포함된다. 요컨대 인문과학과 사회과학의 여러 분야가 망라되어 있다. 물론 교류에는 과학기술을 비롯해 지질학이나 생태학 등 자연과학과 관련된 내용도 일부 포함되어 있기는 하지만, 실크로드학에서는 어디까지나 자연과학 자체의 연구가 아니라, 그 결과물이 교류를 통해 인간사회에 어떻게 유용되는가, 즉 전파와 수용 내지는 접변의 과정만을 연구한다. 이러한 내용을 연구대상으로 삼는 실크로드학은 마땅히 실증적 연구방법을 비롯한 인문·사회과학적 연구방법을 채택하게 마련이다. 이와 같이 실크로드학은 연구대상이나 연구방법에서 인문학과 사

회학의 영역을 두루 포괄하는 것이어서 총체적인 학문계보로는 그중 어느 일방에 전속시킬 수는 없고 오로지 두 학문의 교차 영역으로 볼 수밖에 없다. 그런데 이 인문·사회과학으로서의 실크로드학의 연구대상은 일반적인 인문학이나 사회학에서처럼 어느 한 시점(時點)에서 파악하는 공시적(共時的 synchronic)인 정태(靜態)가 아니다. 시·공간을 통해 움직여가는 통시적(通時的, diachronic)인 동태(動態)인 것이다. 따라서 실크로드학은 통시적이며 동태적인 인문·사회과학이라고 말할 수 있다.

『17~18세기 네덜란드의 아시아 해운』 *Dutch-Asiatic Shipping in the 17th and 18th Centuries* 3권, J. R. 바르진 등 편저, 1979년

교류의 문헌적 전거로서의 개설소개서. 이 책은 비교적 근간(近刊, 1979)이고 헤이그의 해사출판사(海事出版社)에서 출간한 것이지만, 17~18세기의 해운(海運) 내용을 충실히 담아 편집하였기 때문에 문헌적 전거로 취급할 수 있다. 이 책은 1595년부터 1794년까지의 기간에 주로 암스테르담의 외항을 출항해 희망봉을 에돌아 인도네시아나 일본 나가사키(長崎)까지 이어지는 항해에 관한 기록이다. 제1권은 총론이고, 제2권은 거로(去路), 제3권은 귀로(歸路)다. 항해한 선박의 명칭, 지휘자, 출항과 귀항 날짜, 승무원 수, 항해과정, 그리고 선박의 침몰이나 폐선, 승무원 중 도망자, 항해 도중 해산(解産)한 승객 명단까지 세세히 기록되어 있다. 그리하여 네덜란드 동인도회사 소속 침몰선을 발굴하는 기본 자료로 활용된다. 동향 항해에 관한 실제 기록이기 때문에 사료적 가치가 있다.

심숙안 沈叔安

당의 고구려 파견 사신. 형부상서(刑部尚書)로

재직 중이던 심숙안은 624년 고구려왕 고건무(高建武)의 책봉사로 파견되었다. 이때 당 황제는 영류왕(고건무)을 상주국(上柱國)과 요동군왕(遼東郡王), 고려왕으로 봉하였다. 심숙안은 당 황제의 초상과 도사(道士)를 대동하고 고구려에 입국하여 『노자(老子)』 강의를 하였다.

심심(森木塞姆) 석굴(石窟)

중국 남북조시대의 석굴. 중국 신장 고차(庫車)에서 동북쪽 약 40km에 있는 동창하(銅廠河) 하류의 자그마한 강을 낀 절벽에 심심 석굴(천불동千佛洞)이 늘어서 있다. '작은 강이 흐르다'라는 뜻의 심심 석굴은 모두 52개의 굴인데, 대부분 파괴되어 남은 것은 19개의 굴 뿐이다. 그중 제49호 굴은 비교적 완벽한 상태로 남아 있다. 석굴은 대체로 사당격인 차이티아(chaitya)굴로서 중심주(中心柱) 형식이다. 특이하게도 이 굴은 돔 천장 형식을 갖추었다. 4세기경에 개굴한 이 석굴의 벽화 대부분은 남북조시대의 것으로서 색조가 선명하다. 심심 석굴의 중앙을 흐르는 작은 강 주변 언덕 위에도 몇개의 석굴이 있는데, 이는 승방 유적일 것으로 추측된다. 이 언덕 동쪽에 대불을 모신 제43호 굴이 있는데, 지금은 남은 흔적이 하나도 없다. 심심 석굴은 고대 석굴사원 연구에 좋은 본보기를 제공하고 있다. (2-189~190)

『십이목잡모(十二木卡姆)』

중국 신장 위구르족의 대형 가곡집. 16세기 전반에 민간에 유행하던 각종 마캄(magām, 아라비아, 터키, 페르시아 음악 등의 전통음악 선율)을 수집 정리한 가곡집으로서 170여 가곡과 가무곡이 망라되어 있다. 전통음악과 외래음악, 가(歌)·무(舞)·사(詞)를 결합한 독특한 위구르족 민족음악서다.

십자군 원정 1096~1270년

11세기 말엽 셀주크 투르크가 비잔틴제국을 압박하자 로마 교황 우르바누스 2세(Urbanus Ⅱ)는 비잔틴제국 황제의 구원 요청을 받아들여 1095년 프랑스의 클레르몽에서 종교회의를 열고 십자군 원정을 결정하였다. 8차례에 걸친 십자군 원정의 전과정이 보여주다시피 이 원정은 단순한 성지 예루살렘을 탈환하기 위한 '성전(聖戰)'이 아니라 지중해 세계를 둘러싸고 신흥 서구 세력과 이슬람 세력 간에 벌어진 정치적 패권과 경제적 이권 다툼을 위한 전쟁이었다. 한 서양사 전공 학자는 십자군 원정에 관해 이러한 평가를 내린다. 즉 "…서유럽의 성직자와 귀족들이 합작해서 엮어낸 성지탈환 전쟁—십자군 원정—이란 동방 이슬람의 경제적 번영과 문화적 우월에 대한 서유럽의 질투와 선망이 빚은 발작이다." 그러한 표현대로라면 원정 자체가 발작인 만큼 원정에 일관된 동기가 부여될 수 없다. 십자군은 제1차 원정을 통해 잠시 예루살렘을 탈환하고 예루살렘 왕국을 세웠을 뿐, 다른 원정은 모두 실패했거나 엉뚱한 결과를 가져왔다. 원정으로 인해 서구에서 봉건체제가 흔들리기 시작했으며, 교황의 권위가 크게 실추되었다. 한편, 전쟁 당사자들의 주관적 의도와는 무관하게 비록 전장에서의 만남이었지만 이 지루한 각축전을 통해 동서교류가 더욱 활성화되었고, 이슬람 문명을 비롯한 동방문명에 대한 서구인들의 이해가 깊어졌다. 제3차 원정 이후, 향료를 비롯한 동양의 기호품에 대한 서양의 집착이 원정의 한 동기였다는 분석이 제기될 만큼 십자군 원정은 문명교류에 큰 영향을 끼쳤다.

싱가포르 Singapore

동남아시아 해로 상의 요지. 동남아시아 말레이 반도 남단에 위치한 섬나라로서 싱가포르섬과 그 부속 도서 및 크리스마스 섬들로 구성되어 있다. 면적은 616.3km²로, 사실상 하나의 도시국가다. 14세기 초까지는 '투마시크'(Tumasik)란 이름으로 불리다가 수마트라섬의 해상왕국 스리비자야의 왕자가 항해 도중 싱가포르 쪽에서 어떤 짐승을 보고는 그 동물이 사자라고 생각해 산스크리트어로 '사자(獅子)의 도시'를 뜻하는 '싱가프라'라고 부른 데서 '싱가포르'란 이름이 유래되었다고 한다. 1365년에 인도네시아 자바 왕국의 공격을 받아 폐허가 되었다가 조호르(Johor) 왕국의 지배하에 들어갔다. 1819년 영국인 래플즈(T. S. Raffles)가 이 섬에 와서 조호르 왕에게서 식민 개척에 대한 인가를 받았으며, 연이어 상관 설치와 자유항 개항 등의 이권을 따냈다. 개항 이래 싱가포르는 동남아시아 해로의 요충지로서 항해와 교역에서 중개적 역할을 수행하였다. 국립박물관에는 15~16세기의 중국 청자와 청화백자 등 많은 자기 유물이 소장되어 있다.

쌍륙 雙陸

인도에서 시작된 일종의 놀이. 한적(漢籍)에서는 일명 악삭(握朔), 혹은 장행(長行), 파라색(波羅塞)이라고도 하는 쌍륙은 천축(天竺, 인도)에서 기원한 일종의 놀이로서 위진 남북조시대와 수·당시대에 유행하였다. 쌍륙은 두 사람이 두는 장기 비슷한 놀이로, 판의 크기는 바둑판의 절반가량 되며 길쭉하다. 판의 좌우에는 각각 반달형의 문이 하나씩, 길이 여섯 개씩 있다. 그래서 '쌍륙'(모두 12개의 길)이라고 한다. 빨랫방망이 모양의 '말'이라고 하는 흑백 알 15개씩을 가지고 둔다. 대국 시작 전에 말들을 제 위치에 놓은 다음 주사위를 던져 말들을 움직인다.

ㅇ

아그라 Agra

인도 로디 왕조(Lodi dynasty, 1451~1526)와 무굴제국의 수도. 인도 우타르프라데시주(州) 서쪽 야무나강 유역에 자리한 도시다. 인도의 네번째 이슬람 왕조인 로디 왕조(1450~1526)의 제2대 왕 시칸다르(Sikandar)가 이곳에 왕도를 정한 데 이어, 다섯번째 이슬람 왕조인 무굴제국 제3대 왕 아크바르(Akbar, 재위 1556~1605)에서 제6대 왕 아우랑제브(Aurangzeb, 재위 1658~1707)에 이르기까지 약 230년 동안 두 왕조의 수도로서, 북인도의 중심지 역할을 해왔다. 따라서 중세 인도를 대표하는 많은 문화유적이 남아 있는데, 타지마할(Tāj Mahal) 능과 모티 마스지드(Moti Masjid), 그리고 서쪽 교외에 있는 궁전도시 파트푸르 시크리(Fathpur Sikri)가 그 예다.

아나우 문화 Anau culture

중앙아시아의 고대 농경문화. 아나우 문화는 4기로 구분된다. 제1기는 기원전 4000년대의 신석기시대로서 석기가 주 생산도구다. 제2기는 기원전 3000년대의 동석병용(銅石倂用)시대로서 그 말엽에 홍동기(紅銅器)와 채도(彩陶)가 나타난다. 이 두 시기는 모두 농경과 목축 위주의 모계 씨족사회다. 제3기는 기원전 2000년대의 청동기시대로서 대표적인 나마즈가(Namazga) 유적에서 보듯 관개농경과 목축이 성행했고, 야

인도 로디 왕조와 무굴제국의 수도(약 230년간)였던 아그라성

금과 제도업(製陶業)이 분화되었으며, 사회는 부계 씨족사회로 바뀌었다. 제4기는 기원전 1000년대에 시작된 철기시대. 채도로 대표되는 일명 '데쥬툰(Dejtun) 문화'라고 하는 아나우 문화는 초원길을 따라 상당히 넓은 지역에 확산되었다. 아무다리야강 하류의 호라즘(Khorazm) 지방과 우즈베키스탄과 중국의 접경지대인 페르가나(Ferghana) 분지의 나마즈가 일대에서 이 문화에 속하는 유물이 다수 출토되었다. 그런데 이 아나우에서 출토된 채도와 그 기형이나 문양이 유사한 채도가 중국의 앙소(仰韶)문화 유적(기원전 3500년경)에서 발굴되어 그 상관성 여부를 놓고 학계에서 장기간 논란이 되고 있다.

아나우 유적 투르크메니스탄의 수도 아슈하바트(Ashkhabad) 동쪽 12km 지점에 있는데, 기원전 4000년경 초기 농경문화에 속하는 유적이다. 남구릉(南丘陵)과 북구릉(北丘陵), 아나우테페의 3개 부분으로 구성되어 있다. 19세기 말엽에 러시아 고고학자들이 발굴을 시작한

아나우 유적에서 출토된 채도 조각들

뒤 1904년 미국의 펌펠리(R. Pumpelly)에 의해 본격적으로 발굴되었다. 이 유적에서 출토된 유물 중에서 동서교류와 관련하여 중요한 의미가 있는 유물은 채문토기(彩文土器, 일명 채도彩陶)다. 그밖의 유물로는 적색연마 토기와 밀·보리(아나우 문화 1기), 소·양·말·낙타·개 등 가축의 뼈(아나우 문화 2기)가 있다. 또한 지진으로 파괴된 15세기의 이슬람 사원 터도 발견되었다.

아나톨리아 Anatolia

아시아 대륙의 서쪽 끝에 돌출한 대반도. 아시아 대륙의 남부에서 발칸 반도에 이르는 광활한 산악성 지대인 아나톨리아 반도를 고대에는 '소(小)아시아'라고 하였다. 비잔틴인들이 처음 지리용어로 사용한 아나톨리아는 터키어로는 '아나돌루'라고 하는데, 어원은 그리스어 '아나톨레'(anatole)이며, '동쪽' 또는 '해 뜨는 곳'이란 뜻이다. 로마제국의 디오클레티아누스(재위 284~305)와 콘스탄티누스(재위 306~337) 두 황제 시대에 제국의 행정제도가 개편되면서 제국을 형성하는 4개 주(州) 가운데서 중동(中東)·터키·이집트·리비아 지역을 망라하는 주의 명칭이 되었다. 11세기 셀주크의 정복을 계기로 아나톨리아란 명칭은 일시적으로 사라졌다가, 오스만 투르크 시대에 이르러 '아나톨레'라는 터키어로 와전되어 서부 아나톨리아 에이레트주(州)에 대한 명칭으로 부활되었다. 이후 19세기 중엽에 이르러서는 행정개혁으로 인해 반도 전체를 가리키는 지리 용어로 사용되기 시작하였다. 현재 터키공화국에서는 아나톨리아라고 하면 상(上)메소포타미아와 아르메니아 일부까지 포함한 아시아쪽 전역을 가리킨다.

아나톨리아는 광활한 고원 대지(臺地)로서 북에는 폰투스 산맥, 남에는 토로스 산맥이 자리를 잡아 반도를 에워싸고 있는 형태이며, 동과 서는 고원 상의 구릉지대이다. 두 산맥의 바깥쪽으로는 흑해·에게해·지중해와 접한 해안지대가 펼쳐져 있다.

7세기 전반 이슬람군의 대정복 시기에 비잔틴은 토로스 산맥을 방파제로 삼아 북진하는 이슬람군에 대항하였지만, 11세기 이후 셀주크 투르크가 아나톨리아에 침입하면서 이곳은 점차 투르크-이슬람화되었다. 1097년에 십자군은 비잔틴 군과 연합하여 니케아 등지를 점령함으로써 셀주크 투르크는 서부 아나톨리아에서 철수하였다. 십자군은 셀주크 투르크에 대한 공격을 계속하여 1098년에는 안티오키아와 에데사에 십

아나톨리아문명박물관 외관(터키 앙카라)

자군 후국(侯國)을 건립하였다. 11세기 말부터 12세기 전반에 이르는 기간에 서부 아나톨리아와 흑해·지중해 연안은 십자군의 후원을 받는 비잔틴이 영유하고, 키르키아 지방은 1080년 투르크군에 굴복한 '대(大)아르메니아'의 바그라트 군 유민(遺民)들이 세운 '소(小)아르메니아 왕국'(루벤조朝)이 자리하였다. 이제 셀주크 투르크는 중앙 아나톨리아 고원의 스텝 지방만을 차지하게 되었다. 1190년에는 황제 프리드리히 지휘하의 로마군이 셀주크 투르크의 수도 코니야를 침공해 왔으나 황제가 살리흐강에서 익사하는 바람에 간신히 위기를 모면하였다.

이후 13세기에 접어들면서 제4차 십자군은 콘스탄티노플을 점령하여 이른바 라틴제국을 건설(1204)하였다. 이에 대항해 비잔틴 측은 서부 아나톨리아에 니케아제국을, 동북부에 트레비존드제국을 각각 건립하였다. 아울러 기독교 세계의 분열을 틈타서 셀주크 투르크는 1207년에는 안탈리아를 정복함으로써 지중해 진출의 발판을 마련하였다. 1214년에는 트레비존드제국으로부터 시노페를 할양받아 흑해 진출의 전초기지로 닦아놓았다. 그리하여 알랏 딘 카이크바트 시대에 이르러 셀주크 투르크는 그 영토를 지중해 연안까지 확장하고, 동쪽으로는 상(上)메소포타미아까지 진출해 전성기를 맞이하였다. 그 강역은 오늘날의 터키 영토와 맞먹을 정도였다.

이러한 셀주크의 영토확장과 지배에도 불구하고 아나톨리아가 아직은 헬레니즘-기독교 세계로부터 투르크-이슬람세계로 전환하지 못하였다. 1272년 이곳에 들른 마르코 폴로는 이곳은 아직 투르크화가 되지 못한 상태라고 기술하였다. 아나톨리아의 투르크-이슬람화가 완성된 시기는 14세기의 일이라는 것이 콘스탄티노플의 총대사교구(總大司敎區)의 문서에 의해 확인되었다. 그러나 셀주크 투르크의 영화는 잠시일 뿐, 13세기 중엽에 시작된 몽골군의 서아시아 정복으로 인해 대몽골의 속주(屬州)가 되었고, 1402년에는 앙카라 전투에서 서정(西征)한 티무르에게 패함으로써 오스만제국은 일시 위기에 몰리게 되었다. 그러나 무함마드 2세 때인 1453년에 오스만제국은 콘스탄티노플을 함락하고, 이어 트레비존드제국(1461)과 카라만 후국(1467)을 멸망시킴으로써 아나톨리아에서의 재기에 성공하였다. 이후 살림 1세와 술라이만 1세가 통치한 16세기에는 사파비 왕조와의 싸움에서 승전하여 동방 국경이 확정되기에 이르렀다. 이로써 오늘날 터키공화국의 원형이 형성되었다. 한편 아나톨리아는 지정학적으로 아시아와 유럽을 잇는 가교의 역할을 하는 지역이다. 실크로드의 3대 간선, 특히 오아시스로는 이곳을 경유해 유럽(로마)에 이른다. 따라서 예로부터 아나톨리아는 동서교류의 중계지로서 큰 몫을 담당해왔다.

아담 샬 Johann Adam Schall von Bell, 湯若望, 1591~1666년

동행 독일 예수회 선교사. 독일의 귀족가문 출신으로 어릴 적부터 예수회 산하 학교에서 교육을 받아오다가 1611년 예수회에 입회하였다. 1613년 로마학원에서 수학과 신학을 공부하고 나서 1618년 22명의 선교사와 함께 벨기에 예수회 선

교사 니콜라스 트리고(Nicolas Trigault, 김니각 金尼閣)를 따라 동행(東行) 길에 나섰다. 천신만고 끝에 이듬해 7월 아담 샬을 포함해 8명만 마카오에 도착하였다. 그후 광둥(廣東)과 항저우(杭州)를 거쳐 베이징(北京)에 이른 후에는 중국어를 배웠으며, 유럽에서 가지고 온 역법 서적을 조정에 헌상하고 천문의기(天文儀器)들을 전시하였다. 그는 세차례나 월식을 정확하게 측정해 명성이 높아졌다. 1627년 전도(傳道)를 위해 시안(西安)에 가서는 중앙아시아에서 중국으로 오는 길을 상세히 연구하고, 그 보고서를 예수회에 보냈다.

아담 샬은 1630년 베이징에 돌아와서는 역법 수정작업에 참가하면서 정부가 주관하는 역국(曆局, 역법을 관장하는 부서)에 부임해서는 혼천구(渾天球)·지평일귀(地平日晷)·망원경(望遠鏡)·구의(球儀)·나반(羅盤)·관상의(觀象儀) 등 천문의기와 관측의기를 제작하였다. 1635년에는 서광계(徐光啓)와 이천경(李天經)이 편찬한 『숭정역서(崇禎曆書)』 중의 「교식역지(交食曆指)」와 「항성출몰표(恒星出沒表)」 등 19권을 편역(編譯)하였다. 아담 샬의 감독하에 청조는 대소 화포(火砲) 500여 문을 제작하기도 했는데, 이러한 공적을 인정받아 '흠포천학(欽褒天學)'이란 편액(扁額)을 하사받은 그는 교회당에 걸어놓기도 했다. 아담 샬은 이러한 학문 기술적 활동과 더불어 전도에서도 괄목할 만한 성과를 거두었다. 1631년경에는 궁중 환관 10명에게 세례를 주었으며, 그 이후 1640년에 이르러서는 궁중에서 기독교 신자가 후비(后妃)와 귀부인 50명, 환관 40여 명, 황실 인원 140명으로 늘어났다.

아담 샬은 주로 청대에 활약하였다. 청 조정은 유럽의 새로운 천문지식으로 구역법을 개정할 때 그의 제의를 받아들였으며, 1645년에 칙령으로 그에게 흠천감(欽天監) 감인(監印)을 맡겼다.

이듬해에 아담 샬은 『숭정역서』를 103권으로 축약하고, 이름도 『서양신법역서(西洋新法曆書)』로 바꿨다. 이 역서에 준해 청 정부는 『시헌력(時憲曆)』이란 이름의 역법을 반포했는데, 그 공로로 그에게 '태상사소경함(太常寺少卿銜)'이란 작위를 내렸다. 또한 청 정부는 1650년에 그에게 베이징 선무문(宣武門) 안에 있는 천주교 교당을 새롭게 짓게 하였다. 순치제(順治帝)는 그를 만주어로 아버지의 존칭어인 '마법(瑪法)'으로 불렀을 뿐만 아니라, 중국 전통에 따라 그의 부모나 조부모까지도 추서(追敍)하였다. 이에 그치지 않고 1653년에 순치제는 그에게 '통현교사(通玄敎師)', 즉 '진리를 통달한 선생'이란 봉호(封號)를 내렸다. 교회당에는 '통현가경(通玄佳境)'이란 편자까지 내려보냈으며, 예수회 선교사들이 자유롭게 중국에 와서 전도하는 것을 허락하였다. 그 결과 1651~1664년 기간에 천주교 세례를 받은 신자가 무려 10만 4,980명에 달하였다. 심지어 그는 순치제에게 청하여 불교 승려들이 베이징에 묘탑을 짓는 것을 막고자 하였다. 그러나 불교의 영향은 줄어들지 않았고, 순치제를 기독교로 개종시키려던 그의 계획도 수포로 돌아갔다. 1661년 순치제가 사망하고 나이 어린 강희제(康熙帝)가 등극하자 사태는 바뀌었다. 황제의 보정대신(輔政大臣) 중 한 사람인 오배(鰲拜)를 비롯한 수구세력들이 아담 샬과 이조백(李祖白) 등을 탄핵하고 사형을 구형하였다. 그런데 때마침 베이징에 지진이 일어났는데, 그 틈을 이용해 태황태후(太皇太后)가 힘을 써서 아담 샬은 사형을 면하고 석방되었다. 그러나 얼마 지나지 않아 그는 베이징에서 병사하고 말았다. 아담 샬은 관직이나 봉직이 중국에 들어온 선교사들 가운데서 가장 고위급이었다. 그리고 화려한 경력에 걸맞게 위에 언급한 서적 외에 『원경설(遠鏡說)』 『성도(星圖)』 『탕약망회억록(湯若望回憶錄)』 등

30여 종의 저작을 남겼다.

아덴 Aden

아라비아 반도 서남단 예멘의 국제무역항. 아라비아 반도의 서남단, 아라비아해와 홍해의 접점인 아덴만에 자리하고 있다. 화산의 화구(火口)에 지어진 항구도시로 서구 열강들이 일찍부터 관심을 가졌다. 1513~1538년 및 1547~1548년에 포르투갈이 점령한 바 있으며, 이후 오스만 투르크를 거쳐 술탄 라헤지가 통치하였다. 이 지역에 눈독을 들이던 영국은 1839년 아덴을 할양받아 인도 총독부의 관할하에 두었으며 1937년부터 독립 식민지로 운영해왔다. 1967년 아덴 사태 이후 예멘으로부터 독립하면서 남예멘의 수도가 되었다가 남북 예멘이 통일되자 수도의 지위를 잃었다. 아덴은 유럽과 아시아를 잇는 교통의 요충지로서 일찍부터 이곳은 유향(乳香)·몰약(沒藥)·계피(桂皮) 등 향신료의 집산지이자 중계 무역지였다. 수에즈 운하가 개통되면서 아덴의 중요성은 더욱더 부각되었다. 도시를 에워싼 해안 지대에서는 중국산 도자기들이 발견되고 있어, 이러한 무역 입지를 증명해주고 있다.

아도 阿道

신라 불교의 기반을 마련한 서역 불승.『삼국유사』등 사적에 의하면 아도화상(阿道和尙)이 눌지왕(訥祇王, 417~458)대에 서역으로부터 남중국과 백제를 거쳐 시자(侍者) 3명과 함께 신라 서북 변경인 일선군(一善郡, 현 경상북도 선산善山)에 잠입해 모례(毛禮)의 집을 거점으로 삼아서 불교 전도에 힘쓰다가 사망하였다고 한다. 그의 시승(侍僧)들이 남아서 포교활동을 전개한 결과 점차 신도들을 얻게 되었는데, 때마침 여왕의 병을 치료해준 것이 계기가 되어 신라 왕실의 인정을 받아 나라 전역에 불교가 널리 전파되었다. 이것이 이른바 아도가 신라 불교의 기반을 마련했다는 '아도기라(阿道基羅)'다.

아도베 adobe(스페인어)

고대 라틴아메리카 안데스 문명에서 사용한 건축재. 아도베란 라틴아메리카의 건조한 안데스 문명 지대에서 진흙과 물 및 식물섬유를 섞어서 이긴 다음 햇볕에 말린 벽돌 등의 건축재를 말한다. 중앙안데스 지역에서는 이러한 건축재가 형성기(形成期)부터 나타났는데, 형태가 원추형(圓錐形)에서 점차 입방체(立方體)로 변화하여 갔다. 그런가 하면 페루의 북부 해안지대의 모체(Moche) 문화(기원 전후~700년경) 이후에는 아도베에 기하학적 문양이 새겨졌으며, 이보다 뒤에 출현한 같은 지대의 치무(Chimú) 문화에서는 평평한 형태라든가 약간 두터운 입방체 형태의 아도베가 출현하였다.

아라모코 해저도시 유적

교류의 유물적 전거로서의 해로 유적(해저도시). 아라모코는 이탈리아 포강(江) 부근의 베네치아만 해저도시로서 아직 구체적인 조사는 진행하지 못하고 있다. 지중해의 해저도시는 지진이나 화산활동에 의해 생기는 경우가 많지만, 세계적 수위(水位)의 변화에 따라 생기는 경우도 있다. 지중해의 해양은 지질학적으로 융기(隆起)보다 침하(沈下)하는 경향이 많기 때문에, 현재의 베네치아도 아라모코의 전철을 밟을 개연성이 많아 아라모코를 일명 '구(舊) 베네치아'라고 부르기도 한다.

아라베스크 arabesque

아랍 특유의 장식문양. 좁은 의미로는 이슬람 공예나 건축의 평면장식에 사용하는 아름다운 곡선과 부분적인 직선, 혹은 직각으로 된 좌우대칭 문양을 말한다. 넓은 의미로는 유동적인 선에 꽃이나 과실·짐승·인물 등을 섞은 문양을 이르기도 한다. 이슬람은 우상숭배를 배제하기 때문에 넓은 의미의 아라베스크보다는 좁은 의미의 아라베스크가 주로 채용된다. 일반적으로 사원의 벽면 장식이나 책의 장정, 공예품 등에 아랍 문자와 더불어 식물 문양이나 기하학 문양을 배합해 특유의 아기자기한 평면적 장식미술 효과를 나타낸다. 흔히 아라베스크는 아름다움의 상징으로 간주한다. 양악(洋樂)에서는 아름답고 화려한 곡을 '아라베스크'라고 하며, 서양 고전무용에서는 한 발로 서서 다른 한 발은 뒤로 제치고 두 손을 전후 일직선으로 펴는 아름다운 포즈(동작)를 '아라베스크'라고도 한다.

아기자기한 아라베스크 문양

아라비아해

인도양의 북서부 해양. 동쪽으로 인도아대륙, 서쪽으로 동아프리카, 북쪽으로 아라비아 반도에에워싸여 있다. 아덴만·페르시아만·오만만 등이 아라비아해 언저리에 있다. 수심이 가장 깊은 곳은 4,567m나 되며, 바닷물의 염분 농도가 높다. 겨울에는 북동 계절풍이, 여름에는 남서 계절풍이 불며 저기압이 발달하곤 한다.

아라본 阿羅本, Alopen

동행 네스토리우스파 주교.『대진경교유행중국비(大秦景敎流行中國碑)』'송병서(頌幷序)'에는 다음과 같은 기록이 나온다. 당 태종 정관(貞觀) 9년(635)에 대진(大秦, 로마) 대덕(大德) 아라본(阿羅本, Alopen)이 참된 경전(眞經)을 가지고 장안에 도착하니 황제는 재상 방현령(房玄齡)과 의장대를 서교(西郊)에까지 보내 융숭하게 궁내로 영접하였다. 태종은 내전(內殿)에서 아라본이 가지고 온 경전을 번역하게 하였다. 그로부터 3년 후(638)에는 관부인 유사(有司)에 명해 장안 의녕방(義寧房)에 대진사(大秦寺)를 짓고, 대동한 21명의 경승(景僧, 경교의 승려)을 그곳에 상주시켜 전도를 담당토록 하였다. 태종을 이은 고종은 모든 주에 경교사를 짓도록 하고 주교(bishop)로 파견된 아라본을 총주교격인 진국대법주(鎭國大法主)로 임명하였다.

아라코시아 Arachosia

고대 아케메네스조 페르시아제국의 동방령(東方領)으로, 지금의 남부 아프가니스탄에 있었다. 옛 이름은 하라우와디(Harauwadi)이며, 한적(漢籍)에 나오는 오아시스로 상의 오익산리(烏弋山離)다. 아라코시아는 '알렉산드리아'의 음사라는 설도 있다.

아랄해 Aral Sea

중앙아시아의 우즈베키스탄공화국의 북변에 위치한 큰 호수. 북위 46°50′~45°30′, 동경 58°12′~61°58′에 위치한다. 서남으로부터 동북까지의 길이는 428km, 서북으로부터 동남까지의 길이는 235km이며, 호안선의 총 길이는 3,238km다. 면적은 약 6만 4,000km^{2}로서, 단순히 면적으로만 보면 세계에서 네번째로 큰 호수다. 수량은 약 1,000km^{3}이고 평균 수심은 16m이며, 최대 수심은 68m다. 섬이 300개 이상인데, 그 대부분은 동남쪽에 집중되어 있다. 이 호수의 면적은 아무다리야와 시르다리야 두 강의 델타가 늘어남에 따라 상대적으로 줄어든다. 황어(黃魚)와 잉어과에 속하는 어류가 많은데, 자원보호 차원에서 7~8월에는 금어기(禁漁期)로 설정되어 있으며, 연간 어획고는 약 3만 톤이다. 지질학자들의 주장에 의하면 선신세(Pliocene, 鮮新世) 후기에 형성된 요지(凹地)가 아랄해의 기원이다. 당시의 기후는 지금보다 건조하고 더웠으며 강풍이 불었다. 아랄 분지가 형성될 무렵에 톈산(天山) 산지가 생기면서 기온이 온화해졌다. 그 결과 높은 톈산 산맥에서는 비와 눈이 응결하여 빙하(氷河)를 형성하였고, 그 물이 녹아서 산과 산 사이의 분지로 흘러내렸다. 그렇게 생긴 것이 바로 시르다리야강인데, 이 강이 아랄 분지에 흘러들어가 호수인 아랄해를 이루었다. 제4기에 아랄해의 수량은 지금의 4분의 1정도였으며, 시르다리야강의 수량은 아무다리야강의 3분의 1쯤 되었다. 당시 아무다리야강은 카스피해로 유입되는 데 반해 아랄해는 일시 건조되면서 소멸되었다. 이는 아랄해의 심층부에 소금층이 남아 있는 것으로 증명이 되며, 제4기 후기에 이르러 아무다리야강이 흐름을 바꾸어 북행(北行)하며 아랄 분지로 흘러들어갔다. 이렇게 지금으로부터 1~2만년 전에 아랄해가 형성되었다. 이것이 아랄해의 첫 탄생이다.

이후 1만년 전 무렵 아무다리야강의 흐름이 서쪽으로 바뀌어 카스피해로 유입되면서 시르다리야강에서 유입된 수량만으로는 부족하여 아랄해의 면적이 현저하게 감소하였다. 신(新)카스피기(2,000~3,000년 전)에 이르러서는 아무다리야강의 흐름이 다시 북방으로 방향을 바꾸어 아랄해에 흘러들어가, 현재의 아랄해 델타가 형성되었다. 그 결과 아랄해의 수위는 지금보다 2~3m 가량 상승하였다. 이것이 아랄해의 제2의 탄생이다. 그후 13세기 몽골 서정군의 침입으로 인해 제방이 파괴됨으로써 아무다리야강은 다시 흐름이 서쪽 방향으로 바뀌어 주민들은 관개지를 잃게 되었으며, 수량이 줄어들면서 아랄해 수위는 지금보다 10~13m나 낮아졌다. 16세기에 이르러서는 아무다리야강의 흐름이 현재의 물길로 다시 북행함으로써 아랄해는 제3의 탄생을 맞았다. 아랄해 지역은 겨울에는 춥고(1월 평균기온 영하 14도, 최저 35도), 여름은 무더우며(7월 평균 기온 26.3도) 연간 강수량은 95mm밖에 안 되나, 연간 증발량은 약 90cm나 된다. 아랄해의 물은 시곗바늘 방향으로 돌면서 흐르고, 염분은 1kg당 10.3g으로 바닷물의 약 3분의 1정도다. 수온은 7월 평균이 23~25도이고, 1월은 0.1~0.7도다.

아람어 Aramaic language

고대 서아시아의 국제 공용어. 북부 셈어(語)의 일종으로서 다른 셈어에 비해 형태 변화가 간단하고 문자도 쓰기 편하기 때문에 널리 보급되었다. 기원전 8세기경에는 이라크의 유프라테스강에서부터 이집트에 이르는 지역에서 공용어로 사용되기 시작해서 아시리아·바빌로니아·페르시아 등지로 점차 확산되었다. 기원전 6세기 이후 아케메네스조 페르시아에서도 공용어로 채택되고, 알렉산드로스의 동정(東征)을 계기로 생겨난 프톨레마이오스조·셀레우코스조·아르사케스조 등에서도 유행하였다. 이집트의 파피루스나 양피지, 구약성서, 인도 아소카왕 비문 등에도 아람어가 보인다. 예수의 언어도 아람어여서 시리아 교회에서는 2~14세기까지 오랫동안 이 언어가 공용어였다. 아람어의 알파벳은 페니키아 문자를 개량해 만든 것으로, 주변의 여러 언어 문자 창제에 영향을 미쳤다. 카로슈티 문자를 비롯해 중세 페르시아어에 속하는 여러 언어의 문자는 그 원류를 아람어 문자에서 찾는다.

아람인(人) Aramaeana

셈어족계의 민족. 원래는 아라비아 반도 북변에 살다가 기원전 13세기에 오늘날의 시리아 방면으로 북상해 다마스쿠스를 중심으로 이집트와 메소포타미아 간의 교역에 종사하였다. 기원전 8세기에는 아시리아에 복속되어 그 세력을 등에 업고 상술을 발휘해 서아시아의 육상 및 해상 교역을 독점하였다.

아랍 수학의 동전

중국의 수학사에서 13세기는 빛나는 업적을 남긴 시기인데, 아랍 수학의 영향과 떼어서 생각할 수 없다. 중국의 진구소(秦九韶)와 이치(李治), 이탈리아의 레오나르도 피보나치(Leonardo Fibonacci), 아랍(모로코)의 하산 마라키쉬(Hasan al-Marakishi)는 공인된 13세기의 세계적인 대(大)수학자다. 중국이 원대(元代)에 최고 수학자를 배출하게 된 것은 아랍의 대수·기하·삼각·역산(曆算) 등 발달한 수학 지식을 수용하여 잘 활용하였기 때문이다. 당시 중국에는 수학에 능한 아랍인들이 다수 거주하고 있었으며, 그들은 아랍 수학의 전도사 역할을 하였다. 고대 기하학의 비조(鼻祖)격인 유클리드(Euclid)의 『기하학원론』(Stoikheia, 『기하원리』『기하학원본』이라고도 함)도 아랍인들을 통해 처음으로 중국에 알려졌다. 압바스조 이슬람제국 시대에 이미 『기하학원론』의 아랍어 역본은 4종(그 중 2종은 완역본)이나 되었다. 원대 비서감(秘書監)이 1273년에 소장한 도서 중에는 바로 이 아랍어 역본(한역되었는지는 미상)이 들어 있었다. 이것은 『기하학원론』의 최초 중국 유입으로, 선교사 마테오리치(Matteo Ricci, 利瑪竇, 1552~1610)가 1605년에 이 책에 관해 구술(서광계徐光啓 기록)한 것보다 300년 이상 앞선 일이다.

13세기 40년대부터 중국 수학자들은 비로소 숫자(아라비아 숫자)와 공위(空位, 빈자리)로서의 영(零, 0)을 사용하기 시작하였다. 당·송대까지만 해도 역법 계산에서 천문 수치상 공위는 '口'로 표기하였다. 그러나 진구소의 『수서구장(數書九章)』(저장浙江에서 1247년 간행)과 이치(1192~1279)의 『측원해경(測圓海鏡)』(허베이河北에서 1248년 간행)과 『익고연단(益古演段)』(허베이에서 1259년 간행)에서는 똑같이 공위를 '口'대신 '0'으로 쓰고 있다. 원대에는 회회(回回) 천문대의 운영을 비롯해 아랍-이슬람 학문을 적극 수용하였기 때문에 영(0)을 포함한 아리비아 숫자가 공식적으로 사용되었던 것이다.

천문관측에서 구면삼각법(球面三角法)을 처음으로 채택한 것은 원대 때의 일이었다. 고대 그리스시대부터 사용해온 구면삼각법은 아랍 천문학자들에 의해 계승·발전되었으며, 원대에는 기상관측에 도입되어 그 정확성이 실증되었다. 특히 아랍 수학자 하산 마라키쉬가 고안한 삼각함수법은 천문관측에 대단히 유용하였다. 그의 역작 『시종귀원론(始終歸元論)』(Jami '0' Mabadi Walghayah, 일명 『원리와 답안』, 한역명으로는 『윤해산법(允解算法)』, 1229)은 중세에 가장 뛰어난 실용 천문학 저서로 평가되었다. 원대 비서감에는 중세 아랍 수학의 태두(대수학) 무함마드 이븐 무사 알 하와리즈미(al-Khwārizmī, 780~850)의 『적분과 방정식 산법』(Hisab al-jabr w'al-muqabala)을 비롯해 4부의 중요한 아랍 수학서가 소장되어 있었는데, 이 책은 중세의 가장 걸출한 대수학(代數學) 전서(專書)다. 명조 영락제(永樂帝) 때(재위 1403~1424)에 패림(貝琳)이 편찬한 『칠정추보(七政推步)』에는 정식으로 구면삼각법을 사용하여 달의 황위도(黃緯度)를 관측하였다는 기사가 있으며, 아랍의 60진법(進法)도 소개되었다.

아랍어 Arabic language

셈어족계의 남(南)셈어. 세계 3대 어족의 하나인 셈어족에 속하기는 하지만 바빌로니아어·아시리아어·히브리(이스라엘)어·아람어 등 북부 셈어와는 달리 남아라비아(아라비아 반도 남부)어나 에티오피아어와 함께 남셈어에 속한다. 남·북 셈어는 문법구조는 서로 비슷하지만, 발음이나 문자는 많이 다르다. 아랍어로 쓰인 가장 이른 시기의 금석문(金石文)으로는 시리아의 자바드(Zabad) 비문(512년 건립)과 하란(Harrān) 비문(568년 건립)이 있어, 초창기 아랍어의 모습을 엿볼 수 있다. 넓은 지역에서 오랫동안 형성·발달되어온 아랍어는 지방마다 많은 방언(方言)을 파생시켰다. 이슬람교의 선지자 무함마드는 아라비아 반도 메카의 방언으로 경전 『코란』을 집성(集成)하였다. 이슬람이 확산되면서 이 '코란어'가 아랍-무슬림들 간에 통용되는 표준 아랍어로 자리를 굳혀갔다. 따라서 오늘날 페르시아만의 아랍제국에서 북아프리카의 모로코에 이르기까지의 20여 개 아랍-무슬림 국가들은 이 표준 아랍어와 함께 각 지역 방언을 함께 사용하고 있다. 아랍어는 주변의 터키어나 페르시아어에 적지 않은 영향을 미쳐, 지금도 아랍어 차용어(借用語)가 상당하다.

아랍의 동방교역

페르시아에 이어 수세기 동안 동방교역을 주도한 세력은 아랍인들이다. 적지 않은 항해술 관련 아랍 언어(예: bandar 부두)가 페르시아어에서 차용된 사실이 그것을 증명해주고 있다. 이른바 '사막의 아들'에서 일약 '바다의 아들'로 변신한 아랍인들은, 항해나 해상교역에 있어서 선행자인 페르시아인들로부터 많은 것을 전수받으면서 함께 동방교역에 종사하였다.

중세 아랍인들이 동방교역에 있어서 두드러

진 역할을 한 것은 극동에 위치한 중국과의 교역을 적극적으로 진행한 점이다. 651년에 대식(大食, 우마이야조 아랍제국)이 중국 당조(唐朝)에 첫 사절을 파견한 이래 798년(압바스조 이슬람제국)까지의 147년 동안 모두 39차례나 사절을 파견하였다. 특히 흑의대식(黑衣大食, 압바스조 이슬람제국)은 건국 다음 해인 752년에 곧바로 사절들을 보내 당과의 공식 수교를 확인하였다. 당조는 사절에게 '좌금오위원외대장군(左金吾衛員外大將軍)'이란 작위까지 사용하였다. 압바스조는 753년 한 해 동안에만 4차례나 사절을 연속적으로 파견하였다. 이러한 압바스조의 적극적인 접근 정책이 개방지향적인 당조의 적극적 호응을 받음으로써 동서 양 대제국의 관계는 시종 우호적이고 협조적인 분위기를 유지하였다. 비록 751년 이슬람 연합군과 고선지(高仙芝) 휘하의 당 원정군이 탈라스(Talas) 전쟁을 벌여 당군의 패배로 종전되었지만, 전후에도 양국의 관계는 큰 손상을 입지 않고 계속 발전하였다. 이 전쟁에서 이슬람군에게 포로가 된 중국인들, 특히 제지공을 비롯한 공장(工匠)들과 화가 등 직업인들은 압바스조의 후대를 받았다. 그들에 의해 제지술이 이슬람세계에 전파되고 중국의 회화술(繪畫術)이나 금·은기 도안, 도자기 문양 등이 전수되었다. 뿐만 아니라 당에서 안사(安史)의 난이 일어나자, 757년 압바스조는 원군을 급파하여 당군의 장안(長安)과 뤄양(洛陽) 수복에 일조하였다. 후일 잔류한 이들 원군은 중국 무슬림들의 선조가 되었다.

이러한 정치 외교적 및 군사적 선린 관계에 수반해 아랍인들의 대당 교역도 8세기 이래 육·해 양로를 통해 대단히 활발하게 전개되었다. 특히 오아시스 육로를 통한 대당 교역은 양국간의 직접 교역이었다. 따라서 교역이 내용이나 규모 면에서 해로보다 훨씬 우세하였다. 한편 해로의 경우, 대부분의 아랍 상선은 페르시아 동북안의 시라프(Siraf)나 남안의 소하르(Sohar, 오만)에서 출발한 후 인도 서해안과 말라카 해협을 지나 북상하여 중국 동남해안에 종착하였다. 당시 중국 연해 각 항에 도착한 외국 상선을 일괄하여 '시박(市舶)' 혹은 '호시선(互市船)'이라고 불렀는데, 그중에는 남해박(南海舶)·곤륜박(崑崙舶)·파라문박(婆羅門舶)·사자국박(獅子國舶)·파사박(波斯舶) 등이 있었다. 여기에서 파사(波斯, 페르시아)박은 페르시아와 아랍인들의 선박을 통칭한 것이다. 당대 중국 남방에서는 페르시아인(아랍인 포함)들을 '박주(舶主)'라고 불렀다. 그것은 외국 선박 중 페르시아 선박이 가장 많았고, 또한 인도양을 항해하는 중국 선박에 유능한 페르시아인들을 선장으로 기용하였기 때문이다. 아랍 지리학자 이븐 쿠르다지바(Ibn Khurdādhibah, 820?~912)는 저서 『제도로 및 제왕국지』에서 아랍-무슬림 상인들은 해로로 페르시아만으로부터 중국 동남해안의 4대 무역항, 즉 루낀(베트남의 交州)·칸푸(廣州)·칸주(泉州)·깐투(揚州)에 이르러 중국인들과 교역을 진행한다고 하면서 4대항에서의 교역상을 소개하고 있다. 4대 무역항 중 광저우와 양저우에는 아랍상인들이 가장 많이 왕래했을 뿐만 아니라 정착하기도 하였다. 전신공(田神功, ?~767, '안녹산의 난'을 평정하는 데 공을 세운 당대의 대장大將)이 양저우를 공략할 때, 아랍과 페르시아 상호(商胡)들의 사망자가 수천 명에 달하였다고 한다. 또 광저우에는 시박사(市舶司, 일명 압번박사押蕃博士, 감박사監舶使)를 상주시켜 상호를 비롯한 외국 사인들의 대당 무역 업무를 관장하게 하였다. 대(對)당 교역에 종사한 아랍 상인 술라이만 알 타지르(Sulaimān al-Tājir)의 『중국과 인도 소식』(851)의 기록에 의하면, 외국 상선이 중국 항저우에 입항할 경우 중국 관리들은 적재 화물을 6개월간 보관하였다가 계절풍을 이용한 선박들의 입항이 끝나면 30%의 관세를 징수한 뒤 화물을 물주에게 돌려준다고 하였다. 그중 진귀한 물품은 당국자들이 우선 싼값을 주고 구입해서 경사(京師)에 상납하곤 하였다.

이와 같이 당대에는 아랍 상인들이 4대 무역항을 비롯한 중국 동남해안 일대에 대거 진출하여 관방 및 비관방 교역을 진행하였다. 상호들이 가져오는 화물은 주로 아랍이나 페르시아 현지와 인도양 연안 각지에서 생산되는 각종 향료(유향乳香·소목蘇木·용뇌龍腦·후추·침향沈香 등)와 서아(犀牙)·대모(玳瑁)·진주·산호·호박 등이고, 중국으로부터 가져가는 화물은 주로 비단·도자기·동·철·사향·대황(大黃)·종이·갈포(葛布) 등이었다. 아랍인들이 대당 교역에서 이용한 아랍 항구들은 대부분이 페르시아만에 집중되어 있다. 가장 오래된 곳은 유프라테스강 하류에 있는 히라(Hira, 현 쿠파 부근, 『후한서』 등의 우라于羅)로서, 일찍이 한대(漢代)부터 대중국 교역항으로 이용된 것으로 보인다. 중세에 와서는 히라를 대신해 유프라테스강 하류의 오볼라(Obola, Obollah, 오랄烏剌), 고대의 아폴로고스(Apollogos)와 입해처의 바스라(Basrah, 말라末羅), 그리고 페르시아만 연안의 시라프(Siraf)가 대중국 무역항으로 부상하였다. 그중 시라프는 교역화물의 집산지 역할을 하였다. 페르시아만 북단은 수심이 얕기 때문에 중국 선박과 같은 큰 배들은 접근하지 못하고 시라프까지 와서 정박한다. 그러면 오블라나 바스라 등 북변이나 주변에 있는 항구들에서 작은 배로 화물을 시라프까지 운반하면 거기서 중국 선박에 옮겨 싣고 떠난다. 중국에서 온 물품들은 시라프에서 다시 작은 배로 각처에 배송된다.

그밖에 아라비아해에 면한 오만의 마준(Majun, 현 소하르Sohar)항은 대당 교역품의 집산지 역할을 하였으며, 예멘의 아덴(Aden)은 홍해(紅海)에서 진행되는 대당 교역의 통로로서 '중국으로 가는 문'으로까지 불렸다.

아랍 상인이자 여행가인 술라이만 알 타지르의 여행기 『중국과 인도 소식』을 비롯해 아랍 여행가들과 역사·지리학자들이 남긴 기록에 근거해 아랍 선박의 중국 항로를 추적할 수 있다. 일반적으로 상업무역도시인 바스라에서 출발해 시라프와 바레인, 카타르를 지나 페르시아만의 호르무즈 해협을 빠져나오면, 항로는 두 갈래로 갈라진다. 그 하나는 술라이만이 언급한 항로인데, 오만 해안의 마준이나 무스까트(Musqat)에 이르러 식수 등 여행장비를 갖춘 후 인도양을 횡단, 인도 서남해안의 쿠로인(현 코친)을 거쳐 사란디브(Sarandib, 실론, 현 스리랑카)에 이른다. 다른 하나는 호르무즈 해협을 빠져나온 뒤 페르시아 해안을 따라 동진, 까이스(Qays, 구 호르무즈)와 티즈(Tiz, 마클란 해협), 다이불(Daibul, 인더스강 하구 서안)을 지나 역시 인도양을 거쳐 실론(사란디브)에 당도한다. 실론에서 작은 선박은 실론 북단의 팔크(Palk) 해협을 지나 동북행으로 뱅골만을 거쳐 현 미얀마의 서해안을 따라 남하, 말레이 반도 서해안의 케다(Kedah)에 도착한다. 한편 큰 선박은 실론의 남단에서 인도양을 횡단, 니코바르 제도를 지나 역시 케다에 이른다. 선박들은 이곳으로부터 말라카 해협과 수마트라, 자바를 지나 줄곧 북행한 후, 참파(현 베트남)를 경유해 광저우(廣州)를 비롯한 중국 동남해안의 한 항구에 종착한다. 술라이만에 의하면 시라프로부터 광저우까지의 항해에는 약 130일이 소요된다고 한다.

아랍–이슬람 건축술의 중국 전파

아랍–이슬람 건축술은 당대에 중국에 유입되었다. 8~9세기 때 광저우(廣州)에 건조한 회성사(懷聖寺)의 광탑(光塔)은 가장 오래된 이슬람 건물이다. 이 탑은 일종의 기원탑(祈願塔)으로서 정상에는 남북을 가리키는 금계(金鷄, 황금 닭)가 설치되어 있다. 해마다 5~6월이 되면 각지 무슬림들이 이곳에 모여 날이 밝기 전에 탑 정상에 올라가서 항해의 안전을 기원하곤 하였다. 이 탑을 송(宋)대에는 번탑(蕃塔)이라고 불렀다. 아랍세계와의 교류가 활발히 전개된 원(元)대에는 아랍 건축술이 중국에 전해져 아랍–이슬람식 구조물들이 속속 출현하였다. 원조(元朝)는 많은 아랍 건축가들을 초빙하여 몽골식 건물을 아랍식으로 개량하는 한편, 도처에 아랍식 이슬람 사원을 건립하였다. 원초에 아랍 건축가 야하디르(Yahādir)와 그의 아들 마흐마샤(Mahmasha)는 중요한 건축공사를 도맡아 지휘·감독하였다. 원세조 쿠빌라이는 등극 후 야하디르를 정삼품(正三品)의 다질아국(茶迭兒局) 감관(監官)에 임명하였다. 1266년 8월에 야하디르는 원조의 수도인 대도(大都, 현 베이징) 건설을 위하여 여러 색목인(色目人) 공장(工匠)들을 총관하는 총관부달로화적(總管府達魯花赤, 다루가치)에 임명되어 궁전 중축 공사의 총책을 맡았다. 그는 요금고성(遼金故城)의 동북방에 신성(新城)을 축조하고 동·서·남향에 각각 성문 하나씩과 북향에 성문 2개를 내는 등 궁전의 전면적인 재건·확충공사를 직접 설계하고 시공을 총감독하였다. 야하디르 사후, 아들 마흐마샤가 그 뒤를 이어 대도 건설을 지휘하였다.

이러한 궁정과 수도의 재건 공사와 더불어 이슬람 교세가 급속히 늘어남에 따라 무슬림들의 집거지(集居地)에 아랍식 이슬람 사원(마스지드al-Masjid)이 속속 건립되었다. 광저우의 회성사를 제외하고 무슬림들이 많이 거주하고 왕래한 가장 오래된 사원은 취안저우(泉州)의 성우사(聖友寺, Ashāb Masjid)다. 석벽에 새겨진 명

중국 10대 사원의 하나인 이슬람 청진사(淸眞寺)의 돔형 건축양식(泉州)

문에 의하면 이 사원은 이슬람력 400년(서력 1009~1010)에 지어졌다가 300여 년 후인 이슬람력 711년(서력 1320~1311)에 증수되었다. 그 밖에 원대에 취안저우에는 5개소의 사원이 더 있었다. 취안저우 외에 항저우(杭州)의 청진사(淸眞寺, 1314~1320, 높이 56척), 닝보(寧波)의 예배사(禮拜寺) 2개소(각각 962년과 1078~1085년에 건립, 모두 원대에 중수), 양저우(揚州)의 예배사(1275년 건립, 1380년 중수), 시안(西安)의 청정사(淸淨寺, 1263년 건립, 1297년 중수) 등 도처에 이슬람 사원이 산재해 있었다. 이러한 사원은 예외없이 외형은 돔 형식으로, 내벽은 화려한 기하학적 조각 무늬인 사프사파문(safsafa紋 일명 아라베스크)으로 장식된 전통적인 아랍식 건축물이었다.

『아랍 지리총서(地理叢書)』 *Bibliotheca Geographorum Arabicorum*, M. J. de Goeje 저

네덜란드의 무스타쉬리끄(아랍학 연구자)인 더 괴제가 9세기 이후에 아랍 지리학자들이 저술한 지리나 여행 관련 저작들을 집성해 1879년에 펴낸 총서다. 이 책에는 야쿠트(Yāqūt)의 『제국사전(帝國辭典)』(*Maājimu'l Buldān*, 1224)과 이드리시(al-Idrīsī)의 『천애횡단갈망자(天涯橫斷渴望者)의 산책(散策)』(*Nuzhatu'l Mushtāq fi Ikhtirāqi'l*

Afāq, 1154) 등 유명한 지리서나 여행기들이 수록되어 있다.

아르메니아 Armernia

동경 37~49도, 북위 37.5~41.5도에 위치하고 있는 아르메니아는 산악성 고원 국가로서 면적은 30만km²에 달한다. 여기에는 최고봉인 아라라트를 비롯해 시반다·틴키르다·아라다·아라귀즈 등 화산성 산들이 솟아 있으며, 이들 산 사이에는 고도 800~2,000m의 고원지대가 펼쳐져 있다. 아르메니아의 산악지대는 대하(大河)들의 발원지다. 유프라테스는 멀리 아르메니아의 산에서 발원하여 카라스와 무라드스의 2대 지류가 합류해 메소포타미아 평원을 지나 페르시아만에 들어간다. 티그리스나 카스피해에 유입되는 아라쿠스와 쿠르 등 여러 강들의 수원도 이곳에 있다. 하천 유역에 여러 개의 분지가 독립적으로 발달하였고, 이곳에 폐쇄적인 지역 공동체가 형성되어 봉건적 할거 상태와 분열이 지속되었다. 정치적 통일이 어려운 아르메니아 역사의 특수성은 이러한 지리적 여건에서 비롯되었다. 아르메니아 원주민은 셈족이나 인도·유럽 계통의 민족이 아니라 아시아 인종에 속하는 후르리인(Hurrians)이라고 전해 온다. 기원전 2000년 무렵에 그들은 히타이트 왕국에, 그리고 이어 아시리아 제국에 복속되었다. 기원전 9세기에 원주민의 일파인 우라르투(Urartu)인들이 반도를 중심으로 왕국을 건설하고 아시리아와 패권을 다툴 정도로 강성하였다. 하지만 기원전 7세기 중엽에 동방으로부터 이동해온 킴메르인과 스키타이들의 침입으로 패망하였다. 이후 아나톨리아로부터 프리기아(Phrygia)인의 일파가 침입하여 아르메니아를 정복하였는데, 그들이 바로 현 아르메니아인들의 조상이다. 프리기아인들이 정착한 때부터 이곳은 메디아·아케메네스·파르티아 등 이란 여러 왕조와 아나톨리아를 지배하는 로마제국의 2대 세력이 충돌하는 전장(戰場)이 되었다. 기원전 1세기에는 티그리네스 2세에 의해 파르티아의 지배로부터 벗어나 전(全) 아르메니아의 통일이 실현되기도 하였다. 하지만 기원후 330년에 아르메니아는 사산조 페르시아와 비잔틴제국에 의해 동서로 분열되었다. 이란 아르메니아에는 조로아스터교가 침투하였고, 비잔틴 아르메니아에는 451년의 칼케돈 종교회의의 결정에 따라 그리스정교회가 유입됨으로써 아르메니아 교회와 대립하는 국면이 발생하였다. 결국 2개 세력의 각축과 아르메니아 토착 귀족들의 반항, 그리고 동북 변경으로부터의 하자르인들의 내침 등으로 인해 7세기 이란·무슬림들이 침입할 때까지 아르메니아는 사분오열의 무정부 상태가 계속되었다.

아랍이 아르메니아를 지배한 시기 등과 관련해 아랍어 사료와 아르메니아의 그리스어 사료 사이에는 약간의 차이가 있다. 아랍어 사료에서는 아랍인들이 최초로 아르메니아에 진입한 연대를 640년으로 잡고 있지만, 아르메니아 사료에서는 아랍군의 최초 침입은 642년이고, 수도를 공략했으나 퇴각하였다고 기록되어 있다. 또한 아랍 지배의 확립 시기에 관해서도 두 사료의 기술은 일치하지 않는다. 아랍어 사료에는 646년 아랍군이 아르메니아 측과 평화조약을 체결하고 귀환하였다고 한다. 그러나 아르메니아어 사료에는 테오도루스(Theodorus) 황제의 동생이 대장군이 되어 완강하게 저항하였으며, 비잔틴 측의 반격으로 인하여 전(全) 아르메니아에 대한 아랍의 지배는 655년에 이르러서야 겨우 확립되었다고 기술하고 있다. 이러한 연대 상의 차이점은 차치하고 분명한 것은 657년 제4대 칼리파 알리와 시리아 총독 무아위야 간의 내홍으로 인해 아랍 주둔군이 아르메니아로부터 철수

해 아랍의 지배가 일시 중단된 사실이다. 661년 무아위야가 우마이야조를 건립하고 아르메니아 지배를 회복하기 위해 대리인을 파견해 유력한 토착 귀족인 마미코니안가(家)와 바그라트가의 협력 하에 직접통치를 시행하였다. 그러나 아르메니아 각지에서 격렬한 저항운동이 일어났다. 압바스조의 칼리파 알 무타와킬 치세시에 최대의 저항운동이 일어났는데, 852년에야 가까스로 진압되었다. 그 이후 아랍인들은 아르메니아 지배 방식을 바꾸었는데, 862년에 아르메니아에서 가장 유력한 귀족 가문인 바그라트가의 아슈트 1세를 아르메니아 왕으로 임명하고 일정 액수의 세금을 상납하도록 하였다. 직접통치에서 간접통치로 통치방식을 바꾼 것이었다. 그후에는 다시 아르메니아인 자치(自治)를 위임하였다. 그 구체적 방도는 중앙부와 북부는 바그라트가가 직접 지배하고, 기타 지역과 수도가 있는 남부의 바스브라칸 지방은 알도즈루니가가 지배하도록 하였다.

그후 남부에서 흥기한 투르크계의 샤이반조(朝)와 함단조, 동부에서 아제르바이잔을 본거지로 한 사지조와 무사피르조 등 지방 토호국들의 부단한 압력을 받아 아슈트 3세(재위 952~977) 때에는 아니(Ani)로 천도(遷都)하였다. 10세기에 들어서면서 셀주크 투르크의 내침과 왕위 쟁탈 등으로 인해 조성된 혼란을 틈타 비잔틴이 1045년에 수도 아니를 할양받음으로써 아르메니아의 대부분 지역은 비잔틴의 직접 통치권에 들어갔다. 비잔틴은 아르메니아에 대해 중앙집권화 정책을 실시하고 칼케돈 종교회의 결정을 지지하는 승려들을 우대함으로써 아르메니아인들의 불만을 야기하였다. 이것은 셀주크 투르크의 아르메니아 정복에 유리한 국면을 열어놓았다.

중앙아시아의 아무다리야강을 도하해 이란을

정복한 셀주크 투르크는 11세기 중엽에 비잔틴 아르메니아의 국경에 이르렀다. 1071년에 반호(湖)의 북안에 있는 아르메니아 중앙부의 도시인 만지케르트에서 벌어진 공방전에서 셀주크 투르크는 비잔틴군에게 치명적인 타격을 가해 아르메니아로부터 비잔틴 세력을 일소(一掃)하였다. 그 결과 동부 아르메니아는 셀주크조 예하의 이란 영토에 편입되었지만 중앙부와 서부에는 이러저러한 후국(侯國)들이 난립하였다. 13세기 초엽에 이르러 서부 아나톨리아에서 룸셀주크조가 흥기하여 에르주룸·에르진잔·아프라트 등 제후국을 병합하여 아르메니아의 반 이상을 치하에 두게 되었다. 이러한 전란과 터키인들의 노략질에 시달리던 일부 아르메니아인들은 남하하여 그들의 고향인 '대(大)아르메니아'와 구별되는 '소(小)아르메니아'라고 하는 곳, 즉 아나톨리아 동남부의 실리시아 지방에 이주하여 그곳에 루벤조(1198)와 헤톰조(13세기)를 건국하였다. 지중해 연안에 안착한 아르메니아인들은 시리아 부근에 건립된 십자군 후국(侯國)들과 접촉하면서 같은 기독교인임을 내세워 이슬람제국에 대한 공동작전을 전개하였다. 13세기 중엽 몽골군의 서정(西征)시에는 몽골군 속에 적지 않은 네스토리우스파 신자들이 있는 사실에 종교적 공감을 느껴 그들의 정복활동에 적극 협조하고 반(反)이슬람전에 앞장을 섰다. 그러나 킬리키아(Cilicia, 실리시아) 아르메니아의 이러한 행동은 일단 몽골의 위세가 약화되자 곧 이슬람제국의 공격 목표가 되었다. 1375년 맘루크조의 군사적 진입 앞에서 킬리키아 아르메니아의 수도 시스는 함락되었다. 한편 몽골의 직접지배를 받고 있는 대(大)아르메니아는 14세기 초에 일칸 가잔의 이슬람 개종으로 말미암아 그의 보호를 더 이상 받을 수가 없었다. 게다가 몽골 서정군과 함께 내침한 투르크멘인들은 아르메니아의 농지를 점차 유목지로 만들었다. 그리하여 생활상 핍박을 받게 된 아르메니아 농민들은 15세기에 대규모의 민족이동을 단행하여 흑해 북부지방으로 이주하게 되었다.

16세기에 이르러 이란의 사파비조와 아나톨리아 투르크의 오스만조 간에는 아르메니아의 귀속문제를 놓고 분쟁이 발생하였다. 결국 오스만조의 술탄 살림 1세가 사파비조와의 전쟁에서 승리해 북부의 예레반 칸국을 제외한 아르메니아의 대부분을 영유하게 되었다. 그러나 오스만 관료들로부터의 과중한 가렴과 쿠르드인과 시르카시아인들의 진입과 약탈, 여기에 더하여 러시아의 배후조종 등 여러 원인이 겹쳐 아르메니아인들은 독립운동을 전개하지 않을 수 없었다. 그중에는 1896년 8월 26일 이스탄불 가라티 지구에 있는 오스만 은행 습격과 같은 과격한 행동도 있었다. 오스만조는 이를 아르메니아인들에 대한 탄압의 구실로 삼아 19세기 말에는 아르메니아인의 국외 추방이나 학살 같은 탄압을 자행하였다. 아르메니아인들의 수난은 1890년의 에르즈룸 사건을 기점으로 하여 동시다발적으로 도처에서 발생하였는데, 1909년의 아다나 사건이 그 절정을 이루었다. 아르메니아는 제1차 세계대전 중에도 청년 터키당 정부의 조직적인 탄압을 받다가 1917년 러시아혁명으로 인하여 아라쿠스강 이북지역에 소비에트 정권이 수립되었다. 그러나 이것은 예레반을 중심으로 한 북부지역에만 국한된 것으로 아르메니아의 대부분은 1920년에 일어난 아르메니아·터키 전쟁의 결과 아르메니아 사회주의공화국과 터키공화국 간에 체결된 '알렉산드로폴리스 조약'에 따라 터키 영내에 남아 있게 되어 오늘날에까지 이르고 있다.

아르메니아인(人) Armenian

민족이동에 의한 혼혈 민족. 아르메니아인은 기원전 1세기경 현 터키 동부의 반호(湖) 부근에서 살던 하이족과 발칸 반도에서 동진한 아르멘족의 혼혈에 스키타이의 피도 섞인 민족이다. 그들은 세반·반·우르미야의 3개 호수를 중심으로 한 고원지대에 정착해 아르메니아 왕국을 세워 기원전 1세기에 번영을 누린 바 있다. 7세기 이후 이슬람 세력의 핍박에 일부는 이슬람교로 개종했지만 대부분은 전통을 고수하면서 아르메니아 정교(正敎)를 신봉하였다. 중세의 상술에 능한 아르메니아인들은 세계 각지를 누비며 교역에 종사하였다. 오늘날은 대부분이 아르메니아공화국에 거주하고 있지만 일부는 터키와 이란에 흩어져 있다.

아르사케스 Arsakes, 기원전 250~기원전 248년경

카스피해 동쪽에서 살아온 유목민 파르노이족의 족장으로, 셀레우코스조의 군주를 살해하고 시리아 왕국으로부터 독립해 파르티아 왕국을 세웠다. 한적(漢籍)에는 이 왕조를 '안식국(安息國, 기원전 248~기원후 226)'이라고 하는데, 여기서 '안식'은 아르사케스의 음사라고 한다.

아리스테아스 Aristeas

고대 방랑 음유(吟遊) 시인. 기원전 7세기 전반 말모라섬 출신으로, 북방 유목민족인 스키타이가 한창 번성할 무렵에 생존하였다. 헤로도토스의 『역사(歷史)』에는 스키타이의 동방 무역로를 따라 멀리 동방에 있는 알타이 지역이나, 그 이남 지역인 잇세도네스(중국 티베트)까지 유랑한 것으로 기록되어 있다.

아리아 Aria

오아시스로 상의 요충지. 고대 아케메네스조 페르시아에서 파르티아조 페르시아에 이르기까지 페르시아제국의 동방령(東方領)으로, 그 영역은 헤라트를 중심으로 한 아프가니스탄 서북부의 하리루드강 유역이다. 북쪽은 소그디아나, 동쪽은 박트리아, 남쪽은 인도로 이어지는 교통로의 접합 지점이다.

아리아인 Aryan

인도·유럽어족에 속하는 일파. 좁은 의미에서는 기원전 20~15세기에 캅카스를 중심으로 한 지역에서 이란과 인도 등지로 동진(東進)한 민족을 뜻하며, 넓은 의미에서는 거의 같은 시기에 서진(西進)해 유럽인들의 한 원조(元祖)가 된 민족까지를 망라한 인도·유럽인들에 대한 범칭이다. '아리아'란 말은 아리아인들이 스스로를 부르는 '고귀한'이란 뜻이다.

아리아인의 동방 이동 아리아족은 원래 캅카스를 중심으로 한 카스피해 연안과 남러시아 늪지대에서 살던 유목민이었는데 점차 유럽·소아시아·중앙아시아·인도 등 여러 방향으로 분산되었다. 북방에서 중앙아시아를 거쳐 동쪽 인도로 내려온 것은 아리아족의 동방 이동이다. 언어의 유사성이나 유사 신앙을 공유하고 있는 점들을 감안하면, 인도에 침입한 아리아인은 본향을 떠나 페르시아 북부지대에 체류하다가 동진한 일파였다고 추정된다. 이는 인드라(Indra)·바루나(Varuna)·미트라(Mithra) 등 아리아인의 주신(主神)들이 페르시아의 경전인 『아베스타』(Zend-Avesta)에서도 공통으로 발견되는 점을 통해 알 수 있다. 중앙아시아 일원으로 옮겨온 유목민인 아리아족이 기원전 2000년경부터 서서히 동쪽으로 이동해 아프가니스탄을 거쳐 인도의 서북부 펀자브 지방에 들어온 것은 기원전 1500년경이다. 아리아족이 본향을 떠나 동진해 인도까지 침입하게 된 이유로는 가뭄이나 추위, 전염병 등 천재지변이나 외적의 침입 등을 거론하기도 하나 신빙성 있는 증거는 없다. 이에 비해 주로 유목생활을 해오던 아리아족들이 인구가 증가함에 따라 새로운 목초지를 찾아 동진해 인도아대륙(印度亞大陸)에까지 이르렀다는 설이 좀더 설득력이 있다. 아리아족의 침입은 찬란한 고대 인더스 문명을 창조한 선주민인 문다(Munda)족이나 드라비다족들과의 치열한 충돌을 야기하였다. 결국 말이 끄는 전차로 무장한 용감한 유목민인 아리아족은 농경민인 토착민들을 무력으로 몰아내고 그 땅의 주인이 되었다. 본질에 있어서 이 충돌은 유목문명과 농경문명 간의 문명충돌이었다. 아리아족의 이동으로 인해 발생한 이러한 충돌과 그것을 계기로 한 아리아족의 인도 정착은 이질적인 두 문명 간의 접촉과 상호 영향 속에서 진행되었다. 아리아족들은 도시생활 위주의 선주민들에게 소·말·양 등 가축과 더불어 철기를 전해주고, 성우사상(聖牛思想) 같은 숭배의식도 주입시켰다. 한편 그들 자신은 점차 전통적인 유목생활에서 탈피해 철제 쟁기로 주식인 밀이나 보리를 경작하면서 정착 농경생활을 시작하였다.

아리야발마 阿離耶跋摩, 阿離那跋摩

신라의 도축(渡竺) 구법승. 당 태종 정관(貞觀) 연간(627~649)에 당나라 장안에 머물면서 수행을 하다가, 불교 유적지를 순례하고자 인도로 향하였다. 인도에 도착한 뒤에는 나란타사(那爛陀寺)에 머물면서 불교 경전의 필사와 연구에 힘썼다. 불경 연구에 몰두하던 그는 결국 귀국하지 못하고 70여 세쯤 나란타사에서 입적하였다. (8-115)

아리카메두 Arikamedu

고대 인도의 무역항. 현 인도 서남단의 첸나이에서 남쪽으로 약 150km 떨어진 곳에 위치한 아리카메두에는 기원전 1세기에 동방 원거리무역에 종사하던 로마 인들의 거류지가 있었다. 여기서 로마 상인들은 가지고 온 구리·유리·도기·포도주와 인도산 보석·진주·상아·귀갑(龜甲)·후추·목면을 교역하였다. 또한 여기에서 9~10세기경의 중국 월주(越州)청자와 송대의 용천(龍泉)청자 조각이 발견되었다. 이러한 사실은 아리카메두가 인도양 상의 교역 거점이었음을 말해준다.

아마르나(Amarna) 문서

고대 이집트의 점토판 문서. 카이로 남쪽 약 300km 지점에 있는 텔 아마르나(Tell'l-Amarna)라는 지역에서 1887년 이집트의 한 농부가 그 지역 고대 국제어였던 바빌로니아 설형(楔形, 쐐기)문자로 쓴 점토판 문서 360여 점을 발견하였다. 문서의 내용은 팔레스타인을 비롯하여 아시리아·시리아·바빌로니아 왕들이 이집트 왕 아멘 호테프 3세와 4세에게 보내는 서한들이 대부분이다. 이 서한들은 당시의 정치·경제·외교 등 여러가지 분야에 관한 내용이 언급되어 있어, 그 시대의 정세 연구에 대한 귀중한 사료적 가치를 지닌 유물이다. (6-246~247)

아메노모리 호슈 雨森芳洲, 1668~1755년

한·일 교류에 상징적인 인물. 일본 오미(近江) 고호쿠(湖北)의 의사 집안에서 태어나 가업을 잇기 위해 교토(京都)에서 의학공부를 하다가 유학자(儒學者)의 길을 택하였다. 17, 18세 무렵에 호슈는 본격적으로 유학을 공부하기 위하여 당시 대유학자인 키노시타 준안(木下順庵)의 문하생이 되었다. 1689년 준안의 추천으로 쓰시마번(對馬藩)에 임관(任官)하였는데, 당시 쓰시마번은 막부(幕府)로부터 대(對)조선 외교업무를 전적으로 위임받아 수행하였던 조선과의 유일한 통교 창구였다. 당시 그는 조선 국왕으로부터 조선무역의 독점권을 부여받기도 하였다. 조선과의 외교를 위해서는 수준 높은 한문 실력을 갖춰야 했기 때문에 쓰시마번은 이러한 인재를 등용하기 위해 힘썼다. 이러한 분위기 속에서 호슈는 두 번이나 나가사키(長崎)로 유학해 중국어에 정통하게 되었다. 쓰시마번에 돌아와 조선방좌역(朝鮮方佐役, 현 외무부 차관급)에 임명된 호슈는 3년간 부산에 머물면서 조선어는 물론 한글까지 습득하였다. 그 결과 조선어·중국어·일본어의 3개국 말을 동시에 구사하는 유일한 인물로 명성을 날렸고, 또한 메이지(明治) 초까지 사용된 조선어 교과서 『교린수지(交隣須知)』를 펴냈다. 그는 "말을 배운다는 것은 그 나라의 풍속과 습관을 배우는 일이며, 한 민족의 모든 것을 알고 이해하는 일이다"라고 말하면서, 특히 언어 습득을 강조하였다. 이러한 능력을 바탕으로 호슈는 두 번이나 조선통신사의 대마번 진문역(眞文役, 접대역과 문서관리역)을 맡아 수행하였고, 쓰시마번주에게 조선과의 외교에서 체험한 바를 설명한 『교린제성(交隣提醒)』을 저술하여 바쳤다. 책 속에서 그는 조선에는 독자적인 문화와 풍습, 습관과 취미, 기호가 있는데, 이것을 무시하고 일본 문화를 기준으로 사고한다면 편견과 독단이 생기고, 오해를 초래함으로써 결코 좋을 수 없다는 점을 거듭 강조한다. (5-230~232)

아메리고 베스푸치 Amerigo Vespucci, 1451경~1512년

이탈리아 피렌체(Firenze) 출신의 항해가. 1499~1504년 기간에 세 차례나 콜럼버스가 발견한 중남미 일원을 탐험한 그는, 이곳이 유럽인에게는 미지의 '신세계'(the New World)라는 견해를 발표하였다. 그 결과 이 신대륙을 최초로 발견했다는 콜럼버스를 무시한 채 자신의 이름 '아메리고'의 이름을 따서 '아메리카'(America)라고 명명하였다. 그후 독일의 지리학자 발트제뮐러(Martin Waldseemüller)가 1507년에 간행한 세계지도에 유럽과 아시아 사이에 기다란 육지를 하나 그려넣고 이를 '아메리카'라고 명기하면서부터 오늘날까지 그 명칭을 그대로 사용하게 되었다.

아메리카 가축(家畜)

가축의 원산지와 교류.

북·중 아메리카 16세기 스페인 식민지화 이전 메소아메리카(Mesoamerica)에는 가축이 개와 칠면조뿐이었다. 아메리카의 북부를 제외한 멕시코 대부분, 과테말라, 영국령 온두라스, 엘살바도르와 온두라스, 니카라과의 서부와 코스타리카의 북서부를 포함하는 영역인 메소아메리카에 구대륙의 4대 문명권에서 길러온 소·돼지·염소·닭 같은 가축이 들어온 것은 16세기 이후부터였다. 북미에서 개는 1만 년 전에 이리를 가축화하면서 생겨난 것이란 설과 선사시대 아시아 대륙에서 몽골로이드가 이주하면서 반입(伴入)되었다는 두가지 설이 있다. 아스텍 사람들은 털 없는 개를 식용으로 사육하였다고 하는데, 테우아칸(Tehuacán) 분지에서는 메소아메리카에서 가장 오래된 개의 유물(기원전 1900~기원전 1400)이 발견되었다. 메소아메리카 원산 칠면조에는 2종이 있는데, 그 한가지가 테우아칸 분지와 오악사카(Oaxaca) 분지에서 기원전 150~기원후 150년에 가축화된 것으로 밝혀졌다. 스페인 정복기에 고기와 알은 식용으로, 깃은 장식품으로 사용되었으며, 공희물(供犧物)이 되기도 하였다.

남아메리카 중앙안데스 지역에서는 고기(古期)

의 초엽부터 낙타과에 속하는 라마(lama, 아메리카 낙타)와 알파카(alpaca, 라마의 일종)를 사육하려고 시도하였으며, 부분적으로나마 형성기에는 사육화가 이뤄진 것으로 보인다. 이것들의 고기는 중요한 단백질 원(源)으로, 털은 직물의 재료로, 배설물은 연료로 사용되었다. 라마는 하물 운반에 이용되었지만, 구대륙과 달리 젖은 식용으로 사용되지 않았다. 낙타를 사육화했다는 증거는 기원전 6000년경에 북부 페루의 고지에 있는 라우리코차(Lauricocha) 동굴과 페루 중앙고지의 우추쿠마차이(Uchcumachay) 동굴에서 낙타과 동물의 뼈가 상대적으로 증가한 점과 페루 중앙고지의 탈라르마차이(Tararmachay) 유적에서 알파카형 문치(門齒)가 나타나는 동시에 어린 짐승의 뼈가 증가 추세를 보이다가 기원전 4000~기원전 3500년경에 이르면 어린 짐승의 뼈가 전체 뼈의 7할을 차지한 점, 오늘날에도 볼 수 있는 가축용 돌 울타리가 기원전 2200~기원전 1500년의 중앙고지 유적에서 발견되었다는 점 등으로 알 수 있다. 또한 이 고지 유적에 있는 파차마차이(Pachamachay) 동굴에서도 기원전 2200~1500년경에 이르면 수렵용 첨두기(尖頭器)는 줄어드는 반면 털이나 가죽을 벗기고 무두질하는 도구가 증가한다. 이것들을 가축화할 수 있었던 것은 낙타과 동물의 생태에 관해 인간이 잘 알게 되고, 또한 고지성(高地性) 근채류(根菜類) 재배로 4000m의 고원지대에서도 안정된

낙타과에 속하는 알파카(페루 오얀따이땀보)

식생활을 할 수 있게 되었기 때문일 것이다. (4-225~226)

아메리카 구기(球技)

공으로 득점이 아닌 선착(先着)을 다투는 경기. 아메리카에서 구기는 오랜 역사를 가지고 있는데, 올메카(Olmeca) 문명의 엘 마나티(El Manatí) 유적에서는 기원전 1600~기원전 1200년에 만들어진 메소아메리카에서 가장 오래된 고무공이 발견되기도 하였다. 돌이나 흙으로 만든 구기장 유적은 일반적으로 유적 중심부에 있는 신전 곁에 배치되어 여러 곳에 남아 있다. 메소아메리카에서 가장 오래된 구기장은 파소 델라 아마다(Paso de la Amada) 토제 구기장인데, 기원전 1400~기원전 1250년에 만들어졌다. 메소아메리카에서 가장 큰 치첸이트사(Chichén Itza)의 대구기장은 무려 그 길이가 168m, 폭은 70m나 된다. 메소아메리카, 중앙아메리카 남부, 북아메리카 남서부, 카리브 해역 등에 있는 돌이나 흙으로 만든 구기장은 대부분 I자 형태로 양 끝이 막혀 있으나 일부는 열려 있는 것도 있다. 채색토기나 토우(土偶)·돌조각·회화문서·벽화 등에 구기를 하는 사람이나 구기의 모습이 그려져 있다. 구기 용구를 이용해 단단한 고무공을 상대 진영의 끝 지점까지 가져가면 득점하게 된다. 당시 구기를 즐기는 사람들은 주로 귀족들이었는데, 때로 왕이 직접 참가하는 경우도 있었다. 특별한 제례(祭禮) 때는 진 팀의 목을 자른다든가 인신 공양을 하기도 하였다. 아스텍 사회에서는 구기가 도박의 수단으로 이용되는 경우도 있었다. (8-236~237)

아목거발절라 阿目佉跋折羅, Amoghavajra, 일명 '不空', 705~774년

사자국 출신의 동행승. 14세때 금강지(金剛智,

Vajrabodhi)를 사사하고, 720년에 스승을 따라 해로로 뤄양(洛陽)에 와 역경(譯經)을 도왔다. 스승이 입적한 후 유지대로 사자국에 가서 산스크리트어 경론(經論)과 진언(眞言) 등 비전(秘典)을 얻어가지고 746년에 돌아와 밀교(密敎)의 완성을 위해 진력하였다. '안사의 난' 때는 장안(長安)의 대흥선사(大興善寺)에 주석하면서 나라를 위해 호마단(護摩壇)을 세웠다. 765년에 대광지삼장(大廣智三藏) 칭호를 하사받았다. 774년 70세에 입적하였다. 경전 77부 120여 권을 역출하였으며, 중국 밀종(密宗)의 제2대 조사(祖師)가 되었다. (8-53)

아무다리야 Amudaryo(우즈벡어), Amu Darya(영어)

중앙아시아의 큰 강. '아무다리야'라는 명칭은 6세기경 지금의 조르쥬시(市)의 구지(舊地)에 자리한 강안 도시 '아무르'에서 유래하였는데, '아무르'의 정확한 뜻은 알려지지 않고 있다. 아무다리야는 아프가니스탄 영내의 힌두쿠시 산맥의 북쪽 기슭(해발 4,900m)에서 발원하는데, 상류는 '와흐지루천(川)', 그 뒤를 이어서는 '와한다리아' '판지천(川)'이라고 부르며, 우측에서 흘러드는 와흐슈강과 합류하면서부터 비로소 '아무다리야'라고 한다. 강의 전체 길이는 2,394km로서 유장하게 흘러 아랄해로 유입되며, 유역 면적은 45만 6,000km²나 된다. 강물은 흙과 모래가 섞여 흐르는데, 그 퇴적된 용적은

아무다리야강

연간 0.2km²에 달하며, 그중 아랄해에 유입되는 것은 약 11%다. 수량은 계절에 따라 큰 차이가 있는데, 겨울철에는 여름철의 3분의 1도 채 안 된다. 4~5월 우기와 6~7월 해빙기에 범람하는데, 수면과 표고(標高)가 같은 호라즘 대평원은 물에 잠기기 일쑤다. 곳에 따라서는 수면 이하이기도 하여 호라즘 오아시스는 수백km의 제방을 쌓아놓았다. 아무다리야의 델타(삼각주三角洲)는 면적이 1만 1,000km²로서 세계 최대 규모다.

아무다리야는 양안 지역의 생명수일뿐만 아니라, 막대한 수력자원이다. 타지키스탄 경내에는 누르크 수력발전소가 있으며, 투르크메니스탄 경내에는 카라쿰 운하가 건설되었다. 이 운하는 수도 아슈하바트까지 총 연장 1,400km 중 이미 850km가 굴설되어 관개와 더불어 도시 용수 공급이 기대된다. 아무다리야는 고대 그리스 사적에서는 옥스(Ox) 혹은 옥수스(Oxus)라고 명명하고, 아랍인들은 지훈(Jihun)이라 불렀다. 아무다리야 유역은 고대 중앙아시아 문화의 요람이었다. 여기는 인류 최고(最古)의 농경지대의 하나로, 이집트의 나일강 유역과 매우 유사하다. 범람으로 인해 강안의 땅은 매년 1헥타르당 석회 1,600kg, 칼리염 450kg, 인산(燐酸) 40kg을 얻는다고 한다. 아무다리야의 상류 연안은 오아시스로의 행로였으며, 연안에는 많은 오아시스와 도시가 자리를 잡았다. 이 강의 연안에 자리한 여러 지역에서 아이하눔·쿤두즈·아일탐·아지나 테페·테르메즈·딜리베르진 테페 등 헬레니즘과 불교문화의 유적들이 발견되었다. 영국 대영박물관에는 '옥수스 유물보고(遺物寶庫)'(Treasure of Oxus)라는 방이 따로 마련되어 있으며, 이곳에는 아무다리야 유역의 여러 지역에서 출토된 귀중한 유물들이 전시되어 있다. 아무다리야는 아랍-이슬람제국의 동방 경계이기도 하다. 아무다리야와 시르다리야(Syr Dar'ya) 사이

의 지역, 즉 트란스옥시아나(Transoxiana)를 아랍어로는 '마워라알나흐르'(Mā Warā' al-Nahr, 하외지역河外地域)라고도 칭한다.

아미르 amir

아랍-이슬람세계의 장(長) 칭호. 원래 아랍어에서 '명령자'란 뜻이었으나, 그것이 장·수령·지휘자·총독·왕자·군주 등의 뜻으로 바뀌어 아랍-이슬람세계뿐만 아니라 인근 지역에서도 일반적으로 쓰이고 있다. 이렇게 호칭으로 쓰이게 된 이유는 이슬람 초기 칼리파를 '아미르 알 무어미닌'(Amīr al-Mu'minīn, '신자들의 장')이라고 한 데서 비롯되었다. 이때부터 행정이나 군사 집단의 장을 '아미르'라고 즐겨 부르게 된 것이다. 멀리 떨어진 몽골고원에 세워진 9세기 전반의 카라발가순 비문(碑文, 소그드어)에도 '아미르'란 말이 나온다. 북방 유목민족 사이에서는 이 말이 몽골어의 '노얀'(noyan)이나 투르크어의 '벡'(beg)과 동의어로 쓰이기도 한다.

아바르 Avar

6~9세기 동유럽을 풍미한 서천(西遷) 투르크·몽골계 민족. 비잔틴 사료에 의하면 아바르족은 557년경에 카스피해와 흑해 연안의 초원지대에 나타난 이래 약 한 세기 동안에 중앙 유라시아의 서부에서 중·동 유럽에 이르기까지의 광활한 지역을 석권해 슬라브와 게르만계 여러 민족을 지배했던 기마유목민족이다. 그러나 8세기 말에서 9세기 초에 진행된 프랑크 왕국 샤를마뉴(재위 768~814)의 원정에 의해 멸망하였다. 그들이 사용한 '가한(可汗)'이나 '투둔' '타르칸' 등 벼슬 칭호나 '바얀' 등 인명으로 미루어 서천한 투르크나 몽골 계통의 후예들로 짐작된다. 아바르족들의 무덤에서는 동방 기원의 철제 등자(鐙子)가 발굴되었는데, 그들에 의해 전해진 이 철제 등자는 유럽의 중무장한 기사(騎士)의 전투력을 높이는 데 크게 기여하였다.

『아베스타』 Avesta

조로아스터교 경전. 제의(祭儀) 때 독송하는 『야스나』와 신에 대한 찬가 『야슈츠』, 마귀를 쫓는 『비데브다트』, 그리고 기타 몇가지 소품(小品)으로 구성되어 있다. 이 경전의 성립 연대는 기원전 1,000년경으로 추측되지만, 한 번에 이루어진 것은 아니다. 성립 장소에 관해서도 여러 설이 있는데, 종합하면 아프가니스탄 서남부에서 중앙아시아에 이르는 지역이다. 경전의 언어는 아베스타어로, 이란어계의 동부 방언에 속한다. 구전으로 전승되어오다가 기원후 사산조시대에 와서 전용문자로 기록되었다. 이슬람시대에 전문의 4분의 3이 소실되었으나, 다행히 중요한 부분은 오늘날까지 남아 있다. 그런데 음운(音韻)적으로는 현존 아베스타 본문보다 더 오래된, 소그드 문자로 기록된 아베스타어의 주문(呪文) 한 편이 발견되어 주목을 받고 있다. (3-9)

아부 자이드 Abū Zayd, ?~950년

이란의 지리학자. 916년경에 『중국과 인도 이야기』란 지리서를 저술하여, 당시 중국·인도·동남아시아의 상황을 두루 소개하고 있다. 이에 앞서 915년경에는 당시 아랍 역사학의 태두이며 지리학자인 마스오디(al-Mas'ūdi)가 세계 역사서인 『황금초원과 보석광』을 저술할 때 아부 자이드가 많은 자료를 제공했다고 한다.

아소카왕 Asoka, 阿育王, 기원전 269(272, 273)~기원전 232년

인도의 첫 통일제국의 건국자. 인도 마우리아 왕조의 제3대 왕으로서 인도 남단 타밀 지역을 제외한 전인도(북위 14도 이북)를 망라해 인도사상 첫 통일제국을 세우고 철저한 전제군주제를 실시하였다. 왕의 자문기관으로 국무위원회를 설치해 모든 행정조치는 이 위원회의 심의를 거친 후 실시하도록 하고, 모든 장관 임명권은 왕이 장악하며, 전국을 중앙 직할지 외에 지방 총독이 통치하는 4개 지역(서북·서·동남·남)으로 나누고 정기적으로 순찰관을 지방에 보내 감시하였다. 그리고 각종 사회경제 시책도 단행하였다. 대규모로 관개사업을 진행하고, 운송체계를 세우며 이정표를 정리하는 등 중앙과 지방 간의 도로를 정비하였다. 수도를 비롯한 대도시의 시정은 분야별로 공업국, 외국인 관리국, 생사등록 관리국, 상업국, 징세국, 공공사업국 등 6개 전문국에 위임해 집행하도록 하였다.

아소카가 성왕(聖王)으로 추앙된 것은 무엇보다도 그의 호불(護佛) 정책 때문이었다. 그는 즉위 7년 만에 불교에 귀의하고, 8년 되는 해에는 동남 벵골만 해안에 위치한 칼링가(Kalinga)국을 무력으로 정복하였다. 이 과정에서 10만 명이 살상되고 15만 명이 생포되었으며, 수십만 명이 질병과 고통으로 사망하였다. 이러한 참상 앞에서 아소카는 깊은 자책감을 느끼고 참회하였다. 급기야 무력정복 방침을 버리고 불법(darma)에

동인도 바이샬리의 아소카 석주(石柱)

의한 덕치주의(德治主義)를 추구하였다. 그는 상용어인 팔리(Pali)어로 불경을 수집하고 10년간 불교 유적지를 순례하면서 도처에 불탑을 세우고 불법을 역설하였다. 그는 부모 존경 등 가족의 도덕을 중시하고 연민·자비·진실·청렴·자선을 실천하고 적극 장려하였다. 노복(奴僕)에게는 친절을, 우인(友人)에게는 후한 대접을 하였으며, 진실한 언행 등을 통하여 사회의 윤리도덕을 지키는 데 앞장섰다. 또한 불살생을 실천하고 치료시설을 갖추었으며, 모든 종교에 대해 관용을 베풀도록 하였다. 여행자들을 위해 길 양측에 나무를 심고 일정한 거리에 우물을 팠으며 숙박시설을 두루 갖추었다. 5년마다 한 번씩 순찰사를 전국에 파견해 실행 상황을 점검하도록 하였다. 아소카는 정책이나 칙령·법령 등을 새긴 석주(石柱)를 전국 30여 소에 세웠다. 높이 40~50척(13~16m)에 무게가 최소한 50~60톤이나 나가는 이 석주는 뛰어난 조각예술로 장식되었다. 특히 머리를 장식한 사자나 코끼리·소의 석상은 우람하고 생동감이 넘친다.

아소카가 남긴 가장 큰 업적은 무엇보다도 불교를 지방(북인도) 종교의 지위에서 세계적 종교로 격상시킨 것이다. 그는 스리랑카·미얀마·시리아·이집트·마케도니아·그리스·북아프리카 등 유라시아 여러 지역과 나라에 불교 포교단을 파견하였다. 특히 스리랑카에는 두 차례나 왕자 마헨드라(Mahendra)와 딸 산가미트라(Sanghamitra)를 파견해 포교에 성공하였다. 이로 인해 스리랑카는 남방불교(소승불교)의 근거지가 되어 여기서 미얀마·타이·수마트라·자바 등 동남아시아 지역으로 불교가 전파되었다.

아슈하바트 Ashkhabad

중앙아시아 투르크메니스탄 공화국의 수도. 공화국의 남부 카라쿰 사막과 코페트다크 산맥 사

이에 위치하고 있다. 화산대(火山帶)에 위치해 지진이 자주 발생한다. 연평균 기온은 영상 10도(최고기온 영상 48도, 최저기온은 영하 26도)이며, 연평균 강수량은 220mm를 넘지 않는다. 물의 부족을 겪어오다가 1962년에 카라쿰 운하를 건설해 아무다리야강으로부터 물을 끌어와 물 부족 문제를 해결하였다. '사랑의 도시'란 뜻을 지닌 아슈하바트는 19세기 후반에 러시아군이 중앙아시아에 진출하면서 군사기지로 건설한 도시다. 1885년 자가스프 철도가 개통되자 19세기 말에는 인구가 2만 명에 달하였다. 제2차 세계대전 직후에는 인구 14만 명이 운집한 도시로 발전하였으나 1948년 10월 6일 밤 진도 9의 대지진이 발생하여 도시는 폐허가 되다시피 하였다. 그후 새로운 건설 계획에 따라 도시의 면모는 일신해 중심부에 칼 마르크스 광장과 레닌로가 생겨났다. 이 레닌로에는 7,000명 이상의 학생이 다니는 종합대학교가 건립되었다. 시내에서 가장 길고 넓은 길은 자유로인데 길이는 13km, 폭 40m의 대로로서 시내를 서북에서 동남 방향으로 가로지른다. 사막 속의 도시라는 것을 잊을 정도로 녹화가 잘 되어 있으며, 이 도시의 자랑은 1929년에 건설한 대식물원과 주단 공장인데, 주단 생산이 중앙아시아에서 가장 흥성한 곳이다. 도시의 동쪽 12km 지점에는 1904년에 미국의 펌펠리 조사단이 발굴한 유명한 아나

아나우 출토 채도(아슈하바트 박물관 소장)

우(Anau) 초기 농경문화 유적이 있다. 남구릉·북구릉·테페(알틴 테페와 나마즈가 테페)의 3부분으로 구성되어 있는데, 여기에서 초기 농경문화를 입증하는 적색 마제토기와 채문(彩文)토기가 출토되었다. 이 도시에는 15세기에 건조한 아나우 사원(지진으로 파괴) 유적이 있으며, 시의 서쪽 바기르촌 부근에는 고(古)니사와 신(新)니사라고 불리는 파르티아 시대의 유적이 있다. 이를 통해 한때 이곳이 파르티아의 수도였음을 알 수 있으며, 이 유적에서는 헬레니즘식 색채가 강한 미술품과 화폐 등이 대량으로 발견되었다.

아스타나(Astāna) 고분군 유적

교류의 유물적 전거로서의 오아시스로 상의 유적. 중국 신장성 투루판(Turfan)분지의 고도 고창(高昌, 카라호자kara khoja, 투루판 동쪽 50km)의 서북 근교에 위치한 아스타나 고분군 유지(遺址)는 4세기의 전량(前涼) 시대부터 후량(後涼)·서량(西涼)·북량(北涼) 시대를 거쳐 고창국 시대(5세기 말~640)와 당 서주(西州)시대(8세기)에 이르기까지 약 4세기에 걸쳐 축조된 수백 기의 분묘가 산재한 곳이다. 오아시스로 북도의 시발 구간이라는 중요성 때문에 일찍부터 이 고분유적을 포함해 투루판 일원에 대한 탐방과 발굴이 진행되었다. 1897년 러시아의 클레멘츠(D. Klementz)는 카라호자를 비롯해 그 주변의 석굴사원을 조사하였으며, 독일 탐험가 그륀베델(A. Grünwedel)은 1902년에 카라호자 성내의 사원을 발굴하였고, 독일의 동양학자 르코크(A. von Le Coq)는 1904~1905년에 카라호자와 그 근교의 유적을 각각 발굴하였는데, 베제클리크(Bezeklik) 석굴이 대표적이다. 르코크는 이 석굴에서 위구르시대의 벽화를 몰래 뜯어 베를린에 보내고, 1913년에는 탐방 결과를 엮어 『고창(高昌)』(1913)을 출판하기도 하였다. 한편 스타

인(M. A. Stein)이 인솔한 영국 탐험대는 1907년 투루판에 도착하여 토유크(Toyuk) 석굴, 카라호자성(城), 베제클리크 석굴, 교하성(交河城, yarkhoto)에 대해 간단한 조사를 하였다. 1912년 3월에는 일본 오타니 탐험대의 다치바나와 요시가와가 카라호자에 와서 주로 고창국시대의 고분에 대한 발굴을 하였다. 1914년 11월에 스타인은 재차 투루판을 찾아와 카라호자·토유크·베제클리크·무르툭(Murtuk) 등지에 대한 조사를 마친 뒤, 이듬해 1월에 드디어 카라호자 서북 근교에 있는 아스타나 고분군을 발견하기에 이르렀다.

한편 중국 측에서는 1930년 봄 서북과학조사단(西北科學調査團)을 무어 현지에 파견했는데, 조사단 일원인 황원비(黃文弼)는 교하성 주변의 고창시대 고분을 발굴하여 많은 유물을 수집하였다. 1959년 10~11월에 우루무치의 신장위구르자치구 박물관 문물공작조(文物工作組)원들이 아스타나 고분군 유적 북구에서 6기의 고분을 발견·조사하였으며, 1966~1969년에는 아스타나 고분군에 대한 4차례의 발굴 작업을 진행하여 분묘 105기에서 유물 1,020점을 발굴하였다. 발굴 분묘 중 12기는 이미 도굴당한 폐분이었다. 아스타나 고분군에 대한 70여 년에 걸쳐 계속된 발굴 작업 결과 출토된 유물은 다종다양하다. 출

토 유물 중에는 목제용(木製俑)식 인물·소·말·호랑이 뼈 등과 묘지(墓誌)·면사(面紗)·토기·견직물·금강저(金剛杵), 복희여와도(伏羲女媧圖)와 수하미인도(樹下美人圖) 같은 회화, 부인기마니상(婦人騎馬泥像)을 비롯한 명기(名器), 개원통보(開元通寶)·사산조 은화·비잔틴 금화 등이 있다. 그중 용상(俑像)이나 회화 같은 것은 무용총(舞踊塚)을 비롯한 고구려 고분에서 그 유사성을 찾아볼 수 있다. 아스타나 고분군 유적은 이와 같이 중세 초 오아시스로의 북도를 통해 진행된 동서 교류상의 일단을 보여준다.

아스텍 문명 Aztecan Civilization

멕시코 중앙고원 지대에서 일어난 후기고전기(後期古典期)의 문명. 아스텍 문명을 일궈낸 아스텍인들의 전설에 의하면 1100년경 현 멕시코 북서쪽의 아스틀란('백로가 사는 곳')에 살던 유목민인 그들의 조상이 멕시코 계곡으로 남하하였다. '아스텍'이란 이름은 바로 이 '아스틀란'에서 유래하였다고 한다. 그들은 태양과 전쟁의 신에게서 뱀을 물고 있는 독수리가 바위에 뿌리를 내린 선인장 위에 앉아 있는 곳을 찾아가 도시를 세우라는 계시를 받았다. 1325년 마침내 멕시코 계곡에 위치한 텍스코코(Texcoco) 호숫가의 작은 섬에서 신의 계시와 일치한 곳을 발견하고 14세기 중엽에 테노치티틀란(Tenochtitlán)이란 도시를 건설하였다. 15세기 초에 테노치티틀란은 주변 지역을 지배하는 강력한 도시국가가 되었으며, 멕시코 계곡의 도시국가 텍스코코와 틀라코판(Tlacopan)과 동맹을 맺었다. 이 동맹을 기반으로 테노치티틀란은 제국을 세우기 시작하였다. 건국자인 몬테수마 1세(Montezuma, 재위 1440~1469)는 제국의 영토를 동남쪽으로 과테말라에서 멕시코의 산루이스포토시까지 확장하였다. 정복당한 수백 개의 도시들이 많은 공물을

중국 전설 속의 인류의 시조 '복희여와'의 모형

바침으로써 제국은 날로 부강해졌으며, 1502년 몬테수마 2세가 등극할 때는 전성기를 맞았다. 그러다가 1519년 스페인의 침략자 코르테스가 508명의 군사를 이끌고 멕시코 동쪽 해안에 상륙하였다. 그는 당시 아스텍제국에 많은 공물을 내야 하는 데 불만을 품고 있던 인디언들과 동맹을 맺고 수도 테노치티틀란으로 쳐들어가 몬테수마 2세를 체포하였다. 그러나 아스텍인들은 1520년 스페인의 강점에 항의하는 봉기를 일으켜 스페인인들을 수도에서 몰아냈다. 몬테수마 2세는 항전 중 부상을 입고 전사하였다. 코르테스는 1521년 5월 수도를 다시 공격해왔다. 양측의 대치국면이 계속되는 가운데 그해 8월 몬테수마 2세의 후계자인 쿠아우테목(Cuauhtémoc)이 항복함으로써 아스텍제국은 역사의 무대에서 사라졌다. 이때 테노치티틀란의 인구는 약 20~30만 명이었다.

200년 가량 존재했던 아스텍제국은 찬란한 문화유산을 남겼다. 제국은 38개의 지방과 489개의 도시를 아우르는 광대한 지역을 지배했는데, 영토의 점령보다는 공납에 주력하였다. 정해진 공납을 하면 피점령지 지배층의 통치나 종교를 허용하였다. 왕은 왕족 중에서 선출하며 '위대한 명령자'란 뜻의 '우에이 틀라토아니'라고 불렀다. 중대한 국사에 관해서는 반드시 귀족회의의 자문을 거쳐 결정하도록 되어 있었다. 제국의 사회는 기본적으로 귀족·평민·농노·노예의 4대 계급으로 구성되었다. 귀족과 평민은 가까운 친족으로 구성된 행정단위인 칼푸이(Calpulli)에 속했고, 농노는 땅 소유자가 바뀌어도 계속 그 땅을 경작할 수 있었다. 최하층인 노예는 주로 전쟁포로나 범죄자, 채무자로 충당되고 자산의 일부로 취급되나 신분이 세습되지는 않았다.

경제의 기본은 농경으로서 주요 작물은 옥수수이며, 아보카도·콩·호박·고구마·토마토 등

이 고지대에서 재배되고, 열대 저지대에서는 목화·파파야·고무·카카오 등이 재배되었다. 도처에 정부 감독하의 시장이 설치되어 고지대와 저지대의 특산물이 교환된다. 이러한 교환과 교역은 '포치테카'라는 상인들에 의해 이루어졌다. 흑요석으로 날카롭게 날을 세운 뾰족한 나무막대기를 농기구로 사용하고, 고지대에서는 언덕에 계단밭을 일궈 경작하며, 관개수로도 발달하였다. 특이한 것은 호수 바닥의 기름진 진흙을 파서 섬(이런 섬을 '치남파'라 함)을 만들어 농사를 짓는 농법이다. 아스텍인들의 주식은 옥수수 가루로 만든 틀락스카이라는 얇은 케이크이고, 고기는 개와 칠면조 고기만 먹으며, 용설란(龍舌蘭) 즙으로 술을 빚기도 하였다. 복장은 여성의 경우 소매 없는 헐렁한 상의와 허리에 치마를 두르고, 남성은 엉덩이를 천으로 두르고 옷과 어깨 위에 망토를 걸쳤다. 가옥은 진흙을 햇볕에 말려 만든 벽돌로 짓고, 창고가 딸려 있으며, 간혹 한증 목욕탕이 있는 집도 있었다. 문화예술에서도 대형 피라미드, 금속세공, 나무공예, 석조(石彫), 도자기, 직물, 장신구 등 화려한 유물들을 남겼다. 지름 3.5m, 무게 24톤의 둥근 태양석(La Piedra del Sol, 또는 아스텍 달력Calendario Azteca)에는 중앙에 태양신의 얼굴이 새겨져 있으며, 아스텍인들의 우주관과 달력체계를 생생하게 표현하고 있어 주목을 끈다. 무기도 나무곤봉을 비롯해 창·활·화살, 그리고 창을 던지는 기구인 '아틀라틀'(atlatl) 등 다종다양하다. 방패와 솜을 넣은 갑옷도 있다. 아스텍인은 인종적으로 우토아스테칸이란 인디언 어족에 속하며, 나우아틀어(語)를 쓴다. 문자는 작은 그림의 상형문자를 사용했으며, 간혹 음절문자도 썼다.

아스텍 문명에서 가장 주목을 끄는 것은 종교다. 종교는 아스텍인들의 생활에 절대적인 영향을 미쳤다. 그들에게는 옥수수신 센테오틀과 태

양신 토나티우를 비롯해 수백 종의 신이 있으며, 농경사회라서 풍작을 기원하는 종교의식이 유달리 많았다. 의식은 주로 울타리가 있는 신전 안에서 치러지는데, 사람을 제물로 바치는 것이 상례다. 제사장이 제물이 된 사람의 가슴을 칼로 찌르고 심장을 도려내 피를 제단에 뿌린다. 참석자들은 제물을 먹어버린다. 그리고 260일로 된 종교 달력에 따라 파종이나 수확하는 날, 집 짓는 날, 출전하는 날 등을 정한다. 그들은 365일의 태양력도 사용하였다. 그들의 이러한 종교관은 우주관과 밀접한 관계가 있다. 앞선 톨텍 문명의 우주관에서 직접적 영향을 받은 아스텍인의 우주관에 의하면, 하늘은 대지를 둘러싼 물과 함께 일종의 통(筒) 모양의 천장을 이루며, 커다란 대들보로 격리된 궤도(軌道)가 층을 이루고 달·별·혜성 등이 지나다닌다. 이 모든 것 위에는 최고신 오메테오틀이 군림한다. 이 최고신은 많은 신들을 거느리는데, 그들은 대지·공기·물·불 등 4대 요소에 맞먹는 힘을 가지고 있다. 그리고 그것들은 저마다 태양이 되어 우주의 네 구역에서 작동해 세계에 변화와 갈등을 가져다주며, 탄

생과 소멸의 주기를 반복함으로써 역사의 각 시대를 구성한다. 아스텍인들은 세계는 4번의 창조활동이 있었고, 세계마다 그 세계를 지켜주는 태양이 있었지만 그 태양들은 모두 멸망하였고, 자신들은 다섯번째 태양신의 세계에서 살고 있다고 믿었다. 그리고 이 다섯번째 세계의 태양이 사멸하고 우주가 멸망하는 것을 막기 위해 대규모 인신공양을 해야 한다고 생각하였다. 그래서 매해 1만 5,000~2만 명의 인명을 공양으로 희생시켰다.

아스텍 문명과 관련해 특기할 사항은 한국 문화와의 상관성이다. 최근 극히 일부이기는 하지만 아스텍인과 한국인, 아스텍 문명과 한국문화 간의 인류학적·역사적·고고학적·문화적 상관성 내지는 일치성을 주장하는 학자들의 견해가 대두하고 있다. 요체는 언어나 생활풍습 등에서의 상관성이나 일체성을 근거로 '상상도 못했던 많은 일치점이 발견'되어 '아스텍인들과 한국인이 같은 민족'이라는 것이다. 기존 지식의 입장에선 기상천외한 발상이라 할 수도 있지만, 그렇다고 그냥 지나칠 수도 없는 일이다. 왜냐하면

멕시코 테오티와칸의 '달의 피라미드'

체질인류학적 검증이 증언하고, 또 라틴아메리카 학계도 인정하다시피 라틴아메리카의 인디언들이 먼 옛날 한민족의 조상(현생인류)이기도 한 몽골로이드들이 베링 해협이나 태평양을 넘어 그곳에 정착한 황색인종의 후예들임을 감안한다면, 관련성이 있을 수 있기 때문이다.

아시리아 Assyria, 기원전 2000~기원전 612년

오리엔트 최초의 통일제국. 바빌로니아에 속해 있다가 기원전 2000년경에 독립했으며, 기원전 1300년경에 수도를 앗슈르에서 니네베로 옮겼다. 황제 사르곤 2세(Sargon II, 재위 기원전 722~705)는 사마리아를 정복하고, 북쪽의 왕국 이스라엘을 괴멸시킨 뒤 백성을 아시리아로 이주시켰다. 그후 계속해서 하마(Hama)·다마스쿠스를 격파하였으며, 이어서 아르메니아·카르케미시를 공략하고 키프로스에게 충성의 맹세를 받았다. 또한 바빌론에서 엘람(Elam)을 분리시켰다. 그는 시리아·팔레스타인·이집트를 차례로 정복해 오리엔트의 첫 통일제국을 세웠다. 그러나 아시리아는 기원전 612년에 칼데아·메디아·스키타이 연합군에게 멸망하였다.

아시아 Asia

'아시아'란 단어의 어원은 고대 아시리아어의 '일출(日出)'을 뜻하는 단어 'Assu'이다. 역사 기록에 의하면 기원전 1235년경 흑해 지방에서 바빌로니아에 이르는 일대를 지배하던 히타이트(Hittite) 왕이 에게해(Aegean Sea) 동쪽에 있는 '아쑤바'(Assuva)란 부족 또는 그 연합체의 영토를 정복한 바 있다. 이 'Assuva'는 '일출'을 뜻하는 'Assu'에서 연유하였다. 후일 그리스인들 역시 에게해 동쪽에 있는 '무한대의 대륙'을 막연하게나마 '동쪽 지역'이란 뜻의 '아쓰바'(Asceva)로 지칭하였다. 근대에 와서 서양인들이 식민지 대상이 된 동방을 지칭하기 위하여 고대 그리스인들이 '동쪽 지방'이란 뜻으로 사용하던 'Asceva'를 유사음인 'Asia'로 재생하였고, 동양인들을 비롯한 세계인들이 이를 답습하면서 오늘날 '아시아'(에이셔)란 단어로 굳어졌다.

아시아학회 Société Asiatigue, 1822년, 파리

주로 중국학을 연구하기 위해 19세기 파리에서 창립된 학회. 18세기 프랑스를 비롯한 유럽에서 중국학 연구의 토대가 마련된 뒤, 19세기에 마침내 중국학이 하나의 학문으로 정립되었다. 1815년 프랑스 과학원 산하에 레뮈사(A. Remusat, 1788~1832) 교수가 주도하는 중국어와 타타르어 및 만주어 문학강좌가 개설되었다. 이어 레뮈사는 독일의 한학자(漢學者) 클라프로트(H. J. Klaproth, 1788~1830)와 함께 1822년 파리에서 '아시아학회'를 창립하고 『아시아학보』(Journal Asiatique)를 발간하였다. 그 결과 19세기 중엽부터 프랑스를 선두로 독일·영국·네덜란드·러시아·스웨덴 등 유럽 여러 나라에서 '중국학'(일명 한학漢學)이 활발히 진행되었다.

아유타야 왕조 Ayuthaya dynasty, 1350~1767년

중세 타이족 왕조. 방콕에서 북방 65km 떨어진 짜오프라야강(江) 하류에 자리한 아유타야(Ayuthaya)를 수도로 하여 라마티보디(Rama Thibodi) 1세가 세웠다. 1376년 중국 명나라로부터 새인(璽印, 옥새)을 받고 나라 이름을 '섬라(暹羅)'로 고쳤다. 왕은 5대 왕족 가문이 번갈아 맡았으며, 타이와 말레이 반도 절반 이상을 영유하고 스페인·포르투갈·영국·네덜란드 등 서구 나라들과 교역을 활발히 진행하였다. 아유타야는 중국이나 일본에서 오는 교역품의 집산지였으며, 외국인 거류지에는 일본인 거리도 있었다. 불교가 융성하였으며, 인접한 미얀마와 여러차례 전쟁을 치르다가 결국 1766년 미얀마군의 공격을 받아 멸망하였다.

아이답 Aidab

홍해의 아프리카 대륙 쪽에 있는 항구. 13~14세기 중국 도자기가 배에 실려 이곳에 와서 하역되어 나일강 상류의 카이로나 하류의 알렉산드리아로 운반되었다.

아이 하눔(Ay Khanum) 유적

박트리아 시대의 그리스식 도시 유적. 아프가니스탄 북부 쿤두즈의 동북방 120km 지점, 아무다리야강과 콕차강이 합류하는 곳에 자리한 유적이다. 동쪽은 구릉 지대이고 동북쪽에 이중 성벽이 있는데, 동서에 2개의 문이 있다. 서문에 들어서면 폭 25m의 중앙대로가 약 1.6km 뻗어 있으며, 그 서편에 행정구·거주구·운동장·왕궁·신전·묘지 등이, 동편에 약 6,000명 수용이 가능한 반원형 극장과 병기고·아크로폴리스 등이 배치되어 있다. 행정구는 방형(方形) 광장(137×108m)의 남쪽에 열주랑(列柱廊)으로 에워싸여 있다. 기둥은 석회암 원통을 쌓아올린 것으로서 대부분은 코린트식이다. 건물은 햇볕에 말린 벽돌이나 타일로 지었다. 운동장에서는 그리스어 비문이 발견되었다. 이곳은 그리스 도시 유적 가운데서 가장 동쪽에 있는 유적으로서, 1961년 아프가니스탄 사람들에 의해 우연히 발견된 이래 1965년부터 프랑스 고고학조사대의 발굴작업이 계속되어왔다.

아이훈 조약 愛琿條約, Treaty of Aihun, 1858년

러시아가 동방 진출을 위해 청나라가 국내외적으로 혼란한 틈을 타서 강요한 조약이다. 이 조약에 의해 헤이룽강(黑龍江, 아무르강) 좌안은 러시아가 차지하고, 우수리강 동쪽의 연해주는 양국의 공동 관리 하에 들어갔다.

아일랜드 근해 유적

교류의 유물적 전거로서의 해로 유적. 1588년 스페인의 이른바 '무적함대(無敵艦隊)'가 영국을 공격할 때 아일랜드 근해에서 스페인 전함 1척이 침몰하였다. 아일랜드 세인트앤드루스 대학의 코린 마틴 박사를 위시한 조사단은 여러가지 수중고고학적 방법을 이용해 침몰선의 실체를 확인하는 데 성공하였다. 1975년 영국 TV도 이 사실을 방영한 바 있다.

아일탐 Airtam

쿠샨조 시대의 도시 유적. 우즈베키스탄의 남방 불교 유적지 테르메즈에서 동쪽으로 18km 떨어진 지점의 아무다리야강 유역 언덕에 있다. 1932년 강바닥에서 악기 연주자의 부조상이 발굴되었으며, 이듬해에는 이 도시 유적에서 불교 절터가 발견되었다.

아잔타 석굴 Ajanta Caves, 2~7세기

인도 마하라슈트라주(州)의 아우랑가바드 북쪽 106km 지점, 데칸 고원의 북서쪽 끝자락, 남북을 잇는 요로이자 무역 루트의 요충지('데칸의 문')에 자리한 아잔타 석굴의 벽면 그림은 인도 회화에서도 으뜸으로 꼽힌다. 석굴은 데칸 고원의 숲을 지나며 흐르는 와고라강 계곡의 완곡부(婉曲部)에 높이 70m의 암벽을 20m 깊이로 파서 조성하였다. 길이 1.5km의 암벽에 모두 29개의 굴이 줄지어 있는데, 조성 시기는 2~7세기이다. 이 시기를 2~4세기의 전기와 5~7세기의 후기로 대별한다. 석굴은 개인과 집단이 헌납한 기부금으로 조성하였다. 이 석굴은 1819년 봄 마드라스 주둔 영국군 장교 존 스미스(John Smith)가 호랑이 사냥에 나섰다가 우연히 발견했으며,

예배당과 승방이 섞여 있는 아잔타 석굴 전경

20년 후인 1839년 피어슨이 상세한 조사보고서를 발표해 세상에 비로소 알려지게 되었다. 아잔타 석굴이 지닌 특징은 ① 성소(예배당)인 차이티야(caitya)와 주거지(승방)인 비하라(vihāra)가 혼재해 있으며, ② 불전도(佛傳圖)를 비롯한 불타의 생애와 보살상, 다양한 불교 전설이 그려져 있고, ③ 전형적인 프레스코 벽화와 다채로운 색채, ④ 벽화에 표현된 우아한 여성상 등이 꼽힌다. 이 석굴은 높은 문화유산적 가치가 인정되어 1983년 세계문화유산으로 등재되었다.

아제르바이잔 Azerbaijan

실크로드의 서단(西段) 오아시스로와 초원로를 남북으로 잇는 요지. 아제르바이잔이란 말은 기원전 4세기 아케메네스조 페르시아시대에 이 지역 총독으로서 알렉산드로스의 침략에 저항해 독립을 지켜낸 '아토르파토스'에서 유래하였다는 설이 있다. 아제르바이잔족은 알바니아인·카스피해인·스키타이-킴메르인(Scythi-Kimmer)·메디아인·불가리아-훈(Hun)인·하자르인(Khazar)·이란인·투르크-몽골인 등 여러 종족으로 구성된 혼혈족으로 언어는 투르크어계에 속하는 아제르바이잔어가 기본이다. 7세기경부터 정착한 아제르바이잔족은 아라스강을 사이에 두고 남북으로 갈라졌다. 9~10세기의 야아꿉이나 이븐 하우칼 등 아랍 지리학자들의 기술에 의하면 아라스강 이북 지역은 '알란'이라고 불렸다. 이러한 남북 개념이 계속 유지되다가 제2차 러시아·이란 전쟁의 결과 1828년 양국간에 맺어진 투르크만차이 조약에 의해 아라스강 이북은 러시아령, 이남은 이란령으로 양분되었다. 북부 아제르바이잔은 바쿠를 수도로 한 소련의 한 가맹 공화국(면적 86,000km²)으로 되었고, 남부 아제르바이잔은 이란령의 동(수도 타브리즈)과 서(수도 리자이예Rezaieh) 두 주(州, 면적 11만km²)가 되었다. 1922년 구소련을 구성하는 공화국의 하나로 편입되었으나, 1936년 아제르바이잔 소비에트사회주의공화국으로 분리되었다. 그리고 1990년 12월에는 아제르바이잔공화국으로 개칭한 후 1991년 10월 공식적으로 독립하였다.

아카드 Akkad, 기원전 2350~기원전 2150년

고대 메소포타미아 국가 및 종족. 아카드는 셈족의 일족으로서 기원전 2350년 아시리아의 사르곤왕이 고대 오리엔트의 첫 통일제국을 세운 후 메소포타미아의 북부를 아카드, 남부를 수메르라고 불렀다. 아카드 왕국(기원전 2350~2150)은 8대에 걸쳐 약 200년간 존속하면서 셈 문화와 수메르 문화를 융합시켜오다가 이란 고원에서 내침한 구티족에 의해 멸망하였다.

아카풀코 Acapulco

멕시코 태평양 해안의 국제무역항. 16세기 중엽부터 필리핀의 마닐라를 기착지(寄着地)로 한 태평양 횡단 범선무역에 의해 '태평양 비단길'(일명 '백은白銀의 길')이 개척되었다. 그 길의 하나가 바로 약 250년간 운영된 '마닐라~아카풀코 항로'다. 마닐라에서 태평양의 흑조(黑潮)를 타고 베링 해협으로 북상한 다음 해류를 이용해 북아메리카의 태평양 연안을 따라 남하해 이 아카풀코 항에 종착한다. 중국의 비단이나 도자기·칠기·상아 같은 교역품이 이 항구를 거쳐 라틴아메리카 여러 곳에 전해졌다.

아케메네스조(朝) 페르시아 Achaemenid Persia, 기원전 550~기원전 330년

실크로드 오아시스로의 서단(西段)을 최초로 개척한 세계적인 통일제국. 기원전 550년에 이란 서남부의 파르스 지방에서 아리안 계통의 부족장 아케메네스의 손자 키루스가 서북부의 메디아에 이어 리디아 왕국과 바빌로니아의 칼데아 왕국을 잇달아 공략함으로써 이란 고원과 서아시아 일원을 장악하고 아케메네스조 왕국을 세웠다. 2대 왕 캄비세스 2세는 이집트를 정복했으며, 베히스툰 비문에 나타나듯이 3대 다리우스 1세(다리우스 대왕) 치세 때는 동쪽은 인도 서북부의 간다라 지방, 서쪽은 이집트, 북쪽은 중앙아시아 소그디아나 지역까지 영토를 확장해 세계적인 대통일제국을 건설하였다. 광활한 영토를 23개 주로 나누고 정연한 교통체계로 전국을 연결했을 뿐만 아니라, 수도 수사에서 아나톨리아의 사르디스까지 이어지는 2,475km에 달하는 '왕의 길'을 개척하였다. 사실상 이 길은 실크로드 오아시스로 전 구간에서 가장 일찍이 개척된 길이다. 다리우스 대왕은 각 주에 엄선한 태수(사트라프Satrap)를 임명하고 그들을 감시하는 이른바 '왕의 눈, 왕의 귀'라고 하는 순찰사(巡察使)를 파견해 지방행정을 엄격히 감독하였다. 또한 도로와 역참 시설을 정비해 교통의 원활한 운영을 보장하고 해양민족인 페니키아인들을 활용해 해상교통과 교역을 발전시켰다. 그러나 그의 아들이자 4대 왕인 크세르크세스 1세는 여러 차례 그리스와의 전쟁을 시도했으나 번번이 패전하고, 5대 다리우스 3세는 알렉산드로스 원정군과의 가우가멜라 전투에서 패배하고 신하에게 시해되어 아케메네스 왕조는 무너지고 말았다.

아쿠아렁 aqualung

해양 잠수 장비. 프랑스어로 '수중폐(水中肺)'란 뜻의 아쿠아렁은 다이버가 수중에서 외부의 지원 없이 자유자재로 움직이게 할 수 있는 호흡매체가 부착된 잠수 장비를 말한다. 이런 장비는 1943년 프랑스의 해저팀 함대장 J. Y. 쿠스토가 발명하였다. 이 장비의 발명으로 인해 인간의 잠수 활동이 현저히 확대되고, 항만 정비나 기뢰 처리작업이 크게 활기를 띠게 되었으며, 수중고고학도 큰 위력을 발휘하게 되었다. '아쿠아렁'은 상품명이고, 일반명사로는 '스쿠버’(SCUBA)라고 한다. 그것은 ‘self-contained underwater breathing apparatus’(자급기식 잠수기自給氣式潛水器)의 약어다.

아크로폴리스 acropolis

고대 그리스 도시국가의 중심부에 자리한 방어용 언덕. ‘폴리스’는 ‘도시국가’ ‘아크로’는 ‘높은’이라는 뜻이다. 도시국가를 건설했던 그리스인들은 외침(外侵)의 방어를 위해 높은 언덕을 도시의 중심부로 택하고, 거기에 폴리스의 수호신을 모시는 신전을 지었다. 그리하여 아크로폴리스는 종교의 심장부와 그 상징이 되었다. 아크로폴리스 위에는 폴리스의 수호신 등을 모시는 여러 신전이 세워져 있다. 도시마다 원칙적으로 신앙의 중심인 아크로폴리스가 있었지만, 오늘날 ‘아크로폴리스’라고 할 때에는 아테네시의 그것을 가리킨다. 아테네시의 아크로폴리스는 동서 약 270m, 남북 약 150m로 서쪽으로 올라가는 입구를 제외하고 다른 3방향은 가파른 절벽으로 되어 있으며, 여기에 다시 성벽을 쌓아 방비의 거점으로 삼았다. 아테네의 아크로폴리스는 이미 미케네 시대부터 중요한 거점 역할을 하였으며, 로마와 투르크인 등의 지배를 받은 시대에는 이 언덕을 개조하거나 방어를 목적으로 성벽을 높이 쌓기도 하였다. 19세기에는 복원을 위해 중세 이후에 개축된 부분이 많이 제거되었으며, 언덕의 발굴도 본격적으로 행하여졌다. 1987년에 유네스코의 세계문화유산으로 등재되었다.

아크수 Aksu, 阿克蘇

타림분지 서북부에 위치한 오아시스. 아크수는 터키어로 ‘백수(白水)’란 뜻이다. 톈산 산맥에서 흘러내리는 고수아흑극강(庫水阿黑克江)과 탁십한강(托什罕江)이 합류하여 아크수강을 이루고 아크수의 서부를 지나 타클라마칸 사막으로 흘러들어간다. 여기서 다시 카슈가르강과 호탄강과 합류해 타림강을 이룬 뒤 동류(東流)하여 로프노르호(湖)에 이른다. 아크수는 예로부터 오아시스로 중 북도(北道)의 중계지일 뿐만 아니라, 북으로는 톈산 산맥을 넘어 이식쿨 호수를 지나 추강 계곡에 이르는 교역로의 기점으로서 동서교류에 있어서 중요한 역할을 담당하였다. 중국 전한(前漢)시대에는 이곳에 고묵국(姑墨國)이 자리하고 있었으며, 이때의 도성은 남성(南城)이라고 불렸다. 당시 이 나라의 인구는 2만 4,500명으로서 북도제국 중에서는 큰 나라에 속하였다. 왕망(王莽)시대(8~24)에는 서쪽 이웃인 온숙국(溫宿國, 우슈)을 공격해 왕을 살해하고 이 나라를 합병하였다. 그러나 사차국(莎車國, 야르칸드)이 타림 분지 전역을 장악했을 때는 그 속국이 되었다. 후한(後漢) 중기에서 진(晉)대에 이르는 기간에 고묵은 당시 타림 분지 5대국의 하나인 구자국(龜玆國)에 복속되었다. 그 이후에 고묵국에 관해서는 별로 전해지는 바가 없지만, 역대로 구자와 에프탈, 북방의 유연(柔然), 그리고 돌궐(突厥)에 종속된 것으로 보인다.

당(唐) 초의 구법승(求法僧) 현장(玄奘)은 여행기 『대당서역기(大唐西域記)』에서 굴지(屈支, 쿠처, 구자)의 서편에 발록가국(跋祿迦國)이 있다고 기술하였다. ‘발록가’는 산스크리트어로 ‘모래(沙)’라는 뜻인데, 이 발록가국은 고묵국으로 비정된다. 현장의 기술에 의하면, 이 발록가국의 크기는 동서로 600여 리, 남북으로 300여 리(1리=0.4km)나 되며 풍속이나 물산·문자는 구자와 같지만 언어는 다르며 모직물이 흔하였다고 한다. 주민은 소승(小乘)불교를 신봉하는데, 가람(伽藍)이 수십 개소이고 승려가 천여 명이 있었다.

서역을 완전히 제압한 당(唐)은 여기에 안서도호부(安西都護府)와 안서사진(安西四鎭)을 설치하고 아크수 일대를 고묵주(姑墨州)로 편성하였다. 당시의 도성은 발환성(撥換城)이라고 불렸고 구자의 통치하에 있다가 670년 토번(吐蕃)에게 함락되었다. 당이 679년에 수복하였으나 790년에 다시 토번의 지배하에 들어가고 말았다. 원(元)대에 아크수는 원의 대칸(대한 大汗) 직속지로 있다가 후일 차가타이 칸국에 편입되었다. 그 후 차가타이 칸국이 분열되자, 동차가타이 칸국(모굴리스탄 칸국)의 영지로 되었다. 16세기 중엽에 역사가 라시둣 딘이 쓴 『집사(集史)』에는 아크수가 동투르키스탄의 중요한 도시의 하나라고 기술하고 있다. 후에 카슈가르 칸국에 속하게 된 아크수는 카슈가르와 함께 동서교류에서 중요한 역할을 하였다.

1604년 인도의 아그라를 출발해 파미르 고원을 넘어 사차와 카슈가르를 경유, 아크수에 도착한 포르투갈 출신의 보조 수도사이자 여행가인 고에스(Bento de Goes, 악본독鄂本篤, 1563~1607)는 당시의 아크수 및 그 수장(首長)에 관해 다음과 같이 기술하고 있다. "아크수는 카슈가르 왕국의 한 도시로서, 그 수장은 왕의 생질인데 열두살밖에 안되었다. 그는 우리 형제들에게 두 번이나 사신을 보내왔다. 〔고에스는 수장에게〕 사탕과자나 어린이들이 즐겨하는 선물을 가지고 찾아갔다." 고에스는 아크수의 교역에 관해서는 언급하지 않았다. 그러나 당시 아크수는 이슬람교도의 대도시로서 내지의 상인과 외번(外藩) 상인들이 운집하였으며, 특히 바자르 때는 사람들로 붐비고 재물(財物)로 꽉 차 있었다고 한다. 당시 아크수는 중가리아 칸국의 지배하에 있다가 1760년 중국 청조(清朝)의 판도에 들어갔다. 청조는 이곳에 온숙 직예주(溫宿直隸州)를 설치하고 변사대신(弁事大臣)으로 하여금 관할하도록 하였다. 1867~1877년에 있었던 '야쿠브 베그(Yakub Beg)의 난' 때는 일시 야쿠브의 지배하에 들어갔다가, 청조에 의해 난이 진압된 후에는 1884년 이곳에 신장성(新疆省)을 창설하고 그 예하에 아크수 도(道)를 두었다.

아크바르 Jalālu'd-Dīn Muhammad Akbar, 1542~1605년

아크바르 초상

인도의 다섯번째 이슬람 왕국인 무굴제국의 제3대 왕. '위대한 인물'이란 뜻의 이름을 지닌 아크바르는 즉위 10년 만에 아프가니스탄 출신의 장군 세르 칸(Sher Khān)에게 쫓겨나 신드 사막으로 추방된 후마윤(Humāyūn)의 장자로 태어났다. 그는 13세 어린 나이에 등극했지만 강력한 군사력으로 판도를 부단히 확장하고 제국의 부흥에 디딤돌을 놓았다. 북인도 지역을 석권하고 구자라트·벵골·오리사·카슈미르·신드 등 광활한 지역을 병탄해 인도 이슬람 왕조 사상 최대의 제국, 이른바 '대무굴제국' 시대를 열었다. 아크바르는 소수의 지배자인 무슬림과 다수의 피지배자인 힌두 간의 갈등을 해소하고 국민화합을 도모하기 위해 일련의 민족유화정책을 실시하였다. 그는 북인도의 가장 유력한 힌두세력인 라지푸트족(Rājpūt)과의 혼인을 권장하였다. 그 자신이 라지푸트족 공주와 결혼하였고, 왕자도 같은 족의 힌두 여성을 취하도록 하였다. 또한 라지푸트족 족장들을 지사(知事)나 군 지휘관, 정부 요직에 기용하기도 하였을 뿐만 아니라 엄청난 세수(稅收)의 감소를 감내하면서 비무슬림에게만 부과했던 성지순례세와 인두세를 폐지하였다. 그는 힌두세력과의 화해를 기반으로 해 국가를 유지하고, 나아가 인도의 통일을 성취하라는 유언까지 남겼다. 이와 같은 아크바르의 제반 정책은 무슬림과 힌두 간의 민족적 화해를 이루었을 뿐만 아니라 외래 이슬람 문명과 토착 힌두 문명 간의 융합도 촉진시켰다. 이러한 아크바르의 민족화해와 문명융합 정책으로 인해 무굴제국은 강성대국의 길을 걷게 되었다.

아텔 문화 Atel Culture

후기 구석기시대에 북아프리카 사막지대에서 창조된 문화. 오늘날 북아프리카의 사막지대에서 다량으로 발굴되는 유물은 비교적 습윤했던 후기 구석기시대 초엽까지 이곳에서 손잡이(병柄)가 달린 첨두기(尖頭器, 뾰족끝 석기)를 특색으로 한 아텔 문화를 창조한 사람들이 남긴 것이다.

아토차호(號) 침몰선(沈沒船)

스페인 갤리선 누에스트라 세뇨라 데 아토차 호 (Nuestra Senora de Atocha)가 1622년 9월6일 허리케인으로 침몰했다는 기록을 보고, 미국의 보물 수거꾼 멜 피셔는 무려 16년 동안 아토차호가 난파한 곳으로 알려진 멕시코만 일대를 탐색하였다. 그리고 마침내 1985년 플로리다주 키웨스트 부근에서 그 침몰선을 찾아냈다. 그는 16년간 배를 탐색하고 유물을 인양하는 데 총 1,500만 달러를 소비하였는데, 발견된 배에는 1598~1621년 발행된 스페인의 금화·은화 40톤, 콜롬비아산 에메랄드와 각종 금·은 세공품, 1,000개가 넘는 은괴가 실려 있었다. 보물의 가치는 당시 돈으로 4억 달러에 이르렀다. 이 배의 인양에는 플로리다주 정부도 참여하였다. 뒷날 피셔 측과 플로리다주 정부 간에 보물 소유권을 놓고 분쟁이 벌어졌으나 미국 연방대법원은 피셔의 손을 들어줬다. 당시 배에서 인양한 유물은 플로리다의 한 박물관에 소장되어 있다.

아틸라 Attila, ?~453년

5세기 유럽을 풍미했던 훈제국의 창건자. 서천(西遷)한 흉노의 후예('훈과 훈제국'항 참고)로서 판노니아(Pannonia, 현 헝가리)를 거점으로 훈제국을 세웠다. 아틸라는 주변의 게르만족과 동고트족 등을 굴복시켜 동쪽으로는 카스피해에서 서쪽으로는 라인강에 이르는 광활한 지역을 통치하였다. 447년에는 동로마제국을 협박해 예전의 6배를 공납하게 하는 조약을 체결하고, 서로마제국에 침입하여 서로마·서고트·프랑크 동맹군과 일전을 벌였으나 패배하였다. 452년에는 이탈리아 북부 여러 도시를 공략했으나 교황 레오 1세의 요청으로 퇴각하기도 하였다. 그는 여러 민족을 통합한 중앙집권적 로마제국식 국가 건설을 지향하였는데, 동로마제국에 대한 침공을 준비하다가 결혼식장에서 급사하였다. 그의 죽음에 대해서는 독살설과 자살설이 있다.

이러한 아틸라의 전설적인 이야기는 17~19세기 영국·프랑스·독일 등 유럽 각국의 문학작품에 여러가지 유형으로 각색되어 등장한다. 프랑스 연극계의 거장 코르네유(P. Corneille)는 1667년에 아틸라를 주인공으로 한 비극을 창작하여 일세의 주목을 끌었으며, 영국에서는 1838년 허버트(W. Herbert)가 아틸라의 일생을 그린 장편 서사시『아틸라, 기독교의 승리』(*Attila, or the Triumph of Christianity*)를 발표하였다. 훈족이나 아틸라를 소재로 하여 창작된 유럽 각국의 작품들의 공통점은 그들의 용맹성 같은 특유의 기질을 은연중 비치기는 하지만, 주로 유럽인들의 피해의식이 그대로 드러나 흉포하고 잔인하며 비문명적인 동양인의 전형으로 묘사한다는 것이다. 동양인에 대한 유럽인들의 이러한 편견은 후세에 와서 몽골의 서정(西征)이나 투르크인들의 유럽 정복 등 일련의 동세서점(東勢西漸) 과정을 통하여 더욱 굳어졌으며, 근세에 이르기까지 유럽인들에게 하나의 고정관념으로 뿌리 깊이 박혀 있다.

아파기 阿波伎

최초로 일본에 가 입조(入朝)한 탐라(耽羅, 제주도)인. 661년 5월 탐라도에 표착(漂着)한 일본 견당사(遣唐使) 일행과 함께 일본에 도착한 그는 조정에 공물을 헌상하였다. (8-178)

아파나시에보 문화 기원전 3000~2000년대 초

시베리아의 동석(銅石)병용문화. 미누신스크 부근의 아파나시에보(Afanas'evo)에서 최초로 발견된 기원전 3000~2000년대 초의 동석병용문화로서 예니세이강 중류와 알타이 지역에 분포되어 있다. 석기와 동을 병용하여 쓰는 이 문화를 기반으로 하던 당시 사회는 목축업을 주요 생업 수단으로 삼았으며, 시기적으로는 모권제(母權制)에서 부권제(父權制)로 넘어가는 과도기였던 것으로 보인다. 고고학 발굴을 통해 출토된 유물은 석기와 골기가 주를 이루며, 정교한 소형 동기와 청동기도 볼 수 있다. 주요 묘제(墓制)는 소형 토광묘(土壙墓)로, 남성의 묘에서 여자의 순장(殉葬)이 발견되는 경우도 있다. (15-462)

아편전쟁 阿片戰爭, Opium War, 1840~1842년

아편 문제로 일어난 영국과 청나라 간의 전쟁. 18세기에 시작된 영국·인도·중국 간의 3각무역은 19세기에 들어와 심각한 문제를 야기하였다. 영국은 무역역조(貿易逆調)를 해결하기 위해 중국에 인도의 아편을 다량으로 반입하였다. 중국은 이로 인한 은의 대량 유출 때문에 재정파탄에 직면하게 되었을 뿐만 아니라 아편 중독자가 급증해 큰 사회문제가 되었다. 청나라 도광제(道光帝)는 1840년 아편 금지론자인 임칙서(林則徐, 린쩌쉬)를 흠차대신(欽差大臣)으로 광둥에 파견

하였다. 그는 영국 아편 상인들을 감금하고 아편 2만 상자를 몰수해 불태워버렸다. 이에 영국이 그해 8월 함대를 톈진(天津)으로 북진시켜 청을 위협하자 청조는 임칙서를 파면하고 정전협상에 응하였다. 영국의 무리한 요구로 협상은 실패로 돌아갔지만 영국은 그 기세를 몰아 이듬해 양쯔강을 통해 난징(南京)까지 쳐들어와 청조를 위협하였다. 이에 청조는 영국의 일방적 요구에 항복해 다음해(1842)에 영국과 이른바 '난징조약'을 체결하였다. 이 조약과 뒤이은 추가 조약 호문조약(虎門條約)이 체결됨에 따라 청나라는 홍콩을 할양하고, 광저우와 상하이 등 몇 개의 주요 항구를 개방하며 치외법권을 인정하는 등 굴욕적인 요구를 받아들였다. 이는 중국이 서구에 반(半)식민지로 전락하는 계기가 되었다.

아프가니스탄 Afghanistan

오아시스로의 십자 교차지로서 동서남북 문명 교류의 요충지. 아프가니스탄은 지리적으로 남아시아와 중앙아시아 및 서아시아에 둘러싸인 내륙국으로서 중국·파키스탄·타지키스탄·우즈베키스탄·투르크메니스탄·이란 등 여러 나라와 국경을 접하고 있다. 국명인 '아프가니스탄'은 '아프가니인들의 땅'이란 뜻인데, 여기서의 '아프가니인'은 오늘날 이 나라의 주요 민족인 파슈툰인을 지칭한다. 북동부에서 중앙 산악지대를 해발 6,000m 급의 히말라야 산맥이 가로질러 65만여km^{2}의 국토를 남북으로 양분하고 있다. 북부는 고원지대고 남부에는 평야와 사막이 펼쳐져 있다. 민족 구성은 동부와 남부에 파슈툰인, 서부와 북동부에 타지크인, 북중부와 북서부에 우즈베크인과 투르크멘인, 중부 산악지대에는 하자르인이 주류를 이루어 살고 있다. 오늘날 주민의 95%는 무슬림인데, 그중 8할은 이슬람교의 순니파에 속하며 나머지는 하자르인을 중심

으로 한 시아파다. 그밖에 힌두교도와 시크교도, 유대교도와 불교도들도 있다.

기원전 2000~기원전 1000년경에 아리안들이 이곳에 이주해와 정착했으며, 기원전 6세기에는 아케메네스조 페르시아의 지배하에 들어갔다가 기원전 4세기 알렉산드로스의 동방원정 후에는 셀레우코스조에 편입되었다. 기원전 3세기 인도 마우리아 왕조 때에 불교가 전해졌지만 같은 시기인 기원전 250년경에는 북부에 헬레니즘의 세례를 받은 발흐를 수도로 한 박트리아 왕국(대하大夏)이 나타났다. 기원을 전후한 시기에 세워진 쿠샨조 시대에는 호불(護佛)정책이 실시되어 1~5세기에는 현 수도 카불 부근의 베크람과 카비사 일대에서 불교문화가 흥성해 간다라 미술의 발전에 기여하고, 불교를 북부의 테르메즈 (현 우즈베키스탄)에까지 전파시켰다. 그 후 사산조 페르시아의 치하에 들어갔다가 7세기경부터는 동전하는 이슬람 문화의 영향을 받기 시작하였다. 이슬람화한 투르크계의 가즈니 왕조와 구르 왕조 시대에는 인도를 침공해 그곳에서 이슬람 왕조를 탄생시키는 계기를 마련하였다. 13세기 몽골의 침입에 이어 14세기에는 티무르제국의 지배하에 들어갔다가 16세기에 이르러서는 인도의 무굴제국과 이란계 사파비 왕조의 분할 통치를 받게 되었다. 드디어 1747년에 두라니 왕조가 세워지면서 아프가니스탄에 초유의 민족국가가 탄생하게 되었다. 이렇게 아프가니스탄의 역사는 지정학적 특성과 더불어 동서남북의 서로 다른 여러 역사주체가 이끌어가는 과정이었기 때문에 동서남북 문명의 흔적을 많이 남겨놓고 있다. 여기에는 유목문명과 농경문명, 그리스·로마 문명과 불교문명, 헬레니즘 문명과 페르시아 문명, 이슬람 문명과 한(漢)문명 등 여러 문명이 접촉과 교류를 통해 남겨놓은 유물 유적들이 많이 남아 있어 가히 '문명의 보고(寶庫)'라 할 수 있다.

아프라시압(Afrāsiyāb) 궁전 유적

실크로드를 통한 동서교류의 유물적 전거로서의 궁전 유적으로 우즈베키스탄 사마르칸트시 (市)의 북쪽 교외에 있는 아프라시압 언덕에 위치하고 있다. 사마르칸트의 기원에 관해서는 아직 밝혀진 바가 없지만, 기원전 7~6세기의 유물들이 발굴된 점으로 보아 그 이전부터 이미 이곳에 사람들이 살고 있었음을 알 수 있다. 알렉산드로스의 동방원정 때는 '마르칸드'(Marcand)라고 불렸다. 1220년 몽골군의 내침으로 도시가 파괴될 때까지 아프라시압 언덕은 도시의 중심부로서, 궁전이 자리하고 있었다. 1880년대 러시아 고고학자들에 의해 유적이 발굴되기 시작한 이래, 특히 1965년 궁전 벽화가 발견됨으로써 유적의 면모가 차츰 드러났다. '아프라시압'이란 말의 어원은 페르시아의 대문호 피르다우시의 서사시 『샤나메』에 나오는 전설적 왕 '투란'의 이름과 관련이 있다고 한다. 언덕 위의 아프라시압 궁전은 3각형의 성채에 둘러싸여 있는데, 내부 면적은 219헥타르에 달한다. 유적 기슭에 자리한 아프라시압 박물관에는 발굴된 유물들과 벽화가 전시되어 있다. 이러한 전시품들은 이 오아시스 요로에서 전개된 동서문명간의 교류, 특히 한반도의 대(對)중앙아시아 교류에 대한 방증이라 할 수 있다. 전시 유물 중에는 그리스풍이 역력한 박트리아시대의 도자기, 검과 칼, 은

아프라시압 궁전 벽화 속의 조우관을 쓴 고구려 사절(복원도)

화 등 알렉산드로스의 동방원정 기념품, 쿠샨 왕조 때의 조로아스터교(불 숭배) 흔적, 물과 다산(多産)의 여신 아나히타(Anahita)의 테라코타 조상(彫像) 등이 있다. 1965년 도성의 내성 유적 제23호 발굴지점 1호실(본궁에서 약 500m 떨어진 별궁으로 추측)에서 3면 벽화가 발견되었는데, 정면(서벽)에는 7세기 후반 사마르칸트 왕 바르후만(Varxuman, 불호만拂呼縵)을 알현하는 12명이 외국 사절단 행렬이 그려진 채색 벽화가 보인다. 또 좌측면(남벽)에는 우즈베키스탄 남부 수르한다리야에서 시집오는 결혼 행렬이 그려져 있다. 신부는 하얀 코끼리 등 위에 올라타고 말을 탄 시녀들이 주위를 에워싸고 있으며, 그 뒤를 낙타와 말을 탄 행렬이 따르고 있다. 우측면(북벽)에는 중국 여인이 배를 타고 악기를 연주하며, 사람과 동물이 싸우는 내용의 그림이 그려져 있다.

서벽의 사절 행렬도에서 맨 마지막에 서 있는 두 사절이 외형과 복식, 패용물 등의 고증을 통해 추측컨대 한반도에서 온 사절이라는 것은 발굴 당시부터 학자들의 거의 일치된 의견이었다. 그 자세한 근거는 ① 지금은 변색했지만 발굴 당시 그들은 인종적으로 검은 머리칼에 밝은 갈색 얼굴을 한 몽골인종이라는 것, ② 복식에서 상투머리에 새의 깃을 꽂은 조우관(鳥羽冠)을 쓰고 있으며, 무릎을 가릴 정도의 긴 황색 상의에 허리에는 검은색 띠를 두르고, 헐렁한 바지에 뾰족한 신발을 신고 양손은 공수(拱手, 팔짱끼기)를 하고 있는데, 이런 복식은 당시 한반도 지역에 살던 삼국시대 사람들의 복식과 일치하다는 것, ③ 패용하고 있는 큰 검은 특히 고구려인들이 차던 환두대도(環頭大刀)와 형태가 같다는 것 등이다. 이상의 몇가지 공통점과 더불어 당시 고구려와 서돌궐을 비롯한 서역제국의 국제관계 등을 감안해 이 두 사절은 고구려 사절이라는 것이 학

계의 중론이다. 사행(使行) 시기는 7세기 후반의 초엽(650~655)으로 추정하고 있다.

아훙 阿訇, 阿渾, ākhund

이슬람의 학자나 이맘에 대한 존칭. 아훙(아훈드)은 페르시아어로서 넓은 의미에서는 이슬람의 법학이나 신학에 정통한 사람, 좁은 의미로는 이슬람 사원에서 예배 등 교무(敎務, 종교업무)를 인도하는 사람, 즉 이맘에 대한 존칭이다. 동투르키스탄에서는 원래 종교 지도자에 대한 존칭이었으나, 남성에 대한 경칭으로도 쓰이고 있다.

아후라 마즈다 Ahura Mazdah

조로아스터교의 최고신. 페르시아어로 '아후라'는 '주(主)' '마즈다'는 '지혜'란 뜻이다. 신상(神像)은 이란 페르세폴리스 궁전 벽화에서 보다시피 왕관을 쓰고 비상하는 유익인(有翼人, 날개 돋친 인간)상이다. 광명신(光明神)이나 선신(善神)이라고도 한다.

야즈드의 아테슈카데 신전 정문에 조각된 '아후라 마즈다' 상

악티움 해전 Battle of Actium, 기원전 31년

로마의 동서 세력간의 권력쟁탈 해전. 기원전 1세기 로마에서 삼두정치(三頭政治)가 무너진 뒤 동방 세력인 안토니우스(클레오파트라와 연합)와 서방 세력인 아우구스투스 간에 권력 쟁탈을 위해 그리스의 북서부에 자리한 악티움 앞바다

에서 대규모 해전을 벌였는데, 아우구스투스의 승전으로 끝났다. 패배한 안토니우스와 클레오파트라는 이집트로 도망가 이듬해에 죽었다.

안귀보 安貴寶, 安貴琮

도일 발해 사절. 759년 10월 판관(判官)의 신분으로 고남신(高南申)과 함께 일본에 사행(使行)하였다. 이듬해 정월에는 종오위하(從五位下)에 서품되었다. (8-200)

안남 安南

베트남의 중국어 명칭. 전설에 의하면 기원전에 100명의 아들이 있었는데 락롱꿘이 50명을 산으로 데려가고 어우 꺼가 나머지 50명을 바다로 데려갔다. 산으로 간 50명 중 가장 강한 자가 훙브엉(雄王)으로 봉해지고, 나라 이름을 '반 랑'이라 했다. '안남'은 679년에 중국 당나라가 오늘의 하노이에 안남도호부(安南都護府)를 설치하면서 생긴 말이다. 베트남인들은 10세기 중국에서 독립한 이후에는 자신들을 '대구월(大瞿越)' '대월(大越)' 또는 '대남(大南)'으로 불렀다. 그러다가 19세기 초 응우옌(완阮) 왕조가 전국을 통일한 후에 '월남(越南)'이라고 바꿨다. 안남(베트남, 월남)에는 50만 년 전부터 인류가 거주하기 시작하였다. 기원전 1만 2000~기원전 7000년의 중석기시대~신석기시대 전기에는 석기 위주의 호아빈 문화와 박손 문화가 출현하고, 기원전 7000~기원전 6000년의 신석기시대 중기에는 고기법(叩技法, 두드려서 문양을 내는 기법)으로 토기를 제작했으며, 기원전 3000년경에는 돈손 문화 같은 발달된 청동기 문화가 번성하였다. 약 1,000년간의 청동기시대를 거쳐 철기시대인 역사시대에 진입하였다. 그후 베트남인들은 약 10세기(기원전 1세기~972)에 걸친 중국 지배를 무너뜨리고 930년에 첫 독립국 리(李)

왕조를 세웠다. 이 왕조를 이은 8개 왕조가 약 1,000년간의 베트남 역사를 엮어갔다.

안남청자 安南靑磁

14세기경부터 동낀(東京, 현 하노이)을 비롯한 안남(월남) 북부지역에서 이주한 중국 도공들에 의해 중국 저장성(浙江省) 용천청자(龍泉靑磁)풍의 청자가 만들어지기 시작하였다. 타이에도 이와 유사한 청자가 제작되어 안남청자와 타이청자를 함께 '안남청자'라고도 부른다. 안남청자는 태토(胎土)가 약간 갈색을 띠며, 유약의 투명도가 중국의 것보다 높다는 특징을 갖고 있다. 중국에서 사회변동이 일어나 청자 수출이 위축되었을 때, 안남청자가 대체품으로 서역이나 유럽에 수출된 경우도 있었다.

안남청화백자 安南靑華白磁

해상 실크로드를 통한 교류의 유물적 전거로서의 청화백자. 1982년 인도네시아 항구도시 토반 해안에서 발견된 14세기 초의 침몰선에서 국화(菊花) 문양을 한 3개의 유사한 발(鉢, 바리때)이 발견되었는데, 그중 하나는 중국의 초기 청화백자이고, 다른 둘은 안남산 철회(鐵繪)백자와 청화백자다. 안남 하노이 주변에서 몇개의 청화백자 가마가 발견되었으며, 여기서 15세기 후반부터는 중국 원나라풍의 문양을 한 고질의 청화백자가 양산되었다. 이때는 중국 명조가 정화(鄭和)의 7차 '하서양(下西洋)'을 계기로 잠깐 문을 열었다가 다시 해금령(海禁令)을 강행함으로써 중국 도자기 수출이 거의 정지 상태에 처해 있던 시기였다. 이 시기를 이용해 안남에서는 대체품으로 청화백자 같은 도자기를 양산해 인도네시아 등 외국에 수출했던 것이다. 청화백자 제작에 쓰이는 산화코발트가 안남에서는 생산되지 않고, 당시 중국도 페르시아산 코발트인 회청(回

靑)을 사용한 점을 감안할 때, 청화백자 제작을 위해 안남과 페르시아를 비롯한 서역간에는 해상교역이 있었을 것으로 추측된다.

안달루스 Andalus

이슬람제국의 스페인 경략은 711년 타리크 이븐 지야드(Tāriq ibn Ziyād)의 이베리아 반도 진출로부터 1492년 그라나다(Granada)의 나스르(Nasr)조가 멸망할 때까지 무려 781년간이나 지속되었다. 이 경략 기간에 아랍 무슬림들은 처음에는 순수 지리적 개념으로서 이베리아 반도를 안달루스라고 지칭하였다. 그러나 이슬람제국에 의한 경략이 점차 정착되면서부터는 반도 내에 있는 이슬람제국의 경략지를 일괄하여 안달루스라고 통칭하였다. 따라서 약 8세기 동안 안달루스는 이슬람세계의 한 구성부분이었다. 안달루스란 아랍어 명칭은 반달족 국가였던 반달리시아(Vandalicia)에 어원을 두고 있으며, 오늘날 스페인의 안달루시아란 지명 또한 이 아랍 명칭에서 유래한 것이다.

안달루스 문화 약 8세기 동안에 걸친 이슬람제국의 스페인 속령화 경략은 속주 경략이든 직접 경략이든 이슬람 문명의 유럽 전파에 가교 역할을 하였으며, 동서문명의 교류에 적지 않은 영향을 주었다. 그 영향은 한마디로 새로운 안달루스 문화의 창출이다. 안달루스 문화란 이슬람제국의 경략에 의하여 스페인에서 반달족을 비롯한 원주민들의 토착문화와 기독교문명이 선진 이슬람 문명에 흡수·동화되어 탄생한 새로운 동화문화(同化文化)를 말한다. 약 8세기 동안 계속된 이 문화의 동화현상은 정치·경제·문화의 여러 분야에서 뚜렷하게 나타나며, 유럽 문명에 대한 이슬람 문명의 영향관계를 여실히 입증해주고 있다. 우선 정치적으로 안달루스는 이슬람세계의 한 구성부분으로서 정교(政敎)합일의 중앙집권

적 이슬람 정치체제가 수립·운영되었다. 킬라파제(al-Khilafah)하의 이슬람 종주국에 예속된 속주 경략시대에는 물론이거니와, 현지에 수집된 이슬람 정권도 후기 우마이야조의 경우에서 보다시피, 사실상 정교합일의 킬라파제를 그대로 수용하고 행정계통을 일원화하였다. 이러한 제도하에서 이슬람교법(al-Shariah)에 따라 무슬림·기독교도·유대교도들은 장기간 평화공존하였다. 더불어 많은 원주민들과 기독교도들이 이슬람교로 개종하고 아랍어를 사용함으로써 아랍-이슬람화가 추진되었다. 이렇게 아랍-이슬람화된 안달루스(스페인) 사람들을 '모사라베'(Mozárabe)라고 통칭한다. 경제적으로도 무슬림들의 경제 운영체제와 기술을 그대로 도입·수용하였다. 이슬람세계로부터 피혁업·제지술 등 선진 제조업 기술을 도입하고 견직물이나 농산물을 수입하여 다시 유럽의 기타 지역에 보급 및 재수출하였다. 특히 교역 거점으로서의 도시를 이슬람식 시장 쑤끄(Suq)와 건축양식을 따른 도시로 많이 건설하여 서고트 지배하에서 침체되었던 도시 생활을 활성화시켰다. 고도였던 코르도바시(市)는 우마이야조 시대에는 속지 경략의 기지인 총독부가 설치되었다가 후기 우마이야조 시대에 와서는 건국 초기부터 수도로서 일약 번영을 누리게 되었다. 전성기에는 콘스탄티노플·바그다드와 더불어 세계 3대 도시의 하나로서 인구 50만에 상점 4만 호를 자랑하는 세계적인 대도시였다. 여기에는 유명한 대사원을 비롯해, 1,600개의 사원과 70개의 도서관, 여러 개의 화려한 궁전들이 있었다. 문화적으로도 확연히 아랍-이슬람화되어갔다. 직접 경략 시대에는 아랍어가 유일한 공용어였으며, 안달루스는 이슬람 문명의 한 중심지가 되었다. 무슬림들은 정통 이슬람 법학파 중 말리키 학파를 신봉하였으며, 법학·철학·신비주의·역사학 등 학문 분야에서

이븐 하즘(법학), 이븐 루시드(철학), 이븐 아라비(신비주의) 등 발군의 대학자들이 배출되었다. 문학·예술 분야에서는 안달루스 특유의 시학(詩學)과 문학이 발달하였으며, 건축미술도 고도의 경지에 올라 있었다. 대표적인 안달루스식 구조물들인 코르도바의 대사원과 세비야의 히랄다탑(塔), 자하라 궁전도시, 그라나다의 알함브라 궁전 등이 오늘까지도 그 찬란한 모습을 전해주고 있다. ('이슬람제국의 스페인 속령화 경략'항 참고)

안데르손 Johan Gunnar Andersson, 1874~1960년

스웨덴의 지질학자. 1914년 광물지질조사 고문(1914~1925)으로 중국 정부에 의해 초청된 안데르손은 그의 전공분야인 지질조사 외에도 선사시대 유적에 관심이 많았다. 그는 1921년 허난성(河南省) 뤄양(洛陽) 서쪽에 있는 멘츠현(澠池縣)에서 6마일 떨어진 양사오촌(仰韶村) 단구(段丘)의 벼랑에서 채색 문양이 새겨진 얇고 단단한 채색토기(채도)를 발견하였다. 그때까지만 해도 이러한 토기에 관해 전혀 문외한이던 안데르손은 미국의 펌펠리 조사단이 서투르키스탄(현 투르크메니스탄)의 아나우(Anau)에서 유적 조사 후 작성한 『아나우 선사유적 조사보고서』를 구해 일독하였다. 여기서 그는 양사오에서 출토된 토기가 아나우에서 나온 채문토기와 매우 유사하다는 것을 발견하였다. 실마리를 찾은 안데르손은 다시 양사오에 가서 본격적인 발굴작업에 착수하였다. 그 결과 마제석부(石斧, 돌도끼)·석족(石鏃, 돌활촉)·방추차(紡錘車, 물레)·토제완륜(土製腕輪, 흙바퀴)·승석문(繩蓆文, 돗자리무늬) 토기와 함께 여러가지 채문토기를 발굴·수집하였다. 이 토기에는 황갈색 광택이 나는 연마한 표면에 적갈색과 홍갈색의 격자문(格子文)과 파상평행선문(波狀平行線文)이 새겨져 있었다.

안데르손은 제한된 지식을 바탕으로 양사오 채도가 아나우 채도와 계통을 같이한다고 속단하고, 양사오 채도가 서아시아 채도의 영향을 받아 발생한 것이라는 이른바 '양사오 채도 서래설'을 주장하였다. 그의 주장에 따르면 신석기시대에 문화적으로나 인종적으로 강한 몽골 인종의 한 군(群)이 투르키스탄으로부터 중앙아시아를 거쳐 황허 하곡(河谷) 일대인 중원에 채도를 전파했다는 것이다. 그 근거는 중국에서는 발굴된 선례가 없는 미증유의 토기이며, 출토지가 동일형의 초기 농경문화대로서 인간의 이동에 따라 동전(東傳)했다는 것이다.

이러한 안데르손의 '채도 서래설'은 나오자마자 여타 학자들의 강한 반론에 부딪혀 수정을 가하지 않을 수 없었다. 그리하여 그는 1923~1924년에 서역과 허난성 간의 경과지(經過地)인 간쑤성 각지에 대한 발굴조사에 나섰다. 그 결과 역형토기(鬲形土器)가 채도에 앞선 토기라는 사실을 염두에 두고 나름대로 간쑤 일대의 선사시대 문화 편년을 제가기(齊家期, 기원전 2500~2200), 앙소기(仰韶期, 기원전 2200~1700), 마창기(馬廠期, 기원전 1700~1300), 신점기(辛店期, 기원전 1300~1000), 사와기(寺窪期, 기원전 1000~700), 사정기(沙井期, 기원전 700~500)의 6기로 구분하였다. 이러한 편년법은 후일 중국 학자들에 의해 많이 수정·보충되었지만, 당시로서는 초유의 발상이었다. 또한 중국 선사시대 문화의 편년을 작성하는 데 '효시'였다는 점에서 의미가 크다.

안데르손은 귀국 후 스톡홀름에 '원동유물박물관(遠東遺物博物館)'을 세워 관장을 맡고 수집한 유물에 대한 정리와 연구사업을 진행하였다. 그가 남긴 주요 저서로는 『중국원시문화』(1923) 『황토(黃土)의 딸』(1924) 『감숙고고조사보고』(1926) 등이 있다.

안데스 문명 Andes Civilization

남아메리카의 고대문명. 안데스 문명이란 남아메리카의 중앙안데스 지역에서 번영한 농경 위주의 고대문명으로서 메소아메리카 문명과 더불어 라틴아메리카 2대 문명의 하나다. 안데스 산맥의 3대 부분 중에서 북부 페루에서 남부 볼리비아에 이르는 가장 넓은 지역인 중앙안데스에서 탄생한 안데스 문명은 그 발달과정을 여명기(黎明期)·형성기(形成期)·고전기(古典期)·후고전기(後古典期)의 4기로 나눌 수 있다. 여명기(기원전 1만~기원전 2500)는 인간이 정착한 후 안정된 농경이 시작되기까지의 시기에 해당한다. 베링 해협을 거쳐 아메리카로 이주한 몽골리안들이 파나마를 지나 안데스 지역으로 유입하기 시작한 시기는 대략 기원전 1만 4000년경으로 추정된다. 수렵과 채집생활을 하던 이 원주민 인디언들이 안데스 고산지대에 정착·거주하게 된 시기는 그로부터 약 4,000년 뒤인 기원전 1만 년경임을 출토 유물들이 입증하고 있다. 그러다가 그들은 수렵이나 채집에서 벗어나 농경을 시작했는데, 그 시기는 지역마다 편차가 있다. 총체적으로 기원전 8000~기원전 5000년경으로 거슬러 올라가는데, 가장 이른 농경(기원전 8050) 흔적은 볼리비아의 산 이시드로(San Isidro)에서 발견되었다. 이 시기에 옥수수·감자·고구마·유카·히카마(jicama, 무의 일종) 등 작물이 재배된 흔적이 보인다. 2~3천 년 지나서 기원전 5000~3000년대에 이르면 농경문화가 안정적으로 정착된다. 앞에 지적한 작물들이 일정하게 재배될 뿐만 아니라 야마·알파카·쿠이(cuy) 등 동물이 가축으로 사육되기 시작한다. 이 시기에 일어난 가장 큰 변화의 하나는 기원전 3000년경 에콰도르와 콜롬비아에서 선을 보인 토기의 제작이다.

　형성기(기원전 2500~기원전 300)에는 농경

인디언들의 각종 전통 악기(볼리비아 수도 라파스의 악기박물관)

이 본격적으로 추진되고 종교 신앙이 나타나며 도시국가가 세워진다. 이 시기의 대표적인 문명은 페루 북부에서 탄생한 기원전 900~200년의 차빈 문명이다. 이 문명의 중심지는 해발 3,117m에 자리한 차빈 데 우완타르(Chavin de Huantar)다. 'ㄷ'자 형태의 신전(75×72m) 정면에는 반지하의 원형광장(지름 21m)이 있다. 여기서 재규어·뱀·콘도르(kondor) 등 동물을 신성시하는 여러가지 원시적 종교행사가 거행되었다. 그리고 이 시기에는 옥수수와 감자를 비롯한 작물이 대대적으로 재배되었다. 토기 제작이 진일보하고 간단한 금속공예도 나타난다. 가장 중요한 변화는 문명의 산파역을 하는 도시국가의 출현이다. 이렇게 이 시기에 안데스 문명의 원형이 이루어졌다. 고전기(기원전 300~기원후 1000)에는 농경이 수리관개로 인해 집약화(集約化)되어 계곡이나 산 능선을 개간하여 다랑이밭을 일구는 등 농업생산이 획기적으로 늘어나며, 생산력도 향상되어 사회적 부가 축적된다. 도기와 황금 문화가 꽃피기 시작하며 도시국가가 확대되어 지역적 규모의 왕국이나 제국이 부상한다. 이 시기 대표적 문명으로는 모치카(Mochica) 문명·나스카(Nazca) 문명·티와나쿠(Tiwanaku) 문명이다.

고전기를 이은 후고전기(1000~1532)에는 안데스 남부 고지대에서 흥기한 티와나쿠 문명이 10세기경에 확대되어 풍미하다가 11세기에 쇠퇴한 후에는 치무(Chimú) 문명·이카(Ica) 문명·잉카(Inca) 문명 등이 대두하였다. 특히 1250년 해발 3,400m에 위치한 쿠스코를 수도로 하여 소국으로 출범한 잉카는 15세기 후반에 중앙안데스 일대를 평정하고 강력한 제국을 건설했으나 1532년 스페인의 침공으로 몰락하고 말았다. 해발 2,550m 정상에 건설된 도시 마추픽추(Machu Picchu)는 잉카 문명의 상징적 유물이다.

안데스 산맥 Andes Mountains

안데스 산맥은 남아메리카 서쪽 태평양 연안을 따라 북의 파나마 지협(地峽)에서 남의 드레이크 해협까지 남북으로 뻗은 산맥을 말한다. 높이로는 히말라야 산맥에 버금가며, 길이로는 세계에서 가장 긴(7,000km) 산맥으로서 평균고도는 약 4,000m이고, 6,100m 이상의 고봉만 50여 개나 되며, 최고봉은 해발 6,959m의 아콩카과(Aconcagua)산이다. 평균 너비는 300km이나 가장 넓은 곳은 700km(볼리비아)에 달하며, 베네수엘라·콜롬비아·에콰도르·페루·볼리비아·칠레·아르헨티나 등 7개 나라를 지나간다. 지세에 따라 북안데스와 중앙안데스, 남안데스의 3대 부분으로 나눈다. 그 가운데서 중앙안데스가 가장 넓고 높은 봉우리가 많으며, 바로 여기서 안데스 문명이 탄생하였다. 이 산맥은 지질학적으로 젊은 습곡산맥으로서 지금으로부터 약 1억 3,500만~6,500만 년 전에 형성되었다.

안돈(安敦)의 한조(漢朝) 사행

대진(大秦, 로마)과 중국(한漢)의 공식관계는 로마의 견사(遣使)로부터 시작되었다. 『후한서(後漢書)』 권88 「서역전」 '대진'조에 의하면 기원 166년(환제桓帝 연희延熹 9년)에 대진의 안돈(安敦)이 사절을 파견하여 일남(日南, 현 베트남) 요외(徼外)로부터 한조에 들어와서 상아·서각(犀角)·대모(玳瑁)를 헌상함으로써 양국 관계가 시통(始通)되었다고 하였다. 서방측 기록에 따르면 여기에서 안돈은 서기 161~180년 기간에 재위한 로마 황제 안토니누스(M. A. Antoninus, 마르쿠스 아우렐리우스)가 틀림없는데, 그는 162년에 페르시아 원정을 단행해 165년에는 소아시아를 평정하고 166년 중국(한)에 견사한 바 있다. 이 로마 황제의 사절이 실제로는 교역차 일남(당시 동서교역의 중계지)까지 온 상인일 가능성을 배제할 수는 없지만, 그렇다고 하더라도 『후한서』에 엄연히 안돈으로부터의 '사절'이라고 명문화한 이상 공식 사절로 인정해야 할 것이다. 사실상 역사적으로 가끔 상인이나 선교사 같은 비(非)관료가 사절 역할을 하는 경우가 있다. 이 로마 황제의 견사는 로마와 한조라는 동·서 두 제국의 공식관계가 시작됨을 뜻하며, 헌상품은 양국의 교역관계(조공무역)의 일단을 보여주고 있다.

안드라 왕국 Andhra Dynasty, 기원전 3세기~기원후 3세기

고대 인도 서해안의 무역 왕국. 인도 중부의 데칸 고원을 중심으로 흥기한 후 서해안 쪽으로 세력을 확장하였다. 그리하여 서해안의 여러 항구들을 통한 중계무역과 로마제국과의 활발한 국제교역을 통해 많은 부를 축적하였다. 불교가 유행하고 공예미술도 발달하였다. 인도의 대표적 서정시인 『사타사이』와 인도 최초의 소설집인 『브라하트카라』가 이 안드라 왕국 시대의 작품들이다.

안드라데 Antoine de Andrade, 1580~1634년

포르투갈의 동행 선교사. 포르투갈 예수회 소속 신부로서 유럽인 최초로 티베트에서 전도활동을 하였다. 1600년 안드라데는 포교를 위해 인도 고아에 와서 20여 년간 인도 각지를 돌아다니며 포교활동을 펼쳤다. 그러다가 티베트에도 기독교 신자들이 있다는 소문을 듣고 그곳으로 갈 결심을 굳혔다. 그는 1624년 3월 30일 신자 마뉴엘 마르케스와 함께 아그라를 출발, 델리를 경유해 갠지스강 상류의 아라크난다강(江)을 거슬러올라가 가르왈 히말산 중의 요지 바드리나트를 거쳐 '마나'라는 조그마한 마을에 도착하였다. 여기서 5,000m 높이의 마나령을 넘으려 했으나 추위와 굶주림에 시달리다가 끝내 넘지 못하고 마나로 되돌아왔다. 그해 7월 티베트인 일행과 함께 마나령을 넘어 티베트의 구게 왕조의 수도 택포란(澤布蘭)에 이르렀다. 안드라데 일행은 왕으로부터 환영을 받기는 했으나, 그곳에 기독교 신자는 없었다. 택포란에서 한 달간 체류하다가 11월에 아그라로 돌아온 다음, 이듬해 다시 택포란으로 갔다. 1628년 4월에는 처음으로 기독교 교회를 세우고 포교활동을 전개하면서 티베트에 관한 상세한 정보를 수집하였다. 1630년 고아의 주교로 임명되자 고아로 돌아왔다. 그러나 한 신부가 그를 대신해 택포란에 가서 끝내 왕을 기독교로 개종시켰다. 그러자 티베트 주민들은 이에 반발해 교회를 파괴하고 왕을 체포해 레헤로 연행하는 사태가 벌어졌다. 안드라데는 사태를 수습하기 위해 1634년 택포란에 가려고 했으나 그해 3월 19일 타계하였다. 급기야 택포란에서의 포교활동도 1635년을 기해 중단되었다. (1-328~329)

안서 (安西)

실크로드 오아시스로 상의 교통 요지. 안서(과주瓜州)는 중국 장안에서 둔황으로 통하는 이른바 하서주랑(河西走廊)의 서단 오아시스로서 주취안(酒泉)의 서쪽, 즉 둔황의 동쪽에 위치하고 있다. 중국 후한이 서역 경영을 위해 개척한 하서에서 톈산 산맥의 동부까지 연결하는 통로의 출발점으로서, 오아시스로의 전개에 중요한 일익을 담당하였다.

안서도호부 安西都護府

중국 당나라의 서역 경략 기관. 당나라는 현지에서 서역을 경략하기 위한 기관으로서 안서도호부를 640년 고창(高昌)에 세웠다가 658년에는 신장 쿠처로 옮겼다. 안서도호부는 타림분지에서 서투르키스탄까지의 지역을 관장하다가 787년경에 토번(吐蕃)에게 빼앗겼다.

안세고 安世高, 安淸, 安侯

파르티아의 동행 불승. 원래 안세고는 페르시아(현 이란)의 파르티아, 즉 안식국(安息國)의 왕세자로서 계위까지 했으나 왕위를 숙부에게 양위하고 출가해 불법 전도에 평생을 바쳤다. 그는 아비담(阿毘曇)과 선관(禪觀)을 연찬하고 나서 중국 후한 환제(桓帝, 재위 147~167) 때(148) 뤄양(洛陽)에 와서 귀화하였다. 20여 년간『안반수의경(安般守意經)』『인생욕생경(人生欲生經)』등 대소승 경전 95부(현존 54부)를 한역하였다. 그는 중국어에 능통해 각지를 순방하면서 설법도 하였다. 그가 역출한 불경들은 후일 중국 선관(禪觀) 사상에 큰 영향을 주었으며, 역법(譯法)은 명료하고도 정확해 역경에서의 수범(垂範)을 보여주었다. 뿐만 아니라 안세고는 승의(僧醫)로서 인도의 의약술도 전수하였다.

안세룸의 카스피해 사행

1247년 5월 로마 교황 인노켄티우스 4세는 도미

니크수도회 수도사 안세룸을 비롯한 3명의 사절을 카스피해 서쪽에 있는 몽골 대장 파이쥬에게 파견하였다. 귀환시는 몽골 측 사신 20명을 대동하고 이탈리아에 와서 교황을 알현하였다.

안식향 安息香

동전 서역 향료. 원산지에 관해 그 동안 많은 논란이 있어 왔다. 독일 출신의 미국동양학자 베르톨트 라우퍼(Berthold Laufer, 1874~1934)는 중국·티베트·이란·인도 각지의 언어·금석·미술·민속 등 여러 부문에 걸쳐 연구를 하였다. 박식하고 정확한 논증으로 정평이 난 그는 안식향의 원산지가 수마트라와 아라비아 반도라고 주장하였다. 13세기 중국 송나라 출신 조여괄(趙汝适)도 저서 『제번지(諸蕃志)』에서 안식향이 삼불제(三佛齊), 즉 수마트라에서 산출된다고 하였다. 그러나 이는 오인(誤認)일 가능성이 높다. 중국 당나라 재상 두우(杜佑, 735~812)가 편찬한 『통전(通典)』의 기술에 의하면, 안식국(安息國)은 서융(西戎)에 있는 국가로 산출국명을 따서 ‘안식향’이란 이름이 지어졌다고 하였다. 따라서 이 향료는 안식국에서 삼불제로 교역된 것이지 삼불제가 원산지는 아니다. 안식이란 국명은 『사기(史記)』 권123 「대원전」에 나오는 페르시아의 고명(古名)이므로, 안식향은 페르시아 고유의 향료임에 의심의 여지가 없다. 단성식(段成式)의 『서양잡조(西洋雜組)』 권18에는 안식향(安息香, 학명 Styrax benzoin)이 페르시아에서 산출됨을 지적하면서 그 형태와 제조과정을 기술하고 있다. 그에 따르면 안식향나무는 파사(波斯, 페르시아)에서 자라는 나무로 파사국에서는 ‘벽사수(辟邪樹)’라고 부른다. 나무의 높이는 3장(丈)이고 껍질색은 황흑색(黃黑色)이며 잎사귀는 4각형이다. 내한성(耐寒性)이 있으며 2월에 누런 꽃이 피는데 열매는 없다. 나무껍질을 파면 수지(樹脂)가 돋아나오는데 6~7월에 응결시키면 그것이 바로 향료, 즉 안식향이 된다. 불에 태우면 신명(神明)에 통하고 제악(諸惡)을 몰아낸다고 하여 ‘벽사수’란 이름이 붙었다. 『당본초(唐本草)』에도 안식향은 서융(西戎)에서 산출된다고 하였고, 『해약본초(海藥本草)』에도 안식향은 남해의 페르시아에서 나온다고 하였다. 이상의 내용을 종합해보면 안식향의 원산지는 삼불제(수마트라)나 아라비아 반도가 아니라 파사(페르시아)임이 분명하다.

안토니누스 → ‘안돈의 한조 사행’ 항 참고

안티오코스 3세 Antiochos Ⅲ, 재위 기원전 223~기원전 187년

셀레우코스조 제6대 왕. 알렉산드로스를 수행해 동방원정에 나서 파르티아(안식安息)와 박트리아(대하大夏)를 점령하고 인도의 카불(현 아프가니스탄)까지 도달해 대왕(大王)의 칭호를 받았다. 로마와의 일전에서 대패하고 기원전 187년에 병사하였다.

안티오키아 Antiochia

셀레우코스조의 동서교역의 중심 도시. 동명(同名)의 도시가 여러 개 있는데, 가장 유명한 도시는 기원전 300년경 셀레우코스 1세가 오론테스강변에 세우고 아버지의 이름을 따 안티오키아라 부르며 수도로 정한 곳이다. 이 도시는 외항(外港) 피에리아(Pieria)에 자리한 셀레우키아(Seleucia)시(셀레우코스 1세가 세운 도시)를 통한 해외무역이나 지중해와 유프라테스강을 연결하는 통상의 거점으로서 번성하였다. 오리엔트와 헬레니즘의 두 문명이 만나 문명의 융합이 이루어지던 접촉 지점으로, 마케도니아인·그리스인·유대인 등 여러 인종이 모여 살았다. 기원전 2세기에는 인구 50만 정도였다고 하는데, 기원전 64년 폼페이우스가 시리아 왕국을 멸망시키면서 로마의 속주(屬州)가 되었다.

안티키테라도(島) 침몰선 해저 유적

교류의 유물적 전거로서의 해로 유적(침몰선). 1900년 그리스의 펠로폰네소스 반도의 남단 안티키테라도(島)의 자그마한 만에서 잠수부가 우연히 침몰선을 발견하였다. 이 잠수부는 해저에서 대리석상과 청동상을 발견하고, 그 조각들을 건져내어 그리스 정부에 신고하였다. 그리스 정부는 해저고고학 조사를 시작하였는데, 이것은 사상 최초의 관방 해저조사다. 이듬해까지 계속된 조사·발굴에서 수집된 청동상의 파편을 접합하여 이른바 '안티키테라 청년상'(높이 194cm, 기원전 3~4세기 작품, 현재 아테네 국립고고학박물관에 전시)을 원상 복구하였다. 1953년 프랑스 고고학자들의 조사에 의하면 침몰선의 적재량은 약 300톤이며, 침몰 시기는 기원전 80~65년으로 추정된다.

안환희 安歡喜, 安寬喜

도일 발해 사신. 841년 12월 판관(判官) 신분으로 대사 하복연(賀福延)과 함께 도일해 이듬해에 종오위하(從五位下) 작위를 받았다.(8-212)

알덕 謁德

당나라에 간 발해말갈 수령. 당나라에 갔던 알덕이 725년 4월 흑수말갈(黑水靺鞨)의 낙개몽(諾箇夢)과 함께 도일하였다. 개의(箇毅) 작위를 받고 귀국하였다. (8-127)

알데비르 술라인 컬렉션

이란의 중국 도자기 컬렉션. 카스피해 서안의 러시아 국경지대에 위치한 이란의 알데비르에 약 1,200점의 중국 청자와 청화백자(원대의 청화백자 36점 포함)를 보유한 컬렉션이 있다. 이것은 사파비 왕조의 샤 압바스왕이 1611년에 조상인 사피의 묘당에 기증한 것이다.

알란 Alān, 阿蘭, 菴蔡

고대 카스피해 북방에서 활동한 이란계 유목민족. 로마 사료에는 알란이 1세기 후반부터 2세기 사이에 이란계 유목민족인 사르마타이의 동쪽에서 유목생활을 하던 민족으로 등장한다. 중국『후한서(後漢書)』「서역전(西域傳)」에 나오는 '아란(阿蘭)'이 바로 이 알란이다. 언어적으로는 사르마타이와 함께 이란계에 속하며 문화적으로는 사르마타이로부터의 계승성이 보인다. 4세기에는 동방에서 온 훈(Hun)의 원정군에 가담했으며, 5세기의 민족대이동 시기에는 게르만계 민족들과 함께 스페인이나 북아프리카로 진출하기도 하였다.

알레니 Giulio Aleni, 艾儒略, 1582~1649년

이탈리아의 동행 선교사. 예수회 선교사인 알레니는 1610년 마카오에 도착한 후 이듬해에 광저우(廣州)에 들어갔다가 쫓겨났다. 1613년부터 베이징·카이펑(開封)·난징(南京)·상하이(上海)·양저우(揚州)·시안(西安) 등 여러 곳을 전전하다가 1620년부터는 산시(山西) 장저우(絳州)에 일시 안착해 선교활동을 하였다. 그러다가 다시 항저우(杭州)를 거쳐 1623년부터는 장쑤(江蘇) 상서우(庠熟)에서, 그리고 마지막으로 1625년에 푸젠(福建)으로 옮겨가 오랫동안 그곳에서 포교활동을 전개하였다. 그는 푸젠에 간 첫번째 선교사로서 영내의 푸저우(福州)·취안저우(泉州)·싱화(興化) 등지를 돌아다니면서 정열적으로 포교활동을 한 결과 몇년 만에 민중(閩中, 푸젠성福建省 중부) 8부(府) 모두에 교회당이 건립되었다. 1641년부터는 연평(延平)에 정착하였는데, 1647년에 청(淸)병이 푸젠에 진입하자 연평 산중에 피신하였다가 산중에서 사망하였다.

알레니는 적극적인 포교활동과 함께 많은 저술활동도 병행하였다. 기독교 교리나 계율에 관한 전서(專書)만 20여 권이나 된다. 대표적인 것으로 『천주강생언행기상(天主降生言行記詳)』 8권과 마테오 리치의 전기인 『대서리서태선생행적(大西利西泰先生行迹)』, 양정균(楊廷筠) 전기인 『양기원행략(楊淇圓行略)』, 윤리 도덕론인 『삼산논학기(三山論學記)』 등이 있다. 종교서뿐만 아니라, 여러 권의 학술저서도 있는데, 그중 『직방외기(職方外紀)』 6권이 가장 잘 알려졌다. 이 책은 중국어로 된 첫 세계지리서로 1623년 항저우(杭州)에서 처음 간행되었는데, 5대주 각 주의 풍토와 인문지리, 기후와 명승지, 콜럼버스의 미주대륙 발견까지 언급하고 있다. 그밖에 학술서로 유럽의 인문지리를 상술한 『서방문답(西方問答)』(상·하권)과 유럽 대학의 교과목을 소개한 『서학범(西學凡)』 등이 있다. 1623년 항저우에서 초간된 『서학범』에 소개되고 있는 유럽대학의 교과목은 문과(Rhetorica, 수사학)·이과(Philosophia, 철학)·의과(Medicina)·법과(Leges)·교과(敎科, Cahones, 교회법)·도과(道科, Theologia, 신학) 등 6과목이었다. '서방에서 온 공자'라고 알려진 알레니가 행한 포교와 저술은 푸젠(福建)을 중심으로 한 남부지방에서 상당한 영향력을 발휘하였다. 이와 동시에 그가 전파하는 종교나 서학(西學)을 배격·비난하는 여론도 만만치 않았다. 이러한 여론을 집성하여 펴낸 것이 천주교를 배척하는 이른바 『파사집(破邪集)』(일명 『聖朝破邪集』 8권, 1639)이다. 이렇게 지탄받으면서도 알레니는 열심히 포교와 저술활동을 계속하였다.

알레포 Aleppo

오아시스로의 서단 요지. 현 시리아의 할라브(Halab)로 오아시스로 서단의 중요한 교통 요로 중 하나다. 일찍이 히타이트와 이집트, 아시리아에게 내침을 당했으며, 637년에 아랍-이슬람군에게 점령되어 이슬람화되었다.

언덕 위에 축조된 알레포 성채 문(12~16세기)

알렉산더 보트

인도의 뗏목배. 지금까지도 인더스강 상류에서 쓰이고 있는 일종의 뗏목배로서 양가죽 주머니에 공기를 넣어 그 부력(浮力)으로 움직이는 작은 배다. 알렉산드로스 원정 때 사용되었다고 해 붙여진 이름이다.

알렉산드로스의 동방원정

아케메네스조 페르시아왕국(기원전 559~331)과 그리스 간의 장기간에 걸친 숙명적 적대관계를 종국적으로 불식시킨 것이 알렉산드로스(Alexandros, 재위 기원전 336~323)의 동방원정(東方遠征, 약칭 동정東征)이다. 이 동정은 교류의 정치사적 배경(군사적 정복)으로서 동서 문명교류에 큰 영향을 미쳤다.

알렉산드로스의 동정 경위 그리스의 반(反) 마케도니아파의 저항을 분쇄한 마케도니아 왕 알렉산드로스는 동정에 대한 부왕의 유지를 받들어 기원전 334년에 마케도니아군을 주력으로 한 그리스 연합군을 거느리고 페르시아 원정길에 올랐다. 그해 6월 소아시아(현 터키)에 상륙한 원정군은 그라니코스강에서 벌어진 첫 전투에서 페르시아군을 격파하고 소아시아 서부의 도시들을 하나씩 공략해나갔다. 이듬해 여름 원정군은 키르키아문(門)을 지나 타르수스(Tarsus)에 도착하였으나 알렉산드로스왕이 열병에 걸려 잠시 진군을 멈추었다. 그러다가 11월에 원정군은 이소스 전투에서 출격해온 다리우스 3세(Darius III, 재위 기원전 336~330) 휘하의 페르시아군을 격파하였다. 이에 고무된 원정군은 이듬해(기원전 332)에 지중해 동안을 남하하여 이집트의 멤피스까지 직진하였다. 다음해(기원전 331) 초에 알렉산드로스는 나일강 하구에 첫 알렉산드리아시를 건설하였다. 그는 이 도시의 서쪽 약 400km 떨어진 시와(Siwa)에 있는 아몬 신전을 찾아가 신탁(神託)을 구하면서 자신은 아몬의 아들(신의 아들)이라고 자칭하였다. 신탁으로부터 그의 만인동포관(萬人同胞觀)이 싹텄다. 그해 늦은 봄 원정군은 북상하여 11월 가우가멜라 전투에서 역시 다리우스 3세가 이끈 페르시아군을 대파하고, 이어 바빌론을 점령하였다. 계속하여 아케메네스조의 수도 수사와 페르세폴리스를 공략하고, 수사에 4개월간 체류하였다. 한편 다리우스 3세는 박트리아(Bactria, 대하大夏) 지방으로 도주하는 길에서 부하 베수스에 시해됨으로써 사실상 아케메네스조는 멸망하고 말았다.

페르시아의 보복전으로 원정에 나선 알렉산드로스는 아케메네스조를 멸망시켜 보복의 한을 풀어 당초의 출정 목적은 일단 달성하였다. 그러나 아케메네스조가 차지하고 있던 중앙아시아 일대를 정복할 새로운 욕심이 생겨났다. 게다가 다리우스 3세를 시해한 베수스는 페르시아 왕으로 참칭(僭稱)하면서 박트리아를 근거지로 재기를 시도하고 있었다. 이러한 상황은 알렉산드로스로 하여금 중앙아시아 진출을 서두르게 하였다. 마침내 기원전 329년 봄에 알렉산드로스는 힌두쿠시 산맥을 넘어 박트리아로 진군하였다. 이때 베수스는 부하 스피다메누스에게 잡혀 원정군에 인도되었으며 원정군은 계속해서 소그디아나로 진격해 수도 마라칸드(현 사마르칸트)를 점령하였다. 원정군은 여기에 그치지 않고 시르다리야강 유역의 유목민인 사카족의 반항을 진압하기 위해 북상해, 그곳에 또 하나의 알렉산드리아시를 건설하였다. 당시 알렉산드로스는 원정군의 침입에 항거하는 소그디아나인 3만 명을 학살하여 소그디아나인들의 저항을 불러일으켰다. 특히 원정군에 환멸을 느낀 스피다메누스는 소그디아나와 박트리아 주민들을 규합하여 강력한 저항운동을 전개하였다. 이에 원정군은 제라프샨강을 따라 전진하면서 스피다메누스를 추적하였다. 스피다메누스와 저항군은 초원의 오지로 퇴각하여 계속 항전하다가 제라프샨강 북안에서 진몰(陣歿)하였다. 그리하여 오늘날 우즈베키스탄에서는 스피다메누스를 위대한 애국자로 추앙하고 있다. 이 추격전에서 원정군은 12만 명의 현지인을 살해하였다.

알렉산드로스는 옛 페르시아 왕의 지배권을 인정했던 지역은 당연히 자신의 제국에 다시 편입되어야 한다는 침탈 논리를 내세워 인도 원정을 결심하였다. 그는 기원전 327년 6월 인도 침공을 위해 중앙아시아를 떠났는데, 박트리아를

알렉산드로스와 페르시아 다리우스 3세 간의 이수수 전투(기원전 333년 11월)

중앙아시아와 인도 경략의 요충지로 간주하고 거기에만 1만 3,500명의 수하 원정군을 남겨두었다. 뿐만 아니라 박트리아와 소그디아나에 12개소의 군사기지를 신설하여 모두 3만 명의 병사와 그리스인들을 주둔시켰다. 5만의 원정군은 험준한 힌두쿠시 산맥을 넘어 기원전 326년 3월에 탁실라(Taxila)로 진격하였다. 원정군은 주변 세력들과 반목하고 있던 이 지역의 지배자 암비(Ambhi)의 환영을 받으면서 입성하였다. 암비는 환대의 표시로 원정군에게 황소 3천 두와 1만 마리 이상의 양을 선물하였다. 알렉산드로스는 10배의 값어치로 답례하고 암비를 그 지방의 지배자로 유임시킴으로써 주민의 환심을 샀다. 원정군은 계속 남하하다가 포루스(Poros)의 강한 저항에 부딪쳤다. 포루스의 병력은 보병 3만 명에 기병 4천 명, 전차 3백 대, 코끼리 200두로 원정군의 진격을 저지할 수 있을 만큼의 대병력이었다. 특히 원정군에게는 처음 대전하는 코끼리 군단이 대단히 위협적이었다. 양군은 히다스페스(젤름)강의 양안에서 대치하다가 원정군이 폭우 속의 야음을 틈타 진영에서 16마일 상류의 강폭이 좁은 곳으로 도하해 배후에서 기습을 가함으로써 격전은 원정군의 승리로 끝났다. 알렉산드로스는 갠지스강 유역까지 진격하기를 원했지만, 5하(河)의 마지막 강에 이르러서는 병사들이 8년간의 고된 원정에 지치다보니 진격하라는 왕명을 거부하기에 이르렀다. 알렉산드로스는 조금만 더 전진하면 세계의 끝자락에 이르게 되며, 그렇게 되면 '세계제국'의 야망을 실현할 수 있을 것으로 생각하였지만 사병들은 미지의 세계에 대해서는 호기심보다 두려움을 더 느끼고 있었다. 특히 이미 경험한 대로 코끼리 군단은 큰 공포의 대상이었다. 이러한 상황에서 알렉산드로스는 철군을 결심하고 원정군의 최종 점령 지점을 표시하기 위해 자신들이 섬기는 12신(神)을 상징하는 12개의 석조 계단을 축조하였다. 알렉산드로스는 점령지역을 자신이 구상하는 제국의 주(州)로 편입시켜 페르시아나 마케도니아의 지사를 주재시키거나, 아니면 암비나 포루스 등 원주민 지배자였던 자들로 하여금 계속 통치하도록 하였다. 포루스는 펀자브 지방의 7개 소국을 지배하는 지사로 임명되었다. 이렇게 19개월간의 인도 점령을 마감한 원정군은 아라비아해를 통해 귀환하려고 인더스강을 따라 남하하였다. 도중 라비 강변에서 10만 인도 연합군의 저항을 받았으며, 이 전투에서 알렉산드로스는 중상을 입었다. 원주민들의 계속적인 저항에 부딪치자 주력군은 서쪽으로 회군 방향을 돌리고 일부는 해로로 철군하였다. 알렉산드로스가 이끄는 주력군은 게드로시아(Gedrosia) 사막을 지나면서 수많은 희생자를 내고 기원전 323년 초에 가까스로 수사(Susa)를 거쳐 바빌론에 도착하였다. 이로써 알렉산드로스의 1만 8천km에 달하는 8년간의 동방원정은 막을 내렸다. 같은 해 6월 그는 갑자기 열병에 걸려 10일 만에 33세의 나이로 요절하였다.

알렉산드로스의 동정과 동서교류 알렉산드로스의 동정과 그에 수반된 알렉산드로스제국의 출현으로 인하여 사상 최초의 동서간의 직접적인 문명접촉이 이루어졌다. 이것은 문명교류사에서 하나의 획기적인 사건이었다. 알렉산드로스의 동정과 더불어 출현한 알렉산드로스제국은 유라시아 대륙을 망라한 미증유의 대제국으로서, 그 판도 안에는 그리스 문명과 이집트와 메소포타미아의 고대 오리엔트 문명, 그리고 페르시아 문명, 인도 문명 등 실로 다양한 당대의 주요 문명들이 망라되어 있다. 그 결과 그리스 문명을 비롯한 서방 문명과 페르시아 문명을 비롯한 오리엔트 문명이 융합하여 새로운 헬레니즘(Hellenism) 문명이 탄생하였다. 이른바 '헬레니즘'이란 문명교류의 첫 모형(模型)이 창출되었다. 헬레니즘이란 본래 고전기(古典期)의 그리스 문화(Hellenedom)에서 유래한 말로 '그리스 정신' '그리스풍의 문화'란 뜻을 내포하고 있다. 그러나 나중에 알렉산드로스의 동정으로 인하여 '동서 문명이 하나로 융합된 새로운 시대와 문명의 출현'을 가리키는 개념으로 의미가 확대되어 지금까지 시대적 개념인 동시에 문명개념으로 사용되어왔다. 200여 년간 존속된 헬레니즘 문명은 동서 문명교류의 결실로서, 다시 동서 교류의 토양에 씨앗이 뿌려져 동서 교류를 한층 풍요롭게 하였다. 알렉산드로스가 지휘한 원정군의 행군 노정을 통해 고대 오아시스 육로의 서단(西段)과 그 연변 상황을 확인할 수 있다. 뿐만 아니라, 알렉산드로스는 부장(副將) 네아르코스(Nearchos)로 하여금 인더스강 하구로부터 바빌론에 이르는 해로를 이용하여 회군(回軍)케 함으로써 고대 해로 서단의 존재도 아울러 재확인할 수 있게 되었다. 교류인으로서 알렉산드로스가 동서 문명교류에 기여한 바는 크지만, 이는 서양과 파미르 고원 이서(以西)의 동양(중앙아시아와 서아시아) 간의 직접적 접촉과 교류만을 가능케 한 국지적(局地的)인 기여일 뿐이었다. 파미르 고원이라는 자연장벽을 극복하고 명실상부하게 전면적인 동서 문명교류 실현에 기여한 교류인은 후세의 동양인들이었다.

알렉산드로스의 동정 원인 약관 20세에 마케도니아 왕위에 등극한 알렉산드로스는 다음과 같은 3가지 이유로 동정(東征)을 결심하였다. 첫째로, 선왕의 유지인 대(大)그리스제국의 재건이다. 선왕인 필립 2세(Philip II, 재위 359~336)는 그리스의 쇠퇴를 기회로 농민들로 구성된 장창병(長槍兵)을 이끌고 남하하여 케로네아(Chaeronea) 전투(338)에서 아테네·테베 연합군을 격파하였다. 이를 계기로 마케도니아는 전

그리스를 정복함으로써 고전 그리스 시대는 막을 내리게 되었다. 승승장구한 필립 2세는 마케도니아·그리스 연합군을 결성하여 페르시아 원정을 계획하였으나, 아내와 공모한 자객에게 피살되어 원정 계획은 무산되었다. 필립 2세의 원정 목적은 소크라테스(Socrates) 등이 주장한 이른바 범그리스주의(Panhellenism)에 입각하여 소아시아의 하리스(Haris)강 이서 지역을 공략함으로써 대(大)그리스제국을 재건하는 데 있었다. 이러한 선왕의 유지와 계획을 실천에 옮기기 위해 동정에 나섰던 것이다. 둘째로, 그 동인은 그리스 도시국가들간의 분쟁을 막고 독립을 회복하려는 그들의 기도를 억제하려는 것이었다. 기원전 5세기에 있었던 수차례에 걸친 페르시아와의 전쟁에서 승리한 아테네는 크게 번성하기 시작하였다. 이로 인해 스파르타·코린트(Corinth)·메가라(Megara)·테베(Thebes) 등 도시국가들과의 세력 균형이 깨짐으로써 도시국가들 간의 갈등이 심화되었다. 특히 아테네와 스파르타 간의 충돌이 심하였는데, 스파르타는 테베 등 도시국가들과 반(反)아테네 동맹을 결성하고 근 30년간의 대(對) 아테네 펠로폰네소스 전쟁(기원전 431~404)을 진행하였다. 전후 일시 전패한 아테네와 테베·스파르타 간에는 패권 다툼이 재연되었다. 이러한 도시국가들 간의 갈등을 동정(東征)이란 공동 목표 속에 융화시키려는 것이 알렉산드로스의 또 하나의 숨은 의도

터키 이스탄불 고고학박물관에 소장된 알렉산드로스 석관

였다. 셋째의 동정 동인은 숙적 페르시아에 대한 보복이다. 중앙아시아와 서아시아 일대를 지배하에 넣은 아케메네스조 페르시아의 다리우스왕은 기원전 490년부터 448년 기간(42년간)에 네 차례(490, 480, 479, 448)나 아테네 정복을 시도하였으나 매번 패하고 말았다. 게다가 페르시아는 용병제(傭兵制) 도입으로 군사력이 약화되었고, 지중해 연안 제국들의 부단한 반란(예: 344년 이집트 반란)과 더불어 왕족과 귀족들의 부와 사치 및 알력으로 국세는 쇠퇴일로를 걷고 있었다. 숙적 페르시아의 몰락은 대그리스제국의 재건을 꿈꾸는 알렉산드로스에게 보복과 장애 제거의 호기가 아닐 수 없었다.

알렉산드리아 Alexandria

기원전 4세기 동정(東征)을 단행한 알렉산드로스가 건설한 도시. 알렉산드로스는 도처에 70여 개(일설은 35~39개)나 되는 자신의 이름을 딴 도시를 건설하였는데, 그중 가장 유명한 것이 이집트의 알렉산드리아(아랍어로 알 이스칸다리아)다. 이 해안도시는 나일강 델타 지대의 서북단(북위 30°11′)에 위치하고 있다. 구지(舊地)는 이집트인들이 세운 라케티트(콥트어로 라고티)였으나 알렉산드로스는 그 인접지에 기원전 332년 자신의 이름을 따서 '알렉산드리아'란 새 도시를 건설하였다. 그의 의도는 지중해 상에서 활동하는 상선들에게 편리한 기항지(寄港地)를 제공하는 제국의 주요한 항구를 만드는 데 있었다. 신도시의 설계는 디노크라테스라고 하는 사람이 맡았다. 대왕은 주변 약 50km 이내에 사는 사람들을 이곳에 이주시켜 '알렉산드리아인(人)'이라고 불렀다. 알렉산드로스가 이집트에 체재한 기간은 불과 5개월밖에 되지 않아 요새와 일부 민가의 건설만을 보고 이 도시를 떠났다. 기원전 323년 6월 그가 급서하자 유해를 이곳에 안장하였다.

알렉산드로스의 부장 중 한 사람이던 프톨레마이오스 1세(재위 기원전 323~285)는 프톨레마이오스 왕조를 건립하고 알렉산드리아를 수도로 삼아 대대적인 확장공사를 진행하였다. 박물관과 도서관을 짓고 많은 유대교도들을 시가의 동부에 이주시켰는데, 그들은 부를 축적하여 유력한 집단이 되었다. 프톨레마이오스 1세는 이곳에 그리스에서 '죽음의 신'이라 불리는 하데스에 대한 신앙을 받아들였다. 그는 이집트 고유의 오시리스 신이나 아피스 신처럼 하데스에게도 신격을 부여하고, 이름도 세라피스로 바꾸어 새로운 신으로 부각시켰다. 그 결과 세라피스는 그리스인과 이집트인들의 공동 신앙 대상이 되었다.

프톨레마이오스 2세 때에 알렉산드리아는 세계 제일류의 상업 및 학예(學藝) 도시로 발전하였다. 대도서관의 장서가 40만 권(일설은 70만 권)에 이를 정도였다. 프톨레마이오스 3세 때에는 도서관을 확충하고 세계에서 가장 부유한 도시, 가장 교양 있는 시민들이 사는 도시가 되었다. 기원전 48년에 율리우스 카이사르가 인솔하는 로마군이 이 도시에 진주하였는데, 이때 대도서관과 박물관이 소실(燒失)되었다. 당시는 클레오파트라 여왕의 집정기로, 카이사르 사후 클레오파트라의 연인 안토니우스가 소아시아의 페르가몬 도서관에 소장된 고사본(古寫本) 20만 권을 여왕에게 선사하였다는 설이 있다. 기원전 30년에 옥타비아누스 휘하의 로마군이 이 도시에 입성함으로써 안토니우스에 이어 클레오파트라도 사망하였다. 이집트는 로마의 한 주(州)가 되고 알렉산드리아는 로마의 이집트 통치를 위한 수부(首府)가 되었다. 제3대 이집트 지사(知事) 아일리우스 갈루스(Aelius Gallus)는 기원전 25년에 남아라비아해의 무역로를 장악하기 위하여 육로로 아랍 원정에 나서서 예멘의 오지에까지 이르렀다. 기원후 69년에 성 마르코가 이 도시에 와서 처음으로 기독교를 전파하였다는 전설이 있다. 2세기 초 이곳에는 다수의 기독교도가 있었는데, 그리스인이나 유대교도들의 박해를 받았다. 3세기에 이르자 기독교도들에 대한 박해가 점점 심해졌으며, 250~360년경에는 도시가 피폐해지고 통상도 전에 비해 매우 부진하였다. 결국 330년 콘스탄티누스제가 비잔티움(콘스탄티노플)을 로마제국의 수도로 정한 이래로 알렉산드리아는 사양길에 접어들었다. 385년에 이집트는 비잔틴제국의 속주가 되었으나, 기독교의 교세는 날로 커졌다. 5세기에 다신교도들에 대한 기독교의 항쟁이 발발하여, 신전을 불사르고 신상(神像)을 파괴하여 유대교도들의 거주구역에서 약탈을 자행하였다. 그리고 기독교 내부에서도 이단(異端)을 구실로 상쟁이 계속되어 결국 시가는 황폐화되었다.

619년에 사산조 페르시아군이 이집트에 침입해 알렉산드리아를 점령하였으며, 그후 페르시아인들의 지배는 10년간 지속되었다. 이 기간에 아라비아 반도에서는 선지자 무함마드의 성천(聖遷, 헤지라, 622년 9월) 등 새로운 종교운동이 일어나면서 정세가 일변하였다. 이를 계기로 비잔틴 황제 헤라클리우스는 629년에 군사를 시리아에 파견, 페르시아군을 격파하고 이집트를 탈환하였다. 그리하여 알렉산드리아는 다시 비잔틴이 이집트를 통치하는 수부 역할을 맡았다. 그러나 얼마 지나지 않은 641년에 서정(西征)하는 아랍군에게 공략되고 말았다. 그후 이집트의 정치 중심이 푸스타트(현 카이로의 남방)로 옮겨가면서 알렉산드리아는 수부로서의 역할마저 넘겨주고 동서무역의 중요한 항구로서의 지위만을 유지하게 되었다.

16세기에 이르러 알렉산드리아는 오스만제

알렉산드리아의 파로스 등대 터

국의 지배권에 들어갔다. 바로 그 무렵, 유럽인들에 의한 새로운 인도항로가 개척되면서 항구로서의 중요성도 약화되고 말았다. 인구도 감소 일로를 치달아 18세기 말엽에는 겨우 6,000명에 지나지 않았다고 한다. 1798년에 프랑스 나폴레옹군은 이곳을 공략하고 카이로에 진주하였으며, 1801년에는 영국군이 프랑스군을 격파하고 이곳을 강점하였다. 그러다가 투르크 출신의 무함마드 알리가 이집트의 지배자가 되자 알렉산드리아와 나일강을 연결하는 마흐무디야 운하를 개설(1816)함으로써 이 도시는 다시 번영하기 시작하였다. 그 후 줄곧 오늘에 이르기까지 이집트의 제2대 도시로서 번영을 누리고 있다. 알렉산드리아의 명물로는 파로스(Pharos) 등대가 있다. 8~13세기 기간의 알렉산드리아 시가는 장기판처럼 8개의 도로가 종횡으로 정비되어 있었다. 알렉산드로스가 이 도시를 건설할 때에 파로스는 해중의 한 섬이었으나, 프톨레마이오스 1세(일설은 그의 아들이자 프톨레마이오스 2세인 피라델푸스)가 제방을 쌓아 시내와 이 섬을 연결하였는데, 제방의 길이는 7스타디움(1스타디움=약 183m)에 달하였다. 둑의 폭이 처음에는 183m쯤 되었으나 후일 2배로 넓혀지면서, 그 위에 시가지가 생겨났다. 이 제방을 사이에 두고 항구는 둘로 갈라졌는데 동편 것은 대항(大港), 서편 것은 오이노스토스라고 불렸다. 대항 쪽은 수심이 얕아 보통 큰 배는 서편 항을 이용하였다. 파로스는 이 제방의 동북쪽 돌기부(突起部)에 건설된 등대. 영어의 'pharos'나 프랑스어의 'phare'란 등대를 의미하는 단어인데, 바로 이 섬의 이름에서 유래하였다.

예로부터 알렉산드리아는 동서양 해상교역의 중계지, 문물의 집산지였다. 7세기 아랍-이슬람군이 진주했을 때 항도의 인구는 유대교도들이 4~7만 명이고, 그리스인들은 성년 남자만 20~60만 명이었다고 한다. 13세기에는 약 6만 5천 명이었는데, 14세기 초에 유행했던 역질(疫疾)로 인해 인구가 격감하였다가 1384년에는 5~6만 명으로 회복되고 공상업도 다시 부흥하기 시작하였다. 알렉산드리아는 지정학적으로 중요한 교역항이어서 이집트 재정 수입의 큰 몫을 담당해왔다. 맘루크조 시대(1250~1517)에 매년 용항(用港) 징수세만 금화 10만 디나르(금화 1디나르 무게는 약 4.25g)나 되었다. 알렉산드리아는 수공업이라든가 견직·모직·면직·마직 등 직물업도 매우 발달하여 중세에는 인도나 이탈리아 등지로 수출하였다. 특히 다룻 티라즈(Dāru'l Tirāz) 견직물 공장에서 생산하는 고급 자수직물은 이집트 궁정은 물론, 멀리 몽골 칸들에게까지 예물로 보내기도 하였으며, 매년 한 번씩 교체하는 성지 메카의 신전(흑석黑石) 장막인 키스와(kiswah, 경전 『코란』 구절을 금문자로 새김)로도 제공되었다. 15세기 초 이 도시 한곳에서만 각종 직기 1만 4,000대가 가동되었다고 하니 직조공업의 성황을 가히 짐작할 수 있다. 뿐만 아니라 유리제품과 도자기도 북아프리카나 이란, 심지어 중국에까지 수출하였다. 12세기 중엽에는 세계 28개국이나 지역의 통상대표가 상주하여 교역업무를 관장하였다고 한다. 그 밖에 이곳은 향료와 산호, 노예시장으로도 유명하였다. 이와 같이 알렉산드리아는 예로부터 동서 해상무역의 중계지로서 현 알렉산드리아 박물관에는 그 실황을 실증해주는 유물이 많이 전시되어 있다.

알마티 Alma-ati

카자흐스탄(Kazakhstan)공화국의 옛 수도. 알마티는 카자흐어로 '사과의 머리'란 뜻으로서, 이곳은 사과를 비롯한 과실수가 많이 재배되고 있다. 이리하(伊犁河)의 남방, 알라타우 산맥 북록의 해발 750m 지점에 위치하고 있는 도시로, 겨울에는 영하 40도까지 이르며 연간 평균 강수량은 약 700mm에 달한다. 알라타우 산맥에서 흘러내려 북쪽으로 흐르는 대소 두 개의 알마팅카하(河)에 의해 관개되는 비옥한 스텝지대. 옛날부터 이 녹지대에 유목민들이 산거(散居)해왔으며, 정주(定住) 도시의 역사는 길지 않다. 이 도시는 시베리아로부터 중앙아시아를 향해 남하한 제정러시아의 식민도시로 출발하였다. 러시아가 카자흐에 진출한 1854년에 베르니 요새를 이곳에 지으면서 이 도시의 역사는 시작되었다. 그후 군사적 정복의 진전과 더불어 러시아인들이 카자흐스탄에 유입되면서 이 요새 주변에 도시가 들어서기 시작하였다. 1880년대에 이르러서는 낡은 요새를 중심으로 하여 60년대부터 러시아 이주자들이 거주하던 구구역과 70년대 이후 새로운 이주자들에 의해 조성된 신구역, 그리고 교외에 구래의 스텝 주민인 카자흐인과 비(非)러시아인들이 거주하는 구역의 3구역으로 나누어졌다. 러시아인들이 거주하는 신·구 두 구역에는 목조 가옥과 연와(煉瓦)로 지은 공공 시설물이 정연하게 배치되어 있다.

지리적으로 초원로 상에 위치하고 있기 때문에 민족의 이동이 자주 발생하였으며, 유목으로부터 정착화가 점차 이루어졌다. 그러한 민족들로는 카자흐·키르기스·가를쿠크, 그리고 중국 청(淸) 영역인 쿠르자로부터 이주해 온 둥간(東干)·타란치·위구르 등이 있다. 금세기에 들어서면서 시베리아와 중앙아시아를 연결하는 토르크시브 철도가 개통됨에 따라, 경공업을 위시한 산업이 발달하기 시작하였으며, 러시아 10월 혁명 때는 카자흐스탄과 중앙아시아의 혁명운동의 중심지 역할을 하였다. 1920년 카자흐자치공화국의 수도가 되고, 이듬해에 알마팅카강에서 유래된 현재 명칭 '알마티'로 개명하였다.

알벤가항 침몰선

교류의 유물적 전거로서의 해로 유적(침몰선). 침몰선의 소재는 1925년 이탈리아의 알벤가항(港)에서 유물이 어망에 걸려드는 사건으로 인해 파악되었다. 침몰선에 대한 본격적인 조사는 1950년 리굴리아 연구소 고고학자들에 의해 이루어졌는데, 상당한 성과를 거두었다. 학자들은 728개나 되는 많은 암포라(amphora, 두 개의 손잡이 달린 그리스의 호壺)가 발견된 점으로 미루어 이 침몰선이 기원전 2~1세기 로마의 와인 운반선으로 추정하였다. 관련된 유물로는 철제 글라프(진흙 같은 것을 걸러내는 공구), 연제조타륜(鉛製操舵輪), 동물의 뿔을 형상화한 이물, 소나무·전나무·떡갈나무 등의 자재가 발견되었다. 그러나 발굴 과정에서 연박(鉛箔)을 한 선체는 그만 부서지고 말았다. 알벤가항은 로마공화제 시대에 번성하였다가 제정시대에 들어와서는 육로가 많이 이용되는 까닭에 쇠퇴하였다. (8-128)

알타미라 동굴 Altamira Cave

동굴벽화로 유명한 스페인의 구석기시대 동굴. 1879년 5세의 소녀에 의해 발견된 스페인 북부 칸타브리아주(州)에 있는 구석시시대 후기(약 1만 2,000년 전)의 동굴이다. 이 동굴에서는 사슴·사자·들소·매머드·멧돼지 등 동물을 색채와 요철(凹凸)의 방법으로 생생하고 입체감 나게 표현한 구석기시대 최고의 회화 걸작이 발견되었다.

알타이 산맥 Altai, 阿爾泰

몽골과 중가리아 분지의 분수령이 되는 대산맥. 중국에서는 예로부터 '금산(金山)'이라고 불러왔으며, 투르크족들도 같은 의미의 '알툰이슈(金山)'로 지칭하였다. 금을 투르크어로 '알툰'(altun), 몽골어로는 '알탄'(altan)이라고 하며 '알타이'는 금이란 뜻에서 유래하였다. 알타이 산맥의 동남부에는 고비알타이 산맥이 연이어 있으며, 인근은 옛적부터 여러 유목민들의 활동 근거지였다. 중국·몽골·러시아의 3국 국경에 자리한 나이람달산(Nairamdal, 우호봉友好峰, 4,653m)이 산맥 중 최고봉이며, 그밖의 고봉(高峯)으로는 문프 하이르한산(4,231m)·스타이산(4,226m)·할히라산(4,116m) 등이 있다. 산림은 적으며 만년설과 산악 초원으로 뒤덮여 있다. 이 산맥으로부터 흘러내리는 물줄기는 오비(Ob')강에 유입되는 이르티시강과 자브한강에 유입되는 호브드천(川)이 있다.

예로부터 알타이 산맥은 많은 유목민들의 생활터전이었다. 5~6세기 중앙아시아 초원에서 활약한 에프탈족도 이 산맥으로부터 나왔으며, 6세기에서 8세기 전반 사이에 몽골에서 서투르키스탄에 이르는 광활한 지역을 지배한 돌궐(突厥)도 금산이 그 근거지였다는 전설이 있다. 이 전설에 따르면 돌궐은 원래 흉노의 별종(別種)으로서 성(姓)은 아사나(阿史那)다. 본래 한 부족을 이루고 있었으나 인접국에게 패하여 전멸하였다. 열살짜리 사내아이 하나가 가까스로 살아남아서 승냥이의 부양을 받으며 자라서는 승냥이와 교접(交接)하기에 이르렀다. 이 사실을

몽골 바얀 올기에서 바라본 알타이 만년설산

알아차린 인접국에서는 이 사내아이와 승냥이를 살해하려고 하였다. 승냥이는 도망쳐서 고창(高昌) 북부의 한 산중의 동굴에서 살았다. 그 승냥이로부터 10명의 아들이 출생하여 자라서 성(姓)을 갖게 되었는데, 그중 한 성이 바로 아사나다. 자손이 늘어나자 동굴에서 나와 금산의 남부에 살면서 유연(柔然)의 철공(鐵工)이 되었다. 금산은 갑옷 모양인데, 아사나 자손들이 갑옷을 '돌궐'이라고 부르는 데서 그 이름이 유래하였다고 한다.

그후 몽골의 칭기즈칸제국이 흥기하기 이전까지 이곳은 투르크계의 나이만 왕국의 근거지였다. 칭기즈칸에 의해 나이만 왕국이 멸망하고 몽골의 통일이 달성되자, 몽골 서부에서 알타이 산맥까지 일대를 그의 일등 공신인 아르라트부(部)의 보르치가 위임 통치하게 되었다. 몽골제국 시대에는 차가타이 칸국의 수도 알말리크로부터 톈산(天山) 북록의 비슈발리크와 바르쿠르를 경유, 알타이 산맥을 넘어 몽골의 수도 카라코룸에 이르는 길이 이용되었다. 서정(西征)하는 칭기즈칸이나, 서정 중에 있는 그를 만나러 간

장춘진인(長春眞人, 1148~1227)도 이 길을 따라 몽골에서 알타이 산맥을 넘어(1221년 7월) 중가리아에 이르렀다. 이것은 북방 초원로의 한 갈래라고 할 수 있다. 그밖에 서방에서 몽골에 온 사절 루브룩(William of Rubruck, 1215~1270)과 선교사 카르피니(Giovanni de Plano Carpini, ?~1252)도 알타이 산맥을 넘나들었다. 그 길은 매우 험난하였다. 도인 구처기(邱處機)의 4년간(1220~1224) 중앙아시아 여행기인 『장춘진인서유기(長春眞人西遊記)』에는, "서남행으로 3일간 가서 동남쪽의 큰 산과 큰 협곡을 지났다. 중추일(中秋日)에 금산(金山)의 동북방에 이르러 얼마간 주둔한 뒤 남행하였는데, 산은 높고 계곡은 깊으며, 비탈길은 길어서 차가 도저히 전진할 수가 없었다"라고 기록되어 이러한 사실을 알려주고 있다. 결국 원(元)조가 건립되고 몽골이 변경됨에 따라 이 길은 별로 이용되지 않았다.

알타이 어족(語族) Altaic languages

알타이 어족이란 투르크어·몽골어·퉁구스어가 서로 친연관계가 있다고 보고, 이 세 언어를 포

괄적으로 부르는 언어학적 명칭이다. 이 명칭은 이 언어를 사용하던 시조(始祖)의 원래 거주지가 알타이 산맥 부근이라는 데서 유래하였다. 그 분포는 동시베리아에서 유럽 동부까지의 광활한 지역이다. 한국어와 일본어도 이 어족에 포함시키는 언어학자가 있다. 알타이 어족은 크게 투르크·몽골·퉁구스의 3대 어군(語群)으로 나뉜다.

『**알탄 톱치**』*Altan Tobči*

몽골의 연대기적 사서(史書). 『황금의 제요(提要)』라는 의미의 이 책은 주로 티베트 불교가 몽골에 정착된 이후의 몽골 역사를 다룬 연대기적 사서다. 같은 이름의 사서가 4권이나 있어 그 진위는 아직 가려지지 않고 있다. 저작 연대만 해도 1603~1604년 설, 1651~1655년 설, 1669~1675년 설, 17세기 말~18세기 초 설, 미상설 등 다양하다. 또 2권은 저자 미상으로 되어 있다. 많은 역사적 설화와 더불어 칸들의 계보와 역사를 기술하고 있다.

알탈(斡脫)과 물질문명 교류

중세 소그드 상인과 페르시아 상인들의 상역 전통을 이어받은 사람들이 바로 원(元)대의 알탈(斡脫)이다. 원대 문헌에 나오는 '알탈'은 음사(音寫)가 분명한데, 그 원어가 무엇인지에 대해서는 여러가지 설이 있다. '통로'나 '상인'이란 뜻의 돌궐어 'ortak'의 음사라는 주장이 가장 신빙성이 있다. '권주(勸酒)'라는 의미의 몽골어 'ötök'나 '막사' '궁전'이라는 의미의 거란-몽골어 'ordu'와 관련시키는 설도 있다. 그런가 하면 일부 학자들은 장사를 잘한다든가, 또 음이 유사한 점을 들어 '유대(猶太)'의 음사로 보기도 하는데, 이것은 견강부회적인 해석으로 보인다. 왜냐하면 당시 유대인에 대해서는 '술홀(術忽)' '죽홀(竹忽)' '주오(主吾)' '주골(主鶻)' 등 페르

시아어 'Juhad'(유대인)에서 유래한 유사 지칭이 있었다. 또한 유대인들의 상역활동이 '알탈'의 이름으로 등장하는 사람들이 벌인 상역활동만큼 두드러지지 않았기 때문이다. 어원이 어찌 되었든, 원대의 알탈은 중앙아시아 출신의 무슬림 상인들을 지칭하는 전문용어임에는 틀림이 없다. 그들 대부분은 돌궐어를 사용하는 소그드 상인들이거나 아니면 페르시아어를 사용하는 페르시아 상인들의 후예로서 일찍부터 몽골인들과 관계를 맺고 교역활동을 진행하여왔다. 몽골 흥기 당시 상역 경험이 없는 몽골 지배층들은 그들과 밀접한 관계를 유지하면서 노획한 금은보화를 그들에게 맡겨서 경영하도록 하고, 정기적으로 이식(利息)만 챙겼다. 몽골군 서정 때는 알탈들이 선봉장이 되어 정보를 제공하고 정복지와의 관계 조정에 나섰으며, 조정이나 서정군의 사절로 파견되기도 하였다. 그 과정에서 그들은 나름의 교역활동을 벌여 축재하기도 하였다. 그들은 교역활동에서 두각을 나타냈을 뿐만 아니라, 몽골 조정에서 요직도 차지하여 원대 통치집단의 한 구성원이 되기도 하였다. 알탈은 주로 대외적으로는 주보(珠寶) 교역에 종사하고, 대내적으로는 고리대금업을 경영하였다. 원대에 고관대작들의 사치성 주보에 대한 기호는 대단하였다. 이러한 주보는 모두 알탈들이 아시아 전역을 누비면서 진행한 교역에 의해 충당되었다. 알탈들은 고수익성 고리대금업으로 많은 재부를 축적하였는데, 그들의 고리대금의 특징은 '알탈전(斡脫錢)' 혹은 '알탈관전(斡脫官錢)'이라고 하는 고액 이자로서, 이자율은 100%에 달하였다.

중국 본토 내에서의 알탈들의 활동도 상당히 활발하였다. 1263년에 중도로(中都路) 일대(현 베이징과 그 부근)에만 2,953호의 회회인(回回人, 무슬림)이 거주하고 있었는데, 그들 대부분은 상호(商胡)들이었다. 그들의 활동범위는 멀

리 변방의 '서번지(西蕃地)', 즉 티베트족 거주지까지를 망라한 전국적 규모였다. 국제적으로는 중앙아시아는 물론이거니와 인도나 서아시아의 일 칸국과도 활발한 교역을 진행하였다. 그 결과 중국과 기타 지역의 백은(白銀)이 중앙아시아로 다량 유입됨으로써, 중앙아시아는 은통화 결핍을 극복하고 13세기 중엽 이후 한때 국제적인 상업 금융 중심으로까지 부상하였다.

알탈들의 경제력이 무한정 팽창하자 쿠빌라이 시대부터는 그들에 대하여 보호와 제한의 이중정책을 실시하였다. 알탈들이 지방에서 상역 활동을 하려면 당국으로부터 허가를 받고 정량의 상세(商稅)를 납부해야 하고, 고리대금 이자율도 일정률로 규정하였으며, 말이나 무기의 해외 판매를 금지하는 등 일련의 제한 조치를 취하였다. 1267년 이후 한때는 알탈소(斡脫所), 혹은 알탈총관부(斡脫總管部)를 설치하여 알탈들의 활동을 전문적으로 관리하기도 하였다. 이와 같이 원대의 알탈들은 전대의 소그드 상인들과 페르시아 상인들의 상술을 계승하여 기마유목민족인 몽골인들에게 상혼을 심어주고, 동·서 교역을 활발히 전개함으로써 중세의 세계적 대국인 몽골제국의 건설에 기여하였다. 그들의 교역 활동에 의해 중앙아시아를 사이에 두고 중국과 서아시아 및 인도, 나아가서는 유럽과의 문물교류가 전례 없이 활기를 띠게 되었다. 뿐만 아니라 그들 특유의 상업금융활동은 중세 경제사 연구의 귀중한 사료로 평가되고 있다.

알티샤르 Altī Shahr

중국 신장 타림분지 주변의 오아시스 지역에 대한 범칭. 투르크어로 '6개 도시'란 뜻으로서 카슈가르·야르칸드·호탄 등 타림 분지 주변의 6개 오아시스가 포함된다. 18세기의 『타즈키르 이 아지잔(聖者의 傳記)』이란 책에 이에 대한 기록이

보이며, 청조가 정복한 이후인 18세기 중반 건륭 연간에는 '육성(六城)'으로 표현하고 있는가 하면, 청대 신장 지방지인 춘원(椿園)의 『서역견문록(西域見聞錄)』(8권, 일명 『이역쇄담異域瑣談』, 1777)에는 '육대회성(六大回城)'으로 나온다.

『알파미슈』 Alpamish

중앙아시아 투르크계 민족들의 영웅서사시. 무슬림 주인공 알파미슈가 이국(異國)인 카르막에 이주한 허혼녀(許婚女, 어려서 부모들에 의해 허락된 약혼녀) 바르친을 데려오기 위해 불교도들인 카르막 전사들과 영웅적으로 싸워 마침내 그녀와 함께 개선하며, 패전의 카르막 전사들은 이슬람으로 개종한다는 내용이다. 종교적 색채가 짙은 작품이다.

암만 Amman

현 요르단의 수도. 기원전 나바테아 왕국 시대부터 아라비아 반도 남부 일대에서 홍해 연안을 따라 북상하는 대상(隊商)들의 이른바 '왕의 길'의 요로에 위치한 암만은 1~2세기 때 로마의 지배하에 들어갔다. 로마는 이곳을 아라비아 반도나 이집트로 가는 전진기지로 삼고 많은 로마인들을 이곳에 주둔시켰다. 로마인들은 이 도시에 원형극장이나 신전, 관개시설, 목욕탕 등을 건설하였다. 암만은 성채로 에워싸인 몇 개의 구릉으로 이루어진 도시로서 가장 높은 언덕이 시의 중심지다.

암보이나(Amboina) 학살사건 1623년

1623년 향료군도(말루쿠 군도)의 암보이나(Amboina) 주재 네덜란드 총독(네덜란드는 이곳을 1605년에 점령함)이 동방 진출을 목적으로 이곳에 내항한 영국 상인 18명을 '불법침입'의 죄명으로 체포해 그중 9명을 처형하였다. 이것

이 이른바 '암보이나 학살사건'이다. 이 사건 이후 영국은 향료군도 진출을 포기하고 인도 경략에만 전념하였다.

암스테르담 Amsterdam

네덜란드의 수도. 해양무역의 거점. 네덜란드의 서북쪽 암스텔강이 에이셜호(湖)로 흘러들어가는 하구에 자리한 양항(良港)이다. 암스테르담은 13세기 건설된 이래 14세기부터는 라인강의 무역중심지로, 17세기 이후는 동인도회사를 통한 아시아 무역의 거점으로, 현대에는 유럽대륙의 도로·철도·항공·해운의 요지로서 줄곧 교역과 운명을 같이해왔다. 시내의 암스테르담 국립박물관과 로테르담의 프린스 헨드릭 해양박물관, 국립공문서관 등은 네덜란드와 세계의 해상교통과 교역에 관한 귀중한 자료를 제공해주고 있다. 면적 637km²에 70개 섬이 500개의 다리로 연결된 암스테르담은, 여러 운하로 둘러싸인 부채꼴의 아름다운 도시다.

암포라 amphora

지중해 연안에서 제작된 운반 및 저장용 항아리. 기원전 3세기부터 그리스를 비롯한 지중해 연안 각지에서 와인이나 올리브유, 곡물 등을 저장하거나 운반하기 위해 만든 토제 항아리다. 긴 몸체와 목 양측에 손잡이가 튀어나와 있는 것이 기본 형태다. 그리스 이래 기본 형태는 크게 변하지 않았지만, 손잡이라든가 어깨 너비 등에서 약간의 변화가 있었는데, 그것으로 제작지와 제작연대를 추정한다. 아직도 지중해 해저에는 한 배에 수백 개의 암포라를 실은 채 침몰된 배들이 많다고 한다.

압바스조(朝) 이슬람제국 750~1258년

이슬람의 세습 왕조. 749년 예언자 무함마드의 숙부 압바스의 증손인 사파흐가 중앙정부에 반기를 들고 일어나 자신을 무함마드의 계위자인 칼리파로 선포하고 전대인 우마이야조를 전복하였다. 우마이야조의 잔재 세력들은 스페인에 도주해 '후(後)우마이야국'(일명 '서칼리파국', 756~1031)을 세웠다. 사파흐는 762년 수도를 다마스쿠스에서 바그다드로 옮기고 정식으로 압바스조 이슬람제국(일명 '동칼리파국')의 건설에 착수하였다. 압바스조는 그리스·로마 문화나 페르시아 문화, 이집트 문화 등 주변의 선진문명을 적극 받아들여 새로운 아랍-이슬람 문명의 창조에 효과적으로 활용하였다. 그리하여 정치·경제·문화의 모든 영역에서 신속한 발전을 이루어나갔다. '사막의 아들'에서 일약 '바다의 아들'로 태어난 아랍-무슬림들은 천문학과 지리학 지식을 이용해 해외 진출에 적극 나섰다. 그리하여 제5대 칼리파 하룬 알 라시드 시대(재위 786~809)와 그의 아들 마어문 시대에는 미증유의 전성기를 맞이하였다. 그러다가 투르크계 용병들이 정권을 장악하고, 지방에서 불만과 이탈 현상이 일어나면서 제국은 사양길로 접어들었다. 급기야 칭기즈칸의 손자 훌라구가 이끄는 제3차 몽골군의 서정에 의해 1258년 제국은 멸망하였다.

앗슈르 Assur

아시리아제국의 첫 수도. 이라크의 티그리스강 우안에 자리하고 있는 이 고도는 원래 아카드와 바빌로니아의 지배하에 있다가 아시리아조가 세워지자 그 수도가 되었다. 기원전 612년에 메디아와 바빌로니아 연합군의 공격을 받아 도시는 심하게 파괴되었다. 19세기에는 영국이, 20세기에는 독일이 각각 이 고도에 대한 고고학적 조사를 진행해 그 면모가 드러나기 시작하였다. 유적의 북부에는 궁전과 신전이 있다. 동북쪽 끝에 있는 한 변이 60m에 달하는 신전은 이 도시의 신 '앗슈르'를 위해 세웠던 것으로 밝혀졌다.

앙가 昻加

도일 고구려 사신. 682년 6월 대고(大古)의 신분인 그는 공방물사(貢方物使) 자격으로 모절(毛切)과 함께 도일하였다. (8-187)

앙드레 드 롱쥐모(André de Longjumeau)의 몽골 사행(使行) 1249년

1248년 제7차 십자군원정에 나선 루이 9세는 키프로스에 상륙하였을 때 이란 주재 몽골 대장 이루치카타이가 십자군의 성지 회복을 지원하겠다는 내용의 서한을 휴대한 사신을 접견하였다. 이에 고무된 루이 9세는 도미니크 수도회 수도사 앙드레 드 롱쥐모를 단장으로 20명의 같은 회 수도사와 4명의 평민으로 구성된 사절단을 몽골에 파견하였다. 일행이 1249년 2월에 출발하여 발하슈호 동남쪽 일리 강가에 이르렀을 때 몽골은 귀위크 칸이 사망하고 황후 오구르 카이미시가 섭정하고 있었다. 사절단을 접견하는 자리에서 황후는 기세등등하게도 '서구인들이 복속해오지 않으면 전멸시켜버릴 것이다'라고 폭언하였다. 겁에 질린 사절단이 황후의 답신을 가지고 급히 귀국했는데, 그 답신에도 루이 9세에게 해마다 금은으로 연공(年貢)을 상납하지 않으면 '속민'(유럽인)들을 섬멸해버리겠다는 위협적 내용이 들어 있었다.

앙카라 Ankara

오아시스로 상의 교역 거점. 아나톨리아 고원의 중앙부, 표고 800~1,000m의 고지에 자리한다. 기원전 3000년경 청동기시대부터 알려지기 시작한 이 고도는 히타이트부터 아케메네스조 페르시아, 셀레우코스, 로마로 이어지는 여러 외부

앙카라의 로마 목욕탕 유적

세력의 지배를 받았다. 당시는 '앙큐라'라고 불렀다. 이곳에는 로마시대가 남긴 유적들이 적잖게 남아 있다. 로마제국이 분열한 뒤에는 비잔틴제국의 통치를 받다가 잠시 사산조 페르시아와 아랍의 지배를 받기도 하였다. 1071년 만지케르트 전투에서 비잔틴제국이 셀주크 투르크에게 패하자 아나톨리아는 투르크인들의 세력범위에 들어가게 되었으며, 이때부터 아나톨리아의 투르크화가 본격화되었다. 1073년에 앙카라는 셀주크 투르크에게 예속되는 운명에 처하게 되는데, 이때 '앙고라'라고 고쳐 불렀다. 그후 십자군과 일 칸국의 지배를 받다가 1360년 신흥 오스만제국의 영토에 편입되었다. 1402년 중앙아시아에서 흥기한 티무르가 진격해 와 오스만제국의 술탄 바야지트 1세와 '앙고라 전투'가 벌어진 결과 오스만군이 대패하였다. 오스만제국이 침체에 빠져 있던 1923년 케말 아타튀르크가 터키공화국을 선포하고 수도를 이스탄불에서 앙카라로 옮겼다. (2-310~312)

앙카라 전투 Battle of Ankara, 1402년

티무르와 오스만 투르크의 술탄 바야지트 1세의 전투. 바야지트 1세가 일세를 풍미하던 티무르제국에 충성을 맹세한 투르크계 제후국(諸侯國)들을 공격하자 티무르는 보복차 대군을 급파,

1402년 7월 20일 앙카라의 근교 쿠북 평원에서 접전을 벌였다. 이를 일명 '앙카라 전투'라고 한다. 각각 20만 대군의 격전에서 보병 위주의 바야지트군은 기병 위주의 티무르군의 적수가 되지 못하였다. 바야지트군의 일부는 티무르군에게 투항하기도 했으며, 바야지트는 낙마해 포로가 되었다.

앙코르와트 Angkor Wat

크메르의 세계적인 문화유적. 크메르어로 '앙코르'는 '왕도(王都)' '와트'는 '사원'을 뜻하므로 '앙코르와트'는 '왕도의 사원'이란 뜻이다. 여기서 '왕도'는 앙코르 왕조(802~1432)의 수도를 일컫는다. 이 사원은 앙코르 왕조의 전성기인 12세기 전반에 수르야바르만 2세가 세운 것으로 알려지고 있다. 처음에는 힌두교의 주신인 비슈누신과 국왕을 모시는 힌두교의 사당이었으나 어느 시기인지는 명확치 않으나 점차 불교 사원으로 변하였다. 건물이나 장식·부조에서는 인도의 바라문교의 영향이 역력하며, 동남아시아나 서역적인 요소도 엿보이지만, 크메르의 독창적인 양식이나 장식이 더욱 돋보인다. 유적은 동서 1,040m, 남북 820m의 터에 자리 잡고, 폭 220m의 해자(垓字)에 둘러싸여 있다. 서면의 입구 정문에는 길이 235m의 탑문(塔門)이 세워져 있으

앙코르와트의 아기자기한 인물 조각상

며, 탑문에 들어서면 폭 9.5m, 길이 475m의 성도(聖道)가 일직선으로 사당까지 쭉 뻗어 있다. 주요 건물은 계단식 피라미드 모양을 한 3중(重)의 회랑과 거기에 에워싸인 중앙사당이다. 제1 회랑의 길이는 동서가 215m, 남북이 187m나 되며, 그 안쪽 벽면에는 「마하바라다」와 「라마야나」 같은 인도의 서사시가 새겨져 있다. 15세기 앙코르 왕조가 멸망하면서 정글 속에 묻혔던 이 유적은 1861년 프랑스의 한 고고학자에 의해 발견되었다.

애로호(號) 사건 Arrow War, 1856년

영국과 청국 간의 분쟁사건. 1856년 중국 청 정부의 관헌들이 광저우항(廣州港)에 머물고 있던 애로호를 검문하여 중국인 선원들을 체포하는 일이 발생했다. 애로호는 중국 배였지만, 영국 선적(船籍)을 갖고 있었기 때문에 청 정부의 애초 의도와는 달리 사건이 크게 확대되었다. 즉 이 사건을 계기로 중국과의 통상이 원활치 못해 불만을 품어오던 영국이 선원 체포 당시 청 정부의 관헌들에 의해 애로호에 걸려 있던 영국의 국기(國旗)가 모독되었다는 것을 구실로, 때마침 광시(廣西)에서 자국 선교사가 피살된 데 대한 보복을 노리고 있던 프랑스와 연합해 일시에 광둥을 점령하였다. 영국과 프랑스는 기세를 몰아 북쪽으로 진격하여 톈진(天津)을 압박하고, 이를 기회로 1858년 청 정부와 '톈진 조약'을 체결하였다. 그러나 이 조약에 불만을 품은 청 정부가 조약의 비준서 교환을 위해 베이징으로 향하던 영·불 공사의 배를 대고포대(大沽砲臺)에서 공격하는 일이 발생했다. 이에 영·불 양국은 청국 정부를 더욱 몰아붙여 1860년 톈진 조약보다 침략의 강도를 더 높인 불평등한 '베이징 조약'을 맺었다. 거기에는 배상금의 증액, 톈진 개항, 중국인의 해외 도항(渡航)에 대한 인가(認可), 주룽

(九龍) 지구의 영국 할양(割讓) 등 굴욕적인 내용들이 들어 있다. 이것이 이른바 제2차 아편전쟁 혹은 '애로 전쟁'이다. (9-35)

앵글로색슨 Anglo-Saxon

독일의 서북부 지역에 살던 게르만족의 일파가 인구 증가로 인해 출구를 찾아 5세기 중엽부터 북해를 건너 잉글랜드 동남 방면으로 이주하였다. 그들이 바로 앵글로색슨족(앵글족과 색슨족)이다. 이들이 이주하면서 잉글랜드에 대한 로마문화의 영향이 사라지고, 그들에 의한 소국가 시대, 즉 7왕국 시대가 열렸다. 그들은 9세기에 통일적인 앵글로색슨 왕조를 세워 약 200년간 지탱하다가 내침한 데인인(Danes)들에게 무너졌다.

야광패(夜光貝)와 나전(螺鈿)

칠기(漆器)의 상감(象嵌) 기법. 칙칙한 칠기를 화려하게 장식하기 위해 산호초(珊瑚礁)에 서식하는 조개를 상감용으로 사용하는데, 이런 조개를 야광패라고 하며, 이러한 기법을 나전기법이라고 한다. 중국에서는 당나라 때부터 청나라에 이르기까지 칠기 제작에서의 나전기법을 중요한 공예기법의 하나로 간주해왔다. 한국이나 일본에서도 야광패의 상감기법에 따른 나전칠기 제작이 상당히 높은 수준에 달하였다.

야르칸드 Yārkand(페르시아어), Yākan(위구르어)

오아시스로 남도 상의 교통 요지. 야르칸드는 현 중국 위구르자치구 서남부에 자리한 오아시스 도시 사차(莎車)의 옛 이름이다. 이곳은 타림분지 남변을 지나가는 오아시스로 남도의 동서단로(東西段路, '단로'란 일정 구간의 길)와 티베트나 카슈미르로 통하는 오아시스로 남도의 남북단로(南北段路)가 교차하는 지점으로, 예로부터 교통과 교류에서 중요한 역할을 해왔다. 야르칸드는 15~18세기에는 차가타이 칸의 한 후예가 세운 지방정권의 수부(首府)이기도 하였다. 18세기 중엽 청나라가 정복하면서부터는 이 지역의 정치·경제적 중심이 인근의 카슈가르로 옮겨가 점차 쇠퇴하기 시작하였다.

야마다 나가마사 山田長政, ?~1630년

서행 일본인. 일본 스루가(駿河) 출신의 야마다 나가마사는 1611년경 주인선(朱印船)을 타고 샴(현 타이)의 아유다야시(市)에 가서 일본인들의 두령(頭領)으로 활약하였다. 큰 전공(戰功)을 세워 국왕의 신임을 받아 최고위급까지 승진하였으나 이후 지방 군수로 좌천되어 교전 중 독살됐다. 아유다야시의 일본 거리 유적으로는 일본어로 쓴 야마다의 현창비(顯彰碑)와 석등·초롱 등이 남아 있다. (9-52)

야마오카 고타로 山岡光太郎, 1880~1959년

일본 최초의 메카 순례자. 히로시마현(廣島縣) 후쿠야마정(福山町, 현 福山市)에서 출생한 야마오카는 도쿄 외국어학교 러시아어과를 졸업(1904)하고 러일전쟁이 일어나자 육군 통역관으로 지원해 출정하였다. 전후에는 만주창도군정서(滿洲昌圖軍政署)와 조선군사령부에 근무하다가 일본인으로는 처음으로 메카 성지순례(1909년 9월~1910년 1월)를 다녀왔다. 그후 2차에 걸쳐 세계여행에 나섰는데, 약 7년간의 첫번째 여행은 1912년 12월~1920년 2월에 아프리카의 모로코·알제리·튀니지, 이스탄불, 리스본(1916년 2월)에 이르는 여정이었다. 리스본을 떠나 3년 7개월간 남미 10개국을 역방하고 일본 선박 안양환(安洋丸)을 타고 요코하마(橫濱)로 귀국하였다. 4년에 걸친 두번째 세계여행은 1923년 1월 조선과 다롄(大連)·상하이(上海)

를 거쳐 카이로에 이른 후 이듬해 1월 이스탄불에 도착하는 여정이었다. 하지만 이스탄불에서 군사 정탐을 한다는 밀고를 당해 1926년 감옥에 갇혔다가 이듬해 6월 국외 추방령 판결을 받고 터키를 떠나 귀국하였다. 3번에 걸쳐 총 12년간의 해외여행을 마친 야마오카는 만년에 홀로 초라하게 노인복지시설들을 전전하다가 80세를 일기로 병사하였다. 메카 순례 여정을 담은 『세계의 신비경(神秘境) 아라비아 종단기(縱斷記)』(1912)를 남겼다.

야요이 문화 彌生文化, 기원전 200~기원후 300년

일본 선사시대의 농경문화. 동아시아 전파문화의 전범(典範)이라고 할 수 있는 야요이 문화는 일본 도쿄(東京)의 야요이(彌生) 유적에서 발견된 토기에 연유되어 지어진 이름이다. 이 문화의 특징은 채집경제를 바탕으로 한 전대의 조몬(繩文)문화를 계승한 것이 아니라, 대륙으로부터 한반도를 지나 기타큐슈(北九州) 지방에 전해졌다. 그후 다시 기나이(畿內) 지방으로 동전(東傳)한 뒤 일본 전국에 확산되어 이루어진 것이다. 야요이 문화인들은 벼 위주의 농경생활을 하고 금속기를 사용했으며, 계급 관계에 기초한 고대사회를 이루기 시작하였다.

야율초재 耶律楚材, yeh-lǚ chu-ts'ai

중국의 서행 여행인. 13세기 전반에 몽골제국의 정치가로 활약한 야율초재는 장춘진인(長春眞人, '장춘진인'항 참고)과 비슷하게 칭기즈칸의 서정(西征)에 종군하면서 견문한 것을 여행기 『서유록(西遊錄)』(1228)으로 엮었다. 여행의 과정이나 결과, 그리고 여행기로만 보면 서행 여행인의 한 사람이라고 할 수 있다.

야즈드(Yazd) 도시 유적

교류의 유물적 전거로서의 오아시스로 상의 유적. 야즈드는 현재 이란 이스파한 동방 330km 지점에 있는 조로아스터교의 고도인데 사파비조(Safavi, 1502~1763) 시대에 번영하였다. 지금도 이곳 주변에는 조로아스터교도들이 거주하고 있으며 묘탑과 불의 제단을 비롯한 조로아스터교 유물이 많이 남아 있다. 이곳에서 북행하여 카비르 사막 가운데 있는 타바스(Tabas)를 지나가면 이슬람 시아파의 성지 마슈하드(Mashhad)에 이른다.

야즈드의 산 정상에 있는 조로아스터교 장례터 '침묵의 탑'

약광 若光

도일 고구려 부사(副使). 666년 10월 달상(達相)이란 관직을 맡고 있던 약광이 고구려의 진조사(進調使) 부사로 도일하였다. (8-182)

약덕 若德

도일 고구려 소사(小使). 630년 3월 대사(大使) 연자발(宴子發)과 함께 조공사의 소사로 도일하였다. (8-174)

『약로설(藥露說)』 Sabbathino de Ursis 저, 1618년

중국 최초의 서약(西藥) 제조법 전서. 중국을 방문한 이탈리아 선교사 데 우르시스(Sabbathino de Ursis, 熊三拔, 1575~1620)는 1618년에 이 책을 저술하여 주로 증류(蒸溜)에 의해 약을 만드는 서약(西藥, 서방약) 제조법을 처음으로 소개하였다. 선교사들로부터 이러한 서약 제조법을 전수받은 중국인들은 청(淸) 초기부터 약로(藥露, 증류법으로 만든 약)를 본격적으로 제조하기 시작하였다. 강희(康熙) 연간(1662~1722)에는 궁중에서도 선용(善用)할 정도로 서약이 잘 알려졌고, 중국인들 가운데서도 서의(西醫, 서방의학)와 서약을 연구하는 전문가들이 배출되었다. 또한 서방 의학의 원리에 관한 이론서적들도 속속 출간되었다. 1688년에 저술된 『의학원시(醫學原始)』(4권)를 비롯해 명말 청초에 모두 15종 170권의 서양 의학전서가 출간되었다. 그밖에 서의 병원 건설은 마카오에만 국한하였는데, 카르네이로(D. M. Carneiro)가 1569년에 건립한 성 카사 병원(Santa Casa da Misericórdia, 일명 자비의 성채, 자애당)을 비롯해 3개의 병원이 운영되었다.

『약초의 형질(形質)』 *The Corpus of Simples*, Ibn al-Baitar 저, 13세기

아랍의 약초 전서(藥草專書). 중세 아랍의 학자인 이븐 알바이타르(Ibn al-Baitar, 1197~1248)는 이전부터 전해 내려오는 1,000여 종의 약재에 약 400종을 추가하여 1,400종의 약초·음식·약품을 정리한 의약전서를 출간하였다. 서역 의술의 동방 전파는 필연적으로 치료용 약재나 약초의 유입을 동반하였는데, 이러한 약재와 약초는 산지를 기준으로 아랍산과 인도산의 두 종류로 대별할 수 있다. 중세 아랍 상인들은 약재의 무역에도 능했다. 그들은 중국의 동남해 연안과 장안(長安), 인도의 파라주(婆羅州) 등지에서 약재 시장을 독점하고 동서 약재 교역에 종사하였다. 아랍보다는 적지만 인도의 초약(草藥) 품목도 상당히 다양하였다. 기원 초의 저명한 약물학자이며 성의(聖醫)라고까지 불린 차라카(Charaka,

사라가闍羅迦)는 인도의 초약품이 약 500종이나 된다고 하였으며, 수슈루타(Susruta, 묘문妙聞, 5세기)는 무려 760종에 달한다고 하였다. 『신농본초경(神農本草經)』에는 중국 약재가 360종이라고 기술하고 있다. 여러 사전의 관련 기술을 종합해보면 중세에 중국에 전래된 식물 및 약초는 약 92종에 달한다.

얀 요스텐 Jan Joosten, 1556?~1623년

일본 막부(幕府)에 기용된 네덜란드인. 항해사로 영국인 항해장(윌리엄 애덤스, 미우라 안진三浦按針)과 함께 표류하다가 1600년 분고(豊後)에 도착하였다. 얀 요스텐은 에도(江戶)시대 도쿠가와 이에야스(德川家康)에게 기용되어 니혼바시(日本橋)에 거주하며, 일본 여인과 결혼도 하였다. 그가 살았던 곳을 야에쓰가시(八重洲河岸)라고 부른다. 얀 요스텐은 주인선(朱印船)을 타고 샴(타이)과 교지(交趾, 현 베트남) 등 동남아시아를 왕래하면서 교역에 종사했으며, 막부와 주일 네덜란드 상관(商館) 간의 중개역을 맡기도 했다. (9-55~56)

양고 陽古

백제의 서인(書人). 588년 서인(書人), 즉 화공(畫工) 자격으로 진조사(進調使) 수신(首信)과 함께 도일하였다. (8-171)

양관 陽關

오아시스로 남도의 관문. 중국 한대에 둔황(敦煌)이 대원(大宛) 원정 때 기지 역할을 수행해 둔황군(郡)으로 승격되면서 동시에 양관도 설치하게 되었다. 양관은 둔황 서남쪽 약 70km 지점에 있는 남호점(南湖店)에서 서남으로 3~4km 더 가면 나오는 고동탄(古董灘)으로 추정된다. 남호점은 한대의 용륵현(龍勒縣), 당대의 수창현(壽

중국 오아시스로 남도의 관문인 양관 입구(동상은 서역개통의 주역 장건)

昌縣) 현지(縣址)에 해당한다. 둔황과 양관, 옥문관(玉門關, 오아시스로 북도의 관문)은 정삼각형을 이루는 오아시스의 관문이다.

양귀문 陽貴文

백제의 도일 와박사(瓦博士). 588년 진조사(進調使) 수신(首信)과 함께 도일해 헌상(獻上)되었다. (8-171)

양사오(앙소) 문화 仰韶文化

중국 신석기시대의 채도문화. 1921년 스웨덴의 지질학자 안데르손(J. G. Andersson)이 허난성(河南省) 멘츠현(澠池縣) 양사오(仰韶)에서 채도(彩陶)를 발견한 이후로 채도로 대표되는 화북지대의 신석기문화를 '양사오 문화' 또는 '채도문화'라고 한다. 박석기(剝石器)와 석인(石刃)·방추차(紡錘車) 등 신석기시대 유물이 출토되었다. 최초의 농경문화로서 조가 주요 경작물이고, 개와 돼지를 사육하였다. ('안데르손'항 참고)

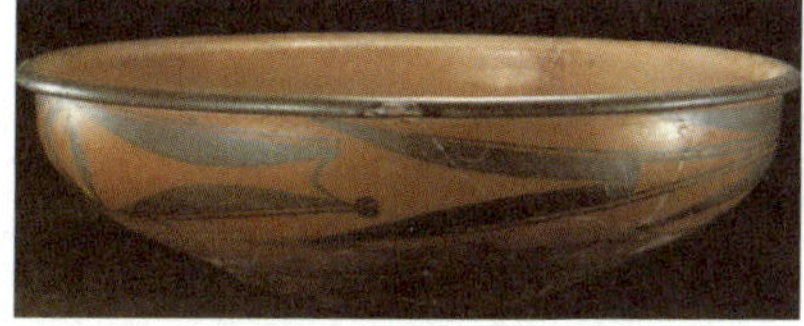

양사오 유적지에서 출토된 채도

양석문화 陽石文化

고대 해양문화. 양석문화론은 근대적 문명담론의 하나인 문명이동론(文明移動論) 중 문명단원설(文明單元說, theory of simple origin of civilization)에서 거론된 문명담론이다. 19세기 말부터 20세기 초까지 영국에서 대두한 이른바 '맨체스터 학파'(Manchester School)의 대표적 인물들인 스미스(E. Smith)는 저서 『조기(早期) 문화의 이동』과 『고대 이집트』에서, 페리(W. J. Perry)는 저서 『문명의 성장』에서 각각 문명단원론을 주장하였다. 그들의 주장에 따르면 문명은 유일한 발상지인 이집트에서 3대 간선(문명이동 남선, 중간선, 북선)을 따라 세계 각지로 이동하고 확산되었는데, 그중 문명이동 남선은 이집트 → 시리아 → 홍해 → 남(南)아라비아 반도 → 인도 → 인도네시아 → 중남미로 이어지는 길이다. 태양과 석물(石物, 거석기념물 포함)을 숭배하는 양석(陽石) 복합문화가 이 남선 지대의 대표적인 문화, 즉 해상 실크로드 문화(해양문화)다.

태평양 상의 이스트 섬에 있는 아후 비나트 거석 제단

양성규 楊成規

도일 발해 사신. 871년 12월 부사(副使) 이홍성(李興晟) 등 일행 105명과 함께 가가(加賀)에 도착, 이듬해 5월 상경(上京)해 발해 왕의 계장(契狀)과 신물(信物)을 전하고 종삼위(從三位)를 하사받았다. 입관사(入觀使)의 대사(大使) 자격으로 도일할 당시 그의 직위는 정당성좌충(政堂省左充), 정사품(正四品), 위군대장군(慰軍大將軍), 상진장군(上鎭將軍), 사자금어대(賜紫金魚袋)였다. 그는 내장료(內藏寮)와 경사(京師) 사람들, 그리고 시민들과 교역을 진행하였다. 같은 달 칙서(勅書)와 태정관첩(太政官牒)을 받고 귀국하였다. 귀국시 장객사도(掌客使都) 양향(良香)으로부터 시(詩)와 부채의 명문(銘文)을 받았다. (8-218)

양승경 楊承慶

도일 발해 사신. 758년 9월 부사(副使) 양태사(楊泰師) 및 발해에 파견한 일본 대사 오노 다모리(小野田守)와 함께 도일하였다. 대사 자격으로 도일할 당시 그의 관직은 보국대장군(輔國大將軍), 행목저주자사(行木底州刺史), 겸병서소정(兼兵署小正), 겸장군(兼將軍), 개국공(開國公) 등이었다. 이듬해 정월 발해 왕의 표문(表文)과 공물(貢物)을 전하고, 정삼품의 관직과 함께 향응(饗應)과 녹봉을 받았다. (8-200)

양잠기술의 전파

서구인들이 최초로 비단을 '세레스'(Seres)라고 지칭한 것은 기원전 5세기경으로, 이때부터 중국 비단이 서구에 전해졌다고 볼 수 있다. 중국 비단의 서방 전달자는 우선 서방에 '비단족'으로 알려진 월지(月氏)인들이다. 은주(殷周)시대부터 춘추전국시대에 이르기까지 서역 동부에서 허시(河西)·간쑤(甘肅) 지역을 영유한 대국이었고, 한대에는 파미르 고원 이서에 천거하여 활약한 월지는 실크로드 오아시스로의 남도에 위치한 우기(于闐, 호탄)산 연옥(軟玉, nephrite)을 중국에 수출하여 중국(특히 은주시대)의 옥문화(玉文化)를 연 장본인들이다. 그 때문에 동방에서는 '옥의 민족'으로 알려졌다. 그들은 중국에 옥을 수출하는 대가로 중국 비단을 서방에 중개·수출하였던 것이다. 이어서 중국 비단을 서방으로 전달한 사람들은 흉노인이었다. 기원전 3세기 말 막북(漠北)의 몽골 일원을 통일하고 흉노제국을 건립한 모돈 선우(冒頓單于)는 중원(中原)에 근접한 한고조(漢高祖)를 백등(白登)에서 격파한 후 형제동맹을 맺고, 한으로부터 다량의 증견(繒絹)을 공물로 받았다. 한고조가 모돈에게 보낸 증견의 수량은 미상이나 정화(征和) 4년(기원전 89, 무제武帝 사망 2년 전)에 흉노의 고록고 선우(孤鹿姑單于)가 무제에게 보낸 편지에 따르면 매년 '벽주오천곡 잡증만필(蘗酒五千斛 雜繒萬匹)'이 방물로 제공되었으며, 황룡(黃龍) 원년(기원전 49)에 입조한 호한사 선우(呼韓邪單于)는 한제로부터 '의백일십습 금백구천필 서팔천근(衣百一十襲 錦帛九千匹 絮八千斤)'을 받았다고 한다. 이렇게 흉노는 한으로부터 얻은 비단을 모두 소모하지 않고 일부는 서방과의 교역품으로 충당한 듯하다. 파지리크(Pazyryk)나 노인울라(Noin-Ula) 유적에서 비단 유물과 함께 서방 문물이 출토된 사실은 이를 증명해준다. 당시 승승장구하던 흉노는 대원(大宛)·안식(安息) 등 서역 제국과 활발한 교역을 진행하였다.

양잠기술의 로마 전파 월지나 흉노의 중개로 한대부터 중국 비단이 로마에 대대적으로 유입되어 사치품으로 큰 인기를 모았다. 품질과 문양이 뛰어나고 이색적인데다가 멀고먼 험산준령을 넘느라 운반비가 많이 들고, 경유국마다 세금까지 더해져 로마 현지에서의 비단은 '금과 같은 중량으로 취급'되는 고가의 진품 중의 진품이었다. 로마 공화정 말기 카이사르(기원전 100~44)는 극장에 나타날 때면 꼭 초호화 의상으로 주포(綢袍, 비단옷)를 입곤 하였다. 그후 로마의 남녀귀족들 사이에서는 앞을 다투어 비단옷을 입는 풍조가 일어 비단이 고갈될 지경에 이르렀다. 제정 초기 티베리우스 황제(재위 14~37)는 남자들의 비단옷 착용을 금지하는 칙령까지 내렸으나, 좀체로 비단의 수요는 줄어들지 않았다. 1세기경부터 몇 세기 동안 로마의 비쿠스 투스쿠스(Vicus Tuscus) 지역에는 전문 비단 시장이 개설되어 성황을 이루었고, 시돈(Sidon, 현 레바논 사이다Saida) 등 도시에는 중국에서 수입한 흰 비단을 다시 풀어서 능기(綾綺, 무늬 있는 얇은 비단)를 짜거나 염색 혹은 누금(鏤金)하는 가공공장이 생겨났다. 2세기 때 로마제국의 극서(極西) 도시인 런던의 비단 성행이 '중국 뤄양(洛陽)에 비견된다'고 하였으니, 당시 비단이 로마인들 사이에 얼마나 인기가 있었는가를 가히 짐작할 수 있다. 비단 선호의 풍조는 아우렐리아누스 황제(재위 270~275) 시대에 더 심하게 만연하였다. 380년경 콘스탄티노플에서는 '귀족들에게만 사용이 허용되던 비단이 이제는 귀천을 가리지 않고 최하층까지 퍼졌다'고 4세기 로마 역사가 암미아누스 마르켈리누스(Ammianus Marcelinus)가 지적한 바 있고, 410년 테오도시우스(Theodosius) 2세의 세례식(洗禮式)에는 전 시민이 비단과 보석을 장식한 의상을 입고 참석하였다. 7세기의 유스티니아누스 2세(재위 685~695) 때 박트리아왕 메난도로스(Menandoros)는 '로마인들은 비단을 어느 민족보다도 더 많이 소비한다'고 기술하면서 동방령(東方領)의 장군 제마르코스가 사산조 페르시아를 우회하여 서돌궐과의 비단 무역로를 타개하기 위해 톈산(天山) 지방으로 파견되어 간 사실을 전하고 있다.

이렇게 비단을 다량으로 소모하는 로마인들은 일찍부터 비단 생산의 비밀을 탐지하려고 여러모로 시도하였다. 그러나 페르시아인들의 중간 차단과 중국인들의 비단 유출 통제 때문에 뜻을 이루지 못하고 수입된 비단을 해체하여 재

가공하는 정도에 머물렀다. 그러다가 드디어 6세기 중엽에 이르러 비밀리에 중국으로부터 누에고치를 반입해 옴으로써 그토록 갈망하던 자체의 양잠 직견이 비로소 가능하게 되었다. 6세기의 비잔틴 역사가 프로코피우스(Procopius, 500~565)의 기술에 의하면, 유스티니아누스 황제(재위 527~565) 시대에 인도 북부의 세린다(Serinda, 새림달賽林達)국에 다년간 체류하다가 온 경교(景敎) 신부들이 적국인 페르시아로부터 비단을 구입해오는 것을 원치 않는 황제의 의중을 헤아리고, 그를 알현하는 자리에서 양잠 견직 과정을 상술한 후 잠종(蠶種)을 지팡이 속에 숨겨 넣어 몰래 세린다로부터 비잔틴에 반입하는 데 성공한 사실을 전하였다. 그리하여 로마에서의 비단 생산이 비로소 발달하기 시작하였다고 한다. 한편 세린다국의 위치 비정 문제에 관해서는 견해 차이가 있다. 프랑스 지리학자 당빌(D'anvill, 이슬람력 1697~1782)은 '세린다'란 하나의 복합명사로서 서북인도의 시르힌드(Sirhind)라고 주장하였다. 그리고 영국의 동양학자 율(H. Yule)은 세리카(Serica, 중국)와 인도의 중간지대나 우기(于闐, 호탄)일 가능성을 지적했으며, 일본의 나가사와 카즈토시(長澤和俊)는 서북인도나 카슈미르로 추정하였다. 이렇게 잠종의 밀반출은 6세기 중엽의 일이었지만, 뽕나무는 이미 지중해에서 아나톨리아에 이르는 광활한 지역에서 자생하거나 재배되고 있었다. 그리하여 잠종과 양잠법이 전해지자 양잠업이 신속히 발전할 수 있었다.

양잠기술의 서역 전파 원래 서역은 양잠이나 직견을 몰랐기 때문에 중국에서 비단을 수입하고, 차차 양잠 직견기술을 전수하게 되었다. 견직물이 서역으로 처음 전해진 것은 중국 제왕의 증여나 하사 형식이 기본이었다. 사적에 따르면 하걸(夏桀) 때부터 벌써 융왕(戎王, 서역 제왕)에

게 증(繒, 고대 견직물의 일종으로 당시 중국에는 회증·증증·금錦 등의 견직물 종류가 있었음)을 하사하였으며, 한 천자는 부유함을 과시하기 위해 대원(大宛, 중앙아시아 페르가나 지방)에 정기적으로 '재백(財帛)'을 하사하였다. 전한(前漢) 때 장건(張騫)은 '거만(巨萬)'의(많은) 비단을 가지고 오손(烏孫, 현 신장성新疆省 이리하伊犁河 유역)에 가서 친한(親漢) 회유를 시도했으나 실패하였는데, 오히려 이것이 계기가 되어 비단이 오손으로 전파되었다. 그밖에 『후한서(後漢書)』 「남흉노전(南匈奴傳)」에 한제가 흉노 선우(單于)에게 비단 만 필과 그의 어머니 알씨급(閼氏及)에게는 증채(繒綵) 천 필과 비단 4단(端)을 사급하였다는 기록을 비롯해, 『진서(晉書)』 「부견전(符堅傳)」, 『구당서(舊唐書)』 「고선지전(高仙芝傳)」, 『신당서(新唐書)』 「서역전(西域傳)」, 『책부원구(冊府元龜)』 권 964, 『북사(北史)』 「서역전(西域傳)」, 『주서(周書)』 「이역전(異域傳)」 등 역대의 사서에는 각종 견직물의 증여나 사급에 관한 많은 기사가 수록되어 있다. 물론 이러한 증여나 사급은 일부 제왕이나 귀족들에게만 제한되었기 때문에 그들만 '능라금단의(綾羅錦緞衣)'를 입고 호의호식하였다.

일부 문헌기록을 살펴보면 일찍이 서역에 누에고치나 뽕나무가 없었던 것은 아니다. 다만 잠사(蠶絲)로 비단을 짜는 법을 모르고 있었을 뿐이었다. 요컨대 '야잠(野蠶)'이 '가잠(家蠶)'으로 발전하지 못한 것이다. 그러나 중국의 가잠법을 받아들인 후부터는 서역에서도 곧바로 견직물이 생산되기 시작하였는데, 그 효시(嚆矢)는 오아시스로 남도의 요지에 위치한 우기(于闐, 호탄Khotan, 현 신장성 허텐和田)가 중국과의 정략적 친혼(親婚)을 통해 중국의 양잠기술을 받아들인 것이다. 7세기 중엽 구법차 천축(天竺, 인도)에 갔다가 귀국 도중 우기에 들른 현장삼장(玄奘

三藏, 600~664)은 『대당서역기(大唐西域記)』(권12)에서 잠종서점전설(蠶種西漸傳說)의 요지를 다음과 같이 전하고 있다. 즉, 구살단나(瞿薩旦那, 우기于闐)국 왕성 동남 5~6리에 마사승가람(麻射僧伽藍)이란 불묘(佛廟)가 있는데, 이는 이 나라 선왕의 비(妃)가 건립한 것이다. 옛날에 이 나라는 뽕나무를 심고 누에를 기르는 것(종상양잠種桑養蠶)을 몰랐다. 국왕은 중국에 상잠(桑蠶)이 있다는 것을 전해 듣고 사신을 보내 구하려 했으나, 그 나라 군주는 상잠 종자의 외국 유출을 엄격히 통제하였다. 그리하여 국왕이 군주의 딸에게 구혼(求婚)하자 군주는 이를 기꺼이 응하였다. 미래의 왕비를 맞으려고 간 사신은 왕의 분부대로 미래의 왕비에게 '우리나라에는 상잠 종자가 없으니 비께서 친히 휴대하시어 옷을 지어 입으소서'라고 말하였다. 그러자 그녀는 상잠 종자를 구해서 모자솜 속에 몰래 감추고 무사히 변방 검색을 통과하여 우기에 잠종을 가져왔다. 왕비는 누에고치 살상을 금지하는 등 규정을 돌에 새겨 양잠직주법(養蠶織綢法)을 제도화하였다. 선왕은 이를 기리기 위해 가람을 세웠다. 경내에 남아 있는 몇 그루의 고상(古桑)은 최초로 심은 뽕나무라고 한다.

이와 같은 전설 내용은 『신당서(新唐書)』 「서역전(西域傳)」에도 전하고 있으며, 티베트어로 씌어진 『우기국사(于闐國史)』(Li yul Lan-bstan-pa)에도 대체로 같은 내용이 실려 있다. 즉 비자야 자야(Vijaya Jaya)왕은 푸네스바라(Punesvara)라고 하는 중국 황제의 딸을 비로 맞이했는데, 잠종을 리국(Li, 호탄Khotan, 우기)에 가져온 공주는 마자(Ma-za, 마사麻射) 지방에서 누에를 쳤다는 것이다. 일찍이 영국의 저명한 중앙아시아 탐험가 스타인(A. Stein)은 호탄(Khotan) 강안에 위치한 단단오리극(丹丹烏里克, 단단윌리크)에서 이 전설의 주인공(왕비, 즉 중국 공주)

의 잠종 반출 내용을 그린 판화 '견왕녀도(絹王女圖)'를 발견하였다. 위의 문헌들에는 잠종의 우기 전파 사실은 기록되어 있으나 구체적 전파 연대는 밝혀지지 않고 있다. 보통 뽕나무의 수령이 100~200년이나 된다는 점을 고려할 때 7세기 중엽에 현장이 현지에서 목격한 그 늙은 뽕나무(고상古桑)는 분명히 5~6세기에 심은 것으로, 이 시기에 이미 이 지방에서 종상양잠이 진행되고 있었다는 것은 의심의 여지가 없다. 우기 동쪽 320km에 위치한 민풍현(民豊縣) 북방 110km 지점의 니야(Niya) 유적을 1901년부터 세차례나 탐사한 스타인은 그곳에서 몇개의 상원(桑園) 유적을 발견하였다. 발견된 뽕나무 중에는 높이가 3m, 줄거리 둘레가 한 아름이나 되는 거목도 있었다. 그런데 니야 유적은 3세기 말 4세기 초에 사라졌으므로, 이 유적에 잠상 흔적이 남아 있는 것으로 보아 이곳에 잠상(蠶桑)이 처음 전해진 시기를 후한시대(1~3세기)로 잡아도 무리가 없을 것이다.

양잠기술의 인도 전파 인도의 고대 문헌은 기원전 4세기경에 이미 중국의 잠사(蠶絲)가 인도(천축天竺)에 전해진 것으로 기록하고 있다. 인도의 고서인 『치국서(治國書)』에 의하면 기원전 4세기에 중국 비단이 인도에 수입되었다. 기원전 4세기경 인도 학자 코디티아(고제리아考梯利亞)는 저서 『실례론(實例論)』에서 '지나'(China, 중국의 진 秦)의 견직 상황에 관해 언급하고 있다. 중국 학자들인 서야(徐冶), 왕청화(王清華), 단정주(段鼎周) 등도 공저 『남방육상사주로(南方陸上絲綢路)』에서 기원전 4세기 중국 촉지(蜀地, 현 성자분지成者盆地를 중심한 서천西川 일대)의 대상(隊商)들이 남방 육상 비단길을 따라 비단을 인도에까지 운반하여 장사를 하였다고 서술하고 있다. 인도에서 실을 'cinapatta'라고 하는데, 이 글자는 'cina'(중국)와 'patta'(띠, 땋은 끈)라

는 두 낱말의 합성어로서, 그 어의는 '중국의 땋은 실'이라는 뜻이다. 이 어의에서 읽을 수 있다시피, 인도인들은 일찍이 중국으로부터 실(잠사蠶絲)을 수입했던 것이다. 그런데 인도 고전에는 또 하나의 실이라는 단어 'kauseya'가 있다. 이 단어는 중국에서 수입된 실이 아니라 인도 현지산의 야잠사(野蠶絲)를 뜻한다.

이와 같이 중국 비단은 기원전 4세기경에 이미 인도로 수출된 것으로 추정된다. 그 통로로는 다음과 같은 네 길이 있었다. ① 남해로(南海路): 전한(前漢)시대부터 개통되어 줄곧 이용되어온 바닷길이다. 이 길은 중국 남단의 번우(番禺, 현 광저우廣州)에서 시작되는 길로서 고대 비단길의 해로 동단(東端)에 해당한다. ② 서역로(西域路): 주로 오아시스로의 남도에 해당하는 길이다. 이 길의 요지에 서역 나라들 중 양잠기술을 최초로 받아들인 우기(于闐, 호탄)가 자리하고 있는데, 이 나라에 살고 있는 색족(塞族)은 인도 서북부의 색족과 동족으로, 이들을 통해 비단 교역이 자연스럽게 이루어졌을 것이다. 『에리트라해 안내기』(제64절)에 따르면 중국(Thinai)의 양모나 비단은 박트리아(대하大夏)를 걸쳐 서북인도의 항구 바리가자(Barygaza)에 운반된 다음 인더스 강을 따라 리미리케(Limyrike, 현 인도 서남부의 해안)에 이른다. ③ 티베트로(路): 당대에 개척된 티베트 고원을 거치는 이 길은 워낙 험로여서 이용하는 사람이 드물었다. 하지만 당 고종(高宗)이 즉위(650)하자 티베트로부터 잠종(蠶種)과 양주장인(釀酒匠人)을 보내달라는 청을 받고 허락했다는 『구당서(舊唐書)』 권280 「토번지(吐蕃誌)」의 기록으로 미루어보아 중국의 잠사(蠶絲)가 이 길을 따라 티베트를 거쳐 인도에 수출되기도 하였을 것이다. ④ 선국로(撣國路): 선국(撣國, 현 미얀마)을 경유하는 이 길은 중·인 통로의 첩경으로 예로부터 많이 이용되어 일

명 '남방비단길'(남방사주지로南方絲綢之路)이라고도 한다.

양잠기술의 페르시아 전파 고대에 중앙아시아와 서아시아에서 막강한 통일제국을 세운 페르시아(파사波斯)는 일찍부터 중국과 경제·문화적으로 밀접한 관계를 유지하고 있었다. 뿐만 아니라 지리적으로도 중국과 유럽 간의 교통요지에 위치하고 있어서, 비단의 서방 전파를 비롯해 동서교류에 상당한 영향력을 행사하였다. 페르시아제국은 기원전 224년부터 129년까지 근 백년간 비단길의 서단(西段)로를 통제한 것을 비롯해 7세기 중엽 사산조가 아랍인들에게 망할 때까지 중앙아시아와 서아시아의 실권자로 군림하며 중국과 서역 간의 교역을 조절하면서 비단무역을 독점하였다. 위에서 언급한 바와 같이 페르시아는 어부지리(漁父之利)를 얻기 위해 중국과 로마 간의 직접교역이나 내왕을 각방으로 방해하였을 뿐만 아니라, 중국 양잠기술의 로마 전파도 극력 저지하였다. 그리하여 비단 교역을 둘러싼 페르시아와 로마제국 간의 갈등도 때로는 대단히 첨예해 원래 앙숙관계에 있던 양국관계를 더욱더 악화시키기도 하였다.

비단길의 요지에 자리한 페르시아는 중국 비단의 중계자였을 뿐만 아니라 중국 비단의 직접적 수용자이자 소비자이기도 하였다. 중국 비단은 교역을 통해서도 페르시아에 전해졌지만 중국 측의 증여나 사급(賜給) 또한 이면에서 큰 역할을 하였다. 따라서 페르시아의 제왕과 귀족들만은 화려한 금관에 금포(錦袍, 비단옷) 차림으로 사치를 누렸다. 이러한 현상은 『위서(魏書)』(권102)의 「서역전(西域傳)」이나 『주서(周書)』(권5)의 「이역전(異域傳)」, 『수서(隋書)』(권83) 등에 생생하게 묘사되어 있다. 페르시아인들이 사용한 비단은 초기에는 중국으로부터 수입한 것이었으나, 수요가 점차 증가함에 따라 중국으로부터 양잠 직견기술을 도입해 각종 질 좋은 비단을 자체 생산하게 되었다. 독일 출신의 미국 동양학자 라우퍼(B. Laufer)는 중국의 양잠 직견기술의 도입 연대를 사산조(226~649) 말엽으로 보았다. 그러나 『수서』 「서역전」이나 『위서』 「서역전」, 그리고 『남사』(권79)와 『북사』(권90)에 각각 질 좋은 페르시아산 금(錦)이나 능금(綾錦)에 관한 기사가 있는 점으로 보아, 늦어도 6세기 초 이전에는 페르시아가 중국으로부터 양잠 직견기술을 전수받았을 것으로 짐작된다. 좀 후대의 일이기는 하나 명(明)대에 이르러서는 페르시아가 생산하는 고급 비단 기환(綺紈, 무늬 있는 흰 비단)은 그 섬세함이나 짜임새에서 원산지 중국을 능가하였다고 한다. 이와 같이 페르시아는 중국 비단의 대서방 교역의 중계자적 역할을 하였을 뿐만 아니라, 중국의 양잠 직견기술을 직접 받아들인 뒤 그것을 진일보 발전시켜 질 좋은 견직물을 생산, 외국에 수출까지 하여 견직업의 발전에 기여하였다.

양전 凉殿

옥상에 물을 끌어 올려다가 낙수(落水)시켜 청량 효과를 얻는 비잔틴식 청량 건물이다. 중국 당대 현종 때 받아들여졌다.

양정벽(楊庭璧)의 4차 인도 사행

원대에 인도는 중국의 대 서아시아·북아프리카 해상교류의 중계지 역할을 하였다. 특히 원조(元朝)가 그 예하의 일 칸국과 연계를 유지하는 데 인도는 지정학적으로 중요한 위치에 있었다. 1279년에 원세조(元世祖)는 해외의 여러 번국(藩國)들을 소환하였는데, 점성(占城, 참파)과 마팔아(馬八兒, 마아바르Maabar, 현 인도 남단의 마나르Manaar만彎) 등 여러 번국들은 원조에 대한 칭번(稱藩)을 약속하였으나, 구람국(俱藍國,

현 인도 서남단의 퀼론Quilon) 등 몇몇 나라는 그렇게 하지 않았다. 그리하여 원조는 양정벽(楊庭璧)을 네 차례나 퀼론에 파견하여 퀼론의 이탈을 막고 번속관계를 유지하려고 하였다. 이것이 그의 4차 인도 사행의 사명이었다.

양정벽의 출사에 관해서는 『원사(元史)』 「본기(本紀)」나 「외이전(外夷傳)」에 비교적 소상하게 기록되어 있다. 지원(至元) 16년(1279년 12월)에 세조는 광동초토사달로화적(廣東招討使達魯花赤) 양정벽을 사절로 퀼론에 파견하였다. 해로를 통하여 이듬해 3월에 현지에 도착한 양정벽은 그곳 '국주(國主)'를 설득한 결과 국주는 동생을 통해 양정벽에게 보낸 서한에서 세시(歲時)에 견사입공(遣使入貢)하겠다고 약속하였다. 이것이 양정벽의 제1차 인도사행이며, 제2차는 지원 17년(1280년 10월)에 있었다. 그는 퀼론국 선위사(宣慰使) 합살아해아(哈撒兒海牙)와 동행하였는데, 이듬해 1월 취안저우(泉州)에서 출행해 약 3개월간 항해한 끝에 승가야산(僧伽耶山, 현 스리랑카)에 이르렀다. 그런데 선주 정진(鄭震)이 역풍이 일고 식량이 부족해 더이상 항진이 어려우니 마아바르(Maabar)에 가서 육로로 목적지에 갈 것을 권유하였다. 선주의 권유대로 양정벽은 4월에 마아바르의 신촌항(新村港, Punnei Káyal, 혹은 Cail)에 도착하여 상륙하였다. 그러나 당시 마아바르와 퀼론 사이의 관계가 악화되어 결국 목적지 퀼론까지는 가지 못하고 되돌아서 환국하고 말았다. 제2차 사행이 여의치 않았던 양정벽은 같은 해 11월 단신으로 다시 퀼론에 파견되어 이듬해(1282) 2월 현지에 도착하였다. 이것이 그의 제3차 인도 사행이다. 퀼론 군주는 즉시 원조에 견사하여 보화(寶貨)와 검은 원숭이 1마리를 바쳤다. 귀국길에 양정벽은 나왕국(那旺國, 현 수마트라, 혹은 니코바르제도)과 소목도랄국(蘇木都剌國, Samudra, 현 수마트라)에

들러 칭번(稱藩)과 조공의 약속을 받아냈다. 끝으로 지원 20년(1283년 1월)에 양정벽은 선위사(宣慰使)의 자격으로 인도에 네번째로 파견되었다. 이상과 같은 양정벽의 4차 출사로 말미암아 원조와 남부인도를 비롯한 동남아시아 여러 번국들의 관계는 더욱 밀접하게 되었으며, 이를 계기로 원조에 견사공물하는 나라들이 늘어났다. 이와 더불어 양정벽의 출사 뒤 중국 취안저우에서 인도양으로의 항로가 전례 없이 활발하게 이용되었다. 이 항로는 원대 해외무역의 주요한 항로가 되었으며, 마르코 폴로나 오도릭, 왕대연, 이븐 바투타 등 대여행가들도 이 항로를 이용하였다.

양제 煬帝, 569~618년

동서교통을 촉진한 중국 수(隋)대의 제2대 황제. 선친 문제(文帝)를 모살(謀殺)하고 집권한 양제는 대운하의 개굴, 토욕혼(吐谷渾) 원정(609), 선선(鄯善)과 차말(且末)의 직할 영속화, 고창(高昌)의 내공(來貢) 등을 통해 오아시스로를 통한 동서 교통을 크게 촉진시켰다. 그러나 만리장성의 개축과 고구려 정벌의 실패 등으로 인해 난세를 불러왔으며, 결국 강도(江都)에서 병사에게 시해되었다.

양주(凉州) 천제산(天梯山) 석굴

중국 초기의 불교 석굴. 현 중국 간쑤성 우웨이시(武威市) 남방 약 50km의 치렌(祁連) 산맥의 산중에 있는 천제산 석굴군은 오호십육국(五胡十六國) 시대의 북량(北凉)이 개굴한 것이다. 중국 초기의 석굴 중 하나인 이 석굴은 모두 19개 굴로 구성된 불교 석굴군이다. 그 가운데서 가장 오래된 굴은 제1굴과 4굴이며, 굴 형식은 오호십육국시대와 남북조시대에 유행하던 중심주굴(中心柱窟, 중심에 기둥을 세우는 형식) 형식이

다. 기록에 의하면 1927년 대지진이 일어나기 전까지 이 석굴군에는 모두 18개의 굴이 있었으며, 명대의 비문에는 26개 굴이라고 나와 있다. 수차례의 보수를 거친 굴에는 벽화나 소상(塑像)은 많지 않은데, 일부는 현재 란저우(蘭州)의 간쑤성 박물관에 소장되어 있다. (2-198)

양중원 楊中遠

도일 발해 사신. 876년 12월 조난당한 발해의 견당선(遣唐船)을 구출해준 데 사의를 표하고 일본의 발해사 파견을 요청하기 위해 일행 105명과 함께 이즈모(出雲)에 도착하였다. 그러나 일본에 오는 기일을 위반했다는 이유로 입경(入京)이 불허되고, 발해 국왕의 계장(啓狀)과 신물(信物, 훗날에 확인차 나누어 가지는 표)조차 바치지 못한 채 이듬해 6월 이즈모에서 귀국하였다. 대사(大使)의 자격으로 도일할 당시 그의 관직은 정당성공목관(政堂省孔目官)이었다.

양피지 羊皮紙

문명 발달에 기여한 고대 서사재료(書寫材料). 양피지는 새끼양의 가죽을 석회수에 담가서 털과 고기를 제거한 다음 경석(輕石, 속돌)으로 문질러 만든다. 양피지는 파피루스를 비롯한 다른 서사 재료에 비해 내구력이 강하고, 표면이 흰색에 매끈거리며 잉크 흡수력도 좋다. 단 약점은 한 장을 만드는 데 새끼 양 한 마리가 필요할 정도여서 값이 비싸다는 것이다. 서구에서는 기독교 학문이 발달함에 따라 서사재료가 많이 필요해지면서 접기가 자유로운 양피지가 두루마리식 파피루스를 점차 대체하였다. 유럽에서는 13~14세기 중국 제지법이 알려지기 전까지 장기간 서사재료로 사용되었다.

억례복류 憶禮福留

관직이 달솔(達率)이었던 도일 백제인. 성씨를 억뢰(憶賴)라고도 쓰는데, 석야련(石野連)의 시조로서 백제 근속왕(近速王)의 손자로 전해지고 있다. 663년 9월 백제가 망하자 여자신(余自信)과 함께 일본으로 건너갔다. 665년 8월 사비복부(四比福夫)와 함께 지구시(筑紫)에 파견되어 오노성(大野城)과 기성(椽城)을 축조하였고, 671년 정월 병법(兵法)에 능하다고 하여 대산하(大山下) 작위를 받았다. (8-178~179)

억인 億仁

일본 천무천황(天武天皇)의 백제인 시의(侍醫). 그 능력을 인정받아 686년 5월 임종에 즈음해 근대일(勤大壹) 작위와 함께 봉호(封戶) 100호를 받았다. (8-180)

에게 문명 Agean civilization

세계 최고(最古)의 해양문명. 유럽의 첫 문명. '에게'는 '많은 섬'이란 뜻이다. 에게 문명은 크레타섬, 로도스섬, 키프로스섬, 그리스 본토의 동남부 여러 섬, 소아시아 서남부의 여러 섬 등 많은 섬들을 망라한 지역에서 기원전 3000년경부터 기원전 1200년경까지 번영했던 청동기 문명이다. 이 문명은 이집트를 비롯한 오리엔트 문명의 영향을 받으며 해상무역을 발전시킴으로써 많은 물질문명을 창출하였다. 기원전 2000년경부터는 에게 문명의 총아(寵兒)인 크레타 문명이, 그 뒤를 이어서는 미케네 문명이 에게 문명을 주도하였다. 19세기 말부터 20세기 초까지 기간에 독일 고고학자 하인리히 슐리만(Heinrich Schliemann, 1822~1890)과 영국 고고학자 아서 에번스(Arthur John Evans, 1851~1941)가 진행한 일련의 발굴 조사에 의해 이 문명의 면모가 드러나기 시작하였다.

에르주룸 Erzurum

아나톨리아의 교역 거점. 아나톨리아 동북부의 중심 도시로 고대부터 메소포타미아와 흑해를 연결하는 교역의 거점일 뿐만 아니라 군사전략적으로도 중요한 지점이어서 주변 국가들 간의 쟁탈전이 치열하였다. 비잔틴제국시대에 테오도시우스 2세가 이 도시를 새롭게 건설하면서 테오도시우스 폴리스라고 불렀다. 11세기에 와서 셀주크조가 지배하면서 '로마인의 땅'이란 뜻의 '에르주룸'으로 개명하였다. 16세기에 오스만제국의 판도에 편입되면서 동방 교역의 거점으로 크게 번영하였다. 구시가지에는 셀주크 시대와 몽골 지배 시대의 유적이 많이 남아 있다.

『에리트라해 안내기』 *Peripulus Maris Erythrai, Greco? 저, 70년경*

『에리트라해 안내기』 영문판 표지

교류의 문헌적 전거로서의 개설소개서. 서기 70년경에 남해 무역에 종사하던 이집트 상인 그레코(Greco)의 저작이라고 전해오는 이 책은 당시 인도 계절풍을 이용해 홍해·페르시아만·인도양을 중심으로 전개되던 남해 무역의 항로·항구·운송·교역품 등에 관해 기술하고 있다. 특히 그리스의 아테네에서 홍해를 지나 인도양을 횡단, 인도 서해안에 이르는 직항로를 통해 진행된 해상무역에 관해 소상히 전한다. 당시 인도 서해안에는 인더스 강 하구의 바르바리쿰(Barbaricum)항을 비롯해 바리가자(Barygaza)·무지리스(Muziris) 등 무역항들이 있어서 로마와의 교역에 이용되었다. 로마가 이러한 항구들을 통해 인도에 수출하는 물품은 유리기구·은제용기·화폐·황옥(黃玉)·산호·안식향(安息香)·유향(乳香)·직물·포도주·동·석·향유·의상 등이었으며, 이곳으로부터 수입하는 물품은 각종 향료·상아·마노·목면·생사·후추·육계, 그리고 중국산 견직물·모피·면포 등이었다. 이 책에는 다프로파네(현 스리랑카)로부터 현 미얀마의 페쿠(스완나품Suvarna Bhumi, 황금국黃金國)와 말레이 반도를 지나 데이나(진니秦尼), 즉 중국까지 이어지는 항로가 제시되어 있다. 이 안내서는 실크로드 해로와 해상 교역에 관한 최초의 서방 기록으로, 기원 전후의 동서교류를 연구하는 데 대단히 중요한 문헌으로 평가받고 있다.

에시온 게벨 Ezion Geber

『구약성서』'열왕기'상에 의하면 솔로몬(Solomon)왕(기원전 10세기)이 홍해 연안에 있는 이곳에서 선박을 건조하자 히람(Hiram)왕이 노복들을 인도 남부(오빌, Ophir)에 파견, 3년여의 항해 끝에 황금을 가져왔다고 한다.

에우보이아도(島) 해저 유적

교류의 유물적 전거로서의 해로 유적(해저 침몰선). 1928년 그리스 에우보이아도(島)의 아르테미시온 해협의 해저에서 청동상 포세이돈(높이 209cm)이 발견되자 아테네의 예술품 수집가 안토니스 페니키스가 잠수부를 시켜 이 유물을 해저에서 건져내었다. 포세이돈은 해신(海神)으로 그리스 신화 중 주신(主神)인 제우스의 동생이며 기원전 5세기경에 3구의 청동상을 제작하였는데, 현존 2구 중 1구가 바로 이 포세이돈상이다. 본래 이 상은 코린토스의 이스토모스에서 건립되었는데, 콘스탄티노플로 운반 도중 침몰한 것이다. 현재 아테네국립박물관에 소장되어 있다.

에페수스 공의회(公議會) Council of Ephesus, 431년

소아시아의 에페수스에서 열린 종교회의. 예수의 신격 문제를 해결하기 위해 테오도시우스 2세가 소집한 3차 공의회다. 회의에서 콘스탄티노플 총대주교 네스토리우스가 이단으로 몰려 파문·추방되었다.

에페수스(Ephesus) 도시 유적

오아시스로 상의 유적. 현재 터키의 서해안, 카이스토로스강 하구에 위치한 그리스·로마시대의 항구도시다. 기원전 900년경에 이오니아인들의 식민도시가 된 뒤 로마시대에 이르러 번영하였다. 19세기 후반부터 이 고대 도시에 대한 발굴 작업이 시작되었는데, 대형극장, 각종 신전, 김나지움(gymnasium, 연무장演武場), 성마리아교회, 넓은 가도, 아고라, 도서관 등 여러가지 유적과 더불어 다량의 유물이 출토되었다. 에페수스는 초기 기독교의 발전과 관련이 많은 도시다.

장서 12,000권의 켈수스 도서관(1세기)

에프탈 Heptal, Ephthal, Ephtalite, 挹怛

5세기 중엽에서 7세기 중엽에 이르기까지 중앙아시아 아무다리야강 상류를 중심으로 동서 투르키스탄과 서북인도를 지배하던 유목민족이다. 지배층은 투르크계이고 피지배층은 이란계란 설이 유력하며, 백흉(白匈) 설도 있다. 사산왕조와 협력해 동방 로마령을 침공하여 광대한 영토를 획득하고 중국 등 동방 나라들과 교역을 진행하였다. 567년 사산 왕조와 돌궐의 목간가한(木杆可汗)이 이끄는 연합군에게 멸망하였다.

엔닌 圓仁, 794~864년

일본 헤이안(平安) 시대의 천태종(天台宗) 고승. 자각대사(慈覺大師). 838년에 견당사(遣唐使)의 배를 타고 당나라에 가 수행하다가 당 무종(武宗)의 불교 탄압으로 외국 승려들이 추방되자 난을 피해 장안에 갔다가 847년 귀국하였다. 귀국할 때 많은 불전과 만다라(曼茶羅)를 가지고 왔다. 엔닌은 여행기『입당구법순례행기(入唐求法巡禮行記)』에서 당나라 체류 10년간의 행각과 당대 말엽의 지리·역사·사회상을 자세히 기술하였다.

엔히크(Henrique) 탐험대

포르투갈의 항해 왕자 엔히크(Henrique, Henry the Navigator, 1394~1460)가 인도로 가는 항로를 개척하기 위해 조직한 탐험대다. 탐험대는 아프리카의 서해안을 따라가면서 항로를 개척하였다. 그 과정에서 포르토 산토(Porto Santo, 1418)와 마데이라 제도(Madeira, 1420), 아조레스 군도(Azores, 1431), 베르데갑 군도(Cape Verde, 1456) 등을 발견하고 사금(砂金)과 노예 등을 약취하여 본국으로 운반하였다. 엔히크가 사망한 뒤 얼마 안 되어 탐험대는 시에라리온(Sierra Leone)을 지나 1471년 적도를 넘어섰다. 그러나 여러가지 사정으로 탐험 활동이 일시 중단되었다가, 역시 포르투갈의 항해가인 디아스(Bartholomeu Diaz, 1450~1500)에 의해 재개되었다. 그는 3척의 범선을 이끌고 1488년에 마침내 아프리카의 최남단에 도착하였으며, 폭풍우 끝에 이곳을 발견하였다고 하여 '폭풍의 곳'(岬,

엔히크 서거 500주년을 기념해 세운 '발견의 탑'(높이 52m)

Cape of Storms)이라고 명명하였다. 그러나 디아스의 보고를 들은 국왕은 '희망봉(希望峰)'(Cape of Good Hope)이라고 개명하였다. 엔히크 탐험대의 아프리카 서해안 탐험으로 유럽에서의 대항해시대가 개막되었다.

엘라포니소스(Elafonissos) 해저도시 유적

교류의 유물적 전거로서의 해로 유적(해저도시). 1967년 그리스의 모레아 반도(펠로폰네소스 반도) 남단 부근의 해저에서 고대 도시 에라포니소스 유적이 발견되었다. 1968년 케임브리지대학 조사단은 기구(氣球)에 원거리 조작이 가능한 카메라를 탑재해 평면측도(平面測圖) 제작에 성공하였다. 그 결과 해안가의 얕은 해저에서 생육하는 식물 색깔이 고대의 건축물이나 가로(街路)·운하 등 유적에 따라 그 농도에 변화가 있음을 포착하였다. 이로써 해저에 미케네 시대의 가로·주택·석관(石棺)·청동제 발(鉢) 등 유물이 수장되어 있음을 발견하였다. 그리스 청동기시대에 가장 오래된 도시로 남방의 크레타와의 교역로에 위치해 있으면서 바치카만 주변의 옥야(沃野)에서 생산되는 농산물을 수출하는 무역항이기도 하였다. 에라포니소스란 지명은 그리스 지리학자 파우사니아스(Pausanias, 2세기)가 저서 『그리스 안내기』에서 명명한 것이고, 지금은 파프로 페토리라고 부른다.

엘로라 석굴 Ellora Caves

다종교 공존의 석굴. 6~8세기에 개굴한 엘로라 석굴은 인도 마하라슈트라주(州) 아우랑가바드 북서 20km 지점에 있는 바위산 서쪽 사면을 깎아 조성했는데, 2km의 암벽을 따라 34개의 굴이 남에서 북으로 배치되어 있다. 이 석굴은 특이하게도 불교·힌두교·자이나교의 3대 종교가 공존하면서 여러가지 종교적 형상이 혼재해 있다. 1~12굴은 6~7세기에 조성한 불교 석굴이고, 13~29굴은 힌두교 석굴이며, 30~34굴은 자이나교 석굴이다. 다종교가 공존하면서 유물을 온전히 보존하고 있는 데는 이곳이 세계에서 유일하다. 조영법에서는 위에서 아래로 파내려가는 방법을 택했으며, 과학적으로 채광(採光)을 조절하고 있다.

엘로라 석굴 제15호굴 내부의 불교 유적

엘바도(島) 침몰선

교류의 유물적 전거로서의 해로 유적. 나폴레옹의 유배지로 널리 알려진 이탈리아의 엘바 섬 부근 해저에서 1967년에 1~2세기경의 로마 침몰선 한 척이 발견되었다. 1969년에 잠수부들의 탐사 끝에 수심 50m의 해저에서 도자기 조각, 대리석 조각, 구리 조각 등을 건져냈다. 침몰선의 선체는 확인만 하고 방치되었다.

엘부르즈 산맥 Elburz

일반적으로 엘부르즈(Elburz)라고 하지만 현대 페르시아어의 정확한 발음은 알보르즈(Alborz)라고 한다. 대체적으로 이란고원의 형상은 남방의 페르시아만과 북방의 카스피해 사이에 끼여 있는 삼각형이다. 이 삼각형의 북부에 식물이 번성한 카스피해 연안의 습지대와 건조한 불모의 내륙 고원 사이에 엘부르즈 산맥이 우뚝 솟아 있다. 그중 최고봉은 테헤란 시내에서도 바라보이는 높이 약 5,670m의 다마반드산이다. 엘부르즈 산맥의 서단(西端)은 이란의 아제르바이잔주(州) 중앙부까지 뻗어 있고, 동부는 호라산 지대다. 서부의 아제르바이잔은 산맥으로 이루어진 자연의 방벽(防壁)에 구멍처럼 뚫린 곳인데 예로부터 많은 민족, 즉 메디아인·페르시아인·쿠르드족·몽골인·타타르인 등이 이곳을 통해 이란고원으로 침입하였다. 호라산 산지대는 별로 높지 않기 때문에 넘기가 쉬워 지형상 이란고원에 내침할 수 있는 제2의 문호다. 실크로드 역사를 돌이켜보면 중앙아시아 평원으로부터 이 문호를 통해 이란에 침입한 민족도 상당수에 달한다. 카스피해와 엘부르즈 산맥 사이에 있는 아트라크 계곡과 쿠르간 평야도 이란 침입을 유인하는 오아시스다. 사산조 제왕은 방어를 목적으로 연와(煉瓦)로 만든 수천km의 성벽을 축조하였는데, 그 잔해가 지금까지 남아 있다. 하마단―카즈빈―테헤란―레이―담간―헤라트를 서에서 동으로 연결하는 간선도로는 엘부르즈 산맥 남록을 따라 뻗은 통상로다. 알보르즈는 고대 페르시아어의 'Hara Berezaiti', 즉 '높은 산'이란 의미의 단어에서 연유되었다고 한다. 가즈빈 출신의 무스타우피(Mustaufi, ?~1349)는 이 엘부르즈란 명칭에 관해 최초로 언급한 페르시아 지리학자다. 그는 엘부르즈란 단어를 매우 막연한 의미를 가진 단어로 사용하였다. 그는 엘부르즈 산맥을 'Jibāl Alburz'라고 불렀는데, 'Jibāl'은 '산'이란 뜻의 페르시아어나 아랍어 'Jabal'의 복수형이다. 무스타우피는 'Jibāl Alburz'를 캅카스의 산들과 연계된 것으로 생각하여, 알보르 산맥을 캅카스 산들 중 최고봉인 '엘부르즈'(Elburz)와 혼동한 것으로 보인다.

엘 타힌(El Tajín) 도시 유적

멕시코의 고전후기와 종말기의 도시 유적. 유네스코 세계유산. 멕시코만 저지 중앙부의 베라크루스주(州) 북부에 위치하고 있는데, 고전기 후기(古典期後期)와 종말기(終末期)의 도시 유적이다. 고전기 전기에 발달한 멕시코 중앙고지의 테오티우아칸 문화가 쇠퇴한 후에 전성기를 맞은 엘 타힌(도시)에는 약 2만명의 인구가 거주하였으며, 그들은 이 도시에 훌륭한 유적들을 남겼다. 그중 높이 18m의 유명한 '벽감(壁龕) 피라미드'에는 365개의 벽감이 있는데, 이것은 365일의 태양력과 관련이 있는 것으로 보인다. 17개의 구기장(球技場) 가운데서 남쪽 구기장 벽에는 인신공희(人身供犧)를 지켜보는 신의 모습과 자신의 남근(男根)을 잘라 피의 의례를 행하는 신의 모습이 새겨져 있다. 그밖에 지배층들의 회합 장소로 보이는 건물과 '석주(石柱) 건물' 등의 유적이 있다. 이 도시 유적은 후기고전기 전기에 파괴되었다.

여행가들의 교류

정신문명의 교류사에는 미지의 세계에 대한 지적 탐구를 목적으로 하여 이질 문명권을 넘나들면서 문명의 구석구석을 탐지하고 고지(告知)하는 여행가들이 적지 않다. 사명감과 헌신성·창의성을 지닌 그들은 알려지지 않은 미지의 세계를 답사하면서 견문과 전문한 것을 일일이 기록하여 전한다. 여행자들의 이동 자체가 하나의 명실상부한 인적 교류일 뿐 아니라 그들이 남긴 기록, 즉 여행기나 탐험기는 미지의 세계에 대한 상호 이해를 제공하여 정신문명의 교류에 크게 이바지하였다. 동행 여행가들, 즉 서방에서 동방에 온 여행가들은 대체로 중세 중엽에 접어들면서 동방에 대한 서방인들의 관심이 높아짐에 따라 여러가지 계기를 이용해 동방 여행에 나섰다. 대표적인 동향 여행가로는 13세기 후반의 이탈리아 여행가 마르코 폴로와 14세기 전반의 이탈리아 여행가 오도릭, 14세기 중엽의 모로코 여행가 이븐 바투타 등을 들 수 있다. 중세에 서방의 동향 여행가들은 희생적인 탐구정신으로 동서간의 정신문명 교류에 불멸의 업적을 쌓았다.

한편 서행 여행가들도 이러한 교류에 나름대로 기여하였다. 서향 여행가들, 즉 동방으로부터 서방으로 여행한 여행가들로는 13세기 전반의 장춘진인(長春眞人)과 14세기 전반의 왕대연(汪大淵)을 들 수 있다. 그중 장춘진인은 도인(道人)으로서 원래 여행가는 아니었지만 칭기즈칸의 서정(西征)에 수행해 서유(西遊)하는 과정에서 여행가다운 안목으로 여행지의 제반 사정을 관찰하고 값진 여행기를 남겼다.

『여행기』 A. D. al-Muhalhil 저, 10세기 중엽

교류의 문헌적 전거로서의 여행 문학서. 저자 아부 둘라프 알 무할힐(Abu Dulaf al-Muhalhil, 생몰 미상)은 10세기에 활동한 아랍 여행가이자 시인이고 광물학자다. 부하라의 사만조 왕궁에 체류하고 있을 때 이곳에 온 중국 사절단을 수행, 동유(東遊)의 길에 올라 중국의 서부 지역에 이르렀다. 그가 도착했다고 하는 산다빌(Sandābil)은 서주(西州)의 위구르(回鶻) 도성 고창(高昌)으로 짐작된다. 귀국 후 『여행기』를 남겼는데, 원본은 소실되었으나 13세기의 아랍 학자인 알 야쿠트(al-Yaqūt)의 『지명사전(地名事典)』(1224)과 알 까즈위니(al Qazwini, 1203~1283)의 『생물기관(生物奇觀)』에 여행기의 내용 전체가 수록되어 있다. 그러다가 1922년에 이란 마슈하드(Mashhad)의 한 이슬람 사원에서 완전한 초본(抄本)이 발견되었다. 이 책에는 중국에 관한 여러가지 신선한 견문 내용이 있지만, 여정이라든가 지명에서 모호한 점도 적지 않아서 일부 학자들은 그의 중국 여행 여부에 의문을 제기하기도 한다. 그러나 전반적으로는 사료적 가치가 인정되어 라틴어·독일어·프랑스어·영어·중국어로 번역·출판되었다.

여행문학서

여행문학서는 이질문명을 현지에서 직접 체험·확인하고 그것을 문자기록으로 전하는 여행기와 이질문명의 이해와 교류에 이바지한 문학서(작품)를 말하며 실크로드를 통한 교류의 문헌적 전거가 된다. 여행기도 문학 장르에 포함되지만, 교류 전거로서의 여행기가 주는 특별한 역할 때문에 여행기와 기타 문학서를 병렬하여 '여행문학서'로 범칭한다. 우선 여행기는 여행가들이 현지에 대한 답사를 통해 직접 보고 듣고 느낀 것을 기록한 문헌으로 그 어느 문헌적 전거보다 사실성(事實性)이 짙다. 교류사상 수많은 여행가들이 자진하여 위험을 무릅쓰고 용기를 내어 여행에 나섰으며, 그들이 남긴 여행기는 교류사 연구에서 더 없이 값진 문헌적 전거로 인정되고 있다. 여행기에는 여유로운 유람기와 특정 대상에 대한 관찰을 기본으로 하는 견문록, 사행(使行) 과정을 기록한 사행기(使行記), 구법 행각이나 성지순례에 관한 구법 순례기, 미지의 세계에 대한 모험적인 탐색을 기록한 탐험기 등이 포함된다. 문명교류의 문헌적 전거로서의 문학서는 주로 이질문명의 작품에 대한 역서(譯書), 즉 문학적 역서와 이질 문명의 소재를 수용한 융합문학서 두 가지로 나누어볼 수 있다. 여행문학서의 장르와 내용은 대단히 다양하며 문체는 보통 산문체다.

『역경요지(易經要旨)』 Idea Generalis Doctrinae Libri Iking, 1716년

역경(易經) 연구서. 중국을 방문한 프랑스 선교사들은 중국 고전에 관한 많은 저술활동을 하였다. 선교사 부베(Joachim Bouvet, 백진白晉, 1656~1730)는 천문과 역산(曆算) 업무에 종사하면서 1710년부터 6년간 『역경』을 집중 연구한 끝에 라틴어로 이 책을 저술하였다. 그는 『시경연구(詩經研究)』란 연구 초고도 남겼다. 선교사 비스델루(Claude de Visdelou, 유응劉應, 1656~1737)는 『역경』『시경』『찰기(札記)』를 연구하여 1728년에 『역경개설(易經槪說)』을 저술하고, 이어 라틴어로『서경(書經)』(4권 6책)을 번역·출간하였다. 선교사 레지(Jean-Baptiste Regis, 뇌효사雷孝思, 1663~1738)도 『역경』을 연구하였는데, 그 결과물이 그의 사후인 1834~1839년에 주소(注疏)가 첨부된 유작『중국최고전적·역경(中國最高典籍·易經)』(I-King, Antiquissimus Sinarum Liber) 2책으로 출간되었다. 레지는 또한 『경전의론(經傳議論』 12편을 저술하여 강희제(康熙帝)에게 헌상하고, 『서경』과 『시경』도 선역(選譯)하였으며, 『중국경학연구도언(中國經學研究導言)』(Essai d'introduction Pr'eliminaire āl'inatelligencedes king)이란 초본(抄本)도 남겼다. 그밖에 샤르메(Alexander de la Charme, 손장孫璋, 1695~1767)의 라틴어『시경』 역본, 아미오(Jean-Joseph Marie Amiot, 전덕명錢德明, 1718~1793)의 프랑스어『공자전(孔子傳)』(Vie de k'ong-tse, 베이징 출판)과 『공자제자약전(孔子弟子略傳)』(Abr'eg'e de la vie des Principaux disciples de k'ong-tse, 베이징 출판) 등의 역서와

저서들도 있다.

『역사(歷史)』 9권, Herodotos 저, 기원전 5세기

교류의 문헌적 전거로서의 최초 학문 연구서. 소아시아에서 출생한 헤로도토스(Herodotos, 기원전 484~425)는 청년 시절부터 각지를 편력하면서 목격하고 전해들은 사실에 근거해 이 책을 저술하였다. 이 책은 크게 오리엔트에 관한 내용과 페르시아 전쟁에 관한 내용 두 부분으로 구성되어 있다. 교류사와 관련된 부분은 주로 1~4권인데, 그 속에서는 오리엔트 각지의 역사와 주민 풍습을 다루고 있다. 특히 교류사에서 고전처럼 인용되는 것은 4절 13장과 16~36장에 소개된 스키타이의 동방 교역로에 관한 기사다. 저자는 흑해 동북방의 아랄해—돈강—(북상) 볼가강—우랄 산맥—(동행) 잇세트네스인들의 거주지인 알타이 산맥 지대로 이어지는 스키타이의 동방 교역로(기원전 8~3세기)를 제시하고 있다. 이는 동서 교역로에 관한 사상 최초의 언급이다.

역체제도 驛遞制度

몽골제국 시대의 교통제도로, 도처에 설치한 역참(驛站, 몽골어로 자무치站赤)들을 서로 연결하여 교통과 통신수단으로 이용하는 제도다. 역참에는 수참(水站)과 육참(陸站) 두가지 종류가 있는데, 수참은 선박으로 전달하는 역참이고, 육참은 축력(畜力)이나 인력으로 전달하는 역참이다. 육참은 주로 축력을 이용하였는데, 축력에 따라 마참(馬站)·우참(牛站)·려참(驢站, 당나귀)·나참(騾站, 노새)·양참(羊站)·구참(狗站) 등으로 구분하였다. 인력으로 전달하는 역참에는 보참(步站)과 교참(轎站)이 있었다. 중국 경내에만 1,400여 소의 역참이 있었다. 이러한 일반적인 역참 외에 송(宋)대의 급각체(急脚遞)를 본받아

발전시킨 이른바 급체포(急遞鋪)도 있었다. ('급체포'항 참고)

연 蓮

동전(東傳)된 식물(꽃). 연(蓮, 연꽃)은 미나리아재비목에 속하는 숙근초(宿根草)의 수생(水生) 식물이다. 연은 연꽃과의 다년생풀로서 근경(根莖)은 두툼하고 마디가 있으며 가로로 뻗는다. 잎은 물 위에 뜨고 여름에 흰빛 또는 붉은빛의 아름다운 꽃이 핀다. 장식미술에서는 'lotus'라는 국제적인 용어로 명명하고 있다. 이집트인들은 나일강이 범람한 뒤에 수려하게 피어나는 연꽃(lotus)에 여러가지 상징적인 의미를 부여하였다. 즉 연꽃을 재생·부활·불멸의 표상으로서 내세워 신성한 생명력을 가져다주는 행운의 꽃으로 간주하였다. 고대 이집트의 국화이며 국가적 상징인 연화(蓮花)의 문양은 주로 고분벽화와 금은세공을 비롯한 회화·건축·공예에 다양하게 표현되었다. 고대 인도에서도 아리아 민족이 이주해오기 이전의 선주민 신화에서도 태양과 관련해 연꽃에 대한 숭배가 나타났으며, 기원전 10세기 이후의 힌두교에서는 태양신(수리야Surya)의 소유물 중의 하나가 연꽃일 만큼 신성시되고 만물을 잉태한 상징으로 간주되었다.

연은 기원전 7세기경에 페르시아인들에 의해 이집트와 인도 간에 교역이 이루어짐에 따라 이집트의 수련(睡蓮, 백련白蓮과 청련靑蓮)과 인도 원산의 홍련(紅蓮)이 서로 교류된 뒤, 인도에서 불교가 흥기하자 이 꽃이 갖고 있는 상징성이 불교 교리와 결합되어 불화(佛花), 즉 불교의 상징적인 꽃이 되었다.

연단술 煉丹術

옛날 중국에서 도사(道士)들이 진사(辰砂, 일명 단주丹朱, 수은의 가장 중요한 광물 성분)로 황금이나 선약(仙藥)을 만들 때 사용했다고 하는 연금술의 일종이다. 일반적으로 연금술(鍊金術, alchemy)에는 두가지가 있는데, 하나는 비금속(卑金屬)을 동·연·주석·금·은 등 귀금속으로 변화시키는 기술이고, 다른 하나는 이른바 불로장생의 선약을 제조하는 기술이다. 연금술의 기원은 로마시대의 이집트(알렉산드리아)와 중국 도가(道家)의 출현시대로 소급되는데, 전자는 귀금속의 제조에 주력하고, 후자는 선약의 제조에 역점을 두었다. 그런데 자비르 이븐 하이얀(Jābir Ibn Hayyān, 유럽에서는 게베르Geber로 알려짐, 723~815) 등 중세 무슬림 화학자들에 의해 양자가 비로소 결합되어 의학과 화학의 발전을 촉진시켰으며, 그것이 13세기 이후 유럽에 전파되면서 현대 실험과학(Scientia Experimentalies)의 기초가 마련되었다.

중국을 비롯한 한국·일본 등 동양제국(諸國)의 연금술은 도가의 불로장생 사상에 힘입어 발생·발달하였는데, 주로 도사(道士, 일명 방사方士)들이 진사로 황금이나 선약 같은 것을 만들었다고 하여 '연단술'이라 일컬었다. 따라서 연단술은 연금술의 일종 내지는 동양식 연금술이라고 할 수 있다. 중국의 경우, 기원전 4세기경(전국시대) 산둥성과 허베이(河北)성의 해안 일대에서 소위 신선술(神仙術)을 연마하는 방사(方士)들이 단(丹), 즉 수은화합물(유화수은硫化水銀)로 이른바 불로장생의 선약을 만드는 연단술을 창안하였다. 이와 같은 연단술은 신비사상과 결합하면서 한국이나 일본에서 상당히 발달하였다. 선약은 비단 연단술에 의해 제조될 뿐만 아니라, 자연 생장하는 선경(仙境)에서도 찾을 수 있다고 믿어 진시황(秦始皇) 같은 사람은 한반도를 중심으로 한 동해(東海)에 선약을 구하러 사람을 보내기도 하였다. 후한(後漢) 말부터 도교(道敎)가 민간에 유포되고 위진남북조 시대에 널리 보급되면서 연단술이 더욱 성행하였다. 동진(東晉) 갈홍(葛洪)의 『포박자(抱朴子)』에는 연단술에 관한 여러가지 기록이 있다. 연금술에서는 귀금속 제조든 선약 제조든 모두 금을 기본 소재로 한다. 연단술과 관련된 약물학적 지식을 집대성한 중국의 대표적 본초학서(本草學書)의 하나인 진(晉)대 도홍경(陶弘景, 456~536)의 『본초경집주(本草經集注)』(7권, 약재 730종 소개)에는 인삼과 금설(金屑)을 포함한 11종의 고구려 약재를 소개하고 있다. 금설이란 금가루(gold dust)인데, 예로부터 광물성 선약의 일종으로 알려져왔다. 또한 불변의 성질을 가진 금가루나 금액(金液, 금물)은 직접 복용하여 인간의 몸을 불변의 성질로 승화시킴으로써 선인(仙人)이 될 수 있게 하는 주요한 선약으로 생각되었다. 도홍경은 위 책에서 일반 금설은 독이 있어 정련되지 않은 것을 먹으면 죽지만, 고구려의 금설은 잘 정련되어 그대로 먹을 수 있는 진약(珍藥)이라고 하였다. 예로부터 '황금의 나라'로 알려진 한반도 고구려의 연단술이 중국에서 높이 평가되었으며, 따라서 기술과 함께 금설을 비롯한 연단술 소재가 중국에 전입되었음을 알 수 있다.

연단술의 교류 중국의 연단술은 8세기 이후 아랍-무슬림 상인들과 마니(摩尼)교도들에 의해 점차 중앙아시아와 아랍 지역에 소개되었다. 특히 8세기 중엽에 이르러 우마이야조 아랍제국의 귀족 상층들은 장생(長生)을 갈구하여 연단술에 큰 관심을 보이기 시작하였다. 그들은 기독교의 수사(修士)이며 연금술사인 마리아누스(Marianus)를 예로부터 연금술의 본거지인 이집트의 알렉산드리아에서 수도 다마스쿠스로 소환하여 연금술 연구를 전담케 하였다. 이를 계기로 이슬람세계에서의 연금술 개발은 본격화되었다. 당시 중앙아시아의 호라산(Khorasān)에서 약초상(藥草商)의 아들로 태어난 최초의 무슬림 연금술사 자비르 이븐 하이얀은 그 무렵 중국에 왕래하던 무슬림 상인들이나 중국 연단술을 수용한 마니교도들로부터 연금술을 전수받아 큰 인기를 얻었다. 그러자 압바스조 이슬람제국의 칼리파 하룬 알라시드(Harūn al-Rashīd, 재위 786~808)는 그를 궁전 어의로 기용하였다. 사료에 따르면 자비르는 이크시르(al-iksir, elixir)라는 연금영약(鍊金靈藥)으로 재상 바르마크 애처의 중병을 치유하였다고 한다. 이크시르란 본래 비금속(卑金屬)을 황금으로 만드는 연금 약액(藥液)이었으나, 일반적으로 불로불사의 만능약(cure-all)으로 신성시되고 있었다. 자비르에 관한 이러한 전언은 아랍-무슬림들의 연금술이 종래의 순수 금속 제조술에서 탈피하여 동양식 선약 제조술로 변신하였음을 말해준다.

연복 緣福

도일 백제 대사. 645년 7월 대사(大使)의 자격으로 임나(任那) 조사(調使)를 데리고 도일해 백제와 임나의 조정(調整)을 시도하였다. 그러나 병에 걸려 난파진(難波津)에 머물기만 하고 입경(入京)은 못하였다. 당시 관직은 좌평(佐平)이었다.

연화 蓮華

중천축(中天竺, 중인도)의 동행(東行) 불승. 당(唐) 흥원(興元) 원년(784) 덕종(德宗)을 알현할 때 천축에 울려퍼질 종을 하나 주조해달라고 간청하였다. 왕의 칙령에 따라 광저우(廣州)에서 주조된 이 종은 남천축의 금추사(金推寺)에 보내졌다가, 후에 연화가 보군국(寶軍國, 중천축의 지명)에 안치하였다. 연화는 산스크리트 불전을 가지고 중국에 들어와 장안(長安) 숭복사(崇福寺)에서 한역하였다.

연화문 蓮花紋

인도 산치 대탑의 연화문(기원전 3세기)

동전 문양. 연화문(蓮花紋, 연꽃무늬)은 한국·중국·일본·인도를 비롯한 불교 문명권과 이집트를 비롯한 오리엔트 문명권, 그리고 그리스 등 광대한 지역에서 공예품과 건축에 사실적인 묘사와 도식화된 문양으로 널리 사용되어왔다. 연화문의 최초 출현은 고대 이집트로 거슬러올라가는데, 기원전 4900년경으로 추정된다. 재생과 불멸의 상징성을 가지고 행운의 꽃으로 간주되어온 연화는 인도에서 불교가 흥기하자 그 상징성으로 인해 불교 교리와 결합해 불교의 상징적인 꽃이 되고 대표적인 불교 공예 문양으로 발전하였다. 가장 오래된 인도의 연화문은 마우리아조(Maurya, 기원전 321~184)의 아소카 왕을 기리기 위해 세운 기념석주(記念石柱)의 연화좌(蓮花座, 기원전 3세기)에서 나타나는데, 이는 불교문명권 내에서 연화문의 시원으로 간주될 수 있다. 불교의 전래와 더불어 서역, 중국을 거쳐 신라에 전파된 연화문은 주로 와당(瓦當)·불상·벽화에서 나타나는데, 인도가 원산지인 홍련(紅蓮)이 모본(模本)이 된다. 신라의 연화문은 고대 이집트나 인도에 비해 상징적인 성격보다 장식적인 성격이 더 강한 것이 특징이다.

염부 染付

자기 제작기법. 백자에 코발트 유약(釉藥)으로 글자나 화초, 당초문(唐草文) 같은 것을 그려 넣는 자기 제작기법으로 중국 원대에 유행하였다.

엽달(嚈噠)의 서천(西遷)

흉노의 서천(西遷)에 이어 동방 대 서방의 민족사적 배경으로 기능한 거족적 이동으로는 중앙아시아와 서아시아로 집단 이주한 유목민족 엽달(嚈噠)의 서천을 들 수 있다. 엽달은 동·서양에서 각기 다른 명칭으로 불렸다. 한적에서는 '활(滑)' '읍달(挹怛, 悒怛, 悒達)' '엽달(厭達, 厭怛)' 등으로 쓰고, 서양문헌에서는 'Ephtalites' 'Ephthalitai' 'Nephthalitai' 'Ak Hun'(백흉 白匈), 'Abdelai' 등으로 부르며, 고대 인도 문헌에는 'Shveta-Huna'(즉 투르크어의 백흉白匈)이라고 하였다. '에프탈리테'(Ephtalites)란 명칭은 사산조 페르시아를 격퇴한 훈족(Huns)의 왕 '에프탈라노스'(Ephtalanos)의 이름에서 유래한 것이라고 한다. 엽달의 종족적 기원에 관해서는 훈족설·이란설·투르크설·고차(高車)설·차사(車師)설·대월씨(大月氏)설 등 10여가지 설이 있다. '백흉'(白匈, Ak Hun)에서 '백' 자는 그들의 피부색이 흰 데서 유래한 접두사다.

유목민인 엽달의 본향은 금산(金山), 즉 알타이산 이남 지방인데, 4세기 70년대에 유연(柔然)의 압력으로 서천해 소그디아나 지역의 제라프샨강(Zeravshan R.) 유역에 정착하였다. 5세기 20년대에 세력이 강성해 아무다리야강을 넘어 사산조 페르시아에 진격하였다가 격퇴당한 바 있다. 30년대에는 토하리스탄(Tokharistan, 박트리아)까지 남하하여 쿠샨(Kushan, 귀상貴霜)을 공략하고, 이어 서쪽으로 사산 왕조에 대한 공격을 재차 감행하면서 양국간의 분쟁은 한 세기 이상 지속되었다. 5세기 중엽에는 힌두쿠시 산맥을 넘어 간다라 지방을 석권하고 인도 굽타 왕조의 경내에까지 침투하였다. 484년에는 아무다리야 강변에서 사산조 군대를 패퇴시키고 헤라트 지역을 확보하였다. 그 결과 사산조가 공납(貢納)을 요구하고, 왕자 카바드(Kawad)를 인질로 삼기까지 하였다. 한편, 동쪽으로 톈산 산맥 남북로로 진출해 돌궐(突厥)과 충돌하기도 하였다. 영토는 카스피해에서 북인도까지, 그리고 내륙 아시아와 사산조 페르시아 지역까지 확대되었으며, 40여 개국으로부터 조공을 받았다. 그러나 엽달은 두 강국인 돌궐과 사산조의 틈바구니에 끼어 부대끼다가 국력이 약화되자 결국 두 나라의 동서 협공에 의해 567년에 멸망하였다. 엽달은 당초 유목민족이었으나, 중앙아시아 오아시스 지역에 서천하면서 점차 정주 농경민으로 변신하였다. 엽달은 동로마와 사산조 페르시아 및 중국 남북조를 연결하는 교통 요충지에 위치해 동서 교류의 매개 역할을 하였다. 따라서 엽달이 중앙아시아 지역을 지배한 5~6세기 기간에는 동서 교통이 비교적 원활하게 소통되었다.

영 詠

백제의 사문(沙門). 663년 일본에 귀화해 카와치(河內)에서 살았다. 아들 낙랑하내(樂浪河內)는 나라(奈良) 시대에 이름을 날린 문장가로, 고구연(高丘連)이란 성씨를 받아 대학두(大學頭)가 되었다. 손자 고구비마여(高丘比麻呂)도 문장에 뛰어나 대외기(大外記) 등을 역임하였다. (8-179)

영국 근해 해저 유적

교류의 유물적 전거로서의 해로 유적. 영국은 일찍부터 근해에서 침몰한 선박에 대한 조사·발굴 작업을 진행해 영국 수중고고학협회는 해저 유물에 관한 많은 자료들을 수집할 수 있었다. 협회의 조사보고에 의하면 1875년까지 영국 근해에 침몰된 선박만 1,100척 이상이나 된다고 한다. 스코틀랜드와 아일랜드 해협에서 북해에 이르는 사이의 해저에는 이른바 스페인의 '무적함대', 즉 '아르마다'가 패전 중 도주하다가 침몰한

함선이 다수 있다.

영국의 동방무역

1588년에 스페인의 이른바 '무적함대(無敵艦隊)'의 진공을 격파한 영국은 이에 고무되어 동방 진출에 관심을 갖게 되었다. 그리하여 1600년에 '동인도회사'를 설립하고 1602년에 처음으로 랭커스터(J. Lancaster) 휘하의 상선을 동방에 파견해 말라카 해협에서 포르투갈 상선으로부터 900톤의 향료와 면직물을 탈취하였다. 1608년에는 호킨스(W. Hawkins)가 이끄는 선단이 인도 서해안에 도착해 인도와 접촉을 시도하다가 4년 후에 인도 술탄의 허락 하에 서해안의 수라트(Surat)에 첫 상관(商館)을 개설하였다. 이를 거점으로 영국 상인들은 인도의 동서해안에 침투해 활동하다가 동진하여 향료군도(香料群島) 쪽으로 진출하였다. 영국의 동진은 선행한 네덜란드와 이해 충돌을 야기해 급기야 1623년 암보이나(Amboina)에서 네덜란드 총독에게 영국 상인들이 학살되는 이른바 '암보이나 학살사건'이 일어났다.('암보이나 학살사건'항 참고)

영국은 선행한 포르투갈이나 네덜란드와는 달리 인도를 중심으로 하는 대(對) 중국 무역을 구상하였다. 중국으로 통하는 여러 통로 중에서 북미(北美)를 통과하는 서북 항로를 선택한 영국 상인들은 1576년에 이른바 '중국회사'를 조직하고 서북 항로 개척을 위한 탐험대를 파견하였으나 실패하였다. 엘리자베스 1세 때인 1596년에는 중국 황제에게 보내는 친서를 휴대한 사신을 파견해 통상을 논의하려고 하였으나, 사신이 탄 배가 도중에 조난당하는 바람에 뜻을 이루지 못하였다. 영국의 '동인도회사'는 국왕으로부터 원동(遠東) 무역에 대한 특허를 얻고 대중국 무역을 모색했으나 여의치 않았다. 그러자 네덜란드의 '동인도회사'와 합작해 대중국 무역

을 꾀하면서 해상에서 중국 상선을 납치·약탈하기도 하였다. 그러나 합작은 잠시일 뿐 양국간에 무역권을 놓고 갈등이 생겨 한때 네덜란드는 영국을 동방 향료무역에서 제외시켰다. 그후 1635년에 포르투갈과 체결한 수호(修好)조약에 의해 영국은 상선 '런던호'를 마카오에 파견해 비로소 대중국 무역의 길을 열었다. 한편 그해에 코틴(W. Courteens)을 비롯하여 '동인도회사'에 소속되지 않은 상인들은 '코틴 상무단(商務團)'을 조직하고, 2년 후에는 웨델(J. Weddell) 지휘하에 함선을 광저우(廣州) 후먼(虎門)에 파견하여 중국과 초유의 무장충돌을 일으켰다. 이 사건 후 중국 측이 영국 함선의 중국 영해 진입을 엄금하여 영국 상인들은 포르투갈의 비호 하에 마카오에서만 중국인들과 은밀한 거래를 하였다. 청(淸)초에 샤먼(廈門)에 상관이 개설되었으나 5년 만에 폐쇄되었다.

영국의 동방 식민지화 경략

영국은 포르투갈과 네덜란드에 이어 동방에 대한 식민지화 경략에 뛰어들었으며 인도를 비롯한 동남아시아 지역에서 전형적인 식민지화 경략 정책을 추구하였다. 영국이 세계를 무대로 본격적인 해상활동을 시작한 것은 엘리자베스 1세(Elizabeth I, 1558~1603) 여왕 때부터다. 1588년에 스페인의 필립 2세(Philip II)가 파견한 이른바 '무적함대'를 격파한 후 영국은 이에 고무되어 동방(아시아) 진출에 눈을 돌렸다. 영국에서 동방 진출의 선봉장은 1600년에 여왕으로부터 동인도(동방)무역의 독점권을 얻어 설립된 동인도회사다. 이 회사가 설립된 후 1612년에 이르러 술탄의 허락 하에 인도 수라트에 첫 영국 상관이 개관되었고, 이곳을 거점으로 영국 상인들은 점차 마드라스·캘리컷·뭄바이 등 중요 해안 도시들로 진출하였다.

동인도회사가 성립된 뒤 약 150년 동안 영국은 주로 무역활동과 그 거점을 확보하는 데 주력하였을 뿐, 인도를 복속시켜 식민지화하려는 의도를 노골적으로 드러내지는 않았다. 그러나 1757년 플라시 전투('플라시 전투'항 참고)에서의 승리를 계기로 영국은 점차 무역 위주의 정책에서 직접적인 식민지화 경략으로 전환하였다. 이때부터 벵골은 영국의 인도 식민지화 경략에서 후방기지로 부상하였다. 군사적 정복자인 클라이브는 우선 벵골 토후 시라지 웃다울라를 폐출하고 꼭두각시에 불과한 자파르를 영주로 세웠다. 그리고 자신은 다음해(1758)에 동인도회사의 벵골 지사로 임명되었다. 그 결과 명목상 벵골 토후의 지배하에 있는 지역인 벵골과 비하르(Bihar) 및 오리사(Orissa)의 3개 주는 영국의 실질적인 경략지로 전락하였다. 1773년 영국 의회는 인도에 대한 식민지화 경략을 공식 법제화하고 총독제 통치를 실현하기 위해 이른바 '인도통치규제법'(the Regulation Act of India)을 제정·발표하였다.('인도통치규제법'항 참고) 이로써 18세기 후반부터 인도에 대한 영국의 식민지화 경략은 총독제 통치의 형태로 공식 출범하였다.

영국 동인도회사 1600~1874년

영국의 아시아 무역과 인도 지배를 주도한 특권적 회사. 영국에서 영향력 있는 상인들이 1600년 12월 31일 해상활동을 적극 권장하는 엘리자베스 여왕으로부터 15년간 인도 무역 독점권을 획득하였다. 125명의 주주가 자본금 7만 2,000파운드로 일종의 주식회사인 동인도회사를 설립하였다. 회사의 전반적 행정업무는 24명으로 구성된 런던의 중역회의가 관장하였다. 지역별로 무역을 관장하기 위해 1608년에 처음으로 인도 서북부의 항구도시 수라트에 상관을, 이어서 마드라스(현 첸나이)와 캘리컷·뭄바이에도 상관을 설치하였다. 영국과 동인도 간의 순수한 쌍무적 무역, 회사가 동양 상품을 재수출하는 형식으로 유럽에 판매하는 중개무역, 아시아 여러 나라의 항구들을 연결하면서 하는 연계 무역 등 여러 가지 형태로 무역을 진행해 막대한 이윤을 챙겼다. 제1차(1613~1616) 주식 총액이 42만 9,000파운드인 데 비해 제2차 주식 총액은 무려 4배에 가까운 162만 9,000파운드로 급증하였다. 특히 아편무역으로 거대한 이윤을 얻게 되었다. 영국은 1757년 프랑스와의 이권 쟁탈전인 플라시 전투에서 승리함으로써 순수 무역활동에서 식민지 지배경영으로 나아가는 계기가 마련되어 회사의 활동은 더욱더 활발해졌다. 그러나 동인도회사의 식민지 불평등 무역과 각국 회사들과의 경쟁, 전쟁으로 인한 인도 전통 공업의 파탄, 그리고 1,000만 아사자가 발생한 1770년대의 대지진 등 주객관적 요인으로 18세기 중엽부터 사양길에 접어들었다. 설상가상으로 직원들의 부정부패로 인해 수입이 감소하였고, 1857년의 민족봉기를 비롯해 인도인들의 반회사 투쟁이 계속 일어났으며, 동인도회사의 공업자본 증대는 상대적으로 상업자본의 위축을 초래하였다. 결국 궁여지책으로 회사 자본을 정부에 이양해 회생을 시도했으나 무위로 끝나 드디어 1874년 1월 1일 동인도회사는 정식으로 해산되었다.

영국 전파학파 英國傳播學派

반진화론적인 전파론 주장파. 19세기 말~20세기 초에 영국 맨체스터 학파 대표 학자들인 스미스(E. Smith)는 저서 『고대 이집트』(*The Ancient Egyptians*)에서, 페리(W. Perry)는 저서 『문명의 성장』(*The Growth of Civilization*)에서 문명의 이동론('양석문화'항 참고)에 입각해 진화에 의한 문명의 성장을 부정하고, 문명은 오로지 이집트에서 탄생한 문명의 전파에 의해서 생성되었다는 주장을 펼쳤다. 그때문에 그들을 일명 '극단 전파학파' 혹은 '범이집트 학파'라고 한다.

영부족(盈不足) 개념의 서전(西傳)

1세기에 편찬된 중국 수학서 『구장산술(九章算術)』에서 밝혀진 '영부족'(盈不足, 만수滿數와 결수缺數) 개념을 9세기의 저명한 아랍 수학자 콰리즈미(al-Khuarizmi)는 자신의 저서를 통하여 인용하고 있다. 15세기의 아랍 수학자 카시(al-Kāsi)의 저서 『산술의 열쇠』(1427)에서도 이 '영부족'을 '거란산법(契丹算法)'이라고 칭하였다. 이러한 지칭으로 미루어 보아 '영부족' 개념은 중국 북방에서 일세를 풍미하던 거란 시대에 아랍에 전해진 것으로 판단된다. 13세기 초에 이탈리아 수학자 비파나시도 저서 『산술서(算術書)』(1202) 제13장에서 카시와 마찬가지로 '영부족'을 '거란산법'이라고 설명하였다. 비파나시는 일찍이 이집트와 시리아 등 아랍 나라에서 공부한 수학자로, 그곳에서 이 '거란산법'을 전수받았을 것이다. 그밖에 카시의 평방근(平方根)이나 입방근(立方根) 산출법이 중국의 수학자 가헌(賈憲)이나 진구소(秦九韶)의 방법과 같다는 사실은 두 지역 간의 수학 교류 개연성을 시사해준다. 중세 중엽에 아랍 세계에 유입된 인도의 십진법(十進法)이라든가, 그로부터 나온 가감승제 산법 및 분수기법(分數記法) 등은 중국 수학의 영향을 받은 것으로 보인다. 특히 10세기경 아랍 수학자 바타니(al-Battāni)가 인도로부터 전수한 사인(sine)과 코사인(cosine), 탄젠트(tangent)와 코탄젠트(cotangent) 개념은 중국 수학의 '중차술(重差術)'과 상관이 있는 것으로 사료된다.

『영애승람(瀛涯勝覽)』 1권, 馬歡 저, 1416~1451년

해상 실크로드의 남해로 항해기. 저자 마환(馬歡)은 중국 저장성 회계(會稽, 현 사오싱현紹興

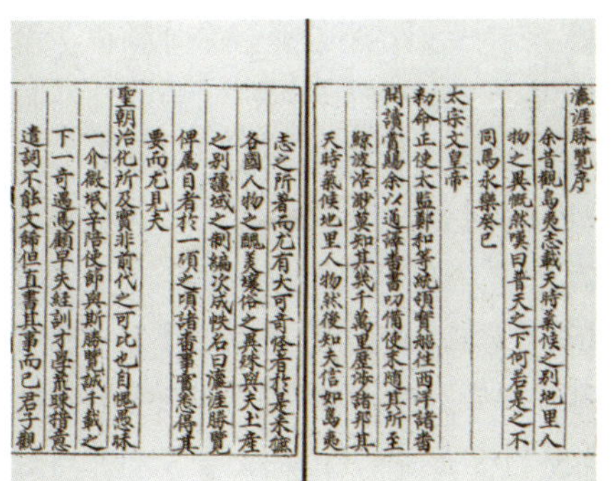

정화(鄭和)의 제4·6·7차 '하서양'에 수행한 마환(馬歡)의 항해 기록(1451년)

縣) 출신의 무슬림이다. 그는 15세기 초반 대항 해가 정화(鄭和)의 7차 '하서양(下西洋)' 중 4차 (1413~1415)와 7차(1431~1433)의 항해에 참여 하였다. 이 책은 그가 그 두 번의 항해에서 직접 방문하고 견문한 동남아시아와 서남아시아 22 개국의 지리·풍속·물산·역사 등을 생생하고도 정확하게 기술하고 있다.

『영외대답(嶺外代答)』周去非 저, 1178년

교류의 문헌적 전거로서의 개관 소개서. 중국 영 가(永嘉, 현 저장성 원저우溫州) 출신의 주거비 (周去非, 자는 직부直夫)는 송(宋)대 융흥(隆興) 원년(1163)에 진사에 합격하고 계림통판(桂林 通判, 1174~1189)에 임명되었다. 재임지가 광시 (廣西) 변방이었던 만큼 해외 왕래자들이 많아 주거비는 그들로부터 해외 관련 정보를 많이 수 집할 수 있었다. 그가 직접 전문·수집해 기록한 해외 정보는 무려 400여 조항이나 되었다. 귀향 뒤 지우들에게 그가 수집한 해외 기담들을 자주 들려주자 물어오는 사람들이 많아 일일이 대답 하는 것이 번거로워서 글로 대신해 책(『영외대 답(嶺外代答)』)으로 엮었다. 이 책은 20문(門, 그 중 1문 소실) 10권에 194개 조항을 망라하고 있 다. 영남(嶺南) 지방의 산천과 고적·물산·만속 (蠻俗), 그리고 역대의 항운(航運)과 조선업에 관

해 기술한 것 외에 권2의 '외국문상(外國門上)' 과 권3의 '외국문하(外國門下)'에서 동쪽은 고려 (高麗)로부터 서쪽은 목란피(木蘭皮)에 이르기 까지의 광활한 지역 내에 있는 여러 나라와 지역 에 관해 기술하고 있다. 목란피는 11~12세기 서 북 아프리카 일원에 자리한 모로코의 '무라비 트 왕국'(al-Murabitun, 1061~1147)을 지칭하는 것으로, 이 왕국은 서북아프리카와 유럽 에스파 냐의 남부를 통치하였다. 이 책에는 안남국(安南 國)과 동남해 상의 잡국(雜國), 해외의 제번국(諸 蕃國)·점성국(占城國)·삼불제국(三佛齊國)·고림 국(故臨國)·파사국(波斯國)·대식국(大食國)·목 란피국·대진국(大秦國)·서천축국(西天竺國) 등 많은 나라가 조항별로 소개되며, 나라들 간의 관 계도 밝히고 있다.

영허즈번드 Francis Edward Younghusband, 1863~ 1942년

영국의 탐험가. 군인의 아들로 인도에서 태어나, 영국의 사관학교를 졸업한 뒤에 기병 장교로 출 생지 인도에 부임하였다. 1886년 만주(滿洲) 각 지를 여행하면서 쑹화강(松花江)의 원류(源流) 를 탐사하였다. 이듬해에는 베이징(北京)에서 고 비 사막을 횡단, 타클라마칸 사막 북쪽 언저리를 따라 톈산 산맥 기슭을 지나 카라코룸 산맥을 넘 어서 카슈미르의 스리나가르에 도착하였다. 그 뒤에도 인도와 중앙아시아 각지를 탐험, 당시의 인도 총독 커즌(G. N. Curzon)에게 이러한 경력 을 인정받아 1903~1904년 특파사절로 티베트 에 파견되어 라싸 조약을 체결하였다. 그후 얼 마 동안 카슈미르 주재관(駐在官)으로 근무한 뒤 1910년 귀국하여 왕립지리학협회 회장(1919), 에베레스트위원회 회장, 왕립중앙아시아협회 (Royal Central Asia Society, 1934) 명예회장을 역 임하였다. 저서에 『카라코룸을 넘어서』『에베레

스트 서시(敍詩)』 등이 있다.

예니체리 Yeniceri

오스만제국의 친위 기사단(騎士團). '신군(新軍)'이란 뜻의 예니체리는 오스만제국 때 유럽의 기독교도 청년들을 이슬람으로 개종시킨 후 엄격한 훈련을 거쳐 조직한 일종의 특권적 친위대다. 1826년에 해산하였다.

예레반 Yerevan

아르메니아공화국의 수도. 아라라트 분지에 자리한 예레반은 기원전 8세기부터 존재한 고도로 엘반드조 때부터 수도가 되었다. 교통의 요지여서 교역도시로 번영하다가 13세기 이후 빈번한 전란으로 인해 쇠퇴하기 시작하였다. 1828년 러시아령이 되었다가 제1공화국 시기(1918~1920)에 다시 아르메니아의 수도가 되었다.

예루살렘 Jerusalem

유대교·기독교·이슬람교 3대 종교의 성지. 예루살렘은 고대부터 번영하였는데, 고고학 유적을 통해 기원전 3000년경부터 사람들이 정주(定住)하였다는 것이 증명되고 있다. 이외에도 기원전 19세기경의 이집트 문서에는 '우루살림'으로 기록되어 있으며, 기원전 14세기에는 이집트 파라오의 대표가 상주하는 거성(居城)이 되었다고 전한다. 그후 예브스인이 예루살렘을 지배하다가 다윗이 탈취하여 유대인들에게 넘겨주었다고 한다. 레하베암 시대에는 이집트 미샤크의 공격을 받았고 히스기야 시대에는 아시리아의 공격을 받았다. 기원전 597년에 바빌로니아왕 네부카드네자르(느부갓네살) 2세가 이곳을 공격해 유대인들을 지배하였다. 그후 유대인들이 바빌로니아를 적대시하였기 때문에 네부카드네자르는 다시 예루살렘을 공격해 1년 반 동안 포위한 후 기원전 586년에 예루살렘을 함락시켰다. 이때 예루살렘의 신전은 남김없이 파괴되었고, 유대인 영토가 전부 바빌로니아에게 점령되었으며 유대인들은 포로가 되어 바빌로니아에 끌려갔다. 기원전 538년에 페르시아왕 키루스 2세의 허용으로 환국한 유대인들은 페르시아왕의 원조하에 신전을 재건하였다. 이후 마케도니아에서 거병한 알렉산드로스는 팔레스타인 방면으로 진출해 기원전 333년 예루살렘을 점령하였다. 알렉산드로스 사후 제국이 분열되자, 예루살렘은 이집트 프톨레마이오스조의 영향권에 들어가 그리스풍의 폴리스를 중심으로 한 종교적 공동체 생활을 하였다. 기원전 197년 시리아를 영유한 셀레우코스조가 예루살렘의 종교적 내분을 구실로 팔레스타인 지방을 점령하였다. 그러자 마카베오의 유대인들이 셀레우코스조의 강제적인 군주 숭배에 항거해 반란을 일으켰다. 결국 기원전 152년에 마카베오의 시몬은 셀레우코스조로부터 독립권을 인정받아 이곳에 하스몬조를 건립하였다.

동방 진출에 나선 로마는 기원전 73년에 시리아의 셀레우코스조를 타도하고, 이어 기원전 63년에는 하스몬조를 제압하고 예루살렘을 로마의 지배하에 두었다. 이 로마의 예루살렘 공략을 지휘한 헤롯(Herod)은 기원전 37년에 로마 원로원으로부터 유대왕이란 칭호를 받고 예루살렘의 통치자가 되었다. 헤롯은 서아시아에 대한 지배권을 확대하였으며, 예루살렘을 번영케 하는 데 한몫을 담당하였다. 헤롯 사후 유대인들의 대로마 항쟁이 일어났는데, 네로와 하드리아누스 두 황제의 시기에 가장 치열하였다. 133~135년 기간에 발유헤브의 난이 일어나자 하드리아누스 황제는 이 난을 진압하면서 예루살렘을 무참히 파괴하고 유대인 국가를 멸하였다. 예루살렘의 구지(舊地)에 새로이 로마인들의 도시 에리아 카프토리나가 건설되었는데, 아랍인들이 이곳을 점령할 때까지 유대인들은 출입이 금지되었다. 예루살렘은 예수 그리스도가 처형된 이후 원시 기독교 교단 근거지가 되었다. 이후 4세기에 이르러 기독교로 개종한 로마 황제 콘스탄티누스는 예루살렘을 성역화(聖域化)할 것을 선언하였다. 614년에 사산조 페르시아에게 탈취되었다가 628년 동로마 황제 헤라클리우스에 의해 탈환되었는데, 637년에는 아랍인들에게 강점되었다. 우마이야조 제5대 칼리파 압둘 말리크(재위 685~705) 시대에는 이슬람 사원이 건립되어 이슬람의 성지가 되었다. 그후 969년에는 이집트의 파티마조에 부속되었다가 1077년 셀주크조의 지배하에 들어갔다. 이러한 상황 속에서 로마 교황 우르비누스 2세(Urbinus II)는 무슬림의 수중에서 예루살렘을 탈환할 것을 제창하였는데, 이에 따라 제1차 십자군은 예루살렘을 무력으로 점령하고 1099년 7월 15일 예루살렘 왕국을 세웠다. 그러나 다시 이슬람군의 공격을 받아 예루살렘을 빼앗기게 되었고, 제4차 원정 이후에는 성지회복이라는 원정 목적을 포기하였다. 따라서 1244년 예루살렘은 호라즘계 터키인들에게 점령되어 기독교의 지배에서 벗어났다. 그후 소아시아의 후국(侯國)에서 탈피하여 국가로 발달한 오스만제국은 살림 1세 때 시리아를 공략한 데 뒤이어 1517년에 예루살렘을 점령하였

다. 이후 장기간 예루살렘은 오스만제국의 한 속주로 남게 되었다.

제1차 세계대전이 발발하자 오스만제국 지배하의 아랍인들은 강력한 민족운동을 전개하였다. 이를 계기로 알렌비경(卿)이 인솔한 영국군이 팔레스타인 전선에서 오스만군을 격파하고 1917년에 예루살렘에 입성하였다. 전후 1920년에 소집된 산레모 회의에서 팔레스타인을 영국의 위임통치하에 둘 것을 결정하였다. 이에 앞서 영국은 메카 태수 후세인에게 보낸 서한에서 아랍인들이 터키에 맞서 싸우면 팔레스타인을 포함하여 원하는 지역을 독립시켜주겠다고 약속한 바 있었다. 이것이 바로 '맥마흔 선언'이다. 그러나 영국 외상 밸푸어는 이 선언을 무시한 채 1917년 팔레스타인에 유대국가 건설을 지원하겠다는 약속을 한다. 이른바 '밸푸어 선언'이다. 이로써 1920년 유대인과 아랍인 간에는 충돌이 발생하였다. 1948년 5월 15일 유대인들은 일방적으로 이스라엘 국을 창건한다고 선포하였다. 이에 아랍 제국들은 대(對)이스라엘 전쟁을 발동하였으나, 1949년 2월 쌍방은 휴전을 선포하였다. 그 결과 예루살렘의 아랍인들이 거주하는 구(舊)도시는 요르단 왕국에게, 신도시는 이스라엘에게 분할하는 양분 사태가 도래하였다. 그러다가 1967년 5월에 이스라엘과 아랍 제국 간에 이른바 중동전쟁이 다시 일어났다. 전쟁 결과 이스라엘은 요르단강 이서의 요르단 영토를 점령하고 예루살렘을 수중에 넣어 오늘에 이르고 있다.

예르마크 Timofeievitch Yermak, ?~1584년

러시아 동진(東進)의 선봉장. 러시아 돈 코사크(Don Cossack)의 두목으로 스트로가노프가(家)의 용병이었던 예르마크는 1581년 러시아가 동방 진출을 목적으로 파견한 한 탐험대의 대장으로 임명되었다. 무력을 동반한 이 탐험대는 오비

기원전 20년에 헤롯왕이 세운 높이 18m의 '통곡의 벽'

(Ob')강을 넘어 이르티시(Irtyish)강 유역에 자리한 시비르(Sibir) 칸국을 공략하고, 이 땅을 황제 이반 4세에게 기증하였다. 그후 우랄산맥 동쪽의 광활한 초원지대를 일괄해 '시베리아'라고 불렀다. 예르마크는 시비르 칸국에서 기습을 당해 익사하였다.

예리코 Jericho

신석기시대의 초기 농경문화. 요르단강이 사해(死海)에 흘러들어가는 하구의 북서쪽 약 15km 지점에 있는 예리코 유적은 높이 3.9m의 방어벽으로 에워싸인 4헥타르 면적의 원형 거주지다. 기원전 6850년경의 농경 촌락 유적으로 세계적으로도 가장 오래된 농경문화 유적 중 하나다. 이 유적에서 토기는 발견되지 않고 주로 흑요석(黑曜石)칼·돌낫·돌절구 등 석제 유물들만이 발굴되었다. 토기가 없는 신석기시대에 방어벽을 구축했다는 것은 놀라운 일이다. 『구약성서』에 나오는 도시 예리코를 찾기 위해 1907년부터 발굴 작업이 시작되었으며 1930년 영국 조사팀에 의해 본격적인 발굴이 진행되면서 유적의 면모가 드러났다.

시험산 중턱에 굴설한 암벽 수도원

예수회(會)

로마 가톨릭교회 내의 수도회(修道會)의 하나. 스페인 출신의 이그나티우스 데 로욜라(Ignatius de Loyola, 1491~1556)의 주도로 1540년 파리에서 창설되었다. 중세 말기 종교개혁과 개신교의 진출에 대응하기 위해 복종·청빈·동정(童貞), 그리고 교황에 대한 절대적 순명(順命) 등을 모토로 엄격한 군대식 조직으로 강력한 가톨릭의 원상회복과 재건에 진력하였다. 이를 위해 유럽 여러 나라에 각종 학교를 세워 교육사업을 진작시키는 한편, 해외 선교, 특히 동방에 대한 선교에 주력하였다. 1542년 사비에르의 인도 선교를 시작으로 마테오 리치와 아담 샬 등의 중국 선교는 그 일례다. 그러나 그들의 활동은 도처에서 탄압의 대상이 되어 1773년에는 해산되었다가 1814년에 재건되었다.

『예수회 선교사 서간집(書簡集)』 34권, 1702~1776년

중국에 간 선교사들의 서간 모음집. 16~17세기에 중국을 방문한 서구 선교사들의 중국 관련 보고와 저술은 유럽인들의 중국 연구에 길잡이 역할을 하였다. 18세기에 접어들면서 선교사들의 이러한 보고와 저술이 더욱 증가하였고, 이에 따른 서구 학술계의 연구활동이 본격화하면서 18세기는 유럽에서 중국학 연구의 정초기(定礎期)가 되었다. 중국학 연구의 정초에 견인 역할을 한 것은 이 책과『중화제국전지(中華帝國全志)』(『중화제국전지』항 참고),『중국논총(中國論叢)』(『중국논총』항 참고)의 3대 문헌이다. 이 책은 재중 선교사들의 서간 모음집으로 1702년부터 1776년까지의 기간에 파리에서 총 34권이 발행되었다. 1702년 처음 출간된 첫 권의 서명은『중국과 동인도의 예수회 선교사 서간집』이었으나, 제2권부터는『예수회 해외 선교사들이 쓴 교육적이고 매력적인 서간들』(*Lettres édifiantes et curieuses, écrites des Missions étrangères, par quelques missionnaires de la Compagnie de Jésus*)이란 제목으로 발간되었는데 약칭 『예수회 신교사 서간집』
이라고 한다.

예술의 교류

예술의 교류는 인간의 정신문명 창조와 발달에
필요 불가결하며 예술의 동서간 상호 전파와 수
용 역시 정신문명 교류의 중요한 분야라고 할
수 있다. 인간의 활동과 자연현상을 미적으로 창
조·표현하는 예술은 인간의 정신문명 창조와 발
달에 절대적으로 필요하다. 아울러 문명이 발
달하고 인간의 물질생활 수준이 향상되면 될수
록 예술에 대한 인간의 욕구는 그만큼 커질 수밖
에 없다. 이러한 예술에 대한 욕구는 주체 예술
의 발달이나 완성으로 충족될 수도 있지만, 상호
보완적인 객체(異質) 예술과의 교류를 통해 좀
더 원만하게 충족될 수 있다. 때로는 교류를 통
해 수용한 타방(他方)의 새롭고 앞선 예술이 주
체 예술에 신선한 충격을 줄 수도 있다. 이와 같
은 인간 욕구에 대한 충족성과 교류에서의 순기
능성, 여기에 바로 예술 교류의 당위성이 있다.

예술의 교류는 가장 정서적이고 미적 감흥을
불러일으키는 정신문명의 교류이기 때문에 다
른 교류와 구별되는 두가지 특징을 가진다. 첫째
다양한 접변(接變)현상이다. 예술의 교류는 단순
하고 정형화(定型化)된 현물(現物)의 교환이나
위치 이동이 아니라, 무정형적(無定型的)인 미의
식의 전화(轉化)다. 비록 전파 예술은 어떤 정형
적인 실체라고 하더라도 그에 대한 수용은 그대
로의 주입이 아니라 재현이나 모방 과정에서의
다양한 변형, 즉 접변현상이 따른다. 때로는 서
로 융합하면서 장기간 공존하기도 하고, 때로는
서로가 융화되어 새로운 예술을 창조하기도 한
다. 한편 전파예술에 일방적으로 동화되는 경우
도 있다. 설혹 예술품의 호환일지라도 어떤 접
변현상을 일으켰을 때는 교류예술로서의 가치

가 인정된다. 따라서 접변현상은 예술교류의 필
연이며, 또한 예술교류의 생명이라고 말할 수 있
다. 다음 특징은 전파와 수용 간의 갈등과 조화
다. 미의식을 바탕으로 한 예술은 오랜 역사과정
을 통해 고유의 체계로 창조되고 발달하는 과정
에서 상당히 깊고 질긴 뿌리를 가지고 '외풍'(外
風, 전래의 이질예술)에 대응한다. 바로 예술 특
유의 전통성과 착근성(着根性)이다. 따라서 전래
예술(전파예술)에 대하여 쉽사리 자리를 양보하
지 않는다. 그러나 동시에 예술은 새것에 민감해
항시 다양함을 추구함으로써 '외풍'에 능동적으
로 대처하려고 한다. 이것이 예술의 감수성과 다
양성이다.

바로 이러한 예술의 전통성과 착근성으로 인
하여 예술의 전파와 수용 간에 갈등이 생기게 마
련이지만, 또한 역설적으로 예술의 감수성과 다
양성으로 인하여 접변현상이 일어나며 예술의
전파와 수용 간에 조화가 이루어지기도 해 결국
갈등을 극복하게 된다. 이러한 과정을 통하여 비
로소 진정한 의미의 예술교류가 진행되는 것이
다. 이와 같이 예술교류의 전 과정은 시종 전파
와 수용 간의 갈등과 조화가 동반한다. 이런 특
징으로 예술교류는 인류의 정신문명 함양에 크
게 기여한다. 이질문명의 색다른 예술을 받아들
임으로써 주체예술은 더욱 풍부해지고 미의식
을 함양하며 나아가서 인류간 정신문명의 공영
을 도모할 수 있다. 뿐만 아니라, 예술의 교류는
전반적인 문명교류의 활성화에 일조한다. 일반
적으로 예술의 교류는 순기능적 교류로 대가성
(代價性)을 띠거나 강요되는 것이 아니기 때문에
문명간의 교류와 공감대를 자연스럽게 유도·형
성한다. 또한 예술은 문명의 주요한 징표의 하나
이므로 그 교류를 통해 문명의 실체를 확인하고
교류상을 가늠해볼 수 있게 한다.

예카테린부르크 Ekaterinburg

기원전 5세기 헤로도토스가 밝힌 최초의 초원로는 기원전 7세기경부터 스키타이들이 개척한 동방교역로로, 흑해 연안에서 우랄 산맥을 넘어 알타이 지방까지 이르는 초원의 길이다. 예카테린부르크는 우랄 산맥의 남단(南段)에 위치하고 있어, 그 옛날 초원로의 경과지일 가능성이 높다. 우랄 산맥 동쪽 기슭의 이티디강 연안에 자리한 예카테린부르크는 1721년 러시아가 시베리아 진출을 위한 전초기지로 삼기 위해 건설한 도시다. 2년 후에 표트르 대제는 황후인 예카테리나(Ekaterina, 후의 예카테리나 1세 여제)의 이름을 따서 도시 이름을 지었다. 도시 건설 5년 후에는 이곳에 러시아의 첫 제철공장이 들어서면서 야금공업의 중심지로 발돋움하였다. 우랄 산맥에는 이 세상에 알려진 광석과 광물의 절반 이상이 매장되어 있다고 하여 '광물 천국'이라고 불리고 있으며, 그래서 예카테린부르크는 보석가공으로 명성이 자자하다.

원래 '우랄'이란 '돌로 이루어진 경계'라는 뜻으로, 우랄 산맥은 유라시아 대륙의 북부에서 아시아와 유럽을 갈라놓는 분계선이다. 이 분계선 상에는 남북을 합쳐 모두 44개의 경계탑(경계비)이 서 있는데, 그 모양도 오벨리스크형이

유럽-아시아 경계탑

나 철탑형 등 각기 다르다. 이 도시에서 17km 떨어진 곳에 세워진 경계탑은 삼각 뾰족철탑(높이 약 20m) 형태다. 이 탑은 '아시아'와 '유럽'이라는 러시아어 단어가 새겨진 받침돌 위에 세워져 있는데, 받침돌 한가운데를 두 대륙을 나누는 분계선이 지나간다. 아시아와 유럽의 경계를 어떻게 설정할 것인가 하는 문제는 일찍부터 지리학계의 논제였다. 두 대륙을 공유하고 있는 러시아가 앞장서서 그 해결책을 내놓았다. 18세기 아시아-유럽 경계이론의 창시자인 러시아의 타치셰프(Tatishev)가 수자원의 원천과 식물의 분포가 확연히 다르다는 자연지리적 조건에 근거해 우랄 산맥―우랄강―카스피해―흑해―터키의 보스포루스 해협을 기준으로 하는 아시아-유럽 경계이론을 내놓아, 그것이 오늘날까지 그대로 적용되고 있다. 사실 이 선은 평균 높이 300~500m밖에 안 되는 나지막한 산을 기준으로 그어놓은 인위적인 경계선일 따름이다. 이로써 러시아는 한 몸체에 아시아와 유럽이란 두 얼굴을 가진 '괴물'이 되고 말았다. 예카테린부르크는 '수채화 같은 도시'라는 뜻에 걸맞게 높낮이와 색조가 잘 어울리는 고풍스러운 유럽식 도시다. 그러나 이곳에는 제정 러시아의 마지막 황제 니콜라이 2세 일가족이 처형된 자리에 세워진 '피의 성당'(일명 '로마노프 성당')이 있어, 러시아의 곤욕과 수난의 역사를 대변하기도 한다.

『오경역본(伍經譯本)』 라틴어, Nicolas Trigault 역, 1626년

중국 경적(經籍)의 최초 유럽어 역본. 중국에 간 벨기에 선교사인 트리고(Nicolas Trigault, 김니각 金尼閣, 1577~1628)가 1626년 오경(五經)을 라틴어로 번역해 항저우(杭州)에서 출간하였는데, 이것은 중국 경전의 최초 유럽어 역본이다. 유럽의 중국 연구가들이 일단 중국어를 습득한 다

음 착수한 첫 작업은 사서오경(四書五經)을 비롯한 중국 경적의 번역이었다. 중국의 전통사회와 문화를 제대로 이해하기 위해서는 무엇보다도 먼저 그 뿌리인 경적부터 알아야 한다고 생각했기 때문이다. 경적 번역에 처음 손을 댄 사람은 중국에 간 이탈리아 선교사 마테오 리치(Matteo Ricci, 이마두利瑪竇, 1552~1610)다. 그는 1593년에 사서(四書)를 라틴어로 번역하여 이탈리아에 보냈으나 출간은 되지 않았다. 그뒤 사서 중『대학(大學)』(1662)과『논어(論語)』는 이탈리아 선교사 인토르체타(Prospero Intorcetta, 은탁택殷鐸澤, 1626~1696)와 포르투갈 선교사 다 코스타(Ignatius da Costa, 1599~1666)의 공역(共譯)으로 출간되었으며,『중용(中庸)』은 인토르체타가『중국정치윤리학』(*Sinarum Scientia Politico-Moralis*)이라는 역명(譯名)으로 1667년 광저우(廣州)에서 출간하였다.

오고타이 울루스(Ögedei Ulus), 오고타이 칸국(Ogedei Khanate) 1223~1310년

몽골군의 서정(제1차, 1219~1225)에 의해 건립된 4대 칸국 중 하나다. '울루스'는 몽골어로 '국가'란 뜻이다. 칭기즈칸의 삼남 오고타이(1186~1241)에게 책봉된 나이만(내만乃蠻, Naiman) 부족들의 고지(故地)인 현재 중국 신장성(新疆省) 북부의 이르티시강 상류와 알타이 산맥 남록 일원에서 에미르(Emir, 현 신장성 어민현額敏縣)를 수도로 하여 건국된 칸국으로, 오고타이가 몽골제국의 대칸으로 추대되자, 그의 자손들이 뒤를 이어 통치하였다. 칭기즈칸의 사남의 장자 몽케가 대칸에 등극(1251)할 당시 이 칸국의 통치자는 오고타이의 손자 카이두(Qaidu, 1230~1301)였다. 카이두가 쿠빌라이와의 대칸위(位) 쟁탈전에서 패하자 국운이 약화되기 시작해 결국 차가타이 칸국에 병합되었다

오구즈 Oğuz

중앙유라시아 서부에 살던 투르크계 유목민족. 6세기 돌궐시대부터 역사무대에 등장하였는데, 이들은 당시에 아랄해 북방의 동서에 산재하면서 샤머니즘이나 조로아스터교를 신봉하고 있었다. 그러나 10세기 중반부터 남하해 중앙아시아 문화와 접촉하면서 이슬람으로 개종하기 시작하였다. 이때 개종한 오구즈를 이슬람 사료에서는 '투르크멘'이라고 칭하였고, 개종하지 않은 사람들은 그대로 '오구즈'라고 불렀다. 11세기에 나온 카슈가리의『투르크 제어집성(諸語集成)』(1077)에는 오구즈가 22개 지족(支族)으로 나누어졌다고 하고, 라시둣 딘의『집사(集史)』(14세기 초)에는 오구즈 칸은 투르크-몽골계 제민족의 전설상의 조상으로서, 오구즈에는 24개 씨족이 있다고 하였다. 11세기에는 페르시아의 동북부 호라산에서 서아시아로 이동해 셀주크조 군사의 핵심 세력이 되었다.

오나달리 烏那達利, 烏那達初

발해 말갈(靺鞨)의 견당사(遣唐使). 730년 5월 당나라에 가서 바다표범 가죽·초피(貂皮)·마노배(瑪瑙盃)·말 등을 헌상하였다. 과의(果毅)란 관직과 비단을 받고 귀국하였다. (8-129)

오도릭(Odoric da Pordenone)과『동유기(東遊記)』

오도릭 초상

이탈리아의 동행 여행가 오도릭(1286~1331)은 젊어서 탁발(托鉢)로 수행하던 청렴한 프란체스코회 사제 출신이었다. 늘 맹물에 빵조각으로 끼니를 때우고, 몸에는 털로 짠 천과 철갑을 걸치고 맨발로

다녔다. 1318년에 동방 여행길에 올라, 베네치아를 출발, 해로를 통해 서아시아와 동남아시아를 거쳐 중국에 입국하여 6년간(1322~1328) 체류하다가 오아시스로로 1330년에 귀향하였다. 오도릭의 동유(東遊) 여정은 다음과 같다.

1318년 4월 베네치아 출발 → (해로) 콘스탄티노플 → 흑해 동남안의 트라비존드(Trabizond, 현 트라브존Trabzon) → 대아르메니아(Greater Armenia) → 아르지론(Arziron, 현 터키의 에르주룸Erzurum) → 사르비사칼로산(Sarbisacalo, 반Van호 북변의 Süphan산, 일설은 그 동북연의 아라라트Ararat산) → 타우리스(Tauris, 일 칸국의 수도 타브리즈Tabriz) → 바츠해(Bach, Baku, 카스피해) 남안의 솔다니아(Soldania, 현 이란의 술타니야Sultaniyeh) → (동남행)코메룸(Comerum, 페르시아의 고도 페르세폴리스Persepolis 유적) → (서행) 후즈(Huz, 현 이란 아바즈Ahvaz 동북면의 Veys) → 칼다에아(Chaldaea, 현 이라크의 바그다드) → 티그리스강을 따라 남하 → 페르시아만 → 오르메스(Ormes, 현 호르무즈Hormuz) → (해로, 동행, 28일간) 인도 서해안의 타나(Tana)에 도착, 이곳에서 순교 선교사 4명의 유골을 수습해 중국 취안저우(泉州)에 안장하려고 휴대 → (남행) 미니바르(Minibar, 말라바르Malabar 해안, 망갈로르Mangalore 일대) → 플란드리나(Flandrina, 현 캘리컷Calicut 북면의 Pandalayini) → 신길린(Cyngilin, 현 코친Cochin, 일설은 코친 북면의 크랑가노르Cranganor) → 폴룸붐(Polumbum, 현 퀼론Quilon) → 인도 동남단의 모바르(Mobar) → 실란(Sillan, 현 스리랑카) → 니코베란(Nicoveran, 현 인도의 니코바르Nicobar제도) → 라모리(Lamori, 수마트라섬 북단) → (남행)수몰트라(Sumoltra, 현 록스마웨Lhokseumawe 일대) → (남행)레센고(Resengo, 현 소순다 열도Lesser Sunda Islands) → 판텐(Panten국, 인도네시아의 빈탄Bintan섬) → (북행, 수일간) 점파(Zampa, 점파占婆, 현 베트남 중부) → (동행, 수일간) 만지(Manzi성, 만자蠻子, 중국 남방)의 센스칼란(Censcalan, 현 광저우廣州) → (북행) 자이톤(Zayton, 현 취안저우泉州, 세상에서 가장 훌륭한 도시의 하나), 휴대한 선교사 4명의 유골을 2개 교회당에 나누어 안치 → 푸조(Fuzo, 푸저우福州) → (북행) 벨사(Belsa, 백사白沙, 저장浙江성 원저우溫州나 리수이麗水) → 칸사이(Cansay, 경사京師, 현 항저우杭州) → (6일간) 칠렌푸(Chilenfu, 금릉부金陵府, 현 난징南京) → (북행) 얌자이(Iamzai, 양저우揚州) → (북행) 카라모란(Caramoran, 황허黃河) 변의 렌진(Lenzin, 임성任城)과 순주마투(Sunzumatu, 임청臨淸) → (북행)캄발레크(Cambalech, 대도大都, Taydo, 현 베이징) 도착.

오도릭은 중국에 6년간(1322~1328) 체류하였는데, 그중 3년간은 대도(大都, 베이징)에서 보냈다. 그리하여 원조의 법제와 의례, 궁전의 건축, 각지 종교 상황, 대한(大汗, 대칸)의 수렵(狩獵), 전국의 역참제도 등에 관해 정확하게 상술하고 있다. 심지어 대도에 있는 만수산(萬壽山, 현 북해北海 경화도瓊華島)에 관해서까지 세밀하고 생동감 있게 묘사하고 있다. 오도릭의 귀로는 오아시스로이나 그에 관한 자세한 기록은 없다. 그는 1328년경에 대도를 떠나 서행 50일 만에 테잔(Tezan, 동승東勝, 현 네이멍구 투오커투오托克托 일대)에 도착한 뒤 계속하여 칸산(Kansan, 간쑤甘肅)을 지나 남행으로 티베트(현 시짱西藏)에 이르렀다. 이후의 귀로 노정에 관해서는 명확한 언급이 없다. 다만 여행기 중에 밀레스토르테국(Millestorte, 정통 이슬람교에서 이단으로 지목한 이스마일리야파가 지배하는 이란 지역)을 경유했다고 기술한 점으로 미루어 중앙아시아와 카스피해 남안을 지나서 오던 길로 귀향한 것으로 보인다.

귀국 후 파두아(Padua)섬의 안토니 교회당에 머물던 오도릭은 1330년 5월 지방 장관의 요청을 받고 병석에서 자신의 동방여행에 관해 구술하고, 이를 다른 사람이 기록한 것이 바로 『동유기(東遊記)』(*The Eastern Parts of the World Described*)이다. 병석에서 구술한 것인 만큼 내용에서 모호한 점이 적지 않으며, 전후 순서가 엇갈리는 곳도 있다. 그러나 그의 여행기는 선행자인 마르코 폴로가 언급하지 않은 여러가지 흥미 있는 자료를 제공해주고 있다. 우선 그는 경건한 기독교 사제로서 동방 선교사들의 포교 활동에 관해 정열적으로 서술하고 있다. 중국의 천장(天葬) 관습이나 부녀들의 전족(纏足), 광저우 사람들의 뱀요리, 첸탕강(錢塘江)에서의 가마우지 물고기 사냥 장면 등 색다른 이야기들을 생생하게 소개하고 있다. 그런가 하면 원조의 궁정에서 봉직하는 어의(御醫) 중에는 우상숭배 교도(불승·라마승·도사 등)들과 기독교도들·무슬림들이 함께 어울리고 있다는 이야기도 전해주고 있다. 오도릭의 『동유기』는 라틴어·이탈리아어·프랑스어·독일어 등 여러 언어의 필사본이 전해지고 있다. 간본(刊本)으로는 영국의 동양학자 율(H. Yule)의 저서 『중국, 중국으로 가는 길』(*Cathay and the Way Thither*)에 수록된 라틴어본과 영어 역주본이 정본으로 통용되고 있으며, 이에 준한 한역본(漢譯本)도 출간되었다. 오도릭은 1331년 1월 이탈리아 동북부의 우디네(Udine)에서 사망하였다.

오렌부르크 Orenburg

러시아와 중앙아시아 간의 교역 중계지. 고르노(러시아) 우랄 산맥 남단에 위치한 오렌부르크주(州)의 주도로, 18세기 30년대에 경제개발을 목적으로 오르강(江) 하구의 요새로 건설된 이래 러시아와 중앙아시아를 잇는 교역의 중계지로서 큰 역할을 하였다. 19세기에는 중근동에서의 영국의 동향을 탐지하는 정보활동의 거점이 되기도 하였다.

오르다 orda

유목민들의 군주가 사는 거처나 궁전, 또는 몽골 제국 시대 이후에 나타난 유목정권에 대한 칭호(노가이, 오르다 등)로 쓰였으나, 때로는 카자흐의 부족연합체에 대한 지칭으로도 쓰였다.

오르도스 Ordos, 綏遠

몽골의 부족명인 동시에 그 부족이 점거하고 있는 지역의 명칭. 현재 황허(黃河)의 만곡부(彎曲部)와 만리장성으로 둘러싸인 전역을 지칭한다. 중국 측에서는 예로부터 이 지역을 '하투(河套)'라고 불렀다. '하(河)'는 황하, '투(套)'는 굽은 곡이라는 뜻이다. 일명 '쑤이위안(綏遠)'이라고 한다. 유목의 적지(適地)가 많아 옛날부터 유목민들의 쟁탈 대상지였으며, 그들의 생존거점이기도 하였다. 오르도(ordo)는 몽골어로 '궁전'이란 뜻이며, 오르도스는 그 복수다. 그러나 요(遼)·원(元)대에 오르도는 단지 궁전만 의미하는 것이 아니라, 황제가 영유하고 있는 채읍(采邑)도 의미하였다. 황제의 후비(后妃)를 이 오르도에 배속하였으며, 친위대를 상비하고 중정원(中政院) 이하의 관부가 관리하였다. 황제가 죽으면 후비들은 오르도를 주재하였다. 『원사(元史)』 권 106에 따르면 칭기즈칸에게는 4개의 오르도(채읍)가 있었는데, 황후인 보르테카툰과 기타 세 부인(카툰)들이 각각 주재하였다. 부족으로서의 오르도스부(部)라는 것은 이 칭기즈칸의 4개 오르도와 그의 영묘(靈廟)를 지키는 의무를 지닌 부족을 말한다. 이러한 부족이 언제 하투 지역을 점거했는지는 알 수 없다. 분명한 것은 15세기 말엽 무렵 이곳에 그러한 부족이 존재했다는 사실이다.

오르도스에는 칭기즈칸의 묘당이 있는데, 이 부족의 최대 임무는 그 묘당(에젠 호로, '주군의 뜰'이란 뜻)을 지키는 것이었다. 1956년에 이곳을 탐방한 러시아의 몽골학자 S. D 디리코프의 보고에 의하면 묘당에는 다음과 같은 것들이 있었다고 한다. 즉 에준 호로에는 원추형의 5개 유르트(천막)가 있는데, 그 속에는 몽골 역사상의 귀중한 유물이 소장되어 있다. 좌측의 제1유르트에는 칭기즈칸의 유해를 참배하기 위해 오는 방문객들의 객실이 있고, 그와 접한 곳에 제2유르트가 있는데, 그 안에는 칭기즈칸의 은제관이 놓여 있다. 제3유르트에는 칭기즈칸의 첫 황후의 관이 있고, 제4유르트에는 제2비의 관이 있으며, 제5유르트(제2유르트의 뒤)에는 몽골의 모든 칸들이 남긴 유물이 전시되어 있다. 칭기즈칸의 묘당이란 그의 묘는 아니고, 다만 거기에 그의 유물이 약간 소장되어 있을 뿐이다. 칭기즈칸의 묘 자체는 오늘날까지도 수수께끼다. 17~18세기의 몽골 연대기에 의하면 몽골 북부의 헨티이 산맥과 한가이 산맥 사이에 있다고 한다.

16세기 이후의 오르도스 부족은 명(明)대 몽골에 있는 6만호(萬戶) 중의 한 부족이었다. 몽골어로 만호(萬戶)를 'tümen'이라고 하며, 이 만호란 것은 만명의 병사를 거느린 집단이란 뜻이다. 이 6만호는 유목민의 전통적 습관에 의해 좌익부(左翼部)와 우익부(右翼部)로 구분된다. 오르도스부는 우익부 3만호에 속하는데, 그중 가장 대표적인 부족이었다. 우익부는 16세기 초에 서방의 메쿨린부(部) 출신 이브라힘의 지배하에 들어갔다. 그러나 얼마 안 있어 중기(中期) 몽골의 영주(領主) 다얀 칸에게 이브라힘은 축출되었다. 오르도스는 후일 다얀 칸의 삼남 바르스 볼라트가 지배하다가 그의 장자 쿤 빌리크에게

분봉(分封)되었다. 쿤 빌리크는 그 뒤 칭하이(靑海)로 도망간 이브라힘을 격파하고 그가 소유한 대부분의 땅을 차지하고 세력을 확장하였다. 쿤 빌리크가 1543년에 사망하자 오르도스의 세력은 일시 약화되었다. 그러나 그 뒤를 이은 동생 알탄 칸은 우익부뿐 아니라 몽골 전체에서 최대의 세력가로 변모하여, 당시 몽골 대표 부족이었던 차하르부(部)를 지배해온 정통(正統) 대칸을 압박하기에 이르렀다. 오르도스부는 16~17세기 초까지 12오트크로 구성되었다. 오트크란 명(明)대 몽골에 출현한 특수한 사회적·군사적 집단의 단위다. 1634년에 중국 청(淸)조에 귀속되면서부터는 6기(旗), 후에는 7기로 편성되어 청조 말까지 지속되었다. 지금 오르도스는 내몽골 자치구의 영역에 속해 있다.

오르도스의 청동기문화 유적

교류의 유물적 전거로서의 초원로 유적. 오르도스 지역은 목축의 적지로서 일찍부터 여러 북방 민족들의 쟁탈 대상지였다. 따라서 그들의 문화가 잠입·유포되어 기원전 5세기를 전후한 전국시대부터 진·한대에 이르는 기간에 특유의 오르도스 청동기문화가 창조되었다. 이곳에서는 북방 카라수크 문화의 검과 반구형(半球形)의 청동제 검 및 칼 등의 유물이 출토되었다. 그밖에 이곳에서 출토된 세형동검(細形銅劍)과 양익촉(兩翼鏃, 쌍날개 살촉)은 히타이트의 그것과 동형으로, 서아시아와의 청동기문화 교류의 일단을 짐작케 한다.

오르텔리우스(A. Ortelius)의 세계지도

지도 제작 및 출판업자. 벨기에 안트베르펜에서 출생한 오르텔리우스(Abraham Ortelius, 1527~1598)는 고미술상이던 아버지의 영향을 받아 영국·프랑스·독일·이탈리아 등 유럽 나라

들을 여행하면서 지도를 수집하고 제작·출판하는 일에 종사하였다. 1561년 지도 제작에 착수해 1570년에는 여러가지 지도를 수집해 그 표현을 통일한 지도『세계의 무대』를 출간하였다. 당시 이 책의 인기가 좋아 1612년까지 무려 41판을 재간하였다. 초판은 70장 53면이며, 지도 제작에 관련된 인물 83명의 명단이 기입되어 있다. 그는 세계지도 이외에 아시아·이집트·신대륙·태평양·동인도제도 등의 지역에 대한 지도도 제작하였다.

오리엔트 Orient

고전적 의미에서의 오리엔트는 고대문명의 발상지인 이집트나 메소포타미아에 대한 그리스·로마인들의 지칭이다. '오리엔트'는 라틴어로 '해가 뜨는 방향', 즉 '동방'이라는 뜻이다. 그러나 그 뜻이 전이·확대되어 서방에 대비되는 동방 전체에 대한 지칭으로 변하였다.

오리엔트 청동기

메소포타미아에서는 기원전 4000년경부터 동 야금에 의한 청동기가 제조되기 시작하였다. 기원전 3200년경까지 존재한 우바이드(Ubaid) 문화와 그를 이은 우루크(Uruk) 문화는 초기의 청동기문화로서 다양한 유물이 출토되었다. 우바이드는 남부 메소포타미아에 위치하였으며, 이곳에서 선사시대의 초기 왕조인 우르(Ur) 제1왕조의 유물이 1919년 이래 수차례에 걸쳐 발굴되었다. 대표적인 유물로는 닌후르사그 신전에서 출토된 청동기들을 들 수 있다. 이외에도 남부 메소포타미아에 위치한 세계에서 가장 오래된 도시유적인 우루크(『구약성서』중의 에렉 Erech, 현 와르카Warka)의 발굴(1849년에 시작하여 1913~1939년에 대대적으로 진행)에서 확인된 거대한 신상과 성탑, 그리고 회화문자(繪畵

文字)·점토판(粘土板)·인장(印章)·청동기 등이 있다. 기원전 3000년경의 젬데트 나스르(Jemdet Nasr) 문화 시대에는 청동기가 보편적으로 사용되었다. 자루 구멍이 있는 도끼를 비롯한 이기(利器)와 다양한 용기류가 본격 제조되었는데, 제작은 전문적인 직인(職人)들이 담당했다. 동이나 청동기 제품과 함께 은세공(銀細工)도 나타났다. 기원전 2800년경에 성립된 초기 왕조 시대부터 아카드 왕조, 바빌론 제1왕조를 거쳐 기원전 1000년경의 아시리아 왕조 시대까지의 근 2,000년간 메소포타미아 전역에서 청동기문화가 개화·발달하였으며 주변 제국에 큰 영향을 미쳤다. 그러나 기원전 1200년경 아시리아의 강성과 더불어 철 야금술이 도입되자 청동기시대는 서서히 막을 내렸다.

메소포타미아와 지리적으로 가장 가까이 있는 지중해 동안의 시리아와 팔레스타인은 메소포타미아 청동기의 직접적 영향을 가장 먼저 받아 기원전 3200년경에는 이미 초기 청동기시대로 진입하였다. 이 지대는 고대 주요 문명의 두 주역인 메소포타미아 문명과 이집트 문명의 중간지대에 위치하고 있어 쌍방으로부터 공히 영향을 받아 특수한 혼성(混成) 문화를 이룩하였다. 이 지대의 청동기문화에도 이러한 특색이 그대로 반영되어 있다. 최고(最古)의 고대문명을

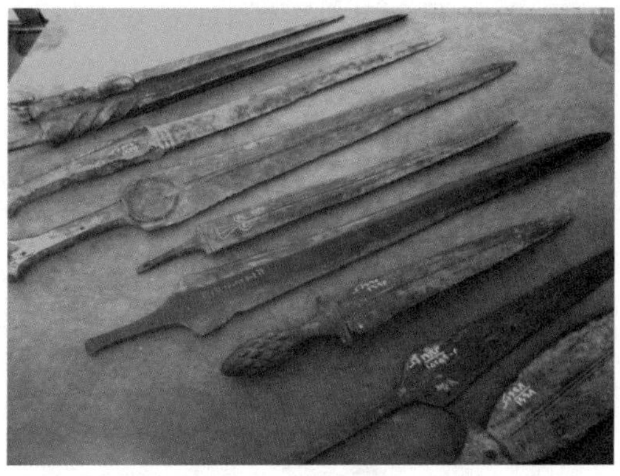

이란의 루리스탄 출토 각종 청동검(기원전 2천년기~1천년기)

자랑하는 이집트에서는 기원전 4000년경에 이미 시나이 반도를 비롯한 몇 곳에서 자연동을 채집하였으며, 기원전 3600년경의 초기 게르제(Gerze) 문화 시대에는 동야금술에 의해 구리핀이나 바늘 등이 만들어졌다. 이집트는 주석광이 없기 때문에 다른 지역에 비해 비교적 오랫동안 동기(銅器)문화가 지속되었다. 그러다가 중왕조(中王朝)시대(기원전 2050~1780)에 이르러 중앙집권적 절대군주 체제가 성립되어 북으로는 팔레스타인까지를 점유하게 되었고, 그 결과 영내에 주석 산지를 확보하게 되어 자체의 청동기 제작이 가능하게 되었다. 물론 그 이전 시기(학자들의 견해에 의하면 기원전 3000년경)에 메소포타미아와의 교역을 통해 청동기를 수입하였을 수도 있다. 그러나 이것은 어디까지나 수입이고, 자생은 그로부터 천년이 지나서야 가능하였다. 이와 같이 이집트는 주로 수입에 의존해 뒤늦게 청동기를 만들었지만, 발달한 선행 문명을 바탕으로 하였기 때문에 청동기 제조에서 일련의 특색을 지니고 있다.

이란에서는 일찍부터 다양한 청동기가 제조되었다. 중부 이란의 사막지대 서변의 오아시스에 자리한 시알크(Sialk) 유적에서 최초의 청동기가 발굴되었다. 이 유적은 신석기시대와 청동기시대 말기(기원전 5000~2500)의 유적으로서, 제1기와 제2기는 전형적인 신석기문화이나 메소포타미아의 우루크 문화와 동시대에 속하는 제3기(기원전 3000)에 들어와서는 청동기가 출현하였다. 시알크 문화를 이은 루리스탄(Luristan) 청동기문화 시대에는 각종 청동기가 대량 제작되어 고대 청동기문화의 한 전형을 이루었다. 루리스탄은 이란 서남부의 '페르시아의 관문'이라고 하는 자그로스(Zagros) 산맥 가운데 위치하고 있는데, 이곳은 지리적으로 이란 고원과 메소포타미아의 중간지대로서 원주민인

루르인(Lurs)들은 주로 목축과 유목을 겸하고 있었다. 1920년대부터 루리스탄 유적에서 양·산양·말 등 동물문양이 새겨진 청동기가 대량 발굴되어 시중에서 거래되기 시작하자, 이를 북방 스키타이 유목민이 남긴 청동기 유물과 비교하는 연구가 진행되어 학계의 큰 관심을 불러일으켰다. 고다르(A. Godard)는 1931년 출토품을 집성하여 『루리스탄 청동기』 도록집을 편찬·출판하였다. 스타인(A. Stein)도 1935년 이곳을 찾아 루미슈칸(Rumishkan)·훌라일란(Hulailan)·기라이란(Girairan) 등 유적지를 탐방하고 화려한 청동기를 부장한 묘는 정복자인 유목민의 묘일 것이라고 추정하여 북방 유목민과의 연관성을 시사한 바 있다.

루리스탄 청동기는 철기와 혼재(混在)하고, 또 어떤 것은 철기와 동형(同型)이어서 그 편년을 청동기시대의 말기로 보는 것이 일반적인 견해다. 루리스탄 청동기의 특색은 마구(馬具)와 차구(車具)가 많은 것과 동물의장(意匠)이 두드러진 것이다. 동물의장으로는 재갈을 물린 말과 소·산양·멧돼지 등 사실적인 동물 문양도 있지만 형상화된 동물 문양도 적지 않다. 예컨대 우두인면유익수상(牛頭人面有翼獸像, 소의 머리에 사람의 얼굴을 하고 날개가 달린 짐승상)과 같은 것은 유목민의 색채가 농후하고 메소포타미아 신화의 영향(날개 돋친 짐승 등)이 역력하다. 유물로는 자루 달린 검과 두부(頭斧)·피켈(pickel)·활촉 등 무기와 함께 핀·완륜(腕輪, 팔찌)·거울 등 장신구, 취상주구(嘴狀注口, 주둥이 붙은 주전자), 날개 돋친 괴수형(怪獸形)의 컵 같은 용기, 좌우 대칭의 신수상(神獸像)·산양병두(山羊柄頭) 등 다양한 종류가 출토되었다. 이러한 기형은 시알크 초기(1, 2기)의 토기에서도 찾아볼 수 있는데, 이는 그 계승성을 말해준다. 루리스탄 청동기의 편년 문제는 아직까지

도 논란이 많다. 로스토브체프(M. I. Rostovtzeff)와 고다르는 기원전 1000년 이상을 올라가지 않는다고 주장하나, 쉐페르(C. Shaeffer)는 3기로 나누어 전기는 기원전 2500~2100년, 중기는 2100~1700년, 후기는 1700~1200년으로 추정하고 있다. 그러나 기르슈망(R. Ghirshman) 같은 학자는 기원전 8~7세기의 것이라고 하는데, 그 근거는 당시 스키타이나 킴메르(Cimmerii, Comer, Cimmeriam)인들이 캅카스로부터 이집트와 소아시아를 진격할 때 자그로스에서 메디아(Media, Madai, Matai)인들에게 차단당하자 그곳에 정주해 북방 유목민들의 청동기문화와 유사한 이방(異邦)적인 청동기문화를 산생하였다는 것이다.

오소도 烏昭度

발해의 도당 유학생이자 견당사(遣唐使). 원래는 발해의 재상(宰相, 견당사)으로 당나라에 들어갔으나, 본인의 주청에 의해 유학을 하게 되었다. 그는 신라인 유학생 이동(李同, 869년에 유학)과 함께 빈공과(賓貢科)에 급제하였다. (8-153)

오손 烏孫

기원전 2세기부터 기원후 5세기 중반까지 톈산 산맥 북방의 초원지대에 살던 기마유목민족 집단이다. 종족적으로 투르크계인지 이란계인지가 논란이 되고 있어 아직까지 정설은 없다. 기원전 177년경 흉노가 월지(月氏)를 공략한 후 오손은 월지의 지배에서 벗어나 흉노에 복속되었다. 기원전 130년경 오손은 흉노의 지원을 얻어 월지를 공격하면서 근거지를 톈산 산맥의 중서부 지역으로 옮겨 흉노의 통제에서 벗어났다. 그즈음 전한의 무제(武帝)는 오손과 제휴해 흉노를 동서에서 협공할 목적으로 장건(張騫)을 파견하고, 조카딸인 공주 세군(細君)을 오손 왕에

게 출가시켰다. 그후 오손은 한과 시종 우호관계를 유지하였으며, 한은 오손으로부터 한혈마(汗血馬)를 수입하는 등 교역을 통한 문물교류가 지속적으로 이루어졌다.

오수불 烏須弗

도일 발해 사신. 그는 773년 6월 파견된 지 4년이 되어도 돌아오지 않는 전 대사 일만복(壹萬福) 일행의 사정을 알아보고 그들을 귀환시키기 위해 대사(大使)의 자격으로 일본의 노토(能登)에 도착하였다. 그런데 미리 보낸 표함(表函)이 조례에 어긋난다는 이유로 입경(入京)이 불허되어 귀국할 수밖에 없었다. (8-203)

오스만 꾸르안 Uthman Qur'an

우즈베키스탄 수도 타슈켄트의 무슬림종교국도서관에 소장되어 있는 이슬람 경전 『코란』(꾸르안)의 고사본이다. 이슬람의 제3대 칼리파 오스만이 피살될 때(656) 독송하였다고 하는 경전의 필사본으로 알려진 이 유물은 티무르가 원정 때 바스라에서 가져온 것이다. 오랫동안 사마르칸트의 호자 아흐라르 마스지드에 보관되어 있었는데, 러시아군이 이곳을 점령한 이듬해(1869)에 투르키스탄 총독(장군)에게 넘겨주었다. 총독은 이것을 상트페테르부르크 국립도서관에

이슬람교 경전 『코란』(꾸르안)의 가장 오랜 필사본인 『오스만 필사본』(7세기, 타슈켄트 무슬림종교국도서관 소장)

기증하였다. 1917년 러시아 10월혁명 직후 레닌은 이 소중한 고사본을 투르키스탄의 무슬림들에게 돌려주기로 하였고, 그 약속이 실행에 옮겨져 1923년에 우즈베키스탄에 반환되었다.

오아시스 Oasis

오아시스(녹주綠州)란 사막을 비롯한 건조지대의 군데군데에 항상 물이 고여 있어 초목이 자라고 인간이 생활할 수 있는 곳을 말한다. 옛날부터 오아시스는 사막인들의 생활 보금자리였을 뿐만 아니라, 교역의 거점으로서 문물이 집산(集散)되고 교통도 발달하여 도시의 면모를 갖추었다.

오아시스로 Oasis Road 이 길의 서단(西端)은 로마이고, 동단(東端)은 한반도의 동남단(경주慶州)이다. 지금까지의 통념으로는 이 길의 동단을 중국의 장안(長安, 현 시안西安)으로 인정하여왔다. 이럴 경우 그 길이는 1만 2천km(약 3만 리, 직선거리 9천km)다. 그러나 각종 서역 문물이 장안과 경주를 잇는 육로를 통해 전래된 사실을 감안할 때, 이 오아시스로는 분명히 한반도의 남단까지 연장되었음을 알 수 있다. 따라서 오아시스로의 동단은 장안이 아니라 그 이동(以東)의 한반도의 남단 '경주'이며, 총 연장거리는 약 1만 4,570km(약 3만 6,840리)나 된다. 유라시아 대륙의 북위 40도 부근에 동쪽에서 서쪽으로 고비 사막(몽골), 타클라마칸(Taklamakan) 사막(중국), 키질쿰(Kyzylkum) 사막과 카라쿰(Karakum) 사막(남러시아)이 잇닿아 있다. 그리고 이란에서 루트(Lut) 사막과 카비르(Kavir) 사막(이란)이 시리아(Syria) 사막으로 이어져 지중해 동안에까지 이른다. 이러한 사막대(沙漠帶)의 곳곳에 오아시스가 산재해 있는데, 그것을 연결하여 동서를 이은 길이 바로 '오아시스로'다.

오아시스로는 실크로드의 여러 갈래의 길(간선과 지선) 가운데 가장 중요한 역할을 해왔다.

이 길은 시대의 변화에 따라 용도에서나 이용도에서 여러가지 기복을 겪어왔던 초원로나 해로와는 달리 고대로부터 근세에 이르기까지 크게 변동 없이 줄곧 이용되어왔으며, 또한 이 두 길에 비해 연도(沿道)의 포괄 범위도 넓다. 뿐만 아니라 이 길의 범박(汎博)한 연변에서 아케메네스조·파르티아조(안식安息)·박트리아조(대하大夏)·사산조·아랍–이슬람제국·에프탈조·카라한조·카라키타이조·호라즘조·티무르조·셀주크조·오스만조 등 수많은 왕조와 민족들이 흥망성쇠를 거듭하였다. 요컨대 오아시스로는 동서 교통로에서 문자 그대로 중추적인 역할을 수행하였다. 실크로드에 대한 인지(認知) 면에서도 초기의 리히트호펜이나 헤르만은 오아시스로만을 실크로드로 간주하였다. 보통(혹은 좁은 의미에서) 이 오아시스로를 '실크로드'라고 지칭하는 이유가 바로 여기에 있다. 이와 같이 전반적인 인류 역사발전과 동서교류에 커다란 기여를 해온 오아시스로이지만, 아직은 그 노정, 특히 기원전 8~7세기부터 기원을 전후한 시기까지의 개척기 노정에 관해서는 관련 사료가 매우 부족하고 연구도 미흡하다. 오아시스로에 관한 서방 측 사료는 극히 적다. 헤로도토스(기원전 484~425)가 처음으로 저서 『역사』에서 서아시아의 이른바 '왕도(王道)'에 관해 개술한 것을 비롯해 그리스 지리학자 이스토로스(Istoros)가 기원전 1세기 후반에 『파르티아 도정기(道程記)』를 찬술하여 파르티아왕국 내의 교통을 언급한 바 있다. 서아시아로부터 중국 경내에 이르는 오아시스로에 관한 기록은 기원후 2세기에 활약한 그리스의 지리학자 프톨레마이오스(Ptolemaeos)의 저서 『지리학 입문』에서 비로소 처음 발견된다. 그러나 그 기록은 동시대의 지리학자 마리누스(Marinus)가 기원후 1세기 말~2세기 초 동서교역에 종사한 상인 마에스 티티아누스(Maes Titianus)의 견문록을 인용한 것을 재인용한 것이다. 그 내용은 발흐(Balkh, 현 아프카니스탄 북부의 고도)로부터 파미르 고원을 지나 타림 분지와 장안(長安)에 이르는 노선 주변 상황인데, 매우 모호하고 불명확한 점이 많다.

오아시스로의 전개 오아시스로는 처음부터 극동에서 로마까지의 동서구간이 일시에 개통된 것은 아니다. 원래 파미르 고원을 중심으로 동서 각지에 단절적으로 널려 있던 길이 파미르 고원 횡단로가 뚫리면서부터 서로 연결되어 동서 관통로가 생기게 되었다. 현존 기록에 의하면 파미르 고원 이서의 서아시아 지방에는 기원전 6세기경에 이미 정비된 교통로가 존재하였다. 페르시아 아케메네스조의 건국자인 다리우스 1세(Darius I, 기원전 550~486) 시대에 동은 인도 서북부의 간다라 지방으로부터, 서는 이집트, 북은 소그디아나(Soghdiana, 서투르키스탄)에 이르는 광대한 지역에는 정연한 교통로가 사통팔달(四通八達)해 영내 23개 주(州)와의 연계가 원활하였다. 심지어 나일강과 홍해 사이에 운하까지 파서 이집트와 통교하기도 했다. 헤로도토스는 저서『역사』에서 수사(Susa, 현 이란 서단, 페르시아만 북안)로부터 아나톨리아(Anatolia, 현 터키), 리디아(Lydia)의 사르디스(Sardis)까지를 연결하는 길을 '왕도'(王道, 오아시스로 남도의 서부구간)라고 명명하고 그 실태를 기술하였다. 그에 의하면 '왕도'의 길이는 450파란산케스(faransankes, 약 2,475km)로, 대개 25km(1일 보행거리)마다에 여장(旅莊)을 배치하고(총 111개소) 요소요소마다 감시소를 설치하였다. 큰 강은 배로 건너되, 강안에는 검문소가 있어 검문과 함께 행인의 숙식과 안전을 보장하였다. 준마로 달리는 왕의 사신은 이 구간을 10일 만에 돌파하곤 하였다. 이와 같이 기원전 6세기경에 이미 서아시아 일대에는 상당히 발달된 교통로가 줄줄이 뻗어 있었다.

그러나 파미르 고원 이동 지대의 교통에 관한 기록은 이서보다는 뒤늦은 기원전 2세기에 와서야 처음으로 나타난다. 그 첫 기록자는 기원전 139~126년 서역사행(西域使行)을 단행한 전한(前漢) 무제(武帝, 재위 기원전 156~141) 때의 장건(張騫)이다. 그의 현지 견문을 근거로 한『한서(漢書)』「서역전」을 비롯하여 그 이후의 중국 정사(正史)에는 시대별에 따르는 오아시스로의 변천 과정이 비교적 명확하게 소개되어 있다. 우선 전한 때(기원전 202 ~기원후 8)에 한으로부터 서역으로 통하는 오아시스로는 남도와 북도의 두 갈래 길이 있었다. 남도는 둔황(敦煌)의 북방에 있는 옥문관(玉門關)이나 그 서남방에 있는 양관(陽關)으로부터 선선(鄯善, 누란樓蘭)을 지나 쿤룬(崑崙) 산맥의 북쪽 기슭을 따라 타림 분지의 남연(南緣)에 점재한 우기(于闐) 등 오아시스 제국(諸國)을 지나면서 두 갈래로 나뉜다. 한 길은 계속 서행(西行)해 사차(莎車, 야르칸드Yārkand)를 거쳐 파미르 고원을 넘어 중앙아시아의 대하(大夏, 박트리아Baktria)와 대월지(大月氏, 사마르칸트Samarkand) 및 서아시아의 안식(安息, 파르티아Parthia)에 이른다. 다른 한 길은 사차에 이르기 전 장안(長安)으로부터 1만 50리 거리에 있는 피산(皮山)에서 서남쪽으로 오차(烏秅)와 계빈(罽賓, 간다라Gandhāra)을 지나 장안에서 1만 2,200리 떨어진 오익산리(烏弋山離, 아프카니스탄의 칸다하르Kandahār)에 이른 후(계빈―오익산리도道) 계속 서남방향으로 100일간 가면 조지(條支, 현 시리아)에 이른다. 북도는 역시 옥문관이나 양관에서 출발하여 차사전왕정(車師前王廷, 현 투루판Turfan)을 지나 톈산(天山) 산맥의 남쪽 기슭을 따라 타림 분지의 북연(北緣)에 점재한 언기(焉耆, 카라샤르Karashar)·위리(尉犁, Koral)·오루(烏壘, Chādir)·구자(龜

玆, 쿠처Kucha) 등 오아시스 제국을 지나 장안에서 9,350리 떨어진 거리에 있는 소륵(疏勒, 카슈가르Kashgar)에 이르러서 파미르 고원을 넘은 다음 장안에서 1만 2,250리 떨어진 대원(大宛, Ferghāna)에 도달한다. 이 길은 대원에서 다시 두 갈래로 갈라지는데, 한 길은 서북향으로 전진하여 강거(康居)를 지나 이곳에서 약 2천 리 되는 엄채(奄蔡)에 이른 후 계속하여 시르다리야(Syr Darya)강 연안을 따라 서북향으로 북해(北海, 현 아랄해)의 북단까지 이어진다. 다른 한 길은 서남쪽으로 690리 지점에 있는 대월지로 뻗어가서, 그곳으로부터 계속 서남 방향으로 49일간의 여정이 걸리는 안식까지 이어진다.

이와 같이 기원전 60년 서역도호부(西域都護府)가 설치된 이래 한인(漢人)들은 타림 분지 내의 오아시스 제국과 내왕함은 물론, 분지의 남북을 횡단해 멀리 파미르 고원 이서의 중앙아시아와 서아시아 제국까지 이어지는 오아시스로 남도와 북도를 알고 있었으며, 이 길들을 통해 서역 제국과 사절을 교환하고 교역도 진행하였다. 당시 전개된 오아시스로의 노정이나 그것을 통한 교역 상황에 관해서는 『한서』「서역전」을 비롯한 사적에 비교적 상세하게 기록되어 있다. 후한대(後漢代, 기원후 25~220)에 와서는 대서역 관계가 확대됨에 따라 기존 오아시스로의 이용이 더욱 빈번해졌을 뿐만 아니라 새로운 노선이 개척되기도 하였다. 영평(永平) 16년(기원후 73)에 한군이 이오(伊吾)를 공략하고 그곳에 선화도위(宣禾都尉)를 설치한 것을 계기로 둔황(敦煌)으로부터 북상하여 이오를 거쳐 서북향으로 고창(高昌, 전한대의 차사전왕정車師前王廷)에 이르는 '신도(新道)'가 개척되었다. 그 결과 서역으로 가는 데는 남도(南道)와 중도(中道), 북도(北道, 신도)의 세 길이 생기게 되었다. 남도는 전한대의 오아시스로 남도이고, 중도는 그 북

도이며, 북도는 새로 개척된 둔황~고창도다. 한대 이후, 위진남북조(魏晉南北朝)시대에 이르러서는 서역과의 내왕이 더욱더 빈번해짐에 따라 서역으로 통하는 오아시스로에 대한 이해는 점차 구체화되어갔다. 전술한 바와 같이 전한시대에는 오아시스로가 남·북 양도로, 후한시대에는 남·중·북 3도로 갈라졌다. 후한을 이은 북위(北魏)시대에 와서는 전대에 개척된 기본 노선은 변함이 없으나 지선(支線)의 확장과 그 이용도가 늘어남에 따라 구간을 4도로 세분화하였다.

그 4도는 다음과 같다. ① 옥문관으로부터 서행 2천리 거리에 있는 선선(鄯善)까지의 길, ② 옥문관으로부터 북행 1,200리 거리에 있는 차사(車師)까지의 길, ③ 사차(莎車)로부터 서쪽으로 100리를 가서 파미르 고원을 넘은 후 서행 1,300리 거리에 있는 가배(伽倍, 와칸 계곡)까지의 길, ④ 사차로부터 서남쪽으로 500리를 가서 파미르 고원을 넘은 후 서남행 1,300리 거리에 있는 파로(波路, 길기트)까지의 길이다. 전대의 오아시스로 분법과 비교해보면, ①은 전한시대부터 이미 있어온 옥문관―선선, ②는 후한시대에 개통된 옥문관―이오―고창, ③은 전한시대부터 개통된 사차―타슈구르칸―와칸 계곡(가배), ④는 전한시대부터 이용된 피산―군주라트령(嶺)―길기트(파로) 노선이다. 이렇게 보면 4~5세기의 오아시스로는 전·후한 시대의 그것과 별로 다를 바가 없음을 알 수 있다. 6~7세기 수(隋)·당(唐)대에 이르러서는 서역과의 교섭이 그 어느 때보다 활발해짐에 따라 동서교류의 주요 통로로서의 오아시스로가 감당한 역할은 한층 증대되고 그 노정에 대한 지식도 더욱더 보완되어 급기야는 노선이 종국적으로 고착되기에 이르렀다.

당시 오아시스로의 전모에 관한 최상의 기록은 중국 수대의 배구(裵矩)가 찬술한 지리풍물

서『서역도기(西域圖記)』에서 찾아볼 수 있다. 배구는 동단(東端) 둔황에서 시발하는 오아시스로(둔황으로부터 서해西海까지의 길)를 북·중·남도의 3도로 나누었다. 우선 북도는 전대의 사적에는 언급되지 않은 신도(新道)로서 그에 의해 처음으로 밝혀졌다. 이 길은 이오(伊吾, 합밀哈密)로부터 톈산 산맥의 북쪽 기슭을 따라 서진해 포류해(蒲類海, 타루구르 노루), 철륵부(鐵勒部), 추(Chu)강 연안과 돌궐가한(突厥可汗)을 지나 북류하(北流河, 시르다리야Sir Darya)를 건너 줄곧 아랄해와 카스피해의 북안을 거쳐 불림국(拂菻國, 동로마제국)과 서해(西海, 지중해)에 이른다. 다음으로 중도(中道)는 고창(高昌)으로부터 톈산 산맥의 남쪽 기슭을 따라 서진하여 언기·구자·소륵을 거쳐 파미르 고원을 넘은 후 발한(鏺汗, 페르가나Ferghana 분지 소재)·소대사나(蘇對沙那, 우스리샤나, 일명 스토리시나, 현 우리주테 부근)·강국(康國)·조국(曹國)·하국(何國)·대안국(大安國)·소안국(小安國)·목국(穆國)·파사(波斯, 페르시아)를 지나 서해(西海)에 이르는 길이다. 이 노정은 대체로 전한 때의 북도에 해당한다. 마지막으로 남도(南道)는 선선으로부터 주구파(朱俱波, 가루카티구)·갈반타(喝槃陀, 타슈구르칸)를 지나 파미르 고원을 넘을 때까지의 전반은 전한 때의 남도(선선~사차도)와 일치하며, 이어지는 후반 길은 호밀(護密, 와칸 계곡, 가배伽倍)·토화라(吐火羅, 아무다리야강 유역의 토카리스탄, 아프카니스탄 북부)·읍달(挹怛, 에프탈, 아프카니스탄 북부의 군토즈 지방)·범연(帆延, 바미얀)·조국(漕國)·북파라문(北婆羅門, 간다라 지방)을 경유해 서해에 이른다. 배구는 동서를 횡단하는 이상 3도의 노정을 밝히면서, 3도 경유국들이 모두 남북을 종관(縱貫)하는 길을 갖고 있다고 하였다. 이것은 오아시스로(3도) 전체가 동서남북을 망라한 망상적(網狀的)인 교통망

으로 뒤덮여 있음을 말해준다. 그러면서 그는 각지와 사통팔달하는 이오·고창·선선은 서역의 문호이고, 모든 도로가 종착하는 둔황은 오아시스로의 목지점이라고 지적하였다.

이상에서 보다시피 한대 이후 수대에 이르기까지 오아시스로의 간선은 크게 변화한 바가 없다. 그러나 노선 주변의 정세변화에 따라 노선의 개척이나 존폐, 단축이나 확장 등 국부적인 변화 현상은 가끔 나타나곤 하였다. 그러나 당대에 와서는 비록 짧은 기간이지만 당조가 타림 분지에 대한 지배권을 확립하여 파미르 고원 이서에 22개의 도호부(都護府)를 설치하는 등 서역에 대한 경영을 본격화하였다. 이들 지역과의 교통이나 교역은 서역경영을 계기로 새로운 전환기를 맞이하였다. 게다가 신흥 아랍-이슬람제국과의 다방면적인 교류로 인해 서역을 관통하는 오아시스로의 중요성은 전례 없이 제고되었다. 이러한 여건하에서 오아시스로의 노정은 점차 고착화되어갔다. 종래에는 각종 교류가 오아시스로의 구간별로 간접적이며 단절적으로 진행되었으나, 이제는 전 노선에 걸쳐 직접적이며 관통적으로 추진되어갔다. 그 결과 서역의 지역적 개념도 파미르 고원을 훨씬 넘어 인도와 이란, 아랍과 로마까지 확대되었으며, 오아시스로의 동·서 양단도 그만큼 멀리 옮겨졌다. 아울러 오아시스로의 동·서편을 각각 타림 분지와 파미르 고원 일대로 국한시키고 그외의 노선은 한낱 연장선이나 보조선으로만 치부하던 종래의 오아시스관을 발전적으로 극복하고, 여러 갈래의 오아시스로가 크게 남·북 양도로 통합 고착되었다. 즉 남도는 뤄양(洛陽)이나 장안에서 출발해 안서(安西, 둔황 이동)에서 북도와 갈라진 뒤 둔황·누란(樓蘭)·우기를 지나 피산(皮山)에서 서남진해 인도의 인더스강 상류에 이른다. 여기서부터는 서행해 카불·칸다하르(Kandahār)·케르만

(Kermān, 이란 고원 남단)을 지나 바그다드(이라크)·팔미라(Palmyra, 시리아 중부)·베이루트(레바논, 이곳에서 해로로 콘스탄티노플이나 로마에 이르기도 함)에 도착한다. 계속해서 지중해 남안을 따라 최종적으로 알렉산드리아(이집트)에 닿는다. 이에 비해 오아시스로의 북도는 역시 뤄양이나 장안에서 시발해 안서에서 남도와 분기(分岐)된 후 이오·고창·언기·구자를 지나 소륵에서 파미르 고원을 넘는다. 이어 타슈켄트(Tashkent)·사마르칸트(Samarkand)·부하라(Bukhara)·메르브(Merv)·니샤푸르(Nishāpūr)·라가에(현 테헤란)·예레반(Yerevan)·콘스탄티노플(현 이스탄불)을 지나 마지막으로 로마에 이른다.

이상은 주로 한적(漢籍)의 기록에 의해 당대(唐代)까지의 오아시스로 전개과정을 살펴본 것이다. 이에 따르면 오아시스로의 동단은 중국의 장안(혹은 뤄양)으로 설정되었으며, 이것이 지금까지의 통념이었다. 그러나 실제에 있어서 이 길은 더 동진하여 중국 경내를 벗어나 한반도에까지 뻗었다. 일찍이 삼국시대(기원전 1~기원후 7세기)에 벌써 서역 문물이 한반도에 간헐적으로 유입되기 시작하였으며, 통일신라시대(기원후 7~10세기)에는 중국을 사이에 두고 한반도와 서역 간에 교역과 내왕이 끊이지 않고 이어졌다. 이러한 한반도의 대서역 관계는 초원로나 해로를 통해 진행되기도 하였지만, 많은 경우 오아시스로를 통해 성사된 것이었다. 따라서 오아시스로의 동단을 동진시켜 한반도에까지 연장하는 것은 결코 무리가 아니며, 사실(史實)에 대한 응분의 복원인 것이다. 한반도의 통일신라시대(중국의 당대)를 기준으로 하여 동단인 금성(金城, 신라의 수도, 현 경주慶州)으로부터 서단(西端)인 로마까지의 오아시스로를 연결해보면 금성에서 시발해 한주(漢州, 현 서울)·평양(平壤)·동황성(東黃城, 현 강계江界)을 지나 압록강(鴨綠江)을 도하, 통구(通溝)에서 남·북 2도로 각각 광저우(廣州, 현 랴오중遼中)와 심주(瀋州, 현 선양瀋陽)를 거쳐 양어무(梁魚務)(남도)와 통정진(通定鎭)(북도)에서 랴오허(遼河)를 도하한 뒤 영주(營州, 현 차오양朝陽)에서 합류하여 임유관(臨流關, 현 산하이관山海關)을 뚫고 평주(平州)를 지나 유주(幽州, 현 베이징北京)에 이른다. 유주로부터 계속하여 서·중·동도의 3도로 각각 허베이성(河北省)과 허난성(河南省)을 누비고 뤄양을 거쳐 장안에 도착하여 로마까지의 남·북 2도와 연결된다. 지구의 허리를 가로지르는 이 오아시스로의 길이는 금성에서 장안까지 약 6,840리이고, 장안에서 로마까지는 약 3만리(1만 2천km, 직선거리 9천km)이다. 그러므로 한반도의 금성에서 로마까지의 총 길이는 약 3만 6,840리(약 1만 4,750km)로 추산된다. 하루에 100리를 걷는다면 꼭 1년간 걸려야 전 노정을 소화할 수 있다.

이상과 같은 오아시스로 전 구간의 전개과정을 통관하면 기원전 6세기부터 기원후 6세기까지 약 천년 동안은 개척기로서 초기에는 '지구의 장벽'인 파미르 고원을 사이에 두고 서단(西段)과 동단(東段)에서 제각기 개척·정비되다가, 기원전 2세기 장건(張騫)의 서역착공(西域鑿空)을 계기로 동·서 양단이 비로소 연결·소통하게 되었다. 기원후 6세기까지는 주변 정세의 변화에 따라 노선이 가변적이었다. 그러나 7세기(중국의 수·당대)에 들어서면서 대체로 노선이 남·북 2도로 고착되었고, 그 길을 따라 동서교류가 활발히 진행되었다. 당제국이나 아랍-이슬람제국, 몽골제국, 티무르제국 등 강대국들의 세계사적인 활동이 전개되었던 것이다. 따라서 기원후 7세기부터 15~16세기까지는 오아시스로의 번영기라고 할 수 있다. 17세기 이후 해로를 통한

서세(西勢)의 동점(東漸)이 강화되면서 오아시
스로는 점차 쇠퇴기에 접어들었다.

『오위역지(伍緯曆指)』 Giacomo Rho 저

중국에서 처음으로 태양중심설을 소개한 천문
학 저서. 명말 청초에 서방의 역법이나 천문의
기(天文儀器)가 중국에 전해짐에 따라 서방의 여
러가지 천문학설도 소개되어 상당한 영향을 미
쳤다. 명대의 『숭정역서(崇禎曆書)』('숭정역서'
항 참고)는 서방 천문학 원리와 천문관측 방법
을 체계적으로 기술하면서 덴마크 천문학자 티
코 브라헤(Tycho Brahe, 1546~1601)가 1582년
에 제시한 지구중심설을 소개하고 있다. 또한 여
타 선교사들은 비록 교회의 공식 입장과는 다르
지만, 지구중심설과 대립되는 태양중심설도 아
울러 소개하였다. 자코모 로(Giacomo Rho)는 이
책에서 처음으로 갈릴레이(Galileo Galilei)의 태
양중심설을 설명하였다. 아담 샬(Adam Schall,
탕약망湯若望, 1591~1666)도 저서 『역법서전』
(曆法西傳, 1640)에서 갈릴레이가 천문 관측에
서 달성한 성과를 긍정하였다. 약 1세기 후에 프
랑스 선교사 미셸 베누아(Michel Benoist, 장우
인蔣友仁, 1715~1774)는 1767년에 간행한 『곤여
전도(坤輿全圖)』에서 코페르니쿠스(Copernicus,
1473~1543)의 태양중심설과 지동설(地動說)을
자세히 소개하였다. 이것을 계기로 코페르니쿠
스와 갈릴레이의 태양중심설이 중국에서 공인
되기에 이르렀다. 18세기에는 코페르니쿠스의
학설을 실물로 설명하는 '오러리'(Orrery, 일명
Planetarium), 즉 태양계의(太陽系儀)라고 하는
영국제 의기가 중국에 반입되기도 하였다.

오익산리 烏弋山離 → '아라코시아'항 참고

오전자 吾田子

도일 고구려 여인. 562년 8월 대반협수언(大伴
狹手彦)이 고구려를 정토할 때 미녀원(美女媛)의
종녀(從女)로 일본에 보내져 대신(大臣) 소아도
목(蘇我稻目)의 처가 되었다. (8-168)

오진 悟眞

신라의 도축(渡竺) 구법승. 781년 중국 장안의
청룡사(靑龍寺)에 도착해 홍법대사(弘法大師) 사
혜과(師惠果)에게서 태장(胎藏)·비로자나(毘盧
舍那)·제존지념교법(諸尊持念敎法) 등을 전수받
았다. 789년 중천축(中天竺)에 가서 『대비로자나
경(大毘盧舍那經)』을 가지고 오다가 토번(吐蕃)
에서 병사하였다. 의상(義湘)의 제자 오진(悟眞)
과는 다른 인물이다. (8-139)

오채(伍彩) 백자

백자(白磁)의 기면에 적·녹·황색의 상회구(上繪
具)로 문양을 그리고 가마에 넣어서 저온으로 구
워낸 화려한 자기를 말한다. 원대 말 중국 경덕
진(景德鎭)에서 구워내기 시작한 이래 해외로 다
량 수출되었다.

『오체청문감(伍體淸文鑑)』

중국 청나라 건륭제(乾隆帝)의 명에 따라 편찬
된 만(滿洲)·장(藏, 티베트)·몽(蒙, 몽골)·회(回,
차가타이)·한(漢)의 5종 언어 대조사전이다.
1787~1794년에 편찬되었는데 총 36권에 1만 9
천 개 어휘를 수록한 사전이다. 간본은 없고 사
본(寫本)만 베이징 고궁박물관에 2부가, 대영박
물관에 1부가 소장되어 있다.

오키노시마 沖之島

일본 후쿠오카현(福岡縣) 무나카타시(宗像市) 오
시마(大島) 북서쪽 54km 지점의 현무암섬. 섬 전

체가 성역(聖域)시되어 여인들의 출입이 금지되어 있다. '바다의 쇼소인(正倉院)'이라고도 하는 이 섬에서는 한반도와 일본 간의 문화교류를 반영하는 유물이 출토된 바 있다. 이들 유물을 통해 서역계에 속하는 금속장식품·청동제품·유리 등이 한반도에서 유입되었음을 알 수 있다. (8-29)

오타니 탐험대 大谷探險隊

일본 정토진종본원사파(淨土眞宗本願寺派) 제22대 법주(法主)인 오타니 고즈이(大谷光瑞, 1876~1948)가 파견한 세 차례(1902~1904, 1908~1909, 1910~1914)의 중앙아시아 탐험대는 중앙아시아, 특히 신장과 인도 지역을 중심으로 티베트와 서남 중국 지역 및 미얀마까지 탐험했는데, 그 주 목적은 불교 동전의 길과 불교 유적 조사, 그리고 관련 유물의 수집이었다.

제1차 탐험 영국 유학 중이던 오타니 고즈이는 서(西)본원사파 말사(末寺) 출신들과 영국 및 네덜란드의 유학생들을 결집해 탐험대를 조직해 1902년 8월 런던을 출발하였다. 본대는 러시아의 상트페테르부르크와 바쿠, 카스피해를 지나 서투르키스탄으로 들어섰다. 여기서 파미르 고원을 넘어 신장 카슈가르에 도착한 후 일행은 인도 탐험대와 신장 탐험대로 나뉘어 활동하였다. 신장 탐험대는 오아시스로 남도와 북도에서 허텐이나 키질 석굴 등의 유적에 대한 조사를 진행하였다. 한편 인도 탐험대는 북인도 조사에 집중해 간다라 불적과 아소카 석주 비문 등을 조사하였다. 두 지역의 조사를 마친 탐험대는 1904년 2월 말 시안(西安)에 도착해 제1차 탐험을 마무리하였다.

제2차 탐험 러일전쟁의 발발로 탐험은 일시 중단되었다가 1906년과 1907년 사이에 고즈이 부부의 중국여행에 제1차 탐험에 나섰던 일부 수행원들이 합류해 당(唐)대의 여러 왕릉에 관한 조사(비문의 탁본 등)를 진행하였다. 1908년 4월 고즈이는 다치바나(橘瑞超)와 왕묘 조사에 참여할 한 대원을 파견했는데, 이것이 제2차 탐험의 시작이다. 그들은 베이징과 장자커우(張家口)를 지나 몽골에 이르러 돌궐과 위구르의 비문들을 조사하고 나서 서진(西進), 홉트를 거쳐 신장에 들어갔다. 거기서 우루무치와 투루판, 베제클리크 석굴 등을 조사하였다. 누란(樓蘭)에서 이백문서(李柏文書)를 얻은 다음, 각각 오아시스로 남도와 북도로 서진해 카슈가르에서 합류하였다. 이때 고즈이 부부는 영국으로 갔고, 탐험에 함께한 대원들은 수집품을 가지고 일본으로 돌아갔다.

제3차 탐험 오타니 탐험대는 영국에서 헤딘 및 스타인과 만나고 나서 1910년 8월 영국을 떠나 제3차 탐험에 나섰다. 러시아 상트페테르부르크에서 열차로 옴스크를 거쳐 증기기관차와 마차를 번갈아 타고 신장 우루무치에 들렀다. 그들은 투루판을 거쳐 미란(米蘭)에 도착해 벽화를 수집하였다. 한편 일본에서도 탐험대 대원 하나가 출발해 중국 상하이와 란저우(蘭州)를 거쳐 둔황에 이르러 영국에서 출발한 탐험대 대원과 합류해 막고굴을 조사하였다. 두 사람은 하미와 투루판을 답사하고 나서 한 명은 북행해 시베리아 철도를 타고 한반도를 경유해 1912년 6월에 귀국하였다. 다른 한 명은 오아시스 남·북로의 여러 유적을 두루 조사해 방대한 수집품을 가지고 1914년 7월 귀국하였다.

오타니 탐험대가 남긴 기록으로는 제1차 때 중앙아시아 탐험의 일부 및 인도와 미얀마 답사에서 찍은 사진을 수록한 『인도촬영첩(印度撮影帖)』(1904), 세 차례의 중앙아시아 탐험과 인도 탐험에서 얻은 발굴 수집품 가운데 명품을 수록한 『서역고고도보(西域考古圖譜)』(상하 2권,

1915), 중앙아시아·인도·중국·티베트의 답사기록과 일지를 수록한 『신서역기(新西域記)』(상하 2권, 1937)가 있으며, 각 대원들의 기록 발표물이 따로 있다. 수집품 연구로는 『서역문화연구(西域文化研究)』(5권 7책, 1958~1963)가 있다.

오트라르 Otrār

중앙아시아의 시르다리야강 중류 동안에 있는 상업도시. 13~15세기 기간 호라즘 왕국과 몽골제국, 티무르제국 시대에 번영하였으나 지금은 폐허가 되었다. 이 상업도시를 일약 유명하게 만든 것은 이른바 '오트라르 사건' 때문이다. 즉 칭기즈칸이 호라즘에 파견한 대상(隊商)을 오트라르 태수가 참살(斬殺)한 사건으로, 이를 이유로 칭기즈칸은 서정(西征)을 단행하였다. 당시는 이슬람교의 동전과 더불어 무슬림 상인들이 동서 무역을 독점하고 있었다. 칭기즈칸이 1216년 금(金)조를 경략하고 있을 때, 호라즘 왕 무함마드는 몽골의 군사력을 정탐하기 위해 사절을 파견하였다. 이때 칭기즈칸은 사절을 접견하면서 자신은 동방의 군주고 무함마드는 서방의 군주이므로, 서로가 평화공존하여 상인들이 양국을 자유롭게 왕래할 수 있게 하자고 호라즘 왕에게 제언하였다. 그후 1218년 칭기즈칸은 우선 답례 사절로 호라즘 출신의 마흐무드를 단장으로 한 3명의 사절단을 파견해 호라즘 왕 무함마드에게 금·연옥·사향·직물 등을 선사하며 상호 평화교섭 약속을 이행하였다. 그러나 호라즘 왕은 마흐무드에게 위협조로 칭기즈칸의 군사 상황을 물었다. 마흐무드는 '칭기즈칸의 군사력은 호라즘 왕의 군사와는 비견될 수 없을 만큼 월등하다'고 증언하였다. 같은 해에 칭기즈칸은 450명의 상인과 500두의 낙타로 편성된 대상을 교역차 호라즘에 파견하였다. 대상의 대부분은 무슬림 상인이었고, 일부는 정찰의 목적을 띤 몽골인

들이었다. 일행은 몽골을 출발해 호라즘 영내 동변 도시인 오트라르에 도착하였다. 당시 오트라르의 태수는 이날추크(Inalchug) 기이르 칸이었다. 그 전에 오트라르가 서요(西遼)의 지배하에 있을 때의 태수는 타즈 웃딘 비르가 칸이었는데, 1210년 호라즘 왕 무함마드는 오트라르를 공략하고 타즈 대신 이날추크를 태수로 임명하였다.

이날추크는 칭기즈칸이 파견한 대상의 상품을 탈취하고 그들 모두를 체포해 호라즘 왕에게 몽골의 정탐꾼들이라고 보고하였다. 태수는 왕의 지령을 받아 그들 중 한 명을 제외하고 전원을 학살하였다. 탈취한 재물은 호라즘 왕에게 운송되었는데, 왕은 그것을 다시 부하라와 사마르칸트의 상인들에게 나누어주었다. 가까스로 살아남은 한 사람이 칭기즈칸에게 돌아가 이러한 사실을 전했다. 이때 칭기즈칸은 분을 삭이지 못한 채 산꼭대기에 올라가 목에 띠를 걸고 모자를 벗고 얼굴을 지면으로 향해 꿇어앉아서는 3주야나 기도하고 울었다고 라시둣 딘의 『집사(集史)』에 전하고 있다. 칭기즈칸은 곧바로 호라즘 왕에게 사신을 보내 이 사건의 책임자인 이날추크를 인도할 것을 요구하였다. 그러나 왕은 이날추크가 자신의 외가 친족인데다가 2만 명의 병력을 보유한 실력자임을 믿고 그 요구를 거절했을 뿐만 아니라, 사신 일행 두 명 중 한 사람은 살해하고 다른 한 사람은 모멸적으로 수염을 뽑아버렸다.

이에 칭기즈칸은 무슬림 상인들로부터 호라즘의 국내 상황을 전해 듣고 주도면밀하게 준비한 끝에 드디어 1219년 서정(西征) 길에 올랐다. 십 수만 명의 서정군은 알타이 산맥을 넘어 중가리아에 진입한 뒤, 이르티시 강변에서 여름을 지내면서 병마를 휴식시키고 식량을 확보하였다. 가을에 접어들자 칭기즈칸군은 출발하여 호라즘 경내에 이르렀다. 여기서 칭기즈칸은 군을

네 갈래로 나누어 차가타이와 오고타이는 오트라르를 포위케 하고, 그 자신은 부하라와 사마르칸트로 진출하였다. 이에 앞서 오트라르에는 호라즘 왕이 파견한 카라자 칸의 원군(援軍)이 도착해 견고한 성새를 구축하고 있었다. 차가타이와 오고타이는 오트라르를 포위하고 1219년 9월부터 6개월간 지속적으로 대치 상태를 유지하였다. 포위되고 5개월이 지나자 카라자 칸은 패배를 예상하고 항복을 제의했으나, 기타 부장들은 이날추크를 위해 최후까지 싸울 것을 주장하였다. 결국 카라자 칸은 적은 병력과 함께 성을 탈출해 몽골군에게 투항하였다. 카라자 칸은 칭기즈칸을 위해 조력하겠다고 맹세하였으나 받아들여지지 않고 급기야는 전원이 피살되었다.

포위 6개월 만에 몽골군은 오트라르에 입성하여 시민 전체를 성 밖으로 축출하였다. 이날추크는 2만 명의 병력으로 끝까지 항전했으나 결국 역부족으로 전군이 몰살당하였고, 자신은 생포되어 사마르칸트에 있는 칭기즈칸에게로 압송되었다. 칭기즈칸은 즉시 이날추크를 참살하였으며, 오트라르 성내는 몽골군에 의해 무참하게 파괴되었다. 이때 몽골군 수공업자들을 제외하고는 모두 살해되거나 부하라로 압송되었다. 이어 호라즘 전역을 점령한 몽골군은 계속 이란과 동유럽으로 진출하였다. 몽골군에 의해 파괴된 오트라르는 후에 복구되어 다시 상업도시로 태어났다. 오트라르는 주치 가문의 지배하에 있다가 차가타이의 손자 아르군의 수중으로 넘어갔다. 14세기 후반에는 티무르에게 점령되어 티무르조의 영토가 되었다. 티무르는 중앙아시아 각지를 정복해 대제국을 건설하고, 1404년에 중국 명(明)조에 대한 원정을 단행하다가 오트라르에서 병사하였다.

오피르 Ophir

산스크리트어로는 'Sauvira' 혹은 'Suppare'로, 고대 남인도를 지칭한다. 『구약성서』「열왕기상(列王記上)」에 의하면 솔로몬(Solomon)왕(기원전 10세기)이 홍해 연안의 에시온 게벨(Ezion Geber)에서 선박을 건조하자, 히람(Hiram)왕이 바다에 익숙한 자신의 노복들과 솔로몬왕의 노복들을 오피르에 파견하였다. 그곳으로부터 황금 420달란트(talent, 약 16톤)를 가져왔는데, 항해에는 3년이나 소요되었다. 이를 통해 기원전 10세기경에 이미 남인도와 홍해 사이에는 해로가 개통되어 있었음을 알 수 있다.

오효신 烏孝愼

도일 발해 사신. 841년 12월 판관(判官)으로서 대사(大使) 하복연(賀福延)과 함께 도일해 이듬해 4월 정오위하(正五位下) 작위를 받았다. 848년 12월 부사(副使)로서 대사 왕문구(王文矩)와 함께 재차 도일, 이듬해 5월 종사위상(從四位上) 작위를 받았다. 859년 정월 대사로서 일행 104명과 함께 세번째로 도일해 가가(加賀)에 안착하였다. 그런데 이때 심한 가뭄으로 인해 일본 국내에 질병이 돈다는 이유로 입경(入京)이 불허되어, 그해 7월에 귀국하게 되었다.

옥 玉

옥(玉, jade)은 보석(jewel)의 일종으로 각섬석(角閃石)류의 연옥(軟玉, nephrite, 경도 5~6)과 휘석(輝石)류의 경옥(硬玉, jade, 경도 6.5~7)의 두 종류가 있다. 각섬석은 규산칼슘과 규산마그네슘의 섬유광물이나, 휘석은 규산나트륨과 규산알루미늄의 결정체 광물로 전혀 다른 성질을 갖고 있다. 재료로서의 옥에는 마노(瑪瑙)·수정(水晶)·호박(琥珀)·매목(埋木) 등 광물성인 것과 진주(眞珠)·산호(珊瑚) 등 동물성인 것이 있는데,

일반적으로 전자를 옥(玉)이라 하고 후자를 주(珠)라고 하나 엄밀한 구별은 없다. 고대에는 사문암(蛇紋巖)이나 대리석(大理石)도 옥으로 보았으나 지금은 옥으로 취급하지 않는다. 이와 같이 옥이란 어떤 한 가지의 광물이나 재료가 아니라 복합적인 뜻을 지닌 대상으로, 시대나 지역에 따라 개념을 달리하기도 한다. 그런가 하면 다이아몬드(diamond, 금강석金剛石, 찬석鑽石)·루비(ruby, 紅玉)·사파이어(sapphire, 청옥靑玉) 등과 같이 좀더 귀한 옥은 보옥(寶玉)이라 하여 상품(上品)으로 친다. 옥은 아름다운 광택과 색깔이 있고 질이 견고하여 영구적으로 보존할 수 있는 특색을 지니고 있다. 철분의 함량에 따라 옥은 여러가지 색깔을 띠는데, 백옥(白玉)·황옥(黃玉)·적옥(赤玉)·벽옥(碧玉, 청옥靑玉)·현옥(玄玉, 혹은 흑옥黑玉) 등으로 구분되며, 가끔 반점이나 무늬가 있는 것도 있다. 제품으로서의 옥인 경우에는 그 형태에 따라 굽은 모양의 곡옥(曲玉, 혹은 구옥句玉), 새 모양의 조형옥(鳥形玉), 짐승 모양의 수형옥(獸形玉) 등이 있다.

예로부터 옥은 그 자체가 지니고 있는 뛰어난 광물적인 성격과 함께 여러가지 상징성 때문에 장식품을 비롯한 각종 기물에 귀한 소재로 사용되어왔다. 후한(後漢) 허신(許愼)의 『설문해자(說文解字)』에 보면 옥은 아름다운 돌로서 다섯 가지 덕(德)을 지니고 있어, '석지미자 유오덕(石之美者 有五德)'이라고 하였다. 다섯 가지 덕이란 상징정인 의미를 말한다. 즉 광택이 있고 밝으면서도 온화함은 인(仁)을, 속의 빛깔과 결들을 그대로 내비치는 투명함은 진(眞)을, 때렸을 때 생기는 음의 순수함과 낭랑함은 지(智)를, 깨지더라도 굽혀지지 않는 것은 의(義)를, 각은 예리하지만 어떠한 것도 상하게 하지 않는 것은 공정(公正)함을 상징한다고 하였다. 바로 이러한 상징성 때문에 옥기(玉器)의 고향인 중국을

비롯한 한문화권에서는 옥을 인간의 고매함·순결함·아름다움·영구성 등 미덕과 결부시켜 귀중하게 여겨왔다. 아름다운 여성을 일컬어 '옥인(玉人)'이라 하고, 순결한 마음씨를 '옥심(玉心)'에 비유하며, 준수하고 유능한 젊은이를 '옥수(玉樹)'라고 하는 것은 모두가 이러한 상징성에서 비롯한 수식어고 비유인 것이다. 바로 이 때문에 옥은 일반적인 용기나 장식물로 사용하는 것 외에 미덕과 권위의 징표로, 또한 벽사진경(辟邪進慶)의 부적(符籍)이나 방부(防腐)·초혼(招魂) 등 신기한 효능의 '신물(神物)'로 떠받들어져왔다.

옥의 교류 옥에는 연옥(軟玉)과 경옥(硬玉)이 있는데, 원산지와 사용 시기는 서로 다르다. 옥기를 제일 먼저 사용하고 옥기 가공기술이 가장 일찍이 발달한 곳은 중국이다. 중국의 경우 대체로 근대(18세기) 이전의 옥기는 연옥으로 만든 것이고, 근대 이후 지금까지는 연옥과 함께 경옥을 사용하고 있다. 상고시대의 연옥은 모두가 타림 분지의 호탄(Khotan, 우기于闐)에서 채취된 뒤 중원(中原) 지대로 수입되어 각종 옥기의 재료로 이용되어왔다. 『한서(漢書)』에 보면 파미르 고원(총령蔥嶺)에 위치한 서야국(西夜國, 야르칸드Yarkand)에서 옥이 나온다고 하였다. 이 책에서는 또한 선선국(鄯善國)에서도 옥이 나온다고 기술하고 있는데, 이는 오기(誤記)라고 생각된다. 왜냐하면 이 나라에서는 원래 옥이 채집되지 않으며, 다만 호탄이나 체르첸(Cherchen, 차말且末)의 옥을 중국으로 가져올 때 중계교역 역할만을 해왔기 때문이다. 물론 그후 산시(陝西)의 계주(階州)나 남전(藍田), 쓰촨(四川)의 충주(忠州)나 가주(嘉州) 등 중국의 기타 지역에서 연옥이 채취되기도 하였지만, 예로부터 연옥의 원산지는 호탄임에 틀림이 없다. 『오대사(五代史)』「우기전(于闐傳)」에는 938~942년 기간에 호탄을 방

문한 고거회(高居誨)가 기록한 '채옥기(採玉記)'를 전하고 있다. 오대(五代)의 후진왕(後晉王) 고조(高祖)는 천복(天福) 3년(938)에 옥새용 옥을 구하기 위해 공봉관(供奉官) 장광업(張匡業)과 절도판관 고거회를 타림 분지의 호탄에 파견하였는데, 약 4년간 고거회는 옥과 그 채취 방법을 숙지한 뒤 942년 귀국한 다음 여행기『거회기(去誨記)』, 일명『우기행정록(于闐行程錄)』을 썼는데, 그 여행기가 위의『오대사』에 수록된 것이다. 그 내용을 간추려보면 다음과 같다. 호탄 남방 1,300리에 있는 곳을 옥주(玉州)라고 하는데, 그곳 산에는 물론이거니와 그 동쪽의 백옥하(白玉河)나 서쪽의 녹옥하(綠玉河)와 오옥하(烏玉河)에서도 각양각색의 옥이 많이 나온다. 해마다 가을이 되어 강물이 마르면 이 나라 국왕이 우선 강가에 와서 옥을 채집한다. 왕이 채집한 다음에 백성들이 옥을 채집할 수 있는 것이다. 이 나라 법에 따르면 관원들이 옥을 채집하는 동안에는 백성들이 강가에 가는 것조차 금지되어 있다. 다른 서적에는 고거회의 행정록(行程錄)이라는 제목하에 이보다 더 상세한 내용을 전하고 있다. 즉 호탄의 채옥지(採玉地)는 옥하(玉河)라고 하는 곳인데, 우기성(于闐城) 밖에 있다. 이 강의 발원지는 쿤룬산(崑崙山)인데, 서쪽으로 1,300리를 흘러간다. 성 동쪽 30리에 백옥하가 있고, 성 서쪽 20리에 녹옥하가 있으며, 녹옥하 서쪽 7리에 오옥하가 흐른다. 강들의 원류는 하나지만 옥은 땅에 따라 다르며 색깔도 한 가지가 아니다. 매년 5~6월 강물이 불어나면 옥수(玉髓, 옥돌)가 들어오는데, 옥이 얼마나 되는가 하는 것은 수량(水量)에 달려 있다. 7~8월에 물이 빠지면 옥을 채집할 수 있다. 현지인들은 이것을 '옥 건지기'(노옥撈玉)라고 한다. 국법에 준하면 관리가 옥을 채집할 때는 백성들이 강안에 서 있는 것마저 금지된다. 호탄인들은 종종 옥으로 기구나 복식을 만들며, 중국에 있는 옥의 대부분이 이곳으로부터 온 것이다. 이상의 두 가지 내용을 종합해보면 호탄은 고대 옥(연옥軟玉)의 원산지로서, 중국의 옥기 재료는 대개 그곳으로부터 수입한 것이다. 자연 옥석은 갈수기를 이용해 하상(河床, 강바닥)에서 채집하며, 원래 옥은 국법으로 규제할 만큼 귀중한 보석이었음을 알 수 있다.

호탄의 옥은 연옥으로서 광물성 자연옥이다. 고대나 중세의 옥은 주로 연옥을 지칭하며, 옥의 원산지라고 할 때에는 자연히 호탄 지방을 가리킨다. 기타 지역에서는 연옥 유물이 아직 발견된 바 없어 호탄이 유일한 발원지로 인정되고 있다. 이상과 같은 사정을 감안할 때 옥의 교류는 의당 원산지인 호탄으로부터 파급되었다고 이해할 수 있다. 그리고 그 파급의 수혜자는 우선 중국이었다. 중국에 언제부터 호탄 지방의 옥이 유입되었는가는 확실치 않으나 은·주시대의 묘에서 완벽한 여러가지 용도의 옥기 유물이 출토된 사실을 감안하면, 그 시대 이전부터 이미 옥 교역이 진행되었다고 추정할 수 있다. 교역의 담당자는 월지(月氏)인들이었다. 원래 월지는 간쑤(甘肅)에서 호탄 지방에 이르는 광활한 지대에 자리를 잡고 있던 큰 세력이었다. 사서에 보면 간혹 월지를 '우씨(于氏)'라고도 지칭하였는데, 이것은 투르크어 '카슈'(kash)의 음사라고 주장하는 설과 호탄의 고명 우기(于闐)의 음역이라고 보는 설이 있다. 후자로 인해 중국 고적(古籍)에는 '우씨(于氏)의 옥'이라는 합성어가 나오는데, 이것은 곧 '우기의 옥', 혹은 '월지의 옥'이란 뜻으로 이해해도 무방할 것이다.

월지가 호탄과 중국 간의 옥 교류 역을 전담하다시피 하여 동방에서는 월지를 '옥의 민족'이라고 불렀으며, 그들에 의해 옥이 오간 길을 '옥의 길'이라고 하였다. 이 '옥의 길'은 중국 장안으로부터 서행(西行)하는 실크로드 오아시스로의 남도(南道, 한대 이후)에 해당하는 길로, 이 길이야말로 실크로드의 선구적 역할을 하였다고 말할 수 있다. 월지는 옥 교역의 반대급부로 중국으로부터 비단을 가져다 그 이서에 있는 서역 제국에 전파하였다. 그리하여 서방에서는 월지가 '비단의 민족'으로 알려져왔다. 한 민족의 역할을 두고 동방과 서방에서 서로 다르게 호칭하였다는 그 자체가 동서교류에 대한 월지의 기여도를 입증하고 있는 것이다.

옥의 용도 광물로서의 옥이 가지고 있는 특수한 성격과 그로부터 비롯한 상징성 때문에 옥석은 여러가지 용도로 쓰여왔다. 옥은 여러 곳에서 여러 시기에 다채롭게 채용되었지만 용기로서의 옥 가공은 중국에서 활성화되었다고 말할 수 있다. 근래에 중국에서는 옥기학(玉器學)이라는 새로운 학문분야를 개척해 좀더 전문적인 연구를 시도하고 있다. 지금까지 허난성(河南省) 안양(安陽)과 진춘(金村)의 분묘 유적을 비롯해, 은·주시대부터 근대 명·청대에 이르기까지의 각 시대 유적에서 여러가지 용도의 옥기 유물이 다량으로 발굴되었다. 그런데 18세기 이전, 즉 명대까지의 유물은 대개 연옥(각섬석) 유물로서 고대에는 아직 경옥(휘석)이 사용되지 않았음을 알 수 있다. 지금까지의 유물 출토 상황을 개관해 중국 옥기의 발전과정을 살펴보면, 크게 3단계로 나눌 수 있다. 즉 상고(上古) 단계(신석기시대 말기부터 후한대까지, 기원전 5000~기원후 2세기), 중고(中古) 단계(5호16국시대부터 송대까지, 3~14세기), 근대(近代) 단계(명대부터 오늘날까지, 14세기~현재)로 구분된다. 그중 상고단계의 옥기를 살펴보면 그 발전과정을 다시 4기로 나눌 수 있다. 제1기는 신석기시대 말기부터 상(商)대 초기까지로, 주로 옥기는 동물입조(動物立彫)의 형태를 취하고 있다. 제2기는 상대(商代) 말기부터 춘추시대까지로, 이 시기가 옥기의 원형이 창조되는 시기다. 이미 이 시기에 신물(神物)로서의 제사신축용기(祭祀神祝用器)와 권위의 상징으로서의 규(圭, 옥으로 만든 홀笏)가 출현하고 있으며, 동물형 수식품(垂飾品) 유물도 다양하게 출토되고 있다. 제3기는 전국시대부터 전한(前漢)까지로, 옥기의 실용화와 고도화된 가공기법이 특징적이며 후대 옥기의 모형이 된 벽(璧)·종(琮) 등 각종 기형과 상징적인 장식물이 창출되었다. 제4기는 후한 200년간인데, 이 시기의 특징은 기법에서 자연주의적 색채가 농후한 것으로 옥선(玉蟬) 같은 상징적인 소(小)동물형 옥기가 많이 만들어졌다.

본래 옥은 단단하기 때문에 세공(細工)하기가 무척 힘들다. 옥이야말로 절차탁마(切磋琢磨)하는 작업을 끈기 있게, 끊임없이 반복하는 과정에서 비로소 값진 옥기로 변하는 것이다. 옥을 세공하기 위해서는 해옥사(解玉砂)라는 연마제를 사용한다. 해옥사에는 4가지가 있는데, 보통 연옥의 가공에는 석류석(石榴石) 분말인 홍사(紅砂)를, 비취(翡翠) 같은 경옥에는 금강석의 일종인 자사(紫砂)를 연마제로 사용한다. 이렇게 갈고 닦아 만든 옥기는 권위를 나타내는 의장적(儀仗的)인 옥기부터 실용적인 기물에 이르기까지 실로 다양하다. 중국 상고시기의 주요 용도별 옥기의 이름을 열거하면 다음과 같다. ① 전례(典禮)용 옥기: 구멍 있는 칼 모양의 홀(笏), 돌도끼 모양의 규(圭), 규를 절반 쪼갠 칼 모양의 장(璋), 원판 중심에 작은 구멍이 난 벽(璧), 원판 중심의 구멍과 신경(身徑)이 같은 길이의 환(環), 원판 가운데 구멍이 신경의 배가 되는 원(瑗), 원판 바퀴에 톱니가 달린 모양의 선기(璿璣), 원판 가운데 구멍이 외부와 연결된 모양의 결(玦), 차축 모양의 종(琮) 등이 있다. ② 복식(服飾)용 옥기: 패옥(佩玉) 상부에 장식하는 활 모양(弧形)의 형(珩), 한 쌍으로 된 패옥 중부의 황(璜), 패옥의 상부에 흔들리게 된 이빨 모양(牙狀)의 아(牙), 패옥 세트 중간에 넣는 관 모양(管狀)의 거우(琚瑀), 조수(組綬)에 꿰는 여러가지 구슬인 빈주(蠙珠) 등이 있다.

③ 상례(喪禮)용 옥기: 고대 중국인들에게는 사람이 죽으면 영혼이 육체를 떠나는데 유해를 잘 보존하면 영혼이 다시 몸에 돌아온다는 이른바 환혼사상(還魂思想)이 있었다. 그런데 신력을 가진 옥이 유해를 잘 보존해준다고 믿어 함선(琀蟬)이라는 매미 모양의 옥을 사자의 입에 머금게 하고, 안옥(眼玉)으로 눈을 덮고, 진옥(眞玉)으로 콧구멍과 귓구멍 등 구규(九竅)를 메웠다. 영양 보급의 뜻으로 돼지 모양의 악(握, 일명 玉豚)을 사자의 손에 쥐어주기도 하였다. 그밖에 특이한 것은 옥으로 만든 옷(玉衣)으로 싸면 시체가 온전히 보존될 수 있다는 믿음에서 수의(壽衣, 또는 장복葬服)의 일종으로 이른바 금루옥의(金縷玉衣)라는 것이 한대의 제왕이나 상류 귀족층에서 유행하였다. 금루옥의는 생전의 봉작(封爵)에 따라 금·은·동류의 3종으로 구분되는데, 천자의 옥의는 금루이고, 제후왕(諸侯王)이나 초대 열후(列侯)의 옥의는 은루이며, 기타 구족(九族)들의 옥의는 동루를 사용하여 신분에 따른 구분이 명확하였다. 1968년 허베이성(河北省) 만청(滿城)의 전한 중산왕(中山王) 유승(劉勝)의 묘에서 왕과 비(妃)가 착용한 금루옥이 발견되었는데, 왕의 옥의에 사용된 옥편만 2,498매나 된다. 옥의는 옥편의 네 귀에 구멍을 뚫어 금실로 얽어매었는데, 금실의 무게만 1만 1,002그램이나 된다. 왕비의 옥의는 편수나 금실의 무게에서 이보다 약간 적다. 이때까지 중국에서 발굴된 각종 옥의는 8~9착이나 된다.

④ 장검(裝劍)용 옥기: 칼이나 검의 머리에 붙이는 봉(琫), 칼이나 검의 손잡이 하부에 붙이는 필(珌), 채찍의 상부 바깥쪽에 다는 수(璏, 일명

소문대昭文帶), 허리띠에 달거나 검을 매걸 때 쓰는 대구(帶鉤), 끈을 풀 때 쓰는 동물 발톱 모양의 휴(觿), 활을 쏠 때 엄지손가락에 끼우는 원통형의 섭(韘) 등이 있다. ⑤ 장신구(裝身具) 옥기: 인재(印材)로서의 옥새(玉璽), 향이나 거울을 넣는 염(奩), 백옥귀고리 등이 있다. ⑥ 각종 옥공예품: 옥의 영험(靈驗)을 표현한 각양각색의 공예품이 있다. 최초의 옥기 유물은 중국 동북 선양(瀋陽) 신락(新樂) 문화유적에서 발굴되었는데, 그 제작연대는 지금으로부터 7천년 전으로 추측된다. 동북 홍산(紅山)문화와 산둥(山東) 다원커우(大汶口)문화의 옥기는 지금으로부터 5,000~6,000년 전, 저장(浙江) 양저(良渚)문화의 옥기는 5,000~3,300년 전, 산둥 룽산(龍山)문화의 옥기는 4,000~3,500년 전에 만들어진 것으로 짐작된다.

옥문관 玉門關

오아시스로 북도의 관문. 1907년 영국 탐험가 스타인은 둔황(敦煌) 북서쪽 약 100km 지점에 있는 소방반성(小方盤城)을 조사하다가 여기서 옥문도위(玉門都尉)라는 문자가 있는 목간(木簡)을 발견함으로써, 이곳이 바로 '옥문관(위먼관)'이라는 것이 밝혀졌다. 기원전 2세기 말에 설치된 옥문관은 시대에 따라 몇번 자리를 옮긴다.

오아시스로 북로의 관문인 옥문관 성보(城堡)

남북조시대에는 안서(安西)에서 고창(高昌, 하미)으로 가는 길이 오아시스로의 주요 북도로 되자, 옥문관은 안서현 동쪽에 있는 도로 연변으로 이전된다. 당나라 초기 현장(玄奘)은 바로 이곳을 지나 고창으로 향하였다. 그러나 당나라 후기에는 토번(吐蕃)이 이곳으로 진출하자, 둔황에서 동쪽으로 200km 떨어진 곳으로 옥문관을 이전하게 되었다.

옥수수

라틴아메리카가 원산지인 인류 3대 주식 곡물의 하나. 옥수수가 라틴아메리카의 어디서 언제 재배되기 시작했는가에 관해서는 이견이 많으며, 아직도 정설은 없다. 다만 중미의 멕시코 고원이나 과테말라 고지 서부에서 자생하는 '테오신테'라는 벼과(科)의 야생식물이 채집되어 이용되는 과정에서 돌연변이를 일으켜 옥수수 종자가 되었다는 것이 지금까지의 유력한 학설이다. 멕시코 중앙고지의 테우아칸(Tehuacán) 분지 유적에서 기원전 5000~3000년에 속하는 가장 오래된 옥수수 유존체(遺存體)가 발견되었는데, 이삭의 길이는 고작 1.9~2.5cm에 불과하며 평균 55개의 알(36~72알)이 생겼다. 이를 통해 오늘날의 옥수수는 수천년간의 품질개량으로 진화된 것임을 알 수 있다. 남미의 옥수수는 중미의 옥수수와는 무관하게 독자적인 재배과정을 밟은 것으로 지금까지는 알려졌으나, 최근의 발굴과 연구과정에서 중미의 옥수수가 남미로 전파되었다는 견해가 나오고 있다. 다만 남미에서는 중미처럼 옥수수 유존체가 발견된 예는 아직 없으며, 재배 가능성만 추정할 뿐이다. 남안데스의 칠레 북부나 아르헨티나 북서부에서는 기원전 7000~3600년, 에콰도르에서는 기원전 6000~4500년에 옥수수 재배가 가능하였다는 지적이 나오고 있다. 옥수수는 중·남미의 많은 지역에서 주식으로 활용되었을 뿐만 아니라, 종교에서도 중요한 역할을 해왔다. 올메카·마야·아스테카 문명 등에서는 석각 부조, 도기 표면 등에 옥수수 신이나 여신의 도상(圖像)이 새겨진 경우가 있으며, 옥수수로 만든 술인 '치차'는 종교의례에 사용되기도 했다.

옥수수(아르헨티나 후안 암브로세티 민속박물관 소장)

옥수스(Oxus) 고분 유적

교류의 유물적 전거로서의 오아시스로 상의 유적. 1897년 옥수스강(아무다리야강) 상류 우안의 나지막한 타프트 이 카와드 언덕에서 아케메네스조 페르시아 시대의 금은 제품이 다량 출토되었다. 유물 중에는 동물 문양의 유물이나 검집 같은 스키타이식 유물도 있다. 이곳에서 출토된 유물들은 '옥수스 보물'(The Treasure of Oxus)라는 이름으로 현재 영국 대영박물관에 소장되어 있다.

옥애오(Oc-Éo) 도시 유적

기원후 1~6세기에 존재했던 부남국(扶南國)의 유적. 이 옥애오 도시유적은 해로를 통한 로마-한(漢) 간의 2단(段)적 간접교역과 그 복합적인 발전상을 여실히 보여주는 유적이다. 인도차이나 반도 메콩강 지류인 바시쿠강과 삽만 사이에 있는 충적평야 지대의 낮은 언덕에 위치하며, 지금은 높이 226m의 바테산 남쪽 기슭에 해안으로부터 25km쯤 떨어져 있지만 본래는 부남의 도읍으로 추측되는 앙코르 보레이(Angkor-Borei)와 수로로 연결된 해안의 항구였다. 현존 유적의 너비는 1.5km, 길이는 3km쯤으로 전체 면적은 450헥타르에 달하는데, 성채 같은 것은 없고 35개의 낮은 언덕에 산재해 있다. 이곳은 기원후 1~6세기 기간에 부남국의 치하에 있었으므로 부남 유적이라고 말할 수 있다. 부남(扶南)은 '산(山)'을 가리키는 고대 크메르어 'bnam'(보남, 현 프놈Phnom)의 음사다.

이 유적은 1942년 금제품을 비롯한 일부 유물이 출토되면서 세상에 알려지기 시작하다가, 1944년 2~4월 프랑스 극동학원의 말레레(L. Malleret) 일행이 정식 발굴조사를 진행하였다. 이를 통해 다양한 유적과 유물이 확인되었는데, 특히 인도와 부남을 중계로 해 로마와 한의 문물이 이곳에서 만나 서로 교류된 사실을 증명해주는 유적과 유물들이 출토되어 매우 값진 유물로 평가받고 있다. 우선 건물 유적으로는 길이 29~34cm, 폭 13~16cm, 두께 7~16cm의 기와로 지은 사원과 사체를 풍장(風葬)하는 이른바 '침묵의 탑'(다흐마dakhma)의 잔해가 대표적이다. 또한 방주(方舟, 일명 항杭)의 기저부(基底部, 길이 1.41m, 절반이 지하에 매몰) 위에 지은 목조가옥 유적은 당시 부남인들이 목조가옥에서 살 때 국왕은 중각(重閣)에 기거하고 성은 목책(木柵)으로 지었다는 중국 『남제서(南齊書)』 권58 「동남이전(東南夷傳)」 기록과 일치한다. 출토된 불상으로는 청동 도금의 간다라식 좌불상과 남인도 아마라바티 사비입상(四臂立像, 비슈누Visnu상)이 있다. 이 아마라바티 양식의 불상은 타이(Pong Tuk)·수마트라·자바 등 동남아시아 각지에서 발견되는 전형적인 남인도 양식의 불상조각이다. 그밖에 중국 육조(六朝)풍의 불

상으로 북위식(北魏式)의 청동도금좌불과 남북조풍의 보살입상도 출토되었다. 이와 같은 다양한 형태의 불상 유물의 출토는 당시 부남 등지에서 이루어진 불교문화의 교류상 일반을 여실히 보여주고 있다. 이 유적에서는 귀고리·가락지·은목걸이·메달(medal)·상패(賞牌)·인장(印章) 등 무려 316점에 달하는 각종 장신구가 발견되었는데, 소재의 주종은 주석이다. 주석제품 중에는 인장·물고기·거북·불가사리, 그리고 조개 형태의 장신구가 들어 있는데, 이것은 옥애오인들의 바다와의 관계를 시사해준다. 메달에는 인물·코끼리 등 동물의장도 섞여 있으며, 손가락지에는 인도에서 2~5세기에 사용하던 브라흐미(Brāhmi) 문자의 인장이 찍혀 있는 것도 있다. 인도차이나 반도에서 주석은 중국 윈난(雲南)이나 타이, 말레이 반도에서만 채취되고, 월남 남부(扶南)나 캄보디아에는 없으므로 석재는 위의 산지에서 수입되었을 것이다. 석재 외에 주옥이나 금도 장신구의 소재로 사용되었다. 귀고리나 메달은 그것을 주조한 사암제주형(砂岩製鑄型)이 반출된 점으로 미루어 현지에서 제작된 것으로 보인다. 한 가지 흥미있는 것은 길이 2.5cm, 좌우 폭 1.5cm 정도의 장방형 연(鉛)제품이다. 게다가 물품에 부착되어 있는 이 유물의 겉과 안쪽에는 인도 브라흐미 문자나 화초(花草)·금강저(金剛杵)·조개 등 몇가지 문양이 새겨져 있다. 이러한 문자 가운데는 'dhanikam'(귀중품貴重品), 'apramadam'(주의注意) 등의 글자가 있다. 글자의 내용으로 보아 귀중한 화물에 붙이는 화물표로도 간주되고 일부에서는 호신부적(護身符籍)으로 보는 견해도 있다. 아무튼 브라흐미 언어를 아는 인도계 상인들이 사용한 것은 분명하다.

특히 이 옥애오 유적에서 로마와 한의 유물이 동시에 발견되었다는 사실은 매우 중요하다. 로마의 유물로는 손잡이가 달린 마가라형의 램프

동·서 유물이 출토된 옥애오 항구 유적지

(lamp)와 두 황제의 이름과 초상이 새겨진 금화(혹은 금제장식품)가 각각 한 매씩 출토되었다. 금화 중 하나는 'Antonius Pius'(재위 138~161) 제(帝)의 이름과 초상, 그리고 즉위 15년(152)이란 글자가 새겨진 것이고, 다른 하나는 희미하여 'Antonius Pius'제인지 'Aurelius Antonius'(재위 161~180)제인지 분간할 수 없는 이름과 초상이 새겨진 것이다. 중국 사적에 한역명(漢譯名) '안돈(安敦)'으로 나오는 이 로마 황제들의 이름과 초상이 새겨진 금화가 로마의 통용 화폐인지, 아니면 화폐 형태의 장식품인지는 미상이다. 다만 멀리 이곳 극동 지방에서 발견되었다는 것은 로마의 동방 원거리무역의 일단을 증명해준다는 점에서 특기할 만한 일이다. 일찍이 인도에서 로마 화폐가 여러 곳에서 출토되었을 뿐만 아니라, 타이의 메남(Menam)강 유역과 중국의 산시(山西)에서도 로마 화폐가 발견된 바 있다.

한편 중국의 유물로는 후한대의 것으로 추정되는 기봉경(夔鳳鏡) 파편과 기타 2매의 거울 파편(그중 하나는 방격규구사신경方格規矩四神鏡)이 출토되었다. 잔해인 기봉경을 원상 복원하면 직경 14.47cm 정도의 청동경인데, 표면에 '주지(主至)'란 글자가 새겨져 있다. 기봉경과 사신경의 유사품이 일본 기타큐슈(北九州)의 야요이시대(彌生時代) 유적에서도 발굴된 바 있다. 발굴 유물 중에는 화초문양(花草文樣)의 호(壺, 주전자)가 있는데, 그 유사품이 아프카니스탄의 베그람 유적에서 출토된 예가 있고, 남인도의 아마라바티 조각에서도 종종 화초문양을 찾아볼 수 있다. 기타 보석세공품 중에는 인도식이나 로마식의 인물 흉상을 음각한 것이 있는가 하면, 유리질의 원형식석(圓形式石)에는 이란식 인물상이 보이기도 한다. 이상의 유물이 보여주다시피 기원 전후 인도차이나 반도는 중국문화와 인도문화의 접촉지대였으며, 인도를 매개로 동정한

로마문화가 이곳에서 처음으로 한문화와 직접 만나서 교류하게 되었다는 사실을 알 수 있다.

온군해 溫君解

신라의 견당사(遣唐使) 수행원. 김춘추(金春秋)의 종자(從者)로, 648년 김춘추와 김문왕(金文王)의 당나라 입국 때 수행하였다. 귀국 때 해상에서 고구려 배와 싸움이 벌어졌는데, 영무자(影武子)로 위장해 김춘추를 도망치게 하고는 자신은 전사하였다. 신라 국왕은 이를 애도해 대아찬(大阿湌)으로 추서하고 자손들을 우대하였다. (『삼국사기』 권 제5, 진덕왕眞德王 2년 3월조 참고) (8-115)

올덴부르크 Sergei Fedorovich Ol'denburg, 1863~1934년

러시아의 불교·인도학자이자 중앙아시아 탐험가. 1885년 페테르부르크 대학을 졸업하고 교수로서 인도와 이란의 사상사를 연구하였다. 문학작품과 조형예술의 관계가 그의 주요 관심분야였으며, 자신의 전문 분야인 민속학·고고학과 관련해서도 연구를 진행하였다. 1897년에는 그를 중심으로 하여 국제적인『불전총서(佛典叢書)』(Bibliotheca Buddhica)의 간행이 시작되었다. 한편 그는 1909~1910년, 1914~1915년 두 차례에 걸쳐 동투르키스탄(신장) 조사를 진행하였다. 이 과정에서 둔황·투루판·쿠처·니야 등 오아시스 도시유적에서 숱한 고문서와 회화·조각을 러시아로 운반해갔다. 제1차 탐험에 관해서는 짧은 보고서를 발표했으나, 두번째 탐험에 관해서는 자세한 일지는 있지만 보고서는 집필하지 못하였다. 러시아 과학아카데미 상임비서로 25년간 봉직하였으며, 1930년대 개편된 소련 동양학연구소 소장직을 맡았다. 저서로는『에르미타주 소장의 간다라 조각(彫刻)』이 있다. (1-

341~42)

『올로백성좌표(兀魯伯星座表)』 4권, al-Kashi 편찬

중국의 천문지식과 역법을 참고해 제작된 티무르제국의 성좌표(星座表). 중국의 원·명(元明)대에는 아랍-이슬람 천문학이 중국에 유입되었을 뿐만 아니라, 중국 천문학도 아랍-이슬람 천문학에 영향을 주었다. 중국의 천문학은 일·월식 예측과 항성(恒星) 관측에서는 아랍·이슬람 천문학보다 앞섰다. 그리하여 원대에 야율초재(耶律楚材)가 사마르칸트에 체류하고 있을 때(1220년 5월~1221년 10월), 그곳 천문학자들은 중국의 일·월식 예측법과 행성관측법을 전수받았다. 후일 일 칸국의 말리크 천문대가 편찬한 『일 칸천문표』에도 이러한 중국의 선진 관측법과 역법이 반영되어 있다. 15세기에 중앙아시아에 건립된 티무르제국은 중국의 천문 지식을 수용, 이를 적극 활용하였다. 당시의 저명한 천문학자이며 수학자인 아랍 출신의 알 카시(al-Kashi, ?~1436)는 중국 역법에 정통하였는데, 그가 편찬한 이 성좌표(4권)의 제1권에는 중국 역법의 기년법(紀年法)과 윤월(閏月) 원리가 상술되어 있다. 그뒤 이 성좌표는 아시아와 유럽에서 광범위하게 통용되었다.

올메카(Olmeca) 문명

메소아메리카에서 자생한 최초 문명. 멕시코만 저지대 남부에서 기원전 1200~기원전 400년에 번영한 메소아메리카 최초의 자생 문명이며, 올메카는 최초의 도시이자 국가였다. 문자가 없는 선고전기(先古典期) 문명으로서 전기(기원전 1200~900), 중기(기원전 900~600), 후기(기원전 600~400)의 3기로 나눈다. '올메카'는 나우아틀(Nahuatl)어로 '고무 땅 사람'이란 뜻으로, 스페인 침입 이전 멕시코만 저지대 남부에 살던 사람들에 대한 통칭이다. 여러 유적에서는 왕의 얼굴을 형상화한 거석 인두상·왕좌·석비, 그리고 돌로 조각한 인물상과 동물상 등 많은 유물이 출토되었다. 올메카 문명은 자생 문명이지만, 타지역과의 교류를 통해 더욱 번영하였다. 유물 중의 반인반수상(半人半獸像), 두정부(頭頂部)가 두 부분으로 갈라진 인물상, 정교한 비취 제품, 가운데가 빈 백색 유아토우(幼兒土偶), 십자문(十字紋) 등은 이러한 교류의 흔적이라고 볼 수 있다. (4-47~48)

올비아(Olbia) 도시 유적

교류의 유물적 전거로서의 초원로 유적. 현 우크라이나 니콜라예프(Nikolaev)시 남방 40km 지점에 있는 올비아는 기원전 6~5세기에 이오니아인들이 흑해 서북부에 건설한 그리스식 식민도시다. 19세기 초에 도시 유적이 확인된 뒤 금세기에 들어와서 무려 52회에 걸친 발굴작업 끝에 시가의 구획과 광장·신전·극장·성채 등 도시 유적이 고증됨으로써 그 전모가 드러났다. 이 도시 역시 그리스 산물과 스키타이 제조품이나, 그들이 동방으로부터 반입한 동방 특산품이 교역되는 상업도시였다. 이오니아인들은 그리스의 수공업품과 장신구·도기·포도주·올리브유 등을 이곳에 수출하고, 그 대신 스키타이로부터 곡물과 어류·모피·노예 등을 수입하였다. 이와 같이 올비아는 스키타이를 매개로 한 동서 물산의 교역장이었다.

와칸 Wakhan, 胡蜜, 休密

오아시스로 상의 파미르 고원 남단도(南段道)의 요충지. 와칸은 파미르 고원 남쪽 계곡에 자리했던 고대의 호밀(胡蜜)이다. 와칸으로부터 서쪽으로는 토화라(吐火羅, 현 아프가니스탄)를 경유해 페르시아에 이르고, 남쪽으로는 오장(烏萇)과 카슈미르를 지나 인도로 이어진다. 5~6세기에 많은 도축(渡竺) 승려들이 이 길을 오갔으며, 747년 고선지(高仙芝)가 3방면 군으로 소발률(小勃律)을 정토할 때, 1방면 군을 이끌고 바로 이 호밀을 지나 소발률을 공격하였다. 혜초도 727년경 이 길을 지나면서 직접 견문한 내용을 『왕오천축국전』에 생동감 있게 기술하였다. 13세기 후반 마르코 폴로도 토화라로부터 이곳을 지나 파미르 고원을 넘어 동진을 계속했으며, 1913년 스타인도 제3차 중앙아시아 탐험 때 예외 없이 이곳을 지나 파미르 고원을 넘어 신장에 들어갔다. 이와 같이 와칸은 지리상·전략상 요충지에 위치하고 있었기 때문에 역사상 여러 세력의 각축장이 되었다.

완순선정법 盌脣旋定法

중국 송대에 이용한 일종의 지남침 사용법으로, 지남침을 주발의 가장자리에 놓고 방향을 감별하는 방법이다.

왕대연 汪大淵, 1311~?년

중국 원(元)대의 서행 여행가. 왕대연은 장시(江西) 난창(南昌)인으로, 어려서부터 세계 주유의 꿈을 키웠다. 그는 천여년 전의 사마천(司馬遷)을 귀감으로 삼아 중국 땅을 거의 절반 정도 편력해 여행의 묘미를 터득하면서, 전래의 중국 사서(史書)들이 해외사정에 관해 너무 소략(疏略)하게 다룬 데 대해 늘 개탄하였다. 그리하여 그는 자신이 직접 현지를 탐방하여 사실을 확인하고, 기술(記述)의 지평을 넓혀가기로 결심하였다. 그는 전후 2차에 걸쳐 약 7년간 해외 탐방에 나섰다. 제1차는 1330년 취안저우(泉州)에서 출항해 1334년 하추계(夏秋季)로 귀항하였고, 제2차는 1337년 동계에 역시 취안저우를 떠났다가 1339년에 역시 하추계로 돌아왔다. 왕대연은 방

문지에서 메모한 자료에 근거해 1349년에 자신의 여행 탐방기인 『도이지략(島夷志略)』을 찬술하였다. 그는 해외사정에 대한 심층적인 이해를 목적으로 하였기 때문에 대상지에 대한 탐지 및 기술에 역점을 두고, 자신의 여행 과정에 대해서는 노정이라든가 행적 따위를 일일이 밝히지 않았다. 총체적으로 이 여행기는 각지에서 그가 직접 견문하고 체험한 산천과 강역, 물산과 풍습, 생활상 등 여러 면을 실사구시적으로 기술하고 있다. 특히 당시 원조의 해외무역 중시 정책에 편승해, 각지의 물산과 교역품, 중국의 수출입품에 관해서는 자세히 소개하고 있다.

이 여행기의 특색은 내용의 사실성과 광범위성이다. 왕대연은 이 책에서 '전해들은 것은 결코 적지 않았다'고 천명하고 있다. 그는 자신이 직접 밟아본 땅에서 두 눈으로 목도한 사실만을 그대로 기술하고 있다. 이러한 기술의 사실성은 후일의 역사가 여실히 실증해주고 있다. 다음으로 내용의 광범위성은 이 책의 두드러진 특색이다. 이 여행기는 분권(分卷)하지 않은 채 100개의 조항으로 구성되어 있는데, 마지막 조항 '이문유취(異聞類聚)' 외에는 지명을 조항 명으로 하고 있다. 왕대연은 그가 직접 탐방한 99개 나라와 지역에 관해 기술하고 있으며, 그 속에서 언급된 외국 지명만 220여 개나 된다. 이러한 나라와 지역은 곧 왕대연이 직접 방문한 곳으로서, 그의 여행이 얼마나 폭넓었는가를 알 수 있다. 동남으로는 문노고(文老古, 현 인도네시아의 말루쿠Maluku제도)와 고리지민(古里地悶, 현 인도네시아 동부의 티모르Timor섬), 서남으로는 천축(天竺, 현 인도)과 승가랄(僧伽剌, 현 스리랑카) 연해 각지, 서쪽으로는 페르시아만을 지나 파사리(波斯離, 현 이라크 남부의 바스라Basrah)와 마가사리(麻呵斯離, 이라크 서북부의 모술Mosul), 홍해 동안의 리가탑(哩伽塔, 현 예멘의 아덴Aden)

과 천당(天堂, 현 사우디아라비아의 메카Mecca), 더 서쪽으로는 동아프리카의 마나리(麻那里, 현 케냐의 말린디Malindi)와 층요라(層搖羅, 잔지바르Zanzibar), 가장문리(加將門里, 현 탄자니아의 다르에스 살람Dar es Salam)까지에 왕대연의 발자국이 찍혀 있다. 그중에는 선인들의 사적에 언급이 없는 라위(羅衛, 현 말레이시아의 조호르Johore)와 라곡(羅斛, 현 타이의 롭부리Lop Buri), 침로(針路, 현 말레이 반도 북부 서안의 메르귀Mergui) 등 전인미답(前人未踏)의 지역도 들어 있어 흥미롭다. 왕대연의 『도이지략』은 중세의 해로와 그 연안의 국가들이나 지역들을 연구할 때 내용의 사실성으로 인하여 으뜸가는 사료원으로 평가받고 있다. 그리하여 일찍부터 동서양 학계에서 이 사료원에 대한 진지한 연구가 진행되어왔다. 대표적인 연구서로는 중국 심증식(沈曾植)의 『도이지략광증(島夷志略廣證)』과 소계경(蘇繼廎)의 『도이지략교역(島夷志略校譯)』, 일본 후지타 도요하치(藤田豊八)의 『도이지략교주(島夷志略校註)』, 미국 로츠닐(W. W. Rochnil)의 번역고증본(飜譯考證本) 등이 있다.

왕소군(王昭君)의 흉노 출가(出嫁) 기원전 33년

전한(前漢)대 일종의 정략적 혼인을 통한 인적 교류. 『한서(漢書)』「흉노전」에 의하면 전한 원제(元帝) 경녕(竟寧) 원년(기원전 33)에 흉노의 호한야(呼韓耶) 선우는 세번째로 한에 입조해 후한 예우를 받고 '제실(帝室)의 사위가 되어 (한과) 인척관계를 맺고 싶다'고 자청하자 원제는 양가(良家)의 딸인 후궁 왕장(王牆, 자 昭君)을 선우에게 시집보냈다. 일설에 왕소군은 미모가 출중해 원제의 후궁으로 선발되어 입궁하였으나, 뇌물을 안 준 탓으로 화공 모연수(毛延壽)가 그녀를 추녀로 그렸다. 그 초상화를 본 원제는 그녀를 한번도 불러들이지 않았다고 한다. 그러다

왕소군의 흉노 출가상

가 흉노 선우가 취녀(娶女)를 요청하자 추녀라고 생각한 소군을 선뜻 그에게 시집보내기로 하였던 것이다. 그러나 앞에 나타난 절세의 여인 소군을 보자 원제는 놀라서 크게 후회를 하였다고 한다. 절망에 빠진 소군은 국경을 흐르는 흑하(黑河)를 건너다가 투신자살까지 하려고 하였다. 당(唐)대의 시인 이백(李白)은 '오늘은 한궁(漢宮)의 후궁이었건만, 내일 아침이면 호지(胡地)의 첩이 되나니'라고 그녀의 비운을 개탄하는 시를 남겼다. 왕소군은 흉노의 안녕을 비는 비(妃)라는 뜻의 '영호알씨(寧胡閼氏)'로 불렸는데, 우일축왕(右日逐王)을 낳았고, 호한야 선우가 사망하자 계위한 복주류(復株累) 선우와 재혼하여 2녀를 낳았다. 후사는 알려지지 않는다.

왕신복 王新福

도일 발해 사신. 762년 10월 발해에 파견된 일본 부사(副使) 이키노마스마로(伊吉益麻呂)와 함께 대사(大使)의 신분으로 부사 이능본(李能本) 등 일행 23명을 이끌고 에치젠(越前)에 도착하였다. 이듬해 정월 배조(拜朝)해 방물을 바치고 정삼위(正三位)의 작을 받았다. 향응에 초대되고 녹을 하사받았다. 그리고 당나라 사사명(史思明)의 난에 관한 정보를 알리고 2월에 귀국하였다. 체재 중 동대사(東大寺)에서 예불(禮佛)을 올렸

다. 관직은 자수대부(紫綬大夫), 행정당좌윤(行政堂左允), 개국남(開國男)이었다. (8-202)

왕연덕 王延德, 939~1006년

중국 북송(北宋)의 궁정대신. 허베이성 대명현(大名縣) 출신의 궁정대신으로서 북송 태종(太宗)의 명을 받고 981년에 정전승지(庭前承旨) 백훈(白勳)과 함께 몽골을 경유해 신장의 고창(高昌)·북정(北庭)·구자(龜玆) 등지를 방문하고 서위구르 왕을 알현하였다. 983년 몽골 오르콘 강변을 지나서 귀국하였다. 그의 여행기 『고창행기(高昌行記)』 『서주정기(西州程記)』가 『송사(宋史)』 「고창국전(高昌國傳)」과 기타 사적에 남아 있다. 이 여행기는 이슬람세력 침투 전후의 중앙아시아 정세를 이해하는 데 아주 귀중한 사료가 되고 있다.

『왕오천축국전(往伍天竺國傳)』 3권, 慧超 저, 8세기 중엽

교류의 문헌적 전거로서의 여행문학서(순례기). 이 책은 신라(新羅) 고승 혜초(慧超, 704 ?~787년경)의 인도 및 서역 순례기(723~727년 11월, '혜초'항 참고)다. 프랑스의 동양학자 펠리오(P. Pelliot, 1878~1945)가 1908년 둔황 천불동(敦煌千佛洞)에서 절략본(節略本, 총 230행, 약 6천 자)을 발견하였다. 이 책에서 혜초의 해상 노선은 결락되어 알 길이 없으나, 동천축(東天竺)에 상륙해 오천축(五天竺)과 서역 및 중앙아시아 일원을 두루 역방하고 육로로 귀당(歸唐)한 여정에

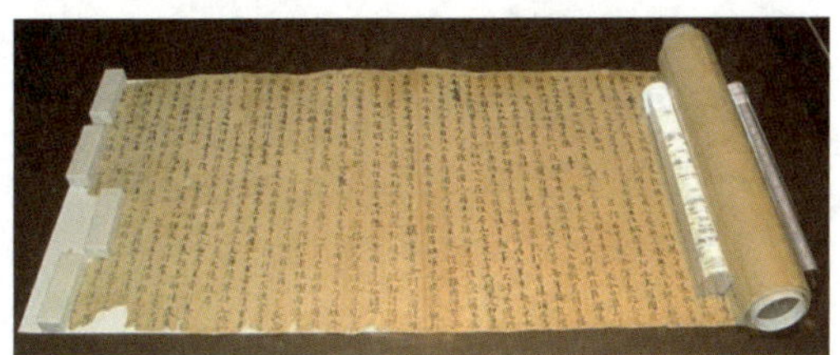

『왕오천축국전』 잔간 원본(한국 국립중앙박물관 전시, 2012. 12)

관해서는 생생한 기록이 남아 있다. 이 책에서 저자는 오천축뿐만 아니라, 중앙아시아와 서아시아의 여러 나라와 지역을 답사하면서 직접 견문하였거나 전문한 각국의 역사·문화·정치·풍속·물산·종교 등을 사실적으로 기술하고 있다. 그리하여 이 책은 8세기의 인도와 중앙아시아에 관한 서적으로서는 그 내용의 다양성과 정확도에서 단연 으뜸가는 명저로 평가받고 있다. 특히 저자는 한문화권 최초로 대식(大食, 아랍) 현지를 탐방하고, 이 책에 그에 관한 귀중한 견문록을 남겨놓았다.

왕중문 王仲文, 東樓

도일 고구려 천문박사. 불가에 출가해서 동루(東樓)란 이름을 얻었으나 701년 8월에 환속(還俗)하였다. 음양학에 밝아 천문박사로 일하였다. 718년 정월 정육위하(正六位下)에서 종오위하(從五位下)의 작위를 받아 승진하였다. 721년 정월에는 그의 학문에 대하여 포상(褒賞)을 하였다. (8-190)

왕현책(王玄策)의 3차 인도 사행

고대 중국과 인도의 관계는 주로 불교를 매개로 한 종교적 관계였다. 당(唐)대에도 예외는 아니었다. 때문에 왕현책(王玄策)과 같이 비종교적인 관헌의 출사도 그 사명이나 활동 내용을 보면 다분히 종교적이며, 그의 사행에 관한 약간의 잔존 기록도 대부분이 불교와 관련되어 있다. 이렇게 당시의 중·인 관계가 불교 위주의 관계임을 반영하듯, 왕현책과 거의 같은 시기에 구법차 인도에 다녀온 고승 현장(玄奘, 627~645년 도축 구법)에 관해서는 모든 사적이 대서특필하고 있으나, 중요한 국사(國使)였던 왕현책에 관해서는 신·구 당서(唐書)에 그의 열전조차 없는 형편이다. 왕현책의 인도 사행에 관해서는 그가 저술

한 여행기인『중천축국행기(中天竺國行記)』의 내용을 극히 부분적으로 인용한『법원주림(法苑珠林)』(권100)이나『제경요집(諸經要集)』『석가방지(釋迦方志)』등 일부 사적에 남아 있는 20여 개항의 잔문(殘文)에 의해서만 겨우 알려지고 있다. 왕현책이 인도로 출사하기 전에 중천축의 마가다 국왕 실라디탸(Siladitya, 일명 계일왕戒日王)는 두 차례나 당에 사신으로 파견되었다. 그에 대한 답례로 당태종(太宗)은 정관(貞觀) 17년(643) 3월에 조산대부(朝散大夫) 이의표(李儀表)를 정사(正使)로, 융주(融州) 황수(黃水, 현 광서廣西 나성羅城 서북부)현령(縣令) 왕현책을 부사(副使)로 하는 22명의 사절단을 마가다국에 파견하였다. 사절단은 마가다의 내당사절단과 동행하였다. 사행 노정인 토번~니파라도(吐蕃~尼婆羅道, 티베트~네팔도)를 거쳐 12월에 마가다에 도착하였다. 사절단이 네팔을 지날 때 이 나라 국왕 나렌드라데바(Narendradeva)는 사절단을 초대하여 명승지를 유람토록 하였다. 마가다에 이르자 실라디탸왕은 대신을 교외에 보내 출영하고, 환영 연도에는 향을 피워 정중히 맞이하였다. 이 사절단은 마가다에 2년간 체류하다가 정관 19년(645) 1월 27일에 왕사성(王舍城)에 이르러 그 동북쪽에 있는 그리다쿠타(Gridhakūta)산에 올라가 돌을 쪼아 기념명문을 새기고, 마하보리사(寺)에서는 기념비를 세워 사적을 기록하여 놓았다. 일행은 동천축(東天竺)의 가마루파국도 방문해 동자왕(童子王)의 환대를 받고 정관 20년(646)에 환국하였다. 이것이 왕현책의 제1차 인도 사행이다.

이듬해인 647년에 왕현책은 정사로서 다시 인도에 파견되었는데(2차), 그의 공식 직함은 우위솔부장사(右衛率府長史)였다. 부사 장사인(蔣師仁)과 함께 노자(老子)의『도덕경(道德經)』산스크리트어 역본을 휴대하고 갔다. 그런데 사절단이 마가다에 도착했을 때 실라디탸왕은 이미 타계하였고, 내란이 일어나 속국이었던 북부의 티랍후키(Tirabhuki, 현 Tirbut) 국왕 아라나순이 왕위를 찬탈하였다. 왕현책이 사절단을 이끌고 당도했을 때, 아라나순은 군사를 보내 입국을 불허할 뿐만 아니라, 심지어는 납치하려고까지 하였다. 그리하여 왕현책은 야음을 타 티베트에서 탈출해 원군을 요청하였다. 티베트의 정예병 1,200명과 네팔의 기병 7천여 명의 지원을 받고 왕현책은 곧바로 마가다로 진격해 3일간 격전 끝에 대승을 거두었다. 적 3천 명이 살상되고 1만 명이 도피하던 중 익사하였다. 부사 장사인은 왕도를 버리고 도주하는 아라나순을 추적·생포하고 남녀 1만 2천 명과 우마 3만여 필을 노획하였다. 사절단의 낭보를 들은 동천축의 가마루티 국왕은 우마 3만필을 군량(軍糧)으로 선물하였다. 당나라로 돌아올 때 왕현책은 아라나순왕과 왕비도 함께 압송하여 태종에게 복명케 하였다. 태종은 대단히 만족하면서 그를 조산대부(朝散大夫)에 봉하였다.

고종(高宗) 현경(顯慶) 2년(657)에 왕현책은 세번째로 인도에 파견되었다. 그는 불가사(佛袈裟)를 휴대하고 659년에 동천축(東天竺)의 마가다에 도착하였다. 이어 마하보리사에 가서 또 하나의 기념비를 세워놓고 660년에 카피사(Kapisa)를 경유, 이듬해(661) 장안에 귀조하였다. 이때 카피사의 고왕사(古王寺)에서 불정골(佛頂骨) 조각을 가져왔다고 전한다. 일설에는 664년에 왕현책이 네번째로 인도에 사신으로 파견되었다고 하나 신빙성 있는 증거는 없다. 왕현책은 3차의 인도 사행에 관한 여행기로서『중천축국행기(中天竺國行記)』(전10권)를 저술하였다. 그러나 소실되어 앞서 소개한 일부 사적들에 인용된 약간의 잔문(殘文)만 남아 있어서, 그의 3차 사행에 관한 극히 개략적인 내용만 알 수 있다. 왕현책의 인도 사행이 동서교류사에 남긴 가장 큰 족적은 중국과 인도 간에 티베트—네팔도(일명 중인장도中印藏道)가 당(唐)초에 소통된 사실을 확인해주었다는 사실이다. 고대에 중국과 인도 간의 내왕은 주로 오아시스로 남도나 해로를 통해 이루어졌으나, 당대에 와서는 그밖의 첩경인 이 새로운 통로가 개척·이용되었다. 티베트—네팔도의 노정은 장안을 출발하여 간쑤(甘肅)와 칭하이(靑海)를 지나 티베트 라싸에 이른 후, 여기에서 다시 네팔을 경유해 인도 동부로 이어진다. 이 길의 개척으로 중국-인도 간의 노정은 크게 단축되었다. 왕현책의 첫 사행 때에는 이 길로 장안에서 마가다까지 9개월이 소요되었는데, 종전 오아시스로 남도를 통할 때는 보통 1년 이상이 걸렸다. 사실 이 길은 639년 네팔의 적정(赤貞, 척존尺尊, 적존赤尊) 공주가, 2년 후인 641년에는 당조의 문성(文成) 공주가 티베트에 출가하면서 그것이 계기가 되어 정비되고 소통된 것이다. 왕현책은 소통 직후의 최초 공식 과객(過客)이었으며, 그후에는 인도와 네팔·티베트·중국을 오가는 불승들도 이 첩경을 많이 이용하였다.

요고 腰鼓

동전 서역 악기. 일명 '세요고(細腰鼓)'라고도 하며 작은 장고(杖鼓)처럼 생겼다. 수(隋)의 구부기(九部伎) 중 고려기(高麗伎)에 쓰인 일종의 타악기다. 『구당서(舊唐書)』에는 '큰 것은 기와로, 작은 것은 나무로 만들어 머리는 넓고 배는 가는데, 본래 호고(胡鼓, 서역고西域鼓)'라고 전해지고 있다. 당(唐) 십부기(十部伎)의 서량기(西凉伎)·구자기(龜玆伎)·소륵기(疏勒伎)·고창기(高昌伎)에서도 요고가 사용된 것으로 보아, 이 악기는 분명히 서역계 타악기다. 지안(集安) 제4호분과 제17호분의 벽화에도 이 악기가 보이는 것

으로 고구려에서도 사용되었다는 것을 알 수 있다. 요고가 비암사(碑巖寺, 673년 건립) 계유명아미타불삼존석상(癸酉銘阿彌陀佛三尊石像)에 나타나는 점으로 미루어, 7세기 중엽에 이미 신라에도 전래된 것으로 생각된다.

요령성(遼寧省, 랴오닝성)의 청동기문화 유적

교류의 유물적 전거로서의 초원로 유적. 중국 랴오닝성(遼寧省)의 차오양(朝陽)·진시(錦西)·푸순(撫順)·선양(瀋陽)·하이청(海城)에서 랴오둥반도(遼東半島)의 뤼다시(旅大市)에 이르는 일대에서 이른바 랴오닝식 동검 등 청동기문화 유물이 여러 점 발견되었다. 서차구(西岔溝) 고분을 비롯한 수혈식토광묘(竪穴式土壙墓)와 판석석실묘(板石石室墓)에서 기원전 5~3세기의 청동제 단검과 칼·도끼·과(戈, 긴 창)·세문경(細文鏡)·마구·장식 금구(金具)·인물상·동물문양금구·두(兜, 투구)·토기 등 부장 유물이 발굴되었다. 특히 내몽골의 아키나케스 단검과는 달리, 두 날이 휘고 손잡이에 금구장식을 부착한 랴오닝식 단검은 이 유적의 문화적 성격을 시사해준다. 즉 전국시대부터 한(漢)초에 이르는 시기에 이 지역을 점유한 동호인(東胡人)들이 창조한 이 청동기문화는, 주로 흉노인들이 창조한 내몽골이나 오르도스의 청동기문화와는 계통을 달리하는 중국과 북방의 혼성 청동기문화로 보인다.

요철법 凹凸法

일명 '음영운염법(陰影暈染法)'이라고도 하여, 색채의 진하고 흐린 것으로 명암을 표시해 화면에 입체감을 주는 화법을 말한다. 원래는 고대 그리스의 화법인데, 인도 간다라 미술에 유입된 후 서역(중앙아시아)을 거쳐 북조(北朝)시대부터 중국에 전파되기 시작하였다. 불상을 비롯한 불교미술에 이 화법이 많이 도입되었다.

용뇌향 龍腦香, Dryobalanops, 학명 'Dryobalanops aromatica'

동남아시아산 향료. 상록교목인 용뇌나무(산스크리트어로 karpūra, 갈포라羯布羅)에서 채취한 수지(樹脂)를 건조시킨 무색투명의 향료다. 원산지는 동남아시아의 말레이 반도, 브루나이섬, 수마트라섬 등지다. 해안선을 따라 배수가 용이한 산비탈에서 잘 자란다. 5~6세기 이후의 아랍과 그리스·스페인 등의 문헌에 귀중한 향료로 나오는 것을 볼 때 이때부터 교역품으로 등장했다고 추정된다. 한국의 명의 허준(許浚)은 저서 『동의보감(東醫寶鑑)』(1610)에서 "용뇌향은 안질·두통·중풍 등 병 치료에도 유용된다"고 기록하고 있다. 신라 경덕왕(景德王) 11년(752) 6월, 일본에 간 신라 사신이 휴대한 신라 교역품 명세서인 『매신라물해(買新羅物解)』(일본 쇼소인正倉院 소장)에는 다른 몇 가지 향료와 함께 이 용뇌향이 들어 있다. 이는 동남아시아산 향료를 일본에 되파는 신라의 국제적 중계무역상의 일단을 보여주는 것이다.

용연향 龍涎香, ambergris

향유고래에서 나오는 향료. 용연향은 향유고래의 장 내에서 생긴 병적 결석상(結石狀) 분비물로서 납상(蠟狀) 덩어리다. 사향과 흡사한 향기를 뿜어 옛날부터 진귀한 향료로 쓰여 왔다. 영어의 'ambergris'나 라틴어의 'ambra grisea'는 아랍어 'ambar'(용연향)에서 유래한 것이다. 원래는 이 용연향 덩어리가 바닷물에 떠다니다가 해안에 표착하면 채취하곤 하였다. 오랫동안 바닷물에 떠다닌 용연향은 황금색을 띠며 불순물이 적어 상품가치가 높다. 이렇게 자연 채취한 것은 향기가 별로 나지 않지만, 건조시켜 유당(乳糖) 같은 것을 첨가해 알코올에 담가두면 유향(乳香) 비슷한 향기가 난다. 중세 아랍사람들은 약으로 복용하거나 향유와 함께 분향(焚香)하기도 하고, 또한 몸에 발라 황홀지경에 이르렀다고도 한다. 이렇게 바다에서 떠다니다가 해변에 표착한 것을 주워 쓰는 것이 주된 용연향 채취방법이었으나, 수요가 급증하면서 포경(捕鯨)으로 고래 몸에서 적출하는 방법이 유행하였다. 이렇게 인위적으로 적출한 용연향은 대체로 흑색으로서 자연 채취한 것보다 상품가치가 떨어진다. 중세 아랍 지리학자 알 까즈위니는 저서 『피조물(被造物)의 기적(奇蹟)과 존재물(存在物)의 기이(奇異)』에서 신라인들의 집에 물을 뿌리면 용연향의 향기가 풍긴다고 적고 있다. 그만큼 신라인들의 집은 정갈하다는 뜻이다.

용주 龍舟

중국 수나라의 대형 선박. 중국의 수(隋)조는 방대한 수사(水師), 즉 수군(水軍)을 건설하고 용주(龍舟)나 오아(五牙, '누선'항 참고) 같은 대형 선박을 건조하였다. 수양제(隋煬帝)가 강도(江都) 순유(巡遊)를 위해 건조한 용주는 갑판이 4중으로 되어 있고 배의 높이가 45척, 길이가 200척이나 되는 대형 민용선(民用船)이었다. 상층에 정전(正殿)이 있고 중간 두 층에는 무려 120개의 선실이 배치되어 있다.

우가리트 Ugarit

알파벳의 산실. '밭'이란 뜻을 지닌 우가리트는 문자 역사에서 알파벳을 일궈낸 고장으로 유명하다. 메소포타미아 문명의 영향을 받은 지중해 동안의 우가리트는 기원전 2000년경부터 기원전 12세기 멸망할 때까지 줄곧 도시국가로서 주변 국가들과 활발한 국제교역을 진행해 막대한 부를 축적했을 뿐만 아니라 오늘날 알파벳의 기원이 된 독특한 선진 문자를 가지고 있었다. 지중해가 한눈에 내려다보이는 해발 20m의 언덕

세계 최초의 쐐기꼴 알파벳이 발견된 우가리트 유적

에 자리한 우가리트는 면적이 30만㎡나 되는데, 고대 지중해 연안에서는 유수의 도시로 손꼽힌다. 1928년에 발견된 이 도시 유적에서는 숱한 유물과 함께 응접실이 딸린 몇개의 작은 방에서 수천점의 점토판 문서에 쓰인 우가리트 알파벳이 발견되었다. 우가리트 점토판 문서는 주로 기원전 14~13세기 전성기에 8개 언어의 5종 쐐기문자로 씌어졌는데, 그중 우가리트 문자는 다른 쐐기문자들과는 달리 30개의 자모체계(알파벳)를 갖춘 문자다. 이 문자가 해상활동을 하던 페니키아인들을 통해 동서로 널리 전파되었다. 서쪽으로는 그리스에 전해지고, 그것이 다시 라틴어로 이어진 후 현대의 서구 알파벳으로 발달하였다. 동쪽으로는 아람어를 거쳐 인도어와 아랍어, 히브리어의 알파벳을 탄생시켰다. 이렇게 우가리트는 알파벳의 산실이고, 그 문자는 알파벳의 조형(祖型)이다. 문자는 인간을 인간답게 한 최고의 발명품이며, 알파벳은 지식을 특권층의 독점으로부터 만민공유로 유도한 평등과 민주주의의 촉발제(觸發劑)였다.

우기 于闐 → '호탄'항 참고

『우기국현기(于闐國懸記)』

티베트어로 기록된 호탄의 역사서. '게돈페르'라고 하는 승려가 제자의 물음에 답하는 형식으로 호탄의 역사를 설명하면서, 호탄과 카슈가르 불교의 운명에 관해서도 예언하고 있다. 티베트어의 책 이름은『이 유르 렌 단파』다. (6-255)

우드랜드 문화 Woodland culture

북아메리카 고대문화의 범칭. 북아메리카 동부의 고기(古期) 문화를 계승 발전시킨 이 문화 시기에는 토기가 널리 보급되고, 농경이 발달했으며, 분묘에 거대한 봉분이 축조된 것이 특징이다. 이 문화는 전기(기원전 1000~기원전 200), 중기(기원전 200~기원후 400), 후기(기원후 400~17세기)의 3기로 나뉜다. 전기의 최정점에 이른 아데나 문화(기원전 500~기원후 100)의 유적에서는 화장과 토장이 병행된 장례 풍습이 확인되었고, 석추(石錐)·석부(石斧)·골제추(骨製錐) 등의 유물이 출토되었다. 아데나 문화의 후기에는 동제 가락지를 비롯하여 운모제 장식품과 바닷조개, 인간이나 개의 형상을 새긴 석제 흡연 파이프, 원거리 교역품 등의 유물이 확인된다. 기원후 800년경부터는 옥수수·콩·호박 등의 농경을 기반으로 한 미시시피 문화가 미시시피강 유역에서 발달하였다. (4-5~6)

우란하오터 烏蘭浩特

'우란'은 몽골어로 '붉은 색' '하오터'는 '시(市)'라는 뜻으로, '우란하오터'는 '붉은 시'라는 의미를 지니고 있다. 다싱안링(大興安嶺) 동남쪽 기슭에 자리한 이곳은 다싱안링으로 들어가는 입구에 해당한다. 고구려의 수도 환도(丸都)나 선양(瀋陽)에서 다싱안링으로 진입하는 두 갈래의 초원길, 즉 지린(吉林)—눙안(農安) 길과 차오양(朝陽)—츠펑(赤峰) 길이 바로 이곳에서 합쳐지니 초원로의 요지인 셈이다. 지금도 네이멍구자치구에 사는 전체 조선족의 절반 가량이 이 우란하오터에 살고 있지만, 오랜 옛적부터 이곳

우란하오터 인근의 고성둔(古城屯) 고구려 성터

은 한(韓)민족의 집단 거주지였다. 그것은 이 부근에 밀집해 있는 고구려 마을이나 성곽 등의 유적이 잘 말해주고 있다.

마을에서 서북쪽과 서남쪽으로 반경이 10km도 채 안 되는 구역 내에 고성둔성(古城屯城)과 공주령성(公主嶺城)이 있고, 바로 동쪽에 있는 평안진(平安鎭)과 백성(白城) 지역에서도 고구려 마을과 성곽 유적이 발견되었다. 성터에서는 관인(官印)이나 기와·촛대·돌절구 같은 고구려 시대의 유물이 다수 출토되었다. 크고 단단한 돌로 기초를 닦고 그 위에 돌들을 정연하게 쌓아 올리는 고구려 특유의 석루(石壘)식 축성법과 치성(雉城, 성가퀴, 성 위에 낮게 쌓은 담)이 고스란히 드러난다. 지금까지 광활한 고구려 고토에서 찾아낸 주요 성터만도 무려 170여 곳을 헤아리는데, 이곳 홍산문화 영역과 다싱안링 일원에만 10여 곳에 달한다. 그래서 고구려를 가리켜 '성곽의 나라'라고 하는 것이다. 이렇게 많은 성곽을 확보하고 있었다는 것은 고구려가 이곳을 차지하고 있었다는 방증이다. 북위 47도의 준(準) 한랭지대인 이곳에 벼농사가 한창이다. 원래는 조선족만이 짓던 벼농사를 지금은 한족이나 몽골족들도 제법 잘 짓고 있다. 고온다습한 남방 작물인 벼의 자연 순화력을 키워 발해시대에는 북위 53도의 상경(上京)에서까지 벼농사를 지었다. 이는 세계 농업사에 대한 한민족의 불후

의 기여다. 그 문화 유전자가 오늘 이곳에서까지 전승되고 있는 것이다.

우르겐치 Urgench

중앙아시아 우즈베키스탄공화국의 도시. 고도 히바로부터 서남쪽으로 40km 떨어진 지점의 아무다리야강 하류에 위치하고 있다. 호라즘 지방의 공업과 문화의 중심지로, 중앙아시아로부터 모스크바와 우랄 방면으로 수송되는 천연가스관이 관통하고 있다. 우르겐치의 기원은 18세기 아무다리야강 하류의 쿠냐 우르겐치(고古 우르겐치란 뜻)로부터 주민들이 이곳으로 이주한 때로 거슬러올라간다. 쿠냐 우르겐치는 우르겐치강 하류에 자리한 중세 호라즘의 수도였는데, 지금도 그 유적이 남아 있다. 12~14세기에 지은 몇 개 건물은 지금까지도 양호하게 보존되어 있다. 아랍의 지리학자 야쿠트 이븐 압둘라는 1219년에 이 도시를 방문하고 나서 "이 도시보다 더 크고 풍족하며 아름다운 도시를 일찍이 본 일이 없다"고 기술하였다. 그로부터 2년 후에 몽골의 서정군(西征軍)에 의해 파괴되었다. 14세기 말미에 폐허에서 다시 일어섰으나 17세기 아무다리야강의 지류인 쿠냐 다리야강이 말라버리면서 주민들은 현재의 우르겐치로 모여들었다. 그러나 쿠냐 우르겐치는 오늘날까지도 면화밭에 에워싸여 있는 농촌으로 남아 있다. 주요한 고건물로는 12세기에 건립한 테케시 묘당, 13세기의 파리아르 발리 묘당, 중앙아시아에서 가장 높은 60m 높이의 첨탑(尖塔), 14세기의 투라베크 하눔 묘당 등이 있다. 신(新)우르겐치는 공업도시로 성장해 타슈켄트와 철도·도로·정기항로로 연결되어 있다.

우르(Ur) 도시 유적

교류의 유물적 전거로서의 오아시스로 상의 도

시 유적. 이라크 남부, 유프라테스강 하류 우안에 위치한 나시리야의 서남방 약 30km 지점에 있는 바빌로니아 왕국의 고도다. 이 고도에서 출토된 유물을 일괄하여 텔 알무까이야르(Tall al-Muqayyar)라고 칭한다. 우르 제1왕조는 기원전 2500년경에 수메르의 도시들을 장악하고 초기 도시문명을 건설하였다. 우르 시대 왕들의 묘에서는 화려한 부장품과 다수의 순장자(殉葬者)들이 반출되어 당시 왕과 귀족들의 호화로운 생활상을 엿볼 수 있다. 우르는 한때 아카드인들과 구티인들에게 정복된 적이 있으나 재기해 제3왕조 때에는 바빌로니아를 통일하고 우르에 정도(定都)하여 이곳에 지구라트·신전·궁전들을 지었으며, 신바빌로니아(기원전 625~538) 치하에서도 도시 건설이 지속되었다. 우르는 고대 도시문명의 대표적인 고도 유적이라 할 수 있다.

우루무치 烏魯木齊

오아시스로(톈산 북도)와 초원로가 교차하는 지역. 톈산 산맥 북쪽 기슭의 해발 700~900m의 초원지대에 위치하고 있다. 당대에는 윤태현(輪台縣) 현성이었으나, 18세기까지는 유목민들의 목장이었다. 중국 청(淸)조는 신장을 정복한 1755년부터 이곳에 둔전(屯田)을 설치하였으며, 1763년에는 이곳을 적화(迪化, 순화順化의 뜻)라고 명명하였다. 우루무치강 서안에 만성(滿城)을

톈산 산맥 중턱 해발 1980m에 자리한 고산호수 '천지(天池)'

짓고 팔기병(八旗兵) 부대를 주둔시켰으며, 동안에는 한성(漢城)을 지었다. 이 한성에는 우루무치 제독(提督)을 비롯해 군대와 내지에서 온 한족들이 거주하였다. 한족의 숫자가 증가하자 이곳에 행정구역으로서 적화현을 설치하였다. 1884년 신장성이 성립되면서 적화란 이름으로 성도(省都)가 되었으며, 만성과 한성 두 성을 합치는 대대적인 공사가 벌어졌다. 그리하여 이리(伊犁)를 제치고 신장의 정치 중심 도시로 부상하였다. 1955년 신장위구르자치구가 출범하면서 우루무치란 이름이 복원되었다.

우루크(Uruk) 도시 유적

오아시스로 상의 도시 유적. 이라크의 남부, 유프라테스강 하류 우안에 자리한 나시리야의 서북방 약 65km 지점에 있는 수메르의 고도다. 우루크의 남방 약 60km 지점에는 우르(Ur)가, 동방 약 60km 떨어진 곳에는 라가시(Lagash)가 있어, 이 3개 도시가 고대 도시군을 형성해 도시문명의 전형을 창조하였다. 우루크의 현재 명칭은 '와르카'(Warka)이고, 『구약성서』에는 '에레크'(Erech)로 나온다. 유적의 중앙에 있는 지구라트는 우르 제3왕조의 우르 남무왕이 건설한 것이다. 유적 출토품 중에는 미술적 가치가 높은 유물들이 많이 있다.

우스 烏什, Wushen

톈산 산맥 중부의 요지. 기원전 2세기 기록에는 '온숙(溫宿)'이란 이름의 오아시스로 나오며, 11세기에는 투르크계 카라한(Karakhan) 왕조 영역의 동단에 위치한 톈산 산맥 중부의 요지로 등장한다. 17세기 말 중가르 지배 시대에 식량 확보를 위해 동투루판에서 농민들을 이곳으로 이주시켰는데, 이 농민들은 이곳을 자신들의 고향 마을의 이름을 따서 '우스'라고 불렀다. 그 이후부

터는 '우스 투루판'이란 이름이 사료에 나타난다. 18세기 중반 이 지역에서는 중가르를 멸하고 이곳에 진출한 중국 청군에 항거하는 투쟁이 벌어졌다. 대표적인 것이 수천 명의 주민이 학살된 1765년의 '우스의 난'이다.

우에마 카드피세스 Wema Kadphises, 閻膏珍

쿠샨조의 제2대 왕. 99년에 서북 인도를 정복하고 쿠샨조의 건국 기반을 닦았다. 대외활동도 적극적으로 펼쳤는데, 사신을 멀리 로마에까지 파견하였다. 후한의 서역 경략을 신장 현장에서 직접 수행하던 서역도호(西域都護) 반초(班超)와도 교섭이 있었다고 전한다. 한적(漢籍)에는 우에마 카드피세스를 '염호진(閻膏珍)'이라고 지칭하고 있다. 쿠샨조의 최성기를 구가한 제3대 카니슈카(Kanishka)왕의 부친이다.

욱스말 도시 유적 Uxmal, 750년~10세기

멕시코 고전기 후기의 대도시 유적. 멕시코 유카탄주(州) 북서부에 위치한 고전기후기(古典期後期)~종말기(終末期)의 대도시 유적으로, 유네스코 세계문화유산으로 등재되어 있다. 750년경에 발전하기 시작한 이 유적의 면적은 $10km^2$ 이상이나 되며, 도시 중심부는 방어 석벽으로 둘러싸여 있다. 벽에는 기하학적 문양뿐만 아니라 비의 신이나 인물상, 남근(男根)이나 가옥 같은 사실적인 도상들이 그려져 있다. 비구니 승원(僧院)과 그 남쪽에 대구기장(大球技場)이 있는데, 그 외벽에는 깃털이 달린 뱀이 돌로 새겨져 있다. 길이 99m, 폭 22m, 높이 9m의 총독 관저는 메소아메리카에서 가장 큰 궁전 건물의 하나다. 높이 35m의 '마술사의 피라미드'와 마야 문자가 새겨진 석비, 길이 18km의 삭베(포장 둑길)도 있다. 멕시코 정부의 1990년대 발굴조사에 의하면, 치첸이트사의 천문관측소와 비슷한 지름 18m의 원형구조물이 확인되었다.

운주 雲州

현재의 중국 산시성(山西省) 다퉁(大同) 부근 일대에 대한 당(唐)대의 지칭. 한(漢)대에는 이곳에 평성현(平城縣)을 설치하고 동부도위(東部都尉)가 주둔하여 흉노의 침입에 대비하였다. 후한 때는 선비(鮮卑)의 지배하에 들어갔다가 398년에 탁발계(拓跋系) 북위(北魏)의 도무제(道武帝)가 이곳을 수도로 잡고 평성(平城)이라 불렀다. 그후 효문제(孝文帝)가 뤄양(洛陽)에 천도할 때까지 약 100년간 북위의 도읍으로 있었다. 운주의 서교(西郊)에 북위시대에 지은 유명한 윈강(雲崗)석굴이 있다. 당대에는 이곳에 북항주(北杭州)를 두었다가 후에 폐하고 운주(雲州)를 설치하였다. 후에 운중부(雲中部)로 칭하였다가 요(遼)대에는 대동부(大同府)로 개칭하였다. 이곳은 당대와 명(明)대에는 북방 유목민들과의 접촉지로, 그 이남의 대주(代州, 현 산시성 판즈현 繁峙縣)와 함께 북방을 방비하는 요지였다.

울란바토르 Ulaanbaatar

몽골인민공화국의 수도. 전체 인구의 약 3분의 1이 집중되어 있는 초원 도시다. 울란바토르는 몽골어로 '붉은 영웅'이란 뜻이다. 이 명칭은 몽골 인민혁명 후인 1924년에 정한 것이다. 그 이전에는 여러 차례의 개명이 있었다. 17세기 중엽부터 18세기 초엽에는 '오르고'(몽골어로 '궁전宮殿'이란 뜻), 1706~1778년에는 '예케 홀레'(대승원大僧院이란 뜻), 1778~1911년 기간에는 '예케 홀레 호타'('대승원으로 둘러싸인'이란 뜻), 1911~1921년 기간의 몽골자치정부 시대에는 '니슬레르홀레'('니슬레르'는 수부首府란 뜻)라고 불렀다. 러시아와 유럽에서 울란바토르를 부르는 이름인 '우르가'(Urga)는 오르고에서, 중국어의 경우 '쿠룬'(고륜庫倫)은 훌레에서 유래하였다. 수도로서의 울란바토르는 17세기에 젭춘 담바 호탁트(보그드 칸)가 거성(居城)을 시레트 자간 노르에 정한 것에서 그 기원을 찾을 수 있다. '젭춘 담바 호탁트'란 티베트의 제5대 달라이 라마가 16~17세기 초엽까지 외몽골에 유포된 홍교(紅敎)에 대응해 황교(黃敎)를 전파하기 위해, 당시 라싸에서 수학 중이던 할하 몽골의 투세트 칸의 아들 곰보 도루지에게 수여한 이름이다. 이 젭춘 담바는 라마교 세계에서 달라이 라마와 판첸 라마 다음가는 세번째 고위직이다. 17세기 말에 이르러서는 젭춘 담바의 세력이 할하 몽골의 모든 칸 세력을 완전히 능가하게 되었고, 제4대 젭춘 담바가 등극한 1741년 이후에 쿠룬(울란바토르 우르가)은 그의 상주지가 되어 몽골 최대의 라마교 중심지로 거듭났다.

또한 17세기 말부터 쿠룬은 러시아의 무역 대상지로서 발달하였다. 러시아 탐험가 프르제발리스키(Przhevalisky)의 저서에 따르면, 당시 이 도시에 4~5만 명의 러시아 상인이 있었는데, 그들은 러시아 상품을 소매(小賣)한다든가 장자커우(張家口)로부터 차(茶)를 운송한다고 하였다. 특히 그들은 베이징—모스크바의 차 운송 간선에서 중요한 역할을 하였다. 러시아 상인 외에 한인(漢人, 중국인) 상인들도 가끔 쿠룬에 드나들었다. 그러나 사묘(寺廟)의 근처에는 상점의 개설이 허락되지 않았기 때문에, 한인들은 사묘가 있는 예케 훌레(몽골인 지구)에서 약 4~5km 떨어진 곳에 '매매성(賣買城)'이란 큰 시가를 건설하였다. 무역의 중심지로서 발달하기도 했지만, 중국 청(淸)조는 1757년부터 이곳에 변사대신(弁事大臣, 아므반)을 파견하여 주재시켰는데, 그후부터 쿠룬은 할하 몽골 동반부의 재판 행정의 중심지가 되었으며, 1786년에는 할하 몽골 동부의 투세트 칸부와 세첸 칸부의 관리권을 장악하게 되었다. 몽골의 독립운동과 인민혁명운동의 과정에서 울란바토르는 중요한 활동무대였다. 1911년 중국 신해혁명(辛亥革命) 후 변사대신 삼다(三多)가 추방되고, 동년 12월에 외몽골의 독립이 선포되었으며, 제8대 보그드 칸이 황제에 등극하였다. 그러나 이때의 독립은 후일의 러·중조약과 캬흐타 조약에 의해 취소되고 몽골

몽골제국의 마지막 왕 보그드 칸의 겨울궁전을 개조한 '보그드 칸 궁전박물관'(목조건물)의 외경

은 중국 종주권하의 자치구로 전락하였다. 1917년 러시아혁명이 일어나자 러시아 세력은 몽골에서 철수하고 중화민국의 위안스카이(袁世凱) 정권은 몽골의 자치권마저 박탈하였다. 이즈음 쿠룬에는 몽골의 독립을 목적으로 하는 2개의 비밀단체가 활동하고 있었다. 하나는 수흐바토르를 중심으로 한 쿠룬 그룹이고, 다른 하나는 초이발산을 중심으로 한 러시아 영사관 그룹이었다. 당시 시베리아에서 적군(赤軍)에 쫓긴 백파군(白派軍)의 왕자인 운게른이 지휘하는 군대가 쿠룬에 침입하여 중국군을 축출하였다.

　이로써 몽골은 다시 독립을 되찾고 보그드 칸을 황제로 추대하였다. 이러한 일련의 조치는 몽골 유목민의 환심을 샀다. 이때 수흐바토르와 초이발산은 서로 연합하여 1920년에 몽골인민당(후일의 인민혁명당)을 결성하고 소비에트의 원조를 요청하였다. 1921년 몽골인민군은 캬흐타까지 온 중국군을 추방하고, 거기에 임시 혁명정부를 수립하였으며, 몽골 각지에 널려 있는 백파군에 대한 반격을 시작하였다. 몽골인들은 소련 적군의 지원하에 쿠룬에 진격하였으며, 도중 각지에서 백파군을 격파하고 드디어 입성하였다. 그리고 그해 7월에 운게른 정부를 타도하고, 즉시 쿠룬에서 보그드 칸을 군주로 한 입헌군주제의 인민정부를 수립하였다. 이 입헌군주제는 1924년 보그드 칸이 사망하자 공화제로 바뀌었다. 쿠룬이 울란바토르로 개명된 것은 바로 이 시기다. 울란바토르는 인민혁명 이후 급속히 발전하였다. 1920년대 후반에는 각종 건설이 시작되고, 1943년에는 국립 초이발산 대학이 창설되었다. 그뒤 건설은 순조롭게 진행되어 사묘밖에 없던 고루한 도시가 현대 도시로 그 면모를 일신하였다.

울란우데 Ulan-Ude

시베리아횡단열차와 베이징에서 몽골을 거쳐 모스크바로 가는 열차가 만나는 접합지에 부랴트(Buryat) 공화국의 수도 울란우데가 자리하고 있다. 서쪽으로 바이칼 호수를 끼고 있는 이 도시의 이름은 '붉다'는 뜻의 '울란'과 '우다'라는 강 이름에서 따온 합성어다. 이 땅의 주인공 부랴트는 칭기즈칸 시대에 몽골제국의 일원으로 편입된 이래 러시아가 시베리아에 진출할 때까지 줄곧 몽골과 운명을 같이하였다. 그러다가 1727년 러시아와 중국 청나라 사이에 맺은 캬흐타 조약에 의해 러시아령이 되었으며, 러시아 혁명 후에는 이곳에 자치 공화국이 세워졌다.

　울란우데는 한민족과 혈연적 및 역사·문화적으로 친연성을 갖는 부랴트인들의 고향이다. 미국 에모리(Emory) 대학 연구소의 세계 종족별 DNA 분석 자료에 의하면, 바이칼 주변의 부랴트인·야쿠트인, 아메리카 인디언, 그리고 한국인의 DNA가 거의 같다고 한다. 평평한 얼굴, 툭 튀어나온 광대뼈, 얇은 입술, 낮은 코, 두꺼운 눈꺼풀, 실처럼 가는 눈, 작달막한 체구, 두꺼운 피하지방층 등이 일치한다는 것이다. 원래 부랴트인들은 바이칼 호수 분지와 안가라(Angara) 강 유역, 동(東) 사얀(East Sayan) 산맥에서 유목생활을 해온 고대 아시아인의 몽골계 인종이다. 신화에 따르면 '부르데 치노', 즉 '푸른 늑대'라는 이름을 가진 남자가 그들의 조상이라고 한다.

부랴트인들의 강강술래도(부랴트박물관 소장)

'부랴트'는 바로 '늑대'라는 뜻의 '부르데'에서 유래한 것이다. 울란우데를 포함해 바이칼 부근에 산재하는 전체 부랴트인들의 어제와 오늘을 전해주는 바이칼 부근의 부랴트 박물관에는 샤먼 의식에 필요한 도구들, 장옷과 마고자, 세형동검과 비파형동검, 씨름과 강강술래 같은 한민족의 문화와 너무 유사한 유물들이 전시되어 있어 특히 눈길을 끈다. 샤머니즘은 부랴트인들을 포함해 시베리아인들의 정신적 근간이 되는 원시종교로, 인간과 주변의 자연환경이나 현상에 대한 관계를 중시하는 친환경적 정신세계이자 사상이라고 말할 수 있다.

원대(元代)의 대서방 교역

원조(元朝)는 중상주의(重商主義) 정책을 추구하여 대외무역을 적극 권장하였다. 원조는 2만 병력을 동원해 자바 원정을 단행함으로써 해외 경략을 시도하였다. 이것은 중국 역사상 미증유의 일로서, 원조의 대동남아시아 통교와 교역에 활로를 열어놓았다. 이를 계기로 동남아시아로 이주하는 사람들이 많이 생겼다. 원조는 3차(1279, 1280, 1281)에 걸쳐 양정벽(楊庭璧)을 인도 서남단에 위치한 구란(俱蘭, 쿠로인, 현 코친)과 마팔아(馬八兒, Maabar)에 파견해 국력을 과시하는 한편, 통교를 모색하였다. 그 결과 인도양 상의 20여 개국이 원조에 견사조공하고 무역관계를 맺었다. 원대는 전대의 시박사(市舶司) 제도를 계승·발전시켜 대외무역 번영에 만전을 기하였다. 1277년 취안저우(泉州)를 시발로 칭위안(慶元, 명주明州)·상하이(上海)·간푸(澉浦)·광둥(廣東)·항저우(杭州)·원저우(溫州)·레이저우(雷州) 등 8개소에 시박사를 설치·운영하였다. 그중 취안저우는 당시 중국뿐만 아니라 세계에서도 가장 큰 무역항의 하나로서 40여 개 국가(지역)와 무역거래를 하였다. 원조는 1293년에 22조로 된

'시박조례(市舶條例)'를 반포하여 시박사 제도를 재정비하고, 시박사를 통한 대외무역을 적극 장려하였다. 이 조례에 준하여 박상(舶商, 용선용船 상인)이나 초수(梢水, 선원)들에게는 잡역을 면제하는 등 혜택을 주었다. 그리하여 박상이나 초수들의 수가 급증하였는데, 원말 7만여 명의 상하이 인구 중에서 이러한 사람들이 5,600여 명(8%)이나 되었다고 한다.

한편 원조는 외제품의 유치를 위해 수입품에 대한 관세율을 비교적 낮게 책정하였다. 처음에는 세율로 세화(細貨, 귀중품)는 10분의 1을, 조화(粗貨, 일반품)는 15분의 1을 징수하다가 후에 조화에 대해서는 일괄적으로 30분의 1을 징수하도록 하였다. 그리고 원조는 전대인 송조가 실시하던 관권 전매제도인 박매(博買) 제도를 폐지하고, 개인의 무역 독점을 제재하였으며 관영(官營) 무역을 크게 장려하였다. 그 결과 대외무역이 점차 중앙집권화되어갔다. 이것은 후일 명·청의 대외무역 정책에 큰 영향을 미쳤다.

원대의 주요 수출품은 전통적인 도자기와 비단 외에 차와 칠기(漆器) 등 특산물이 추가되었다. 1236년경 취안저우(泉州, 자이툰Zaitūnah)를 여행한 아랍 대여행가 이븐 바투타(Ibn Battūtah)의 현지 견문에 의하면, 그곳에는 페르시아와 아랍 상인들이 많이 와 있으며, 페르시아산 카펫과 병기(兵器)·동기(銅器) 등이 이곳을 통해 중국 경내로 운반되고, 또한 취안저우의 도자기는 인도와 오만 등지로 수출된다고 하였다. 원대 도자기의 수출 대상지는 송대에 비해 훨씬 많았다. 『도이지략(島夷志略)』에 의하면 원대의 도자기 수출국이나 지역은 44개소에 달하였다. 원대의 수입품중 가장 큰 것은 역시 향약(香藥)이었다. 1277년에 시박사가 설치된 칭위안 한 곳으로 들어오는 소목(蘇木)·정향(丁香)·길패(吉貝, 목면) 등 향료와 진귀품 위주의 수입품만 220여 종이

나 되었다. 송대에 비하면 60여 종이 늘어난 셈이다.

『원방여행자(遠方旅行者)』 *Widsith*, 저자 미상, 4~5세기

영국 최고(最古)의 시가(詩歌)이자 최초로 동방 소재를 취급한 영국 문학작품. 고대에 인도 문학을 위주로 한 동방 문학이 유럽에 전해졌고, 이와 더불어 영국을 비롯한 서방 여러 나라 문학에도 동방을 소재로 한 작품이 등장하면서 동방에 대한 서구인들의 인식이 싹트기 시작하였다. 그 대표적인 작품이 4~5세기경에 한 유랑시인이 쓴 영국에서 가장 오래된 시가라고 하는 『원방여행자』(*Widsith*)다. 당시 유랑시인들은 손에 악기를 들고 각지를 순유하면서 영웅담이나 기담을 악기 반주에 맞추어 노래하고 읊기도 하였다. 이 시가는 내용으로 보아 저자가 유럽 여러 나라의 왕족들을 찾아다니며 읊은 것으로 생각된다. 시가의 내용을 살펴보면 비스툴라(Vistula)강 연안의 산림 부근에서 고스족(Goths, 고트족)이 내침한 동방의 훈족(Huns, 흉노)에 저항하여 고전(苦戰)한다는 대목이 나온다. 이것은 흉노(匈奴)의 서천(西遷)이라는 역사적 사실과 부합하는 내용이다. 시가는 동양인을 대단히 흉포하고 호전적인 인종으로 묘사하고 있다. 훈족은 영국 문학작품의 소재로 등장한 최초의 동방인이다.

『원서기기도설록최(遠西奇器圖說錄最)』 3권, J. T. Schreck 구술, 王徵 필록, 1627년

교류의 문헌적 전거로서의 학문연구서(기계). 독일의 천주교 예수회 선교사로서 1619년에 중국에 들어온 저자 테렌츠 슈렉(J. Terrenz Schreck, 등옥함鄧玉函, 1576~1630)은 중국 주재 선교사들 중 가장 다재다능한 사람이었다. 1627년에 그가 구술하고 중국인 천주교 신자 왕징(王徵, 1571~1644)이 써서 편역한 책이 『원서기기도설록최』다. 이 책은 중국 주재 선교사 트리고(Trigault, 김니각金尼閣, 1577~1628)가 로마 교황청에 특사로 파견되었다가 1619년 다시 중국에 돌아올 때 가져온 7천 권의 서적 중에서 제일 먼저 한역된 역서이면서, 근세 서방 물리학과 기계학을 개술한 첫 기계공학서. 3권으로 된 이 책의 제1권은 역학(力學), 제2권은 기계학의 기본원리를 다루고, 제3권에는 54종의 각종 기계도안이 소개되어 있다. 그리고 기계에 한해서는 제작에 필요한 참고서와 도구, 부속품의 명칭까지 일일이 열거하고 있다. 이 편역서의 원전은 트리고가 가져온 7천 권의 서적 중에 들어 있는 다음과 같은 4종의 책이다. ① 비트루비우스(Vitruvius)의 『건축학』(*De Architectura*), ② 시만데(Simande Bruges)의 『수학기록(數學記錄)』(*Hypomnemata*, *Mathematica*), ③ 아그리콜라(Georgius Agricola)의 『데 레 메탈리카』(*De Re Metallica*), ④ 라멜리(Agostino Ramelli)의 『각종 공예기계를 논함』(*Le Diverse et Artificiose Machine*)이다.

원측 圓測, 613~696년

중국 법상종(法相宗) 비조의 한 사람. 원측은 신라 왕손으로서 15세 때 중국 당나라 수도 장안에 들어가 법상(法常)과 승변(僧弁) 등 고승들에게 수학한 다음 천축(天竺, 인도)에서 돌아온 현장삼장(玄奘三藏)의 문하생으로 역경(譯經)과 학문에 정진해 그의 수제자가 되었다. 스승과 함께 우주만물의 본질을 인식하는 유식학(唯識學)을 깊이 터득해 중국 불교의 핵심인 법상종을 일으켰다. 원측법사는 산스크리트어 등 외국어에 비상한 재간이 있어 경전 번역에 큰 업적을 쌓았다. 삼장의 다른 제자인 규기(窺基)가 '현장의 지식을 가로챘다'는 등의 시기와 모략을 폈지만,

원측을 기리는 측사탑(시안 흥교사)

원측은 『유식론소(唯識論疏)』와 『해심밀경소(解深密經疏)』 같은 명저들을 남긴 대학승(大學僧)으로 오늘날까지도 세계적인 명성을 이어가고 있다. 생불(生佛)로까지 추앙받은 법사는 당태종의 명에 따라 장안의 서명사(西明寺)에 주석하다가 84세에 입적하였다. 그의 유해는 향산사(香山寺)에서 다비(茶毘)되어 백탑(白塔)에 봉안되었다가 송나라 때인 1115년에 다시 분골해 장안에서 동남쪽 24km 떨어진 지점에 있는 흥교사(興敎寺) 현장탑 옆 '측사탑(測師塔)'에 모셔졌다. 흥교사 홍보책자에는 법사가 어릴 적부터 총명해 경문은 한번 듣고 읽기만 해도 내용을 통달했으며, 현장 삼장을 도와 많은 경전을 번역함으로써 법상종 비조의 한 사람이 되어 불교의 동방 전파에 크게 기여했다는 찬사가 적혀 있다.

원표 元表

도축 구법승.『송고승전(宋高僧傳)』에 의하면, 삼한인(三韓人, 신라인) 원표는 당 천보(天寶) 연간(742~755)에 당나라에 들어가 불법을 공부하였다. 그러다가 천축(天竺, 인도)에 가 불교성지를 두루 순례하고 불교 경전과 율법을 연찬(硏鑽)한 다음 당에 돌아왔다. 돌아올 때 화엄경(華嚴經) 80권을 가지고 와 한적한 지제산(支提山) 석실에서 수행을 계속하였다. 그 뒤 무종(武宗)이 일으킨 회창법란(會昌法難) 때 원표는 가지고 온 경전을 목제함에 넣어 몰래 깊숙이 감추었다. 그 이후의 행적은 전해지지 않고 있다. 이 감춰진 경전은 당대 선종(宣宗) 대중(大中) 원년(846)에

보복혜평 선사(保福慧評禪師)가 찾아내어 감로도위원(甘露都尉院)에 보존했는데, 필적이 생생하였다고 한다.

월남 越南 → '안남'항 참고

월전 月顚

동전 서역 놀이. 월전(月顚)은 한국의 사적『삼국사기(三國史記)』권32 「악지(樂志)」에 실린 최치원(崔致遠)의 『향악잡영오수(鄕樂雜詠五首)』 중 한 가지로 소개된 서역 전래 잡기(雜伎)로, 월전은 서역의 우기(于闐, 현 중국 신장新疆 허톈和田) 지방으로부터 동전한 탈춤 가면무(假面舞)다. 가면무 중 관중을 웃기는 골계극(滑稽劇), 즉 일종의 경희극(輕喜劇)인데, 그 형상은 높은 어깨와 움츠린 목에 머리털이 일어선 선비들이 팔을 걷어붙인 채 술잔을 들고 서로 다투면서 흥얼거리는 우스꽝스러운 모습이다. 또 월전은 선비들이 주석(酒席)에서 서로 번갈아 실수하는 것을 내용으로 한 웃음거리 놀이로 보인다. 아무튼 해학적(諧謔的)인 풍자 놀이임에는 틀림이 없으며, 당(唐)을 거쳐 신라에 전입된 서역 계통의 가면취희극(假面醉喜劇)의 일종이다.

월지(月氏)의 서천(西遷)

월지의 종족적 기원에 관해서는 투르크족설, 이란계 사카족설, 장족(藏族)설, 인도·유럽계 인종설, 동이족(東夷族)설 등 여러 설이 있다. 그중 투르크족 설과 사카족 설이 가장 유력한 설로 인정되고 있다. 기원전 3세기 초에 몽골고원에서 흥기한 월지는 몽골고원 대부분과 중가리아 분지, 동부 톈산 산맥 북록(北麓), 타림 분지 나라들, 강족(羌族)이 거주하는 황허(黃河) 상류 지방 등을 포함한 광활한 지역에 세력을 뻗은 강대한 유목민족 국가였다. 한때는 서쪽으로 흉노를 압

박해 그들로 하여금 질자(質子, 볼모)를 보내도록 하였는데, 그 질자가 도망쳐 귀국해 바로 묵특(모돈冒頓) 선우가 되었다. 묵특은 선우가 되자 동쪽으로 동호(東胡)를 멸하고 나서 서쪽으로 월지를 공격하였다. 이 흉노의 제1차 타격으로 월지는 몽골고원을 버리고 중국 간쑤성(甘肅省)의 서부로 이동해 오아시스로의 요지인 둔황(敦煌)과 간쑤 사이에 본거지를 두고 기타 인근 지방을 지배하고 있었다. 그러다가 기원전 176년(177년?) 묵특 선우의 제2차 정벌로 인해 월지인들은 간쑤성 서부와 황허 상류 지역으로부터 쫓겨나 본거지를 톈산 산맥 북방과 이리강 유역으로 옮겼다. 이렇게 서쪽으로 옮겨온 월지를 대월지(大月氏)라고 하였으며, 이동하지 않고 난산(南山)과 황허 일대에 잔류한 월지를 소월지(小月氏)라고 하였다. 그뒤 묵특 선우가 사망(기원전 174)하자 그의 아들 노상(老上) 선우(재위 기원전 174~기원전 161)가 월지(大月氏)에 대한 제3차 정벌을 단행해 월지 왕을 살해하고 그의 두개골로 술잔을 만들었다는 일화가 전해지고 있다.

그러나 월지는 여전히 톈산 산맥 북방에 본거지를 두고 있었다. 그즈음 한무제(漢武帝)는 월지와 결맹하여 흉노를 동서에서 협공할 목적으로 기원전 139년에 장건(張騫)을 월지에 파견하였다. 그는 도중 흉노에 체포되어 10년간 구류되었다가 가까스로 도망쳐 대원(大宛, 페르가나)과 강거(康居, 시르다리야강 하류)를 거쳐 기원전 129년에 월지에 당도하였다. 이때 월지는 이미 아무다리야강 이남에 있는 대하(大夏, 박트리아)를 지배하에 두고, 유목민에서 농경정착민으로 변신해 태평성세를 누리면서 흉노에 대한 적의를 털어버린 지 오래였다. 그리하여 장건은 사행(使行) 목적을 달성하지 못하고 귀향하였다. 그러다가 기원전 161~160년 톈산 산맥 북

록으로 이주한 흉노의 복속국 오손(烏孫)이 흉노와 연합해 동쪽의 월지를 압박하였다. 이에 월지는 서투르키스탄의 아프가니스탄 북부 지대로 이동하여 아무다리야강 북안에 있는 철문(鐵門, Termid)에 정도하였다. 기원전 90년경에 월지는 힌두쿠시 산맥이 있는 근교 지방의 교통요지에 휴밀(休密)·쌍미(雙靡)·귀상(貴霜)·힐돈(肸頓)·도밀(都密)의 5흡후(翕侯, 즉 총독부)를 설치하고, 소그디아나·박트리아·파미르 고원 일부 지역을 통치하였다. 기원전 1세기 중엽에 귀상이 기타 흡후를 병합해 대월지를 통일함으로써, 월지는 멸망하고 귀상(쿠샨, Kushan) 왕국(40~240년경)이 등장하였다. 이와 같이 월지는 몽골고원으로부터 중앙아시아 아무다리야강 유역까지 거족적인 이동을 단행하였다. 이 과정에서 월지는 사회경제적 신분이 기마유목민에서 농경정착민으로 변하고, 유목문화를 농경문화에 접목시킴으로써 문명교류에 이바지하였다. 뿐만 아니라 비단을 비롯한 중국 문물과 알타이 지방의 철기문화를 중앙아시아 일원에 전파하였다.

웨델(John Weddell) 선단의 중국 침범 1637년 8월

영국과 중국 간의 첫 무력충돌. 영국은 15세기 말경부터 중국으로 통하는 길을 탐색하면서 중국과의 통상을 시도하였다. 여왕 엘리자베스 1세(Elizabeth I, 재위 1558~1603) 치세 때 중국 명제(明帝)에게 보내는 서한을 휴대한 사절을 몇 차례 파견하였으나, 번번이 도중에 조난을 당하는 등 사고로 무산되고 말았다. 제임스 1세(James I, 재위 1603~1625) 때도 사정은 마찬가지였다. 그러다가 1600년에 '동인도회사'를 발족시킨 영국은 이 회사를 통해 동방에 먼저 진출한 포르투갈과의 제휴와 갈등 속에서 중국에 대

한 개방과 통상 압력을 일층 강화하였다. 그 결과 1637년 8월 웨델(John Weddell)이 이끄는 영국 선단(4척의 무장 상선)이 광저우(廣州) 후먼(虎門)에 침입함으로써 명군과 무력 충돌하는 사건까지 발생하였다. 그렇지만 명·청조의 일관된 해금쇄국(海禁鎖國) 정책으로 인해 영국의 중국 진출은 쉽게 실현될 수 없었다.

위절(韋節)의 중앙아시아 및 인도 사행 605년

중국 수(隋)대의 서행 사신. 『수서(隋書)』「서역전」과 『통전(通典)』(권193)의 단편적인 기록에 의하면 대업(大業) 1년(605)경에 수양제(隋煬帝)는 시어사(侍御史) 위절(韋節)을 중앙아시아와 인도에 파견하였다. 위절은 사예종사(司隸從事) 두행만(杜行滿)을 대동하고 출사하였는데, 그의 사명은 대돌궐(對突厥) 정책을 포함한 수양제의 서역경략 구상을 위한 사전조사인 것으로 추측된다. 위절의 사행로는 미상이나, 대체로 현장(玄奘)의 도축구법 왕복로를 따른 것으로 보인다. 그는 인도와 중앙아시아의 읍달(挹怛, 토카리스탄), 강국(康國), 안국(安國), 사국(史國, 겟슈) 등 여러 나라를 역방하였다. 『수서(隋書)』「북적전(北狄傳)」에는 대업 6년에 위절이 서돌궐에 파견되었다는 기사가 있는데, 이것이 그의 중앙아시아 및 인도 사행과 같은 사행인지, 아니면 별도의 사행인지는 분명치 않다.

위절은 귀국 후 『서번기(西蕃記)』라는 여행기를 저술하였으나 소실되었으며, 다만 『수서』나 『통전』에 부분적으로 『서번기』의 기록이 인용되어 있다. 그 기록에 의하면 위절은 여러가지 서역 문물을 가져왔다. 그중에는 계빈(罽賓, 당시는 간다라)의 마노배(瑪瑙杯)와 왕사성(王舍城)의 불전(佛典), 안국과 사국의 오색염(五色染, 약재인 화학염)과 무녀(舞女)·사자피(獅子皮)·화서모(火鼠毛 화완포火浣布의 원료) 등이 있다. 강국에 관해서는 상업의 번영상이나 풍속 같은 것을 상술하고 있다. 수가 단명으로 끝났기 때문에 위절의 출사가 가져온 결과는 별로 알려져 있지 않지만, 후조인 당(唐)의 서역경략에 있어서 정지적(整地的) 역할을 하였다. 특히 그가 가져온 서역 문물은 후일 장안의 호풍(胡風) 문화 형성과 동서 문물교류에 일정한 기여를 했다고 볼 수 있다.

원강(운강) 석굴 雲崗石窟

중국 산시성(山西省) 다퉁시(大同市) 서쪽 20km 떨어진 지점에 있는 우저우산(武州山) 남쪽 기슭에 자리하고 있다. 굴들은 동서로 1km나 되는 단애(斷崖)에 길게 늘어서 있는데, 동쪽으로부터 순서대로 제45호굴까지 번호가 매겨져 있다. 소형 굴이나 벽감(壁龕)까지 합치면 굴은 총 1천여 개가 넘는다. 문헌기록에 의하면, 화평(和平) 원년(460)에 북위의 사문통(沙門統, 종교 장관)인 양주(涼州) 출신의 담요(曇曜)가 태조를 비롯한 다섯 황제를 기리기 위해 개굴(開掘)을 기획하고, 황제 문성제(文成帝)의 인가를 얻어 착공하였다고 한다. 당시 조영한 굴은 흔히 '담요오굴(曇曜五窟)'이라고 하는 지금의 제16굴에서 제20굴까지의 다섯 굴이다. 이 다섯 굴의 조영을 완성하는 데 5년이 걸렸고, 그후에도 개굴은 계속되었다. 439년에 북량(北凉)을 멸한 북위는 북량

원강(운강) 석굴의 대불

으로부터 많은 승려와 공장(工匠)들을 끌어다가 이 개굴 공사에 투입하였다. 북위 초기의 윈강 석굴의 조상(造像)은 둔황을 비롯한 허시(河西) 지역의 양식과 공통점이 많다. 그러나 뤄양(洛陽) 천도 이후에는 중국풍의 조상이 주류를 이룬다. (2-200~201)

유게시마(友ヶ島) 해저 유적

교류의 유물적 전거로서의 해로 유적(난파선). 일본 유게시마(섬) 북방 아가장(場)이라고 하는 해저에서 1961년부터 가끔씩 수에키(須惠器)·하지키(土師器)·청자(靑磁)·수호(水壺) 등 유물이 그물에 걸려 올라오곤 하였다. 그중 가장 많은 것은 중국 명(明)대의 청자완(靑磁碗)으로 대체로 대·소 2종인데, 표면에 국화(菊花)문이 새겨져 있는 것도 있고, 없는 것도 있다. '복수(福壽)'란 글자가 새겨진 꽃병과 기타 도자기 완(碗)이나 발(鉢) 같은 유물이 수심 80m의 해저에서 발견되었다. 그중 약 170점이 현재 와카야마시(和歌山市) 아와시마 신사(淡島神社)에 수장(收藏)되어 있다. 명대에 도자기를 적재한 일본 행 상선의 침몰 유물로 추정된다.

유럽의 청동기

유럽의 청동기시대는 제일 먼저 오리엔트에 가까운 그리스에서 기원전 3000년경에 시작된 후 대체로 기원전 2000년을 전후한 시기에 유럽 각지에서 선을 보였다. 일찍이 우랄을 비롯한 일부 지역에서의 자생설이 대두하였으나 유럽의 청동기문화는 다른 선사문화와 마찬가지로 화려한 수준까지 발달하지는 못하였다. 고고학적 연구가 많이 진척되어 시기 구분을 비롯해 청동기문화 전반에 관한 정형화(定型化)가 이루어졌으며, 그 과정에서 청동기시대의 사회문화상이 비교적 뚜렷이 밝혀졌다. 지금까지의 유물 발굴 결과를 보면 북부 유럽에서는 청동제 공작기구 제조가 발달하여 낫을 비롯한 여러가지 청동 농기구가 만들어졌고, 중부 유럽에서는 띠·팔찌·목걸이·안전핀 등 장신구와 더불어 고총식(高塚式) 분묘와 골호(骨壺) 분묘가 특징적인 문화현상으로 나타나고 있다.

유리

산화규소와 붕산·인산에 염기성(鹽基性) 산화물(산화나트륨·산화칼슘·산화칼륨·산화마그네슘 등)이나 중성산화물(알루미늄·산화아연·산화연·산화바륨 등)을 적당히 배합해 제조하는 투명도가 높은 물체. 다양한 소재와 가공기법으로 만들어진 유리는 고대에는 동서를 막론하고 어디에서나 귀중한 보물로 여겨져왔다. 그것은 유리란 물질이 갖고 있는 독특한 성격 때문이다. '불과 모래의 조화' '모래와 재로부터 태어난 불사조'로까지 묘사되는 유리는 색깔이 아름답고 가벼우며 투명하고 광명 효과가 있다. 또한 방수성과 불변성이 뛰어나다. 이로 인해 유리는 어디에서나 귀중품으로 각광을 받아왔고 오래전부터 중요한 교역품의 하나로 거래되었으며, 화폐로 대용되기까지 하였던 것이다. 따라서 불변의 성질을 가진 유리의 유품은 고대 동서 교류의 신빙성 있고 선명한 족적으로 남게 되어 교류사 연구에서 큰 몫을 차지하고 있다. 유리(琉璃, 流離)의 어원에 관해서는 여러가지 설이 있다. 우선 서양의 경우 고대 그리스어로 유리는 '히알로스'(hyalos)인데, 이것은 차용어로서 그 어원은 아직 미상이다. 라틴어로는 그리스어에서 유래한 'hyalus'란 말을 쓰기도 하였으나, 일반적으로는 '비트룸'(vitrum)이란 단어를 사용하였다. 기타 인도·유럽어족에 속하는 여러 언어에서는 유리를 지칭하는 단어(음사)가 각기 다른데, 아베스타어에서는 'yama', 산스크리트어에서는

'kaca', 우에르즈어에서는 'gwydr'(규드르, 라틴어 vitrum의 와전으로 추측)라고 한다. 현대 영어의 'glass'나 프랑스어의 'glace'는 음의 유사성으로 보아 고대 그리스어의 'hyalos'나 라틴어의 'hyalus'에서 유래한 것으로 짐작된다.

동아시아 문명권에서 유리에 관한 최초의 문헌 기록은 『한서(漢書)』 권16 「서역전(西域傳)」 '계빈국조(罽賓國條)'인데, 여기에는 이 나라(Kapisa, 현 아프카니스탄의 베그람 지방)에서 주기(珠璣)·산호(珊瑚)·호백(虎魄)과 함께 벽유리(璧流離)가 나온다고 하였다. 또한 같은 책 권28 「지리지(地理志)」에는 무제(武帝, 기원전 140~87) 때 한나라 사신은 황금과 잡회(雜繪) 등을 가지고 황지국(黃支國, Kanchipura, 현 동남 인도의 칸치푸람)에 가면 그곳으로부터는 명주(明珠)·벽유리(璧流離)·기석(奇石) 등을 구입해 온다고 기술되어 있다. 그런데 후한 허신(許愼)의 『설문해자(說文解字)』에 의하면 벽류(璧珋), 즉 벽유리는 유리 빛을 발하는 돌로서 서호(西胡)에서 생산된다고 하였다. 이 최초의 자해(字解) 사전을 주해한 청대(淸代)의 단옥재(段玉裁)는 '류(珋)'와 유리(流離, 珋璃)는 동음어라고 하였다. 벽류(璧珋)나 벽유리(璧流離)는 접두사인 '벽(璧)' 자를 무시하면 고대 그리스어 'hyalos'와 음이 유사하여 그 전음(轉音)으로 볼 수 있을 것이다. 현대 중국어의 파리(玻璃)는 '벽류(璧珋)'와 음이 유사하며 한국어의 유리는 '유리(流離)'나 '유리(琉璃)' '유리(瑠璃)'의 습용(襲用)이라고 할 수 있다.

중국의 경우 유리는 한대 이전인 전국시대에 이미 출현하였다. 유리구슬을 지칭한 말로 화재(火齋)·민괴(玟瑰)·구림(球琳)·민(珉)·무부(珷砆)·벽로(碧盧) 등 여러가지가 있었다. 이것들은 고유한 한자어로서 서방의 유리 명칭과 무관하다. 그밖에 기원후 중앙아시아인들에 의해 번

아제르바이잔 출토 환문(環紋) 유리잔(3세기, 테헤란유리도자기 박물관 소장)

역된 산스크리트어 원전 한역본에는 유리(琉璃)·폐유리(吠琉璃)·비유리(毗琉璃)·폐유리야(吠瑠璃耶) 등 여러가지 유리 지칭어가 보이는데, 이것은 고대 그리스어나 라틴어의 전음으로 추측된다. 또한 전국시대 말기부터 사용된 지칭으로 '야광벽(夜光璧)'이란 단어가 있다. 그 유래에 관한 두 가지 해석이 있는데, 그 하나는 '광택(光澤)'을 가졌다는 뜻이고, 다른 하나는 '유색보석(有色寶石)', 속명(屬名)으로 '풍신자석(風信子石)'을 가리키는 산스크리트의 '전문용어'(jargon)에서 유래하였다는 것이다.

유리의 기원 통상 유리의 기원은 지금으로부터 5,000년 전의 청동기시대이며, 유리의 사용이 보편화된 것은 지금으로부터 3,500년 전 이후인 것으로 여겨진다. 유리의 탄생은 마찬가지로 높은 온도를 필요로 하는 청동·철 등의 야금 기술과 관련이 있는 것으로 보이지만, 정확한 기원에 관해서는 일치된 견해가 없다. 세계 최초의 백과사전으로 알려지는 플리니우스(G. Plinius, 23~79)의 『박물지(博物誌)』(*Histoire Naturalis*, 37권)에는 유리의 기원에 관한 다음과 같은 기술이 있다. 어느 날 페니키아의 천연소다 무역상이 오늘의 이스라엘 영내를 흐르고 있는 베루스강(나만강)변에 이르러 식사 준비로 솥을 받쳐놓을 돌을 찾았으나, 끝내 마땅한 돌을 찾지 못해 가지고 있던 소다 덩어리 위에 솥을 얹어놓고 불을 지폈다. 가열된 소다 덩어리가 강변의 백사(白砂)와 혼합되자 반투명의 액체가 흘러나오고 있었다. 이것이 바로 유리였던 것이다. 전설 같은 이야기이지만

당시에는 일단 유리의 기원설로 간주되어 백과사전인 『박물지』에까지 오르게 되었다. 근세, 특히 1·2차 세계대전 이후 메소포타미아와 이집트를 비롯한 고대 문명지에서 유리구슬과 유리용기 등 다량의 유리 유물이 발굴됨에 따라 베일에 가려졌던 유리의 기원 문제가 과학적으로 해명되기 시작하였다. 그동안 기원 문제를 놓고 메소포타미아 기원설과 이집트 기원설이 엎치락뒤치락하면서 논쟁이 계속되어왔으나, 지금은 대체로 메소포타미아설이 우세를 점하는 추세다.

일찍이 영국의 이집트학 대가인 피트리(W. M. F. Petrie)는 저서 『고왕조의 왕묘』에서 테페 왕조에서 출토된 녹색 소옥(綠色 小玉, 9.0×5.5mm)과 하트루신의 두부상(頭部像)은 기원전 3500년경의 것으로서 세계에서 가장 오래된 유리제품이라고 추정하였고, 아시아(메소포타미아)에서 수입된 것이라고 주장해 유리의 메소포타미아 기원설을 제시하였다. 그러나 일부 학자들은 그것이 유리제품이 아니라 석영질(石英質)의 자연석이라고 반박하기도 하고, 한편으로는 유리제품임을 인정하면서도 수입설에 대해서는 반대 입장을 밝히기도 했다. 피트리가 제시한 위의 두 가지 유물이 유리제품인가 아닌가 하는 논의가 일어나자 독일의 화학자 라트겐(F. Rathgen)은 옥화제(沃化劑)를 사용해 유물의 검증작업을 실시하였다. 그 결과 유물이 유리로 밝혀졌고, 이 때문에 수입설이 부정되고 이집트 기원설이 상승세를 타기 시작하였다. 하지만 2차대전 후 출토 유물을 철저히 재검증해야 한다는 분위기가 조성되면서 종전의 이집트설이나 메소포타미아설을 재검토하는 연구들이 이뤄지기 시작하였다. 그리하여 피트리가 제시한 두 점의 유리 유물도 다시 검증대에 놓이게 되었다. 뿐만 아니라, 과학적인 성분분석 결과 이집트에서는 신왕국(新王國) 18왕조(기원전

1552~1306) 이전에는 유리가 생성되지 않았다는 사실이 밝혀졌다. 이집트에서는 제21왕조(기원전 1085~950) 이후 약 500년 동안은 어떤 이유에서인지는 알 수 없으나 유리 유물이 출토되지 않는데, 이후 아시리아의 속령기(屬領期) 말엽인 아마시스왕(기원전 568~526)대에 이르러 다시 나타나기 시작한다. 아케메네스 왕조의 속지가 된 기원전 5~4세기경에 이르러서는 유리가 크게 성행한다. 이것은 아케메네스 왕조의 발달된 유리 제조업의 영향을 직접 받은 데 기인한 것으로 보인다. 이집트의 이러한 유리 전통은 그 후 프톨레마이오스 왕조(기원전 323~30) 시대에 와서 헬레니즘 문화의 융성을 계기로 지중해의 최대 유리 생산지가 된 로마제국 시대에도 고스란히 이어진다.

한편 메소포타미아 유적에서도 고대 유리제품이 속속 발견되었다. 바그다드 동북방의 틸 이스마르에서는 아카드조(기원전 2340~2150) 때 만들어진 유리 막대기가, 그리고 에리두에서는 우르 제3조(기원전 2140~2030) 때의 청색 유리 조각 등이 출토되었다. 이를 통해 메소포타미아에서는 이집트보다 이른 시기에 유리 용기가 사용되었다는 것이 밝혀졌다. 특히 기원전 16세기경부터는 진흙 등으로 심지를 만들어 그 위에 유리 용액을 찍어내서 말아 붙여 그릇의 형태를 만든 후, 그것이 식은 뒤에 속의 흙을 파내는 이른바 코아법(core technique)에 의해 유리 용기를 만들기 시작하였다. 유리의 기원을 밝히는 데 있어서 출토 유물과 함께 유리나 그 제조법에 관한 고대 문헌기록은 신빙성 있는 전거를 제시해주고 있다. 우선 메소포타미아 유리에 관한 최초의 기록은 기원전 18세기 말경(바빌로니아 제1왕국)의 다르 오마르 점토판(粘土板) 문서다. 현재 영국 대영박물관에 소장되어 있는 이 점토판은 과학적 발굴 작업에 의해서 발견된 것이 아니

라 고물상으로부터 구입한 것이어서, 신빙성에 관해 의문을 제기하는 학자도 있다. 그러나 판의 제조기법이나 문서 내용을 검토해보면 대략 기원전 18세기 말경의 것으로 추정된다. 구입시의 추적 조사에 의하면, 이 문서는 티그리스 강변의 고대 셀레우키아 도성지(都城址)인 다르 오마르에서 출토되었는데, 크기는 5.2×8.2cm의 장방형이다. 이 문서는 표면 21행, 이면 22행의 설형문자(楔形文字)와 암호·은어로 구성되었으며, 저자는 바빌로니아인 리파리트 마르도쿠이며 제작일은 쿠르기샤르왕이 즉위한 이듬해 데페트월(月)의 24번째 날로 기록되어 있다. 이 왕은 기원전 18세기 말부터 17세기 초에 걸쳐 남부 바빌로니아를 지배한 중기 바빌로니아 왕이다. 문서 내용은 투명 유리가루에 연(鉛)·동(銅)·초석(硝石)·석회(石灰) 등을 섞어서 채색 유약인 연유(鉛釉)를 제조하는 방법을 소개한 것으로서, 여러가지 원료의 배합률이나 제조방법이 상세히 기록되어 있다. 이와 같이 투명한 유리가 바탕이 되어 각종 유약을 만들어냈다는 것은 당시 유리 제조가 상당한 발전 수준에 이르렀음을 가늠케 한다. 지금까지 살펴본 바와 같이 유리는 대체로 청동기시대인 기원전 3000년경에 메소포타미아 지역에서 만들어지기 시작한 후 빠르게 각지에 파급되었다. 따라서 유리는 메소포타미아 일원론(一元論) 기원설이 타당하다고 판단된다. 일부 학자들은 이집트나 중국 등지에서 한때 성행한 유리 제조의 기법 및 성분상의 특성을 근거로 이원론(二元論) 내지는 다원론(多元論)적 기원설을 주장하고 있으나, 여러가지 유물의 교류 관계에 의한 상관성이 입증되면서 메소포타미아의 일원론이 점차 입지를 굳혀가고 있다.

한국을 포함한 동아시아 유리의 기원은 아마도 지금까지의 발굴 유물 중에서 가장 오래된 유품을 갖고 있는 중국에서의 유리 기원과 직결된

다고 생각된다. 오늘날까지도 중국 학자들이나 외국 학자들 사이에서 중국 유리의 자생과 전래 문제에 관하여 이론이 분분함은 주지의 사실이다. 만일 유리가 중국에서 전래나 그 영향 없이 독창적으로 제조되었다면, 유리의 기원은 결코 일원적(一元的)이 아니라 다원적(多元的)일 수밖에 없을 것이다. 그런 의미에서 중국을 포함해서 메소포타미아나 이집트가 아닌 다른 지역에서의 유리의 기원을 밝히는 것은 문화사적으로 매우 중요한 일이다.

얼마 전까지만 해도 연구자들은 주대(周代)와 춘추시대 전기의 유리에서 출토된 파이앙스(Faience) 구슬(주옥珠玉)류를 유리로 착각하여, 그 제조 편년을 서주(西周)시대까지 올려 잡았다. 그러나 최초의 유리 제조 시기는 이 시대가 아니라 그보다 후대인 춘추전국시대(기원전 5~2세기)라는 것이 최근의 출토 유물에 의해 고증되었다. 1929년 기독교 허난관구(河南管區)의 사교(司敎)인 토론토 대학 고고학 조교수 화이트(W. C. White)는 시장에 나도는 유리제품의 출토지를 추적하던 끝에, 그것이 주대(周代)의 고성(古城) 뤄양현(洛陽縣) 진춘(金村)임을 알아냈다. 출토된 유리 유품으로는 주로 잠자리 눈 모양의 청령옥(蜻蛉玉, eye bead, 점박이 구슬)과 거울·띠고리, 그리고 동호(銅壺)에 청령옥이나 모자이크 유리를 상감(象嵌)한 구슬들이 있다. 제조 단계는 전국시대 말기(기원전 3세기 말)로 추정된다. 중국 고유의 동기(銅器, 띠고리나 동호)에 상감한 점으로 보아, 이러한 유리는 중국 현지에서 제조되었음이 분명하다.

중국 문헌의 경우, 후한(後漢)시대부터 이미 유리 제조에 관한 명확한 기록이 남아 있다. 최초의 기록은 후한대의 『논형(論衡)』에 나오는데, 거기에는 "도인(道人)들이 다섯 가지 돌(오석五石)을 녹여서(소삭銷鑠) 5색의 유리를 만드는데

진옥(眞玉)과 비교해 다를 바가 없다"고 언급되어 있다. 진(晉)나라 갈홍(葛洪, 284~364)이 지은 『서경잡기(西京雜記)』(권1)에는 소양전(昭陽殿) 창문의 녹색 유리에 이 궁전에 기거하고 있는 조비연 동생의 머리칼까지 비쳤다고 궁전에서의 유리 사용을 묘사하고 있다. 송대에 저술된 『태평어람(太平御覽)』(983)에도 한대에 여러가지 유리를 사용하고 있었다는 사실을 전하고 있다. 『태평어람』을 보면, 한무제(漢武帝)는 신선(神仙)을 즐겨 사신당(祠神堂)을 지었는데, 창문은 흰 유리로 만들어 볕이 잘 든다(광조통철光照洞徹)고 하였다. 같은 책에는 전한(前漢) 말 성제(成帝, 기원전 32~7)가 애비(愛妃) 조비연(趙飛燕)을 위해 복탕전(服湯殿)을 지었는데, 문을 녹색 유리로 만들었다고 전한다. 이러한 기술로 미루어 보아 한대에는 이미 상당한 수준의 제조기술에 의해 제작된 각종 유리가 애용되고 있었음을 알 수 있다.

유리의 교류 유리의 역사를 돌이켜보면, 그 초기에는 주로 구슬 같은 소형 장식품으로 애용되다가 제조기술의 발달로 광택과 불변의 성질을 지닌 다양하고 화려한 제품이 출현함에 따라 보석으로 진가를 인정받게 되었다. 그리하여 유리 제조기술이나 제품을 소유하려는 인간들의 호기심이나 노력이 따르게 되었다. 그 결과 유리는 중요한 교역품이나 증여품으로 종횡무진 사면팔방으로 전파되어갔다. 이러한 전파과정이 곧 유리의 교류과정이었다. 유리의 교류에서 특징적인 것은 중심지의 이동이다. 일단 메소포타미아 지역에서 기원한 유리는 소재나 기법의 변화·발전과 기타 역사적인 원인으로 말미암아 제조 중심지가 여러 곳으로 이동·교체되면서 면면히 맥을 이어갔다. 새로운 중심지는 종래의 중심지에서 무르익은 기법이나 소재를 전승하기도 하고, 또한 현지의 특성에 걸맞은 기법이나 소재를 개

발·첨가함으로써 유리 제조의 다양화를 기할 수 있었다. 여러가지 출토 유물과 문헌기록에 의해 고증된 이러한 중심지가 어떻게 형성되어 발달하고, 또 어떻게 다른(다음) 중심지로 옮겨갔는가 하는 것은 유리 교류사 연구의 중심과제다. 이러한 중심지 이동설에 입각해 유리의 교류사를 통관하면 다음과 같은 몇가지 중심 이동에 의해 유리가 교류되고 있었음을 발견하게 된다.

첫째로, 기원전 3000년경부터 기원전 1700년경에 이르는 기간에 기원되고 형성된 메소포타미아 중심지다. 이 시대에는 주로 소형 장식품으로서의 유리가 이 지역에서만 제조되어 별다른 교류상을 찾아볼 수 없다. 그러나 이 시대에 흥망성쇠를 거듭한 지역 내 여러 왕국들의 고지(故地)에서 유리 유품이 두루 출토된 점으로 보아, 지역 내에서의 교류는 이루어진 것으로 판단된다. 둘째로, 기원전 16세기부터 기원전 10세기까지의 기간에 형성된 이집트 중심지다. 기원전 16세기경에 메소포타미아 지역으로부터 새로 도입된 코아법으로 단순한 장식품이 아닌 작은 유리 용기류가 제작되기 시작하였다. 불과 한 세기도 못되어 이집트에서는 이 새로운 제조법에 의해 유리 용기가 다량 제작되었다. 셋째로, 기원전 9세기부터 기원전 4세기까지의 기간에 복구된 메소포타미아 중심지다. 앞서 언급한 바와 같이 이집트에서는 기원전 9세기경부터 약 500년간 유리 제조의 공백기가 나타났다. 이 기간에 유리 제작은 메소포타미아를 중심으로 하여 시리아와 그리스 일대에서 성행하게 되는데, 대표적인 것이 아케메네스조 페르시아의 유리 공예다. 넷째는, 기원전 4세기부터 기원후 3세기까지로 이어지는 기간에 형성된 로마 중심지다. 이 시대에 해당하는 유리를 흔히 '로만글라스'(Roman glass)라고 하는데, 이때가 유리의 전성기로서 세계 방방곡곡에 로만글라스의 흔적을

남겨놓았다. 알렉산드로스 대왕의 동정(東征)과 헬레니즘의 도래로 이집트 알렉산드리아가 유리 제조의 중심지로 부각되고, 특히 기원전 1세기경에 대롱 불기(blowing) 기법이 발명되면서부터 로마는 명실상부한 유리 제조의 중심지 역할을 수행하였다. 그리하여 유라시아의 광활한 지대에 로만글라스가 보급되어 이 유리를 주종으로 한 일대 교류대(交流帶)가 이루어졌다. 다섯째는, 대체로 로만글라스 시대에 해당하는 중국 중심지다. 전국시대부터 유리를 제작하기 시작한 중국은 한대를 전후해 유리(연유리) 제작을 위주로 하면서 서역의 유리(로만글라스 등)도 도입해 유리 공예를 발전시켰다. 이 시기 중국은 한국·일본·베트남을 비롯한 주변 제국들과의 밀접한 교류를 통해 유리 공예를 더욱 발전시켰다. 여섯째는, 기원후 4세기부터 7세기까지의 기간에 나타난 사산 중심지다. 오늘날의 이란을 중심으로 한 사산왕조는 고대 아케메네스조의 유리 제조 전통을 이어받았으며, 다른 한편으로는 로만글라스의 영향을 받아 개성 있는 페르시아식 사산 유리(Sasan Glass)를 제작하는 데 성공하였다. 로마제국의 쇠퇴와 붕괴를 틈타 흥성한 사산 유리는 멀리 동방에까지 그 족적을 남겼다. 일곱째는, 7세기 이후의 아랍 중심지다. 7세기 중엽 아라비아 반도에서 이슬람의 출현과 더불어 기존의 오리엔트 문명(메소포타미아·이집트·페르시아 문명)과 로마의 고전문화를 일괄 흡수·융합한 이슬람 문화에 의해 이른바 이슬람 유리(Islamic Glass)가 창출되었다. 사산 유리와 로만글라스를 교묘하게 융합한 이슬람 유리는 대체로 이슬람의 전파와 더불어 여러 곳으로 파급되었다.

물론 이와 같은 중심지 이동은 유리의 전파에 의하여 비로소 가능하였지만, 기원을 전후한 시기의 로만글라스를 비롯한 서방 유리와 연·바륨 유리를 비롯한 동방 유리의 교류 문제를 살펴볼 필요가 있다. 그 가운데에서도 동방 유리의 서방 기원설과 로만글라스를 비롯한 서방 유리의 동점(東漸)은 중요한 논제가 아닐 수 없다. 로만글라스를 비롯한 서방 유리의 동점상은 아시아 대륙의 곳곳에서 그 흔적을 찾아볼 수 있다. '로만글라스'란 로마제국 시대에 만들어진 유리를 통칭하는데, 이것은 기원전 1세기부터 기원후 4세기 로마제국이 분열될 때(기원후 395)까지의 전기와 5세기부터 6세기까지의 후기로 나뉜다. 따라서 넓은 의미에서의 로만글라스는 이 두 시기(단계)를 포함하나, 좁은 의미에서는 전기만을 지칭한다. 후기 로만글라스는 서아시아의 특색이 농후하여 '이집트-시리아 유리', 혹은 '시리아 유리'라고도 한다. 또 이 후기의 유리를 지중해 동안의 시리아 유리와 소아시아의 비잔틴 유리로 양분하기도 한다. 로만글라스 시대는 가히 유리 제조법의 대혁명이라고 할 수 있는 대롱 불기법의 발명으로 인하여, 기종·양식·문양·기법·생산량 등 제반 분야에서 일대 변혁이 일어난 시기다.

한편 이 시대는 중국 전한(前漢) 때 장건(張騫)의 서역착공(西域鑿空)을 계기로 동서 오아시로가 개통되고, 해로(海路)를 통한 로마의 동방의 장거리 무역이 시작되는 등 동서간의 교역과 통로가 트이기 시작한 시대다. 그리하여 도처에서 애용되는 로만글라스는 이러한 시류를 타고 물밀듯이 동방으로 전파되기 시작하였다. 출토 유물이나 유사품(類似品)들의 분포지를 연결해 로만글라스의 동진 루트를 살펴보면, 전기는 주로 남해로와 오아시스로이고, 후기는 주로 오아시스로와 스텝로로 추정된다. 남해로를 통한 로만글라스의 동진은 초기 중국인들이 외래 유리를 일괄해 인도산으로 간주한 것과 중국 동남해 연안 일대에서 전기에 속하는 로만글라스가 발견된 점에서 입증된다. 『서경잡기(西京雜記)』(권2)에는 한무제(漢武帝)가 신독(身毒, 인도)으로부터 암실에서 10여장(丈)이나 환하게 비춰주는 백광유리안(白光琉璃鞍)을 진상받은 사실을 전하고 있으며, 『삼보황도(三輔黃圖)』에는 무제가 천도국(千涂國, 인도의 건타라犍陀羅)으로부터 받은 얼음같이 투명한 옥정판(玉晶板)을 동언(董偃)에게 하사한 내용을 기술하고 있다. 그런데 여기서의 백광유리나 옥정은 모두가 인도의 것이 아니라 당시 로마제국 영내에 있던 이집트 알렉산드리아에서 제조되어 동점한 특유의 고가(高價) 유리였다. 중국 동남해안 일대에서 발굴된 전기 로만글라스의 대표적인 유물로는 광저우(廣州) 부근 한묘(漢墓)에서 출토된 감색 카트 유리완(碗, 1세기)과, 장쑤(江蘇) 한강(漢江) 감천(甘川) 2호후한묘(二號後漢墓, 67년에 졸한 광릉왕廣陵王 유형劉荊의 묘로 추정)에서 1980년에 출토된 3개의 소다석회유리 평저분(平底盆, 밑바닥이 평평한 동이)의 조각, 그리고 난징(南京) 상산(象山)의 동진(東晋) 호족 왕씨칠호묘(王氏七號墓)에서 1970년에 출토된 2개의 직통(관)형(直桶〈管〉形) 흰색 유리잔(두께 0.5~0.7mm)을 들 수 있다.

전기 로만글라스의 동진 남해 루트는 이집트의 알렉산드리아 → 아라비아 반도 남부의 케니(개니凱尼, 빌 알리촌皮爾阿里 서남 3.5km) → 남인도 동안의 알리 카만타(아리가만타阿里卡曼陀 폰티체리本地治里 남쪽 3km) → 말레이 반도 남단의 조호르강(Johore, 유불강柔彿江) → 캄보디아 메콩강(용천龍川) 하구의 옥애오(Oc-Éo) → 중국 광저우와 동남 해안으로 이어지는 길로 설정할 수 있다. 전기 로만글라스는 남해로뿐 아니라, 오아시스로를 통해서도 전해진 것으로 보인다. 타림 분지 동변의 로프노르(Lop Nor)호 부근 파거만(帕格曼)에서 기원후 1세기 말부터 3세기

초까지의 약 150년간에 해당하는 기간의 로만글라스 유물이 다량 발굴되고, 뤄양(洛陽)에서도 유리구슬(주珠)이 출토되었는데, 이들 유리제품들은 오아시스로를 거쳐 전해졌을 것이다. 전술한 바와 같이, 『한서(漢書)』(권96) 「서역전」에서는 계빈국(罽賓國)으로부터의 벽유리(璧琉璃) 수입을 암시하고 있다. 계빈국(Kapisa, 가필시迦畢試)의 뒤를 이은 나라가 바로 기원후 6세기까지 중앙아시아와 서부 인도를 지배한 쿠샨(귀상貴霜, 일명 대월지大月氏) 왕조인데, 이 쿠샨 왕조의 하도(夏都)인 베그람에서는 다량의 로만글라스 유물이 출토된 바 있다. 베그람 유적은 1937~1940년 프랑스 고고학자 아셍(J. Hachin)과 1941~1942년 역시 프랑스 고고학자 기르슈망(R. Ghirshman)에 의해 전면적으로 발굴되었다. 이 유적에서는 이집트의 석제용기(石製用器), 로마의 청동기, 인도의 상아세공(象牙細工), 중국 한대의 칠기(漆器)와 함께 약 70점의 여러 가지 모양과 문양의 로만글라스가 출토되었다. 그 가운데에는 여러가지 꽃 모양이 그릇 전체에 모자이크되어 있는 밀레피오리(Millefiori) 그릇과 카트글라스 잔, 지그재그 모양의 유리 띠를 장식한 잔, 선형 용기(船形用器), 금박 릴리프(relief, 조각彫刻) 장식 잔 등 정교하고 화려한 유리용기들이 들어 있다. 이러한 유리용기들은 일단 베그람을 중간 기착지로 하여, 여기에서부터 오아시스로를 따라 중국으로 반출되었을 것으로 추측된다.

이렇게 전기 로만글라스는 주로 남해로와 오아시스로를 통해 동방에 전해진 데 비해 후기에는 주로 오아시스로와 북방 스텝로를 거쳐 동점한 것으로 보인다. 이러한 사실은 전기와 마찬가지로 오아시스로의 연도 각지에서 후기에 속하는 로만글라스 유품이 계속 출토되고 있으며, 스텝로의 동단인 중국 동북지방과 허베이성(河北

省) 일대에서 후기 로만글라스 유물이 몇 곳에서 발굴되고, 그 유사품이 스텝로 주변에서 발견되는 데서 입증된다. 그 예로 랴오닝(遼寧) 북표(北票)의 북연(北燕) 권세가(權勢家) 풍소불(馮素弗, 381~415)의 묘에서 1965년에 발견된 5개의 유리 용기를 들 수 있다. 이 유물들은 조형이나 소재가 모두 중국 전래의 것과는 다른 후기 로만글라스 용기들이다. 특히 그중의 압형수주(鴨形水注, 길이 20.5mm, 직경 5.2mm)는 타림 분지 파거만 출토의 해돈형수주(海豚形水注, 길이 20.2mm)와 동류품(同類品)으로, 모두가 후기 로만글라스 용기에 속한다. 또한 허베이성 징현(景縣)의 18란총(亂塚) 봉씨묘군(封氏墓群)의 봉마노(封魔奴, 481년 졸) 묘와 조씨(祖氏) 묘에서도 전형적인 후기 로만글라스 용기인 감색 유리 용기(완碗)와 바리(발鉢)가 출토되었는데, 이러한 용기의 유형품(類型品)은 신라 서봉총(瑞鳳塚)을 비롯해 스텝로 주변 지대인 남러시아의 노바야 마야치키와 서부 독일의 게룬, 그리고 시리아 해안에서 다수 발견되고 있다. 중국인들은 서방으로부터 로만글라스 제품을 수입함과 동시에 그 제조법도 전수받아 나름대로 만들어냄으로써 중국 유리의 발달에 새로운 기원을 열었으며, 이러한 사실을 여러 문헌은 전하고 있다. 저명한 연단가(煉丹家) 갈홍(葛洪, 290~370)은 "외국에서는 5종의 원료를 합하여 수정완(水晶碗)을 만드는데, 작금 교광(交廣)에서도 많은 사람들이 그 제조법을 얻어 그대로 만들었다"고 이러한 제조 사실을 전하고 있다. 여기에서 수정완은 투명한 로만글라스 공기(완碗)를 뜻하며, 교광이란 225년 교주(交州)로부터 분리된 교주(交州)와 광저우(廣州)의 두 주를 말한다. 이러한 기록을 통하여 중국 남방인들이 남해를 통해 습득한 '외국(로마)'의 유리제조법을 모방하였음을 알 수 있다.

『위서(魏書)』「대월지전(大月氏傳)」에 의하면, 세조(世祖, 재위 424~452) 때 경사(京師)에 온 대진(大秦, 로마) 상인들이 돌을 불려서(주석鑄石) 5색 유리를 만들 수 있다고 하여 산중에서 돌을 캐다가 만들게 하였더니, 광택이 서방의 것보다 더 뛰어나고, 광색(光色)이 매우 찬란해 관람자들은 놀라움을 금치 못해 '신명소작(神明所作)'이라고 하였으며, 이로부터 중원(中原) 유리는 천시되어 더이상 제조되지 않았다고 한다. 『위서』의 이 기록은 당시 북방에서는 그때까지도 단색이나 간색(間色)의 단조로운 유리를 제조하였으나, 일단 로만글라스 제조기법을 받아들인 이후에는 투명하고 다채로운 색깔의 유리를 제작하였음을 전해주고 있다. 이와 같이 로만글라스 유품은 유라시아 대륙의 광활한 지역에 분포되어 있다. 서쪽은 이베리아 반도의 대서양 연안으로부터 동쪽은 일본과 필리핀에 이르기까지, 남쪽은 말레이 반도 남단으로부터 북쪽은 스칸디나비아 반도 중부에 이르기까지의 곳곳에 로만글라스의 진품(眞品)이나 모조품(模造品), 혹은 변형품(變形品)들이 산재해 있다. 분포 밀도를 보면 대체로 카스피해와 아랍만(일명 페르시아만 혹은 걸프만)을 잇는 동경 50도를 기준으로 서쪽이 동쪽에 비해 매우 높은 편이다.

유목기마민족 遊牧騎馬民族

이른바 '중심문화(中心文化)'와 '주변문화(周邊文化)'라는 양분 논리에서 후자에 속한 유목기마민족의 역사와 문화는 지금까지 소외되어왔다. 따라서 그들의 역사상에 대한 복원을 위해서는 역사무대에서 그들의 출현과 활동을 개괄적으로 살펴본 다음, 그들에 의한 동서교류의 제 측면을 밝혀야 할 것이다. 지금으로부터 약 1만~7천년 전 신생대(新生代) 제4기 충적세(沖積世, 신석기시대)에 들어와서 북방 유라시아에 동서로

긴 4개의 지리대(地理帶)가 형성되었다. 즉 북극해에 면한 동토대(凍土帶, 툰드라tundra)와 그 이남의 침엽수림대(針葉樹林帶, 타이가taiga), 북위 50도 부근의 초원지대(草原地帶, 스텝steppe), 그리고 북위 40도 부근의 사막지대(沙漠地帶, 오아시스oasis)의 4개 지대다. 그중 초원지대와 사막지대는 대규모의 관개시설이 요구되므로 자연 농경은 거의 불가능하다. 그리하여 생계의 유일한 수단은 가축을 기르는 축산산업이었다. 그런데 축산은 목초가 필요하고, 인간이나 가축의 생명유지는 수원(水源)이 필수다. 게다가 계절의 변화는 인간이나 가축의 이동을 유발하였다. 그 결과 이 지역에 사는 사람들은 수원(사막지대의 오아시스)이나 목초를 따라, 그리고 계절의 변화(특히, 겨울과 여름)에 적응하기 위해 부단히 이동·순회하게 되었다. 이렇게 가축을 기르면서 수초(水草)를 찾아 주거(住居)와 가재(家財)를 옮기며 이동하는 사람들을 통칭 '유목민(遊牧民)'이라고 한다.

경제적 관점에서 볼 때 유목은 광역적 이동 목축의 주요한 행위이며, 대다수가 주기적 목축 이동에 참여하는 특수한 형태의 식량생산 경제 형태라고 말할 수 있다. 여기서 한 가지 유의해야 할 점은 일부 연구가들이 교조주의적으로 사막 속의 오아시스는 농경권으로, 그리고 초원지대는 유목권으로 획일화한다는 점이다. 중국 당(唐)나라 고승 현장(玄奘)은 『대당서역기(大唐西域記)』에서 사막 속의 오아시스를 가리켜 '보주지국(寶主之國)', 초원지대를 '마주지국(馬主之國)'이라고 칭하였다. 사실은 오아시스의 중심부는 대체로 농경지이지만, 그 주변은 유목이 위주이며, 또한 초원지대는 국부적이기는 하나 농경도 병존하고 있는 것이다. 따라서 초원지대와 사막지대에서의 유목생활과 농경생활을 거론할 때는 그 구체성에 각별히 유념해야 한다. 이 두

지대의 유목민들은 가축을 방목하면서 이동한다는 데는 공통점을 갖고 있지만, 구체적으로 방목하는 가축의 종류라든가 이동 양태는 많이 다르다. 자연 지형적인 특성과 유목민의 역사적 유래 관계에 따라, 어떤 유목민은 양 같은 가축을 기르면서 좁은 영역 내를 이동하나, 어떤 유목민은 낙타 같은 가축을 이끌고 대상(隊商)에 나서기도 하고, 그런가 하면 어떤 유목민은 말 같은 가축을 타고 신속히 먼 곳을 이동하면서 생활을 영위하기도 한다. 이렇게 그 어느 가축보다 기동력이 높은 말이나 마구(馬具)를 이용해 유목하는 사람들의 혈연(血緣) 및 사회문화적 공동체를 '유목기마민족(遊牧騎馬民族)'이라고 한다. 북방 유라시아 유목기마민족은 하나의 통칭으로서, 그 구성원들은 시·공간적으로 다종다양하다. 그 주요 구성원으로는 스키타이를 비롯해 사르마트족(Sarmat, 볼가강 중류), 킴메르족(Cimmer, 우크라이나에서 캅카스의 쿠반강까지의 지역), 사카족(Saka, 색족塞族, 아랄해 이동의 카자흐 초원과 톈산天山 지방의 이란계), 몽골 지대의 흉노(匈奴)와 정령(丁零) 등의 종족들을 들 수 있다. 기원전 8세기부터 기원후 3세기까지의 천여년 동안 북방 유라시아의 광활한 지역에서 출몰을 거듭하면서 활동해온 이들 종족들의 사회경제적 발전 수준과 공동체 형태는 서로가 각기 다르다. 민족학(民族學) 이론에 입각해 고찰하면, 이들은 대체로 부족연맹(部族聯盟) 단계에 처한 선민족(先民族, pre-nation, proto-nation) 내지는 통일국가를 건설한 흉노족의 경우처럼 전근대민족(前近代民族, pre-modern nation, traditional nation)의 범주에 속한다. 다분히 혈연 및 문화 공동체적 성격을 지니긴 하지만, 정착민처럼 문화공동체로서의 민족적 성격에는 미흡한 점이 적지 않다. 천여년이라는 긴 세월과 광활한 지역이라는 상당한 정도의 시·공

간적 격차를 가지면서도, 이들 유목기마민족들은 높은 기동성과 활동성, 용감성과 전투성, 수용성과 순응성 등 일련의 민족 고유의 특성을 공유하고 있다.

유목기마민족의 문화 유목기마민족은 자체의 높은 기동성으로 말미암아 타민족 문화와의 접촉이 빈번하고, 또한 필수적인 교역으로 인해 농경권과의 접촉이 불가피해 다원적인 문화를 창조하고 영위할 수 있었다. 서카자흐 초원에서는 기원전 3000년경에 일어난 켈테미나르(Kelteminar) 문화를 이어 목축을 위주로 하고 농업을 부업으로 하는 텔세크 카라카이(Telsek-Karakai) 문화가 번성하였다. 호라즘 지방에서는 켈테미나르 문화의 영향을 받아 다자바시크 야브 문화가 발생하였는데, 이 문화의 주인공들은 밀을 재배하고 양이나 말·소 따위의 가축을 사육하기 시작하였으며, 원시적인 야금술도 이용하였다. 호라즘은 오아시스이기 때문에 초원지대와는 달리 이곳에서 발생한 문화는 농경을 위주로 하고 목축을 부업으로 하는 복합문화였다. 남러시아에서는 오비강으로부터 미누신스크 지방에 이르는 지역에서 기원전 3000년대 말에 아파나세바(Afanas'eva) 문화가 개화하였다. 약 천년간 지속된 이 문화는 카자흐 초원의 켈테미나르 문화와 마찬가지로 목축을 위주로 하고 농경을 부업으로 하는 이른바 목주농부(牧主農副)의 문화였다. 그러나 수렵이나 어업의 흔적도 보이며 소나 말·양·돼지를 사육하였다.

기원전 1700~1200년 기간에 서쪽은 우랄강과 아랄해 동안, 동쪽은 미누신스크와 알타이 지방에 이르는 넓은 지역(북위 45~50도)에서 첫 청동기 문화인 안드로노보(Andronovo) 문화가 발생하였다. 이 문화의 주역들은 이란계 인종으로서 주로 하천을 긴 곳에서 살면서 목축을 주업으로 하고 농경을 부업으로 하여 생계를

유지하였으며, 양이나 소·말 같은 가축을 길렀다. 그들의 거주지에서 밀 낟알과 돌화살(석족石鏃), 구리낫(동겸銅鎌) 등 유물이 발굴된 점으로 미루어, 그들은 상당한 정도의 농경문화를 향유하고 있었음을 알 수 있다. 기원전 1200~700년 기간에 아랄해로부터 미누신스크 지방에 이르는 카자흐 초원에서는 안드로노보 문화의 모태에서 탄생한 후계문화(後繼文化)인 카라수크(Karasuk) 청동기 문화가 출현하였다. 이 문화도 목주농부 문화로서 가축은 양이 위주였고, 소는 적고 돼지는 기르지 않은 것으로 보인다. 기원전 700~400년 기간에는 시르다리야강 상류로부터 톈산(天山) 중부와 알타이 산맥 이서 지역에 찬란한 금속문화인 사카(Saka) 문화가 꽃피었다.

북방 유라시아에서 기원전 3000년경에 출현한 유목기마민족은 오리엔트 문화를 비롯한 주변 문화의 영향을 받고 농경인과의 문물교역을 진행하였다. 유목민들은 농경사회로부터 곡물·소금·금속자재·장신구 등 생활용품을 수입하고, 가축·사금(砂金)·모피 등 생산물을 수출하면서 그들과 평화적으로 공존공생하는 관계를 유지하여왔다. 그러나 기원전 1000년경에 접어들면서 유목사회에는 커다란 변화가 일어났다. 그들은 이제 평화적인 유목생활을 버리고 전투적이고 기동력이 강한 기마민족(騎馬民族)으로 일변해 농경지대에 대한 침탈을 공공연히 자행하기 시작하였다. 그리하여 유목기마민족과 농경민들 사이에는 빈번한 공방전이 벌어져, 공존관계는 더 이상 지속되지 않고 급기야는 대립관계로 바뀌고 말았다. 이렇게 평화적인 유목민에서 전투적인 기마민족으로 변신하게 된 데에는 다음과 같은 두 가지 원인이 있다. 첫째로, 그 근원적인 원인은 문명 발달 상에서의 불균형(不均衡, unbalance)에서 오는 갈등이다. 농경사회는 계속 발달해 도시문명으로 승화되는 데 반해 유

목사회는 여전히 후진 상태에 머물러 있게 되었다. 그 결과 농경사회와 유목사회 간에는 사회·경제·문화의 각 방면에 걸쳐 불균형이 발생해 마찰과 갈등이 이어지고, 결국에는 농경민들이 소유하고 있는 금은보석이나 청동기·무기, 특히 마구(馬具)나 차구(車具)에 호기심을 느낀 유목민이 그 점유를 목적으로 농경민에 대한 침탈전을 발동하는 데까지 이르게 되었다.

둘째 원인은, 기마전술(騎馬戰術)의 출현이다. 기원전 1000년경 서남아시아 유목민족에게서 청동제의 고삐(rein)와 재갈(bit)이 발명됨으로써, 사나운 말을 길들일 수가 있게 되었다. 그리하여 말을 타고 자유자재로 이동하거나 심지어 유희까지 즐기는 기마풍(騎馬風)이 일기 시작하였다. 이로부터 기마에 의한 빠른 이동이 이루어졌고, 드디어 사상 초유의 기마전술을 고안해내게 되었다. 기마에 의한 신속한 이동은 사회경제 생활에도 엄청난 변화를 일으켰다. 기동력이 약한 돼지나 닭 같은 가축 대신 상대적으로 기동력이 높은 양·소·말의 사육이 장려되어 유목민들의 목축 구조에서도 커다란 변화가 일어났다. 뿐만 아니라, 기마에 필수인 개갑(鎧甲, 갑옷)이나 마구(馬具) 및 그 장식품, 그리고 기마에 적합한 단검(短劍) 등 기마 장비류가 새로이 고안되거나 개조됨으로써 기동력은 더욱 강화되고 안전성도 동시에 기할 수가 있었다. 이러한 제반 요인은 도시문명이나 농경권에 대한 유목기마민족의 침탈과 공격을 유발하였다.

어떻게 보면 우연하다고 할 청동제의 고삐와 재갈, 이 자그마한 발명이 결과적으로 유목민과 농경인 간의 갈등은 물론, 전쟁까지를 불러일으키는 한 요인이 되고 말았다. 이러한 것을 일컬어 '역사적 사변'(event of history)이라고 한다.

유물적 전거

실크로드를 통한 교류의 유물적(遺物的) 전거(典據)란, 교류의 실상을 입증하는 고고학적 유물을 말한다. 그런데 유물형태(존재 방식)와 내용은 매우 다종다양하다. 형태 면에서는 크게 매장 유물과 지상 유물로 대별하는데, 매장 유물의 경우 지하 매장 유물과 수중 매장(水藏) 유물로 나누어볼 수 있다. 또 교류상을 입증하는 데 있어서 넓은 의미에서 보면 유물은 일괄 유물과 단일 유물의 두 가지 형태로 존재한다. 그리고 이질문명의 수용 관계를 감안하면 원형 유물과 변형 유물이 구별되며, 유용성 여부에 따라서는 무용(無用) 유물과 전승(傳承) 유물로 나눌 수 있다. 한편 내용 면에서 고찰하면 물질문명 유물과 정신문명 유물로 대별된다. 이 2대 유물을 다시 세분화하면 물질문명 유물에는 생활수단 유물과 생산수단 유물, 교역수단 유물, 전쟁수단 유물 등이 포함된다. 그리고 정신문명 유물로는 종교 유물, 예술 유물, 과학기술 유물 등이 있다.

교류상을 입증하는 이러한 유물적 전거는 문헌적 전거에 비해 고유한 몇가지 특성을 지니고 있다. 그 특성은 우선 모호성(模糊性)이다. 유물은 '무언(無言)의 증인'으로서 주로 외형적인 모양새에 의해 그 내용, 즉 교류상을 판단하게 된다. 따라서 관찰자의 학문적 수양 정도에 따라 이해가 달라질 수 있다. 더욱이 교류에 의해 조성된 이질문명의 유물이기 때문에 생소함은 물론이거니와 그 조성의 유래까지 명확히 밝혀낸다는 것은 결코 쉬운 일이 아니다. 그리하여 종종 소정 유물에 관한 엇갈린 판단과 견해가 나오게 된다. 이것은 명문(明文) 기록으로서 이해에 있어 명확성을 기하는 문헌적 전거와는 다른 특성이다. 대부분의 유물은 외형상 일견하여 교류물임을 가려볼 수 있지만, 문제는 그 구체적인 교류상을 알아내는 데 있어서의 어려움과 이에 따르는 모호성이다. 그러므로 이러한 모호성을 극복하고 명실공히 전거로서의 역할을 하자면 면밀한 연구와 더불어 관련 문헌기록의 도움을 받는 것이 필요하다.

다음으로 그 특성은 상대적 불변성(不變性)이다. 유물은 특정 시대의 문명을 반영한 구조물로서 임의로 조성하거나 변형시킬 수 없다. 또한 대부분 유물은 금속이나 석재, 혹은 흙 등 변형성이나 변질성이 적은 물질로 된 구조물이기 때문에 상대적으로 견고하고 장기간 보존·유지된다. 뿐만 아니라 유물은 문헌처럼 임의로 재현하거나 이동할 수 없다. 물론 주요한 유물인 경우에는 보존을 위해 복제나 복원을 하지만, 그럴 경우에도 반드시 원래 유물과의 일치성을 확보해야 한다. 이것은 부단한 재현을 필수로 하는 문헌의 변형성과는 사뭇 대조되는 특성이다. 유물의 이러한 상대적 불변성 때문에 장기간 보존이 가능하며, 고유의 직관성을 유지할 수 있는 것이다.

그 다음으로 유물적 전거의 특성은 인멸성(湮滅性)이다. 유물은 물질이기 때문에 결국은 자연과 시간의 세례 속에서 변화하고 급기야는 인멸하게 마련이다. 유물의 영구적인 보존이란 거의 불가능한 일이며, 이른바 '복제'나 '복원'은 일종의 한시적인 보존에 불과하다. 사실상 유물의 완전무결한 복원이란 있을 수 없으며, 그것은 어디까지나 원래 유물에 대한 상대적이고 한시적이며 외형적인 근접에 지나지 않는 것이다. 이것은 부단한 재현과정을 거쳐 적어도 내용만은 영구히 보존할 수 있는 기록문헌과는 구별되는 특성이다. 역사를 통관하면, 유물의 인멸에는 자연적인 인멸도 있지만 적지 않은 경우에 인위적인 인멸, 즉 인간의 파괴에 의한 인멸도 적지 않게 자행되어왔다. 그러므로 귀중한 유물의 인위적인 인멸을 지양하는 것은 물론이거니와, 피할 수

없는 유물의 변화 내지 인멸을 어떻게 최대한 지연하는가 하는 것이 중요하다. 따라서 유물의 보존과 복원은 유물의 발견이나 해석 못지않은 고고학의 중심 연구과제 중 하나다.

끝으로 그 특성은 직관성(直觀性)이다. 이질문명의 교류에 의해 조성된 유물은 대체로 외형상 일견하여 그 이질성과 교류성을 식별할 수 있게 한다. 유물 일반의 이러한 직관성이 교류 유물에 대한 착안(着眼)의 전제이고 확인의 전거가 됨은 물론이다. 이것은 기록 문헌으로서는 도저히 구비할 수 없는 특성이다. 이를테면 '백문불여일견(百聞不如一見)'의 뜻 그대로이다. 이러한 직관성이 결여되거나 희박해질 때 교류 유물에 대한 고증은 그만큼 어려워지는 것이다. 그런데 이러한 직관성은 관찰자의 안목에 따라 달라질 수 있으므로 정확한 교류사적 안목을 갖는 것이 중요하다.

이러한 제반 특성을 지닌 유물적 전거는 교류상을 입증하는 데 있어 실물적 증거이기 때문에 가장 확실하고 정확한 전거가 되는 것이다. 비록 '무언의 증인'으로서 유물에 대한 해석이나 이해에서는 모호성을 면할 수 없으나, 그 불변성이나 직관성으로 인해 유물은 교류상을 확인·고증해주는 것이다. 사실상 유물들을 공간적(횡적)으로 배열하면 그것이 곧 교류의 루트가 되고, 시간적(종적)으로 배열하면 그것이 바로 교류의 역사가 되는 것이다. 따라서 교류상을 입증하는 전거로서의 유물을 제대로 파악하는 것은 교류사 연구에서의 선차적 과제다.

동서문명의 교류를 입증하는 유물은 이루 헤아릴 수 없이 많다. 발굴이 계속되면 계속될수록 그 수효는 늘어날 것이다. 이러한 유물들을 교류상에 대한 전거로 엮는 데는 여러가지 방법론이 있을 수 있다. 유물의 발굴 행태에 따르는 분류법과 유적의 분포 상황에 따르는 분류법, 유물

의 시대별에 따르는 분류법 등이 있을 수 있다. 그러나 유물들의 교류상에 대한 신빙성 있는 전거가 되기 위해서는 유물의 구체적인 내용에 따르는 분류법이 가장 합리적인 방법이라고 생각된다. 그런데 이러한 내용적 분류법에 따라 취급되는 유물의 내용은 그 유물이 발견되는 유적(遺跡)의 성격이나 환경과 밀접한 관계가 있기 때문에 유적에 대한 개괄적인 고찰이 우선 필요하다. 이를 위해서는 유목문명·농경문명·해양문명 교류의 통로인 실크로드 3대 간선(초원로, 오아시스로, 해로)의 연변을 좇아 전개된 일괄 유물 유적들을 주로 고찰해야 한다.

실크로드 3대 간선을 따라 전개된 글이나 저서의 일괄 유물유적 기록 중에서 초원로 연변의 유적들은 북방 기마유목민족들의 교류 활동을 대변하고, 오아시스로 연변의 유적들은 주로 농경민족들의 교류활동을 증언하며, 해로 연변의 유적들(연해지역 유적과 수중 유적)은 해상을 통한 교류상을 입증해주고 있다. 그중에서 오아시스로 연변의 유적이 단연 양적으로 으뜸이고, 내용 면에서도 가장 풍부하다.

유욱(劉郁)의 『서사기(西使記)』 → 『西使記』항 참고

『유카탄 풍물지(風物誌)』 *Fray Diego de Land* → '마야 문명'항 참고

유향 乳香, Frankincense

동전 서역 향료. 일명 훈륙향(薰陸香), 또는 마니향(馬尼香)·천택향(天澤香)·마륵향(摩勒香)·다가라향(多伽羅香)이라고 한다. 유향(乳香, 아랍어로 Luban 혹은 Kundur, 산스크리트어로 Kunduru)의 원산지와 제조법 및 동방 무역에 관한 조여괄(趙汝适)의 『제번지(諸蕃志)』 권하 「유향조」의 기술에 의하면, 대식(大食, 아랍)의 마

아라비아 반도 남부산 유향

라발(厤囉拔, 아라비아 반도 남부 하드라마우트 연안의 Mirbah), 시갈(施曷, 하드라마우트 연안의 Shehr, 혹은 Esher), 노발(奴發, Nufa, 현 Dhofar) 등지의 심산궁곡(深山窮谷)에서 자라는 용(榕)나무 비슷한 나무줄기를 도끼로 잘라 수지(樹脂)를 흘러나오게 한 후 응결시켜 만든다고 한다. 이렇게 제조된 유향은 대식 상인들이 배로 삼불제(三佛齊, 현 수마트라)까지 운반하면 거기에서 번상(蕃商)들에 의해 교역이 이루어진다. 『제번지』에 의하면, 유향의 종류로는 최상류에 연향(棟香, 일명 적유滴乳), 다음으로는 병유(餠乳)·병향(餠香)·대향(袋香)·유탑(乳榻)·흑탑(黑榻)·수습흑탑(水濕黑榻) 등 10여 종이 있다.

1966년 한국 경주(慶州) 불국사 석가탑(佛國寺釋迦塔)에서 유향(儒香, 乳香)이 발견되었다. 이 유향은 번상(아랍이나 페르시아 상인)들에 의해 수마트라를 거쳐 중국에 반입된 후 신라에 수출되었거나, 아니면 번상들에 의해 직접 수입된 것으로 볼 수 있다.

육계 肉桂, 시나몬 또는 카시아

녹나무과에 속하는 상록교목인 녹나무(학명 'Cinnamomum camphora') 껍질로 만든 향료다. 녹나무 껍질을 벗겨서 껍질 외측의 거칠거칠한 부분은 제거하고 내측의 껍질만 건조시켜 만드는데, 건조되면 껍질이 휘말려서 황갈색의 관상(管狀)이 된다. 보통 1m 길이로 잘라서 여러 대를 한데 묶어 출하한다. 대체로 맛은 감미로운 편이나 약간 매우며 향기가 난다. 이러한 맛은 산지에 따라 조금씩 차이가 있다. 육계의 산지는 인도·스리랑카·중국·일본 등지로서 인

향신료의 일종인 육계

도 이서(以西) 지역에서는 나지 않는다. 그 중 통상 인도(스리랑카 포함)산을 '시나몬'(cinnamon), 중국산을 '카시아'(cassia)라고 부르며 모두 합쳐 '육계'라고 통칭한다. 육계가 언제 처음으로 사용되었는가는 아직 미상이다. 기원전 4000년경에 이집트인들은 유해를 미라로 만들었는데, 아니스나 카민을 소재로 사용하다가 후에는 시나몬이나 카시아로 대체했다고 한다. 『구약성서』「출애굽기」(30장 22~25절)에 보면, 몰약과 함께 시나몬과 카시아로 성스러운 향유를 만든다고 나온다. 이로부터 고대 이집트나 헤브라이(현 이스라엘)에서는 육계가 중요한 향료로 사용되었음을 알 수 있다.

그러나 고대 이집트나 헤브라이에서 사용된 육계의 실체에 관해서는 두 가지 설이 있다. 첫째는 통설로는 인도나 중국의 육계가 아랍이나 아프리카에 운반된 후 이집트나 시리아를 경유해 헤브라이까지 전해졌다는 것이다. 둘째는 성서나 고전작가들이 말하는 '시나몬'이나 '카시아'는 인도나 중국산 육계가 아니라 동아프리카에서 나는 다른 식물이라는 이설(異說)도 있다. 그 근거는 중국은 물론 남아시아와 아랍·아프리카 간의 교통이 그렇게 오래 전에는 있을 수 없었으며, 또한 서로의 용도가 달라서 중국이나 인도에서는 향신료로 사용되었으나 이집트나 헤브라이에서는 일반 향료로 사용되었다는 점이다.

육두구 肉荳蔲

향신료의 일종. 육두구나무의 과실 종자를 말한다. 육두구나무(Myristica fragrans)는 육두구

향신료의 일종인 육두구

과에 속하는 상록교목으로 키는 20m 가량이며 가죽질의 잎은 길이가 10cm쯤 되고 표면은 짙은 녹색으로 광택이 있다, 열매는 장과(漿果)로 둥글고 세로의 고랑이 있으며, 익으면 두 조각으로 갈라져 씨를 토한다. 원산지는 말레이 반도와 빈탄(Bintan)섬이며, 스파이스(spice) 중에서 최우수품으로 간주된다. 육두구와 매우 비슷하여 대용품으로 쓰이는 것으로 다년생 나무인 카르다몬(학명 'Elettaria cardamomum')의 종자(보통 카르다몬으로 칭함)가 있다. 이를 중국에서는 백두구(白荳蔲), 혹은 소두구(小荳蔲)라고 부른다. 카르다몬의 원산지는 인도 남부의 말라바르 고원 지대였으나 후일 말레이 반도와 인도차이나 반도 동남부 일대로 번식·확산되었다. 육두구는 5세기경에 빈탄섬에서 인도로 전해졌으며, 10세기 전후에 아랍인들을 통해 유럽에 알려졌다. 육두구가 알려진 후 13~14세기에 이르러 육두구와 정향(丁香)에 대한 유럽인들의 수요는 폭발적으로 늘어났다. 그것은 이 두 가지 향신료가 강력한 방부제일 뿐만 아니라 염장한 어물(魚物)과 육류 요리에 필수불가결한 최상의 조미료이기 때문이었다.

윤선 輪船

인력(人力)으로 추진하는 배. 중국에서 위진남북조시대에 제(齊)나라의 과학자 조충지(祖沖之, 429~500)는 인력으로 항진하는 윤선(輪船)을 만들었는데, 하루에 천리를 항행한다고 일명 '천리선(千里船)'이라고도 하였다. 당(唐)대에는 전래의 이러한 조선술을 이어받아 윤선을 본격

적으로 건조하기 시작하였다. 이러한 윤선은 항속을 높일 뿐만 아니라 무풍(無風)일 때도 항시적으로 가동할 수 있다는 장점이 있다.

『율력연원(律曆淵源)』 100권, 1723년

중국에 유입된 서구의 학문 서적을 집대성한 책. 중국 청(淸) 강희(康熙) 연간(1662~1722)에 그때까지 중국에 유입된 서구의 학문 서적을 집대성하는 작업이 이뤄졌는데, 강희제가 승하한 다음해인 1723년에 『율력연원(律曆淵源)』(총100권)이 출간되었다. 그중 절반이 넘는 것은 『수리정온(數理精蘊)』(53권)이라는 수학에 관한 전문 논저들이다. 이것은 당시 수학을 얼마나 중시하고 있었는가를 말해준다. 강희제 자신은 수학과 천문학 등 자연과학에 큰 관심을 가지고 있었다. 그는 프랑스 선교사 제르비용(J. F. Gerbillon, 장성張誠, 1654~1707)과 부베(J. Bouvet, 백진白晉, 1656~1730)를 소견(召見)하는 자리에서 그들에게 만주어(滿洲語)를 배워서 수학 강의를 해달라는 부탁까지 하였다. 1713년에는 궁내에 산술관(算術館)을 개설해 귀족 자제 30여 명이 수학을 공부하도록 하였다.

『율여찬요(律呂纂要)』

중국 청(淸)나라 초기에 서양 악리(樂理)를 소개하는 음악전서(專書)가 잇달아 출간되었다. 악리에 밝으며 궁내 서양 악단의 수석 악사인 포르투갈 선교사 페레이라(Thomas Pereira, 서일승徐日升, 1645~1708)는 궁전 서양악사인 페드리니(Pedrini, 德理格)와 함께 이 책을 편찬하였다. 이 책은 서양음악의 악리와 5선보(線譜)의 용법 등을 소상히 소개하고 있다. 페드리니는 궁중에서 셋째와 열다섯째, 열여섯째 황자(皇子)들에게 서양 악리를 강의했으며, 서양악기로 중국곡을 연주하기도 하였다.

음악의 동전(東傳)

한(漢)대의 서역 개통과 더불어 서역의 음악도 중국을 비롯한 동아시아 일원에 전래되기 시작하였다. 비록 이질적인 문화 양상이기는 하나, 오히려 그 특이성 때문에 동아시아인들, 특히 중국인들의 호기심을 더 불러일으켰으며, 적극적으로 이를 수용하였다. 그 과정에서 서역적인 음악 요소가 중국의 전통적인 음악 요소와 융합해 새로운 형태의 음악을 창출함으로써 중국의 음악 영역을 넓히고 발전시키는 데 큰 기여를 하였다.

일반적으로 호악(胡樂)이라 불리는 서역 음악의 전래는 한대에서 시작해 위진남북조시대의 지속적인 확대과정을 거쳐 수·당대에 이르러 전성기를 맞이하였다. 한악부(漢樂府) 중에 나오는 고취곡(鼓吹曲) 등 악곡은 대부분이 서역 악곡으로, 반초(班超)의 서역 개통을 계기로 중국 내지에 유입되었다. 그 내용이 변환적(變幻的)이고 음조가 우람해 송대에 이르기까지 낡은 곡에 새 가사를 붙이는(구곡신사舊曲新詞) 방법으로 줄곧 연주되어왔다. 특히 남북조시대에 북위(北魏)와 북주(北周)에서 호악이 성행하였는데, 북위는 악서(樂署)라는 전문 부서까지 설치해 사이가무(四夷歌舞)를 적극 수용하고 권장하였다. 『문헌통고(文獻通考)』에 따르면, 북위 선무제(宣武帝) 이후에 호무(胡舞)를 곁들인 호성(胡聲), 즉 서역악을 즐기기 시작하였다. 사용된 악기는 굴자(屈茨)·비파(琵琶)·오현(五絃)·공후(箜篌)·호고(胡鼓)·동발(銅跋)·타사라(打沙羅) 등이었는데, 그 음조가 비감하고 처량하였다. 이러한 음악은 그 음소로 보아서는 분명히 서역제국에서 유래한 것인데, 거기에다가 여러가지 불교적 음조나 호어(胡語, 서역 언어)까지 혼잡(混雜)되어 난해할 수밖에 없었다. 이렇게 서역 음악의 흐름 속에는 불교적 음악 요소가 가미되어 있음을 알 수 있다.

북주의 경우 무제(武帝, 543~578)가 돌궐녀(突厥女)를 왕후로 취한 후 서역제국과의 친교가 이루어지자, 구자(龜玆)·소륵(疏勒)·안국(安國)·강국(康國) 등의 악사들이 대거 몰려와 서역악의 판도를 더욱 넓혀갔다. 심지어 무제는 흉노 출신의 갈인(鞨人) 백지통(白智通)에게 명하여 장안에 거주하는 호아(胡兒, 서역인)들에게 서역악을 교습하도록 하여 호악의 수용·보급에 열성을 다하였다. 남북조시대에 서역으로부터 유입된 악무를 통칭하여 '산악(散樂)' 혹은 '백희(百戲)'라고 하였는데, 산악의 종류는 수백 종에 달하였다.

수·당시대에 이르러서는 호악이 중국 악부(樂府)에서 하나의 체계로 자리를 잡으면서 중국악의 변화·발전에 큰 영향을 미쳤다. 한대로부터 여러 조대의 악부에 사용된 주요 서역 악기의 전래 및 그 개조·변형과정을 살펴보면 서역악이 중국 음악에 미친 영향관계를 가히 짐작할 수 있다.('비파'항, '공후'항, '필률'항, '가'항, '호각'항, '적'항 참고)

음영화법(陰影畵法)의 동전

고대 중국의 화단사(畵壇史)에서 획기적인 의미를 가지는 것은 로마로부터 인도를 통해 들어온 음영화법을 도입한 것이다. 이러한 화법의 도입은 불화(佛畵)의 유입 및 제작에서 비롯된 것이다. 기록에 의하면 인도승 강승회(康僧會)가 247년에 교지(交趾)로부터 건업(建業)에 첫 불화를 가지고 왔다. 그후 인도나 서역의 중국 주재(駐在) 승려나 법현(法顯)을 비롯한 중국의 도축구법승(渡竺求法僧)들도 불화를 가져왔다. 이를 계기로 진(晉)대부터 화성(畵聖) 위협(衛協)을 비롯한 중국 화가들이 불화를 그리기 시작하였는데, 그 화법은 여전히 전통적인 평면(平面)화법이었다. 그렇지만 그들은 인도 불화를 접하는 과

음영화법의 동전(고구려 수산리 고분의 음양기법 도입, 5세기 후반)

정에서 점차 입체기하(立體幾何) 화법인 음영화법에 흥미를 가지고 수용하기에 이르렀다.

6세기부터는 이러한 화법을 통칭 요철(凹凸)화법이라고 하였다. 이 화법은 명암(明暗)의 방법을 채용해, 가까이 보면 평면이지만 멀리서 보면 요철이 있는 것처럼 보임으로써 입체감을 주는 화법으로, 중국 양(梁)대의 화가 장승요(張僧繇)가 즐겨 사용하였다고 한다. 장승요를 이어 수(隋)대의 전자건(展子虔)과 당(唐)대의 오도현(吳道玄, 700~760) 등 일세의 명화가들도 요철화법으로 명작을 남겼다. 그들은 이러한 화법으로 불화(佛畵)뿐 아니라 일반 인물화나 산수화도 그렸다. 오도현이 장안(長安)과 뤄양(洛陽)의 유명 사찰에 그려 붙인 벽화만 3만여 점에 달하였다. 당대 전반에 걸쳐 불화는 벽화가 위주였지만, 말엽에는 비단천 같은 곳에 아미타불이나 관세음·지장보살 등을 그리는 번화(幡畵, 깃발그림)가 유행하기 시작하였다.

의상 義湘, 625~702년

신라 화엄종(華嚴宗)의 시조. 중국의『송고승전(宋高僧傳)』에는 박씨(朴氏)로 나와 있으나 한국의『삼국유사(三國遺事)』등을 참고하면 김씨(金氏)라는 설이 유력하다. 신라 계림부(鷄林府) 출신으로 '부석존자(浮石尊者)' '원교국사(圓敎國師)'란 칭호를 갖고 있다. 29세에 황복사(皇福寺)로 출가했다가 650년 원효(元曉)와 함께 당나라에 가려고 했으나 실패하였다. 도당을 포기한 원

효와는 달리 불퇴전(不退轉)의 의지로 669년 상선을 타고 중국 산둥성 등주(登州, 일설은 양저우揚州)를 거처 장안에 도착하였다. 종남산(終南山) 지상사(至相寺)의 지엄(智儼)을 사사하고 화엄경을 연찬하였다. 670년 귀국해서는 태백산에 부석사(浮石寺)를 세워 화엄의 전도에 진력하였다. 제자의 양성에도 노력을 기울여 오진(悟眞)·지통(智通)·표훈(表訓) 등 10명의 대덕을 배출하고, 화엄사와 해인사(海印寺) 같은 명찰에서 포교 강설(講說)을 하였다. 그에 관한 영묘불가사의(靈妙不可思議)한 이야기가 많은데, 대표적인 것이 부석사 창건 설화다. 그의 현존 저서로는 『화엄일승법계도(華嚴一乘法界圖)』와 『백화도량발원문(白花道場發願文)』 등이 있다.

『**의전(醫典)**』 *al-Qānūn*, 5권, Ibn Sina 저, 11세기 초
교류의 문헌적 전거로서의 학문 연구서(의학). 중세 이슬람세계의 가장 걸출한 의학자인 이 책의 저자 이븐 시나(Ibn Sina, 라틴어명 Avicenna, 980~1037)는 고대 그리스와 로마, 아랍의 의학 성과와 이집트·시리아·인도·중국의 의약술을 집대성하여 이 책을 저술하였다. 예컨대 그는 중국의 전통 맥학(脈學)을 수용하였는데, 그가 열거한 48종의 진맥법 중에서 35종은 중국의 진맥법과 동일하다. 또한 이 책에 수록된 8천여 종의 약물 중에는 육계(肉桂)나 대황(大黃)·우황(牛黃) 등 중국 특유의 약재가 들어 있다. 이 책은 12세기에 라틴어로 번역되어 유럽에서 '의학경전(醫學經典)'이란 평을 받고, 17세기까지 유럽 각 대학에서 교재로 사용되었다.

의정 義淨, 속명 張文明, 635~713년
중국 당대의 서행 불승. 법현(法顯)·현장(玄奘)과 함께 중국 3대 도축구법승의 한 사람인 의정은 범양(范陽, 현 베이징) 출신(일설은 산둥성 제주齊州)으로 어려서 출가해 15세 때 도축구법을 결심하였다. 36세 때인 671년에 양저우(揚州)에서 광저우(廣州)로 가서 해로로 도축길에 올랐다. 해로로 왕복한 의정의 도축 노정과 그 행적은 다음과 같다.

671년 11월 광저우 출발 → (남행, 근 20일간) 불서국(佛逝國, Vijaya, 즉 실리불서室利佛逝 Sri Vijaya, 현 수마트라의 팔렘방Palembang 일대), 반년간 체류, 불경과 성명학(聲明學) 공부 → (북행) 불서국의 속령인 말라유(末羅瑜, 현 수마트라의 잠비Jambi 지방), 2개월간 체류 → (북행) 갈다국(羯荼國, 적토赤土, 현 말레이 반도 서안의 케다Kedah주) → (서북행, 10여일간, 672년 12월) 나인국(裸人國, 현 인도의 니코바르Nicobar와 안다만Andaman 제도) → (서북행, 약 반달간, 673년 2월 8일) 동천축의 탐마립저(耽摩立底, 현 탐루크Tamluk), 1년간 체재하면서 산스크리트어와 성문론(聲聞論) 공부 → (674년 5월) 중천축행, 도중 발병으로 5리 걷는 데 백번 쉬어감, 산적(山賊)이 기승을 부림 → 마게타국(摩揭陀國)·나란타사(那爛陀寺)·기사굴산(耆闍崛山, 영취산 靈鷲山)·대각사(大覺寺, 마하보리사摩訶菩提寺) 등 불적 참배 → (북행) 폐사리(吠舍釐, 바이살리Vaisali) → 구시나게라(拘尸那揭羅, 쿠시나가르Kushinagar, 석가 열반처) → 겁비라벌솔도국(劫比羅伐窣堵國, 카필라바스투Kapilavastu 석가 탄생지) → 실라벌실저(室羅伐悉底, 스라바스티Sravasti, 석가 장기 설법처) → (남행) 파라닐사국(婆羅疦斯國, 바라나시Varanasi, 초전법륜처初轉法輪處) → 계족산(鷄足山, 쿡쿠타파다기리Kukkutapadagiri산) → 나란다사 10년간 체재, 불경과 인도 의술 연찬 → (귀로, 685) 탐마립저, 도중 강도 피습 → 갠지스강 하구에서 승선, 동행 → 갈다국 → 불서국, 범본삼장(梵本三藏) 50여만 송(頌) 휴대, 가져온 불전 정리 및 역경, 『남

해기귀내법전(南海寄歸內法傳)』(4권)과 『대당서역구법고승전(大唐西域求法高僧傳)』(2권) 저술 → (689년 7월 20일) 역경과 저술에 필요한 먹과 종이를 구하기 위해 광저우에 도착 → (689년 11월) 정고(貞固)·도홍(道弘)·대진(大津) 등과 함께 불서(佛逝)행 → (691년 5월 15일) 대진법사가 의정이 번역·출간한 잡론(雜論) 10권과 전술한 두 저서를 휴대하고 광저우에 도착 → (695년 여름) 의정은 10년간 체류하던 불서를 떠나 25년 만에 뤄양에 귀착, 범본경률론(梵本經律論) 400부 50만송(頌)과 금강좌불상 1구, 사리 300과를 가져왔다.

이렇게 대덕고승 의정은 육로로 왕복한 현장(玄奘)과는 달리 해로로 왕복함으로써 노정이나 그 과정에서의 행적은 비교적 단순하지만, 전체 도축구법 기간은 24년간(671년 11월~695년 여름)으로 현장의 18년간(627년 8월~645년 1월)보다 더 길 뿐만 아니라, 저술도 현장(1권)보다 더 많은 3권을 남겼다. 그리고 역경(譯經)의 분량에서는 현장과 비견되지는 않지만, 질이나 조직 면에서는 현장의 그것을 계승·발전시켰으며, 율장(律藏)의 번역에 치중하여 역경의 한 경지를 개척하였다. 의정은 저술과 역경에서 가히 3대 도축구법승의 한 사람답게 큰 업적을 남겼다.

『남해기귀내법전』(4권)은 인도와 동남아시아의 불교·역사·지리·풍습·의학 등 여러 방면에 관해 기술하고 있다. 특히 인도의 불교학의 기풍과 율종(律宗)의 일상의식을 소개하고 불교학에 대한 자신의 기본인식도 아울러 천명하고 있다. 『대당서역구법고승전』(2권)은 당대의 태종·고종·측천무후(則天武后) 3대에 걸친 서행구법승 60여 명(본인 포함)의 행적과 인도 불교의 부파(部派)에 관해 기술하고 있다. 이상의 두 저서는 7세기의 인도와 동남아시아의 역사·지리·문화, 특히 불교사를 연구하는 데에 중요한 1차적 자료원으로 평가되고 있다. 그밖에 산스크리트어에 정통한 의정은 『범어천자문(梵語千字文)』(1권)을 편찬하였는데, 이것은 중국의 첫 산스크리트어 교습서다. 모두 995개의 산스크리트 어휘를 수록하였는데, 글자마다 곁에 한자 역음을 붙이고 아래에 한자 대역(對譯)을 넣어 학습에 편리하도록 하였다.

저술뿐만 아니라 역경에서도 의정은 특출한 기여를 하였다. 그는 불서(佛逝)에 체류할 때에 이미 역경에 착수해 여러 권의 불전을 역출하였다. 귀국 직후 우기(于闐)의 화상(和尚) 실차난타(實叉難陀)와 함께 『화엄경(華嚴經)』을 공역하였으며, 707년부터 712년까지 12년간 그는 경전 56부 230권을 번역하였다. 의정은 율부(律部)의 역경을 위주로 하였지만, 유가(瑜伽)나 밀종(密宗) 방면의 경전도 다수 역출하였다. 706년 중종(中宗)이 장안의 대천복사(大薦福寺)에 역장(譯場)을 설치하자 의정이 역주(譯主)가 되어 당대의 역경 작업을 총지휘하였다. 그는 선배인 현장의 역경풍(風)을 계승해 역장을 치밀하게 조직·운영하였다. 의정은 장안과 뤄양 두 경사(京師)의 역장을 총괄하면서 역주 예하에 독범문(讀梵文)·증범문(証梵文)·증문(証文)·증의(証義)·증역(証譯)·필수(筆受)·윤문정자(潤文正字)·감호(監護) 등 부서를 두어 역경 과정을 전문화해 역경의 질을 최상으로 보장하였다. 그는 역경 사업에 토화라(吐火羅)·중천축·동천축·계빈(罽賓)·가습미이(迦濕彌爾, 카슈미르) 등 여러 나라 명승(名僧)들을 영입하였으며, 역문의 감수는 수문관대학사(修文館大學士)·병부상서(兵部尚書)·중서시랑(中書侍郎)·이부시랑(吏部侍郎) 등 20여 명의 문사고관들도 참가시켰다.

『이고리군기(軍記)』 *Slovo o Polku Igoreve*, 작가 미상
중세 러시아의 서사적 문학작품. 남러시아의 한

도시의 지배자 이고리(1151~1202)가 1185년에 발동한 원정을 묘사한 작품이다. 비록 3천 개 어휘에 불과한 단편이지만 풍부한 이미지와 시적 비유, 서정적 감흥이 뛰어나 키예프 루시 문학의 대표적 걸작으로 꼽힌다. 작품의 배경은 초원지대에서 러시아인과 유목민들 간에 맺어진 이러저러한 사회적·문화적 관계다. 어휘 중에는 투르크계 언어의 기원과 관련된 단어들이 많아서 투르크계 언어를 연구하는 데 소중한 자료원이 된다.

이단 異端, heresy

원래 '이단(異端)'이란 의미의 헬라어 '헤 하이레시스'는 '선택' 또는 '선택된 것' '선택하는 행위'를 뜻하였으나, 후에는 어떤 특정한 철학이나 학파의 주의나 교의를 공포하는 자나 집단을 지칭하였다. 기독교에서의 '이단'이란, 성서에 입각한 기독교 신앙을 임의로 변형 왜곡하고 역사적 근거를 가진 교리와 교훈을 배척하는 자나 집단을 가리킨다. 대표적인 예로 431년 에베소 종교회의에서 네스토리아파를 이단으로 정죄파문(定罪破門)한 것을 들 수 있다.

이드리시 Abu Abdu'l llāh Mohammad Ibn Abdu'l llāh Ibn al-Idrīsī, 1099~1166년

중세 아랍의 지리학자이자 여행가. 스페인 코르도바의 아랍-무슬림 가정에서 태어나 시칠리아섬에서 로제르 2세(재위 1130~1154)의 궁전학자로서 일생을 지리학 연구와 여행에 바쳤다. 16세 때부터 지중해를 중심으로 한 유럽과 아프리카·아랍 제국, 그리고 멀리 아시아 일대까지 수차례 역방하면서 지리지식의 현지 고증과 지도 제작에 진력하였다. 여기에 로제르 2세의 칙령에 따라 조직된 전문위원회가 각지에 파견되어 자료수집과 확인, 고증을 담당함으로써

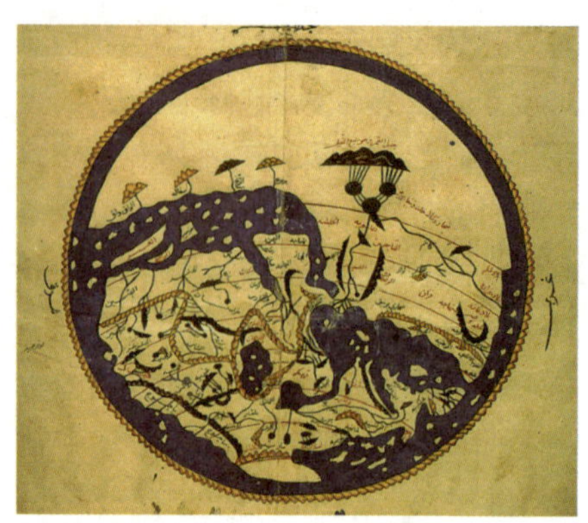

'신라'가 명기되어 있는 이드리시의 세계지도(1154년 제작)

이드리시의 저술과 연구활동을 적극 뒷받침하였다. 그의 대표적 저서인 『천애횡단갈망자(天涯橫斷渴望者)의 산책(散策)』(*Nuzhatu'l Mushtāq fi Ikhtirāq'l Afāq*), 일명 『로제르서(書)』(*Tabula Rogeriana*)는 선행한 어떤 지리서도 필적할 수 없는 중세 지리 연구의 진서(珍書)로, 17세기 초부터 번역되어 유럽 여러 대학에서 지리학 교재로 채용되었다. 이드리시는 이 책 속에 1매의 세계지도와 70매의 지역도를 첨부하였다. 그는 재래의 7기후대설(氣候帶說)을 좇아 지역도를 그렸는데, 매 지역(iqlīm)을 서에서 동으로 다시 10등분하여 각기 지도 1매씩, 총 70매의 지역도를 완성하였다.

그러나 그의 세계지도는 여전히 남을 위로, 북을 아래로 하는 방위 설정이나, 대양이 육지를 에워싼 점이나, 지중해와 인도양의 접점을 수에즈 지협(地峽)으로 설정한 것 등 전통적 이슬람 지리학의 오류를 답습하였다. 그렇지만 지중해의 해안선이나 서부 이슬람세계에 관한 표기 등은 상당히 세심하고 정확하다. 이드리시는 지도뿐만 아니라 무게 400라트르(1라트르는 3.944g)의 타원형 은제지구의(銀製地球儀)를 제작했는데, 그 표면에는 7개 기후대 내의 국가 및 지역명과 해양·하천·지역 간의 거리까지 상세히 음각하였다. 특히 이드리시는 이 책에 그가 제작한

세계지도를 소개하면서, 지도의 제1구역도 제10부분도에 5개의 섬으로 된 신라 지도를 실었다. 이것은 서방의 세계지도에 한반도(신라) 지도가 게재된 최초의 경우다. 그러면서 이드리시는 이 지도의 발문(跋文)에서 신라에 관해 "그곳(신라)을 방문한 여행자는 누구나 정착해 다시 나오고 싶어 하지 않는다. 그 이유는 그곳이 매우 풍족하고 이로운 것이 많은 데 있다. 그 가운데서도 금은 너무나 흔하여 심지어 그곳 주민들은 개의 쇠사슬이나 원숭이의 목테도 금으로 만든다. 그들은 또 스스로 옷을 짜서 내다 판다"고 전하고 있다.

이르쿠츠크 Irkutsk

이르쿠츠크는 시베리아 초원로를 따라 그 연변에 세워진 도시들 가운데에서 근 400년의 역사를 가진 가장 오래된 도시다. 1615년 러시아의 시베리아 개발에 앞장섰던 카자크(Kazak) 기병들이 안가라 강변에 만들어놓은 자그마한 기지촌으로부터 시작된 이 도시는 점차 동시베리아 경략의 거점으로 확장되었다. 이러한 정책의 일환으로 발전을 거듭하여 1686년에는 도시로 승격하였으며, 18세기 초엽에 이르러서는 시베리아 정치 경제의 중심지로 급부상하였다. 18세기 중엽에 이르쿠츠크 원정대와 상인들이 알래스카까지 진출함으로써 이르쿠츠크는 시베리아의

데카브리스트 박물관 외관

맹주로 군림하게 되었다. 그러나 그때까지만 해도 이 도시는 시베리아 고풍이 켜켜이 쌓인 '러시아의 이르쿠츠크'로 남아 있었다. 그러다가 19세기에 들어와서 유형지로 변하면서, 특히 유배를 온 청년 혁명가들인 데카브리스트(Dekabrist)들과 그 부인들의 기막힌 순애보(純愛譜)에 의해 시베리아 동토에 자유와 근대 문명의 훈풍이 불어닥쳤다. 이에 따라 이곳은 '시베리아의 파리'로 파격적인 위상 변화가 일어났으며, 시베리아 고풍을 녹여낸 '파리풍(風)'은 이곳 사람들의 끈질긴 노력으로 면면히 이어져왔다.

이러한 노력으로 인하여 이르쿠츠크의 주택을 비롯한 전통 건물들은 크기나 외양에서 같은 것이 거의 없을 뿐만 아니라, 아기자기한 색깔과 문양은 기괴할 정도로 다종다양하다. 이곳 사람들은 무언가 서로 달라야 신이 식별하고 제대로 찾아온다는 속설을 믿는다. 도식을 피하고 다양성을 추구하는 이곳만의 개성이다. 현대적 건물도 전통을 따라 탈러시아적인 서구식으로 지으며 꾸미고 있다. 샤머니즘과 러시아 정교회가 추구하는 전통양식과 유럽의 바로크 양식이 혼합된 이른바 '시베리아 바로크' 형식의 독특한 건물이 눈에 많이 띈다. 이곳에는 유명한 즈나멘스키(Znamenskiy) 수도원이 있다. 1689년 문을 연 이 수도원은 이르쿠츠크와 울란우데·치타 지역까지 관장하는 동시베리아 정교회의 본산이다. 300여 년이 지난 지금까지도 예배가 진행되고 있는 수도원으로, 내부는 화려한 프레스코화로 장식되어 있다. 유명 인사들이 묻힌 공동묘지도 함께 있는데, 특히 이 묘역에는 알래스카와 쿠릴(Kuril) 반도를 발견한 '러시아의 콜럼버스' 셸리호프(G. I. Schlikhov)가 묻혀 있다. 그의 묘비에는 그의 업적을 기리는 지도와 컴퍼스·닻·원고 등이 청동으로 부조되어 있다.

이리 伊犁, Ili

중국 신장성(新疆省) 서북부 러시아 국경에 가까운 분지. 이 분지를 관류하는 강의 이름을 '이리하'라 부르기도 한다. 이리의 경우 청대에는 하미—바르쿨(파리곤巴里坤)—쿠처—우루무치—이리로 이어지는 톈산 북로(天山北路)의 요지로 알려졌으며, 여러 유목 왕국들이 활동하던 중심지이기도 하였다.

서돌궐(西突厥)은 6세기 말부터 7세기 전반까지의 기간에 중가리아에서 서투르키스탄에 이르는 광활한 지역에서 활동하였는데, 그들의 주요 거점 중의 하나인 궁월성(弓月城)이 현재 이리 지방의 쿠르자(이닝시伊寧市) 부근에 있었다고 한다. 그후 서돌궐이 쇠퇴하고 투르기시(돌기시突騎施)가 중가리아의 서부에서 출현하였는데, 당시 이 궁월성은 투르기시의 소아(小牙), 즉 부도(副都)였다. 당대에 이곳은 북정도호부(北庭都護府, 비슈발리크)로부터 쇄엽(碎葉, 수이아브)에 이르는 이른바 '쇄엽로'의 중요한 중계 지역이었다. 몽골제국 시대에는 이리 지방을 '알말리크'로 불렀으며 교통의 요지로 적극 활용하였다. 중국으로부터 서역지방으로 여행한 장춘진인(長春眞人)의 기록에 의하면 토착민들은 이곳에서 생산되는 과실을 '알말리크'라고 불렀는데, 그것으로부터 이 고장의 이름이 유래하였다고 한다. 알말리크는 차가타이가 칭기즈칸으로부터 봉지(封地)를 사여받고, 톈산 북쪽으로부터 사마르칸트까지의 지역을 망라한 차가타이 칸국을 세웠을 때 그 수도이기도 하였다. 17세기에 이르러 중가리아에서 중가르 칸국이 흥기하자 이리는 그 중심지가 되었다. 중가르 칸국은 1755년 청조의 원정으로 본거지인 이리 지방을 잃고 멸망하였다. 중가르 칸국을 멸한 청조는 1760년 이리 지구에 액로특총관(額魯特總管)을 설치하였다가 후에는 이리변사대신(伊犁弁事大臣)으로

개명하였다. 1762년부터는 이리(伊犁) 장군으로 하여금 중가리아와 톈산 남북로 일대를 통치하도록 하고, 1764년에는 이리하 북안에 혜원성(惠遠城)을 건설해 장군의 거성으로 만드는 것을 시작으로 '이리 칠성(七城)'을 축조하였고, 이후 2성을 추가하여 '이리 구성(九城)'이 되었다. 그중 이리하 우안에 있는 영원성(寧遠城)을 러시아인들은 '쿠르자'라고 부른다. 1771년에는 17세기 중엽 청조의 침입을 피해 러시아의 볼가강 하류에 도피했던 토르구트인 일부가 이리에 이주하였다.

이리 지구는 러시아와 국경을 접한 요지이며, 복잡한 인종 구성으로 인해 19세기 이래 중대한 사건들이 자주 발생하였다. 차르 러시아제국은 19세기부터 중앙아시아에 진출해 중국 청조 치하의 동투르키스탄과 직접적인 교섭을 진행하였다. 러시아는 1851년에 청조에게서 이리와 타르바가타이에서 무관세 자유무역을 할 수 있는 권한과 영사의 임명에 대한 동의를 받아냈다. 이것을 '이리통상조약'이라고 한다. 1862년 산시(陝西)·간쑤(甘肅)에서 둥간(東干)인(한인 이슬람교도)의 난이 일어났는데, 그 영향이 신장(新疆) 지역으로 파급되어 이리 지역에서 압박을 받아오던 타란치(Taranchi)인들이 둥간인들과 함께 봉기를 일으켜 1867년에 '이리 칠성(七城)'을 점령하였다.

한편 야쿠브 베그(Yakub Beg)는 1865년에 타림 분지의 서부를 점령하고 카슈가르 칸국을 건립한 후, 1871년에 이리 지구에 침입하였다. 이에 대해 러시아는 러시아인과 자국의 권익 보호를 구실로 1871년 이리에 군대를 파견하고, 쿠르자를 점령하였다. 이것이 이른바 '이리 사건'이다. 러시아가 이리 지구를 반환하는 대신, 청조는 타르바가타이 북부의 자이산 노르 동부를 러시아에 내주고, 900만 루블의 금을 지불해 신장

을 러시아 무역의 개방지로 허락할 것을 협약하였다. 이것이 이른바 '이리 조약'이다. 그러나 그 후에도 이리 지구의 불안정한 상태는 계속되었다. 1931년 신장성에서 회교도(回敎徒) 마중잉(馬仲英)의 난이 일어나자, 당시의 신장성 주석 진쑤런(金樹仁)은 소련에 원조를 요구하였다. 소련은 신장성에서의 통상권을 획득하기 위해 군대를 파견해 마중잉의 난을 진압하였다. 1933년 진쑤런이 실각하고 성스차이(盛世才)가 주석직에 취임하였는데, 그는 더욱 더 친소 정책을 시행하고 부주석에 위구르인 하와지 니야즈를 기용해 신장성을 통치하였다. 그러다가 1941년 성세재는 소련을 등지고 장제스(蔣介石)에게 충성을 맹세하였다. 그러나 1944년 소련이 대독 전쟁에서 승리하자 성스차이는 소련에 접근하려고 하였으나 실패하고, 그해 8월에 신장을 떠나 충칭(重慶) 국민당 정부의 농림부장에 임명되었다. 이러한 정세하에서 그해 11월 이리 지방의 카자흐족과 위구르족의 폭동이 일어나 쿠르자(이닝 伊寧)에 동투르키스탄 공화국을 건립하였다. 소련은 이 폭동을 지지하였으나 제2차 세계대전 후에는 동투르키스탄 공화국과 신장성 간의 융화책을 유도하였을 뿐만 아니라, 중화인민공화국이 성립(1949)되자, 동투르키스탄 공화국으로 하여금 공화국에 병합되도록 종용하였다. 중화인민공화국이 '지방민족주의'를 불허하자, 1958년부터 신장성에서는 독립운동이 발발하였다. 중소 관계가 악화된 1962년에는 이리 지구의 카자흐족 수만명이 소련 영내로 도주하는 사건이 일어났다. 현재 이리 지구에는 이리카자흐(이리합살극伊犁哈薩克) 자치주가 설치되었으며, 이닝(伊寧)이 주도(州都)로 되었다.

이리하 伊犁河

중국 신장성(新疆省) 서북부 이리(伊犁) 분지를 관류하는 강의 이름. 이리하는 톈산 산맥에서 발원해 이리를 거쳐 카자흐공화국의 발하슈호에 유입된다. 전장 930km의 이리하 하류에는 이 강의 물을 끌어다가 관개하는 농경지가 있다. 이리하는 역사적으로 오래 전부터 알려져왔다. 중국 사서(史書)에는 이열(伊列) 또는 이열수(伊列水)로 나오며, 당(唐)대에는 이려수(伊麗水)라고 하였다.

이마리야키 伊萬里燒

1615년경 일본 규슈(九州) 북부 아리타(有田)의 이마리요(伊萬里窯)에서 한국의 도공(陶工) 이삼평(李參平)이 굽기 시작한 자기다. '이마리야키'라는 이름은 이 자기를 수출하는 이마리항에서 유래하였다. 17세기 중국은 명나라에서 청나라로 이어지는 시기라서 자기 수출을 일시 중단하지 않을 수 없었다. 그리하여 자기 무역에서 많은 이득을 취하고 있던 네덜란드 동인도회사는 중국의 것과 같은 염부(染付, 청화백자)를 생산하기 시작한 이마리요에 대량의 제작·주문을 의뢰해왔다. 이것이 이마리야키가 유럽에 널리 알려지게 된 계기였다.

이밀예 李密翳

일본에 온 첫 페르시아인. 『속일본서기(續日本書紀)』에 의하면, 페르시아인 이밀예는 쇼무(聖武) 천황의 통치기인 덴표(天平) 8년(736) 8월 일본의 견당부사(遣唐副使) 나카토미 나시로(中臣名代)를 따라 일본에 왔다. 그해 11월에 작위를 받았다. (8-194)

이반 페트린(Иван Петрин)의 중국 사행 1618년 5월

러시아의 첫 중국 견사. 15세기 말 모스크바 대공국(大公國)을 중심으로 하여 형성된 제정 러시아는 16세기 중엽부터 동방을 향해 영토를 확장해나가던 끝에 중국과 접경(接境)하기에 이르렀다. 러시아는 중국과의 접촉을 탐색하였는데, 특히 무역에 큰 관심을 갖고 있었다. 한편 당시 영국을 비롯한 서구 나라들이 러시아를 통해 중국으로 가는 길을 모색하고 있었는데, 이것이 러시아의 대(對)중국 접근을 더욱 자극하였다. 그리하여 제정 러시아 중앙정부는 시베리아의 지방장관들에게 인접국과의 교섭권을 부여하였다. 이에 따라 1616년 시베리아 드보르스크의 장관 쿠라킨(И. С. Куракин)은 투메네츠(В. Туменеч)를 몽골 서부 지방에 파견해 중국에 관한 정보를 수집하도록 하였다. 투메네츠는 현지의 중국인들로부터 많은 정보를 얻어 가지고 돌아갔다. 이에 고무된 러시아 정부는 시베리아 장관들에게 중국 관련 정보를 계속 수집하는 동시에, 중국과 접촉할 수 있는 길을 모색하라는 지령을 내렸다.

이 지령에 따라 쿠라킨은 1618년 5월에 카자흐 출신의 이반 페트린(Иван Петрин)을 단장으로 하는 사절단을 중국에 파견하였다. 사절단의 사명은 정보 탐지와 무역로 개척 및 양국 관계 수립이었다. 사절단은 드보르스크를 출발해 우선 몽골 지방에 가서 취득한 정보에 기초해 출사 준비를 마친 후, 1619년(만력萬曆 47년) 9월에 장자커우(張家口)와 쉬안화(宣化) 등지를 거쳐 베이징에 도착하였다. 그런데 그들은 헌상품과 국서(國書, 신임장)를 휴대하지 않았기 때문에 만력 황제의 접견을 받을 수 없었다. 그렇지만 명나라 정부는 사절단을 정중히 접대하고, 명제(明帝)는 러시아 황제에게 친서를 보냈으며, 러시아인들과의 교역을 허용하였다. 그해 10월 사절단은 명제의 친서를 휴대하고 귀국하였다. 그런데 당시 러시아에는 중국어를 아는 사람이 없어서 친서는 번역되지 못한 채 방치되었다. 그러다가 56년이나 지난 1675년(청조 강희康熙 14

년)에 미테스쿠(Н. Г. Митеску)가 중국에 출사하면서, 드보르스크에서 중국어를 아는 한 군인을 만나 그에 의해 이 친서가 비로소 번역되어 번역문을 모스크바에 우송하였다.

페트린은 귀국 후 자신의 중국 출사에 관해 보고서를 작성·반포하였다. 보고서에는 드보르스크에서 베이징까지의 왕복 노정과 중국의 지리·정치·물산·교통·무역·군사 등 각 방면의 정보가 상세히 기술되어 있다. 페트린의 출사 후, 중국이 명·청조 교체라는 격변기를 맞아 약 30년간 양국간의 관계는 일시 중단되었다. 그렇지만 그의 출사는 양국간의 첫 공식 접촉이었으며, 이를 계기로 러시아 정부는 중국에 관한 정확한 정보를 얻어 향후 대중(對中) 외교에 활용할 수 있었다.

이븐 바투타 Ibn Batūtah, 1304~1368년

모로코의 동·서행 여행가. 이븐 바투타의 본명은 아부 압둘라 무함마드 이븐 압둘라 이븐 무함마드 이븐 이브라힘 알 라와티(Abu Abdullah Mohammad Ibn Abdullah Ibn Mohammad Ibn Ibrahim al-Lawati)로, 1304년 2월 14일(이슬람력 703년 7월 17일) 현 모로코 왕국의 서북단에 위치한 국제 무역항 탄자(Tanjah, 탕헤르)에서 베르베르계의 라와타(Lawatah) 부족 가문에서 출생하였다. 30년간(1325~1354)의 여행과정을 제외하고는 그의 삶에 관해 별로 알려진 것이 없다. 본인은 물론, 사촌도 안달루스(al-Andalus, 현 스페인)에서 법관(al-qadi)을 지냈다는 사실로 미루어, 가정은 명문사족(名門士族)에 속한다고 볼 수 있다. 유년 시절에는 전통적인 이슬람 교육을 받아 독실한 무슬림으로 성장하였다. 21세의 젊은 나이에 혈혈단신으로 성지순례와 이슬람 동방세계(al-Mashriq)에 대한 탐험의 길에 나섰다. 여행 기간 내내 그는 샤이크(al-Shaikh)의 신분으로 이슬람세계 각지의 종교계 명사들

과 접촉하고 예우를 받았다. 인도(델리)와 몰디브 제도에서 법관을 역임하였고, 델리 술탄의 특사로 중국 원나라 순제(順帝)에게 파견되기도 하였다. 귀향 후, 1368년(1369?) 사망할 때까지도 줄곧 법관을 지냈다. 지금 탕헤르시(市)에서는 그가 전에 살던 지역을 '이븐 바투타 거리'로 부르고 있다.

그가 세계 주유의 대장정에 오르게 된 당초의 동기는 무슬림의 5대 종교의무의 하나인 성지순례(al-Hajj)를 결행하고, 이를 계기로 동방 이슬람세계에 관한 지식을 탐구하기 위한 것이었다. 그는 제1차 동방여행 기간(1325~1349, 25년간) 중에 원로(遠路)를 마다하지 않고 네 차례나 메카를 찾아 순례함으로써 소기의 첫째 목적을 달성하였다. 이븐 바투타가 동방여행을 하던

14세기는 3대륙을 아우르는 이슬람세계가 여전히 세계의 중심세력의 하나로 이슬람의 다극화(多極化)가 추진되던 시기였다. 1258년에 압바스조 이슬람 통일제국이 멸망한 후, 이슬람세계에는 동방의 일 칸국(Il-Khan, 1258~1388)과 서방의 맘루크조(Mamluk, 1250~1517), 그리고 이베리아 반도의 나스르조(Nasr, 1230~1492)를 위시한 지역적 중심세력이 형성됨으로써 다중심적(多中心的) 다극화 현상이 나타났다. 그 결과 이슬람 문화의 토착화와 이에 따르는 이슬람 문화의 지역적 특성이 가시화되기 시작하였다. 이슬람세계와 이슬람 문화의 이러한 새로운 변화 추세는 이븐 바투타의 탐구적 호기심을 불러일으켰다. 이슬람 문화의 다극화와 지역화 과정에서 포교에 선도적 역할을 한 것이 수피즘

이븐 바투타의 30년간 3대륙 여행 노정도(1325~1354)

(al-Tasawwuf), 즉 신비주의(神秘主義) 교단이었다. 수피즘의 수도장(정사精舍)인 '자위야'(al-Zawiyah)는 포교활동의 거점인 동시에 무슬림 여행자들의 숙소이자 보급기지이기도 하였다. 도처에 있는 이러한 '자위야'의 존재는 이븐 바투타의 여행을 실현 가능하게 한 현실적인 요인의 하나였다. 이와 함께 그가 대탐험을 성공리에 단행할 수 있었던 또 다른 배경은 세계에 관한 아랍-무슬림들의 축적된 지식이었다. 특히 바투타보다 앞서 세계를 여행했던 무슬림들의 여행 관련 기록은 이븐 바투타의 여행에서 참고서와 길잡이 역할을 하였다.

이러한 시대적 배경 속에서 장장 30년간 10만여km를 답파한 이븐 바투타의 세계적 대여행과 탐험의 전 과정은 크게 3개 부분으로 이루어져 있다. 첫 부분은 25년간의 동행(東行, 아시아)이고, 둘째 부분은 2년간의 북행(北行, 유럽)이며, 셋째 부분은 3년간의 남행(南行, 아프리카)이다.

첫 부분인 동행은 고향 탄자(탕헤르)를 출발해 북아프리카·서아시아·중앙아시아·인도·동남아시아를 거쳐 중국 칸발리크(베이징)까지의 왕복여행이다. 그 주요 노정은 다음과 같다. 즉, 1325년 6월 14일 탄자 출발 → 튀니스 → 알렉산드리아 → (1326년 7월) 카이로 → 아이자브(상이집트, 홍해 서안) → 카이로 → (1326년 8월) 다마스쿠스 → 메디나 → (1326년 11월) 메카 → 메디나 → 나자프(이라크) → 바스라 → (1327년 5월) 이스파한(이란) → 바그다드 → 타브리즈(트빌리시) → 바그다드 → 모술(이라크) → 바그다드 → 나자프 → 메디나 → 메카(1328~1329) → 지다(홍해 동안) → 사나(예멘) → 모가디슈(소말리아) → 쿨와(잔지바르) → 자파르(아라비아 반도 남단) → 오만 → 호르무즈 → 바레인 → (1331) 메카 → 지다 → 카이로 → 예루살렘 → 라타키아 → 알리야(터키) →

아르줄룸(흑해 동남부) → (1333년 9월) 바르사(터키) → 사눕(흑해 남안) → 카르시(크림 반도) → 콘스탄티노플 → (1334년 5월) 불가르(볼가 강 중류) → 사라이(킵차크 칸국 수도) → 호라즘(아랄해 서남부) → 부하라 → 사마르칸트 → 발흐 → 바스탑(마슈하드?) → 카불(아프가니스탄) → 라하리(인더스강 하구) → 물탄 → 델리(1335년 초~1342년 7월 22일) → 칸바야(인도 서해안) → 산다부르(인도 서해안, 1342년 10월 ~1343년 1월) → 칼리쿠트(캘리컷) → (1344년 8월) 지바툴 마할(몰디브 제도) → 실론(스리랑카) → 파탄(인도 동남해안) → 칼리쿠트 → 지바툴 마할 → 살라마트(인도 동북부, 벵골 지방) → 바라흐나카트(미얀마 서해안) → 수마트라 → 카물라(말레이 반도 동해안) → 카일루카리(브루나이 동쪽섬) → (1346?) 자이툰(중국 취안저우泉州) → 센스칼란(광저우廣州) → 자이툰 → 칸사(항저우杭州) → 칸발리크(베이징北京) → (귀로) 칸사 → 자이툰 → 스무트라(수마트라) → (1346년 12월) 칼리쿠트 → (1347년 4월) 자파르 → 호르무즈 → 시라즈(이란) → 이스파한 → 바스라 → 바그다드 → 다마스쿠스 → (1348년 6월) 할랍(일명 알레포, 시리아) → 가자(팔레스타인) → (1349년 4월) 카이로 → 아이자브 → 지다 → (1348년 11월) 메카 → 메디나 → 가자 → 카이로 → 알렉산드리아 → 튀니스 → 사르데냐섬(지중해) → 틸림산(알제리) → (1349년 11월 8일) 페스(마리니야조 수도, 모로코) 귀착.

둘째 부분인 북행은 수도 페스를 출발해 지브롤터 해협을 건너 당시 이베리아 반도에서의 마지막 이슬람 왕조인 나스르조의 수도 가르나타(그라나다)까지 갔다가 귀향한 후, 이어 모로코의 남부 도시 마라케시를 에돌아 페스로 돌아오는 여행이다. 그 주요 노정은 다음과 같다. 페스 출발 → 탄자(탕헤르) → 삽타(세우타) → 자발 파트흐('정복의 산', 지브롤터) → 가르나타 → (귀로) 자발 파트흐 → 삽타 → 탄자 → 실라(라바트 부근) → 마라케시 → 메크네스 → 페스 귀착.

셋째 부분인 남행은 페스에서 남하해 사하라 사막을 횡단, 내륙 아프리카까지를 왕복하는 것으로 이는 사상 초유의 여행이었다. 그 주요 노정은 다음과 같다. 페스 출발 → (1352년 2월 18일) 시질마사(모로코 남부, 사하라 사막 입구) → 타가자(말리 북부) → 이왈라탄(모리타니아 동남부) → 말리(말리 서남부, 1352년 6월 28일~1353년 2월 27일) → (1353년 9월 11일) 타캇다(니제르) → 부다(알제리) → (1353년 12월 29일) 시질마사 → (1354년 1월) 페스 귀착. 이븐 바투타는 이상의 3대륙 여러 지역을 두루 여행하면서 직접 보고 들은 기사이적(奇事異蹟)을 기록하였는데, 그 책은 일반적으로 『이븐 바투타의 여행기』(Rihlatu Ibn Batūtah)로 알려져 있다.

『이븐 바투타 여행기』 *Rihlatu Ibn Batūtah*

이븐 바투타는 이상의 3대륙 여러 지역을 두루 역방하면서 직접 보고 들은 기사이적(奇事異蹟)을 총 502문단으로 구성된 여행기 속에 담았다. 연대기 형식으로 된 이 현지 견문록의 아랍어 원제(原題)는 『여러 지방의 기사(奇事)와 여러 여로(旅路)의 이적(異蹟)을 목격한 자의 보록(寶錄)』(Tuhfatud Nuzzar fi Gharaibil Amsar wa Ajaibil Asfar)이다. 일반적으로 『이븐 바투타 여행기』(Rihlatu Ibn Batūtah)로 알려져 있다. 원제의 한국어 역명(정수일 번역)은 '수방편답기문보록(殊邦遍踏奇聞寶錄)'(부제)으로 축약하였다. 마리니야조(al-Mariniyah) 술탄 아부 아난(Abu Anan)은 27년간의 아시아와 유럽 여행을 마치고 내륙 아프리카를 여행하던 이븐 바투타에게 특사를 급파해 수도 페스(Fes, 모로코의 고도)로 소환하였다. 그리고 재상 아부 압둘라 알 와타시(Abu Abdul Lah al-Watasi)의 제의에 따라 이븐 바투타에게 여행기를 집필하도록 유시(諭示)를 내렸다. 유시를 받은 이븐 바투타는 여행기 집필에 잠심몰두(潛心沒頭)해 귀향 후 2년도 채 못 되는 1355년 12월 9일(이슬람력 756년 12월 3일)에 드디어 집필을 끝냈다. 지금은 소실되어 전하지 않지만, 이븐 바투타가 직접 쓴 그 여행기가 바로 『이븐 바투타 여행기』의 원본이자, 진본(眞本)이다. 그러나 '가급적 언사를 다듬고 윤색하여 그 뜻을 명확히 살피라'는 술탄의 교지(教旨)를 받은 궁정 시인이며 당대의 명문장가인 이븐 주자이 알 칼비(Ibn al-Juzayī al-Kalbī)는 1356년 2월(이슬람력 757년 2월) 여행기 원본에 대한 약 3개월간의 요약 필사 작업을 마쳤다. 오늘까지 알려지고 있는 이른바 『이븐 바투타 여행기』는 이븐 바투타가 직접 쓴 원본이 아니라, 이븐 주자이가 요약 필사한 요약본이다. 따라서 이븐 바투타가 구술한 것을 이븐 주자이가 필사한 것이 현행 여행기라고 하는 대부분의 선행 연구자들의 주장은 분명히 사실과는 다른 오류로서 마땅히 시정되어야 할 것이다.

『이븐 바투타 여행기』에는 문자 그대로 삼라만상이 다 들어 있다. 우선 이슬람과 관련해서는 이슬람 성소와 명소, 법관을 비롯한 명사들, 각종 종교의식과 명절 행사, 사원과 자위야(Zāwiyah, 수피파의 수도장)의 건축양식과 운영방식, 금식과 자카트(Zakāt, 이슬람교의 종교부금宗教賦金) 등 종교의무 수행 상황, 여러 교파의 실태, 무슬림과 비무슬림(이교도) 간의 관계, 부분적인 변형과 지역성 등 이슬람교와 이슬람 문화 전반에 관해 세심하게 관찰하고, 이에 대하여 필자가 판단한 것들을 곁들여 기술하고 있다. 다음으로 정치 행정 일반에 관해서는 술탄(군주)의 계위 관계와 가문, 잔인성과 관용성의 이중속성을 지닌 술탄들의 통치 행태, 술탄이나 아미르(장관, 수장)들의 치적과 하사(下賜) 관행, 위정자들 사이의 갈등과 상잔(相殘), 궁정 규모와 궁중의례 행사, 술탄을 비롯한 위정자들의 신앙, 관리 임용과 책봉(冊封), 징세와 관세제도, 각종 행정 시책, 수로를 비롯한 주요 도시들의 규모와 건축 및 시장 현황 등을 상황에 따라 때로는 간략하게, 때로는 지루할 정도로 상세히 언급하고 있다. 그 다음으로 사회생활 면에서는 각종 매매행위와 교환관계 및 상술, 대외교역과 교역품, 물가지표와 통화제도 및 환율, 다양한 의식주, 관습, 특유의 동·식물과 농작물, 수륙 교통수단의 제작과 이용, 도정(道程)과 도로 상황, 관혼상제의 관행, 예법 및 민간요법, 특이한 폐습과 악습 등에 관해 생동감 넘치게 전해주고 있어 가치 있는 문화인류학적 사료로 인정받고 있다. 끝으로 여행기 전편에는 주로 전해들은 고사나 전설, 영험(靈驗)이나 기적에 관한 이야기가 간헐적으로 등장하고 있다. 이러한 것들은 황당무계한 감이 없지 않아서 초역(抄譯)에서는 이러한 내용을 대체로 삭제하고 있다. 그러나 깊이 음미해보면 여느 고사나 전설과 마찬가지로 소기의 전승적 의미가 부여되어 있다. 특히, '바라카'(al-barakah, 길상吉祥, 영복營福)에 의한 영험이나 기적에 대한 내용은 흡사 기복신앙을 연상케 할 때가 있다. 이것은 당시 성행한 수피즘(신비주의)의 기복관(祈福觀)을 반영한 것이라고 볼 수 있다. 이러한 고사나 전설, 영험이나 기적에 관한 이야기는 대표적 여행문학 작품으로서의 이 여행기의 문학성을 한층 높이고, 그 내용을 풍부하게 하며, 다양성을 음미하게 해주는 것이라 말할 수 있다.

이븐 바투타의 여행기가 갖는 의미는 우선, 중세 인문지리학적 자료의 보고(寶庫)로 학문적 연구가치가 높다는 데 있다. 아직까지 이 여행기처럼 중세 동·서양인들의 각기 다른 생활상과 자연 지리적 환경을 포괄적으로 기술하고 있는 기록물은 발견되지 않았다. 특히 내륙 아프리카에 관한 여행기록과 무려 4개의 장을 할애한 이슬람 투글루크조(Tughluq, 1320~1414) 시대의 인도 관련 기술은 이 여행기에서 최초로 언급되고 있는 중요한 부분이다. 또한 이 여행기는 중세 이슬람 문화 전반을 이해하는 데 있어 하나의 지침서로 정평이 나 있다. 뿐만 아니라 당대의 수많은 명류(名流)들을 정확히 거명, 소개하고 있다는 점에서 가히 '인물사전'이라는 평가까지 받고 있다. 요컨대, 이 여행기는 중세 연구에 있어서 높은 사료적 가치를 지니고 있다. 중세의 실상을 재현해주는, 마치 사진의 현상 효과와도 같은 역할을 하고 있다고 말할 수 있다. 또한 그 의미는 중세 동서교류상을 입증해주는 소중한 문헌이라는 데 있다. 원래 여행기, 특히 이질문명 체험 여행기는 그 자체가 일종의 정신문명 교류의 표상이고 촉진제다. 이븐 바투타의 여행기는 당대 동서교류의 대동맥인 실크로드의 오아시스로와 해로, 그리고 대상(隊商)을 비롯한 육·해상 교역 등 동서교류의 제반 실상을 선명하게 전해주고 있다. 특히 도정(道程)이나 도로 상황, 여행지의 생활상 등에 관한 구체적인 소개는 '여행안내'서로도 손색이 없다는 평가도 받고 있다. 여행문학의 좌표를 세운 수작(秀作)이라는 것도 또 하나의 의미라고 할 수 있다. 이 여행기에서는 여행문학 고유의 사실성과 생동성, 그리고 지식 전달의 제반 특성이 명확히 부각되고 있다. 여행문학으로서의 작품성도 돋보이며, 수사학적 언어 표현도 적재적소에 활용되고 있어 명실공히 아랍-이슬람 여행문학의 대표작품이라고 할 수 있다.

인류의 여행사와 탐험사에 길이 빛날 이 보록(寶錄)도 세진(世塵) 속에 묻혀 400여년간 망각되어오다가 1808년 독일의 아랍 탐험가 제첸

(Seetzen)에 의해 처음으로 그 필사본이 발견되어 세인의 주목을 끌기 시작하였다. 그후 여러 나라 말로 번역이 시도됨에 따라 이 여행기에 관한 연구가 심화되어왔다. 최초의 번역본은 영국의 새뮤얼 리(Samuel Lee)가 1829년 런던에서 출간한 영문 초역본(抄譯本)이다. 그후 프랑스의 데프레메리(C. Defremery)와 상귀네티(B. R. Sanguinetti)가 알제리에서 발견된 여행기 전문 필사본을 프랑스어로 완역(完譯)하였다. *Voyages d'Ibn Batoutah*라는 제목의 이 완역본은 전 4권으로, 1853~1858년 기간에 파리에서 출간되었다. 그후 영국의 깁(H. Gibb)은 1929년 *Ibn Battuta Travels in Asia and Africa 1325~1354*라는 제목의 영문 초역본을 내놓은 데 이어, 4권으로 된 완역본을 시도하다가 제3권 번역 도중 사망함으로써 영문 완역본 작업은 끝내 완성을 보지 못하였다. 중국에서는 1985년에 마금붕(馬金鵬)의 초역본 『이본·백도태유기(伊本白圖泰游記)』가 상재(上梓)되었고, 일본에서는 1953년에 마에지마 신지(前嶋信次)의 초역본 『イブン·バットゥータ=3 大陸國遊記』(전문의 1/4분량, 위의 새뮤얼 리의 영문 초역본의 일역으로 추측)가 출간되었으나, 지금은 절판되었다. 지금까지 약 15종의 언어로 번역·출간되기는 하였으나, 완역본으로는 위의 프랑스어 번역이 유일하며, 그밖의 것은 모두 필요한 부분만 가려 뽑아 번역한 초역본이다. 그러나 이제 한국에서도 완역본(정수일 역주)이 출간됨으로써 비로소 『이븐 바투타 여행기』의 '유일 완역본'의 '유일' 자를 떼게 되었다.

이븐 쿠르다지바 Ibn Khurdādhibah, 820~912년

중세 아랍 지리학자. 페르시아의 쿠르다지바에서 태어난 그의 본명은 아불 까심 아비둘라 라 이븐 압둘라(Abu'l Qāsim Abīdu'l llāh Ibn Abdu'l llāh)다. 이븐 쿠르다지바는 그의 출생지 '쿠르다

지바의 아들'이란 아호(雅號)다. 그는 어려서 고향을 떠나 수도 바그다드에 가서 당대 유명한 음악가인 이스하끄 알 무슬리(Ishāqu al-Museli)의 문하에서 음악공부를 하였다. 그러다가 티그리스 강안의 사마라(Samarra)란 산간도시에서 우편관(郵便官)으로 4년간(844~848) 근무하였다. 이슬람제국의 전성기였던 당시에는 바그다드를 중심으로 제국 경내는 물론, 멀리 외국과도 교통이 사통팔달하였으므로 우편관은 정보 수집이나 징세 업무에서 큰 역할을 담당하였으며, 도로 사정을 비롯해 내외의 지리나 정세에도 밝았다. 이븐 쿠르다지바는 우편관 생활을 하던 845년에 주로 각 지역의 도로와 교통관계를 집대성한 지리서 『제도로(諸道路) 및 제왕국지(諸王國志)』를 저술하였다. 그는 이 책에서 아랍-이슬람세계의 교통로와 무역로에 관해 상술하였을 뿐만 아니라 멀리 중국이나 한반도(신라)에로의 여정까지도 언급하였다. 또 그는 당시 중국의 4대 국제무역항을 남에서 북의 순으로 루낀(Luqin)·칸푸(Khānfu)·칸주(Khānjū)·깐투(Qāntu)라고 지적하면서 이들 항구 간의 항행 일정과 각 항구들의 교역품이나 출산품을 일일이 열거하고 있는데, 그 내용이 상당히 정확하다. 이 책에는 신라에 관하여 "중국의 맨 끝 깐수의 맞은편에는 많은 산과 왕국들이 있는데, 그곳이 바로 신라국이다. 이 나라에는 금이 많으며 무슬림들이 일단 들어가면 그곳의 훌륭함 때문에 정착하고야 만다. 이 나라 다음에는 무엇이 있는지 알지 못한다"고 기술하고 있다.

وفى آخر الصين بإزاء قانصو جبال كثيرة وملوك كثيرة وهى
بلاد الشيلا فيها الذهب الكثير ومن دخلها من المسلمين استوطنها
لطيبها ولا يُعلَم ما بعدها
والذى يجبى فى هذا البحر الشرقى من الصين الحرير والفرند
والبيمخاو والمسك والعود والسروج والسمور والغضار والصيلبنى
والدارصينى والخولنجان ،

이븐 쿠르다지바의 『제도로 및 제왕국지』 중 신라 관련 기록

이사파(Izapa) 문화

중미의 고전기 후기 문화. 과테말라와 멕시코의 차파스주(州)의 고지대와 태평양 연안의 고전기 후기에 번영한 문화로서, 얕은 돌 부조(浮彫)가 대표적인 미술양식이다. 내용 면에서는 신화적인 장면과 역사적인 장면이 혼합된 서술적 도상(圖像)이 특징이다. 격투하는 인물, 날아다니는 인물, 방혈의식(放血儀式)을 행하는 인물, 향을 피우는 인물, 물고기가 헤엄치는 물 위에 떠 있는 배에 앉아 있는 인물, 목이 잘려나간 인물, 가마에 실려가는 인물, 신의 가면을 쓴 인물, 물고기를 낚는 '비의 신'과 비슷한 큰 코를 가진 신 등 각종 인물상이 부조되어 있다. 많은 경우 이러한 도상 위에는 빈 하늘이, 그 아래에는 대지라든가 지하계의 추상적인 문양이 조각되어 있다. 석비(石碑)가 많은 것은 제단(祭壇)과 관련이 있는데, 고전기의 마야 문명처럼 '석비-제단 복합' 구조이기 때문이다.

이세돈 Issedon

그리스 역사가 헤로도토스(Herodotus, 기원전 484~424)는 저서 『역사』에서 프로콘네소스(Proconnesus) 출신의 아리스테아스(Aristeas)란 사람이 그의 시가(詩歌) 중에서 동방 무역로를 따라 멀리 이세돈(Issedon)이란 나라에 도착한 사실을 구가하고 있다고 하였다. 헤로도토스가 기술한 동방무역로는 돈강을 출발해 볼가강 유역을 따라 동행하다가 대산림지대를 지나 우랄산맥을 넘은 다음 톈산(天山)을 거쳐 알타이산 지대에 이르는 길이다. 이 알타이산 지대의 끝머리의 어딘가에 이세돈이란 곳이 있을 텐데, 그 위치 비정에 관해서는 현 중국 신장성(新疆省) 하미(哈密, 옛 고창高昌) 부근의 오손(烏孫) 구지(舊址)라는 설(사이크스Sir Percy Sykes)과 티베트라는 설(시라토리 쿠라키치白鳥庫吉)이 있다.

후자는 주로 어원적 고찰에 의거하고 있는데, 티베트어로 '이세'(Isse)는 '티베트족'이고 '돈'(Don)은 '거주지'란 뜻으로서, '이세돈'은 '티베트족들의 거주지', 곧 티베트라는 것이다. 여기에서 중요한 것은 헤로도토스가 유럽인으로서는 처음으로 중국에 관해 언급하였다는 사실이다.

이소스 Issos

시리아 서북의 지중해 해안 도시. 기원전 333년 11월 이곳에서 알렉산드로스의 동정군(東征軍)과 다리우스 3세가 이끄는 아케메네스조 페르시아군 간에 결전이 벌어졌다. 이 결전에서 알렉산드로스의 동정군이 대승을 거두면서 아케메네스조의 운명이 판가름나기 시작하였다.

『이솝 이야기』 *Aesop's Fables*, Aesop 저, 기원전 6세기

동·서간의 문학 교류를 상징하는 최초의 문학 작품(우화집). 저자 이솝(Aesop, 기원전 619?~564)의 출신에 관해서는 인도인이라는 설과 그리스인이라는 설이 있다. 웰커(Welcher)는 비교언어학적 고찰에 근거해 이솝은 '흑인'이란 뜻으로 인도 출신의 흑인이라고 주장하나, 대부분의 연구자들은 그와는 달리 그리스인으로 보고 있다. 그리스인 설에 의하면, 이솝은 소아시아의 프리기아섬에서 출생한 후 사모스섬에서 살았는데, 비천한 목민(牧民)의 가정에서 태어났기 때문에 어릴 적에 노예로 팔려갔다. 비록 그는 '천하에 둘도 없는 추남'이었으나, 이야기꾼으로서의 천부적인 자질을 가지고 있었기 때문에 주인은 그를 자유민으로 승격시켜주었다. 그리하여 그의 명성은 인근 섬들뿐만 아니라, 그리스 전역에 퍼지게 되었으며, 그의 이야기집은 그리스문화의 전파와 더불어 세계에 널리 알려지게 되었다.

막스 뮐러(Max Müller)의 비교언어학적 연구에 의하면 『이솝 이야기』는 인도에서 씌어진 후, 소아시아의 그리스 식민지를 거쳐 그리스인들에게 알려졌다. 이야기의 내용은 대부분이 인도를 비롯한 동방 여러 나라들의 전설이나 우화, 그리고 풍물에 관한 것이며, 그리스적인 것은 거의 없다. 당초에는 이야기들이 흩어져 있었으나, 기원전 317년경에 데메트리우스(Demetrius)가 한 권으로 묶었다고 한다. 로마시대를 거쳐 중세에 라틴어로 된 이 동양적인 동화집이 유럽 여러 나라 언어로 번역되자, 유럽에서는 성서보다도 더 많이 애독하는 책으로 선풍적인 인기를 얻었다.

『이솝 이야기』가 최초로 유럽에 알려지게 된 것은 900년경에 출간된 라틴어 역본 *The Romulus Primitivus*에 의해서다. 이 최초의 역본은 소실되어 전해지지 않으나, 이어서 역시 라틴어 역본으로 950년경에 *The Romulus Valgaris*가, 1050년경에 *The Romulus Nilantii*가 각각 출간되었다. 영국에서는 최초로 전술한 1050년경의 라틴어 역본을 약 반세기 뒤인 1100년경에 앵글로-라틴어(고대와 중세의 영어)로 번역·출간하였는데, 역본명은 『이솝』(*Aesop*)이다. 그러다가 알프레드 왕이 생전에 제정한 영국 공식어(국어)로 그의 사후인 1150년경에 『이솝이야기』(*Aesop's Fables*, '알프레드본')라는 제목으로 영역되었다. 이 두 가지 역본의 원본은 모두 소실되어 전해지지 않고 있다. 그러나 '알프레드 역본'을 대본으로 한 *The Romulus Treverensis*가 1175년경에 나왔고, 이어 13세기 초에는 유명한 여류 시인 마리(Marie de France)가 편찬한 『이솝 이야기』(*Ysopet*, '마리역본')가 출간되었다. '마리역본'에 자극받아, 오도(Odo of Sherington)의 『이솝 이야기』(1250년경)와 드보(D'eveux)의 『이솝 이야기』(*Ysopet*, 1275년경)가 속속 나왔고, 1320년에는 니콜 보존(Nicole Boson)의 역본 *The Romulus Harleianus*가 또 출간되었다. 이상의 여러 역본 중에서 '마리본'과 '니콜의 역본'이 단연 돋보이고, 이 두 책이 설화 문학작품의 연구에 가장 큰 영향을 주었다. 그러다가 마침내 모든 역본을 집대성한 캑스턴(Caxton)의 역본 『이솝 이야기』가 1484년에 출간되면서, 영국문학에서 『이솝 이야기』의 번역·출간 사업은 일단락되었다.

『이스칸다르 나마』 *Iskandar-nāma*, Nizāmī 저, 12~13세기

알렉산드로스의 전설과 그를 바탕으로 한 문학작품. 저자는 12~13세기에 활동한 아제르바이잔의 저명한 시인 니자미(Nizāmī)다. '이스칸다르'는 알렉산드로스의 페르시아어 표기다. '영예의 서' '예지의 서'라고 하는 이 작품에서 저자는 알렉산드로스를 정복자인 동시에 현자(賢者)로 묘사하고 있다.

이스탄불 Istanbul

아시아와 유럽을 잇는 터키공화국의 첫째가는 도시. 마르마라해와 보스포루스 해협의 접점에 자리한 이 도시는 지중해와 흑해를 잇는 해상 교통과 아시아와 유럽을 잇는 육상교통의 요지다. 이스탄불은 기원전 7세기경 코린토스에서 이주해온 메가라인들에 의해 건설되었는데, 그 족장(族長)의 이름 '비잔스'에서 이곳을 '비잔티온'(Byzantion)이라고 명명하였다. 기원후 196년에 로마황제 세베루스에 의해 이 도시는 로마제국의 판도 내에 편입되었다. 그 이후 도시는 부단히 확장되었다. 콘스탄티누스(Constantinus)제(帝)는 이곳을 로마제국의 동방수부(東方首府)로 만들기 위해 로마 귀족들에게 커다란 특권을 부여한다는 약속 아래 그들을 이곳으로 이주시켰다. 324년부터 신도시의 건설에 착공해 330년 5월 11일 성대한 개시식(開市式)을 거행하였다. 신시(新市)의 규모는 구시(舊市)의 4배나 되었으며, 지금의 성벽으로 에워싸였다. 콘스탄티누스는 신시를 콘스탄티누스의 도시란 뜻의 '콘스탄티노폴리스'(Constantinopolis, 콘스탄티노플Canstantinople)로 명명하였다. 395년 로마제국이 동서로 분열되면서 콘스탄티노플은 동쪽 부분이 비잔틴제국의 수도가 되었다. 서로마제국은 쇠퇴하여 결국 멸망하였고, 비잔틴제국이 번성일로를 걷게 되자 수도 콘스탄티노플은 동방무역의 중심지로 부상하였다. 이 도시 주변의 성벽은 견고하며 아랍인·페르시아인·불가리아인들이 누차 공격하여왔으나 그때마다 격퇴하였다. 1204년 제4차 십자군은 이 도시를 공략하고 라틴제국을 건립하였다. 이로 인해 콘스탄티노플의 재부는 서유럽인들에게 약탈당하게 되었다. 비잔틴제국 정부는 니케아로 도망쳤다가 1261년 팔라이올로고스(Palaiologos, 비잔틴제국의 마지막 왕조, 1261~1453)조의 미카엘 8세는 콘스탄티노플을 수복하였다. 원래 콘스탄티노플의 문화수준은 서유럽보다 월등하여 11세기에 벌써 대학에서 플라톤 연구가 진행되었다. 플라톤 연구가 가장 이르다고 하는 이탈리아에서도 15세기에 와서야 비로소 시작된 것에 비하면 이 도시의 학구적 풍토는 일찍부터 조성되었다고 판단된다. 이곳은 국제도시로서 베네치아와 제노바 상인들의 거주 구역이, 아르메니아·불가리아인들의 거주 구역이 따로 있었으며, 키예프의 러시아 상인들은 860년 콘스탄티노플 시내에 상업 지구를 마련할 허가를 얻었다.

소아시아의 한 후국(侯國)으로부터 발전한 오스만제국은 비잔틴제국의 영토를 잠식하면서 콘스탄티노플을 포위하였다. 오스만조 술탄 바예지드 1세는 티무르와의 앙카라 전투(1402)에서 패배하기 이전에 콘스탄티노플에 대한 공격을 단행했지만 실패하였다. 그후 무라드 2세가 이 도시를 공격하였으나 역시 성공하지 못하고 있다가, 무함마드 2세 때 '우르반'이라고 하는 마자르인이 주조한 거포(巨砲)로 1453년 5월 29일 공격을 개시해 53일 만에 콘스탄티노플을 공략하였다. 그 과정에서 비잔틴의 마지막 황제 콘스탄티누스 11세는 시가전 중 전사함으로써 비잔틴제국은 멸망하고야 말았다. 그후 콘스탄티노플은 이슬탄불로 개명되고, 오스만제국의 수도로, 술탄의 거성(居城)이 되었다.

아시아와 유럽을 잇는 보스포루스 다리(길이 1,569m, 폭 33m, 1973년 건설)

아시아·아프리카·유럽의 3대륙을 아우르는 대제국인 오스만제국의 수도로서의 이스탄불은 상업도시였을 뿐만 아니라 문화도시이기도 하다. 전통적인 비잔틴 문화와 이슬람 문화가 조화된 새로운 복합문화가 창출되기도 하였다. 건축면에서는 그리스 정교의 대본산인 아야 소피아 사원을 이슬람 사원(마스지드Masjid)으로 개조하고 미어자나(mi'zanah, 예배시간을 알리는 첨탑尖塔)를 증설함으로써 이스탄불의 중요한 마스지드의 하나가 되었다. 그밖에 파티흐 자미아, 술탄 아흐마드 자미아, 술라이만 자미아 등 대사원이 신축되었다. 오랫동안 번영을 누려오던 이스탄불은 제1차 세계대전에 참전한 오스만제국이 무너지자 전승국들은 그 수도인 이곳을 점령하였다. 1918년 11월 13일 연합군의 함정 60척이 입항해 다음날 상륙을 개시하였다. 1920년 8월 10일 전승국은 이스탄불의 오스만 정부에게 세브르 조약 체결을 강요하고, 이스탄불을 포함한 해협지대로 하여금 국제 관리위원회의 관리를 받도록 하였다. 이에 대응해 무스타파 케말 파샤는 세브르 조약을 거부하고 앙카라에 새로운 정권을 수립하여 소아시아에 침입한 영국군을 격파하였다. 이 전승으로 신생 앙카라 정권과 전승국 간에 로잔 조약이 체결되었고, 이스탄불은 다시 터키인들의 수중으로 돌아왔다. 1924년 10월 29일 터키공화국이 선포되고 앙카라가 수도로 결정되었다. 이로써 이스탄불은 터키공화국의 한 도시로 오늘에까지 이르고 있다.

이스파한 Isfahan

이란 중앙부의 자얀데(Zayandeh)강 유역의 비옥한 땅에 자리한 이스파한은 남서쪽으로는 바흐티야리 산맥에 이르고, 동쪽으로는 드넓은 카비르 사막의 기점이 되며 산악지대와 내륙 사막지대의 경계 지점이다. 북상하면 콤과 테헤란에 이르고, 서쪽으로는 메소포타미아, 남쪽으로는 페르시아만에 이르는 요충지로서 테헤란·타브리즈·마슈하드와 함께 이란의 주요 도시의 하나다. 테헤란으로부터 남쪽 약 400km 떨어진 지점에 있는 이 도시의 주요 산물은 향료·모전·비로드·피혁·자기 등이다. 사파비조(1502~1736)는 16세기 말 이곳으로 천도(遷都)하였는데, 이 왕조가 건설한 궁전과 사원 등의 건물이 지금까지 남아 있다. '이스파한 니스푸 쟈한', 즉 '이스파한은 세계의 절반'이란 유명한 말은 사파비조 치하에서의 이 도시의 번영상을 한마디로 표현하고 있다. 17세기 페르시아의 여행기를 저술한 샤르단은 당시 이스파한에 관하여 '인구 100만, 대가람(大伽藍) 160개소, 학교 48개소, 여관 1,800개소, 목욕장 273개소에 달한다'고 기술하였다. 또한 일설에 '서에는 베르사유, 동에는 이스파한'이라고 할 정도로 번화하였다. 이곳은 사산조 페르시아 시대의 연주문(聯珠紋)·포도당초문(葡萄唐草紋)·수렵문(狩獵紋) 등 전통적 문양을 계승한 페르시아 융단(絨緞)으로 유명하였다. 한 매의 융단을 짜는 데는 몇 년, 심지어 10년 이상이 걸렸다. 또한 금속공예도 사산조의 전통을 부활시켜 '제왕수렵문(帝王狩獵紋)' 등 공예품이 많이 생산되었다. 사산조 페르시아에서 고도로 발달한 금세공 기술은 실크로드를 따라 중국에

이스파한의 명소인 자얀데강의 시오세폴 다리

전파되었다.

이스파한은 그리스어로 아스바다나(Asbadana), 아랍어로 이스파한(Isfahān)이라고 한다. 현대 페르시아어의 정확한 발음은 '에스파한'(Esphahan)이며, 옛날 명칭은 '세파한'(Sepahan)이다. '세파흐'(Sepah)는 페르시아어로 '군대'란 뜻이고, '세파한'은 그 복수다. 따라서 '세파한'은 군대들의 집결 장소란 뜻으로 쓰였으며, 후에 그것이 '이스파한'으로 바뀌었다. 그런데 민간에서 험담을 즐기는 사람들은 이스파한을 '아스바한'(asbahan)에서 유래하였다고 하는데, '아스바흐'(asbah)는 방언으로 '개'란 뜻이며, '아스바한'은 그 복수다. 따라서 이스파한은 개들의 집결 장소란 뜻으로, 이것은 이스파한의 번영에 대한 시기에서 나온 비칭(卑稱)으로 보인다. 모로코의 대여행가 이븐 바투타(1304~1368)는 여행기에서 이스파한 사람들은 대단히 훌륭한 사람들로서 용감하고 관대하다고 기술하였다. 이스파한의 초기 역사에 관해서는 별로 알려진 것이 없다. 다함 대학의 프잇샤 교수는, 이스파한의 역사는 아케메네스조 시대까지 거슬러올라가는데, 당시는 가발(Gabal)이라고 불렸으며, 이 도시를 구성하는 두 축이라 할 제이와 야후디야는 시간이 흐르면서 서로 부단히 확장된 결과 하나의 도시로 통합되었다. 그러나 10세기에 이르러서는 다시 두 개의 도시로 분할되어 병존하게 되었다. 저자는 미상이나 982년에 페르시아어로 저술된 세계 최초의 지리서 『세계의 경계』(Hodūd al-Alam, 미노르스키 역주본)는 이스파한에 관해 '두 부분으로 구성된 대도시'라고 기술하고 있다. 903년경 이븐 로스타가 저술했다고 하는 『귀중서(貴重書)』의 기록에 의하면, 제이시(市)는 지름이 2.5km에 달하고, 하우르문·아즈피지문·데이르문·야후디야문의 4개 성문이 있으며, 성벽 위에는 100개의 망루(望樓)가 있었다고 한다. 10세기의 아랍 지리학자 이븐 하우칼과 무깟다시도 제이와 야후디야에 관한 기록을 남겼다. 이 두 곳에는 금요일의 예배를 위해 큰 사원이 지어졌으며, 야후디야 하나만으로도 함단에 필적하는 큰 도시였다.

이스파한은 913년에 사만조의 지배에서 벗어나, 928년에는 지야르조의 치하에 들어갔으며, 부와이조를 거쳐 1030년에는 가즈니조의 무함마드에게 강점되었다. 이 도시는 가즈니조 이후에는 셀주크조의 수중에 떨어졌는데, 제3대왕 말리크 샤(재위 1072~1092)는 현존하는 대사원(자미아 사원Masjid Jamia)을 지었다. 부와이조의 로크노 두레가 10세기 말엽에 지은 성채(城砦)를 말리크 샤가 중수하였으며, 샤흐레스탄교(橋)의 하층 부분은 사산조 시대의 것이나, 상층 부분은 셀주크조 시대에 지은 것이다. 현존 사리반탑은 셀주크조 시대의 유물이다. 마스지드 알리(알리 사원)는 1521년부터 23년간 걸려서 지은 것이지만, 그 첨탑은 셀주크 시대의 것이다.

1235년에 이스파한은 몽골 서정군의 침입을 받을 때 가까스로 치명적인 파괴는 면하였지만, 몽골제국의 판도 내에 들어가고 말았다. 14세기 말에는 중앙아시아에서 쳐들어온 티무르군에게 침략을 당했는데, 당시 티무르가 점령한 성채의 이름은 갈레이야 타브레크다. '갈레'는 성채, '타브레크'는 '작은 구릉'이란 뜻이다. 이 성채의 유적은 지금도 남아 있다. 16세기 초, 페르시아는 사파비조의 이스마일의 지배하에 들어갔다. 그러다가 1548년에 이스파한은 오스만제국의 술라이만 1세에게 강점당하였다. 1598년에 사파비조 제5대왕 압바스 대제는 수도를 카즈빈에서 이스파한으로 옮겼는데, 이때부터 이스파한은 전성기를 맞이하였다. 압바스 대제는 아리스 강가의 조르파로부터 아르메니아인들을 자얀데강 우안에 새로 건설된 도시(조르파)로 이주시키고, 기타의 새로운 구역과 교외를 정비하였다. 그리하여 이스파한은 제국의 정치·상업·문화의 중심지로 급속하게 발전하였다. 많은 건물이 바로 이 시대에 지어졌다. 시의 중심부에 있는 16세기 압바스 1세 때 조성한 '마이단 샤'(왕의 광장, 지금은 '이맘 광장'으로 개명)는 남변의 이맘 사원과 자미아 사원, 서변의 '숭고한 문'(알리 카프), 동변의 '셰이크 로트폴라 사원', 그리고 북쪽의 게이사리예 바자르(재래시장)로 에워싸인 장방형 광장이다. 이 광장은 폴로 경기장(남북 길이 512m, 동서 너비 106m)으로 사용되었는데, 광장의 양쪽에 각각 두개씩 서 있는 대리석 기둥은 골문이었다. 폴로 경기는 페르시아에서 기원해 서쪽으로는 콘스탄티노플을 경유해 유럽에 전해졌으며, 동쪽으로는 실크로드를 따라 중국·한국·일본에까지 파급되었다. 폴로는 당태종(唐太宗) 때에 중국에 유입되었다. '왕의 사원'은 세계에서 가장 화려한 건물의 하나이며, '셰이크 로트폴라 사원'의 꾸밈새는 아라베스크 예술의 극치다. 18세기 아프간인들이 침입하여 파괴한 왕궁에는 40주궁(柱宮, 체헬 소툰 궁전) 유적만이 남아 있는데, '숭고한 문'은 이 궁전의 입구에 있다. 시 중앙에는 이른바 '사원대로(四園大路)'가 뻗어 있는데, 이 이름은 압바스 대제가 4개의 포도원을 헐어서 대로를 포장한 것에서 유래하였다. 사원대로를 쭉 따라서 자얀데강 쪽으로 가면, 이스파한의 명물인 시오세폴(33다리)이 나타난다.

1721년 고르나바드 전쟁 이후, 이스파한은 아프간인들에게 약탈을 당하였을 뿐만 아니라, 당시의 샤 후세인 1세(재위 1694~1722)까지 퇴위하지 않을 수 없었다. 1729년에 나디르 샤에 의해 이스파한이 아프간인들의 수중에서 해방되었으나, 그는 수도를 이곳이 아니라 마슈하드로 정하였다. 그후 잔드조의 카림 칸(재위 1750~1779)도 궁전을 시라즈에 마련하고, 카자르조(1779~1925)는 수도를 테헤란으로 정하여 오늘에 이르고 있다. 이리하여 이스파한의 옛 영광은 재현되지 않았다. 그러나 경제활동이 증대하고 상업적 중요성이 커짐과 동시에 테헤란과 서남부의 자그로스 유전(油田) 지대를 잇는 주요 간선의 바로 정중앙에 위치하고 있기 때문에 근래에는 다시 번영하기 시작하였다.

이슬람군의 동·서정(東西征)

이슬람군의 동·서정(東西征)은 교류의 정치사적 배경으로 동서 문명교류에 커다란 영향을 미친 군사적 정복활동이다. 이슬람교의 창시자 무함마드(Muhammad, 570?~632)는 생전에 메디나(al-Madinah)에 정교합일(政敎合一)의 준국가체제인 이슬람 공동체(움마al-Ummah)를 건설하고 아라비아 반도의 대부분을 이슬람화하였다. 이슬람 공동체를 계승한 정통(正統) 칼리파(al-Khalifah)시대(632~661, 4대 29년간)에는 이슬람 공동체를 더욱 공고히하는 한편, 이슬람 교세의 확장과 영토 팽창을 목적으로 군사적인 대외 정복활동을 개시하였다. 정통 칼리파 시대의 말기에 발생한 내부적 갈등과 소요를 일시 수습하고 출현한 우마이야조(al-Umawiyah, 661~750, 13대 89년간)는 세습적인 전제주의적 권력구조를 가진 아랍제국으로서, 전대에 시작된 군사적 대외 정복활동을 가일층 강화하여 유라시아와 아프리카 3대륙을 아우르는 명실상부한 세계적 대제국을 건설하였다. 우마이야조 아랍제국을 이어받은 압바스조(al-Abbasiyah, 750~1258, 37대 508년간) 이슬람제국은 비록 새로운 대외팽창적인 군사적 정복활동을 전개하지는 않았지만, 전대의 군사적 정복활동을 통해 이미 확보된 광대한 판도에 건설된 아랍-이슬람 역사상 가장 번영한 대제국이었다.

이와 같이 한 세기에 불과한 짧은 기간에 이슬람군의 전격적인 군사적 정복활동에 의해 이질적이고 다양한 동·서 문명이 하나로 융화된 새로운 이슬람 문명과, 이를 바탕으로 한 이슬람세계가 출현하게 되었다. 아라비아 반도를 중심으로 하여 동서로 전개된 이러한 군사적 정복활동(동·서정)은 크게 두 차례의 파고(波高, 계기)를 타고 추진되었다. 그 첫 파고는 정통 칼리파 시대의 제2대 칼리파 오마르(Omar, 재위 634~644)와 제3대 칼리파 오스만(Othman, 재위 644~656) 시대에 일어났고, 두번째 파고는 8세기 초를 전후한 우마이야조 시대에 나타났다. 제1 파고의 경우, 주요한 군사적 정복활동과 성공은 주로 오마르 시대에 이루어졌다. 이슬람사에서는 이 시대를 '대정복시대'(634~656)라고 한다.

정통 칼리파 시대의 말기와 우마이야조 아랍제국의 건국 초기에 발생한 혼란 정국을 수습하고 군사력을 재정비한 우마이야조 칼리파들은 8세기 초를 전후해 일시 중단되었던 군사적 정복활동을 재개하는 제2 파고를 일으켰다. 이집트와 리비아에 주둔하고 있던 이슬람군은 서정(西征)을 단행해 687년에 튀니지의 카르타고를 점령한 데 이어, 계속 서진하여 모로코를 장악하였다. 북아프리카의 원주민인 베르베르족 젊은 이들을 초병(招兵)하여 전투력을 보강한 이슬람 서정군은 711년 모로코로부터 지브롤터 해협을 넘어 스페인의 코르도바(Cordoba)를 공략하고, 719년에는 피레네 산맥을 돌파하였다. 북진 끝에 730년에는 아비뇽을 공략하였다. 이때 이슬람군에게 위협을 느낀 프랑크 왕국은 샤를 마르텔의 휘하에 대군을 징집하여 732년 투르에서 이슬람군과 격전을 벌였다. 이 전투에서 패전한 이슬람군은 피레네 산맥 이남으로 후퇴하고 말았다. 그리하여 이 산맥은 그후 수세기 동안 이슬람세계와 서구 기독교세계를 가르는 분계선

으로 남아 있었다. 이슬람군의 동정은 704년 쿠타이브(Kutaib, ?~715)가 호라산 총독으로 임명되면서부터 본격적으로 재개되어 약 10년간 지속되었다. 영토 팽창과 이슬람화를 사명으로 한 이슬람 동정군은 730년대 말에는 시르다리야 강변에서 돌궐(突厥)군을 격파하고 카자흐스탄 일대까지 진격하였다. 이슬람군의 서투르키스탄 정복은 당시 그 지대를 경략(經略)하고 있던 중국 당(唐)조와의 충돌을 불가피하게 하였다. 그러한 충돌로 인하여 야기된 것이 바로 751년의 탈라스(Talas) 전투다. 이 전투에서의 이슬람군의 승리는 중앙아시아, 특히 트란스옥시아나 일대를 이슬람화하는 데 결정적인 계기가 되었다.

이상에서 살펴본 바와 같이 시간적으로는 100여 년간, 공간적으로 아시아·아프리카·유럽의 3대륙을 망라한 이슬람군의 동·서정은 이슬람세계의 출현과 이슬람 문명의 전파라는 엄청난 결과를 초래하였으며, 그 영향의 잔영(殘影)은 오늘까지도 남아 있다. 이슬람군의 동·서정은 교류의 정치사적 배경에서 볼 때, 인류 역사상 발생한 군사적 정복활동 중에서 동서 문명의 교류에 가장 심원한 영향을 끼친 일대 정복 활동이었다고 말할 수 있다. 불과 100여 년 사이에 이슬람군의 전격적인 동·서정에 의해 이러한 전대미문의 대제국이 건설될 수 있었던 원인 중 하나는 당시의 유리한 국제 정세를 들 수 있다. 아라비아 반도 북부와 지중해 동안을 사이에 두고 동서에 대치한 사산조 페르시아와 비잔틴(동로마)의 두 대제국은 장기간에 걸친 이전투구(泥田鬪狗)로 인해 서로가 피폐되어 신흥 이슬람 세력의 확장을 막을 수가 없었다. 이와 더불어 이 두 제국의 압제하에 종교적 박해와 중세(重稅) 등에 시달리고 있던 피지배 국민들은 새로운 종교적 및 사회적 구원을 고대하고 있었다. 이것이 이슬람군의 승승장구를 가능케 한 유리한 국제적 환경

이었다. 주관적(대내적) 요인은 이슬람군을 비롯한 무슬림들의 고양된 열의와 피정복지에 대한 적절한 시책들이다. 피정복지에서 개종자에게는 면세의 특전을 베풀고, 이교도에게는 신앙을 강요하지 않고 종전보다도 경미한 공납만을 요구하는 등 관대한 대민 정책을 시행함으로써 피정복지 국민의 환심을 얻고, 이에 따라 큰 무리 없이 이슬람화를 촉진할 수가 있었다. 바로 이러한 복합적인 요인들로 인하여 정·교·군 합일체의 통일적인 이슬람세계가 신속히, 그리고 공고하게 형성·확대될 수 있었다. 한마디로 이슬람군의 동·서정에 의해 형성된 이슬람세계와 이슬람 문명권은 인류 문명의 교류에 큰 공헌을 하였다. 이처럼 이슬람군의 동·서정이 문명 발달에 대한 순기능적 역할을 한 반면에 이슬람군의 군사적 정복활동에 의한 역기능적 역할도 결코 간과할 수는 없다. 일반적으로 이슬람군은 정복지에 대해 관용적인 정책을 실시하였으나, 유일신 신앙에 위배된다고 하였다. 또한 정복지의 전통적인 다신교 숭배물을 우상이라고 하여 멸시 내지 파괴하는 비행도 저질렀음을 부인해서는 안될 것이다. 그 결과, 간혹 작위적(作爲的)인 문화 동화 현상도 발생하였다.

이슬람 대정복 시대

이슬람사에서의 '대정복 시대'(634~656)는 정통 칼리파 시대의 제2대 칼리파 오마르(Omar, 재위 634~644)와 제3대 칼리파 오스만(Othman, 재위 644~656) 시대에 해당하지만, 주요한 군사적 정복활동과 그 성공은 오마르 시대에 이루어졌다. 대정복시대는 634년 8월 비잔틴 치하에 있는 다마스쿠스(Damascus)에 대한 이슬람군의 공격으로부터 시작되었다. 2년 후인 636년에 이 도시를 함락한 데 이어, 638년에는 예루살렘을 공략하였다. 이에 고무된 서방원정군(西方遠征軍, 약

칭 서정군西征軍)은 642년에 이집트의 알렉산드리아를 점령하고, 644년에는 남하하여 카이로를 비롯한 상이집트 일원을 석권하였다. 서정군은 여기서 서행(西行)하여 리비아 지방으로 진격하였다. 한편, 동방원정군(東方遠征軍, 약칭 동정군東征軍)은 636년에 다마스쿠스를 함락한 여세를 몰아 야르무크(Yarmuk)강(현 요르단)에서 비잔틴군을 대파하고 시리아 전역에 대한 패권을 장악하였다. 이듬해에는 히라(Hira)부근의 까디시야(al-Qadisiyah)에서 사산조 페르시아군을 격파하고, 이어 수도 크테시폰(현 마다인 Madain)을 장악하였다. 642년에 있은 네하완드(Nahawand) 전투에서는 페르시아군의 마지막 총반격을 분쇄하였다. 승승장구한 동정군은 이 기세로 계속 동진하여 호라산·토카리스탄·아르메니아·아제르바이잔 등 사산조의 치하에 있던 중앙아시아의 여러 지역을 장악하였다. 사산조의 마지막 왕 야즈데 게르드 3세(재위 632~651)는 호라산 지방으로 도피했으나, 651년 메르브(Merv) 부근에서 토착인들에게 암살되었다. 이로써 400여년간 서아시아와 중앙아시아의 대부분 지역을 치하에 두었던 사산조 페르시아제국(226~651)은 끝내 멸망하고 말았다. 이와 같이 약 16년간(634~650)에 걸친 이슬람의 동·서정에 의해 동쪽은 중앙아시아의 호라산에서, 서쪽은 북아프리카의 리비아에, 남쪽은 아라비아 반도로부터 북쪽은 아르메니아에까지 이르는 실로 광대한 지역에 이슬람제국이 건설되었다.

이슬람 문명권

군사적 정복활동을 통해 각기 다른 문명권 간의 장벽을 혁파하면서 '이슬람세계'라는 하나의 용광로 속에 여러 문명 소재들을 용해·응고해 창출된 것이 바로 이슬람 문명이다. 이러한 이슬람 문명에 이슬람세계란 지역적 범주를 한정시

킨 것이 바로 이슬람 문명권이다. 이슬람세계와 이슬람 문명권의 형성과 더불어 동서 문명 간의 교류가 일층 촉진된 것은 이슬람군의 동·서정이 가져온 또 다른 결과다. 새로 형성된 이슬람 문명권은 권내의 교류나 타문명권과의 교류를 촉발하였음은 물론이거니와, 동서 문명을 이어주는 가교적 역할도 수행하였다. 이슬람 문명권은 하나의 당당한 문명 주체로서 주변의 기독교 문명이나 힌두교 문명권, 불교 문명권, 유교 문명권과 활발한 교류를 진행함으로써 문명의 인류 공유에 큰 기여를 하였다. 뿐만 아니라 이슬람 문명권은 지정학적으로 동서 문명의 중간 완충지대에 위치하여 동서 문명을 이어주고 교류시켜주는 매개적·교량적 역할도 수행하였다.

이슬람세계

이슬람 문명을 바탕으로 하여 형성된 지리적 권역. 그 범위는 고정불변한 것이 아니라, 시대에 따라 부단히 변화·확대되어왔다. 대체로 우마이야조 시대(8세기 중반)까지는 군사적 정복활동에 의해 중앙아시아와 북아프리카 및 서남 유럽에 이르는 광활한 정복지가 이슬람세계의 판도에 편입되었다. 그러나 그후 압바스조 시대부터는 주로 교역을 비롯한 교류활동을 통해 이슬람교가 전파·수용되면서 동남아시아와 극동, 사하라 사막 이남의 아프리카 지역에까지 이슬람세계의 판도가 확대되었다. 이러한 대(大)이슬람세계의 판도 내에는 원래 이질적인 각기 다른 문명들이 혼재했으나, 서로 교류하면서 이슬람교란 신앙적 공통분모를 바탕으로 하여 하나의 통합적인 이슬람 문명권으로 묶이게 되었다.

이슬람 의약의 동전

이슬람제국에서 발달한 의약은 수·당(隋唐) 이래 두 지역 간의 활발한 교역의 물결을 타고 중국에 전파되었다.『천금요방(千金要方)』『천금익방(千金翼方)』『외치비요(外治秘要)』등 여러 중국 의학서적에 이러한 사실이 기록되어 있다. 그

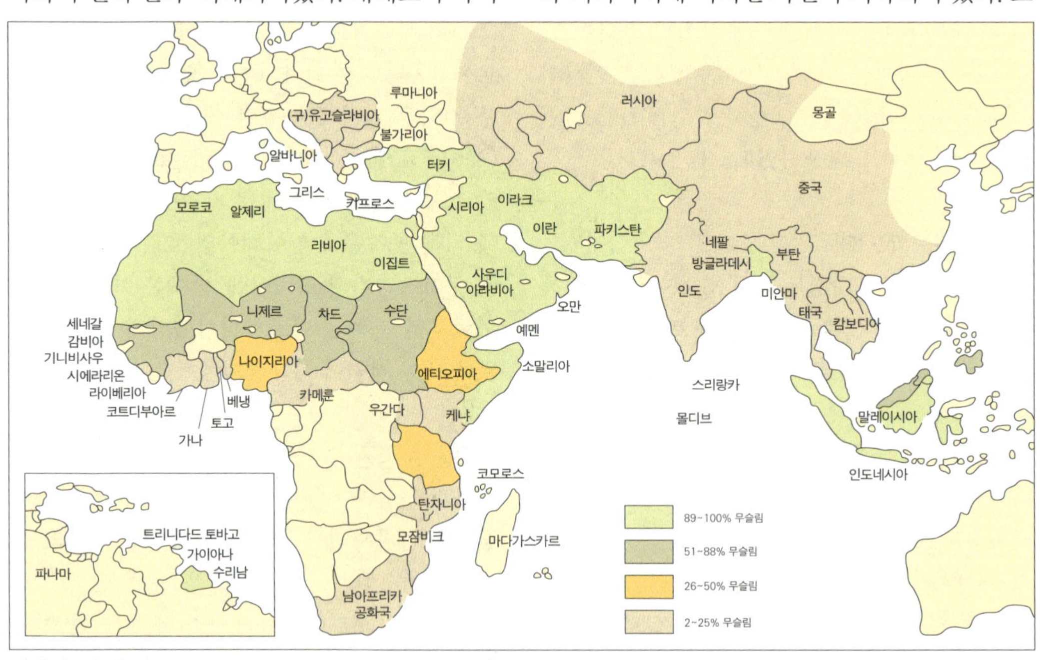

세계 이슬람 분포도

일례로 『천금익방』에는 보허강장제(補虛强壯劑)로 발산탕(悖散湯)이라는 페르시아 처방을 상세히 소개하고 있다. 일명 복우유보허파기방(服牛乳補虛破氣方)이라고 하는 이 발산탕은 우유 3승(升)과 필발(蓽撥, 후추과에 속하는 풀로 온중溫中, 하기제下氣劑로 사용) 반냥을 섞어 만든 탕약이다. 그리고 수나라 대업(大業) 연간인 610년에 태의박사(太醫博士) 소원방(巢元方)이 쓴 유명한 병리학서 『소민제병원후총론(巢民諸病源候總論)』(50권, 610)에는 탈모증(脫毛症, 독두병禿頭病)의 치료약품으로 아랍에서 수입된 한 특효약을 지목하고 있다. 당·송대에 유행한 향약(香藥)은 그 대부분이 아랍과 동남아시아에서 수입된 것이다. 당대에는 중국에 상주하는 많은 아랍인과 페르시아인들이 향약 무역에 종사하였다. 824년에 경종(敬宗)에게 침향정자(沈香亭子)를 진상한 이소사(李蘇沙)는 귀화한 페르시아 상인이었으며, 오대(五代)의 왕촉(王蜀)과 이순(李珣), 그의 동생 이현(李玹)은 모두 페르시아나 아랍에서 온 향약 판매상들이었다. 당에서 편찬된 『신수본초(新修本草)』 『본초습유(本草拾遺)』 등 약전(藥典)에는 많은 외래(주로 서역) 약품목이 기재되어 있다. 당 현종(玄宗) 때(재위 712~756) 광문(廣文) 박사를 역임한 정건(鄭虔)이 쓴 『호본초(胡本草)』(7권)는 전래된 서역 약품에 관한 전문서다. 이순(李珣)의 명저 『해약본초(海藥本草)』에는 해물(海物) 약방을 자세히 수록하고 있는데, 모두 중세 이슬람의 약술을 전거로 삼고 있다. 그밖에 10세기 초 중국의 한 총명한 의학자가 압바스조 이슬람제국의 수도 바그다드(Baghdad)에 가서 당시 이슬람 의학의 태두인 알 라지(Muhammad Ibn Zakariya al-Razi, 865~925)의 문하에서 약 1년간 의학을 연수하였다. 그는 그리스 명의 갈렌(Galen, 129~199)의 의서 16권을 가지고 중국에 들어왔다. 이것은 이슬람 의학과 중국 의학 간의 교류상을 말해준다.

이슬람 왕조의 스페인 속령화 경략

이슬람 왕조의 스페인 속령화 경략은 711년 타리크 이븐 지야드(Tariq Ibn Ziyad, ?~720)의 이베리아 반도 진출로부터 1492년 그라나다(Granada)의 나스르(Nasr)조가 멸망할 때까지 무려 781년간이나 지속되었다. 이 경략 기간에 무슬림들은 당초 순수 지리적 개념으로서 이베리아 반도를 안달루스(al-Andalus)라고 지칭하였으나, 이슬람 왕조에 의한 경략이 점차 정착되면서부터는 반도 내에 있는 이슬람제국의 경략지를 일괄하여 '안달루스'라고 통칭하였다. 따라서 약 8세기 동안 안달루스는 이슬람세계의 한 구성부분을 이루었다. 약 8세기에 걸친 이슬람제국의 스페인 속령화 경략은 크게 속주(屬州)경략과 직접경략의 두 가지 형태로 나누어 볼 수 있다. 속주경략은 시리아의 다마스쿠스를 수도로 한 우마이야조(Umawiyah)의 속주시대(711~750)와 모로코의 마라케시(Marrakesh)를 수도로 한 무라비트조(Murabit)의 속주시대(1091~1147), 무라비트조를 이은 무왓히딘조(Muwahhidin)의 속주시대(1147~1223)를 포함한다. 이들 시대의 스페인은 우마이야조와 무라비트조, 무왓히딘조의 3대 이슬람 종주국에 속한 하나의 속주로서, 현지에 아미르(Amir, 아랍어로 사령관 또는 총독)를 파견해 경략통치를 실시하였다. 이에 비해 직접경략은 스페인 현지에 속주 아닌 이슬람 왕조가 직접 건립되어 통치를 행사한 경략으로서, 여기에는 스페인의 코르도바(Cordoba)를 수도로 한 후기(後期) 우마이야조(756~1031) 시대와 스페인 경내의 여러 지방에 난립한 군소왕조(群小王朝, Mamlukud Tawaãif, 1009~1091) 시대, 스페인 남부의 그라나다를 수도로 한 나스르조(1230~1492) 시대가 포함된다. 이러한 속주경략과 직접경략을 통틀어 이슬람 문명과 서구 문명 간에 진행된 교류의 역사적 배경으로서 가장 큰 영향을 미친 것은 후기 우마이야조의 직접경략이다. 사실상 이 후기 우마이야조 이후 시대의 경략은 속주경략이건 직접경략이건 간에 이 왕조가 실시한 경략을 계승한 것이거나 그 후광을 받은 것이다.

711년 북아프리카 원주민인 베르베르족 출신의 타리크 이븐 지야드가 이끄는 7천 명의 이슬람 서정군은 지브롤터 해협을 건너 일격에 코르도바를 공략하고 서고트 왕국을 멸하였다. 그의 뒤를 이어 누차 진행된 이슬람 서정군의 정토에 의해 스페인 전역은 거의 우마이야조 치하의 속주로 변하였다. 그러다가 750년 압바스조가 우마이야조를 대체하면서 우마이야 가문(무아위야, Muawiyah)을 탄압하자, 그 유족(遺族)인 압둘 라흐만(Abdul Rahman, 재위 756~788)이 난을 피해 북아프리카의 모로코를 거쳐 에스파냐에 망명하였다. 그는 이슬람 원정군으로 그곳에 갔다가 잔류·정착한 시리아와 예멘 등 아랍계 무슬림들의 지지를 얻어 756년에 아미르(Amir)라 자칭하면서 코르도바를 수도로 한 이른바 후기 우마이야조(756~1031, 16대, 275년간)를 건국하였다. 이 왕조는 당시 동방에 위치한 압바스조를 동칼리파국이라고 칭하는 것과 구별해 일명 서칼리파국이라고 하였으며, 한적에서는 흰옷을 즐겨 입는 아랍인들의 왕조라고 하여 '백의대식(白衣大食)' 혹은 당시 압바스조 아랍제국의 서편에 있다고 하여 '서대식(西大食)'이라고도 하였다. 건국자 압둘 라흐만은 압바스조의 정토군과 프랑크 왕국 샤를 대제의 원정군을 연속 격파하고 이베리아 반도에 첫 이슬람 정권을 수립하였다. 이 왕조의 전성기는 제3대 왕인 압둘 라흐만 3세(Abdu'l Rahmān Ⅲ, 재위 912~961)의 치세 시대다. 그는 주변의 여러 왕후국(王侯國)

들을 평정하고 통일을 성취하였으며, 내치에도 진력해 중앙집권화를 완성하였다. 그리하여 그는 929년부터 칼리파로 자칭했을 뿐만 아니라, 스스로 '알라 종교의 옹호자'라고 칭하면서 정교합일(政敎合一)의 전형적인 이슬람제국을 건설하였다. 번영 일로를 걷던 이 왕조는 무함마드 2세(Mohammad Ⅱ, 재위 1009~1010)시대에 이르러 정쟁(政爭)과 내홍(內訌)으로 말미암아 급격히 쇠퇴하기 시작하였다. 드디어 1031년에는 칼리파제를 폐지함과 동시에 히샴 3세(Hisham Ⅲ)를 마지막 왕으로 멸망하고 말았다. 이 중앙집권적 통일 왕조가 멸망하자, 스페인의 이슬람 세력은 사분오열되어 이른바 군소왕조(群小王朝) 시대에 접어들었다. 분열 상태에서 이 군소왕조들은 북아프리카의 무라비툰조와 무와히둔조의 원정군에게 공략되어 131년(1092~1223) 동안 속지로 남아 있다가, 1492년 신흥 기독교 세력인 레콩키스타에게 최후 이슬람 왕조인 나스르조가 정복됨으로써 사실상 이슬람제국의 에스파냐 속령화 경략은 종언을 고하였다.

이시도로스 Isidoros

페르시아 지리학자. 기원전 1세기 페르시아만에서 출생한 지리학자로서『파르티아 도정기(道程記)』를 저술하였다.

이시크(Issyk) 고분군 유적과 '황금인간'

사카족의 황금문화. 카자흐스탄 알마티 동쪽 50km 떨어진 톈산 산맥 지맥의 경사면에 여러 기의 대소 고분이 일대 고분군을 이루고 있다. 그 가운데서 중형 규모의 고분(지름 60m, 높이 6m)이 1969년 공장 건설 부지에서 발견되었다. 2개의 묘실이 있는데, 그중 중앙 묘실은 이미 도굴당해 황폐화되었고, 거기서 남쪽으로 15m 거리에 있는 다른 묘실은 남아 있었다. 카자흐스탄 과학아카데미 고고학 부장 아키세프 일행은 이 묘실에서 숱한 금·은·청동 제품과 토기·목기를 발견하였다. 그 가운데서 가장 귀중한 것은 16~18세의 남자(일설은 남장한 여자) 유해인 키 215cm의 '황금인간'이다. '황금인간'이라고 부르는 것은 무려 4천여 장이나 되는 황금조각으로 지은 옷을 입고 있기 때문이다. 이 고분군의 조영자는 이 지역에 거주하던 유목민인 사카족이며, 그 시기는 기원전 5~4세기로 추정된다. 이란계에 속하는 사카족은 흑해 연안의 스키타이나 볼가강 연안의 사르마티안과 더불어 황금문화를 꽃피운 주역이다. '황금인간'의 세부 장식품으로 나오는 나무 및 새 모양의 장식이나 머리 장식, 각종 쬠쇠 장식 등은 신라의 금관이나 황금 유물에서 보이는 것과 신통하게도 같다. 이것은 두 지역의 황금문화의 상관성을 시사한다.

이식쿨호(湖) Issyk-kul

중앙아시아 톈산 산맥에 있는 호수로서 키르기스공화국에 속한다. 호의 남측 테르스케이 알라타우(Terskey Alatau) 산맥과 북측 퀸케이 알라타우(Künkey Alatau) 산맥이 호면 상에서 3,000~3,600m의 높이로 솟아 있어 북동의 한기와 서방의 열기를 막아 이식쿨 호수의 환경을 조성한다. 이식쿨호는 동서로 길이 177km, 폭은 가장 넓은 곳이 57km로 가늘고 긴 '눈' 모양을 이룬 호수다. 호면의 표고는 1,609m이며 면적은 6,332km^{2}이고, 최고 수심은 702m다. 전체적으로 수심이 깊기 때문에 수온의 변화는 적다. 대기가 최저 기온에 이르러도 수온은 0℃ 이하로 내려가지 않는다. 단 부분적으로 얕은 곳에서는 결빙 현상이 일어난다. 호의 중앙부의 온도는 영상 4℃ 이상이어서 한겨울에도 훈훈한 바람이 분다. 이러한 기후 조건 때문에 이식쿨호 일대는 훌륭한 피한피서(避寒避暑)지다. 이식쿨호

지역의 1월 평균 기온은 영하 5,6℃, 7월은 영상 17℃다. 수중 20m의 흰 원판이 보일 정도로 투명도가 높으며, 물의 색깔은 푸른색으로 그 색소는 아랄해의 3~4배에 달한다. 이식쿨 분지는 크기가 동서로 250km, 폭이 100km로서, 만년설로 뒤덮인 산에서 계류(溪流)가 흘러내린다. 고도에 따라 식물상(植物相)이 변할 뿐만 아니라, 서에서 동으로 이동함에 따라 경관도 달라진다. 호수 서단(西端)의 리바테 부근은 암석이 많은 황량한 지대이지만, 동쪽으로 올수록 식물이 풍부해진다. 이것은 강우량의 차이에서 오는 현상인데, 연 강우량이 리바테는 110mm이나, 호수 동단의 브르제와리스크는 450mm에 달한다. 이것은 기류가 서쪽으로부터 움직여오다가 도중에 호상의 습기를 머금은 다음 그것을 동부로 운반하기 때문이다. 겨울에 리바테 부근에서는 보통 눈이 내리지 않으며 호에서는 돌풍이 자주 일어나는데, 서풍을 우란, 동풍을 산티슈라고 한다. 야간에는 육지로부터 호 방향으로, 주간에는 그와 반대의 바람이 분다.

이식쿨호 분지의 기후 조건은 야채와 과수의 재배에 적합하며, 약용 양귀비 재배는 구소련에서 가장 성행하는 곳이다. 관개는 계곡물로 하며, 목축도 흥성하다. 아랄해와 이식쿨호를 비교하면 면적에서는 전자가 후자의 11배이고, 수심에서는 후자가 전자의 10배 이상이며, 총 수량은 이식쿨호가 1,732km^3, 아랄해는 994km^{3}다.

'톈산의 진주' 이식쿨호

발하슈호와 비교하면, 발하슈호의 최대 수심은 26.3m이고, 총 수량은 이식쿨호의 10분의 1에 불과하다. 옛날에 이식쿨호의 물은 봄 계곡을 통해 흘러내렸으며, 당시 호수의 물은 담수(淡水)였는데 물 1리터당 5.6g의 염분(鹽分)이 포함되어 있었다. 이 염분의 함량에 의해 호수의 연령을 약 6만 5천년으로 추산한다. 호수에 함유되어 있는 염분의 총량은 10억 톤에 달한다. 이식쿨호의 고고학적 조사 결과에 따르면, 이 지역에 인류가 거주한 것은 청동기시대 이후다. 16세기에 키르기스족이 이 지역에 거주하다가 17세기 말에 중가르족(카르이크족)에 쫓겨난 후 18세기 중엽에 키르기스족이 다시 원지로 돌아왔다. 유목민과 정주 농경민의 교체가 일어나고, 거기에 지진까지 자주 겹쳐서 호수 밑바닥에는 멸망한 고대 취락의 흔적이 여전히 남아 있다. 유적이 가장 많은 지역은 북안의 톨아이기르로부터 아나니에브까지 이르는 지대다. 고대 취락이 호수 밑바닥에 잠긴 이유는 수위(水位)가 높아졌기 때문이란 설과 지진 때문이라는 설 두 가지가 있다. 유물 중에는 8~15세기에 속하는 것도 있다.

이식쿨호 남안과 북안은 고대의 중요한 교통로였다. 7세기 중국으로부터 인도에 여행한 당승(唐僧) 현장(玄奘)은 여행기에서 '산길로 400여리 가면 대청지(大淸地, 열해熱海나 함해鹹海)에 이른다. 이곳은 주위가 천여 리고, 동서는 길고 남북은 좁으며, 사면은 산으로 에워싸여 있으며, 많은 하천의 물이 여기에 모인다'고 기술하고 있다. 이식쿨호에는 물고기들이 많이 서식하고 있어 어업도 무시할 수 없다. '포렐'(곤들매기, 일명 가어嘉魚)이라고 하는 물고기는 한 마리의 무게가 12~14kg까지 나간다. 기타 여러가지 물고기들이 살고 있다. 9~10세기의 아랍과 페르시아인들의 저술에 의하면 이식쿨호 안에는 시쿠르와 상(上)바르스혼이란 두 도시가 있었다는데, 상바르스혼은 동서 교통의 요지에 자리하고 있었다고 한다.

『이역록(異域錄)』 2권, 圖理琛 저, 18세기 전반

교류의 문헌적 전거로서의 여행문학서(사행기). 중국 청(淸)조 강희제(康熙帝)가 신속관계에 있는 볼가강 하류의 토르구트에 파견한(1712년 5월~1715년 3월) 사절단의 일원인 만족(滿族) 출신의 저자 도리침(圖理琛, 1667~1740)이 찬술한 사행기이다. 만족어와 중국어로 쓰여진 이 책은 상·하 2권으로, 사행로 연도의 산천과 도정(道程), 러시아의 풍습, 물산과 의례 등에 관해 기술하고 있다. 중국의 러시아 관련 저작으로, 양국 관계의 전개나 러시아에 대한 이해에 있어 원초적 전거로서 높이 평가되고 있다. 18세기에 프랑스어와 러시아어로 번역·출간되기도 한 이 책은, 1821년에 영역이 되어 서구 학계에 널리 알려지게 되었다.

이즈마일로프(П.Нзмайлов)의 중국 사행 1719년 7월~1721년 1월

신흥 청조(淸朝)가 건국 초기의 혼란 상태를 수습하고 안정기에 접어들자, 러시아는 대청 교역을 확대하면서 외교 교섭에도 적극 나섰다. 러시아 대상(隊商)의 빈번한 입국으로 중국 내의 시장에 혼란이 조성되고, 중·러·몽골 사이의 국경 미확정으로 인해 국경 분쟁이 반발하였다. 이러한 상황에서 청 정부는 1717년에 러시아 상인들의 교역을 변방에 제한하고 국내 진입을 불허하는 조치를 취하였으며, 러시아 대상의 중국 입국을 극력 제한하였다. 이에 불만을 가진 러시아는 공식 사절을 파견하여, 이른바 '자유통상조약'을 체결함으로써 양국간의 현안을 자국에 유리하게끔 해결하려고 꾀하였다. 이러한 상황에서 1719년 7월 러시아 황제 표트르 1세는 근위군

대위인 이즈마일로프(Л. Нзмайлов)를 단장으로 하고 서기 란그(Ланг)를 포함하여 80여명으로 구성된 사절단을 중국에 파견하였다. 공식 국서를 휴대한 이즈마일로프 일행은 상트페테르부르크를 출발해 이르쿠츠크를 지나 몽골을 경유, 장자커우(張家口)를 통해 이듬해(1720) 11월에 베이징에 도착하였다. 사절단은 베이징에 3개월간 체류하면서 회담을 진행하였다. 회담 결과 란그가 러시아 상무대표(商務代表) 자격으로 베이징에 상주하되 그의 주식비(住食費)는 청 정부가 부담하고, 청 정부 관리와 이즈마일로프가 공동서명한 증서를 휴대한 러시아 대상에게만 중국 입국을 허용하며, 중·러·몽 간의 국경이 확정되고 월경(越境)한 변방인 교환문제가 해결되기 전에는 양국간 통상조약은 체결할 수 없다는 등의 내용에 합의하였다.

러시아 사절단은 1721년 3월 베이징을 떠나, 다음해 1월에 모스크바로 귀환하였다. 그러나 쌍방간의 이해충돌로 인해 합의 내용은 실현되지 못하고, 양국간에 교역 중단과 변방 군사충돌 등이 잇달아 일어났다. 비록 이즈마일로프의 출사 사명은 수행되지 못했지만, 그의 출사를 계기로 현안 문제에 대한 양국의 입장이 명확하게 밝혀짐으로써 추후 러시아의 주도적인 접근에 의해 양국간에 일련의 조약이 체결되어 일부 현안 문제의 해결을 보게 되었다.

이즈미르 Izmir

소아시아의 서부에서 에게해에 면한 터키공화국의 제2대 도시다. 양항(良港)을 낀 이즈미르는 옛날부터 소아시아 연안 항로의 중심에 위치한 중계무역지였으며, 상업도시로서 번성하였고 공업도시로서도 중요시되어왔다. 이즈미르는 기원전 3000~2000년경에는 소아시아 중부의 보가즈쾨이(Bogaz Köy)를 중심으로 한 하투사(Hattusa)국(히타이트국)의 지배하에 있었다. 당시 취락의 위치는 현 이즈미르의 서북부다. 이곳은 북방의 트로이와 함께 당대 소아시아 서부에서 중심지 역할을 하였다. 기원전 2000~1200년 기간에는 소아시아 전역을 지배한 히타이트국(신 히타이트국)의 판도에 속하였다. 기원전 1100년경 그리스인들이 에페수스에 이주하자 이곳에 있던 아카이아인들이 밀려서 이즈미르로 이주하였다. 그후 이오니아인들의 이주가 시작되자, 그들의 식민지가 되었다. 이즈미르는 이오니아인들의 본거지인 그리스 본토와 밀접한 관계를 유지하며, 기원전 688년에는 이오니아 동맹의 한 구성(構成) 도시로서 번영하기 시작하였다. 호메로스가 이즈미르에 거주한 것도 바로 이 시기였다. 기원전 6세기에 이르러 이즈미르는 사르디스를 수도로 하여 아나톨리아 서부에서 세력을 확보한 리디아 국왕 아르야테스의 공격을 받고 파괴되었다. 그후 비록 재건은 되었으나, 도시의 규모는 전보다 축소되었다. 아케메네스조 페르시아가 소아시아 서부에 세력을 확대하며 리디아를 제압하자, 이즈미르는 아케메네스조 페르시아의 치하에 들어갔다. 마케도니아의 페라로부터 서아시아 세계까지 패권을 장악한 알렉산드로스는 군사를 이끌고 타나크가레 해협을 건너 소아시아에 상륙한 후, 에게해 연안을 따라 남하해 아케메네스조 페르시아의 지배하에 있는 이즈미르를 점령하였다. 이즈미르는 알렉산드로스의 지배를 받으며 다시 번영을 누렸다. 알렉산드로스 사후 그의 영토는 사분오열되어, 이즈미르는 안티고노스조의 지배하에 놓이게 되었다.

기원전 2세기에 로마가 마니사 전투(기원전 191)에서 안티고노스조를 격파하자, 이즈미르는 로마에 복속되어 로마로부터 자유도시의 지위를 보증받았다. 이즈미르가 사상 가장 번성한 때는 바로 이 자유도시로 존재한 기원전 1세기경이다. 기원전 27년 이즈미르는 로마의 직접 지배하에 들어가 자유도시로서의 권리를 상실하게 되었다. 178년과 180년에 대지진에 휩싸여 이즈미르는 큰 피해를 입었으나, 황제 마르쿠스 아우렐리우스의 명에 따라 부흥되었다. 385년에 로마제국이 동서로 분열되자, 이즈미르는 동로마제국에 편입되었다. 아라비아 반도에서 흥기한 무슬림들은 그 세력을 서아시아로 확대하여 우마이야조는 695년에 이즈미르를 공략하였다. 그러나 이슬람 세력은 얼마 유지하지 못하고, 이즈미르는 다시 동로마제국(비잔틴)의 치하에 들어갔다. 1071년 대셀주크제국은 반(Van)호(湖) 북방의 만지케르트 전투(Battle of Manzikert)에서 동로마제국을 격파하였으며, 이를 계기로 투르크계 여러 종족이 대거 소아시아에 진출하였다. 그들은 코니아(Konya)를 수도로 한 소아시아 셀주크조를 건설하였다. 소아시아 셀주크조는 동로마제국에도 세력을 확장해 11세기 술라이만 치세 때 이즈미르를 점령해 타카 베이가 이곳을 통치하였다. 이로써 이즈미르는 처음으로 투르크인의 지배하에 놓이게 되었다. 서아시아에서의 무슬림들의 강세는 유럽 나라들과 로마 교황에게는 커다란 위협으로 인식되어 드디어 십자군이 편성되었다. 십자군이 팔레스타인 지방을 점령하고 예루살렘 왕국을 건립할 무렵, 이즈미르도 십자군에 의해 다시 동로마제국의 판도에 편입되었다. 13세기에 이르러 제4차 십자군이 콘스탄티노플을 점령하고 라틴제국을 건립하자, 동로마 황제는 니케아(이즈니크)에 도피하였다. 그리하여 이즈미르는 니케아조의 치하에 들어갔다.

13세기 후반에 이르러서는 동로마제국으로부터 이탈해 동지중해 일원으로 세력을 확장한 제노바인들의 지배를 받게 되었다. 그러나 1320년 소아시아 셀주크 계열의 소국 중 하나인 아이둔 오르의 카지 우름 베이에 의해 다시 투르크인의 지배하에 놓이게 되었다. 셀주크 소국의 하나로 세력을 확대한 오스만 후국(侯國)은 바예지드 1세 때 아이둔 오르를 병합함으로써 이즈미르는 오스만제국에 편입되었다. 그후 티무르가 소아시아에 진출해 1402년의 앙카라 전투에서 오스만군을 격파하고 셀주크 산하의 소국들을 부흥시켰다. 때를 같이하여 아이둔 오르도 부흥하자, 이즈미르는 그 치하에 들어갔다.

티무르가 중앙아시아로 철수한 후, 오스만제국은 발칸 반도의 재부(財富)를 이용해 소아시아에 대한 지배권을 회복하여, 1415년에는 이즈미르를 다시 영유하게 되었다. 그후 이즈미르는 오스만제국의 상업도시로서 번영을 누렸으며, 거기에는 그리스인·베네치아인·제노바인 등 투르크족 이외의 민족도 다수 거주하였다. 1688년 6월 10일과 1776년 7월 3일에 발생한 두 차례의 대지진으로 인해 큰 피해를 입었으며, 도시의 규모는 축소되었다. 1867년에는 아이둔주(州)의 주도(州都)가 되면서 이즈미르는 다시 번영하기 시작하였다.

오스만제국이 제1차 세계대전에서 전패하자, 그리스는 영국의 후원하에 에게해 연안 지방을 할양해줄 것을 오스만제국에 요구하였다. 이에 1919년 5월 15일 그리스군은 이즈미르에 상륙해 무력으로 할양을 단행하였다. 이듬해(1920)에 오스만 정부는 제1차 세계대전 전승국들 간에 소아시아 서부를 그리스에 할양하기로 한 세브르 조약을 승인하였다. 오스만제국의 이러한 전후 처리는 전승국의 요구를 수용한 셈이다. 이에 대응해 무스타파 케말 파샤는 앙카라에 신정부를 수립하고, 세브르 조약의 파기를 요구하였다. 이 요구는 당연히 그리스군의 소아시아 진주를 부정하는 것이었다. 케말 파샤는 소아시아의 전체 투르크인의 결집을 호소하고, 1922년 8월 사카리아 대회전(大會戰)에서 그리스군에게 참패를 안겼다. 그리고 9월 9일에는 그리스군의 소아시아 거점인 이즈미르에 입성하였다. 1923년에 오스만 정부를 대체한 앙카라 정부는 제1차 세계대전의 전승국들과 새로이 로잔 조약을 체결하고 세브르 조약을 파기하였다. 1924년 10월 29일 터키공화국이 성립됨에 따라 오늘날까지 이즈미르는 이 나라의 한 도시로 성장하고 있다.

이즙란트 이제스 Избрант Идес, 17세기
17세기 말엽 러시아와 중국 간의 교역에 종사한 네덜란드 출신의 거상(巨商). 동진정책을 펴온 제정 러시아는 17세기 초엽부터 드보르스크를 거점으로 중앙아시아 상인들을 통해 중국(명)과 간접 교역을 진행하였다. 그러다가 중엽에 신흥 청조(淸朝)가 안정 국면에 접어들자 러시아 상인들은 중가리아나 몽골을 경유해 직접 베이징까지 왕래하였다. 그러면서 러시아 정부는 청조에 수차례 사절을 보내 '자유 통상'을 요구하였다. 그 결과 1689년 양국간에 '네르친스크(Nerchinsk) 조약'이 체결되어 두 나라 국민이 국경을 넘나들면서 교역하는 것이 허용되었다(조약 제5조). 그러나 조약에는 원칙적인 규정만 있고 세부적인 시행 조치는 없었다. 그리하여 러시아 측은 구체적으로 교역을 성사시키며, 또한 중국 측의 실제적 대응 여하를 탐지하기 위하여 사절을 보내기로 하고 인물을 물색하고 있었다. 이때 황제 표트르 1세(Петр. I)의 지기인 거상 이제스가 출사(出使)를 자원하였다. 그는 러시아 재정부에 교역차 현금 3,000루블과 또 그만큼의 교역품으로 모피를 청구하였다. 표트르 1세는 그의 청구를 즉각 수락하고 국서를 휴대한 특사로 중국에 파견하기로 하였다. 그의 주요 사명은 니브츠 조약과 미확정 국경 문제에 대한 청 정부

의 입장을 탐지하고 중국 각지의 상역 형편과 외국 상인들의 중국 내에서의 제반 활동 및 러시아 화물의 판매 상황을 파악하는 것이었다. 그밖에 러시아 포로를 석방하고 러시아 동방정교(東方正敎)의 교회당 건립을 허락받으며 헤이룽강(黑龍江) 유역을 정찰하는 등의 임무도 맡겨졌다.

이제스는 약 400명의 수행원과 대상(隊商)을 이끌고 1692년 3월 모스크바를 떠나 드보르스크·바이칼호·네르친스크·아르군강(江)·장자커우(張家口)를 거쳐 1693년 11월 베이징에 도착하였다. 그런데 청조가 규정한 외국 각서 조례법에 어긋나게 이제스가 휴대한 국서에는 러시아 황제의 이름이 청 황제(강희제康熙帝)의 이름 앞에 씌어 있어 의법(依法)상 국서와 예물 전달을 거절당하고 말았다. 그렇지만 청 정부는 이제스를 사절로 예우하고 강희제를 알현할 수 있게 하였으며, 러시아 대상의 내경(來京) 교역도 허락하였다. 이제스는 4개월간 베이징에 체류하면서 청 정부와 끈질긴 담판을 진행하였다. 그 결과 제한적이긴 하지만 일련의 구체적인 성과를 거두었다. 러시아 상인들이 3년에 한 번씩 중국에 와서 교역을 하되 한 번에 200명을 초과할 수 없고 러시아관에서의 체재비는 자비부담이며 체재 기간은 80일로 한정되었다. 또한 동방정교 교회당 건립은 단호히 거절당하였다. 기타 세부사항은 계속 협의하기로 하고, 이제스 일행은 1694년 3월 베이징을 떠나 다음해 2월에 모스크바에 도착하였다. 이와 같이 중국과의 교역을 구체화한다는 이제스의 사명은 제한적이긴 하나 기본적으로 달성되었으며, 이를 계기로 양국간에 교역을 진일보 확대할 수 있는 길이 열리게 되었다. 러시아 정부는 1698년에 첫 국가 대상을 베이징에 파견한 데 이어, 상인들과 대상들의 중국 입국은 그 후에도 계속되었다. 왕래가 빈번해짐에 따라, 교역로도 네르친스크와 넌장(嫩江)을 지나 베이징

에 오던 길이 1705년 이후부터는 몽골과 장자커우를 지나는 더 짧은 길로 바뀌었다. 양국간의 교역품을 보면 러시아는 중국에 주로 모피류를, 중국은 러시아에 차·대황(大黃)·견직품·면포 등을 수출하였다. 당시 러시아 국내의 모피 값은 베이징의 그것보다 훨씬 쌌기 때문에 러시아 상인들은 많은 이익을 챙길 수 있었다.

이찬 칼라 ichan qal'a (우즈베크어)

중앙아시아 도시의 기본형. 우즈베크어로 '내성(內城)'이란 뜻이다. 도시가 성벽으로 에워싸여 있는 데서, 즉 요새화된 데서 유래한 말이다. 현존하는 대표적인 이찬 칼라는 우즈베키스탄 서북부 도시 히바다. 히바의 이찬 칼라(내성)는 크기가 동서로 450m, 남북으로 650m의 장방형이다. 1990년 내성 전체가 유네스코 세계유산으로 등재되었다.

우즈베키스탄 히바의 내성 이찬 칼라

이충 李忠

장보고(張寶高)의 도일 사신. 840년 12월 양원(楊圓)과 함께 장보고의 사신으로 다자이후(大宰府)에 도착해 교역을 허가받고 이듬해에 귀국했는데, 신라 내의 분란으로 인해 다시 다자이후로 돌아갔다. 842년 정월 식량을 공급받고 귀국하였다. (8-212)

인더스 문명 Indus Civilization

고대 도시문명. 기원전 3000~2000년(신석기시대~청동기시대 후기) 인더스강 유역에서 발생한 고대 도시문명으로, 그 주역은 드라비다 족이다. 1922년 영국 고고학자 마셜(J. MarShall)의 지휘하에 본격적인 발굴이 시작되어 약 250개소의 유적이 확인되었다. 그중 대표적인 도시 유적이 모헨조다로와 하라파 등 6개소다. 인더스 문명은 금석병용(金石倂用)의 청동기시대 문화와 도시문화의 성격을 지니고 있으며, 정치체제는 사제장(司祭長)을 정점으로 하는 신정(神政)체제였다. 농경사회의 경제구조에 묶여 있는 인더스 문명의 농민들은 성 밖에 있는 농경 부락에서 돌도끼와 돌칼 등의 도구로 보리와 밀 등을 경작하고, 목면과 야자 등을 재배해 그 수확물을 도시에 공급하였다. 그들은 소·양·돼지·물소·코끼리를 사육하고 여러가지 모양의 토기를 제작했는데, 그중에는 황토색 채토기(彩土器)가 있다. 성내 주민들은 간단한 수공업에 종사하고, 맥류를 돌로 부수어 가루를 낸 가루음식을 주식으로 했으며, 육식도 한 것으로 보인다. 그들의 일상 용기는 돌도끼와 돌칼 등 석기 위주이고, 청동기로 창끝·화살·끌·톱·송곳 등 이기(利器)도 만들었다. 장신구로는 금·은·보석목걸이·손목걸이·귀고리 따위가 있었다. 문화면에서는 250~400개의 상형문자(象形文字)가 사용되었다. 이 문자는 1853년에 처음 발견된 이래 1923년에 거의 모두 출토되었는데, 아직 해독하지 못한 상태다. 많은 동물 형상을 그린 이 표의(表意)문자는 문자의 원시 형태다. 약 2천 개가 출토된 인장(印章)은 대체로 네모진 석판 표면에 소·호랑이·코끼리·들소·코뿔소·악어 등 동물을 형상문자와 함께 예술적으로 도안해 인각(印刻)했는데, 서로간의 교역에서 신분 확인 기능을 한 것으로 짐작된다. 복식을 보면 여자는 요대(腰

帶)를 두르고 띠로 허리를 묶고 머리에는 상아 빗과 갖가지 장식의 핀을 꽂고 있다. 남자는 천을 왼쪽 어깨에서 오른쪽 옆구리까지 드리운다. 종교는 지모신(地母神)·나무신·동물신 등 각종 원시신앙이 유행하고, 성기(性器)도 숭배하였다. 그들이 행한 조장(鳥葬)의 장례법에서 윤회(輪回)나 내세관을 엿볼 수 있다.

여러가지 유적 유물로 미루어 인더스 문명은 주변 문명들과 많은 교류를 함으로써 그들과 공통적인 문명요소들을 공유하게 되었다. 상형문자나 인장 제작술은 메소포타미아에서 수용했으며, 금은 남인도에서, 은과 동은 아프가니스탄에서, 경옥은 미얀마에서 수입하였다. 그리고 도시 설계, 곡물 재배, 가축 사육, 야금 기술, 방직, 벽돌과 토기 제작, 금은보석 사용 등의 모습은 수메르 문명과 많은 공통성을 보이고 있다. 기원전 2500년경의 메소포타미아 기록(점토판 기록)에는 인더스강 유역의 멜루하(Meluhha)와 교역했다는 내용이 있다. 유적 유물에서 확인되다시피 인더스 문명은 상당히 넓은 지역을 아우르고 있다. 북은 잠무(Jammu)강(갠지스강 상류 지류), 남은 나르마다(Narmada)강, 서는 마크란(Makran) 해안, 동은 메러트(델리 부근)에 이르는 지역으로, 남북 1,600km, 동서 1,100km로 총면적 130만km^{2}에 달하는 삼각형 문명권이다. 이것은 고대 이집트나 메소포타미아 문명권보다 더 넓은 면적이다. 이렇게 인더스 문명은 기원전 3000~2000년, 약 1천년 동안 존재하면서 찬란한 고대문명을 꽃피웠다.

『**인도국민**』 Ctesias 저, 기원전 4세기 전반

인도에 관한 서방인의 최초 원전. 소아시아의 고도 크니두스(Cnidus) 출신의 테시아스(Ctesias)는 페르시아의 아케메네스조의 왕 므네몬(Mnemon, 기원전 405~361)의 어의(御醫)로 20

년간 봉직하면서 수도 수사에 거주하다가 기원전 398년에 사직하고 그리스에 돌아가 은거하였다. 그가 은거하면서 저술한 이 책은 원본이 소실되고 책 중의 단편적인 내용만 전해진다. 저자는 마치 인도 현지에서 직접 견문한 것을 적은 것처럼 이야기하지만 흥미 본위로 인도인은 모두가 '괴물' 같다든가, 인도에는 '기수(奇獸)'가 많다든가 하는 식의 황당무계한 기담들로 꾸며져 있다. 그리하여 후일 그 실체가 밝혀지자, 테시아스는 '문단의 기만자' '허언가(虛言家)'란 혹평을 받았다. 그럼에도 불구하고 후학들은 이 책이 인도에 관한 서방인 최초의 기록이라는 데 그 가치를 인정해 잔본(殘本)들을 수집·정리하였다. 9세기 말엽에 콘스탄티노플 출신의 문헌 수집가인 포티우스(Photius, ?~892)가 편찬한 『고전초록(古典抄錄)』에 잔본의 일부가 수록되어 있으며, 19세기에 와서는 막스 뮐러(Max Müller)가 다시 교정한 것을 매크린들(McCrindle)이 영역(英譯)하였다. 마르코 폴로의 여행기나 셰익스피어의 작품에 인용된 인도 기담은 그 대부분이 이 '원전'에서 원용한 것이다.

『**인도여행기**』 Scylax 저, 기원전 6세기

교류의 문헌적 전거로서의 여행 문학서. 유럽인으로서는 최초로 인도를 여행하고 여행기를 남긴 사람은 그리스 출신의 스킬락스(Scylax, 생몰년 미상)로 알려지고 있다. 그는 기원전 509년경에 아케메네스조의 다리우스왕의 명을 받고 인도에 항해하여 인더스강 하구(河口)를 발견하고 이 항해기(여행기)를 썼다고 하나, 전해지지 않고 있다.

『**인도의 언어와 지식**』 *Über die Sprache und Weisheit der Inder*, Friedrich von Schlegel 저, 1808년

인도어와 유럽어 간의 비교언어학적 명저. 18세

기 후반 유럽의 동방 연구를 주도한 영국 '아시아 연구회'의 왕성한 연구 활동에 힘입어, 독일 언어학계의 귀재 슐레겔(Friedrich von Schlegel)은 인도의 언어 연구에 전념한 결과, 1808년에 이 책을 발표하여 인도어와 유럽어 간의 비교언어학적 상관성을 밝혀냈다. 그의 연구는 비교언어학과 비교문학, 비교문헌학을 탄생시킨 밑거름이 되었다.

인도통치규제법 The Regulation Act of India

1773년에 영국 의회는 인도에 대한 식민지화 경략을 공식 법제화하고 총독제 통치를 실시하기 위하여 이른바 '인도통치규제법'(The Regulation Act of India)이라는 법령을 제정·반포하였다. 이 법에 따라 1명의 총독과 4명의 참사를 정점으로 한 총독부를 설치해, 이들에게 벵골과 비하르 및 오리사 3주(州)의 민사나 군사·징세 등 행정업무를 관장할 권리뿐만 아니라, 마드라스와 봄베이 등 지방의 행정을 감독·통제할 직능까지 부여하였다. 또한 이 법은 윌리엄성(Fort William)에 1명의 재판장과 3명의 판사로 구성된 최고사법재판소를 설치하되, 이들 판사는 영국이나 아일랜드 고등법원의 법정 변호사 중에서 영국 왕이 선임하도록 규정하고 있다. 이 재판소는 민사와 형사·해군·종교 등 제반 분야에서 발생하는 소송에 대한 재판권을 갖고 있다. 그리하여 18세기 후반부터 인도에 대한 영국의 식민지화 경략은 총독제 통치의 형태로 공식 출범하였다.

인도 항로 印度航路

중세 다가마에 의해 개척된 유럽에서 아프리카 남단을 돌아 인도로 직항하는 해로다. 포르투갈의 항해가인 바스쿠 다 가마(Vasco da Gama, 1469~1524)는 국왕의 하명을 받고 1497년 7월에 4척의 범선을 이끌고 이미 개척한 항로를 따

다 가마의 인도 상륙 해안

라 아프리카 서해안을 남하하였다. 그는 적도의 무풍지대를 피하여 육지에서 멀리 떨어진 원양 항해를 하여, 아프리카의 최남단 희망봉을 우회한 후 아프리카의 동해안으로 북상하였다. 1498년 4월에 케냐의 말린디(Malindi)에 도착하여 아랍 항해가 이븐 마지드(Ibn Majid)의 안내를 받아 그해 5월 20일, 출항 10개월 만에 드디어 인도 서해안의 캘리컷(Calicut)에 종착하였다. 이로써 그는 유럽에서 아프리카 남단을 돌아 인도로 직항하는 이른바 '인도 항로'를 처음으로 개척하였다. 그는 60배의 이익을 남긴 후추와 육계(肉桂) 등 향료를 싣고 다음해에 리스본으로 귀향하였다. 그가 이 새로운 항로에서 보낸 시간은 2년이 넘었으며(그중 해상에서 약 300일간), 항해 중에 3분의 1 이상의 선원을 잃었다. 그후 다가마는 두 차례(1502~1503, 1524)나 인도를 다시 찾았다. 그에 의한 '인도 항로'의 개척은 서세동점(西勢東漸)의 효시가 되었다.

인동문(忍冬紋)의 동전

인동문(忍冬紋)은 인동초가 뻗어나가는 형상을 도안한 무늬로, 건축이나 공예 장식에 쓰인다. 인동초(인동덩굴, 학명 'Lonicera japonica')는 인동과에 속하는 낙엽 만목(蔓木, 덩굴나무)이며 잎은 타원형으로 양쪽으로 마주나고 온몸에 짧은 갈색의 털이 덮여 있다. 고대 이집트에서 생겨난 인동문은 그리스·로마와 중앙아시아 일원

각종 인동문

에 전해져 유행하다가, 인도에 전파된 이후 한(漢)대에 중국에 유입되었다. 중국 뤄양(洛陽)의 전한(前漢) 복천추묘(卜千秋墓) 벽화 운채(雲彩)에서 보이는 최초의 인동문을 비롯해, 우웨이(武威)의 한문 병풍과 민펑(民豊)의 후한 묘 견직물에서도 초기의 인동문이 나타나고 있다. 위진남북조시대에 오면 인동문이 불교 석굴의 주요한 장식 문양으로 부상한다. 이 시기에 축조된 둔황(敦煌) 석굴은 인동문의 대본산이라 할 수 있다. 인동문은 전파되어 유행되는 과정에서, 여러가지 문양과 조화를 이루면서 민간 장식문양으로 자리를 잡아갔다.

인디오(Indio)와 인디언(Indian)

아메리카 대륙의 몽골로이드(Mongoloid) 원주민. 원초적으로 보면 인디오건 인디언이건 간에 모두 아메리카 대륙의 몽골로이드 원주민이다. 다만 인디언은 영어식 발음일 뿐이다. 아프리카에서 출현한 현생인류 가운데서 황색인종인 몽골로이드가 제4빙하기 말에 베링 해협을 건너 아메리카 대륙에 발을 붙인 후 점차 북에서 남으로 이동해 오늘날의 인디오(인디언)를 이루어왔으며, 그들이 아메리카 대륙의 원주민이다. 그런데 인디언·인디오라는 말은 콜럼버스가 대서양을 넘어 오늘날의 서인도제도에 이르렀을 때, 이곳이 바로 그가 항해의 목표로 삼았던 인도인 줄로 착각하고 그곳에 '서인도'라는 이름 아닌 이름을 붙인 데서 기인하였다. 서구 식민주의자들의 수세기에 걸친 지독한 차별과 탄압으로 인해 이들 원주민은 거의 멸종 위기에 처하였다. 얼마 남지 않은 인디오는 오늘날 멕시코와 과테말라의 산악지대에, 페루와 볼리비아, 에콰도르 안데스 산악지대에 살고 있다.

인류의 진화

인골 화석 중 지금까지 발굴된 것 가운데 가장 오래된 오스트랄로피테쿠스(Australopithecus, 약 300만년 전)의 출현은, 인류 진화의 첫 단계(Homo habilis 단계)다. 이 단계를 이은 제2단계는 지금으로부터 약 100만년 전에 나타나서 35만년 전(신생대 제4기 홍적세 초·중기)까지 지구상의 여러 곳에서 활동한 호모 에렉투스(Homo erectus, 직립인直立人)군의 단계다. 그들은 오스트랄로피테쿠스와 여러 면에서 다른 점이 있는데, 두뇌 용량이 약 1,000cc로 더 크며, 두 발도 더 발달하고, 조잡한 타제석기와 불을 사용하였다. 또한 수렵에도 능하였고, 원시적인 언어도 사용한 것으로 보인다. 두개골의 모양이나 몸의 크기, 그리고 두뇌의 용량에서 현대인에 좀더 가깝다. 한마디로 호모 에렉투스는 오스트랄로피테쿠스와 현대인의 중간 단계에 있는 고생(古生) 인류라고 말할 수 있다. 1891년 네덜란드 군의관 외젠 뒤부아(Eugène Dubois)가 자바의 솔로강 근처 트리닐에서 처음으로 발견한 자바인(원형은 피테칸트로푸스, Pithecanthropus)을 비롯하여, 1927년 캐나다의 해부학 교수 앤더슨(D. Anderson)이 발견한 베이징 저우커우뎬(周口店) 상동인(上洞人, 약 50만년 전), 독일 마우에르(Mauer) 근처의 채석장에서 인부 두 사람이 발견한 하이델베르크인, 기타 아프리카의 동·서부와 헝가리 등 세계의 여러 곳에서 호모 에렉투스의 화석인골(化石人骨)이 출토되는 점으로 미루어보아, 이 인종도 아시아·아프리카·유럽의 여러 곳에 퍼져 살고 있었음을 알 수 있다. 그들은 주먹도끼와 석핵(石核)으로 도구를 만들어 썼고(아슐리안 문화Acheulean culture), 조잡하나마 양면 절단기와 불, 언어도 사용(아브빌 문화 Abbeville culture)함으로써 오스트랄로피테쿠스군의 역석기(礫石器, 자갈석기) 문화(Pebble tool tradition)보다는 확실히 진일보하였다. 이 오스트랄로피테쿠스의 자갈석기 문화와 호모 에렉투스의 아슐리안 문화 등을 통틀어 전기(前期) 구석기문화(Lower Paleolithic culture)라고 한다.

인류 진화의 제3단계는 약 35만년 전부터 4만년 전 사이에 출현한 호모 사피엔스(Homo sapiens) 단계다. 여기에는 네안데르탈렌시스(H. s. neanderthalensis)와 호모 사피엔스 사피엔스 (H. s. sapiens)의 2개 아종(亞種)이 있다. 호모 사피엔스 네안데르탈렌시스는 지금으로부터 약 35만년 전을 상한으로 4만년 전까지 독일·프랑스·영국 등 서부 유럽을 중심으로 널리 퍼져 살던 화석인류를 통틀어서 지칭한다. 1856년 독일의 네안데르 협곡의 한 동굴에서 두 노동자가 처음으로 화석인류를 발견한 데서 명칭이 유래한 이 인종은 두개골의 윤곽은 호모 에렉투스와 다르며, 뇌 용량은 1,300~1,400cc로 현대인과 거의 비슷하다. 이 인종에 속하는 화석 인골로는 1905년 프랑스의 도르도뉴에 있는 르 무스티에 동굴에서 제4빙하기의 인류화석으로 추정되는 유골 (르 무스티에 유골)이 무스티에(Moustier) 문화 유물과 함께 발견되었고, 1935년 영국의 템즈강 하류에서 스완즈컴(Swanscombe) 유골이 돌도끼와 함께 출토되었다. 그밖에 북아프리카와 중동의 몇몇 곳에서도 유사한 유골이 발굴되었다. 무스테리안 문화에서 보다시피, 제3빙하기와 제4빙하기에 살았던 이 네안데르탈렌시스는 이미

가압법(加壓法)과 2차적인 가공으로 석기를 만드는 리터치법을 사용하여 2차 박편석기(剝片石器)를 제작하였으며, 동굴에서 살았다. 그들은 시체에 붉은 황토칠을 하여 매장하는 등 원시적 종교관념도 갖고 있었다. 이들이 창조한 문화는 중기(中期) 구석기문화(Middle Paleolithic culture)라고 한다. 인류학적으로 이들이 전대의 인류에 비해 현대인에 매우 근접하기는 하나 뇌 용량이라든가 두개골 모양이 여전히 현대인과 다르기 때문에 고생인류(古生人類, Homo primigenius)에 소속시키기도 한다. 일반적으로 이 고생인류에 속하는 인종들의 생리적 특징을 보면 두개골이 작고 납작하며 눈이 머리끝에서 3분의 1, 턱 끝에서 3분의 2 위치에 있으며, 눈두덩이의 뼈가 두둑하게 발달하였다. 또한 아래턱이 크게 불거지고 허리가 구부정하며 손이 길고 발이 크다.

호모 사피엔스 사피엔스는 현대인의 직접적인 조상으로서 현생인류(現生人類, Homo sapiens)라고 한다. 약 4만년 전에 출현한 이 인종은 유럽·아시아·아프리카의 전역에 걸쳐 널리 분포되어 있다. 1868년 프랑스의 도르도뉴에 있는 크로마뇽에서 철도 공사를 하다가 발견된 크로마뇽인(Cro-Magnon Man, 4만년 전 백인종의 조상), 1929년 남아프리카의 북부 트란스발에 있는 스프링복에서 도로공사를 하다가 발견된 스프링복(Springbok)인(1만 5천년 전), 1889년 자바의 트리닐 동굴에서 발견된 와자크(Wadjak)인, 프랑스와 이탈리아의 접경지대인 그리말디(Grimaldi)에서 발견된 그리말디인 등은 호모 사피엔스 사피엔스의 대표적인 인종들이다. 이들은 현생인류와 같은 속(屬), 같은 종(種)에 속하며 뇌 용량은 현대인과 거의 같은 1,500~1,600cc다. 그들은 전 단계의 인류와는 확연하게 구별되는 문화를 창조하였다. 그들

은 정교한 목기(木器)와 골각기(骨角器)를 만들어 썼고, 짐승의 가죽으로 옷을 지어 입고, 동굴벽화와 조각 등도 개척하였다. 특히 그들은 나무나 짐승의 뼈와 뿔, 상아 등으로 장식용 조각과 돌칼·끌·정과 같은 도구를 만들었고(오리냐크Aurignac 문화, 3만 5천~2만 2천년 전), 월계엽(月桂葉) 칼날을 만들고 집단적으로 수렵을 하였으며(솔뤼트레Solutré 문화, 1만 8천~1만 5천년 전), 세석기와 동굴벽화·골침(骨針)·송곳·가죽옷을 사용하고 반(半)지하식 가옥에서 살았다(마달레니앙Magdalenien 문화, 1만 5천~8천년 전). 호모 사피엔스 사피엔스가 창조한 이러한 오리냐크 문화와 솔뤼트레 문화, 마달레니앙 문화를 통칭하여 후기(後期) 구석기문화(Upper Paleolithic culture)라고 한다.

인류의 출현

인류는 출현할 때부터 원시적일지라도 문화를 창조하고 향유하였으며, 접촉과 교류를 통해 그 영역은 부단히 확대되고 다양화되어왔다. 인류가 지구상에 언제 출현하였으며, 그 조상은 무엇인가 하는 것은 장기간 학계에서 논의되어온 난제로서 학제간 연구가 심화되면서 문제의 해명에 한층 접근해가고 있다. 지금까지의 연구결과를 토대로 하여 추론하면, 인류의 조상은 지금으로부터 약 1억년 전에 진화를 시작한 영장류(靈長類) 가운데서 인류와 가장 가까운 유인원군(類人猿群)에서 찾게 된다. 지금까지 발견된 화석 가운데서 가장 오래된 유인원이 발견된 것은 약 1,400만년 전에 살았던 드리오피테쿠스(Dryopithecus)군이다. 그런데 이 유인원은 인과(人科)와 원과(猿科)로 갈라지기 이전의 것이기 때문에 인류만의 조상이라고는 말할 수 없다. 따라서 유인원을 인간의 조상이라고 단정하는 견해는 재고되어야 한다. 드리오피테쿠스군

은 1856년 프랑스에서 처음으로 발견된 후 인도·중국·조지아·동아프리카 등 여러 지역에서도 지금으로부터 2천만년 전~800만년 전의 화석 포함층에서 발굴되었다. 인류의 진정한 조상은 인과(人科)에 속하는 영장류의 생명체에서 찾아야 한다. 이러한 생명체의 인골화석 중에서 지금까지 발굴된 것 가운데에서 가장 오래된 것은 약 300만년 전(신생대 제3기 말~제4기 초)의 오스트랄로피테쿠스(Australopithecus)다. 이 화석은 리처드 리키(R. Leakey)가 1968년부터 1972년까지 4년 동안 동아프리카 케냐의 루돌프호(Rudolf Lake) 동안 쿠비포라(Koobi Fora)와 일러트(Illert)에서 발견한 78개의 인골인데, 두뇌량은 500cc 가량이며 단순한 형태의 역석기(礫石器, 자갈석기, pebble tool)와 작은 동물을 잡아먹는 간단한 나무도구를 사용하고 집단 수렵을 하였다. 이것이 우리가 알고 있는 인류의 최초 문화다. 이러한 원시적인 도구인 석기와 목기는 오스트랄로피테쿠스의 인간(고생인류)으로의 전환을 도와줬으며, 인류 문화의 씨앗이 되었다. 그들은 전례 없이 손으로 도구를 사용할 수 있어 '손재주가 좋다'는 뜻으로 '호모 하빌리스'(Homo habilis)라고도 불린다.

인쇄술

인쇄(印刷)란 판면(版面)에 잉크를 묻혀 판면의 문자나 그림 등을 종이나 깁 같은 데에 눌러 문질러서 박아내는 일이며, 인쇄술(printing)은 그러한 기술을 말한다. 인쇄는 장기간 인쇄술의 부단한 발달과정을 거쳐 오늘의 수준에 이르렀다. 동·서 고금 인쇄술의 연혁사를 통관하면 근세에 이르기까지 인쇄는 크게 단순인쇄와 조판(彫版) 인쇄의 두 단계를 거쳐 발달하여왔다. 첫째 단계인 단순인쇄 단계는 인쇄의 시원이라고 할 수 있는 날인(捺印)과 탁본(拓本, 혹은 탑본榻本)이라

는 원시적인 인쇄 단계다. 날인과 함께 탁본은 단순인쇄의 한 형태다. 탁본(rubbed copy)은 금석(金石)에 새긴 글씨나 그림을 재현물(再現物)을 이용해 종이에 박아내는 일종의 인쇄다. 단순인쇄는 원시단계의 인쇄로서 간단한 내용만을 재현할 수 있고, 특정 용도에만 제한되어 실용화할 수 없으며 다량 인쇄가 불가능하다. 그리하여 단순인쇄물 유품이 희소할 수밖에 없다. 그러나 이러한 제약성에도 불구하고 고대 메소포타미아 문명과 인더스 문명 간에 인장(印章)의 교류가 있었다는 사실에서 보다시피, 문명권 사이에서는 물론이거니와 문명권과 비문명권 사이에서도 단순인쇄술의 교류는 이루어졌다.

인쇄술 발달의 두번째 단계는 나무판이나 금속판 등에 각자(刻字)를 하여 인쇄하는 조판인쇄 단계다. 이 단계는 목판인쇄와 활자인쇄의 전후 단계로 나눌 수 있다. 조판인쇄의 전 단계인 목판인쇄가 언제 어디서 시작되었는지에 관해서는 국내외 학계에서 논란이 분분해 아직 견해의 일치를 보지 못하고 있다. 한국에서는 1966년 경주 불국사(慶州 佛國寺)의 석가탑(釋迦塔) 탑두부(塔頭部)에서 폭 6.65cm, 길이 6.3m의 종이에 목판 인쇄된 『무구정광대다라니경(無垢淨光大陀羅尼經)』(8세기 중엽, 국보 제126호)이 발

이란의 금속활자 인쇄기(이스파한의 아르메니아 교회당 박물관 소장)

견되었다. 이것은 현존 유물로만 비교해보면 세계에서 가장 오래된 목판인쇄물이라고 한다. 중국에서 조판인쇄술의 최초 출현에 관해서는 여러 설이 있으나, 당대(唐代) 설이 가장 유력하다. 그 주요한 근거는 지금까지 중국에서 발견된 인쇄물 유품 중에서 최고(最古)의 것이 당대에 속한 것이기 때문이다. 그 유품이 바로 1907년 영국의 중앙아시아 탐험가 스타인(Sir Aurel Stein, 1862~1943)이 둔황문서(敦煌文書) 중에서 발견한 당 함통(咸通) 9년(868) 4월 15일자로 인쇄된 폭 30cm, 길이 5m 이상의 『금강반야바라밀경(金剛般若婆羅密經)』이다. 그밖에 중국 학자들은 신장(新疆)에서 발견된 『묘법연화경(妙法蓮華經)』이 690년대에 인쇄된 것으로 세계 최초의 인쇄물이라고 주장하나 서체(書體)가 후대에 나온 것이고, 또 인쇄 연도도 명기되어 있지 않은 점 등을 감안할 때, 이러한 주장은 신빙성이 별로 없다.

조판인쇄 이후 단계는 활자인쇄 단계인데, 여기에는 목(木)활자인쇄와 금속활자인쇄가 포함된다. 특수하게는 진흙활자인쇄도 있다. 활자(活字)란 활판(活版) 인쇄에 쓰는 자형(字型)을 말하는데, 보통 모난 기둥 모양의 나무나 금속의 한 끝에 글자를 좌향(左向)으로 철각(凸刻)한다. 이러한 자형으로 활판인쇄하는 것을 활자인쇄라고 한다. 목판인쇄가 발달한 중국에서는 이를 바탕으로 하여 1313년에 왕정(王楨)이 처음으로 목활자(木活字)를 창제하여 『대덕정덕현지(大德旌德縣志)』 100부 6만여 자를 인쇄하였다. 둔황에서는 14세기 초의 고회골문(古回鶻文)으로 된 목활자가 발견되었다. 목활자는 후일 금속활자를 제작하는 데 있어 하나의 모형 역할을 하였다고 볼 수 있다. 인쇄술에서 획기적인 변혁을 가져온 금속활자(金屬活字)도 최초로 한국에서 고려(高麗)시대에 창제되었다. 고종(高宗) 치

세 때인 1230년경에 금속활자가 출현하였으며, 1377년에는 금속(동銅)활자로 불전(佛典)을 인쇄하였는데, 이것은 지금까지 발견된 금속활자 인쇄물 중에서 가장 오래된 금속활자본이다. 유럽에서는 독일의 구텐베르크(J. G. Gutenberg)가 1438년경에 연(鉛) 활자를 주조하고 인쇄기를 발명하여 1454년에 처음으로 『31행속유장(三十一行贖宥狀)』을 인쇄한 데 이어 『42행성서(四十二行聖書)』등 성서를 인쇄·출간하였다. 첫 금속활자 인쇄물의 출간 연대를 비교해보면, 한국이 독일보다 근 80년 앞섰다. 활자인쇄에서 목활자와 금속활자 외에 중국에서는 이른바 '진흙활자'도 만들어진 바 있다. 송대 경력(慶曆) 연간(1041~1048)에 필승(畢昇)이라는 한 민간인이 진흙을 굳혀서 활자를 창안하였지만 실용화되지는 못하였다. 그밖에 중국에서는 13세기(원대)에 철과 주석으로 주조한 활자로 인쇄를 시도했으나, 역시 성공하지 못하였다.

인쇄술의 교류 고대의 단순 인쇄술도 문명권 사이에서 교류가 있었지만, 그것은 지극히 미미하고 한정적이었다. 중세의 조판인쇄 단계에 들어오면 인쇄술의 교류는 갈수록 활발해졌다. 특히 인쇄술은 문명 발달에 사활이 걸린 문제인 만큼, 금속활자의 발명 이후 그 전파가 쾌속으로 이루어졌다. 그러나 역설적으로 이러한 '쾌속적'인 교류로 인해 인쇄술의 교류에 관해 상대적으로 애매모호한 점과 이론(異論)이 많이 남게 되었다. 물론 총체적인 면에서 동방의 조판인쇄술이 서전(西傳)하여 서방의 인쇄술 발달에 상당한 영향을 미쳤다는 데 대해서는 동서 학계가 한목소리를 내고 있다. 목판인쇄술을 비롯한 중국의 조판인쇄술은 13~14세기에 몽골 세력의 서점(西漸)에 편승해 중앙아시아와 서아시아, 북아프리카 및 유럽에까지 전파되었다. 1880년 이집트 파이윰(Faiyum)의 아르시나(Arsinae) 유적에

서 중국 신장(新疆)의 투루판 지역에서 발견된 회골문(回鶻文) 인쇄물과 심히 유사한 약 50점의 아랍어문 인쇄물(900~1350년 제품)이 출토되었다. 이것은 돌궐족(突厥族)이 중앙아시아를 거쳐 서아시아와 이집트(1172년 카이로에 아이유브 왕조 건립)까지 서천(西遷)하면서 중국의 조판인쇄술을 전해준 것이라고 추측된다. 그런가 하면 유럽인들은 13세기 말(1292) 여행가 마르코 폴로가 귀향하면서 휴대한 몇 점의 조판인쇄물에서 영향을 받았다고 주장하기도 한다.

13~14세기에 중국의 조판인쇄술이 서전될 계기는 여러 번 있었다. 그 계기는 우선, 유라시아의 광활한 지역에 건립된 몽골 대제국의 대서방 교류다. 몽골은 일 칸국(현 이란 중심)의 수도 타브리즈와 니즈니노브고로드를 중계지로 하여 유럽과 접촉하면서 동방 문명을 전파하였다. 일 칸국은 1294년에 원조의 지폐(紙幣)를 본받아 한자 '초(鈔)' 자(字)와 페르시아문(紋)이 합인(合印)된 지폐를 인쇄·발행(단 2개월간 유통)하였으며, 14세기 초 일 칸국의 재상 라시둣 딘(Rashīdu'd Din)은 역작 『집사(集史)』(1310)에서 중국의 목판인쇄에 관해 언급하였다. 또 다른 하나의 계기는 유럽인들의 중국 왕래를 통해 중국 인쇄술이 서양에 알려지게 된 것이다. 13세기 중엽부터 유럽인들은 원조에 다녀가서 중국의 인쇄술과 지폐를 포함한 인쇄물들을 유럽에 소개하고 14세기 말엽에 드디어 목판인쇄에 성공하게 되었던 것이다. 이상의 계기를 통하여 중국 목판인쇄술이 서전하여 유럽의 목판인쇄가 빛을 보게 되었다는 데 대해서는 동·서양 학계의 의견이 대체로 일치하고 있다. 이에 비해 활자인쇄술의 교류 문제는 많은 이론의 여지를 남기고 있다. 카터를 비롯한 독립기원설을 주장하는 사람들은 한국을 비롯한 극동에서의 활자인쇄와 독일을 비롯한 유럽에서의 활자인쇄는 약간

의 시차(時差)를 두고 각각 독립적으로 창안된 것으로, 거의 동시대에 출현한 것은 하나의 우연한 일치라고 보고 있다. 그 근거는 한반도에서 활자인쇄가 성행한 15세기 초엽부터 활자인쇄가 유럽에서 발명된 15세기 중엽까지의 사이에는 '유럽과 극동 간의 교섭은 거의 존재하지 않았다'(카터의 주장)는 것이다. 이것이 대체로 지금까지의 통설이다. 그러나 이 통설이 근래에 와서 도전을 받고 있다. 영국의 동양학자인 허드슨(G. F. Hudson, 1903~1974)은 독립기원설의 '근거'라고 하는 이른바 '유럽과 극동 간의 교섭 부재'에 의문을 제기하고 '볼가강 유역과 몽골고원 사이에는 넘을 수 없는 장애란 아무것도 없었다'고 지적하면서 이 통설에 대한 재고를 주장하였다.

금속활자 인쇄는 한국에 이어 중국에서도 발명·이용하였다. 당시 몽골제국과 티무르제국에 의해 동서간에 활발한 통교와 교류가 이루어지고 있던 국제적 환경을 감안할 때 동방의 선진적인 금속활자 인쇄술이 유럽에 전입되었을 개연성은 십분 존재했다고 말할 수 있다. 이미 동방의 목판인쇄술을 수용한 유럽인들로서는 같은 조판인쇄술의 범주에 속하는 새로운 동방의 금속활자 인쇄술을 불과 80년 사이에 전해듣고 인쇄기를 본떠 만들어 책을 찍어낼 수 있었을 것이다.

아직 연구의 미흡으로 제지술의 확연한 서전과는 달리, 금속활자 인쇄술을 포함한 조판인쇄술의 서전과정에 관해서는 명확하지 못한 점이 있다. 그러나 목판인쇄술의 서전만큼은 확실하기 때문에 총체적으로 서방 인쇄술에 대한 동방 인쇄술의 선행(先行)이나, 영향관계는 십분 긍정할 수 있는 것이다. 제지술의 서전과 함께 인쇄술의 서전(혹은 영향)은 유럽의 르네상스와 종교개혁 등 지적 개화를 촉진함으로써 유럽의 근대화에 지대한 기여를 하였다.

인적 교류 人的交流

실크로드를 통한 각종 교류의 주역인 인간의 상호왕래를 말한다. 이렇게 교류를 위해 왕래하는 사람을 '교류인(交流人)'이라고 지칭할 수 있다. 예로부터 실크로드의 3대 간선이나 5대 지선을 통해 수많은 교류인들이 오갔으며, 그들은 의식적이건 무의식적이건, 또 크건 작건 간에 동·서간의 문명교류에 주역으로 관여하였다. 그들 중에는 사절이나 포교사, 여행가들처럼 목적의식을 가지고 교류에 투신한 사람들과 정복자나 상인·이주민들처럼 결과적으로 교류에 기여를 한 사람들이 있다. 따라서 인적 교류에는 실크로드를 통한 모든 사람들의 왕래 일반을 범칭하는 넓은 의미에서의 인적 교류와 실크로드를 통해 목적의식을 가지고 교류에 투신하였거나, 결과적으로 교류에 큰 족적을 남긴 사람들의 왕래만을 지칭하는 좁은 의미에서의 인적 교류가 있다. 인적 교류는 물질문명 및 정신문명의 교류 모두를 망라하는 물적(物的) 교류 개념에 대응하는 하나의 상대적 개념으로서 물적 교류와 구별되는 몇가지 특징을 지니고 있다. 우선, 첫번째 특징은 교류 전반을 주재(主宰)한다는 것이다. 교류의 표상(表象)이나 궁극적인 목적이 물적 교류임에는 틀림이 없다. 그러나 물적 교류는 인적 교류에 의해서만 실현가능하다. 인적 교류를 떠난 물적 교류는 상상할 수 없는 것이다. 예컨대 상품 교류는 오로지 상인들의 왕래와 활동에 의해서만 이루어지는 것이다. 물론 물적 교류가 인적 교류에 영향을 미치는 것은 사실이지만, 그러한 경우에도 물적 교류의 실현을 위해서는 인적 교류가 우선되어야 하는 것이다. 그래서 인간은 교류의 주역이며, 인간의 왕래, 즉 인적 교류가 교류 전반을 주재하게 되는 것이다. 다음 특징은 능동적인 교류라는 것이다. 인적 교류는 인간의 능력과 지혜, 노력에 따라 무한히 전개될 수 있으며, 환경과 여건에 따라 가변적일 수도 있다. 포교자들의 왕래와 활동이 대표적인 예다. 포교자들의 능력과 노력에 따라 왕래의 여부가 결정될 뿐만 아니라, 포교라는 교류 결과 또한 이에 좌우되는 것이다. 때로는 여건에 따라 왕래나 활동이 제한 내지 차단되기도 한다. 그러나 인적 교류가 성행한 곳에서는 반드시 교류가 활발히 전개되는 법이다. 끝으로, 과정의 역동성이 특징이다. 인적 교류는 이질문명들간의 교류로서 의식 수준에서부터 언어·풍습에 이르기까지의 여러가지 문화적 차이를 극복해야 하기 때문에 그 과정은 난관과 우여곡절을 면할 수가 없다. 이러한 문화적 차이의 극복과 더불어 때로는 위태롭고 험난함을 무릅쓰고 여정을 돌파해야 하기 때문에, 그 과정은 종종 희생까지 동반하게 된다. 뿐만 아니라, 인적 교류는 전술한 바와 같이 대단히 가변적인 과정이므로 예측불허의 역경에 부딪칠 수도 있다. 따라서 교류인들은 모든 난관과 역경을 역동적으로 극복해내야만 비로소 인적 교류가 성공리에 진행될 수 있는 것이다.

넓은 의미에서의 인적 교류는 더 말할 나위 없거니와, 좁은 의미에서의 인적 교류에 투신하는 교류인들의 경우도 그 내용은 실로 다종다양하다. 교류인 고유의 인종·직업·신분(자격)·경력·문화의식 수준이 천차만별일 뿐만 아니라, 교류에 관여한 동기나 목적, 교류에 대한 역할이나 기여도 등도 서로가 다르다. 이런 복잡다단한 인적 교류의 내용을 시대별이나 인종별·신분별 등 여러가지 기준에 따라 분류 대별할 수 있을 것이다. 그러나 인적 교류의 궁극적인 목적은 교류의 실현이기 때문에, 교류 실현에서 교류인이 수행한 역할과 기여에 준해 그 내용을 대별하는 것이 좀더 합리적일 것이다. 교류인이 교류에 관여한 동기나 목적을 기준으로 한 분류법도 고려할 수 있으나, 간혹 동기나 목적이 그대로 결과로 이어지지 않는 경우가 있기 때문에 교류 실현이란 견지에서 보면 그러한 분류법은 보편성이 결여된다. 그렇지만 많은 경우 동기나 목적은 그대로 결과(역할이나 기여)로 이어져 인과율(因果律)로 작용한다. 그리하여 이러한 인과율의 작용에 의한 역할과 기여를 기준으로 하여, 인적 교류의 내용은 크게 교류관계 수립을 위한 인적 교류와 물질문명 교류를 위한 인적 교류, 정신문명 교류를 위한 인적 교류의 3대 부류로 나눌 수 있다. 그밖에 이주(移住)에 의한 인적 교류도 있을 수 있는데, 자의건 타의건 간에 이거(移居)하여 교류를 실현하는 교류인들의 왕래가 여기에 속한다.

이상과 같은 인적 교류 내용의 구분법에서 보면, 대체로 신분에 따라 교류 실현에서의 교류인의 역할과 기여도가 결정된다. 그러나 이것은 보편성이고, 개별적으로는 1인이 2역(役), 3역을 담당하는 경우가 있다. 예컨대 사절(예: 중국 전한 때의 장건 張騫)이 사행(使行)을 기회로 새로운 문물을 반입하여 물질문명 교류에 기여할 수 있고, 상인(예: 영국의 젠킨슨Jenkinson)이 여행기를 남겨 정신문명 교류에 한몫할 수 있으며, 종교인(예: 중국 원대에 파견된 서구 선교사들)이 사절로 파견되어 교류관계 수립에 일조할 수도 있는 것이다. 흔히 강력한 군사적 정복자(예: 알렉산드로스 왕이나 칭기즈칸)는 피정복지와의 교류관계를 이루어낼 뿐만 아니라, 물질적 및 정신적 문명의 교류까지 동시에 실현함으로써 1인 2~3역의 다각적 역할을 하기도 한다. 1인 1역이건 다역이건 간에 문제는 교류 실현에서의 교류인의 기여도이다. 교류 내용에 관련된 교류인들은 시·공간적으로 매우 다양하며, 교류에 대한 그들의 기여도에는 큰 차이가 있다. 따라서 그들의 활동을 종합·체계화하는 것은 간단한 작업이 아니다.

일 칸국 Il Khanate, 1259~1411년

몽골군의 서정(제3차, 1253~1260)에 의해 현 이란을 중심으로 한 서아시아 일원에 건립된 4대 칸국 중 하나다. 1259년 서아시아에서 계속 서정 중에 있던 훌레구(칭기즈칸의 사남 툴루이의 삼남, 1218~1265)는 대칸 몽케의 전사 소식을 접하자, 다마스쿠스 일대의 수비병력 일부만 남겨놓은 채 주력군을 이끌고 회군하였다. 회군 도중 이란 고원에 잠시 체류하는 동안 이란을 중심으로 한 일 칸국을 건립하였다. 수도는 타브리즈(Tabriz)다. 원래 칭기즈칸은 사남 툴루이에게 몽골 본토를 책봉하였으나, 그의 아들들인 몽케와 쿠빌라이가 잇달아 대칸에 등극하자 삼남인 훌레구는 몽골 본토를 떠나 서정에 나섰다. 그가 서아시아의 광활한 지역을 정복하자, 그 지역을 경략하기 위해 거기에 몽골 대제국의 속국으로서의 일 칸국을 세웠다. 그 판도는 동쪽은 아무다리야강, 서쪽은 지중해, 북쪽은 캅카스, 남쪽은 인도양까지 서아시아 일원을 망라하였다. 일 칸국의 칸은 반드시 원조의 대칸으로부터 책립(冊立)이 있어야 했다. 건국자인 훌레구 사후, 아들 아바카(Abaqa, 1265~1282)가 1265년에 계위하였으나, 대칸으로부터의 책립이 없어 보좌(寶座) 아래의 임시 의자에 앉아 국사를 처리하다가 5년이나 되어서야 정식 칸으로 책립되었다. 제7대 가잔 칸(재위 1295~1304) 때에 이슬람교 시아파를 국교로 선포하였다.

건국 초기부터 유럽의 기독교국가들과 친선 관계를 유지함으로써 유럽과의 접촉 및 왕래가 빈번하였으며, 따라서 일 칸국을 통한 동서교류가 활발히 진행되었다. 또한 원조의 일 칸국 속령화 경략을 계기로 중국 문명과 페르시아 문명이나 이슬람 문명 간에는 보다 폭넓고 의미있는 교류가 진행되었다. 훌라구가 서정할 때, 중국의 천문역산(天文曆算) 학자들을 대동해 출전할 때마다 점복(占卜)을 보곤 하였다고 한다. 일 칸국이 건립된 후에는 부만자(傅蠻子, 본명 부맹길傅孟吉)를 비롯한 중국의 천문역산 학자들이 일 칸국 현지에 파견되어 페르시아 및 아랍 학자들과 공동 노력으로 1272년에 드디어 유명한 '일 칸 천문역표'(al-Ziju'l Ilkhāni)를 완성하였다. 일 칸의 말리크 천문대에서 연구활동을 해온 안달루스 출신의 아부 슈크르(Abu'd Shukr)는 장기간 중국에 체류하면서 중국의 역법을 연구하였다. 그는 3회(1265~1267, 1270~1273, 1283~1286)나 중국과 일 칸국을 왕래하면서 양국간의 과학기술 교류에 큰 족적을 남겼다. 그는 일 칸국에서 열린 한 국제학술 모임에 참석해 '중국과 위구르 역법'이란 주제의 학술보고까지 하였다. 일 칸국 정부는 1294년에 원조의 지폐를 모방(표면에 한자 '초鈔' 자 각인)한 0.5~10디나르의 각기 다른 지폐를 공식 발행하고, 그 사용을 의무화하였다. 일 칸국은 또한 원조의 역체(驛遞) 제도를 그대로 도입하여, 전성기인 가잔 칸 치세 때(1295~1304) 주요 간선에는 3파르사크(1farsakh=6.24km)마다 역참(驛站)을 설치하고, 역참마다 역마(驛馬) 15필씩을 배치하였다. 사신과 각급 관료들에게는 원조와 마찬가지로 일종의 역참 이용 허가증인 은질과 동질의 패(牌, Paizah)를 발급해 사용하도록 하였다. 한편 반대로 일 칸국을 통해 페르시아 문명과 이슬람 문명이 원조에 대거 유입되었다. 아랍-무슬림들의 천문학·수학·의약·건축·미술·포술(砲術)·음악 등 여러가지 문물과 과학기술이 중국에 전입되었다. 그밖에 일 칸인들을 비롯한 아랍-무슬림들을 통해 중국의 역법·산술·제도(製圖)·의학·미술 등이 서방에 전파되었다.

『일 칸의 중국 과학 보고(寶庫)』 *Tanksuq Namah-i Ilkhan dar Funun-i Ulum-i Khitai*, 1313년

의학을 비롯한 전반적인 중국 과학을 소개한 중국 과학 백과전서. 몽골의 서정(西征)을 계기로 중국 의학이 서아시아, 특히 일 칸국(현 이란 중심)에 전해졌다. 훌라구는 제3차 서정(1253~1260) 때 많은 중국 의사들을 대동하여 중앙아시아와 서아시아 일원에 중국 의술을 전파하였다. 특히 일 칸국이 자리한 이란에서는 중국 의술을 적극 수용하였다. 당대 명의 손사막(孫思邈)의 『천금요방(千金要方)』이 페르시아어로 번역·간행되었다. 일 칸국의 재상을 지낸 명저 『집사(集史)』의 저자 라시둣 딘(Rashīdu'd Din)의 주도하에 1313년에 중국 과학 백과전서 격인 이 책이 편찬되었다. 이 책 속에는 맥학(脈學)·해부학·산부인학·약물학 등 중국 전통의학이 상술되어 있다. 특히 맥학에 대한 관심이 높아 진(晉)대의 명의 왕숙화(王叔和, 201~280)와 그의 수작 『맥경(脈經)』(10권, 중국 최초의 맥학 전문서, 280년경)까지 논급되어 있다. 그리고 책 속에는 24등분한 팔괘도(八卦圖)와 내장도(內臟圖), 맥경(脈經)을 표시한 손바닥과 완부도(腕部圖) 등 3장의 전형적인 중국 의학 도해도 첨부되어 있다. 의학을 포함한 중국의 과학 전반을 논급한 이 페르시아어 역작은 터키 이스탄불 대학의 수헤일 운버(Suheyl Unver) 교수가 1939년에 터키어로 번역·출판하였다. 터키어 역서명은 *Tanksuq Namah-i Ilkhan dar Funun-i Ulum-i Khitai*(Istanbul 1939)이다.

『일 칸 천문역표(天文曆表)』 *Ilkhan Zij*, N.Tusi 저, 1272년

교류의 문헌적 전거로서의 학문연구서(천문). 이 저서는 페르시아의 천문학자 나스룻 딘 투시(Nasru'd-Din Tusi, 1201~1274)의 주도하에 일 칸국의 말리크 천문대 전문가들이 당시의 국제적 통용어인 페르시아어로 편찬한 천문역표(天文曆表)다. 이 역표는 그리스·아랍·페르시아·중국 등 여러 나라의 역표를 참고하여 편찬한 후, 몽골 치하의 여러 나라에 발송해 통용하도록 하였다. 이것은 동서 천문역법의 교류가 진행된 결과이며, 나아가 통용할 수 있는 역법의 편찬으로 인해 그러한 교류는 더욱 촉진되었다. 『일 칸 천문역표』는 2종의 초본이 현존하고 있는데, 모두 영국왕립도서관에 소장되어 있다.

잉카 문명 Inca civilization, 1200년경~1533년

13세기 잉카제국에서 번영한 황금문명. 잉카는 케추아어로 '왕'이란 뜻이다. 그런데 그 어원은 '인팁 추린'(Intip Churin), 즉 '태양의 아들'이라는 말에서 유래하였다고 한다. 잉카인들은 자신들의 제국을 '타우안틴수유'(Tahuantinsuyu), 즉 '4개로 나눠진 제국'이라고 불렀다. 제국은 수도 쿠스코를 중심으로 동서남북에 각각 제국(수유 Suyu) 하나씩을 두고 왕을 정점으로 하는 중앙집권적 신정(神政)체제를 세웠다. 각 제국의 통치자인 아푸(Apu)는 왕의 형제들 중에서 임명되었다. 4개의 제국을 지배하는 왕은 국가의 최고 통치자인 동시에 군의 최고 사령관이며, 종교적으로는 최고의 신관(神官)이다. 이러한 제국의 형성에 관해서는 전설적인 내용이 적잖다. 전설에 의하면 태양신의 네 아들 중 한 명인 만코 카팍(Manco Capac)이 1200년경 한 부족을 이끌고 쿠스코 계곡에 정착해 농경을 시작하면서 세력을 확장한 것이 잉카 역사의 효시라고 한다. 그후 약 200년간의 잉카 역사는 신화나 전설로 점철된 오리무중(五里霧中)의 역사이나, 제9대인 파차쿠텍(Pachacutec, 1408~1468)은 실존 인물로 잉카제국의 토대를 마련하였다. 그는 사방으로 영토를 확장하고 쿠스코시(市)를 건설하였다. 쿠스코에 관개수로를 개설하고, 조세제도를 마련했으며, 태양신전을 재건하였다. 그는 케추아(Quechua)어를 제국의 공용어로 삼음으로써 실질적으로 제국을 통일하였다. 그의 뒤를 이은 제10대 왕도 영토를 크게 확장하고 번영을 누렸다. 그러나 11대부터는 내란이 일기 시작했고, 12대에 가서는 형제간의 내홍까지 있어 제국은 사양길에 접어들었다. 급기야 1533년 피사로(F. Pizarro)가 이끄는 160명의 스페인 침략군에게 망하고 말았다.

잉카제국은 철저한 신분제도와 나름의 독특한 사회구조를 가지고 있었다. 통치계급인 귀족은 혈통귀족과 특권귀족으로 나뉜다. 혈통귀족은 왕의 직계를 제외한 기타 왕족들로서 조세 면제, 일부다처제 등 일련의 혜택을 누렸다. 특권귀족은 정복과 포상의 두 부류로 나뉘는데, 정복 특권귀족은 정복지의 왕이나 추장들에게 특권을 부여한 것이었고, 포상 특권귀족은 국가와 왕에게 충성한 공로자에게 특권을 주었다. 평민은 병역과 납세 의무가 있는 사람과 피정복자들

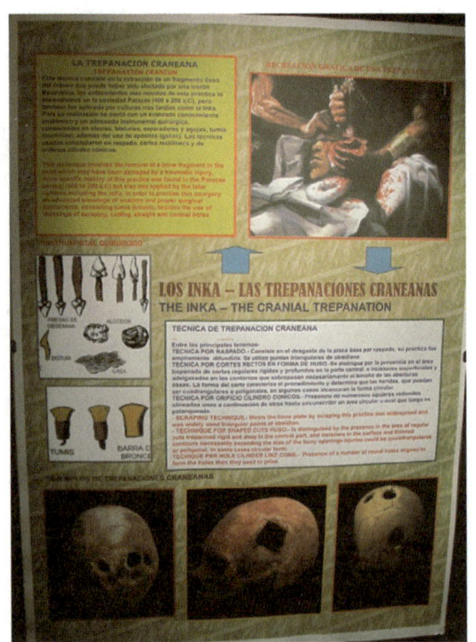

잉카인들의 뇌수술 장면(페루 쿠스코의 시티오 코리칸차 박물관 소장)

에게 농경기술과 언어나 풍습 등을 교유(敎諭)하는 사람, 그리고 하인들로 구성되었다. 제국은 정복한 땅을 크게 3부분, 즉 잉카 왕의 땅, 종교(태양신)의 땅, 그리고 농민 공유체인 아이유의 땅으로 나눠 통치하였다. 아이유(Ayllu)는 제국의 가장 기초적인 행정단위이자 경제활동의 최소 공동체 단위였다. 농민은 소속된 아이유뿐만 아니라 왕의 땅이나 최고신·태양신의 땅에서도 부역해야만 하였다. 제국은 인구를 통제하기 위해 주민등록제를 실시해 인구 이동을 파악하였다. 교육제도는 철저하게 귀족 위주의 교육이었다. 귀족의 아들들은 야차이우아시(yachayhuasi)라는 귀족학교에서 케추아어·종교·승문(繩文, 끈으로 풀이하는 문자, 키푸quipu)·역사·무술·철학·우주론·역학(曆學)·수학·천문학·의학·지리·법률 등을 공부하였다. 귀족의 딸들을 위한 학교(아크야우아시, acllahuasi)에서는 여성의 순결 등 일종의 신부수업이 진행되었다. 평민들에게는 성실과 근면 등 도덕교육을 실시하였다.

결혼제도에서 잉카는 순혈(純血)을 지키기 위해 형제자매간에 근친혼을 시행하였는데, 왕은 일부다처제로 부인을 700명까지 거느릴 수 있었다. 평민에게는 엄격한 일부일처제를 실시하고, 남자가 20세가 되어도 결혼을 못하면 족장이 배우자를 골라주었다. 잉카의 의술은 두개골 절개 수술을 할 정도로 수준이 높았으며, 코카인이나 키니네 같은 약초를 치료에 이용하기도 하였다. 굿놀이가 병 치료에 이용되고, 병을 고치면 금이나 은으로 보답하지만, 환자가 사망했을 경우 의사가 환자의 가족에게 살해당할 수도 있었다. 잉카인들의 신앙은 태양신과 달의 신을 신봉하는 데서 잘 나타나고 있다. 태양신은 그들의 대표적인 신으로, 창조주인 우이라코차(Huiracocha)가 무(無)에서 만물을 창조한 것과는 달리 태양신은 창조주의 최고신이면서 잉카인들의 아버지

로 군림하였다. 그들은 태양이 코카잎을 이겨 먹는다고 믿었으며, 옥수수 술을 태양신에게 바쳤다. 그들은 술이 증발하는 것을 태양신이 마시는 것으로 생각하였다. 달의 신 끼야(Quilla)는 태양의 아내로서 임신부의 신이기 때문에 불임 여인들은 달에게 소원을 비는 기도를 올리기도 하였다. 잉카에도 인신공희(人身供犧) 풍습이 있었는데, 대부분의 경우는 처녀를 태양신에게 바치지만 때에 따라 남성과 어린아이를 바치기도 하였다.

잉카 문명은 선대의 차빈 문명(Chavin, 기원전 1000~기원후 200)을 비롯해 파라카스 문명(Paracas, 기원전 400~기원후 400), 모치카 문명(Mochica, 기원전 400~기원후 500), 나스카 문명(Nazca, 기원전 100~기원후 800), 티아우아나코 문명(Tiahuanaco, 기원전 1580~기원후 1200), 치무 문명(Chimu, 1300~1470) 등 선대(先代)의 여러 문명을 계승·발전시킨 문명으로서 마야 문명과 더불어 라틴아메리카 인디오 문명의 2대 산맥을 이루었다. 그만큼 잉카 문명은 찬란한 문명 유산을 많이 남겨놓았다. 세계 불가사의 중 하나인 마추픽추(Machu Picchu)를 비롯해 쿠스코의 태양신전 코리칸차(Coricancha)와 방어요새 삭사이와망(Saksaywaman), 모라이(Moray) 다랑이밭, 찬란한 황금문화, 각종 토기와 미라, 결승(結繩)문자 등은 그 대표적인 문명 유산들이다.

잉카의 길 Cápao Ňan

잉카제국의 사통팔달한 도로망. 16세기의 기록에 의하면, 잉카제국은 해안과 산중에 남북을 종주(縱走)하는 2대 간선도로와, 이 두 간선을 잇는 여러 갈래의 횡단로를 축조해 전국을 도로망으로 엮어놓았다. 이러한 길을 '잉카의 길'이라고 총칭한다. 총 3만 8,600km에 달하는 이 길에는 20~30km마다 탐보(tambo, 역참驛站)를 배치해 군사의 원정이나 고관들의 여행에 이용하였다. 각 지방의 물자를 통제하기 위해 길가에 창고를 마련하기도 했으며, 정보를 전달하는 차스퀴(chasqui, 릴레이 파발꾼)도 이 길을 달렸다. 차스퀴는 달리기를 잘하는 귀족 젊은이들 가운데에서 선발되었는데, 그들은 정보를 말로 전달하거나 키푸(quipu, 끈문자)를 휴대해 전달하였다. (8-215~16)

ㅈ

자그로스 산맥 Zagros Mountains

루리스탄(Luristan) 청동기문화의 발상지. 이란 고원의 서부에서 남부에 걸쳐 있는 자그로스 산맥은 '페르시아의 관문'으로 고대 메소포타미아 문명과 페르시아 문명의 분수령을 이루면서 그 주변에 많은 문명을 탄생시켰다. 산맥의 중앙부에는 루리스탄 청동기문화의 발상지가 있고, 그 주변에는 하마단과 시라즈 같은 고대 도시와 페르세폴리스와 베히스툰 암각비 등의 세계적인 유적과 유물이 많다.

자란즈 Zaranj

아프가니스탄 서남부의 고도. 헤르만드강 하류에 있는 이 도시에는 카슈강을 비롯한 몇 개의 강이 흘러들어 소택지(沼澤地)와 옥토(沃土)를 형성해 농경과 목축업이 발달하였다. 이 부근에 여러 기의 유적이 있는데, 그중 가장 유명한 것은 라피스 라줄리(lapis lazuli, 청금석靑金石)의 중계지인 샤흐리 쇼흐타(Shahri Shōkhta) 유적이다. 라피스 라줄리는 일찍이 이집트의 투탕카멘의 보석함에 들어갔을 정도로 귀중한 보석인데, 그 원산지는 아프가니스탄 동부의 바다흐샨(Badakhshān Velāyat)이다. 이곳에서 채취한 원석이 샤흐리 쇼흐타에서 가공된 후 서아시아를 비롯한 외지로 수출되었다.

자말 알 딘 Jamal al Din, 札馬魯丁

원(元)대에 중국에 들어와 활동한 페르시아의 천문학자. 원나라는 회회(回回, 이슬람) 천문학을 중시해 그 성과를 적극 도입하였다. 쿠빌라이는 등극하기 전 페르시아의 천문학자 자말 알 딘을 비롯한 이슬람 천문학자들을 초빙하였다. 그후 1263년에 소불림(小拂臨), 즉 시리아에서 천문학자 이사 켈레메츄(Isa Kelemech, 1226~1308)를 초청해 서역(西域) 성력사(星曆司)와 의약사(醫藥司)를 관장하도록 위촉하고 자말 알 딘에게는 만년력(萬年曆, al-Zijah al-Shamilah)을 편찬하도록 하였다. 자말 알 딘은 이 역법을 1267년에 완성해 시행하였다. 1271년에는 대도(大都, 현 베이징)에 회회사천대(回回司天臺, 천문대)를 건립하고 회회력을 제작해 무슬림들에게 제공하였다. 1273년에는 기존의 한인사천대(漢人司天臺)와 회회사천대(回回司天臺)를 비서감(秘書監)에서 통합·관리하도록 하였다. 이때 2인의 비서감 중 한 명에 자말 알 딘이 임명되었다. 회회사천대는 원나라 말까지 존속하였다. 역법의 편찬과 더불어 이슬람 천문학자들은 여러가지 천문의기들을 제작하였다. 자말 알 딘은 만년력을 편찬하면서 대도에 관상대(觀象臺, 천문대)를 세우고 지구의(地球儀)·혼천의(渾天儀)·경위의(經緯儀)·천구의(天球儀)·관상의(觀象儀) 등 7종의 천체 관측기를 제작하였다.

자바섬 Java Island

인도네시아 중심에 있는 섬으로 해상실크로드 상의 요지. 구석기시대부터 사람들이 살고 있었으며 현재의 인도네시아인들은 신석기 후기에 이주해왔다. 기원후부터 힌두교와 불교, 이슬람교의 영향을 받은 왕조들이 잇달아 나타났다. 우선 힌두교 왕국들은 5세기 후반 서부에 타루마(Taruma) 왕국, 7세기 무렵 중부에 칼링가 왕국이 나타났다. 이어 불교 왕국들로는 8세기 중엽의 사일렌드라(Sailendra) 왕국과 이를 계승한 스리비자야 왕국이 번영하였다. 14세기 후반에는 다시 힌두교의 마자파힛 왕국이 등장해 인도 문화와 토착문화가 융합된 인도-자바 문화가 만들어졌다. 16세기에는 이질적인 이슬람 문화에 영향을 받은 이슬람 왕조가 출현했으며, 19세기부터는 네덜란드의 식민지가 되었다.

1614년에 간행된 한국 이수광(李睟光)의 지리서 『지봉유설(芝峯類說)』에서는 당시 자바를 다음과 같이 소개하고 있다. "자바의 옛 이름은 사파(闍婆)다. 그 나라는 부유하고 땅은 넓으며 인구가 조밀하기로는 동양의 여러 번국(蕃國) 가운데 으뜸이다. 남자의 머리털은 헝클어지고 여자는 상투를 튼다. 남자는 반드시 허리에 칼을 차는데, 칼이 매우 정교하고 예리하다. 형벌에는 태형(笞刑)이 없으며 죄의 경중을 불문하고 칼로 베어 죽인다. 용기를 숭상하고 싸움을 좋아하며 얼굴빛은 거무칙칙하고, 원숭이 머리에 맨발이다. 음식을 먹는 데 수저를 사용하지 않으며, 뱀·개미·벌레·지렁이를 씹어 먹는다. 개와 함께 먹고 자면서도 더럽게 여기지 않는다. 수장·화장·견장(犬葬)이 있는데 사자(死者)의 소원에 따라 한 가지를 택한다."

자바 원인(猿人) Pithecanthropus erectus

자바에서 발견된 고(古) 인골. 네덜란드 군의관인 외젠 뒤부아(Marie Eugène François Thomas Dubois, 1858~1940)가 1891~1892년 자바의 솔로강 근처의 트리닐에서 두개골과 대퇴골을 발견하였다. 발굴자 뒤부아는 그 주인공을 약 50만년 전의 피테칸트로푸스 에렉투스(Pithecanthropus erectus), 즉 직립원인(直立猿人)이라고 명명하였다. 그것이 바로 이른바 '자바 원인'이다. 그후 1937~1938년에는 자바인의 턱이 발굴되었다.

자세 jase, jahaz(페르시아어)

고대 아랍인이나 페르시아인들이 쓰던 목조선. 못을 쓰지 않고 끈으로만 봉합한 배로 일종의 봉합선 혹은 선봉선(線縫船)이다. 오도릭의 『동방기행』에 보면, 그는 1321년 여름 오르메스(현 이란 호르무즈)에서 인도 서해안의 타나까지 이러한 배를 타고 갔다고 한다. 마르코 폴로나 이븐 바투타도 여행기에서 아라비아해나 인도양에서 같은 종류의 배에 승선한 사실을 전하고 있다. 자세 배의 구조는 돛대와 돛, 키가 각각 하나씩이며 갑판은 없다. 소형 자세의 경우 선적한 짐을 보호하기 위해 동물 가죽을 덮는다.

『자은전(慈恩傳)』

중국 당나라의 도축구법(渡竺求法) 승려 현장(玄奘)의 전기. 원 제목은 『대당대자은사삼장법사전(大唐大慈恩寺三藏法師傳)』으로 현장의 제자인 혜립(慧立)과 언종(彦悰)이 저술하였다. 현장의 도축구법 여행 과정이 생동감 있게 기술되어 있다.

자이나교 Jainism

인도의 이원론(二元論)적 종교. 기원전 5세기 불교와 유사한 사회적 배경에서 탄생했으며, 창시자는 마가다 왕국의 바이살리(Vaishali, 폐사리吠舍釐)에서 태어난 바르다마나(Vardhamāna)다. 생전에 '지나'란 존칭으로 불렸기 때문에 그가 창시한 종교를 '지나교' 또는 '자이나교'라고 하였다. 지나는 30세에 출가해 고행과 명상을 거듭한 끝에 42세에 득도, 본격적인 포교활동을 전개하다가 72세에 입적하였다. 자이나교의 기본 교리는 '세계는 생명과 비생명으로 이루어져 있다'는 이원론이다. 불교처럼 업(業)에 의한 윤회(輪回)를 믿고, 오계(五戒)와 고행에 의한 해탈(解脫)을 주장한다. 자이나교는 24대 교주 마하비라(Mahāvīra, 대웅大雄) 때 크게 흥하였다. 1세기 말 마하비라가 사망한 후 교단은 백의파(白衣派, White-clad, 슈베탐바라Śvētāmbara)와 천의파(天衣派 또는 공의파空衣派, Sky-clad, 디감바라Digambara), 두 파로 분열되었다. 백의파(백의외도白衣外道)는 흰 옷을 입고 고행하며 남녀평등을 주장하나, 천의파(나형외도裸形外道)는 무소유의 이념에 따라 천지사방(天地四方)을 옷으로 삼아 몸에는 요대(腰帶)만 걸친 채 알몸으로 다녔다. 천의파는 살상을 하지 않으려고 공작새 꼬리나 소의 꼬리로 만든 비로 길 위에 있는 벌레들을 쓸어내고 다녔으며, 여성의 사회활동을 허락하지 않았다. 한국의 도축구법 승려 혜초가 여행기『왕오천축국전』에서 8세기 전반 바이살리에 들렀을 때 '알몸으로 다니는 외도'를 봤다고 했는데, 바로 이 천의파 신도로 짐작된다.

자지무 柘枝舞

중국 당대(唐代)에 중앙아시아의 석국(石國, 현 타슈켄트)에서 유입된 춤. 이 춤의 특징은 모자 끝에 작은 방울을 달아서 무용수가 돌거나 뛸 때 방울소리를 나게 하는 것이다. 방울소리는 반주 악사의 연주와 화음을 이루는데, 악사는 무용수와 어울려 함께 돌기도 한다. 송대(宋代)까지 유행하다가 점차 중국화되었다.

자침 磁針

중국 육조(六朝)시대의 지남침. 자침을 만드는 방법은 두 가지가 있다. 하나는 철침을 자석과

인도 엘로라 석굴 32호실의 자이나교 석조상

마찰시켜 만드는 것이고 또 하나는 철침을 가열한 다음 남북 방향으로 놓고 급히 냉각시켜 지구의 자기장 작동을 이용하여 만든다.

잠불 Dzhambul

고대 중앙아시아의 동서교류사에 등장하는 탈라스 지역으로 추정되는 도시. 751년에 고선지(高仙芝)가 이끄는 당나라 원정군과 중앙아시아의 석국(石國)·이슬람연합국 간에 진행된 탈라스 전쟁이 구체적으로 '어느 곳에서 벌어졌는가?'라는 문제는 오랫동안 풀리지 않는 수수께끼였다. 이에 대해 러시아의 동양학자 바실리 바르톨트(V. V. Bartold, 1869~1930)는 문헌기록과 출토된 유물에 근거해 1904년 당시 탈라스강 기슭에 있는 인구 2만 명의 작은 도시 아울리예아타(Aulie-ata)를 옛 탈라스라고 추정하였는데, 그곳이 바로 지금의 카자흐스탄에 있는 잠불이다. 이 도시는 러시아 10월혁명 후 소련 당국이 카자흐족의 위대한 시인 잠불의 이름을 따서 명명하였다.

잠불과 탈라스강

잠치 jamchi, 站赤

몽골제국 시대의 역참(驛站)제도. 몽골어로 '잠'은 '길' '역'이란 뜻이고, '잠치'는 '잠'과 관련된 사람이란 뜻이다. 교통과 운수, 통신과 정보 전달을 목적으로 만들어진 역참제도는 칭기즈칸 시대에 처음 시작된 이래로 영토가 확대됨에 따라 그 범위도 넓어졌다. 오고타이칸은 새로 건설된 수도 카라코룸을 중심으로 역참제도를 새롭게 정비하였다. 역참은 대략 1일 거리에 하나씩 설치되었으며, 이용자는 반드시 관청으로부터 이용허가서를 받아야 했다. 허가서를 지참한 사절이나 군인·관리·상인들은 역참에서 말을 교환하고 숙소나 식량을 제공받았다. 역참에는 지역과 용도에 따라 구참(狗站, 개썰매 역참)·수참(水站)·해참(海站) 등 여러가지 형태가 있었다. 1331년 당시 중국 본토에만 1,500개 정도의 역참이 있었다고 한다.

장건(張騫)의 서역사행 기원전 138~115년

중국 전국시대(戰國時代)에 북방에서 흥기한 흉노(匈奴)는 한(漢) 초에 세력을 확장해 동호(東胡)와 월지(月氏)를 격파하고, 남으로 황허(黃河) 연안까지 진출해 한을 크게 위협하였다. 이에 한은 개국 초기 60년간 국력 회복을 위해 흉노에게 굴욕적인 화친정책을 폈다. 그러나 흉노는 이러한 화친정책에도 불구하고 수시로 한의 변방을 침범해 재물을 약탈하고, 한 치하의 서역 제국(諸國)에 막대한 공물과 납세를 강요하는 등 횡포를 저질렀다. 이러한 흉노의 도발로 한은 항상 안전의 위협을 받았으며, 서역 제국과의 왕래에도 지장을 초래하였다. 16세의 어린 나이에 등극한 한의 무제(武帝)는 이러한 흉노의 횡포에 분노해 선왕들이 이루지 못한 실지(失地) 회복의 유업을 달성하기로 결심하였다. 그가 즉위한지 얼마 후 흉노의 한 투항자로부터 흉노에 쫓겨 멀리 이리강 남쪽까지 옮겨간 대월지(大月氏)가 흉노에게 복수할 기회를 노리고 있다는 정보를 입수하였다. 무제는 이를 좋은 기회로 여기고 대월지와 결맹해 흉노를 동·서에서 협공하기로 결심하고, 이를 위해 낭관(郎官) 장건(張騫, 기원전 167?~114)을 기원전 138년에 대월지로 보냈다. 장건의 서역사행은 총 13년이나 걸렸으며, 살아 돌아온 사람은 그와 수행원 감보(甘父), 두 사람뿐이었다. 무제는 그의 노고와 공덕을 높이 평가하여, 장건을 태중대부(太中大夫)에 봉하고 감부에게는 봉사군(奉使君)이란 칭호를 내렸다. 장건의 제1차 서역사행은 비록 대월지와의 대(對) 흉노 공수(攻守) 동맹 결성에는 실패하였지만, 이 사행을 통해 흉노를 비롯한 서역 제국에 관한 정보를 많이 얻게 되었다. 그는 자신의 견문을 무제에게 전해주면서, 신득(身得, 신독身毒, Shindhu, 인도)으로 통하는 촉도(蜀道)의 개척과 대하(大夏)와의 무역 거래를 건의하였다. 또한 그는 식물을 비롯한 여러가지 서역 문물을 가져와 고대 동·서 교류에 크게 기여하였다.

장건은 기원전 125년에 다시 촉도 개척을 위해 쓰촨(四川)에 파견되었으나 토착 부족들의 저항으로 뜻을 이루진 못하였다. 2년 후(기원전 123) 장건은 흉노 토벌전에서 대장군 위청(衛靑)을 보좌해 큰 공훈을 세웠으며, 그 공로로 박망후(博望侯)에 책봉되었다. 그러나 그로부터 2년 후(기원전 121), 산시성(山西省) 대군(代郡)과 응문(應門) 일대에 침입한 흉노군 정벌전에서 위기에 처한 장군 이광(李廣)의 구출작전에 늦었다는 이유로 후(侯)에서 좌천되었다. 하지만 다시 2년 후(기원전 119) 대장군 위청과 표기장군(驃騎將軍) 곽거병(霍去病)은 두 차례의 격전 끝에 흉노를 막북(漠北)으로 몰아냈는데, 승리했음에도 불구하고 이 격전에서 많은 군마(軍馬)를 잃는 등 한나라 군도 큰 손실을 입었다. 이에 무제는 서역과의 통교를 주장해온 장건을 기원전 115년에 중랑장(中郞將)으로 재기용해 다시 서역에 파견하였다. 그는 실지(失地, 둔황 일대)를 수복하기 위해 당시 흉노와 심한 갈등을 빚고 있던 오손(烏孫)을 유인해 흉노에 공동 대응하려고 하였다. 이것이 장건의 제2차 서역사행이다. 장건은 여러 곳에 파견하기 위한 여러 부사(副使)를 비롯해 300명의 수행원(각자에게 말 2필 지급)을 대동하고, 공물로 수만마리의 소와 양, 수만냥의 금백(金帛)을 가지고 현지에 도착하였다. 그는 흉노의 재침을 막기 위해 오손 왕 곤막(昆莫, 곤미昆靡)을 설복해 오손 사람들을 허시(河西) 지방에 이주시키려고 하였다. 그러나 오손 왕과 귀족들은 여전히 흉노의 위협에 겁을 먹고 있었으며, 왕위계승 문제로 내분이 일어나 곤막도 감히 장건의 요구에 응할 수가 없었다. 결국 장건의 오손 유인 사행은 결실을 보지 못하고 실패로 끝났다. 그는 수행한 부사들을 대원·강거·대월지·대하·안식(安息)·신독(身毒) 등의 인근 여러 나라에 파견하고 같은 해에 귀국하였다.

장건이 귀국할 때 비록 제휴에는 응하지 않았지만, 한나라 사절을 냉대할 수도 없었던 오손 왕은 도역(導譯, 안내원)과 함께 사신을 장안에 파견하였다. 한의 웅장한 기세에 놀라움을 금치 못한 오손의 사신은 귀국 후 복명(復命)하면서 한나라에서 본 사실을 왕에게 고해 친한(親漢) 정책을 취하도록 건의하였다. 기원전 110년에는 오손 왕이 한나라 강도(江都)의 왕 유건(劉建)의 딸과 정략결혼을 함으로써 한과 오손의 관계는 더욱 가까워졌다. 이때부터 한의 사신들은 안심하고 서역 제국을 왕래할 수 있었으며, 한과 서역 간의 통상로도 열렸다.

한편 장건이 서역 여러 나라에 파견한 부사들도 귀국할 때 해당 나라의 사신들을 대동해 한과 서역 제국 간의 공식적인 왕래도 시작되었다. 이것이 바로 장건의 '서역착공(西域鑿空)'이다. 그의 이러한 업적이 높이 평가되어 장건은 오손에서 귀국한 직후 대행(大行)에 봉해지고 9경(卿, 대신급)의 일원으로 승격되었다.

이와 같이 장건의 두 차례에 걸친 서역사행은

동서교류사에서 특별한 의미를 갖는다. 첫째, 사상 처음으로 장안에서 파미르 고원 서쪽까지 오아시스로 동단(東段)이 개척되었으며, 중국과 서역 간에 사절이 호환되는 등 공식관계가 맺어지기 시작하였다. 둘째, 착공 과정에서 견문과 전문을 통해 서역에 관한 지식과 정보를 얻고, 그것이 『사기(史記)』와 『한서(漢書)』에 실려 전해져 고대 중앙아시아와 동서교류사 연구에 귀중한 사료가 마련되었다. 셋째, 착공 과정에서 포도·석류(石榴)·호도(胡桃)·호두(胡豆)·목숙(苜蓿)·말 등 서역 문물이 중국에 유입되었고, 후일 그러한 문물들은 중국을 거쳐 한국을 비롯한 극동 여러 나라에 전파되기도 하였다.

장경동 藏經洞

중국 둔황(敦煌) 막고굴(莫高窟) 17동(洞). 불경을 비롯한 많은 경전 사본들이 소장되어 있다고 하여 '장경동'이란 이름이 붙여진 17동은 석굴 도사(道士) 왕원록(王圓籙)에 의해 1900년 5월 26일에 발견되었는데, 크기는 가로 2.8m, 세로 2.7m, 높이 3m)의 자그마한 동굴 공간이다. 장경동의 발견 경위와 소장 유물에 관해서는 1906년에 나무로 음각한 『중수천불동삼층루공덕비기(重修千佛洞三層樓功德碑記)』(높이 240cm, 너

둔황 막고굴 장경동(17동) 외관

비 89cm, 제16호굴에 보존)와 왕도사가 직접 작성한 『최모경관초책(催募經款草冊)』(일명 『왕도사천소(王道士荐疏)』, 둔황연구소 소장)에 구체적으로 기록되어 있다. 『최모경관초책』에는 펠리오(P. Pelliot)와 스타인(A. Stein)이 불경 1만 권을 편취(騙取)해간 사실까지도 언급되어 있다. '둔황문서'란 이 굴 안에 소장되어 있는 각종 문서류를 말하는데, 그 가운데는 한문·산스크리트어·위구르어·소그드어·구자어·호탄어·티베트어·몽골어 등 다양한 언어로 쓰인 문서 3만여 점이 포함되어 있다. 『연화경(蓮花經)』『열반경(涅槃經)』『다심경(多心經)』등 불교 관련 내용이 중심이지만 『왕오천축국전(往五天竺國傳)』이나 『인도제당법(印度製糖法)』같은 문명교류 관련 서적, 마니교와 경교(景敎)의 경전도 있다. 심지어 경영기록이나 호적, 토지문서 등 공사(公私) 문서도 있다. 이러한 문서들은 지난 100여년 동안 명맥을 이어온 '둔황학'의 원천이고 밑거름이다.

장뇌 樟腦

방향제의 일종. 중국·일본·타이완 등지에 서식하는 상록수인 녹나무(학명 Cinnamomun camphora)의 줄기나 뿌리·잎을 증류기에 넣고 수증기를 통해 증류한 액을 냉각시켜 만드는 특이한 방향(芳香)의 결정체다. 무색으로 반투명의 광택이 있으며, 물에는 녹지 않고 알코올이나 에테르에만 녹는다. 원료와 가공 방법에 따라 천연 장뇌와 합성 장뇌 두 종류가 있다. 방충제·방취제·의약품 등에 사용된다.

장보고 張保皐, 張寶高, 弓福, 弓巴, ?~846년

신라의 무장이자 무역상. 젊어서 당나라에 들어가 서주(徐州)에서 무령군(武寧軍) 소장(少將)으로 있다가 신라에서 잡혀간 노예들의 참상에 분

개해 귀국하였다. 해적들의 인신매매를 근절하기 위해 왕의 허락을 받아 1만 명 군사를 거느리고 해로의 요로인 청해(淸海, 완도莞島)에 진을 쳤고, 청해진(淸海鎭) 대사(大使)로 임명된 후 수병들을 훈련시켜 일격에 해적들을 소탕하였다. 우수한 군사력을 바탕으로 남해 바닷길을 장악, 신라 조정으로부터 진해장군(鎭海將軍)에 임명되었고, 무역활동에도 힘써 일본에 무역 사절을 보내는 한편, 당나라에도 견당매물사(遣唐買物使)를 파견해 신라·당·일 간의 삼각무역을 실시하였다. 그러나 왕위계승 문제와 딸의 왕비 책봉 등 중앙 정치에 깊이 관여하여 조정과의 마찰이 일어나 결국 자객 염장(閻長)에게 살해되었다.

장수폐타 長壽吠陀, Ayurveda

고대 인도 의학의 명칭. 고대 인도 의학은 인간의 장수를 도모하는 것을 목적으로 삼았다. 고대 인도 의학은 총 8과(八科, 혹은 팔분의八分醫, 팔의八醫)로 분류되었는데, 이 8과 중 제7과가 장수약론(長壽藥論)이다. 이 약론에 따라 제조된 장생불로의 영약(靈藥, Rasayana)은 위진(魏晋)시대부터 수(隋)·당(唐)시대에 이르기까지 역대 제왕들의 관심을 끌었다. 648년에 왕현책(王玄策)이 제2차로 인도에 출사해 아라나순(阿羅那順)을 격파하고 돌아올 때 인도의 장생술사(長生術士) 나라연사파매(那羅延裟婆寐, Narayanasvamin)를 데리고 왔다. 당 태종(太宗)은 그에게 장생불로의 선약(仙藥, chemical elixirs)을 만들도록 명하고, 전국 각지에 사람을 보내 괴약기석(怪藥奇石)을 채집하게 하는 한편, 인도에 사신을 보내 명약을 구해오도록 하였다. 그러나 인도 장생술사가 만든 약이 별다른 효험이 없자, 태종은 선약 제조를 포기하고 말았다. 태종에 이어 고종(高宗)이 즉위한 뒤, 또다시 동천축(東天竺)에서 방사(方士) 노가일다(盧加逸多,

Lokaditya)가 찾아오자 고종은 그를 회화대장군(懷化大將軍)에 임명하고 인도에 사람을 보내 장생불로의 약을 구해오도록 하였다. 그러나 그는 선친 태종의 폭사(暴死)가 인도의 기약(奇藥) 복용에 기인하였다는 의론에 겁을 먹고 노가일다를 통해 구해온 '명약'을 쓰지 않았다. 그러나 미련을 버리지 못한 고종은 664년에 다시 인도 사정에 밝은 현조(玄照)를 카슈미르와 북인도에 보내 '명약'을 구해 오도록 했으나, 현조가 도중 객사하여 뜻을 이루지 못하였다. 그후 즉위한 현종은 도교의 승천성선(昇天成仙) 사상에 현혹되어 716년 사자국(獅子國, 현 스리랑카)에 영약이 있다는 한 인도인의 말을 듣고 감찰어사(監察御使) 탕범신(湯范臣)과 인도 상인을 그곳에 급파하였으나 큰 성과를 거두지 못하였다.

장안(長安)의 도시 유적

교류의 유물적 전거로서의 오아시스로 상의 유적. 친링(秦嶺) 산맥의 북쪽, 웨이수이(渭水)의 남쪽에 위치한 장안(현 시안西安)은 전한(前漢)과 수(隋), 그리고 당(唐)의 도읍이었다. 흔히 장안을 오아시스로의 동단(東端)이라고 보는데, 이

시안의 대안탑(전탑塼塔, 높이 64m, 652년 건립)

는 당대에 장안이 동서교류에서 종착점 같은 역할을 했기 때문이다. 당대에 이미 인구가 100만 명에 이르렀던 장안은 서방의 압바스 이슬람제국의 수도 바그다드와 쌍벽을 이루는 국제도시였다. 장안은 중국 최초의 계획도시로 장안성의 규모는 동서가 9,721m, 남북이 8,651m였으며, 동서에 14가(街), 남북에 11가, 주위에 10대 성문을 설치하였다. 남북을 통하는 거리의 너비는 100보(步, 147m)나 되었으며, 성내는 모두 110개 방(坊, 구역)으로 구획되었다. 동쪽과 서쪽에는 각기 시장을 배치하여 상역 활동을 권장하였다. 장안은 국제도시로 서역과 활발하게 교역하였을 뿐만 아니라, 많은 호인(胡人, 서역인)들이 이주해 서역 문물을 전파하였다. 그들에 의해 전해진 여러가지 호악(胡樂)·호복(胡服)·호식(胡食)은 지금까지도 전승되어온다. 불교를 비롯한 경교(景敎, 네스토리우스파)·천교(祆敎, 배화교 拜火敎, 조로아스터교)·마니교(摩尼敎)·이슬람교 등 여러 종교들도 이곳에 유입된 후 각지로 전파되었는데, 그 유적과 유물이 지금도 남아 있다. 대표적인 것들이 대안탑(大雁塔)이 있는 자은사(慈恩寺)와 '대진경교유행중국비(大秦景敎流行中國碑)'이다. 장안이 동서교류의 요지였음을 보여주는 흔적도 곳곳에 남아 있다. 멀리 신석기시대로까지 거슬러올라가는 시안(西安)의 반포(半坡) 유적에서 볼 수 있듯이 장안은 양사오(仰韶) 문화권에 포함되는 곳으로 서역과의 관련이 추정되는 채도(彩陶)가 출토되었다. 문명시대에 와서는 장안 근교의 진시황릉(秦始皇陵)에서 호인상(胡人像)을 한 토용(土俑)이 다수 발굴되었으며, 이를 계승해 당대의 여러 능에 세운 석상에는 심목고비(深目高鼻)의 서역인상이 적지 않다.

장자(長子)의 서정(西征)

몽골군의 제2차 서정(西征 1235~1244) 때, 장자(長子)들을 출정시키면 '인마(人馬)가 늘어나고 위세가 높아진다'는 칭기즈칸의 차자(次子) 차가타이의 제언에 따라 오고타이 칸(칭기즈칸의 삼자, 원태종元太宗, 재위 1229~1241)의 장자 구유크, 주치(칭기즈칸의 장자)의 장자 몽케 등 칭기즈칸 네 아들의 장자들과 기타 제후들 및 부마(駙馬)들의 장자들까지 서정에 동참하였다. 제2차 서정을 일명 '장자서정(長子西征)'이라고 한다. ('몽골군의 서정'항 참고)

장춘진인 長春眞人, 1148~1227년

중국의 서역 여행인. 장춘진인은 중국 산둥(山東) 덩저우(登州) 치샤(棲霞) 출신으로, 속명(俗名)은 구처기(邱處機, 본래 이름은 丘處機)이고 호가 장춘(長春)이다. 19세 때 닝하이(寧海) 쿤룬산(崑崙山)에서 도교(道敎)를 수련하다가 20세 때 도교의 한 분파인 전진교(全眞敎)의 개조 왕중양(王重陽)의 문하에 들어가 그의 6대 제자 중 한 사람이 되었다. 스승이 죽자 산시성(陝西省) 판시(磻溪)의 중난산(終南山)에 입산해 수행한 후 교조(敎祖)가 되었다. 1188년 금(金)나라 세종(世宗)의 초빙을 받고 상경했다가 1191년에 귀향해 도관(道觀)을 세웠다. 영통한 도인으로 명성이 높아지자 금과 송(宋)에서 앞다투어 초청했으나 모두 거절하고 은거하다가 서정(西征) 중이던 칭기즈칸이 청하자 쾌히 승낙하였다. 당시 중원의 병사들을 대동하고 서정 중이던 칭기즈칸은 장생비술(長生秘術)에 흥미를 가지고 1219년 11월에 특사 유중록(劉仲祿)을 장춘진인에게 파견해 종군하도록 초청하였던 것이다. 당시 장춘진인이 초청에 응한 것은 칭기즈칸을 직접 만나 그가 자행하고 있는 살육(殺戮)을 그만둘 것을 권유하기 위해서였다고 한다. 장춘진인의 서행 노정과 그 행적은 다음과 같다.

1220년 2월(이하 음력) 18명의 제자와 수십

명의 호위병을 거느리고 73세의 나이로 산둥 라이저우(萊州) 출발 → 지양(濟陽) → (8월) 연경(燕京), 얼마간 체류 → 쉔더우저우(宣德州, 현 허베이河北 쉬안화宣化) → (1221년 2월) 예꾸링(野孤嶺) → 몽골 지방에 진입, 칭기즈칸의 동생 테무게 오치긴(Otchigin) 왕의 초청을 받음 → (북행) 푸저우(撫州) → 까이리퍼(蓋里泊) → (4월 1일) 오치긴왕의 본궁에 도착 → (게르렌강을 따라 서행) 거란고성(契丹故城) → (7월 말) 우리야스타이 지방의 전하이성(鎭海城) → 알타이 산맥 → (8월 말) 비슈발리크 도착, 왕·대신·승려·백성 수백명 출영, 9월 초 출발 → 룬타이(輪坮) → (9월) 위구르의 잔발리크 경유 → (27일) 알말리크 도착 → (서행, 4일간) 탈라스강 도강 → (서행) 오트라르 → (11월 중순) 사마르칸트, 인구 10만 호, 도시의 4분의 3 파괴, 대부분 회흘인(回紇人), 한인공장(漢人工匠)들이 혼거 → (1222년 3월 중순) 칭기즈칸을 따라잡으려고 출발 → 아무다리야강 도강 → (4월 5일) 카불에서 집을 떠나 2년 만에 칭기즈칸 알현, 칭기즈칸은 원로(遠路)에 찾아온 장춘진인을 반갑게 맞으면서 "장생약(長生藥)이 없는가?" 하고 묻자 그는 "위생(衛生)의 방법은 있어도 장생약은 없다"고 대답하였고, 칭기즈칸은 그의 솔직함에 만족하고 본래 4월 14일 재회를 약속했으나 칭기즈칸이 위구르인들의 반란 진압에 출전해 재회는 무산됨 → (회귀) 사마르칸트, 9월 말 위구르인들의 반란 진압에서 돌아온 칭기즈칸과 재회, 칭기즈칸과 동행하면서 자주 대화, 천변지이(天變地異)는 모두 천(天, 하늘)의 경고라는 것과 수렵을 적게 하라는 권유 등 다양한 내용의 대화, 그후 칭기즈칸은 2개월간 수렵을 단념 → (1223년 3월 10일) 귀국을 허락받고 사마르칸트 출발, 귀로는 온 길과 같은 경로임 → (1224년 3월) 연경 귀착. 장춘진인은 귀국 후 태극궁(太極宮, 장춘궁長春宮)에 약 4년간 안주하였는데, 그 기간 동안 '신선(神仙)'과 '대종사(大宗師)'라는 호를 수여받고 도교의 최고 책임자인 '천하도교(天下道敎)'에 추대되었다. 1227년 향년 80세의 나이로 별세하였다. 이렇게 장춘진인은 70대임에도 불구하고 약 4년간 산둥으로부터 오아시스로의 북로를 따라 서행하여 중앙아시아 여러 곳을 방문하였다.

『장춘진인서유기(長春眞人西遊記)』 李志常 저, 13세기 전반

교류의 문헌적 전거로서의 여행문학서(여행기). 영통한 도인인 구처기(邱處機, 일명 장춘진인長春眞人, 1148~1227)는 73세에 서정(西征) 중이던 칭기즈칸의 부름을 받고 1220년 2월 산둥(山東) 라이저우(萊州)를 떠나 오아시스로 북도를 따라 중앙아시아의 사마르칸트까지 갔다가 1224년 3월 연경(燕京)으로 돌아왔다. 4년간의 서유(西遊)에서 귀향한 후 태극궁(太極宮)에 머물면서 수행제자 이지상(李志常)에게 여행과정을 구술하였다. 이것을 이지상이 필록·편집해 『장춘진인서유기(長春眞人西遊記)』를 간행하였다. 이 책에는 당시의 서유 연도 각지의 산천과 도정(道程)·지리·풍토·복식·음식·동물·초목·풍속·신앙·인물사적 등에 관한 내용이 간결한 필치로 서술되어 있다. 이 여행기는 중세 중앙아시아와 오아시스로 연구에 귀중한 사료로 인정받고 있으며, 1888년에 출간된 브레트슈나이더(E. Bretschneider)의 *Medieval Researches from Eastern Asiatic Sources*(Vol. I. 35~108면, London 1967)에 이 당시의 영문 역주본이 수록되었다.

저우커우뎬 유적 周口店遺蹟

구석기시대의 베이징 원인(北京猿人, 시난트로푸스 페키넨시스Sinanthropus pekinensis) 발굴지. 중국 베이징 서남쪽 54km 지점에 있는 저우커우뎬 마을의 구석기시대 석회동굴에서 오스트리아의 오토 츠단스키(Otto Zdansky)가 최초로 고인류의 어금니 2점을 발견하였다. 1927년부터 록펠러재단 기금으로 학술조사가 시작되어 다시 한 점의 어금니가 발견되었으며, 5년 가량 계속된 조사 기간 동안 두개골·안면골·하악골·이빨 등 약 40개체의 화석인류 유물이 발견되었다. 블랙(D. Black)은 그 유물들의 주인을 '베이징 원인'으로 명명하였다. 이 유적에서는 인골 말고도 원인들이 사용하던 가공석기·석편·골기 등 약 10만 점에 달하는 유물이 출토되었다. 베이징원인은 지질학상으로는 중부 홍적세(洪績世)에, 고고학적으로는 50~12만년 전의 전기 구석기시대에 속한다.

적 笛

동전 서역 악기. 일명 과(簻)라고 하는 적(笛, 저)은 천축(天竺, 인도)의 서북부에서 세력이 왕성했던 라지푸타나(이구페타梨俱吠陀)조(朝) 시대에 처음 사용된 것으로 보인다. 당시에는 '바나'(Vana)로 불렸으며, 중국 서남부에 살던 강족(羌族)을 통해 중원에 알려졌다. 한(漢) 무제(武帝) 때 구중(丘仲)이 강적(羌笛)을 개조해 호적(胡笛)을 제작하였는데, 그 소리가 절묘하여 인기가 있었다고 한다. 마융(馬融)은 『장적부(長笛賦)』에서 강족으로부터 적이 전해졌음을 확인하였다. 초기의 적은 양의 뼈나 새의 뼈로 만들었으나 점차 참대가 쓰였다. 횡적(橫笛)은 가로잡고 부는 적의 일종으로, 『삼국사기(三國史記)』「악지(樂志)」에 기재된 신라의 삼죽(三竹)은 고구려의 횡적을 발전시켜 만든 악기다. 비암사(碑巖寺)·감은사(感恩寺)·봉암사(鳳巖寺) 등 불교 유적에 나타나는 횡적은 당악기(唐樂器)다. 이 악기의 취법(吹法) 및 출처에 대해서는 송대(宋代)

진양(陳暘)의 『악서(樂書)』(1200)에 기록되어 있는데, 서역계 관악기(호악胡樂)가 분명하며 전한 때 장건(張騫)이 서역에 다녀오면서 서량(西涼)에서 전래되었다고 한다. 지안(集安) 제17호분과 장천(長川) 1호분 벽화에 나타나는 것으로 보아 이 악기는 5세기경에 서역에서 중국 북방을 거쳐 고구려에 전해졌다고 짐작된다. 당시 중앙아시아의 당국기(唐國伎)·안국기(安國伎)·소륵기(疏勒伎)·구자기(龜玆伎)에도 횡적이 사용되었기 때문이다(『수서(隋書)』「음악지(音樂志)」). 비암사 계유명전씨아미타불삼존석상(癸酉銘全氏阿彌陀佛三尊石像)에 이 악기가 나타나는 것으로 미루어 신라에는 중대(中代)에 당악(唐樂)으로 수용된 것으로 보인다.

적회 赤繪

자기 제작 기법. 적회란 코발트 유약 대신 적·녹·황색 등의 안료(顔料)를 이용해 다채로운 그림을 그려 넣는 기법인데, 중국 원대에 유행하였다.

전함 戰艦

전쟁 수행에 이용되는 배. 중국의 경우 춘추전국시대에 처음으로 주사(舟師), 즉 해군을 건설하고 각종 전함을 만들었다. 남방 연해에 자리한 오(吳)나라에서는 기원전 6세기에 이미 대익(大翼)·소익(小翼)·돌모(突冒)·누선(樓船, 층배)·교선(橋船) 등 전투에 대비한 여러가지 형태의 전함을 만들었다. 그중 '대익'이란 대(大) 전함으로 길이가 10여장(丈)이고 군사와 선원 90여명이 승선할 수 있다. 저장(浙江)부터 베트남 북부 일대에 있었던 월(越)나라는 해상 진출을 위해 민용선(民用船)으로 편주(扁舟)와 경주(輕舟)를, 군용선(軍用船), 즉 전함으로 익선(弋船)과 누선(樓船) 등을 갖추었다. 오·월나라에는 전문적으로 선박을 건조하는 '주실(舟室)', 혹은 '선궁(船

宮)'이라 부르는 조선소가 있었는데, 그 내부에는 '목객(木客)'이라는 조선 공장(工匠)들이 다수 있었다. 한대(漢代)에는 노발(艫發)·몽충(艨沖)·선등(先登)·적마(赤馬)·척후(斥候)·함(艦)·익선(弋船) 등 다양한 이름의 전함이 만들어졌는데, 모두 대형이었다. 3국시대 동남해 연안에 위치한 오(吳)는 약 5천척의 각종 선박을 보유하고 있었는데, 그중에는 두함(斗艦)·몽충(艨沖) 같은 대형 전함과 가(舸) 같은 소형 전함이 있다.

점성 占城, 참파Champa

2세기 말엽에 참(Cham)족이 베트남 중부에 세운 나라. 중국에서는 후한 말에서 수대(隋代)까지는 임읍(林邑)으로, 당대에는 환왕국(環王國)으로, 당 말에서 송대까지는 점성(占城)으로 불렸다. 발전과 쇠퇴를 거듭하던 이 나라는 17세기에 안남(安南)에 병합되었다. 고대부터 점성은 남해와 중국 간의 해상교역에서 요충지 역할을 하였다.

정길 鄭吉

중국 한대의 초대 서역도호(西域都護). 전한 시대의 무장으로, 서역 원정시 병졸로 종군하여 서역 사정을 누구보다 잘 알게 되었다. 이를 바탕으로 선제(宣帝) 때 서역 제국의 군사를 이용해 차사국(車師國)을 멸하였고, 이 공로로 선선(鄯善) 서쪽의 오아시스로 남도 제국의 지배자가 되었다. 이후 기원전 60년에 흉노의 서방을 지배하던 일축왕(日逐王) 선현선(先賢撢)이 선우(單于)에게 반기를 들어 한에 투항하는 사건이 일어났는데, 이때 정길은 그를 한에 호송하였다. 이를 계기로 그는 도호기도위(都護騎都尉)의 칭호를 받고 초대 서역도호가 되었다. 이어 서역 남북 2도를 통솔하는 안원후(安遠侯)가 되었다. (8-83)

정년 鄭年, 鄭連

신라 무장(武將). 의형제 관계였던 장보고(張保皐)와 함께 당나라에 가서 당 군에 종사하였는데, 이때 용맹을 널리 떨쳐 무령군소장(武寧軍少將)에 임명되기도 하였다. 신라에 귀국한 후에는 중앙 귀족들의 왕권다툼으로 일어난 여러 내란을 평정하는 데 힘을 썼고, 중앙의 고관이 된 장보고를 대신해 청해군(淸海軍)의 장령(將領)이 되었다. (8-152)

정략적 혼인을 통한 교류

교류관계 수립을 위한 인적 교류에는 견사(遣使)나 경략(經略)을 통한 교류 외에도 특별하지만 정략적 혼인에 의한 교류도 있다. 정략적 혼인이란 국가나 권력자 간에 소정의 정략적 목적을 위해 맺어지는 혼인 관계를 말한다. 정략적 혼인을 통한 인적 교류의 대표적 사례는 중국에서 빈번했던 이른바 '공주출가(公主出嫁)'가 있다. 주로 주변국가들과의 정치적 화해나 제휴의 목적으로 공주를 비롯한 명문가 출신의 여인들을 위주로 출가시켰다. 상대방의 구혼에 의한 경우도 간혹 있는데, 이때 당사자는 거의 타의에 의한 인질적(人質的) 볼모로 본의 아닌 교류인이 된다. 따라서 정략적 혼인에 의해 출가한 여인들이 미친 영향은 극히 제한적일 뿐만 아니라, 대부분 비운(悲運)으로 교류인의 사명을 마쳤다.

정선법 釘船法

못을 사용해 선체(船體)를 조립하는 기법. 중국에서는 한대(漢代)에 처음으로 이 기법을 사용하였다. 이를 보여주는 것이 1951~1952년 창사(長沙)에서 발견된 서한(西漢)시대의 장하(長河) 203호 한묘(漢墓)에서 출토된 16개 노를 가진 목선(木船) 모형인데, 선체에는 못 구멍이 여러 개 나 있다. 여기에 사용된 못이 철못인지, 참대못인지, 기타 다른 못인지는 분명하지 않으나 못을 사용해 선체를 조립했음을 추측케 한다. 이는 조선 기술상 초유의 창안으로, 고대에 중국의 선박 제조술이 아랍이나 서구 선박과 비교해 가장 뚜렷한 차이를 보이는 점이다. 한대부터 도입되기 시작한 정선법은 중국 선박이 견고성을 확보하게 된 결정적 요인이었는데, 서구의 경우 로마제국(4~5세기)에서는 가죽으로 선체를 묶었고, 15세기까지만 해도 아랍을 비롯한 인도양 연안의 각국 선박은 야자수 섬유나 호도(胡桃) 나무껍질로 꼰 밧줄로 선체를 묶었다. 중국의 정선법 도입은 춘추시대부터 주철법(鑄鐵法)이 발달하여 철제품을 다방면에 걸쳐 유용한 결과다(유럽은 1380년에 주철법을 도입했다). 한(漢) 무제(武帝) 때 전국 40개 군에 49개의 철관(鐵官)을 설치해 철 생산을 관장하였으며, 공장(工匠)이 300명 이상 되는 제철소만 전국에 40여 개소나 되었다.

정성공 鄭成功, 1624~1662년

중국 명나라의 부흥운동가. 아버지 정지룡(鄭芝龍)은 푸젠성(福建省)의 해적 출신이고 어머니는 일본인이다. 일본에서 태어나 7세 때 명나라에 건너갔다. 명나라가 망하자 당왕(唐王) 융무제(隆武帝)를 옹립하여 명나라 부흥운동을 주도하였다. 이후 당왕이 체포되고 아버지가 투항한 후에도 계왕(桂王)을 옹립하고는 진먼(金門)과 샤먼(廈門)을 근거지로 일본·류큐(琉球)·대만·안남(安南)·샴(타이)·여송(呂宋, 필리핀) 등지와 해상무역으로 군비를 마련해 한때 난징(南京)까지 점령했으나 패퇴하였다. 1661년에는 대만을 점령하고 네덜란드인들을 축출한 뒤 기지를 확보해 대륙 반격의 기회를 엿보는 등 반청운동을 하다가 이듬해에 병사하였다.

정신문명 교류를 위한 인적 교류

비물질적 정신문명의 교류를 위해 진행되는 인적 교류. 이러한 교류에 관여하는 교류인(정신문명 교류인)은 지적인 전문성을 띤 한정된 범위 내의 사람들로 이질문명권에 대한 자신들의 문명 전파에 종사한다. 그들 중에는 포교에 헌신하는 종교인들과 학문 전수에 전념하는 학자들, 문학과 예술 전파에 신명을 바치는 작가 예술인들, 그리고 미지의 세계에 대한 희생적 탐구로 지적 교류에 이바지하는 여행 탐험가들이 있다. 이같이 정신문명 교류를 위한 인적 교류는 다음과 같은 몇가지 특징을 가지고 전반적인 문명교류에 기여한다. 그 특징은 우선, 교류인의 특정성(特定性)이다. 정신문명 교류인은 일반인들과는 달리 지적인 전문성과 정신적인 우월성을 소유한 특정인들이다. 지적인 전문성이란 종교나 학문, 문학이나 예술 면에서 정신문명을 전파하고 전수할 수 있는 전문적인 지식이나 기능을 가지는 것을 말한다. 종교인이나 학자, 예술인뿐만 아니라, 여행 탐험가도 여행 탐험에 필수적인 지리나 문화 지식을 가져야 한다. 우수한 지식이나 기능에 대한 동경이나 추종은 인지상정(人之常情)이다. 따라서 정신문명 교류인은 교류인으로서의 역할을 다하기 위해서 전문적 지식과 기능을 갖추어야 한다.

다음의 특징은 순기능적 역할이다. 기능적 측면에서 보면 정신문명 교류인은 문명교류에서 개화와 진보, 정신적 고양(高揚)과 다양화의 순기능적 역할을 수행한다. 물론 전통의 타파에서 비롯하는 동화(同化) 같은 역기능적인 결과도 간혹 있지만, 교류 전반에서 보면 그것은 한낱 특이 현상일 뿐이고, 교류의 묘미를 살리면 이러한 역기능을 순기능으로 전환할 수도 있다. 정신문명 교류의 순기능적 역할은 교류인들이 지닌 지적 전문성과 정신적 우월성의 필연적 산물이다.

끝으로, 기록성(記錄性)이다. 정신문명 교류인들은 대개 자신들의 행적을 기록으로 남긴다. 물론 교류와 관련된 사절이나 경략자, 상인들도 자신들의 업적을 비롯한 행적을 기록하기는 하지만, 그것은 개별 현상일 뿐 보편적인 것은 아니다. 또 대체로 간접기록이지 직접기록은 아니다. 이에 반해 정신문명 교류인들은 자신들이 행한 문명교류 활동을 문자로 기록하여 후세에 전한다. 이를 통해 그들의 교류활동상을 정확하게 볼 수 있다. 사실 교류사를 포함한 역사에서 기록, 특히 당사자의 1차적 기록은 문헌적 전거로서 신빙성이 가장 높은 역사적 증언이 된다. 바로 이런 특징들로 인해 정신문명 교류인들은 교류사에 불멸의 족적을 남기고 영광의 교류인으로 그 이름을 빛내고 있다. 정신문명의 교류를 위한 인적 교류는 정신문명뿐만 아니라 물질문명의 교류나 창달, 공영에 중요한 기여를 한다. 또한 이러한 교류의 파급효과는 당대에만 국한되지 않고 장기간 지속되며, 교류인들의 눈부신 활동은 후세의 귀감으로 남아 있다.

정크 junk, 容克

전통적인 중국 범선. 기원후 2세기 한나라 때 만들기 시작한 이래 지금까지도 널리 이용되고 있다. 크기는 각기 다르고 무게는 300~500톤이며, 승선 인원은 200~300명에 이른다. 추진력은 바람이며, 구조는 고물이 높고 이물이 삐죽 튀어나와 있으며 여러 개의 돛대가 세워져 있다. 아마포 같은 두꺼운 천(범포帆布)으로 된 정사각형의 돛이 달려 있는데, 긴 대나무 조각이 대져 평평하게 펴져 있다. 각각의 돛은 한꺼번에 펼치거나 접을 수 있다. 거대한 타(舵)는 용골(龍骨) 구실을 하며, 선체는 세로와 가로로 설치된 수밀격벽(水密隔壁)으로 나뉘어 있다. 중세 초기부터 인도양을 비롯한 원양 항해에 투입되었으며, 15세기

정화(鄭和)의 7차 '하서양(下西洋)'에서 절정을 맞이하였다. 이탈리아 선교사인 오도릭은 인도 서남해안에 위치한 항구 폴룸붐(Polumbum, 현 퀼론Quilon)에서 700명이나 승선할 수 있는 중국 선박 정크로 갈아탔다고 자신의 여행기(『오도릭의 동방기행』항 참고)에 기술하고 있다.

정향 丁香, 丁字, clove

정향나무의 꽃봉오리를 건조시켜 얻는 귀중한 향신료. 정향나무(학명 Syzygium aromaticum)는 도금양과에 속하는 상록 소교목으로 키는 4~7m 정도다. 잎은 마주 나고 타원형이며 끝이 뾰족하다. 이 나무는 열대나 아열대 지방에서 서식하는데, 조풍(潮風, 바닷바람)을 맞아야 잘 자라며 원산지는 인도네시아 말루쿠 제도다. 꽃봉오리는 분홍색으로 약 2cm쯤 컸을 때 자르면 암갈색으로 변하며, 그것을 며칠간 햇볕에 말리면 정향이 된다. '클로브'(clove)라는 정향의 영어 이름은 '못'이라는 뜻의 프랑스어 '클루'(clou)에서 유래하였다. 꽃봉오리가 못처럼 생겼고, 정향을 일명 '정자(丁字)'라고 하는 것은 꽃봉오리가 '정(丁)'자(字) 모양이기 때문이다. 정향은 기원 전후에 인도에 알려졌으며, 기원후 2세기에 동으로 중국, 서는 로마까지 전해졌다. 약간 매운 듯하면서 향기를 내는데, 원래 화장품 재료나 향료·구충제(驅蟲劑)·전염병 예방제 등으로 줄곧

정향나무

쓰이다가 근대에 와서는 주로 향신료로 사용되며, 특히 햄이나 소스, 수프 등 여러 서양 요리에 필수적인 향료로 각광받고 있다. 보통 좁은 의미의 스파이스(spice)는 정향과 육두구(肉荳蔲)를 말한다. 18세기 말

엽에 자연조건이 비슷한 동아프리카의 잔지바르에 정향나무가 이식되기 전까지는 말루쿠 제도가 유일무이한 산지였다. 이로 인해 이곳은 서구 열강의 각축장이 되었다.

정화 鄭和, 1371~1433년

중국 명나라의 환관(宦官)이자 무장. 원제국이 멸망하고 3년 뒤인 1371년 윈난성(雲南省) 쿤밍시(昆明市) 진닝현(晉寧縣) 쿤양진(昆陽鎭) 허다이촌(和代村)의 무슬림 마씨(馬氏) 가정에서 2남 4녀 중 차남으로 태어났다. 1382년 그의 나이 11세 때 부우덕(傅友德)과 목영(木英)이 이끄는 명나라 군대가 윈난을 정복하자 생포되어 난징을 거쳐 이듬해에 치안 유지를 위해 대도(大都, 현 베이징)에 주둔해 있던 연왕(燕王, 영락제永樂帝, 성조成祖)에게 환관으로 보내졌다. 당시 포로를 비롯한 피정복민 중에서 미소년(美少年)을 뽑아 환관으로 삼는 것은 일종의 관행이었다. 정화 연구가 주시예(朱偰)는 그가 13세 때 생활고에 시달려 스스로 24세의 연왕 밑에 들어가 환관이 되었다고 주장하기도 하였다. 정화는 정난(靖難)의 변(變) 때(1399~1402) 연왕을 위해 무공을 세운 덕분에 환관들을 관리하는 장인태감(掌印太監)인 내관감(內官監)에 발탁되었다(34세). 내관감은 환관들을 관리할 뿐만 아니라 황실 일족의 사생활을 보좌하고 각종 토목과 건축 공사, 집기 구매 등 궁내의 다양한 업무를 관장하는 실세다. 원래 명나라 황제들은 환관을 천하게 여겨 등용하지 않았다. 명 태조는 궁문에 '내신(內臣, 환관)은 정치에 관여할 수 없고, 관여한 자는 참(斬)한다'는 내용의 철패(鐵牌)를 게재하기까지 하였다. 그럼에도 불구하고 영락제는 1404년에 파격적으로 그에게 정(鄭)씨 성을 하사하고 등용하였다.

당대 관상(觀相)의 대가이며 영락제의 측근인

정화의 입상

원충철(袁忠徹)은 저서 『고금식감(古今識鑑)』에서 "내시 정화, 즉 삼보(三寶, 三保)는 윈난 사람으로 신장은 9척이며 허리둘레는 10위(圍, 약 1.5m), 얼굴은 각이 지고 코는 작지만 귀상(貴相)이다. 미목(眉目)이 수려하고 귀는 하얗고 길며 이빨은 조개를 포개놓은 듯하고 걸음걸이는 호랑이 같으며 목소리는 낭랑하다. 나중에 정난(靖難)의 공으로 내관(內官, 환관)의 태감 지위를 받았다"고 썼다. 선단(船團) 파견에 앞서 영락제가 정화에게 지휘를 맡기는 일에 관해 묻자 원충철은 "정화는 용모와 자태가 훌륭하고 재질(才質)도 뛰어나 내시 중에서는 그에 비교할 만한 자가 없습니다. 신이 통찰한 바로는 임용하는 것이 지당하옵니다"라고 대답하였다고 한다. 영락제의 명을 받은 정화는 28년간(1405~1433) 7차례에 거쳐 대선단을 이끌고 '하서양(下西洋, 정화의 서양 원정을 이르는 말)'하여 해상 실크로드의 남해 일원 총 18만 5천km를 누볐다. 1433년 제7차 '하서양'을 마치고 귀국하던 중 62세로 객사하였다. 정확히 정화가 언제 어디서 어떻게 사망하였는지는 아직도 수수께끼다. 다만 인도 캘리컷에서 사망했으며, 그곳에서 죽은 후 중국 난징 중화문 밖 뉴서우산(牛首山) 자락에 묻혔다는 정도의 소문이 있을 뿐이다. 일세를 풍미한 환관의 최후는 이렇게 초라하다. 그러나 역사는 혜안(慧眼)이다. 1997년 미국 『라이프』지가 지난 1,000년을 만든 세계 위인 100명을 선정했는데, 그중 동양인으로는 정화가 가장 앞선 순위(14위)를 차지하였을 만큼 현재에는 높은 평가를 받고 있다.

정화(鄭和)의 7차 '하서양' 1405~1433년

서역인(西域人)의 후예이며 중국 윈난(雲南) 회족(回族) 출신의 태감(太監) 정화(鄭和, 1371~1433, 일명 삼보태감三寶太監)는 영락(永樂) 3년(1405)에 영락제의 명을 받고 부사 왕경홍(王景弘)과 함께 방대한 선단(船團)을 이끌고 해로로 처음 출사하였다. 그후 선덕제(宣德帝, 선종宣宗) 선덕(宣德) 8년(1433)까지 28년간 무려 7차례나 '하서양(下西洋)'하여 10만여 리를 종횡무진 항해하면서 30여 개국을 방문하였다. '하서양'이란 해로를 통한 정화의 서양 원정을 말하는데, 여기에서 '서양'은 중국 명대(明代)의 개념으로, 보르네오(Borneo)를 기준으로 그 서쪽부터 아프리카 동해안에 이르기까지의 인도양 해역을 지칭한다. 명대 말엽 기독교 선교사들이 동방에 온 이후부터 '서양'은 전래의 개념과는 달리 오늘의 대서양과 유럽 지역을 범칭하게 되었다. 명 영락제의 명에 따라 정화가 7차례나 '하서양'을 단행하게 된 동기와 원인에 관해서는 이론이 구구하다. 이를 종합하면 첫째 정난(靖難)의 변 이후 종적이 묘연한 건문제(建文帝)의 행방을 추적하기 위한 것, 둘째 해외에 국위를 선양하기 위한 것, 셋째 경제적으로 대외무역을 진작시키기 위한 것, 넷째 황족과 귀족들의 부귀영화에 필요한 이방(異邦)의 진귀한 보물을 취득하기 위한 것 등 네 가지다.

정화는 매번 대규모의 선단을 꾸려 출항하였는데, 선단은 보통 보선(寶船)과 전선(戰船)·양선(糧船)·마선(馬船)·좌선(坐船) 등 대형선박 60여 척을 포함해 200여 척의 각종 선박으로 구성되었다. 가장 큰 모선 격인 보선은 길이 44장 4척(현 41장 4척, 약 138m)에 너비가 18장(현 16장 8척, 약 56m)이고, 적재량은 1,500톤이며, 천 명이나 승선할 수 있다. 제1차 '하서양' 때에는 대박(大舶, 대형선박) 62척에 선원·병사·서기·의사·통역 등 승선 인원이 2만 7,800여 명이나 되었으며, 마지막 7차 '하서양' 때에도 대박 61척에 승선 인원이 2만 7,550명이었다. 통상 선단의 항로는 쑤저우(蘇州)의 유가항(劉家港, 현 장쑤江蘇 태창太倉 동류하진東劉河鎮)에서 출발해 푸젠(福建) 오호문(五虎門)에 도착한 후 본격적인 출항을 단행한다. 이후 남해와 말라카 해협을 지나 인도양을 횡단하는데, 인도 남단을 지나 아라비아해에 들어서서는 페르시아만으로 북항(北航)하거나, 홍해나 아프리카 동해안으로 서항(西航)한다. 때로는 스리랑카 남단과 몰디브 제도를 지나 아프리카 동해안으로 직항하기도 한다.(구체적인 항로에 관해서는 '해로'항 중 정화의 '하서양' 항로 부분 참고.) 정화의 7차 '하서양'의 개황은 뒷면의 표와 같다.

정화의 7차 '하서양'은 세계 항해사와 교류사에 있어서 대단히 중요한 일대 장거(壯擧)다. 정화는 아시아와 아프리카의 30여 개 해로 연안국을 차례로 방문하면서 명조의 국위를 선양하였고, 전통적인 조공관계를 회복하는 동시에 상호 왕래를 촉진하였다. 이로 인해 영락(永樂) 연간(1403~1424)에는 아시아와 아프리카 등 여러 나라들에서 중국을 방문하는 사절이 끊이지 않았다. 영락 19년(1421)의 항해 기간에만 호르무즈·아덴·모가디슈·수마트라·샴 등 21개 나라가 사신을 파견해 조공하였다. 영락 21년(1423) 9월에는 한꺼번에 인도 캘리컷 등 16개국 1,200명의 사절이 방문하였다. 보르네오와 술루 같은 나라에서는 국왕이나 왕족들이 직접 중국 방문에 나섰다. 또 정화의 '하서양' 기간이나 그 이후에는 많은 중국 사절이 여러 나라에 파견되었다.

정화의 '하서양'의 교류사적 의의는 중국과

아시아 및 아프리카 여러 나라와 지역들 간에 교류가 추진되었다는 것이다. 정화의 '하서양'을 계기로 남해 교역이 크게 흥성하였다. 또한 중국인들이 남양(南洋, 동남아시아) 각지에 이주해 교역의 촉진과 현지 개발에 기여하였다. 이는 세계 항해사에서 선구자적인 역할을 수행한 것으로 평가된다. '하서양'은 그 항정(航程) 거리나 항해 기간, 선박의 규모와 수량, 선박의 적재량, 승선 인원, 선단 조직, 항해술 등 모든 면에서 15세기 당시로는 세계 최대의 원양(遠洋) 항해였으며, 가히 목선(木船)·범선(帆船) 항해의 기

적이라 할 수 있다. 정화의 '하서양'은 유럽인들의 이른바 '지리 대발견'을 위한 항해보다 훨씬 앞선 것으로, 제1차 '하서양'은 콜럼버스가 아메리카 대륙에 도착한 것보다 87년, 다 가마(da Gama)가 인도 항로를 개척한 것보다 93년 앞섰다. 더욱이 용선의 규모나 항해술은 비교가 안 된다. '하서양'에 사용된 『정화항해도(鄭和航海圖)』에는 500여 개의 지명(그중 외국 지명은 300여 개)과 방위·정박항구·암초 등 항해에 필요한 표지물들이 구체적이고도 정확하게 표기되어 있어 세계 원양 교통사에 귀중한 문헌으로 평가

차수	기간	규모	도착지	비고
1	1405. 10~1407. 9	대박 62척 승선 2만 7,800명	참파Champa, 자바Java, 팔렘방Palembang, 말라카Malacca, 아루Aru, 수마트라Samudra, 실론Ceylon, 퀼론Quilon, 코친Cochin, 캘리컷Calicut	자바에서 평균 170명 피살, 구항(龜港)에서 해적 진조의(陳祖義) 생포
2	1407. 겨울~1409. 여름	선박 249척	1차 외에 샴Siam, 라무리Lamuri, 카일Cail, 코얌페디Koyampaedi, 파타나푸르Pattanapur	
3	1409. 12~1411. 6	승선 2만 7,800명	새 경유지: 신주항(新州港), 황동룡(黃童龍), 팔로 콘도르Palo Condore	
4	1413. 12~1415. 7		새 도착지: 파항Pahang, 켈란탄Kelantan, 리데Lide, 몰디브Maldives, 호르무즈Hormuz, 압둘 카리Abdal Kari로, 소코트라Socotra로	처음으로 서아시아와 아프리카 동해안에 도착
5	1417. 가을~1419. 7		새 도착지: 아덴Aden, 목골도속(木骨都束), 불랄와(不剌蛙), 마림(麻林), 모가디슈Mogadishu, 브라바Brava, 말린디Malindi	
6	1421. 4~1422. 8		새 도착지: 자팔Zafal	아프리카 동해안까지 환국하는 16개국 사절과 동행
7	1431. 12~1433. 7	대박 61척 승선 2만 7,550명	새 도착지: 메카Mecca, 죽보(竹步, 김보Giumbo)	
계	1405~1433 28년간, 이중 항해 기간 11년		유가항(劉家港, 현 난징南京)으로부터 동아프리카 케냐Kenya의 몸바사Mombasa까지의 10만여 리 항정, 30개국의 500여 개 지방 역방	

정화의 7차 '하서양' 개황

되고 있다.

　정화의 '하서양'은 많은 관련 기록들이 남아 있어 확실한 규명이 가능하다. 제1차적 문헌으로는 제3·5·7차 사행에 수행한 마환(馬歡)의 『영애승람(瀛涯勝覽)』과 제2·3·4·7차에 동참한 비신(費信)의 『성차승람(星嵯勝覽)』, 7차에 동행한 공진(鞏珍)의 『서양번국지(西洋蕃國志)』가 있다. 또한 정화가 선덕(宣德) 6년 푸젠(福建) 장락(長樂) 남산사(南山寺)에서 직접 건립한 '천비지신령응기(天妃之神靈應記)' 비(碑)와 '누동유가항천비궁석각통번사적기(樓東劉家港天妃宮石刻通蕃事蹟記)' 비도 있다. 그밖의 관련 사적(史籍)으로는 『명사(明史)』 『명실록(明實錄)』 『대명회전(大明會典)』 등 관수(官修) 사적 외에 황성증(黃省曾)의 『서양조공전록(西洋朝貢典錄)』과 모원의(茅元儀)의 『무비지(武備志)』에 게재된 『정화항해도(鄭和航海圖)』가 있으며, 잡서(雜書)로는 나무등(羅懋登)의 소설 『삼보태감서양기통속연의(三寶太監西洋記通俗演義)』, 축윤명(祝允明)의 『전문기(前聞記)』, 육용(陸容)의 『숙원잡기(菽園雜記)』 등이 있다.

『정화항해도(鄭和航海圖)』 제작자 미상, 15세기 전반

교류의 문헌적 전거로서의 항해도(원명: 『자보선창개선종용강관출수직저외국제번도(自寶船廠開船從龍江關出水直抵外國諸蕃圖)』, 배를 만드는 보선창(寶船廠)에서의 진수(進水)에서 출항(出港) 및 외국 여러 나라까지의 항해 기록이라는 뜻). 당시 정화가 항행한 해로에 관해서는 중국 명(明)대 모원의(茅元儀)의 『무비지(武備志)』 권240에 소개되어 있는데, 항로에 대한 설명만 120여 쪽에 달한다. 그중에는 서도(序圖) 1쪽과 20쪽짜리 연속지도, 항해견성도(航海牽星圖) 2쪽이 포함되어 있다. 이 항해도는 유명한 정화(鄭和)의 7차 '하서양(下西洋, 1405~1433)'의 항해로를 그린 해도다. 그 항해로는 난징(南京)을 기점으로 양쯔강을 빠져나와 동해와 남해를 경유, 말라카 해협을 거쳐 인도양을 횡단, 페르시아만 입구의 호르무즈와 아라비아 반도 남단을 지나 아프리카 동해안에 이른다. 이 항해도는 항정(航程), 항향(航向), 정박 및 기항지(寄港地), 각지의 별자리의 고도, 암초와 여울의 분포 등 항해와 관련된 제반 사항을 구체적이고 정확하게 기록

'정화항해도'(15세기 전반) 중 페르시아만 호르무즈 해협도

하고 있다.

난징에서부터 동아프리카 케냐의 몸바사 (Mombasa)까지 이르는 구간에 기입된 지명은 500여 개나 되는데, 그중 외국 지명만 300여 개나 된다. 항해도에 표기한 항해 거리의 단위는 '갱(更)'인데, 1갱은 약 60리이며, 1주야의 항해 거리는 평균 10갱(1시간당 25리)으로 계산하였다. 후세 학자들의 연구에 의해 이 항해도에 기입된 항정이나 항향, 주요 지명들의 정확성이 고증되었다. 이 항해도야말로 중세 항해도의 백미로서 중세 실크로드 해로를 연구하는 데 단연 으뜸이 되는 사료로 평가된다.

제거시박사 提擧市舶司

중국 당·송·원대의 대외무역 업무 담당관. '제거(提擧)'는 '지도'나 '관리'를, '시박(市舶)'은 '무역선'이란 뜻이다. 제거시박은 중국 당·송·원대에 무역항에서 무역을 관리하고 징세(徵稅) 업무를 관장하는 기관으로 '사(司)'는 그 장(長)이다. 제거시박사는 재력가들로서 상당한 영향력을 행사했는데, 대표적인 예가 취안저우(泉州)의 포수경(蒲壽庚)이다.

제당법(製糖法)의 동전

제당(製糖)의 주원료는 사탕수수(감자甘蔗)인데, 그 원산지에 관해서는 인도의 벵골 지방이란 설과, 인도의 벵골로부터 인도차이나에 이르는 지대라는 등 여러 설이 있다. 제당술이 가장 일찍이 발달한 곳은 사탕수수가 많이 생산되는 인도다. 이러한 사실을 반영하듯 인도-유럽어 계통에서 설탕을 의미하는 단어는 그 어원을 산스크리트어(범어梵語)에 두고 있다. 현재 설탕을 인도-유럽어 계통에 속하는 영어로 'sugar', 프랑스어로 'sucre', 이탈리아어로 'zucchero' (succhero)라고 부른다. 이 말들은 중세 아랍을 통해 설탕이 유럽에 전파되면서부터 설탕을 뜻하는 아랍어 단어 'Sukkar'가 전사(轉寫)된 것이다. 이 아랍어는 원래 인도의 설탕이 페르시아를 거쳐 아랍에 알려지면서부터 생겨난 것으로 그 어원은 산스크리트의 'Sharkara', 프라크리트 (Prakrit)어의 'Sakkara'에서 비롯되었다.

고대 인도에서 사탕수수 재배와 제당이 정확히 언제 시작되었는지는 알려진 바 없지만, 기원 전후부터 이미 행해진 것으로 추정된다. 계함(稽含)은 저서 『남방초목상(南方草木狀)』에서 감자(甘蔗, 사탕수수)는 고지에서 생산되는데, 가지에서 나오는 단 즙을 며칠 동안 폭서(暴暑)에서 말리면 덩어리(이飴)가 되며, 이것을 입에 넣으면 금방 녹는다는 등 제당 과정을 묘사한 다음, 부남국(扶南國, 현 캄보디아)이 오(吳)국에 바친 공물 중에 이러한 자연 제당법에 의해 만들어진 감자 제품이 들어 있다고 기술하였다.

중국의 경우 5세기 말과 6세기 초, 남조의 제·양(齊梁)시대에 남방의 강동(江東)·여릉(廬陵)·광둥(廣東) 일대에서 사탕수수가 재배되고, 그 즙으로 사당(砂糖, 사탕)을 제조하였다. 그러나 북방에서는 아직 제당법을 알지 못하고 있었다. 647년 인도 마가다(Magadha, 마게타摩揭陀)국의 사신이 장안(長安)에 와서 당 태종(太宗)에게 인도의 제당법을 처음으로 소개하자, 태종은 즉시 인도에 사람을 보내 그것을 습득하게 한 후 양저우(揚州) 일대에서 재배되는 사탕수수를 원료로 인도 제당법에 따라 사탕을 제조하도록 하였더니 색과 맛에서 서역(인도) 당을 훨씬 능가했다고 한다. 인도 제당법의 특징은 황백색의 고체 석밀(石蜜)을 만드는 것인데, 그 제조법은 감자즙(甘蔗汁)에 적당한 양의 물과 우유, 그리고 쌀가루를 넣어 끓인 다음 응고시키는 것이다. 석밀이란 원래 산속에 있는 암석의 틈에서 생기는 자연산 꿀(토종꿀)인데, 3세기 후부터는 감자즙을 농축해서 만든 일종의 액체 당을 말한다. 인도의 석밀 제조법이 소개된 후 10년도 채 지나지 않아 감자의 주생산지인 장난(江南)과 쓰촨(四川) 지방에서 석밀 제조가 크게 성행하였다. 그러나 8세기 초에 저술된 『식료본초(食療本草)』(맹세孟洗 저, 세계에서 가장 오래된 영양학 전서)에 따르면, 촉(蜀, 쓰촨四川)이나 오(吳)나라에서 생산된 석밀은 인도의 제조법을 본받았지만, 질에서는 페르시아의 석밀보다는 못하다고 하였다. 인도나 페르시아의 석밀은 사탕수수 즙에 우유를 섞어서 제조하기 때문에 일명 유당(乳糖)이라고도 한다. 유당은 중국에서도 많이 유행하였다. 이와 같이 석밀 제조를 비롯한 인도와 페르시아의 제당술은 중국의 제당업 발전을 촉진하였다.

『제도로(諸道路) 및 제왕국지(諸王國志)』 *Kitābu'l Masālik w'al Mamālik*, Ibn Khurdādhibah 저, 845년

교류의 문헌적 전거로서의 개설소개서. 중세 아랍 지리학자인 저자 이븐 쿠르다지바는 820년 쿠르다지바(압바스조 이슬람제국의 페르시아 지방)에서 출생하였는데, 그의 본명은 아불 까심 아비둘 라흐 이븐 아브둘 라흐(Abu'l Qāsim Abīdu'l llāh Ibn Abdu'l llāh)이며, '이븐 쿠르다지바'는 '쿠르다지바의 아들'이란 뜻으로서 그의 출생지에서 딴 아호(雅號)다. 그는 어려서 고향을 떠나 수도 바그다드에 가서 음악을 공부하다가 티그리스 강안의 사마라(Samarra)라는 산간 도시에서 우편관(郵便官, 일명 역체관驛遞官)으로 4년간(844~848) 봉직하였다. 당시 우편관은 정보 수집이나 징세 임무에서 큰 역할을 수행하였으며, 도로 사정을 비롯해 내외 지리에도 밝은 사람들이었다. 이븐 쿠르다지바는 우편관 생활을 하던 845년에 지리서인 이 책을 저술하였다. 그는 이 지리서에서 주로 오늘날의 이라크를 중심으로 한 이슬람세계의 행정구획과 도시들, 각 지

역과 도시를 잇는 역체로(驛遞路)와 주요 무역항 및 무역로 등을 기술하고 있는데, 특히 멀리 중국까지의 통로와 여정을 밝히고 있어 주목된다. 항해로는 페르시아만의 바스라에서 출발하여 인도양을 횡단, 동남아시아를 경유해 중국의 동남해안까지 이르는 길이고, 육로는 중앙아시아의 호라산과 톈산(天山) 일대, 그리고 몽골 초원을 거쳐 북중국에 이르는 길로 기술되어 있다. 뿐만 아니라, 당시 중국의 4대 국제무역항을 남에서 북의 순으로 루낀(Luqin, 베트남 교주交州)·칸푸(Khanfu, 현 광저우廣州)·칸주(Khanju, 현 취안저우泉州)·깐투(Qantu, 현 양저우揚州)라고 지적하면서 이들 항구 간의 항해 일정과 각 항구의 출산품까지 열거하고 있다. 더 나아가 지구의 동단(東端)에 있는 신라의 위치와 경관, 물산 등 인문지리와 신라까지의 항해 노정도 밝혔다.

이 책에서 저자가 밝힌 이라크의 바스라에서 중국 동남해안에 이르는 항해 노정은 다음과 같다. 즉 말리유(Malyu, 이라크의 바스라) → 호르무즈(Hormuz, 페르시아만 입구) → (8일간) 다이블(파키스탄의 Daibal) → (2일간) 마흐란강(Mahran, 인더스강) → (17일간) 물라이(Mulay, 인도 서남해안의 말라바르Malabar) → (2일간) 불린(Bullin, 인도 남해안) → (1일간) 실란(Silan, 현 스리랑카) → (10~15일간) 랑가발루스(Langabalus, 니코바르 제도) → (6일간) 칼라(Kalah, 현 타이령 말레이 반도 서해안의 Kadah) → 발루스(Balus, 수마트라 북서해안) → 살라히트(Salahit, 말라카 해협) → 하랑(Harang) → 마이드(Mayd, 수마트라 북부) → 티유마(Tiyuma, 말레이 반도 동남해안) → (5일간) 끼마르(Qimar) → (3일간) 산프(Sanf, 베트남 참파Champa) → 중국으로 이어지는 바닷길이다.

제라시 유적 Jerash

요르단의 로마 유적. 요르단의 수도 암만에서 북쪽으로 60km 떨어진 산중에 있는 로마시대의 유적으로, 옛날 이름은 게라사(Gerasa)였다. 최초의 도시는 기원전 4세기 동정에 나선 알렉산드로스의 한 부장(副將)이 세웠다고 전해지며, 지금의 유적은 기원 전후부터 3세기까지 로마 전성기에 세운 도시 유적이다. 대표적인 유적 유물로는 개선문·중앙광장·열주(列柱)도로·아르테미스 신전·대회당(大會堂)·목욕탕·극장·교회당 등이 있다.

요르단 제라시의 로마 원형극장(3천 명 수용 가능)

제란디아성(城) Fort Zeelandia

네덜란드 동인도회사의 상관이 설치되었던 곳. 타이완에 있는 네덜란드의 상관(商館)이 설치되어 있던 성으로, 중국 도자기 무역의 중요한 보관소이기도 하였다. 명(明) 말의 유신 정성공(鄭成功)이 1661년에 이 성을 공략해 네덜란드인들을 축출하고 타이완을 점령한 바 있다.

제마르코스 Zemarchos

비잔틴의 서돌궐 사신. 실리시아(Cilicia) 출신의 동로마(비잔틴) 장군으로, 568년 서돌궐 견사(遣使)의 답례사로 비잔틴을 떠나 서투르키스탄을 거쳐 톈산 산맥 기슭 악 다그(Ak Dag, 백산白山)에 있는 서돌궐 왕 이스테미(Istemi, 실점밀솔室點密)를 방문하였다. 570년에 귀국했는데, 그의 여행 노정과 견문 등에 관해 동로마의 역사가 메난드로스가 기록을 남긴 바 있다.

『제번지(諸蕃志)』 趙汝适 저, 1225년

교류의 문헌적 전거로서의 개괄소개서. 중국 『송사(宋史)』「종실세계표(宗室世系表)」에 의하면 저자 조여괄(趙汝适)은 송 태종(太宗)의 8대손으로 가정(嘉靖, 1208~1224)과 보광(寶廣) 연간(1225~1227)에 취안저우(泉州)에서 복건로제거시박사(福建路提擧市舶司)로 봉직하였다. 그가 시박사로 있을 때는 송조가 이미 남천(南遷)해 해외무역을 권장하고 번상(蕃商)들의 중국 입국을 적극 유치하던 시기였기 때문에 조여괄은 여러 나라 번상들과 접촉할 기회가 많았다. 그는 이러한 접촉 과정을 통하여 해외정보를 수집하고 외국의 실태를 전해들을 수 있었다.

조여괄은 자신의 직접적인 전문과 주거비(周去非)의 『영외대답(嶺外代答)』(1178) 등 선학들의 저서들을 참고로 하여 1225년에 이 책을 저술하였다. 원전은 소실되어 전해지지 않지만 『영락대전(永樂大典)』(1407)의 기술에 근거해 상·하 2권으로 복원되었다. 『지국(志國)』이란 제목의 상권에는 일본과 신라로부터 북아프리카와 지중해의 시칠리아(Sicilia)에 이르기까지 총 57개 국의 위치와 산천, 노정과 풍토, 물산 등이 상술되어 있다. 『지물(志物)』이란 제목의 하권에는 중국에 수입되는 향약(香藥)과 진귀품을 비롯한 47종의 물품에 관해 그 산지와 형태, 용도 등이 소개되어 있고, 후미에 해남도(海南島) 관련 5개 조항을 별첨해 취안저우(泉州)와 해남로 등지의 대외 교통 상황이 개술되었다.

『제번지』는 중국에서 간행된 첫 외국 소개 전서(專書)로 평가된다. 송대(宋代)의 『영외대답』 외에 당대(唐代)에도 외국 관련 서적들이 일부 출간되기는 하였지만, 모두가 사서(史書)나 전지

(典志), 여행기 형태여서 외국의 사정만을 전문적으로 다루는 전서는 아니었다. 그러나 이 책은 전편(全篇)이 외국 관련 내용으로 채워진 명실상부한 외국 소개 전서로 학계의 상당한 주목을 받고 있다. 중국에서는 풍승균(馮承鈞)이 『제번지교지(諸蕃志校誌)』를 출간하였고, 독일의 히르트와 미국의 로크힐은 1911년에 이 책을 영어로 공역(역주도 첨부하여)해 서방 학술계에 소개하였다.

제베 者別, 哲別, 遮別, Jebe, 12~13세기

몽골제국 건국기의 장군. 몽골제국의 건국 초기, 나이만(Naiman) 부족이나 서하(西夏), 금(金) 등을 공략하는 데 공을 세운 천호장(千戶長)으로, 특히 그는 나이만 잔여 세력을 소탕하는 데 큰 공을 세워 몽골제국의 개국공신이 되었다. 칭기즈칸은 등극 후 잔여 세력의 소탕과 함께 대남(對南)·대서(對西) 양 방향으로 정복활동을 전개하였다. 이미 제압한 나이만 부족의 왕 쿠츨루크(Kuchluk)가 서쪽의 카라키타이(서요西遼)로 도주해 그곳의 왕이 되어 재기를 시도하자 칭기즈칸은 1218년에 부장 제베를 파견해 토벌케 하였다. 제베는 파미르에 도주한 쿠츨루크를 추적, 생포해 참수하고 카슈가르와 야르칸드, 호탄 등 동투르키스탄에서 현 키르기스스탄까지의 카라키타이 전역을 장악하였는데, 이것이 칭기즈칸의 실크로드 진출의 효시다. 1219년 몽골군의 제1차 서정 때 칭기즈칸의 명을 받은 제베는 도망치는 호라즘 왕 무함마드를 추격하다가 무함마드가 죽자 원정을 마치고 돌아오는 길에 병사하였다.

젠킨슨 Anthony Jenkinson, 1529~1610(혹은 1611)년

16세기 후반 중앙아시아 일원을 탐험한 영국 상인. 젠킨슨은 16세기 후반에 모스크바에 4차례나 출사(出使)하면서 중앙아시아 일원을 탐험, 중세 동서교류에 족적을 남긴 교류인이다. 그는 1553년에 런던의 머스코비(Muscovy) 회사의 역원(役員)으로 지중해 동안의 시리아 알레포에서 봉직하다가 1557년에 제정 러시아의 모스크바 주재 머스코비의 출장원으로 파견되었다. 그는 런던을 방문한 차르 이반 4세의 사절이 귀국하는 함대에 승선해 런던을 출발, 노르웨이 해안을 따라 북항(北航)해 2개월 만에 네바(Neva)강 하구에 입항하였다. 차르의 사절은 그곳에서 모스크바로 직행하였고, 젠킨슨은 그들과 헤어져 몇 곳에 들렀다가 그해 성탄절에 모스크바에 도착해 차르를 알현하고 동방으로 가는 육상 교역로 탐험을 허락받았다. 이듬해인 1558년에 젠킨슨은 2명의 영국인과 타타르인(몽골인) 통역 1명을 대동하고 '케세이(Cathay, 중국)와 대칸(大汗, Great Khan)국으로'라는 목표를 세우고 무작정 모스크바를 떠났다. 니즈니노브고로드(과거 고리키시市)와 카스피해에서 멀지 않은 볼가강 하구의 아스트라한시(市)를 지나고, 노가이(Nogai) 칸국을 거쳐 그해 12월 3일에 아스트라한을 떠난 지 5개월 만에 실크로드의 중간 지점인 부하라(보가르Boghar)에 도착하였다.

당시 부하라는 칭기즈칸의 서정군에 의해 전소되었다가 티무르제국 시대에 간신히 재건된 상태지만, 실크로드의 요지에서 여전히 번영을 누리고 있었다. 젠킨슨 일행 3명은 이 중앙아시아의 부하라를 방문한 최초의 영국인들이다. 당시 이곳의 통치자는 우즈베크족의 압둘라 2세 칸이었는데, 그는 악명 높은 폭군으로 전제적 통치를 하면서 중과세로 재산을 모으고 있었다. 젠킨슨은 수차례 칸을 알현하는 자리에서 터키·러시아·영국에 관해 여러가지 이야기를 들려주었다. 칸은 영국인들의 전쟁 방법과 화승총에 대해 특별한 관심을 나타냈다. 젠킨슨은 칸 앞에서 직접 화승총 발사 시범까지 보여주는 한편, 상인답게 시장 상황을 현지 조사해 영국 상품의 수출에는 적지(適地)가 아니라는 결론을 얻었다. 영국의 주력 수출상품이었던 모직물이 페르시아산에 견줘 경쟁력이 떨어졌기 때문이다.

부하라에서 소기의 성과를 거둔 젠킨슨은 원래 목적지였던 케세이(중국)로 가려고 했으나 당시에는 카르무크인들이 중국으로 가는 통로를 차단하고 있어 포기할 수밖에 없었다. 게다가 중국까지는 대단히 먼 여정이라는 것도 중국 여행을 포기하게 한 하나의 요인이었다. 중국 여행을 단념한 그는 대신 페르시아행을 시도했으나, 전쟁 때문에 실현할 수 없었다. 1559년 3월 8일, 그는 800두의 낙타를 거느린 대상을 따라 부하라에서 카스피해를 향해 출발하였다. 몇차례 강도들의 기습을 물리치고 카스피해 연안에 당도하였다. 그곳에서 아스트라한에서 자신이 타고 온 범선을 발견하고 이를 수리해 영국인 3명과 사절 6명, 그리고 도중에 사들인 러시아 노예 25명을 싣고 5월 28일, 꼭 1년 만에 아스트라한에 돌아왔다. 차르 이반 4세가 파견한 총수(銃手) 100명의 호위 속에 9월 2일 모스크바에 무사히 도착한 것이다. 젠킨슨은 비록 중국과의 통상개척에 실패하였지만, 남러시아나 중앙아시아 일원에 관한 정보를 획득한 것은 큰 소득이었다. 그후 그는 영국 상인들의 교역 출로를 탐지하고는 영국으로 돌아갔는데, 이것이 그의 제1차 동방여행이다.

이듬해(1560) 봄에 젠킨슨이 3년간의 동방여행을 마치고 런던에 돌아오니, 때마침 여왕 엘리자베스 1세(재위 1558~1603)가 등극해 적극적인 대외정책을 펴고 있었다. 원래 페르시아 여행을 계획했으나 이루지 못하고 돌아온 젠킨슨은 여왕의 공식 사절로 페르시아에 파견되었다. 그는 페르시아의 사파비조 왕에게 보내는 여왕의 친서를 가지고 1561년 5월 14일에 범선 스왈로 1호를 타고 런던을 출발하였다. 8월에 모스크바에 도착해 환국하는 페르시아 사절과 함께 예전처럼 볼가강을 따라 아스트라한에 당도하였다. 여기서 2척의 범선으로 테르벤트를 경유, 시르반국의 수도 샤마흐에 도착하였다. 10월 6일에는 사파비의 수도 카즈빈(Kazvin)으로 떠났는데, 도중에 바쿠를 지나 1개월 반 만에 목적지에 도착하였다. 당시 카즈빈은 오스만 투르크와의 강화(講和) 문제 때문에 상당히 소란스러웠다. 겨우 샤 타흐마스프(Tahmasp) 1세(사파비조 제2대 왕)를 알현하였으나, 샤는 그 자리에서 "불신자(不信者)들과는 우호관계를 맺을 필요가 없으니 당장 돌아가시오"라고 불호령을 내렸다. 이에 젠킨슨은 할 수 없이 도주하다시피 샤마흐로 되돌아와, 비단 산지와의 통상 계약만 체결하였다. 귀로에 오른 젠킨슨은 5월 30일 아스트라한을 경유, 8월에 모스크바에 도착해 몇달간 체류하다가 이듬해(1564)에 런던으로 돌아갔다. 이것이 젠킨슨의 두번째 동방여행인데, 이 여행도 근 3년이나 걸렸다.

귀국 후 젠킨슨은 선단을 이끌고 북극해를 통과해 중국으로 가는 항로를 탐험하겠다고 제의했으나, 여왕은 불허하고 그를 스코틀랜드 근해의 해적 소탕전에 특파하였다. 그런데 그즈음에 이탈리아인들이 모스크바에 입성하여 이반 4세를 회유하자, 통상권을 비롯한 영국의 기득권이 위협받기 시작하였다. 이러한 사태를 수습하기 위해 젠킨슨은 1566년에 세번째로 모스크바에 급파되었다. 그는 사명을 무사히 수행하고 그해 말에 폴란드와 프랑스를 거쳐 귀국할 예정이었지만, 본국으로부터 새로운 사명이 부여되어 얼마간 모스크바에 더 머물다가 1567년에 배편으로 환국하였다. 이때 그는 엘리자베스 여왕에게 보내는 이반 4세의 친서를 가지고 왔는데, 친서에는 여왕에 대한 이반 4세의 청혼 내용이 들어 있었다. 그후 여왕과 이반 4세 사이에 몇차례의 사절이 오갔으나 젠킨슨은 제외되었다. 그런데 여왕은 시종 청혼 문제에 명확한 대답을 주지 않았고, 이에 화가 난 이반 4세는 머스코비의 각종 이권에 대해 조사하고 회사의 국내 자산도 몰수하였다. 이에 다시 젠킨슨이 사태를 수습할 적임자로 기용되었다. 젠킨슨은 1571년 7월 26일, 네번째로 러시아 땅에 상륙하였다. 당시 러시아는 크리미아 타타르족의 무장봉기로 인해 처참하게 파괴된 상태였다. 모스크바에서만 30만 명이 소사(燒死)하였으며, 도시 전역에 기아와 질병이 만연하였다. 이반 4세는 베레스라보르라는 도시에 피신해 있었다. 이반 4세를 만난 젠킨슨은 특유의 달변으로 황제를 설득하였다. 황제는 엘리자베스 여왕과의 혼사 문제는 접어둔 채 양국간의 통상관계를 회복하기로 합의하였다. 1572년 9월 10일 런던에 돌아온 후 그는 은퇴해 1610년(혹은 1611)에 사망하였다.

젠킨슨의 동방여행과 견사에 관해서는 모르간(E. Belmar Morgan)과 쿠트(C. J. Coot)가 편찬한 『앤서니 젠킨슨과 기타 영국인들의 초기 러시아 및 페르시아 여행』(*Early Voyages and Travels to Russia and Persia by Anthony Jenkinson and other English-men*)에 구체적으로 기술되어 있다. 이 책은 1886년에 해클루트협회(Hakluyt Society)에서 2권의 저서로 출간되었다. 젠킨슨의 4차에 걸친 러시아 및 페르시아에 대한 견사와 여행 과정을 통해 중세의 교류인으로서의 상인들이 수행한 역할의 일단을 엿볼 수 있다. 젠킨슨의 동방 여행은 영국과 러시아 및 페르시아 간의 외교관계뿐 아니라, 통상교역 관계의 개발에서도 중요한 의의를 갖는다. 그는 비록 사절로 파견되기는 하였지만, 상인으로서의 직업의식을 한시도 잊은 적 없이 일관되게 통상교역에 주목하고 그

것을 우선시하였다. 또한 그는 중앙아시아의 요지 부하라를 방문한 첫 영국인으로, 시장 상황을 비롯한 현지의 정보를 처음으로 영국에 직접 전해 영국의 동방 진출에 안내 역할을 하였다. 그가 수집한 정보는 중국을 포함해 광범위한 지역에 관련된 것으로, 사료적 가치가 높다. 요컨대 젠킨슨은 영국의 동방 진출의 선봉장으로 동서교류에 확연한 족적을 남긴 교류인이다.

조로아스터교 Zoroastrianism, 祆敎, 拜火敎

고대 페르시아의 이원론적(二元論的) 종교. 기원전 6~7세기 예언자 조로아스터에 의해 창시되었다. 조로아스터에 관해서는 17세기 말 프랑스의 앙크틸(J. Anquetil)에 의해 『벤디다드』 등의 경문이 발견되면서부터 조금씩 알려지기 시작하였다. 조로아스터의 본명은 페르시아어로 '짜라투스트라'인데, 영어로 '조로아스터'라고 불린다. 조로아스터가 언제 태어나고 죽었는지 확실하게 알려진 것은 없다. 그는 오늘의 이란 테헤란 근교인 라게스에서 태어난 것으로 알려져 있다. 그는 어려서부터 세상사, 특히 인간의 존재가 갖는 의미에 대해 고민과 사색을 거듭한 끝에 약관 20세에 속세를 등지고 입산칩거하면서 명상을 하고 금욕생활을 시작하였다. 마침내 30대에 신으로부터 예언자로 점지되어 계시를 받고 설교에 나섰다. 8년 동안 정직·바른 사고·정의·겸손·성취·불멸 등의 속성을 대변하는 여섯 명의 최고 천사(아메셔 스판드)를 만나 교리를 다듬고 전파하는 데 전력했는데, 여의치 않아 실망하고 있을 때 악령이 찾아와 종교를 버리라고 종용했다고 한다. 그러나 그는 이를 분연히 거부하고 동부 지방의 발흐(오늘의 아프가니스탄 영내)로 거처를 옮겼다. 2년간 투옥되는 시련을 이겨내고 끝내 왕을 설복해 그의 보호와 후원을 받았다고 전해진다. 왕은 1만 2천 마리의 소가죽을

교조 조로아스터 초상

무두질하여 햇볕에 말린 후 그 위에 경전 『아베스타』를 쓰도록 명하였다. 그때 만들어졌다는 경전은 전해지지 않는다. 이렇게 유목민과의 '성전(聖戰)'을 수행하다가 조로아스터는 77세의 나이로 생을 마감한다. 석가·공자·소크라테스 등 기라성 같은 현자들이 동서양에서 자웅을 겨루는 시대에 그 완충지인 페르시아에서 태어나 활동한 조로아스터는 단연 그들 반열의 선구자였다. 근 2천 년이나 지난 후에도 철학자 니체는 명저 『차라투스트라는 이렇게 말했다』(4부의 철학적 산문시, 1883~1885)에서 차라투스트라(조로아스터)를 자신의 이상적 분신으로 간주하고, '위버멘쉬'(Übermensch, 초인超人)로 대표되는 그를 대지의 주인이며 인류의 미래를 이끌어갈 지도자로 추앙하였다. 또 니체는 그를 통해 '존재의 수레바퀴는 영원히 돌고 돈다'는 영원회귀설을 터득할 수 있다고 하였다.

조로아스터가 신의 계시를 받은 뒤 각지를 전전하면서 설교한 내용들을 21권의 책으로 묶은 것이 '지식'이라는 뜻을 지닌 경전 『아베스타』다. 그 집성 과정을 살펴보면 조로아스터 생전에 발흐왕의 명에 의해 경전이 만들어졌다는 것은 전설에 불과하다. 실제로는 오랫동안 기록 없이 입으로만 전해져오다가 기원후 3~4세기 사산조 페르시아 시대에 와서 조로아스터교가 국교가 되면서 당시 페르시아에서 쓰이던 팔레비어나 고트어 등 고대어로 집대성되어 21권으로 편찬되었다. 비교적 완벽하게 남아 있는 것은 그나마 한두 권뿐이다. 경전을 통해 설파한 조로아스터교의 교리를 살펴보면, 그 교리에는 유목사회로부터 농경사회로 넘어가는 역사적 시대상이 반영되어 있으며, 그 바탕인 신관(神觀)에는 다신교에서 이신교(二神敎, 선신善神과 악신惡神)를 거쳐 일신교로 승화하는 지향성이 담겨 있다. 조로아스터교를 이원론적 일신교라고 평가하는 이유가 바로 여기에 있다. 이 종교의 핵심은 선과 밝음을 상징하는 선신 아후라 마즈다(Ahura Mazda)와 악과 어둠을 상징하는 악신 아리만(Ahriman) 간의 경쟁과 투쟁을 통해 결국은 선이 악을 이겨 아후라 마즈다가 유일신이 되어 우주를 통괄한다는 것이다. 조로아스터 사후 3천년이 되면 구세주가 나타나는데, 그때 인간은 그의 앞에서 부활해 최후심판을 받는다. 바른 생각과 바른 행동, 바른 말을 한 선인은 천국으로 건너가는 다리를 무사히 통과하나, 그렇지 못한 악인은 다리에서 발을 헛디뎌 지옥으로 떨어진다고 한다. 유대교나 기독교, 이슬람교의 최후심판론이나 부활론, 불교의 응보설(應報說)과 일맥상통하는 내용이다. 최초의 계시종교인 조로아스터교는 영혼과 육체를 분리한다. 영혼은 영원하지만 육체는 일단 죽으면 흉물로 변해 신성한 흙이나 물, 불과 접촉할 수 없다. 그래서 토장(土葬)이나 화장(火葬)은 못하게 되어 있어, 결국 시신은 땅과 분리된 높은 곳에 얹어놓고 새가 뜯어먹게 하는 조장(鳥葬)을 치른다.

조로아스터교는 발상지 페르시아에서 기원전 6세기부터 기원후 7세기 중엽까지 천여 년 동안 성세를 누리다가 이슬람교에 잠식당하는데, 신도 중 일부는 이슬람교로 개종하고 일부는 인도를 비롯한 주변 지역으로 나왔다. 오늘날 전 세계 신도 수는 약 15만 명(이란에 4만 5천 명)밖에 안 되는데, 그중 1만 5천 명 가량이 발원지 야즈드 부근에 남아 있고, 인도 봄베이 지역에 약

10만 명이 모여 살고 있다. 조로아스터교의 영향은 멀리 중국에까지 미쳤다. 수·당대에 페르시아와 왕래와 교류가 활발해지면서 그 물결을 타고 천교(祆敎)라고 일컬은 조로아스터교가 중국에 유입된 것이다. 당시 중국은 교도들을 관리하기 위해 수대(隋代)에는 살보(薩甫), 당대(唐代)에는 살보(薩寶)라는 전담 기구까지 설치하였다. 천사(祆祠)라고 부르는 그들의 사원이 수도 장안을 비롯해 뤄양(洛陽)이나 둔황(敦煌) 등 지방에도 세워져 교세가 널리 퍼졌다. 그러다가 845년 '회창법란(會昌法難)' 때 이른바 '삼이교(三夷敎, 세 오랑캐 종교)'의 하나로 지목되어 제재를 받았다. 그러나 당장 절명(絶命)된 것은 아니고, 원대(元代)까지도 몇군데 천사가 남아 있었다. 한자 문명권에서는 조로아스터교를 '배화교(拜火敎)'라고 부르는데, 이것은 착오다. 이 종교에서 불은 선신의 상징 중 하나로 불을 통해 신의 본성을 깨달을 수 있다고 믿을 뿐, 불 자체를 숭배하는 것은 아니기 때문이다. 따라서 불을 숭배하는 종교인 양 '배화교'로 한역(漢譯)한 것은 분명한 오역이다. 같은 맥락에서 '천교(祆敎)'라는 한역도 조로아스터교를 '화천(火祆)', 즉 '불의 신'을 믿는 종교로 오해한 데서 비롯된 오역이다.

조몬문화 繩文文化, 기원전 12000~기원전 2300년

일본의 선사문화. 조몬(繩文)이란 '줄무늬'란 뜻인데, 이 말은 메이지(明治)유신 이후 일본에 처음 고고학을 전한 미국 동물학자 에드워드 모스(Edward S. Morse)가 오모리(大森) 유적에서 최초로 줄무늬가 있는 토기 그릇을 발굴하여 '조몬식 토기'라고 명명하면서 생겨났다. 조몬문화는 기원전 12000년경부터 약 1만년 동안의 시대에 해당하며, 주로 토기의 발달에 따라 전기(기원전 12000~기원전 4000년경까지), 중기(기원전 4000~3000년경까지), 후기(기원전 3000~2300년경까지) 3시기로 나뉜다. 이 조몬문화 시대는 채집경제 시대로서 조몬인들은 수혈식(竪穴式) 토굴에서 살았다. 출토된 토우(土偶)나 기타 유물에서 보듯 그들은 이미 주술적 습속을 가지고 있었고, 중·후기부터는 발치(拔齒)나 굴장(屈葬) 풍속도 있었다. 조몬식 토기는 500~600도의 저온에서 구워내는 비교적 조악한 토기다. 일반적으로 토기는 농경의 시작과 함께 등장하나 일본 조몬문화는 이런 상례를 깨고 농경문화 없이 토기가 독자적으로 나타난 것이 특징이다. 조몬문화는 주로 동일본과 북일본 지역에 집중되어 있어서 지역적 편중성이 심하다. 이 시대 사람들이 현재 일본인들의 직접적 조상으로 보인다.

『조선 서해안과 류큐도 탐사기』 *Account of a Voyage to the West Coast of Corea and Great Loo-choo-Island*, 일명 『조선 서해 탐사기』, 1818년

해상 실크로드의 문헌적 전거로서의 조선 서해안 탐사기. 1816년 9월 리라(Lyra)호 선장으로 조선 서해안을 탐사하기 위해 온 최초의 서구인인 바실 홀(Basil Hall)은 10일간 조선 서해의 백령도·장항만·고군산열도·신안해협·제주도를 차례로 탐사한 후 일본 류큐(琉球)를 탐사하고

마량진(馬梁鎭) 첨사 조대복의 바실 홀 문정 장면

나서 2년 후에 이 책을 썼다. 총 439쪽 가운데 조선에 관한 부분은 앞 57쪽에 실려 있다. 비록 짤막한 분량이지만 몇가지 주목할 만한 내용을 서술하고 있다. 그는 가는 곳마다 외방인인 그들 일행을 스스럼없이 대해주면서 함께 술 마시고 노래하며 춤추는 조선인들의 선량함과 너그러움에 찬사를 보내고 있다. 바실 홀은 이 책에서 문정(問情)하려고 온 비인(庇仁, 현 충청남도 서천舒川) 현감 이승렬(李升烈)에 대해 "그는 결코 터무니없이 놀라거나 과도한 찬사를 하는 일이 없고, 세계 어느 곳에 갖다놓아도 손색이 없을 만큼 교양과 통찰력을 가지고 있다", "긴 수염을 하고 굉장한 옷을 입고 매력적인 태도를 하니, 그 노대관(老大官)은 우리들에게 강한 인상을 주었다"고 회고하였다. 그는 귀국길에 대서양 상에 있는 세인트 헬레나(Saint Helena)섬에 유배 중인 나폴레옹(부친과 파리 군사학교 동창)을 찾아가 조선을 소개하고 나서 "이 나라는 평화를 사랑하는 민족이어서 이제까지 유서깊은 역사에도 불구하고 남의 나라를 침략해본 적이 없는 선량한 민족"이라고 설명했다고 한다. 그러자 듣고 있던 나폴레옹은 "이 세상에 남의 나라를 쳐들어가보지 않는 민족도 있다더냐? 내가 다시 천하를 통일한 다음에는 반드시 그 조선이라는 나라를 찾아가보리라"는 유언을 남겼다고 한다.

조선술 造船術

중국 역대의 조선술 발달 과정을 전체적으로 살펴보면, 독목주(獨木舟, 선사시대) → 목판선(木板船, 상대) → 범선(帆船, 은대) → 누선(樓船, 춘추전국시대) → 활강법(滑降法, 진대秦代) → 정선(釘船)과 선미타(船尾舵, 한대) → 선거(船渠)와 윤선(輪船, 위진남북조시대) → 오아(五牙, 수대) → 수밀격벽법(水密隔壁法)과 방(舫, 일명 병주并舟, 두 척의 배를 묶은 배, 당대) → 첨저선(尖底船), 중판(中板) 구조, 정부타(正副舵), 여러 돛대와 돛, 파수판(坡水板), 흘수(吃水) 조절(송대) → 평저선(平底船, 원대) → 보선(寶船, 명대)으로 요약할 수 있다.

조선통신사 朝鮮通信使

조선시대에 국왕이 일본 막부(幕府) 장군에게 파견한 공식 외교사절. 15세기 초에 조선과 일본은 서로 사절을 파견하는 외교체제가 이루어졌다. 조선 국왕과 일본 막부 장군은 양국의 최고통치자로서 현안을 해결하기 위한 사절을 서로 파견하기로 합의한 것이다. 이때 조선의 사절을 통신사, 일본의 사절을 일본국왕사(日本國王使)라고 부르기로 하였다. '통신(通信)'은 두 나라가 서로 신의(信義)를 통해 교류한다는 뜻이다. 그러나 초기 조선에서 파견한 사절의 명칭은 '보빙사(報聘使)' '회례사(回禮使)' '회례관(回禮官)' '통신관(通信官)' '경차관(敬差官)' 등 여러 가지가 있었다. 통신사란 명칭이 처음 쓰인 것은 1413년(태종 13년) 박분(朴賁)을 정사(正史)로 한 사절단이었지만, 중도에 정사가 병이 나서 그만 중단되고 말았다. 그후 교토(京都)에 있는 막부까지 다녀온 첫 통신사는 1429년(세종 11년)에 박서생(朴瑞生)을 정사로 파견된 사절단이다.

역대 통신사의 파견은 양국 정세의 변화에 따라 능동적으로 목적을 달리했는데, 임진왜란 이

일본으로 가는 조선통신사 행렬도

전에는 왜구의 소요 등에 대한 금지 요청이 위주였다. 그러나 그 이후에는 강화와 포로의 생환이나 일본 국정의 탐색에 주안점을 두었으며, 1636년(인조 14년)부터는 막부 장군의 즉위를 축하하는 것이 주요 임무였다. 이때부터 통신사 파견 절차는 대체로 정형화되었다. 즉 일본에서 새로운 막부 장군의 습직(襲職)이 결정되면, 조선과 특수한 관계에 있는 쓰시마 도주(對馬島主)는 막부의 명령을 받아 통신사청래차왜(通信使請來差倭)를 조선에 파견한다. 그러면 조선 조정에서는 중앙관리 중 정사·부사·서장관(書狀官)을 임명하여 300~500명으로 구성되는 사절단을 편성한다. 여정은 한양을 출발해 부산까지는 육로로 간 뒤 거기서부터는 쓰시마 도주의 안내를 받아 해로로 쓰시마섬을 거쳐 시모노세키(下關)를 통과해 일본 각 번(藩)의 향응을 받으며 오사카(大阪)의 요도우라(淀浦)에서 상륙한다. 여기서 육로로 조선 전기에는 교토까지, 후기에는 더 멀리 도쿄까지 행차한다. 사절단이 지나가는 객사에서는 시문(詩文)과 학술의 필담창화(筆談唱和)라는 특이한 문화교류 행사가 거행되곤 한다. 막부 장군에게 조선 국왕의 국서를 전달하기까지는 대개 6개월~1년이 걸린다. 사절단은 방문하는 곳마다에 서화나 시문 등 작품을, 일본 측은 또 나름대로 환영 병풍이나 판화 같은 작품을 남겨놓았다. 사절단마다 귀국 후 일본 현지 견문록을 남겼는데, 그것이 『해행총재(海行摠載)』란 견문록 문집으로 엮어져 당시 한·일 두 나라간의 외교와 교류의 실상을 전해주고 있다.

『조씨고아(趙氏孤兒)』 紀天(君)祥 저, 프랑스어 역, 1732년

교류의 문헌적 전거로서의 문학서(희곡). 중국에 체재한 프랑스 선교사 드 프레마르(J. H. M. de Prémare, 마약슬馬若瑟)는 1732년에 기원전 6세기 춘추시대 진(晉)나라의 내부 권력 암투를 다룬 원(元)대의 희곡작품인 『조씨고아(趙氏孤兒)』를 『중국비극 조씨고아(中國悲劇趙氏孤兒)』(*Tchao-chi-cou-euih ou l'orphelin de la maison de Tchao: tragédie Chinoise*)란 제목으로 프랑스어로 번역하였다. 2년 후에 처음으로 파리 「프랑스 시보」(메르퀴르 드 프랑스Mercure de France)에 그 일부가 게재되었으며, 이듬해에 뒤알드(Du Halde)가 『중화제국지(中華帝國志)』를 출간할 때 제3권에 역본 전문을 수록하였다. 이 『중화제국지』의 영역본(1736), 독일어 역본(1747), 러시아어 역본(1774)이 속속 출간됨에 따라 『조씨고아』는 유럽에 널리 알려지게 되었다. 1741년에는 역자가 채 번역하지 못했던 기록의 역문까지 첨가된 영어 완역본이 영국에서 출간되었다. 후에 프랑스 백과전서파(百科全書派)의 볼테르(Voltaire, 1694~1778)가 『중국고아』(*L'orphelin de la Chine*)라는 제목의 극본으로 개작하였는데, 그것이 각색되어 1755년 8월 22일 파리에서 처음으로 상연되었다. 볼테르는 극본에 '공자의 교도(敎導)에 근거하여 개막된 5막극'이라는 부제를 붙이고, 이 극이야말로 "이성과 지혜가 종국적으로 우애와 야만을 제압한다는 사실을 증명하는 극"이라고 서문에서 논평하였다.

조우관 鳥羽冠

새의 깃털(새 깃, 조우鳥羽)을 장식으로 꽂는 관모. 한국의 삼국시대에 유행한 절풍모(折風帽, 고깔형 모자, 일명 변형모弁形帽)를 비롯해 피관(皮冠, 가죽모자)이나 나관(羅冠, 비단모자) 등 관모 좌우에 새 깃을 꽂아 귀천과 신분을 가렸다고 한다. 새 깃에는 신분에 따라 자연산 새 깃(鳥羽式)이나 새 꼬리털(鳥尾式), 금제 깃(金羽式)을 골라 썼다. 남아 있는 유물로 보아 고구려에서 상하를 막론하고 많이 유행하였으며, 신라에서는 주로 상층에서, 그리고 백제나 가야에서도 쓰인 것으로 보인다. 조우 장식 풍습은 수렵시대의 유속(遺俗)으로 북방 유라시아 기마민족 사이에서 오랜 옛날부터 행해져 왔다. 기록에 의하면 중국 조(趙)나라 무령왕(武寧王)이 호복(胡服)을 채용할 때 수꿩(준꿩)의 꼬리털을 관에 장식하고 조정에 나갔다고 한다(漢 高琇 註, 『淮南子 3』卷21). 이것은 흉노도 새 깃을 관모에 장식했음을 말해준다. 이러한 풍습이 한반도에도 삼국시대에 전해졌다. 고구려인들은 저마다 고깔 모양의 절풍(折風)을 썼는데, 사인(士人, 벼슬을 아니 한 선비)들은 새 깃을 두 개 꽂았다고 한다(『北史』「東夷傳」‘高句麗’조). 고구려 무용총(舞踊塚, 4세기 말~5세기 초) 주실 오른쪽 벽의 마상(馬上) 수렵자가 바로 이런 조우관을 쓰고 있다. 특히 중국을 비롯한 중앙아시아의 벽화 유물에는 조우관을 쓰고 있는 삼국시대의 인물상이 여러 곳에서 발견되고 있다. 그 대표적인 실례로 중국 시안(西安)에 있는 장회태자이현묘(章懷太子李賢墓) 벽화의 외국 사절 가운데 신라 사절로 추정되는 인물이 쓰고 있는 조우관과 우즈베키스탄 사마르칸트의 아프라시압 궁전 벽화에 있는 고구려 사절로 짐작되는 두 인물이 착용하고 있는 조우관을 들 수 있다. 그밖에 중국 둔황 막고굴(莫高窟) 벽화 속에서도 이러한 조우관을 쓴 인물을 여럿 찾을 수 있다.

이현묘 벽화의 신라 사절이 쓴 조우관(우측에서 두번째)

종교인들의 교류

정신문명의 교류사에는 종교의 전파(포교)를 위해 동분서주한 종교인들이 수없이 많다. 그들 중 적지 않은 사람들은 포교의 종교적 사명을 띠고 순교도 마다하지 않은 채 종교 교류에 헌신하였다. 중세에 중국에 들어간 기독교 선교사들의 활동 사례에서 보듯, 종교인들은 본연의 포교활동 외에도 여러가지 교류활동을 전개함으로써 물질 및 정신 문명의 교류에 큰 기여를 하였다. 종교인들은 자신들의 포교나 구법 활동 및 행각(여행)에 관해 여러가지 형태의 기록을 남기는 경우가 많아서 그들의 교류활동상을 잘 파악할 수 있다. 정신문명의 교류에 인입된 수많은 종교인들은 크게 동행(東行) 종교인과 서행(西行) 종교인으로 나누어 고찰할 수 있다. 동행 종교인, 즉 포교차 서방에서 동방으로 온 종교인들은 이루 헤아릴 수 없이 많다. 그들은 포교를 비롯한 동서 문명교류에 여러가지 족적을 남겼다. 세계 3대 종교인 불교·기독교·이슬람교가 모두 서방에서 동방을 향해 교세를 확장하였다. 고대 인도에서 발생한 불교는 다분히 동방적인 색채를 띠고 있어 중국을 비롯한 동방인들에게는 그 수용이 비교적 자연스러웠다. 따라서 인도를 비롯한 서역 불승들의 동행 포교는 상대적으로 순조로웠고 신속하게 전개되었다. 그러나 고대 서아시아에서 발생한 기독교는 오랫동안 여러가지 수단과 방법으로 동전(東傳)을 시도하였지만, 워낙 이질성이 짙은 종교라 포교에 우여곡절을 겪다가, 중세 말엽과 근세 초에 이르러 서세동점이란 정치적 배경과 근세적 과학기술의 소유라는 유리한 배경 속에서 대(對) 동방 포교를 공격적으로 전개하였다. 이때 포교사 상 가장 많은 기독교인들의 동방행이 이루어졌다. 이에 비해 중세 초 서아시아에서 출현한 이슬람교는 성직자가 따로 없고 모든 무슬림들이 곧 ‘선교자’(al-Dāi)

라는 종교적 신념에 힘입어 광범위하게 전파되기도 하였지만, 그 과정에서 개별적인 종교인은 별로 부각되지 않았다. 3대 종교 외에 이란과 중앙아시아 일원에서 각각 발생한 조로아스터교(배화교拜火敎)와 마니교(摩尼敎)의 경우에도 포교나 교류에 기여한 종교인들이 더러 있다.

한편 서행 종교인, 즉 포교차 동방에서 서방으로 간 종교인들로는 도축구법(渡竺求法) 승려들이 그 주류를 이루었다. 중국의 경우, 이러한 불승들의 서행(西行)은 주로 서진(西晉)시대부터 송대(宋代) 초기까지 이어졌다. 역대 구법고승전 기록에 의하면, 서행 구법승은 서진 때 3명, 동진(東晉) 때 37명, 유송(劉宋) 때 70명, 북위(北魏)와 북제(北齊)·북주(北周) 때 19명, 수대(隋代) 때는 없었고, 당대(唐代)에는 60명이었다. 따라서 서진부터 당대까지의 서행승은 총 190여 명이나 되었다. 동행 종교인과 서행 종교인들을 통한 교류사에는 몇가지 엄연한 차이점이 보인다. 그것은 우선 교류 내용에 있어서 서로 다른 점이다. 기독교·이슬람교 등은 서방에서 발생해 계속 동전하였지만, 불교는 초기의 짧은 기간을 제외하고는 서전이란 거의 없었다. 아울러 동행 종교인을 통한 교류는 포교를 위주로 하고 그에 부수된 학문이나 기예(技藝)의 전파였으나, 서행 종교인을 통한 교류는 주로 구법(求法) 행위를 통한 종교의 전파였다. 또한 교류 시기가 다르다는 것도 한 차이점이다. 동행 종교인을 통한 교류는 고대부터 중세에 걸쳐 근세 초에 이르기까지 장기간 끊임없이 진행되었으나, 서행 종교인을 통한 교류는 주로 고대 말엽부터 중세 중엽까지 비교적 짧은 기간에 진행되었다. 마지막 차이점은 교류인으로서의 종교인들 간의 차이다. 종교인들의 신봉 종교가 다르다는 것은 당연하지만, 동행 종교인들(특히 기독교인)은 대체로 종교인이면서도 학문이나 기예를 겸비함으로써

정신문명의 교류에서 다각적인 역할을 수행하였다. 이에 비해 서행 종교인들(주로 불교인)은 대개가 순수한 종교인으로, 주로 종교의 전파만을 지향함으로써 정신문명 교류의 역할은 상대적으로 제한적일 수밖에 없었다. 이같은 차이점은 정신문명 교류에 대한 종교인들의 기여도에서 서로 다른 결과를 낳았다.

종교인들의 교류는 종교 자체의 흥망성쇠에 좌우되기도 하지만, 때로는 여러가지 객관적 정세의 영향을 받아 우여곡절을 겪기도 하였다. 그러나 정신문명으로서의 종교가 존재하는 한, 종교인들의 교류는 끊임없이 이어졌다. 이 종교인들은 포교라는 종교적 사명을 띠고 동분서주하여 종교 교류는 물론, 전반적인 동서 문명의 교류에 괄목할 만한 기여를 하였다. 따라서 종교인들의 교류에 관한 연구는 정신문명 교류의 연구에서 중요한 부분을 차지한다.

종방 鐘房

중국 청대(淸代)에 궁내에 설치된 시계 수리 및 제작 전문 부서. 청나라는 서방의 근대적 기계공학에 큰 관심을 보여 초기에 궁중에 근대적 시계를 비롯한 여러가지 기기와 용구를 수리 및 제작하는 부서까지 설치하였다. 중국에 들어온 선교사들은 자명종을 비롯한 갖가지 시계와 기기들을 가지고 와서 유행시켰다. 강희제(康熙帝)의 초청을 받고 1701년에 중국을 방문한 선교사이자 기계공학 학자인 브로카드(Jacobus Brocard)는 1718년 사망할 때까지 궁중에서 전문적으로 시계와 기타 자동기기들을 수리하고 제작하는 일에 종사하였다. 건륭제(乾隆帝) 때(재위 1736~1795)에는 궁내 원명원(圓明園)에 종방(鐘房)을 설치해 시계의 수리와 제작을 전문적으로 관장하였다. 종방의 방장(房長)은 기계공학에 능한 기계사이자 시계 수리사인 프랑

스 선교사 테볼트(Gilles Thébault, 양자신楊自新, 1703~1766, 1738년 내화)를 비롯한 선교사들이 역임하였다. 테볼트는 1738년부터 1766년 사망할 때까지 종방에 봉직하면서 시계 외에 40걸음까지 걷는 자동 사자와 호랑이 등의 완구도 만들었다.

종이 paper

문화의 전승 수단이며 문화 발달의 척도라고 할 수 있는 종이는 주로 문자를 기록하기 위한 재료로, 넓은 의미의 종이와 좁은 의미의 종이 두 가지가 있다. 넓은 의미의 종이는 서사(書寫) 재료 일반을 말한다. 여기에는 서방의 점토판(粘土板)·파피루스·피혁지(皮革紙)와 동방의 타리지(紙)·귀갑수골(龜甲獸骨)·목간(木簡)·죽간(竹簡)·채후지(蔡侯紙) 등이 포함된다. 이에 비해 좁은 의미의 종이는 식물성 셀룰로스(cellulose)를 주원료로 만든 현재의 종이, 즉 채후지를 말한다. 서방에서 고대 문자의 서사 재료로 사용된 것은 점토판·파피루스·양피지(羊皮紙) 등이다. 세계에서 최초로 설형문자(楔形文字)를 발명한 메소포타미아를 중심으로 한 서남아시아 일대에서 줄곧 사용되었다. 그 대표적인 유물은 아시리아의 고도 니네베(Nineveh)에서 발견된 아슈르바니팔(Ashurbanipal) 왕궁문고와 터키의 카파도키아 문서, 히타이트 문서 등이 있다. 고대 이집트에서는 나일강 하류의 델타 지대에서 자생하는 수초(水草)인 파피루스(papyrus)를 이용하여 이른바 '파피루스지(紙)'를 만들어 사용하였다('파피루스'항 참고). 이후 서방에서는 파피루스를 대신해 피혁지가 출현하였다. 피혁지에는 양피지(羊皮紙, parchment)와 독지(犢紙, vellum, 송아지 가죽 종이) 등이 있다. 피혁지는 일찍이 소아시아·페르시아·중앙아시아 일원에서 사용되어왔는데, 독지는 고가이므로 양피지 위주로 사용되었다. 파피루스는 로마제국의 종언과 함께 사라졌지만, 양피지는 13~14세기 중국의 제지술이 서전(西傳)될 때까지 서방에서 서사 재료로 장기간 사용되었다.

서방과는 달리 동방에서 고대 문자의 서사 재료로 사용한 것은 타리지(紙)와 귀갑수골·목간·죽간 등이다. 인도·카슈미르·파키스탄·티베

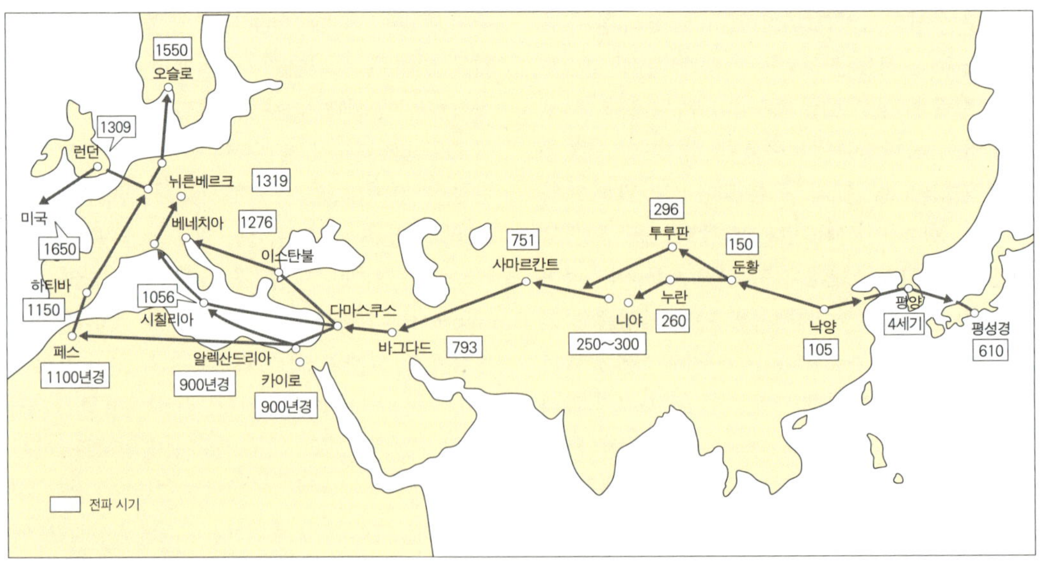

종이의 길과 전파 시기

트·미얀마·스리랑카 등 서남아시아 지역에서는 종려과에 속하는 탈라(tala, tar, 학명 Borassus flabellifer, 다라多羅) 나무의 잎사귀를 종이로 사용하였다. 이 나무 잎사귀를 가로 7~8cm, 세로 50cm 정도 잘라서 그 위에 경전 같은 것을 필사하였다. 통상 글자를 쓴 다음에는 여러 장을 한데 모아 네 귀를 금박으로 칠한 다음, 위아래에 두꺼운 판대를 대고 양판을 묶어 보관한다. 이러한 서사재료를 한적(漢籍)에서는 '패다라엽본(貝多羅葉本)' 혹은 '패엽본(貝葉本)'이라고도 한다. 타클라마칸 사막에서는 기원 전후의 것으로 보이는 패엽본이 다수 출토되었다. 인도에서는 그밖에 히말라야 산록에서 자라는 화수(樺樹, 벚나무, bhurja, Baetula Bhojpatra)의 껍질을 벗겨서 거기에 기름을 바른 후 연마해서 서사 재료로 이용하기도 하였다. 그 유품이 서역에서 출토되었는데, 이른바 바위문서(Bower manuscript)가 그 일종이다. 그밖에 인도에서는 왕의 칙령이나 중요한 계약서 같은 것은 철판이나 동판에 새겨 쓴 경우도 있다.

중국의 경우 은대(殷代, 기원전 1600~1046)에 이르러 갑골문자(甲骨文字)가 생겨나자 글자를 귀갑(龜甲, 거북의 등딱지)이나 짐승뼈에 적었고, 주대(周代)와 춘추시대에는 청동기에 명문(銘文)을 새겼다. 그러다가 문자가 보급되면서 서사 재료는 죽간이나 목간으로 변하였다. 후베이(湖北)성 윈멍(雲夢)현 쉬이후지(睡虎地) 제11호 진묘(秦墓, 1975년 발굴, 1,100여 매의 죽간 발견)를 비롯해 중국 각지에서 진·한대의 죽간(竹簡, 죽간서竹簡書, 죽서竹書)이 다수 출토되었다. 죽간은 대나무를 적당한 길이로 잘라서 쪼갠 다음 불에 달구어 청색을 없앤 후, 거기에 글자를 쓴 것이다. 그러나 화북(華北)이나 새외(塞外) 지역에는 대나무가 없기 때문에 일반 목간(木簡, 글자를 써넣은 나무 조각, 일명 서계書契, 혹

은 목독木牘)을 사용하였다. 죽간이나 목간은 여러 조각을 묶어서 책(冊)으로 엮는다. 그밖에 비단천에 글자를 쓴 백서(帛書)가 있다. 죽간이나 목간은 부피가 크고 무거울 뿐만 아니라, 많은 글자를 써넣을 수 없으며, 백서는 값이 비싸다는 단점이 있다. 이에 발명된 서사 재료가 바로 채후지(蔡侯紙)다. 『후한서(後漢書)』 열전 제68권, 「채륜전(蔡倫傳)」에는 원흥(元興) 원년(기원전 105)에 후한의 채륜(蔡倫)이 수부(樹膚)나 마두(麻頭, 삼베자락)·폐포(蔽布, 해진 천)·어망(魚網, 고기그물) 등을 원료로 하여 이른바 채후지를 만들었다고 기술하고 있다. 이를 근거삼아 채륜이 종이의 발명가라고 알려졌는데, 사실은 그가 단지 오늘날 쓰이고 있는 식물성 셀룰로스를 주원료로 하는 종이를 발명했을 뿐이다. 그 이전에도 종이는 만들어졌으며, 이 사실을 여러 서적은 전하고 있다. 채륜과 동시대인인 허신(許愼)은 『설문해자(說文解字)』(100~121년 기간에 편찬된 목간 고서)에서 이미 서(絮, 솜)를 다듬어서 종이를 만들었다고 한다. 제지술에서 채륜은 흔한 식물성 섬유를 원료로 종이를 양산했으며 이를 통해 문명의 발달에 크게 기여하였다고 할 수 있다.

종이의 교류 넓은 의미에서 종이의 교류는 채후지 이전에 사용된 각종 서사 재료의 교류에서 시작된다. 점토판은 메소포타미아에서 창안되었으나, 이집트의 아마르나(Amarna) 문서 유품에서 알 수 있듯이 이집트에까지 전해졌다. 그런가 하면 이집트의 파피루스는 페니키아인들에 의해 기원전 7세기경부터 그리스로, 기원전 3세기경부터는 로마로 수출되었다. 파피루스가 가장 많이 쓰인 시기는 로마가 이집트를 통치한 기원후 1~4세기다. 이때 이집트에서는 그레코로만 문화가 전성기를 맞아 호메로스·데모스테네스·아리스토텔레스·플라톤 같은 거장들의 작품이

널리 읽히면서 종이(파피루스)에 대한 수요가 급증하였다. 그러다가 4세기 이후부터 파피루스는 점차 사양길에 접어든다. 기독교가 공인되면서 많은 성서를 필사해내야 하는데, 파피루스 두루마리 같은 서사 재료로는 도저히 그러한 수요를 충족시킬 수 없었기 때문이다. 한편 피혁지 제조술이 발달하면서 피혁지가 좀더 효율적인 새로운 서사 재료로 부상하자 파피루스는 점차 인기를 잃게 되었다. 채후지 이전에 출현한 서사 재료의 교류는 주로 교역적 성격을 띠고 국지적으로 진행되었다. 그러나 채후지가 발명된 이후, 그 교류는 교역과 더불어 제지술의 발달이란 물결을 타고 동·서방 곳곳으로 급속하게 확산되어 갔다. 동으로는 한반도를 거쳐 일본에 전해졌으며, 베트남을 비롯한 동남아 일대에도 알려졌다. 서역과 유럽으로의 서전은 동전보다 더 광범위하게 진행되었다. 선행한 여러가지 서사 재료에 비해 대량 생산이 가능하고 쓰기에도 편리한 식물성 섬유질로 된 채후지는 출현하자마자 높은 인기 속에 동서남북 방방곡곡으로 퍼져나갔다. 우선 중국의 주변 지역으로 전파가 시작되어 차츰 먼 지역으로 확산되었다.

종이의 동전 역대로 중국은 인근 국가들과 긴밀한 문화적 유대를 이루어왔다. 특히 동쪽의 한국이나 일본, 남쪽의 베트남 등의 나라들과는 동질의 공동문명권(한자문명권 혹은 유교문명권)을 형성해 상호보완적 교류를 끊임없이 진행해왔다. 이렇듯 일찍부터 중국의 종이가 문화적 유대와 교류의 한 고리로 이 지역에 전파되어 각국의 문화 창달에 기여하였다. 그 진두에는 한반도가 있었다. 한반도에서 언제부터 종이가 사용되었는지, 또 그것이 전래된 것인지 아니면 자생한 것인지는 아직 뚜렷이 밝혀지지 않고 있는데, 대체로 중국에서 받아들여 양질의 종이를 일찍부터 만들어냈다는 것이 학계의 중론이다. 중국으로부터의 종이 수입 시기에 관해서는 의견이 분분하다. 그 내용을 종합하면, 대체로 '한사군 시기설'과 '불교 전입 시기설'로 나누어진다. '한사군 시기설'은 중국과 한반도 사이에 직접적 관계가 형성된 기원 전후의 한사군(漢四郡) 시대에 중국 종이가 자연스럽게 유입되었을 것이라는 주장으로, 그 시기는 늦어도 3세기 이전이라는 것이다. 이에 비해 '불교 전입 시기설'은 4세기 중엽, 고구려에 불교가 처음 들어온 시기를 기점으로 삼는 주장인데, 태학(太學)을 세우고 불경을 보급하려면 종이 인쇄물이 필요했을 것이라는 데 그 논거를 두고 있다. 이 설의 한 전거로 백제의 왕인(王仁) 박사가 종이에 쓰인 논어와 천자문을 일본에 전한 사실(4세기 중엽)을 들고 있다. 그렇다면 그 시기는 중국 진대(晉代)와 남북조시대 사이의 4~5세기가 될 것이라고 짐작할 수 있다. 여러모로 보아 후자에 더 신빙성이 있어 보인다. 한사군 시기에 영성적(零星的)인 유입은 있었을 수 있지만, 종이가 본격적으로 등장하기 시작한 것은 불교의 유입으로 인해 서사 재료로서의 종이가 절실히 필요했을 때부터라고 보는 것이 타당하다.

한반도에서 일찍부터 종이가 사용되었다는 사실은 여러 점의 유물에서 여실히 입증되었다. 지금까지 발견된 종이 중 제일 오래된 것은 682년에 지은 감은사(感恩寺)의 『범한다라니경(梵漢陀羅尼經)』 필사지(국립경주박물관 소장)다.

북한에서도 평양 모란봉 동쪽 청암동에서 '고르고 치밀하게 엉켜져 있는' 삼섬유로 만든 고구려시대의 '마지(麻紙)'가 발견된 바 있다. 또한 세계에서도 가장 오래된 목판인쇄물로 1966년 불국사 석가탑에서 발견된 『무구정광대다라니경(無垢淨光大陀羅尼經)』(8세기 전반 추정, 연기법사緣起法師가 부모를 위한 발원문을 백지에 먹으로 쓴 사경寫經, 국보 126호, 국립중앙박물관 소장)과 754년 전남 구례의 화엄사 창건자인 연기조사(緣起祖師)가 쓴 최고(最古)의 사경(寫經)인 『신라백지묵서대방광불화엄경(新羅白紙墨書大方廣佛華嚴經)』(국보 196호, 호암미술관 소장)에 쓰인 종이도 오래된 값진 유물이다. 일본이 자랑하는 『백만탑다라니경(百萬塔陀羅尼經)』은 770년경에 간행된 것으로, 전술한 신라의 다라니경보다 20여년 후에 나온 것이다. 한반도의 종이는 저(楮, 닥나무) 등 양질의 원료를 써서 높은 기술로 만들었기 때문에 품질이 뛰어나 국제적으로도 인기가 높았다. 신라의 계림지(鷄林紙)나 고려의 백추지(白硾紙)·면견지(綿繭紙)는 당나라나 송나라에 대한 조공품에서 필수 항목이었다. 명나라 화가 동기창(董其昌)은 조선의 종이는 두텁고 질기며 희고 매끈해서 서예와 회화에 아주 적격이라고 극찬을 아끼지 않았다. 이러한 우수한 제지술은 곧바로 인쇄술의 발달로 이어졌다. 한반도가 세계 인쇄문화사에서 특별한 기여를 한 것은 "세상에서 가장 일찍이 목판인쇄를 하였고, 가장 오래된 인쇄품을 보유하고 있으며, 유럽보다도 200년 앞서 금속활자를 사용하였기 때문이다"라고 중국의 제지술 연구가인 첸춘쉰(錢存訓)은 평가하였다. 종이의 동전은 한반도를 거쳐 일본으로 이어졌다. 그 시기에 관해서도 의견이 분분하지만, 일반적으로 고구려 승려 담징(曇徵)이 610년에 먹, 맷돌과 함께 종이를 일본에 전했다고 하는 것이 지금까지의 통설이다. 그러나 그에 앞서 백제의 왕인(王仁) 박사가 전술한 책들을 일본에 전한 것을 종이의 첫 유입으로 볼 수 있다는 견해도 있다. 그런가 하면 5세기 중엽에 도일 중국인이나 한국인에 의해 전파되었을 개연성을 제기하는 학자도 있다. 이상의 몇 가지 전래설을 절충해보면, 종이의 일본 전파 시기는 5세기로 잡는 것이 무난할 것 같다.

지금까지 일본에 남아 있는 유물 가운데 가장 오래된 종이 필사본은 609~616년에 쇼토쿠 태자(聖德太子)가 지은 것으로 알려진 『법화경의소(法華經義疏)』이며, 가장 오래된 종이 유물은 701년 지방호적을 정리할 때 쓰던 문서 조각(쇼소인正倉院 소장)이다. 이때 전국적으로 실시된 호적 정리를 위해 중앙이든 지방이든 다량의 종이가 필요했던 것이다. 이와 더불어 당시 조정에서 불경을 한번 필사하는 데 종이 10만 장을 소모했다고 하니, 종이의 수요가 급증할 수밖에 없었다. 수도를 교토(京都)로 옮긴 후인 806~810년 종이의 생산과 배분을 관리하는 '지옥원(紙屋院)'을 설치해 조정에서 필요한 종이를 공급했다고 한다. 일본 최고의 사경본(寫經本)이라고 하는 『백만탑다라니경』(770)이 간행된 것도 이때였다. 류큐(琉球, 현 오키나와沖繩)에 종이가 전해진 것은 일본의 경우보다 훨씬 뒤의 일로 짐작된다. 14세기 류큐가 중국의 속국이 되면서 두 지역간에 문화교류가 시작되었다. 특히 명 태조(太祖) 때인 14세기 말엽에 이르러 명조는 내조(來朝) 사절단을 위해 봉사할 36가구의 푸젠(福建) 어민과 공장(工匠)들을 류큐에 파송했는데, 그들은 현지에 정착하면서 중국 문물을 수용하는 데 앞장섰다. 한편, 류큐가 원조(元朝)에 보낸 외교문서가 모두 목독(木牘)에 씌어졌던 점을 감안할 때, 종이의 류큐 유입 시기는 14~15세기로 봐야 할 것이다. 18세기에 파견된 중국 청나라 사절단의 기록에 의하면, 류큐에서는 저피(楮皮, 닥나무 껍질)로 만든 호수지(護壽紙)와 위병지(圍屛紙)·자하지(紫霞紙) 같은 종이를 쓰고 있었다고 한다.

같은 한자문명권에 속했던 베트남으로의 종이의 전파도 일찍부터 이루어졌는데, 그 증거는 비교적 명확하다. 베트남은 기원전 2세기부터 기원후 10세기까지 천여년 동안 중국의 직접적 통치하에 있었으며, 독립 이후에도 중국과의 밀접한 문화적 유대를 유지하였다. 문자도 줄곧 한자를 사용해오다가 14세기에 이르러서야 한자를 변용한 '남자(喃字)'라는 자기 문자를 창제하였으며, 19세기 말에 와서는 라틴 문자로 음사하는 이른바 '국어(國語)'를 채택하였다. 한적의 기록에 근거하면, 베트남에서는 3세기경에 종이가 만들어졌다는 것이 학계의 보편적 견해다. 『남방초목상(南方草木狀)』(권2)에는 "284년에 3만 번(番, '여러 차례'란 뜻)이나 '밀향지(蜜香紙)'가 대진(大秦, 로마)에서 중국으로 운반되었다"는 기록이 보인다. 이 밀향지는 베트남 특산의 침향(沈香)나무 껍질로 만든 종이로, 로마의 동방 원거리 무역에 종사하던 이집트의 알렉산드리아(당시는 로마의 영역) 상인들에 의해 운반되었을 것으로 짐작된다. "265년부터 290년 사이에 남부 베트남에서 중국에 측리지(側理紙)란 종이를 만 번이나 헌상했다"는 기록도 있다. 이러한 기록들로 미루어, 베트남에서는 3세기경에 이미 종이를 만들어냈다고 추정할 수 있다. 그렇다면 베트남은 가장 일찍 중국의 제지술을 받아들여 나름의 종이를 만들어낸 나라가 된다.

종이의 신장(新疆) 전파 중국의 종이는 중앙아시아를 거쳐 멀리 아랍-이슬람세계와 유럽에까지 전파되었다. 이 서방 전파의 관문이자 길목은 파미르 고원 동쪽 지역, 즉 오늘날의 신장(新疆) 지역이다. 종이의 서전(西傳) 전(全) 과정에서 보면, 신장으로의 전파는 그 첫 단계라고 말할 수 있다. 아직 사료가 불충분해 포괄적인 정리는 어렵지만, 그동안 여러 곳에서 발견된 유물에 근거하면 종이의 신장 전파는 그 윤곽이 대략 드러난다. 지금까지 신장에서 발견된 종이 유물은 위·진·남북조에서 수·당대에 이르는 여러 시대에 걸쳐 만들어진 것들이다. 그중 관방이나 개인 문서·계약서·전적(典籍) 필사본 따위가 가장 많으며, 불경 사본은 비교적 적다. 이러한 문서들은

당시 신장 내에서 통용되던 한자나 돌궐문·티베트문·서하문(西夏文)·고(古)회골문(回鶻文)뿐만 아니라, 중앙아시아나 서아시아에서 쓰이던 소그드문이나 토하라문·산스크리트어문, 심지어 시리아문이나 그리스문 등 다양한 문자로 씌어 있다. 대부분은 손으로 옮겨 쓴 필사본이자만, 더러는 인쇄본도 있다.

1900년 3월 제2차 중앙아시아 탐험(1899~1902)에 나선 스웨덴의 헤딘(S. A. Hedin)은 우연히 누란(樓蘭) 왕국의 고도 그롤라이나(Grolaina)를 발견한 다음, 그 이듬해에 이곳을 다시 발굴 조사하다가 3세기경의 목간과 종이 문서를 다량 수집하였다. 이어 영국의 스타인(A. Stein)도 제2차(1906~1908)와 제3차(1913~1916) 중앙아시아 탐험 중 타림 분지 여러 곳에서 종이 고문서를 적잖게 발견하였다. 그중 호탄(화기和闐)에서는 한문과 티베트문·산스크리트어문·고(古)쿠처문 등 여러 언어로 씌어진 8세기경의 문서를 발견하였다. 일본 오타니(大谷) 탐험대의 다치바나(橘瑞超)도 1909년 누란 부근에서 이른바 '이백문서(李柏文書)'를 찾아냈다. 그후 1930년에는 헤딘이 조직한 서북과학조사단이 카라호토(Karakhoto) 지방에서 무려 1만 점에 달하는 '거연한간(居延漢簡, 한대의 목간)'을 발견하였다. 2차 세계대전 후 중국 고고학자들도 둔황 부근과 카라호토·누란·고창(高昌) 등지에서 많은 고문서를 수집하였다.

이상의 고문서와 목간은 대체로 3세기 이후 당대까지의 시기에 중원으로부터 전해진 서사 재료들이다. 3세기경으로 추정되는 누란 유적에서 목간과 종이가 출토된 사실은 당시 신장 지역이 목간에서 종이로 전환되는 과정을 밟고 있음을 시사해준다. 물론 이러한 문서나 문서용 종이는 중원에서 가져간 것도 있지만, 어떤 것은 신장 현지에서 직접 만든 것임이 밝혀졌다. 1972

년 투루판에서 발견된 620년의 한 종이문서에는 '지사외현노(紙師隗顯奴)', 즉 '종이 공장(工匠) 외현노'라는 제지공의 이름과 함께 고창 행정관들의 이름이 명기되어 있다. 또 다른 한 종이 문서에는 죄인들을 종이 공방에 보내 노동을 시킨 내용이 기재되어 있다. 중국 고고학자들과 과학자들은 근래에 발견된 수십 건의 종이문서를 분석한 결과 늦어도 5세기 초까지는 신장 현지에서 종이가 만들어졌다는 결론을 얻었다.

종이의 중앙아시아 전파와 사마르칸트지 양피지나 파피루스를 쓰고 있던 아랍-이슬람제국에 중국의 종이가 전파되고 이어서 유럽까지 전해지게 된 계기는 751년 7월 고선지(高仙芝)가 이끈 제5차 서역 원정, 즉 석국(石國) 원정이다. 이 원정은 탈라스 전쟁으로 마무리되었다. 전쟁에서 패해 포로가 된 2만 명의 당군 가운데는 화가 번숙(樊淑)과 직락인(織絡人, 직조공) 여례(呂禮)를 비롯한 많은 공장(工匠)들이 있었는데, 그중에는 제지 기술자들도 포함되어 있었다. 이들 기술자들에 의해 서역에서는 처음으로 강국(康國)의 수도 사마르칸트(Samarkand)에 제지소가 생겨났으며, '사마르칸트지'란 이름의 종이가 만들어졌다. 사마르칸트지의 제작과 종이의 전파에 관해서는 중세 아랍과 페르시아 학자들의 기록에 의해 입증되고 있다. 그들이 남긴 관련 기록은 다음과 같다.

① 아랍 사학자 아부 오스만 알 자히즈(Abū Othmān al-Jāhiz): '카기드'(kāghid, 종이)는 중국어에서 유래한 외국어로서 페르시아어를 통해 아랍어화된 말이다. 이슬람시대 초기에는 이런 종이가 동방에 알려지지 않아 이집트 파피루스로 만든 종이(qirtās)나 거북 등에 글자를 썼다. 이슬람세계에 처음으로 등장한 종이는 히즈라력(이슬람력) 134년(서력 751) 아틀라흐(Atlakh) 전투(탈라스 전쟁)에서 지야드 이븐 살리흐(Ziyād Ibn Sālih) 장군에게 사로잡힌 포로들이 사마르칸트에서 만든 것이다. 그들은 본국에서 하던 방식대로 아마(亞麻, kattan)와 대마(大麻, qanb)를 걸러 종이를 만들었으며, 사람들이 이를 모방하면서부터 이슬람제국 여러 곳에서 양산되었고, 그것이 다시 유럽으로 유입되어 명성을 얻었다. 아부 만수르 이스마일 앗 사알리비(Abū Mansūr Ismāil al-Tha'libi)는 다음과 같이 언급하였다. "사마르칸트 종이는 그곳의 특산물로 선조들이 필기에 사용하던 이집트 종이와 가죽을 대체하였는데, 그 이유는 사마르칸트 종이가 더 매끈하고 질이 좋으며 더 부드러웠기 때문이다. 사마르칸트 종이는 사마르칸트와 중국에서만 만들어지다가 생산량이 계속 늘어나 사마르칸트 사람들의 교역품이 되었다. 이 소식과 그 유용함이 멀리에 있는 모든 나라들에 알려졌다." 그리고 알 마끄리지(al-Maqrizi)는 그의 저서 『알 키타트』(al-Khitāt, 종이)에서 "자파르 알 바르마크(Ja'far al-Barmak)가 궁전의 필기물을 이집트 종이 대신 사마르칸트 종이로 대체한 최초의 인물이다"라고 언급하였다. 이슬람세계에서 옛날부터 만들어온 가장 널리 알려진 종이의 종류는 당시까지 사용되던 이집트의 파피루스를 본떠 만든 이집트지(Kāghid Farauni, 파라오 종이)와 압바스조 5대 칼리파 하룬 알 라시드(Harūn al-Rashīd, 재위 786~809) 시대에 호라산(Khurasān) 지방의 재정총감이던 술라이만 이븐 라시드(Sulaimān Ibn Rashīd)의 이름에서 유래된 술라이만지(Kāghid Sulaimān), 압바스조의 재상 자파르 알 바르마크의 이름을 딴 자파르지, 타히르(Tāhir)조의 제2인자인 탈르하 이븐 타히르(Talhah Ibn Tāhir)의 이름에서 유래된 탈르히지, 사산조 누흐(Nūh) 1세의 이름에서 유래된 누흐지 등이 있으며, 그외에도 여러가지 종이가 있었다. 아랍 세계 곳곳에는 제지소가 있

었는데, 대표적인 것들이 이라크·예멘·페르시아·샴(시리아 지방)·이집트·마그레브 지역(특히 까이르완al-Qairwān, 현 튀니지)과 마흐디야(al-Mahdiyah, 미상), 안달루스(al-Andalus, 현 스페인)의 하티바(Xativa)를 비롯한 여러 곳에 있었다.

② 페르시아 출신의 사학자이자 시인인 아부 만수르 이스마일 앗 사알리비(Abū Mansūr Ismāil al-Tha'libi): 사마르칸트지는 이집트의 종이(qirtās)와 선조들이 필기할 때 사용하던 가죽을 무용지물로 만든 사마르칸트의 특산물로서 한층 매끈하고 질이 좋으며 더 부드러웠다. 이런 종이는 사마르칸트와 중국에서만 제조되었다.

③ 아랍 철학자인 알 까즈위니(Zakariyā Ibn Mohammad al-Qazwīni): 이븐 쿠르다지바의 『제도로 및 제왕국지』에 따르면, 사마르칸트 종이는 전장(戰場, 탈라스 전쟁)에서 붙잡힌 중국 포로들에 의해 전래되었다고 한다. 그들 중에는 제지술을 아는 공장(工匠)이 있었는데, 그들이 제지소를 차려 종이를 생산하면서 사마르칸트의 제지업은 비로소 시작되었다. 후일 제지업이 날로 흥성해짐에 따라 종이가 사마르칸트의 수출품으로 되었으며, 이른바 '사마르칸트지'가 각지에서 판매되기에 이르렀다.

④ 독일의 무스타쉬리끄(Mustashriq, 아랍학 연구가)인 카라바세크(J. Karabacek, 喀拉巴塞客)는 아랍 학자들의 종이 관련 기술(記述)을 인용해 다음과 같이 언급하고 있다. "사마르칸트에 면지(綿紙)라고 하는 일종의 특산물이 있었다. 이 면지가 유행한 후부터는 이집트에서 풀로 만든 종이가 점차 밀려났으며, 또한 일상적으로 사용하던 양피지(parchment)도 모두 폐기되었다. 이 면지는 파피루스나 양피지에 비해 미관상 좋을 뿐만 아니라 사용하기에도 편리하였다. 이븐 쿠르다지바(Ibn Khurdādhibah)의 『제도로 및 제왕국지』(Kitabu'l Masalik wa'l Mamalik)에 따르면, 제지술이 중국으로부터 사마르칸트에 전래된 것은 아랍인들이 전쟁(탈라스 전쟁)에서 붙잡은 중국 포로들에 의한 것이었는데, 이들을 생포한 자는 당시 동방 사마르칸트 주재 진장(鎭將)이던 지야드 이븐 살리흐였다. 살리흐 장군은 중국군을 물리친 후 많은 포로들을 사마르칸트에 보냈는데, 그들 중에는 면지 제지공들이 끼어 있었다. 그들은 앞을 다투어 공장을 짓고 종이를 사용하며 널리 보급하였다. 이후 사마르칸트의 제지업은 점차 발달하여 그 명성이 높아졌으며, 여기서 생산되는 종이는 현지 수요를 충족시켰을 뿐만 아니라, 각지에 판매되어 사마르칸트의 대외무역 수출품이 되었다. 이러한 제지업의 성행으로 인해 필사가 편리해졌을 뿐만 아니라, 그로 인한 복지는 모든 사람들의 수혜로 되었다. 프랑스의 동양학자 샤반(E. Chavannes)도 본래 제지업은 중국인들이 독점하였으나, 탈라스 전쟁에서 포로가 된 중국 제지 기술자들이 사마르칸트에 모여들어 제지업을 일으킨 다음 그것이 점차 이슬람세계에 전파되었다고 하였다."

이상의 문헌기록과 사료들의 내용을 종합해 보면, 중세 이슬람 문명의 중심지의 하나였던 사마르칸트는 수원이 넉넉하고 수리관개가 발달한 오아시스 도시로서, 종이 원료인 아마나 대마의 재배 적지였다. 이곳에 진출한 아랍인들은 751년 탈라스 전쟁에서 생포한 중국인 제지 기술자들을 활용해 처음으로 제지공장을 세워 질 좋은 종이를 만들어내기 시작하였는데, 얼마 안 가서 제지업의 중심지가 되고, 종이가 주요 교역품이 되었다. 당시 외지인들은 이곳에서 생산되는 종이를 산지명을 따서 '사마르칸트지'라 부르며 선호하였다. 이러한 사마르칸트지의 수출과 더불어 제지술이 점차 이슬람세계 각지에 전파되었으며, 급기야 이슬람세계와 밀접한 유럽에까지 전수되었다.

종이의 아랍-이슬람세계 전파 아랍어에서 종이를 뜻하는 'kāghid'나 경전 『코란』(7세기 중반에 편찬)에 나오는 종이를 뜻하는 'qirtās'는 중국어에서 유래하였다고 한다. 이것은 아랍인들이 일찍부터 중국 종이를 알고 있었거나, 아니면 수입해 쓰고 있었음을 시사한다. 3세기경 중국 종이가 누란(樓蘭)을 비롯한 신장 지역 일대에서 쓰이고 있을 무렵, 페르시아나 소그드 상인들을 통해 그것이 이라크에 유입되었을 것이라는 주장도 있다. 당시는 이라크나 이집트 등 지중해 연안 나라들이나 페르시아, 소그드 등 중앙아시아 나라들은 아직 파피루스나 양피지를 서사 재료로 쓰고 있을 때여서 중국 종이가 선망의 대상이 되었으리라는 것은 충분히 짐작할 수 있다. 그러나 자체로 중국식 섬유질 종이를 만들어낸 것은 8세기 중엽부터다. 아랍-이슬람세계의 주요 제지 중심지와 생산 상황은 다음과 같다.

① 바그다드: 압바스조 이슬람제국의 수도(762~1258)로 중세 이슬람세계의 문화와 과학의 심장이기도 하였다. 전성기에 인구가 무려 200만명에 달하였으며, 시내에는 마스지드(사원)·궁전·마드라사(신학교)·상가 등이 즐비해 문자 그대로 중세 이슬람 문화의 진열장이었다. 탈라스 전쟁에서 포로가 된 일부 중국인 제지 기술자들과 사마르칸트에서 제지술을 익힌 아랍인들이 이곳에 와서 제지술을 전파함으로써 바그다드는 아랍-이슬람세계에서 사마르칸트에 이어 두번째의 제지 중심지가 되었다. 칼리파 하룬 알 라시드는 794년부터 2년간 바그다드를 확충 재건하면서 호라산 총독 바르마키드(Barmakid al-Fadl Ibn Yahyā)의 지원하에 중국과 사마르칸트뿐 아니라, 기타 아랍 지역으로부터도 우수한 제지 기술자들을 징집해 관영 제지 공장을 세웠다. 이 공장에서는 질 좋은 '바그다

드지'를 생산하였다. 그러자 호라산 총독 바르마키드의 동생이자 재상인 자파르(Ja'far)는 일체의 정부 공문을 종이로 대체할 것을 명하였다. 제7대 칼리파 마어문(Ma'mūn) 시대(813~833)인 830년에는 바그다드에 그리스·로마의 고전 번역을 전담하는 이른바 '지혜의 집'(Baitu'l Hikmah)을 개설, 번역 사업을 대대적으로 전개해 종이에 대한 수요가 급증하였으며, 이를 계기로 제지술도 크게 개선되었다.

② 다마스쿠스: 우마이야조 아랍제국(661~750)의 수도였던 다마스쿠스는 탈라스 전쟁 직후까지만 해도 이슬람세계의 중추로서 대외교류가 활발하였다. 이곳에는 우수한 예능인들이 집중되어 있었다. 이들이 동방으로부터 제지술을 쉽게 받아들여 얼마 지나지 않아 9세기 전반에는 종이 공장이 세워지고, 제지업의 한 중심지로 변모하였다. 특히 다마스쿠스는 유럽과의 교통 요지에 위치해 현지에서 생산되는 종이가 유럽으로 다량 수출되었다. 유럽인들은 이곳에서 생산되는 종이를 '다마스쿠스지'(Charta Damascena)라고 부르면서 선호하였다. 시리아에는 다마스쿠스 말고도 유프라테스강 유역에 자리한 밤빈(Bambyn)이란 유명한 종이 생산도시가 있었다.

③ 카이로: 이집트는 641년에 아랍인들에게 정복된 이래 줄곧 우마이야조 아랍제국과 압바스조 이슬람제국의 한 지방주(地方州)로 예속되어 있었다. 그러다가 969년에 분립된 파티마조(969~1170)는 카이로를 수도로 삼고(793) 본격적인 왕국 건설에 진입하였다. 얼마 지나지 않아 카이로는 아랍-이슬람세계의 3대 문화 중심지(바그다드·코르도바·카이로)의 하나로 급성장해 각종 공예가 번성하였다. 중국 종이가 사마르칸트와 바그다드, 다마스쿠스를 거쳐 카이로에 전래되기 전까지 이집트인들은 파피루스를 줄

곧 사용해왔다. 그러다가 질 좋고 사용이 편리한 마지(麻紙)가 유입되자 거칠고 무거운 초지(草紙)인 파피루스는 자연히 도태되었다. 1884년 카라바세크(J. Karabacek)는 오스트리아 빈 도서관에 소장된 약 4만 건의 중세 이집트 공문서의 지질을 감정해 935년(이슬람력 323년) 이후의 공문서는 모두 마지를 사용하였음을 밝혀냈다. 이는 이때를 기점으로 전래의 초지 대신 새로운 종이(마지)가 생산되기 시작하였음을 말해준다.

④ 페스: 현 모로코 왕국의 고도로 아프리카 서북단에 위치해 있다. 793년에 축성된 페스는 줄곧 마그립(al-Maghrib, 마그레브, '서방 아랍'이란 뜻)의 이슬람 문화 중심지로 큰 역할을 수행해왔다. 이슬람 서정군(西征軍)의 마그립 정복에 따른 이슬람 문화의 서점(西漸)과 더불어 마슈리끄(al-Mashriq, '동방 아랍'이란 뜻)의 종이가 이곳에 알려진 것은 9세기 초며, 종이 공장이 나타난 것은 1100년경이다. 이슬람 학문이 빠르게 발전하면서 종이에 대한 수요도 그만큼 급증하였고, 이것은 필연적으로 제지술의 발달을 촉발하였다. 1202년 이 도시에서 무려 472개소의 수차(水車)가 제지업에 전용되었다는 기록만으로도 당시 이곳 제지업의 성황을 가히 짐작할 수 있다. 지정학적으로 아프리카와 유럽을 연결하는 요로에 위치한 페스는 15세기 이전까지만 해도 최대 규모의 제지도시로 유럽에 다량의 종이를 공급하였다. 그러한 명맥이 이어져 19세기 말엽까지도 종이는 페스의 주요한 대외수출품 중 하나였다.

종이가 아랍-이슬람세계에 전파된 루트로는 사마르칸트를 비롯해 중앙아시아를 경유하는 오아시스로뿐만 아니라, 남방 해로도 이용되었다. 진대(晉代) 초부터 수·당대에 이르기까지 중국 동남해 연안에서는 밀향지(蜜香紙, 일명 향피지香皮紙)나 측리지(側理紙, 일명 태지苔紙) 같은 섬유질 종이가 만들어졌으며, 그것이 해외로 수출되기까지 하였다. 진대(晉代) 때는 남방 해로를 통해 내조한 이집트 사절이나 상인들에게 광둥(廣東)산 밀향지를 선물로 주었다. 10세기 아랍 사학자 알 이스타크리(al-Istakhri)의 기록에 의하면 종이는 시라프(Shirāf, 페르시아만 북안의 중요 국제무역항)의 주요한 수입품 중 하나였다. 이것은 해로를 통한 종이의 서전(西傳) 상을 반영하고 있다.

종이의 유럽 전파 아랍-이슬람세계에서 제지업이 광범위하게 발달함에 따라 이 세계와 밀접한 관계에 있는 유럽에서도 12세기 중엽부터 아랍인들에게서 제지술을 전수받아 제지업이 성행하기 시작하였다. 제지술이 아랍에서 유럽으로 전파된 루트는 크게 세 갈래였다. 첫째는 시리아의 다마스쿠스에서 바다로 이집트의 알렉산드리아나 지중해의 시칠리아를 거쳐 아프리카 서북단의 페스로 이어진 후, 거기에서 지브롤터 해협을 건너 안달루스(현 스페인)에 상륙한 다음 육로를 통해 프랑스 각지로 뻗어나간 길이다. 둘째 루트는 다마스쿠스에서 터키의 이스탄불에 이른 후, 거기서부터 육로로 발칸 반도를 지나 이탈리아의 베네치아에 도착하는 길이다, 셋째는 다마스쿠스나 알렉산드리아로부터 바다로 시칠리아를 거쳐 이탈리아나 마르세유에 상륙해 프랑스로 들어가는 길인데, 여기서 다시 유럽 내륙 각지로 이어진다. 이러한 세 루트를 통해 아랍산 종이와 더불어 제지술이 유럽에 전해지자, 새로운 서사 재료에 목말라하던 유럽 나라들은 앞을 다투어 제지공장을 세워 종이를 생산하기 시작하였다. 그러나 종이의 입수와 제지업의 개시 및 발달 과정에 관한 논의는 아직 여러 이론의 여지가 남아 있다. 우선 시리아를 본거지로 했던 우마이야조가 망하자, 그 왕족 일파인 압둘 라흐만(Abdu'l Rahmān)이 스페인으로 도망가 코르도바를 수도로 한 후기 우마이야조(일명 코르도바 우마이야조 혹은 안달루스 우마이야조, 756~788)를 건국하면서 석인(石印)으로 공문서를 복제했는데, 그 복제품이 종이라는 주장이 있다. 그들이 사마르칸트지에 관한 지식을 갖지 않았다거나, 혹은 그런 종이를 사용하지 않았다고 주장할 근거를 찾기 어렵다는 것을 감안하면, 그 복제품이 종이일 개연성은 있어 보인다. 그렇다면 그것은 유럽에서 쓰인 최초의 종이일 것이다. 그밖에 9세기경에 벌써 북아프리카의 파티마조 사람들을 통해 가까운 이베리아 반도에 종이가 전해졌을 것이라는 견해도 있다.

확실한 것은 1109년 종이가 북아프리카로부터 시칠리아에 전해진 사실이다. 이 해에 시칠리아 국왕 로제르 2세(Roger II, 1130~1154 재위)는 종이에 아랍어와 라틴어로 쓰인 법령을 반포했는데, 이것은 유럽에 현존하는 최초의 종이 문서다. 또 이때로부터 40여년이 지난 뒤인 1154년에 제노바(Genova)에서 작성된 종이문서가 지금까지 남아 있는 것이 있다. 이렇게 2세기에 걸쳐 종이가 아랍으로부터 유럽에 유입되기는 하였지만, 그 제조법의 비밀은 여전히 아랍인들이 거의 독점하고 있었다. 그러나 12세기에 이르러 유럽인들이 제지법의 비밀을 탐지하게 되면서 도처에 제지공장을 차리기 시작하였다. 바야흐로 중세 암흑기로부터의 탈출을 시도하던 유럽인들에게 종이라는 새로운 문명수단을 갖게 된 것은 큰 행운이 아닐 수 없었다. 유럽에서의 제지업의 발달은 그 속도나 규모에서 선행한 모든 지역을 초월하였다. 선두주자는 아랍-이슬람세계와 지리적으로 가까울 뿐만 아니라, 그 땅 위에 이슬람 국가(후기 우마이야조)가 세워지고 마그레브 지역과 교섭이 빈번했던 스페인이었다. 중세 이슬람 지리학의 태두인 이드리시(al-Idrīsī)는 이베리아 반도 동남부의 하티바(Xàtiva, Shativah, Jativa)의 종이 생산에 관해 "문명세계 어느 곳에도 없는 종이가 그곳에서 제조되어 동·서방 각국으로 보내어진다"고 언급하였다. 1150년에 세워진 하티바 제지소는 유럽 최초의 제지소로 알려져 있다. 초기 제지소는 대체로 아랍-무슬림들에 의해 운영되었으나 점차 현지 기독교도들도 경영에 참여하게 되었다. 이에 1157년 프랑스와의 접경지대인 비다롱(Vidalon)에서 한 기독교도가 운영하는 첫 제지소가 출현하였다. 그밖에 톨레도(12세기), 발렌시아, 코르도바(12세기 하반기) 등지에서도 제지소가 속속 나타났다.

스페인에 이어 제지술이 번성한 곳은 이탈리아다. 시리아의 다마스쿠스지가 터키와 시칠리아를 거쳐 12세기부터 이곳에 전해졌다. 그러나 이슬람 문화의 유입에 거부감을 느꼈던 이탈리아에서는 1221년 종이 공문 금지령이 내려졌으며, 시칠리아에서도 같은 시기에 종이문서 무효령이 반포되었다. 그러나 이러한 외압이나 십자군원정에서 비롯한 이슬람 국가들과의 불편한 관계 속에서도 종이에 대한 사회문화적 수요는 감소하기는커녕 오히려 증가 추세를 보였다. 급기야 1276년 파브리아노(Fabriano)에 지은 첫 제지공장에 이어 몬테파노(Montefano, 1276)와 볼로냐(Bologna, 1293), 제노바(Genova, 13~14세기), 파도바(Padova, 1340) 등 여러 곳에서 종이공장이 줄줄이 문을 열었다. 사실 이탈리아는 827년부터 약 200년 동안 이슬람의 지배하에 종이를 생산하던 인근 시칠리아로부터 일찍이 제지술을 받아들일 수 있었다. 그리하여 14세기 초엽에 이르러서는 이탈리아산 종이가 양이나 질에서 스페인이나 다마스쿠스 종이를 앞질렀다. 종이의 확산과 제지업의 발달에서 그다음 중요한 나라는 프랑스와 독일이다. 프랑스는 13세기부터 스페인에서 종이를 들여다 사용하였으며,

자체 공장은 14세기 이후에 지어 국내 수요를 일부 충족시켰다. 1348년 트루아(Troyes) 부근에 첫 제지소가 들어선 데 이어, 1354~1388년 기간에 에손(Essonne)·생피에르(Saint-Pierre)·생클루(Saint-Cloud)·트왈(Toiles) 등지에 제지소가 세워졌다. 하지만 프랑스에서의 첫 제지소 출현과 관련해서 이와 다른 이야기도 전해지고 있다. 몽골피에(Jean Montgolfier)란 사람이 제2차 십자군원정 때 터키인들에게 생포되어 한 종이공장에서 일하다가 1157년에 가까스로 도망쳐 유럽에 돌아왔다. 얼마 후 그의 손자들이 프랑스 중부 오베르뉴(Auvergne)주 앙베르(Ambert)란 마을에 몇개의 제지소를 차렸는데, 그것이 계기가 되어 14세기부터 그곳이 프랑스 제지업의 한 중심지가 되었다는 것이다. 독일은 13세기 초부터 종이를 쓰기 시작하였는데, 대부분은 이탈리아에서 수입한 것이었다. 그러다가 1320년 독일 서남부의 쾰른과 마인츠에서 첫 제지공장이 선을 보였다. 14세기 말 조판인쇄가 유럽에 전해짐에 따라 종이에 대한 수요가 늘어나자, 유럽 인쇄 중심지의 하나인 뉘른베르크에도 1391년 제지공장이 세워졌다. 특히 15세기 중엽에 이르러 금속활자 인쇄가 도입되면서 종이에 대한 수요가 급증함에 따라 여러 곳에 종이공장이 건설되었다. 동북방에 자리한 베를린은 1781년에서야 제지공장을 갖게 되었다. 유럽대륙의 서북단에 위치한 네덜란드는 프랑스나 독일보다 한 세기가량 뒤인 1322년에 종이를 쓰기 시작하였다. 현존 최고 유물은 헤이그박물관에 소장된 1346년의 종이다. 종이를 쓰기 시작한 지 250여년이 지나서야 비로소 도르드레흐트(Dordrecht)에 첫 제지공장이 선을 보였다. 그러나 1648년까지 지속된 80년 전쟁 기간에 이곳 제지공들이 전란을 피해 암스테르담 등 타지로 뿔뿔이 이주하는 바람에 도르드레흐트 제지업은 요람기에 고사되고 말았고, 대신 암스테르담을 비롯한 몇 곳에서 제지업의 맥이 이어졌다. 1680년 제지술을 한 단계 끌어올린 펄프 반죽기가 발명되자 종이 생산은 일대 전기를 맞게 되었다. 스위스의 경우도 15세기 이전까지는 이탈리아나 프랑스에서 종이를 들여다 썼으나, 교회활동이 활성화되어 기록이 필요하게 되자 1433년 바젤(Basel)에 첫 종이공장을 세웠다. 잇따라 이곳에 몇몇 공장이 들어서면서 바젤은 스위스 제지업의 중심지가 되었다.

영국은 대륙보다 늦게 14세기에 이르러서야 종이를 문서로 쓰기 시작했으며, 1495년경에 존 테이트(John Tate)가 하트퍼드셔(Hertfordshire)에 첫 제지소를 세웠다. 이어 1557년에 토머스 썰비(Thomas Thirlby)가 펜 디턴(Fen Ditton)에, 이듬해에는 엘리자베스 여왕의 전임 보석장(寶石匠)인 존 스필먼(Sir John Spilman)이 다트퍼드(Dartford)에 각각 제지공장을 차렸다. 17세기 말 영국에는 약 100개소의 제지소가 있었다. 기타 유럽 나라들에 첫 제지소가 생겨난 연대를 보면 오스트리아가 1356년, 폴란드가 1491년, 덴마크가 1540년, 스웨덴이 1550년 등 14세기 중엽부터 16세기 중엽까지다. 아메리카 대륙은 유럽에서 유입된 이민들에 의해 종이가 알려지기 시작하였으며, 제지업은 그들이 운영하는 제지공장들에 의해 주도되었다. 그러나 유럽인들이 이주하기 이전에도 마야(Maya)인이나 아스텍(Aztec)인들이 무화과나무나 뽕나무 껍질을 짓찧어 서사용 종이를 만들어 썼을 가능성이 있다. 1518년 탐험가 후안 데 그리할바(Juan de Grijalba)가 중남미의 산 후안 다 울나(San Juan da Ulna)에 도착했을 때 종이로 만든 책이 스페인의 피륙처럼 차곡차곡 쌓여 있는 것을 봤다는 증언은 원주민들이 종이를 이미 쓰고 있었음을 시사한다. 유럽인들의 유입이 본격화된 16세기 후반에 이르러 유럽 제지공장들이 이 대륙에 제지술을 전수하였다. 1575년에 스페인은 2명의 제지업자에게 남아메리카 대륙에서의 제지권(20년간)을 인가하였고, 그들은 1580년 멕시코 시티 부근의 쿨와칸(Culhuacán)에 첫 제지소를 지었다. 북미의 경우는 17세기 후반에 와서야 종이를 자체 생산할 수 있었다. 1690년 독일에 가서 제지술을 배워 온 독일 이민 윌리엄 리튼하우스(William Rittenhouse)는 미국 동부의 필라델피아에 돌아온 후 2년 만에 동료들과 함께 독일인 거주구역에 제지소를 차렸다. 캐나다는 미국에서 종이를 수입해 쓰다가 1803년 미국에서 이주한 월터 웨어(Walter E. Ware)가 세인트 앤드루스(St. Andrews)에 첫 제지소를 세웠으며, 16년 후인 1819년에 베드퍼드 분지(Bedford Basin)에 두번째 종이공장이 세워졌다. 신문 발행부수가 늘면서 다른 지방에도 여러개의 제지소가 생겨났다. 오스트레일리아에서는 1868년에 멜버른(Melborune) 부근에 첫 종이공장이 세워졌다.

주먹도끼

전기(前期) 구석기시대 후반에 서구에서는 전·후기 아쉘(Acheul)형으로 상징되는 주먹도끼(handaxe)가 대표적인 석기로 제작된 데 반해, 동양에서는 주먹도끼가 간혹 제작되기는 하였지만 역석(礫石)과 박편(剝片)으로 만들어진 몇 가지 석기가 주종을 이루었다. 일찍이 미국의 고고학자 모비우스(H. Movius)는 주먹도끼가 서구에서만 제작된 것으로 보고, 이것이 당시 동서 간의 뚜렷한 문명의 차이라고 판단하였다. 그러나 후일 한국을 비롯한 동아시아 일원에서도 주먹도끼가 출토되자 그의 주장은 설득력을 잃게 되었다. 그러나 서구에서는 주먹도끼가 대표적인 석기였을 뿐만 아니라, 그 제작기법의 다양성이나 발달상이 동양의 그것에 비해 이채롭다는

것은 확실하다. 서양의 주먹도끼는 이형(梨形, 배 모양)·삼각형·타원형 등 모양이 다양하고, 전·후기 아쉘형에서 보듯이 전기의 것은 측면에 심한 높낮음(요철凹凸)이 있어 칼날로 쓰이기에는 어울리지 않으며, 후기의 것은 측면이 밋밋하고 칼날로서의 쓰임새가 분명해 보인다. 한반도에서는 1966년 평양시 상원군 상원읍 검은모루 유적에서 약 60~40만년 전으로 추정되는 주먹도끼가 출토되었고, 중국에서도 저우커우뎬(周口店) 제13지점에서 역시 주먹도끼가 발견되었다. 이 상원 주먹도끼와 저우커우뎬 주먹도끼의 모양은 전기 아쉘형과 유사하다. 이상에서 보듯 최초의 인류가 역석이나 박편에서 주먹도끼를 만드는 것으로 진일보한 것은 동서가 공통적이지만, 전기 구석기시대 후반에 이르러 이러한 석기가 차지하는 비중이나 제작기술에서는 차이를 보인다. 이러한 차이는 근원적으로 다른 생업과 생활 여건에서 기인한다. 동물의 수렵을 주생업과 생활수단으로 하던 서구인들에게는 동물의 포획은 물론 포획한 동물의 해체나 요리에 사용할 수 있는 날카로운 칼날 석기가 필수였으며, 나아가 수렵이 발달함에 따라 석기 제조 기술도 함께 발달하였다. 그러나 채집 위주의 동양 사회에서는 상대적으로 날카로운 것보다는 주로 갈고 부수는 용도의 전래의 석기가 주로 쓰였던 것으로 추정된다.

주배등 酒杯藤

동전(東傳)된 서역 식물. 진(晉)의 최표(崔豹)가 엮은 『고금주(古今注)』 권하(卷下) 「장건출관지(張騫出關志)」에 의하면, 주배등(酒杯藤)이란 일종의 등나무로, 전한 때 장건이 대원(大宛, 페르가나Fergana)에서 얻었다고 한다. 손가락 크기 정도이며, 과실로 술을 담그면 향기로운 미주(美酒)가 된다고 한다.

주사행 朱士行, 203~282

중국 서진(西晉)의 서행 불승. 중국 최초의 서행 구법승(求法僧)이다. 주사행은 허난(河南) 영천(潁川) 출신으로, 위(魏) 감로(甘露) 5년(260)에 출가해 뤄양(洛陽)에서 한역(漢譯)된 『소품반야(小品般若)』(『도행경(道行經)』)를 풀이하였는데, 문장이 난삽하고 내용이 난해해 서역에 가서 제대로 된 원본을 구해보려고 결심하였다. 이에 출가한 바로 그해 옹주(雍州, 현 시안西安)를 떠나 서행해 우기(于闐)에 이르러 『대품반야(大品般若)』 정품 범서(正品 梵書, 산스크리트어) 90장(章, 60여만 자)을 구하였다. 주사행은 서진 태강(太康) 4년(283)에 우기 출신의 제자 불여단(弗如檀) 등 10명에게 경전 원본을 뤄양으로 운반하도록 하였다. 이 산스크리트어 원전은 뤄양에 이주한 천축승 축숙란(竺叔蘭)과 비구(比丘) 무라차(無羅叉)가 함께 번역해 영흥(永興) 원년(304)에 『방광반야경(放光般若經)』(20권)이란 제목으로 간행되었다. 주사행은 우기에서 20여년간 구법 수행하다가 80세 고령에 입적하였다.

주응 朱應

부남(扶南, 현 캄보디아)에 파견된 오(吳)나라 사신. 오나라의 선화종사(宣化從事)란 관직에 있던 주응은 228년경 중랑(中郎) 강태(康泰)와 함께 부남 왕 범전(范旃)에게 파견되었다가 때마침 부남에 머물던 인도 쿠샤나 왕의 사신으로부터 여러 지역의 정보를 전해들었다. 귀국 후 강태는 『오시외국전(吳時外國傳)』을 남겼고, 주응은 전문(傳聞)에다가 자신의 체험을 보태 『부남이물지(扶南異物志)』란 책을 저술했다. 현재 책은 소실되어 전하지 않는다. (8-87)

주인선 朱印船 → '고슈인센'항 참고

『주후비급방(肘後備急方)』 葛洪 저, 4세기

인도 의학의 영향을 받은 중국 의서(醫書). 예로부터 의학은 불교 구법승들의 필수 연수 과목으로 동방에 온 서역의 승려들은 대개가 승의(僧醫)를 겸행(兼行)하는 고승들이었다. 현존 사료에 의하면 최초로 중국에 들어온 서역 승의는 148년에 안식(安息)에서 온 안세고(安世高)이며, 그는 전법(傳法)과 역경(譯經)에 병행하여 고대 인도의 의약술도 전수하였다. 진(晉)대 갈홍(葛洪, 281~361)이 편찬한 이 책과 이를 보완한 양대(梁代) 도굉경(陶宏景, 452~536)의 『주후백일방(肘後百一方)』에 기재된 오행진단법(五行診斷法)과 연단법(煉丹法) 등의 의술은 인도 불교 의학의 영향을 받은 것으로 추정된다.

죽간 竹簡

대로 만든 서사 재료. 중국에는 고대에 사용된 서사 재료로 '죽백(竹帛)'이란 말이 있다. 여기서 '죽'은 대를, '백'은 비단을 의미한다. 그러나 비단은 비싸기 때문에 대신 대나무를 많이 사용하였다. 대는 마디를 잘라내고 적당한 길이로 자른 다음 쪼개서 불에 살짝 구워 살청(殺青)하면 서사 재료가 된다. 이것을 '죽찰(竹札)', 약해서 '간(簡)'이라고 한다. 화북(華北)이나 새외(塞外) 지역에는 대가 적기 때문에 대 대신 나무를 쓰는데, 이것을 '목간(木簡)' 혹은 '서계(書契)'라 하였다.

후베이(湖北)성 윈멍(雲夢)현 수호지(睡虎地) 제11호 진묘(秦墓)에서 출토된 '운몽진간(雲夢秦簡)'을 비롯해 여러 곳에서 진한(秦漢)의 죽간이 출토되었다.

중가리아 準噶爾, Dzungaria, Zhungaria(영)

톈산 산맥 북쪽 초원로의 요지. 톈산 산맥과 알타이 산맥으로 에워싸인 오아시스·사막 지대로서 예로부터 유목민들의 활동지였다. 15세기 이후에는 4개 부족으로 구성된 오이라트 몽골족의 근거지가 되었다. 종족으로서의 중가르는 오이라트족 중 좌익(左翼: 제웅가르, 서방西方의 뜻)의 집단을 뜻한다. 중가리아는 톈산 북쪽 기슭 비슈발리크에서 중가리아를 거쳐 이리(伊犁)와 수이아브(쇄엽碎葉)에 이르는 톈산 북도 초원로의 요충지다.

중국 건축술의 서전

18세기 중엽부터 중국에 대한 서구인들의 이해가 늘고 회화를 비롯한 중국 예술에 대한 공감대가 형성되면서 서구인들은 중국의 건축술, 특히 정원(庭園) 건축술을 흥미롭게 수용하기 시작하였다. 자연과의 조화를 강조하는 동양의 전통 정원술은 딱딱하고 단조로운 서구식 정원술에 권태를 느낀 서구인들에게 새로운 충격을 주었다. 그들은 더 나아가 중국의 정원술을 연구하고 본받기에 이르렀는데, 특히 영국이 이러한 움직임을 주도하였다.

영국의 건축사 챔버스(William Chambers)는 중국에 다녀온 뒤 왕궁 건축사가 되었고, 중국 정원을 고찰하고자 다시 중국을 방문하였다. 귀국한 후 1757년에 유명한 『중국의 건축·가구·복식·기물도안』(*Designs of Chinese Building, Furniture, Dresses, Machines and Utensils*)을 출간하였다. 그는 또 1772년에 출판한 저서 『동방원예(東方園藝)』(*A Dissertation on Oriental Gardening*)에서 중국 원예술을 극찬하여, "중국인이 설계하는 원예술은 누구와도 비교할 수 없다. 유럽인들에게는 예술 방면에서 동방의 찬란한 성과와 견줄 만한 것이 아무것도 없다. 그들은 마치 태양으로부터 휘황한 빛을 흡수하는 것 같다"라고 하였다. 그는 최초로 1750년 영국 런던 서남부 큐(Kew)에 중국식 정원을 하나 꾸며놓았다. 원내에는 호수와 정자가 있고, 호수 곁

에는 높이 163척의 10층 4각형 탑을 세웠는데, 탑 끝에는 은방울을 입에 문 용이 장식되어 있다. 탑 곁에는 공자의 업적을 소개한 그림이 비치된 공자각(孔子閣)까지 지어놓았다. 그후 1763년에 그는 이 큐 정원의 건축술에 관한 전서(全書)로 『큐 정원 설계도』(*Plans, Elevation, Sections and Perspective Views of the Garden and Buildings of Kew in Survey*)를 출간하기까지 하였다.

중국 정원술에 관한 영국인들의 수용 및 연구 성과는 곧바로 프랑스인들을 자극하였다. 프랑스에서는 『앵글로 차이나 정원』(*Le Jardin Anglo-Chinois*, 1770~1787)이란 정기 간행물이 간행될 정도로 영국인들의 중국 정원술 연구와 수용에 큰 관심을 표하면서 중국 정원술을 받아들이기에 급급하였다. 이러한 관심과 호응은 독일이나 네덜란드에서도 마찬가지였다. 독일에서는 1773년에 원림(園林) 설계사 제켈(F. L. Sekell)을 영국에 파견하여 중국 정원술을 배웠으며, 운처(Ludaig A. Unzer)는 같은 해에 저서 『중국정원론(中國庭園論)』(*Über die Chinesischen Garten*)을 출간하였다. 저자는 이 책에서 독일은 반드시 영국의 이러한 신종 건축술인 정원술을 하루 빨리 따라잡아야 한다고 역설하였다.

『중국과 인도 소식』 *Akhbāru'd Sīn wa'l Hind*, Sulaiman al-Tajir 저, 851년

교류의 문헌적 전거로서의 여행문학서(여행기). 이 책의 아랍어 원전은 소실되었고, 원 저자도 미상이나 주인공인 '술라이만 알 타지르'의 저서로 간주되고 있다. 그러나 12세기의 필사본(현 파리국립도서관 소장)이 발견되면서 이 책에 관한 연구가 주로 프랑스에서 진행되었다. 1718년에 처음으로 프랑스의 레노도(Abbe Eusebe Renaudot)가 프랑스어로 번역하고 역주를 붙여 『9세기 두 무슬림 여행가의 인도와 중국

여행』이란 제목으로 출간했으며, 20세기에 들어와서 프랑스의 페랑(G. Ferrand)이 다시 『술라이만 동유기』란 제목으로 완역하고 역주를 달아 재발간하였다. 사실 이 책의 저자는 미상이지만 원 책의 제목은 『중국과 인도 소식』이다. 원저가 출간(851)된 후 페르시아만 부근의 시라프 출신의 아부 자이드 하산(Abu Zaid Hasan)이 내용을 보충하고 각주를 첨가해 『술라이만 알 타지르 여행기』(*Rihalatu Sulaimān al-Tājir*)란 서명으로 916년에 간행하였다. 보통 851년에 간행된 원저를 권1, 916년에 아부 자이드가 보간(補刊)한 것을 권2로 나눈다. '술라이만 알 타지르'는 인도와 중국을 비롯한 동방에 상역(商易)차 왕래한 아랍 상인이다. 이 책의 내용은 대부분 그가 구술한 것이 중심을 이루기 때문에, 이 책의 저자로 그를 지목하는 연구자가 많다. '두 무슬림 여행자'라고 한 것은 이 책의 내용을 제공한 술라이만과 다른 한 상인인 이븐 와합(Ibn Wahab)을 지칭한다.

이 책은 현지 목격자들의 견문이기 때문에 내용이 풍부하고 생동감이 있을 뿐만 아니라, 매우 사실적이다. 페르시아만에서 중국까지의 항정과 함께 인도와 중국 등 연해 나라들과 지역에 관한 다방면의 실태를 기술했으며, 역사·지리·풍속에서부터 정치적 사변에 이르기까지 다양한 내용이 펼쳐진다. 특히, 상인들의 구술에 의한 기록이기 때문에 각지의 물산이나 상품 가격, 화폐, 상역 관련 법령과 규정, 교역 계약 조건, 상역 기관 등이 상세히 기술되었다. 그밖에 아랍의 조선술과 중국의 선박, 중국의 차와 도자기, 외래 상인과 종교에 대한 중국인들의 태도, 심지어 875년에 일어난 황소(黃巢)의 난(권2)까지 언급되었다. 이 책은 외국인의 최초 중국 여행기이며, 아랍-이슬람 여행문학의 대표작의 하나로 사료적 가치가 대단히 높은 것으로 평가된다.

술라이만은 이 책에서 페르시아로부터 중국에 이르는 항로를 구체적으로 서술하고 있다. 그에 따르면 우선 화물을 이라크의 바스라(Basrah)나 오만(Oman) 등지에서 페르시아만 중부 동안에 있는 시라프(Siraf)까지 운반해 배에 싣는다. 물건을 실은 배는 시라프를 출발해 소하르(Sohar)와 무스카트(Muscat, 오만 동북단)를 지나 칼라(Kalah, 현 말레이 반도 서해안의 케다 Kedah)에 도착하는데, 이 구간의 항해는 약 1개월이 걸린다. 그곳에서 20일간 북상해 참파(베트남의 Champa)에 이르며, 다시 1개월간 북행하면 창해(漲海, Tchang-Khai)를 지나 광부(廣府, Khanfu, 현 광저우)에 도착한다. 그는 여행기에서 "중국은 가는 곳마다 수목이 우거지고 과실이 풍성하며 금은보화가 비할 데 없이 많은 나라다"라고 묘사하고 있다. 술라이만이 언급한 경유국이나 경유 지점은 모두 13개 소다. 이 책에는 단편적이기는 하지만 신라에 관한 기록도 나온다. 그는 신라의 위치에 관해 "(중국의) 바다 다음에는 신라 도서(島嶼)가 있다"고 지적하였다. 이는 신라가 지구의 동단(東端)에 있음을 시사한다. 이어 술라이만은 "우리 동료들 가운데 그 누구도 거기(신라)에 가보고 그들(신라인)에 대해 이야기한 사람은 없지만 그들에게는 흰 매가 있다"고 전했다.

『**중국기행**(中國紀行)』 *Khatay nameh*, S. A. Akbar Khatai 저, 1516년?

교류의 문헌적 전거로서의 개설 소개서. 중국에 관한 종합기술서인 이 책의 저자 사이드 알리 아크바르 하타이(Seid Ali Akbar Khatai, 생몰 연대 미상)에 관해서는 명확하게 밝혀진 바가 없고 페르시아 상인이라거나 중앙아시아인, 혹은 중국계 후예라는 등 여러 설이 있다. 일본에서는 그의 중국 여행 여부에 대해서 의문을 제기하기도 하나 대체로 그가 1500년 전후에 중국에 입국해 베이징 등지에서 3년쯤 체류하다가 돌아가서 저술한 것으로 보고 있다. 이 책은 저자가 오스만제국의 수도 이스탄불에서 페르시아어로 저술하여 술탄에게 바쳤다. 내용으로 보면 이 책은 순수 여행기도, 전문서도 아닌 개괄서다. 저자는 중국에 관한 종합적 서술을 시도하였다. 총 21장으로 구성되어 있으며, 각 장들의 분량은 상이하다. 저자는 중국의 국가·군사·법률·감옥·경제관리·도시건설·역사·지리·문화·예술·궁전행사·사회풍습, 심지어는 기생과 걸인에 이르기까지 방대한 내용을 기술하고 있다. 총체적으로 저자는 중국을 "강대한 나라, 국민의 봉공수법(奉公守法) 정신이 강한 나라, 질서정연한 나라, 물산이 대단히 풍부한 나라"로 묘사하고 있다. 또한 그는 독실한 이슬람교 신자로 중국에 대한 이슬람의 영향관계와 이슬람에 대한 황제의 호의 등을 강조하고 있다. 14세기에 마르코 폴로와 이븐 바투타의 여행기가 나온 후, 17세기 중국 방문 선교사들의 저술이 속출할 때까지 약 2, 3백년 동안 중국에 관해 출간된 종합적인 개설서로는 이 책이 유일해 그 가치가 높이 평가된다. 이 책은 1582년에 『중국법전(中國法典)』이란 제목의 투르크어로 역출된 후 유럽에서 몇가지 필사본과 간본이 유행하였다. 19세기 중엽부터 유럽 학자들이 이 책에 관한 연구를 본격화하였으나, 아직 전문(全文) 역본은 나오지 않았다. 중국에서 1988년에 처음으로 이 책의 완역본을 출간하였다.

『**중국논총(中國論叢)**』 *Description géographique, historique, chronologique, politique et physique de l'empire de la Chine et de la Tartarie chinoise*, 16권, 1776~1814년

교류의 문헌적 전거로서의 학문연구서(논총). 1702~1776년 기간에 파리에서 출간된 『예수회 선교사 서간집』(총 34권)과 1735년 뒤알드(J. B. Du Halde)가 저술한 『중화제국전지(中華帝國全志)』(*Description géographique, historique, chronologique, politique et physique de L'empire de la Chine et de la Tartarie chinoise*)(4권)의 속편이라고 할 수 있는 이 책은 1776~1814년에 걸쳐 총 16권으로 출간되었다. 본래 서명은 『베이징 주재 선교사들의 중국 역사·과학·예술·풍속·습관 관련 논총』(*Memoires Concernants l'Histoire, les Sciences, les Arts, les Moeurs, les Usages, dtc. des Chinois Par les Missionairs de Peking*)이고, 그 약칭은 『중국논총』이다. 이 책의 내용은 제목에 반영되어 있듯 중국의 역사와 과학·예술·풍속에 관한 선교사들의 연구 논문들을 망라하고 있다.

『**중국대왕국지(中國大王國誌)**』 *Historia de las cosas más notables, ritos y costumbres del gran reyno de la China*, 1585년

16세기 중국 관련 보고서. 스페인 태생의 선교사 멘도사(Juan González de Mendoza)가 16세기 중국사회에 관해 상세하게 기술한 책으로, 마르코 폴로의 『동방견문록』과 함께 당대 유럽인들의 애독서였다. 중국에 직접 가본 적이 없는 멘도사는 선배인 마르틴 이그나시오 데 로욜라(Martín Ignacio de Loyola)가 필리핀에서 기록한 재료와 그밖에 중국을 방문했던 선교사들의 보고서 등을 집대성하여 이 책을 저술하였다.

『**중국도자견문록(中國陶瓷見聞錄)**』 18세기 전반

중국 경덕진(景德鎭) 도자기 관련 보고서. 1701년 프랑스가 파견한 가톨릭 신부 당트르콜(François Xavier d'Entrecolles)이 7년간 경덕진에 체류하면서 이곳의 유명한 도자기 생산에 관해 1712년과 1722년 두 번에 걸쳐 본국에 보낸 보고서다. 그는 신부의 신분이었지만 놀라울 정도

로 도자기에 관해 깊은 조예를 갖고 있었다. 당시 프랑스를 비롯한 유럽은 중국문명에 대해 동경을 품기 시작하였는데, 특히 중국 도자기에 특별한 관심을 가졌다. 도자기 표면에 유명 화가의 그림을 넣는 섬세한 기술로 18세기 로코코 미술을 대표하는 작품의 산지라고 평가되고 있는 프랑스 세부르 요(窯)는 중국 도자기를 모조하는 데 힘썼다. 당시 프랑스인들은 경덕진 유약(釉藥)의 조합법을 구체적으로 알고 있었는데, 그 과정에 당트르콜이 어느정도 역할을 하였을 것이라 여겨진다.

중국문명 서방기원설 中國文明西方起源說
문명기원일원론(文明起源一元論) 및 문명이동설(文明移動說). 일찍이 서구 학계에서는 각양각색의 이른바 '중국문명 서방기원설(中國文明西方起源說)'이 거론되었다. 대표적인 몇가지 예로는 다음과 같은 설들이 있다. ① 한자서래설(漢字西來說): 프랑스 동방학자 드 기네(Joseph de Guignes)는 1758년에 한자가 이집트의 상형문자(象形文字)에 원류를 두고 있으며, 이집트인들에 의해 창제되었다는 한자서래설을 내놓았다. ② 중국문명 바빌로니아 기원설(바크족 이주설): 프랑스 태생의 영국 동양학자 드 라쿠페리(Albert Étienne Jean Baptiste Terrien de Lacouperie, 1845~1894)는 저서 『중국문명 서방기원설』(*Western Origin of the Early Chinese Civilization*, London 1894, 8vol.)에서 중국 고대사에 나오는 전설, 예컨대 황제(黃帝) 전설은 유프라테스강과 티그리스강 유역(바빌로니아)의 고대사에 나오는 전설의 재현(예컨대 황제는 Nakhunte, 신농神農은 Sargon)이라면서, 한족(漢族)은 기원전 2300년경에 서아시아에서 신장(新疆)과 간쑤(甘肅)로 이주한 바빌로니아의 바크(Bak, 파극巴克)족이라고 주장하였다. ③ 중국

채도 서아시아 기원설: 스웨덴의 지질학자 요한 군나르 안데르손(Johan Gunnar Andersson)은 저서 『유사(有史) 이전의 간쑤(甘肅)』(*Preliminary Report on Archaeological Research in Kansu*, 1925)에서 양사오(仰韶)를 비롯한 중국 허난성과 간쑤성 일대에서 출토된 채도(彩陶)가 중앙아시아 투르크메니스탄의 아나우를 비롯한 서아시아 지대에서 출토된 채도와 계통을 같이한다고 속단하였다. 양사오나 간쑤 채도는 서아시아 채도의 영향을 받아 발생했다는 이른바 '중국 채도 서아시아 기원설'을 주장한 것이다. 그밖에 독일의 리히트호펜(Ferdinand von Richthofen)은 '중국문화 동투르키스탄 기원설'을, 영국의 포어(C. J. Pore)는 '중국인 수메르 기원설'을 각각 주장하였다.

『**중국보도(中國報導)**』 *Algũas cousas sabidas da China*, Galeote Pereira 저, 1561년
교류의 문헌적 전거로서의 개설소개서. 저자 페레이라는 16세기 중엽에 인도와 말라카 및 중국 동남해안에 와서 교역활동을 하던 포르투갈 상인이었다. 1548년에 중국 푸젠(福建) 연해에 몰래 잠입하여 교역을 시도하다가 이듬해 3월 명(明)나라 군사에게 생포되어 구이린(桂林)에 수감되었다가 인도로 탈출하였다('페레이라'항 참고). 그는 인도에서 포르투갈어로 자기가 직접 경험하고 본 것에 근거해 이 책을 저술하였다. 이 책은 1561년 인도 고아에서 최초의 초록본이 나온 후, 1565년에 이탈리아어 역본이 베네치아에서 출간되었으며, 1577년에는 런던에서 영역본이 나왔다. 영역 교정본은 1953년에 간행되었다. 장절(章節) 구분 없이 연문(連文)으로 된 이 책은 중국의 행정구획과 도시·도로·농작물·관직·묘당(廟堂)·경축일·사법·형벌·감옥·병원·강·어류·자기·염세(鹽稅)·시장·무어인(무슬

림) 등에 관해 생동감 있게 기술하고 있다. 특히 그중에서 저자가 직접 체험한 사법제도나 형벌, 감옥 운영 등에 관한 기술은 매우 정확해 사료적 가치가 높다. 이 책에는 교역에 관한 직접적인 기록은 별로 없지만, 저자의 행적을 통해 당시 포르투갈 상인들의 동방 교역활동의 일단을 엿볼 수 있다.

『중국비극조씨고아(中國悲劇趙氏孤兒)』 *Tchao-chi-cou-euih, ou l'Orphelin de la Maison de Tchao: Tragedie Chinoise*, 1732 → (『조씨고아』항 참고)

중국 석굴의 흐름

오아시스로를 통한 석굴의 중국 전파. 중국의 석굴은 4~5세기 서역을 중국 내지와 연결하는 간선로인 오아시스로가 지나가는 간쑤 서북 지방에서 시작되었다. 당시 만들어진 석굴을 살펴보면 4세기에는 둔황 막고굴(莫高窟)이, 5세기에는 병령사(炳靈寺) 석굴과 천제산(天梯山) 석굴이 만들어졌다. 이 석굴들 내의 불상이나 벽화를 보면 서역 형식을 모방한 것도 있고, 독자적인 형식을 나타내는 것도 있다. 석굴마다 각각의 특징을 간직하고 있으나, 공통적인 느낌은 웅장하고 튼튼하다는 것이다. 이러한 조상(造像) 형식은 남북조시대의 북위(北魏)에 의해 계승되었다. 북위의 수도였던 다퉁(大同)의 윈강(雲崗) 석굴에서 그러한 모습을 찾아볼 수 있다. 하지만 한화(漢化)의 지향성이 강했던 북위는 뤄양(洛陽)으로 천도하고 나서 조상 형식을 급속하게 한화하였다. 석굴에 조성된 불상의 복식이 한인 귀족의 복식을 닮아가는 등 뤄양에 새로 지은 룽먼(龍門) 석굴은 그 형식에서 이미 전대에 보이던 웅장함과 튼튼함 등은 사라지고, 대신 유려한 선을 바탕으로 하는 중국적 형식이 두드러진다. 북위 이후 동위(東魏)와 서위(西魏), 북제(北齊)와 북

주(北周)의 시기를 거치면서 이들에 의해 석굴의 양식이 나름대로 계승되었다. 이 시기에 만들어진 대표적인 석굴은 톈룽산(天龍山) 석굴과 마이지산(麥積山) 석굴 등이 있다. 중국 전역을 통일하고 멀리 서역까지 지배하게 된 수·당 시대에 와서는 룽먼 석굴에서 느껴지던 강건함을 계승하고자 하는 시도가 다시 이루어졌고, 이러한 노력과 함께 새로운 석굴들이 전국적으로 조성되었다. 그 시기의 대표적인 작품이 둔황 막고굴의 소상군(塑像群)이다. 그러나 당대를 기점으로 송대부터 석굴의 조성은 감소되었고, 명대에는 낡은 굴을 보수하는 것에 그칠 뿐 새로 굴을 파지는 않았다. (2-206~207)

『중국식물』 *Flora Sinensis*, Michael Piotr Boym, 卜彌格, 1656년

근대적 식물학 관점에서 접근한 최초의 중국 식물 연구서. 명말 청초 중국에서 활동하던 선교사들에 의해 근대 서방 생물학이 중국에 소개되었으며, 이를 계기로 중국 동식물에 관한 연구가 진행되었다. 중국에 체류하던 폴란드 선교사 보임(Michael Piotr Boym, 복미격 卜彌格, 1612~1659)은 라틴어로 이 책을 저술하여 1656년 빈에서 출판하였다. 프랑스 선교사이며 파리과학원 주재 중국 통신원이기도 한 댕카르빌(Pierre Nicolas Le Chéron d'Incarville, 탕집중湯執中, 1706~1757)은 프랑스의 저명한 식물학자인 드 쥐시외(Antoine Laurent de Jussieu)의 문하생으로, 여러가지 진귀한 식물표본을 채집해 파리과학원에 보내고 『북경식물과 기타 생물학 유물색인』(*Catalogue alphabétique des Plantes de Péking et d'autres objets d'histoire naturelle*)이란 책을 편찬하기도 하였다. 선교사들을 비롯한 서구인들의 이러한 활동으로 인해 중국 근대 생물학 연구의 기틀이 마련되었다.

『중국신지도집(中國新地圖集)』 Martino Martini 저, 1655년

교류의 문헌적 전거로서의 학문 연구서(지도). 이탈리아 출신 예수회 선교사인 마르티니(M. Martini, 위광국衛匡國, 1614~1661)는 1643년에 중국에 입국한 후 명·청 교체기의 전란 속에서 방황하다가, 1658년 '중국전례논쟁'(Chinese Rites Controversy)의 대소인(代訴人)의 자격으로 로마 교황청에 파견되었다. 파견 기간 중 암스테르담에 머물면서 이 지도첩(라틴어)을 제작 출간하였다. 지도첩에는 모두 17폭의 지도가 수록되어 있는데, 그중 1폭은 중국 전도이고 15폭은 중국 각 성(省) 분도이며, 나머지 1폭은 일본 지도다. 이 지도에는 정밀한 경위도(經緯度)가 표기되어 있고, 산맥·강하천·호수·대소 도시들이 명기되어 있다. 또한 중국 전도 후미에는 중국 사정에 관한 총론이 첨부되어 있다. 이 지도첩에서 마르티니는 처음으로 '진(秦, 진조秦朝)'이 'China'(라틴어 Sina)의 어원이란 설을 제시하였다. 이 지도첩이야말로 유럽인들이 중국 지리를 연구하는 데 명실상부한 첫 안내서였다. 이에 서방 학술계에서는 마르티니를 가리켜 '중국 지리학의 아버지'라고까지 칭하였다.

『중국어찰기(札記)』 Notitia Linguae Sinicae, Joseph Henri Marie de Prémare 저, 1728년

유럽 최초의 중국 문자학 연구서. 중국에서 활동한 프랑스 출신의 선교사 드 프레마르(Joseph Henri Marie de Prémare, 1666~1735)는 유럽인으로서는 최초로 1728년에 중국 문자학 연구서인 이 책을 저술하였다. 유럽에서 중국에 대한 관심이 높아지고 특히 중국학 연구가 활발해짐에 따라, 중국과 유럽 간의 문화교류에 새로운 면모가 나타났다. 우선 중국 이해를 위한 기초 작업인 중국 어문학에 관한 연구와 함께 유럽인들이 중국어를 습득하기 시작하였다. 그 효시는 1643~1650년에 중국에 가서 포교활동을 한 이탈리아 출신 선교사 마르티니(M. Martini)가 귀국 후 독일에서 라틴어로 편찬한 『중국어 문법』(Grammatica Sinica)이다. 이어 벨기에 출신의 중국 선교사 쿠플레(Philippe Couplet, 백응리柏應理, 1659~1681년 기간 중국 체재)의 지도하에 한어(漢語, 중국어)를 배운 독일 의사 멘첼(Christian Mentzel)이 『중국어 입문』(Clavis Sinica)과 『라틴어·한자 어휘 수첩』(Sylloge minutiarum Lexici Latino-Sinico Characteristici, 1685)을 편찬하였다. 같은 시기에 스페인 출신의 선교사 바로(Franciscus Varo)는 『쉬운 관방어(官方語) 독법』(Facilis et Perspicua Methodus ad Linguam Mandarinam Addiscendam, 1684)을 펴냈다. 제정 러시아의 바예르(Bayer)는 1730년에 저술한 2권의 『중국대관(大觀)』에서 중국 문학의 유럽 전파와 중국어 문법, 중국어 자전, 방언 등 중국어 문자에 관해 논하였다. 프랑스 루이 14세의 고문인 푸르몽(Étienne Fourmont, 1683~1745)은 한학(漢學)의 대가로『중국어 문법』(Grammatica Sinica)을 찬술하고 프랑스에서의 한학 연구를 주도하였다. 이탈리아의 카스타라노(Carolus Horatiusa Castarano)는 1732년에 베이징에서 라틴어-이탈리아어-중국어 자전을, 글레모나(P. Bazilius da Glemona)는 1733년 마카오에서 중국어-라틴어 자전을 각각 편찬·출간하였다. 주로 한학자들에 의해 이루어진 중국 어문에 관한 이러한 연구와 결과물은 유럽인들의 중국 이해에 중요한 수단과 기초를 제공하였다.

『중국의 전제정치(專制政治)』 Le Despotisme de la Chine, F. Quesnay 저, 1767년

교류의 문헌적 전거로서의 학문연구서. 18세기

중엽에 활약한 프랑스의 정치경제학자이자 중
농학파(重農學派, Physiocrats)의 창시자이며 '유
럽의 공자' '친화파(親華派, Sinophile)'로 알려진
케네(F. Quesnay, 1694~1774)는 1767년에 프랑
스어로 이 책을 저술하였다. 중국의 정치경제 제
도와 전통사상을 중심으로 중국 전반을 서술한
이 책은 총 8장으로 구성되어 있다. 목차를 보면
다음과 같다. 제1장 해설: 1)서문 2)중화제국의
기원 3)중화제국의 영토와 번영 4)시민계급 5)
군사세력, 제2장 중국의 기초법: 1)자연법 2)경
전(經典)과 제1계급의 사원법(寺院法) 3)제2계급
의 사원법 4)중국인의 과학 5)교육 6)학자의 연
구 7)농업 8)농업에 부수된 상업, 제3장 중국의
실정법(實定法), 제4장 조세법, 제5장 춘추전, 제
6장 행정제도: 1)행정 2)형법 3)관리(官吏), 제7
장 중국 정치제도의 결함, 제8장 중국 법과 정치
체제를 발전케 한 자연법과의 비교. 케네는 이
책에서 "중국의 정치는 합법적인 전제정치이고
중국 황제는 합법적인 전제군주다"라고 지적하
였다. 그는 저서『자연법칙』에서 자연법은 인류
의 입법 기초이고, 민간 행위의 최고 준칙인데
도 중국을 제외하고는 모든 나라들이 이 점을 홀
시한다면서, 중국이야말로 '자연법칙에 준해 건
립된 국가의 모범'이라고 설파하였다. 그는 또
한 농업은 일체의 근본이며 농업만이 재부(財
富)를 증진시킨다고 주장하면서 중국의 중농주
의(重農主義)와 역대 중국 황제의 농업 중시 정
책을 높이 평가하였다. 그리고 중국의 고대 세제
(稅制), 특히『주례(周禮)』의 균전부세법(均田賦
稅法)을 근거로 제시하여 토지 단일 세제를 주장
하였다.

『**중국지**』 *Tratado das cousas da China*, Gaspar da Cruz
저, 1569년
교류의 문헌적 전거로서의 개설 소개서. 저자 다

크루스(Gaspar da Cruz, ?~1570)는 포르투갈의
천주교 도미니크회 선교사로서 인도 서해안과
말라카, 캄보디아 등지에서 선교활동을 하다가
1556년 겨울, 광저우에 도착해 몇달간 중국 동남
해 연안 일대를 방문하였다. 1569년에 귀향한 후
이듬해 2월에 병사하였는데, 사후 15일 만에 그
가 저술한 이 책이 고향에서 포르투갈어로 출간
되었다. ('다 크루스'항 참고).

　이 책은 총 29장으로 구성되었는데, 그 내용
은 중국의 명칭·중국인·강역·성(省)·광저우(廣
州)·건축물·선박·경작·공장(工匠)·상인·토지·
물산·복장·풍습·명절·음악·장례·노예·관리·
사법·감옥·황제·사적·포르투갈인들의 교역활
동·무장 봉기·예배·신앙·무어인(무슬림) 등 다
방면에 걸쳐 있다. 비록 저자 다 크루스가 중국에
머문 기간은 몇달에 불과했지만, 여러가지 중국
관방문헌과 개인 서한 등을 참고로 방대한 내용
의 중국 상황을 책으로 엮어 소개하였다. 마지막
장은 1556년에 발생한 천재(天災)에 관해 언급
하고 있는데, 천재는 중국의 '악행(惡行)'에 대한
천벌(天罰)이라고 해석하고 있다. 이와 같이 부
분적으로 부적절한 내용이 있기는 하지만, 총체
적으로는 비교적 사실적인 기술로 일관하였다.

『**중국 철학가 공자**』 *Confucius Sinarum Philosophus*,
Philippe Couplet 저, 1687년
교류의 문헌적 전거로서의 학문 연구서. 벨기에
의 천주교 예수회 선교사인 쿠플레(Ph. Couplet,
백응리柏應理, 1622~1692)는 1659년에 중국에
입국한 후 그곳에서의 선교사업 상황을 보고하
기 위해 1681년 교황청에 파견되어 유럽에 10년
간 머물다가 다시 중국으로 돌아왔다. 그는 유
럽에 머무르던 기간인 1687년 파리에서『서문
사서직해(西文四書直解)』를 출간하였는데, 그 책
의 라틴어 서명이『중국 철학가 공자』다. 이 책

에는 공자 전기와 『대학(大學)』『중용(中庸)』『논어(論語)』의 역주가 소개되어 있다. 이 책은 공자와 그의 사상에 관한 서구의 첫 연구서였기 때문에 당시 유럽 학계에서 큰 반향을 불러일으켰다.

중국의 청동기

1899년 허난(河南)성 안양(安陽)에서 처음으로 청동 파편이 발견된 것이 계기가 되어 남북 700m, 동서 300m에 이르는 궁전 유적인 은허(殷墟)가 발견된 이래 중국에서는 많은 청동 유물이 발굴되었다. 그러나 이것은 은 문화 후기(기원전 1400~1000년경)의 유물이어서 중국 청동기의 편년은 그만큼 늦게 잡을 수밖에 없었다. 비록 중국 청동기의 자생설이 제기되기는 하였지만 한동안은 전래설이 유력시되었다. 특히 안드로노보나 카라수크 청동기 문화와의 상관성이 많이 거론되었는데, 대체로 그 영향을 받아서 중국 청동기가 발달하게 되었다는 설이 많은 지지를 얻었다. 그러나 1973~1974년 기간에 허난성 옌스(偃師)현 얼리터우(二里頭) 투청즈(土城址, 남북 2km, 동서 1.7km, 기부(基部)의 높이 20m)에서 청동술잔(청동작靑銅爵)이, 1974년에도 같은 허난성 정저우(鄭州) 이리강(二里崗) 유적에서 2개의 큰 솥(대방정大方鼎, 높이 1m, 무게 82.4kg)이 연이어 발굴되어 중국 청동기에 대한 새로운 조명이 불가피하게 되었다. 이 두가지 유물은 모두 은대 전기(기원전 1600~1400)에 속하는 것으로 판단되며, 유물의 정교함이나 발달 수준으로 미루어 은대 이전의 하대(夏代)에 이미 청동 주조 기술이 출현하였을 것이라는 것이 중국 고고학자들의 공통된 견해다. 그러나 중원(中原)의 양사오(仰韶) 문화나 룽산(龍山) 문화에서는 청동기가 출토된 바 없다는 점과 출토된 유물의 편년을 감안하면 은대 청동기의 경

우, 서아시아는 물론 안드로노보 청동기(기원전 2000~1200)보다도 시간적으로 뒤에 나온 것이 분명하다.

카라수크 청동기 문화의 발원지인 미누신스크와 중원 중간에 있는 쑤이위안(綏遠) 지방에서 이른바 쑤이위안 청동기문화(일명 '오르도스 청동기문화')가 개화해 중국 청동기문화의 중요한 부분이 된 바 있다. 대체로 이 문화는 전·후 2기로 나뉜다. 전기는 은주(殷周)시대와 거의 같은 시대로 추정되고, 시베리아의 카라수크 문화나 츠펑(赤峯)의 홍도(紅陶) 문화와 동류에 속한다. 후기는 시베리아 미누신스크 분지의 다가르(Dagar) 문화(기원전 600~100), 알타이 산지의 마이에미르(Maiemir) 문화, 톈산(天山) 지방의 사카(Saka) 문화 등과 같고, 남러시아의 스키타이 문화와 카스피해나 카자흐스탄의 사르마트(Sarmat) 문화와도 상관성이 있는 것으로 보인다. 이들 문화를 통칭하여 스키타이계 문화(혹은 스키토-시베리아 문화)라고도 한다. 쑤이위안 청동기 문화는 스키타이계 문화의 동단(東段)이라고 말할 수 있다. 이 스키타이 문화는 유라시아 대륙의 초원지대에서 성립된 최초의 유목기마민족의 문화로, 청동기는 유목과 기마에 필수적인 기물들이 주종을 이룬다. 이러한 범유라시아적인 문화의 중간 형식으로서의 쑤이위안 청동기문화가 동류의 문화들과 교류했을 것임은 분명하다. 한 가지 주목해야 할 것은 쑤이위안 지방과 멀리 서쪽 소아시아에 자리한 히타이트(Hittite)에서 같은 유물이 출토되었다는 사실이다. 즉, 이 두 곳에서 특유의 세형동검(細刑銅劍)과 날개 둘 달린 화살촉(양익촉 兩翼鏃)이 출토되었다. 이는 히타이트의 그것이 스텝로를 따라 중국에 유입된 것으로 생각된다. 아울러 은·쑤이위안·카라수크의 청동기문화가 각자가 독자적으로 서아시아의 청동기문화를 수용하였

으나, 3자가 서로 교류하면서 고유의 청동기문화를 창조하였다고 추정할 수 있다. 이후 중국 청동기문화는 중원이나 쑤이위안에만 국한되지 않고 줄곧 남하하여, 서주(西周) 이후에는 양쯔 강 이남에도 파급되었다.

『중국통사(中國通史)』 *Histoire générale de la Chine; ou Annales de cet empire; traduites du Tong-kien-kang-mou*, 13권, de Mailla 저, Paris, 1777~1783년

교류의 문헌적 전거로서의 학문 연구서(역사). 프랑스의 천주교 예수회 선교사로서 1703년에 중국을 방문한 저자 드 마이야(J. M. de Mailla, 풍병정馮秉正, 1669~1748)는 포교활동과 함께 전국지도 측회(測繪) 작업에도 참가하고, 나이 50세에 중국어와 만주어를 공부하는 등 정열적인 활동을 벌였다. 따라서 중국의 역사와 문학, 예술에도 조예가 깊었다. 그가 동서 문화교류에 특별한 기여를 한 것은 주희(朱熹)의 『통감강목(通鑑綱目)』을 프랑스어로 번역한 것이다. 『중국통사(中國通史)』란 제목의 이 역본(13권)은 1777~1785년에 파리에서 출간되었다. 역본은 『통감강목』의 만주어본을 초역(抄譯)하고, 거기에 명·청 역사 부분을 첨가하였다. 이 역서는 중국역사를 체계적으로 서술한 역사 전서(全書)로 유럽 역사학계에 큰 영향을 미쳤다. 이 역본을 구입한 530명의 명단이 전해지는데, 구입자들의 거주지와 계층 등으로 미루어 광범위하게 유포되었다는 걸 알 수 있다.

중국회사 1576년

영국의 윌리엄 본(William Bourne)이 1573년에 저술한 『해상 패권을 논함』에서 영국에서 중국으로 통할 수 있는 길을 5갈래로 나누었는데('『해상 패권을 논함』'항 참고), 그중 서북항로에 기대를 건 런던 상인들은 1576년에 '중국회사'를 결성해 항로 개척을 하게 될 탐험대를 파견하였으나 성공하지 못하였다.

중국 회화의 서전

중국 원대(元代)에 이르러 멀리 서아시아에 위치한 일 칸국과의 왕래와 교류가 빈번해짐에 따라 중국 회화가 이란을 비롯한 이슬람세계에 알려지게 되었다. 그리하여 이슬람 회화는 주제나 소재, 화법에서 중국 회화의 영향을 받게 되었다. 우선, 주제 면에서 이슬람 회화에 인물상이 등장하기 시작하였다. 원래 이슬람 회화에서는 우상화(偶像化)란 이유로 인물상이 금기시되었다. 그러나 중국 화풍의 영향을 받으면서부터는 이슬람 회화에 인물상이 선보이기 시작하였다. 일찍이 9세기 후반에 압바스조 이슬람제국의 사절인 이븐 와합(Ibn Wahab)이 장안(長安)에 와서 희종(僖宗, 재위 873~888)을 알현할 때 궁전 보고(寶庫, 보물창고)에서 이슬람 교조 무함마드의 초상화를 목격했다고 한다. 이 초상화는 중국 무슬림 화가의 작품이라고 전해진다. 이것은 일찍부터 중국 화풍의 영향으로 이슬람 회화에 인물상이 등장하였음을 시사한다. 소재에서도 14세기 후반부터 이란을 비롯한 서아시아의 무슬림 화가들은 중국 화풍의 영향을 받아 인물뿐만 아니라, 화초·연꽃·부평초·갈대·목란 등의 식물과 용이나 봉황·기린 같은 동물들을 그림의 소재나 장식 문양으로 도입하였다. 심지어 바그다드의 성문(城門)이나 마스지드(이슬람 사원)의 문, 책 표지 같은 데에도 장식 문양으로 용을 등장시켰다. 이란의 주단에는 중국 문양을 본받아 수렵도(狩獵圖)나 짐승도를 그대로 그려넣었다. 그밖에 중국 화풍인 구름, 태극도(太極圖), 평안을 상징하는 사과, 장수를 기원하는 선도(仙桃) 등도 이란 화단의 소재로 유행하였다. 화법에서도 중국 고유의 곡선이나 파단선(破斷線,

breakline, 전부 나타낼 필요가 없을 경우 절제한 곳을 나타내는 데 쓰는 선), 시공(匙孔, 자물쇠 구멍)이나 심장 모양 같은 기하학적 문양이 14세기 이후 본격적으로 도입되었다. 티무르제국 시대에는 중국에서 유칠(油漆, 유성 페인트)로 집의 문이나 서적에 그림을 그려넣는 화법을 배워갔다. 이같이 중국 원대에는 중국 화풍이 이란을 비롯한 서아시아 지역에 전파되어 이슬람 화단에 상당한 변화를 가져왔다.

중기 구석기시대의 석기문화

중기(中期) 구석기시대(10만~3만년 전)에 이르면 석기 제작은 한층 다양하고 정형화되어 점차 지역에 따른 유형화가 명백해진다. 이 시대에는 제작 기법과 형태에 따라 석기문화가 크게 서구 계통(유럽대륙·북아프리카·서아시아)과 아프리카 계통(사하라 사막 이남), 동양 계통(동북아시아·동남아시아)의 3대 계통으로 나뉜다. 서구 계통과 아프리카 계통의 석기 간에는 공통된 르발루아(Levallois) 기법에 의한 상관성이 엿보이나, 그들과 동양 계통은 기법이나 형태에서 확실히 차이가 난다.

중기 구석기시대에 있어 동서간의 문화적 차이는 석기의 제조기술의 차이로 집약되는데, 그것은 박편(剝片)의 가공법과 형태의 정형화 여부에서 구체적으로 나타난다. 서구에서는 박편석기 가공법에서 이른바 르발루아 기법과 원반형 석핵(石核) 기법을 채용함으로써 가공의 정밀함뿐만 아니라, 형태의 다양화와 정형화를 기할 수가 있었다. 이것은 뾰족끝 석기(point, 첨두기尖頭器)와 긁개(side-scraper)를 대표적으로 하는 무스티에(Moustier) 석기문화가 발달한 결과다. 그러나 동양 석기문화에서는 무스티에 석기형을 비롯한 소형 박편석기가 위주인 서구 석기문화는 달리 소형 박편 석기문화와 역석(礫石)

같은 대형 석기문화가 공존하고 있었다. 그뿐 아니라, 제작기법에서도 상이성(相異性)과 무정형성(無定型性)을 그대로 유지하였다.

중농학파(重農學派, physiocrats)와 중국

근세 초 프랑스에서 볼테르(Voltaire, 1694~1778)를 비롯한 백과전서파에 이어, 18세기 중엽에 케네(François Quesnay, 1694~1774)를 위시한 중농학파에 의해 중국문명 연구의 새로운 붐이 일어났다. 'physiocrats'는 원래 그리스어로 '자연주재학파(自然主宰學派)'라는 뜻으로, 이 학파의 학문적 종지(宗旨)는 '자연법칙과 자연질서가 하느님의 신적 계시를 대체한다'는 것이다. 이들은 천하지대본(天下之大本)의 농법을 중시하기 때문에 '중농학파'라고 불렸다.

케네는 농업은 일체의 근본이며 농업만이 재부를 증진시킨다고 하여 화폐나 상업자본의 역할을 폄하하였고, 나아가 농업을 경시하거나 속박하는 일체의 사상을 제거해야 한다고 주장하였다. 따라서 그는 중국의 중농주의와 역대 중국 황제의 농업 중시 정책을 높이 평가하고, 그가 어의(御醫)로 재직할 때인 1756년에는 프랑스 루이 15세를 설득해 황제가 직접 춘경(春耕) 파종 의식을 집전하게 하였다. 그는 중국의 고대 세제(稅制), 특히 『주례(周禮)』의 균전공부법(均田貢賦法)에 따라 토지 단일 세제를 주창하였다. 그는 자신의 경제사상을 집대성한 명저 『경제표』를 1758년에 발표하였다. 그가 사망하였을 때, 문하생들은 추모사에서 케네를 공자의 교도(教導)와 도덕규범을 실현하기 위해 필생 노력한 '유럽의 공자'라고 평가하였다.

케네의 뒤를 이은 중농학파의 대표적인 인물은 재정대신(1774~1776)을 지낸 튀르고(Turgot, 1727~1781)다. 그가 주(州) 지사로 있을 때 두 명의 중국 유학생과 교제하였는데, 그들에게 중농학파의 이론을 이해시키려고 『부의 형성과 분배에 관한 고찰』(*Réflextions sur la formation et la distribution des richesses*)이란 책을 지었다. 유학생들이 1764년에 귀국할 때는 「중국 문제 연구에 관하여 두 중국인에게 주는 지시」라는 서한을 그들에게 주었다. 이 「지시」에는 52개 문제의 조사 요강을 열거하였는데, 그중 30개는 중국의 토지·자본·노동·지조(地租)·부세(賦稅) 등 농업경제 관련 문제이고, 15개는 제지·인쇄·방직 등 공업 관련 문제이며, 나머지 7개는 자연지리·물산·역사 관련 문제였다. 그 때문에 유학생들은 귀국 후 정기적으로 연구조사 보고를 프랑스 국무대신에게 보냈다. 중국을 방문한 선교사들은 중국 농업경제에 관한 연구조사와 자료 수집을 열심히 하였다. 그들 연구의 중심은 중국의 벼·뽕나무·차의 재배였다. 그밖에 그들은 프랑스 국무대신의 요청을 받아 중국의 농기구와 식량 저장 방법을 조사하고 곡식 종자를 보내기도 하였다. 중국을 방문한 프랑스 선교사 아미오(Jean-Joseph Marie Amiot, 전덕명錢德明, 1718~1793, 1750년 중국 방문)는 『중국 건륭제(乾隆帝)와 타타르 현귀(顯貴)들의 농업관(農業觀)』이란 책을 저술해 1770년 파리에서 출간하였다. 1727년에는 중국의 낱알 어레이(數組, array, 세트)가 프랑스에 보내졌는데, 30년 후에는 프랑스 전국에 보급되었다. 같은 시기에 중국의 보습도 유럽에 전해졌다. 또한 중국의 화초와 접목(椄木) 기술 자료가 유럽에 유입되어 18세기 유럽 화원의 면모가 크게 변하였다.

중석기시대 中石器 時代, Mesolithic Period

기나긴 구석기시대를 마무리하고 새로운 시대인 신석기시대로 전환하는 것은 일종의 질적 변화다. 이러한 변화는 결코 일시에 이루어질 수 없다. 그 사이에 과도적 시기(Period of Transition)로 이른바 중석기시대(Mesolithic Period)가 나타나며, 이에 상응한 문화가 전개된다. 과도적 성격을 띠는 중석기시대는 크게 아질-타르드누아(Azil-Tardenois)기(紀)와 마글레모제(Maglemose)기로 나눈다. 석기의 특징은 구석기시대의 타제석기(打製石器)보다는 앞선, 그러나 형태는 서로 유사한 조기(粗器)나 혼성기(混成器)의 제작이다. 유럽을 비롯한 여러 지역에서 전개된 이 시대의 문화를 석기의 제작기법과 기형에 따라 조기문화(粗器文化, Grobgeratige Kultur, 일명 대기문화大器文化, Grossgeratige Kultur)와 정기문화(精器文化, Feingeratige Kultur, 일명 소기문화小器文化 Kleingeratige Kultur), 혼성문화(混成文化, Misch Kultur, 앞의 두 문화의 혼성)의 3대 문화로 구분한다. 이 시대의 대표적인 석기는 세석기(細石器)다. 지질연대로 보면 이 시대는 홍적세(洪績世)가 끝나고 충적세(沖積世)가 시작될 무렵(1만 5000년~1만년 전)에 해당한다. 이 시대에도 동서간에는 전대(前代)를 물려받은 문화적 차이가 뚜렷하게 나타난다. 생활수단이 여전히 석기인 만큼, 동서간의 문화적 차이도 역시 석기문화에서 가려지고 있다. 이 시대에 보편적으로 새롭게 모습을 드러낸 석기는 세석기다. ('세석기'항 참고)

『중의진요(中醫津要)』 M. P. Boym 저, 1686년

교류의 문헌적 전거로서의 학문 연구서(의학). 폴란드의 예수회의 선교사이자 궁전 어의(御醫)였던 보임(Michael Boym, 복미격卜彌格, 1612~1659)은 1647년에 중국에 입국(해남도海南島)한 후, 광서고명영력(廣西高明永曆) 조정으로부터 특사로 로마 교황청에 파견(1650년 11월~1658년)되었다. 이때 보임은 몇권의 저서를 내놓았는데, 그중 대표적인 것이 이 책이다. 저자는 이 책의 원고를 책으로 간행하기 위해 유럽에 발송했는데, 도중에 네덜란드 동인도회사가 불법 몰수해 이 회사 주임의사에게 넘겨주었다. 의사는 원고 내용을 표절해 자신의 이름을 저자명으로 하여 *Specimen medicinae Sinicae*라는 제목으로 1682년 간행하였다. 그러나 4년 후인 1686년에 보임의 동료 선교사였던 쿠플레(Couplet)가 원 저자인 보임의 이름으로, 그리고 원래 원고의 서명대로 *Clavis medica ad Chinarum doctrinam de pulsibus*(『중의진요(中醫津要)』)라는 제목으로 공식 출간하였다. 중국의 전통의학과 한의약재 289종을 소개하고 있는 이 책은 유럽의 중국 전통의학 연구에 선도적인 역할을 하였다. 그밖에 보임은 1656년 빈에서 『중국식물』을 출간하였는데, 당시는 주로 20여종의 중국 고유의 식물에 관해 상술하고, 희귀동물 몇 점에 관한 소개도 곁들이면서 그림 23점을 첨부하였다.

『중화대제국사(中華大帝國史)』 *Historia de las Cosas mas notables, ritos y Costumbres del gran Reyno de la China*, J. G. de Mendoza 저, 1585년

교류의 문헌적 전거로서의 학문 연구서. 스페인 출신의 저자 멘도사(Juan Gonzalez de Mendoza, 1545~1618)는 1580년에 국왕 펠리페 2세의 서한을 가지고 특사로 중국을 향해 떠났는데, 도중 멕시코에서 사람들의 반대로 전진을 포기하였다. 그러나 그는 그곳에서 당시 필리핀과 중국을 왕래하는 포르투갈인들과 스페인들로부터 중국에 관한 정보와 저술을 다수 입수하였다. 그중에는 중국을 방문한 포르투갈의 천주교 도밍고회 선교사 다 크루스(G. da Cruz, ?~1570)의 저서 『중국지(中國志)』와 1575년 중국에 파견된 스페인의 천주교 예수회 마닐라 교구 주교인 데 라다(M. de Rada)가 쓴 『대명중국사정기(大明中國事情記)』, 그리고 몇 가지 중국 여행기가 들어 있었다. 귀국 후 멘도사는 이러한 2차적 자료에 근거해 이 책을 저술하였다. 440쪽이나 되는 이 저서는 2권으로 나누었다. 중국에 관한 방대한 내용을 포함하고 있는데, 과거제도·관직 등급·임명 방법·군사제도·사법소송제도·건축·복식 등에 이르기까지 세세히 논하고 있다. 총체적으로 그는 중국을 천당처럼 빈곤도 결식도 없는 이상향으로 묘사하고 있다. 제13장에 '천(天)'·'제(帝)'·'성(城)' 자(字)의 3개 한자를 모사(模寫)하였는데, 이것은 유럽의 인쇄 서적에 소개된 최초의 한자다.

이 책은 유럽에서 출간된 최초의 중국 관련 연구서로 유럽인들의 중국 인식에 커다란 영향을 미쳤다. 16세기 후반에 활약한 프랑스 문호이자 철학가인 몽테뉴(Montaigne, 1533~1592)는 이 책의 프랑스어 역본을 감수하면서 "우리는 중국과 접촉한 일도 없고, 알아낸 바도 없지만 중화제국의 정치체제와 예술은 여러 면에서 확실히 우리를 초월하였다"고 말했다. 이 책은 출간되자마자 16세기 말에 이르기까지 이탈리아어·영어·독일어·프랑스어·라틴어 등 30종의 유럽 언어로 번역되었다. 이 책의 근세 영역본은 멘도사의 *The History of the Great and Mighty Kingdom of China and the Situation Thereof*(tr. by R. Parke, with an Introduction by R. H. Mahor, issued by the Hakluyt Society, London, 1853~1854, rep. in U. S. A.)다.

『중화제국도(中華帝國圖)』 1654년

최초의 현대적인 중국 전도(全圖). 중국에서 활동한 이탈리아 선교사인 마르티니(Martino Martini, 위광국衛匡國, 1614~1661)가 1654년에 현대적인 기법으로 제작한 첫 중국 전도로, 8폭의 대형 걸개지도다. 근세 초 유럽의 중국 연구가들이 연구의 기초작업으로 경적(經籍)의 번역이나 연구 및 중국 어문의 습득과 함께 주목한 분야는 중국 인문 상황인데, 역사와 지도 제작을 비롯한 지리에 관한 연구가 중심이 되었다. 이 지도는 그들이 최초로 제작한 중국 지도다. 이어 마르티니는 1655년에 『중국신지도집(中國新地圖集)』(*Novus Atlas Sinensis*)을 제작해 암스테르담에서 간행하였는데, 이 지도는 17폭과 지지(地誌) 171쪽으로 구성되었다. 지도 17폭은 중국 전도 1폭과 15개 성분도(省分圖), 일본 지도 1폭으로 되어 있다.

18세기 초 프랑스 궁전 지리학자이며 당대 유럽 지리학의 태두인 당빌(J. B. Bourguignon d'Anville)은 중국 주재 오스트리아 선교사 프리델리(Xavier Ehrenbert Fridelli, 비은費隱, 1673~1743)가 보내온 『황여전현도(皇輿全賢圖)』에 근거해, 각종 중국 지도를 제작해 파리와 헤이그에서 간행하였다. 당빌은 이 판본을 보충해 1734년에는 중국 15개 성과 몽골·신장(新疆)·칭하이(靑海)·티베트·부단(不丹, 부탄)을 망라한 이른바 『중국·타타르·티베트 전도』까지 제작하였다. 선교사들이 제작한 폭 3.5m의 만리장성(萬里長城) 전도도 로마의 한 박물관에 소장되어 있다.

『중화제국전지(中華帝國全志)』 4권, 1735년

중국에 관한 백과전서적인 소개서. 18세기 유럽의 중국학 연구의 정초(定礎)에 견인 역할을 한 3대 문헌 중 하나다. ('『예수회 서간집』'항 참고). 1735년에 프랑스의 루이 14세 고해신부인 르 텔리에의 비서인 장 바티스트 뒤알드(Jean Baptiste Du Halde)가 주로 중국에 파견된 선교사들이 보내온 서한과 보고 문서자료에 근거, 4권의 『중화제국과 그 소속 타타르의 지리·역사·편년기·정치·박물지』(*Description géographique, historique, chronologique, politique et physique de l'empire de la Chine et de la Tartarie chinoise*, 약칭

『중화제국전지』)를 저술해 중국의 전반적인 상황을 서술하였다. '중국백과전서'라고 평가된 이 대작은 1735년 파리에서 처음 간행된 후, 이듬해에는 헤이그에서 재간되었다. 이후 브룩스(R. Brookes)가 『중국총사』(*The General History of China*)라는 서명으로 영역본을 펴냈다. 본서의 제1권은 각 성(省)의 지리와 편년사, 제2권은 정치·경제·경전·교육, 제3권은 종교·도덕·의약·박물 등, 제4권은 만주·몽골·티베트·조선에 관해 종합적으로 서술하고 있다.

즐문토기 櫛文土器

토기(질그릇, earthenware vessel)란 점토에 돌 조각이나 모래를 섞어서 형태를 만든 후 잿물을 올리지 않고 700~850℃ 온도에서 구워낸 애벌구이(소소 素燒) 용기를 말한다. 여기에 오짓물을 입혀 1,200℃까지 가열하면 점토 내의 장석(長石) 낱알 등이 녹아서 도기(陶器, 오지그릇)가 되고, 다시 1,350℃까지 온도를 높이면 점토(주로 백토白土) 내의 석영(石英) 낱알마저 녹아서 자기(磁器, 瓷器, 사기그릇)가 된다. 토기 제작은 마제석기나 식량 생산과 함께 신석기시대를 규정짓는 3대 요소의 하나다. 물론 신석기시대를 이은 청동기시대나 철기시대에도 토기는 제작·사용되지만, 신석기시대처럼 시대의 규정적 요소

서울 암사동 유적지에서 출토된 빗살무늬 토기

로까지는 되지 못한다. 토기는 문양과 기형(器形)에 따라 여러가지로 분류된다. 일반적으로 문양상으로는 즐문(櫛文, 빗살무늬)토기·파상점선토기(波狀點線土器)·융기문토기(隆起文土器) 세 가지 종류로, 기형상으로는 환저천발(丸底淺鉢)과 포탄형첨저심발(砲彈形尖底深鉢), 평저통형심발(平底筒形深鉢) 세 가지 종류로 나눌 수 있다. 이러한 종류는 어느 시대 어느 곳에서나 일률적이고 같은 비중으로 제작·사용되는 것이 아니라, 지역이나 시대 및 환경에 따라 차이가 있게 마련이다. 한국의 경우 신석기시대(기원전 3000~1000)의 주류를 이루는 토기는 즐문토기다. 따라서 이 시대를 즐문토기 시대라고 한다.

원래 즐문토기라는 말은 독일어 'Kamm Keramik'의 한문(漢文) 역어(譯語)다. 이 독일어는 핀란드 고고학자 아일리오(J. Ailio)가 1922년 북방 유럽의 석기시대 토기에 붙인 이름이다. 그러나 그후, 특히 2차 대전 후 북방 유럽과 시베리아 지역에서 고고학적 발굴 연구가 크게 진척되어 석기시대 토기가 시베리아의 동서(한반도 포함), 광활한 지역에서도 다량 발굴되고 신석기시대 초기의 편년도 세분화되었다. 그 결과 'Kamm Keramik'(즐문토기, comb-marked pottery)란 말은 북방 유라시아에 국한되지 않고 즐문토기 일반에 대한 지칭으로 사용되었다. 그런데 일부 즐문토기에는 빗살무늬와 함께 기면(器面)에 와문(窩文)이 있어 일명 즐문-와문토기(櫛文窩文土器, comb and pit-marked pottery)라고도 한다.

한편 '즐문토기'라는 역어에 대해 한자문화권 내에서는 여러 이설이 있다. 일본 학자들은 대체로 즐목문양토기(櫛目文樣土器)라고 칭한다. 그러나 한국 학계에서는 이와 다른 견해를 표명한다. 일본 학자들은 한국의 즐문토기는 문양에서 그 연고지인 북방 유럽이나 서부 시베리아의 그

것과 차이가 있다는 점(일부 학자들은 양자간의 무관론까지 주장)을 이유로 이 명칭은 부적절하다고 지적하면서 유문토기(有文土器) 혹은 기하문토기(幾何文土器)라는 명칭을 주장하고 있다. 이에 반해 한국과 기타 지역의 즐문토기는 빗살무늬로 장식된 것이 기본이고, 그릇의 형태가 다같이 첨저(尖底, 뾰족밑)로 비슷하며, 시문구(施文具, 무늬 새기개)가 동일한데다가, 특히 이 토기는 북방 유럽으로부터 시베리아를 거쳐 한반도에까지 분포되어 있어 신석기시대의 하나의 중요한 문화대를 이루고 있다는 사실 등을 고려할 때, 그 연대성을 살려 즐문토기로 통일한다고 해도 별 문제가 없다고 보는 견해가 있다. 이 견해에 따르면 일부 문양의 세부적인 차이는 장기간 먼 거리를 이동하는 과정에서 생긴 토기 자체의 필연적인 발전적 변화라고 보고 있다. 즐문토기는 대체로 형태가 반난형(半卵形, 반쪽달걀형)이고, 바깥표면을 나무나 뼈 등으로 만든 빗(comb) 같은 시문구로 누른 점렬문(點列文)이 있어서 즐문토기라고 명명되었다. 이 토기는 주로 시베리아를 중심으로 한 북위 55° 이북의 광활한 지역에 산재한 범시베리아 문화대를 이루고 있어 일명 '환북극(環北極, circumpolar) 문화'라고도 한다.

즐문토기의 교류

각 지방에서 출토된 즐문토기의 편년이 제각각이고 기형이나 문양의 상관관계가 명확하지 않기 때문에, 즐문토기의 발원지가 어디인지는 아직 최종적으로 밝혀지지 않고 있다. 그러나 분포지와 유동 방향에 관해서는 거의 견해가 일치해 즐문토기의 교류상을 알 수 있다. 즐문토기는 대체로 기원전 3000~1000년(일부 지역에서는 기원전 500년) 기간에 주로 산림지대의 강과 하천 주변에서 수렵과 어업을 주요한 생업으로 하는

사람들에 의해 제작되었다. 이 토기와 같이 출토
되는 유물로는 마제 돌도끼와 어렵(漁獵)용 골
기, 목제 바리(발鉢)와 우상(偶像), 동물 모양의
석조각, 동물이나 인물의 조각, 썰매·태양·제의
(祭儀) 등을 묘사한 암벽화 같은 것이 있다. 이러
한 반출품을 통해 즐문토기 문화의 배경과 내용
을 헤아릴 수 있다.

이 토기는 북유럽의 핀란드와 폴란드, 북부 독
일, 서북 러시아의 카렐리아(Karelia) 지방에서
부터 오카-볼가(Oka-Volga)강 상류 지방에 걸
쳐 유행한 신석기시대의 토기문화인 이른바 피
트·콤웨어(pit-combware) 문화와 연결된다. 이
문화는 주로 수렵과 어로에 의존하였지만, 스키
나 썰매를 이용해 기동력이 있었다. 이러한 기동
력에 의해 즐문토기와 함께 간단한 석재나 골제
인물상까지도 공유하는 시베리아 문화대가 형
성되었는데, 그 범위는 유라시아 동서의 넓은 지
역을 포괄하였다. 즐문토기 문화는 오카-볼가
강 상류 지방에서부터 다시 동진해 우랄 산맥을
넘어 중부 시베리아의 오비(Ob')강 하류 지류인
라틴강 유역으로 진출하였다. 그후 계속 동진해
예니세이(Enisei)강 중류를 거쳐 바이칼호에 도
달한다. 거기에서 동남쪽으로 꺾어 몽골 초원이
나 헤이룽강(黑龍江)을 지나 한반도에 이른 후
남하하였는데, 그 여파는 일본 규슈(九州) 지방
에까지 파급되었다.

『**증기터빈**』 *La Machine*, Fedinand Verbiest 저, 1629년
증기터빈 원리 설명서. 중국 청(淸) 나라 초기 서
구로부터 기계공학을 수용하면서 증기터빈 원리
가 도입되었다. 청나라 초에 흠천감(欽天監)과 공
부(工部)에 봉직하던 벨기에 선교사 페르비스트
(Ferdinand Verbiest, 남회인南懷仁, 1623~1688)
는 이탈리아 기계공학자 브랑카(Branca)가 발명
한 충동식(衝動式) 터빈과 이 책을 소개하였다.

또한 1678년에는 브란카의 공학원리에 따라 증
기터빈 실험도 하였다. 목제 4륜차에 화로를 싣
고 석탄 연료로 얻은 동력으로 차륜에 의해 추진
하는 증기터빈이었는데, 브랑카의 충동식 터빈
보다 진일보한 것이었다.

『**증안과의바라문송시(贈眼科醫婆羅門頌詩)**』劉禹
鍚 저, 당대
당나라 때 소주(韶州) 현호(懸壺)에서 활동한 한
호승(胡僧, 서역승)의 고명한 안과술에 대해 찬송
한 시다. 오랫동안 실명해 실의에 빠져 고심하던
한 안질 환자가 치안(治眼)의 묘술인 금비술(金篦
術)을 가진 바라문승 안과의를 만나 치유한 감격
적인 사연을 읊고 있다. 이 한 수의 시에서 당시
인도 안과 의술의 높은 수준과 호승들이 중국 내
에서 활동한 일단을 엿볼 수 있다.

지갑선정법 指甲旋定法
중국 송대에 이용한 일종의 지남침 사용법으로,
지남침을 손톱 위에 올려놓고 방향을 판별하는
방법이다.

지겸 支謙
월지(月氏) 출신으로 중국을 방문한 승려. 중국
후한 영제(靈帝, 재위 168~189) 때 조부(祖父)
법도(法度)와 함께 중국에 귀화하고, 지참(支讖,
지루가참支婁迦讖, 중국에 대승경전을 전한 최초
의 인물)의 제자인 지량(支亮)에게 사사하였다.
지루가참, 지량, 지겸(支謙) 셋을 삼지(三支)라
부른다. 지겸은 6개 국어에 정통했으며『유마힐
경(維摩詰經)』『대명도무극경(大明度無極經)』등
경전 49부를 한역하였다. 후한 말(220) 논쟁을
피해 오(吳)나라로 이주해 왕 손권(孫權)의 신뢰
를 얻었다. (8-10)

지구라트 Ziggurat

고대 메소포타미아의 거대한 계단형 탑. '지구라트'는 높은 곳이란 뜻이다. 하늘과 지상을 연결하기 위해 지은 높은 탑으로, '성탑(聖塔)' 또는 '단탑(段塔)'이라고도 한다. 기본구조는 점점 작아지는 사각형 테라스를 여러 개 겹쳐서 기단으로 하고, 그 꼭대기에 신전을 안치하는 것이다. 신성한 탑과 신전이 함께하고 있기 때문에 대체로 도시의 중심부에 있다. 『구약성서』에 나오는 바벨탑도 형식에서 약간 차이가 있지만 지구라트가 분명하다. 지구라트는 메소포타미아에만 있는 것이 아니고, 페르시아 등 메소포타미아 문명의 영향을 받은 지역에서도 만들어졌으며 그 유적이 남아 있다.

『지구전요(地球典要)』 崔漢綺 저, 1857년

독창적인 기철학(氣哲學)에 바탕한 우주구조와 지구상의 인문지리에 관해 서술한 세계 지리지(地理誌). 철학자이며 과학자인 혜강(惠崗) 최한기(崔漢綺, 1803~1877)는 평생을 생원(生員)이라는 하찮은 양반으로 지내면서 오로지 학문에만 잠심몰두(潛心沒頭)해 천여 권의 책(남아 있는 것은 『명남루전집(明南樓全集)』 등 120권뿐)을 지었다. 조선에 들어오는 중국 서적은 먼저 그의 손을 거쳐야 했을 정도로, 그는 새로운 학문과 책에 열중하였다. 그의 독창적인 우주관과 지리관을 집약한 『지구전요』는 총 7책 13권으로 엮어졌다. 나이 55세에 저술한 이 책은 최한기가 입수한 『직방외기(職方外紀)』(1623), 『지구도설(地球圖說)』(1767), 『해국도지(海國圖志)』(1844~1852), 『영환지략(瀛環志略)』(1850), 『해유록(海遊錄)』(1719~1720) 등 국내외 서적들을 참고해 그가 정한 '기화(氣化)'와 '실용(實用)'의 기준에서 취사선택하고 보완해 편집한 지지(地誌) 종합서다. 권1에서는 천체로서의 지구에 관한 내용, 즉 우주체계, 지구의 운동, 대기, 태양, 달, 오성, 일식과 월식, 조석 현상 등에 관한 우주론을 전개하고 있다. 그는 당시 중국에서 체재하며 활동하고 있는 선교사들의 저서들을 통해 코페르니쿠스(Copernicus)의 태양중심설과 뉴턴의 만유인력법칙을 접하고는 그에 수긍하였다. 그러나 그 원리에 대한 해석은 전혀 다르다. 그는 중국에 온 선교사 브누아(M. Benoist, 장우인蔣友仁)의 『지구도설(地球圖說)』(1767)을 통해 코페르니쿠스의 이론을 접한 후 그것을 이해하고 수용하였다. 또한 그는 1860년대에 윌리엄 허셜(W. Herschel)의 『천문학개론(天文學槪論)』을 한문으로 번역한 『담천(談天)』을 통해 뉴턴(Newton)의 만유인력 법칙을 접하였다. 그리고 이 책을 토대로 지은 『성기운화(星氣運化)』에서

이란 서부 초가잠빌의 지구라트 유적

천체운동에 관한 독창적인 이론을 제시하였다. 즉 '인간으로부터 우주에 이르기까지 일관되게 관철되는 기의 운동'이라는 기철학적 논리로 우주의 모든 운동을 설명하였다. 그는 뉴턴의 만유인력 법칙이 우주의 운동현상을 적시하고는 있지만, 그 원인은 제대로 밝혀내지 못한다고 지적하면서 중력의 작용은 천체를 둘러싸고 있는 기륜(氣輪)이 서로 영향을 주고받으면서 생기는 것이며, 지구에 아침 저녁이 생기는 것은 지구와 달의 기륜이 서로 접촉하고 작용하는 증거라고 주장하였다. 그는 빛·소리·온도와 같은 물리현상에 관한 서양의 과학지식을 소개하면서, 그것을 자신의 기철학을 세우는 과학적 기초로 삼았다. 그렇지만 흙·물·불·공기로 우주의 변화를 설명한 아리스토텔레스의 '4원소설(四元素說)'은 부정하면서, 우주에 있는 근원적인 기가 변해 흙·물·불·공기가 된 것이므로 이 4원소를 근본 물질로는 볼 수 없다고 반박하였다. 이렇듯 그는 서양의 과학지식을 만물의 근원인 기의 운동이나 성질을 설명하는 논리로 활용하였다.

권1 후반부터 권11까지는 지구상의 인문지리에 관한 백과전서적 내용이다. 먼저 '해륙분계

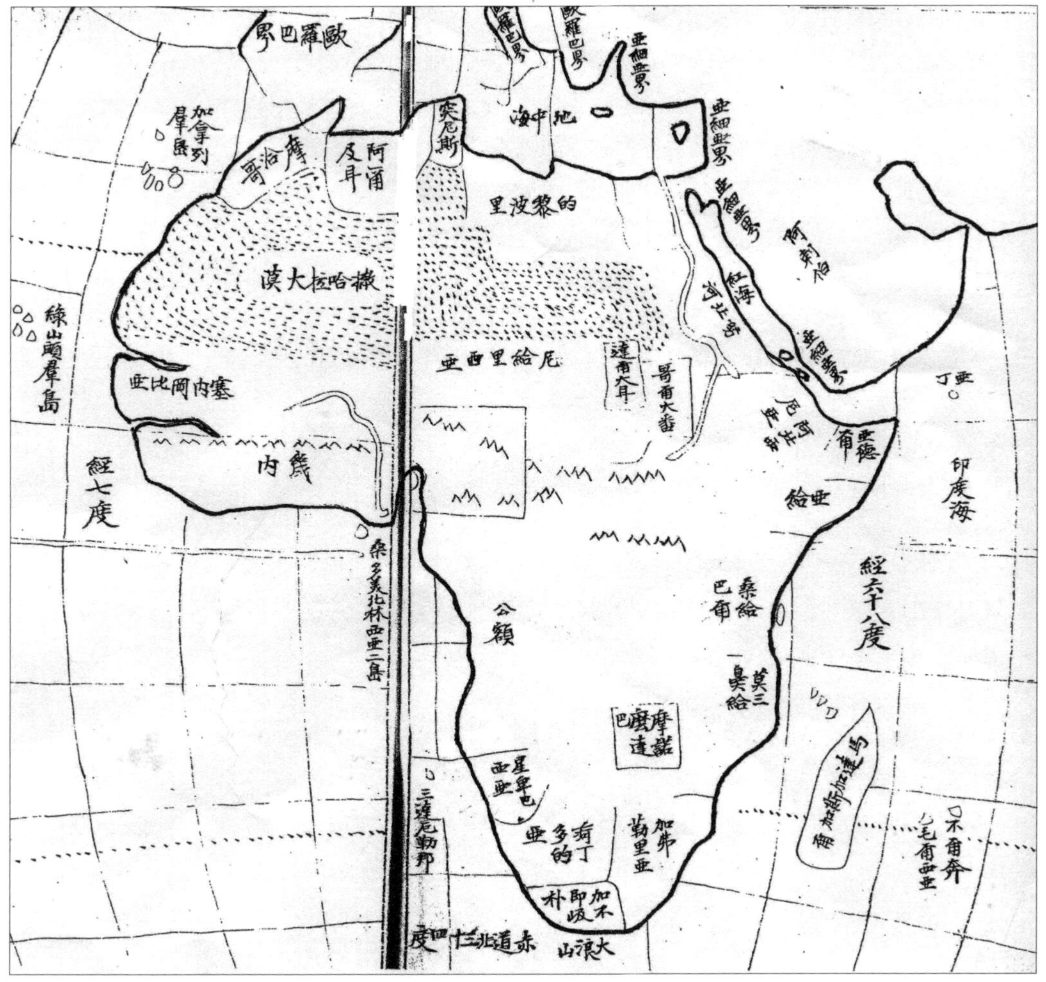

최한기의 『지구전요』 권13에 수록된 '제국도(諸國圖)' 중 아프리카 전도

(海陸分界)'의 항목에서는 지구의 표면을 육지와 바다로 나누어 개략적으로 설명하고 있다. 내용은 주로 『직방외기』와 『영환지략』의 관련 내용을 취사선택해 정리하고 있다. 이어 아시아·유럽·아프리카·남북아메리카의 5대주 6대양에 관한 총론을 펴고, 그 밑에는 매 주(洲)에 속한 각 지방과 국가의 강역·풍토·물산·생활·상공업·정치·재정·왕실·관직제도·예절·형벌·교육·풍속·병제 등에 관한 구체적인 지지(地誌)를 상세하게 기술하고 있다. 세계 각 지역과 나라들의 지지에 이어 권11 후반부터 권12까지는 '해론(海論)'·'중서이동(中西異同)'·'전후기년표(前後紀年表)'·'양회교문변(洋回敎門辯)'의 항목으로 관련 내용을 다루고 있다. '해론'에서는 해로(海路)·해산(海産)·해도(海島)·조석(潮汐) 등을, '중서이동'에서는 동서양의 성좌명(星座名)·역법(曆法)·문자(文字) 등을 소개하고 있으며, '전후기년표'는 이해를 돕기 위한 연표(年表)다. '양회교문변'에서는 기독교와 이슬람교에 대한 최한기 나름의 관점이 잘 드러나고 있다. 그에 의하면 기독교(양교洋敎)는 역상(曆象, 천체의 현상), 지구(地球), 기용(氣用, 기화현상氣化現狀)이 밝혀지지 않았던 때에 생겨난 것이며, 회교(回敎, 이슬람교)는 기독교를 수정·보완해 후대에 만들어진 종교이므로 이 두 종교를 미신으로 배척하였다. 그러면서 『천주실의(天主實義)』 등 전래된 기독교 서적들을 차례로 비판하고 나섰다. 권13은 권1에서 권12까지의 내용을 이해하는 데 참고하기 위한 천문도(天文圖)인 '역상도(曆象圖)'와 세계지도, 각 대륙과 각국의 지도인 '제국도(諸國圖)'로 이루어진 일종의 세계 지도첩이다.

지남구 指南龜

중국 송(宋)대에 방향 판별에 이용된 지남성(指南性) 계기(計器). 철조각이나 나무로 만든 거북의 미부(尾部)에 자석을 집어넣고 복부에 홈을 파서 매끈한 대나무 장대에 올려놓으면 자유롭게 회전하다가 미부가 정지하면서 남쪽을 가리킨다.

지남어 指南魚

방향 판별에 이용된 최초의 지남성(指南性) 계기(計器). 북송(北宋) 경력(慶曆) 4년(1044)에 저술된 병서 『무경총요(武經總要)』(권15) 「향도(嚮導)」 조에 지남차(指南車)와 함께 그 용도와 제작 방법(지남차의 제작 방법은 미기술)이 소개되었다. 이에 따르면 지남어는 날씨가 흐리거나 야간 행군을 할 때 방향을 판별하기 위해 이용하는데, 얇은 철조각으로 만든다. 철조각은 길이 2촌, 너비 5푼 정도의 앞뒤가 뾰족한 물고기 모양이다. 이 철조각을 탄불에 벌겋게 달군 후 끄집어내어 머리는 남쪽을, 꼬리는 정북쪽을 향해 놓고 꼬리를 물속에 넣어 급냉각시키면 곧바로 지남철이 된다. 이 지남철 성질을 가진 지남어를 바람이 불지 않는 곳에서 물그릇에 넣으면 물 위에 뜨는데, 이때 머리는 남쪽을 가리킨다. 그밖에 목제 지남어도 있는데, 이는 나무로 물고기 모양을 만들어 복부에 자석을 집어넣고 아가리에는 황납(黃蠟)을 바른다. 그런 후 목어를 물 위에 띄우면 머리는 남쪽을 가리킨다.

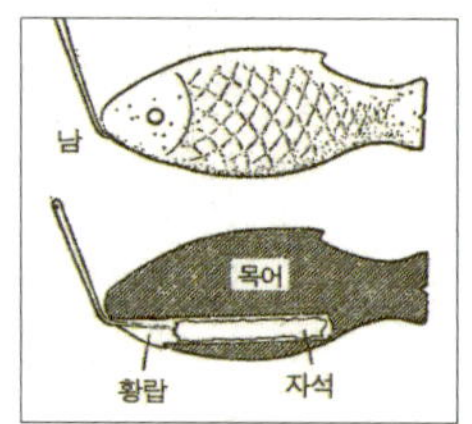

중국 송대의 철제 및 목제 지남어

『**지남정법(指南正法)**』 → '『순풍상송(順風相送)』'항 참고

지도 제작법의 교류

일찍부터 동·서간에는 지도 제작법에서 활발한

교류를 진행하였다. 중국의 전통적인 제도법은 배수(裵秀, 224~271)가 정초(定礎)한 망격제도법(網格製圖法)인데, 이 제도법은 원대(元代)까지 줄곧 사용되었다. 한편 유럽에서는 중세 암흑기에 접어들면서 점·선·면 등의 정성적(定性的) 기호(qualitative symbol)에 준한 제도법을 버리고, 기독교 종교관에 입각한 환우(實宇, 전세계) 제도법에 의해 이른바 '윤형지도(輪形地圖)', 일명 'T-O지리'를 제작하였다.

중세의 지도 제작에서는 중국의 망격제도법이 가장 선진적이었다. 이 제도법이 아랍과 유럽의 지도 제작에 일정한 영향을 미쳤다. 중세 이슬람 지리학의 거장인 이드리시(al-Idrīsī, 1099~1166)가 1154년에 제작한 세계지도는 9줄의 위선(緯線)과 11줄의 경선(經線)을 종횡으로 배치해 그린 것인데, 망격제도법의 흔적이 엿보인다. 다른 무슬림 지리학자인 무스타파 까즈위니(Abu Yahya Zakariya' ibn Muhammad al-Qazwini)가 1330년경에 제작한 이란 지도도 역시 망격제도법을 이용한 것이다. 이러한 제도법은 아랍-이슬람세계를 통해 이탈리아를 비롯한 유럽 지역에 전해졌다. 이탈리아 지리학자 사누토(Marino Sanuto)가 1306년에 십자군 원정을 위해 제작한 팔레스타인 지도는 83줄의 위선과 28줄의 경선을 오밀조밀하게 배치한 망격제도법을 이용해 그린 지도다. 뿐만 아니라, 이러한 제도법은 유럽에서 13세기 말부터 나와 항해도(航海圖)의 제작에도 이용되었다. 그러나 반대로 명말 청초에는 중국에 들어온 선교사들에 의해 투영법(投影法) 같은 서방의 선진 제도법이 중국에 전해졌다.

지루가참 支婁迦讖, Lokaksema

월지(月氏) 출신의 중국 방문 승려. 150년에 후한의 뤄양(洛陽)에 이주해 영제(靈帝, 재위 168~189) 때 20년 동안 『도행반야경(道行般若經)』과 『반주삼매경(般舟三昧經)』 등 중요한 초기 대승불교 경전 14종을 한역하였다. 그중 『도행반야경』은 중국에서 반야경의 초역(初譯)이며, 『반주삼매경』은 처음으로 아미타불(阿彌陀佛)을 소개함으로써 후일 중국 불교에 큰 영향을 미쳤다.

지리대(地理帶)와 인간문화

강우량(降雨量)과 더불어 기온은 인간의 경제활동뿐만 아니라, 거주환경과 지각(地殼) 구조마저 변화시킨다. 인간의 생활은 물론, 사회와 문화의 발전에도 직접적인 영향을 미친다. 지금으로부터 약 1만~7,000년 전 충적세(沖積世)에 형성된 지리대(地理帶)를 보면 삼림은 주로 고위도와 저위도 지대에 집중되었고, 초원과 사막은 중위도 지대에 자리하였다. 구세계(舊世界, 아시아·유럽·아프리카)의 강우량을 보면 연평균 강우량이 1,000mm를 초과하는 지역은 동아시아와 동남아시아다. 이 지역에서는 기온이 높은 여름철에 비가 많이 와서 식물의 성장에 유리하다. 뿐만 아니라, 기온도 동아시아의 중위도(中緯度) 지대는 같은 위도상의 다른 지대에 비해 겨울은 더 춥지만, 여름은 기온이 올라가서 많은 양의 비를 뿌려 식물이 잘 자란다. 그 결과 이 지역은 수목이 울창한 삼림지대로 변하였다. 반면에 지중해를 중심으로 한 서아시아와 유럽은 기온이 높은 여름에는 비가 적게 와서 식물이 잘 자라지 않는다. 따라서 이 지역은 목초 정도가 자라는 초원지대로 남았다. 그밖에 지구상에는 비가 거의 오지 않는 사막지대도 적지 않다. 요컨대 자연 상태에서 어떤 곳이 삼림이 되고, 어떤 곳이 초원이나 사막이 되는지는 우량이나 기온과 직결된다고 할 수 있다. 전형적인 삼림으로는 유라시아 대륙 북부의 이른바 '타이가'(Taiga),

즉 아한대침엽수림대(亞寒帶針葉樹林帶)와 서아프리카나 동남아시아의 열대우림(熱帶雨林), 동아시아의 조엽수림(照葉樹林), 지중해 주변의 경엽수림(硬葉樹林), 서유럽과 동아시아의 낙엽광엽수림(落葉廣葉樹林)이 있다. 여기서 한 가지 부연해야 할 것은 유럽의 수림은 우량이 적은 탓으로 동아시아나 동남아시아의 수림에 비해 생산성이 낮으며, 따라서 인간에게 미치는 영향도 상대적으로 약하다는 점이다. 또 한 가지 이례적인 것은 중위도 지대인 동아시아에 삼림지대가 펼쳐져 있다는 사실이다.

초원(草原)이란 대체로 연 강우량이 250~270mm로 자연히 큰 나무는 자랄 수 없으나 풀이 무성하게 자라는 곳이다. 초원은 목초의 원천지로 목축업의 적지(適地)다. 고고학적 연구결과를 보면 인류의 최초 화석은 아프리카의 초원을 비롯한 여러 초원지대에서 발견되었다. 이것은 인류의 최초 활동무대가 초원지대였음을 시사한다. 강우량과 기온의 차이로 인해 대체로 서양은 초원지대로, 동양은 삼림지대로 그 자연환경을 달리하였다. 이러한 자연환경의 차이는 생활문화와 정신문화에서의 차이를 초래하였다. 서아시아와 유럽과 아프리카에서의 인간생활은 초원 적응의 생활양상을 띤다. 이곳에서 출토된 동물 화석은 거의 초원에 서식하는 동물의 화석으로, 인간들은 초식동물의 수렵에 종사하였다. 따라서 그들의 식품은 식물성이 아닌 동물성이었다. 수렵 위주의 생업을 유지하기 위해서는 동물의 해체나 요리에 필요한 도구가 필수이며, 이러한 도구는 날카로워야 한다. 그래서 세석기(細石器)가 발달하게 되었다. 한편, 탁 트인 초원과 그 속에서 자유분방하게 이동하면서 수렵하는 인간에게는 멀리 보는 시야가 생기고 자연스럽게 기동성(機動性)이 습득되어 형질화되기에 이르렀다.

이에 반해 삼림이 활동무대인 동양인은 채집과 그 발전 형태로서의 농경, 어로(漁撈)가 주요 생계이기 때문에 식품은 자연히 동물성이 아닌 식물성 식품이었다. 이러한 생업과 생계를 지탱하는 데 필요한 도구로는 둔탁하지만 든든한 석핵석기(石核石器)라든가 박편석기(剝片石器) 같은 것으로도 족하였다. 채집이나 어로는 수렵만큼 활동적이지 못하고 대체로 제한된 구역 내에서 맴돌기 때문에 안전성은 있으나 폐쇄적이었다. 간혹 수렵을 하는 경우에도 초원에서는 추적하는 수렵이지만 삼림에서는 기다리는 수렵이 대부분이라서 기동력이 떨어질 수밖에 없었다.

지리상의 발견시대 → '대항해시대'항 참고

『지리학입문(地理學入門)』 *Geographike Hyphegesis*, Ptolemaeos 저

알렉산드리아(Alexandria) 출신의 그리스 지리학자 프톨레마이오스(Ptolemaeos, 90~168)가 그리스 시대 이후의 지리학 성과를 집대성한 저작이다. 이 책에서 서아시아로부터 중국 경내에 이르는 오아시스로에 관한 서방인들의 기록이 처음 발견된다. 이 기록은 동시대의 지리학자 마리누스(Marinus)가 기원후 1세기 말~2세기 초 동·서교역에 종사한 상인 마에스 티티아누스(Maes Titianus)의 견문록을 인용한 것을 재인용한 것이다. 발흐(Balkh, 현 아프가니스탄 북부)에서부터 파미르 고원을 지나 타림 분지와 장안(長安)에 이르는 노선 주변 상황에 관한 내용인데, 매우 모호하고 불명확한 점이 많다.

지맹 智猛, ?~453년

중국 후진(後秦)의 서행 불승. 옹주 경조(雍州 京兆, 현 시안西安) 출신인 지맹에 관한 기사는 승우(僧祐)가 찬한 『출삼장기집(出三藏記集)』과 양대(梁代) 혜교(慧皎)가 찬한 『고승전(高僧傳)』에 전해진다. 어려서 불법에 입문한 지맹은 외국인 도인(道人)들로부터 천축(天竺, 인도)에는 석가의 유적지나 불전이 많다는 이야기를 듣고 도축구법(渡竺求法)을 결심하였다. 후진(後秦) 문환제(文桓帝) 홍시(弘始) 6년(404)에 동지사문(同志沙門) 15명을 규합해 장안(長安)을 출발하였다. 일행은 하서회랑(河西回廊)을 거쳐 양관(陽關)을 지난 후, 유사(流沙, 사막) 2천여 리를 답파하였다. 그러고는 오아시스로 남도(南道)에 있는 선선(鄯善)에서 구자(龜玆)를 거쳐 우기(于闐)에 이른 후, 다시 2천여 리를 걸어 파미르 고원에 당도하였다. 여기서 일행 중 9명은 전진을 포기하고 되돌아갔다. 파미르 고원을 넘어 1,700리에 있는 파륜국(波倫國)에 이르렀는데, 여기서 동행하던 축도숭(竺道嵩)이 그만 객사하였다. 남은 일행 5인은 힌두쿠시 산맥을 넘어 남행 1천리를 간 끝에 드디어 계빈국(罽賓國)에 도착하였다. 여기서 가유라위성(迦維羅衛城)과 파련불읍(巴連弗邑)을 비롯한 불적지를 두루 돌아보고 424년 귀국길에 올랐다.

일행 다섯 중 3명은 이미 객사하고 지맹과 담기(曇暮) 두 사람만 살아남았다. 지맹은 량저우(凉州)에 돌아와 있다가 437년에 쓰촨(四川)에 도착해 439년부터 종산(鐘山) 정림사(定林寺)에 주석하면서 자신의 도축 순례기를 썼다. 『유행외국전(遊行外國傳)』(1권)이란 이 순례기는 지금은 실전(失傳)되었지만, 『구당서(舊唐書)』 「외국전(外國傳)」에 소개되어 있다. 그후 지맹은 『니원경(泥洹經)』 20권을 번역하고 성도(城都)에서 입적하였다.

지볼트(Siebold) 사건

독일 출신의 의학박사 지볼트(Karl Theodor Ernst von Siebold, 1804~1885)가 1823년 일본 나가사키(長崎) 데지마(出島)의 네덜란드 상관(商館) 주재 의사로 일본에 와서 일본 젊은이들에게 서양의학을 가르치고 막부(幕府) 천문방(天文方)의 다카하시 카게야스(高橋景保) 등 식자층과 광범하게 교유하며 몰래 학술자료라든가 지도 등을 교환하였다. 일본 사회에서 상당한 인기를 얻고 있던 그가 1828년 귀국할 때 화물을 실은 상선이 폭풍우를 만나 해안에 부딪치는 바람에 그의 수집품 중에 외국 반출이 금지된 물품이 발견되었다. 지볼트는 결국 나가사키에 억류되었다가 강제로 추방되었다. 그에게 지도 등을 기증한 다카하시 카게야스는 체포되어 감옥에서 옥사하였다. 이것이 이른바 '지볼트 사건'이다. 지볼트는 귀국 후 『일본』 『일본동물지(日本動物志)』 『일본식물지(日本植物志)』 등 일본 관련 저서들을 통해 유럽에 일본을 소개하였다. 그는 1859년에 다시 일본을 방문하였다. 네덜란드 레이던에 있는 국립민족학박물관에는 그가 귀국시 가져간 식물 견본과 도자기·칠기·회화 등이 소장되어 있다.

『지봉유설(芝峯類說)』 李睟光 저, 1614년

교류의 문헌적 전거로서의 제국(諸國) 문명을 다룬 한국 최초의 백과전서. 10책 20권의 이 책은 이수광(李睟光, 1563~1628)이 52세 때인 1614년에 탈고되었지만, 간행은 사후 그의 두 아들에 의해 1633~1634년에 이루어졌다. 책의 서두에는 교우인 김현성(金玄成)의 서문(序文)과 이수광의 자서(自序), 편찬 원칙을 밝힌 3칙(則)의 범례(凡例)가 수록되어 있다. 범례에 따르면 저자는 이 책을 저술하는데 348가(家)의 서적(한국 서적 42종, 중국 서적 306종)을 참고로 하고 인용하였다. 본문은 전 항목을 주제에 따라 총 25부문(部門)으로 대별하고, 해당 주제와 관련되는 사항을 182세목(細目)으로 구분했으며,

세목 아래에 무려 3,435조목(條目)의 내용을 기술하고 있다. 책 속에 거명된 인물만 2,265명이나 된다. 이러한 조목에는 천시(天時)와 인사(人事)에 이르기까지 천문·지리·언어·기예·식물·동물·곤충 등 자연과 인간사에 관한 삼라만상이 거의 망라되어 있다. 책의 내용에서 보다시피, 다양한 학문을 두루 탐구하는 박학풍(博學風)과 함께 성리학 이외의 학문에 대한 포용성이 두드러지며, 서양의 학문과 과학기술을 인정하고 받아들이는 점에서 『지봉유설』은 조선 후기 실학풍(實學風)의 형성에 결정적 단서를 제공해준 진서(珍書)라고 평가할 수 있다. 이 진서의 서술방식은 '유설(類說)', 즉 소설류의 맥을 잇는 방식을 취하고 있다. 그러나 단순하게 기사를 나열하는 것이 아니라, 기사를 분류해 체계화했다는 점에서 전래의 소설류 저작과는 그 성격이 다르다. 또한 개인의 사상이나 견문을 기록한 저작이라기보다는 그 내용의 상당부분이 과거 전적(典籍)에서 취사선택한 내용을 수집하고 편집해 백과전서적으로 엮은 것이다. 이 책이야말로 소설류의 전통을 준수하면서, 거기에다 백과전서라는 새로운 서술형태를 접목시킨 창의적인 저술인 것이다.

임진왜란(壬辰倭亂)과 정유왜란(丁酉倭亂), 정묘호란(丁卯胡亂), 거기에 더해 남인(南人)과 북인(北人) 간의 갈등 등 혼란이 극심하던 동란기에 많은 사람들이 중국만 쳐다보면서 사대(事大)만 일삼던 시기에 이수광은 과감하게 중화(中華)의 굴레를 벗어던지고 새로운 세계를 향해 시야를 돌렸다. 그러한 발상은 이 책의 「제국부(諸國部)」 '외국(外國)'조에 잘 나타나 있다. 이 조는 '본국(本國)' '외국(外國)' '북로(北虜)'의 3부분으로 나눠 총 87개의 외국을 언급하고 있다. 이수광은 그때까지 화이관(華夷觀)에 젖어 습용해오던 '외이(外夷)'란 말을 '외국'이란 가치중립적인 말로 대체한다. 그리하여 그는 중국을 중심으로 하는 세상 외에 더욱 넓은 세계를 지향하면서, 동남아시아와 서역, 유럽, 이슬람 문명과 기독교문명 등 더 넓은 세계와 다양한 문명을 소개하고 세계에 대한 인식의 범위를 전례 없이 확장하였다. 그는 이렇게 공간적인 시야를 넓혔을 뿐만 아니라, 문화적인 인식의 폭도 넓혀서 역사·지리·기후·풍속·종교 등 다방면에 걸친 인식과 지식을 추구하였다.

지비에(Ziwiyeh) 유적

교류의 유물적 전거로서의 초원로 유적. 1947년 현 이란 동북부의 우르미아(Urmia)호 남방 사게즈(Saggez, 사카, 스키타이의 별칭) 부근의 고지(故址) 지비에에서 황금단검을 비롯한 다량의 금속제 유품이 발견되었다. 그중에는 기원전 7세기경의 아시리아와 스키타이 양식의 팔찌와 목걸이 장식품, 금제 검집, 은반 등의 유물이 포함되어 있다. 기원전 612년에 아시리아가 멸망하자 스키타이는 이란 북부의 메디아와 협력관계를 수립하였고, 지비에를 포함한 메디아는 스키타이에게서 아키나케스형 단검 등 무기와 기마전법을 전수받았다.

지안 集安

만주 일대와 압록강 유역은 한민족 고대사의 중심 무대였다. 한국역사상 최초의 국가인 고조선은 랴오닝(遼寧) 지방을 중심으로 성장해 그 세력 범위를 넓혀나갔다. 고조선을 이어 압록강 중류 유역에서 건국한 고구려는 건국 초기부터 멸망하기까지 중국대륙에서 차례로 등장하였던 여러 국가들과 교류 및 협력 관계를 유지하면서 때로는 갈등과 전쟁으로 대립하기도 하였다. 고조선과 고구려는 중국 중원(中原) 지역을 거쳐 이어지는 오아시스로와 중국 동북방에서 연결되는 초원로를 통해 서역이나 유라시아 북방 지대와 교류하였다. 평양으로 천도하기 전 고구려의 수도였던 국내성(현 지안集安) 일대에는 많은 유적과 유물이 남아 있다. 지안에는 동북아시아의 고대사를 생생하게 보여주는 광개토대왕비가 있으며 수많은 고구려 고분 유적이 있다. 지안 일대에 있는 고구려 고분 중에는 서역과의 문명교류를 확인할 수 있는 벽화가 수두룩하다. 각저총(角觝塚)과 무용총에는 두 사람이 겨루기를 하는 모습이 그려져 있다. 이 중 한 사람의 얼굴은 눈이 크고 코가 높은 서역계 인물이다. 장천(長川) 1호분의 경우 40여 명의 인물이 등장하는데, 이 중 9명이 서역인의 모습을 하고 있다. 이와 같이 일상생활을 표현한 그림에 서역인의 모습이 다수 등장하는 것은, 실제로 그들이 고구려에 와서 정착해 중요한 역할을 하고 있었음을 단적으로 보여주는 것이다.

지장 地藏, 金喬覺

중국 불교 4대 성지의 하나인 구화산(九華山) 성지의 창시자. 지장보살(地藏菩薩) 김교각(金喬覺)은 신라의 왕손으로 24세 때 황립도(黃粒稻)란 신라의 볍씨를 가지고 삽살개 한 마리와 함께 돛단배를 타고 당나라에 갔다. 그의 입당 연도에 관해서는 653년설, 695년설, 704년설, 719년설, 756년설 등 각기 다르나 99세에 입적했다는 사실에는 별 이의가 없다. 입당한 후에는 중국의 여러 곳을 순방하다가 안후이성 칭양(靑陽)현 구화산에 들어가 암자를 짓고 수행에 전념하였다. 그는 『화엄경(華嚴經)』을 바탕으로 한 새로운 불교이론을 설교하였고, 공덕이 높아 제자들이 문전성시를 이루었으며, 중국 각지는 물론 신라에서까지 많은 사람들이 찾아와 설교를 듣곤 하였다. 인근에 살던 부자 민양화(閔讓和)와 아들 도명(道明)은 그의 설교에 감화되어 백

성들을 모아 화성사(化城寺)를 짓고 구화산을 지장도량의 성지로 만들었다고 한다. 열반 후 불교도들은 『대승대집지장십륜경(大乘大集地藏十輪經)』에 근거해 그를 지장보살의 현신(現身)이라 믿어 '김지장(金地藏)'이라고 불렀다. 그는 흔히 보는 삭발형 지장보살이 아니라 머리에 보관(寶冠)을 쓴 지장보살로 숭앙되어, 신라에서 데리고 왔다는 개의 형상을 한 동물상을 그려넣은 대좌(臺座) 위에 보관을 쓴 채 좌상(坐像)을 취하고 있다. 그가 입적할 때 산이 울리고 돌이 떨어졌다느니, 석함에 모신 시신이 3년 후에도 썩지 않았고 손이 부드럽고 뼈마디에서 소리가 났다느니 하는 등, 공덕이 높은 것만큼 그에 관한 기담 전설도 많다. 지장은 시작(詩作)에도 능해 당나라 시집에 그의 작품이 수록되기도 하였다. 그는 신라에서 가지고 온 볍씨로 중국 안후이성에 벼농사를 전파했을 뿐만 아니라 뽕나무를 심고 서역에서 가져온 오서송(五鈘松)과 운무향차(雲霧香茶)를 구화산에 심어 이 산의 특산품으로 만들었다고도 한다.

지중해 해저 유적

지중해는 해저 유물의 보고다. 기원전 4세기에 지중해에는 300여 개의 항구가 있었으며, 청동기시대부터 근세에 이르기까지의 지중해 침몰 선박은 10만 척을 헤아린다. 심해에 침몰한 선박은 파도의 영향을 별로 받지 않기 때문에 보존상태가 비교적 양호하다. 이에 고고학·교류사·선박사 연구에서 귀중한 사료로 활용되고 있다.

『직방외기(職方外紀)』 6권, Julio Aleni 저, 1623년

교류의 문헌적 전거로서의 개설소개서. 1610년에 중국을 방문한 이탈리아 예수회 선교사 알레니(Julio Aleni, Giulio Aleni, 애유략艾儒略, 1582~1649)가 저술한 이 책은 중국어로 쓰인 최초의

세계지리서로 1623년 항저우(杭州)에서 처음 간행되었다. 원래 예수회 선교사 판토하(Diego de Pantoja, 1571~1618)와 우르시스(Sabbathino de Ursis, 웅삼발熊三拔, 1575~1620)가 만력(萬曆) 황제의 하명에 따라 궁내에서 예수회 선교사 마테오 리치(Matteo Ricci, 1552~1610)가 제작한 세계지도에 관해 강해를 하였는데, 알레니가 그 강해 내용을 바탕으로 하고 일부 자료를 보완한 것을 양정균(楊廷筠)이 책으로 엮어 출간한 것이 바로 세계지리서 『직방외기』이다. 이 책은 세계 5대주 각국(42개국)의 지리와 풍토·기후·명승지·민생 등을 다루고 있다. 말미에는 콜럼버스의 미주대륙 '발견' 기사까지 실어 당시로는 매우 이색적인 지리서로서 큰 인기를 끌었다. 이 책은 『천학초함(天學初函)』『사고전서(四庫全書)』『수산각총서(守山閣叢書)』에 각각 수록되어 있다.

진론 秦論

중국에 온 첫 대진(大秦, 로마) 상인. 진론(본명은 미전)은 226년 교지(交趾, 현 베트남)에 도착한 후 태수 오막(吳邈)의 호송하에 건업(建業, 현 난징南京)에 도착하였다('로마 상인과 물질문명 교류'항 참고). 오나라 손권(孫權)은 진론에게 대진에 관해 여러가지를 묻고 나서 유함(劉咸)을 송영사(送迎使)로 임명해 진론을 대진까지 동행케 하려 했으나 그는 도중에 사망하였다. (8-11)

진성(陳誠)의 3차 서역사행 1413~1421년

중국 명대에는 비록 해금(海禁)을 비롯한 보수적인 외교정책을 추구하고 대외교섭은 주로 조공(朝貢)이나 봉사(封賜)를 위한 활동에 그쳤지만, 서행견사(西行遣使)를 중단하지는 않았다. 특히 명대 초엽인 성조(成祖, 재위 1403~1424)와 선종(宣宗, 재위 1426~1435) 치세 때는 명대

전 전(全) 기간에서 예외적이라고 할 수 있을 만큼 활발한 대외활동을 전개하였다. 성조는 해외에 국위를 선양하기 위해 아시아와 아프리카 제국에 무려 81차례나 사절을 파견하였다. 이 무렵에 가장 유명한 출사로는 진성(陳誠)의 육로를 통한 3차 서역사행과 정화(鄭和)의 해로를 통한 7차 '하서양(下西洋)'이 있다. 이들의 출사로 인해 원(元) 말에 일시 경색되었던 동·서 통교가 다시 이뤄지고 동서교류가 활기를 되찾게 되었다. 장시(江西) 융지(永吉) 출신의 진성(陳誠, 1365~1458)은 홍무(洪武) 27년(1394)에 진사(進士)에 합격하여 행인(行人)이란 관직을 얻은 뒤, 지방관으로 베이징·산둥(山東) 등지에서 봉직하였다. 그러다가 간쑤(甘肅)와 칭하이(青海)의 사리위구르(살리외올아撒里畏兀兒)를 다스린 것이 계기가 되어 일약 이름을 떨쳤다. 진성은 당시 북방으로 도주한 원(元)의 잔여 세력을 섬멸하고 간쑤와 칭하이의 사리위구르 지방에서 몽골 세력을 축출하기 위해 그곳에 설치한 위(衛)에 부임하였다. 이른바 '안정위(安定衛)'를 확보하였던 것이다. 그러한 능력이 인정되어 귀조 후 즉시 특사로 안남(安南, 현 베트남)에 파견되었다. 그는 안남인들이 강점한 광시(廣西)의 쓰밍(思明)을 수복할 임무를 띠고 갔으나, 안남인들의 완강한 저항으로 성과는 거두지 못하였다. 그후 몽골 원정에도 참전한 바 있다.

성조 영락(永樂) 연간에는 서역의 티무르조에 세 차례(1413~1421, 약 8년간) 사절로 파견되었다. 그의 서역 사행은 신흥 명조의 위세를 선양하고 중앙아시아 일원을 아우르는 강대한 티무르제국과 정상관계를 유지하는 것이 목적이었다. 당시 건국자 티무르를 이어 제위에 오른 아들 샤루흐(1409~1447 재위)는 선대의 반명(反明) 정책을 포기하고 명조와 관계 개선을 도모하고자 하였다. 진성의 제1차 서역사행은 영락 11

년(1413)에 귀국하는 티무르조 영내의 헤라트
와 사마르칸트 등 여러 지방의 사신들을 호송하
면서 서역 제국을 순회하는 데 목적이 있었다.
정사(正使)는 환관(宦官) 이달(李達)이고, 진성은
이부원(吏部員) 외랑(外廊) 겸 전서기(典書記)의
자격이었다. 일행 중에는 호부주사(戶部主事) 이
섬(李暹)도 끼어 있었다. 사절단은 황제의 칙서
와 서역제국 왕들에게 선사할 예물도 많이 휴대
하였다.

일행은 1413년 9월에 경사(京師)를 출발해 이
듬해 1월에 간쑤성의 쑤저우(肅州)를 지나 허시
주랑(河西走廊)과 자위관(嘉峪關)을 경유, 츠진
(赤斤)에서 사막을 지나 2월에 하미(哈密)에 도
착하였다. 4월 14일에는 텐산 산맥의 한 분수령
인 납랄독(納剌禿, 나라트)령을 넘어 쿵거스(孔
葛思, 쿤게스)강 계곡에 들어섰다. 이 계곡은 이
리하(河)의 상류에 있는데, 진성이 방문하려는
모굴 칸 무함마드(마합목馬哈木)의 장막(帳幕)
이 바로 이 계곡에 있었다. 모굴(모굴리스탄) 칸
국은 차가타이 칸국의 후예로서, 서방 차가타이
칸국이 멸망하고 티무르조가 흥기한 이후에도
텐산 북쪽에서 계속 세력을 유지하고 있는, 이
른바 동(東)차가타이 칸국이었다. 명대(明代)에
는 이 칸국을 그 중심지의 지명을 따라 별실팔리
(別失八里, 비슈발리크)라고 불렀다. 5월 3일 칸
과 작별하고 쿤게스강을 따라 내려와 쿠르쟈에
서 서진해 아력마가(阿力馬加, 차가타이 칸국의
수도 알말리크의 구지)에 이른 후, 6월 11일 합
랄오지(哈剌烏只)에 도착해 모굴 칸국의 중신(重
臣)으로서 타림 분지 서남부의 아르디 샤호르(6
성) 일대를 지배하고 있는 투글루크족의 홀대달
(忽代達, 후다이다트)의 장막을 방문하였다. 7월
27일에는 살마아한성(撒馬兒罕城, 사마르칸트)
에 도착하였다. 사마르칸트는 티무르 생존시에
는 제국의 수도였으나, 그의 사후 아들들 사이에

서 벌어진 왕위쟁탈전 결과, 제국의 중심은 헤라
트로 옮겨져 아들 샤루흐가 실권을 장악하게 되
었다. 진성 일행이 방문하였을 때, 이곳은 샤루
흐의 아들이며 고명한 학자인 우르구 베크가 부
친을 대신해 군림하고 있었다.

이곳에서 10일간 체류한 후 서남으로 떠나 8
월 5일에 티무르의 탄생지인 게석성(揭石城, 케
쉬Kesh, 현 샤흐리삽스Shahrisabz)에 이르렀다.
이어 인도와 페르시아, 사마르칸트를 통하는 도
로의 교차점에 있는 요지 철문관(鐵門關)을 지나
아목하(阿木河, 아무다리야강)의 동안에 있는 질
리미(迭里米, 테르메즈)에서 강을 건너 8월 20일
팔랄흑성(八剌黑城, 발흐)에 도착하였다. 여기를
떠난 후 가까스로 페르시아 영내에 들어가 호라
산 지방의 엄도회성(俺都淮城, 안두호이)에서 3
일간 묵은 다음 헤라트로 향하였다. 경사를 떠난
지 1년이 되는 1414년 9월 14일에 목적지 헤라
트(합렬성哈烈城)에 종착하였다. 귀로에 관한 기
록은 남아 있는 것이 없으나 대체로 거로(去路)
와 같은 것으로 추측되며 약 1년이 걸려서 영락
13년(1415) 10월에 경사에 귀착하였다. 이렇게
진성의 제1차 서역사행에는 약 2년이란 시간이
걸렸다. 이 사행 과정에서 사절단은 서역 17개
국을 편력하였는데, 그중 샤루키야와 복화아(卜
花兒, 부하라)는 분견대가 방문한 곳이기 때문에
진성 자신이 직접 순방한 나라는 15개다. 귀조
후 그의 공로가 평가되어 이부낭중(吏部郎中)에
발탁되고, 그의 사행기록은 사관(史館)에 증여·
보관하도록 하였다.

이듬해인 영락 14년(1416)에 진성은 또 다시
그와 동행해 입조(入朝)하였다가 귀국하는 서역
제국 사절들을 호송하라는 명을 받고 제2차 서
역 사행에 나섰다. 그의 제2차 서역사행에 관한
상세한 기록은 남아 있는 것이 별로 없지만, 잔존
기록에 의하면 6월에 경사를 출발해 헤라트·사

마르칸트·안데이·실랄리(失剌里, 시라즈), 그리고 역사불한(亦思弗罕, 이스파한)까지 갔다가 이듬해(1417) 12월에 돌아왔다고 한다. 그는 제1차 사행 때와 마찬가지로 입조하는 서역제국의 사신들을 대동하고 귀국하였다. 이때도 그의 공로가 인정되어 광둥(廣東) 포정사참의(布正司參議)에 제수(除授)되었다. 영락 18년(1420)에 다시 우참의(右參議)에 오른 진성은 환관 곽경(郭敬)과 함께 세번째로 서역에 파견되었다. 잔존 기록에 의하면, 그는 2차 사행시 방문한 나라 외에 팔답흑상(八答黑商, 바다흐샨)과 우기(于闐, 호탄)를 더 방문하였으며, 사행 기간은 약 2년간이었다. 세번째 사행에서 돌아온 진성은 관직에서 물러나 유유자적(悠悠自適)한 생활로 만년을 보냈다고 한다. 진성은 제1차 서역사행 이후, 수행한 이섬(李暹)과 함께『서역행정기(西域行程記)』와『서역번국지(西域番國志)』2권을 저술해 명제에게 봉정하였다.『서역행정기』는 일기 형식으로 사행의 노정과 연도의 풍물·지형·기후 등을 상술하고 있으며,『서역번국지』는 편력한 17개국을 나라별로 지형·주민·역사·풍속·경제·문화 등의 내용을 기술하였는데, 그중 헤라트에 관한 기술이 약 절반을 차지한다. 이 두 저서는 중세 오아시스로와 중앙아시아 나라들, 특히 티무르제국의 실태를 파악하게 하여 동·서 관계사를 연구하는 데 귀중한 사료로 평가받고 있다.

진주 眞珠, pearl

귀중한 장식품이자 교역품. 일반적으로 조개류에서 채집하는 천연물로 아름다운 색깔과 광택을 가지고 있는 진주는 일찍부터 장식품과 교역품으로 각광을 받아왔다. 현대에 이르러 1920년대를 분수령으로 진주는 천연 진주와 양식 진주 두 가지로 갈라지게 되었다. 천연 진주를 형성한 패류(貝類)는 약 1만 5천 종이나 된다. 그중 질 좋은 진주를 만드는 패류는 약 1,300종이나 되며 주로 온대나 열대 바다에서 난다. 천연진주의 주 채집지는 페르시아만(93%)이며, 기타 인도 연안과 스리랑카 부근, 북아메리카 연안에서도 나온다. 유물에서 보다시피 인간은 원시시대부터 진주를 보석처럼 귀중히 여기면서 장식용으로 써왔다. 중국 전국시대의 청동기에는 진주가 상감(象嵌)되어 있으며, 기원 초 지중해 연안에서 성행한 이른바 다채장식양식(多彩裝飾樣式, polychrome)의 주 장식재료도 각양각색의 진주다. 유럽에서 16세기는 '진주의 시대'(pearl age)라고 할 정도로 진주가 폭발적인 인기를 모았다. 유럽에서 진주는 심장병이나 장수약으로도 사용되었으며, 중국 둔황 벽화에는 백색의 안료(顔料)로도 사용되었다. 세계적으로 채집지가 제한된 진주가 이렇게 여러 곳에서 진품으로 사용된 것은 교역 덕분이다. 기원 초 70년대에 나온『에리트라해 안내기』에는 인도양에서 진행된 교역에서 진주가 중요한 교역품이었다는 내용이 기록되어 있으며, 기원을 전후한 시기 중국 한대의 배가 멀리 인도 남단의 황지국(黃支國)에서 수입해온 품목 가운데에도 진주가 들어 있다.

진체 眞諦, 拘羅那陀, 親依, 波羅末陀, 499~569년

중국 불교의 4대 역경가(譯經家)의 한 사람. 서천축(西天竺) 출신으로 양(梁)나라 무제(武帝)가 명승들을 초빙하는 데 응해 해로로 광저우를 거쳐 548년에 건업(建業, 현 난징南京)에 도착하였다. 강남 여러 지역을 전전하면서 강설(講說)과 역경에 힘썼다. 섭론종(攝論宗)의 형성에 결정적 역할을 한『섭대승론(攝大乘論)』을 비롯해 많은 불전을 한역해 중국 불교의 4대 역경가의 한 사람으로 평가된다.

『**집사(集史)**』 *Jawamiod Tarikh*, 전7권, Rashīdu'd Din 저, 1307, 1310~1311년

교류의 문헌적 전거로서의 학문 연구서. 저자 라시둣 딘(Rashīdu'd Din, 1247~1318)은 현 이란 하마단(Hamadan)에서 이슬람교로 개종한 한 유대인 약사 가문에서 출생하였다. 그 역시 유명한 의사이면서 동시에 박식한 역사가로, 일 칸국 궁전 어의로 봉직하다가 1298년 재상에 서임되었다. 그는 자신의 관직을 이용해 몽골과 중국에서 온 많은 학자들과 교제하면서 몽골과 중국에 관한 지식을 쌓았다. 특히, 1285년 쿠빌라이의 특사로 일 칸국에 파견된 원조의 중신인 중서승상(中書丞相) 발라(孛羅)에게서 원조의 각종 제도와 몽골 역사에 관해 많은 것을 직접 전해들었다. 라시둣 딘은 이 책 외에『일 칸의 중국의학보고』도 저술해 중국의 전통의학을 소개하였다. 일부 학자들이 인류문화 보고 중에서 비교적 완벽한 첫 세계 통사라고 하는 이『집사』(페르시아어)는 두 부분으로 구성되어 있다. 제1부는 1307년에 저술한 몽골사 부분이고, 제2부는 1310~1311년에 저술한 세계사 부분이다. 전 7권으로 된 이 책의 제7권에서 저자는 돌궐·중국·유다왕국·인도 등 나라들의 역사를 다룬다. 중국 역사에 관한 서술에서 그는 나름대로 중국의 왕조체계를 세우고 역대 왕조마다의 역사를 서술하고 있다. 비한문(非漢文) 저서로 중국 역사에 관해 비교적 체계있게 논술한 최초의 서적이다.

쯔놈 문자 Chũ Nôm

베트남에서 한자의 음을 빌려서 베트남 고유어를 표기한 문자. '베트남 사람들의 글'이란 뜻의 '쯔놈'은 구조상 한자의 원형을 유지하거나 두 한자를 겹쳐서 만드는 것이 특징이다. 한자 원형을 유지하는 데는 음과 뜻이 같은 것(예: 命-멩), 뜻은 같으나 음이 다른 것(예: 弧-꼬이), 음은 같으나 뜻이 다른 것(예: 戈-꽈, 건너가다) 등이 있다. 두 한자가 겹쳐진 예로는 '至(뜻)+典(음)=덴, 도착하다' '口(뜻)+內(음)=노이, 말하다'를 들 수 있다. 이런 식의 단어는 전체 쯔놈 중 10.3%(14~16세기)에서 10~12%(17세기), 그리고 약 20%(18~19시기)로 계속 증가 추세를 보여왔다. 이 문자는 베트남에서 몽골 침략을 물리치고 민족의식이 고양되던 쩐(진陳)왕조(1225~1400) 시대부터 쓰기 시작하였다. 그러나 쯔놈은 속자(俗字)로 취급되어 공식문서에서는 제외되고 한자가 사용되었다. 20세기에 들어와 꾸옥구(quoc-ngu, 국어國語)라 부르는 로마자 표기법이 등장하면서 한자도 쯔놈 문자도 모두 무용지물이 되었다.

ㅊ

차가타이 칸국 Chaghatai Khanate, 1227~1369년

몽골군의 제1차 서정(西征, 1219~1225) 직후에 서요(西遼) 고지(故地)인 중가리아 분지와 타림 분지 및 아무다리야강 이동(以東) 지역에 건립된 4대 칸국 중 하나다. 칭기즈칸의 둘째아들 차가타이가 건국했고, 수도는 알말리크(Almalik, 현 신장성新疆省 훠청현霍城縣 수이딩진水定鎭 서북부)다. 1310년 오고타이 칸국(Ögedei Khanate)을 합병한 후 영토를 오아시스로의 톈산 남북도(天山南北道) 일대와 아무다리야강 이동 지역까지 확장하였다. 후에 동·서로 양분되어 서차가타이는 1370년에 티무르(Timur)제국에게 멸망했고, 동차가타이는 몇 개의 소국으로 분열되었다가 쇠망하였다.

차(茶)의 교류

차의 원산지는 중국의 윈난성(雲南省)과 인도 동북부의 아삼 지방으로 알려지고 있다. 따라서 차는 중국차와 아삼차 두 종류로 대별되고, 제조방법에 따라 녹차와 홍차로 나뉜다. 중국 차나무는 800종을 헤아리는데, 윈난성의 대차수(大茶樹) 말고는 대체로 키가 작고(3m 이하) 추위에 강하다. 이에 비해 아삼 차나무는 키가 크고 추위에 약하다. 차의 명칭은 대부분 중국어의 명칭을 음사한 것인데, '차'(cha) 혹은 '차이'(chay)는 한국어·일본어·포르투갈어·힌두어·터키어 등과 '티'(tea)는 영어·네덜란드어·프랑스어·독일어 등의 두 갈래로, 전자는 광둥어, 후자는 푸젠어(福建語)에서 유래한 것이다.

차는 오늘날 세계 170여 개 나라의 수십억 인구가 하루에 20억 잔이나 마시는 세계 제일의 음료다. 생산지만 아시아를 비롯하여 50여 개 나라에 이르며, 아프리카 케냐는 세계 차 재배의 주요 국가로 떠오르고 있다.

중국차에 관한 유럽 최초 기록은 1545년경에 나온 이탈리아의 항해기에 보인다. 또한 1560년경 중국을 방문한 포르투갈의 한 선교사는, '중국에서는 지체 높은 댁에서 손님에게 차(ch'a)라는 음료를 대접한다. 맛은 쓰고 주홍색이며 약용(藥用) 식품을 섞어 만든다'는 기록을 남겼다. 유럽에서 중국차를 처음 수입한 나라는 네덜란

스리랑카 차 산지인 캔디의 차밭

드로, 네덜란드의 동인도회사는 1610년 일본 녹차를 인도네시아의 자바를 거쳐 유럽에 수출하였다. 그러나 18세기부터는 영국 동인도회사가 중국차 수입의 주도권을 장악하였고, 19세기에는 인도의 홍차 생산과 교역마저 지배하게 되었다. 영국과 네덜란드를 비롯한 유럽에 차 문화가 뿌리를 내리면서 차는 교역의 주요한 품목으로 자리잡았다. 17~18세기 중국과 유럽 간의 교역에서 중국은 유럽에 주로 비단·차·도자기를 수출하였다. 청조의 건륭제(乾隆帝)는 '천조(天朝)의 은덕'이라고 자부하면서 차의 수출을 허용하였다.

한편, 차에 대한 수요가 확대되고 교역이 늘어나자 차는 국제분쟁의 불씨가 되어 '차란(茶亂)'을 초래했다. 그 한 예가 바로 '보스턴 차 사건'(Boston Tea Party, 1773)이다. 영국 동인도회사가 식민지 아메리카에 대한 차 판매를 독점하려고 차에 세금을 붙이는, 이른바 '차 법령'(Tea Act)을 반포하자 밀수입 차를 싼 값에 사서 마시던 보스턴 주민들이 항의 표시로 보스턴항에 정박하고 있던 영국 동인도회사 소속 선박을 습격하고 차 상자를 바다에 던져버렸다. 이 사건은 2년 후에 발발한 미국 독립전쟁의 불씨가 되었다. 중국의 아편전쟁(1840~1842)도 차와 관련이 있다. 영국은 중국에서 과도하게 차를 수입하여 재정에 문제가 생기자 그것을 보상하기 위해 인도나 서아시아에서 재배하는 아편을 중국에 판매하려고 하다가 끝내 전화(戰火)에 휩싸이게 되었다. 당시 차와 관련해 재미있는 일들이 많았는데, 그중 하나가 영국의 차상(茶商)들 사이에 신선한 차를 빨리 수입해 값비싸게 팔아 이익을 더 많이 얻으려고 소위 '티 클리퍼'(tea clipper, 차 쾌속선)나 '티 레이스'(차 경주) 같은 치열한 자본주의적 경쟁까지 벌어졌다는 사실이다.

차량 車輛

바퀴를 달아 굴러가게 만든 수레의 총칭으로 초원에서의 주요한 교통수단의 하나다. 메소포타미아의 우루크(Uruk) 유적(기원전 3500~3100)에서 발견된 이륜차(二輪車)의 유물에서 보다시피, 차량은 청동기시대인 기원전 4000년 말엽에 발명되었다. 당초 차량은 가축에 의해 움직였는데, 처음에는 소나 당나귀가 끌다가 기원전 2000년경부터 말이 끌기 시작하였다. 기원전 1500년경에 속하는 우랄 남방의 유적과 중국의 은허(殷墟)에서도 이륜차 유물이 출토되었다. 전파 방향을 살펴보면, 차량은 서아시아로부터 동쪽으로 전해진 고대의 교류물이다. 특히 말이 끄는 차량, 즉 마차(馬車)는 그 기동력과 운반력으로 인하여 문물교류에 있어 교통수단과 전차(戰車) 등 전투장비로 크게 유용되었다.

차르클리크 Charkhlik, 婼羌

타림 분지(Tarim Pendi, Tarim basin) 동쪽에 있는 작은 오아시스에 자리한 나라. 타림 분지에서 칭하이(青海)로 가는 교통의 관문이다. 연 강수량이 5mm 정도로, 타림 분지 오아시스 가운데서 가장 건조한 곳이다. 전한시대에는 여기에 이순성(伊循城)이 있었다.

차스퀴 chasqui

잉카제국의 파발꾼. 교통이 발달한 잉카제국에서는 반(半) 레구아(legua, 약 2.8km)마다 숙관(宿館) 하나씩을 배치해 파발꾼들의 휴식과 숙박을 보장하였다. 파발마의 속도는 1일당 50레구아(약 280km)로, 수도 쿠스코에서 400레구아나 떨어진 에콰도르의 키토까지 10~12일에 주파하였다고 한다.

차오양 朝陽

사적에 '영주(營州)'와 '용성(龍城)' '유성(柳城)' '화룡(和龍)' 등의 이름으로 나오는 고도. 오늘날의 차오양은 황허(黃河) 문명을 비롯한 세계 4대 문명보다 앞선 문명이라고 하는 홍산문화구(紅山文化區)의 동편에 자리하고 있으며, 구석기시대 인류의 거주지를 비롯해 적지 않은 원시 유적을 보유하고 있다. 주변에는 산명수려(山明水麗)한 경관들도 즐비하며, 예로부터 요서(遼西) 지방의 동서남북을 이어주는 교통의 요지이기도 하다. 차오양은 한(韓)민족의 고대사 전개에서 늘 완충지 역할을 해왔다. 고조선 시대부터 고구려를 거쳐 발해에 이르기까지 한민족의 강토 가장 서변에 있는 중국과의 접경지이면서 격전장이기도 하였으며, 또한 문물이 오가는 통구(通口)이기도 하였다. 이곳에 있는 북탑(北塔)박물관에는 한반도 여러 곳에서 발견되는 연(燕)나라 화폐인 명도전(明刀錢) 유물이 다수 전시되어 있다. 교역수단인 화폐의 공유는 두 나라간에 통교가 있었음을 입증한다.

이러한 통구를 통해 불교도 오갔다. 일찍부터 차오양은 동북 불교의 요람으로서 불교의 한반도 동전(東傳)에 가교 역할을 하였다. 이곳에 자리했던 전진(前秦) 왕 부견(符堅)이 372년에 승려 순도(順道)를 고구려에 보내 불교를 전했던 것이다. 중국의 신·구당서에 의하면 6세기를 전후해 영주(營州, 현 차오양)는 동북아시아 최대의 국제무역도시였는데, 당시 그 상권을 고구려가 장악하고 있었다. 바로 이 때문에 멀리 서역의 페르시아(이란) 상인들이 이곳까지 와서 고구려인들과 교역도 하고 어울리기도 했던 것이다. 일본의 저명한 중국사 연구가도 페르시아를 비롯한 무슬림 상인들이 영주에 왕래하였다고 주장하였다. 고구려 무용총 고분벽화 속의 손잡고 겨루는 수박도(手搏圖)나 각저총 벽화 속의 씨름도에 보이는 심목고비(深目高鼻)한 상대방은 다름 아닌 영주 땅을 거쳐 고구려에 들어온 페르시아인이었을 것이다. 이러한 왕래는 발해 때 5대 국제 통로의 하나인 상경(上京)에서 영주를 거쳐 중원까지 이어지는 '영주로'를 통해 이루어졌을 것이다. 그밖에 차오양 근교의 베이퍄오(北票)에 있는 북연(北燕)의 한 권세가인 풍소불(馮素弗, 383~415)의 묘에서 1965년 신라 고분에서 나온 유리그릇과 비슷한 유리제품 5점이 나왔다. 동북아시아에서는 유일한 유사품이다. 그런가 하면 북탑 천궁(天宮)에서는 신라 유리봉수병과 매우 유사한 페르시아 유리봉수병(鳳首瓶)이 나왔다. 이것은 영주를 중간환절(中間環節)로 해 한반도로 이어지는 '유리의 길'을 밝혀주는 단서가 된다.

높이 42.6m의 동북 제1보탑인 북탑과 탑돌이 모습

차이다무 분지 Cháidámù, 柴達木盆地

중국 칭하이성(靑海省) 서북부의 분지. 칭하이에서 타림 분지로 왕래하는 교통요지다. 해발 5,000~6,000m의 산맥으로 에워싸인 고도 3,000m의 분지로서 건조한 사막과 황야가 대부분이다. 역사상 티베트가 타림 분지로 진출할 때 거점 역할을 하였다.

찬드라굽타 Chandragupta

인도 마우리아 왕조의 창건자. 기원전 317년에 파탈리푸트라(Pātaliputra, 지금의 파트나 Patna)를 수도로 인도 최초의 통일국가인 마우리아 왕조를 세웠다. 기원전 305년에는 셀레우코스군의 침입을 격퇴하고 힌두쿠시 산맥 이남의 영토를 확보하고 나라를 지켜냈다.

참파 Champa, 占婆 → '점성'항 참고

『창세기(創世記)』 Genesis, Caedmon 저, 660~670년

교류의 문헌적 전거인 여행문학서(시가). 7세기에 고대 영어로 시를 쓴 영국 최초의 그리스도교 시인 캐드먼(Caedmon, 생몰 미상)이 지은 종교적 시편이다. 기독교의 호교론적(護敎論的) 입장에서 출발하였지만, 그 전개 방법은 이원론적(二元論的)이다. 시 전편을 관통하고 있는 사상은 선과 악(악마) 사이의 이원론적 대립이다. 우주에는 유일신(唯一神)의 힘만이 존재하는 것이 아니라 마귀의 힘도 그와 대등하게 존재하여 우주를 움직이고 있다고 저자는 믿는다. 이것은 오로지 유일신의 힘만을 믿고 절대화하는 기독교의 사상과는 분명히 이질적인 면이 있다. 이러한 이원관은 고대 페르시아 철학에서 연유하는데, 이 철학은 후세에 이집트의 알렉산드리아 학맥을 통해 유럽에 전해졌고, 14세기 단테의 『지옥편(地獄篇)』이나 17세기 영국 밀턴의 『실낙원(失樂園)』(Paradise Lost)에서도 나타나고 있다.

채도 彩陶, design pottery

질 좋은 진흙으로 기형(器形)을 만들어 높은 온도(약 1,000℃)에서 구운 채색토기를 말한다. 이 토기는 대체로 붉은 바탕에 흑색·황색·갈색 등의 색채 문양을 넣어 제작하는데 일명 채문토기(彩文土器) 또는 채색토기(彩色土器)라고도 한다. 채도를 기반으로 한 초기 원시 농경문화 전반을 채도문화라 지칭하는데, 중국에서는 최초 출토지의 명칭을 사용해 이를 양사오 문화(仰韶文化)라고도 한다. 채도의 바탕이 붉은 것은 흙에 섞여 있는 철분이 산화되었기 때문인데, 이 바탕색 위에 다양한 색깔의 유약을 입혀 제작한다. 성형법에는 발로 굴려서 모형과 균형을 잡는 녹로법(轆轤法)과 손으로 눌러 만드는 수날법(手捏法)의 두 가지가 쓰인 것으로 짐작된다. 이 중 녹로법으로 만들어진 토기는 좀더 세련되고 얇으며 매끄러우나 수날법으로 만들어진 것은 좀 투박하고 조잡하다.

채도의 문양은 지역이나 시대에 따라 약간의 차이를 보이고 있지만 대체로 기하학 문양과 형상(形象) 문양(동물 문양과 인물 문양)의 두 가지로 구분할 수 있다. 현존하는 유물 중에는 기하학 문양이 대부분인데, 삼각문(三角紋)·능형문(菱形紋)·격자문(格子紋)·거치문(鋸齒紋, 톱니

중국 커줘(喀左) 둥산주이(東山嘴) 유적에서 출토된 채도 사발(신석기시대)

문)·시송문(市松紋, 빛깔이 다른 정방형의 무늬를 번갈아 늘어놓은 문양)·파상문(波狀紋) 등이 있다. 채도의 편년(編年)을 문양을 통해 고증해보면, 초기에는 기하학 문양이 많았지만 후기에 오면 점차 형상 문양이 많아진 것을 알 수 있다. 이를 통해 채도문화의 발달과정을 추정할 수 있다. 채도의 기형(器形)은 지역에 따라 다르지만 대체적으로 농산물 저장용이나 생활도구로서의 용도에 맞게 설계·제작되었다. 각지에서 출토된 유물로는 술병(호호壺), 바리(발鉢), 작은 술잔(완碗), 굽 높은 잔(고배高杯), 주전자(주구기注口器), 단지(관罐), 독(옹甕) 등 여러가지가 있는데, 기형을 비교해보면 대동소이함을 알 수 있다. 물론 지역적인 특색을 반영한 다른 형태의 기형도 발견되는데, 채도는 지역에 따라 기형의 변화를 보이고 있다. 예컨대 중국의 경우 러허(熱河)와 간쑤(甘肅) 지방에서는 술병(호호壺)형이, 중원(中原)에서는 작은 술잔(완碗)형이 발달되었으며, 간쑤나 중원의 반포(半坡) 유적에는 주전자가 보이나 러허에는 나타나지 않는다. 또한 시기적으로 기형도 문양과 마찬가지로 초기에는 단순한 형태였으나 후기에 오면서 점차 복잡한 형태를 취하고 있다. 예컨대 이란이나 투르크메니스탄에서는 농업의 발달로 인해 초기 도시문화가 싹트기 시작하던 시기인 기원전 4000년경에 와서야 비로소 기형이 다양화되기 시작하였다.

채도문화의 교류 채도가 언제 어디서 어떻게 발생하여 전파·확산되었는가 하는 의문은 학계에서도 규명하지 못한 난제라 할 수 있는데, 그중에서도 특히 주목되어온 것이 서아시아 채도와 동아시아(중국) 채도 간의 상관성 여부 문제다. 요체는 중국에서 채도가 자생하였는지, 아니면 전래되었는지의 문제다. 중국 채도의 자생설은 주로 중국 학자들에 의해 제기되고 있다. 자국의 문화유산에 대한 서구인들의 설왕설래하는 논

의에 자극을 받은 중국의 국립중앙연구원 소속 고고학자 리지(李濟)·량쓰융(梁思永)·우진딩(吳金鼎) 등은 1930년대를 전후해 산둥성(山東省) 리청현(歷城縣) 룽산진(龍山鎭) 청즈아이(城子崖)를 비롯한 산둥·허난(河南)·산시(陝西)성 일대에서 자력으로 발굴조사 사업을 진행하였다. 그들은 룽산진에서 검은색 연마토기, 즉 흑도(黑陶)를 발굴하였는데, 이로써 양사오 문화(仰韶文化)와는 별도로 흑도를 주종으로 한 룽산문화(龍山文化, 기원전 2300~2000)의 존재가 확인되었다.

한편 1928~1937년 기간에 허난성(河南省) 안양(安陽) 쇼둔촌(小屯村) 부근의 허우깡(後岡)에서 상층에는 백색토기(白陶)와 청동기의 은(殷)문화, 중간층에는 흑도(黑陶), 하층에는 채도가 층계를 이루는 삼층 토기 유적이 발굴되었다. 이를 통해서 '채도(양사오) → 흑도(룽산) → 백도(은문화)'라는 토기문화의 전승과 계통이 고증되었다. 그 후 1944~1945년에 서북과학고찰단의 일원인 샤나이(夏鼐)는 간쑤성(甘肅省) 제가기(齊家期) 묘 유적을 발굴했는데, 이것은 양사오 문화 후기에 해당한다. 제2차 세계대전 후, 중국 학자들은 양사오 문화 유적을 비롯한 신석기시대 유적지에 대한 대대적인 발굴작업을 진행하였다. 그 결과 양사오 문화(채도)의 편년이 기원전 4000년 전까지(예: 시안西安의 반포촌半坡村의 양사오 문화) 소급되는 사실을 입증하였고, 양사오 문화란 채도를 위주로 하여 황허(黃河) 상·중류(화베이華北)에서 자생한 신석기시대 문화의 총칭이라는 새로운 개념을 제시하였다.

이러한 연구 결과에 따라 중국 학계에서는 채도의 서역 전래설을 부정하고 황허 지역 자생설을 강력하게 주장하고 있는데, 중국 채도 자생설의 근거는 다음과 같다.

첫째, 어느 곳에서부터 전래되었다는 것을 증명할 수 있는 중간고리가 확실치 않다는 것이다. 만일 서역에서 전래하였다면 그 중간 경유지인 간쑤성 일대에서 해당 유물이 발견되어야 하는데, 제가기(齊家期)에서 보다시피 양사오와 동시대의 채도 유물은 거의 찾아볼 수 없다. 뿐만 아니라 후기의 유물도 그 동쪽에 있는 허난(河南)이나 산시(陝西)에 절대적으로 편중되어 있다. 즉 전래의 중간고리가 없다는 점에서, 그 지역에서 자생한 문명의 보편성을 뒷받침한다. 둘째, 채도를 생산하게 된 문화적 배경이 중국과 서아시아가 서로 다르다는 점이다. 우선 재배식물을 보면 서아시아는 밀과 보리를 재배하지만, 중국은 조와 기장을 주로 재배하였다. 의식주에서도 서아시아는 빵을 먹고 햇볕에 구운 기와로 지은 집에서 거주하지만, 중국은 솥으로 밥을 지어 먹고 땅속에서 수혈(竪穴) 생활을 한다는 점에서 차이가 있다. 석기 역시 서아시아는 수렵용 석인(石刃, 돌칼)을 주로 사용하지만, 중국의 화베이 지역에서는 곡물 수확용 돌도끼(유공마제석부 有孔磨製石斧)를 주로 사용하고 있다. 가축으로 서아시아가 양이나 산양을 기르는 데 비해, 화베이는 돼지나 개를 길렀다. 신앙에서도 서아시아는 토우상(土偶像, 신상神像)을 숭배하였으나 화베이는 인면상(人面像)을 기리고 있었다. 이와 같은 서로간의 차이점은 장기간 애용되어온 채도가 외부에서 유입된 결과로 볼 수 없다는 자생설 주장의 또 다른 근거가 된다.

그러나 아직까지는 외국 학자들, 특히 일본 학자들은 중국 채도의 서아시아 전래설을 포기하지 않을 뿐만 아니라, 오히려 그 근거를 보강하면서 전래설을 견지하고 있다. 물론 그들의 주장이나 근거의 구체적인 내용은 안데르손(J. Andersson)의 그것과는 다르지만, 그 대의(大意)는 여전히 변하지 않고 있다. 우선 편년 상에

서 중국은 서아시아의 채도보다 뒤져 있다는 것이다. 서아시아 채도의 편년은 가장 오래된 것이 북이라크의 자모르(Jamor) 문화 후기인데, 기원전 7000년 정도에 해당하며, 그 다음 이란의 시알크(Sialk) 문화 1기가 기원전 5500년, 투르크메니스탄 아나우(Anau) 문화 1기가 기원전 5000년인데 비해, 중국 화베이의 양사오 문화는 기원전 3500년으로 추산된다. 이렇게 화베이 채도의 편년이 서아시아보다 약 2,000~3,000년 뒤진다는 것은 서아시아의 채도가 중국에 전파되었을 가능성을 크게 시사해준다는 것이다. 다음으로는 두 지역의 채도가 기형이나 문양에서 비슷하거나 같다는 점이다. 안데르손도 당초 이 점에 착안해 전래설을 제시했고, 전래설을 지지하는 근대 학자들도 새로 발굴되는 유물에서 이러한 점을 집요하게 추구하고 있다. 시대적인 문제뿐 아니라 기형상에서는 지형에 따라 복잡한 변화를 보이고 있으나 상사성(相似性)도 발견할 수 있다. 화베이와 투르크메니아·이란에서 출토된 술병·바리·술잔·고배·주전자 등은 기형에서 서로 유사성이 많다. 1960년 이란의 셔크 자바트에서 발견된 채도는 기형이나 성형법에서 중국 간쑤·칭하이(靑海) 지방 출토의 채도, 특히 마창기(馬廠期, 기원전 1700~1300)와 신점기(新店期, 기원전 1300~1000)의 채도처럼 소형인데다 낮은 온도에서 소성(燒成)하고 화장토(化粧土)를 사용한 것 등에서 유사하다. 편년에서는 셔크 자바트 채도가 기원전 2000~1500년으로 좀 앞선다. 이것으로 간쑤 채도와 셔크 자바트 채도의 상관성(전래)을 유추할 수 있다는 것이다.

서아시아와 중국 채도 간의 상사성은 기형이나 성형법보다 문양에서 더 확실하다는 것이 전래설 주장자들의 지론이다. 전술한 여러가지 기하학 문양이나 형상 문양을 두 지역 채도가 공유할 뿐만 아니라, 기하학 문양에서부터 형상 문양

에로의 발달 방향도 같다는 것이다. 그러면서도 특별히 문양에 있어서 공통점으로 찾아볼 수 있는 것은 톱니문양(거치상문鋸齒像紋)과 동물의 몸통(동부胴部)을 사격자문(斜格子紋)이나 점으로 표현하는 기법이다. 이러한 성형법이나 기형, 문양에서의 상사성이나 공통성은 서로가 개별적으로, 독자적으로 성립되었다고 보기보다는 오히려 서로의 연관 속에서 이루어진 것으로 볼 수 있다. 따라서 채도는 서아시아로부터 타림 분지에 전해진 뒤 오아시스를 따라 간쑤·허난 지방에 전래되었다는 것이 일본의 증전정일(增田精一)을 비롯한 중국 채도 서아시아 전래설 주장자들의 견해다.

채도의 분포와 기원 각지에 널리 분포된 채도는 신석기시대의 주요한 문화권의 하나인 채도문화권을 형성한다. 이 문화권은 주로 동서의 광활한 농경지대를 포함하고 있다. 그동안의 유적 발굴 결과를 놓고 보면 채도가 최초로 발굴된 서아시아를 비롯해 서남아시아와 동북아시아에서 많이 발견되지만, 그 폭은 동서로 더 넓어져서 유럽과 아메리카 대륙, 즉 신·구대륙 전반에 걸쳐 산재하고 있는 범세계적인 문화권이라고 말할 수 있다. 대표적인 유적들로는 그리스의 디미니(Dimini)와 루마니아의 쿠쿠테니(Cucuteni-Trypillian), 남러시아의 톨리폴예(Tolipolje), 이라크의 텔 할라프(Tell Halaf)와 니네베(Nineveh)·사마라(Samarra), 이란의 수사(Susa), 투르크메니스탄의 아나우(Anau), 파키스탄의 모헨조다로(Mohenjo-Daro), 하라파(Harappa), 중국의 투루판(吐魯番)·사정(沙井)·신뎬(辛店)·양사오(仰韶)·츠펑(赤峰)·푸순(撫順) 등지를 꼽을 수 있다. 태평양을 넘어 중미의 마야 문명이나 중미의 잉카문명의 유물 중에서도 채색토기가 발견되고 있다. 한반도의 경우 함경북도 웅기(雄基)에서 출토된 바 있고, 채도의 변형 또는 이

형(異形)으로 추정되는 홍도(紅陶)는 남한의 여러 곳에서 출토되었다. 이 홍도에 관해서 한국의 대표적인 고고학자 김원룡(金元龍)은 중국 화베이(華北)의 채도가 만몽(滿蒙) 지대에서 변형된 후 한반도에 유입된 것으로 간주하고 있다.

채도 편년에 관해서는 동서 지역 간에 현격한 차이를 보이고 있다. 서아시아(오리엔트) 채도의 추정 연대는 기원전 5000년부터 2000년까지의 시기로 추정되지만, 중국의 채도 편년을 최초 발견자인 안데르손은 기원전 2000년부터 500년 사이로 보고 있다. 신석기시대 말기부터 청동기시대 초기까지의 오랜 시기에 걸쳐 유행한 채도는 신·구 대륙의 광활한 지역에서 대량 출토되었는데, 당시의 사회상이나 초기 농경문화의 실상을 밝히는 데 있어서 중요한 의미를 갖는다. 다른 모든 문화현상과 마찬가지로 채도의 전파에 의해 채도문화권이 형성되었다면 필연적으로 어디에서 처음 발생했는가 하는 기원문제가 제기된다. 지금까지의 연구결과에서는 중국의 채도 자생설도 고려되고 있지만 편년으로 보아 가장 오래된(예: 이라크의 우바이드 채도는 기원전 4250~3750년으로 소급) 서아시아가 그 발원지라는 데 대체로 견해가 모아지고 있다. 앞으로 더 많은 유물이 발굴되고 편년도 더 정확하게 이루어지면 최종적으로 기원문제는 해명될 것이다.

채륜 蔡倫, ?~121년

채륜 초상(우표)

식물성 섬유질 종이인 '채후지(蔡侯紙)' 발명가. 중국 후난(湖南) 출신으로 후한 명제(明帝) 때 환관으로 궁중에 들어가 궁중의 집기를 제조 관리하는 상방령(尙方令)이 되었다. 97년에 검(劍)을 만

든 데 이어 나무껍질과 헝겊, 풀 등을 소재로 해 종이를 만들어 105년에 화제(和帝)에게 헌상하였다. 후일 그 종이가 '채후지'(또는 '채륜지')로 불리면서 널리 사용되었다. 이것은 오늘날까지 이어온 식물성 섬유질 종이의 효시다.

천계령 遷界令

중국 청조의 해안봉쇄령. 중국 청조가 타이완과 푸젠성(福建城) 등 남해 연안을 근거지로 반청운동을 벌이는 명나라 유신(遺臣) 정성공(鄭成功)의 세력을 제압하기 위해 1661년에 연해 주민들의 해상활동을 금지하고 내륙으로 강제 이주시키는 일종의 해안봉쇄령을 반포하였다. 그뒤 정성공 세력이 진압되자 1683년에 해금(解禁)되었다. 이 기간 네덜란드 동인도회사의 중국 도자기 구입은 완전히 정지되었고, 그 대신 일본 자기를 구입하였다. 이를 계기로 일본은 자기 제조에 큰 진전을 이루었다.

『천공개물(天工開物)』 22권, 宋應星 저

과학적 백과전서. 중국 명나라 말엽인 1637년에 송응성(宋應星)이 지은 백과전서로 제1권은 곡류(穀類), 제2권은 비단을 비롯한 의료와 의복, 제3권은 염료, 제4권은 맥류의 가공법을 각각 다루고, 나머지 18권은 도자기, 주조(鑄造), 선박, 화약, 천연광물과 그 이용법 등을 총망라해 다루고 있다. 권마다 그림이 삽입되어 있다.

천교 祆敎 → '조로아스터교'항 참고

『천금요방(千金要方)』 孫思邈 저, 당대(唐代)

당대(唐代)의 의약서. 당대의 명의 손사막(孫思邈)이 저술한 이 책의 권27에는 천축(天竺, 인도)의 안마법(按摩法)을 한 장에 걸쳐 소개하면서 총 18세(勢, 자세)의 인도 안마법을 상세히 설명

하고 있다.

천남생 泉男生

당에 망명한 고구려 천개소문(泉蓋蘇文, 중국에서는 연개소문을 '천개소문'이라고 불렀음)의 아들. 666년 천개소문이 죽자 남생은 막리지(莫離支)가 되었으나 동생 달(達)과 분쟁이 생겨 국내성(國內城)에 감금되었다. 그는 아들 헌성(獻誠)을 당에 급히 보내 사태를 알렸고, 당 고종은 좌효위장군(左驍衛將軍) 계필하력(契苾何力)을 파견해 남생을 탈출시킨 뒤 당에 입조시켜 현토군공(玄菟郡公)에 봉하였다. 남생은 676년 장안에서 사망하였다. 사후 그에게는 병주대도독(幷州大都督)이 추서되고, 그의 아들 헌성은 우위장군(右衛將軍)에 서품되었다.

천룡사 청자 天龍寺靑磁

중국 원나라와 명나라 초기의 청자. 일본에서는 송대의 청자를 점청자(砧靑磁), 원대와 명대 초의 청자를 천룡사 청자(天龍寺靑磁), 명대 중기의 청자를 칠관청자(七官靑磁)라고 부른다.

천룡산 석굴 天龍山石窟

중국 동위(東魏)·북제(北齊)시대 석굴. 산시성(山西省) 타이위안(太原)시 서남쪽 40km 지점에 있는 해발 1,500m의 천룡산 산정 부근의 동봉(東峯)과 서봉(西峯)에 있다. 동봉에 8개, 서봉에 13개, 총 25개 굴로 이루어져 있다. 동봉은 제1굴부터 제8굴까지, 서봉은 제9굴부터 제21굴까지만 번호가 매겨져 있다. 가장 오래된 굴은 동위 때 개굴된 제1굴부터 제3굴까지 3개 굴이다. 나머지 굴들은 동위를 이어받은 북제나 그 뒤를 이은 수대나 당대에 조영된 것들이다. 오늘날의 천룡산 석굴은 완전한 굴이 하나도 없을 정도로 황폐화되었지만, 1920년대에 조사보고를 내놓

을 때까지만 해도 감탄을 자아낼 정도로 '완전 무결한 절품(絕品)'이었다. 그런데 역설적으로 그 공개보고가 화근이 되었다. 그때부터 도굴이 성행하여 황폐화의 원인이 되었다.

천리선 千里船

중국의 위진남북조시대에 제(齊) 나라의 학자 조충지(祖沖之, 429~500)는 인력으로 항진하는 일종의 윤선(輪船)인 천리선을 건조하였는데, 이 배는 하루에 100여 리를 항해했다고 한다.

천마 天馬

오손(烏孫, 현 키르기스스탄 중서부 지역)의 명 마. 일명 서극마(西極馬). 기원전 115년에 한 무 제(漢武帝)의 사신 장건(張騫)이 오손에 머물 때 오손왕 곤막(昆莫)이 답례로 사신과 함께 수십 필의 천마라고 하는 오손 말을 한나라에 보냈고, 또 기원전 105년에 한나라의 공주를 취하면서 천 필의 명마를 예물로 보냈다.

『천방지성실록(天方至聖實錄)』 20권, 劉智 저, 1724년

교류의 문헌적 전거로서의 개설소개서(이슬람교). 명말 청초의 중국 4대 이슬람 학자의 한 사람인 유지(劉智, 자는 개렴介廉)는 진릉(金陵, 현 난징南京)의 한 학자 가문에서 출생하였다. 어려서부터 부지런히 학문을 익힌 유지는 아랍어와 페르시아어에 능통했고 이슬람 경전과 유교와 불교, 도교를 두루 통달하였다. 일생에 수백 권의 저서를 지었는데, 남은 것은 백여 권뿐이다. 그중 대표적인 것이 이 책과 『천방성리(天方性理)』 『천방전례(天方典禮)』 등이다. 20권으로 된 이 책은 주로 이슬람교의 교조 무함마드(Muhammad)의 행적을 다룬 종교사 전서(專書)다. 저자는 이슬람교와 유교의 융화를 시도하여

'진일(眞一)' '수일(數一)' '체일(體一)'의 이른바 '삼일설(三一說)'로 알라의 유일성(唯一性)을 입증하려고 하였다. 유지는 이 책을 편찬하기 위하여 '서양서(西洋書, 아랍어와 페르시아어 서적)' 137종을 참고하였다고 한다. 그가 참고한 서적들을 분석해보면, 아랍어 서적은 대체로 순니파 저서들이고, 페르시아어 서적은 대부분이 수피즘(Sufism) 서적들이다. 1724년에 저술해 1778년에 초간되었으며, 영어와 프랑스어, 일본어로 번역되었다.

『천애횡단갈망자(天涯橫斷渴望者)의 산책(散策)』 *Nuzhatu'l Mushtāq fī Ikhtirāqi'l Afāq*, Abu Abdu'l llāh Mohammad al-Idrisi(1099~1166년) 저, 1154년

교류의 문헌적 전거로서의 개설소개서. 중세의 가장 걸출한 이슬람 지리학자인 이드리시는 스페인 코르도바에서 태어나 성장하였지만 시칠리아(Sicilia) 왕 로제르 2세(1130~1154 재위)의 궁정학자로 봉직하면서 지리학 연구에 일생을 바쳤다. 그는 16세 때부터 지중해를 중심으로 유럽과 아프리카, 아랍제국, 그리고 멀리 아시아 일대까지 수차례 답사를 다니면서 지리 지식의 현지 고증과 지도 제작에 전념하였다. 세계를 이해하기 위해 각국의 토지·하천·해양·육해로 등

이드리시 세계지도의 제1구역도 제10세분도에 그려진 신라 섬들

을 기술해달라는 로제르 2세의 요청에 따라 명저 『천애횡단갈망자의 산책』의 저술에 착수하였다. 로제르 2세의 칙령에 의해 조직된 전문위원회가 각지에 파견되어 자료 수집과 확인, 고증 작업을 담당하면서 내용의 사실성과 정확성을 기할 수 있었고, 마침내 그는 1154년에 이 책의 저술을 완성하였다.

당시 전통적인 아랍의 '7기후대설(氣候帶說)'에 입각해 기후대별로 각 나라와 지역의 지리 개황을 기술하였고, 1매의 세계지도와 전래의 '7기후대설'에 따라 매 지역(Iglim)을 다시 서에서 동으로 10등분해 각기 지도 1매씩을 제작함으로써 총 70매의 지역 세분도를 완성해 첨부하였다. 그러나 그의 세계지도는 남을 위로 하고 북을 아래로 하는 방위 설정, 대양이 육지를 에워싼 점, 지중해와 인도양의 접점을 홍해가 아닌 수에즈 지협(地峽)으로 한 것 등 전통적 이슬람 지리학의 오류를 답습하였다. 이드리시는 지도뿐만 아니라, 무게 400라틀(ratel, 1ratel=3,944g)의 타원형 지구의(地球儀)도 제작하였다. 이 지구의 표면에는 7개 기후대 내의 국가와 지역명·해양·하천, 그리고 지역간의 거리까지 상세히 음각(陰刻)되어 있다. 이드리시가 제작한 세계지도의 제1구역도 제10세분도에는 지구의 동단 해상에 섬나라 신라(al-Sīlā)가 명기되어 있다. 이와 함께 신라의 위치와 아름다운 자연경관, 황금의 생성 등에 관해 설명을 곁들이고 있다. 이것은 신라가 등장한 최초의 서방 세계지도이다. 지리학 총서인 이 책은 선행한 어떤 지리서도 필적할 수 없는 중세 지리 연구의 수작으로서 17세기 초부터 라틴어로 번역되어 유럽 대학들에서 지리학 교재로 채택되었다. ('이드리시'항 참고)

『**천일야화(千一夜話)**』 *Alf laylah wa laylah*(아랍어)
범아시아적 소재의 아랍 설화집. 세계 최고의 기서(奇書)이며, 세계 설화문학의 '왕좌(王座)'라고 하는 『천일야화』(일명 『아라비안 나이트』 *The Arabian Nights*)는 동서 문학 교류에서 특수한 위치를 차지한다. 작품의 소재가 인도와 페르시아, 아랍을 망라한 범아시아적일 뿐만 아니라, 내용도 다양하고 흥미로워 중세 전기간에 걸쳐 수많은 번역본이 출간되어 유라시아에서 어떤 경전보다 더 많이 읽히는 인기 작품이 되었다. 이 작품의 원형은 7세기 중엽에 사산조 페르시아(Sassanian Persia, 226~651)에서 페르시아어로 유행한 『천가지 이야기』(*Hazar Afsanah*)이다. 페르시아 문화를 수용하여 자신의 문명을 개화시킨 압바스조 이슬람제국 시대(750~1258)에 와서 아랍인들은 이 원형에 여러가지 아랍적인 소재와 내용을 가미, 윤색해 하나의 완성된 문학작품 형태로 묶어 1450년경 이집트 카이로에서 아랍어로 『천일야화』란 제목으로 초간을 펴냈다. 이 초판이 다시 수정·보충돼 1600년에 다마스쿠스에서 같은 제목으로 출간되었다.

『천일야화』가 유럽에 최초로 알려진 것은 1675년에 『천일야화』의 연구가인 드 라 크루아(De La Croix)의 프랑스어 번역본에 의해서다. 그후 당대 프랑스의 동양학 권위인 앙투안 갈랑(Antoine Galland, 1646~1715)이 아랍어로 된 몇 종의 판본을 종합해 무려 13년간(1704~1717)에 걸쳐 완역하였다. 이것은 실로 문학 번역사상 특기할 만한 장대한 일이었다. 이 프랑스어 초역본(初譯本)을 대본으로 하여 프랑스와 영국에서 일련의 완역본과 초역본(抄譯本)이 속출하였다. 후일 프랑스에서는 마드루스(J. C. Mardrus)의 또 다른 완역본이 출간되기도 하였다. 영국에서는 19세기 후반에 와서야 존 페인(John Payne)의 완역본(전 13권, 1882~1884)과 리처드 버턴 경(Sir Richard Francis Burton)의 완역본(전 17권, 1885~1888)이 각각 나왔다. '페인본'에는

353가지의 이야기가 수록되어 있지만, '버턴본'에는 원본(프랑스어 '갈랑본') 외에 보유(補遺)가 첨가된 총 426가지의 이야기가 수록되어 있기 때문에 '버턴본'이 가장 완벽한 영역본(英譯本)으로 평가받고 있다. 그밖에 초역본(抄譯本)도 여러 종이 있으며, 스코틀랜드의 앤드루 랭(Andrew Lang)이 아동용으로 40여 가지의 이야기를 추려 평이한 말로 번역한 것도 있다.

『천일야화』는 비록 원형은 페르시아에서 갖추어졌지만, 그 내용은 인도와 페르시아, 아랍에서 유행하던 민간설화를 한데 엮은 일종의 '혼성작품'이다. 페르시아는 인도와 접경해 있어 활발하게 교류했는데, 인도인들의 설화를 전해듣고 자체의 설화문학 속에 수용·융합하였던 것이다. 한편, 페르시아 문화는 이슬람 문명의 '용광로' 속에 용해되어 아랍인들에 의해 그 정수가 계승될 수 있었다. 그 과정에서 아랍인들은 페르시아적인 '천일야화'를 아랍적인 '천일야화'로 확대·개작하고 발전시켰던 것이다. 그 결과 하나의 '혼성작품'으로 완성된 『천일야화』에는 자연히 소재나 내용 면에서 인도적인 것, 페르시아적인 것, 아랍적인 것이 뒤섞이지 않을 수 없었다. 대체로 비유담(比喩譚)·엽기담(獵奇譚)·실패담(失敗譚)과 같은 것은 페르시아나 아랍적인 소재가 가미·윤색된 것이다. 『천일야화』가 유럽문학에 준 영향은 여러 작품들 속에서 그 흔적을 찾아볼 수 있다. 영국의 경우, 존 가워(John Gower, 1330~1408)의 『사랑의 고백』(*Confessio Amantis*)이나, 보카치오(Giovanni Boccaccio)의 『데카메론』(*Decameron*), 초서(G. Chaucer)의 『캔터베리 이야기』(*The Canterbury Tales*) 등 세계적 명작 중에는 '천일야화'적인 요소들이 이곳저곳에 묻어 있다. 물론 『천일야화』를 그대로 모방한 것이 아니라, 그 소재들을 적절히 차용(借用)하고 있다.

『**천주성상약설(天主聖像略說)**』Joannes de Rocha 저, 1609년

근세 서양화법(畵法)을 소개한 첫 중국어 저서. 평면기법으로 수묵화(水墨畵)를 그리는 중국 화법과는 다르게 음영입체기법(陰影立體技法)으로 수채화(水彩畵)를 그리는 서양화법을 소개하기 위해 당시 중국에 머물던 포르투갈 선교사 로샤(J. de Rocha, 羅如望)가 저술하였다. 한편 이탈리아 선교사 삼비아시(Francesco Sambiasi, 필방제 畢方濟, 1582~1649)는 1629년에 『화답(畵答)』을 저술해 서양화법을 이론적으로 해석하였다.

천축악 天竺樂

천축악이란 중국 한(漢)나라 때부터 수(隋)·당(唐)대에 이르기까지 천축(天竺), 즉 인도 지방의 음악을 통칭한다. 천축악은 345~353년 무렵에 처음으로 중국에 유입되었는데, 악곡으로는 사석강무곡(沙石疆舞曲)과 천곡(天曲)이 있고, 악기로는 봉수공후(鳳首箜篌)·비파(琵琶)·오현(五絃)·적(笛)·동고(銅鼓)·모원고(毛員鼓)·도담고(都曇鼓)·동발(銅鈸)·패(貝) 등 9종이 있으며, 한 조는 12명의 악사로 구성되었다. 수대(隋代)의 구부악(九部樂)이나 당대(唐代)의 십부악(十部樂) 중의 하나다.

천해 遷海

중국 청(淸)조가 실시한 일종의 해금(海禁)정책이다. 청조 초기에는 전대(명조)의 해금정책을 계승해 해상에 웅거하고 있는 정성공(鄭成功) 등 반청(反淸) 잔여세력을 고립시키고 초멸(剿滅)하기 위해 해안가에서 30리 이내에 거주하는 사람들을 무조건 내지로 이주시켰다. 이것을 '천해'라고 한다.

철기(鐵器)의 교류

철에는 용해된 선철(銑鐵)을 주형(鑄型)에 넣어 만드는 주철(鑄鐵)과 선철을 단련해 만드는 단철(鍛鐵) 두 가지가 있다. 동방에서는 아나톨리아의 히타이트 왕국이 기원전 1500년경에 발달한 단조(鍛造) 기술을 토대로 제련(製鍊) 공정을 거쳐 본격적으로 단철을 만들기 시작하였고, 이렇게 만들어진 철기가 오리엔트제국에 수출되었다. 기원전 15세기의 지중해 연안 우가리트에서 출토된 쇠도끼나 이집트 투탕카멘의 무덤에서 출토된 철제 단검은 히타이트에서 만들어진 것으로 추정된다. 기원전 1190년경 히타이트 왕국이 붕괴하면서 제철 기술이 사방으로 확산되었다. 메소포타미아와 이집트, 키프로스를 거쳐 그리스에 전해짐으로써 그리스는 기원전 1100년경에 철기시대로 진입하게 되었다. 한편, 동양에서는 기원전 1000년경에 아시리아에 전해진 제철법이 기원전 700년경 중국에 들어왔고, 기원전 5세기 춘추시대 말엽에 철기 생산이 활발해졌다.

철문 鐵門

우즈베키스탄 서남부의 샤흐리삽스(Shahrisabz, 티무르의 고향)에서 남쪽으로 약 150km 지점에 있는 길이 3km나 되는 협곡이다. 일명 부즈갈라(Buzgala)라고 하는 이곳은 소그디아나와 토하리스탄(아무다리야강 유역) 사이의 분수령으로서 7~8세기에는 쇠방울을 달아맨 철문이 있었다고 한다.

철현금 鐵絃琴

명말청초에 선교사들이 대거 중국을 방문하면서 서방의 근대적 음악이 유입되기 시작하였다. 특히 서방 음악이 중국으로 유입되는 전초기지는 마카오였다. 일찍이 기독교 교회가 문을 연

이곳에서는 서양악기가 교회의 집회 등에서 연주되었다. 1582년에 마카오에 도착한 이탈리아 출신의 선교사 마테오 리치(Matteo Ricci, 이마두利瑪竇, 1552~1610)는 마카오에서 제작된 서양 철현금(鐵絃琴) 한 대를 신종(神宗)에게 헌상하였으며, 신종의 요청에 따라『서금곡의(西琴曲意)』란 악서를 저술해 서양음악과 악기를 소개하였다. 동선이나 철선으로 된 현이 달린 이 철현금은 손가락으로 켜지 않고 작은 판때기로 눌러 연주하는 악기로서 일종의 서양 현악기다. 그밖에도 신종은 악사 4명을 스페인 선교사 디에고 판토하(Diego de Pantoja, 방적아龐迪我, 1571~1618)에게 보내 일종의 손풍금인 무금(撫琴, accordion, 혹은 epinette)을 전수받도록 하였다.『속문헌통고(續文獻通考)』(권 120, 악樂 20)에 따르면, 이 악기는 72개의 금은이나 연철(煉鐵)로 된 현을 가진 일종의 풍금으로 길이가 5척, 너비가 3척이나 되었다.

청궁(淸宮) 내 서양악단

중국 청나라 때에는 궁중에서 서양음악을 적극 수용하였다. 뿐만 아니라 악리(樂理) 관련 전문서도 출간되면서 서양음악의 영향력이 날로 커갔다. 포르투갈 선교사 페레이라(Thomas Pereira, 서일승 徐日升, 1645~1708)는 음악에도 조예가 있어 강희제(康熙帝)의 총애를 받았다. 그는 대형 풍금을 만들어 베이징 천주당(天主堂)에 비치하고 천주당 종루(鐘樓) 위에는 자그마한 시계와 중국 징을 만들어 달아놓았다. 그리고 이 시계를 톱니바퀴와 연결시켜 정시에 중국 멜로디가 울려 나오도록 하였다. 이 신기한 물건은 곧 온 장안의 화젯거리가 되었으며, 구경하려는 사람들로 교회당은 늘 발 디딜 틈이 없었다고 한다. 1699년에는 궁내에 소규모 서양악단이 조직되었는데, 페레이라가 수석악사였다. 1698년에

중국에 온 프랑스 선교사 9명 중 3명이나 음악에 재능이 있었다. 특히 페르농(Ludovicus Pernon, 남광국南光國)은 바이올린과 장적(長笛)의 능수였으며, 궁중에서 클라브생(clavecin, 클라베이스), 프랑스의 보드 찌터(epinette des vosges), 양금(洋琴, tympanon) 같은 악기를 손수 제작하기도 하였다. 이들 선교사들은 악단에 소속되어 합주를 하였다. 그밖에 선교사 리프슈타인(Leopoldus Liebstein, 석가성石可聖)과 슬라비체크(Karel Slavíček, 엄가록嚴嘉祿)는 각각 1707년과 1717년에 중국을 방문해 궁중에서 연주한 바 있다.

청금석 靑金石, lapis lazuli

귀석(貴石, 경도 7도 이하) 종류에 속하는 보석. 청금석은 석회암 중에서 덩어리로 채취되는 정규산염광물(正硅酸塩鑛物)로서 경도는 5~5.5도이며 청색이나 청자색을 지니고 유리처럼 광택을 낸다. 이집트의 투탕카멘왕의 묘를 비롯한 고대 이집트와 메소포타미아(예: 우르 왕조)의 유적에서 적지 않게 발견되었다. 고대 페르시아에서는 청금석의 분말을 조상(彫像)의 원료로 사용하기도 하였다. 이탈리아의 고고학자 마우리치오 토시 교수는 1967년 이란을 탐사하던 중 헤르만드강 하류의 사브리 소프타 유적이 청금석이나 홍옥수(紅玉髓)의 가공장이었다는 사실을 밝혀냈다. 아마 바다흐샨 일대에서 채굴된 청금석이 이곳에서 가공된 뒤 메소포타미아나 이집트로 수출되었을 것이다. 일본 쇼소인(正倉院)이 소장하고 있는 감옥대(紺玉帶)·반서여의(班犀如意)·보전경(寶鈿鏡) 등에 청금석이 장식이나 상감으로 사용된 점에서 이 보석의 동점(東漸)을 짐작할 수 있다.

청동기 靑銅器, bronze ware

청동(bronze)으로 만든 기구. 청동은 구리(동銅)에 주석(석錫, tin)을 가한 합금으로서 주석의 비율은 3~18%다. 주석의 합금 비율에 따라 청동기의 경도가 달라지는데 3~8%면 보통의 것이다. 9~12%면 대포의 주조에 쓰인다고 하여 포금(砲金)이라 하며, 13~18%면 경도가 높아 축반이(축수軸受)로 쓰인다. 원래 청동은 주석이 들어가야 하는데, 오늘날은 주석이 들어 있지 않은 동합금도 청동으로 인정되고 있다. 청동은 구리와 주석이 주성분이지만, 그밖에 질적 개선을 위해 제3 원소를 합금하기도 한다. 이것을 특수 청동이라고 하는데, 여기에는 인(燐) 청동, 규소(硅素) 청동, 니켈 청동 등이 있다.

구리와 아연의 합금인 황동(黃銅)에 비해 청동은 주물이 용이하고 내식성(耐蝕性)이 강하기 때문에 일찍부터 인기 높은 교역물이 되었다. 이탈리아 동남부에 위치한 브룬디시움(Brundisium)시(市)는 청동 교역으로 이름난 곳인데, 청동을 지칭하는 'bronze'라는 단어는 이 도시의 명칭에서 유래하였다.

청동기문화 청동기가 실용화된 시대의 문화를 말하는데, 청동기의 실용화란 청동을 소재로 생활에 필요한 용기나 이기(利器)를 만들어 사용한다는 것을 뜻한다. 청동기문화는 경제와 기술, 문화가 일정한 정도로 발달해 석기시대의 원시성에서 탈피한 특정 역사시대에 출현하였다. 청동기문화는 단순하게 기구로서의 청동기의 존재나 사용만으로는 규정될 수 없고, 사회의 여러 분야와의 유기적 연관 속에서 형성되고 발달하게 된다. 따라서 모든 나라, 모든 지역의 청동기문화가 그 기구의 발생에서 조락에 이르기까지 양상이나 규모에서 천편일률적일 수 없다.

청동기 시기에는 청동기를 비롯한 합금 이기(利器)와 용기가 사용되고, 도시문명이 발달해

도시국가가 형성되며, 축력에 의한 정착농경이 시작되고, 원시적인 종교와 예술이 출현하는 등 전대와 구별되는 일련의 특색을 지니고 있다. 청동기문화의 존재를 실증하는 유물은 나라와 지역에 따라 서로 다르지만 용도별로 용기·이기·장신구·마차구(馬車具)로 대별할 수 있으며 기형이나 문양은 천차만별이다. 용기에는 각종 식기·성주기(盛酒器)·음수기(飮水器) 등이 있고, 이기로는 도검(刀劍)·도끼·창(모矛)·화살(시촉矢鏃) 등이 주종을 이루며, 장신구에는 거울·핀 등이 있다. 서아시아 일원(히타이트, Hittite)에서 말이 끄는 전차(戰車)가 발명되면서부터는 청동제 마차구가 선을 보이기 시작해 북방 유라시아 기마유목민들 사이에 널리 애용되었는데, 문양은 대체로 동물 문양을 특징으로 하고 있다.

청동기의 기원 청동기에 관한 연구는 일찍이 18세기 초부터 핀란드·덴마크를 비롯한 북유럽의 고고학자들에 의해 시작된 후 독일·프랑스·러시아 고고학자들이 더욱 활발하게 연구·발전시켰다. 제2차 세계대전 후에는 중국이나 일본의 고고학자들이 가세해 중국 은(殷)나라의 청동기 분야에서 큰 연구성과를 쌓았다. 청동기의 기원문제와 관련된 주장들은 크게 3가지로 분류할 수 있다. 즉, 일원설(一元說) 혹은 단원설(單元說)·다원설(多元說)·중심지설(中心地說)이다. 일원설이란 청동기가 한 곳에서 발생한 후 여러 곳으로 전파되었다는 유일기원설이다. 그러나 어디가 기원지인지에 대해서는 학자들마다 의견이 다르다. 지금까지는 시베리아(알타이) 기원설과 극동 기원설, 오리엔트 기원설 3가지가 있다. 핀란드의 아스페링(J. R. Aspering, 1842~1915)이 주장하는 시베리아 기원설은 황금과 동 등 광물이 풍부한 예니세이강 상류의 알타이산 지역에서 청동기가 발생한 후 훈(Hun)족 계통의 이주민들에 의해 청동기가 우랄 지방

에 전파되고, 여기에서 다시 북유럽의 핀란드까지 전해지게 되었다는 주장이다.

중석기(中石器) 시대를 설정한 덴마크의 고고학자 와르셰(J. A. Warsche, 1821~1885)는 극동 기원설을 제기하였는데, 청동기가 최초로 중국이나 인도를 비롯한 극동에서 나타난 후 알타이 산맥과 우랄 산맥을 경유해 북유럽으로 전파되었다는 주장이다.

이 두 가지 설은 초기 청동기의 발굴과 연구가 주로 북유럽과 시베리아 일원에서 진행되어온 사정을 반영하고 있을 뿐만 아니라, 동방으로부터의 훈족의 서천(西遷)이나 인도·유럽어족의 동방 기원설과 맥락을 같이하고 있는 것이 특징이다.

한편 하인리히 슐리만(H. Schliemann, 1822~1890)은 1870년 소아시아의 트로이(Troy)와 1888년 미케네(Mycenae) 유적에서 유침(留針) 등 북유럽의 청동기와 관련이 있는 여러가지 유물을 발견하였는데, 이를 계기로 북유럽 청동기와 오리엔트형 청동기 사이의 연관성 문제가 학계의 비상한 관심을 끌었다. 특히 스웨덴의 몬텔리우스(G. O. A. Montelius, 1843~1921)는 1900년『초기 청동기시대의 연대관(年代觀)』이란 글을 발표해 유라시아 대륙 북부 청동기의 오리엔트 기원설을 주장하였다. 그에 따르면 소아시아나 메소포타미아 일원(오리엔트)에서 발생한 청동기가, 한 길은 다뉴브강을 따라 유럽으로 북상하고, 다른 한 길은 남러시아를 거쳐 시베리아와 중국에 파급되었다는 것이다. 이것이 이른바 청동기의 오리엔트 기원설이다. 한편, 다원설은 청동기가 지역별로 서로 다른 곳에서 다발적으로 출현하였다는 설이다. 다원설의 주장자들은 대체로 여러 곳에서 발생한 청동기들간의 상관성을 부정하면서 독자성과 자생(自生)을 강조하는데, 발전과정에서 상호영향을 미쳤다는 것을 부

정하지는 않는다. 이 설에도 몇가지 지역설이 있는데, 우선 알타이 기원설과 우랄 기원설이 있다. 전술한 일원설에 의하면 청동기가 알타이에서 발생한 후 우랄 지방에 보급되어 비로소 북유럽의 청동기문화가 형성되었다는 것이다. 다원설에서는 두 청동기문화 사이의 전파성이나 상관성이 무시되고, 각자가 독자적으로 출현한 것으로 되어 있다. 핀란드의 탈그렌(A. M. Tallgren, 1885~1945)은 세 차례에 걸쳐 시베리아 현지를 답사하고 1911년에 『러시아 북부 및 동부에서의 청동기와 청동기 시대』란 저서를 발표했는데, 알타이 청동기의 우랄 전파(스승인 아스페링의 일원설)를 부정하였다. 즉 우랄 청동기는 알타이 청동기와는 별도로 토착 신석기문화의 바탕 위에서 독자적으로 발생하여, 서로 다른 두 개의 문화권인 우랄 문화권과 알타이 문화권을 형성하였다는 것이다. 탈그렌은 한 걸음 더 나아가 오히려 시베리아 청동기문화가 우랄 청동기문화의 영향을 받아 형성되었다는 정반대의 이론까지 내놓았다. 그는 1915년 남시베리아의 미누신스크(Minusinsk) 지방을 탐사한 후 '미누신스크 청동기문화는 중기 우랄 청동기문화의 영향을 직접 받아 형성되었으며(1기), 그 기초 위에서 독자적으로 발달하였다(2기)'는 새로운 견해를 제시하였다.

다원설의 또 다른 입장은 중국 청동기의 자생설이다. 안양(安陽) 은허(殷墟)에서 처음으로 출토된 중국 청동기는 그 성형법이나 소재 및 문양을 감안할 때 결코 초기의 것은 아니고, 이미 상당히 발달한 단계에 이른 기물이다. 따라서 그 기원과 실제에 관한 논의가 끊임없이 제기되지만 아직은 미해결로 남아 있다. 비록 상당히 발달된 단계에 이른 은대 청동기가 여러가지 측면에서 북유라시아 청동기나 서아시아 청동기와의 유사성 내지는 상관성을 보이지만, 그것이 곧 기원에서의 상관성이라고 단정지을 수는 없다. 일부 학자들(주로 중국학자들)이 주장하는 중국 청동기 자생설은 더 많은 유물(특히 초기 유물)의 출토와 더불어 연구가 축적된 뒤에야 시비가 가려질 것이다.

서아시아 오리엔트 지역에서 편년상 가장 오래된 청동기 유물이 발굴되었기에 그곳을 청동기의 발생지로 간주하는 데에는 학자들간에 이의가 없다. 어떻게 보면 다원설에 입각한 청동기의 발원지가 오리엔트·알타이·우랄·중국의 4곳으로 부각되고 있는 셈이다. 이들 4곳의 편년을 보면 적지 않은 차이가 있는 것은 사실이나, 그것만을 근거로 다원설을 부정할 수 없다는 것이 다원론자들의 지론이다.

청동기의 기원과 관련해 일원론이나 다원론 어느 것도 아직은 충분한 설득력을 가지지 못하고 갑론을박 논쟁만 거듭하고 있다. 이런 와중에서 이 두 설을 절충하여 나온 것이 바로 이른바 중심지설(中心地說)이다. 중심지설이란 청동기가 한 중심지에서 발생한 후 각지에 제2차 중심지를 형성하여 발달하다가 다시 다른 곳으로 파급되어 새로운 제3차 중심지를 만들어왔다는 설이다. 지금까지의 유물 발굴 결과로는 주석·연료가 풍부한 아르메니아와 캅카스 및 이란 고원을 연결하는 산악지대에서 최초의 동 야금기술 이동이 나타났기 때문에 이곳을 야금술과 청동기의 발생지로 인정하고 있다.

일단 여기서 발생한 청동기는 메소포타미아에 제1차 중심지를 형성하고 거기에서부터 소아시아·유럽(우랄)·시베리아(알타이) 및 중국에 각각 제2의 중심지를 만들어, 그것을 거점으로 하여 주변에 파급되었다는 것이다. 일원설이나 다원설의 근거가 미흡하고 기원을 확증할 수 있는 유물이나 절대적 편년이 결여된 상황에서, 이 중심지설이 청동기의 발생과 전파, 그리고 교류를 설명하는 데 있어서 그나마 유력한 일설로 부상하고 있다.

청동기의 시대 문제 일반적으로 청동기문화가 유행한 시기를 청동기시대라고 한다. 청동기 시대는 보통 신석기시대와 철기시대 사이에 편년되는데, 이 시대의 장단이나 편년은 지역에 따라 큰 차이를 보이고 있다. 톰센(Christian Jürgensen Thomsen, 1788~1865)의 3시기 구분법에 의하면 인류사회를 고고학적으로 석기시대(후에 구·중·신석기시대로 구분)와 청동기시대, 철기시대로 나누고, 다시 문명사적으로 석기시대와 청동기시대를 선사(몽매)시대에, 철기시대를 역사(문명)시대에 편입시킨다. 물론 이것은 지금까지의 통념이지만 그동안의 유물 발굴이나 연구 결과를 자세히 검토해보면 청동기시대가 인류 보편사적으로 볼 때 과연 하나의 역사적 시대로 존재하였는가에 대해서는 의문이 제기될 수 있다. 그 이유는 첫째, 청동기를 사용하는 기간이 시간적으로 보면 극히 짧은 시기여서 시대성이 결여된다는 점이다. 즉 1,000~2,000년의 기간밖에 안되는 청동기시대를 200만년의 석기시대, 5,000여년의 철기시대에 대응시켜 하나의 시대로 설정하는 것은 시대성에서 무리이기 때문이다. 둘째, 청동기시대는 하나의 과도기적 시대로서 그 성격이 불투명하다는 점이다. 청동기로 명명되는 이 시대에는 청동 외에 금이나 철 등 여러가지 금속들이 병용되며, 오랜 세월 유지해온 석기문화가 여전히 공존하고 있기에 금석병용(金石竝用)과 다금속(多金屬)시대에 불과하다. 따라서 단원적인 청동기문화는 찾아보기가 힘들며, 오히려 복합적인 과도문화가 우세하다는 것이다. 셋째, 청동기시대의 설정에 의문을 제기하고 재고를 요하는 가장 중요한 이유는, 청동기는 문화의 편재성(遍在性)이나 공유성(共有性)이 결여되어 있다는 것이다. 이때까지 메소포타미

아·이란·중국 등 고대 문명국가에서 발견된 청동기 유물은 사회 상류층들의 활동과 생활에 필요한 제기(祭器)나 동기(銅器) 및 장신구에 국한된 것이다. 즉 사회의 상·하층 전체를 망라해 보편적인 실용 가치를 추구하는 문화의 편재성이나 공유성은 찾아볼 수 없다. 문화의 가장 중요한 속성이라고 할 수 있는 이 공유성이 결여된 문화는 결코 문화로 인정될 수 없으며, 따라서 이러한 편파적인 문화를 기준으로 한 시대를 설정한다는 것은 무리가 아닐 수 없다.

청동기문화의 이러한 특수성을 감안할 때 청동기시대의 설정 문제는 재론의 여지가 있다. 그러나 청동기문화가 인류문화 발전에 크게 기여한 찬란한 문화임에는 의심의 여지가 없다. 그리하여 고고학에서는 물론 문명사에서도 청동기의 출현과 발달 및 전파를 하나의 엄연한 역사적 사실로 인정하고 통념적으로 그 편년을 설정해왔다. 이러한 편년에 따라 대체로 청동기문화의 출현과 발달 과정을 비교·고찰할 수 있다. 청동기의 출현과 발달 시기는 지역에 따라 각기 다르다. 뿐만 아니라 청동기시대 자체의 발달 단계에 대한 구분이나 명칭도 일치하지 않는다. 고고학적 연구가 많이 진척된 서구나 서아시아에서는 대체로 청동기시대를 2, 3분법에 의해 체계화하고 필요에 따라 더 세분화하기도 한다. 하지만 메소포타미아나 중동처럼 청동기가 발달하였음에도 불구하고 그 실체가 제대로 밝혀지지 않은 곳에서는 아직은 청동기시대 자체의 분법보다는 특정 문화기와 왕조(王朝)에 일치시켜 비교·고찰하고 있는 형편이다. 이렇게 각 지역에서 유행한 청동기문화는 그 편년이 일정하지 않고, 많은 차이점이 있지만 유라시아 대륙을 포함한 각 지역을 총괄하면 청동기시대는 대체로 기원전 4000년부터 기원전 1000년경 사이의 약 3000년간(최장 기간) 존재하였음을 알 수 있다.

청동기의 출현 청동은 동합금물이다. 합금에 필요한 야금기술은 장기간에 걸쳐 복잡한 기술공정을 반복하는 과정에서 터득되었다. 원래 동은 강바닥에서 녹자색(綠紫色)이나 녹흑색(綠黑色)의 자그마한 돌멩이로 존재하는데, 이러한 자연 동은 영국이나 프랑스·헝가리·독일·남러시아·에스파냐·노르웨이·이란·소아시아 등 유라시아의 넓은 지역에 산재하였다. 이러한 자연 동을 최초로 채집한 사람들은 기원전 6000~5000년경 카스피해 서안의 유목민이라고 추측된다. 그들은 채집한 자연 동을 열처리해 핀이나 송곳 같은 것을 만들었는데, 이것이 인류가 처음으로 행한 야금술이다. 그러나 자연 동은 채집하는 데 한계가 있기 때문에 차츰 고갈될 수밖에 없었다. 그래서 고안해낸 것이 바로 동광의 용해(溶解, melting)와 제련(製鍊, smelting)·단조(鍛造, casting)에 의한 합금인데, 이 과정에서 청동을 발견하게 되었다. 자연 동에 대한 최초의 담금질 단계, 용해와 간단한 주조 단계, 제련과 복잡한 주조 및 다량 생산 단계, 각종 금속과의 합금 단계 등 4단계를 거쳐서 비로소 청동 합금이 이루어지게 되었다. 초기 동광의 용해나 제련이 어떻게 이루어졌는지에 대해서도 의문이 남아 있다. 일부에서는 노천에서 모닥불(분화焚火)을 피워 가열한 것으로 추측하였지만, 모닥불은 양질의 연료를 썼을 경우에도 기껏해야 섭씨 600~700도의 열밖에 발산할 수 없으므로 1,000도 이상의 고열을 요구하는 동의 용해는 물론, 700~800도의 온도를 필수로 하는 산화동광(酸化銅鑛)이나 탄산동광(炭酸銅鑛)(이 두 가지가 가장 흔한 동광)의 환원도 불가능하다는 점을 고려할 필요가 있다. 따라서 모닥불보다는 고온에 적합한 도기(陶器) 가마가 동의 가열에 사용되었을 가능성이 크다. 제련이나 주조를 위해서는 노(爐)와 함께 도가니·부젓가락(화저火箸)·송풍설비(送風

設備)·주형(鑄型) 등 여러가지 도구와 설비를 갖추어야만 했는데, 이러한 야금기술의 발달은 기원전 4000~3500년 기간에 발달한 북이라크 메소포타미아 선사문화인 우바이드(Ubaid) 문화의 신전 유적지와 그를 이은 세계 최고(最古)의 도시문명인 우루크(Uruk) 문화의 도시 유적에서 확인할 수 있다.

일반적으로 동 야금술의 발생지는 고대문명의 근접지이자 동·주석·연료가 풍부한 아르메니아·캅카스·이란고원으로 연결되는 산악지대로 인정되고 있다. 중국의 고서에서도 동과 주석의 합금 상황을 찾아볼 수 있다. 은(殷)·주(周) 시대의 청동 제작 과정을 소개한 『주례(周禮)』 「고공기(考工記)」에는 동과 주석의 합금 비율에 따라 제작되는 기물이 다른데 6:1이면 종정(鐘鼎, 종과 솥), 예기(禮器, 악기), 5:1이면 부근(斧斤, 도끼와 자귀), 4:1이면 과극(戈戟, 창), 3:1이면 대인(大刃, 큰 칼), 5:2면 삭살실(削殺失, 일종의 화살), 5:5면 감수(鑒燧, 경감鏡鑑, 거울)가 된다고 하였다.

이러한 야금 과정을 거쳐 청동이 만들어지기 시작한 연대를 보통 기원전 4000년대 후반으로 잡는다. 청동은 동으로는 제작할 수 없는 도구나 이기(利器)를 만들어냄으로써 금속기의 위력을 사상 최초로 발휘하였으며, 고대문명의 형성과 발달에 큰 기여를 하였다. 청동은 주로 동과 주석의 합금임에는 틀림없으나, 구체적으로 어떤 제련 과정을 거쳤는지는 불확실하다. 금속 동과 금속 주석 혼합물의 합금인지, 동광과 금속 주석의 혼합물의 제련인지, 아니면 황석광(黃錫鑛, stannite)의 제련인지, 동광과 주석광의 자연적 혹은 인공적 혼합물의 제련인지 등 여러 의문점에 대해 사람들마다 견해 차이를 보인다. 그러나 아직까지 주석과의 제련이 청동 제련보다 앞섰다는 확증이 없어 첫째와 둘째 경우는 무리이고, 황석광은 희유금속(稀有金屬)이기 때문에 그 것을 제련해 만들었다는 것은 설득력이 약하다. 결국 청동은 네번째 경우, 즉 동광과 주석광 혼합물의 제련에 의해 만들어졌다고 보는 것이 가장 합리적이다.

청(淸) 초의 서방무역

청(淸) 초에 이르러 육로를 통한 대서방 관계는 호전의 기미를 보였다. 동점(東漸)하는 러시아 세력을 견제하기 위해 청조는 러시아와 일련의 쌍무협정을 체결하고 양국간의 무역을 확대해 가는 한편, 신장(新疆) 일대를 평정한 후 그곳을 발판으로 카자흐 등 중앙아시아의 여러 칸국들과 직접적인 무역거래를 다시 시행하였다. 그리고 이를 바탕으로 서구와의 거래도 시도하였다. 그러나 남해상에 조성된 상황은 이와 달라서 지금까지 실시해온 해금(海禁)을 해제할 수가 없었다. 남방에는 정성공(鄭成功)을 비롯한 반청(反淸) 세력이 엄존하여 활동을 계속하고 있었고, 서구 식민세력들의 침투와 압박도 한층 강화되었다. 이에 청조는 엄격한 해안 통제 등 해금과 경계심으로 대응하였다. 일례로 1656년에 네덜란드 동인도회사는 사신을 보내 통상을 촉구했으나, 청조는 8년에 한 번씩 조공할 것을 허용하였다. 조공 인원도 100명을 초과하지 못하게 하였는데, 그중 20명만 황제가 있는 곳으로 올 수 있게 제한했다. 이는 사실상 통상 요구에 대한 거부나 다름없었다.

체 게바라의 길 Ruta del Che

체 게바라의 피살지 라이게라(La Higuera)와 암매장지 바예그란데(Vallegrande) 사이를 잇는 62km의 길. 1967년 10월 8일 체 게바라는 22명의 다인종 게릴라 부대를 이끌고 볼리비아 남부의 오지 도시 푸카라(Pucara)를 향해 진군하던

중 추로(Churo) 계곡에서 매복 중이던 정부군과 조우하였다. 격전 끝에 4명이 전사하고 허벅지에 총상을 입은 체 게바라를 비롯한 3명이 생포되었다. 그들은 즉시 인근의 라이게라 마을에 있는 작은 소학교 교실로 압송·구금되었다. 이튿날 쿠바 출신의 CIA 요원에 의해 게바라의 신분이 확인되자, 30분도 채 안 되어 사살 명령이 내려지고 곧바로 총살이 집행되었다. 옆방에서 같이 생포된 두 전우의 최후를 알리는 두 방의 총성을 들으면서 체 게바라는 소학생이 앉았던 나지막한 나무 걸상 위에서 묶인 채 이슬로 사라진다. 게바라의 시신은 헬리콥터로, 전우들의 시신은 소달구지에 실려 당시 게릴라 소탕 사령부가 자리하고 있던 바예그란데로 운구되었다. 당국은 시신을 병원 세탁대 위에 눕혀놓고 10일간이나 치아와 지문 식별 같은 검증을 위해 손을 자르고, 주민과 기자들에게 공개하기까지 한 뒤에 어딘가에 암매장해버렸다. 당시 시신을 씻어주었던 간호사 수사나는, 체 게바라가 마치 성인처럼 영채 도는 눈을 뜨고 있는 상태였다고 회상하곤 한다. 그래서 이곳 사람들은 그를 성인으로 추앙하기까지 한다.

체 게바라의 암매장지는 한동안 전혀 알려지지 않았다. 그러다가 당시 암매장 공사에 참여했던 한 병사의 양심고백에 의해 매장지의 단서가 잡혔다. 쿠바와 아르헨티나의 두 학자가 2년

30년 만에 발견된 체 게바라 암매장지

간 노력한 끝에 마침내 사망 30년 만인 1997년 6월 28일 체 게바라를 비롯한 7명의 시신 암매장지를 찾아냈다. 암매장지 건물 내의 세탁소 좌측 벽 상단에는, 이 시신 발굴에 직접 참가한 쿠바 학자가 쓴 "그들은 땅속 깊이 묻혔지만 우리는 찾아내고야 말았다. 28-6-97"란 굵은 갈색 글씨가 남아 있다. 비록 39세(1928년 6월 14일~1967년 10월 9일)란 길지 않은 인생이었지만, 오로지 세계변혁이란 시대적 소명에 헌신해온 이 '사건 창조적' 위인의 숭고한 정신을 기리기 위해 지구촌 사람들의 발길이 이어지는 이 '체 게바라의 길'이 트이게 되었다. 라이게라 마을 동구의 '체 게바라 광장'에는 당국의 제지를 무릅쓰고 1992년과 1997년, 2007년에 각기 다른 형태의 추모 동상이 세워졌다. 2007년 전투복 차림의 동상제막식에는 세계 각지에서 온 '체 게바라리스트' 3,000여 명이 참석했다고 한다. 2017년에는 더 큰 규모의 행사를 계획하고 있다. 인구 1만 1,000명의 바예그란데에 해마다 '체 게바라의 길'을 밟고자 찾아오는 사람이 무려 2,500명에 이른다고 한다.

체르첸 Cherchen, 且末

오아시스로 남도의 요충지. 고대에 둔황(敦煌)으로부터 서역으로 가려면 우선 누란(樓蘭, 선선 鄯善)에 이른 후 여기서 길이 두 갈래로 갈라진다. 한 갈래는 오아시스로 북도로서 이리(伊犁)와 쿠처를 거쳐 카슈가르에 이르고, 또 한 갈래는 오아시스로 남도로서 체르첸에 이른 후 호탄을 거쳐 야르칸드에 도착한다. 이렇게 보면 체르첸은 오아시스 남도의 출발지가 된다. 아직 고지(故址)가 확인되지는 않았지만, 오늘날의 체모현(且末縣) 주위에는 탑타랑고성(塔他浪古城) 등 몇 개의 유적이 있다. 그중 유명한 유적은 체모현에서 서쪽으로 180km 지점에 있는 엔델 유적이다.

성은 원형의 두터운 토벽이며, 중앙은 스투파가 있는 제1절터다. 스투파는 8각형의 기단 위에 서 있는데 이중 외벽으로 에워싸여 있다. 절터의 네 모퉁이에는 사천왕(四天王)풍의 소상(塑像)이 있다. 제2호 승방(僧房)터에서는 벽화 외에 인도 신화에 나오는 지혜와 학문의 신인 가네샤의 판화가 발견되었다. 체르첸강 상류에서 옥이 채취된 점으로 미루어 이곳에는 옥 제품도 성행했을 것이다.(2-182~183)

초레라(Chorrera) 문화

기원전 1200년경 에콰도르 해안에 등장하는 고대문화. 선각(線刻)과 음각(陰刻)의 장식기법이 사용된 적·백·흑색의 장경호(長頸壺)와 방형발(方形鉢) 등의 토기가 특징적이다. 토기에는 동식물이나 자연의 모티브뿐만 아니라 환자, 짐꾼, 피리 연주자, 노 젓는 사람 등 여러가지 인간의 모습을 그려넣었다. 담배 가루가 담긴 그릇이 발견된 점으로 미루어 선사시대에 이곳에 흡연 관습이 있었다는 것을 알 수 있다. (8-112)

초원 草原, steppe

연 강수량이 250~270mm이고 큰 나무는 자랄 수 없으나 풀이 무성하게 자라는 곳. 초원은 목초의 성장지로서 목축업의 적지(適地)다. 약 1만~7,000년 전 충적세(沖積世)에 형성된 지리대(地理帶)를 보면 대체로 초원은 중위도(中緯度) 지대에 자리하고 있었다. 고고학적 연구결과에 의하면 인류의 최초 화석은 아프리카의 초원을 비롯한 여러 초원지대에서 발견되는데, 이것은 인류의 최초 활동무대가 초원지대였음을 말해준다. 초원명은 지역에 따라 다른데, 유라시아에서는 '스텝'(steppe), 북아메리카에서는 '프레이리'(shortgrass prairie), 아르헨티나와 우루과이에서는 '팜파스'(pampas), 남아프리카에서는 '벨트'(veld)라고 한다. 북아메리카에서는 초원에 거주하는 사람들을 '인딕'(indic), '가우초'(gaucho, 에스파냐어로 말을 모는 목동이라는 뜻)로 지칭한다.

초원대 草原帶 지질학적으로 보아 북방 유라시아는 충적세(沖積世)에 들어와 지각 변동으로 인해 남북으로 4개의 기후대가 형성되었다. 가장 북쪽으로 북극해에 면한 것이 동토대(凍土帶, 툰드라tundra)이고, 그 다음이 침엽수림대(針葉樹林帶, 타이가taiga), 그 다음이 초원대(草原帶, 스텝steppe)이며, 가장 남쪽에 있는 것이 사막대(沙漠帶, 데저트desert)이다. 초원대는 대체로 북위 50~40도 사이에 위치하며, 실크로드의 한 간선인 초원로(草原路)가 이 지대를 동서로 횡단하고 있다.

초원로 草原路, steppe road 유라시아 대륙의 북방 초원대를 동서로 횡단하는 동서 교류의 통로. 실크로드의 3대 간선 중 가장 오래된 길로 초원로는 다음과 같은 몇가지 특징이 있다. 첫째, 일망무제(一望無際)한 초원지대에 펼쳐진 길로서 이용이 자유자재로 편리하다는 데 있다. 일반적으로 이 길은 지형이나 기후(건조기 제외)의 제약을 별로 받지 않고 수시로 이용할 수 있으며, 길의 너비나 길이도 특별한 제한 없이 자유롭게 활용할 수 있다. 이로 인해 초원로는 다른 두 간선인 오아시스로나 해로와 달리 노선이 분명하지 않다. 둘째, 기마유목(騎馬遊牧)민족들의 전용(專用)이다. 이 길은 대개 기마유목민족인 스키타이(Scythai)에 의해 개척된 뒤 흉노(匈奴)와 몽골 등 북방 기마유목민족의 교역과 이동 및 정복 활동에 이용되었다. 초원은 말을 타고 이동하면서 유목생활을 하는 민족들만이 적응할 수 있는 지형적 특성을 가지고 있기 때문이었다. 따라서 교통수단도 기마 유목에 적합한 단단하고 경량화된 마구류가 주종을 이룬다.

헤로도토스(Herodotos, 기원전 484~425)의 저서 『역사』(제4권의 13장과 16~36장)의 기술에 의하면 초원로는 기원전 7세기 전반에 스키타이들이 흑해(黑海)로부터 우랄 산맥을 넘어 알타이(Altai) 지방에 이르러 동방교역을 할 때부터 알려지기 시작하였다. 『역사』의 기술과 함께 그간 북방 유라시아의 초원지대에서 속속 발굴된 일련의 유물들을 참고로 하면, 스키타이를 비롯한 고대 기마유목민족들이 개척·이용한 초원로의 윤곽이 대체로 드러난다. 그 주로(主路)를 추적해보면 북유럽의 발트해(Baltic Sea)에서 출발 아랄해(Aral Sea) 연안을 지나서 동진하여 카자흐스탄(Kazakhstan)과 알타이 산맥 이남의 중가리아 분지에 도착한 후 더 나아가 몽골 고비 사막의 북변 오르콘(Orkhon)강 연안으로 접어든다. 여기에서 남하해 중국의 화베이(華北) 지방에 이른 후 다시 동남향으로 중국의 둥베이(東北) 지방을 거쳐 한반도까지 이어진다. 고대부터 초원로의 주변에는 주로 기마유목민족 문화가 발생·번영하였으며, 이 길을 따라 동서로 널리 전파되었다. 초원로를 통해 최초로 동서에 전파된 문물로는 비너스(Venus)상(像)이 있다. 지금으로부터 1만여 년 전에 제작된 것으로 추정되는 이 비너스상은 지금까지 서유럽의 피레네 산맥 북쪽 기슭에서 시베리아의 바이칼호 부근에 이르기까지 광활한 지역에서 수백 점이 발견되었다('비너스'항 참고). 거의 20군데나 되는 출토지를 연결해놓으면 서부 유럽에서 출발해 다량 발굴된 중부 및 동부 유럽과 우크라이나를 지나 동진하여 동시베리아에 이르는 이른바 '비너스의 길'이 형성된다. 또한 비너스상에 이어 한때 초원로를 누빈 것은 채도(彩陶)로서, 그 출토지를 연결한 길이 이른바 '채도의 길'이다. 이 길의 서단(西端)은 중앙아시아의 서남부에 있는 초기 농경문화의 대표적 유적인 아나우(Anau)

유적(기원전 5000년경) 지대다.

아무다리야강 하류의 호라즘(Khorazm) 지방과 중앙아시아와 중국의 접경지대인 페르가나(Ferghana) 분지의 나망간(Namangan) 일대에서 이 아나우 문화에 속하는 유물이 다수 출토되었다. 그런데 아나우 채도와 유사한 채도가 중국의 양사오(仰韶) 문화유적(기원전 3500년경)에서도 발굴되어 그 관련성 여부를 놓고 지금까지도 학계에서 의견이 분분하다. 서구와 일본 등 외국 학계에서는 대체로 그 상관성을 인정해 서아시아 채도가 초원로를 거쳐 중국 중원지대에 전해진 것으로 보고, 그 전파로(초원로)를 일명 '채도의 길'이라고 한다.

설혹 자생설을 주장하는 중국 학자들의 견해처럼 서아시아의 채도가 중국까지 전파되지는 않았다손 치더라도, 아나우의 채도가 초원로를 통해 동쪽으로 전해진 것은 확실하므로 '채도의 길'이라고 설정해도 결코 무리는 아닐 것이다. 기원전 1000년대의 청동기시대에 접어들면 초원로의 동쪽 끝에서는 몽골 인종이 주도하는 카라수크 문화(Karasuk culture, 기원전 1200~700)가 흥기한다. 러시아의 미누신스크주에 있는 카라수크강 유역에서 발아한 이 문화는 동쪽으로 바이칼호 부근에서부터 서쪽으로 알타이 산맥과 카자흐스탄에 이르기까지의 광활한 초원지대에서 번영하였다. 초원의 유목경제를 바탕으로 한 이 문화는 청동제 칼·창·도끼 등 유사 유물에서 보듯이 중국 은상문화(殷商文化)의 영향을 받은 흔적이 역력하다. 이것은 이 문화가 초원로를 통해 은상이 할거하던 중국의 화베이(華北) 지방과 연관이 있었음을 시사해준다. 기원전 8세기경에 남러시아 일원에서 흥기한 스키타이(Scythai) 문화도 역시 초원로를 통해 동쪽으로 전해져 몽골고원을 지나 중국 화베이 지방의 쑤이위안(綏遠, Ordos) 일대에까지 영향을 미쳤다.

유목민족인 스키타이는 초원로의 서단(西端)을 통해 흑해 연안의 그리스 식민도시들과 활발한 교역을 진행하였으며, 그 동단(東端)을 따라 동방무역로를 개척하였다. 헤로도토스의 저서『역사』의 기술에 의하면, 스키타이의 동방무역로는 아랄해로부터 볼가강을 지나 북상해 우랄 산맥을 넘은 다음 동진해 알타이 산맥 부근에까지 이른다. 이 길의 연변에서는 스키타이 문화 특유의 동물 문양이나 금은세공(金銀細工) 등의 유물이 다량 출토되었으며, 특히 알타이 산맥 북방의 파지리크(Pazyryk) 유적에서는 스키타이 문화유물과 함께 중국 진대(秦代) 유물이 다수 출토되었다. 이것은 당시(기원전 8~3세기) 초원로를 통한 스키타이 문화의 동점상과 동서간의 교류를 실증해주는 것이라 할 수 있다.

기원전 4세기 말에 몽골고원에서 흥기한 흉노(匈奴)는 노인울라(Noin Ula) 유적에서 볼 수 있듯이, 스키타이 문화를 비롯한 북방 기마유목민족 문화와 한(漢)문화를 흡수·융합한 이른바 '호한문화(胡漢文化)'라고 일컫는 흉노 특유의 기마유목문화를 창출하였고, 초원로를 따라 서천(西遷)하면서 이 호한문화를 서구에까지 유포시켰다. 기원전 3세기 후반부터 카스피해 동남부에 자리한 파르티아(Parthia, 안식安息) 왕국과 비단무역을 하는 등 서역과의 교류를 활발히 전개해오던 흉노는 기원후 후한(後漢)에게 쫓겨 서천을 거듭하다가 마침내 4세기 후반에는 초

몽골 초원로의 여러 갈래 길

원로의 서단을 따라 유럽에까지 진출하였다. 훈족(Huns, 흉노)의 이 서진(西進)으로 인해 흑해 연안에 살고 있던 게르만의 한 부족인 서고트(Visigoth)족은 로마제국으로 밀려들어갔다. 이것이 게르만 민족 대이동의 서막이었으며, 이로 인해 서양사에서 중세의 막이 오르게 되었다. 뿐만 아니라, 기원전 3세기 후반에는 중국 쑤이위안 지방에 진출하고, 기원전 2세기 후반에는 동호(東胡, 현 중국 둥베이 지방)까지 정복하는 등 흉노의 동진 과정을 통해 그들의 기마유목문화가 고조선과 한반도, 그리고 일본까지 영향을 미쳤다는 것을 알 수 있다. 한반도에서 출토된 청동기와 철기, 각종 마구(馬具)와 동물 문양 등 북방 기마유목문화의 유물들은 흉노에 의해 초원로를 거쳐 유입된 것이라고 추정된다. 지금까지 동아시아에서 발굴된 청동기 유물의 분포대를 추적해보면, 그 길은 몽골로부터 중국 화베이의 러허(熱河) 일대로 전향해서 랴오둥(遼東)을 거쳐 한반도 내로 이어졌음을 알 수 있다. 따라서 이 청동기 유물 분포대의 연결선을 한반도까지 이어지는 초원로의 연장으로 간주할 수 있으며, 이는 곧 한반도가 초원로의 동단(東端)임을 시사해준다.

흉노에 이어 초원로를 누비며 동서교류의 주역을 담당한 민족은 돌궐족(突厥族)이다. 기원전 4세기경부터 몽골 초원의 각처에 산재한 유목민의 일족인 돌궐이 기원후 552년에 유연(柔然, 연연蠕蠕) 등 여러 부족을 정복·통합해 강대한 국가를 건립하였다. 돌궐은 초원로를 따라 동편으로는 중국 화베이 지방의 북주(北周)나 북제(北齊)와 견마무역(絹馬貿易)을 진행하는 한편, 서편으로는 알타이 산맥을 넘어 중앙아시아의 에프탈(Ephtalite)을 격파하고 소그디아나(Sogdiana)까지 정복하였다. 6세기 말 소그디아나 일원에 건국된 서돌궐은 동로마제국과 수차

례에 걸쳐 사절을 교환하고 교역도 활발히 진행함으로써 초원로는 명실공히 동서교류의 간선 역할을 수행하였다. 657년에 서돌궐이 당에 의해 멸망한 후 중앙아시아를 중심으로 한 초원로의 중간 지점은 일시적으로 당의 수중에 들어가게 되었다. 그러나 얼마 지나지 않아 8세기 초엽부터 아랍-이슬람군이 이 지역에 진출해 당 세력을 축출함으로써 중앙아시아의 이슬람화와 더불어 초원로의 중간 지점은 아랍-이슬람 세력의 활동무대가 되었다. 이러한 국면은 13세기 몽골제국이 출현해 서정(西征)을 시작할 때까지 지속되었다.

13세기 초에서 중엽까지 아시아 전역과 유럽 및 러시아까지 석권한 대몽골제국 시대는 문자 그대로 초원로의 전성기였다. 몽골인들은 1219년부터 1258년까지의 기간에 단행한 세 차례의 서정(西征)을 계기로 서방의 광활한 정복지에 오고타이(Ogotai)·차카타이(Chaghatai)·킵차크(Kipchak)·일(Il) 칸 등 4개의 칸(汗)국을 세우고, 동방의 중국 본토에는 원(元)조를 세움으로써 유라시아를 석권한 세계적 대제국을 건설하였다. 기마유목민족인 몽골인들의 대규모 서정은 주로 초원로를 따라 진행되었다. 그 주로(主路)는 몽골의 카라코룸(Karakorum, 화림和林)으로부터 서쪽으로 알타이 산맥을 넘어 발하슈(Balkhash)호 북안을 돌아 카스피해 북부에 있는 킵차크 칸국의 수도 사라이(Sarai)에까지 이르며, 사라이를 중계지로 하여 다시 서쪽으로 키예프·안티오키아·베네치아·콘스탄티노플 등 러시아와 유럽의 여러 도시로 연결되는 길이다. 이 길을 따라 서구에서 몽골까지 왕복한 카르피니(G. Carpini, 1182~1252)와 뤼브뤼키(G. Rubruquis, 1215~1270), 마르코 폴로(Marco Polo, 1254~1324) 등 여러 여행가들의 기술에 의해 이 길의 실체가 알려졌다. 제국은 이 초원

로를 원활하게 운영하기 위하여 완벽한 역전제(驛傳制)를 실시하였다. 마르코 폴로의 여행기 『동방견문록(東方見聞錄)』에 의하면, 제왕으로부터 받은 여행용 금패(金牌)나 은패(銀牌)만 소지하면 누구나 초원로에서 음식과 말 등을 보급받는 것은 물론 안내자까지 대동하고 안전하게 여행할 수 있었다.

몽골제국의 멸망과 더불어 얼마간 부진상태에 처했던 초원로는 16세기 후반에 와서 러시아의 시베리아 진출로 인해 다시 활기를 띠게 되었다. 1581년 러시아는 예르마크(T. Yermak, ?~1584)를 대장으로 한 탐험대를 동방에 파견하였다. 무력을 동반한 탐험대는 오비강을 넘어 이르티시강 유역에 있는 시비르 칸국을 공략하고, 이 땅을 이반 4세 황제에게 기증하였다. 그 후 우랄 산맥 이동의 광활한 초원지대를 일괄하여 '시베리아'라고 지칭하였다. 1587년에 러시아인들은 시베리아의 초원로를 따라 시비르 부근에 토볼스크시(市)를 건설하고 계속 동진해 1638년에는 태평양 연안에까지 도달하였다. 그들은 이에 머물지 않고 여기에서 다시 남하해 러시아와 중국 청(淸)나라의 국경지대인 헤이룽강(黑龍江) 일대까지 세를 확장하였다. 이 우랄 산맥 동쪽으로부터 남러시아의 광활한 초원지대를 지나 부분적으로 북방 침엽수림대(Taiga)를 관통하여 헤이룽강 일대까지 이어지는 길을 '시베리아 초원로'라고 한다. 이 길의 서단(西端)은 전통적인 초원로의 일부지만, 동단(東端)은 새로 개척된 초원로이다. 러시아는 이 초원로를 통해 시베리아, 특히 동시베리아에서 양산되는 모피를 대거 수입해갔다. 그리하여 이 초원로를 일명 '모피로(毛皮路)'라고 하는데, 이 '모피로'는 근세에까지 상당히 활발하게 가동되어왔다. 이에 앞서 볼가강의 카스피해 입구에 있는 하자르(Khazar, 630~965) 왕국과 볼가강과 카마강의

접합지에서 흥기한 볼가 불가르(Volga Bulgar, 9세기~13세기 초) 왕국으로부터 우랄 산맥 남부를 지나 시베리아와 알타이, 몽골을 거쳐 중국 화베이 지방에 이르는 전통적인 초원로에서도 모피가 교역되었다고 하며, 따라서 그 길을 일명 '모피로'라고 불렀다. 이처럼 초원로는 다른 두 간선(오아시스로와 해로)에 비해 일찍부터 개통되었을 뿐만 아니라, 상당히 오랫동안 동서교류의 중요한 통로 기능을 수행해왔다. 특히 13~14세기 몽골제국의 치세에는 초원로의 전성시대였다. 몽골제국의 멸망과 더불어 부진상태에 처했던 초원로는 16세기 후반에 시베리아 초원로(모피로)가 개척되면서 활기를 띠기 시작하였지만, 전통적인 초원로는 점차 왕래가 격감하면서 쇠퇴기에 접어들게 되었다.

촐라 왕조 Chola Dynasty

남인도에서 타밀족이 세운 고대 해양국가. 인도 원주민인 드라비다족의 일족인 타밀족이 기원

남인도 촐라 왕국(9~13세기) 수도였던 탄자부르의 브리하디슈와라 힌두교 사원 외관

전 2세기경에 남인도의 타밀 지역 동쪽의 코로만델(Coromandel) 해안의 면화 무역지 우라이우르(Uraiyur)를 수도로 해 촐라 왕국을 세웠다. 이들은 기원전 2세기에 바다를 건너 실론(현 스리랑카)을 근 50년간이나 통치하면서 실론 포로 1만 2,000명을 동원해 카베리강에 160km의 제방을 쌓아 관개농사를 지었다. 촐라 왕국은 고대 아테네와 비견되는 문화유산을 남겼다. 그러나 기원후 4~8세기에는 약소국으로 이름만 겨우 유지하다가 9세기에 이르러 다시 흥기해 탄졸을 수도로 한 강력한 촐라 왕국을 다시 세워 13세기 중엽까지 남인도를 지배하였다. 전성기에는 북방 갠지스강 유역까지 진출했으며, 해상으로 말레이 반도까지 원정하였다. 13세기 중엽에 판디아(Pāndya) 왕조에게 복속되었다.

총령 葱嶺 → '파미르 고원'항 참고

최초의 교역활동

인류 최초의 교역활동은 이집트의 고왕국(古王國) 시대(기원전 2850~2200)로 거슬러올라간다. 고대의 전제주의 국가이고 단원적(單元的, monolithic) 사회였던 이집트의 고왕국 시대의 교역활동은 최고의 절대적 지배자 파라오(Pharaoh, '큰 집'이란 뜻)의 의지에 따라 엄격한 통제 아래 진행되었다. 그는 이집트의 농산물과 금속공예품을 시나이(Sinai) 반도의 구리와 레바논(Lebanon)의 목재와 교역하기 위해 대상(隊商)과 상선대(商船隊)를 조직해 군사들의 호위 속에 교역차 파견하였다.

『추봉오어(推蓬悟語)』 9권, 李豫亨 저, 1570년

명(明)대 융경(隆慶) 4년(1570)에 이예형(李豫亨)이 저술한 책. 이 책에서 이예형은 "근래에 오(吳)·월(越)·민(閩)·광(廣)에서 누차 왜의 침입을 당했는데, 왜선(倭船)의 선미(船尾)에는 한침반(旱鍼盤)이 달려 있어 항로를 판별하고 있다. 그래서 그것을 노획하고 방조(仿造)해 오인(吳人)들이 쓰기 시작하였다. 그런데 수침반(水鍼盤)보다는 세밀하지 못하다"라고 일본을 통한 나침반의 중국 역류(逆流)를 기술하고 있다. 이에 앞서 이예형은 저서『청도서언(靑島緖言)』에서도 한라반(旱羅盤, 한침반)이 가정(嘉靖) 연간(1522~1566)에 일본으로부터 중국에 전해졌다고 주장하였다.

축법호 竺法護, 법명 '曇摩羅刹', Dharmaraksa

중국 서진(西晉)의 승려(239~316). 축법호의 선조는 둔황(敦煌)에 이주한 월지(月氏)인이며, 천축승 축고좌(竺高座)를 스승으로 모시고 불경을 배운 뒤 성을 '축(竺)'으로 고쳤다. 그는 36개국어를 할 줄 아는 재인(才人)으로 스승을 따라 서역 각국을 방문하였다. 진시(秦始) 2년(266)에 둔황에서 장안(長安)으로 옮겨와 건원(建元) 원년(313)까지 47년간『광찬반야경(光贊般若經)』(30권),『정법화경(正法華經)』(10권)을 비롯한 불경 175종을 번역하였다. 또한 진(晉) 무제(武帝) 때 장안에 불사를 지어 20년간 설법에 진력하였다. 그는 '둔황보살'이라고 불렸을 정도로 불법에 돈독하였다.

축법란 竺法蘭

중국에 처음으로 불교를 전래한 전설의 서역 승려.『위서(魏書)』「석노지(釋老志)」에 의하면 후한의 명제(明帝)가 꿈에 나타난 금인(金人)을 보고 서역에 불교라는 종교가 있다는 것을 알고 낭중(郎中) 채음(蔡愔)을 서역에 파견하였다. 채음은 축법란, 섭마등(攝摩騰)과 함께 불전과 불상을 가지고 돌아왔다. 축법란은 뤄양(洛陽)의 백마사(白馬寺)에서 사십이장경(四十二章經)을 한역하였다. 이 설화는 이외에도 여러 문헌에 전하고 있지만, 세부 내용에는 모두 조금씩 차이가 있다. 이렇게 전해오는 설화의 역사적 사실성에는 의문의 여지가 많다. 하지만 이 설화가 비록 후한 이후에 만들어진 것이지만, 후한대에 중국으로 불교가 전래되었다는 정황을 간접적으로 시사해주고 있다는 점에서 그 의미가 있다. (8-9)

출도 出島 → '데지마'항 참고

출툰 chultun

마야인들의 인공 저장굴. 기원후 3~9세기에 번성했던 티칼(Tikal) 도시유적(선고전기 중기, 고전기 말기)에서 보다시피 마야의 저지대에서는 석회암 암반을 뚫고 인공 저장굴을 만들어 식량이나 물을 저장하였다. 이런 인공 저장굴을 '출툰'이라고 한다. 고전기 말기에 속하는 멕시코 유카탄 반도의 사일(Sayil) 도시유적에서는 이러한 출툰이 300개 이상 발견되었다.

취안저우(泉州) 해저 유적

교류의 유물적 전거로서의 해로 유적(해저). 1973년 2월 중국 푸젠성(福建省) 취안저우만(泉州灣) 내에서 침몰한 목조선 한 척을 발견하였는데, 2년간의 작업 끝에 원상 복구하여 현재 취안저우 해상박물관에 전시하고 있다. 선수(船首) 높이는 10.5m이며 적재량은 370여 톤이다. 갑판의 일부만이 손상을 입고 선체는 거의 온전한 상태를 유지하고 있다. 2~3중의 겹 구조로 된 현측(舷側)이나 배 바닥은 소나무(松)·삼나무(杉)·남나무(楠)로 건조하였고, 13개의 선창(船艙)을 가지고 있다. 적재품은 주로 침향목(沈香木)과 단향목(檀香木)이며, 송나라 말이나 원나라 초에 침몰된 상선으로 추정되는데, 적재물로 보아 동

남아시아로부터 온 것으로 짐작된다. 1964년 항저우(杭州) 박물관이 닝보(寧渡)에서 14세기 초에 침몰한 유사한 배를 발견하였으며, 홍콩 역사박물관도 주룽(九龍)에서 비슷한 침몰선을 발견한 바 있다.

츠펑(赤峰)의 청동기문화 유적

교류의 유물적 전거로서의 초원로 유적. 1956년 네이멍구 자치구의 츠펑시(赤峰市) 미려하(美麗河) 고분에서 동제 투구와 창·검·칼·원형패자(圓形牌子)가, 닝청(寧城) 난산건(南山根) 고분에서는 동제 투구와 검·검집·칼·창·도끼·동물 문양이 새겨진 장식판 등이 출토되었다. 두 유적에서 출토된 동제 창은 전국시대의 중국식 검이지만, 동제 검은 카라수크(karasuk)형 단검과 유사하다. 뿐만 아니라 난산건 고분 유물에서는 동물 문양이 선명하게 나타난다. 따라서 이 유물들의 주인은 전국시대의 동호인(東胡人)으로 추측된다.

청동기 유물인 비파형동검

『측량이동(測量異同)』 徐光啓 저

동서 수학을 비교한 책. 수학을 비롯한 서구 학문을 일찍이 앞서 받아들인 서광계(徐光啓)는 이 책을 지어 중국과 서구의 수학 원리를 비교 연구하였는데, 비교 결과 기본원리에서는 양자가 대동소이하다는 결론을 얻었다.

치남파 chinampa

마야 문명권에서의 수중(水中) 성토지(盛土地).

얕은 못이나 소택지에 목책을 두르고 그 안에 갈대나 수초류(水草類)를 깐 다음 그 위에 밑바닥의 기름진 진흙을 쌓아 만든 장방형(長方形)의 성토지(盛土地)를 나와틀어(語)로 치남파라고 한다. 바깥에는 버드나무 같은 나무를 심어 토양의 유출을 막는다. 치남파는 멕시코 중앙고원의 멕시코 분지에 있는 담수호 지역에서 날로 증대되는 식량 수요를 해결하기 위해 아스텍 왕국이 15세기 이래 진행한 대수리사업이다. 한 치남파의 크기는 대체로 100×5~10m이며, 16세기에 치남파로 조성된 멕시코 분지 한 지역의 총 면적은 120km²나 되었다. 치남파는 비옥한 토질에 집약적인 관개농업이라서 생산성이 높다. 1헥타르에 옥수수는 2.4~4톤이 생산되는데, 이는 보통 충적평야의 관개농경에서 소출되는 1.4톤에 비하면 아주 높은 편이다. 노동력도 적게 든다. 치남파 농경법이 멕시코 남부에서는 후고전기부터 현재까지도 지속되고 있다. (8-286)

치리파 Chiripa

잉카 문명의 형성기의 제사(祭祀) 유적. 페루와 볼리비아의 접경지역에 있는 해발 3,900m의 티티카카호 동남부를 중심으로 한 지역에서 번영했던 치리파 문화는 전기(기원전 1500~기원전 1000)와 중기(기원전 1000~기원전 800), 후기(기원전 800~기원전 100)의 3기로 나뉜다. 전기와 중기에는 낙타과에 속하는 동물들을 사육하고 농경에도 종사했으며 호수에서 어업이나 수렵도 병행하였다. 그러나 후기에 들어오면 치리파 유적(볼리비아 서쪽 고지, 티티카카호 남동쪽에 위치)에서 보다시피 제사용 건물이나 반지하식 광장(사방 23m) 등 대형 구조물들을 건설하였다. (8-195)

치첸이트사(Chichén Itza) 도시 유적

멕시코 유카탄주(州)에 있는 7~13세기 후반의 대도시 유적. 유네스코 세계문화유산. 700년경부터 도시화가 진행되었으며, 최성기인 900~1000년경에는 유카탄 지역의 광대한 지대를 통괄하는 국제도시로 번영하였다. 도시 면적은 최소한 30km² 이상이며, 삭베(포장 둑길)만 69개소나 되었다. 이는 메소아메리카에서 최다에 속한다. 주요 유적으로는 우선 한 변의 길이가 60m, 높이가 24m 되는 '엘 카스티요 피라미드'를 들 수 있다. 춘분이나 추분 때 계단에 뱀의 그림자가 나타난다고 해 '쿠쿨칸(깃털이 난 뱀) 피라미드'라고도 한다. 이 피라미드와 여기에 부속된 기타 6개의 건축물에도 예외 없이 깃털이 난 뱀이 새겨진 석주가 있다. 구기장(球技場)은 13개소가 있어, 전체 마야 저지대 유적에서는 가장 많다. 전쟁과 인간, 도시 장면을 그린 벽화가 있는 '쟈가(재규어jaguar)의 신전'은 메소아메리카에서 가장 큰 대구기장(길이 168m, 너비 70m)의 일부를 구성하고 있다. 906년에 건립된 '카라콜'이라고 불리는 천문관측소는 내부에 나선형 계단이 있는 높이 12.5m의 원형건물로서 상부 기단 위에는 마야 문자가 새겨져 있는 석비(石碑)가 서 있다. '승니원(僧尼院)'과 '교회(敎會)' 건축물에는 '비(雨)의 신'의 도상이 석조 모자이크로 장식되어 있는데, 여기서 840~889년이란 날짜가 새겨진 비문이 발견되었다. 여기에는 또한 종교의식으로 쓰인 지름 60m, 깊이

높이 24m의 엘 카스티요 피라미드

36m의 세노테 인신공희(人神供犧) 우물이 있다. 치첸이트사의 구조물에 사용된 재료들로는 멕시코 북부산 터키석, 멕시코 중앙 고지산 녹색 흑요석, 멕시코 서부산 흑요석, 과테말라 고지산 흑요석, 과테말라 태평양 연안산 토기, 과테말라 고지산 비취(翡翠), 원거리 교역으로 수입된 중앙아메리카산 금과 금·동 합금 등이 있다. 치첸이트사는 후고전기 전기부터 쇠퇴하기 시작하였다. (8-86~87)

친지주지 親智周智
일본에 간 임나(任那) 사신(使臣). 611년 8월 조공사(朝貢使)로 신라의 북질지(北叱智)와 함께 일본에 갔다. 당시 그는 습부(習部) 소속의 대사(大舍)였다. (8-173)

친차(Chincha) 문화
잉카 문명에 속하는 페루의 지방왕국기(地方王國期) 문화. 1200년경 페루 남해안 북부의 친차 계곡 하류 지역에서 번영했던 수장제(首長制) 사회의 문화다. 이 사회에서는 직업 분화가 이미 이루어졌다. 백색이나 크림색 바탕에 흑색 기하학 문양을 섬세하게 그린 토기를 특징으로 한다. 친차인들은 페루의 중부와 남부의 고지대와 교역을 적극적으로 진행했을 뿐만 아니라 해로를 통해서 멀리 에콰도르의 의례용품을 수입해오는 등 장거리 교역도 한 것으로 보인다. (8-157)

친초로(Chinchorro) 문화
칠레의 선사문화. 칠레 북부의 해안 사막지대에서 기원전 8000~4000년경에 번영했던 문화로 남북 1,000km의 광활한 지역을 아울렀다. 친초로인들은 해안에서는 어로를, 강가나 하구에서는 식물 채집을 하였다. 그들은 미라 제작으로 유명한데, 내장을 꺼내 깃털이나 점토를 채워

넣고 얼굴에 가면을 씌우며 몸에는 점토를 바르고, 머리에는 사람의 머리칼로 만든 장식모를 씌우고 신체의 곳곳에 나무 꼬챙이를 끼워 시체를 받쳤다. 미라는 일단 흙 속에 파묻었다가 꺼내서 손상된 부분을 고친 흔적이 보이며, 복잡한 매장 의식을 치른 것으로 추측된다. (8-206~207)

칠기 漆器, lacquer ware
목제품이나 죽제품에 옻칠을 한 그릇. 옻나무과에 속하는 식물은 세계적으로 약 450종이지만 그 가운데서 옻칠 감으로 쓸 수 있는 것은 120종가량이다. 옻나무는 동아시아·히말라야·북아메리카·동지중해·중앙아시아 등 세계 여러 곳에 서식하고 있다. 그러나 옻나무에서 즙을 짜서 칠기를 만드는 지역은 동아시아의 중국이나 한국, 일본 등 몇 나라뿐이다. 지금까지 가장 오래된 칠기 유물은 중국 허베이성(河北省) 가오청(藁城台) 시타이(西臺) 유적에서 출토된 은대 중기(기원전 13세기)에 속하는 칠기 조각이다. 뇌문(雷紋)이 새겨진 주칠(朱漆)과 흑칠(黑漆)로서 송록석(松綠石)이 상감되어 있다. 중국에서는 전국시대 이후에 칠기가 상류계층들의 애용품이 되었다. 1972년 중국 후난성(湖南省) 창사시(長沙市) 동쪽 교외의 우리파이(五里牌)에 있는 마왕두이(馬王堆, 전한 때 장사국의 재상 리창利倉의 가족 무덤) 1호묘에서 180점의 각종 칠기가 출토된 바 있다. 중국 송대 이후의 여러 사적에는 칠기가 자기와 함께 중국의 특산품으로 교역되고 있다는 기록이 나온다. 한반도의 낙랑군(樂浪郡), 몽골의 노인울라, 아프가니스탄의 베그람 등지에서 칠기 유물이 한금(漢錦, 한나라 비단)이나 중국 자기 유물과 함께 출토되었다. (2-354~55)

칠요 七曜
점성술(占星術)에 사용하는 명칭. 당대에 인도

의 점성술이 중국에 전해졌는데, 그 동진(東進)의 중간 지점은 중앙아시아의 소그디아나(Sogdiana, 속특粟特)로서 점성술 관련 서적이나 용어는 대개 당시 중앙아시아에서 통용되던 소그드어로 씌어졌다. 따라서 점성술에 사용되는 칠요(七曜)라는 명칭은 소그드어에 기원을 두고 있다. 즉 월요일은 막(莫, Mag), 화요일은 운한(云漢, Wngan), 수요일은 질(咥, Tir), 목요일은 온몰사(溫沒司, Wrmzt), 금요일은 나힐(那頡, Nagit), 토요일은 계완(鷄緩, Kewan), 일요일은 밀(密, Mir)로 각각 음사하였다. 소그드어로 된 칠요력(七曜曆)은 7~8세기에 이미 중앙아시아 각지에서 사용되고 있었다. 투루판에서 발견된 돌궐(突厥) 역서에도 소그드어로 행성(行星)들의 이름이 명기되어 있으며, 둔황(敦煌)에서 발굴된 9~10세기의 역사와 점성학(占星學) 서적들도 모두 칠요력에 준한 것으로서 일요일 끝에는 꼭 '밀(密)'자를 찍어놓았다. 후일 『송사(宋史)』 「역지(曆志)」에도 소그드어 칠요명을 그대로 음사하였는데, 근세에까지 쓰였다.

『칠정추보(七政推步)』 7권, 貝琳 저, 1470~1477년

교류의 문헌적 전거로서의 천문연구서. 패림(貝琳)이 저술한 이 책은 원대에 들어온 이슬람 역법에 근거해 편찬된 명대의 천문서로, 각종 역법과 천문 관측법을 서술함으로써 중국의 천문학 발전에 큰 기여를 하였다. 이 책에서는 구면삼각법(球面三角法)으로 달의 황위(黃緯)를 계산하는 방법과 1도=60분, 1분=60초, 1초=60미(微, micron)의 60진법을 소개하고 있다.

『7현(賢) 이야기』 The Seven Sages of Rome, 14세기 초

교류의 문헌적 전거로서의 여행문학서(설화). 원본은 당시 라틴어로 씌어진 『7현 이야기』(Historia Septem Sapientum, 일명 일곱 현자 이야기)인데, 12세기 이후 유럽의 여러 나라어로 번역·출간되었다. 영국에서 14세기 초에 초역된 후 16세기까지 7종의 번역본이 나왔다. 이 이야기의 줄거리는 다음과 같다. 어떤 왕이 왕비의 간지(奸智)에 넘어가 이복왕자를 사형에 처하려고 하자, 왕자의 교육을 담당한 7명의 현자(賢者)가 왕자의 무고를 주장하며 변호한다. 현자들은 원래 여성이란 본능적으로 간지에 능해 선량한 사람들을 해코지하게 마련이라며 여러 사례를 들어가며 왕을 설득시킨다. 그 결과 왕자는 사필귀정(事必歸正)으로 무죄로 사형을 면하고 왕비는 도리어 처벌을 받게 된다. 이러한 여악성관(女惡性觀) 내용의 이야기는 기원전 5세기의 인도 설화 작품 『쿤라와 아소카』(Kunla and Asoka)에서 그 원형을 찾아볼 수 있다. 따라서 유럽에 전래된 『7현 이야기』는 고대 인도 설화문학의 소재를 취해 엮어진 것이라 추정할 수 있다. 이 작품의 유럽 전래 과정은 콘스탄티노폴이나 시리아, 혹은 예루살렘으로부터 북아프리카 무슬림들의 손을 거쳐 스페인에 알려진 후, 그곳으로부터 영국이나 프랑스 등 유럽 여러 나라에 전파된 것으로 보인다.

침로 針路, ship's course

나침반의 지시에 따라 선박이 다니는 항로. 침로를 명시함으로써 항해의 안전은 물론이거니와 항진 방향을 예정하고 항해 소요 시간을 정확히 산출할 수 있다. 나침반이 항해에 널리 도입되면서 침로를 표시한 항해도(航海圖)가 제작되기 시작하였다. 침로가 표시된 항해도는 중국 남송(南宋) 말엽에 출현한 후, 원(元)대에는 다양한 항해도가 제작·이용되었다. 특히 명(明) 초에 정화(鄭和)의 7차 '하서양(下西洋)' 항로를 상세히 기술한 『정화항해도(鄭和航海圖)』는 그때까지의 항해도 제작을 집대성한 수작이다. ('정화항해도'항 참고). 중국 항해도의 영향을 받은 유럽에서는 1300년을 전후해서야 비로소 침로가 표시된 여러가지 항해도가 나타났다.

침향 沈香

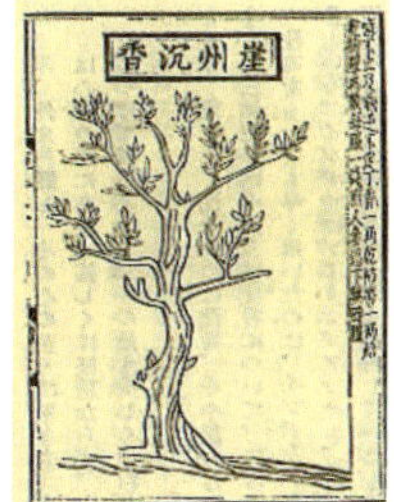

침향나무

일명 침수향(沈水香, 학명 Aquilaria, agallocha) 혹은 노회(蘆薈). 주산지가 말레이 반도인 침향은 팥꽃나무과에 속하는 상록교목으로서 줄기 높이는 20m 이상이고 잎은 긴 타원형으로 겉에 흰 광택이 난다. 흰 꽃이 피며, 과실은 익으면 두 쪽으로 갈라진다. 13세기에 중국 송나라의 조여괄(趙汝适)이 쓴 『제번지(諸蕃志)』 권하 「침향조」에 따르면, "침향은 진랍(眞臘, 현 캄보디아)을 비롯해 점성(占城, 현 베트남)·삼불제(三佛齊, 현 수마트라)·사파(闍婆, 현 자바)·대식(大食, 아랍) 등 여러 나라에서 생산되며 그 종류와 명칭 또한 다양하다. 형태에 따라 서각침(犀角沈)·연구침(燕口沈)·부자침(附子沈)·사침(梭沈)·횡격침(橫隔沈) 등으로 구분된다"고 한다. 『영외대답(嶺外代答)』 (권7)에도 침향은 여러 번국(蕃國, 외국)에서 수입된다고 하였고, 중세 아랍 대여행가 이븐 바투타(Ibn Batūtah)도 그의 동방여행기에서 크메르(현 캄보디아, 진랍眞臘, 일명 길멸吉蔑)의 침향은 질이 가장 우수하다고 지적하였다. 침향이 신라에 유입된 사실은 『삼국사기(三國史記)』 「잡지(雜志)」 '거기(車騎)'조에 나타나는데, 진골(眞骨)은 거재(車載)에 침향을 쓸 수 없다는 기록을 비롯해 진골에서 육두품(六頭品)과 육두품녀(六頭品女), 오두품과 오두품녀, 사두품과 사두품녀, 백성(百姓)과 백성녀(百姓女)에 이르는 계층은 침향을 안교(鞍橋)에 쓰지 못하도록 한 금령(禁令) 기록이 있다. 뿐만 아니라 '옥사(屋舍)'조에는 진골이나 육두품에게 침향으로 침상을 꾸미지 못하게 한 기사가 보인다. 한편, 아랍과 일본 수출품 중에도 침향이 들어 있다는 사실은, 침향이 신라에 유입되었다는 증거라고 할 수 있다.

칭기즈칸 Chinggis Qan(몽골어), Chingīz Khān(페르시아어), Chingiz Khan, 成吉思汗, 테무친(아명 '철목진 鐵木眞'), 1162(1155, 1167)~1227년

몽골제국의 시조(재위 1206~1227). 몽골의 대칸. '칭기즈'란 이름은 몽골인들이 숭배하던 '빛의 정령'인 'Hajir Chinggis Tengri'에서 유래하였다는 설과 뜻이 '최강(最強)'이란 설이 있다. 칭기즈칸의 사망일에 관해서는 명확하지만 출생일에 관해서는 1155년설(라시둣 딘의 『집사(集史)』), 1162년설(『원사(元史)』와 『원조비사(元祖秘史)』), 1167년설(원말 청초의 문학가 양유정楊維楨의 『정통변(正統弁)』) 등 다양하다. 칭기즈칸은 몽골 보르치긴 부족 출신으로 바이칼호 부근에서 태어났다. 1188년에 몽골 부족연맹의 맹주에 추대된 후 동정서벌(東征西伐)로 동부의 타타르와 서부의 나이만 등 여러 부족들을 격멸하고 1204년에 몽골 초원을 통일하였다. 1206년 오논 강변에서 개최된 쿠릴타이(Khuriltai, 국가 대사를 토의·결정하는 족장들과 지도자들의 모임)

칭기즈칸의 고향인 오논 강가 다달솜에 있는 그의 석고상

에서 몽골제국의 칸에 등극해 칭기즈칸이란 칭호를 얻었다. 그후 기존의 부족집단들을 해체하고 군사조직에 기초한 95개의 천호(千戶) 유목민 집단을 편성해 유목영주제(遊牧領主制)를 확립하였다. 이어 서하(西夏)와 금(金)을 차례로 점령해 만저우(萬州)와 화베이(華北)의 태반을 치하에 두었다. 칭기즈칸의 생애에서 가장 큰 사건은 그가 친히 이끈 20만 몽골군의 제1차 서정(西征, 1219~1225)이다.('몽골군의 서정'항 참고) 이 원정에서 돌아온 후 1226년 반기를 든 서하를 공격하던 중 낙마(落馬)해 그 후유증으로 1227년 간쑤성(甘肅省) 류판산(六盤山)에서 병사하였다. 칭기즈칸은 분명 역사에서 몇 안 되는 '사건 창조적' 위인이다. 그는 부족적 관계로 이루어진 유목사회를 전제적 영주제에 바탕한 국가로 변화시켰으며, 중세에 유라시아를 아우르는 범세계적 제국을 세워 '팍스 몽골리카'(Pax Mongolica, 몽골의 평화)라는 세계적 변화를 가져왔다. 그는 대동주의(大同主義)를 내세워 각기 다른 동서문명과 종교를 존중했으며, 탁월한 맹장(猛將)과 지장(智將)으로서 평생 토사구팽(兎死狗烹)한 일이 없는 희대(稀代)의 영웅이었다.

일세를 풍미하던 칭기즈칸이 어디에 묻혀 있는가는 아직까지도 풀리지 않는 수수께끼로 남아 있다. 그를 기리는 성소나 묘당이 중국 네이멍구(內蒙古) 어얼뒤쓰(鄂爾多斯, 오르도스) 이진훠뤄(伊金霍洛) 초원과 역시 네이멍구의 후허하오터(呼和浩特) 두 곳에 있기는 하지만, 그것은 그의 묘지가 아니다. 최신 탐지기를 다 동원해도 찾아내지 못하고 있다. 이제 기록이나 전언에 의존할 수밖에 없다. 명나라 주원장(朱元璋)의 명을 받은 대문신 송염(宋濂)이 책임지고 편찬한 『원사(元史)』는 이에 관해 '장기련곡(葬起輦谷)'이란 아리송한 네 글자를 남겨놓았다. 이 네 글자의 해석을 두고 이론이 분분하다. 마르

코 폴로는 알타이산 높은 곳에 묻혀 있다고 하고, 러시아 학자들은 바이칼에 수장(水葬)되었다고 하며, 스웨덴의 동양학자 콘스탄틴 도손(Constantin d'Ohsson, 다상多桑)은 어느 수림 속에 묻혔다고 한다. 또 그가 병사한 간쑤성 류판산이란 주장도 있다.

칭기즈칸의 경략활동 칭기즈칸은 중세에 유라시아를 아우르는 세계 최대의 대제국인 몽골제국을 건설한 경략자이자, 동서 문명교류에 괄목할 만한 기여를 한 대표적인 교류인이다. 1206년 몽골 초원의 모든 부족을 평정하고 범 몽골의 대칸(대한大汗)으로 추대된 칭기즈칸과 그 자손들은 몽골 대제국의 건설을 목적으로 대대적인 대외 정복활동을 단행하여 중세 국제관계를 변모시켰을 뿐만 아니라, 동서교류사에도 큰 영향을 미쳤다. 칭기즈칸은 등극 후 잔여세력의 소탕과 더불어 대남(對南), 대서(對西)의 양방향으로 정복활동을 전개하였다. 우선 이미 제압한 나이만 부족의 왕 쿠츨루크(Kuchluk)가 서쪽의 카라키타이(Kara Khitai, 서요西遼)로 도주해 왕을 자칭하며 재기를 시도하자, 부장 제베(Jebe, ?~1225)를 파견해 정벌하게 하였다. 제베는 파미르로 도주한 쿠츨루크를 추적해 참수(斬首)하고 카라키타이 전역을 장악하였다. 이것이 바로 칭기즈칸이 실크로드로 진출한 최초의 정복활동이다.

잔여세력의 소탕과 함께 칭기즈칸은 대남, 즉 중국을 향해 정복의 화살을 돌렸다. 당시 오르도스(쑤이위안綏遠)로부터 하서회랑(허시후이랑河西回廊)까지의 오아시스로 요충지에는 서하(西夏, 탕구트)가 자리해 토번(吐蕃)·위구르·송(宋)과 교역하면서 풍요를 누리고 있었다. 서하 정복을 결심한 칭기즈칸은 1205년과 1207년의 공격에 이어 1209년에는 수도 흥경(興慶)까지 진입하여 국왕 이안전(李安全)과 강화조약을 맺었는데, 칭기즈칸은 이를 통해 서하에 대한 실질

적인 지배권을 넘겨받았다. 이어 서하의 군사원조를 약속받은 칭기즈칸은 1211년에 아들 넷을 파견해 숙적 금(金)을 압박하였다. 이듬해 12월까지는 황허(黃河) 이북의 전 영토를 석권하고, 1215년에는 수도 연경(燕京, 현 베이징)을 공략함으로써 일단 금을 제압한 칭기즈칸은 이듬해에 본영으로 돌아왔다.

서하와 금을 제압한 칭기즈칸은 정복의 예봉을 서쪽으로 돌렸다. 목표는 우선 중앙아시아에서 페르시아만까지의 광활한 지역을 차지하고 있는 호라즘샤(Khorazm-Shah, 969~1220)조였다. 당시 이 왕조의 지배자는 알라웃 딘 무함마드(Alau'd Din Muhammad, 재위 1200~1220)였는데, 그는 1215년에 연경(燕京)에 머물고 있던 칭기즈칸에게 사절과 대상(隊商)을 보냈다. 칭기즈칸은 곧바로 답례사(答禮使)를 파견하고, 이어서 큰 규모의 대상을 보냈다. 이 대상 일행이 오트라르(Otrar) 강가에 이르렀을 때 호라즘의 지방 태수가 기습하여 상인들을 살해하고 화물을 빼앗는 이른바 '오트라르 사건'이 발생하였다. 이에 칭기즈칸은 다시 사절단을 보내 사건에 대한 사죄와 지방 태수의 처벌을 요구하였다. 그러나 무함마드는 이에 불응하고 사절단의 단장을 살해하였고, 결국 이에 격분한 칭기즈칸은 서정(西征)을 결단하게 되었다. 1219년 카라코룸(Karakorum)을 출발한 20만 명의 칭기즈칸 서정군은 중가리아 분지를 지나 서진(西進)해 세미레체에 도착하였다. 2남 차가타이와 3남 오고타이의 중앙대(中央隊)는 오트라르를, 장남 주치의 우익대(右翼隊)는 시르다리야강 하류를, 3부장(部將)의 좌익대(左翼隊)는 시르다리야강 상류를, 그리고 칭기즈칸의 막내아들 툴루이 휘하의 본대(本隊)는 부하라를 각각 공격 목표로 설정하고 출정하였다.

중앙대는 5만 명의 수비대와 5개월간의 공방전 끝에 오트라르를 함락하였고, 우익대는 시르다리야강 하류에서 승전고를 울렸으며, 좌익대는 베나케트를 함락하고 호젠트에 도착하였다. 본대는 베나케트에서 시르다리야강을 건너 키질쿰 사막을 돌파해 1220년 2월에 부하라를 공략하고 사마르칸트를 배후에서 포위하였다. 오트라르를 함락한 중앙대는 본대를 뒤쫓아와 함께 그해 4월 사마르칸트를 점령하였다. 한편, 원정군이 시르다리야강을 도하했다는 보고를 받은 샤 무함마드는 사마르칸트를 탈출해 남행으로 아무다리야강을 건너 발흐를 경유, 4월 18일 이란의 니샤푸르를 지나 계속 서북 방향으로 도주하였다. 무함마드의 도주 소식을 접한 칭기즈칸은 부장 2명을 급파하여 추격하도록 하였는데, 무함마드는 혈혈단신으로 카스피해의 소도 아비스쿰(Abiskum)으로 피신했다가, 12월에 시종 한 명 없이 홀로 병사하였다. 사마르칸트에서 1220년 여름을 보낸 칭기즈칸은 가을에 접어들자 제2단계의 서정을 단행하였다. 장자와 2남, 3남 휘하의 연합군은 호라즘의 구도(舊都) 우르겐치에 접근해 6개월간의 격전 끝에 도시를 함락하고, 완강하게 항전하던 시민 모두를 몰살하는 참극을 저질렀다. 그 사이 칭기즈칸은 분대를 이끌고 아무다리야강의 북안에 위치한 테르메스(Termez)를 공략하고, 이듬해 봄에는 고도 발흐를 점령한 데 이어 서남방의 타레칸(Talecan) 산지의 요새도 장악하였다. 칭기즈칸은 이 산지에서 1221년 여름을 보냈다. 그의 막내아들 툴루이가 이끄는 일대가 호라산 공략에 나서서 니사와 메르브를 공략한 후 헤라트를 공격해 1만 2,000명의 수비대를 척살하였다. 1221년 가을 툴루이와 합류한 칭기즈칸이 바마얀 계곡(아프가니스탄)의 성새를 공격하던 중 손자(차가타이의 아들)가 화살에 맞아 죽었다는 소식을 접하고 격분한 나머지 이 작은 성새에서 사람은 물론

일목일초(一木一草)도 남기지 않는 잔인한 소탕 작전을 자행하였다.

그즈음 호라즘의 고왕(故王) 무함마드의 아들 잘랄룻 딘(Jalālu'd-Din)이 가즈니(Ghazni)를 근거지로 하여 군대를 모집하고 있다는 소식을 접한 칭기즈칸은 부장을 가즈니에 급파해 진압을 시도하였으나 여의치 않았다. 이에 그는 대군을 이끌고 가즈니에 당도했으나 잘랄룻 딘은 이미 탈출한 뒤였다. 인더스강까지 추격했으나 잘랄룻 딘은 이미 강을 건너 자취를 감추었다. 몽골 정복군은 아프가니스탄으로 회군할 때 호라즘 도시들이 재기의 기미를 보이자 또 다시 무참한 파괴 행위를 자행하였다. 결국 이 도시들은 영영 폐허가 되고 말았다. 칭기즈칸은 사마르칸트와 치르치크에 얼마간 체류하다가 북행해 1225년 봄, 6년 만에 귀향하였다. 이것이 이른바 칭기즈칸의 서정(西征)이다. 귀국 후 그는 서하(西夏)가 그의 서정에 협력하지 않았다는 이유로 서하 정벌군을 이끌고 주취안(酒泉)·장예(張掖)·우웨이(武威) 등 허시후이랑 내의 여러 도시와 허저우(河州)·시닝(西寧)을 차례로 공략하였다. 수개월의 포위 끝에 수도가 함락되고 왕 이현(李晛)이 피살됨으로써 서하는 1227년에 멸망하였다. 귀로에 오른 칭기즈칸은 간쑤성(甘肅省) 동단의 류판춘(六盤村) 부근에 이르러 1227년 여름을 보내고 나서, 8월 18일 간쑤성 칭수이현(淸水縣) 싸리첸(薩里川)에서 사망하였다.

칭기즈칸 사망 후, 그의 자손들에 의해 원(元)을 비롯한 4대 칸국이 유라시아의 광대한 지역에 출현함으로써 몽골제국은 실크로드 사상 가장 넓은 지역을 아우른 범유라시아적 대국으로 자리잡게 되었다. 이는 칭기즈칸이 직접 발의하고 선도한 서정이 가져온 결과로서, 그가 중세 세계사뿐만 아니라 동서교류사에 남긴 족적을 말해주고 있다. 교류인으로서 칭기즈칸이 기여한 바는 유라시아를 석권하는 서정을 단행해 중세 동서교류의 통로를 열어놓았고, 동서문명이 직접 만날 수 있는 계기를 마련했으며 중세 동서교류를 활성화한 몽골대제국의 건국 기반을 닦았다는 데 있다. 그러나 그의 문명 계승과 교류에 대한 부정적이고 파괴적인 영향도 무시해서는 안될 것이다. 정복지 도처에서 자행한 문명 파괴적인 행위는 그 이유 여하를 불문하고 반역사적이며 반문명적인 만행임에 틀림없기 때문이다. 칭기즈칸은 유목문화의 체현자로서 어떤 문화적인 대체안(代替案)도 없이 단순한 군사적 정복관에서 이질문명, 더욱이 유목문화보다 선진화된 농경문화나 도시문화를 무자비하게 파괴하였다. 한 가지 다행스러운 것은 원제국을 비롯한 4개 칸국의 건립 및 운영과 더불어 동서교류의 참여 및 결과로 인해 초창기에 있었던 이러한 부정적이고 파괴적인 요소들이 어느정도 극복되고 상쇄되었다는 점이다.

ㅋ

카니슈카 Kanishka

2세기 쿠샨(귀상貴霜) 왕조의 제3대 왕. 페샤와르를 수도로 한 강력한 쿠샨 왕조를 건립해 인도 서북부를 장악하고 신장 타림 분지까지 진출하였다. 또한 불경을 결집(結集)하고 대탑을 세우고 간다라 미술의 전성기를 열었다. 또한 로마에 사절을 보내고 동서교역을 추진하기도 하였다.

카라반 caravan → '대상(隊商)'항 참고

카라반사라이 caravan sarai

실크로드 오아시스로 주변에 산재해 있는 카라반(대상)들의 숙관(宿館). 카라반사라이는 단순히 카라반들이 쉬거나 묵고 가는 장소가 아니라, 인근 각지의 카라반들이 서로 만나 문물을 교환하는 교역장소이고, 오가는 카라반들로부터 세금을 징수하는 징세소(徵稅所)이기도 하다. 또한

이란 사막 속 대상들의 숙소인 '카라반 사라이'

식량과 물을 비롯한 여행 필수품을 제공하거나 파는 공급소이기도 하다. 그리하여 카라반사라이에는 간단하고 소박한 숙박소는 물론, 상당히 규모가 크고 화려한 구조물도 있다.

카라발가순(Khara Balghasun) 도시 유적

8~9세기 초원로를 통한 동서교류의 요지. 카라발가순은 몽골의 오르콘 강가에 있는 고도로 8세기 중반부터 9세기 중반까지 몽골을 지배한 위구르(회골回鶻)의 아장(衙帳, 왕이 거처하던 곳)이었다. 몽골어로 '검은 성', 혹은 '검은 폐허'라는 뜻의 이 고도는 당대(唐代)에는 '회골선우성(回鶻單于城)' 혹은 '회골성(回鶻城)'이라고 불렸으며, 이슬람 문헌에는 '오르두 발리크'(Ordu-baliq, 궁전의 성)로 나온다.

중국의 당대에는 장안(長安)에서 카라발가순에 이르는 초원로로 음산(陰山)을 넘는 참천가한도(參天可汗道)와 거연(居延)에서 고비사막을 횡단하는 회흘로(回紇路) 등 여러 갈래의 길이 있었는데, 이 길들을 따라 당과 위구르 사이에 견마무역(絹馬貿易)이 활발하게 진행되었다. 카라발가순은 북방 초원로 상에 있는 행정 및 교역의 중심지였을 뿐만 아니라, 마니교(摩尼敎)의 본거지이기도 하였다. 위구르제국 시대에 이곳에서는 관개수에 의한 농경도 행해졌다는 것이

고고학 발굴에 의해 입증되었으며, 맷돌 같은 농경생활과 관련된 도구도 발견되었다.

카라발가순은 840년 키르기스의 강점으로 파괴되었는데, 이른바 '카라발가순 비문(碑文)'이 발견됨으로써 이 고도의 면모를 유추·복원할 수 있게 되었다. 이 비문은 위구르제국 8대 칸 보의(保義, 재위 808~821)의 공덕비로서 위구르어·소그드어·한자 3개 언어로 새겨져 있다. 비문이 소그드어로 씌어졌다는 점은 교류사적 측면에서 주목되는 사항인데, 당시 소그드 상인들의 활발한 활동상에서 기인한 것이라 볼 수 있다. 1933~1934년과 1949년에 진행된 두 차례의 대대적인 발굴작업을 통해 카라발가순의 구조와 규모가 파악되었다. 이 고도는 동서 약 510m, 남북 약 400m, 높이 약 12m의 성벽으로 에워싸여 있었다. 성의 남서쪽에는 망루(望樓)가 있고 서쪽에는 상업과 수공업 구역이 배치되고, 성 중앙에는 벽으로 둘러싸인 칸의 궁전이 자리하고 있었다.

카라벨선(船)

14~17세기 지중해나 대서양에서 쓰인 범선. 대·소형이 있는데 대형은 무게가 25~60톤에 이르고, 2~3개의 마스트와 대형 삼각돛이 달려 있다. 포르투갈의 항해 왕자 엔히크가 아프리카 탐험에 나섰을 때 카라벨선이 큰 역할을 했으며, 다 가마나 콜럼버스의 선단에도 이용되었다.

카라샤르 Karashahr, 哈剌沙爾, 焉耆

신장 중부 톈산 산맥 남쪽 기슭에 있는 오아시스로의 요지. 톈산(天山)에서 흘러내리는 하이도하(海都河)가 바그라슈(Bagrash-Kul)호에 유입되는 하구에 위치하고 있다. 톈산 북쪽 기슭의 유목민과 남쪽 기슭의 농경민이 만나는 교통의 요충지로 중계무역이 발달하였다. 한대(漢代)에

는 원거성(員渠城)을 수도로 한 언기국(焉耆國)이 세워졌는데, 이 나라는 인구 3만 명을 헤아리는 오아시스로 북도의 대국이었다. 후한대에는 더 강대해져서 인구가 5만 명을 넘었다. 부근에는 많은 소상(塑像)을 간직하고 있는 유적들이 있는데, 대표적인 유적으로는 밍오이(Ming-Oi, 천개의 집)와 쇼르축(Shorčuq, Shorchuk), 톰슈크 불교유적이 있다. 톰슈크 유적은 프랑스 동양학자 펠리오(P. Pelliot)가 발견한 아크수 이서(以西)의 불교유적이다.

카라수크(Karasuk) 문화

기원전 1200~700년 기간에 러시아의 미누신스크주(州)에 있는 카라수크강 유역에서 발생한 문화. 몽골 인종이 주도하는 유목민 문화로, 동쪽으로 바이칼호 부근에서 서쪽으로 알타이 산맥과 카자흐스탄에 이르기까지의 광활한 초원 지대에서 개화하였다. 초원의 유목 경제에 바탕을 둔 이 문화는 청동제 칼과 창, 도끼 등 유사 유물에서 보다시피 중국 은상(殷商)문화의 영향을 받은 흔적이 역력하다. 이것은 이 문화가 초원로를 통해 은상이 할거하던 중국의 화베이(華北) 지방과 연관되어 있음을 보여준다.

카라코룸(Kharakorum, 和林) 도시 유적

교류의 유물적 전거로서의 초원로 유적. 몽골의 오르콘강 상류에 있는 카라코룸은 초기 몽골제국(1229~1259, 태종太宗, 정종定宗, 헌종憲宗의 3대)의 수도였으며, 그 이전 칭기즈칸 시대에도 중요한 활동기지 역할을 하였다. 지금은 폐허가 되었다. 터키어로 '검은 자갈밭'이란 뜻의 카라코룸의 고지(故地)는 1948~1949년에 실시된 발굴조사 결과 1585년에 건립된 에르데니주(Erdeni zuu) 라마 사원을 포함해 그 인접 지역이라는 것이 판명되었다. 사원을 제외하고는 완전

몽골 에르데니주 라마 사원(1585년 건립)

히 황폐화되었지만, 만안궁(萬安宮) 자리라고 짐작되는 곳에 방형(方形) 초석(礎石, 한 변의 길이 1.4m)과 석조 귀부(龜趺, 길이 2.66m, 최대너비 1.3m, 높이 0.95m), 그리고 에르데니주 사원 건물과 경내의 석비(石碑) 여러 점이 남아 있어서 원대의 건축 및 조각 예술과 불교의 교류상을 헤아려볼 수 있다.

카라쿰(Karakum) 사막

중앙아시아 투르크메니스탄의 대부분을 차지하는 사막. 카라쿰은 투르크어로 '검은 모래'란 뜻이다. 북동쪽은 아무다리야강을 사이에 두고 키질쿰 사막과 이어져 있고, 서북쪽은 아랄해, 남쪽은 코페트다크 산맥, 남동쪽은 아프가니스탄과 접해 있다. 면적은 약 30만km^{2}이고, 여름 낮 지표 온도는 50도, 모래 온도는 80도에 달하며, 겨울철에는 영하 20도 이하다. 연간 평균 강수량은 90~200mm로서 쑥 종류의 풀이 약간 자랄 뿐이다. 주민은 주로 투르크멘족과 키르기스족으로서 오아시스나 산기슭에 모여 산다. 전역에 약 1만 개의 소금기 있는 우물이 있는데, 주로 유목민들이 이용한다. 북부 아무다리야강 하류에 자

리한 호라즘에서부터 페르시아까지를 연결하는 남북 카라반 루트가 사막을 횡단하고 있다.

카라크선(船) carrack, caraque

14~16세기 유럽에서 이용한 대형 범선. 일명 나오(nao)라고도 부른다. 스페인과 포르투갈에서 많이 이용한 카라크는 북유럽의 4각 횡범(橫帆)과 남유럽의 3각 종범(縱帆)의 장점을 살려 만든 범선으로 폭과 용골(龍骨) 및 주갑판의 길이가 각각 1:2:3의 비율로 설계되어 있으며, 이물과 고물에 누각(樓閣)이 설치되어 있다. 콜럼버스 선단의 기함(旗艦) 산타마리아호가 바로 카라크다.

카라키타이 Qara Qitay(투르크어), 西遼, 1132~1211년

중앙아시아에 세워진 거란족 왕조. 1124년 요(遼)가 멸망한 후 왕실의 일족인 야율대석(耶律大石)이 부하들을 이끌고 중앙아시아의 키르기스 지역으로 도망가 1132년 추(Chu)강 근처에 발라사군을 수도로 한 카라키타이를 건국하였다. 지배계층은 불교도이지만 백성은 무슬림들

이었다. 3대 80여년을 지탱하면서 동서 투르키스탄을 지배하고 이슬람과 중국 문화의 가교 역할을 하였다.

카라호조 Kara-khōjo, 哈剌和卓

신장 투루판 동남쪽 약 25km 지점에 있는 옛 고창국(高昌國)의 수도다. 영국과 독일 탐험대가 이곳에서 벽화와 불상 등 많은 유물을 발굴하였다.

카라호토(Khara Khoto) 도시 유적

교류의 유물적 전거로서의 오아시스로 유적. 몽골어로 '검은 도시'(한적에는 '흑성黑城', 혹은 '흑수성黑水城', 서하어로 '에치나')라는 뜻의 카라호토는 서하(西夏, 1038~1227, 수도 중흥부中興府, 현 영하寧夏)의 서부 변방이자 오아시스로의 요지에 있는 고도(古都)로서 1226년 칭기즈 칸의 정토와 1372년 명(明) 군대의 침략으로 인해 폐허가 되었다. 러시아 지리학협회의 요청에 따라 코즐로프(P. Kozlov)는 1907년 3월과 1908년 3월, 그리고 1926년에 모두 세 차례에 걸쳐 이 고도에 대한 발굴작업을 진행하였다. 그 결과 여러가지 불상과 성상화(聖像畵), 전폐(錢幣) 등 다양한 유물을 발견하였다. 가장 큰 성과는 2차 발굴시 반쯤 파괴된 불탑 속에서 방대한 양의 서하어(西夏語) 문서를 발견한 것이다. 그 사이 1914년에 제2차 중앙아시아 탐험에 나선 영국 탐험가 스타인(A. Stein)이 이곳을 탐방하였다. 1927~1928년에는 스웨덴의 베리만(Bergman)과 헤딘(S. Hedin)도 현지를 조사·탐방하였다. 그 결과 도시 고지의 면모가 드러났는데, 성은 한 변이 450m와 380m인 장방형이고 성벽의 두께는 밑부분이 12m(꼭대기 4m)나 되었으며, 동서남북을 관통하는 길이 줄줄이 나 있었다. 이 고도에는 불사(佛寺)뿐만 아니라 경교도(景敎徒)들의 거주지가 따로 마련되었고, 성 서남쪽에

는 이슬람 사원까지 있어 여러 종교가 공존했음을 알 수 있다. 그리고 성내에서는 탑·사원·창고·상점 등의 유적도 발견되었다. 특히, '서하어 문서' 중에는 사전 외에도 한문이나 티베트어를 번역한 불경과 병서(兵書) 등 다양한 문서가 포함되어 있다. 이러한 유적·유물을 통해 서하가 동서교류에 미친 영향을 알 수 있다. (1-254)

카레즈 kariz(위구르어), qanāt(페르시아어)

우물과 지하수로를 결합한 일종의 인수(引水) 관개시설. 이러한 인수 관개시설은 일찍부터 세계의 여러 건조 지대에서 운영되었는데, 대체로 그 기원을 기원전 700년경 이란의 동부 사막지대로 보고 있다. 조로아스터교의 전파와 더불어 페르가나를 거쳐 중국 신장 지역에 전파되었으며, 한편 아랍·무슬림들에 의해 이베리아 반도에 알려진 후 스페인에 의해 멀리 라틴아메리카의 멕시코까지 보급되었다는 것이 통설이다. 그러나 이 카레즈가 가장 완벽하고 효율적으로 운영되어온 곳은 중국 신장 지역이다. 따라서 신장 카레즈에 관해 국내외적으로 많은 연구가 진행되어왔다. 신장 카레즈의 기원에 관해서는 이란을 비롯한 서역에서 5세기경 조로아스터교가 들어오면서 만들어졌다는 것이 통설이지만, 중국 학자들의 견해는 다르다. 그들은 카레즈를 굴착할 때 쓰인 도구, 가령 흙을 나르는 광주리인 '운토광(運土筐)'이 중국어 이름이며, 『사기』나 『한

카레즈를 파는 사람들의 복원 형상

서』 같은 중국 고서에 우물을 파서 물이 통하게 했다든가, 수로를 파 물이 솟아오르게 했다는 기록이 있다는 점을 근거로 카레즈가 중국 중원에서 유래했다는 다소 견강부회(牽强附會)적인 해석을 내놓고 있다. 신장 투루판의 카레즈 구조는 4부분으로 구성되어 있다. 수직으로 파내려간 우물인 수정(垂井), 우물과 우물을 잇는 물길인 암거(暗渠), 하구로 내려오면서 땅 위로 드러난 물길인 명거(明渠), 그리고 물길의 종점에서 물을 저장하고 배수하는 저수 댐 격인 노파(澇壩)다. 한 갈래의 카레즈를 만들기 위해서는 수십 개의 우물을 파야 한다. 카레즈의 물길은 천여 갈래나 되며, 한 갈래의 길이는 수 킬로미터에서 수십 킬로미터에 달한다. 전체 연장 길이는 무려 5,000km나 된다. 중국에서는 이 카레즈를 경항(京杭) 운하와 만리장성에 비견되는 중국 3대 역사(役事)의 하나라고 평가한다.

카로슈티(Kharosṭhī) 문서

신장 니야(Niya) 유적에서 발견된 3~4세기의 카로슈티 문자로 된 고문서. 20세기 초 영국의 스타인이 신장 호탄 동북방에 있는 니야 유적에서 카로슈티 문자로 쓰여진 고문서를 발견하였는데, 이 문자는 아람 문자에서 유래한 것이다. 발견 유물은 목간(木簡)·피혁(皮革)·종이·비단 등 총 784여 점이다. 문서 내용은 왕의 명령, 전달문, 각종 계약서, 개인들 간의 서한 등 다양하다. 이 고문서는 당시 선선(鄯善) 지방 실태를 파악하는 데 아주 귀중한 사료다. 예컨대 발견된 관명(官名)을 통해 당시의 행정제도를 알 수 있는

신장 니야 유적에서 출토된 카로슈티 문서(목간)

데, 라야(raya)라고 일컫는 오아시스에는 도시와 촌락이 있었으며, 관리들은 키르메란 장원(莊園)을 소유하고 있었다. 사회구성원 속에는 자유민 말고도 노예(dajha)가 있었다. 카로슈티 문서에는 스타인이 발견한 이 고문서들 외에도 프랑스와 러시아인들이 19세기 호탄 일대에서 매입한 문서도 있다.

카르피니(Carpini)의 몽골 사행 1245~1247년 가을

로마 교황이 파견한 첫 동아시아 사절의 사행. 유럽에서는 중세에 접어들면서 각국이 사분오열되고 폐쇄적인 암흑기에 진입하자 중기(中期)까지는 동방으로 보내는 사절이 거의 없었다. 그러다가 중세 후기에 이르러서는 사절 파견을 비롯해 동·서 관계에서 획기적인 변화가 일어났다. 즉 몽골군의 서정과 그에 따른 유라시아 대륙에서의 4대 칸국 및 강대한 원제국의 출현은 유럽인들에게 커다란 위협이 아닐 수 없었다. 이와 더불어 십자군 원정에서 연전연패한 유럽은 이슬람에 대한 견제에 원제국의 협력이 필요했고, 아울러 기독교 전도에 대한 기대에 부풀어 있었다. 이와 같은 복합적인 요인으로 인해 유럽은 원과의 관계 수립에 적극 나섰다. 한편, 원은 건국이념으로 정치적 세계대동주의(世界大同主義)와 경제적 중상주의(重商主義), 문화적 수용주의(受容主義)를 지향하였기에 서방의 접근을 마다할 이유가 없었다. 그 결과 로마 사절 파견을 비롯해 원조와 서방 간의 관계는 일시 활기를 띠게 되었다. 로마 교황의 사절로 처음 동아시아에 발을 내디딘 이는 천주교 프란체스코 수도회 지도자의 한 사람으로 이탈리아 출신인 카르피니(Giovanni de Piano Carpini, 1182~1252)다. 몽골 서정군은 바투의 통솔하에 주로 유럽을 목표로 제2차 서정(1235~1242)을 발동하여 아드리아해와 빈 부근까지 공략함으로써 유럽 전체를

일대 공포 속에 몰아넣었다. 이런 가운데 1243년에 즉위한 교황 인노켄티우스 4세(Innocentius IV)는 신성로마제국 황제와의 권력 쟁탈전에서 승리하고 그리스 정교(正敎)를 제압하였다. 또한 유럽 정세를 안정시키기 위해 십자군의 동방 정벌을 계속해 기독교국가들에 대한 몽골군의 침입을 중지시키는 것이 급선무라 여긴 교황은 이미 노년에 접어든 카르피니를 몽골 칸에게 파견하였다. 칸에게 보낸 친서에 유럽에 대한 몽골군의 '습격'과 특히 기독교들에 대한 박해를 중지할 것을 요구하였다.

카르피니는 1245년 4월 16일에 프랑스의 리옹을 출발, 러시아의 키예프를 지나 볼가강 하류에 있는 킵차크 칸국 수도 사라이에 도착하여 바투를 알현하고 그곳에서 1개월간 체류하였다. 그뒤 계속 동으로 나아가 카스피해와 아랄해 북부 초원지대를 지나 중가리아 분지에 들어섰다. 여기서 몽골고원을 경유하여 1246년 7월 22일에 몽골 수도 카라코룸 부근에 있는 귀위크 칸의 본영에 도착하였다. 도착한 다음 달에 마침 귀위크가 칸에 등극하자, 그를 곧 알현하고 교황의 '타타르(몽골) 황제'에게 보내는 친서를 전달하였다. 카르피니는 약 4개월간 체류한 후 귀위크 칸이 교황에게 보내는 답신을 휴대하고 11월 13일 귀국길에 올랐다. 이듬해 6월 9일 키예프에 도착, 폴란드와 포예미아를 거쳐 1247년 가을 리옹에 귀환해 교황에게 복명(復命)하였다. 귀위크의 답신에 나타나듯이, 몽골군의 서정을 저지하려는 카르피니의 사명은 실패했다. 귀위크는 답신에서 기독교도들은 다른 사람들은 안중에도 없이 자신의 신만 신이라고 광신하면서 동서 천하 전체를 파멸시켰으니, 평화를 원한다면 그들이 차지하고 있는 보루들을 다 내놓아야 하는바, 그렇지 않으면 몽골인들은 계속 분전(奮戰)할 것이라고 엄포를 놓았다. 카르피니는 복

명과 함께 사절 파견 보고서로 『몽골사』(*Ystoria Mongalorum*, 일명 『소사小史』)를 교황에게 바쳤다. 서문과 본문 9장으로 구성된 이 보고서는 여행 중의 견문 외에 몽골의 국토·민족·종교·풍속·정치체제·전쟁·정복국·전법(戰法)·궁전 등에 관해 비교적 상세하고 정확하게 기술하였다. 2종의 프랑스어 필사본으로 유행하던 것이 1838년에 합본해 출간된 후 유럽 여러 나라말로 번역되었다. 카르피니의 몽골행은 교황의 서신을 전달하기 위한 것이었고, 위구르어와 페르시아어로 작성되고 몽골어 새문(璽文)의 칸 어새(御璽)가 찍힌 귀위크의 답신(1920년 바티칸 고문서관에서 발견)은 현존 최고(最古)의 동서 외교관계 문서로서 문화교류사적 가치가 매우 높다. 뿐만 아니라, 카르피니의 『몽골사』는 당시로서는 으뜸가는 몽골 관련 저술로서 유럽인들의 몽골과 동방에 관한 지식의 중요한 원천이 되었다.

카를루크 Qarluq, 葛羅祿, 葛祿
알타이 서쪽, 톈산 산맥 북방에서 유목생활을 해온 투르크계 유목민. 처음에는 서돌궐에 속해 있다가 8세기 후반부터 약 200년간 유목국가를 세웠다. 이후 연이어 카라한조와 카라키타이조의 지배하에 들어갔으며, 13세기 초 칭기즈칸의 서정군에게 항복하였다.

카불 Kābul, 高附
동서교통의 십자로 상에 있는 요지. 현 아프가니스탄의 수도. 힌두쿠시 산맥 남쪽 기슭의 해발 1,797m에 달하는 카불 분지에 있다. 아프가니스탄 건국의 시조 아흐마드 샤의 아들 티무르 샤가 1774년 수도로 정하였다. 도시는 카불강(江)에 의해서 신·구 두 시가로 나뉜다. 우안의 구시가는 전체적으로 미로상(迷路狀)을 이루고 있으며, '차하르차타'라고 하는 큰 시장이 있다. 좌안

의 신시가에는 고급 주택가와 관청·상점들이 늘어서 있다. 교외 다르라만의 국립박물관에는 동서 교류의 역사를 말해주는 유물이 전시되어 있다. 또 6세기에 카불에서 인도로 쳐들어가 무굴 왕조를 세운 바부르의 묘(廟)가 시의 서쪽 교외에 있고, 영국의 탐험가이며 고고학자인 스타인(A. Stein)의 묘가 외인묘지(外人墓地)에 있다.

카브랄 Pedro Álvarez Cabral, 1467~1520년

포르투갈의 항해가. 바스코 다 가마가 인도양 항로를 개척하고 귀국한 후 1500년에 제2차 인도양 항해를 단행했는데, 그때 선단의 사령관이 카브랄이었다. 그는 서인도에서 회항하는 길에 조난을 당해 표류하다가 우연히 브라질을 발견하게 되었고, 이는 남미에서 유일하게 브라질이 포르투갈 식민지가 된 계기가 되었다.

카비르(Kavīr) 사막 → '대사막'항 참고

카슈가르 Kashgar, 疏勒

중앙아시아 타림 분지 서쪽에 있는 오아시스 도시. 동서 교통로의 요지로 파미르 고원을 넘기 전에 채비를 하고 거래하는 장소였다. 한(漢)이 서역에 관한 지식을 처음으로 접할 무렵인 기원전 120년경에 이곳에는 소륵국(疏勒國)이라는 왕국이 있었는데, 기원전 60년경 도시의 인구수는 약 1만 8,600명 정도였다가 후한(後漢) 시대에 와서는 2만 1,000명으로 늘어났고, 병력은 3만여 명이었다. 후한 초 그 남부에 있는 사차국(莎車國, 야르칸드)의 지배하에 들어갔다가 사차국이 우기(于闐, 호탄)에 멸망하자 다시 독립하였다. 그러나 후한 명제(明帝) 영평(永平) 16년(73)에 흉노의 속국인 구자(龜玆)의 공격을 받아 소륵국의 왕 성(成)은 피살되었고, 구자에 의해 두제(兜題)가 왕위에 오르게 되었다. 이듬해

두제는 한의 사마(司馬) 반초(班超)에게 타도되었는데, 반초는 선왕 성(成)의 조카 충(忠)을 소륵국의 왕으로 옹립하였다. 그후 쿠샨조의 카니슈카왕의 2대손으로 알려진 신반(臣槃)이 소륵국 왕이 되었을 때 사차가 우기의 지배에서 벗어나 소륵국에 복속됨으로써, 소륵국과 우기는 서로 적대시하는 관계가 되었다. 신반은 127년(영건永建 2년)에 후한에 조공하고 한으로부터 대도위(大都尉)의 칭호를 받았다. 168년 소륵국 왕의 숙부 화득(和得)이 왕을 살해하고 찬위(簒位)하자 후한은 170년 언기(焉耆)와 구자 등지의 군사 3만여 명을 파견해 소륵국의 정중성(楨中城)을 공격하였으나 함락시키지는 못하였다. 후한 중기 이후, 소륵국은 정중(楨中)·사차·갈석(竭石)·거사(渠沙)·서야(西夜)·의내(依耐), 그리고 기타 소국들을 종속시킴으로써 언기·구자·우기·선선과 함께 서역 5대국의 하나가 되었다.

소륵국은 5세기 후반에 들어 에프탈의 속국이 되어 조공하였다. 그 이후 돌궐(突厥)이 흥기하자, 그들의 지배를 받게 되어 매해 벼·조·맥류(麥類) 등의 곡물과 동·철 및 기타 물산 등을 돌궐에 조공하였다. 630년 돌궐의 제1 제국이 멸망하자 일시적으로 독립하였지만, 648년에 당에 정복당하였다. 당은 같은 해 언기·우기·구자와 함께 소륵국에 도독부(都督府)를 설치하고 이른바 안서사진(安西四鎭)을 확보하였다. 644년경 인도로부터의 귀국길에 오른 현장(玄奘)은 카슈가르를 지나며 다음과 같은 기록을 남겼다. 즉 "농업이 성하고 직물업이 발달하였으며, 문자는 인도 문자를 모본(模本)으로 하고 있으며, 불교를 신봉하는데 승려는 1만여 명이고 사찰은 수백 개소에 달한다"고 기술하였다. 670년에 토번(吐蕃)의 수중에 들어갔다가 692년에는 다시 당에게 장악되었는데, 790년 토번이 타림 분지에 진출해 안서도호부(安西都護府)를 멸하였다. 그

러자 당은 서역으로부터 전면 철수하게 되었고, 카슈가르는 기타 타림 분지의 도시들과 함께 토번의 지배하에 들어가게 되었다.

그후 10세기 후반에 카슈가르는 위구르 서천파(西遷派)의 일파가 아무다리야강과 시르다리야강 사이의 지역인 트란스옥시아나(Transoxiana)에 건국한 카라한조의 지배하에 들어가게 되었다. 당시 카슈가르는 카라한조의 수도 발라사군의 배도(陪都, 중국에서 행정조직상 수도首都에 준하는 취급을 받던 도시)였는데, 불교를 대체해 이슬람교가 성행하게 되었다. 카라한조는 중앙정권이 미약한 탓에 내홍으로 인해 세 갈래로 분열되었는데, 카슈가르를 점거한 세력은 투브가흐(Tubghaj)라고 하는 동위구르족의 한 분파 왕가로서 분파 중 가장 강력한 세력이었다.

그후 카슈가르를 통치하던 카라한조의 분파는 12세기 후반에 서요(西遼)의 지배하에 들어갔으며 13세기 초엽에는 몽골제국의 건립과 더불어 그 영역에 편입되었다. 마르코 폴로는 1270년대의 카슈가르에 관해서 다음과 같이 기술하고 있다. "주민은 이슬람교를 신봉하고 네스토리우스파도 일부 있어 그들의 교회가 있고, 카슈가르 상인들은 세계를 상대로 무역을 하며, 이 나라 땅은 비옥해 목면(木棉)이 많이 생산된다. 이곳은 교통로에서 특수한 위치를 차지하고 있다." 카슈가르는 타림 분지의 다른 도시들과 함께 원(元)의 대칸 직속령이 되었다가, 칸 계승문제를 둘러싼 싸움 결과 차가타이 칸국에 합병되었다. 그러다가 1321년 차가타이 칸국이 동서로 분열되자 동차가타이 칸국의 영역에 편입되었는데, 이때부터 캬슈가르를 중심으로 한 아르데이 샤푸르 지방은 독자적인 발전을 하기 시작하여 이후 중앙아시아 역사에서 중요한 지역으로 자리매김하게 되었다. 아르데이 샤푸르는 '육성(六城)'이란 뜻인데, 6성에는 카슈가르·아크수·구자·야르칸드·호탄·쿠얼러가 포함된다. 동차카타이 칸국은 1429년 바이스 칸이 사망하자 분열되었는데, 첫째 아들 유누스는 이리(伊犁)부터 타슈켄트까지를, 둘째 아들 에센 부카는 비슈발리크와 투루판(위구르스탄)을 분할·지배하게 되어 카슈가르 지방은 차가타이 칸국의 종신(從臣)인 투글루크 가(家)의 치하에 들어가게

신장에서 가장 큰 이슬람 사원 에티갈 마스지드 외관(1442년 건립)

되었다. 16세기 초엽 유누스의 손자벌인 사이드 (Said)가 카슈가르의 투글루크를 타도하고 카슈가르 칸국을 세웠다. 카슈가르 칸국은 발전해 16세기 후반에 이르러서는 위구르스탄 칸을 타도하고 동투르키스탄 전역을 지배하게 되었다. 카슈가르 칸국은 16~17세기에 막강한 세력으로 부상한 종교 귀족 카슈가르 호자(Khoja) 가(家)에 의해 장악되었는데, 당시 호자 가는 카슈가르를 거점으로 한 백산당(白山黨)과 야르칸드를 거점으로 한 흑산당(黑山黨)의 두 파로 나뉘어 권력다툼을 벌이고 있었다. 결국 카슈가르는 17세기 후반 중가리아에서 흥기한 갈단에 의하여 1680년 멸망하고, 카슈가르 칸과 호자들은 중가리아 칸국의 본거지인 이리에 유폐(幽閉)되었다.

1755년 중국의 청(淸)은 이리에 파병해 중가리아 칸국을 멸하고 유폐된 백산당 호자 가의 부르한 웃딘(Burhân u'd Din)과 호자 자한(Khwâja-i Jahan) 형제를 카슈가르에 귀환시키고, 카슈가르를 오아시스 남도(南道)의 정치적 중심지로 만들기 위해 참찬대신(參贊大臣)과 협변대신(協弁大臣)의 직책을 부여해 아르데이 샤푸르를 총관(總管)케하는 간접지배를 시도하였다. 한편 카슈가르 호자 가는 청에 의해 거의 괴멸되었으나, 일부는 코칸트 칸국으로 도주하여 호자 가의 부활과 카슈가르의 재탈환을 시도하였다. 19세기 초엽 호자 가의 자한기르가 카슈가르에 진입해 일시적으로 호자 정권을 세웠으나 청의 간섭으로 평정되었다. 그후 호자 가의 잔존세력들은 코칸트 칸의 원조 하에 카슈가르에 대한 침입을 시도했으나 결국은 실패하고 말았다. 1864년 코칸트 칸국의 야쿠브 베그(Yakub Beg)가 호자 가 후예인 부즈루그를 칸으로 옹립하고 카슈가르를 일시 점령하였는데, 다음 해 야쿠브 베그는 부즈루그를 살해하고 야쿠브 베그국을 수립하였다. 이것을 일명 '야쿠브 베그의 난'이

라고 한다. 야쿠브 베그는 영국의 지원하에 타림 분지로 진출하고자 하였으나, 1877년 청에서 파견된 좌종당(左宗棠)이 투루판 분지를 공략하자 결국은 자살하였다. 결국 야쿠브 베그국은 곧 붕괴하고 청이 타림 분지를 완전히 제압하게 되었다. '야쿠브 베그의 난'을 계기로 일어난 '이리(伊犁) 사건'은 러시아와의 국경 문제로 비화되어 장기간 분쟁의 불씨가 되었다.

카슈가르는 18~19세기에도 여전히 교역의 요지였으며, 코칸트 칸국이 카슈가르 무역의 대부분을 독점하였다. 코칸트가 청에 의해 축출된 카슈가르 호자들을 보호하고 그들을 군사적으로 원조하게 된 결정적인 이유가 바로 이 지역에 대한 무역권의 확보에 있었다. 1860년 청과 러시아 간에 체결된 베이징조약에 의하여 러시아의 대카슈가르 무역도 허용되었다. 1884년에 카슈가르를 포함한 현 신장(新疆) 지역은 청의 직접지배하에 들어가 신장성(省)이 설치되었고, 이때 카슈가르는 객십갈이도(喀什噶爾道, 카슈가르)로 되면서 소륵부(疏勒府)가 설치되어 신장 순무(巡撫)에 직속되었다.

카슈미르 Kashmīr, 箇失密, 罽賓, 迦濕彌邏
역사적으로 카슈미르에는 두 가지 의미가 있다. 광의(廣義)의 카슈미르는 훈자·라다크·발티스탄·코히스탄을 포함한 지역으로 북은 카라코룸 산맥을 사이에 두고 중국 신장, 동은 티베트, 서북은 힌두쿠시 산맥을 사이에 두고 아프가니스탄과 접해 있으며, 전역이 험준한 산악지대로 계곡과 호수가 많다. 면적은 약 21만km²다. 이에 비해 협의(狹義)의 카슈미르는 해발 1,600m의 주도(州都) 스리나가르(Srinagar)를 중심으로 한 좁은 지역으로 면적은 약 23,000km²다. 유목과 농경을 병행하고 있으며, 예로부터 카슈미르 모(毛)가 유명하다. 기원전 2세기 쿠샨(貴霜) 치하

에서는 대승불교가 성행하다가 에프탈조 시대부터는 힌두교가 불교를 밀어내고 지배하였지만 14세기부터는 이슬람교가 유입되어 한때 이슬람 정권이 수립되기도 하였다. 이때부터 카슈미르 지역의 종교적 갈등이 야기되기 시작하였다. 카슈미르는 인도와 중국을 잇는 길목에 있어 많은 중국의 도축구법승들과 왕래자들이 이곳을 경유하면서 교류의 족적을 남겼다.

카스타모누 Kastamonu

터키 북부 흑해 연안 카스타모누주(州)의 주도. 기원전 18세기에 최초로 세워진 이 도시는, 로마 시대에는 '티모니온'(Timonion)이라 불리기도 하였다. 10세기에 비잔틴 황제 바실 2세(Basil II)에게 이 땅을 하사받은 마누엘(Manuel Erotikos Komnenos) 장군은, 이곳에 요새를 세우고 이를 '카스트라 콤네논'(Kastra Komnenon)이라고 명명하였다. 14세기에 이곳을 방문한 이븐 바투타는 이 도시에서 약 40일간 체류하였다. 그는 이 도시가 매우 크고 아름다우며, 자신이 거쳐간 곳 중에서 가장 물가가 싼 도시라고 하였다.

카스틸리오네 Giuseppe Castiglione, 郎世寧, 1688~1766년

이탈리아의 화가이자 선교사. 카스틸리오네는 1707년에 예수회에 입회한 후 1715년에 중국에 왔다. 그는 중국에서 화가로 명성을 떨쳤는데, 중국을 방문하기 전에도 제노바 교회당의 벽화 2점을 그렸으며, 포르투갈 왕실의 초청으로 궁정화를 그린 일도 있었다. 그는 1715년에 마카오에서 상경해 강희제(康熙帝)를 알현했는데, 전례 문제 논쟁으로 인해 강희제가 선교사들의 포교활동에 대한 금지령을 내린 상태였다. 금지령에 따라 기예(技藝)에 특기가 있거나, 늙고 병들어서 귀국할 수 없는 선교사를 제외하고는 모두 귀국 조처하거나 마카오로 이주시켰다. 하지만 카스틸리오네는 그림 재주 덕분에 교회당 내에 남아 있을 수 있었다. 그는 선교회의 훈령에 따라 전통 중국화를 배우면서 가끔 입궁해 그림을 그리기도 하였다. 그러던 중 옹정(雍正) 원년(1723)에 입궁 명을 받고 궁내 여의관(如意館)에 상주하게 되었다. 그의 최초 작품인『취서도(聚瑞圖)』가 바로 이 옹정 원년에 그린 것이다. 그 후 그는 사망할 때까지 궁중에 기거하였다.

카스틸리오네는 전통적인 중국화법과 서양화법을 조화시켜 새로운 절충주의적 화법을 구사하였다. 즉 화법에서 입체감을 살리면서도 명암도(明暗度)는 낮추고, 색조는 비교적 온화하고 은은한 것을 택하였다. 그의 작품 중『사생일책(寫生一冊)』『백준도(百駿圖)』『춘교시마도(春郊試馬圖)』등은 걸작으로 평가받는다. 그는 베이징 교회당 내에도 유화벽화를 그렸다. 건륭제는 만주족과 한족 어린이들을 뽑아 그에게 유화를 배우도록 하였다. 그의 지도하에 연희요(年希堯)는『시학(視學)』을 저술해 서방의 초점투시화법(焦點透視畵法)을 집중 소개하였다. 카스틸리오네는 동료 선교사들이나 중국 화가들과 함께 공동으로 작품을 창작하기도 하였다. 이러한 집단 창작품으로는『만수원사연도(萬樹園賜宴圖)』와『평정준부회부전도(平定准部回部戰圖)』가 있다. 후자는 16폭의 그림인데, 그중 2폭은 카스틸리오네가 그렸다. 그밖에 그는 원명원(圓明園) 내에 신축한 서구식 건물들의 공예미술 부분을 설계하고 시공을 지휘 감독하였다. 이 공로를 인정받아 그는 건륭제 때에 정3품의 봉신경(奉宸卿)에 봉해졌고, 교분을 이용해 건륭제에게 선교에 대한 해금(解禁)과 선교사나 교도들에 대한 관용을 3번이나 청원하였다. 그의 작품 56폭이 황실 소장 화집인『석거보급(石渠寶笈)』에 수록되어 있다. 이렇게 카스틸리오네는 명·청 시대에 중국 회화술과 서구 회화술의 가교 역할을 하였으며, 두 미술의 융화에 의한 독특한 화풍을 창조하기도 하였다. 그는 베이징에서 78세로 병사하였다. 사후, 건륭제는 그에게 시랑함(侍郎銜)을 시복하고 은 3백 냥을 하사해 장례비에 쓰도록 배려하였다.

카스피해(海) Caspian sea

'카스피'라는 고대 종족명에서 유래된 카스피해는 아시아·유럽·러시아·이란의 경계를 이루는 세계 최대의 염호로서, 평균 염도는 북부가 0.3%, 남동부는 14%다. 어떤 수역은 염도가 30%에 달하는 곳도 있어 문자 그대로 '소금의 보고(寶庫)'라고 할 수 있다. 물에는 그밖에 칼슘과 유산염이 다량 함유되어 있다. 카스피해의 수면은 일반적으로 해양의 수면보다 평균 28m나 낮으며, 수역에 따라 그 깊이가 다르다. 북부는 얕아서 가장 깊은 곳이래야 25m에 불과하나, 중부의 최고 깊이는 788m이며 남부는 980m까지 이른다. 이러한 수위의 변동은 물의 유입량과 증발량의 비례에 의해 좌우된다. 이와 같이 수위의 변동이 심하기 때문에 호수 면적도 수시로 달라진다. 1930년에 42만 4,300km^{2}이던 면적이 1942년에는 3만km^{2}나 줄었다. 기후도 남북이 현격한 차이를 보이고 있다. 북부는 겨울 평균기온이 영하 7~11도이고 여름은 영상 25~26도이나, 남부는 겨울에도 영상 5~9도이고 여름에는 25~27도다. 일찍이 헤로도토스는 저서 『역사』에서 카스피해를 '무한한 바다'가 아니라 폐쇄된 수역으로 보면서 길이는 15일간, 너비는 8일간 항해하는 거리라고 지적하였다. 그의 이러한 지적은 정확하다. 카스피해는 바다가 아니라 호수이며, 길이와 너비의 비례가 2:1이라는 것도 사실이기 때문이다. (1-102~103)

카자흐스탄 Kazakhstan

현 중앙아시아 카자흐 공화국의 영역을 가리키는 지명. 카자흐스탄이란 '카자흐인들의 땅'이란 뜻의 페르시아어로서 카자흐스탄인들의 발전·변화에 따라 그것이 지칭하는 영역이나 범위는 다르다. 카자흐는 중앙아시아에서 가장 늦게 형성된 민족으로 15세기 중엽에 처음으로 역사 무대에 등장했다. 지금의 카자흐스탄 지역은 태고 때부터 스키타이·강거(康居)·서돌궐(西突厥) 등 페르시아계나 투르크계의 유목 세력들이 점거하여오다가 13세기에 몽골의 지배하에 들어갔다. 이후 킵차크 칸국이 14세기 중엽에 붕괴되자 투르크화된 몽골족이 우즈베크란 이름으로 이 지대에 분포하였다. 15세기에 우즈베크의 아불 하이르 칸의 치하를 벗어나 동쪽으로 이주한 사람들을 카자흐라고 불렀다. 카자흐란 '모험자' '역도(逆徒)'란 뜻이다. 카자흐는 발하슈호로부터 세미레체 지방에 이르는 지역에서 유목 생활을 하다가 우즈베크가 샤이바니 칸의 인솔하에 남하해 시르다리야와 아무다리야 두 강 유역을 점거한 16세기 이후에 카자흐는 우즈베크의 고지(故地)에 있는 투르크계 민족을 흡수해 세를 확대하였다.

17세기에는 서부 톈산 산맥 북쪽 기슭과 추강과 탈라스강 부근에 분포된 '대(大, 고古) 오르다 와', 발하슈호로부터 시르다리야강 유역까지의 지역에 분포된 '중(中) 오르다', 아랄해로부터 카스피해까지의 지역에 분포된 '소(小) 오르다'의 3부분으로 나뉘어져 통일국가는 형성하지 못하였다. 이 세 부분에 분포된 사람들을 카자흐라 총칭하고 그들의 영역을 카자흐스탄이라고 하였다. 중국의 청(淸)은 '대 오르다'를 우부 합살극(右部哈薩克), '중 오르다'를 좌부(左部) 합살극이라 칭하고 조공관계를 맺었다.

한편 '소 오르다'와 접경한 러시아는 19세기

동서 3,000km의 카자흐스탄 대초원

초엽부터 중앙아시아 정복 의노를 품고 그 전초 전으로 1824년에 소 오르다를, 1853~1854년에 중 오르다를, 이어 1864~1865년에 대 오르다를 항복시키고 카자흐스탄 전역을 병합하였다. 러시아의 진출과 더불어 카자흐스탄 초원의 농경화와 유목 카자흐의 정주화(定住化)가 시작되었으며, 러시아혁명 후에는 이러한 경향이 한층 강화되어 북부 흑토(黑土) 지대에는 이주한 러시아인과 정주한 카자흐인의 집단농장이 출현하였다. 이러한 농장들에서 대규모로 밀을 재배하면서 카자흐스탄 초원은 러시아 최대의 농업지역으로 변모하였다.

카카오 cacao

중부 아메리카의 멕시코·과테말라·온두라스·엘살바도르 등 고온다습하고 토질이 좋은 나라에서 일찍부터 재배해온 특산품인 카카오 콩은 후기 고전기(後期古典期)에 메소아메리카에서 화폐로 유통되었으며, 왕이나 귀족들의 고귀한 음료로 진중(珍重)되었다. 또한 강장제(强壯濟)

와 입이나 목의 염증·치통 치료약·해열제 등 약재로도 사용되었다. 카카오의 제조 및 사용 방법은 콩을 건조시킨 후 찧어서 낸 가루를 열탕(熱湯)이나 물에 녹인 후 여기에 옥수숫가루나 고추, 홍목(紅木) 과실에서 추출한 붉은 가루(아초테)와 꿀을 넣어 음료를 만든다. 마야 문명에 속하는 리오 아술(Río azul) 유적(고전기 전기) 묘에서 출토된 다양한 채색의 토기에는 '카카오' 소지자의 이름이 마야 문자로 적혀 있다. 또한 토기에 붙어 있는 잔존물을 화학처리 한 결과 카카오의 찌꺼기가 검출되었다. 아스테카 시대의 한 왕궁에서는 해마다 110만 알의 카카오 콩이 소비되었다고 한다. (8-223~224)

카탈루냐 지도첩 Cataluña Atlas, Abraham Cresques 제작, 1385년

1385년 스페인 동북부 카탈루냐의 바르셀로나에서 제작된 해도(海圖). 8매의 양피지에 그린 12매의 채색 지도첩으로서 지도의 크기는 폭 69cm, 길이 3.9m다. 이 지도의 특징은 당시 세계에 관한 새로운 지식을 담고 있으며, 건물이나 배, 깃발 등을 아름답게 채색한 장식적인 지도라는 데 있다.

카파도키아 Cappadocia

터키 중남부에 위치한 카파도키아는 '아름다운 말(馬)이 있는 곳'이라는 뜻의 페르시아어에서 유래한 말로서 자연의 신비와 인간의 슬기가 극치의 조화를 이룬, 지구상 몇 안 되는 명소다. 면적이 250km²나 되는 카파도키아는 지상과 지하의 기암괴석과 그 속에 인간이 삶의 터전으로 마련한 도시와 마을, 교회가 하나의 조화로운 복합구조를 이루고 있다. 이 지역은 약 300만년 전에 해발 4,000m의 화산이 폭발하면서 인근 수백 km 지역으로 흘러간 마그마가 오랜 세월 홍수나 비바람에 씻기고 깎이고 닳아져서 천태만상의 신비한 모양새를 갖추게 되었다. 1961년 어린 목동이 잃어버린 양 한 마리를 찾다가 우연히 발견한 지하도시는 세계 8대 불가사의 중의 하나로 숱한 수수께끼를 지니고 있다. 지금까지 찾아낸 지하도시만도 150여 개나 된다. 그 가운데는 6만 명을 수용할 수 있는 대형도시도 있다. 일부는 천연동굴이지만 대부분은 인공굴로서 생활에 필요한 모든 것은 다 갖추고 있다. 이러한 지하도시들이 언제 누가 어떻게 만들었는지는 아직 제대로 밝혀지지 않고 있다. 다만 원시인들의 바위굴 집이었다가 초기 기독교시대에는 박해를 피한 은신처로, 후에는 수도나 포교의 장소로, 외래인들이 침입했을 때는 피난처나 방어보루로 썼을 것이라고 그 용도가 추측된다.

이러한 지하도시 말고도 카파도키아 지역에는 1,500개에 달하는 바위 교회가 있어 초기 기독교 현장을 방불케 한다. 대표적인 것이 괴레메(Göreme) 마을에 있는 13개의 바위 교회다. 교회 안에 그려져 있는 갖가지 프레스코 화폭들은 로마시대부터 비잔틴시대까지 기독교인과 수도승들이 지녔던 정신세계와 생활 면모뿐만 아니라, 초기 기독교의 성립과정을 생생하게 전해주

약 300만년 전에 분출된 화산 마그마로 인해 생긴 카파도키아 기암괴석

고 있다. 이 마을 인근에는 '비둘기계곡'이 있는데, 그 옛날 비둘기 배설물은 포도밭 거름만이 아니라 교회 그림의 물감 재료로도 쓰였다고 한다. 카파도키아의 지상과 지하에는 숱한 신비와 불가사의가 비장되어 있다. 인간의 힘으로 그 비밀을 다 들춰내기에는 아직 역부족이다. 그러나 분명한 것은 카파도키아야말로 자연의 신비와 인간의 슬기가 잘 조화되었을 때 일어나는 기적을 여실히 예시(例示)해주고 있다는 점이다.

카호키아(Cahokia) 유적

미국 미시시피 문화. 유네스코 세계문화유산. 미국 일리노이주(州)에 있는 미시시피 문화의 중심지이며, 멕시코 이북의 최대 취락지(聚落地)로서 면적은 13km²나 된다. 기원후 900년경부터 급속하게 발전하기 시작해 1050~1150년에 최전성기를 이루었다. 인구는 수천에서 3만 명쯤 된 것으로 추정된다. 수세기 동안 100개 이상의 토제(土製) 마운드(둔덕)가 축조 내지 증·개축되었다. 아메리카 대륙에서 가장 큰 선사시대의 마운드인 '몽크스 마운드'(Monks Mound)는 세계 최대의 토제 구조물로 높이가 30.4m, 밑변이 316×240m, 체적이 61만 4,500km³나 된다. 교역이나 종교의식이 거행되던 대광장 주위에는 공공건물이나 지배층의 주거지, 묘 같은 주요 마운드가 배치되어 있다. '마운드 72'는 중요한 남성 성인의 묘인데, 800점의 석촉(石鏃)과 구리, 운모로 만든 얇은 강판 등의 부장품이 나왔다. 이곳에는 목과 두 팔이 잘린 4명의 남자와 118명의 여인 시신과 261명이 인신공희로 매장되었다. 이 문화는 1250년경에 쇠퇴하였다.(8-7~8)

칸 汗, khān(페르시아어)

중앙유라시아에서의 군주 칭호. 이 말은 초원의 유목민 집단의 수장을 '카간' 혹은 '칸'이라

고 한 데서 유래되었다고 하는데, 이 '카간'이나 '칸'의 어원에 관해서는 아직 정설이 없다. 중국 북방에서 흥기한 북위(北魏) 태무제(太武帝, 재위 423~452)의 제문(祭文) 속에 나오는 '가한(可寒)'이 곧 '카간'으로 추측되는데, 그렇다면 제문 속의 '가한(카간)'은 최초의 '칸' 칭호일 것이다. 그 이후 '한(카간, 칸)'을 군주 칭호로 사용한 나라는 대체로 모로코·위구르·거란·몽골·하자르·불가르·킵차크 등 비(非)투르크계 민족들이다.

칸다하르 Kandahār, 烏弋山離

아프가니스탄의 동남부에 위치한 칸다하르는 이 나라의 두번째 도시로 원래 기원전에 이곳에 알렉산더폴리스(도시)가 건설되었다. '칸다하르'란 말은 '알렉산드로스'의 와전음인 '이스칸다르'(중앙아시아에서 지칭)에서 유래하였는데, 그만큼 도시의 역사가 유구하다. 여기서 그리스어와 아람어로 쓰인 아소카왕 비문이 발견되었다. 시내에는 왕궁 터와 예언자 무함마드와 관련된 유적들이 있다.

칼라크물(Calakmul) 도시 유적

중미의 마야 저지대 남부에 있는 최대 도시 유적. 유네스코 세계문화유산. 멕시코 캄페체주(州)에 있는 이 고도는 높이 35m의 석회암 암반 위에 지어졌는데, 주위에 큰 강은 없으나 수로와 13개의 공공 저수지, 26개의 지하 저수지, 15개의 삭베(포장 둑길)가 있다. 면적 22km²의 도시 중심부에 2만 2,000명이나 거주했으니 인구밀도가 꽤 높은 편이었다. 도시 주변까지 합치면 5만 명이 거주한 것으로 추정된다. 도시 중심부의 북쪽에 높이 6m, 폭 1.9m, 길이 1km의 석벽이 둘러지고 복수의 출입문이 나 있다. 도시 주위의 30km² 범위 내에 모두 6,345개의 건물과 메소아

메리카에서 가장 많은 120개의 석비가 있다. 길이 200m, 폭 50m의 중앙광장 옆에는 높이 50m, 밑변이 95×85m의 신전 피라미드가 있으며, 높이 55m, 밑변이 140×140m의 왕묘에서는 비취 모자이크 가면과 다채로운 색깔의 토기가 발견되었다. 마야 문자의 비문에는 431년부터 899년까지의 장기력(長期曆) 날짜가 새겨져 있어 16명의 왕이 존재했음을 알 수 있다. 이 도시는 고전기 말기부터 쇠퇴하였다. (8-67~68)

캬흐타(Kyakhta) 조약

교류의 경제사적 배경으로서의 교역협정. 러시아와 몽골 및 중국 간의 국경 및 교역 조약이다. 17세기 중엽부터 강행된 러시아의 동진정책으로 인해 러시아와 청국 간에는 국경무역과 더불어 국경분쟁이 빈발하였다. 그리하여 양국간의 국경무역을 조절하고, 러시아와 몽골 및 중국 간의 국경을 확정하기 위해 1727년에 캬흐타 조약을 체결하였다. 이 조약에 따라 아르군강(江)이 양국의 국경선으로 확정되고, 여러 곳에서 진행되던 국경무역은 캬흐타와 다른 한 곳에서만 할 수 있도록 제한되었다. (23-139)

캐벗 John Cabot

이탈리아 항해가. 베네치아 출신으로 영국에 이주한 캐벗은 1496년에 헨리 7세의 후원을 받아 지금의 캐나다 동해안에 이르렀으며, 1497년에는 북아메리카 케이스브레틴섬을 발견하였다.

커피의 전파

커피는 약 1,200년간(6~18세기)이란 오랜 기간에 걸쳐 원산지 에티오피아에서 세계 방방곡곡으로 퍼져나가 명실공히 세계적 기호음료로 자리를 굳혔다. '커피'란 말은 원산지 에티오피아어로 '힘'이란 뜻의 '카파'(caffa)에서 유래하였

다고 한다. 지금은 '커피 벨트'(cofffee belt)혹은 '커피 존'(coffee zone)이라고 하는 남위 25도에서 북위 25도 사이의 아열대 지방에 위치한 15여 개국(유럽 제외)에서 생산된다. 커피의 발견에 대해서는 몇가지 설이 있지만, 어느정도 신빙성이 있는 것으로는 에티오피아 양치기 소년 칼디(Kaldi)의 발견설과 아랍의 사제(司祭) 셰이크 오마르(Sheik Omar)의 1258년 발견설을 들 수 있다. 그러나 서로 다른 발견설들이 존재하지만 커피의 원산지가 아프리카의 아열대국인 에티오피아라는 데는 이견이 없다. 커피는 약으로도 쓰이다가 각성제와 흥분제 내지 진정제로 인기를 모으면서 에디오피아의 주요한 교역품으로 각지에 보급되었다. 전파 과정을 연대별로 정리하면 대략 다음과 같다.

원산지 에티오피아 → (575) 아랍(예멘) → (9세기) 페르시아 → (1516~1517) 터키 → (16세기) 인도·네덜란드 → (1690년경) 실론(현 스리랑카)·자바 → (1713) 프랑스 → (남아메리카, 1720년경) 서인도제도·쿠바·멕시코 → (1722)

브라질 커피수출항 상투스의 '커피 거래소'(현 커피박물관)

프랑스령 기아나 → (1727) 브라질 순이다. 이후 십자군전쟁과 르네상스를 거치면서 유럽에서도 커피에 대한 관심이 갑작스럽게 높아졌다. 그 전에는 커피가 무슬림들의 음료라고 해서 경원시했으나 교황 클레멘스 8세가 커피에 축성(祝聖)하자 유럽에 커피하우스가 생겨나고 커피 수요가 급증하였다. 한편, 오스만제국에서도 1517년 셀림 1세가 콘스탄티노플에서 커피를 소개하고 커피하우스 개설을 장려하자 커피하우스는 문전성시를 이루었다. 터키에서는 남편이 아내에게 하루에 필요한 양의 커피를 마련해주지 않으면 법적으로 아내가 이혼을 청구할 수 있을 정도로 커피는 중요하게 여겨졌다. 차가 지배적인 기호음료가 된 중국에 커피가 선을 보인 것은 근간의 일이다. 한국의 경우, 1896년 아관파천(俄館播遷) 당시 러시아 공사관에서 고종황제가 처음으로 커피를 마셨다고 전해지고 있다.

케이프 커내버럴(Cape Canaveral) 해저 유적

교류의 유물적 전거로서의 해로 유적(해저). 1715년 7월 에스파냐의 갤리언 선단 10척이 미국 플로리다주의 케이프 커내버럴 부근의 해협에서 침몰하였다. 1949년에 이 해저에서 은화가 처음 발견된 후, 1961년에는 10개의 금괴(金塊, 잉곳ingot)를 건져올렸다. 또한 1965년 5월 30일에는 금판(金板)과 금화 등 30만 달러어치의 보화를 또 건져냈다. 발굴자인 와그너는 그중 10개의 완(碗, 그릇)과 발(鉢, 바리때)을 4,675달러에 골동품 수집상에게 팔아넘겼다. 이 가운데 다구(茶具)는 중국 청조 강희제(康熙帝) 시대의 제품으로서 중국—마닐라—멕시코로 이어지는 태평양 횡단 해로를 통해 중국제 완이나 다구가 멕시코로 유출된 사실을 보여준다. 이것은 중세에 이르러 실크로드 해로가 구대륙에서 신대륙으로 연장되었음을 실증해준다.

코그선(船) Cog(영어), Kogge(독일어)

중세 유럽의 무역선. 북유럽에서 진행된 한자(hansa, 중세 유럽 도시의 상인조합) 무역의 주력 선박으로 주로 12~15세기에 활동하였다. 목조 범선으로서 항해 성능과 적재 능력(100~200톤)이 우수하다. 지중해에서는 베네치아의 코그선이 동방의 향료나 설탕, 귀석(貴石) 같은 것을 유럽으로 운반했으며, 십자군전쟁 때도 가장 중요한 운송수단이었다. 15세기에 들어와 대형 선박이 등장하면서 코그선은 점차 자취를 감추었다. (10-118)

1240년에 건조된 영국 코그선(船)

코니아 Konya

터키의 수도인 앙카라에서 남쪽으로 약 260km 떨어져 있는 도시. 아나톨리아 고원 중부의 거대 도시로, 중세 때는 라틴어 이름으로 '이코니움'(Iconium)이라 불렸다. 기원전 3000년경부터 인간이 정주했으며, 히타이트와 해양민족이 각각 기원전 1500년과 1200년경부터 이곳을 지배하였다. 기원전 8세기에 프리기아(Phrygia)인들이 이곳을 수도로 하여 왕국을 세웠다. 이후 킴메르(Cimmer)인들과 페르시아의 지배를 거치고, 알렉산드로스 대왕 원정 이후 셀주크조의 영역이 되었다. 로마 황제들은 잇달아 자신의 이름을 이곳에 부여했지만, 후대에 다시 원래의 이름을 회복하였다. '세마'(Sema)라는 고유의 음악에 맞쳐 독특한 회전무(선무旋舞)를 하며 암송하는 종교의식으로 유명한 메우레위(Mevlevi) 수피즘의 창시자 루미(Jalālu'd Din Mohammad Rūmī)는 죽을 때까지 약 50년간 이곳 코니아에 머물렀다.

코르테스 Hernán Cortés, 1485~1547년

스페인의 멕시코 정복자. 하급 귀족 출신으로 대서양을 건너와 쿠바와 산토도밍고에서 근무하다가 1518년 쿠바 총독의 명을 받고 아스텍 원정대를 이끌고 멕시코의 유카탄 반도에 상륙해 정세를 몰래 탐지하였다. 그로부터 2년 후 그는 소수의 군사를 이끌고 잉카제국을 계승한 아스텍제국의 수도 쿠스코를 일격에 함락하고 도시를 무참하게 파괴하였다. 그 결과 코르테스는 뉴에스파냐(현 멕시코)의 식민지 총독으로 임명되었다. 그의 식민통치는 가혹하여, 원주민에 대한 수탈과 탄압, 인디오 문명에 대한 편견과 증오로 악명을 떨쳤다.

코리아 실크로드 프로젝트 Korea Silk Road Project, 2013~2017년

문명교류 통로인 실크로드의 재조명과 정립 및 부흥을 위해 대한민국 경상북도가 주도하는 국제적 실크로드 프로젝트. 인류의 역사는 교류의 역사이고, 21세기는 교류의 무한 확산시대이며, 문명교류는 미래의 대안이다. 교류를 떠난 역사의 어제와 오늘, 그리고 미래란 상상할 수가 없다. 그런데 그 교류는 공간적 매체로서의 길, 실크로드가 있음으로써 비로소 가능하다. 오늘날에 와서 문화나 경제의 융성발전은 이 길을 통한 국제적 협력 네트워크나 융합 콘텐츠의 구축이나 개발 없이는 역시 불가능하다. 그리하여 실크로드에 대한 바른 이해와 활용은 시대의 절박한 요청으로 부상하고 있다. 이 프로젝트는 바로 이러한 시대적 요청에 부응해 발의되고 추진되었다.

2012년 7월 24일 중국 닝샤(寧夏) 회족자치구에서 개최된 동북아시아지역자치단체연합(NEAR) 회의에서 경상북도 김관용 지사로부터 신라의 천년 고도이자 실크로드 동단의 주요 거점인 경주에서 시작되는 이 프로젝트에 관한 선견지명적인 발의가 있었고, 이어 8월 6일에는 이 프로젝트가 도지사 지시사항 제483호로 정식 하달되었다. 그 지시에 따라 김남일 본부장을 비롯한 12명으로 '코리아 실크로드 프로젝트 추진본부'가 구성되었으며, 이어 역사·문화·예술·콘텐츠 등 분야의 전문가 20명으로 '실크로드 프로젝트 기획위원회'가 조직되었다. 이 위원회에서는 3차례의 전체회의를 거쳐 9월 21일 4대 분야 17개 중점사업과 장기과제 및 추진방향 등 프로젝트의 기본 얼개가 짜여졌다. 한편 이 프로젝트에 대한 이해도를 높이기 위해 10월 30일~31일 이틀간에 거쳐 국립기관·국내학회·교수·언론인 등이 참석한 프로젝트 설명회를 개최하였으며, 프로젝트의 성공적 추진을 위한 협력사업으로 10월 30일 경상북도·경주시·동국대학교(경주)·고려대학교·한국문명교류연구소 등 5개 기관 사이에 업무협약이 체결되었다. 이러한 일련의 준비과정을 거쳐 2013년 3월 20일에는 학계 전문가·중앙부처·언론계·유관기관 관계자 24명으로 구성된 '경상북도 실크로드 추진위원회'가 발족되었으며, 이 위원회에서 '코리아 실크로드 프로젝트'가 가결되었다.

이 프로젝트의 당면 사업내용은 세 가지로 대별된다.

첫째로, 실크로드를 통한 한민족 문화의 재조명과 융성을 위한 내용이다. 그 요체는 한국문화의 모태인 신라문화의 재조명과 실크로드 동단의 주요 거점으로서의 경상북도(경주)의 위상 회복, 그리고 실크로드를 통한 국제교류와 통상, 새로운 문화 브랜드의 창조 등을 통한 경상북도와 한국의 융성을 기하는 것이다. 구체적으로는 ① 자매 결연이나 공동선언 등을 통한 실크로드 거점 국가들과의 교류 및 유대 강화, ② 실크로드 상의 관련 지점에 우호기념비나 기념 표석, 조형물 조성, ③ 2개월간의 경주 → 이스탄불(경주 → 시안 15일, 시안 → 이스탄불 45일)실크로드 탐험대 운영, ④ 다큐멘터리 제작, 포터 챌린지 대회 개최, '실크로드 앙상블' 문화공연, 프로젝트 홈페이지 운영 등 홍보사업, ⑤ 실크로드 탐방기와 화보집 및 프로젝트 백서 발간, ⑥ 실크로드 프로젝트의 국가사업화 추진 등이다.

둘째로, 실크로드의 학문적 정립을 위한 내용이다. 그 요체는 실크로드가 구대륙(유라시아 대륙)에만 국한되었다거나, 실크로드의 동단(東端)을 일괄해 중국이라는 등 구태의연한 통설을 혁파하고, 실크로드의 한반도 연장을 비롯해 환지구적 통로로서의 실크로드에 대한 새로운 이해를 정립함으로써 한국이 실크로드 연구의 메카가 되게 할 뿐만 아니라, '코리아 실크로드 프로젝트'의 항구적 추진을 위한 이론적 기초를 마련하는 것이다. 구체적으로는 ① 1,900여 표제어를 수록한 '실크로드 사전(事典)' 편찬, ② 1차적으로 약 350페이지의 '실크로드 도록―육로편'(오아시스로와 초원로, 2013), 2차적으로 약 300페이지의 '실크로드-해로편'(2014)의 출간, ③ 실크로드의 한반도 연장을 주제로 한 국제학술회 개최(4회), ④ 실크로드학회 창립과 실크로드 학술지 발간, ⑤ 실크로드 관련 논문 공모와 학술상 제정 등이다.

셋째로, 장기적인 관점에서의 실크로드 프로젝트 추진이다. 2013년의 실크로드 오아시스로(육로) 재조명을 통해 실크로드의 동단이 경상북도 경주라는 사실을 대내외적으로 공인받은 것을 토대로, 2014년에는 해상제국 신라의 동서 문물교류의 장이었던 실크로드 해로(海路) 재조명을 위한 해양실크로드 글로벌 대장정을 추진하고, 2015년에는 경상북도 경주에서 실크로드 국가가 참여한 '실크로드 문화엑스포'를 개최하고, 2017년에는 실크로드 국가 중 역사문화도시에서 해외 실크로드 엑스포를 개최하여 실크로

실크로드 탐험대 환송식(경북도청, 2013년 3월 22일)

드가 단순한 '길'이 아니라 문화를 통해 이어진 문화·화합의 길임을 보여줄 계획이다. 그리고 나아가 경상북도 경주에 가칭 국립세계민속박물관 건립을 추진하여 세계 민속문화의 집적·교류·재창조를 통해 장기적 문화산업 발전의 모델로 개발·전파할 계획이다.

'코리아 실크로드 프로젝트'는 실크로드 역사상 미증유의 장거(壯擧)로서, 그 실현은 값진 문명사적 의미를 지닌다. 이 유례없는 수범적(垂範的)인 장거는 비단 '세계 속의 한국'이란 한국의 위상을 재조명하고 승화시켜줄 뿐만 아니라, 실크로드와 관련된 국가나 국민 및 연구자들에게 신선한 충격으로 다가감으로써 문명교류의 통로인 실크로드의 학문적 정립과 활성화에 세계적인 기여를 하게 될 것이다.

코리아 실크로드 탐험대 문명교류 통로인 실크로드를 재조명하기 위해 대한민국 경상북도가 주도하는 코리아 실크로드 프로젝트의 일환으로, 2013년 3월 동서 문화의 완성지인 한반도 천년 수도 경상북도 경주에서 코리아실크로드 탐험대가 탄생하였다. 신라인의 진취적 기상과 21세기 신(新)한류 전파를 위해 발족된 코리아 실크로드 탐험대는 1차와 2차로 나누어 운영 되었다.

1차 탐험대는 2013년 3월 21일부터 4월 4일까지 15일간의 일정으로 탐험대장과 청년탐사대, 역사기록팀, 경상북도 23개 시·군 기수단을 포함해 7개 팀 76명이 탐험대원으로 활동했다. 3월 21일 경상북도 경주 엑스포공원에서 김관용 도지사로부터 실크로드 탐험기 전수와 출정식을 가진 후, 한반도 실크로드 주요 유적지를 돌아서 3월 24일 경기도 평택항을 거쳐 중국 웨이하이항으로 이동했다. 이후 탐험대는 양저우—항저우—주화산—카이펑을 탐험하고 정주를 거쳐 경상북도와 자매도시인 허난성의 환영을 받은 뒤 4월 4일 1차 탐험대 종착점인 시안까지

5,066km 여정을 마치고 장안성 북문에서 입성식을 가졌다. 2차 탐험대는 7월 17일 1차 탐험대의 종점을 이어 중국 시안을 출발하였다. 실크로드를 따라 둔황—우루무치—카슈가르를 지나 키르기스스탄, 카자흐스탄, 우즈베키스탄, 투르크메니스탄, 이란, 터키를 탐험하고 45일 동안 15,881km의 긴 여정을 끝냈다. 그리고 8월 31일에는 최종 목적지인 터키 이스탄불로 이동하였다. 특히 2차 탐험대원은 1차 탐험대와는 달리 소수 정예요원 24명으로 구성하여 운영되었으며, 탐사대장과 역사기록팀, 청년탐사팀, 주관방송사, 행정팀이 조직적으로 활동하였다.

코리아 실크로드 탐험대는 현대자동차에서 기증한 SUV 차량 5대를 이용해 이동하였으며, 60일간의 실크로드 거점국가 8개 나라를 탐험하는 동안 태권도, 전통국악, 전통탈춤 등을 공연하여 한국의 문화를 알리고 '이스탄불–경주세계문화엑스포2013'을 홍보하였다. 1500년 전 한반도 첫 세계인이었던 혜초의 흔적과 실크로드를 따라 문화를 소통했던 그 길 위에 새로운 천년의 길을 만들었다는 자부심을 가지게 된 사업이었다. 동시에 K-팝(Pop)과 한류의 저력으로 K-컬처(Culture)를 예고하고 이끄는 성공 모델이었음을 확신하는 계기가 되었으며, 과거 문화 수입국에서 수출국으로 변모하는 새로운 길을 열었다는 데 그 의미가 있다.

코스마스 Cosmas, 6세기
중국을 하나의 국가 실체로 소개한 최초의 서방인. 이집트의 지리학자이며 '인도 여행가'(Indicopleustes)라고 불린 코스마스는 상인 신분으로 이집트를 출발한 후, 에티오피아와 페르시아만을 경유해 인도에 도착하였다. 그는 530~550에 인도 여행기(소실됨)를 썼는데, 중국을 인도와 더불어 하나의 동방 국가로 묘사하였다.

코즐로프 Pyotr Kuzimich Kozlov, 1863~1935년

러시아의 중앙아시아 탐험가. 가축을 매매하는 상인의 가정에서 태어난 코즐로프는 어려서부터 여행을 즐겼다. 고향에서 소학교를 졸업하고 주류(酒類) 상인의 사무소에 근무하다가 독학으로 사범학교를 다녔다. 우연한 기회에 당대의 유명한 탐험가 프르제발스키(Nikolai Mikhaylovich Przheval'skii)를 만나 여행의 꿈을 키웠다. 1883년 프르제발스키의 제3차 중앙아시아 탐험대에 대장의 조수로 참가하였다. 탐험에서 돌아온 그는 사관학교를 다니다가 1884년 제5차 중앙아시아 탐험대에 소위(少尉)의 자격으로 참여하였다. 1893년에 그는 중앙아시아 탐험대에도 참가해 난산(南山) 산맥과 티베트 북동부에 대한 조사를 실시하였다. 그의 활약이 인정되어 1899년에 진행된 중앙아시아 탐험에서 지휘를 맡게 되었다. 대원 22명과 함께 중국 황허 원류지역에 진입해 해발 4,630m의 황허와 양쯔강 분수령을 넘어 양쯔강 수역과 메콩강 수역을 지나 1901년 11월 7일 우르가(현 울란바토르)를 거쳐 시베리아의 캬흐타에 도착하였다. 그와 일행은 낙타와 말을 타고 약 1만km의 아시아 오지를 답파(踏破)하면서 그곳의 자연과 주민 생활에 관해 많은 것을 밝혀냈다. 그 과정에서 광물표본 1,200점, 식물표본 2만 5,000점, 8점의 신종 조류를 포함해 적잖은 동물표본도 수집하였다. 이 탐험의 결과를 1906년 『몽골리아와 캄』이란 책으로 출간하였고, 그 공로를 인정받아 러시아 지리학협회로부터 금메달을 수여받았다. 다시 1907년 제5차 내륙 아시아 탐험에 나서 몽골 남·북부와 중국 쓰촨성(四川省) 북서부 지역에 대한 조사를 진행하였다. 그 과정에서 우연히 1908년 1월 카라호토(서하西夏)의 위치를 알아내고 발굴을 진행해 서하 문서 2,000점과 많은 회화와 조각품을 수집하였다. 이 제5차 탐험 결과는 1923년 『몽골리아와 암도, 그리고 죽은 도시 카라호토』(*Mongolia and Amdo and the dead City of Khora Khoto*)란 책으로 간행하였다. 그는 울란바토르 북방 약 100km 지점에 있는 노인울라 유적 등 고대 유라시아의 문명교류를 입증하는 많은 유물을 발굴하였다. 1935년 가을, 톈산 산맥 탐험을 준비하다가 레닌그라드 교외에서 사망하였다. (1-368~370)

코추말구아파(Cotzumalguapa) 문화

과테말라의 독특한 석조(石彫) 문화. 태평양 저지대의 고전기 후기~말기(600~1000)에 번영한 코추말구아파 문화유적은 태평양에서 약 50km 떨어진 내륙에 위치하고 있다. 해발 400m의 도시 유적으로 면적은 6km²에 달하며, 땅은 비옥하고 카카오 산지로 알려져 있다. 유적 중심부에서 150기 이상의 석조가 발견되었는데, 대부분의 석재는 현무암이지만 소형의 비취 조각도 보인다. 발굴된 석비 중에는 구기(球技)나 인신공희(人身供犧) 도상이 새겨져 있는 것도 있으며, 왕이나 귀족들이 신과 교류하는 신화적 장면도 있다. 또한 멕시코 중앙고지에서 나타나는 '비(雨)의 신' 상(像)도 보이며, 구기(球技) 장면이 많이 나타난다. 짧은 비문에는 날짜라든가 개인의 이름이 문자로 새겨져 있다. 이러한 유물들을 통해 볼 때, 서쪽으로부터의 고대 멕시코인들의 이주나 그들과의 교류가 코추말구아파 문화의 형성에 많은 역할을 한 것으로 추정된다. (8-95~96)

코친 Cochin

후추의 세계적 거래지. 인도 서해안의 코모린 곶에서 가까운 항구로 세계 후추의 4분의 1이 이곳에서 거래될 만큼 후추의 생산지와 집산지로 유명하다. 대항해시대가 열리자 포르투갈과 네덜

인도 최초의 성당인 코친의 프란시스 성당

란드, 영국 상인들이 앞을 다투어 이곳에 몰려와 후추를 유럽으로 실어갔다. 2천년 이상 지속되어오는 후추 교역에는 유대계 상인들이 한몫을 하였다. 코친 주변에는 성 도마가 기원 초기에 이곳에 와 기독교를 전도했다는 전설이 지금까지도 남아 있다. 코친이 속한 케랄라주(州) 주민의 20%는 기독교도들이다.

코카(coca)의 전파

코카나무 과에 속하는 식물은 약 100종이지만, 그 가운데서 코카인(1~2%)을 함유하고 있어 재배되는 것은 몇 종밖에 안 된다. 지금은 마약으로 분류되어 엄격한 통제가 가해지지만, 코카는 일찍부터 힘을 내게 하고 피로나 배고픔을 잊게 하는 약재로 이용되어왔다. 따라서 코카나무는 행복을 가져다주는 신표(信標)가 되어 잉카 신이 양손에 코카나무 잎을 들고 있는 모습으로 도상화(圖像化)되고 있을 정도다. 코카나무의 원산지는 페루를 비롯한 라틴아메리카다. 1532년 스페인 사람들이 우연히 페루의 한 산골마을에 들

페루 쿠스코의 코카 차

렀다가 마을 사람들이 저마다 코카를 씹는 것을 보고 그 실체를 세상에 처음으로 알렸다. 그들은 매일 30~50g의 코코나무 잎을 석회나 재와 함께 씹었다. 잉카문명의 지방발전기(地方發展期, 기원전 3~기원후 8세기)에 속하는 유적에서는 코카를 씹는 통에 볼이 부어오른 인물상이라든가, 그릇에서 주걱으로 석회를 떠내는 인물상이 토기에 그려져 있으며, 형성기(形成期, 8~12세기)의 유적에서는 코카 잎을 담는 작은 주머니와 감싸는 천, 석회용기 등이 발견되었다. 이런 점들을 감안하면 상당히 이른 시기에 이미 코카가 라틴아메리카에서 애용되고 있었음을 알 수 있다.

원래 코카나무는 안데스 산맥 고도 700~1,700m의 비가 많이 오는 계곡 비탈이 재배 적지였으나, 실체가 알려진 후 원산지는 물론 다른 지역까지도 전파되어 재배지가 널리 확대되었다. 지금 라틴아메리카에서 많이 재배되고 있는 곳은 에콰도르에서 볼리비아까지 뻗어 있는 안데스 산맥의 동쪽 경사면, 아마존 저지대, 콜롬비아 내륙부와 카리브해, 중부 아메리카, 페루의 태평양 해안의 계곡과 건조한 해안 사막지대 등이다. 강장제나 흥분제, 국부 마취제 등으로 이용되면서 코카는 20세기 초엽부터 자연환경이 비슷한 아시아 지역에 전해진 것으로 보인다. 기록에 의하면, 코카는 페루에서 말레이시아와 스리랑카로 전해져 스리랑카는 1911년 코카 잎 71.6톤을 수출하였다. 그 무렵 인도나 타이완에도 전파되었으며, 1930년대 이후에는 동부 자바에서도 재배하기 시작하였다.

코카친 공주의 일 칸국 출가 1290년

원(元)의 쿠빌라이 칸에 의해 코카친(Kokachin) 공주가 일 칸국 아르군 칸과 결혼하기로 한 것은 일종의 정략적 혼인을 통한 인적 교류. 서아시아의 페르시아를 중심으로 한 일원에 자리한

일 칸국의 제4대 칸 아르군은 동족(몽골 바야우트Bayaut족)의 규수를 후실로 해달라는 죽은 왕비 불루칸 하툰(Buluqhan Khatun)의 유언에 따라 중신 3명을 원조 쿠빌라이 칸에게 보내 청혼하였다. 일 칸국과의 친속(親屬)관계를 유지하기 위해 쿠빌라이는 불루칸의 일족 중에서 방년(芳年) 17세의 미녀 코카친 공주를 세 중신과 마르코 폴로 일행의 호송하에 아르군에게 출가시켰다. 일행은 1290년 중국 취안저우(泉州)를 출발하여 18개월간의 천신만고의 항해(14척 배에 승선한 600명의 승객 중 18명만 살아남음) 끝에 1293년 3, 4월경에 일 칸국 수도 타브리즈에 간신히 도착하였다. 그러나 아르군은 이미 세상을 떠난 뒤였다. 코카친은 정혼수계법(定婚收繼法)에 따라 아르군의 아들 가잔(제7대 칸, 재위 1295~1304)과 결혼하였다. 이후 코카친 공주는 결혼 1년 만에 약관 20세의 젊은 나이로 생애를 마쳤다. 실크로드 답파사(踏破史)에는 코카친 공주처럼 비록 비운의 출가인이지만, 이름을 남긴 여성 교류인들이 더러 있다.

『코케인 총서』 *Cokayne*, 10세기

동방 의약지식을 망라한 백과전서적인 총서. 10세기에 영국에서 코케인(Thomas Oswald Cokayne)이 편찬한 이 총서 중에서 의약에 관한 부분이 유럽인들에게 큰 호응을 얻었다. 이 책에는 약용식물 185종의 효용에 대해 설명하고(*Herbarium*권), 동물로부터 얻은 약제(藥劑)도 소개하며(*Medicina da Quadrupedibus*권), 200여 종의 병을 치료하는 처방(*Leechdoms*권)도 제시하고 있다. 이와 같은 의약지식은 대체로 아랍이나 히브리(이스라엘)의 것을 바탕으로 한 것이다. 뿐만 아니라, 동양적인 점복(占卜)이나 해몽법 같은 것도 소개하고 있다. 그리하여 당시 이 책은 매우 유용하고 흥미있는 백과전서로 인정

되어 영국인 가정에서는 필독서로 상비하고 있었다고 한다.

코틴(W.Courteen) 상무단(商務團)

1635년에 코틴을 비롯해 영국 동인도회사에 소속되지 않은 영국 상인들은 동인도회사의 동방무역 독점에 맞서 이른바 '코틴 상무단(商務團)'을 조직하였다. 국왕은 동인도회사의 활동이 미치지 않는 동방 각지에서 그들이 무역활동을 하는 것을 허락하였다. 2년 후인 1637년 8월에 이 상무단이 파견한 웨델(John Weddell) 휘하의 함선 2척이 광저우(廣州) 후먼(虎門)에 침입해 중국군과 초유의 무장 충돌을 일으켰다. 이 사건 후, 중국 정부는 영국 함선의 중국 영해 진입을 엄금하였다.

코판(Copán) 도시 유적

마야 문명의 고전기 온두라스 코판 왕조의 도시 유적. 유네스코 세계문화유산. 426년에 세워진 코판 왕조는 사회적으로는 이미 계급분화가 시작되었다. 695년에 등극한 13대 왕 치세에는 독특한 환조(丸彫)의 석조(石彫)가 발달해 석비와 제단을 갖춘 대형 광장이 건설되었고, 마야 지구에서 두번째로 큰 구기장(球技場)이 증·개축되기도 했다. 도시에는 삭베(포장 둑길)가 생겨나고, 3만 점 이상의 석조와 신전 피라미드, 왕궁, 귀족의 저택이 아름답게 장식되었다. 731년에 건립된 석비에는 코판·티칼(Tikal)·칼라크물(Calakmul) 등 지역 왕들의 문장(紋章)이 새겨져 있다. 이것은 13대 왕 때부터 대도시의 왕들과 교류했다는 것을 시사한다. 8세기 중엽에 코판 계곡에는 약 2만 명 인구가 산 것으로 추정된다. 15대 왕이 완성한 '신성문자(神聖文字)의 계단'에는 2,200자 이상의 마야 문자로 코판 왕조사를 새겨놓았다. 이것은 스페인들이 오기 전 아

메리카 대륙 최대 최장의 석조문자 사료다. 코판 왕조는 16대 왕이 서거한 820년까지 존속했으며, 1100년경에 이르러 황폐화된 것으로 추측된다. (8-76~77)

콜럼버스 Christopher Columbus, 1451~1506년

콜럼버스 초상

이탈리아의 항해가. 이탈리아의 제노바에서 출생한 콜럼버스는 1476년 포르투갈에 이주해 리스본에서 해도(海圖) 제작에 종사하다가 피렌체의 지리학자 토스카넬리(Paolo dal Pozzo Toscanelli, 1397~1482)의 서방 항해설에 매혹되어 대서양 횡단 항해를 결심하였다. 1485년 스페인 여왕 이사벨(Isabel, 1451~1504)의 후원을 약속받고 몇년 준비 끝에 1492년 8월 3척의 배에 90명의 선원을 이끌고 스페인의 팔로스(Palos)항을 출항하였다. 약 두 달 동안의 항해 끝에 현 아메리카 대륙의 바하마 제도, 쿠바, 아이티(Haiti)섬에 도착하였다. 그후 1493~1504년 기간에 세 차례 더 중남미를 항해하였다. 이것이 이른바 콜럼버스의 네 차례에 걸친 '신대륙 발견' 대서양 횡단 항해다. 그는 이사벨이 사망하자 후원자를 잃고 소외된 채 생활하다가 사망하였다.

콜럼버스의 대서양 횡단 항해 콜럼버스는 지구 구형설(球形說)을 믿고 대서양으로 서항(西航)하면 인도나 중국에 도달할 것이라고 생각해 서항 계획을 포르투갈 국왕에게 건의했으나 거절당하였다. 그러나 스페인에 이주한 후 이 계획은 이사벨 여왕과 페르난도 2세(Fernando II, 1452~1516)의 지지를 받았다. 이에 고무된 콜럼버스는 1492년 8월 3일 스페인의 서남 항구 팔로스를 출발, 같은 해 10월 12일 바하마 제도의 어느 한 섬에 도착해 그 섬을 '산살바도르'(San Salvador, '성스러운 구세주'란 뜻)라고 명명하였다. 이어 쿠바와 아이티도 들렀다. 그후

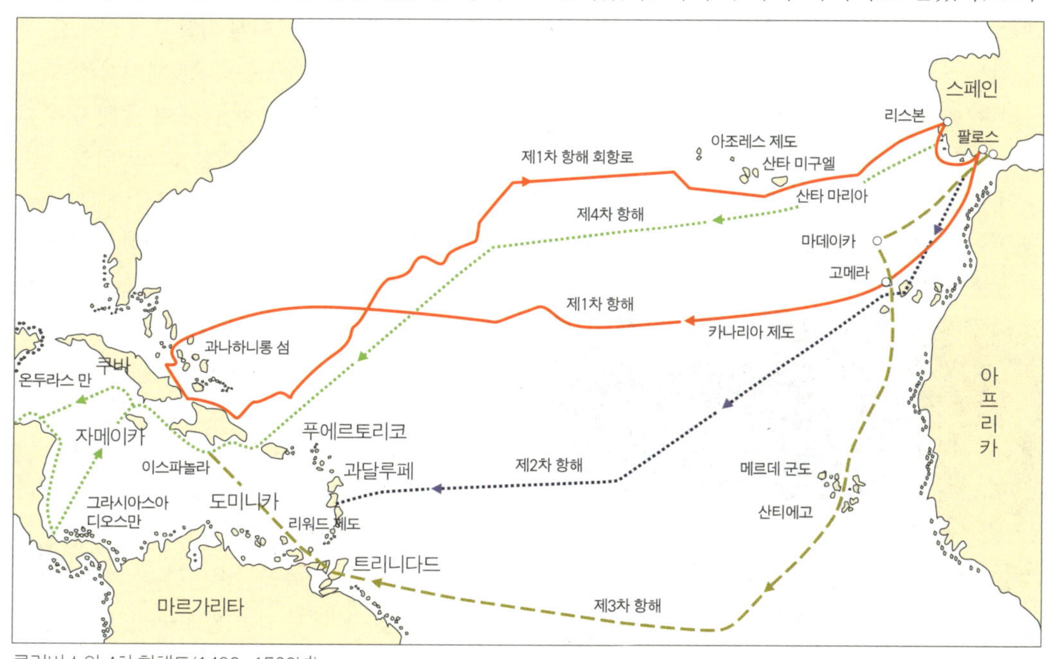

콜럼버스의 4차 항해도(1492~1502년)

그는 세 차례 더 대서양 횡단 항해를 단행하였다. 제2차 항해 때(1493~1495)는 도미니카·과달루페·자메이카에 도달하고, 제3차 항해 때(1498~1500)는 트리니다드와 오리노코강 하구에 이르렀다. 3차 항해 중 식민지의 반란으로 '모기제독'(Admiral of Mosquitoes)이란 지위를 박탈당하고 소환되어 구금되었다. 석방되어 행한 제4차 항해(1502~1504년)에서는 온두라스와 파나마 지협을 '발견'하였다. 이처럼 포르투갈 항해가들이 한창 인도 항로를 개척하고 있을 때, 콜럼버스가 대서양을 횡단해 '신대륙'을 발견함으로써 유럽의 대항해시대에 일대 전기를 마련했을 뿐만 아니라 해상실크로드 해로의 서단(西段)이 지중해에서 대서양으로 확대 연장되었다.

콜로세움 Colosseum

로마의 원형경기장. 정식 명칭은 '플라비우스 원형극장'으로 원래는 베스파시아누스 황제가 네로의 황금 저택을 허문 자리에 착공해 그의 아들 티투스 황제 때(기원후 80)에 약 5만 명을 수용하는 대형 원형 경기장으로 완공하였다. 여기서 검투사의 시합과 맹수와의 격투가 벌어졌다. 이러한 로마식 원형 경기장은 로마 식민지 곳곳에 지어졌으며, 오늘날까지도 여러 곳에 그 흔적이 남아 있다. 원래는 투기장(鬪技場)이었으나,

대형 원형경기장

극장으로도 이용되었다.

콩 Soybean

20세기에 들어와서 콩을 생산과 이용에 있어서 세계 최고의 신데렐라(cinderella, 갑자기 무명에서 유명 인사로 된 사람)라고 부르기도 한다. 콩의 원산지는 중국 동북에서 화북에 이르는 지역이다. 중국에서는 콩을 5곡의 하나로 4000년 전(기원전 2000)부터 재배했으며, 한국에서는 기원전 1세기경 삼국시대부터 재배했다고 한다. 속씨식물인 콩에는 단백질이 35~40%, 지방이 15~20%, 탄수화물이 30%가 함유되어 있어 명실공이 최고의 식품 반열에 올라 있다. 지금은 세계적 식품으로서 1,000여 가지 용도가 있다.

세계 3대 장수촌의 하나인 남미 에콰도르의 작은 마을 '빌카밤바'(Vilcabamba, 인디언어로 '빌카'는 '신성한', '밤바'는 '마을'이란 뜻)는 '질병이 없는 면역의 섬'으로 알려져 있다. 그 비결은 콩에 있다는 것이 중론이다. 이것은 라틴아메리카의 콩이 갖는 세계 작물사적 의미를 시사한다. 콩은 야생콩(들콩)에서 재배작물로 발달하였다. 아메리카 대륙에는 50여 종의 야생콩이 있는데, 그 가운데서 잉겐콩 등 5종만이 메소아메리카에서 재배화되었다. 오악사카(Oaxaca) 분지의 구일라 나퀴츠(Guila Naquitz) 유적에서는 기원전 8900~6700년의 야생콩의 유존체(遺存體)가 검출되었으며, 테와칸(Tehuacan) 분지에서는 기원전 5000~3400년에 잉겐콩이 재배되었다. 콩은 옥수수 및 호박과 더불어 메소아메리카의 3대 작물의 하나다. 중앙안데스 지역에서 재배화된 콩으로는 잉겐콩·리마빈·타치나타콩·하우치콩·피나즈·파카이 등 여러 종류가 있다. 페루 중앙해안의 남부에 있는 치르카(Chirca) 계곡에서 출토된 리마빈은 기원전 4500년경의 것으로서 남미에서는 가장 오래된

콩 유물이다. 그밖에 잉겐콩이 페루 북부 고지에 위치한 기타레로(Guitarrero) 동굴의 기원전 3000년경 층에서 발견되었다. 콩 자체가 하나의 문양으로 새겨진 그림과 콩을 담은 토기도 출토되었다. 동북아시아 콩과 라틴아메리카 콩 간의 상관성 여부는 아직 전혀 밝혀진 바가 없다. 지금까지의 유물로 보아서는 편년상의 상차(相差)가 분명한데, 그 상관성 여부는 연구과제가 아닐 수 없다. (8-310~11)

쿠릴타이 Khuriltai, Quriltai

몽골제국에서 중요한 국사(國事)가 발생하였을 때 그 처리를 위해 소집하는 부족 수장들의 집회. 예컨대 칭기즈칸은 1219년 이러한 집회, 쿠릴타이를 소집해 제1차 서정(西征)을 결정하였다.

쿠샨조 Kushan, 貴霜

서투르키스탄과 아프가니스탄 일원에 살던 5제후(諸侯) 중 하나인 쿠샨이 세운 왕조. 기원 전후에 다른 네 제후를 제압하고 힌두쿠시 산맥을 넘어 간다라 지방까지 진출하였다. 제3대 카니슈카왕 시대가 전성기로, 페샤와르를 수도로 한 영토는 동서 투르키스탄과 아프가니스탄, 북인도 대부분을 망라하였다. 오아시스로 요지에서 불교 전파와 동서교류에 기여하였다. 쿠샨의 역사는 4기로 나눠 전개되다가 5세기 중반 에프탈에 의해 멸망함으로써 끝났다.

쿠스코 Cusco, Cuzco

잉카제국의 수도. 유네스코 세계문화유산(1983년 등재). 쿠스코는 케추아어로 '배꼽'이라는 뜻으로, 잉카('태양의 아들'이란 뜻으로 황제를 가리킴) 사람들은 이곳을 우주의 중심이라고 생각하였다. 해발 3,395m의 고지에 자리한 쿠스코는 잉카제국의 제9대 왕 파차쿠티(Sapa Inca Pachacuti)가 정비한 것으로 알려져 있으며, 마치 퓨마(아메리카의 사자)와 같은 형상이다. 전체를 크게 북서와 남동으로 양분해 북서반부는 '위'라는 뜻의 '아난 쿠스코'(아난사야), 남동반부는 '아래'란 뜻의 '우린 쿠스코'(우린사야)라고 부른다. 도시의 두 부분은 다시 각각 둘로 나뉘어 4구역을 형성한다. 그리고 중심부에 있는 황금신전 코리칸차('황금 들판'이란 뜻, 지금은 산토도밍고 성당)에서 방사상으로 뻗어나간 41(혹은 42)개의 선(線) 상에는 328개의 성소(聖所)가 배치되어 있다. 지금의 알마스 광장은 잉카시대에 있었던 두 광장 중 하나로, 우슈누라고 하는 성석(聖石)이 그것을 증명해준다. 종이 한 장 낄 틈 없이 정교하게 쌓은 석벽 가운데는 유명한 '12각(角) 돌'이 있다. 이 돌의 의미는 로카왕의 12명 가족, 혹은 일 년 열두 달을 뜻한다고 한다. 시 주변에는 역대의 왕궁과 '선발된 처녀의 집'이란 건물(지금은 수도원)이 있는데, 이 집에서 여인들은 천을 짜고 옥수수로 '치차'주를 빚어 신에게 바쳤다. 그리고 해발 3,540m의 고지에 지은 거대한 삭사이와망(Saksaywaman) 석조 요새('태양의 신전')가 있다. 원래는 돌을 3층으로 쌓은 360m의 석벽이었으나 지금은 20% 정도의 밑둥 돌들만 남아 있다. 가장 큰 돌은 높이 8m, 두께 3.6m, 무게는 무려 200톤이나 된다고 한다. 해마다 6월 24일이 되면 이 요새

삭사이와망의 석조 요새인 '태양의 신전' 외관

광장에서 남미 3대 축제의 하나인 '인티라이미'(Inti Raymi, 태양축제)가 열리고 있다.

쿠처 Kucha, 庫車, 龜玆

오아시스로 북도의 중간 요지. 타림 분지 북쪽 변경에 자리한 오아시스 도시로서 주변에 키질·스바시·쿰투라 등 석굴 사원이 많다. 한대부터 철 산지였으며 중계 교역지로 번성하였다. 주민은 아리아계의 일파로 불교를 신봉하였다. 6세기 말부터 돌궐과 당나라의 지배를 받아오다가 9세기 중엽부터 투르크계의 위구르족이 진입해 이슬람화하였다.

쿠처의 옛터를 알리는 '구자고성유지(龜玆故城遺址)' 팻말

쿠플레 Philippe Couplet, 柏應理, 1624~1692년

중국에서 활동한 벨기에 선교사. 1640년 예수회에 가입한 쿠플레는 1656년에 폴란드 선교사 보임(M. P. Boym)을 따라 동방 여행길에 올라 1658년 섬라(暹羅, 현 타이)를 거쳐 1659년에 중국에 왔다. 장시(江西)·푸젠(福建)·저장(浙江)·장쑤(江蘇)·상하이(上海) 등 여러 곳에서 선교 활동을 하였다. 1664년 흠천감교안(欽天監敎案) 사건 때 광저우(廣州)에 압송되었다가 1671년에 다시 강남(江南)으로 되돌아왔다. 1681년 중국 예수회 선교회에 의해 교황청에 파견되었다. 그의 사명은 중국에서의 선교사업 상황과 중국어로 미사를 거행하는 문제 등을 교황청과 예수회 총회에 보고하고 해결책을 강구하는 것이었다.

이듬해 10월 로마에 도착한 그는 이때 중국 선교사들이 저술하거나 번역한 중국어 책 4백 권을 교황청에 증정하였다. 쿠플레는 유럽에 10년간 체재하는 동안 파리와 로마에서 저서들을 출간하고 1684~1685년에는 프랑스 루이 14세와 예수회 총회를 설득해 제르비용(J. F. Gerbillon), 부베(Joachim Bouvet) 등 5명의 프랑스 선교사들을 중국에 파견하기도 하였다. 1692년 쿠플레는 다시 중국으로 향하던 중 인도 고아 부근 해상에서 풍랑을 만나 배가 흔들리는 바람에 떨어진 상자에 머리를 맞고 즉사하였다.

쿠플레는 많은 저작을 남겼는데, 문답식 교리 전서인 『천주성교문답(天主聖敎問答)』(1권, 베이징, 1675)과 스페인 선교사 사비에르(F. Xavier, 1506~1552)를 필두로 1681년까지 중국에서 활동한 선교사들의 성명, 국적, 중국 방문 연도, 선교 지역, 사망일, 묘지, 중국어 저서 등을 소개한 『예수회 선교사 약전(略傳)』(라틴어, 파리, 1686), 『서문사서직해(西文四書直解)』(파리, 1687)가 있고, 『중국 철학자 공자』『중국의 한 신자부인 서감제 전기』(라틴어, 로마, 1688, 서감제徐甘第는 서광계徐光啓의 손녀)가 있으며, 그 외에 『사말진론(四末眞論)』『영년첨례(永年瞻禮)』『성교탁음(聖敎鐸音)』 등 저서가 있다. 『중국의 한 신자부인 서감제 전기』는 프랑스어 번역본이 파리에서 출간된 후, 유럽 여러 나라 말로 번역, 출간되었다. 이 책은 예수회의 강남(江南) 선교사들에 관해 연구하는 데 중요한 문헌으로 평가되고 있다. 라틴어로 쓴 『중국 철학자 공자』에는 공자전과 『대학』『중용』『논어』의 역주가 포함되었는데, 공자와 그의 학설에 관한 서구인들의 첫 연구서로서 유럽 학계의 큰 관심을 끌었다.

쿡 James Cook, 1728~1779년

'캡틴 쿡'(Captain Cook)으로 유명한 영국의 해군 장교 겸 해양탐험가. 프랑스와의 7년전쟁에 참전한 후 해군 대위로 1768~1770년의 제1차 탐험에서 뉴질랜드 해안을 측량하고, 오스트레일리아 동해안에 대한 영국의 영유권을 선포하였다. 1772~1775년의 제2차 항해에서는 남극권 탐험에 나서서 남위 71도까지 진출하였고, 태평양 섬들의 지도상 오기(誤記)도 바로잡았다. 1776~1779년의 제3차 항해에서 그는 북대서양과 북태평양을 연결하는 북서항로를 탐색하던 중 하와이 원주민과의 분쟁이 일어나 그 과정에서 피살되었다.

쿤두즈 Kunduz

아프가니스탄 동서교통의 요충지. 아프가니스탄의 수도 카불에서 북쪽으로 약 340km 지점에 있는 고도로 교외에 유명한 옥수스(Oxus) 유보(遺寶)가 있다. 구지(舊址) 파라 히사르는 지금의 도시 북쪽에 있다. 북으로는 두샨베, 동으로는 와칸 계곡, 서로는 발흐로 이어지는 길들이 모두 이곳을 지나간다. 그 일대에는 말을 타고 양을 빼앗는 부즈카시라는 경기가 성행한다.

쿤룬 산맥 崑崙山脈

일명 '곤륜허(崑崙墟)'라고도 하는 쿤룬 산맥은 중국 오아시스로 남도의 남쪽에 위치한 산맥으로서 티베트 고원의 북쪽의 경계를 이룬다. 길이가 2,500km이며, 최고봉 무쯔타거산(木孜塔格山)의 높이는 7,723m다. 5,000m를 넘는 봉우리가 많아 기후가 매우 건조하고 춥기 때문에 서식하는 동식물이 적다. 북으로 치롄(祁連) 산맥 등 여러 산맥이 지맥으로 갈라져 있으며, 북쪽에는 타클라마칸 사막을 낀 타림 분지가 있다. 황허(黃河)와 양쯔강이 여기서 발원한다. 예로부터

쿤룬 산맥에서 흘러내리는 백옥하(白玉河)와 흑옥하(黑玉河)가 범람할 때 이 산맥 속에 묻혀 있던 옥석(玉石)을 싣고 흐르기 때문에 허톈(和田, 호탄) 일대를 옥의 원산지로 만들었다. 그 옥이 월지(月氏)인들에 의해 동서로 전파되었다.

크레타 문명 Cretan civilization

지중해의 고대문명. 일명 미노아 문명. 지중해 동부 중앙에 있는 크레타섬을 중심으로 오리엔트 문명의 영향을 받아 발생한 문명이며, 기원전 2000년경에는 크노소스 해상왕국이 출현하였다. 기원전 1700~1500년에 전성기를 맞아 궁정을 비롯한 많은 건축들이 세워졌다. 종교는 자연숭배 단계에 머물렀고, 문자는 상형문자와 선(線)문자 A·B(B만 해독)를 사용하였다. 기원전 1400년경 그리스 본토에서 침입한 아카이아인들에 의해 멸망하였다.

크테시폰(Ctesiphon) 도시 유적

교류의 유물적 전거로서의 오아시스로 상의 유적. 크테시폰은 바그다드 동남방 40km 지점에 있는 고도로서 일찍이 파르티아(安息)와 사산조 페르시아의 수도였다. 장엄한 아치형의 궁전 유적이 남아 있다.

클라비호 → '데 클라비호의 티무르제국 사행'항 참고

클로비스 문화 Clovis culture, 기원전 1만 년~기원전 9000년

북미에서 가장 오래된 유구첨두기(有溝尖頭器)를 특징으로 하는 석기문화. 대표적인 유적은 1932년에 발견된 뉴멕시코주(州)의 클로비스 유적이다. 이른바 클로비스형 첨두기는 길이가 4~12.5cm(평균 7.5cm)의 투창용(投槍用) 유구첨두기다.

키레니아(Kyrenia) 해협 유적

교류의 유물적 전거로서의 해로 유적. 1967년 키프로스 북부 해안 키레니아 해협의 수심 30m의 해저에서 한 해면 채집부가 우연히 기원전 4세기경의 그리스 침몰선을 발견하였다. 당시 에게해에 대한 조사를 하고 있던 미국 펜실베이니아 대학 박물관 고고학 조사단은 1968년부터 본격적인 발굴작업을 진행하였다. 발굴 결과 보전 상태가 양호한 길이 12m의 선체를 찾아내고 호(壺, 항아리)·발(鉢, 바리때) 등 도기류와 청동제 솥, 화폐, 보석 등 다량의 유물을 찾아냈다. 선체는 해저에서 실측한 후 1970년 부분 해체해 인양한 뒤 원상복구하였다. 복원선은 현 터키군 요새인 키레니아성(城)에 보존되어 있다. 이 침몰선의 발굴로 고대 그리스 선박의 구조와 항로, 교역 등에 관한 귀중한 자료를 확보하게 되었다.

키질 석굴 The Kizil caves, Qizil(Qyzyl) caves

중국 불교 초기의 천불동 석굴. 중국 신장의 고도 쿠처에서 서쪽으로 65km쯤 떨어진 무잘트(渭干)강 왼쪽, 밍우타거(明屋達格)산 중턱에 자리하고 있다. 이미 확인된 석굴만 236개인데, 미발굴된 것까지 합치면 300개가 넘을 것이라고 한다. 그중 벽화가 있는 석굴은 모두 75개다. 3~9세기 기간 여러 조대(朝代)에 걸쳐 조성된 다양한 형식의 석굴들로 구성되어 있으며, 그 안에 부처의 본생과 본행, 교화와 공양을 주제로 한 벽화가 핵심이다. 서역 기법에 중원 기법을 가미해 특유의 쿠처풍 벽화를 그렸다. 그러나 소승(小乘) 신앙에서 시작된 불교가 7~8세기에 이르러 대승(大乘)에 치우치면서 벽화미술은 점차 사양길에 접어든다. 키질 석굴 벽화도 초창기(3세기 말~4세기 중엽)와 발전기(4세기 중엽~5세기 말), 전성기(6~7세기), 쇠퇴기(8~9세기)의

중국 4대 석굴의 하나인 키질 석굴과 구마리습 동상

4단계를 거치면서 변화를 보인다. 미술기법에서는 쿠처식 '마름모꼴' 무늬 벽화나 '조의출수(曹衣出水)' 기법이 돋보인다. 10호굴에는 한민족 출신의 천재적 화가 한낙연(韓樂然)이 남긴 제자(題字)가 걸려 있다.

키질쿰 Kizil-kum

중앙아시아의 시르다리야강과 아무다리야강 사이에 펼쳐진 대사막. '키질쿰'은 '붉은 모래'란 뜻이다. 아무다리야강 하류에 있는 호라즘, 중앙의 제라프샨강 유역에 있는 부하라와 사마르칸트 등 고도에는 소그드 문화 유적이 산재해 있다.

키타이 Qitay, Kitai, 복수는 Kitan, 거란

중국의 별칭. 원래는 중국 동북 시라무렌강 유역에서 흥기해 10세기에 요(遼)를 건국하고, 200년간 몽골·만주·화베이 지방을 지배하다가 금(金)에 멸하고, 그 일족이 중앙아시아로 이동해 카라키타이(서요)를 세운 거란(契丹)의 라틴어식 이름이었다. 그런데 거란의 이러한 역사과정을 지켜본 투르크나 몽골인들이 '키타이'란 이름으로 중국이나 중국인들을 부르기 시작하였다. 그후 몽골제국 세력의 세계적 확산에 따라 내륙아시아·서아시아·러시아·유럽 등지에서 투르크·몽골인들처럼 중국을 '키타이'라고 따라 불러왔다.

킬라파제(制) al-Khilāfah

아랍어로 '계승' '계위'(동사 Khalifa의 동명사)란 뜻으로서, 킬리파제는 이슬람의 정통 계위 제도를 말한다. 계위자를 칼리파(Khalīfah)라고 하는데, 이슬람 국가에서 칼리파는 통상 정교합일(正敎合一)의 최고 통치자에 대한 지칭으로 쓰인다.

킬지(Khilji) 왕조 1290~1320년

인도의 두번째 이슬람 왕조. 인도에서의 첫 이슬람 왕조인 노예왕조(1206~1290)의 마지막 왕 발반(Balban)의 사망으로 조성된 혼란스러운 정세를 틈타 부하 장군인 투르크계 킬지족 출신의 잘랄룻 딘 킬지(Jalālu'd Din al-Khiljī)가 정변을 일으켜 노예왕조를 멸하고 킬지 왕조(1290~1320)를 세웠다. 킬지는 인도 무슬림들에게 고위 관직을 할애하는 등 이른바 이슬람 왕조의 '인도화'에 관심을 두었다. 그러나 즉위 6년 만에 조카이자 양자인 알라웃 딘 킬지(Alāu'd Din al-Khiljī)에게 왕위를 찬탈당하였다. 알라웃딘은 강력한 무력 건설과 세제 개편 등 국내 개혁을 추진함과 동시에 대외적으로는 남으로 데칸 고원까지 진출하여 판도를 확대하였다. 또한 몽골군의 침입에도 성공적으로 대항하였다. 왕자인 꾸트붓 딘 무바라크(Qutbu'd Din al-Mubarak)가 계위하였으나, 4년 만에 킬지 왕조는 붕괴되었다.

킵차크로(路) Qipchaq Road

몽골제국 때 서방으로 통하는 육로의 두 갈래 길 중 한 길. 이 길은 수도 카라코룸(화림和林)이나 대도(大都, 베이징北京)에서 출발하여 사저우(沙州, 둔황敦煌)에 이른 후, 서북향으로 하미(합밀哈密)와 비슈발리크(別失八里, 현 중국 신장성 우루무치 동편의 기태奇台 일대)를 지나 계속 서행해 오트라르(Otrar)와 우르겐치(Urgench)를 경유, 킵차크 칸국의 수도 사라이(Sarai)에 닿는다. 여기서부터 다시 크리미아(Crimea) 반도를 거쳐 러시아나 유럽 각지로 이어진다. 이 길의 동단(東段) 구간(오트라르까지)은 대체로 오아시스로의 북도(北道)와 일치하고 서단(西段) 구간은 초원로에 해당한다. 이 길은 몽골군의 제2차 서정 때의 서정군과 몽골제국에 왕래한 유럽 사절이나 여행가들이 주로 이용하였다.

킵차크 칸국 Qipchaq Khanate, 金帳汗國, 1243~1502년

몽골군의 제2차 서정(1235~1244)에 의해 남러시아 볼가강 하류 일원에 건립된 4대 칸국 중 하나다. 1244년 제2차 서정을 통솔한 바투(Batu, 칭기즈칸 장자 주치의 차자, 1208~1255)는 대칸 오고타이(원태종元太宗)의 사망 소식을 접하자, 진격을 멈추고 회군하던 중 주치(구적求赤, 칭기즈칸의 장남)에게 책봉된 호라즘과 킵차크 일원(볼가강 하류 일대)에 사라이(Sarai, 현 카스피해 북쪽 해안 아스트라한Astrakhan, 1243년 정도定都)를 수도로 한 킵차크 칸국을 건립하였다. 킵차크 칸국은 일명 금장(金帳, 황금으로 장막을 만들었다는 데에서 유래) 칸국이라고도 한다. 칸국의 판도는 오늘날의 카스피해와 흑해 및 유럽 동북부 지역, 즉 키르키스 초원을 중심으로 한 남러시아 일대인데, 서는 도나우(Donau, 다뉴브)강 하류, 동은 아르피스강(러시아와 중국 신장성 경계), 남은 캅카스(Kavkaz), 북은 카자흐의 발하슈 지역까지 광활한 지역을 포괄하였다. 러시아의 여러 공국(公國)은 대개가 킵차크 칸국에 복속되었다. 바투는 아랄해 동북부 지방을 형 오르다에게 할양하여 백장한(白帳汗)을, 그 이북지방을 동생 셰이반에게 할양하여 청장한(靑帳汗)을 각각 세웠으나, 실제로는 여전히 바투의 치하에 있었다. 이 칸국은 원조(元朝, 1271~1368)가 멸망한 후에도 100여 년간 존속하다가 1480년에 모스크바 대공(大公) 이반 3세(Ivan Ⅲ, 재위 1462~1505)에 의해 멸망했다. 원조의 킵차크 칸국 속령화 경략을 계기로 중국 문명과 슬라브 문명 사이에 사상 처음으로 직접적인 교류가 이루어졌다. 전대에는 주로 초원로를 통해 이 두 문명간에 견직물이나 모피 등 약간의 문물이 간접적·간헐적으로 교역되어 왔으나, 경략시대에 와서는 여러가지 문물이 직접적·지속적으로 교류되었다. 공단(貢緞)을 비롯한 견직물과 차·주판·조판(雕板)인쇄 등 중국 문물과 기술이 이 시기에 러시아로 유입되었다.

E

타라인(Tarain) 전투 1191~1192년

12세기 후반 아프가니스탄의 산악 국가인 구르(Ghur) 왕국과 인도 사이에 벌어진 전투. 구르 왕국의 투르크족 출신 술탄 무함마드(Muhammad)는 이슬람 왕국을 건립할 목적으로 인도를 침공하였다. 그는 먼저 인도 서북부의 펀자브 지방을 점령한 뒤 인더스강 유역을 확보해 갠지스강 평야를 공략하기로 하였다. 1191년 델리 북부의 타라인으로 진격하였으나, 프리트비라즈(Prithviraj) 휘하의 인도 연합군과 접전 끝에 패전하였다. 무함마드는 이듬해 다시 공격해 같은 장소에서 벌어진 제2차 타라인 전투에서 결정적 승리를 거두었다. 이를 계기로 인도에 이슬람 왕조가 출현하게 되었다.

타르(Thar) 사막

인도 서부의 라자스탄주(州) 서부에서 파키스탄의 인더스강 유역까지 펼쳐진 대사막. 면적은 약 25만km²이고, 월 평균 기온은 20℃(1월)~35℃(5월)이며, 평균 강수량은 약 100mm(중앙부는 25mm)다. 인도 유일의 열풍지대로 '죽음의 사막'이라고도 부른다. 원주민은 비르족과 미나족이나 5세기경부터 에프탈족과 라지프트족이 이곳으로 이동해 주요 거주민이 되었다.

타림 분지 塔里木盆地, Tarim basin, Tārim

중국 신장 서쪽에 있는 분지. 북쪽은 톈산 산맥, 남쪽은 쿤룬 산맥, 서쪽은 파미르 고원 등 높은 산맥으로 에워싸여 있고, 동쪽은 간쑤(甘肅) 회랑으로 이어진다. 평균 고도는 800~1,200m이고, 중앙부에 약 40만km²에 달하는 타클라마칸 대사막이 자리한 내륙 건조지대. 주위에 만년 설산이 있어서 분지 부근에는 오아시스가 형성되어 일찍부터 농경이 발달하고 교통과 교역이 번성하여 이곳을 기반으로 한 여러 문명과 국가들의 흥망성쇠가 거듭되었다. 길이 2,719km로 중국에서 가장 긴 내륙의 강인 타림강이 분지의 동서를 가로지르고 있다.

타브리즈(Tabriz) 도시 유적

오아시스로 유적. 타브리즈는 이란 아제르바이잔주(州)의 주도이며, 이란의 제2대 도시다. 이란과 터키, 캅카스 일대를 연결하는 교통 중심지로 동서교류에 상당한 기여를 하였다. 3세기에 아르메니아 왕국의 도읍지가 된 후, 수세기 동안 번영을 누리다가 13세기에 일 칸국의 수도가 되면서 전성기를 맞았다. 당시 이곳은 활발한 동서 문물의 교역장으로 많은 동·서방 상인들이 왕래하였을 뿐만 아니라, 교황청을 비롯한 서구 여러 나라들의 외교 대표들도 상주하였다. 14세

성 스테판(St. Stepan) 교회(14세기 건립)

기 말 티무르군에게 강점되었다가 15세기에 투르크만 부족의 연합세력인 흑양조(黑羊朝, Qara Qoyunlu, 1380~1478)의 수도가 되었으며, 카자르조(1779~1925) 때에는 황태자가 머무는 거성(居城)으로 테헤란에 버금가는 요지였다. 한때 러시아에 점령되어 제1차 세계대전 중에는 러시아와 터키 간에 쟁탈전이 벌어지기도 하였다.

타슈켄트(Tashkent) 도시 유적

교류의 유물적 전거로서의 오아시스로 유적. 타슈켄트는 현 우즈베크공화국의 수도로, 치르치크강 계곡에 위치하고 있다. 옛 이름은 샤시이며, 한자 이름은 자설(者舌)·자시(柘時)·척지(拓支)·석국(石國) 등이다. 탈라스(Talas) 이서(以西)의 샤시 왕국으로 알려진 이곳은 예로부터 소그드인들의 활동무대로서, 1세기경에 이미 불사(佛寺)가 있을 정도(불교 전파의 북단北端)로 인도를 비롯한 서역 각지와 교류가 빈번하였다. 돌궐 치하에 들어갔을 때 샤시 왕성의 둘레는 5km에 달하였으며, 동남부에는 신전이 있어 매해 두 차례 제의(祭儀)가 치러졌고, 그 유물이 아직까지 남아 있다. 6~7세기에 이르러 타슈켄트(타슈는 돌, 켄트는 도시라는 뜻)로 개명하면서 도시가 점차 커졌다. 도시 동북부의 악테파 구릉지대에서 양건연와(陽乾煉瓦)·회랑(回廊)·성탑·주거지·3층성채 등 유적이 발굴되었다. 8세기 이

슬람군에 의해 파괴되었다가 9~10세기에 이슬람화와 더불어 재건되면서 11세기 카라한 시대에 이르러서는 수공업과 상업이 발달해 상당한 경제적 번영을 누렸다. 이러한 번영에는 카라마잘 산지와 앙그렌 계곡의 은광(銀鑛)이 한 몫을 하였다. 당시 타슈켄트는 궁전이 있는 채(砦, 아르크)와 수공업과 종교시설 및 거주지가 있는 내성(內城, 샤프리스탄), 주로 시장이 모여 있는 외성(外城, 라바트 타히르), 과수원이나 장원 소유자들이 사는 성외(城外) 거주지(라바트 하리즈) 등 네 부분으로 구성되어 있었다.

13세기 몽골 서정군의 침입으로 심하게 파괴되었다가 15세기 티무르제국의 치하에서는 이슬람세계 문화 중심지의 하나로 부상하였다. 타슈켄트에는 샤이한다르 묘당을 비롯한 여러 기의 웅장한 묘당과 1451년에 설립된 쿠켈다쉬(Kukeldash) 마드라사(이슬람의 신학원)와 1532년에 완공한 바라카한 마드라사가 있다. 1886년에 재건된 쿠켈다쉬 마드라사는 40개의 방을 가진 대형 건물로 벽면 장식은 별로 없으나 동북 모퉁이에는 교실을, 서북 모퉁이에는 겨울용 마스지드(사원)를 배치하고 있다. 바라카한 마드라사의 북편에는 카파르샤시 묘당이 있는데, 카파르샤시는 이슬람 샤피이파의 열렬한 포교자로서 그의 묘당은 샤피이파의 참배 성지다. 타슈켄트 북부 교외에는 바바호자 묘당과 나마즈카 사원, 무이 무바라크(Moyie Mubarak) 마드라사 등

중앙아시아의 이슬람 본산인 바라카한 마드라사

일련의 이슬람 성현들의 묘당과 교육기관이 자리하고 있다. 이와 같이 타슈켄트는 불교와 이슬람 문명의 중앙아시아 진출상, 그리고 이슬람 고유의 건축 예술을 증언하는 유적으로 남아 있다.

타이완 臺灣

일찍부터 대만(타이완) 땅에는 남양계(南洋系)의 고사족(高砂族)이 살고 있었다. 7세기 중국 수양제(隋煬帝)가 이곳을 정복한 데 이어, 원대에도 두차례나 원정을 단행해 일시 점령한 바 있었다. 명대에 계룡산(鷄龍山)이라고 알려진 이곳은 해적들의 소굴이었다. 16세기 명나라 말기부터 시작된 중국인들의 이민과 더불어 본격적인 개발이 시작되었고, 이때부터 사실상 외부세계의 주목을 받았다. 이곳을 일본 왜구(倭寇)들은 고사(高砂)나 고산국(高山國)으로, 포르투갈인들은 '포르모사'(Formosa)로 지칭하였다. 1642년 네덜란드인들은 타이완 남서부의 타이난(臺南)에 제란디아성(城)을 축조하고 상관을 차려 네덜란드 동인도회사의 거점으로 삼았다. 이에 앞서 스페인은 1626년 지룽(基隆)에 성을 축조하고 상륙을 시도했으나 네덜란드의 공격을 받고 패퇴하였다. 1661년부터 정성공(鄭成功)이 대만을 근거지로 반청(反淸) 항전을 벌였으나 성공하지 못하고 1683년에 투항하였다. 그 후로 타이완은 줄곧 중국 영토에 편입되어 오늘에 이르고 있다. (9-78)

타지마할 Tāj Mahal

인도 무굴제국 시대의 능묘. '타지마할'이란 아랍어로 '마할의 왕관'이란 뜻이다. 이 능묘는 무굴제국의 수도였던 아그라(Agra) 남쪽, 자무나(Jamuna) 강가에 자리잡은 궁전 형식의 묘당이다. 무굴제국의 황제였던 샤 자한(Shāh Jahān, 재위 1592~1666)이 끔찍이 사랑했던 왕비 뭄타즈 마할(Mumtaz Mahal)을 추모해 만든 것이다. 무굴제국은 물론, 이탈리아·이란·프랑스를 비롯

무갈제국의 황제 샤 자한이 왕비 뭄타즈 마할을 위해 22년간 지은 궁전 형식의 화려한 묘당 타지마할

한 외국의 건축가와 전문 기술자들이 불려오고, 기능공 2만 명이 동원되어 22년간의 대공사 끝에 완공하였다. 최고급 대리석과 붉은 사암은 인도 현지에서 조달되었지만, 궁전 내·외부를 장식한 보석들은 터키·티베트·미얀마·이집트·중국 등 세계 각지에서 수입하였다. 500만 루피의 거액이 들어서 국가 재정에 영향을 끼칠 정도였다고 한다. 인도 이슬람 예술의 걸작이라 할 수 있는 타지마할은, 순백의 대리석이 태양의 각도에 따라 하루에도 몇 번씩 빛깔을 달리해 보는 사람의 넋을 빼놓는다. 웅장한 건물은 공중에 떠 있는 듯 신비롭고, 건물과 입구의 수로 및 정원의 완벽한 좌우대칭은 균형미와 정갈함을 느끼게 한다. 묘당의 내부와 외부의 벽면은 대리석에 무늬를 박아 넣는 피에트라 듀라(Pietra-dura) 모자이크 기법이 활용되었다. 건물 내부 1층에는 대리석으로 만든 왕과 왕비의 관이 놓여 있지만 유골이 없는 빈 관이다. 샤 자한과 뭄타즈 마할의 시신은 지하 묘에 안장되어 있다.

타클라마칸 사막 Taklamakan, Taklimakan(위구르어), 塔克拉瑪干沙漠

중국 신장에 있는 세계에서 가장 넓은 모래사막. '타클라마칸'이란 위구르어로 '돌아올 수 없다'는 뜻으로, 흔히 '죽음의 사막'이라고 한다. 실제로 얼마 전까지만 해도 이 사막에 들어갔다가 돌아온 사람이 거의 없을 정도다. 644년 인도에 구법(求法)하러 갔다가 돌아오는 길에 이 사막 부근을 지나간 중국의 승려 현장(玄奘)은 이 사막을 '대류사(大流沙)'라고 부르면서 『대당서역기(大唐西域記)』에 이렇게 회고하였다. "행인들이 지나간 후에는 어떠한 발자국도 남아 있지 않으니 사람들은 왕왕 길을 잃고 헤매게 된다. 사방을 둘러보매 황사만이 쌓여 일망무제하니, 도무지 방향을 분간할 수가 없다. 그리하여 왕래하는 행인들은 죽은 자가 남긴 해골을 주워모아 표지로 삼는다. 여기에는 물이나 풀이 없으며 바람은 대개가 열풍이다. 열풍이 휘몰아칠 때면 사람이나 짐승은 혼미해져서 병에 걸리게 된다." 이러한 타클라마칸 사막은 한여름 대낮 기온이 70도를 웃돌고, 평균 강우량은 16mm에 불과하며, 급작스레 '카리부란'이란 회오리 돌풍이 일어나 모든 것을 삼켜버린다. 이 '죽음의 사막'을 '삶의 바다'로 만들기 위해 중국인들은 20세기 후반부터 대대적인 개조사업을 벌였다. 사막 한가운데로 남북을 종단하는 고속도로 두 개를 개통했고, 호양(胡楊)을 비롯한 4종의 수종을 골라 방풍림(防風林)을 조성하였으며, 대대적으로 유전(油田)을 개발하고 있다.

타클라마칸 사막의 방풍림

타타르 Tatar, 타르타르Tartar

몽골인에 대한 비칭. 유럽의 중세 작품들에는 '타르타르'(Tartar) 혹은 '타타르'(Tatar)라는 이름으로 몽골 혹은 몽골인이 묘사되어 있다. 이 말의 어원은 그리스 문학의 시조인 호메로스(Homeros)의 『일리아드』(Iliad)에서 언급된, 그리스 신화에 나오는 지옥의 악마 이름에서 유래한 것이다. 중세 영국의 유명한 연대기 작가인 매튜 패리스(Matthew Paris, 1200년경~1259)는 1240년에 쓴 『히스토리아 마조르』(Historia Major, 일명 Chronica Majora)에서 그해에 지옥의 악귀처럼 유럽에 내습한 무리가 바로 '타르타르인'들이라고 쓰고 있다. 그는 타르타르인들을 기독교의 공적(公敵)으로 간주하고 일치단결해 축출해야 한다고 역설한다. 이러한 시류에 편승해 신성로마제국의 황제 프리드리히 2세는 1241년 7월 3일 영국 왕 헨리 3세(재위 1216~1272)에게 보낸 서한에서 "타르타르인들이 지옥의 나라에서 온 사람들은 아니지만, 도대체 어디서 왔는지는 유럽인들에게 알려지지 않고 있습니다. 그러나 이 민족이 서방을 정복하여 기독교를 근절하려고 하는 것만은 분명한 사실이기 때문에 기독교 국가들은 하루 빨리 협력해 이 야만족을 본국으로 축출해야 합니다"라고 호소하였다. 오늘날 타타르란 이름을 가진 약 500만의 투르크계 민족이 우랄 산맥 서쪽 볼가강과 그 지류인 카마강 유역 러시아 땅에 살고 있다

탁실라(Taxila) 도시 유적

교류의 유물적 전거로서의 오아시스로 유적. 탁실라는 파키스탄 북부의 펀자브주(州)에 있는 고도로 라왈핀디 서북쪽 35km 지점에 있다. 탁실라는 그리스·로마 문헌에 나오는 명칭이고, 산스크리트어로는 '탁샤실라'(Taksasila)이며, 한자로는 축찰시라(竺刹尸羅, 『법현전(法顯傳)』), 저우시라(呾叉始羅, 현장의 『대당서역기』)로 나온다. 기원전 326년에 알렉산드로스군이 펀자브 지방에 침입하였을 때 탁실라 왕 암비(Ambhi, 혹은 Omphis)는 그들을 우호적으로 맞이하였

파키스탄의 탁실라 불교 유적 전경

다. 프랑스의 동양학자 레비(Sylvain Levi)에 의하면, 당시 탁실라는 이란 세계와 힌두 세계의 경계에 자리하고 있었는데, 동쪽 갠지스강에서 서쪽 유프라테스강까지 왕래하는 대상(隊商)들의 중간 체류지이며 청년들이 유학하는 교육의 도시였다고 한다. 이곳 출신의 카나노스(Laskaris Kananos)라는 고행승(苦行僧)이 알렉산드로스 원정군에 종군했다는 기사가 있고, 기원전 44년에 소아시아 티아나(Tyana) 출신의 아프로니우스가 탁실라를 방문해 27세의 젊은 왕을 알현했다고도 전해온다. 7세기 전반, 이곳에 들른 당나라 승려 현장(玄奘)은 여행기에서 흥하던 불교는 이미 쇠퇴일로를 걷고 불사들은 폐허가 되었다고 기록하고 있다.

동서 왕래가 빈번했던 탁실라에서는 불교 유적을 비롯해 여러가지 유물이 출토되었다. 영국의 마셜 경(Sir John Marshall)이 1913년부터 22년간 이곳에서 발굴작업을 진행한 결과, 이 고도의 면모가 드러났는데, 기원전 500년부터 기원후 500년까지 약 1,000년 동안 시대를 달리하면서 모두 12개의 거주층(居住層)을 이루는 도시 유적지가 발견되었다. 우선 가장 오래된 도시 유적지는 비르 마운드(Bhir Mound)이며, 모두 4층으로 기원전 5세기 이전의 것이다. 시대적으로 보아 여기에는 불교 유적이 있을 수 없다. 비르 마운드 북쪽에 있는 시르캅(Sirkap) 유적지는 기원전 1세기에 박트리아가 건설한 도시로 돌로 견고한 성벽을 쌓았다. 이 도시 유적지에는 9기의 스투파 유적과 배수구 시설 등이 남아 있다. 시르수흐(Sirsukh) 유적지는 시르캅 북쪽에 있으며, 유물로는 잔디알(Jandial) 불사(佛寺)가 남아 있다. 마셜은 이 불사는 원래 조로아스터교 사원 자리에 세워졌던 것이라고 주장한다. 그밖에 탁실라 불교 유적지 중에서 가장 큰 다르마라지카(Dharmarajika) 대사원을 비롯해 졸리안

(Jaulian) 사원과 모흐라 모라두(Mohra Moradu) 가람 유적도 있다.

탈라스(Talas) 성(城)

서투르키스탄(현, 카자흐스탄) 탈라스 강안(江岸)에 있는 고대의 상업도시. 『신당서(新唐書)』「고선지전(高仙芝傳)」이나 「단수실전(段秀實傳)」, 『자치통감(資治通鑑)』 중의 '달라사(怛邏斯)', 『신당서』「석국전(石國傳)」이나 「현종본기(玄宗本紀)」「가서고봉전(哥舒高封傳)」, 『통전(通典)』 중의 '달라사(怛邏斯)', 『당지리지(唐地理志)』 중의 '달라사(呾邏斯)', 『대당서역구법고승전(大唐西域求法高僧傳)』 중의 '달라사(呾邏斯)', 원(元) 유욱(劉郁)의 『서사기(西使記)』 중의 '탑뢰사(塔賴寺)', 『원사(元史)』 중의 '답랄속(答刺速)', 『장춘진인서유기(長春眞人西遊記)』 중의 '석성(石城)'은 모두가 한자로 기록된 책 속의 탈라스 지명이다. 라틴어로는 'Talas' 'Talaz' 'Taras', 아랍어로는 'Talàs'로 표기한다. 탈라스는 원래 서투르키스탄의 강 이름인데, 톈산 산맥의 한 지맥인 탈라스산에서 발원하여 '탈라스강'이라고 명명하였다. 이 강의 이름은 기원전 1세기부터 사적에 나타나는데, 『한서(漢書)』「진탕(陳湯)」전에 "전한(前漢) 원제(元帝) 때(기원전 36) 진탕(陳湯)과 감연수(甘延壽) 두 장군이 오손(烏孫)의 서북부에 할거한 흉노의 질지선우(郅支單于)를 공벌할 때, 질지가 도뢰수(都賴水) 강변의 질지성(郅支城)을 근거지로 하고 있다"고 하였다. 여기에서의 '도뢰수'는 '탈라스강'의 음역(音譯)이다. 6세기 말 비잔틴제국의 유스티아누스 1세는 서돌궐과 조약 체결을 위해 제마르코스(Zemarchos)를 단장으로 하는 사절단을 서돌궐 칸의 본영에 파견하였다. 비잔틴의 역사가 메난드로스는 사절단이 탈라스 부근의 막사에서 칸을 알현하였으며, 탈라스강 일대는 주르초와 페르시아 사이의 요지라고 함으로써 탈라스라는 이름이 처음으로 서방에 알려지게 되었다. 7세기에는 당나라 승려 현장(玄奘)이 이곳을 경유했는데, 그의 여행기 『대당서역기(大唐西域記)』에 "천천(千泉, 현 메르게)에서 140~150리 서행하면 달라사성(呾邏私城)에 이르는데, 성의 주위는 8~9리이며 제국구상호(諸國九商胡)들이 집거하고 있다"라고 기술하였다. 여기서 언급한 '달라사성'이 탈라스다.

751년 탈라스 전쟁이 벌어졌던 탈라스(현 잠불)의 고성

10세기의 아랍 지리학자들인 이븐 하우깔(Ibn Hawqal)과 마끄디시(al-Maqdisi)도 탈라스에 관한 기술을 남겼다. "탈라스는 방비가 잘된 대도시로서 과수가 많고 인구도 조밀하며 큰 해자(垓字)와 4개의 성문이 있다. 성벽 밖에 많은 사람들이 거주하고 있다. 길은 강을 가로지르고 있으며 중앙 사원은 시장 한가운데에 있다.(마끄디시)" 그러나 이들은 탈라스의 정확한 위치는 명시하지 못하였다. 20세기 초부터 러시아 고고학자들의 발굴에 의해 탈라스의 위치와 연혁이 밝혀졌다. 탈라스성은 751년 당과 석국·이슬람 연합군 간의 역사적인 탈라스 격전으로 그 이름이 널리 알려지게 되었는데, 당의 패전으로 이 도시는 석국(石國)의 한 진(鎭)이 되었다. 그러다가 893년 사만(Sāmān)조의 이스마일 이븐 아흐마드(Ismail Ibn Ahmad)가 이 도시를 강점하면서 주변민들이 이슬람에 대거 귀의하였으며, 동시에 부하라나 사마르칸트 등 오아시스로 상의 여러 도시들과의 교역도 번성하게 되었다. 이 시기의 유물로는 아랍 문자로 경전이 새겨진 도기 파편이 다수 발굴되고 유목민들의 천막을 상징한 점토촉대(粘土燭臺)도 출토되었다. 11세기에 이르러 탈라스성은 카라한(Karakhan)조의 관할하에 들어갔지만, 번영기를 맞이하여 독자적인 화폐를 주조하고 한때 탈라스 영주는 사마르칸트와 캬슈가르를 지배하기도 하였다. 이 시기의 도기에는 전대와는 달리 식물 문양이 나타나며 성의 동편에는 직경 25cm, 길이 15m의 수도관을 매설해 강물을 끌어올렸으며 13.6×12.4m의 목욕장도 운영하였다. 이 목욕장 유적지에서 11세기 초의 은화가 발견되기도 했다. 12~13세기에 들어와서는 유목민인 카라키타이(Qara Qitay)와 몽골인들의 침입을 받아 파괴되어 점차 황폐화되어갔다. 수세기 후인 19세기에 이르러 다시 이곳에 아울리에아타(Aulie-ata, 현 잠불)란 자

그마한 도시(현존)가 건설되었다.

탈라스 전투 751년 7월 서투르키스탄의 탈라스성에서 고선지(高仙芝) 휘하의 당나라 군과 석국(石國)-이슬람 연합군이 벌인 5일간의 전투를 말한다. 원래 석국(현 우즈베키스탄 공화국의 수도 타슈켄트 일대)은 월지족(月氏族)의 유족으로 수·당 시대에 있던 소무(昭武) 9국 중 하나인데, 지리적으로 당과 아랍-이슬람의 양대 제국 사이에서 양쪽 세력의 눈치를 보며 강한 세력에 사대주의 정책을 펴고 있었다. 당이 고창(高昌)을 격파하고 구자(龜玆)와 토화라(吐火羅, Tokharistan, 박트리아)를 정벌하자 이들 9국은 잇따라 당에 스스로 신하라 칭하고 조공하였다. 7세기 후반부터 아랍제국이 강성해 페르시아를 공멸하고 하외지역(河外地域, 중앙아시아의 트란스옥시아나 지역)에까지 육박하자, 이제는 당에 등을 돌리고 그들에게 복종하고 신하가 되기를 청하였다.

소무 9국 중 석국은 동남쪽에 큰 산이 있어서 벽주(碧珠, 푸른 구슬)인 슬슬(瑟瑟)이 채굴되고 양마(良馬)가 양산되는 나라였다. 수(隋)의 대업(大業, 605~616) 초에는 돌궐의 치하에 있다가 당의 무덕(武德, 618~626), 정관(貞觀, 627~649) 연대에 당에게 납공(納貢)하였다. 현종(玄宗) 개원(開元) 초에 국왕 막하토돌둔(莫賀吐咄屯, Bagatour Toudoun)은 당으로부터 석국 왕으로 봉해졌고, 개원 28년(740)에는 다시 순의왕(順義王)이라는 직첩(職帖)을 받았다. 다음 해(741)에 석국 왕이 돌궐 전체가 당의 현종에게 칭신(稱臣)하고 있는데 유독 대식(大食)만이 여러 나라에 화를 미친다 하여 정벌하기를 청하였는데, 현종은 이를 불허하였다. 그 이유에 관해서 사서에 명기된 바는 없으나, 현종은 그때까지만 해도 대식, 즉 아랍제국의 위협을 절감하지 않았기 때문이라고 짐작된다. 천보(天寶) 9년에 당조(唐

朝)는 왕자 나구차비시(邪俱車鼻施)를 회화왕(懷化王)으로 삼아 권력을 행사토록 하기도 하였다. 이러한 관계에 있던 석국을 고구려 유민의 후예인 당 안서절도사(安西節度使) 고선지(高仙芝)가 정벌하게 된 직접적인 동기는, 전술한 바와 같이 석국이 양쪽 세력의 눈치를 보며 사대정책을 펴서 당시에는 당의 서문(西門)을 두드리기 시작한 아랍제국을 존중한 데 있었다. 이에 안서절도사로서 당의 서역 경영을 책임진 고선지는 석국 원정을 단행해 정복하였다. 그때 국왕이 스스로 성문을 열어 맞이했는데도 당군은 왕을 포로로 취급해 경사(京師)로 보냈고, 많은 석국인들을 살상하였다. 이러한 당의 무도한 행위는 후일 탈라스 전쟁의 불씨가 되었다. 더욱이 석국인들이 당군이 자행한 폭압과 멸국(滅國)에 대한 한을 품고 있던 참에, 장안으로 호송된 국왕 발특몰(勃特沒)이 무모한 문신들에 의해 살해(750)되었다는 참사를 접하였다. 석국 왕자 원은(遠恩)은 부왕의 복수를 다짐하면서 서역 각국과 이슬람제국(압바스조)에 구원을 요청하였다. 이리하여 당시 갓 출현한 압바스조 이슬람제국의 호라산 총독 이븐 무슬림(Ibn Muslim)은 장수(將帥) 지야드 이븐 살리흐(Ziyād Ibn Sālih)를 석국에 파견하고, 톈산 산맥 북쪽 기슭에서 유목하던 투르크족의 일족인 카를루크(Qarluq)를 석국의 대당 보복전에 동참시켰다.

고선지가 인솔한 당군과 석국-이슬람 연합군의 격전은 드디어 751년 7월 탈라스에서 발발하였다. 탈라스 전쟁에 참전한 당군의 수적 규모에 관해서는 각각 2만 명, 3만 명, 6만 명, 7만 명 등의 설이 있으나 7만 명이란 설이 가장 신빙성이 있다. 탈라스 전쟁은 외형상으로는 당과 석국·이슬람제국 간 두 세력의 대결전처럼 보였으나, 실제로는 전쟁에 참여한 각 나라의 이해관계가 복잡하게 뒤얽힌 전쟁이었다. 석국의 입장

에서는 당의 침공과 국왕 살해 등에 대한 보복전의 성격이 강했지만, 당과 이슬람의 입장에서는 이 지역에 대한 지배권을 쟁탈하고자 하는 목적이 컸기 때문이다. 이와 같이 탈라스 전쟁은 어느 한쪽의 타산이나 도발로 일어난 것이 아니고, 당·석국·이슬람제국 삼자의 이해관계가 상충하면서 발발하였던 것이다. 탈라스 전쟁은 당군의 참패로 5일이란 짧은 기간에 속전속결되었다. 당이 패전한 주원인은 전략전술상의 착오에 있었다. 우선 고선지는 상승일로에 있는 이슬람군의 위력을 과소평가하여 사전대비책을 소홀히하였고, 당과의 동맹을 가장한 카를루크족의 배반을 예견하지 못하였다. 결국 카를루크족과 이슬람군의 협공을 받은 고선지의 당군은 전멸의 위기에 몰리게 되었다. 게다가 수십일간의 강행군으로 지칠 대로 지친 당군의 사기도 패전의 중요한 원인의 하나였다. 결국 고선지는 진퇴양난 속에 최후의 순간을 기다릴 수밖에 없었는데, 다행히도 부장(副將) 이사업(李嗣業)과 단수실(段秀實)의 엄호가 있어 구사일생으로 퇴각하여 환국(還國)하게 되었다. 이 과정에서 당군은 대부분 살상되었고 일부(아랍 사서에는 2만 명)는 이슬람군의 포로가 되어 중앙아시아와 서아시아 이슬람제국으로 끌려갔다. 전쟁포로 가운데는 많은 기술자들이 있었는데, 그중에는 제지기술자도 포함되어 있었다. 이들 기술자들에 의해 처음으로 사마르칸트에 제지소가 건설되었으며, 이렇게 발족된 제지술은 점차 바그다드·다마스쿠스·카이로·페스 등 이슬람세계의 주요 도시로 전파되었다. 그리고 12세기 중엽부터는 유럽인들이 아랍인들에게서 제지술을 전수받아 제지업을 일으켰다. 이와 같이 탈라스 전투로 인해 중국의 제지기술이 이슬람세계에 알려지고, 다시 그것이 발판이 되어 유럽으로 전파되었는데, 이는 동서 문명교류사에 하나의 획기적인 일

이었다.(제지술의 전파에 관해서는 '종이의 전파'항 참고)

탐푸 tampu

남미 잉카제국 시대의 역참(驛站) 제도. 사통팔달한 '잉카도(道)'에는 일정한 구간마다 '탐푸'라는 숙관(宿館)이 설치되어 도로 이용자들에게 숙식과 교통도구의 편리를 제공하였다. 평균 20km(10~42km)마다 탐푸 1개소가 있었던 것으로 계산하면 총 4만km의 '잉카도'에는 약 2,000개소의 탐푸가 있었던 것으로 추정된다.

탑등 毾㲪, 氍毹, 毺毲, 㲮登, takht

동방에 전해진 서역 모직물. 『삼국사기(三國史記)』「잡지(雜志)」에 나오는 탑등(毾㲪)은 '모(毛)' 획의 위치가 바뀐 한문이다. '탑(毾)'자는 '탑(氎)'자와 동의동음(同義同音)이어서 탑등(毾㲪)으로, 한문으로 쓴 책에서는 탑등(毺毲)으로 많이 쓰이고 있다. 중국 후한(後漢)의 사서(辭書)『석명(釋名)』에는 탑등(毺毲)을 그 동음어인 '탑등(㲮㲪)'으로 표기하였다. 탑등(㲮㲪)의 어원을 라우퍼(B. Laufer)는 페르시아의 'taptan' 'tapetam' 등의 'tap'(to spin)에, 일본의 후지타 토요하치(藤田豊八)는 페르시아어의 'takht'(throne, clzir of state), 'takhta'(plank, board, bench)에 두고 있는데 'taptan'이나 'takht'는 모두 상이나 좌석이란 뜻으로, 이것이 중국에 전래된 후 탑등(㲮㲪)으로 음사되었다가 다시 침상이나 좌석의 의미에서 침상이나 좌석 위에 까는 깔개로 뜻이 바뀐 것으로 보인다. 탑등(毾㲪, 毺毲, 㲮登, takht)은 일반적으로 색조가 있는 모직물로서 아랍인들은 이것을 지상이나 방바닥에 깔고 앉거나 잠을 잔다. 따라서 이와 유사한 생활습관을 가지고 있는 신라인들은 그것을 자연스럽게 받아들였을 것으로 짐작된다. 육두품(六頭品) 이하 평민에게 사용이 금지된 점으로 보아 신라인들의 생활 속에 깊이 파고들어 애용되었음을 알 수 있다. 탑등은 신라뿐만 아니라 일찍이 백제에도 전래되었으며, 백제에서 다시 일본에 전파된 것으로 보인다. 일본 학자 관위(關衛)의 기술에 따르면 기원후 554년에 백제 성명왕(聖明王)이 탑등 한 구를 일본 긴메이(欽明) 천황에게 선물했는데, 이때부터 일본인들이 짐승 털로 전을 짠다는 것을 알게 되었다. 또한 그는 탑등의 동방 전래를 불교의 동전 결과로 보면서 전한(前漢)시대 흉노에서 사용되던 이 깔개가 후한 초엽에 와서 중국 상류층에 널리 보급되었으며, 중국으로부터 한반도에 전래되었고, 긴메이 천황 때는 드디어 일본에까지 알려지게 되었다고 주장하였다.

탕약망 湯若望 → '아담 샬'항 참고

『태서수법(泰西水法)』 6권, S. de Ursis 저, 1612년

중국에 처음 소개된 서양의 농업 수리기술 전문서. 이탈리아의 천주교 예수회 선교사인 저자 우르시스(Sabbathino de Ursis, 웅삼발熊三拔, 1575~1620)는 1603년에 중국 마카오에 도착한 후, 예수회 중국 선교회에서 활동하면서 수리법(水利法) 연구에 몰두해 저수와 여러가지 취수용 수리기기를 제작하였다. 이를 바탕으로 우르시스는 주로 태서(泰西, 서구)의 근대적인 수리법에 근거해 각종 수리 관련 기기와 시설들을 설계·제작하는 방법을 설명한 『태서수법(泰西水法)』을 펴냈다. 수리 관련 전서(專書)인 이 책은 저수와 치수 방법, 수차와 댐, 온천 치료와 약로방법(藥露方法, 증류에 의한 제약법) 등에 관해 실용적으로 기술하고 있다. 책 중에는 용미도(龍尾圖, 용골차龍骨車 그림) 5점, 왕형도(王衡圖) 4점, 항십도(恒什圖) 4점, 댐 그림 3점, 기타 제약

증류도(製藥蒸溜圖) 등 수리 관련 해설도가 여러 점 첨부되어 있다. 이 책은 우르시스의 저술로 되어 있지만, 실제로는 그가 구술한 것을 중국 명나라의 정치가 서광계(徐光啓)가 필록하고, 중국 명말의 학자 이지조(李之藻)가 교정한 것으로서 3인의 공동 작품이라고 할 수 있다. 근대적 수리법에 관한 첫 한문 전서로 중국의 근대적 수리 발전의 초석이 되었다.

『태서인신설개(泰西人身說槪)』 2권, J. T. Schreck 저, 17세기 초

중국 최초의 서양 의학전서. 명말 청초에 서방 선교사들에 의해 서양의 근대 의학이 중국에 전해졌다. 서양 의학은 초기에 주로 선교사들이 선교용 책자에 간헐적으로 소개하다가 점차 전문 의학서가 출간되기 시작하였다. 이 책은 독일 선교사 테렌츠(Johann Terrenz, 본명은 슈렉Schreck, 등옥함鄧玉函, 1576~1630)가 저술한 중국 최초의 서양 의학전서다. 인체해부에 기초한 일종의 해부생리학 논저인 이 책을 통해 중국인들은 처음으로 근대적 해부생리학 지식을 접하였다.

태평양 비단길

16세기 이후 중국을 비롯한 동방과 멕시코와 페루를 비롯한 신세계(미주) 간에 태평양을 횡단하여 진행된 대범선 무역의 항로. '태평양 비단길', 혹은 '백은(白銀)의 길'이라고 한다. ('대범선 무역'항 참고)

『탬벌레인 대왕』 *Tamburlaine the Great*, Marlowe 저, 16세기 후반

중앙아시아 티무르제국의 건설자 티무르(Timur, 1336~1405)를 소재로 한 희곡 작품. 영국 엘리자베스 여왕 시대의 문호 말로우(Christopher Marlowe, 1564~1593)는 희곡 『탬벌레인 대왕』(*Tamburlaine the Great*)이란 작품을 창작해 유럽 문단에서 큰 인기를 얻었는데, 이 '탬벌레인 대왕'이 곧 중앙아시아에 건립된 티무르제국(Timurids, 1369~1508)의 건국자 티무르다. 작가는 티무르의 형상을 통해 몽골인들이 '무서운 인종'이라는 인상을 유럽인들에게 심어주었다. 이와 같이 타타르·티무르·투르크인으로 이어지는 동방인들이 중세 유럽문학에서는 자주 공포의 대상으로 형상화되었다.

터키석(石) turquoise

행운의 12월 탄생석. 터키석은 삼사정계(三斜晶系)에 속하는 보석으로 행운의 보석이라고도 한다. 실크로드의 대상(隊商)들은 벽사진경(辟邪進慶)의 부적으로 낙타에 매달고 다니며, 페르시아인들은 여행할 때 약지(藥指)에 끼고 다닌다. 청록색의 아름다운 보석으로 인기가 높다. 수천년 전 이집트의 미라에 부장된 터키석에서 보듯이 전혀 변색 없이 보전된다. 이집트·이란·터키·중국·미국·오스트레일리아 등 세계 6대주에서 많이 생산된다.

『터키 정탐』 *L'espion turc*, Giovanni Paolo Marana 저, 1684년

산문 형식의 풍자 작품. 18세기 유럽에서는 주로 동양의 소재를 활용해 정치적·사회적 현상을 풍자하는 내용의 산문 작품이 유행하였다. 이러한 작품은 프랑스에서 시작되었는데, 그 대표작이 프랑스 작가 마라나(Giovanni Paolo Marana)가 창작한 『터키 정탐』이다. 이는 전형적인 산문 형식의 풍자작품으로 곧바로 영역(英譯)되었다. 이런 풍자 작품에는 서간체(書簡體) 형식이 많았는데, 프랑스에서 몽테스키외(Montesquieu)가 1721년 『페르시아인의 편지』(*Lettres Persanes*)를 발표한 데 이어 영국의 월폴(Horace Walpole)

은 1757년에 『중국의 철학자가 런던에서 베이징의 지우(知友)에게 보낸 서신』(*A Letter from Xo Ho: A Chinese Philosopher at London, to His Friend Lien Chi at Peking*)이란 풍자 작품을 발표하였다. 이 월폴의 작품은 대단히 흥미가 있어 초판 발행 후 2주 만에 5판까지 중간되었을 정도였다고 한다. 뒤이어 1762년에 『런던 거주 중국 철학자가 동방 지우에게 보내는 서신』(*A Letter from a Chinese Philosopher residing in London to his Friend in the East*)이, 1785년에는 『성현 공자의 유저 역서(遺著 譯書)』가 각각 출판되어 세간의 화제가 되었다.

테노치티틀란 Tenochtitlan

후기 아스테카 왕국의 수도. 멕시코 분지의 텍스코코호(湖)의 섬에 있는 이 도시는 스페인이 침입하기 전까지는 남북 아메리카 최대의 도시로서 인구 20~30만 명이 살고 있었으며, 5개 구역으로 나뉘었다. 이 도시의 주요 유적인 '대신전'은 한 변의 길이가 82m, 높이가 45m이며, 기단 위에는 아즈텍의 수호신과 전쟁신, 비의 신을 모시는 2개의 묘당이 있고, 그 주변에는 신전, 왕궁, 광장, 구기장(球技場), 인신공회(人身供犧)로서 잘려진 머리를 진열했던 전시장, 학교, 동물원 등이 있다. 호수 주변으로는 홍수를 예방하고 수위를 조절하며 담수가 염수와 섞이는 것을 막기 위해 길이 16km의 제방을 쌓았다. 악명 높은 정복자 코르테스가 이끈 스페인군과 원주민 동맹군이 1521년 진입하면서 도시를 철저히 파괴하였으며, 훗날 그 폐허 위에 멕시코시티를 건설하였다. (8-33)

테르메즈(Termez, 鐵門) 불교 유적

교류의 유물적 전거로서의 오아시스 육로 유적. 테르메즈는 아무다리야강의 북안에 있는 우즈베키스탄의 고도(古都)로, 이전에는 지금의 테르메즈시에서 북쪽으로 몇 km 떨어진 곳에 있었다. 강을 사이에 두고 건너편은 아프가니스탄 땅이어서 아무다리야강의 도하지이면서 번화한 국제무역도시였다. 일찍이 우즈베키스탄의 과학아카데미가 발굴을 시작한 데 이어 소련 고고학자 스타비스키(Stavisky)가 이곳에서 중앙아시아 유일의 석굴사원 유적을 발견하였다.

테오티와칸(Teotihuacán) 도시 유적

중미 멕시코 분지의 대도시 유적. 멕시코시티에서 북동쪽으로 약 50km의 지점에 있는 테오티와칸에는 기원전 900년부터 사람이 살기 시작했으며, 기원전 600~150년에는 소촌락이 생겼고, 당시 8km²의 면적에 2만 명 이상이 살고 있었다. 기원후 100~150년에 이르러서는 면적 20km², 인구 6~8만 명을 거느린 분지 내 최대의 도시로 급성장하였다. '신들의 집합장소'란 뜻을 지닌 테오티와칸에는 '태양의 피라미드'와 '달의 피라미드' '사자(死者)의 거리' '깃털이 난 뱀의 신전' 등 유명한 유적들이 있다. 정사각형의 돌로 쌓은 '태양의 피라미드'는 한 변의 길이가 220m, 높이가 65m이고, 체적은 100만 m³이며, 들어간 돌과 흙의 무게는 도합 500만 톤에 달한다. 4단계로 쌓아올린 이 피라미드의 정

멕시코의 고도 테오티와칸에 있는 '태양의 피라미드'(높이 65m)

면에는 252개의 계단이 정상까지 나 있다. 전문가들은 이 피라미드를 짓는 데 하루에 3,000명이 동원되었다 해도 30년은 족히 걸렸을 것이라고 계산한다. 이 '태양의 피라미드'는 춘분과 추분을 알려주는 신기한 기능을 가지고 있다. 춘분과 추분 날 한낮이 되면 태양이 피라미드 바로 위에 오고 피라미드 서쪽 면 아랫단에 완벽한 직선 그림자가 드리워지면서 태양의 그림자와 피라미드 그림자의 길이가 66.6초 동안 똑같아진다. '달의 피라미드'는 밑변이 150×140m, 높이 43m의 둥근 모양의 4층 구조물로 100만 톤 이상의 돌과 흙이 쓰였다. 계단 위에는 인신공희(人身供犧)의 제단이 있다. 태양과 달 두 피라미드 사이에 길이 4km, 너비 45m의 대로가 남북으로 뻗어 있는데, 이 길은 인신공희의 의전(儀典) 길로서 '죽음의 길'이라고 한다. 테오티와칸의 전성기는 200~550년으로, 도시의 면적은 23.5km^2, 인구는 12만 5천~20만 명으로 늘어나 당시로는 남북 아메리카 대륙에서 가장 큰 도시였다. 메소아메리카의 기타 지역과 원거리 교역을 진행하였다.

테헤란 Teheran

현재 이란의 수도로서 엘부르즈 산맥의 남록에 위치하고 있는데, 12세기에 축조된 성곽의 잔해가 남아 있다. 옛날에는 테헤란의 남부 근교에 있는 라이(Raii)가 중심 도성으로서 동서 교통의 중추적 역할을 하였으며, 대상들이 많이 모여들었다. 수도로서의 테헤란의 역사는 200여 년밖에 안 되지만, 인간의 거주 역사는 신석기시대로 거슬러올라가며, 도시로서의 면모는 13세기 전반부터 갖춰지기 시작했다. 몽골군이 서남쪽 8km 지점에 있는 셀주크조 수도 레이를 파괴하자, 복원 대안으로 테헤란이 떠올랐던 것이다. 그후 여러 왕조를 거치면서 테헤란은 날로 발전

테헤란 시내에 있는 '자유의 탑'(높이 45m, 1971년 건립)

해나갔다. 특히 북방계의 하자르조(1780~1920)가 수도를 남부의 시라즈에서 이곳으로 옮기면서부터 테헤란은 이란 역사무대의 심장부로 부상하였다.

20세기에 들어와서 주변 강대국들의 간섭과 제1차 세계대전의 전화(戰火)를 입으면서 현대화에 눈을 뜨기 시작하였다. 1925년 테헤란을 수도로 한 팔레비 왕조의 출범은 그 신호탄이었다. 20세기 초 중동에서 맨 먼저 석유를 캐내 그 재원으로 각 방면에 걸친 현대화에 박차를 가함으로써 부국으로 급부상하였다. 급기야 국명도 이란으로 바꾸면서 탈(脫)페르시아를 표방하였다. 그러나 이렇게 급조된 현대화는 조화를 무시한 채 서방 일변도로 치달았다. 결국 전통과의 갈등을 심화시켰을 뿐만 아니라 현대화도 제대로 이루지 못하였다. 이런 가운데 1979년 이슬람혁명이 폭발해 친서방 팔레비 왕조를 축출하였다. 혁명 후 신정일치(神政一致)의 정치체제로 전통과 현대의 갈등을 조정해보려고 시도하지만 여의치는 않다.

'테헤란의 서울 거리'(3km)와 '서울의 테헤란 거리'(4km)가 상징하듯, 이란과 한국 간에는 오랜 전통에 바탕한 물적 및 인적 교류가 진행되고 있다.

톈산 산맥 天山山脈, Tianshan

오아시스로와 초원로의 분계선. 톈산 산맥은 아시아 내륙부를 남북으로 갈라놓는 대산맥으로서는 파미르 고원에서 동은 중국 신장 동부까지 장장 2,000km나 뻗어 있다. 주요 고봉들은 모두 해발 5,000m 이상이며, 최고봉인 승리봉(勝利峰, 페베디봉-Pobedy Peak)은 해발 7,439m다. 산맥의 북측에는 초원이 펼쳐져 있고, 남측에는 타림 분지와 투루판 분지가, 산맥의 동북측에는 중가리아 분지가 자리하고 있다. 톈산 산맥은 그 위치나 자연환경으로 인해 내륙 아시아인들의 역사와 생활에 상당한 영향을 미쳤다. 즉 북쪽에는 북극해에서 내려오는 습윤한 공기가 산맥에 막혀 평원이나 계곡 사이에 초원이 형성되어 유목이 가능하였다. 이 초원지대는 일찍이 흉노나 돌궐 같은 유목민들의 생활무대였다. 반면 산맥의 남쪽은 습윤한 공기가 미치지 못하고 강수량도 적어 건조한 사막이나 분지밖에 생길 수가 없다. 단 고산지대의 얼음이나 눈이 녹은 물이 흘러내려 오아시스가 생기고 관개에 의한 농경이 가능하다. 투루판·쿠처·악스 같은 도시들이 바로 이런 오아시스 속에 자리하고 있다. 이렇게 톈산 산맥에 의해 남의 오아시스 생활권과 북의 유목 생활권으로 양분되어 있다. 그러나 예로부터 이 산맥을 넘나들 수 있는 고갯길들이 있어 남의 오아시스로와 북의 초원로를 이어주고 있다.

토르데시야스 조약 Treaty of Tordesillas, 1494년

스페인과 포르투갈 사이의 해외 영토에 관한 식민주의적 조약. 서세동점의 대항해시대가 열리면서 그 선두주자인 포르투갈과 스페인이 해외 영토 문제로 부딪히게 되자 대서양의 관할권을 비롯해 영토 분할을 규제하기 위해 두 나라 간에 이 조약을 체결하였다. 이 조약에 따라 아프리카의 서쪽 끝에 있는 베르데 곶 서쪽 370리그(약 1,800km) 지점에 이른바 '교황자오선(敎皇子午線)'이란 분계선을 직선으로 긋고 서쪽 신발견지는 스페인의 영토, 동쪽의 신발견지는 포르투갈 영토로 정하였다. 이로써 브라질이 포르투갈의 영토가 되었다. 그 전해인 1493년 교황청의 중재로 양국간의 해외 영토문제가 일단 해결된 듯하였으나 포르투갈의 불만으로 무산되고, 대

신장 톈산 산맥 동단의 중턱에 있는 해발 1,980m의 천지(天池)

신 이 조약이 체결되었다.

토메 피레스 Tomé Pires, 1466년경~1524년?

중국을 비롯한 동방 여러 나라에 대한 포르투갈의 경략욕을 드러낸 『동방제국기(東方諸國記)』의 저자. 포르투갈 태생으로 리스본에서 동방으로부터 수입되는 향료를 취급하는 약재상(藥材商)이었던 피레스는 포르투갈이 한창 인도와 말라카, 자바와 중국에 세력을 뻗치던 1511년 동방을 향해 리스본을 출발하였다. 1517년 중국 광저우 외항인 아오먼(澳門, 마카오)을 거쳐 1520년 베이징에 도착하였다. 하지만 중국과 포르투갈의 관계가 악화되자 피레스는 투옥되어 1524년 옥사하였다. (10-165)

토반(Toban) 해저 유적

교류의 유물적 전거로서의 해로 유적(해저). 토반은 인도네시아 자바섬 북해안 동편에 있는 고항(古港)이다. 1981년 2월 한 어부가 해안에서 300m쯤 떨어진 해저에서 중국 도자기 유품 몇 점을 발견한 후, 수중 탐사원 2명을 고용해 해저 유물을 수집하였다. 그후 1983년 인도네시아 해군의 협력하에 고고학연구소가 해저탐사를 본격적으로 진행하였다. 그 결과 유물은 해안에서 약 1km 떨어진 폭 500m, 길이 2,000m의 해저에 집중적으로 수장되어 있음이 밝혀졌다. 그러나 유물을 적재한 침몰선의 실체는 밝혀내지 못한 채 유물만 공개되었다. 유물의 침몰 연대는 14세기 초엽으로 추정된다. 1292년 2만 명의 몽골군은 1,000척의 배를 이끌고 인도네시아를 공격하였으나 인도네시아군과 민의 완강한 저항에 부딪쳐 참패를 당하고 퇴각하였으며 극소수만이 잔류하였다. 당시 토반은 내침한 몽골군과의 격전장이었거나 중국과의 주요 교역항으로 짐작된다. 15세기 초 정화(鄭和)의 7차 '하서양(下西洋)' 상황을 기록한 『영애승람(瀛涯勝覽)』에는 토반을 '두판(杜板)', 혹은 '도반(賭班)'으로 지칭하면서 중국과의 교류관계를 언급하고 있다. 따라서 토반의 유물이 이 시기에 내항한 중국의 침몰선 유물임은 거의 의심의 여지가 없다. 발굴된 유물은 총 6,800여 점에 달하는데, 구체적인 내용은 다음과 같다. ① 청자(靑磁): 용(龍)·쌍어(雙魚)·화문(花紋)의 대·중·소 명기(皿器) 400점, 발(鉢) 50점, 기타 각종 완(碗) 400점, 삼족소향로(三足小香爐) 150점, 계 1,000점. ② 백자(白磁): 발 600점, 소완(小碗) 300점, 수차(水差)·소품(小品) 등 100점, 계 1,000점. ③ 염부(染付, 남색 유약을 바르고 구워낸 사기그릇): 완 600점, 소완 300점, 수주(水注)·명(皿)·소품 등 100점, 계 1,000점. ④ 마르다반호(壺): 천목유사이부대호(天目釉四耳付大壺) 150점, 천목유사이부소호(小壺) 300점, 동형(同形, 네귀항아리)에 주둥이가 달린 호 75점, 천목유호(天目釉壺), 소호, 동체(胴體)가 볼록한 호 등 175점, 계 700점. ⑤ 유리홍소품(釉裏紅小品) 몇 점. ⑥ 무유잡기(無釉雜器) 800점. 이상은 중국 제품. ⑦ 안남소(安南燒): 염부 및 철회명(鐵繪皿)·발·백자발, 계 1,000점. ⑧ 수코타이소(燒) 1,000점(종류 불명). 이와 같이 토반 해저 유물은 14세기 초 중국과 인도네시아 및 인도차이나 반도 간의 해로를 통한 도자기 교역 실상을 극명하게 실증해주고 있다.

토번 吐蕃, 7세기 초~846년

중국인들이 티베트를 부르는 호칭. 티베트의 최초 통일국가로, 조상은 네팔 북서부에서 카슈미르 동쪽 사이에 산재해 있던 유목민인데, 티베트에 이주해 7세기 초 송첸캄포(松贊干布)가 라싸를 수도로 하는 최초의 통일국가를 세웠다. 토번과의 화친을 위해 당 태종은 641년에 문성공주(文成公主)를 송첸캄포에게 출가시켰다. 하지만 서역 진출을 놓고 두 나라 사이에 충돌이 계속되어오다가 8세기 초에 이르러 토번은 당나라를 제압하고 파미르 고원 서쪽까지 진출해 서역 오아시스로의 지배권을 행사하기도 하였다.

토욕혼 吐谷渾

중국 칭하이(靑海)의 오아시스로 상에서 활동하던 민족이 살던 나라 이름. 이 나라는 5세기에 오아시스로 남쪽에 있는 미란(米蘭)에 진출하고, 6세기에는 동쪽은 칭하이, 서쪽은 체모(且末), 북쪽은 치롄산(祁連山), 남쪽은 윈산(雲山)까지 영토를 확장하였다. 5세기에는 북위(北魏), 7세기 초에는 수(隋)의 공격을 받았다. 수나라 말기, 수의 혼란을 틈타 재기를 시도했으나 당은 서역 진출을 위해 635년에 이 나라를 정벌하였다. 7세기에 이르러 토번(吐蕃)의 압박이 심해지자 당에 귀속하였다.

토유크(Toyuk, 吐浴溝) 석굴

중국 투루판 지역에서 가장 오래된 석굴. 투루판시(市)에서 동쪽으로 60km쯤 떨어진 곳에 수바스강(江)을 낀 토유크 계곡이 있는데, 그 계곡 동서 양편에 94개의 동굴이 여기저기 뚫려 있다. 토유크 석굴군의 조성 시기는 4~5세기 5호16국 시대에서 국씨고창국(麴氏高昌國) 시대에 이르는 시기다. 석굴은 보존 상태가 나빠서 벽화가 있는 굴은 9개뿐이다. 벽화는 내용상 설법도·설화도(說話圖)·천불·선관상도(禪觀相圖) 등이며, 벽화양식은 쿠처·키질 석굴로 대표되는 서역 양식을 계승하고 있지만, 키질 석굴에는 없는 여래(如來)와 보살(菩薩)의 삼존(三尊) 양식이 토유크 석굴에서는 나타나고 있다. 그리고 후일 중국에서 일반화된 정토도(淨土圖)나 수행승(修行僧)의 관상도(觀相圖)가 보인다. 서역풍에서 중국풍으로 넘어가는 과도기의 특징은 굴의 구조에서

신장 투루판 지역에서 가장 오래된 토유크 석굴 외경

도 찾아볼 수 있다. 용도(甬道, 담을 양쪽에 쌓아 만든 통로)를 굴설한 예배굴이나 돔 천정굴(天井窟) 같은 서역풍의 굴과 중심주굴(中心柱窟)이나 복두식천정굴(伏斗式天井窟) 같은 중국식 굴이 공존하는 현상과 함께 양자를 다 드러내는 형식도 있다. 1879년에 발견된 이 석굴군에서 특이한 것은 불교와 마니교의 공존 현상이다. 흔히 마니교 동굴이라고 하는 42호 동굴을 보면, 원래는 불교의 관상(觀相)을 위한 굴로 지금도 동·서 벽에는 이와 관련된 벽화들이 남아 있다. 그러나 후일 마니교가 들어오면서 중앙 벽에는 나뭇가지마다 금박장식을 한 '생명의 나무' 49개를 비롯해 온통 마니교 관련 그림들이 그려져 있다. 또한 이 굴에서는 마니교 경전도 발견되었다.

토프카프 사라이 컬렉션(토프카프 궁전박물관)

터키 이스탄불에 있는 동서 문명교류의 전시장. 투르크어로 '토프'는 '대포', '카프'는 '문', '사라이'는 '궁전'이다. 즉 '토프카프 사라이'는 '대포 문 궁전'이란 뜻이다. 궁전 문앞에 커다란 대포를 걸어놓은 데서 유래한 이름이다. 원래 이곳은 오스만제국 술탄의 궁전이었으나 지금은 박물관으로 쓰인다. 세계적인 제국 통치의 본산답게 규모가 어마어마할 뿐만 아니라 소장된 유물은 당대 여러 문명의 전시장을 방불케 한다. 바

티칸의 두 배에 달하는 70만m²의 궁전이 박물관으로 변해 해마다 250만 명의 관광객을 유치하고 있다. 1,200명의 조리사가 매일 2만 명분의 음식을 조리했다는 부엌에서 쓰던 1만 2,000여 점의 도자기는 주로 중국(3분의 2에 해당하는 8,000여 점)과 독일, 일본에서 들여온 것이다. 4개의 방으로 나누어진 보물관 전시품 가운데는 49개의 작은 다이아몬드에 에워싸인 86캐럿의 대형 다이아몬드와 유명한 에메랄드 단검이 있다. 면적 6,700m²에 300여 개의 방이 딸린 금남(禁男)의 하렘(harem)에 거주하는 여자들은 대부분이 포로이거나 사들인, 아니면 선물로 들어온 각국의 미녀들로서 하렘은 문자 그대로 '세계 미녀 전시장'이다. 이슬람관에는 1517년 오스만이 킬라파제(계위제)를 채택하면서 이슬람 세계에서 가져온 유물들이 가득한데, 특히 예언자 무함마드가 생전에 쓰던 검·깃발·활·망토 등 유품과 함께 소개된 그의 발자국·이빨·수염 같은 유물은 이슬람의 무가지보(無價之寶)다. 재정부(財政部)로 쓰였던 무기관에는 16~19세기에 사용된 각종 외국산 총·화살·검 등이 소장되어 있다. 특기할 것은 도자기 전시실에 '청화백자, 16세기'(Blue and White Ware, 16c)라고 설명문이 달린, 안쪽에 8괘가 있고 바닥에 태극문양이 새겨진 청화백자 사발과 역시 출처 설명이 없는 백자 사발 등 도자기 유물이다.

이스탄불의 토프카프 궁전박물관 정문

토하라어(語) 문서(文書)

중국 신장 타림 분지의 옌치(焉耆, Kharashahr)와 쿠처 지방에서 발견된 토하라어 계통의 고문서다. 옌치 지방의 언어는 토하라어A에, 쿠처 지방의 언어는 토하라어B에 속한다.

토화라 Tokhārā, 吐火羅, 覩貨邏國

현 아프가니스탄 북부 지역으로 오아시스로의 요지. 7세기 이후 사적(史籍)에 나타나는 나라 이름으로 지금의 아프가니스탄 북부 일원에 해당한다. 북은 우즈베키스탄 남방에 있는 철문(鐵門, 테르메즈), 남쪽은 힌두쿠시 산맥에 이르는 영역이다. 신라 고승 혜초(慧超)는 720년대 후반 이곳을 지나 서쪽으로 파사(波斯, 페르시아)까지 다녀왔으며, 여행기 『왕오천축국전(往五天竺國傳)』에 토화라(吐火羅)에 관한 기록을 남겼다.

톨테카(Tolteca) 문명

멕시코 중앙고지의 툴라(Tula)를 수도로 한 톨테카제국에서 번영했던 고전기(古典期) 말기(末期)에서 후고전기(後古典期) 전기(前期)까지의 문명. 전성기는 톨란기(期)(900~1150)다. '톨란'(tolan)은 나와어로 '갈대가 나는 장소'란 뜻이고, '톨테카'는 '톨란', 즉 '갈대가 나는 장소에 산다'라는 뜻이다. 16세기의 사료에는 톨테카 인들이야말로 고도의 문명인이자 위대한 통치자이고 전사이며 우수한 공예가(工藝家)이고 건축가라고 기술하고 있다. 수도 툴라는 국제도시로서 광범위하게 원거리교역을 진행하였다. 과테말라 태평양 연안산 토기와 중앙아메리카 남부산 채색토기, 마야 고지산 비취 제품, 북미 남서부산 터키석 제품, 태평양-멕시코산 조개, 멕시코 중앙고지와 서부산 흑요석(黑曜石) 등 물산들을 원거리교역을 통해 반입하였다. (8-31)

톰센(Thomsen)의 3시기 구분법

덴마크의 고고학자 톰센(Christian Jürgensen Thomsen, 1788~1865)은 코펜하겐 박물관장을 역임하면서 수집한 고대 유물을 정리하여 처음으로 이른바 역사시대의 '3시기 법(三時期法)'을 제안하였다. 즉 석기시대·청동기시대·철기시대로 3분해 유물에 기초를 둔 고대사회 연구에 학술적 기초를 마련하였다.

톰슨(Thomson)과 해양학

영국의 박물학자이며 해양학자 톰슨(Charles Wyville Thomson, 1830~1882)은 에딘부르크 대학에서 의학을 공부하여 1870년 동 대학 교수로 임명되었지만 박물학에 더 큰 흥미를 가졌다. 1868년과 1869~1870년 두 차례에 걸쳐 심해(深海) 조사를 한 뒤 1873년에 『심해』(*The Depth of the Sea*)를 저술하였다. 이어 1872년~1876년에 챌린저 6세호를 타고 대서양과 태평양의 해양식물·해저·해수(海水)에 대한 탐험 조사를 하고, 이를 토대로 1877년에 『챌린저호 항해기』를 펴냈다. 톰슨의 이러한 일련의 활동에 의해 해양학의 기초가 마련되었다.

『통상지남(通商指南)』 *Pratica della mercatura*, F. B. Pegolotti 저, 1340년

14세기 동서교역에 관한 실무적 안내서. 이탈리아 상인 페골로티(Francesco Balducci Pegolotti)가 1340년에 저술한 이 책의 원제는 『제국기(諸國記, 약칭)』(*Libro di divisamenti di paesi e di misuri di mercatanzie e daltre cose bisognevoli di sapere a mercatanti*)로 이탈리아 피렌체 리카르디아나 도서관에 1471년의 필사 초본(抄本)이 소장되어 있다. 1765년에 파그니니(Gian Francesco Pagnini del Ventura)가 4권으로 편찬한 『십진제(十進制)와 피렌체 사회에 가중된 각종 부담을 논함─16세기까지의 피렌체 화폐와 상업을 병론』 중 제3권이 바로 이 『통상지남』이라는 제목으로 편집한 페골로티의 『제국기』다. 그 후 독일과 프랑스 학자들이 번역과 더불어 주석을 가하였고, 영국의 동양학자 율(H. Yule)은 1914년에 출간한 『중국과 중국에로의 길』(*Cathay and the Way Thither*)에 『통상지남』 중 중국 관련 부분을 발췌하고 영어 역주를 첨부하였다. 이 책은 14세기 동서 교역에 관한 실무적 안내서로서 당대 동서간의 물질문명 교류상을 연구하는 데 귀중한 문헌으로 평가되고 있다. 페골로티는 이탈리아 피렌체의 바르디 회사의 중역으로 벨기에의 안트베르펜(Antwerpen)과 영국의 런던, 키프로스 등지에서 상역(商易)활동을 하면서 견문하거나 전문한 것을 이 책에 모았다. 그는 중국에서 영국에 이르기까지의 교역 통로와 교역 상품, 수출입 항구, 관세제도, 상무 관행, 각국의 통화제도, 도량형법 등 교역에 관한 정보를 상세히 기술하였다. 특히 중국과의 교역에 관해서는 교역 통로와 교역에 필요한 준비물 및 통역에 이르기까지 여러가지 상역 실무에 관해 언급하고 있다.

중국으로의 교역 통로는 카스피해 북부 아조프 해안의 타나에서 출발하여 카스피해 북서안을 지나 킵차크 칸국의 수도 사라이와 우르겐치를 경유, 아랄해 연안에 이른 후 두 갈래로 갈라진다. 한 길은 아랄해 서안으로부터 부하라와 사마르칸트를 지나 오트라르(Otrar)에 이르는 길로 낙타로 55~60일이 걸린다. 다른 한 길은 아랄해 북쪽 해안에서부터 직접 오트라르에 이르는 길인데, 낙타로 50일이 걸린다. 따라서 큰 짐이 없으면 후자를 택하는 것이 좋다. 오트라르에서는 마차로 차가타이 칸국의 수도 알말리크까지 45일이 걸리며, 이리하 분지에서부터는 톈산(天山) 산맥의 북쪽 기슭을 지나 하미와 고비 사막을 경유, 카메지(간쑤甘肅)에 이른다. 카메지에서 황허까지는 말을 타고 45일이 걸리며, 이 강을 따라 카사이(현 항저우杭州)에 도착한다. 카사이로부터 카타이(Cathay, 중국 원元 수도 칸발리크, 현 베이징)까지는 30일간의 여정이다. 이렇게 아조프 해안의 타나로부터 원의 수도 베이징까지의 여정에는 3백 몇십 일이 필요하다. 페골로티는 이러한 중국으로 가는 교통로를 소개한 후 "이 길을 왕래한 상인들의 말에 의하면 이 길은 밤이나 낮이나 할 것 없이 안전하다"고 하면서 동방무역을 권장하였다. 페골로티의 이상과 같은 기술에서 당시 이탈리아 상인들을 비롯한 서구 상인들의 대(對) 동방 교역상의 일단을 엿볼 수 있다. 중국의 상무 관행이라든가, 도량형법·무역품 등 교역 정보에 관한 내용이 상당히 정확한 점으로 보아 당시 동서 교역활동이 활발하였음도 알 수 있다. 아울러 동방 교역 통로에 관한 페골로티의 기술은 당시 초원 실크로드와 일부 오아시스로 구간의 실태를 파악하는 데 귀중한 자료이기도 하다.

통일신라 유리군 統一新羅 琉璃群

동방에 전해진 유리. 지금까지 발굴된 신라시대의 여러가지 유리 공예품은 사용 연대와 제조기법 및 형태상의 특징에 따라 고신라(古新羅) 유리군(琉璃群)과 통일신라 유리군으로 대별할 수 있는데, 양자 모두 서역제국 유리와의 상관성을

경주 일원에서 출토된 각종 유리그릇

공유하고 있다. 통일신라 유리군에 속하는 유리 공예품으로는 칠곡군(漆谷郡) 송림사(松林寺) 오층전탑(五層塼塔) 속의 병 2점을 비롯해 경주시 황룡사(皇龍寺) 탑지(塔址)의 병 1점, 경주시 분황사(芬皇寺) 석탑(石塔) 속의 병 1점, 경주시 황복사(皇福寺) 삼층탑 속의 병 1점, 익산시(益山市) 왕궁리(王宮里) 오층석탑 속의 병 1점, 남원(南原) 사명(寺名) 미상의 사지(寺址)의 병 1점 등 여러 점의 유리병이 있다. 고신라 유리기구가 비교적 정교하고 다채로운 형태로 고분의 부장품으로 출토된 데 반해, 통일신라 유리군은 소박하고 간소한 형태를 갖춘 불사의 사리(舍利) 장치 용기로 발견되었다. 그중 대표적인 유물로 송림사 전탑 속의 병과 불국사 석탑 속의 병을 들 수 있다. 1959년 경북 칠곡군 동명면(東明面)에 자리한 송림사 오층전탑(통일신라 초기)의 방형(方形) 금동사리탑 속에서 나온 7세기 초의 작품으로 보이는 유리 공예품은 방형탑의 중앙에 안치되어 있는데, 큰 유리잔 속에 작은 녹색 유리 사리병(높이 7cm)이 들어 있다. 큰 유리잔 표면에는 페르시아 사산조계의 환문(環紋) 장식이 있어 매우 희귀한 유리제품으로 인정되고 있다. 송림사 탑의 녹색 유리잔은 일본 쇼소인(正倉院)에 소장된 페르시아계의 감색 유리잔과 같은 유형의 제품으로 보인다.

1966년에 발굴된 불국사 서삼층(西三層) 석탑 속의 유리병은 8세기 중엽의 신라 금속공예를 대표할 수 있는 금속 사리구(舍利具)들과 함께 나왔는데, 당초문(唐草文)의 투각(投刻)으로 호화롭게 장식된 방형(方形) 상자 속에 들어 있다. 내부에 다시 은제 원통형 사리용기가 들어 있으며, 그 속에 둥근 유리병이 함께 있다. 이 불국사 탑의 유리 사리 유물은 한국 최대의 고대 유리 공예품으로 평가되고 있다.

통일신라 때는 중국과 밀접한 관계를 유지하

송림사 유리 사리병(7~8세기)

고 불교문화를 적극 수용함으로써 동로마(비잔틴)를 비롯한 서방과의 직접적인 관계를 시사해주는 문물의 유입은 일단 정지되었다. 그 대신 주로 중국을 경유해 서역 제국의 문물, 특히 당에 성행한 페르시아계 유물이 유입되기 시작하였다. 전술한 통일신라 시기 유리 유품의 유사품들이 중국에서 출토되었다는 사실은 환문(環紋)장식을 특징으로 하는 페르시아계 유리제품과 제조기법이 중국을 통해 신라에 유입되었음을 말해준다.

이와 같이 로마 유리기구가 고신라 고분에서 출토되고 페르시아(사산)계 유리병이 통일신라 시기의 사탑에서 발견되었다는 사실은 동서 문명교류라는 큰 흐름 속에서 고신라 문화와 통일신라 문화가 보여준 상이성(相異性)과 변모상을 상징적으로 보여준다.

퇴레 Töre

도덕규범의 엄수를 강조하는 투르크족 유목사회의 전통적 관습. 투르크족은 유목사회의 분산성을 극복하고 민족적 동질성이나 연대성을 유지하기 위해 구성원들에게 공공도덕이나 규범을 엄수할 것을 요구한다.

투글루크 왕조 Tughluq

인도의 세번째 이슬람 왕조. 인도의 두번째 이슬람 왕조인 킬지 왕국(1290~1320)의 마지막 왕 꾸트붓 딘 무바라크는 4년간 재위하다가 쿠스루 칸(Khusru Khan)에게 왕위를 빼앗겼다. 그러나 쿠스루 칸도 얼마 지나지 않아 펀자브 지방의

지사인 가지 말리크(Ghāzī Malik)에 의해 축출되었다. 실권을 장악한 가지 말리크는 기야숫 딘 투글루크(Ghiyāsu'd Dīn Tughluq)란 이름으로 1320년에 등극해 투글루크조(1320~1413)를 세웠다. 그는 데칸에 제2 수도를 건설하고 남방으로 진출, 영토 확장을 시도하였다. 그를 계위한 피루즈 샤(Firūz Shāh)는 성군으로서 37년간 장기 집권하면서 관개시설 확충을 비롯한 농업개선과 사원·병원·학교 등 문화시설 건설에도 큰 관심을 가졌다. 그는 독실한 무슬림으로서 이슬람 교리를 철저히 지켰으며, 이슬람으로 개종한 하층민에게는 인두세(人頭稅)를 면제해주는 선정을 베풀었다. 이러한 그의 치세를 계기로 인도의 이슬람화가 빠르게 진행되었다. 하지만 투글루크 왕조는 티무르의 내침으로 인해 붕괴하였다.

투르크 Turk → '돌궐'항 참고

투르크족의 이슬람 문명에 대한 거족적 수용

중앙아시아 투르크족의 이슬람 문명 수용은 거족적(擧族的) 문명 수용의 대표적 사례다. 중앙아시아 각지에 산재한 투르크족은 7세기 중엽에 동점(東漸)하는 이슬람 문명을 처음으로 접한 후 14세기에 이르러 거족적으로 이를 수용함으로써 이슬람 문명의 전파와 이슬람세계의 건설에 중요한 일익을 담당하였다. 이슬람 문명에 대한 투르크족의 수용 과정은 크게 3단계로 나누어 고찰할 수 있다. 제1단계는 접촉단계(7세기 중엽~8세기 중엽)다. 투르크족이 최초로 이슬람과 접촉한 것은 초기 이슬람의 '대정복시대(634~656)'이다. 당시 이슬람 동정군(東征軍)은 642년 네하완드(Nehawand) 전투에서 사산조 페르시아군의 최종 반격을 물리치고, 그 여세를 몰아 계속 동진해 650년에 사산조 치하에 있던 중

앙아시아의 호라산과 토카리스탄을 점령하였다. 그후 8세기 초에 동정을 재개한 우마이야조 이슬람군은 704년에 호라산 총독으로 임명된 쿠타이브 이븐 무슬림(Kutaib Ibn Muslim)의 휘하에서 10여 년간에 걸쳐 중앙아시아 일원에 대한 본격적인 군사정복을 단행하였다. 이슬람 동정군은 메르브(Merv, 705)·부하라(Bukhara, 709)·페르가나(Ferghana, 713) 등지를 잇달아 공략함으로써 715년경에 이르러서는 트란스옥시아나 전역을 장악하게 되었다. 이러한 군사적 정복 과정은 이슬람교의 전파를 수반하였지만, 당시 토착 투르크족들의 반응은 미미하였다. 그것은 우마이야조가 아랍인 우위정책을 실시해 이슬람으로 개종한 비아랍인들에게는 기대만큼의 혜택을 부여하지 않았기 때문이었다. 일부 개종한 투르크인들에게 인두세(人頭稅)를 감면하고 약간의 급료를 인상하여주기는 하였지만, 전반적으로는 과중한 세금을 부과하고 아랍인과 여러 면에서 차별정책을 시행하였다.

제2단계는 전파단계(8세기 중엽~9세기)이다. 우마이야조를 이은 압바스조 이슬람제국 시대에 와서부터는 상황이 달라지기 시작하였다. 압바스조의 건국 주역은 호라산의 개종한 비아랍인인 마왈리(Mawali)들이었기에, 자연히 이들을 우대하였다. 또한 압바스조는 투르크족 개종자들에 대해서도 인두세를 폐지하고 요직에 기용하였을 뿐만 아니라, 이슬람 선교사들을 파견하여 포교사업을 적극적으로 전개하였다. 한편 9세기 후반부터 압바스조와 투르크족 국가들 간에 교역이 활발하게 진행되었는데, 이러한 교역에 수반해 중앙아시아 투르크족 안에서는 이슬람 전파의 붐이 일어나게 되었다. 제3단계는 거족적 수용단계(10~14세기)다. 이슬람이 투르크족 정복지에서 광범위하게 전파됨에 따라, 투르크족 국가들은 속속 이슬람교를 국교로 선

포하기에 이르렀다. 중앙아시아 투르크족 국가들 중 최초로 이슬람을 국교로 받아들인 나라는 발라사군(Balasagun)을 중심으로 한 카라한 왕조(Karakhanid dynasty, 840~1212)였다. 893년 이슬람으로 개종한 카라한조 왕 사투크(Sultan Satuq Bughra Khan)는 이슬람을 공식 국교로 선포하였다. 이것은 중앙아시아 투르크족 사이에 이슬람이 확산되는 결정적인 계기가 되었는데, 이를 이어 오구즈 투르크족과 셀주크 투르크족 등 여러 분파의 투르크족들이 연쇄적으로 이슬람교에 귀의하였다. 중세 아랍의 역사가 이븐 알 아시르(Ibn al-Athir)의 기술에 의하면, 960년경에 이슬람으로 개종한 투르크족은 20만 호(약 100만 명)나 된다고 하는데, 이와 때를 같이해 발칸 반도에 있는 투르크족 불가르 왕국도 이슬람교를 국교로 수용하였다. 결국 14세기에 이르러서는 모든 투르크인들이 이슬람교를 믿게 되었다.

이처럼 중앙아시아에서 투르크족이 이슬람교를 거족적으로 수용하면서 모두 강력한 왕조를 건국하게 되었으며, 그런 과정을 통해 중앙아시아를 '투르크'라 부르기도 하였다. 이와 더불어 기마유목민족이었던 투르크족은 일단 오아시스 농경지를 점령한 뒤 그곳에 집단 이주하여 국가권력을 수립하면서 점차 정착생활을 하게 되었다. 요컨대 투르크족은 이슬람화와 정주화 과정을 통해 중앙아시아를 '투르크화'하였던 것이다. 투르크족이 큰 갈등 없이 이슬람문명을 거족적으로 수용할 수 있었던 데는 주·객관적 요인이 있었다. 우선 주관적인 요인으로는, 의식과 도덕의 일체감과 상사성(相似性)을 들 수 있다. 투르크족 고유의 천신(天神) 신앙은 이슬람과 마찬가지로 유일신을 기초로 하기에 종교적 이질감이 덜했으며, 투르크족의 진취적인 정복정신 역시 이슬람의 지하드(Jihad, 성전聖戰) 정

신과 부합하는 면이 컸다. 그뿐만 아니라 법질서나 도덕규범의 엄수를 강조하는 이슬람의 도덕관은 투르크족의 전통적 관습인 퇴레(Töre)와도 일맥상통하는 점이 있었다.

객관적 요인은 이슬람문명의 선진성과 이슬람교의 관용성을 들 수 있다. 유목민인 투르크족에게 당시 이슬람문명은 선진성과 강대함으로 인해 추종하고 수용할 수밖에 없는 대상이었다. 초기에 이슬람과 접촉하는 단계에서는 민족적 차별에서 오는 거부감이 있었지만, 전파가 심화되면서 점차 이슬람 고유의 관용성이나 평등성에 공감해 수용하게 되었던 것이다.

투르키스탄 Turkistan

투르크족의 나라(지역). 투르키스탄은 투르크계 종족들이 사는 파미르 고원의 동서쪽 광활한 지역의 통칭이다. 9세기 이후 파미르 고원 이동의 신장 지역에 종래의 이란계 종족을 대신해 투르크계의 위구르인들이 진출해 투르크화됨으로써 그 지역은 동투르키스탄이 되고, 투르크계 종족들이 파미르 고원 서쪽으로 이동함에 따라 중앙아시아 일원이 투르크화됨으로써 서투르키스탄이 되었다. 투르크화된 서투르키스탄에는 키르키스스탄·카자흐스탄·우즈베키스탄·타지키스탄·투르크메니스탄·아프가니스탄 등 여러 나라와 지역이 포함되었다. 이 지역은 지정학적으로 동서 교통(오아시스로와 초원로)의 요충지로서 동서 문명의 교류에 지대한 역할을 해왔으며, 이를 입증하는 유적·유물이 도처에 산재해 있다.

투루판 Turfan, 吐魯番

투르크어로 '풍요로운 곳'이란 뜻의 투루판은 사방이 높은 산들로 에워싸인 동서 120km, 남북 60km의 사막 속 분지 오아시스다. 총 면적 5만 km² 가운데서 80%인 4만km²는 고도가 해면보다 낮으며, 중심부는 60m나 낮다. 가장 낮은 곳은 한가운데의 아이딩호(艾丁湖)인데, 수면이 해면 아래 154m로 내려가 세계에서 가장 낮은 사해(死海, -392m)에 버금간다. 이곳 지형지세는 고온·건조·강풍 세 가지 특징으로 집약된다. 그래서 옛날부터 이곳은 화주(火州, 불의 땅)·사주(沙州, 모래의 땅)·풍주(風州, 바람의 땅)라고 불렸다. 불과 모래, 바람은 역설적으로 이곳을 문명의 용광로로 만들었다. 불, 즉 고온은 포도나 면화 같은 특산물 산지로 이름을 떨치게 했고, 모래, 즉 건조한 기후는 카레즈(또는 카나트) 같은 전무후무한 관개시설을 발달시키고 유물 보존을 가능케 하였다. 바람, 즉 기류 또한 문명 소통을 가져왔고 오늘날은 에너지원까지 제공하고 있다. 이 세 가지 요소를 바탕으로 투루판의 유구한 역사는 흘러왔고, 다양한 문화가 합류해 조화를 이루면서 독창적인 투루판 문화를 창출했다. 전역에 178개의 유적지가 널려 있어 평균 280km³당 한 개의 유적지가 있는 셈으로, 이러한 유적지 분포 밀도는 세계적으로도 유례를 찾기 힘들다. 투루판에는 7,000년 전 신석기시대부터 사람이 산 흔적이 있으며, 3,000년 전부터 정착농경이 시작되어 일정한 권력구조도 출현하였다. 원래 토착민들은 톈산 산맥 북쪽에서 유목하다가 남하한 이란계 차사(車師)인으로서, 중국 전한시대(기원전 3~기원후 1세기)에 야르호(교하고성交河故城)를 도읍으로 삼아 차사전국

차사전국의 수도였던 교하고성 입구

(車師前國)을 세웠다. 그후 한나라와 흉노가 번 갈아 직·간접적으로 통치하다가 5세기 중엽에 북량(北涼)이 여기에 지방정권을 세웠다. 그러다 가 한족 출신의 국씨(麴氏) 고창국(高昌國)이 들 어서 640년 당나라에 멸망될 때까지 140년 동안 통치하였다. 9세기 중엽부터는 북쪽 초원지대에 서 남하한 위구르족이 차지했으며, 13세기 초에 는 몽골군에게 점령되어 4대 칸국의 하나인 차 가타이 칸국의 지배하에 들어갔다. 17세기 중엽 부터 청나라가 설치한 중가르부(部)에 속했다가 1881년 신장성이 신설되자 하나의 행정구역으 로 독립하였다.

투루판 문서

기후가 건조하기 때문에 투루판에서는 1,000년 전 문서도 부식되지 않고 그대로 보존되어오고 있다. 그리하여 사원을 비롯해 유적과 분묘에서 다량의 문서가 발견되었다. 이곳에서는 20세기 초엽부터 유럽 여러 나라와 일본의 탐험대들이 발굴 작업을 하였으며, 중화인민공화국이 성립 된 후에는 중국 고고학계에서도 적극적인 발굴 작업을 벌여 많은 문서들을 새로 찾아냈다. 문서 는 크게 한문(漢文) 문서와 외래어 문서 두 부류 로 나눠진다. 중국 고고학팀이 1959~1975년에 아스타나와 카라호자(고창고성 북방) 두 고분군 에서 공사(公私)의 한문 문서만 1,700점을 수습 하였는데, 둔황 문서와는 달리 주로 유적이나 분 묘에서 출토되는 단편적인 문서가 많다. 내용상 세속적 내용을 담은 문서가 대부분으로, 연대는 전량(前涼) 승평(升平) 11년(367)부터 당 건중 (建中) 3년(782)까지 날짜가 명기되어 있다. 한 문 이외의 다른 외래어로 기록된 문서도 상당히 있는데, 일괄하여 '호어(胡語) 문서'라고도 한다. 토하라어·소그드어·위구르어 등의 서역 언어가 대부분이기 때문이다.

툰먼 전투 屯門戰鬪

중국과 포르투갈의 첫 무력 충돌. 1514년부터 포 르투갈 상인들은 중국 광둥성 연해에 잠입해 암 암리에 중국인들과 밀무역 거래를 하였다. 1517 년에는 포르투갈 국왕의 사신 피레스(T. Pires) 가 동행한 무장선단이 버젓이 광둥 툰먼도(屯門, 현 주룽九龍 서북부의 서커우蛇口 일대)에 불법 으로 침입해 노략질을 하였다. 이에 명군은 자위 적 무력으로 반격을 가해 침략 선단을 축출하고, 불랑기포(佛狼機砲) 수문을 노획하였다. 이것이 이른바 툰먼 전투다.

트레비존드(Trebizond) 도시 유적

교류의 유물적 전거로서의 오아시스 육로 유 적. 트레비존드(Trebizond, 터키명 트라브존 Trabzon)는 흑해 동남해안에 있는 고도로 유럽 과 페르시아나 중앙아시아를 연결하는 항구도 시였다. 13세기 초 십자군이 콘스탄티노플을 점 령하자 황제 일족이 이곳으로 피신해 트레비존 드제국을 세웠다. 14세기 마르코 폴로 일행이 동 방 여행에서 돌아올 때 바로 이 항구에서 승선하 여 베네치아로 귀향하였다.

트로이(Troy) 도시 유적

오아시스 육로 유적. 트로이(Troy)는 터키 서북 부 에게해 연안에 자리한 전설의 도시로서 호메 로스의 서사시 『일리아드』에 언급되어 있다. 독 일인 하인리히 슐리만을 비롯한 여러 고고학자 들의 발굴 결과를 종합하면, 이곳에는 모두 9층 의 거주지(문화층)가 있다. 제2층의 거주지가 트 로이의 번영기인데, 이때 여기에는 견고한 성벽 과 성문이 있었다. 그리고 제7층 거주지 A가 바 로 '트로이 전쟁'에 나오는 트로이 시대로 당시 는 그리스 미케네 문명 시대에 속한다.

트리고 Nicolas Trigault, 金尼閣, 1577~1628년

중국에서 활동한 벨기에 선교사. 예수회 선교사 겸 출판업자인 트리고는 1594년 예수회에 가입하고 학업을 마치고 나서 1607년 인도 고아와 마카오를 거쳐 중국을 방문해 중국어를 배웠다. 1611년 항저우(杭州)에 가서 선교활동을 하다가 베이징·난징(南京)·난슝(南雄) 등지를 전전하였다. 1613년 2월 당시 예수회 중국 선교회 회장인 롱고바르도의 지시에 따라 선교회의 재무 담당이던 그는 로마에 파견되었다. 그의 사명은 교황청에 중국 선교활동과 종무(宗務)에 관해 보고하고 선교사 증파를 요청하며, 찬조금과 서적을 수집하는 것이었다. 1614년 말 로마에 도착하여 교황을 알현하고 성경과 일과경(日課經) 등을 중국어로 번역하고, 중국어로 미사와 기타 성사(聖事)를 진행해도 좋다는 승인을 얻었다. 교황은 1615년 3월 20일 정식으로 이런 내용의 승인 조서(詔書)를 발표하였다. 트리고는 예수회 제7차 대회에 참가했는데, 그 대회에서 일본 선교회로부터의 중국 선교회 독립이 인준되었다. 또한 예수회 총장이 지명한 순찰관이 중국 지부와 일본 지부를 통일적으로 관리하도록 하였다.

트리고는 1615년 2월 아우구스부르크에서 1609~1612년 일본 연보와 1610~1611년 중국 연보, 그리고 마테오 리치(Matteo Ricci)의 『기독교 원정 중국사』를 동시에 출간하였다. 이어 1615~1617년에는 이탈리아·프랑스·벨기에·독일·스페인·포르투갈 등 유럽 여러 나라를 순방하며 찬조금 모금활동을 폈다. 시계·천문의기·십자가 등 많은 선물과 더불어 7,000권(교황으로부터 수백 권)의 서적을 증정받았다.

1618년 트리고는 22명의 선교사를 대동하고 리스본을 떠났다. 그중 1619년 마카오에 도착한 사람은 몇명밖에 되지 않았다. 그때 가지고 온 서적은 우선 마카오에 보관하였다가 베이징으로

운반하였는데 서학(西學)이 동방에 전해지는 데 큰 역할을 하였다. 그중 최초로 한역(漢譯)된 책은 1627년에 출간된 『원서기기도설록최(遠西奇器圖說錄最)』다. 트리고는 1621년 중국에 도착한 후, 난창(南昌)·젠창(建昌)·조우저우(昭州)·항저우(杭州)·카이펑(開封), 그리고 산시(山西)와 산시(陝西) 일대를 두루 역방하였다. 그는 장저우(絳州)·시안(西安)·항저우 등에 인쇄소를 차려 해마다 많은 서적을 출판하였다. 또한 그는 많은 저서를 남겼는데, 대부분이 라틴어로 씌어졌다. 중국어 저서로는 『추력년섬례법(推曆年瞻禮法)』(1권, 1625), 『황의(況義)』(1권, 1625), 『서유이목자(西儒耳目資)』(3권, 1626) 등이 있다. 『황의』는 『이솝우화』의 한역본이고, 1626년에 출간된 『서유이목자』는 최초의 라틴어 철자에 의한 한자 어휘집으로 중국 음운학(音韻學) 발전에 기여하였다. 트리고는 1625년에 당(唐)나라 수도였던 장안(長安)의 대진사(大秦寺) 유적에서 발굴된 '대진경교유행중국비(大秦景敎流行中國碑)'를 목격한 최초의 유럽인으로, 그해에 비문의 라틴어 역문을 포르투갈에 보냈다. 일설은 이탈리아 선교사 자코모 로(Giacomo Rho)가 보냈다고 한다.

트빌리시 Tbilisi

조지아 수도. 대캅카스 산맥 남쪽 기슭의 해발 500m의 구릉과 쿠라강 계곡에 있는 트빌리시는 흑해에서 카스피해를 거쳐 이란이나 중앙아시아로 연결되는 교통 요지이다. 기원전 4세기에 촌락이 형성되고 4세기에 성채로 에워싸인 도시 면모를 갖추고, 11세기에 조지아 왕국의 수도가 되었다. 아랍과 투르크의 침입을 받았으며, 1801년에는 러시아가 점령하였다. 구 시가지에는 성채와 성당 등 역사적 유물이 있는데, 특히 특징적인 기독교 건물들이 많아 기독교 건축기술의 역사를 이해하는 데 좋은 본보기가 되고 있다.

포도주와 브랜디가 세계적 명품이다. 중국 원과 명의 도자기(청화백자 등) 유물도 출토되었다.

티로스 Tyros

레바논 남부의 국제적 교역 항구. 티로스(현 수르)는 일찍이 페니키아 시대부터 지중해 동쪽 해안의 국제무역 도시로 번영해왔다. 시리아까지 온 대상(隊商)들이 이 항구에 와서 해상 상인들과 교역을 진행하였는데, 이곳에는 오늘날까지도 대상들이 이용하던 대형 사라이(대상 숙관宿館) 유적이 남아 있다.

티로스(현 수르)의 항구 열주로(레바논 남부)

티무르(Timur)의 경략활동과 동서 교류

티무르(Timur)는 동정(東征)과 서정(西征)의 경략활동으로 실크로드 요지에서 동서교류에 기여한 대표적인 교류인이다. 사마르칸트 남부 케슈 부근의 호자 이루그 마을에서 태어난 티무르(Timur, 서구명은 Tamerlane, 1336~1405, 일설은 1333년 출생)는 14세기 일세를 풍미한 중앙아시아의 정복자이자 티무르제국(Timurid dynasty, 1369~1500)의 창건자(재위 1369~1405)다. 부친 바르라스는 14세기 초 카슈크강 유역에 정착해 농경생활을 한 한 몽골 부족의 유력자였다. 변신과 임기응변에 능한 티무르는 청·장년 시절에 여러 세력들의 틈바구니에서 살아남기 위해 혼신의 노력을 기울이며 암암리에

티무르 초상

자신의 세력 기반을 구축해나갔다.

1361년에 모굴리스탄(Mogulistan, 동차가타이 칸국)의 칸 투글루크(Tughluq, 1329/30~1363)가 사마르칸트와 케슈를 공략하자 25세의 티무르는 그에게 스스로 신복(臣服)해 케슈의 영주가 되었다. 그러나 곧 발흐(Balkh)의 영주 후사인(Husayn)과 결탁해 투글루크에 대한 모반을 꾀하다가 실패하자 이란의 시스탄으로 도주하였다. 그는 시스탄 전투에서 오른쪽 손과 다리에 부상을 입어 평생 절름발이(티무르 레임Timur the Lame)가 되었다. 1364년에 티무르와 후사인은 또다시 야합하여 투글루크에게 반격해 그를 트란스옥시아나 지방으로 축출하였다. 이즈음에 티무르는 후사인과 의형제를 맺고 그의 여동생 알 자이와 결혼하였다.

투글루크 사후, 그의 아들 일리아스 호자는 세력을 회복해 1365년에 대군을 이끌고 티무르에게 진격해왔다. 치르치크강과 타슈켄트 사이에서 쌍방간에 격전(이른바 장그 이 로이, 즉 소택지전沼澤地戰)이 벌어졌는데, 티무르와 후사인 연합군이 패배해 발흐로 도주하였다. 일리아스 호자는 승세를 몰아 사마르칸트에 입성하려고 하였으나 시민들의 대중자치운동인 '사르바다르(Sarbadar) 운동'에 부딪쳐 뜻을 이루지 못한 채 회군하였다. 이 기회를 틈타 티무르와 후사인은 사마르칸트로 돌아왔다. 그러나 그후 권력을 둘러싸고 두 사람 사이의 관계가 악화되자, 티무르는 1369년에 난을 일으켜 후사인을 살해하고 정권을 장악해 티무르제국을 창건하였다.

제국의 왕위에 등극하기는 하였지만, 티무르

는 칭기즈칸의 직계 자손은 아니기 때문에 자신을 '칸'으로는 호칭하지 못하고 '구르간(사위) 아미르(총독)'라고만 칭하였다. '구르간'이라고 한 것은 그가 칭기즈칸의 후예인 가잔 칸의 딸(후사인의 미망인)을 취하였기 때문이다. 티무르는 자신의 출신 부족인 바르라스족을 포함한 차가타이족들로 강력한 친위대를 꾸리고 철권 통치를 시행하며 대외 정복에 나섰다. 티무르는 대외정복의 첫 대상으로 중앙아시아에서 러시아까지의 넓은 지역을 차지하고 있는 킵차크 칸국(일명 금장金帳 칸국)을 택하였다. 그는 일단 킵차크 칸국의 내분을 이용해 주치의 후예 토크타미슈(Tokhtamish)를 왕위에 앉혀 배후에서 조종하고자 하였다. 그런데 토크타미슈가 왕위에 오른 후 적대적 태도를 취하자 1392년 캅카스를 제압한 후 1395년에 킵차크 칸국의 수도 사라이(볼가강 하류)를 공략하였다. 이와 동시에 1372년부터 1388년 사이에 5차례나 아무다리야강 하류의 호라즘 지방을 공략하여, 수도 우르겐치(구르간지)를 철저히 파괴하였다. 킵차크 칸국을 제압한 티무르는 캅카스 산맥을 넘어 조지아를 평정한 다음, 카스피해 남안의 페르시아 도시들을 하나씩 정복해나갔다. 이 과정에서 타크리트 성채(城砦)를 공격할 때는 적병(페르시아인)을 모조리 살상한 후, 자른 머리로 피라미드를 쌓아 만인들에게 공포감을 주었다. 이에 앞서 호라산에서는 연와(煉瓦)와 석회 속에 사람을 생매장하여 성벽을 쌓기도 하였는데, 이는 바로 티무르의 극악무도한 잔인성을 보여주는 일례라고 할 수 있다. 1386년에 아름다운 고도 이스파한(페르시아)에서는 7만 명의 대학살이 자행되기도 하였다.

티무르는 1398년에 소아시아의 시바스를 공격해 4,000명의 적병을 생매장하고, 계속하여 이듬해에는 시리아를 공격하였다. 일격에 알레포와 다마스쿠스를 함락하였으며, 1401년에는 바그다드를 유린해 폐허로 만들었다. 연이어 1402년에는 오스만 투르크의 술탄 바야지드(Bayezid) 1세가 이끄는 12만(25만?) 대군과 앙카라에서 접전해 투르크군을 궤멸하고 바야지드 1세를 생포하는 개가를 올렸다. 이로써 서아시아 원정을 마치고 1404년에 사마르칸트로 개선한 티무르는, 다시 70세의 노구를 이끌고 그해 11월 중국(명조) 원정에 나서 동쪽으로 이동하다가 이듬해(1405) 2월 오트라르(Otrar)에서 급서하였다. 티무르는 살육과 파괴로 얼룩진 정복 전쟁을 통해 서쪽으로 소아시아와 시리아의 지중해 동쪽 해안까지, 동쪽은 차가타이 칸국과 북인도까지, 북쪽으로는 캅카스와 킵차크 칸국까지 광활한 중앙아시아 일원에 대제국을 건설하였다. 제국을 건설하는 과정에서 그는 타문명의 수용에 인색하지 않고 교류에도 적극성을 보였다. 그는 각 정복지의 우수한 건축사나 기술자, 공장(工匠)들을 사마르칸트로 불러들이고 영내 각지에서 건축 자재를 반입해 사마르칸트를 중세에서 가장 화려한 세계적 도시로 건설하였다. 시리아 등지에서 돔형(원형 지붕) 건축양식을 도입하고, 그 자신이 즐기는 청색이 주조(主調)를 이루도록 도시를 미화하였다. 그 결과 사마르칸트는 일명 '푸른 도시'라고 명명되기도 하였다. 한편 그는 도로, 특히 대상로(隊商路)를 정비하여 숙박소와 보호소를 도처에 설치하고 교역을 장려하였다. 그에 따라 이란으로부터 술타니야·헤라트·발흐·사마르칸트·탈라스를 경유해 몽골에 이르는 동서 대상로 이용이 원활해졌다.

티베트 문서

영국의 탐험가 스타인(Aurel Stein)이나 프랑스의 동양학자 펠리오(Paul Pelliot)가 신장의 타림 분지나 둔황 막고굴(莫高窟) 등에서 수집한 티베트어 문서. 이 문서 중에는 둔황에서 출토된 문서가 가장 많은데, 대부분은 토번(吐蕃)이 허시(河西) 지방을 점령할 때의 행정이나 사원제도와 관련된 것들이다. 불경도 많은데, 대반야경(大般若經)·십지경(十地經)·법화경(法華經)·금광명경(金光明經)·대반열반경(大般涅槃經)·도간경(稻稈經)·무량심종요경(無量尋宗要經)·현우경(賢愚經)·우기국현기(于闐國懸記) 등 경전들이 있으며, 티베트 문자로 한문을 음역한 경전으로는 아미타경(阿彌陀經)·팔양경(八陽經)·관음경(觀音經)·다심경(多心經)·다라니집(陀羅尼集) 등이 있다. 스타인은 주로 오아시스로 남도 각지에서 티베트군이 사용한 문서 잔간(殘簡)을 수집해, 서역에 진출한 티베트군의 실태를 알 수 있었다. (2-366~367)

티와나쿠(Tiwanaku) 도시 유적

잉카문명에 속하는 남미 볼리비아의 도시 유적. 유네스코 세계문화유산(2000년). 해발 3,850m의 티와나쿠(Tiwanaku) 도시 유적은 볼리비아 서부 고지의 라파스군(郡)에 위치한다. 이 유적에서 4km의 부지에 집중되어 있는 제사(祭祀)용 건물은 역사적으로 매우 중요한 가치가 있다. 그 가운데 '아카파나'라고 하는 계단식(7계단) 건물이 있는데, 기단의 규모는 200×200×17m이다. 아카파나의 북쪽에는 28.6×26×1.7m(깊이)의 반지하 광장이 있다. 유적의 서북쪽 모퉁이에는 유명한 '태양의 문'이 있는데, 양손에 홀(笏)을 든 '지팡이 신'과 뇌신(雷神) 등의 신들이 새겨져 있다. 티와나쿠 도시 유적은 티와나쿠 문화

의 핵심으로 편년은 형성기(形成期)에서 시작해 약 1,300년간의 존속 시기를 5기로 나눈다. 1, 2기는 기원전 200~기원후 300년, 3기는 300~500년(제사용 건물 출현), 4기는 500~800년, 5기는 800~1150년이다. 전성기는 4기와 5기인데, 5기 후반부터 서서히 쇠퇴하였다. (8-196~197)

티칼(Tikal) 도시 유적

마야 문명에 속하는 중미 과테말라의 도시 유적. 유네스코 세계문화유산. 선고전기(先古典期) 중기에서 고전기 말기까지 존재한 도시 유적으로 선고전기 후기에 이미 높이 20m의 피라미드를 증·개축했으며, 기원후 292년부터 869년까지의 일지가 석비에 새겨져 있어 33명 이상의 왕이 군림한 사실을 알 수 있다. 대광장의 동·서편에 두 개의 신전이 마주보고 있으며, 왕들의 묘에서는 비취 제품과 채색토기가 부장품으로 출토되었다. '중앙 아크로폴리스'와 '남 아크로폴리스'에는 삭베(포장 둑길)와 5개의 구기장(球技場), 공공저수지가 있었다. 도시 중심부에서 남쪽으로 약 8km 떨어진 곳에는 고전기 전기에 축조된 흙담과 방어호(防禦壕)가 있다. 토기 양식이나 도상(圖像)으로 보아 200~550년 시기에 테오티우아칸과 교류가 있었음을 알 수 있다. 그리고 석비에는 역대 왕들이 벌인 전쟁상황이 기록되어 있다. 고전기 후기에 이르러 도시가 최대한 커져, 면적 123km^{2}에 인구 6만 2,000명이 거주하였다. 9세기 이후에는 인구가 급격히 줄었다. (8-68~69)

ㅍ

파나마 운하 Panama Canal

남북아메리카 대륙의 결절점(結節點, 마디)을 이루는 파나마 지협(地峽)을 횡단해 태평양과 대서양을 잇는 갑문식(閘門式) 운하. 1529년 스페인의 라틴아메리카 침략을 주도한 코르테스(Hernán Cortés)는 스페인 국왕 카를로스 5세에게 이 지협에 운하를 팔 것을 제의하였다. 그러나 구상에 머물렀을 뿐, 당장 굴착에는 착수하지 못하였다. 그러다가 1879년 수에즈 운하의 굴착을 완성시킨 프랑스의 레셉스(Lesseps)가 2년 뒤에 양대양(兩大洋)회사를 설립해 7년간이면 완공할 수 있다고 장담하였다. 그러나 복잡한 지형 때문에 수평식 굴착계획을 갑문식 굴착계획으로 바꿔야 하고, 게다가 창궐한 말라리아와 자금난 등 이유로 결국 9년 만에 굴착 계획을 포기하고 말았다. 운하에 눈독을 들여오던 미국은 1903

길이 82km의 파나마 운하 태평양쪽 수로

년 파나마가 독립하자, 이듬해에 파나마 정부와 운하 개발에 관한 조약을 체결하였다. 조약에 따라 미국은 일시금 1,000만 달러, 연금 25만 달러를 주고 운하지대(운하 양안 8km)에 대한 영구 조계권(永久租界權)을 얻었다. 그후 1999년 12월 31일까지 무려 85년간이나 운하지대에 대한 무소불위의 조계권을 행사하였다. 미국은 당초 프랑스 회사로부터 운하 굴착권과 기계 설비 일체를 4,000만 달러에 매입하고 나서 유럽인 1만 2,000명, 서인도제도인 3,100명을 굴착공사에 투입하였다. 이렇게 굴착된 갑문식 파나마 운하의 길이는 대서양 동안의 콜론(Colón)에서 태평양안의 발보아(Balboa)까지 전장 82km이고, 폭은 30~90m, 깊이는 13,7m 이상이며, 최고 수면은 26m이었다. 수문이 상하에 각각 3개씩 달린 이 운하에는 해마다 1만 5,000척의 선박이 드나드는데, 통과하는 데 8시간 가량이 걸린다. 파나마 운하 박물관(Museo del Canal)에는 운하 연혁에 관한 유물과 사진자료가 전시되어 있다.

파니파트(Panipat) 전투 1526년

인도 무굴제국의 건국에서 결정적 역할을 한 전투. 인도 무굴제국(1526~1857)의 건국자인 바부르(Bābur, 재위 1526~1530)는 아프가니스탄의 카불 일원에서 지배권을 확립한 후 서양에서 수입한 대포 등 신식무기로 무장한 정예보병(1만 2,000명)과 기병을 이끌고 4차례의 공격 끝에 1526년 델리 부근의 파니파트 전투에서 로디(Lodi) 왕조의 군대를 격파함으로써 델리를 공략하고 이어 로디 왕국의 수도 아그라(Agra)에 입성하였다.

파라구 波羅毬, Polo

일종의 기마격구(騎馬擊毬) 놀이. 파라구의 시원에 관해서는 페르시아 시원설과 티베트 시원설이 있다. 페르시아 시원설에 의하면 파라구는 페르시아에서 발생한 후 콘스탄티노플에 서전(西傳)된 한편, 중앙아시아를 거쳐 중국 중원(中原) 지방과 티베트 및 인도 등지로 동전(東傳)하였다고 한다. '파라'(polo)의 어원은 미상이며 페르시아어로 '구(毬=球)', 즉 '공'을 'cui'라고 한다. 티베트 시원설에 의하면, 파라구는 티베트에서 발생한 후 중국 중원을 거쳐 중앙아시아와 페르시아에 전파되었다. 티베트에서도 '선구(線毬)', 즉 '끈으로 만든 공'을 'polon'이라고 한다. 따라서 '파라'(波羅, polo)는 단어 'polon'에서 연유한 것으로 본다. 파라공의 크기는 주먹만하고, 가벼운 나무로 만드는데 속은 비고 겉은 붉은 색칠을 한다. 겉에 가죽을 씌운 것도 있다. 격구봉(擊毬棒)은 길이가 수척이나 되고, 한 끝은 반월형(半月形)으로 구부정하며 봉은 여러가지로 장식한다. 경기는 두 패로 나누어 진행하며 넓은 경기장 양쪽에는 골문이 있어 공을 넣는 것에 따라 승부를 가린다. 경기는 말을 타고 하는 것이 보통이나 당나귀나 노새를 타고 하는 경우도 있으며, 심지어 아무것도 타지 않고 뛰어다니면서 하기도 한다. 파라구는 당태종 정관(唐太宗貞觀) 연간(627~649)에 중국 중원지방에 유입된 후 급속히 유행하였다. 태종을 비롯한 현종(玄宗)·희종(僖宗) 등 제왕들이 즐겼으며, 군대에서도 성행하였다. 당시 전국 주요 도시에는 모두 파라구 경기장이 설치되어 있어 그야말로 전국적으로 풍미했던 놀이다. 북송(北宋)대까지 성행하다가 남송(南宋)대에 이르러 점점 쇠퇴하기 시작해, 원·명대에 약간 유행하다가 청(淸)대에 이르러서는 문헌기록에서 사라진다.

『파라문천문(婆羅門天文)』 *Varaha-mihira Brihat-sanhitā*, 7세기 초

인도 역법(曆法)의 한역서(漢譯書). 『수서(隋書)』에는 7세기 초에 한역된 인도 역법 서적으로 이 책을 비롯해 그 이전에 한역된 7종 60권을 소개하고 있다.

이란 이스파한 이맘 광장의 폴로 경기장(남북 512m, 동서 163m)과 두 개의 골문대

파르테논 신전 Parthenon

그리스 아테네의 고대 신전. 아테네 아크로폴리스 언덕 위에 아테네의 수호신인 아테나(Athena) 여신을 위해 지어진 이 신전은 조각가 페이디아스(Pheidias)가 총감독을 맡고 건축가 익티노스(Iktinos)와 칼리크라테스(Callicrates)가 각각 설계와 공사를 책임져 기원전 447년에 착공해 기원전 438년에 완공하였다. 신전에는 아테나 여신상을 비롯해 여러가지 조각과 부조물이 있다.

파르티아 Parthia, Ashkāniyān(페르시아어), 安息, 기원전 247~226년

이란 고원 동북부에 파르니족이 세운 왕국. 이 왕조의 창건자는 셀레우코스 왕조의 총독을 살해하고 왕국을 세운 아르사케스(Arsakes)다. 기원전 2세기 중엽 전성기에는 그 판도가 동으로는 인도 갠지스강에서 서로는 메소포타미아 유프라테스강까지 광대한 지역을 차지하였다. 창시자 아르사케스의 이름을 따서 '아르사크 왕조'라고 불렀는데, 중국에서는 이 말에서 '안식(安息)'이라고 음사(音寫)하였다. 서아시아와 동방으로의 교통로 주도권을 둘러싸고 로마와 치열한 경쟁을 벌이다가 기원전 19년에 양국간에 조약을 맺고 중국과 인도 등 동방으로 통하는 교통로를 재개하기로 합의하였다. 파르티아는 지정학적으로 동·서방의 중간 완충지대에 자리하고 있어 중국 비단의 중계무역을 독점함으로써 막대한 이익을 챙겼다. 파르티아는 헬레니즘의 산실로 그리스 문화의 영향을 많이 받았을 뿐만 아니라 헬레니즘이란 세계적인 동서 융합문화의 창조에 크게 기여하였다.

『파르티아 도정기(道程記)』 Parthian Stations

기원전 1세기 후반에 그리스 지리학자 이시도로스(Isidoros)가 저술한 파르티아(안식安息) 관련 서적으로 파르티아 왕국 내의 교통상황을 기술하였다.

파미르 고원 Pamir Plateau, 播密, 帕米爾

아시아 대륙 중앙부에 있는 대고원. 평균 고도 5,000m로 히말라야 산맥과 힌두쿠시 산맥, 톈산 산맥 등 대산맥들을 품고 있는 '세계의 지붕'이다. 해발 7,719m의 쿤구르산과 7,495m의 스탈린봉이 우뚝 솟아 있다. 중앙에는 모래와 자갈로 된 준평원격인 분지가 있다. 중국에서는 이 고원을 '총령(蔥嶺)'이라고 부르는데, 이 말은 『수경주(水經注)』「하수이(河水二)」에 '총령은 둔황 서쪽 팔천 리 거리에 있는 높은 산인데, 산상에서 파(총蔥)가 나므로 옛날에 총령이라고 하였다'라는 기록에서 유래하였다. 지금도 설선(雪線) 이상의 암석 틈에서 야생 파가 자라고 있다. 파미르 고원은 투르키스탄을 동서로 가르고, 동아시아와 중앙아시아의 경계를 이루고 있다. 동서 문명교류의 대동맥인 오아시스로의 필수 경유지로서 오아시스로 북도와 남도가 이 고원을 가로지른다.

석두성(石頭城)에서 내려다본 파미르 고원의 초원

파사르가다이 Pasargadai

아케메네스조의 첫 왕도(王都). 이란 아케메네스조의 건국 기초를 다진 키루스 2세가 건설한 도시로서 페르세폴리스의 북방 약 70km 지점에 있다. 기원전 550년 페르시아의 서부 지역을 지배하고 있던 메디아군이 침입해 오자 키루스는 파사르가다이에서 침략군을 격파하고, 승리를 기념하기 위해 여기에 도읍을 정하였다. 궁전 유적이 아직 남아 있다. 키루스는 이곳에 묻혀 있다.

파사르가다이에 있는 키루스 2세의 묘

파사 波斯, 페르시아 → '페르시아'항 참고

파사박 波斯舶
당대에 페르시아와 아랍인들의 선박을 통칭하는 말이다.

파이한(Paijan) 복합문화
기원전 9000년경의 석기문화. 남미 페루의 북부 해안의 사막지대에서 발견된 유병첨두석기(有柄尖頭石器, 이른바 '파이한형 첨두기')를 특징으로 하는 복합적인 석기문화로 그 편년을 대략 기원전 9000년으로 잡고 있다. 유적에서 빙하기 말기에 멸종한 대형 포유류 동물의 뼈가 출토되어, 최초의 아메리카 원주민들이 살던 곳일 가능성이 있다. (8-121)

파지리크(Pazyryk) 고분군 유적
교류의 유물적 전거가 되는 초원로 유적. 1929년 소련 그랴즈노프(M. P. Gryaznov)를 단장으로 한 고고학 조사단이 동부 알타이의 해발 1,650m

나 되는 파지리크강 계곡에서 거대한 적석(積石) 쿠르간(제1호분)을 발견하였다. 동토(凍土)층에 2층 목곽(木槨)으로 된 이 고분에는 많은 목제품과 직물이, 그리고 곽실 밖에는 10필의 말이 부장되어 있었다. 이어 1947~1949년에 루덴코(S. I. Rudenko)를 단장으로 하는 소련 국립민족학박물관 알타이 조사단이 4기의 고분을 추가 발견하였고, 고분 1기(제6호분)가 더 발견되었는데, 이 6기의 고분군을 파지리크 고분군 유적이라 한다.

이 6기의 쿠르간은 남북 일렬로 배치되어 있는데, 그중 최대 쿠르간은 직경 47m에 높이 2.2m로 축조에는 돌과 흙 1,800m^{3}이 소요되었다. 파지리크 고분군은 방사성 탄소 연대 측정 결과 대체로 기원전 5~3세기 기간에 조성되었다. 이 시기는 중국의 전국시대에 해당하는 기간이다. 이 고분군은 파지리크 문화의 대표적인 유적지로, 파지리크 문화는 예니세이강 유역에서 번성한 다카르 문화(일명 미누신스크 쿠르간 문화, 기원전 10~8세기)와 동시대에 알타이 산지에서 흥기한 마이에르 문화를 계승했고, 창조자는 월지인(月氏人)들이라는 것이 중론이다. 이 고분군의 피장자는 쿠르간의 규모라든가, 일렬로 나란히 배치되어 있는 점, 그리고 호화로운 부장품 등으로 미루어볼 때 한 부족의 수장(首長)은 아니고 혈연관계 같은 어떤 상관성을 가진 대부족 연합의 군장(君長)들로 추측된다. 따라서 그들을 정점으로 하고 파지리크 문화를 바탕으로 한 어떤 '왕조'가 존재했을 개연성을 배제할 수 없다.

파지리크 고분 유적은 쿠르간의 구조라든가 출토된 유물들에서 뚜렷하게 동서교류상을 엿볼 수 있는데, 우선 그 중에는 스키타이 문화와의 관련성을 시사해주는 유물이 가장 많다. 쿠르간의 축조법과 매장법이 흑해 연안에 산재한 스키타이 쿠르간과 같은 형태다. 즉 묘광(墓壙)을 깊이 파서 큰 곽실(槨室)을 만든 다음, 그 위에 돌이나 흙을 높이 쌓는 쿠르간 축조법과 말을 배장(陪葬, 3호분에 9필, 4호분에 14필)한 것은 서로 같다. 3호분에서는 약 70cm 길이의 바퀴통에 바퀴마다 34개의 바퀴살이 달린 높이 1.5m의 스키타이식 목제 4륜 고차(高車)가, 2호분에서는 스키타이식 미라를 한 남녀 유체(遺體)가 각각 발견되었다. 그 냉동된 여자 유체를 '얼음공주'라고 부르며, 남자의 유체에는 검은색 안료 문신이 새겨져 있다. 유물 중에서 스키타이 문화와의 친연성이나 영향 관계를 가장 뚜렷하게 나타내는 것은 동물 문양을 비롯한 각종 예술 문양이다. 파지리크 예술 문양에서 중요한 자리를 차지하는 것은 스키타이 예술 문양에서와 마찬가지로 동물 문양인데, 보통 등장하는 동물로는 순록·산양·야생토끼·호랑이·사자·돼지·백조(白鳥)·아조(鵝鳥)·수탉·펠리컨(pelican, 사다새) 등이며, 그밖에 그리폰(gryphon, 그리스 신화 중의 날개 돋친 괴수)을 비롯한 여러가지 상상 속

얼음공주 복원 형상(고르노알타이스크 박물관)

의 동물들이 있다. 2호분에서 출토된 남자 시신의 좌우 팔과 정강이에는 이러한 동물이 문신으로 새겨져 있으며, 5호분에서 출토된 벽걸이 모전(毛氈)에 그려진 스핑크스는 동체(胴體)와 두 손은 인간이지만 하반신은 사자상을 하고 있다. 고분에서는 중국과의 교류를 상징하는 몇 가지 유물이 출토되었는데, 5호분에서는 중국산 자수가 있는 견직물이, 6호분에서는 기원전 4세기경 전국시대의 산자문청동경(山字文靑銅鏡)이 각각 출토되었다.

스키타이나 중국과 관련된 이상의 유물 외에도 페르시아를 비롯한 서아시아 문화와 관련성이 있는 유물도 다수 발견되었다. 대표적으로 5호분의 벽걸이 모전 문양에서 그러한 증거를 찾아볼 수 있는데, 여기에는 몇 점의 동물 투쟁도와 서아시아 오리엔트식 기사도(騎士圖) 2점이 있다. 그중 관을 쓰고 앉아 있는 여인(여신) 앞으로 말을 타고 다가가는 기사도에서, 기사의 용모는 알타이 현지인이 아니라 서아시아의 아르메니아 인종이 분명해 보인다. 도안은 신좌(神座)에 앉아 있는 여신에게서 기사가 신적 권리를 받는 내용을 형상화하고 있다. 짧은 상의에 길고 좁은 바지를 입은 채 3갈래의 꼬리가 달린 말을 탄 또 다른 하나의 기사도는 페르시아의 페르세폴리스(Persepolis)의 조각도나 인장에 그려진 기사도와 맥을 같이한다. 그밖에 모전이나 직물에서 서아시아적 기하학 문양도 눈에 띈다. 이와 같이 파지리크 고분군은 기원전 알타이 지방을 중심으로 한 동서간의 교류상을 입증하는 대표적인 유적이다. 알타이 지방에는 파지리크 고분과 유사한 분묘로, 바샤다르(Vashadar) 고분과 투엑타(Tuekta) 고분이 있다.

파피루스 Papyrus

고대 이집트에서는 나일강 하류의 델타 지역 내

에 자생하는 수초(水草)인 파피루스(papyrus)를 이용하여 이른바 '파피루스지(紙)'를 만들어 서사 재료로 사용하였다. 파피루스(학명 Cyperus papyrus)는 방동사니과(科)에 속하는 다년생 수초로 수심 1m 이내의 진창에서 서식하며 키는 2~3m 가량이다. 줄기는 녹색이며 기부(基部)에는 비늘 조각이 있고 상부에는 다수의 포엽(苞葉)에 가는 화서(花序)가 늘어져 꽃이삭을 이루고 있다. 고대 이집트인들은 이 파피루스의 순백색 섬유를 종횡으로 배열해 종이를 만들었다. 그들은 또한 파피루스를 식재료로 하는가 하면, 천을 짜고 신발이나 배, 범포(帆布)를 만드는 데도 이용하였다. 원래 고대 이집트인들은 파피루스를 '트프'(tf), 또는 '투프'(tuf)라고 불렀는데, 이는 '흔들리다'라는 뜻을 가지고 있다. 파피루스가 물속에서 자라면서 연신 흔들리는 데서 유래한 듯하다. 후일 그리스인과 로마인들에 의해 '파피루스'로 불렸다. 또한 '강에 속하는 것'(강물 속에서 자란다는 뜻)이라는 '파피오르'(Papiaur)라고 불리기도 했다. 이는 당시 그리스인들이 이 종이를 페니키아의 항구도시 피프로스(Pipros)에서 수입하였기 때문이라고 한다. 그러나 지금은 고대 그리스인과 로마인들의 명명대로 '파피루스'로 통용되고 있다. 영어의 'paper'(종이)도 여기에서 나왔다.

판지켄트(Panjikent, 타지크어Panjakent) 도시 유적

교류의 유물적 전거로서의 오아시스로 유적. 판지켄트(타지키스탄)는 사마르칸트 동편 68km의 제라프샨(Zeravshan)강 상류에 있는 소그드인들의 고도다. 1947년 이래 소련의 벨레니스키(A. M. Belenitskij)가 여러 차례 탐방·조사하였다. 그 결과 벽화가 있는 사원과 조로아스터 교도들의 묘지, 소그드 화폐, 후사산조(post-

판지켄트의 5~8세기 고성 유적

Sassanian)의 동전, 북주(北周) 보정(保定) 원년(561) 주조의 '포천(布泉)' 동전, 개원통보(開元通寶) 등 다수의 전폐(錢幣), 해수포도경(海獸葡萄鏡) 파편 등이 발견되었다. 이 유물들은 오아시스로의 요지에 있는 판지켄트의 페르시아 및 중국과의 교역상을 실증해주고 있는데, 현재 상트페테르부르크의 예르미타시 박물관에 소장되어 있다.

『판차 탄트라』 *Pancha-tantra*, 필자 미상, 기원전 5세기 이후

고대 인도의 교훈 설화집. 예로부터 인도는 우화를 비롯한 일반 설화문학과 함께 교훈(教訓) 설화문학이 상당히 발달하여 문학 교류에서 그 빛을 발하였다. 그중 가장 유명한 것이 『판차탄트라』이다. '판차 탄트라'는 '5종의 설화집'이라는 뜻이다. 처음에는 11종, 12종, 혹은 13종의 설화집이었으나 점차 결락되어 현존 5종만의 설화집으로 남게 되었다. 이 설화집의 저자나 저작연대는 알 수 없다. 불교적 설화 내용이 많은 점으로 미루어 석가 입적 후인 기원전 5세기 이후에 씌어진 것으로 추정할 따름이다.

교훈적 가치가 많은 이 설화집은 점차 서방으로 전파되면서 여러 언어로 번역되었으며, 아랍과 서구 문학에 적잖은 영향을 미쳤다. 우선 기원후 550년경에 킴르(Buzur Kimr)에 의해 페르시아어계의 팔라비어(Pahlavi)로 비교적 충실하게 번역되었다. 이 역본에 준한 시리아어 역본도 750년경에 나왔다. 거의 같은 시기인 압바스조 이슬람제국 제2대 칼리파 만수르(al-Mansūr) 재위시(754~775)에 페르시아인 압둘라 이븐 알 무깟파(’Abud’l Lāh Ibn al-Muqaffa, 760년경)가 『칼릴라와 딤나』(Kalila wa Dimnah)라는 제목으로 아랍어 번역본을 펴냈다. 11세기에는 안티오크(Antioch) 출신의 시메온 세스(Simeon Seth)의 그리스어 번역본과 조엘(Joel)의 히브리어 번역본이 각각 출간되었다. 이어 지오바니 디 카푸아(Giovanni di Capua)의 라틴어 번역본이 나왔는데, 이 번역본이 이탈리아와 프랑스 등 유럽 각국 문학에 신기하고도 이상한 동방적 소재를 제공하였다. 보카치오(Boccaccio)·라퐁텐(La Fontaine)·아리오스토(Ariosto) 등 작가들의 작품에는 이러한 소재가 잘 반영되어 있다.

팔렌케(Palenque) 도시 유적

멕시코 고전기의 도시 유적. 유네스코 세계문화유산. 마야 저지대 서단(西端)의 고지 구릉 위에 있는 도시 유적으로 고전기 전기에 인간이 거주하기 시작해 고전기 후기에 이르러 전성기를 맞이하였다. 마야 문명에서는 보기 드문 4중탑이 있으며 길이 91m, 폭 73m의 궁전을 중심으로 주위에는 여러 건물들과 구기장(球技場)이 배치되어 있다. 마야 문자로 새겨진 비문에는 20명의 왕 이름이 나오는데, 그 가운데 여왕이 두 명 있다.

팔렘방 Palembang, 巴林憑

인도네시아 수마트라섬 동남부의 도시. 7~11세기에 스리비자야 왕국의 수도로 번영하였으며, 중국 명나라 초기에 광둥(廣東)과 푸젠(福建) 등에서 많은 중국인들이 이 지역으로 이주하였다. 그후 마자파힛 왕조의 지배를 받다가 17세기부터 네덜란드가 이곳에 무역소를 설치한 데 이어 네덜란드 동인도회사의 관할하에 들어갔다.

팔미라(Palmyra) 도시 유적

교류의 유물적 전거로서의 오아시스로 유적. 팔미라는 시리아 사막의 중앙에 자리한 대상(隊商) 도시로서 옛 이름은 ‘타드모르’(Tadmor)이다. 기원전 1세기부터 기원후 3세기까지 대상을 통한 동서교역의 중계지로 번영을 누렸다. 여왕 제노비아(Zenovia) 치세가 전성기였는데, 273년에 로마군의 침략을 받아 폐허가 되었다. 금세기 초 프랑스 고고학자들에 의해 이곳에서 한금(漢錦, 중국 한대의 비단)이 발견되었는데, 이는 기원을 전후한 시기에 중국과 지중해 동쪽 해안 지역 간에 비단교역이 진행되고 있었다는 것을 말해준다. 이러한 사실에 근거해 1910년 독일의 동양학자 헤르만(Herrmann)은 실크로드(오아시스로)가 단순히 중국과 인도 간의 비단교역로였다는 초기의 견해를 발전적으로 수정하여, 중앙아시아를 거쳐 시리아(팔미라)까지 이어졌다는 실크로드 연장설(실크로드 개념 확대의 제2단계)을 제기하여 학계의 공감을 얻었다.

팔미라 대신전 유적

페골로티 Francesco Balducci Pegolotti → 『통상지남(通商指南)』항 참고

페니키아인들의 교역활동

셈어족 계통의 페니키아인(Phoenician)들은 기

원전 12세기부터 9세기 사이에 지중해 동안에서 시리아의 티루스(Tyrus)와 시돈(Sidon), 비블로스(Byblos), 그리고 튀니지의 카르타고(Carthago)에 상업도시를 건설하고 지중해를 무대로 적극적인 교역활동을 전개해나갔으며, 방직과 조선(造船) 등 제조업 분야에서도 뛰어난 기술을 보유하고 있었다.

페레이라 Galeote Pereira, 16세기

16세기 동방교역에 종사한 포르투갈 상인. 16세기 중엽의 포르투갈 상인 페레이라는 동방 교역에 종사한 상인으로 1534년에는 인도에, 1539년에는 말라카에, 그리고 1539~1547년 기간에는 중국 동남해안에 와서 교역활동을 한 바 있다. 1548년에는 섬라(暹羅, 현 타이)로부터 푸젠(福建) 연해에 잠입하여 교역을 시도하였다. 당시 그곳에 파견된 도어사(都御史) 주환(朱紈)이 해금(海禁) 시책을 엄격하게 취하는 바람에 이듬해 3월에 선박과 함께 명군(明軍)에 생포되어 광시(廣西) 구이린(桂林)에 압송되었다. 그는 얼마간 억류되었다가 쌍취안도(上川島, 광저우에서 30마일 거리)에서 활동하던 한 포르투갈 상인의 도움으로 탈출에 성공, 인도로 도주하였다. 이후 페레이라는 인도에서 포르투갈어로 『중국보도(中國報導)』라는 견문록을 저술하였다. (『중국보도』항 참고.) 이 견문록에는 상역에 관한 기사는 별로 많지 않지만, 저자의 행적과 더불어 당시 포르투갈 상인들이 행한 동방 교역활동이 반영되어 있다.

페로즈 3세 Pêrôz III

사산조 페르시아 최후의 왕 야즈드게르드 3세(재위 632~651)의 아들(?~708)로서 아랍군의 추격을 피해 동방으로 도피하다가 670년 중국 당나라에 도착하였다. 8년 후 파사(波斯, 페르시아) 왕으로 책봉되어 서역에 돌아가 타하르 지방에 머물렀다. 708년에 당나라를 다시 방문하였다가 병사하였다.

페르가나 大宛國, 破落那, 拔汗那 → '대원국'항 참고

페르가몬(Pergamon) 도시 유적

오아시스로 유적. 현재 이름은 페르가마(Pergama)로, 터키의 서부에 자리한 고도이다. 기원전 3세기에는 페르가몬 왕국의 수도였다. 기원전 190년에 로마가 이곳을 페르가몬 왕에게 할양한 후 크게 번영하기 시작하였다. 당시 페르가몬은 이집트의 알렉산드리아 도서관에 필적하는 대형 도서관을 보유하고 있었다. 도성의 구릉 위에 궁전, 신전, 극장, 제우스 제단 같은 유적이 남아 있다. 제우스 제단의 부조(浮彫) 유품은 동베를린 소재 페르가몬 박물관에 소장되어 있다.

페르비스트 Ferdinand Verbiest, 남회인(南懷仁), 1623~1688년

벨기에의 동향(東向) 선교사. 페르비스트는 1641년 9월 예수회에 가입한 후 1657년 이탈리아 선교사 마르티니(M. Martini)와 함께 동항 길에 올라 이듬해(1658) 마카오에 도착하였다. 1659년에 산시(陝西) 지방에 가서 포교활동을 하다가 다음해에 베이징으로 옮겨 독일 선교사 아담 샬(J. A. Schall von Bell)을 도와 역법(曆法) 수정작업에 참여하였다. 1664년의 흠천감교안(欽天監敎案) 사건('아담 샬'항 참고) 때 투옥되었다가 석방된 후에는 줄곧 베이징에 체류하였다. 정밀한 천문 역산(曆算)으로 강희제(康熙帝)의 신임을 얻은 페르비스트는 1669년에 흠천감 감부(欽天監監副)에 임명되었으며, 이를 계기로 황제와 친밀한 관계를 유지하게 되었다. 그는 황제에게 수학을 가르치고 북순(北巡) 때 수행하기도 하였다. 1671년 겨울 강희제가 하사한 '경천(敬天)'이란 편액(扁額)을 교회당 문면에 걸었다. 그의 감독하에 1673년에 황도경위의(黃道經緯義)·적도경위의(赤道經緯義)·천체의(天體義)·지평경의(地平經義)·지평위의(地平緯義) 등 관상대 천문의기를 제작하였으며, 이듬해 봄에는 그가 편찬한 『신제영대의상지(新制靈臺儀象志)』16권을 강희제에게 진상하였다. 이 해에 그는 흠천감감정(欽天監監正)으로 승진하고 태상사소경함(太常寺少卿銜)을 하사받았다. 1676년에 페르비스트는 예수회 중국선교회의 부회장으로 임명되고, 그해 러시아의 차르 대표단이 중국에 들어왔을 때 통역을 담당하기도 하였다. 1677~1678년 기간에는 예수회 총회장과 각 교구 주교들에게 서한을 보내 중국에 선교사를 파견할 것을 요청하였다. 이 서한을 접한 프랑스 정부와 루이 14세는 프랑스 예수회 소속 선교사들을 여러 명 파견하였다.

1678년 『강희영년역법(康熙永年曆法)』이 편찬되자 페르비스트는 통정사사통정사(通政使司通政使)에 임명되었고, 1682년에는 주포(鑄砲)와 『신위도설(神威圖說)』70권(1681년 베이징 출간) 완성에 공로가 있다고 하여 공부우시랑(工部右侍郎)에 봉해졌다. 그해 그는 강희제의 동방 순방에 수행하고 나서 『서달단여행기(西韃靼旅行記)』를 저술하였다. 얼마 후 낙마하여 부상을 입고 그 후환으로 병사하였다. 청조는 그의 사후 '근민(勤敏)'이란 시호(諡號)를 추서하였다. 400년 중국 선교사상 그가 유일한 시호 추서자다. 페르비스트는 다작 저술가였다. 저서로는 강희제 치세 때 사회·정치·대외관계를 다룬 『희조정안(熙朝定案)』3권, 천주교 교의전서인 『교요서론(敎要序論)』1권(1669년 베이징 출간), 문답체로 천주교의 종교 원리를 해석한 『선악보략설(善惡報略說)』(1670) 『곤여전도(坤輿全圖)』

와 『곤여도설(坤輿圖說)』2권(1674) 『도학가전(道學家傳)』1권(1686) 『고해원의(告解原義)』(1730) 『적도남북성도(赤道南北星圖)』 『곤여외기(坤輿外記)』 『서방요기(西方要記)』 등 다수가 있다.

페르세폴리스(Persepolis) 도시 유적

오아시스로 상의 유적. 페르세폴리스는 현 이란 파르스주의 주도인 시라즈 북동쪽 60km 지점에 있는 아케메네스조의 고도이다. 페르세폴리스란 이름은 그리스인들이 명명한 것으로 '페르시아의 도시(Polis)'란 뜻이다. 페르시아어로는 '타흐트 잠쉬드'(Takht-e Jamshid)로 '타흐트'는 '왕좌'란 뜻이고, '잠쉬드'는 페르시아의 한 전설적 영웅의 이름이다. 중동에서 궁전 유적으로는 최대 규모인 페르세폴리스 유적지는 앞에는 마르브다슈트(Marv Dasht) 평원이 펼쳐져 있고, 뒤로는 해발 1,770m나 되는 라흐마트산(Kuh-e Rahmat, '자비의 산')으로 둘러싸여 있다. 이 고도는 아케메네스조 다리우스 대왕에 의해 기원전 520년경에 세워졌다. 원래 아케메네스조의 수도는 파사르가다이(Pasargadae)였으나 다리우스는 그곳을 포기하고 여기에 새 도읍을 건설해 알렉산드로스군에게 멸망할 때까지 약 200년간 아케메네스조의 수도였다. 그후 약 2000여 년간 폐허로 방치되어오던 유적을 1931년부터 미국 시카고 대학 동방연구소가 6년간 조사·발굴한 결과 도시의 면모가 드러나게 되었다. 이에 관해 시카고 대학 오리엔트 연구소의 슈미트(E. F. Schmidt) 박사는 『The Treasury of Persepolis and other Discoveries in the Homeland of the Achaemenians』란 제목으로 발굴 보고서를 발표하였다.

페르세폴리스의 방대한 유적은 다음과 같은 몇가지 부분으로 구성되어 있다. ① 대기단(大基壇): 높이 약 10m ② 만국(萬國)의 문(Duvarti

라흐마트산에서 내려다본 페르세폴리스의 전경

Visadahyu): 대기단의 서측 계단으로 올라가면 한 쌍의 석조 목우(牧牛)와 유익인면수신상(有翼人面獸身像, 측벽)이 있는데, 이 수신상의 한 날개 위에는 크세르크세스 1세(다리우스의 아들)에 관한 고대 페르시아어와 아랍어, 아카드어로 쓰인 비문이 있다. ③크세르크세스 1세의 아파다나(Apadana) 궁전지(址): 13대의 열주(列柱) 유적, 기둥 초석에는 이집트풍의 연화(蓮花) 문양, 기단의 북측과 동측에는 부조(浮彫)로 새긴 조공자 행렬도(朝貢者行列圖)와 동물 투쟁도. ④ 타차라: 주건물과 떨어져 있는 별전(別殿). ⑤ 하디쉬(Hadish): 합성궁(合成宮). ⑥ 하렘: 합성궁의 뒤편. ⑦ 보고(寶庫, 창고): 유적의 동남방에 있음. ⑧ 백주지(百柱址): 사방 약 70m인 다리우스 대왕의 궁지(宮址)에 10개씩 10열(100주). ⑨ 토리뷰론: 아파다나 궁전 동남편에 이어 지은 삼문궁(三門宮, 혹은 중앙궁전). ⑩ 왕묘.

페르세폴리스의 낙쉐 로스탐 Naqsh-e Rostan

아케메네스조 페르시아 제왕들의 암굴묘군(岩窟墓群). 페르세폴리스에서 서북쪽으로 6km쯤 떨어진 곳에 낙쉐 로스탐(Naqsh-e Rostan) 암굴묘군이 있는데, 이란어로 '낙쉐'는 '조각'이나 '회화'라는 뜻이고, '로스탐'은 전설 속 한 영웅의 이름이다. 가파른 낭떠러지 암굴에 4명의 왕이 묻혀 있다. 암벽을 향해 오른쪽으로부터 다리우스 2세, 다리우스 1세, 크세르크세스 1세, 아르타크세르크세스 1세의 순이다. 다리우스 1세 말고 3기의 묘 주인에 관해서는 이설이 있다. 그밖에 아르타크세르크세스 2세와 다리우스 3세의 묘는 페르세폴리스 배면산(背面山)인 라흐마트산 중턱에 있다. 이 4기의 묘형(墓形)은 기본상 동일하다. 묘실 표면은 십자가형이고, 상부에는 피장자의 상이나 묘비, 옥좌를 메고 있는 이른바 '옥좌메기'상, 조로아스터교의 아후라 마즈다의 신상 등이 그려져 있으며, 하부에는 기마전투도 등이 부조되어 있다. 크세르크세스 1세와 다리우스 1세 사이에 있는 높이 7m에 달하는 대형 '기마승전도'에는 260년 에데사에서 붙잡힌 동로마제국 황제 발레리아누스가 말 위에 앉아 있는 사산조 페르시아의 샤푸르 1세 앞에 무릎을 꿇은 장면이 생생하게 묘사되어 있다. 그리고 이

페르세폴리스 인근의 낙쉐 로스탐(암벽분묘군) 전경

곳에서 얼마 떨어지지 않은 곳에는 사산조 시대의 위풍을 보여주는 낙쉐 라잡 암각유적이 있는데, 여기에는 왕들의 대관식 장면과 성직자들의 활동상 등이 새겨져 있다.

페르시아 Persia, 波斯

이란의 옛 이름. '페르시아'란 이름은 이란의 남부 고도 '파르스'(Fars)에서 유래하였다. 파르스는 기원전 6세기 아리안인들을 주축으로 한 아케메네스조 페르시아(기원전 558~330, 페르시아어로 '혜커맨쉬')가 일어난 곳이다. 왕조 이름에 '페르시아'를 덧붙였고, 왕궁 소재지인 '페르세폴리스'(그리스어로 '페르시아의 도시'란 뜻)에도 '페르세'('페르시아의')가 합성어를 이루고 있다. 알렉산드로스의 동정에 의해 멸망한 아케메네스조 페르시아에 이어 출현한 '파르티아'(기원전 256~기원후 226, 페르시아어로 애쉬커니, 안식安息)는 이란 동부에서 비(非)아리안계의 아르사케스(Arsakes) 일족에 의해 세워진 나라이기 때문에 '페르시아'란 말은 더이상 필요 없는 '사어(死語)'가 되었다. 그뒤 파르티아는 아케메네스의 고지(故址)인 파르스에서 일어난 아리안계의 사산 가문 출신인 아르다시르(Ardashir)에 의해 멸망하였다. 새로 출현한 왕조는 전전대의 아케메네스조 페르시아와 마찬가지로 본향인 파르스의 이름을 복원해 '사산조

페르시아'(226~651)라고 불렸다. 사산조가 멸망한 다음 이 지역에서 외래족이 세운 몇몇 왕조를 비롯해 여러 왕조가 흥망성쇠를 거듭하는 과정에서 '페르시아'라는 고유명사가 더이상 쓰이지는 않았다. 그러나 오리엔트문명의 계승자, 세계 최초의 통일제국, 세계 최초의 계시종교인 조로아스터교의 출현지, 헬레니즘의 발상지, 이슬람 시아파의 종주국 등 페르시아적인 민족전통은 계승되어왔다.

페르시아로(路) Persia Road

몽골제국 시대에 서방으로 통하는 육로의 두 갈래 길 중 한 길(다른 한 길은 킵차크로). 킵차크로와 마찬가지로 수도 카라코룸이나 대도(大都, 베이징北京)에 출발하여 사주(沙州, 둔황敦煌)에 이른 후, 서북향으로 톈산 남도(天山南道)를 따라 파미르 고원을 넘은 다음 호라산(Khorasan)과 타브리즈(Tabriz)를 거쳐 바그다드(Baghdad)나 아야스(Ayas, 현 터키 앙카라 서쪽)에 이른다. 여기서부터 다시 이탈리아의 베네치아 등 유럽 각지로 이어진다. 이 길은 대체로 오아시스로에 해당하며, 아시아 구간은 제1차와 제3차 몽골 서정군이 주로 이용하였다.

『페르시아 목가(牧歌)』 The Persian Eclogues, William Collins 저, 1742년

동양적인 정서를 담은 시가. 18세기에 유럽에서 창작된 동양 소재의 시가(詩歌)에는 동양적인 정서를 그대로 담아보려는 노력이 엿보인다. 대표적인 작품으로는 윌리엄 콜린스(William Collins)의 이 책(1757년에 『동양목가』 The Oriental Eclogues로 개명)과 채터턴(Thomas Chatterton)의 『아프리카 목가』(An African Eclogues, 1770), 존 스콧(John Scott)의 『동양목가』(The Oriental Eclogues), 그리고 몽골의 쿠빌

라이 칸을 묘사한 콜리지(S. T. Coleridge)의 54행(行) 몽환시(夢幻詩)『쿠블라 칸』(*Kubla Khan*, 1798, 1816 출간) 등이 있다.

페르시아어(語) *Fārsī*

인도·유럽어족에 속하는 이란어군. 오랜 역사를 거치며 페르시아어에는 여러가지 방언들이 나타났는데, 지역적으로는 동·서 2대 방언군으로, 시대적으로는 고대·중세·근대의 3개로 나눌 수 있다. 이를 정리하면 다음과 같다. ① 고대 페르시아어: 서남 방언으로 아케메네스조 시대에 쓰인 고대 페르시아어와 메디아어에서 차용한 언어들이 있고, 동북 방언으로는 아베스타어와 그 조어(祖語)인 가사(Gatha)어와 붓다어나 호메로스어가 있다. ② 중세 페르시아어: 서부 방언으로 파르티아 시대의 비문이나 문서, 전문(錢文, 돈에 새겨진 글) 등에 보이는 파르티아어와 사산조 비문이나 조로아스터교 문서, 마니교 문서에 보이는 중세 페르시아어가 있고, 동부 방언 군에는 불교와 기독교, 마니교의 문서와 서간, 비문에 쓰인 소그드어와 호탄어(사카어)가 있다. ③ 근대 페르시아어: 서방 방언으로는 쿠르드어, 발루치(Baluchi)어, 카스피 방언군, 페르시아어(이란 중앙 방언군)이 있고, 동방 방언에는 파슈트어, 파미르 방언군이 있다. 페르시아어는 문학어로서 페르시아가 이슬람화된 이후에 아랍어 영향을 많이 받았다. 문자는 고대 페르시아어는 설형문자(楔形文字)로, 중세 페르시아어는 팔라비 문자로, 근대 페르시아어는 아랍 문자로 각각 표기되었다. (6-317~18)

페르시아 동방교역

서아시아에서 가장 일찍이 중국과 통교한 나라는 전한(前漢)대에 안식(安息, 파르티아)으로 알려진 페르시아다. 안식은 지정학적으로 한과 로마의 중간지대에 웅거해 기원을 전후한 시기에 동·서 두 지역 간의 중계교역을 거의 독점하였으며, 삼국과 남북조시대에도 간단없이 중국과 통교하였다. 파사(波斯, 페르시아)란 명칭은 『위서(魏書)』「서역전(西域傳)」에 그 기록이 보이는데, 사산조 페르시아(226~651)는 455년부터 648년에 이르는 193년간 중국에 모두 13차례의 사신을 보냈다. 수대(隋代)에도 사절단을 파견했으며, 수 양제(煬帝)는 답례로 이욱(李昱)을 사신으로 보내기도 하였다. 사산조가 멸망한 후, 페르시아인들은 아랍의 우마이야조와 압바스조 치하에 있으면서도 654년부터 771년까지 117년 동안 여전히 페르시아라는 이름으로 당나라에 사신을 파견하였는데, 그 횟수는 모두 31회나 되었다. 사산조는 우마이야조 이슬람제국에 멸망할 때 당나라에 원군(援軍)을 요청하기도 하였으며, 마지막 왕 비루스(卑路斯, Farzard)와 왕자 노르시에(Norsieh)는 장안(長安)에 피난하여 거기서 객사하였다. 페르시아는 초기 불교의 중국 전파에도 일정한 기여를 하였다. 중국 삼론종(三論宗)의 교조는 안식인(安息人) 길장(吉藏, 549~623)이고, 안식왕의 태자 안세고(安世高, 후한 말 중국 방문)와 승려 안현(安玄)은 중국 역경사(譯經史)에 큰 족적을 남겨놓았다.

페르시아인들의 대(對)중국 교역은 일찍부터 이어져왔다. 특히 사산조시대에 와서는 비단교역을 비롯한 중국과 로마 사이의 중계교역이 활성화되면서 페르시아 대상(隊商)들이 더욱 빈번히 중국을 오갔다. 이러한 상황은 사산조가 멸망하고 우마이야조 아랍제국이나 압바스조 이슬람제국의 치하에 있을 때도 여전히 지속되었다. 그리하여 중국 사서에는 이들 페르시아인들과 아랍인들을 혼동하여 '상호(商胡)'라고 통칭하였다. 상호에 포함되는 페르시아 상인들은 대부분 부를 축적한 거상(巨商)들로 장안의 주보(珠

寶)와 향약(香藥) 시장을 독점하였다. 그들은 대체로 육로를 통해 간쑤(甘肅)와 산시(陝西) 등 서북 일원에 유입해 정착하였으며, 일부는 쓰촨(四川)이나 양쯔강(揚子江) 유역까지도 진출하였다.

해로를 통한 그들의 교역활동도 상당히 활발하였다. 8세기 중엽, 한(漢) 문화권 사람으로서는 최초로 페르시아를 방문한 신라 고승 혜초(慧超)는 현지 견문록 『왕오천축국전(往五天竺國傳)』에 다음과 같은 기록을 남겼다. "페르시아인들은 항시 서해(西海, 지중해)에 진출할 뿐만 아니라, 남해(南海) 상에 있는 사자국(獅子國, 현 스리랑카)에 가서 보물을 취득하며, 나아가 해로로 한지(漢地, 중국)의 광저우(廣州)까지 가서 견직물을 교역해 온다." 남해에서의 페르시아인들의 활약상은 동로마제국(비잔틴)이 에티오피아인들에게 부탁해 페르시아인들의 비단무역을 차단하고자 한 데서도 확인된다. 동로마의 유스티니아누스(Justinianus, 483~565) 황제는 에티오피아에 사신을 보내 협약을 체결하도록 요청하였다. 에티오피아인들로 하여금 인도로부터 구입한 비단을 로마에 다시 팔아넘기게 함으로써 비단무역에서 페르시아인들을 따돌리려고 하였던 것이다. 그러나 당시 남해무역을 거의 장악하다시피 한 페르시아의 위세에 눌려 에티오피아인들은 협약을 포기하였다.

6세기 이후, 페르시아가 동방 교역의 중심을 해상교역으로 전향한 것은 돌궐(突厥)의 흥기로 인해 육상교역이 위협을 받았기 때문이다. 6세기 막북(漠北)에서 일어난 돌궐은 단시일 내에 랴오둥(遼東)에서부터 아랄해까지 이르는 실크로드로 연변을 석권하고 동서교역을 통제하였다. 비단교역의 중개자 역할을 하던 강국(康國) 등 중앙아시아 교역국들도 모두 돌궐에 복속되었다. 이러한 돌궐의 서진 위협에 불안을 느낀 페르시아는 더이상 종전과 같이 육로를 통한 동

방교역을 지속할 수 없었다. 그리하여 남해를 통한 동방 교역으로 방향을 바꿔 인도양을 거쳐 중국 동남해안까지 진출하였다. 사실상 8세기경 아랍인들이 해상교역에 등장하기 전까지 남해와 서아시아에서 해상교역의 주역은 페르시아인들이었다. 사산조 페르시아가 멸망하고 아랍인들이 남해 교역을 주도하기 시작한 9세기 이후에도 페르시아인들의 교역활동은 크게 위축되지 않고 아랍인들의 교역활동과 병행해 지속되었다. 그리하여 종종 페르시아인과 아랍인들의 교역활동이 혼재하고, 따라서 이들의 활동이 동일시되어왔다. 이러한 사실을 반영하듯, 시안(西安)의 한 당묘(唐墓)에서는 사산조 페르시아의 호스로 2세(Khusraw II, 590~627) 이름이 새겨진 은화와 아랍 금화가 출토되었고, 신장(新疆) 일대에서는 7세기경에 비장(秘藏)한 페르시아와 아랍 은화 947매가 함께 발견되기도 하였다.

페르시아의 중앙아시아 속령화 경략 기원전 6세기 ~4세기

기원전 6세기 중엽에 페르시아의 키루스 2세(Cyrus II, 재위 기원전 559~530)는 오늘의 이란을 본거지로 이집트를 제외한 고대 오리엔트 전역을 정복하고 아케메네스조(Achaemenes, 기원전 6세기~330)를 건립하였다. 그의 뒤를 이은 다리우스 1세(Darius I, 재위 기원전 521~486)는 제국의 영토를 동은 서북 인도에서, 서는 이집트와 아나톨리아까지, 북은 시르다리야강까지 확장해 전대미문의 페르시아 대제국을 건립하였다. 그는 중앙아시아에 제12(박트리아 등)·제15(사카 등)·제16(파르티아, 호라산 등)의 3개 속주(屬州)를 설치해 경략 통치를 실시하였다. 기원전 5세기 후반 페르시아 전쟁 때, 호라즘과 박트리아, 소그디아나, 파르티아, 사카 등 중앙아시아의 여러 종족들이 페르시아군에 소속되

어 그리스 원정에 참가한 사실은 페르시아의 중앙아시아 경략(기원전 6세기~4세기)을 실증해 준다. 박트리아·소그디아나·마르키아나 등 중앙아시아 일원에서 출토된 기원전 1000년 전반의 토기들이 원통형 컵식 용기와 몸체가 직선인 발형(鉢型) 용기라는 공통점이 있는 점으로 미루어 이곳들은 당시만 해도 고대 오리엔트 문명이나 페르시아 문명과는 다른 문명권을 형성하고 있었음을 알 수 있다. 페르시아의 속령화 경략을 계기로 고대 오리엔트문명이나 페르시아 문명이 중앙아시아에 속속 유입되었다. 호라즘의 키질 칼라나 마르키아나의 에르크 카라(메르브), 박트리아의 마르기아나, 소그디아나의 아프라시압(사마르칸트) 등 고대 도시의 건물은 햇볕에 말린 연와(煉瓦)를 사용해 짓고 사위에 성벽을 두르는 것과 같은 오리엔트의 도시 건축양식을 그대로 따랐다. 기원전 7세기에 출현한 조로아스터교(배화교 拜火敎)의 창시자 조로아스터가 포교활동을 전개한 주무대는 박트리아였으며, 중앙아시아 전역에 신속히 전파되었다. 그 밖에 시리아에서 기원전, 아람 문자가 중앙아시아에 전달되었으며, 이 문자를 모체로 호라즘·파르티아·소그디아나 등 여러 나라의 문자가 만들어졌다.

페르시아 회화의 동전

6세기경부터 사산조(226~651) 페르시아풍 회화가 동방에 전해지기 시작하였다. 중국 신장성(新疆省) 쿠처 부근의 키질 천불동(千佛洞)을 비롯한 실크로드로 연도의 여러 유적에서 페르시아풍 회화 유물이 많이 발견되었다. 불교 유적뿐만 아니라, 마니교(摩尼敎) 사원 벽화에 등장한 인물들의 용모나 복식·색조·도안 등에서 분명한 페르시아풍 회화 요소를 느낄 수 있다. 화법에서 선을 많이 쓰고, 백색을 선호하는 것 등으로 가장 뚜렷한 특징은 도안이다. 페르시아풍 회화는 능형 인상(菱形鱗狀)과 연주문(聯珠紋) 및 대칭(對稱) 문양을 도안에 많이 쓴다.

능형 인상이란 마름모꼴의 격자(格子)를 겹쳐서 물고기 비늘처럼 이어붙이고 그 위에 동·식물을 그려넣는 도안이다. 키질 천불동의 궁륭천정(穹隆天井) 도안이 대표적인 예다. 이는 쿠처 미술의 한 특징이기도 한데, 거기에서 약 2세기 동안 성행한 것으로 보인다. 연주문은 외주(外周)에 두 개의 크고 작은 원형 테를 두르고 두 테 사이에 원주(圓珠)를 이어박고 내부에 주로 새나 짐승을 그려넣는 도안을 말한다. 이러한 연주문 속의 동물들은 대체로 나무 같은 것을 사이에 두고 대칭으로 배치되어 있는데, 이러한 도안을 대칭문양(구도)이라고 한다. 때로는 연주문과 대칭문양을 합쳐서 연주대칭문(聯珠對稱紋), 혹은 구체적으로 내용에 따라 연주대조문(聯珠對鳥紋, 혹은 대수 對獸)이라고도 한다. 사산조 미술의 특징인 이러한 연주 대칭은 6~7세기 북중국 일원에서 유행하였다. 벽화나 조소(彫塑), 도자기 공예, 견직물 등 다양한 소재에 문양으로 사용되었는데, 이는 키질 천불동 벽화에서는 물론, 중당기(中唐期)에 속하는 둔황(敦煌) 천불동 220굴과 361굴 벽화에서도 찾아볼 수 있다. 뿐만 아니라, 한국(화수대금문금구花樹對禽文金具)이나 일본(화수대록문금花樹對鹿文錦)에까지 전파되었다.

페리 Matthew Calbraith Perry, 1794~1858년
미국 제독. 1852년 동인도 함대사령관에 임명된 페리는 미국 대통령의 친서를 휴대하고 기함 미시시피호(號)와 4척의 군함('흑선黑船')을 이끌고 1853년 7월 일본 우라가(浦賀)에 도착하였다. 일본 막부(幕府)는 철수를 요구했으나 페리는 거절하고 최고위급과의 면담을 요구하고 위

협하면서 대통령의 친서만 교부하고 철수하였다. 이듬해 2월 다시 에도만(江戶灣)에 와서 군함 7척으로 위협을 가하던 끝에 3월 가나가와(神奈川) 조약을 강제 체결하였다. 조약에는 하전(下田)과 상관(箱館)의 개방, 연료의 공급, 조난선원의 보호, 영사(領事) 주재 등을 규정했으나 통상 조항은 없다. (10-170)

페테르부르크 Peterburg → '상트페테르부르크'항 참조

페트라 Petra

기원 전후 요르단의 나바테아 왕국의 도시 유적. 페트라 지방에는 기원전 7000년경부터 인류가 거주하기 시작했으며, 기원전 13세기경부터 페트라를 비롯한 요르단 남부 지역에 에돔인들이 나타났다. 그들은 페트라 서쪽에 있는 움알 비야라산 일대에 보스라('바위'란 뜻)를 수도로 한 에돔 왕국을 세웠다. 기원전 6세기경부터 아라비아 반도에서 이주해 온 나바테아인들은 기원전 3세기에 이르러 페트라 왕국을 세웠다. 나바테아인들은 무역으로 부를 축적하고 문화적으로는 그리스의 영향을 많이 받아 점차 강성해졌으며, 전성기 때의 인구는 3만 명을 헤아렸다. 기원전에 일시 셀레우코스의 지배를 받았고, 기원후(1~4세기)에도 로마군의 강점 등 간섭이 있었지만, 나바테아 왕국은 여전히 강대한 세력을 유지하고 있었다. 106년 로마군이 수도 페트라를 점령하고 열주(列柱) 거리와 목욕탕 등을 건설하였다. 기원 초 북방 시리아의 팔미라가 대상도시로 번영을 누리기 시작하자 페트라의 중요성은 점차 약화되었다. 비잔틴-이슬람시대(4~13세기)에는 기독교 주교구(主敎區)에 편입되어 건물은 기독교적으로 개조되었다. 7세기 이슬람 세력이 득세하면서 종전의 명성이 사라져갈 무렵 12세기 십자군시대를 맞아 교역거점

페트라 유적의 백미인 가즈나 신전 외관

으로서 요새가 건설되는 등 약간의 부흥 조짐을 보였으나 계속 베두인들이 거주하는 촌락으로 남았다. 오랫동안 잊혀졌다가 1812년 '잃어버린 도시'를 찾아 헤매던 스위스 탐험가 요한 루드비히 부르크하르트(Johann Ludwig Burckhardt)에 의해 발견되었다.

그리스어로 '바위'란 뜻의 페트라는 붉은 사암(砂巖) 암벽으로 이루어져 '붉은 도시'라고 한다. 페트라는 요르단의 수도 암만에서 260km, 사해(死海)에서 80km 떨어진 해발 950m의 와디무사 분지에 자리하고 있다. 페트라의 유적은 2km 떨어져 있는 기적의 모세 샘(아인무사)에서부터 시작된다. 유적의 입구는 높이 100m에 길이 1.5km의 협곡이고, 그 끝에는 유적의 백미라고 할 수 있는 높이 43m, 폭 30m의 화려한 로마 코린트식 2층 건물인 가즈나 신전이 있다. 거기서부터 극장까지 포장길 아우터 시크(Auter Siq)가 쭉 뻗어 있으며, 1세기에 건조한 45단의 로마 원형극장은 6천 명을 수용한다. 도시의 중심부에는 기원전 1세기에 포장된 길이 150m, 폭 6m의 열주 거리가 동서로 뻗어 있는데, 서쪽에 개선문이 나 있다. 그밖에 왕궁 분묘군과 카스르 알빈트(Qasr Al Bint) 신전, 알 데이르(Al Deir) 신전 등이 있다.

펠리오 Paul Pelliot, 1878~1945년

펠리오 초상

프랑스의 동양학자 및 탐험가. 1878년 프랑스 파리에서 태어난 펠리오는 동양어학교와 정치학교를 졸업하고 1899년 인도차이나 고고학 파견단의 장학생으로 선발되었다. 이 파견단은 이듬해에 극동프랑스학원으로 승격되었다. 그해 1월 사이공

에 도착한 펠리오는 곧바로 궁정이 소장하고 있는 한문(漢文) 서적과 베트남 문헌 조사에 착수하였으며, 2월에 도서와 기타 참고서를 수집하기 위해 베이징에 파견되었다. 하지만 당시의 수집품들은 의화단(義和團)의 난에 의해 소실되었다. 펠리오는 6월 중순 다르시 해군 대위가 지휘하는 의용병 부대에 입대해 공사관 구역을 방어하였다. 유창한 중국어 덕분에 큰 군공(軍功)을 세웠다. 1901년 1월 사이공에 돌아가 극동프랑스학원 중국어 교수에 임명되었다. 2월에 다시 베이징에 파견되어 문헌과 참고서 등을 수집하고 6월 하노이에 돌아왔다. 이때 그는 동기(銅器)·도자기·회화와 다수의 한문 문서 외에 티베트어와 몽골어 등으로 쓰인 문헌들도 가지고 왔다. 당시 중국에서는 의화단 난으로 유출된 유물과 서적들을 시중에서 어렵지 않게 구할 수 있었다. 1904년에 이러한 수집품의 대부분이 파리 국립도서관으로 운반되었으며, 그중 회화류는 루브르박물관으로 옮겨졌다. 문헌 중에는 『고금도서집성(古今圖書集成)』과 『도장(道藏)』(도교의 경전집) 등이 포함되어 있었다. 1902년 2월부터 11월까지 세번째로 중국여행에 나선 펠리오는 약 2만 4,000권의 문헌을 수집하였다. 1903년에는 하노이에서 베트남 문헌들을 필사하였다. 1904년 펠리오는 인도차이나를 떠나 프랑스로 가서 1908년까지 어떠한 직책도 맡지 않고 중앙아시아 탐험 준비에 집중하였다.

프랑스 금석미문학사원(金石美文學士院)과 프랑스 중앙아시아탐험위원회는 1905년 8월에 귀국한 펠리오에게 중앙아시아 고고학 탐험을 위임하였다. 이듬해 6월 지리학자 바이양(Louis Vaillant, 군의軍醫), 박물학자로서 사진 촬영에 능한 누에트(Charles Nouette)와 함께 파리를 출발, 모스크바와 올렌부르그를 거쳐 서투르키스탄의 수부(首府) 타슈켄트에 이르러 2개월(일설

둔황 막고굴 장경동에서 둔황문서를 조사하는 펠리오

은 1개월)간 머물렀다. 펠리오는 능란한 러시아어로 번잡한 수속 및 교섭을 하는 중에 동방 투르크어를 공부하였다. 이후 펠리오가 중앙아시아를 탐험한 노정은 다음과 같다.

타슈켄트 → (기차) 페르가나의 동단에 가까운 안디장 → 파미르 고원 → 오슈 → (기마) 해발 4,000m의 탈지크 다반 → (8월) 카슈가르, 러시아 영사 저택에 체류, 카슈가르 부근 조사 → 쿠처, 도중 톰슈크 마을에서 25~30명의 인부를 동원해 3세기경의 사원 유적 6주간 발굴, 헬레니즘의 채색 조각품 발견 → (1907년 1월 2일) 쿠처 도착, 영하 35도, 북방의 스바시 불교 사적 등을 조사, 많은 브라흐미 문자 사본, 목각문서, 목(木)조각, 인새(印璽), 고전(古錢) 등을 발견 → (1907년 9월, 일설은 10월) 우루무치, 학교 참관, 4개 국어 정통으로 명성이 자자 → (1908년 2월, 일설은 1907년 12월) 둔황 천불동, 5개월간 체류, 고문헌 조사는 3월 3일부터 1개월간 진행, 석굴 속에서 촛불 켜놓고 고문헌을 한 권 한 권 뒤지다가 저녁이 되면 비적(秘籍, 비밀 서적)을 외투 속에 넣어 가지고 천막에 돌아옴, 왕원록(王圓籙) 도사에게서 은 500냥에 약 5,000권을 몰래 구입, 24상자에 포장, 극비리에 파리에 수송, 한 권만 베이징에 가지고 와 학자들에게 보여줌, 3

월 26일자로 하노이 극동프랑스학원의 세나르 박사에게 편지를 보내 알림, 1909년 학원의 학보에 「간쑤(甘肅)에서 발견된 중세의 문고(文庫)」란 28쪽 보고를 발표 → (1908년 5월) 둔황 출발 → 량저우(凉州) → 시안(西安, 1개월간 체류) → 정저우(鄭州) → (기차) 베이징, 둔황문서 일부를 중국 학자들에게 보여줌 → (12월 12일) 하노이 → (1909년 5월) 베이징 도착, 4개월간 체재 → (10월 24일) 파리 도착 → (12월 10일) 솔로몬대학 환영회 및 보고 연설.

펠리오의 탐험 소식과 도서 발굴이 알려진 후 중국 청조는 1910년 석실(둔황 장경동藏經洞) 내 잔류 고문헌을 모두 베이징으로 운반하였다. 1910년 1월 펠리오가 수집한 서적들이 파리 국립도서관에 납부되었는데, 약 3,000권의 고사본과 약 3만 권의 한문 간본이라고 한다. 펠리오와 동행한 두 사람도 수천 매의 사진, 800종의 식물표본, 200종의 박제 조류, 여러 가지 박제 포유동물 외에 곤충류·두골·인체측정표 등을 가지고 왔다. 펠리오의 학문적 공적이 높이 평가되어 1909년 10월에 금석미문학사원 회원에 선발되고 1911년 콜레주 드 프랑스(Collège de France, 프랑스학원)에 '중앙아시아의 언어·역사 및 고고학 강좌'가 신설되었다. 펠리오는 1925년에는 유럽의 동양학연구지 『통파오(通報)』(T'oung Pao)의 편집을 맡았으며, 많은 논문을 발표하였다. 주요 저서로는 『둔황 천불동』(6권, 1920~1926), 『중앙아시아에서 펠리오의 사명』(1924), 『마르코 폴로』(4권, 1938, A. C. Moule와 공저)가 있다. 그는 1945년 10월 25일 파리에서 사망하였는데, 사후에 『원조비사(元朝秘史)』(1949), 『성무친정록역주(聖武親征錄譯註)』(1951, 앵비스와 공저) 등 많은 저서가 출판되었다. (1-434~39)

평양 平壤

평양 지역에서 확인되는 문명교류의 흔적으로
는 먼저 낙랑 관련 유물을 들 수 있다. 그중 대
표적인 것이 평양 석암리(石巖里) 9호 무덤 출토
금허리띠 장식이다. 순금으로 만든 이 장식은 1
세기경에 제작된 것으로 추정되며, 누금(鏤金)
기법과 감옥(嵌玉)기법을 절묘하게 이용해 만들
었다. 금이나 은 등으로 만든 이러한 정교한 공
예품은 서역에서 발견되며, 중국 윈난성(雲南省)
에서도 출토된 바 있다. 평양 지역에서 확인되는
북방계 유물 중 대표적인 것은 아가리가 큰 금속
제 솥인 동복(銅鍑)·철복(鐵鍑) 등이 있다. 이러
한 형태의 금속제 솥은 흉노를 비롯한 북방계 유
목민족이 주로 사용하였다. 평양에서는 석암리
219호 무덤에서 철복이 출토된 것이 있으며, 이
러한 형태의 금속제 솥은 경주를 비롯한 남부 지
역에서도 발견되고 있다.

금속제 유물 이외에 동서 문명교류를 보여주
는 평양 지역의 대표적인 유적으로 고구려 고분
벽화를 들 수 있다. 평양 지역에서 실크로드의
오아시스로나 초원로를 통한 문명교류의 흔적
을 확인할 수 있는 대표적인 고분은 안악(安岳)
3호분, 수산리(水山里) 벽화 등이 있다. 안악3호
분과 수산리 벽화에서는 눈이 크고 코가 높은 심
목고비(深目高鼻)의 서역계 인물이 그려져 있어
주목된다. 고구려 고분에 그려진 인물들이 착용
하고 있는 복식은 서역 지방에서 발견되는 복식
과 유사점이 많아 양자간 교류가 지속된 결과임
을 추측할 수 있다. 고구려 고분의 경우 벽화의
내용뿐만 아니라 고분의 구조를 통해서도 서역
과의 교류를 파악할 수 있다. 고구려 고분 중에
는 천정을 평면 삼각 고임천정으로 만든 것이 있
는데, 이는 오아시스로 연변 지역과 인도의 카슈
미르 지역에서 들어온 것으로 추정된다. 고구려
연화총(蓮花塚)이나 연화문(蓮花文) 막새에서 확

인되는 연화문 모양은 불교 전래와 더불어 한반
도의 삼국 중에서 고구려에 가장 먼저 전래되었
다. 연화문의 최초 출현은 고대 이집트까지 거슬
러 올라가며 인도에서 불교를 대표하는 공예 문
양으로 발전하였다. 10세기경 고려와 거란의 교
류 양상은 현재 불교 조각(彫刻)을 통해서도 확
인할 수 있다. 대표적인 불상으로는 10세기 후반
요(遼)에서 조성된 불상과 동일한 양식을 보여
주는 개성 관음사 관음보살상과 요대 불상의 보
관(寶冠)과 유사한 원통형 보관을 착용한 강원
도 일대의 공양보살상 등이 있다.

평저선 平底船

밑바닥이 평평한 배. 중국 원(元)대에 주로 수심
이 얕은 연해지대에서 식량을 비롯한 화물을 운
반하는 데 적합한 평저선을 건조하였다. 지원(至
元) 19년(1282)에 처음으로 평저선 60척을 두었
는데, 매 척의 평균 운반량은 약 760석(1석=120
근)이었다. 이에 반해 원해 항해에는 첨저선(尖
底船, 밑바닥이 뾰족한 배)을 투입하였다. 첨저
선은 평저선에 비해 규모가 커서 매 척의 평균
운반량은 2,100여 석이었으며, 개중에는 적재량
이 8,000석(480톤)이나 되는 대선도 있었다.

포도 葡萄

동전된 서역 식물. 포도(葡萄, 蒲桃, 복도葡萄)의
명칭은 그리스어 'botrus'의 전사음(轉寫音)이며,
그 원산지에 관해서는 대원국(大宛國) 설과 카
스피해 설이 있다. 허스(Hirth)가 주장하는 카스
피해 설에 따르면, 포도는 카스피해로부터 서쪽
으로 시리아와 소아시아를 거쳐 유럽에 전해졌
으며, 동쪽으로는 대원(大宛, 페르가나Ferghana)
을 거쳐 중국에 전래되었다. 포도의 중국 전래
에 관해서는 다소 이설(異說)은 있으나, 대체로
『사기(史記)』「대원전(大宛傳)」이나 당(唐) 단성

식(段成式)의 『서양잡조(西陽雜俎)』(권18), 북송(北宋) 소송(蘇頌)의 『도경본초(圖經本草)』, 명(明) 이시진(李時珍)의 『본초강목(本草綱目)』(권33)「포도조(葡萄條)」 등 사적의 기록에 근거해 전한(前漢) 때 서역 사행(使行)을 단행한 장건(張騫)에 의해 전입되었다는 데 견해를 같이하고 있다. 『중국 식물학』의 저자 브렛슈나이더(Bretschneider)도 장건이 포도를 서역으로부터 한에 반입하였다고 주장한다. 본래 포도에는 야포도(野葡萄)와 산(山)포도의 두 종이 있으며 영욱(蘡薁)이란 아명(雅名)을 가지고 있다. 『시경(詩經)』「빈풍칠월편(豳風七月篇)」에 '6월에는 울(鬱)과 욱(薁)을 먹는다'라는 구절이 있는데, 여기에서 욱은 영욱, 즉 포도를 말한다. 영욱(포도)은 이미 선진(先秦) 시대에 중국에서 재배되고 있었다.

포르투갈의 동방무역

포르투갈은 1498년 '인도항로'를 개척한 후 곧바로 카브랄(P. A. Cabral)이 이끄는 무장 선단을 두 차례(1500, 1502)나 인도 서해안의 캘리컷(Calicut)에 파견해 도매상점을 매입할 수 있는 권리를 취득하고 당시 그곳 무역을 주도하던 무슬림 상인들의 활동을 제압하였다. 이어 인도에 총독을 파견하여 총독제 경략을 시도하면서 고아(Goa)를 공략(1510)함으로써 동방무역의 교두보를 확보하였다. 그 여세를 몰아 동방무역의 해상 요로에 있는 말라카(Malacca)항을 무력으로 점령(1511)해 자바섬 부근에 널려 있는 향료군도(香料群島, Spice Islands)와 극동에 이르는 무역로를 장악하게 되었다. 한편, 인도양과 아라비아해 및 홍해 상에서 해상무역을 제패하기 위해 홍해 입구의 아덴(Aden, 1513)과 홍해 상의 소코트라(Socotra, 1513), 페르시아만의 병목인 호르무즈(Hormuz, 1515)를 각각 공략한 데 이

어 인도 서해안의 디우(Diu)·다만(Daman)·뭄바이 등 항구도시들을 차례로 점령하였다. 그 결과 포르투갈은 총독부가 자리한 고아를 중심으로 한 서남해상에서의 무역 기반을 구축하게 되었다. 총독부는 주변 해상의 항해권을 장악하여 항해자들로부터 공물(貢物)이나 세금을 징수하고 해상무역을 엄격히 통제하였다.

포르투갈의 동방무역 화살은 서남아시아나 동남아시아에 그치지 않고, 극동에 있는 대국 중국에까지 향하였다. 포르투갈은 동방무역 해상 요로에 있는 말라카항(港)을 점령함으로써 중국 진출의 발판을 마련하였다. 1514년부터 포르투갈 상인들은 광둥 연해에 잠입하여 암암리에 무역거래를 하다가 1517년에는 국왕의 사신 피레스(T. Pires)가 동행한 선단이 광둥 툰먼도(屯門島)에 불법 침입, 노략질을 하여 명군에게 강제로 축출되는 '툰먼 전투(屯門戰鬪)'가 발생하였다. 1522년에도 무장 선단을 광둥 연해에 파견하여 통상조약 체결을 건의했으나, 명에게 거절당하였다. 이듬해에 해도부사(海道副使)를 매수하여 호경오(濠鏡澳, 현 마카오)에 상륙, 교역과 상주가 가능하게 되었다. 이로써 호경오는 고아에 이은 포르투갈의 동방무역 제2 거점이자 중국 진출의 전초기지가 되었다. 그후 포르투갈은 그곳에 총독부를 설치하고 사실상의 식민통치를 실시하다가 청(淸) 초에 전면적인 통상 개방을 청조에게 요구하였으나 거절당하였다.

이와 같이 포르투갈은 16세기 전반에 걸쳐 동방무역을 독점하였다. 그러나 17세기에 접어들면서 영국(1600), 네덜란드(1602) 등 유럽 나라들에서 동남아시아에 대한 고소득 무역을 목적으로 '동인도회사'를 설립하자 포르투갈의 무역 독주에 제동이 걸렸고, 그들 사이에는 치열한 무역 쟁탈전이 벌어졌다.

포르투갈의 동방 식민지화 경략

1498년 4월 포르투갈의 항해가이자 장교인 다 가마(Vasco da Gama, 1469~1524)는 대포로 무장한 120톤급의 배 4척을 이끌고 리스본을 출항한 이래 아프리카의 남단과 동해안을 거쳐 10개월 만에 인도 서남해안에 있는 캘리컷(Calicut)에 도착하였다. 이것이 이른바 '인도항로'의 개척으로, 서방의 동방 식민지화 경략의 서막이자 서세동점(西勢東漸)의 효시였다. 이를 시발로 포르투갈은 적극적인 동방 식민지화 경략에 나섰다. 향료 등 동방의 희귀한 산물을 싣고 돌아가 60배의 폭리를 챙긴 다 가마의 성공적인 인도 항해는 포르투갈인들의 동방행에 대한 의욕을 촉발시키기에 충분하였다. 그리하여 1500년 초에는 카브랄(P. A. Cabral) 휘하에 6척의 상선단이 캘리컷에 내항하여 현지 관청을 설득해 조약을 맺고 도매상점을 매입할 수 있는 권리를 획득하게 되었다. 이때 카브랄은 향료를 선적한 채 캘리컷항에 정박하고 있던 무슬림의 상선을 탈취하였는데, 이에 분개한 무슬림들은 보복으로 포르투갈 상관(商館)을 습격하고 포르투갈인들을 비롯한 모든 유럽인들을 살해하였다. 그러자 이에 대한 보복으로 다 가마는 1502년에 중무장을 갖춘 15척의 함대를 이끌고 두번째로 캘리컷에 와서 항구를 초토화하고 여러 척의 무슬림 선박을 나포하였으며, 약 800명의 무슬림 선원들의 귀와 코와 손을 잘라 그곳 지배자에게 보내 위협하였다.

초기 포르투갈인들의 동방경략은 주로 무역거점과 무역로를 확보하는 것이 목적이었다. 이를 위해 인도에 총독을 파견하여 총독제 정치를 실시하였는데, 초대 총독 알메이다(Don Francisco de Almeida, 재임 1505~1509)에 이어 제2대 총독에 부임한 알부케르크(Afonso de Albuquerque, 재임 1509~1515)는 1510년에 이

슬람 왕국인 비자푸르(Bijapur)의 치하에 있는 말라바르(Malabar) 해안의 고아(Goa)를 공략해 동방경략의 교두보로 삼았다. 무슬림에 적대적 감정을 품어온 알부케르크는 무슬림들을 관직에서 축출하고, 힌두교인들인 주민들에게는 세금을 반감(半減)해주어 호감을 샀다. 1511년에는 9일간 전투를 치러 동방무역의 해상 요로에 있는 말라카(Malacca)항을 점령(그후 130년간 포르투갈의 속지로 됨)함으로써 자바섬 부근에 널려 있는 향료군도와 극동에 이르는 무역로를 장악하게 되었다. 한편 포르투갈은 동방경략을 실현하기 위해서 당시 인도양과 아라비아해, 홍해 등 여러 해역의 제해권을 장악하고 있던 아랍-무슬림들에게 타격을 주고, 그들의 해상 활동로를 차단해야 했다. 그래서 알부케르크는 비록 실패하긴 하였지만 1513년에 홍해 입구에 위치한 아덴(Aden)을 공격하고 홍해 상에 있는 소코트라(Socotra)섬을 강점하였다. 뿐만 아니라 1515년에도 페르시아만의 병목에 자리한 국제무역항 호르무즈(Hormuz)를 점령하여 요새를 구축하였다. 이어 인도 서해안의 디우·다만·뭄바이 등 항구도시들을 차례로 공략하여, 고아를 중심으로 한 식민지화 경략을 총지휘하도록 하였다. 총독은 일반 행정권뿐만 아니라 군 통수권까지도 겸하였으며 사법권에도 깊이 관여하였다. 총독부는 주변 해상의 항해권을 장악해 항해자들로부터 공물이나 세금을 징수하고, 해상무역을 엄격히 통제하였다. 인도인들은 총독부의 허가 없이는 해상교역이나 항해를 할 수 없음은 물론, 심지어 해상을 통해 성지순례를 하는 것마저 통제당하였다. 그리하여 16세기에 이르러 전반적인 인도양 무역은 종전의 아랍·무슬림 상인들을 대체하여 포르투갈인들이 독점하게 되었다. 이와 동시에 알부케르크 총독은 원주민과의 혼인이나 가톨릭문화의 주입에 의거한 식민지

화 정책을 적극 추구하였다. 그 결과 '루소-인디언'(Luso-Indians), 즉 '고아인'이란 새로운 인종이 나타났다. '고아인'이란 근본 혈통은 인도인이나 혼혈인이면서 종교는 가톨릭이고 사고는 서구적인 사람들을 칭하였다. 다른 정책과 마찬가지로 총독부의 종교정책은 아주 편파적이고 억압적이었다. 이렇게 포르투갈은 16세기 내내 동방무역을 독점하고 문화·종교적으로도 동방 경략에 앞장섰다.

17세기에 들어서면서 네덜란드·영국·프랑스 등 유럽 국가들이 속속 동인도회사를 설립해 포르투갈의 독주에 제동을 걸고, 그 간섭이나 압력을 배제하면서 동방무역의 무대 전면에 나섰다. 이에 따라 유럽의 동방경략은 치열한 경쟁에 돌입하게 되었다. 이러한 경쟁에도 불구하고 포르투갈은 인도를 비롯한 동남아시아 식민지화 경략과 더불어 중국을 비롯한 극동 지역 식민지화 경략에서 선봉장 역할을 하였다. 이처럼 포르투갈은 1510년에 인도의 고아를 공략해 동방경략의 제1차적 거점을 확보한 후, 이듬해인 1511년에는 명(明)조의 말라카를 점령함으로써 중국 진출의 발판을 마련하였으며, 중국의 해상활동에 큰 타격을 주었다. 명대 중국인들은 포르투갈을 '불랑기(佛狼機)'라고 불렀는데, 이 말은 중세 아랍인들이 유럽인을 '이프란지'(al-Ifranj)라고 칭한 데서 비롯한다. 아랍인들의 '이프란지'란 말은 중세 초 유럽을 풍미한 '프랑크인'(Franks)에서 나왔다. 1514년부터 포르투갈 상인들은 중국 광둥(廣東) 연해 일대에 잠입하여 무역활동을 은밀히 진행하고 있었다. 그러던 중 1517년 7월에 말라카 주재 포르투갈 총독인 안드라데(F. Andrade)가 이끄는 선단을 광둥 연해의 툰먼도(屯門島, 현 주룽九龍 서북부의 서커우蛇口 일대)에 파견하였고, 포르투갈 국왕의 사신 피레스(T. Pires)가 이에 동행하였다. 그들은 광둥 지방 관헌의 허가도 없이 '진공(進貢)'의 미명하에 2척의 대선(大船)을 이끌고 광저우에 불법으로 침입하였다. 조공국의 명단에도 없는 이 불청객의 돌연한 출현에 당황한 광둥 수신(守臣)은 상황을 조정에 급히 보고하였다. 명 조정이 우유부단한 태도를 취하는 사이 피레스는 1520년에 상경하여 명 조정과의 공식 접촉을 시도하였다. 그런데 바로 이때 말라카 국왕으로부터 명에 구원 요청서가 도착해 말라카에 대한 포르투갈의 불법 강점 사실이 알려졌다. 이에 분개한 명 조정은 포르투갈의 이른바 '진공'을 불허하고 피레스를 광저우로 압송하였다. 이듬해 광둥의 명군(明軍)은 불법 침입하여 노략질을 일삼는 포르투갈인들을 축출하고 '불랑기포(佛狼機砲)' 수문을 노획하였다. 이것이 중국과 포르투갈 간의 '툰먼 전투(屯門戰鬪)'다. 이어 1522년에는 포르투갈 국왕의 명을 받은 마르틴(Martin)과 페드로(Pedro)가 다시 선단을 이끌고 역시 광둥 연해에 침입해 중국과의 통상조약 체결을 제의하였다. 그러나 광둥 수신으로부터 거절을 당하자, 무력으로 광둥 신회(新會)의 서초만(西草灣)에 진입하였다. 이에 명군은 반격을 가해 페드로 등 42명을 생포하여 그중 35명을 참수(斬首)하고 선박 2척을 노획하였다. 이를 계기로 명은 포르투갈인들과의 교역을 엄금하였다. 그러자 그들은 왜구(倭寇)와 결탁하여 저장(浙江)과 푸젠(福建) 일대의 연해에 수시로 출몰해 약탈을 계속하였다. 그러다가 1553년에 포르투갈인들은 해도부사(海道副使) 왕백(汪柏) 등을 매수해 호경오(濠鏡澳, 현 마카오)에 상륙, 교역할 수 있는 허가를 얻었다. 이에 1557년부터 포르투갈인들은 호경오에 주택과 상가를 짓고 불법으로 정주하기 시작하였다. 1563년에 이르러서는 그들 소유의 각종 가옥이 천여 채나 되고, 상주인은 약 900명이나 되었다. 그 외에 그들이 아프리카나 동남아시아에서 끌고 온 노예도 수천 명이나 되었다. 이로써 호경오는 고아에 이은 포르투갈의 동방 식민지화 경략 제2 거점이자 중국 진출의 전초기지가 되었다. 1564년에 호경오의 포르투갈인들은 명 조정이 차오저우(潮州)의 해병변란(海兵變亂)을 진압하는 데 협조한 공로로 1년간 화물세를 면제받은 일이 있다. 1572년경부터 이곳 포르투갈인들은 매해 명조에 500냥의 지조은(地租銀)을 상납하기 시작하였다. 1574~1582년에 그들은 자치행정기관으로 의사국(議事局)·사법관(司法官)·자위대(自衛隊) 등을 조직해 운영하다가 얼마 후에는 포르투갈 정부에서 총독을 공식 파견해 관리 업무를 총괄하도록 하는 이른바 총독제(總督制) 통치가 실시되었다. 이는 사실상 중국 영토의 한 부분에 대한 포르투갈의 직접적인 식민지화 경략으로서, 그 여파는 오늘까지도 미치고 있다. 청(淸)조 때인 1673년과 1676년에 포르투갈은 두 차례나 사신을 베이징에 파견하여 통상개방을 요구하였으나, 교역활동은 마카오에 한해서만 가능하다는 답만을 받았다.

포세이돈 상(像)

해신 포세이돈 상. 해신 포세이돈은 그리스신화의 주신인 제우스의 동생으로서, 기원전 5세기에 그의 3구의 청동상을 만들었는데, 그중 한 구가 코린토스의 이스토모스에서 콘스탄티노플로 옮겨오던 중 침몰하여 소실되었다. 1928년 아테네의 한 예술품 수집상이 해면 채취 잠수부를 동원해 에보이아섬 아르테미시온 곶의 해저에서 이 청동상을 인양하였다.

포여오벌야 布如烏伐邪, Punyapaya, 일명 '那提三藏'

중천축(中天竺, 중인도)의 동행 불승. 중국 당(唐) 영휘(永徽) 6년(655)에 대소승경(大小乘經)과 율론(律論) 500여 협(夾 1,500여 부)을 휴대하고 장안(長安)에 와 자은사(慈恩寺)에 주석하였다. 이듬해(656)에 '이약(異藥)'을 구하기 위해 해로로 곤륜(崑崙) 여러나라를 역방하였다. 663년에 돌아온 후 이듬해에 진랍국(眞臘國, 현 캄보디아)의 초청으로 당을 떠났다.『속고승전(續高僧傳)』에 의하면 그는 불경에 해박한 대덕 고승이었으나 현장(玄奘)과 종파가 달라서 배척을 당하였다고 한다.

포타닌 Grigorii Nikolaevich Potanin, 1835~1919년

러시아의 민속학자 및 탐험가. 포타닌은 1876~1878년에 제1차, 1879~1880년에 제2차로 몽골 서부지역과 신장 지대를 탐험하였다. 1884~1886년의 제3차에서는 내몽골, 쓰촨(四川), 티베트 북부를 탐험하였다. 그후 1892년에는 쓰촨을, 1899년에는 중국 동북의 다싱안링(大興安嶺)을 탐험하였다.

『표해록(漂海錄)』 崔溥(1454~1504년) 저, 1488년

교류의 문헌적 전거로서의 기행문. 『표해록』은 일본 승려 엔닌(圓仁)의 『입당구법순례행기(入唐求法巡禮行記)』(9세기 중반)와 마르코 폴로의 『동방견문록』(1298)과 함께 세계 3대 중국 기행문의 하나로 꼽힌다. 저자 금남(錦南) 최부(崔溥)는 어려서부터 성리학 공부에 전념하다가 초시를 거쳐 25세 때(1478) 성균관에 들어가 당대의 거유(巨儒) 김종직(金宗直)의 문하가 되어 호남 사림의 선도자 반열에 오른다. 9년 후(1487)에는 홍문관 부교리(副校理, 종5품)로 승진하자 도망친 노비들을 잡아들이는 추쇄경차관(推刷敬差官)에 임명되어 그해 11월 1일 제주도로 파견된다. 한창 관무를 수행하던 중 이듬해 정월 30일 부친상을 전해 듣고 윤 1월 3일 수행원 42명과 함께 배를 타고 고향인 전라도 나주로 향한다.

그런데 항해 도중 갑작스레 태풍을 만나 14일간 표류하다가 구사일생으로 중국 저장성 임해현(臨海縣) 우두외양(牛頭外洋)에 표착하였다. 일행은 표류 중 해적떼를 만나 휴대품을 몽땅 털리고, 표착해서는 중국 동남해안에 자주 출몰해 노략질을 일삼던 왜구로 오인되어 숱한 고초를 겪는다. 그러다가 가까스로 조선 관리임이 확인되어 중원을 남북으로 관통하는 대운하를 거쳐 베이징(北京)에 호송된다. 베이징에서는 명나라 황제를 진현하기도 한다. 명조의 보호를 받으면서 귀국길에 올라 랴오둥(遼東)을 거쳐 6월 4일 압록강을 넘어 드디어 귀향한다. '지옥과 천당을 넘나드는' 6개월간의 험난한 여행길이었다.

최부가 임금에게 그간의 행적을 아뢰기 위해 8일간에 걸쳐 일기체로 써낸 글이 바로 3권 2책으로 된 『표해록』이다. 책 제목은 바다에서의 표류를 기록한 것으로 되어 있지만, 내용의 3분의 2는 '하늘엔 천국, 지상엔 쑤저우(蘇州)와 항저우(杭州)'라는 중국의 강남 지대에서부터 베이징에 이르는 135일 간 8,800여 리를 종주하면서 직접 보고 듣고 체험한 것을 생생하게 기록한 것이다. 귀국해서는 유생으로서 40세 때(1493)에 홍문관 교리(정5품)로 등용되었다. 이듬해에 큰 가뭄이 들자 그가 이 기행문에 소개한 중국 수차(水車) 제작 및 이용법이 구황(救荒)에 큰 효력을 발휘하였다. 그러다가 연산군이 왕위에 올라 학정을 일삼자 이를 적시(摘示)하는 간언을 하고, 3정승의 실정을 비판하는 소송을 올리는 등 사대부의 강직성을 보여주었다. 그러자 조정의 눈밖에 난 최부는 무오사화(戊午士禍, 1498)를 기화로 김종직을 비롯한 사림파의 거두들과 함께 함경도 단천(端川)에 유배되었다. 얼마 후 이어 갑자사화(甲子士禍, 1504)가 터지자 유배지에서 참수되어 유생으로서의 곡절 많은 한생을 마감하였다.

중국학자들까지 '중국에 관한 이웃 나라의 가장 친절한 묘사'로서 5만여 자의 '유창한 한문'으로 씌어졌다고 높이 평가하는 명저 『표해록』은 기행문학의 백미로 평가받고 있다. 그것은 기행문으로서의 생동한 사실성과 엄밀성, 다양하고 풍부한 소재와 기법 등을 최상의 높이에서 구현하고 있기 때문이다. 대운하에 관한 생동한 기술은 그 일례다. 최부는 넉 달 넘게 대운하를 종주하면서 운하 주변의 풍경뿐만 아니라, 운하를 경영하고 운행한 역사나 방법까지도 소상히 그려내고 있다. 최부는 명나라 초기에 다시 개통되기 시작한 대운하의 전 노정을 주파한 첫 사람이란 기록을 가지고 있다. 그는 예리한 통찰력으로 조선과 중국 문화의 차이뿐만 아니라 중국 강남과 강북의 섬세한 문화적 차이마저도 짚어내고 있다. 일기체로 엮어 내려간 기사마다에는 꼭꼭 구체적인 시간과 지점, 관여 인물들의 실명이 기재되어 있다. 유학자인 그는 『논어』나 『맹자』 등 오경사서는 더 말할 나위가 없거니와, 심지어 중국의 지리학 고전인 『우공(禹貢)』까지도 '십분 통달'해 글 속에서 자유자재로 인용하고 있는 데 대해, 중국 학자들마저 '참으로 놀라운 일이 아닐 수 없다'고 경탄하였다. 『표해록』의 행간마다에서 저자 최부의 높은 소양과 도도한 기질을 엿볼 수 있다는 것도 이 책만의 특성이라 말할 수 있다. 최부는 조선의 문사로서 포학지사(飽學之

최부 일행이 지나간 중국 닝보(寧波)의 상서교(尚書橋)

土, 박식한 인사)다움을, 조선의 사림으로서 정도직행지사(正道直行之土, 바른 길을 꿋꿋이 걸어가는 인사)다움을, 조선의 관리로서 충군애국지사(忠君愛國之土, 임금께 충성을 다하고 나라를 사랑하는 인사)다움을 여실히 보여주었다. 『표해록』은 외국에도 널리 알려졌다. 일본에서 가장 먼저 1769년에 주자학자 기요타 기미카네(淸田君錦)에 의해 『당토행정기(唐土行程記)』란 이름의 일역본이 나왔고, 미국과 중국에서도 각각 1965년과 2002년에 번역본이 출간되었다.

푸블리우스 Publius

기원 초 로마 상인 플로카무스(Annius Plocamus)가 경영한 홍해 일원 영토의 한 징세감독관(徵稅監督官). 홍해를 항해하던 중 폭풍을 만나 15일간 표류하다가 실론(현 스리랑카)에 표착하였다. 거기에서 반년간 체류하다가 실론의 대로마 사절단 라시아스(Raeshias)와 함께 기원후 6년 7월 5일에 귀국하였다. 그가 왕래한 길은 홍해와 아라비아해 및 인도양을 연결하는 해로였던 것으로 추정된다.

푸스타트(Fustat) 도자기 유적

교류의 유물적 전거로서의 해로 유적. 푸스타트는 현 이집트 수도 카이로의 남방 근교에 위치하고 있는 고도이며, 중세 해로를 통한 동서간의 도자기 교류를 실증해주는 대표적인 유적지다. 푸스타트는 642년 이슬람의 제2대 정통 칼리파 오마르군이 진주한 후, 정통 칼리파 시대를 이은 우마이야조 아랍제국 시대에 이르기까지 줄곧 이집트의 행정중심지이자 북아프리카에 대한 전진기지였다. 868년 이집트의 툴룬 왕조(Tulunids, 868년~905)가 압바스조 이슬람제국으로부터 이탈하여 독립하면서 푸스타트를 수도로 삼았다. 905년 툴룬조가 멸망하고 파티마

조가 흥기해 카이로에 정착함으로써 푸스타트의 정치적 지위는 상대적으로 격하되었지만, 교역을 비롯한 경제적 지위는 여전히 유지되고 있었다. 그러나 1168년 파티마조는 수도 카이로를 십자군의 진공으로부터 방어한다는 이유를 내세워 그 외곽 근교에 있는 푸스타트시를 불태워 카이로의 건설과 확충 공사에서 나오는 폐토(廢土)와 폐물이 푸스타트를 뒤덮었다. 이로 인해 이 고도는 장기간 피폐한 황무지로 방치되었다.

그러나 1912~1920년에 걸쳐 실시된 발굴 결과 그 폐허에서 많은 유물이 쏟아져 나왔다. 지금까지 출토된 도자기 유물만 60여만 점에 달한다. 주로 푸스타트의 것이지만, 카이로에서 반입된 폐토나 폐물에 뒤섞인 것도 일부 포함되어 있다. 도자기 유물 중에 양적으로 가장 많은 것은 이집트 제품이고, 다음은 중국 제품(약 1만 2,000점)이며, 그밖에는 주로 지중해 주변의 시리아·소아시아·키프로스·이탈리아·에스파냐·북아프리카의 것이고, 이라크·이란·타이·베트남·일본 등 여러 곳의 제품도 있다. 모든 도자기 유품 중에서 역대의 중국산 유품이 질에서는 단연 으뜸으로 꼽힌다. 중국 도자기 중에는 당

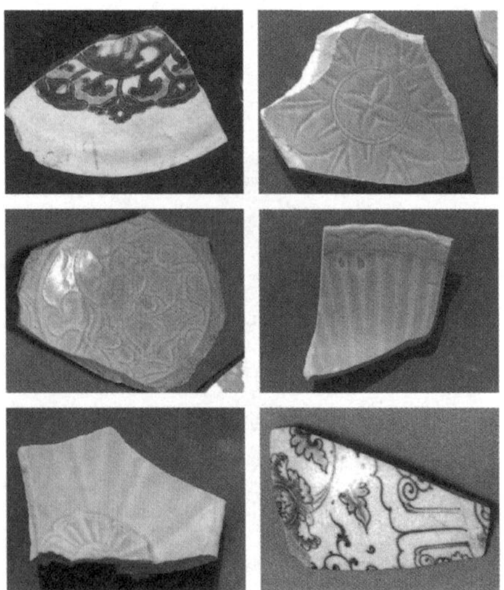

이집트 푸스타트 도자기 유적에서 출토된 각종 외래 도자기

대의 당삼채(唐三彩)·형주백자(邢州白瓷)·월요자(越窯瓷)·황갈유자기(黃褐釉瓷器)·장사요자기(長沙窯瓷器)(그중 월요자기가 가장 많음), 송(宋)대의 저장용천요(浙江龍泉窯)·민광청자(閩·廣靑瓷)·경덕진청백자(景德鎭靑白瓷)·덕화요(德化窯), 기타 남방 제요(諸窯)의 백자와 북방 정요(定窯)계의 백자, 원대(元代)의 청자·백자·청백자·청화자(靑花瓷)가 있고, 명(明)대의 것은 원대의 것과 유사하나 오채자(五彩瓷)가 하나 더 보태졌다. 이렇게 보면 중국 역대의 주요한 도자기 제품은 거의 다 망라된 셈이다. 그리하여 푸스타트는 명실상부한 '중국 도자기 외판(外販) 박물관'이라고 말할 수 있다. 출토된 이집트나 서아시아 여러 나라들의 도자기는 거의 중국 도자기의 모조품으로 해로를 통해 중국 도자기가 서역으로 전해졌다는 사실을 여실히 증명해주고 있다. 중국 도자기는 해운으로 홍해의 서안 아잡(Adhab, 현 수단령)까지 운반된 다음 사막과 산지의 육로를 거쳐 나일강 가의 쿠스나 아스완에 도착한 후 다시 배편으로 푸스타트나 카이로에 운송되었다. 푸스타트 출토 도자기 유품은 7세기부터 17세기까지 기간의 제품으로서, 그중 중국 도자기 유물은 모두가 이러한 경로를 통해 교역된 것이다.

푸저우 福州, Fuzhou

중국 푸젠성(福建省)의 해로상 중요 도시. 민(閩)강 하류에 위치하고 있으며, 바다 건너 타이완섬 북부와 마주하고 있다. 7,000년 전 신석기 유적과 유물이 수백 곳에서 발견되는 등 유서 깊은 곳이다. 하대(夏代)에는 양저우(揚州)에 소속되어 있다가 은·상대에는 일곱 민지(閩地)의 하나가 되었다. 전국시대에는 월국(越國)의 치하에 들어갔으며, 남조의 진조(陳朝) 이후 1,000여 년간 푸젠 지방의 중심지가 되어왔다. 후한 초까지

도 남방 교지칠군(交趾七郡)으로부터 들어온 공물은 배로 푸저우까지 운반되었다가 다시 장안으로 전송되었을 만큼 중요한 항구였다. 이에 중국 역대 최초의 5대 국제 무역도시 가운데 하나로 이름을 날렸다. 13세기 말 푸저우에 들른 마르코 폴로는 그의 여행기에서 이곳을 '푸저우 왕국'이라 칭하면서 몇가지 견문을 남겼다. 푸저우 주민은 불자들이며 원나라 대칸에 복속되어 있는데 교역과 수공업으로 살아가고 있다고 했다. 또한 물자가 풍부하며 사냥감이 많고, 특히 생강의 산지로 유명하다고 전한다. 1320년대에 푸저우에 들른 프란체스코회 수사 오도릭은 저서 『동방기행』에서 푸저우는 둘레가 30마일(48킬로미터)이 될 정도로 웅장하고 수려한 해변도시라고 기록하고 있다.

푸토안 아보로스도(島) 해저 유적

교류의 유물적 전거로서의 해저 유적. 사면이 해양으로 둘러싸인 오스트레일리아의 해역은 아직 수중 탐사작업이 제대로 이뤄지지 않아 발견된 침몰선이 많지는 않으나, 시드니만이나, 빅토리아해 연안에는 많은 침몰선이 수장되어 있는 것으로 알려지고 있다. 그중 이미 예인된 침몰선의 대표적인 예가 바타비아호이다. 1972년 푸테만토르에 있는 서오스트레일리아 해양박물관의 고고학자들이 이 나라 서해안의 푸토안 아보로스도 부근의 해저에서 1629년에 침몰된 네덜란드 동인도회사(VOC) 소속의 바타비아호를 발견하였다. 적재된 유물 중에는 청동제 함포, 청동제 총류(銃類), 1575년에 주조한 화폐, 각종 호류(壺類), 그리고 137개의 석재가 있었다. 석재를 조립 복원해보니 석문(石門)인데, 그것은 동인도네시아의 바타비아(현 자카르타)에 소재한 동인도회사의 요새 성문을 축조하기 위해 특별히 네덜란드에서 주문제작한 것으로 밝혀졌다.

프란체스코 Francesco d'Assisi, 方濟斯, 1182~1226년

프란체스코회 창시자. 이탈리아 중부 도시 아시시(Assisi)의 부유한 상인 가정에서 태어난 프란체스코는 젊은 시절에는 부와 쾌락에 빠져 인생을 허비하다가 열여덟 살 때 페루자(Perugia)와의 전쟁에서 포로가 되는 비운도 겪었다. 스물일곱 살 되던 해인 1209년 성 메시아의 날에 한창 기도를 하던 중 "병든 자를 고치고, 죽은 자를 살리며, 나환자를 깨끗하게 하며, 너희 전대에 금이나 은이나 동을 가지지 말며, 여행을 위해 주머니나 두 벌 옷이나 신이나 지팡이를 지니지 말라"는 마태복음의 가르침을 들었다. 그는 그길로 신발과 지갑, 지팡이를 모두 던져버리고 속세의 생활을 청산하면서 영적 변화를 일으켰고, 마침내 종교적 수도(고행과 청빈)를 지향하는 프란체스코 수도회를 세웠다. 겉옷 한 벌에 세 겹으로 매듭지은 밧줄을 허리에 매고 맨발로 수만리 이역 땅을 밟은 오도릭은 여행기 『동방기행』에서 '그리스도의 참회자인 고 프란체스코의 관행대로 세계를 주유했다'고 회고한다.

엘 그레코 작 「기도하는 성 프란체스코」 1580년경

프람바난 사원 Candi Prambanan

동전된 종교 사원. 인도네시아의 중부 자바의 고

인도네시아 족자카르타의 프람바난 힌두교 사원

도 족자카르타(Jogjakarta)에서 동쪽으로 17km 지점에 있는 이 한두교 사원은 정략적 결혼으로 샤일렌드라 불교왕국이 갖고 있던 중부 자바에 대한 지배권을 획득한 마타람 힌두 왕국이 850년경에 세웠다. 보로부두르 불교사원에 버금가는 이 힌두교 사원은 대소 신전 240개(건립 당시의 전설로는 1천 개)로 구성되었는데, 16세기 화산 폭발로 인해 건물이 무너져내린 뒤 200여 년간 방치되어오다가 1918년에 복원을 시작하였다. 드디어 1953년에 주건물이 복원된 데 이어 18개 신전이 원래의 모습을 되찾았다. 그러나 2006년 5월의 강진으로 다시 일부가 파괴되었다. 사원 내에는 트리삭띠(trisakti, 삼위일체)라고 하는 힌두교 3대 신을 모신 북쪽의 브라흐마 신전과 남쪽 비슈누 신전, 중앙의 시바 신전 등 3개의 신전이 있다. 높이 47m의 시바 신전에는 4개의 석실이 있는데, 각각 시바상과 부인 두르가상, 아들 가네샤상, 스승 아가스트야상이 모셔져 있다. 시바 신전과 브라흐마 신전 외벽에는 인도 대서사시 『라마야나』 이야기가 부조로 묘사되어 있다. 사원은 우주의 중심 '메루산(수미산須彌山)'의 모습을 형상화하고 있다고 한다. 정교한 조각미로 자바 건축의 백미라고 자랑하는 이 사원은 1991년에 유네스코 문화유산으로 등재되었다.

프랑스의 동방 식민지화 경략

유럽 국가들 중에서 가장 뒤늦게 동방 식민지화 경략에 뛰어든 나라는 프랑스다. 네덜란드와 영국이 각각 동인도회사를 설립한 17세기 초엽에 프랑스의 앙리 4세(Henri IV)가 동방에 대하여 관심을 갖기 시작하였지만, 실제로 동방경략에 참여한 것은 루이 14세(Louis XIV) 때에 중상주의자(重商主義者) 콜베르(J. B. Colbert) 재무상의 후원으로 1664년 동인도회사가 설립된 때부터이다. 영국의 동인도회사는 순수한 민간 상인들의 조직인 데 반해 프랑스의 동인도회사는 설립 당초부터 국가의 예속기관이었다. 프랑스인들의 첫 목표는 스리랑카에 활동 거점을 마련하는 것이었지만, 네덜란드가 이미 장악하고 있어서 여의치 않자 인도로 눈을 돌렸다. 1674년에 인도의 서해안 항구도시 수라트(Surat)에 첫 상관(商館)을 설치한 데 이어, 마드라스(현 첸나이) 부근의 퐁디셰리(Pondicherry)에 거점을 확보하고, 1742년에 뒤플렉스(J. F. Dupleix)를 초대 지사로 파견해 인도 경략을 본격적으로 시도하였다. 그러나 18세기 중엽에 인도에서의 이권을 둘러싸고 영국과 두 차례의 무력 충돌을 일으킨 결과, 모두 패배함으로써 결국 인도에서 밀려났다.

프리드리히 2세 Friedrich II

이슬람 문명의 유럽 전파에 기여한 시칠리아 왕. 중세 전반에 걸쳐 유럽 문화에 가장 많은 동방적 요소를 제공한 사람들은 아랍-무슬림이다. 그들은 이슬람 문명의 전성기(10세기 전후)를 전후해 지중해의 시칠리아섬을 중계지로 하여 다양한 문화적 소재를 유럽에 공급하였다. 시칠리아는 지리적으로 아랍과 가까이 있어 일찍부터 아랍-무슬림들이 이주하고 이슬람문명의 직접적인 영향권 내에서 이슬람문명의 유럽 전파에서 교두보 역할을 하였다. 특히 프리드리히 2세 시대에는 많은 아랍-무슬림 학자들이 조정의 관리로도 기용되면서 이슬람문명의 대유럽 영향은 극에 달하였다. 프리드리히 2세는 성모의 원죄 없는 잉태를 조소하고, 예수와 모세, 무함마드를 동일시하였던바, 그의 신앙과 생활양식은 무슬림들과 별로 다를 바가 없었다. 이러한 상황에서 시칠리아 문학도 자연히 아랍-이슬람 문학의 영향을 받게 되었고, 그 영향이 이탈리아 문학에 미쳤다. 따라서 이탈리아 문학의 영향을 받은 영국과 프랑스 문학에 아랍 문학적 요소가 가미되었다.

프레스터 존 전설(傳說) Legend of Prester John

중세 프레스터 존 기독교국에 관한 전설. 중세 한때 서방세계를 크게 흥분시켰던 프레스터 존(사제왕 요한) 제국에 관한 전설은 오늘날까지도 수수께끼 같은 일화로 회자되고 있다. 프레스터 존제국에 관한 기록은 독일의 역사가이며 기독교 주교인 오토 폰 프라이징(Otto von Freising, 1111~1158)의 연대기에 처음 보인다. 그 기록에 의하면, 프레스터 요하네스(프레스터 존)는 극동 대제국의 황제로서 네스토리우스(경교景敎)파의 신봉자인데, 이러한 사실은 프라이징이 1144년에 비테르보(Viterbo)에서 만난 시리아 출신의 한 기독교 주교로부터 전해 들었다고 한다. 그후 유럽에는 프레스터 존에 관한 갖가지 전설과 위서(僞書)가 나돌면서 수수께끼가 증폭되었다. 그 대표적인 일례가 중세 중기에 유럽 문단에 큰 파문을 던진 『몽드빌 여행기』(*Maundeville's Travels*)다. 저자 몽드빌의 자술에 의하면, 그는 1322년(혹은 1332년)에 영국을 떠나 해외 여행길에 올라 터키·아르메니아·페르시아·시리아·아라비아 반도·이집트·리비아·에티오피아·인도 등 여러 곳을 두루 주유하면서 직접 보고 들은 것을 기록했다고 한다. 그러나 여행기의 내용을 검토해보면. 극히 일부만이 사실에 부합하고 대부분은 환상적인 억측이나 타인의 기사를 표절한 것이다. 비록 사실성은 없지

프레스터 존 좌상(坐像)

만 흥미 본위로 문학적인 윤색을 가했기 때문에 독자들에게 상당한 호감을 얻었다. 저자는 1371년에 프랑스어로 초간(初刊)한 데 이어 라틴어와 영어로도 번역해 발간하였다. 이렇게 세 언어로 발간된 만큼 독자가 많아져 당시 유럽에서 최다 발행부수를 기록하였다.

이 여행기에는 동방 여러 나라에 관한 기담(奇譚)이 상당히 많은데, 그중 대부분은 황당무계한 것이다. 그러나 그러한 기담 가운데서 유럽인들의 각별한 관심을 끈 것은 이른바 '프레스터 존제국'에 관한 기사다. 기사에 따르면 이 제국은 황제 프레스터 존이 통치하는 동방의 유일한 기독교 국가로서 동쪽 끝에서 서쪽 끝까지 달려서 4개월이나 걸리는 광대한 영토를 영유하고 있다는 것이다. 프레스터 존의 실체에 관해서 확실하게 밝힌 바는 없지만, 서양 역사가들 중에는 그를 서요(西遼), 즉 흑거란(黑契丹, Kara Khitai)의 야율대석(耶律大石)으로 보는 이가 많다. 중국 북방에서 916년에 건국한 요(遼, 거란)가 송(宋)과 금(金)의 협공을 받아 위험에 처하자 종실(宗室)의 야율대석은 '솔중서행(率衆西行)', 즉 백성들을 이끌고 서행해 1132년 엽밀립(葉密立, 야밀)에서 서요 건국을 선포하였다. 그리고는 계속 서진해 중앙아시아 일원에 약 80년간(1132~1211) 존속한 강력한 서요제국을 건설하였다. 이때 야율대석과 백성들이 경교(景敎, 네스토리우스파)를 신봉하였기 때문에 서방 기독교 국가들과 교섭이 있었고, 그 과정에서 야율대석의 존재가 거대한 기독교국가의 황제로 둔갑해 전설처럼 유럽에 알려졌을 것으로 보인다. 따라서 여러 상황을 감안할 때, 프레스터 존이 야

율대석이라는 견해는 상당히 신빙성이 있다.

프로코피우스 Procopius, 500~565년

팔레스타인의 카이사레이아에서 탄생해 527년에 유스티니아누스 1세 때 활약했던 장군 벨리사리우스의 비서 겸 법률 고문을 역임한 비잔틴의 저명한 역사학자. 그의 기술에 의하면 유스티니아누스 황제(재위 527~565) 시대에 인도 북부의 세린다(Serinda, 새림달賽林達)국에 다년간 체류했던 몇명의 경교(景敎) 사제가 적국인 페르시아에서 비단을 구입해오는 것을 원치 않는 황제의 의중을 헤아려 황제를 알현하는 자리에서 양잠 견직 과정을 상술하였고, 잠종(蠶種)을 지팡이 속에 몰래 넣어서 비잔틴에 반입하는 데 성공하였다고 한다. 프로코피우스의 대표작으로 로마의 대사산조 페르시아 전쟁, 반달 왕국 정복전, 동고트 왕국 정복전 등을 기록한 『전쟁사(戰爭史)』(8권)가 있다.

프리깃선(船) frigate

지중해를 중심으로 발달한 소형 상선에 대한 통칭. 16세기 말부터 17세기까지 스페인과 남미 식민지 간에 오간 소형 선박이 바로 프리깃선이다. 두 대의 마스트에 삼각범(三角帆)을 갖추고 있다.

프톨레마이오스 Ptolemaeos, 90~168년

로마제국의 천문학자 및 지리학자. 로마제국의 알렉산드리아에서 태어나 그곳에서 활동한 천문학자이며 지리학자인 프톨레마이오스는 그리스시대 이후의 지리학 성과를 총망라하는 명저 『지리학 입문』(Geographia, 또는 Cosmographia)에서 처음으로 원추투영법(圓錐投影法)을 고안해 세계지도를 작성하고, 지동설(地動說)을 주장하였다. 이 지리서의 원본은 소실되었는데, 12세기의 비잔틴 사본만이 전해지고 있고, 1409년에 라

틴어로 번역되었다. 당시 로마제국은 영토가 확장되고 극동으로까지 교역이 확산됨에 따라 세계지도가 필요하게 되었다. 이러한 배경 속에서 제작된 이 지도는 제작자가 고안해낸 원추투영법을 사용하여 반구체(半球體)의 구대륙 형태로 만들어졌으며, 경위도가 표시되어 있다. 대항해시대에 탐험가들이 애용하던 이 세계지도는 1544년 세바스찬 문스터(Sebastian Munster)에 의해 복간되었다.

플라시(Plassey) 전투 1757년

영국령 인도의 역사가 시작된 전투. 클라이브(Robert Clive)가 지휘하는 영국군(3,000명, 토후군土侯軍 5만 명)이 1757년 인도 벵골의 플라시(Plassey)에서 프랑스군의 지원을 받는 벵골의 토후(土侯) 시라지 웃다울라 군과의 전투에서 승리를 거두었다. 이를 계기로 영국은 대인도 정책에서 무역 위주의 정책을 수정해 직접적인 식민지화 경략으로 전환하였다.

플로르 델라 마르(Flor de la Mar)호(號) 침몰선

1512년 말레이시아의 말라카 해협에서 침몰한 포르투갈의 무역선. 인도 서해안의 고아를 근거지로 극동무역을 확대해오던 포르투갈의 인도 총독은 17척의 선단으로 말라카 왕국을 공격하였다. 그때 약탈한 금은재화를 포르투갈 왕에게 헌상하기 위해 플로르 델라 마르호에 적재하였는데, 이 배가 말라카 해협에서 태풍을 만나 침몰하였다. 1987년경 위성사진으로 침몰선의 소재를 확인한 이탈리아 출신의 보석상 핀세이가 재보(財寶)를 인양할 계획을 세웠으나 실행하지 못하였다.

플로리다(Florida) 해저 유적

교류의 유물적 전거로서의 해로 유적(해저).

1985년 7월 25일 미국 플로리다 반도 심해에서 긴 멕시코산 은봉(銀棒)과 기타 금은 동전을 수심 16m 해저에서 발견하였다. 이 은봉을 적재한 배는 1622년 허리케인 때문에 침몰한 누에토라 세뇨르 더 아토차호로서 4억 달러 상당의 은봉 1,200개를 적재하고 있었다. 침몰선의 실체를 밝힌 메르 피샤(당시 63세)는 이 침몰선에 대한 조사 연구를 위해 16년간 1,500만 달러를 투자하였다고 한다.

플리니우스 Gaius Plinius Secundus, 23?~79년

로마의 장군 겸 박물학자. 이탈리아 노붐 코문(현 코모)에서 태어난 플리니우스는 주(州) 총독을 역임한 후 나폴리만(灣)의 해군제독 재임 중 79년 폼페이를 매몰시킨 베수비오 화산 대폭발 현장을 시찰하다가 연기에 질식해 순직하였다. 그는 세계의 첫 백과전서격인『박물지(博物誌)』(Historia Naturalis) 전 37권을 편찬해 티투스 황제에게 헌상하였다. 100명의 정선된 저술가를 동원해 2만 항목을 수록한 이 백과전서에는 천문·지리·인문·과학·문명 등 다방면의 내용이 수록되어 있다.

피레스(T.Pires)의 중국 사행 1521년

16세기 초부터 포르투갈을 필두로 한 신흥 서방 국들은 상선과 함대를 앞세운 양동작전(兩動作戰)으로 동방경략의 최후 보루인 중국의 굳게 닫힌 문호를 열기 위해 노력하였다. 이러한 상황 속에서 1521년 포르투갈이 처음으로 사절 피레스(T. Pires)를 명에 파견하였다. 그러나 포르투갈이 명의 조공국인 말라카를 강점하였다는 이유로 명은 사절을 구속·추방하는 강경책을 세웠고, 명은 서방 국가들의 사절에 대해 계속 부정적인 태도를 취하였다.

피르다우시 H. A. Firdausī, 940~1020(25)년

페르시아의 민족 대시인. 본명은 아불 카심 만수르(Abu'l Qāsim Mansūr)이며, 투스(Tus)에서 태어났다. 그의 어린 시절에 대해서는 별로 알려지지 않고 있다. 그가 이란의 민족 대시인의 반열에 오른 것은 장편 서사시 『샤나메』(Shāh-nāmeh), 일명 『왕서(王書)』 덕분이다. 그는 975년에 이 시를 쓰기 시작해 35년간(1010년에 완성) 무려 6만 편의 시를 엮었다. 내용은 신화시대부터 아랍 정복시대(7세기)까지의 역사 기록이다. 피르다우시는 994~995년 원고를 가지고 바그다드에 가서 부와이조 술탄 바하 웃다울라(Bahā al-Dawla)에게 헌상해 생활비를 얻으려고 했으나 여의치 않았다. 그즈음 그는 시집 『유수프와 잘리하』(Yūsuf u Zalīkhaā)를 발표하였다. 이어 시인은 문학예술의 옹호자로 알려진 아프가니스탄 가즈니조 술탄 마흐무드에게 시집을 헌상했으나 원하는 보수를 받지 못하였다. 이에 약 100편의 시를 지어 마흐무드를 맹비난하였다. 결국 마흐무드에게 추방되어 각지를 전전하다가 고향 투스에 돌아와 사망하였다. 그는 이슬람 시아파에 속하면서도 조로아스터교의 선악 이원론은 받아들였다.

피사로 Francisco Pizarro, 1475~1541년

스페인의 잉카제국 정복자. 피사로는 1509년의 콜롬비아 탐험, 1513년의 파나마 탐험, 1522년의 남미 서해안 탐험, 1524년과 1526년의 예비 탐험을 거쳐 1531년 병사 300명을 이끌고 페루에 상륙, 2만 명의 잉카군과 격전 끝에 잉카제국을 정복하였다. 1541년 내홍(內訌) 중에 암살되었다.

필률 篳篥, 피리

동전된 서역 악기. 중국 송대에 필률 혹은 가관(茄管)·두관(頭管)이라고 한 이 악기, 즉 피리는 천축(天竺, 인도)에서 중앙아시아를 거쳐 구자(龜玆)에 들어온 황관(簧管, reed pipe) 악기로서, 중국 당나라의 두우(杜佑)가 편찬한 정서(政書)인 『통전(通典)』에는 '비률(悲篥)'로 음사하고 '호(胡), 즉 서역에서 들어왔다'고 명기되어 있다. 한대에 유입된 이 악기의 형태는 관 모양으로 구멍이 있으며, 처음에는 동물뼈로 만들었으나 후에는 참대로 바뀌었다. 세로로 잡고 불며 겹혀(複簧, double reed)를 지닌 관악기의 일종으로, 조선 초기 『악학궤범(樂學軌範)』부터 9공(孔)의 당필률(唐篳篥)과 7공의 향(鄕)필률로 구별되었다. 필률(피리)이 수(隋)의 구부기(九部伎) 중 고려기(高麗伎) 외에 안국기(安國伎)·소륵기(疏勒伎)·구자기(龜玆伎) 등 중앙아시아제국의 음악에 사용된 점으로 보아 서역의 악기임이 분명하다. 고구려 피리에는 소필률(小篳篥), 대필률, 도피(桃皮) 필률 세 가지가 있는데, 대필률이 장천(長川) 1호분의 벽화에 나타난 사실로 보아 5세기 무렵에 서역에서 중국 북방지방을 거쳐서 고구려에 전래된 것으로 짐작된다. 신라의 경우 924년에 세워진 봉암사(鳳巖寺) 지증대사적조탑(智證大師寂照塔)에 나타나는데, 이로써 불교의식 음악이 신라 하대에 당에서 직접 들어온 것을 알 수 있다.

ㅎ

하다(Hadda) 불교 유적

교류의 유물적 전거로서의 오아시스로 유적. 하다는 아프가니스탄 잘랄라바드 남방 9km 지점에 있는 고도로, 불교 유물이 많이 출토된 곳이다. 간다라와 그 서쪽 발흐 등지를 연결하는 교통요로에 위치해 많은 도축구법승들이 이곳을 순방하곤 하였다. 이 유적에서는 가람(伽藍)의 스투파와 화려한 스투코(stucco) 불상이 출토되었다. 스투코란 소석회와 풀 및 점토를 반죽해 벽 같은 곳에 발라 굳힌 것을 말한다.

하란과 산르우르파 Harran & Sanli Urfa

시리아 사막을 지나 국경을 넘어 터키 땅에 들어서면, 길은 아브라함의 행적과 관련된 성지 하란과 산르우르파로 이어진다. 이 길은 예로부터 메소포타미아와 아나톨리아를 이어주는 주요 통로였으며, 그 길 위에 자리한 하란과 산르우르파는 오아시스로의 교역 거점이었다. 초기 기독교 시대에 산르우르파(옛 에데사)는 동방 기독교의 본거지로서 기독교사에 찬란한 한 페이지를 수놓았다. 유대교·기독교·이슬람교 3대 종교의 혈통적 및 종교적 조상인 아브라함의 행적과 초기 기독교의 본거지라는 점 때문에 3대 종교 모두의 성지가 된 이 두 곳에는 오늘날까지도 순례자들의 발길이 끊이지 않고 있다. 이 두 곳에서

만은 마냥 '너는 너, 나는 나'라는 종교적 배타와 편견, 갈등 따위 없이 자타가 모두 오순도순 이웃하고 사는 성싶다.

구약성서에 따르면, 기원전 2000년경 아브라함은 아버지와 함께 메소포타미아의 우르를 떠나 가나안 땅(지금의 팔레스타인)으로 가던 도중 하란에 15년간 머물다가 하느님의 소명을 받고 아들과 손자 일가를 데리고 늦게나마 가나안 땅으로 떠났다. 이렇듯 하란은 아브라함 일가 4대의 영적(靈蹟)이 깃든 유서 깊은 곳이다. 이곳에는 히타이트 시대의 신전과 세계 최초의 로마 시대 대학, 천문대와 수리시설 등 오래된 유적이 그 옛 사연을 증언하고 있다. '예언자의 도시'라는 별칭을 갖고 있는 산르우르파는 3대 종교가 다 같이 성역시하는 곳이다. 이슬람에서는 아브라함이 이곳에서 태어났다고 전해오고 있으며,

아브라함이 태어난 동굴이 있는 아브라함 사원 외경

기독교에서는 이곳이 바로 기독교가 국가 종교로서 첫 공인을 얻은 '에데사'라고 믿고 있다. 이곳에는 아브라함이 태어났다고 하는 동굴 위에 지은 '아브라함 사원'과 화형(火刑)에서도 살아남게 했다는 신기한 전설이 깃든 '아브라함 못'이 있다. 이 성스러운 두 곳이야말로 종교 간의 갈등을 멀리하고 소통과 공존을 수범(垂範)하는 역사의 현장인 것이다.

하마단(Hamadan) 도시 유적

오아시스로 유적. 이란 서부의 알반드산(山) 북쪽에 위치한 고도로, 수도 테헤란에서 300km 떨어져 있다. 해발 1,775m에 자리한 이 도시는 겨울에는 좀 춥지만 여름은 쾌적하다. 눈 녹은 물이 흘러내려 땅이 촉촉해져 녹음이 우거지고 과수원이 많이 조성되어 있다. 하마단의 옛 지명은 '학마타가'이나 헤로도토스는 저서 『역사』에서 '악바타나'라고 기록하고 있다. 그리스어로는 '집회의 장소'를 '엑바타나'(Agbatana, Ecbatana)라고 하는데, 이 이름이 유럽에서 유행하였다. 원래 하마단은 이란 고원 서부에 건립되었던 메디아 왕국(Media, 기원전 640~550)의 수도였다. 그리스의 역사가 폴리비오스(Polybios, 기원전 204~122년경)는 "엑바타나(하마단)는 메디아인들의 왕도(王都)로, 물산이 풍부하고 건물이 화려하며 성채는 놀라울 정도로 견고하다. 왕궁 궁전의 둘레는 1.2km에 달하며, 궁전의 천장은 번개무늬(雷紋)로 장식하였고, 궁성문과 열주(列柱)는 금·은박을 입혔다"고 하였다.

기원전 550년에 아케메네스조의 실질적인 건국자 키루스(Cyrus) 2세는 하마단을 점령하고 메디아 왕국을 멸하고 나서 하마단에 하기(夏期) 이궁(離宮, 사실상 하도夏都)을 마련하였다. 하마단 서남방 12km 알반드 산중에서 한 주민이 '간즈 나메'(Ganjnameh, '보물의 글'이란 뜻)

비문을 발견하였다. 거대한 화강암 벽 중턱의 고대 페르시아어와 아람어, 아카드어로 쓰인 비문의 좌측은 다리우스 1세, 우측은 크세르크세스 1세에 관한 내용이다. 알렉산드로스의 동정 때 이 고도의 유물 일부가 약탈당하였다. 알렉산드로스는 이곳을 점령할 때 궁전을 장식한 금·은박과 타일을 대부분 뜯어갔다. 후에 그가 이곳을 다시 방문했을 때는 그의 한 충신이 이곳에서 병사하자 진찰을 한 의사를 창으로 찔러 죽이고, 그래도 성에 차지 않아 도성의 주벽을 마구 파괴하였다. 알렉산드로스제국을 계승한 셀레우코스의 안티오코스 3세(재위 기원전 223~187)는 화려한 아나히타 신전의 기둥과 타일, 금·은박을 뜯어갔다. 파르티아(Parthia) 시대에는 평범한 도시로 남아 있었는데, 이 시대의 유물로는 구릉 위에 자리한 거대한 사자석상(獅子石像)이 있다. 파르티아에 이어 사산조 시대(226~651)에 들어와서 특기할 만한 사항은 야즈데게르드 1세의 유대인 왕비가 이곳에 유대인들을 대거 유치해 정착시키고 자신의 묘당(에스테르 묘당)을 성역화하였으며, 또한 유대인들로 하여금 이곳을 순례하게 한 것이다.

644년 이슬람군에게 함락된 후 셀주크조 때까지 하마단은 줄곧 주도로 남아 있었다. 931년 지야르조의 창건자 마르다비즈(Mardavij)는 하마단을 점령한 후 파르티아시대의 유물인 사자석상을 라이(테헤란 남부)로 옮겨가려고 했는데, 너무 무거워서 옮길 수 없게 되자 홧김에 사자 다리를 부숴버렸다고 한다. 하마단은 1220년 몽골 서정군의 유린으로 폐허가 되었다가 일 칸국 시대에는 거의 원상복구가 되었다. 그러나 1386년 티무르군의 침공으로 많은 주민이 학살되고 도시는 다시 파괴되었다. 그후 300년간 간신히 명맥만 이어오다가 17세기 사파비조의 압바스 대제가 이스파한으로 천도하자 이를 계기로 삼아 하마단은 재건의 기회를 맞기도 했으나, 18세기 전반에는 오스만제국에 합병되고 마침내 1732년에는 이란령(領)으로 편입되어 오늘에 이르고 있다.

하미 Hami, 哈密, 哈密力, 哈迷里, 伊吾

톈산 산맥 남록의 교통 요지. 하미는 중국 신장의 동단(東端) 톈산 산맥의 남록에 있는 오아시스다. 옛 이름은 이오(伊吾)인데, 허시(河西)에서 톈산 산맥 방면으로 통하는 교통의 요충지다. 현지인들은 카뮬(Qamul) 혹은 코뮬(Qomul)이라고 부른다. 이곳이 역사의 무대에 본격적으로 등장한 것은 영평(永平) 16년(73), 후한이 흉노를 정토해 이곳을 빼앗은 때부터다. 후한은 여기에 둔전(屯田)을 두어 나라를 다스렸다. 그때부터 이곳은 북방 유목민과 중국 간의 쟁탈 대상이 되었으나, 서역의 다른 오아시스들과는 달리 왕을 내세워 국가를 이룬 적은 없다. 단 교통의 요지이기 때문에 소그드인들이 이 땅을 매수해 식민지로 만든 적이 있다.

하바롭스크 Khabarovsk

시베리아 초원로의 대동맥인 시베리아 횡단철도가 구소련 시절에는 국방상 이유로 하바롭스크에서 멎고 더이상 동쪽으로 운행하지 못하였다. 이렇게 이곳은 시베리아 초원로에서 병목 역할을 하는 고장이다. 사실 하바롭스크는 천혜의 자연 보고이자 극동 시베리아의 심장부로 볼거리가 적지 않다. 그러나 흔히들 '아무르강을 보기 위해 하바(하바롭스크의 약칭)로 간다'고 한다. 중국 사람들은 물줄기가 검은 용처럼 굼틀거리며 흘러간다고 하여 이곳을 흐르는 강을 '헤이룽강(黑龍江, 러시아어로는 아무르강)' 혹은 '흑수(黑水)'라고 부른다. 길이 5,498km로 세계에서 열번째로 긴 이 강은 몽골 북부의 헨티산에서 발원해 러시아와 중국을 가르는 국경선을 이루면서 하바를 오른쪽으로 끼고 북동 방향으로 흘러가 오호츠크해에 유입된다.

도대체 아무르강이 무엇이기에 사람들은 그것을 보려고 불원천리 찾아갈까 하는 생각이 들기도 한다. 보는 사람의 시각에 따라 다르겠지만, 적어도 다음의 두 가지만은 세인들에게 큰 관심거리임에 틀림이 없다. 하나는 강을 에워싼 무모한 분쟁이다. 1858년 당시 동시베리아 총독이던 무라비요프(N. Muraviyov)는 청나라로부터 아무르강 영유권을 빼앗기 위한 군사 전초기지로 이 도시를 세웠다. 애당초 발상이 그러하다 보니 오늘날까지 강을 볼모로 중국과 국경분쟁이 끊이지 않았다. 최근에는 강 가운데 있는 두 개 섬을 놓고 무력충돌 일보 직전까지 치달았다. 원래 러시아령인 이 두 섬이 퇴적 현상으로 인해 중국 땅에 붙어버렸기 때문에 영유권 시비가 일어난 것이다. 협상으로 분쟁이 일시 봉합되기는 했으나, 언제 다시 터질지 아무도 장담 못 한다. 길이나 지역의 분계선이 되는 수계(水界)가 분쟁거리가 된다는 것은 불안한 일이다. 아무르강에서 눈여겨봐야 할 다음 한 가지는 숭고한 영혼들이 수장된 역사 현장이라는 사실이다. 연해주 우수리스크에서 이주민의 딸로 태어난 김(金)알렉산드라는 러시아에 침입한 일본군의 후원을

대한 여자의 사표인 김알렉산드라의 처형지(아무르 강변, 1919. 9)

받는 백파군(白派軍)과의 싸움에서 체포되어 아무르 강변에서 총살당한다. 그녀는 한반도의 13개 도(道)를 상징하는 열세 발짝을 뗀 뒤 의젓하게 돌아서서 총탄을 맞는다. 향년 33세, '대한 여자의 사표(師表)'인 그녀의 시신은 강물에 버려졌다. 그후 비통에 잠긴 시민들은 오랫동안 이 강에서 낚시를 하지 않았다고 한다. 아무르강은 이러한 숭고한 영혼들을 깊이 간직한 채 오늘도 도도히 흐르고 있다.

하바롭스크는 이러한 아무르강과 더불어 한반도와 유의미한 유대 관계를 갖고 있다. 아무르강 유역에 자리한 트로이츠코예 유적은 1천 기의 고분이 밀집 분포되어 있는 극동 시베리아 최대 규모의 유적인데, 그것은 8~10세기에 조성된 발해 유적으로 판명되었다. 한민족사의 견지에서 보면, 거기까지가 '해동성국' 발해의 영역이었다는 점에서 이 유적이 갖는 의미는 자못 크다. 하바에서 약 70km 떨어진 사카치 알리안 지역의 신석기시대 바위그림에서 보이는 와권문(渦卷文, 소용돌이 물결무늬)과 한반도의 반구대(盤龜臺)나 천전리(川前里) 바위그림 속에 보이는 같은 문양의 연유 관계는 연구 과제로 남아 있다.

하복연 賀福延

도일한 발해 사신. 하복연은 841년 12월 대사(大使) 신분으로 부사(副使) 왕보장(王寶璋)과 일행 105명을 데리고 장문(長門)에 도착하였다. 당시 그의 관직은 정당성(政堂省) 좌윤(左允)이었다. 이듬해 3월 일본 궁궐에 입성하였고, 4월에 일본 천왕에게 발해 국왕의 장계(狀啓)와 신물(信物)을 전하고 입당승(入唐僧) 영선(靈仙)의 죽음을 알렸다. 당시 발해왕이 그를 사신으로 파견한 목적은 신라를 견제하면서 일본과 경제적 교류를 하기 위한 것이었다. 그는 일본 당국으로부터 향응과 사록(賜祿)을 받았으며, 같은 달 정삼위(正三位)의 관등을 제수(除授)받고 귀국하였다. (8-212)

하샤르 hashar

중앙아시아 정주민들의 지역공동체. 지역공동체에 필요한 다리·운하·사원·공공건물·개인주택 등의 건설이나 수리를 위해 노동력을 무상으로 제공하는 전통적인 상부상조 조직이다. 여유가 있는 사람은 금전이나 자재를 제공하기도 한다.

하와리즈미 Abū Ja'far Muhammad ibn Mūsā al-Khwārizmī(페르시아어), 800?~847년?

하와리즈미의 초상

중세 아랍 수학자이자 지리학자. 9세기 중앙아시아 호라즘 출신인 지리학자이자 대수학(代數學)의 아버지로 불리는 하와리즈미를 비롯한 아랍-무슬림 수학자들은 인도의 숫자 서법을 아랍어 서법에 맞게 변형하였을 뿐만 아니라, 인도에서 창안한 영(零, 점으로 표시)이라는 전혀 새로운 개념을 도입함으로써 수학에서 일대 혁명을 가져왔다. 하와리즈미의 「집합(集合)과 분할(分割)의 서(書)」란 논문이 12세기 「인도 숫자에 대한 하와리즈미의 서」란 제목하에 라틴어로 번역되어 유럽인들은 처음으로 영을 포함하는 숫자체계를 알게 되었다. 숫자의 발달에 얽힌 사연에 무지한 유럽인들은 숫자를 아랍인들에게서 전수받아 알게 되었기 때문에 '아라비아 숫자'라고 불렀다. 16세기에 이르러 유럽에서 사용되어온 로마숫자는 아라비아숫자로 대체되었다. 영어의 'cipher'(영, 암호)나 이탈리아어의 'zero'(영)는 '공(空)' '무(無)' 혹은 '영'이란 아랍어 단어 '쉬프르'(sifr)

에서 유래한 것이고, 영어의 'algorism'(아랍식 가산법, 아라비아숫자)은 수학자인 하와리즈미의 이름에서 유래하였다고 한다.

피타고라스를 비롯한 고대 그리스 수학자들은 수를 단순한 양의 개념으로 본 데 반해 하와리즈미를 비롯한 아랍-무슬림 수학자들은 상호관계적인 개념으로 인식하여 9세기 중엽에 대수학이라는 새로운 학문을 탄생시켰다. 하와리즈미는 3차방정식의 풀이법까지 해명하였다. 당초 아랍-무슬림 수학자들은 대수학의 문제풀이 절차가 마치 외과의사가 골절된 부위를 다시 원상회복하는 수술 과정과 비슷하다고 하여, 외과 전문용어인 '자브르'(al-jabr, 접골, 깁스)를 빌려 대수학을 '자브르'라고 했는데, 그것이 영어 'algebra'(대수학)이 어원이 되었다.

하이트(Khait) 도시 유적

오아시스로 유적. 하이트는 중앙아시아 타지키스탄공화국 가름(Garm)주에 있는 고도로, 1946년에 도시 고지(故址)에서 유물이 출토되었다. 이에 관해서는 소련의 트레베르(K. V. Trever)가 1958년에 학계에 보고한 바 있다. 출토품 중에는 황금제 신상(神像), 비잔틴 황제상이 새겨진 금제 인장·보석·귀고리 등과, 작은 보석을 박은 금제 장신구, 백동제 해수포도경(海獸葡萄鏡) 등의 유물이 포함되어 있다. 트레베르는 금제 신상은 호라즘이나 소그디아나·박트리아 등지에서 숭배하던 식물신(植物神) 아로도쿠쇼(Arodokusho) 상이라고 판단하였다. 유물 중 주목을 끄는 것은 반쯤 남아 있는 해수포도경인데, 한 변의 길이가 약 11.7cm인 이 거울의 동형(유사)품이 일본 쇼소인(正倉院)과 교토(京都) 스미토모가(住友家) 등에 수장되어 있다. 중국 송대의 『박고도(博古圖)』에는 이 해수포도경을 '해마포도감(海馬葡萄鑑)'이라고 하였는데, 그것은

수경(隋鏡, 사신십이진경四神十二辰鏡)의 형식에 포도당초문(葡萄唐草文)이나 괴수문(怪獸文)을 가미해 제작한 것이다. 원래 금수(禽獸)포도문은 사산조 페르시아를 비롯한 서역의 장식문양이 변화한 것이었으나 중국에서 그것을 창조적으로 발전시켜 서역 일원에 다시 역수출한 것이다. 현재 하이트 유적 출토 유물은 러시아 에르미타주 박물관에 소장되어 있다.

하자르 Khazar, Hazâr, 2~11세기

캅카스 유목국가. 2~11세기 캅카스 지역과 흑해 북부의 볼가강과 돈강을 잇는 지역에 존재했던 국가로, 수도는 볼가강 하구의 고도 이틸(Itil 터키어, Atil 영어)이었다. 이 나라에서 나오는 모피·가죽·꿀은 무슬림 상인들이 선호하는 교역품이었다.

하카다(博多)만(灣) 해저 유적

교류의 유물적 전거로서의 해로 유적(해저). 1931년 일본 하카다만 남안의 해저에서 발견된 난파선에는 해로를 통한 일본과의 교역상을 실증해주는 중국 송(宋)대의 도자기·고전(古錢)·정석(碇石, 닻돌)·해수포도경(海獸葡萄鏡) 등 유물들이 적재되어 있었다. 1962년 후쿠오카(福岡)의 해저에서도 동모(銅鉾, 구리창)를 건져낸 바 있다.

하트라(Hatra) 도시 유적

오아시스로 유적. 하트라는 이라크 메소포타미아 북부, 모술 서남방 90km 지점에 있는 파르티아(Parthia)조 시대의 원형(圓形) 요새 도시다. 로마의 내습에 대비한 전략적 방어도시로 건설되었는데, 직경 2.7km의 견고한 외벽과 내벽의 잔해가 남아 있다. 내성 안에는 궁전과 조로아스터교 제단, 3개의 신전, 주거지, 묘지 등 유적이 있

다. 241년 사산조 군에게 함락된 후 파괴되었다.

하티 Hatti, 히타이트 Hittite

기원전 20세기부터 기원전 8세기 사이에 소아시아에서 번영했던 아리안계 국가다. 최초로 철제 무기와 이륜전차(二輪戰車)를 만들어 기원전 15세기에 아시리아와 이집트를 공략하였다. 이 전차는 이집트를 통해 고대 오리엔트에 전해졌으며, 그것이 곳곳으로 파급되어 세계 전쟁사에 큰 변화를 가져왔다. 원래 '하티'는 아르메노이드 계통의 언어 명칭이었으나, 후에 이 언어를 사용하는 사람들이 사는 소아시아 할리스강 유역으로 이주해온 아리안계 민족들에 대한 지칭으로 사용되었다.

학문의 교류

체계적 지식으로서의 학문은 문명발달의 필수적 전제다. 학문의 도입을 떠난 문명발달이란 상상할 수 없으며, 학문 수준이 문명발달의 척도다. 따라서 문명이 발달하기 위해서는 문명권의 이질성에 구애됨이 없이 선진학문을 수용하여야 한다. 이것이 학문교류의 당위성이다. 그런데 교류에 필요한 학문은 수용자의 문명발달에 실제적으로 이바지되는 실용학문이어야 한다. 실용성이 없는 학문은 문명발달에 기여할 수 없음은 물론 오히려 부정적인 영향을 미칠 수도 있기 때문이다.

근세 초까지의 학문교류사를 보면 교류되는 학문에는 주로 생존과 문명발달에 절실히 필요한 기본적인 학문 분야가 두루 망라되어 있다. 인간의 자연정복에 필요한 천문지리학과 생명유지에 필수인 의학(약학과 생물학 포함)은 가장 오래된 교류 학문이다. 상대적으로 실용적인 학문인 자연과학에서 그 이론적 기초가 되는 수학과 물리학은 일찍부터 필수 교류학문으로 부

상하였으며, 그 바탕 위에서 공학 계통의 학문도 교류되었다. 그밖에 역사학·철학·예술·미학 등 인문사회학 계보의 학문들도 정신문명의 발달과 더불어 상호 교류되었다. 인류문명이 발달할수록 교류 학문은 다양화되고 보편화되었다.

학문교류는 여타의 교류와 구별되는 몇가지 특징을 가지고 있다. 그 하나는 교류의 제한성(制限性)이다. 학문교류에 참여하는 교류인(交流人)은 원칙적으로 전문 학식과 학자적 소양을 갖춘 식자층이어야 한다. 학문 자체가 체계적이고 논리적이며 전문적인 지식이기 때문에 일반인들이 쉽게 습득할 수 있는 것이 아니어서, 그 소유에는 한계가 있을 수밖에 없다. 학문교류인에게 있어서 이러한 한계는 두드러지게 나타난다. 뿐만 아니라 학문교류는 그 수용에서도 한계성을 지니고 있다. 수용자의 수용 자세와 능력에 따라 유입되는 학문에 대한 수용 여부와 정도가 결정되는 것이다. 근세 초에 서양의 과학기술, 즉 서학(西學)에 대해 중국·일본·한국이 취한 각기 다른 수용 자세는 그 대표적 일례라 할 수 있다. 중국은 유학의 입장에서 서구문물을 받아들인다는 '중체서용(中體西用)'의 정신을 바탕으로 서구 문물을 수용하였고, 일본은 고유의 정신을 바탕으로 서양과학을 수용한다는 '화혼양재(和魂洋才)'에 의해 서구의 과학기술을 받아들여 근대화에 성공하였다. 그러나 한국은 문치주의(文治主義, 성리학性理學)란 대의명분만을 강조하면서 서학을 멸시하는 태도를 견지하였다. 비록 남인계(南人系)의 북학파(北學派)가 조선 고유의 전통사상을 고수하면서 서양 과학기술을 받아들인다는 '동도서기(東道西器)'를 주장하였지만, 위정자들에 의해 수용되지 않아 근대화가 더욱 늦어질 수밖에 없었다.

학문교류의 다른 특징은 실효성(實效性, 혹은 실용성)이다. 학문은 선진성(先進性)과 더불어

실효성을 구비할 때만이 전파되고 수용되며, 따라서 교류학문으로서 의미를 갖게 된다. 실효성은 학문교류의 생명이라고 할 수 있다. 인문과학이건, 사회과학이건, 자연과학이건 인간의 생존과 문명발달에 절실히 필요한 학문만이 선택적으로 유입되고 수용되며 생명력을 유지하게 되는 것이다. 따라서 학문교류의 영향관계나 가치 여부는 실효성에 의해 좌우된다. 그런데 학문의 실효성은 거시적(巨視的)으로 관찰해야 한다. 왜냐하면 학문의 실효성은 수용과 더불어 즉각적으로 나타날 수도 있고, 잠재적으로 서서히 나타날 수도 있기 때문이다.

끝으로 학문교류가 갖는 특징은 접변(接變)이 상대적으로 적다는 것이다. 학문교류는 여타의 물질문명이나 정신문명의 교류에 비해 전파나 수용 과정에서 일어나는 접변 현상이 적으며 융합에 의한 원형 보존력이 강하다. 물론 인문과학이나 사회과학의 경우에는 접변의 양상이 각기 다르지만, 특히 자연과학의 경우에는 언어적 표현수단만 달라질 뿐 과학적 원리는 그대로 수용·보존된다. 이를테면 학문의 공리성(功利性)은 교류에 의한 이동에 관계없이 변하지 않는다. 이러한 불변성은 인류문명의 공존공영(共存共榮)을 유지하게 해주는 힘이다.

이상과 같은 특징을 지닌 학문교류는 인류문명의 발달과 공영(共榮)의 지적 바탕을 마련하게 한다. 교류의 궁극적 목적은 문명의 발달과 공영이므로, 문명의 모태(母胎)인 학문의 교류 없이는 결코 이러한 목적이 달성될 수 없다. 뿐만 아니라 진정한 의미에서의 교류가 성사되려면 교류물에 관한 파악이 있어야 하는데, 그러기 위해서는 학문교류가 뒷받침되어야 한다. 따라서 학문교류는 교류 전반에 대한 기틀이 된다고 할 수 있다. 비록 여타의 교류에 비해 제한성이 있고, 또 지적 수준의 차이에서 오는 난관이 있

기는 하지만 문명교류의 성과를 위해서는 반드시 학문교류를 병행하여야 한다.

학문연구서

실크로드를 통한 교류의 문헌적 전거로서의 학문연구서는 교류의 추진과 심화를 위한 학문적인 연구 전서(專書)로, 그 내용은 주로 교류 대상지에 관한 연구서와 과학기술을 전파하기 위한 과학연구서로 대별할 수 있다. 우선 지역 연구서에는 대상 지역의 정치·경제·문화·사회의 어느 한 특정 부분에 관한 여러가지 전문적인 연구서들이 포함된다. 다음으로 과학기술 연구서에는 각종 기초과학과 응용과학을 망라하는 과학기술서들이 포함되는데, 그중 식물이나 약초 같은 인간의 생존과 관련된 교류물에 관한 연구서와 서방의 근세적 과학기술을 전파·수용하기 위한 연구서(원서나 역서)들이 가장 큰 비중을 차지한다. 이러한 학문연구서들은 교류의 문헌적 전거인 개설소개서와 때로는 구분하기 어려운 점이 있지만, 내용을 세심히 검토해보면 단순한 자료의 종합·편집이나 초보적인 이해를 도모하기 위한 소개서가 아니라, 저자 나름의 문제의식에 기초한 학문적 연구의 결과물임을 알 수 있다. 기초과학서 또한 '개설소개서'적 성격을 가지고 있긴 하나 저자의 학문적 소양이나 연구가 바탕이 되지 않고는 결코 그런 저술은 불가능하다. 따라서 학문연구서와 개설소개서는 동일시될 수 없으며, 전자는 후자의 심화라고 할 수 있다.

한국 고대 유물에서의 북방 유목기마민족적 문화요소

한국의 고대 유물 중에는 북방계 문화요소를 내포하고 있는 것들이 상당히 많다. 북방계 문화요소에는 스키타이와 흉노를 비롯한 유목기마민족 문화요소와 샤머니즘적인 문화요소가 포함

대구 비산동 출토 조형 안테나식 동검(국보 337-1)

되는데, 한반도의 경우는 유목기마민족 문화요소가 주종을 이룬다. 그런데 이러한 북방계 문화요소 중에는 그리스·로마나 페르시아의 문화 내지 중국의 문화가 융합된 경우도 적지 않다. 이에 각기 다른 문화요소를 식별하고 검출하는 데는 많은 연구가 필요하다. 아직은 연구가 미흡해 단정할 수 없는 부분이 많으나, 출토품을 보면 한국 고대 유물 중에는 형태·문양·기법에서 북방 유목기마민족 문화와 유사성을 보이는 것이 적지 않다.

우선 유물의 형태에서 유사성을 가지는 대표적인 유물로는 다음과 같은 것이 있다. ① 안테나식 동검(銅劍): 검파두(劍把頭, 칼자루의 머리) 양쪽 귀가 위로 감기면서 각각 둥근 고리처럼 된 형태의 동검을 말한다. 원래 독일의 할슈타트(Hallstatt) 문화에서 발생한 것인데, 스키토-시베리아 문화권에서 그 고리를 짐승이나 새의 머리로 바꾸어 수형(獸形)·조형(鳥形) 안테나식으로 변형하였다. 대표적인 것이 오르도스(Ordos, 쑤이위안綏遠)식 동검인데, 한국식 동검과는 달리 일주식(一鑄式, 칼날과 자루를 한 거푸집에 부어 만드는 방식)으로 칼자루 머리에 쌍으로 된 새나 짐승의 머리, 또는 둥근 테두리가 장식되어 있다. 이러한 조형(鳥形) 안테나식 동검이 평양(平壤)과 대구(大邱) 비산동(飛山洞) 와룡산(臥龍山) 기슭의 분묘에서 출토되어 오르도스식 동검과의 상관성을 연상케 한다. 동제(銅製)는 아니지만 같은 모양의 철제 검이 중국 랴오닝성(遼寧省) 시차꺼우(西岔溝) 유적에서 오르도스식 동패(銅牌)들과 함께 출토되었다. 동물 투쟁 무늬도 들어 있는 이 동패는 기원전 1세기

때 동호족(東胡族)의 분파인 오환(烏桓)이나 이곳으로 이주해온 흉노족의 유물로 추측된다. 당시 이곳은 고조선 영역으로 한족(韓族)과 예맥족(濊貊族)이 살고 있었는데, 후일 그들에 의해 오르도스 동검이 한반도에 전파될 수 있었던 것으로 보인다. 한국식 동검의 칼자루 머리 장식에는 조형 안테나식 외에 누에고치형도 있다. 조형이나 누에고치형이 기원전 5~4세기의 파지리크(Pazyryk) 3호분에서는 말 재갈멈추개에서 발견되는데, 이러한 형태가 기원을 전후한 시기에 한반도에 들어와서는 칼자루 머리의 장식 형태로 바뀐 것으로 추정해볼 수 있다. 누에고치형 칼자루 머리는 랴오닝 지방의 랴오닝식 동검에서도 보여 그 이유가 주목된다. ② 호형(虎形)·마형(馬形) 대구(帶鉤): 기원을 전후한 시기부터 나타난 청동제의 수형(獸形) 버클인 대구(띠고리)는 대구 비산동, 영천(永川) 어은동(漁隱洞), 경주 조양동 고분 등 초기 철기시대와 원삼국(原三國) 시대의 분묘에서 출토되었다. 이러한 유물은 고분시대(삼국시대)까지 계속 나타나고 있다. 초기에는 사실적으로 표현된 호형이나 마형의 대구였으나 후기에는 편화(便化)된 형태의 마형 대구만 나온다. 이러한 대구는 걸쇠가 동물의 앞가슴 쪽에서 곧게 뻗어 나온 것이 특징이다. 그 유사품이 오르도스에서 출토(기원전 5~2세기)되었다. 한편 수형 대구는 한대의 유물에서도 일부 보이고 있어, 중국을 통해 간접적으로 유입된 북방 유목기마민족의 문화요소라고 말할 수 있다.

말 모양 띠고리(馬形帶鉤), 삼국시대, 4세기

③ 각배(角杯): 소뿔과 같은 형태의 음주(飲酒)용 토제(土製) 용기로 신라와 가야 지역에서 대부분 출토되고 있는데, 대체로 5세기에 출현해서 6세기까지 유행하였다. 각배 중에는 부산 동래구 복천동 출토 예와 같이 하반부에 말머리(마두馬頭)를 장식하고 발을 붙여 받침 역할을 하게 한 것도 있다. 각배는 그리스의 리톤(rhyton)을 비롯해 페르시아의 형상토기(形象土器, 기원전 2000년경부터 사산조 시기까지 제작)에서 많이 볼 수 있으며, 스키타이의 은제 장식판이나 석제(石製) 무인상(武人像) 등에도 그림으로 묘사되어 있다. 흑해 연안에서 출토된 각배 중에는 부산 복천동의 마두각배와 형태상 같은 것도 보인다. 한반도 인근 지역의 예로는 중국 한대의 벽화에 묘사된 것과 일본 서부 지역에서 출토된 6세기의 각배가 있다. 유사품의 출토지 분포로 보아 각배는 스키타이 문화가 초원로를 따라 동방으로 전파되어 한반도까지 전해졌을 가능성이 크다. ④ 수지녹각형관(樹枝鹿角形冠): 신라의 관은 수형(樹形, 출자형 出字形) 입식(立飾)과 녹각형(鹿角形) 입식으로 구성된 특유의 보관(寶冠)으로, 한반도 주변 지역에서는 유사품을 찾아볼 수 없다. 이 관의 계통에 관해서는 러시아 남부의 노보체르카스크(Novocherkassk)에서 나온 사르마티아 금관이나 시베리아 샤먼 모자(帽子), 그리고 알타이 출자형관(出字形冠) 등과의 관련성을 중심으로 추론해왔다. 사르마티아 금관은 그 입식이 나무와 사슴·오리 등으로 구성되었으나 세부 형태에서는 신라관과 차이를 보이고 있다. 샤먼 모자는 출자형 입식과 녹각형 입식, 그리고 대륜(帶輪)에 붙은 수식(垂飾, 드리개)도 신라 금관과 매우 흡사하다. 샤먼 모자에 관한 자료는 대개 18~19세기의 민속자료로, 신라 금관과는 시간적으로 멀리 떨어져 있어 서로 연관시키는 데는 무리가 있

경주 서봉총 출토 수지녹각형관(보물 339호)

다. 한편 알타이 지방에서 발견된 기원전 7~6세기의 석각화(石刻畵)에는 출자형 의관을 쓰고 귀고리를 한 왕 또는 귀족의 모습이 보인다. 기원전 4~3세기의 북부 알타이 지방에서 출토된 청동 장식판에도 신라 금관과 같은 수지녹각형의 관을 쓴 인물이 묘사되어 있다. 이러한 관이 기원전부터 오랫동안 알타이 지방을 중심으로 한 시베리아 일원에 널리 유행하였음을 짐작할 수 있다. 따라서 수지녹각형 신라 금관의 조형(祖型)은 샤먼관이 많이 남아 있는 시베리아 일대에서 발견될 가능성이 크다. ⑤ 과대(銙帶): 가죽 띠에 부착된 과판(銙板) 수십 매와 교구(鉸具)·단금구(端金具), 그리고 과판에 매달린 요패(腰佩)로 구성된 신라 특유의 장신구로 금관과 세트를 이룬다. 이러한 과대는 유라시아 유목민 사이에 널리 유행한 것으로, 몽골의 청동기시대인 기원전 8세기경의 석제(石製) 무인상(武人像)에도 전투용 조끼·칼·물고기 장식과 같은 요대가 달린 허리띠가 새겨져 있다. 이 무인상에는 대표적인 스키타이 동물 의장(意匠)인 큰뿔사슴 문양이 전면에 새겨져 있고, 귀고리가 부착된 모습도 묘사되어 있다. 혁대에 붙은 과판은 장방형(長方形)과 십엽형(十葉形)으로 연결된 장식으로, 이와 유사한 과판은 아무르강 유역과 흑해 서부 지역인 카르파티아(Carpathia) 분지의 기원후 7~8

세기경 아바르(Avar) 문화유적에서도 다수 발견되고 있다. 그런데 이 아바르족의 선조가 중국의 북방 변경에서 이주해온 흉노의 일족이란 사실을 감안할 때, 이러한 과판이 수지녹각형 관과 함께 알타이 지방에서 기원했을 개연성이 높다. 과판과 연결되는 단금구 역시 유라시아 일대에 퍼져 있는 것과 동일한데, 유라시아 지역에서는 주로 말가죽띠의 끝장식으로 사용된다. 요대 장식 중 숫돌은 대체로 금구에 끼워져 있다. 이러한 숫돌은 쿨오바(Kul-Oba) 고분 같은 데서 출토된 스키타이의 장식용 숫돌에서 흔히 찾아볼 수 있다. 요패 장식 중 어패(魚佩, 물고기 장식)는 신라 과대의 요패에 달린 물고기 장식과 같은 형태이며 파지리크 고분에서 출토된 피장자의 피부에 새겨진 문신에도 이와 같은 물고기가 보인다. 이러한 물고기 장식은 그후에도 발해(渤海)·여진(女眞)·거란(契丹)·말갈(靺鞨) 등 여러 민족들 사이에서 계속 사용되어왔다. 이와 같이 신라의 과대에는 전반적으로 북방 유목기마민족의 문화요소가 짙게 나타나고 있어서 그 상관성을 예시해주고 있다.

⑥ 토기류(土器類): 신라와 가야 고분에서 출토된 토기류에도 북방 문화요소가 보이는 몇가지가 있다. 토제(土製) 등잔인 다지등(多枝燈)은 신라와 가야 고분에서만 출토되는 이형(異形) 토기의 일종으로, 대각(臺脚, 굽다리) 위에 고리

경주 안압지 출토 철제 말재갈, 통일신라, 7~8세기

형의 테가 둘러지고 여기에 각각 4~6개의 소형 등잔이 짧게 뻗은 가지로 연결된 특이한 형태의 토기다. 이러한 등잔은 중국에는 아직 유사품이 없고, 다만 기원전 6~5세기경의 스키타이 유물에서는 동일형의 청동제 등잔이 보인다. 장군형 토기(장 등을 담그는 옆구리가 불룩한 토기)는 신라 고분에서 주로 출토되고, 백제 고분에서도 일부 유공토기(有孔土器)가 발견되고 있다. 옆으로 퍼진 통형(筒形)의 신부(身部)에 조그마한 구부(口部)가 달린 이 기형(器形)은 그리스·로마의 그릇에서도 보이고, 남시베리아의 한대 분묘인 오글라크티(Oglakty) 유적에서도 목준(木樽, 나무 술단지)이 출토된 바 있어, 그 상관성을 추측케 한다. 그밖에 신라와 가야의 토기 중에는 액체를 담을 수 있도록 된 속이 빈 동물형상의 중공형(中空形) 토제주기(土製注器)도 많다. 이러한 토기류는 등 쪽에 컵 모양의 원통형 돌기가 있는 것이 특징이다. 이와 같은 형태는 원래 페르시아의 형상토기에서 흔히 볼 수 있는 것으로, 서아시아에서 초원로를 따라 중국 북방을 거쳐 전해졌을 가능성이 있다. ⑦ 마구장식(馬具裝飾): 형태상으로 북방 유목기마민족의 문화요소를 가지고 있는 마구장식으로는 심엽형(心葉形) 행엽(杏葉)과 운주(雲珠)를 들 수 있다. 심엽형 행엽은 가죽띠에 매달아 장식으로 사용하는 마구의 하나로, 5세기 삼국시대 고분에서 출토된다. 이러한 형태로 파지리크 고분의 말안장 덮개에서도 가죽제의 수하식(垂下飾)이 달려 있는 것이 발견되었다. 운주는 말굴레의 가죽띠에 부착되는 반구형의 장식품이다. 표면에 가로로 깊게 주름진 형태의 운주가 고구려와 신라의 것에서 많이 보이는데, 동형의 운주는 파지리크 고분의 말굴레 장식에도 부착되어 있다. 따라서 이러한 운주는 알타이 문화계통에 속한 장식의 일종이라고 말할 수 있다. 그밖에 북방계 문화의 유물 형

태로는 신라의 적석목곽분(積石木槨墳)이 있다. 특기할 사항은 1991년 김해(金海) 대성동(大成洞) 고분에서 오르도스식 구리솥(銅鍑)이 발견되어 오르도스 청동기 문화와의 관련성을 더더욱 확실히 입증해주고 있다.

다음으로 문양 면에서도 한국 고대 유물 중에는 북방 유목기마민족 문화의 문양적 요소를 나타내는 것이 있다. ① 십자일광문(十字日光文): 원형의 중심에 십자문이 배치되고 그 주위는 연속 삼각문으로 구성된 일광문(日光文)이 돌아가는 문양을 말한다. 한반도에서는 이러한 문양이 청동기시대부터 초기 철기시대에 이르기까지 각종 의기(儀器)와 거울(銅鏡), 수레의 부속품, 장두(杖頭, 지팡이 머리, pole-top) 장식용 방울, 장식 단추 등에 나타나고 있다. 우주와 태양을 상징하는 것으로 추측되는 이 문양은 유라시아 각지에서도 많이 찾아볼 수 있다. 시베리아 지역에서는 기원전 2000년경의 유물에서 19세기의 민속 등에 이르기까지 십자일광문이 보여, 전통성이 강한 문양으로 간주되고 있다. 스키타이 문화에서도 말굴레의 원형 장식에 이러한 문양이 있는 점 등을 감안할 때, 그 원류를 북방 문화요소에서 찾아도 무리는 아닐 것이다.

② 사슴문양: 스키타이와 흉노를 비롯한 유목기마민족의 문물에 표현된 동물의장 중에서 가장 많이 등장하는 것이 사슴문양이다. 이 문양은 서쪽의 다뉴브강에서 동쪽의 중국 동북 일대에 이르는 북방 유라시아 대륙에 퍼져 있다. 한반도의 경우 청동기시대의 충남 아산(牙山) 남성리(南城里) 석관묘 유적에서 출토된 검파형(劍把形) 동기(銅器)에 사슴문양이 나타난다. 이 문양을 캅카스의 코반(Koban) 문화의 동제 버클에 묘사된 사슴문양과 비교해보면, 뿔에 가지가 없는 것을 제외하고는 돌점선문(突點線文)으로 표현된 반점과 곧게 뻗은 다리, 간결한 선의 처리

등이 동일하다. 평양 지역의 낙랑(樂浪) 유적(석암리石巖里 제219호분)에서 출토된 은제행엽(銀製杏葉)에도 사슴문양이 있는데, 낙랑 유물에는 누금세공(鏤金細工)·마면(馬面)·타출부조(打出浮彫)·감입기법(嵌入技法)·그리핀 문양·경상기법(鏡像技法)의 쌍수문(雙獸文) 등 북방계 문화요소가 다분하다. 이 사슴문양도 북방 유목기마민족 문화요소와 상관지을 수 있을 것이다. 그밖에 북방계 문화요소에 속하는 문양에는 우상문(羽狀文)·사격자문(斜格子文)·집선삼각문(集線三角文)·거치문(鋸齒文) 등이 있다.

끝으로 한반도 고대 유물 중에는 기법 면에서도 북방 유목기마민족 문화요소를 공유하고 있는 것이 있다. ① 누금세공(鏤金細工) 기법: 조그마한 금알갱이(금립金粒)를 금판에 하나씩 붙여가면서 장식하거나 문양 효과를 내는 것(granulation)과 금줄 위에 눈금을 내어 금판에 붙여 장식효과를 내는 것(filigree)의 두 가지 기법이 있다. 한반도에서는 고분시대, 특히 신라시대의 귀고리·팔찌·반지·수하식 등 금공예품 제작에 이 두 가지 기법이 모두 이용되었다. 원래 이 기법은 이집트와 그리스에서 처음 사용되었으며, 스키타이나 알타이 지역의 금제품에 도입된 후 점차 동방에 전해진 것으로 보인다. 낙랑 석암리 제9호분 출토의 금제 교구(鉸具)와 금제 환두도자(環頭刀子)의 장식에서 보이는데, 신라의 누금세공 기법은 낙랑의 멸망 이후 유민들이 전한 것으로 보는 견해가 있다. 가야 귀고리의 특징인 수하식 끝에 보이는 3~4개의 금알갱이가 뭉쳐진 장식기법도 스키타이 금제 장신구에서 흔히 찾아볼 수 있다. 따라서 이 기법도 역시 초원로를 통해 동전한 북방계 문화요소의 하나로 간주할 수 있다. ② 감옥기법(嵌玉技法): 얇고 좁은 금판이나 금줄을 둘러 칸을 만들고 그 안에 청색 유리나 보석을 감입하거나 유색 물감을 채

워넣는 장식 기법이다. 낙랑·신라·백제의 고분에서 출토된 금제품 중에는 이러한 기법이 뚜렷이 보인다. 낙랑 석암리 제9호분 출토의 금제 교구나 신라 금령총(金鈴塚) 출토의 금제 반지, 황남대총(皇南大塚) 출토의 누금감옥 팔찌에는 청색 유리나 보석을, 백제 무령왕릉 출토의 금모곡옥(金帽曲玉)과 환두대도(環頭大刀)의 장식에는 유색 물감을 채웠다. 5~6세기의 것으로 추정되는 경주 계림로 출토의 장식보검(裝飾寶劍)은 카자흐스탄 지역에서 출토된 것이나 파키스탄 키질 유적 벽화에 묘사된 것과 동일한 형식으로 외래품일 가능성이 높다. 이러한 기법은 스키타이 금제 공예품에서 흔히 찾아볼 수 있다. 이상에서 살펴본 바와 같이 한반도의 고대 유물에는 스키타이 유목기마민족 문화를 비롯한 북방계 문화요소가 상당히 혼재해 있음을 알 수 있다. 이는 특히 4~5세기의 신라 유물에서 두드러지게 나타난다. 신라에서는 새로운 묘제(墓制)인 적석목곽분이 도입되고, 금관과 과대를 비롯한 금제품이 다량으로 제작되어 부장되었다. 이러한 부장품들과 함께 새로운 기형의 토기와 유리 용기가 출토되었다. 그런데 이러한 새로운 문화는 북방계 문화요소를 다분히 지니고 있어 그 친연성(親緣性)을 부인할 수 없다.

한국의 유리와 교류

지금까지 발굴된 여러가지 유리 장식품과 유리 용기 유물로 미루어 한국은 일찍부터 유리를 자체로 제작했거나 외부로부터 수입한 것으로 판단된다. 유물의 종류나 내용·수량 면에서 단연 중국을 능가하며, 명실상부한 동양의 유리 중심지였을 가능성을 시사해준다. 부여(扶餘) 합송리(合松里) 석관묘에서 1989년에 출토된 7개의 불투명 남색 유리제 관옥(管玉)은 주조된 쇠도끼와 세형동검(細形銅劍)·동탁(銅鐸)·동과(銅戈) 등 유물이 같이 출토된 점으로 보아 초기 철기문화에 해당하는 기원전 2세기경의 것으로 판명된다. 길이가 각각 5~6cm 정도인 이 관옥들은 단면이 원형인 것과 약간 각이 진 것, 그리고 흰 반점이 있는 것 등 형태가 다양하다. 그 제작법은 금속봉에 내화점토(耐火粘土)를 이형제(離型劑)로 바르고, 그 위에 유리 용액을 감아서 만드는 기법(wound bead)으로 추측된다. 조성 성분은 규사(硅砂, Silica, SiO2, 51.38%)가 주성분이고, 그밖에 납(연鉛, PbO, 26.73%)과 바륨(BaO, 11.98%), 나트륨(Na2O, 6.28%)이 다분히 함유되어 있다. 이는 곧 납·바륨계 유리라는 것을 알 수 있다. 중국에서는 이 시대(기원전 2세기, 전국시대 말기와 전한 초) 전후에 고유의 납·바륨 계통의 유리가 성행하였는데, 당시 한국에서는 납·바륨 유리 소재의 존재 여부가 확인되지 않고 있어, 한국의 관옥은 중국에서 가져온 소재를 녹여서 전대(前代)인 청동기시대에 유행했던 벽옥제(璧玉製) 관옥의 형태를 본떠 만든 것으로 추정된다. 일본 규슈(九州)의 야요이(彌生)시대 중기에 속하는 요시노가리(吉野ヶ里)정(町) 유적에서 1989년에 합송리 관옥과 색깔이나 형태, 특히 구성성분(SiO2 41.20%, PbO 35.72%, BaO 11.43%, Na2O 6.82%)이 유사한 48점(길이 1.8~6.7cm)의 유리제 관옥이 발굴되었는데, 이것은 한반도로부터 전입된 것이 분명하다.

유리제품은 크게 유리 장식과 유리 용기로 나눌 수 있다. 일반적으로 유리 생산은 구슬을 비롯한 장식품으로부터 시작해 제조법과 기법이 발달함에 따라 장식품과 함께 각종 형태의 용기 제작으로 발돋움하게 된다. 한국의 경우도 예외는 아니다. 전술한 바와 같이 한국에서 최고(最古)의 유리제품은 역시 장식품인 관옥이다. 기원전 2세기 전반부터 삼국시대 전반에 걸쳐 제작된 각양각색의 유리 장식품이 발견되었는데, 그

중에서 구슬(玉)이 주종을 이룬다. 합송리 관옥을 비롯해 경남 의창군(義昌郡) 다호리(茶戶里) 1호 목관묘에서 출토된(1988) 납·바륨 계통의 각종 남색 환옥(丸玉)과 환옥(環玉)·삼화형옥(三花形玉)·각옥(角玉, 기원전 1세기), 경남 의창군 대평리(大坪里) 토광묘(土壙墓)에서 출토된 납·바륨 계통의 작은 담록색 유리 관옥(길이 2.2cm), 경주시 조양동(朝陽洞) 토광묘에서 출토된 남색 유리구슬들(기원후 1세기 말~3세기), 전남 해남군(海南郡) 군곡리(郡谷里) 패총에서 출토된(1986) 남색 및 초록색 관옥과 초록색 소환옥(小環玉, 기원후 1세기 중엽), 제주도 용담동(龍潭洞) 옥관에서 나온 남색 및 초록색 유리구슬들, 서울 석촌동(石村洞) 적석총(積石塚, 초기 백제 유적) 부근 표토(表土)에서 채집된 갈색 유리구슬, 김해 예안리(禮安里) 고분군과 창원(昌原) 삼동동(三東洞) 옹관묘(甕棺墓)에서 출토된 청색 및 적색 유리구슬(기원후 2~3세기), 김해 화현리(禾峴里) 패총 출토의 적색·청색·황색 유리 소옥들은 모두 초기의 유리 구슬군으로 묶을 수 있을 것이다.

중국 『삼국지(三國志)』 「위지(魏志)」 '한전(韓傳)'에 따르면 한(韓)민족은 금이나 은보다 구슬(玉)을 더 소중하게 여겼다. 일찍부터 다양하고 화려한 유리구슬을 독창적으로 개발하거나 장식화하였다. 이에 처음부터 다양한 구슬을 제작하고 수입하여 구슬 문화를 찬란히 꽃피웠다. 한국 특유의 구슬로는 곡옥(曲玉, 굽은 옥, curved or comma-shaped bead)이 있다. 진흙틀(mould)에 유리를 부어 만든 유리 곡옥은 다른 소재의 곡옥보다 꼬리 부분이 조금 뾰족한 것이 특징이다. 한국 외에 유일하게 일본에서도 곡옥이 발견되는데, 이것은 한국의 것을 받아들인 것으로 추측된다. 대표적인 장식구슬 무늬가 새겨진 유리 제품으로는 연리문(練理文) 구슬과 점박이 구슬,

'미소짓는 상감옥' 목걸이

상감(象嵌) 구슬을 들 수 있다. 연리문 구슬은 다른 색의 줄무늬를 넣어 결이 보이게 하는 장식문 구슬이고, 점박이 구슬은 다른 색으로 작은 점무늬를 표면에 나타내든지 혹은 둥근 점무늬가 여러 개의 동심원을 그리는 장식문 구슬로, 동물·꽃·새 등 어떤 형상을 내부에 상감하는 일종의 모자이크 문양의 구슬을 말한다. 이러한 장식무늬 구슬은 대체로 메소포타미아·이집트·중앙아시아 일대에서 일찍이 발생한 것으로, 이 지대와 관련성이 있는 것으로 이해할 수 있을 것이다. 그 뚜렷한 일례로 미추왕릉 지구 고분에서 출토된 이른바 '미소짓는 상감옥'(일명 '안면유리구슬') 목걸이라고 하는 인물문 상감구슬을 들 수 있다. 목걸이의 중심옥(中心玉)으로 쓰인 이 구슬에는 사람의 얼굴과 새, 그리고 꽃무늬가 검정·빨강·흰색 등으로 아주 정교하게 묘사되어 있다. 얼굴의 생김새나 길고 짙은 눈썹 등으로 보아 아리안 계통의 서역인(西域人, 중앙아시아나 서아시아인)이 틀림없으며, 이 점으로 보아 이 유물은 서역에서 수입된 것으로 일단 가정된다.

6세기 전반에 축조된 백제 무령왕릉에서 출토된 각종 구슬(보통 구슬과 장식문 구슬)은 그 모양이나 화려함에서 동양에서는 일찍이 없었던 것으로 추측된다. 크기·색·형태가 매우 다양하고 화려하며, 구성 성분으로 보아 소다석회계 유리로 분류된다. 그러나 칼륨이 적고 알루미늄이 많이 함유된 점으로 보아 전형적인 서방형이 아닌 동방형의 소다석회 유리로 간주할 수 있다. 이러한 유리는 인도나 동남아시아 특유의 것으

로, 이 지역과의 교류(제품이나 소재의 교류)의 결과라고 이해할 수 있다. 장식무늬 구슬 중에는 이밖에도 무령왕릉과 나주(羅州) 반남면(潘南面) 백제고분, 천안(天安) 청당동(清堂洞) 고분에서 출토된 금박구슬(gold-foil glass bead, gold-sandwich glass bead)이 있는데, 이러한 구슬은 주로 금박을 붙인 가는 유리관을 굵은 유리관 속에 넣어 성형(成形)하는 기법(기원 전후에 처음 출현)에 의해 제작된 것으로, 2세기 이후 동남아시아, 특히 타일랜드에서 유행한 기법과 유사하다. 장식용 유리제품에는 구슬 외에도 여러가지가 있다. 흔히 쓰인 것들로는 각종 공예품의 감입용(嵌入用) 장식품(예: 경주 미추왕릉 지구 계림로 14호분 출토, 귀면鬼面의 눈을 유리로 장식), 운주(雲珠)나 행엽(杏葉) 등 마구(馬具) 장식품(예: 경주 금관총 출토 운주), 허리띠(과대銙帶)의 패식구용(佩飾具用) 요패(腰佩) 장식(예: 경주 금관총과 천마총 출토 타원형 요패유리) 등이 있다. 특이한 것은 공주 무령왕릉에서 출토된 높이 2.5cm의 유리 동자상(童子像)이다. 지금까지 남아 있는 유리제품 가운데 가장 확실하게 한국적인 이미지를 나타내고 있는 이 동자상은 왕비의 허리 부분에서 나온 것으로, 일종의 신앙 대상물로 추측되며 구성 성분은 유리곡옥들과 마찬가지로 비중 2.2 내외의 알칼리계 유리제품으로 밝혀졌다.

여러 곳에서 출토된 이상의 장식용 유리제품을 통관하면 다음과 같은 두 가지 특색을 발견하게 된다. 첫째, 형태의 다양성이다. 관옥(管玉, tubular bead)을 비롯해 환옥(丸玉, 둥근 모양, round bead, spherical bead), 환옥(環玉, 고리 모양, annular bead), 화형(花形, 꽃잎 모양, floral bead), 각형(角形, 모난 구슬, multi-faceted bead) 등 구슬이 다종다양할 뿐만 아니라 기타 장식용으로도 감입(嵌入)이나 운주(雲珠)·행엽(杏葉)·팔

찌·요패(腰佩) 등 여러가지로 이용되고 있다. 이것은 용도의 다양성과 제작 기술의 숙련성을 의미한다. 둘째, 여러가지 계통 유리의 복합적 존재 양상이다. 대체로 납·바륨계 유리이지만 군곡리 패총 출토의 투명한 초록색 4각 관옥은 소다석회계 유리로 밝혀졌다. 경주시 조양동 목관묘와 제주도 용담동 옹관묘 출토의 남색 구슬은 칼륨이 14.5%, 그리고 서울 석촌동 적석총 부근에서 채집한 갈색 구슬은 칼륨이 6.95% 함유되어 있어 칼륨(포타쉬)계 유리에 속한다. 그런가 하면 공주 무령왕릉 출토의 동자상은 알칼리계 유리에 속한다. 특이한 것은 같은 유적에서 서로 다른 계통의 유리가 발견된다는 점이다. 예컨대 군곡리 패총에서 출토된 2개의 관옥 중 한 개는 불투명한 남색 납·바륨계 유리이고, 다른 한 개는 투명한 초록색 소다석회유리다. 계통이 다른 유리가 공존하는 현상은 생산지나 원산지가 다르다는 것을 말한다. 납·바륨계 유리와 칼륨계 유리는 중국산이거나 중국 소재를 수입해 제작한 것이고, 소다석회계 유리는 서방 로만글라스의 수입품인 것이다. 또한 보편적인 남색·녹색 계열의 구슬 외에 동남아시아에서 성행한 적색이나 적갈색 계열의 소옥(小玉)과 금박구슬이 나타난 것은 동남아시아와의 교류관계를 시사해준다.

이상의 장식품과 함께 용기류는 고대 유리 공예품의 2대 구성요소 중 하나다. 대체로 기원 4세기 이후 삼국이 국가체제의 정비를 완성하고 대내외적으로 문화의 발달에 관심을 돌리기 시작함에 따라 전반적인 유리 제조기술을 바탕으로 유리를 자작(自作)하기도 하고, 또한 로만글라스를 비롯한 외국의 제품과 기법을 적극 수용함으로써 유리 용기류의 제작은 급속한 진전을 보게 되었다. 지금까지 출토된 한국 고대 유리 용기류는 고분 출토 제품과 사리(舍利) 관련 제

품으로 나눌 수 있다. 발굴된 유리 용기는 80여 점에 달하는데, 그중 학술 발굴에 의해 출토지가 분명한 22점은 모두가 9기의 신라 고분에서 출토된 것이다. 이들 고분은 모두 경주 지역에 집중되어 있는 적석목곽분으로, 그 연대는 4세기 말에서 5세기 말까지 약 100년의 기간에 속한다. 유일하게 경주 이외의 지역에서 출토된 용기로는 합천(陝川) 옥전(玉田) M1호 고분에서 발굴된 유리완(碗) 한 개가 있다. 고분에서 출토된 유리 용기의 내역을 편년순으로 따져보면 4세기 후반의 황남대총(皇南大塚, 경주 98호분) 남분(南墳)에서 5개, 5세기 후반 초의 천마총(天馬塚)에서 2개, 5세기 후반 중기의 금관총(金冠塚)에서 2개, 5세기 말의 금령총(金鈴塚)에서 2개가 각각 발굴되었다. 그밖의 고분에서 출토된 용기로는 경북 월성군(月城郡) 안계리(安溪里) 4호분에서 1개와 경주 월성로 가-13호 고분에서 2개, 합천 옥전 M1호 가야 고분에서 1개가 출토된 것이 있다.

위에 열거한 고분에서 출토된 유리 용기들은 그 소재나 제조기법, 장식문양과 색깔 등을 분석해보면 대체로 후기 로만글라스계에 속한 것으로, 4~5세기경에 지중해 연안 지방에서 제작된 후 흑해(黑海)를 북상해 남러시아에서 실크로드 초원로를 따라 북중국을 거쳐 신라에 유입된 것으로 추정된다. 이러한 추정이 가능한 것은 초원로를 낀 여러 곳에서 유형품(類型品)이 출토되기 때문이다. 금관총(金冠塚)의 족대부배(足臺附杯)와 비슷한 잔이 1904년 중앙아시아 카자흐스탄 살리쿠트 호반(湖畔) 가라 아카치의 5세기 고분에서 발굴되었다. 중국 허베이성(河北省) 징현(景縣)의 봉마노(封魔奴, 483년 북위北魏의 도읍 평성平城에 매장되었다가 512년에 징현으로 이장) 묘에서 출토된 망상문완(網狀文碗)이나 북연(北燕)의 권세가 풍소불(馮素弗)의 묘(415)에서

출토된 유리 용기들의 망상문 장식은 경주의 서봉총(瑞鳳塚)이나 98호 남분(南墳)의 그것과 아주 흡사하다. 금령총(金鈴塚)에서 나온 감색반점문완(紺色斑點文碗)의 유사품은 남러시아 돈강 하구의 로스토프 유적(4~5세기), 키예프 남방의 조르카스카 지구, 조지아의 키라야추, 아제르바이잔의 스마타부로와 그밖에 우크라이나 지방이나 크림 반도의 유적지에서 약 50점이나 발굴되었다. 천마총(天馬塚)에서 출토된 감색구갑문완(紺色龜甲文碗)의 유형품은 동양에서는 아직 출토된 예가 없으나 남러시아로부터 서아시아와 유럽에 이르는 여러 지역에서는 비교적 많이 발견되었다. 신라 고분에서 출토된 유리 용기들은 98호 북분(北墳)의 출토품 4점을 제외하고는 그 유형품들이 남러시아 지중해 주변과 중부 유럽의 광범위한 지역에서 발견되고 있는데, 모두가 전형적인 로마형 유리 용기들이다. 이러한 유형품들이 남러시아의 여러 지역과 북중국 일대에서 출토되었다는 사실은 초원로를 통한 유리의 동방 전래를 말해준다. 따라서 신라 고분에서의 유리 용기의 출토는 신라 문화가 초원로를 통해 로마 문화와 접촉이 이루어졌음을 시사해준다.

위에서 열거한 고분 출토의 유리 용기 외에 외래품(주로 로만글라스)으로 간주되는 몇 개의 유리 용기가 여러 경로를 통해 발굴·수집되었다. 대체로 출토 지역이나 수집 과정이 명확치 않아서 용기의 실체를 밝히는 데는 다소 어려움이 있으나, 유형품과의 비교를 통해서 실체를 감정할 수 있다. 그 대표적인 실물로는 국립중앙박물관이 소장하고 있는 경주 출토의 밀레피오리(millefiori, 꽃 모양의 모자이크 문양) 배(杯)와 숭실대학교 박물관이 소장하고 있는 경주 고분 출토의 반점문배(斑點文杯) 4개를 들 수 있다. 삼국시대 이후 통일시대의 것으로는 국립중앙박물관 소장의 수주(水注, 높이 17cm, 직경 5.6cm,

개성開城 출토)와 일본 오구리(小倉) 컬렉션의 청색반점문배 2개(황해도 연백군 출토)와 수주 2개가 있다. 이상의 유리 용기들은 1세기 전후에 유행한 전기 로만글라스에 속하는 밀레피오리 배를 제외하고는 대체로 서양 유리(로만글라스, 사산 유리, 이슬람 유리) 계열에 속한다고 말할 수 있다. 그러나 그것이 수입품인지 모조품인지는 아직 불명확하다. 끝으로 고대 유리 용기 가운데는 그 형태나 소재·기법으로 보아 외래품이 아니라 국내산(모조품이나 합작품)으로 보이는 몇 개의 용기도 있다. 대표적인 것이 경주 98호 남분과 북분에서 외래 용기들과 함께 출토된 5개의 용기와 옹기 파편이다. 남분 출토의 감색완(紺色碗)과 담녹색배(淡綠色杯), 북분 출토의 감색배, 그리고 경북 월성군 안계리 4호분 출토의 감청색배는 대체로 표면에 기포가 많고 매끄럽지 못해 구연부(口緣部)의 외반(外反)이 짧은 등 기법과 기형이 독특하며(반구형 대접 형태의 남분 감색완은 유사품이 없음), 북분에서 나온 2개의 감색배 파편과 감색 대부배(臺附杯) 파편의 구성 성분에서 보다시피 납 성분이 뚜렷하다. 이러한 점들을 감안할 때 이상의 유리 용기들은 늦어도 5세기경 한반도에서 자체 제작한 국산품으로 추정할 수 있을 것이다.

삼국시대에 이어 통일신라시대에도 여러가지 유리 용기들이 사용되었음을 유물은 전하고 있다. 대표적인 유물로는 칠곡군(漆谷郡) 송림사(松林寺) 전탑(塼塔) 속의 병 1점과 배(杯) 1점을 비롯해 경주(慶州) 황룡사(皇龍寺) 탑지(塔址)의 병 1점, 분황사(芬皇寺) 석탑 속의 병 1점, 황복사(皇福寺) 삼층탑(三層塔) 속의 병 1점, 불국사(佛國寺) 석가탑(釋迦塔) 속의 병 1점, 전북(全北) 익산시(益山市) 왕궁리(王宮里) 오층석탑(五層石塔) 속의 병 1점, 전남(全南) 남원(南原) 사명(寺名) 미상(未詳)의 사지(寺址)에서 나온 병 1점

경주 황남동 98호 남분 출토 유리 봉수병(높이 24.7cm)

등 총 7점의 유리병과 1점의 유리배가 있다. 이러한 유리 용기들은 비교적 정교하고 다채로운 형태이며 고분의 부장품인데도 소박하고 간소한 형태다. 불사의 사리장치(舍利裝置)로 쓰인 용기도 발견되었다. 그중 전형적인 유물로 송림사(松林寺) 전탑 속 유리 용기(병과 배)를 들 수 있다. 1959년 경북(慶北) 칠곡군(漆谷郡) 동명면(東明面)에 있는 송림사 5층 전탑(塼塔, 통일신라 초기 건조)의 방형금동제사리탑(方形金銅製舍利塔) 속에서 나온 7세기 초의 작품으로 보이는 유리 공예품은 방형탑의 중앙부에 안치되어 있었는데, 큰 유리잔 속에 다시 작은 녹색 유리 사리병(높이 7cm)이 들어 있다. 큰 유리잔 표면에는 사산계의 환문(環文) 장식(고리 모양의 유리띠를 3단으로 엇갈리게 부착)이 있어 매우 희귀한 유리 제품으로 학계의 주목을 끌고 있다. 통일신라 시기에는 중국과 밀접한 관계를 유지하고 불교문화를 적극 수용함으로써 동로마(비잔틴제국)를 비롯한 서방과의 직접적인 관계를 증거하는 문물의 유입은 일단 중단되었다. 그 결과 주로 중국을 경유해 서역 제국의 문물, 특히 당나라에서 성행한 페르시아 사산계 문물이 유입되기 시작하였다. 통일신라 시기 유리 제품의 유형품이 중국에서 출토되었는데, 시안(西安) 허자촌(何家村)에서 출토된 평저광구(平底廣口)의 배신(杯身)에 환문이 3단으로 장식된 무색 투명의 환문배(環文杯, 756년 제작)는 페르시아계 유리제품과 제조기법이 중국을 통해 한반도에 들어왔음을 입증해

주고 있다. 이와 같이 로만글라스 용기가 고대신라 고분에서 출토되고 페르시아 사산계 유리 용기가 통일신라시대의 사리탑에서 발견되었다는 사실은 동서교류라는 큰 흐름 속에서 고대신라문화와 통일신라문화가 보여준 상이성(相異性)과 그 변모를 상징적으로 시사해준다.

한국의 청동기

한국 청동기문화에 관한 연구는 그리 오래되지 않았다. 그 원인은 과거에 주로 일본 학자들이 유포시킨 한국 청동기 부재설(不在說)과 그 영향 때문이다. 그들의 주장에 의하면 당시까지 한반도에서 독자적으로 제작된 청동기가 거의 발굴되지 않는 것으로 보아 한국에 고고학적 역사시대로서의 청동기시대나 문화는 존재하지 않으며, 그 대신 이른바 '금석병용(金石倂用)'이란 이형(異形)적인 혼합시대가 신석기시대와 철기시대 사이에 존재했다는 것이다. 그러나 사실은 금속(철)기를 사용했다면 그 시대는 이미 석기시대가 아니라 금속(동이나 철)시대인 것이며, 더욱이 근래에 한반도 여러 곳에서 청동기 유물이 발견된 사실을 감안하면 이런 주장은 천부당만부당하다. 제2차 세계대전 후 북한 지역에서만 청동기가 출토되자 청동기 '국부존재설(局部存在說)', 즉 청동기시대가 북한 지역에서만 잠시 존재했고 남한 지역에서는 그렇지 않았다는 주장이 대두하였다. 그러나 1960년대 이후 남한 각지에서도 청동기 유물이 속속 발견되자 급기야 이상의 두가지 유설(謬說)은 설 자리를 잃게 되었고, 한반도에서의 청동기시대 문화의 존재가 인정되었다. 이후 한국 청동기문화의 조형(祖型)과 기원에 관한 문제가 연구되어 점차 그 실체가 밝혀지기 시작하였다. 한반도 각지에서 세형동검(細形銅劍)을 비롯해 구리로 만든 창(동모銅鉾)·칼·단추·화살촉·긴 손잡이가 달린 창(과

戈)·방울(영鈴)·목탁(탁鐸)·도끼 등 다양한 유물이 적지 않게 발굴되었다. 이러한 유물은 주로 지석묘(支石墓)·석관묘(石棺墓)·토광묘(土壙墓)·옹관묘(甕棺墓) 등 여러가지 묘제(墓制)의 분묘에서 나왔는데, 같이 출토된 유물로는 주로 팽이형이나 각형(角形)의 무문(無文)토기와 마제 돌칼이나 반달 모양의 칼(반월도半月刀) 같은 석기류가 있다.

한국 청동기의 출현 시기(편년)에 대해서는 여러 설이 있지만 대략 기원전 700년경으로 잡고 있다. 청동기의 기원과 관련 시베리아 미누신스크의 다가르(Dagar) 문화와 관계가 있는 북방계 청동기문화(카라수크 청동기문화 등)의 영향을 받았다고 보는데, 이 시기의 문화를 제1차 청동기문화(혹은 청동기 전기 문화)라고 한다. 이 전기 문화에는 북방 유목기마민족의 초기 청동기 문화의 영향이 뚜렷하다. 그후 기원전 4~3세기에는 중국 청동기문화가 한반도 서북부를 거쳐 반도 남단에까지 파급되었다. 이 시기의 문화를 제2차 청동기문화(혹은 청동기 후기 문화)라고 한다. 이 후기 문화에는 주로 중국 전국(戰國)시대 연(燕)나라 화폐인 명도전(明刀錢) 유물에서 볼 수 있듯이 고대 중국 청동기문화와 여러가지 상관성이 엿보인다. 명도전은 한반도 북부의 강계(江界)로부터 남단의 전라남도 강진군(康津郡)까지 광범위한 지역에서 출토된다.

아직 연구가 미흡해서 한국 청동기의 조형(祖型)이나 기원 관계를 명확히 밝힐 수는 없다. 다만 다음과 같은 두 가지 측면에서 외래계 청동기와의 상관성을 살펴보고자 한다. 우선 시베리아 카라수크 청동기문화의 특징인 석관묘(石棺墓, stone tomb)가 한국에서 청동제 검이나 단추와 함께 출토되었다. 이것으로 청동기문화의 상호 교류상을 엿볼 수 있다. 지금까지 한반도에서 출토된 석관묘와 반출된 청동유물을 살펴보

면 1939년 평안북도(平安北道, 현 양강도兩江道) 강계군(江界郡) 어뢰면(漁雷面) 풍용리(豊龍里)에서 처음으로 상식(箱式) 석관이 발굴되었는데, 이때 석기와 청동제 단추가 함께 출토되었다. 이어 경상북도 영덕군(盈德郡) 판곡면(板谷面) 사천리(沙川里)와 평안북도 구성군(龜城郡) 사기면(沙器面) 신동리(新洞里), 황해도(黃海道) 서광군(瑞光郡) 천곡리(泉谷里)의 석관묘에서는 각각 청동제 검이 유물로 나왔다. 이와 같이 한반도 전역에 걸쳐 석관묘가 출토되고 있으며, 출토될 때마다 빠짐없이 청동제 검이나 단추, 화살촉 같은 유물이 발견되고 있는 것이다. 한반도뿐만 아니라, 고대 한민족의 정착지와 활동지였던 중국 경내의 여러 곳에서도 동류의 석관묘와 청동기 부장품이 출토되고 있다. 예컨대 둥베이(東北) 지린시(吉林市) 스다거우(駛達溝) 베이산딩(北山頂)의 석관묘에서는 석기와 함께 청동제 도끼와 단추가, 화베이(華北)의 탕산(唐山) 쇼우관장(小官莊)의 석관묘에서도 솥·돌도끼와 함께 구리 가락지(동환銅環)가, 두만강(豆滿江) 유역의 왕칭현(汪淸縣) 바이초우거우(百草溝)의 석관묘에서는 청동제 단추가 나왔다. 석관묘는 트란스바이칼(Transbaikal)로부터 북몽골과 중국 동북 지

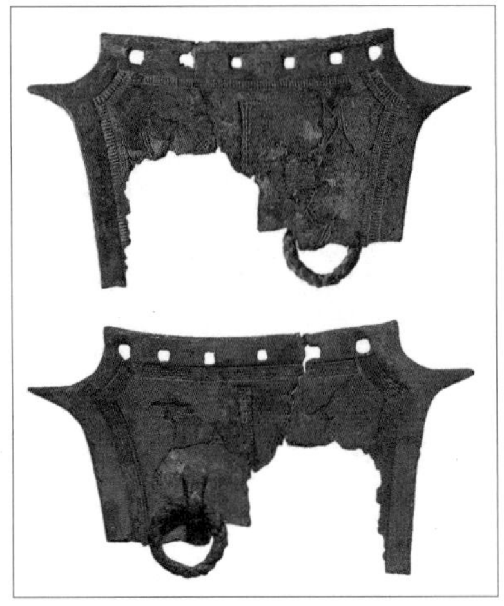

대전시 괴정동 돌널무덤 출토 농경무늬 청동기

방을 거쳐 한반도에까지 이르는 광활한 지역에서 발굴되고 있다. 이것은 한국의 청동기문화가 당시의 한(漢)문화와는 직접적 연관이 이루어지지 않았음을 시사한다. 따라서 청동기시대 이전, 한민족 문화의 구성은 시베리아나 몽골 쪽과 더 깊은 관계를 가졌다고 말할 수 있다. 재미 중국 학자 장광즈(張光直, K. C. Chang)도 이 점을 시인하면서 고고학적으로 볼 때 발해(渤海) 지역과 남만주 지역은 은(殷)·상(商)의 영향을 거의 받지 않았으며, 동주(東周) 시대에 와서야 비로소 이 지역에 대한 한(漢)문화의 침투가 보인다고 지적한 바 있다. 이상에서 고찰한 바와 같이 카라수크 청동기문화에 나타난 특징의 하나인 석관묘가 한민족이 활동했던 여러 지역에서 청동기 부장품과 함께 출토되어 한국 청동기문화와 카라수크 문화를 비롯한 북방 시베리아 청동기문화 간의 상관성을 엿볼 수 있게 한다.

다음으로 한국에서 출토된 조형(鳥形) 안테나식 세형동검(細形銅劍)은 청동기시대 북방 유라시아 동검과 한국 고유의 세형동검의 결합물로 추측된다. 안테나식 검(Antennen Schwert, antennae sword)이란 자루 상단의 양끝이 곤충의 촉각처럼 위로 뻗어 올라가거나, 둥글게 구부러져서 각각 윤형(輪形) 또는 고사리 같은 와형(渦形)을 이루고 있는 형식의 검을 말한다. 이러한 검 형식은 본래 중부 유럽의 청동기시대 말기(기원전 9~8세기)로부터 철기시대에 걸쳐 성행한 검 형식이다. 조형 안테나식 세형동검이란 새 모양(조형鳥形)의 자루를 가진 한국 고유의 세형동검을 말한다. 중국·한국·일본 등 동양 각국에서 조형 안테나식 동검이 출토되었지만 그 기원에 관해서는 아시아에서 발생했다는 설과 유럽의 할슈타트 문화에서 발생했다는 설이 있다. 하지만 아직까지 정설로 인정된 것은 없으며, 막연하게 '북방식 검'이라고 부르기도 한다.

한국에서 출토된 대표적인 조형 안테나식 동검 유물로는 평양(平壤)에서 출토된 동검자루(銅劍柄頭)와 대구(大邱) 비산동(飛山洞) 와룡산(臥龍山) 기슭의 분묘에서 출토된 유물이 있다. 평양의 동검자루는 자루 상단의 길이가 3.2cm로, 두 마리 오리가 머리를 돌려 서로 등지고 있고, 부리가 등에 닿아서 경부(頸部)가 부정형환(不整形環)을 만들고 있다. 또한 좌우에 작은 삼각형 투공(透孔)이 두 개, 중앙에 소공(小孔)이 한 개 있다. 대구의 동검자루 끝에는 사실적으로 표현된 오리 두 마리가 있다. 고대 한민족이 활동하던 랴오닝성(遼寧省) 시펑현(西豊縣) 시차거우(西岔溝)의 밀집토광묘군(密集土壙墓群)에서도 전장 57cm의 조형 안테나식 동검이 출토되었고, 이웃인 일본 쓰시마섬(對馬島) 미네무라미네(峰村三根)와 규슈(九州) 북단의 사가현(佐賀縣) 당진시(唐津市) 백기(柏崎)에서도 길이가 각각 15.1cm와 26.5cm의 조형 안테나식 동검이 발굴된 바 있다. 한국·중국·일본에서 발굴된 이상 유물의 실제 연대는 기원전 3세기부터 기원후 1세기까지의 약 300~400년간에 걸친 것으로 추정된다.

일반적으로 검의 기원지는 유럽으로 알려져 있다. 기원전 2000년경 에게해 지방에서 처음으로 장검(長劍)이 무기로 사용되기 시작해 기원전 15세기에 이르러서는 북·중유럽의 여러 지역에 장검이 성행하다가 청동기시대 후기에 독일로 남전(南傳)되어 크게 발달하였다. 독일의 가장 오래된 장검은 기원전 13세기(Bronze D기)에 발생한 리그시(Riegsee)식 장검(둥근 원판에 꼭지가 달린 형식의 병두柄頭)인데, 이것이 기원전 12세기(할슈타트 A1기)에 와서는 손잡이에 3개의 테가 달린 삼결절식(三結節式, Dreiwulst)으로 발전하였다. 이러한 검형이 기원전 10세기(할슈타트 B1기)에 이르면 병두가 넓은 접시 모양을 한 살렌크나트(Schalenknat)식으로 변형되고, 같은 시기에 이 접시 모양의 병두가 점점 커져서 양단이 위로 뻗어 올라가는 뫼리게르(Möriger)식으로 나타난다. 이것이 바로 안테나식 검병(劍柄)의 조형(祖型)이다. 이 조형은 다시 기원전 9세기(할슈타트 B2기)에 와서는 병두 양단이 고사리처럼 감겨서 완전한 안테나식이 된 이른바 취리히(Zürich)식 검형으로 고착되었다. 이렇게 북부 독일에서 출현한 안테나식 동검이 변해 중앙아시아에 이르러 그 병두가 스키타이의 아키나케스식 단검의 병두로 채용된 후 다시 이 안테나식 검병과 결합한 아키나케스식 검이 몽골·중국(화북)·일본에까지 유입되었다. 그런데 이러한 동검은 중앙아시아나 시베리아를 거치는 과정에서, 그곳에서 유행되던 동물장식의 영향을 받아 병구(柄口)에 조형(鳥形)을 채용하였다. 또한 랴오닝(遼寧)으로 이동해 한국을 중심으로 한 세형동검 문화권에 들어와서는, 그 영향을 받아 신부(身部)가 세형화(細形化)되어 마침내 특유의 조형 안테나식 세형동검을 창출하게 되었다. 이 새로운 형의 동검이 일본에까지 전파되어 중국의 동북부와 한국·일본을 포괄하는 이른바 조형 안테나식 세형동검 문화권을 형성하게 되었다. 이와 같은 동검의 전파 과정을 통해 한국과 북유라시아 간에 있었던 청동기문화의 교류상(交流相)을 확인할 수 있다.

한금(漢錦)의 서전(西傳)

한금(漢錦)이란 한대에 생산된 견직물(비단)을 말한다. 한금의 최대 고객은 로마제국으로, 로마에서 세리카(Serica, 중국)의 비단, 즉 한금은 최상의 기호품으로 대접받았다. 로마 공화정 말기 황제 카이사르가 한금으로 지은 도포를 입고 극장에 나타나 이목을 끌자 모두가 앞다투어 중국 비단으로 옷을 해 입고 행세하였는데, 이에 사치풍조가 만연하자 제정 초기 황제 티베리우스 (Tiberius, 재위 기원후 14~37)는 남자들의 비단 옷 착용을 금지하였다. 로마의 토스카 구역에는 중국 견직물 전문시장이 생겨났으며, 2세기에는 로마제국의 극서(極西)에 위치한 런던에서까지 중국 비단이 극성을 부렸다. 그 호황은 '중국의 낙양(洛陽)에 못지않았다'고 한다. 4세기에 이르러서는 지난 시기까지는 귀족들만 입던 비단옷이 보통사람들, 심지어 지게 운반부들까지도 입고 다닐 지경으로 비단이 흔해졌다.

서전된 견직물의 대부분은 중국인들의 손을 거친 것이 아니라 서역인이나 흉노들에 의해 서역 각지에는 물론, 로마에까지 운반되어 갔다. 그중에는 상인들을 통한 교역품도 있지만, 한조가 서역 각국과 흉노에게 사급(賜給)한 것이 그대로 서방에 전출(轉出)된 것도 있다. 한금은 주로 장거리 대상(隊商)에 의해 운반되었다.

한대(漢代)의 서역 속령화 경략

한조의 서역 경영자 반초 초상화

중국의 서역(西域) 속령화(屬領化) 경략은 한대(漢代)의 속령화 경략과 당대(唐代)의 속령화 경략으로 나누어 고찰할 수 있다. 이중 한대의 속령화 경략은 전한 무제(前漢武帝, 기원전 140~87) 때 장건(張騫, 기원전 ?~114)의 서역착공(西域鑿空)을 계기로 시작되어 후한(後漢) 때 반초(班超) 부자에 의한 경략에 이르기까지 260여년간(장건의 제1차 서역사행西域使行~반용班勇의 서역 17개국 공략, 기원전 138~기원후 127) 간헐적으로 지속되었다. 기원전 138년에 장건은 서천(西遷)한 대월

지(大月氏)와 결맹해 흉노(匈奴)를 협공할 목적으로 대월지에 사신으로 파견되었다. 그러나 그는 이 제1차 서역사행의 목적을 달성하지 못하고 우여곡절 끝에 12년 만에 귀국하였다(기원전 126). 그가 장기간의 서역사행 과정에서 얻은 서역에 관한 미증유의 지식은 이후의 한의 서역사행과 서역경략에 적절하게 활용되었다. 귀향 후 1년 만인 기원전 125년에 장건은 서남(西南) 제이(諸夷)와의 통상로인 촉도(蜀道)를 개척하기 위해 쓰촨(四川)에 파견되었으나 토착민들의 거절로 뜻을 이루지 못하였다. 이 제2차 사행 후 장건은 서역에 관한 자신의 지리 지식을 활용해 기원전 123년 세번째 사행에서 대장군 위청(衛靑)의 흉노 정벌에 동참해 큰 전공을 세웠다. 이 흉노 대(大)토벌전에 이어 오손(烏孫)과 결친해 막북(漠北)으로 밀려난 흉노를 계속 압박할 목적으로 기원전 119년에 오손에 사신으로 파견되었다. 이 제4차 서역사행은 소기의 성과를 내지 못하였지만, 그의 귀국 후 한조의 위세에 눌린 오손은 친한(親漢)을 결단하였다. 사행시 서역 여러 나라에 파견한 부사(副使)들이 귀국할 때 해당 나라의 사신들을 대동했기 때문에 마침내 한과 서역제국 간의 공식적인 관계가 열리게 되었다. 이와 같은 장건의 23년간(기원전 138~115)에 걸친 4차례의 서역사행으로 인해 사상 최초로 중국과 서역 간의 통로가 뚫리고 서역제국과의 왕래는 물론 서역에 대한 한의 경략욕이 움트기 시작하였다. 그러나 흉노는 여전히 서역제국에 영향력을 행사하면서 한의 서역경략을 계속 위협하고 있었다. 흉노의 위협에 맞서 서역경략을 보장하기 위해 한은 일련의 행정조치를 취하였다. 우선 한무제(漢武帝)는 원수(元狩) 2년(기원전 121)에 우웨이(武威)·주취안(酒泉) 두 군을 허시(河西)에 설치하였다. 이후 원정(元鼎) 6년(기원전 111)에는 이 두 군을 세분해 장예(張掖)·둔황(敦

煌) 두 군을 증설함으로써 이른바 하서사군(河西四郡)의 서역 ‘회랑(回廊)’이 형성되었다.

이와 더불어 한은 병력을 동원해 친흉노국들을 제압해 서역 경략로를 확보하려고 하였다. 원봉(元封) 3년(기원전 108)에는 조파노(趙破奴)와 왕회(王恢)를 파견해 고사(姑師)와 누란(樓蘭)을 각개 격파하였으며, 태초(太初) 원년(기원전 104)과 3년에는 이사장군(貳師將軍) 이광리(李廣利)가 대원(大宛)을 정벌하기 위해 원도(宛都, 현 러시아 카잔Kassan) 외성(外城)까지 진입하기도 하였다. 또한 윤대(輪臺)·거리(渠梨) 등지에 주병둔전(駐兵屯田)하면서 사자교위령호(使者校尉領護)를 신설하였는데, 이것은 한이 서역경략을 위해 설치한 최초의 행정기구다. 이와 같이 한은 흉노와 서역경략을 둘러싸고 각축을 벌여오다가 선제(宣帝) 신작(神爵) 2년(기원전 60)에 이르러 흉노에서 내란이 일어나 일축왕(日逐王)이 한에 투항하자, 이 기회를 타서 오루성(烏壘城)에 서역경략의 전초기지인 서역도호부(西域都護府)를 설치하고 초대 도호로 정길(鄭吉)을 임명하였다. 이러한 ‘한지호령반서역(漢之號令班西域)’, 즉 ‘전한의 서역경략’은 장건의 서역착공으로부터 하서회랑(허시후이랑河西回廊)의 설치와 고사(姑師)·누란(樓蘭)·대원(大宛) 정벌을 거쳐 사자교위령호와 서역도호부의 설치에 이르기까지 약 70~80년간 추진되었다. 도호부 설치 후, 한은 그 기능을 강화하기 위해 총 18명의 도호를 임명하였다. 무제 때 한의 경략권에 속한 서역국은 36개국이었으나 전한 말에는 55개국으로 분화되었다. 그러나 전한 말과 후한(後漢) 초의 혼란한 정세를 틈타서 서역 나라들은 속속 한을 이반(離叛)하고 흉노에 다시 귀속하였다.

후한은 건국 초기부터 서역경략을 놓고 흉노나 서역 제국과 힘겨운 대결을 벌일 수밖에 없었다. 신망(新莽) 천봉(天鳳) 3년(16)부터 안제(安帝) 연광(延光) 2년(123)에 이르는 100여년간 한조와 서역 간의 이른바 ‘삼절삼통(三絶三通)’, 즉 ‘세 번 단절되었다가 세 번 재개’된 관계는 이러한 상황을 여실히 반영한다. 이와 같은 역경 속에서도 후한이 서역에 대한 경략을 그나마 유지할 수 있었던 것은 반초(班超) 부자의 경략 의지와 노력 때문이었다. 후한 명제(明帝) 영평(永平) 16년(73)에 한군은 북흉노의 근거지 이오(伊吾)를 공략한 후 단절된 서역과의 통교를 회복하기 위해 평소 서역경략의 웅지를 품고 있던 가사마(假司馬) 반초(班超, 32~102)를 서역에 파견하였다. 우선 그는 ‘호랑이 굴에 들어가야 호랑이를 잡는다’(불입호혈 언득호자不入虎穴 焉得虎子)는 말을 실천하듯 오아시스로의 남·북도 길목에 있는 선선(鄯善)을 기습공략하는 용맹한 기개를 떨쳤다. 이어 같은 해에 남도의 우기(于闐, 현 신장 허톈和田)에 대한 제2차 서정을 단행해 두 나라를 한에 복속시켰다. 이듬해에 반초는 서역의 한 강국이며 서역경략의 발판으로 적지(適地)인 소륵(疏勒, 카슈가르)을 정벌해, 친흉노의 구자(龜玆) 출신 왕을 폐출하고 고왕(故王)의 조카를 즉위시켜 이 나라를 장악하고 소륵인들의 신망을 얻었다. 반초의 3차 서정을 계기로 선선과 우기·소륵 외에 차사전국(車師前國)과 차사후국(車師後國)까지 공략해 한에 신속(臣屬)시켰다. 이에 50여년 만에 한의 서역통로가 다시 열리게 되고, 서역도호부가 부활되어 한의 서역경략은 다시금 활기를 띠었다.

그런데 이때(75) 명제(明帝)가 세상을 떠나 원군(援軍)의 지원을 받을 수 없는 상황에서 흉노가 구자 등 여러 나라들을 규합해 대거 습격해 왔다. 이에 반초는 장제(章帝)의 소명을 받고 귀국 길에 오르려고 하였는데, 우기와 소륵 등 부속국들의 간절한 만류와 서역 경략의 완수라는 명제 앞에서 귀국을 단념하였다. 그는 소륵에 남아서 내정에는 간섭하지 않고 다만 국왕의 군사 고문으로 병마(兵馬)의 실권만을 장악하고 있었다. 그러나 서역경략을 완수한다는 일념에서 한의 원군을 받아들여 화제(和帝) 영원(永元) 원년(89)까지는 거의 모든 남도(南道)제국을 정벌해 한에 귀속시켰다. 한의 위력에 위압을 느낀 북도(北道)의 대국 구자는 영원 3년(91)에 휘하의 소국들과 함께 한에 투항해 왔다. 이로써 대부분의 서역 나라들은 한의 경략권 내에 포섭되고 오아시스로의 남·북도는 재개되었다. 이를 계기로 한조에서는 건초(建初) 원년(76)에 개설하였다가 반년도 채 못 되어 폐쇄한 서역도호부를 15년 만에(91) 다시 복구하고 반초를 도호로 임명하였다. 영원 6년(94)에 그는 8개국에서 모집한 7만대군을 이끌고 계속 복속을 거부해온 언기(焉耆)와 그의 위성국 2개를 각개 격파함으로써 서역 50여개국 모두가 그의 경략하에 들어와 한에 내속되었다. 반초는 계속 서역도호로 서역경략에 전념하다가 영원 14년(102)에 30년간의 서역 경략자로서의 사명을 마치고 귀국하였다. 그가 귀국한 후, 서역은 다시 혼란에 빠져 한의 영향권에서 이탈하기 시작하였다. 새로 임명한 도호들의 대응 능력 부족을 느낀 한은 안제(安帝) 영초(永初) 원년(107)에 부득이 서역도호와 둔전의 관리와 병사들을 모두 소환하고 도호부를 폐지하였다. 그러나 서역을 상실하면 허시(河西)를 보전할 수 없다는 것을 깨달은 안제는 다시 연광(延光) 2년(123)에 반초의 아들 반용(班勇)을 서역장사(西域長史)로 임명하고 서역에 파견하였다. 선친을 따라 서역에서 성장해서 그곳 사정에 밝은 그는 선친의 서역경략 의지를 본받아 127년까지 언기·구자·소륵·우기·사차(莎車) 등 17개국을 차례로 정토해 모두 한에 다시 복속시켰다. 기원전 138년 장건의 제1차 서역사행으로부터 기원후 127년 반용이 서역 17개국을 정벌할

때까지의 260여년은 한조의 서역개통에 이은 서역 속령화의 경략기라고 할 수 있다.

이 기간에 한의 서역 경략은 기본상 서역도호부를 거점으로 한 책봉제(冊封制)에 의거하였다. 위진(魏晉)시대까지 지속된 이 책봉제는 한의 광무제(光武帝)가 사차왕(莎車王) 강(康)을 한사차건공회덕왕서역대도위(漢莎車建功懷德王西域大都尉)로 봉한 데서부터(29) 비롯하였으며, 건무(建武) 14년(38) 사차왕 현(賢, 강康의 동생)이 선선 왕 안(安)과 함께 사신을 한조에 보내 조공한 것을 효시로 한조와 서역 간의 공식 교역이 시작되었다. 건무 21년(44)에 차사전(車師前)과 선선 등 18개국은 왕자들을 한에 입시(入侍)시키고 조공하면서 한의 보호를 청한 바 있다. 이러한 책봉제를 근간으로 서역경략을 주도한 반초는 '이이제이 은위병시 임기응변(以夷制夷 恩威竝施 臨機應變)', 즉 '서역인으로 서역을 다스리고 시은(施恩)과 위협을 병용하며 임기응변'하는 능란한 수완을 발휘해 결국 서역제국으로 하여금 종국적으로 흉노의 기반에서 벗어나 한의 품에 안기게 하였다. 기원 전후에 실시된 한조의 서역 속령화 경략은 동방문명과 서역문명 교류 초창기의 정치사적 배경을 이루면서 두 문명 간의 교류에 큰 영향을 미쳤다. 여기서 서역 문명이란 한대의 서역 일원, 즉 파미르 고원 이동의 타림 분지(동투르키스탄)에서 생성·발달해온 고유 문명을 말한다. 이 서역 문명은 예로부터 파미르 고원 이서(서투르키스탄)의 여러 문명과 교류해오면서 서방문명적인 요소들을 간직하고 있었다. 따라서 한의 서역경략을 통해 진행된 동방문명과 서역문명 간의 교류와 소통은 넓은 의미에서 동서문명 간의 교류라고 할 수 있다.

한의 서역 속령화 경략은 동서문명 교류에 커다란 영향을 미쳤다. 그 영향은 우선 동서교류의

가교가 마련된 것이다. 일찍부터 동서간에는 접촉이 시도되고 전문(傳聞)이 오갔으나, 모두가 간접적이고 산발적이며 불확실한 상태였다. 기원전 4세기에 있었던 알렉산드로스의 동정(東征)도 결코 동서간의 직접적인 통교를 실현하지 못하였다. 그러다가 장건의 서역착공으로 비로소 유라시아와 아프리카를 이어주는 동서 통로가 뚫리게 되었다. 이에 동방의 한 문명권과 서방의 고전 문명권 간에 사상 처음으로 직접적인 접촉과 왕래가 가능하게 되었다. 장건의 개통에 이은 반초 부자의 서역경략을 계기로 오아시스로가 개척된 것이다. 한대 말엽에는 장안으로부터 파미르 고원을 넘어 서행(西行)하는 오아시스로의 남·북 양도가 정비되어 본격적으로 이용되기 시작하였다. 장건 시대에는 장건 자신과 그가 파견한 부사(副使)들이 겨우 파미르 고원을 넘어 대월지(大月氏) 부근에 이르렀다. 그러나 서역경략이 공식화된 반초 시대에 와서는 감영(甘英)을 대진(大秦, 로마)에까지 파견하는 등 서방으로 이어지는 길을 크게 확장하였다. 감영 파견 후 약 50년이 지나 대진국은 정식으로 한조에 견사조공(遣使朝貢)하였다. 다음으로 한의 서역 속령화 경략이 동서문명 교류에 미친 영향은 동서 문물교류의 획기적인 전기를 마련한 것이다. 장건의 서역착공과 반초 부자의 서역경략을 계기로 문물을 비롯한 서역의 제반 사정에 관한 지식이 전해져 문물교류 의욕을 부추겼다. 이와 더불어 동서간의 왕래와 문물교류를 가로막던 난공불락(難攻不落)의 장벽이었던 파미르 고원을 넘나들 수 있는 길이 개척되어, 이 길을 따라 동서간의 문물교류가 본격화되었다. 또 한의 서역경략을 계기로 중국의 비단·철기·동경(銅鏡) 등 문물과 착정(鑿井)·주철(鑄鐵)·제지 등 기술이 서전(西傳)하였으며, 서역의 각종 식물과 마구·유리, 그리고 불교·미술·음악·역법(曆法)·의약

등 문물이 동전(東傳)하였다.

한반도의 거석문화

중국 동북지방과 한반도, 일본 규슈(九州) 지방을 포함한 동북아시아 지역에서는 고인돌을 비롯한 특유의 거석기념물이 적지않게 발견되었다. 따라서 이 지역을 '동북아시아 돌멘(dolmen)권'이란 하나의 거석문화 분포권(分布圈)으로 묶을 수 있을 것이다. 이 분포권에서 한반도는 지리적으로 그 중심부에 위치하고 있을 뿐만 아니라 거석문화 유적도 가장 많아 100여년 전부터 학계의 주목을 받아왔다. 함경북도를 비롯한 북부 일부 지역을 제외한 한반도의 전역에 걸쳐 거석문화 유적이 산재해 있다. 특히 청천강(淸川江) 이남의 서해안 지역과 큰 하천의 유역의 분포 밀도가 상당히 높다. 전라남도에만 1만 1,100여 기의 고인돌이 집중되어 있으며, 한반도 전체에는 약 4만, 그중 북한에 14,000~15,000기가 있으며, 전라남도 지방에 2만여 기가 군재해 있다. 한반도에서 출토된 고인돌은 그 구조형식에 따라 여러가지 분류법이 있다. 대체로 2분법과 3분법인데, 그것을 다시 세분하기도 한다. 2분법의 최초 주창자는 일본의 도리이 류조(鳥居龍藏)다. 그는 1917년에 전라도와 경상도에 분포되어 있는 형식을 제1식(第1式, 기반식基盤式), 기타 지역에 있는 것은 제2식(第2式, 탁자식卓子式)이라고 분류하였다. 한국의

강화도 지석묘

김원룡(金元龍)과 윤무병(尹武炳)은 그동안 발견된 여러가지 형식의 지석묘를 종합·분석해 이른바 북방식(北方式)과 남방식(南方式)이라는 새로운 이분법을 제시하였다. 내용으로 보면 북방식은 탁자식, 남방식은 기반식에 해당한다. 탁자식이란 두 개의 세움돌(立石) 위에 한 개의 가름돌(횡석橫石, 개석蓋石)을 얹은 형식으로 겉보기에 탁자와 비슷하다고 해서 붙여진 이름이다. 북한에서는 이 '북방식 탁자형 지석묘'를 '전형적 지석묘'라고 한다. 기반식이란 문자 그대로 바둑판과 같은 형식이다. 지상에 놓인 거석 및 몇개의 작은 받침돌이 있는 형태다. 북한 학자들은 이 남방식 고인돌이 구조면에서 다양함을 감안해 그것을 다시 지석과 뚜껑, 적석(積石)의 유무에 따라 아래와 같이 3류 6종으로 세분화하였다.

지석이 없는 남방식 고인돌(북한에서는 '변형적 지석묘'라 함)은 둘로 나뉘는데, 제1류는 뚜껑과 적석이 없는 형, 뚜껑은 없으나 적석은 있는 형, 그리고 제2류는 뚜껑은 있으나 적석이 없는 형, 뚜껑과 적석이 있는 형으로 분류된다. 또 지석이 있는 남방식 고인돌의 경우인 제3류는 뚜껑은 있으나 적석이 없는 형, 뚜껑과 적석이 있는 형으로 구분한다. 다른 한가지 특이한 2분법으로는 지건길(池健吉)이 제시한 분법이다. 그는 1, 2차로 나눠 분류하는데, 1차 분류의 기준은 구조의 외형으로서, 이에 따라 북방식과 남방식으로 대별한다. 2차 분류의 기준은 지하구조로서, 이에 따라 1차에서 분류된 북방식은 적석식(積石式)과 무(無)적석식으로, 남방식은 판석식(板石式)·할석식(割石式)·혼축식(混築式)·토광식(土壙式)·옹관식(甕棺式)·제주식(濟州式) 등으로 세분하였다. 최근의 2분법으로는 김정희(金貞姬)의 2분법인데, 그는 상석(上石)이 지표와 접해 있는 것을 접지형(接地形), 지표와 떨어져 있는 것을 이지형(離地形)으로 정리하고, 이를 다음과 같이 세분화하였다. 즉 접지형은 묘실 주위가 잡석(雜石)으로 보호된 것과 판석(板石)으로 보호된 것, 이지형은 지하묘실형(地下墓室形)과 지상묘실형(地上墓室形)으로 나눌 수 있다. 지하묘실형에는 지표면이 잡석이나 판석으로 보호된 것이 있고, 지상묘실형에는 적석(積石) 시설이 있는 것과 없는 것이 있다는 것이다.

3분법은 내용 면에서 약간의 차이가 있기는 하지만, 같은 내용인데도 명칭만을 달리하는 경우가 있다. 한국의 임병태(林炳泰)는 1964년에 탁자식과 기반식, 그리고 무지석식(無支石式)의 3분법을 제시하였다. 탁자식이나 기반식은 전술한 바와 같으며 무지석식이란 받침돌(지석支石)이 없는 형식을 말한다. 그는 무지석식을 다시 지하석실(地下石室)과 지하토광묘(地下土壙墓)로 세분하였다. 그후 최몽룡(崔夢龍)은 전라남도 지방의 고인돌 조사결과를 토대로 북방식·남방식·개석식(蓋石式)의 3분법을 제시하였다. 개석식은 뚜껑만 있는 형식으로 무지석식과 대동소이하다. 최근에 일본의 다무라 고이치(田村晃一)는 새로운 명칭의 3분법으로 석관형(石棺形, 제1류)·탁자형(제2류)·기반형(제3류)을 내놓았다. 석관형은 기존의 '지석 없는 남방식 지석묘'나 '변형적 지석묘'에 해당되는 것으로, 상석(上石)은 매장 주체인 석관이 지지하는 구조를 말한다. 탁자형은 대규모의 적석시설을 갖추고 있지 않은 것이 특색이며, 기반형은 상석 아래에 적석시설을 갖추고 있는 경우가 많다. 최근 한국학계에서 조직적으로 발굴조사를 실시한 결과 남방식의 지석묘 중에는 개석(蓋石) 밑을 괴는 받침돌 없이 큰 개석을 직접 석실의 뚜껑처럼 얹은 지석묘가 다수 존재한다는 사실이 밝혀졌다. 이 형식은 북방식과 남방식의 중간 형식으로, 발전 순서는 북방식-중부식-남방식의 과정으로 추정된다. 이상과 같이 한반도의 고인돌 유형화는 아직까지 각인각설(各人各說)이다. 여러가지 형식의 고인돌을 구조적 측면과 그 변천 과정을 복합적으로 연구한 기초 위에서만 합리적인 유형화가 가능할 것이다.

이러한 고인돌은 한국 선사사회의 무문토기인(無文土器人)들이 구축한 것으로, 그 연대는 기원전 2000~1000년경으로 추산된다. 고인돌의 반출유물(伴出遺物)로는 이러한 시대적 문화상황을 반영한 각종 선사시대(주로 청동기시대) 유물이 출토되고 있다. 반출유물 내용을 보면 무문토기가 가장 많고 그밖에 각종 마제석촉(磨製石鏃)·석검(石劍)·석부(石斧)·공열토기편(孔列土器片)·곡옥(曲玉)·관옥(管玉)·채문토기(彩文土器)·홍도(紅陶)·연석(碾石), 방추차(紡錘車), 그리고 노루와 사슴 같은 짐승뼈·사람뼈 등 등 다양한 유물들이 포함되어 있다. 한국 고인돌의 기원에 관해서는 크게 남방기원설과 북방기원설, 그리고 자생설의 세 가지가 있다. 남방기원설은 주로 남방에서 전래한 벼농사 문화와 결부시켜 그 기원을 동남아시아에서 찾는 설이다. 일본의 야하다 이치로(八幡一郎)가 기반형·남방식 고인돌이 가장 오래된 형식으로 벼농사 문화와 함께 동남아시아에서 전래하였다는 주장을 편 후, 북한의 도유호(都宥浩)는 탁자형 고인돌이 가장 오래된 형식이라고 주장하면서도 그 기원을 동남아시아로부터 전래된 농경문화와 연결시켰다. 남한의 김병모(金秉模)도 형식의 신구(新舊)는 따지지 않고 한반도의 고인돌은 총체적으로 동남아시아에 기원을 둔 난생신화(卵生神話)의 주인공인 도작(稻作)농경민의 유산으로 간주하고 있다.

그렇다면 고인돌의 기원을 밝히기 위해서는 도작농경의 유입 시기와 경로를 추적해야 할 것이다. 아직까지 한반도에 벼가 언제 어떻게 전해졌는지에 대해서는 명확한 해답이 없다. 대체로

전입 시기는 기원전 10세기 전후로 추정하고 있고, 유입 경로는 중국 양쯔강(揚子江)이나 화이허(淮河) 하류에서 한반도 남부 연해지대에 전해진 길과, 중국 산둥반도(山東半島)와 랴오둥반도(遼東半島)를 거쳐서 서북 연해 일대에 전해진 길이 알려져 있다. 그런데 산둥반도에는 약간의 고인돌이 있지만 양쯔강이나 화이허 하류 일원에서는 발견된 적이 없다. 따라서 그곳이 한반도 고인돌의 기원지라고 보기는 어렵다.

다음으로 북방기원설은 주로 동아시아에 널리 분포되어 있는 상식석관(箱式石棺)에서 그 원류를 찾는 견해다. 일본의 미카미 츠기오(三上次男)는 탁자형·북방형 고인돌이 가장 오래된 형태로 상식석관으로부터 발생한 것이라는 주장을 내놓은 후 한국의 김원룡도 한반도의 고인돌은 시베리아 청동기시대의 묘제에서 보이는 상식석관이 형태를 바꾸어 나타난 것일 수도 있다는 견해를 조심스럽게 피력하였다. 그런데 탁자식 고인돌과 상식석관은 형태상 다르며, 기반식 고인돌이나 지석 없는 고인돌(변형적 고인돌, 석관형)과 상식석관은 매몰 상태가 다르다. 후자는 땅속 깊이 매몰되나 전자는 지상에 노출된 것도 많다는 점을 감안할 때 고인돌을 상식석관과 관련짓는 것은 무리가 따른다. 끝으로 자생설(自生說)은 대다수 북한 학자들이 주장하는 것으로, 일본의 다무라 고이치(田村晃一)도 이에 동조하고 있다. 적석시설을 갖추고 지상에 축조된 석관형 고인돌(변형적 고인돌)에 상응하는 지상 석관묘가 중국 동부지방에는 없고 한반도에만 있다는 점이 이 자생설을 뒷받침하는 증거다. 한반도에서의 고인돌은 그것이 전래든 자생이든 귀중한 선사시대의 유물임에는 틀림없다. 아직 여러가지 문제가 남아 있으므로 지속적인 연구가 필요하다.

한반도의 즐문토기

지금까지 한반도 내에서 발굴된 즐문토기 유적은 50군데 이상이며, 그 제작 연대는 기원전 3000~300년으로 추정되고 있다. 일부 학자들은 한반도 즐문토기 문화의 발달 과정을 전·후 2기로 나누어 고찰한다. 전기의 특색은 기형의 바닥이 뾰족하거나 둥글며 누르거나 그어서 만드는 어각(魚角) 무늬가 주를 이룬다. 이에 비해 후기의 특색은 바닥이 평평하고 점으로 동심호(同心弧)나 파상(波狀) 무늬를 그린 것이다. 이러한 즐문토기는 기형(器形)과 성형법(成形法) 및 문양에 있어서 시대적으로나 지역적으로 일정한 차이를 보이고 있다. 이에 한병삼(韓炳三)은 한반도에서 출토된 즐문토기를 서북 및 중앙지방·동북지방·남부지방의 3대군(群)으로 분류해 각 군의 기형과 성형법 및 문양상의 차이점과 특징을 밝힌 바 있다.

한국 신석기시대의 즐문토기는 지리적으로나 문화적으로 북방 유라시아의 신석기시대 토기 전통을 이어받았으며, 시베리아를 경유해 전래한 것으로 판단된다. 그 경로는 구체적으로 시베리아에서 몽골을 거쳐 한 가닥은 헤이룽강(黑龍江)과 쑹화강(松花江) 유역을 지나 두만강(豆滿江) 쪽으로, 다른 가닥은 랴오허(遼河)를 지나 한반도의 서북부에 유입되었다. 그러나 이렇게 유입된 한국의 즐문토기는 지역적으로 많은 변화와 차이가 있는데, 시베리아의 신석기시대 토기 문화 중 어느 시대 어느 지역의 영향을 받았는지의 문제와 즐문토기의 편년을 정하는 문제는 아직 속단할 수 없어 유물자료를 더 보완해 해명해야 할 것이다.

한국 즐문토기와 북방 유라시아나 시베리아 즐문토기 간에는 다음과 같은 몇가지 공통점이 있는데, 이것은 서로의 상관관계나 교류상을 입증해준다고 말할 수 있다. 첫째는 토기의 구연부

(口緣部)에 구멍을 뚫은 점이다. 서울시 강동구(江東區) 암사동(岩寺洞) 유적지에서 1960년 이래 6회에 걸쳐 조사·수집된 즐문토기의 구연부 209점 중 구멍이 뚫린 것은 23점이나 된다. 또한 일본 교토대학(京都大學)의 아리미츠 교이치(有光敎一)가 수집한 암사동 유물 자료에도 구멍 난 것이 상당수 있다. 그밖에 경기도(京畿道) 광주군(廣州郡) 미사리(渼沙里) 유적, 평안남도(平安南道) 용강군(龍岡郡) 용번리(龍磻里) 유적, 함경북도(咸鏡北道) 경성군(鏡城郡) 농포동(農圃洞) 유적, 부산(釜山) 영선동(瀛仙洞) 유적 등지에서도 구연부에 구멍이 있는 즐문토기가 다수 발굴되었다. 유물을 보면 일부는 바닥 부분에 구멍이 있기도 하나 주로 토기 면의 구연부에 구멍이 하나나 두 개 또는 그 이상이 비(非)기하 학적으로 널려 있다. 이러한 구연부의 구멍은 북방 유라시아의 신석기시대 즐문·와문 토기에서도 흔히 찾아볼 수 있다. 토기 면에 뚫린 구멍의 용도에 관해서는 토기의 달아매기(현수懸垂), 토기 뚜껑 비끄러매기, 깨진 곳의 수선(修繕), 장식용 등 여러가지 해설이 있는데, 자세한 것은 아직 밝혀지지 않았다.

둘째는 문양상의 공통점과 유사성이다. 공통적 문양으로는 우선 즐치문(櫛齒文, comb-marking)이 있다. 즐치문이란 빗같이 여러 개의 이가 나있는 시문구(施文具, 무늬새기개)로 토기 면을 눌러서(압날押捺, impress) 줄이 나게 한 문양으로, 북방 유라시아의 신석기시대 토기에 많이 보이는 이른바 '빗살무늬'다. 바로 이러한 문양상의 특색으로 인해 '캄케라믹'(Kammkeramik, 즐문토기)이란 명칭이 유래한 것이다. 한국 신석기시대 초기에는 넓고 좁음의 차이는 있으나 거의 다 이러한 즐치문양이 압날되어 있다. 이러한 유형의 즐치문은 북유럽의 신석기시대 토기의 제1기에 지배적인 문양으로 나타난다. 즐치문 비교

서울 암사동 유적지에서 출토된 즐문토기

에서 한 가지 유의해야 할 점은 암사동 유물을 비롯한 한국 토기는 즐치문이 대체로 구연부에 집중되어 있다는 것이다. 이에 비해 북유럽의 토기는 토기 전면에 새겨져 있다.

다음은 죽관문(竹管文, 붓두껍무늬, 일명 조골문鳥骨文)이 있다. 이것은 가는 참대 관이나 새의 뼈 같은 것으로 권점(圈點)을 찍은 문양으로, 북유럽 토기의 와문(渦文, 타래무늬)이 바로 그것이다. 이 문양은 북유럽 신석기시대 제2기(phase II)에 속하는 토기의 특징적 문양이다. 와문에는 대와문(large-pit-marking)과 소와문(small-pit-marking) 2종이 있는데, 암사동 토기의 죽관문은 소와문에 속한다. 그러나 부산 다대포패총(多大浦貝塚)이나 영선동패총, 함경북도 웅기군 유적 등의 즐문토기에는 대와문과 유사한 문양이 나타나고 있다. 그밖에 문양의 교대배열법(交代排列法)에서도 두 지역간의 공통점을 발견할 수 있다. 암사동 유적 토기는 구연부로부터 한 줄의 단사선문(短斜線文)과 한 줄의 죽관문을 교대로 배열한 다음에 다시 한번 이것을 되풀이하고, 다음에는 두 줄의 단사선문을 배열하고 그 아래에 죽관문으로 3중의 동심반원문(同心半圓文, 중호문重弧文)을 압날하였다. 이와 같은 문양의 교대배열은 북유럽 신석기시대 제3기의 토기문양에서도 나타난다. 그러나 한국의 경우와는 조금 다르게 즐치문과 와문이 교대로 배열된 것이 특징이다. 또 문양뿐 아니라 교대 배열의 위치도 차이가 있다. 한국 토기는 구연부에 배열이 집중된 데 비해 북유럽의 것에는 토기 전면에 걸쳐 배열되었다.

셋째로 토기의 기형에서도 상사성을 찾아볼 수 있다. 대부분의 한국 즐문토기는 첨저(尖底 뾰족밑)에 곧은 입술의 반란형기(半卵形器)로, 이것은 즐문토기의 원초적 형태다. 한편 북유럽과 시베리아의 선사토기는 초기 형태가 모두 뾰족밑(pointed base)의 반란형이다. 예컨대 핀란드의 카렐리아(Karelia) 및 북부 러시아의 제1기·제2기·제3기의 토기가 다 뾰족밑의 반란형이며 바이칼호 지방에서 가장 오래된 이사코보(Isakovo)기의 토기 역시 뾰족밑, 곧은 입술의 반란형이다. 이상에서 한국 즐문토기와 시베리아 즐문토기가 문양이나 기형 면에서 공통점과 유사성을 가지고 있음을 고찰하였다. 이러한 고찰을 통해 한국 즐문토기는 시베리아 즐문토기와 연유(緣由)하는 바가 같고, 그 동단(東段) 형식이라는 것을 인지할 수 있을 것이다. 즐문토기 문화의 동진(東進)을 담당·수행한 역군은 시베리아 초원 일대에서 활약하던 고아시아인들이었을 것이다.

한(漢)에 대한 로마의 이해

기원을 전후한 시기에 지구의 서반구(유럽)에는 그리스에서 로마로 이어진 유럽 고전문명권이, 동반구(아시아)에는 춘추전국(春秋戰國)에서 진한(秦漢)으로 이어진 한문명권(漢文明圈)이 형성되어 사상 최초로 동서 문명교류가 이루어지기 시작하였다. 이러한 교류상은 상호간의 지칭과 이해로부터 문물교류에 이르기까지 여러 방면에 관한 문자기록과 유물이 남아 있어서 그 실태를 가늠할 수 있다. 우선 한을 비롯한 중국의 여러 왕조에 대한 서방의 지칭을 살펴보면 각기 다른 연유로 차이를 보이고 있음을 알 수 있다. 그 지칭은 대체로 특정 왕조의 명칭이나 특산물 등에 연유하며 중국 전체를 통칭하는 경향을 보인다. 대체로 '시나'(Cina)와 '세레스'(Seres), '타우가스트'(Taugast) 세 가지가 혼용되어왔다. 첫째는 시나(Cina)설이다. 기원 전후 그리스나 로마의 역사지리학자들이 그들의 저서에서 가끔 '디나이'(Thinai)나 '시네'(Sinae)로 중국을 지칭한 데서 비롯하였다. 이것은 중국의 첫 통일제국이었던 진(秦, Chin, Th'in, 기원전 221~202)의 음사인 '시나'(Cina)나 '지나'(Sina)의 전사음(轉寫音)이라는 것이 종래의 통설이다. 이 설에 의하면 중국 서북부에 나라를 세운 진인들은 스스로를 '진인(秦人)'(Ch'in-jen, 진의 국민)이라고 불렀다. 이 명칭이 '시나'(Cina)나 '마하 시나'(Maha-cina) 등으로 중앙아시아의 중국 인접국들에 의해 인도에까지 전해지게 되었고, 그것이 다시 유럽의 로마에까지 알려지게 되었다. 시나설을 최초로 주장한 사람은 오스트리아 예수회 선교사 마르티니(Martino Martini, 위광국 衛匡國, 1614~1661)다. 그는 1655년에 제작한 『중국신지도첩』(*Novus Atlas Sinensis*)에서 '시나'(Cina, China)는 '진(秦)'의 음사에서 비롯하였다고 기술하였다. 그후 마르코 폴로의 일대기를 저술한 포티어(Pauthier, *Le Livre de Marco Polo*, Paris 1865)와 프랑스 동양학자 펠리오(P. Pelliot, 「支那名稱之起源」, 『通報』, 1912), 독일의 중국학자 프랑케(W. Franke, *China und das Abendland*, 1962), 그리고 중국의 역사지리학자 장성랑(張星粮, 『中西交通史料彙編』, 1996) 등에 의해 시나설은 정설로 인정되어왔다.

그러나 근대에 와서 진이 출현하기 이전에 페르시아나 인도에서 중국의 비단 생산과 관련된 표현인 '진'(Cin)이나 '지나'(Cina)로 중국을 지칭했다는 주장이 나오면서 통설로서의 시나설이 의문시되고 있다. 기원전 5세기경으로 추정되는 인도의 페르와딘(비이와정費爾瓦丁)이 중국을 찬송하는 글에 보면 중국을 '지니'(Cini), '자이니'(Saini)로, 고페르시아어로도 중국을 '진'(Cin), '지니스탄'(Cinistan), '지나스탄'(Cinastan)이라고 지칭하고 있다. 기원전 320~315년 기간에 인도 월호대왕(月護大王)의 시신(侍臣)이었던 카우틸랴(Kautilya)의 『정사론 (政事論)』(*Arthasastra*)에는 중국산 '사권(紗卷)', 즉 '꼰비단실'을 '시나파타'(cinapatta)라고 하는데, 이때의 'patta'는 고대 인도어로 '비단'이란 뜻이며, 'cina'는 중국에 대한 지칭이다. 기원전 4세기부터 기원후 2세기까지의 기간에 쓰인 것으로 알려진 인도의 유명한 2대 서사시(敍事詩) 『마하바라타』(*Mahābhārata*, 마가파라다摩訶婆羅多)와 『라마야나』(*Rāmāyana*, 나마연나羅摩衍那)에도 '지나'(Cina)가 나타난다.

페르시아의 경우 기원전 5세기의 아케메네스조 페르시아제국의 동변은 파미르 고원을 사이에 두고 중국(전국시대)과 접하고 있었다. 한편, 기원전 4세기경 인도(신독身毒)는 이미 중국과 왕래가 있었고, 기원전 2세기부터 남하한 흉노에 밀려 원주지인 중국 서북부 신장 일대를 버리고 힌두쿠시 산맥을 넘은 월지(月氏)가 인도의 서북부에 쿠샨(Kushan)왕조를 건립한 바 있다. 페르시아와 인도는 중국과 관계를 맺은 바 있어 중국의 진귀한 비단이 이 두 나라에 알려지게 되었다. 중국에서는 상(商)·주(周) 시대부터 견직품이 생산되었는데, 그중에서 무늬비단인 기(綺)가 유명하였다. 춘추전국시대에는 기가 더욱 성행해 역외로 수출되기까지 하였다. 따라서 서아시아와 인도에서는 중국을 비단과 결부시켜 '기국(綺國)', 즉 '비단의 나라'라고 칭하였을 터인데, 이 '기'의 음이 바로 '치'나 '지'여서, 이로부터 '진'(Cin)이나 '지나'(Cina)란 중국명이 음사되었다고 보인다. 이와 같이 '시나'(Cina, 현대의 China)가 진(秦)에서 유래하였다는 전래의 통설은 부정되고, 중국산 비단(기綺)과 결부시켜 진나라 이전에 이미 페르시아나 인도에서 유사음(Cin이나 Cina)으로 지칭되었다는 것이 수긍이 가는 근래의 새로운 주장이다.

둘째는 세레스(Seres)설이다. 유대인들이 중국에 관한 첫 소식을 접한 것은 기원을 전후한 시기의 로마 아우구스투스(Augustus, 재위 기원전 27~기원후 14) 황제 때다. 당시 그들은 중국을 '세레스'(Seres, 새리사賽里斯) 혹은 '세라' (Sera)라고 불렀는데, 그것도 역시 비단과 결부되어 '비단국민'(silk-people) 또는 '비단나라' (the land of silk)라는 뜻이다. 이러한 명칭은 1세기 로마의 자연박물학자인 플리니우스(Plinius, 23~79)나 2세기 그리스의 천문학자이며 지리학자인 프톨레마이오스(Ptolemaeos) 등 학자들의 저서에 나타나고 있다. 플리니우스는 저서 『박물지(博物志)』에서 다음과 같이 언급하고 있다. "세레스 국은 수림(樹林)에서 가는 실(세사細絲)을 생산하는 것으로 유명하다. 회색의 실이 나무에서 자라는데, 물로 축인 다음 부인들이 빗으로 빗은 후 무늬가 있는 천을 짠다. 그곳으로부터 세계 각지에 운반되는데, 이것은 아주 간고(艱苦)한 일이다."

이렇게 로마에서는 세레스란 단어가 기원을 전후한 시기에야 비로소 처음 발견되지만, 페르시아에서는 그보다 수백년 앞서서 이미 통용되었다. 기원전 416~398년 기간 아케메네스조 페르시아 궁전에서 어의(御醫)로 봉직하던 그리스 역사가 크테시아스(Ctesias, 태서아사泰西阿斯)는 궁전에서 종종 중국을 가리켜 '세레스'라고 칭한다고 전언한 바 있다. 기원전 327년 동정(東征)에 나선 알렉산드로스 대왕의 부장인 네아르코스는 인도 펀자브 지방을 공격할 때, 세리카(Serica)의 가벼운 견직물을 목격하였다고 전하면서 세리카가 바로 중국임을 시사하고 있다 ('비단의 서전'항 참고). 이처럼 세레스의 어원에 관해서는 이론이 구구하다. 그중 비교적 유

력시되는 설은 비단과 관련된 중국어 낱말 '사(絲)'나 '잠(蠶)'이나 '기(綺)'의 전사음이라고 주장하는 것인데, 유사음으로 보기에는 무리가 따라 설득력이 약하다.

셋째는 타우가스트(Taugast)설이다. 기원후 6세기 비잔틴(동로마)의 연대기 작가 테오필락토스(Theophylactos)는 자신의 연대기에서 타우가스트(Taugast)란 나라와 그 지배자를 명기하고 있다. 그 내용을 검토해보면 분명히 중국에 관한 기사다. 이 명칭의 유래에 관해서는 6세기 북중국 일원에 건립된 북위(北魏, Toba Wei)의 퉁그스(Tungus)계 왕실의 이름에서 비롯하였다는 것이 중론이다. 그 어원인 왕실의 명칭은 '타크파트'(T'ak-pat, 투르크어로는 태바크Taybac)다. 테오필락토스는 중앙아시아의 투르크족에게서 입수한 정보에 근거해 'Taugast', 즉 북위(北魏)에 관한 기사를 취급한 것으로 보인다. 'T'ak-pat'나 'Taybac' 'Taugast'는 유사음치고는 많은 차이가 있어서 재고의 여지가 있다. 이와 같이 한을 비롯한 중국에 대한 로마인들의 지칭(Seres, Thinai)은 기원을 전후한 시기에 처음 발견되었다. 그 유래는 인도나 페르시아 등 서역제국으로부터 들은 간접적 이해에 근거한 것이며, 주로 중국의 비단과 관련되어 이루어졌다. 따라서 수세기에 걸쳐 간접적으로 형성된 명칭인 것인 만큼 석연치 않은 점이 있어서 계속적인 연구가 필요하다.

다음으로 한에 대한 그리스나 로마인들의 지식은 지칭에서 보다시피, 매우 추상적이고 애매모호하다. 기원전 4세기부터 인도나 페르시아를 통해 간접적으로 중국에 관한 정보에 접한 그리스인들은 고작 중국이 비단(Seres, Serica) 생산국이라는 것만 알고 있었을 뿐이다. 그마저 비단은 모종의 나무껍질에서 얻어지는 것으로 착각할 정도였다. 이러한 비단의 생산자인 세레스

인(중국인)은 신장이 무려 13코비트(약 6.5m)나 되며 200여세의 장수를 누리는 괴인(怪人)으로 묘사되고 있다. 더욱이 로마제국 이외의 모든 것을 야만과 미개로 치부하던 초기 로마인들은 심지어 세레스인들을 이 세상의 극지(極地)에 살고 있는 '불친절한 미개인'으로까지 비하하기도 하였다. 그러다가 전한시대의 서역개통을 계기로 한과 서역 간의 교류가 시작되어 한나라의 비단이 서방에 다량 수출되자, 한에 관한 로마인들의 관심은 한층 높아졌다. 그 결과 기원을 전후한 시기부터 로마인들에게는 중국에 관한 비교적 정확한 지식이 축적되어갔다. 1세기 로마 지리학자들인 멜라(Pomponius Mela)와 플리니우스(Gaius Plinius)는 막연하게나마 중국(Seres)이 아시아의 동단 중부에 위치한다는 것을 밝혔다. 멜라는 저서 『세계지지(世界地誌)』(de Chorographica)에서 아시아의 동단에는 인도(India)인·세레스(Seres)인·스키타이(Scythai)인의 3대 민족이 자리하고 있는데, 인도인과 스키타이인은 남부와 북부에 각각 위치하고 세레스인(중국인)은 그 중간을 점하고 있다고 기술하였다.

비단에서 비롯한 세레스에 관한 그리스, 로마인들의 지식을 집대성한 사람은 프톨레마이오스다. 중국에 관한 그의 견해는 다음 글로 요약할 수 있다. "세레스(Seres)인들이 살고 있는 곳은 광활하지만 인구가 조밀한 나라다. 동쪽은 대양에 임해 있는데 인간이 살고 있는 세계의 맨 끝이며, 서쪽은 또한 이마우스(Imaus, 히말라야)와 박트리아(Bactria) 국경까지 펼쳐져 있다. 주민은 모두 유화하고 겸손한 기질을 가진 개화인으로 이웃과의 충돌은 될수록 피하며 교제도 친밀한 편이다. 그들은 생사(生絲)를 가장 귀히 여기며, 견직물이나 모피, 다량의 철 등 물산을 즐겨 판매한다." 비록 중국에 관한 로마인들의 지식은 추측이나 환상의 영역을 벗어나 극히 제한적이나마 점차 사실에 접근해가고 있지만, 그 속도는 매우 완만하였다. 프톨레마이오스로부터 500년이 지난 630년경 비잔틴제국(동로마)의 연대기 작가인 테오필락토스는 중국을 타우가스트(Taugast, 북위北魏)라고 지칭하면서 국민은 여러 신상(神像)을 숭배하고 정당한 법률을 가지고 있으며, 냉정하고 침착한 재판을 행하고 있다는 식의 극히 피상적인 지견을 피력하였다.

한(漢)의 남해교역

한은 해로를 통해 인도를 비롯한 남해 제국과 교역을 진행하였다. 『한서(漢書)』「지리지」에는 기원 전후 일남(日南, 현 베트남)으로부터 인도 동남해안의 황지국(黃支國, 현 칸치푸람 Kanchipuram)까지의 항해로를 구체적으로 소개('해로'항 참고)하면서 황지국과의 교역상을 다음과 같이 전하고 있다. 즉 중국 선박이 황지에 이르면 황금, 잡회(雜繪, 각종 비단) 등 중국 화물은 다른 '만이고선(蠻夷賈船, 외국선)'에 실려 전송(轉送)된다고 하였다. '만이고선'이란 당시 인도양 상에서의 해상활동 상황을 감안하면 십중팔구는 로마 선박일 것이다. 당시 로마는 한과의 교역을 희망하였으나 중간에 파르티아(Parthia, 안식 安息)가 끼어 있어 서로의 통교가 차단되었다. 이에 로마는 이 중간 차단지를 우회하는 해로를 통해 한과의 교역을 시도하였다. 그런데 아직은 원지(遠地)에 있는 한과의 직접적인 해상 통교는 어려운 형편이어서 인도를 매개로 한 중계교역, 즉 전송(轉送)교역을 진행하였던 것이다.

사실 중국의 남해교역은 진대(秦代)부터 그 흔적을 찾아볼 수 있다. 진시황(秦始皇)이 중국 천하를 통일해 판도를 남해까지 확장한 후, 번우(番愚, 현 광저우廣州)를 통해 남해교역을 하였다고 『사기(史記)』「화식열전(貨殖列傳)」은 전하고 있다. 이 책에 따르면, 번우는 해상교역도시로 이곳에서는 주궤(珠玑)·은·동·과(果)·포(布) 등이 교역되고 있었다. 이러한 기사는 진대부터 번우(광저우)를 통한 해상교역이 진행되고 있었음을 시사해준다.

한(漢)의 서역교역

한대의 서역(西域)은 대체로 오늘날의 중국 신장성(新疆省) 타림 분지(동투르키스탄)에 해당하는 지역이나 안식(安息)·대월지(大月氏)·강거(康居)·대원(大宛) 등 서투르키스탄(중앙아시아)의 일부 지역도 포함된다. 한은 장건(張騫)의 서역사행(使行, 기원전 138~126)을 시작으로 서역과 통교하고, 반초의 서역경략(기원후 73~102)을 계기로 서역에 대한 공식적인 영향력을 행사하면서 서역과의 교역을 본격 추진하는 한편, 그 연장선상에서 로마와의 교역이나 접촉도 시도하였다. 한이 서역에 수출한 물품은 견직물을 대종으로 하고, 기타 칠기(漆器)·철기·연옥(軟玉)·마직품(麻織品) 등이다. 서역인들과 로마인들에게 가장 인기 있는 중국 물품은 단연 견직물(비단)로, 여러 경로를 통해 대량 수입해갔다. 그들이 가져간 견직물의 대부분은 중국인들의 손을 거친 것이 아니라, 서역인이나 흉노인들에 의해 서역 각지는 물론, 로마까지 운반되어갔다. 그중에는 상인들을 통한 교역품도 있지만, 한조가 서역 각국과 흉노에게 내려준 것이 그대로 서방에 전해진 것도 있다. 견직물은 주로 장거리 대상(隊商)에 의해 운반되었는데, 이러한 대상 중에는 조정이 공식 파견하는 '사절'이란 이름의 대상도 있었다. 사절대상은 대체로 규모가 방대해 보통 수백에서 수천명에 이르는 인원으로 구성되며, 다량의 낙타와 비단이나 황금 등을 대동한다. 매년 파견되는 대상은 원로(遠路)의 신고(辛苦)도 마다하지 않고 멀리까지 서진해 대월지인(大月氏人)·인도인·그리스인·페르시아인들과 현지에서 교역을 하곤 하였다. 이러한 대상은 전한시대에 이미 아무다리야강을 넘어 아랄해 북부나 이란고원·메소포타미아·시리아·지중해 연안의 안티오크까지 답지(踏至)하였다. 대상이 출발해 귀향할 때까지는 보통 8~9년이 걸렸다.

한금(漢錦, 한대의 견직물)의 최대 고객은 로마제국이다. 로마에서 세레카(중국) 비단은 최상의 기호품으로 취급되었다. 로마 공화정 말기 황제 카이사르가 한금으로 지은 도포를 입고 극장에 나타나 이목을 끌자 모두가 앞을 다투어 중국 비단으로 옷을 해 입고 행세하였다. 이로 인해 사치풍조가 만연하자 제정(帝政) 초기 황제 티베리우스(Tiberius, 재위 기원전 14~기원후 37)는 남자들의 비단옷 착용을 금지하였다. 로마의 토스카 구역에는 중국 견직물 전문시장이 생겨났으며, 2세기에는 로마제국의 극서(極西)에 위치한 런던에서까지 중국 비단이 극성해 그 호황은 '중국의 뤄양(洛陽)에 못지않았다'고 한다. 4세기에 이르러서는 지난 시기 귀족들만 입었던 비단옷이 보통사람들, 심지어 운반부들까지도 입고 다닐 정도로 흔하였다. 로마제국 각처에서 한금 유물이 출토된 것은 이러한 상황을 실증해준다. 견직물 외에 서역에 수출되는 중국 물품 중에는 칠기(漆器)가 있었다. 그 증거로 아프가니스탄의 카불 북방 70km 지점에 있는 파그만 유적에서 한대에 제조한 여러가지 칠기 유물이 발견되었다. 그리고 현 신장성 호탄에서 채굴되는 연옥(軟玉, nephrite)도 중앙아시아와 북인도·서아시아 그리고 멀리 이집트까지 반출되었다. 한이 서역에 수출한 물품에 비해 서역으로부터 수입한 물품은 좀더 다양하다. 수입품 중에는 중앙아시아산 각종 모피와 모직물, 오손(烏

孫)산 천마(天馬, 일명 서극마西極馬)와 대원(大宛)의 한혈마(汗血馬)를 비롯한 서역마와 페르시아제의 개갑마구(鎧甲馬具), 포도와 석류(石榴) 등 과실, 호두(胡豆)·호과(胡瓜)·호마(胡麻) 등 농산물, 이집트산 유리(로만글라스)·인도산 후추·아랍산 유향(乳香)·소말리아산 몰약(沒藥)·동아프리카산 자단(紫檀) 등 다종다양한 교역품이 있다. 한대에 본격적으로 시작된 서역과의 이러한 교역은 비단 한대뿐만 아니라, 한대 이후의 중국 사회경제 발전에 큰 기여를 하였으며, 그 영향은 동아시아 기타 지역에까지 미쳤다.

한인(漢人)의 해외 진출

역대 한인(漢人, 중국인)들의 해외진출은 부분적인 민족이동에서 거족적인 이동으로 확대되면서 문명교류에 일조하였다. 여기서의 해외진출은 동서교류사의 차원에서 주로 서역과 동남아시아로의 한인들의 민족이동을 말한다. 이동한 한인들을 통상 화교(華僑)라고 부른다. 한적(漢籍)의 기록에 의하면, 이러한 이동은 당대(唐代)부터 그 흔적이 나타난다. 당대 이후 송·원대에는 이러한 이동이 계기에 따라 간헐적으로 있었지만 명대에 이르러서는 동남아시아 각지에 대대적으로 진출해 이른바 '화교사회(華僑社會)'를 형성하기도 하였다. 명대 이전의 이동은 대체로 우연한 기회에 이루어졌다. 이는 소규모의

말레이시아의 말라카 금사만(金沙灣) 화교거리

부분적인 민족이동으로, 중국 문물의 전파에는 기여했지만, 결국은 혈연이나 문화적으로 현지에 동화되어 문명교류의 민족사적 배경으로서의 흔적은 남겨놓았으나 그 역할은 지속되지 않았다. 그러나 명대 이후 한인들의 해외진출, 특히 동남아시아 진출은 거족적 이동이라고 말할 수 있을 정도로 규모가 컸다. 그뿐 아니라 하나의 화교 공동체를 이루어 한인 고유의 전통문화를 유지하면서 교역을 비롯한 문명교류에 적극 이바지하였다. 사적에는 당인(唐人, 당대 한인)들의 해외진출에 관한 영성적(零星的)인 기사가 보인다. 현장(玄奘, 600~664)의 『대당서역기(大唐西域記)』에 따르면, 서투르키스탄의 톈산 산맥 서북단에 위치한 달라사성(咀邏私城, Talas성) 남쪽 10여리에 있는 자그마한 성(城)에는 300여 호의 한인들이 모여 살고 있었다. 그들은 돌궐(突厥)에 약취당해 이곳으로 강제 이주하게 된 사람들과 그 후예들이다. 비록 의상은 돌궐인과 다를 바 없으나 인사나 예의범절은 여전히 본국, 즉 중국 그대로였다. 당시로서 300여 호면 적지 않은 가호였다. 그들에 의한 중국 문물의 전파는 충분히 가능하였고, 비교적 장기간 한 민족 집단으로 온전히 보존될 수 있었을 것이다.

두환(杜環)의 『경행기(經行記)』에 보면, 대식국(大食國, 아랍, 당시는 압바스조 이슬람제국)에는 화가 번숙(樊淑)과 견직공 여례(呂禮)를 비롯해 여러가지 직능을 가진 한인 공장(工匠)들이 다수 살고 있었다. 두환은 당 천보(天寶) 연간의 탈라스 전쟁(751) 때 이슬람군에게 생포되어 대식국에 12년간 체류한 뒤 해로로 광저우(廣州)에 돌아와 『경행기』란 현지 견문록을 저술하였다. 고선지(高仙芝) 장군이 이끈 약 7만명의 당군이 탈라스 전쟁에 투입되었는데, 패전으로 인해 그중 2만명이나 이슬람군의 포로가 되었다. 이들 포로 중에는 각종 기술자들이 포함되어 있

었다. 그들은 이슬람제국 예하의 여러 곳에 끌려가 각종 직업에 종사하면서 중국 기술을 전수하였다. 특히 이들 제지 기술자들에 의해 중국 제지 기술이 사마르칸트를 비롯해 바그다드와 다마스쿠스·카이로·페스 등 이슬람세계 각처로 소개되었다. 12세기 중엽부터 제지술을 중국인들로부터 전승한 아랍인들은 이 제지 기술을 유럽에 전하였다. 이러한 중국 제지술의 전파와 도입은 중세 이슬람세계와 유럽의 문화발전에 지대한 공헌을 하였다. 중세 아랍 사학의 태두이자 여행가인 알 마수디(Abu'l Hasan al-Masudi, ?~956)는 그의 세계역사서『황금초원(黃金草原)과 보석광(寶石鑛)』에서 남해의 수마트라섬을 지날 때, 그곳에서 중국인들이 식물을 재배하는 것을 봤다고 하였다. 이것은 당대부터 한인들이 이미 동남아시아에 진출해 정착하고 생업에 종사하고 있었음을 시사해준다. 당조는 세계적 대제국으로, 해외에 진출한 당인들을 통해 외국인들에게 널리 알려지게 되었다. 그래서 당시의 외국인들은 왕왕 당(唐)이 곧 중국, 즉 당으로 중국의 칭호를 대신하였다. 송대에 와서 이러한 칭호를 바로잡으려고 시도하였으나 실효를 거두지 못하였으며, 송·원대에도 외국인들은 여전히 중국을 가리켜 '당가(唐家)', 혹은 '당가자'(唐家子, Tanghaj, Tamghaj, Tomghaj, Toughai)라고 하였다. 명대 이후 오늘에 이르기까지도 외국에 있는 화교들은 스스럼없이 자신들을 '당인(唐人)', 자신들이 먹고 사는 곳을 '당인가(唐人街)'라고 부른다.

송대에 이르러 대외무역을 권장하는 정책을 시행함에 따라 해외 진출이 급증하였다. 우선 자바와 수마트라 등 현 인도네시아 일원에 대거 진출하였는데, 그들을 통해 중국 문화가 현지에 소개되어 호응을 얻게 되었다. 『제번지(諸蕃志)』「발니(渤泥, 보르네오)」 조에 의하면 인도

네시아인들이 화교들을 통해 알게 된 중국 음식을 선호하기 때문에 그곳에 가는 상인들은 인심을 얻기 위해 꼭 한두 명의 재간 있는 요리사를 대동했다고 한다. 근래에 자바나 칼리만탄 등지에서 당·송대의 고전(古錢)이 다량 발견되었으며, 싱가포르에서는 후량(後梁, 907~923)과 남송 함순(南宋咸淳, 1265~1274) 연호가 새겨진 한식묘(漢式墓)가 발굴되기도 하였다. 송대에는 남인도로의 진출도 빈번하였다. 원대 왕대연(汪大淵)의 『도이지략(島夷志略)』「토탑(土塔)」 조에 의하면, 남인도의 카불리강 하구의 네가파타나(Negapatana) 평원에는 한문제자(漢文題字)가 있는 고탑(古塔)이 남아 있는데, 그곳에는 함순(咸淳) 3년(1267) 8월에 화공(華工, 중국 공장工匠)이 건립하였다고 명기되어 있다. 마르코 폴로의『동방견문록』에는 캘리컷(Calicut) 부근에 '지나한(支那漢, Chini Bachagan)'이라는 한인 후예들이 모여 사는 부락이 있다는 기사가 있다. 세일론(Ceylon)의 사서(史書)에 의하면, 세일론 군대에 한인 병사가 있었다고도 한다. 그밖에 송인들은 무역차 아랍 지역의 여러 항구에 드나들면서 장기간 체류하는 경우도 있었다. 송대에 이어 원대에도 한인들의 해외 진출은 계속되었다. 원대 후 명대에 이르러서는 남양(南洋, 동남아시아) 곳곳을 개척할 정도로 한인들이 그곳에 대거 진출하였는데, 특히 정화(鄭和)의 '하서양(下西洋)' 이후 급증하였다. 명초에 자바(Java)의 투반(Tuban)이나 그레시크(Gresik), 수마트라의 팔렘방(Palembang) 등지에는 이미 한인들의 집거지(集居地)가 생겨났다. 『명사(明史)』나 장섭(張燮)의 『동서양고(東西洋考)』 등의 서적에는 한인들의 남양 진출과 개척 및 그들의 활동에 관한 구체적인 기사들이 다수 전해진다.

한자 동맹(同盟) Hanseatic League

중세 독일의 여러 도시가 상역(商易)을 위해 맺은 동맹. '한자'(Hansa)란 '상인조합'이란 뜻이다. 이러한 조합이 12세기 초반부터 독일 국내외에서 결성되기 시작해 1370년대 전성기에는 뤼베크(Lübeck)를 비롯해 가맹 도시가 77곳으로 늘어났다. 동맹은 외국과의 거래에서 가맹 도시 상인들의 이익을 보호하며, 외지에서 특권의 확보나 확장을 도왔다. 동맹은 3년마다 뤼베크에서 한자회의를 열어 동맹의 정책을 결정하였다. 그러나 30년전쟁의 결과로 체결된 베스트팔렌 조약에 의해 해산되었다.

한침반 旱鍼盤

중국 송대로부터 오늘에 이르기까지 자침(磁針, 지남침)을 핀으로 고정한 나침반을 한침반, 혹은 한침(旱鍼)이라고 하였다.

한혈마 汗血馬

대원(大宛, Ferghana, 시르다리야강 중류)의 명마. 『후한서(後漢書)』 권32 「동평헌왕창전(東平憲王蒼傳)」에는 한혈마의 교역과 특성에 관해 다음과 같이 기술하고 있다. "대원마(大宛馬) 한 필을 보냈는데 앞 어깨 뒤의 작은 구멍에서 피가 흘러나온다. 무제(武帝)가 「천마첨적한(天馬霑赤汗)」을 노래하는 것을 늘 들어왔는데 지금 직접 보니 과연 그렇구나." 땀과 피가 흐르는 말이란 뜻의 한혈마(汗血馬, 학명 Parafilaria multipapillosa)는 뒷목과 어깨 사이의 피하조직에 기생충이 서식하는데, 그 부위가 부어올라 달릴 때면 혈관이 늘어나 창구(瘡口)가 생겨 땀과 피가 흘러나오는 데서 그 이름이 유래하였다고 한다. 대원마(Turkman 馬)는 모두가 한혈마인데, 아랍 말보다는 못하나 지구력이 강한 것이 특징이다. 『신당서(新唐書)』 「서역전(西域傳)」에 의하면 한혈마는 토화라(吐火羅, 토카리스탄 Tokharistan)에서도 출산되며 그밖에 중국 동북부와 몽골·러시아·헝가리·프랑스 등지에도 분포되어 있다. 대원의 한혈마가 한나라에 수입되자 그와 구별해 오손(烏孫)의 천마(天馬)는 '서극마(西極馬)'로 개명하였다.

함광 숨光

중국 당대의 도축 구법승. 불공삼장(不空三藏)의 수제자. 불공을 사사한 함광은 스승을 수행해 사자국(獅子國, 현 스리랑카)과 인도를 순례하고 749년 장안에 돌아왔다. 3년 후 다시 스승을 따라 인도에 가려고 했는데 스승의 신병 때문에 성사되지 못하였다. 그의 스승은 당대에 밀교(密敎)를 포교하였으며, 산스크리트명은 아모가바즈라(Amoghavjra)이고 불공은 그 약칭이다. 출신지는 서역(西域)·북인도·세일론 등 여러 설이 있다. 절도사 가서한(哥舒翰)의 초청을 받은 불공이 우웨이(武威)의 개원사(開元寺)에 머물 때 함광도 스승을 따랐다. '안사(安史)의 난' 때 함광은 불공의 명에 따라 숙종(肅宗)과의 연락 임무를 수행해 많은 공적을 세웠다. 불공의 제자 중에는 신라 고승 혜초(慧超)를 포함한 6명이 손꼽히는데, 그 가운데서 함광은 수제자로 이름을 날렸다. 스승 불공이 입적한 이후 함광은 산시성(山西省) 오대산(五臺山)에 금각사(金閣寺)를 세우고, 그곳에서 여생을 마칠 때까지 밀교 전파에 힘썼다. (8-126)

『항적연소화공서(抗敵燃燒火攻書)』 *Liber ignium ad Comburendos hostes*

화약과 화기에 의한 화공법(火攻法)을 기술한 라틴어 번역 병서(兵書). 유럽은 12~13세기부터 선진 이슬람문명을 수용하기 위해 아랍어 서적들을 라틴어로 다량 번역하기 시작하였다. 그중에는 13세기 중엽에 아랍어로 저술(저자 미상)되고 후반에 라틴어로 번역된 이 병서가 들어 있다. 유럽인들은 이 책을 통해 처음으로 화약과 화기에 의한 화공법을 알게 되었다. 유황 1파운드, 레몬나무나 버드나무 목탄(木炭) 2파운드, 초석(硝石) 6파운드를 섞어서 대리석 위에 놓고 간 다음 기화통(起火筒)이나 화포통(花炮筒) 안에 장착해 화기(火器)인 비화(飛火)를 제조한다고 상세히 소개하고 있다. 그밖에 『88자연실험법』이란 책도 앞 책과 비슷한 내용으로 화공법을 기술하고 있다. 이와 같이 유럽인들은 중국인들로부터 화약이나 화기 제조법을 전수받은 아랍인들보다는 수십년 후인 13세기 후반부터 화약과 화기에 관해 알게 되었다. 이것은 화약과 화기의 서전(西傳) 과정이기도 하다.

항해도 航海圖

항해도(航海圖)란 항행로를 비롯해 수세(水勢), 정박지(항구), 도항설치물 등 항해에 필요한 내용을 표시한 그림이다. 항해도는 항해술의 결정체로 항해의 필수품인 만큼, 항해술의 수준을 가늠하는 척도라고 할 수 있다. 중국에서는 북송(北宋) 시대부터 이미 항해도를 제작·이용하였다. 고려에 출사한 서긍(徐兢)이 1123년에 찬술한 『선화봉사고려도경(宣和奉使高麗圖經)』권34

에 의하면, 신주(神舟, 송이 고려에 보내는 사신단을 위하여 특별히 제작한 선박)는 해도(海圖)를 따라 도서(島嶼)들을 빠져나간다고 하였는데, 이것은 서긍 일행이 항해도를 구비하고 있었음을 시사해준다. 15세기 전반, 명대의 『정화항해도(鄭和航海圖)』(원명 『自寶船廠開船從龍江關出水直抵外國諸番圖』:『보선소 진수進水에서 용강관龍江關 출해 및 외국제번外國諸番까지의 지도』)는 중세 항해도의 백미(白眉)다. 중국 동남해안에서 아프리카 동안에 이르기까지의 전항로에 걸쳐 선박의 항해 방향, 정박 항구, 각지 별자리의 높낮음, 암초, 천탄(淺灘, 여울)의 분포 등 제반 사항을 상세히 기록하고 있다. 지명만 500여 개소(그중 외국 지명 300여 개소)나 된다. 당시 항해도에 표기하는 항해 거리 단위는 '갱(更)'이었는데, 1갱은 약 60리이며 1주야의 항해 거리는 10갱으로 계산하였다.

항해로 航海路

교통수단으로서의 선박은 망망대해에 떠 있지만 반드시 일정한 길, 즉 항해로를 따라 항행하게 마련이다. 항해로는 조선술의 발달이나 각종 항해 기술의 도입에 따라 발전적으로 변화한다. 그 변화는 크게 연해로(沿海路, 혹은 우회로迂廻路)에서 심해로(深海路, 혹은 직항로直航路, 횡

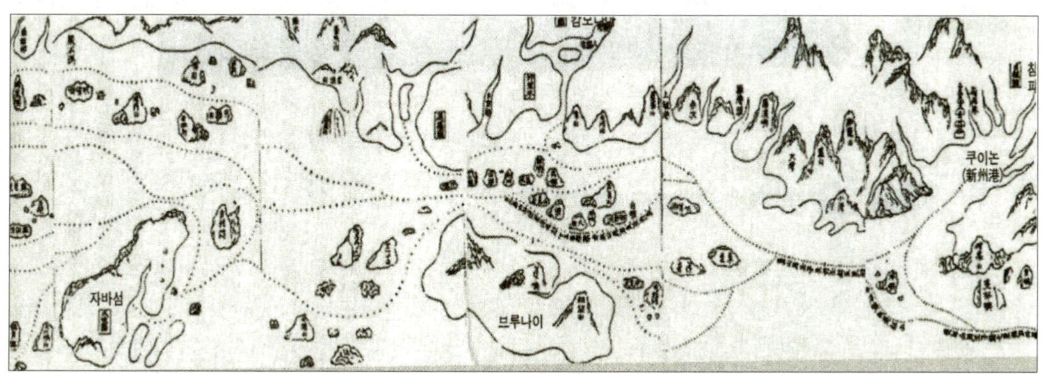

'정화항해도'에 묘사된 동남아시아 해역(지도)

단로橫斷路)로, 구간로(區間路)에서 전장로(全長路)로 변경하는 데서 나타난다. 동·서양을 막론하고 해상활동의 초기에는 조선술이나 항해술이 발달하지 않아 선박은 예외없이 모두 해안에 가까운 연해로를 따라 항해하였다. 중국 전국시대의 해상활동에서 보다시피, 조선술의 발달로 누선(樓船) 같은 큰 배가 발명되자 원거리 항해가 가능해졌다. 서양에서는 1세기 중엽에 로마의 항해사 히팔루스(Hippalus)가 아랍인들에게 인도양 계절풍의 비밀을 알아낸 후, 그 계절풍을 이용해 아테네로부터 홍해를 지나 인도 서해안까지 직항할 수 있었다. 이것은 연해를 벗어나 인도양 한가운데를 횡단하는 심해로(深海路)다. 중국에서는 여전히 연해로 위주의 항해를 하다가 6세기에 이르러서야 비로소 말라카 해협에서 인도양을 가로질러 실론(현 스리랑카)까지 직항하는 심해로를 취하게 되었다. 연해로는 심해로에 비해 항해가 불안전하고 소요 시간도 몇 배나 된다. 연해로에서 심해에로 항해로가 발전적으로 변경되는 것과 거의 동시에 구간로에서 전장로로의 항해로 변경이 일어났다. 기원 초기까지만 해도 서방 선박은 대체로 홍해나 페르시아만으로부터 인도 서해안이나 실론(현 스리랑카)까지는 구간별로 항해하였다. 동방 선박도 마찬가지로 중국 동남해로부터 말라카 해협을 거쳐 인도 동해안이나 실론까지는 구간별로 항해하였다. 항해로 상에는 페르시아만의 여러 항구나 실론·말라카 해협 등 중간기착지 혹은 중계지가 생겨나 연결고리 역할을 하였다. 그러나 6세기경에 이르러서는 중계지를 매개로 하여 구간간의 연계가 유기적으로 이루어지면서 서아시아에서 중국에 이르는 전 구간이 하나의 전장로로 연결되었다. 그 결과 장거리 항해와 원거리무역이 발생해 동서교류를 크게 촉진하였다.

항해조례 航海條例, Navigation Act, 1651년

'항해법'이라고도 하는 항해조례는 리처드 2세 이래 영국이 반포한 해운과 무역 규제에 관한 제 법령들에 대한 통칭이다. 특히 유명한 것은 1651년에 반포한 크롬웰 항해조례다. 주 내용은 영국이나 그 식민지로 수입되는 비유럽 지역의 산물은 영국이나 영국 식민지 선박으로 수송해야 하며, 유럽의 산물을 영국이나 그 식민지로 수입할 경우에는 영국 선박이나 상품 생산국, 또는 최초 선적국의 선박으로 수송해야 한다는 등 독점적이고 불평등한 규제들을 명시하였다. 그 목적은 당시 유럽의 해운 강국이던 네덜란드의 중계무역을 제어하고 해운무역을 독점하기 위한 것이었다. 이에 1652년에 제1차 영국-네덜란드 전쟁이 발발하였다. 산업혁명의 진전에 따라 이 조례는 유명무실하게 되었으며, 결국 1849년에 폐기되었다.

『해도일지적략(海島逸志摘略)』 王大海 저, 1791년

청(淸)대 건륭(乾隆) 연간(1736~1795)에 왕대해(王大海)가 저술한 이 책은 화란(和蘭, 네덜란드)인들이 이용하는 항해용 나침반을 소개하고 있는데, 거기에는 양끝이 뾰족하고 중간이 넓적한 핀식 능형(菱形) 자침과 면에 네덜란드 글자로 16방위가 표시된 우산 모양의 한침반 두가지가 있다고 하였다. 중국은 일본을 통해 이 한침반을 수용하였다.

『해동제국기(海東諸國記)』 申叔舟 찬, 1471년

해동제국에 관한 개괄서. '해동제국'이란 일본의 혼슈(本州), 규슈(九州)·쓰시마섬(對馬島)·이키(壹岐)섬에 대한 총칭이다. 1443년 서장관(書狀官)으로 일본에 다녀온 신숙주가 왕명에 따라 일본의 지세, 국정(國情), 교빈내왕(交賓來往)의 연혁, 사신관대예접(使臣館待禮接) 등 여러 절목

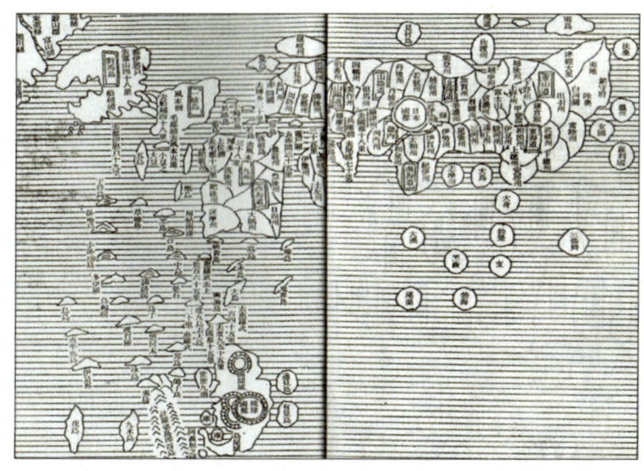

해동제국총도

을 기록한 책으로, 내용은 해동제국총도(海東諸國總圖)와 일본의 본국도 등 6매의 지도와 일본국기(日本國紀), 유구국기(琉球國紀), 조빈응접기(朝賓應接記) 등이다. 후에 2~3편의 추록(追錄)이 첨가되었다. 『해동제국기』는 저자 신숙주의 식견과 경험을 바탕으로 당시 일본에서 전래한 문헌과 왕년의 견문, 예조에서 관장한 기록 등을 참작해 교린관계에 대한 후세의 궤범(軌範)을 만들기 위해 찬술되었다.

『해둔행기(海屯行紀)』 13세기 후반

교류의 문헌적 전거로서의 여행문학서(여행기). 이 책은 소아르메니아 왕 해둔(海屯) 1세(Hethum, Hayton I)가 1254~1255년 기간에 몽골까지 동유(東遊)한 여행기다. 바투가 이끄는 몽골의 제2차 서정(1235~1244)에 위협을 느낀 해둔은 이 서정이 끝나자마자 몽골에 대한 신속(臣屬)을 표명하기 위해 동유(東遊)를 단행하였다. 그는 소아르메니아의 도성(都城)이었던 식사(息思, 현 터키의 카잔)를 출발해 바투가 있는 사라이에 들렀다가 카라코룸으로 직행해 몽케 칸을 알현하였다. 몽골까지 가는 행로보다 귀로에 관한 기술이 더 상세한데, 귀로에 경유한 곳만 59개소나 된다. 별로 길지 않은 이 책은 약 1년간에 걸친 해둔의 동유 중, 특히 몽골에서 보고 들은 내

용들을 많이 기술하고 있다. 이 여행기는 13세기 중엽의 오아시스로 북단(北段)과 초원로 연구에 귀중한 사료를 제공한다. 뿐만 아니라 몇가지 독창적인 기록을 남기고 있다. 예컨대 이 책은 다른 중세 여행기에서는 찾아볼 수 없는 '홀란'(忽蘭, 몽골 야생 당나귀)에 관해, 그리고 기독교 세계에서는 최초로 '미륵불(彌勒佛)'에 관해 언급하고 있다. 이 책은 원래 해둔의 한 동유 수행자가 저술한 『아르메니아사』에 수록되었다가 19세기 20년대부터 러시아어·프랑스어·영어로 번역되었으며, 20년대에 중국어로도 번역되었다.

해로 海路, Sea Road

해로란 고대에서 근대에 이르기까지 지중해에서 홍해와 아라비아해를 지나 인도양과 태평양 및 대서양에 이르는 광활한 해상에서 동서교류와 교역이 진행된 환지구적(環地球的) 바닷길을 지칭한다. 해로는 실크로드의 개념이 확대(제3단계)됨에 따라 제2차 세계대전 이후에 그 일부인 이른바 '남해로(南海路)'가 실크로드 3대 간선의 하나로 인정되면서 부상하였다. 그러나 그 서단(西端)은 로마, 동단(東端)은 중국의 동남해안으로 설정되었다. 포괄하는 해역은 동서로 지중해·홍해·아라비아해·인도양·남중국해(서태평양) 해역을 망라하고 있으며, 로마에서 중국 동남해안까지의 길이는 약 1만 5천km(약 3만 7,500리)로 추산된다. 그러나 늦어도 15세기부터는 이 '남해로'가 동·서로 각각 태평양과 대서양으로 연장되어 신대륙, 즉 아메리카 대륙(미주美洲)에까지 이어졌을 뿐만 아니라, 그 길을 통해 신·구대륙 간에 문물도 교류되었다. 이러한 사실을 고려하면 이 바닷길은 구대륙의 울타리를 벗어나 신·구대륙의 해역을 두루 아우르는 명실상부한 환지구적 통로로 자리매김되어야 한다. 따라서 그 이름도 '남해로'가 아닌 범지구

적인 해로의 의미를 담을 수 있는 이름으로 바뀌어야 할 것이다. 해로는 일찍부터 비록 부분적이고 단절적이긴 하나 문명교류의 통로로 계속 기능해왔다. 특히 중세에 이르러 조선술과 항해술의 발달에 힘입은 아랍-무슬림들과 중국인들의 진취적인 해상활동에 의해 해로가 본격적으로 가동되기 시작하였다. 게다가 근세에 와서 해로를 통한 급격한 서세동점(西勢東漸)으로 인해 해로의 역할은 전례 없이 증대하였다. 사실상 초원로나 오아시스로가 쇠퇴기를 맞은 근세에 와서 유독 해로만은 줄곧 상승일로를 걸어왔으며 오늘에 이르기까지 계속 번영기를 이어가고 있다. 중세에 이 해로를 통해 동방에서 많이 생산되는 비단·도자기·향료·차 등 문물이 서방으로 대량 수출되었다. 이에 이 바닷길을 일명 '도자기로(陶瓷器路)'나 '향료로(香料路)'라고 부르기도 하였다.

해로의 시원(~BC 4C) 항해는 선사시대 원시인들의 활동에서 그 흔적을 찾아볼 수 있으며 고대문명에서 그 여명기가 시작되었다. 동방의 경우, 지금으로부터 7천~6천년 전에 중국의 랴오둥(遼東) 반도와 산둥(山東) 반도가 근해의 도서들과 해상관계가 있었다는 것이 고고학적으로 증명되었다. 약 4천년 전 상대(商代)에는 영토가 해외로 확장되었으며, 주(周)대의 성왕(成王) 때는 해동(海東)의 일본이나 남방의 베트남(越南)과 해상 왕래가 있었다고 한다. 서방의 경우, 이집트 고왕국시대에 이미 나일강과 홍해 사이에는 운하가 개통되어 기원전 1000년경에는 지중해와 홍해, 아라비아해 사이에 해상 교역이 발생하였다. 여명기에 있었던 이러한 항해의 실태에 관해서 명확하게 헤아리기는 어렵지만, 대체로 원시적인 항해수단에 의거해 진행되었으며, 아직 이질문명간의 통로 역할은 못한 것으로 보인다. 문명교류의 통로로 해로가 언제 개

통되었는지에 관해서는 아직 정설이 없다. 지금까지의 연구결과에 의하면 기원전 8세기 말경부터 인도 서남부의 소비라(Sovira)와 수파라카(Supparaka)·바루카차(Bharukacha) 등 항구와 바빌론 간에 해상교역이 진행되고 있었으며, 그 주역은 남인도의 드라비다(Dravida)인들이었다. 교역로는 인도 서남부로부터 아라비아해를 횡단한 후 페르시아만을 북상해 바빌론까지 이어지는 바닷길로 추정된다.

해로의 시원에 관한 최초의 확실한 기록은 헤로도토스의 저서 『역사』에서 찾아볼 수 있다. 이 기록에 의하면 기원전 510년경 아케메네스조 페르시아의 다리우스 1세(Darius I, 재위 기원전 521~486)에게 인더스강 하구에서 홍해에 이르는 바닷길을 탐험하라는 명을 받은 카리안다(Caryanda)의 부장 스킬락스(Scylax)는 바다로 서진해 29개월 만에 아르시노에(Arsinoe, 현 수에즈 부근)에 도착하여 탐험을 성공적으로 마쳤다. 탐험 결과 다리우스왕은 고대 이집트 제26왕조의 네코왕이 설치한 후 폐기된 나일강과 홍해 간의 운하를 복원하게 되었다. 또한 그후 기원전 325년 9월에 알렉산드로스의 부장 네아르코스가 인더스강 하구로부터 페르시아만의 유프라테스강 하구까지 항해한 사실이 전해지고 있다. 한편 동방에서도 일찍부터 해로를 이용한 흔적과 기록을 찾아볼 수 있다. 인도의 경우 기원전 3000년경의 모헨조다로(Mohenjo-Daro) 유적을 비롯해 아잔타(Ajantha) 석굴(기원전 2세기~기원후 7세기) 등에는 고대 선박에 관한 유적이나 벽화가 남아 있다. 특히 여러 문헌에는 고대 인도인들의 항해에 관한 생생한 기록이 소개되어 있다. 아리아족의 고전인 『리그베다』(Rig-veda, 기원전 1500~1000)의 송시(頌詩) 중에는 해상 원정과 상인들의 해상활동에 관한 묘사가 있으며, 특히 남전(南傳) 불전(佛典)들도 항해에 관한

여러 기사를 전하고 있다. 『대사(大史)』는 기원전 6세기에 비자야(Vijaya) 왕자가 먼 바다를 건너 실론(현 스리랑카)에 상륙했다는 전설(아잔타 석굴벽화에도 있음)을 전하고 있으며, 경장(經藏)『잡부(雜部)』(Samyuitha Nikaga)에는 어떤 사람이 6개월간이나 장기 항해를 했다는 기사가 실려 있다. 또 『본생담(本生譚)』은 20가지에 달하는 항해 기사를 소개하는데, 그중에는 인도 서해안의 항구와 금주(金洲) 등 동남아시아 도서들이 거론되며 「바베라본생」 편에는 인도 상인들이 공작새를 배에 실어 바베라국까지 운반하는 기사가 있다. '바베라'는 고대 메소포타미아의 바빌론을 말한다. 이것은 기원전 4세기경에 인도와 바빌론을 비롯한 서아시아 간에 해로를 통한 왕래가 있었다는 것을 시사한다. 인도와 서아시아 간의 해상교통에 관한 기록은 서방 측 문헌에서도 찾아볼 수 있다. 『구약성서』「열왕기상(列王記上)」에 의하면 솔로몬(Solomon, 기원전 10세기)왕이 홍해 연안의 에시온 게벨에서 선박을 건조하자 히람(Hiram)왕이 해사(海事)에 익숙한 자기의 노복들과 솔로몬의 노복들을 오피르(Ophir)에 파견해 그곳으로부터 황금 420달란트(talent, 약 16톤)를 가져왔는데, 항해에는 3년이나 걸렸다고 한다. '오피르'는 산스크리트어로는 'Sauvira' 혹은 'Suppara'로, 남인도를 지칭한다. 이 기사는 기원전 10세기경에 남인도와 홍해 사이에 해로가 개통되어 있었음을 말해준다.

해로의 여명(BC 3~AD 6C) 남인도 원주민인 드라비다인들의 해상활동은 서아시아뿐만 아니라 동남아시아에서도 전개되었다. 남인도의 동부해안에 건국된 졸라(Chola) 왕국은 기원전 2세기경에 말레이 반도와 수마트라 등 동남아시아 지역과 해상교역을 진행하였다. 이 지역에서 출토된 타밀(Tamil)어 비문들이 이를 입증해주

고 있다. 기원전 3세기에 전성기를 맞은 인도 동해안의 칼링가 왕국은 미얀마나 말레이 반도와 해상교역을 하면서 이 지역으로 이민까지 와서 싱가포르에는 그 후예인 클링(Kling)족이 지금까지도 남아 있다. 인도와 함께 중국도 일찍부터 이 해로를 이용하였다. 그 시항(始航) 시기는 진(秦)대로 거슬러올라간다. 기원전 221년 중국 천하를 통일한 진시황(秦始皇)은 판도를 남해(南海)까지 확장해 번우(番愚, 현 광저우廣州)를 통해서 남해무역을 진행하였다. 당시 번우는 대외무역 도시로, 그곳에서는 주기(珠玑)·서(犀)·대모(玳瑁)·과(果)·포(布) 등 남방 열대지방 산물이 교역되고 있었다. 이것은 진대에 이미 광저우를 통한 해상무역과 더불어 해로가 이용되고 있었음을 시사해준다.

남방 해로의 노정을 구체적으로 밝힌 최초의 기록은 『한서(漢書)』「지리지(地理志)」로, 일남(日南, 현 베트남 남치성南治省)의 요새인 서문(徐聞, 현 광둥廣東 레이저우 반도雷州半島 남단의 쉬원현徐聞縣)과 합포(合浦, 현 광시廣西 북부만北部灣 변의 허푸현合浦縣)로부터 황지국(黃支國, 현 남인도 동해안의 칸치푸람Kanchipuram)까지의 노선이 구체적으로 기록되어 있다. 황지로부터의 귀로를 보면, 거기서 8개월간 항행해 피종(皮宗, Pulaw pisan, 현 말레이 반도 서남해안)에 이르고, 다시 거기서 2개월간 항행해 일남(日南)과 상림(象林)의 경계에 도착한다. 황지의 남쪽에 기정불국(己程不國, 현 스리랑카)이 있는데, 한의 역사(譯使)가 그곳으로부터 귀환하였다고 한다. 위의 기술을 통해 기원전 시대에 전개된 중국과 인도 간의 교역상과 항해로를 대략이나마 짐작할 수 있다. 당시 일남과 인도 동남해안 간의 항해에는 11여개월(송대에는 70일)이 걸렸다. 여기에 제시된 기원전의 중·인 해로를 오늘의 지리적 위치로 추정해보면, 광저우(廣州)

에서 출항해 베트남과 말레이 반도 동안으로 남하한 다음 수마트라(Sumatra)에서 서전(西轉)해 말라카 해협을 지나 서북행으로 미얀마 남안에 이르고, 또 그곳에서 계속 서남행으로 인도 동해안을 따라 인도 동남단의 칸치푸람에 도착하는 바닷길에 해당한다. 말레이 반도 남단에 있는 코린치(Korintji)에서 '초원(初元) 4년(漢元帝, 연간 기원전 45년)'이란 글씨가 새겨진 명기(明器)가 출토된 바 있다. 이것은 기원전 1세기에 벌써 중국 상선이 말레이 반도 남단까지 왕래했거나, 이곳을 경유했다는 것을 시사한다. 당시 중국(전한前漢) 상인들은 인도에 도착한 후에 인도인들로부터 서방의 대진(大秦, 로마)으로 통하는 해로가 있다는 것을 전문하고, 인도 상인들을 수행해 로마까지 갔다는 기록도 남아 있다. 로마시대의 역사가 플로루스(Florus)는 기원 1세기 말에 찬술한 저서 『로마사 개요』에서 기원전 30년경에 한 세레스(Seres, 중국)인이 인도 사신과 함께 로마 궁전을 방문해 코끼리와 보석·진주 등을 헌상하였다고 기술하고 있다. 이들은 로마로 오는 길에서 4년이란 긴 시간을 보냈으며, 피부색으로 보아 그들은 분명히 '별천지'에서 온 사람들이라고 저자는 덧붙이고 있다.

기원전에 동·서양에서 전개된 해로를 종합해보면, 바빌론―유프라테스강 하구―페르시아만(혹은 이집트―아라비아해)―인더스강 하구―인도 서남해안의 소비라(혹은 수파라카나 바루카차)―인도 동남해안의 황지국―미얀마 서남해안―말라카 해협―수마트라 서북해안―말레이 반도 동안―일남―광저우의 항해 노선으로 엮을 수 있다. 이것은 기원전에 이미 구대륙의 동서를 잇는 해로가 개척되어 자주 이용되었음을 말해준다. 기원후 해로를 통한 동서교류는 더욱 활발해졌다. 동방에서 후한(後漢)은 해로를 통한 동남아시아 및 서아시아와의 교류에 관심을 나타냈다. 특히 서방에서는 전성기에 접어든 로마제국이 해로를 통한 대동방교역에 적극 나서 대동방 원거리교역 항로가 뚫리기 시작하였다. 기원전 1세기 중엽에 로마의 항해사인 히팔루스(Hippalus)가 아랍인들에게서 인도양 계절풍의 비밀을 알아낸 후 아테네에서 홍해를 지나 인도양으로 향하는 직항로를 처음으로 개척하였다. 그가 이용한 계절풍이 인도양 항해의 주요 수단으로 활용되었기 때문에, 후일 유럽에서는 상당한 기간 인도양 계절풍을 그의 이름을 따서 '히팔루스 풍'이라고 불렀다. 히팔루스에 이어 기원 초기에는 로마의 상인 플로카무스(Annius Plocamus)가 경영하는 홍해 부근 영토의 징세 감독관인 푸블리우스(Publius)가 홍해를 항해하던 중 폭풍을 만나 15일간 표류하던 끝에 실론(현 스리랑카)에 표착하였다. 그곳에 반 년간 체류하다가 실론의 대로마 사절인 라시아스(Rachias)와 함께 기원후 6년 7월 5일에 귀국하였다. 그가 왕래한 길은 홍해와 아라비아해 및 인도양을 가르는 해로였을 것이다. 히팔루스와 푸블리우스의 인도양 항해를 계기로 로마인들은 동방으로의 해로를 발견하게 되었으며, 이에 따라 대(對) 동방교역을 적극 추진하였다.

고대 그리스의 지리학자 스트라본(Strabōn, 기원전 63~기원후 20년경)의 『지리지』에 의하면 당시 매해 인도로 향하는 로마 선박은 120여 척이나 되었다. 선박은 로마에서 출항한 후 인도양 계절풍을 이용해 3개월쯤 걸려서 10월에 인도에 도착한다. 그곳에 몇달 동안 체류하면서 중국 등 동방 각지의 특산물을 구입해서 이듬해 4월에 역시 계절풍을 따라 귀향하였다. 이로 인해 로마의 대동방 원거리 무역에서 획기적인 전기가 마련되었다. 오아시스로를 거쳐 중국에서 인도로 반출된 견직물이 인도 서해안에서 해로로 로마에 직접 수송되기 시작하였다. 기원 70년경에 해상무역에 종사해 실론까지 항해한 바 있는 이집트 알렉산드리아 출신의 상인인 그레코의 저술이라고 전해오는 『에리트라해 안내기』(*the Periplus of the Erythraean Sea*)에는 당시 홍해와 페르시아만, 인도양을 중심으로 진행되던 해상무역의 항로와 항구, 운송과 화물 등에 관한 상세하고도 정확한 기록이 남아 있다. 이 안내기에는 다프로파네(현 스리랑카)로부터 현 미얀마의 페쿠(Suvarna Bhumi, 황금국)와 말레이 반도를 지나 데이나(진니秦尼, 중국)까지 이어지는 항로와 이 항로를 통해 진행되는 교역에 관한 기술이 있다. 이 기술에 의하면 인도 항구에서 선적되는 중국 물품 중에는 비단뿐만 아니라, 피혁·후추·계피(桂皮)·향료·금속·염료·의약품 등 다양한 품목도 포함되어 있다. 로마인들은 그들이 동방에 직접 진출해 그 실존을 확인하기 전까지는 계수(桂樹)가 아라비아 반도에서만 성장하는 것으로 알고 있었다. 계피는 로마에서 각종 화장품과 약품·향료품 등을 제조하는 데 꼭 필요한 재료여서 수요가 많았으며, 그 가격도 상당히 높았다. 1 로마파운드의 양질의 계피 가격은 1,500고(古) 로마은화였다. 이에 중국산 계피는 대로마 교역의 주종품의 하나로 부상하였다.

3세기에 접어들면서 유라시아 대륙의 정세에는 큰 변화가 일어나 해로의 전개에 일정한 영향을 미쳤다. 중국의 남북조(南北朝)시대에 북조에 의해 서역과의 오아시스로 교역이 막힌 남조는 동남아시아 나라들과의 해상무역에 관심을 돌렸다. 특히 삼국시대에 강동(江東)에 위치해 그 영토를 교지(交趾)까지 확보한 오(吳)나라는 5천여 척의 선박을 보유하고 있었으며, 조선술이나 항해술에서 당대 최고였다. 특히 손권(孫權) 시대는 해상활동의 전성기로, 교주자사(交州刺史) 여대(呂岱)가 파견한 주응(朱應)과 강태(康泰)는 부남(扶南, 현 캄보디아)과 임읍(林邑, 현 베트남 중부), 당명(堂明)을 비롯한 동남아시아 제국에 10여년간 체류하면서 100여개국의 정보를 수집하였다. 귀국 후 주응은 『부남이물지(扶南異物志)』를, 강태는 『오시외국전(吳時外國傳)』과 『부남토속전(扶南土俗傳)』을 각각 저술하였다. 그들은 저서에서 아라비아 반도 남부의 가나조주(迦那調州, Bandar Hism Ghorah)로부터 로마까지 이르는 항로를 구체적으로 밝혔다. 그에 따르면 가나조주로부터 페르시아만에 들어가 약 700~800리 북상하면 지호리강(枝扈利江, 티그리스강) 하구에 이르는데, 여기서 도강한 후 서행해 대진(大秦, 로마)에 당도하며, 도착하는 데 소요되는 기간은 1개월 남짓 되었다.

4~5세기에는 해로의 서단(西段)에서 활동 주역을 맡고 있던 로마제국이 동서로 분열되자, 서방에서의 해상활동은 잠시 소강상태에 들어갔다. 이에 반해 동방에서 중국과 인도의 해상활동은 더욱 활기를 띠었다. 동진(東晉)의 남천(南遷)으로 인해 중국의 남해 진출은 더욱 강화되어 양(梁) 한 나라가 2만 척의 '대선(大船)'을 보유할 정도였다. 5세기 말엽에 이르면 중국 상선이 동남아시아는 물론, 인도와 실론을 거쳐 멀리 페르시아와 이라크의 유프라테스강 하구까지 출몰하였다. 중세 아랍사학의 태두인 마스오디(al-Mas'ūdī, ?~957)는 저서 『황금초원(黃金草原)과 보석광(寶石鑛)』(*Muruju'd Dhahb wa Maadinu'l Jauhar*)에서 6세기경 중국 상선들이 수시로 페르시아만을 지나 유프라테스강 하구까지 와서 히라(Hira, 현 이라크 쿠파 부근)에 정박하곤 했다고 기록하였다. 뿐만 아니라, 오만(Oman)·시라프(Sirāf)·바레인(al-Bahrain)·오볼라(Obollah, al-Ubullah, 유프라테스강 하구 입해처入海處)·바스라(al-Basrah) 등 여러 항구에도 자주 드나들었으며, 그곳 선박들도 중국으로 자주 항해하였다고 한다. 당시 실론은 해로상의 요로(要路)였

다. 중국 동진(東晉)의 도축승(渡竺僧) 법현(法顯, 338~423)은 귀국할 때 인도 갠지스강 하구에서 곧바로 동진해 귀로에 오르지 않고 남행해 사자국(獅子國, 실론, 현 스리랑카)으로 갔는데, 이유는 그곳에서 귀국선을 구하기 위해서였다. 그는 희망대로 그곳에서 200여 명이나 승선한 중국 대상선을 타고 귀로에 올랐다. 6세기 그리스의 기독교 수도사인 코스마스(Cosmas)도 그가 청년시절에 페르시아·인도·실론 등지를 편력(遍歷)하면서 해상교역에 종사하던 일을 회술한 『기독교풍토기(基督敎風土記)』(*The Christian Topography*)에서 인도와 페르시아·에티오피아 등 여러 나라의 많은 선박들이 실론에서 출항해 멀리 중국까지 왕래한다고 기술하였다. 법현의 귀로와 코스마스의 기술은 모두 실론이 인도양 상에서 동서 항해의 길목에 있으면서 중간 기착지로서의 중요한 역할을 하고 있었음을 말해준다.

이같이 시간이 흐름에 따라 해로는 더욱 활발하게 이용되고, 그 노선이 점차 확대되어갔다. 『양서(梁書)』「제이전(諸夷傳)」의 기록에서 보다시피, 이 시대에 와서 해로의 동단(東端)은 후한 때의 일남(日南, 현 베트남 남부)에서 베트남 북부와 중국 양광(兩廣, 광둥廣東과 광시廣西) 일대를 포괄한 이른바 '교지 7군(交趾 또는 交趾 七郡)'으로 북상하였다. 해로의 부단한 확장은 조선술의 발달이나 항해술의 진보와 떼어놓고 생각할 수 없다. 당시 조선술의 발달에서 특이한 점은 선박의 대형화다. 장거리 항해에 임한 중국이나 인도의 선박은 대개가 '대선(大船)'이었으며, 승선 인원은 수백명에 달하였다. 조선술의 발달과 더불어 항해술의 개선도 뚜렷하였다. 그 대표적인 것이 중국 선박에서 돛이 개진(改進)되고 천문도항법(天文導航法)이 도입된 사실이다. 삼국시대 때 오(吳)나라의 단양태수(丹陽太守) 만진(萬震)이 저술한 『남주이물지(南州異物志)』

에 의하면 종전에는 순풍에만 제한적으로 이용되던 돛을 선박의 앞뒤에 각각 2개씩 증설해 편풍(偏風)에도 항진할 수 있도록 하였다. 이에 항해의 안전성은 물론, 정확성이나 시간성을 전례 없이 확보할 수 있었다. 이와 함께 육지의 지형지물을 기준과 표적으로 삼아 어림짐작으로 항해하던 종전의 원시적 지문도항법(地文導航法)에서 벗어나 해와 달·별 등 천문대상을 기준과 표적으로 삼아 항해하는 천문도항법을 새롭게 도입해 원거리 항해가 가능해졌다. 이상으로 기원전 1세기부터 6세기까지의 해로 항정을 종합하면, 로마-이라크(유프라테스강 하구)-페르시아만(혹은 로마—홍해—아라비아해)—인도 서해안—실론(현 스리랑카)—인도 동해안—미얀마 서해안—말라카 해협—수마트라—부남(扶南, 현 캄보디아)—일남(日南)—교지(交趾)로 정리된다.

해로의 전개(AD 6~14C) 7세기에 접어들면서 유라시아에는 새로운 정세 변화가 일어나 신흥 세력들이 역사 무대에 등장하였다. 그중 가장 활동적인 세력은 지정학적으로 이들 세력들의 완충지대에 자리한 신흥 아랍-이슬람 세력과 동방의 당(唐) 세력이었다. 당대에 해로의 노정을 가장 상세하고 정확하게 밝힌 기록은 『신당서(新唐書)』「지리지(地理志)」에 수록된 가탐(賈耽, 730~805)의 '광주통해이도(廣州通海夷道)'다. 가탐은 이 글에서 당시 광저우에서 페르시아만의 오랄국(烏剌國, 오볼라 Obollah)까지 이어지는 해로의 노정과 구간 간의 항해일정 등을 자세하게 기술하고 있다. 가탐이 제시한 노정은 크게 4구간으로 나누어볼 수 있다. 제1구간은 광저우에서 수마트라까지로, 광저우—(200리) 둔문산(屯門山, 광둥 해안과 비파주琵琶州 사이, 현 주룽九龍 반도 서북해안 일대)—(2일) 구주석(九州石, 현 해남도海南島 동북부, 칠주열도

七州列島) — (2일) 상석(象石, 현 해남도 만령萬寧 동남해상의 대주도大州島) — (3일) 점불로산(占不勞山, Culao cham, 현 베트남 점파도占婆島, Champa) — 환왕국(環王國, 임읍林邑, 점파占婆) — (200리+2일) 능산(陵山, 현 베트남 동남해안의 귀인歸仁, 퀴농Qui Nhon 이북의 Long-song) — (1일) 문독국(門毒國, 현 베트남 귀인歸仁의 Varella 갑岬 Cape Varella 일대) — (1일) 길달국(吉笪國, Kauthara, 현 베트남 아장芽庄, 나트랑Nha Trang 일대) — (반일半日) 분타랑주(奔陀浪州, Panduranga, 현 베트남 곤륜도崑崙島) — (5일) 신가파(新加波, 현 싱가포르) 해협 — (100일) 불서국(佛逝國, 현 수마트라)의 순이다. 제2구간은 수마트라에서 사자국(獅子國, 현 스리랑카)까지로, 수마트라 — (3일) 갈승저국(葛僧祇國, 수마트라의 Brouwers 군도) — (4~5일) 승등주(勝鄧州, 수마트라의 Deli와 Langkat 일대) — (5일) 파로국(婆露國, 수마트라 서북부의 Breueh 도) — (6일) 파국가람주(婆國伽藍洲, 니코바르 제도) — (4일) 사자국 순이다. 제3구간은 사자국에서 이라크의 말라국(末羅國, 바스라Basrah)까지로, 사자국 — (4일) 몰래국(沒來國, Male, 인도 서남해안의 말라바르Malabar) — 파라문(婆羅門, 인도 혹은 인도 서해안의 마합시특랍방馬哈施特拉邦) — (2일) 발율국(拔颶國, 인도 서북해안의 Broach) — (10일) 제율국(提颶國, 인더스강 하구 서안의 Diul, 혹은 현 파키스탄의 Daibul 일대) — (20일) 제라로화국(提羅盧和國, Dierrarah, 혹은 현 페르시아만 입구의 아바단Abadan 부근) — (1일) 오랄국(烏剌國, al-Ubullah, 혹은 유프라테스강 하구) — (2일) 말라국(末羅國, 이라크의 바스라Basrah 혹은 그 서남부의 Zubair)의 순이다. 제4구간은 인도 서남해안의 몰래국(沒來國)에서 아프리카 동해안의 삼란국(三蘭國, 현 탄자니아의 다룻 살람Daru'd Salām)에 갔다가 페르시아만의 오랄국으로 돌아오는 길로, 몰래국 — 삼란국 — (20일) 설국(設國, Shihr, 현 남부 예멘의 al-Schehr) — (10일) 살이구화갈국(薩伊瞿和竭國, 현 오만 동남단의 Shāriqah 혹은 마스카트Maskat) — (6~7일) 몰손국(沒巽國, Mezoen, 현 오만의 Schar) — (10일) 발리가마란국(拔離謌磨難國, 현 바레인의 Manāmah) — (1일) 오랄국 순이다.

이 노정의 항해에 소요된 시간을 보면 광저우에서 말라국까지는 약 100일이 걸렸다. 가탐이 언급하지 않은 광저우에서 두문산과 몰래국에서 파라국까지 두 구간의 소요시간을 제외하면 85일이며, 삼란국에서 오랄국까지는 48일이다. 이 노정에 포함된 경유지(국가나 지역)는 무려 33개소나 된다. 가탐이 기술한 이 해로의 항정을 살펴보면 다음과 같은 몇가지 특징을 발견할 수 있다. 첫째는 원양항행(遠洋航行)을 했다는 사실이다. 전대까지의 해로는 예외없이 해안선을 따르는 연해나 근해의 항해였으나, 이때부터는 조선술과 항해술의 발달로 수마트라 서북단으로부터는 미얀마나 인도의 해안을 따르지 않고 심해(원해遠海)에서 니코바르 제도를 거쳐 곧바로 사자국으로 직행하였다. 물론 전반적으로 보아 아직은 접안(接岸) 항해의 양상에서 크게 벗어나지는 못하였지만, 원양 항해가 시도되어 항정이 크게 단축되었다. 둘째는 해로의 주역이 신흥 아랍-무슬림들이라는 점이다. '사막의 아들'로부터 일약 '바다의 아들'로 변신한 아랍-무슬림들은 멀리 극동까지 대거 진출해 동서교역의 주도권을 장악하고 해로를 제패하기 시작하였다. 가탐이 채록한 지명이나 국명 대부분이 아랍어의 역명(譯名)이라는 사실은 이를 잘 보여준다. 셋째로는 홍해를 통한 항해가 제시되지 않았다는 점을 들 수 있다. 종전에는 홍해가 동서교역의 통로로 자주 거론되었다. 그러나 아라비아해와 인도양, 그리고 홍해와 지중해의 전역에 걸쳐 항해권과 상사권(商事權)이 아랍-무슬림들에게 장악되어 지중해 연안의 유럽인이나 이집트인들은 해상교역이나 전송(轉送)만이 허용되었고, 게다가 7~8세기에는 이슬람제국의 대이집트, 대아프리카 정복전으로 인해 홍해 일대의 안전이 보장되지 못하였다. 그 결과 홍해를 통한 교역이나 항해는 일시적으로 정체되고 말았으며, 유럽과의 교역이나 왕래는 주로 당시 아랍-이슬람세계의 심장부인 이라크나 시리아를 통해 진행되었다. 그 주요 통로는 페르시아만—이라크—시리아—아나톨리아(터키)—유럽으로 이어지는 길이었다.

가탐의 『광주통해이도』에 제시된 해로의 항정은 중세 아랍-무슬림들의 여행기나 지리서에서도 유사한 기록을 찾아볼 수 있다. 우선 여행가이며 상인인 술라이만 알 타지르(Sulaimān al-Tājir)가 자신의 견문을 수록한 여행기 『중국과 인도 소식』(*Akhbāru'd Sin wa'l Hind*, 851)에서 언급한 페르시아만으로부터 중국에 이르는 항로와 대체로 일치한다. 이것은 이 항로가 중세에 보편적으로 통용된 동서간의 항해 노선이었음을 말해준다. 술라이만의 기술에 의하면 우선 화물을 이라크의 바스라(al-Basrah)나 오만(Omān) 등지에서 배에 싣고 출발해 페르시아만 중부 동안에 있는 시라프(Sirāf)를 거쳐 소하르(Sohar)와 마스카트(Masqat, 오만 동북단)를 지나 약 1개월 항해하면 인도의 퀼론(Quilon)에 도착한다. 이로부터 사란딥(Sarandīp, 현 스리랑카)·안다만(Andaman)섬·니코바르(Nicobar)제도·람브리(Lambri, 수마트라의 서북단)를 지나, 칼라(Kalah, 현 말레이 반도 서해안의 Kedah)에 도착하는데, 이 구간의 항해 시간도 역시 1개월 정도 걸린다. 이곳으로부터 20일간 북상해 참파(베트남의 Champa)에 이르며, 다시 1개월간 북

행해 창해(漲海, Tchang-Khai)를 지나 광부(廣府, Khanfou, 현 광저우)에 종착한다. 술라이만이 언급한 경유 국가나 경유 지역은 모두 13개소로 전술한 가탐의 그것과 대체로 일치한다. 그러나 그의 시라프로부터 광저우까지의 항해 소요시간은 약 130일로 가탐의 약 100일보다는 길다. 그 내역을 따져보면 페르시아만으로부터 수마트라까지의 항해 소요시간은 2개월 정도로 서로 비슷하나, 수마트라부터 광저우에 이르는 기간에서는 큰 차이를 보인다. 특히 참파에서 광저우까지의 항해에서 가탐의 경우는 10일 미만이지만, 술라이만은 1개월이나 걸렸다. 이것은 이 구간이 암초가 많고 풍랑이 심한 서사군도(西沙郡島) 부근이어서, 지형에 익숙하지 못한 외방인의 항해에는 상당한 어려움이 있었을 것이다. 따라서 항해 시간도 그만큼 많이 걸릴 수밖에 없었을 것이다.

중세 아랍 지리학자인 이븐 쿠르다지바(Ibn Khurdādhibah)도 저서 『제도로 및 제왕국지』(*Kitābu'l Masālik wa'l Mamālik*, 885)에서 이라크의 바스라로부터 중국에 이르는 해로를 비교적 상세히 기술하고 있는데, 그 노정은 가탐이 제시한 것과 대동소이하다. 이러한 해로는 10세기를 전후한 시기에도 노정상에서는 큰 변화가 없었으나 그 용도는 훨씬 높아졌다. 그것은 조선술과 항해술의 커다란 발달에 기인한다. 중국에서 은정접합법(隱釘接合法)에 의해 건조되고 완벽한 수밀격벽(水密隔壁)까지 갖춘 견고한 대형선박이 출현하고, 천문도항법의 지속적인 개진과 더불어 지남침(指南針)이 도항의기(導航儀器)로 항해에 도입(12세기 초)되었으며, 항해에서 계절풍(일명 신풍信風, monsoon)을 동력으로 이용하기 시작하였다. 이리하여 이 시기 해로를 통해 동서간에는 전례없이 활발한 교역이 진행되었다. 이 과정에서 동서교역의 중심 통로가 초원

로나 오아시스로에서 해로로 점차 옮겨졌을 뿐만 아니라, 교역 내용에서도 상당한 변화가 일어났다. 특히 중국 송대에 이르러 질 좋고 우아한 도자기가 해상 교역품의 주종을 이루어 서방으로 다량 수출되었다. 그래서 당시의 해로를 일명 '도자기의 길'이라고도 한다. 한편 동남아시아·인도·아랍 등지에서 많이 생산되는 각종 향료도 해로를 따라 중국과 유럽으로 다량 반출되었다. 그리하여 당시의 해로를 또한 일명 '향료의 길'이라고도 한다.

이 시기 해로의 노정을 전대와 비교해보면 심해 횡단로를 택한 것이 특징이다. 그 대표적인 일례가 『송사(宋史)』 「주련전(注輦傳)」에 소개된 주련국(注輦國, Chola, Culiyan, 인도 동남부) 특사 사리삼문(娑里三文)의 송나라 입국 노정이다. 사리삼문은 주련국 왕 라다라사(羅茶羅乍, Rajarara)의 송진봉사(宋進奉使)로 특명을 받고 부사·판관(判官)·방원관(防援官) 등 52명을 인솔하고 해로로 대중상부(大中祥符) 8년(1015) 9월에 송도(宋都)에 도착하였다. 그의 노정을 보면, 주련(인도 동남부의 코로만델Coromandel 해안) ― 나물단산(那勿丹山, 인도 동남부의 네가파탐Negapatam) ― 사리서란산(娑里西蘭山, Soli-Silam, 현 스리랑카) ― 점빈국(占賓國, 안다만Andaman 제도) (여기까지 77주야) ― 이마라리산(伊痲羅里山, 현 미얀마 서단의 Negaris 일대) ― 고라국(古羅國, 말레이 반도 북부의 Kra 일대) (여기까지 61주야) ― 가팔산(加八山, 말레이시아 서부의 클랑Klang항 밖의 파생도巴生島 혹은 말레이시아 서부의 랑카위Langkawi섬) ― 점불로산(占不勞山, 말레이 반도 서남부의 습빌란Sembilan) ― 주보룡산(舟寶龍山, Tambrau, 싱가포르 해협 일대) ― 삼불제국(三佛齊國, Tambi-Palembang, 수마트라) (여기까지 71주야) ― 만산수구(蠻山水口, 싱가포르 이남의 링가Lingga

군도의 해협 혹은 인도네시아의 방카Bangka 해협 서부) ― 천축산(天竺山, 말레이 반도 동남해안의 아우르Aur섬 혹은 베트남의 콘도르Condore섬) ― 보두랑산(寶頭狼山, 베트남 판랑Phan Rang 남부의 파다란Padaran) (여기까지 18주야) ― 양산(羊山, 베트남 귀인歸仁 동남부의 갬비르Gambir섬) ― 구성산(九星山, 하이난섬海南島 동부의 칠주열도(七州列島 혹은 광둥廣東 주하이珠海 일대) ― 광저우의 비파주(琵琶州, 광저우 황포항黃埔港 서부 일대 혹은 홍콩 서북부의 둔문만屯門灣)(여기까지 20주야)로 이어지는 심해횡단로다. 전체 항해 소요시간은 247일(주야)이나 된다.

이상과 같은 해로의 전개 상황에 근거해 지금까지 학계에서는 해로의 동단(東端)을 중국의 동남해안으로 보는 것이 통설이었다. 즉 당대(唐代)에는 광저우와 양저우(揚州), 송대(宋代)에는 항저우(杭州)와 명주(明州), 취안저우(泉州)가 해로의 동단에 위치한 국제무역항이었고, 또한 그 이후 시기에도 그러한 상황은 대체로 변하지 않았기 때문에 이들 해안도시들을 포함한 중국 동남해안 일대를 해로의 동단으로 간주하였던 것이다. 그러나 중국 이동 지역인 한국이나 일본까지 서역 문물이 전파되고 대식(大食, 아랍)을 비롯한 서역 선박의 내항이 있었다는 사실을 감안한다면, 중국 동남해안에서 멈추지 않고 더 동진하여 한국이나 일본까지 연결되는 해로가 분명 있었던 것이다. 따라서 이 시기 해로(유라시아의 해로)의 동단을 한반도의 서해나 남해를 거쳐간 일본의 나라(奈良) 일원으로 추정하는 것이 타당할 것이다. 이상에서 고찰한 10세기 전후 해로의 전체 노정을 정리하면, 일본 나라 ― 한반도 남단 ― 중국 동남해안 ― 베트남 동해안 ― 자바 ― 수마트라 ― 말라카 해협 ― 니코바르 제도 ― 스리랑카 ― 인도 서해안 ― 페르시아만―바그다드―(육로) 콘스탄티노플(아나톨리아)―로마(혹은 페르시아만―남부 예멘―아프리카 동해안)의 순으로 연결되어 있었다.

13세기에는 유라시아를 아우르는 방대한 영토에 몽골제국(1206~1368)이 건립되면서 부진한 상태에 있던 오아시스로와 초원로가 활기를 되찾았다. 뿐만 아니라, 제국의 동남아 진출과 서아시아에 건립된 일 칸국과의 필수적인 연계, 그리고 해상무역에 대한 적극적인 의욕 등으로 인해 해로도 더욱 활발하게 이용되었다. 이러한 상황에서 동서간에는 많은 사절과 상인·종교인·여행가 등을 통한 인적 왕래가 끊이지 않고 지속되었다. 이 시기 해로에 관한 대표적인 기록으로는 마르코 폴로와 오도릭의 여행기를 들 수 있다. 마르코 폴로(Marco Polo)의 『동방견문록(東方見聞錄)』에는 귀향차 중국 취안저우(泉州)를 떠나서(1291) 이탈리아의 베네치아에 이르기까지(1295)의 항해 노정이 구체적으로 밝혀져 있다. 그 노정을 보면, 중국의 자동(刺桐, 泉州)(1291년 1월경)―(서남행) 해남도(海南島, Keinan)―참파(Champa, 베트남 중부)―형제도(兄弟島, Two Brothers)인 콘두르도(Condur, 베트남 동남해안 콘도르섬Condore)와 손두르도(Sondur, 현 베트남 동남해안의 Sudara)―로칵(Locac, 현 타이 남부의 롭부리Lopburi 일대)―(남행) 펜탄(Pentan, 싱가포르 해협 남부 혹은 인도네시아의 빈탄Bintan도)―(남행) 소(小)자바(Jaba Lesser, 현 수마트라도) (여기까지 3개월, 여기에서 5개월 체류)―(1291년 9월 북행) 네쿠베란도(Necuveran, 현 인도의 니코바르Nicobar 제도)와 안가만섬(Angaman, 현 인도의 안다만Andaman 제도)―(서행) 세일론(Seilon, 현 스리랑카)―(서행) 마아바르(Maabar, 현 인도 동남단의 마나르Manaar만 연안 일대)―(서남행) 코일룸(Coilum, 현 인도 서남해안의 퀼론Quilon)―(북행) 코마리(Comari, 현 인도 서남부의 코임바토르Coimbatore)―(북행) 멜리바르국(Melibar, 현 인도 서해안의 말라바르Malabar 해안)―타나(Tana, 현 인도 서북해안의 봄베이Bombay 북부)―캄바에트(Cambaet, 현 인도 서북해안의 캄베이Cambay만 일대)―세메나트(Semenat, 현 인도 서북해안의 솜나트Somnath)―케스마코란(Kesmacoran, 현 파키스탄의 카라치Karachi부터 이란의 Makran 해안까지의 일대)―호르무즈(Hormuz, 페르시아만 입구의 항구)까지 이어지는 바닷길이다. 소요시간은 총 2년 2개월이었다. 마르코 폴로는 호르무즈에서 내려 육로로 당시 일 칸국의 수도인 타우리스(Taurus, 현 타브리즈Tabriz)를 거쳐 계속 육로로 콘스탄티노플에 들른 후 배편으로 고향 베네치아에 귀향하였다. 이 여행기에는 그가 직접 항해한 것은 아니지만, 인도 서북해안에서 아프리카 동남해안까지의 해로를 다음과 같이 소개하고 있다. 그 항정은 케스마코란―(남행) 남·여(Male and Female) 2도(현 인도양 상의 래카다이브Laccadive 제도, 혹은 몰디브Maldives 제도)―소코트라(Socotra, 현 예멘 속령)―(남행) 모그다시오도(Mogdasio, 현 아프리카 동남단의 마다가스카르Madagascar)―(북행) 잔지바르도(Zanzibar, 현 탄자니아)―아바쉬(Abash, 현 에티오피아Ethiopia, 고명은 아비시니아Abyssinia)―(동북행) 아덴(Aden, 현 예멘의 아덴Aden)―에쉬에르(Eshier, 현 아덴의 동북부 해안의 Shir)―도파르(Dhofar, 현 아라비아 반도 남해안의 주파르Zufar)―호르무즈(Hormuz)로 연결되는 바닷길이다.

마르코 폴로보다 약 30년 후에 그와는 반대 방향으로 호르무즈에서 중국 명주(明州)까지 해로를 따라 여행한 이탈리아의 프란체스코 수도회(Fransiscans)의 선교사 오도릭(Odoric de Pordenone, 1265?~1331)도 여행기 『동방기행』(*The Eastern Parts of the World Described*)에서 그가 경유한 해로를 기술하고 있는데, 그 노정은 마르코 폴로의 노정과 대체로 일치한다. 즉, 호르무즈(Hormuz, 1321년 여름)—(28일간) 타나(Tana)—(남하) 미니바르(Minibar, 말라바르Malabar 해안의 망갈로르Mangalore 일대)—프란드리나(Frendrina, 현 캘리컷Calicut 북부의 Pandalayini)—킨길린(Cyngilin, 현 코친Cochin 혹은 크랑가노르Cranganor)—폴룸붐(Polumbum, 혹은 콜룸붐Columbum, 현 퀼론Quilon)—모바르(인도 동남단)—실란(Sillan, 현 스리랑카)—니코베란(Nicoveran, 현 니코바르Nicobar 제도)—라모리(Lamori, 현 수마트라 북단)—(남행) 수몰트라(Sumoltra, 현 록스마웨Lhokseumawe 일대)—(남행) 레센고(Resengo, 현 소순다Lesser Sunda나 순다Sunda 해협 일대)—펜탄(Pentan)—잠파(Zampa, 베트남의 참파Champa)—만지(Manzi, 蠻子, 중국 남방)의 센스칼란(Censcalan, 현 광저우)—자이톤(Zayton, 자동刺桐, 현 취안저우泉州)—푸조(현 푸저우福州)—벨사(Belsa, 백사白沙 저장성浙江省 원저우溫州나 리수이麗水 일대)—칸사이(Cansay, 경재京在, 현 항저우杭州)—(6일간) 칠렌푸(Chilenfu, 금릉부金陵府, 현 난징南京)—얌자이(Iamzai, 양저우揚州)—멘주(Menzu, 명주明州)로 이어지는 바닷길이다. 오도릭이 페르시아만의 호르무즈에서부터 중국의 명주까지 항해하는 데 소요된 시간을 구체적으로 밝힌 바는 없으나, 그가 1321년 여름에 호르무즈를 떠난 후 1322년부터 중국에 머물렀다는 사실을 감안하면, 항해 소요시간은 적어도 6개월 이상이었다고 추산할 수 있다.

대항해시대의 해로(15~17C) 15세기에 접어들면서 동양이나 서양에서는 해로에 대한 새로운 관심이 대두하였다. 중국에서 몽골의 외족통치를 전복하고 출현한 명조(明朝, 1368~1644)는 건국 초기 왕조의 기반을 다지고, 특히 당시 동남해 연안에서 창궐한 왜구(倭寇)의 소요를 제압하기 위해 쇄국적인 해금(海禁) 정책을 실시하였다. 그 결과 해외무역이 쇠퇴하고 전통적인 대외 조공 관계가 약화되면서 '천조상국(天朝上國)'을 표방한 명조의 국제적 위상이 추락되기 시작하였다. 이러한 추락상을 감지한 성조(成祖)는 등극(1402)하자마자 동남아시아 각국에 사신을 파견하고 푸젠(福建)·저장(浙江)·광둥(廣東) 등 연해지역에 시박제거사(市舶提擧司)를 설치하는 등 조치를 강구하면서 해금을 완화하고 해외 진출을 권장하였다. 그 결과 정화(鄭和)의 7차에 걸친 '하서양(下西洋)'(1405년 10월~1433년 7월)과 같은 파천황(破天荒)적인 해상 진출이 있게 되었다. 한편 서방에서는 14세기에 발달한 르네상스를 계기로 근대적인 경제 문화의 맹아가 싹트면서 물산, 특히 동방 물산에 대한 수요가 급증하였다. 이즈음에 서양인들은 십자군 동정(東征)과 몽골제국 시대에 서구인들(여행가·선교사·상인들)이 남긴 동방 관련 기록을 통해 물산이 풍족한 동방의 실상을 알게 되었다. 이것은 동방 진출에 대한 그들의 호기심을 자극하였다. 그러나 당시 동서교통은 육로든 해로든 모두가 아랍인과 신흥 투르크인들에 의해 저지당하였다. 그리하여 그들은 동방 진출의 새로운 항해로를 모색하는 데 진력하였고, 급기야 '지리상의 발견'에 따른 새 항로가 개척되었다. 정화의 '하서양'과 더불어 이러한 '지리상의 발견'에 의해 개척·이용된 항로는 새로운 번영기를 맞은 당대(當代) 해로의 전개 상황을 여실히 보여준다. 중국 명대의 흠차총병태감(欽差總兵太監, 세칭 삼보三寶 혹은 三保) 정화(鄭和, 1371~1435)는 28년 동안 모두 7차에 걸쳐 중국에서부터 동아프리카 연안까지 이르는 해로를 왕복하면서 30여 개국을 역방하였다.

이른바 이 7차의 '하서양(下西洋)' 중에서 가장 멀리까지 항해한 제7차(1431~1433, 참가 인원 총 2만 7,550명)의 왕복 항정을 『정화항해도(鄭和航海圖)』와 축윤명(祝允明)의 『전문기·하서양(前聞記下西洋)』의 기술에 근거해 살펴보면 다음과 같다. 즉, 용만(龍灣, 난징南京 소재, 1430년 윤12월 6일 출항)—(12월 10일) 서산(徐山)—(12월 20일) 부자문(附子門)—(12월 21일) 유가항(劉家港)—(1431년 2월 26일) 장락항(長樂港)—(11월 12일) 복두산(福斗山)—(12월 9일) 오호문(五虎門)—(12월 24일) 점성(占城, 참파 Champa, 현 베트남 중부)—(1432년 2월 6일) 과와(瓜蛙, 자바 Java)—(6월 27일) 구항(舊港, 현 팔렘방Palembang)—(7월 8일) 만랄가(滿剌加, 말라카Malacca)—(8월 18일) 소문답랄(蘇門答剌, 수마트라Sumatra, Samudra)—(11월 6일) 석란산(錫蘭山, 실론Ceylon, 현 스리랑카)—(11월 18일) 고리국(古里國, 캘리컷Calicut, 인도 서남해안)—(12월 26일) 홀로모사(忽魯謨斯, 호르

무즈Hormuz)—(1433년 2월 18일 호르무즈에서 회항)—(3월 11일) 고리국—(4월 6일) 소문답랄—(4월 20일) 만랄가—(5월 10일) 곤륜양(崑崙洋, 인도차이나 반도 남단)—(5월 23일) 적감(赤坎)—(5월 26일) 점성—(6월 3일) 외라산(外羅山)—(6월 14일) 기두양(崎頭洋)—(6월 15일) 완설서(碗碟嶼)—(6월 21일) 태창(太倉, 양쯔강揚子江 하구)—(7월 6일) 난징으로 이어지는 바닷길이다. 이 항로에서 보면 난징에서 호르무즈까지 가는 데 2년(1430년 12월 6일~1432년 12월 26일)이 걸리고, 회항에는 약 5개월(1433년 2월 18일~7월 6일)이 소요되었다. 한편 규모가 방대한 정화 휘하의 선단(船團)은 대종(大艨)과 소종(小艨)의 두 편대로 나뉘어 행동하였다. 대종은 전체 선단이고, 소종은 대종에서 분견(分遣)되는 분선대(分船隊)다. 대종은 주요 간선에서 항해하다가 특정한 항구에 도착하면 거기서 소종, 즉 분선대를 각지에 파견한다. 분선대는 활동을 마친 후 다시 분견지(分遣地)에 돌아와서 여러 분선대와 합류, 대종을 이루어 회항한다. 전술한 제7차 '하서양' 경우에는 대종이 고리(古

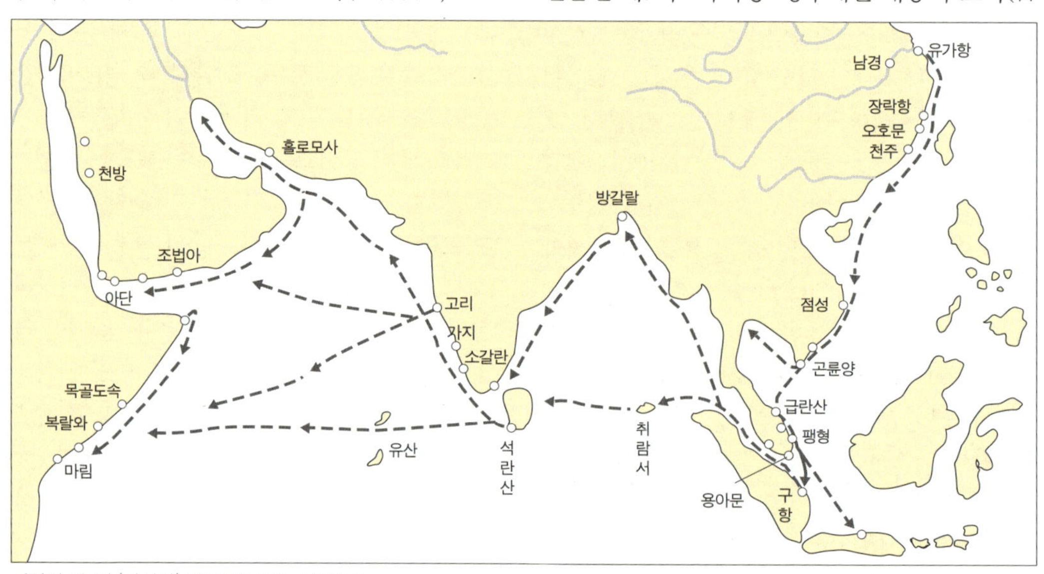

정화의 제7차 '하서양' 항로도(1431~1433년)

里, 인도 서남해안의 현 캘리컷(Calicut)까지 항해하는데, 도중 여러 곳에 파견된 소종이 동남아시아·서아시아·동아프리카의 각지에서 활동하다가 다시 고리를 비롯한 분견지에 집결한 후 대종선단을 이루어 회항길에 올랐다.

정화의 '하서양'은 15세기 말 콜럼버스나 다 가마의 항해보다 시간적으로 반세기나 앞섰을 뿐만 아니라, 선단의 규모나 선박의 구조 면에서 그들과 비교가 되지 않을 정도로 월등하였다. 제1·3·4·7차 출항시 매 선단의 승선 인원은 2만 7천여 명이나 되고, 매 출동 선박은 대소 선박 200여 척이었다. 선박 중에서 가장 큰 것이 '보선(寶船)'인데, 매번 20~30척의 보선이 참가하였다. 보선의 길이는 44장 4척(현 41장 4척, 약 138m)이고, 너비는 18장(현 16장 8척, 약 56m)이며, 적재량은 약 1,500톤으로 1천명이 승선할 수 있었다. 9주(柱)의 돛대에 12장의 대형 돛을 단 대범선이었다. 이에 비해 1492년에 대서양을 횡단한 콜럼버스의 선단은 고작 3척의 경범선(輕帆船)에 선원이 90명에 불과했으며, 기함(旗艦)의 적재량은 250톤이었다. 1498년 인도 항해에 나선 다 가마의 선단도 4척의 소범선에 승선 인원 160명이었으며, 25m도 채 안되는 전장(全長)에 기함의 적재량은 120톤에 불과하였다. 정화보다 약 100년 후에 환지구(環地球) 항해를 단행한 마젤란 선단의 경우에도 5척의 소범선에 265명이 승선하였다. 적재량을 보면 5척 중 2척은 각각 130톤, 2척은 90톤, 1척은 60톤이었다.

유럽에서 15~16세기는 이른바 '지리상의 발견'이라고도 하는 '대항해시대'다. 이 시대에 유럽 항해가들에 의해 인도 항로가 열리고, 대서양 횡단로의 개척과 더불어 아메리카 대륙(이른바 '신대륙')이 '발견'되었으며, 사상 초유의 환지구적 항해도 실현되었다. 그리하여 해로는 종전의 구대륙, 즉 유라시아와 아프리카

를 동서로 연결하던 한정된 해로로부터 '신대륙', 즉 아메리카 대륙까지를 망라하는 환지구적인 해로로 확대되었다. 따라서 해로는 새로운 번영기에 진입하였다. 유럽에서의 대항해시대는 포르투갈의 항해 왕자 엔히크(Henrique, Henry the Navigator, 1394~1460)가 아프리카 서해안에서 진행한 항로 탐험으로 그 막이 올랐다. 여러 항해 장비와 항해 기술자들로 이루어진 엔히크 탐험대는 아프리카의 서해안을 남하해 인도에 이르는 새로운 항로를 개척하는 과정에서 포르토 산투도(Porto Santo, 1418)와 마데이라(Madeira) 군도(1420), 아조레스(Azores) 군도(1431), 베르데 곶(Cape Verde) 군도(1456) 등을 발견하고 사금(沙金)과 노예 등을 약탈해 본국으로 운반하였다. 엔히크가 사망한 지 얼마 되지 않아 탐험대는 시에라 리온(Sierra Leone)을 지나(1462) 적도를 넘었다(1471). 그후 탐험은 일시 중단되었다가 역시 포르투갈의 항해가인 디아스(Bartholomeu Diaz, 1450?~1500)에 의해 재개되었다. 그가 이끄는 3척의 범선이 1488년에 드디어 아프리카의 최남단에 도착하였다. 그는 심한 폭풍우 끝에 발견하였기 때문에 이곳을 '폭풍의 곶'(Cape of Storms)이라고 명명하였는데, 디아스의 보고를 들은 국왕은 '희망봉(希望峰)'(Cape of Good Hope)이라고 개명하였다. 이러한 선인들의 탐험 성과를 기반으로 포르투갈의 항해가인 바스쿠 다 가마(Vasco da Gama, 1469~1524)는 국왕의 하명을 받고 1497년 7월에 4척의 범선을 이끌고 이미 개척한 항로를 따라 아프리카 서해안을 남하하였다. 그는 적도의 무풍지대를 피해 육지에서 멀리 떨어진 심해를 항해해 희망봉을 우회한 후 아프리카의 동해안을 따라 북상하였다. 1498년 4월에 케냐의 말린디(Malindi)에 도착해 아랍 항해가 이븐 마지드(Ibn Majid)의 안내하에 그해 5월 20일, 출항

10개월 만에 드디어 인도 서해안에 있는 캘리컷에 종착하였다. 이로써 그는 유럽에서 아프리카 남단을 돌아 인도로 직행하는 이른바 '인도 항로'의 개척자가 되었다. 그는 60배의 이익을 남긴 후추와 육계(肉桂) 등 향료를 싣고 다음해에 리스본으로 귀향하였다. 그가 새로운 항로에서 보낸 시간은 2년이 넘었으며(그중 해상에서 약 300일간), 항해 중 3분의 1 이상의 선원을 잃었다. 다 가마에 의한 '인도 항로'의 개척은 서세동점(西勢東漸)의 효시였다. 그후 다 가마는 두 차례(1502~1503, 1524)나 다시 인도를 찾았다.

포르투갈 항해가들이 한창 '인도 항로'를 개척하고 있을 때, 이탈리아 항해가 콜럼버스는 대서양을 횡단해 '신대륙'(아메리카)을 '발견'함으로써 유럽의 대항해 시대를 빛나게 장식하였으며, 그 결과 해로의 서단(西端)은 지중해에서 대서양으로 확대·연장되었다. 이탈리아 제노바(Genova) 출신의 콜럼버스(Cristoforo Colombo, 1451~1506)는 1476년 포르투갈에 이주하였다. 지구가 둥글다는 설을 믿고 대서양으로 서항(西航)하면 인도나 중국에 도착할 것이라고 생각한 그는 포르투갈 국왕에게 이 서항을 건의했으나 거절당하였다. 1485년에 에스파냐로 이주한 콜럼버스의 서항 계획은 이사벨 여왕(Isabel I, 1451~1504)과 페르난도 2세(Fernando II, 1452~1516)의 지지를 얻었다. 이에 고무된 그는 1492년 8월 3일 3척의 범선에 약 90명의 선원을 태우고 스페인의 서남항 팔로스(Palos)를 출항하였다. 같은 해 10월 12일 바하마 군도(Bahama Islands)의 어느 한 섬에 도착하였는데, 그는 이 섬을 '산 살바도르(San Salvador, '성스러운 구세주'란 뜻)'라 이름지었다. 이어서 쿠바(Cuba)와 아이티(Haiti) 등의 섬에도 들렀다. 그후에도 그는 세 차례(1493, 1498, 1502)에 걸쳐 같은 항로를 따라 자메이카(Jamaica)·

푸에르토 리코(Puerto Rico) 등의 제도(諸島)와 중미·남미의 연해 일대를 항해하였다. 당시 콜럼버스는 금은보화나 향료 대신 모기만 있는 곳을 발견했다고 해서 '모기제독'(Admiral of Mosquitoes)이란 별명이 붙었는데, 자신이 도착한 곳이 실제로 인도의 어느 지방이라고 착각하여 향료와 황금을 찾았으나 허사였다. 그는 그곳을 '인도 땅'이라고 믿었기 때문에 현지인들을 '인디언'으로, 바하마 등의 여러 섬을 '서인도 제도'라고 지칭하였다. 콜럼버스의 대서양 횡단은 인도로 가는 항로 탐험을 크게 자극하였다. 영국에 이주한 베네치아 출신의 캐벗(John Cabot, 1450~1498?)은 1496년에 헨리 7세의 후원을 받아 대서양을 건너 지금의 캐나다 동해안에 이르렀다. 그에 이어 이탈리아 피렌체(Firenze) 출신의 아메리고 베스푸치(Amerigo Vespucci, 1454?~1512)는 1499~1504년 기간에 세번이나 콜럼버스가 '발견'한 중남미 일원을 탐험한 끝에 이곳이 유럽인에게는 미지의 '신세계'(the New World)라는 견해를 발표하였다. 그 결과 유럽인들은 이 신대륙을 이른바 최초의 '발견자'인 콜럼버스는 무시하고 아메리고의 이름을 따라 '아메리카'(America)라고 명명하게 되었다.

독일의 지리학자 발트제뮐러(Martin Waldseemüller)는 1507년에 간행한 세계지도에서 유럽과 아시아 사이에 기다란 육지를 하나 그려넣고는 이를 '아메리카'라고 명기하였다. 1517년에 에스파냐로 이주한 포르투갈의 항해가 마젤란(Ferdinand Magellan, 1480?~1521)은 에스파냐 왕의 명령에 따라 1519년 9월 20일 5척의 범선과 265명의 선원을 인솔하고 세비야(Sevilla)를 출항하였다. 그는 그간의 탐험기록을 검토해본 결과 남미의 남단을 돌아 인도로 가는 항로가 있을 것이라고 추단하였다. 그는 대서양을 횡단해 남미의 브라질 연안을 따라 남하해 남미의 남단과 푸에고섬(Tierra del Fuego) 사이의 해협(후일 마젤란 해협the Strait of Magellan이라 명명)을 지나 태평양에 진입하였다. 난항에 난항을 거듭한 끝에 이 해협을 통과해 태평양에 들어서니 바다는 의외로 평온하고 넓었다. 그는 이 평온한 데서 영감을 얻어 이 바다를 '태평양(太平洋)'(the Pacific Ocean)이라 이름지었다. 그는 현 인도네시아 동부 태평양 상에 있는 말루쿠 제도(Maluku Islands)를 목표로 삼고 계속 서행하다가 1521년 3월 우연히 필리핀에 도착하였는데, 토착민과의 싸움에서 40명을 잃고 자신도 전사하였다. 잔존 인원은 델 카노(Sebastian del Cano)의 지휘하에 2척의 배에 나누어 타고 말루쿠 제도의 티도레(Tidore)에 당도하였다. 여기서 향료를 실은 한 척은 태평양으로 동항(東航)하다가 포르투갈인들에게 나포되었지만 카노가 이끈 다른 한 척(빅토리아호)은 서항해 인도양을 횡단, 아프리카 남단의 희망봉을 거쳐 1522년에 마침내 에스파냐로 회항하였다. 결국 마젤란은 도중에서 낙오하였지만, 그가 발족한 선단은 대서양 → 태평양 → 인도양 → 대서양으로 이어지는 사상 초유의 환지구적 항해를 실현하였다.

이같이 15~16세기의 이른바 '대항해시대'를 거치면서 해로는 구세계와 '신세계'를 망라하는 환지국적 바닷길로 확대·연장되었다. 이 길을 따라 서세(西勢)의 동점(東漸)과 서점(西漸)이 동시에 진행되었다. 1510년 인도의 고아(Goa)에 대한 포르투갈의 강점을 시발로 18세기 말에 이르기까지 포르투갈에 이어 에스파냐와 네덜란드, 그뒤로는 영국과 프랑스 등 서방국가들의 식민지 개척과 경영은 다만 동방뿐 아니라, 새로 '발견'된 '신대륙'에 대해서도 마찬가지였다. 특히 에스파냐는 멕시코를 비롯한 중·남미 나라들을 식민지로 만들고, 그 경영을 위해

대서양 횡단해로를 적극 이용하였다. 이렇게 근대에 와서 식민지화라는 서세의 물결을 타고 전개된 환지구적 해로는 동서간에 새로운 교역과 교류 관계를 형성하는 데서 가교적 역할을 수행하였다. 이 시기의 해로는 주로 해외 식민지 구축과 해외교역에 국운을 걸고 경쟁을 벌이던 서방 제국과 그 상대역인 동방 및 '신대륙' 간을 연결하는 바닷길이었다. 여기서 특기할 것은 그 일환으로 동방과 '신대륙' 간의 새로운 항로가 개척된 사실이다. 16세기에 멕시코와 페루 등 중남미 지역과 더불어 동방에 진출해 필리핀 군도를 강점(1571)함으로써 유럽 최초의 광대한 식민제국을 건립한 에스파냐는 필리핀의 마닐라항을 중간 기착지와 중계 무역지로 삼아 중국과 이른바 '대범선무역(大帆船貿易)'을 진행하였다. 에스파냐 상인들은 주로 페루산 백은(白銀, 16세기 말 전 세계 산량의 60% 이상)을 배에 싣고 필리핀에 기착해, 그곳에 반입된 중국산 견직물이나 도자기와 교역한다든가, 중국 동남해안의 장저우(漳州)나 취안저우(泉州)·광저우(廣州) 등지에 와서 직접 교역하기도 하였다. 이 시기 중국과 중남미 간에 태평양을 횡단해 대범선무역이 진행된 이 항로를 '태평양 비단길', 혹은 '백은의 길'이라고도 한다. 이 '태평양 비단길'을 통해 중국의 견직물이 중남미로 대거 수출되었다. 이상과 같은 해로의 전개 과정을 통관하면 기원전 8세기부터 기원후 7세기까지의 약 1,500년간은 해로의 개척기라고 볼 수 있다.

해로의 특성 해로는 그 전개나 이용 과정에서 초원로나 오아시스로와는 다른 일련의 특성을 보여주고 있다. 그 특성은 우선 변화성(變化性)이다. 초원로나 오아시스로는 자연환경의 제약성 때문에 노정이 거의 불변하거나, 변하더라도 그 차이가 크지 않았다. 이에 반해 해로는 조선술과 항해술의 발달, 그리고 교역의 증진에 따라 노정

이 끊임없이 확대·변화하였으며, 그 이용도 특별한 기복이나 우여곡절이 없이 줄곧 증가 추세를 보여왔다. 다음으로 그 특성은 범지구성(汎地球性)이다. 초원로나 오아시스로는 주로 유라시아 대륙(구대륙)에 국한되어 지리적으로나 교류 측면에서 국부적인 기능밖에 수행할 수 없었다. 이에 비해 해로는 모든 면에서 구세계와 '신세계'를 두루 포괄하는 명실상부한 범지구적 교류 통로로 기능하고 있다. 그 특성은 끝으로 항구성(恒久性)이다. 초원로나 오아시스로는 대체로 고대에서 중세까지만 문명교류의 통로로 이용되었고, 근대문명에 의한 교통수단이나 날로 활성화되는 해로에 밀려 불가피하게 쇠퇴기를 맞게 되었다. 그러나 이와는 달리 해로는 고대와 중세는 물론, 근세와 현세, 나아가 미래까지도 존속하면서 문명교류 통로로서의 본연의 역할을 수행할 것이다.

『해록(海錄)』 謝淸高 저, 1820년

교류의 문헌적 전거로서의 여행문학서. 저자 사청고(謝淸高, 1765~1821)는 중국 가응주(嘉應州, 현 광둥성 메이저우梅州) 출신의 상인으로 18세 때 번박(蕃舶, 포르투갈이나 영국 선박)을 따라 14년간 해상교역에 종사하던 중 실명(失明)하자 중단하고 마카오에 정주하였다. 그때 그는 동향인(同鄕人) 양병남(楊炳南)에게 해외에서 듣고 본 것을 이야기했는데, 양병남이 그것을 써서 출간한 것이 바로 이 책이다. 이 책은 동남아시아에서 유럽의 포르투갈과 영국에 이르는 항로와 연해 각지의 지리적 위치·풍속·물산·풍토 등을 상술하고 있다. 이 책은 모두 97개 국가와 지역에 관해 기술하고 있는데, 인도양 지역에 관한 기술이 가장 상세하며, 동시대인들의 저작들에는 언급이 없는 아메리카 대륙까지 언급하고 있다. 미리간국(咩哩干國, 미국)과 아미리격(亞咩哩隔, 남미주) 조에는 미국과 남미 각주에 관해 간략하게나마 기술하고, 영국에서 북미까지, 아프리카 남단의 희망봉에서 남미주와 미국까지 중국 선박이 항해하는 항로를 소개하고 있다. 이것은 중국인에 의해 이루어진 것으로는 최초의 기록이다. 물론 저자가 문맹인데다가 후일 맹인까지 되다 보니 외국 지명의 표기라든가 내용에서 일부 모호하거나 비사실적인 것이 있기는 하나 여러 면에서 최초라는 의미를 가진다. 이 책의 초본은 『해외번이록(海外蕃夷錄)』에 수록되었으며, 1937년에 출간된 중국 학자 풍승균(馮承鈞)의 고정주해본(考訂註解本)은 현재 통용되는 간본(刊本)이다.

『해상패권을 논함』 *A Regiment for the Sea*, William Bourne, 1573년

윌리엄 본(William Bourne)이 1573년에 지은 책으로, 영국에서 중국까지 통할 수 있는 길을 다섯 갈래로 나누어 설명하고 있다. 그 다섯 갈래 길은 포르투갈이 독점하고 있는 아프리카 남단의 희망봉(希望峰) 항로, 에스파냐가 독점하고 있는 남미 남단의 마젤란 해협 항로, 북미(北美)를 통과하는 서북 항로, 러시아를 통과하는 동북 항로, 북극을 통과하는 북극 항로다. 그중 서북 항로에 기대를 걸었던 런던 상인들은 1576년에 '중국회사'를 결성해 항로 개척을 위한 탐험대를 파견하였으나, 성공하지 못하였다.

『해약본초(海藥本草)』 6권, 李珣 저, 10세기

교류의 문헌적 전거로서의 학문 연구서(약제). 중국 오대(五代) 때(907~959) 페르시아인의 후예인 이순(李珣)이 저술한 이 책은 63종의 해산물(海産物) 약방을 자세히 수록하고 있다. 이 해물들은 페르시아와 아랍·로마·인도·베트남 등지에서 치료에 사용되는 약제들이다.

해양학 海洋學

해양학은 육지나 우주공간에 대비되는 해양에 관한 일체의 연구를 망라한다. 해양학은 인문해양과학과 자연해양과학으로 나눌 수 있는데, 좁은 의미에서는 후자를 말한다. 해양학의 전제는 해양 탐험이다. 그 역사는 19세기에 시작되었다. 19세기에 이르자 각국은 해양조사선(海洋調査船)과 임해실험소(臨海實驗所)를 중심으로 연구를 진척시켰다. 조직적이며 과학적인 연구는 1872년에서 1876년 사이에 영국의 챌린저 6세호(世號)에 의해 시작되었다. 세계 일주에 나선 챌린저호는 증기선으로는 처음으로 남극권을 돌파하였다. 이것이 해양연구의 제1기다. 제2기는 1925년에 시작되었는데, 이 해에 독일의 군함을 개조한 메디올호의 해양 관측은 종래의 탐험형적 관측에서 정형화된 관측으로 전환하는 계기가 되었다. 그리하여 해양 현상을 파악하는 데 있어 현상의 공간적 구조와 시간적 경과를 동시에 추구할 수 있게 되었다. 이제 실험형 연구 시대를 맞아 가설·관측·해석·이론검증·현상예측의 시대에 들어서면서 해양자연과학은 해양물리학·해양화학·해양생물학·해양지질학·수중고고학 등으로 세분화되었다. 수중고고학은 해양 탐험의 정신과 해양학의 과학화와 기술화를 추구하고 있다. (9-125)

『해체신서(解體新書)』 杉田玄白 등 역, 1773년

일본 에도시대의 번역 의학서이며, 일본 최초의 서양 책 완역본이다. 이 책은 39세의 젊은 의사인 스기타 겐파쿠(杉田玄白)를 번역 총책으로 해서 독일 쿨무스(J. A. Kulmus)의 『해부도보(解剖圖譜)』(Anatomische Tabellen)란 책의 네덜란드어 판인 Ontleedkundige Tafelen을 일본어로 중역한 것이다. 번역은 1년 10개월이 걸려 1773년 초에 완성되었다. 문체는 일본 한문체이며, 번역 과정에서 신경·연골·동맥 등 적잖은 의학 전문용어들을 한자로 새롭게 고쳤다.

『해천추범(海天秋帆)』 閔泳煥 저, 한말

교류의 문헌적 전거로서의 시베리아 초원로 기행문. 민영환(閔泳煥, 1861~1905)은 1896년 특명전권공사로 임명되어 러시아 황제 니콜라이 2세의 대관식에 참석차 고국을 떠난다. 윤치호(尹致昊) 등 일행 네 명으로 구성된 사절단은 중국과 일본, 캐나다와 미국을 경유해 영국과 아일랜드, 네덜란드, 독일, 폴란드 등 10개 나라를 지나는 먼 길을 에돌아 출발 6개월 21일, 총 204일 만에 목적지 러시아에 도착한다. 귀국할 때는 착공한 지 5년밖에 안 되는 초기의 시베리아 횡단철도의 부설 현장을 직접 목격하고 체험하면서, 때로는 갓 시동한 기차를 타고 이 길의 연로(沿路)를 따른다. 한국 역사상 최초의 세계 일주이자 최초의 시베리아 횡단철도 이용자다. 이 대장정의 기록을 담은 기행문이 바로 그의 『해천추범』이다.

'해천추범'이란 '넓은 세상을 향해 나아가다'라는 뜻으로, 이런 뜻을 책 제목으로 택한 데는 조선의 근대화를 위해 부심했던 민영환의 사색과 고민이 배어 있다. 그는 8월 20일 마차를 타고 모스크바를 떠나 10월 10일 기차로 블라디보스토크에 도착한다. 장장 50일간의 긴 여행이다.

모스크바에서 러시아 관원들을 만나는 민영환(앞줄 가운데)

민영환의 세계일주도(1896. 4. 1~10. 21)

일기체로 쓴 그의 기행문에는 총 83구간의 구간 사이 거리와 지명이 놀라울 정도로 상세하게 기록되어 있다. 대부분 노정은 마차를 타고, 강은 배로 건너며, 단 세 구간만 기차를 이용한다. 그들의 여행은 한마디로 고행이다. "길은 험하고 질척거려 차가 매우 흔들리니 사람은 피곤하고 말은 기운이 빠졌다"고 기록할 정도로 수십일간 풍찬노숙(風餐露宿)하니, 그 괴로움과 번민은 이루 헤아릴 수가 없었다. 기차라고 잡아탔는데 바퀴가 훼손되어 "나아감이 매우 느려서" 주야에 겨우 314리(약 126km)를 달렸다.

나라의 근대화에 부심하던 민영환은 고행 속에서도 러시아의 근대화에 큰 관심을 가지고 곳곳에서 근대적 공장과 시설들을 찾아가 관찰하고 탐문한다. 이러한 고행을 그나마 극복할 수 있었던 것은 오로지 '황령(皇靈, 황제의 영험)의 도우심' 때문이라고 하면서, 그 은전을 오매불망한다. 대행황후(大行皇后, 명성황후)의 기신(忌辰, 망자의 생전 생일) 새벽에는 선방(船房)에 태극기를 걸어놓고 향을 피우며 공복(公服)을 입고 동녘을 향해 네 번 절하고 나서는 서로 마주

보며 감회의 눈물을 흘린다. 극동 지역에서 만난 교포 유민들에게는 고국을 잊지 말라고 신신당부하며, 현지 러시아 관찰사를 찾아가서 그들을 보호해달라는 청을 한다. 철저한 국가관의 발현이며 애국애족의 충정이다. 현장을 실사구시하게 기록한 『해천추범』은 역사적 기록물로도 그 가치가 높다. 일례로 노보시비르스크의 오비강을 가로지르는 철교의 건설 연대 문제에 정답을 주고 있다. 러시아 기록물을 비롯해 지금까지의 통설로는 이 철교가 1893년에 건설된 것으로 전해오고 있다. 그러나 이 기행문에서는 그것을 오인(誤認)으로 수정하고 있다. 민영환은 정확하게 1896년 9월 1일 오비 강가에 이르렀을 때 마침 철교를 놓는 중이라서 기차에서 내려 배를 타고 강을 건넜다고 기술하고 있다. 그렇다면 오비강 철교의 부설 일시는 1893년이 아니라 1896년 이후의 어느 시점일 것이다. 생생한 현장 기록이라서 신빙성이 있다.

행적 行寂, 832~916년

신라의 견당(遣唐) 유학승(留學僧). 속성(俗姓)은

최씨(崔氏)이며, 어려서 출가해 855년 복천사(福泉寺) 계단(戒壇)에서 구족계(具足戒)를 받았다. 이어 굴산(堀山)의 통효대사(通曉大師) 범일(梵日)에게서 선(禪)을 배웠다. 870년 견당사를 따라 장안에 가서 칙명에 따라 좌가보당사(左街寶堂寺) 공작자원(孔雀子院)에 주석하면서 의종(懿宗)의 탄신일에 초청되어 의종으로부터 문안을 받았다. 이어 오대산(五臺山)의 문수보살을 예배하고 남쪽으로 청두(成都)에 이르러 정중사(靜衆寺) 무상대사(無相大師)의 영당(影堂)을 순례하고 나서 담주(潭州, 후난성湖南省 창사長沙)로 가서 석상경서(石霜慶緖) 선사(禪師)를 사사하였다. 형악(衡岳, 후난성)과 조계(曹溪, 광둥성 곡강曲江)를 순방하고 885년에 귀국하였다. 귀국 후 굴산의 범일을 예방하고, 894년에 수도에 와서 석남산사(石南山寺)에 주석하다가 916년 2월 향년 85세에 입적하였다. 낭공대사(朗空大師)의 시호가 내려졌다. (8-153)

향료 香料, spices, perfumery

향료(香料, spicery, Cpicery: 식품용, perfumery: 화장품용)란 한마디로 향내를 내는 물질을 통칭한다. 그러한 물질에는 연기를 피워 향내를 내는 향목(香木)이나 수지(樹脂, 나뭇진)가 있는가 하면, 뿌려서 향내를 발산하는 향수(香水)가 있고, 또 음식에 섞어서 맛을 돋우는 향신료(香辛料, 혹은 조미료調味料) 등 여러가지가 있다. 다종다양한 향료는 출처나 용도에 따라 몇가지로 구분한다. 우선 출처에 따라 분류하면, 첫째는 식물에서 채취하는 식물성 향료, 둘째는 동물에서 채취하는 동물성 향료, 셋째는 화학적 방법에 의해 제조하는 인조합성 향료가 있다. 이 세가지 종류 가운데서 가장 많이 쓰이는 것이 식물성 향료인데, 주산지는 동남아시아와 인도·아랍 등 열대아시아 지역이다. 각종 식물성 향료는 식물에

음식에 사용되는 향신료인 후추

서의 채집 부위가 각각 다르다. 부위별 식물성 향료와 그 주산지를 밝히면 다음과 같다. ① 꽃 향료: 장미(불가리아·이란)·재스민(인도·이란·남프랑스)·종퀼(jonquil)·수선(水仙)·히아신스·바이올렛·쥬로스·헬리오트로프·귤꽃(이상 주로 남프랑스)·이란(필리핀·자바). ② 꽃과 잎 향료: 라벤더(남프랑스·영국)·박하(일본·중국·북미·영국)·로즈메리(남프랑스·에스파냐)·제충국(除蟲菊, 일본). ③ 잎과 줄기 향료: 레몬클리스(인도·동남아)·시트로넬라(인도·동남아·대만)·유칼립투스(오스트레일리아)·시나몬(스리랑카)·흑문자(黑文字, 일본)·제라늄(알제리)·파출리(말레이시아). ④ 나무껍질 향료: 카시아(남중국)·시더(북미)·단향(檀香, 자바·수마트라)·장뇌(樟腦, 중국·일본)·삼(杉)나무와 전나무(회檜, 일본). ⑤ 뿌리와 땅속줄기 향료: 베치파(자바·인도)·오리스(남프랑스·이탈리아)·생강(生薑, 인도). ⑥ 과피(果皮) 향료: 베르가모트(북아메리카)·레몬·오렌지(이탈리아·지중해 연안). ⑦ 종자 향료: 아니스(남중국)·후추(호초胡椒, 인도·자바)·바닐라(남미·동남아)·육두구(肉豆蔲, 동남아). ⑧ 꽃봉오리 향료: 정자(丁字, 일명 정향丁香, 동남아·아프리카·마다가스카르) ⑨ 수지(樹脂) 향료: 유향(乳香)·몰약(沒藥, 아랍·소말리아)·안식향(安息香, 동남아)·용뇌(龍腦, 자바·수마트라)·소합향(蘇合香, 터키)·페루발삼(남미)·라타남(남유럽).

동물성 향료는 종류가 많지 않다. 출처에 따라 생식선 분비물 향료와 병적(病的) 결석(結石)에 의한 향료 두 가지로 나뉘는데, 그 종류와 주산지는 다음과 같다. ① 동물의 생식선(生殖腺) 분비물 향료: 사향(麝香, 중국 윈난·미얀마·히말라

야)·시베트(에티오피아)·해리향(海狸香, 북미). ② 동물의 병적 결석 향료: 용연향(龍涎香, 인도 양·태평양). 지금 사향과 용연향은 채취가 어려 워 인조 향료로 대체하며, 해리향은 거의 자취를 감추었다. 화학적 방법에 의해 제조되는 인조합 성 향료도 교역품이기는 하지만, 예로부터 실크 로드를 통해 진행된 동서 향료 교역에서 취급된 향료는 이런 향료가 아니라 천연향료, 그중에서 도 특히 식물성 향료였다. 따라서 향료 교류라고 할 때는 주로 식물성 향료의 교류를 뜻한다.

향료는 용도에 따라 분향료(焚香料, incense)· 화장료(化粧料, cosmetics)·향신료(香辛料, spices) 세 종류로 나뉜다. 분향료는 불에 태우면 향기로 운 연기를 내는 향료를 말한다. 동서고금을 막 론하고 분향료는 제사용 분향이나 방향(芳香)에 주로 쓰였는데, 서방에서는 유향과 몰약·소합 향·안식향 등 수지(樹脂)향료를, 동양에서는 침 향과 단향 등 향목(香木)향료를 사용하였다. 이 에 분향료는 고대 오리엔트-그리스-로마로 이 어지는 수지향료 계통과 인도-동남아-중국- 일본으로 이어지는 향목향료 계통의 2대 계통 으로 대별된다. 화장료는 주로 백인이나 흑인들 이 특유의 체취를 제거하기 위해 사용하는 향료 를 말한다. 화장료는 그리스에서는 방향성(芳香 性) 화초를, 서아시아나 인도, 동남아에서는 백 단(白檀)이나 감송향(甘松香)·재스민·용뇌(龍 腦) 등을 사용하였다. 인도에서는 그밖에 방향 성 화초와 향목도 사용하였다. 향신료(조미료) 는 음식물의 냄새를 없애고 맛을 돋우기 위해 사 용하는 향료를 일컫는다. 향신료는 분향료나 화 장료에 비해 생산이나 소비 면에서 월등하게 많 다. 따라서 향료 교역에서도 절대적인 비중을 차 지한다. 특히 비린 물고기를 많이 소비하는 유 럽인들에게 향신료는 필수불가결한 것이다. 중 세 말에 포르투갈과 에스파냐인들이 모험적인

지구 탐험에 나선 것도 바로 향신료를 구하기 위해서였다. 대표적인 향신료는 열대 아시아에 서 생산되는 후추(pepper)·카시아(cassia 계피)· 시나몬(cinnamon)·정자(丁字, clove)·육두구(肉 荳蔲, nutmeg)·소두구(小荳蔲, cardamon)·생강 (生薑, ginger) 등이다. 이러한 식물의 꽃이나 과 실·종자·뿌리·줄기·껍질로 향료를 만든다. (6- 156~157; 7-244~249)

향료의 교류 예로부터 향료는 단순한 사치성 소 비품이 아니라, 생활상의 필수품이며 제사와 같 은 의례행사의 관용품(慣用品)이기도 하였다. 이 러한 향료, 특히 식물성 향료는 산지가 자연환경 의 제약을 받기 때문에 채집이나 생산이 제한적 이었다. 더군다나 특정 향료의 원산지 주민들은 그 향료의 타 지역 이식(移植)을 강력하게 제재 하면서 장기적으로 독점하고자 하였다. 이같은 수요와 공급 간의 미묘한 역학 관계로 향료 교역 은 시종일관 고수익성 교역으로 존재했고, 그 교 류도 점차 확대되어갔다. 향료 교류는 식물성 향 료인 분향료와 향신료가 주종을 이루지만 향신 료의 교류가 기본이다. 우선, 분향료의 교류에서 는 서방의 유향(乳香)과 몰약(沒藥), 동방의 침향 (沈香)과 단향(檀香)의 교류가 대표적이다.

유향은 감람과(橄欖科)에 속하는 열대지방의 식물인 유향수(乳香樹)의 분비액을 말려서 만 든 유백색의 수지(樹脂)다. 유향은 보통 방향(芳 香)이나 방부제로 쓰이며, 창양(瘡瘍)이나 복통 등에 약재로 사용되기도 한다. 주산지는 아라비 아 반도 남부의 하드라마우트(Hadramaut) 연안 과 아프리카 소말리아 해안 지대다. 유향을 히 브리어로 '레보나'(levonah), 아랍어로 '루반' (luban), 그리스어로 '리바노스'(libanos), 라틴 어로 '올리바눔'(olibanum)이라고 하는데, 모두 가 유백색(乳白色)이란 뜻이다. 이 말들의 어원 은 고대 아카드어의 '라바나툼'(la-ba-na-tum),

즉 신관(神官, la-bi)이 수지(樹脂, na)를 태우다(tum)에서 연유한 것이라고 한다. 남송(南宋) 때 조여괄(趙汝适)이 지은 『제번지(諸蕃志)』의 기록에 따르면 유향은 일명 훈륙향(薰陸香)이라고 하는데, 그밖에 마미향(馬尾香)·천택향(天澤香)·마륵향(摩勒香)·다가라향(多伽羅香) 등 여러가지 명칭이 있다. 대식(大食, 아랍)의 마라발(麻囉拔, Mirbah, 현 아라비아 반도 남부 하드라마우트 연안)·시갈(施曷, Shehr, 혹은 Esher, 현 하드라마우트 연안)·노발(奴發, 현 아라비아 반도 남부의 도파르Dhofar, 주파르) 등지의 심산이나 벽지에서 자라는 용(榕)나무 비슷한 나무의 줄기를 도끼로 잘라 수지를 흘러나오게 한 후 응결시켜 만든다. 유향의 종류로는 최상급으로 연향(蓮香, 일명 적유滴乳)이 있고, 그외에 병유(餠乳)·병향(餠香)·대향(袋香)·유탑(乳榻)·흑탑(黑榻)·수습흑탑(水濕黑榻) 등 모두 10여 종이 있다.

유향과 함께 몰약도 서방에서는 주요한 분향료로 사용해왔다. 몰약(沒藥, 학명 Commiphora abyssinica)은 감람과에 속하는 관목으로 잎은 겹잎이고, 꽃잎은 넷이며, 열매는 핵과(核果)이며 원산지는 아랍과 소말리아를 비롯한 아프리카 일대다. 줄기에서 나오는 즙을 말린 적황색 덩어리는 특이한 향기와 쓴 맛이 있어 방향이나 방부제로 사용하였다. 또한 구강소독제·건위제(健胃劑)·통경제(通經劑)·과다분비억제제 등 의약으로도 유용하였다. 히브리어로는 '모르'(mor), 아랍어로는 '뭇르'(murr), 그리스어로는 '미르라'(myrrha)라고 하는데, 이는 모두 고대 아카드어 '무루'(murru)에서 파생하였으며 '몰약'은 그중 그리스어 '미라'의 한음역(漢音譯)이다. 유향은 처음부터 고대 메소포타미아나 이집트, 그리스나 로마에서 향료로 각광받았다. 이에 비해 몰약은 주로 의약으로 쓰이면서 향고(香膏)나 향유(香油)의 주원료로 이용되었다. 고대 이집트나

그리스·로마에서 유행한 향고나 향유는 근대 유럽 화장료(化粧料)의 원류가 되었다. 이렇게 서아시아 일원에서 성행하던 유향과 몰약이 실크로드를 따라 서쪽은 그리스와 로마에, 동쪽은 페르시아와 인도에 각각 전파되었다. 인도에서는 아랍산 유향이나 몰약이 유입되기 전에 이미 이른바 '군즈루'라고 하는 '위(僞)유향'과 '구구르'라고 하는 '위몰약'이 대용(代用)되고 있었다.

주요한 분향료인 유향은 인도에 전파된 후 불교의 동전과 함께 기원후 2~3세기에 인도에서 중국으로 처음 전해졌다. 그러나 8세기 이후에는 아랍 유향이 해로를 통해 직접 동남아시아와 중국에 수출되었다. 『제번지(諸蕃志)』에 의하면, 유향은 대식(아랍) 상인들이 배로 삼불제(三佛齊, 현 수마트라)까지 운반하면, 거기서 번상(蕃商)들에 의해 교역된다고 하였다. 당대를 이어 송·원대에도 유향은 계속 중국에 유입되었다. 남송(南宋) 정부는 유입된 유향을 독점 관리하면서 민간인들에게 고가로 판매해 이익을 챙기기도 하였다. 『오해관지(吳海關志)』(권2)에는 희령(熙寧) 9년(1076)부터 원풍(元豊) 원년(1078)까지 3년간 명주(明州)·항저우(杭州)·광저우(廣州) 3개소의 시박사(市舶司)가 관여한 유향의 총량을 89만 4,719관(貫) 305문(文)으로 집계하고 있다. 이것은 중세에 성행한 아랍산 유향의 대중국 교역 성황을 여실히 보여주고 있다. 중국뿐만 아니라 그 이동(以東)에 있는 한반도에서도 1966년 경주 불국사 석가탑에서 3포(包)의 유향이 발견된 바 있어 아랍산 유향이 신라에까지 전파되었음을 알 수 있다.

서방에서 유향과 몰약을 주요 분향료로 사용한 데 비해 동방에서는 침향(沈香)과 단향(檀香)을 주요 분향료로 사용하였다. 침향(학명 Aquilaria agallocha)은 팥꽃나뭇과에 속하는 상록교목으로, 키는 20m 이상이고 줄기의 지름은

2m나 된다. 잎은 어긋나게 피는데, 가죽같이 질기며 긴 타원형으로 길이는 5~7cm이며 광택이 난다. 주산지는 하이난도(海南島)·베트남·타이·말레이시아·수마트라·미얀마·부탄·아삼 등 말레이 반도를 중심으로 한 지역이다. 원래 침향의 원목(原木)은 향기가 없으나 나무에 상처가 생기면 그곳에 수지가 배어나와 굳어지면서 비로소 그 나무가 침향목(沈香木)으로 된다. 이 나무가 넘어져서 땅속에 묻히면 다른 부분은 다 썩어버리는데, 수지가 응결된 부분만은 썩지 않고 단단해지고 무거워져서 태우면 향기로운 연기를 뿜는다. 이렇게 땅속에 파묻혀 있던 침향목을 물속에 넣으면 무게 때문에 가라앉는데, 이것이 바로 '침향'이다. 침향은 형태에 따라 서각침(犀角沈)·연구침(燕口沈)·부자침(附子沈)·사침(梭沈)·횡격침(橫隔沈) 등으로 구분한다. 침향을 분향료로 가장 일찍이 사용한 나라는 인도로, 산스크리트어로 침향을 '아가루'(agaru)라고 한다. 그런데 침향의 가장 중요한 산지인 말레이시아에서는 침향을 말레이어로 '가하루'(gaharu), 혹은 '까유가루'(Kayu Gharu)라고 한다. 이 말레이어는 '아가루'라고 하는 인도의 산스크리트어에 어원을 두고 있다. 이것은 침향을 유용하는 데 있어 인도가 말레이시아보다 앞섰음을 시사해준다. 고대 인도의 약법서(藥法書)인 『사슈루다』에는 침향의 연기를 상처의 진통제로 쓴다는 기록이 있다. 분향제로 쓰이는 이러한 침향이 불교의 동전과 더불어 중국에 유입되었다. 기원후 3세기 전반 오(吳)나라 만진(萬震)이 저술한 『남주이물지(南州異物志)』에는 침향의 산지와 형성법 및 종류 등이 정확히 기술되어 있다. 이로 미루어 침향은 3세기 이전에 이미 중국인들이 사용하고 있었음을 알 수 있다. 그들은 주로 하이난도와 말레이 반도·수마트라 등 동남아시아산 침향을 수입해 사용하였다. 침향의 동방 전파는 중국에만 한정되지 않고 한반도까지 이어졌다. 신라 경덕왕(景德王) 11년(752년)에 도일(渡日)한 신라 사절의 대일(對日) 매물(賣物) 명세서에는 침향이 포함되어 있다. 이와 같이 신라시대에 한국도 이미 출처는 미상이나 침향을 수입해 분향료로 사용하고, 중계교역 형식으로 타국에 재수출까지 했던 것이다.

침향과 함께 동방에서 분향료로 널리 사용된 것은 단향(檀香, 학명 Pterocarpus santalinus)이다. 단향은 태우면 향내가 나는 향나무를 두루 일컫는 말로, 일명 '단향목(檀香木)'이라고도 하며, 불전(佛典)에서는 전단(旃檀) 혹은 진단(眞檀)이라고 한다. 전단은 산스크리트어 '찬다나(chandana)'의 한역음이다. 단향에는 백단(白檀)·황단(黃檀)·자단(紫檀) 세가지 종류가 있으며, 수종(樹種)은 8가지다. 『제번지』에 의하면 단향의 원산지는 사파(闍婆, 현 자바)의 타망(打網, 현 수마트라)인데, 그 형태는 중국의 여지(荔枝, 박과에 속하는 1년생 만초蔓草)와 비슷하며 가지를 잘라 음지에서 말리면 은근한 향기를 뿜어낸다. 단향 중 백단(白檀, Santalum album)은 일찍부터 인도에서 사용되어왔다. 그렇지만 그 원산지는 인도가 아니라 말레이시아나 자바 동쪽에 있는 도서들이다. 이 원산지로부터 인도에 이식되어 인도인들은 분향뿐 아니라 해독제 등 약품으로도 사용하였던 것이다. 단향도 불교의 동전과 더불어 중국이나 한반도·일본에까지 전파되었다. 이상에서 몇가지 주요한 분향료의 실체와 교류상에 관해 고찰하였다. 물론 향료 교류 전반에서 이러한 분향료의 교류가 일정한 비중을 차지하는 것은 사실이지만, 향료 교류의 기본(주류)은 어디까지나 향신료의 교류다. 예로부터 향신료는 동·서양 모두 나름대로의 구미에 따라 각기 다르게 선용(選用)해왔다. 전통적인 향료를 보면 동양에서 향신료를 가장 많이 쓰는 중국의 경우에는 산초(山椒)·양하(蘘荷)·육계(肉桂)·파·겨자·마늘·차조기·부추·염교 등이 있었으며, 서양에는 월계엽(月桂葉)·편도(扁桃)·사프란·회향(茴香)·마근(馬芹)·시라(蒔蘿)·하프 등이 있었다. 그외에 심황·셀러리·앵속(罌粟)·호마(胡麻)·감초(甘草)·레몬·홉 등도 향신료로 사용되어왔다. 그러나 동서양을 막론하고 가장 애용된 향신료는 열대 아시아산의 후추(호초胡椒, pepper)·육계(肉桂, cinnamon)·정향(丁香, 일명 정자丁字, clove)·육두구(肉荳蔲, nutmeg)·두구화(豆蔲花, mace)·소두구(小荳蔲, cardamon)·생강(生薑, ginger) 등이다. 그중에서도 특히 후추와 육계·정향·육두구가 가장 많이 선용된 향신료였다.

이러한 향신료가 교역품으로 각광을 받으면서 동서교류의 한 주역으로 부상하게 된 것은 중세 말엽부터다. 14세기 이후 유럽에서는 북해(北海) 어업이 번성하자 수산 식료품 수요가 크게 늘어났으며, 이에 부응해 어류를 주재료로 한 음식에는 향신료가 필수불가결한 요소로 작용하였다. 당초 유럽인들은 전래의 향신료보다 훨씬 우월한 아시아산 향신료를 인도나 이집트·베네치아 상인들을 통해 간접 수입하였다. 그러나 그 중계상인들이 부당하게 중간이윤을 가로챘고, 게다가 과중한 통과세까지 겹치면서 수입 향신료의 값은 원가의 수십 배에 달하였다. 그리하여 16세기에 들어서면서 유럽인들은 이러한 고가 수입에서 탈피하고자 향신료의 원산지를 찾아나섰다. 그 선두에는 포르투갈인들이 나섰는데, 그들은 몇차례의 모험적인 탐험 항해를 계속하던 끝에 드디어 '인도 항로'를 개척하고 향신료의 원산지인 인도에 도착하는 데 성공하였으며, 그곳을 발판으로 삼아 향신료가 많이 생산되는 동남아시아에 진출하였다. 그들이 구해 간 향신료는 인도 말라바르 해안의 후추와 스리랑카

의 육계, 말루카 군도의 정향·육두구 등이었다. 포르투갈인들이 인도와 동남아시아에서 구해 간 향신료가 유럽에서 큰 인기를 끌고 그 교역이 엄청난 이윤을 내자, 유럽 국가들은 서로가 앞을 다투어 향신료 무역에 뛰어들었다. 포르투갈에 이어 에스파냐와 네덜란드·영국이 이른바 '동인도회사'를 속속 설립해 동남아시아와의 향신료 무역에 주력하였다. 그 결과 17세기를 전후해 실크로드의 해로를 통한 향료 무역이 대단히 흥성하여 향료가 교역품의 대종을 이루게 되었다. 이때의 해로를 일명 '향료의 길'이라고도 한다. 이와 같이 유럽인들은 동방의 향료를 구하기 위해 '인도 항로'를 개척하였으며, 그것이 마침내 서세동점(西勢東漸)의 효시가 되어 교류를 포함한 동서관계는 새로운 역사시대로 들어서게 되었다.

'향료의 길'을 따라 전개된 향료 교류는 주로 동방으로부터의 서방의 향료 수입이며, 그 주종은 향신료다. 그중에서도 대표적인 것은 유럽인들이 가장 선호하는 후추였다. 후추는 후춧과에 속하는 상록교목인 후추나무(학명 Piper nigrum)의 열매다. 후추나무의 원산지는 서남인도 말라바르 해안의 습지 정글지대였으나, 지금은 지구 남북반구의 열대지방에서 널리 재배되고 있다. 후추에는 보통 흑(黑)후추와 백(白)후추 두 가지가 있는데, 채 익지 않은 열매를 따서 건조시킨 것이 흑후추고, 익은 열매를 따 껍데기를 벗겨서 건조시킨 것이 백후추다. 그밖에 보통 후추보다는 모양이 길게 생긴 장(長)후추(필발蓽茇)가 있다. 예로부터 후추는 조미료로 쓰일 뿐만 아니라, 구토·위한(胃寒)·심복통(心腹痛)·적리(赤痢)·소화불량·콜레라·관절염 등을 치료하는 약재로도 사용되어왔다. 후추를 휴대하고 다니면 콜레라나 페스트를 예방한다는 속설(俗說)까지 있었다. 유럽에서 후추는 일찍부터 귀중

품으로 여겨졌다. 기원후 1세기 로마의 플리니우스는 저서 『박물지(博物志)』(기원후 6~26)에서 로마인들은 '절대적인 인기'를 끌고 있는 후추를 인도에 가서 구해오는데, 로마에서는 '금은과 동등한 가치'를 지니고 있다고 기술하고 있다. 금은과 맞먹는 가치를 갖고 있기 때문에 후추는 화폐처럼 유통 및 지불 수단으로까지 이용되었다. 로마 황제 도미티아누스(Domitianus, 재위 81~96)는 92년 로마시(市)에 전문적으로 후추를 취급하는 향신료 구역을 설치하고 국고의 일부로 후추를 비축하였다. 그로부터 300여년 후인 408년에 로마가 서고트족에게 포위되었을 때, 로마 시민의 속금(贖金)으로 금과 함께 3천 파운드의 후추를 서고트족의 초대 왕 알라리크(Alaric, 370~410)에게 지불하기도 하였다.

이러한 후추는 모두 인도에서 수입한 것인데, 수입 루트는 세 갈래가 있었다. 첫째는 인도에서 페르시아를 경유해 시리아에 이르는 육로(대상로隊商路)이고, 둘째 루트는 인도에서 페르시아만을 경유해 시리아에 이르는 육해로(陸海路)이며, 셋째는 인도에서 홍해(紅海)까지 직항해 이집트의 알렉산드리아에 이르는 해로다. 세 루트 가운데 첫째와 둘째는 중간에 항상 로마와 갈등 관계에 있는 페르시아 땅을 경유해야 하므로 순탄할 수가 없었다. 이에 로마는 셋째 루트를 개척하는 데 진력하였다. 일찍이 기원전 1세기에 그리스인 히팔루스(Hippalus)가 아랍인들이 계절풍을 이용해 인도양을 항해한다는 사실을 알아내고 아라비아해로부터 인도 서해안까지 심해(深海)로 직항하는 해로를 개척하였다. 플리니우스의 『박물지』에 의하면 기원전 4세기 후반 알렉산드로스의 부장 네아르코스가 페르시아만으로부터 홍해까지 왕래한 연해로와는 달리, 기원전 1세기경에는 아라비아 반도 남부에서부터 인더스강 하구와 인도 서해안의 시그루느(봄

베이 부근)항이나, 무지리스(Muziris, 말라바르의 요항要港)항까지 직항하는 횡단로가 개통되고 있었다. 기원 전후의 그리스 지리학자 스트라본(Strabōn, 기원전 64~기원후 23?)의 기술에 따르면 홍해 연안에서 출항해 인도로 항해하는 대선박이 프톨레마이오스조 말기에는 연간 20여 척에 불과하였으나, 기원 초기에는 120여척으로 급증하였으며, 이 선박들은 '고가 상품'을 수입하였다고 한다. 플리니우스의 진술로 보아 이 '고가 상품'이 십중팔구는 '후추'였을 가능성이 높다. 1세기 중엽에 쓰인 『에리트라해 안내기』에는 인도양을 중심으로 한 각지의 수입품과 수출품 품목이 구체적으로 열거되어 있다. 그에 의하면, 바루가자항(인도 서해안 북부의 크제라트 부근)의 수출품은 장(長)후추였으며, 무지리스 항에서도 후추가 '다량으로' 수출되었고, 대형 선박이 홍해로부터 직접 왕래하면서 '매우 많은 양'의 로마 화폐가 유입되고 있었다. 이러한 로마 화폐는 무엇보다도 금은과 같은 가치를 지닌 후추를 구입하기 위해 다량으로 지불되었던 것이다. 오늘날 인도양 연안의 각지와 말레이 반도·인도차이나 반도, 특히 인도 남부의 말라바르 지방에서 많은 로마 화폐가 출토된다는 사실은 당시 이러한 후추 무역이 대성황을 이루었다는 것을 실증해주고 있다.

이상은 대규모 교역을 통한 후추의 서전(西傳)이다. 후추는 인도를 비롯한 원산지에서 서전하였을 뿐만 아니라, 중국을 비롯한 동방 나라들에도 전해졌다. 중국어로는 후추를 '호초(胡椒)'라고 하는데, 이것은 '호(胡)', 즉 '서역'의 고추라는 뜻이다. 중국에 알려진 최초의 후추는 인도산 후추가 페르시아를 경유해 진(晉)대에 들어온 것이다. 이러한 사실을 반영하듯, 후추의 산지에 관해 『후한서(後漢書)』 권118 「서역전」에 정확하게 '인도'라고 지적하고 있으나, 『송서(宋

書)』『위서(魏書)』『수서(隋書)』 각서의 「서역전」
에는 '페르시아'라고 오인하고 있다. 하지만『후
한서(後漢書)』에서는 이러한 오인을 반복하지
않고 비교적 정확하게, 그 산지와 용도를 기술하
고 있다. 이것은 그당시부터 후추가 본격적으로
수입되어 사용되기 시작하였음을 시사해준다.
당대(唐代)의 『신수본초(新修本草)』(659)를 보
면 후추는 "서방의 만국(蠻國)에서 생산되는데,
맛은 대단히 매우며, 해열과 지혈·건위제(健胃
劑)·조미료로 사용한다"고 하였으며, 단성식(段
成式)의 『유양잡조(酉陽雜組)』에는 "후추가 마가
타국(摩伽陀國)에서 나는데, 매리지(眛履支)라고
부른다"라는 기록이 보인다. 여기서의 '서방의
만국'이란 지칭은 애매하나, '마가타국'은 인도
를 말한다. 그리고 인도에서 후추를 '매리지'라
고 부른다고 하였는데, '매리지'는 보통 후추의
산스크리트 명칭의 하나인 '마리쟈'(marijya)의
와전음(訛轉音)이라고 여겨진다. 산스크리트어
로 보통 후추를 '마리쟈'라고 부르는 데 비해, 장
(長)후추는 '피팔리'(pippali, 필발蓽茇)라고 한
다. 송대에 이르러서는 후추의 수입원이 다양화
되었다. 주거비(周去非)의 『영외대답(嶺外代答)』
(1178)에는 후추를 자바 명산물의 하나로 열거
하고 있다. 또한 조여괄의 『제번지』에는 자바산
후추의 구체적인 산지와 품질 등급 등에 관해 상
세하게 서술하고 있다. 이것은 당시 후추를 인도
뿐 아니라 자바에서도 수입하고 있었음을 말해
준다. 원대에 와서도 후추에 대한 관심이 여전
히 높으며, 소비량도 상당히 많았음을 사적은 전
하고 있다. 14세기 전반에 동남아시아 여러 곳을
역방(1330~1344)한 왕대연(汪大淵)은 여행기
『도이지략(島夷志略)』(1349)에서 인도 캘리컷이
세계 최대의 후추 산지이며, 그 다음이 역시 인
도의 퀼론이라고 지적하면서 그 수출 상황을 상
세히 기술하고 있다. 그는 또한 자바나 미얀마의

남부도 후추의 산지라고 덧붙이고 있다. 원대 중
국인들의 후추 소비에 관해서는 마르코 폴로의
『동방견문록』에 그 일단이 기록되어 있다. 그는
관헌들에게서 들었다고 하면서 항저우시(杭州
市)의 하루 후추 소비량은 '놀라울 정도'로 자그
마치 43포대(1포대=243파운드, 총 1만 449파운
드=약 4,740kg)나 된다고 하였다. 당시 항저우시
인구를 약 160만 호로 잡으면 호당 매일 3g쯤을
소비하는 것이니, 그만큼 후추가 원대 중국인들
의 기호품이라는 것을 전해준다.

그다음 향료 교류에서 대종을 이루는 향신
료로는 육계(肉桂)가 있다. 육계는 녹나뭇과에
속하는 상록교목인 녹나무(학명 Cinnamomun
camphora) 껍질로 만든 향신료다. 녹나무 껍질
을 벗겨서 껍질 바깥의 거칠거칠한 부분은 제거
하고 안쪽의 껍질만 건조시켜 만드는데, 건조되
면 껍질이 휘말려서 황갈색의 관상(管狀)이 된
다. 보통 1m 길이로 잘라서 여러 대를 한데 묶어
출하한다. 대체로 맛은 감미로운 편이나 약간 매
우며 향기를 발산한다. 이러한 맛은 산지에 따라
조금씩 차이가 있다. 육계의 산지는 인도와 스
리랑카·중국·일본 등지로, 인도 이서(以西) 지
방에서는 나오지 않는다. 그중 통상 인도(스리
랑카 포함)산을 '시나몬'(cinnamon), 중국산을
'카시아'(cassia)라고 부르며, 모두 합쳐 '육계'라
고 통칭한다. 육계를 처음 사용한 것이 언제인지
는 현재 정확히 알 수 없다. 일찍이 기원전 4000
년경에 이집트인들은 유해를 미라로 만들었는
데, 처음에는 아니스를 향료의 소재로 사용하다
가 나중에는 시나몬이나 카시아로 대체하였다
고 전한다. 『구약성서』「출애굽기」에는 몰약과
함께 시나몬과 카시아로 성스러운 향유(香油)를
만든다고 나온다. 이로부터 고대 이집트나 헤브
라이(현 이스라엘)에서는 육계가 중요한 향료로
사용되었음을 알 수 있다. 그런데 고대 이집트나

헤브라이에서 사용된 육계의 실체에 관해서는 두가지 설이 있다. 통설은 인도나 중국의 육계가 아랍이나 아프리카에 운반된 후 이집트나 시리아를 경유해 헤브라이까지 전해졌다는 것이다. 이설(異說)로는 성서나 고전 작가들이 말하는 '시나몬'이나 '카시아'는 인도나 중국산 육계가 아니라 동아프리카산의 다른 식물의 일종이라는 주장도 있다. 그 근거는 중국은 물론이거니와 남아시아나 아랍이 아프리카와 그렇게 오래 전부터 교통이 이뤄질 수 없었다는 것, 또 용도의 차이, 즉 중국이나 인도에서는 향신료로 사용된 데 비해 이집트나 헤브라이에서는 일반 향료로 사용되었다는 점이다. 그러나 통설에 의하면 육계는 고대부터 향신료뿐 아니라 일반 향료로도 멀리 이집트까지 서전되었다고 말할 수 있다.

향료 교류에서 중요한 일익을 담당한 향신료로는 또 정향이 있다. 정향은 정향나무의 꽃봉오리를 건조시킨 것이다. 정향나무(학명 Syringa palibiniana)는 목서과(木犀科)에 속하는 낙엽 교목으로 키는 4~7m 정도다. 잎은 마주나고 타원형이며 끝이 뾰족하다. 이 나무는 열대나 아열대 지방에서 자생하는데, 조풍(潮風, 바닷바람)을 맞아야 잘 자라며, 원산지는 말루쿠 군도다. 꽃봉오리는 핑크색으로 약 2cm쯤 컸을 때 자르면 암갈색으로 변하는데, 그것을 수일간 햇볕에 말린다. 말린 꽃봉오리가 바로 향신료로서의 정향이다. 정향을 지칭하는 '클로브'(clove)는 '못'을 뜻하는 프랑스어 '클루'(clou)에서 유래한 말이다. '못'이라는 것은 꽃봉오리가 '정(丁)' 자(字) 모양이라는 데서 비롯하였다. 약간 매운 듯하면서 향기를 내는 정향은 원래 화장료나 향료·구충제·전염병 예방제 등에 줄곧 쓰이다가 근대에 와서는 주로 향신료로 사용되고 있다. 특히 햄이나 소스·수프 등 여러가지 서양 요리를 위한 필수적인 조미료로 각광을 받고 있다. 근세 초 유

럽인들은 정향을 찾아 유일한 산지인 동남아시아의 오지 말루쿠 군도의 자그마한 도서들로 앞을 다투어 몰려들었다. 보통 좁은 의미에서의 스파이스(spice)는 정향과 육두구를 지칭하며 후추와 육계는 별도의 명칭이 있다. 18세기 말엽 정향나무가 자연조건이 비슷한 동아프리카의 잔지바르에 이식되기 전까지는 말루쿠 군도가 유일무이한 산지였다. 정향은 기원 전후에 인도에 알려졌으며 기원후 2세기에는 동으로 중국에, 서로는 로마에까지 전해졌다.

정향과 함께 인기를 끈 향신료는 육두구(肉荳蔻)다. 육두구는 육두구나무의 과실 종자다. 육두구나무(학명 Myristica fragrans)는 육두구과에 속하는 상록교목으로, 키는 20m 가량이며 잎은 가죽질로 길이가 10cm쯤 되고 표면은 짙은 녹색으로 광택이 있다. 원산지는 인도네시아의 빈탄섬이며, 이곳에서 나는 육두구가 스파이스 중에서 최우수품으로 인정된다. 육두구와 매우 비슷해 대용품으로 쓰이는 것으로 다년생 나무인 카르다몬(Elettaria Cardamom)의 종자(보통 '카르다몬'으로 칭함)가 있다. 중국에서는 백두구(白荳蔻) 혹은 소두구(小荳蔻)라고 부른다. 카르다몬의 원산지는 인도 남부의 말라바르 고원지대였으나 후일 말레이 반도와 인도차이나 반도 동남부 일대로 번식·확산되었다.

육두구는 5세기경에 빈탄섬에서 인도에 전해졌으며, 10세기 전후에 아랍인들을 통해 유럽에 알려졌다. 13~14세기에 이르러 육두구와 정향에 대한 유럽인들의 수요는 가히 폭발적이었다. 이 두 향신료는 강력한 방부제일 뿐만 아니라 염장(鹽醬)한 어물(魚物)과 육류의 요리에는 필수불가결한 최상의 조미료이기 때문이다.

1498년 5월 포르투갈의 항해가 다 가마(Vasco da Gama)가 '인도 항로'를 개척해 인도의 캘리컷에 도착한 후 포르투갈인들은 우선 고아에 식

민 기지를 마련하고 그곳을 거점으로 스파이스에 관한 정보를 다방면으로 수집하기 시작하였다. 16세기 초부터 포르투갈인들이 앞장서서 아시아에 진출한 주목적은 후추와 육계, 정향과 육두구 같은 향신료를 교역해 막대한 이윤을 획득하려는 데 있었다. 그리하여 그들은 1511년 말레이 반도의 말라카를 무력으로 점령해 동남아시아 진출의 발판을 마련하고, 곧바로 말루쿠에 원정대를 파견해 일거에 스파이스 무역권을 독점하였다. 요컨대 16세기에는 포르투갈에 의해 리스본—희망봉(아프리카 남단)—고아(인도)—말라카(말레이 반도)—말루쿠 군도로 이어지는 향료 무역로가 생겨났다. 포르투갈에 이어 동방의 향료무역에 나선 나라는 네덜란드다. 1595년에 네덜란드는 4척의 선박을 자바에 보내 처음으로 동방의 스파이스를 구입한 것을 계기로 포르투갈의 동방 향료무역에 도전하였다. 그해부터 1601년까지 65척의 상선을 향료무역차 자바에 보내 막대한 이득을 얻었다. 이에 고무된 네덜란드는 급기야 수마트라 서북부의 아체 왕국과 결탁해 포르투갈인들을 향로 무역에서 축출하고 17세기부터 동방의 향료 무역을 일시 독점하게 되었다. 포르투갈과 네덜란드를 비롯한 유럽 국가들의 동방 향료 무역은 15세기 말 '인도항로'가 개척된 이래 모두가 해로를 통해 진행되었다. 특히 17세기를 전후해 네덜란드에 이어 에스파냐·영국·프랑스 등 신흥 유럽 국가들이 고수익성 동방 향료 무역에 경쟁적으로 뛰어들어, 향료는 해로를 통한 교역품의 주종을 이루었다. 이때의 해로를 일명 '향료의 길'이라고 칭하기도 한다.

향료의 길

중세 때 '대항해시대'가 열리면서 서구 열강들은 막대한 이윤을 창출하는 동남아시아나 인도,

아랍 등지에서 양산되는 각종 향료 교역에 앞을 다투어 뛰어들었다. 열강들 간에는 향료 산지를 쟁탈하기 위한 각축전도 벌어졌다. 급기야 동남아시아에서 인도양과 아라비아해를 거쳐 유럽에 이르는 해상실크로드의 남해 구간에서는 도자기와 더불어 향료가 교역의 주종을 이루었다. 그리하여 이 남해의 교역로를 일명 '향료의 길'이라고도 한다.('향료'항 참고)

향약 香藥

중국 송(宋)대에 향료가 의약으로도 쓰인다고 하여 수입된 향료를 향약이라고 불렀다. 20여 종을 수입했는데, 그 주산지는 아랍 지역이나 인도, 말레이 반도 등지이고, 그 주 무역상은 아랍인들이었다.

허세기마 許勢奇麻

도일 백제 사신. 일본계의 백제인으로 544년 3월 나솔(奈率)의 신분으로 아탁득문(阿乇得文)과 함께 일본에 갔다가 같은 해 10월에 귀국하였다. 이듬해 5월 기전(其悛)과 함께 다시 와서 표문(表文)을 드렸다. 547년 4월 진모선문(眞慕宣文)과 함께 세번째로 일본에 와서는 원군(援軍)을 요청하였다. (8-164)

허시후이랑(하서회랑) 河西回廊

흉노의 위협 속에서 서역경략을 보장하기 위해 전한 무제(武帝)는 원수(元狩) 2년(기원전 121년) 황허 서쪽 지방에 우웨이(武威)와 주취엔(酒泉) 두 군을 신설하였다가, 원정(元鼎) 6년(기원전 111)에는 이 두 군을 세분해 장예(張掖)와 둔황(敦煌) 두 군을 증설하였다. 그리하여 하서사군(河西四郡)이 생겨났다. 이 하서사군을 경유해 위먼관(玉門關)이나 양관(陽關)까지 가는 길, 즉 하서사군 내의 오아시스로를 '허시후이랑(河西

허시 제일의 관문이며 명대 만리장성의 기점인 자위관(嘉峪關, 1372년 축조)

回廊’이라고 한다.

허톈 和田 → ‘호탄’ 항 참고

헤딘 Sven Anders Hedin, 1865~1952년

헤딘 초상

스웨덴의 지리학자 및 탐험가. 헤딘은 1885년 고등학교를 졸업하고 카스피해 연안의 바쿠에서 1년간 가정교사를 하다가 페르시아와 메소포타미아 지방을 여행하였다. 1890년 4월, 스웨덴 국왕이 페르시아에 사절단을 파견할 때 통역으로 따라갔다. 6월에 사절단은 돌아왔지만 헤딘은 남아서 페르시아의 엘부르즈산을 등정한 다음 호라산과 서투르키스탄 일대를 둘러보고 코칸트와 오시를 거쳐 12월 중순에 카슈가르에 도착하였다. 여기서 톈산 산맥을 넘고 이식쿨(호수)을 지나 러시아를 거쳐 1891년 봄 스웨덴으로 돌아왔다.

제1차 중앙아시아 탐험 1891년 독일 베를린 대학에서 2년간 공부한 후 제1차 중앙아시아 탐험에 나섰다. 독일 유학 시절 지리학자 리히트호펜에게서 배우고 그의 영향을 많이 받았다. 제1차 중앙아시아 탐험 여정은 다음과 같다. 1893년 10월 스웨덴 출발 → 러시아의 상트페테르부르크 → (마차) 타슈켄트 → 페르가나의 마르기아나 → (1894년 2월 하순) 파미르 고원, 도중 7,420m의 무스타나산 등정 시도, 6,300m까지 등산하다가 하산 → 5월 1일 카슈가르 도착 → (10월까지) 파미르 산중의 지리학 조사 → (1895) 카슈가르 출발 → (4월 10일) 마라르바시 출발 → 야르칸드강 넘어 호탄강 향함, 도중 음료수 부족, 동행자 중 1명 실종, 낙타 8마리 중 7마리 잃음, 조사 기구 분실, 구사일생의 여정 → (6월) 카슈가르 도착, 필요한 기구와 물자 준비 → (12월) 남도로 호탄 도착 → (1개월간) 케리야강 도착, 도중에 단단윌리크 유적 조사, 케리야강 연안 지리학 조사 → (3월 10일) 타클라마칸 사막 횡단해 쿠르라 도착 → 콘추강을 따라 내려가 로프노르에 도착, 로프노르의 위치가 쿠로라이나의 로프호(남南로프노르)라는 스승 리히트호펜의 견해가 정확함을 확인, 동시에 콘추강의 한 지류인 이레크강이 타림강으로 흘러들어가는 중간에 로프노르(북北로프노르)가 있다는 것을 발견, 또 남로프노르가 커질 때 북로프노르가 작아지고 역현상도 일어난다는 견해를 제시 → (5월 말) 호탄에 돌아옴 → (7월 말) 같은 길로 코프에서 티베트 고원에 들어감 → (코코노르를 경유, 11월) 시닝(西寧) 출발 → 베이징 도착 → (1897) 스톡홀름에 귀환. 이 기간에 550매의 지도를 작성하고 중앙아시아 연구에 있어 많은 지리상의 공백을 메꾸었고, 제1차 탐험 조사보고서 *Through Asia*(2vols.)를 1898년에 간행하였다.

제2차 중앙아시아 탐험 스웨덴 국왕의 지원으로 제2차 중앙아시아 탐험에 나섰다. 1899년 스웨덴 출발 → 러시아 → (8월 중순) 타림 분지의 카슈가르 → (12월 초) 쿠로라 남방 얀기케르 → (1900년 1월 중순) 타림 분지 남변 추르첸 → 얀기케르 → (콘추강 하상河床 지도 얻기 위해 동행東行, 3월 말) 로프 사막에서 고대 도시 누란(樓蘭) 유적 발견, 최대의 성과 → 동부 티베트 답사, 로프 지역의 지리학 조사 → (1901년 3월) 누란 발굴 시작, 많은 카로슈티 문서와 한문 문서, 장식품 발견, 사원터와 주거지터 조사, 로프노르의 이동가설(移動假說) 제시, 이 가설은 1921년 타림강에 흘러들어가는 콘추강이 돌연 하상을 바꿔 로프노르(푸창해蒲昌海)에 유입된 데서 확인됨 → (라싸를 가기 위해 티베트에 다시 들어가려 했지만 두 번이나 관헌의 제지로 무산, 9월 말) 찬탄 고원에서 서진 → (12월 17일) 카슈미르의 레(Leh)에 도착 → 캘리컷에 가서 인도 정부의 중진 카존경(卿)을 만나고 레에 돌아옴 → (1902년 5월) 파미르를 넘어 카슈가르에 도착 → (6월 말) 러시아를 경유해 스톡홀름에 귀환. 제2차 중앙아시아 탐험 보고문 *Scientific Results of a Journey in Central Asia 1889~1902*(8vols.)을 스톡홀름에서 1904~1907년 발간하였다.

제3차 중앙아시아 탐험 제3차 탐험의 주요 목적은 티베트 고원에 대한 조사이며, 이를 위해 라싸에 입성하는 것이었다. 1906년 인도 도착 → (8월 중순) 카슈미르의 레 출발 → 서역으로 가는 척하고 티베트의 찬탄 고원으로 향함, 1907년 1월 관헌에게 제지당함, 판첸 라마에게 서한을 보내 전진을 허락받음 → (2월 초) 티베트 남부의 시가체 도착, 타쉬룬포 사원에서 판첸 라마 회견, 레를 향하면서 인더스강 상류 지대 조사 → (11월 초) 탕크세에서 탐험대 해산, 새 탐험대로 티베트 진입, 당국에 발견되어 티베트 서남부 일대만 조사하고 귀로에 오름, 트랜스히말라야 산맥을 발견하고 인더스강과 브라마푸트라강의 수원을 규명하는 등 많은 공백을 메꿈 →

(1908년 9월 중순) 인도 북부의 시무라에 도착. 이 해에 헤딘은 도쿄지학협회(東京地學協會)의 초청으로 일본을 방문해 승려이자 탐험가인 오타니 고즈이(大谷光瑞)와 만났다. 제3차 탐험의 내용에 관해서는 *Trans-Himalaya: Discoveries and Adventures*(3vols, London 1910~1913)와 *Southern Tibet*(9vols, 1917~1922)에서 전하고 있다.

제4차 중앙아시아 탐험 헤딘은 1927년 중앙아시아에 다시 갔다. 이것은 독일의 루프트한자 항공사가 베를린―베이징―상하이 항로를 개척하기 위해 헤딘에게 조사를 의뢰했기 때문이다. 그는 독일과 스웨덴 학자들과 함께 중국에 왔는데, 중국 측이 단독 조사를 허용하지 않아 중국 학자들과 함께 서북중국과학고사단(西北中國科學考査團, 단장 헤딘)을 조직해 조사에 착수하였다. 1927년 5월 베이징 출발 → 바오터우(包頭)에서 고비 사막 횡단, 에진고르강 하류의 로프노르 조사 → (1928년 2월) 우루무치 도착, 국민당정부가 항공로 개설 불허 → 베를린 → (10월) 우루무치 → 베이징, 발병 → 미국의 보스턴으로 가서 치료. 그후 자금 조달이 어려워 구체적 조사에는 착수하지 못했지만 몇개로 나뉜 분대들은 나름대로 성과를 거두었다. 1933년 조사 작업은 일단 마무리하였는데, 1933년 신장에서 무슬림인 마중잉(馬仲英)이 난을 일으켜 정세가 복잡해지자 중국 국민당정부는 내몽골에서 신장까지의 자동차 길 건설을 계획하면서 헤딘에게 조사를 의뢰하였다. 그는 귀화성(歸化城, 후허하오터)에서 자동차로 고비 사막을 횡단해 우루무치에 도착하였는데, 여기서 마중잉 일파에게 체포되어 감금되고 자동차도 빼앗겼다. 이듬해 카슈가르로 도피하였다. 마침 우루무치의 총독이 로프노르 조사를 명하였고, 조사는 4월 1일부터 6월 1일까지 진행되었다. 이 기간에 콘추강을 따라 내려가면서 새롭게 형성된 로프노르호 일대를 정밀 조사한 결과 로프노르호는 1500년을 주기로 동서로 이동하는 '방황하는 호'라는 결론을 얻었다. 우루무치에 돌아온 헤딘 일행은 당시 신장성 주석이던 성스차이(盛世才)에게 또 체포되어 억류되었으며, 4개월의 구금 끝에 10월 말 겨우 석방되었다. 1935년 2월 시안(西安)을 거쳐 난징(南京)에 도착한 헤딘은 국민당정부로부터 환영을 받고 4월 15일 스웨덴에 귀국하였다. 이 긴 기간의 조사보고는 여러 분야의 많은 연구자들에 의해 1937년부터 다음과 같은 제목으로 전 55권이 발표되었다. (*Reports from the Scientific Expedition to the North-western Provinces of China under the Leadership of Dr. S. Hedin, The Sino-Swedish Expedition*) (1-431~434)

헤라클레이온(Herakleion)·메노우티프(Menouthif) 두 도시 해저 유적

고대 그리스 신화와 전설 등을 통해서만 전해온 이집트의 고대 도시 헤라클레이온과 메노우티프의 유적이 지중해의 이집트 연안에서 발견되었다. 프랑스 해저 탐험가 프랑크 고디오가 이끄는 24명의 발굴팀은 2000년 6월 3일 알렉산드리아에서 6km 떨어진 아부 키르(Abu Qir)만(灣) 해안에서 2,500년 전 지진으로 수몰된 것으로 추정되는 이들 2개 도시의 유적을 발견하였다. 이 고대 도시의 발굴은 역사적 가치와 보존 상태 등에서 고대 이집트 투탕카멘 왕릉의 발견에 버금가는 고고학적 대발견으로 평가되고 있다. 해저 6~8m 지점에서 발견된 이들 유적은 당시의 화려했던 생활상을 보여주는 저택과 사원, 거대한 조각상, 항만 시설들이 거의 원형 그대로 보존되어 있었다. 발견된 유물 중에는 기원전 7세기 제26대 파라오 왕조의 각종 유물과 풍요의 여신 '이시스'의 석상, 프톨레마이오스 왕과 스핑크스의 두상(頭像) 조각도 포함되어 있었다. 2

년 전 아부 키르만 인근의 나일강 델타 연안에서 첫 발굴 작업을 시작했던 고디오 박사는 헤라클레이온 유적에서 발견된 성벽과 기둥들이 일정한 방향으로 쓰러져 있는 것으로 볼 때 이 도시가 지진으로 파괴된 뒤 수몰된 게 확실하다고 말하였다. 그는 또 해저 유적을 완전히 발굴하는 데는 앞으로 50년 정도가 걸릴 것이라며 일부 유적만 박물관으로 옮기고 나머지 대부분은 그대로 보존할 계획이라고 밝혔다. 기원전 7~6세기의 파라오 시대 말기에 건설된 것으로 추정되는 이들 고대 도시는 알렉산드리아가 건설되기 전까지 그리스와 지중해 여러 도시와 무역을 통해 번영을 누렸다.

헤라트(Herat) 도시 유적

오아시스로 유적. 헤라트는 아프가니스탄 서북부, 하리루드 강안의 비옥한 계곡에 위치한 고도다. 기원전 알렉산드로스 동정 때부터 알려진 도시로, 1381년에 티무르군이 점령하여 이곳을 거점으로 호라산 지방을 통치하였다. 1405년 티무르 사후, 헤라트를 거성(居城)으로 하던 계위자인 아들 샤루크(Shahrukh, 재위 1409~1447)는 사마르칸트 대신 이곳을 티무르제국의 수도로 삼았다. 2.5km^{2}의 면적을 가진 도성은 견고한 성벽과 탑, 해자(垓字)로 에워싸여 있었다. 해자에는 5개의 다리가 놓여 있어 성문과 통하였다. 샤루크 치세 때 헤라트는 일대 번영기를 맞아 도기·직물·보석가공 등 수공업이 발달하고 예술과 공예·학문이 크게 흥하였다. 샤루크와 왕비 가우할샤드, 왕자 바이슨칼은 학자·시인·예술가·직인(職人)들을 적극 보호·양성하는 시책을 펴서 당대의 유명한 음악가·가수·건축가·역사가들이 다수 배출되었으며 문화 전반이 크게 번성하였다. 대표적인 건축 유물로는 15세기 전반 왕비의 명에 의해 헤라트 북부 108×84m의 부지에 궁정풍으로 건조한 무사라 사원이 있다. 네 귀퉁이에 3층의 첨탑(미나렛)을 배치하고 사원 북측에는 왕비의 이름을 딴 마드라사까지 지었다. 사원의 벽면은 이른바 '헤라트파(派)'식 기법인 백색과 하늘색, 다(茶)색, 적색을 조화시킨 모자이크로 화려하게 장식하였다. 하리루드(Harirud)강 상류에서 프랑스 고고학 조사단은 높이 약 60m에 달하는 이슬람 사원의 미나렛을 발견한 바 있다. 그리고 시의 동쪽 4.5km 지점에 무슬림들의 순례지 가제르가가 있었다는 사실도 밝혀냈다. 이 순례지에는 중세의 이슬람 성자 압둘 안사리(Abdu'l Ansarī, 1006~1088)의 묘소가 있다.

헤로도토스 Herodotos, 기원전 484?~425?년

고대 그리스의 역사가 및 여행가. 소아시아의 그리스 식민도시 할리카르나소스에서 태어난 헤로도토스는 정치분쟁에 휘말려 사모스섬으로 망명하였다가 기원전 455년에 아테네로 이주하였다. 그는 흑해 연안에서부터 이집트 남단, 이탈리아, 바빌론 등 여러 지역을 역방하였다. 그를 '역사의 아버지'로 만든 명작 『역사』(*Historia*, 9권)는 그리스와 페르시아 간의 전쟁을 핵심으로 하여 그 배경에서 과정까지를 상세하게 다루고 있지만, 그 속에 숱한 역사적 일화와 풍습 등을 삽입해 많은 역사적 지식을 제공해준다. 그는 역사를 한낱 서사시적 서술로만 간주하던 전통을 깨고 실증적 학문의 대상으로 승화시켜 학문으로서의 역사를 정립한 최초의 역사가다. 그의 이러한 역사관은 많은 곳을 여행하면서 얻은 견문과 전문에 바탕을 둔 것이어서 사실성과 과학성이 밑받침되어 있다. 그는 다양한 내용들을 전체의 흐름 속에서 조화롭게 짜나가는 '산문의 호메로스'다. 이 책에서 교류사와 관련된 부분은 주로 1~4권인데, 여기서는 오리엔트 각지의 역사와 주민, 풍습을 다루고 있다. 특히 교류사에서 고전처럼 인용되는 것은 4권 13장과 16~36장에 있는 스키타이의 동방교역로와 관련된 기사다. 그 길은 흑해 동북방의 아조프해 → 돈강 → (북상) 볼가강 → 우랄 산맥 → (동행) 이세트네스인들의 거주지(티베트)로 이어지는 길이다.

헤이룽강 黑龍江, 흑수, 아무르강, 하라무렌

중국 동북부와 러시아 남동부(시베리아)의 국경을 이루는 강. 중국어로는 헤이룽강, 러시아어로는 아무르(Amur)강, 몽골어와 퉁구스어로는 하라무렌(검은 강)으로 불린다. 외몽골의 아르군강과 오논강에서 발원해 동쪽으로 흘러 타타르만의 니콜라예프스크(Nikolayevsk)에서 오호츠크해로 유입된다. 헤이룽강에는 200여개의 지류가 있으며, 상류의 대지류까지 합친 강의 전 길이는 4,354km로, 세계 제8위의 큰 강이다. 17세기부터 이 강은 러시아의 극동 진출의 요로로 이용되어왔으며, 이 강의 이용권과 영유권 및 상역권을 둘러싸고 중국과 러시아, 때로는 몽골까지 가담해 치열한 갈등과 충돌을 빚어왔다.

석양녘의 헤이룽강 풍광

헤카테오스 Hekataeos, ~기원전 486년

기원전 5세기 소아시아 밀레토스(Miletos) 출신으로 인도에 관한 책을 썼다고 하나 미전이다.

헤카톰필로스 Hecatompylos

이란 파르티아(안식安息) 왕국의 수도로, 파르티

아주(州)에 위치했다고 전하나, 아직 관련 유적
은 발견되지 않고 있다.

헬레니즘 Hellenism

알렉산드로스의 동정(東征, 기원전 334~323) 과
정에서 발생한 서양의 그리스 문명과 동양의 전
통 문명 간의 융합문명이다. 역사의 연속성 이론
을 주장한 독일 사학자 드로이젠(G. Droysen)이
1834년에 저술한 『헬레니즘 역사』(2권)에서 처
음으로 이 융합문명을 '헬레니즘'이라 명명하면
서부터 출현한 용어다. 본래 고전기 그리스 문화
에서 유래한 낱말로, 광의(廣義)의 헬레니즘은
서양사상의 원류로 헤브라이즘(Hebraism)과 대
비되는 그리스의 사상과 문화를 지칭하나, 역사
개념으로의 헬레니즘은 알렉산드로스의 동정으
로 인해 출현한 그리스와 오리엔트의 융합문화
를 의미한다. 즉, 이 용어는 시대 개념인 동시에
문명 개념으로도 줄곧 사용되어왔다. 시대 개념
으로서의 헬레니즘은 알렉산드로스의 동방 원
정(기원전 334)에서 이집트의 프톨레마이오스
왕조가 종말을 고할 때(기원전 30)까지 약 300
여년을 말한다. 이에 비해 문명 개념으로는 이
시대에 알렉산드로스제국과 그를 계승한 왕조
들에서 동서문명이 융합되어 개화한 문명을 이
르는 말이다. 이 새로운 헬레니즘 문명은 어디
까지나 그리스 문명과 오리엔트 문명(이집트 문
명, 메소포타미아 문명, 페르시아 문명 등)의 여
러 요소가 서로 섞인, 즉 융합(融合, fusion)되어
생긴 하나의 복합 문명이지 제3의 새로운 문명,
즉 융화(融化, deliquescense)된 문명은 아니다. 그
렇다고 오리엔트 문명이 그리스 문명에 일방적
으로 흡수되어 동화(同化, assimilation)된 문명은
더더욱 아니다. 따라서 헬레니즘은 '기본적으로
그리스 문화'라든가, 또는 '세계화한 그리스 문
화'라는 주장은 일종의 편견이다. 사실상 10년간

의 군사적 정복 활동으로만 일관된 이른바 알렉
산드로스제국의 판도는 그 대부분이 본래의 오
리엔트 페르시아제국의 영토였다. 뿐만 아니라,
이 대제국 페르시아를 계승한 시리아의 셀레우
코스(Seleucos) 왕조와 이집트의 프톨레마이오
스 왕조는 분명히 원래의 오리엔트 문명권 내의
왕조들로, 비록 그리스 문명의 영향을 받기는 하
였지만 오리엔트 문명의 전통을 지속적으로 유
지하였다. 게다가 헬레니즘 시대에 실제적으로
나타난 정치적 융합이나 사회·경제적 융합, 문
화적 융합은 헬레니즘 문명이 결코 그리스 문명
과 오리엔트 문명의 융화나 동화가 아니라 융합
이었다는 사실을 극명하게 보여주고 있다.

우선 정치적 융합으로 헬레니즘 시대에 동서
문명권을 아우르는 최초의 대제국이 건설되었
으며, 파미르 고원 서쪽으로 헬레니즘을 기반으
로 한 새로운 정치적 일체화(一體化)가 재현되
었다. 이러한 일체화는 종전의 아케메네스조 페
르시아에 의한 정치적 일체화와는 그 양상이 사
뭇 다르다. 헬레니즘 세계의 지배자들은 통치체
제에서는 그리스의 폴리스식 민주체제를 버리
고 오리엔트식 신정(神政)·전제(專制) 정치를 택
하였다. 알렉산드로스는 이집트에 들어가서는
이집트의 파라오와 마찬가지로 아몬 라(Amon
Ra)의 아들이라는 신탁(神託)을 받고 그렇게 행
세하였으며, 페르시아와 중앙아시아에서는 현
지의 전통적인 전제군주 체제를 표방하였다. 그
밖에 이러한 정치적 융합은 요지(要地)마다 그
리스식 도시를 건설한 데서도 여실히 나타난다.
알렉산드로스는 정복지에 통치 거점을 확보하
기 위해 약 70개소나 되는 동명(同名)의 알렉산
드리아를 건설하였다고 한다. 이들 도시에는 원
정군을 주둔시킬 뿐만 아니라, 원정군에 종군(從
軍)하거나 이민한 수많은 그리스 학자나 행정관
료, 상인이나 공장(工匠)들을 상주시켰다. 그리

하여 이러한 도시는 그리스식 시민 운영 시스템을 갖추고 있었다. 이같이 총체적으로 볼 때 헬레니즘 세계의 정치는 오리엔트의 전통적 전제 통치 체제를 유지하면서 여기에 폴리스식 도시 운영과 같은 그리스적인 정치제도를 일부 가미·융합하였던 것이다. 다음으로 헬레니즘 시대에 있어서 동서문명 간의 교류는 사회·경제적 융합에서 나타난다. 알렉산드로스의 그리스식 도시 건설과 이민 권장 정책은 당시 경제적 쇠퇴와 정치적 혼란에 시달리던 그리스인들의 정복지로의 이민을 격려하였다. 그리하여 그들은 궁핍해진 폴리스를 떠나 용병과 이민, 상인과 관리 등 각각 다른 신분으로 정복지에 대거 이주하였을 뿐만 아니라, 정복지 원주민들과의 통혼(通婚)도 장려해 민족적 및 혈연적 융합도 기하였다. 이와 더불어 알렉산드로스의 동정은 지중해 세계와 오리엔트 세계를 하나의 거대한 교역권 내지는 경제권으로 결합하였다. 알렉산드로스 대제국이 분열된 후에도 시칠리아로부터 흑해(黑海) 연안, 나일강으로부터 인더스강에 이르는 광대한 지역은 여전히 하나의 거대한 교역권과 경제권을 유지하였다. 이집트의 프톨레마이오스 왕조를 제외한 헬레니즘 세계에서는 알렉산드로스가 제정한 기준의 주화(鑄貨), 즉 아티카의 주화를 통일적으로 사용하였다. 그리스 상인들은 오리엔트의 상술과 관습을 익히면서 교역을 확대하여갔다. 상공업의 급속한 발달은 경제활동의 중심지로서의 도시, 특히 대외교역의 중추로서의 도시의 번영을 가져왔다. 이집트의 알렉산드리아는 인구 50만명이 넘는 대도시로, 헬레니즘 세계의 경제적 및 문화적 중심지였다. 그밖에 소아시아의 에페수스와 페르가몬, 흑해 입구의 비잔티움, 에게해의 로도스와 델로스섬 등은 교역과 수공업 중심지였으며, 티그리스강 하구의 셀레우키아(Seleukia)와 셀레우코스 왕조의 새로운 수도 안티오크(Antioch)는 아시아 및 인도와의 교역의 중심지였다. 이러한 제반 사실은 헬레니즘시대에 나타난 지중해세계와 오리엔트세계간의 사회경제적 융합을 실증해주고 있다.

끝으로 헬레니즘 시대에 있어서 동서문명간의 교류는 문화적 융합에서도 나타난다. 헬레니즘 시대에 전례없이 발달한 학문이나 예술은 동서문명간에 발생한 융합의 소산이다. 이 시대를 풍미한 스토아 학파(Stoicism)의 창설자 제논(Zenon, 기원전 335~263)은 보편적인 정의에 의해 지배되는 세계국가를 이상형으로 구상하면서도 현실적으로는 동방적인 전제주의를 인정하고 이에 적응하였다. 아울러 그는 동방적인 금욕주의를 실천적인 생활윤리로 제시하였다. 언어에 있어서는 광대한 헬레니즘 세계의 일체화를 실현하기 위해서 아티카의 방언인 코이네(Koine)가 공용어로 채택되었다. 이와 함께 그리스의 주민들에게 원주민의 의상을 채용하게 하는 등의 유화(宥化) 정책에서도 문화적 융합 시도를 찾아볼 수 있다. 그밖에 교류를 통한 문화적 융합 현상은 도처에 그 흔적을 남겨놓았다. 이 시대에 그리스인들이 인도 철학을 배워갔고, 인도인들이 그리스의 화폐 주조와 천문학, 건축 양식 등을 수용한 것은 그 대표적 예라고 할 수 있다.

헬레니즘 세계의 출현 알렉산드로스는 이른바 알렉산드로스 대제국을 건립하였지만, 이 제국은 연속적인 원정(遠征) 과정에서 출범하였기 때문에 확실한 통치체제를 갖추지 못하였다. 따라서 창건자의 급서(急逝) 이후 제국은 급속히 사분오열되어 사실상 제국의 존재는 역사의 한순간에 불과하였다. 그러나 제국의 영토는 서아시아의 대제국이었던 아케메네스조 페르시아의 영토와 거의 대등해 서쪽으로는 마케도니아, 동쪽으로는 소그디아나, 남쪽으로는 이집트, 북쪽으로는 카스피해 남쪽까지 광활하였다. 알렉산드로스는 젊은 나이에 급사해 후계자를 둘 수가 없었다. 이에 후계자 문제를 둘러싸고 군부 내에서 알력이 발생하였는데, 마케도니아 출신 장교들과 기병대는 선왕의 아들 알렉산드로스 4세 아이구스(Alexandros Aegus, Alexandros IV)를 왕으로 옹립(재위 기원전 323~310)하였으나, 일반 병사들은 저능아(低能兒)인 그의 동생 필립 3세 아리다이오스(Arrhidaeus, Philip III)를 왕으로 추대하였다. 결국 양측이 타협해 두 사람이 공동의 왕으로 지명되었고, 장군위원회의 섭정이 결정되었다. 그러나 이 위원회는 원정군의 장군 페르디카스(Perdiccas)와 마케도니아의 사령관 안티파트로스(Antipatros)에 의해 장악되었고, 여기에 왕의 생모 올림피아스(Olympias)까지 가세해 사태는 더욱 복잡해졌다.

결국 알렉산드로스제국은 여러 왕국들로 분열되었다. 아시아 지역에서는 왕의 부하 장군인 셀레우코스 1세 니카토르(Seleucos I Nicator)가 지배하는 셀레우코스 왕국이 출현하였는데, 그 통제력이 약해서 실제적으로는 소아시아의 페르가몬(Pergamon), 흑해 남안의 비티니아(Bithynia), 흑해 동남부의 파르티아(Parthia), 파미르 고원 서북부의 박트리아-소그디아나

헬레니즘의 대표적 유물인 각배(투르크메니스탄 니사 유적 출토)

(Bactria-Sogdiana) 등 8개의 소국이 분열 대립하는 양상이었다. 그러다가 기원전 64년에 로마에 의해 최종 멸망하였다. 아프리카의 이집트에서는 프톨레마이오스(Ptolemaios) 왕국이 출현하였다. 알렉산드로스의 부장이었던 마케도니아 출신 프톨레마이오스는 알렉산드로스 사후 이집트의 집정관(執政官, 사트라프satrap)으로 임명되었는데, 그는 자신을 프톨레마이오스 1세, 소테르(Ptolemaios I, Soter)라고 칭하면서 독립 왕국 행세를 하였다. 나아가 기원전 305년에는 공개적으로 자신을 왕이라고 선언하고 전제군주제를 표방하였다. 영토는 이집트, 시리아, 팔레스타인, 키프로스, 에게해 등 여러 지역을 포괄하였다. 이 왕국의 수도 알렉산드리아는 당대의 가장 번화한 도시로, 동서교역과 교류의 중추적 역할을 담당하였다. 말기에 이르러 왕실 내홍(內訌)으로 인해 세력이 약해지자 기원전 30년경에 역시 로마에게 망하였다. 한편 유럽에서는 알렉산드로스 대제국의 모체인 마케도니아가 강성해 안티고노스(Antigonos)의 지휘하에 그리스 전역을 그 치하에 두었다. 그러다가 마케도니아는 기원전 146년 3국 중 제일 먼저 로마에 병합되었다.

각국 왕조에 건설된 새로운 도시에는 수많은 그리스 군인·학자·수공업자·정치인들이 이주하여 전형적인 그리스의 도시문화가 이식되었다. 정복지에는 그리스어가 공용어로 통용되었으며, 그리스 화폐가 사용되었다. 그 결과 중앙아시아와 서북인도·서아시아·북아프리카의 광활한 지역에 걸쳐서 오리엔트 문화와 그리스 문화가 혼합된 헬레니즘 문화가 출현하였으며, 페르시아 문화에 의해 생성·유지되어온 파미르 서쪽 세계의 일체화(一體化)는 이제 새로운 헬레니즘 문화에 의해 더 명확하고 특징적인 일체화로 면모를 일신하게 되었다.

헬레니즘 시대와 동서문명 융합 헬레니즘 문화는 동서교류사에 있어서 중요한 한 장을 열어놓았다. 이때까지 아시아와 유럽 간의 관계는 페르시아의 매개를 통한 간접적 관계였으나, 이제는 직접적인 관계로 변하게 되었다. 헬레니즘에 의한 동서문화의 융합은 다음과 같은 몇가지 측면에서 찾아볼 수 있다. 우선 정치제도나 이념에서의 융합을 들 수 있다. 헬레니즘 시대에는 동방의 정복 지역에 그리스식 도시를 건설하면서 '시민대표제' 등과 같은 그리스식 행정제도를 도입했지만, 중앙 권력구조는 오리엔트식 전제왕권 제도를 유지하였다. 각 점령지에 페르시아식 총독제를 실시하고 피정복지의 제도나 종교, 관습은 대체로 그대로 허용하면서, 왕이나 국가에 대한 국민의 절대적 복종을 강요하고 노동·생산·산업 등 모든 경제활동은 국가의 통제하에 진행하도록 하였다. 뿐만 아니라, 타인종간의 통혼을 장려해 혼혈을 통한 인종적 융합도 시도하였다.

다음으로는 문화적 융합이다. 헬레니즘 지배자들은 그리스 문화를 일방적으로 강요하지 않고 오리엔트 토착문화를 흡수·결합해 새로운 융합문화인 헬레니즘을 창출하였다. 그런데 그 혼합요소(비율)는 분야에 따라 차이를 보인다. 정치와 경제 분야에서는 오리엔트식 전제정치와 경제구조가 대체적으로 도입되었으나, 문화 분야에서는 그리스식 도시문화가 더 많이 수용되었다. 또한 사상 분야에서도 개인의 자유나 자족(自足) 등을 추구하는 그리스식 개인주의가 적극적으로 활용되었다. 한편, 문화적으로는 그리스신과 아시아신이 혼합된 이른바 제신습합(諸神習合, syncretism) 현상이 나타났는데, 아시아신이 그리스 신과 동격시되고 그리스식 해석이 가해지기도 하였다. 간다라(Gandhara) 불교미술은 이러한 시류에 영합한 것이라 할 수 있다.

이러한 융합적 성격은 헬레니즘 문화의 세계성에서도 찾을 수 있다. 도시국가의 테두리 안에서만 발달되어온, 그래서 한정적일 수밖에 없었던 그리스문화는 동방문화와의 혼합을 통해 비로소 세계문화의 성격을 갖게 되었다. 그리하여 편협한 민족의식이나 고립의식이 아닌 보편적 이성에 근거한 코즈모폴리터니즘(cosmopolitanism), 즉 세계시민사상(혹은 세계동포주의)이 발생해 문화적으로 큰 영향을 미쳤다. 이 코즈모폴리터니즘은 민족적 차이를 초월해 인류 모두를 동포이자 세계의 시민이라고 간주하는 관점으로, 잡다한 제 민족으로 구성되어 있었던 헬레니즘 세계에서는 절실히 요청되는 사상이었다. 세계시민사상은 역사학과 철학에서 대표적으로 나타났다. 역사학에서는 로마에 인질로 잡혀간 폴리비오스(Polybios)가 『로마사』를 저술해 세계사 서술의 막을 열었다. 철학에서는 국가나 정치를 떠나서 개인의 행복이나 자유·자족을 추구하는 철학이 주류를 이루었다. 그 가운데서 헬레니즘의 세계주의적 풍조를 대표한 철학파는 스토아(Stoa) 학파였다. 이 학파의 창시자 제논(Zenon)은 인간은 이성(理性)에 의해 감정과 욕망을 억제함으로써 완전한 덕을 이루고 마음의 행복과 자유를 얻을 수 있다고 주장하면서 사소한 개인적 감정보다 이른바 세계적·보편적 생명을 구할 것을 호소하였다. 아울러 그는 동방식 극기(克己)와 금욕주의를 제창하였다. 끝으로 헬레니즘 시대에는 경제적 융합도 시도되었다. 수공업과 상업에서 유리·아마포·자수 주단 등이 생산되어 수출되고, 동서 교역이 활발해져 지중해·홍해·인도양을 망라한 무역권이 형성되었다. 한편, 농업과 상공업은 지역적 특성에 맞게 분업이 이루어졌다. 바빌로니아의 농업과 상공업, 시리아와 이오니아의 제조업(특히 직물업), 소아시아의 광산업이 서로 보완과 조화를 이루면서 헬레니즘의 경제부흥을 떠받들고 있었다. 이처럼 고전 그리스 문화와 고대 오리엔트 문화가 융합하여 출현한 헬레니즘은 고대 동서문화의 교류뿐 아니라, 지역적 문화(혹은 문화권)의 발달에도 중요한 역할을 하였다. 유럽에서 로마인들은 그리스인들로부터 헬레니즘 문화를 이어받아 마침내 라틴 문화를 생성시켰고, 서아시아에서 아랍인들은 헬레니즘 문화를 수용해 이슬람 문화를 창조·발전시킨 후, 다시 그 혼합문화를 유럽에 이전해 근세 유럽문화의 부흥을 촉발하였다. 인도와 중국을 비롯한 동방제국은 헬레니즘 세계를 통해 사상 처음으로 유럽과 직접적인 접촉을 하게 되어 상호 교류의 장이 마련되게 되었다.

헬레니즘 시대의 동서 교역 헬레니즘 시대에 있어서 지중해 세계와 오리엔트(서아시아 및 중앙아시아)는 하나의 거대한 교역권을 형성하였다. 멀리 시칠리아에서 흑해 연안까지, 나일강 유역에서 인더스강에 이르는 광대한 지역이 하나의 공동시장을 이루면서 동서교역이 매우 활발하게 전개되었다. 이집트의 프톨레마이오스 왕국을 제외한 나머지 헬레니즘 세계에서는 알렉산드로스가 제정한 기준의 주화, 즉 아티카가 통용되었다. 그리스 아티카의 방언인 코이네(Koine)가 헬레니즘 세계의 공통 상업어로 사용되어 사실상 헬레니즘 세계는 하나의 대교역권을 이루었다. 이러한 동서간의 교역을 실현하기 위해서는 발달된 교역로가 필수였다. 셀레우코스 왕국과 인도 사이에는 육상 교역로뿐 아니라 페르시아만으로부터 인더스강 하구를 비롯한 인도 서해안에 이르는 해상 교역로가 개척·이용되었다. 이 해로는 아덴(Aden)을 지나 홍해에 진입한 후 북상하다가 아라비아 반도 서안에서 육로와 연결된다. 해운 화물을 넘겨받은 대상(隊商)이 육로를 따라 지중해의 동남 해안에 위치한 가자에 이른 후, 그 화물의 일부는 해로로 프톨레마이오

스 왕국의 수도 알렉산드리아로, 일부는 육로로 이집트 지방으로 운반된다. 이렇게 해로와 육로가 겸용된 이 교역로에서 인도 상인들이 화물을 아덴까지 해로로 운반하면, 거기에서 아랍인이나 그리스인들이 화물을 넘겨받아 지중해 연안 일대로 운반한다. 그밖에 프톨레마이오스 왕국의 그리스계 상인들에 의해 인도양 계절풍이 발견되어 인도양 상의 해상교역에서 일대 전기가 마련되었다. 프톨레마이오스 왕국의 상인들은 이 계절풍을 이용해 멀리 인도 서해안까지 진출하였는데, 인도 서해안에서 프톨레마이오스 왕국의 주화가 다수 발견된 사실은 이를 증명해주고 있다.

헬레스폰트 Hellespont

흑해 마르마라해의 서단에 있는 다르다넬스 해협의 옛 이름이다. 흑해와 지중해, 발칸 반도를 잇는 중요한 해협으로, 그 동단에는 이스탄불과 위스퀴다르를 가르는 보스포루스 해협이 있다.

현각 玄恪

신라의 도축(渡竺) 구법승.『해동고승전(海東高僧傳)』에 따르면, '불 속의 연꽃'이라는 칭호를 들을 만큼 사람됨이 뛰어나고 높은 지견(知見)을 가진 현각은 당나라에 갔다가 불법을 더 배우기 위해 인도로 가기로 결심하고 정관(貞觀) 연간(627~649)에 신라 고승 현조(玄照)·사편(師鞭) 등과 함께 중국과 인도 변경의 목도(木道, 나무사다리 길)를 거쳐 인도에 가 부다가야의 대각사(大覺寺)에서 불법을 수행하다가 병으로 향년 40여세에 입적하였다. (8-113)

현광 玄光

중국 진(陳)나라로 유학을 간 신라승. 신라의 웅주(熊州) 출신으로 어려서 출가해 중국 남조의

진나라에 건너가 형산(衡山, 후난성湖南省 형산현衡山縣)에서 혜사선사(慧思禪師)를 사사하고 법화안락행문(法華安樂行門)을 전수받았다. 스승의 인가(認可)를 얻고 다시 신라로 돌아와서 웅주의 옹산(翁山)에 초가를 짓고 은거한 현광은 천태(天台)의 교학(教學)을 신라에 최초로 도입한 승려로 알려지고 있다. 중국 천태종의 영당(影堂)에 남악혜사를 비롯한 28명의 고승 영정(影幀)을 모셨는데, 현광의 화상도 그곳에 안치되었다고 한다. 나중에 고려 대각국사(大覺國師) 의천이 천태종을 창립하고 개성 주청사(周淸寺)를 그 본사로 삼았을 때, 그곳의 조사당(祖師堂)에 현광의 화상을 그려 봉안하였다고 전해지고 있다. (8-101)

현도 縣度

인더스강 상류 계곡의 피난처. 중국 타림 분지에서 간다라로 이어지는 오아시스로 상의 중요한 피난처. 법현(法顯)을 비롯한 많은 구법승과 대상들, 여행자들이 이곳에 피난했거나 지나간 기록이 남아 있다.

현유 玄遊

사자국(獅子國, 현 스리랑카)에 간 고구려승. 『해동고승전(海東高僧傳)』에 의하면, 현유는 성품이 부드럽고 고상하며 탐구력이 강한 승으로 당나라에 가 승철(僧哲)선사를 사사하다가 성인의 자취를 사모해 바다로 천축(인도)에 갔다. 동(東)천축을 두루 역방하고 나서 사자국에 가 만년을 보내다가 입적하였다.

현장 玄奘, 속명 '陳褘', 600~664년

중국 당대(唐代)의 구법(求法)·역경승(譯經僧). 삼장법사(三藏法師) 현장은 허난성(河南省) 옌스(偃師) 출신으로 11세 때 형을 따라 뤄양(洛陽) 정토사(淨土寺)에서 불경 공부를 하다가 13세 때 승적을 얻어 화상(和尙)이 되면서 '현장'이란 법명을 받았다. 17세 때 수(隋) 양제(煬帝)가 암살되어 전란이 발생하자 형과 함께 장안(長安)으로 피난하였다. 20세 때는 단신으로 각지를 편력하다가 23세 때 다시 장안으로 돌아와 대각사(大覺寺)에 머물렀다.

젊은 시절 대승불교(大乘佛敎)의 유종(有宗, 瑜伽宗)을 따르던 현장은 불경을 깊이 공부할수록 교리에 대한 의혹과 역경(譯經)에 대한 의문이 깊어져, 불전 원본만이 이러한 의혹을 해소할 수 있을 것이라고 믿고 급기야 '불교 발상지인 천축(天竺, 인도)에 가서 불전 원본을 구하겠다'는 결심을 하기에 이르렀다. 그리하여 26세 때 당조(唐朝)에 천축행을 청원하였다. 그런데 당시는 법적으로 위먼관(玉門關) 서쪽으로의 출입이 금지되어 있었기에 그의 청원은 받아들여지지 않았다. 그러나 현장은 의지를 굽히지 않고 몰래 서행 길에 올랐다. 그의 도축 노정과 행적은 다음과 같다.

627년 8월 장안 출발 → (승 효달孝達과 동행) 친저우(秦州) → (단신) 란저우(蘭州) → 량저우(凉州), 1개월간 체재, 량저우 도독 이대량(李大亮)이 장안으로 돌아갈 것을 명했으나 현지 고승 혜위(慧威)의 도움으로 탈출 → 과저우(瓜州, 국경 부근), 북방 50여리(5리=1.6km)의 위먼관에 1개월간 체재, 량저우 도독이 체포령을 내렸으나 이창(李昌)의 도움으로 심야에 위먼관 돌파 → 800여 리의 대사막, 『반야심경(般若心經)』 독송하면서 사막을 통과하다가 5일 만에 쓰러짐, 5일째 되는 날 밤 시원한 바람이 불어와 깨어나 걸으니 10리 앞에 못이 있어 살아남, 못가에서 1일간 휴식 → (2일간) 이오(伊吾, 하미), 불교 사원에 한승(漢僧) 3명 있음. 인근의 호승(胡僧)과 왕들이 찾아와 예우, 하미 왕이 설연(設宴)에 초대, 동석했던 고창국(高昌國) 사신이 귀국해 왕에게 현장의 도래 사실 알림 → (6일간, 628년 초) 고창국의 중국계 왕 국문태(麴文泰)가 친히 맞이함, 왕궁 곁 사원에 기거, 왕은 현장의 영주(永住)를 고집, 현장은 단식하며 불응, 그러자 왕은 1개월간의 『인왕반야경(仁王般若經)』 강해와 귀국시 3년간 체재를 조건으로 출발 허용 → 왕이 4명의 건아(健兒)를 승적에 입적시켜 종으로 동행케 하고 법복 30벌과 두건, 손주머니·신발 등 용품, 황금 100량, 은전 3만 매, 능견(綾絹) 500필을 천축 왕복 20년간의 비용으로 줌, 그밖에 서돌궐의 섭호가한(葉護可汗)에게까지 사신을 동행하게 해 길 안내, 도중의 제왕들에게 친서 보내 협조 당부 → 아기니국(阿耆尼國, 가라샤르, 한대의 언기焉耆, 산스크리트어로 '불의 나라'라는 뜻) → 굴지국(屈支國, 구자龜玆), 왕과 신하, 고승들이 성 동문 밖까지 나와 영접, 2개월간 체재, 왕이 말과 낙타 기증 → 능산(凌山, 톈산 북록), 해발 4,286m(만년설), 7일간 돌파 → 대청지(大淸池, 이식쿨호, 일명 열해熱海) 남안으로 서진 → 소섭성(素葉城, 일명 쇄엽碎葉, 상업도시, 현 토크마크Tokmak 부근), 인근의 서돌궐 왕 섭호가한을 그의 천막에서 만남, 왕이 설연 초대, 중국어를 아는 젊은 통역을 파견해 천축 서북 국경까지 안내, 왕이 법복과 비단을 선물하고 도중 제왕들에게 서한 보내 배려 부탁, 왕이 군신들과 함께 10여리 밖까지 나와 전송 → 천천(千泉, 서돌궐의 피서지) → 달라사성(呾邏私城, 탈라스 Talas, 현 잠불Dzhambul) → (서남행, 200여리) 백수성(白水城, 현 타슈켄트Tashkent 동북부의 사이람Sayram) → (서남행, 200여리) 공어성(恭御城, 시르다리야강 지류인 치르치크Chirchik강과 앙그렌Angren강 유역) → (남행, 40~50리) 노적건국(笯赤建國, 타슈켄트의 동부) → (서행, 200여리) 자시국(赭時國, 石國, 현 타슈켄트) →

(서남행, 천여리) 솔도리슬나국(率堵利瑟那國, 현 판지칸트Panjikand) → (서북행, 대사막 500여리) 삽말건국(颯秣建國, 사마르칸트, 강국康國), 파사교(波斯敎, 조로아스터교) 신봉, 불승 없는 사원 2개소, 불자들의 체재 불허 → (서남행, 300여리) 갈상나국(羯霜那國, 사국史國, 현 샤흐리삽스Shakhrisabz) → (남행, 500~600리) 철문(鐵門, 부즈갈라Buzgala, 현 샤흐리삽스 이남 90리 지점) → 도화라국(覩貨邏國, 토화라吐火羅) 지배하의 29개 소국 → (아무다리야강 도하) 활국(活國, 현 아프가니스탄의 쿤두즈Kunduz, Qunduz 일대), 1개월간 체재, 태수는 서돌궐왕 섭호가한의 장자 → 도박갈국(都縛喝國, 박트리아Bactria, 현 아프가니스탄 북부의 마자르 이 샤리프Mazar-i-Sharif 서부), 승 3천~4천 명, 불사佛寺 100여 개소, 불교국, 도성의 서남쪽에 있는 납박 승가람(納縛僧伽藍)에서 석가가 목욕시 사용하던 대야와 비, 그리고 불치(佛齒) 친견, 1개월간 체재 → (남행, 백여 리) 게직국(揭職國, 현 파키스탄의 Darrah Gaz) → (동남행) 대설산(大雪山, 힌두쿠시Hindū Kush 산맥) → 범연나국(梵衍那國, 현 아프가니스탄의 수도 카불 서편의 바미안Bamiyan), 승려 수천 명, 불사 수십 개소, 왕성 동북쪽 산록에 높이 40~50척 금색의 거대한 불립상(佛立像), 약 15일간 체류 → (동행) 흑령(黑嶺, 아프가니스탄 동계(東界)의 Siyah-Kah산) → 가필시(迦畢試, 현 아프가니스탄의 베그람 Begram), 사락가사(沙落迦寺)에서 하안거 → (628년 겨울), 북천축의 남파국(濫波國, 람파카 Lampaka, 현 아프가니스탄 동계의 라그만 Laghman), 당시에는 이곳부터 천축의 경내, 현장의 『대당서역기(大唐西域記)』에 이곳을 최초로 '인도(印度)'라고 칭함, '인도'의 어원은 '강(江)'이란 뜻으로 인더스강의 전칭(專稱), 산스크리트어로 '신드후'(Sindhu), 고대에는 '신독

(身毒)'·'현두'(賢豆)'·'천축(天竺)'으로 지칭 →
(동남행) 게라갈(揭羅曷, 나가라하라Nagarahara,
현 아프가니스탄의 잘랄라바드Jalalabad) → (동
남행) 건타라국(健馱邏國, 간다라Gandhara, 수도
푸루사푸라Purusapura, 현 아프가니스탄의 페샤
와르Peshawar 서부) → (동북행) 포색갈라벌저
성(布色羯邏伐底城, 푸쉬칼라바티Puskalavati, 현
페샤와르 동북부의 차르사다Charsadda) → (동
행) 발로사성(跋虜沙城, 페샤와르 동북켠의 샤흐
바즈 가르히Shahbaz Garhi) → (동행) 오탁가한
다(烏鐸迦漢茶, 페샤와르 동편의 오힌드Ohind)
→ (북행 600여 리) 오장나국(烏仗那國, 우디야
나Udyana, 즉 오장烏萇, 烏場, 현 파키스탄 북단
의 스와트Swat강 유역) → 맹게리성(甍揭釐城,
현 파키스탄 북계의 망갈로르Mangalore) → (동
북행, 인더스강 소행溯行 천여 리) 달려라강(達
麗羅江, 파키스탄 북단의 다렐Darel강) → (동행,
500여리) 발로라국(鉢露羅國, Bolora, 현 카슈미
르 서북부의 발티스탄Baltistan) → (돌아서서)
오탁가한다(烏鐸迦漢茶) → (남행, 인더스강 도
하) 달차시라(呾叉始羅, Taksasile, 현 파키스탄의
라왈핀디Rawalpindi 서북방) → (북행) 인더스
강 도하 → (동남행) 오랄시국(烏剌尸國, 우라사
Urasa, 현 파키스탄 동북부의 하자라Hazara 일
대) → (동남행, 천여리) 가습미라국(迦濕彌羅國,
카스미라Kasmira, 현 카슈미르 지역, 수도 스리
나가르Srinagar, 2년간 체류, 국왕의 명에 따라
수십명 불승들과 논불(論佛), 인명학(因明學, 논
리학)과 성명학(聲明學, 언어문자학) 등을 수강
→ (서남행, 700여 리) 반노차국(半笯嵯國,
Parnotsa, 현 스리나가르 서남부의 펀치Punch)
→ (동남행, 400여 리) 갈라사보라국(曷邏闍補羅
國, Rajapura, 현 카슈미르의 Rajaori) → (동남행)
책가국(磔迦國, Takka, 펀자브 평원 일대)의 수도
(7세기 펀자브의 수도는 Asarur) → (동행, 500여

리) 나복저국(那僕底國, 현 파키스탄 동북부의
카수르Kasur나 인도 북부의 Ferozepore) → (동
행) 사란달라국(闍爛達羅國, 잘란드라하
Jalamdhara, 현 인도 북부의 줄룬두르Jullundur)
→ (동북행, 700여 리) 굴로다국(屈露多國, 쿨루
타Kuluta, 현 인도 북부의 캉그라Kangra) → (남
행, 700여 리) 설다도로국(設多圖盧國, Satadru,
현 인도 북부의 Sarhind 일대), 여기까지가 북천
축 → (중천축, 서남해, 800여 리) 파리야달라(波
理夜呾羅, 파리야트라Pariyatra, 현 인도 자이푸르
Jaipur 이북의 바이라타Vairata) → (동행, 500여
리) 말토라(秣菟羅, Marthura, 마두라 摩頭羅, 현
마투라Muthura) → (동북행, 500여 리) 살타니
습벌라국(薩他泥濕伐羅國, Sthanesvara, 현 타네사
르Thanesar) → (동행, 400여 리) 솔록근나국(窣
祿勤那國, Srughna, 현 로타크Rohtak 북부 일대)
→ 긍가강(殑伽江, Ganga, 갠지스강) 도강 후 동
행 → 말저보라국(秣底補羅國, Matipura, 현
Mandawar) → (북행, 300여 리) 파라흡마보라
(婆羅吸摩補羅, Brahmapura, 현 스리나가르) →
(630년 봄, 돌아서서) 말저보라국(秣底補羅國)
→ (동남행, 400여 리) 구비상나국(瞿毘霜那國,
Govisana, 현 Kashipura 동편의 Llfain 일대) →
(동남행, 400여 리) 악혜체달라국(惡醯掣呾邏國,
Ahichattra, 현 Rohilkhand 동부) → (남행
260~270리, Ganga강 도강 후 서남행) → 비라산
나국(毘羅刪拏國, Virasana, 혹은 Bilsar) → (동남
행, 200여 리) 겁비타국(劫比他國, Kapitha, 일명
승가시僧伽施, 현 파루카바드Farrukhabad의
Sankisa촌) → (동남행, 근 200백리) 갈약국사(羯
若鞠闍, 산스크리트어의 Kanyakubja, '곡녀성曲
女城'이란 뜻, 『법현전(法顯傳)』 중의 계요이罽饒
夷, 현 Kanauj), 당시 북천축과 중천축은 하르샤
(Harsha) 왕국이 통치, 국왕은 하르샤 바르다나
(Harsha-Vardhana, 호는 Siladitya, '계일戒日'이

란 뜻), 세칭 계일왕(戒日王, 재위 606~647), 수도 곡녀성에 승 1만여 명, 불사 100여 개소, 비리야서나삼장(毘離耶犀那三藏) 법사로부터 『비파사(毘婆沙)』 수강 → (동남행, 100여 리) 납박제파구라성(納縛提婆矩羅城, Navadevakula, 현 아우드Oudh) → (동행, 300여 리, 배편으로 Ganga강 따라 북행) 아야목거국(阿耶穆佉國, 현 알라하바드Allahabad 서북부) 해적선에 기습당함 → (동남행, 700여 리, 염모나강閻牟那江 줌나Jumna강 도강 후 북행) 발라야가국(鉢邏耶伽國, Prayaga, 현 알라하바드) → (서남행, 대산림, 500여 리) 교상미국(憍賞彌國, Kausambi, 현 알라하바드 서남부의 코삼Kosam촌) → (동북행, 170~180리) 비색가국(鞞索迦國, Visaka, 현 아우드나 Biseipur, 시타푸르Sitapur라는 설) → (동북행, 500여 리) 실라벌실저국(室羅伐悉底國, Sravasti, 랍티Rapti강 남안의 Saheth와 Maheth 두 촌),『법현전』중의 구살라국(拘薩羅國) 사위성(舍衛城), 서다림급고독원(逝多林給孤獨園, Jetavananathapin-dikarama, 일명 기원정사 祇洹〈園〉精舍)은 이미 폐허 → (동남행, 500여 리) 겁비라벌솔도국(劫比羅伐窣堵國, Kapilavastu, 현 인도 북부의 Nigliva촌 부근), 석가의 고향, 탄생지인 남비니(藍毗尼, 룸비니Lumbini)도 폐허 → (동행, 200여 리) 남마국(藍摩國, Rama) → (동북행, 대산림) 구시나갈라국(拘尸那揭羅國, Kusinagara), 석가 열반처 → (서남행) 파라닐사국(婆羅痆斯國, 현 바라나시Varanasi) → (강가Ganga강 따라 동행, 300여 리) 전주국(戰主國, 산스크리트어 Garjanapati의 의역, 현 가지푸르Ghazipur) → (동북행, 강가강 따라 140~150리) 폐사리국(吠舍釐國, Vaisali, 현 Basarh) → (동북행, 500여 리) 불률시국(弗栗恃國, Vrji, 현 다르방가Darbhanga 북부 일대), 현장은 이곳으로부터 서북행 1,400~1,500리 되는 곳에 니파라국(尼波羅國, Nepala, 현 네팔Nepal)이

있다는 것을 전문 → (돌아서서) 폐사리국(吠舍釐國) → (강가강 따라 남행, 630) 마갈타국(麻揭陀國), 법현(法顯) 방문 때의 수도 파련불읍(巴連弗邑, Pataliputra)을 비롯한 고성들은 다 폐허, 그러나 불교 중심지의 위상은 여전히 유지, 석가의 성도처(成道處) 보리가야(菩提伽倻, Bodh Gaya) 순례, 현장은 보리수(菩提樹)와 금강좌(金剛座) 앞에서 오체투지(五體投地) → 나란다(那爛陀, Nalanda)사(寺), 굽타 왕조가 구왕사성(舊王舍城, Kusagrapura) 북쪽에 인도 불교의 최고 학부인 나란다사(파트나Patna 경내의 Baragoan촌)를 건조, 이미 700년의 역사, 보리가야 순례시 나란다사에서 사람을 보내 현장을 영접, 안주 후 불타의 『화엄경(華嚴經)』 설법처인 영취산(靈鷲山, Grdhrakuta)과 불타의 장기 설법처인 죽원(竹園)정사 등 불적지 순례, 나란다 주지인 계현(戒賢)대사로부터 15개월간 『유가론(瑜伽論)』『순정리(順正理)』『현양(顯揚)』『대법(對法)』『인명(因明)』『성명(聲明)』『집량(集量)』 등 불전 수강, 대사의 제자가 되고, 또 사내 주객승(主客僧) 수천명 중 최상의 대우를 받는 10명 중의 한 사람이 됨 → (635년, 5천축 순방 출발) 이란나발벌다국(伊爛拏鉢伐多國, 현 비하르Bihar주의 Monghyr), 1년간 체류, 두 고승으로부터 『비파사(毗婆沙)』 수강 → 강가강 남안 따라(동행, 300여 리) 첨파국(瞻婆國, Campa, 현 비하르 동부의 바갈푸르Bhagalpur 일대) → (동행, 400여 리) 갈주올기라국(羯朱嗢祇羅國, 카준기라Kajunghira, 현 인도 동북부의 라지마할Rajmahal) → (동행, 강가강 도강, 600여 리) 분나벌탄나국(奔那伐彈那國, 푼나바르다나Punnavardhana, 현 Bongra 일대) → (동남행, 900여 리) 갈라나소벌랄나국(褐羅拏蘇伐剌那國, Karnasuvarna, 현 무르시다바드Murshidabad 일대) → (동남행) 삼마달타국(三魔呾吒國, Samatata, 현 다카Dacca 서남부의 Gomilla 일대),

여기서 현 미얀마와 타이 등 동남아시아 6개국에 관해 전문 → (서행, 900여 리) 탐마율저국(耽摩栗底國, 탐랄리프티Tamralipti, 현 인도 동부의 탐루크Tamluk), 이곳에서 해중(海中)에 승가라국(僧伽羅國, Singhala, 사자국獅子國, 현 스리랑카)이 있음을 전문 → (서남행) 오다국(烏茶國, Udra, 현 오리사Orissa주의 간잔Ganjan 일대) → (서남행, 대황야와 울창한 수림) 남천축 경계의 갈릉가국(羯陵伽國, 칼린가Kalinga, 고대 인도 동부의 연해 대국, 현 라자문드리Rajahmundry 일대) → (서북행, 1,800여 리) 중천축의 교살라국(憍薩羅國, 코살라Kosala, 현 챤다Chanda 일대) → (남행, 900여 리) 남천축의 안달라국(案達羅國, Andhra, 현 하이데라바드Hyderabad 일대) → (남행, 천여리) 타나갈책가국(馱那羯磔迦國, 다나카다카Dhanakataka, 현 아마라바티Amaravati 일대) → (서남행, 1,000여 리) 주리야국(珠利耶國, 콜야Colya, 현 인도 동남해안의 넬로르Nellore 일대) → (남행, 숲속, 1,500~1,600리) 달라비다국(達羅毗茶國, Dravida, 현 안드라파라데시Andhra Pradesh주 남부 타밀나두Tamil Nadu주 북부 일대), 본래 더 남하해 말라구타국(秣羅矩吒國, 말라쿠타Malakuta, 현 마두라Madura 일대)을 거쳐 바다로 승가라국(僧伽羅國, 현 스리랑카)까지 갈 계획이었으나 말라구타 국왕에게 사방에서 기란(饑亂)이 일어났다는 소식을 전해 듣고 계획 포기, 그러나 승가라국에 관해 여러가지 전문 → (북행) 공건나보라국(恭建那補羅國, 콩카나푸라Kongkanapura, 현 인도 서남부의 아나군디Annagundi) → (서북행, 2,400~2,500리) 마하랄타국(摩訶剌陀國, 마하라따Maharattha, 현 나시크Nasik 일대) → (서행, 천리, 내말타강耐秣陀江, 나르마다Narmada강 도강) 발록갈첩파국(跋祿羯呫婆國, 바루카차파Bharukacchapa, 현 인도 서해안의 브로치Broach) → (서북행, 2,000여 리) 마

랍파국(摩臘婆國, 말라바르Malabar, 현 아마다바드Ahmadabad 일대) → (서북행, 3일간) 계타국(契吒國, 카이라Kaira나 쿠츄Cutch) → (북행, 천여리) 벌랍비국(伐臘毘國, 발라비Valabhi, 현 보나가르Bhaonagar 서북) → (서북행, 700여 리) 아난타보라국(阿難陀補羅國, 아난다푸라Anandapura, 바르나가르Barnagar나 바드나가르Vadnagar) → (돌아서서) 벌랍비국 → (북행, 1,800리) 구절라국(瞿折羅國, 구쟈라Gujjara, 현 구자라Gujara주 일대) → (동남행 2,800여 리) 오사연나국(鄔闍衍那國, 우쟈야니Ujjayani, 현 중앙주中央州의 우자인Ujjain 일대) → (동북행, 천여리) 척지타(擲枳陀, 분텔한드Bundelkhand나 치토르Chitor) → (북행, 900여 리) 마혜습벌라보라국(摩醯濕伐羅補羅國, 마헤스바라푸라Mahesvarapura, 현 인도 중부의 괄리오르Gwalior) → (서행) 소랄타(蘇剌佗) → (서행) 아점파혈라국(阿點婆翅羅國, 현 파키스탄의 카라치Karachi 일대) → (서행, 2천여 리) 낭갈라국(狼揭羅國, 랑갈라Langala, 현 파키스탄 중남부의 로코리안Lokorian 일대), 현장은 이곳에서 서북쪽에 파랄사(波剌斯, 파르사Parsa, 파사波斯, 페르시아Persia)와 또 그 서쪽에 불름국(拂菻國, 프룸Frum, 룸Rum, 동로마제국)이 인접해 있음을 전문 → (돌아서서) 아점파혈라국 → (북행, 700여 리) 비다세라국(臂多勢羅國, 파타실라Patasila, 현 파키스탄의 하이데라바드Hyderabad) → (동북행, 300여 리) 아반다국(阿軬茶國, 아반다Avanda, 현 파키스탄의 브라흐마나바드Brahmanabad) → (동행, 700여 리) 신도국(信度國, 신두Sindhu, 현 파키스탄의 수쿠르Sukkur 일대) → (동행, 900여 리, 도강 후 동행) 무라삼부로국(茂羅三部盧國, 물라스타나푸라Mulasthanapura, 현 파키스탄의 물탄Multan 일대), 서천축의 경계 → (동북행, 700여 리) 북천축의 발벌다국(鉢伐多國, 파르바

타Parvata, 현 파키스탄의 하라파Harappa), 2년 간 체류.

이렇게 현장은 중·동·남·서·북의 오천축을 두루 역방한 후 발벌다국으로부터 동남쪽으로 이동해 2년 만에 나란다사로 귀환하였다. 그는 돌아오는 길에 나란다 부근의 저라택가사(低羅擇伽寺)에 들러 2개월간 고승 반야발타라(般若跋陀羅)로부터『성명(聲明)』『인명(因明)』등의 불경을 수강하였다. 또 장림산(杖林山, 현 붓다인Buddhain 산 동켠)에 가서는 승군론사(勝軍論師)에게서『유식결택론(唯識決擇論)』등을 공부하였다. 나란다에 돌아와서는 사승(寺僧)들에게『섭대승론(攝大乘論)』과『유식결택론』을 강해하였다. 이때 현장은『회종론(會宗論)』3천 송(頌)을 지어 유가론(瑜伽論)을 발전시키고 유가와 중관(中觀) 양파를 융합시켰다. 계일(戒日) 왕의 초청으로 변론대회에 참가하는 등 천축에서 명성을 떨치다가 결국 귀국을 결심하였는데, 귀로 노정은 다음과 같다.

641년 가을 발라야가국 출발 → (서남행, 대산림) 교상미국(憍賞彌國) → 비라산나국(毘羅刪拏國) → 사란달라국(闍爛達羅國) → 승가보라국(僧訶補羅國) → 달차시라국(呾叉始羅國) → 남파국(覽波國), 이상은 올 때와 같은 길, 이곳부터 다른 길 택함 → (남행, 15일간) 서천축의 벌랄나국(伐剌拏國, 바루누Varnu,『법현전』의 발나 跋那, 현 파키스탄의 반누Bannu), 불적 참배 → (서북행) 아박건국(阿博建國, 현 반누 서부의 와지리스탄Waziristan) → (서북행, 천축 출계出界) 조구타국(漕矩吒國, Jaguda, 현 아프가니스탄의 가즈니Ghazni 일대) → (북행, 500여 리) 불률시살당나국(弗栗恃薩儻那國, 브르지스타나 Vrjisthana, 현 아프가니스탄 카불 서편) → (동행) 가필시국(迦畢試國) → (설산, 힌두쿠시 산맥의 카와크Khawak산) 안달라박국(安呾邏縛國, 안

다라브Andarab, 현 카와크산 서편의 도쉬Doshi 강 일대) → (서북행, 400여 리) 활실다국(闊悉多國, 아프가니스탄 동북부의 코스트Khost강 유역) → (서북행) 활국(滑國), 1개월간 체류, 여기서 고창국 왕 국문태(麴文泰)가 사망하고 고창국도 멸망(640년 5월)하였다는 소식에 접함, 이에 현장은 이곳으로부터 아무다리야강 북안에서 사마르칸트를 경유, 톈산(天山) 남쪽으로 향하는 길을 따르지 않고, 이 강의 남안에서 동행하여 파미르 고원을 넘는 험로를 택함 → (동행, 100여 리) 몽건국(瞢健國, 현 아프가니스탄의 카나바드Khanabad) → (동행, 300여 리) 흘률슬마국(訖栗瑟摩國, 현 아프가니스탄의 파이자바드Faizabad 서편) → (동행, 200여 리) 발탁창나국(鉢鐸創那國, 현 아프가니스탄의 제름Jerm 일대) → (동남행, 500여 리) 굴랑나국(屈浪拏國, 현 코크차Kokcha강 상류의 Kuran) → (동북행, 500여 리) 달마실철제국(達摩悉鐵帝國, 현 아프가니스탄의 와칸Wakhan 일대) → (동북행, 700여 리) 파미라천(波謎羅川, 현 파밀Pamil) → (동남행, 500여 리) 걸반타국(揭盤陀国, 현 신장新疆 타스쿠얼간塔什庫爾干) → 거사(佉沙, 소륵疎勒) → 주구파(朱俱波, 사차莎車) → (동행, 800여 리, 644년) 구살단나(瞿薩旦那, 우기于闐), 승 5천여 명, 불사 100여 개소, 현장은 고창국 출신의 청년 마현지(馬玄智)를 사자(使者)로 장안에 보내 자신의 도축구법과 귀국 사실을 당조에 상표(上表), 8개월 만에 사자가 돌아와 '귀국 소식 듣고 환희 무량하니 속래(速來)하여 짐(朕)과 상견하기 바란다'는 천자 태종(太宗)의 하교를 전달, 이곳에서 도중에 분실한 불전들을 보충하기 위해 사람을 구자(龜玆)와 거사(佉沙)에 파견, 현장은 승려들에게 매일 강해, 매일 청강생 1천여 명 → (동행) 니야 → (대사막, 1,100여 리) 절마타나(折摩馱那)의 구지 → (동북행, 1,000여 리) 폐허가 된

납박파(納縛波, 누란樓欄) → (644년 11월) 사주(沙州, 둔황敦煌) → (645년 1월 6일) 조거(漕渠, 운하)로 배를 타고 장안 도착.

이렇게 장장 18년(627년 8월~645년 1월)이나 걸린 현장의 도축구법 행각은 성공리에 마무리되었다. 645년 2월에 현장은 천자의 명에 따라 자신의 도축구법순례기 『대당서역기(大唐西域記)』 12권을 집필하기 시작해 646년 7월 상재(上梓)하였다. 귀국 후, 현장은 장안의 홍복사(弘福寺, 645년 3월 1일 입사)와 새로 지은 자은사(慈恩寺, 648년 12월 입사)에 주석하면서 19년간 불교의 신종(新宗) 개창과 역경에 진력하였다. 현장은 재축(在竺) 구법시 주로 유가론(瑜伽論)을 연찬해 유가종(瑜伽宗) 10대 논사(論師)들의 학설을 종합·체계화해 이른바 '성유식론(成唯識論)'을 정립, 법상종(法相宗)의 이론적 기초를 마련하였다. 그후 제자 규기(窺基, 632~682)가 『술기(述記)』와 『추요(樞要)』를 저술해 스승의 이론을 해석·보충하였다.

동양 불교사에서 현장의 이름을 빛나게 한 것은 미증유의 역경(譯經)에 대한 업적이다. 그는 귀국 후 입적할 때까지 장장 19년간 천축에서 가져온 불전의 번역에 잠심몰하였다. 그는 경(經)·논(論) 75부 1,335권(총 1,300여 만 자)을 한역하였다. 통계에 의하면 수(隋) 개황(開皇) 원년(581)부터 당(唐) 정원(貞元) 5년(789)까지의 208년간 54명의 역경자가 총 2,713권의 불전을 역출하였는데, 그중 약 절반을 현장 한 사람이 수행하였다고 한다. 그는 역문할 때 정확성과 역문에 대한 이해를 동시에 확보하기 위해 직역(直譯)과 의역(意譯)을 배합하는 원칙을 견지하였다. 이러한 원칙을 관철하기 위해 선발된 유능한 고승들로 질서정연한 역장(譯場)을 조직·운영하였다. 현장은 불경의 한역(漢譯)뿐 아니라, 천축에서는 이미 실전된 『대승기신론(大乘起信

인도 나란다의 '현장기념관'에 세워진 현장 동상(1969년 건립)

論)』의 한역본을 다시 범어(梵語, 산스크리트어)로 회역(回譯)하였다. 또한 태종(太宗)의 요청에 따라 『도덕경(道德經)』을 범어로 역출해 천축에 보내기도 하였다. 중국 3대 역경가(譯經家)의 한 사람인 현장은 664년 1월 1일 『대보적경(大寶積經)』을 시역(始譯)하다가 그만 기력이 진해 절필하고는 2월 5일 산시(陝西) 의군(宜君)의 옥화사(玉華寺)에서 입적하였다.

현조 玄照, 7세기 중엽

중국 당대의 서행 불승. 태주선장(太州仙掌) 출신의 현조는 당 정관(貞觀) 연간(627~649)에 장안 대흥선사(大興善寺)에서 산스크리트어를 배우고 나서 도축(渡竺)해 나란다에서 3년간 체류하면서 불경을 연찬하였다. 고종(高宗) 인덕(麟德) 연간(664~665)에 귀국하였는데, 그의 왕복로는 당대에 개척된 중·인(中印) 간의 첩경인 당―티베트―네팔―천축을 잇는 이른바 '중인장도(中印藏道)'였다. 그의 행로는 토번(吐蕃, 티베트)을 통과하였기 때문에 그곳에 가 있는 문성공주(文成公主, ?~680)의 협조를 받았다. 귀국 후 얼마 안 있어 고종은 다시 그를 천축에 파견하였다. 그는 나란다에서 그곳에 체재 중인 의정(義淨)을 만났으며, 귀국하지 못하고 중천축의 암마라파국(庵摩羅波國)에서 입적하였다.

현태 玄泰

신라의 도축(渡竺) 구법승.『대당서역구법고승전(大唐西域求法高僧傳)』『해동고승전(海東高僧傳)』『삼국유사(三國遺事)』등 사적의 기록을 종합해 보면, 현태는 어려서부터 어른처럼 침착하고 탐구심이 강해 미세한 이치까지 구명할 정도였다. 그는 해로로 당나라에 간 후 당 고종 영휘(永徽) 연간(650~655)에 토번(吐蕃, 현 티베트)과 니파라(尼婆羅, 현 네팔)를 거쳐 중천축에 이르러 부다가야(佛陀伽倻)의 보리수를 참배한 다음 동쪽으로 험난한 길을 따라 사자처럼 각지를 누비면서 풍토를 두루 보고 대각사(大覺寺)에 도착하였다. 그는 거기에 주석해 경론(經論)을 상검(詳檢)하고 방속(方俗)을 살펴본 후 진단(震旦, 중국)에 돌아왔다. 현태는 혜초(慧超), 원표(元表)와 함께 도축한 당나라 거주 한국 승 중에서 생존자로 당에 돌아온 도축구법승이다. 당에 돌아온 이후의 생애에 관해서는 법화(法話)에 큰 업적을 세웠다는 것 외에는 별로 알려진 것이 없다.

혜관 惠灌, 慧灌, 惠觀, 惠甲

도일 고구려승. 일찍이 중국 수(隋)나라에 유학을 가서 가상대사(嘉祥大師) 길장(吉藏, 549~623)에게서 삼론(三論)을 배웠으며, 귀국하여 불도들에게 그에 관해 강의하기도 하였다. 그의 이러한 학문적 깊이와 공로가 인정되어 고구려 왕으로부터 625년 승정(僧正)에 임명되었다. 또한 그는 일본에 건너가 원흥사(元興寺)에 주석하면서 삼론종의 기틀을 마련해 일본 삼론종(三論宗)의 시조가 되었다. (8-174)

혜륜 慧輪

신라의 도축(渡竺) 구법승.『대당서역구법고승전(大唐西域求法高僧傳)』과『해동고승전(海東高僧傳)』의 관련 기록을 종합하면, 혜륜(惠輪, 또는 惠慧)은 신라승으로 법명은 반야발마(般若跋摩)다. 중국 민월(閩越, 현 푸젠성福建省)에 도항해 그곳에서부터 걸어서 장안에 이르렀다. 그는 칙령을 받들고 신라 승려 현조(玄照) 법사를 따라 비제(飛梯, 성을 공격하는 전쟁 도구)로 험지(險地)를 넘으면서 서역을 지나 666년에 암마라파국(菴摩羅波國, 고대 인도 동북부의 나라)의 신자사(信者寺)에 도착해 그곳에서 10년을 보냈다. 그후 이 나라 동쪽에 있는 건타라국(犍陀羅國)의 산다사(山茶寺)에 옮겨 이곳을 왕래하는 수많은 북방 호승(胡僧)들과 어울려 법문을 닦았다. 그는 40세가 채 되지 않아 이미 산스크리트어에 능통했으며, 구사(俱舍)에 정통한 법승(法僧)으로 이름이 높았다. 그는 제자 현유(玄遊)와 함께 사자국(獅子國, 현 스리랑카)에 가서 만년을 보냈다.

혜소 慧昭, 眞鑑禪師, 773~850년

신라의 당(唐)나라 유학승. 그는 전주(全州) 금마(金馬)에서 태어나 804년 수부(水夫)로 조공사를 따라 당나라에 도항해 창저우(滄州, 현 허베이성河北省 창현滄縣)에 도착, 신감대사(神鑑大師)를 스승으로 삼아 학업을 닦았다. 숭산(嵩山) 소림사(少林寺) 유리단(琉璃壇)에서 810년 구족계(具足戒)를 받고, 중국 각지를 주유하다가 장안 종남산(終南山)에서 수행하던 중 830년 신라로 돌아왔다. 귀국 후 그는 신라 불교 발전을 위해 눈부신 활동을 펼쳤으며, 그 공로를 인정받아 신라 왕으로부터 838년 '혜소(慧昭)'라는 법호를 받았다. 850년 정월 9일 지리산(知異山, 지리산智異山)에서 77세의 나이로 앉은 채 입적하였다. (8-143)

혜업 慧業

신라의 도축(渡竺) 구법승.『대당서역구법고승전(大唐西域求法高僧傳)』과『해동고승전(海東高僧傳)』의 관련 내용을 종합해보면, 혜업(慧業)은 재능과 형국(形局)이 깊고 넓은 고승으로서 입당 후 정관(貞觀) 연간에 서역으로 떠나 황막한 사막을 넘고 험준한 설령을 오르내리며 오직 구법의 염원에만 불타 목숨을 가볍게 여기고 법을 따랐다고 한다. 간절한 그의 소원이 이루어져 마침내 보리사(菩提寺)에 이르러 석가의 자취를 순례하였다. 그는 나란다에 머물면서『정명경(淨名經)』을 읽고 당본(唐本)을 검열하는 등 불법 연구에 정진하였다.『양론(梁論)』하기(下記)에는 불치수(佛齒樹) 밑에서 남긴 혜업의 기록문을 전하고 있는데, 당나라 승려 의정(義淨)은 나란다사(寺)에서 혜업이 쓴 범본(梵本)을 보았다고 한다. 혜업은 나란다사에서 향년 60여세에 입적하였다.

혜자 慧慈

도일 고구려 학승.『일본서기(日本書紀)』등의 기록에 따르면, 혜자(惠慈)는 595년(영양왕 6) 일본으로 건너가 최초의 여자 천황(天皇)인 스이코(推古) 천황의 섭정(攝政)이었던 쇼토쿠(聖德, 574?~622) 태자의 스승이 되었으며, 쇼토쿠 태자가 중앙집권 체제를 정비하고, 불교를 융성케 하는 데 큰 영향을 끼쳤다. 그는 당시 일본에 머물던 백제의 혜총(慧聰)과 함께 새로 지은 원흥사(元興寺)에 주석하면서, 법화경(法華經)과 승만경(勝鬘經) 등의 교리를 가르쳤다. 당시 백제의 혜총과 함께 삼보(三寶)의 동량(棟梁)이라고 불릴 만큼 그 명성이 높았다. 615년 11월 쇼토쿠 태자의『법화의소(法華義疏)』를 가지고 귀국해 고구려에 전하였다. (8-172)

혜초 慧超, 704 혹은 700~787년

신라(新羅)의 구법승(求法僧). 신라 출신의 혜초는 16세 때인 신라 성덕왕(聖德王) 18년(719)에 입당(入唐)해 광저우(廣州)에서 남천축의 밀교승(密敎僧) 금강지(金剛智)와 그의 제자 불공(不空)을 만나 금강지를 사사(師事)하였다. 금강지는 제자 불공과 함께 사자국(獅子國, 현 스리랑카)과 실리불서(室利佛逝, 현 수마트라 팔렘방 Palembang 일대)를 거쳐 719년에 중국 광저우에 와서 얼마간 머물다가 뤄양(洛陽)과 장안(長安)에 가서 밀교를 전도하였다. 혜초는 스승인 금강지의 권유에 따라 개원(開元) 11년(723)에 광저우를 떠나 해로로 도축해 4년간 천축과 서역 각지를 순방하고 개원 15년(727) 11월 상순 당시 안서도호부(安西都護府) 소재지인 구자(龜玆)와 언기(焉耆)를 거쳐 장안에 돌아왔다. 혜초의 도축구법 활동은 1908년 프랑스의 동양학자 펠리오(P. Peiliot, 1878~1945)가 둔황 천불동(敦煌千佛洞)에서 발견한 여행기『왕오천축국전(往五天竺國傳)』에 의해 밝혀졌다. 그러나 이 여행기는 발견 당시 전후가 결락된 잔간사본(殘簡寫本)이기 때문에 중국 광저우에서 동천축에 이르는 노정과 언기에서 장안에 이르는 구간의 행적은 추적할 수가 없다. 게다가 그 잔권(殘卷)은 본래 3권이었던 것의 절략본(節略本)이어서 혜초의 노정 전모를 상세하게 알아낼 수는 없다. 그러나 다행히 여행기의 핵심 부분은 남아 있어서 주요한 노정이나 행적은 알 수 있다.

혜초의 도축순례 노정과 그 행적은 다음과 같다. 723년 광저우 출발 → (해로) 동천축 상륙 → (동천축) 폐사리국(吠舍釐國) → (중천축) 구시나갈라국(拘尸那揭羅國, Kusinagara, 현 카시아 Kasia, 석가의 열반처) → (남행) 피라닐사국(彼羅疳斯國, 바라나시Varanas, 현 베나레스Benares) → (동행) 마갈타국(摩揭陁國, Magadha)의 녹야원(鹿野園, Mrgadava, 이곳은 파라닐사국에 속함), 구시나(拘尸那, 다른 나라임), 사성(舍城, 왕사성 王舍城, Kajagroha), 마하보리(摩訶菩提, Mahabadhi) 등 4대 성지 참배 → (갠지스강 따라 서행) 갈나급자(葛那及自, Kanyakubja, 중천축 수도), 여기서 5천축 전역의 기후와 풍속 등을 전문해 기술, 사위국(舍衛國, Sravasti)의 급고원탑(給孤薗塔, Jetavananathapind-adasyarama), 비야리성(毘耶離城, Vaisal)의 암라원탑(菴薗園塔, Amraamara), 가비야라국탑(迦毘耶羅國塔, Kapilavasta), 삼도보계탑(三道寶階塔) 등 4대탑 참배 → (남행, 3개월) 남천축(현 데칸 고원 지방), 용수보리(龍樹菩提, Nagarjuma)가 세운 대사원 → (서북행, 3개월) 서천축 → (북행) 북천축 수도 사란달라(闍蘭達羅, Jalandhara) → (서행, 1개월) 탁사국(吒社國, Takshar) → (서행, 1개월) 신두고라국(新頭故羅國, Sindh-Gurjjara, 현 구자라트Gujarat)의 다마삼마나사(多摩三磨娜寺, Tamasavāna) → (회귀) 사란달라(闍蘭達羅) → (북행, 15일) 가섭미라국(迦葉彌羅國, 카슈미르Kashmir) → (서행, 1개월) 건타라(建馱羅, 간다라Gandhara), 갈락가(葛諾歌, 카니슈카Kanishka)의 대사원 참배 → (북행, 3일) 오장국(烏長國, 우르야나Udyana) → (동북행, 15일) 구위국(拘衛國, 치트랄Chitral) → (회귀) 건타라(建馱羅) → (서행) 계빈국(罽賓國, 카파사Kapisa) → (서행, 7일) 사율국(謝颺國, 자불리스탄Zabulistan) → (북행) 범인국(犯引國, 바미안Bamiyan) → (서북행) 토화라(吐火羅, 토카리스탄Tokharistan)의 수도 부하라(Bukhara) → (서행, 1개월) 파사국(波斯國, 페르시아Persia) → (북행, 10일) 대식국(大寔國, 大食, 아랍) → (동행) 토화라(吐火羅) → (동행, 1개월) 소륵(疏勒, 카슈가르Kashgar) → (동행, 727년 11월) 안서도호부(安西都護府) 소재지 구자(龜玆, 쿠처Kucha) → (동행) 언기국(焉耆國, 카라샤르Karashahr) → (동행) 장안 귀착.

여행기의 잔권이 발견된 7년 후(1915)에야 저자가 신라승 혜초임이 밝혀진 현존『왕오천축국전』은 필사본(현재 파리 국립도서관 소장)으로

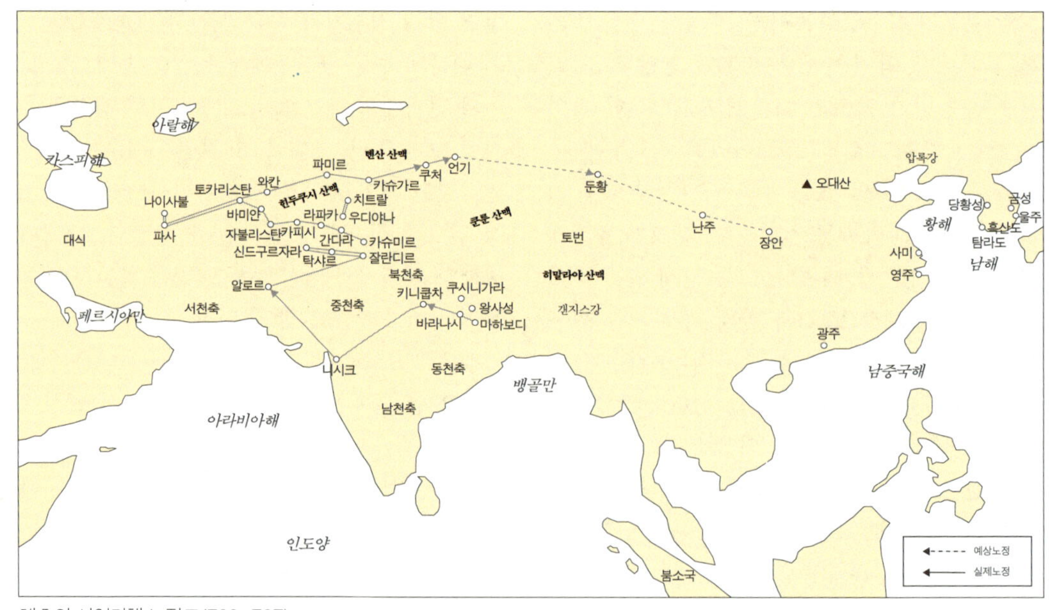

혜초의 서역기행 노정도(723~727)

총 230행(매행 27~30자)에 약 6천 자밖에 안 되는 절략본 잔간이다. 혜초는 이 여행기에서 인도뿐 아니라, 중앙아시아와 서아시아의 여러 나라들을 편람하면서 자신이 직접 보고 들은 각국의 역사·문화·정치·풍속·물산·종교 등을 사실적으로 기술하고 있다. 이 여행기는 8세기의 이 지역에 관련된 서적으로는 그 내용의 다양성과 정확도에서 단연 으뜸가는 명저로 평가받고 있다. 혜초는 이 여행기에서 사상 최초로 아랍을 대식(大寔, 大食)이라 명명하였고, 한(漢) 문화권에서는 처음으로 대식 현지에서의 견문을 여행기에 담아 전하면서 한 문화권과 아랍-이슬람 문화권 간의 상호 이해와 교류를 도모하는 데 선구자적 역할을 하였다. 혜초는 밀교(密敎)의 선도자로 불교 발전에도 불멸의 기여를 하였다. 그는 어려서 입당한 후 중국 밀교의 시조 금강지(金剛智, 671~741)를 스승으로 삼았으며, 그의 권유에 따라 도축구법 순례를 하였다. 귀당 후 장안의 천복사(薦福寺)와 대흥선사(大興善寺), 그리고 만년에는 오대산(五臺山)의 건원 보리사(乾元菩提寺, 780년 4월 15일 입사)에서 밀교 경전을 연구하고 필수(筆受)·한역(漢譯)하면서 밀교의 제2대조인 불공삼장(不空三藏)의 6대 제자 중 제2인자로 밀교 전도에 일생을 바쳤다. 혜초는 밀교 경전의 한역과 주석에 진력하다가 787년경 건원 보리사에서 입적하였다.

호각 胡角

동전(東傳)된 서역 악기. 일명 횡취(橫吹)라고 불린다. 본래 호가(胡笳, 풀잎피리)로 쓰인 반주 악기로, 강족(羌族) 유목민들이 소뿔로 만들어 사용하였다. 진(晉)나라 최표(崔豹)의 『고금주(古今注)』에 의하면 전한대 장건(張騫)이 서역에서 이 악기를 장안(長安)으로 가져왔다고 한다. 당시에는 연주곡으로 「마하두륵(摩訶兜勒)」 하나

뿐이었으나, 이연년(李延年)이 28개(介, 곡)로 발전시켜 무악(武樂)으로 이용하였다. 이것은 아마 호악이 반주악기인 동시에 『호엄집(胡儼集)』에 지적된 것처럼 '군사를 놀라게 하는 음을 내는' 위력을 가진 악기였기 때문일 것이다. 이연년의 28개 중 위진(魏晉) 이래 사용된 「황곡(黃鵠)」「농두(隴頭)」「출관(出關)」「입관(入關)」「출새(出塞)」「입새(入塞)」「절양류(折楊柳)」「황담자(黃覃子)」「적지양(赤之揚)」「망행인(望行人)」 등 몇 곡만 남아 있다. 원래 소뿔로만 만들던 호각이 고창악(高昌樂)에서는 소뿔형 동각(銅角)으로 소재가 바뀌었고, 송(宋)대에 이르러서는 가죽과 참대로 만들기도 하였다. 후에는 민간 취악기(吹樂器)의 일종인 대나팔(大喇叭, 일명 호통號筒)로 발전하였다.

호과 胡瓜, 오이

동전(東傳)된 서역 식물. 명대 이시진(李時珍)의 『본초강목(本草綱目)』(권28)에 의하면 호과(胡瓜, 현재 이름 '황과黃瓜', 오이)는 전한 시대에 장건(張騫)이 서역에 사행(使行)하면서 그곳에서 종자를 얻어왔다고 한다.

『호구전(好逑傳)』 *Hau kiou choaan* 또는 *The Pleasing History*, 4권 18회(일명 『협의풍월전(俠義風月傳)』, 저자 미상), James Wilkinson 영역, 1761년

유럽에 전해진 첫 중국 소설. 1761년 영국에서 영역본으로 출간된 『호구전』의 출판자는 영국의 문인 퍼시(Thomas Percy)이고, 역자는 중국 광둥(廣東)에 다년간 거주했던 영국 상인 윌킨슨(James Wilkinson)이다. 그는 1719년에 이 소설을 영역하였는데, 그중 4분의 1은 포르투갈어 역본이었다. 그리하여 문인인 퍼시가 그것을 영역하여 완역본으로 출간하였다. 이 영역본을 대본으로 1766년에 프랑스어와 독일어로 번역·출

판됨으로써 유럽에 널리 알려지게 되었다. 역서의 후미에 부록으로 「중국희곡 개요」 「중국어 속담집」 「중국시선(詩選)」을 역주와 함께 첨부하였다. 18세기 독일의 대문호 괴테는 이 책을 읽은 후 "중국인들이 창작 활동을 할 때 우리네 조상은 숲속에서 생활하고 있었다" "소설 속의 인물·사상·행동·감수성이 우리와 매우 비슷하다. 한 가지 다른 점은 그들은 외계의 자연이나 인물과 늘 함께 생활한다는 것이다"라고 독후감을 피력하였다. 괴테는 중국의 시가나 소설에 찬사를 보내면서 영역된 중국 시가를 독일어로 옮겼다.

호금 胡琴

회회(回回, 이슬람)식 악기. 원(元)대에 중국에 유입된 3현금(弦琴) 악기로, 유입 이후 중국에 널리 보급·계승되어, 오늘날 중국인들이 선호하는 가장 보편적인 민족악기가 되었다.

호도 胡桃

동전(東傳)된 서역 식물. 서진(西晉) 장화(張華)의 『박물지(博物志)』(권6)에 의하면 전한 시대 장건이 서역에 사행할 때 호도(胡桃) 종자를 가져왔다고 한다. 『태평어람(太平御覽)』(권971)에도 호도의 원산지는 강호(姜胡)라고 씌어 있다. 이 책에는 처음에는 진나라에서 재배하다가 점차 동전(東傳)하였다는 기록이 있다.

호두 胡豆

동전(東傳)된 서역 식물. 북위(北魏) 가사협(賈思勰)의 『제민요술(齊民要術)』(권2)이나 『태평어람(太平御覽)』(권841)에 모두 똑같이 전한 때의 장건(張騫)이 외국(外國, 서역)에서 호두(胡豆)를 얻어왔다고 기술하고 있다. 그런데 이 호두가 잠두(蠶豆)인지 완두(豌豆)인지는 분명치 않다.

호등무 胡騰舞

중국 당(唐)대에 중앙아시아의 석국(石國, 현 타슈켄트)에서 유입된 춤의 한가지로, 이 동작은 회전도 하지만 도약하고 거꾸로 도는 것이 특징이다.

호라산 Khorāsān

오아시스로 상의 요지. '호라산'이란 이란어로 '해 뜨는 곳'이라는 뜻이다. 넓은 의미의 호라산은 중앙아시아의 아무다리야강 이남에서 힌두쿠시 산맥 이북의 광활한 지역을 지칭한다. 역내의 주요 도시로는 니샤푸르(이란)·메르브(투르크메니스탄)·헤라트(아프가니스탄) 등이 있다. 이에 비해 좁은 의미의 호라산은 이란 동북부의 한 주(州, 호라산주)를 가리키는데, 그 주도는 마슈하드다. 지금의 호라산(좁은 의미의 호라산)은 원래의 호라산(넓은 의미의 호라산)에 비하면 면적이 절반도 못 된다. 페르시아어로 쓰인 최초의 지리서로 982년에 출간된 『세계의 경계』(Hudūd al-Ālam, 제23장)는 "호라산에는 산에서 캐내는 보석류뿐만 아니라 금광이나 은광이 있으며, 말이 생산되고 사람들은 호전적이다. 또한 건강에 좋은 기후를 가지고 있으며, 건장한 남자들이 있는 나라다"라고 기술하고 있다. 호라산은 '민족 교착(交錯)의 십자로'로 많은 민족들이 혼거하고 있을 뿐만 아니라, 이곳을 관통하는 실크로드 오아시스로를 통해 여러 민족들이 교역하고 왕래하고 있다. 그리하여 이란을 관통하는 오아시스로의 이 구간을 '호라산 가도(街道)'라고 부른다.

호라즘 Khorazm

중앙아시아 아무다리야강의 최하류 지역으로, 표고 106~108m의 비옥한 충적지다. 면적은 4,550km^{2}이며, 연평균 강수량이 86mm 미만의

호리즘 출신의 의학자 이븐 시나(좌측 두번째, 사마르칸트 레기스탄 광장 울루그베그 마드라사 소장)

대륙성 기후로, 겨울은 춥고 여름은 무덥다. 이곳은 북방 유목민 문화와 중앙아시아 농경문화를 대표하는 초원로와 오아시스로가 만나는 접지(接地)이며 교통의 요지다. 기원전 5000년경의 신석기시대 문화유적과 기원전 2000년경부터 시작된 청동기시대 문화유적이 다수 발굴되고 있다. 일찍부터 페르시아 문화의 중요한 거점의 하나였으나, 8세기 초 아랍의 침입을 계기로 이슬람화되었다. 이 시기에 '대수학(代數學)의 아버지'로 불리는 수학자 하와리즈미와 백과전서적 박물학자인 알 비루니, 의학자 이븐 시나 등 기라성 같은 대학자들이 배출되었다. 11세기부터는 투르크화가 진척되어 호라즘 샤 왕조가 나타났으며, 13~15세기에는 몽골과 티무르의 지배를 연이어 받았다. 1512년에는 히바 칸 조가 세워져 300여년을 유지하였다. 1873년 러시아의 침공으로 그 보호하에 있다가 1924년 우즈베키스탄과 투르크메니스탄 두 나라로 갈라졌다.

호르무즈 Hormuz

페르시아만 입구의 항구. 일반적으로 '호르무즈'란 '호르무즈섬'과 '호르무즈 해협'의 두가지 의미를 내포하고 있다. 호르무즈섬은 페르시아만 입구의 호르무즈 해협 북쪽에 있는 작은 섬을 지칭하며, 호르무즈 해협은 인도양 서북부의 페르시아만과 오만만을 이어주는 해협을 말한다. 해협의 너비는 50km이고, 최대 수심은 190m이며, 해협의 북쪽에 호르무즈·케심·라라크 등 섬들이 산재해 있다. '호르무즈'란 말은 본토 대륙부에 있었던 항구도시 하르모지아(Harmozia)에서 유래하였다. 역사적으로 이곳은 교통과 전략상의 요충지였다. 일찍이 기원전 4세기 알렉산드로스가 파견한 부장이 홍해까지의 항로를 탐색할 때 이곳에 들렀으며, 8세기부터 아랍인들은 인도양으로의 해상 진출을 위해 이곳을 개척하고 지배하였다. 14세기에 마르코 폴로와 오도릭, 이븐 바투타 등 세계적인 여행가들 모두가 이곳을 거쳐 갔다. 14세기부터는 페르시아만 무역의 요지로 번영하기 시작하였다. 1507년 포르투갈은 이곳에 거류지를 마련한 후 한 세기 이상 독점적으로 이용하면서 이권을 챙겼다. 1622년 영국은 이란의 사파비 왕조와 공모해 포르투갈을 축출하고 이곳을 중동 진출과 인도양 무역의 거점으로 삼았다. 오늘날은 페르시아만 연안에서 생산되는 원유의 대부분이 이곳 항구와 해협을 지나간다.

호마 胡麻

동전(東傳)된 서역 식물. 북위(北魏) 가사협(賈思勰)이 지은 『제민요술(齊民要術)』(권2)에는 전한의 장건(張騫)이 외국(外國, 서역) 사행시 호마(胡麻)를 얻어왔다고 하였다. 북송(北宋) 심괄(沈括)의 『몽계필담(夢溪筆談)』(권26)에 의하면 호마는 지금의 유마(油麻)로, 장건이 대원(大宛)에서 그 종자를 가져왔다. 그리고 중국의 마(麻)와는 구별되는데, 중국의 마는 대마(大麻)라고 한다.

호메로스 Homeros, 기원전 800?~750년

기원전 8세기경의 그리스 서사시인. 소아시아의

스미르나(또는 키오스섬)에서 태어난 호메로스의 대표작은 트로이 전쟁과 영웅 오디세우스의 모험을 다룬 서사시 『일리아드』와 『오디세이』다. 그가 창작한 양대 서사시는 그리스의 최초 문학작품으로, 그리스와 유럽 및 세계 문학에 적잖은 영향을 주었다.

호박 琥珀, amber

귀석류(貴石類, 경도 7도 이하)에 속하는 보석. 호박은 송백과(松柏科)에 속하는 식물 수지(樹脂)의 비광물성 화석으로, 고대 페니키아인이나 로마인들이 애용하였다. 주산지는 발트해(Baltic Sea) 연안 지방으로, 페니키아시대부터 북방의 발트해에서 중유럽과 콘스탄티노플을 지나 이집트의 알렉산드리아까지 동서남북 사방으로 활발하게 교역되었다. 이 교역로를 저자는 실크로드의 남부 5대 지선(支線)의 하나인 '호박로(琥珀路)'로 명명하였다. ('실크로드 5대 지선'항 참고)

호복 胡服

주변 민족들의 의복에 대한 중국인들의 비칭(卑稱). 춘추시대부터 한초(漢初)까지는 몽골의 동방에 있는 민족을 동호(東胡)라고 하였고, 조

몽골 노인울라 고분군 6호분 출토 흉노인 모직 바지

(趙)나라 무령왕(武靈王) 때에는 북방의 흉노(匈奴)를 호(胡)라고 칭하고 그들의 의복을 '호복(胡服)'이라고 하였다. 그러나 진시황(秦始皇)의 천하통일로 국토 사계(四界)가 그어지기 시작하고 한대(漢代)의 서역 개통과 남해 진출로 주변 국가들과의 관계가 복잡해짐에 따라 이민족을 '동이(東夷)' '북적(北狄)' '남만(南蠻)' '서호(西胡 혹은 서융西戎)'의 사이(四夷)로 불렀다. 그 결과 서호는 거의 같은 시기에 출현한 '서역(西域)'의 별칭이 되었다. 왕국유(王國維)의 『호복고(胡服考)』에 의하면, 호복이란 중국인(하한인夏漢人)들의 서방과 북방의 각종 호인(胡人)들이 입는 복장에 대한 총칭으로, 중국에 도입된 시기는 조(趙)나라의 무령왕 때(무령왕 39년)라고 한다. 호복은 중국의 전통적인 한복과는 달리 위에는 짧은 겹옷을, 아래는 바지를 입으며 가죽신발을 신는데, 옷이 몸에 꼭 맞아 활동하기 편하다고 한다. 한국의 경우, 고려 후반 원의 간섭기에 몽골식 호복이 들어와 일부 한국 전통 복식에 영향을 미친 바 있다.

『호본초(胡本草)』 7권, 鄭虔 저, 8세기

교류의 문헌적 전거로서의 학문 연구서(약재). 중국 당 현종(唐 玄宗, 재위 712~756) 때 광문박사(廣文博士)를 역임한 정건(鄭虔)이 저술한 이 책은 전래된 서역 약재(藥材)에 관한 전문서다.

호브드 Khobd

외몽골 서부의 오아시스 도시. 부얀트 강반(江畔)에 자리한 오아시스 도시로서 청나라가 중가리아를 평정한 후 이곳에 식민 총독부를 설치하고 성채를 쌓았다. 이곳 박물관에는 청나라 침략자들의 만행과 몽골인들의 항쟁을 보여주는 유물들이 전시되어 있다. 호브드 주변에는 유명한 암각화 유적이 있는가 하면, 동쪽으로 150km 떨어

중국 청조 통치시대에 서몽골 호브드에 설치한 신긴 헬렝 성채 (1762년 축조)

진 곳에 몽골 음악의 독특한 발성법인 흐미(또는 후미Khöömii)의 고향 찬드마니(Chandmani) 마을이 있다.

호상 胡牀

페르시아의 접이식 의자. 중국 수·당 이후 서호(西胡), 특히 페르시아와의 교류가 빈번해짐에 따라 페르시아 문물이 중국에 많이 전해졌다. 이에 서역 문물이라면 대체로 페르시아의 것으로 알고 '호'자를 붙여 명명하는 것이 일종의 관행이었다. 페르시아식 책상다리로 앉는 것을 '호좌(胡坐)'라고 하며, 페르시아의 접이식 의자를 '호상'이라고 하였다.

호선녀 胡旋女

호무(胡舞)의 무희(舞姬). 중국 당대 장안에는 호선무(胡旋舞)·호등무(胡騰舞)·자지무(柘枝舞) 등 페르시아무를 비롯한 서역 지역의 호무(胡舞)가 성행했는데, 그 무희들을 '호선녀'라고 일괄 칭하였다.

호선무 胡旋舞

중국 당대(唐代)에 중앙아시아의 강국(康國)에서 유입된 춤. 호선무의 특징은 자그마한 원 안에서 바람개비처럼 날쌔게 도는 것이다. 주로 무희(舞姬)들이 추는데, 의상은 흰 바지에 붉은 가

죽신을 신는다. 시인 백거이(白居易)의 「호선녀(胡旋女)」라는 시에 춤의 특성이 묘사되어 있다. 당 현종(玄宗) 개원(開元)·천보(天寶) 연간에 중앙아시아의 강(康)·미(未)·사(史)·구밀(俱蜜)국 등에서 호선무희(胡旋舞姬)를 헌상하였다.

호악(胡樂)의 동전

호악이란 일반적으로 서역(西域) 음악을 말한다. 호악의 동전(東傳)은 중국 한대(漢代)에 시작해 위진남북조시대의 지속적인 확대과정을 거쳐 수·당대에 이르러 전성기를 맞이하였다. 한 악부(漢樂府) 중에 나오는 고취곡(鼓吹曲) 등의 악곡은 대부분이 호악으로, 반초(班超)의 서역 개통을 계기로 중국 내지에 유입되었다. 그 내용이 변환적(變幻的)이고 음조가 우람해 송대에 이르기까지 '구곡신사(舊曲新詞)', 즉 낡은 곡에 새 가사를 붙이는 방법으로 연주되어왔다. 특히 남북조시대에 북위(北魏)와 북주(北周)에서 호악이 성행하였는데, 북위는 악서(樂署)라는 전문 관리부서까지 설치해 사이악무(司彝樂舞, 소수민족 악무)를 적극 권장하고 수용하였다. 마단림(馬端臨)의 『문헌통고(文獻通考)』(권129, '악樂'2)에 따르면 북위는 선무제(宣武帝) 이후에 호무(胡舞)를 곁들인 호성(胡聲), 즉 호악을 즐기기 시작하였다. 사용한 악기는 굴자비파(屈茨琵琶, 굴자는 현 쿠처)·오현(五絃)·공후(箜篌)·호고(胡鼓)·동발(銅鈸)·타사라(打沙羅, 일종의 타악기) 등이었으며, 그 음조가 비감하고 처량하였다. 그런데 이러한 호악은 그 음소(音素)로 보아서는 분명히 서역 제국에서 유래한 것이지만, 이것에 여러가지 불교적 음조나 호어(胡語, 서역 언어)가 혼합되어 난삽할 수밖에 없었다. 이로써 호악의 흐름 속에는 불교적 음악 요소가 가미되었음을 알 수 있다.

북주의 경우, 무제(武帝, 543~578)가 돌궐인

을 왕후로 취한 후 서역제국과의 친교가 이루어지자 구자(龜玆)·소륵(疏勒)·안국(安國)·강국(康國) 등의 악사들이 대거 몰려와 호악이 크게 유행하였다. 무제는 흉노 출신의 백지통(白智通)에게 명해 장안에 거주하는 호아(胡兒), 즉 서역인들에게 서역악을 교습하도록 하여 호악의 보급에 열성을 다하였다. 남북조시대에 서역에서 유입된 악무를 통칭 산악(散樂), 혹은 백희(百戲)라고 하였는데, 그 종류는 수백 종에 달하였다. 수·당대에 이르러 호악이 중국 악부(樂府)에서 하나의 체계로 자리잡으면서 중국악의 변화·발전에 큰 영향을 미쳤다. 수대에는 구부악(九部樂)이 있었으나, 당 정관(貞觀) 16년(642)에는 고창악(高昌樂)이 첨가되어 모두 10부악, 즉 연악(燕樂)·청악(淸樂)·서량악(西涼樂)·천축악(天竺樂)·구자악(龜玆樂)·안국악(安國樂)·소륵악(疏勒樂)·강국악(康國樂)·고창악(高昌樂)·고려악(高麗樂)을 두었다. 본래 중국의 고유 음악은 종성(鐘聲) 위주의 아악(雅樂)이었으나, 구부악과 십부악을 두면서 아악은 호악에 밀려나 종

고구려 장천1호 무덤 전실 좌측벽 야유회도(野遊會圖) 중의 5현 비파 연주 장면

묘 제사 때나 사용되는 특수악으로 전락하였다. 당 현종(玄宗) 때는 십부악을 다시 입부기(立部伎)와 좌부기(坐部伎)로 나누었지만 여전히 구부악 위주였다. 이러한 십부악의 정착과 발달은 중국 음악사에서 하나의 획기적인 변화였다.

호약 胡藥

중국 당대(唐代)에 전래된 서역산 약재. 문헌 기록에 의하면 당대에 많은 서역 나라들이 당조에 귀중한 호약(혹은 번약 蕃藥)을 진상하였다. 720년에 계빈(罽賓)에서 비방(秘方)과 번약(蕃藥)을, 724년에 토화라(吐火羅, 토카라, 토카리스탄)에서 호약과 건타파라(乾陀婆羅, 인도산 향료) 등 300여 종을 헌상하였다. 토화라는 다시 729년에 승 난타(難陀)를 견사해 수나가(須那伽)·제석릉(帝釋陵)·서표향약(瑞表香藥) 등 약품을, 741년에도 견사해 질한(質汗, 일종의 향약, Vajikarana) 등 약품을 진상하였다. 729년에 북천축(北天竺) 삼장(三藏) 사문승(沙門僧) 밀다(密多)와 746년에 계빈의 사신, 737년에 동천축 삼장 대덕승(大德僧) 달마전(達磨戰) 등도 진귀한 호약을 가지고 왔다. 이같은 다종다양한 진상 호약은 중국 의·약학 발전에 일정한 기여를 하였다.

호인 胡人

중국인들의 주변 민족들에 대한 비칭(卑稱). 중화우월주의에 훈육된 중국인들은 주변(새외塞外) 민족들을 야만시하면서 특히 북방과 서방(서역)의 여러 민족들을 적어도 중세까지는 모두 '호인'이라는 비칭으로 사용하였다. 흉노를 비롯해 많은 북방과 서방 민족들이 이름을 달리하고 발전을 계속하였지만, 시종 '호인'이란 개념이 그림자처럼 따라다녔다. 그러나 경우에 따라 자성적(自省的)으로 편협(偏狹)에서 벗어난 일도 없지는 않다. 예컨대, 중앙아시아의 소그드

경주에서 출토된 호인 얼굴의 서역 토용들

인들에 대해 처음에는 '상호(商胡)'라고 얕잡아 부르다가 그들의 상역 활동이 부각되자 '속특(粟特, 소그드)'인으로 바꿔 부르기 시작하였다.

호젠트 Khojent

페르가나 분지의 교통 요지. 호젠트(현 레니나바드)는 우즈베키스탄의 동부 페르가나 분지의 서단, 시르다리야 강안에 위치한 고도(古都)로, 동서교통의 요충지다. 고대 대원국(大宛國)의 수도 귀산성(貴山城)이란 일설이 있다.

호탄 Khotän (위구르어), 和田, 和闐, 于闐

오아시스로 남도의 요지. 옥의 원산지. 호탄(현 허텐和田)은 옛날 우기(于闐)국 서쪽의 군사적 요충지로, 본래는 티베트어로 '옥이 나는 곳'이라는 뜻의 '우기'였으나, 명나라 때 호탄('양 우리'란 뜻)으로 불리다가 청나라 초에 '우기(혹은 화기和闐)'로 이름이 바뀌었다. 1959년 다시 지금의 '허텐'으로 개명하고 1983년에 시(市)로 승격해 현(縣) 소재지가 되었다. 중국 신장 타림 분지의 남변과 쿤룬 산맥의 북쪽 기슭에 자리한 호탄은 오아시스로 남도의 대국이었다. 한대(漢代)에는 우기(于闐)로 동은 누란(樓蘭), 서는 사차(莎車), 북은 아크수(Aksu)로 이어지는 교통의 요지였다. 기원후 2~3세기의 카로슈티 문서에는 우기가 쿠스타나카(Kustanaka, 곽살단나霍薩旦那)란 이름으로 나온다. 기원전 60년경 우기국

인구는 1만 9,300명 가량이었다. 전한 말엽에 국력이 쇠퇴해 인접한 사차국(야르칸드)의 지배하에 들어간 적이 있었으나 얼마 안 있어 다시 독립하였다. 3세기에 이르러 융로국(戎盧國)·한미국(扞彌國)·거륵국(渠勒國)·피산(皮山) 등 인근 나라들을 예속시켜 선선(鄯善)·소륵(疏勒)·구자(龜玆)·언기(焉耆)와 더불어 타림 분지 5대국의 하나였다. 일찍이 도축(渡竺) 구법승들은 이곳을 경유하면서 생생한 기록을 남겼다. 401년 도축 중 이곳에 들른 법현(法顯)은 "풍족한 이 나라 사람들은 모두가 불교를 믿고 있어서 불승만 수만명(그가 묵은 곽마제사霍摩帝寺에 300명, 대사大寺가 14개)에 달한다"고 하였다. 644년 귀국길에 사차를 지나 이곳에 도착한 현장(玄奘)은 나라 둘레가 4천여 리, 곡물의 경작, 풍부한 과실, 백옥(白玉)과 흑옥(黑玉)의 채집, 주민들의 불교 신봉, 가람(伽藍) 100여 소와 승려 5천여 명, 대승불교의 교육 등 여러가지 사실과 더불어 건국 전설과 불교 전래 전설, 특히 잠종(蠶種) 전래 전설 등을 소개하였다. 호탄은 5천~6천년 전부터 사람들이 살기 시작한 땅으로, 2구의 미라와 4면에 수채화 그림을 그린 수채관(水彩棺) 등 박물관 전시유물과 함께 근교의 엘라메 마을에는 면적이 10km²에 달하는 3~8세기의 요트칸 유적지가 있다. 또한 인근 책륵(策勒)에는 잠종 전래설을 입증해주는 '견왕녀도(絹王女圖)'가 발견된 단단윌리크(Dandān Uiliq) 불교 유적이 있다. ('견왕녀의 호탄 출가'항 참고)

호탄은 '옥의 고향' '비단의 고향' '카펫의 서울' '과실의 고향' 등 여러가지 이름으로 불린다. 이곳은 온대성 건조기후대로 추위나 더위가 그다지 심하지 않고, 쿤룬 산맥에서 발원하는 유룽카스하(玉龍喀什河, 일명 바이위허白玉河)와 카라카스하(喀拉喀什河, 일명 헤이위허黑玉河)가 동서로 흘러 땅이 기름지고 물산이 풍부하다. 예

옥의 산지 호탄에서 채취된 각종 옥돌

로부터 호탄의 특산물은 옥이다. 쿤룬 산맥에서 발원해 시의 동쪽을 흐르는 바이위허와 서쪽을 흐르는 헤이위허의 하상(河床)은 옥의 채굴지다. 중국 오대(五代) 진(晉)나라의 절도판관(節度判官)으로 옥새(玉璽)용 옥을 구하기 위해 호탄에 파견된 고거회(高居誨)가 남긴 현지 방문기인 『고거회사어우기기(高居誨使於于闐記)』에는 옥을 캐는 방법이 자세하게 기술되어 있다. 해마다 5~6월 강물이 불어나면 각양각색의 옥돌이 쿤룬산에서 흘러내려오는데, 옥이 얼마나 되는지는 수량(水量)에 달려 있다고 한다. 7~8월에 물이 빠지면 옥을 채집하는데, 이것을 '노옥'(撈玉, 옥 건지기)이라고 한다. 국법에 따라 국왕을 비롯한 관리들이 우선 강가에 와서 옥을 채취한 후에 백성들이 채집한다. 일찍부터 호탄의 옥은 동서 각지로 수출되었다. 그 교역의 담당자는 월지인(月氏人)들이었다. 그래서 동방에서는 그들을 '옥의 민족'이라고 불렀으며, 그들에 의해 옥이 오간 길을 '옥의 길'이라고 하였다. 그런가 하면 월지인들은 옥 교역의 반대급부로 중국에서 비단을 가져다가 서방에 중개하였다. 그리하여 서방에서는 월지가 '비단의 민족'으로 알려졌다.

호탄어 문서(文書)

중국 신장 타림 분지의 호탄 주변에서 발견된 고대 호탄 언어(주로 7세기 언어)로 쓰인 각종 문서를 말한다. 언어 해독의 난점 등으로 인해 제대로 연구되지 못하고 있다.

호프웰 문화 Hopewell culture, 기원전 200~기원후 400년

북아메리카 동부의 우드랜드(Woodland) 중기(中期) 문화. 북미 동부 오하이오주와 일리노이주를 중심으로 번영했던 호프웰 문화의 특징은 거대한 마운드의 건조, 인공 화장(人骨火葬), 원거리 교역망의 형성 등이다. 옥수수 재배가 시작되었으며, 야생동식물의 수렵채집을 중심으로 한 정주 촌락이 이미 형성되었다. 오하이오주의 한 유명한 마운드에는 몸을 구불구불 비튼 길이 382m의 큰 뱀의 표상이 새겨져 있다. 다른 주들에서 운모·수정·녹니암(祿泥岩)·운철(隕鐵)·흑요석(黑曜石) 등이 반입되었다. 유물로는 동제 귀걸이·운모제 거울과 장식품·인물 토용(土俑)·새나 개구리 형상을 한 석제나 토제의 흡연 파이프·위신재(威信財) 등 많은 매장 부장품이 출토되었다, (8-6)

「혼일강리역대국도지도(混一疆理歷代國都之圖)」 1402년 제작

세계에 관한 지리 정보를 제공한 조선의 독창적인 세계지도. 1994년 미국 컬럼비아 대학의 한

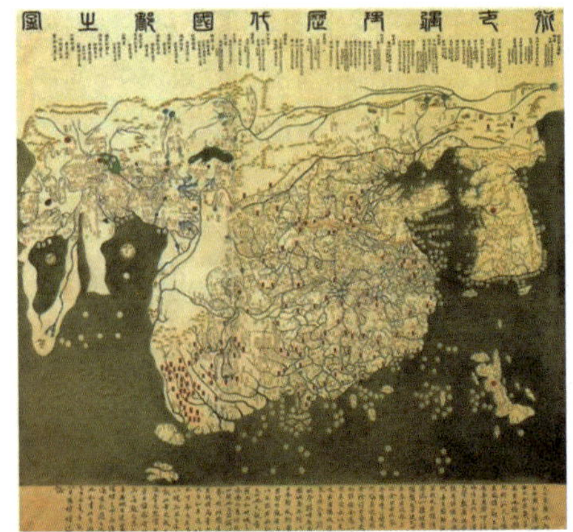

혼일강리역대국도지도 전도(1402년 제작)

국어과 교수인 레드야드(Ledyard)가 펴낸 『지도학의 역사』(*The History of Cartography*) 시리즈 아시아 부분 표지로 조선 초에 제작된 이 「혼일강리역대국도지도(混一疆理歷代國都之圖)」(152×122cm)를 선정하였다. 이유는 당시의 세계지도로는 가장 뛰어나기 때문이었다. 이 지도와 관련해 권근(權近)이 쓴 발문(跋文)에는 이 지도의 제작 목적과 의미, 그리고 과정 등이 언급되어 있다. 이 지도는 좌정승 김사형(金士衡)과 우정승 이무(李茂)와 학자 이회(李薈)가 공동참여하여 중국과 한국, 일본과 아랍에서 출간된 여러 지도들을 참고해 국가사업으로 만들어낸 동서 문명교류의 산물로, 당시로서는 가장 우수한 세계지도였다.

이 지도의 중요한 특징은 종래 세상을 문명세계인 '중화'와 오랑캐 세계인 '이(夷)'로 나누는 이른바 '화이관(華夷觀)'에서 출발해 중국을 중심에 놓고 그 주변에 몇 개 나라를 배치하던 중화주의적 지리관에서 탈피하고, 조선의 주체성을 강조했다는 점이다. 그리고 중국의 서쪽에 유럽과 아랍 및 아프리카를 그려넣고 있는데, 유럽의 경우는 100여 개의 지명을 표기하고 있다. 특히 아프리카 지도에는 35개의 지명을 명기하고 있는데, 이것은 당시까지의 지도학에서 초유의 일이다. 학계에서는 모두 이 점을 높이 평가하고 있다. 이 지도에는 '심리적 크기'를 보여주듯 한 반도가 일본의 4배 정도 크기로 그려져 있다. 그 밖에 지중해가 바다 아닌 강으로 표시된다든가, 인도차이나의 여러 나라들이 바다 위의 섬으로 되어 있다든가 하는 오류도 발견된다. 현재 이 지도의 사본이 일본 교토 류코쿠대학(龍谷大學) 소장본(비단에 그림)과 규슈 혼코사(本光寺) 소장본(한지에 그림)에 각각 남아 있다.

호한문화 胡漢文化

기원전 4세기 말에 몽골고원에서 흥기한 흉노(匈奴)가 스키타이 문화를 비롯한 북방 유목기마문화와 한(漢)문화를 흡수·융합해 창출한 흉노 특유의 유목기마문화를 말한다. 이 문화는 고대 그리스-로마 문화와 페르시아 문화의 영향도 받았다. 호한문화는 기원 초기 흉노의 서천(西遷)에 따라 서구까지 전파되었다. 이 문화의 대표적 유적이 몽골의 수도 울란바토르 북방 약 110km, 하라강 부근의 산중에 있는 노인울라(Noin Ula) 고분군 유적이다.

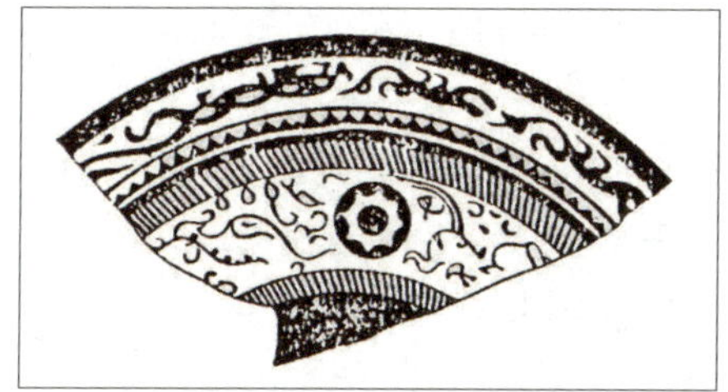

몽골 노인울라 고분군 25호분 출토 청동제 한경(漢鏡) 조각

호희 胡姬

당나라 장안의 주점에서 봉사하는 페르시아계 여성. 장안의 춘명문(春明門)과 연흥문(延興門) 부근에는 주점이 즐비했는데, 거기에 많은 페르시아계 여인들이 접대인으로 고용되었다. 그녀들을 '호희(胡姬)'라고 한다. 이백(李白)의 시를 비롯해 당시(唐詩)에 심심찮게 등장하는 호희들은 아마 7세기 중엽 사산조 페르시아가 망한 후 왕자 페로즈(Pērōz) 등 망명객들을 따라 장안에 온 것으로 추측된다.

혼혈문화 混血文化, mixed-blood culture

민족의 이동으로 인한 이질문화간의 혼성문화(混成文化). 거족적 이동이든 부분적 이동이든 민족이 이동하게 되면 현지인(토착인, 원주민)들과의 혼인으로 인해 혼혈인(混血人)이 생기게 마련이다. 이러한 혼혈인은 비단 생태형질적(生態形質的)일 뿐만 아니라, 자연스럽게 문화형질적(文化形質的)인 '혼혈문화인'이 된다. 이들에 의해 신생되는 혼혈문화는 대체로 초기에는 융합(fusion) 형태를 취하다가 시간이 흐름에 따라 점차 어느 일방의 문화에 동화(assimilation)되는 것이 상례다. 그 대표적인 일례가 인도의 '루소-인디언(Luso-Indians)', 즉 '고아인'과 그들이 창조한 혼혈문화다. ('루소-인디언'항 참고.)

홍람 紅藍, 잇, Safflower

동전(東傳)된 서역 식물. 홍람(잇꽃)은 국화과에 속하는 풀로 줄기 높이는 1m 내외이고, 7~8월에 홍황색(紅黃色) 꽃이 피며 종자는 채유용(採油用), 꽃은 약재, 꽃물은 홍색 물감으로 쓰인다. 서진(西晉) 장화(張華)의 『박물지(博物志)』, 남송(南宋) 조언위(趙彦衛)의 『운록만초(雲麓漫抄)』(권1)에 따르면 일명 황람(黃藍)·진홍(眞紅)·건홍(乾紅)·홍화(紅花)라고 하는 홍람(紅藍, 잇, safflower)은 전한 때의 장건(張騫)이 서역 사행 때 얻어온 것이다. 근세인(近世人)들이 많이 심었는데, 꽃을 말려서 염백(染帛, 천 물감)으로 쓰며, 색이 천(茜, 꼭두서니)보다 더 선명해 '진홍' 혹은 '건홍'이라고 한다. 또 꽃은 염백뿐 아니라, 연지(臙脂)로도 쓰이며 건초를 물에 담그면 물이 끓고 누렇게 되기 때문에 '황람'이라고도 한다. 당대의 『신수본초(新修本草)』에도 꽃은 연지로 쓰인다고 하였다.

홍모선 紅毛船

네덜란드와 영국 선박에 대한 지칭. 대항해시대가 개막된 이후 서세동점의 물결을 타고 서구 국가들의 선박이 교역과 식민지 개척을 위해 동아시아 일원에 모여들었다. 이러한 서구 선박들은 명명자 나름의 시각에 따라 각기 다른 명칭이 붙

었다. 그중 일본에서는 스페인이나 포르투갈의 선박을 '남만선(南蠻船)'이라고 지칭하였고, 이와 구별해 네덜란드와 영국의 선박은 '홍모선'이라고 명명하였다. 당시 중국의 선박은 '당선(唐船)', 미국의 페리(M. Perry)가 이끌고 온 선박은 '흑선(黑船)'이라고 불렸다.

홍모번 紅毛番

명(明)대 중국인들의 네덜란드인들에 대한 지칭. 네덜란드인들은 '모발이 붉은 외방인'이라 하여 '홍모번(紅毛番)', 혹은 '홍모이(紅毛夷)'라고 불렸다.

『화공설요(火攻挈要)』 2권, J. A. S. von Bell 저, 17세기 전반

교류의 문헌적 전거로서의 학문연구서(무기). 독일의 천주교 예수회 선교사인 요한 아담 샬 폰 벨(Johann Adam Shall von Bell, 탕약망湯若望, 1592~1666)은 1619년에 중국 마카오에 들어온 후 광저우(廣州)와 항저우(杭州)·시안(西安)·베이징 등지에서 포교활동을 하였는데, 천문과 역학 등에 뛰어나 역서(曆書)의 개정과 천문관측 의기 제작에 직접 참여하였다. 뿐만 아니라, 대소 화포(火砲) 500여 문을 직접 지휘 제작하고 이 책을 저술하였다. 이 책에 『화공비요(火攻秘要)』 1권을 별첨하였는데, 화포의 구조와 보관·운송·포탄 제조 등 제반 화포 제작과 이용기술에 관한 문제를 서술하고 있다. 이 책은 당시 가장 권위 있는 서양화포 관련 전서로 큰 호평을 받았다. 그리하여 조정으로부터 '흠포천학(欽襃天學)'이라고 쓴 편액(扁額)을 하사받아 교회당 정문에 걸어놓았다. 아담 샬은 그 외에도 1635년에 서광계(徐光啓)와 이천경(李天經)이 편찬한 『숭정역서(崇禎曆書)』 중에 포함되어 있는 『교식역지(交食曆指)』『항성출몰표(恒星出沒表)』 등 19

권을 저술하였다.

화불사 火不思, gubuz

회회(回回, 이슬람)식 악기인데, 원대(元代)에 중국에 들어왔다. 형태는 3현금(弦琴)으로 호금(胡琴)과 비슷하다.

화서모 火鼠毛 → '화완포'항 참고

화수대금문금구 花樹對禽文金具

동전(東傳)된 서역 유물. 국립 경주박물관에 소장된 용도 불명의 석조유물(石造遺物, 경주 본원사本願寺 출토)이 일찍부터 이색적인 문양 때문에 학계의 관심을 끌어왔다. 그러다가 1966년 10월, 경주 황룡사 목탑지 사리공(舍利孔)에서 직경 2.5cm의 작은 은제금구(銀製金具)가 발견되었는데, 그 문양이 이 석조유물의 문양과 같은 계통의 것으로 추정되면서 신라 고유의 문양과는 전혀 다르다는 점 때문에 또다시 학계의 관심을 불러일으켰다. 일본의 사이토 타다시(齊藤忠)는 유물의 구도와 내용을 참조해 석조유물을 '입수쌍조문 석조유물(立樹雙鳥文石造遺物)'이라 불렀고, 한국의 진홍섭(秦弘燮)은 은제금구를 '화수대금문금구(花樹對禽文金具)'라고 명명하였다. 이로부터 이 두 유물은 그대로 불렸다.

우선 금구의 문양을 보면 외주(外周)에 윤곽 없이 연주(聯珠) 22개를 돌리고 중앙에는 밑에서 위로 수직으로 뻗은 나무가 있는데, 그 끝에 새 가지가 돋아나고 가지 끝에는 인동초(忍冬草) 같은 만개한 오엽식(五葉式) 꽃이 피어 있으며 중심에 자방(子房)으로 보이는 부분이 있다. 나무 밑에는 끝이 뾰족한 날개를 활짝 편 새가 고개를 들고 있다. 부리 끝도 뾰족하고, 다리가 있어야 할 자리에는 끝이 뾰족한 날개 같은 것이 달려 있는데, 머리는 원형이며 날카롭고 긴 부리가 있

다. 이러한 문양의 간지(間地)에는 몇 군으로 나누어 평행선을 그리면서 어자문(魚子紋)이 가득 조각되어 있다. 이 문양은 틀에 대고 찍어낸 타출문(打出文)이며 연주대(聯珠帶)는 밖으로 약간의 여유가 있어 안으로 접었다.

다음으로 석조유물은 원의 중심 아래서 한 줄기 나무가 수직으로 올라가고 위에는 잎이 무성하며, 수간(樹幹) 아래는 수간 앞뒤에서 긴 목을 교차한 두 마리 새가 있다. 머리 위에는 벼슬이 있고, 굵고 긴 꼬리는 반원을 그리면서 올라가 위의 나뭇잎까지 이르고 있다. 발을 모으고 머리를 숙이고 있는 자세가 먹이를 찾고 있는 형상이다. 이러한 문양 밖으로는 외주(外周)를 쳐서 원주대(圓周帶)를 만들고 그 안에 촘촘히 연주(聯珠)를 양각해 박아넣었다.

이 두 유물의 문양상 공통점은 평면이 원형이고, 중앙에 나무가 수직으로 있고, 나무 좌우에 쌍금(雙禽)을 배치하였다. 나무를 중심으로 좌우 대칭이고, 원외에는 연주대(聯珠帶)를 돌린 것이다. 이 두 유물은 모두 본체에서 유리되어 있기 때문에 어디에 어떻게 부속되어 어떻게 쓰인 것인지는 아직 밝혀지지 않았다. 경주 지방에서 출토된 이 이형(異形)의 두 유물은 이란(페르시아)계의 문양에 그 원류를 두고 있는 것으로 추측된다. 이란계의 문양은 대체로 평면은 원형이며 중앙에 나무가 수직으로 있고, 나무 좌우에 동물이 있으며 연주문대(聯珠文帶)를 돌리고 있다. 이같은 특징을 지닌 이란계 직금(織錦) 여러 점이 일본에 소장되어 있는데, 그것들과 비교해보면 이 두 유물이 이란계와 동류임을 알 수 있다. 일본 호류사(法隆寺)의 '사천왕사렵문금(四天王獅獵文錦)', 귤서초사(橘瑞超師)의 화수대록문금(花樹對鹿文錦)', 도쿄 국립박물관의 '수렵문금욕(狩獵文錦褥)' 등 직금이 가지고 있는 공통점은 역시 평면은 원형 또는 타원형이고, 중심에 나무가 수직

으로 서 있다. 나무 좌우에는 사람·말·사슴·새·장식문양 등이 있는데, 이것들은 완전히 좌우대칭을 이루고 연주문대에는 원형과 방형(方形)의 주문(珠文)이 있다.

이러한 공통점을 경주의 금구나 석조유물과 비교해보면 날짐승과 사람·말·사슴 등 주제의 상차(相差), 연주문대에 방주(方珠)가 있고 없는 차이가 있을 뿐, 그 외에는 기본 구도가 거의 같다. 따라서 이들은 이란계 특유의 문양을 따른 것이라고 말할 수 있다. 일본의 '화수대록문금'이나 '사천왕사렵문금'에 '길(吉)' '산(山)' 자 같은 한문자가 있는 점으로 미루어, 그리고 중세 이전에 일본과 서역 제국 간에는 교류가 별로 이루어지지 않았다는 사실을 감안할 때, 일본의 금(錦)은 중국산이라고 추정할 수밖에 없다. 그러나 경주의 두 유물은 신라와 서역 제국 간에 교류가 분명히 있었다는 점으로 보아 비록 전래과정이나 제조연대는 아직 밝힐 수 없으나, 이란으로부터의 전래품일 수도 있고, 방조품(倣造品)일 수도 있다고 추정된다.

화약 gunpowder

충격이나 마찰·압력·열·전기 등 가벼운 자극으로 급격한 화학변화를 일으켜 원래의 체적에 비해 많은 가스와 열을 발생하는 화합물이나 혼합물에 대한 총칭이다. 주로 독약이나 화기(火器)에 사용한다. 처음 화약은 중국 연단술사(煉丹術士)들이 단약(丹藥)을 제조하는 과정에서 우연히 발견한 것이다. 동진(東晋) 갈홍(葛洪)의 『포박자(抱朴子)』에는 단약 제조에 유황(硫黃)과 초석(礎石)이 사용되고 있음을 언급하고 있지만, 아직 화약과는 무관하다. 그러나 당나라 초기의 약학자 손사막(孫思邈, 581~682)이 찬술한 『단경(丹經)』「내복유황법(內伏硫黃法)」에는 이른바 '복화(伏火)'를 제조하는 처방을 상술하고 있다.

그에 따르면 유황과 초석이 각각 2량(兩)씩 든 항아리에 조각자(皁角子, 쥐엄나무 열매의 씨) 3개를 넣고 불을 지펴 불꽃이 일어날 때 목탄(木炭) 3근(斤)을 넣는다. 목탄이 3분의 1쯤 탔을 때 불을 끄고 혼합물을 꺼내는데, 그것이 바로 '복화'다. 복화는 그 소재가 유황과 초석, 목탄이라는 것에서 흑색화약(黑色火藥)과 기본성분이 동일하다고 말할 수 있으나, 아직 제대로 된 화약은 아니다. 그렇지만 열을 발생하는 같은 소재의 혼합물이라는 점에서 화약의 성질을 가진다. 따라서 복화는 화약의 시초라고 말할 수 있다.

당나라 중엽에 이르면 화약 제조가 본격적으로 시도된다. 8세기 이후에 저술된 도가의 책 『진원묘도요략(眞元妙道要略)』에는 유황과 자황(雌黃, 비소와 유황의 혼합물), 초석을 혼합해 태우면 강렬한 화염이 발생한다고 기술되어 있다. 또 도교의 경전을 집대성한 『도장(道藏)』에는 연단술과 더불어 화약에 관한 다양한 언급이 있으며, '화약(火藥)'이란 단어가 초견(初見)된다. 그러나 후대까지도 화약은 일종의 '약'으로 인식되고 있었다. 명대 이시진(李時珍)의 『본초강목(本草綱目)』「화약」조에서도 "화약은 창선(瘡癬)과 살충에 주효하며 습기와 온역(溫疫)을 제거하기도 한다"라고 약재로 소개되고 있다.

화약이 각광을 받게 된 것은 약용(藥用)보다는 군사상 화기(火器)로 쓰이면서부터다. 그러나 화약이 언제부터 어떻게 화기로 이용되었는지는 아직 미상이다. 다만 문헌기록상으로는 당나라 덕종(德宗) 흥원(興元) 원년(784)에 반란군 이희열(李希烈)이 사용한 '방사책(方士策)'이 화기의 최초 사용으로 간주되고 있다. 『신당서(新唐書)』「이희열전」에 의하면 변량(汴梁, 현 카이평開封)에서 초(楚)의 황제로 참칭(僭稱)한 이희열이 반군을 이끌고 유흡(劉洽)이 사수하는 송주(宋州, 현 상추商邱)를 공파할 때 '방사책'으로 병영과 성벽 상의 방어물을 불살라버렸다고 한다. 방사책의 실체는 밝혀진 바 없으나 화약에 의한 화공법(火攻法)으로 일종의 화기임에는 틀림이 없는 것 같다.

송대의 노진(路振)이 쓴 『구국지(九國志)』 권2에는 당 애제 천우(哀帝天祐) 초(904~906년경)에 정번(鄭璠)이 예장(豫章, 현 난창南昌)을 공격할 때 '발기비화(發機飛火)'를 사용해 예장의 용사문(龍沙門)을 소각하였다는 기사가 있다. 송대에는 화살 끝에 화약을 장착해 발사하는 화질려(火蒺藜)·화구(火毬)·수포(手炮)·화포(火炮) 등의 여러가지 화기가 제조되었다. 이런 화기들은 사실상 화전(火箭, 불화살)의 일종이다. 수도 변량(汴梁)에는 11개의 작업장을 가진 '광비공성작(廣備攻城作)'이라는 대형병기공장이 있었는데, 그중에는 전문적으로 화약과 화기를 제작하는 '화약요자작(火藥窯子作)'이라는 한 작업장이 있었다.

이렇게 각종 화기가 제작되었지만, 아직까지는 모든 화기가 연소성(燃燒性) 화기에 불과하였다. 그러나 화약 제조술이 발달함에 따라 11세기 중엽에는 폭발성 화기인 벽력화구(霹靂火毬)가 제작되어 화기의 위력이 한층 강화되었다. 얼마 후 이 화구는 좀더 강력한 벽력포(霹靂炮)로 발달하였으며, 각종 화기가 다량 제작·이용되었다. 이 벽력포의 탄환에는 화약과 석회가 들어 있는데, 화약이 폭발하면 석회가루가 흩어지면서 상대의 눈을 못 쓰게 만든다.

금나라의 부단한 공격에 대처해 남송은 화기를 진일보 개량하였다. 그래서 나온 것이 화창(火槍)이다. 1132년에 진규(陳規)가 덕안(德安, 현 후베이성湖北省 안륙安陸)을 수비할 때 화창을 제작하였는데, 그것은 원형죽통(圓形竹筒)에 화약을 장착한 후 점화·발사해 적을 소살(燒殺)하는 화기로 최초의 관형(管形) 화기다. 이는 구래의 투사식(投射式) 화기에서 근래의 창포식(槍炮式) 화기로 넘어가는 과도기를 의미하는 것으로 무기제조사에서의 일대 거보(巨步)였다. 이 화창을 다시 개량한 것이 남송 말에 나온 돌화창(突火槍)이다. 돌화창은 굵은 죽통에 화약과 함께 자과(子窠, 일종의 탄환)를 장착해 발사하는 더욱 강력한 화기다.

송대를 통틀어 송과 항시 적대관계에 있던 북방의 금(金)도 송에 못지않은 화약과 화기 제조술을 보유하고 있어서 매번 송과의 전투에 사용하곤 하였다. 13세기 초에 이르러서는 송·금 쌍방 모두가 금속제 화기를 제작·사용하기 시작하였다. 송말 영종(寧宗) 가정(嘉定) 14년(1221)에 금군이 점주(蘄州)를 공격할 때 많은 철화포(鐵火炮)를 사용하였다고 문헌은 전한다. 몽골도 금으로부터 화약과 화기 제조술을 전수받아 1231년 하중부(河中府)의 금군을 공격할 때는 진천뢰(震天雷)라는 화기를 사용하였다. 진천뢰나 철화포는 이름은 다르지만 다같이 철구(鐵球)에 화약을 장착한 다음 점화해 발사하는데, 발사할 때 큰 소리를 내면서 작렬하는 일종의 철제화기다. 그밖에 몽골군은 처음으로 죽통(竹筒) 대신에 금속(동)제 관형(管形) 화기를 사용하였다. 이렇게 금속제 관형화기에 탄환이나 포탄을 장착한 것은 몽골시대부터의 일로, 이것이 대포(大砲)의 효시다.

화약의 교류 중국에서 발명된 화약과 화기는 이후 아랍-이슬람세계로 전파되었으며, 다시 유럽으로 전해졌다. 아랍-이슬람세계에 대한 화약과 화기의 전파는 1258년 몽골 서정군에 의한 압바스조의 붕괴를 전후해 두 단계로 나누어 고찰할 수 있다. 첫 단계는 중국의 화약제조법을 수용해 화약을 자체적으로 제조한 단계다. 중국 화약제조법의 수용은 화약의 주 소재 중 하나인 초석(硝石, 탄산칼슘)에 관한 아랍·무슬림들의 인식

변화와 관련이 있다. 원래 아랍·무슬림들은 유황(硫黃)은 알고 있었지만 초석에 관해서는 무지하였다. 그러다가 8세기경 중국의 연단술을 받아들이면서 처음으로 초석을 접하게 되었다. 페르시아인들은 초석(질산칼륨)이 소금처럼 짭짤하고 눈처럼 희기 때문에 '중국 소금'이라 하였고, 아랍인들은 '중국 눈'(thalju'd sīn)이라고 불렀다. 당초 그들은 초석을 주로 유리의 원료로 이용해 질 좋은 '대식(大食) 유리'를 만들었다. 그후 13세기 초엽에 이르러 초석이 연화(烟火)나 폭죽·불꽃놀이 등에 약간 이용되기는 하였으나 아직 화약 제조에는 사용되지 않았다. 1225년에 저술된 아랍 화공법(火攻法) 관련 서적이 네덜란드 라이덴 대학에 소장되어 있다. 그곳에는 화공법이나 인화물(引火物)에 초석이 이용되었다는 기록은 전혀 없다. 그러나 그로부터 20여 년 후인 1249년에 이집트 아이유브조의 재상이 주도해 초석으로 화약을 제조하였다는 아랍 문헌기록이 전해지고 있다. 요컨대, 이집트인들은 13세기 전반에 초석으로 화약을 제조하였던 것이다. 그 제조법은 남송과 아덴(Aden) 등 아라비아 반도 남부나 홍해 사이를 연결하는 해로를 따라 이집트에 전해졌을 가능성이 높다. 당시 해로를 오가는 남송 선박들은 항상 화기를 적재하고 다녔기 때문이고, 항저우(杭州)나 취안저우(泉州) 등 중국 동남해에 왕래하거나 정착한 이집트인들의 기여도 있었을 것이다.

아랍-이슬람세계의 화약과 화기 전파의 둘째 단계는 중국의 화약과 화기가 직접 전입된 단계다. 몽골의 서정과 그로 인한 압바스조 이슬람제국의 붕괴(1258), 그리고 그 연장선상에서의 일 칸국의 건립 등 몽골제국의 군사적 서행(西行)과 서아시아에 대한 경략은 중국의 화약과 화기가 아랍·이슬람세계에 직접 도입되는 계기가 되었다. 그 결과 아랍-이슬람세계에서는 중국의 각종 화기를 본뜬 화기들이 속속 만들어졌다. 1285~1295년에 하산 알 라마(Hasan al-Rammah)가 저술한 아랍어 병서 『기마술과 병기』에는 거란화(契丹花)라고 하는 중국화약의 성분과 거란화창(契丹火槍)이라고 하는 중국 화기의 제조법이 구체적으로 소개되어 있다. 14세기 초에 나온 다른 한 아랍어 병서는 육전과 해전에서 사용되는 각기 다른 거란화전(契丹火箭)에 관해 기술하고 있다. 이것은 몽골제국의 군사적 서행과 서아시아에 대한 경략을 계기로 중국의 화약과 화기가 아랍-이슬람세계에 전해졌음을 입증하며, 아울러 중국의 화기를 본 뜬 화기의 제조 개연성을 시사해주고 있다.

중국의 화약과 화기의 제조법을 전수받은 아랍·무슬림들은 단기간 내에 강력한 여러가지 화기를 만들어냈다. 화약을 자체 제조한 지 불과 반세기도 안 되어 13세기 말엽부터는 관형(管形) 화기를 제조하기 시작하였다. 14세기 초에는 몽골인들이 그것을 개조해 한층 강력한 아랍식 화포(火炮) '마드파아'(madfa'a) 2종을 제작하는 데 성공하였다. 14세기 중엽 이집트 맘루크조 군대의 화기장비 중에는 이미 대형 동포(銅炮)가 있을 정도로 아랍-이슬람세계의 화기는 급속히 발달하였다.

이렇게 아랍-이슬람세계에 보급된 화약과 화기는 여러 계기를 통해 유럽에 전파된 후 신속하게 확산되었다. 유럽은 12~13세기부터 선진 이슬람 문명을 수용하기 위해 아랍어 서적을 라틴어로 번역하기 시작하였다. 그중에는 13세기 중엽에 저술되고 후반에 번역된 『항적연소화공서(抗敵燃燒火攻書)』(*Liber ignium ad Comburendos bostes*)란 병서가 들어 있다. 이 병서에서 유럽인들은 처음으로 화약과 화기에 의한 화공법을 알게 되었다. 이 책에는 유황 1파운드, 레몬 나무나 버드나무 목탄 2파운드, 초석 6파운드를 섞어서 대리석 위에 놓고 간 다음 기화통(起火筒)이나 화포통(花炮筒) 안에 장착해 화기인 비화(飛火)를 제조한다고 상세히 소개하고 있다. 일반적으로 유럽인들은 독일의 프란체스코회 수도사인 베르트홀트 슈바르츠(Berthold Schwarz, ?~1384)를 화약의 발명가라고 말한다. 그러나 그는 화약에 관한 아랍어 서적의 라틴어 역서에서 얻은 지식을 활용해 수차례의 실험 끝에 14세기 전반에 흑색화약을 만드는 데 성공하고, 1380년에 이탈리아의 베네치아에 가서 유럽에서는 처음으로 금속제 관형화기인 대포를 시제(試製)하였던 것이다. 13세기 후반 유럽에 전해진 화약과 화기 제조기술은 이후 아랍-이슬람세계와의 군사적 충돌, 잦은 전란 등으로 인해 급속히 발전하였다. 특히 유럽에서 화약과 화기는 중세 봉건귀족들의 난공불락의 근거지라고 하던 성채(城砦)를 파괴할 수 있는 강력한 무기로 등장하였다. 화기의 사용에 따른 전술의 변화는 유럽 봉건제도의 해체와 중세에서 근세로의 과도에 촉매 역할을 하였다.

『화영자전(華英字典)』 R. Morrison 저, 1823년

교류의 문헌적 전거로서의 학문 연구서(언어). 영국 기독교 신파(新派)의 첫 중국 방문 선교사인 모리슨(R. Morrison, 1782~1834)은 1807년 9월 중국에 들어온 후 『신구약서』를 완역한 한편, 동시에 1808년부터 『화영자전』 편찬에 착수하였다. 그는 이 책을 일시에 출간하지 않고 나눠서 편찬·출간하였다. 제1권은 『자전(字典)』이란 제목으로 1817년에 출간하였는데,『예문비람(藝文備覽)』(1807)을 영역한 후 한자의 획수에 따라 214개의 어근을 올림말로 배열하고, 끝에 자모 색인을 첨부하였다. 『오거운부(五車韵府)』라는 제목의 제2권의 제1부는 1819년에, 그리고 이어 제2부를 출간하였는데, 글자를 음성기호에 따라 영어 자모순으로 배열하고 부록에는 한자의 6가지 서체를 표음(表音)에 따라 열거하였다.『영한자전(英漢字典)』이란 제목으로 1822년에 출간한 제3권은 어휘와 성어(成語) 및 문형의 영한 대역과 상세한 해석을 달았으며, 예문은 모두 한역하였다. 이상의 권본들을 집성한 완정본『화영자전』은 총 6권(전 4,595면)으로 1823년에 완간되었다. 이것은 첫 화영자전으로 동서 문화교류에 대한 값진 기여였다. 모리슨은 그밖에 영어로 『한어어법(漢語語法)』과 『광동토어자회(廣東土語字滙)』도 저술하였다.

화완포　火浣布, 火㲲, 火澣布(『列子』) 火鼠毛(『山海經』)

불 속에서도 타지 않고, 불로 더러움을 지우는 천. 나무껍질이나 새털(혹은 쥐 털)로 짠 포목이 아니며, 불 속에서도 타지 않는 광물질로 만든 석면(石綿, asbestos)이다.『열자(列子)』에는 중국 주(周)나라 목왕(穆王)이 서융(西戎)을 정복했을 때 서융이 화완포를 공물로 바쳤다는 기사가 나온다. 그만큼 화완포는 진귀하고 신기하기도한 물품이었다. 출산지는 서역과 남방, 곤륜산 부근으로 알려져왔다. 과학적인 직포술이 발달하기 이전(중세 이전)에는 불에 타지 않는 그 신기함으로 인해 많은 억측과 전설이 난무하였다.

화이역어　華夷譯語

중국 명나라 때 번역자 양성을 위한 교과서. 외국 조공사들이 바치는 서한을 번역하기 위해 명나라 때는 번역자 양성과 관련한 전문 교과서인 '화이역어'가 만들어지고 전문 관서인 '사이관(四夷館)'도 설치되었다. 1382년에 만들어진 몽골어 교과서가 가장 먼저 편찬(갑종본甲種本)된 화이역어이며, 이후 다양한 언어의 화이역어가 편찬되었다. 사이관은 예하에 처음에는 달단(韃

粗)·여진(女眞)·회회(回回) 등 8관이 설치되었다가 후일 10관으로 늘어났다.

환인 幻人

마술사. 『사기(史記)』「대원전(大宛傳)」이나 『한서(漢書)』「서역전(西域傳)」에 의하면, 한대에 서역으로부터 들어온 사람들 중에 '환인'이란 마술사가 있다. 이들은 왕이나 상류층 앞에서 입에서 불 토하기, 자박자해(自縛自解), 칼 삼키기, 나무 심기, 사람 베기, 말 자르기 등 기묘한 환술(幻術)을 연출하였다.

활강로기법 滑降路技法

미끄럼대를 이용해 배를 건조하는 기법이다. 중국의 경우 진(秦)대에 처음으로 활강로 기법을 도입해 배를 건조하였다. 1975년 광저우(廣州)에서 출토된 진말(秦末) 한초(漢初)의 조선소 유적에서 미끄럼판을 이용한 두 개의 조선대(造船台)가 발견되었다. 그중 한 활강로는 너비가 2.8m나 되는데, 이 너비는 길이 30m, 너비 6~8m, 적재량 28~30톤의 큰 목선을 건조할 수 있는 크기로 추산된다.

『황금초원과 보석광(寶石鑛)』 *Muruju'd dhahab wa ma'adinu'l jawhar*, al-Mas'ūdī 저

교류의 문헌적 전거로서의 개설소개서. 중세 아랍 역사학의 태두이며 지리학자인 알 마수디(?~965)는 압바스조 이슬람제국의 수도 바그다드에서 출생해 청년시절에 지리학과 여행에 각별한 취미를 가지고 청·장년기를 거의 여행으로 보냈다. 그는 바그다드를 떠나 페르시아만을 경유, 인도 각지를 편력한 후 중국 남해안에 도착해 여러가지 풍물을 접하였다. 귀로에는 인도양을 횡단해 동아프리카의 잔지바르와 마다가스카르까지 남하하였다가 다시 북상해 아라비아

반도의 남부에 자리한 오만을 거쳐 수년 후에 바그다드에 돌아왔다. 그러나 그는 얼마 지나지 않아 다시 여정에 올라 카스피해 남안과 소아시아 지방을 두루 돌아보고 샴(현 시리아)과 팔레스타인을 거쳐 이집트에 이르러 그곳에서 여생을 보내다가 965년(이슬람력 345년)에 타계하였다. 이와 같이 알 마수디는 일세를 풍미한 역사학의 태두일 뿐만 아니라 위대한 여행가, 지리학자이기도 하였다.

알 마수디는 평생을 통해 수많은 나라와 지역을 역방하면서 수집한 자료와 지리학자 알 칸디(al-Kandi, ?~873)와 알 사르카시(al-Sarkasi, ?~899) 등 선학들의 저술을 참조해 30권에 달하는 세계 역사전서인 이 책을 펴냈다. 이슬람세계를 중심으로 그 주변의 여러 나라와 지역의 역사와 지리·생활풍속·학문·종교·신화 등 다양한 주제들을 다루고 있는데, 특히 중국으로 가는 노정과 중국 상선들의 아랍(이라크의 바스라항까지) 내항, 그리고 신라의 인문지리와 아랍인들의 신라 왕래도 기술하고 있다. 풍부한 사료를 집대성하고 사실주의적 기술을 바탕으로 서술한 역작으로 중세 세계사를 연구하는 데 귀중한 사료로 평가받고 있다.

황금 장식품의 교류

황금 장식품은 기원전 4000년경 말부터 메소포타미아와 이집트에서 제작 사용하기 시작해 기원전 3000년경과 2000년경에 오면서 가공기술이 발달하고 제품도 다양해졌다. 기원전 15세기부터 그리스 본토에서 발달한 미케네 문명도 상당한 황금 유물을 남겼다. 기원전 7세기 흑해 북안에서 남러시아에 이르는 초원지대에서 흥기한 스키타이를 비롯한 유목기마민족들 사이에서도 황금 장식품을 애호하는 기풍이 일고 있었다. 기원전 4세기에 전성기를 맞은 스키타이의

경주 천마총 금관, 5~6세기, 높이 32.5cm, 국보 188호

쿠르간(고총高塚)에는 호화로운 황금 장식품들이 부장(副葬)되었다. 기원전 5세기부터 기원후 5~6세기까지 약 1,000년간 알타이를 중심으로 서쪽으로는 그리스에서 동쪽으로는 한반도에 이르기까지 동서 광활한 지역에 이른바 '황금문화대'가 형성되었다. 이 문화대의 동단에서 한반도(신라)는 전성기를 구가하였다. 황금공예의 백미는 단연 금관인데, 당시 세계적으로 제작된 금관 10구 중 7구가 한반도(가야 1, 신라 6구)에서 제작되었다. 이런 연유로 신라가 '금관의 나라'라 불리는 것이다.

『황여서역도지(皇輿西域圖志)』

청나라 건륭(乾隆)제 때에 편찬된 신장(新疆) 지리서. 건륭제는 강희제 때 시작된 중가리아(오이라트 몽골)제국에 대한 정복전쟁을 계속 진행해, 1755~1759년 사이 중가르 분지와 분지의 남쪽, 중가르제국에 예속되어 있던 동투르키스탄(회부回部) 지역을 정복해 현재의 신장 지역을 차지하게 되었다. 건륭제는 정복전쟁을 진행하는 한편, 새로운 정복지에 대한 지리서를 편찬하

는 관례에 따라 신장 지역에 대한 조사를 단행해『황여서역도지(皇輿西域圖志)』를 만들었다. 그 편찬과정을 살펴보면, 1756년 건륭제의 명을 받은 유통훈(劉統勳)과 하국종(何國宗)이 현지에 대한 조사와 측량에 기초해 1761년에 초고를 작성하였고, 이듬해에 부항(傅恒)이 봉칙찬(奉勅撰)이란 이름으로 황제에게 헌정하였다. 그 후 방략관(方略館)이 증보를 하여 1782년에 전판(殿版)으로 정식 간행되어 같은 해에 발간된『사고전서(四庫全書)』에도 수록되었다. 전 52권(卷) 20문(門)으로 구성된 이 지리서는 중가리아와 동투르키스탄의 역사와 지리 및 청조 정복 이후의 신장에 대한 경영 상황에 관해 기술하고 있다. 전 권의 구성은 권수(卷首, 천장天章) 4, 도고(圖考) 3, 열표(列表) 2, 약도(略度) 2, 강역(疆域) 12, 산(山) 4, 수(水) 5, 관제(官制) 2, 병방(兵防) 1, 둔정(屯政) 2, 공부(貢賦) 1, 전법(錢法) 1, 학교(學校) 1, 봉작(封爵) 2, 풍속(風俗) 1, 음악(音樂) 1, 복물(服物) 2, 토산(土産) 1, 번속(藩屬) 3, 잡록(雜錄) 2권으로 되어 있다. (3-198)

『황여전람도(皇輿全覽圖)』 일명『황여전도(皇輿全圖)』, 혹은『대내여도(大內與圖)』, 32폭, 1718년

18세기 초 현지 측량에 기초한 중국 전도(全圖). 18세기 초 중국을 방문한 선교사들과 중국 학자들이 공동 참여해 전국적인 대규모 측회(測繪), 즉 측량제도(測量製圖) 작업을 진행해 정밀하고 정확한 전국 지도를 제작하는 데 성공하였다. 1707년부터 1718년까지 11년 동안 북은 동북 헤이룽강(黑龍江)에서 남은 타이완(臺灣), 서는 티베트에 이르기까지 삼각측량법에 의해 전국을 측량하고 그 결과를 종합해 프랑스 선교사 자르투(Pierre Jartoux, 두덕미杜德美, 1668~1720)의 지휘 아래 총 32폭의『황여전람도(皇輿全覽圖)』, 일명『황여전도(皇輿全圖)』, 혹은『대내여도 (大

內興圖)』를 제작하였다. 이 지도는 1718년에 이탈리아 선교사 리파(Matteo Ripa)가 유럽에서 48폭의 동판으로 각인(刻印)하기도 하였다. 그 후 1756년에는 주로 선교사들을 멀리 서역의 이리와 톈산 산맥 일대에 파견해 측량작업을 진행하고 1761년에는 이 작업에 직접 참여한 프랑스 선교사 브누아(Michel Benoist, 장우인蔣友仁, 1715~1774)를 총편집인으로 하여『서역도지(西域圖志)』를 편찬하였다.

황화 黃禍

몽골군의 제2차 서정(1235~1244) 때 서정군이 유고슬라비아와 이탈리아의 베네치아 등 유럽의 심장부로 진입하자 유럽 전역이 큰 충격과 공포에 휩싸였다. 혼비백산한 유럽인들은 이 불의의 내습을 '황화(黃禍, 황색인종으로부터의 재화)'라면서 불안에 떨었다. 로마 교황은 이 '황화'를 막기 위해 각국에 친서를 보내 공동 항전을 호소하였다. ('몽골군의 서정'항 참고)

독일 화가 H. J. Knackfuss 작 「황화도(黃禍圖)」(원명: '유럽의 여러 민족들이여, 당신들의 신앙과 가정을 지킬지어다', 1895년)

『황화사달기(皇華四達記)』 賈耽 저, 8세기 말

교류의 문헌적 전거로서의 개설소개서. 저자 가탐(賈耽, 730~805, 자는 돈시敦詩)은 중국 창저우(滄州) 난피(南皮) 출신으로 지방 현위(縣尉)에서 시작해 중앙의 대외 교섭총관인 홍로경(鴻

臚卿)과 지방절도사를 거쳐 덕종(德宗) 때 재상(793~806)까지 역임한 인물이다. 유년 시기부터 역사지리에 특별한 관심을 가졌던 그는 관직에 있으면서도『토번황하록(吐蕃黃河錄)』(4권), 『정원십도록(貞元十道錄)』『해내화이도(海內華夷圖)』『고금군국현도사이술(古今郡國縣道四夷述)』(40권), 『황화사달기』 등 많은 저서를 펴냈다. 이 저작들은 대부분 소실되어 전하지 않으나, 지리 부분에 관한 내용만은『신당서(新唐書)』「지리지」에 채록되어 있다.『황화사달기』에서 가탐은 주로 국내외를 잇는 7대 통로를 밝히고 있다. 그 7대 통로는 ① 영주(營州)에서 안동(安東)까지 가는 길, ② 등주(登州)에서 해로로 고려(高麗)와 발해(渤海)에 이르는 길, ③ 하주 새외(夏州塞外)에서 다퉁(大同)과 운중(雲中)을 잇는 길, ④ 중수강성(中受降城)에서 회골(回鶻)로 들어가는 길, ⑤ 안서(安西)에서 회골로 이어지는 길, ⑥ 안남(安南)에서 천축(天竺)에 다다르는 길, ⑦ 광저우(廣州)에서 바다로 제이(諸夷)에 통하는 길이다. 이 7대 통로 중에서 남해로와 관련된 통로는 일곱 번째의 이른바 '광주통해이도(廣州通海夷道)'다. 가탐은 이 '광주통해이도'에서 당시 광저우에서 페르시아만 서안의 오랄국(烏剌國, Obollah)까지 이어지는 해로의 노정과 구간별 항해 일정 등을 상세히 밝히고 있다. 가탐이 제시한 노정은 크게 4구간으로 나누어 볼 수 있는데, 제1구간은 광저우에서 수마트라까지고, 제2구간은 수마트라에서 사자국(獅子國, 현 스리랑카)까지다. 제3구간은 사자국에서 이라크의 말라국(末羅國, 현 바스라Basrah)까지며, 제4구간은 인도 서남해안의 몰래국(沒來國, 말라바르)에서 아프리카 동해안의 삼란국(三蘭國, 현 탄자니아의 Dar ad-Salām)에 갔다가 페르시아만의 오랄국까지 다시 돌아오는 길이다. 이 노정의 항해 소요시간을 보면, 광저우에서 말라국까지는 약

100일간이며, 삼란국에서 오랄국까지는 48일간의 여정이다. 이 노정에 포함된 경유지(국가나 지역)는 33곳에 이른다. ('광주통해이도'에 관해서는 '해로'항 참고)

황허(황하) 문명 黃河文明

중국 황허 유역에서 생성된 고대 문명. 황허 유역에서는 신석기시대부터 문명이 발생해 양사오(仰韶) 문화와 룽산(龍山) 문화 등을 거쳐 상(商)과 주(周)의 청동기문화로 발전하고, 한(漢)의 철기문화로 개화해 중국문명의 한 중심을 이루었다. 종전에는 황허 문명을 중국문명의 시원으로 보았으나, 남방 양쯔강(揚子江) 유역과 동북 랴오허(遼河) 유역에서 이 문명보다 더 오랜 다른 계통의 문명들이 발견되어 '황허 문명의 중국문명 기원설'은 부정되어가고 있다.

회부 回部, 回疆

톈산 산맥 이남의 위구르계 무슬림 지역. 청나라는 1755~1759년에 중가르 분지와 동투르키스탄 지역을 무력으로 정복해 톈산 산맥을 경계로 그 이북에 사는 투르크계 무슬림 지역을 준부(準部, 중가르부部의 거점)로, 그 이남(타림 분지, 투루판, 하미 등지)에 사는 위구르계 무슬림 지역을 회부로 신장을 크게 두 부분으로 나눠 통치하였다. 준부에는 만주족과 몽골족들을 이주시켜 직접적인 군정(軍政)통치를 실시하고, 회부는 무슬림 유지(Bek베크)들을 통한 간접통치에 의지하였다. 서북부에서 무슬림들의 대반란이 일어나자 1884년 신장성이 신설되고 주현제도(州縣制度)가 바뀌면서 회부와 준부의 구분은 사라지고 신장의 한화(漢化)가 추진되었다.

회선 廻船, 가이센

일본에서 중세 말엽부터 사용된 화물 수송선. 에도(江戶)시대에 해운을 전업으로 하면서 대형 회선이 나타났으며, 메이지유신 이후에야 근대적인 수송선으로 대체되었다. 가장 유명한 것은 에도시대에 술이나 장유(醬油), 기름 같은 것을 싣고 에도와 오사카(大阪) 사이를 왕래한 히가키(菱垣) 회선과 타루(樽) 회선이다. (10-116)

『회회약방(回回藥方)』 36권, 원대

교류의 문헌적 전거로서의 학문 연구서(의약). 현존 잔본은 목록 하(下)와 권 12, 30, 34 뿐이다. 이 잔본에서 권 12와 권 19에서 36까지 모두 19권의 내용을 대략 파악할 수 있다. 이 19권에만 44문(門) 3,965가지 약방이 소개되어 있으며, 그 약방에 포함된 약물은 천여 종에 달한다. 이슬람 의약을 집성한 이 책은 아랍어로 쓰인 원본의 페르시아어 역본에서 다시 한역(漢譯)된 것인데, 그 연대에 관해서는 원말과 명초 두 가지 설이 있다. 일부 학자들은 원대 이후 한의(漢醫)가 13파로 분류되고, 또 점차 환약을 쓰게 된 것은 이 책을 비롯한 아랍 의학에서 영향을 받았기 때문이라고 주장한다. 이 책에 이븐 시나(Ibn Sina, 980~1037)를 비롯한 아랍 의학자들과 함께 고대 그리스, 로마 의학자 14명이 거론되고 있는 점으로 미루어 아랍 의학은 고대 그리스, 로마 의학에서 자양분을 섭취한 것이 분명하다.

회회의약 回回醫藥

원대(元代) 아랍-이슬람 의약에 대한 통칭. 원대에는 중앙아시아 및 서아시아와의 소통이 원활해짐에 따라 통칭 회회의약(回回醫藥)이라고 하는 아랍-이슬람 의약이 중국에 많이 전해졌으며, 그 효험으로 인해 대단히 중시되었다. 이에 회회의약을 전문 관장하는 기구가 설치·운영되었다.

1263년에 쿠빌라이는 그해에 불름(拂林), 즉

시리아에서 온 천문학자이자 명의인 이사('Iīsă, 1226~1308)를 서역(西域, 회회) 성력사(星曆司, 천문사天文司)와 의약사(醫藥司) 2사의 총감(總監)으로 임명하였다. 1270년에는 의약사를 광혜사(廣惠司)로 확대·개명하고 정삼품(正三品)으로 승격하면서 이사를 총감으로 유임시켰다. 광혜사의 직능은 궁중에서 사용하는 회회약의 처방과 조제를 관리해 원(元)나라에 와 있는 아랍-무슬림 숙위(宿衛)들과 외국인들의 질병 치료를 전담하는 것이었다. 광혜사에는 20여 명에 이르는 의료진이 배치되어, 아랍식으로 병을 치료하고 약을 제조하였다. 이사의 부인도 의사로 아랍식 병원인 경사의약원(京師醫藥院)을 운영하다가 1273년에 광혜사와 통합하였다.

회회의사들은 실력이 좋아 인기가 매우 높았다. 『철경록(輟耕錄)』(권22)에는 회회의사들의 의술이나 회회약에 의해 난치병까지 치유된 '기술(奇術)'에 관해 여러가지 사례를 들어 소개하고 있다. 이 기술에는 사람의 병뿐만 아니라 가축의 병도 고친 사례가 들어 있다. 회회약은 효험이 좋아 상당한 신망을 얻고 있었다. 아랍 현지에서 생산되는 각종 향약초(香藥草)를 직접 수입해 처방에 따라 아랍식으로 제제(製劑)하였다. 1292년에 태의원(太醫院) 산하에 아랍 약재의 전문 관리기구로 회회약방원(回回藥方院)과 회회약물국(回回藥物局)을 설치해 대도(大都)와 상도(上都)의 궁정용 약품을 분담·관리하였다. 1322년에는 이 두 기구가 광혜사에 통합되었다. 민간에도 회회의약은 널리 유행되고 있었다. 강남(江南) 각지에서는 회회의사들이 거리에 나와 창상(創傷)에 특효인 금사고(金絲膏) 같은 약품을 팔면서 행의(行醫)하는 것이 보편적인 현상이었다. 항저우(杭州)에는 이집트 호상(胡商)이 경영하는 회회병원도 있었다.

『**효행과 어버이 사랑**』 *The Filial and Paternal Love*, 일명 *The History of Abdalla and Zoraide*, 작가 미상, 1750년

산문(散文) 형식의 도덕 교양서. 18세기 영국 문단에서는 산문 형식이 유행하기 시작하였는데, 이것은 동방 소재의 도입과 일정한 관련이 있다. 즉, 동방의 소재를 도입해 도덕이나 철학을 논하며 사회를 풍자하기 위해서는 운문 형식보다 산문 형식이 더 적절했기 때문이다. 이 책은 자식의 효행(孝行)과 부모의 사랑의 길을 가르치는 산문 형식의 도덕 교양서다. 이 교양서의 소재는 18세기 영국의 문학가이자 정치가인 리틀턴(G. Lyttelton)의 『페르시아 서간집(書簡集)』(*The Persian Letters*)에서 취한 것이다. 이와 비슷한 책으로는 1743년에 출간된 『고대 인도 철학과 필페이의 교훈집』(*The Instructive and Entertaining Fables of Pilpay*)이 있는데, 고대 인도인들의 생활철학을 소개하는 내용이다. 동방의 도덕적 및 철학적 소재를 활용한 수필 형식의 산문은 18세기 전반에 창간된 『스펙테이터』(*The Spectator*)와 『태트』(*The Tatte*), 『프리홀더』(*The Freeholder*) 등 교양 및 문학잡지들에 많이 실렸다. 이같은 동양의 교훈주의적 사상을 바탕으로 하는 문학은 18세기 영국에서 계몽주의 문학이 탄생하는 데 일정한 영향을 미쳤던 것이다.

후기 구석기시대의 석기문화

후기 구석기시대에 이르러 석기문화는 제조기법이나 기형 및 기종에서 더욱 다양화되고 세분화되어 동서간에 뚜렷한 상이점을 보인다. 후기 구석기시대에 와서 동양은 두 개의 문화계통, 즉 동아시아 계통과 동남아시아 계통으로 대별된다. 중국을 비롯한 동아시아 지역에서는 전래의 박편석기가 다수 계승되는 가운데 새롭게 석인(石刃)석기가 첨가되어 두 기종이 공존하는 상

태가 되었다. 그러나 서구에 비해 기형이 단순하고 양(출토품으로 추측)이 적으며 2차 가공(加工)도 많지 않다. 간혹 석인과 더불어 박편의 일부에 간단한 2차 가공을 가해 첨두기(尖頭器, 뾰족끝석기, 혹은 찌르개)나 단삭기(端削器, 긁개), 각기(刻器) 등을 만들기는 하였으나 정형화된 2차 가공을 한 석기는 드물다.

한편, 식물채집을 위해서 서구와는 다른 석기가 일찍이 이 지역에서 제작되었는데, 대표적인 것이 서구에서는 만년 후(신석기시대)에나 출현한 마제석부(磨製石斧, 돌도끼)다. 이 석기가 동아시아에서 쓰인 시기는 후기 구석기시대 초다. 동남아시아 계통의 석기문화에서는 석인은 보이지 않고 석핵(石核)석기와 박편석기가 그대로 유행하였다. 주로 큰 강변에 있는 역석(礫石, 조약돌)을 석재로 하여 만든 이러한 석기류는 식물의 뿌리를 캐거나 나무를 자르거나 가공하는 데 유용한 석재로, 동남아 자연환경의 소산이라고 말할 수 있다.

후기(後期) 우마이야조 756~1031년, 16대, 275년간
이베리아 반도의 첫 이슬람 왕조. 750년 압바스조 이슬람제국이 우마이야조 아랍제국을 대체하면서 우마이야조의 전통가문(무아위야, Mu'āwiyah)을 탄압하자 그 유족(遺族)인 아브둘 라흐만(Abd al-Rahman, 756~788 재위)이 난을 피해 북아프리카의 모로코를 거쳐 에스파냐에 망명하였다. 그는 이슬람 서정군(西征軍)으로 그곳에 갔다가 잔류·정착한 시리아와 예멘 등 아랍계 무슬림들의 지지를 얻어 756년에 아미르(Amīr)라 자칭하면서 코르도바를 수도로 한 후기 우마이야조(756~1031, 16대, 275년간)를 건국하였다. 당시 동방에 위치한 압바스조 이슬람제국을 동칼리파국이라고 칭한 데 반해 '서칼리파국'이라고 불렀다. 한적에서는 흰옷을 즐겨

입는 아랍인들의 왕조라 하여 '백의대식(白衣大食)', 혹은 당시 압바스조 이슬람제국의 서편에 있다고 하여 '서대식(西大食)'이라고도 한다. 건국자 아브둘 라흐만은 잇달아 내습한 압바스조의 정토군과 프랑크 왕국 샤를마뉴 대제의 원정군을 연속 격퇴하고 이베리아 반도에 첫 이슬람정권을 수립하였다.

후추 胡椒 → '향료'항 참고

훌라구의 서정(西征)
몽골군의 제3차 서정(1253~1260)이 칭기즈칸의 4남 툴루이의 3남인 훌라구(1218~1265)의 지휘하에 진행되었기 때문에 이 서정을 일명 '훌라구 서정'이라고 한다. ('몽골군의 서정'항 참고)

훙산(홍산)문화 紅山文化, 기원전 6000~기원전 800년
중국 네이멍구자치구의 츠펑시(赤峰市)의 훙산(紅山)을 중심으로 한 요서(遼西) 지역에서 생성된 신석기시대 위주의 문화집합체를 말한다. 츠펑시는 외곽의 7개 기(旗)와 2개 현(縣)을 거느리고 있는데, 총 면적은 9만km²에 달하고, 청대의 현에서 1947년 시로 승격하였으며 시 중심부에 훙산구 등 3개 구가 있다. '츠펑'은 '붉은 산 봉우리'란 뜻으로, 이 말은 시 동북쪽에 있는 '붉은 산', 즉 '훙산(몽골어로는 '우란하따', 즉 암홍색 화강암 산이라는 뜻)'에서 유래하였는데, 이곳에서 훙산문화가 발견되었다. 이 문화를 세상에 처음 알린 사람은 일본의 고고학자 도리이 류조(鳥居龍藏)다. 그는 1906년 츠펑 일대(당시는 러허성熱河省)에 대한 지표(地表)조사를 하다가 많은 신석기 유적과 적석묘(積石墓)를 발견하였다. 그의 조사는 만주와 네이멍구에 대한 일본의 식민지 침략을 위한 정지작업의 일환이었다.

1984년 뉴허량(牛河梁) 출토 옥룡(玉龍, 신석기시대). 츠펑(赤蜂)시의 상징

20세기 초부터 일본에서는 교토대학(京都大學)을 중심으로 이른바 '만주학(滿洲學)'이란 하나의 관학(官學)이 발족되어 동북 3성에 관한 정보 탐지에 악용되었다. 이것이 발단이 되어 츠펑을 중심으로 한 광범위한 지역에서 굉장한 유물들이 잇달아 발굴되었다. 1955년에는 이러한 유물들이 시사하는 문화 일체를 '홍산문화'라고 명명하기에 이르렀다.

홍산문화의 내용 지금까지의 발굴 결과를 놓고 보면, 홍산문화의 포괄 범위는 동쪽으로는 차오양(朝陽), 남쪽은 발해만, 서쪽은 네이멍구 초원, 북쪽은 다싱안링 남록까지의 광범위한 지역이다. 이 문화는 신석기시대 문화가 주종이지만, 청동기시대나 동석(銅石)병용시대 문화 등 여러 문화를 함께 아우르고 있다. 문화의 성격도 초기 농경문화와 유목문화, 정주농경문화 등이 섞여 있다. 15만 년 전 인류의 거주를 비롯한 구석기문화도 관련되어 있다. 이 문화집합체를 구성하고 있는 주요 문화들로는 '중화 제1촌' '중화 시조취락(始祖聚落)'이라는 싱룽와(興隆窪) 문화(8,000년 전), 홍산문화(6,000년 전), 뉴허량(牛河梁) 문화(5,000년 전), 샤오허얜(小河沿) 문화(4,900년 전), 씨야지야디앤(夏家店) 상·하층 문화(4,200~3,300년 전), 링허(凌河) 문화(2,800년 전) 등이 있다. 홍산문화 유적의 밀도는 문화의 유구성과 다양성을 말해주는데, 예를 들면 츠펑 인근의 아오한(敖漢) 한 기(旗)에만 옥과 토기로 유명한 싱룽와 문화와 샤오허얜 문화, 씨야지야디앤 문화가 얼기설기 얽혀 있다. 8,300km²의 이 아오한기에만도 신석기 유적 1,000여 곳, 청동기 유적 2,000여 곳이 있다.

홍산문화는 몇가지 내용에서 '가장 오래됨'을 자랑하고 있다. 지금까지 알려진 이른바 '세계 4대 문명'을 앞질렀다는 것이다. 다링(大凌)강 서쪽 강안에 위치한 당산(唐山) 절벽에 있는 비둘기 동굴(하쯔퉁鴿子洞)에서는 15만년 전 원시인간이 불을 사용한 흔적과 함께 300여 점의 석기류와 호랑이·야생말·산양 등 30가지가 넘는 포유동물의 화석이 발견되었다. 이곳에서 60km쯤 떨어진 젠핑(建平)현에서는 후기 구석기시대에 속하는 5만년 전 '젠핑인'의 생활 모습이 드러나기도 하였다. 이러한 구석기시대를 이어 나타난 것이 홍산문화 가운데서 가장 오래된 아오한기의 싱룽와 문화다. '중화 제1촌' '중화 시조취락', 즉 중국에서 가장 오래된 시조 마을이라는 이 마을은 175채의 집이 10채 단위로 줄지어 계획도시처럼 질서정연하게 배치되어 있으며, 주위는 마치 해자(垓字)처럼 도랑으로 에워싸여 있다. 여기서 빗살무늬토기와 옥기가 발견되었다. 사실 인류 최초의 농경문화로 알려진 메소포타미아(이라크)에서도 이렇게 정연하게 계획된 촌락이 발견된 적은 없다. 1983~1994년에 모두 7차례에 걸쳐 발굴한 이 마을의 면적은 무려 4만 m²에 달하는데, 집 자리 규모는 보통 60m²(약 18평)이며 한복판에 있는 가장 큰 두 집은 140m²나 된다. 이 두 집에는 우두머리가 살았거나, 집 회장이나 종교의식의 장소로 사용되었을 것으로 추정된다. 집집마다 생산도구나 취사용구를 갖추고 있으며, 식품 저장용 움막까지 갖추고 있다. 같은 열에 속하는 가족끼리는 밀접한 관계가 있었던 것으로 보인다. 이렇게 주민들은 경제적 자립을 유지하고 일정한 사회적 조직과 활동 속에서 살아가고 있어 일종의 씨족사회를 연상케 한다.

여기서 200km 떨어진 차하이(査海)에서도 55

채의 주거지가 발견되었는데, 구조나 유물들은 싱룽와와 대동소이하다. 그래서 학계에서는 이 두 곳을 한데 묶어 싱룽와·차하이 문화라고도 한다. 흥미로운 것은 돼지가 사람과 함께 순장된 사실인데, 이것은 돼지가 일찍부터 종교제의에 사용되었다는 것을 시사한다. 이곳에서 출토된 옥 귀고리와 옥룡(玉龍)은 세상에서 가장 오래된 옥기라고 해서 츠펑시의 상징물이 되고 있다. 이상의 몇가지 예에서 보듯, 홍산문화는 화하족(華夏族)이 창조한 중원의 황허 문명보다 더 오래된 문화라는 것이 주창자들의 주장이다. 여러 문화 중 홍산문화(6,000년 전)를 기준으로 잡더라도 1천여 년을 앞선 것인데, 이집트나 메소포타미아, 인더스 문명보다 그 편년이 더 올라가는 셈이다. 홍산문화를 세계에서 가장 오래된 문화라고 자랑하는 이유다. 여기서 중요한 문제의 하나는 홍산문화가 화하족이 창조한 중원문화와 다르다는 것이다. 물론 채도처럼 관련된 유물도 있지만, 상당히 다른 점도 있다. 예컨대, 출토된 빗살무늬토기나 적석총(積石塚) 같은 유물이 중원에서는 발견되지 않는다.

홍산문화의 외연성(外延性)과 관련해 특기할 만한 사항은 비너스(Venus)상의 발견이다. 1979년 늦봄 어느 날, 홍산문화의 중심에 자리한 커쭈어(喀左)현 둥산주이(東山嘴)에서 대형 석조

'중국 제1 마을'이라고 하는 싱룽와(興隆洼) 마을 유적(8,000년 전)

제단(石造祭壇) 유적이 발견되었는데, 출토된 유물 중에는 중국에서 처음 보는 흙으로 빚은 여인 나체 소상(塑像) 2점이 끼어 있어 학계의 큰 주목을 끌었다. 두 점 모두 머리부분이 떨어져나가 완전한 형태는 알 수 없다. 잔해의 높이는 각각 5cm와 5.8cm이고, 배와 엉덩이가 불쑥 튀어나온 임신부형 환조(丸彫) 조형물로, 제작 연대는 5천여 년 전으로 거슬러올라간다. 이 발굴에 이어 1983년 둥산주이 서쪽 50km 떨어진 뉴허량에서도 같은 시기의 여신묘(女神廟) 한 기와 적석총군 유적이 발견되었다. 이 유적에서 크기가 서로 다른 여러가지 여인 나체소상 조각들과 함께 여신묘(女神墓) 주실 서쪽에서 사람 키 크기의 채소여신상(彩塑女神像)이 발굴되었다. 머리부분이 거의 완전하게 보존되어 있는 이 여신상은 정교한 원조(圓雕) 기법으로 제작되었다. 특히 눈망울은 맑고 짙은 푸른빛 구슬을 박아넣어 생기마저 돌아 매우 신비한 감을 준다. 일부 중국 학계에서는 몽골 인종으로 추정되는 이 여인을 '홍산인들의 여시조'로, '중화민족의 공동조상(공조共祖)'으로 간주하면서 '삼황오제(三皇五帝)' 전설이 허구가 아닌 실재라는 증거로까지 확대 해석하고 있다. 그런데 이런 3점의 여인상과 비슷한 상, 즉 비너스상이라는 여인 나체상이 유라시아 여러 곳에서 출토되었다. ('비너스상'항 참고) 홍산문화에서 발견된 나체 여인상이 형태나 상징성에서 유라시아 비너스상과 일맥상통하다는 데는 별 이의가 없다. 하지만 이러한 상관성이 문명의 보편성에 의한 것인지, 아니면 교류에 의해 생긴 것인지는 연구과제다.

홍산문화와 한반도 홍산문화를 창조한 주역은 중원문화를 창조한 화하족(華夏族)이 아니라 동이족(東夷族)이다. 이러한 근원에서 홍산문화와 한민족(韓民族) 문화의 상관성을 찾게 된다. 이러한 상관성은 선사시대부터 전개되어온 역사과

정에서 확증되고 있다. 우선, 암각화의 상관성이다. 한반도의 경우 1971년 경북 울산(蔚山) 천전리(川前里)에서 암각화가 처음 발견된 이래 20여 개소에서 암각화가 확인되었다. 그러나 주로 경북을 비롯한 남부 지역에서 발견되고 중부와 북부지역에서는 발견되지 않아 한반도 암각화의 기원이나 계통에 대해서는 오리무중이었다. 그 기원을 연해주 아무르강 유역이나 몽골 초원에서 찾으려고 했으나, '한국형 암각화'라고 하는 방패 모양 등 기하학 무늬의 암각화가 나오지 않아 그 시도는 결론을 맺지 못하였다. 그러던 중 최근(2007) 홍산문화에 속하는 츠펑시의 츠쟈잉쯔(遲家營子)와 상지팡잉쯔(上機房營子) 등지에서 유사 암각화가 발견됨으로써 한국 암각화의 계통문제가 해명될 것으로 기대된다.

역시 츠펑시에 속한 아오한기(旗)의 쓰쟈쯔진(四家子鎭)에 있는 초오모우산(草帽山, 초모로 만든 산, 삿갓 산) 뒤편에서 2006년 6월, 5,500년 전의 제사터나 묘터인 적석총이 발견되었다. 그 안에서 얇고 널찍한 돌로 위를 덮은 석관이 여러 구 나왔는데, 지안(集安)의 고구려 장군총이나 경주의 신라고분 같은 적석총과 같은 형태의 유물이다. 시기적으로 적석총에 앞선 빗살무늬토기도 발견되었다. 빗살무늬토기는 한반도 신석기시대의 대표적 토기로, 약 60군데에서 나왔으며, 제작연대는 기원전 6000~3000년으로 추정되고 있다. 지리적으로나 문화적으로 보아 북방 유라시아 빗살무늬토기대(帶)에 속하며, 시베리아를 거쳐 전래된 것으로 판단된다. 싱룽와 유적을 비롯한 요하 일대 신석기 유적에서도 지자(之字) 무늬의 빗살무늬토기가 출토되었다. 이것은 이러한 토기가 전혀 나오지 않는 중원문화와 구별되는 또 하나의 뚜렷한 증거일 뿐만 아니라, 한반도의 빗살무늬토기와 함께 빗살무늬토기대의 동단을 이루고 있음을 시사한다.

1983년 뉴허량 출토 채소(彩塑) 여신상

옥을 세상에서 가장 먼저(8,000년 전) 썼다는 게 홍산문화의 큰 자랑거리의 하나인데, 대표적 유물은 싱룽와 유적에서 출토된 옥결(玉玦, 옥 귀고리)이다. 싱룽와 문화보다 조금 뒤진 차하이 문화 유적에서도 귀고리·관옥·구슬을 비롯한 20여 점의 옥이 나왔다. 그런데 최근 한반도 중부인 강원도 고성군(高城郡) 문암리(文巖里)와 전남 여수(麗水) 안도(雁島) 패총에서도 형태뿐만 아니라, 연대도 7,000~6,000년 전으로 비슷한 옥 귀고리가 발견되었다. 게다가 홍산 옥기에는 곰 형상이 투영된 유물이 여러 점 있고, 제단 터에서는 희생된 곰 아래턱뼈도 발견되었다. 이것은 단군조선의 상징인 곰 토템과의 연관성을 추측케 한다. 고조선의 영역을 다링하(大凌河) 유역 내지는 그 너머까지로 본다면, 두 지역 간, 두 문화간의 소통이나 교류에 의해 이루어진 이러한 연관성이나 공유성은 자연스러운 일이었을 것이다. 뿐만 아니라, 홍산 옥의 원산지가 예부터 한반도에 이르는 교통요지에 자리한 선양(瀋陽) 남방의 슈옌(岫岩)이라는 사실은 문암리나 안도 패총 옥의 원류나 산지를 추적할 수 있는 하나의 단서가 될 수 있을 것이다.

흉노 匈奴

흉노라는 단어의 어원(語源)은 아직 정확하게 밝혀진 바 없다. 일반적으로 '흉(匈)'자는 'Hun'(혹은 'Qun')의 음사(音寫)이며, 'Hun'은 퉁구스어(Tungus)어에서 '사람'이란 뜻으로 해석한다. 흉노인 스스로가 자신들을 'Hun(匈)'으로 불렸을 것으로 보인다. 그런데 흉노의 '노(奴)' 자는 대체로 한자에서 비어(卑語)인 '종'이나 '노예'를 뜻하는 것으로 그들을 멸시하는 의도에서 '노'자를 첨가해 '흉노'로 지칭한 것으로, 일부 학자들은 당(唐)대에 쓰인 '곤륜노(崑崙奴)'를 원증(援證)하고 있다. 그러나 이것은 견강부회(牽强附會)적인 해석으로 타당성이 없어 보인다. 양자는 본질적으로 서로 다르기 때문이다. '곤륜노'는 아랍 상인들에 의해 교역된 아프리카나 동남아시아의 흑인 노예들이었던 데 반해 흉노는 노예 신분이 아니라 오히려 중국인들에게는 공포의 대상이었다. 심지어 투항해 온 남흉노에 대해서는 '국군지례(國君之禮)'를 갖춰 우대하기까지 하였다. 이렇게 기세등등하던 흉노가 자신들에 대한 비칭(卑稱)을 허용했을 리 만무하다. 또한 '흉'이라는 흉노어(퉁구스어) 글자에 '노(奴)'라는 한자를 결합시키는 것은 부자연스럽다. 따라서 '노'는 어떤 다른 뜻을 가진 글자로 구명되어야 할 것이다. 이와 관련해 원대(元代)의 극(劇) 『공작담(孔雀膽)』의 대사 중에 나오는 '노'나 '아노(俉奴)'의 어의를 음미해볼 필요가 있다. 극에서 여러 개의 몽골 어휘와 함께 나오는 이 글자들은 남편을 지칭하는 '낭(郎)'이나 '낭자(郎子)', 즉 '그의' '그대' '낭군'의 뜻이거나, 아니면 기사(騎士)의 존칭으로 쓰이고 있다. 이러한 점으로 미루어 '노'자는 사람에 대한 일반적인 호칭이라고 이해할 수 있다.

근래에 와서 고고학적 발굴과 문헌학·언어학·민족학·체질인류학 등 종합적 연구결과에 의해 흉노의 종족적 연원과 종족적 구분이 차츰 밝혀지고 있다. 우선 종족적 연원으로는 중국 북방 초원지대의 유목민으로 거슬러올라가 고찰할 수 있다. 기원전 6000년경 황제(皇帝)가 북쪽으로 쫓아냈다는 훈육(獯粥)이 바로 흉노의 시조(始祖)로, 하대(夏代, 기원전 22~18세기)에도

이 이름으로 출현하며, 은대(殷代, 기원전 18~12세기)에는 귀방(鬼方)으로 은왕 무정(武丁)과 3년간의 전쟁을 치렀다. 서주(西周)시대(기원전 12세기~771)에는 험윤(獫狁)이란 이름으로 출현하는데, 기원전 8세기에 주선왕(周宣王)은 수차 험윤의 내침을 방어한 바 있다. 그러나 춘추전국시대에 이르면 훈육이니 귀방이니 험윤이니 하는 이름은 자취를 감추고, 그 대신 '융(戎)'과 '적(狄)'이 나타난다. 융과 적은 황허 유역이나 대막(大漠)의 남북에 산재하면서 중원(中原)의 화(華, 혹은 하夏)족들과 공생하기도 하고 서로 싸우기도 한다. 또한 자체의 이합집산 과정을 겪는다. 그 결과 전국시대(기원전 476~221) 후기에는 그 융합과정과 사회발전 수준에 따라 국가권력을 갖춘 흉노나 부족연맹체인 동호(東胡) 같은 소수의 대표적인 유목민족이 역사무대에 등장한다.

이와 같이 흉노족이란 어떤 단일한 씨족이나 부족에 그 연원을 둔 것이 아니라 앞서 말한 선대(先代)의 여러 유목민족과 부족들을 망라하고 계승한 하나의 포괄적인 유목민 집합체라고 말할 수 있다. 그러나 이러한 흉노족의 형성과정에서 '흉노'라는 하나의 종족집단이 주도적 역할을 수행해 그 이름하에 여타 종족과 씨족들을 망라한 것으로 추정된다. 사실상 흉노 자체도 휴도(休屠, 도각屠各)·우문(宇文)·독호(獨狐)·하뢰(賀賴)·강거(羌渠) 등 여러 부족으로 구성되어 있으며, 한 부족도 몇 씨족으로 구성되었다. 흉노의 종족적 연원과 관련하여 언어학적으로 볼 때 훈육과 험윤의 '훈(葷 또는 獯)'자와 '험(獫)'자는 '흉(匈)'자와 같은 어음의 다른 음사라고 주장하는 학자가 있는가 하면, 전국시대와 진한(秦漢)시대에 흉노를 지칭한 '호(胡)'자는 빨리 발음하면 '흉'자와 유사하므로 '호'는 '흉'에서 유래하였다는 설도 있다. 그러나 이러한 설들은

신빙성이 별로 없다.

흉노의 종족적 구분에 관해서도 이론이 분분했는데 지금은 대체로 한 가지로 모아지고 있다. 즉 흉노가 투르크(돌궐突厥)족과 몽골족 중 어느 쪽에 속하는가 하는 문제인데, 지금은 투르크족으로 보는 것이 일반적인 견해다. 주로 인면상(人面像) 유물 몇 점을 근거로 한다. 기원전 1세기부터 기원후 1세기까지의 것으로 추정하는 몽골의 노인울라(Noin-Ula) 고분군 제25호 분묘에서 출토된 흉노 인물자수화(人物刺繡畵)에서 흉노인의 체질인류학적 특징을 알아볼 수 있다. 검고 숱이 많은 머리카락을 뒤로 넘기고 이마가 넓으며 눈이 크고 짙은 콧수염에 얼굴은 엄숙하고 위용이 있어 보인다. 특이한 것은 안구(眼球)는 검은색이나 동공(瞳孔)은 남색 실로 수놓은 점이다. 일반적으로 투르크족은 동공이 남색이고 턱수염이 많으며 눈이 크다. 그런데 이 출토 흉노인상이 바로 투르크인의 안면 특징을 그대로 지니고 있다. 몽골 고고학자 도르지수렝(Dorjsüren)은 그림의 주인공이 흉노인 묘주라고 인정하면서도 이의를 제기한다. 즉, 동공을 남색으로 수놓은 것은 검은 안구와 구별하기 위해서거나, 눈빛이 예리하고 위엄 있게 보이기 위한 일종의 미술기법이다. 몽골인이 콧수염이 적은 것은 사실이지만 기르는 사람도 있으므로 동공의 남색이나 콧수염의 유무로 몽골인 여부를 가리는 것은 설득력이 없다는 것이다. 1955~1957년 사이 중국과학원 고고학연구소 리시(禮西) 발굴대가 산시성(陝西省) 창안현(長安縣) 리시향(禮西鄕) 커성촹(客省庄) 량저우 고분군(兩周古墳群)에서 당시까지 중국 경내에서 유일한 흉노 고분(제140호)을 발굴하였다. 묘주는 흉노의 사신이나 그 수행원으로 추측되며 많은 흉노 유물과 함께 한 폭의 정방형 동제부조(銅製浮彫)가 발견되었다. 그림에 나타난 부조의

문양이 매우 이색적인데, 콧대가 높고 가랑이가 긴 바지를 입은 장발의 두 사람이 서로 상대방의 허리를 잡고 씨름하고 있다. 주지하다시피 투르크인들은 심목고비(深目高鼻)의 장발인데, 몽골인들은 코가 낮고 단발이어서 그 외형적 특징으로 보아 주인공인 이 흉노인들은 투르크 인종에 속함을 알 수 있다.

언어에 있어서도 흉노인들의 언어는 알타이어계의 투르크어족에 속한다는 것이 학계의 통설이다. 흉노에게는 문자가 없어서 기록은 없지만 한대(漢代)인들이 한어(漢語)로 음사한 수십 개의 흉노어 어휘가 남아 있다. 예를 들면, 선우(單于)=수령(首領), 탱리(撑犁)=천(天), 고도(孤塗)=자(子), 연지(閼氏)=처(妻), 거차(居次)=공주(公主), 두락(逗落)=총(塚), 경로(經路)=보검(寶劍) 등이다. 흉노는 종족적 연원이 다원적인 만큼 그 언어도 다원적일 수밖에 없다. 흉노는 동호(東胡)·정령(丁零)·월지(月氏)·오손(烏孫)·호게(呼揭)·견곤(堅昆)과 서역의 여러 종족들을 정복하였는데, 그들의 언어계통은 각각 달랐다. 예컨대 동호는 몽골어족이나 정령·호게·견곤은 투르크어족에 속한다. 따라서 흉노와 각 종족 간의 언어적 혼합이나 상호 영향은 당연하다고 할 수 있다. 한편, 흉노는 서방으로 이동할 때 종족 전체가 이동한 것이 아니라, 그 일부를 여러 종족들 내에 잔류시켰는데(예: 선비鮮卑에 10만 명 잔류), 이러한 조건도 언어적 혼합에 영향을 주었다고 볼 수 있다. 따라서 흉노어나 기타 종족들의 언어는 몽골어족과 투르크어족, 그리고 퉁구스어족이 서로 혼합되는 양상을 보인다.

흉노의 흥망 중국 사적의 기록에 의하면 흉노가 역사무대에 처음 나타난 것은 전국시대(戰國時代, 기원전 403~221) 말엽이다. 기마술과 궁술(弓術)에 능하고 철제무기로 무장한 흉노의 흥기는 그들과 접경해 있는 진(秦)·조(趙)·연

(燕)에게는 큰 위협이 되었다. 한편, 중원의 왕조들은 흉노에 대한 대응전략으로 흉노의 풍속과 기마술을 수용하기도 하였는데, 『사기(史記)』에 의하면 조(趙)나라 무령왕(武寧王, 기원전 325~299)은 그때까지의 풍속을 바꾸어 호복(胡服, 통소매〔筒袖〕의 상의와 바지의 기마용 복장)을 입고 기마사격술을 배웠다고 한다. 기원전 221년 천하를 통일한 진시황(秦始皇)은 장군 몽염(蒙恬)으로 하여금 10만대군을 이끌고 흉노를 토벌(215)하게 하여 오로도스(쑤이위안綏遠) 지역에서 흉노를 축출하는 데 성공하였다. 아울러 미래의 대비책으로 이전 전국시대에 여러 나라들이 각기 축조한 장성들을 보수·연결해 장성 방어체계를 갖추었는데, 서쪽의 간쑤성(甘肅省) 린타오(臨洮)에서 동쪽의 랴오둥(遼東)에 이르는 '만리장성(萬里長城)'(약 5,000km)이 그것이다. 만리장성 밖으로 쫓겨난 흉노는 진한 교체기의 혼란을 틈타서 다시 전력을 가다듬어 세력 확대를 꾀하였다.

본래 흉노에서는 군주(수령)를 투만(T'u-man, 頭曼, 單于)이라고 칭하는데, 투만은 투르크·몽골어의 '만(萬)'이란 뜻으로 '만인장(萬人長)' 즉, 만 명을 거느리는 자를 의미한다. 선우는 '탱리고도선우(撐犁孤塗單于)'의 약어로, '탱리(撐犁)'는 투르크·몽골어에서 '하늘'을 뜻하는 '텡그리'(tengri)의 음역이며 '고도(孤塗)'는 '아들'이라는 뜻이다. 이렇게 보면 '투만(두만)선우'는 '만인장의 천자(天子)'라는 의미를 갖게 된다. 군주인 투만 밑에는 태자(太子) 묵특(Mete, 모돈冒頓)이 있었는데, 묵특은 터키·몽골어로 '영웅'을 가리키는 '바야투르'나 몽골어의 '신성(神聖)'을 뜻하는 '보쿠타'의 음역으로 추정된다. 그런데 투만은 후궁 알씨(閼氏)의 소생을 태자로 삼아 계위하게 하려고 묵특에 대한 폐적(廢嫡, 상속권을 폐함)의 음모를 꾸몄다. 즉 그

를 서쪽에 인접한 강국 월지(月氏)에 화해를 위한 인질로 보낸 후 월지를 급습해 월지로 하여금 묵특을 살해하도록 획책하였던 것이다. 그러나 이 음모를 미리 탐지한 묵특은 친위군을 이끌고 들어와 선왕 투만과 후궁 및 음모자들을 일거에 처단하고 기원전 209년에 흉노 부족국의 선우가 되었다. 군주에 등극한 묵특은 내정을 정비한 다음 30만 대군을 이끌고 동쪽으로 몽골고원과 남만방면의 동호(東胡)를 석권하고 서쪽으로는 간쑤(甘肅)와 톈산(天山) 지방의 월지를 격파하고 남진해 오로도스의 누번(樓煩)과 백양(白羊) 양 부족국을 병합함으로써 진대(秦代) 몽염(蒙恬)에 의해 점령당한 실지(失地)를 수복하였다. 이어 묵특은 북방 유목민족인 예니세이(Enisei)강 상류의 정령(丁零)과 서북방의 견곤(堅昆) 등 부족국가들을 차례로 복속시켰다. 그리하여 몽골고원의 여러 부족국가들을 망라한 아시아 최초의 유목기마국가를 건립하였다. 당시 중원(中原)에서는 한왕(漢王) 유방(劉邦)과 초왕(楚王) 항우(項羽) 간의 싸움이 치열하게 벌어지고 있었다. 그 결과 유방이 승리해 기원전 202년 한(漢)이 건국되었는데, 승승장구의 야심에 불타 있는 흉노와 한의 충돌은 불가피한 것이었다. 묵특은 한 건국 다음해인 201년에 대군을 이끌고 산시성(山西省) 북부에서 장성을 넘어와 타이웬(太原)을 향해 진격하였다. 한(漢) 고조(高祖) 유방(재위 기원전 202~195)은 30만 보병군단을 이끌고 평성(平城, 현 다퉁大同)에 이르렀으나 백등산(白登山)에서 흉노군에게 포위되어 전멸 위기에 처하게 되었다. 당시 유방은 흉노 선우의 아내에게 뇌물을 주어 구사일생으로 간신히 포위망에서 탈출할 수 있었다. 흉노의 위세에 압도당한 한고조는 결국 무력 대결을 포기하고 굴욕적인 형제화약(兄弟和約, 기원전 198)을 체결하기에 이르렀다.

흉노의 정복사업은 한과의 화친을 계기로 더욱 활기를 띠었다. 투르키스탄 북부의 월지(月氏)와 오손(烏孫)을 병합해 서역과 초원지역의 거의 모든 부족들이 흉노에게 복속되게 되었다. 묵특은 기원전 176년에 한 문제(文帝)에게 보낸 서한에서 월지를 격파하고 누란(樓蘭)·오손·호게(呼揭) 및 인근 26개국을 완전히 평정하였다고 큰소리를 쳤다.

묵특(기원전 174)의 뒤를 이은 아들 계육(稽粥)은 노상선우(老上單于, 재위 기원전 176~160)로 등극해 선왕의 위업을 계승하였다. 한나라의 문제(文帝)는 흉노의 압제에서 탈피하고자 군사훈련 강화 등 대비책을 시도했으나 여의치 않았다. 그럴 때마다 노상선우의 보복에 부딪히곤 하였다. 기원전 166년에 노상선우가 14만 기병으로 간쑤(甘肅)까지 침범한 사실은 그 일례가 된다. 강성 일로를 걷던 흉노의 정세는 노상선우시대를 고비로 점차 쇠퇴하기 시작하는데, 그 원인은 다음과 같다. 첫째, 후임인 군신선우(軍臣單于, 기원전 160~126)의 무능력이다. 그는 선왕에 비해 군사적 통솔력이나 제국 내 여러 민족을 결속시키고 내치(內治)를 기하는 정치적 지도력이 부족하였다. 둘째, 제국 내의 내홍(內訌)이다. 한 무제는 한나라 공주인 흉노 왕비를 통

흉노의 적석목곽분과 말 순장 장면

해서 흉노의 내부 사정을 탐지하는 한편, 전통적인 이이치이(以夷治夷) 정책으로 흉노 내의 여러 종족간의 불화를 조성했을 뿐만 아니라 흉노 통치집단 내의 분열도 조장하였다. 그 결과 오손·오환(烏桓)·정령(丁零) 등 비흉노계 종족들의 반란이 빈발하였고, 친한(親漢)의 동흉노 선우 호한야(呼韓邪, 재위 기원전 58~31)와 키르키스 초원으로 이동한 서흉노 선우 좌현왕 질지(郅支, 재위 기원전 56~36) 간의 대립이 격화되었다. 기원전 36년에 호한야는 한의 힘을 빌려 질지를 공격하였다. 기원후 48년에는 흉노의 서역왕(西域王) 일축왕비(日逐王比)가 고비 사막 이남의 여러 부족을 이끌고 한에 투항해 이들을 남흉노(南匈奴)로 칭하게 되었고, 이로써 흉노는 남·북 흉노로 양분되었다. 오환·선비·정령 등은 북흉노에서 이탈해 남흉노와 결탁한 후 북흉노를 공격하였다. 셋째, 한(漢)의 전격적인 정벌이다. '중화제국'이 '만족(蠻族)'인 흉노에 당하는 수모에 치욕을 절감한 한(漢) 무제(武帝, 재위 기원전 141~87)는 60년간 지속되어온 화친정책을 버리고 강경한 대흉노 정벌정책을 취하였다. 한 무제에게는 서역경영을 위해서도 흉노 정벌이 불가피하였다. 이에 무제는 우선 서역 국가들에 대한 정보수집과 통로 개척 및 흉노에 대한 월지(月氏)와의 공동전선을 결성하기 위해 기원전 139년에 장건(張騫)을 서역에 파견하고 구체적인 정벌계획을 세웠다. 우선 허시(河西)지방에 이어 인산(陰山)·쑤이위안(綏遠) 지방을 공략해 최종적으로 흉노를 막북(漠北)으로 몰아낸다는 것이다. 그리하여 기원전 129~119년의 10년 사이에 흉노와 한 간에는 여섯 차례 격전이 있었다. 장기간 전쟁을 치르면서 흉노의 인구는 15~20%(전사와 포로만 20만 명)가 줄고 경제의 근간인 가축 수천만 마리가 손실되었으며 비옥한 초지(草地)를 포함해 광대한 영토가 한의 수

중에 들어가게 되어 흉노는 쇠퇴일로를 걷게 되었다.

기원후에는 흉노가 남·북으로 분열되었는데, 남흉노가 한에 투항한 상황에서 북흉노와 후한은 대립관계에 놓이게 되었다. 남부 시베리아와 중가르 분지에 이르는 내륙아시아 및 서아시아 교역로 상의 도시국가들을 지배하는 북흉노의 대응자세는 만만치 않았다. 후한은 명제(明帝, 재위 58~75), 장제(章帝, 재위 75~88), 화제(和帝, 재위 88~105)의 3대에 걸쳐 흉노 정벌에 국력을 집중하였다. 이 정벌의 주역은 30년간 일편단심 흉노 정벌전에 헌신한 명장군 두고(竇固)다. 그러나 두고도 뜻을 이루지 못하고 전사하자 그의 유지를 이은 대장군 두헌(竇憲)이 91년 알타이산에서 북흉노의 잔여부대를 격멸해 북흉노의 주력은 이리(伊犁) 방면으로 도망침으로써 외몽골과 중앙아시아 일원에서 흉노는 설자리를 잃고 말았다. 그 후 10만여 부락에 달하는 북흉노의 잔여세력은 흉노 고토(故土)의 새로운 지배자로 등장한 선비(鮮卑)에게 병합되었다가 147~156년 선비의 추장 단석괴(檀石槐)가 대제국을 건설하자 그 존재는 사라진 듯하였다. 그러나 이때부터 그들은 서쪽으로 잠행(潛行)해 후일 서방의 훈(Hun)족으로 이어진 것이다. 한편 한에 투항해 칭신(稱臣) 관계를 맺고 있던 남흉노는 후한의 8개 변방군에 편입되어 정치적으로나 경제적으로 철저하게 후한의 통제하에 있으면서 한화(漢化)의 압력을 받아야 했다. 그러나 흉노는 호락호락 한화정책을 감수하지 않고 고유문화를 보존하면서 한의 통제에 대한 반기를 들기 시작하였다. 94년 선우 안국(安國, 재위 93~94)은 한내의 친흉노 집단을 규합해 반란을 시도하기도 하였다. 흉노인들은 그들 나름으로 한조에 대한 선우의 칭신 관계에 불만을 품고 잇달아(94·124·140·153·158년) 반란을 일으켰

다. 177년 이후에는 북몽골을 점령한 선비의 남침으로 위협을 느낀 선우가 더욱 더 한나라와 긴밀한 관계를 유지하자 흉노 부족들은 그를 살해하였다. 이 사건을 계기로 흉노 부족들은 한조가 임명한 선우를 괴뢰로 치부하면서 인정하지 않고 뿔뿔이 흩어지기 시작하였다. 극도의 혼란 속에서 한조는 마지막 선우를 연금하고 남흉노 영토를 5개 주로 분할해 변방에 편입시켰다. 이에 남흉노는 216년에 멸망하고 중국 치하의 흉노족의 역사는 막을 내렸다.

흉노와 동서교류 흉노는 약 400년간 몽골을 중심으로 한 동아시아의 북방지대에서 활동하면서 시종 중국의 진(秦)·한(漢)제국과 화(和)·전(戰) 관계를 유지해왔다. 이러한 과정에서 중국의 농경문화를 수용하기도 하고, 자신의 유목기마문화를 전파해 특유의 '호한(胡漢) 문화'를 창출하기도 하였다. 한편, 중앙아시아와 남러시아 초원지대를 지나 유럽으로 서천(西遷)하면서 이러한 호한문화를 활동지역에 전파하기도 하고, 그리스·로마 고전문화를 비롯해 페르시아 문화, 스키타이 문화, 헬레니즘 문화 등 서역-서구문화를 흡수해 기원을 전후한 약 700~800년 동안 유라시아 대륙 북방의 동서교류를 주도하였다. 흉노에 의한 동서교류는 우선 스키타이 유목문화를 동전(東傳)시킨 것에서 나타난다. 그 대표적인 것이 오르도스(Ordos, 쑤이위안綏遠) 청동기문화다. 황허(黃河)가 역U자형(逆U字形)을 그리며 흐르는 지역의 남쪽, 즉 오르도스와 그 이북의 쑤이위안 분지(綏遠盆地, 쑤이위안과 바오터우包頭 일대)를 중심으로 한 일대에는 기원전 5~2세기경 독특한 청동기문화, 이른바 오르도스(쑤이위안) 청동기문화가 출현하였다. 이 문화는 스키타이를 비롯한 북방 유목민족들의 청동기 문화를 수용한 후 한층 더 발전시킨 문화로 동북아시아 청동기 문화의 출현과 발전에 촉매

제 역할을 하였다. 주요한 유물로는 스키타이식 W형 족(鏃, 활촉), 아케메네스식 양인단검(兩刃短劍)·칼·도끼·찰갑(札甲, 작은 조각을 붙인 투구)·고삐·마면(馬面)·탁령(鐸鈴, 방울)·각종 마차용구·대구(帶鉤)·원경(圓鏡, 둥근 거울), 스키타이식 솥(복鍑, 구연부에 두 개의 귀가 달린 큰 심발형深鉢形 솥) 등이 있다. 이러한 유물은 북몽골고원의 유목민족인 정령(丁零)이나 남러시아의 스키타이와의 밀접한 관련을 시사해주고 있다. 유물의 특징은 스키타이계 동물문양을 수용한 점인데, 각종 장식물에 예외없이 동물문양이 있다. 이러한 흉노의 스키타이계 청동기문화는 전국시대부터 위진남북조시대에 이르기까지 중국 화북(華北) 지역에 파급됨은 물론, 동쪽으로는 중국 동북지방이나 고구려를 비롯한 한반도와 멀리 일본까지 영향을 미쳤다.

또한 흉노에 의한 동서교류는 또한 호한문화(胡漢文化)의 창출에서 나타나고 있다. 흉노문화는 스키타이계 오르도스(쑤이위안) 문화와 주변 문화, 특히 한(漢)문화와 융합된 이른바 '호한문화'다. 이것은 오르도스 청동기 문화와 맥을 같이 하는 연속선상의 계승문화, 혹은 발전문화로서 한문화적 요소가 뚜렷한 것이 특징인데, 대표적 유적인 노인울라(Noin-Ula, 몽골어로 '왕후王侯의 산'이란 뜻) 고분군에서 출토된 유물에 의해 증명된다. 기원전 1세기부터 기원후 1세기 사이의 것으로 추정되는 노인울라 유적지는 몽골 수도 울란바토르 북방 약 100km의 산중에 있는데, 1924년 소련 지리학회가 파견해 울란바토르에 체재 중이던 소련·몽골·티베트 탐험대에 의해 고분들이 속속 발굴되었다. 총 212기의 고분은 모두 수쯔주크테(Sutszukte)를 비롯한 세 골짜기 경사면에 위치하는데, 외관상으로는 남러시아, 남시베리아의 쿠르간(고총분高塚墳) 형식과 점재한 소형 성토식분(盛土式墳) 형식, 그

리고 작은 웅덩이식 묘 3가지 형태다. 구조는 중국(전국시대와 진·한시대)과 한반도(낙랑고분樂浪古墳)의 분묘와 유사한 절두방추형(截頭方錐形)이다. 즉 구조의 주체인 기실(基室)은 지하 광내(壙內)에 목재로 만들고, 그 위에 봉토를 씌우고 지하의 곽실(槨室)로 이어지는 갱도(坑道)를 앞에서 파들어가는 형식의 묘다. 그러나 중국이나 한국의 고총분과 다른 점은 지하 분도(墳道, 주로 남측) 위에 좁고 긴 봉토를 씌우는 전방구(前方丘)가 주구(主丘)와 이어 붙어 있는 것과 봉토의 기초나 측면 및 표면을 조약돌로 다진 점이다. 그밖에 곽실 내부 장식에서도 다른 점이 엿보이는바, 한국의 경우 기실(基室) 내를 벽화로 장식하지만 여기서는 벽화 대신 여러가지 문양의 자수 모직품이나 비단천으로 기둥이나 대들보를 장식한다. 요컨대 남러시아나 남시베리아, 알타이 지방 특유의 스키타이계 고총분(쿠르간) 형식에 한대의 목실분(木室墳) 형태를 융합시킨 일종의 혼합형으로 흉노와 한(漢) 간의 교류를 극명하게 보여준다. 다음으로 출토품을 통해서도 교류의 흔적을 볼 수 있다. 출토품을 구체적

흉노인의 외형과 복식 모사도(몽골민족사박물관 소장)

으로 보면 다음과 같다. ① 용기: 토기·목기·철기·청동기, ② 옥기와 장신구: 옥기·식옥(飾玉)·장구(裝具)·금세공품·은타출금구(銀打出金具)·거울, ③ 의상과 직물: 통수형외의(筒袖形外衣)·바지·모자·가죽신발·모직카펫, 각종 묘실 장식천, 자수용 평직비단·금(錦)·능(稜)·사(紗)·나(羅), ④ 마구와 차구: 자갈·마면(馬面)·안장, 할(轄, 굴대 빗장), 차바퀴 파편, 차개(車蓋), 동물머리 장식금구, ⑤ 기타: 책상 부품, 목제와 청동제 공이, 발화기, 털개, 철제 활촉 등이다. 이상의 출토 유물에는 한대 중국의 문물을 그대로 수용한 것이 많으며 변형된 것들도 있다.

흉노는 침탈·교역(관시關市)·수공(受貢) 등 3가지 방법으로 한의 문화를 수용하였다. 침탈은 한과의 전쟁에서 주로 이기는 경우에 무기와 식량을 비롯한 많은 물자를 획득하는 것이다. 관시는 흉노의 가축·모피·모직물 등을 한의 비단·마포·동거울·철기·식품 등과 상호 교역하는 것이다. 수공은 흉노가 각종 협약에 따라 한의 조정으로부터 비단·주류·곡물·황금·금전·마차·병기·악기 등 여러가지 필수품이나 귀중품을 공납받는 것이다. 이러한 중국적 요소와 함께 스키타이 및 서역적 요소도 혼합되어 있다. 그것은 주로 문양에서 확인되는데, 우선 스키타이나 서아시아 및 소아시아 예술에서 자주 보이는 동물투쟁 문양이 확인되며 노인울라 6호분에서 출토된 걸개 모직 카펫에는 티베트나 중앙아시아에서 번식하는 야크(yak)가 뿔사자(환상적 동물)와 싸우는 장면이 수놓아져 있다. 또 다른 문양으로는 페르시아계의 대칭문양(對稱文樣)을 찾아볼 수 있다. 역시 6호분에서 출토된 은제 원형식판(圓形飾板)에는 중앙에 야크를 놓고 좌우에 나무(성수聖樹)를 대칭적으로 배치하고 있다. 끝으로 서아시아와 중앙아시아의 고대 예술품에서 특징적으로 발견되는 기하학문양도 일부 유물에서 나타나고 있다. 대표적인 것이 6호분에서 출토된 호피(虎皮) 문양의 카펫인데, 여기에는 9개의 방형, 피라미드형, ㄇ자형, 工자형 등 기하학 문양이 수놓아져 있다.

이상과 같이 흉노 예술은 모티브나 기법에서 스키타이계 문화와 중국문화의 영향을 직·간접적으로 받았으나 그것을 조화·융합시켜 독자적인 호한문화를 창조해, 다시 그것을 동서에 전파시켰다. 이러한 유물로는 옥구검(玉具劍)·한식궁(漢式弓), 한경(漢鏡), 한견(漢絹), 흉노식 동복(銅鍑) 등이 있었다. 이 가운데 앞의 4가지는 한으로부터 수용한 것이고, 마지막 것은 흉노 자신들의 것이다. ① 옥구검(玉具劍): 옥으로 장식된 검을 말한다. 흉노에 의한 옥구검의 서전(西傳)은 여러 곳의 유물에서 입증되고 있다. 남러시아 크리미아 반도의 케르치(Kerch, 1842년 능형무늬의 한나라 비단천이 발견된 곳)와 북캅카스의 쿠반(Kuban) 지방에서 출토된 옥구검에는 얇은 운기문(雲氣文)이나 양각된 용무늬가 있는 점으로 보아 한의 옥구검이 분명하다. 한편, 이러한 옥체(玉璲, 칼콧등 장식)의 방조품(倣造品)으로 보이는 유품도 볼가강 하류의 불가오이치와 아루트 와이마르 지방과 그 지류인 카마강 유역 페름 지방, 그리고 케르치 등 여러 곳에서 발굴되었는데, 방조품은 대부분이 연옥(軟玉) 제품이다. 일부는 옥수(玉髓) 제품도 있으며, 한대의 철제장검도 반출되었다. 반출품 중에 금은보석을 상감한 화려한 고리와 가위, 괴수문(怪獸文)의 장식금구(裝飾金具), 청동제 귀고리(이환耳環), 육홍옥수(肉紅玉髓), 호박, 유리 등 구슬류가 다수 있는 점으로 미루어보아 유물의 매장 시기는 후기 로마시대인 3~4세기로 추정할 수 있다. ② 한식궁(漢式弓): 스키타이나 초기 흉노인들이 사용하던 짧은 활(만궁彎弓)과는 달리 뼈(뿔)로 만든 활고자를 부착한 한나라 고유의 중형(重型)

복합궁(複合弓)을 뜻한다. 흉노에 의한 전파이기 때문에 우선 흉노가 어떻게 어떤 한식궁을 받아들였는가를 밝혀야 할 것이다.『전한서(前漢書)』「흉노전」에 의하면 선제(宣帝, 기원전 74~49)는 흉노 호한연선우(呼韓衍單于)에게 '활 한 구와 화살 4개'를 선물하였다. 그로부터 이것이 관례가 되어 전한 말부터는 내조(來朝)하는 선우에게는 같은 양의 활과 화살을 선물하였다. 후한대에 와서도 이러한 관례가 지속되었는데, 수량이라든가 내용은 다양해졌다. 건무(建武) 26년(기원후 50) 광무제(光武帝)가 남흉노선우 비(比)에게 활과 화살 3개를, 28년에는 북흉노 선우 포노(蒲奴)에게 활과 건(鞬, 활과 화살을 함께 넣는 가죽자루), 화살통 1개, 화살 4개를 선사하였다. 물론 이것은 두 나라 왕이나 조정 간의 의례적 행사의 일종으로 상징적인 의미가 있을 뿐 극히 제한적일 수밖에 없다. 실제로 흉노가 한식궁을 다량 수입하게 된 것은 싸움터에서의 노획물을 통해서였다. 초기 흉노의 강성기에는 한군(漢軍)의 패전이 거듭되어 그들이 사용하던 활(한식궁) 등 무기를 흉노가 대량 노획하였다. 짧은 형의 활을 사용해온 유목기마민족인 흉노인들에게 중형인 한식궁이 불편한 점도 있지만, 소재나 효력이 우수하다든가 아니면 기념물이나 노획물로 간직할 필요가 있어서 그들이 서천할 때 이러한 한식궁을 수반하였을 것이다. 한식궁의 유사품이 아랄해 주변과 북투르크메니아 지방, 남러시아의 볼가강 하류, 심지어 아프가니스탄의 베그람의 쿠샨(귀상貴霜)조 하궁(夏宮) 유적에서 적지 않게 출토되었다. 이러한 유물의 사용연대는 베그람 유적에서 로마 화폐가 반출된 점으로 미루어 2~3세기로 추정되며, 볼가강 유역의 유적은 3~4세기(후기 로마시대)로 추정된다. 뿐만 아니라, 이러한 한식궁은 4세기 말부터 5세기 전반에 유행하던 소분분(燒焚墳, 오스트리아

빈 중앙묘지나 볼가강 유역 유적에서 발견)에서도 출토되고, 7세기 전후 아바르족이 활약하던 헝가리의 각지와 독일의 마인츠 지방에서도 발견된다. 그런데 한 가지 주목할 것은 흉노가 알란(Alan) 왕국을 멸하기 이전 시기, 즉 사르마트(Sarmat) 후기(기원전 4세기) 유적에서는 짧은 스키타이형 활(만궁彎弓)은 발견되나 한식궁의 유사품은 발견되지 않는다는 사실이다. 요컨대, 중형인 한식궁은 기원 전후에 흉노를 통해 서역(동투르키스탄)에 알려진 후 3~4세기에는 서투르키스탄(아랄해 부근)에, 그리고 4~5세기에는 남러시아에, 5~7세기에는 헝가리·오스트리아·독일을 포함한 중부유럽 지역에까지 파급되었던 것이다.

③ 한경(漢鏡): 중국 청동기문화의 소산인 감경류(鑑鏡類)가 일본과 한반도, 누란(樓蘭)이나 투루판(고창高昌), 인도차이나 반도의 통킹에 이르는 여러 지역에서 유물이나 그 방조품으로 다량 출토된 것은 전국시대나 한대의 영향력 행사나 교류의 결과임을 쉽게 이해할 수 있다. 그러나 그러한 유물이 멀리 남러시아나 중부유럽에서 발굴되는 경우는 중국의 직접적 영향력 행사나 교류로는 설명할 수 없다. 분명히 중매자를 통해 이루어졌을 것인데, 그들이 바로 흉노와 훈이다. 서전된 한경(漢鏡) 유물은 크게 두 가지로 나누어 고찰할 수 있다. 첫째는 시기적으로 비교적 빠른 전국시대와 한대 전기의 고경(古鏡)이다. 이른바 전국경(戰國鏡, 혹은 진경秦鏡)과 전한경(前漢鏡)으로 불리는 이러한 거울 종류가 내몽골의 오르도스 지방에서 다량 출토되고, 시베리아의 미누신스크·톰스크 지역에서도 발견된다. 그보다 서쪽인 우랄 동편의 드볼강 유역에서 발견된 정백경(精白鏡)이나 북캅카스의 티미르 칸 슬라에서 출토된 연화경(鉛華鏡, 중국 서한시대의 구리거울) 등도 첫번째 종류에 속하

는 고경이다. 이러한 고경은 흉노의 전성기에 그 지배하에 있던 정령(丁零)·오게(烏揭, 혹은 호게 呼揭)·견곤(堅昆) 등 투르크계 민족들에게 흉노 가 전파한 것이며, 그 이후 패장(敗將) 질지(郅 支) 선우의 인솔하에 강거(康居, 카자흐 초원)를 지나 북캅카스까지 이주한 흉노 부중(部衆)들에 의해 전파된 것으로 볼 수 있다. 서전된 한경(漢 鏡) 유물의 둘째 부류는 시기적으로 비교적 후대 인 한(漢) 중기(中期)의 고경이다. 이에 속하는 소형일광경(小形日光鏡)이나 방형규격경(方形規 格鏡)·수대경(獸帶鏡)·반룡경(盤龍鏡)과 그 방조 품들이 내몽골의 오르도스와 하틴스무, 외몽골 의 노인울라 고분군과 도라강 유역 나인데 스무 의 철기시대 분묘, 시베리아의 미누신스크와 예 니세이주 지방, 이식쿨 호반의 토크마그, 볼가강 하류의 고뜨바와 포그름스크, 북캅카스의 굼프 르다와 고반, 헝가리의 조르나와 조에구메 등 여 러 곳에서 출토되었다. 한경(漢鏡) 출토품의 연 대라든가 분포상황을 살펴보면 흉노의 서전과 훈의 출현 및 그 후예들의 활동 시기·지역과 대 체로 일치한다.

④ 한견(漢絹): 한대에 흉노는 한과의 관시(關 市, 교역)나 한으로부터의 수공(受貢, 배상이나 증여)을 통해 다량의 한견(漢絹, 한나라 비단)을 소유하게 되었다. 일례로 한(漢) 원수(元壽) 2년 (기원전 1)에 있은 한 차례 증여만 해도 18만 필 (疋)이나 되었으며, 노인울라 고분군에서 출토 된 많은 한견 유품도 이를 증명해준다. 한견에 는 수(繡)·금(錦)·나(羅, 얇은 비단)·증(繒, 굵 은 비단) 등 여러가지가 있다. 노인울라 고분 외 에 남시베리아 미누신스크 부근의 오글라크티 (Oglakty)와 탄스고크 고분에서도 한대의 유품 이 출토되었는데, 대략 1~2세기의 것으로 흉노 자신의 소유품이거나 아니면 그들을 통해 인근 투르크계 종족들에게 전해진 것으로 추정된다.

한 가지 흥미 있는 것은 1930년 오글라크티 유 적에서 발굴된 9기의 고분에서 연년익수금(延 年益壽錦) 유품이 나왔는데, 누란이나 니야 유 적에서 출토된 연년익수금과 재질이나 문양에 서 매우 흡사하다. 유품들이 같은 곳에서 생산되 어 각지 제왕이나 유력자들에게 증여된 것으로 생각된다. 알타이 산지의 파지리크(Pazyryk) 고 분군에서도 전국시대(기원전 4~3세기)의 견직 물과 자수(刺繡) 및 한견이 발견되었다. 또한 중 앙아시아 키르기스 공화국 탈라스 강안의 켄콜 (Kenkol) 고분군에서도 남녀 비단옷이, 또 멀리 서쪽 남러시아 크리미아 반도의 케르치(Kerch) 유적에서는 능형무늬의 황갈색 비단천이 각각 발굴되었다. 중국에서 멀리 떨어진 서방의 케 르치 유적에서 한견 유품이 발견되었다는 사실 은 비단의 원거리교역에 의해서라기보다 다량 의 한견을 소유한 흉노의 서천과 그 후예들의 활 동에 의해 결과된 것으로 보는 것이 더욱 타당할 것이다.

⑤ 흉노식 동복(銅鍑, 구리솥): 지금까지 발굴 된 구리솥에는 스키타이식 구리솥과 흉노식 구 리솥 두 가지가 있다. 스키타이식 솥은 반구형 (半球形)의 기체(器體)에 둥근 손잡이 한 쌍이 달 려 있고 손잡이에 작은 돌기(突起)가 있는 것이 특징이다. 흉노식 솥은 심발형(深鉢形)의 기체에 'ㄴ'자형의 손잡이 한 쌍이 달려 있고, 손잡이에 는 작은 돌기가 있는 것과 복잡하고 화려한 장식 이 있는 것이 있는데, 동방에 비해 서방의 것이 비교적 화려하다. 흉노의 구리솥은 내몽골의 오 르도스 지방에서 다수 발굴된 것을 비롯해 간쑤 (甘肅) 칭양부(慶陽府, 1개), 노인울라 고분군을 비롯한 북몽골 지대, 알타이 산맥의 데레츠고에, 볼가강 유역의 오도가와 그 지류인 가마강 유역 의 페름, 서우랄의 보로쿠타 지방, 남러시아 돈 강 유역의 노보체르가스크, 헝가리(3개) 등 동

서의 여러 곳에서 출토되었다. 한때 스키타이식이나 흉노식의 구리솥 유물이 유럽에서만 발견되고 동아시아에서는 발견되지 않아서 유럽 학자들 사이에서는 이 두 솥의 상호 무관설이 대두되었다. 즉 스키타이식 솥은 기원전 6세기부터 4세기 기간에 남러시아 일대에서 유행하였으나 흉노식 솥은 그보다 수백년 후인 유럽 민족대이동 시대, 즉 4세기부터 7세기 사이에 유행하였다고 유럽학자들은 보았다. 그러나 2차 대전 후 오르도스 지방을 비롯한 동아시아 지역에서 두 가지 구리솥이 다수 발견되어 그 발달과정이나 상호관계가 새롭게 규명되기 시작하였다. 스키타이식 구리솥은 시베리아의 미누신스크 지방을 경유해 오르도스 지방에 유입되어 흉노인들에게 사용되다가 진한(秦漢)시대 중국 청동 용기인 동정(銅鼎)과 삼족정(三足鼎)의 영향을 받아 손잡이가 둥근 모양에서 'ㄱ'자 모양으로 바뀌고, 손잡이 돌기도 그에 상응하게 변화하여 흉노식 구리솥으로까지 변했다. 이것이 다시 흉노인들의 서천에 따라 서방으로 역류하였는데, 알타이 산맥 지방과 볼가강 유역을 경유해 헝가리 방면으로까지 파급되는 과정에 서구적 장식이 가미되었다. 상술한 5종의 유품과 그 방조품은 볼가강 유역에서 집중적으로 발견되고 있다. 그 연대는 비교적 오래된 것은 기원후 1~2세기로 소급할 수 있으나 대부분은 3~5세기(후기 로마시대)에 속하는 것들이다. 이 시기는 '(흉노가) 서천해 카자흐 초원의 여러 종족을 지배하고 진(晉) 영화(永和) 연간에 엄채(奄蔡, 알란Alan)를 탈취했다'(4세기 중엽)는 중국 사서의 기록과 일치된다. 또한 한대 중국 문물과 그 방조품이 볼가강 하류지역(한식궁과 한경)이나 북캅카스(한경), 크리미아 반도(옥구검과 한경), 헝가리(한식궁과 한경, 흉노식 구리솥) 등지에서 다량 출토되었다는 사실은 이러한 지역이 훈의 유럽 활동시대의 요지였다는 유럽 사서의 소전(所傳)과도 부합한다. 그리고 이러한 유물(한식궁과 한경)이 아바르(Avar) 시대의 중부 유럽 일원에서 발견되었다는 것도 흉노―훈―아바르로 이어지는 동방문화의 서전 상을 시사해준다.

흉노의 경제 흉노(훈 포함) 사회의 근간은 양과 말 등 가축을 주축으로 하는 목축경제이며, 이와 병행해 부분적으로 농업이나 수렵도 존재하였다. 그리하여 농경사회와는 달리 신분계층에 따른 계급분화가 명확치 않은 반면 사회구성원들의 혈연(血緣)과 지연(地緣) 의식은 강하였다. 보드(Bod)라 불린 혈연공동체가 보둔(Bodun)이란 부족공동체로 확대되고, 나아가 그것이 정치적 종합체인 흉노사회를 구성함으로써 흉노사회는 부족 연합체인 유목국가의 성격을 띠게 되었다. 각 부족공동체를 결집시키는 요소는 생사를 같이하는 운명공동체 의식이었다. 이러한 조직과 의식에 바탕한 국가는 하나의 커다란 군산복합체(軍産複合體)로 선우(單于)는 중앙집권적인 최고 통치자인 동시에 군 총사령관이기도 하였다. 흉노사회의 지배구조는 크게 세 집단으로 구성되었다. 첫째는 핵심 지배집단인데, 선우를 배출하는 왕족인 연제씨(攣鞮氏, 또는 虛攣鞮氏)와 왕비를 배출하는 외척집단인 호연(呼衍)·란(蘭)·수복(須卜)·구림(丘林) 가(家) 등이 이에 속한다. 둘째는 주도집단으로, 흉노제국 건설에 주도적으로 참여한 투르크족 및 비투르크계의 초기 부족들이며, 셋째는 복속민과 전쟁포로들로 구성된 종족집단이다. 그리고 고급관료나 군사 조직의 단위 부대장은 모두가 흉노인으로 충당되고 중간관료나 자문직에는 일부 한인이나 현지인들이 기용되기도 하였다. 흉노사회의 본체는 시종 다섯 부족으로 구성되었는데, 그들은 명실상부한 지배집단으로 곳곳에서 흡수된 여타 부족들과는 정치 참여폭이나 특권 면에서 상당한 차이가 있었다. 전쟁에 의한 종속민들은 대체로 부족단위의 집단 노예의 성격을 띠고 있었다. 정치나 사회 조직은 좌우·동서·흑백으로 나누어 상호견제적인 균형을 기하려는 이원화(二元化) 제도를 채택하였고, 군사조직은 십진법(十進法)에 따라 십, 백, 천, 만 단위로 편성하였다. 이 이원화 제도나 십진법은 후일 돌궐(突厥)이나 위구르를 비롯한 투르크계 국가로 계승되어 투르크 사회의 한 특징으로 정착되었으며, 몽골이나 동아시아 국가의 정치군사체제에도 일정한 영향을 미쳤다.

흉노사회의 경제는 유목에 의한 목축업이 위주였다. 목축업 가운데서도 말은 이동과 전쟁의 기본수단이었기 때문에 매우 중요하게 여겨졌다. 이 때문에 말은 그 종류가 다양하였을 뿐만 아니라 수량도 매우 많았다. 기원전 200년 묵특(모돈冒頓) 선우가 40만 기병으로 유방(劉邦)을 평성(平城, 현 산시山西 다통시大同市 동쪽)에서 포위할 때 말의 색깔에 따라 편대를 나누었는데, 서대(西隊)는 백마(白馬), 동대(東隊)는 청룡마(靑龍馬), 북대(北隊)는 오려(烏驪, 흑색마), 남대(南隊)는 적황색마로 편성했다고 하니 말의 다양함과 그 수를 짐작할 수 있다. 말 이외에도 양·소 등 가축의 소유량은 대단히 많은 것으로 전해지고 있는데, 『사기(史記)』나 『한서(漢書)』의 기록에 의하면 기원전 1~2세기 기간에 한이 매번 전투에서 흉노로부터 빼앗은 가축 수는 최소가 10만 두(頭)고, 최다는 기원전 127년 한장(漢將) 위청(衛靑)이 허난지(河南地, 현 내몽골 하투河套 남방 이맹伊盟 일대)에서 노획한 100만 두였다. 수렵은 원래 흉노인들의 생활에서 중요한 위치를 차지하였다. 그들의 기예는 어릴 적부터 수렵을 통해 연마되었다. 수렵은 이러한 의미 외에도 그들에게 식품과 일용품(가죽, 털 등)을 보장해주기도 하였다. 그리하여 선우들까지도

가끔씩 부하들을 거느리고 수렵에 나서곤 하였다. 그러나 목축업이 발전함에 따라 점차 그 중요성은 약화되었지만 때로는 수렵이 출정(出征, 전투)으로 이어지기도 하였다.

유목기마민족인 흉노에게 목축업과 수렵이 중요한 경제적 의의를 갖고 있었지만 농업도 일찍이 출현해 곳에 따라서는 일정한 발달도 이루었음을 유물과 사적에서 확인할 수 있다. 기원전 3세기 이전 흉노의 장형고분(長形古墳)에서 석구(石臼, 돌절구)가, 기원전 2~1세기의 노인울라 고분군 제23호분에서 농작물의 종립(種粒, 종자)이 발견되고, 기타 여러 흉노의 고분에서도 여러가지 낟알과 농기구 및 농업 관련 대형도기(大型陶器, 낟알 저장용기)가 출토되었다. 문헌 기록에도 흉노의 농경 모습을 전하고 있는데, 예컨대 『한서』「흉노전」에는 무제 후원(武帝后元) 원년(기원전 88) 가을 흉노지역에 몇 달 동안 비와 눈이 내려서 '곡식이 영글지 않았다'는 기록이 있고, 또 같은 책「서역전」에도 소제(昭帝) 때 오손(烏孫)공주가 상서(上書)해 흉노가 차사(車師, 현 신장新疆 투루판 일대)에 기병을 파견해 농사를 짓고 있다는 기사를 볼 수 있다. 그리하여 기원전 2세기 이후에는 흉노의 창고에 식량이 비축될 정도로 농경이 진전을 보였다. 이러한 진전은 흉노가 철기를 사용하면서 철제 농기구를 쓰기 시작한 것과 한으로부터 농경기술과 농기구를 수입한 데 기인한 것이다. 이처럼 흉노사회의 경우에서 보듯, 유목민이라고 모두 농경을 무시해 농산품이 없어서 결국 농경민과의 약탈전이 불가피하다는 인식은 재고되어야 할 것이다. 이러한 농경의 경영에 따라 흉노사회에서는 도시가 건설되어 정주생활을 영위한 흔적도 남아 있다. 1960년까지 구소련과 몽골 고고학자들은 바이칼호와 예니세이강, 그리고 북몽골 일대에서 5개소(1개소는 구소련, 4개소는 몽골 내)의 도시

유적을 발굴하였다. 도시에는 성곽도 축조되고 농사를 지은 흔적도 있으며 옥내에 난방시설을 갖추고 있는 등 정착생활의 일단을 볼 수 있다.

수공업도 하나의 독립된 분야를 이루어 흉노 사회의 발달과 국가건설에 기여하였다. 기원전 3세기를 전후해 철제 겸(鎌, 낫)·마구작(馬口嚼, 말 재갈)·활촉·칼·검 등이 등장하고, 많은 청동 제품이 생활의 여러 영역에 쓰이고 있었다. 금은 세공도 상당한 수준을 보이는데, 고대 스키타이 와 서아시아 및 중국적 요소들이 확연히 나타난 다. 일례로 1972년 내몽골 아로시등(阿魯柴登)의 전국시대 흉노 묘에서 금제용기 218건(무게 4천여 그램)과 은제용기 5건이 발견되었는데, 그 중에는 응형황금관(鷹形黃金冠, 독수리형 황금 관), 호우투쟁(虎牛鬪爭) 무늬의 장방형(長方形) 황금식패(黃金飾牌), 감옥(嵌玉) 황금식패, 각종 동물무늬 식편(飾片), 각종 장신구 등이 들어 있 다. 흉노인들이 수공업 분야에서 남긴 다른 하나 의 괄목할 만한 유물은 도기(陶器)다. 노인울라 를 비롯한 흉노 분묘에서는 예외없이 크기나 모 양새, 색조가 서로 다른 도기류가 다량 출토되고 있다. 그런데 이러한 도기들은 모두가 도기제조 기법에서 이미 초기 단계를 벗어나 상당한 수준 에 이른 것으로 보인다. 이와 함께 목재 가공업 도 흉노 수공업의 한 가지였다. '활 쏘는 민족'인

몽골 노인울라 고분군 6호분 출토 모직 카펫의 동식물 무늬

흉노에게는 활을 만드는 것이나 이동생활이나 전투에 필요한 차바퀴나 목순(木楯, 나무방패), 목곽(木槨, 나무덧널), 그리고 주거장소인 궁려 (穹廬)의 제작을 위해서 목재 가공은 필수였다. 『한서』「흉노전」에 의하면 서한(西漢) 때 오늘날 의 내몽골 대청산(大靑山, 옛 음산陰山의 일부) 과 간쑤(甘肅) 하서주랑(河西走廊) 일대는 흉노 의 목재 가공업 중심지였다. 끝으로 유목민인 흉 노인들에게도 다른 유목민들과 마찬가지로 모 직업(毛織業)과 피혁업(皮革業)이 성행해 양질의 제품을 인근에 수출하였다.

흉노의 문화 흉노의 문화를 파악하기 위해서는 몇 가지 사항들을 고려할 필요가 있는데, 우선 지적할 수 있는 것이 바로 흉노 문자의 존재 여 부다. 이때까지는 주로 한적의 기록에 의해 흉노 에게는 문자가 없는 것으로 알려져 있었다. 『사 기(史記)』에는 '흉노인은 서면약속마저 말로 한 다'고 기록하고 있고, 『후한서(後漢書)』에도 '호 연씨(呼衍氏) 등 대성(大姓)들은 옥송(獄訟)을 주 관하는 데 경중을 가려서 선우(單于)에게 구두 로 아뢰며, 문부(文簿)나 기록 따위는 없다'라고 전하고 있다. 그런데 『한서』「서역전」에는 오손 (烏孫)으로부터 안식(安息, 현 이란)에 이르는 길 에서 '흉노 사신이 일단 선우의 서신만 휴대하 면 각국은 음식을 제공하고 감히 귀찮게 굴지 못 한다'라는 기록이 있다. 이러한 기록은 흉노가 고유의 문자를 가지고 있었음을 추정하게 한다. 흉노인들이 어떤 문자를 사용했는지에 대해서 아직 문헌상으로 전하는 바는 없다. 다만 노인울 라 고분군을 비롯한 유적지 출토품에서 문자를 연상시키는 부호들이 발견되어, 그것을 단서로 문자 사용의 가능성을 추측해볼 수 있다. 노인울 라 고분군 제16호분에서 출토된 한 접시 밑바닥 에 'M' 부호가 새겨져 있고, 러시아의 하카스 자 치공화국 수도 아바칸(아파간阿巴干) 남방 8km

지점에서 출토된 여러가지 유물에는 ‘Y’·‘P’·‘S’ 등의 문자부호가 보인다. 이러한 문자부호가 흉노인들이 만들어낸 것인지, 또 그 뜻이 무엇인지는 아직 밝혀지지 않고 있다.

흉노 민요의 주제는 대체로 무용담(武勇談)이나 경제적 어려움, 전패(戰敗)의 아픔, 권력의 흥망 등이다. 비교적 가라앉은 무거운 음조(音調)에 유목기마 생활의 색채가 농후한 것이 특색이다.『사기』「흉노전」의 ‘색은(索隱)’에는 ‘서하구사(西河舊事)’란 흉노 민요 한 수가 인용되어 있다. 내용은 기원전 121년(한무제漢武帝 원수元狩 2년)에 한에게 패해 치롄산(祁連山)과 연지산(燕支山, 현 간쑤甘肅 하서주랑河西走廊)을 잃은 슬픔을 노래한 것이다. 가사에는 ‘실아연지산 사아가부무안색(失我燕支山 使我嫁婦無顔色)’, 즉 ‘연지산 잃음은 마치 흉노 부녀의 얼굴에 연지(臙脂) 없는 것 같나니’라는 한 구절이 있다. ‘연지(燕支)’는 여인들의 얼굴 치장용 ‘연지(臙脂)’와 동음이의어(同音異義語)이고, 흉노에서 아내를 가리키는 ‘연지(關氏)’(yān chī)와도 동음이의어다. 이러한 차음우의(借音寓意)를 교묘히 이용해 실지(失地)의 아픔과 슬픔을 민요화하는 지혜를 보였다.

흉노인들의 예술은 주제나 기법에서 그들의 오랜 유목생활과 수렵생활을 사실적으로 반영하였다. 고분에서 출토된 마구, 의상(바지와 버선 등), 양털깔개와 금속제품이나 골기(骨器)에 나타난 동물문양(특히 동물투쟁 문양) 등이 이를 증명해준다. 도안이 정교하고 색채가 화려하며 색색의 실로 수놓은 카펫 유품은 보기에도 진귀한 것인데, 특히 펠트 위에 다양한 색깔의 털실을 사용해 아플리케 기법으로 장식한 수예품은 흉노의 특징적인 예술품으로 평가되고 있다. 출토품 중에는 인물상도 있어 흉노인의 인체 형태를 파악하는 데 신빙성 있는 전거를 제공해주

고 있다. 노인울라 고분군의 6호나 23호분에서도 옥석(玉石)으로 조각한 인물상이나 인형들이 출토되고 있지만, 특히 25호분에서 출토된 인물자수화(人物刺繡畵)가 유명하다.

흉노의 신앙체계는 농경사회의 지신(地神)이나 몽골·퉁구스 계통의 토템사상보다는 천신(天神)사상이 강하게 자리잡고 있다. 선우는 최고 통치자일 뿐만 아니라, 천신의 아들(천자天子)로 그의 뜻을 지상에 펴는 사제장(司祭長)이며, 지상에서의 천신의 대리자이기도 하다. 따라서 선우는 반드시 천신의 은총을 받아야만 왕권의 정통성을 가질 수 있다. 이에 선우가 한제(漢帝)에게 보낸 문서에는 항상 자신을 ‘하늘이 세운 흉노 대선우(天所立匈奴大單于)’니, ‘천지가 낳고 일월이 정한 흉노 대선우(天地所生日月所置匈奴大單于)’라고 칭하였고, 묵돌(冒頓)은 월지(月氏)와 서역 여러 나라를 정복한 것은 ‘하늘이 내린 복’(이천지복以天之福)이라고 생각하였다.『사기』의 기록에 의하면 흉노는 매해 세 차례의 국가적인 대규모 모임을 가졌다. 정월에는 모든 부족장들이 선우 궁전에 모여 춘제(春祭)를 지내고, 5월에는 모두 모여 조상과 천지신명에게 제사를 올리고 가을에는 모두 모여 호구조사와 가축 번식 상황을 점검하곤 하였다. 흉노인들은 조상 숭배의 관념도 갖고 있어 사자(死者)의 안장과 조상의 묘례(墓禮)를 중시하였다. 여러 분묘의 출토품에서 보듯 사람이 죽으면 관(棺)을 쓰고 귀중한 금은보화와 의상을 부장한다. 귀족에게는 순장제도도 있었다. 이것은 그들의 영혼불멸 신앙에 기인하는바, 사후에도 생전과 마찬가지로 부귀영화를 누릴 수 있다는 믿음에서 부장도 하고 순장도 한 것이다. 흉노인들은 천지신명의 화신으로 우상도 숭배하였다.『사기』「흉노전」이나『한서』「금일제전(金日磾傳)」,『위서』「석노전(釋老志)」 등 관련 사적에 나오는 ‘금인(金人)’이나 고분에

서 출토되는 금인상(金人像)과 목용(木俑)은 바로 이러한 우상들이다. 이와 함께 하늘과 땅을 연결하는 샤머니즘적 무당(호무胡巫)도 출현해 일상생활은 물론 정치·군사행동에 이르기까지 영향력을 행사하였다. 무당은 신(천지신명)과 인간 간의 영적 매개 역할을 할 뿐만 아니라, 주술(呪術)과 의술(醫術)도 병행하였던 것이다. 의술을 겸비한 무당을 무의(巫醫)라고 한다. 『한서』「소무전(蘇武傳)」에는 흉노에서 칼로 자살한 소무가 한 무의의 구급치료로 반나절 만에 회생했다는 기사가 있는데, 이는 흉노의 무당이 의술을 겸하고 있음을 말해준다.

흉노의 혼인은 씨족 대 씨족의 문제로 씨족외혼(氏族外婚)이 성행하였다. 그리고 씨족관계의 틀을 유지하기 위한 하나의 방편으로 계모(繼母)를 아내로 삼는 수계혼(收繼婚)과 형수나 제수를 아내로 삼는 수혼(嫂婚)제도가 존재하고 있었다. 이러한 혼인 유습과 함께 선우를 비롯한 지배층들이 주도한 주변국가와의 정치적 종실(宗室) 관계도 흉노사회의 한 특별한 면이었다.

흉노사회의 논공행상(論功行賞)은 적을 살상하는 데 주안점을 두었다. 적 한 명을 살상하면 술을 하사하여 전공을 치하하고 사기를 북돋아주며, 후기에 와서는 포로를 사노(私奴)로 삼을 수 있게 허용하였다. 원래 서로 돕는 것은 사회적 미풍이어서 전사한 동료의 시체는 반드시 집에까지 가져다주었다. 그러나 후에는 시체를 가져가면 그의 재산 중 일부를 보상받는 식으로 변형되었다. 흉노는 생산노동과 출정(出征)이 생활의 전부이기 때문에 육체적 건강함이 사회적으로 최우선의 대우를 받았다. 따라서 음식 중 제일 좋은 것은 우선 건강한 청장년에게 주어지고, 남은 것이 허약자나 늙은이에게 돌아갔다.

흉노의 서천(西遷) 한(漢) 초, 흉노는 막강한 국세로 한을 위협하였다. 묵돌(Mete, 모돈 冒頓, 기

원전 209~174) 선우 시대에는 대대적인 정복활동을 벌여 아시아 초원로 연변에 있는 거의 모든 민족을 복속시켰다. 그의 광활한 영토의 경계는 동은 한반도 북부, 북은 바이칼호와 이르티시(Irtysh) 강변, 서는 아랄해, 남은 중국의 웨이수이(渭水)와 티베트 고원까지였다. 이러한 강대한 유목제국 앞에서 한은 고조(高祖)에서 무제(武帝)에 이르기까지의 60여 년간 화친정책으로 대응할 수밖에 없었다. 그러나 무제 때(기원전 156~87)에 이르러서는 흉노에 대한 굴욕적인 화친정책을 지양하고 강경한 정벌정책을 추구하였다. 한 무제가 발동한 수차례의 대규모 북벌전 끝에 흉노는 타격을 받고 쇠퇴하기 시작해 마침내 기원전 57년에는 동·서 흉노로 분열되었다. 그후 동흉노의 호한야(呼韓邪, 기원전 58~31) 선우가 한에 투항하자 서흉노의 질지(郅支, 기원전 56~36) 선우는 일족을 이끌고 서천(西遷)해 시르다리야강 중류에 이르렀다. 그는 서천 도중에 정령(丁零)·오갈(烏揭)·견곤(堅昆)·강거(康居)·대원(大宛, 페르가나)·대하(大夏, 박트리아) 등 서역 제국을 공략·병합해 견곤(堅昆, 추강과 탈라스강 사이)을 수도로 한 새로운 흉노제국을 건립하였다. 이를 계기로 이란·아프가니스탄·인도 등 동서 유럽을 잇는 투르키스탄 일원에 투르크계 종족들이 본격적으로 정착하게 되었는데, 이것이 흉노의 제1차 서천이다.

그러나 흉노의 천하는 얼마 가지 못하였다. 원제 건소(元帝 建昭) 3년(기원전 36) 한의 서역도호(西域都護) 감연수(甘延壽)가 지휘하는 원정군이 질지를 추격해 탈라스 강변에서 그를 포함한 흉노인 1,518명을 살해하였다. 이를 기회로 한에 투항한 호한야가 잔여 인원을 수습하고 동흉노와 합쳐 흉노제국을 재건하였다. 호한야가 사망(기원전 31)한 후 그의 아들 치하에서 흉노는 소강상태를 벗어나 재기하면서 한을 다시 위

협하기 시작하였다. 전한(前漢) 말 왕망(王莽)이 잠시 집권하자 흉노에 대한 강경책을 취해 전래의 화친관계는 깨지고 말았다. 후한(後漢)의 광무제(光武帝)는 다시 화친책을 도모하였으나 실효를 거두지 못하였다. 그즈음에 흉노 내부에서 권력다툼이 일어나고, 게다가 심한 한발이 발생해 민심이 흉흉해지자 48년에 흉노는 다시 남북으로 분열되었다. 남흉노는 전대의 동흉노처럼 한에 투항해 한 경내로 대거 천입(遷入)하였으나, 북흉노는 불복하고 막북(漠北)으로 이동하여 서역 제국을 통제·규합하면서 한을 적대시하였다. 이것이 흉노의 제2차 서천이다. 후한은 명제(明帝, 기원후 58~75) 때부터 약 30년간 북흉노에 대한 정벌을 단행해오다가 화제 영원(和帝永元) 원년(89)에 남흉노를 규합해 북흉노에 결정적인 타격을 가하였다. 치명상을 입은 북흉노의 잔존세력은 4분5열되었고, 대부분은 선비(鮮卑)에게 예속되었으나, 일부는 막북에 잔류해 있다가 5세기경 유연(柔然)에 합병되고, 일부는 톈산(天山) 산맥 북방으로 이동해 60여 년간 독립적인 활동을 하였다. 나머지 일부가 91년부터 서천길에 올랐는데, 그들은 우선 이리강 상류와 타커스강 및 나린강 유역에 도착하였다가 계속 서진해 페르가나 분지를 지나 발하슈호와 아랄해 사이의 강거(康居) 땅에 당도하였다. 이것이 흉노의 제3차 서천이다. 여기까지는 중국 사서의 기록에 의하여 흉노의 서천 과정을 추적한 것이다. 그러나 151년의 기록을 마지막으로 중국 사서에는 흉노에 관한 기록이 더이상 나타나지 않는다.

한편 서구의 문헌기록에 의하면, 4세기 후반에 훈족(Huns)이란 일족이 카스피해 북부에 나타나 서쪽으로 볼가강과 돈강 유역에 있는 알란(Alan)국을 공략하였다. 374년에는 돈강을 넘어 동고트를 정복하고, 이어 드네스트르강을 건너 서고트를 압박하였다. 그리하여 서고트인들은 다뉴브강 이남의 로마제국 경내로 밀려들어가게 되었다. 훈족은 발라니아를 중심으로 한 동부 유럽 일대를 장악하고 아틸라(Attila, 재위 434~453)의 주도하에 훈제국을 창건하였다. 한때 훈족은 동로마제국(비잔틴)을 공격해 공납(貢納)하도록 하였으며, 서로마제국에 침입해서 멸망으로 이끌었다. 그러나 아틸라가 사망하자 내홍(內訌)이 일어나 국력이 급속히 약화되어 454년에 마침내 게르만족에게 멸망하고 말았다. 그러자 훈족의 본류는 카스피해 북부로 귀향하고, 일부는 발라니아에 잔류하였다가 후일 마자르(Magyar)인들과 융합해 헝가리 민족을 구성하였다. 훈족이 유럽에 출현해 활동한 기간은 전후 80여 년간이다. 그들의 활동은 유럽 민족의 대이동을 비롯해 유럽 역사에 중차대한 영향을 미쳤다. 유럽무대에 갑자기 나타나 일세를 풍미한 훈족의 정체에 관해 일찍부터 학자들 사이에서 여러가지 논의가 일어났다. 다양한 연구가 심화되면서 훈족의 출현과 북흉노의 서천 사이에는 일정한 관계가 있다는 것과 서천한 북흉노가 훈족의 주요 원류라는 점에는 대체적으로 합의하였다.

훈족의 출현과 북흉노의 서천을 관련짓는 근거로는 약 2세기간에 걸쳐 북흉노를 비롯한 흉노 잔여 세력들이 부단히 서천해 유럽까지 이르렀다는 점이 제시된다. 즉 기원전 1세기에 서흉노의 패망으로 인해 새로운 보금자리를 찾아 이

흉노인상이 새겨진 동제 부조(중국 산시성 커성좡홍省庄 140호분에서 출토)

산(離散)하였던 흉노들은 서투르키스탄 일대에서 민족적 및 문화적 동질성을 회복·유지해오다가 소그디아나 동부와 캅카스 북부, 드네프르 강변, 아랄해 동부 초원지대에서 새로운 흉노 공동체를 형성하였다. 그들은 주변 투르크종족들을 병합하고, 1세기 말에서 2세기 후반 사이에 동쪽에서 이동해온 북흉노 일족을 흡수해 그 세력이 한층 강화되었다. 그들은 그곳에서 약 2세기 동안 주변 국가들과 큰 마찰 없이 비교적 안정된 생활을 영위하였다. 그러다가 기후의 변동과 생태계의 고갈 등 자연환경 변화 때문이거나 아니면 350년경에 동쪽으로부터 이동해온 또 다른 종족인 우아르 훈(Uar-Hun)의 압력을 받아 다시 서진해 마침내 카스피해 북부지방까지 이르러 정착하게 되었던 것이다. 역대 흉노의 이러한 서천 과정을 감안해 유럽 훈이 아시아 흉노에서 연유하고 훈제국을 세운 아틸라는 북흉노 선우의 후예라는 설이 신빙성 있는 일설로 대두되었다. 기원전 1세기 서흉노의 거족적인 서천으로부터 기원후 4세기 유럽에서 훈족이 출현할 때까지 약 400년간 흉노 집단은 초원로를 중심으로 한 유라시아 북부지대를 가로질러 서진하면서 수많은 민족들과 혈연관계를 맺고 문화적 융합을 이루었다. 이러한 흉노의 서천은 거족적인 민족이동에 의한 동서문명의 교류라는 점에서 큰 의미를 갖는다. 유목민인 흉노는 서천의 대장정에서 호한(胡漢)문화를 서전(西傳)시켰을 뿐만 아니라, 티베트 문화, 인도문화, 페르시아 문화, 그리스 문화 등을 광범위하게 수용함으로써 다양한 문화요소들을 유럽에 전해주어 유럽 문화를 한층 풍부하게 하였다.

흉노와 훈 및 훈제국

흉노와 훈(Hun) 간의 관계, 즉 같은 민족인지 아닌지의 여부의 문제는 지난 200년 동안 동·서양 학계에서 극심한 논쟁의 대상이 되어왔다. 지금까지 훈족의 종족적 기원에 관해서는 아시아 흉노계, 몽골계, 투르크·몽골·만주 혼합계, 피노·우그리아(Finno-Ugric)계, 게르만계, 캅카스(코카서스)계 등 다양한 견해들이 제기되었다. 그러나 최근에 와서는 아시아 흉노족의 후예라는 견해가 우세하다. 흉노와 훈의 관계에 관해 처음으로 언급한 사람은 17세기 중국 청나라에 온 서방 예수회 선교사들이다. 일부 사학에 관심을 갖고 있던 선교사들은 두 민족 모두가 강력한 기마민족이며 이름도 유사하다는 비교적 피상적인 이유를 들어 동족일 가능성을 예시하였다. 이 문제에 관해 처음 학술적 연구 결과를 발표한 사람은 프랑스의 드 기네(J. de Guignes)인데, 그는 흉노·훈 동족론을 제시하였다. 그 후 동·서양의 민족이동이나 문화교류 및 언어분포 등의 분야에 관심이 있는 많은 학자들이 흉노와 훈의 관계 문제에 관해 갑론을박의 지루한 논쟁을 전개해왔다. 흉노와 훈의 관계 문제에 대한 논쟁은 러시아 이노스트란세브(G. Inostrancev)의 저서『흉노와 훈·중국 연대기의 흉노 기원과 훈 기원 및 양 민족의 상관성에 관한 제설의 검토』(상트페테르부르크, 1900년)에 상세히 소개되어 있다.

논쟁의 내용은 대별하면 동족론(同族論)과 비동족론(非同族論)이다. 흉노·훈 동족론을 처음으로 제기한 사람은 앞서 말한 프랑스의 드 기네다. 그는『통감강목(通鑑綱目)』·『문헌통고(文獻通考)』·『역대기사본말(歷代紀事本末)』(2권, 원추袁樞 저) 등 비교적 후대에 찬술된 중국 서적 속에 나타난 흉노 관련 기사와 마르셀리누스(Marcellinus)와 플리스코스(Pliscos) 등 서구 학자들의 기술에 근거해 동족론을 추론하였다. 그러나 그는 훈은 원래 아시아 흉노 그대로가 아니라, 흉노의 서천(西遷) 과정에서 오손(烏孫)·강거(康居)·월지(月氏)·색(塞, Saka) 등 여러 곳의 잡다한 종족들이 정복·흡수된 하나의 혼합 유목민이라고 판단하였다. 이러한 판단은 일리가 있다. 그러나 그는 이 혼합 민족의 주체는 어디까지나 아시아 흉노였음을 간과하였다. 드 기네를 비롯한 동족론자들의 주요 논거를 열거하면 다음과 같다. ① 흉노(Hion-nou)와 훈(Hunni)의 음사(音寫)상 유사성.(드 기네) ②『위서(魏書)』권102「서역전(西域傳)」'열반(悅般)'조에 의하면 강거(康居)를 경유해 훈의 본거지인 형가리 지방으로 서천한 열반(悅般)족의 조상은 북흉노 선우(北匈奴單于).(드 기네) ③ 북흉노가 기원후 355~365년에 아랄해와 카스피해 사이의 볼가강 유역에 자리한 알란국(엄채국奄蔡國)을 탈취했다는『위서(魏書)』「서역전」의 기록과 훈이 376년 아조프해를 지나 크리미아 반도에 침입했다는 로마 측 사료가 하나의 연속적인 사건에 관한 개별 기록으로서의 일치성.(드 기네) ④ 유럽의 고문헌 기록이 시사하는 흉노와 훈의 상관성이나 연관성. 그리스 지리학자 스트라본(Strabon, 기원전 63~기원후 24)이 인용한 아폴로토로스(Apollotoros)의 말에 의하면 그리스계 박트리아(대하大夏) 왕은 기원전 200년경에 왕국의 영토를 동쪽의 세루(Seru), 후노이(Hunoi)까지 확대하려고 시도하였으며, 역사학자 플리니우스(Plinius)가 인용한 아메모토스(Amemotos)의 기록에는 인도의 웃다라쿠르 북쪽에 있는 민족으로, 후니(Huni)·토카라(Tokara)·가스피(Gaspi) 등 종족을 열거하고 있다. 이 두 전언 속의 '후노이'와 '후니'는 곧 '훈'(Hun)인데, 그 위치가 중국 사서에 등장하는 흉노의 위치와 일치한다.(토매스크D. Tomask,『스키타이령 북방에 관한 최고最古의 보도 비판』) ⑤『위서(魏書)』권102「서역전(西域傳)」'속특국(粟特國)'조에는 속특국의 고명(古名)은 엄채(奄蔡, 일명 온나사溫那沙)로, 현왕(제4대) 홀예

(忽倪)로부터 3대 전(355년경)에 흉노에 의해 왕이 살해된 후 나라가 흉노에 점령되었고, 북위(北魏) 고종(高宗, 문성제文成帝, 452~465) 초(455~457년경)에 속특왕이 사신을 보냈다는 기사가 나온다. 이 기사에서 중요한 것은 흉노의 엄채(알란) 정복에 관한 중국 측 사료와 훈의 알란 정복에 관한 서방 측 자료가 일치한다는 것과 흉노의 후예인 속특왕 홀예(忽倪, Hut-nik)가 바로 훈왕 아틸라의 왕자로 아틸라의 후계자 이르네크(Irnek, Hernek, Irnas)라는 사실이다. (독일 한학자漢學者 Friedrich Hirth가 1900년에 발표한 글「볼가 훈니와 흉노고」와 1901년에 발표한 글「훈 연구」) 홀예가 사신을 북위에 보내면서 자국을 속특이라고 칭한 것은 당시 본거지가 스크타그(Sketag, 크리미아 반도의 다우리엔 지방)이기 때문에 그 지명(속특은 '소크타그'의 음사)을 채용한 것으로 추정된다. 따라서 여기에서의 '속특'은 중앙아시아의 소그드나 한적(漢籍)의 '속요(屬繇)'(『위략』)나 '속익(粟弋)'(『후한서』「서역전」과『진서(晋書)』「서융전(西戎傳)」)과는 다르다. 우치다 긴푸(內田吟風)의 글「흉노 서이 연표(匈奴西移年表)—후니 흉노에 관한 재고찰」(1936). ⑥ 기원전에 유럽인들은 동아시아의 흉노를 '훈'(Hun) 혹은 '후니'(Hunni)로 알고 있었다는 사실. 4세기 말이나 5세기 초에 제작된 성(聖) 히에로니무스(Hieronymus)의 라틴어 지도에는 '후니스키타이'(Huniscite)란 이름이 '세레소피둠'(Seresoppidum, Sera Metropolis), 즉 중국의 부근에 기재되었는데, 이 지도는 기원 7년 8월에 제작된 로마 지도와 아크리프의 세계지도(Orbis Pictus)를 인용·참고한 것이다. 이것은 기원전에 유럽인들이 이미 동아시아의 흉노를 훈으로 알고 있었음을 시사한다. 또한 사서『미셀라의 역사』(*Historia Miscella*)에서 코트족의 역사학자 가시오토루스는 '훈은 파우니 피카

르(Fauni Ficarii)라는 삼림 인간의 부계(父系)의 자손이다'라고 하였는데, 여기에서 '파우니 피카르'는 '악마'라는 뜻이므로 훈의 조상은 곧 악마라고 전승되어 왔다. 그런데 중국의 고적에서도 흉노를 '귀방(鬼方)', 즉 '악마(鬼神)의 영역'이라고 칭한 점으로 미루어볼 때 양자간에는 공통적인 전승관계가 있음을 믿게 한다. 따라서 흉노와 훈의 동족성을 추측할 수 있다. (헝가리 칼맨 네머티Kalman Nemeti『흉노·훈 동족설의 역사지리적 고증』, 부다페스트, 1909년) ⑦『후한서』「서역전」과 원굉(袁宏)의 『후한기(後漢記)』의 기술에 의하면 연광(延光) 2년(123)경에 이르러서 북흉노 호연왕(呼衍王)은 포류(蒲類, Barkol 호)와 진해(秦海, 흑해) 사이를 전전하면서 서역 제국을 통제하였다고 나온다. 이것은 이무렵 북흉노의 세력 범위가 아시아와 유럽의 경계지역으로 확장되었음을 말한다. 이러한 사실은 러시아 초원의 파스다룬족과 룩소란족과 함께 군니(Gunni)란 종족을 기록한 2세기 후반의 프톨레마이오스 지도나, 훈이 스키타이·가스피아니·알바니 등의 종족과 더불어 가스피 국경 상의 여러 만족(蠻族) 부락 중의 하나라는 3세기 초의 펠레케토스(T. Peleketos)의 기술과 일치한다. 이는 훈이 곧 흉노의 후예임을 입증한다. (우치다 김푸內田吟風, 앞의 글) ⑧중국 5호16국 중 흉노 왕조인 전조(前趙)와 접촉하면서 뤄양(洛陽)에 거주한 속특 상인의 사신이 313년에 작성한 2통의 서간(書簡) 중에 흉노를 'Xwn'(Chwn), 즉 '훈'이라고 지칭하였다. ⑨언어의 친근성(親近性). 즉 훈의 언어에는 고트어를 비롯해 게르만 방언, 슬라브어, 이란어, 라틴어, 그리스어 등 여러가지 언어가 혼합되어 원래의 면모를 가려내기란 쉽지 않다. 그러나 훈 지배층의 칭호나 작위, 부족명의 상당 부분이 흉노의 고대 투르크어 음소와 밀접한 관련이 있다. 예컨대, 왕족명인

일레크(Ilek)나 뎅기지크(Dengizik)·이르네크(Irnek)·아이바르스(Aybars)·옥타르(Oktar)·아리칸(Arikan)의 어원은 분명히 투르크어다. 유프라테스강 중류 두라 에우로포스(Dura Europos) 유적지에서 발굴된 3세기 중엽의 페르시아 비문에는 훈족이 에르크 카프간(Erk Kapgan), 쿠르타크(Kurtak)와 같은 투르크어식 이름을 가졌다고 기록되어 있다.

비동족론을 주장하는 학자들의 논거(반론도 포함해)를 열거하면 다음과 같다. ①흉노는 금미산(金微山, 알타이산 일대)에서 패배를 당한 영원(永元) 3년(91) 후 서천(西遷)해 흉노란 이름을 버리고 열반(悅般)이라고 자칭하였다. 따라서 열반과 훈은 음사상 어떠한 유사성도 있을 수 없다. 역사적으로나 언어상으로 보면 돌궐과 흉노는 투르크족이고, 훈과 아바르(Avars)는 훈족으로, 흉노와 훈은 별족(別族)이다.(독일 클라프로트 J. Klaproth의 논문「터키와 돌궐 및 흉노의 동족에 관해 논함」1825, 저서『아시아의 역사적 서술』1826) 그런데 전술한 바와 같이『후한서』「서역전」에 의하면 흉노가 금미산에서 패배당한(영원 永元 3년, 91) 32년 후인 연광(延光) 2년(123)에 흉노의 호연왕(呼衍王)은 포류(蒲類)와 진해(秦海, 흑해) 사이에서 전전하면서 서역 제국을 통제했다는 기술이 있는 점으로 보아 흉노의 이름이 당시 카스피해 부근에 전해졌다고 보아야 할 것이다. 또한『위서』「서역전」'열반국(悅般國)'조에 보면 열반은 북흉노의 일부가 처음에는 쿠처(고차庫車) 이북에, 후에는 오손(烏孫) 서부에 세운 나라 이름으로 북흉노 전체의 이름은 아니다. 따라서 클라프로트의 명칭 불일치설은 부당하다고 말할 수 있다. ②스트라본(Strabon)이 에라토스테네스(Eratosthenes)의 기술을 인용한 데 의하면, 훈은 기원전 200년경 카스피해 서쪽에 거주하였는데, 당시 열반은 아직

카자흐 초원까지 도달하지 못하고 기타 흉노들과 함께 중국 북방에 살고 있었다. 따라서 이 두 민족간에는 친연(親緣)관계가 있을 수 없다.(클라프로트) 그런데 위에서 서술한 바와 같이(동족론 근거 ④) 스트라본이 인용한 것은 에라토스테네스가 아니라 아폴로토로스의 기사이며, 여기에서 언급한 '후노이'는 곧 '훈'으로, 그 위치가 중앙아시아의 흉노와 일치하므로 오히려 동족론의 한 근거는 될 수 있어도 클라프로트의 주장을 뒷받침할 수는 없다. ③ 훈어와 투르크어 사이에는 친연관계를 찾아볼 수 없다. 예컨대 훈어(Bledas, Glones, Skotta, Apsikh)는 자음이 중복되는 것이 많은데, 투르크어에서는 이것은 발음할 수 없다. 비잔틴 역사가에 의하면 훈은 아바르와 친연관계이고, 헝가리인과는 동원(同源)관계다.(클라프로트) ④ 거주환경을 비롯한 문화생활 내용이 서로 다르다. 예컨대 훈은 전 가족이 소 수레에서 이동생활을 하나, 중국 사서에 따르면 흉노는 펠트(felt) 천막(天幕)에서 생활을 한다.(클라프로트). 그러나 중국 사서에는 흉노의 거주를 '궁려(穹廬)'라고 하였는데, 이것 역시 수레 위에서의 생활이며, 펠트 천막만은 아니다. 따라서 양자의 거주생활상 차이를 들어 비동족설을 주장한 클라프로트의 논거는 인정할 수 없다. (에가미 나오미江土波夫『東西交流史話』Ⅲ, 「匈奴どフン問題」(흉노와 훈 문제), 平凡社 1985, 122면) ⑤ 엄채(奄蔡)를 '엄채려한(奄蔡黎軒)'의 약어로 사마르칸트에, 홀예기(忽倪己)를 페르시아 왕 페루즈로 추정하였다(깅크즈미르Gingkuzmir 「히르트 박사와 흉노」, 아시아협회 중국지부 잡지, 제34권, 1901) 깅크즈미르는 『사기』「서역전」 '안식국'조에 있는 두 개의 국명인 '엄채'와 '려한'을 하나의 국명으로 오인해 사마르칸트로 추정했고, 심지어 '고장(姑藏)', 즉 간쑤성(甘肅省) 량저우(凉州)를 인도에 가까운

쿠샨 왕국에, 강거(康居)를 카슈가르에 비정하는 무지를 보였다. 이에 히르트가 즉각 「깅크즈미르씨와 흉노」란 글을 발표해 반박한 바 있다. ⑥ 훈은 우랄(Ural)계의 우그르(Ugr)족이고 흉노는 알타이(Altai)계의 몽골족이므로 두 민족 간에는 친족관계가 없다. 단, 훈이라는 민족명은 흉노에서 연유하였다. 왜냐하면 당시 아시아 북부와 서역 지방에서 흥기한 많은 융적(戎狄)은 종족을 불문하고 모두가 흉노의 후예로 자부하면서 그 이름을 차용(借用)하는 것이 다반사였기 때문이다.(白鳥康吉『塞外民族』, 1935)

이렇게 종합해볼 때 동족론이 좀더 설득력이 있고, 비동족론은 자체의 논리적 모순과 미흡으로 설득력을 잃어가고 있다. 그러나 동족론이 절대적 논거를 확보한 것은 아니고 비동족론도 전혀 재고의 가치가 없다고 하기는 어렵다. 앞으로 문헌 연구와 더불어 고고학적 조사를 심화시켜 과학적 고증이 확실할 때 이 문제는 최종적으로 확답을 얻게 될 것이다. 훈과 흉노의 역사를 한 맥락에 놓고 유럽 일원에서의 훈의 활동을 고찰하는 것은 유라시아의 교류사를 연구하는 데 있어서 매우 중요한 의의를 갖는다. 물론 흉노 이전에 유라시아를 무대로 활동한 사람들로 스키타이를 비롯한 일부 유목기마민족들이 있기는 했지만, 그들은 아직 통일적인 국가권력을 가진 집단이 아니었고, 그들이 남긴 유물 유적이나 관련 기록이 극히 적어서 교류사적 측면에서 보면 상호 영향관계가 제한적일 수밖에 없다. 그러나 흉노는 사상 처음으로 강력한 정치권력에 의한 유목기마민족 통일국가를 건립하고 동아시아와 중앙아시아 북부 일원에서 400여년간 여러 유목문화는 물론 중국 중원을 비롯한 농경문화와도 접촉해 민족구성만큼이나 문화구성도 복잡하였다. 이러한 복합문화의 소유자인 흉노가 유럽에 나타나서는 강력한 훈제국을 건립하고 유럽 고

전문화나 페르시아, 헬레니즘 문화와 융합해 특유의 훈 문화를 창출하였다. 따라서 훈제국의 흥망성쇠는 총체적 흉노 역사의 한 부분이며, 그 연장으로 밝혀져야 할 과제가 아닐 수 없다.

유럽에서의 훈의 활동 역사는 크게 전·후기로 나누어 고찰할 수 있다. 전기(제1단계)는 훈의 정복활동 시기(374~422)이고, 후기(제2단계)는 훈제국의 건립과 멸망 시기(422~468)다. 그런데 유럽에서의 훈의 역사는 아직도 석연치 않은 부분이 적지 않다. 그들 자신들이 기록을 남긴 바 없고, 게다가 훈의 서정(西征)에 밀려 이동하는 여러 종족들이 무대 전면에서 민족대이동 등의 사건을 일으킨 반면, 훈은 그 배후 또는 그들과의 혼재 속에서 역할을 하였기 때문에 적지 않은 경우에 그들의 활동은 단절적으로 모호하게 비쳐지고 있다. 전기(前期)는 374년 훈이 알란(Alan)국을 공략하고 볼가강 유역에 출현한 때부터 동정서벌(東征西伐)하면서 많은 유럽 나라들과 민족들을 제압해 유럽의 일대 전환을 일으킨 민족대이동을 유발시키고, 넓은 지역을 아우르는 통일제국을 건립할 때까지의 약 48년간(374~422)이다. 알란 멸망 후 많은 알란인들은 훈을 따라 서정(西征)에 동참했지만, 일부는 남쪽으로 캅카스 산중으로 도망가고, 다른 일부는 서쪽으로 돈강과 드네스트르강 사이에 위치한 동고트족 경내에 들어갔다. 동고트 왕 헤르만리크(Hermanrik)는 전쟁에서 패했고, 알라테우스(Alatheus)와 사프락스(Saphrax)의 영도하에 일부 동고트인들은 드네스트르강 이서의 서고트로 이동하였다. 훈의 서정 위협을 느낀 서고트 왕 아타나리크(Athanaric)는 드네스트르강 하류에 방어진을 구축하고 대응자세를 취했지만 훈이 서고트의 배후를 일격해 서고트는 속수무책으로 큰 타격을 받았다. 그리하여 일부 서고트인들은 드네프르강 북안의 삼림지대(현 루마니아)로 도주하고 나머지 20여만 명은 추장 프리티게른(Fritigern)의 인솔하에 로마 황제 발렌스(Valens)의 동의를 얻어 375년 서고트 로마 경내에 진입하였다. 그들은 곧 로마 지배자들에 대항해 반란과 여러가지 약탈행위를 자행하였다. 이렇게 훈의 계속적인 공격과 동·서고트인들의 서진은 주변 게르만 민족들의 안전까지 위협해 그들로 하여금 대규모의 서천을 하지 않을 수 없게 하였다. 이렇게 훈의 서정에 의한 민족의 대이동은 계속되었지만 훈의 본거지는 400년경까지도 아직은 남러시아 초원지대, 즉 알란인과 동고트인들의 고지(故地)에 있었다. 훈은 동·서로마의 분열을 기회로 로마에 대한 본격적인 침공을 개시하였다. 침공은 발칸 반도의 트라키아 방면과 캅카스에서 아나톨리아 방면의 두 전선에서 전개되었다. 훈의 아나톨리아 원정은 사상 최초로 투르크족이 이 지역에 정착하는 계기가 되었다.

유럽에서의 훈의 활동 후기(後期)는 422년 루아의 등극부터 468년 뎅기지크(Dengizik)의 최후 수복까지의 약 46년간의 시기에 해당된다. 422년 훈 왕족에 속하는 4형제, 즉 루아(Rua, Luga)·문추크(Munchuk)·아이바르스(Aybars)·옥타르(Oktar) 간의 패권 쟁탈 국면이 벌어졌다. 그 결과 첫째인 루아가 훈 왕권을 장악하고, 집권적 권력구조를 형성하였다. 훈제국이 출현할 때까지 모든 정복활동을 총지휘한 울딘(Uldin, Uldiz)의 정책을 계승한 루아는 등극한 해에 비잔틴이 훈의 내분과 복속민족들의 내란을 배후에서 획책하며 발칸 원정을 시도하자 비잔틴을 응징하는 뜻에서 연간 금 350리브레(1 Libre=약 450g)의 공납을 부과하였다. 루아의 뒤를 이어 등극한 아틸라(Attila, 문추크의 아들)는 비잔틴 사절과 투나강 북안의 콘스탄티아(Constantia)에서 이른바 '콘스탄티아 평화협정'을 체결하였다. 이 협정에는 비잔틴의 훈 복속민과의 접촉

중단, 훈으로부터의 도망과 유입 차단, 지정된 국경마을에서만 양국간 거래 허용, 그리고 비잔틴의 연간 공납금액을 700리브레(약 315kg)로 2배 증액 등을 규정하고 있다. 이즈음에 훈제국의 영토는 남으로는 발칸반도와 캅카스, 북은 발트 해안, 동으로는 우랄 산맥, 서로는 알프스에 이르는 실로 광활한 지역을 포괄하였다. 치하의 종족 수만 45여 족에 이르렀다. 아틸라를 정점으로 한 제국은 비록 중앙집권적 체제의 모양새는 갖추어지고 부속민들도 정치적 통합체를 이루고 있었지만, 고유의 언어와 풍습은 그대로 유지하고 종전처럼 여전히 동족의 부족장이나 총독, 왕의 지배를 받고 있었다. 이에 가끔 내란이나 모반(예컨대 442년 아카티르Akatir족의 반란)이 발생하였지만 강렬한 훈족 군대에 의해 진압당하곤 하였다.

한편, 아틸라는 서로마의 요청으로 서로마 내의 농민폭동을 진압하고, 이어 서부의 벨기에 방면에서 침입한 군디카르(Gundicar, 게르만족의 주력)를 격파해 2만이나 살상하며 대승을 거두었다. 이러한 여세를 몰아 440년 이후부터는 비잔틴의 평화조약 불이행을 구실로 비잔틴에 대한 압박을 더욱 강화하였다. 훈은 441~442년과 447년 2차례의 발칸 원정을 단행해 비잔틴을 징벌하였다. 이렇게 일방적인 강세를 보이던 아틸라의 훈제국은 대내외적으로 새로운 도전에 부딪히게 된다. 내부적으로는 복속 민족들의 끊임없는 반란과 내분이 일어나고, 대외적으로는 친선관계에 있던 서로마가 이탈한 것이다. 서로마는 훈에 대한 의존에서 점차 탈피해 주변 종족과의 관계 개선으로 용병을 징집하고 훈을 모방한 기병을 양성하는 등 자구책을 마련하면서 훈과의 일전을 준비하고 있었다. 이에 아틸라는 451년 초 헝가리의 본거지에서 발진한 20만(훈군 8,000명~만명) 연합군을 이끌고 서정(西征)하

였다. 6월 20일 카탈라우눔(Catalaunum)에서 역시 20만의 대군으로 응전해온 서로마군과 24시간 대격전을 벌였다. 전쟁에서 유리한 위치를 차지한 그는 원정에서 돌아온 후 급작스러운 출혈로 453년(60세)에 급서하였다. 아틸라 사후 훈제국은 내홍과 부족민들의 이민으로 인해 국력이 급속히 약화되었다. 혼란 속에서 아틸라의 둘째아들인 덴기지크는 서진해 훈제국의 본거지였으나 동고트인들이 점유하고 있는 파노니아를 수복해 수년간 지탱하다가 468년 남하해 투나(Tuna)강을 넘어 동로마제국을 위협하지만 결국 동로마제국에 격파되고 덴기지크는 전사한다. 이것이 유럽에서의 훈의 활동에 관한 서양 사적의 마지막 기록이다. 이로써 근 100년간이나 유럽 대지를 종횡무진으로 유린하고 위협하며 동아시아 흉노의 문화유산을 유럽에 전파하면서 고대 유라시아 교류에 확연한 족적을 남긴 훈제국은 유럽 역사무대에서 사라지고 말았다.

흑사병(黑死病)의 창궐

문명의 소극적·파괴적 접변(接變, acculturation). 흑사병(페스트)은 페스트균에 의해 발생하는 급성 열성 전염병으로 치사율이 높다. 14~17세기 약 300년 동안 유럽을 중심으로 아시아와 북아프리카를 포함해 전 세계적으로 창궐했던 흑사병은 인류역사상 최악의 사망률을 기록하였다. 유럽에서만 사망자가 적게는 2500만 명에서 많게는 2억 명이 병사하였다. 이것은 전체 인구의 4분의 1에서 2분의 1에 해당하는 숫자다. 발병 원인에 관해서 기존의 여러 설에 덧붙여 미국의 역사학자 맥닐(William McNeill)은 저서『전염병의 세계사』에서 중국 윈난(雲南) 지방의 풍토병인 페스트의 병균을 보유한 벼룩이 몽골인들의 말 안장에 묻어 초원지대에 침습했고, 그것이 다시 14세기 전반(前半)에 교역망을 통해 중

국·이집트·북미·서유럽에 전파되어 사회의 황폐화를 초래했다고 주장한다. 때를 같이해 페스트는 서구 식민주의자들에 의해 라틴아메리카에 전파되어 원주민인 인디오 사회를 황폐화하기도 하였다. 병균도 하나의 문명현상이라고 할 때, 그것이 잘못 전파되면 파괴적이고 치명적인 접변이 일어나 결국 인류문명을 파탄으로 몰아넣을 수도 있다는 것을 보여주는 예다.

흑해 黑海, Black Sea

소아시아와 남러시아 사이에 있는 내해(內海). 흑해는 러시아·루마니아·불가리아·터키 등 네 나라로 에워싸인 내해로 동서 1,150km, 남북 580km의 타원형 모양이다. 면적은 41만 3천km^{2}이며, 최고 수심은 2,245m다. 표면 수온이 여름에는 25도 이상이고 겨울에는 6~8도다. 흑해에는 250종의 해초류와 180종의 어류가 서식하고 있다. 어류 가운데서 가장 큰 것은 다랑어인데, 무게가 1.5톤이나 되는 것도 있다. 흑해 연안에는 선사시대 유적을 비롯해 많은 유적들이 산재해 있다. 특히 동북단에 있는 아조프해로 유입되는 돈강 유역에는 기원전 7세기부터 이 지역에서 활동한 스키타이가 남겨놓은 왕묘(王墓)와 황금장식판 같은 유물이 다수 발견되었다. 후일 남러시아 초원에 진출한 스키타이는 흑해 연안의 그리스 식민도시들을 통해 그리스와 교역을 진행하였다.

흥덕왕릉(興德王陵) 무인석상(武人石像)

동전된 서역 조형예술. 한반도 경주(慶州) 부근의 안강(安康)에 위치한 흥덕왕(興德王, 신라 제42대왕, 재위 826~835) 능은 그 능묘제도가 신라 능묘제도 중 가장 발달한 형식인 성덕왕릉(聖德王陵) 형식에 속한다. 이 능에 자리한 이색적인 무인석상(武人石像)은 형상이 신라 괘릉(掛陵)의 서역인상을 한 무인석상과 대동소이하다. 만일 괘릉을 원성왕(元聖王, 신라 제38대왕, 재위 785~798)의 능이라고 단정하면 흥덕왕릉은 그보다 약 40년 후인 신라 말기에 건조된 것이라고 볼 수 있다. 이 능은 성덕왕릉이나 괘릉에서 이미 갖추고 있던 외호석물(外護石物)들을 충실히 갖추고 있으나, 그 배치 형식에서 약간의 차이를 보이고 있다. 예컨대 괘릉에서 돌사자(2쌍)는 능의 전방(남쪽)에 한 쌍씩 상대하고 있으나 흥덕왕릉에서는 사우(四隅)에 배치하고 있다. 흥덕왕릉의 외호석물에서 주목을 끄는 것은 서로 마주하고 있는 한 쌍의 무인석이다. 전방 돌사자의 앞(남쪽)에 나와 있는 한 쌍의 문인석상(文人石像)에 이어 배치된 이 무인석상은 큰 체구에 험상궂은 표정으로 한 손에 무기를 들고, 다른 한 손은 가슴에 대고 주먹을 불끈 쥐고 있다. 곱슬머리에 눈이 크고 깊으며 눈썹은 짙고 눈꼬리가 올라가 치뜨고 있는 모양이다. 큰 코의 콧등은 볼록하고 코끝은 처져 매부리 형태이며, 광대뼈가 나오고 얼굴은 넓으며 입은 굳게 다물고 있다. 한마디로 이 무인석상의 형상도 괘릉의 무인석상과 마찬가지로 심목고비(深目高鼻)한 서역인의 형상임에 의심의 여지가 없다. 그러나 조각기법에서는 쇠락하는 말기 신라사회를 상징하듯 둔화와 부진을 면치 못하고 있다. 즉 눈·코·입 등 얼굴형상의 선이 명확하지 않고 한 손은 무기를 들고 다른 한 손은 주먹을 쥐고 있으면서도 직립(直立)의 부동자세를 취하고 있다. 또한 목이 바르고 어깨가 올라가 부자연스럽고 생동감이 없다.

흥덕왕릉의 무인석상

이 무인석상은 괘릉의 무인석상과 마찬가지로 서역인을 모본(模本)으로 조각한 것이다. 이같은 서역인의 형상을 모본으로 무인석상을 조각한 것은 그들의 장대한 위용과 이색적인 용모에서 오는 수호적인 기능과 역할을 감안한 것으로 보인다. ('괘릉무인석상'항 참고)

흥륭생 興隆笙

원(元)대에 중국에 유입된 회회(回回, 이슬람)식 악기. 『원사(元史)』에 따르면, 흥륭생은 90개의 작은 관을 가로로 15줄로 배치한 2인 연주용 리드(reed)로, 연악(宴樂)이나 대조회(大朝會) 때 사용되었다. 원래는 서역 무슬림들의 악기로 중통(中統) 연간(1260~1263)에 유럽에 전해지기도 하였다. 원대에는 왕신악원 판관 정수(王宸樂院 判官 鄭秀)가 음률을 조율하는 개량을 가하였다. 이 흥륭생을 개량·모조한 악기가 바로 전정생(殿庭笙)이다. 연악(宴樂)에서는 지휘악기의 구실을 하였다.

희망봉 希望峰, Cape of Good Hope

동양 무역의 중계지. 희망봉은 아프리카 대륙의 최남단에 있는 곶(岬, 串, cape)으로, 케이프타운에 가까운 반도의 맨 끝에 자리해 '케이프 포인트'(Cape Point)라고도 한다. 15세기 후반 '대항해시대'의 개막을 알린 포르투갈의 항해왕자 엔히크(Henrique)가 아프리카 서남해안을 남하해 인도로 가는 항로를 모색하다가 사망(1460)하자, 그 뒤를 이어 역시 포르투갈의 항해가인 디아스(B. Dias)가 1488년에 3척이 범선을 이끌고 아프리카의 남단에 도착하였다. 심한 폭풍우 속에서 발견했다고 하여 이곳을 '폭풍의 곶'(Cape of Storms)이라고 명명하였다. 그러나 당시 포르투갈의 국왕 후앙 2세는 '미래의 희망'을 시사하는 뜻에서 '희망봉'으로 개명하였다. 9년 후 바스코 다 가마가 이 희망봉 길을 에돌아 '인도 항로' 개척에 성공하였다.

히르카니아 Hirkania

카스피해 동남 연안에 위치한 현 고르간을 중심으로 한 지역으로, 고대에는 페르시아제국에 속한 한 주(州)였다. 페르시아의 동서를 잇는 오아시스로의 요지였다.

히바(Khiva) 도시 유적

교류의 유물적 전거로서의 오아시스로 유적. 히바는 중앙아시아 아무다리야강 하류의 좌안 호라즘 지방에 위치한 고도(古都)다. 히바는 1592년에 호라즘 국왕 아랍 무함마드 칸이 수도를 쿠냐 우르겐치(옛 우르겐치)에서 이곳으로 천도한 이래, 1920년까지 줄곧 호라즘 일원의 수부(首府) 역할을 해왔다. 부하라와 더불어 중앙아시아의 이슬람 '성도(聖都)'라고 불릴 만큼 이슬람 문명 전파의 한 거점으로, 1920년 당시 여기에는 94개소의 마스지드(사원)와 63개소의 마드라사(이슬람교의 신학교)가 있었다. 히바는 내성(內城)과 외성(外城) 두 부분으로 구성되어 있다. 내성에는 궁전과 마스지드, 마드라사, 묘당들이 있고, 외성에는 상인과 수공업자들이 직종별로 구역을 형성해 거주하였다. 내성의 총면적은 26헥타르로 높이 7~8m, 기부 두께 5~6m, 길이 2.2km의 성벽으로 에워싸여 있으며, 4개의 성문이 설치되었다. 히바는 시 전체가 박물관이란 평을 받을 정도로 성 내외에 많은 유적이 분포되어 있다. 현존 건물들은 1220년 몽골 서정군이 파괴한 후 재건한 건물과 16~17세기 우즈베크족 칸의 지배하에서 번영을 누릴 때 지은 건물, 그리고 18세기 이란군이 파괴한 후 새로 지은 건물 등 세 부분으로 나눌 수 있다. 19세기 초에 이르러 히바 왕국은 전례 없이 강성해 중엽에는 영

히바시 중심 마스지드의 돔과 미으자나(첨탑)

토가 시르다리야강에서 아프가니스탄 국경까지 광활한 지역에 이르렀다. 그러나 1873년에 러시아군에게 강점되어 차르 러시아의 속지가 되었다. 주요한 건물 유적으로는 1303년에 지은 사이드 알라웃딘의 묘당과 나무기둥 221개(13대×17열)를 받쳐지은 주마아 지하 대사원, 1274년에 축조한 구나 이르크 성채, 타슈 하우리 벽돌 궁전 등이 있다. 건물들에는 호라즘(Khwarezm) 제국의 전통적 건축술과 아랍-이슬람식 건축술의 융합상이 역력하다.

『히스토리아 마조르』 *Historia Major*, 일명 *Chronica Majora*, Matthew Paris저, 1240년

타타르인(몽골인)을 소재로 한 작품. 중세 영국의 유명한 연대기 작가인 매튜 패리스(Matthew Paris, 1200~1259)는 1240년에 쓴 저서 『히스토리아 마조르』(*Historia Major*, 일명 *Chronica Major*)에서 '지옥의 악귀처럼 유럽에 내습한 무리가 바로 타타르인들'이라고 쓰고 있다. 당시 유럽 작가들은 작품들에서 모두 몽골인들을 '타르타르'(Tartar), 혹은 '타타르'(Tatar)라고 칭하고 있는데, 어원은 그리스 문학의 시조 호메로스(Homeros)의 『일리아드』(*Iliad*)에서 보듯, 그리스 신화에 나오는 지옥의 악마 이름에서 유래하였다. 매튜 패리스는 작품에서 유럽인들은 타르타르인들을 기독교의 공적(公敵)으로 간주하고 일치단결해 축출해야 한다고 주장한다. 이러한 시류에 편승, 신성로마제국의 황제 프리드리히 2세(1194~1250)는 1241년 7월 3일 영국왕 헨리 3세(재위 1216~1272)에게 보낸 서한에서 타르타르인들의 정체에 관해서는 알지 못하지만 그들이 '서방을 정복해 기독교를 통제'하려고 하기 때문에 기독교국가들은 일치 협력해 그들을 유럽에서 축출해야 한다고 호소하였다.

히자즈 al-Hijāz

홍해(紅海) 연안의 남북 교통 요지. 히자즈는 사우디아라비아의 홍해 연안을 따라 남북으로 1000km, 동서로 800km의 지역을 가리키는 지명이다. 북은 요르단, 남은 예멘, 서는 홍해, 동은 나즈드로 둘러싸여 있다. '히자즈'는 '장애(障碍)'라는 뜻의 아랍어에서 유래한 말이다. 홍해에서 상륙하자마자 높은 산들이 가로막혀 더 이상 내륙으로 진출할 수 없는 데서 비롯한 말이다. 예로부터 이곳은 예멘에서 요르단을 거쳐 시리아까지 이어지는 대상(隊商) 교역의 요충지로 메카나 메디나, 타이프, 지다 같은 상업도시가 발달했으며, 이슬람 발생의 요람이었다.

히즈라 Hijrah

이슬람교에서의 성천(聖遷). 예언자 무함마드는 초기 이슬람교에 대한 온갖 박해로 인해 메카에서의 포교가 불가능하다는 것을 판단하고 그 활로를 찾기 위해 70여 명의 신자들과 함께 메카에서 북쪽으로 400km 떨어진 야스리브(Yathrib, 현 메디나)로 활동무대를 옮겼다. 이슬람 역사에서는 이 역사적인 이동을 '히즈라', 즉 '성천(성천, 성스러운 옮김)'이라고 한다. '히즈라'는 아랍어에서 '이주'·'포기'라는 뜻이다. 그 성천의 날이 아랍력(태음력太陰曆)으로는 622년 7월 16일(서력 9월 24일)이다. 17년 후에 제2대 칼리파 오마르가 이 날을 이슬람력의 기원으로 선포하였다. 히즈라는 이슬람사의 전환점이다. 무함마드와 함께 성천한 70명을 성문천사(聖門遷士)란 뜻을 지닌 '무하지룬'(Muhājirūn), 혹은 무함마드의 추종자인 성문도반(聖門徒伴)이란 뜻으로 '사하바'(Sahābah)라고 부른다. 이들은 최초의 이슬람교 신봉자이자 수호자로, 최상의 반열에 속하는 무슬림으로 존대를 받는다. 이들이 메디나에 도착한 후 안착하도록 지원하고 무함마드의 포교를 도와준 사람들을 성문보사(聖門輔士, 돕는 자)란 뜻을 가진 '안사르'(Ansār)라고 하는데, 이들 역시 성문도반에 버금가는 무슬림으로 대우를 받는다. 무함마드의 야스리브 입성으로 이 도시의 이름도 '마디나툿 나비'(Madīnatu'd Nabi, 예언자의 도시)로 바뀌었다.

히타이트 Hittite → '하티'항 참고

히파르코스 Hipparchos, 기원전 190년경~125년경

그리스의 천문학자. 로도스섬에서 천문관측을 진행하면서 관측기를 개량해 천체운동에 관한 계산의 기초인 삼각법(三角法)을 본격적으로 이용하였다. 히파르코스의 최대 업적은 세차(歲差, 춘분이 되는 날이 해마다 조금씩 이동하는 일)를 발견한 것이며, 1태양년(太陽年)을 약 365.247일로 잡았다. 그는 850개의 항성표(恒星表)를 작성해 지도 제작법에도 공적을 남겼다. 히파르코스의 천문학 업적은 프톨레마이오스에 의해 집대성되었다.

히팔루스 계절풍 Hippalus Monsoon

인도양에서 매해 6월 말부터 9월까지 기간에 부는 동남계절풍을 말한다. 1세기 중엽에 로마의 항해사 히팔루스(Hippalus)가 아랍인들로부터 인도양의 동남계절풍의 비밀을 알아내어 아테네에서 홍해를 지나 인도양으로 향하는 직항로를 개척함으로써 로마의 동방 원거리무역에서 획기적인 전기가 마련되었다. 인도양에서 주기적으로 부는 동남계절풍에 관해 알린 히팔루스의 이름을 따서 '히팔루스 계절풍'이라고 명명하였다. 이 계절풍을 이용하면서 로마 상인들은 적대관계에 있는 파르티아(Parthia, 안식安息)의 영내를 통과하지 않고 해로로 홍해 입구에서 인도양을 횡단해 인도 서해안의 바리가자

(Barygaza)항(港)이나 인더스강 하구까지 직항할 수 있게 되었다.

힉소스(Hyksos)의 이집트 정복

인류문명사상 최초의 군사적 정복. 기원전 17세기 아시아 계통의 힉소스인들이 전차를 끌고 이집트의 중왕국(中王國)을 침입해 100년간(기원전 1680~1580) 지배하였다. 그러다가 이집트인들은 힉소스를 몰아내고 신왕국(新王國, 기원전 1580~1090)을 건립하였다. 힉소스의 군사적 정복을 계기로 이집트에 유입된 새로운 문물은 말이 끄는 전차다. 신왕국은 힉소스가 전해준 이 새로운 문물인 전차로 무장해 전례 없이 강화된 군사력을 가지고 대외팽창에 나서서 그 세력을 멀리 이라크의 유프라테스강 상류까지 확장하였다. 이 과정에서 찬란한 고대 이집트 문명과 더불어 이 수용된 전차가 서아시아 일원에 널리 전파되었다.

힌두교

고대 인도의 외래 종족인 아리아족 중심의 브라만교가 인도의 토착 민간신앙과 융합되어 생긴 민족종교다. 이에 힌두교에는 특정한 창시자나 경전, 교단조직이 없고 다양한 신화나 전설, 의식이나 관행을 망라하고 있으며, 다신교·일신교·범신교의 내용을 함께 갈무리하고 있다. 사회적으로는 카스트제도와 더불어 인도사회를 지탱하는 2대 지주를 이루고 있다. 종교 분파로는 비슈누파와 시바파의 2대 분파 외에 기타 샤크티파와 스마르타파 등 군소파가 있다. 힌두교는 기원전 1000~800년에 자연숭배와 제의(祭儀) 위주의 브라만교를 비판하면서 우파니샤드 철학의 대두를 계기로 기본이념을 세워나갔다. 힌두교의 기본이념은 윤회(samsara)와 해탈(解脫), 열반(nirvana)이다. 윤회사상에 의하면 세상은 창조와 파괴, 재생의 영원한 도정이며, 현세에 인간이 저지른 선악(善惡)의 행위는 내세에 상응한 보답(업業, karma)이 주어진다는 것이다. 해탈은 신과 인간의 조화, 즉 우주 근원인 브라만(Braman, 범梵, 인격화된 신)과 인간 본체인 아트만(Atman, 아我) 간의 일치조화로써 비로소 도달할 수 있다. 그것은 우주는 브라만이고 브라만은 곧 아트만이라는 신과 인간의 조화사상이다. 해탈을 위한 방법은 제사·선행·방랑·고행·요가 등의 수행이다. 열반은 인간이 추구하는 최종 목적이며, 어의(語義)대로 '불을 끄는 것', 즉 욕망에서 오는 모든 번뇌와 고행을 끊어버림으로써 최고의 즐거움에 도달하는 것이다.

힌두교에 의하면 우주는 최고의 3대 신에 의해 유지된다. 이른바 삼현설(三顯說, 트리무르티 Trimūrti, 삼위일체신론)에 의하면, 우주는 윤회의 고리를 관장하는 최고의 3신, 즉 창조의 브라마(Brahma), 유지(維持)의 비슈누(Vishnu), 파괴의 시바(Shiva)의 역할분담으로 질서가 유지되며 세계는 움직여나간다. 브라마는 우주 창조 때만 활동하고 다른 때는 명상에 잠겨 있다. 학문의 여신인 사리스와티가 아내이며, 브라마는 백

남인도 첸나이의 카팔레스와라 힌두 사원 외관

갠지스 강가에 모셔진 시바신

조를 타고 다닌다. 그는 비슈누 배꼽에서 나온 연꽃 위에 앉은 모습으로 표현되는데, 이는 신들 간의 상호의존 관계를 뜻한다. 때로는 각각 동서남북으로 향하고 있는 4개의 관을 쓰고 수염이 난 머리를 가진 모습으로도 형상화된다. 비슈누는 보호나 지탱을 담당하는 신으로 올바른 행동을 관장하며 세상의 모든 선을 보호하고 지속시킨다. 보통 4개의 팔을 가지고 있으며, 우주에서 일어나는 모든 일들을 상징하는 잎을 가진 연꽃과 모든 존재가 발산하는 우주의 진동을 상징하는 소라 껍데기와 원반, 갈고리가 달린 철퇴를 들고 있는 모습으로 묘사된다. 비슈누의 아내는 부의 여신인 락슈미(Lakshmi)다. 비슈누는 절반은 새이고 절반은 짐승의 모습을 한 가루다(Garuda)를 타고 다닌다. 갠지스 강물이 그의 발에서 흘러나온다고 믿는다. 한편 시바는 파괴의 신으로 죽음 자체를 의미하지만, 죽음은 곧 새로운 삶의 시작이기 때문에 시대에 따라 창조의 역할도 한다. 파괴 없이는 창조가 불가능하다는 것이다. 그의 창조적 역할은 남근(男根) 숭배로 상징된다. 1,008개의 이름을 지닌 시바는 여러가지 모습으로 나타난다. 때로는 목에 뱀을 두르고 삼지창(三枝槍, 삼현설 상징)을 든 채 황소 난디(Nandi, 힘과 권리, 정의와 도덕 상징)를 타고 다닌다. 시바의 배우자인 파르와티는 여러 형태의 모습으로 나타난다.

힌두쿠시 Hindūkush(페르시아어), 大雪山

히말라야 산맥 및 쿤룬 산맥과 더불어 '세계의 지붕'(파미르 고원)을 이루는 대산맥. 힌두쿠시는 아무다리야강과 인더스강 수계(水系)를 나누는 분수령이며, 파미르 고원에서 아프가니스탄을 동북에서 서남 방향으로 가로지르는 대산맥이다. 평균 고도는 3000m이며, 최고봉은 해발 7,700m에 달한다. 옛날 이름은 '파로파미소스'(Paropamisos)이며, 아랍 여행가 이븐 바투타의 설명에 따르면 '힌두쿠시'라는 말은 '인도인을 죽인다'라는 뜻이라며 페르시아로 끌려가는 인도의 많은 노예들이 이 산맥을 넘어가면서 죽었기 때문이라고 한다. 이곳에는 기원전 4세기 알렉산드로스의 동정군과 기원후 7세기의 현장(玄奘), 8세기의 혜초(慧超) 등 많은 도축구법승들과 스타인·헤딘 등 탐험가들의 족적이 찍혀 있다. 그리고 곳곳에 불교유적을 비롯한 문화유적들이 산재한다.

참고문헌

1) 加藤九祚·前嶋信次 共編『シルクロード事典』, 芙蓉書房 1993.

2) 張澤和俊 編『シルクロードを知る事典』, 東京堂出版, 平成14年(2002).

3) 小松久男·梅村坦·宇山智彦·帶谷知可·堀川徹 編集『中央ユーラシアを知る事典』, 平凡社 2005.

4) 關雄二·靑山和夫 編著『アメリカ大陸古代文明事典』, 岩波書店 2005.

5) 樋口州男·小市和雄·鈴木哲雄·錦 昭江·增田正弘 編『東アジア交流事典』, 新人物往來社 2000.

6) 張澤和俊『新シルクロード百科』, 雄山閣 1996.

7) 張澤和俊『シルクロード博物誌』, 靑土社 1987.

8) 東大寺敎學部 編『シルクロード往來人物辭典』, 昭和堂 2002.

9) 三杉隆敏·榊原昭二 編著『海のシルクロード事典』, 新潮選書, 昭和63年(1988).

10) 三杉隆敏『海のシルクロードを調べる事典』, 芙蓉書房 2006.

11) 宮琦正勝『世界史を動かしたモノ事典』, 日本實業出版社 2002.

12) 王 鉞 著, 金連緣 譯『シルクロード全史』, 中央公論新社 2002.

13) 周偉洲·丁景泰 主編『絲綢之路大辭典』, 陝西人民出版社 2006.

14) 雪 犁 主編『中國絲綢之路辭典』, 新疆人民出版社 1994.

15) 覃光廣·馮利·陳朴 主編『文化學辭典』, 中央民族學院出版社 1988.

16) 下中邦彦 編『アジア歷史事典』(1~12, 別卷2), 平凡社 1959~62.

17) 황보종우 편저『세계사사전』, 청아출판사 2003.

18) Yule, H. & H. Cordier, *Cathay and the Way Thither*. 4Vols. London 1913~16.

19) Boulnois, L. *La Route de la Soie*. Paris 1963.

20) Ibn Khurdādhibah, *Kitābu'l Masālik wa'l Mamālik*. ed. M. J. De Goeje. Leiden 1889.

21) Yāqūtu'l Hamawī, *Muajamu'l Buldān*. Dāru Bairut 1988.

22) 『브리태니커 세계대백과사전』(1~27권), 브리태니커·동아일보사 공동출판 1996.

23) 方 豪『中西交通史』(1~5), 華岡出版有限公司 民國66年(1977).

24) 陳佳榮『中外交通史』, 學津書店 1987.

25) 齋藤忠『圖錄東西文化交流史跡』, 吉川弘文館 1978.

26) 李晬光『芝峯類說』(10책 20권), 을유문화사 1994.

27) 崔漢綺『地球典要』(7책 13권), 국립중앙도서관 소장.

28) 柳洪烈 責任監修『國史大事典』(개정증보판), 교육도서 1988.

29) 정수일『실크로드학』, 창작과비평사 2001.

30) 정수일『고대문명교류사』, 사계절출판사 2001.

31) 정수일 역주『혜초의 왕오천축국전』, 학고재 2004.

32) 김호동 역주『마르코 폴로의 동방견문록』, 사계절출판사 2000.

33) 정수일 역주『오도릭의 동방기행』, 문학동네 2012.

34) 정수일 역주『이븐 바투타 여행기』(1·2), 창작과비평사 2001.

후기

이 사전은 장장 15년이란 긴 세월이 걸린 우여곡절의 난산품(難産品)이다. 난산인 것만큼 뒷이야기가 없을 수 없다. 1998년 4월 '국가보안법' 위반 혐의로 사형 구형에서 12년 형 판결을 받고 서울구치소에 수감 중이던 때다. 필자의 구금으로 인해 대학원에서 폐강된 실크로드학 강의를 옥중에서 편지형식으로라도 되살려 보려고 시도했으나 불허되었다. 고심 끝에 실크로드에 관한 책이라도 한 권 써서 '보강(補講)'하려고 작심하였다. 그런데 아직껏 국내외를 막론하고 실크로드의 학문적 정립이 전혀 이루어지지 않고 있는 형편이라서 저술은 하나하나의 사전적 표제어에 관한 개념 정리부터 시작했어야 하였다.

돌이켜보면, 이 사전의 집필과정은 10여 년간의 간극을 둔 두 단계로 나눠 이뤄졌다.

첫 단계는 옥중 집필단계로 약 2년 반 기간(1998. 4~2000. 8)이다. 높은 주벽(周壁) 속에 갇혀 있다는 것은 모든 것과의 단절이며 모든 것의 제약(制約)을 의미한다. 소지할 수 있는 서적이 몇 권으로 한정되어 있었으므로 참고문헌의 차입(差入)과 반환을 반복하면서 가까스로 건져낸 974개 항목의 표제어 초고를 안고 옥문을 나섰다. 편지지 앞뒤 면에 단락 없이 빼곡히 쓴 초고뭉치는 작은 박스 하나의 분량이었다. 옥중에서 일차적으로 정리한 기본개념에 바탕해 출옥 후 1년여 만에 『실크로드학』과 『고대문명교류사』를 동시에 펴냈다. 그러나 실크로드 전반의 사전작업에 비춰보면 이 첫 단계 작업은 어디까지나 얼거리에 불과하고, 숱하게 덧붙여야 할 미완의 작업이 남아 있었다.

출옥 후 이 미완을 완성시킬 욕망은 굴뚝같았으나, 출간 등 여건이 여의치 않아 엄두를 내지 못하였다. 비장(秘藏) 속에 10여 년이 흘러갔다. 그러다가 모 학술재단에서 사전류 집필 공모가 있다고 하기에 타의반 자의반 응모하였다. 면접에 불려가 심사위원님들 앞에서 이 사전 집필의 절박성과 가능성 등을 누누이 역설하였지만, 결과는 낙방이었다. 학문을 '진작'시킨다는 초모(招募)측에 대한 기대는 실망으로 돌아갔다. 그러나 주변의 격려는 뜨거웠다.

얼마쯤 지나서 뜻밖에도 경상북도가 '코리아 실크로드 프로젝트'란 담대한 기획(이 책 표제어 '코리아 실크로드 프로젝트'항 참고)을 발의하면서 실크로드학의 학문적 정립을 중요 과제로 내세우고, 그 구체적 실천방도로 『실크로드 사전』과 『실크로드 도록』 편찬을 제시하였다. 편찬에 필요한 지원도 약속하였다. 실로 학계를 빛낼 선견지명이었다. 헛될 수 없는 소중한 '일기일회(一期一會)'가 다가왔다. 이제 사전 집필은 결정적 전기를 맞아 두번째 단계인 8개월간(2013. 2~2013. 9)의 완결단계에 접어들었다. 옥중 초고를 컴퓨터에 입력한 다음, 보완할 표제어를 선정해 집필하고 참고문헌 내

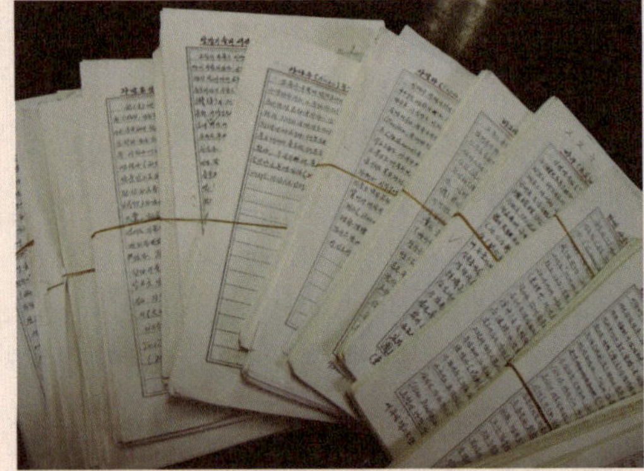

편저자 정수일이 옥중에서 집필한 『실크로드 사전』 초고(1998년 4월~2000년 8월)

용과의 대교(對校) 및 교정 등 일련의 편찬 작업으로 두번째 단계를 마무리하였다.

집필의 경우, 촉박한 기한을 감안해 당초 계획은 약 500개를 더해 총 1,400여 개 항목의 표제어 집필을 목표로 삼았다. 그러나 하다 보니 '욕심이 생겨' 결국 목표를 훨씬 넘겨 수행하였다. 그만큼 일감은 늘어났다. 필진이나 출판사측 모두가 '죽기 살기로' 이를 악문 덕에 모자람은 있어도 얼과 땀이 흠뻑 배었기에 당당할 수 있는 이 책을 감히 내놓을 수 있게 되었다. 이 사전에는 1,900여 개의 표제어를 포함해 8,000여 개 항의 색인(모두가 실크로드나 문명교류와 관련된 용어)이 올라 있다. 동류의 일본『シルクロード事典(실크로드사전)』(芙蓉書房, 1993)이 각각 192개와 3,815개 항을 담고 있는 사실에 견주면 나름의 의미가 있다고 자부한다.

이러한 일말의 자부 속에 졸작이지만 내놓는 데는 자그마치 15년이란 세월이 걸렸다. 그저 원고지에 끄적거리는 집필이라는 좁은 의미에서 집필 과정에 관해 두 단계 운운했지만, 사실은 넓은 의미에서 보면 15년 전 기간이 집필 과정이었다. 여의치 않아 순간적으로 실의나 단념에 유혹당한 적은 있어도, 단절이나 포기는 없었다. 그동안 23회의 실크로드 답사과정을 엮어낸 두 권의 문명기행기와 3대 세계여행기의 역주(譯註), 그리고 다섯 권의 문명교류와 실크로드 관련 논저를 통해 나름의 실크로드관과 문명교류론의 확립을 위한 토대를 마련하였다. 그 결과 전망적으로 펴낼『문명교류 사전』(가칭)에 실릴 표제어 총 5,148개 항목을 골라놓았으며, 그중 1,900여 개 항목으로 이『실크로드 사전』을 꾸몄다.

집필에 마침표를 찍자고 보니, 미흡한 점이 많아 망설이게 됨을 솔직히 고백하는 바이다. 그 가운데서도 크게 모자라는 점은 내용에서의 편파성이다. 표제어에서 여실히 드러나다시피, 내용에서 유라시아 대륙의 실크로드와 관련된 것이 위주다. 이것은 지금까지 실크로드를 유라시아 구대륙에만 한정시켜 연구해온 편향의 자업자득(自業自得)이다. 필자는 비록 이 점을 일찌감치 갈파하고 근간에 행한 북아프리카와 라틴아메리카에 대한 문명탐험 결과를 반영하려고 하였지만, 역부족으로 유라시아 바깥 지역의 실크로드에 관해서는 상징적으로 몇개의 항목을 앉히는 데 그치고 말았다. 큰 아쉬움으로 남는 대목이다. 그밖에 표제어 풀이에서 상대적으로 심도(深度)나 광도(廣度)가 다소 균형을 이루지 못하고, 일부 외국 고유명사의 경우 정확한 음사에 어려움이 있어 표기에 미흡한 점이 없지 않다. 이러한 점들은 앞으로 이 사전의 보결판(補缺版)이 될『문명교류 사전』에서 보완하려고 한다. 독자 여러분의 다함없는 질정과 편달을 기대하는 바이다.

인명 찾아보기

지명 찾아보기

다트퍼드(Dartford) 702
다프로파네 175, 545, 891
다필사(茶弼沙, Diabulsa) 61
다호리 1호 목관묘 863
단단윌리크(Dandān Uiliq) 12, 18, 81, 449, 540, 914, 939
단단윌리크(Dandān Uiliq) 불교 유적 81
달단(韃靼) 150, 947
달라비다국(達羅毗茶國) 927
달라사(怛邏斯) 800
달라사성(呾邏私城) 800, 882, 924
달마린국(達磨鄰國) 21
달마실철제국(達摩悉鐵帝國) 928
달마작갈라(達磨斫葛羅) 280
달차시라(呾叉始羅) 169, 925, 928
달해부(達奚部) 30, 87
담비국(詹卑國) 219
담요오굴(曇曜五窟) 603
당항(黨項) 428
대각사(大覺寺) 394, 620, 923, 930
대곡녀성(大曲女城, Kanyakubja) 22, 925, 926
대도(大都, Ta-tu, Khanbaliq) **91**, 155, 196, 202, 242, 243, 245, 246, 364, 402, 487, 564, 663, 676, 780, 781, 793, 831, 877, 952
대뢰점(大賚店) 332
대만(臺灣) 63, 452, 674, 797, 905
대사막(The Great Desert, 카비르 사막) **93**, 94, 179, 771
대서양(大西洋) 17, 33, 60, 61, 99, 117, 119, 135, 165, 186, 190, 195, 211, 228, 254, 288, 324, 341, 372, 391, 403, 410, 452, 677, 688, 766, 787, 788, 807, 811, 821, 887, 899, 900, 901
대설산(大雪山) 924
대·소안국(大·小安國) 573
대식(大寔) 932, 933
대식(大食) 21, 34, 96, 117, 145, 238, 299, 377, 386, 387, 418, 428, 485, 557, 589, 616, 642, 761, 801, 882, 895, 907, 932, 933
대식국(大食國) 21. 117. 557. 882. 932
대아르메니아(Greater Armenia) 564
대안국(大安國) 573
대안탑(大雁塔) 323, 669, 670
대원(大宛) 96, 236, 238, 369, 376, 377, 388, 536, 538, 540, 572, 602, 703, 838, 871, 884, 935, 970
대원국(大宛國) 96, 828, 838, 939
대월(大越) 96, 97

대월지국(大月氏國) 97, 388
대진(大秦, 로마) 12, 13, 21, 26, 42, 59, 60, 98, 141, 170, 172~75, 191, 200 218, 235, 292, 311, 321, 335, 416, 482, 516, 557, 611, 696, 728, 873, 890, 891
대진사(大秦寺) 97, 141, 482, 817
대하(大夏) 27, 45, 97, **99**, 277, 290, 295, 343, 377, 388, 392, 395, 412, 518, 521, 541, 570, 571, 602, 667, 970, 973
대흥선사(大興善寺) 54, 318, 495, 929, 933
데데이가마 110
데이나(진니秦尼) 175, 891
데지마(出島) 53, **104**, 725, 757
데칸 고원 16, 191, 248, 503, 793, 813, 932
델로스섬 919
도나우(Donau)강 448, 794
도뢰수(都賴水) 800
도르도뉴 652
도르드레흐트(Dordrecht) 702
도박갈국(都縛喝國) 924
도버 해협 195
도브루자(Dobruja) 448
도파르(Dhofar, 주파르) **113**, 896, 907
도화라국(覩貨邏國) 924
독랄만(禿剌蠻, Toloman) 196
돈둔(Dondun)섬 245
돌기시(突騎施) 429
동국(東國) 18, 81, 377
동려(桐廬, Tanpiuju) 196
동차가타이 칸국 507, 733, 772
동창하(銅廠河) 475
동투르키스탄 87, 138, 296, 346, 413, 507, 585, 624, 625, 683, 708, 773, 815, 872, 881, 949, 964
동호(東胡) 388, 398, 591, 602, 666, 757, 858, 936, 957~59
동황성(東黃城) 23, 574
두나(Duna)강 241
두라 에우로포스(Dura Europos) 144, 337, 974
두만강(豆滿江) 868, 876
두샨베(Dushanbe) 144, 791
두와이키르(al-Duwaiqir) 80
둔문도(屯門島) 839, 841
드네스트르강 971, 976
드네프르강 168, 430, 441, 443, 446~48, 972, 976
드레이크 해협 516
드보르스크 626, 647

사항 찾아보기

편저자 정수일(鄭守一)

중국 연변에서 태어나 연변고급중학교와 북경대학 동방학부를 졸업했다. 카이로대학 인문학부를 중국의
국비연구생으로 수학했고 중국 외교부 및 모로코 주재 대사관에서 근무했다. 평양국제관계대학 및
평양외국어대학 동방학부 교수를 지내고, 튀니지대학 사회경제연구소 연구원 및 말레이대학 이슬람아카데미
교수로 있었다. 단국대 대학원 사학과 박사과정을 수료하고, 같은 대학 사학과 교수로 있었다. 국가보안법 위반
혐의로 5년간 복역하고 2000년 출소했다. 현재 사단법인 한국문명교류연구소 소장으로 재직 중이며,
문명교류학 연구자로서 학술답사와 강의, 연구에 전념하고 있다. 저서로『신라·서역 교류사』『세계 속의 동과
서』『기초아랍어』『실크로드학』『고대문명교류사』『문명의 루트 실크로드』『문명교류사 연구』『이슬람문명』
『소걸음으로 천리를 가다』『한국 속의 세계』(상·하)『문명의 보고 라틴아메리카를 가다』(1·2)『실크로드
문명기행: 오아시스로 편』『문명담론과 문명교류』『초원 실크로드를 가다』『실크로드의 삶과 종교』(공저)
『21세기 민족주의』(공저) 등이 있고, 역주서로『이븐 바투타 여행기』(1·2)『혜초의 왕오천축국전』『중국으로
가는 길』『오도릭의 동방기행』, 편저서로『해상 실크로드 사전』등이 있다.

실크로드 사전

초판 1쇄 발행/2013년 10월 31일
초판 6쇄 발행/2020년 4월 20일

편저자/정수일
펴낸이/강일우
펴낸곳/(주)창비
등록/1986년 8월 5일 제85호
주소/10881 경기도 파주시 회동길 184
전화/031-955-3333
팩시밀리/영업 031-955-3399 편집 031-955-3400
홈페이지/www.changbi.com
전자우편/human@changbi.com

ⓒ 정수일 2013
ISBN 978-89-364-8266-4 93900

* 이 책 내용의 전부 또는 일부를 재사용하려면 반드시 저작권자와 창비의 동의를 받아야 합니다.
* 책값은 뒤표지에 표시되어 있습니다.

* 이 책은 경상북도 보조금 지원사업에 의하여 제작되었습니다.

SILK ROAD

실크로드 전도
오아시스로
초원로
해로